Paal/Pauly

Datenschutz-Grundverordnung Bundesdatenschutzgesetz

Beck'sche Kompakt-Kommentare

Datenschutz-Grundverordnung

Bundesdatenschutzgesetz

Herausgegeben von

Prof. Dr. Boris P. Paal, M. Jur. (Oxford)

Ordinarius für Zivil- und Wirtschaftsrecht, Medien- und Informationsrecht,
Direktor des Instituts für Medien- und Informationsrecht (Abt. I),
Universität Freiburg

Dr. Daniel A. Pauly

Rechtsanwalt in Frankfurt a. M.

Bearbeitet von

den Herausgebern und *Prof. Dr. Stefan Ernst,* Rechtsanwalt in Freiburg;
Privatdozent Dr. Eike Michael Frenzel, Universität Freiburg; *Dr. Tobias Gräber,*
LL. M., Syndikusrechtsanwalt in Düsseldorf; *Prof. Dr. Moritz Hennemann,*
M. Jur. (Oxford), Universität Passau; *Barbara Körffer,* Stellv. Landesbeauftragte
für Datenschutz Schleswig-Holstein; *Dr. Lea Katharina Kumkar,* Universität
Freiburg; *Prof. Dr. Mario Martini,* Deutsche Universität für Verwaltungs-
wissenschaften Speyer; *Christine Nolden,* LL. M., Syndikusrechtsanwältin in
Düsseldorf

3. Auflage 2021

C.H.BECK

Bearbeiter/in in Paal/Pauly DS-GVO Art. … Rn. …

www.beck.de

ISBN 978 3 406 75374 9

© 2021 Verlag C. H. Beck oHG
Wilhelmstraße 9, 80801 München
Satz, Druck und Bindung: Druckerei C. H. Beck Nördlingen
Umschlaggestaltung: Fernlicht – Gregor Schmidpeter

chbeck.de/nachhaltig

Gedruckt auf säurefreiem, alterungsbeständigem Papier
(hergestellt aus chlorfrei gebleichtem Zellstoff)

Vorwort zur 3. Auflage

Nachdem das BDSG durch das Datenschutz-Anpassungs- und Umsetzungsgesetz umfassende Novellierungen erfuhr, die aufgrund der Vorgaben der DS-GVO und der Pflicht zur Umsetzung der RL (EU) 2016/680 notwendig geworden waren, konnte sodann bereits im November 2019 das Zweite Datenschutz-Anpassungs- und Umsetzungsgesetz verkündet werden. Hierbei wurde nicht nur das BDSG erneut überarbeitet, um Unternehmen in der Praxis teilweise zu entlasten, vielmehr wurden auch weitere bereichsspezifische Regelungen angepasst, zB das Gentechnikgesetz, das Personenstandsgesetz, das BSI-Gesetz und das Informationsfreiheitsgesetz.

Das vorliegende Werk führt die bewährte Zielsetzung in Anknüpfung an die beiden Vorauflagen engagiert fort, als eines der ersten seiner Art die aktuelle Rechtsentwicklung (konkret bis Ende Juli 2020) aufzugreifen sowie eine kompakte und fundierte Kommentierung des Datenschutzrechtes vorzulegen. Dabei finden sowohl die Entwicklungen in Rechtsprechung und Literatur als auch die Änderungen im BDSG umfassend Berücksichtigung. Die überarbeiteten Ausführungen zur DS-GVO und zum BDSG eröffnen den Nutzerinnen und Nutzern einen hochaktuellen und praxisbezogenen Zugriff mit wissenschaftlichem Anspruch auf die seit dem 25.5.2018 geltenden datenschutzrechtlichen Bestimmungen und deren Implikationen in der Rechtsanwendungspraxis. Insbesondere die zunehmende Konkretisierung der vielfach weit und mit Auslegungsspielräumen ausgestalteten Vorschriften mithilfe von Stellungnahmen der deutschen und europäischen Datenschutzbehörden wird in diesem Werk dargestellt, um die praktischen Auswirkungen der DS-GVO und des BDSG in ihrer Anwendung und Anwendbarkeit durch Rechtsprechung und Praxis handhabbar zu machen.

Neben vielen anderen teils herben Einschränkungen und Schäden führt zudem aktuell die COVID-19-Pandemie (auch) zu erheblichen datenschutzrechtlichen Herausforderungen. Vor diesem Hintergrund setzt sich das Werk mit diesen Herausforderungen vertieft auseinander (→ s. hierzu insbes. auch Einl. Rn. 19 ff.), wobei auch und gerade ein besonderer Schwerpunkt auf die Arbeitswelt gelegt wird.

Besonderer Dank gilt für diese neue Auflage dem bewährten und behutsam erweiterten Autorenteam aus Wissenschaft, Anwaltschaft und Verwaltung, welches bei der Aktualisierung und Überarbeitung des Werks eine gleichermaßen praxisorientierte und wissenschaftliche Kommentierung gewährleistet.

Großen Dank schulden wir darüber hinaus dem Verlag C. H. Beck, namentlich und zuvörderst Herrn Dr. Lent, sowie allen beteiligten Mitarbeiterinnen und Mitarbeitern des Freiburger Instituts für Medien- und Informationsrecht, Abt. I (Lehrstuhl Paal), und der Sozietät Linklaters LLP für deren herausragendes Engagement bei der umsichtigen Aktualisierung und redaktionellen Betreuung der dritten Auflage.

Für Anregungen und Hinweise aus der Leserschaft sind die Herausgeber weiterhin dankbar. Bitte schreiben Sie an boris.paal@jura.uni-freiburg.de oder daniel.pauly@linklaters.com.

Freiburg i. Br./Frankfurt a. M., im Juli 2020

Boris P. Paal

Daniel A. Pauly

Inhaltsverzeichnis

Datenschutz-Grundverordnung

Kapitel I. Allgemeine Bestimmungen

Kapitel II. Grundsätze

Kapitel III. Rechte der betroffenen Person

Abschnitt 1. Transparenz und Modalitäten

Abschnitt 2. Informationspflicht und Recht auf Auskunft zu personenbezogenen Daten

Inhaltsverzeichnis

Inhaltsverzeichnis

Inhaltsverzeichnis

Inhaltsverzeichnis

Inhaltsverzeichnis

Kapitel 2. Rechte der betroffenen Person

Kapitel 3. Pflichten der Verantwortlichen und Auftragsverarbeiter

Kapitel 4. Aufsichtsbehörde für die Datenverarbeitung durch nichtöffentliche Stellen

Kapitel 5. Sanktionen

Inhaltsverzeichnis

Inhaltsverzeichnis

Abkürzungsverzeichnis und Verzeichnis der abgekürzt zitierten Literatur

aA	andere(r) Ansicht (Auffassung)
aaO	am angegebenen Ort
Abb.	Abbildung, Abbildungen
abgedr.	abgedruckt
Abk.	Abkommen
abl.	ablehnend
ABl.	Amtsblatt, Amtsblätter
Abs.	Absatz, Absätze
abschl.	abschließend
Abschn.	Abschnitt, Abschnitte
Abt.	Abteilung, Abteilungen
abw.	abweichend(e)(er)(es)
abzgl.	abzüglich
AcP	Archiv für civilistische Praxis (Zeitschrift)
aE	am Ende
AEG	Allgemeines Eisenbahngesetz
AEUV	Vertrag über die Arbeitsweise der Europäischen Union
aF	alte Fassung
AfP	Archiv für Presserecht (Zeitschrift)
AG	Amtsgericht (mit Ortsnamen), Ausführungsgesetz, Aktiengesellschaft, Die Aktiengesellschaft (Zeitschrift)
AGB	Allgemeine Geschäftsbedingungen
AK-GG	Denninger/Hoffmann-Riem/Schneider/Stein, Alternativkommentar zum Grundgesetz (GG), Loseblatt (Stand: August 2002)
AkkStelleG	Akkreditierungsstellengesetz
AkkStelleGBV	Akkreditierungsstellengesetz-Beleihungsverordnung
Albrecht/Jotzo DatenschutzR	Albrecht/Jotzo, Das neue Datenschutzrecht der EU, Grundlagen/Gesetzgebungsverfahren/Synopse, 2017
allg.	allgemein(e)(er)(es)
allgM	allgemeine(r) Meinung
Alt.	Alternative, Alternativen
aM	anderer Meinung
amtl.	amtlich
Änd.	Änderung, Änderungen
ÄndG	Änderungsgesetz
ÄndRL	Änderungsrichtlinie
AnfG	Anfechtungsgesetz
Anh.	Anhang, Anhänge

Abkürzungsverzeichnis

99 über die Aufnahme des Grundrechts auf Datenschutz in den Europäischen Grundrechtskatalog, angenommen am 7. September 1999.

Artikel-29-Datenschutzgruppe, WP 27, Stellungnahme 7/99 zum Datenschutzniveau, das die Grundsätze des sicheren Hafens in ihrer veröffentlichten Form, die dazu gehörigen häufig gestellten Fragen (FAQ) und andere vom US-Handelsministerium am 15./16. November 1999 veröffentlichte Dokumente gewährleisten, angenommen am 3. Dezember 1999.

Artikel-29-Datenschutzgruppe, WP 31, Stellungnahme 3/2000 zum Dialog EU-USA betreffend die Vereinbarung über den sicheren Hafen, angenommen am 16. März 2000.

Artikel-29-Datenschutzgruppe, WP 32, Stellungnahme 4/2000 über das Datenschutzniveau, das die Grundsätze des sicheren Hafens bieten, angenommen am 16. Mai 2000.

Artikel-29-Datenschutzgruppe, WP 66, Stellungnahme 6/2002 zur Übermittlung von Informationen aus Passagierlisten und anderen Daten von Fluggesellschaften an die Vereinigten Staaten, angenommen am 24. Oktober 2002.

Artikel-29-Datenschutzgruppe, WP 74, Arbeitsdokument: Übermittlung personenbezogener Daten in Drittländer: Anwendung von Artikel 26 Absatz 2 der EU-Datenschutzrichtlinie auf verbindliche unternehmensinterne Vorschriften für den internationalen Datentransfer, angenommen am 3. Juni 2003.

Artikel-29-Datenschutzgruppe, WP 102, Muster-Checkliste Antrag auf Genehmigung verbindlicher Unternehmensregelungen, angenommen am 25. November 2004.

Abkürzungsverzeichnis

ligung zur Verwendung von Cookies, angenommen am 2. Oktober 2013.

Art-29-DSG WP 238 – Privacy Shield S. X .... Artikel-29-Datenschutzgruppe, WP 238, Opinion 01/ 2016 on the EU – U.S. Privacy Shield draft adequacy decision, adopted on 13 April 2016.

Art-29-DSG WP 242 – Datenüber- tragbarkeit S. X .... Artikel-29-Datenschutzgruppe, WP 242 rev.01, Leitlini- en zum Recht auf Datenübertragbarkeit, angenommen am 13. Dezember 2016, zuletzt überarbeitet und an- genommen am 5. April 2017.

Art-29-DSG WP 260 – Transparenz S. X .... Artikel-29-Datenschutzgruppe, WP 260 rev.01, Leitlini- en für Transparenz gemäß der Verordnung 2016/679, angenommen am 29. November 2017, zuletzt überarbei- tet und angenommen am 11. April 2018.

Art-29-DSG WP 243 – Datenschutz- beauftragter S. X ... Artikel-29-Datenschutzgruppe, WP 243 rev.01, Leitlini- en in Bezug auf Datenschutzbeauftragte („DSB"), an- genommen am 13. Dezember 2016, zuletzt überarbeitet und angenommen am 5. April 2017.

Art-29-DSG WP 244 – Verantwort- licher S. X .... Artikel-29-Datenschutzgruppe, WP 244 Rev.01, Leitlini- en für die Bestimmung der federführenden Aufsichts- behörde eines Verantwortlichen oder Auftragsverarbei- ters, angenommen am 13. Dezember 2016, zuletzt über- arbeitet und angenommen am 5. April 2017.

Art-29-DSG WP 248 – DSFA S. X Artikel-29-Datenschutzgruppe, WP 248 rev.01, Leitlini- en zur Datenschutz-Folgenabschätzung (DSFA) und Be- antwortung der Frage, ob eine Verarbeitung im Sinne der Verordnung 2016/679 „wahrscheinlich ein hohes Risiko mit sich bringt", angenommen am 4. April 2017, zuletzt überarbeitet und angenommen am 4. Oktober 2017.

Art-29-DSG WP 250 – Meldepflichten S. X .... Artikel-29-Datenschutzgruppe, WP 250 rev.01, Leitlini- en für die Meldung von Verletzungen des Schutzes per- sonenbezogener Daten gemäß der Verordnung (EU) 2016/679, angenommen am 3. Oktober 2017, zuletzt überarbeitet und angenommen am 6. Februar 2018.

Abkürzungsverzeichnis

Abkürzungsverzeichnis

Abkürzungsverzeichnis

Abkürzungsverzeichnis

Abkürzungsverzeichnis

Abkürzungsverzeichnis

Abkürzungsverzeichnis

ieS	im engeren Sinne
IFG	Informationsfreiheitsgesetz
IfSG	Infektionsschutzgesetz
iHd	in Höhe der/des
iHv	in der Höhe von
inkl.	Inklusive
Innenausschuss Prot.	
BDSG	Innenausschuss, Prot.-Nr. 18/110 v. 27.3.2017
insbes.	insbesondere
int.	international
InTeR	Zeitschrift zum Innovations- und Technikrecht (Zeitschrift)
iR	im Rahmen
iRd	im Rahmen der/des
iRe	im Rahmen einer/eines
iRv	im Rahmen von
iS	im Sinne
iSd	im Sinne der/des
iSe	im Sinne einer/eines
Isensee/Kirchhof	
StaatsR-HdB	Isensee/Kirchhof, Handbuch des Staatsrechts der Bundesrepublik Deutschland, 3. Aufl. 2003 ff.
iSv	im Sinne von
ITRB	Der IT-Rechts-Berater (Zeitschrift)
iÜ	im Übrigen
iVm	in Verbindung mit
iW	im Wesentlichen
iwS	im weiteren Sinne
Jandt/Steidle	Jandt/Steidle, Datenschutz im Internet, 2018
Jarass	Jarass, Charta der Grundrechte der Europäischen Union, Kommentar, 3. Aufl. 2016
Jarass BImSchG	Jarass, Bundes-Immissionsschutzgesetz, Kommentar, 12. Aufl. 2017
Jarass/Pieroth	Jarass/Pieroth, Grundgesetz, Kommentar, 15. Aufl. 2018
JArbSchG	Jugendarbeitsschutzgesetz
Jg., Jge.	Jahrgang, Jahrgänge
JGG	Jugendgerichtsgesetz
Jh.	Jahrhundert
JI-RL	Richtlinie (EU) 2016/680 des Europäischen Parlaments und des Rates vom 27.4.2016 zum Schutz natürlicher Personen bei der Verarbeitung personenbezogener Daten durch die zuständigen Behörden zum Zwecke der Verhütung, Ermittlung, Aufdeckung oder Verfolgung von Straftaten oder der Strafvollstreckung sowie zum freien Datenverkehr und zur Aufhebung des Rahmenbeschlusses 2008/977/JI des Rates

Abkürzungsverzeichnis

Abkürzungsverzeichnis

NK-VwGO	Sodan/Ziekow, Verwaltungsgerichtsordnung, Kommentar, 5. Aufl. 2018
NordÖR	Zeitschrift für öffentliches Recht in Norddeutschland (Zeitschrift)
Nr.	Nummer(n)
nrkr	nicht rechtskräftig
NRW	Nordrhein-Westfalen, nordrhein-westfälisch
NStZ	Neue Zeitschrift für Strafrecht (Zeitschrift)
NStZ-RR	NStZ-Rechtsprechungs-Report (Zeitschrift)
Nungesser	Nungesser, Hessisches Datenschutzgesetz, Kommentar, 2. Aufl. 2001
nv	nicht veröffentlicht
NVwZ	Neue Zeitschrift für Verwaltungsrecht (Zeitschrift)
NVwZ-RR	NVwZ-Rechtsprechungs-Report (Zeitschrift)
NWVBl	Nordrhein-Westfälische Verwaltungsblätter (Zeitschrift)
NZA	Neue Zeitschrift für Arbeitsrecht (Zeitschrift)
NZA-RR	NZA-Rechtsprechungsreport (Zeitschrift)
NZS	Neue Zeitschrift für Sozialrecht (Zeitschrift)
oa	oder andere(n)(r)(s)
oÄ	oder Ähnliche(s)
Obermayer/Funke-Kaiser	Obermayer/Funke-Kaiser, Verwaltungsverfahrensgesetz, Kommentar, 5. Aufl. 2018
OFD	Oberfinanzdirektion
öffentl.	öffentlich
og	oben genannte(n)(r)(s)
ÖJZ	Österreichische Juristen-Zeitung (Zeitschrift)
OLG	Oberlandesgericht (mit Ortsnamen)
OLG-R	OLG-Report
oV	ohne Verfasser
ÖVD	Öffentliche Verwaltung und Datenverarbeitung (Zeitschrift)
OVG	Oberverwaltungsgericht (mit Ortsnamen)
OWiG	Gesetz über Ordnungswidrigkeiten
Palandt	Palandt, Bürgerliches Gesetzbuch, Kommentar, 79. Aufl. 2020
PAuswG	Personalausweisgesetz
Piltz	Piltz, BDSG Praxiskommentar für die Wirtschaft, 1. Aufl. 2017
PinG	Privacy in Germany (Zeitschrift)
PKH	Prozesskostenhilfe
Plath	Plath, BDSG/DSGVO, Kommentar, 2. Aufl. 2016
Plath	Plath, DSGVO/BDSG, Kommentar, 3. Aufl. 2018
PostG	Postgesetz
Prot.	Protokoll

Abkürzungsverzeichnis

SBS	Stelkens/Bonk/Sachs, Verwaltungsverfahrensgesetz, Kommentar, 9. Aufl. 2018
sc.	scientiae
Schaffland/Wiltfang BDSG aF	Schaffland/Wiltfang, Datenschutz-Grundverordnung (DS-GVO)/ Bundesdatenschutzgesetz (BDSG), Kommentar, Loseblatt (Stand: Juli 2017)
Schaffland/Holthaus	Schaffland/Holthaus, Datenschutz-Grundverordnung (DS-GVO)/ Bundesdatenschutzgesetz (BDSG), Kommentar, Loseblatt (Stand: 2020)
Schantz/Wolff DatenschutzR	Schantz/Wolff, Das neue Datenschutzrecht, Datenschutz-Grundverordnung und Bundesdatenschutzgesetz in der Praxis, 2017
Scheurle/Mayen	Scheurle/Mayen, Telekommunikationsgesetz, Kommentar, 3. Aufl. 2018
Schild/Ronellenfitsch	Schild/Ronellenfitsch/Dembowski/et. al., Hessisches Datenschutzgesetz, Kommentar, Loseblatt (Stand: Januar 2016)
SchlH	Schleswig-Holstein, schleswig-holsteinisch
Schneider DatenschutzR	Schneider, Datenschutzrecht nach der EU-Datenschutz-Grundverordnung, 2. Aufl. 2019
Schoch	Schoch, Informationsfreiheitsgesetz, Kommentar, 2. Aufl. 2016
Schönke/Schröder	Schönke/Schröder, Strafgesetzbuch, Kommentar, 30. Aufl. 2019
Schr.	Schrifttum
Schröder	Schröder, Datenschutzrecht für die Praxis, 3. Aufl. 2019
Schwarze	Schwarze/Becker/Hatje et. al., EU-Kommentar, 4. Aufl. 2019
SCP	Sedona Conference International Principles on Discovery, Disclosure & Data Protection
SG	Sozialgericht (mit Ortsnamen)
SGB	Sozialgesetzbuch
SHH	Schmidt-Bleibtreu/Hofmann/Hopfauf, Grundgesetz, Kommentar, 14. Aufl. 2017
Simitis BDSG aF	Simitis, Bundesdatenschutzgesetz, Kommentar, 8. Aufl. 2014
SIS II	Verordnung (EG) Nr. 1987/2006 des europäischen Parlaments und des Rates vom 20. Dezember 2006 über die Einrichtung, den Betrieb und die Nutzung des Schengener Informationssystems der zweiten Generation

Abkürzungsverzeichnis

SJTK	Schwartmann/Jaspers/Thüsing/Kugelmann, Datenschutz-Grundverordnung Bundesdatenschutzgesetz, Kommentar, 2. Aufl. 2020
Slg.	Sammlung
SLGH	Schomburg/Lagodny/Gleß/Hackner, Internationale Rechtshilfe in Strafsachen, 6. Aufl. 2020
so	siehe oben
Sodan	Sodan, Grundgesetz, Beck'scher Kompaktkommentar, 4. Aufl. 2018
Sodan/Ziekow	Sodan/Ziekow, Verwaltungsgerichtsordnung, Kommentar, 5. Aufl. 2018
sog	so genannt
Specht/Mantz	Specht/Mantz, Handbuch Europäisches und deutsches Datenschutzrecht, 2019
Spindler/Schuster	Spindler/Schuster, Recht der elektronischen Medien, Kommentar, 4. Aufl. 2019
SSB	Schoch/Schneider/Bier, Verwaltungsgerichtsordnung, Kommentar, Loseblatt (Stand: Juli 2019)
st.	ständig
StBerG	Steuerberatungsgesetz
Stellungn.	Stellungnahme
Stern StaatsR	Stern, Das Staatsrecht der Bundesrepublik Deutschland (Bd I, 2. Aufl. 1984; Bd II, 1980; Bd III/1, 1988; Bd III/2, 1994; Bd IV/1, 2006; Bd IV/2, 2011; Bd V, 2000)
StGB	Strafgesetzbuch
StGH	Staatsgerichtshof
Stichw.	Stichwort
StPO	Strafprozessordnung
str.	streitig, strittig
Streinz	Streinz, EUV/AEUV; Vertrag über die Europäische Union und Vertrag über die Arbeitsweise der Europäischen Union, Kommentar, 3. Aufl. 2018
stRspr	ständige Rechtsprechung
StV	Strafverteidiger (Zeitschrift)
Taeger/Gabel BDSG aF	Taeger/Gabel, Bundesdatenschutzgesetz, Kommentar, 2. Aufl. 2013
Taeger/Gabel	Taeger/Gabel, DSGVO – BDSG, Kommentar, 3. Aufl. 2019
TB	Tätigkeitsbericht
TBP Einführung	Tinnefeld/Buchner/Petri, Einführung in das Datenschutzrecht, 6. Aufl. 2017
TDR	Transnational Data Report (Zeitschrift)
teilw.	teilweise
Tettinger/Stern	Tettinger/Stern, Kölner Gemeinschaftskommentar zur Europäischen Grundrechte-Charta, 2006

Thür., thür. .... Thüringen, thüringisch
Thüsing Compliance .... Thüsing, Beschäftigtendatenschutz und Compliance, 2. Aufl. 2014
TKG .... Telekommunikationsgesetz
TKMR .... Telekommunikation & Medienrecht (Zeitschrift)
TMG .... Telemediengesetz
Tz. .... Textziffer

ua .... und andere, unter anderem
uÄ .... und Ähnliches
UAbs. .... Unterabsatz, Unterabsätze
uam .... und anderes mehr
überarb. .... überarbeitet
Überbl. .... Überblick
überw. .... überwiegend
uE .... unseres Erachtens
UIG .... Umweltinformationsgesetz
UKlaG .... Unterlassungsklagengesetz
ULD .... Unabhängiges Landeszentrum für Datenschutz Schleswig-Holstein
Umf. .... Umfang
umfangr. .... umfangreich
umstr. .... umstritten
unstr. .... unstreitig
unveröff. .... unveröffentlicht
unzutr. .... Unzutreffend
UrhG .... Urheberrechtsgesetz
Urt. .... Urteil
usw .... und so weiter
uU .... unter Umständen
uvam .... und viele(s) andere(s) mehr
uvm .... und viele(s) mehr
UWG .... Gesetz gegen den unlauteren Wettbewerb

v. .... vom, von
v. d. Bussche / Voigt KonzerndatenS .... v. d. Bussche/Voigt, Konzerndatenschutz, 2. Aufl. 2019
v. Münch / Kunig ... v. Münch/Kunig, Grundgesetz, Kommentar, 6. Aufl. 2012
VA .... Verwaltungsakt
va .... vor allem
Vahldiek Bankpraxis .... Vahldiek, Datenschutz in der Bankpraxis, 2012
Var. .... Variante
VBlBW .... Verwaltungsblätter für Baden-Württemberg (Zeitschrift)
VDA .... Verband Deutscher Anwälte e. V.

Abkürzungsverzeichnis

Verf.	Verfasser, Verfassung
VerfGH	Verfassungsgerichtshof (mit Landesnamen)
Verh.	Verhandlung(en)
Veröff.	Veröffentlichung(en)
VersammlG	*Versammlungsgesetz*
VerwArch	Verwaltungsarchiv (Zeitschrift)
Vfg.	Verfügung, Verfügungen
VG	Verwaltungsgericht (mit Ortsnamen)
VGH	Verwaltungsgerichtshof (mit Ortsnamen)
vgl.	vergleiche
vH	von Hundert
VIG	Verbraucherinformationsgesetz
VO	Verordnung
Voit/Grube	Voit/Grube, Lebensmittelinformationsverordnung VO (EU) Nr. 1169/11, Kommentar, 2. Aufl. 2016
Voraufl.	Vorauflage
Vorb.	Vorbemerkung
vorl.	vorläufig
Vorschr.	Vorschrift, Vorschriften
VPN	virtuelles privates Netzwerk
VR	Verwaltungsrundschau (Zeitschrift)
vs.	versus
VuR	Verbraucher und Recht (Zeitschrift)
VV	Verwaltungsvorschriften
VVDStRL	Veröffentlichungen der Vereinigung der Deutschen Staatsrechtslehrer
VwGO	Verwaltungsgerichtsordnung
VwVfG	Verwaltungsverfahrensgesetz
VwZG	Verwaltungszustellungsgesetz
VzA	Anordnung der sofortigen Vollziehung
Wächter Datenschutz	Wächter, Datenschutz im Unternehmen, 5. Aufl. 2017
WENK Datenschutz Bayern	Wilde/Ehmann/Niese/Knoblauch, Bayerisches Datenschutzgesetz, Kommentar, Loseblatt (Stand: September 2019)
WHG	Wasserhaushaltsgesetz
WHWS Arbeitsverhältnis	Weth/Herberger/Wächter/Sorge, Daten- und Persönlichkeitsschutz im Arbeitsverhältnis, 2. Aufl. 2019
Wiss.	Wissenschaft, wissenschaftlich
WM	Wertpapier-Mitteilungen (Zeitschrift)
WP	Working Paper = Arbeitspapiere der Art. 29-Datenschutzgruppe
WpHG	Wertpapierhandelsgesetz
WRP	Wettbewerb in Recht und Praxis (Zeitschrift)

WRV	Weimarer Reichsverfassung
WÜRV	Wiener Übereinkommen über das Recht der Verträge
Wybitul	Wybitul, EU-Datenschutz-Grundverordnung, 2017
Wysk	Wysk, Verwaltungsgerichtsordnung, Beck'scher Kompakt-Kommentar, 2. Aufl. 2016
ZAfTDa	Zentralarchiv für Tätigkeitsberichte des Bundes- und der Landesdatenschutzbeauftragten und der Aufsichtsbehörden für den Datenschutz
zahlr.	zahlreich
zB	zum Beispiel
ZD	Zeitschrift für Datenschutz (Zeitschrift)
ZEuP	Zeitschrift für Europäisches Privatrecht (Zeitschrift)
ZevKR	Zeitschrift für evangelisches Kirchenrecht
Ziff.	Ziffer, Ziffern
zit.	Zitiert
ZPO	Zivilprozessordnung
ZRP	Zeitschrift für Rechtspolitik (Zeitschrift)
zT	zum Teil
ZUM	Zeitschrift für Urheber- und Medienrecht (Zeitschrift)
ZUM-RD	ZUM-Rechtsprechungsdienst (Zeitschrift)
zusf.	zusammenfassend
zust.	zustimmend
zutr.	zutreffend
zw.	zweifelhaft
zzgl.	zuzüglich
ZZP	Zeitschrift für Zivilprozess (Zeitschrift)
zZt	zur Zeit

Einleitung

Literatur: *Albrecht,* Starker EU-Datenschutz wäre Standortvorteil – Notwendigkeit eines international einheitlichen Datenschutzstandards, DuD 2013, 655; *ders.,* Die EU-Datenschutzverordnung rettet die informationelle Selbstbestimmung! – Ein Zwischenruf für einen einheitlichen Datenschutz in der EU, ZD 2013, 587; *ders.,* Das neue EU-Datenschutzrecht – von der Richtlinie zur Verordnung – Überblick und Hintergründe zum finalen Text für die Datenschutz-Grundverordnung der EU nach der Einigung im Trilog, CR 2016, 88; *v. Danwitz,* Die Grundrechte auf Achtung der Privatsphäre und auf Schutz personenbezogener Daten – Die jüngere Rechtsprechung des Gerichtshofs der Europäischen Union, DuD 2015, 581; *Dury/Leibold,* „Home-Office" und Datenschutz, ZD-Aktuell 2020, 04405; *Eckardt,* EU-DatenschutzVO – Ein Schreckgespenst oder Fortschritt, CR 2012, 195; *Gilga,* Beschäftigtendatenschutz und Covid-19: Daten sicher im Homeoffice?, ZD-Aktuell 2020, 07113; *Gola/Schulz,* Der Entwurf für eine EU-Datenschutz-Grundverordnung – eine Zwischenbilanz, RDV 2013, 1; *Härting,* Starke Behörden, schwaches Recht – der neue EU-Datenschutzentwurf, BB 2012, 459; *ders.,* Datenschutzreform im Europa: Einigung im EU-Parlament – Kritische Anmerkungen, CR 2013, 715; *ders./J. Schneider,* Das Ende des Datenschutzes – es lebe die Privatsphäre – Eine Rückbesinnung auf die Kern-Anliegen des Privatsphärenschutzes, CR 2015, 819; *Hornung,* Eine Datenschutz-Grundverordnung für Europa? Licht und Schatten im Kommissionsentwurf vom 25.1.2012, ZD 2012, 99; *Johannes,* Bedarf an und Inhalt eines Gesetzes für Corona-Tracing-Apps, ZD-Aktuell 2020, 07114; *Keppeler,* Was bleibt vom TMG-Datenschutz nach der DS-GVO? – Lösung und Schaffung von Abgrenzungsproblemen im Multimedia-Datenschutz, MMR 2015, 779; *Koós,* Das Vorhaben eines einheitlichen Datenschutzes in Europa – Aktueller Stand des europäischen Gesetzgebungsverfahrens, ZD 2014, 9; *Kühling,* Auf dem Weg zum vollharmonisierten Datenschutz!?, EuZW 2012, 281; *ders.,* Neues Bundesdatenschutzgesetz – Anpassungsbedarf bei Unternehmen, NJW 2017, 1985; *ders./Martini,* Die Datenschutz-Grundverordnung: Revolution oder Evolution im europäischen und deutschen Datenschutzrecht?, EuZW 2016, 448; *ders./Schildbach,* Corona-Apps – Daten- und Grundrechtsschutz in Krisenzeiten, NJW 2020, 1545; *ders./Seidel/Sivridis,* Datenschutzrecht, 3. Aufl. 2015; *Lang,* Reform des EU-Datenschutzrechts – Einheitliche Regelungen mit hohem Niveau geplant, K&R 2012, 145; *Leucker,* Die zehn Märchen der Datenschutzreform, PinG 2015, 195; *v. Lewinski,* Europäisierung des Datenschutzrechts – Umsetzungsspielraum des deutschen Gesetzgebers und Entscheidungskompetenz des BVerfG, DuD 2012, 564; *Masing,* Herausforderungen des Datenschutzes, NJW 2012, 2305; *ders.,* Ein Abschied von den Grundrechten, Süddeutsche Zeitung v. 9.1.2012, S. 10; *Reding,* Sieben Grundbausteine der europäischen Datenschutzreform, ZD 2012, 195; *Roßnagel/Kroschwald,* Was wird aus der Datenschutzgrundverordnung? Die Entschließung des Europäischen Parlaments über ein Verhandlungsdokument, ZD 2014, 495; *ders./Richter/Nebel,* Besserer Internetdatenschutz für Europa – Vorschläge zur Spezifizierung der DS-GVO, ZD 2013, 103; *ders./Nebel/Richter,* Was bleibt vom Europäischen Datenschutzrecht? – Überlegungen zum Ratsentwurf der DS-GVO, ZD 2015, 455; *ders.,* Datenschutz im E-Learning – Die neuen Datenschutzregelungen im Lehrbetrieb von Hochschulen, ZD 2020, 296; *J. Schneider/Härting,* Datenschutz in Europa – Plädoyer für einen Neubeginn – Zehn „Navigations-empfehlungen, damit das EU-Datenschutzrecht internettauglich und effektiv wird, CR 2014, 306; *J.-P. Schneider,* Stand und Perspektiven des europäischen Datenverkehrs- und Datenschutzrechts, Die Verwaltung 44 (2011), 499; *Spindler,* Die neue EU-Datenschutz-Grundverordnung, DB 2016,

937; *Stenzel,* Der datenschutzrechtliche Präventionsstaat – Rechtsstaatliche Risiken der
ordnungsrechtlichen Dogmatik des Datenschutzrechts im privaten Bereich, PinG 2016,
45; *Stocklas,* Datenschutz in Zeiten von Corona, ZD-Aktuell 2020, 07093; *Sydow/Kring,*
Die Datenschutzgrundverordnung zwischen Technikneutralität und Technikbezug –
Konkurrierende Leitbilder, ZD 2014, 271; *Theurer,* Zugriff auf Handydaten in der Coro-
na-Krise?, DRiZ 2020, 172; *Veil,* DS-GVO: Risikobasierter Ansatz statt rigides Verbotsprinzip, ZD 2015, 347.

Übersicht

A. Ein einheitliches Datenschutzrecht für Europa?!

1 Die in diesem Werk kommentierte DS-GVO hat die mehr als 20 Jahre
geltende DSRL abgelöst und bildet seither das prägende Fundament des
europ. Datenschutzrechtes. Die DS-GVO wirkt **als Dreh- und Angelpunkt
für die datenschutzrechtliche Diskussion** auf sowohl europäischer als
auch nationaler Ebene. Geltung erlangte die am 25.5.2016 in Kraft getretene
DS-GVO am 25.5.2018 und ermöglichte den Betroffenen damit einen **Über-
gangs- und Umsetzungszeitraum** von zwei Jahren, um sich auf die rechtlichen Neuerungen vorzubereiten. Beispielhaft verwiesen sei an dieser Stelle
zum einen auf die Einführung des Marktortprinzips (vgl. Art. 3 Abs. 2 lit. a),
die materiell-rechtlichen Figuren des „Rechts auf Vergessenwerden" (Art. 17)
und des „Rechts auf Datenübertragbarkeit" (Art. 20) sowie zum anderen auf
die zahlreichen prozeduralen (vgl. hier etwa die Bußgeldtatbestände in
Art. 83) sowie institutionellen (hier vor allem betreffend Zusammenarbeit
und Kohärenz unter Einschluss der Einrichtung eines EDSA, Art. 60 ff.)
gesetzlichen Neuerungen und Veränderungen. Die DS-GVO ist in engem
Zusammenhang zu sehen mit der zeitgleich verabschiedeten JI-RL zum
Schutz natürlicher Personen bei der Verarbeitung personenbezogener Daten
durch die zuständigen Behörden zum Zwecke der Verhütung, Ermittlung,

Aufdeckung oder Verfolgung von Straftaten oder der Strafvollstreckung sowie zum freien Datenverkehr.

Nationale Datenschutzgesetze (auch in Umsetzung der DSRL) mussten auf **2** der Grundlage und am Maßstab der neuen Vorgaben aus der DS-GVO zumindest angepasst, zT auch aufgehoben werden, wenngleich dieser Prozess auch mehr als zwei Jahre nach Geltungsbeginn (immer) noch nicht vollständig abgeschlossen ist. Vollständig obsolet wurden die nationalen Datenschutz-bestimmungen gleichwohl also nicht, da sie – in aktualisierter oder neu erlassener Form – aufgrund der zahlreichen Konkretisierungs- und Öffnungs-klauseln sowie Regelungsaufträge und Ausnahmevorschriften zugunsten des nationalen Rechtes von der VO in Bezug genommen werden (s. zB Art. 23 und 89 Abs. 2). Das ursprünglich ausgerufene **Ziel einer „echten" Voll-harmonisierung des europäischen Datenschutzrechtes** ist vor diesem Hintergrund nunmehr nur eingeschränkt verwirklicht worden („in der Sache (…) eher eine Richtlinie im Verordnungsgewand", so Kühling/Martini EuZW 2016, 448 (448 f.), die überdies zu Recht darauf hinweisen, dass der zu Beginn des Normgebungsprozesses gewählte Begriff „Grundverordnung" in Ansehung der tatsächlichen Entwicklung inzwischen irreführend ist, da auf ein zweistufiges Gesetzgebungsverfahren mit einer durch die KOM erfolgen-den Konkretisierung und Ausdifferenzierung der „Grund"-Verordnung abge-zielt war).

Konkret bestand ein durch die DS-GVO ausgelöster **ebenso dringlicher 3 wie erheblicher Anpassungsbedarf auf nationaler Ebene,** um das euro-päische und das nationale Datenschutzrecht bis zum Stichtag im Mai 2018 zu harmonisieren. Die Anpassung des deutschen Rechts erschöpfte sich dabei nicht in dem am 27.4.2017 vom BT beschlossenen Datenschutz-Anpassungs-und Umsetzungsgesetz EU (DSAnpUG-EU). Dessen Art. 1 beinhaltet die erforderliche **Novellierung des BDSG** und schuf damit den – neben der DS-GVO – **zweiten großen Baustein** des nunmehrigen deutschen Daten-schutzrechtes. Zahlreiche bereichsspezifische Regelungen in anderen Bundes-gesetzen und die LDSG mussten in einem nächsten Schritt ebenfalls noch geändert werden. So sah zB das Arzneimittelgesetz in § 40 AMG stets vor, dass eine Einwilligung in klinische Prüfungen unwiderruflich sei. Aus Grün-den der Vereinbarkeit mit der DS-GVO wurde eine solche Einwilligung nunmehr aber zwischenzeitlich als widerruflich ausgestaltet. Im Zusammen-hang mit den erforderlichen Anpassungen auf nationaler Ebene ist teilweise noch nicht abschließend geklärt, welche Normen gegenüber der DS-GVO vorrangig anwendbar sind. So wurde insbes. ausführlich diskutiert, ob und inwieweit die datenschutzbezogenen Regelungen des TMG (hier §§ 11 ff.) überhaupt noch anwendbar sein würden (hierzu etwa Keppeler MMR 2015, 779). Die Anwendbarkeit der Vorschrift wurde von der nat. Datenschutz-konferenz ausdrücklich verneint, wenngleich keine Anpassung oder Abschaf-fung der Regelungen erfolgte. Im Mai 2020 hat der BGH in dem Sachverhalt Planet49 (Urt. v. 28.5.2020 – I ZR 7/16 – Cookie-Einwilligung II) zwar zur unionsrechtskonformen Auslegung des Art. 15 Abs. 3 TMG Stellung genom-men, nicht aber zur allgemeinen Anwendbarkeit der §§ 11 TMG im Ver-hältnis zur DS-GVO.

4 Die geschaffene Rechtslage unter der DS-GVO und dem BDSG bildet den
– vorläufigen – Schlusspunkt der seit Jahren (→ Rn. 5 ff.) auf europäischer
(und nationaler) Ebene intensiv geführten **Debatte(n) um das „richtige"
Datenschutzniveau** (zu den damit verbundenen Erwartungen der Befürworter der DS-GVO s. etwa Albrecht CR 2016, 88 (97 f.); zur Entwicklung
des europ. Datenschutzrechtes seit 1990 bzw. 1995 einführend etwa Gola/
Schomerus/Körffer in Gola/Schomerus BDSG Einl. Rn. 4; Schneider in
BeckOK DatenschutzR Syst. B DSRL Rn. 1 ff.; ders. Die Verwaltung 2011,
499; zur Geschichte der Datenschutzgesetzgebung allg. s. Simitis in Simitis
BDSG Einl. Rn. 1 ff.). Maßgeblicher Antrieb für die datenschutzrechtliche
Fortentwicklung war der Umstand, dass „[r]asche technologische Entwicklungen und die Globalisierung den Datenschutz vor neue Herausforderungen
gestellt [haben]. Das Ausmaß der Erhebung und des Austauschs personenbezogener Daten hat eindrucksvoll zugenommen. Die Technik macht es möglich, dass private Unternehmen und Behörden im Rahmen ihrer Tätigkeiten
in einem noch nie dagewesenen Umfang auf personenbezogene Daten zurückgreifen. Zunehmend machen auch natürliche Personen Informationen
öffentlich weltweit zugänglich. Die Technik hat das wirtschaftliche und
gesellschaftliche Leben verändert und dürfte den Verkehr personenbezogener
Daten innerhalb der Union sowie die Datenübermittlung an Drittländer und
internationale Organisationen noch weiter erleichtern, wobei ein hohes Datenschutzniveau zu gewährleisten ist" (ErwGr 6). Zentrale Herausforderung
für den Datenschutz sind vor diesem Hintergrund insbesondere die Digitalisierung und der damit verbundene (regelmäßig auch grenzüberschreitende)
Datenverkehr (s. EuGH NJW 2020, 2613 – Schrems II; weiterhin etwa Gola/
Schomerus/Körffer in Gola/Schomerus BDSG Einl. Rn. 4; Masing NJW
2012, 2305 sowie ErwGr 7 und 9). Um auch für zukünftige technische
Entwicklungen offen zu sein bzw. diese zu erfassen und das Umgehungsrisiko
zu minimieren, ist die DS-GVO technologieneutral (ErwGr 15) ausgestaltet
worden (s. hierzu Sydow/Kring ZD 2014, 271; Veil ZD 2015, 347).

B. DS-GVO

I. Gesetzgebungsverfahren

5 Entscheidender Startpunkt für die rechtspolitische Diskussion um eine VO als
Nachfolgerin der DSRL war der am 25.1.2012 veröffentliche Entwurf einer
DS-GVO (KOM (2012) 11 endg.). Die die DS-GVO (mit-)initiierende und
vormalige Kommissarin für Justiz, Grundrechte und Bürgerschaft, Viviane
Reding stellte seinerzeit **„sieben Grundbausteine" der Reform** heraus:
(1) VO statt RL, (2) „One Stop Shop" für den Datenschutz in der EU, (3) das
richtige Datenschutzniveau, (4) eine differenzierte Architektur (in Bezug auf
den Anwendungsbereich bzw. sonstige Ressorts), (5) Vorteile für kleine und
mittlere Unternehmen, (6) Grundrechtskonformität sowie (7) Zukunftsorien-
tiertheit (Reding ZD 2012, 195; s. auch KOM (2012) 11 endg., 1 ff.).

Wesentliche Schritte (ausf. und zusf. zu den Reformdiskussionen Schnei- 6
der in BeckOK DatenschutzR Syst. B DSRL Rn. 1 ff.) **des Gesetzgebungsverfahrens** waren:

– (Kommissions-)Vorschlag für VO des EP und des ER zum Schutz natürlicher Personen bei der Verarbeitung personenbezogener Daten und zum
freien Datenverkehr (Datenschutz-Grundverordnung), KOM (2012) 11
endg. (DS-GVO-E(KOM)) (hierzu etwa Eckardt CR 2012, 195; Gola/
Schulz RDV 2013, 1; Härting BB 2012, 459; Hornung ZD 2012, 99;
v. Lewinski DuD 2012, 564; Roßnagel/Richter/Nebel ZD 2013, 103);
– Ausschuss für bürgerliche Freiheiten, Justiz und Inneres (Berichterstatter:
J. P. Albrecht), Entwurf eines Berichtes über den Vorschlag für eine VO des
EP und des ER zum Schutz natürlicher Personen bei der Verarbeitung
personenbezogener Daten und zum freien Datenverkehr (Datenschutz-
Grundverordnung);
– Ausschuss für bürgerliche Freiheiten, Justiz und Inneres (Berichterstatter:
J. P. Albrecht), Bericht über den Vorschlag für eine VO des EP und des ER
zum Schutz natürlicher Personen bei der Verarbeitung personenbezogener
Daten und zum freien Datenverkehr (allgemeine Datenschutzverordnung),
A7–0402/2013 (hierzu etwa Härting CR 2013, 715; Koós ZD 2014, 9);
– Standpunkt des EP festgelegt in erster Lesung am 12.3.2014 im Hinblick auf
den Erlass der VO (EU) Nr. …/2014 des EP und des ER zum Schutz
natürlicher Personen bei der Verarbeitung personenbezogener Daten und
zum freien Datenverkehr (Datenschutz-Grundverordnung), EP-PE_TC1-
COD(2012)0011 (DS-GVO-E(Parl)) (hierzu etwa Roßnagel/Kroschwald
ZD 2010, 495);
– (Rats-)Vorschlag für eine VO des EP und des ER zum Schutz natürlicher
Personen bei der Verarbeitung personenbezogener Daten und zum freien
Datenverkehr (Datenschutz-Grundverordnung), 9565/15 (DS-GVO-E
(Rat));
– (Trilog-)Vorschlag für eine VO des EP und des ER zum Schutz natürlicher
Personen bei der Verarbeitung personenbezogener Daten und zum freien
Datenverkehr (Datenschutz-Grundverordnung), 5455/16 (DS-GVO-E
(Trilog)).

Bereits zu einem frühen Zeitpunkt – und bis heute fortdauernd – ist die DS- 7
GVO auf vielfältige **Kritik von verschiedenen Seiten** gestoßen. Je nach
Standpunkt wurde und wird die DS-GVO mitunter entweder als nicht ausreichend bzw. zweckmäßig für einen effektiven Datenschutz oder als zu weitgehend eingestuft. Das Regelwerk ist vor allem von Seiten der (Digital-)
Wirtschaft als ein potenzieller Hemmschuh für digitale Geschäftsmodelle (hier
insbesondere Big Data und Smart Data sowie Künstliche Intelligenz) begriffen
worden, weshalb für europäische Unternehmen ein „Wettbewerbsnachteil" –
unter anderem – gegenüber US-amerikanischen Mitbewerbern bestehe. Darüber hinaus ist die Befürchtung geäußert worden, dass die DS-GVO keinen
adäquaten Grundrechtsschutz gewährleiste bzw. der Grundrechtsschutz (auf
nationaler Ebene) ausgehöhlt werde (s. etwa Masing Süddeutsche Zeitung v.
9.1.2012, S. 10). Weitergehend ist zT auch die grundlegende Ausrichtung der
DS-GVO, wonach die Regelungskonzeption der DSRL („Verbot mit Erlaub-

nisvorbehalt") fortentwickelt wird („Evolution statt Revolution", s. Kühling/
Martini EuZW 2016, 448 (450 f.)), auf erhebliche Kritik gestoßen (s. etwa
Härting/Schneider CR 2015, 819; dies. CR 2014, 306).

II. Struktur und Aufbau

8 Die DS-GVO gliedert sich in insgesamt **elf Kap.**, denen nicht weniger als
173 ErwGr (abgedruckt im Anh., S. 1471 ff.) vorangestellt sind (Einführun-
gen – mit unterschiedlichen Schwerpunkt – in die DS-GVO finden sich etwa
bei Albrecht CR 2016, 88; Kühling/Martini EuZW 2016, 448; Spindler DB
2016, 937).

9 **Kap. I** der DS-GVO enthält allgemeine Bestimmungen und legt insbesondere Gegenstand, Ziele, Definitionen sowie den persönlichen und sachlichen
Anwendungsbereich fest. In dem mit „Grundsätze" bezeichneten **Kap. II** sind
nicht nur allgemeine Maßstäbe („Zweckbindung", „Datenminimierung" etc.)
niedergelegt, sondern insbesondere auch die Voraussetzungen für eine wirksame datenschutzrechtliche Einwilligung. Die Betroffenenrechte sind in **Kap.
III** geregelt, prominent hervorgehoben seien hier beispielhaft das Recht auf
Vergessenwerden und auf Datenübertragbarkeit. **Kap. IV** statuiert Vorgaben
für den datenschutzrechtlich Verantwortlichen und den Auftragsverarbeiter.
Kap. V regelt ausführlich die praktisch höchst bedeutsame Übermittlung
personenbezogener Daten an Drittländer und an internationale Organisationen. Die Zuständigkeiten und Aufgaben der unabhängigen ASB bestimmen
sich nach **Kap. VI,** während **Kap. VII** die Zusammenarbeit der ASB und das
Kohärenzverfahren festlegt. Rechtsbehelfe, Haftung und Sanktionen finden
sich in **Kap. VIII.** Die **Kap. IX bis XI** statuieren Vorschriften für besondere
Verarbeitungssituationen, delegierte Rechtsakte und Durchführungsrechtsakte sowie Schlussbestimmungen.

10 Einen großen Teil der DS-GVO nehmen deren **173 ErwGr** (s. Anh.,
S. 815 ff.) ein. Grundsätzlich weisen ErwGr eine **besondere Rechtsnatur**
auf: Einerseits sind ErwGr fester Bestandteil europäischer Rechtsakte, andererseits stehen sie außerhalb des eigentlichen Normtextes. Im Gegensatz zu
Normen enthalten ErwGr weder Tatbestände noch Rechtsfolgen. Vielmehr
geben ErwGr in komprimierter Form wichtige – bisweilen aber auch widersprüchliche – Auskünfte über Zielsetzungen und Hintergründe für den Erlass
eines Rechtsaktes und den vorangegangenen politischen Einigungprozess.
Der Zweck der ErwGr liegt vor diesem Hintergrund in der Veranschauli-
chung, Begründung und Rechtfertigung der ihnen nachfolgenden gesetzlichen Regelungen. Zwar dienen die ErwGr in Gestalt eines festen Bestand-
teiles einer Rechtsquelle als **Kriterien der Auslegung** (auf welche die Gerichte regelmäßig in Urteilsbegründungen zurückgreifen). Die ErwGr
entfalten aber gerade **keine originäre Bindungswirkung.** Nach alledem
sind ErwGr grundsätzlich geeignete und wichtige Orientierungshilfen zur
Auslegung, nehmen die eigentliche Auslegung jedoch weder vorweg noch
schränken sie diese über Gebühr ein (vgl. GA Colomer Schlussanträge EuGH
Rs. C-267/06, BeckRS 2007, 70624).

C. BDSG

I. Gesetzgebungsverfahren

Anlass zur Neufassung des BDSG gaben die Regelungsaufträge und Öffnungs- **11**
klauseln der **DS-GVO**. Ziel der Reformbestrebungen war es, die durch die
DS-GVO eröffneten Regelungsspielräume im Interesse von Betroffenen einerseits und Wirtschaft andererseits zu nutzen und Rechtssicherheit zu schaffen. Daneben sollte die **JI-RL** umgesetzt werden. Mit der Ablösung des alten
BDSG zum 25.5.2018 durch ein neues BDSG wurde bezweckt, ein reibungs-
loses Zusammenspiel dieser Regelungskomplexe mit dem stark ausdifferenzierten deutschen Datenschutzrecht zu ermöglichen (BT-Drs. 18/11325, 1 f.).
Mit der **Überarbeitung** des BDSG nach etwas mehr als einem Jahr seiner
Geltung wurden zudem stellenweise **Erleichterungen** für die Praxis vorgesehen. Das betrifft insbesondere auch die Vorgaben, wann ein Datenschutzbeauftragter in Unternehmen zu bestellen ist. So wurde die notwendige Mit-
arbeiteranzahl in einem Unternehmen, die die Benennung eines Datenschutzbeauftragten unabhängig vom Verarbeitungsvorgang zwingend auslöst (§ 38
BDSG), von zehn auf 20 Personen erhöht. Darüber hinaus wurden die
Formerfordernisse an eine Einwilligung von Beschäftigten erleichtert, indem
die Einwilligung nun nicht mehr zwingend schriftlich erfolgen muss, sondern
auch elektronisch erteilt werden kann (§ 26 Abs. 2 S. 3 BDSG).

Wesentliche Schritte der beiden Gesetzgebungsverfahren, dh zum **12**
BDSG und zu dessen Überarbeitung waren:
– Interner Referentenentwurf des Bundesinnenministeriums für ein **allg.**
 Bundesdatenschutzgesetz (ABDSG) vom 5.8.2016, welcher an die Öf-
 fentlichkeit gelangte und infolge teils heftiger Kritik seitens Experten und
 ASB wieder zurückgezogen wurde;
– **Gesetzesentwurf** der Bundesregierung für ein **Datenschutzanpassungs-**
 und -Umsetzungsgesetz EU (DSAnpUG) vom 24.2.2017 (BT-Drs. 18/
 11325);
– **Beschlussempfehlung des Innenausschusses** mit einigen Änderungs-
 vorschlägen (BT-Drs. 18/12084);
– Beschluss des Gesetzesentwurfes **in der Fassung der Beschlussempfeh-**
 lung des Innenausschusses am 27.4.2017 (BT-Plenarprotokoll 18/231,
 23306D);
– **Gesetz** zur Anpassung des Datenschutzrechtes an die VO (EU) Nr. 2016/
 679 und zur Umsetzung der JI-RL (Datenschutz-Anpassungs- und Umset-
 zungsgesetz EU (DSAnpUG-EU) v. 30.6.2017, BGBl. I 2097);
– **Gesetzesentwurf** der Bundesregierung für ein *Zweites* **Datenschutz-**
 anpassungs- und Umsetzungsgesetz EU (DSAnpUG) vom 7.9.2018
 (BR-Drs. 430/18) und v. 1.10.2018 (BT-Drs. 19/4674);
– **Zweites Gesetz** zur Anpassung des Datenschutzrechtes an die Verordnung
 (EU) 2016/679 und zur Umsetzung der JI-RL (Zweites Datenschutz-
 Anpassungs- und Umsetzungsgesetz EU (2. DSAnpUG-EU) v. 20.11.2019,
 BGBl. I 1626).

13 Auch das BDSG war und ist vielfach Gegenstand umfassender Kritik. So wird unter anderem bemängelt, es führe zu einer Absenkung des bisherigen Datenschutzniveaus und trage – entgegen der eigentlichen Zielsetzung – zur Rechtsunsicherheit bei. Angeführt wird in diesem Zusammenhang vor allem die Einschränkung der Rechte der Betroffenen (zusf. Jensen ZD-Aktuell 2017, 05596). Krit. gesehen wird zudem auch der Umfang, in dem von den Öffnungsklauseln Gebrauch gemacht wurde. Die umfassende Weiterführung bisheriger Regelungen des BDSG versuche zwar, das geltende Schutzniveau beizubehalten, gefährde aber zugleich das Harmonisierungsziel der DS-GVO und erschwere damit im Ergebnis die Rechtsanwendung (vgl. etwa Kühling NJW 2017, 1985 (1986)).

II. Struktur und Aufbau

14 Das BDSG ist klar strukturiert und gliedert sich in vier Teile. Nach einem allg. **Teil 1** mit Gemeinsamen Bestimmungen unterscheidet das BDSG zwischen der Anpassung an die DS-GVO in **Teil 2** und der Umsetzung der JI-RL in **Teil 3**. Der nur aus einem einzelnen Paragrafen bestehende **Teil 4** enthält Bestimmungen für nicht vom Unionsrecht erfasste Sonderfälle.

D. Verhältnis der einzelnen Regelungsebenen zueinander

I. Europäisches Primärrecht

15 Das europäische Datenschutzrecht findet seine **primärrechtliche Grundierung** insbesondere in den Art. 7 und 8 GRCh sowie in Art. 16 AEUV und Art. 39 EUV (die Diskussion dazu zusf. etwa Schneider Die Verwaltung 2011, 499 (500 ff.); zum **verfassungsrechtlichen Rahmen** für das Datenschutzrecht nach dem GG s. etwa Brink in BeckOK DatenschutzR Syst. C. Verfassungsrecht, 30. Edition, Rn. 1 ff.; Kühling/Seidel/Sivridis Datenschutzrecht Rn. 146 ff.; Masing NJW 2012, 2305).

16 Gemäß Art. 7 GRCh hat jede Person unter anderem das Recht auf Achtung ihres Privatlebens und ihrer Kommunikation. Zudem hat jede Person gem. Art. 8 Abs. 1 GRCh das **Recht auf Schutz der sie betreffenden personenbezogenen Daten** (ebenso Art. 16 Abs. 1 AEUV; vgl. auch ErwGr 1). Nach Art. 8 Abs. 2 GRCh dürfen diese Daten nur nach Treu und Glauben für festgelegte Zwecke und mit Einwilligung der betroffenen Person oder auf einer sonstigen gesetzlich geregelten legitimen Grundlage verarbeitet werden. Ferner hat jede Person das Recht, Auskunft über die sie betreffenden erhobenen Daten zu erhalten und die Berichtigung der Daten zu erwirken (vgl. nun Art. 15 und 16).

17 Ausweislich ErwGr 4 „sollte [die Verarbeitung personenbezogener Daten] **im Dienste der Menschheit** stehen". Das Recht auf Schutz der personenbezogenen Daten ist deshalb abzuwägen mit anderen, gegebenenfalls auch kollidierenden Grundrechts-Positionen (so insbesondere auch Achtung des Privat- und Familienlebens, der Wohnung und der Kommunikation, Schutz personenbezogener Daten, Gedanken-, Gewissens- und Religionsfreiheit,

Freiheit der Meinungsäußerung und Informationsfreiheit, unternehmerische Freiheit, Recht auf einen wirksamen Rechtsbehelf und ein faires Verfahren sowie Vielfalt der Kulturen, Religionen und Sprachen) und muss unter Berücksichtigung des Verhältnismäßigkeitsgrundsatzes und „seine[r] gesellschaftliche[n] Funktion" ausgelegt werden (ErwGr 4). S. auch KOM (2012) 11 endg., 7.

Die datenschutzrechtliche Kompetenzgrundlage ergibt sich grundsätzlich **18** aus Art. 16 Abs. 2 AEUV iVm Art. 39 EUV (KOM (2012) 11 endg., 6; zur Kompetenzgrundlage allg. s. etwa Kühling/Seidel/Sivridis Datenschutzrecht Rn. 47 f.). Während des Gesetzgebungsverfahrens wurden insoweit zT **Kompetenzüberschreitungen** (insbesondere mit Blick auf das Subsidiaritätsprinzip) angemahnt (s. BR-Drs. 52/12).

Hervorzuheben ist die Rechtsfolge der Anwendung der GRCh, wobei es **19** sich um eine Durchführungslage iSd Art. 51 Abs. 1 S. 1 GRCh handelt: So sind mitgliedstaatliche Behörden und Gerichte von Anfang an bei der Auslegung und Anwendung der DS-GVO vor allem auch an Art. 7, 8 GRCh gebunden. Überdies verliert das BVerfG grundsätzlich seine Zuständigkeit als Fluchtpunkt, womit zwar die Feststellungen und Überlegungen etwa zum „deutschen" Allgemeinen Persönlichkeitsrecht und zum Recht auf informationelle Selbstbestimmung nicht obsolet werden, aber letztlich nur noch für eine Parallelwertung Bedeutung entfalten. Entsprechendes gilt überdies auch für die Dogmatik zum BDSG und weiteren nationalen Regelungsmaterien.

II. DS-GVO und nationales Datenschutzrecht

Die vielfach kritisierte Regelungstechnik der DS-GVO, die sich mit ihren **20** Regelungsaufträgen und Öffnungsklauseln einer RL annähert (→ Rn. 2), führt zu einem in dieser Form neuen **Ineinandergreifen von Unionsrecht und nationalem Datenschutzrecht** (vgl. Kühling NJW 2017, 1985 (1986)).

In einem **ersten Schritt** ist zunächst die **DS-GVO** heranzuziehen. Dieser **21** Befund ergibt sich bereits aus der unmittelbaren Anwendbarkeit der DS-GVO nach Art. 288 Abs. 2 AEUV und dem Anwendungsvorrang des Unionsrechtes (vgl. auch § 1 Abs. 5 BDSG). Soweit die DS-GVO den Mitgliedstaaten Handlungsoptionen eröffnet, ist in einem **zweiten Schritt** zu prüfen, ob eine entsprechende Regelung im **nationalen Recht** gegeben ist. Angesichts der Vielzahl der Anpassungsnormen ist ein Hin- und Herspringen zwischen DS-GVO und nationalem Recht daher kaum vermeidbar.

III. Verhältnis des BDSG zu sonstigen Regelungsmaterien

Auf Ebene des deutschen Rechts ist zunächst zu ermitteln, ob eine der **22** **bereichsspezifischen Datenschutzregelungen** oder ein LDSG einschlägig ist. Nur soweit diese Spezialgesetze keine Regelung enthalten, kann auf das **subsidiäre BDSG** zurückgegriffen werden. Im Hinblick auf die bereichsspezifischen Regelungen gilt es zu berücksichtigen, dass die DS-GVO auch jenseits des BDSG eine Vielzahl von Anpassungen bedingt hat (→ Rn. 2 f.) –

und in den Implikationen (noch) einschneidender – **vorrangig anwendbar** ist. Weiterhin ist umstritten, ob und inwieweit DS-GVO (und BDSG) neben (bspw. TMG) und in (bspw. Lauterkeits- und Kartellrecht) anderen Regelungsmaterien zur Anwendung berufen sind.

E. COVID-19-Pandemie

I. Allgemeines

23   Das **Coronavirus** Sars-CoV-2 stellt die moderne Gesellschaft nicht nur vor soziale und wirtschaftliche Herausforderungen, sondern auch vor mannigfaltige juristische Probleme. Der öffentliche Diskurs wird in rechtlicher Hinsicht, neben medizinrechtlichen, vor allem von datenschutzrechtlichen Fragestellungen bestimmt. Insbesondere die vielfach beispiellosen Folgen für das Arbeitsleben, sowohl durch einen schnellen Umstieg auf Heimarbeit als auch durch die Rückkehr zum Arbeitsplatz sind von großer praktischer Relevanz. Arbeitgeber und Unternehmen müssen in kurzer Zeit ganze Strukturen im Betrieb neu etablieren, bei gleichzeitiger Beachtung der konformen Erfassung und Verarbeitung besonders sensibler Daten im Rahmen der rechtshistorisch noch sehr jungen DS-GVO und anderer Gesetze. Hier gilt es zu beachten, dass es sich um besonders geschützte Gesundheitsdaten handelt, wenn Bezüge zwischen Personen und deren Gesundheitszustand hergestellt werden (→ DS-GVO Art. 9 Rn. 15). Vieles muss aufgrund dieser noch nie da gewesenen Situation mit hohem Zeitdruck angegangen und gegebenenfalls auch improvisiert werden, da das Leben und die Gesundheit sehr vieler Menschen auf dem Spiel stehen. Zu den anzugehenden Bereichen und Maßnahmen zu zählen sind vor allem das Sicherstellen datenschutzrechtlicher Vorgaben im Home-Office, das Erfassen von Personen, die sich an bestimmten Orten wie bspw. dem Unternehmen aufhalten, das Formulieren und Etablieren von angemessenen Zugangsvoraussetzungen und -beschränkungen zu eben diesen Orten sowie die angemessene und rechtlich belastbare Reaktion auf Infektions- und Verdachtsfälle im Betrieb und Unternehmen. Doch nicht nur die Arbeitswelt ist von den Auswirkungen der Pandemie betroffen. Auch und gerade im Alltag treten immer wieder und immer häufiger Situationen auf, welche aus datenschutzrechtlicher Sicht kritisch zu betrachten sind.

II. Datenschutz im Home-Office

24   Die rechtlichen Voraussetzungen der Datenverarbeitungsvorgänge für die Arbeit im **Home-Office** sind dem Grunde nach dieselben geblieben wie für die Heimarbeit vor der Corona-Pandemie. Besonderheiten ergeben sich jedoch aus den verwendeten Mitteln und dem hohen zeitkritischen Umsetzungsdruck. Gerade wegen dieser besonderen Umstände bleibt das Bewusstsein über die Bedeutsamkeit der Einhaltung datenschutzrechtlicher Vorgaben vielfach auf der Strecke. Dies führt beispielsweise zu einem erhöhten Aufkommen von Hacker-Angriffen (abrufbar unter: https://www.ndr.de/nachrichten/schleswig-holstein/coronavirus/Homeoffice-in-der-Corona-Krise-

lockt-Hacker-an,cyberkriminalitaet124.html). Eine genaue Kommunikation, Schulungen und, falls möglich, die Verwendung von passender Hardware sind wichtige und effektive Werkzeuge, um Unternehmen und Daten angemessen zu schützen.

Folgender datenschutzrechtlicher Grundsatz existierte bereits vor der Pan- **25** demie und gilt sowohl für die Arbeit im Büro als auch im Home-Office: Verarbeitet der Arbeitnehmer beruflich personenbezogene Daten iSd Art. 4 Nr. 2 DS-GVO, so handelt er nach Weisung des Arbeitgebers (Art. 29 DS-GVO), welcher seinerseits datenschutzrechtlich Verantwortlicher iSd Art. 4 Nr. 7 DS-GVO bleibt. Als solcher hat der Arbeitgeber für die Umsetzung und Einhaltung der datenschutzrechtlichen Vorschriften zu sorgen und unter anderem die in Art. 25 und 32 DS-GVO genannten Ziele zu adressieren. Demnach hat der Arbeitgeber auch und gerade alle technischen und organisatorischen Maßnahmen zu ergreifen, die für den Schutz personenbezogener Daten erforderlich sind – dies gilt nicht zuletzt auch im Home-Office.

Aus **organisatorischer** Perspektive bietet sich vor diesem Hintergrund für **26** den Arbeitgeber das Erstellen einer Home-Office-RL an. Mit einer solchen Home-Office-RL kann sich ein Unternehmen einerseits von rechtlichen Haftungsrisiken befreien, wenn ein Mitarbeiter im Home-Office gegen datenschutzrechtliche Vorgaben verstößt. Andererseits bietet eine entsprechende RL die Möglichkeit, genaue Vorgaben zu formulieren und die Arbeitnehmer diesbezüglich zu sensibilisieren. Eine **Home-Office-RL** „sollte dabei konkret benennen, welche Endgeräte unter welchen Bedingungen genutzt werden können, mit welchen Informationen gearbeitet werden darf, welche Sicherheitsmaßnahmen zu ergreifen sind, welche Kommunikationsmöglichkeiten verwendet werden dürfen sowie welchen Informationspflichten bei einem Datenschutzvorfall oder dem Verlust eines Datenträgers nachzukommen ist" (Gilga ZD-Aktuell 2020, 07113). Eine solche Home-Office-RL kann als Zusatz zum Arbeitsvertrag oder als Betriebsvereinbarung ausgestaltet werden (Dury/Leibold ZD-Aktuell 2020, 04405).

Auch aus **technischer Sicht** hat der Arbeitgeber wichtige Besonderheiten **27** zu beachten. Im Home-Office hat der Arbeitgeber beispielsweise nicht die gleichen Kontroll- und Zugriffsmöglichkeiten auf die Daten sowie die IT-Sicherheit wie im Unternehmen. Es besteht somit die Gefahr, dass Dritte auf die Daten zugreifen können. Eines der großen Probleme, welche die Covid-19-Pandemie kennzeichnet, ist die Geschwindigkeit, mit welcher die Krankheit sich ausbreitet und Unternehmen zwingt, kurzfristig den Betrieb, wenn und soweit wie möglich, in das Home-Office zu verlegen. Mangels ausreichender Hardware-Ausstattung weichen viele Arbeitnehmer auf ihre privaten Endgeräte aus. Die damit einhergehenden eingeschränkten Einwirkungsmöglichkeiten des Arbeitgebers auf die Arbeitsumgebung bergen ebenso vielfältige wie gravierende datenschutzrechtliche Risiken. Zuvorderst sollte möglichst schnell die notwendige Hardware beschafft werden oder zumindest ein VPN eingerichtet werden. Bildschirme sollten nicht von Dritten einsehbar und Telefonate nicht mithörbar sein. Va bei der Nutzung privater Telefone ist zu beachten, „dass automatisch gespeicherte Anrufkontakte regelmäßig gelöscht werden" sollten, um Datenschutzrisiken zu vermeiden (LfD SchlH abrufbar unter: https://www.datenschutzzentrum.de/uploads/it/uld-ploetzlich-home-office.pdf). Ist der PC, an dem gearbeitet wird, ein dienstlicher, muss darauf geachtet werden, dass keine private Hardware an diesen Rechner angeschlossen wird (LfD SchlH abrufbar unter: https://www.datenschutzzentrum.de/uploads/it/uld-ploetzlich-homeoffice.pdf).

28   Datenschutzrechtliche Vorschriften beziehen sich jedoch nicht lediglich auf digitale Inhalte, sondern es sind auch in der **analogen Welt** die datenschutzrechtlichen Vorgaben einzuhalten. So muss sichergestellt werden, dass Dritten kein Zugriff auf Dokumente mit geheimnis- oder datenschutzrechtlicher Relevanz ermöglicht wird. Dementsprechend dürfen solche Dokumente nicht einfach in der Altpapiertonne entsorgt, sondern müssen entsprechend sorgfältig vernichtet werden. Ferner muss der Transport von Papierdokumenten mit personenbezogenen Daten aus dem Unternehmen ins Home-Office sicher gestaltet und vollzogen werden. Arbeitnehmer sollten solche Dokumente bestenfalls in verschließbaren Containern mitnehmen. Insgesamt sollte zudem versucht werden, einen Medienbruch zu vermeiden sowie möglichst über verschlüsselte elektronische Wege zu kommunizieren und zu arbeiten (BfDI abrufbar unter: https://www.bfdi.bund.de/SharedDocs/Publikationen/Faltblaetter/Telearbeit.pdf).

29   Weiterhin ist zu beachten, dass, falls doch der Fall eines Datenverlustes oder eines Datenschutzstoßes eintreten sollte, dies unverzüglich gemeldet werden muss (Art. 33, 34 DS-GVO). Mit Blick auf ein drohendes Bußgeld (Art. 83 Abs. 4 lit. a DS-GVO), empfiehlt sich die Aufsetzung eines unternehmensinternen Prozesses, um die Erfüllung der **Meldepflicht** sicherzustellen (→ DS-GVO Art. 33 Rn. 14 ff.). Eine zusätzliche datenschutzrechtliche Problematik liegt darin, dass Arbeitnehmer durch die Arbeit im Home-Office selbst personenbezogene Daten generieren.

30   An Universitäten findet aktuell und bis auf Weiteres kein Präsenzlehrbetrieb statt und die Studierenden sind gleichfalls im Home-„Office". Im Fall des nunmehr verstärkt eingesetzten E-Learnings besteht dort ebenfalls die Möglichkeit, viele personenbezogene Daten zu erheben. Durch die Nutzung von Software entstehen bei solchen E-Learning-Maßnahmen bzw. im Home-Office – im Gegensatz zur Präsenzarbeit – permanent **Datenspuren der Nutzer,** welche „hinsichtlich Inhalt, Ort, Zeit und Person zusammengeführt und sogar zu mittel- oder langfristigen Profilen aggregiert werden können" (Roßnagel ZD 2020, 296). Diese Daten könnten Rückschlüsse – unter anderem – auf die Arbeits- und Lernkapazität und -geschwindigkeit zulassen, den Fleiß, die Motivation und Anstrengungsbereitschaft dokumentieren und lassen so inhaltsreiche Aussagen über einzelne Personen und deren intellektuelle Grenzen zu. Entsprechende Daten könnten daher zu Leistungsbewertungen oder zu anderen Zwecken genutzt werden. Interessant dürften diese Daten insbesondere auch für die (potenziellen) Arbeitgeber sein (Roßnagel ZD 2020, 296). Mit all diesen Daten muss, sofern sie denn erhoben und gespeichert werden, datenschutzrechtskonform umgegangen werden.

31   **Datenverarbeitungen im E-Learning-Betrieb** sind im Allgemeinen als zulässig anzusehen. Die Vermittlung von Bildung fällt insofern unter die Wahrnehmung einer Aufgabe im öffentlichen Interesse gem. Art. 6 Abs. 1

UAbs. 1 lit. e DS-GVO (Roßnagel ZD 2020, 296, 297). Aufgrund der Öffnungsklausel in Art. 6 Abs. 2 DS-GVO sind im Einzelfall die jeweiligen mitgliedstaatlichen Regelungen entscheidend. Die LDSG enthalten regelmäßig Generalklauseln, welche Datenverarbeitungen grundsätzlich erlauben, wenn diese notwendig sind, um Aufgaben einer öffentlichen Stelle zu erfüllen oder um öffentliche Interessen zu verfolgen (vgl. bspw. § 3 Abs. 1 HDSIG). Lehre, Studium und Weiterbildung sind solche Aufgaben und somit darf im entsprechenden Rahmen grundsätzlich eine Verarbeitung personenbezogener Daten betrieben werden. Diese Datenverarbeitungen sind jedoch lediglich dann und insoweit zulässig, wenn sie für die Lehrveranstaltung erforderlich sind oder, wenn die Nutzung für Studierende freiwillig ist. Von einer Erforderlichkeit ist regelmäßig nicht (mehr) auszugehen, wenn die Datenverarbeitung keinen Bezug zur Kompetenzvermittlung hat, wie etwa bei **Anwesenheitszeiten, Klickzahlen oder Lern-Analyse-Software,** welche das Lernverhalten der Studierenden auswertet (Roßnagel ZD 2020, 296, 299). Darüber hinaus hat der Verantwortliche (i. e. die Hochschule) dafür Sorge zu tragen, dass die Datenschutzgrundsätze, insbesondere die Zweckbindung (→ DS-GVO Art. 5 Rn. 23 ff.), eingehalten werden. Bei Plattformen, wie etwa sog. **sozialen Netzwerken,** die typischerweise erhobene Daten für eigene, weitergehende Zwecke verarbeiten, ist dies regelmäßig gerade nicht der Fall. Sofern Daten (auch) ins Ausland übermittelt werden, muss zudem darauf geachtet werden, dass europäische Mindeststandards eingehalten werden (Art. 44 ff. DS-GVO).

Bei Software, die im Home-Office genutzt wird und personenbezogene **32** Daten des Arbeitnehmers erfasst und verarbeitet, sind die gesetzlichen Voraussetzungen strenger. Für **private Unternehmen** ist der Rückgriff auf das öffentliche Interesse oder auf die Wahrnehmung öffentlicher Aufgaben selten bzw. nicht möglich. Es besteht somit lediglich die Möglichkeit zum Rückgriff auf eine rechtfertigende Einwilligung. Bei dieser Einwilligung stellt sich bezüglich der Freiwilligkeit – und dient damit der Wirksamkeit – regelmäßig die Problematik des offensichtlichen Machtgefälles zwischen Arbeitnehmer und Arbeitgeber (→ BDSG § 26 Rn. 26 ff.).

Über den verschiedenen Facetten der datenschutzrechtlichen Problemati- **33** ken im Home-Office schweben die – in Zeiten von COVID-19 – omnipräsenten **Videokonferenzen.** Neben den personenbezogenen Daten der Konferenzteilnehmer können auch Dokumente mit relevanten Daten als Teil einer Präsentation im Rahmen der Videokonferenz datenschutzrechtliche Schwierigkeiten bereiten. Für Unternehmen greift hier die folgende wichtige Weichenstellung: Einerseits kann aus einer großen Auswahl an etablierten Online-Diensten gewählt werden, andererseits besteht die Möglichkeit einer Lösung, die auf firmeninterne Server zurückgreift. Bei der Nutzung eines Online-Dienstes sollte darauf geachtet werden, ob die Datenverarbeitung bei der beabsichtigten Verwendung in den Anwendungsbereich der DS-GVO fallen, ob die Konferenzen hinreichend verschlüsselt und ob Registrierungen notwendig sind. Unternehmen sollten sich stets mit ihrer IT-Abteilung und dem Datenschutzbeauftragten besprechen, um gemeinsam eine datenschutzfreundliche Lösung zu finden bzw. zu entwickeln. Die Möglichkeit einer

Videokonferenz unter Nutzung von Software, die im eigenen Netz bereitgestellt wird, bietet dem Unternehmen im Grundsatz viel mehr Kontrolle über die Verarbeitung der im Zuge der Videokonferenz erhobenen personenbezogenen Daten und ist somit in der Regel zu bevorzugen (LfD SchlH abrufbar unter: https://www.datenschutzzentrum.de/uploads/it/ULD-Ploetzlich-Videokonferenzen.pdf). In Abhängigkeit der getroffenen Entscheidung ist dann gegebenenfalls eine Auftragsverarbeitungsvereinbarung gem. Art. 28 DS-GVO mit dem betreffenden Online-Dienst abzuschließen. Zudem ist darauf zu achten, dass die Verarbeitungsvorgänge im Verarbeitungsverzeichnis (Art. 30 DS-GVO) eingetragen und die Datenschutzinformationen (Art. 13 f. DS-GVO) bereitgestellt werden. Darüber hinaus kann eine gute Vorbereitung maßgeblich zum Datenschutz beitragen, so können zB Unterlagen bereits vorab auf sicherem Weg an alle Teilnehmer verteilt werden. Weiterhin sollten alle Teilnehmer ihr Umfeld so gestalten, dass im Hintergrund keine sensiblen Informationen zu sehen sind, die nicht für die Videokonferenz bestimmt sind. Um den Datenschutz weiter zu erhöhen, sollte auch auf Aufzeichnungen und die Integration von sog. sozialen Netzwerken verzichtet werden (LfD SchlH abrufbar unter: https://www.datenschutzzentrum.de/uploads/it/ULD-Ploetzlich-Videokonferenzen.pdf).

III. Rückkehr ins Büro

34 Mit dem Nachlassen der Neuinfektionen lockert der Gesetzgeber wieder die verhängten Ausgangsbeschränkungen. Für die Unternehmen bedeutet dies, dass sie an Konzepten arbeiten müssen, um ihren Mitarbeitern die Rückkehr an den Arbeitsplatz sicher und unkompliziert zu gewähren. Den Arbeitgeber treffen hierbei weiterhin, wenn seine Mitarbeiter in den Betrieb oder das Büro zurückkehren, besondere Fürsorgepflichten, um eine Ausbreitung des Virus zu verhindern und so das Leben und die Gesundheit der Arbeitnehmer zu bewahren. Die im Folgenden beschriebenen **neu hinzugekommenen Datenverarbeitungen** im Rahmen der Corona-Maßnahmen sind dabei zum einen materiell-rechtlich datenschutzkonform auszugestalten, zum anderen sind die weiteren formalen datenschutzrechtlichen Pflichten zu beachten, so insbesondere die Informationspflichten gemäß Art. 13 f. DS-GVO sowie die Aktualisierung des Verarbeitungsverzeichnisses gem. Art. 30 DS-GVO.

35 **In materiell-rechtlicher Hinsicht** lassen sich die Maßnahmen teilweise auf Grundlage der DS-GVO und des BDSG (ggf. iVm den Vorschriften der LDSG) legitimieren. Mitunter können die rechtlichen Grundlagen abweichen und variieren, im Allgemeinen gelten jedoch folgende **Grundsätze:** Für öffentlich-rechtliche Arbeitgeber ergibt sich die Berechtigung, personenbezogene Mitarbeiterdaten zu verarbeiten aus Art. 6 Abs. 1 UAbs. 1 lit. e DS-GVO, private Arbeitgeber können sich auf § 26 Abs. 1 BDSG bzw. Art. 6 Abs. 1 UAbs. 1 lit. f DS-GVO berufen. Sollen Gesundheitsdaten verarbeitet werden, sind außerdem § 26 Abs. 3 BDSG und Art. 9 Abs. 2 lit. b DS-GVO und zusätzlich für öffentlich-rechtliche Arbeitgeber Art. 9 Abs. 2 lit. g DS-GVO einschlägig. Gegenüber Dritten, also beispielsweise Kunden und Gästen, haben öffentliche Stellen nach Art. 6 Abs. 1 UAbs. 1 Satz 1 lit. c und e

DS-GVO gegebenenfalls iVm den jeweiligen LDSG die Möglichkeit, Maßnahmen zu ergreifen. Bei privaten Unternehmen können solche Maßnahmen auf Art. 6 Abs. 1 UAbs. 1 lit. f DS-GVO gestützt werden. Sind Gesundheitsdaten von Dritten betroffen, finden zudem Art. 9 Abs. 2 lit. i DS-GVO iVm § 22 Abs. 1 Nr. 1 lit. c BDSG Anwendung. Darüber hinaus bietet Art. 9 Abs. 2 lit. g und i DS-GVO dem nationalen Gesetzgeber die Möglichkeit, aus Gründen des öffentlichen Interesses bzw. dem „Schutz vor schwerwiegenden grenzüberschreitenden Gesundheitsgefahren", eigene Regelungen zu schaffen, auf deren Grundlage Gesundheitsdaten verarbeitet werden dürfen.

Auch **für den Arbeitnehmer** ergeben sich aus dem Beamten-, Tarif- oder **36** Arbeitsrecht **verschiedene Nebenpflichten,** welche in Zeiten der Pandemie von Relevanz sind. Darunter fallen unter anderem Rücksichts-, Verhaltens- und Mitwirkungspflichten gegenüber dem Arbeitgeber und auch Dritten. Nach Auffassung der Datenschutzaufsichtsbehörden stellt „beispielsweise die Pflicht zur Information des Dienstherrn bzw. des Arbeitgebers über das Vorliegen einer Infektion mit dem Corona-Virus eine solche Nebenpflicht zum Schutz hochrangiger Interessen Dritter dar, aus der unter gewissen Voraussetzungen auch eine Offenlegungsbefugnis gem. Art. 6 Abs. 1 UAbs. 1 lit. c und f DS-GVO bzgl. personenbezogener Daten der Kontaktpersonen [zumindest der Kollegen bzw. anderer Arbeitnehmer des Unternehmens] folgt." (DSK abrufbar unter: https://www.datenschutzkonferenz-online.de/media/pm/20200325_Informationen_zu_Corona_und_Arbeitgeber.pdf).

Primäres Ziel vieler Unternehmen wird und muss es sein, Infizierte vom **37** Arbeitsplatz fernzuhalten, und so zu verhindern, dass Mitarbeiter, Kunden oder Gäste angesteckt werden. Ein wirksames Mittel, welches sowohl die Prävention sichert als auch die Nachverfolgung erleichtert, sind **Zugangsbeschränkungen** wie Eingangskontrollen und Anwesenheitslisten. Auf Grundlage vorgenannter Gesetze und im Rahmen der Verhältnismäßigkeit besteht deswegen die Möglichkeit, den Zugang zur Arbeitsstätte von der Erfassung und Verarbeitung personenbezogener Daten oder sogar der Gesundheitsdaten abhängig zu machen. Dies gilt ebenso für das Erfassen der Daten von Gästen und Kunden.

Den Zugang zum Arbeitsplatz von einer **Temperaturmessung** abhängig **38** zu machen, stellt dabei eine besonders einschneidende Zugangsbeschränkung dar, die manche Arbeitgeber ins Auge fassen, um ihren Fürsorgepflichten gegenüber ihren Arbeitnehmern nachzukommen. Diese Art der Datenerhebung und -verarbeitung muss für ihre Rechtmäßigkeit zur Erfüllung dieser Pflicht erforderlich, also unabdingbar sein. Bei der Temperaturmessung als Zugangsvoraussetzung ist von einer entsprechenden Erforderlichkeit nach Ansicht der ASB grundsätzlich nicht auszugehen (LfD RhPf abrufbar unter: https://www.datenschutz.rlp.de/de/themenfelder-themen/beschaeftigten-datenschutz-corona/; aA: Müller in HBW, § 4, Rn. 20): Einerseits sei eine erhöhte Körpertemperatur kein verlässliches Indiz für eine Covid-19-Erkrankung und andererseits müsse sich eine solche Erkrankung nicht zwangsweise durch Fieber zu erkennen geben. Somit dürfte diese Maßnahme bereits am Maßstab der Geeignetheit scheitern. Die Temperaturmessung könnte allenfalls dann als datenschutzrechtlich zulässig angesehen werden, wenn keinerlei personenbezogene Daten erhoben werden, d. h. die gemessenen Werte nicht aufgezeichnet werden und weder bei der Messung noch nachträglich eine Identifizierung der Personen möglich ist (vgl. VDA abrufbar unter: https://www.verband-deutscher-anwaelte.de/index.php/presse/pressemitteilungen/2433-corona-virus-was-gilt-fuer-arbeitnehmer-und-arbeitgeber-in-der-aktuellen-krise).

39   Sieht man die Geeignetheit und Erforderlichkeit dennoch als gegeben an, stellt sich mangels einschlägiger gesetzlicher Erlaubnisnormen die **Frage nach der Freiwilligkeit der Einwilligung.** Bei Arbeitnehmern wird eine solche Freiwilligkeit regelmäßig abzulehnen sein, da die Arbeitnehmer zum Arbeiten verpflichtet sind und nicht die Möglichkeit haben, fern zu bleiben; dies gilt insbesondere und verschärft, wenn der Arbeitgeber nicht die Option des Home-Office anbietet. Bei Besuchern und Gästen sähe dies jedoch anders aus. Denn diese Personengruppen sind nicht verpflichtet, das Unternehmensgelände/-gebäude zu betreten, sodass bei Bejahung der Erforderlichkeit und Geeignetheit der Temperaturmessung, diese vom Hausrecht des Unternehmens umfasst sein könnte (VDA abrufbar unter: https://www.verband-deutscher-anwaelte.de/index.php/presse/pressemitteilungen/2433-corona-virus-was-gilt-fuer-arbeitnehmer-und-arbeitgeber-in-der-aktuellen-krise).

40   Plant ein Arbeitgeber oder Unternehmen die Speicherung und Erhebung personenbezogener **Daten von Mitarbeitern und Besuchern,** welche sich am Arbeitsplatz aufhalten, um diese später womöglich an Gesundheitsbehörden zu übermitteln, hat er sich zu informieren, ob insoweit eine behördliche Verfügung besteht. Ist dies der Fall, so muss der Verantwortliche die Daten gegebenenfalls nicht nur speichern, sondern auch auf Anforderung übermitteln. Besteht keine derartige behördliche Verfügung, so hat der Verantwortliche vor Erhebung und Speicherung der Daten eine Einwilligung der betroffenen Personen einzuholen. Darüber hinaus ist dem Zweck entsprechend lediglich ein temporär begrenztes Informationsanliegen seitens des Arbeitgebers gerechtfertigt. Dies bedeutet, dass ein berechtigtes Interesse bezüglich der genannten Informationen nur für einen Zeitraum von regelmäßig (mind.) 14 Tagen ab Betreten des Gebäudes besteht (vgl. bspw. LfD Hmb abrufbar unter: https://datenschutz-hamburg.de/pages/corona-faq). Um das potenzielle Ansteckungsrisiko zu verringern, darf der Arbeitgeber jedoch Informationen seiner Mitarbeiter oder Besucher darüber erheben, ob sie Kontakt zu einem Infizierten hatten und ob sie sich in einem Risikogebiet aufgehalten haben. Um den rechtlichen Interessen der Befragten Rechnung zu tragen, ist eine **Negativauskunft** in der Regel ausreichend. Einer genauen Erläuterung, an welchem Ort und mit welchen Personen der Gast bzw. Mitarbeiter in letzter Zeit verkehrte, bedarf es damit nicht (Stoklas ZD-Aktuell 2020, 07093).

41   Wichtig ist darüber hinaus ein effizientes Mitarbeiter-Management, welches eine diskrete **Kommunikation von Verdachtsfällen** beinhaltet. Die Offenlegung personenbezogener Daten von nachweislich Infizierten oder unter Infektionsverdacht stehenden Personen zur Information von Kontaktpersonen ist nur rechtmäßig, wenn die Kenntnis der Identität für Präventivmaßnahmen der Kontaktpersonen unbedingt notwendig ist (DSK abrufbar unter: https://

www.datenschutzkonferenz-online.de/media/pm/20200325_Informationen_ zu_Corona_und_Arbeitgeber.pdf). Dementsprechend wird die Mitteilung der Identität eines positiv getesteten Kollegen an die Belegschaft nur in eng begrenzten Ausnahmefällen zulässig sein. Um eine Stigmatisierung und darauffolgende Ausgrenzungen und Diskriminierungen zu vermeiden, sollte die unternehmensinterne Kommunikation auf einem **stufenweisen Vorgehen** beruhen:

1. Stufe: Zunächst sollten das Team und die der Person räumlich nahestehenden Personen ohne konkrete Namensnennung über den Verdachtsfall informiert werden.

2. Stufe: Sollte diese Information zur Gefahrenabwehr nicht ausreichen, hat der Arbeitgeber Rat bei der zuständigen Gesundheitsbehörde einzuholen und das weitere Vorgehen mit dieser abzustimmen.

3. Stufe: Nur wenn auch dies nicht möglich oder aus bestimmten Gründen nicht ausreichend ist, darf der Arbeitgeber den notwendigen Teil der Belegschaft über den Verdachtsfall oder die Infektion auch unter Offenlegung der Identität informieren (LfD BW – abrufbar unter: https://www.baden-wuerttemberg.datenschutz.de/faq-corona/).

Weitergehende Datenverarbeitungsvorgänge, welche durch vermeintli- **42** che Einwilligungserklärungen der Arbeitnehmer gerechtfertigt sein sollen, sind prinzipiell in diesem Zusammenhang nicht zulässig, denn es wird insoweit die erforderliche Freiwilligkeit nicht gegeben sein (→ BDSG § 26 Rn. 26 ff.). Durch das faktisch bestehende wirtschaftliche Abhängigkeitsverhältnis fehlt eine tatsächliche Wahlmöglichkeit des Arbeitnehmers: „Wird die Erlaubnis, Arbeitsleistung zu erbringen, davon abhängig gemacht, dass weitergehende personenbezogene (Gesundheits-)Daten preisgegeben werden, muss sie oder er befürchten, dass dies zu finanziellen Nachteilen in Form von unbezahlter Freistellung vom Dienst führen kann." (LfD RhPf abrufbar unter: https://www.datenschutz.rlp.de/de/themenfelder-themen/beschaeftigten-datenschutz-corona/).

IV. Corona-Apps

Besondere Aufmerksamkeit bei der Rückkehr ins Büro bzw. bei den Locke- **43** rungen von allgemeinen Corona-Maßnahmen kommt dem **Einsatz digitaler Technologien** zu. Insbesondere sogenannte **Corona-Apps** sollen eine Schlüsselrolle bei der Bewältigung der Krise einnehmen. Die Spannbreite reicht dabei von einfachen Apps, die dem Bürger eine Orientierungshilfe bietet, über Apps, die Daten zur besseren Erforschung des Virus sammeln und auswerten, bis hin zu solchen Apps, die bei der Kontaktverfolgung von Corona-Infizierten zum Einsatz kommen. Im Mittelpunkt der Diskussion stehen dabei die vom RKI veröffentlichten Apps: Die Corona-Datenspende-App und die Corona-Warn-App.

Um eine Hilfestellung für die zahlreichen Ansätze für Apps zur Bekämp- **44** fung des Virus zu bieten, hat die KOM mit Unterstützung des EDSA **Leitlinien zum Datenschutz** bei Mobil-Apps zur Unterstützung der Bekämpfung der COVID-19-Pandemie veröffentlicht (https://eur-lex.europa.eu/

legal-content/DE/TXT/HTML/?uri=CELEX:52020XC0417(08)&from=
EN). Darin werden Anforderungen und Maßnahmen dargelegt, denen die
Apps gerecht werden sollten, damit die Vorgaben des europäischen Datenschutzrechtes eingehalten werden. Diese Leitlinien flankieren das zeitgleich
veröffentlichte Instrumentarium für die Nutzung von Mobil-Apps zur Kontaktnachverfolgung bei der Bekämpfung von COVID 19 (https://ec.euro-
pa.eu/health/sites/health/files/ehealth/docs/covid-19_apps_en.pdf) und basieren auf den zuvor veröffentlichten Empf. der KOM zur Unterstützung
von Ausstiegsstrategien durch Daten von mobilen Geräten und Mobil-Apps
(https://eur-lex.europa.eu/legal-content/DE/TXT/HTML/?uri=CELEX:
32020H0518&qid=1593441634235&from=en).

45 Für die Verarbeitung von Gesundheitsdaten für wissenschaftliche Forschungszwecke im Zusammenhang mit dem COVID-19-Ausbruch hat der
EDSA weitergehende Interpretationshilfen formuliert (EDSA Leitlinien Forschungszwecke). In diesem Kontext bewegt sich auch die **Corona-Datenspende-App** des RKI: Auf freiwilliger Basis werden Vitaldaten von Fitnesstrackern erfasst und zusammen mit weiteren Daten wie zB der Postleitzahl, Alter,
Größe, Geschlecht und Gewicht an das RKI übermittelt. Die anschließende
wissenschaftliche Aufbereitung der Daten dient dazu, eine bessere Vorhersage
des bundesweiten Erkrankungsverlaufs zu ermöglichen und lokale Infektions-
schwerpunkte frühzeitig zu erkennen (abrufbar unter: https://www.rki.de/
DE/Content/Service/Presse/Pressemitteilungen/2020/04_2020.html). Aufgrund der Verknüpfung der Vitaldaten mit den erfragten Daten, stellen die
erhobenen Daten größtenteils besonders geschützte Gesundheitsdaten nach
Art. 9 Abs. 1 DS-GVO dar (vgl. EDSA Leitlinien Forschungszwecke Rn. 8).
Die Datenverarbeitungen sind auf Basis einer ausdrücklichen Einwilligung
gem. Art. 9 Abs. 2 lit. a bzw. Art. 6 Abs. 1 UAbs. 1 lit. a DS-GVO zulässig
(Kühling/Schildbach, NJW 2020, 1545, 1548). Beim Einrichten der App wird
dem Nutzer dargelegt, welche Daten zu welchem Zweck wie und wie lange
verarbeitet werden. Nur nach aktivem Anklicken der auf diesen Angaben
basierenden Einwilligung kann man die App mit dem Fitnesstracker verbinden.
Die bei Einwilligungen vielfach mit guten Gründen diskutierte Freiwilligkeit
(→ DS-GVO Art. 4 Rn. 69 ff.) ist hier unproblematisch, da keine weiteren
Folgen an diese Einwilligung zur Datenverarbeitung anknüpfen (vgl. EDSA
Leitlinien Forschungszwecke Rn. 20).

46 Für die deutlich kontroverser diskutierten Apps zur Kontaktnachverfolgung
von Corona-Infizierten hat der EDSA ebenfalls Auslegungshilfen veröffentlicht (EDSA Leitlinien Kontaktnachverfolgung). Bei der von der Bundesregierung in Auftrag gegebenen **Corona-Warn-App** werden allen App-
Nutzern automatisch wechselnde IDs zugeteilt. Kommen Nutzer mit anderen
Nutzern in näheren physischen Kontakt, werden mithilfe von Bluetooth
Technologie die jeweiligen IDs lokal auf dem Endgerät gespeichert. Wird ein
Nutzer auf COVID-19 getestet, kann dieser Nutzer sein Testergebnis mit
einem QR-Code, den man vom jeweiligen Labor während des Tests erhält,
in der App abrufen bzw. registrieren. Neben solchen registrierten, positiven
Testergebnissen lassen sich auch andere positive Ergebnisse anhand einer
telefonischen Verifikation, bei der dem anrufenden Nutzer Plausibilitätsfragen

gestellt werden, in der App teilen, um andere Nutzer zu warnen. Dabei werden die gespeicherten eigenen IDs der letzten 14 Tage an einen zentralen Server übermittelt. Dieser Server wiederum sendet regelmäßig eine Liste aller übermittelten IDs an alle App-Nutzer, um einen Abgleich mit der lokal gespeicherten ID-Kontaktliste zu ermöglichen. Entsprechend dem Ergebnis eines solchen Abgleichs, wird das Risiko einer COVID-19-Erkrankung eines App-Nutzers bestimmt (abrufbar unter: https://www.coronawarn.app/assets/documents/cwa-privacy-notice-de.pdf).

Die **Anwendbarkeit des Datenschutzrechts** auf die oben beschriebenen **47** Vorgänge erscheint bereits problematisch, da sich gem. Art. 2 Abs. 1 iVm Art. 4 Nr. 1 DS-GVO die verarbeiteten Informationen auf eine zumindest identifizierbare natürliche Person beziehen müssen (→ DS-GVO Art. 4 Rn. 8 ff.). Der EuGH beurteilt die Bestimmbarkeit primär relativ aus Sicht des Verantwortlichen, berücksichtigt aber auch solche Mittel, die vernünftigerweise eingesetzt werden könnten (EuGH ZD 2017, 24 ff.). Angesichts dessen, dass die den Nutzern zugeordneten IDs stetig wechseln und keine Maßnahmen zur Identifizierbarkeit ersichtlich sind, die das RKI mit verhältnismäßigem Aufwand betreiben kann, scheint ein Personenbezug nahezu ausgeschlossen. Auch die zur Corona-Warn-App veröffentlichte Datenschutz-Folgenabschätzung geht von einem Personenbezug der IDs nur in Zusammenhang mit der kurzzeitigen Verbindung mit der IP-Adresse aus und stuft das RKI für die lokalen Datenverarbeitungen lediglich vorsorglich als Verantwortlichen ein (Ziff. 10.1, abrufbar unter: https://www.coronawarn.app/assets/documents/cwa-datenschutz-folgenabschaetzung.pdf). In diesem Sinne ist auch die Datenschutzerklärung der Corona-Warn-App formuliert, die darauf hinweist, dass die Betroffenenrechte gem. Art. 15 ff. DS-GVO „in der Regel nicht unmittelbar und nur mit zusätzlichen Informationen zu Ihrer Person, die dem RKI nicht vorliegen, erfüllt werden können." (abrufbar unter: https://www.coronawarn.app/assets/documents/cwa-privacy-notice-de.pdf).

Die Berechtigung zur Durchführung der Datenverarbeitungen ergibt sich **48** ebenso wie bei der Corona-Datenspende-App aus Art. 9 Abs. 2 lit. a bzw. Art. 6 Abs. 1 UAbs. 1 lit. a DS-GVO. Vor dem Hintergrund, dass zahlreiche Stellen verlauten ließen, dass mindestens 60 Prozent der Bevölkerung die App nutzen müssen, damit die App erfolgreich funktioniere (statt vieler zB Tagesschau, abrufbar unter: https://www.tagesschau.de/inland/faq-corona-tracing-app-101.html), ist ein besonderes Augenmerk auf die **Freiwilligkeit der Einwilligung** zu legen. Denn gesellschaftlicher Druck könnte dazu führen, dass die erforderliche echte Wahlmöglichkeit des Betroffenen nicht gegeben ist (Kühling/Schildbach, NJW 2020, 1545, 1549; ausführlich hierzu RKI Datenschutz-Folgenabschätzung Ziff. 10.2.3.3, abrufbar unter: https://www.coronawarn.app/assets/documents/cwa-datenschutz-folgenabschaetzung.pdf). Darüber hinaus weist der EDSA zutreffend darauf hin, dass die freiwillige App-Nutzung nicht automatisch auch mit einer Einwilligung zur Datenverarbeitung einhergeht (EDSA Leitlinien Kontaktnachverfolgung Rn. 29).

Naheliegend scheint auch, die Datenverarbeitungen aus Gründen des **49** öffentlichen Interesses im Bereich der öffentlichen Gesundheit auf die **ge-**

setzliche Erlaubnisnorm des Art. 9 Abs, 2 lit. i DS-GVO iVm § 22 Abs. 1 Nr. 1 lit. c BDSG zu stützen (Kühling/Schildbach, NJW 2020, 1545, 1549 f.). Allerdings ist nicht davon auszugehen, dass § 22 BDSG hinreichend bestimmt ist und die Anforderungen der Öffnungsklausel in Art. 9 Abs. 2 DS-GVO erfüllt (→ BDSG § 22 Rn. 2, 15), sodass, auch und gerade in Ansehung der Bedeutung der Akzeptanz der App in der Bevölkerung, ein Rückgriff auf diese Rechtsgrundlage zumindest risikobehaftet wäre. Allerdings könnte der Gesetzgeber eine **spezifische Rechtsgrundlage** schaffen; die Fraktion BÜNDNIS 90/DIE GRÜNEN legte hierzu bereits einen entsprechenden Gesetzentwurf vor (BT-Drs. 19/20037). Mit einer solch dezidierten gesetzlichen Regelung könnten zugleich noch weitere Aspekte adressiert werden, die nun von einigen Stellen angemerkt werden, insbesondere die Freiwilligkeit der App-Nutzung gesetzlich abzusichern (vgl. DAV abrufbar unter: https://anwaltsblatt.anwaltverein.de/de/anwaeltinnen-anwaelte/anwaltspraxis/corona-app-dav-fordert-gesetzliche-grundlage; BfDI abrufbar unter: https://www.bfdi.bund.de/DE/Infothek/Transparenz/Stellungnahmen/2020/Schreiben-an-BMG_Corona-App-Gesetz.pdf; Johannes ZD-Aktuell 2020, 07114).

50   Neben Deutschland setzen auch zahlreiche **andere Staaten** auf die **Unterstützung durch Apps,** um die COVID-19-Pandemie einzudämmen. Die Ansätze der einzelnen Staaten unterscheiden sich teilweise deutlich voneinander, dies gilt ebenso für die eingesetzten Technologien. So nutzt zB Südkorea neben GPS-Daten auch Überwachungskamera- und Kreditkartendaten, um Infektionsketten nachzuverfolgen und vor Infektionsherden zu warnen (BBC abrufbar unter: https://www.bbc.com/news/world-asia-51733145). Ob sich solche Verarbeitungen vor den Grundsätzen des Art. 5 DS-GVO behaupten und zum anderen als verhältnismäßig darstellen können, wird in Zeiten der COVID-19-Pandemie, in der vor allem auch schnelles Handeln gefragt ist, kontrovers diskutiert (vgl. Theurer, DRiZ 2020, 172). Am Beispiel der Novellierung des IfSG zeigte sich nicht zuletzt, dass auch in Zeiten einer Pandemie die bestehenden Grundsätze nicht aufgeweicht werden. So enthielt der erste Gesetzesentwurf noch eine Regelung zur Erfassung von Daten aus Mobilfunkgeräten. Diese Regelung wurde jedoch ersatzlos gestrichen, da sie erheblichen verfassungsrechtlichen Bedenken begegnete, so wurde insbesondere die Ungeeignetheit der Regelung kritisiert (vgl. BfDI abrufbar unter: https://www.bfdi.bund.de/DE/Infothek/Transparenz/Stellungnahmen/2020/StgN_Novelle-InfektionsschutzG-Bundestag.html).

51   Zunehmend werden auch **Apps von privaten Entwicklern** angeboten. Sofern diese Apps eine genauere Rückverfolgung der Kontaktpersonen von Infizierten zulassen, ist dies vor allem für **Unternehmen** interessant. Anstatt der gesamten Belegschaft müssten dann gegebenenfalls nur die engsten Kollegen nach Hause geschickt werden (vgl. Der Spiegel abrufbar unter: https://www.spiegel.de/wirtschaft/corona-app-firmen-suchen-nach-alternativen-zur-corona-warn-app-des-bundes-a-00000000-0002-0001-0000-00017166 7077). Ein weiterer Vorteil ist, dass neben der Kontaktnachverfolgung auch andere, an das jeweilige Unternehmen angepasste Funktionen integriert werden können. So kann zB die Belegung der Räumlichkeiten koordiniert und

geregelt (vgl. Siemens abrufbar unter: https://new.siemens.com/ch/de/unter-nehmen/news/sicher-im-buero-dank-comfy.html) oder standortspezifische Verhaltensregeln bzw. Warnhinweise angezeigt werden (vgl. PwC abrufbar unter: https://www.pwc.de/de/pressemitteilungen/2020/pwc-deutschland-wird-partner-von-eintracht-frankfurt-gemeinsam-in-eine-digitale-zukunft-und-gegen-covid-19.html).

Die Verpflichtung von Arbeitnehmern zur Nutzung bestimmter Apps auf **52** Diensthandys könnte vom Direktionsrecht des Arbeitgebers gedeckt sein (vgl. Haufe abrufbar unter: https://www.haufe.de/personal/arbeitsrecht/corona-warn-app-was-arbeitgeber-zum-einsatz-wissen-muessen_76_518650.html). Zu beachten ist jedoch, dass die **verpflichtende App-Nutzung** – ebenso wie die freiwillige App-Nutzung – nicht automatisch auch die Erteilung einer datenschutzrechtlichen Einwilligung umfasst (vgl. EDSA Leichtlinien Kontaktnachverfolgung Rn. 29). Somit ist sowohl im Fall einer Weisung des Arbeitgebers als auch bei einer bloßen Empfehlung darauf zu achten, dass dem Arbeitnehmer eine tatsächliche Wahlmöglichkeit verbleibt, sodass eine etwaige Einwilligung auch freiwillig erfolgt. Sinnvoll erscheint in jedem Fall den Dialog mit der Belegschaft bzw. dem Betriebsrat zu suchen, um entsprechende Vereinbarungen zur App-Nutzung abzuschließen.

Zur Nutzung von Apps gibt es allerdings auch **Alternativen.** So werden **53** zur Unterstützung der Einhaltung der Abstandregelungen zB Sensoren angeboten, die am Handgelenk getragen werden können (Kinexon abrufbar unter: https://kinexon.com/de/safezone). Kommen sich zwei Träger zu nahe, wird zunächst ein Lichtsignal abgegeben, bei längerer Unterschreitung des Mindestabstands ertönt zusätzlich ein Warnsignal. In der erweiterten Version lassen sich durch das Aufzeichnen von Bewegungsdaten der Mitarbeiter zudem Infektionsketten zurückverfolgen. Die Sensoren bekommen hierzu eine ID zugewiesen, die nicht einzelnen Personen zugeordnet wird, sodass laut Hersteller keine personenbezogenen Daten verarbeitet werden. Diese Annahme erscheint zumindest in der erweiterten Version fraglich, da Bewegungsdaten zur Bestimmung der Infektionskette wohl als personenbezogene Daten einzuordnen sind (→ DS-GVO Art. 4 Rn. 15).

V. Sonstige Auswirkungen

Die Auswirkungen der Pandemie machen darüber hinaus auch vor **öffent-** **54** **lichen Versammlungen** keinen Halt. Neben beschränkten Teilnehmerzahlen und Abstandsgeboten, steht hier vor allem auch die Datenerhebung von Teilnehmern im Fokus. Mehrere Versammlungsbehörden haben die Anmelder von Versammlungen angewiesen, Listen mit personenbezogenen Daten von Teilnehmern zu führen und an die Behörde zu übermitteln. Zu diesen angeforderten Daten gehören zB Name, Geburtsdatum, Adresse, Telefonnummer und Mailadresse.

Anlasslose Übermittlungen dürften nach Ansicht des Thüringischen LfD **55** gerade unter Berücksichtigung der Versammlungsfreiheit (→ DS-GVO Art. 1 Rn. 11) und des Grundsatzes der Datenminimierung nicht zulässig sein (abrufbar unter https://www.tlfdi.de/mam/tlfdi/presse/pm_corona_29.4.2020.pdf).

Auch die als Alternative vorgeschlagene Vorgehensweise, wonach Anmelder Listen mit den zuvor genannten Daten anlegen, polizeilich versiegeln lassen und erst bei Bedarf an die zuständigen Behörden übermitteln sollen, ist nach Ansicht des VG Köln nicht mit dem Wesensgehalt des Versammlungsrechts aus Art. 8 GG vereinbar (VG Köln BeckRS 2020, 7882 Rn. 7). Denn das betreffende Grundrecht gewährleistet das **Recht zur anonymen Teilnahme an Versammlungen.** Vor diesem Hintergrund stellt sich die Verpflichtung zur Anfertigung von Teilnehmerlisten regelmäßig als unverhältnismäßig dar. Einschränkende Maßnahmen sind lediglich bei tatsächlichen Anhaltspunkten für einen Infektionsfall unter den Versammlungsteilnehmern in Betracht zu ziehen (vgl. allg. §§ 12a, 19a VersammlG). In einem solchen Fall dürfte sich der Ausschluss infektionsverdächtiger Personen von der Versammlung gegenüber dem Führen von Listen regelmäßig als das mildere Mittel darstellen.

56   Zudem hat die Verlagerung eines erheblichen Teils der Belegschaft ins Home-Office dazu geführt, dass bei vielen Unternehmen interne Verwaltungsprozesse nicht (mehr) reibungslos funktionieren und zB Auskunftsanfragen nach Art. 15 DS–GVO nur verzögert bearbeitet werden. Dies entweder, weil pandemiebedingt im Unternehmen Personalmangel herrscht oder auch, weil auf analoge Daten, welche im Büro vorgehalten sind, aufgrund der Heimarbeit nicht in absehbarer Zeit zugegriffen werden kann. Für die betroffenen Unternehmen stellt sich somit die berechtigte Frage, ob die in der **DS–GVO vorgegebenen Fristen** (→ DS-GVO Art. 12 Rn. 52 ff.) in Anbetracht der außergewöhnlichen Situation flexibel gehandhabt werden können oder ob sich Unternehmen trotz der Pandemie bei Nichteinhaltung der Fristen Schadensersatzklagen oder Bußgeldern ausgesetzt sehen.

57   Die meisten Datenschutzbehörden haben sich zu diesem Punkt noch nicht eindeutig positioniert. Der Hmb LfD hebt jedoch hervor, dass – abgesehen von der gesetzlich geregelten Fristverlängerung – Fristen zwar nicht verlängert werden, aber die **Nichteinhaltung** vorerst auch nicht geahndet wird (abrufbar unter https://datenschutz-hamburg.de/pages/corona-faq). Der EDSA hat sich zu der Fristenregelung nicht explizit geäußert, in einer Stellungnahme aber betont, dass die Corona-Pandemie keinen Einfluss auf die Pflichten hat, die sich aus der DS-GVO ergeben (abrufbar unter https://edpb.europa.eu/sites/edpb/files/files/file1/edpb_statement_art_23gdpr_20200602_de_1.pdf); in diesem Sinne kritisiert der EDSA die Ankündigung Ungarns, Teile der DS-GVO, unter anderem Art. 15 DS-GVO, für die Dauer des nationalen Ausnahmezustandes außer Kraft zu setzen (abrufbar unter https://www.euractiv.de/section/europakompakt/news/eu-datenschutzrat-sehr-besorgt-ueber-dsgvo-aussetzung-in-ungarn/).

58   Dogmatisch könnte eine flexible Handhabung der Fristen an ErwGr 146 anknüpfen, der die Hintergründe der Haftungsbefreiung im Datenschutzrecht darlegt und in einer früheren Fassung noch explizit das Beispiel **„höhere Gewalt"** enthielt (ER 9398/15 Rn. 118). Vor dem Hintergrund, dass deutsche Gerichte in der Vergangenheit Epidemien bereits als Fälle höherer Gewalt anerkannten (AG Augsburg BeckRS 2004, 16212; AG Homburg, VuR 1992, 313 ff.), ist es zumindest denkbar, dem Grundsatz des „argumentum a maiore ad minus" folgend, den Gedanken der Enthaftung aus Art. 82 DS-

GVO auch auf die Einhaltung der Fristenregelung in Art. 12 DS-GVO anzuwenden (vgl. Piltz abrufbar unter https://www.delegedata.de/2020/03/covid-19-als-hoehere-gewalt-im-datenschutzrecht-unternehmen-sind-nicht-in-der-haftung/).

Auch die Einhaltung der Frist nach Art. 33 Abs. 1 DS-GVO für die   **59** Meldung einer Verletzung des Schutzes personenbezogener Daten könnte von der Pandemie betroffen sein. Da der Wortlaut „möglichst binnen 72 Stunden" weiter ist als in Art. 12 DS-GVO, kommt eine flexible Handhabung grundsätzlich in Betracht (LfD Hmb, abrufbar unter: https://datenschutz-hamburg.de/pages/corona-faq).

Verordnung (EU) 2016/679 des Europäischen Parlaments und des Rates vom 27. April 2016 zum Schutz natürlicher Personen bei der Verarbeitung personenbezogener Daten, zum freien Datenverkehr und zur Aufhebung der Richtlinie 95/46/EG (Datenschutz-Grundverordnung)

(**Text von Bedeutung für den EWR**)

(ABl. Nr. L 119 S. 1, ber. Nr. L 314 S. 72 und ABl. 2018 Nr. L 127 S. 2)

Celex-Nr. 3 2016 R 0679

DAS EUROPÄISCHE PARLAMENT UND DER RAT DER EUROPÄISCHEN UNION –

gestützt auf den Vertrag über die Arbeitsweise der Europäischen Union, insbesondere auf Artikel 16,

auf Vorschlag der Europäischen Kommission,

nach Zuleitung des Entwurfs des Gesetzgebungsakts an die nationalen Parlamente,

nach Stellungnahme des Europäischen Wirtschafts- und Sozialausschusses[1],

nach Stellungnahme des Ausschusses der Regionen[2],

gemäß dem ordentlichen Gesetzgebungsverfahren[3],

in Erwägung nachstehender Gründe:

(*Red. Anm.: Die 173 Erwägungsgründe der DS-GVO sind im Anhang des Kommentars, S. 1471 ff. abgedruckt. Sie werden in den Kommentierungen der einzelnen Artikel mit „ErwGr (Nummer)" in Bezug genommen. Zur Rechtsnatur der Erwägungsgründe → Einl. Rn. 10*)

HABEN FOLGENDE VERORDNUNG ERLASSEN:

---

[1] **Amtl. Anm.:** ABl. C 229 vom 31.7.2012, S. 90.

[2] **Amtl. Anm.:** ABl. C 391 vom 18.12.2012, S. 127.

[3] **Amtl. Anm.:** Standpunkt des Europäischen Parlaments vom 12. März 2014 (noch nicht im Amtsblatt veröffentlicht) und Standpunkt des Rates in erster Lesung vom 8. April 2016 (noch nicht im Amtsblatt veröffentlicht). Standpunkt des Europäischen Parlaments vom 14. April 2016.

Kapitel I. Allgemeine Bestimmungen

Art. 1 Gegenstand und Ziele

(1) Diese Verordnung enthält Vorschriften zum Schutz natürlicher Personen bei der Verarbeitung personenbezogener Daten und zum freien Verkehr solcher Daten.

(2) Diese Verordnung schützt die Grundrechte und Grundfreiheiten natürlicher Personen und insbesondere deren Recht auf Schutz personenbezogener Daten.

(3) Der freie Verkehr personenbezogener Daten in der Union darf aus Gründen des Schutzes natürlicher Personen bei der Verarbeitung personenbezogener Daten weder eingeschränkt noch verboten werden.

BDSG und anderes nationales Recht: –

A. Allgemeines (Abs. 1)

1   Art. 1 bestimmt den **Zweck der DS-GVO,** indem unter der Überschrift „Gegenstand und Ziele" zum einen auf die den Datenschutz betr. **Grundrechte** und **Grundfreiheiten** des Einzelnen, andererseits aber auch darauf verwiesen wird, dass diese nicht dazu dienen dürfen, den **freien Verkehr** solcher Daten in der EU einzuschränken oder gar zu unterbinden. Die Ziele und Grundsätze der bei Erlass der DS-GVO über zwanzig Jahre alten DSRL, des bisherigen „Kernstücks" der EU-Vorschr. zum Schutz personenbezogener Daten, besitzen lt. der Begr. ausdr. nach wie vor Gültigkeit (ErwGr 9). Gleichwohl sollte aufgrund der unterschiedlichen Umsetzung dieser RL in den Mitgliedstaaten durch die DS-GVO eine einheitliche Anwendung erreicht werden (ErwGr 9 ff.). Die Vorschr. zum Schutz der Grundrechte und Grundfreiheiten von natürlichen Personen bei der **Verarbeitung personenbezogener Daten** sollten schließlich unionsweit gleichmäßig und einheitlich angewandt werden (ErwGr 10).

2   Abs. 1 fasst dabei letztlich die beiden Folgeabsätze zusammen, wenn er feststellt, dass die DS-GVO insgesamt sowohl Normen zum Schutz natürlicher Personen bei der Verarbeitung personenbezogener Daten als auch solche zum freien Verkehr mit eben diesen Daten enthält. Die Gesetzestechnik einer vorangestellten „Programmnorm" mit (inhaltlich gleichen) Zielen fand sich bereits in Art. 1 DSRL. Datenschutz ist Grundrecht und die DS-GVO dient ausdr. dem Schutz dieses Grundrechtes (Abs. 2).

3   Der in Abs. 1 verwendete Begriff der „Verarbeitung" wird in Art. 4 Nr. 2 definiert und ist letztlich umfassend in Bezug auf jede mögliche Verwendung personenbezogener Daten (→ Art. 4 Rn. 20 ff.).

B. Grundrechte und Grundfreiheiten (Abs. 2)

Der Schutz der sie betr. personenbezogenen Daten ist ein Grundrecht jeder **4**
natürlichen Person. Während in Deutschland das BVerfG dieses Grundrecht
aus Art. 1 und Art. 2 Abs. 1 GG hergeleitet hat (seit BVerfGE 65, 1), hat der
EuGH sich bis zur Verabschiedung der GRCh stets auf Art. 8 der Konvention
zum Schutz der Menschenrechte und Grundfreiheiten (EMRK) bezogen (zB
EuGH EuZW 2006, 403; 2010, 939). Diese Norm betrifft das Recht auf
Achtung des Privat- und Familienlebens und nennt – die Entstehung der
EMRK im Jahr 1950 verzeiht dies – den Datenschutz nicht ausdr.

Im Jahr 2010 trat die **GRCh** der EU in Kraft (ABl. EG 2000 C 364,1). In **5**
dieser findet sich ein eigenes ausdr. normiertes **Grundrecht zum Schutz**
personenbezogener Daten in Art. 8 Abs. 1 GRCh. Art. 8 Abs. 2 S. 1
GRCh bestimmt allerdings eine Einschränkung insoweit, als solche Daten
(nur) nach Treu und Glauben für festgelegte Zwecke und mit Einwilligung
der betroffenen Person oder auf einer sonstigen gesetzlich geregelten legitimen Grdl. verarbeitet werden dürfen. Damit ist das **Verbot mit Erlaub-**
nisvorbehalt grdl. festgeschrieben, ebenso wie das Auskunftsrecht in Art. 8
Abs. 2 S. 2 GRCh und die Überwachung des Datenschutzes durch eine
unabhängige Stelle in Art. 8 Abs. 3 GRCh.

Allerdings wendet der EuGH in eigentlich allen das Datenschutzrecht betr. **6**
Entsch. die Art. 7 GRCh (Schutz des Privat- und Familienlebens) und Art. 8
GRCh (Schutz personenbezogener Daten) nebeneinander an (zB EuGH
NVwZ 2014, 435 Rn. 24; EuZW 2014, 541 Rn. 97; MMR 2015, 753; s.
bereits EuZW 2010, 939). Die ErwGr zur DS-GVO rekurrieren gleichwohl
allein auf Art. 8 GRCh (ErwGr 1). Daneben benennen sie Art. 16 AEUV,
der den Schutz personenbezogener Daten ebenfalls statuiert (ErwGr 1) und als
formelle Ermächtigungsgrundlage für die VO fungiert (ErwGr 12).

Der Schutz personenbezogener Daten ist **Menschenrecht,** nicht Bürger- **7**
recht. Der durch die DS-GVO gewährte Schutz betrifft demnach die Verarbeitung personenbezogener Daten natürlicher Personen **ungeachtet ihrer**
Staatsangehörigkeit oder ihres Aufenthaltsortes (ErwGr 14). Der Schutz
richtet sich sowohl **gegen den Staat** als auch **gegen private Datenver-**
arbeiter, insbes. – aber nicht nur – gegen Marktgiganten, die diese Daten
zum Gegenstand ihres Geschäftsmodells gemacht haben (vgl. EuGH EuZW
2014, 541).

Die Grundsätze und Vorschr. zum Schutz natürlicher Personen bei der **8**
Verarbeitung ihrer personenbezogenen Daten sollen gewährleisten, dass die
Grundrechte und Grundfreiheiten natürlicher Personen und insbes. ihr Recht
auf Schutz personenbezogener Daten ungeachtet ihrer Staatsangehörigkeit
oder ihres Aufenthaltsortes gewahrt bleiben (ErwGr 2). Die DS-GVO soll zur
Vollendung eines **Raumes der Freiheit, der Sicherheit und des Rechtes**
und einer **Wirtschaftsunion,** zum wirtschaftlichen und sozialen Fortschritt,
zur Stärkung und zum Zusammenwachsen der Volkswirtschaften innerhalb
des Binnenmarktes sowie zum Wohlergehen der Menschen beitragen (ErwGr
2). Ungeachtet dieses Bekenntnisses zum Datenschutz wurde recht spät im

Entstehungsprozess ErwGr 4 eingefügt, der die Verarbeitung personenbezogener Daten „in den Dienst der Menschheit" stellen will. „Die Verarbeitung personenbezogener Daten sollte im Dienste der Menschheit stehen. Das Recht auf Schutz der personenbezogenen Daten ist **kein uneingeschränktes Recht;** es muss im Hinblick auf seine gesellschaftliche Funktion gesehen und unter Wahrung des **Verhältnismäßigkeitsprinzips** gegen andere Grundrechte abgewogen werden" (ErwGr 4). Der dieser Feststellung folgende Nachsatz, dass die DS-GVO im Einklang mit allen innerhalb der EU geltenden Grundrechten und Grundsätzen stehe, steht nach dem Grundsatz der Gewaltentrennung unter dem Vorbehalt einer Bestätigung durch den EuGH.

9   Die Bem., die Verarbeitung personenbezogener Daten solle „**im Dienste der Menschheit** stehen" (ErwGr 4; „The processing of personal data should be designed to serve mankind"), findet sich in dieser Deutlichkeit ansonsten eher in Schriften, welche die Interessen der datenverarbeitenden Industrie unterstützen sollen. Sie ist im Konjunktiv formuliert richtig, in einer Norm zum Schutze des Einzelnen aber wohl nur als Abschwächung zu bewerten. Gem. ErwGr 2 DSRL standen Datenverarbeitungssysteme noch **„im Dienste des Menschen"** („data-processing systems are designed to serve man"), also des jeweilig betroffenen Einzelnen, nicht im noch zu bestimmenden Interesse einer ebenfalls noch zu bestimmenden Mehrheit oder gar im kaum bestimmbaren Interesse „der Menschheit" insgesamt. Dies ist auch keine Umschreibung der Formel, dass der datenschutzrechtliche Anspruch des Einzelnen keine uneingeschränkte Geltung beanspruchen und im Hinblick auf seine gesellschaftliche Funktion gesehen werden muss (vgl. EuGH EuZW 2010, 939 Rn. 49; NJW 2003, 3158 Rn. 80). Hier sei auf die Gefahr hingewiesen, dass mit vagen oder konkreten Interessen einer Mehrheit der eigentlich intendierte Schutz des Einzelnen ausgehöhlt werden könnte. Der datenschutzrechtliche Grundrechtsschutz ist essentiell für die Entwicklung und den Bestand einer freien und selbstbestimmten Persönlichkeit (vgl. BVerfGE 65, 1, 41 ff.).

10   Natürlich ist es richtig, dass auch der unionsweite Datenaustausch zwischen öffentl. und privaten Akteuren einschl. Einzelpersonen, Vereinigungen und Unternehmen zugenommen hat (ErwGr 5). Auch stellen der rasche **technologische Fortschritt** und die **Globalisierung** den Datenschutz vor zahlr. neue Herausforderungen (ErwGr 6), denn die Technik macht es möglich, dass Privatwirtschaft und Staat im Rahmen ihrer Tätigkeiten in einem noch nie dagewesenen Umf. auf personenbezogene Daten zurückgreifen (ErwGr 6). Zunehmend werden auch private Informationen öffentl. weltweit zugänglich gemacht (ErwGr 6). Die Technik hat das wirtschaftliche und gesellschaftliche Leben in der Vergangenheit grdl. verändert (ErwGr 6) und wird dies weiter tun. Dass dabei der Datenverkehr innerhalb der EU sowie die Datenübermittlung an **Drittländer** und **int. Organisationen** noch leichter werden, macht es aber umso wichtiger, gleichzeitig ein **hohes Datenschutzniveau** zu gewährleisten (ErwGr 6). Die digitale Wirtschaft benötigt eine Rechtssicherheit (ErwGr 7), gleichwohl gilt: „Jede Person sollte die Kontrolle über ihre eigenen Daten besitzen" (ErwGr 7). Ob und inwieweit dieser „Dienst an der Menschheit" im eingefügten ErwGr 4 nicht eigentlich nur die wirtschaftli-

chen Interessen bestimmter Beteiligter meint, ist unklar. Das Prinzip lautet: Datenschutz ist ein Grundrecht des Einzelnen und die DS-GVO dient ausdr. dem Schutz dieses Grundrechtes (Art. 1 Abs. 2).

Sonstige Grundrechte werden vom Entwurf zur Begr. nicht angeführt, **11** können aber durchaus auch datenschutzrechtliche Bedeutung haben. Zu nennen sind etwa die Gedanken-, Gewissens- und Religionsfreiheit (Art. 10 GRCh; Art. 4 GG), die Freiheit der Meinungsäußerung und Informationsfreiheit (Art. 11 GRCh; Art. 5 GG), die Freiheit der Kunst und der Wissenschaft (Art. 13 GRCh, Art. 5 Abs. 3 GG). Selbst politische Freiheitsrechte wie die Versammlungs- und Vereinigungsfreiheit (Art. 12 GRCh; Art. 8 GG) schützen letztlich auch vor datenschutzrechtlich relevanten Maßnahmen, die der Einschüchterung dienen sollen. Das in Art. 10 GG gesondert genannte Briefgeheimnis sowie das Post- und Fernmeldegeheimnis sind letztlich in Art. 8 GRCh mitenthalten. Ob Datenschutz auch **Verbraucherschutz** iSd Art. 38 GRCh sein kann und sollte, sei dahingestellt. Es sei noch darauf hingewiesen, dass Art. 85 den Mitgliedstaaten aufgibt, durch Rechtsvorschriften das Recht auf den Schutz personenbezogener Daten gem. der DS-GVO mit dem Recht auf freie Meinungsäußerung und Informationsfreiheit, einschl. der Verarbeitung zu journalistischen Zwecken und zu wissenschaftlichen, künstlerischen oder literarischen Zwecken, in Einklang zu bringen.

Keine Grundrechtsträger idS sind **Verstorbene,** denn die DS-GVO soll **12** ausdr. nicht für die personenbezogenen Daten Verstorbener gelten (ErwGr 27). Die **Mitgliedstaaten** können aber Vorschr. für die Verarbeitung der personenbezogenen Daten Verstorbener vorsehen (ErwGr 27).

C. Der freie Datenverkehr innerhalb der EU (Abs. 3)

Der freie Verkehr personenbezogener Daten in der EU darf aus Gründen des **13** Schutzes der Betroffenen weder eingeschränkt noch verboten werden (Abs. 3). Auch der Datenschutz darf keine Grdl. für innereuropäische Verkehrsbeschränkungen sein. Diese Regelung zum **freien Verkehr von Daten** (free movement of data) entspricht gleichwohl keineswegs den Regelungen zum freien Warenverkehr, da es nicht um den Verkauf von Daten geht, sondern vielmehr um ihre Verarbeitung.

Letztlich geht es darum, sicherzustellen, dass der Austausch auch von per- **14** sonenbezogenen Daten europaweit ebenso frei bleibt, wie er es ansonsten innerhalb eines Mitgliedstaates wäre (vgl. die identische Formulierung beim Datenschutz beim Austausch von Daten zu Straftaten oder Strafvollstreckung in Art. 1 Nr. 2 lit. b JI-RL). Bedeutung hat dies va bei der Nutzung von Daten in unterschiedlichen Mitgliedstaaten, gleich ob diese **unmittelbar oder im Auftrag** verarbeitet werden. Für eine die Unionsgrenzen überschreitende Datenverarbeitung ist Art. 3 zu beachten, der den räumlichen Anwendungsbereich der DS-GVO bestimmt, sowie die Art. 44 ff., die insbes. die Vorgaben der EuGH-Entsch. zum Thema **Safe Harbor** (EuGH MMR 2015, 753) umsetzen (vgl. auch EuGH MMR 2020, 597 zum Privacy Shield).

Art. 2 Sachlicher Anwendungsbereich

(1) Diese Verordnung gilt für die ganz oder teilweise automatisierte Verarbeitung personenbezogener Daten sowie für die nichtautomatisierte Verarbeitung personenbezogener Daten, die in einem Dateisystem gespeichert sind oder gespeichert werden sollen.

(2) Diese Verordnung findet keine Anwendung auf die Verarbeitung personenbezogener Daten

a) im Rahmen einer Tätigkeit, die nicht in den Anwendungsbereich des Unionsrechts fällt,

b) durch die Mitgliedstaaten im Rahmen von Tätigkeiten, die in den Anwendungsbereich von Titel V Kapitel 2 EUV fallen,

c) durch natürliche Personen zur Ausübung ausschließlich persönlicher oder familiärer Tätigkeiten,

d) durch die zuständigen Behörden zum Zwecke der Verhütung, Ermittlung, Aufdeckung oder Verfolgung von Straftaten oder der Strafvollstreckung, einschließlich des Schutzes vor und der Abwehr von Gefahren für die öffentliche Sicherheit.

(3) ¹ Für die Verarbeitung personenbezogener Daten durch die Organe, Einrichtungen, Ämter und Agenturen der Union gilt die Verordnung (EG) Nr. 45/2001. ² Die Verordnung (EG) Nr. 45/2001 und sonstige Rechtsakte der Union, die diese Verarbeitung personenbezogener Daten regeln, werden im Einklang mit Artikel 98 an die Grundsätze und Vorschriften der vorliegenden Verordnung angepasst.

(4) Die vorliegende Verordnung lässt die Anwendung der Richtlinie 2000/31/EG und speziell die Vorschriften der Artikel 12 bis 15 dieser Richtlinie zur Verantwortlichkeit der Vermittler unberührt.

BDSG und anderes nationales Recht: § 1 BDSG (kommentiert unter → BDSG § 1 Rn. 1 ff.).

Übersicht

A. Allgemeines

Art. 2 bestimmt den sachlichen Anwendungsbereich der DS-GVO, indem er **1** die technischen Umstände der jeweils relevanten Datenverarbeitungsvorgänge beschreibt.

B. Sachlicher Anwendungsbereich (Abs. 1)

I. Adressaten

Die DS-GVO gilt für die ganz oder teilw. **automatisierte Verarbeitung 2** personenbezogener Daten sowie für die **nicht automatisierte Verarbeitung** personenbezogener Daten, die in einem Dateisystem gespeichert sind oder gespeichert werden sollen (Abs. 1). Angaben zum Adressaten der Norm macht Art. 2 nicht, woraus sich ergibt, dass die DS-GVO grds. sowohl für öffentliche als auch für nicht öffentliche Stellen gilt. Dies ergibt sich e contrario auch aus den Ausnahmen in Abs. 2 bis 4.

II. Personenbezogene Daten

Der Zentralbegriff des Datenschutzrechtes – die „personenbezogenen Daten" **3** – ist in Abs. 1 zwar bereits erwähnt, wird aber erst definiert in Art. 4 Nr. 1 als jede Information, die sich auf eine bestimmte oder bestimmbare natürliche Person bezieht. Zur Begriffsbestimmung → Art. 4 Rn. 3 ff.

III. Ganz und teilweise automatisierte Verarbeitung

Der Begriff der **„Verarbeitung"** wird definiert in Art. 4 Nr. 2 (→ Art. 4 **4** Rn. 20 ff.) als jeder „mit oder ohne Hilfe automatisierter Verfahren ausgeführte Vorgang oder jede solche Vorgangsreihe im Zusammenhang mit personenbezogenen Daten wie das Erheben, das Erfassen, die Organisation, das Ordnen, die Speicherung, die Anpassung oder Veränderung, das Auslesen, das Abfragen, die Verwendung, die Offenlegung durch Übermittlung, Verbreitung oder eine andere Form der Bereitstellung, den Abgleich oder die Verknüpfung, die Einschränkung, das Löschen oder die Vernichtung".

Um ein ernsthaftes Risiko einer Umgehung der Vorschr. zu vermeiden, soll **5** der Schutz natürlicher Personen **technologieneutral** sein und nicht von den verwendeten Techniken abhängen (ErwGr 15). Der Begriff des automatisierten Verfahrens ist aus diesem Grunde denkbar weit und umfasst letztlich **jede Form von Datenverarbeitungsanlagen.** Auch Videoüberwachung fällt, soweit zB kontinuierlich gespeichert wird, unter den Begriff (EuGH EuZW 2015, 234 Rn. 22 ff.). Erfasst sind demnach Computer jeder Größenordnung ebenso wie PDA und Smartphone, Überwachungsanlagen (inkl. Kameradrohnen, Webcam, Dashcam uÄ), digitale Kopierer und Scanner usw. Jede Benutzung von Computer, Internet, E-Mail führt somit zur Anwendbarkeit, sobald personenbezogene Daten involviert sind. Auch die Erhebung von Daten mit

Wearables oder iRd Smart Car-, Smart Home- oder Ambient Assisted Living-Anwendungen fallen unter den Begriff.

6 Die Unterscheidung zwischen ganz automatisierter und lediglich teilw. automatisierter Datenverarbeitung differenziert zwischen der Erhebung mit und ohne **händische Zwischenschritte.** Lediglich teilw. automatisierte Datenverarbeitung liegt etwa vor, wenn ein **Mensch** die zu verarbeitenden Daten in ein System eingibt. Ganz automatisierte Datenverarbeitung läuft unter Einsatz eines gesteuerten Verfahrens selbsttätig ab und ermöglicht eine **programmgesteuerte Zugänglichmachung und Auswertung** des Datenbestandes (zB elektronisches Erfassen von Gesichtern, Scannen vorbeilaufender RFID-Chips, elektronisches Einlesen von Daten). Auch eine Videoaufzeichnung von Personen auf einer kontinuierlichen Speichervorrichtung, ist als ganz automatisierte Verarbeitung personenbezogener Daten zu bewerten (zB Überwachungskameras am Haus oder im Auto vgl. EuGH EuZW 2015, 234).

IV. Nicht automatisierte Verarbeitung

7 Die DS-GVO gilt neben der ganz oder teilw. automatisierten Datenverarbeitung auch für die **nicht automatisierte Verarbeitung** personenbezogener Daten, wenn diese in einem Dateisystem gespeichert sind oder gespeichert werden sollen. Der Schutz natürlicher Personen soll schließlich neben der automatisierten **gleichermaßen** auch die manuelle Verarbeitung von personenbezogenen Daten umfassen (ErwGr 15). Dies gilt allerdings nur dann, wenn diese in einem Dateisystem gespeichert sind oder gespeichert werden sollen (ErwGr 15). Die nicht automatisierte Verarbeitung von Daten bezieht sich allein auf den **analogen Bereich** (insbes. auf Papier).

8 Der Begriff **Dateisystem** (filing system), der im Vorentwurf noch „**Datei**" hieß (so wie auch in Art. 2c DSRL), wird definiert in Art. 4 Nr. 6 (→ Art. 4 Rn. 52 ff.) als „jede strukturierte Sammlung personenbezogener Daten, die nach bestimmten Kriterien zugänglich sind, unabhängig davon, ob diese Sammlung zentral, dezentral oder nach funktionalen oder geografischen Gesichtspunkten geordnet geführt wird". Er umfasst dabei auch Akten und Aktensammlungen. Allerdings gilt dies nur für solche Akten oder Aktensammlungen sowie ihre Deckblätter, die nach bestimmten Kriterien geordnet sind (ErwGr 15). Fehlt es daran, soll eine Akte nicht in den Anwendungsbereich der DS-GVO fallen (ErwGr 15).

9 Letztlich sind Dateisysteme idS **Sammlungen personenbezogener Daten,** die **gleichartig aufgebaut** und nach bestimmten Merkmalen **zugänglich** sind und **ausgewertet** werden können (vgl. Art. 2c DSRL). Die Sortierung nach Personen genügt hierfür. Papier-Personalakten, Krankenblätter oder eine anderweitig strukturierte Karteikartensammlung mit personenbezogenen Daten sind demnach vom Begriff und vom Anwendungsbereich der DS-GVO erfasst.

10 Sobald eigentlich nicht erfasste personenbezogene Daten in einem Dateisystem gespeichert sind, unterfallen sie dem Anwendungsbereich der DS-GVO. Gleiches gilt bereits dann, wenn sie dort gespeichert werden sollen. Die

Erhebung der Daten zum Zwecke der Integration in ein Dateisystem (zB das Suchen nach Informationen über einen Bewerber im Internet), wird demnach erfasst. Die Formulierung „**gespeichert werden sollen**" ist dabei **weit zu verstehen.** Sie meint nicht etwa ein zielgerichtetes Verhalten, sondern es genügt bereits die Aussicht, dass die Daten in ein Dateisystem aufgenommen werden können, auch wenn dies von Bedingungen abhängig ist (zB von einer Entsch. des Personalchefs).

C. Ausnahmebestimmungen (Abs. 2)

I. Tätigkeit außerhalb des Anwendungsbereiches des Unionsrechtes (Abs. 2 lit. a)

Die **DS-GVO gilt nicht** für Fragen des Schutzes von Grundrechten und **11** Grundfreiheiten und des freien Verkehrs personenbezogener Daten im Zusammenhang mit Tätigkeiten, die **nicht in den Anwendungsbereich des Unionsrechtes** fallen. Diese Einschränkung betr. also insbes. die den Mitgliedsstaaten selbst überlassene Tätigkeit zum Schutz der jeweiligen **nationalen Sicherheit** und die in diesem Zusammenhang und zu diesem Zweck durchgeführte Verarbeitung personenbezogener Daten (ErwGr 16).

II. Anwendungsbereich von Titel V Kapitel 2 EUV (Abs. 2 lit. b)

Titel V Kap. 2 EUV (Art. 23 ff. EUV) enthält allg. Bestimmungen über das **12** auswärtige Handeln der EU und bes. Bestimmungen über die gemeinsame Außen- und Sicherheitspolitik. Diese Einschränkung betr. demnach die von den Mitgliedstaaten iRd Gemeinsamen Außen- und Sicherheitspolitik der EU durchgeführte Verarbeitung personenbezogener Daten (ErwGr 16). Den Datenschutz insoweit betr. Fragen sind also nicht an der DS-GVO, sondern unmittelbar an Art. 7 und 8 GRCh zu messen.

III. Rein persönliche oder familiäre Tätigkeiten (Abs. 2 lit. c)

Die DS-GVO findet keine Anwendung auf die Verarbeitung personenbezo- **13** gener Daten durch natürliche Personen zur Ausübung ausschl. **persönlicher** oder **familiärer Tätigkeiten** (Abs. 2 lit. c; sog **Haushaltsausnahme**).

1. Natürliche Person

Die Ausnahme gilt ausschl. für die datenverarbeitende Tätigkeit einer **natür- 14 lichen Person.** In Frage kommen auch Personenmehrheiten, allerdings allein in Form einer privaten Kooperation, zB wenn mehrere Familienmitglieder gemeinsam ein Adress- oder Personenverzeichnis führen und nutzen, solange sich die Nutzung nur insgesamt im persönlichen oder privaten Bereich bewegt. Soweit auch nur ein Beteiligter die in Rede stehenden personenbezogenen Daten (auch) beruflich nutzt, scheidet eine **Privilegierung** aus.

Nicht von der Ausnahme umfasst sind hingegen Nutzungen durch **jur. 15 Personen,** schon weil diese weder persönliche noch familiäre Tätigkeiten ausüben können. Auch ein eingetragener Verein oder eine andere Formen von Nichtregierungsorganisation muss unabhängig von Zweck und Größe seine Datenverarbeitung an der DS-GVO messen lassen.

2. Persönliche oder familiäre Tätigkeit

16 Eine Verarbeitung von personenbezogenen Daten dient dann (allein) der Ausübung ausschl. persönlicher oder familiärer Tätigkeiten, wenn sie **ohne (jeden) Bezug zu einer beruflichen oder wirtschaftlichen Tätigkeit** vorgenommen wird (ErwGr 18). Als persönliche oder familiäre Tätigkeiten könnten auch das Führen eines Schriftverkehrs oder von Anschriftenverzeichnissen oder die Nutzung sozialer Netzwerke und Online-Tätigkeiten im Rahmen solcher Tätigkeiten gelten (ErwGr 18).

17 Der betroffene Personenkreis wird meist den persönlichen oder familiären Zweck aufzeigen, doch verlangt das Gesetz nicht, dass zu allen Betroffenen eine entspr. Beziehung besteht. Wer bspw. aus Liebhaberei Angaben zu Künstlern oder Sportlern sammelt, kann durchaus von der Ausnahme erfasst werden, wenn der gewählte Rahmen, die organisatorische Anl. und die inhaltliche Konzeption der Datenverarbeitung die entspr. Zweckverfolgung erkennen lässt. Jegliche gewerbliche, politische oder sonstig weitergehende Zwecksetzung ist, sobald sie objektiv erkennbar wird, ausnahmeschädlich.

18 Die Frage, was als persönlich/familiär einerseits oder beruflich/geschäftlich bzw. weitergehend andererseits anzusehen ist, wird sich nach der **Verkehrsanschauung** richten. Typisch privat sind idR Daten zur eigenen Freizeitgestaltung, zu Hobbys, Urlaub, Unterhaltung, also etwa Adressen und Kontaktdaten (auch elektronisch), Geburtstage ua Jubiläen. Der Begriff **Familie** ist nicht streng familienrechtlich auszulegen (vgl. Art. 9 GRCh), sondern umfasst unabhängig von Ehe und Kindschaft auch weitere, von der Verkehrsanschauung als „familiär" bezeichnete Beziehungen. Die englischsprachige Fassung spricht in der Tat von „household activity". Es ist insofern unerheblich, ob eine förmliche Bindung den Zweck begr. oder ob persönliche Beziehungen auf „informellerer" Basis bestehen. Auch Daten über weiter entfernte Verwandtschaft (zB im Rahmen eines Stammbaumes) oder die Adressen von privaten Gelegenheitsbekanntschaften können iR persönlicher bzw. familiärer Interessen gesammelt werden.

19 **Geschäftlich ist jede wirtschaftliche Tätigkeit, gleich ob tatsächlich Geld fließt** (inkl. zB Werbung, Austausch von Daten gegen Dienstleistung). Unerheblich ist auch, ob die Tätigkeit selbstständig oder nicht selbstständig ausgeübt wird. Zur nicht-privaten Nutzung gehören auch **vorbereitende Tätigkeiten,** zB Bewerbungen bzw. Marktforschung und Marketing. Dabei ist bei **gemischten Kontakten** (Arbeitskollege, dessen Daten sowohl privat als auch geschäftlich genutzt werden), die Ausnahme unanwendbar, selbst wenn die private Nutzung der Daten überwiegt. Die Nutzung einer persönlichen Datensammlung für andere Zwecke lässt den privaten Zweck entfallen. Dies gilt auch bei der Einwerbung zB von Spendengeldern für einen guten Zweck oder von Unterstützung für ein politisches Anliegen. Auch der Informationsaustausch innerhalb einer Organisation (Verein, Gemeinde, Interes-

sengruppe) ist nicht rein persönlich. Die **Verwaltung privaten Vermögens** hingegen gehört grds. zum persönlichen Bereich, soweit sie nicht nach Form und Umf. einer geschäftlichen Tätigkeit gleicht. Jegliche den persönlich-familiären Bereich überschreitende Nutzung führt zur Unanwendbarkeit der Ausnahme des lit. c. Den persönlichen Bereich überschreitet auch die Auf-zeichnung des öffentl. Raumes mittels eines **automatisierten Kamerasys-tems** am Haus oder auch im Auto, gleich zu welchem Zwecke dies geschieht (EuGH EuZW 2015, 234). Das Erfassen von Geburtsdaten zum Zweck pri-vater Gratulation verlässt diesen Bereich, wenn es um das dienstliche Erfreuen eines Kollegen oder die Bindung von Geschäftspartnern geht. Auch der **Dual Use** ist nicht mehr „rein privat". Wer private und dienstliche Telefonnum-mern im Smartphone vermengt, verlässt den Bereich der Ausnahme.

Die DS-GVO gilt jedoch in jedem Fall für die Verantwortlichen oder **20** Auftragsverarbeiter, die die **Instrumente für die Verarbeitung** personenbe-zogener Daten für solche persönlichen oder familiären Tätigkeiten bereit-stellen (ErwGr 18). Damit sind va Onlineanbieter wie Soziale Netzwerke, aber auch andere Anbieter von Kontaktbörsen, Friendfinder, Ehemaligen-Websites oder auch Websites ua Dienste gemeint, auf denen die Nutzer ihre Daten hinterlegen oder mit anderen Nutzern austauschen können.

Als **Ausnahmenorm** ist lit. c grds. **restriktiv auszulegen**. Eine persönli- **21** che oder familiäre Tätigkeit ist **öffentlichkeitsfeindlich** (s. bereits EuGH EuZW 2004, 245 Rn. 47), weshalb zB das Online-Stellen von eigentlich privaten Familien-Stammbäumen, Kinderfotos (dazu ausf. *Buchner* FamRZ 2918, 665) oder von personenbezogenen Informationen über andere Per-sonen, seien sie verwandt oder befreundet, von der Ausnahme nicht erfasst ist. Jegliche öffentl. online zugängliche Daten sind nicht privilegiert. Öffentl. sichtbare Datensammlungen unterfallen stets den Regelungen der DS-GVO und sind nicht über Abs. 2 lit. c ausgenommen. Gleiches gilt, wenn eine nicht öffentl. sichtbare Datensammlung privater Natur elektronisch gespeichert wird und sich der zur Speicherung verwendete Dienstleister über seine Ver-tragsbedingungen Rechte zur Nutzung dieser Daten einräumen lässt – gleich ob dies nach europ. oa Recht wirksam oder unwirksam ist.

IV. Strafverfolgung und Gefahrenabwehr (Abs. 2 lit. d)

Abs. 2 lit. d grenzt den Anwendungsbereich der DS-GVO insoweit ein, als es **22** um die **Verfolgung von Straftaten** und die **Strafvollstreckung** geht. Dies gibt den Nationalstaaten weitgehend freie Hand für die Aufzeichnung von Daten iRd Kriminalitätsbekämpfung. Die hier in Rede stehende Datenver-arbeitung ist dann ggf. unmittelbar an den jeweils relevanten Datenschutz-grundrechten zu messen. Der Schutz natürlicher Personen bei der Verarbei-tung personenbezogener Daten durch die zuständigen Behörden zum Zwecke der **Verhütung, Ermittlung, Aufdeckung oder Verfolgung von Straf-taten oder der Strafvollstreckung,** einschl. des Schutzes vor und der Abwehr von Gefahren für die **öffentliche Sicherheit,** sowie der **freie Ver-kehr** dieser Daten sind in einem eigenen Unionsrechtsakt geregelt (ErwGr 19). Es handelt sich um die JI-RL zum Schutz natürlicher Personen bei der

Verarbeitung personenbezogener Daten durch die zuständigen Behörden zum Zwecke der Verhütung, Aufdeckung, Untersuchung oder Verfolgung von Straftaten oder der Strafvollstreckung (ABl. EU 2016 L 119, 89). Zu den Möglichkeiten der Mitgliedstaaten, Regelungen für solche Zwecke zu bestimmen, s. ErwGr 19.

23 Die DS-GVO gilt zwar ua für die Tätigkeiten der Gerichte ua Justizbehörden, doch kann im Unionsrecht oder im Recht der Mitgliedstaaten festgelegt werden, wie die Verarbeitungsvorgänge und Verarbeitungsverfahren bei der Verarbeitung personenbezogener Daten durch **Gerichte** ua **Justizbehörden** iE auszusehen haben (ErwGr 20). Damit die **Unabhängigkeit der Justiz** bei der Ausübung ihrer gerichtlichen Aufgaben einschl. ihrer Beschlussfassung unangetastet bleibt, sollen die ASB nicht für die Verarbeitung personenbezogener Daten durch Gerichte im Rahmen ihrer justiziellen Tätigkeit zuständig sein. Mit der Aufsicht über diese Datenverarbeitungsvorgänge sollen interne Stellen im Justizsystem betraut werden können, die insbes. die Einhaltung der Vorschr. der DS-GVO sicherstellen, Richter und Staatsanwälte besser für ihre Pflichten aus der DS-GVO sensibilisieren und Beschwerden in Bezug auf derartige Datenverarbeitungsvorgänge bearbeiten können (ErwGr 20).

D. Datenverarbeitung durch EU-Einrichtungen (Abs. 3)

24 Abs. 3 stellt fest, dass für die Verarbeitung personenbezogener Daten durch die **Organe, Einrichtungen, Ämter** und **Agenturen** der EU die VO (EG) Nr. 45/2001 des EP und des ER (ABl. EG 2001 L 8, 1) gilt. Die DS-GVO und sonstige Rechtsakte der EU, die diese Verarbeitung personenbezogener Daten regeln, sollten ausdr. an die Grundsätze und Vorschr. der DS-GVO angepasst und im Lichte der DS-GVO angewandt werden (Abs. 3). Um einen soliden und kohärenten Rechtsrahmen im Bereich des Datenschutzes in der EU zu gewährleisten, sollten die erforderlichen Anpassungen im Anschluss an den Erlass der DS-GVO vorgenommen werden, damit sie gleichzeitig mit der DS-GVO angewandt werden können (ErwGr 17).

E. Vermittlerhaftung nach der E-Commerce-Richtlinie (Abs. 4)

25 Ausdr. unberührt von der DS-GVO bleibt die Anwendung der **E-Commerce-Richtlinie** (RL 2000/31/EG des EP und des ER vom 8.6.2000 über bestimmte rechtliche Aspekte der Dienste der Informationsgesellschaft, insbes. des elektronischen Geschäftsverkehrs, im Binnenmarkt – „Richtlinie über den elektronischen Geschäftsverkehr"; ABl. EG 2000 L 178, 1). Dabei verweist Abs. 4 ausdr. auf die Art. 12 bis 15 dieser RL, die die Verantwortlichkeit von Anbietern reiner Vermittlungsdienste regeln. Die genannte RL soll dazu beitragen, dass der Binnenmarkt einwandfrei funktioniert, indem sie den **freien Verkehr von Diensten der Informationsgesellschaft** zwischen den Mitgliedstaaten sicherstellt (ErwGr 21). Diese RL ist im dt. Recht umgesetzt in den §§ 8 ff. TMG.

Bedeutung hatte das Verhältnis von geistigem Eigentum und Datenschutz **26** bereits ua in den Entsch. EuGH EuZW 2008, 113 (Promusicae/Telefonica zur Frage, wie weitreichend die Pflichten von Access- und Hosting-Dienstleistern beschr. werden können) – sowie MMR 2012, 471 (Bonnier Audio zur Herausgabe von Adressdaten durch den Provider) und MMR 2009, 242 (LSG/Tele2 zum Auskunftsanspruch gegen Access Provider).

Art. 3 Räumlicher Anwendungsbereich

(1) Diese Verordnung findet Anwendung auf die Verarbeitung personenbezogener Daten, soweit diese im Rahmen der Tätigkeiten einer Niederlassung eines Verantwortlichen oder eines Auftragsverarbeiters in der Union erfolgt, unabhängig davon, ob die Verarbeitung in der Union stattfindet.

(2) Diese Verordnung findet Anwendung auf die Verarbeitung personenbezogener Daten von betroffenen Personen, die sich in der Union befinden, durch einen nicht in der Union niedergelassenen Verantwortlichen oder Auftragsverarbeiter, wenn die Datenverarbeitung im Zusammenhang damit steht
a) betroffenen Personen in der Union Waren oder Dienstleistungen anzubieten, unabhängig davon, ob von diesen betroffenen Personen eine Zahlung zu leisten ist;
b) das Verhalten betroffener Personen zu beobachten, soweit ihr Verhalten in der Union erfolgt.

(3) Diese Verordnung findet Anwendung auf die Verarbeitung personenbezogener Daten durch einen nicht in der Union niedergelassenen Verantwortlichen an einem Ort, der aufgrund Völkerrechts dem Recht eines Mitgliedstaats unterliegt.

BDSG und anderes nationales Recht: –

Übersicht

A. Allgemeines

1 Beim Umgang mit personenbezogenen Daten spielen Landesgrenzen heute kaum noch eine Rolle. Es wäre angesichts der technischen Möglichkeiten zudem wenig sinnvoll, die rechtliche Anknüpfung iW an den (mittlerweile oftmals volatilen) Ort der physischen Datenverarbeitung oder gar -speicherung anzuknüpfen. Art. 3 bestimmt auch unter diesem Gesichtspunkt den **räumlichen Anwendungsbereich** der DS-GVO. Hier stehen sich grds. unterschiedliche Prinzipien und demnach Regelungsmöglichkeiten ggü. In Frage kommen etwa das **Territorialitätsprinzip** (Sachverhalte innerhalb eines Territoriums bedingen das dort geltende Recht), das **Sitzprinzip** (es gilt das Recht des Staates, in dem die datenverarbeitende Stelle ihren Sitz hat), ggf. erweitert um das Niederlassungsprinzip sowie – jünger – das **Marktortprinzip,** bei dem es um die Frage geht, ob und inwieweit die Bürger des eigenen Staates auch bei Datenverarbeitungen außerhalb der EU geschützt werden können. Die DS-GVO kombiniert letztlich im Interesse der EU-Bürger diese Prinzipien miteinander.

B. Sitz- und Niederlassungsprinzip (Abs. 1)

2 Dass die Datenverarbeitung durch ausschl. **innerhalb der EU belegene Verarbeiter** von der DS-GVO erfasst wird, ergibt sich von selbst. Zu klären ist lediglich, inwieweit diese Anwendbarkeit auch bei Unternehmen gegeben ist, die sowohl **innerhalb als auch außerhalb der EU wirtschaftlich tätig** sind.

I. Sitzprinzip

3 Das bisherige **Sitzprinzip** gilt zunächst fort. Wenn der Sitz der tatsächlich die Daten **verarbeitenden Stelle** (Verantwortlicher oder Auftragsverarbeiter) in der EU liegt, ist die DS-GVO auf die Datenverarbeitung anwendbar. Zwar wird der Begriff nicht genannt – Art. 3 spricht nur von der **Niederlassung** (establishment) – doch ist der satzungsgemäße Sitz eines Unternehmens stets auch als Niederlassung zu qualifizieren (vgl. EuGH NJW 2015, 3636 Rn. 29; EuGH EuZW 2014, 541 Rn. 49).

4 **Sitz** ist der Ort, den die **Satzung** eines Unternehmens als solchen bestimmt bzw. bei einer Einzelperson sein **Wohnsitz.** Es kommt nicht darauf an, ob die Datenverarbeitung technisch innerhalb der EU oder auf Servern außerhalb des Unionsgebietes stattfindet. Es ist auch unerheblich, ob die verarbeiteten personenbezogenen Daten Unionsbürgern oder Angehörigen von Drittstaaten zuzuordnen sind bzw. wo die Betroffenen wohnen. Unerheblich ist, ob es sich beim satzungsmäßigen Sitz um einen unwichtigen Standort oder gar nur eine Briefkastenanschrift handelt; dies führt allerdings dazu, dass ein anderer Standort als Hauptniederlassung iSd Art. 4 Nr. 16 gelten wird. Soweit sich der effektive Verwaltungssitz in einem anderen Mitgliedstaat befindet, handelt es sich dabei um eine Niederlassung.

II. Niederlassungsprinzip (Abs. 1)

Die DS-GVO findet aber auch Anwendung, wenn die Verarbeitung per-   **5** sonenbezogener Daten iRd Tätigkeiten einer bloßen Niederlassung des Verantwortlichen bzw. Auftragsverarbeiters in der EU erfolgt.

1. Niederlassungsbegriff

Der Begriff der **Niederlassung** (establishment) wird (anders als der der   **6** Hauptniederlassung in Art. 4 Nr. 16) von der DS-GVO nicht definiert. Die ErwGr sind aber insoweit eindeutig, wenn sie eine effektive und tatsächliche Ausübung einer Tätigkeit durch eine feste Einrichtung voraussetzen (ErwGr 22). Damit übernimmt die DS-GVO die bereits für die DSRL maßgebliche Definition des EuGH und des ErwGr 19 DSRL.

Eine Niederlassung im Hoheitsgebiet eines Mitgliedstaates setzt die **effekti-**   **7** **ve und tatsächliche Ausübung einer Tätigkeit mittels einer festen Einrichtung** voraus; die Rechtsform einer solchen Niederlassung, die eine Agentur oder eine Zweigstelle sein kann, ist in dieser Hinsicht nicht maßgeblich (EuGH NJW 2015, 3636 Rn. 19; EuGH EuZW 2014, 541 Rn. 19). Es genügt, wenn diese Tätigkeit geringfügig ist (EuGH NJW 2015, 3636 Rn. 31). Um festzustellen, ob eine Gesellschaft, die für eine Datenverarbeitung verantwortlich ist, über eine Niederlassung verfügt, ist sowohl der Grad an **Beständigkeit der Einrichtung** als auch die **effektive Ausübung der wirtschaftlichen Tätigkeiten** in diesem anderen Mitgliedstaat unter Beachtung des bes. Charakters dieser Tätigkeiten und der in Rede stehenden Dienstleistungen auszulegen (EuGH NJW 2015, 3636 Rn. 29). Letzteres gilt insbes. für Unternehmen, die Leistungen ausschl. über das Internet anbieten (EuGH NJW 2015, 3636 Rn. 29). Der Begriff der Niederlassung ist **flexibel** und nicht formalistisch zu lesen, zumal auch der Zweck des Datenschutzes es bereits beim Vorhandensein eines einzigen Vertreters unter bestimmten Umständen gebieten kann, eine feste Einrichtung iS einer Niederlassung zu begründen (EuGH NJW 2015, 3636 Rn. 29 ff.).

Die Rechtsform einer solchen Einrichtung, gleich, ob es sich um eine   **8** Zweigstelle oder eine Tochtergesellschaft mit eigener Rechtspersönlichkeit handelt, ist dabei unerheblich (ErwGr 22). Ein bloßer Briefkasten wird hierfür kaum genügen, da eine Tätigkeit „mittels" dieser festen Einrichtung verlangt wird. Ein kleines Büro kann hingegen bereits reichen, da der EuGH eine geringfügige Tätigkeit genügen lässt (EuGH NJW 2015, 3636 Rn. 31).

2. Niederlassungen außereuropäischer Unternehmen in der EU

Die Regelungen sind also auch anwendbar für die Niederlassungen von   **9** **außereuropäischer Unternehmen,** die in Europa eine Niederlassung betreiben. Auch hier gilt, dass dies unabhängig davon ist, ob die technischen Verarbeitungsvorgänge in der EU stattfinden. Hieraus ergibt sich eine Anwendbarkeit der DS-GVO für die Datenverarbeitung durch außereuropäische Unternehmen, was aber insoweit eingeschränkt ist, als dies nur für die Verarbeitung der Daten durch bzw. für diese Niederlassung gilt. Die bisher in bzw. im Auftrag einer Niederlassung in europ. „Datenschutz-Paradiesen" durchgeführte Datenverarbeitung unterliegt damit der DS-GVO. Ein rein außereuropäisch tätiges Unternehmen unterfällt demnach nicht dieser Regelung (aber ggf. dem Marktortprinzip des Abs. 2).

10   Bedeutung hatte die Frage, ob ein außereuropäisches Unternehmen eine Niederlassung in der EU oder in einem bestimmten Mitgliedstaat hat, in der Vergangenheit insbes. bei Sachverhalten, in denen diese Unternehmen in erster Linie oder ausschl. **Online-Dienstleistungen** anboten. Diese durchaus umstr. Problematik spielt nach der DS-GVO in der Tat keine Rolle mehr, was sich aus der Einf. des im Folgenden beschriebenen Marktortprinzips in Abs. 2 der DS-GVO ergibt, die die Anwendbarkeit der DS-GVO auf solche Fälle festschreibt.

3. Außereuropäische Datenverarbeitung durch europäische Unternehmen

11   Dem **Niederlassungsprinzip,** und damit der DS-GVO, unterliegen auch innereuropäische Unternehmen, die eine Datenverarbeitung im Wege des Outsourcing irgendwo auf der Welt betreiben. Dabei spielt es keine Rolle, aus welchen Gründen und mit welcher technischen Lösung die Datenverarbeitung außerhalb Europas bewirkt wird. Soweit der Verantwortliche innerhalb der EU belegen ist, unterfällt er der DS-GVO.

4. Auftragsverarbeiter

12   Ferner ist die DS-GVO auch auf solche außereuropäischen Verarbeiter anwendbar, die für eine innereuropäische verantwortliche Stelle oder ihrerseits als Subunternehmer eines innereuropäischen **Auftragsverarbeiters** tätig werden. Jede Verarbeitung personenbezogener Daten iRd Tätigkeiten einer Niederlassung eines Verantwortlichen oder eines Auftragsverarbeiters in der EU soll gem. der DS-GVO erfolgen, gleich, ob die Verarbeitung in oder außerhalb der EU stattfindet (ErwGr 22).

C. Marktortprinzip (Abs. 2)

13   Eine erhebliche und zu Recht datenschutz- wie auch verbraucherfreundliche Erweiterung birgt Abs. 2, der das **Marktortprinzip** statuiert. Es soll die EU-Bürger sowie andere sich innerhalb der EU aufhaltende Personen auch gegen eine außerhalb Europas stattfindende Datenverarbeitung schützen (ErwGr 23). Es **erweitert den Anwendungsbereich** und damit zumindest den Schutz auf dem Papier deutlich. Greift die Norm, begründet dies zugleich eine Pflicht zur Benennung eines Vertreters in der Union (Art. 27).

I. Außereuropäische Datenverarbeitung

Europ. Verbraucher und Betroffene sollen durch das europ. Recht geschützt **14** werden, **unabhängig davon, wo die Datenverarbeitung erfolgt oder wo der Sitz der verarbeitenden Stelle liegt.** Wer vom außereuropäischen Ausland aus insbes. online Leistungen anbietet und in diesem Rahmen personenbezogene Daten verarbeitet, soll nicht das europ. Datenschutzrecht dadurch fliehen können, dass er weder Sitz noch Niederlassung innerhalb der EU nimmt. Die DS-GVO ist auch dann anwendbar, wenn sich die **Datenverarbeitung eines außereuropäischen Unternehmens gezielt auf Personen in der EU bezieht.** Dabei ist dies dann der Fall, wenn das Unternehmen entweder **Waren** oder **Dienstleistungen** anbietet (lit. a) oder wenn die Datenverarbeitung der **Verhaltensbeobachtung** dient (lit. b). Auch hier gilt dies sowohl für außereuropäische Verantwortliche als auch für Auftragsverarbeiter. Keine Anwendbarkeit findet die DS-GVO hingegen beim **bloßen Datentransit,** wenn Daten lediglich über einen innereuropäischen Router durchgeleitet werden, ohne dass sie zur Kenntnis genommen oder sonst wie verarbeitet werden.

II. Bestimmung des Marktortes

1. Waren-/Dienstleistungsangebote (lit. a)

Der Schutz durch Anwendbarkeit der DS-GVO besteht zum einen dann, **15** wenn die Verarbeitung dazu dient, EU-Bürgern oder sich dort aufhaltenden Personen Waren oder Dienstleistungen anzubieten.

Um festzustellen, ob dieser Verantwortliche oder Auftragsverarbeiter den in **16** der EU betroffenen Personen Waren oder Dienstleistungen anbietet, soll geprüft werden, ob er **offensichtlich beabsichtigt,** betroffenen **Personen in einem oder mehreren Mitgliedstaaten** der EU **Dienstleistungen anzubieten** (ErwGr 23). Die bloße Zugänglichkeit der Website des Anbieters oder einer E-Mail-Adresse genügt hierfür für sich genommen noch nicht (ErwGr 23). Auch ist zu beachten, dass eine Reihe von Amtssprachen der EU auch außerhalb der Mitgliedstaaten gesprochen werden, so dass die Verwendung dieser Sprachen zumindest dann kein hinreichendes Indiz sein kann, wenn dies auch am Sitz des Anbieters der Fall ist (ErwGr 23). Letztlich kommt es auf die **inhaltliche Gestaltung des Angebotes** an (Sprache, Versandangebote, Währungsangaben). Wird ausdr. mit einer Leistung in einen Mitgliedstaat geworben oder hat eine solche tatsächlich stattgefunden, ist die DS-GVO anzuwenden.

Ferner ist es **unerheblich,** ob das Angebot **entgeltlich oder unentgelt-** **17** **lich** erfolgt. Durch diese Erweiterung ist es auch nicht erforderlich, zu bestimmen, ob die als Quasi-Gegenleistung entgegengenommenen Daten als ein hinreichendes Entgeltsurrogat zu werten wären. Auch unentgeltliche Angebote (insbes. Dienstleistungen von Internetsuchmaschinen, sozialen Netzwerken, Filehostingdiensten ua) fallen hierunter.

2. Verhaltensbeobachtung (lit. b)

18 Die Verarbeitung personenbezogener Daten von sich in der EU aufhaltenden betroffenen Personen durch einen nicht in der EU niedergelassenen Verantwortlichen oder Auftragsverarbeiter soll auch dann der DS-GVO unterliegen, wenn sie dazu dient, das Verhalten dieser betroffenen Personen zu beobachten, soweit ihr Verhalten in der EU erfolgt (ErwGr 24).

19 Ob eine Verarbeitungstätigkeit der **Beobachtung des Verhaltens** von betroffenen Personen gilt, soll daran festgemacht werden, ob ihre Internetaktivitäten nachvollzogen werden, einschl. der möglichen nachf. Verwendung von Datenverarbeitungstechniken, durch die von einer Person ein **Profil** erstellt wird, das insbes. die Grdl. für sie betr. Entsch. bildet oder anhand dessen ihre persönlichen Vorlieben, Verhaltensweisen oder Gepflogenheiten **analysiert** oder **vorausgesagt** werden sollen (ErwGr 24).

20 Gemeint sind hiermit Techniken insbes. zur **Nachverfolgung von Internetaktvitäten** wie zB beim Tracking/Profiling iRd Werbung. Es kommt aber auf den Zweck der Verhaltensbeobachtung letztlich nicht an. Auch wenn ein Anbieter etwa eines sozialen Netzwerkes ein psychologisches Interesse angibt, um „Verhaltensforschung" zu betreiben, ist das Marktortprinzip einschlägig. Es ist unerheblich, ob die beabsichtigten Erg. wirtschaftlich (personalisierte Werbung, Marktforschung, Scoring ua), wiss., politisch oder zu anderen Zwecken genutzt werden sollen.

D. Völkerrechtliche Vertretungen (Exterritoriales Gebiet) (Abs. 3)

21 Die DS-GVO findet Anwendung auf die Verarbeitung personenbezogener Daten durch einen nicht in der EU niedergelassenen Verantwortlichen an einem Ort, der aufgrund des Völkerrechtes dem Recht eines Mitgliedstaates unterliegt (Abs. 3). Gemeint sind hiermit nicht Teile des Hoheitsgebietes eines Staates, die außerhalb des geografischen Europas liegen (insbes. die französischen Überseedepartements), denn diese sind bereits von Abs. 1 und 2 erfasst. Abs. 3 betr. vielmehr diejenigen Orte, die nach Völkerrecht nicht dem Drittstaat unterliegen, in dem sie „eigentlich" gelegen sind. Dies sind insbes. die **diplomatischen** oder **konsularischen Vertretungen eines Mitgliedstaates im unionsfremden Ausland.** Auch für die Datenverarbeitung in diesen (inkl. der mobilen Datenverarbeitung durch die Diplomaten selbst) ist die DS-GVO anwendbar, soweit nicht eine der Ausnahmen des Art. 2 greift.

E. Rechtsfolge der Anwendbarkeit

22 Ist nach dieser Norm eine Datenverarbeitung der DS-GVO unterworfen, ist die **Rechtmäßigkeit der Datenverarbeitung** selbst an der VO zu messen. Damit gilt zugleich, dass etwa die Zulässigkeit einer Übermittlung personenbezogener Daten an Drittländer oder an **int. Organisationen** ebenfalls an ihr zu messen ist (→ Art. 44 ff.). Diese Art. sind an den vom EuGH in der Safe

Harbor-Entsch. aufgestellten Grundsätzen ausgerichtet (EuGH MMR 2015, 753). Siehe auch EuGH MMR 2020, 597 zum Privacy Shield.

Art. 4 Begriffsbestimmungen

Im Sinne dieser Verordnung bezeichnet der Ausdruck:

1. „personenbezogene Daten" alle Informationen, die sich auf eine identifizierte oder identifizierbare natürliche Person (im Folgenden „betroffene Person") beziehen; als identifizierbar wird eine natürliche Person angesehen, die direkt oder indirekt, insbesondere mittels Zuordnung zu einer Kennung wie einem Namen, zu einer Kennnummer, zu Standortdaten, zu einer Online-Kennung oder zu einem oder mehreren besonderen Merkmalen, die Ausdruck der physischen, physiologischen, genetischen, psychischen, wirtschaftlichen, kulturellen oder sozialen Identität dieser natürlichen Person sind, identifiziert werden kann;

2. „Verarbeitung" jeden mit oder ohne Hilfe automatisierter Verfahren ausgeführten Vorgang oder jede solche Vorgangsreihe im Zusammenhang mit personenbezogenen Daten wie das Erheben, das Erfassen, die Organisation, das Ordnen, die Speicherung, die Anpassung oder Veränderung, das Auslesen, das Abfragen, die Verwendung, die Offenlegung durch Übermittlung, Verbreitung oder eine andere Form der Bereitstellung, den Abgleich oder die Verknüpfung, die Einschränkung, das Löschen oder die Vernichtung;

3. „Einschränkung der Verarbeitung" die Markierung gespeicherter personenbezogener Daten mit dem Ziel, ihre künftige Verarbeitung einzuschränken;

4. „Profiling" jede Art der automatisierten Verarbeitung personenbezogener Daten, die darin besteht, dass diese personenbezogenen Daten verwendet werden, um bestimmte persönliche Aspekte, die sich auf eine natürliche Person beziehen, zu bewerten, insbesondere um Aspekte bezüglich Arbeitsleistung, wirtschaftliche Lage, Gesundheit, persönliche Vorlieben, Interessen, Zuverlässigkeit, Verhalten, Aufenthaltsort oder Ortswechsel dieser natürlichen Person zu analysieren oder vorherzusagen;

5. „Pseudonymisierung" die Verarbeitung personenbezogener Daten in einer Weise, dass die personenbezogenen Daten ohne Hinzuziehung zusätzlicher Informationen nicht mehr einer spezifischen betroffenen Person zugeordnet werden können, sofern diese zusätzlichen Informationen gesondert aufbewahrt werden und technischen und organisatorischen Maßnahmen unterliegen, die gewährleisten, dass die personenbezogenen Daten nicht einer identifizierten oder identifizierbaren natürlichen Person zugewiesen werden;

6. „Dateisystem" jede strukturierte Sammlung personenbezogener Daten, die nach bestimmten Kriterien zugänglich sind, unabhängig davon, ob diese Sammlung zentral, dezentral oder nach funktionalen oder geografischen Gesichtspunkten geordnet geführt wird;

7. „Verantwortlicher" die natürliche oder juristische Person, Behörde, Einrichtung oder andere Stelle, die allein oder gemeinsam mit anderen über die Zwecke und Mittel der Verarbeitung von personenbezogenen Daten entscheidet; sind die Zwecke und Mittel dieser Verarbeitung durch das Unionsrecht oder das

Recht der Mitgliedstaaten vorgegeben, so kann der Verantwortliche beziehungsweise können die bestimmten Kriterien seiner Benennung nach dem Unionsrecht oder dem Recht der Mitgliedstaaten vorgesehen werden;

8. „Auftragsverarbeiter" eine natürliche oder juristische Person, Behörde, Einrichtung oder andere Stelle, die personenbezogene Daten im Auftrag des Verantwortlichen verarbeitet;

9. „Empfänger" eine natürliche oder juristische Person, Behörde, Einrichtung oder andere Stelle, der personenbezogene Daten offengelegt werden, unabhängig davon, ob es sich bei ihr um einen Dritten handelt oder nicht. [2] Behörden, die im Rahmen eines bestimmten Untersuchungsauftrags nach dem Unionsrecht oder dem Recht der Mitgliedstaaten möglicherweise personenbezogene Daten erhalten, gelten jedoch nicht als Empfänger; die Verarbeitung dieser Daten durch die genannten Behörden erfolgt im Einklang mit den geltenden Datenschutzvorschriften gemäß den Zwecken der Verarbeitung;

10. „Dritter" eine natürliche oder juristische Person, Behörde, Einrichtung oder andere Stelle, außer der betroffenen Person, dem Verantwortlichen, dem Auftragsverarbeiter und den Personen, die unter der unmittelbaren Verantwortung des Verantwortlichen oder des Auftragsverarbeiters befugt sind, die personenbezogenen Daten zu verarbeiten;

11. „Einwilligung" der betroffenen Person jede freiwillig für den bestimmten Fall, in informierter Weise und unmissverständlich abgegebene Willensbekundung in Form einer Erklärung oder einer sonstigen eindeutigen bestätigenden Handlung, mit der die betroffene Person zu verstehen gibt, dass sie mit der Verarbeitung der sie betreffenden personenbezogenen Daten einverstanden ist;

12. „Verletzung des Schutzes personenbezogener Daten" eine Verletzung der Sicherheit, die, ob unbeabsichtigt oder unrechtmäßig, zur Vernichtung, zum Verlust, zur Veränderung, oder zur unbefugten Offenlegung von beziehungsweise zum unbefugten Zugang zu personenbezogenen Daten führt, die übermittelt, gespeichert oder auf sonstige Weise verarbeitet wurden;

13. „genetische Daten" personenbezogene Daten zu den ererbten oder erworbenen genetischen Eigenschaften einer natürlichen Person, die eindeutige Informationen über die Physiologie oder die Gesundheit dieser natürlichen Person liefern und insbesondere aus der Analyse einer biologischen Probe der betreffenden natürlichen Person gewonnen wurden;

14. „biometrische Daten" mit speziellen technischen Verfahren gewonnene personenbezogene Daten zu den physischen, physiologischen oder verhaltenstypischen Merkmalen einer natürlichen Person, die die eindeutige Identifizierung dieser natürlichen Person ermöglichen oder bestätigen, wie Gesichtsbilder oder daktyloskopische Daten;

15. „Gesundheitsdaten" personenbezogene Daten, die sich auf die körperliche oder geistige Gesundheit einer natürlichen Person, einschließlich der Erbringung von Gesundheitsdienstleistungen, beziehen und aus denen Informationen über deren Gesundheitszustand hervorgehen;

16. „Hauptniederlassung"
   a) im Falle eines Verantwortlichen mit Niederlassungen in mehr als einem Mitgliedstaat den Ort seiner Hauptverwaltung in der Union, es sei denn,

die Entscheidungen hinsichtlich der Zwecke und Mittel der Verarbeitung personenbezogener Daten werden in einer anderen Niederlassung des Verantwortlichen in der Union getroffen und diese Niederlassung ist befugt, diese Entscheidungen umsetzen zu lassen; in diesem Fall gilt die Niederlassung, die derartige Entscheidungen trifft, als Hauptniederlassung;

b) im Falle eines Auftragsverarbeiters mit Niederlassungen in mehr als einem Mitgliedstaat den Ort seiner Hauptverwaltung in der Union oder, sofern der Auftragsverarbeiter keine Hauptverwaltung in der Union hat, die Niederlassung des Auftragsverarbeiters in der Union, in der die Verarbeitungstätigkeiten im Rahmen der Tätigkeiten einer Niederlassung eines Auftragsverarbeiters hauptsächlich stattfinden, soweit der Auftragsverarbeiter spezifischen Pflichten aus dieser Verordnung unterliegt;

17. „Vertreter" eine in der Union niedergelassene natürliche oder juristische Person, die von dem Verantwortlichen oder Auftragsverarbeiter schriftlich gemäß Artikel 27 bestellt wurde und den Verantwortlichen oder Auftragsverarbeiter in Bezug auf die ihnen jeweils nach dieser Verordnung obliegenden Pflichten vertritt;

18. „Unternehmen" eine natürliche und juristische Person, die eine wirtschaftliche Tätigkeit ausübt, unabhängig von ihrer Rechtsform, einschließlich Personengesellschaften oder Vereinigungen, die regelmäßig einer wirtschaftlichen Tätigkeit nachgehen;

19. „Unternehmensgruppe" eine Gruppe, die aus einem herrschenden Unternehmen und den von diesem abhängigen Unternehmen besteht;

20. „verbindliche interne Datenschutzvorschriften" Maßnahmen zum Schutz personenbezogener Daten, zu deren Einhaltung sich ein im Hoheitsgebiet eines Mitgliedstaats niedergelassener Verantwortlicher oder Auftragsverarbeiter verpflichtet im Hinblick auf Datenübermittlungen oder eine Kategorie von Datenübermittlungen personenbezogener Daten an einen Verantwortlichen oder Auftragsverarbeiter derselben Unternehmensgruppe oder derselben Gruppe von Unternehmen, die eine gemeinsame Wirtschaftstätigkeit ausüben, in einem oder mehreren Drittländern;

21. „Aufsichtsbehörde" eine von einem Mitgliedstaat gemäß Artikel 51 eingerichtete unabhängige staatliche Stelle;

22. „betroffene Aufsichtsbehörde" eine Aufsichtsbehörde, die von der Verarbeitung personenbezogener Daten betroffen ist, weil

a) der Verantwortliche oder der Auftragsverarbeiter im Hoheitsgebiet des Mitgliedstaats dieser Aufsichtsbehörde niedergelassen ist,

b) diese Verarbeitung erhebliche Auswirkungen auf betroffene Personen mit Wohnsitz im Mitgliedstaat dieser Aufsichtsbehörde hat oder haben kann oder

c) eine Beschwerde bei dieser Aufsichtsbehörde eingereicht wurde;

23. „grenzüberschreitende Verarbeitung" entweder

a) eine Verarbeitung personenbezogene Daten, die im Rahmen der Tätigkeiten von Niederlassungen eines Verantwortlichen oder eines Auftragsverarbeiters in der Union in mehr als einem Mitgliedstaat erfolgt, wenn der Verantwortliche oder Auftragsverarbeiter in mehr als einem Mitgliedstaat niedergelassen ist, oder

b) eine Verarbeitung personenbezogener Daten, die im Rahmen der Tätigkeiten einer einzelnen Niederlassung eines Verantwortlichen oder eines Auftragsverarbeiters in der Union erfolgt, die jedoch erhebliche Auswirkungen auf betroffene Personen in mehr als einem Mitgliedstaat hat oder haben kann;

24. „maßgeblicher und begründeter Einspruch" einen Einspruch gegen einen Beschlussentwurf im Hinblick darauf, ob ein Verstoß gegen diese Verordnung vorliegt oder ob beabsichtigte Maßnahmen gegen den Verantwortlichen oder den Auftragsverarbeiter im Einklang mit dieser Verordnung steht, wobei aus diesem Einspruch die Tragweite der Risiken klar hervorgeht, die von dem Beschlussentwurf in Bezug auf die Grundrechte und Grundfreiheiten der betroffenen Personen und gegebenenfalls den freien Verkehr personenbezogener Daten in der Union ausgehen;

25. „Dienst der Informationsgesellschaft" eine Dienstleistung im Sinne des Artikels 1 Nummer 1 Buchstabe b der Richtlinie (EU) 2015/1535 des Europäischen Parlaments und des Rates[1];

26. „internationale Organisation" eine völkerrechtliche Organisation und ihre nachgeordneten Stellen oder jede sonstige Einrichtung, die durch eine zwischen zwei oder mehr Ländern geschlossene Übereinkunft oder auf der Grundlage einer solchen Übereinkunft geschaffen wurde.

BDSG und anderes nationales Recht: § 2 BDSG (kommentiert unter → BDSG § 2 Rn. 1 ff.).

Übersicht

---

[1] **Amtl. Anm.:** Richtlinie (EU) 2015/1535 des Europäischen Parlaments und des Rates vom 9. September 2015 über ein Informationsverfahren auf dem Gebiet der technischen Vorschriften und der Vorschriften für die Dienste der Informationsgesellschaft (ABl. L 241 vom 17.9.2015, S. 1).

A. Allgemeines

1 In Art. 4 sind **Legaldefinitionen** zu den wichtigsten im Datenschutzrecht verwendeten Begriffen zusammengestellt. Es ist zu beachten, dass diese Definitionen im Einzelfall durchaus von der Umgangs- und auch von der IT-Fachsprache abweichen.

2 Die Begriffsbestimmungen und Definitionen bringen im Vergleich zur DSRL keine wesentlichen inhaltlichen Änd., wohl aber Erweiterungen. Neu definiert werden in erster Linie Begriffe, die durch die technische Entwicklung und die wirtschaftlichen Möglichkeiten der Datennutzung zunehmender Relevanz begegnen, wie zB „Profiling", „Pseudonymisierung", „genetische Daten", „biometrische Daten" sowie „Hauptniederlassung", „Vertreter", „Unternehmen", „Unternehmensgruppe" und „verbindliche interne Datenschutzvorschriften".

B. Einzelkommentierung

I. Personenbezogene Daten (Nr. 1)

Der zentrale Begriff des Datenschutzrechtes ist der des **personenbezogenen** 3
Datums. Weil es durch die Entwicklung der Informationstechnologie mit
ihren umfassenden Verarbeitungs- und Verknüpfungsmöglichkeiten keine
belanglosen Daten mehr gibt (so bereits BVerfGE 65, 1 Rn. 176), ist er zu
Recht **weit** zu bestimmen. Er umfasst alle **Informationen,** die sich auf eine
identifizierte oder **identifizierbare natürliche Person** beziehen. Das Begriffspaar „identifizierte oder identifizierbare Person" (identified or identifi-
able natural person) entspricht dabei dem in der Vorversion und im dt. Recht
bislang üblichen Dualismus „bestimmte oder bestimmbare Person". Als bestimmbar wird dabei eine Person angesehen, die anhand direkter oder indirekter Merkmale bestimmt werden kann. Dies geschieht insbes. mittels Zuordnung zu einer Kennung wie einem Namen, zu einer Kennnummer, zu
Standortdaten, zu einer Online-Kennung oder zu einem oder mehreren bes.
Merkmalen, die Ausdruck ihrer physischen, physiologischen, genetischen,
psychischen, wirtschaftlichen, kulturellen oder sozialen Identität sind.

1. Betroffene Person

Betroffener (data subject) kann nur eine **natürliche Person** sein. Das 4
Datenschutzrecht betr. nur den Zeitraum von Geburt bis Tod (ErwGr 27).
Postmortaler Schutz aufgrund von anderen Gesetzen bleibt freilich möglich
(ErwGr 27; zB § 203 Abs. 4 StGB, § 35 Abs. 5 SGB I; § 7 Abs. 1 S. 3
KrankenhausG). Betroffen kann ein Einzelner sowohl als Privatperson wie
auch als Angestellter (EuGH NZA 2013, 723), Selbständiger oder sonst wie
beruflich Handelnder sein (auch zB im Rahmen einer Ein-Mann-GmbH).
Auch bei Funktionsträgern ist die Anwendung des Datenschutzrechtes nicht
ausgeschlossen (vgl. § 5 Abs. 2 IFG). **Angaben zu einer jur. Person** sind nicht personenbezogen (vgl. EuGH 5
EuZW 2010, 939, Rn. 52). Auch wenn dieser Ansatz in einigen europ.
Staaten gelebt wurde, bezieht sich die DS-GVO eindeutig **ausschl.** auf die
natürliche Person. Auch Personenmehrheiten oder Personengruppen (zB
Vereine) sind nicht erfasst. Daten über diese können aber iRd Bestimmbarkeit
Einzelner durchaus Angaben über einzelne natürliche Personen enthalten.
Dies gilt insbes. bei kleineren Einheiten oder solchen jur. Personen, deren
Name eine oder mehrere natürliche Personen bestimmt (EuGH EuZW 2010,
939, Rn. 53).
Nur bei reinen **Unternehmensdaten** oder **Sachinformationen,** die auch 6
nicht mittelbar zur Identifizierung einer natürlichen Person geeignet sind, ist
das Datenschutzrecht per se nicht anwendbar. Letztlich können jedoch sogar
Informationen über Verstorbene Personenbezug erhalten; allerdings nur in
Bezug auf ihre Nachkommen, Hinterbliebenen oder Erben.

7   Stehen Daten in Bezug auf mehrere bestimmte (oder auch bestimmbare) Personen, sind sie allen diesen als Betroffene zuzuordnen.

2. Identifizierbarkeit (Bestimmbarkeit)

8   Ist eine Angabe einer **bestimmten Person** zuzuordnen, liegt ein personenbezogenes Datum vor. Aber auch, wenn der Betroffene vielleicht nicht namentlich genannt wird, gleichwohl aber mithilfe von **Referenzdaten** ermittelt werden kann, ist von personenbezogenen Daten zu sprechen.

9   Ob ein Datum einer bestimmten oder bestimmbaren Person zuzuordnen ist, führt datenschutzrechtlich zum gleichen Erg. Entscheidend für die Abgrenzung ist allein die Frage, ob im konkreten Fall nicht einmal **Bestimmbarkeit** vorliegt. Bei absoluter Unmöglichkeit, einen Zusammenhang zwischen einem Datum und einer natürlichen Person herzustellen, fehlt es an der Bestimmbarkeit. Problematisch ist einerseits die Frage, ob auch eine „**praktische Irrelevanz**" hierzu ausreicht, andererseits va aber jene, ob von einer solchen angesichts der technischen Verknüpfungsmöglichkeiten, die moderne Computersysteme bieten, überhaupt noch gesprochen werden kann.

10   Die Grundsätze des Datenschutzes sollen für alle Informationen gelten, die sich auf eine identifizierte oder identifizierbare natürliche Person beziehen. Um festzustellen, ob eine natürliche Person identifizierbar ist, sollen alle Mittel berücksichtigt werden, die von dem Verantwortlichen oder einer anderen Person nach allg. Ermessen wahrscheinlich genutzt werden, um die natürliche Person direkt oder indirekt zu identifizieren (ErwGr 26). Bei der Feststellung, ob Mittel nach allg. Ermessen wahrscheinlich zur Identifizierung der natürlichen Person genutzt werden, sollen **alle objektiven Faktoren,** wie die Kosten der Identifizierung und der dafür erforderliche Zeitaufwand, herangezogen werden, wobei die zum Zeitpunkt der Verarbeitung verfügbare Technologie und technologische Entwicklungen zu berücksichtigen sind (ErwGr 26).

11   In Konsequenz dieser Aussage stellt sich sodann die Frage, ob die Technologie allg. oder dem konkret Verantwortlichen zur Vfg. stehen muss. Vergleichbar ist die Frage, ob und inwieweit **konkretes Zusatzwissen** eine Rolle für den Personenbezug eines bestimmten Datums spielen kann. So ist eine **IP-Adresse** potentiell personenbezogen idS, als der jeweilige Provider ohne Weiteres in der Lage ist, sie dem Nutzer zuzuordnen. Eine IP-Adresse kann freilich auch von Dritten gespeichert werden, ohne dass ihr Nutzer mangels Zugriff auf die Zuordnungsdaten des Providers auf diesem Wege ermittelt werden kann. Wenn also eine einzelne IP-Adresse nicht über die Verknüpfung mit anderen Daten (zB Nutzerverhalten, Cookies, Trackingdaten) zu einer Identifizierung führen kann, kann man nicht unbedingt davon ausgehen, dass dieses Zusatzwissen des Providers in jedem Fall zur Bestimmung des Betroffenen eingesetzt würde. Zum ohne Weiteres erreichbaren Zusatzwissen gehören freilich frei zugängliche Angaben, auch wenn der Betroffene diese selbst zB online mitteilt. Für eine Bestimmbarkeit genügt, dass ein solches Zusatzwissen zugänglich und erreichbar ist, gleich ob hierfür erst ein gewisser Aufwand betrieben werden muss. Wäre es allein einer

Behörde (zB mittels eines Gerichtsbeschlusses) zugänglich, kann davon nicht gesprochen werden. Der EuGH (EuGH ZD 2017, 24 Rn. 46 ff). nimmt an, dass bei einem gesetzlichen Verbot oder einer praktischen Undurchführbarkeit aufgrund unverhältnismäßigem Aufwand das Risiko einer Identifizierung vernachlässigbar erschiene, stellt aber fest, dass ein solches Hindernis schon bei einem Anbieter von Onlinediensten in Bezug auf dynamische IP-Adressen nicht gegeben wäre.

Auch **potentiell personenbezogene Daten** sind konsequenterweise als **12** Daten über bestimmbare Personen zu behandeln. Werden zB kleine Datenmengen oder Auszüge aus Dateisystemen in größerer Zahl miteinander verknüpft, genügt dies angesichts schon jetzt verfügbarer Computertechnologie zur Identifikation. Gleiches gilt für Einzelfotos, auf denen Personen zwar nicht erkennbar sind, die aber miteinander kombiniert eine Feststellung der Identität eines Abgebildeten ermöglichen, etwa durch Abgleich ders. Person aus unterschiedlichen Perspektiven.

Das Datenschutzrecht kennt **kein „erlaubtes Risiko"**. Auch der Um- **13** stand, dass aus der ex ante-Sicht des Verantwortlichen ein Personenbezug nicht mit vertretbaren Mitteln herstellbar sein mag, befreit nicht von der Anwendbarkeit der DS-GVO, wenn dies (zB einem IT-Unternehmen oder Hacker) doch gelingt.

3. Persönliche und sachliche Angaben

Persönliche Angaben beziehen sich unmittelbar auf den Betroffenen, sachliche **14** Angaben auf die Beziehung des Betroffenen zu ihrer Umwelt, mithin zu Sachen oder zu Dritten. **Persönliche Angaben** sind zB Name, Alter, Herkunft, Geschlecht, Ausbildung, Familienstand, Anschrift, Geburtsdatum, Augenfarbe, Fingerabdrücke, genetische Daten, Gesundheitszustand, Fotos und Videoaufzeichnungen (EuGH EuZW 2015, 234, Rn. 22), persönliche Überzeugungen, Vorlieben, Verhaltensweisen oder Einstellungen. **Sachliche Angaben** sind etwa die Beziehungen des Betroffenen zu Dritten, aber auch Angaben zum Umfeld, seiner finanziellen Situation (Vermögen, Gehalt, Kreditwürdigkeit), Vertragsbeziehungen, Freundschaften, Eigentumsverhältnisse, Konsum- oder Kommunikationsverhalten, Arbeitszeiten (EuGH NZA 2013, 723), E-Mail-Adressen uÄ. Bei Kommunikationsdaten gilt dies sowohl für Inhalts- als auch für Metadaten. Auch Wahrscheinlichkeitsaussagen haben Personenbezug, gleich ob sie sich auf Sachverhalte in Vergangenheit, Gegenwart oder Zukunft beziehen. So ist auch die Analyse von Arbeitsergebnissen (etwa von Gerichtsurteilen eines Richters zur Vorhersage seiner künftigen Entscheidungen) relevant. Da persönliche wie sachliche Angaben unter den Begriff personenbezogene Daten fallen, sind Überschneidungen oder Abgrenzungsfragen rein akademisch.

Geodaten, also Standort- und Bewegungsdaten, die zur Lokalisierung **15** genutzt werden (auch im Rahmen von Navigationssystemen und div. Apps) sind aufgrund ihrer Eignung zur Bestimmung von Position und Bewegungsprofilen ebenso als personenbezogen einzuordnen wie elektronische Zeitstempel (zB in Fotos) oÄ.

16   **RFID-Chips** können abhängig von Inhalt und Kontext personenbezogene Daten speichern. Variablen sind insbes. die konkret gespeicherten Daten, die Einordnung als aktive oder passive RFID-Chips und die Möglichkeit zur kontaktlosen Auslese. Ein RFID-Chip, der allein an der Kasse oder beim Lagereingang ausgelesen wird, ist anders zu beurteilen, als ein potentiell zur Überwachung von Arbeitnehmern oder Kunden geeigneter Chip, der sich in Fahrzeugen, Hundehalsbändern, oa befindet.

17   Auch Daten der **Auto-Vervollständigung** von oder im Zusammenhang mit Namen bei Internet-Suchmaschinen haben Personenbezug (vgl. BGH GRUR 2013, 751).

18   **Online-Kennungen** wie IP-Adressen, Cookies oder Funkfrequenzkennzeichnungen können ebenfalls Personenbezug besitzen (ErwGr 30; EuGH ZD 2017, 24 Rn. 37 ff.; BGH WM 2017, 1320 Rn. 14 ff.). Soweit Cookies keinen Personenbezug besitzen, gelten letztlich aber ähnliche Anforderungen insbes. in Bezug auf Einwilligungen (EuGH ZD 2019, 556 – Planet49).

4. Besondere Kategorien personenbezogener Daten

19   Schon in Art. 8 DSRL wurden **bestimmte Datentypen** ohne Beachtung des eigentlichen Verwendungszweckes allein aufgrund ihrer thematischen Zuordnung kategorisiert. Dies wird in Art. 9 DS-GVO vorliegend fortgesetzt, der die Verarbeitung personenbezogener Daten, aus denen die **rassische und ethnische Herkunft, politische Meinungen, religiöse oder weltanschauliche Überzeugungen** oder die **Gewerkschaftszugehörigkeit** hervorgehen, sowie die Verarbeitung von **genetischen Daten, biometrischen Daten** zur eindeutigen Identifizierung einer natürlichen Person, **Gesundheitsdaten** oder **Daten zum Sexualleben oder der sexuellen Orientierung** einer natürlichen Person grds. untersagt. Hierzu sowie zu den möglichen **Ausnahmen** → Art. 9. Biometrische, genetische und Gesundheitsdaten werden in Nr. 13–15 definiert. Daten von Minderjährigen sind keine bes. personenbezogenen Daten, unterliegen aber zT speziellen Einwilligungserfordernissen (vgl. Art. 8).

II. Verarbeitung (Nr. 2)

20   Die DS-GVO definiert den Begriff **Verarbeitung,** indem iW eine Reihe von möglichen Nutzungsvorgängen aufgezählt wird. Anders als das BDSG, das zumindest einen Teil dieser Vorgänge definierte, verzichtet die DS-GVO ebenso wie zuvor Art. 2 lit. b DSRL hierauf. **Verarbeitung** (processing) meint jeden mit oder ohne Hilfe automatisierter Verfahren ausgeführten Vorgang oder jede solche Vorgangsreihe im Zusammenhang mit personenbezogenen Daten wie das Erheben (collection), das Erfassen (recording), die Organisation (organisation), das Ordnen (structuring), die Speicherung (storage), die Anpassung (adaption) oder Veränderung (alteration), das Auslesen (retrieval), das Abfragen (consultation), die Verwendung (use), die Offenlegung durch Übermittlung (disclosure by transmission), Verbreitung (dissemination) oder eine andere Form der Bereitstellung (otherwise making available), den Abgleich (alignment) oder die Verknüpfung (combination), die Einschränkung (restriction), das Löschen (erasure) oder die Vernichtung (destruction). Der Begriff ist letztlich (ohne materielle Folgen) **weiter, als es der Verarbeitungsbegriff des BDSG aF** war. Die in der Definition aufgezählten Begriffe dürften sich zudem zumindest teilw. überschneiden.

1. Vorgang oder Vorgangsreihe

Verarbeitung meint jeden mit oder ohne Hilfe automatisierter Verfahren **21** ausgeführten **Vorgang** oder jede solche **Vorgangsreihe** im Zusammenhang mit personenbezogenen Daten. Es kommt nicht darauf an, ob nur eine der genannten Handlungen ausgeführt wird oder ob mehrere Verarbeitungsvorgänge hintereinander folgen. Es spielt auch keine Rolle, ob die Handlung als datenschutzrechtlich relevanter Vorgang intendiert oder die Verarbeitung nur Konsequenz der Handlung ist.

Bspw. hatte der EuGH darüber zu befinden, ob Hinweise auf Personen auf **22** einer Internetseite, bei denen diese entweder durch ihren Namen oder auf andere Weise, etwa durch Angabe ihrer Telefonnummer oder durch Informationen über ihr Arbeitsverhältnis oder ihre Freizeitbeschäftigungen, erkennbar wurden, als ganz oder teilw. automatisierte Verarbeitung personenbezogener Daten zu bewerten sind, was bejaht wurde (EuGH EuZW 2004, 245). Gleiches gilt für eine Videoüberwachung (EuGH EuZW 2015, 234).

2. Erheben von Daten

Erheben (collection) ist das **Beschaffen von Daten** über den Betroffenen **23** (vgl. § 3 Abs. 3 BDSG aF). Solange die Beschaffung gezielt erfolgt (zufällige Kenntnisnahme wird bei einer Verwendung zB im Wege der Niederschrift zum Erfassen oder zur Speicherung), spielt die Art und Weise keine Rolle. Der Verarbeiter kann Daten elektronisch abrufen, Unterlagen anfordern oder Personen befragen. Auch die Konsultation einer Internet-Suchmaschine, um Informationen zu einer bestimmten Person zu erhalten, unterfällt dem Begriff.

3. Erfassen und Speicherung von Daten

Der Begriff „Erfassen" (recording) war gem. § 3 Abs. 4 Nr. 1 BDSG aF ein **24** Unterbegriff des Begriffes „**Speichern**", der hier gesondert benannt wird, wobei die Abgrenzung letztlich für die Praxis bedeutungslos sein wird. Gemeint wird letztlich das Aufschreiben oder Aufnehmen der beschafften Daten sein. Kein Erfassen im datenschutzrechtlichen Sinne liegt beim bloßen Memorieren im menschlichen Gedächtnis vor.

Die **Speicherung** (storage) meint das **Aufbewahren** insbes. auf einem **25** Datenträger zum Zwecke der weiteren Verarbeitung. Auch die Aufbewahrung einer Gewebeprobe kann hierunter fallen. Eine Speicherung setzt eine Zielrichtung voraus. Allerdings ist diese Zielrichtung im Falle einer „aufgedrängten Speicherung" (zB von unverlangt zugesandten Informationen) je nach nachf. Handlung zu Ordnen, Verwendung oa. ebenfalls gegeben. Wird eine nicht gezielt beschaffte Information bei Kenntnisnahme nicht gelöscht, liegt ein Fall der Speicherung vor (Weichert in DWWS DSGVO Art. 4 Rn. 40).

4. Organisation und Ordnen von Daten

26   Auch die **Organisation** (organisation) und das **Ordnen** (structuring) von Daten sind Begriffe, die sich überschneiden. Gemeint ist das **Aufbauen einer** wie auch immer gearteten **Struktur** innerhalb der Daten, wobei es keine Rolle spielt, ob diese simpel oder komplex ist. Auch Fragen der Qualität des Strukturierungsvorganges, ob dieser etwa sinnvoll und vernünftig ist, spielen keine Rolle.

5. Anpassung oder Veränderung

27   Die **Anpassung** (adaption) und **Veränderung** (alteration) von Daten meinen beide eine **Abänderung der vorhandenen Daten** und unterscheiden sich allein in der Zielrichtung. Beides meint ein **inhaltliches Umgestalten** der Daten (vgl. § 3 Abs. 4 Nr. 2 BDSG aF). Eine Anpassung liegt etwa vor, wenn in einem Datenbestand das Alter einer Person jährlich fortgeschrieben wird, eine Veränderung, wenn bspw. eine unrichtige Angabe korrigiert wird.

6. Auslesen und Abfragen

28   Das **Auslesen** (retrieval) unterscheidet sich vom **Abfragen** (consultation) insoweit, als beim Auslesen insbes. ein vorhandener Datensatz konsultiert wird, während beim Abfragen eine externe Datenbank genutzt wird.

7. Verwendung

29   Wie schon das Nutzen in § 3 Abs. 5 BDSG aF ein Auffangtatbestand war, wird auch der Begriff der **Verwendung** (use) letztlich **alle Arten des zweckgerichteten Gebrauches oder der internen Nutzung von Daten** erfassen, die von den übrigen Bsp. nicht umfasst sind.

8. Offenlegung

30   Die **Offenlegung** (disclosure) von personenbezogenen Daten kann durch **Übermittlung** (disclosure by transmission), **Verbreitung** (dissemination) **oder** eine **andere Form der Bereitstellung** (otherwise making available) erfolgen. Ob Daten mündlich weitergegeben werden, ob ein Brief oder eine E-Mail versandt wird (bei der eine neue Kopie entsteht) oder ob Daten auf einer Website oder in einem Internet-Forum anderen zur Kenntnis gegeben werden, unterfällt gleichermaßen dem Begriff. Es kommt weder auf die Art der Bekanntgabe noch darauf an, ob der Adressat oder jemand anders tatsächlich Kenntnis genommen hat. (Weichert in DWWS DSGVO Art. 4 Rn. 45). Die Weitergabe innerhalb einer Stelle ist jedoch keine Offenlegung, sondern Verwendung.

9. Abgleich und Verknüpfung

Der **Abgleich** (alignment) von Daten meint die Überprüfung, ob die in **31** mehreren Dateisystemen über einen Betroffenen gespeicherten Daten **konsistent** sind. Ein Abgleich liegt auch dann vor, wenn überprüft wird, ob bestimmte Daten in zwei unterschiedlichen Dateien vorhanden sind (zB um festzustellen, welche Personen an mehreren Sachverhalten beteiligt sind). Werden Daten aus einem System im anderen hinzugefügt, um den anderen Datensatz zu vervollständigen, handelt es sich um eine Verknüpfung.

Verknüpfung (combination) meint zunächst in erster Linie **Zusammen-** **32** **führen** von personenbezogenen Daten über einen Betroffenen aus mehreren Dateisystemen. Der Begriff erfasst aber auch die Verknüpfung von mehreren Betroffenen über ein verbindendes Merkmal.

10. Einschränkung

Die **Einschränkung** (restriction) der Verarbeitung wird in Nr. 3 definiert. **33** Der Begriff entspricht dem der **Sperrung**. → Rn. 35.

11. Löschen und Vernichtung

Das **Löschen** (erasure) bzw. die **Vernichtung** (destruction) von Daten bezie- **34** hen sich letztlich auf den gleichen Vorgang in Bezug auf unterschiedliche Dateiformen. Gelöscht werden Daten auf einem elektronischen Datenträger. Vernichtung meint die Zerstörung eines physischen Datenträgers (zB eine Papierakte), wobei die Vernichtung einer Festplatte im Wege der physischen Zerstörung zum gleichen Erg. führt.

III. Einschränkung der Verarbeitung (Nr. 3)

Die „**Einschränkung der Verarbeitung**" ist die Markierung gespeicherter **35** personenbezogener Daten mit dem Ziel, ihre künftige Verarbeitung einzuschränken. Der Begriff entspricht demjenigen der **Sperre,** wie er bislang im Datenschutzrecht verwendet wurde (vgl. ErwGr 67; 156). Methoden zur Beschränkung der Verarbeitung personenbezogener Daten können ua darin bestehen, dass ausgewählte personenbezogene Daten vorübergehend auf ein anderes Verarbeitungssystem übertragen werden, dass sie für Nutzer gesperrt werden oder dass veröffentlichte Daten vorübergehend von einer Website entfernt werden (ErwGr 67). In automatisierten Dateisystemen soll die Einschränkung der Verarbeitung grds. durch technische Mittel so erfolgen, dass die personenbezogenen Daten in keiner Weise weiterverarbeitet werden und nicht verändert werden können (ErwGr 67). Auf die Tatsache, dass die Verarbeitung der personenbezogenen Daten beschränkt wurde, soll in dem System unmissverständlich hingewiesen werden (ErwGr 67). Art. 18 regelt das Recht auf Einschränkung der Verarbeitung (ua in Fällen bestr. Richtigkeit).

IV. Profiling (Nr. 4)

36 Der Begriff **Profiling** beschreibt allg. die Erstellung, Aktualisierung und Verwendung von Profilen natürlicher Personen. Zweck des Profilings kann dabei je nach Bereich die Identifikation (zB von Straftätern), Optimierung (zB Kundenprofile im Marketing oder Benutzerprofile auf Websites), Überwachung oder Vorhersage (zB Personalprofile zur Prognose bzgl. der Eignung von Kandidaten) sein.

37 Die Definition der DS-GVO beschreibt das Profiling als **jede Art der automatisierten Verarbeitung personenbezogener Daten,** die darin besteht, dass diese Daten verwendet werden, um bestimmte persönliche Aspekte, die sich auf eine natürliche Person beziehen, zu bewerten. Die persönlichen Aspekte, die hier benannt werden (um Aspekte bzgl. Arbeitsleistung, wirtschaftlicher Lage, Gesundheit, persönlicher Vorlieben, Interessen, Zuverlässigkeit, Verhalten, Aufenthaltsort oder Ortswechsel dieser natürlichen Person zu analysieren oder vorherzusagen) sind nur beispielhaft und keineswegs abschl.

38 Der Begriff hat Bedeutung auch iRd Art. 22 Abs. 1, der das Recht des Betroffenen statuiert, nicht einer ausschl. auf einer automatisierten Verarbeitung – einschl. Profiling – beruhenden Entsch. unterworfen zu werden, die ihr ggü. rechtliche Wirkung entfaltet oder sie in ähnlicher Weise erheblich beeinträchtigt (vgl. ErwGr 71).

39 Die **wirtschaftliche Bedeutung** ist erheblich, da eine richtige Vorhersage Einnahmen erhöhen und Risiken etwa von Investitionen verringern kann. Profiling liegt zB vor, wenn ein Online-Dienstanbieter die Internetaktivitäten seiner Nutzer nachvollzieht und so ggf. unter nachf. Verwendung von Analysetechniken ein Profil des Betroffenen erstellt, was insbes. die Grdl. für ihn betr. Entsch. bildet oder anhand dessen seine persönlichen Vorlieben, Verhaltensweisen oder Gepflogenheiten analysiert oder vorausgesagt werden sollen (ErwGr 24). Insbes. wenn Online-Kennungen wie IP-Adressen und Cookies oder sonstige Kennungen wie Funkfrequenzkennzeichnungen Spuren hinterlassen, die insbes. in Kombination mit eindeutigen Kennungen ua beim Server eing. Informationen dazu benutzt werden, um Profile der natürlichen Personen zu erstellen und sie zu identifizieren, unterfällt dies dem Begriff (ErwGr 30). Auch das Zusammenführen von weiteren dem Betroffenen zuzuordnenden Daten wie Informationen aus „smarten" Dingen (Kfz, Wearables, Smart Watch, Haushaltsgeräte) gehört hierher. Dieses gilt auch dann, wenn nur mittelbar wirtschaftliche Interessen verfolgt werden (zB bei individualisierter Werbung für Dritte; vgl. ErwGr 70). Dies gilt auch bei der Profilbildung über Kinder, die bes. Schutz verdienen (ErwGr 38), etwa im Zusammenhang mit Lernsoftware, die Lernverhalten und Leistungsfähigkeit prognostizieren soll. Auf ein Profiling ist der **Betroffene besonders hinzuweisen** (ErwGr 60).

V. Pseudonymisierung (Nr. 5)

1. Pseudonymisierung

Der ethymologischen Herkunftsbedeutung nach bedeutet Pseudonym „mit **40** falschem Namen". In der DS-GVO wird **Pseudonymisierung** definiert als die Verarbeitung personenbezogener Daten in einer Weise, dass die personenbezogenen Daten ohne Hinzuziehung zusätzlicher Informationen nicht mehr einer spezifischen betroffenen Person zugeordnet werden können, sofern diese zusätzlichen Informationen gesondert aufbewahrt werden und technischen und organisatorischen Maßnahmen unterliegen, die gewährleisten, dass die personenbezogenen Daten nicht einer identifizierten oder identifizierbaren natürlichen Person zugewiesen werden. Zweck von pseudonymisierenden Maßnahmen soll es sein, die Risiken für die betroffenen Personen zu senken und die Verantwortlichen und die Auftragsverarbeiter bei der Einhaltung ihrer Datenschutzpflichten zu unterstützen (ErwGr 28). Allerdings ist zu beachten, dass die ausdr. Einf. der „Pseudonymisierung" in der DS-GVO nicht beabsichtigt, andere Datenschutzmaßnahmen auszuschließen (ErwGr 28). Pseudonymisierte Daten sind immer noch Informationen über eine identifizierbare natürliche Person, weshalb die Grundsätze des Datenschutzes auch für diese gelten (ErwGr 26).

Um von einer Pseudonymisierung sprechen zu können (und ihr Vorliegen **41** etwa bei Stichworten wie Datenschutz durch Technikgestaltung (vgl. Art. 25; 32) oder zur Achtung des Grundsatzes der Datenminimierung (vgl. Art. 89; ErwGr 156) zu nutzen), müssen die nachstehenden **Voraussetzungen kumulativ** erfüllt sein. Zu den Strategien des Verantwortlichen können eben auch Datenschutz durch Technik (data protection by design) und durch datenschutzfreundliche Voreinstellungen (data protection by default) gehören, zu denen auch eine Pseudonymisierung gehört (ErwGr 78).

a) Keine Zuordnung von Daten ohne Hinzuziehung zusätzlicher In- 42 formationen. Können die vorhandenen Daten ohne Weiteres einer identifizierbaren Person zugeordnet werden, liegt ohnehin keine Pseudonymisierung vor. In diesem Fall spielt die Definition keine Rolle und es kommt auf die weiteren Voraussetzungen nicht an. Vergibt und verwaltet der Verantwortliche das Pseudonym selbst, liegt ein Personenbezug hinsichtlich dessen weiterhin unmittelbar vor. IÜ besteht ein relativer Personenbezug, da die Zugänglichmachung an andere in der Tat pseudonymisiert erfolgen kann. Soll auch ein Zugriff durch den Verantwortlichen zunächst verhindert werden, kann die Pseudonymisierung durch einen Treuhänder erfolgen, ggü. dem sodann auch zu klären ist, ob und unter welchen Voraussetzungen (sowie von wem) Pseudonym und Identifikationsdaten wieder zusammengeführt werden dürfen. Eine Alt. wäre auch eine Betroffenen-kontrollierte Pseudonymisierung, bei der die betroffene Person selbst das ihr zuzuordnende Pseudonym wählt und eine Re-Identifizierung auch nur durch sie selbst möglich ist.

b) Getrennte Aufbewahrung der zusätzlichen Informationen. Erste **43** Voraussetzung ist, dass die für die Identifizierung erforderlichen Informationen **getrennt** von den eigentlichen Daten **aufbewahrt** werden. Diese Trennung ist technisch/räumlich gemeint. Liegen die Daten im gleichen Schrank oder auf dem gleichen Rechner oder sind sie über gleiche Nutzerkonten zugänglich, kann von einer getrennten Aufbewahrung keine Rede sein. Gleiches gilt, wenn die pseudonymisierten Daten und die Identifikationsdaten gemeinsam weitergegeben werden.

44   Beim Einsatz von Pseudonymisierungsverfahren ist stets im Vorhinein zu klären, wer über Zuordnungstabellen bzw. Verschlüsselungsverfahren verfügen soll, wer das Pseudonym generiert, ob ein Re-Identifizierungsrisiko ausgeschlossen werden kann und unter welchen Voraussetzungen eine Zusammenführung mit den Identifikationsdaten gestattet ist.

45   **c) Gewährleistung technischer und organisatorischer Maßnahmen zur Nichtzuordnung.** Die Nutzer der eigentlichen Information dürfen **keinen Zugang zum Datensatz mit den Identifizierungsdaten** haben. Allein der für die Verarbeitung der personenbezogenen Daten Verantwortliche hat diesen Zugang und er muss die befugten Personen iE angeben (ErwGr 29).

46   Es ist zu beachten, dass die Pseudonymisierung selbst zu den technischen und organisatorischen Maßnahmen gehören kann, die Voraussetzung einer bestimmten Privilegierung sind (etwa bei Art. 89). Umgekehrt setzt die Pseudonymisierung wiederum bestimmte technische und organisatorische Maßnahmen voraus, eben zur Gewährleistung der Nichtzuordnung.

47   Mögliche Sicherheitselemente für Pseudonymisierungverfahren sind Entsch. für eine zentrale oder dezentrale Datenhaltung, für eine zentral oder dezentral durchgeführte Pseudonymisierung, der Verzicht auf gemeinsame Versendung der Datensätze sowie die Wahl des Verfahrens zur Generierung von Pseudonymen (uU mehrschrittig). Hinzu kommen weitere Maßnahmen wie verschlüsselte Versendung, sichere Authentifizierung beim Zugang und allg. IT-technische und (zB bei der Aufbewahrung etwa von Biomaterial) sonstige Sicherungsverfahren.

2. Anonymisierung

48   In der DS-GVO nicht definiert wird der Begriff **Anonymisierung,** der im dt. Datenschutzrecht regelmäßig neben der Pseudonymisierung angesprochen wurde (§ 3 Abs. 6 BDSG aF). Anonymisieren ist das Verändern personenbezogener Daten derart, dass die hinter den Einzelangaben über persönliche oder sachliche Verhältnisse stehende betroffene Person nicht bzw. nicht mehr identifiziert werden kann. Dies ist ein **Mehr ggü. der Pseudonymisierung,** bei der die Hinzuziehung zusätzlicher, aber getrennt aufbewahrter Informationen zur Identifikation genügt. Die Grundsätze des Datenschutzrechtes sind auf anonyme Daten nicht anwendbar (ErwGr 26).

49   Durch eine Anonymisierung bleibt der Gehalt eines Datensatzes erhalten, lässt aber **keine Zuordnung** der Aussage **zu einer bestimmten oder bestimmbaren Person** mehr zu. Anonymisierte Daten sind damit keine personenbezogenen Daten mehr. Es ist allerdings Vorsicht bei der vorschnellen Annahme geboten, bestimmte Daten seien bereits „anonym", weil das Identi-

fizierungsdatum fehlt. Solange dieses gleichwohl noch aufgefunden und die Daten re-identifiziert werden können, liegt allenfalls Pseudonymisierung, nicht aber Anonymisierung vor. Die sicherste Methode der Anonymisierung ist die Aggregierung von Daten, also das Zusammenführen mehrerer personenbezogener Daten zu einem Gruppendatensatz, aus dem heraus nicht mehr festgestellt werden kann, wem innerhalb dieses Datenkollektivs welche Einzeldaten zuzuordnen waren.

Eine Anonymisierung war in § 3 Abs. 4 Nr. 6 BDSG aF auch noch in **50** solchen Fällen angenommen worden, wenn die Daten nur mit einem unverhältnismäßig großen Aufwand an Zeit, Kosten und Arbeitskraft einer bestimmten oder bestimmbaren natürlichen Person zugeordnet werden können. Auch ErwGr 26 will bei der Feststellung, ob Mittel nach allg. Ermessen wahrscheinlich zur Identifizierung der natürlichen Person genutzt werden, alle objektiven Faktoren, wie die Kosten der Identifizierung und der dafür erforderliche Zeitaufwand, heranziehen, wobei die zum Zeitpunkt der Verarbeitung verfügbare Technologie und technologische Entwicklungen zu berücksichtigen sind. Angesichts der stetig zunehmenden Möglichkeiten, mit technischen Mitteln scheinbar anonyme Daten dennoch den Betroffenen zuzuordnen (zB durch Abgleich mit anderen Datenbanken), wären an den „unverhältnismäßig hohen Aufwand" der benannten Definition der Anonymisierung in der Tat andere Anforderungen zu stellen als noch vor wenigen Jahren. Es kann ohnehin weit seltener von anonymen Daten gesprochen werden, als dies früher der Fall war. Aus diesem Grunde ist die inzidente Annahme des ErwGr 28, der diesen Definitionsteil nicht übernimmt, dass es eine Anonymisierung durch „zu hohen Aufwand" wohl nicht mehr gibt, letztlich richtig. Eine „Erschwerung" führt eher zu einer Pseudonymisierung als zu einer Anonymisierung.

Ausf. zur Anonymisierung s. die Stellungn. 5/2014 zu Anonymisierungs- **51** techniken der Art. 29-Datenschutzgruppe, in der darauf hingewiesen wird, dass eine wirksame Anonymisierungslösung voraussetzt, dass aufgrund der Robustheit der verwendeten Technik keine Partei in der Lage sein darf, eine Person aus dem Datenbestand herauszugreifen, eine Verbindung zwischen zwei Datensätzen eines Datenbestandes oder zwischen zwei unabhängigen Datenbeständen herzustellen oder durch Inferenz Informationen aus einem solchen Datenbestand abzuleiten.

VI. Dateisystem (Nr. 6)

Nur auf den ersten Blick neu zu sein scheint der Begriff „**Dateisystem**" **52** (filing system), der den noch im vorletzten Entwurf verwendeten Begriff „Datei" ersetzt hat, ohne dass sich jedoch an den Formulierungen etwas geänd. hatte. Ein Dateisystem ist eine **strukturierte Sammlung personenbezogener Daten,** die nach bestimmten Kriterien zugänglich sind, unabhängig davon, ob diese Sammlung zentral, dezentral oder nach funktionalen oder geografischen Gesichtspunkten geordnet geführt wird („filing system" means any structured set of personal data which are accessible according to specific criteria, whether centralised, decentralised or dispersed on a functional or geographical basis). In der Tat entspricht diese Definition der Definition der „Datei", wie sie in Art. 2 lit. c DSRL verwendet wurde. Es ist daher davon auszugehen, dass diese Änd. in der Begrifflichkeit keinerlei inhaltliche Änd. bewirkt hat.

53   Eine **Sammlung** ist eine planmäßige Zusammenstellung von Einzelangaben. Es genügt für die Einordnung als Dateisystem, dass ein einziges Merkmal die Informationen erschließt. Auch eine Video- oder Tonaufnahme kann ein Dateisystem sein, wenn etwa eine Identifizierung durch biometrische Verfahren oder Stimmabgleich möglich ist. Gleiches gilt für ein automatisches Kfz-Kennzeichenerfassungssystem.

54   Der Begriff umfasst auch Akten und Aktensammlungen. Allerdings gilt dies nur für solche Akten oder Aktensammlungen sowie ihre Deckblätter, die nach bestimmten Kriterien geordnet sind (ErwGr 15). Fehlt es daran, soll eine Akte nicht in den Anwendungsbereich der DS-GVO fallen (ErwGr 15). Insofern sind Dateisysteme Sammlungen personenbezogener Daten, die gleichartig aufgebaut und nach bestimmten Merkmalen zugänglich sind und ausgewertet werden können. Die Sortierung nach Personen genügt hierfür. Papier-Personalakten, Krankenblätter oder eine anderweitig strukturierte Karteikartensammlung mit personenbezogenen Daten sind demnach vom Begriff und vom Anwendungsbereich der DS-GVO erfasst.

VII. Verantwortlicher (Nr. 7)

55   Der **Verantwortliche** (controller) ist diejenige Stelle, die allein oder gemeinsam mit anderen über die Zwecke und Mittel der Verarbeitung von personenbezogenen Daten entscheidet. Eine solche Stelle kann dabei genauso gut eine **natürliche oder jur. Person,** eine **Behörde, Einrichtung oa** sein. Jeder, der Daten für sich verarbeitet, also zB erhebt, speichert, weitergibt, kann Verantwortlicher idS sein. Sind die Zwecke und Mittel der Verarbeitung von personenbezogenen Daten durch das Unionsrecht oder das Recht der Mitgliedstaaten vorgegeben, so können der Verantwortliche bzw. die bestimmten Kriterien seiner Benennung nach dem Unionsrecht oder dem Recht der Mitgliedstaaten bestimmt werden.

VIII. Auftragsverarbeiter (Nr. 8)

56   Der **Auftragsverarbeiter** ist eine natürliche oder jur. Person, Behörde, Einrichtung oder jede andere Stelle, die personenbezogene Daten im Auftrag des Verantwortlichen verarbeitet. Da nur in der Person des Verantwortlichen die datenschutzrechtlichen Voraussetzungen (Einwilligung oder gesetzliche Gestattung) für eine Verarbeitung der in Rede stehenden personenbezogenen Daten entstehen, setzt die Figur des Auftragsverarbeiters voraus, dass auf der Grdl. eines definierten **Auftragsverarbeitungsvertrages** (gem. Art. 28) der Auftragsverarbeiter in Bezug auf die Daten quasi als „Marionette" des Verantwortlichen tätig wird (Weisungsbindung gem. Art. 28 Abs. 3 lit. a und Art. 29). Nur dann ist er nicht Dritter iSd Nr. 10. Zu den Einzelheiten s. → Art. 28 ff.

IX. Empfänger (Nr. 9)

Empfänger ist jede Person oder Stelle, der personenbezogene Daten offenge- 57
legt werden. Auch der Dritte (→ Rn. 59 f.) und der Auftragsverarbeiter
(→ Rn. 56) fallen hierunter. Unklar ist, ob die Definition eine rechtliche
Eigenständigkeit verlangt, ob also eine Organisationseinheit innerhalb eines
Unternehmens (zB der Betriebsrat) als Empfänger gilt. Relevant ist der Emp-
fängerbegriff im Rahmen von Informationspflichten (Art. 14), Auskunftsrechten (Art. 15), Mitteilungspflichten (Art. 19) und bei der Verzeichniserstellung
(Art. 30). Insofern ist es nicht unerheblich, ob der Auskunftsberechtigte auch
Auskunft darüber verlangen kann, welche Stelle innerhalb eines Unternehmens die in Rede stehenden Daten erhalten hat. Der Wortlaut der Definition
lässt aber wohl vermuten, dass eine gewisse Eigenständigkeit verlangt wird,
um von einem Empfänger sprechen zu können.

Die **Ausnahme des S. 2** betr. Behörden, die im Rahmen eines bestimm- 58
ten Untersuchungsauftrages personenbezogene Daten erhalten. Sie gelten
nicht als Empfänger. Gemeint sind **Behörden, denen ggü. der Verantwortliche offenlegungspflichtig ist,** wie Steuer- und Zollbehörden, Finanzermittlungsstellen, unabhängige Verwaltungsbehörden oder Finanzmarktbehörden, die für die Regulierung und Aufsicht von Wertpapiermärkten
zuständig sind (ErwGr 31). Anträge auf Offenlegung, die von Behörden
ausgehen, sollen immer schriftlich erfolgen, mit Gründen versehen sein und
gelegentlichen Charakter haben, und sie sollen nicht vollständige Dateisysteme betreffen oder zur Verknüpfung von Dateisystemen führen (ErwGr 31).
Die Verarbeitung personenbezogener Daten durch die genannten Behörden
hat iÜ natürlich den für die Zwecke der Verarbeitung geltenden Datenschutzvorschriften zu entsprechen.

X. Dritter (Nr. 10)

Die Position des **„Dritten",** also des datenschutzrechtlich Außenstehenden 59
und außen vorbleibend Müssenden, bestimmt sich negativ. In Frage kommt
jede natürliche oder jur. Person, Behörde, Einrichtung oder jede andere
Stelle, die nicht zu den im Folgenden genannten Stellen bzw. Personen
gehört: Die betroffene Person ist ebenso wenig Dritter wie der Verantwortliche oder der Auftragsverarbeiter.

Schwieriger wird allein die Einordnung derjenigen Personen, die „unter 60
der unmittelbaren Verantwortung des Verantwortlichen oder des Auftragsverarbeiters befugt sind, die Daten zu verarbeiten". Ob jemand idS dem Verantwortlichen oder dem Auftragsverarbeiter zuzuordnen ist, hängt im Einzelfall von seiner **Funktion** ab. Ist er nicht für die Stelle, sondern für sich selbst
tätig (zB als freier Mitarbeiter, Handelsvertreter), so ist er Dritter iSd Norm.
Aber auch wenn er als Arbeitnehmer einer der beiden Stellen angehört, setzt
die Zuordnung im datenschutzrechtlichen Sinne zusätzlich voraus, dass er
unter dessen unmittelbarer Verantwortung befugt ist, die in Rede stehenden
Daten zu verarbeiten. Ist die Datenverarbeitung nicht von seiner arbeitsrecht-

lichen Kompetenz erfasst, gehört auch ein Arbeitnehmer des Verantwortlichen oder des Auftragsverarbeiters zu den „Dritten" isd Norm.

XI. Einwilligung (Nr. 11)

61 Die **Einwilligung** (consent) ist und bleibt auch iRd DS-GVO eine, wenn nicht die zentrale Legitimation für die Verarbeitung personenbezogener Daten. Auch wenn die Art. 7 ff. weitere Einzelheiten bestimmen, findet sich vorliegend bereits eine grdl. Definition. Soweit keine der gesetzlich definierten Fälle einer entbehrlichen Einwilligung gegeben ist (Art. 6), ist die Einwilligung das „Maß der Rechtmäßigkeit" einer Datenverarbeitung. Die Verarbeitung ist nur rechtmäßig, wenn die betroffene Person ihre Einwilligung zu der Verarbeitung der sie betr. personenbezogenen Daten für einen oder mehrere bestimmte Zwecke gegeben hat (Art. 6 Abs. 1 lit. a). Einzelheiten ergeben sich aus Art. 7 (Bedingungen für die Einwilligung), ua zur Beweisbelastung des Datenverarbeiters (Art. 7 Abs. 1), zur Hervorhebung bei Klauselwerken (Art. 7 Abs. 2), zum Widerrufsrecht (Art. 7 Abs. 3) und zur Feststellung der Freiwilligkeit der Einwilligung (Art. 7 Abs. 4). Zu den bes. Bedingungen für die Einwilligung eines Kindes in Bezug auf Dienste der Informationsgesellschaft s. zudem → Art. 8. Beschränkungen bleiben möglich durch nationale Gesetzgebung in Bezug auf bes. Kategorien personenbezogener Daten (Art. 9).

62   Eine Einwilligung der betroffenen Person iSd DS-GVO ist jede **freiwillig für den bestimmten Fall, in informierter Weise und unmissverständlich abgegebene Willensbekundung** in Form einer Erkl. oder einer sonstigen eindeutigen bestätigenden Handlung, mit der die betroffene Person zu verstehen gibt, dass sie mit der Verarbeitung der sie betr. personenbezogenen Daten einverstanden ist. Erforderlich ist demnach **kumulativ** das Vorliegen aller nachstehend erläuterten Elemente. Diese Definition entspricht Art. 2 lit. h DSRL. Die Beweislast für das Vorliegen der Einwilligung und aller Voraussetzungen liegt beim Verantwortlichen (Art. 7 Abs. 1). Unklarheiten gehen demnach zu Lasten der verantwortlichen Stelle (vgl. zuvor Art. 7 lit. a DSRL). Dies gilt auch und gerade bei unzureichenden vorformulierten Einwilligungserklärungen.

1. Einwilligung der betroffenen Person

63 **a) Einwilligung durch den Betroffenen selbst.** Ungeachtet der str. Einordnung der Einwilligung (rechtsgeschäftliche Erkl., geschäftsähnliche Handlung oa) ist die Fähigkeit zur Abgabe einer solchen bei voll geschäftsfähigen Personen grds. unproblematisch. Zur Abgabe durch einen Minderjährigen s. im Folgenden → Rn. 66 ff.

64   Eine Einwilligung hat **im Vorhinein** zu erfolgen. Eine nachträgliche Genehmigung ist von der DS-GVO weder definiert noch gemeint.

65 **b) Höchstpersönlichkeit.** Ungeachtet der Tatsache, dass eine **Vertretung** bei der Einwilligung zumindest bei Minderjährigen möglich ist, was etwa bei betreuten Personen entspr. gelten wird, ist grds. von einer **Höchstpersön-**

lichkeit der Einwilligung auszugehen. Jeder Betroffene hat die Entsch. über die Preisgabe seiner Daten selbst zu treffen und kann sie nicht auf einen Stellvertreter verlagern. Soweit eine andere Person (zB Ehepartner, Mitbewohner, Freunde, Arbeitgeber) im Einzelfall eine solche Einwilligung abgeben darf, handelt diese nicht als Vertreter, sondern allenfalls botenähnlich als Überbringer der Einwilligungserklärung.

c) Minderjährige. Ungeachtet der Tatsache, dass **Kinder** bei ihren per- **66** sonenbezogenen Daten **bes. Schutz** verdienen, weil sie sich der betr. Risiken, Folgen und Garantien und ihrer Rechte bei der Verarbeitung personenbezogener Daten idR (noch) weniger bewusst sind als Erwachsene (ErwGr 38; 58; 65), wird dieser Begriff in der DS-GVO zwar mehrfach verwendet (Art. 6; 8; 12; 40 und 57), nicht aber definiert. Die DS-GVO geht ersichtlich davon aus, dass eine Einwilligung „im Kindesalter gegeben" werden kann (ErwGr 65). Aus diesem Grunde sollen in diesen Fällen die der Einwilligung vorausgehenden Hinweise in einer dergestalt klaren und einfachen Sprache erfolgen, dass ein Kind sie verstehen kann (ErwGr 58). In der Praxis ist va in den meisten Fällen umfangr. Online-Klauselwerke allerdings festzustellen, dass dies nicht der Fall ist. Die wirkliche Reichweite von Datenschutzklauseln erschließt sich schon volljährigen Personen in vielen Fällen nicht.

Die im dt. Recht zuweilen zu findende Unterscheidung zwischen Kindern **67** und Jugendlichen wird in der DS-GVO nicht geführt. Art. 8 Abs. 1 gibt aber eindeutige Anhaltspunkte darauf, dass mit „Kindern" alle Personen unter 18 Jahren gemeint sind. Diese Norm sieht bei der **Einwilligungsfähigkeit in Bezug auf Dienste der Informationsgesellschaft** eine **Regelgrenze von 16 Jahren** vor. Aber auch bei Präventions- oder Beratungsdiensten, die unmittelbar einem Kind angeboten werden, geht ErwGr 38 davon aus, dass eine Einwilligung des Trägers der elterlichen Verantwortung bei 16/17-Jährigen nicht erforderlich sei. Gleichzeitig statuiert Art. 8 Abs. 2 eine **absolute Untergrenze von 13 Jahren,** die die Mitgliedstaaten bei evtl. Abweichungen nicht unterschreiten dürfen, die im dt. Recht aber ohnehin nicht ausgeschöpft wurde.

Im dt. Recht wurde bislang in erster Linie auf die Einsichtsfähigkeit abge- **68** stellt, was durchaus sachgerecht ist und bei Jugendlichen unter 16 Jahren iW zu gleichen Erg. führen wird. Auch die DS-GVO geht im Grundsatz davon aus, wenn sie zu einer wirksamen Einwilligung das **Verständnis der erforderlichen Erkl.** voraussetzt. Die Tatsache, dass bei Diensten der Informationsgesellschaft eine Grenze von 16 Jahren angesetzt wird, bei denen die Jugendlichen eine Einwilligung ohne Einfluss der Eltern abgeben können sollen, bedeutet nicht, dass dies bei anderen Angeboten nicht möglich ist. Es ist aber in strengem Maße darauf zu achten, dass sowohl eine **Einwilligungsfähigkeit im Allgemeinen** als auch ein **Verständnis für die Implikationen des konkreten Falles** vorhanden sind. Davon kann in den meisten Fällen und bei der überw. Zahl von „Datenschutzerklärungen" nicht die Rede sein. Ob der Jugendliche im Einzelfall von seiner Reife her einwilligungsfähig ist, mag auch von der Reichweite und vom Inhalt der Einwilligung selbst abhängen, auch wenn diese Einschätzung tatsächlich dazu führen kann, dass besonders „dumme" Einwilligungen von vornherein als unwirksam anzusehen sein werden. Der betroffene Minderjährige muss nach der Lektüre der Einwilligungserklärung klar und eindeutig wissen (können), wer nach der von ihm zu gebenden Einwilligung welche seiner Daten zu welchem Zweck und über welchen Zeitraum hinweg nutzen können soll.

2. Freiwillige Abgabe

69 Eine Einwilligung soll auf der freien Entsch. des Betroffenen beruhen. Sie muss **freiwillig** bzw. „ohne Zwang" (Vorfassung) erfolgen. Die Abgabe „ohne Zwang" ist dabei idS zu verstehen, was auch in der englischen Fassung „freely given" zu erkennen ist. Das ist nicht das Gleiche wie etwa das bloße Fehlen einer (ohnehin freiwilligkeitsschädlichen) widerrechtlichen Drohung. Der Betroffene muss in der Lage sein, eine **echte Wahl** zu treffen hinsichtlich des Ob, Wieviel und Wem er die Nutzung seiner Daten gestattet.

70 Diskussionsbedarf besteht hinsichtlich der Freiwilligkeit in unterschiedlichen Konstellationen, in denen der Betroffene womöglich vor vollendeten Tatsachen zu stehen meint oder sonst in seiner Entscheidungsmöglichkeit eingeschränkt sein kann. Dazu gehören zum einen soziale Abhängigkeitssituationen (zB das Arbeitsverhältnis), Überrumpelungslagen, aber auch die Koppelung der Einwilligung an andere Leistungen bzw. die Ankündigung anderweitiger Nachteile. Schließlich ist bei kartellähnlichen Angebotslagen die Frage der Freiwilligkeit ebenfalls zu prüfen. In EuGH ZD 2019, 556 Rn. 64 – Planet49 hat der EuGH sogar ausdrücklich offen gelassen (obgleich diese Erwähnung nicht erforderlich war), ob die Freiwilligkeit einer Einwilligung dann gegeben sein kann, wenn die Teilnahme an einem Preisausschreiben nur gegen die Zustimmung zu Werbung möglich ist.

71 **a) Abhängigkeitslagen.** Auch wenn man nicht von vornherein davon ausgehen muss, dass jede in einem **Abhängigkeitsverhältnis** (insbes. seitens eines Arbeitnehmers) ausgesprochene Einwilligung unfreiwillig abgegeben wurde, ist dieser Situation gleichwohl bes. Augenmerk zu schenken. Tatsächlich mag manch ein Arbeitnehmer (nicht ganz zu Unrecht) annehmen, dass ein Nein vom Arbeitgeber womöglich als Illoyalität angesehen würde und zu (wenn auch nur indirekten) Konsequenzen führen könnte. Dies ist im Einzelfall zu prüfen. Wenige Zweifel werden aber an der Freiwilligkeit dann bestehen, wenn der Arbeitnehmer keine Nachteile oder gar Vorteile von der Datenverarbeitung hat, wie zB bei der Aufnahme in konzernweite Personalentwicklungssysteme oder der Vergabe von Firmenrabatten. Bei der Zustimmung zur Verwendung eines Portraitfotos für die Online-Werbung mag dies nicht ganz so eindeutig sein, da es nicht jedem Mitarbeiter angenehm ist, derartig zur Schau gestellt zu werden. Eine vergleichbare Situation mag vorliegen, wenn ein Bewerber um einen Arbeitsplatz oder auch um eine maklervermittelte Mietwohnung einen umfassenden Fragebogen präsentiert bekommt und zu Recht vermutet wird, die Verweigerung würde zur Nichtberücksichtigung bei der Vergabe führen, selbst wenn die verlangte preiszugebende Datenmenge einen unangemessen großen Umf. besitzt.

b) Überrumpelungslagen. Keine Freiwilligkeit liegt vor, wenn der Betrof- **72** fene in eine Situation gebracht wird, in der er aus Zeitmangel oa Gründen davon abgehalten wird, die zu erklärende Einwilligung ernsthaft zu bedenken oder gar mit einer Person seines Vertrauens zu besprechen. **Überrumpelungslagen** werden idR gezielt herbeigeführt (zB das Versprechen übermäßiger Anreize etwa bei der Teilnahme an Gewinnspielen gegen die Preisgabe von Daten) oder ausgenutzt (zB wenn der Betroffene „eigentlich nur noch nach Hause will"). Gleiches gilt, wenn eine bereits **versprochene Leistung** unmittelbar vor ihrer Gewährung von einer Einwilligung abhängig gemacht wird. Vergleichbar ist der Fall, dass – insbes. online – die Verweigerung der Einwilligung eine ausf. Beschäftigung mit div. Klickmenüs verlangt, während eine pauschale Zustimmung diese unmittelbar passiert.

c) Koppelung der Einwilligung. Auch der **Koppelung** einer Leistung (zB **73** des Zugangs zu einem Teledienst) mit einer Einwilligung in eine Datennutzung, die für die Nutzung dieses Dienstes nicht zwingend erforderlich ist, fehlt die Freiwilligkeit. Dies ergibt sich als gesetzliche Vermutung auch aus Art. 7 Abs. 4. Wird für einen Vertrag über eine Dienstleistung eine Einwilligung abverlangt, die für die Erfüllung des Vertrages nicht erforderlich ist, so ist sie im Zweifel nicht freiwillig (Art. 7 Abs. 4). Dies dürfte insbes. für eine Mehrzahl derjenigen Online-Dienstleistungen gelten, die ungeachtet auch der bisherigen Rechtslage unter der DSRL ihr Geschäftsmodell iW auf dem Prinzip „Dienstleistung gegen Daten" aufgebaut haben und die Daten des Nutzers im Wege gezielter Werbeangebote oder der Weitergabe von Informationen zu Geld machen (Buchner/Kühling in Kühling/Buchner DS-GVO Art. 7 Rn. 50). (Buchner/Kühling in Kühling/Buchner DS-GVO Art. 7 Rn. 49 ff. sprechen von den Kriterien der vertragscharakteristischen Leistung und der zumutbaren Alternative). So ist auch der Hinweis „kostenloses Angebot" intransparent, wenn es tatsächlich um eine „Gegenleistung in Daten" geht (Buchner/Kühling in Kühling/Buchner DS-GVO Art. 7 Rn. 50).

Von einer Freiwilligkeit kann nur gesprochen werden, wenn der Nutzer in **74** solchen Fällen wirklich wählen kann, welche Einstellungen er hinsichtlich der Preisgabe seiner personenbezogenen Daten vornimmt. Daran fehlt es, wenn zwar eine Umstellung möglich, die Preisgabe der Daten aber bereits voreingestellt ist (vgl. ErwGr 32). Dies gilt nicht nur, aber in ganz bes. Maße dann, wenn der Nutzer von diesen Voreinstellungen nur mit Mühe erfährt und ihre Änd. umständlich ist. Den Anforderungen des Art. 7 wird nicht genügen, wer dem Betroffenen mit der simplen Bitte „Lesen Sie unsere Datenschutzbestimmungen" begegnet. Erforderlich ist vielmehr ein eindeutiger Hinweis „Wir bestehen auf einer Einwilligung in eine über das gesetzliche Maß hinausgehende Nutzung Ihrer Daten durch uns" nebst einer transparenten Information über die Reichweite eben dieser begehrten Datennutzung (informiert; dazu s. → Rn. 79 ff.).

d) Ankündigung von Nachteilen. Die Freiwilligkeit ist auch dann beein- **75** trächtigt, wenn dem Betroffenen für den Fall der Verweigerung der Einwilligung **Nachteile angekündigt** werden. Dies gilt freilich dann nicht, wenn der Nachteil immanent ist. Wer eine Leistung in Anspruch nehmen möchte, wird die mit der Erfüllung der Leistungsverpflichtung verbundenen Informationen preisgeben müssen. Dies gilt auch, wenn das Verlangen nach einer Einwilligung einer vernünftigen Entsch. entspringt und die Datenverarbeitung keine wesentlichen Nachteile für den Betroffenen mit sich bringt (zB die Ankündigung einer Versetzung in den Innendienst, wenn die Einwilligung zur Präsentation als Außendienstmitarbeiter auf der Website verweigert wird). Unzulässig wäre aber etwa eine vorher nirgends erwähnte Registrierungspflicht (oder Werbeeinwilligung), ohne die eine vollumfängliche Benutzung der bereits erworbenen Hard- oder Software nicht möglich ist.

76 **e) Kartellähnliche Angebotslagen.** Die hier beschriebene Situation betr. sowohl das Koppelungsverbot als auch die Ankündigung von Nachteilen. Wer als Anbieter mit einem **signifikanten Marktanteil** (wie zB große Internet-Suchmaschinen oder die Anbieter großer Social-Media-Dienste) als Bedingung für die Inanspruchnahme der eigenen Leistungen die Zustimmung zu einer umfassenden Verwendung personenbezogener Daten zwingend verlangt, kann nicht davon ausgehen, dass diese Einwilligung tatsächlich „freely given" ist. Gleiches gilt, wenn etwa eine Krankenkasse oder Versicherung ihren Kunden Rabatte gibt, wenn diese gleichzeitig einer Überwachung derart zustimmen, dass sie bestimmte technische Gadgets im Auto oder am Körper (Wearables, Smart Watch) tragen, die Daten über Standort oder gar Körperfunktionen an den Vertragspartner oder gar an Dritte übertragen.

77 **f) Fehlen einer Widerrufsbelehrung.** Gem. Art. 7 Abs. 3 hat der Betroffene das **Recht, seine Einwilligung jederzeit zu widerrufen** und wird vor Abgabe der Einwilligung hiervon in Kenntnis gesetzt (Prior to giving consent, the data subject shall be informed thereof). Die rechtlichen Folgen des Fehlens einer solchen vorherigen Belehrung sind unklar. Die Überschrift der Norm „Bedingungen für die Einwilligung" scheint für eine komplette Unwirksamkeit der Einwilligung bei Fehlen einer Widerrufsbelehrung zu sprechen (vgl. Plath in Plath DS-GVO Art. 7 Rn. 11). Andererseits findet sich in Art. 7 Abs. 2 eine ausdr. Rechtsfolge (Unverbindlichkeit) bei Verstoß gegen das Trennungs- und Transparenzgebot, während Abs. 3 dies nicht nennt. Ob diese redaktionelle Uneindeutigkeit dazu führen soll, dass ein Verstoß gegen diese Norm die Wirksamkeit der Einwilligung unberührt lässt, ist unklar. Art. 13 Abs. 2 lit. c DS-GVO schreibt allerdings, dass diese Information „notwendig" sei, „um eine faire und transparente Verarbeitung zu gewährleisten". Kamlah (in Plath DS-GVO Art. 13 Rn. 16) liest Art. 13 Abs. 1 als „zwingende" Informationsbestandteile, die des Abs. 2 nur als „zusätzliche" und formuliert ein „wenn diese notwendig sind" hinein. Dies gilt nach der Norm allerdings auch für das Beschwerderecht bei einer ASB. Wollte man derartige Zusätze für zwingend halten, läse sich eine datenschutzrechtliche Einwilligungserklärung zukünftig ebenso unsinnig wie Belehrungen im Fernabsatzrecht. Richtigerweise wird also das Fehlen der Belehrung zwar einen Verstoß gegen Art. 7, nicht aber die Unwirksamkeit einer erteilten Einwilligung zur Folge haben (ausf. zum Widerruf Ernst ZD 2020, 383).

3. Abgabe für den bestimmten Fall (specific)

Eine Einwilligung darf **keinen pauschalen Charakter** tragen. Sie muss 78
vielmehr erkennen lassen, welche personenbezogenen Daten zu welchem
Zweck von wem verarbeitet werden (vgl. Art. 6 Abs. 1 lit. a; ErwGr 32). Je
tiefer der Eingriff in das Persönlichkeitsrecht, desto genauer muss der Zweck
der Nutzung oder Weitergabe beschrieben werden, in die eingewilligt werden
soll. Allg. Formulierungen oder gar Blanko-Einwilligungen reichen nicht aus
und führen dazu, dass von einer Einwilligung für den konkreten Fall keine
Rede sein kann.

4. Abgabe in Kenntnis der Sachlage (informiert)

a) Möglichkeit zur Kenntnisnahme. Die Abgabe einer **informierten** 79
Erkl. (die Vorversion sprach von einer „Erklärung in Kenntnis der Sachlage")
setzt zumindest voraus, dass der Betroffene wenigstens die Möglichkeit hat,
den **Inhalt** der von ihm erwarteten Erkl. in zumutbarer Weise zur Kenntnis
zu nehmen. Dies gilt in jedem Fall bei vorformulierten Einwilligungen (auch
im Rahmen von Allgemeinen Geschäftsbedingungen) und bei vorgefertigten
Datenschutzhinweisen. So müssen klare und umfassende Informationen den
Nutzer in die Lage versetzen, die Konsequenzen einer etwaigen von ihm
erteilten Einwilligung leicht zu bestimmen, und gewährleisten, dass die Einwilligung in voller Kenntnis der Sachlage erteilt wird (EuGH ZD 2019, 556
Rn. 74 – Planet49). Sie müssen auch bei technischen Sachverhalten klar
verständlich und detailliert genug sein, um es dem Nutzer zu ermöglichen,
die Funktionsweise zu verstehen (EuGH ZD 2019, 556 Rn. 74 – Planet49).

Versteckte Hinweise, technische Textformate, die nicht jedem Nutzer 80
zugänglich sind oder undeutliche Schriftarten können diese Zumutbarkeit
ebenso hindern wie überlange Texte. Erkl. über mehrere Seiten sind nur dann
zumutbar, wenn dieser Umf. tatsächlich erforderlich ist, um den Sachverhalt
zu erläutern. Anderenfalls besteht nicht nur der Verdacht, dass der Verwender
von der Lektüre abschrecken möchte, sondern es fehlt letztlich schlicht an der
Zumutbarkeit der Kenntnisnahme. An einer Zumutbarkeit fehlt es auch,
wenn der Betroffene die Erkl. an mehreren unterschiedlichen Stellen oder nur
anhand von mehrstufigen Verweisen findet.

b) Transparenzgebot. Informierte Kenntnis der Sachlage verlangt zugleich, 81
dass die entspr. **Erkl. verständlich** ist, da sonst von einer informierten
Einwilligung nicht die Rede sein kann. Gemeint ist nicht nur eine verständliche Sprache, sondern auch die Abwesenheit unnötigen technischen oder
fremdsprachigen Fachvokabulars, dessen Bedeutung nicht allen potentiellen
Adressaten ohne Weiteres bekannt ist. Wenn der Betroffene zu verstehen
geben soll, dass er mit der Verarbeitung der ihn betr. personenbezogenen
Daten einverstanden ist, muss er zumindest, wenn er den Datenschutzhinweis
liest in der Lage sein, diesen inhaltlich vollumfänglich zu erfassen.

Unspezifische Beschreibungen wie die „Benutzung im Rahmen einer Ak- 82
tion" oder die „Weitergabe an andere Konzernunternehmen" oder gar nur an

„andere Firmen", „unsere Mitgliedsunternehmen" und „beauftragte Dienstleister" sind keinesfalls hinreichend.

83   Der Betroffene muss nach der Lektüre der Einwilligungserklärung wissen (können), wer nach der von ihm zu gebenden Einwilligung welche seiner Daten zu welchem Zweck nutzen möchte:
– Wer (genau) soll die Daten nutzen dürfen?
– Welche Daten soll er nutzen dürfen?
– Zu welchem Zweck soll er diese Daten nutzen dürfen?
– Darf er diese Daten weitergeben und wenn ja, an wen genau?
– Wie lange darf diese Nutzung andauern?

84   **c) Sprachproblem.** Von einer informierten Einwilligung kann nicht gesprochen werden, wenn die Hinweise, die die genannten Fragen erklären sollen, nicht in einer für den Betroffenen **verständlichen Sprache** verfasst sind (vgl. Art. 7 Abs. 2; s. auch Art. 5 S. 1 RL 93/13/EWG über missbräuchliche Klauseln in Verbraucherverträgen, umgesetzt in § 307 BGB). Damit ist nicht allein die Verständlichkeit des Textes an sich, sondern va die Verwendung von dt. Sprache für dt. Nutzer gemeint. Auch wenn Kenntnis der englischen Sprache weit verbreitet ist, wäre das Erfordernis, die englische Rechtssprache zu begreifen, ein Kriterium, das die Transparenz hindert. Selbst dt. Juristen, die des Englischen mächtig sind, verstehen nicht zwingend die Feinheiten der fremden Rechtssprache. Wenn ein internationaler Anbieter von dt. Verbrauchern eine Einwilligung in die Nutzung personenbezogener Daten erwartet, muss er die Datenschutzhinweise in dt. Sprache formulieren.

85   **d) Allgemeine Geschäftsbedingungen.** Grds. möglich ist die **Verwendung von vorformulierten Einwilligungserklärungen** selbst dann, wenn sie zusammen mit anderen Aspekten in **Allgemeinen Geschäftsbedingungen** verwendet werden. Für diesen Fall gibt zunächst Art. 7 Abs. 2 die Vorgabe, dass die datenschutzrechtliche Einwilligung zum einen in verständlicher und leicht zugänglicher Form in einer klaren und einfachen Sprache und zum zweiten so zu erfolgen hat, dass sie von den anderen Sachverhalten klar zu unterscheiden ist. Der Abschn. innerhalb der AGB, der sich auf das Datenschutzrecht bezieht, muss demnach besonders **hervorgehoben** werden. Dies allein genügt aber noch nicht, denn von einer informierten Einwilligung kann dann nicht die Rede sein, wenn der Nutzer ohne Weiteres – und wie bei fast allen Online-Leistungen üblich – die AGB ungelesen mittels Mausklick oÄ „akzeptieren" kann. Der Nutzer muss klar den **Hinweis** erhalten, dass sich innerhalb der AGB auch eine datenschutzrechtliche Einwilligung verbirgt. Fehlt es an einer der beiden Voraussetzungen, liegt keine Einwilligung vor. Handelt es sich bei der Einwilligung gar um eine echte Gegenleistung, mag der Anbieter zudem die Pflichten der §§ 310 ff. BGB erfüllen müssen (Halm DANA 2017, 10 ff.).

86   Die Lektüre von AGB mit mehreren DIN-A4-Seiten Inhalt ist schlicht unzumutbar (vgl. auch Art. 5 S. 1 RL 93/13/EWG über missbräuchliche Klauseln in Verbraucherverträgen, umgesetzt in § 307 BGB), wobei es dann auch keine Rolle spielt, wenn die darin enthaltene und hinreichend hervorgehobene (Art. 7 Abs. 2) datenschutzrechtliche Einwilligung kurz ist. Sind

die AGB insgesamt zu umfangr., kann nicht davon ausgegangen werden, dass die Datenschutzhinweise überhaupt gelesen werden. Auch die Verwendung mehrerer Klauselwerke, gleich ob nebeneinander oder kaskadenartig, ist gleichermaßen geeignet, die Einbeziehung der gesamten Regelungen mangels **Zumutbarkeit der Lektüre** und mangels **Transparenz** zu verhindern. Dann spielt es auch keine Rolle, ob der Nutzer ein Kästchen „Ich bin mit den AGB einverstanden", womöglich mit dem unsinnigen Zusatz „ich habe die AGB verstanden" angekreuzt hat.

5. Unmissverständlich abgegeben

Die Einwilligungserklärung muss zudem **„unmissverständlich abgegeben"** 87 (unambiguous indication of the data subject's wishes) worden sein. Dies kann in Form einer Erkl. oder auch auf andere Art und Weise geschehen.

a) In Form einer Erklärung. Die Einwilligung kann zunächst in Form einer 88 **Erkl.** (by a statement) abgegeben werden. Dies ist auf unterschiedliche Weise möglich. Anders als § 4a BDSG aF ist in der DS-GVO von einer Schriftform nicht die Rede. Dies ermöglicht grds. **jede Form,** insbes. die elektronisch in Textform abgegebene Einwilligungserklärung. ErwGr 32 spricht ausdr. von dieser Form der Einwilligung: Wird die betroffene Person auf elektronischem Weg zur Einwilligung aufgefordert, so muss die Aufforderung in klarer und knapper Form und ohne unnötige Unterbrechung des Dienstes, für den die Einwilligung gegeben wird, erfolgen (ErwGr 32). Aber auch mündliche Einwilligungen sind möglich, sind aber freilich hinsichtlich der Beweisbelastung des Art. 7 Abs. 1 weniger praktikabel.

b) In Form einer sonstigen eindeutigen bestätigenden Handlung. Eine 89 eindeutige Handlung kann auch in einer **sonst eindeutigen bestätigenden Handlung** (or by a clear affirmative action) bestehen, mithin **konkludent** durch **schlüssiges Handeln** erteilt werden. Der häufigste Fall dürfte derjenige sein, in dem der Betroffene mit einem Mausklick „Ich bin einverstanden" seine Einwilligung erklärt (ErwGr 32). Auch das Ankreuzen eines Kästchens kann hierunter fallen (EuGH ZD 2019, 556 Rn. 49 – Planet49). Vorangekreuzte Kästchen genügen jedoch nicht (ErwGr 32; EuGH ZD 2019, 556 Rn. 52, 55 – Planet49). Möglich ist auch die Auswahl technischer Einstellungen bei Diensten der Informationsgesellschaft (ErwGr 32), wobei letzteres eine aktive Auswahl voraussetzt, nicht aber das bloße Bestehenlassen der vom Anbieter gesetzten Voreinstellungen (ErwGr 32).

Fehlt es aber selbst daran, wird idR keine Einwilligung vorliegen. Schwei- 90 gen und Untätigkeit sind keine Erkl. (ErwGr 32). Dulden ist keine Handlung. Eine mutmaßliche Einwilligung ist im Datenschutzrecht zu Recht nicht vorgesehen. Der Betroffene muss im jeweiligen Kontext eindeutig sein Einverständnis mit der beabsichtigten Verarbeitung seiner personenbezogenen Daten signalisieren (ErwGr 32). Wer einen Fotografen anlächelt, stimmt deshalb nicht einer wie auch immer gearteten Nutzung seines Bildes zu. Gleiches gilt, wenn jemand ein erkennbar videoüberwachtes Gebiet betritt. Auch sog „Widerspruchslösungen", bei denen der Betroffene (oft per e-Mail) einen

Hinweis auf seine „fingierte Einwilligung" und der Bitte erhält, doch bei Einwänden zu widersprechen, genügen den Anforderungen nicht.

6. Einwilligung in die Verarbeitung besonderer personenbezogener Daten

91   In Bezug auf die Verarbeitung personenbezogener Daten, aus denen die rassische und ethnische Herkunft, politische Meinungen, religiöse oder weltanschauliche Überzeugungen oder die Gewerkschaftszugehörigkeit hervorgehen, sowie die Verarbeitung von genetischen Daten, biometrischen Daten zur eindeutigen Identifizierung einer natürlichen Person, Gesundheitsdaten oder Daten zum Sexualleben oder der sexuellen Orientierung einer natürlichen Person ist eine Einwilligung nur dann wirksam, wenn der Betroffene in die Verarbeitung der genannten personenbezogenen Daten für einen oder mehrere festgelegte Zwecke **ausdrücklich eingewilligt** hat (Art. 9). Dies gilt dann nicht, wenn nach Unionsrecht oder dem Recht der Mitgliedstaaten das Verbot nach Art. 9 Abs. 1 durch die Einwilligung der betroffenen Person nicht aufgeh. werden kann.

XII. Verletzung des Schutzes personenbezogener Daten (Nr. 12)

92   Die Definition der **„Verletzung des Schutzes personenbezogener Daten"** als eine Verletzung der Sicherheit, die, ob unbeabsichtigt oder unrechtmäßig, zur Vernichtung, zum Verlust, zur Veränderung oder zur unbefugten Offenlegung von bzw. zum unbefugten Zugang zu personenbezogenen Daten führt, die übermittelt, gespeichert oder auf sonstige Weise verarbeitet wurden, hat Bedeutung insbes. iRd Art. 33 und 34. Hiernach hat der Verantwortliche **unverzüglich** und **möglichst binnen 72 Stunden** nach Bekanntwerden dieser der zuständigen ASB zu **melden,** soweit kein Risiko für die Rechte und Freiheiten natürlicher Personen gegeben ist (Art. 33). Entspr. gilt für die Benachrichtigung des Betroffenen für den Fall eines hohen Risikos (Art. 34).

93   Eine Verletzung der Sicherheit liegt vor, wenn in Bezug auf personenbezogene Daten
– Vernichtung
– Verlust
– Veränderung eintreten
– unbefugte Offenlegung oder
– unbefugter Zugang erfolgen.

94   Fraglich ist, ob es für eine Verletzung der Sicherheit erforderlich ist, dass insbes. in letzterem Fall ein unbefugter Zugang tatsächlich stattgefunden hat oder aber ein solcher nur möglich erscheint. So kann ein Verlust eines Datenträgers dazu führen, dass die Daten von Dritten zur Kenntnis genommen werden. Dies gilt auch dann, wenn die Daten verschlüsselt sind, weshalb dies auch beim Kopieren von verschlüsselten Datenbanken eine Rolle spielt. Richtigerweise wird man davon ausgehen müssen, dass in diesen Fällen eine Verletzung der Sicherheit bereits eingetreten ist, die Frage der Höhe des

Risikos einer tatsächlichen Entschlüsselung aber iRd zu treffenden Maßnahmen (etwa nach Art. 33 f.) zu berücksichtigen sein wird.
Hierbei spielt der Hintergrund des Datenlecks keine Rolle. Vorsatz wie **95** Fahrlässigkeit, gezieltes Handeln wie auch Nebeneffekte anderer Handlungen oder Versäumnisse können gleichermaßen ursächlich sein. Die Definition umfasst ausdr. sowohl unbeabsichtigtes (zB Fahrlässigkeit eigener Mitarbeiter durch das Liegenlassen von Datenträgern oder das nicht ordnungsgemäße Entsorgen von Unterlagen) wie auch gezieltes Handeln (zB vorsätzliche Weitergabe an Unbefugte oder Einbrüche in eigene Datensysteme im Wege des Hacking oder Phishing). Beides führt zu einer Verletzung des Schutzes personenbezogener Daten. Ein Verschulden iSv Vorsatz oder Fahrlässigkeit ist ohnehin nicht erforderlich. Selbst rein „zufällig" (die Formulierung fand sich in einem Vorentwurf) entstehende Datenlecks fallen unter den Begriff.

XIII. Genetische Daten (Nr. 13)

Schon in Art. 8 DSRL wurden bestimmte Datentypen ohne Beachtung des **96** eigentlichen Verwendungszweckes allein aufgrund ihrer thematischen Zuordnung kategorisiert. Dies wird vorliegend in Nr. 13–15 fortgesetzt und erweitert. Zu den ua in Art. 9 behandelten bes. personenbezogenen Daten gehören auch **genetische Daten.** Genetische Daten tragen ein **großes Missbrauchsrisiko** in sich, va im Bereich des Arbeits- und Versicherungslebens, weil sich aus ihnen weitgehende prädiktive Informationen über den Gesundheitszustand des Betroffenen (in der Zukunft) ergeben können (vgl. auch das GenDG). Im Bereich genetischer Daten **kollidieren** darüber hinaus zuweilen die **Interessen** der Betroffenen mit denjenigen Dritter. Dies gründet darin, dass genetische Daten **drittbezogen** sind, weil sich ebenso Rückschlüsse auf die genetischen Daten von Verwandten ziehen lassen. Hieraus folgt, dass bei der Erhebung und Verarbeitung genetischer Daten uU die Einwilligung nur des unmittelbar Betroffenen nicht ausreicht.

Genetische Daten werden definiert als **personenbezogene Daten jedwe- 97 der Art zu den ererbten oder erworbenen genetischen Eigenschaften einer natürlichen Person,** die eindeutige Informationen über die Physiologie oder die Gesundheit dieser natürlichen Person liefern und insbes. aus der Analyse einer biologischen Probe der betr. natürlichen Person gewonnen wurden. Der Nachsatz, dass „eindeutige Informationen über die Physiologie oder die Gesundheit" geliefert würden, ist dabei nicht statistisch oder sonst wiss. gemeint. Es genügt, dass die ernsthafte Möglichkeit der Richtigkeit der hierzu vertretenen wiss. Thesen besteht. Auch Wahrscheinlichkeitsaussagen sowie Vermutungen zur genetischen Disposition haben Personenbezug. Zu den genetischen Daten als bes. personenbezogenen Daten zählen insbes. alle aus der Analyse einer biologischen Probe der betr. natürlichen Person, insbes. durch eine Chromosomen, Desoxyribonukleinsäure (DNS/DNA)- oder Ribonukleinsäure (RNS)-Analyse oder der Analyse eines anderen Elements, durch die gleichwertige Informationen erlangt werden können, gewonnenen Daten (ErwGr 34; ausf. s. auch ULD, Datentreuhänderschaft in der Biobank-Forschung, 2009).

98   Zu den **Verarbeitungsbeschränkungen** für genetische Daten sowie den **Ausnahmen** und den Möglichkeiten zur einzelstaatlichen Regelung derartiger Sachverhalte Art. 9 sowie ErwGr 51–53.

XIV. Biometrische Daten (Nr. 14)

99   Schon in Art. 8 DSRL wurden bestimmte Datentypen ohne Beachtung des eigentlichen Verwendungszweckes allein aufgrund ihrer thematischen Zuordnung kategorisiert. Dies wird vorliegend in Nr. 13–15 fortgesetzt. Zu den ua in Art. 9 behandelten bes. personenbezogenen Daten gehören auch biometrische Daten. Unter **Biometrie** ist ganz allg. die **automatisierte Erkennung von Personen anhand ihrer körperlichen Merkmale** zu verstehen. Die Biometrie macht sich zunutze, dass die körperlichen Eigenschaften im Gegensatz zu Wissens- und Besitzelementen nicht nur mittelbar personenbezogen, sondern unmittelbar personengebunden und nicht beliebig veränderbar sind.

100   Die DS-GVO definiert **biometrische Daten** als mit speziellen technischen Verfahren gewonnene personenbezogene Daten zu den physischen, physiologischen oder verhaltenstypischen Merkmalen eines Menschen, die die eindeutige Identifizierung dieses Menschen ermöglichen oder bestätigen, wie Gesichtsbilder oder daktyloskopische Daten. Zu den Verarbeitungsbeschränkungen für biometrische Daten sowie den Ausnahmen und den Möglichkeiten zur einzelstaatlichen Regelung derartiger Sachverhalte Art. 9 sowie ErwGr 51–53.

1. Identifizierung eines Menschen

101   Allerdings ist zu beachten, dass die Aussage, dass eine „**eindeutige Identifizierung**" ermöglicht oder bestätigt würde, nicht statistisch gemeint ist. Bestimmte biometrische Daten mögen eben nicht unter allen Menschen eindeutig sein, sollen aber vom Begriff erfasst werden. Es ist (auch angesichts der hohen Zahl lebender Menschen) nicht auszuschließen, dass auch in Bezug auf manche biometrische Daten zuweilen Identität bei zwei oder mehr Menschen besteht. Gleichwohl hat auch der EuGH festgestellt, dass Fingerabdrücke „objektiv unverwechselbare Informationen über natürliche Personen enthalten und deren genaue Identifizierung ermöglichen" (EuGH NVwZ 2014, 435 Rn. 27). Gemeint sind letztlich alle stabilen morphologischen Merkmale, die körperlich fixiert und grds. unveränderlich sind (auch Ohrläppchen) in Abgrenzung zu bewegungsorientierten Merkmalen wir Gangart oder Fußstellung.

2. Mit speziellen technischen Verfahren gewonnen

102   Die in Rede stehenden Daten müssen **mit speziellen technischen Verfahren gewonnen** worden sein. Die Definition nennt beispielhaft Gesichtsbilder und daktyloskopische Daten. Hierbei handelt es sich um die derzeit eingesetzten biometrischen Techniken. Der Begriff ist aber offen für evtl. noch entstehende Techniken mit gleicher Wirkung.

a) Gesichtsbild. Ein **Gesichtsbild** ist ein **biometrie-taugliches Foto,** wie 103
es etwa in aktuellen Ausweisdokumenten verwendet wird. Allerdings wird
auch der Einsatz einer Gesichtserkennungssoftware biometrische Daten erfassen. Die Verarbeitung von Lichtbildern allg. soll nicht grds. als Verarbeitung
bes. personenbezogener Daten angesehen werden, da Lichtbilder nur dann
von der Definition des Begriffes „biometrische Daten" erfasst werden, wenn
sie mit speziellen technischen Mitteln verarbeitet werden, die die eindeutige
Identifizierung oder Authentifizierung einer natürlichen Person ermöglichen
(ErwGr 51).

b) Fingerabdrücke. Daktyloskopie bedeutet von der griechischen Etymo- 104
logie her „Fingerschau". Gemeint sind zunächst die klassischen **Finger-**
abdrücke, die allerdings seit Einf. der „Livescan"-Technologie im Jahr 2004
idR digital ohne Verwendung von Druckerschwärze erfasst werden. Für einen
Fall des Art. 4 Nr. 14 genügt es, wenn aus einem Fingerabdruck ein Minu-
tiendatensatz extrahiert wird (ArbG Berlin ZD 2020, 209). **Fußabdrücke**
sind iÜ ebenfalls als daktyloskopische Daten zu bewerten, da auch sie vergleichbare Informationen liefern können.

Umgekehrt ist auch die Erfassung nicht vorhandener biometrischer Daten 105
(zB das Fehlen von Fingerabdrücken bei einem Menschen) als biometrisches
Datum zu werten.

XV. Gesundheitsdaten (Nr. 15)

Gesundheitsdaten werden definiert als personenbezogene Daten, die sich auf 106
die **körperliche oder geistige Gesundheit einer natürlichen Person,**
einschl. der Erbringung von Gesundheitsdienstleistungen, beziehen und aus
denen **Informationen über deren Gesundheitszustand** hervorgehen. Dies
kann sich auf den früheren, gegenwärtigen und künftigen körperlichen oder
geistigen Gesundheitszustand der betroffenen Person beziehen (ErwGr 35).
Umfasst sind auch Informationen, die im Zuge der Anmeldung für sowie der
Erbringung von Gesundheitsdienstleistungen iSd RL 2011/24/EU (ABl. EU
2011 L 88, 45; in Deutschland umgesetzt im Patientenmobilitätsrichtlinienum-
setzungsgesetz – PatMobRLUG) erhoben werden, Nummern, Symbole oder
Kennzeichen, die einer natürlichen Person zugeteilt wurden, um diese natürliche Person für gesundheitliche Zwecke eindeutig zu identifizieren, Informationen, die von der Prüfung oder Untersuchung eines Körperteiles oder einer
körpereigenen Substanz, auch aus genetischen Daten und biologischen Proben,
abgeleitet wurden, und Informationen etwa über Krankheiten, Behinderungen, Krankheitsrisiken, Vorerkrankungen, klinische Behandlungen oder den
physiologischen oder biomedizinischen Zustand der betroffenen Person unabhängig von der Herkunft der Daten, ob sie nun von einem Arzt oder sonstigem Angehörigen eines Gesundheitsberufes, einem Krankenhaus, einem Medizinprodukt oder einem In-Vitro-Diagnostikum stammen (ErwGr 35).

Bes. Kategorien personenbezogener Daten, die eines höheren Schutzes ver- 107
dienen, sollten nur dann für gesundheitsbezogene Zwecke verarbeitet werden,
wenn dies für das Erreichen dieser Zwecke **im Interesse einzelner natürli-**
cher Personen und der Gesellschaft insgesamt erforderlich ist. Dies gilt

insbes. im Zusammenhang mit der Verwaltung der Dienste und Systeme des Gesundheits- oder Sozialbereiches. Das umfasst ua die Datenverarbeitung durch Verwaltung und Gesundheitsbehörden zwecks Qualitätskontrolle, Verwaltungsinformation und Überwachung des Gesundheits- bzw. Sozialsystems, aber auch zur Gewährleistung der Kontinuität der Gesundheits- und Sozialfürsorge und der grenzüberschreitenden Gesundheitsversorgung sowie Sicherstellung und Überwachung der Gesundheit inkl. Gesundheitswarnungen oder für im öffentl. Interesse liegende Archiv-, Forschungs- oder statistische Zwecke und Studien (ErwGr 53). Die DS-GVO soll harmonisierte Bedingungen für die Verarbeitung bes. Kategorien personenbezogener Gesundheitsdaten im Hinblick auf bestimmte Erfordernisse schaffen, insbes. wenn die Verarbeitung dieser Daten für gesundheitsbezogene Zwecke von Personen durchgeführt wird, die gem. einer rechtlichen Verpflichtung dem Berufsgeheimnis unterliegen. Im Recht der EU oder der Mitgliedstaaten sollten bes. und angemessene Maßnahmen zum Schutz der Grundrechte und der personenbezogenen Daten natürlicher Personen vorgesehen werden (ErwGr 53). Die Mitgliedstaaten können zusätzliche Bedingungen, einschl. Beschränkungen, einführen oder aufrechterhalten, soweit die Verarbeitung von genetischen, biometrischen oder Gesundheitsdaten betroffen ist (Art. 9 Abs. 4).

108   **Medizinische Daten** sind dabei nur eine Teilmenge des Oberbegriffes Gesundheitsdaten, der weitaus umfassender ist. Von jenem erfasst sind zunächst alle Angaben, die unmittelbar die physischen oder psychischen Zustände und Charakterisierungen eines Menschen betreffen. Dies schließt das Verhalten ggü. Mitmenschen ein. Umfasst sind zB Zustandsbeschreibungen, Befunde, Ereignisse, Erkrankungen sowie Angaben über Alkohol-, Medikamenten- und Drogen- bzw. missbrauch. Erfasst sind dabei sowohl aktuelle als auch auf die Vergangenheit bezogene Angaben, unabhängig davon, ob sie noch aktuell sind. Soweit aus anderen Daten mittelbar Rückschlüsse auf den Gesundheitszustand eines Betroffenen gezogen werden können (oder dies vermutet wird), werden bereits diese Daten vom Begriff der Gesundheitsdaten umfasst sein. Hierzu gehören zB Tatsache und Zeiten des Aufenthaltes in Klinken oder gesundheitsrelevanten Einrichtungen oder die Teilnahme an Patienten- oder Selbsthilfegruppen (zB für ehem. Alkoholiker), wobei eine örtlich weithin bekannte Anschrift genügen kann, um eine solche zu erkennen. Auch Daten, die zB den Bezug von Krankengeld, Kuraufenthalte oÄ betreffen, sind hierunter zu fassen, nicht aber die bloße Tatsache, dass (und wo) jemand krankenversichert ist.

109   So ist zB die bloße Angabe, dass sich eine Person den Fuß verletzt hat und partiell krankgeschrieben ist, zu den personenbezogenen Daten über die Gesundheit zu zählen (EuGH EuZW 2004, 245 Rn. 49 ff.). Angesichts des Zweckes der Norm ist der in ihrem Art. 8 Abs. 1 verwendete Begriff Daten über Gesundheit idS **weit auszulegen,** dass er sich auf alle Informationen bezieht, die die Gesundheit einer Person unter allen Aspekten – körperlichen wie psychischen – betreffen (vgl. EuGH EuZW 2004, 245 Rn. 50). Dies gilt somit in letzter Konsequenz bereits für ein Portraitfoto, das einen Brillenträger zeigt, da diese Information einen Hintergrund auf eine medizinische Information – die Stärke seiner Sehkraft – zulässt.

Auch Wahrscheinlichkeitsaussagen sowie Vermutungen zu bestimmten **110**
Veranlagungen aufgrund etwa familiärer Vorbelastung haben Personenbezug
und sind als Gesundheitsdaten zu behandeln. Es kommt auch nicht darauf an,
ob die in Rede stehenden Daten in einen Zusammenhang gebracht oder
tatsächlich verlässlich sind. Alle Daten, die von einer Health-App, Fitness-App
oder mit Hilfe von Wearables, Smart Watches usw erfasst werden, (zB Puls,
Blutdruck, Blutwerte, Fettanteil usw) fallen unter den Begriff Gesundheitsdaten. Gleiches gilt für iRv AAL-Systemen überwachte Lebensfunktionen;
selbst ein sog „Totmann-Knopf" gehört hierher.

XVI. Hauptniederlassung (Nr. 16)

1. Niederlassung und Hauptniederlassung

Während Nr. 16 die **Hauptniederlassung** umschreibt, wird der Begriff der **111**
Niederlassung nicht legal definiert. Allerdings ist ErwGr 22 insofern defini-
tionsähnlich, wenn er statuiert, dass sie eine effektive und tatsächliche Ausübung einer Tätigkeit durch eine feste Einrichtung voraussetzt (ErwGr 22).
Damit übernimmt die DS-GVO die bereits für die DSRL maßgebliche Definition des EuGH und des ErwGr 19 DSRL.

Eine **Niederlassung** im Hoheitsgebiet eines Mitgliedstaates setzt die **112**
effektive und tatsächliche Ausübung einer Tätigkeit mittels einer
festen Einrichtung voraus; die Rechtsform einer solchen Niederlassung,
die eine Agentur oder eine Zweigstelle sein kann, ist in dieser Hinsicht
nicht maßgeblich (EuGH NJW 2015, 3636 Rn. 19; EuGH EuZW 2014,
541 Rn. 19). Es genügt, wenn diese Tätigkeit geringfügig ist (EuGH NJW
2015, 3636 Rn. 31). Um festzustellen, ob eine Gesellschaft, die für eine
Datenverarbeitung verantwortlich ist, über eine Niederlassung verfügt, ist
sowohl der Grad an Beständigkeit der Einrichtung als auch die effektive
Ausübung der wirtschaftlichen Tätigkeiten in diesem anderen Mitgliedstaat
unter Beachtung des bes. Charakters dieser Tätigkeiten und der in Rede
stehenden Dienstleistungen auszulegen (EuGH NJW 2015, 3636 Rn. 29).
Letzteres gilt insbes. für Unternehmen, die Leistungen ausschl. über das
Internet anbieten (EuGH NJW 2015, 3636 Rn. 29). Der Begriff der Niederlassung ist flexibel und nicht formalistisch zu lesen, zumal auch der
Zweck des Datenschutzes es bereits beim Vorhandensein eines einzigen
Vertreters unter bestimmten Umständen gebieten kann, eine feste Einrichtung iS einer Niederlassung zu begründen (EuGH NJW 2015, 3636
Rn. 29 ff.). Die Rechtsform einer solchen Einrichtung, gleich, ob es sich
um eine Zweigstelle oder eine Tochtergesellschaft mit eigener Rechtspersönlichkeit handelt, ist dabei unerheblich (ErwGr 22). Ein kleines Büro
kann hierfür bereits reichen, da der EuGH eine geringfügige Tätigkeit
genügen lässt (EuGH NJW 2015, 3636 Rn. 31).

Die Bestimmung der **Hauptniederlassung** hat Bedeutung für die Fest- **113**
stellung, welche der betroffenen ASB federführend iSd Art. 56 und 60 ist.
Eine solche Feststellung ist freilich nur erforderlich, wenn das jeweilige
Unternehmen Niederlassungen in mehr als einem Mitgliedstaat hat. Existiert

– auch bei div. Niederlassungen außerhalb der EU – nur eine Niederlassung innerhalb, so ist diese automatisch die Hauptniederlassung.

2. Hauptniederlassung eines Verantwortlichen

114 **Hauptniederlassung** eines Verantwortlichen ist grds. der Ort seiner **Hauptverwaltung in der EU** (lit. a). Dies gilt lediglich dann nicht, wenn die Entsch. hinsichtlich der Zwecke und Mittel der Verarbeitung personenbezogener Daten in einer anderen (unionsinternen) Niederlassung getroffen werden und diese Niederlassung auch befugt ist, diese Entsch. umsetzen zu lassen. In letzterem Fall gilt jene Niederlassung, die derartige Entsch. trifft, als Hauptniederlassung.

115   Die Bestimmung der Hauptniederlassung eines Verantwortlichen soll nach **objektiven Kriterien** erfolgen (ErwGr 36). Ein Kriterium wird dabei die effektive und tatsächliche Ausübung von Managementtätigkeiten durch eine feste Einrichtung sein, in deren Rahmen die Grundsatzentscheidungen zur Festlegung der Zwecke und Mittel der Verarbeitung getroffen werden (ErwGr 36). Eine Briefkastenanschrift wird also zwar Niederlassung, nicht aber Hauptniederlassung sein können.

116   Auf den Serverstandort kommt es ebenso wenig an wie auf die Frage, von welchem Ort aus die Datenverarbeitung technisch gesteuert wird. Es ist nicht ausschlaggebend, ob die Verarbeitung der personenbezogenen Daten tatsächlich an diesem Ort ausgeführt wird (ErwGr 36). Das Vorhandensein und die Verwendung technischer Mittel und Verfahren zur Verarbeitung personenbezogener Daten oder Verarbeitungtätigkeiten begründen an sich noch keine Hauptniederlassung und sind daher kein ausschlaggebender Faktor für das Bestehen einer Hauptniederlassung (ErwGr 36).

117   Bei einer Datenverarbeitung durch eine **Unternehmensgruppe** gilt entspr.: Wird die Verarbeitung durch eine Unternehmensgruppe vorgenommen, so soll die Hauptniederlassung des herrschenden Unternehmens als Hauptniederlassung der Unternehmensgruppe gelten, es sei denn, die Zwecke und Mittel der Verarbeitung werden von einem anderen Unternehmen festgelegt (ErwGr 36). In letzterem Fall gilt dessen Hauptverwaltung (bzw. die nach oben beschriebenen Kriterien über die Datenverarbeitung entscheidende Stelle) als Hauptniederlassung.

3. Hauptniederlassung eines Auftragsverarbeiters

118 Wenn ein **Auftragsverarbeiter** Niederlassungen in mehr als einem Mitgliedstaat führt, gilt auch hier der Ort seiner Hauptverwaltung in der EU als Hauptniederlassung. Hat der Auftragsverarbeiter keine Hauptverwaltung in der EU, gilt die Niederlassung des Auftragsverarbeiters in der EU, in der die Verarbeitungtätigkeiten iRd Tätigkeiten einer Niederlassung eines Auftragsverarbeiters hauptsächlich stattfinden, als Hauptniederlassung. Für die Bestimmung der Hauptverwaltung gelten die gleichen unter lit. a zum Verantwortlichen beschriebenen objektiven Kriterien (ErwGr 36).

119   Die Hauptniederlassung des Auftragsverarbeiters sollte der Ort sein, an dem der Auftragsverarbeiter seine **Hauptverwaltung in der EU** hat, oder – wenn

er keine Hauptverwaltung in der EU hat – der Ort, an dem die wesentlichen Verarbeitungstätigkeiten in der EU stattfinden (ErwGr 36).

4. Hauptniederlassung einer Unternehmensgruppe

Wird die Verarbeitung durch eine Unternehmensgruppe vorgenommen, so wird die Hauptniederlassung des herrschenden Unternehmens als **Hauptniederlassung der Unternehmensgruppe** gelten, es sei denn, die Zwecke und Mittel der Verarbeitung werden von einem anderen Unternehmen festgelegt (ErwGr 36). **120**

5. Bestimmung der federführenden Aufsichtsbehörde (Art. 56 und 60)

Sind sowohl der Verantwortliche als auch der Auftragsverarbeiter betroffen, so sollte die **ASB des Mitgliedstaates, in dem der Verantwortliche seine Hauptniederlassung hat,** die zuständige federführende ASB bleiben, doch sollte die ASB des Auftragsverarbeiters als betroffene ASB betrachtet werden, sollte diese ASB sich an dem in der DS-GVO vorgesehenen Verfahren der Zusammenarbeit beteiligen (ErwGr 36). Auf jeden Fall sollten die ASB des Mitgliedstaats oder der Mitgliedstaaten, in dem bzw. denen der Auftragsverarbeiter eine oder mehrere Niederlassungen hat, nicht als betroffene ASB betrachtet werden, wenn sich der Beschlussentwurf nur auf den Verantwortlichen bezieht (ErwGr 36). **121**

XVII. Vertreter (Nr. 17)

Der **Vertreter** (representative) wird als eine in der EU niedergelassene natürliche oder jur. Person definiert, die von dem Verantwortlichen oder Auftragsverarbeiter **schriftlich** gem. Art. 27 bestellt wurde und den Verantwortlichen oder Auftragsverarbeiter in Bezug auf die ihnen jeweils nach der DS-GVO obliegenden Pflichten vertritt. Die Definition betr. nur nicht in der EU niedergelassene Verantwortliche oder Auftragsverarbeiter, denn nur diese bestellen gem. Art. 27 einen solchen Vertreter in der EU (→ Art. 27). **122**

XVIII. Unternehmen (Nr. 18)

Der Unternehmens- respektive Unternehmerbegriff des Gemeinschaftsrechtes ist uneinheitlich. Die DS-GVO definiert das **Unternehmen** (enterprise) als „eine natürliche und jur. Person, die eine wirtschaftliche Tätigkeit ausübt, unabhängig von ihrer Rechtsform, einschl. Personengesellschaften oder Vereinigungen, die regelmäßig einer wirtschaftlichen Tätigkeit nachgehen". Die dt. Begrifflichkeit „Unternehmer" findet sich bspw. auch in Art. 2 Nr. 2 der RL 2011/83/EU (Verbraucherrechterichtlinie): **Unternehmer** (trader) ist „jede natürliche oder jur. Person, unabhängig davon, ob letztere öffentl. oder privater Natur ist, die bei von dieser RL erfassten Verträgen selbst oder durch eine andere Person, die in ihrem Namen oder Auftrag handelt, zu Zwecken tätig wird, die ihrer gewerblichen, geschäftlichen, handwerklichen oder beruf- **123** lichen Tätigkeit zugerechnet werden können" (vgl. dazu Micklitz/Purnhagen in MüKoBGB § 14).

124　　Der **datenschutzrechtliche Unternehmensbegriff** ist **weit.** Er umfasst alle Einzelpersonen und Personenmehrheiten, die einer wirtschaftlichen Tätigkeit nachgehen, mithin bei der datenschutzrechtlich relevanten Handlung in Ausübung ihrer gewerblichen oder selbständigen beruflichen Tätigkeit handeln. Unerheblich ist die Branche, so dass auch Freiberufler erfasst sind. Unerheblich ist auch die Größe des Unternehmens, so dass auch Kleinstunternehmen erfasst sind (ErwGr 13). Um der bes. Situation solcher Kleinstunternehmen sowie der kleinen und mittleren Unternehmen (definiert durch Art. 2 des Anh. zur Empf. 2003/361/EG der KOM, C (2003) 1422, ABl. EU 2009 L 124, 36) Rechnung zu tragen, enthält die DS-GVO für diese bestimmte Erleichterungen (ErwGr 13). An der Anwendbarkeit der DS-GVO und an der Inklusion auch kleiner Einheiten in den Unternehmensbegriff ändert dies nichts.

125　　Soweit eine Person gleichzeitig privaten und beruflichen Nutzen aus einer Tätigkeit zieht **(Dual Use),** ist der Unternehmensbegriff erfüllt. Gem. Art. 2 DS-GVO bleibt die DS-GVO in diesen Fällen stets anwendbar, soweit nur eine bereits „auch" wirtschaftliche Tätigkeit vorliegt (→ Art. 2 Rn. 16 ff.).

126　　Der Begriff „Unternehmen" findet in Art. 83 Niederschlag, wo Bußgelder in Abhängigkeit vom Jahresumsatz verhängt werden können. Zur Frage, ob sich dieser im konkreten Fall aus dem Konzernumsatz oder dem Umsatz einer Tochtergesellschaft ermittelt s. → Art. 83. Der dort im Deutschen verwendete Begriff bezieht sich nicht auf diese Definition, was auch in der englischen Fassung erkennbar wird, die dort das Wort „undertaking", nicht aber „enterprise" verwendet.

XIX. Unternehmensgruppe (Nr. 19)

1. Bedeutung des Begriffes

127　　Die Definition der **Unternehmensgruppe** hat Bedeutung insbes. iRd Art. 37, 47 und 88. Sie findet ihre praktische Bedeutung insbes. in Bezug auf die Benennung eines **gemeinsamen Datenschutzbeauftragten** (Art. 37) sowie bzgl. des Aufstellens verbindlicher **unternehmensinterner Datenschutzvorschriften** (Art. 47). Diese Regelungen gründen im Interesse der Verantwortlichen innerhalb einer Unternehmensgruppe, die interne Verwaltung einheitlich zu organisieren (ErwGr 48; 110). Nur eine Unternehmensgruppe darf einen gemeinsamen Datenschutzbeauftragten ernennen (Art. 37 Abs. 2), eine bloße Gruppe von Unternehmen mag allenfalls, soweit keine Interessenkollision vorliegt, die gleiche Person als Datenschutzbeauftragten bestellen.

2. Unternehmensgruppe

128　　Eine **Unternehmensgruppe** (group of undertakings) ist eine Gruppe, die aus einem **herrschenden Unternehmen** (controlling undertaking) und den von diesem **abhängigen Unternehmen** (controlled undertakings) besteht.

Es handelt sich also um einen Unternehmensverbund mit einem herrschenden Unternehmen. Herrschendes Unternehmen iSd DS-GVO soll dasjenige sein, das zB aufgrund der Eigentumsverhältnisse, der finanziellen Beteiligung oder der für das Unternehmen geltenden Vorschr. oder der Befugnis, Datenschutzvorschriften umsetzen zu lassen, einen beherrschenden Einfluss auf die übrigen Unternehmen ausüben kann (ErwGr 37). Hintergrund der Definition ist der Gedanke, dass ein Unternehmen, das die Verarbeitung personenbezogener Daten in ihm angeschlossenen Unternehmen kontrolliert, zusammen mit diesen als eine „Unternehmensgruppe" betrachtet werden sollte (ErwGr 37).

Die Definition ist tatsächlich auf solche Fälle beschr., in denen ein Unter- **129** nehmen die Übrigen beherrscht. Zwar gibt es vergleichbare (und erheblich weitergehende) Begrifflichkeiten zB in Art. 3 Abs. 3 des Anh. der Empf. 2003/361 der KOM vom 6.5.2003 (ABl. EU 2003 L 124, 36) betr. die Definition der Kleinstunternehmen sowie der kleinen und mittleren Unternehmen. Dort werden verbundene Unternehmen nicht nur bei Stimmrechtsmehrheit angenommen, sondern auch bei der Berechtigung zur Kontrolle des Verwaltungs-, Leitungs- oder Aufsichtsgremiums, bei vertraglichen oder satzungsgemäßem beherrschenden Einfluss oder bei Bestehen einer Stimmrechtsabrede unter den Gesellschaftern (mit bestimmten Ausnahmen für private oder öffentl. Investoren). Selbst Unternehmen, die durch andere Unternehmen oder gar Einzelpersonen in bestimmten Beziehungen stehen, können hier erfasst werden (vgl. EuGH EuZW 2014, 343). Es ist allerdings darauf zu achten, dass die wettbewerbsrechtliche Definition des verbundenen Unternehmens mit der datenschutzrechtlichen schon aus Gründen der Schutzrichtung nicht einher gehen kann. Vorliegend geht es nicht darum, bestimmte Verhaltensweisen zu unterbinden, Umgehungen zu erschweren und die Frage der Unabhängigkeit eines Unternehmens zu klären, sondern ieS verbundenen Unternehmen aufgrund dieser Tatsache eine Privilegierung zu ermöglichen. Aus diesem Grunde ist der Begriff der Unternehmensgruppe vorliegend eng zu fassen. Privilegiert soll nur ein echter Konzern werden können, nicht aber ein faktischer, dessen Strukturen erst aufwändig ermittelt werden müssten.

3. Abgrenzung zur Gruppe von Unternehmen

Art. 47 (Verbindliche interne Datenschutzvorschriften) sowie Art. 88 (Daten- **130** verarbeitung im Beschäftigungskontext) unterscheiden zwischen der Unternehmensgruppe einerseits und einer **Gruppe von Unternehmen,** die eine **gemeinsame Wirtschaftstätigkeit** ausüben (group of enterprises engaged in a joint economic activity), andererseits. Letztere sind nach dem Vorgesagten ohnehin aufgrund ihrer **Selbständigkeit** nicht vom Begriff der Unternehmensgruppe umfasst.

XX. Verbindliche interne Datenschutzvorschriften (Nr. 20)

Verbindliche interne Datenschutzvorschriften (binding corporate rules; **131** BCRs) sind Maßnahmen zum Schutz personenbezogener Daten, zu deren Einhaltung sich ein im Hoheitsgebiet eines Mitgliedstaates der EU niedergelassener Verantwortlicher oder Auftragsverarbeiter verpflichtet im Hinblick auf Datenübermittlungen oder eine Kategorie von Datenübermittlungen personenbezogener Daten an einen Verantwortlichen oder Auftragsverarbeiter ders. Unternehmensgruppe oder ders. Gruppe von Unternehmen, die eine gemeinsame Wirtschaftstätigkeit ausüben, in einem oder mehreren Drittländern. Die Vorversion sprach noch von „verbindlichen unternehmensinternen Datenschutzvorschriften", was inhaltlich keinen Unterschied ausmacht. Zur Unterscheidung zwischen einer Unternehmensgruppe und einer Gruppe von Unternehmen → Rn. 127 ff.

132　Die Hauptbedeutung der Definition ergibt sich aus Art. 47, nach der die zuständige ASB verbindliche interne Datenschutzvorschriften unter den dort beschriebenen Voraussetzungen genehmigen kann, wenn diese
– rechtlich bindend sind, für alle betroffenen Mitglieder der Unternehmensgruppe oder einer Gruppe von Unternehmen, die eine gemeinsame Wirtschaftstätigkeit ausüben, gelten und von diesen Mitgliedern durchgesetzt werden, und dies auch für ihre Beschäftigten gilt,
– den betroffenen Personen ausdrücklich durchsetzbare Rechte in Bezug auf die Verarbeitung ihrer personenbezogenen Daten übertragen und
– die in Art. 47 Abs. 2 festgelegten inhaltlichen Anforderungen erfüllen.
Zu den Einzelheiten s. → Art. 47 sowie die ErwGr 108–110.

XXI. Aufsichtsbehörde (Nr. 21)

133　Der Begriff „ASB" wird definiert als eine **von einem Mitgliedstaat gem. Art. 51 eingerichtete unabhängige staatliche Stelle.** Dabei können gem. Art. 51 Abs. 1 auch mehrere unabhängige Behörden in einem Mitgliedstaat nebeneinander tätig sein, so wie es im föderalen System der LfD der Fall ist. Zu diesen ASB zählen in Deutschland sowohl diese als auch der BfDI. Die Einzelheiten finden sich in Art. 51 ff. zu Errichtung, Unabhängigkeit (vgl. insofern bereits zur DSRL EuGH MMR 2010, 352 und EuGH ZD 2012, 563) und Aufgaben sowie Art. 60 ff. zur Zusammenarbeit untereinander (Art. 60).

XXII. Betroffene Aufsichtsbehörde (Nr. 22)

134　Die „**betroffene ASB**" ist eine ASB, die von einer konkreten Verarbeitung personenbezogener Daten insofern betroffen ist, als diese entweder durch in ihrem Hoheitsgebiet gelegenen Verarbeiter erfolgt oder sich auf dort wohnende betroffene Personen bezieht. Betroffenheit entsteht ferner durch die Einreichung einer Beschwerde.

1. Sitz des Verantwortlichen oder des Auftragsverarbeiters

135　Betroffenheit entsteht dadurch, dass entweder der für die Verarbeitung Verantwortliche oder der Auftragsverarbeiter **im Hoheitsgebiet** des Mitgliedstaates dieser ASB **niedergelassen** ist. Bei einem föderalen System wie der dt. Mehrzahl nationaler ASB dürfte damit aber grds. allein der jeweils zuständige LfD als betroffen gelten.

2. Wohnsitz der betroffenen Personen

Betroffenheit entsteht ferner dann, wenn eine Verarbeitung erhebliche Aus- **136** wirkungen auf **betroffene Personen mit Wohnsitz im Mitgliedstaat** dieser ASB hat oder haben kann. Auch hier dürfte bei einem föderalen System grds. allein der jeweils zuständige LfD als betroffen gelten.

3. Beschwerdeeinreichung

Betroffenheit entsteht schließlich auch schon dadurch, dass eine die konkrete **137** Datenverarbeitung betr. **Beschwerde** bei dieser ASB **eingereicht** wurde. Hierbei handelt es sich um ein rein formales Kriterium. Es ist unabhängig davon, ob diese unter Gesichtspunkten der Zuständigkeit an der „richtigen" Stelle eingereicht wurde, und ohne Ansehung der Begründetheit.

XXIII. Grenzüberschreitende Verarbeitung personenbezogener Daten (Nr. 23)

Der Begriff der **grenzüberschreitenden Verarbeitung personenbezoge- 138 ner Daten** erfasst zwei Fälle. Entspr. zur räumlichen Anwendbarkeit der DS-GVO (dazu Art. 3) kann eine grenzüberschreitende Tätigkeit zum einen in mehr als einem Mitgliedstaat erfolgen (vgl. Art. 3 Abs. 1), zum zweiten aber auch Personen in mehreren Mitgliedstaaten betreffen (vgl. Art. 3 Abs. 2).

1. Niederlassungsprinzip

Grenzüberschreitende Datenverarbeitung ist demnach zum einen eine Ver- **139** arbeitung, die iRd Tätigkeiten von Niederlassungen eines Verantwortlichen bzw. Auftragsverarbeiters in mehr als einem Mitgliedstaat erfolgt, wenn der **Verantwortliche bzw. Auftragsverarbeiter in mehr als einem Mitgliedstaat niedergelassen** ist (lit. a).

2. Betroffene Personen (Marktortprinzip)

Zum anderen liegt eine grenzüberschreitende Datenverarbeitung vor, wenn **140** diese iRd Tätigkeiten einer einzelnen Niederlassung eines Verantwortlichen oder Auftragsverarbeiters erfolgt, gleichwohl aber **erhebliche Auswirkungen auf betroffene Personen in mehr als einem Mitgliedstaat** hat oder haben kann (lit. b).

XXIV. Maßgeblicher und begründeter Einspruch (Nr. 24)

Diese Definition hat Bedeutung iRd Streitbeilegung bei Differenzen zwi- **141** schen der federführenden und einer betroffenen ASB nach Art. 60 ff. (→ Art. 60). Sie gibt die formalen Voraussetzungen wieder, denen ein entspr. **Einspruch gegen einen Beschlussentwurf** genügen muss. Aus ihm muss die Tragweite der Risiken, die von dem Beschlussentwurf in Bezug auf die Grundrechte und Grundfreiheiten der betroffenen Personen und ggf. den freien Verkehr personenbezogener Daten in der EU ausgehen, klar hervorgehen. Ob die vertretene Rechtsauffassung materiell zutr. ist, ist dagegen unerheblich.

XXV. Dienst der Informationsgesellschaft (Nr. 25)

142   Soweit in der DS-GVO der Begriff „**Dienst der Informationsgesellschaft**" (information society service) verwendet wird, bezieht sich dieser auf eine Dienstleistung iSd Art. 1 Nr. 1 lit. b RL 2015/1636/EU. Der Vorentwurf nahm noch Bezug auf die (fast identische) Definition der RL 98/34/EG. Bedeutung hat der Begriff insbes. iRd Art. 8, der die Bedingungen für die Einwilligung eines Kindes in Bezug auf Dienste der Informationsgesellschaft statuiert, des Art. 17 Abs. 1 lit. f (Recht auf Vergessen) sowie bei Art. 21 Abs. 5 und Art. 97 Abs. 5.

143   Die RL vom 9.9.2015 über ein Informationsverfahren auf dem Gebiet der technischen Vorschr. und der Vorschr. für die Dienste der Informationsgesellschaft (ABl. EU 2015 L 241, 1) definiert den „Dienst der Informationsgesellschaft" als eine Dienstleistung der Informationsgesellschaft, dh jede idR gegen Entgelt elektronisch im Fernabsatz und auf individuellen Abruf eines Empfängers erbrachte Dienstleistung. ISd Definition bezeichnet der Begriff letztlich dreierlei, nämlich eine im Fernabsatz, eine elektronisch sowie eine auf individuellen Abruf eines Empfängers erbrachte Dienstleistung. Eine Beispielliste der nicht unter diese Definitionen fallenden Dienste findet sich in Anh. I dieser Richtlinie.

Das Merkmal „**in der Regel gegen Entgelt**" bedeutet dabei keineswegs, dass tatsächlich Geld seitens des Betroffenen fließen muss. Gemeint ist, dass der Dienst selbst auf kommerzieller Basis erbracht wird. Ob er sich dabei durch Entgelte finanziert, Werbeeinnahmen generiert oder selbst nur Werbezwecken dient, ist unerheblich (EuGH ZD 2016, 578 Rn. 41 – McFadden). Auch die kommerzielle Generierung von Nutzerdaten genügt zur Erfüllung dieses Kriteriums (Buchner/Kühling in Kühling/Buchner DS-GVO Art. 4 Nr. 25 Rn. 6 f.).

1. Im Fernabsatz erbrachte Dienstleistung

144   Eine „**im Fernabsatz erbrachte Dienstleistung**" ist eine Dienstleistung, die **ohne gleichzeitige physische Anwesenheit der Vertragsparteien** erbracht wird. Nicht im Fernabsatz erbrachte Dienstleistungen sind Dienste, bei deren Erbringung der Erbringer und der Empfänger gleichzeitig physisch anwesend sind, selbst wenn dabei elektronische Geräte benutzt werden. Nicht den im Fernabsatz erbrachten Dienstleistungen unterfällt damit die Untersuchung oder Behandlung in der Praxis eines Arztes mithilfe elektronischer Geräte, aber in Anwesenheit des Patienten. Aber auch die Konsultation eines elektronischen Kataloges in einem Geschäft in Anwesenheit des Kunden gehört nicht hierher. Ebenso wenig die Buchung eines Flugtickets über ein Computernetz, wenn sie in einem Reisebüro in Anwesenheit des Kunden vorgenommen wird. Und schließlich benennt der Anh. die Bereitstellung

elektronischer Spiele in einer Spielhalle in Anwesenheit des Benutzers als
nicht erfasst.

2. Elektronisch erbrachte Dienstleistung

Eine „**elektronisch erbrachte Dienstleistung**" ist eine Dienstleistung, die   **145**
mittels Geräten für die elektronische Verarbeitung (einschl. digitaler
Kompression) und Speicherung von Daten am Ausgangspunkt gesendet und
am Endpunkt empfangen wird und die vollständig über Draht, über Funk, auf
optischem oa elektromagnetischem Wege gesendet, weitergeleitet und empfangen wird.

Nicht elektronisch erbrachte Dienstleistungen sind zB Dienste, die zwar   **146**
mit elektronischen Geräten, aber in materieller Form erbracht werden: Geld-
ausgabe- und Fahrkartenautomaten sowie der Zugang zu gebührenpflichtigen
Straßennetzen, Parkplätzen usw, auch wenn elektronische Geräte bei der Ein-
und/oder Ausfahrt den Zugang kontrollieren und/oder die korrekte Gebüh-
renentrichtung gewährleisten. Nicht hierher gehören ferner Offline-Dienste:
Vertrieb von CD-ROMs oder Software auf Disketten. Zum dritten nennt der
Anh. Dienste, die nicht über elektronische Verarbeitungs- und Speicherungs-
systeme erbracht werden, explizit Sprachtelefondienste, Telefax-/Telexdiens-
te, über Sprachtelefon oder Telefax erbrachte Dienste sowie die anwaltlich
oder medizinische Beratung per Telefon/Telefax und das Direktmarketing
auf gleichem Wege.

3. Auf individuellen Abruf eines Empfängers erbrachte Dienstleistung

Eine „**auf individuellen Abruf eines Empfängers erbrachte Dienstleis-**   **147**
tung" ist eine Dienstleistung, die durch die Übertragung von Daten auf
individuelle Anforderung erbracht wird. Nicht auf individuellen Abruf eines
Empfängers erbrachte Dienste sind Dienste, die im Wege einer Übertragung
von Daten ohne individuellen Abruf gleichzeitig für eine unbegrenzte Zahl
von einzelnen Empfängern erbracht werden (Punkt-zu-Mehrpunkt-Übertra-
gung), mithin Fernsehdienste (inkl. zeitversetztem Videoabruf), Hörfunkdienste und Teletext über Fernsehsignal.

XXVI. Internationale Organisation (Nr. 26)

Nr. 26 definiert die **Internationale Organisation** (international organisati-   **148**
on) als eine völkerrechtliche Organisation und ihre nachgeordneten Stellen
oder jede sonstige Einrichtung, die durch eine zwischen zwei oder mehr
Ländern geschlossene Übereinkunft oder auf der Grdl. einer solchen Übereinkunft geschaffen wurde. Die Definition hat Bedeutung iRd Art. 44 ff., aus
denen sich die Zulässigkeit der Datenübermittlung in Drittländer oder an die
hier definierten internationalen Organisationen ergibt. Diese Normen sind
den Anforderungen des Safe Harbor-Beschlusses des EuGH (EuGH MMR
2015, 753) nachgebildet. Auch internationale Organisationen können iRd
internationalen Handels und der internationalen Zusammenarbeit Zielort des
Flusses personenbezogener Daten sein (ErwGr 101). Da das durch die DS-

GVO unionsweit gewährleistete Schutzniveau bei der Übermittlung personenbezogener Daten auch an internationale Organisationen nicht untergraben werden darf, sind diese Normen zu beachten (ErwGr 101). Dies gilt auch dann, wenn aus einem Drittland oder von einer internationalen Organisation personenbezogene Daten an Verantwortliche oder Auftragsverarbeiter in demselben oder einem anderen Drittland oder an dies. oder eine andere internationale Organisation weiterübermittelt werden (ErwGr 101).

149   Int. Abk. zwischen der EU und Drittländern über die Übermittlung von personenbezogenen Daten einschl. geeigneter Garantien für die betroffenen Personen werden von der DS-GVO **nicht berührt,** so dass die Mitgliedstaaten völkerrechtliche Übereinkünfte schließen können, die die Übermittlung personenbezogener Daten an Drittländer oder internationale Organisationen betreffen, sofern sich diese Übereinkünfte weder auf die DS-GVO noch auf andere Bestimmungen des Unionsrechts auswirken und ein angemessenes Schutzniveau für die Grundrechte der betroffenen Personen umfassen (ErwGr 102). Ferner kann die KOM auch in Bezug auf internationale Organisationen einen Angemessenheitsbeschluss gem. Art. 45 erlassen (vgl. ErwGr 103).

Kapitel II. Grundsätze

Art. 5 Grundsätze für die Verarbeitung personenbezogener Daten

(1) Personenbezogene Daten müssen

a) auf rechtmäßige Weise, nach Treu und Glauben und in einer für die betroffene Person nachvollziehbaren Weise verarbeitet werden („Rechtmäßigkeit, Verarbeitung nach Treu und Glauben, Transparenz");

b) für festgelegte, eindeutige und legitime Zwecke erhoben werden und dürfen nicht in einer mit diesen Zwecken nicht zu vereinbarenden Weise weiterverarbeitet werden; eine Weiterverarbeitung für im öffentlichen Interesse liegende Archivzwecke, für wissenschaftliche oder historische Forschungszwecke oder für statistische Zwecke gilt gemäß Artikel 89 Absatz 1 nicht als unvereinbar mit den ursprünglichen Zwecken („Zweckbindung");

c) dem Zweck angemessen und erheblich sowie auf das für die Zwecke der Verarbeitung notwendige Maß beschränkt sein („Datenminimierung");

d) sachlich richtig und erforderlichenfalls auf dem neuesten Stand sein; es sind alle angemessenen Maßnahmen zu treffen, damit personenbezogene Daten, die im Hinblick auf die Zwecke ihrer Verarbeitung unrichtig sind, unverzüglich gelöscht oder berichtigt werden („Richtigkeit");

e) in einer Form gespeichert werden, die die Identifizierung der betroffenen Personen nur so lange ermöglicht, wie es für die Zwecke, für die sie verarbeitet werden, erforderlich ist; personenbezogene Daten dürfen länger gespeichert werden, soweit die personenbezogenen Daten vorbehaltlich der Durchführung geeigneter technischer und organisatorischer Maßnahmen, die von dieser Verordnung zum Schutz der Rechte und Freiheiten der betroffenen Person gefordert werden, ausschließlich für im öffentlichen Interesse liegende Archivzwecke oder für wissenschaftliche und historische Forschungszwecke oder für statistische Zwecke gemäß Artikel 89 Absatz 1 verarbeitet werden („Speicherbegrenzung");

f) in einer Weise verarbeitet werden, die eine angemessene Sicherheit der personenbezogenen Daten gewährleistet, einschließlich Schutz vor unbefugter oder unrechtmäßiger Verarbeitung und vor unbeabsichtigtem Verlust, unbeabsichtigter Zerstörung oder unbeabsichtigter Schädigung durch geeignete technische und organisatorische Maßnahmen („Integrität und Vertraulichkeit");

(2) Der Verantwortliche ist für die Einhaltung des Absatzes 1 verantwortlich und muss dessen Einhaltung nachweisen können („Rechenschaftspflicht").

BDSG und anderes nationales Recht: –

Literatur: *Albrecht,* Das neue EU-Datenschutzrecht – von der Richtlinie zur Verordnung, CR 2016, 88; *Brandeis,* Other People's Money. And How the Bankers Use it, 1914 (zit. nach der Ausgabe von 1967); *Buchner,* Grundsätze und Rechtmäßigkeit der Datenverarbeitung unter der DS-GVO, DuD 2016, 155; *Buchner/Schwichtenberg,* Gesundheitsdatenschutz unter der Datenschutz-Grundverordnung, GuP 2017, 218; Bundesministerium der

Justiz (Hrsg.), Handbuch der Rechtsförmlichkeit, 3. Aufl. 2008; *Dammann,* Erfolge und Defizite der EU-Datenschutzgrundverordnung, ZD 2016, 307; *De Hert,* Data Protection as Bundles of Principles, General Rights, Concrete Subjective Rights and Rules, EDPL 2017, 160; *Dippoldsmann,* EG-Datenschutz – „Zwiedenken" auf europäisch. Zum Gebrauch des Datenschutzes als Instrument zu seiner Vereitelung, KJ 1994, 369; *DSK,* Hambacher Erklärung zur Künstlichen Intelligenz, DuD 2019, 375; *Eifert,* Zweckvereinbarkeit statt Zweckbindung als Baustein eines modernisierten Datenschutzes, in: Gropp/Lipp/Steiger (Hrsg.), Rechtswissenschaft im Wandel, 2007, 139; *Faust/Spittka/ Wybitul,* Milliardenbußgelder nach der DS-GVO? Ein Überblick über die neuen Sanktionen bei Verstößen gegen den Datenschutz, ZD 2016, 120; *Frenzel,* Die Charta der Grundrechte als Maßstab für mitgliedstaatliches Handeln zwischen Effektivierung und Hyperintegration, Der Staat 53 (2014), 1; *Gardyan-Eisenlohr/Knöpfle,* Accountability für Datenschutz in einem globalen Unternehmen, DuD 2017, 69; *Hamann,* Europäische-Datenschutzgrundverordnung – neue Organisationspflichten für Unternehmen, BB 2017, 1090; *Hammer/Knopp,* Datenschutzinstrumente Anonymisierung, Pseudonyme und Verschlüsselung, DuD 2015, 503; *Hoffmann,* Zweckbindung als Kernpunkt eines prozeduralen Datenschutzansatzes, 1991; *Kamps/Schneider,* Transparenz als Herausforderung: Die Informations- und Meldepflichten der DSGVO aus Unternehmenssicht, K&R 2017, Beil. 1, 24; *Klement,* Öffentliches Interesse an Privatheit, JZ 2017, 161; *Kühling,* Die Europäisierung des Datenschutzrechts, 2014; *Kühling/Martini,* Die Datenschutz-Grundverordnung: Revolution oder Evolution im europäischen und deutschen Datenschutzrecht?, EuZW 2016, 448; *Kühnert,* Tücken der Computer, Frankfurter Allgemeine Zeitung Nr. 131 vom 10. Juni 1969, 1; *Lepperhoff,* Dokumentationspflichten in der DS-GVO, RDV 2017, 197; *Masing,* Einheit und Vielfalt des Europäischen Grundrechtsschutzes, JZ 2015, 477; *Michl,* Das Verhältnis zwischen Art. 7 und Art. 8 GRCh – zur Bestimmung der Grundlage des Datenschutzgrundrechts im EU-Recht, DuD 2017, 349; *Quirin-Kock,* Anforderungen an ein Datenschutzmanagementsystem, DuD 2012, 832; *Richter,* Datenschutz zwecklos? – Das Prinzip der Zweckbindung im Ratsentwurf der DSGVO, DuD 2015, 735; *Roßnagel,* Datenschutz in globalen Netzen. Das TDDSG – ein wichtiger erster Schritt, DuD 1999, 253; *Roßnagel/Nebel/Richter,* Was bleibt vom Europäischen Datenschutzrecht? Überlegungen zum Ratsentwurf der DS-GVO, ZD 2015, 455; *Schaar,* Datenschutz-Grundverordnung: Arbeitsauftrag für den deutschen Gesetzgeber, PinG 2016, 62; *Schaar,* DS-GVO: Geänderte Vorgaben für die Wissenschaft, ZD 2016, 224; *Simitis,* Der verkürzte Datenschutz, 2004; *Strassemeyer,* Die Transparenzvorgaben der DSGVO für algorithmische Verarbeitungen, K&R 2020, 176; *Thiessen,* Was hat der effet utile mit Treu und Glauben zu tun?, in: FS Christian Kirchner, 2014, 381; *Veil,* Risikobasierter Ansatz statt rigides Verbotsprinzip. Eine erste Bestandsaufnahme, ZD 2015, 347; *Weichert,* Das Äußerungsrecht der Datenschutzaufsichtsbehörden (Teil 1), DuD 2015, 323; *Weichert,* Die Forschungsprivilegierung in der DS-GVO, ZD 2020, 18; *Wybitul,* DS-GVO veröffentlicht – Was sind die neuen Anforderungen an die Unternehmen?, ZD 2016, 253; *Wybitul,* Welche Folgen hat die EU-Datenschutz-Grundverordnung für Compliance?, CCZ 2016, 194; *Zeidler,* Einige Bemerkungen zum Verwaltungsrecht und zur Verwaltung in der Bundesrepublik Deutschland seit dem Grundgesetz, Der Staat 1 (1962), 321.

Übersicht

A. Allgemeines

I. Einführung

Art. 5 regelt eine Vielzahl von Grundsätzen für die Verarbeitung personenbe- **1** zogener Daten. Für dt. Gesetzgebung untypisch gibt er die **Programmatik** der DS-GVO wieder, hat aber zugleich den **Charakter verbindlicher Regelungen** (Wolff in Schantz/Wolff DatenschutzR Rn. 382: „unmittelbar einzuhaltende Rechtssätze"). Insoweit wird er **als Ausgangs- und als Fluchtpunkt** zur Entwicklung und Beantwortung datenschutzrechtlicher Fragen herangezogen. Die Vorschr. entspricht mit den aus Art. 288 Abs. 2, 3 AEUV folgenden maßgeblichen Unterschieden in Teilen Art. 6 DSRL. Dieser war nie unmittelbar in dt. Datenschutzgesetze übernommen worden – zu Recht, soweit man Grundsätze als Ziele versteht, die durch konkrete mitgliedstaatliche Regelungen erst ins Werk zu setzen sind. Dieser Umstand legt es gleichwohl nahe, die Dogmatik zu den Regelungen der DSRL bei der Anwendung und Auslegung der Norm zu berücksichtigen (vgl. ErwGr 9), auch wenn die DSRL selbst nur Hilfsmittel bei der Anwendung des mitgliedstaatlichen Rechts war und die DS-GVO unmittelbar gilt; die **unmittelbare Geltung** ist für diese Handlungsform eine Selbstverständlichkeit. Zugleich verweisen auch iRd Grundsätze zahlr. Formulierungen auf das BDSG aF, ohne von diesem normativ unmittelbar geprägt werden zu können. Der Umgang mit dem BDSG aF und seinen Begriffen prägt aber den Rechtsanwender auch im Umgang mit der DS-GVO. **Rückanknüpfungen** sind nicht nur möglich, sondern geboten, weil die Neuregelung nicht geschichtslos ist und dadurch Rechtssicherheit vermittelt wird (vgl. EuGH v. 16.1.2019, Az. C-496/17, Rn. 39; OLG Köln v. 14.11.2019, Az. I-15 U 126/19, Rn. 45, zu § 29 Abs. 1 BDSG a. F. im Verhältnis zu Art. 6 Abs. 1 UAbs. 1 Buchst. f; OLG Köln v. 10.10.2019, Az. I-15 U 39/19, Rn. 40 ff., in Bezug auf das Verhältnis der DS-GVO zum KunstUrhG).

2   In der DS-GVO wird an verschiedenen Stellen in rechtlich erheblicher Weise auf die Grundsätze des Art. 5 Abs. 1 Bezug genommen; dies unterstreicht, dass – für RL typische und nun auch hier verwendete – **Grundsätze** nicht abstrakte Programme (vgl. die – unionsrechtlich induzierten – Zweckbestimmungen in § 1 Abs. 1 AEG, § 1 EnWG, § 1 TKG), sondern von vornherein dazu bestimmt sind, **konkret wirksam** zu sein (vgl. EuGH v. 16.1.2019, Az. C-496/17, Rn. 57: „Jede Verarbeitung personenbezogener Daten muss (…) mit den in Art. 6 der Richtlinie 95/46 bzw. Art. 5 der Verordnung 2016/679 aufgestellten Grundsätzen (…) im Einklang stehen"). Sie sind mehr als symbolische Affirmation der Art. 16 AEUV, Art. 8 GRCh oder Transmissionsriemen zwischen diesem Primärrecht einerseits und den weiteren Bestimmungen der DS-GVO andererseits. Bereits Art. 5 Abs. 2 bekräftigt den Anspruch an deren Wirksamkeit, indem der Verpflichtungsadressat benannt wird; diesem wird aufgegeben, Abs. 1 einzuhalten und dies nachzuweisen. Bei keiner Vorschr. wird die Relevanz des Art. 5 Abs. 1 so deutlich wie bei der **Sanktionsvorschrift** des Art. 83; dessen Abs. 5 lit. a bestimmt, dass ein Verstoß gegen die Grundsätze der Verarbeitung gem. den Art. 5, 6, 7 und 9 mit einer Geldbuße geahndet wird. Die Sanktionierung von Verstößen gegen die Grundsätze ist jedoch problematisch, weil das rechtsstaatlich induzierte **Bestimmtheitsgebot** gilt (vgl. → Art. 83 Rn. 19, 24). Art. 47 Abs. 2 lit. d verlangt Angaben zur Anwendung der Datenschutzgrundsätze, die sich kaum in allg. Formulierungen erschöpfen können, um als „verbindliche interne Datenschutzvorschriften" anerkannt zu werden. Art. 68 Abs. 6 macht das Stimmrecht des EDSB in Angelegenheiten nach Art. 65 auch von den Grundsätzen der DS-GVO abhängig. Auch die Kompetenz der Mitgliedstaaten aus Art. 85 Abs. 2, für die Verarbeitung zu journalistischen, wiss. oder künstlerischen Zwecken Abweichungen oder Ausnahmen von den Grundsätzen vorzusehen, verweist auf den materiellen Gehalt der Art. 5 ff.

3   Gleichzeitig ist zu berücksichtigen, dass Art. 5 zum einen die **primärrechtlichen Gewährleistungen** des Art. 16 Abs. 1 AEUV und des Art. 8 Abs. 2 GRCh aufgreift, bereichsspezifisch verstärkt durch Art. 7 GRCh (zu dessen Verhältnis zu Art. 8 GRCh Michl DuD 2017, 349); im Vordergrund stehen insoweit der Grundsatz der Verarbeitung der Daten nach Treu und Glauben, der der Festlegung der Zwecke (Art. 8 Abs. 2 S. 1 GRCh) und der Anspruch auf Auskunft und Ber. (Art. 8 Abs. 2 S. 2 GRCh). Zum anderen nimmt Art. 5 Abs. 1 die Kompetenz des Art. 16 Abs. 2 AEUV in Anspruch. Der durch Art. 8 Abs. 1 GRCh gewährleistete Schutz personenbezogener Daten wird dadurch konkretisiert; auf die Grundsätze der Rechtmäßigkeit, der Bindung an Treu und Glauben und der Zweckbindung verpflichtet bereits Art. 8 Abs. 2 S. 1 GRCh; Auskunftsrecht und Ber. sowie – von diesen vorausgesetzt – Transparenz sind durch Art. 8 Abs. 2 S. 2 GRCh vorgegeben.

Zwar verweisen die Formulierungen des Art. 8 GRCh auf die DSRL und die Datenschutzkonvention (vgl. zur Tradition De Hert EDPL 2017, 160 (164 ff.)). Als Normen des Primärrechts (vgl. Art. 6 Abs. 1 EUV) bewirken sie eine **Parakonstitutionalisierung** des Sekundärrechts. Dadurch werden Anwendungs- und Auslegungsfragen zur DS-GVO unmittelbar auch zu Anwendungs- und Auslegungsfragen höherrangigen Rechts, ungeachtet der Annahme, dass übergreifende datenschutzrechtliche Prinzipien gelten (Wolff in Schantz/Wolff DatenschutzR Rn. 381, 450 ff.; zu den Regelungsprinzipien vgl. dort Rn. 469; Albrecht/Jotzo DatenschutzR, 56, Rn. 20, qualifizieren auch die Unabhängigkeit der ASB als solch ein Prinzip). Diese „**Hochzonung**" stellt Rechtsetzer und Rechtsanwender vor enorme Herausforderungen.

Beim Erlass der DS-GVO waren die an der Rechtsetzung beteiligten **4** Organe gem. Art. 51 Abs. 1 S. 1 GRCh an die **Grundrechte der GRCh** gebunden, insbes. Art. 8 GRCh (vgl. Masing JZ 2015, 477). Die Bindung an die GRCh setzt sich beim Vollzug der DS-GVO für die Organe und sonstigen Stellen der EU fort (vgl. BVerfG v. 6.11.2019, Az. 1 BvR 276/17, Rn. 41 ff. – Recht auf Vergessen II). Soweit die Mitgliedstaaten die DS-GVO anwenden, unterliegen sie nach Art. 51 Abs. 1 S. 1 GRCh ebenfalls der Grundrechtsbindung, weil sie dann Recht der EU durchführen. Inwieweit die GRCh auch dann gelten soll, wenn die Mitgliedstaaten auf der Grdl. von Öffnungsklauseln (mitgliedstaatliches) Recht setzen und dieses vollziehen, ist durchaus fraglich: Der EuGH wird im Zweifel für ein weites Verständnis der Durchführungslage votieren (vgl. EuGH v. 26.2.2013, Az. C-617/10 – Åkerberg Fransson, dort in Bezug auf RL; vgl. Hoidn in Roßnagel EU-DS-GVO § 2 Rn. 91 ff.; einschr. Klement JZ 2017, 161 (165 ff., 167 f.)); denkbar wäre eine im Dialog der Höchstgerichte (Gerichtsverbund) zu entwickelnde vermittelnde Lösung, den nationalen Gesetzgeber bei der Inanspruchnahme der Öffnungsklausel an die GRCh zu binden, den Vollzug der mitgliedstaatlich gesetzten Vorschr. dann aber am Maßstab der nationalen Grundrechte zu beurteilen (vgl. nun BVerfG v. 6.11.2019, Az. 1 BvR 16/13, Rn. 43 f. – Recht auf Vergessen I). Denkbar wäre auch eine umgekehrte Solange II-Formel zu Gunsten der mitgliedstaatlichen Grundrechte als Maßstab (Frenzel Der Staat 53 (2014), 1 (13 f.)). Natürliche und jur. Personen des Privatrechts sind nicht gebunden, soweit sie nicht – zB als Beliehene – dem Staat zuzurechnen sind. Einer unmittelbaren Bindung von Privatpersonen untereinander steht Art. 51 Abs. 1 S. 1 GRCh entgegen (ungenau insoweit EuGH v. 17.10.2013, Rs. C-291/12, Rn. 25 – Schwarz/Bochum, unter Bezugnahme auf Art. 7, 8 GRCh: „Aus diesen Bestimmungen ergibt sich insgesamt, dass jede Verarbeitung personenbezogener Daten durch Dritte grds. einen Eingriff in diese Rechte darstellen kann"; EuGH v. 13.5.2014, Rs. C-131/12, Rn. 69 – Google Spain). Die unmittelbare Rückbindung der DS-GVO an Art. 16 AEUV und Art. 8 GRCh stärkt auch die Grundsätze des Art. 5, und zwar zu Gunsten des Schutzes personenbezogener Daten; dazu gehört, dass dem Schutz zuwiderlaufende **Ausnahmen restriktiv** auszulegen und anzuwenden sind, auch und gerade in der Abwägung mit anderen legitimen Zwecken und deren grundrechtlicher Fundierung (vgl. DS-GVO-E(KOM), 7).

II. Entstehungsgeschichte

1. Vergleich mit der DSRL

5 Art. 5 verweist auf Art. 6 DSRL, der selbst auf Art. 5 der Europäischen Datenschutzkonvention von 1981 verweist. Von der Regelungstechnik der Bezeichnung der Grundsätze in einer Klammer aE eines jeden Buchst. des Art. 5 Abs. 1 abgesehen ist die Erwähnung des Transparenzgebotes an dieser Stelle neu, welches zu den bereits in Art. 6 DSRL enthaltenen Voraussetzungen rechtmäßiger Verarbeitung und dem Grundsatz von Treu und Glauben hinzutritt. Neu sind auch die Anforderung von Vertraulichkeit und Integrität in Abs. 1 lit. f und die die Verantwortlichkeit ausgestaltende Nachweispflicht in Abs. 2. Lit. c forderte, dass personenbezogene Daten „den Zwecken entsprechen, für die sie erhoben und/oder weiterverarbeitet werden, dafür erheblich sind und nicht darüber hinausgehen" (in der englischen Sprachfassung: „adequate, relevant and not excessive in relation to the purposes for which they are collected and/or further processed"). Soweit der Wortlaut der DS-GVO und derjenige der DSRL identisch oder **funktional vergleichbar** sind, werden Überlegungen zu den bisherigen Begrifflichkeiten perpetuiert; sie können für den weiteren Diskurs fruchtbar gemacht werden.

6 Die Unterschiede des Art. 5 zu Art. 6 DSRL sind bemerkenswert: Einerseits wichen die für die Umsetzung der DSRL genutzten Instrumente und Formulierungen im mitgliedstaatlichen Recht von der DSRL ab, was dem Richtliniencharakter entspricht. Andererseits beinhaltet Art. 5 unabhängig von der Rechtsnatur der DS-GVO mehr als die DSRL, auch im Bereich der Grundsätze: Zu dem Mehr gehören die Transparenz des Art. 5 Abs. 1 lit. a und die Anforderungen der Integrität und Vertraulichkeit nach Art. 5 Abs. 1 lit. f sowie die Rechenschaftspflicht des Abs. 2. Eine weitere Abweichung bedeutet nur vermeintlich eine substantielle Änd.: Während das Kap. II der DSRL die Überschrift „Allgemeine Bedingungen für die Rechtmäßigkeit der Verarbeitung personenbezogener Daten" trug, ist Kap. II der DS-GVO allg. mit „Grundsätze" tituliert. Denn die Regelung ist **nicht lediglich als Finalprogramm** für die Verarbeitung personenbezogener Daten zu qualifizieren. Dies verdeutlichen die Formulierungen und die Verbindlichkeit einiger Anforderungen wie auch die Nennung der auf die Grundsätze verpflichteten Person (Abs. 2).

2. Vergleich mit den Entwurfsfassungen

7 Ggü. dem DS-GVO-E(KOM) – wurde Art. 5 in zahlr. Punkten verändert. Bei mehreren handelt es sich um **geringfügige Anpassungen:** So wurde bei lit. b das Wort „genau" vor „festgelegte" gestrichen und das Wort „rechtmäßige" durch „legitime" ersetzt; bei lit. c wurde „Datenverarbeitung" durch „Verarbeitung" und „Mindestmaß" durch „Maß" ersetzt; bei lit. e wurde die Nebensatzkonstruktion aufgelöst, indem „ermöglicht" durch „nur so lange ermöglicht" ersetzt wurde, ebenso wurde „Realisierung der Zwecke" durch „Zwecke" ersetzt. Nicht durchgesetzt hat sich Art. 5 Abs. 1 lit. ea DS-GVO-

E(EP), wonach Daten „in einer Weise verarbeitet werden, die es den betroffenen Personen erlaubt, wirksam ihre Rechte wahrzunehmen (Wirksamkeit)", anders als die in lit. eb dieses Entwurfs eingeführte Vertraulichkeit.

Einige Veränderungen des Entwurfs haben aber **weiterreichende Bedeu-** 8 **tung:** Dazu gehört zunächst der neue Hs. 2 bei lit. b. Bei lit. c wurde durch DS-GVO-E(Rat) der Hs. 2 („sie dürfen nur verarbeitet werden, wenn und solange die Zwecke der Verarbeitung nicht durch die Verarbeitung von anderen als personenbezogenen Daten erreicht werden können") gestrichen; dadurch entfällt eine wesentliche Konkretisierung des Grundsatzes der Datensparsamkeit. Die Anforderungen bei lit. d wurden signifikant geänd., indem vor „auf dem neuesten Stand" das Wort „erforderlichenfalls" eingefügt wurde; dies verweist auf Art. 6 DSRL, der die Anforderung „wenn nötig" enthielt. Bei lit. e wurden die verschiedenen Zwecke neu geordnet und für die Archivzwecke die Anforderung formuliert, dass diese „im öffentlichen Interesse" liegen müssten; neu ist bei lit. e die Einbindung geeigneter technischer und organisatorischer Maßnahmen, während folgender Passus der Entwurfsfassung fehlt: „und die Notwendigkeit ihrer weiteren Speicherung in regelmäßigen Abständen überprüft wird". Der lit. f des DS-GVO-E(KOM) ist in Abs. 2 aufgegangen, lit. f des Art. 5 Abs. 1 wurde nach einem Impuls des EP (lit. eb) durch den ER neu aufgenommen (daher dort das Semikolon). Art. 5 Abs. 1 lit. b wurde durch DS-GVO(Rat) um den Hs. 2 erweitert, der die Privilegierung bestimmter Sekundärzwecke vorwegnimmt (krit. DSK DuD 2015, 722).

III. Die Qualität der Grundsätze

Ein Grundsatz setzt Abstraktion, Klarheit, Widerspruchsfreiheit und Anerken- 9 nung voraus. Dieser Anspruch kann auch als Ausgangspunkt der jur. Verwendung gelten. Jedoch ist zw., ob ein Grundsatz im Recht auf einen Terminus reduziert werden kann, ohne dass definiert ist, was dieser Terminus als Grund*satz,* in einem Satz, bedeutet. Damit sind die Anforderungen der Klarheit und der Widerspruchsfreiheit nicht absolut, sondern **Optimierungs-** **gebote** (anders als die Grundsätze selbst). Zur Handlungsform einer VO passt diese Regelungstechnik nicht; ihre Verwendung ist – neben den Öffnungsklauseln – ein weiteres Indiz dafür, dass es sich bei der DS-GVO um eine „Handlungsformenhybrid" handelt (Kühling/Martini EuZW 2016, 448 (449); Roßnagel in Roßnagel EU-DS-GVO § 5 Rn. 4: „letztlich überwiegend den Inhalt und die Wirkung einer Richtlinie"; Buchner/Schwichtenberg GuP 2017, 218 (224): am Beispiel des Gesundheitsdatenschutzes „mehr Richtlinie als Verordnung"). Kompensiert werden kann das Defizit jedenfalls zT durch bereichsspezifische, stabile Dogmatik (vgl. allerdings De Hert EDPL 2017, 160 (178 f.), zur Vortäuschung von Stabilität). Für die Formulierung „nach Treu und Glauben" in Art. 5 Abs. 1 lit. a kann man eine Dogmatik noch nicht absehen (vgl. → Rn. 18 ff.), dies relativiert bereits den Wert als Grundsatz. Die Formulierung des Art. 5 Abs. 1 wirkt zwar zu Gunsten der Knappheit und der Abstraktion, leicht verständlich ist die Regelung jedoch nicht (aA Albrecht CR 2016, 88 (91)). Insoweit fiele es leicht, sie als – iErg folgenlose – Programmsätze zu verstehen (vgl. Gola/Schomerus BDSG aF

§ 3a Rn. 2). Angesichts ihrer prominenten Stellung, ihrer Vielseitigkeit und ihres Potentials, Argumentationen anzureichern und als Abwägungsmaterial zu dienen (abgebildet etwa durch die Verknüpfung einer Norm der DS-GVO mit einem Regelungsgehalt des Art. 5 – „in Verbindung mit"), sollten die Grundsätze nicht unterschätzt werden: Wer sie als geltendes, zwingendes Recht außer Acht lässt, muss bei der gerichtlichen Überprüfung der Rechtsetzung (vgl. DSK DuD 2019, 375) und der Rechtsanwendung (vgl. BGH v. 24.9.2019, Az. VI ZB 39/18, Rn. 34, für die Zweckbindung) mit einem Monitum rechnen.

10   Im jur. Kontext werden Grundsätze außerdem durch **Ausnahmen** relativiert, ohne ihre Qualität in Frage zu stellen. Das vorrangige Bsp. hierfür ist der Grundsatz der **Zweckbindung** (Art. 5 Abs. 1 lit. b), der nicht nur ausfüllungsbedürftig ist, sondern in der DS-GVO Relativierungen erfährt, zB durch Art. 6 Abs. 4. Die Zweckbindung kann dementsprechend explizit aufgelöst werden. Insoweit werden Grundsätze mit ihrer Formulierung zwar nicht „im gleichen Atemzug" (Dippoldsmann KJ 1994, 369 (376)) zurückgenommen, aber unter einen Vorbehalt gestellt; gesetzlich anerkannt wird der Grundsatz mit eben diesen Ausnahmen (vgl. auch ErwGr 73), mit dem jedenfalls zT auf Kosten der von der Datenverarbeitung betroffenen Personen insbes. Interessen der Verantwortlichen Rechnung getragen wird. Ein solches Vorgehen ist bedenklich, wenn dies nicht transparent ist oder nicht eingeräumt wird. So erfolgreich Datenschutzgrundsätze nominell und formell sind, so schwierig ist materiell ihre Handhabung und Durchsetzung (vgl. Eifert, 141). Diese konkrete Problematik muss berücksichtigt und kann nicht durch weitere Überhöhung der Grundsätze beseitigt werden. Soweit Grundsätze konturiert werden, ist daraus abzuleiten, dass **gesetzlich zugelassene Ausnahmen** von den Grundsätzen **restriktiv zu handhaben** sind.

11   Die Grundsätze sind Maßstäbe für die Verarbeitung personenbezogener Daten. Sie werden zugleich durch zahlr. weitere Regelungen der DS-GVO konkretisiert oder operationalisiert (vgl. zB → Rn. 17). Dies dient der Wirksamkeit der Grundsätze und der **Rechtssicherheit** insbes. für die Verantwortlichen in Bezug auf die Verhaltenspflichten. Die detaillierten Regelungen sind indes nicht abschl.; als leges speciales gehen sie in der Rechtsanwendung zunächst vor, auf die Art. 5 indes bei Auslegungsfragen ausstrahlen wird (vgl. Plath in Plath DS-GVO Art. 5 Rn. 2). Die Grundsätze entfalten unabhängig von den Konkretisierungen eigenständig Wirkung (vgl. → Rn. 2). Die Grundsätze wirken auch zugunsten der funktionalen Unabhängigkeit der ASB, indem sie ihre Entsch. programmieren und ggü. anderen (politischen) Programmierungen **Sperrwirkung** entfalten (zur Unabhängigkeit vgl. → Art. 52 Rn. 3 ff. sowie ErwGr 117, 118; vgl. weiterhin Art. 16 Abs. 2 S. 2 AEUV, Art. 8 Abs. 3 GRCh).

B. Anforderungen an die Verarbeitung personenbezogener Daten (Abs. 1)

I. Verarbeitung personenbezogener Daten

Der Begriff „personenbezogene Daten" wird in Art. 4 Nr. 1 bestimmt (vgl. **12** → Art. 4 Rn. 3 ff.). Er vermittelt nicht weniger als den Anwendungsbereich für die Grundsätze der Art. 5 ff. Die Entwicklung und Anwendung von Techniken, die die Identifizierung einer Person und die Möglichkeit der Identifizierung dauerhaft ausschließen, sind daher beachtlich, ebenso gegenläufige Techniken, die die Identifizierung wieder ermöglichen. Die titelgebende „Verarbeitung" ist gem. Art. 4 Nr. 2 der Oberbegriff für verschiedene Vorgänge oder Maßnahmen in Bezug auf diese Daten, von der Erhebung über die Speicherung und Weitergabe bis hin zur Vernichtung; dies entspricht der Definition in Art. 2 lit. b DSRL und weicht von der Regelung des BDSG aF (§ 3 Abs. 3, 4) ab.

II. Rechtmäßigkeit, Verarbeitung nach Treu und Glauben, Transparenz (lit. a)

1. Allgemeines

Lit. a enthält mehrere Grundsätze, die miteinander in Verbindung stehen (vgl. **13** Herbst in Kühling/Buchner DS-GVO Art. 5 Rn. 7: „wechselseitige Bezüge"). Der Überschrift entspr. ist nicht nur der in der Regelung selbst so bezeichnete „Grundsatz von Treu und Glauben" ein Grundsatz; dies verdeutlicht auch der Vergleich mit anderen Sprachfassungen der DS-GVO. Zugleich geht der Inhalt der Klammer, der Werte festlegt („Rechtmäßigkeit", „Transparenz"), weiter als die Anforderung, dass die Daten nur auf rechtmäßige und in nachvollziehbarer „Weise" verarbeitet werden dürfen. An dieser Stelle neu ist die Transparenz (vgl. zuvor insbes. Art. 10 DSRL), deren Bedeutung durch die Formulierung „in einer für die betroffene Person nachvollziehbaren Weise" abgebildet wird. Die **Verbindung der Grundsätze** untereinander ergibt sich schon aus der Anforderung der Rechtmäßigkeit: Die Verarbeitung nach Treu und Glauben und die Transparenz setzen die Rechtmäßigkeit voraus, wenn sie nicht selbst als Rechtmäßigkeitsvoraussetzungen anzusehen sind. Auch Treu und Glauben und Transparenz stehen im Zusammenhang (vgl. EuGH v. 1.10.2015, Rs. C-201/14, Rn. 56 – Smaranda Bara).

2. Verarbeitung auf rechtmäßige Weise

Der Grundsatz der Verarbeitung auf rechtmäßige Weise ist eng und weit zu **14** verstehen. Ein enges Verständnis stellt auf die Zulässigkeit der Datenverarbeitung als solcher ab **(„Ob")**. Dieses Verständnis lässt sich auf Art. 6 und auf ErwGr 40 stützen: „Damit die Verarbeitung rechtmäßig ist, müssen personenbezogene Daten mit Einwilligung der betroffenen Person oder auf einer sonstigen zulässigen Rechtsgrundlage verarbeitet werden (…)" (vgl. Härting DS-GVO Rn. 87: neben Art. 6 „keine eigenständige Bedeutung"). Diese Anforderung ist einerseits enger gefasst als ErwGr 30 der DSRL, der auch das nicht näher spezifizierte öffentl. Interesse oder überw. Interessen einer anderen Person ausreichen ließ. Andererseits ist ErwGr 40 weiter, weil im Anschluss an die Anforderung einer Rechtsgrundlage offener formuliert wird: „so unter anderem auf der Grundlage (…)". Hier wird letztlich entscheidend sein, ob die Abweichung des Wortlauts des ErwGr berücksichtigt oder ob eine Rückanknüpfung unternommen wird. ErwGr 40 ist nicht abschl. formuliert, und das Wort „Weise" in Art. 5 Abs. 1 lit. a bezieht sich nach dem Sprachgebrauch gerade auch auf das **„Wie"** der Datenverarbeitung (in Bezug auf den gesamten Abs. 1 und damit weitergehend Reimer in Sydow DS-GVO Art. 5 Rn. 1).

15   Weit verstanden scheint „auf rechtmäßige Weise" allen anderen Grundsätzen vorauszuliegen. Dies ist insoweit richtig, als alle Regelungen zur Verarbeitung personenbezogener Daten die Rechtmäßigkeit dieser Verarbeitungen erst konstituieren; sie bilden den Maßstab, der herangezogen wird, um eine Verarbeitung als rechtmäßig oder rechtswidrig zu beurteilen. Nachdem die DS-GVO selbst weitgehende Vorgaben macht, sind die Mitgliedstaaten – anders als bei der an sie adressierten DSRL – nicht mehr verpflichtet, die Regelungen selbst zu schaffen (vgl. dazu Dammann/Simitis DSRL Art. 6 Erl. 2). Dies schließt ein gesetzgeberisches Tätigwerden iRd Vorgaben der DS-GVO freilich nicht aus. Den Zirkel des Auf-sich-selbst-Verweisens verlassen wurde § 4 Abs. 1 BDSG aF abw. gefasst: „Die Erhebung, Verarbeitung und Nutzung personenbezogener Daten sind nur zulässig, soweit dieses Gesetz oder eine andere Rechtsvorschrift dies erlaubt oder anordnet oder der Betroffene eingewilligt hat." Die Zulässigkeit – in Bezug auf das „Ob" der Datenverarbeitung – ist damit nur ein Kriterium für die Rechtmäßigkeit der Datenverarbeitung insgesamt. Zudem ist der Bezug zur Legitimation kraft Rechtsvorschrift deutlicher als im Falle des ErwGr 40.

16   Unter die Anforderung der Rechtmäßigkeit lässt sich somit alles fassen, was rechtlich legitimiert ist, und sei es auch aus Gründen der öffentl. Ordnung, die selbst auf außerrechtliche Wertungen verweist, oder auf der Grdl. der – wie auch immer motivierten – Einwilligung des Betroffenen. Die weiteren Grundsätze bestimmen die Rechtmäßigkeit in einer Weise, die für letztgenannte kaum noch Raum lässt, was zu dem möglichen engen Verständnis führt (für dieses Herbst in Kühling/Buchner DS-GVO Art. 5 Rn. 10 f.). Es bleibt für diese Anforderung allenfalls eine **Auffangfunktion:** Der Rechtmäßigkeitsvorbehalt verweist auf solche rechtlichen Anforderungen, die selbst nicht auf einen anderen Grundsatz zurückgeführt werden können. Auf diese Weise wird eine **Schutzlücke** bei den Grundsätzen **vermieden,** die wegen des Grundsatzes der Gesetzmäßigkeit der Verwaltung eine künstlich geschaffene wäre. Für die rechtliche Sanktionierung ist dies rechtlich mehr als problematisch (→ Art. 83 Rn. 19, 24).

17   Gerade der Verwirklichung dieses Grundsatzes dienen die meisten weiteren Bestimmungen der DS-GVO. Dies schließt insbes. die Regelungen zur Ber. und Löschung und zur Beschränkung der Verarbeitung (Art. 16 ff.) sowie die diesen vorausliegenden Informationspflichten und Auskunftsrechte ein (Art. 13 ff.).

3. Verarbeitung nach dem Grundsatz von Treu und Glauben

Während die Verarbeitung auf rechtmäßige Weise sich ohne weiteres in die **18** Perspektive der Rechtsanwendung in der Bundesrepublik Deutschland einfügen lässt, ist die Verarbeitung nach Treu und Glauben eine Anforderung, die zwar auch auf die DSRL zurückgeht und (zeitlich früher) in Art. 5 lit. a der Datenschutzkonvention wie auch (zeitlich später) in Art. 8 Abs. 2 S. 1 GRCh enthalten, aber schwer zu fassen ist. Dass der Grundsatz eine beschr., **für die DS-GVO spezifische Bedeutung** hat, wird offenkundig, wenn man beachtet, wie der Begriff in anderen Amtssprachen der EU lautet: fairly/ fairness in der englischsprachigen, loyale/loyautè in der französischen und (mit der geringsten eigenständigen Bedeutung) corretto/correttezza in der italienischen Fassung („richtig", „fehlerfrei", aber eben auch „fair") der DS-GVO (in Art. 6 DSRL: fairly/loyalement/leale; Art. 5 lit. a der Datenschutzkonvention fairly/loyalment/lealmente; genauso Art. 8 Abs. 2 S. 1 GRCh, abgesehen von der italienischen Sprachfassung: principio di lealtà); es handelt sich dort gerade nicht um die termini technici „good faith" oder „bona fide"/ „bonne foi"/„buona fede" (vgl. IATE; Stempel, 33 ff.). **„Fair"** wäre insoweit die passende Übersetzung (diesen Begriff verwendet auch Albrecht CR 2016, 88 (91)), so unbestimmt auch dieser Begriff ist (zust. Heberlein in Ehmann/ Selmayr DS-GVO Art. 5 Rn. 9).

Diese Divergenz wird auch in der dt. Rechtsordnung gespiegelt: Der **19** Grundsatz von Treu und Glauben wird als ausdr. gesetzlicher Maßstab iW nur im BGB und im UrhG erwähnt (vgl. ua §§ 157, 242, 275 Abs. 2 S. 1, 815 BGB; §§ 8 Abs. 2 S. 2, 9, 34 Abs. 1 S. 2, Abs. 3 S. 2 UrhG; iÜ § 19 Abs. 5 DepotG, § 2 Abs. 1 Nr. 7 UWG, § 5 Abs. 2 Nr. 1 WpHG); insbes. im BDSG aF wurde er nicht aufgenommen. Der Grundsatz ist als im Privatrechtsverkehr „notwendiges Korrektiv der prinzipiellen Freiheit des Einzelnen" anzusehen (Zeidler Der Staat 1 (1962), 321 (334)); auf das Verhältnis zwischen Staat und Bürger, welches auch von Datenverarbeitungsvorgängen geprägt ist, findet er als solcher **keine Anwendung.** Nachdem dieser Grundsatz nach der DS-GVO nunmehr unmittelbar gilt und nicht mehr einer Transformation bedarf, ist es für die Rechtsanwendung unerlässlich, diesen zu konturieren. „Fair" wird im dt. Recht bisher nur sporadisch verwendet, vgl. § 14 Abs. 2 S. 2 UKlaG, § 26 Abs. 2 KABG (zur Begr. für die Verwendung deutschsprachiger Begriffe BMJ Rn. 68; daneben § 23 Abs. 1 VwVfG, § 184 S. 1 GVG).

Für den Anspruch der unionsrechtlichen Schöpfung des Begriffs (vgl. **20** Herbst in Kühling/Buchner DS-GVO Art. 5 Rn. 13) ist die Zurückhaltung der mitgliedstaatlichen Rechtsordnung nicht normativ, aber rechtstatsächlich relevant, weil die Rezeptionstauglichkeit dadurch verringert wird: Der Terminus rechtfertigt **keine vordergründigen Billigkeitserwägungen** (vgl. gegen eine Anwendung des § 242 BGB oder auch nur durch diesen induzierte Erwägungen im EU-Beihilferecht Thiessen, 381 (389 f., 398)); er ist allenfalls einer komplexen, aufwendigen Rekonstruktion zugänglich. Gegen die Anforderung wird nicht verstoßen, wenn die Datenverarbeitung unverhältnismäßig ist (aA Pötters in Gola DS-GVO Art. 5 Rn. 9): Zum einen stellt die Verhältnismäßigkeit einen eigenständigen Maßstab der Rechtmäßigkeit dar; er findet sich zT an anderer Stelle wieder (vgl. lit. c). Zum anderen ist, wenn die Verhältnismäßigkeit als dogmatische Figur induziert wird, deren erstes Anwendungsfeld zu berücksichtigen, das zweiseitige Rechtsverhältnis zwischen Staat und Bürger (vgl. BVerfGE 16, 194 (201 f.) – Liquorentnahme; vgl. auch → Art. 6 Rn. 14). Auch in Ermangelung bereichsspezifischer Rspr. des EuGH ist der Terminus „Treu und Glauben" für den Regelfall kaum fruchtbar zu machen, wohl aber als „eine Art **Auffangklausel**" (Dammann/Simitis DSRL Art. 6 Erl. 3): In Ausnahmefällen, in denen eine einschlägige Regelung fehlt, bleibt die Beurteilung einer Verarbeitung als rechtswidrig dadurch noch möglich (ebenso für eine restriktive Handhabung Reimer in Sydow DS-GVO Art. 5 Rn. 14). Die Aufnahme in die DS-GVO legitimiert den Maßstab. Dieser wird so zum **„Türöffner"** für die Begr. einer auch von der Sozialisation der zuständigen Person und ihrem Judiz geprägten Entsch., die sich anders nicht begründen lässt. Diesem Ansatz ist indes **entgegenzutreten** (krit. bereits Simitis, 51 f.). In der Begr. der DSRL wurde die Datenerhebung mittels verborgener Geräte als Bsp. genannt. Hierfür sind nicht nur der Grundsatz der Transparenz und derjenige der Rechtmäßigkeit, sondern auch mitgliedstaatliche Regelungen einschlägig, in Deutschland etwa § 90 TKG und §§ 201a, 202a StGB.

4. Verarbeitung in einer für die betroffene Person nachvollziehbaren Weise

21   Der Terminus „in nachvollziehbarer Weise" erschöpft den in der Klammer vermerkten Begriff der Transparenz nicht. Zwar wird durch „nachvollziehbar" abgebildet, dass es möglich sein muss, der Datenverarbeitung – **retrospektiv** – Schritt für Schritt folgen zu können (vgl. BVerfGE 65, 1 (43) – Volkszählung, in der auch auf den Anspruch abgestellt wird, dass Bürger wissen **können,** wer was wann über sie weiß). Dies setzt voraus, dass die Datenverarbeitung bereits stattfindet, und erstreckt sich nicht darauf, dass diese auch vorhersehbar sein müsste; auch dies ist jedoch mit dem Transparenzgedanken – **prospektiv** – verbunden. Die Transparenz soll den Datenschutz gewährleisten, es der betroffenen Person aber auch ermöglichen, sich informiert ggf. gegen den Datenschutz zu entscheiden (zustimmend Schantz Beck-OK DatenschutzR Art. 5 Rn. 11). Transparent sein muss jedoch nicht lediglich die „Weise" ieS, der Prozess, sondern auch der **Zusammenhang,** der aus verschiedenen Elementen oder Kriterien gebildet wird: den Beteiligten bzw. dem Verantwortlichen (wer), der Qualität und der Quantität der Daten (was), der Zeit (wann), dem Grund (warum) und dem Zweck (wofür); ErwGr 39 S. 4 führt dies nicht abschl. aus: „Dieser Grundsatz betrifft insbesondere die Informationen über die Identität des Verantwortlichen und die Zwecke der Verarbeitung und sonstige Informationen, die eine faire und transparente Verarbeitung im Hinblick auf die betroffenen natürlichen Personen gewährleisten, sowie deren Recht, eine Bestätigung und Auskunft darüber zu erhalten, welche sie betr. personenbezogene Daten verarbeitet werden" (vgl. auch ErwGr 50 Abs. 2, 58 S. 1). Ansonsten liefen die Gewährleistung des Art. 8 Abs. 2 S. 2 GRCh wie auch die Möglichkeit der Ber. (lit. d) auf Betreiben der betroffenen Person leer.

Der Grundsatz der Transparenz, des Sichtbar-Seins und des Sichtbar-Ma- **22** chens (zust. Wolff in Schantz/Wolff DatenschutzR Rn. 394; vgl. Brandeis, 62: „Sunlight is said to be the best of disinfectants"), hat Anteil an zahlr. weiteren Vorschr. der DS-GVO und ist für deren Auslegung und Anwendung beachtlich (vgl. Kamps/Schneider K&R 2017, 24 (25 ff.); Strassemeyer K&R 2020, 176). Dazu gehören die konkreten Verhaltensanforderungen an den Verantwortlichen nach Art. 12 sowie die Informationspflichten (Art. 13 f.) und der Auskunftsanspruch (Art. 15), auch und insbes. in Abkehr von der Möglichkeit, Kosten zu erheben (vgl. Art. 12 DSRL; EuGH v. 12.12.2013, Rs. C-486/12, Rn. 11 ff. – X). Auch die ASB haben die Aufgabe, Transparenz herzustellen, nicht nur durch ihre regelmäßige Berichtstätigkeit (vgl. Art. 59; zum Äußerungsrecht Weichert DuD 2015, 323).

III. Zweckbindung (lit. b)

1. Begründung der Zweckbindung

Der Zweck legitimiert die Verarbeitung der Daten. Er ist Dreh- und Angel- **23** punkt, auch mit Blick auf Erforderlichkeit, Angemessenheit, Vollständigkeit und Dauer der Verarbeitung (vgl. Dammann ZD 2016, 307 (311); Schantz BeckOK DatenschutzR Art. 5 Rn. 13). Der Zweck kann Ziel, Grund und Wesen der Verarbeitung sein (vgl. Hoffmann, 28 ff.). Dementsprechend bezieht sich der Grundsatz der Zweckbindung spezifisch und traditionell auf den Datenschutz (vgl. bereits § 5 Abs. 1 BDSG 1977); sie ist eine der wichtigsten **„Informationssperren"** (Kühnert), die den Betroffenen schützen sollen. Gleichzeitig werden (legitime) Zwecke für staatliches Handeln, insbes. im Bereich der Eingriffsverwaltung, immer vorausgesetzt, sei es als einfacher oder als qualifizierter sachlicher Grund: Dies ist im Unionsrecht (vgl. Art. 8 Abs. 2 GRCh, die Schrankenregelungen zu den Grundfreiheiten, zB Art. 36 AEUV, und die Rspr. des EuGH, zB EuGH, Slg. 1979, 649 – Cassis de Dijon, sowie Art. 52 Abs. 1 S. 2 GRCh) nicht anders als im dt. Recht (explizit Art. 13 Abs. 5 S. 2, 14 Abs. 3, 15, 80 Abs. 1 S. 2 GG und der Grundsatz der Verhältnismäßigkeit).

Die Begr. der Zweckbindung im Datenschutzrecht ist eine bes.: Denn **24** anders als zB bei polizeilichen Maßnahmen, die ergriffen werden können, wenn und solange eine Gefahr besteht, und die sich mit der Beseitigung der Gefahr erledigen bzw. zu beenden sind, sind die erhobenen Daten der Nutzung, Speicherung und Weiterverarbeitung zugänglich, zumal unter den Bedingungen der sich weiterhin entwickelnden Informationstechnologien. In einem geänd. **Kontext,** etwa zu einem anderen Zeitpunkt oder in einer Kombination mit anderen Daten, kann die Zweckbindung unter Anpassungs- oder Rechtfertigungsdruck geraten (vgl. Hammer/Knopp DuD 2015, 503

(504)). Ohne Anwesenheit des Betroffenen fehlt die eine wesentliche Instanz zur Durchsetzung der Zweckbindung; und der weitere Verarbeitungsvorgang verursacht geringe Zusatzkosten. Dies unterscheidet Datenverarbeitung von polizeilichen Maßnahmen: Die von der polizeilichen Maßnahme betroffene Person ist regelmäßig anwesend, die von der Datenverarbeitung betroffene Person ist es nach der Erhebung (und auch bei dieser nicht immer) regelmäßig nicht.

25   Dass die Zweckbindung im Grundsatz auch im Privatrechtsverkehr gilt, ist dem Umstand geschuldet, dass die EU-Gesetzgebung, die den Rahmen für den Privatrechtsverkehr beschließt, selbst nach Art. 51 Abs. 1 S. 1, 8 Abs. 2 S. 1 GRCh **dieser Zweckbindung verpflichtet** ist. Dies schließt Lockerungen, die im Privatrechtsverkehr unter Gleichen informiert vereinbart werden können, nicht aus, verbietet aber ein vom Gesetzgeber auszurufendes „anything goes".

2. Voraussetzungen der Zweckbindung

26   Damit die Zweckbindung überhaupt realisiert werden kann, muss der Zweck gem. Art. 5 Abs. 1 lit. b Hs. 1 (anders als im Entwurf nicht mehr ausdr.: „genau") festgelegt, eindeutig und legitim sein. Die drei Anforderungen verweisen aufeinander.

27   Die Anforderungen „festgelegt" (englisch: „specified"; französisch: „déterminée") und „eindeutig" (englisch: „explicit", französisch: „explicites"; „ausdrücklich" wäre lt. IATE möglich gewesen) ergänzen sich gegenseitig insoweit, als erstgenannte, formale Anforderung auf das bezogen wird, was eindeutig und als solches – als „Akt der Selbstbindung" (Härting DS-GVO Rn. 95; zust. Wolff in Schantz/Wolff DatenschutzR Rn. 402) – festzulegen ist; zweitgenannte Anforderung ist eher materiell zu verstehen, indem an den Inhalt die Anforderung der Eindeutigkeit gestellt wird und dieser Inhalt festlegt werden muss. Die beiden Anforderungen dienen nicht nur der Zweckbindung, sondern auch der Transparenz und der Sicherung der Rechte des Einzelnen an personenbezogenen Daten. Der Zweck muss „(…) so klar zum Ausdruck gebracht werden, daß Zweifel daran, ob und in welchem Sinne der Verantwortliche der Verarbeitung den Zweck festgelegt hat, ausgeschlossen sind" (so zur DSRL Dammann/Simitis DSRL Art. 6 Erl. 6). Das zwingt nicht zu einer – gleichwohl ratsamen – schriftlichen Fixierung und schließt nicht einen Rückgriff auf den Kontext der konkreten Datenverarbeitung aus, aus dem aus der Sicht eines vernünftigen, kundigen Betrachters sich das Erwartbare oder Übliche der Datenverarbeitung erschließen lässt. Blankettformeln sind damit ausgeschlossen, unbestimmte, aber bestimmbare Begriffe innerhalb einer Zweckbestimmung mit einer hinreichenden Quantität und Qualität **(Gestaltungshöhe)** jedoch nicht. Dies schließt kurze, einfache, verständliche Formulierungen gerade nicht aus, sondern fordert diese als Erg. einer komplexen Vorbereitung möglicher Inhalte und Darstellungsformen ein (vgl. ErwGr 39 S. 3; Plath in Plath DS-GVO Art. 5 Rn. 6, verweist beispielhaft auf die „Creative Commons"-Lizenzen).

Zudem muss der Zweck legitim sein. Der Wortlaut entspricht hier nicht 28 mehr der Formulierung in Art. 6 Abs. 1 UAbs. 1 lit. b DSRL („rechtmäßig"), während die Formulierungen in der englisch- („legitimate") und in der französischsprachigen Fassung („légitimes") unverändert blieben (vgl. nochmals BMJ Rn. 68). Funktional sind rechtmäßig und legitim als gleichwertig zu betrachten, weshalb eine Änd. der Bedeutung abzulehnen ist, wenngleich ein weiteres Verständnis als „mit der Rechtsordnung insgesamt im Einklang" stehend nachvollziehbar ist (vgl. Schantz BeckOK DatenschutzR Art. 5 Rn. 17 mwN). Legitim ist zunächst der Zweck, wenn der Betroffene den Verantwortlichen durch **Einwilligung** ermächtigt hat, seine personenbezogenen Daten zu verarbeiten; dies setzt die Festlegung und die Eindeutigkeit der Zweckbestimmung voraus. Legitim ist aber auch der Zweck, der **gesetzlich vorgesehen** ist. Die gewillkürte und die gesetzliche Legitimität von Zwecken greift Art. 6 auf, wodurch die gewillkürte Legitimierung auch gesetzlich anerkannt wird (Art. 6 Abs. 1 UAbs. 1 lit. a), so dass „rechtmäßig" wie zuvor (auch in einer Bedeutung als „gesetzmäßig") der zutr. Oberbegriff wäre.

3. Zweckbindung und Weiterverarbeitung

Die Zweckbindung erstreckt sich auch und gerade auf die Weiterverarbeitung, 29 auch durch andere als diejenige Person, die die Daten erhoben und bereits insoweit iSd DS-GVO verarbeitet hat; dies entspricht dem auf die Verarbeitung bezogenen Begriff des Verantwortlichen in Art. 4 Nr. 7 (vgl. → Art. 4 Rn. 55 ff.). Damit ist derjenige, der die Daten erhoben hat, verpflichtet, die vorgesehenen Zwecke nicht nur selbst zu berücksichtigen, sondern diese Vorgaben auch an denjenigen zu übermitteln, der die Daten als **Folgenutzer** lediglich weiterverarbeitet; dies spiegelt sich auch in der Verpflichtung des Art. 19. Ebenso ist der Zweitnutzer verpflichtet, die Zweckbindung sicherzustellen, dh ggf. nachzufragen und zu dokumentieren.

Allerdings ist gerade die Weiterverarbeitung das Einfallstor für die **Auf-** 30 **lösung der Zweckbindung.** Art. 5 Abs. 1 lit. b Hs. 1 bezeichnet den Primär- oder den ursprünglichen Zweck, wie er in Art. 5 Abs. 1 lit. b Hs. 2 genannt wird. Verboten ist die Weiterverarbeitung „in einer mit diesen Zwecken nicht zu vereinbarenden Weise". Der Primärzweck, auf den sich die Zweckbindung bezieht, wird damit als Maßstab zur Beurteilung herangezogen, welche Weiterverarbeitung mit diesem nicht mehr vereinbar ist. Dadurch tritt ein Wertungselement hinzu, welches die Verwendung der Daten für Sekundärzwecke öffnet und ausgefüllt werden muss. Dies geschieht positivrechtlich insbes. durch Hs. 2 (→ Rn. 32) und – in der Praxis von bes. Relevanz – Art. 6 Abs. 4 (vgl. → Art. 6 Rn. 46 ff.). Die in Hs. 1 angelegte Zweckbindung wird also nicht etwa perpetuiert, indem festgehalten wird, dass die Daten nur zu diesem Zweck weiterverarbeitet werden. Die Formulierung ist vielmehr noch in weiterer Hinsicht von der Zweckbindung distanziert: Für das Verbot muss nachgewiesen werden, dass die Weiterverarbeitung mit dem Primärzweck nicht vereinbar ist; es muss also nicht zu Gunsten der Zulässigkeit der Weiterverarbeitung nachgewiesen werden, dass diese mit den Zwecken vereinbar ist. Dadurch wird die **Darlegungslast** umgekehrt und die Verwirklichung der Zweckbindung bzw. Zweckvereinbarkeit erschwert.

31 Kompensiert werden kann die Lockerung der Zweckbindung, die ohne bes. Rechtsgrundlage (vgl. ErwGr 50 Abs. 1 S. 2; Wolff in Schantz/Wolff DatenschutzR Rn. 411) eine weitergehende Verarbeitung ermöglicht, durch **gesteigerte Anforderungen** an die Transparenz und die Sicherung der Richtigkeit der Daten (vgl. Eifert, 147 ff.). Mit der Erweiterung der Möglichkeiten des Verantwortlichen geht dann eine Erweiterung seiner Verpflichtungen einher, die er ggü. dem Betroffenen einzuhalten hat (krit. Heberlein in Ehmann/Selmayr DS-GVO Art. 5 Rn. 20). Der für sich sicherlich krit. zu würdigende Art. 6 Abs. 4 (→ Art. 6 Rn. 46, 57) operationalisiert diese Möglichkeit.

4. Weiterverarbeitung für privilegierte Sekundärzwecke

32 Nach Art. 5 Abs. 1 lit. b Hs. 2 wird **fingiert,** dass die Trias der hier und in Art. 89 Abs. 1 genannten Sekundärzwecke (vgl. → Art. 89 Rn. 5 ff.) nicht als mit dem Primärzweck unvereinbar gelten. Zu begründen ist dies nicht mit einer (nicht gegebenen generellen) Vorrangigkeit dieser qualifizierten Zwecke vor dem Schutz personenbezogener Daten, sondern mit dem spezifischen Verwendungszweck, der sich gerade nicht auf die Person bezieht, deren Daten verarbeitet werden, und der selbst grundrechtlichen Rückhalt genießt (vgl. etwa Art. 13 GRCh). Gemeint ist jedoch nicht eine Verarbeitung mittels statistischer Methoden, wie sie auch die Privatwirtschaft verwendet, sondern die amtl. Statistik (vgl. auch ErwGr 163). Die Privilegierung statistischer Zwecke leuchtet unmittelbar ein, weil die Daten einerseits dem „Wesen der Statistik" entspr. vielseitig verwendet werden (vgl. BVerfGE 65, 1 (47)); soweit die Statistik sogar den Primärzweck darstellt, kann diese Ausdifferenzierung in der Zweckbestimmung berücksichtigt werden. Andererseits werden die Daten typischerweise anonym verarbeitet (vgl. § 1 BStatG); sie können jedoch individualisierbar bleiben (vgl. § 16 BStatG). Im konkreten Fall kann die Privilegierung daher doch ausgeschlossen sein. Bei wiss. Zwecken ist die Privilegierung wegen des breiten Spektrums möglicher Verarbeitungen nicht von vornherein gewährleistet, ebenso wenig bei historischer Forschung und Archivierung (vgl. Schaar ZD 2016, 224 (224 f.); vgl. auch Weichert ZD 2020, 18). Deshalb kommt es auf die konkrete Ausgestaltung der Verarbeitung zu den genannten Zwecken an (vgl. auch lit. e), mit der entspr. **Beweislast** dafür, dass die Privilegierung hier nicht greift. IÜ muss die Verarbeitung zu den privilegierten Zwecken den sonstigen Anforderungen genügen (vgl. Art. 89 Abs. 1 S. 2; ErwGr 156 S. 2).

33 Die Regelung – ein weiteres „Einfallstor" für eine Aufweichung der Zweckbindung (Buchner DuD 2016, 155 (157)) – ist nicht abschl., weil auch Art. 6 Abs. 4 Sekundärzwecke zulässt. Zugleich ist sie als **gesetzliche Typisierung** zu Gunsten einer Privilegierung eng auszulegen (vgl. Richter DuD 2015, 735 (739); zust. Schantz BeckOK DatenschutzR Art. 5 Rn. 22).

IV. Datenminimierung (lit. c)

Auch lit. c vereinigt drei miteinander in Beziehung stehende Anforderungen 34 unter einem Begriff, dem der Datenminimierung (Datensparsamkeit; vgl. zur Begriffswahl → Rn. 19): dem Zweck angemessen (Art. 6 Abs. 1 UAbs. 1 lit. c DSRL: „entsprechen"), erheblich und zweckorientiert auf das notwendige Maß beschr. (Albrecht/Jotzo DatenschutzR, 52 f. (Rn. 6), sehen dies als Ausdruck der Erforderlichkeit an). Es fehlt der Hs. 2 des DS-GVO-E(KOM), der die Bedeutung des Grundsatzes weitergehend vermisst (→ Rn. 8). Die Daten müssen also iRd Zweckbindung **qualitativ und quantitativ begrenzt** werden, wobei das Wort „Minimierung" auf eine möglichst weitgehende Begrenzung abzielt. Die Begrenzung in der Formulierung der DSRL, dass die Daten nicht über die Zwecke hinausgehen dürfen, erübrigt sich damit (in diese Richtung bereits Dammann/Simitis DSRL Art. 6 Erl. 12). Auch dieser Grundsatz muss ins Werk gesetzt werden; Art. 25 Abs. 1 ist insoweit nur ein Bsp. (vgl. auch ErwGr 78 S. 3, 156 S. 2), Art. 32 ein weiteres.

Dem **Zweck angemessen** sind die Daten nur, wenn ihre Zuordnung zu 35 den Zwecken nicht beanstandet werden kann (zust. Wolff in Schantz/Wolff DatenschutzR Rn. 421). Dammann/Simitis (DSRL Art. 6 Erl. 11) bilden das treffende Bsp. der Beurteilung eines Stellenbewerbers, bei der Daten zur Gesundheit und zu politischen Einstellungen (grds.) nicht berücksichtigt werden dürfen. Die iRe Wertung zu beantwortende Kontrollfrage lautet: Ist anzuerkennen, dass die Daten erforderlich sind, um den Zweck zu erreichen? Die Frage wird damit auf eine Ebene über die Frage der Erforderlichkeit gehoben, um die **Distanz der Beurteilung** sicherzustellen; denn die Erforderlichkeit selbst wird je nach Perspektive und Partei unterschiedlich bewertet werden. Überschießende Gehalte werden bereits so ausgeschlossen, was freilich auch die Beschränkung auf das notwendige Maß beinhaltet.

Die **Erheblichkeit** ist eine weitere Anforderung, die der Datenminimie- 36 rung dient. Sie muss bei den Daten gegeben sein, die dem Zweck angemessen sind. Dies folgt nicht notwendig aus der Nennung an zweiter Stelle, sondern aus der Kombination mit der Angemessenheit und aus der Objektivierung, dass die Daten nicht nach der Präferenz des Verantwortlichen als erheblich eingestuft werden sollen. Gleichwohl sind auch innerhalb der Zweckangemessenheit nicht erhebliche Daten denkbar, die damit von der Verarbeitung auszuschließen sind. Um im og Bsp. zu bleiben: Die (automatische) Erfassung des Eingangs einer Bewerbung zur Überprüfung der Einhaltung der Bewerbungsfrist mag zweckangemessen sein. Bei Wahrung der Frist ist sie jedoch nicht mehr erheblich, um das Bewerbungsverfahren fortsetzen zu können.

Die **Begrenzung auf das notwendige Maß** schließlich stellt eine strenge- 37 re Rekonstruktion der Formulierung der DSRL dar, dass die Daten nicht über die Zwecke hinausgehen durften (Art. 6 Abs. 1 UAbs. 1 lit. c; vgl. die englische Sprachfassung: „not excessive" in der DSRL ggü. „limited to what is necessary"). Mit der Zweckangemessenheit und der Erheblichkeit wird diese Anforderung regelmäßig konsumiert. Es bleibt jedoch ein Anwendungsbereich in solchen Fällen, in denen eine Vielzahl von Daten die ersten beiden Anforderungen erfüllen, etwa wenn es in einem Bewerbungsverfahren darum

geht, die auf die Tätigkeit bezogenen Qualitäten und Qualifikationen zu
erfassen. Bestimmte – zweckangemessene und erhebliche – Daten sind indes
bei allen Bewerbern in gleicher oder vergleichbarer Weise vorhanden. Die iE
relevante Information kann im Kontext der Information über die Mitbewerber ihre Relevanz verlieren. Sie ist dann, und erst dann, nicht mehr erforderlich, um eine Entsch. zu treffen. Ein anderes Bsp. ist die Erfassung von durchaus zweckangemessenen und erheblichen Daten in einem Umf., der von
Vornherein ausschließt, dass alle Daten zur Kenntnis genommen und gewo-
gen werden. Dies kann auf den Einzelfall projiziert relevant werden, wenn
durch eine Begrenzung der Menge angemessener und erheblicher Daten
bestimmte Referenzen ausgeschlossen werden, etwa einzelne Vorleistungen
iRe für alle Bewerber vorausgesetzten Studienjahres im Ausland, für das
ohnehin eine Gesamtnote ausgewiesen wird (vgl. zur Erforderlichkeit Wolff
in Schantz/Wolff DatenschutzR Rn. 428 ff., 438 f.).

38   Mit dem Grundsatz der Datenminimierung korrespondieren Regelungen
der DS-GVO wie das Recht auf Einschränkung der Verarbeitung, Art. 18.
Allerdings ist die Bindung an diesen Grundsatz nicht von der Geltendmachung eines Rechts des Betroffenen abhängig; der Grundsatz gilt wie die
anderen objektiv und ist von Vornherein zu beachten.

V. Richtigkeit (lit. d)

39   Daten erlauben eine Rekonstruktion eines Sachverhalts, einer Situation oder
der Eigenschaften einer Person (zust. Sydow in Sydow DS-GVO Einl.
Rn. 68). Diese Daten müssen daher sachlich richtig sein, um eine solche
Rekonstruktion zu ermöglichen und als **Repräsentation der Realität** gelten
zu können. Dies gilt bereits für die bloße Darst. des Ist-Zustandes, hat aber
weitergehende Bedeutung, wenn mit diesem Ist-Zustand Folgen – ua Rechtsfolgen – verbunden sein können. Ungeachtet des Grundsatzes der Richtigkeit
verlieren durch Zeitablauf oder aus anderen Gründen unrichtig werdende
Daten auch ihre Erheblichkeit. Im Falle der Weiterverarbeitung, die mit dem
ursprünglichen Zweck nicht unvereinbar ist (lit. b) und regelmäßig zu einem
späteren Zeitpunkt stattfindet, nehmen die Anforderungen an die sachliche
Richtigkeit zu, weil sich der Kontext der und die Perspektive auf die Daten
ändern; auch und gerade in solchen Fällen ist die Richtigkeit der Daten zu
beurteilen (vgl. Eifert, 148 ff.).

40   Die Verbindung der beiden Merkmale „richtig" und „auf dem neuesten
Stand" ist vor dem Hintergrund nicht redundant, dass die sachliche Richtigkeit eines Datenbestandes durch die Dokumentation des Standes fixiert oder
aus dem Kontext heraus bestimmt, der Zeitaspekt also berücksichtigt werden
kann; insoweit macht es einen Unterschied, ob Daten erhoben und gespeichert oder ob diese Vorgänge später kontrolliert werden (so Wolff in Schantz/
Wolff DatenschutzR Rn. 442). Der Anspruch der Richtigkeit reicht aber
über diesen Zeitpunkt hinaus. Dass damit nicht eine Echtzeit- oder doch
zeitnahe Ber. als Regel verbunden ist, bringt die Einschränkung **„erforderlichenfalls"** zum Ausdruck, die eine Erfassung der konkreten Umstände und
eine Wertung voraussetzt, die unterschiedlich zeitaufwendig sein können (iE

ähnlich Reimer in Sydow DS-GVO Art. 5 Rn. 36). Dadurch wird der Grundsatz in nicht unerheblichem Ausmaß eingeschränkt – der Kontext muss für die Beurteilung berücksichtigt werden (vgl. als Beispiel OVG Hmb v. 27.5.2019, Az. 5 Bf 225/18.Z, Rn. 22, in Bezug auf eine Personalakte).

Der Grundsatz der Richtigkeit erfährt durch den Hs. 2 eine Konkretisie- **41** rung. Soweit damit zum Ausdruck gebracht wird, dass vom Verantwortlichen Maßnahmen ergriffen werden müssen, um den Grundsatz zu verwirklichen (ErwGr 39 S. 11: „alle vertretbaren Schritte"), handelt es sich um eine Selbstverständlichkeit, weil die Grundsätze nicht lediglich Programmsätze sind (vgl. → Rn. 2). In dieser Bedeutung erschöpft sich Hs. 2 nicht. Vielmehr fokussiert die Regelung die Daten, die **zu einem konkreten Zweck verarbeitet** werden, für die Beantwortung der Frage, worauf sich die Ber. oder Löschung bezieht. Zur Verwirklichung des Grundsatzes der Richtigkeit sind eben diese Daten vorrangig zu ber. oder zu löschen. Andere unrichtige Daten, die nicht dem Zweck dienen und schon deshalb (ungeachtet ihrer Unrichtigkeit) nicht erheblich sind, können nicht rechtmäßig verarbeitet werden. Vorrangig ist die Ber. der zweckangemessenen, im Zentrum stehenden Daten, um dem Zweck der Verarbeitung und der tatsächlichen, aktuellen Sachlage mit einer richtig fundierten Entsch. gerecht zu werden. Dies wird auch in zeitlicher Hinsicht zum Ausdruck gebracht („unverzüglich"). Der Maßstab „unverzüglich" in dem Sinne, dass Daten ohne schuldhaftes Zögern gelöscht oder ber. werden müssen, stellt ferner klar, dass für die sachliche Richtigkeit der Daten auch die Mitwirkung desjenigen, dessen Daten verarbeitet werden, erforderlich sein kann.

IÜ sieht die DS-GVO Regelungen vor, mit denen der Grundsatz verwirk- **42** licht werden soll, insbes. das Recht auf Ber. und auf Löschung (Art. 16 f.) sowie die Verpflichtung auf Weitergabe dieser Information (Art. 19; vgl. als Spezialvorschrift in Deutschland § 6 Abs. 1 S. 2 BMG). Diese Regelungen sind wie der Grundsatz der Richtigkeit selbst mit dem Transparenzgrundsatz und dessen Ausgestaltung (insbes. Art. 13 ff.) verbunden.

VI. Speicherbegrenzung (lit. e)

Die Speicherbegrenzung greift die Zweckbindung der Verarbeitung auf und **43** ergänzt diese selbständig um die Anforderung, dass die Verbindung zu bestimmten personenbezogenen Daten nur so lange bestehen darf, so lange dies für den Zweck erforderlich ist. Die Formulierung erzeugt für den Verantwortlichen einen **Rechtfertigungsdruck** (zust. Schantz BeckOK DatenschutzR Art. 5 Rn. 32); wegen des Rückbezugs auf den Zweck ist dies konsequent. Weniger streng, aber im Vergleich zur Zweckbindung inkonsequent wäre die Anforderung, dass die Verbindung zu personenbezogenen Daten aufgeh. werden muss, wenn der Zweck diese nicht mehr erfordert. Die Anforderung hat Konsequenzen für die Weiterverarbeitung zu Sekundärzwecken, wenn diese zeitlich nach der Verarbeitung zu dem Primärzweck stattfindet: Sobald der Primärzweck erfüllt ist, ist die Verbindung zu den personenbezogenen Daten aufzuheben, so dass anschließend nur noch Daten im geringeren Umf. weitergegeben werden dürfen.

44   Die Daten, für die die Speicherbegrenzung greift, sind solche, die die Identifizierung der Person ermöglichen, vgl. Art. 4 Nr. 1. Nicht nur die Bestimmtheit, sondern auch die Bestimmbarkeit der Identität muss ausgeschlossen werden, um den Personenbezug zu beseitigen. Die Anforderungen hierfür variieren je nach **Kontext,** ua je nach Größe und Heterogenität des Kreises der Personen, deren Daten ebenfalls verarbeitet werden. Deshalb können sie über die der Löschung des Namens hinausgehen. So kann eine Angabe aus einer Anschrift ausreichen, um eine Person nach Löschung der Namensangabe zu identifizieren (je nach Bebauung einer Straße, Größe einer Gemeinde); sie muss aber nicht genügen. Eine bloße Abtrennung und gesonderte Speicherung personenbezogener Daten von dem Datensatz genügen den Anforderungen nicht, wenn die Identifizierung noch möglich bleibt, etwa durch Wiedervereinigung der Daten. Unabhängig davon stellt sich jedoch immer die Frage, ob die jeweiligen Daten noch erheblich (lit. c) und nicht wegen fehlender Erheblichkeit zu löschen sind.

45   Die Abtrennung der Daten muss nicht notwendig deren Löschung zur Folge haben, weshalb das gesonderte Speichern der personenbezogenen Daten durchaus möglich bleibt: Als Bsp. können Bestellvorgänge eines Kunden bei einem Händler genannt werden. Die konkrete Bestellung muss zugeordnet werden können; sobald die Bestellung vollzogen und die Ware abgeholt und bezahlt wurde, erübrigt sich die Verbindung zwischen diesem Kunden und dieser Ware. Der Kunde kann aber eingewilligt haben, dass sein Name und seine Anschrift weiterhin verarbeitet werden. Dann bleiben die personenbezogenen Daten dem Händler erhalten. Das Ausscheiden dieser Daten aus dem Datensatz der erledigten Bestellung muss dauerhaft sichergestellt werden.

VII. Integrität und Vertraulichkeit (lit. f)

46   Ggü. der DSRL und dem DS-GVO-E(KOM) neu eingeführt wurden Integrität und Vertraulichkeit (in der englischen Sprachfassung „integrity and confidentiality", in der französischen „intégrité et confidentialité"), die der Sicherheit der Daten dienen (Albrecht/Jotzo DatenschutzR, 54 (Rn. 1), qualifizieren den Grundsatz als Vorgabe für den Systemdatenschutz). Die beiden Begriffe sind in ihrer Funktionalität **miteinander verbunden:** Die personenbezogenen Daten und der Vorgang ihrer Verarbeitung sollen, wie die Formulierung in Hs. 2 zeigt, vor geplanten Zugriffen wie auch vor unbeabsichtigten Beeinträchtigungen geschützt werden; diese Bsp. sind nicht abschl. („einschließlich"). Der Bezug zu den negativen Folgen der Verletzung des Schutzes personenbezogener Daten (vgl. ErwGr 85) ist offenkundig (vgl. für Art. 2 Abs. 1 iVm 1 Abs. 1 GG BVerfGE 120, 274 – Online-Durchsuchung, dort freilich im Bürger/Staat-Verhältnis).

47   Integrität wäre am ehesten mit **Unversehrtheit** zu übersetzen, um einen Begriff der dt. Sprache zu verwenden (zur Begr. BMJ Rn. 68). IATE dokumentiert neben „Unversehrtheit" und „Integrität" auch „Unverfälschtheit" und „Vollständigkeit". ErwGr 39 S. 12 verweist auf „Sicherheit und Vertraulichkeit", wozu auch gehöre, „(...) dass Unbefugte keinen Zugang zu den Daten haben und weder die Daten noch die Geräte, mit denen diese verarbeitet werden, benutzen können". Mit dem Begriff „Unversehrtheit" kann spezifisch zum Ausdruck gebracht werden, dass es sich bei Zugriffen nicht notwendig um eine unbefugte Weiterverarbeitung handeln muss, sondern dass auch eine Veränderung – dh Verfälschung, Ergänzung, Beschränkung – der Daten durch Dritte auszuschließen ist; diese Verpflichtung richtet sich an den Verantwortlichen, ungeachtet des an den Dritten gerichteten, auch strafrechtlich sanktionierten Verbots. Den Verantwortlichen trifft insoweit die Schutzpflicht eines Garanten zur Abwehr von Gefahren für die Daten; dafür sind Maßnahmen gegen die Verarbeitung durch Dritte und gegen Schadensereignisse zu ergreifen (Reimer in Sydow DS-GVO Art. 5 Rn. 47 ff.). Dritte sind Personen, die nicht zur Verarbeitung berechtigt sind, dh auch solche, die innerhalb eines Unternehmens, das mit der Datenverarbeitung betraut ist, tätig sind, ohne für die konkrete Datenverarbeitung zuständig zu sein. Daher trifft den Verantwortlichen auch unternehmensintern die Verpflichtung, die Daten gegen unberechtigte Zugriffe zu sichern.

Vertraulichkeit bezieht sich nicht auf die Qualität und Quantität der **48** Daten, sondern auf das durch die Datenverarbeitung konstituierte Rechtsverhältnis zwischen den berechtigten Beteiligten. Vertraulichkeit kann nur in Bezug auf rechtmäßige Zustände bestehen.

Konkretisiert wird der Grundsatz – nicht abschl. – durch Art. 32 Abs. 1 **49** Hs. 2 lit. b; Art. 28 Abs. 3 S. 2 lit. b nimmt auf die Vertraulichkeit Bezug.

C. Rechenschaftspflicht (Abs. 2)

Ggü. dem DS-GVO-E(KOM) (dort Art. 5 Abs. 1 lit. f) wesentlich verändert **50** und an Art. 6 Abs. 2 DSRL orientiert ist Art. 5 Abs. 2. Der DS-GVO-E (KOM) hatte noch die allg. Verantwortlichkeit dafür vorgesehen, „(…) dass bei jedem Verarbeitungsvorgang die Vorschriften dieser Verordnung eingehalten" werden. Nunmehr bezieht sich Abs. 2 unmittelbar auf Abs. 1 und damit auf die Grundsätze der Verarbeitung personenbezogener Daten; auch damit kommt zum Ausdruck, dass es sich bei den Grundsätzen nicht lediglich um Finalprogramme handelt.

Die Regelung ist sprachlich nicht geglückt: Die Verantwortung des Ver- **51** antwortlichen ist redundant, auch wenn die Regelung für diese Verantwortung konstitutiv ist; denn die Eigenschaft des Verantwortlichen als solchem ergibt sich aus seiner Stellung zu den personenbezogenen Daten, vgl. Art. 4 Nr. 7. Die Einhaltung „des Abs. 1" meint die Einhaltung der Grundsätze; das **Einhalten** ist ein Plus ggü. dem bloßen Berücksichtigen oder Beachten. Nicht durch Abs. 2 verpflichtet sind Dritte, etwa solche, die die Integrität der Daten entgegen Art. 5 Abs. 1 lit. f beeinträchtigen, damit jedoch auch rechtswidrig handeln.

Art. 5 Abs. 2 wird durch mehrere verhaltensbezogene Verpflichtungen des **52** Verantwortlichen ergänzt, was die Selbstregulierung und die Eigenverantwortung einfordert (vgl. Albrecht/Jotzo DatenschutzR, 55 (Rn. 18)) und nicht einem schlichten Command-and-control-Ansatz folgt: Die Umsetzung muss auch nachgewiesen werden (auf die Zweiseitigkeit der „Accountability" weist

Heberlein in Ehmann/Selmayr DS-GVO Art. 5 Rn. 29 hin). Dazu gehören neben Art. 24 das Verzeichnis von Verarbeitungstätigkeiten nach Art. 30, die Meldung und die Benachrichtigung nach Art. 33 f. einschl. der Dokumentation nach Art. 33 Abs. 5 (für den Auftragsverarbeiter vgl. Art. 28, dort insbes. Abs. 3 S. 2 lit. h), aber auch der Nachw. für die Einwilligung (Art. 7 Abs. 1) und der Nachw. fehlenden Verschuldens (Art. 82 Abs. 3). Die Vorschr. entfaltet jedoch eine eigenständige Wirkung, indem der Nachw. der Einhaltung der Vorschr. voraussetzt, dass die Verarbeitung dokumentiert wird; dies erleichtert auch den ASB die Arbeit (vgl. Albrecht/Jotzo DatenschutzR, 56 (Rn. 19)). Für diese Dokumentation ist ein Konzept erforderlich, welches die Verarbeitungssituationen berücksichtigt (anschaulich Lepperhoff RDV 2017, 197 (198 ff.)), selbst also wieder auf informierte Entsch. verweist: Erforderlich ist ein nachhaltiges, ganzheitliches Datenschutzmanagementsystem (vgl. → Art. 15 Rn. 15; Art. 24; Art. 25 Rn. 40; Art. 32 Rn. 57 ff.; Quirin-Kock DuD 2012, 832; Faust/Spittka/Wybitul ZD 2016, 120 (125); Hamann BB 2017, 1090 (1092); Wybitul CCZ 2016, 194 (194 f.) mit einer Checkliste; Gardyan-Eisenlohr/Knöpfle DuD 2017, 69, die drei Bausteine identifizieren: Organisation, Management, Prozesse). Insoweit vermittelt Art. 5 Abs. 2 einen vielschichtigen Zugang zu den Anforderungen an das Verhalten des Verantwortlichen. Vor dem Hintergrund des Art. 83 Abs. 5 lit. a erwächst daraus auch eine Problematik (→ Art. 83 Rn. 24).

D. Nationale Bestimmungen

53 Nachdem die DS-GVO auf die DSRL zurückgeht, zu deren Umsetzung das BDSG mehrfach geänd. wurde, und die DSRL selbst Bezüge zum BDSG aufweist, sind die bisherigen Bestimmungen des BDSG **Orientierungspunkte** für die Anwendung der DS-GVO. Dazu gehören im Falle des Art. 5: § 4 BDSG aF in Bezug auf die Verarbeitung von Daten in rechtmäßiger Weise, §§ 19a, 33, 34 BDSG aF für den Transparenzgrundsatz, § 3a BDSG aF für den Grundsatz der Datenminimierung, § 20 BDSG aF für den Grundsatz der Richtigkeit und die diesbzgl. Maßnahmen.

54 Für eine den Wortlaut des Art. 5 lediglich wiederholende Formulierung oder einen Verweis (vgl. jedoch § 26 Abs. 5 BDSG) des Bundes- oder Landesrechts bleibt kein Raum; der Charakter der VO und Art. 288 Abs. 2 AEUV verpflichten dazu, die unmittelbare Geltung der VO nicht durch eine **simulierte Transformation** in mitgliedstaatliches Recht in Frage zu stellen. Dies gilt auch für mitgliedstaatliche Überformungen der unionsrechtlich autonom zu bestimmenden Begrifflichkeiten der DS-GVO. Umgekehrt ist es bedenklich, wenn der dt. Gesetzgeber bei der Umsetzung von RL Bestimmungen der RL für unmittelbar anwendbar erklärt (vgl. als Bsp. § 1 Abs. 1 TabakerzeugnisG im Verhältnis zu Art. 2 RL 2014/40/EU), weil damit Rechtssicherheit und Rechtsklarheit gefährdet werden. Gleichwohl trifft die dt. Gesetzgeber (in Bund und Ländern) die „Hauptlast der Implementierung", weil sie verpflichtet sind, „(…) das jeweilige Recht zumindest zu präzisieren, um Rechtsunsicherheiten zu vermeiden, die ansonsten erst im Konfliktfall durch die Rechtsprechung geklärt werden könnten" (Schaar PinG 2016, 62 (63)) – mit den formulierten Grundsätzen des Art. 5 bleibt insoweit viel zu tun.

E. Ausblick

Die Bewertung des Art. 5 fällt ambivalent aus: Indem Grundsätze nicht nur **55** definiert werden, sondern zum Ausdruck gebracht wird, dass personenbezogene Daten entspr. behandelt werden müssen, stellt sich die Norm nicht als Ansammlung von Programmsätzen dar; vielmehr vermittelt sie schutzfähige Rechtspositionen. Gleichzeitig schwanken das Abstraktions- und das Regelungsniveau: Lit. a beinhaltet drei miteinander verbundene und doch unterschiedliche Grundsätze und führt dazu nichts weiter aus. Lit. c gibt vor, einen Grundsatz zu regeln, bedient normativ verschiedene Aspekte. Bei lit. b wird eine Fiktion verwendet, wodurch – ähnlich wie bei lit. e – eine Ausnahme zugelassen wird. Lit. d verweist sogar auf die Verpflichtung, alle angemessenen Maßnahmen zu treffen. Die Regelungen changieren zwischen originären **Wertungsbegriffen** und vermeintlich eindeutigen und strikten Begrifflichkeiten: von „Treu und Glauben" und „angemessen" über „nachvollziehbar", „notwendig", „geeignet" und „erforderlich" bis hin zu „genau festgelegt", „eindeutig" und „sachlich richtig". Damit sind sie weitgehenden Interpretationen zugänglich (vgl. Richter DuD 2015, 735 (739)), die zwar wesentlich von Art. 16 AEUV und Art. 8 GRCh beeinflusst sind, die sich aber nicht selbst vollziehen (vgl. Roßnagel/Nebel/Richter ZD 2015, 455 (457 f.)). Bei all dem sollte berücksichtigt werden: „Principles (...) look God-given, but are man-made" (De Hert EDPL 2017, 160; instruktiv dort 167 ff., 174 ff.).

In der Praxis müssen die Konkretisierungen der Regelungen und damit **56** Verstärkungen des Datenschutzes erarbeitet, wenn nicht mit moderater Querulanz erkämpft werden (vgl. Kühling, 8: „hinreichendes Maß an Frustrationstoleranz"; zur institutionellen Nachsicht Simitis, 9). Allerdings ist dies regelmäßig nur gelegentlich eines Konfliktfalls und einer übergriffigen Ausgestaltung möglich, die den Anforderungen (tatsächlich oder vermeintlich) nicht genügt. Das Datenschutzrecht ist auch damit ein weiteres Referenzgebiet, in dem Rechtsverstöße die Rechtsentwicklung befördern, was für seine Wirksamkeit ex tunc ungünstig ist. IdS ist Art. 5 Ausdruck eines risikobasierten Ansatzes, der ua durch Art. 6 Abs. 1 UAbs. 1 lit. f, 6 Abs. 4 realisiert wird (vgl. Veil ZD 2015, 347 (349); Wybitul ZD 2016, 253 (254); Härting DS-GVO Rn. 129 ff.), und einer vermeintlich modernen Gesetzgebung zum Zwecke des „Systemdatenschutzes" (Roßnagel DuD 1999, 253).

Art. 6 Rechtmäßigkeit der Verarbeitung

(1) [1] Die Verarbeitung ist nur rechtmäßig, wenn mindestens eine der nachstehenden Bedingungen erfüllt ist:

a) Die betroffene Person hat ihre Einwilligung zu der Verarbeitung der sie betreffenden personenbezogenen Daten für einen oder mehrere bestimmte Zwecke gegeben;

b) die Verarbeitung ist für die Erfüllung eines Vertrags, dessen Vertragspartei die betroffene Person ist, oder zur Durchführung vorvertraglicher Maßnahmen erforderlich, die auf Anfrage der betroffenen Person erfolgen;

c) die Verarbeitung ist zur Erfüllung einer rechtlichen Verpflichtung erforderlich, der der Verantwortliche unterliegt;

d) die Verarbeitung ist erforderlich, um lebenswichtige Interessen der betroffenen Person oder einer anderen natürlichen Person zu schützen;

e) die Verarbeitung ist für die Wahrnehmung einer Aufgabe erforderlich, die im öffentlichen Interesse liegt oder in Ausübung öffentlicher Gewalt erfolgt, die dem Verantwortlichen übertragen wurde;

f) die Verarbeitung ist zur Wahrung der berechtigten Interessen des Verantwortlichen oder eines Dritten erforderlich, sofern nicht die Interessen oder Grundrechte und Grundfreiheiten der betroffenen Person, die den Schutz personenbezogener Daten erfordern, überwiegen, insbesondere dann, wenn es sich bei der betroffenen Person um ein Kind handelt.

[2] Unterabsatz 1 Buchstabe f gilt nicht für die von Behörden in Erfüllung ihrer Aufgaben vorgenommene Verarbeitung.

(2) Die Mitgliedstaaten können spezifischere Bestimmungen zur Anpassung der Anwendung der Vorschriften dieser Verordnung in Bezug auf die Verarbeitung zur Erfüllung von Absatz 1 Buchstaben c und e beibehalten oder einführen, indem sie spezifische Anforderungen für die Verarbeitung sowie sonstige Maßnahmen präziser bestimmen, um eine rechtmäßig und nach Treu und Glauben erfolgende Verarbeitung zu gewährleisten, einschließlich für andere besondere Verarbeitungssituationen gemäß Kapitel IX.

(3) [1] Die Rechtsgrundlage für die Verarbeitungen gemäß Absatz 1 Buchstaben c und e wird festgelegt durch

a) Unionsrecht oder

b) das Recht der Mitgliedstaaten, dem der Verantwortliche unterliegt.

[2] Der Zweck der Verarbeitung muss in dieser Rechtsgrundlage festgelegt oder hinsichtlich der Verarbeitung gemäß Absatz 1 Buchstabe e für die Erfüllung einer Aufgabe erforderlich sein, die im öffentlichen Interesse liegt oder in Ausübung öffentlicher Gewalt erfolgt, die dem Verantwortlichen übertragen wurde. [3] Diese Rechtsgrundlage kann spezifische Bestimmungen zur Anpassung der Anwendung der Vorschriften dieser Verordnung enthalten, unter anderem Bestimmungen darüber, welche allgemeinen Bedingungen für die Regelung der Rechtmäßigkeit der Verarbeitung durch den Verantwortlichen gelten, welche Arten von Daten verarbeitet werden, welche Personen betroffen sind, an welche Einrichtungen und für welche Zwecke die personenbezogenen Daten offengelegt werden dürfen, welcher Zweckbindung sie unterliegen, wie lange sie gespeichert werden dürfen und welche Verarbeitungsvorgänge und -verfahren angewandt werden dürfen, ein-

schließlich Maßnahmen zur Gewährleistung einer rechtmäßig und nach Treu und Glauben erfolgenden Verarbeitung, wie solche für sonstige besondere Verarbeitungssituationen gemäß Kapitel IX. [4] Das Unionsrecht oder das Recht der Mitgliedstaaten müssen ein im öffentlichen Interesse liegendes Ziel verfolgen und in einem angemessenen Verhältnis zu dem verfolgten legitimen Zweck stehen.

(4) Beruht die Verarbeitung zu einem anderen Zweck als zu demjenigen, zu dem die personenbezogenen Daten erhoben wurden, nicht auf der Einwilligung der betroffenen Person oder auf einer Rechtsvorschrift der Union oder der Mitgliedstaaten, die in einer demokratischen Gesellschaft eine notwendige und verhältnismäßige Maßnahme zum Schutz der in Artikel 23 Absatz 1 genannten Ziele darstellt, so berücksichtigt der Verantwortliche – um festzustellen, ob die Verarbeitung zu einem anderen Zweck mit demjenigen, zu dem die personenbezogenen Daten ursprünglich erhoben wurden, vereinbar ist – unter anderem

a) jede Verbindung zwischen den Zwecken, für die die personenbezogenen Daten erhoben wurden, und den Zwecken der beabsichtigten Weiterverarbeitung,

b) den Zusammenhang, in dem die personenbezogenen Daten erhoben wurden, insbesondere hinsichtlich des Verhältnisses zwischen den betroffenen Personen und dem Verantwortlichen,

c) die Art der personenbezogenen Daten, insbesondere ob besondere Kategorien personenbezogener Daten gemäß Artikel 9 verarbeitet werden oder ob personenbezogene Daten über strafrechtliche Verurteilungen und Straftaten gemäß Artikel 10 verarbeitet werden,

d) die möglichen Folgen der beabsichtigten Weiterverarbeitung für die betroffenen Personen,

e) das Vorhandensein geeigneter Garantien, wozu Verschlüsselung oder Pseudonymisierung gehören kann.

BDSG und anderes nationales Recht: §§ 3, 4, 23–25 BDSG (kommentiert unter → BDSG § 3 Rn. 1 ff.; → BDSG § 4 Rn. 1 ff.; → BDSG § 23 Rn. 1 ff.; → BDSG § 24 Rn. 1 ff.; → BDSG § 25 Rn. 1 ff.).

Literatur: *Belke/Neumann/Zier,* Datenschutzalltag in deutschen Unternehmen. Ergebnisse der Studie „Datenschutzpraxis 2015", DuD 2015, 753; *Benecke/Wagner,* Öffnungsklauseln in der Datenschutz-Grundverordnung und das deutsche BDSG – Grenzen und Gestaltungsspielräume für ein nationales Datenschutzrecht, DVBl 2016, 600; *Buchner,* Grundsätze und Rechtmäßigkeit der Datenverarbeitung unter der DS-GVO, DuD 2016, 155; *von Danwitz,* Die Grundrechte auf Achtung der Privatsphäre und auf Schutz personenbezogener Daten. Die jüngere Rechtsprechung des Gerichtshofes der Europäischen Union, DuD 2015, 581; DSK – Konferenz der unabhängigen Datenschutzbehörden des Bundes und der Länder, Offizielles Kurzpapier Nr. 3. Verarbeitung personenbezogener Daten für Werbung, 2017; *Elbrecht/Schröder,* Verbandsklagebefugnisse bei Datenschutzverstößen für Verbraucherverbände, K&R 2015, 361; *Gola/Wronka,* Datenschutzrecht im Fluss, RDV 2015, 3; *Halfmeier,* Die neue Datenschutzverbandsklage, NJW 2016, 1126; *Heußner,* Zur Zweckbindung und zur informationellen Gewaltenteilung in der Rechtsprechung des Bundesverfassungsgerichts, in: FS für Helmut Simon, 1987, S. 231; *Hoffmann,* Zweckbindung als Kernpunkt eines prozeduralen Datenschutzansatzes, 1991; *Hoffmann-Riem,* Innovation und Recht – Recht und Innovation, 2016; *Kipker,* Transparenzanforderungen an den Einsatz polizeilicher Body-Cams, DuD 2017, 165; *Klement,* Öffentliches Interesse an Privatheit, JZ 2017, 161; *Knopp,* Pseudonym – Grauzone zwischen Anonymisierung und Personenbezug, DuD 2015, 527; *Kort,* Eignungsdiagnose von Bewerbern unter der Datenschutz-Grundverordnung (DS-GVO), ZD 2016, 62; *Krusche,* Kumulation von Rechtsgrundlagen zur Datenverarbeitung. Verhältnis der Einwilligung zu anderen Erlaubnistatbeständen, ZD 2020, 232; *Kühling,* Die Europäisierung des Datenschutzrechts, 2014; *Luhmann,* Funktionen und Folgen formaler Organisation, 1964; *Martini/Weinzierl,* Mandated Choice: der Zwang zur Entscheidung auf dem Prüfstand von Privacy by Default (Art. 25 Abs. 2 S. 1 DSGVO), RW 2019, 287; *Novotny/Spiekermann,* Personenbezogene Daten privat-wirtschaftlich nachhaltig nutzen. Regulatorische und technische Zukunftskonzepte, DuD 2015, 460; *Reibach,* Private Dashcams & Co. – Household Exemption ade?, DuD 2015, 157; *F. Richter,* Dashcam, Datenschutz und materielle Gerechtigkeit vor Gericht, SVR 2016, 15; *P. Richter,* Datenschutz zwecklos? – Das Prinzip der Zweckbindung im Ratsentwurf der DSGVO, DuD 2015, 735; *Rose,* Datenbrillen, Drohnen, Dashcams ... Smart Cams im öffentlichen Raum allein durch Rechtsprechung nicht beherrschbar, DuD 2017, 137; *Roßnagel/Nebel/Richter,* Was bleibt vom Europäischen Datenschutzrecht? Überlegungen zum Ratsentwurf der DS-GVO, ZD 2015, 455; *Sanetra,* Dashcam versus Datenschutz, PinG 2015, 179; *Schild/Tinnefeld,* Datenschutz in der Union – Gelungene oder missglückte Gesetzentwürfe?, DuD 2012, 312; *Skouris,* Leitlinien der Rechtsprechung des EuGH zum Datenschutz, NVwZ 2016, 1359; *Spindler,* Die neue EU-Datenschutz-Grundverordnung, DB 2016, 937; *Steinmüller/Lutterbeck/Mallmann ua,* Grundfragen des Datenschutzes. Gutachten im Auftrag des Bundesministeriums des Innern, 1971 (abgedruckt als Anl. zu BT-Drs. VI/3826 vom 7.9.1972); *Schantz,* Die Datenschutz-Grundverordnung – Beginn einer neuen Zeitrechnung im Datenschutzrecht, NJW 2016, 1841; *Tavanti,* Datenverarbeitung zu Werbezwecken nach der Datenschutz-Grundverordnung (Teil 2), RDV 2016, 295; *Veil,* Risikobasierter Ansatz statt rigides Verbotsprinzip. Eine erste Bestandsaufnahme, ZD 2015, 347; *Veil,* Einwilligung oder berechtigtes Interesse? Datenverarbeitung zwischen Skylla und Charybdis, NJW 2018, 3337; *Wybitul/Sörup/Pötters,* Betriebsvereinbarungen und § 32 BDSG: Wie geht es nach der DS-GVO weiter?, ZD 2015, 559; *Wybitul/Pötters,* Der neue Datenschutz am Arbeitsplatz, RDV 2016, 10; *Zander,* Body-Cams im Polizeieinsatz, 2016.

Übersicht

A. Allgemeines

I. Einführung

Art. 6 ist die **zentrale Vorschr.** der DS-GVO zur Zulässigkeit der Ver- **1**
arbeitung personenbezogener Daten. Es gilt weiterhin ein Verbot der Datenverarbeitung unter dem Vorbehalt einer (gesetzlichen oder gewillkürten)
Erlaubnis; die Bezeichnung **„Verbotsprinzip"** verspricht mehr, als das differenzierte Regelungssystem hält (vgl. Veil ZD 2015, 347). Art. 6 regelt nicht
umfassend die Rechtmäßigkeit der Verarbeitung, sondern nur die Gründe
ihrer Zulässigkeit. Sie realisiert damit das tradierte, gerade auf das Staat-
Bürger-Verhältnis bezogene Verbotsprinzip mit Erlaubnisvorbehalt, welches
nach Art. 8 Abs. 2 S. 1 GRCh nicht zur Disposition steht (zust. Sydow in
Sydow DS-GVO Einl. Rn. 71). Mit Blick auf die Offenheit insbes. des Art. 6
Abs. 1 UAbs. 1 lit. f und der **Öffnungsklausel** in Art. 6 Abs. 4 (die auf Art. 5
Abs. 1 lit. b Hs. 1 Bezug nimmt) lässt sich kaum von einem abschl. Katalog
sprechen (aA Schulz in Gola DS-GVO Art. 6 Rn. 9: „listet abschließend
sämtliche durch die DS-GVO denkbaren Zulässigkeitstatbestände (…) auf").

Art. 6 entspricht mit den aus Art. 288 Abs. 2, 3 AEUV folgenden maß- **2**
geblichen Unterschieden in Teilen Art. 7 DSRL. Insoweit gilt das zu Art. 5
Gesagte entspr. (→ Art. 5 Rn. 1), wobei die Formulierungen des Art. 7
DSRL weitergehend in das mitgliedstaatliche Recht Eingang gefunden haben,
als dies bei Art. 6 DSRL der Fall war. Die Rückanknüpfung an das mitgliedstaatliche Recht liegt hier also aus praktischen Gründen näher, ohne normativ
vorgesehen zu sein. Nach Art. 83 Abs. 5 lit. a werden Verstöße gegen Art. 6
sanktioniert; unabhängig davon ist Art. 6 auch ein Schutzgesetz iSd § 823
Abs. 2 BGB (vgl. etwa OLG Köln v. 14.11.2019, Az. I-15 U 126/19,
Rn. 30).

II. Entstehungsgeschichte

1. Vergleich mit der DSRL

Art. 6 verweist auf Art. 7 DSRL. Der Bezugspunkt der Verarbeitung – „per- **3**
sonenbezogene Daten" – wurde gestrichen (anders noch im DS-GVO-E

(KOM)); zugleich wurde klargestellt, dass mehrere Bedingungen erfüllt sein können („mindestens eine der nachstehenden"), dh auch, dass sie nebeneinander Anwendung finden können. In Art. 6 Abs. 1 UAbs. 1 lit. a wurde ggü. Art. 7 lit. a die Formulierung „ohne jeden Zweifel" gestrichen. Konkretisiert wurde dort der Bezugspunkt der Einwilligung („zu der Verarbeitung (...) für einen oder mehrere bestimmte Zwecke"). Art. 6 Abs. 1 UAbs. 1 lit. b blieb weitgehend unverändert (nun „auf Anfrage" statt „auf Antrag"). In Art. 6 Abs. 1 UAbs. 1 lit. c wurde im Vergleich zu Art. 7 lit. c DSRL, der nicht unmittelbar im BDSG aF gespiegelt wird (vgl. dort jedoch § 4 Ab. 1), der Bezugspunkt für den Verantwortlichen („für die Verarbeitung") gestrichen; dies erklärt sich durch Art. 4 Nr. 7. Art. 6 Abs. 1 UAbs. 1 lit. d berücksichtigt anders als die DSRL nun auch eine andere natürliche Person, was insoweit bemerkenswert ist, während bei lit. b aus dem Vertrag berechtigte dritte Personen nicht erwähnt werden. Art. 6 Abs. 1 UAbs. 1 lit. e erwähnt – konsequent – nicht mehr den Dritten, dem die Daten übermittelt werden; die Verantwortlichkeit ergibt sich aus der Verarbeitung bei der übertragenen Ausübung öffentl. Gewalt (vgl. zur Problematik Dammann/Simitis DSRL Art. 7 Erl. 11). In Art. 6 Abs. 1 UAbs. 1 lit. f wird nun nicht mehr auf die Verwirklichung, sondern auf die Wahrung der berechtigten Interessen abgestellt, und hinsichtlich des Überwiegens der Interessen der betroffenen Person wird eine Typisierung vorgenommen („insbesondere"). Neu ist die Regelung des Abs. 1 UAbs. 2 (→ Rn. 4). Bei den Abs. 3 und 4 handelt es sich um Kodifikationen, die die Rspr. des EuGH aufnehmen und der Rechtssicherheit zu dienen bestimmt sind.

2. Vergleich mit den Entwurfsfassungen

4 Art. 6 Abs. 1 lit. a DS-GVO-E(KOM) enthielt statt des Ausdrucks „bestimmte Zwecke" die Formulierung „genau festgelegte Zwecke". Art. 6 Abs. 1 lit. b DS-GVO-E(KOM) verwendete noch die Formulierung „auf Antrag". Ohne Auswirkung enger formuliert war lit. c DS-GVO-E(KOM), indem anders als in der DSRL auf die „gesetzliche" Verpflichtung abgestellt wurde; in der englischen Sprachfassung wurde in allen Fällen „legal obligation" verwendet (französisch: „obligation légale"; so auch in der DSRL), dementsprechend kehrte man für die finale Fassung zu einer „rechtlichen Verpflichtung" zurück. Wie die DSRL verwies Art. 6 Abs. 1 lit. d DS-GVO-E(KOM) noch nicht auf eine andere natürliche Person; diese wurden durch den Ratsentwurf eingeführt. Art. 6 Abs. 1 lit. f S. 2 DS-GVO-E(KOM) ist in Art. 6 Abs. 1 UAbs. 2 aufgegangen. Art. 6 Abs. 1 UAbs. 1 lit. d wurde durch DS-GVO-E (Rat) um „andere natürliche Person" ergänzt.

5 Art. 6 Abs. 1 lit. f DS-GVO-E(EP) enthielt eine andere, aus sich selbst heraus wenig verständliche Regelung: „Die Verarbeitung ist zur Wahrung der berechtigten Interessen des für die Verarbeitung Verantwortlichen – oder, im Fall der Weitergabe, der berechtigten Interessen eines Dritten, an den die Daten weitergegeben wurden –, die die berechtigten Erwartungen der betroffenen Person, die auf ihrem Verhältnis zu dem für die Verarbeitung Verantwortlichen beruhen, erfüllen, erforderlich, sofern nicht (...)". Hier wurde

ein reflexives Moment vorgesehen, indem Interessen und Erwartungen nicht nur abgewogen, sondern aufeinander bezogen wurden. Gleichzeitig wurde der personelle Anwendungsbereich erweitert, indem auch die Interessen des Dritten, an den die Daten weitergegeben wurden, beachtlich sind. Diese Formulierung wurde durch DS-GVO-E(Rat) nochmals erweitert, indem dieser jeden Dritten genügen lässt.

Art. 6 Abs. 2 DS-GVO-E(KOM) enthielt einen (deklaratorischen) Hinweis **6** auf Art. 83 DS-GVO-E(KOM) (nunmehr Art. 89) und wurde im Laufe des Verfahrens erst um einen Abs. 2a ergänzt, der aus Art. 1 Abs. 2a DS-GVO-E (Rat) hervorgegangen war. Dieser Abs. 2a wurde in der endg. Fassung zu Abs. 2. Art. 6 Abs. 3 DS-GVO-E(KOM) wurde erweitert: Der dortige UAbs. 2 (nunmehr UAbs. 2 S. 3) enthielt – deklaratorisch – die Anforderung der Verhältnismäßigkeit und die Wahrung des Wesensgehaltes; das Erfordernis der Festlegung des Zwecks der Verarbeitung in der Rechtsgrundlage (nunmehr S. 1) fehlte. Art. 6 Abs. 4 DS-GVO-E(KOM) behandelte bereits die Frage der Zulässigkeit der Datenverarbeitung zu Sekundärzwecken. Im Falle der Nicht-Vereinbarkeit mit dem Primärzweck hätte auf die Weiterverarbeitung einer der in Abs. 1 genannten Gründe gegeben sein müssen. S. 2 nannte als Bsp., für das diese Anforderung einschlägig sein sollte, die Abänderung von Geschäfts- und Vertragsbedingungen. Art. 6 Abs. 4 knüpft nunmehr an die Einwilligung oder an eine die Weiterverarbeitung zulassenden Rechtsvorschrift an; das Prüfungsprogramm schließt sich erst daran an und wurde durch Art. 6 Abs. 3a DS-GVO-E(Rat) eingeführt. Art. 6 Abs. 5 DS-GVO-E(KOM) sah eine Kompetenz der KOM für delegierte Rechtsakte zu Abs. 1 UAbs. 1 lit. f vor (Art. 86 DS-GVO-E), vgl. nun nur noch Art. 92 (Roßnagel/Nebel/Richter ZD 2015, 455 (460), verbinden damit eine „undemokratische, zentralistische Note"; vgl. auch Schild/Tinnefeld DuD 2012, 312 (316 f.)).

B. Zulässigkeit der Datenverarbeitung (Abs. 1)

I. Allgemeines

Damit die Verarbeitung personenbezogener Daten (vgl. → Art. 4 Rn. 3 ff., **7** 20 ff.) überhaupt rechtmäßig ist, muss mind. eine der Voraussetzungen des Abs. 1 UAbs. 1 erfüllt sein. Art. 6 Abs. 1 UAbs. 1 vermittelt insoweit aber nur einen Maßstab für die Rechtmäßigkeit der Verarbeitung, und zwar denjenigen zur Beurteilung der Zulässigkeit als solcher, also das **„Ob" der Datenverarbeitung,** nicht das – von den Grundsätzen nach Art. 5 und weiteren Vorschr. der DS-GVO geprägte – „Wie" (zust. Reimer in Sydow DS-GVO Art. 6 Rn. 1). Die einzelnen Tatbestände sind voneinander unabhängig und haben alle die gleiche auf die Zulässigkeit abzielende Funktionalität (vgl. Schulz in Gola DS-GVO Art. 6 Rn. 10; VG Mainz v. 20.2.2020, Az. 1 K 467/19.MZ, Rn. 28: „(…) ihrer rechtlichen Funktion nach gleichwertig (…), ohne dass von einem Stufenverhältnis ausgegangen werden müsste"). Abs. 4 eröffnet eine außerhalb des Abs. 1 liegende Möglichkeit der Datenverarbeitung.

8   Dadurch, dass mind. ein Tatbestand des Abs. 1 UAbs. 1 verwirklicht sein muss, wird der Eindruck erweckt, dass es durchgehend möglich sei, dass **mehrere Tatbestände nebeneinander** verwirklicht sein können (vgl. die Gegenüberstellung zu lit. a und lit. f bei Veil NJW 2018, 3337 (3341 ff.)). Unzutreffend wäre die Annahme eines generellen Ausschlusses von Alternativen bzw. einer Kumulation (vgl. Krusche ZD 2020, 232 (233 f.)). Die Kumulation kann Vorteile für die Nachhaltigkeit der Datenverarbeitung haben, wenn ein Rechtsgrund nachträglich wegfällt. Gleichzeitig ist die Legitimation nicht beliebig austauschbar, denn die einzelnen Tatbestände beruhen rechtstatsächlich und normativ auf unterschiedlichen Anforderungen. Für die Verarbeitung von Daten durch Behörden ist dies in Bezug auf die gewillkürte Zulässigkeit durch Einwilligung problematisch, weil der Rechtsgrund in der öffentl. Aufgabe liegt und die Einwilligung insoweit nicht relevant sein kann (vgl. demgegenüber noch die Vorstellung bei Steinmüller ua, 119); UAbs. 2 trifft nur für lit. f eine Regelung. Zahlreiche weitere Probleme sind bei der Freiwilligkeit zu verorten (→ Art. 7 Rn. 18 ff.); auch kann sich der Widerruf in diesen Fällen nicht auf die Zulässigkeit der Datenverarbeitung auswirken (→ Art. 7 Rn. 17).

9   Zentral ist die **Erforderlichkeit** der Datenverarbeitung (Abs. 1 UAbs. 1 lit. b bis f; Buchner/Petri in Kühling/Buchner DS-GVO Art. 6 Rn. 15: „übergreifendes Prinzip"). Diese ist nur gegeben, wenn die Aufgabe sonst nicht, insbes. auch nicht ohne Datenverarbeitung, erfüllt werden kann. Durch diese Formulierung werden auch die Grundsätze des Art. 5 Abs. 1 lit. c und e realisiert, weil auch die Informationsarten und die einzelnen Maßnahmen der Datenverarbeitung anhand der Erforderlichkeit beurteilt werden können. Die Erforderlichkeit entfaltet unterschiedliche Wirkungen, je nachdem, ob öffentl. oder nicht öffentl. Stellen die Daten verarbeiten (→ Rn. 14, 23).

II. Einwilligung der betroffenen Person (Abs. 1 UAbs. 1 lit. a)

10   Art. 6 Abs. 1 UAbs. 1 lit. a ist die gesetzliche Anerkennung der gewillkürten Einwilligung in die Datenverarbeitung. Diese Einwilligung ist eine Willenserklärung, mit der Rechtsfolgen eintreten, so dass sie einen rechtsgeschäftlichen Charakter hat (vgl. Simitis in Simitis BDSG aF § 4a Rn. 23). Wie in Art. 7 DSRL und anders als in § 4 Abs. 1 BDSG aF wird die **gewillkürte vor die gesetzliche Zulässigkeit** gestellt; dies entspricht auch der Formulierung des Art. 8 Abs. 2 S. 1 GRCh. Diese Reihung ist konsequent im Falle der Verarbeitung von Daten durch **nicht öffentl. Stellen,** weil hier im konkreten Fall die gewillkürte Entsch. der gesetzlichen Entsch. grds. vorgehen soll und der Begründungsaufwand für eine gesetzlich nicht nur anerkannte (Einwilligung), sondern erst gesetzlich angeordnete Zulässigkeit größer ist – gleichzeitig ist letztgenannte für die verarbeitende Stelle „sicherer" und deshalb vorzuziehen. Diese Bindungen – zumal solchen des öffentl. Rechts – sollen für die Datenverarbeitung maßgeblich sein und nicht in einem non liquet durch eine Einwilligung doch noch beseitigt werden. Daher kommt der Einwilligung im Falle der gesetzlich angeordneten oder ermöglichten Verarbeitung der Daten keine eigenständige, die Verarbeitung besser legitimierende, aufwertende Wirkung zu; die gesetzliche Berechtigung wird sich insoweit als die stabile erweisen. Ein Stufenverhältnis ist insoweit abzulehnen. Eine Ausnahme gilt, wenn die Einwilligung sich auf ein anderes, ggü. der gesetzlichen Anordnung weitergehendes Maß bezieht. Jedoch ist aus Gründen der Transparenz (vgl. Art. 5 Abs. 1 lit. a) die gesetzlich vorgesehene Verarbeitung von der Verarbeitung nur auf der Grdl. einer Einwilligung zu unterscheiden. Ihre Nennung an erster Stelle sollte nicht überbewertet werden, zumal beim Nutzer „die Illusion der Kontrolle ‚seiner‘ Daten" (Veil NJW 2018, 3337 (3344)) befördert wird.

Der Begriff der Einwilligung wird in Art. 4 Nr. 11 definiert (→ Art. 4 **11** Rn. 61 ff.); weitere Bedingungen werden in Art. 7 bestimmt (zur Strukturierung der Entscheidung unter dem Stichwort „mandated choice" vgl. Martini/Weinzierl RW 2019, 287 (290 ff,)). Die Anforderungen des Art. 4 Nr. 11, insbes. das Wort „unmissverständlich", ersetzen die noch in Art. 7 lit. a DSRL enthaltene Wendung „ohne jeden Zweifel". Die betroffene Person muss nicht ausdr. oder gar schriftlich in die Datenverarbeitung einwilligen; eine „eindeutig bestätigende Handlung" reicht aus, woran auch deutlich wird, dass der Betroffene nicht den ersten Schritt machen muss, damit die Verarbeitung aufgrund einer Einwilligung zulässig ist. ErwGr 32 erwähnt beispielhaft („etwa") schriftliche und mündliche Erkl. Auch bleibt der Wortlaut der Art. 6 und 4 hinter dem des Art. 9 Abs. 2 lit. a zurück („ausdrücklich eingewilligt"; vgl. auch Art. 22 Abs. 2 lit. c, Art. 49 Abs. 1 lit. a). Aus dem konkreten Kontext heraus (vgl. ErwGr 32 S. 2) kann deshalb auch eine schlüssige Willensäußerung als Einwilligung zu qualifizieren sein, etwa wenn die betroffene Person einen Antrag oder eine Anfrage stellt, der oder die evident nicht bearbeitet bzw. beantwortet werden kann, ohne dass personenbezogene Daten – zu diesem Zweck – verarbeitet (und sei es auch nur zeitweise gespeichert und genutzt) werden; sobald der Zweck erfüllt ist oder wegfällt, erlischt auch die Einwilligung, wenn der Verantwortliche davon Kenntnis hat oder Kenntnis haben müsste: Willigt ein Betroffener in die Nutzung seiner Daten zum Zwecke der Werbung für ein Produkt oder Dienstleistung ein, so ist es irrelevant, ob und wann der Betroffene das Interesse an der Werbung oder dem Produkt/der Dienstleistung verliert. Eine zeitliche Begrenzung der Wirkung der Einwilligung ist von der DS-GVO nicht vorgesehen, indes möglich und vor dem Hintergrund der Datenminimierung auch empfehlenswert (vgl. Wolff in Schantz/Wolff DatenschutzR Rn. 530 mwN). Den Verantwortlichen trifft die Nachweispflicht nach Art. 7 Abs. 1. Eine Weitergabe an Dritte wird von einer konkludenten Einwilligung regelmäßig nicht gedeckt, es sei denn, es ist erkennbar, dass die Weitergabe von der betroffenen Person gefordert wird oder dass sie unabdingbar ist, um Antrag oder Anfrage zu erledigen. Ein Bsp. ist eine Eingabe über die einheitliche Behördenrufnummer „115" iRd Leistungsverwaltung, deren Inanspruchnahme mit der Weitergabe von Informationen von der annehmenden Dienststelle zur sachlich zuständigen Dienststelle innerhalb eines Rechtsträgers (Stadt oder Landkreis) oder an einen anderen Rechtsträger (vom Landkreis an die Kreisgemeinde) verbunden sein kann. Auch und gerade die schlüssige Willenserklärung setzt voraus, dass es sich um einen bestimmten Fall und einen bestimmten Zweck handelt; dieser muss entspr. dokumentiert sein, nicht nur in Bezug auf den Betroffenen, sondern auch in Bezug auf die ASB (vgl. Art. 30 Abs. 1 lit. b, Abs. 4). Bei einem selbst gestellten Antrag ist es offenkundig, dass dieser nicht bearbeitet werden kann, ohne dass personenbezogene Daten verarbeitet werden. Aber auch bei einer Eingabe kann es erforderlich sein, Rückfragen zu stellen. Soweit Behörden Mitteilungen gemacht werden, die gegen Strafrechtsnormen verstoßen (§ 164 StGB – falsche Verdächtigung), wird der Täter nicht in die Datenverarbeitung einwilligen; die Ermächtigung dazu folgt aus der konkreten Aufgabe der Behörde.

12   Im Arbeitsverhältnis als **Dauerschuldverhältnis,** welches – der Datenverarbeitung durch den Staat vergleichbar – von gesetzlichen Regelungen zur Zulässigkeit dieser Verarbeitung überlagert ist, wird die Einwilligung nicht der Regelfall sein; eine Kumulation der Einwilligung mit der gesetzlichen Berechtigung kommt ebenso wenig in Betracht wie eine Einwilligung, die in einer Lage struktureller Ungleichheit erteilt wird; indes ist die Rechtslage nach der Änd. der ErwGr nicht mehr eindeutig (vgl. ErwGr 34 S. 2 DS-GVO-E(KOM): strukturelle Ungleichheit „zum Beispiel dann, wenn personenbezogene Daten von Arbeitnehmern durch den Arbeitgeber im Rahmen von Beschäftigungsverhältnissen verarbeitet werden"; vgl. Wybitul/Pötters RDV 2016, 10 (12); Schulz in Gola DS-GVO Art. 6 Rn. 85 ff.). Für Fälle, in denen Dienste der Informationsgesellschaft (Art. 4 Nr. 25) direkt Jugendlichen angeboten werden und Daten verarbeitet werden sollen, sind die weiteren Anforderungen des Art. 8 einzuhalten.

III. Erfüllung eines Vertrags oder Durchführung einer vorvertraglichen Maßnahme (Abs. 1 UAbs. 1 lit. b)

13   Art. 6 Abs. 1 UAbs. 1 lit. b ordnet die Zulässigkeit gesetzlich an, steht aber im Zusammenhang mit einem Vertrag. Für die Bestimmung des Inhalts der Regelung ist ErwGr 44 nicht hilfreich: Demnach soll die Verarbeitung „als rechtmäßig gelten, wenn sie für die Erfüllung oder den geplanten Abschluss eines Vertrags erforderlich ist"; deutlich wird jedoch, dass der Vertrag ein mindestens zweiseitiges Rechtsgeschäft ist, trotz Wortgleichheit mit der DSRL und anders als (in deren Umsetzung) nach § 28 Abs. 1 S. 1 Nr. 1 BDSG aF (aA Plath in Plath DS-GVO Art. 6 Rn. 9; auch Satzungs- können Vertragszwecke sein, vgl. Wolff in Schantz/Wolff DatenschutzR Rn. 562). Für andere Fälle (etwa die Auslobung oder die Geschäftsführung ohne Auftrag) steht lit. f zur Vfg. Den Spielraum, den die Mitgliedstaaten bei der DSRL haben mochten, stellt die DS-GVO nicht zur Vfg. Lit. b stellt darauf ab, dass personenbezogene Daten gelegentlich der **Vertragserfüllung** oder iRd Anbahnung eines Vertrags verarbeitet werden. Die Daten werden damit iW beiläufig, gleichzeitig aber notwendig iSv erforderlich verarbeitet, nicht als Gegenstand eines iR einer „Kostenloskultur" (treffend Kühling, 8: „für eine Handvoll Bonuspunkte") geschlossenen Vertrags (Daten gegen Leistung; vgl. Wolff in Schantz/Wolff DatenschutzR Rn. 544; zu ausgewählten Vertragstypen dort Rn. 582 ff.).

Die **Erforderlichkeit** ist der Maßstab für die Verarbeitung (ausf. Wolff in 14
Schantz/Wolff DatenschutzR Rn. 573 ff.); der bloße Bezug zu einem Vertragsverhältnis reicht nicht aus. „Erforderlichkeit" kann hier indes nicht als iSe
strikten Verhältnismäßigkeitsprüfung verstanden werden: Die Verhältnismäßigkeit ist der Maßstab für staatliches Handeln ggü. dem Einzelnen; für
diese Konzeption ist auf der Grdl. der Art. 52 Abs. 1, 51 Abs. 1 S. 1 GRCh –
unabhängig von der für das BDSG aF geltenden Grundrechtsdogmatik – zu
streiten (vgl. EuGH v. 9.11.2010, Rs. C–92/09 und C–93/09, Rn. 50, 65 ff. –
Schecke und Eifert). In diesem Fall ist eine Maßnahme erforderlich, wenn
keine gleich geeignete, aber mildere, dh in die Grundrechte des Einzelnen
weniger eingreifende Maßnahme zur Vfg. steht. Auf die Frage, ob die mildere
Maßnahme dem Staat zumutbar ist, kommt es nicht an. Für den **Privatrechtsverkehr** kann diese Rekonstruktion keine Anwendung finden. Erst
recht wäre im Privatrechtsverkehr die Anforderung überhöht, nur zwingend
notwendige oder unverzichtbare Verarbeitungsvorgänge für erforderlich zu
halten (vgl. in Bezug auf das – von der DSRL geprägte – BDSG aF Gola/
Schomerus BDSG aF § 28 Rn. 15). Die Verarbeitung ist jedenfalls erforderlich, wenn der Vertrag ohne Verarbeitung der Daten in dem geltend gemachten Umf. nicht erfüllt werden könnte. Anders als für den Staat kann hier die
Grenze der **Zumutbarkeit** für den Verantwortlichen herangezogen werden.
Vertragsverhältnisse haben zudem unterschiedliche Qualitäten, die für die
Erforderlichkeit maßgeblich sein können: So geht mit einem Dauerschuld-
verhältnis sowohl in seiner Anbahnung als auch in seiner Nachwirkung ein
anderer Bedarf einher als bei der Abwicklung eines einmaligen Bestellvor-
gangs, der auf Seiten des Verkäufers mit der Erfüllung der vertraglichen
Pflichten vollendet ist. Präformiert wird die Erforderlichkeit auch durch die
Grundsätze des Art. 5: Die Daten sind nach Erfüllung der vertraglichen
Pflichten nicht mehr erheblich iSd Art. 5 Abs. 1 lit. c und können dem
bestimmten Zweck nicht mehr dienen, Art. 5 Abs. 1 lit. b. Ob eine Verarbeitung zu anderen, dh Sekundärzwecken zulässig ist, im Falle eines Kauf-
vertrags also etwa auch noch zur Kundenbindung und zur Analyse des Käufer-
verhaltens, bemisst sich, wenn nicht ausdr. eingewilligt wurde, nach Art. 5
Abs. 1 lit. b, Art. 6 Abs. 4.

Auch in **Vorbereitung** eines Vertrags kommt eine Verarbeitung personen- 15
bezogener Daten in Betracht. Dies ist ähnlich wie bei lit. a bei Anfragen oder
Anträgen der Fall, etwa für die Erstellung von Angeboten für Werk-, Werk-
lieferungs-, Dienst- oder Reiseverträgen. Die Verarbeitung kann weitreichend sein: So können vertragsabhängig umfangreiche, zT höchstpersönliche
Daten vor Vertragsschluss zu erfassen sein (etwa für Versicherungsverträge),
der nicht notwendig zustande kommen muss, etwa weil der Verantwortliche
auf der Grundlage der Daten einen Vertragsschluss oder weil der Betroffene
das Angebot ablehnt. Mit Erledigung entfallen Zweck und Erforderlichkeit
der Verarbeitung ex nunc. Die Formulierung „auf Anfrage" weicht zwar von
Art. 7 lit. b DSRL ab („auf Antrag"); DSRL und DS-GVO sind in der
englisch- und in der französischsprachigen Formulierung jedoch identisch
formuliert („at the request"/„à la demande"), weshalb eine andere Funktionalität mit der Abänderung des Wortlauts nicht begr. werden kann. Zentral

ist, dass die Initiative von der betroffenen Person ausgeht. Dies ist ein wichtiges Korrektiv: Eine vorvertragliche Maßnahme kann nur eine solche sein, die sich auf das Entstehen eines konkreten Vertragsverhältnisses bezieht, ohne dass weitere Zwischenschritte erforderlich wären. „Auf Anfrage" begründet das konkrete, **zweiseitige Näheverhältnis** (zust. Wolff in Schantz/Wolff DatenschutzR Rn. 566), eine notwendige Konkretisierung der bloßen Möglichkeit, Vertragsverhältnisse vorzubereiten und die Eingehung anzubieten; gerade ein nicht nachgefragtes „Ausforschen" ist ausgeschlossen. Somit scheidet ua eine vorsorgliche Datenverarbeitung auf Initiative des Verantwortlichen hin ohne Einbindung des Betroffenen – Bsp. Erbensucher (vgl. BGH, NJW 2000, 72; zust. Wolff in Schantz/Wolff DatenschutzR Rn. 566) – unter lit. b Alt. 2 als übergriffig aus.

IV. Erfüllung einer rechtlichen Verpflichtung (Abs. 1 UAbs. 1 lit. c)

16 Vorausgesetzt wird eine **Verpflichtung kraft objektiven Rechts,** Daten zu verarbeiten (zu erheben, aufzuzeichnen, zu speichern, weiterzugeben), nicht eine vertraglich begr. Pflicht (Dammann/Simitis DSRL Art. 6 Erl. 8). Letztgenannte folgt allenfalls aus dem Vertrag mit der betroffenen Person, der auch mittels der Verarbeitung erfüllt wird; einschlägig sind insoweit lit. a oder b. Wie Abs. 3 nunmehr auch gesetzlich vorsieht, kann es sich um eine unionsrechtliche wie auch um eine mitgliedstaatliche Rechtsgrundlage und dabei materielles Recht handeln, also etwa Parlamentsgesetz, RVO, Satzungen (vgl. als Beispiel OVG Koblenz v. 11.11.2019, Az. 6 C 10268/18, Rn. 57), normative Teile von Tarifverträgen (zu den weiteren Anforderungen → Rn. 34 ff.). Die mitgliedstaatliche Bestimmung der Zulässigkeit der Verarbeitung ist nach Abs. 3 S. 1 lit. b und iRd Abs. 3 S. 2 bis 4 weiterhin vorgesehen. „Erforderlich" ist hier strenger zu verstehen als bei lit. b (→ Rn. 14): Wenn die gesetzliche Pflicht besteht (die auf der Ebene des Gesetzes selbst am Maßstab der Erforderlichkeit zu messen ist), bestimmte Daten zu verarbeiten, dann ist Verarbeitung erforderlich. Die Inanspruchnahme dieser Öffnungsklausel (wie auch der des lit. e, jeweils mit Abs. 2 und Abs. 3) hat zahlreiche Vorgaben einzuhalten, aber gerade weil sie „Ausdruck eines hart errungenen Kompromisses zwischen dem angestrebten europäischen Einheitsrecht und dem gewachsenen Rechtssystem der Mitgliedstaaten" ist (Albrecht/Jotzo, 73 (Rn. 46)), ist zweifelhaft, ob damit der Rechtszersplitterung und Unübersichtlichkeit vorgebeugt werden kann.

17 In Deutschland begründen zahlr. Regelungen des Bundes- und des Landesrechts eine Verpflichtung nach lit. c, so dass die Verarbeitung nach lit. c iVm der spezifischen Norm zulässig ist. Dazu gehören gewerbe- und handwerksrechtliche Regelungen zur Speicherung und Übermittlung (§§ 11, 11a, 14 GewO; §§ 13 Abs. 4 S. 1; 28 Abs. 1, 6 HwO; § 22 GastG), Regelungen des Arbeitsrechts (§§ 34, 88 BBiG), des Sozialrechts (§§ 28a, 23a SGB IV; §§ 199 ff. SGB V; §§ 190 ff. SGB VI; § 27 Abs. 2 KVLG 1989) und des Telekommunikationsrechts (§§ 113a ff. TKG), das allg. Melderechts (§§ 30 Abs. 4, 32 Abs. 1 S. 3, Abs. 2 BMG) sowie des Gefahrenabwehrrechts (§§ 6, 7 IfSG ua; § 1 VO über meldepflichtige Tierkrankheiten; § 31a Abs. 1

BPolG: Fluggastdaten). Auch § 138 StGB statuiert eine Melde- oder Anzeige-pflicht, die sich auf personenbezogene Daten Dritter bezieht (vgl. zudem §§ 4, 8, 11 GWG). Auch Betriebsvereinbarungen haben entspr. Wirkungen (vgl. Wybitul/Sörup/Pötters ZD 2015, 559; aA – auch für Tarifverträge, → Rn. 16 – Reimer in Sydow DS-GVO Art. 6 Rn. 24).

Nicht nur private Verantwortliche werden auf der Grdl. des lit. c durch eine **18** Rechtsvorschrift verpflichtet: Auch **öffentl. Stellen** können rechtlich ver-pflichtet sein und Daten deshalb rechtmäßig verarbeiten, ua weitergeben. Dazu gehören die Auskunftspflichten der jeweils zuständigen öffentl. Stellen nach UIG, VIG, IFG, § 12 GBO, den Landespressegesetzen (vgl. BVerwG v. 27.9.2018, Az. 7 C 5/17, Rn. 26), dem RStV (OVG Brem. v. 30.10.2019, Az. 1 LB 118/19, Rn. 80), § 29 VwVfG etc., bei deren Erfüllung regelmäßig oder auch nur in Ausnahmen personenbezogene Daten betroffen sein können; das Ob der Verarbeitung wird damit legitimiert, das Wie unterliegt den Anforderungen der DS-GVO und – auf der Grdl. des Art. 6 Abs. 2, 3 – dem mitgliedstaatlichen Recht.

Nicht iSd Abs. 1 UAbs. 1 lit. c verpflichtet ist derjenige, der durch gesetzli- **19** che Bestimmung verpflichtet ist, über seine eigene Person ggü. öffentl. Stellen oder ggü. Privatpersonen Angaben zu machen. Verantwortlicher und Betrof-fener sind **personenverschieden** (zust. Wolff in Schantz/Wolff Daten-schutzR Rn. 593). Die Berechtigung öffentl. Stellen, Daten durch Selbstaus-kunft des Betroffenen zu erheben und auch iÜ zu verarbeiten, ergibt sich vorrangig aus einer rechtlichen Bestimmung nach Abs. 1 UAbs. 1 lit. e (da-neben d).

V. Schutz lebenswichtiger Interessen (Abs. 1 UAbs. 1 lit. d)

Art. 6 Abs. 1 UAbs. 1 lit. d ist ebenfalls aus der DSRL übernommen, wurde **20** aber durch den Ratsentwurf um „andere natürliche Personen" ergänzt. Nicht nur diese Formulierung, sondern auch das Attribut „lebenswichtig" bringt zum Ausdruck, dass die Datenverarbeitung dem Schutz bestimmter **höchst-persönlicher Rechtsgüter** dienen muss; insoweit wird eine Typisierung auf der Grdl. der Art. 2 Abs. 1, 3 Abs. 1, 6 GRCh einerseits und der Art. 8 Abs. 1, 7 GRCh andererseits vorgenommen, an die der Verordnunggeber nach Art. 51 Abs. 1 S. 1 GRCh gebunden ist. ErwGr 112 S. 2 nennt (nicht abschl.: „einschließlich") die körperliche Unversehrtheit und das Leben, also solche Rechtsgüter, die unumkehrbar geschädigt werden können, nicht je-doch „Sicherheit" als gelegentlich in Bezug genommenen Grundwert, der als solcher nicht existiert (vgl. die missverständlichen Formulierungen in Art. 5 Abs. 1 EMRK, Art. 6 GRCh; inakzeptabel insoweit das leere obiter dictum in EuGH v. 8.4.2014, Rs. C-293/12 und C-594/12, Rn. 42 – Vorratsdaten-speicherung, und die Affirmation der Leerformel in EuGH v. 15.2.2016, Rs. C-601/15 PPU, Rn. 53). Die Bestimmung lebenswichtiger Interessen ist weder disponibel noch überhaupt der Deutungshoheit des Betroffenen oder des Verantwortlichen zuzuordnen, sondern **objektiv geprägt.** „Handyver-trag" oÄ kommt trotz bisweilen gegenläufiger subjektiver Einschätzungen nicht in Betracht. Es kann sich nur um die möglichen Opfern dienende

Datenverarbeitung im Zusammenhang mit Straftaten gegen Leib, Leben und Freiheit (auch: Entführung, Herbeiführung einer Sprengstoffexplosion) oder der Abwehr schwerer Gefährdungslagen handeln, bei denen der Betroffene typischerweise nicht erreichbar oder nicht handlungsfähig ist, wodurch die Verarbeitung iSd Vorschr. „erforderlich" wird. Die Verwendung des Singulars deutet darauf hin, dass die Nennung von Sonderlagen in ErwGr 46 S. 3 (Epidemien, Naturkatastrophen) nicht die Gefährdung von Einzelpersonen ausschließt. Hier soll insbes. eine Privatperson, die Zugriff auf Daten hat, diese verarbeiten dürfen, ohne dass sie beliehen (dazu lit. e) oÄ ist (zust. Wolff in Schantz/Wolff DatenschutzR Rn. 613 unter Hinweis auf das Messstellenbetriebsgesetz). ErwGr 46 S. 2 indiziert die Nachrangigkeit dieses Grundes der Rechtmäßigkeit ggü. anderen Rechtsgrundlagen („offensichtlich nicht auf eine andere Rechtsgrundlage gestützt").

21   Für bes. Daten sieht Art. 9 Abs. 2 lit. c eine Ausnahme vor, wonach diese Daten zum Schutz lebenswichtiger Interessen verarbeitet werden dürfen, wenn die betroffene Person „(...) aus körperlichen oder rechtlichen Gründen außerstande (ist), ihre Einwilligung zu geben". De lege lata besteht kein Grund, die Unmöglichkeit der Einwilligung zur Voraussetzung für die Verarbeitung nach Art. 6 Abs. 1 UAbs. 1 lit. d zu machen. Als Bsp. sei eine Großschadenslage für die Wasserversorgung genannt, von der alle Hausanschlüsse betroffen sind; ungeachtet der Frage der Erfüllung einer Vertragspflicht oder einer öffentl. Aufgabe müssen die personenbezogenen Daten der Inhaber der Hausanschlüsse verarbeitet werden, um Gefahren abzuwehren.

22   Der Eigenwert der Vorschr. ist zw., weil es auch öffentl. Aufgabe ist, Gefahren für absolut geschützte Rechtsgüter abzuwenden (krit. bereits Dammann/Simitis DSRL Art. 7 Erl. 9; vgl. Simitis in Simitis BDSG aF § 4c Rn. 22: „weitgehend überflüssig"). Ein äußerst schmaler Anwendungsbereich bleibt für die Datenverarbeitung durch Behörden, die nicht zur Gefahrenabwehr befugt sind.

VI. Erfüllung öffentlicher Aufgaben (Abs. 1 UAbs. 1 lit. e)

23   Der „strikt funktionale Ansatz" (Dammann/Simitis DSRL Art. 7 Erl. 7) mit der Offenheit seiner Formulierung erhebt Art. 6 Abs. 1 UAbs. 1 lit. e zum neben der Einwilligung nach lit. a wichtigsten Zulässigkeitstatbestand. Es wird nicht danach unterschieden, ob es sich bei dem Verantwortlichen um eine Behörde, eine Amtsperson oder eine Privatperson handelt. Im Zentrum steht die **öffentl. Aufgabe:** Die Datenverarbeitung muss entweder für die Wahrnehmung einer Aufgabe im öffentl. Interesse oder − sprachlich wenig gelungen − für die Wahrnehmung einer Aufgabe in Ausübung öffentl. Gewalt erforderlich sein. Erforderlichkeit ist hier − anders als bei lit. b (→ Rn. 14) − von vornherein die **Verhältnismäßigkeit,** die den Maßstab für das Handeln des Staates im Verhältnis zum Betroffenen darstellt, vgl. Art. 52 Abs. 1, 51 Abs. 1 S. 1 GRCh, insbes. mit Blick auf Art. 8 Abs. 1 GRCh (für Verwaltungshandeln iRd BDSG aF vgl. Gola/Schomerus BDSG aF § 13 Rn. 3 im Unterschied zu § 28 Rn. 15; vgl. auch EuGH v. 8.6.2010, Rs. C-58/08, Rn. 51 mwN − Vodafone; aA Reimer in Sydow DS-GVO Art. 6 Rn. 47).

Es ist daher jedenfalls nach gleich geeigneten, aber milderen Mitteln zu fragen (vgl. EuGH v. 16.12.2008, Rs. C-73/07, Rn. 56 – Satakunnan Markkinapörssi: „auf das absolut Notwendige beschränken"). Die Aufgabe muss durch Rechtsvorschrift definiert werden (vgl. OLG Frankfurt v. 19.2.2020, Az. 6 W 19/20, Rn. 25, zur BRAO). Wahrgenommen wird sie auf der Grdl. der Rechtsvorschrift von Stellen verschiedener Rechtsträger. Zuvörderst sind diese Träger hoheitlicher Gewalt, also insbes. Bund, Länder und Gemeinden und ihre Behörden, denen Aufgaben spezifisch zugewiesen werden; vorgesehen sind aber auch Privatpersonen, denen eine Aufgabe übertragen wurde.

Das Bestehen eines möglichen, aber nicht (gem. Rechtsvorschrift) zwin- **24** genden öffentl. Interesses alleine reicht nicht aus, um eine Datenverarbeitung zu legitimieren. In Betracht kommt damit entweder eine durch Gesetz ermächtigte staatliche Stelle oder eine jur. oder natürliche Person des Privatrechts, die beliehen wurde, um die öffentl. Aufgabe wahrzunehmen. Nicht ausreichend ist es, wenn ein Unternehmen einen erwerbswirtschaftlichen Zweck verfolgt (der im öffentl. Interesse liegen kann), selbst wenn ein öffentl. Interesse an diesem Zweck besteht, zB der Betrieb der Eisenbahninfrastrukturen durch die (formell privatisierte) Deutsche Bahn AG bzw. deren Tochterunternehmen oder der Betrieb von Telekommunikationsnetzen durch private Unternehmen.

Dass der Übertragungsakt für die Zulässigkeit der Datenverarbeitung un- **25** abdingbar ist, soll die **informationelle Gewaltenteilung** (vgl. BVerfGE 65, 1 (69) – Volkszählung) sicherstellen: Innerhalb des Staates darf auch nur die spezifisch dazu berechtigte Stelle (zu einem bestimmten Zweck) Daten verarbeiten. In Fällen, in denen Stellen auf beim Staat vorhandene Daten zugreifen, ohne dazu berechtigt und zuständig zu sein, ist die Datenverarbeitung schon deshalb unzulässig, nicht erst wegen des Verstoßes gegen die Vertraulichkeit oder die Zweckbindung. Bsp.: Ist ein Polizeibeamter in einer spezifischen Gefahrenlage durch Vorschr. zB des Polizeigesetzes ermächtigt, Daten über eine Person abzufragen, so ist er die für die Datenverarbeitung zuständige Stelle; handelt er jedoch ohne dienstliche Veranlassung, wenn er auf eine polizeiliche Datenbank zugreift, um zB Informationen über seinen zukünftigen Vermieter oder die Lebensgefährtin seines Bruders in Erfahrung zu bringen, so ist diese Datenverarbeitung von vornherein unzulässig; der Polizeibeamte ist dann nicht die zuständige Stelle iSd Art. 6 Abs. 1 UAbs. 1 lit. e.

VII. Wahrung berechtigter Interessen (Abs. 1 UAbs. 1 lit. f)

Art. 6 Abs. 1 UAbs. 1 lit. f ermöglicht schließlich die Datenverarbeitung im **26** Anschluss an eine Abwägung der berührten Interessen, soweit diese zu Gunsten des Verantwortlichen entschieden wird. Diese Variante gilt für **Gleichordnungsverhältnisse** unter Privaten; sie gilt **nicht** für das Verhältnis zwischen Hoheitsträgern und ihren Einrichtungen und Stellen als Verantwortlichen einerseits und den Bürgern als Betroffenen andererseits: ErwGr 47 S. 5 verweist auf die Regelungsbefugnis des Gesetzgebers, die mit dem Vorbehalt des Gesetzes verbunden ist, hält die Möglichkeit aber angesichts der Formulierung „sollte nicht" im Widerspruch zur Formulierung des UAbs. 2 offen; auch

UAbs. 2 ist insoweit nicht abschl. formuliert, weil er auf die „Erfüllung ihrer Aufgaben" beschr. ist. „Berechtigtes Interesse" muss als subjektivrechtliche Position verstanden werden, durch die nur Private berechtigt sind, nicht als Auffangtatbestand für Interessen der Hoheitsträger. Genauso wenig ist lit. f als Auffangtatbestand zu verstehen (so auch Schulz in Gola DS-GVO Art. 6 Rn. 13), der die Verarbeitung nahezu beliebig ermöglicht, wenn nur eine argumentative Fassade errichtet wird; vielmehr ist er ein Ausnahmetatbestand für die Fälle, in denen einen Verarbeitung nicht nach den lit. a bis e möglich ist: Dies ergibt sich aus der systematischen Stellung und dem Schutzzweck des Art. 6 wie auch der DS-GVO insgesamt (vgl. jedoch zu Art. 7 lit. f DSRL WP 217 (62): „sollte nicht als Rechtsgrundlage betrachtet werden, auf die nur sparsam als ‚letztes Mittel' oder ‚Lückenfüller' in seltenen und unvorhergesehenen Situationen zurückgegriffen werden kann – oder als letzte Gelegenheit, wenn keine andere Rechtsgrundlage anwendbar ist. Er sollte aber auch nicht als bevorzugte Option zum Einsatz kommen"; Tavanti RDV 2016, 295 (296): „für eine Vielzahl von Konstellationen von Bedeutung"). Rechtstatsächlich ist indes festzustellen, dass viele Datenverarbeitungen nur über lit. f rekonstruiert werden können, gerade wenn die anderen Erlaubnistatbestände restriktiv gehandhabt werden. Diese Sachlagen können jeweils sehr komplex sein und auf jahrzehntelange Rechtsprechungslinien verweisen, die nun von der DS-GVO überlagert werden (vgl. auch → Rn. 52; anschaulich für das Bsp. Eignungsdiagnose Kort ZD 2016, 62 (67 ff.)).

27   Die Regelung ist – entgegen anderweitiger Vorschläge (vgl. Albrecht CR 2016, 88 (92)) – überaus allg. gehalten (Roßnagel/Nebel/Richter ZD 2015, 455 (457): „reichlich unscharf"). Sie vermittelt aber immerhin eine **dreiteilige Struktur:** Interessen des Verantwortlichen, welche „berechtigt" sein müssen – Erforderlichkeit der Datenverarbeitung – kein Überwiegen der berechtigten Interessen des Betroffenen. Diese gilt es umzusetzen, um den Schutzzweck der DS-GVO verwirklichen zu können, ohne dass die KOM mit delegierter Rechtssetzung tätig werden könnte (vgl. noch Art. 6 Abs. 5 DS-GVO-E(KOM)). Dabei muss berücksichtigt werden, dass der Rechtsanwender hier der Verantwortliche ist, der den Betroffenen und dessen Interessen heranzuziehen hat; das berechtigte Interesse verweist auf den Verantwortlichen selbst, anders als im Falle des lit. a (Einwilligung als Anknüpfungspunkt), des lit. b (Vertrag), des lit. c (rechtliche Verpflichtung), lit. d (lebenswichtige Interessen va des Betroffenen), lit. e (Aufgabe im öffentl. Interesse); im Vergleich zu den anderen Varianten ist hier am ehesten eine Nur-Normativität anzunehmen, deren Wirksamwerden aufgrund der strukturellen Neigung des Verantwortlichen **(Bias)** zu Gunsten der Verarbeitung keinesfalls gesichert ist (vgl. Hoffmann-Riem, 726). Dies ist mit Blick auf das weiterhin absehbare Vollzugdefizit und den Anspruch inakzeptabel, dass die Anforderung von Anfang an zu beachten ist und nicht erst im Wege des Rechtsschutzes durchgesetzt werden soll (vgl. zur Problematik Albrecht CR 2016, 88 (92); vgl. auch Elbrecht/Schröder K&R 2015, 361). Die Offenheit der Formulierung rechtfertigt nicht, den Datenschutz zur Disposition zu stellen (zust. Wolff in Schantz/Wolff DatenschutzR Rn. 642; zur Unverfügbarkeit der Art. 7, 8 GRCh allg. Skouris NVwZ 2016, 1359 (1364)); sie ist

nicht Blankett- oder auch nur rhetorische Formel, um eine Prüfung vortäuschen zu können. Gerade in Bezug auf die Wertungsfragen ist es unabdingbar, dass Datenschutzbeauftragte bestellt und angemessen ausgestattet werden (vgl. → Art. 37 Rn. 13); entspr. gilt für die ASB (vgl. → Art. 52 Rn. 9 f.); ebenso wird mit der Regelung kein gerichtlich nicht nachprüfbarer Beurteilungsspielraum eingeführt (vgl. Dammann ZD 2016, 307 (312)).

Festgestellt sein muss zunächst ein **berechtigtes Interesse,** zu dessen **28** Wahrung die Verarbeitung erforderlich ist (vgl. zur Vorgängerregelung in der DSRL WP 217 (30 ff.)). Dass dieses Interesse weit zu verstehen sein soll, deutet ErwGr 47 S. 2, 6, 7 an (zust. Wolff in Schantz/Wolff DatenschutzR Rn. 643; vgl. aber auch ErwGr 75): Ein Bsp. ist das Bestehen eines (Rechts-) Verhältnisses zwischen Verantwortlichem und Betroffenem; dort werden ein Kunden- und ein Dienstverhältnis sowie das Interesse des Verantwortlichen an Direktwerbung genannt werden (vgl. bisher strenger § 28 Abs. 3 BDSG aF); letztgenannte Verarbeitung „kann" (ErwGr 47 S. 7) als einem berechtigten Interesse dienend qualifiziert werden (vgl. Wolff in Schantz/Wolff DatenschutzR Rn. 665: „(…) nimmt Einfluss auf die Abwägungsentscheidung (…) ohne diese als solche aufzuheben"). Gedacht wird an Fälle, in denen iRe bestehenden Vertragsverhältnisses nicht nach lit. a in die Datenverarbeitung eingewilligt wurde. Damit wird aber auch ein Interesse an einer Datenverarbeitung außerhalb der Erfüllung eines Vertrags (lit. b) anerkannt. Das weite Verständnis − einschl. der Erstreckung auf wirtschaftliche und ideelle Interessen (vgl. Simitis in Simitis BDSG aF § 28 Rn. 104) − ist der dt. Rechtsordnung nicht fremd (vgl. § 43 Abs. 1 VwGO, § 12 Abs. 1 S. 1 GBO, § 6 Abs. 2 S. 1 HwO, § 13 Abs. 2 S. 1 FamFG); teilw. werden diese Interessen beispielhaft („insbesondere") umschrieben, vgl. § 573 Abs. 2 BGB für die Kündigung des Vermieters. Die Auslegung des Begriffs ist indes kontextabhängig: Während es im letztgenannten Fall um Interessen des Vermieters in Bezug auf das vermietete Objekt geht, welches in seinem Eigentum oÄ steht, hat der Verantwortliche die personenbezogenen Daten erlangt, die ihn nicht per se zu weiteren Verarbeitungen berechtigen können. So ist das wirtschaftliche Interesse an einer anderweitigen Vermarktung erlangter Daten nicht als berechtigtes Interesse anzuerkennen, welches die Verwendung oder Weitergabe erst legitimieren könnte. Fluchtpunkte zur Bestimmung des berechtigten Interesses sind auch die Grundrechte der GRCh, die bei der Anwendung der DS-GVO nach Art. 51 Abs. 1 GRCh die Organe der EU und die Mitgliedstaaten binden. Darüber hinaus kann der Gedanke fruchtbar gemacht werden, „das individuelle durch ein öffentliches Interesse am Datenschutz" zu verstärken (Klement JZ 2017, 161 (170 mwN)), allerdings ohne im konkreten Fall die Deutungshoheit über „öffentliches Interesse" zu beanspruchen und das private Interesse alleine als nicht durchschlagend anzuerkennen.

Die Verarbeitung muss zur Wahrung des berechtigten Interesses **erforder-** **29** **lich** sein. Ob die dt. Dogmatik zum Grundsatz der Verhältnismäßigkeit herangezogen werden kann, ist ungeachtet der autonomen Begriffsbildung für das Unionsrecht auch hier fraglich (→ Rn. 14, 16, 23): Die Verhältnismäßigkeit ist ein Maßstab für das Handeln eines Hoheitsträgers im Verhältnis zum Bürger. Das Privatrechtsverhältnis wird vielseitig strukturiert, ua durch die

Zweckbindung und die Datenminimierung (vgl. als Beispiel VG Mainz v. 20.2.2020, Az. 1 K 467/19.MZ, für die Übermittlung von Daten an einen Inkassodienstleister). ErwGr 39 S. 9 vermittelt für die Erforderlichkeit einen Orientierungspunkt. Die Datenverarbeitung muss grds. iÜ rechtmäßig sein, eine etwaige Rechtswidrigkeit ist in die Abwägung einzustellen (dazu Wolff in Schantz/Wolff DatenschutzR Rn. 644).

30 Die Verarbeitung ist jedoch auch im Falle ihrer Erforderlichkeit ausgeschlossen, wenn Interessen oder Grundrechte und Grundfreiheiten des Betroffenen überwiegen. ErwGr 47 S. 1 Hs. 2 erwähnt „vernünftige(n) Erwartungen der betroffenen Person, die auf ihrer Beziehung zu dem Verantwortlichen beruhen", worin eine Objektivierung zu sehen ist (zutr. Tavanti RDV 2017, 295 (299)). Schutzgüter sind im Primärrecht der EU zu suchen, insbes. bei den Grundfreiheiten (aber auch Art. 18 AEUV) und bei den Grundrechten der GRCh, ohne dass der Verantwortliche selbst an die Grundrechte gebunden wäre (Art. 51 Abs. 1 S. 1 GRCh): Die insoweit gebundene EU hat in Gemäßheit zu ihrer eigenen Verpflichtung nach Art. 51 Abs. 1 S. 1 GRCh eine Regelung getroffen, die in das Privatrechtsverhältnis hineinwirkt.

31 Das Interesse der betroffenen Person muss überwiegen, um die Verarbeitung auszuschließen, nicht etwa das durch die Verarbeitung zu wahrende Interesse, wodurch die **Darlegungslast** klar verteilt ist. § 28 Abs. 2 S. 1 Nr. 2 BDSG aF forderte demgegenüber, dass „kein Grund zu der Annahme besteht, dass das schutzwürdige Interesse des Betroffenen (…) überwiegt". Geht man mit dem berechtigten Interesse des Verantwortlichen restriktiv um (→ Rn. 28), so ist die Verteilung der Darlegungslast vertretbar (zu Recht krit. Wolff in Schantz/Wolff DatenschutzR Rn. 662), ansonsten wird der Schutzzweck der DS-GVO weitergehend vereitelt. Für die Beurteilung ist eine Abwägung erforderlich. Diese Herausforderung ist auch im Zusammenhang mit Art. 1 Abs. 2, 3 zu sehen. Für die eigenständige (vgl. Art. 5 Abs. 2, worauf Heberlein in Ehmann/Selmayr DS-GVO Art. 6 Rn. 27 hinweist), **eigenverantwortliche Abwägung** müssen die zu wahrenden Interessen einerseits und die berechtigten Interessen andererseits – und als Fluchtpunkte die jeweils einschlägigen Grundrechte (neben Art. 8 GRCh etwa Art. 6, 11, 15 ff. GRCh), soweit nach Art. 51 Abs. 1 S. 1 GRCh an diese gebundene Stellen entscheiden – überhaupt erkannt, bezeichnet, entfaltet und zueinander ins Verhältnis gesetzt werden (vgl. OLG Köln v. 14.11.2019, Az. I-15 U 126/19, Rn. 43; LG Frankfurt v. 24.10.2019, Az. 2–03 O 517/18, Rn. 169 ff.; zu knapp LG Bonn v. 23.10.2019, Az. 1 O 322/19, Rn. 38 f.; OLG Köln v. 10.10.2019, Az. I-15 U 39/19, Rn. 40: „umfassende Abwägung der widerstreitenden Interessen und grundrechtlich geschützten Positionen"); diese Abwägung muss eine gewisse **Gestaltungshöhe** aufweisen, damit mit behördlicher und gerichtlicher Anerkennung gerechnet werden kann. Auch die Grundsätze des Art. 5 Abs. 1 sind zu berücksichtigen (vgl. DSK S. 1). Der Schutz der Kinder wird im letzten Hs. hervorgehoben (zu Gewichtungskriterien Wolff in Schantz/Wolff DatenschutzR Rn. 652 ff.; vgl. → Art. 32 Rn. 46 ff.). Die Formulierung in ErwGr 47 S. 3 („Auf jeden Fall wäre das Bestehen eines berechtigten Interesses besonders sorgfältig abzuwägen (…)") darf nicht iSe **restriktiven Handhabung** der berechtigten Interessen (des

Betroffenen) ggü. den zu wahrenden Interessen (des Verantwortlichen) verstanden werden. Auch das Bestehen des Widerspruchsrechts nach Art. 21 (insbes. Abs. 2 für Direktwerbung) trifft keine Vorentscheidung. Das Feld der Bsp. für Anwendungen und Problemfälle, in denen die Abwägungsentscheidung zu treffen ist, ist weit: Dazu gehören Verarbeitungen im Kontext, nicht in Erfüllung eines bestehenden Vertrags oder zu dessen Vorbereitung, also die in ErwGr 47 S. 7 genannte Direktwerbung (vgl. Gola/Wronka RDV 2015, 3 (4)), zu der der Verantwortliche ohnehin nicht pauschal berechtigt ist (zu verschiedenen Werbeformen Tavanti RDV 2016, 295 (302 ff.); Schulz in Gola DS-GVO Art. 6 Rn. 62 ff.). ErwGr 48, 49 nennen auch Unternehmenssachverhalte und IT-Sicherheit, wobei für Behörden Art. 6 Abs. 1 UAbs. 2 gilt. Für nicht in ErwGr erwähnte Bsp. muss vergleichbares gelten, etwa für die Videoüberwachung auf und an Privatgrundstücken (Warenhäuser, Tankstellen, „elektronischer Türspion") sowie für den Einsatz von Aufzeichnungstechnik in anderen Situationen außerhalb von vertraglichen Konstellationen. Bsp. sind die sog Dashcam im privaten Kraftfahrzeug (vgl. Richter SVR 2016, 15; Sanetra PinG 2015, 179; Schulz in Gola DS-GVO Art. 6 Rn. 155; Rose DuD 2017, 137) sowie Helm- und Körperkameras im privaten Einsatz (beachte jedoch im häuslichen Bereich Art. 2 Abs. 2 lit. c; vgl. auch Reibach DuD 2015, 157). Anders verhält es sich im Falle des Einsatzes durch Polizeikräfte, für den lit. e iVm mitgliedstaatlichem Recht einschlägig ist (vgl. zu diesen Zander; Kipker DuD 2017, 165 (166)). Auch die Videoüberwachung in öffentl. Verkehrsmitteln bedarf einer differenzierten Ausgestaltung. Relevant ist jeweils auch die konkrete technische Gestaltung. Die Regelung des § 6b BDSG aF kann vergleichend herangezogen werden, zumal sie Parallelen zu lit. f aufweist; zu beurteilen ist die Zulässigkeit solcher Maßnahmen nunmehr aber nur am Maßstab der DS-GVO, und der Maßstab verteilt sich bei Art. 6 Abs. 1 UAbs. 1 auf die lit. b, c und (vor allem) f. Hier ist eine Konkretisierung (etwa durch Leitlinien, vgl. → Art. 70 Rn. 6 f.) für (relativ) rechtssichere Verhältnisse unbedingt erforderlich.

C. Öffnungsklausel (Abs. 2)

Sprachlich wenig überzeugend („spezifisch", „präziser bestimmen") eröffnet **32** Abs. 2 den Mitgliedstaaten die **Möglichkeit** eigener Regelungen, die sich auf die Verarbeitung personenbezogener Daten beziehen. Es handelt sich um einen Kompetenztitel zu Gunsten der Mitgliedstaaten. Der **Spielraum** ist mehrfach **begrenzt:** Zunächst umfasst er nur die Fälle des nicht exakt zitierten Abs. 1 UAbs. 1 lit. c und lit. e, also gerade die Varianten, die für die Datenerhebung durch oder für öffentl. Stellen einschlägig sind. Weiterhin ist das Regelungsziel festgelegt: Die Vorschr. haben der Gewährleistung einer rechtmäßigen, fairen („nach Treu und Glauben erfolgende(n)") Verarbeitung zu dienen. Zudem ist ihr Gegenstand die Anwendung der Vorschr. der DS-GVO („Bestimmungen zur Anpassung der Anwendung der Vorschriften"; „spezifische Anforderungen für die Verarbeitung"). Damit können die Modalitäten der Anwendung in bestimmten Fällen der Datenverarbeitung angepasst werden (zust. Wolff in Schantz/Wolff DatenschutzR Rn. 607); über den Rechtsgrund der Verarbeitung, das Ob, wird hier keine von Abs. 1, Abs. 3 abw. Regelung getroffen: Die Zulässigkeit kann – iRd Abs. 1 UAbs. 1 lit. c oder e – damit im Unions- oder im mitgliedstaatlichen Recht bestimmt werden. Hinsichtlich der Verarbeitung kann die **Regelungsdichte** durch mitgliedstaatliches Tätigwerden höher und das vom Verantwortlichen zu beachtende Programm konkreter sein. Konflikte über mitgliedstaatliche Regelungen zeichnen sich dementsprechend ab: zum einen zwischen dem jeweiligen Mitgliedstaat und der KOM, die die Anwendung des Unionsrechts überwacht (Art. 17 Abs. 1 S. 3 EUV) und die Deutungshoheit in Anspruch nimmt; zum anderen im Falle verschiedener Verarbeitungssituationen durch denselben Verantwortlichen oder ggü. demselben Betroffenen.

33 Eine beliebige **Wiederholung** der Vorschr. der DS-GVO scheidet hier – wie auch bei Abs. 3 – aus: ErwGr 8 erlaubt die Aufnahme von Teilen der DS-GVO in nationales Recht, soweit dies erforderlich ist, um die Kohärenz zu wahren oder die Rechtsvorschriften für den Rechtsanwender verständlicher zu machen. Damit kommt es in Betracht, Abs. 1 UAbs. 1 lit. c und lit. e als regulativen Ausgangspunkt in einer mitgliedstaatlichen Regelung zu wiederholen und daran die zulässigen Präzisierungen anzuschließen. Eine Wiederholung des Wortlauts ohne Präzisierung (vgl. § 3 BDSG) erweckt hingegen den Eindruck einer kraft mitgliedstaatlicher Kompetenz formulierten Generalklausel, die die unmittelbar geltende Norm des Unionsrechts überlagert; insoweit wird das Wiederholungsverbot nicht ausgesetzt.

D. Anforderungen an die Rechtsgrundlage nach Abs. 1 UAbs. lit. c und e (Abs. 3)

I. Allgemeines

34 Art. 6 Abs. 3 präzisiert die Anforderungen und Möglichkeiten der Rechtsgrundlagen nach Abs. 1 UAbs. 1 lit. c und e (erneut nicht exakt zitiert), auch im Vergleich zu Art. 6 Abs. 3 DS-GVO-E(KOM). Zum Teil handelt es sich dabei um rechtsstaatliche oder datenschutzrechtliche Selbstverständlichkeiten, deren ausdr. Veranlagung in der DS-GVO jedoch zu begrüßen ist (vgl. zu den Anforderungen für die Speicherung von Daten auf Vorrat EuGH v. 8.4.2014, Rs. C–293/12 und C–594/12, Rn. 54 – Digital Rights Ireland ua). Für die Rechtsetzung gehen damit **prozedurale Verpflichtungen** einher, deren Erfüllung nachgeprüft wird (vgl. EuGH v. 9.11.2010, Rs. C–92/09 und C–93/09, Rn. 81, 83 – Schecke und Eifert: „Die Organe hätten daher im Rahmen einer ausgewogenen Gewichtung der verschiedenen beteiligten Interessen prüfen müssen (…)").

35 Als Rechtsgrundlage in Betracht kommen materielle **Rechtsnormen mit unmittelbarer Außenwirkung.** Auf EU-Ebene gehören dazu unmittelbar geltendes Primärrecht (etwa über die Wettbewerbsregeln, die eine öffentl. Aufgabe der KOM begründen) und EU-Verordnungen, zB auch solche über EU-Agenturen. Keine Rechtsgrundlagen sind die nicht verbindlichen (vgl.

Art. 288 Abs. 5 AEUV) Empf. und Stellungn., wenngleich diese mit Rechts-folgen verbunden sein können und ihnen – durch die KOM – Rechtswirkung zugeschrieben wird. RL kommen als Rechtsgrundlage nicht in Betracht (aA Wolff in Schantz/Wolff DatenschutzR Rn. 598), selbst wenn die Umset-zungsfrist abgelaufen ist, soweit ansonsten aus ihnen eine die Datenverarbei-tung ermöglichende, die betroffenen Personen belastende Wirkung abgeleitet werden könnte. Tertiärrecht der KOM ist nicht vorgesehen.

Auf der Ebene der Bundesrepublik Deutschland ist materielles Bundes- und **36** Landesrecht bis hin zu kommunalen Satzungen oder Satzungen anderer jur. Personen des öffentl. Rechts Rechtsgrundlage iSd Vorschr. Auf die Außen-wirkung kommt es an, weshalb Verwaltungsvorschriften ausscheiden. Auch Verwaltungsakte können nicht eine Rechtsgrundlage bilden (etwa die Dul-dung einer Datenerhebung oder die Aufforderung, Daten zur Verfügung zu stellen); sie haben ihren Rechtsgrund selbst in einer materiellen Rechtsnorm (aA Reimer in Sydow DS-GVO Art. 6 Rn. 24, ebenso zu Verwaltungsvor-schriften).

Die Anforderungen lassen sich de lege lata in obligatorische und fakultative **37** unterteilen. Obligatorisch ist die Zweckbestimmung nach UAbs. 2 S. 1 iVm Abs. 1 UAbs. 1 lit. c und die Bestimmung der im öffentl. Interesse liegenden Aufgabe nach S. 2 iVm Abs. 1 UAbs. 1 lit. e, aus der die Zweckbestimmung jedenfalls mittelbar folgt (zust. Wolff in Schantz/Wolff DatenschutzR Rn. 623). Obligatorisch sind weiterhin die Anforderungen nach S. 4, wonach ein im öffentl. Interesse liegendes Ziel verfolgt werden muss, und das Mittel muss in einem angemessenen Verhältnis zum Zweck stehen. Dies ergibt sich jedoch wegen der Relevanz der Verarbeitung für Art. 8 GRCh bereits aus Art. 52 Abs. 1 GRCh (zust. Wolff in Schantz/Wolff DatenschutzR Rn. 600).

II. Unionsrecht (Abs. 3 UAbs. 1 lit. a)

Das Unionsrecht ist zunächst der Anknüpfungspunkt für die Verarbeitung **38** personenbezogener Daten durch Unionsorgane. Das Unionsrecht legitimiert jedoch nicht nur die Unionsorgane, sondern ganz wesentlich die Mitglied-staaten, und zwar sowohl die Behörden der iE verschiedenen Rechtsträger (Bund, Länder, Gemeinden) als auch diejenigen Stellen, denen die Wahr-nehmung bestimmter Aufgaben übertragen wurden (zB Beliehene). Zuletzt können auch Private unmittelbar zur Verarbeitung verpflichtet und damit auch berechtigt werden, etwa in den Fällen des Abs. 1 UAbs. 1 lit. c, wenn das Unionsrecht Meldepflichten regelt.

Als Bsp. können genannt werden: Verarbeitung im Falle eines Antrags auf **39** Zulassung nach Art. 15 Abs. 2 VO (EG) Nr. 1924/2006 über nährwert- und gesundheitsbezogene Angaben (Health Claims), im Falle des Art. 9 VO (EG) Nr. 139/2004 über die Kontrolle von Unternehmenszusammenschlüssen; Art. 38, 39 VO (EG) Nr. 207/2009 vom 26.2.2009 über die Gemeinschafts-marke (nunmehr: Unionsmarke).

III. Recht der Mitgliedstaaten (Abs. 3 UAbs. 1 lit. b)

40 Art. 6 Abs. 3 UAbs. 1 lit. b verdeutlicht, dass die Zulässigkeit der Verarbeitung durch mitgliedstaatliches Recht begr. werden kann. Er hat – gemeinsam mit Abs. 3 UAbs. 2 S. 1 – nicht nur angesichts der Entstehungsgeschichte – Abs. 2 basiert auf Art. 1 Abs. 2a DS-GVO-E(Rat) – einen **Selbststand:** Das Recht der Mitgliedstaaten bestimmt nach Abs. 3 UAbs. 1 lit. b das Ob der Verarbeitung iSd Abs. 1 UAbs. 1 lit. c und e, Abs. 2 regelt das Wie, unabhängig davon, ob der Rechtsgrund für die Datenverarbeitung (Ob) im Unions- oder im mitgliedstaatlichen Recht veranlagt ist (aA Benecke/Wagner DVBl 2016, 600 (601)). Abs. 3 S. 1 lit. b nimmt va die bereits bestehenden mitgliedstaatlichen Regelungen auf, durch die die Verarbeitung personenbezogener Daten zugelassen wird. Inwieweit diese Regelungen Bestand haben können, weil sie den weiteren Anforderungen der DS-GVO genügen, wird sich erst nach und nach erweisen.

IV. Festlegung oder Erforderlichkeit des Zwecks (Abs. 3 UAbs. 2 S. 1)

41 In der gesetzlichen Grdl. muss der Zweck der Verarbeitung festgelegt werden, oder – sprachlich unglücklich – der Zweck muss „für die Erfüllung einer Aufgabe erforderlich sein". Damit wird zum Ausdruck gebracht, dass der Zweck nicht notwendig ausdr. festgelegt werden muss (zust. Wolff in Schantz/Wolff DatenschutzR Rn. 623), sondern dass er sich aus dem **Kontext der bestimmten Aufgabe** ergeben kann, die erfüllt wird. Ein Bsp. dafür ist die Verarbeitung von Daten für das Melderegister nach Bundesmeldegesetz (BMG): Aufgabe der Meldebehörden ist die Registrierung von im Zuständigkeitsbereich wohnhaften Personen, „(…) um deren Identität und deren Wohnungen feststellen und nachweisen zu können" (§ 2 Abs. 1 BMG). Die Bindungen dieses Gesetzes sind vielfältig, die übergeordneten Zwecke – von der Richtigkeit des Melderegisters bis zur Verfügbarkeit einer verlässlichen Datengrundlage insbes. für öffentl. Stellen zur Erfüllung öffentl. Aufgaben – werden jedoch nicht ausdr. bestimmt (vgl. Gesetzentwurf der Bundesregierung, BR-Drs. 524/11 v. 2.9.2011, 2).

V. Regelungsbereich der Rechtsgrundlage (Abs. 3 UAbs. 2 S. 2)

42 Nach Art. 6 Abs. 3 UAbs. 2 S. 2 kann die Rechtsgrundlage weitere Regelungen enthalten. Dabei wird die Formulierung des Abs. 2 aufgegriffen: „Bestimmungen zur Anpassung der Anwendung der Vorschriften dieser Verordnung". Abs. 3 S. 3 geht jedoch darüber hinaus. Die Aufzählung in S. 2 Hs. 2 ist beispielhaft („unter anderem"). Hierin liegt eine wesentliche Öffnung der DS-GVO für mitgliedstaatliche Rechtsvorschriften. Gleichzeitig birgt die Regelung insoweit nicht unerhebliches **Konfliktpotential.**

43 Konfliktpotential ist bereits mit der **Öffnung zu Gunsten allg. Bedingungen** für die Regelung der Rechtmäßigkeit der Verarbeitung verbunden: Diese sind durch die Grundsätze nach Art. 5 und die Erfordernisse des Art. 6 Abs. 1, Abs. 3 bereits weitgehend festgelegt. Alle mitgliedstaatlichen Regelungen können sich nur in diesem Rahmen bewegen. Auch die Arten von Daten, die verarbeitet werden (vgl. Art. 9, 10), und die Personen, die davon betroffen sind, werden durch die Grundsätze sowie die Anforderungen der Zulässigkeit, der Zweckbindung und der Verhältnismäßigkeit weitgehend festgelegt. Selbstverständlich ist demgegenüber, dass die konkreten Regelungen für die Verarbeitung zur Erfüllung einer bestimmten öffentl. Aufgabe spezifischen Bestimmungen überlassen bleiben; die EU und die Mitgliedstaaten sind also nicht darauf verwiesen, ausschl. das Recht und die Pflicht zur Verarbeitung rechtlich zu begründen, sondern sie sind berechtigt und verpflichtet, dies auch näher auszugestalten. So hält die DS-GVO es – im og Rahmen – offen, ob die Polizei zur Gefahrenabwehr ausschl. beim Verhaltensverantwortlichen Daten erheben darf oder ob auch Dritte befragt werden dürfen. Ebenfalls lässt die DS-GVO die Regelung verschiedener Primär- und Sekundärzwecke der Verarbeitung zu. Der **Rahmen** ist indes vorgegeben, so dass die DS-GVO nicht nur Maßstab für die Verarbeitung personenbezogener Daten im Einzelfall ist, sondern auch Maßstab für die mitgliedstaatliche Regelung ders. Verarbeitung. Hier zeigt sich, dass die DS-GVO einen Rahmencharakter hat (zust. Wolff in Schantz/Wolff DatenschutzR Rn. 602) – und haben muss.

Die notwendige Öffnung zu Gunsten mitgliedstaatlicher Bestimmungen für **44** die Datenverarbeitung für oder durch öffentl. Stellen ist jedoch nicht unbedingt, und dementsprechend bedarf die Konformität solcher Bestimmungen mit der DS-GVO jeweils einer krit. Beurteilung, die von mitgliedstaatlichen Behörden und Gerichten zu leisten ist, **ohne** dass zu ihren Gunsten eine **Verwerfungskompetenz** bestünde. Für die Auslegung der DS-GVO kann der EuGH insbes. im Vorabentscheidungsverfahren Hinweise geben. Auch Vertragsverletzungsverfahren wegen mitgliedstaatlicher Bestimmungen, die den Rahmen der DS-GVO verlassen, sind denkbar.

VI. Legitimes Ziel und Verhältnismäßigkeit (Abs. 3 UAbs. 2 S. 3)

Art. 6 Abs. 3 UAbs. 2 S. 3 regelt Selbstverständlichkeiten und hat insoweit **45** **deklaratorische** Wirkung. Bereits für Art. 6 Abs. 3 UAbs. 1 iVm Abs. 1 UAbs. 1 lit. c und e wird das Ziel vorausgesetzt. Das Recht auf den Schutz personenbezogener Daten kann – wie andere Grundrechte – keine uneingeschränkte Geltung beanspruchen (EuGH v. 9.11.2010, Rs. C-92/09 und C-93/09, Rn. 48 – Schecke und Eifert, unter Verweis auf EuGH v. 12.6.2003, C-112/00, Rn. 80 – Schmidberger, dort freilich in Bezug auf Meinungs- und Versammlungsfreiheit). Der Grundsatz der **Verhältnismäßigkeit** ist nach Art. 52 Abs. 1 S. 2 GRCh zu beachten: Bei der Ausgestaltung der Datenverarbeitung nach Maßgabe der DS-GVO wird iSd Art. 51 Abs. 1 S. 1 GRCh Recht der EU durchgeführt. IÜ findet der Grundsatz der Verhältnismäßigkeit als Strukturmerkmal des Handelns von Hoheitsträgern nach dem mitgliedstaatlichen Recht Anwendung, auch für die Gesetzgebung (→ Art. 5 Rn. 4). Dabei können weitere Grundrechte zu berücksichtigen sein, zB Art. 11, 16, 17 Abs. 2, 21, 24, 35, 42 und 47 GRCh (vgl. DS-GVO-E(KOM), 7). Die Regelung ist auch insoweit nicht gelungen, als das Recht als solches nicht in einem angemessenen Verhältnis zu dem verfolgten legitimen Zweck stehen kann, sondern das Verhältnis zwischen Mittel (hier: gesetzlich begr. Verarbeitung von Daten) und Zweck anhand dieses Maßstabes zu beurteilen ist.

E. Vereinbarkeit von Sekundärzwecken (Abs. 4)

I. Hintergrund

46 Art. 6 Abs. 4 greift Art. 5 Abs. 1 lit. b Hs. 2 auf, in dem die **Zweckbindung** zu Gunsten eines Sekundärzwecks **gelockert** wird (vgl. BGH v. 24.9.2019, Az. VI ZB 39/18, Rn. 34); neben den in Art. 5 genannten privilegierten Zwecken öffnet sich hier ein zweites „Einfallstor" für die Aufweichung der Zweckbindung (Buchner DuD 2016, 155 (157)), wenngleich in Abhängigkeit von dem Erg. eines **Kompatibilitätstests,** der bereits im Zusammenhang mit der DSRL entwickelt wurde (vgl. Article 29 Data Protection Working Party, Opinion 03/2013 on purpose limitation, WP 203 (23 ff.)). Die Vorschr. ist als Fortschritt ggü. der vorherigen Regelung anzusehen, weil die Auflösung der Primärzweckbindung lediglich in Art. 6 Abs. 1 lit. b DSRL angelegt und insoweit **ausfüllungsbedürftig** war (vgl. Dammann/Simitis DSRL Art. 6 Erl. 8); eine Überraschung ist sie dementsprechend nicht. Aber auch die nun formulierten Kriterien müssen gefüllt werden, sonst bleiben sie „weitestgehend inhaltlos und dehnbar" (Buchner DuD 2016, 155 (159)); die Zweckbindung ist in ihrer begrenzten Wirkung weiterhin anzuerkennen (vgl. Hoffmann, 18 ff., 23 ff.). Den (entfernten) Fluchtpunkt bilden Art. 8 GRCh und Art. 16 AEUV. Zugleich ist der Anwendungsbereich der Kriterien schmal: Zunächst ist danach zu fragen, ob der Sekundärzweck durch die Einwilligung oder durch eine Rechtsvorschrift iSd Art. 23 gestützt werden kann; dies eröffnet zahlr. Möglichkeiten für eine Weiterverarbeitung. Erst wenn diese nicht einschlägig sind, kommt es auf die Frage nach der Vereinbarkeit der Verarbeitung mit dem Primärzweck an.

47 Anders als Art. 5 Abs. 1 lit. b Hs. 2 wird für die Beurteilung der Vereinbarkeit auf die **Perspektive** des Verantwortlichen abgestellt. Dies ändert nichts an der Verteilung der Darlegungslast nach Art. 5 Abs. 1. lit. b Hs. 2 (vgl. → Art. 5 Rn. 30). Der Situation des Art. 6 Abs. 1 UAbs. 1 lit. f vergleichbar (→ Rn. 30) erschwert die Vielzahl wertungsbedürftiger Begriffe die rechtssichere Entsch. (vgl. Richter DuD 2015, 735 (740)). Deren **Kontingenz** iSd Möglichkeit, aber Nicht-Notwendigkeit einer Beurteilung der Vereinbarkeit und erst recht deren Beliebigkeit sind jedoch angesichts des Schutzzwecks der DS-GVO und der Grundrechtsrelevanz der Verarbeitung nicht hinnehmbar. Auch deshalb gewinnen in solchen Entscheidungslagen Datenschutzbeauftragte (vgl. zum „Datenschutzalltag" in dt. Unternehmen Belke/Neumann/Zier DuD 2015, 753 ff.) und ASB sowie Rechtsschutzmöglichkeiten an Bedeutung.

II. Kriterien der Prüfung der Vereinbarkeit

Die Nennung der Kriterien ist **nicht abschl.** („unter anderem"), und inner-　**48**
halb der einzelnen Kriterien wird zT ebenfalls beispielhaft formuliert (lit. b
und c: „insbesondere"; lit. e: „wozu (…) gehören kann"). Als Kriterien
genannt werden der Primärzweck und dessen Verhältnis zum Sekundärzweck,
der Kontext (Zusammenhang) der Datenerhebung – auch mit Blick auf das
Verhältnis zwischen betroffener Person und Verantwortlichem –, die Qualität
der Daten, die Folgen für die betroffene Person und Schutzmechanismen.

Wenngleich Art. 6 Abs. 1 iRd Abs. 4 nur im DS-GVO-E(KOM) Erwäh-　**49**
nung fand, ist eine Orientierung an den Zulässigkeitsgründen für die Verarbeitung nicht ausgeschlossen, um die Vorschr. weiter zu operationalisieren.
Um zu einer restriktiven Anwendung zu gelangen, die datenschutzfreundlich
wirkt, ist etwa hinsichtlich einer offenen Datenverarbeitung auf der Grdl.
einer Einwilligung oder im Zusammenhang mit der Erfüllung oder Vorbereitung eines Vertrags (Art. 6 Abs. 1 UAbs. 1 lit. a und b) festzustellen, dass der
Verantwortliche aufgrund der Kenntnis der betroffenen Person durchaus die
Möglichkeit hat, die Verarbeitung für einen Sekundärzweck durch die
betroffene Person legitimieren zu lassen, und zwar vor- und nachzeitig. Der
bewusste Verzicht auf die Möglichkeit oder auch nur das Verstreichen-Lassen
der Möglichkeit, die Verarbeitung für Sekundärzwecke zu klären, schließt die
Privilegierung des Verantwortlichen nach Abs. 4 regelmäßig aus. Dies gilt
insbes. für die Fälle, in denen der Verantwortliche – und sei es auch nur aus
der Perspektive eines objektiven Dritten – von Anfang an in Betracht zieht,
für die Abwicklung eines Vertrags verarbeitete Kundendaten auch für das
eigene Marketing zu verwenden. Das Verhältnis zwischen Verantwortlichem
und betroffener Person wirkt in zweierlei Weise beschränkend: Ein bes., lang-
jähriges **Vertrauensverhältnis** wird regelmäßig eine Weitergabe an Dritte
ausschließen (während eine Weiterverarbeitung durch den Verantwortlichen
selbst von dem Vertrauensverhältnis getragen sein mag); aber auch und gerade
ein Verhältnis ohne bes. Vertrauen kann eine Weiterverarbeitung nicht rechtfertigen (vgl. zur Rolle des Vertrauens Novotny/Spiekermann DuD 2015,
460 (462)). Je persönlicher die Daten sind, desto eher ist von der Unvereinbarkeit der Weiterverarbeitung auszugehen. Auch die Berücksichtigung
der „möglichen Folgen" kann unter den **Bedingungen moderner Datenverarbeitung** und ihrer Möglichkeiten nur restriktiv wirken: „Je weiter und
konsequenter die Erhebung und Verarbeitung personenbezogener Daten und
insbes. die Vernetzung (…) mit der Möglichkeit des automatischen Direkt-
zugriffs zunimmt, desto größer wird die Gefahr für die Grundrechte" (Heußner, 242).

Eine Verarbeitung zu einem Sekundärzweck ist nicht völlig ausgeschlossen:　**50**
So kommt gerade eine Verarbeitung durch denselben Verantwortlichen zunehmend in Betracht, je stärker der **Personenbezug der Daten** verringert
wird (worauf lit. → hinweist: Pseudonymisierung, vgl. auch → Art. 4
Rn. 40 ff.; krit. Knopp DuD 2015, 527). Weiterhin kann die allg. **Zugänglichkeit** der Daten für die Zulässigkeit der Weiterverarbeitung sprechen.
Auch die (soweit dann noch erforderliche) Verarbeitung – und sei es nur die

Speicherung – durch den **Rechtsnachfolger** des Verantwortlichen ist isd Abs. 4 möglich.

51 Angesichts des Vorbehalts des Gesetzes, der Vorgaben des Art. 6 Abs. 1 und Abs. 3, der Legitimierung durch Art. 23 und der Möglichkeit einer Regelung – auch und gerade gegen den Willen der betroffenen Person – ist Art. 6 Abs. 4 in Bezug auf Verantwortliche, die **Träger hoheitlicher Gewalt** sind, nicht anwendbar (vgl. auch Abs. 1 S. 2).

F. Nationale Bestimmungen

52 In Bezug auf Art. 6 liegt es nahe, an den durch die DSRL, insbes. durch deren (mit Art. 6 vergleichbaren) Art. 7, geprägten Regelungen des BDSG aF anzuknüpfen. Der paradigmatische § 4 Abs. 1 BDSG aF (vgl. zuvor bereits § 3 S. 1 Nr. 2 BDSG 1977) stellt ggü. Art. 7 DSRL eine souveräne Abstraktion dar. Für den Umgang mit der Einwilligung nach Art. 6 Abs. 1 UAbs. 1 lit. a (sowie Art. 7) und die Zulässigkeit nach Art. 6 Abs. 1 S. 1 lit. c und e sind die Erkenntnisse zu § 4 Abs. 1 BDSG aF **Orientierungspunkte,** wobei die Eigenständigkeit des EU-Rechts, hier der DS-GVO, dadurch nicht desavouiert werden darf. Deutlicher als bei den Grundsätzen des Art. 5 fällt jedoch ins Gewicht, dass die Fragen im Zusammenhang mit der Zulässigkeit der Datenverarbeitung mitnichten neu und dass die Rechtsanwender insoweit bereits sozialisiert sind. Gerade ggü. EU-Organen dürfen daher keine „Stockfehler" unterlaufen: Ein solcher läge vor, wenn zu Gunsten der über Jahrzehnte liebgewonnenen Wahrheiten über das BDSG aF der Geltungsanspruch der DS-GVO innerlich nicht angenommen und nach außen nicht anerkannt würde. Es bedarf also eines reflektierten, europäisierten („EU-isierten") Umgangs mit dem durch die DS-GVO unter einen neuen Vorbehalt gestellten Reservoir der Erfahrungen mit dem bereits europäisierten BDSG aF und generell mitgliedstaatlichem Datenschutzrecht, welches selbst auf die DS-GVO einwirkte (abzulehnen daher das Narrativ einer neuen Zeitrechnung, vgl. jedoch Schantz NJW 2016, 1841; in Bezug auf den werbewirtschaftlichen Datenschutz Tavanti RDV 2016, 295 (306); zur Wechselwirkung Klement JZ 2017, 161 (163); vgl. für Art. 6 Abs. 4 den Verweis von Heberlein in Ehmann/Selmayr DS-GVO Art. 6 Rn. 3 auf das niederländische Datenschutzrecht). Zu bedenken ist auch, dass auch eine konkretisierende fachliche Praxis im Mitgliedstaat von der Neuregelung überlaufen werden kann und nunmehr einer Bestätigung bedarf (vgl. als Bsp. Düsseldorfer Kreis, Orientierungshilfe „Videoüberwachung in öffentlichen Verkehrsmitteln", 2016).

53 Art. 6 Abs. 2 und Abs. 3 sind die – beschr. – Öffnungsklauseln zu Gunsten mitgliedstaatlicher Regelungen. Gerade in Bezug auf die Zweckbestimmung und die Verhältnismäßigkeit liegt bei deren Erlass die Anknüpfung an das dt. Verfassungsrecht nahe, auch wenn dieses im Mehrebenensystem durch die Art. 51, 52 GRCh überlagert wird: Es gelten die Vorgaben der DS-GVO und die Grundrechte der GRCh, zu deren Gunsten die Grundrechte des GG mit ihrer Dogmatik wenn nicht verdrängt, so doch unter Vorbehalt gestellt werden und nicht mehr als Maßstab, sondern noch als Orientierungspunkte

(mit Reservefunktion) dienen können (vgl. zur institutionellen Komponente Hoidn in Roßnagel EU-DS-GVO § 2 Rn. 106 ff.). § 3 BDSG zeigt bereits, dass die Öffnungsklausel nicht wie vorgesehen ausgefüllt wird.

Auf der Grdl. der DSRL und in ihrem Rahmen enthält das BDSG aF in **54** Bezug auf Sekundärzwecke regelungstechnisch eine andere und inhaltlich eine restriktive Regelung: § 14 Abs. 2 BDSG aF sieht zwar weitreichende Möglichkeiten vor. § 14 Abs. 2 Nr. 3 BDSG aF stellt die Anforderung, dass offensichtlich ist, dass die Weiterverarbeitung im Interesse des Betroffenen liegt, und kein Grund zur Annahme besteht, dass er in Kenntnis des anderen Zwecks seine Einwilligung verweigern würde; Nr. 5 lässt die Weiterverarbeitung zu, wenn die Daten allg. zugänglich sind, es sei denn, dass ein schutzwürdiges Interesse des Betroffenen an dem Ausschluss der Zweckänderung offensichtlich überwiegt.

Als bes. Instrument zur Effektivierung des Datenschutz- als Verbraucher- **55** schutzrechts ist § 2 Abs. 2 S. 1 Nr. 11 UKlaG zu nennen. Er findet zwar nur im Verhältnis zwischen Unternehmer und Verbraucher Anwendung und sanktioniert Verstöße außerhalb der Vorbereitung, Durchführung oder Abwicklung eines Vertrags (vgl. § 2 Abs. 2 S. 1 UKlaG); ein Verstoß in den Fällen des Art. 6 Abs. 1 UAbs. 1 lit. a und b kann also nicht mit Erfolg auf diesem Wege gerügt werden (auch mit Blick auf die DS-GVO Halfmeier NJW 2016, 1126 (1127 f.)). Zugleich wird nach § 12a UKlaG die ASB mit ihrem Sachverstand beteiligt (vgl. zur Begr. den Gesetzentwurf der Bundesregierung, BR-Drs. 55/15 vom 13.2.2015, Anl., 25).

G. Ausblick

Der Anspruch, für die Zulässigkeit der Datenverarbeitung grdl. allg. Vorgaben **56** zu formulieren und gleichzeitig die bereichsspezifischen Regelungen des EU-Rechts, va aber des mitgliedstaatlichen Rechts zu berücksichtigen, konnte und kann nicht auf einen Schlag erfüllt werden, ungeachtet der Pluralität des Normvollzugs: Unionsrechtliche und mitgliedstaatliche Regelungen greifen ineinander und bedingen sich gegenseitig, sie repräsentieren **keinen Top-down-Ansatz.** Hier wird – den Gewährleistungen und dem Regelungsauftrag des Art. 8 GRCh und des Art. 16 AEUV entspr. – für ein **Herzstück des Datenschutzrechts** ein fortgesetzter **Dialog im Mehrebenensystem** erforderlich sein, um zu rechtssicheren Erg. zu gelangen. Dessen Akteure sind in einer eher rechtsprechungsorientierten als deliberativ programmierten Rechtsanwendungspraxis in erster Linie die mitgliedstaatlichen Gerichte (zust. Reimer in Sydow DS-GVO Art. 6 Rn. 88) und der EuGH (vgl. Spindler DB 2016, 937 (947); Gierschmann ZD 2016, 51 (55)). Dies setzt seitens der Betroffenen die Bereitschaft voraus, Verarbeitungen gerichtlich (und zuvor behördlich) überprüfen zu lassen; Art. 80 ist insoweit als Ergänzung zu verstehen. Die Konflikte, die im Zusammenhang mit dem mitgliedstaatlichen Recht auftreten können, werden absehbar vielfältig, komplex und nicht kurzfristig geklärt sein; berücksichtigt man die Zahl und den Umf. der Lebenssachverhalte, in denen personenbezogene Daten verarbeitet werden, wird die

Kapazität der Rspr., die offenen Fragen aufzuarbeiten, wenn nicht erschöpft, so doch absehbar stark beansprucht. Der EuGH wird das „**Grundrechtsversprechen** der Charta" (so aus der Perspektive des EuGH von Danwitz DuD 2015, 581 (585); zu den Entwicklungslinien der Rechtsprechung Skouris NVwZ 2016, 1359; Wolff in Schantz/Wolff DatenschutzR Rn. 9 ff.; vgl. auch Kühling, 23 ff. (30 ff.)) nur zeitverzögert, dann aber mit Perspektive einlösen können. Daher muss im Verbund der Mitgliedstaaten und ihrer ASB, des EDSA sowie der Datenschutzbeauftragten und in Zusammenarbeit mit der EU, insbes. der KOM (ohne dass diese zu Rechtsakten ermächtigt wäre), eine **gute fachliche Praxis** herausgebildet werden, die eine normative Kraft entfalten kann. In dieser Praxis muss vorgedacht, antizipiert und aktiv gestaltet werden, anstatt passiv oder reaktiv auf die justizielle Klärung offener und entstehender Fragen zu warten. Nicht zuletzt sind die Gerichte dazu berufen, Konfliktfälle unter Inanspruchnahme ihrer eigenen Möglichkeiten zu entscheiden, anstatt den Weg nach Luxemburg zu suchen (vgl. etwa BGH v. 24.9.2019, Az. VI ZB 39/18, Rn. 42 ff.). Die Regelung der DS-GVO ist nur der Anfang, und dies ist − weil sie als VO dazu bestimmt ist, unmittelbar Anwendung zu finden − für die Rechtspraxis das größte Problem (vgl. Roßnagel/Nebel/Richter ZD 2015, 455 (460); Schulz in Gola DS-GVO Art. 6 Rn. 5; zur institutionellen Komponente vgl. Wolff in Schantz/Wolff DatenschutzR Rn. 962 ff.).

57 In Bezug auf Art. 6 Abs. 1 UAbs. 1 lit. f und Art. 6 Abs. 4 ist Skepsis angebracht: Der Anspruch an die für die Datenverarbeitung verantwortlichen Stellen wird nicht von selbst und von diesen allein erfüllt werden können, zumal eine überobligatorische Selbstbindung und eine übervorsichtige Verarbeitungspraxis nicht belohnt werden. So kann das Erfordernis der Interessenabwägungen nicht nur für den Schutz der Daten, sondern auch für die Verantwortlichen, etwa Unternehmen, problematisch sein. Institutionelle und organisatorische, in der DS-GVO angelegte Instrumente (vgl. etwa die Verhaltensregeln nach Art. 40; → Art. 40 Rn. 5 ff., 8 ff.) und deren wirksame Betätigung sind erforderlich, sonst sind diese Regelungen „tote Buchstaben" (so Konrad Hesse in Bezug auf Normen der Verfassung), mit denen allenfalls **brauchbare Illegalität** (Luhmann, 304 ff.; vgl. auch Roßnagel in Roßnagel EU-DS-GVO § 1 Rn. 37 ff.) legitimiert oder getarnt wird. Von einem „Gold-Standard" (Albrecht CR 2016, 88 (98); vgl. auch Schantz NJW 2016, 1841; krit. Roßnagel in Roßnagel EU-DS-GVO § 5 Rn. 1 ff.) zu Gunsten des Datenschutzes ist Art. 6 insoweit entfernt.

Art. 7 Bedingungen für die Einwilligung

(1) **Beruht die Verarbeitung auf einer Einwilligung, muss der Verantwortliche nachweisen können, dass die betroffene Person in die Verarbeitung ihrer personenbezogenen Daten eingewilligt hat.**

(2) **¹Erfolgt die Einwilligung der betroffenen Person durch eine schriftliche Erklärung, die noch andere Sachverhalte betrifft, so muss das Ersuchen um Einwilligung in verständlicher und leicht zugänglicher Form in einer klaren und ein-**

fachen Sprache so erfolgen, dass es von den anderen Sachverhalten klar zu unterscheiden ist. [2] Teile der Erklärung sind dann nicht verbindlich, wenn sie einen Verstoß gegen diese Verordnung darstellen.

(3) [1] Die betroffene Person hat das Recht, ihre Einwilligung jederzeit zu widerrufen. [2] Durch den Widerruf der Einwilligung wird die Rechtmäßigkeit der aufgrund der Einwilligung bis zum Widerruf erfolgten Verarbeitung nicht berührt. [3] Die betroffene Person wird vor Abgabe der Einwilligung hiervon in Kenntnis gesetzt. [4] Der Widerruf der Einwilligung muss so einfach wie die Erteilung der Einwilligung sein.

(4) Bei der Beurteilung, ob die Einwilligung freiwillig erteilt wurde, muss dem Umstand in größtmöglichem Umfang Rechnung getragen werden, ob unter anderem die Erfüllung eines Vertrags, einschließlich der Erbringung einer Dienstleistung, von der Einwilligung zu einer Verarbeitung von personenbezogenen Daten abhängig ist, die für die Erfüllung des Vertrags nicht erforderlich sind.

BDSG und anderes nationales Recht: –

Literatur: *Albrecht,* Das neue EU-Datenschutzrecht – von der Richtlinie zur Verordnung, CR 2016, 88; *Babaei-Beigi/Katko,* Accountability statt Einwilligung? – Führt Big Data zum Paradigmenwechsel im Datenschutz?, MMR 2014, 360; *Buchner,* Grundsätze und Rechtmäßigkeit der Datenverarbeitung unter der DS-GVO, DuD 2016, 155; *Dammann,* Erfolge und Defizite der EU-Datenschutzgrundverordnung, ZD 2016, 307; *Faust,* Digitale Wirtschaft – Analoges Recht: Braucht das BGB ein Update?, Gutachten A zum 71. Deutschen Juristentag, 2016; *Gierschmann,* Was „bringt" deutschen Unternehmen die DS-GVO?, ZD 2016, 51; *Kamp/Rost,* Kritik an der Einwilligung. Ein Zwischenruf zu einer fiktiven Rechtsgrundlage in asymmetrischen Machtverhältnissen, DuD 2014, 80; *Radlanski,* Das Konzept der Einwilligung in der datenschutzrechtlichen Realität, 2016; *Rogosch,* Die Einwilligung im Datenschutzrecht, 2013; *Schantz,* Die Datenschutz-Grundverordnung – Beginn einer neuen Zeitrechnung im Datenschutzrecht, NJW 2016, 1841; *Taeger/Schweda,* Die gemeinsam mit anderen Erklärungen erteilte Einwilligung. Kritische Auseinandersetzung mit dem Urteil des EuGH und den Schlussanträgen zur Rs. Planet49, ZD 2020, 124; *Tavanti,* Datenverarbeitung zu Werbezwecken nach der Datenschutz-Grundverordnung (Teil 1), RDV 2016, 231; *Thüsing/Schmidt/Forst,* Das Schriftformerfordernis der Einwilligung nach § 4a BDSG im Pendelblick zu Art. 7 DS-GVO, RDV 2017, 116; *Veil,* Einwilligung oder berechtigtes Interesse? Datenverarbeitung zwischen Skylla und Charybdis, NJW 2018, 3337.

Übersicht

A. Allgemeines

I. Einführung

1 Die Einwilligung vermittelt der Datenverarbeitung in hervorgehobener Weise **Legitimität:** Art. 8 Abs. 2 S. 1 GRCh nennt sie an erster Stelle, und schon dies ist Grund genug, die Einschätzung, dass das Konzept der Einwilligung nicht mehr zeitgemäß sei, für abwegig zu halten (vgl. Babaei-Beigi/Katko MMR 2014, 360) – der Regelungsauftrag ist eindeutig gegeben, und es besteht kein Zweifel an dem Bedarf, die Möglichkeit der Selbstbestimmung in einer pluralen, heterogenen Gesellschaft sicherzustellen, zu erhalten und zu fördern. Vollzugsdefiziten ist daher ein **normatives Widerlager** entgegen-zusetzen. Bei aller berechtigten Kritik ist das Konzept der Einwilligung *ein* Grundpfeiler des Datenschutzes (Albrecht CR 2016, 88 (91); zur Geschichte Rogosch, 22 ff.) und wird durch Art. 7 gestärkt; konsequent ist es insoweit auch, **Einwilligungen,** die vor dem Wirksamwerden der DS-GVO eingeholt wurden, nach ErwGr 171 an der DS-GVO zu messen. Auch Art. 6 Abs. 1 UAbs. 1 nennt die Einwilligung vor allen anderen Zulässigkeitsgründen.

2 Die Begriffsbestimmung (Art. 4 Nr. 11) genügt der **Zentralstellung** der Einwilligung nicht, wenngleich ihr an- und zuzurechnen ist, dass ein Opt-out oder ein Schweigen nicht mehr genügen, um die Datenverarbeitung auf der Grdl. einer Einwilligung zu legitimieren (Albrecht/Jotzo DatenschutzR, 70 (Rn. 39); EuGH v. 1.10.2019, Rs. C-673/17, Rn. 62 f. – Planet49); in der Begriffsbestimmung ist auch die Freiwilligkeit bereits angelegt. Art. 7 greift Art. 4 Nr. 11 daher auf und regelt Bedingungen für die Einwilligung, bei denen es sich zwar überw. um Selbstverständlichkeiten handelt (vgl. Buchner DuD 2016, 155 (158)), die auf Vorleistungen des EuGH und der Art. 29-Datenschutzgruppe sowie die mitgliedstaatlichen Regelungen (in Deutsch-land: Art. 4a BDSG aF) sowie die Rspr. verweisen. Mit der Kodifikation wird ein gesetzlicher Maßstab zur Vfg. gestellt, und dies ist für Rechtsanwendung und Rspr. mind. hilfreich, wenn nicht unabdingbar. Nach Art. 83 Abs. 5 lit. a werden Verstöße gegen Art. 7 **sanktioniert.**

II. Entstehungsgeschichte

1. Vergleich mit der DSRL

3 Die DSRL enthielt keine entspr. Regelung. Jedoch war die Einwilligung auch für die DSRL von zentraler Bedeutung (vgl. Art. 7 lit. a). Die Begriffsbestim-mung des Art. 2 lit. a DSRL war bereits voraussetzungsvoll (ohne Zwang, konkreter Fall, in Kenntnis der Sachlage); gemeinsam mit Art. 7 lit. a DSRL war damit ein Programm vorhanden, das – dem Charakter einer RL entspr. – einer weiteren Ausgestaltung im mitgliedstaatlichen Recht zugänglich war: Die Einwilligungslösung war ein Ziel, auf welches die Mitgliedstaaten ver-pflichtet wurden, weitergehende Anforderungen (vgl. Art. 8 Abs. 2 lit. a DSRL: ausdr. Einwilligung; vgl. auch ErwGr 33 S. 1 DSRL) waren die Ausnahme. Das Ziel musste von den Mitgliedstaaten ins Werk gesetzt werden (vgl. Dammann/Simitis DSRL Art. 7 Erl. 4). Für die Handlungsform der EU-VO kam dieses Vorgehen nicht mehr in Betracht. Art. 7 bringt dies – gemeinsam mit ErwGr 32, 42 – zum Ausdruck.

2. Vergleich mit den Entwurfsfassungen

Art. 7 erfuhr seit dem DS-GVO-E(KOM) mehrere Änd. Art. 7 Abs. 1 DS- **4** GVO-E(KOM) begründete die Beweislast des Verantwortlichen für die Einwilligung des Betroffenen für eindeutig festgelegte Zwecke; die geltende Fassung ist im Vergleich zurückhaltend formuliert, indem der Zweck nicht mehr erwähnt wird. Art. 7 Abs. 2 DS-GVO-E(KOM) erfüllte die gleiche Funktion wie Art. 7 Abs. 2 S. 1 der in Kraft getretenen Fassung; S. 2 wurde im Verfahren eingefügt. Art. 7 Abs. 3 DS-GVO-E(KOM) fehlten noch S. 3 und S. 4. Abw. gestaltet war Art. 7 Abs. 4 DS-GVO-E(KOM): „Die Einwilligung bietet keine Rechtsgrundlage für die Verarbeitung, wenn zwischen der Position der betroffenen Person und des für die Verarbeitung Verantwortlichen ein erhebliches Ungleichgewicht besteht." Im dortigen ErwGr 34 S. 2 wurden als Bsp. für ein „klares Ungleichgewicht" Abhängigkeits- und darunter Beschäftigungsverhältnisse genannt.

Durch DS-GVO-E(EP) eingefügt wurde der Rechtsgedanke des Art. 7 **5** Abs. 2 S. 2, die konkrete Formulierung setzte sich nicht durch. Eingebracht wurde auch Art. 7 Abs. 3 S. 4 (nunmehr Art. 7 Abs. 3 S. 3). Nicht durchgesetzt hat sich die Anforderung, dass der Verantwortliche den Betroffenen über mögliche Folgen des Widerrufs für die weitere Leistungserbringung informieren sollte, Art. 7 Abs. 3 S. 3 DS-GVO(EP). Ungleich komplexer war Art. 7 Abs. 4 DS-GVO-E(EP): „Die Einwilligung ist zweckgebunden und wird unwirksam, wenn der Zweck nicht mehr gegeben ist oder die Verarbeitung der personenbezogenen Daten zur Erreichung des Zwecks, für den die Daten ursprünglich erhoben wurden, nicht mehr erforderlich ist. Die Erfüllung eines Vertrages oder die Erbringung einer Dienstleistung darf nicht von der Einwilligung in eine Verarbeitung von Daten abhängig gemacht werden, die für die Erfüllung des Vertrages oder die Erbringung der Dienstleistung nicht iSv Art. 6 Abs. 1 lit. b erforderlich ist." Vorgesehen war also ein absolutes Koppelungsverbot (vgl. Dammann ZD 2016, 307 (311)), welches jedoch nicht durchgesetzt wurde.

B. Verpflichtung zum Nachweis der Einwilligung (Abs. 1)

Die Verpflichtung zum Nachweis durch Art. 7 Abs. 1 ist als Maßnahme zu **6** Gunsten der **Transparenz** (vgl. Art. 5 Abs. 1 lit. a) und **gegen ein Vollzugsdefizit** im Umgang mit der Einwilligung zu qualifizieren. Wäre der Verantwortliche nicht zum Nachweis verpflichtet, könnte das Erfordernis der Einwilligung – entgegen ihrer hervorgehobenen Stellung in Art. 8 GRCh und in Art. 6 Abs. 1 UAbs. 1 – gerade in kurzfristigen Verarbeitungslagen allzu schnell übersehen, vergessen oder verdrängt werden. Die Nachweispflicht erinnert den Verantwortlichen an die Zentralstellung und die präformierende Wirkung der Einwilligung und schützt ihn zugleich gegen nachträgliche Behauptungen, dass die Einwilligung nicht erteilt worden sei; zugleich ermöglicht er, auch mittelfristig auf klarer Grdl. zu entscheiden, ob und zu welchem Zweck schon aufgrund einer Einwilligung Daten verarbeitet werden dürfen. Art. 7 Abs. 1 ist insoweit eine Regelung **wider das Vergessen.** Bei Online-Angeboten wird sich ein Double-Opt-In anbieten, welches eine Rückbestätigung mittels eines zugesandten Links einfordert, um dem Verdacht vorzubeugen, dass unberechtigt eine E-Mail-Adresse eines Dritten verwendet wird (vgl. Plath in Plath DS-GVO Art. 7 Rn. 4; Schulz in Gola DS-GVO Art. 7 Rn. 63). Daneben kann die Schriftlichkeit ieS auch angesichts des Art. 83 Element einer guten fachlichen Praxis sein und insoweit auch außerhalb des Abs. 2 eine Renaissance erleben (vgl. Thüsing/Schmidt/Forst RDV 2017, 116 (121)).

7   Die Nachweispflicht setzt voraus, dass die Verarbeitung auf einer Einwilligung „beruht". Insoweit muss für den Verantwortlichen wie auch den Betroffenen erkennbar sein, dass die Einwilligung und nicht ein anderer Zulässigkeitsgrund die Datenverarbeitung legitimiert. Die Anforderung einer Einwilligung in einer Situation, in der es einer solchen gar nicht bedarf, ist geeignet, den Betroffenen über die Beachtlichkeit seiner gewillkürten Entscheidung wenn nicht zu täuschen, so doch im Unklaren zu lassen. So sehr die **Freiwilligkeit** Voraussetzung für die Einwilligung ist, so wenig kann die Unfreiwilligkeit durch eine Einwilligung überspielt werden; dies gilt va für die Zulässigkeit der Verarbeitung nach Art. 6 Abs. 1 UAbs. 1 lit. c und e. In den Fällen, in denen eine Einwilligung nicht notwendig ist, sondern ein anderer Zulässigkeitsgrund greift, ist der Verantwortliche gleichwohl verpflichtet, über den Grund der Zulässigkeit und die Erforderlichkeit der Datenverarbeitung (vgl. etwa Art. 6 Abs. 1 UAbs. 1 lit. b) zu unterrichten.

8   Die Einwilligung in die Verarbeitung personenbezogener Daten setzt voraus, dass die konkrete Verarbeitungslage vom Betroffenen erfasst werden kann; auch dies unterliegt der Nachweispflicht. Unter Beachtung der Anforderungen des Art. 4 Nr. 11 (freiwillig, bestimmter Fall, in informierter Weise, unmissverständlich und in Form einer Erkl. oder einer sonstigen eindeutigen bestätigenden Handlung) und des Art. 6 Abs. 1 UAbs. 1 lit. a (bestimmter Zweck) muss erkennbar sein, welche Daten zu welchem Zweck von wem verarbeitet werden (ErwGr 42 S. 1 und S. 4). **Blankett- und vorsorgliche Einwilligungen** mit unbestimmten Zwecken sind daher unzulässig (so Wolff in Schantz/Wolff DatenschutzR Rn. 527; gegen Globaleinwilligungen dort Rn. 517; zust. Stemmer BeckOK Datenschutzrecht, Art. 7 Rn. 76). Zulässig ist es aber, um eine Einwilligung in die Datenverarbeitung zum Zweck der Direktwerbung nach der Erfüllung des aktuellen Vertragsverhältnisses zu ersuchen.

9   Der **Nachweis** der Einwilligung ist als Verarbeitung personenbezogener Daten zu qualifizieren, die auf die Verarbeitung verweist, in die eingewilligt wird. Der Nachweis steht nicht zu Disposition des Betroffenen, sondern ist eine Verpflichtung des Verantwortlichen iSd Art. 6 Abs. 1 UAbs. 1 lit. c. Art. 7 Abs. 1 genügt den Anforderungen des Art. 6 Abs. 3: Der Zweck der Verarbeitung (Nachweis) wird festgelegt, er dient einem legitimen Ziel, ist ge-

eignet, erforderlich und angemessen. Als **Annex** zur Erteilung der Einwilligung ist die Speicherung unmittelbar verständlich, zumal der Nachweis nicht isoliert ist, sondern iVm den personenbezogenen Daten steht, in deren Verarbeitung eingewilligt wurde.

C. Anforderungen an die Gestaltung im Falle der Verbindung mit einem anderen Sachverhalt (Abs. 2)

Art. 7 Abs. 2 greift einen Fall der schriftlichen Einwilligung auf, allerdings **10** nur denjenigen, in dem die schriftliche Erkl. auch noch andere Sachverhalte betrifft. Die schriftliche Einwilligung als solche ist das Paradebeispiel einer **eindeutigen bestätigenden Handlung,** wie sie als Oberbegriff in ErwGr 32 S. 1 gefordert wird, und zudem einer Erkl. iSd Art. 4 Nr. 11. Gleichzeitig verdeutlicht Abs. 2, dass die Schriftlichkeit oder Dokumentation der Einwilligung bzw. gerade nicht unabdingbar und auch normativ nicht der Regelfall ist. Die Warnfunktion, der Transparenzgedanke, die Nachweispflicht und die Beweislast sind gewichtige Gründe für die Schriftlichkeit und für ihren Anteil an einer guten fachlichen Praxis, ungeachtet der Frage, ob zugleich ein „anderer Sachverhalt" betroffen ist. Der für diese Fälle durch Art. 7 Abs. 2 S. 1 statuierte Trennungsgrundsatz knüpft an der Wirkmacht und Komplexität schriftlicher Erkl. an und stellt sicher, dass die Einwilligung nicht beiläufig erteilt wird. Auch damit wird der Zentralität der Einwilligung Rechnung getragen. Insoweit wird das Datenschutzrecht dem Verbraucherschutzrecht angenähert (vgl. Schantz NJW 2016, 1841 (1844)).

Ein **„anderer Sachverhalt"** ist selbstverständlich der Fall, in dem die **11** Datenverarbeitung selbst nicht gegenständlich ist. Ein anderer Sachverhalt ist aber auch der Fall, in dem zwar eine Datenverarbeitung stattfindet, diese jedoch ihren Rechtsgrund nicht in der Einwilligung hat, dh insbes. den Fall, in dem die Datenverarbeitung iSd Art. 6 Abs. 1 UAbs. 1 lit. b erforderlich ist, um vertragliche Verpflichtungen zu erfüllen; diese Verarbeitung darf gerade keiner Einwilligung. Ein Bsp. ist die Verarbeitung der Adressdaten eines Kunden, um Waren überhaupt anliefern zu können. Sollte eine Verarbeitung, insbes. zu einem anderen Zweck, bereits zum Zeitpunkt der Erkl. hinsichtlich des anderen Sachverhalts vorgesehen sein, ist diese − auch und gerade dann, wenn sie sich auf dies. Daten bezieht − erst durch die Einwilligung zu legitimieren.

Die Funktionalität der Anforderungen an die Gestaltung nach Abs. 2 S. 1 **12** ist darauf ausgerichtet, dass das Ersuchen um die Einwilligung als solches, isoliert, ohne weiteres **wahrgenommen** wird. Die **Warn- und Hinweisfunktion** gilt auch mit Blick auf die Rechtsfolgen der Einwilligung. Die Gestaltung soll sicherstellen, dass das Ersuchen um die Einwilligung mind. so wahrnehmbar ist wie das Ersuchen hinsichtlich des anderen Sachverhalts und nicht der eine Grund für die Schriftlichkeit (Dokumentation des „Hauptzwecks" oder Primärzwecks der Vereinbarung) den anderen Grund (Einwilligung in die Datenverarbeitung) aussticht. Gegenüber der Trennung der Ersuchen selbst soll es möglich sein, auf beide Ersuchen mit einer Erklärung

zu reagieren, etwa durch ein Anklicken nur einer entsprechend gekennzeich-
neten Schaltfläche (vgl. Taeger/Schweda ZD 2020, 124 (126), unter Hinweis
auf EuGH v. 1.10.2019, Rs. C-673/17). Jedoch ist ein Verschieben des
entspr. Textes „ins Kleingedruckte" ausgeschlossen (zust. Wolff in Schantz/
Wolff DatenschutzR Rn. 521, auch unter Berücksichtigung des Schrift-
schnitts). Diese Anforderung betrifft jedoch nur das, was seitens des Verantwortlichen zu erbringen ist. Wird die Anforderung nicht erfüllt, liegt ein
Verstoß gegen Art. 7 Abs. 2 S. 1 vor. Die Einwilligung kann dann zwar
immer noch erteilt werden, jedoch nicht schriftlich innerhalb desselben Dokuments; fehlt die Einwilligung, liegt auch ein Verstoß gegen Art. 6 Abs. 1
UAbs. 1 lit. a vor: Die Verarbeitung der Daten ist unzulässig und rechtswidrig.

13   Das Ersuchen muss mit einer eindeutigen bestätigenden Handlung beantwortet werden, damit die Einwilligung anzunehmen ist. Die Einwilligung
wird nicht bereits dadurch erteilt, dass der entspr. Text deutlich sichtbar zur
Kenntnis gebracht wird; damit kann der Textabschnitt die Nachweispflicht
nach Art. 7 Abs. 1 auch noch gar nicht erfüllen. Also ist es mind. empfehlenswert, in dem abgegrenzten Textabschnitt mit dem Ersuchen um Einwilligung
die **Unterschrift des Betroffenen** einzufordern, wenn seine Daten in Abhängigkeit von seiner Einwilligung verarbeitet werden sollen – und er darin
einwilligt (zust. Wolff in Schantz/Wolff DatenschutzR Rn. 521). Andere
eindeutig bestätigenden Handlungen sind denkbar, also auch das Ankreuzen
eines Kastens durch den Betroffenen; dies kann, wenn die Erkl. deutlich
abgesetzt ist (also nicht eine von mehreren Fragen, für die Antworten
anzukreuzen sind), iVm der Unterschrift zur Dokumentation ausreichen,
nachdem das Vertrauen auf die Unverfälschtheit auch strafrechtlich geschützt
wird (§ 267 StGB).

14   Abs. 2 S. 1 gibt auch und gerade für die Fälle eine Orientierung, in denen
die schriftliche Erkl. sich ausschl. auf die Verarbeitung bezieht: „Verständlich", „leicht zugänglich" und „in einer klaren und einfachen Sprache" sind
Kriterien, die auch eine insoweit kontextlose Erkl. erfüllen soll; dies bringt
bereits ErwGr 42 S. 4 zum Ausdruck. Gegen die Regelung verstoßen werden
kann wegen fehlender Tatbestandsmäßigkeit in diesen Fällen nicht.

15   Art. 7 Abs. 2 S. 2 sanktioniert in der Erkl. liegende Verstöße gegen die
Regelungen der DS-GVO. Dazu gehört auch eine Textgestaltung, die ein
Opt-out erforderlich macht (vgl. Wolff in Schantz/Wolff Rn. 492). Zugleich
wird zum Ausdruck gebracht, dass von der Teilbarkeit der Erkl. auszugehen
ist und damit rechtskonforme Teile – auch und gerade diejenigen, die den
anderen Sachverhalt betreffen – weiterhin Geltung beanspruchen können.
Eine **geltungserhaltende Reduktion** in Bezug auf das Ersuchen kommt
nicht in Betracht: Das Ersuchen der Einwilligung muss die formalen Qualitäten insgesamt erfüllen und alle Angaben über den Verantwortlichen, den
Zweck und den Umf. der Verarbeitung enthalten. Ansonsten liegt insgesamt
ein Verstoß gegen Art. 7 Abs. 2 S. 1 vor.

D. Widerrufsrecht (Abs. 3)

Art. 7 Abs. 3 vollzieht nach, dass die **Selbstbestimmung** über die Einwil- **16** ligung auch deren Widerruf ermöglicht (vgl. Rogosch, 132 f.). Damit wird dem Umstand Rechnung getragen, dass sich die Einstellung des Betroffenen zu der Verarbeitung ändern kann (vgl. Buchner/Kühling in Kühling/Buchner DS-GVO Art. 7 Rn. 34), etwa weil sich sein eigenes Motiv für die Einwilligung erledigt oder weil er Folgen der Verarbeitung erst nachträglich erkannt hat. Für diesen Fall müssen ihm Handlungsmöglichkeiten bleiben, um das Grundrecht aus Art. 8 Abs. 2 S. 1 GRCh zur Geltung bringen zu können. Auf eine Begr. des Widerrufs kommt es nicht an, das Selbstbestimmungsrecht ist insoweit unbedingt. Der Rechtsgrund für die Verarbeitung von Daten **in der Vergangenheit** kann dadurch aber nicht entzogen werden (Abs. 3 S. 2), der Widerruf wirkt also ex nunc. Die Wirkung für die Zukunft macht es erforderlich, dass der Verantwortliche sich auch an Dritte wendet, denen er die Daten auf der Grdl. der Einwilligung übermittelt hat. Über das Recht des Widerrufs und seine Wirkung („hiervon") muss der Betroffene vor Abgabe der Einwilligung unterrichtet werden (Abs. 3 S. 3).

Das Erfordernis der **Korrespondenz** der „Einfachheit" von Einwilligung **17** und Widerruf (Abs. 3 S. 4) leuchtet unmittelbar ein: Im Falle einer mündlich erteilten Einwilligung darf nicht durch den Verantwortlichen für den Widerruf die Schriftform zur Voraussetzung gemacht werden. Gleichwohl sind Fälle denkbar, in denen an die Einwilligung seitens des Verantwortlichen hohe Anforderungen gestellt werden, auch zu seinem eigenen Schutz oder zur Erfüllung der Nachweispflicht nach Art. 7 Abs. 1, auch wenn jedes Erschweren der Einwilligung mit Blick auf das Ziel der Verarbeitung durch den Verantwortlichen unwahrscheinlich ist. Unzulässig wäre es jedoch, wenn ein Unternehmen für die Einwilligung einen bes. Ansprechpartner innerhalb des Unternehmens bestimmen würde und der Widerruf nur diesem ggü. erklärt werden könnte; es kommt auf den Widerruf ggü. dem Verantwortlichen (also dem Unternehmen, welches die Daten verarbeitet) an, nicht auf innerbetriebliche Abläufe oder Zuständigkeiten. Auch das Erfordernis, eine bes. Vorgangsnummer zu nennen, die für das Ersuchen um die Einwilligung verwendet worden war, erschwert den Widerruf (zust. Wolff in Schantz/Wolff DatenschutzR Rn. 534). Es muss insoweit ausreichen, dass der Betroffene durch persönliche Angaben (Name, Anschrift) so individualisiert werden kann, dass der Widerruf ggü. dem Verantwortlichen formlos möglich ist. Wurde die Einwilligung mündlich oder elektronisch erteilt, ist es für den Betroffenen nicht notwendig gleich einfach, den Widerruf auch mündlich oder elektronisch erklären zu müssen; insoweit muss der Verantwortliche ggü. den möglichen Medien des Widerrufs offener sein als er selbst es wegen seiner Nachweispflicht in Bezug auf die Einwilligung sein kann.

Der Widerruf wirkt sich nicht auf einen anderen Zulässigkeitsgrund des **17a** Art. 6 Abs. 1 aus. Auch dies spricht gegen die Kumulation der Einwilligung mit anderen Zulässigkeitsgründen: Das Erfordernis der Einwilligung vermittelt dem Betroffenen, dass er mit dieser etwas bewirke und der Widerruf möglich sei. Beim Vorliegen eines anderen, weiteren Zulässigkeitsgrundes läuft der Widerruf indes leer (→ Art. 6 Rn. 8); pauschale Hinweise auf eine mögliche anhaltende Zulässigkeit der Verarbeitung aus anderen Gründen sind insoweit weder hilfreich (aA Schulz in Gola DS-GVO Art. 6 Rn. 12) noch ausreichend.

E. Beurteilung der Freiwilligkeit (Abs. 4)

18 Art. 7 Abs. 4 greift das Merkmal der **Freiwilligkeit** in Art. 4 Nr. 11 auf und zielt auf deren Beurteilung ab (vgl. Wolff in Schantz/Wolff DatenschutzR Rn. 500 ff.). Methodisch wenig überzeugend wird eine weitreichende Anforderung formuliert, „dem Umstand in größtmöglichem Umfang Rechnung" zu tragen, die sich dann aber nur „unter anderem" auf die die Erfüllung eines Vertrags bezieht. Auch unter Berücksichtigung des DS-GVO-E(EP) (→ Rn. 5) ist dies kein direktes Koppelungsverbot (Dammann ZD 2016, 307 (311)), und auch ein generelles Koppelungsverbot (vgl. Rogosch, 81 ff.) lässt sich daraus nicht ableiten (vgl. Schantz NJW 2016, 1841 (1845): „Rechtsgedanke"; Härting DS-GVO Rn. 392: „deutliche Anklänge"). Deutlich wird, dass va Vertragsverhältnisse und damit gerade Rechtsverhältnisse zwischen Privaten gemeint sind. ErwGr 42 S. 5 vermittelt eine Orientierung, indem nur dann von der Freiwilligkeit der Einwilligung der betroffenen Person ausgegangen werden kann, „(…) wenn sie eine echte oder freie Wahl hat und somit in der Lage ist, die Einwilligung zu verweigern oder zurückzuziehen, ohne Nachteile zu erleiden". ErwGr 43 S. 1 stellt auf ein **„klares Ungleichgewicht"** ab. Dieses lässt sich kaum monokausal bestimmen; verschiedene Faktoren müssen berücksichtigt werden (krit. auch Gierschmann ZD 2016, 51 (54)): Der Umstand, dass eine bestimmte Leistung an einem Ort nur von einem Unternehmen angeboten wird, begründet nicht notwendig ein Ungleichgewicht. Es kommt auf die Leistung und ihre Modalitäten, ihre Bindungen, die Gestaltung der Ansprache und nicht zuletzt auf die Qualität und Quantität der Daten sowie dem Zweck der Verarbeitung an. Für die kostenfreie WLAN-Nutzung am Flughafen ist die „Zwangslage" anders zu bewerten als für den Erwerb eines Gebrauchsgegenstandes, die Inanspruchnahme einer notärztlichen Behandlung, das Bestehen eines Beschäftigungsverhältnisses (und dessen Anbahnung, Stichwort: Eignungsdiagnose) oder das Update eines Betriebssystems (dazu anschaulich Wolff in Schantz/Wolff DatenschutzR Rn. 508). Die Situation des Betroffenen muss objektiv beurteilt werden, die Behauptung einer Not- oder Zwangslage reicht nicht aus. ErwGr 43 S. 2 gibt einen weiteren Orientierungspunkt für die Beurteilung der Freiwilligkeit, der gemäß Abs. 4 Rechnung zu tragen ist; zw. ist, dass die Regelung damit „im praktischen Ergebnis auf ein striktes Koppelungsverbot" hinausläuft (so jedoch Dammann ZD 2016, 307 (311); Härting DS-GVO Rn. 393: vom Verordnunggeber „gewollt"; vgl. auch Plath in Plath DS-GVO Art. 7 Rn. 14 ff.). Bei genauer Betrachtung wird die Verarbeitung zu bestimmten Zwecken – etwa der Vertragserfüllung – schon nach Art. 6 Abs. 1 UAbs. 1 lit. b zulässig sein. Gerade dann ist im Einzelnen zu prüfen, ob die über den Vertragszweck

hinausgehende Datenverarbeitung in einer Weise überschießend oder sach-
widrig ist (vgl. Tavanti RVD 2016, 231 (235)), dass sie nicht einwilligungsfähig ist und damit von der erteilten Einwilligung nicht gedeckt sein kann.

Selbst im Falle des Handelns einer Behörde sind Situationen denkbar, in **19**
denen kein Ungleichgewicht in Gestalt eines Über-Unterordnungsverhältnisses besteht, dem sich der Betroffene „beugen" müsste, was die Freiwilligkeit ausschließt; alleine die Unklarheit über die Befugnisse der Behörde
(vgl. Simitis in Simitis BDSG aF § 4a Rn. 16) reicht schon aus, um die **Freiwilligkeit mangels Kenntnis** der Hintergründe zu verneinen. Auch deshalb
ist es konsequent, für die Zulässigkeit zur Datenverarbeitung durch Behörden
die Zulässigkeit in Art. 6 Abs. 1 UAbs. 1 lit. c und e zu suchen und nicht auf
eine Einwilligung abzustellen (vgl. auch Schulz in Gola DS-GVO Art. 7
Rn. 5). ErwGr 43 S. 1 greift gerade die Situation als beispielhaft für ein klares
Ungleichgewicht auf, in der ein Betroffener einer Behörde gegenübersteht
(vgl. für das Subventionsverhältnis Generalanwältin Sharpston, Schlussanträge,
Rs. C-92/09 und C-93/09, Rn. 77 ff. – Schecke/Eifert; für den Anwendungsbereich der JI-RL vgl. dort ErwGr 35 S. 4). Bei fiskalischen oder Hilfsgeschäften wird die Behörde indes nicht hoheitlich tätig; ein Anbieter von
Waren oder Dienstleistungen kann hier bei einem Nachfrageüberhang sogar
in der stärkeren Position sein. Auch der Abschluss öffentlich-rechtlicher Verträge ist nicht notwendig von einem Ungleichgewicht geprägt (vgl. auch
Kamp/Rost DuD 2014, 80); hier muss man die Qualität des Vertrags berücksichtigen, etwa ob es sich um einen subordinations- oder einen koordinations-
rechtlichen Vertrag handelt. Insgesamt ist die behördliche Verarbeitung auf
der Grundlage einer Einwilligung zwar nicht kategorisch auszuschließen, aber
sie wird die rechtfertigungspflichtige Ausnahme bleiben (vgl. Schulz in Gola
DS-GVO Art. 7 Rn. 6).

Art. 7 Abs. 4 konterkariert nicht Art. 6 Abs. 1 UAbs. 1 lit. b. Bei letzt- **20**
genanntem kommt es gerade darauf an, dass die Verarbeitung für die „Erfüllung des Vertrags" erforderlich ist und es daher keiner Einwilligung bedarf. In
Art. 7 Abs. 4 geht es um eine Verarbeitung, die für die Erfüllung nicht
erforderlich ist, weshalb sie nicht nach Art. 6 Abs. 1 UAbs. 1 lit. b zulässig ist;
vielmehr bedarf der Verantwortliche der Einwilligung des Betroffenen. Wenn
er von deren Erteilung die Erfüllung des Vertrags abhängig machen kann,
kann angenommen werden, dass er in einer starken Position ist, in der es dem
Betroffenen nicht freisteht, die gewünschte Leistung anderweitig zu erhalten.
Der Betroffene handelt dann nicht freiwillig. Eine solche **Erzwingung der
Datenverarbeitung** außerhalb des Vertrags ist damit ausgeschlossen.

Möglich ist es jedoch für den Verantwortlichen, die Datenverarbeitung **21**
selbst zum Gegenstand des Vertrags zu machen, und zwar nicht nur, um ihn
zu erfüllen (Lieferdaten, individuelle Konfektionierung, Gewährleistung),
sondern indem die Einwilligung des Betroffenen in die Datenverarbeitung als
Gegenleistung unmittelbar auf die Leistung des Verantwortlichen bezogen
wird: Dies betrifft alle Geschäftsmodelle der **„Kostenloskultur",** in denen
unentgeltlich Leistungen zur Vfg. gestellt wurden, wenn die Betroffenen in
die – für die Leistung als solche nicht erforderliche – Datenverarbeitung
einwilligten. Hier war die Einwilligung nicht für die Erfüllung des Vertrags

erforderlich. Bei genauer Betrachtung ist die Einwilligung Bestandteil des Vertrags, der ansonsten nicht oder nur gegen Entgelt zustande käme; die Leistung (zB eine E-Mail-Konto) wird mit den personenbezogenen Daten „bezahlt" bzw. gegen diese getauscht (vgl. Buchner DuD 2016, 155 (158 f.); Schantz NJW 2016, 1841 (1845); Buchner/Kühling in Kühling/Buchner DS-GVO Art. 7 Rn. 51; Wolff in Schantz/Wolff DatenschutzR Rn. 473); somit läuft Art. 7 Abs. 4 bei einer anderen, realistischen Rekonstruktion des Rechtsverhältnisses ins Leere. Wenn die Einwilligung für den Verantwortlichen von zentraler Bedeutung ist, zB weil erst und nur diese ihm eine Wertschöpfung durch Weiterverarbeitung von Daten ermöglicht, ist die Überlassung der Daten der Preis für seine Leistung. In einem Fall, in dem der Verantwortliche der einzige Anbieter einer Leistung ist und für diese Leistung als Gegenleistung die Einwilligung in die Verarbeitung verlangt und der Betroffene keine andere Wahl hat, als diesen Vertrag so einzugehen, geht es weniger um die Freiwilligkeit der Einwilligung, sondern um die Frage, ob der Unternehmer eine marktbeherrschende Stellung innehat, die er zu Lasten der Betroffenen missbraucht. Die Freiwilligkeit und die Freiheit beziehen sich hier also nicht auf die Einwilligung, sondern auf den Vertrag insgesamt. Durchgreifender Maßstab für dieses Verhalten ist nicht Art. 7 Abs. 4, sondern Art. 102 AEUV bzw. § 19 GWB.

F. Nationale Bestimmungen

22 Art. 7 enthält keine Öffnungsklausel. Unabhängig davon sind die noch bis Mai 2018 geltenden Regelungen des BDSG aF zT für eine Rückanknüpfung geeignet (→ Art. 6 Rn. 52).

23 § 4a Abs. 1 S. 4 BDSG aF ordnet an, dass in dem Fall, dass die Einwilligung, die mit anderen Erkl. abgegeben wird, bes. hervorzuheben ist; als vorrangig wird ein getrenntes Formular bezeichnet (Simitis in Simitis BDSG aF § 4a Rn. 41). § 4a Abs. 1 S. 3 BDSG aF sieht die Schriftform vor, soweit nicht wegen der bes. Umstände eine andere Form angemessen ist (vgl. Rogosch, 56 ff.). Diese Vorschr. geht über Art. 7, aber auch das Regelungssystem der DS-GVO zur Einwilligung hinaus, indem ein Regel-Ausnahme-Verhältnis bestimmt wird.

24 Das Widerrufsrecht ist unmittelbar nicht im BDSG aF geregelt, sondern wird am Rande (§ 28 Abs. 3a S. 1 BDSG aF) erwähnt. Die Datenschutzgesetze der Länder verfolgen unterschiedliche Regelungsansätze: So ist Widerruflichkeit Definitionsmerkmal der Einwilligung nach § 4 Abs. 1 S. 2 LDSG NRW. § 7 Abs. 2 S. 6 LDSG H, § 12 Abs. 2 S. 3 LDSG SchlH und § 4 Abs. 2 S. 4 LDSG BW verpflichten zum Hinweis auf die Möglichkeit des Widerrufs (vgl. auch § 4 Abs. 2 S. 5 LDSG N). Art. 15 Abs. 4 S. 2 Nr. 2 LDSG Bay. setzt die generelle Möglichkeit des Widerrufs voraus. Lediglich § 4 des LDSG Thür. schweigt zum Widerruf, jedoch ist dieses Schweigen beredt, weil gem. Art. 1 Abs. 3 GG dem Recht auf informationelle Selbstbestimmung Rechnung zu tragen ist und der Widerruf möglich sein muss.

Auch die Vorschr. zur Freiwilligkeit variieren: § 4a Abs. 1 S. 1 BDSG aF **25** stellt darauf ab, dass die Einwilligung auf einer „freien Entscheidung" beruht (so auch § 12 Abs. 2 S. 1 LDSG SchlH). In § 4 Abs. 1 S. 2 LDSG NRW wird die Freiwilligkeit genannt. Unabhängig von den gesetzlichen Regelungen ist die Freiwilligkeit für eine Einwilligung konstitutiv. Unter Berücksichtigung dieser Regelungen ist Art. 7 Abs. 4 (mit Art. 4 Nr. 11) der Versuch einer Konkretisierung, der einen Ansatz für „Interpretationskontroversen" bietet (Simitis in Simitis BDSG aF § 4a Rn. 8). Auch hinter den (begrenzt wirkenden) Koppelungsverboten des § 28 Abs. 3b BDSG aF und § 95 Abs. 5 TKG bleibt Art. 7 Abs. 4 zurück (vgl. Dammann ZD 2016, 307 (311); Faust, A 18).

G. Ausblick

Mit Art. 7 wird die durch Art. 8 Abs. 2 S. 1 GRCh induzierte **Zentralität** **26** der Einwilligung auch **sekundärrechtlich anerkannt,** wenngleich die Regelung auch im Verbund mit Art. 4 Nr. 11 und Art. 6 Abs. 1 UAbs. 1 lit. a, ergänzt um Art. 8, selektiv bleibt. Doch hat der Gesetzgeber einen substantiierten Versuch unternommen, die Bedingungen der Einwilligung einer abstrakt-generellen Regelung zuzuführen und die Wirksamkeit zu verbessern, anstatt weiterhin alleine auf die Rechtsanwendung zu setzen. Die Hintanstellung der Einwilligung ist normativ keine Alternative (vgl. Radlanski S. 204 ff.), zumal iF zivilrechtlicher Rechtsverhältnisse. Allerdings könnte es zu einer **„Flucht vor der Einwilligung"** zu Gunsten der Nutzung gesetzlicher Erlaubnistatbestände kommen (in diese Richtung Härting Rn. 402; vgl. auch Gierschmann ZD 2016, 51 (54)); fahrlässig wäre es indes, auf Art. 6 Abs. 1 UAbs. 1 lit. f zu setzen (Veil NJW 2018, 3337 (3344): im Vergleich „keinen klaren Sieger") oder auch nur den Anschein eines Umgehungsversuchs zu erwecken. Dass die Regelungen kontingent sind, zeigen die funktional zT vergleichbaren Regelungsvorschläge der Entwürfe.

Art. 8 Bedingungen für die Einwilligung eines Kindes in Bezug auf Dienste der Informationsgesellschaft

(1) [1] Gilt Artikel 6 Absatz 1 Buchstabe a bei einem Angebot von Diensten der Informationsgesellschaft, das einem Kind direkt gemacht wird, so ist die Verarbeitung der personenbezogenen Daten des Kindes rechtmäßig, wenn das Kind das sechzehnte Lebensjahr vollendet hat. [2] Hat das Kind noch nicht das sechzehnte Lebensjahr vollendet, so ist diese Verarbeitung nur rechtmäßig, sofern und soweit diese Einwilligung durch den Träger der elterlichen Verantwortung für das Kind oder mit dessen Zustimmung erteilt wird.
Die Mitgliedstaaten können durch Rechtsvorschriften zu diesen Zwecken eine niedrigere Altersgrenze vorsehen, die jedoch nicht unter dem vollendeten dreizehnten Lebensjahr liegen darf.

(2) Der Verantwortliche unternimmt unter Berücksichtigung der verfügbaren Technik angemessene Anstrengungen, um sich in solchen Fällen zu vergewissern,

dass die Einwilligung durch den Träger der elterlichen Verantwortung für das Kind oder mit dessen Zustimmung erteilt wurde.

(3) **Absatz 1 lässt das allgemeine Vertragsrecht der Mitgliedstaaten, wie etwa die Vorschriften zur Gültigkeit, zum Zustandekommen oder zu den Rechtsfolgen eines Vertrags in Bezug auf ein Kind, unberührt.**

BDSG und anderes nationales Recht: –

Literatur: *Albrecht,* Das neue EU-Datenschutzrecht – von der Richtlinie zur Verordnung, CR 2016, 88; *Buchner/Kühling,* Die Einwilligung in der Datenschutzordnung 2018, DuD 2017, 544; *Dammann,* Erfolge und Defizite der EU-Datenschutzgrundverordnung, ZD 2016, 307; *Fritzsche/Knapp,* Bildnisse von Kindern im Internet und in sozialen Medien, FamRZ 2019, 1905; *Hertel,* Die Angst vor dem Datenschutz, Süddeutsche Zeitung Nr. 118 vom 25.5.2018, 36; *Jandt/Roßnagel,* Besteht ein ausreichender Datenschutz? Social Networks für Kinder und Jugendliche, MMR 2011, 637; *Joachim,* Besonders schutzbedürftige Personengruppen. Einordnung gruppenspezifischer Schutzbedürftigkeit in der DS-GVO, ZD 2017, 414; *Lauffher,* Sieben „Goldene Regeln" für sichere IT-Systeme, DuD 2016, 111; *Meinunger,* Datenschutz als qualitatives Element der Kinder- und Jugendhilfe, NDV 2019, 102; *Möhrke-Sobolewski/Klas,* Zur Gestaltung des Minderjährigendatenschutzes in digitalen Informationsdiensten, K&R 2016, 373; *Rauda,* Gemeinsamkeiten von US Children Online Privacy Protection Act (COPPA) und DS-GVO. Zustimmungserfordernis der Eltern zur Verarbeitung von Daten Minderjähriger, MMR 2017, 15; *Roßnagel,* Der Datenschutz von Kindern in der DS-GVO. Vorschläge für die Evaluierung und Fortentwicklung, ZD 2020, 88; *Schimke,* Rechtliche Rahmenbedingungen der Veröffentlichung von Kinderfotos im Netz durch Eltern, NZFam 2019, 851; *Simitis,* „Auch im Internet muß es Verantwortliche geben". Die Grenzen nationalen Rechts, Datenschutz und Jugendschutz, DRiZ 1997, 396; *Wagner,* Der Entwurf einer Datenschutz-Grundverordnung der Europäischen Kommission, DuD 2012, 676.

A. Allgemeines

I. Einführung

1 Art. 8 regelt spezifische Anforderungen an die Einwilligung nach Art. 6 Abs. 1 UAbs. 1 lit. a für einen sachlich beschr. Anwendungsbereich. Die Vorschr. trägt dem Umstand Rechnung, dass Kinder und Jugendliche Adressaten von Diensten der Informationsgesellschaft sind, die ihnen – **auch** als **„Kunden von morgen"** – häufig unentgeltlich angeboten werden, die zugleich aber mit der Preisgabe personenbezogener Daten verbunden sind (vgl. Möhrke-Sobolewski/Klas K&R 2016, 373; Rauda MMR 2017, 15). Davon zu unterscheiden sind die nach allgemeinen Regelungen zu beurteilenden Fällen, in denen personenbezogene Daten von Kindern verarbeitet werden, ohne dass ihnen ein Angebot gemacht wird, etwa in Gestalt der Weitergabe von Bildern (vgl. Fritzsche/Knapp FamRZ 2019, 1905). Die Gelegenheiten, Kindern und Jugendlichen einen spezifischen Schutz zukommen zu lassen (vgl. allg. Art. 57 Abs. 1 Buchst. b), sind in der DS-GVO selten (vgl. zum Vorschlag der DSK, einen Art. zu Erziehung und Bildung aufzunehmen, Wagner DuD 2012, 676 (678); zum Selbstdatenschutz instruktiv Lauffher DuD 2016, 111); hinzuweisen ist jedoch auf die Privilegierung nach

Art. 6 Abs. 1 UAbs. 1 lit. f, auf Art. 12 u. auf Art. 40 Abs. 2 lit. g (vgl. auch Joachim ZD 2017, 414; Roßnagel ZD 2020, 88). Mit Art. 8 wird ein einheitliches Regime für die Datenverarbeitung auf der Grdl. einer Einwilligung nach Art. 6 Abs. 1 UAbs. 1 lit. a (der Normtext spricht von Art. 6 Abs. 1 lit. a) für Kinder und Jugendliche errichtet. Die Thematik hat – Stichwort: Klassenfotos – weite Kreise gezogen (vgl. Schimke NZFam 2019, 851), in niederschwelligen Anwendungslagen für Verwirrung gesorgt und etwa ehrenamtliches Engagement verkompliziert (Hertel SZ 2018, 36). Das mitgliedstaatliche Recht über Rechtsgeschäfte – in diesem Fall: die Einwilligung als einseitiges Rechtsgeschäft, wenn man sie so qualifiziert – findet darin eine Einschränkung. Dies lässt sich auch damit begründen, dass die mitgliedstaatlichen Regelungen hinsichtlich der Geschäftsfähigkeit vielfältig und diese Vielfalt einem einheitlichen Datenschutzniveau abträglich ist. Es bedarf daher nicht des Umwegs über das mitgliedstaatliche Recht. In Deutschland etwa wäre darauf abzustellen, dass der Minderjährige nicht lediglich einen rechtlichen Vorteil erlangt, wenn er in die Verarbeitung von Daten einwilligt (vgl. Albrecht/Jotzo DatenschutzR, 81 (Rn. 69)): Er erhält das Recht auf eine bestimmte Leistung gegen die Willenserklärung der Einwilligung, die jedoch mit der Datenverarbeitung – und dem Recht des Verantwortlichen dazu – einhergeht; damit bedarf er in Deutschland der Einwilligung des gesetzlichen Vertreters (vgl. § 107 BGB). Diese Regelung hat nicht primär eine datenschützende Qualität. Daher ist eine eigenständige datenschutzrechtliche Bewertung erforderlich (so auch Karg BeckOK DatenschutzR Art. 8 Rn. 38).

Es wird davon ausgegangen, dass Kinder sich der Risiken, Folgen, Garan- **2** tien und Rechte „möglicherweise" weniger bewusst sind, vgl. ErwGr 38 S. 1; dabei sollte die **Einsichtsfähigkeit** gem. der Grundrechtslehren ein Orientierungspunkt sein, vgl. auch Art. 24 GRCh (vgl. bereits Simitis DRiZ 1997, 396 (399)). Gleichzeitig muss das Datenschutzregime einen Beitrag leisten, um Kinder und Jugendliche zu schützen und das elterliche Erziehungsrecht zur Geltung zu bringen. Ordnete die Rechtsordnung eine freie Verfügung von Minderjährigen über „ihre" Daten an, so würde das unter dem bes. Schutz des Staates stehende **Eltern-Kind-Verhältnis** entwertet (vgl. Art. 7, 14 Abs. 3, 33 Abs. 1 GRCh).

II. Entstehungsgeschichte

1. Vergleich mit der DSRL

Die DSRL enthielt keine entspr. Vorgabe für die Mitgliedstaaten; demgemäß **3** enthielt auch das BDSG keine Regelung. Aus der Perspektive des Jahres 1995 ist dies plausibel und wenig überraschend, tauchen die bes. Problemlagen doch erst im Zusammenhang mit den Diensten der Informationsgesellschaft auf. Gleichwohl wurde für die Frage, inwieweit Jugendliche in die Datenverarbeitung einwilligen können, dadurch eine Lösung gefunden, dass auf die Einsichtsfähigkeit und nicht auf die Geschäftsfähigkeit abgestellt wurde (→ Art. 4 Rn. 68).

2. Vergleich mit den Entwurfsfassungen

4 Art. 8 Abs. 1 S. 1 DS-GVO-E(KOM) stellte zwar auch auf das Angebot von
Diensten ab, in dessen Rahmen in die Verarbeitung von Daten eingewilligt
werden müsste. Die Altersgrenze lag indes bei 13 Jahren; diese Altersgrenze
blieb nach DS-GVO-E(EP) zunächst unverändert. Art. 8 Abs. 1 S. 2 DS-
GVO-E (KOM) verlangte „angemessene Anstrengungen, um eine nachprüf-
bare Einwilligung zu erhalten", was jedoch verschleiert, dass die Einwilligung
vorausgesetzt wird und für diese Regelung die Nachprüfung im Zentrum
stellen sollte; die Vorschr. ist in Art. 8 Abs. 2 aufgegangen. Abs. 2 der Entwurfsfassung wurde zu Abs. 3. Abs. 3 S. 1 der Entwurfsfassung enthielt eine
Ermächtigungsgrundlage zu Gunsten der KOM, die sich auf Abs. 1 S. 2
(Entwurf) bezog; in Abs. 3 S. 2 war vorgesehen, bei entspr. Maßnahmen nach
Unternehmensgröße abzustufen. Nach Abs. 4 der Entwurfsfassung sollte die
KOM Standardvorlagen iSd Abs. 1 festlegen können; für die Durchführung
war das Komitologie-Prüfverfahren nach Art. 87 Abs. 2 (Entwurf; nunmehr
Art. 93 Abs. 2) iVm VO (EU) Nr. 182/2011 vorgesehen.

5 Nach Art. 8 Abs. 1 S. 1 DS-GVO-E(EP) sollte „Dienste der Informationsgesellschaft" durch „Waren oder Dienstleistungen" ersetzt werden. Art. 8
Abs. 1 S. 2 DS-GVO-E(EP) war direkter formuliert, indem das Überprüfen
selbst in den Mittelpunkt gestellt wurde. Art. 8 Abs. 1a DS-GVO-E(EP)
enthielt Anforderungen an Inhalt (eindeutig) und Form (angemessene Sprache). Durch Abs. 3 sollte der EDSA befugt werden, Leitlinien, Empf. und
bewährte Praktiken in Bezug auf die Überprüfung zu veröffentlichen. Abs. 4
sollte nach dem Standpunkt gestrichen werden.

B. Einwilligung durch Jugendliche (Abs. 1)

I. Bedingung für die Einwilligung (Abs. 1 UAbs. 1 S. 1)

6 Art. 8 findet nur in Fällen des Art. 6 Abs. 1 UAbs. 1 lit. a Anwendung, dh
wenn die Verarbeitung von Daten durch Einwilligung legitimiert wird. Weiterhin muss ein **Dienst der Informationsgesellschaft** angeboten werden.
Der Begriff wird in Art. 4 Nr. 25 (→ Art. 4 Rn. 142 ff.) wegen des Verweises
auf die RL 2015/1535 und deren Anh. I weniger definiert als in Bezug
genommen; gerade bei einer Sonderregelung für Jugendliche und deren Sorgeberechtigte ist es bedauerlich und krit., dass die Kodifikationsleistung hier
von Anfang an unvollständig ist, indem auf eine RL verwiesen wird, die selbst
nicht unmittelbar gilt (aA Buchner/Kühling in Kühling/Buchner DS-GVO
Art. 8 Rn. 12). Art. 8 Abs. 1 hat wegen der Schrankentrias in Art. 1 Abs. 1
lit. b S. 2 der RL 2015/1535 nur einen engen Anwendungsbereich. Gleichzeitig ist dieser Anwendungsbereich – mit Blick auf die Relevanz sog sozialer
(Online-)Netzwerke für das Leben der „digital natives" – auch der wesentliche, um den es dem Verordnunggeber ging, als er diese Sonderbestimmung
vorsah. Dadurch, dass Waren anders als vom EP favorisiert nicht erfasst
werden, wird die mitgliedstaatliche Übung zur Einsichtsfähigkeit als Voraussetzung der Einwilligung nur minimalinvasiv angetastet.

Das Angebot muss „einem Kind direkt" gemacht werden. Aus Sicht der **7** Verantwortlichen günstig, weil der Kreis der Verpflichteten damit weiter abnähme, wäre es, wenn darunter nur Angebote verstanden würden, die sich **speziell** an Kinder und Jugendliche richten, und zwar dem Inhalt nach oder der Form nach (kindgerechte Aufbereitung) oder durch die direkte Ansprache von Kindern (vgl. Wolff in Schantz/Wolff DatenschutzR Rn. 480; Kampert in Sydow DS-GVO Art. 8 Rn. 9, zu Recht unter Einschluss solcher Angebote, in deren Nutzungsbedingungen Kinder und Jugendliche und deren Mindestalter erwähnt werden). Jedenfalls schließt der Wortlaut aus, dass die Regelung auch dann gelten soll, wenn ein Dienst, der nicht für Kinder oder Jugendliche bestimmt ist (zB Dating-Apps für Erwachsene), lediglich von diesen genutzt wird (aA Buchner/Kühling in Kühling/Buchner DS-GVO Art. 8 Rn. 17; Buchner/Kühling DuD 2017, 544 (547)). In der Mittellage befinden sich die Dienste, die seitens des Verantwortlichen für einen **„dual use"** durch Kinder und Erwachsene offenstehen (zust. Buchner/Kühling in Kühling/Buchner DS-GVO Art. 8 Rn. 16; Karg BeckOK DatenschutzR Art. 8 Rn. 50), und dies betrifft eine Vielzahl von Diensten der Informationsgesellschaft (vgl. auch Jandt/Roßnagel MMR 2011, 637), neben Fernabsatzgeschäften etwa auch Gewinnspiele und Informationsangebote von Bildungseinrichtungen (zB Jahresberichte), nicht jedoch rein persönliche oder familiäre Tätigkeiten (Art. 2 Abs. 2 Buchst. c). Nachdem der Schutz von Kindern und Jugendlichen Sinn und Zweck der Vorschr. konstituiert, sind auch solche Dienste zu erfassen (zust. Wolff in Schantz/Wolff DatenschutzR Rn. 481). Eine andere, enger beschränkende Formulierung („ausschließlich") wäre möglich gewesen. IÜ gelten die Regelungen des Jugendschutz-, des Wettbewerbs- und des Vertragsrechts, so dass unabhängig von der Einwilligung für Verantwortliche die Pflicht wie auch ein Interesse bestehen können, eine ausgeklügelte Altersverifikation vorzusehen: Art. 8 dient nicht generell dem Jugendschutz als Gefahrenabwehr und der Sicherung der geistigen und körperlichen Entwicklung von Kindern und Jugendlichen (so jedoch ansatzweise Buchner/Kühling DuD 2017, 544 (547)); dieses schützt Kinder und Jugendliche bis zum Eintritt der Volljährigkeit (vgl. Kampert in Sydow DS-GVO Art. 8 Rn. 4 mwN).

Nach ErwGr 38 S. 3 sollte die Einwilligung des Trägers elterlicher Ver- **8** antwortung bei **Präventions- und Beratungsdiensten,** die unmittelbar Kindern und Jugendlichen angeboten werden, nicht erforderlich sein. Diese Bereichsausnahme wird im Normtext nicht deutlich. Allerdings sind solche Dienste, soweit sie – üblicherweise – telefonisch erbracht werden, auch keine Dienste der Informationsgesellschaft: Sprachtelefondienste und ua medizinische Beratung am Telefon werden nach Art. 1 Abs. 1 lit. b S. 2, 3 RL 2015/1535 iVm deren Anh. I nicht elektronisch erbracht. Entspr. Internetangebote, die auf Telefonnummern verweisen, sollten – und können – auf die Anforderung personenbezogener Daten verzichten (zust. Buchner/Kühling in Kühling/Buchner DS-GVO Art. 8 Rn. 14).

Soweit der Jugendliche das 16. Lebensjahr vollendet hat, ist die Datenver- **9** arbeitung rechtmäßig. Dies ist jedoch nicht als gesonderte Anforderung an die Rechtmäßigkeit, sondern als **Wirksamkeitsvoraussetzung** für die Einwilligung nach Art. 6 Abs. 1 UAbs. 1 lit. a zu verstehen. Ein Beleg für dieses Verständnis ist die Überschrift der Norm: „Bedingungen für die Einwilligung eines Kindes". Auch Abs. 1 UAbs. 1 S. 2 stellt auf die Einwilligung ab. Die Einsichtsfähigkeit wird dadurch substituiert (Buchner/Kühling in Kühling/Buchner DS-GVO Art. 8 Rn. 19).

10 Außerhalb des direkten Angebots von Diensten der Informationsgesellschaft bleibt es bei den allg. Regeln zur Einwilligung, insbes. der Einsichtsfähigkeit einerseits und der Abhängigkeit der Wirksamkeit von der Freiwilligkeit andererseits.

II. Wirksamkeit der Einwilligung bei Personen unter 16 Jahren (Abs. 1 UAbs. 1 S. 2)

11 Im Falle von Jugendlichen unter 16 Jahren muss der Träger elterlicher Verantwortung selbst einwilligen oder der Einwilligung des Jugendlichen zustimmen (krit. zum strikten Wortlaut Schulz in Gola DS-GVO Art. 8 Rn. 9). Die Zustimmung muss von Anfang an vorliegen; eine nachträgliche Genehmigung scheidet aus. Zu begründen ist dies damit, dass die Datenverarbeitung regelmäßig unumkehrbar ist und eine schwebende Unwirksamkeit der Einwilligung bis zur Genehmigung zu Lasten des Schutzzwecks der Norm ginge. Auch wenn und gerade weil ein Angebot direkt an Kinder gerichtet wird, sind die Träger der elterlichen Verantwortung erste Ansprechpartner der Unternehmen (vgl. Möhrke-Sobolewski/Klas K&R 2016, 373 (375)).

III. Öffnungsklausel (Abs. 1 UAbs. 2)

12 Mit der Öffnungsklausel zu Gunsten mitgliedstaatlicher Regelungen zur Herabsetzung des Alters für die Einwilligung wurde die Änd. von 13 auf 16 Jahre in Abs. 1 UAbs. 1 S. 2 kompensiert. Auf diese Weise könnten die Mitgliedstaaten ua die Besonderheiten ihrer Rechtsordnungen in Bezug auf die Geschäftsfähigkeit direkt abbilden und den Gleichlauf mit den Regelungen über das Grundgeschäft sicherstellen (vgl. Abs. 3); gerade in der typischen Situation der vermeintlichen Kostenlosigkeit des Dienstes (iS eines Tauschs „Dienst gegen Einwilligung") liegt die Annäherung aufgrund des rechtsgeschäftlichen oder rechtsgeschäftsähnlichen Charakters der Einwilligung nicht fern. Unabhängig davon kann man die Öffnungsklausel so verstehen, dass das mitgliedstaatliche Parlament mit einer eigenen Festsetzung des Alters zum Ausdruck bringen kann, wann es die Einsichtsfähigkeit des Kindes als gegeben ansieht (vgl. Albrecht CR 2016, 88 (97)). Im Grundsatz bleibt es aber bei dem Mindestalter 16. Gleichzeitig ist damit für die verantwortlichen Stellen, insbes. Unternehmen, die grenzüberschreitend agieren, ein Mehraufwand verbunden, der gewichtiger ist als die Rechtsunsicherheit für minderjährige EU-Bürger wie auch deren Erziehungsberechtigten.

C. Verpflichtung des Verantwortlichen (Abs. 2)

Abs. 2 flankiert das Erfordernis der Einwilligung oder der Zustimmung nach **13** Abs. 1 UAbs. 1 S. 2, indem er die Obliegenheit des Verantwortlichen regelt, sich mittels „angemessener Anstrengungen" hinsichtlich Einwilligung bzw. Zustimmung zu vergewissern. Indem dabei auf die verfügbaren Techniken Rücksicht genommen wird, liegt darin eine Öffnung, wie sie in der **Technologieneutralität** nach ErwGr 15 nicht vorgesehen ist. Sie entspricht jedoch dem beschr. Anwendungsbereich des Art. 8. Gerade bei einem Dienst der Informationsgesellschaft ist die Einwilligung oder die Zustimmung unter Abwesenden zu erteilen. Es kann dafür sicherlich nicht ausreichen, den Jugendlichen bei der Inanspruchnahme eines Informationsdienstes eine Box anklicken zu lassen, mit der er bezeugt, dass der Träger der elterlichen Verantwortung zugestimmt oder eingewilligt habe (aA Plath in Plath DS-GVO Art. 8 Rn. 12). Erforderlich sein werden die Kontaktaufnahme zu dem Träger der elterlichen Verantwortung und dessen positive Rückmeldung, und sei es im Wege eines Double-Opt-in-Verfahrens (vgl. Möhrke-Sobolewski/Klas K&R 2016, 373 (377 f.); Buchner/Kühling in Kühling/Buchner DS-GVO Art. 8 Rn. 24; Wolff in Schantz/Wolff DatenschutzR Rn. 484). Für diese Kontaktaufnahme ist der Verantwortliche auf die Mitwirkung des Jugendlichen angewiesen, etwa auf die Angabe einer E-Mail-Adresse, um den Träger der elterlichen Verantwortung zu kontaktieren; aber selbst dann ist die für die Autorisierung erforderliche Authentizität nicht gesichert (vgl. Möhrke-Sobolewski/Klas K&R 2016, 373 (377 f.)). Nachdem auf die Angemessenheit abgestellt wird, muss der Verantwortliche bei der Gestaltung der Mechanik berücksichtigen, welche Wertigkeit die zu verarbeitenden Daten haben, und dementsprechend höhere Anforderungen an die Prüfung stellen.

Abs. 2 ist somit ein eigenständiger Rechtsgrund für die Verarbeitung von **14** Daten, um die Einwilligung durch den Träger der elterlichen Verantwortung oder dessen Zustimmung zur (sonst unwirksamen) Einwilligung des betroffenen Jugendlichen erst zu ermöglichen (zust. Buchner/Kühling in Kühling/Buchner DS-GVO Art. 8 Rn. 24). Soweit die angemessenen Anstrengungen unternommen werden, gilt die Einwilligung als wirksam erteilt, wenn der Verantwortliche trotz dieser Anstrengungen getäuscht worden sein sollte. Sobald die Täuschung offenbar wird, etwa auf der Grundlage (unwahrscheinlich) weiterer Nachforschungen oder (eher denkbar) der Rückmeldung der Erziehungsberechtigten, entfällt ex nunc die Berechtigung, Daten zu verarbeiten.

D. Mitgliedstaatliches Vertragsrecht (Abs. 3)

Abs. 3 verdeutlicht, dass Abs. 1 UAbs. 1 S. 1, 2 nur auf die Einwilligung oder **15** die Zustimmung bezogen ist, nicht auf den Gegenstand des Rechtsgeschäfts zwischen Betroffenem und Verantwortlichem iÜ. Unionsrechtlich geregelt wird nur die Anforderung an die gewillkürte Legitimierung an die Verarbeitung personenbezogener Daten. Das bedeutet, dass die Einwilligung erteilt werden kann, ohne dass das Rechtsgeschäft zu Stande kommt, und dass das Rechtsgeschäft wirksam ist, selbst wenn die Einwilligung nicht wirksam ist. Für die Zulässigkeit der Datenverarbeitung hat das **Grundgeschäft** keine Auswirkungen.

16   Ausgeschlossen ist jedoch, dass die fehlende Einwilligung durch die Erforderlichkeit der Datenverarbeitung zu vertraglich vorgesehenen Zwecken nach Art. 6 Abs. 1 UAbs. 1 lit. b beliebig ersetzt wird. Dort ist die Datenverarbeitung **akzessorisch** zu dem – nach mitgliedstaatlichem Recht wirksamen – Vertragsschluss bzw. vorgängig zu einem beabsichtigten Vertragsschluss. Soweit ein Vertrag wirksam geschlossen wurde (vgl. insbes. §§ 110, 112 f. iVm § 106 BGB) und im Anschluss zu dessen Erfüllung Daten verarbeitet wurden, greift Art. 6 Abs. 1 UAbs. 1 lit. b; das gleiche kann angenommen werden, wenn ein Rechtsgeschäft nach Vertragsrecht wirksam abgeschlossen werden kann und dafür im Vorfeld Daten verarbeitet werden. Dass Kinder und Jugendliche iÜ gerade im Vorfeld nicht in die Vorbereitung von Verträgen „verstrickt" werden, die sie überhaupt nicht abschließen könnten, ergibt sich aus dem mitgliedstaatlichen Recht des Jugendschutzes und aus dem Recht gegen den unlauteren Wettbewerb. Gerade ein schwebend unwirksamer Vertrag bedarf hinsichtlich der Datenverarbeitung der Einwilligung durch Sorgeberechtigte oder der Einwilligung mit Zustimmung der Sorgeberechtigten.

17   Ausgeschlossen ist auch eine mitgliedstaatliche spezifische Regelung, die außerhalb des allg. Vertragsrechts liegt. Lediglich für die Altersgrenze ist nach Abs. 1 UAbs. 2 eine Änd. möglich, und dies betrifft die bes. Regelungen.

E. Nationale Bestimmungen

18   Das BDSG enthält – von § 14 Abs. 1 S. 1 Nr. 2 abgesehen – keine Regelung. Für die Einwilligung wurde auf die **Einsichtsfähigkeit** und nicht auf die Geschäftsfähigkeit abgestellt (vgl. Gola/Schomerus BDSG aF § 4a Rn. 10; Möhrke-Sobolewski/Klas K&R 2016, 373 (374)). Diese Abgrenzung wird durch Art. 8 nicht abgelöst, sondern ergänzt, denn es ist für jede Einwilligung erforderlich, dass die Tragweite der Entsch. erkennbar ist: Die Typisierung schafft Rechtssicherheit und kommt ua dem Umstand entgegen, dass Jugendliche, die nicht volljährig sind, aufgrund verkürzter Schullaufbahn bereits vor Vollendung des 18. Lebensjahrs von den Trägern der elterlichen Verantwortung in räumlicher Distanz zu diesen ihren Wohnsitz nehmen. Zugleich begründet § 28 Abs. 1 Nr. 1 BDSG aF die Zulässigkeit als Folge eines §§ 2, 104 ff. BGB wirksam geschlossenen Grundgeschäfts.

19   Von der Öffnungsklausel des Abs. 1 UAbs. 2 könnte der dt. Gesetzgeber Gebrauch machen; im DSAnpUG-EU hat er dies noch nicht getan. Auf Unionsebene war die Entsch. für ein Heraufsetzen des Alters auf 16 Jahre iVm der Öffnungsklausel letztlich ein dilatorischer Kompromiss, der die Chancen, aber auch Probleme einer starren Altersgrenze auf eine andere Ebene verlagert (vgl. zu weiteren Altersgrenzen im dt. Recht Möhrke-Sobolewski/Klas K&R 2016, 373 (376)).

F. Ausblick

Die typisierende Regelung des Art. 8 (überspitzend Dammann ZD 2016, 307 **20** (311): „Netz-Mündigkeit") ist sicherlich als ein Mehr ggü. der bisherigen Rechtslage zu bewerten; sie ist jedoch nur ein Anknüpfungspunkt für, nicht die Antwort auf die Herausforderung, die personenbezogenen Daten von Kinder und Jugendlichen zu schützen, zumal Daten von Kindern und Jugendlichen gemäß Art. 6 auch jenseits der Einwilligung verarbeitet werden (vgl. Meinunger NDV 2019, 102). Nicht unterschätzt werden sollte der Effekt, dass das Erfordernis der Einwilligung auch die Funktion hat, dass die Träger elterlicher Verantwortung erfahren, welche Dienste der Informationsgesellschaft diejenigen nutzen, für die sie elterliche Verantwortung tragen. Das Einwilligungserfordernis kann daher auch insoweit eine **Dialog- und Schutzfunktion** erfüllen, zumal es bußgeldbewehrt ist (Art. 83 Abs. 4 lit. a). Die Einlösung des Anspruchs, Kinder und Jugendliche vor einer Datenverarbeitung ohne Einwilligung der Träger der elterlichen Verantwortung zu schützen, ist voraussetzungsvoll: Die Verantwortlichen müssen eine **gute fachliche Praxis** entwickeln, und die Kontrolle muss nicht nur abstrakt und konkret möglich sein, sondern durchgeführt werden (vgl. Roßnagel ZD 2020, 88 (91 f.)). In dem Maße, in dem den Betroffenen – Kindern und Trägern der elterlichen Verantwortung – der Schutz ihrer personenbezogenen Daten wichtig ist, könnte sich auch im Wettbewerb zwischen den Diensten der Informationsgesellschaft um das jedenfalls **regelungskonforme Datenschutzniveau** entwickeln. Dies könnte auch durch den zT möglichen Verzicht auf die Verarbeitung personenbezogener Daten unter Aufrechterhaltung des Angebots erreicht werden, um Art. 8 insgesamt auszuweichen. Voraussetzung für die Durchsetzung des Art. 8 ist die wirksame Kontrolle durch die verschiedenen Beteiligten oder eine Konstellation, in der diese Dienste am Markt hinsichtlich der Hauptleistung in einem Wettbewerb stehen, bei gleichzeitiger Relevanz des Datenschutzes für die Nutzer.

Art. 9 Verarbeitung besonderer Kategorien personenbezogener Daten

(1) **Die Verarbeitung personenbezogener Daten, aus denen die rassische und ethnische Herkunft, politische Meinungen, religiöse oder weltanschauliche Überzeugungen oder die Gewerkschaftszugehörigkeit hervorgehen, sowie die Verarbeitung von genetischen Daten, biometrischen Daten zur eindeutigen Identifizierung einer natürlichen Person, Gesundheitsdaten oder Daten zum Sexualleben oder der sexuellen Orientierung einer natürlichen Person ist untersagt.**

(2) **Absatz 1 gilt nicht in folgenden Fällen:**

a) **Die betroffene Person hat in die Verarbeitung der genannten personenbezogenen Daten für einen oder mehrere festgelegte Zwecke ausdrücklich eingewilligt, es sei denn, nach Unionsrecht oder dem Recht der Mitgliedstaaten kann das Verbot nach Absatz 1 durch die Einwilligung der betroffenen Person nicht aufgehoben werden,**

b) die Verarbeitung ist erforderlich, damit der Verantwortliche oder die betroffene Person die ihm bzw. ihr aus dem Arbeitsrecht und dem Recht der sozialen Sicherheit und des Sozialschutzes erwachsenden Rechte ausüben und seinen bzw. ihren diesbezüglichen Pflichten nachkommen kann, soweit dies nach Unionsrecht oder dem Recht der Mitgliedstaaten oder einer Kollektivvereinbarung nach dem Recht der Mitgliedstaaten, das geeignete Garantien für die Grundrechte und die Interessen der betroffenen Person vorsieht, zulässig ist,

c) die Verarbeitung ist zum Schutz lebenswichtiger Interessen der betroffenen Person oder einer anderen natürlichen Person erforderlich und die betroffene Person ist aus körperlichen oder rechtlichen Gründen außerstande, ihre Einwilligung zu geben,

d) die Verarbeitung erfolgt auf der Grundlage geeigneter Garantien durch eine politisch, weltanschaulich, religiös oder gewerkschaftlich ausgerichtete Stiftung, Vereinigung oder sonstige Organisation ohne Gewinnerzielungsabsicht im Rahmen ihrer rechtmäßigen Tätigkeiten und unter der Voraussetzung, dass sich die Verarbeitung ausschließlich auf die Mitglieder oder ehemalige Mitglieder der Organisation oder auf Personen, die im Zusammenhang mit deren Tätigkeitszweck regelmäßige Kontakte mit ihr unterhalten, bezieht und die personenbezogenen Daten nicht ohne Einwilligung der betroffenen Personen nach außen offengelegt werden,

e) die Verarbeitung bezieht sich auf personenbezogene Daten, die die betroffene Person offensichtlich öffentlich gemacht hat,

f) die Verarbeitung ist zur Geltendmachung, Ausübung oder Verteidigung von Rechtsansprüchen oder bei Handlungen der Gerichte im Rahmen ihrer justiziellen Tätigkeit erforderlich,

g) die Verarbeitung ist auf der Grundlage des Unionsrechts oder des Rechts eines Mitgliedstaats, das in angemessenem Verhältnis zu dem verfolgten Ziel steht, den Wesensgehalt des Rechts auf Datenschutz wahrt und angemessene und spezifische Maßnahmen zur Wahrung der Grundrechte und Interessen der betroffenen Person vorsieht, aus Gründen eines erheblichen öffentlichen Interesses erforderlich,

h) die Verarbeitung ist für Zwecke der Gesundheitsvorsorge oder der Arbeitsmedizin, für die Beurteilung der Arbeitsfähigkeit des Beschäftigten, für die medizinische Diagnostik, die Versorgung oder Behandlung im Gesundheitsoder Sozialbereich oder für die Verwaltung von Systemen und Diensten im Gesundheits- oder Sozialbereich auf der Grundlage des Unionsrechts oder des Rechts eines Mitgliedstaats oder aufgrund eines Vertrags mit einem Angehörigen eines Gesundheitsberufs und vorbehaltlich der in Absatz 3 genannten Bedingungen und Garantien erforderlich,

i) die Verarbeitung ist aus Gründen des öffentlichen Interesses im Bereich der öffentlichen Gesundheit, wie dem Schutz vor schwerwiegenden grenzüberschreitenden Gesundheitsgefahren oder zur Gewährleistung hoher Qualitätsund Sicherheitsstandards bei der Gesundheitsversorgung und bei Arzneimitteln und Medizinprodukten, auf der Grundlage des Unionsrechts oder des Rechts eines Mitgliedstaats, das angemessene und spezifische Maßnahmen zur Wahrung der Rechte und Freiheiten der betroffenen Person, insbesondere des Berufsgeheimnisses, vorsieht, erforderlich, oder

j) die Verarbeitung ist auf der Grundlage des Unionsrechts oder des Rechts eines Mitgliedstaats, das in angemessenem Verhältnis zu dem verfolgten Ziel steht, den Wesensgehalt des Rechts auf Datenschutz wahrt und angemessene und spezifische Maßnahmen zur Wahrung der Grundrechte und Interessen der betroffenen Person vorsieht, für im öffentlichen Interesse liegende Archivzwecke, für wissenschaftliche oder historische Forschungszwecke oder für statistische Zwecke gemäß Artikel 89 Absatz 1 erforderlich.

(3) Die in Absatz 1 genannten personenbezogenen Daten dürfen zu den in Absatz 2 Buchstabe h genannten Zwecken verarbeitet werden, wenn diese Daten von Fachpersonal oder unter dessen Verantwortung verarbeitet werden und dieses Fachpersonal nach dem Unionsrecht oder dem Recht eines Mitgliedstaats oder den Vorschriften nationaler zuständiger Stellen dem Berufsgeheimnis unterliegt, oder wenn die Verarbeitung durch eine andere Person erfolgt, die ebenfalls nach dem Unionsrecht oder dem Recht eines Mitgliedstaats oder den Vorschriften nationaler zuständiger Stellen einer Geheimhaltungspflicht unterliegt.

(4) Die Mitgliedstaaten können zusätzliche Bedingungen, einschließlich Beschränkungen, einführen oder aufrechterhalten, soweit die Verarbeitung von genetischen, biometrischen oder Gesundheitsdaten betroffen ist.

BDSG und anderes nationales Recht: §§ 22, 23, 24 BDSG (kommentiert unter → BDSG § 22 Rn. 1 ff.; → BDSG § 23 Rn. 12; → BDSG § 24 Rn. 13; → BDSG § 25 Rn. 17).

Literatur: *Baum,* The Rise and Fall of the Caucasian Race. A Political History of Racial Identity, 2006; *Buchner/Schwichtenberg,* Gesundheitsdatenschutz unter der Datenschutz-Grundverordnung, GuP 2017, 218; *Dregelies,* Wohin laufen meine Daten?, Datenschutz bei Sportuhren und Fitnesstrackern, VuR 2017, 256; *Franck,* „Nie wieder schreddern" – Drei Datenschutzstempel im Test, DuD 2016, 172; *Geis,* Individualrechte in der sich verändernden europäischen Datenschutzlandschaft, CR 1995, 171; *Hammer/Knopp,* Datenschutzinstrumente Anonymisierung, Pseudonyme und Verschlüsselung, DuD 2015, 503; *Kiesche,* Gesundheitsdaten beim BEM, CuA 2020, 30; *Knopp,* Pseudoym – Grauzone zwischen Anonymisierung und Personenbezug, DuD 2015, 527; *Krause,* Digitalisierung der Arbeitswelt – Herausforderungen und Regelungsbedarf. Gutachten B zum 71. Deutschen Juristentag, 2016; *Preuß,* Das Datenschutzrecht der Religionsgesellschaften. Eine Untersuchung de lege lata und de lege ferenda nach Inkrafttreten der DS-GVO, ZD 2015, 217; *Watteler/Kinder-Kurlanda,* Anonymisierung und sicherer Umgang mit Forschungsdaten in der empirischen Sozialforschung, DuD 2015, 515; *Weichert,* „Sensitive Daten" revisited, DuD 2017, 538; *Wybitul/Pötters,* Der neue Datenschutz am Arbeitsplatz, RDV 2016, 10; *Zeidler,* Einige Bemerkungen zum Verwaltungsrecht und zur Verwaltung in der Bundesrepublik Deutschland seit dem Grundgesetz, Der Staat 1 (1962), 321.

Übersicht

A. Allgemeines

I. Einführung

1 Art. 9 ist eine bereichsspezifische Regelung für bes., auch als sensibel (vgl. ErwGr. 10 S. 5, 51) oder als sensitiv bezeichnete personenbezogene Daten, wenn diese verarbeitet werden sollen (verarbeitet werden sollen Daten bes. Kategorien, anders als die Überschrift andeutet nicht „Kategorien" als solche). Die Regelung ist anders angelegt als im Falle „einfacher" personenbezogener Daten: Während bei diesen die Verarbeitung nur unter bestimmten Voraussetzungen – insbes. der Einwilligung – zulässig und rechtmäßig ist, ist die Verarbeitung bes. personenbezogener Daten verboten. Der **weitläufige Katalog** des Abs. 2 schließt die Rechtsfolge des Verbots der Verarbeitung dieser bes., sensiblen Daten wieder aus (vgl. Schulz in Gola DS-GVO Art. 9 Rn. 3: „weitgehende Egalisierung"). Art. 9 knüpft mit dieser **Regel-Ausnahme-Technik** an Art. 8 DSRL an. Grund für diesen Schutz ist der Umstand, dass diese Gruppe oder Auswahl höchstpersönlicher Daten in einem spezifischen Zusammenhang mit Grundfreiheiten und Grundrechten steht (vgl. die zirkuläre Begr. in ErwGr 51 S. 1); sie beziehen sich nicht nur auf Art. 8 GRCh, sondern auch auf Art. 7 (Privat- und Familienleben) sowie Art. 1 (Würde des

Menschen), Art. 10 (Gedanken-, Gewissens- und Religionsfreiheit), Art. 11 (Freiheit der Meinungsäußerung), Art. 12 (Versammlungsfreiheit), Art. 21 (Nichtdiskriminierung), Art. 22 (Vielfalt der Kulturen, Religionen und Sprachen), Art. 27, 28 GRCh (Rechte im Unternehmen, Tarifverträge), an die die EU-Organe beim Erlass der DS-GVO und beim Vollzug und die Mitgliedstaaten beim Vollzug der DS-GVO gebunden sind, Art. 51 Abs. 1 S. 1 GRCh (zust. Weichert in Kühling/Buchner DS-GVO Art. 9 Rn. 16, der zudem auf Art. 34, 35 GRCh und Art. 20 Abs. 1 GG – Sozialstaatsprinzip – verweist). Soweit die öffentl. Gewalt handelt, ist Art. 9 auch Ausdruck des Grundsatzes der **Verhältnismäßigkeit** (vgl. Wybitul/Pötters RDV 2016, 10 (12)). Aufgrund der Konstruktion der Regelung, dass der Kontext für die Kategorisierung keine Rolle spielt, und aufgrund der doch beschr. Auswahl bes. Daten besteht die Gefahr, dass die Regelung „zugleich übermäßig und defizitär" wirkt (Dammann/Simitis DSRL Art. 8 Erl. 3). Nach Art. 83 Abs. 5 lit. a werden Verstöße gegen Art. 9 **sanktioniert,** und ihre Betroffenheit wird nach Art. 83 Abs. 2 S. 2 lit. g bei der Entsch. über die Verhängung einer Geldbuße und deren Höhe berücksichtigt. Ansprüche auf Unterlassung und Löschung ergeben sich schon aus Art. 9, ggf. iVm Art. 5, Schadensersatz kommt nach Art. 82 in Betracht.

II. Entstehungsgeschichte

1. Vergleich mit der DSRL

Im Grundsatz ähneln sich Art. 9 und Art. 8 DSRL deutlich. Art. 9 Abs. 1 **2** erweitert Art. 8 Abs. 1 DSRL – der technologischen Entwicklung entspr. – um genetische und bestimmte biometrische Daten sowie über die sexuelle Orientierung; der Terminus „philosophische Überzeugungen" in Art. 8 Abs. 1 DSRL wurde durch „weltanschauliche Überzeugungen" ersetzt. Die Ausnahmen nach Art. 8 Abs. 2, 4 DSRL und die Öffnungsklausel zugunsten mitgliedstaatlichen Rechts aus Gründen eines wichtigen öffentl. Interesses sind nun in Art. 9 Abs. 2 enthalten; dieser wurde in einigen Punkten erweitert: Zwecke des Sozialrechts wurden bei lit. b eingefügt; die Zwecke des Art. 8 Abs. 2 lit. e wurden auf die lit. e und f aufgeteilt, lit. e erhielt eine Erweiterung für gerichtliche Handlungen. Ergänzt wurden Archivzwecke sowie wiss. oder historische Forschungs- und statistische Zwecke (lit. j). Art. 9 Abs. 2 lit. c löst durch eine kumulative Formulierung die doppelte Konditionalität des Art. 8 Abs. 2 lit. c ab. Art. 8 Abs. 3 DSRL ging in Art. 9 Abs. 1 lit. h und i auf, die jedoch einen weiteren Bereich abdecken und neuerdings insbes. die „Verwaltung von Systemen und Diensten im Gesundheits- oder Sozialbereich" erfassen. Art. 9 Abs. 3 berücksichtigt einen Aspekt, der zuvor in Art. 8 Abs. 2 lit. d DSRL Erwähnung fand. Dem Charakter der VO und zB auch Art. 6 entspr. wird das Unionsrecht als mögliche Rechtsgrundlage für Ausnahmeregelungen eingebunden.

2. Vergleich mit den Entwurfsfassungen

3   Art. 9 Abs. 1 DS-GVO-E(KOM) enthielt noch nicht Kategorien der Daten über die sexuelle Orientierung und biometrischer Daten, aber noch Daten über Strafurteile; diese Regelung ist in Art. 10 aufgegangen (ebenso der entspr. Art. 8 Abs. 2 lit. j DS-GVO-E(KOM)). In Bezug auf Meinung, Religion und Glauben war der Entwurf abw. formuliert: „politische Überzeugungen, Religions- oder Glaubenszugehörigkeit". In Abs. 2 stellte lit. a auf die Einwilligung in die Verarbeitung vorbehaltlicher der Bedingungen der Art. 7, 8 ab. lit. b erwähnte noch nicht Kollektivvereinbarungen. Auch war die nun geltenden lit. g und h unspezifisch formuliert; lit. i (aktuelle Fassung) fehlte. In Art. 9 Abs. 3 DS-GVO-E(KOM) war eine Kompetenz der KOM für delegierte Rechtsetzung vorgesehen.

4   In Art. 9 Abs. 1 DS-GVO-E(EP) wurden die politische Überzeugungen in politische Meinungen und die Religions- oder Glaubenszugehörigkeit in religiöse oder philosophische Überzeugungen geänd.; ergänzt wurde „sexuelle Orientierung oder Geschlechtsidentität", statt auf die Zugehörigkeit zu einer Gewerkschaft wurde auf Mitgliedschaft und Betätigung in einer Gewerkschaft abgestellt. Statt der Strafurteile sollten verwaltungsrechtliche Sanktionen, Urteile, Straftaten oder mutmaßliche Straftaten, Verurteilungen Erwähnung finden. In Abs. 2 lit. a wurde die Bindung an einen oder mehrere spezifische Zwecke eingefügt. lit. aa stellte auf die Erforderlichkeit der Verarbeitung für einen Vertrag oder für die Durchführung vorvertraglicher Maßnahmen ab (vgl. Art. 6 Abs. 1 UAbs. 1 lit. b). Bei Art. 9 Abs. 1 lit. b wurden Kollektivvereinbarungen eingefügt, die (selbst) „angemessene Garantien der Grundrechte und Interessen der betroffenen Person, wie etwa das Recht auf Nichtdiskriminierung" vorsehen sollten. Die Generalklausel des lit. g wurde um die Wörter „in angemessenem Verhältnis zu dem verfolgten Ziel steht, den Wesensgehalt des Rechts auf Datenschutz wahrt" ergänzt, und die Grundrechte wurden erwähnt. Außerdem sollte an der zu erfüllenden Aufgabe ein hohes öffentl. Interesse bestehen. lit. ia sah die Erforderlichkeit für Archivdienste als Ausnahmegrund vor. An Stelle der delegierten Rechtsetzung zu Gunsten der KOM sollte der EDSA beauftragt werden, Leitlinien, Empf. und bewährte Praktiken für die Verarbeitung der Daten bes. Kategorien und Ausnahmen nach Abs. 2 näher zu regeln.

5   Art. 9 Abs. 2 lit. h und i entstanden erst zuletzt dadurch, dass Art. 9 Abs. lit. i DS-GVO-E(KOM) und Art. 81, auf den Art. 9 insoweit verwies („die Verarbeitung betrifft Gesundheitsdaten und ist vorbehaltlich der Bedingungen und Garantien des Art. 81 für Gesundheitszwecke erforderlich oder Art. 81"), zusammengeführt wurden.

B. Verbot der Verarbeitung besonderer personenbezogener Daten (Abs. 1)

I. Zum beschränkten Anwendungsbereich

Die Daten isd Abs. 1 sind vielfältig, und vor dem Hintergrund, dass höchst- **6** persönliche Daten einem bes. Schutz unterliegen sollen, doch beschr.: Die Typisierung erfasst ein breites Spektrum von Informationen, die **höchstpersönlicher Natur** sind (Gesundheit, sexuelle Orientierung, religiöse Überzeugung, Herkunft), die zT aber auch der Sozialsphäre zuzurechnen sind (Zugehörigkeit zu einer Gewerkschaft, politische Meinung). Mit der Höchstpersönlichkeit alleine lässt sich dieses Spektrum nicht erklären, sondern vielmehr mit dem **identitätsstiftenden Charakter** dieser Informationen (zust. Weichert in Kühling/Buchner DS-GVO Art. 9 Rn. 17; Weichert DuD 2017, 538 (539)), die im Grundsatz nicht als Daten verarbeitet werden sollen; zugleich weisen diese Daten ein hohes **Schadens-** (Weichert in Kühling/Buchner DS-GVO Art. 9 Rn. 17) **und Diskriminierungspotential** (Schantz in Schantz/Wolff DatenschutzR Rn. 701, unter Verweis auf das „Advice paper on special categories of data" der Art. 29-Gruppe (2011); Weichert DuD 2017, 538 (539)), welches sich immer wieder realisiert. Das Spektrum verdeutlicht, dass nicht nur Inf. über Eigenschaften, sondern auch über Einstellungen geschützt werden sollen. Die getroffene Auswahl ist nicht beliebig. Die Schutzbedürftigkeit ist zudem **kontextabhängig:** So können gesundheitsbezogenen Daten am Arbeitsmarkt Anlass für eine Diskriminierung sein, die ausgeschlossen werden soll, in einer anderen arbeitsplatzbezogenen Situation – gesetzliche Beschäftigungsverbote, Allergien – aber bes. relevant sein, damit der Arbeitgeber seinen Verpflichtungen ggü. dem Arbeitnehmer nachkommen kann. In wieder anderen Situationen kommt es auf gesundheitsbezogene Daten entscheidend an, etwa im Krankenhaus (vgl. Dammann/Simitis DSRL Art. 8 Erl. 3). Ein und dies. Information kann an einem anderen Ort, zu einer anderen Zeit, vor einem anderen Adressatenkreis unterschiedlich gravierende, positive oder negative Folgen haben. Diese Problematik kann Art. 9 Abs. 1 iVm Abs. 2, der auf unterschiedliche Kontexte, Verarbeitungssituationen und beteiligte Interessen abstellt, nur partiell verarbeiten.

Gleichzeitig werden **andere höchstpersönlich relevante Eigenschaften 7** oder Einstellungen von Art. 9 Abs. 1 gerade nicht berücksichtigt: Daten über wirtschaftliche Verhältnisse oder auch nur über den Wohnort, die so kontextualisiert werden können, dass aus ihnen valide Folgerungen über Status und ökonomische Verhältnisse getroffen werden können; Daten über Kontakte zu anderen Personen, die es – je nach Verarbeitungslage – ermöglichen, auf die Person des Betroffenen zu schließen; und nicht zuletzt die Gesamtschau der (zB über soziale Netzwerke) erhältlichen Informationen, mit deren Hilfe sich ein subjektives Bild von der Persönlichkeit zeichnen lässt. Die bes. Qualität dieser Daten kann und muss gleichwohl außerhalb des Art. 9 Berücksichtigung finden, etwa bei der Ermittlung der berechtigten Interessen iRd Art. 6 Abs. 1 UAbs. 1 lit. f, Abs. 4 sowie iRd Profiling nach Art. 22, 4 Nr. 4.

8   Erfasst werden zum einen (Hs. 1) die Daten, aus denen bestimmte **Eigenschaften einer Person** hervorgehen; es werden damit Daten geschützt, die bestimmte Folgerungen zulassen. Zum anderen werden die Daten als solche bestimmt (genetische, biometrische, zum Sexualleben oder der sexuellen Orientierung). Ob es sich um sprachliche Varianten handelt (so Dammann/Simitis DSRL Art. 8 Erl. 3; vgl. auch den Wortlaut des § 3 Abs. 9 BDSG aF), ist durchaus fraglich. Daten zum Sexualleben und zur sexuellen Orientierung sind gerade solche, die erst Rückschlüsse auf das Sexualleben oder die sexuelle Orientierung zulassen. Inwieweit die Folgerungen auch tatsächlich möglich sind, hängt stark vom Verarbeitungskontext ab (zust. Schiff in Ehmann/Selmayr DS-GVO Art. 9 Rn. 10; Weichert in Kühling/Buchner DS-GVO Art. 9 Rn. 3), zB von der Person und dem Vorwissen des Verantwortlichen. So kann aus dem Personenstand verheiratet/verpartnert unmittelbar auf sexuelle Orientierung geschlossen werden. Andere Informationen können aber ebenfalls Rückschlüsse zulassen (zB der Besuch einer Versammlung für LGBT-Rechte oder auch nur der Besuch von Szenelokalen; zust. Schantz in Schantz/Wolff DatenschutzR Rn. 703); diese Informationen müssen – unabhängig von der Frage, ob darin zB auch politische Meinungen zum Ausdruck kommen, die ebenfalls Art. 9 Abs. 1 zugeordnet werden – vor einer Verarbeitung geschützt werden. Die Daten zu bestimmen, die nicht mehr bestimmte Schlüsse erlauben, fällt angesichts vielfältiger Kombinationsmöglichkeiten und entspr. Technologie schwer: Aus den Informationen über Vor- und Familienname sowie Wohnort, wenn nicht alleine aus der Information über die Muttersprache kann mit einiger Wahrscheinlichkeit bereits die ethnische Herkunft ermittelt werden, wenn man „ethnisch" als der „Ethnie", der „Volksgruppe" entspr. versteht. Auch der Kontext kann ausreichen, um ein einzelnes Datum in einem völlig anderen Licht erscheinen zu lassen (zutr. Gola/Schomerus BDSG aF § 3 Rn. 56, mit dem Bsp. der Adresse in der Kartei einer Drogenberatungsstelle).

9   Die Norm passt für Daten, aus denen etwas hervorgeht bzw. hervorgehen kann, nicht in dem gleichen Maße wie für Daten, die bestimmte Eigenschaften haben (Gesundheitsdaten, genetische Daten). Denn während genetische Daten ohne weitere Funktion als solche gewürdigt werden können, sind andere Daten bisweilen **doppelfunktional:** Sie dienen ohne Bezug zur Herkunft in Alltagsgeschäften und darüber hinaus der Identifizierung einer Person oder – was nach Abs. 1 unzulässig ist – zur Bestimmung der Herkunft. Wesentlich ist daher die Verbindung zwischen bestimmten Daten und der Verarbeitung, die verboten ist. Damit kommt dem Zweck, mit dem die Daten verarbeitet werden, entscheidende Bedeutung zu (zust. Schiff in Ehmann/Selmayr DS-GVO Art. 9 Rn. 14), um die Verarbeitung als verboten oder als (möglicherweise) erlaubt zu qualifizieren. Eine Orientierung bietet die subjektive Zwecksetzung, soweit sie erfasst werden kann; diese muss objektiviert werden, um die Beurteilung der Verarbeitung – sowohl zu Gunsten des Verantwortlichen und zu Lasten des Betroffenen als auch umgekehrt – im Einzelfall nach gleichen Maßstäben zu ermöglichen. Die Kontextualisierung, die aus einem Datum ein „sensibles" Datum macht, ist im Wortlaut der Vorschr. nicht angelegt.

II. Die einzelnen Kategorien

1. Daten, aus denen bestimmte Merkmale hervorgehen

Dass die **„rassische"** Herkunft Erwähnung findet, ist die doppelbödige Re- 10 aktion auf Ansichten, die behaupten, dass es eine „rassische" Herkunft gäbe. In ErwGr 51 S. 2 wird darauf hingewiesen, dass die Verwendung nicht bedeute, dass die EU Theorien, mit denen versucht wird, die Existenz verschiedener menschlicher Rassen zu belegen, gutheißt. So existieren zwar Bezeichnungen wie „Caucasian" (zur Dekonstruktion Baum, 192 ff., 234 ff.), „African-American" und „Asian", sie beziehen sich jedoch nicht auf eine Rasse, sondern sind problematische Sammelbezeichnungen für eine Physiognomie; sie zu verwenden, kann eine diskriminierende Wirkung entfalten. Daten, die Haartyp, Hauttyp, Augenform und Nasenform abbilden – also auch nur Lichtbilder, aus denen quasi beiläufig eine ethnische Herkunft hervorgehen kann –, könnten zur Rekonstruktion einer „rassischen" Herkunft herangezogen werden und werden daher von Abs. 1 erfasst. Das bedeutet nicht, dass sie für zulässige Zwecke nicht doch verarbeitet werden dürften, den Abs. 2 findet Anwendung; auch in diesem Fall ist jedoch die Ableitung einer „rassischen" Herkunft unzulässig. Mit diesem Verständnis wird einem denkbaren Missbrauch vorgebeugt, auch wenn es alltägliche Verarbeitungssituationen ohne Missbrauchs- und Diskriminierungsabsicht erschwert. Daher ist es konsequent, hier im Vergleich zu Art. 6 strengere Anforderungen zu stellen, insbes. in Gestalt der Einwilligung.

Anders verhält es sich mit der **ethnischen Herkunft,** der Zugehörigkeit zu 11 einem Volk oder einer Volksgruppe. Deren Rekonstruktion durch Daten ist im Grundsatz unzulässig, aber ausnahmsweise (Abs. 2) zulässig, weil es verschiedenen Ethnien gibt. Die zugrundeliegenden Daten sind jedoch auch solche iSd Abs. 1: Diese reichen vom Familien- und Vornamen über den Geburtsort bis hin zur Muttersprache und zu den Namen der Eltern – Daten, die in anderen Zusammenhängen völlig unproblematisch erfasst werden dürfen (Familiennamen für die Abwicklung vieler Rechtsgeschäfte, Muttersprache für Bewerbungen etc.). Hier zeigt sich jedoch, dass die Norm für Daten, aus denen etwas hervorgeht bzw. hervorgehen kann, nicht in dem gleichen Maße passt wie für Daten, die bestimmte Eigenschaften haben (Gesundheitsdaten, genetische Daten). Denn während genetische Daten ohne weitere Funktion als solche gewürdigt werden können, sind andere Daten bisweilen **doppelfunktional:** Sie dienen ohne Bezug zur Herkunft in Alltagsgeschäften und darüber hinaus der Identifizierung einer Person (Namen, Lichtbilder) oder – was nach Abs. 1 unzulässig ist – zur Bestimmung der Herkunft.

Ähnlich vielschichtig sind Daten, aus denen die **politische Meinung** her- 12 vorgeht; diese können von der Kleidung einer Person bis zu den Orten und Inhalten der Bekanntgabe ihrer Ansichten reichen. Auch hier kommt nur eine beschränkende Anwendung in Betracht, die besagt, dass die politische Meinung als Datum nicht verarbeitet werden darf, und dass nicht zur Ermittlung der politischen Meinung verarbeitet werden dürfen. Ähnliches gilt für Daten, aus denen die Gewerkschaftszugehörigkeit hervorgeht: Das Datum über die Gewerkschaftszugehörigkeit als solche darf grds. nicht verarbeitet werden, aber auch auf diese verweisende Kontextdaten. Diese Herangehensweise greift zwar die bisweilen inkompetente, bisweilen vermeintlich notwendige Oberflächlichkeit auf, mit der im Umgang miteinander Äußerlichkeiten erfasst, kombiniert und daraus Schlüsse gezogen, gleichzeitig ist dies unter den Bedingungen der modernen Datenverarbeitung, mit der Bildung von Algorithmen und der Kombination mit Ableitungen aus „Schwarmverhalten" eine absehbare Gefährdung für höchstpersönliche Daten. Daher kann für rein äußerliches Verhalten – etwa die Teilnahme an einer politischen Veranstaltung (Schulz in Gola DS-GVO Art. 9 Rn. 12) – die Eigenschaft iSd Abs. 1 nicht kategorisch ausgeschlossen werden (vgl. BVerfGE 65, 1 (45) – Volkszählung: Es „(…) gibt unter den Bedingungen der automatischen Datenverarbeitung kein ,belangloses' Datum mehr"; zust. Schantz in Schantz/Wolff DatenschutzR Rn. 700).

13   Vergleichbar ist die Lage bei **religiösen oder weltanschaulichen Überzeugungen.** Jedoch können hier bereits Namen und Geburts-/Wohnort eine bes. Rolle spielen: Bei einer Person, die einen Familiennamen trägt, der in einem stark von einer bestimmten Glaubensrichtung geprägten Land typisch ist, und dort wohnt, ist die Wahrscheinlichkeit hoch, dass er selbst dieser Glaubensrichtung angehört und deshalb bestimmte Überzeugungen vertritt (aA Weichert in Kühling/Buchner DS-GVO Art. 9 Rn. 29).

2. Genetische, biometrische und Gesundheitsdaten

14   Die Begriffe genetischer Daten und biometrischer Daten werden ausweislich des ErwGr 34 und der Definitionen in Art. 4 Nr. 13, 14 nicht weit gezogen (vgl. auch ErwGr 51 S. 3). Die „Eindeutigkeit" in diesen Definitionen ist das Element, welches den og Daten (→ Rn. 10 ff.) fehlt. Angesichts der Definition ist es ausgeschlossen, Äußerlichkeiten als Grdl. für eine Beurteilung der genetischen Veranlagung heranzuziehen und diese Äußerlichkeiten als „genetische Daten" zu bezeichnen (zust. Weichert in Kühling/Buchner DS-GVO Art. 9 Rn. 31). Der Konkretisierung der biometrischen Daten „zur eindeutigen Identifizierung einer natürlichen Person" hätte es angesichts der Legaldefinition nicht bedurft.

15   **Gesundheitsdaten** werden durch Art. 4 Nr. 15 definiert und umfassen auch die psychische Gesundheit. Im Grundsatz ist der Begriff weit zu verstehen, erstreckt sich also nicht nur auf die Erg. einer ärztlichen Untersuchung, sondern auch auf körperliche Leistungsdaten (vgl. Härting DS-GVO Rn. 538; Schantz in Schantz/Wolff DatenschutzR Rn. 704; vgl. Kiesche CuA 2020, 30, zum betrieblichen Eingliederungsmanagement) und Zustände (→ Art. 4 Rn. 108), also auch die Eigenschaft, schwanger zu sein. Ein Gesundheitsdatum wird gerade nicht über die Unterscheidung gesund/krank oder gar behandlungsbedürftig/nicht behandlungsbedürftig konstituiert. Schon aus Lichtbildern können Gesundheitsdaten hervorgehen, etwa wenn jemand eine Brille trägt (→ Art. 4 Rn. 109). Die Gesundheitsdaten von Tieren lassen grundsätzlich keinen Rückschluss auf die Gesundheit einer natürlichen Person zu (vgl. VG Mainz v. 20.2.2020, Az. 1 K 467/19.MZ, Rn. 38 f.). Die Kumulation der Anforderungen in Art. 4 Nr. 15 („beziehen auf" und „hervorgehen aus") schränkt ihre Reichweite ein, indem ein Datum, welches sich nicht auf die Gesundheit (sondern etwa auf den Lebensstil) bezieht, aus welchem aber Informationen über den Gesundheitszustand hervorgehen, nicht erfasst wird; ein Bsp.: Die Information, dass eine Person ein größenmäßig bestimmtes Atemzeitvolumen oder ein Lungenkarzinom habe, ist ein Gesundheitsdatum; die isolierte Information, dass eine Person Raucher sei, ist keines. Der Verordnunggeber hat dies erkannt, als er die Erbringung von Gesundheitsdienstleistungen, also nicht nur das Wie, sondern auch das Ob, als Datum bezeichnet, welches sich auf die Gesundheit bezieht (Besuch eines Arztes, aus welchem Grund auch immer). Auf diese Daten zugeschnitten ist der Ausschlussgrund des Abs. 2 lit. h. Gesundheitsdaten können indes durch die Verknüpfung verschiedener Daten, die nichts über den Gesundheitszustand aussagen, entstehen: Ein Bsp. ist die Verknüpfung von Größe, Gewicht und Alter, ggf. noch iVm Informationen über körperliche Aktivitäten: Sportuhren und Fitnesstracker sind je nach Voreinstellung und Nutzung daher geeignet, Gesundheitsdaten zu verarbeiten (vgl. Dregelies VuR 2017, 256 (258 f.)).

3. Daten zum Sexualleben oder zur sexuellen Orientierung einer natürlichen Person

Die Daten der letzten Gruppe sind disparat: Während Daten zum Sexualleben **16** typischerweise nicht erfasst werden, sind Daten zur sexuellen Orientierung schon insoweit zugänglich, als der Familienstand verheiratet/geschieden/verpartnert ein Datum ist, das in verschiedenen Kontexten erhoben und verwendet wird. Zieht man den Kreis der Daten zum Sexualleben weit (ähnlich wie bei der ethnischen Herkunft oder der politischen Meinung), sind gleichwohl Informationen denkbar, die – erneut in einer oberflächlichen Manier – Anknüpfungspunkte für eine Beurteilung bieten. Solche Daten sind doppelfunktional, weil sie auch in anderen Hinsichten relevant sind, etwa der Kauf von Verhütungsmitteln oder Angaben in einer Dating-App. Dann können wieder nur die Daten von einer Verarbeitung grds. ausgeschlossen werden, die einer Verarbeitung zu einem verbotenen Zwecke dienen (Ermittlung des Sexuallebens). Daten und Verarbeitung sind miteinander zu verbinden.

Daten zur sexuellen Orientierung – ein Terminus, der auf den DS-GVO-E **17** (EP) zurückgeht – stellt auf das Interesse einer Person bzgl. des Geschlechts eines Partners ab. Diesen Begriff aufzunehmen, lag angesichts der hervorgehobenen Stellung in Art. 10, 19 Abs. 1 AEUV und Art. 21 Abs. 1 GRCh nahe.

C. Ausschluss der Anwendung (Abs. 2)

I. Allgemeines

18 Nach Art. 9 Abs. 2 gilt Abs. 1 in den Fällen der lit. a bis j nicht. Dies ist von Vornherein nur insoweit zutr., als die Rechtsfolge – das Verbot – nicht gilt; eine grundsätzliche Erlaubnis ist daraus noch nicht abzuleiten. Der Tatbestand des Abs. 1 – die Verarbeitung von Daten der in Abs. 1 definierten Kategorien – gilt auch und gerade für Abs. 2. Auch andere Rechtsfolgen treten ein, vgl. etwa Art. 30 Abs. 5, 35 Abs. 3 lit. b, 37 Abs. 1 lit. c sowie Art. 13 Abs. 2 lit. c. Dem Regel-Ausnahme-Verhältnis entspr. müssen die einzelnen Fallgruppen des Abs. 2 **restriktiv gehandhabt** werden. Auch deshalb ist ein Rückgriff auf Art. 6 Abs. 1 ausgeschlossen (so zutr. Schantz in Schantz/Wolff DatenschutzR Rn. 705).

19 Die einzelnen Ausnahmen sind insoweit unterschiedlich strukturiert, als einige im Falle der Verwirklichung ihres Tatbestandes ohne weiteres die Geltung des Verbots nach Abs. 1 ausschließen. Dies gilt für Abs. 2 lit. a, c, e und f; diese für die VO nach Art. 288 Abs. 2 AEUV typische unmittelbare Geltung gilt es in der verwaltungsbehördlichen und gerichtlichen Praxis zu berücksichtigen; dies schließt nach Art. 51 Abs. 1 S. 1 GRCh die Berücksichtigung der Grundrechte ein. Alle weiteren bedürfen der Ergänzung durch Rechtsnormen, sei es, um die Zulässigkeit der Verarbeitung zu begründen (lit. b, g, h, i, j), und/oder sei es, um die Garantien oder angemessenen und spezifischen Maßnahmen zu definieren (lit. b, d, g, h, i, j). Auf die jeweilige bes. Kategorie personenbezogener Daten nimmt Abs. 2 keine Rücksicht, obgleich einige Ausnahmen dort auf bestimmte Kategorien abzielen (so für die Gesundheits-, biometrischen und genetischen Daten Jandt in Roßnagel EU-DS-GVO § 4 Rn. 310 f.)

20 Für alle Ausnahmefälle gilt, dass im Falle ihrer Verwirklichung die übrigen datenschutzrechtlichen Regelungen, insbes. die Datenschutzgrundsätze nach Art. 5, weiterhin Anwendung finden. Bei Abs. 2 lit. b, d, g, i und j erfährt deren Geltung eine Verstärkung, indem spezifische Maßnahmen oder Garantien gefordert werden.

II. Einwilligung (Abs. 2 lit. a)

21 Dass das Verbot des Art. 9 Abs. 1 ein relatives und kein absolutes ist, macht schon lit. a deutlich. Im Falle einer ausdr. – dh wie bei Art. 6 Abs. 1 UAbs. 1 lit. a positiv betätigten, aber nicht nur konkludenten – Einwilligung können grds. auch die Daten iSd Abs. 1 verarbeitet werden. Dass Informationen über Allergien (Gesundheitsdaten) bei der Anmeldung in einem Beherbergungsbetrieb oder bei einer Veranstaltung angegeben werden, reicht daher noch nicht aus, um diese personenbezogenen Daten verarbeiten oder gar weitergeben zu dürfen; letztgenanntes wird – etwa bei Inanspruchnahme eines externen Dienstleisters – regelmäßig auch nicht erforderlich sein, weil die Berücksichtigung der Allergie im Außenverhältnis ohne jede Namensangabe möglich ist.

Durch Unions- und mitgliedstaatliches Recht kann das Verbot des Abs. 1 **22** „**einwilligungsfest**" gemacht werden. Für die EU bedarf es wegen des Prinzips der begrenzten Einzelermächtigung dafür einer Kompetenz; diese kann nicht aus der GRCh abgeleitet werden, vgl. Art. 51 Abs. 2 GRCh.

Die „Einwilligungsfestigkeit" ist wegen der grundrechtlich garantierten **23** Selbstbestimmung des Einzelnen selbst nur in Ausnahmefällen gerechtfertigt. Auch dies ist eine Konsequenz informationeller Selbstbestimmung, die freilich nur informiert betätigt werden kann. Dies setzt voraus, dass der Einzelne durch den Verantwortlichen darüber informiert werden muss, welche Daten zu welchen Zwecken verwendet werden, und er darin ausdr. einwilligt. Als Minus gegenüber dem Ausschluss der Einwilligung durch mitgliedstaatliches Recht ist es denkbar, an die Einwilligung weitergehende Anforderungen zu stellen (Kühling/Martini, 50).

Ausgeschlossen ist eine Einwilligung zugunsten staatlicher oder öffentl. **24** Stellen, mit der deren Verarbeitungsbefugnisse erweitert werden könnten. Eine Einwilligung setzt, zumal bei bes. Daten, **Gleichordnung** der Beteiligten voraus; diese ist regelmäßig ausgeschlossen, wenn die Behörde in einem Über-Unterordnungsverhältnis handelt. Es gilt erst recht für den Fall bes. Daten, dass man nicht in die Situation gebracht werden darf, einwilligen zu sollen oder zu müssen, aus Angst, dass man „(…) eben in der Zukunft auch auf die Verwaltung in anderer Beziehung angewiesen ist" (Zeidler Der Staat 1 (1962), 321 (332)).

Für die Anwendung des Einwilligungstatbestandes sind noch weitere An- **25** wendungen fraglich, gerade in Bezug auf höchstpersönliche Daten, etwa das Arbeits- als Dauerschuldverhältnis. Hier muss die Regelung des Abs. 2 lit. b vorgehen, anstatt die Ausnahmen, die sich aus dieser Vorschr. – auf der Grdl. von Gesetzen, Tarifverträgen und Betriebsvereinbarungen – ergeben, nochmals zu erweitern.

III. Wahrnehmung von arbeits- und sozialrechtlichen Rechten und Pflichten des Verantwortlichen (Abs. 2 lit. b)

Abs. 2 lit. b berücksichtigt, dass im Arbeits- als bes. Dauerschuldverhältnis der **26** Arbeitgeber regelmäßig Daten verarbeitet, die dem Spektrum des Abs. 1 zugeordnet sind (vgl. im Kontrast Art. 6 Abs. 1 UAbs. 1 lit. b und c). Dies können jeweils konkret Gesundheitsdaten (zB bei Beschäftigungsverboten, Kuraufenthalten, Krankheitstagen als solchen), die Daten über die Gewerkschaftszugehörigkeit (für die Eingruppierung relevant) und biometrische Daten im Falle der Sicherung des Betriebsgrundstücks mit entspr. Technologie sein (wobei der legitime Zweck der Sicherung nicht mit dem insoweit nicht durchgreifenden Zweck der Zeiterfassung verknüpft werden darf, vgl. ArbG Berlin v. 16.10.2019, Az. 29 Ca 5451/19, Rn. 29 ff.); bei **Tendenzbetrieben** oder bestimmten Programmen können auch politische Meinungen oder sogar die ethnische Herkunft relevant sein. Das doppelfunktionale Datum der sexuellen Orientierung (Personenstand) kann ebenfalls für das Arbeitsverhältnis

(Bezahlung, Leistungen an Hinterbliebene, vgl. §§ 63 Abs. 1, 1a, 65 SGB 7) relevant sein.

27   Die – plausiblen – Verarbeitungslagen bedürfen jedoch jeweils einer rechtlichen Grdl., die datenschutzrechtliche Garantien enthalten muss: Strikte Zweckbindung, Transparenz, Richtigkeit, Integrität und Vertraulichkeit (vgl. Art. 5) sind Bsp. dafür. Mit den Anforderungen an die Rechtsgrundlage stellt die Regelung ein Einfallstor für die **Inzidentprüfung** der Rechtsgrundlage am Maßstab der DS-GVO dar. Zu den Rechtsgrundlagen gehören Gesetze, VO, aber auch Tarifverträge und Betriebsvereinbarungen, jedoch nicht der Einzelarbeitsvertrag als solcher: Ihm fehlt einerseits die normative Qualität, andererseits ist er ungeeignet, in der Situation des potentiellen und tatsächlichen Ungleichgewichts zwischen Arbeitgeber und Arbeitnehmer die Wirkung einer wirksamen Einwilligung zu entfalten. Es ist „(…) abzusehen, dass es zu einem Streit über die Frage kommen wird, ob und unter welchen Voraussetzungen auch im Arbeitsverhältnis eine wirksame Einwilligung in die Datenverarbeitung erteilt werden kann" (Krause, B 76 f.).

28   Die in lit. b genannten **Garantien** werden nicht definiert. Einen Anhaltspunkt bietet Art. 6 Abs. 4 lit. e, der als Bsp. für Garantien Verschlüsselung und Pseudonymisierung anführt. Solche technischen Maßnahmen sind voraussetzungsvoll, gerade im Falle unabsehbarer technischer Möglichkeiten der Rekonstruktion der Daten (vgl. Franck DuD 2016, 172; Hammer/Knopp DuD 2015, 503; Knopp DuD 2015, 527). Die Garantien müssen aber auch Rechte des Betroffenen beinhalten, die Auskunft, die Berichtigung und die Löschung seiner Daten – in den Grenzen des Art. 11 – durchsetzen zu können. Die Rechte müssen über dem Niveau der allg. Regelungen für die Verarbeitung liegen, wenn der Schutzzweck des Art. 9 zu Gunsten der bes. personenbezogenen Daten verwirklicht werden soll.

IV. Schutz lebenswichtiger Interessen (Abs. 2 lit. c)

29   Abs. 2 lit. c hat eine Vorlage in Art. 8 Abs. 2 lit. c DSRL. Anders als bei Art. 6 Abs. 1 UAbs. 1 lit. d im Vergleich zu Art. 7 lit. d (vgl. → Art. 6 Rn. 20) wurde in der Vorgängerregelung eine dritte Person („Dritter") bereits erwähnt. Der Wortlaut wurde nun präzisiert. Mit dem Erfordernis der Einwilligung, die bei Art. 6 Abs. 1 UAbs. 1 lit. d nicht erforderlich ist, wird der höhere Rang der Daten des Abs. 1 berücksichtigt. Ob das geglückt ist, ist zw. und ein weiteres Bsp. dafür, dass Mängel der DSRL perpetuiert wurden: Entscheidend ist die Antwort auf die Frage, ob die Person im Falle ihrer Erreichbarkeit oder ihrer Möglichkeit, die Einwilligung selbst zu erklären, einwilligen würde. Der Wortlaut setzt demgegenüber voraus, dass die Person einwilligen würde, wenn sie könnte. Voraussetzung für die Verarbeitung der Daten des Abs. 1 ist dementsprechend die **mutmaßliche Einwilligung** (vgl. Dammann/Simitis DSRL Art. 8 Erl. 11).

30   Die Person muss aus körperlichen oder rechtlichen Gründen verhindert sein, die Einwilligung zu erteilen. Zu den körperlichen gehören auch psychische wie auch tatsächliche Gründe: Wer in einer Höhle verschollen ist, ist

körperlich und rechtlich in der Lage, eine Einwilligung zu erteilen, aber er ist es in tatsächlicher Hinsicht nicht.

Sprachlich klarer gefasst ist die Vorschr. im Vergleich zu Art. 8 Abs. 2 lit. d **31** DSRL auch insoweit, als im Wortlaut deutlich wird, dass die betroffene Person einwilligen müsste, auch wenn es um den Schutz Dritter geht; dies ergibt sich daraus, dass die Daten der betroffenen Person verarbeitet werden sollen. Ein Bsp. ist die Arzneimittel-Charge, deren Inhalt lebensgefährdend verunreinigt ist, die aber in den Handel gelangt ist; in diesem Fall müssen zum Schutz der Konsumenten dieses Arzneimittels Daten bei den Herstellern und im Vertrieb verarbeitet werden, um den Verbleib der Charge zu ermitteln; dazu können Gesundheitsdaten der Personen gehören, die am Produktionsprozess beteiligt waren. In Ausnahmefällen muss auf die **Garantenstellung** und die Schadensminderungspflicht der betroffenen Person abgestellt werden, wenn ein Schaden bei einem Dritten dadurch abzuwenden ist, dass Daten über die betroffene Person verarbeitet werden (zust. Weichert in Kühling/Buchner DS-GVO Art. 9 Rn. 69).

V. Zweckgebundene interne Verarbeitung durch bestimmte Organisationen (Abs. 2 lit. d)

Abs. 2 lit. d formuliert eine voraussetzungsvolle Ausnahme vom Verbot der **32** Verarbeitung für bestimmte **„Tendenzbetriebe"**. Zwei Voraussetzungen beziehen sich auf die verantwortliche Organisation, drei auf die Verarbeitung der personenbezogenen Daten.

Zunächst muss der Verantwortliche eine Organisation sein, die politisch, **33** religiös, weltanschaulich oder gewerkschaftlich ausgerichtet ist und die keine Gewinnerzielungsabsicht hat. Durch die Kumulation scheiden eine Reihe von Non-profit-Organisationen aus, etwa Sportvereine, Kunstvereine oder Fanclubs; der Charakter der Ausrichtung ist restriktiv zu verstehen. Die Organisation ist für sich zu betrachten, nicht in einem Verbund oÄ. So kann eine Vereinigung ohne Gewinnerzielungsabsicht in der Trägerschaft einer anderen Vereinigung mit Gewinnerzielungsabsicht stehen; diese andere Vereinigung ist dann jedoch als unbeteiligter Dritte zu qualifizieren, der Datenbestand kann nicht ihr zugerechnet werden. Auf die Rechtsform der Organisation kommt es nicht an („sonstige Organisation").

In Bezug auf den Verarbeitungsvorgang sind drei weitere Voraussetzungen **34** zu erfüllen: (1) Die Daten dürfen nur iRd rechtmäßigen Tätigkeit verarbeitet werden. Der Rahmen ergibt sich aus der ideellen Ausrichtung der Organisation; unzulässig ist es, durch die Verarbeitung (Weitergabe) der Erkenntnisse oder der Daten selbst Einnahmequellen zu erschließen, mit denen die Vereinsarbeit finanziert werden soll. Unzulässig ist aber auch die Verarbeitung von Daten nach Abs. 1, die keinen Bezug zur Tätigkeit nach Abs. 2 lit. d haben: Eine politisch, religiös oder gewerkschaftlich ausgerichtete Vereinigung darf keine genetischen oder biometrischen Daten verarbeiten, eine gewerkschaftlich ausgerichtete keine Daten, die auf die religiöse Überzeugung schließen lassen. Gesundheitsdaten können jedoch durchaus beachtlich sein, etwa wenn die religiös ausgerichtete Vereinigung Seminare durchführen und für die Verpflegungsplanung Allergien berücksichtigen; dies rechtfertigt es jedoch nicht, diese Daten dauerhaft zu verarbeiten. Insoweit bedarf es keines Sonderrechts für die Organisation, vielmehr muss hier die Einwilligung eingeholt werden. (2) Zudem dürfen nur Daten von Mitgliedern, ehem. Mitgliedern und Personen verarbeitet werden, die mit der Organisation regelmäßige Kontakte unterhalten; diese Kontakte müssen sich aus dem Tätigkeitszweck ergeben, zB regelmäßige Spender, regelmäßige Teilnehmer an Veranstaltungen, die nicht Mitglieder sind, oder nachhaltig Interessierte (vgl. Dammann/Simitis DSRL Art. 8 Erl. 15); Dienstleister für nicht zweckbezogene Tätigkeiten, Nachbarn und Unbeteiligte fallen nicht darunter. (3) Zuletzt dürfen die Daten nur intern verwendet werden; eine Offenlegung nach außen hängt von der Einwilligung der betroffenen Person ab. Die Offenlegung ist eine Form der Verarbeitung, die am Zweck der Organisation ausgerichtet sein muss. Ob für diese Verarbeitung eine konkludente Einwilligung ausreichen kann, um das Stufenverhältnis zwischen lit. a (ausdr. Einwilligung) und lit. d (bestimmte Organisation, Offenlegung als Verarbeitung, die sich auf den Organisationszweck bezieht, und nicht ohne Einwilligung) zu wahren, ist fraglich: Zum einen beinhaltet die Regelung keinen Konnex zwischen Offenlegung und Sekundärzweck. Zum anderen können diese Daten in der Außensicht ein bes. Gefährdungspotential entfalten. Die quasi beiläufige Inkaufnahme dieses Risikos iRd Möglichkeiten und Zwänge einer Organisation wäre dysfunktional.

35   Wie bei lit. b werden die erforderlichen Garantien nicht definiert. Verschlüsselung und Pseudonymisierung sind zwei Bsp. (vgl. Art. 6 Abs. 4 lit. e).

VI. Von der Person offensichtlich veröffentlichte Daten (Abs. 2 lit. e)

36   Abs. 2 lit. e knüpft an Art. 8 Abs. 2 lit. e Alt. 1 DSRL an. In diesen Fällen bedarf der Betroffene nicht des Schutzes des Art. 9 Abs. 1, dementsprechend streng ist mit den Anforderungen umzugehen. Der Verordnunggeber erleichtert dies durch das Merkmal „offensichtlich", so dass der objektive, aufgeschlossene Betrachter nicht beurteilen muss, ob die Daten lediglich von dem Betroffenen veröffentlicht wurden. Bei Pressemitteilungen des Betroffenen ist dies ebenso der Fall wie bei allen Verlautbarungen, die eindeutig einer auf die Veröffentlichung abzielenden Tätigkeit des Betroffenen zugeordnet werden können. Auch die Meldungen von Pressediensten, die sich eindeutig auf Äußerungen des Betroffenen beziehen, lassen die Annahme der Offensichtlichkeit zu, nicht jedoch Pressemeldungen, in denen ohne die genaue Angabe dieser Quelle über die entspr. personenbezogenen Daten berichtet wird (vgl. Kampert in Sydow DS-GVO Art. 9 Rn. 32). Wenn Dritte Daten des Betroffenen preisgeben, begründet dies nicht die Annahme einer offensichtlichen Veröffentlichung; dies gilt auch für Screenshots und Snippets, etwa in sozialen Netzwerken, weil diese geschützten Bereichen und Gruppen entnommen sein können (vgl. Schulz in Gola DS-GVO Art. 9 Rn. 24). Eine – insbes. mündliche, flüchtige – Äußerung vor einer beschr. Öffentlichkeit, etwa bei einer Versammlung oder in einem geschützten Online-Bereich, reicht nicht aus, ebenso wenig Ableitungen aus konkludentem Verhalten.

VII. Verfolgung rechtlicher Ansprüche (Abs. 2 lit. f)

Abs. 2 lit. f Alt. 1 geht aus Art. 8 Abs. 2 lit. e Alt. 2 DSRL hervor und wurde **37** um eine Alt. 2 ergänzt. Die Regelung dient der Verwirklichung des Justizgewährungsanspruchs (vgl. Art. 20 Abs. 2 S. 2, 3 GG) des Anspruchsinhabers sowie der Funktionsfähigkeit der Justiz: Das Datenschutzregime soll nicht so weit gehen, dass die legitime Durchsetzung von Rechten nicht mehr möglich ist. Ermöglicht wird insoweit die außergerichtliche (vgl. auch ErwGr 52 S. 3) und die gerichtliche Verarbeitung dieser Daten. Bei Beweisanträgen wird immer die Erheblichkeit der zu gewinnenden Informationen für das Verfahren zu prüfen sein, um zu verhindern, dass nicht relevante, aber höchstpersönliche Daten in das Verfahren verstrickt werden.

VIII. Erhebliches öffentliches Interesse (Abs. 2 lit. g)

Abs. 2 lit. f baut auf Art. 8 Abs. 4 DSRL auf und weist strukturelle Gemein- **38** samkeiten mit Art. 6 Abs. 1 UAbs. 1 lit. e und Art. 6 Abs. 3 auf (vgl. → Art. 6 Rn. 23 ff. und Rn. 34 ff.): Er ist eine Öffnungsklausel, welche unionsrechtliche oder mitgliedstaatliche Regelungen ermöglicht. Der wesentliche Unterschied ist, dass das öffentl. Interesse ein erhebliches sein muss (Art. 8 Abs. 4 DSRL: wichtiges öffentl. Interesse). Der Hs. 1 eröffnet mit den Anforderungen an die Rechtsgrundlage die Möglichkeit und Notwendigkeit der **Inzidentprüfung** der Rechtsgrundlage am Maßstab der DS-GVO.

Die Verknüpfung mit den spezifischen Maßnahmen – weniger mit den **39** Selbstverständlichkeiten der Wahrung des Wesensgehalts und der Verhältnismäßigkeit – zeigt bei wertender Betrachtung, dass erhebliches öffentl. Interesse nicht nur in der Abwehr von Gefahren für Leib und Leben besteht, die sonst zu **unumkehrbaren Schäden** führen würden (vgl. lit. c), sondern auch an der Unversehrtheit der Rechtsordnung iÜ. Nachdem die Rechtsgrundlage und deren Anwendung aber verhältnismäßig sein müssen, werden sowohl Gesetzgebung als auch Verwaltung jeweils eigene Entsch. treffen und dabei Gewicht des Schutzgutes und Gewicht der Datenverarbeitung – in diesem Fall bes. Daten – berücksichtigen müssen. Wie auch bei Art. 6 Abs. 1 UAbs. 1 lit. f, Abs. 4 sind hier die beteiligten Entscheidungsträger wie auch die ASB und Interessenvertretungen in der Verantwortung, dass datenschutzkonforme, nicht zunächst übergriffige Regelungen gefunden und die bestehenden Regelungen auf ihre Konformität hin überprüft werden.

Regelungstechnisch wünschenswert wäre es gewesen, diese Öffnungsklau- **40** sel nicht zwischen sehr spezifischen Ausnahmetatbeständen zu verstecken, sondern sie als solche zu kennzeichnen und die Ausnahmeregelungen, die im Zusammenhang mit einem erheblichen öffentl. Interesse stehen (Abs. 2 lit. c, f (jedenfalls Alt. 2), h, i und j), als typisierende Bsp. heranzuziehen, um das **Niveau** vorzuzeichnen, auf dem sich das öffentl. Interesse bewegt, dem zu dienen die Verarbeitung bestimmt ist. ErwGr 52 S. 1 sieht genau diese Konzeption vor.

IX. Maßnahmen für die individuelle Gesundheit (Abs. 2 lit. h)

41   Abs. 2 lit. h nimmt Art. 8 Abs. 3 DSRL auf. Grund für die Ausnahme ist, dass
im Gesundheitswesen die für dessen Maßnahmen erforderlichen, typischerweise höchstpersönlichen Daten verarbeitet und auch zwischen verschiedenen
Verantwortlichen ausgetauscht werden, die bes. sensibel sind; dies sind va
Gesundheits-, ggf. aber auch genetische Daten iSd Abs. 1. Gleichzeitig müssen Krankheitsfälle in einer bestimmten, sich wiederholenden Routine und
jeweils mit dem Ziel optimaler Behandlung auch schnell bearbeitet werden.
In diesen Fällen auf Einwilligung und mutmaßliche Einwilligung abzustellen,
erschwert die **Abläufe** und tritt in Konkurrenz zu dem für die medizinische
Heilbehandlung zentralen Einverständnis in die Behandlung, welches nach
einer Aufklärung über die Behandlung erklärt werden kann (vgl. zu Erlaubnistatbeständen des mitgliedstaatlichen Rechts Buchner/Schwichtenberg GuP
2017, 218 (222 f.)).

42   Abs. 2 lit. h nimmt den von der Verarbeitung Betroffenen als denjenigen in
den Blick, dem die Maßnahmen in erster Linie dienen. Dies wird in personeller Hinsicht nur durch das Wort „Beschäftigter", in sachlicher Hinsicht
aber auch durch die konkreten Maßnahmen „Beurteilung", „Versorgung"
und „Behandlung" deutlich; auch Rehabilitationsmaßnahmen sind von diesem phasenorientierten Modell medizinischer Maßnahmen erfasst (vgl. Dam-
mann/Simitis DSRL Art. 8 Erl. 18). Dementsprechend muss der Betroffene
Partei des in lit. h genannten „Vertrags mit einem Angehörigen eines Gesundheitsberufs" sein (vgl. nunmehr § 22 Abs. 1 Nr. 1 lit. b BDSG; dazu BR-Drs.
110/17, Anl. 1, 94).

43   Zur Sicherung dieser Daten ist über die allg. Regelungen hinaus auch
Abs. 3 zu erfüllen; diese Regelung war in der DSRL ebenfalls angelegt.

X. Öffentliche Gesundheit (Abs. 2 lit. i)

44   Abs. 2 lit. i verweist noch auf Art. 8 Abs. 3 DSRL, jedoch nicht so eindeutig
wie Abs. 2 lit. j. Die Zwecke, denen die Verarbeitung von Daten des Betroffenen dienen sollen, sind vom Betroffenen aus betrachtet abstrakter; dieser
Betroffene kann gerade auch der behandelnde Arzt sein (vgl. lit. i aE). Ihre
Zielsetzung ist **heterogen:** Während das erste Bsp. für ein öffentl. Interesse
im Bereich der Gesundheit („wie") auf die Gefahrenabwehr abstellt, steht das
zweite Bsp. im Zusammenhang mit der Qualitätssicherung. Hier besteht ein
wesentlicher Unterschied zu Art. 8 Abs. 3 DSRL: Dieser „Verwaltung von
Gesundheitsdiensten", dh zB die Krankenhausverwaltung, und sicherte damit
die Möglichkeit der Abrechnung für eine Behandlung. Nunmehr wird in lit. i
die Formulierung „Verwaltung von Systemen im Gesundheits- und Sozialbereich", die weiter reicht und gerade mit Blick auf die Qualität auch die
Krankenkassen berechtigt; ErwGr 52 S. 2 legt dies offen: „(…) wenn dadurch
die Qualität und die Wirtschaftlichkeit der Verfahren zur Abrechnung von
Leistungen in den sozialen Krankenversicherungssystemen sichergestellt werden soll". ErwGr 54 verweist für „öffentliche Gesundheit" auf die weite
Begriffsbildung der VO (EG) Nr. 1338/2008.

XI. Archivzwecke, wissenschaftliche und historische Forschungszwecke, statistische Zwecke (Abs. 2 lit. j)

Die Privilegierung der Zwecke des Abs. 2 lit. k knüpft an der Privilegierung 45 dieser Zwecke als Sekundärzwecke nach Art. 5 Abs. 1 lit. b Hs. 2 an. Angemessene und spezifische Maßnahmen voraussetzend dürfen personenbezogene Daten iSd Abs. 1 zu diesen Zwecken auf gesetzlicher Grdl. verarbeitet werden.

Mit den angeforderten Garantien soll – gerade mit Blick auf die hier 46 genannten Zwecke – gem. ErwGr 156 S. 2 – sichergestellt werden, „(…) dass technische und organisatorische Maßnahmen bestehen, mit denen insbes. der Grundsatz der Datenminimierung gewährleistet wird". Allerdings wird auch hier im Vergleich zur Verarbeitung „einfacher" personenbezogener Daten eine erhöhte Absicherung zu verlangen sein, eine Ab- bzw. **Aufstufung,** die sich auch in den Normtexten insbes. der Mitgliedstaaten niederschlagen muss (vgl. Watteler/Kinder-Kurlanda DuD 2015, 515). Für eine Beurteilung im Rechtsstreit vor mitgliedstaatlichen Gerichten kann die Erfüllung dieser Voraussetzung streitentscheidend sein; in Betracht kommen daher Vorabentscheidungsersuchen an den EuGH (Art. 267 AEUV) zur Auslegung dieses Begriffs. Das Erg. wirkt sich wiederum auf die unionsweite Praxis aus (und soll sich nach der Funktionalität des Verfahrens auch entspr. auswirken).

D. Anforderungen für die Verarbeitung nach Abs. 2 lit. h (Abs. 3)

Dass Abs. 2 lit. h das Schwergewicht unter den Ausnahmebestimmungen ist, 47 deutet Abs. 3 an. Hier wird, anknüpfend an Art. 8 Abs. 3 DSRL, die spezielle Geheimhaltungspflichten – Berufsgeheimnis – für das Fachpersonal vorausgesetzt (Art. 8 Abs. 3 DSRL: ärztliches Personal). Auch andere Personen müssen auf die Geheimhaltung verpflichtet sein; dies umfasst insbes. das nichtfachliche Personal in der **Krankenhausverwaltung,** welches mit der Abrechnung befasst ist. Geregelt werden kann die Geheimhaltungspflicht durch den Mitgliedstaat, aber auch durch andere „zuständige Stellen", etwa durch normativ wirkende Betriebsvereinbarung oder durch die zuständigen Kammern. Einer einzelvertraglichen Regelung fehlt die Eigenschaft einer Vorschr. einer nationalen Stelle, die insoweit die Verantwortung vom Gesetzgeber übernimmt, ein entspr. Regelungsregime zu errichten.

E. Beschränkte Öffnungsklausel (Abs. 4)

Abs. 4 ermächtigt die Mitgliedstaaten, weitere datenschutzrechtliche Bestim- 48 mungen zu treffen, dh solche Regelungen, die sich nicht lediglich auf die Rechtsgrundlagen für die Verarbeitungen, die angemessenen und spezifischen Maßnahmen, die Garantien sowie die Geheimhaltungspflichten (Abs. 3) beziehen. Diese Regelungen können nur die genetischen, biometrischen und Gesundheitsdaten betreffen. Zum Teil werden sich die „Bedingungen" mit ohnehin vorgesehenen Regelungen überschneiden. „Beschränkungen" können sich indes insbes. auf den Umf. dieser Daten beziehen, die verarbeitet werden dürfen. Insoweit ist Abs. 4 nicht redundant.

F. Nationale Bestimmungen

49 Im BDSG aF definiert § 3 Abs. 9 bes. Arten personenbezogener Daten (anders als im Falle des Art. 9 werden genetische und biometrische Daten und Daten über die sexuelle Orientierung nicht direkt erfasst) und formuliert gerade in Bezug auf „rassische" und ethnische Herkunft enger („über", nicht „hervorgehen"); § 4a Abs. 3 sieht – der Vorgabe der DSRL entspr. – die ausdr. Einwilligung vor. Nachdem diese Norm auf die DSRL zurückgeht, lassen sich die Überlegungen zu diesem Terminus auf die DS-GVO übertragen (so etwa Plath in Plath DS-GVO Art. 9 Rn. 4 ff.); Voraussetzung dafür ist, dass die unionsrechtliche Autonomie der Begriffsbildung gewürdigt wird (vgl. → Art. 6 Rn. 52).

50 Neben der beschr. Öffnungsklausel des Abs. 4 und der Öffnung zu Gunsten der Regelungen zu den Geheimhaltungspflichten nach Abs. 3 sieht auch Abs. 2 mitgliedstaatliche Regelungen vor, in diesem Fall aber alternativ zum Unionsrecht. Schnittstellen ergeben sich insoweit wie folgt: aufgrund der Möglichkeit, die Einwilligungsfestigkeit in lit. a gesetzlich zu regeln; aus dem Umstand, dass lit. b auf eine Regelung im Arbeits- oder Sozialrecht angewiesen ist; aus dem Erfordernis geeigneter Garantien bei lit. b, d und h, die durch Unionsrecht oder mitgliedstaatliches Recht festzulegen sind; aus dem Erfordernis einer bestimmten Rechtsgrundlage nach lit. e, h, i und j; sowie angemessenen und spezifischen Maßnahmen nach lit. g, i und j. Die ErwGr 52 ff. geben für die Ausfüllung der Öffnungsklauseln Hinweise. Unter Bezugnahme auf die lit. b, g, h und i wurde § 22 BDSG formuliert (vgl. BR-Drs. 110/17, Anl. 1, 93).

G. Ausblick

51 Für Art. 9 trifft zu, was schon für Art. 8 DSRL galt, dessen Regelungen „zu den problematischsten Elementen der Richtlinie" gehörten (Dammann/Simitis DSRL Art. 9 Erl. 3; Kampert in Sydow DS-GVO Art. 9 Rn. 85: „‚handwerklich' nicht sonderlich gelungen"). Im Vergleich zu Art. 8 DSRL kommt erschwerend hinzu, dass Art. 9 von Anfang an dazu bestimmt ist, unmittelbar zu gelten; das bisweilen Schwächen abmildernde Instrument der Umsetzung in mitgliedstaatliches Recht entfällt daher. Die Regelung hat Schwächen in der Formulierung und Begr. (vgl. die ErwGr), die dem Anspruch des Schutzes der bes. personenbezogenen Daten nicht gerecht wird. Besser wäre es – neben der Änd. der Systematik des Abs. 2 (→ Rn. 40) – insbes. gewesen, die Daten iSd Abs. 1 sämtlich in Art. 4 zu definieren die Verarbeitung zur Ermittlung der „rassischen" Herkunft von Vornherein auszuschließen sowie die Verarbeitung der bestimmten Daten zu dem jeweils anzuerkennenden Zweck ausnahmsweise zuzulassen. Ein bes. Schutz wäre durchaus möglich gewesen: Die Qualität der Daten des Abs. 1 könnte bei Art. 6 Abs. 1 UAbs. 1 lit. f und Abs. 4 berücksichtigt werden, so dass sie in ihren engen Begriffsbedeutungen absoluten Vorrang genießen und nicht in die Unwägbarkeiten einer Abwägungsentscheidung verstrickt werden.

Art. 10 Verarbeitung von personenbezogenen Daten über strafrechtliche Verurteilungen und Straftaten

[1] Die Verarbeitung personenbezogener Daten über strafrechtliche Verurteilungen und Straftaten oder damit zusammenhängende Sicherungsmaßregeln aufgrund von Artikel 6 Absatz 1 darf nur unter behördlicher Aufsicht vorgenommen werden oder wenn dies nach dem Unionsrecht oder dem Recht der Mitgliedstaaten, das geeignete Garantien für die Rechte und Freiheiten der betroffenen Personen vorsieht, zulässig ist. [2] Ein umfassendes Register der strafrechtlichen Verurteilungen darf nur unter behördlicher Aufsicht geführt werden.

BDSG und anderes nationales Recht: −

A. Allgemeines

I. Einführung

Das Strafrecht ist die **ultima ratio** des Rechtsgüterschutzes. Seine Sanktionen **1** sind die letzten Mittel, die ein Rechtsstaat hat, um die Verletzung bestimmter Rechtsnormen zu bestrafen. Das strafrechtliche Verfahren und die Verurteilung sind für den Beschuldigten bzw. Angeklagten einschneidende Maßnahmen, die für ihn über die Bestrafung hinaus Folgen haben können. Schon der Verdacht reicht aus, um den Betroffenen langfristig zu stigmatisieren (zust. Weichert in Kühling/Buchner DS-GVO Art. 10 Rn. 1). Daten über strafrechtliche Verurteilungen und Straftaten sind daher bes. sensible Daten und bleiben es in allen Verarbeitungslagen − anders als politische Meinungen oder Gesundheitsdaten, deren Verarbeitung in bestimmten Kontexten weniger problematisch ist (vgl. Art. 9 Abs. 2). Deshalb ist Art. 10 eine ggü. Art. 9 selbständige Regelung, die insbesondere auch Suchmaschinentätigkeit beschränkt (vgl. EuGH v. 24.9.2019, Rs. C-136/17, Rn. 44); dies schlägt sich nun − anders als in der DSRL (vgl. Dammann/Simitis DSRL Art. 8 Erl. 22), im DS-GVO-E(KOM) und im DS-GVO-E(EP) − auch in der Systematik nieder. Unabhängig von Art. 10 gelten die allg. Regelungen, insbes. Art. 5 f., wodurch die Sanktionierung (Art. 83 Abs. 5 lit. a) ermöglicht wird.

II. Entstehungsgeschichte

1. Vergleich mit der DSRL

Art. 10 findet seinen Vorläufer in Art. 8 Abs. 5 DSRL (vgl. EuGH v. **2** 24.9.2019, Rs. C-136/17, Rn. 41). Die zu verarbeitenden Daten bezogen

sich dort auf Straftaten, strafrechtliche Verurteilungen und Sicherungsmaßregeln. Diese Daten durften „nur unter behördlicher Aufsicht oder aufgrund
von einzelstaatlichem Recht, das angemessene Garantien vorsieht, erfolgen,
wobei ein Mitgliedstaat jedoch Ausnahmen aufgrund innerstaatlicher Rechtsvorschriften, die geeignete bes. Garantien vorsehen, festlegen kann"; die
Gegenausnahme war also in der Vorschr. bereits angelegt (vgl. Dammann/
Simitis DSRL Art. 8 Erl. 28, die darunter behördliche Einzelentscheidungen
auf gesetzlicher Grdl. verstehen). Art. 8 Abs. 5 S. 2 DSRL stellte auf ein
„vollständiges Register der strafrechtlichen Verurteilungen" ab. Art. 8 Abs. 5
S. 3 (bzw. UAbs. 2) DSRL eröffnete den Mitgliedstaaten die Möglichkeit,
auch Daten über administrative Strafen oder zivilrechtliche Urteile unter
behördlicher Aufsicht verarbeiten zu lassen. Dem Wechsel der Handlungsform
(Art. 288 AEUV) entspr., aber nicht notwendig erstreckt sich die Öffnungsklausel des S. 1 Hs. 2 nunmehr nicht mehr nur auf mitgliedstaatliches, sondern auch auf Unionsrecht.

2. Vergleich mit den Entwurfsfassungen

3   Art. 10 geht auf Art. 9 Abs. 2 lit. j DS-GVO-E(KOM) zurück. Art. 9 Abs. 2
lit. j DS-GVO-E(EP) ersetzte Strafurteile wenig systematisch durch „verwaltungsrechtliche Sanktionen, Urteile, Straftaten, Verurteilungen", was durch
den DS-GVO-E(Rat) wieder rückgängig gemacht wurde. In letztgenanntem
Entwurf wurde die Regelung aus Art. 9 Abs. 2 ausgegliedert (zunächst
Art. 9a DS-GVO-E(Rat)); auch der Verweis auf Art. 6 Abs. 1 und die
behördliche Aufsicht wurde dort aufgenommen. Aus der erstmals in DS-
GVO-E(EP) Pluralform der Strafregister wurde durch den DS-GVO-E(Rat)
„ein vollständiges Strafregister", bevor für die DS-GVO nahezu wieder die
Ausgangsformel verwendet wurde.

B. Anforderungen an die Verarbeitung (S. 1)

I. Anwendungsbereich

4   Art. 10 gilt für auf die **Person des Täters** bzw. des Beschuldigten oder des
Angeklagten bezogene Daten; er ist derjenige, der einer Straftat verdächtigt,
der verurteilt (oder freigesprochen) oder einer Sicherungsmaßregeln unterworfen wird; diese Daten werden dem bes. Schutz des Art. 10 unterstellt,
basiert auf dem grundrechtlichen Schutz der Person gemäß Art. 7, 8, 48
GRCh (vgl. EuGH v. 24.9.2019, Rs. C-136/17, Rn. 44). Personenbezogene
Daten von Opfern oder Zeugen sind auch sensibel, weil sie zT höchstpersönlich betroffen sind, unfreiwillig mit einer Straftat konfrontiert wurden und
im Zusammenhang mit dem Verfahren weiterer Gefährdungen ausgesetzt
sein können. Allerdings sind ihre Daten nicht Gegenstand des S. 1. Dies ergibt
sich aus dem Bezug und aus S. 2, der auch nur für den Täter relevant ist.

5   S. 1 nennt **drei Gegenstände:** strafgerichtliche Verurteilungen, Straftaten
und Sicherungsmaßregeln. Diese reichen unterschiedlich weit, weil die strafgerichtliche Verurteilung voraussetzungsvoll ist, soweit – abhängig vom mit-

gliedstaatlichen Recht, aber doch mit großen Gemeinsamkeiten, vgl. Art. 48, 49 GRCh – der Täter tatbestandsmäßig, rechtswidrig und schuldhaft gehandelt haben muss; die Verurteilung erstreckt sich auf die Art der Strafe und das Strafmaß. „Straftaten" werden auch erfasst, um gerechtfertigtes oder schuldloses Handeln gleichwohl berücksichtigen und die Daten darüber verarbeiten zu können; diesen Schluss legen auch die Mittelstellung des Begriffs in S. 1, die Begrenzung des sachlichen Anwendungsbereichs der DS-GVO nach Art. 2 Abs. 2 lit. d und die Unschuldsvermutung nahe (Art. 48 Abs. 1 GRCh). „Sicherungsmaßregeln" sind Maßnahmen gegen den Straftäter, die keine Strafen darstellen, etwa weil der Täter schuldunfähig gehandelt hat, von ihm aber eine unmittelbare Gefahr ausgeht. Anknüpfungspunkt dafür muss aber auch eine Straftat sein. Damit werden Angaben über Maßnahmen der Gefahrenabwehr gegen bestimmte Personen von Art. 10 S. 1 nicht erfasst.

II. Zulässigkeit der Verarbeitung

Die Regelung fordert für die Verarbeitung zunächst **behördliche Aufsicht;** **6** dies schließt eine behördliche Verarbeitung ein, welche angesichts des Funktionsvorbehalts nach Art. 33 Abs. 4 GG aus deutscher Perspektive legitim und vorrangig ist. Aufsicht bezieht sich jedoch (auch) auf einen anderen Rechtsträger, der die Daten verarbeitet, insbes. Behörden anderer Rechtsträger (vgl. § 30 Abs. 5 BZRG), private Unternehmen bzw. Einrichtungen, die nicht Behörde sind; insoweit achtet die DS-GVO die Organisationshoheit der Mitgliedstaaten. Damit erübrigt sich die Beantwortung der Frage, ob zB die Gerichts- und Bewährungshilfe den Behördenbegriff im Sinne des nationalen Verwaltungsorganisationsrechts erfüllt – sie agiert jedenfalls unter behördlicher Aufsicht. Gibt die Behörde die genannten Daten an Dritte weiter (unter Beachtung der allg. Vorschr.), muss sie die Aufsicht darüber und über die weitere Verwendung wirksam ausüben. Insoweit ist die Regelung vollkommen, es bedarf keiner Ausgestaltung durch mitgliedstaatliches Recht. Anders als noch die DSRL besteht nun zu Gunsten der EU eine Kompetenz (Art. 16 Abs. 2 S. 1 AEUV: „im Rahmen der Ausübung von Tätigkeiten, die in den Anwendungsbereich des Unionsrechts fallen"). Für die Regelung der Fragen der Aufbau- und Ablauforganisation der behördlichen Aufsicht sind die Mitgliedstaaten zuständig. Soweit jedoch die Verarbeitung unter behördlicher Aufsicht stattfindet, legitimiert S. 1 die Verarbeitung; demgemäß ist die (wirksame) behördliche Aufsicht auch inzident nachprüfbar. Die Verarbeitung dieser Daten durch staatliche Stellen auf der Grdl. von Art. 6 Abs. 1 UAbs. 1 lit. e iVm mitgliedstaatlichem Recht liegt dem Art. 10 voraus.

S. 1 Hs. 2 erlaubt die Verarbeitung, wenn diese nach Unionsrecht (neu) **7** oder mitgliedstaatlichem Recht zulässig ist. Hierin liegt eine weitere **Öffnungsklausel,** wobei die EU eine Kompetenz vorweisen können muss, um entspr. tätig zu werden; in Betracht kommt insoweit insbes. Rechtsetzung im Bereich der justiziellen Zusammenarbeit. Vorbehaltlich der rechtlichen Ausgestaltung können die bes. personenbezogenen Daten damit auf rechtlicher Grdl. auch ohne spezifische behördliche Aufsicht verarbeitet werden, etwa durch Versicherungsunternehmen, Sicherheitsdienste und (auch potentielle)

Arbeitgeber (vgl. Schwarz, Datenschutzrechtliche Zulässigkeit des Pre-Employment Screening, ZD 2018, 353 (356)). Bsp. sind Nutzung von Auszügen aus dem Bundeszentralregister durch private Unternehmen, die ua dadurch ermöglicht wird, dass der Betroffene einen Antrag auf Erteilung einer Auskunft stellt und diese vorlegt (vgl. § 30 Abs. 1, 4 BZRG gegenüber § 30a BZRG). Das Unternehmen, dem der Auszug vorgelegt wird, könnte gesetzlich berechtigt (und verpflichtet) werden, diese Daten zu verarbeiten, ohne dass es auf die Einwilligung des Betroffenen ankäme. Ein weiteres Bsp. ist die Verarbeitung solcher Daten für und in Pressearchiven (vgl. BGH, MMR 2013, 194 – Apollonia; vgl. dazu nunmehr BVerfG v. 6.11.2019, Az. 1 BvR 16/13 – Recht auf Vergessen II) oder andere Medien (zuletzt OLG Köln, Urt. v. 21.7.2016, Az. 15 W 42/16 – Gladbeck); in diesen Fällen ist – iRd zivilrechtlichen Rechtsverhältnisses – praktische Konkordanz zwischen den Persönlichkeitsrechten und den Medienfreiheiten herzustellen.

8   Das Unionsrecht und das mitgliedstaatliche Recht müssen geeignete (DSRL: „angemessene") Garantien für die Rechte und Freiheiten der betroffenen Personen vorsehen. Angesichts der bes. Qualität der Daten müssen diese Anforderungen über die ohnehin geltenden Regelungen (ua Art. 5) hinausgehen. In dem Regelungsregime muss zum Ausdruck kommen, dass der Hoheitsträger die Qualität der Daten bei seiner Entsch. über Maßnahmen berücksichtigt; dazu gehören auch die Bedeutung der Straftat und die seither vergangene Zeitspanne (Dammann/Simitis DSRL Art. 8 Erl. 27). Diese Anforderungen werden äußerlich durch eine Aufwertung oder **Aufstufung** des Schutzes verwirklicht. Bei einer Überprüfung einer Maßnahme der Verarbeitung kann die Geeignetheit der Maßnahme streitentscheidend sein, so dass hinsichtlich der Auslegung des Begriffs Geeignetheit eine Vorlage zum EuGH nach Art. 267 AEUV in Betracht kommt. Der Interpretationsspielraum hinsichtlich der Geeignetheit ist zwar kleiner als der hinsichtlich der Angemessenheit (Art. 8 Abs. 5 DSRL); die **Letztentscheidungskompetenz** zur Auslegung dieses Begriffs wird sich der EuGH gleichwohl nicht nehmen lassen. Indem auf den Maßstab der Angemessenheit verzichtet wird, ist der Maßstab nur vermeintlich gelockert: Zum einen fußt die Differenz in der Übersetzung (im Englischen Art. 8 Abs. 5 DSRL: „suitable specific safeguards" gegenüber Art. 10 S. 1: „appropriate safeguards"; in der französischsprachigen Fassung des Art. 8 Abs. 5 DSRL und des Art. 10 jedoch jeweils „garanties appropriées"). Zum anderen gilt im Bereich der Eingriffsverwaltung – und um diese handelt es sich bei der Verarbeitung der Daten – Art. 52 Abs. 1 GRCh. Dass insoweit die Angemessenheit ein wirksamer Maßstab ist, anhand dessen das beschr. Recht und das Recht, auf das die Beschränkung gestützt wird, in ein wechselseitiges Verhältnis gesetzt werden, muss jeweils erstritten werden. Dabei kann es jedoch nicht das Ziel sein, dt. Grundrechtsdogmatik auf Unionsebene durchzusetzen; Ziel ist vielmehr die Fortführung, Entwicklung und Anwendung der Dogmatik eines unionsrechtlich autonomen Maßstabs der Verhältnismäßigkeit (→ Art. 5 Rn. 4).

9   Dass die Gegenausnahme des Art. 8 Abs. 5 S. 1 DSRL nicht mehr im Wortlaut des S. 1 enthalten ist, schließt nicht aus, dass einzelne Garantien im Einzelfall ausgesetzt werden. Gelöst werden kann dies – nur auf gesetzlicher

Grdl. – über den **Maßstab der Angemessenheit:** In Fällen, in denen Rechtsgüter, zu deren Schutz die besagten Daten verarbeitet werden sollen, hochrangig und unmittelbar gefährdet sind, kann das Schutzniveau daher abgesenkt werden. Ein Bsp. ist die erweiterte Auskunft aus dem Bundeszentralregister für bestimmte Berufe.

C. Register (S. 2)

S. 2 schließt die Auslagerung eines umfassenden Registers der strafrechtlichen 10 Verurteilungen aus dem staatlichen Bereich ohne spezifische behördliche Aufsicht aus. Er bezieht sich nur auf S. 1 Hs. 2, nachdem S. 1 Hs. 1 die spezifische behördliche Aufsicht voraussetzt. Damit erscheinen die nach S. 1 aE vorzusehenden Garantien ein Stück weit als Kompensation für den Verzicht auf diese Form der Aufsicht(zust. Schantz in Schantz/Wolff DatenschutzR Rn. 724). Der Anwendungsbereich dieser Ausnahme ist damit sachlich beschr. Hintergrund ist das Risikopotential, welches von vollständigen Strafregistern ausgeht, die außerhalb des Hoheitsträgers oder auch nur ohne eine bes. Kontrolle geführt werden. In Deutschland sind allerdings Art. 33 Abs. 4 GG und das Art. 2 Abs. 1 iVm 1 Abs. 1 GG insoweit maßstabsbildend, als eine Auslagerung des umfassenden Strafregisters auch unter bes. behördlicher Aufsicht kaum vorstellbar ist.

D. Nationale Bestimmungen

S. 1 Hs. 2 erfordert ein hohes Maß mitgliedstaatlicher Rechtsetzung. Bisher 11 ist weniger das BDSG aF (vgl. dort § 32 für Beschäftigungsverhältnisse), sondern das BZRG der Ort spezifischer Regelungen, daneben auch § 72a SGB VIII und § 25 JArbSchG. Dies schließt eine Nachführung zur Anpassung an die geltenden Regelungen und die Optimierung des Datenschutzes nicht aus. Eingang gefunden hat Art. 10 – unbenannt – in § 23 und – benannt – in § 26 BDSG.

E. Ausblick

Die Veränderungen, die durch die Umstellung von der Handlungsform der 12 RL auf die Handlungsform der VO bewirkt werden, sind materiell **vergleichsweise geringfügig,** auch weil die Regelung verschiedenen mitgliedstaatlichen Ausgestaltungen zugänglich ist. Der Regelungsmechanismus – unmittelbare Geltung der kompletten Vorschr. der VO, Ausfüllung durch das mitgliedstaatliche Recht iÜ – muss auch hier angenommen und in der behördlichen und in der gerichtlichen Praxis in Gang gesetzt werden. Nicht ausgeschlossen erscheint es, dass im Falle zögerlicher oder unvollständiger Regelungstätigkeit des mitgliedstaatlichen Gesetzgebers die Situation auftritt, dass der EuGH – von der Unionsrechtswidrigkeit des mitgliedstaatlichen Verhaltens abgesehen – zur Tat schreiten und die Lücken füllt, entspr. seiner

Vorgehensweise bei nicht umgesetzten RL. Dies betrifft zwar alle Schnittstellen der DS-GVO, die Unions- und mitgliedstaatliches Recht miteinander
verbinden. Bei der Freigabe der Verarbeitung der Daten des Art. 10 S. 1 ist
das Risikopotential jedoch nochmals erhöht.

Art. 11 Verarbeitung, für die eine Identifizierung der betroffenen Person nicht erforderlich ist

(1) Ist für die Zwecke, für die ein Verantwortlicher personenbezogene Daten
verarbeitet, die Identifizierung der betroffenen Person durch den Verantwortlichen
nicht oder nicht mehr erforderlich, so ist dieser nicht verpflichtet, zur bloßen
Einhaltung dieser Verordnung zusätzliche Informationen aufzubewahren, einzuholen oder zu verarbeiten, um die betroffene Person zu identifizieren.

(2) [1] Kann der Verantwortliche in Fällen gemäß Absatz 1 des vorliegenden
Artikels nachweisen, dass er nicht in der Lage ist, die betroffene Person zu
identifizieren, so unterrichtet er die betroffene Person hierüber, sofern möglich.
[2] In diesen Fällen finden die Artikel 15 bis 20 keine Anwendung, es sei denn, die
betroffene Person stellt zur Ausübung ihrer in diesen Artikeln niedergelegten
Rechte zusätzliche Informationen bereit, die ihre Identifizierung ermöglichen.

BDSG und anderes nationales Recht: –

Literatur: *Golland/Kriegesmann,* Der Schutz virtueller Identitäten durch die DSGVO,
PinG 2017, 45; *Piltz,* Umsetzung des Auskunftsrechts bei der Videoüberwachung, DSB
2019, 104

A. Allgemeines

I. Einführung

1   Art. 11 ist eine Konsequenz der **Speicherbegrenzung** nach Art. 5 Abs. 1 lit.
e und der Zweckbindung einerseits und des Rechts des Betroffenen, Auskunft
über die Verarbeitung der erhobenen Daten zu erhalten, andererseits, vgl.
Art. 15 ff. Die Vorschr. ist auch **Ausdruck des Misstrauens,** welches der
Verordnunggeber den Verantwortlichen und die Verantwortlichen den ASB
entgegenbringen: Wenn die Speicherbegrenzung, die Zweckbindung und die
Erforderlichkeit zentrale Anforderungen an die Verarbeitung sind, so ist die
Behauptung abwegig, dass die Identifizierung, die Verbindung zwischen
Daten und Person gerade deswegen nicht aufgeh. werden könne, weil man im
Anschluss dieser Person ggü. noch zu Auskünften etc. verpflichtet sein könnte.
Es würde ein – ohne weitere Regelung – rechtswidriges und tatsächlich
unmögliches Verhalten eingefordert. Zugleich kann der Verantwortliche
nicht für sich in Anspruch nehmen, Daten entgegen der Speicherbegrenzung,
der Zweckbindung und der Erforderlichkeit weiter zu speichern, um Pflichten einzuhalten, die im Falle der Beachtung der Maßstäbe nicht gelten
können; ErwGr 52 S. 2 DS-GVO-E(KOM) führte hierzu aus: „Ein für die
Verarbeitung Verantwortlicher sollte personenbezogene Daten nicht nur des-

halb speichern, um auf mögliche Ansuchen reagieren zu können." Art. 11 sichert dies ab, hat insoweit eine Erinnerungs- und **Warnfunktion** und wird im selten als Maßstab für Entscheidungen der ASB und Gerichte herangezogen werden müssen.

Die Regelung ist damit nicht zwecklos: Sie stellt klar, dass der Wegfall der **2** Erforderlichkeit Rückwirkung entfaltet. Der Verantwortliche hat nicht mehr nachzuweisen, wessen Daten er wann verarbeitet hat (vgl. Begr. in DS-GVO-E(KOM), S. 9, zum damaligen Art. 10; zust. Wolff BeckOK DatenschutzR Art. 11 Rn. 4).

II. Entstehungsgeschichte

1. Vergleich mit der DSRL

Eine unmittelbare Vorgängervorschrift in der DSRL gab es nicht; Art. 11 **3** Abs. 2 DSRL stellte für den Wegfall der Benachrichtigung auf die Unmöglichkeit der Erfüllung dieser Verpflichtung oder einen unverhältnismäßigen Aufwand ab. Dies ist damit zu erklären, dass die Widerspruchsfreiheit der Umsetzung der RL durch mitgliedstaatliche Regelungen gemeinschafts- bzw. unionsrechtlich vorausgesetzt wurde (zum BDSG aF Gola in Gola DS-GVO Art. 11 Rn. 6 mwN).

2. Vergleich mit den Entwurfsfassungen

Art. 10 DS-GVO-E(KOM) regelte lediglich, dass der Verantwortliche für **4** den Fall, dass er eine natürliche Person anhand der von ihm verarbeiteten Daten nicht bestimmen kann, nicht verpflichtet sein sollte, zur Einhaltung der DS-GVO zusätzliche Daten einzuholen, um die Person zu bestimmen.

Art. 10 DS-GVO-E(EP) erstreckte diese Regelung auf den Verarbeiter **5** eines Auftrags, ergänzte hinsichtlich des Bestimmens „direkt" und „indirekt" und ersetzte die Rechtsfolge, dass der Verantwortliche nicht verpflichtet sei, Daten einzuholen, dadurch, dass ihm dies nicht gestattet sein solle. Abs. 2 S. 1 stellte den Verantwortlichen von der Verpflichtung frei, eine Vorschr. der DS-GVO einzuhalten, wenn er diese nicht einhalten konnte. Abs. 2 S. 2 sah eine Verpflichtung des Verantwortlichen vor, die betroffene Person zu informieren, wenn er dem Verlangen dieser Person nicht nachkommen konnte.

Art. 11 DS-GVO-E(Rat) enthielt – der geänd. Zählung entspr. – die **6** nochmals abgeänderte Regelung, die letztlich auch in Kraft trat.

B. Keine Verpflichtung zur erneuten Identifizierung (Abs. 1)

Art. 11 Abs. 1 verweist zunächst auf das Fehlen oder den Wegfall der Er- **7** forderlichkeit der Identifizierung für den vorgesehenen Zweck. So mag iRd Ausgestaltung eines Kundenbindungsprogrammes – mit Einwilligung des Betroffenen – die Verarbeitung personenbezogener Daten noch erforderlich sein, um diesem individuell konfektionierte Angebote zukommen zu lassen. Sobald dieser Zweck erfüllt ist und die Daten entpersonalisiert wurden, um sie für das Controlling oder die Lagerhaltungsplanung zu berücksichtigen, fehlt es an der Erforderlichkeit.

8 Nach ErwGr 57 S. 2 soll sich der Verantwortliche nicht weigern, zusätzliche Informationen entgegenzunehmen, die von der betroffenen Person beigebracht werden, um – hierin ist die Zweckbestimmung zu sehen – ihre Rechte geltend zu machen. Dies ist insoweit unproblematisch, als sich dieses Beibringen als aktives, wenngleich konkludentes Tun ggü. dem Verantwortlichen darstellt und dieses Verhalten als – auf die Nachführung bzw. Rekonstruktion beschränkt – Einwilligung gewertet werden kann; ohne weitere Erkl. können diese Daten einer Weitergabe (etwa nach Art. 6 Abs. 4) nicht zugänglich sein. Die erneute oder rekonstruierte Identifizierung soll – wegen des Anspruchs der Technologieneutralität wenig überraschend – auch für Online-Dienste gelten (ErwGr 57 S. 3).

9 Dass die Regelung vorsieht, dass der Verantwortliche nicht verpflichtet ist, Informationen aufzubewahren, einzuholen oder zu verarbeiten, ist jedenfalls für die Aufbewahrung (welche trotz ihrer Statik auch eine Verarbeitung darstellt, vgl. Art. 4 Nr. 2) fragwürdig, soweit damit angedeutet wird, dass er gleichwohl dazu berechtigt sein könnte. De lege lata ist es dem Verantwortlichen ohne weiteres nicht gestattet, die Informationen aufzubewahren. Letztlich berücksichtigt der Wortlaut damit insbes. die Möglichkeiten des Art. 6 Abs. 1 UAbs. 1 lit. f und Art. 6 Abs. 4.

C. Informationspflicht und erneute Identifizierung (Abs. 2)

10 Die Rechtsfolge des Abs. 1, dass den Verantwortlichen keine Verpflichtung trifft, die erneute Identifizierung durch Datenverarbeitung zu ermöglichen, wird mit einer weiteren Rechtsfolge verknüpft: Der Verantwortliche ist verpflichtet, den – nicht persönlich identifizierten – Betroffenen darüber zu informieren, soweit dies möglich ist (vgl. insbes. für virtuelle Identitäten Golland/Kriegesmann PinG 2017, 45 (50)). Mittelbar handelt es sich um die Bestätigung, dass die Identifizierbarkeit beseitigt wurde. Damit soll der Betroffene informiert werden und die Entsch. treffen können, ob er durch die Zulieferung weiterer Daten die erneute Identifizierung doch wieder ermöglicht. Wenn sie sich dazu entschließt, leben die Informationspflichten der Art. 15 ff. wieder auf (zust. Wolff BeckOK DatenschutzR Art. 11 Rn. 31).

D. Nationale Bestimmungen

11 Einer Umsetzung in mitgliedstaatliches Recht bedarf es nicht (zust. Wolff BeckOK DatenschutzR Art. 11 Rn. 9).

E. Ausblick

12 Art. 11 ist anders als andere Regelungen dieses Abschn. keine Innovation (aA Hansen NK-DatenschutzR Rn. 6) und längst nicht so grds. wie Art. 5, 6, 7.

Der Verordnunggeber traf die Regelung zum Schutz datenschutzrechtskonform handelnder Verantwortlicher vor Betroffenen, die die Verarbeitung ihrer Daten nachvollziehen möchten, wenn diese schon nicht mehr verarbeitet werden, einerseits und zum Schutz Betroffener vor zirkulären Argumentationen der Verantwortlichen andererseits. Inwieweit dies der Rechtsklarheit zuträglich ist, wird sich erweisen müssen – wenn ggf. andere offene Fragen zu klären sein werden (krit. LNK DatenschutzR, 109; vgl. Piltz DSB 2019, 104).

Kapitel III. Rechte der betroffenen Person

Abschnitt 1. Transparenz und Modalitäten

Art. 12 Transparente Information, Kommunikation und Modalitäten für die Ausübung der Rechte der betroffenen Person

(1) [1] Der Verantwortliche trifft geeignete Maßnahmen, um der betroffenen Person alle Informationen gemäß den Artikeln 13 und 14 und alle Mitteilungen gemäß den Artikeln 15 bis 22 und Artikel 34, die sich auf die Verarbeitung beziehen, in präziser, transparenter, verständlicher und leicht zugänglicher Form in einer klaren und einfachen Sprache zu übermitteln; dies gilt insbesondere für Informationen, die sich speziell an Kinder richten. [2] Die Übermittlung der Informationen erfolgt schriftlich oder in anderer Form, gegebenenfalls auch elektronisch. [3] Falls von der betroffenen Person verlangt, kann die Information mündlich erteilt werden, sofern die Identität der betroffenen Person in anderer Form nachgewiesen wurde.

(2) [1] Der Verantwortliche erleichtert der betroffenen Person die Ausübung ihrer Rechte gemäß den Artikeln 15 bis 22. [2] In den in Artikel 11 Absatz 2 genannten Fällen darf sich der Verantwortliche nur dann weigern, aufgrund des Antrags der betroffenen Person auf Wahrnehmung ihrer Rechte gemäß den Artikeln 15 bis 22 tätig zu werden, wenn er glaubhaft macht, dass er nicht in der Lage ist, die betroffene Person zu identifizieren.

(3) [1] Der Verantwortliche stellt der betroffenen Person Informationen über die auf Antrag gemäß den Artikeln 15 bis 22 ergriffenen Maßnahmen unverzüglich, in jedem Fall aber innerhalb eines Monats nach Eingang des Antrags zur Verfügung. [2] Diese Frist kann um weitere zwei Monate verlängert werden, wenn dies unter Berücksichtigung der Komplexität und der Anzahl von Anträgen erforderlich ist. [3] Der Verantwortliche unterrichtet die betroffene Person innerhalb eines Monats nach Eingang des Antrags über eine Fristverlängerung, zusammen mit den Gründen für die Verzögerung. [4] Stellt die betroffene Person den Antrag elektronisch, so ist sie nach Möglichkeit auf elektronischem Weg zu unterrichten, sofern sie nichts anderes angibt.

(4) Wird der Verantwortliche auf den Antrag der betroffenen Person hin nicht tätig, so unterrichtet er die betroffene Person ohne Verzögerung, spätestens aber innerhalb eines Monats nach Eingang des Antrags über die Gründe hierfür und über die Möglichkeit, bei einer Aufsichtsbehörde Beschwerde einzulegen oder einen gerichtlichen Rechtsbehelf einzulegen.

(5) [1] Informationen gemäß den Artikeln 13 und 14 sowie alle Mitteilungen und Maßnahmen gemäß den Artikeln 15 bis 22 und Artikel 34 werden unentgeltlich zur Verfügung gestellt. [2] Bei offenkundig unbegründeten oder – insbesondere im Fall von häufiger Wiederholung – exzessiven Anträgen einer betroffenen Person kann der Verantwortliche entweder

a) ein angemessenes Entgelt verlangen, bei dem die Verwaltungskosten für die Unterrichtung oder die Mitteilung oder die Durchführung der beantragten Maßnahme berücksichtigt werden, oder
b) sich weigern, aufgrund des Antrags tätig zu werden.
[3] Der Verantwortliche hat den Nachweis für den offenkundig unbegründeten oder exzessiven Charakter des Antrags zu erbringen.

(6) Hat der Verantwortliche begründete Zweifel an der Identität der natürlichen Person, die den Antrag gemäß den Artikeln 15 bis 21 stellt, so kann er unbeschadet des Artikels 11 zusätzliche Informationen anfordern, die zur Bestätigung der Identität der betroffenen Person erforderlich sind.

(7) [1] Die Informationen, die den betroffenen Personen gemäß den Artikeln 13 und 14 bereitzustellen sind, können in Kombination mit standardisierten Bildsymbolen bereitgestellt werden, um in leicht wahrnehmbarer, verständlicher und klar nachvollziehbarer Form einen aussagekräftigen Überblick über die beabsichtigte Verarbeitung zu vermitteln. [2] Werden die Bildsymbole in elektronischer Form dargestellt, müssen sie maschinenlesbar sein.

(8) Der Kommission wird die Befugnis übertragen, gemäß Artikel 92 delegierte Rechtsakte zur Bestimmung der Informationen, die durch Bildsymbole darzustellen sind, und der Verfahren für die Bereitstellung standardisierter Bildsymbole zu erlassen.

BDSG und anderes nationales Recht: §§ 32 Abs. 2, 33 Abs. 2 BDSG (kommentiert unter → BDSG § 32 Rn. 24 ff.; → BDSG § 33 Rn. 23).

Literatur: *Albrecht,* Das neue EU-Datenschutzrecht – von der Richtlinie zur Verordnung, CR 2016, 88; *Auer-Reinsdorff,* Transparente Datenschutzhinweise – den inhärenten Widerspruch auflösen!, ZD 2017, 149; *Ben-Shahar,* The Failure of Mandated Disclosure, University of Pennsylvania Law Review 2011, 647; *Bräutigam/Schmidt-Wudy,* Das geplante Auskunfts- und Herausgaberecht des Betroffenen nach Art. 15 der EU-Datenschutzgrundverordnung, CR 2015, 56; *Durmus,* Praktische Umsetzung von Transparenzpflichten, RDV 2018, 297; *Franck,* Das System der Betroffenenrechte nach der Datenschutz-Grundverordnung (DS-GVO), RDV 2016, 111; *Gerl/Meier,* The Layered Privacy Language Art. 12 – 14 GDPR Extension – Privacy Enhancing User Interfaces, DuD 2019, 747; *Heinemann/Straub,* Datenschutz muss benutzbar sein – Wie Usable Security and Privacy die Ausübung der Betroffenenrechte erleichtern kann, DuD 2019, 7; *Käde/v. Maltzan,* Die Erklärbarkeit von Künstlicher Intelligenz (KI) – Entmystifizierung der Black Box und Chancen für das Recht, CR 2020, 66; *Kamps/Schneider,* Transparenz als Herausforderung: Die Informations- und Meldepflichten der DSGVO, K&R 2017, Beilage 1 zu Heft 7/8, 24; *Kugelmann,* Datenfinanzierte Internetangebote – Regelungs- und Schutzmechanismen der DSGVO, DuD 2016, 566; *Lepperhoff,* Informationspflichten gegenüber Bewerbern nach der DS-GVO, RDV 2017, 21; *Möhrke-Sobolewski/Klas,* Zur Gestaltung des Minderjährigendatenschutzes in digitalen Informationsdiensten, K&R 2016, 373; *Ory/Weth,* Betroffenenrechte in der Justiz – Die DS-GVO auf Konfrontationskurs mit der ZPO?, NJW 2018, 2829; *Peifer,* Auswirkungen der EU-Datenschutz-Grundverordnung auf öffentliche Stellen, GewArch 2014, 142; *Petri,* Faire und transparente Verarbeitung, Informationsrechte und Rahmenbedingungen für ihre Beschränkung – zur Auslegung der Art. 12 ff. und 23 DSGVO, DuD 2018, 347; *Piltz,* Die Datenschutz-Grundverordnung Teil 2: Rechte der Betroffenen und korrespondierende Pflichten der Verantwortlichen, K&R 2016, 629; *Pollmann/Kipker,* Informierte Einwilligung in der Online-Welt, DuD 2016, 378; *Richter,* Aus Sicht der Stiftung Datenschutz – Simplifizierung als Lösung für die

„Daten-AGB"?, PinG 2017, 65; *Scheurer,* Playing consent – Informationsvermittlung durch Gamification, PinG 2020, 13; *Schulz,* Pseudonyme Datenverarbeitung, Transparenz und Betroffenenrechte – Ein Good Practice Ansatz, PinG 2019, 238; *Sörup,* Gestaltungsvorschläge zur Umsetzung der Informationspflichten der DS-GVO im Beschäftigungskontext, ArbRAktuell 2016, 207; *Spiecker gen. Döhmann,* Digitale Mobilität: Plattform Governance – IT-sicherheits- und datenschutzrechtliche Implikationen, GRUR 2019, 341; *Tavanti,* Datenverarbeitung zu Werbezwecken nach der Datenschutz-Grundverordnung (Teil 2), RDV 2016, 295; *Walter,* Die datenschutzrechtlichen Transparenzpflichten nach der europäischen Datenschutz-Grundverordnung, DSRITB 2016, 367.

Übersicht

A. Allgemeines

I. Einführung

Art. 12 normiert **Transparenzvorgaben für die Unterrichtung der be- 1 troffenen Person** sowie – in den Abs. 2 bis 6 – **Verfahrensregelungen** zur Ausübung der Betroffenenrechte (Bäcker in Kühling/Buchner DS-GVO Art. 12 Rn. 1, 6 f.; Heckmann/Paschke in Ehmann/Selmayr DS-GVO Art. 12 Rn. 1; ausf. Art-29-Datenschutzgruppe WP 260 – Transparenz). Damit statuiert Art. 12 auch einen „allgemeinen Teil" für die Informations- und Mitteilungspflichten iRd Betroffenenrechte (s. Franck in Gola DS-GVO Art. 12 Rn. 8; Greve in HK-DS-GVO Art. 12 Rn. 6; Heckmann/Paschke in Ehmann/Selmayr DS-GVO Art. 12 Rn. 4 mwN). Art. 12 greift, soweit die Art. 13 ff. keine besonderen Regelungen vorsehen (Eßer in Auernhammer DS-GVO Art. 12 Rn. 2; übersichtlich iE Veil in GSSV DS-GVO Art. 12 Rn. 13 ff.). IE statuiert **Abs. 1** eine **„Generalklausel"** mit einer Verpflichtung zur **Herstellung von Transparenz** bei Informationen (vgl. auch Kamlah in Plath DS-GVO Art. 12 Rn. 1) und regelt die **Form** der zu übermittelnden Informationen und Mitteilungen. **Abs. 2** verpflichtet den Verantwortlichen, der betroffenen Person die **Ausübung ihrer Rechte** zu **erleichtern.** Zugleich gewährt Abs. 2 dem Verantwortlichen **ausnahmsweise** ein **Verweigerungsrecht,** sollte der Betroffene für ihn nicht identifizierbar sein. **Abs. 3 und 4** legen **Fristen zur Information** fest, innerhalb derer der Verantwortliche die betroffene Person von ergriffenen (Abs. 3) oder unterlassenen (Abs. 4) Maßnahmen zu unterrichten hat. **Abs. 5** regelt den **Grundsatz der Unentgeltlichkeit** der Kommunikation für die betroffene Person, gewährt dem Verantwortlichen aber bei **offenkundig unbegründeten oder exzessiven Anträgen** das Recht, ein Entgelt zu verlangen oder das Tätigwerden zu verweigern. Nach **Abs. 6** darf der Verantwortliche zwecks **Identitätsfeststellung** des Antragenden zusätzliche Informationen anfordern. **Abs. 7** betr. die Kommunikation durch standardisierte **Bildsymbole.** Zu diesem Zweck wird der KOM in **Abs.** 8 die Befugnis zum Erlass **delegierter Rechtsakte** übertragen.

2   Die verschiedenen Absätze des Art. 12 weisen sowohl Widersprüche als auch teilw. Redundanzen auf; zudem werden materiell-rechtliche und verfahrensbezogene Vorgaben nicht immer klar voneinander unterschieden (pointiert Veil in GSSV DS-GVO Art. 12 Rn. 13: „eine der unübersichtlichsten und unstrukturiertesten Vorschriften der DS-GVO").

3   Das durch Art. 12 normierte Transparenzgebot findet während des gesamten Verarbeitungsprozesses Anwendung (Art-29-DSG WP 260 – Transparenz 6); zum Anwendungsbereich iE → Rn. 20.

II. Sinn und Zweck

4   Art. 12 ist Ausprägung des allg. Transparenzgrundsatzes (Art. 5 Abs. 1 lit. a; → Art. 5 Rn. 13 ff.; s. Heckmann/Paschke in Ehmann/Selmayr DS-GVO Art. 12 Rn. 4; Greve in HK-DS-GVO Art. 12 Rn. 5). Sinn und Zweck der Regelung ist es, der **betroffenen Person** den **informierten Umgang** der Preisgabe ihrer personenbezogenen Daten zu ermöglichen und ihr die **Wahrnehmung ihrer Rechte** zu erleichtern (s. auch ErwGr 39: Grundsatz der Datensouveränität; vgl. Greve in HK-DS-GVO Art. 12 Rn. 2, 6; Heckmann/Paschke in Ehmann/Selmayr DS-GVO Art. 12 Rn. 8). Art. 12 dient hiernach vornehmlich der Verwirklichung des Rechts auf informationelle Selbstbestimmung, insbes. durch einen Grundrechtsschutz durch Verfahren, bei (näher Dix in NK-DatenschutzR DS-GVO Art. 12 Rn. 1 ff.; Franck in Gola DS-GVO Art. 12 Rn. 6; Quaas in BeckOK DatenschutzR DS-GVO Art. 12 Rn. 4; Veil in GSSV DS-GVO Art. 12 Rn. 41). IdS ist die betroffene Person über Risiken, Vorschr., Garantien und Rechte im Zusammenhang mit der Verarbeitung zu informieren. Für natürliche Personen soll erkennbar sein, dass ihre personenbezogenen Daten erhoben, verwendet oder anderweitig verarbeitet werden (Greve in HK-DS-GVO Art. 12 Rn. 2). Hierdurch soll insbes. auch das Vertrauen in digitale Umgebungen befördert werden (Greve in HK-DS-GVO Art. 12 Rn. 1; Heckmann/Paschke in Ehmann/Selmayr DS-GVO Art. 12 Rn. 1; jeweils mwN). Wesentliche Voraussetzung für die Erreichung der benannten Ziele ist, dass Informationen und Mitteilungen leicht zugänglich und verständlich, sprich in klarer und einfacher Sprache kommuniziert werden. Näher hierzu Art-29-Datenschutzgruppe WP 260 – Transparenz 5 f., die auch auf die Gebote von Treu und Glauben (→ Art. 5 Rn. 18 ff.) sowie die Rechenschaftspflicht (→ Art. 5 Rn. 50 ff.) hinweist.

5   Durch die Regelung soll zugleich dem **Problem der drohenden Informationsüberlastung** (information overload) entgegengewirkt werden (zust. Dix in NK-DatenschutzR DS-GVO Art. 12 Rn. 12; Eßer in Auernhammer DS-GVO Art. 12 Rn. 12; Greve in HK-DS-GVO Art. 12 Rn. 6), indem die Anforderungen an die zu übermittelnden Informationen in Abhängigkeit von den Adressaten angepasst werden (→ Rn. 25). Eine Informationsüberlastung liegt vor, wenn die Menge der zu verarbeitenden Informationen größer ist, als die betroffene Person verarbeiten kann oder üblicherweise will (allg. zum „information overload" im datenschutzrechtlichen Kontext Ben-Shahar

U. Pa. L. Rev. 2011, 647; Art-29-Datenschutzgruppe WP 260 – Transparenz 7 spricht von „Informationsermüdung").

Zugleich soll die **unternehmerische Compliance** durch eine ausdr. Re- **6** gelung über Art und Weise der zu erteilenden Informationen und Mitteilungen erleichtert werden.

Bes. Beachtung erfährt die **Schutzwürdigkeit von Kindern.** Deren **7** Schutzwürdigkeit wird iRd Transparenz dadurch Rechnung getragen, dass Informationen und Mitteilungen über eine Verarbeitung, die sich an Kinder richtet, in einer Sprache zu formulieren sind, die dank ihrer Einfachheit und Klarheit auch und gerade einem Kind verständlich ist.

ErwGr 39 hebt **bes. relevante Informationen** hervor, bei denen dem **8** Transparenzgebot eine gesteigerte Bedeutung zukommt. Bes. relevant sind demnach Informationen betr. die **Identität des Verantwortlichen** und die **Zwecke der Verarbeitung** sowie alle sonstigen Informationen, die für eine **faire und transparente Verarbeitung personenbezogener Daten** erforderlich sind (s. auch Art-29-Datenschutzgruppe WP 260 – Transparenz 6 f.). Die Ausgestaltung korrespondiert mit der Formulierung in Art. 13 Abs. 2, sodass an Informationen, insbes. die Dauer der Speicherung, die Rechte der betroffenen Person, das Recht des jederzeitigen Widerrufes, das Beschwerderecht, die Bereitstellung personenbezogener Daten und das Bestehen einer automatisierten Entscheidungsfindung (→ Art. 13 Rn. 22) bes. hohe Maßstäbe hinsichtlich des Transparenzniveaus anzulegen sind.

III. Kritik

Grdl. Kritik wurde an den Transparenzvorschriften geäußert, weil sie auf- **9** grund unnötiger Kompliziertheit dem **Ziel einer Vereinfachung der Compliance** nicht Genüge tun könnten (noch zum DS-GVO-E(EP) s. Eckhardt CR 2012, 195 (197); vgl. auch Innenausschuss Prot. BDSG, 36). So wird etwa moniert, es zeigten sich Züge eines „typischen EU-Verbraucherschutzbürokratismus" (so Eckhardt/Kramer DuD 2013, 287 (289); s. auch Tavanti RDV 2016, 295 (299)). S. ferner ausf. Veil NVwZ 2018, 686.

Den krit. Stimmen ist zuzugeben, dass die in Rede stehenden Vorgaben **10** mitunter in einem starken **Spannungsverhältnis** zueinander stehen (s. auch Art-29-Datenschutzgruppe WP 260 – Transparenz 22 sowie → Rn. 27 ff.), sodass die praktische Anwendung der Transparenzvorschriften die Verantwortlichen (und hier nicht zuletzt auch kleinere Unternehmen) vor erhebliche Herausforderungen stellt. Einen erheblichen Gestaltungsspielraum der Verantwortlichen einfordernd daher Bäcker in Kühling/Buchner DS-GVO Art. 12 Rn. 12.

IV. Entstehungsgeschichte

In Art. 12 DS-GVO ist das **Transparenzgebot** nunmehr einheitlich in einer **11** eigenen Vorschr. geregelt.

Die Ursprünge der Vorschr. finden sich in der Entschließung der **31.** **12** **Internationalen Datenschutzkonferenz 2009,** die das Transparenzprinzip als grdl. Prinzip zum Schutz der Privatsphäre im Zusammenhang mit der Verarbeitung personenbezogener Daten erhob.

13   Zur Entstehungsgeschichte und zum Gesetzgebungsverfahren s. näher 2. Aufl. 2018, Rn. 14, 37 sowie etwa Dix in NK-DatenschutzR DS-GVO Art. 12 Rn. 8 ff.; Quaas in BeckOK DatenschutzR DS-GVO Art. 12 Rn. 8.

14   Näher zu den Vorgaben zur Transparenz bzw. zu den Vorgängerregelungen in der **DSRL** s. 2. Aufl. 2018, Rn. 13, 41, 62 sowie im BDSG aF s. 2. Aufl. 2018, Rn. 83a ff.

V. Abdingbarkeit, Be- und Einschränkungen, Öffnungsklauseln

15   **Art. 12** ist nicht abdingbar bzw. ebenso wie die Betroffenenrechte allg. nach hM **nicht dispositiv** (s. nur Dix in NK-DatenschutzR DS-GVO Art. 12 Rn. 6; Kamlah in Plath DS-GVO Art. 12 Rn. 1; einschränkend für den Fall einer Einwilligung dagegen Franck in Gola DS-GVO Art. 12 Rn. 31).

15a   Die Vorschr. unterliegt allerdings iÜ verschiedenen **Beschränkungen,** vornehmlich bei der Verarbeitung, für die eine Identifizierung der betroffenen Person nicht erforderlich und nicht mehr möglich ist (**Art. 11**), zum **Schutz der Meinungsäußerungsfreiheit** und der **Informationsfreiheit** (**Art. 85**), bei der **Datenverarbeitung im Beschäftigungskontext** (**Art. 88**) sowie bei der Verarbeitung, die **Forschungszwecken, statistischen Zwecken** oder **Archivzwecken** dient (**Art. 89**). Schließlich kann die Vorschr. durch nationale oder gemeinschaftsrechtliche Vorschr. beschr. werden (**Art. 23**).

16   Durch die Nichtanwendbarkeit der Art. 15 bis 20 gem. Art. 11 Abs. 2 gilt auch das Transparenzgebot nach Art. 12 für die Verarbeitung, bei der die **Identifizierung der betroffenen Person** iSd Art. 11 Abs. 1 **nicht erforderlich** und für den Verantwortlichen iSd Art. 11 Abs. 2 **nicht mehr möglich** ist, nur entspr. eingeschränkt (→ Art. 11 Rn. 10). S. zum Verhältnis von Abs. 2 S. 2 und Art. 11 Abs. 1 nachf. → Rn. 48 ff.

17   Gem. Art. 23 können unter den dort genannten Voraussetzungen allfällige Pflichten und Rechte nach Art. 12 durch **nationale oder gemeinschaftsrechtliche Vorschr.** beschr. werden (näher hierzu Bäcker in Kühling/Buchner DS-GVO Art. 12 Rn. 40 f.; Greve in HK-DS-GVO Art. 12 Rn. 10; Heckmann/Paschke in Ehmann/Selmayr DS-GVO Art. 12 Rn. 58). S. etwa § 34 Abs. 2 S. 2 BDSG vor (→ BDSG § 34 Rn. 9).

17a   Ferner kommt für die Verarbeitung, die zu **journalistischen Zwecken** oder zu **wiss., künstlerischen oder literarischen Zwecken** erfolgt, eine Einschränkung nach **Art. 85 Abs. 2** in Betracht, wenn dies erforderlich ist, um das Recht auf Schutz der personenbezogenen Daten mit der **Freiheit der Meinungsäußerung** und der **Informationsfreiheit** in Einklang zu bringen.

17b   Zudem unterliegt Art. 12 der **Öffnungsklausel in Art. 88** (Schmidt-Wudy in BeckOK DatenschutzR DS-GVO Art. 14 Rn. 9). Demnach kann der nationale Gesetzgeber spezifischere Vorschr. für die **Datenverarbeitung im Beschäftigungskontext** vorsehen.

18   Soweit nach Art. 89 Abs. 2 und 3 die Rechte der betroffenen Person nach Art. 15 bis 21 zugunsten von **Forschungszwecken, statistischen Zwecken**

oder Archivzwecken eingeschränkt werden können, findet Art. 12 keine Anwendung (→ Art. 89 Rn. 13 ff., 16 ff.).

VI. Geldbuße

Bei einem Verstoß gegen die Art. 12 bis 22 kann gem. Art. 83 Abs. 5 lit. b **18a** eine **Geldbuße** verhängt werden (→ Art. 83 Rn. 23 f.; ausf. Greve in HK-DS-GVO Art. 12 Rn. 34). Eine solche Geldbuße kann bei Geringfügigkeit oder Unverhältnismäßigkeit durch eine **Verwarnung** ersetzt werden (ErwGr 148 S. 2; Heckmann/Paschke in Ehmann/Selmayr DS-GVO Art. 12 Rn. 59). Zur **Bußgeldbemessung** der frz. CNIL betr. Verstöße gegen Art. 13 s. Votteler ZD 2019, 431. Allg. zur Bußgeldzumessung nach dem DSK-Konzept Paal RDV 2020, 57.

B. Schaffung geeigneter Maßnahmen für die Übermittlung der Informationen (Abs. 1)

I. Generalklausel (Abs. 1 S. 1)

Zur Verwirklichung der Transparenz ist der Verantwortliche (Art. 4 Nr. 7; **19** → Art. 4 Rn. 55; näher zu den Normadressaten etwa Veil in GSSV DS-GVO Art. 12 Rn. 3) verpflichtet, **geeignete Maßnahmen** zu treffen, um alle Informationen und Mitteilungen nach Art. 13 bis 22 und 34 **präzise, leicht zugänglich und verständlich** sowie in **klarer und einfacher Sprache** an die betroffene Person zu übermitteln (Abs. 1 S. 1). Diese Pflicht ist **nicht erfolgsbezogen;** daher sind insoweit etwa die erfolgte Übermittlung und die Wahrnehmung durch die betroffene Person nicht erforderlich (Franck in Gola DS-GVO Art. 12 Rn. 9; Quaas in BeckOK DatenschutzR DS-GVO Art. 12 Rn. 25). Zur Modellierung mittels Layered Privacy Language s. Gerl/Meier DuD 2019, 747; zum Forschungsfeld Usable Security and Privacy s. Heinemann/Straub DuD 2019, 7.

1. Anwendungsbereich

Vom **Anwendungsbereich** erfasst sind alle Informationen (Art. 13 und 14) **20** und – im Grundsatz – die Mitteilungen (Art. 15 bis 22 und Art. 34), die sich auf die Verarbeitung personenbezogener Daten beziehen und sich an die betroffene Person richten. Von Abs. 1 S. 1 nicht erfasst sind somit zunächst die an Dritte gerichteten Mitteilungen gem. Art. 17 Abs. 2 und Art. 19 S. 1 (Bäcker in Kühling/Buchner DS-GVO Art. 12 Rn. 10; Franck in Gola DS-GVO Art. 12 Rn. 16; Veil in GSSV DS-GVO Art. 12 Rn. 50; zu Art. 15 Abs. 3, 20 Abs. 1, 21 Abs. 4 2. Hs. sowie 34 Abs. 2 und Abs. 3 lit. c → Art. 21 ff.). Der Anwendungsbereich ist grds. weit ausgestaltet und umfasst jeden Vorgang bzw. jede Vorgangsreihe **in Zusammenhang mit personenbezogenen Daten** (Art. 4 Nr. 2; → Art. 4 Rn. 20 ff.). Der Zusatz „die sich auf die Verarbeitung personenbezogener Daten beziehen" enthält keinen normativen Mehrwert, da sich sämtliche Informationen und Mitteilungen nach Art. 13 bis 22 und Art. 34 auf die Verarbeitung personenbezogener Daten beziehen (s. Franck in Gola DS-GVO Art. 12 Rn. 11). Gesetzgeberisch dürfte insoweit die Ausklammerung der begleitenden Kommunikation – wie etwa des Anschreibens – intendiert gewesen sein (Heckmann/Paschke in Ehmann/Selmayr DS-GVO Art. 12 Rn. 9; weitergehend in Bezug auf künftige Verarbeitungen allerdings Dix in NK-DatenschutzR DS-GVO Art. 12 Rn. 17).

21   **Sonderregelungen zu Form und Sprache** sind in Art. 7, Art. 15 Abs. 3, Art. 20 Abs. 1, Art. 21 Abs. 4 2. Hs. und Art. 34 Abs. 2 und Abs. 3 lit. c zu finden.

21a   **Art. 7 Abs. 2** formuliert für das Ersuchen um Einwilligung strengere Formerfordernisse als Abs. 1 S. 1 (Quaas in BeckOK DatenschutzR DS-GVO Art. 12 Rn. 6). Erfolgt die Einwilligung der betroffenen Person durch eine schriftliche Erkl., die noch andere Sachverhalte erfasst, so muss nach Art. 7 Abs. 2 das Ersuchen um Einwilligung in verständlicher und leicht zugänglicher Form in einer klaren und einfachen Sprache abgefasst sein, so dass es sich von den anderen Sachverhalten klar unterscheidet. Art. 12 ist von Art. 7 insofern abzugrenzen, als dass Art. 12 erst an den späteren Zeitpunkt der Datenerhebung (s. Art. 13 und 14) anknüpft (Heckmann/Paschke in Ehmann/Selmayr DS-GVO Art. 12 Rn. 5)

21b   Eigenständige Modalitäten der Herausgabe von Daten gelten zudem beim **Recht auf eine Datenkopie** gem. **Art. 15 Abs. 3** (→ Art. 15 Rn. 33 ff.; Bäcker in Kühling/Buchner DS-GVO Art. 12 Rn. 10; Heckmann/Paschke in Ehmann/Selmayr DS-GVO Art. 12 Rn. 9; aA Dix in NK-DatenschutzR DS-GVO Art. 12 Rn. 13).

22   Nach **Art. 20 Abs. 1** ist die nach dieser Vorschr. vorzunehmende Mitteilung an die betr. Person in einem **strukturierten, gängigen und maschinenlesbaren Format** zu übermitteln. Allerdings sind maschinenlesbare Formate nach ihrer Sachnatur für natürliche Personen selten verständlich und leicht zugänglich; denn solche Formate sind sprachlich regelmäßig weder klar noch einfach abgefasst. Im Hinblick auf den Regelungszweck von Art. 20, nämlich die Gewährleistung der **Datenübertragbarkeit** (→ Art. 20 Rn. 4), ist iErg dem Aspekt der Möglichkeit einer standardisierten maschinellen Verarbeitung der Vorrang vor der Verständlichkeit in natürlicher Sprache zu geben, an welcher die betroffene Person idR iRd Art. 20 gerade gar kein Interesse hat (zust. Bäcker in Kühling/Buchner DS-GVO Art. 12 Rn. 10; Dix in NK-DatenschutzR DS-GVO Art. 12 Rn. 13).

22a   Nach **Art. 21 Abs. 4 2. Hs.** ist der **Hinweis über das Widerspruchsrecht** gem. Art. 21 Abs. 1 und 2 in einer verständlichen und von anderen Informationen getrennten Form zu erteilen (→ Art. 21 Rn. 67 ff.).

23   **Art. 34 Abs. 2** fordert, dass die Benachrichtigung an die betroffene Person über eine eingetretene „**Datenpanne**" in **klarer und einfacher Sprache** abgefasst ist. Diese Vorgabe bleibt hinter den Kriterien von Abs. 1 S. 1 zurück, da zur Form der Benachrichtigung keine Ausführungen gemacht werden. Der Einschub hat allerdings nur klarstellenden Charakter. Gerade im Falle einer Verletzung des Schutzes personenbezogener Daten kann richtigerweise kein geringerer Maßstab an die Kommunikation mit der betroffenen

Person anzulegen sein, als in dies der Generalklausel vorgesehen ist (zust. Bäcker in Kühling/Buchner DS-GVO Art. 12 Rn. 9; vgl. auch Quaas in BeckOK DatenschutzR DS-GVO Art. 12 Rn. 6). S. ferner **Art. 34 Abs. 3 lit. c** (näher → Art. 34 Rn. 40 ff.).

Das **Transparenzgebot** sollte nach Sinn und Zweck auch auf **Mitteilun-** 24 **gen nach den Abs. 3 und 4** Anwendung finden, obwohl Abs. 1 auf diese Absätze nach dem eindeutigen Wortlaut gerade nicht verweist (zust. Dix in NK-DatenschutzR DS-GVO Art. 12 Rn. 13; Heckmann/Paschke in Ehmann/Selmayr DS-GVO Art. 12 Rn. 7, 34, 37; Kamlah in Plath DS-GVO Art. 12 Rn. 10; Quaas in BeckOK DatenschutzR DS-GVO Art. 12 Rn. 38). Es würde den Zweck des Transparenzgebots – nämlich die betroffene Person über die ihr zustehenden Rechte und Risiken zu informieren – nicht nur unerheblich konterkarieren, wollte man bei den Mitteilungen über die ergriffenen Maßnahmen (Abs. 3) und über das Nichttätigwerden auf den Antrag (Abs. 4) einen niedrigeren Maßstab an die Transparenz anlegen. Lehnt man eine Anwendbarkeit des Abs. 1 auf Abs. 3 und Abs. 4 ab, so gilt jedenfalls der allg. Transparenzgrundsatz gem. Art. 5 Abs. 1 lit. a (Heckmann/Paschke in Ehmann/Selmayr DS-GVO Art. 12 Rn. 7).

2. Maßstab

Allg. bilden zunächst die **Grundsätze der Rechenschaftspflicht** und von 25 **Treu und Glauben** einen allg. – wenngleich sehr groben – Maßstab (dies stark betonend Art-29-Datenschutzgruppe WP 260 – Transparenz 22 und öfter). IE gilt ein **adressatenorientierter Maßstab** (Art-29-Datenschutzgruppe WP 260 – Transparenz 8, unter Verweis auf „einen typischen Angehörigen des Zielpublikums", und 13; zust. iÜ Bäcker in Kühling/Buchner DS-GVO Art. 12 Rn. 11; Eßer in Auernhammer DS-GVO Art. 12 Rn. 8; Greve in HK-DS-GVO Art. 12 Rn. 12; vgl. auch Franck in Gola DS-GVO Art. 12 Rn. 22; Möhrke-Sobolewski/Klas K&R 2016, 373 (376); Quaas in BeckOK DatenschutzR DS-GVO Art. 12 Rn. 12; aA Heckmann/Paschke in Ehmann/Selmayr DS-GVO Art. 12 Rn. 18 mit dem Hinweis auf die Genese des Abs. 1, denn das Attribut „adressatengerecht" war noch im Art. 11 Abs. 2 DS-GVO-E(KOM) enthalten (s. EP, Berichtsentwurf des Ausschusses für bürgerliche Freiheiten, Justiz und Inneres v. 16.1.2013, A7–0402/2013, 532) und wurde später unter Hinweis auf eine ansonsten drohende Rechtsunsicherheit entfernt). Für eine Adressatenorientiertheit spricht zunächst der 2. Hs. des Abs. 1, der „insbesondere" bei an Kinder gerichteten Informationen eine klare und einfache Sprache fordert. Darüber hinaus lassen sich die Kriterien „präzise" und „verständlich" sinnvollerweise nur adressatenorientiert ausfüllen (vgl. auch Bäcker in Kühling/Buchner DS-GVO Art. 12 Rn. 11).

Der Verantwortliche kann Form und Sprache seiner Informationen und 26 Mitteilungen nicht auf jede betroffene Person individuell zuschneiden. Vielmehr hat sich der Verantwortliche an dem **durchschnittlichen Personenkreis** der Tätigkeit zu orientieren. Dabei kommt es uU in Betracht, nach Untergruppen zu differenzieren. Hervorzuheben sind wegen der ausdr. Nennung in der Norm insoweit Kinder (→ Rn. 36).

3. Form

27 Art. 12 Abs. 1 fordert die Übermittlung der erforderlichen Informationen und Mitteilungen in einer **präzisen, transparenten, verständlichen** und **leicht zugänglichen Form** (hierzu ausf. Art-29-Datenschutzgruppe WP 260 – Transparenz 7 ff.). Form ist hier nicht (zivilrechtlich) iSe Schriftform etc. zu verstehen, sondern iSe „Stils" (Franck in Gola DS-GVO Art. 12 Rn.; Quaas in BeckOK DatenschutzR DS-GVO Art. 12 Rn. 17). Die vorbenannten Tatbestandsmerkmale überschneiden sich und sind teils redundant (zutr. Kamlah in Plath DS-GVO Art. 12 Rn. 2). Insbes. die Merkmale „präzise" und „verständlich" unterstreichen dabei nicht nur eine „formale" bzw. grammatikalische, sondern auch eine inhaltliche Komponente (ausf. Heckmann/ Paschke in Ehmann/Selmayr DS-GVO Art. 12 Rn. 15 f.; Quaas in BeckOK DatenschutzR DS-GVO Art. 12 Rn. 11; vgl. auch Art-29-Datenschutzgruppe WP 260 – Transparenz 6 und Kamlah in Plath DS-GVO Art. 12 Rn. 2).

28 **a) Präzise.** Die Informationen und Mitteilungen sind in präziser Sprache abzugeben. Informationen sind möglichst kurz abzufassen. **Präzision** setzt eine – soweit mit dem Medium Sprache möglich – **exakte inhaltliche Richtigkeit** und **Vollständigkeit** der übermittelten Informationen sowie die Abwesenheit von überflüssigen Angaben voraus (Art-29-Datenschutzgruppe WP 260 – Transparenz 7: „auf eine einfache Formel gebracht" und „griffig formuliert"; s. auch Härting DS-GVO Rn. 67; Heckmann/Paschke in Ehmann/Selmayr DS-GVO Art. 12 Rn. 12). Das Kriterium der Präzision steht hierbei in einem inhärenten Spannungsverhältnis zu dem vorbenannten Erfordernis der einfachen Sprache und der Verständlichkeit (Bäcker in Kühling/Buchner DS-GVO Art. 12 Rn. 12; Franck in Gola DS-GVO Art. 12 Rn. 23; Heckmann/Paschke in Ehmann/Selmayr DS-GVO Art. 12 Rn. 12; Quaas in BeckOK DatenschutzR DS-GVO Art. 12 Rn. 1, 13; sowie → Rn. 30 f. und 33 ff.).

29 **b) Transparent.** Abs. 1 S. 1 verpflichtet den Verantwortlichen, **Informationen und Mitteilungen in transparenter Form** zu übermitteln. Das Tatbestandsmerkmal der Transparenz lässt sich als Formmerkmal nur sehr schwer deuten und begegnet begrifflichen Bedenken (keinen Definitionsversuch unternimmt konsequenterweise auch Art-29-Datenschutzgruppe WP 260 – Transparenz 6 f.). Transparenz entsteht zwar durch Information; Information selbst als transparent zu qualifizieren, bringt aber keinen entscheidenden Mehrwert (ebenso Kamlah in Plath DS-GVO Art. 12 Rn. 2; aA Heckmann/Paschke in Ehmann/Selmayr DS-GVO Art. 12 Rn. 12 – mit Hinweis darauf, dass Transparenz im europ. Kontext als Synonym für Öffentlichkeit bzw. öffentl. Zugänglichkeit zu verstehen sei – sowie Quaas in BeckOK DatenschutzR DS-GVO Art. 12 Rn. 14 wonach Transparenz die grds. Erkennbarkeit bezeichne und der Abgrenzung zu „nebulösen und verschleiernden Erläuterungen" diene; in diese Richtung ebenso Art-29-Datenschutzgruppe WP 260 – Transparenz 7, wo ein – dem Art. 7 Abs. 2 S. 1 vergleichbares – Trennungsgebot angenommen wird; s. auch Heckmann/Paschke in Ehmann/Selmayr DS-GVO Art. 12 Rn. 12).

c) Verständlich. Informationen und Mitteilungen sind in verständlicher **30** Form zu kommunizieren (näher Art-29-Datenschutzgruppe WP 260 – Transparenz 8). **Verständlichkeit** setzt voraus, dass der Adressat den Inhalt erfassen und in seine Entsch. über den Umgang mit den eigenen persönlichen Daten einfließen lassen kann. Der Verantwortliche darf erwarten, dass die betroffene Person bei der Aufnahme der Information oder Mitteilung ihre geistigen Fähigkeiten der Situation angemessen anstrengt. Dabei ist zu berücksichtigen, dass sich die durchschnittliche betroffene Person mit entspr. Informationen und Mitteilungen idR mehrmals täglich auseinandersetzen wird. Die Beurteilung der Verständlichkeit ist insbes. auch im Licht des Regelungszweckes von Art. 12 vorzunehmen, sprich zum Zwecke der Vermeidung von Informationsüberlastung bei der betroffenen Person (→ Rn. 5).

In diesem Zusammenhang kann es erforderlich sein, **Informationen in** **31** **mehrschichtiger Form (multi-layered notice)** zu übermitteln (ebenso befürwortend etwa Art-29-Datenschutzgruppe WP 260 – Transparenz 8, 23 ff.; Dix in NK-DatenschutzR DS-GVO Art. 12 Rn. 20; Greve in HK-DS-GVO Art. 12 Rn. 14; vgl. auch Franck in Gola DS-GVO Art. 12 Rn. 20). Die Informationen können hiernach in sinnvoller Weise **in Abschn.** **zu sortieren und** mit **Überschriften** zu versehen sein. In der ersten Schicht werden nur die wichtigsten Angaben angezeigt, während die darunter liegende(n) Schicht(en) detailliertere Informationen enthält (enthalten). Die tieferliegende Schicht muss bei Anzeige der oberen Schicht unmittelbar zugänglich sein. Der konkrete Inhalt der Schichten ist von der jeweiligen Information oder Mitteilung abhängig.

d) Leicht zugänglich. Die Form der Informationen und Mitteilungen muss **32** leicht zugänglich ausgestaltet sein (ausf. Art-29-Datenschutzgruppe WP 260 – Transparenz 9). **Leichte Zugänglichkeit** setzt voraus, dass die betroffene Person mit den ihr zur Vfg. stehenden (technischen) Mitteln die Information erreichen kann. Bei Mitteilungen in Schriftform muss diese der betroffenen Person **physisch zugänglich** sein (zust. Heckmann/Paschke in Ehmann/ Selmayr DS-GVO Art. 12 Rn. 14), ohne dass es einer Aufforderung seitens des Betroffenen oder einer Mitwirkung des Verantwortlichen bedarf. Im Online-Kontext hat der Verantwortliche insbes. sicherzustellen, dass die Information oder Mitteilung mit allen gängigen Softwareprogrammen visualisierbar ist (so auch Franck in Gola DS-GVO Art. 12 Rn. 21; Nink in Spindler/Schuster DS-GVO Art. 12 Rn. 10; Quaas in BeckOK DatenschutzR DS-GVO Art. 12 Rn. 16). Art-29-Datenschutzgruppe WP 260 – Transparenz 9 verweist mit näheren Voraussetzungen auf „Links, (…) klare Kennzeichnung oder (…) Antwort auf eine Frage in natürlicher Sprache (…), FAQ, (…) kontextbezogene Pop-up-Menüs, (…) Chatbot-Schnittstelle". Informationen dürfen nicht innerhalb eines Angebotes versteckt werden, sondern müssen für die betroffene Person sofort erkennbar sein (Art-29-Datenschutzgruppe WP 260 – Transparenz 9 (mit konkreten Beispielen); Dix in NK-DatenschutzR DS-GVO Art. 12 Rn. 14; Franck in Gola DS-GVO Art. 12 Rn. 21; Heckmann/Paschke in Ehmann/Selmayr DS-GVO Art. 12 Rn. 14; Quaas in BeckOK DatenschutzR DS-GVO Art. 12 Rn. 16). Push-

Nachrichten ieS sind allerdings nicht geboten (zutr. Nink in Spindler/Schuster DS-GVO Art. 12 Rn. 10).

32a   **Graphisch** müssen die Informationen so gestaltet sein, dass sie den **Standards der Barrierefreiheit** entsprechen (Dix in NK-DatenschutzR DS-GVO Art. 12 Rn. 14; Franck in Gola DS-GVO Art. 12 Rn. 21; Heckmann/Paschke in Ehmann/Selmayr DS-GVO Art. 12 Rn. 20). Zudem muss sich der Text optisch hinreichend vom Hintergrund abheben (Heckmann/Paschke in Ehmann/Selmayr DS-GVO Art. 12 Rn. 20, die zudem die Nutzung spielerischer Darstellungsmethoden aufzeigen; hierzu auch Scheurer PinG 2020, 13).

4. Sprache

33   Die mitgeteilten Informationen müssen **sprachlich klar und einfach** abgefasst sein (ausf. und teils sehr detailliert Art-29-Datenschutzgruppe WP 260 – Transparenz 9 ff.). Das Kriterium komplementiert die Verständlichkeit und Präzision der Form (Art-29-Datenschutzgruppe WP 260 – Transparenz 8); es soll der betroffenen Person die Informationsverarbeitung ermöglicht werden, ohne dass Zweideutigkeiten oder eine situationsinadäquate Anstrengung von geistigen Fähigkeiten beeinträchtigend entgegenwirken. Zu einer klaren und einfachen Sprache gehört insbes. die **Vermeidung von** (nicht erforderlichem) **Fachvokabular** und von **Schachtelsätzen** (näher und mit Beispielen und Best-Practice-Vorschlägen Art-29-Datenschutzgruppe WP 260 – Transparenz 10 f.). Fachbegriffe sind ggf. so zu erläutern, dass sie auch für Laien hinreichend verständlich sind bzw. werden (s. Franck in Gola DS-GVO Art. 12 Rn. 22; Quaas in BeckOK DatenschutzR DS-GVO Art. 12 Rn. 19). Einfache Sprache ist allerdings nicht zu verwechseln und gleichzusetzen mit dem Konzept der „leichten" Sprache, die sich an Personen mit kognitiven Einschränkungen richtet (zutr. Dix in NK-DatenschutzR DS-GVO Art. 12 Rn. 14; Heckmann/Paschke in Ehmann/Selmayr DS-GVO Art. 12 Rn. 17; Kamps/Schneider K&R 2017 Beil. 1 zu Heft 7/8, 24 (25); aA Franck in Gola DS-GVO Art. 12 Rn. 22; Nink in Spindler/Schuster DS-GVO Art. 12 Rn. 9).

34   Das Erfordernis der **Präzision** der Form steht in einem offenkundigem **Spannungsverhältnis** zu dem Kriterium der **Klarheit** und **Einfachheit** (→ Rn. 28 sowie Bäcker in Kühling/Buchner DS-GVO Art. 12 Rn. 12; Heckmann/Paschke in Ehmann/Selmayr DS-GVO Art. 12 Rn. 12). Beide Aspekte sind mit Blick auf die Zwecke der Norm in Einklang zu bringen: Die betroffene Person soll ein Verständnis für im konkreten Fall relevante Rechte, Risiken, Garantien und Vorschr. entwickeln können (s. ErwGr 39). Eine einfache Sprache steht hierbei allerdings nicht in einem unauflösbaren Gegensatz zu präziser Kommunikation. Der Verantwortliche hat auch bei komplexen Sachverhalten dafür Sorge zu tragen, dass die übermittelte Information sprachlich leicht verständlich bleibt. Zudem kann durch die Aufbereitung als **mehrschichtige Information (multi-layered notice;** → Rn. 31) ein potenzielles Spannungsverhältnis weiter entschärft werden (s. auch Art-29-Datenschutzgruppe WP 260 – Transparenz 23). Bes. zentrale Gesichtspunkte werden in der oberen Schicht einfach und kurz dargestellt. Durch Aufrufen der tieferliegenden Schicht erhält die betroffene Person sodann präzise Detailinformationen.

Die Regelung lässt offen, ob und inwieweit Informationen in eine be- **35** stimmte **Landessprache** übersetzt werden müssen. Im Hinblick auf das Erfordernis der Verständlichkeit für den Betroffenen, das zusätzlich auch in ErwGr 58 hervorgehoben wird, ist ein solches Übersetzungserfordernis naheliegend (Wybitul/Fladung BB 2012, 509 (511 Fn. 17)). In Ansehung des in Art. 3 Abs. 2 eingeführten **Marktortprinzips** sind im geschäftlichen Bereich Informationen nach den Art. 13 und 14 sowie Mitteilungen nach Art. 34 jedenfalls in die Sprachen jener Länder zu übersetzen, in denen der Unternehmer die betr. Leistungen anbietet (zust. Dix in NK-DatenschutzR DS-GVO Art. 12 Rn. 15 (iErg allerdings weitergehend); Franck in Gola DS-GVO Art. 12 Rn. 20; Heckmann/Paschke in Ehmann/Selmayr DS-GVO Art. 12 Rn. 19; Kamlah in Plath DS-GVO Art. 12 Rn. 2 Fn. 6; Quaas in BeckOK DatenschutzR DS-GVO Art. 12 Rn. 20). Bei der Auswahl der Sprache im konkreten Fall wird der Unternehmer, sofern er über Informationen über Herkunft, Staatsangehörigkeit oder Wohnsitz der betroffenen Person verfügt, diese Informationen zugrunde legen müssen. Anderenfalls hat der Unternehmer im persönlichen Kontakt die jeweilige Landessprache, im Online-Geschäftsverkehr den Ort des Zugriffes zu berücksichtigen. Mitteilungen nach den Art. 15 bis 22 sind grds. in der **Sprache der Antragstellung** durch die betroffene Person zu beantworten, sofern es sich um die Sprache eines Landes handelt, in dem der Verantwortliche seine Leistung anbietet.

5. Schutzwürdigkeit von Kindern

Kinder (zum Begriff s. → Art. 8 Rn. 31) werden nach Abs. 1 S. 1 Hs. 2 als **36** bes. **schutzwürdige Adressaten** von Informationen hervorgehoben (ausf. Art-29-Datenschutzgruppe WP 260 – Transparenz 11 ff.; Joachim ZD 2017, 414). Es soll sichergestellt sein, dass Informationen und Mitteilungen, die an ein Kind gerichtet sind, in einer Sprache verfasst werden, die ein Kind verstehen kann.

Das **Erfordernis der kindgerechten Sprache** besteht indes nur bei An- **37** geboten, die sich nach Inhalt und Ausgestaltung speziell an Kinder richten (→ Rn. 25; Heckmann/Paschke in Ehmann/Selmayr DS-GVO Art. 12 Rn. 21; (wohl) pauschaler Art-29-Datenschutzgruppe WP 260 – Transparenz 11). Abs. 1 S. 1 Hs. 2 gilt auch dann, wenn für die konkrete Datenverarbeitung die erforderliche Einwilligung der gesetzlichen Vertreter fehlt (zutr. Heckmann/Paschke in Ehmann/Selmayr DS-GVO Art. 12 Rn. 21). Umgekehrt entbindet eine Einwilligung durch die gesetzlichen Vertreter nicht von der Transparenzverpflichtung ggü. Kindern, soweit nicht aufgrund der Umstände im Einzelfall nur die gesetzlichen Vertreter als Adressat in Betracht kommen (hierzu Art-29-Datenschutzgruppe WP 260 – Transparenz 12 f.).

II. Schriftliche, elektronische oder mündliche Erteilung (Abs. 1 S. 2 u. 3)

38 Die zu übermittelnden Informationen sind gem. Abs. 1 S. 2 **schriftlich** oder **in anderer Form** (ausf. Art-29-Datenschutzgruppe WP 260 – Transparenz 13 ff.), also zumindest in fixierter Form, wie sich aus dem Umkehrschluss zu Abs. 1 S. 3 ergibt, zu kommunizieren (Grundsatz der Schriftlichkeit; ebenso Art-29-Datenschutzgruppe WP 260 – Transparenz 13 f.; s. auch AG Werthheim BeckRS 2019, 33192 Rn. 6 („grundsätzlich schriftlich") und Veil in GSSV DS-GVO Art. 12 Rn. 2, der die Schriftform als „präferierte Grundform der Information" einstuft; vgl. ebenso Eßer in Auernhammer DS-GVO Art. 12 Rn. 13; Quaas in BeckOK DatenschutzR DS-GVO Art. 12 Rn. 27; gegenläufig Bäcker in Kühling/Buchner DS-GVO Art. 12 Rn. 17; s. ferner auch Härting DS-GVO Rn. 655; Heckmann/Paschke in Ehmann/Selmayr DS-GVO Art. 12 Rn. 22;Kamlah in Plath DS-GVO Art. 12 Rn. 3; jeweils die allg. Formfreiheit betonend; s. auch Greve in HK-DS-GVO Art. 12 Rn. 18: „technikneutral"). Mitteilungen werden in Abs. 1 S. 2 nicht explizit genannt, unterliegen allerdings denselben Maßstäben (s. auch Art-29-Datenschutzgruppe WP 260 – Transparenz 13; aA Kamlah in Plath DS-GVO Art. 12 Rn. 7).

38a Zur Schriftlichkeit iSd DS-GVO s. Laue/Kremer Neues DatenschutzR 152.

39 Informationen und Mitteilungen können, wenn dies im Einzelfall zweckmäßig ist (zutr. Veil in GSSV DS-GVO Art. 12 Rn. 22, darauf verweisend, dass mit „gegebenenfalls" in S. 2 ein „in geeigneten Fällen" gemeint sein wird), auch in **elektronischer Form** bereitgestellt werden (Dix in NK-DatenschutzR DS-GVO Art. 12 Rn. 19); dies gilt insbes. in Online-Szenarien, aber darüber hinaus auch dann, wenn die technischen Rahmenbedingungen (etwa bei IoT-Geräten ohne Bildschirm, s. Art-29-Datenschutzgruppe WP 260 – Transparenz 14 f.; Dix in NK-DatenschutzR DS-GVO Art. 12 Rn. 18), technische Komplexität oder die Vielzahl der Beteiligten es erfordern (ErwGr 58). Zulässig ist mithin eine **Bereitstellung** der gem. Art. 13 und 14 zu erteilenden Informationen **auf einer Website** (Heckmann/Paschke in Ehmann/Selmayr DS-GVO Art. 12 Rn. 22; Kamlah in Plath DS-GVO Art. 12 Rn. 3; Veil in GSSV DS-GVO Art. 12 Rn. 23); hier sind Informationen in **mehrschichtiger Form** (multi-layered notice → Rn. 31) oder in anderer zweckmäßiger Form zu erteilen (iE Art-29-Datenschutzgruppe WP 260 – Transparenz 13 f., 30 f.). Ein typischer Anwendungsbereich sind nach ErwGr 58 solche Konstellationen, in denen für die betroffene Person nicht oder nur unter erheblichen Schwierigkeiten erkennbar ist, ob bzw. von wem und zu welchem Zweck personenbezogene Daten verarbeitet werden, wie etwa **Werbung im Internet** (hierzu Dix in NK-DatenschutzR DS-GVO Art. 12 Rn. 19; Kamlah in Plath DS-GVO Art. 12 Rn. 5). Bei bes. Kategorien personenbezogener Daten können allerdings Einschränkungen bestehen (s. Greve in HK-DS-GVO Art. 12 Rn. 18).

39a Art-29-Datenschutzgruppe WP 260 – Transparenz 14 verweist in diesem Zusammenhang überdies auf *zusätzliche* Formen wie Sprachübermittlung,

Handbücher in Papierform oder die Angabe einer URL oder einer QR-Codes in einem Handbuch oder auf einer Verpackung.

Eine **mündliche Erteilung** der Information oder Mitteilung ist nach   **40**
Abs. 1 S. 3 auf Verlangen der betroffenen Person ebenfalls möglich, falls die betroffene Person dies verlangt (krit. aufgrund der – potenziellen – Implementierungskosten bei Verantwortlichen Veil in GSSV DS-GVO Art. 12 Rn. 24). Die mündliche Erteilung eröffnet zugunsten des Verantwortlichen die Option; eine Pflicht zur mündlichen Erteilung geht damit jedoch nicht einher (Greve in HK-DS-GVO Art. 12 Rn. 21). Mündlich umfasst auch eine automatisierte mündliche Ansage (s. Art-29-Datenschutzgruppe WP 260 – Transparenz 15, dort allerdings eine solche Übermittlung anscheinend (teilw.) nur neben einer schriftlichen annehmend). Eine mündliche Erteilung setzt (grds.) eine **Feststellung der Identität** der betroffenen Person voraus, die ihrerseits nicht mündlich erfolgen kann (Art-29-Datenschutzgruppe WP 260 – Transparenz 15; Heckmann/Paschke in Ehmann/Selmayr DS-GVO Art. 12 Rn. 22). Da der Verantwortliche diesbzgl. die Beweislast trägt, empfiehlt sich dennoch eine (interne) Dokumentierung der mündlichen Informationserteilung (Franck in Gola DS-GVO Art. 12 Rn. 24; Härting DS-GVO Rn. 655). ZT wird dagegen aus Abs. 1 S. 3 eine auf alle Fälle zu erstreckende Pflicht des Verantwortlichen zur Identitätsprüfung gefolgert (so Kamlah in Plath DS-GVO Art. 12 Rn. 9).

Heckmann/Paschke zufolge (in Ehmann/Selmayr DS-GVO Art. 12   **41**
Rn. 22) bedarf es – entgegen des Wortlautes – aufgrund des mangelnden Personenbezuges der erhobenen Daten keiner Identifikation in Fällen, in denen die betroffene Person sich (fern-)mündlich über Informationen nach Art. 13 informiert. Ebenso geht Art-29-Datenschutzgruppe WP 260 – Transparenz 15 davon aus, dass eine mündliche Information nach Art. 13 und 14 ohne Identitätsprüfung, auch und gerade gegenüber zukünftigen Nutzern oder Kunden erfolgen kann, die nicht identifiziert werden können (aA aufgrund der expliziten Regelung des Abs. 1 S. 3 Kamlah in Plath DS-GVO Art. 12 Rn. 12 mit Fn. 21).

Umgekehrt gelten für **Anträge der betroffenen Person an den Ver-**   **42**
antwortlichen keine Formvorschriften. Die betroffene Person kann daher Anträge nach den Art. 15 ff. (auch) mündlich stellen (→ Art. 15 Rn. 21; Härting DS-GVO Rn. 653 ff.).

C. Erleichterung der Ausübung der Rechte der betroffenen Person (Abs. 2)

I. Pflicht zur Erleichterung der Ausübung der Rechte (Abs. 2 S. 1)

Den für die Datenverarbeitung Verantwortlichen (Art. 4 Nr. 7; → Art. 4   **43**
Rn. 55) trifft gem. Abs. 2 S. 1 die Pflicht, die Ausübung der Rechte nach Art. 15 bis 22 (näher zur Reichweite Franck in Gola DS-GVO Art. 12 Rn. 16) zu **erleichtern** (ausf. Dix in NK-DatenschutzR DS-GVO Art. 12

Rn. 23; lediglich einen „Appellcharakter" der Norm nehmen an Heckmann/Paschke in Ehmann/Selmayr DS-GVO Art. 12 Rn. 24).

44   Über die in Abs. 5 S. 1 geregelte Unentgeltlichkeit hinaus sind damit **Zugangsmechanismen bzw. die Abwesenheit von Zugangshindernissen adressiert** (Dix in NK-DatenschutzR DS-GVO Art. 12 Rn. 23; Greve in HK-DS-GVO Art. 12 Rn. 20, 22; Quaas in BeckOK DatenschutzR DS-GVO Art. 12 Rn. 32); in Betracht kommen zudem definierte Zuständigkeiten sowie eine Ansprechstelle (Franck in Gola DS-GVO Art. 12 Rn. 12).

45   Insbes. bei **elektronischer Verarbeitung** der Daten ist die Möglichkeit zu gewähren, Rechte nach Art. 15 bis 22 auf elektronischem Weg geltend zu machen (nur im Grundsatz kein Medienbruch, vgl. DSK Kurzpapier Informationspflichten 3; Bäcker in Kühling/Buchner DS-GVO Art. 12 Rn. 26; Eßer in Auernhammer DS-GVO Art. 12 Rn. 14; Greve in HK-DS-GVO Art. 12 Rn. 18; Kamlah in Plath DS-GVO Art. 12 Rn. 4; Heckmann/Paschke in Ehmann/Selmayr DS-GVO Art. 12 Rn. 24; Quaas in BeckOK DatenschutzR DS-GVO Art. 12 Rn. 32; sowie iÜ → Rn. 38 ff., 55). Umstr. ist, ob sich hieraus lediglich ein allg. **Behinderungsverbot** für den Verantwortlichen ergibt (so Eßer in Auernhammer DS-GVO Art. 12 Rn. 20; Kamlah in Plath DS-GVO Art. 12 Rn. 11) **oder** ob hierin ein darüber hinausgehendes **Erleichterungsgebot** iSe aktiven Tuns zu sehen ist (so Bäcker in Kühling/Buchner DS-GVO Art. 12 Rn. 25; Dix in NK-DatenschutzR DS-GVO Art. 12 Rn. 23; Nink in Spindler/Schuster DS-GVO Art. 12 Rn. 17; Quaas in BeckOK DatenschutzR DS-GVO Art. 12 Rn. 32). Die positive Formulierung „erleichtert" spricht eher für die Annahme eines Erleichterungsgebots.

45a   Das Erleichterungsgebot ist iÜ „prozedural" zu verstehen (Bäcker in Kühling/Buchner DS-GVO Art. 12 Rn. 25). Nicht präjudiziert ist deswegen die materiell-rechtliche Prüfung der gegen den Verantwortlichen geltend gemachten Ansprüche (vgl. Eßer in Auernhammer DS-GVO Art. 12 Rn. 22; Kamlah in Plath DS-GVO Art. 12 Rn. 11; Heckmann/Paschke in Ehmann/Selmayr DS-GVO Art. 12 Rn. 24).

II. Verweigerungsrecht des Verantwortlichen (Abs. 2 S. 2)

1. Nicht-Identifizierbarkeit der betroffenen Person

46   Ist die **Identifizierung** der betroffenen Person für die Zwecke der Datenverarbeitung **nicht oder nicht mehr erforderlich** (→ Art. 11 Rn. 7) und macht der Verantwortliche **„glaubhaft"** (→ Rn. 49), die betroffene Person nicht identifizieren zu können, so kann sich der Verantwortliche gem. Abs. 2 S. 2 **weigern,** auf einen Antrag der betroffenen Person nach Art. 15 bis 22 tätig zu werden. Dies gilt aber nur solange, bis die betroffene Person zusätzliche Informationen bereitstellt, die eine Identifizierung ermöglichen, Art. 11 Abs. 2 S. 2. Bei Bestehen von **Zweifeln an der Identität** des Antragstellers kommt Abs. 6 zur Anwendung (unter Bezugnahme auf den Rechtsgedanken des Abs. 2 S. 1 dagegen allerdings Heckmann/Paschke in Ehmann/Selmayr DS-GVO Art. 12 Rn. 25).

2. Regelungszweck

Sinn und Zweck von Abs. 2 S. 2 ist zunächst, den Verantwortlichen zu   47
verpflichten, alle vertretbaren Mittel zur **Identifizierung der betroffenen
Person** zu nutzen. Darüber hinaus soll zugleich – iSd **Datensparsamkeit** –
verhindert werden, dass der Verantwortliche nur zum Zwecke der Befriedigung von Betroffenenrechten personenbezogene Daten vorhält. Die Vorschr.
ist im Einklang mit Art. 11 Abs. 1 zu interpretieren und anzuwenden.

3. Verhältnis zu Art. 11 Abs. 2

Das Verhältnis von Abs. 2 S. 2 zu **Art. 11 Abs. 2** ist unklar (zust. Dix in   48
NK-DatenschutzR DS-GVO Art. 12 Rn. 24). IErg dürfte Abs. 2 S. 2 weitgehend überflüssig sein (zutr. Nink in Spindler/Schuster DS-GVO Art. 12
Rn. 24: „grundsätzlich keine eigenständige Bedeutung (...) und (...) lediglich
klarstellenden Charakter"; anders lediglich betr. Art. 21 und 22 s.
→ Rn. 50 f.). Denn durch den Legalverweis in Abs. 2 S. 2 auf Art. 11 Abs. 2
sind die **Anwendungsbereiche** der Normen im Ausgangspunkt **deckungsgleich.** Abs. 2 S. 2 statuiert in den in Art. 11 Abs. 2 bezeichneten Fällen die
Pflicht des Verantwortlichen, auf das Verlangen des Betroffenen hin grds. tätig
zu werden. Art. 11 Abs. 2 S. 2 seinerseits regelt jedoch, dass die Art. 15 bis 20
in den Fällen des Art. 11 Abs. 1 bereits gar keine Anwendung finden. Offen
bleibt deswegen, ob und inwiefern sich die Nichtanwendung nach Art. 11
Abs. 2 und das Verweigerungsrecht des Verantwortlichen nach Abs. 2 S. 2
unterscheiden. ZT wird angenommen, Abs. 2 S. 2 regele die Konstellation,
dass die Identität der betroffenen Person feststehe, aber der Verantwortliche
der betroffenen Person keine Daten zuordnen kann (Bäcker in Kühling/
Buchner DS-GVO Art. 12 Rn. 29; Dix in NK-DatenschutzR DS-GVO
Art. 12 Rn. 24; aA Kamlah in Plath DS-GVO Art. 12 Rn. 12). Art. 12
Abs. 2 S. 2 solle die Konstellation regeln, dass nach einem Entfallen der
Betroffenenrechte gem. Art. 11 Abs. 2 die betroffene Person zusätzliche, aber
erneut unzureichende Informationen zur Identifizierung bereitstellt, wodurch
ein Weigerungsrecht des Verantwortlichen nach Abs. 2 S. 2 begründet wird
(Bäcker in Kühling/Buchner DS-GVO Art. 12 Rn. 29). Nach aA statuiert
Abs. 2 S. 2 für Fälle des Art. 11 Abs. 2 eine Beweislastregelung zulasten des
Verantwortlichen (Heckmann/Paschke in Ehmann/Selmayr DS-GVO
Art. 12 Rn. 26).

Abs. 2 S. 2 und Art. 11 Abs. 2 S. 1 stehen zueinander bei näherer Betrach-   49
tung (nur) scheinbar in einem **terminologischen Spannungsverhältnis,** da
Art. 11 Abs. 2 S. 1 einen **Nachw.** der Nicht-Identifizierbarkeit fordert, während Abs. 2 S. 2 des vorliegenden Artikels die **Glaubhaftmachung** ausreichen lässt. Die englische und die französische Sprachfassung der Regelung
verwenden **demonstrate (eng.)** bzw. **démontrer (frz.).** Die Verwendung
unterschiedlicher Begriffe in der dt. Fassung dürfte demnach allein der Übersetzung geschuldet sein (ebenso Bäcker in Kühling/Buchner DS-GVO
Art. 12 Rn. 29 Fn. 29; Dix in NK-DatenschutzR DS-GVO Art. 12 Rn. 24;
Quaas in BeckOK DatenschutzR DS-GVO Art. 12 Rn. 33.1), sodass in
beiden Fällen ein **identischer Maßstab an die Darlegung der Nicht-**

Identifizierbarkeit der betroffenen Person anzulegen sein wird. In Ansehung des Zwecks der Norm ist die Nicht-Identifizierbarkeit nachzuweisen und nicht lediglich glaubhaft zu machen (Bäcker in Kühling/Buchner DS-GVO Art. 12 Rn. 29 Fn. 29; aA Dix in NK-DatenschutzR DS-GVO Art. 12 Rn. 24; Franck in Gola DS-GVO Art. 12 Rn. 32; Kamlah in Plath DS-GVO Art. 12 Rn. 12; Quaas in BeckOK DatenschutzR DS-GVO Art. 12 Rn. 33; die jeweils eine Glaubhaftmachung iSd § 294 ZPO für ausreichend halten).

50   In der **Rechtsfolge** geht Art. 12 Abs. 2 S. 2 weiter als Art. 11 Abs. 2, denn Art. 12 Abs. 2 S. 2 räumt dem Verantwortlichen auch ggü. den Rechten der betroffenen Person aus Art. 21 und 22 ein Verweigerungsrecht ein, wohingegen Art. 11 Abs. 2 sich auf die Rechte nach Art. 15 bis 20 beschr.

51   Vom Verweigerungsrecht umfasst, aber von Art. 11 Abs. 2 nicht berührt, sind somit das Widerspruchsrecht nach **Art. 21** und das Recht, nicht einer vollständig automatisierten Entsch. unterworfen zu werden aus **Art. 22** (vgl. Quaas in BeckOK DatenschutzR DS-GVO Art. 12 Rn. 33; aA Bäcker in Kühling/ Buchner DS-GVO Art. 12 Rn. 29 Fn. 30, der die Nichteinbeziehung der Art. 21 und Art. 22 in Art. 11 Abs. 2 als redaktionelles Versehen einstuft).

D. Unterrichtung über ergriffene Maßnahmen (Abs. 3)

I. Gegenstand

52   Die Regelung in Abs. 3 ergänzt die Handlungspflicht des Verantwortlichen nach Abs. 2 um eine Frist, innerhalb derer der Verantwortliche die antragstellende betroffene Person **über ergriffene Maßnahmen** zur Befriedigung des Antrages **zu unterrichten** hat. Nicht normiert ist dadurch eine Frist zur Erfüllung der in Art. 15 bis 22 verankerten Rechte bzw. Ansprüche der betroffenen Person (Franck in Gola DS-GVO Art. 12 Rn. 28; Quaas in BeckOK DatenschutzR DS-GVO Art. 12 Rn. 35; aA Bäcker in Kühling/ Buchner DS-GVO Art. 12 Rn. 33; s. auch Veil in GSSV DS-GVO Art. 12 Rn. 31, der von einer „mittelbar[en]" Bearbeitungsfrist ausgeht). Soweit der Verantwortliche einen Antrag für die betroffene Person erkennbar (etwa bei Erfüllung eines Begehrens auf Auskunft oder Datenübertragbarkeit oder durch Mitteilung nach Art. 19 S. 2) vor Ablauf der Frist des Abs. 3 S. 1 (→ Rn. 53) entspricht, so entfällt die Pflicht zur Statusmeldung nach Abs. 3 S. 1 (zutr. Franck in Gola DS-GVO Art. 12 Rn. 29: „Obsoleszenz"; zust. Kamlah in Plath DS-GVO Art. 12 Rn. 13). Betr. die Informationen nach Art. 13 und 14, auf die in Abs. 3 nicht verwiesen wird (und auf die Abs. 3 nicht passt), sehen die Art. 13 Abs. 1 und Art. 14 Abs. 3 (→ Art. 13 Rn. 12 ff.; → Art. 14 Rn. 33 ff.) Regelungen zum Informationszeitpunkt vor (s. Eßer in Auernhammer DS-GVO Art. 12 Rn. 26).

II. Regelfrist (Abs. 3 S. 1)

53   Grds. soll der Verantwortliche dem Antragenden Informationen über Maßnahmen zur Befriedigung der Rechte nach den Art. 15 bis 22 **unverzüglich**

– dh ohne schuldhaftes Zögern (Franck in Gola DS-GVO Art. 12 Rn. 25; Kamlah in Plath DS-GVO Art. 12 Rn. 13; Quaas in BeckOK DatenschutzR DS-GVO Art. 12 Rn. 35; jeweils unter Verweis auf den Rechtsgedanken des § 121 Abs. 1 S. 1 BGB; sowie Dix in NK-DatenschutzR DS-GVO Art. 12 Rn. 26; Heckmann/Paschke in Ehmann/Selmayr DS-GVO Art. 12 Rn. 32)
– mitteilen, spätestens jedoch **innerhalb eines Monats** ab Eingang des Antrages (S. 1). „Eingang" bedeutet hierbei das Gelangen in den Machtbereich, so dass der Verantwortliche Kenntnis nehmen kann (somit erfolgt keine vollständige Heranziehung der etablierten Zugangsdefinition iSd § 130 BGB), s. zutr. Heckmann/Paschke in Ehmann/Selmayr DS-GVO Art. 12 Rn. 32; aA Laue/Kremer Neues DatenschutzR 164 (Zugang iSv § 130 BGB). Zu den gesonderten Rechtsfolgen des Nichteinhaltens der Fristen gibt Abs. 3 keine Auskunft (s. hierzu Kamlah in Plath DS-GVO Art. 12 Rn. 15). Zu den Rechtsfolgen einer generellen Verletzung der Vorschr. über die Form der Information vorstehend (→ Rn. 18a).

III. Fristverlängerung (Abs. 3 S. 2 bis 3)

Innerhalb der Monatsfrist kann der Verantwortliche die Frist **um zwei Monate verlängern,** falls die Erfüllung des Antrages aufgrund von **Komplexität** oder einer **hohen Zahl von Anträgen** innerhalb der Monatsfrist nicht zumutbar ist (S. 2). Eine Fristverlängerung setzt hierbei das **alternative Vorliegen** eines Fristverlängerungsgrundes voraus (Dix in NK-DatenschutzR DS-GVO Art. 12 Rn. 25; Kamlah in Plath DS-GVO Art. 12 Rn. 14; Quaas in BeckOK DatenschutzR DS-GVO Art. 12 Rn. 36; aA Bäcker in Kühling/Buchner DS-GVO Art. 12 Rn. 34; Greve in HK-DS-GVO Art. 12 Rn. 25; Heckmann/Paschke in Ehmann/Selmayr DS-GVO Art. 12 Rn. 33; denen zufolge jeweils die Fristverlängerungsgründe iSd Wortlautes „und" **kumulativ** vorliegen müssen – wobei die hieraus erwachsenden Auswirkungen auf kleinere Unternehmen teilw. als krit. eingestuft werden). Bei der **Anzahl der Anträge** kommt es nicht nur auf die von der betroffenen Person gestellten Anträge an, sondern vielmehr auf die insgesamt, sprich auch von anderen betroffenen Personen, eingegangenen Anträge (Franck in Gola DS-GVO Art. 12 Rn. 26; Heckmann/Paschke in Ehmann/Selmayr DS-GVO Art. 12 Rn. 33; Kamlah in Plath DS-GVO Art. 12 Rn. 15; aA (wohl) Bäcker in Kühling/Buchner DS-GVO Art. 12 Rn. 34). Die **Komplexität** bezieht sich nicht nur auf die Anträge an sich, sondern auf die dahinterstehenden Sachverhalte und deren rechtliche Einordnung (Kamlah in Plath DS-GVO Art. 12 Rn. 14). In jedem Fall muss eine **Benachrichtigung** über die Fristverlängerung erfolgen. Diese Benachrichtigung muss mit einer **Begr.** versehen sein und innerhalb eines Monats nach Eingang des Antrages geschehen (S. 3).

IV. Auf elektronischem Wege (Abs. 3 S. 4)

Die Unterrichtung erfolgt im Falle eines elektronisch gestellten Antrages grds. **auf elektronischem Wege.** S. 4 gilt allg. für Abs. 3, nicht nur für die Unterrichtung nach Abs. 3 S. 3 (Dix in NK-DatenschutzR DS-GVO Art. 12 Rn. 27). Zur Fristberechnung s. Franck in Gola DS-GVO Art. 12 Rn. 27.

V. Form der Unterrichtung

55 Zwar verweist **Art. 12 Abs. 1** nicht auf Abs. 3, es sind aber die nach diesem Abs. erforderlichen Mitteilungen auch am Maßstab des Abs. 1 hinsichtlich **Form und Sprache** (→ Rn. 27 ff.) zu messen (ausf. → Rn. 24 sowie Greve in HK-DS-GVO Art. 12 Rn. 25; Heckmann/Paschke in Ehmann/Selmayr DS-GVO Art. 12 Rn. 34; Quaas in BeckOK DatenschutzR DS-GVO Art. 12 Rn. 38). Aus dem Transparenzgrundsatz des Art. 5 Abs. 1 lit. a sowie aus Abs. 3 S. 4 kann zudem der allg. Grundsatz abgeleitet werden, dass die Unterrichtung auf dem gleichen Wege zu erfolgen hat, wie der Antrag der betroffenen Person erfolgt ist (Heckmann/Paschke in Ehmann/Selmayr DS-GVO Art. 12 Rn. 35).

E. Unterrichtung über Untätigkeit (Abs. 4)

I. Frist zur Unterrichtung

56 Der Verantwortliche hat die betroffene Person nach Abs. 4 zu unterrichten, falls der Verantwortliche nicht auf den Antrag der betroffenen Person hin tätig geworden ist. Abs. 4 bezieht sich allerdings nur auf Anträge betr. die Betroffenenrechte aus Art. 15 bis 22. Die Informationen nach Art. 13, 14 sind vom Anwendungsbereich des Abs. 4 daher nicht umfasst (Nink in Spindler/Schuster DS-GVO Art. 12 Rn. 20); dies bedeutet allerdings auch und gerade in Ansehung des Art. 14 Abs. 5 nicht, dass in diesen Konstellationen stets eine Informationspflicht besteht (zutr. Kamlah in Plath DS-GVO Art. 12 Rn. 18; vgl. aber Heckmann/Paschke in Ehmann/Selmayr DS-GVO Art. 12 Rn. 36). Die Unterrichtung der betroffenen Person ist ferner zu **begründen** (zu potenziellen Gründen s. Heckmann/Paschke in Ehmann/Selmayr DS-GVO Art. 12 Rn. 38) und mit dem **Hinweis** zu versehen, dass bei einer ASB Beschwerde (**Art. 77**) eingelegt oder ein gerichtlicher Rechtsbehelf (**Art. 79**) in Anspruch genommen werden kann (→ Rn. 57 f., 60).

56a Die Unterrichtung muss **„ohne Verzögerung",** jedenfalls aber innerhalb eines Monats nach Eingang des Antrags (→ Rn. 53) erfolgen. Hierunter ist eine im Vergleich zu Abs. 3 strengere Frist zu verstehen. Maßgeblich ist nicht nur eine Information ohne schuldhaftes Zögern, sondern weitergehend eine Unterrichtung ohne jegliche „Verzögerung" (Bäcker in Kühling/Buchner DS-GVO Art. 12 Rn. 33 Fn. 34; Heckmann/Paschke in Ehmann/ Selmayr DS-GVO Art. 12 Rn. 39). Anders als bei Abs. 3 besteht bei Abs. 4 **keine Möglichkeit zur Fristverlängerung** (Dix in NK-DatenschutzR DS-GVO Art. 12 Rn. 28; Heckmann/Paschke in Ehmann/Selmayr DS-GVO Art. 12 Rn. 39 (mit Hinweis auf andere Sprachfassungen des Abs. 3 und 4); implizit auch Bäcker in Kühling/Buchner DS-GVO Art. 12 Rn. 34; aA Härting DS-GVO Rn. 667; Quaas in BeckOK DatenschutzR DS-GVO Art. 12 Rn. 40).

II. Aufsichtsbehörde und gerichtlicher Rechtsbehelf

Zur **ASB** s. Art. 51 Abs. 1 (→ Art. 51 Rn. 4 ff.) und § 40 BDSG (→ BDSG 57
§ 40 Rn. 4 ff.).

Als gerichtliche Rechtsbehelfe kommen verwaltungsgerichtliche oder zivil- 58
rechtliche Rechtsbehelfe in Betracht (ausf. zum Rechtsschutz Franck in Gola
DS-GVO Art. 12 Rn. 58 ff.; Greve in HK-DS-GVO Art. 12 Rn. 33). Vgl.
auch Art 79. Abs. 2 (→ Art. 79 Rn. 23 ff.). Eine Pflicht zur Rechtsbehelfsbelehrung im nicht öffentl. Sektor wird zT als systemwidrig kritisiert (s.
Heckmann/Paschke in Ehmann/Selmayr DS-GVO Art. 12 Rn. 41; Kamlah
in Plath DS-GVO Art. 12 Rn. 18 und DS-GVO Art. 13 Rn. 19). Eine
solche Rechtsbehelfsbelehrung entspricht aber gerade dem nach Abs. 2 S. 1
den Verantwortlichen auferlegten Erleichterungsgebot (s. hierzu → Rn. 45).

III. Form der Unterrichtung

Zwar verweist Abs. 1 nicht auf Abs. 4, es sind aber die nach diesem Abs. er- 59
forderlichen Mitteilungen auch am **Maßstab des Art. 12 Abs. 1** hinsichtlich
Form und Sprache (→ Rn. 27 ff.) zu messen (ausf. → Rn. 24 sowie Eßer in
Auernhammer DS-GVO Art. 12 Rn. 30; Heckmann/Paschke in Ehmann/
Selmayr DS-GVO Art. 12 Rn. 37; Quaas in BeckOK DatenschutzR DS-
GVO Art. 12 Rn. 41). Die Unterrichtung hat grds. auf dem Wege zu erfol-
gen, auf dem der von der betroffenen Person gestellte Antrag erfolgte
(→ Rn. 55; Heckmann/Paschke in Ehmann/Selmayr DS-GVO Art. 12
Rn. 40).

Umstr. ist, ob die Mitteilung konkrete **Angaben zu der zuständigen** 60
ASB oder dem zuständigen Gericht enthalten muss (Bäcker in Kühling/
Buchner DS-GVO Art. 12 Rn. 32; Dix in NK-DatenschutzR DS-GVO
Art. 12 Rn. 28; Heckmann/Paschke in Ehmann/Selmayr DS-GVO Art. 12
Rn. 40). Für solche Angaben spricht im Grundsatz das in Abs. 2 S. 1 nor-
mierte Erleichterungsgebot. Zugleich darf allerdings kein von Art. 77 Abs. 1
abw. Eindruck vermittelt werden (zutr. Franck in Gola DS-GVO Art. 12
Rn. 30 Fn. 30).

F. Unentgeltlichkeit (Abs. 5)

I. Grundsatz der Unentgeltlichkeit (Abs. 5 S. 1)

Informationen, Mitteilungen und Maßnahmen zur Erfüllung des Trans- 61
parenzgebotes erfolgen für die betroffene Person **grds. unentgeltlich** (S. 1).
Dies befreit den Betroffenen jedoch nicht von der Tragung eigener Aufwendungen, die durch die Geltendmachung seiner Rechte iSd Art. 15 bis 22
anfallen (Bäcker in Kühling/Buchner DS-GVO Art. 12 Rn. 35; Heckmann/
Paschke in Ehmann/Selmayr DS-GVO Art. 12 Rn. 42; Kamlah in Plath DS-
GVO Art. 12 Rn. 19; aA Franck in Gola DS-GVO Art. 12 Rn. 36, demzufolge der Verantwortliche auch die Rechtsdurchsetzungskosten zu tragen
hat; diese Lesart vermischt allerdings die materiell-rechtliche und die pro-

zessuale Ebene). Eine Ausnahme vom Grundsatz der Unentgeltlichkeit besteht bei mehrfacher Anforderung von Datenkopien gem. Art. 15 Abs. 3 S. 2 (Art-29-Datenschutzgruppe WP 260 – Transparenz 16 Fn. 38; Franck in Gola DS-GVO Art. 12 Rn. 36; Quaas in BeckOK DatenschutzR DS-GVO Art. 12 Rn. 43; sowie → Art. 15 Rn. 35).

62   Zur früheren Regelung des **Art. 12 lit. a DSRL** s. näher 2. Aufl. 2018, Rn. 62.

II. Exzessive oder offenkundig unbegründete Anträge (Abs. 5 S. 2)

63   Abs. 5 S. 2 eröffnet dem Verantwortlichen im Falle **exzessiver oder offenkundig unbegründeter Anträge** die Möglichkeit, ein **angemessenes Entgelt** zu verlangen oder das **Tätigwerden** gänzlich zu **verweigern.** Abs. 5 S. 2 ist damit nicht einschlägig bei der antragsunabhängigen Informations- bzw. Mitteilungspflicht nach Art. 13, 14, 34 (zutr. Franck in Gola DS-GVO Art. 12 Rn. 37). Abs. 5 S. 2 ist iÜ als Einrede zu qualifizieren (Franck in Gola DS-GVO Art. 12 Rn. 32; Quaas in BeckOK DatenschutzR DS-GVO Art. 12 Rn. 46). Eine Rangfolge zwischen den Varianten des Abs. 5 S. 2 lit. a und b besteht nicht. Die Norm räumt dem Verantwortlichen insoweit im Grundsatz ein **Wahlrecht** ein (zust. Bäcker in Kühling/Buchner DS-GVO Art. 12 Rn. 39; Dix in NK-DatenschutzR DS-GVO Art. 12 Rn. 34, der allerdings vor Verlangen eines Entgelts eine Hinweispflicht ggü. der betroffenen Person annimmt; Quaas in BeckOK DatenschutzR DS-GVO Art. 12 Rn. 46; ebenso wohl Franck in Gola DS-GVO Art. 12 Rn. 33; anders Heckmann/Paschke in Ehmann/Selmayr DS-GVO Art. 12 Rn. 46 ff., mit einem nach Einzelfällen differenzierenden Ansatz). Will der Verantwortliche einem Antrag gegen angemessenes Entgelt entsprechen, entbindet dies allerdings nicht von Prüfung der datenschutzrechtlichen Zulässigkeit der Offenlegung bzw. Übermittlung der in Rede stehenden personenbezogenen Daten (zutr. Heckmann/Paschke in Ehmann/Selmayr DS-GVO Art. 12 Rn. 46; Veil in GSSV DS-GVO Art. 12 Rn. 53). Falls bei einem offensichtlich unbegründeten Antrag überhaupt keine Prüfung erforderlich ist, kann auch kein Entgelt verlangt werden (Veil in GSSV DS-GVO Art. 12 Rn. 37). Weigert sich der Verantwortliche nach lit. b, so hat er die betroffene Person nach Abs. 4 zu unterrichten (Dix in NK-DatenschutzR DS-GVO Art. 12 Rn. 34; Veil in GSSV DS-GVO Art. 12 Rn. 38, der dem Verantwortlichen über den Wortlaut hinaus ein angemessenes Entgelt für die Unterrichtung nach Abs. 4 zubilligt).

64   **Exzessiv** ist eine Antragstellung insbes. dann, wenn sie ohne tragfähigen Grund **häufig wiederholt** wird oder einen unverhältnismäßigen Umf. aufweist (ausf. Franck in Gola DS-GVO Art. 12 Rn. 35, der eine Anfrage pro Quartal als nicht exzessiv einordnet; Dix in NK-DatenschutzR DS-GVO Art. 12 Rn. 33). Wiederholte Anträge innerhalb der Monatsfrist des Art. 12 Abs. 3 sind idR als exzessiv einzustufen (zutr. Greve in HK-DS-GVO Art. 12 Rn. 28; Laue/Kremer Neues DatenschutzR 166).

65   **Offenkundig unbegründet** ist ein Antrag, wenn ohne eine vertiefte Prüfung erkennbar ist, dass die **Voraussetzungen** des gestellten Antrages

nicht vorliegen (näher Heckmann/Paschke in Ehmann/Selmayr DS-GVO Art. 12 Rn. 43; Dix in NK-DatenschutzR DS-GVO Art. 12 Rn. 32). Nicht gemeint ist mit „unbegründet" eine mangelnde Begr. durch die betroffene Person bei einer Antragsstellung, zu deren Begr. die Person nicht verpflichtet ist (Dix in NK-DatenschutzR DS-GVO Art. 12 Rn. 32; Heckmann/Paschke in Ehmann/Selmayr DS-GVO Art. 12 Rn. 43). ZT wird angenommen, ein Erstantrag sei idR nicht offensichtlich unbegründet (so Franck in Gola DS-GVO Art. 12 Rn. 34; Kamlah in Plath DS-GVO Art. 12 Rn. 20; Greve in HK-DS-GVO Art. 12 Rn. 28).

Die Vorschr. soll insbes. **(rechts-)missbräuchliche Anträge** unterbinden, **66** ua solche, die vornehmlich auf die Schikanierung des Verantwortlichen abzielen (Bäcker in Kühling/Buchner DS-GVO Art. 12 Rn. 37; Greve in HK-DS-GVO Art. 12 Rn. 28). Durch die Festsetzung eines Entgeltes sollen entspr. Antragstellungen präventiv verhindert und etwa Betrüger davon abgehalten werden, an große Mengen von Verbraucherdaten zu gelangen. Die Beurteilung der Frage, ob es sich um einen exzessiven oder offenkundig unbegründeten Antrag handelt, erfolgt also danach, ob und inwiefern der Antrag **in missbräuchlicher Art und Weise** gestellt wurde (ähnlich Bäcker in Kühling/Buchner DS-GVO Art. 12 Rn. 37). Ausf. Heckmann/Paschke in Ehmann/Selmayr DS-GVO Art. 12 Rn. 43 und 47, die zutr. ErwGr 63 S. 1 (wonach eine betroffene Person ihr Recht problemlos und in angemessenen Abständen wahrnehmen können muss) unterstreichen und auf die Notwendigkeit unionsgrundrechtskonformer Auslegung hinweisen.

Nach Art. 12 Abs. 5 DS-GVO-E(KOM) sollte die KOM ermächtigt wer- **67** den, Kriterien und Voraussetzungen für offenkundig unverhältnismäßige Anträge festzulegen. Die Vorschr. wurde durch das EP mit der Begr. verworfen, dass die **ASB der Mitgliedstaaten** dazu besser geeignet seien (EP, Berichtsentwurf des Ausschusses für bürgerliche Freiheiten, Justiz und Inneres v. 16.1.2013, A7–0402/2013, 535). Es ist damit zu rechnen, dass die mitgliedstaatlichen ASB konkretisierende Kriterien zur Vfg. stellen werden. Allerdings hält es die Art-29-Datenschutzgruppe WP 199 – Stellungnahme zur Datenschutzreform 29 für nicht notwendig, „weitere Vorschriften oder Orientierungshilfen im Hinblick auf die Kriterien und Voraussetzungen für offenkundig unverhältnismäßige Anträge sowie die in Artikel 12 Absatz 4 genannten Entgelte zu erarbeiten."

Verlangt der Verantwortliche ein angemessenes Entgelt, so hat er die **Höhe** **68** **der anfallenden Verwaltungskosten** zu berücksichtigen. Die Höhe des Entgeltes ist durch die Formulierung grds. von der tatsächlichen Höhe der Kosten entkoppelt (s. auch Bäcker in Kühling/Buchner DS-GVO Art. 12 Rn. 38; aA Franck in Gola DS-GVO Art. 12 Rn. 40, dem zufolge die Höhe des Entgeltes nicht die tatsächlichen Kosten der Mitteilung übersteigen darf). IS einer **Verfahrenseffizienz** ist es zulässig, das Entgelt zu **pauschalisieren** (s. auch Bäcker in Kühling/Buchner DS-GVO Art. 12 Rn. 38; Franck in Gola DS-GVO Art. 12 Rn. 40; Quaas in BeckOK DatenschutzR DS-GVO Art. 12 Rn. 45). In der Praxis wird die Höhe des Entgeltes auch ohne konkreten Nachw. plausibel in etwa dem **Durchschnitt der tatsächlichen Verwaltungskosten** entsprechen müssen. Im Einzelfall eigenverschuldete

Mehrkosten dürfen allerdings nicht mit einbezogen werden (Franck in Gola DS-GVO Art. 12 Rn. 41). Zur Frage, welche Kosten als Verwaltungskosten anzusehen sind bzw. ob Vorbereitungskosten als solche anzusehen sind, trifft Abs. 5 keine Aussage (Heckmann/Paschke in Ehmann/Selmayr DS-GVO Art. 12 Rn. 44 und Kamlah in Plath DS-GVO Art. 12 Rn. 21 f. stufen neben den Informations-, Mitteilungs- und Übermittlungs- auch Vorbereitungskosten als mitumfasst ein; Franck in Gola DS-GVO Art. 12 Rn. 40 präzisiert dies dahingehend, dass der Gemeinkostenanteil von den Verwaltungskosten auszunehmen sei).

69 Weigert sich der Verantwortliche, tätig zu werden, trifft ihn die **Mitteilungspflicht nach Abs. 4** (→ Rn. 56 ff.).

70 Der Verantwortliche ist **beweisbelastet,** dass der Antrag offenkundig unbegründet oder exzessiv ist (S. 3; hierzu Heckmann/Paschke in Ehmann/Selmayr DS-GVO Art. 12 Rn. 49).

71 Die Anforderungen sind iSd Schutzes der betroffenen Personen tendenziell eher hoch (vgl. auch Heckmann/Paschke in Ehmann/Selmayr DS-GVO Art. 12 Rn. 49; aA Kamlah in Plath DS-GVO Art. 12 Rn. 20).

G. Zweifel an der Identität der antragstellenden natürlichen Person (Abs. 6)

72 Die Regelung berechtigt den Verantwortlichen, bei Anträgen iSd Art. 15 bis 21 (Bäcker in Kühling/Buchner DS-GVO Art. 12 Rn. 30 Fn. 31 geht davon aus, dass sich Abs. 6 auch auf das Recht nach Art. 22 bezieht; die Nichtnennung beruhe auf einem redaktionellen Versehen) **zusätzliche Informationen** zur **Identifizierung der antragstellenden natürlichen Person** anzufordern, sofern **begründete Zweifel an der Identität dieser Person** bestehen. Abs. 6 ist (nur) insoweit gesetzlicher Rechtfertigungstatbestand für die damit verbundene Verarbeitung (Heckmann/Paschke in Ehmann/Selmayr DS-GVO Art. 12 Rn. 52; s. auch Kamlah in Plath DS-GVO Art. 12 Rn. 9a, 24) und gegenläufig zum allg. Grundsatz der Datenminimierung (Art. 5 Abs. 1 lit. c; → Art. 5 Rn. 34 ff.; Nink in Spindler/Schuster DS-GVO Art. 12 Rn. 23). Dies berechtigt allerdings nicht zu einer routinemäßigen Identitätsprüfung (Bäcker in Kühling/Buchner DS-GVO Art. 12 Rn. 30; Heckmann/Paschke in Ehmann/Selmayr DS-GVO Art. 12 Rn. 52; Quaas in BeckOK DatenschutzR DS-GVO Art. 12 Rn. 50; weitergehend dagegen Dehmel/Hullen ZD 2013, 147 (152)). Umstr. ist, ob Abs. 6 eine Mitwirkungsobliegenheit (Eßer in Auernhammer DS-GVO Art. 12 Rn. 36; Heckmann/Paschke in Ehmann/Selmayr DS-GVO Art. 12 Rn. 50; Veil in GSSV DS-GVO Art. 12 Rn. 43) oder eine Mitwirkungspflicht der betroffenen Person (Kamlah in Plath DS-GVO Art. 12 Rn. 24) statuiert. S. iÜ Art. 11 Abs. 2 (→ Art. 11 Rn. 10; Quaas in BeckOK DatenschutzR DS-GVO Art. 12 Rn. 51).

73 Das Fehlen notwendiger Angaben zur Identifizierung eröffnet dem Verantwortlichen zugleich die Möglichkeit, sich gem. Abs. 2 S. 2 zu **weigern,** auf den Antrag der betroffenen Person hin tätig zu werden.

Eine **konkrete Form der Identifizierung** wird von Art. 12 nicht vor- 74
geschrieben (vgl. Dehmel/Hullen ZD 2013, 147 (152); Kamlah in Plath DS-
GVO Art. 12 Rn. 24). Aus **ErwGr 64** ergibt sich, dass der Verantwortliche –
einzelfallabhängig – **alle vertretbaren Mittel** zu nutzen hat (ausf. Laue/
Kremer Neues DatenschutzR 160 ff.). In jedem Fall gehören dazu auch die
Mittel, die der Verantwortliche (als Unternehmer) zur **Identifizierung seines Kunden** nutzt, so etwa Online-Kennungen, Kundennummern etc. (s.
auch Greve in HK-DS-GVO Art. 12 Rn. 30). Wenn im Online-Bereich
Pseudonyme verwendet werden, genügt die Authentifizierung als Besitzer
der Kennung ohne weitere Information. Eine weitergehende Identifizierung
würde den Zielen der Pseudonymisierung und der Datenminimierung zuwiderlaufen (zust. Dix in NK-DatenschutzR DS-GVO Art. 12 Rn. 36; näher
etwa Quaas in BeckOK DatenschutzR DS-GVO Art. 12 Rn. 29, 34 sowie
insbes. zur Verwendung von Personalausweiskopien Franck in Gola DS-GVO
Art. 12 Rn. 44; Heckmann/Paschke in Ehmann/Selmayr DS-GVO Art. 12
Rn. 30; Kamlah in Plath DS-GVO Art. 12 Rn. 9c).

Dem Verantwortlichen ist bei der Identifizierung ein gewisser **Ermessens-** 74a
spielraum zuzubilligen (Kamlah in Plath DS-GVO Art. 12 Rn. 24; zust.
Heckmann/Paschke in Ehmann/Selmayr DS-GVO Art. 12 Rn. 51).

H. Verwendung standardisierter Bildsymbole (Abs. 7)

I. Standardisierte Bildsymbole

Zur Erreichung einer leicht wahrnehmbaren, verständlichen und klar nach- 75
vollziehbaren Form können Informationen nach Art. 13 und 14 in Kombina-
tion mit **standardisierten Bildsymbolen** (Icons) übermittelt werden (ausf.
Art-29-Datenschutzgruppe WP 260 – Transparenz 31 f.). Solche Bildsymbole
können, müssen aber nicht verwendet werden (Eßer in Auernhammer DS-
GVO Art. 12 Rn. 37; Franck in Gola DS-GVO Art. 12 Rn. 46; anders
Bäcker in Kühling/Buchner DS-GVO Art. 12 Rn. 37, demzufolge ggf. eine
Information nur bei Unterstützung durch Bildsymbole „verständlich" iSd
Norm ist). Franck (in Gola DS-GVO Art. 12 Rn. 50) befürwortet eine Nut-
zung auch für Auskünfte gem. Art. 15 oder Mitteilungen gem. Art. 34.
Hierbei ersetzen Bildsymbole die Information nicht vollständig, sondern er-
gänzen diese nur (Art-29-Datenschutzgruppe WP 260 – Transparenz 31;
Bäcker in Kühling/Buchner DS-GVO Art. 12 Rn. 21; Dix in NK-Daten-
schutzR DS-GVO Art. 12 Rn. 39; Franck in Gola DS-GVO Art. 12 Rn. 47;
Quaas in BeckOK DatenschutzR DS-GVO Art. 12 Rn. 53; Veil in GSSV
DS-GVO Art. 12 Rn. 25). Durch die Verwendung solcher standardisierter
Bildsymbole soll die betroffene Person bereits auf den ersten Blick einen
Überbl. über die beabsichtigte Verarbeitung erhalten (ErwGr 60). Bildsym-
bole in elektronischer Form müssen **maschinenlesbar** sein (S. 2; zur Maschi-
nenlesbarkeit → Rn. 22 und → Art. 20 Rn. 4 ff., 19 sowie Albrecht CR
2016, 88 (93); Heckmann/Paschke in Ehmann/Selmayr DS-GVO Art. 12
Rn. 55).

76   Dem Standpunkt des EP v. 12.3.2014 waren bereits Muster für sechs verschiedene **Piktogramme** sowie **Anweisungen** für die **Art und Weise der Darstellung** beigefügt (s. die Abb. der Mustersymbole bei Franck in Gola DS-GVO Art. 12 Rn. 48 und Knyrim in Ehmann/Selmayr DS-GVO Art. 13 Rn. 19). In die endg. Fassung haben die vom EP entwickelten Piktogramme sodann **keinen Eingang** gefunden. Stattdessen ist gem. Abs. 8 die Entwicklung von Bildsymbolen iSv Abs. 7 eine **Aufgabe der KOM** (→ Rn. 78).

II. Regelungszweck

77   Durch die Verwendung von Bildsymbolen soll dem **Problem der Informationsüberlastung** (→ Rn. 5) entgegengewirkt werden (vgl. Heckmann/Paschke in Ehmann/Selmayr DS-GVO Art. 12 Rn. 53). Bildsymbole sollen dazu beitragen, dass − anders als im Falle der bisherigen üblicherweise sehr langen und unübersichtlichen schriftlichen Datenschutzerklärungen − die Information über Anlass und Zweck der Datenverarbeitung von der betroffenen Person tatsächlich aufgenommen und berücksichtigt wird (Heckmann/Paschke in Ehmann/Selmayr DS-GVO Art. 12 Rn. 53; ausf. Pollmann/Kipker DuD 2016, 378 (379 ff.)). Als Neuerung im Datenschutzrecht soll die bildliche Darstellung zudem der Anpassung an die Wahrnehmungsgewohnheiten von Nutzern dienen (Heckmann/Paschke in Ehmann/Selmayr DS-GVO Art. 12 Rn. 53; vgl. auch Albrecht CR 2016, 88 (93)).

I. Rechtsakte der Kommission zu standardisierten Bildsymbolen (Abs. 8)

I. Obligatorisch als Bildsymbole darzustellende Informationen

78   Die Ermächtigungsnorm des Abs. 8 räumt der KOM die Befugnis ein, Informationen festzulegen, die anhand von Bildsymbolen darzustellen sind (ausf. Gaitzsch/Veil in GSSV DS-GVO Art. 12 Rn. 60 ff.). Gemeint sind trotz des offenen Wortlautes auch hier **standardisierte Bildsymbole.** Umstr. ist, ob die KOM auch die zu verwendenden Bildsymbole festlegen darf (bejahend Pollmann/Kipker DuD 2016, 378 (381); verneinend Bäcker in Kühling/Buchner DS-GVO Art. 12 Rn. 24; Dix in NK-DatenschutzR DS-GVO Art. 12 Rn. 41; Laue/Kremer Neues DatenschutzR 153).

79   Abs. 8 präzisiert nicht nur den Regelungsgehalt des Abs. 7. Denn Abs. 8 ermöglicht eine Ermächtigung zur Schaffung einer **Pflicht,** gewisse Informationen als Bildsymbole darzustellen, während Abs. 7 demgegenüber lediglich die **Möglichkeit** zur Verwendung normiert (vgl. auch Bäcker in Kühling/Buchner DS-GVO Art. 12 Rn. 24).

II. Verfahren zur Entwicklung und Implementierung

80   Zugleich eröffnet Abs. 8 der KOM die Möglichkeit, das Verfahren zur Entwicklung und Implementierung von standardisierten Bildsymbolen zu regeln.

Eine bes. Herausforderung wird es sein, ein **Standardsystem** von **Bild-** 81 **symbolen** zu entwickeln, das der Komplexität der darzustellenden Sachverhalte gerecht wird (vgl. Dehmel/Hullen ZD 2013, 147 (152)).

Die delegierten Rechtsakte nach Art. 92 stellen Gesetzgebungsakte der 82 KOM iSd **Art. 290 AEUV** dar. In beiden Bereichen wird die KOM auf **Konsultationen** mit betroffenen Unternehmen, Verbraucher- und Datenschutzorganisationen zurückgreifen müssen (vgl. Bäcker in Kühling/Buchner DS-GVO Art. 12 Rn. 24). Durch die delegierten Rechtsakte der KOM wird insbes. auch der **EDSA** nicht daran gehindert, selbst entspr. Leitlinien, Gutachten und bewährte Verfahren herauszugeben.

III. Einschränkungen der Ermächtigung

Die Ermächtigung gilt mit den **Einschränkungen des Art. 92.** Danach 83 kann die Befugnis durch das EP oder durch den ER (Art. 92 Abs. 3) jederzeit **widerrufen** werden. Ferner ist **Wirksamkeitsvoraussetzung,** dass weder das EP noch der ER innerhalb von drei Monaten ab Übermittlung **Einwände** gegen den Rechtsakt erheben (Art. 92 Abs. 5).

Abschnitt 2. Informationspflicht und Recht auf Auskunft zu personenbezogenen Daten

Art. 13 Informationspflicht bei Erhebung von personenbezogenen Daten bei der betroffenen Person

(1) Werden personenbezogene Daten bei der betroffenen Person erhoben, so teilt der Verantwortliche der betroffenen Person zum Zeitpunkt der Erhebung dieser Daten Folgendes mit:

a) den Namen und die Kontaktdaten des Verantwortlichen sowie gegebenenfalls seines Vertreters;

b) gegebenenfalls die Kontaktdaten des Datenschutzbeauftragten;

c) die Zwecke, für die die personenbezogenen Daten verarbeitet werden sollen, sowie die Rechtsgrundlage für die Verarbeitung;

d) wenn die Verarbeitung auf Artikel 6 Absatz 1 Buchstabe f beruht, die berechtigten Interessen, die von dem Verantwortlichen oder einem Dritten verfolgt werden;

e) gegebenenfalls die Empfänger oder Kategorien von Empfängern der personenbezogenen Daten und

f) gegebenenfalls die Absicht des Verantwortlichen, die personenbezogenen Daten an ein Drittland oder eine internationale Organisation zu übermitteln, sowie das Vorhandensein oder das Fehlen eines Angemessenheitsbeschlusses der Kommission oder im Falle von Übermittlungen gemäß Artikel 46 oder Artikel 47 oder Artikel 49 Absatz 1 Unterabsatz 2 einen Verweis auf die geeigneten oder angemessenen Garantien und die Möglichkeit, wie eine Kopie von ihnen zu erhalten ist, oder wo sie verfügbar sind.

(2) Zusätzlich zu den Informationen gemäß Absatz 1 stellt der Verantwortliche der betroffenen Person zum Zeitpunkt der Erhebung dieser Daten folgende weitere Informationen zur Verfügung, die notwendig sind, um eine faire und transparente Verarbeitung zu gewährleisten:

a) die Dauer, für die die personenbezogenen Daten gespeichert werden oder, falls dies nicht möglich ist, die Kriterien für die Festlegung dieser Dauer;

b) das Bestehen eines Rechts auf Auskunft seitens des Verantwortlichen über die betreffenden personenbezogenen Daten sowie auf Berichtigung oder Löschung oder auf Einschränkung der Verarbeitung oder eines Widerspruchsrechts gegen die Verarbeitung sowie des Rechts auf Datenübertragbarkeit;

c) wenn die Verarbeitung auf Artikel 6 Absatz 1 Buchstabe a oder Artikel 9 Absatz 2 Buchstabe a beruht, das Bestehen eines Rechts, die Einwilligung jederzeit zu widerrufen, ohne dass die Rechtmäßigkeit der aufgrund der Einwilligung bis zum Widerruf erfolgten Verarbeitung berührt wird;

d) das Bestehen eines Beschwerderechts bei einer Aufsichtsbehörde;

e) ob die Bereitstellung der personenbezogenen Daten gesetzlich oder vertraglich vorgeschrieben oder für einen Vertragsabschluss erforderlich ist, ob die betroffene Person verpflichtet ist, die personenbezogenen Daten bereitzustellen, und welche mögliche Folgen die Nichtbereitstellung hätte und

f) das Bestehen einer automatisierten Entscheidungsfindung einschließlich Profiling gemäß Artikel 22 Absätze 1 und 4 und – zumindest in diesen Fällen – aussagekräftige Informationen über die involvierte Logik sowie die Tragweite und die angestrebten Auswirkungen einer derartigen Verarbeitung für die betroffene Person.

(3) Beabsichtigt der Verantwortliche, die personenbezogenen Daten für einen anderen Zweck weiterzuverarbeiten als den, für den die personenbezogenen Daten erhoben wurden, so stellt er der betroffenen Person vor dieser Weiterverarbeitung Informationen über diesen anderen Zweck und alle anderen maßgeblichen Informationen gemäß Absatz 2 zur Verfügung.

(4) Die Absätze 1, 2 und 3 finden keine Anwendung, wenn und soweit die betroffene Person bereits über die Informationen verfügt.

BDSG und anderes nationales Recht: §§ 29 Abs. 2, 32, 85 Abs. 3 BDSG (kommentiert unter → BDSG § 29 Rn. 16 f.; → BDSG § 32 Rn. 1 ff.; → BDSG § 85 Rn. 6 ff.).

Literatur: *Albrecht,* Das neue EU-Datenschutzrecht – von der Richtlinie zur Verordnung, CR 2016, 88; *Bräutigam/Schmidt-Wudy,* Das geplante Auskunfts- und Herausgaberecht des Betroffenen nach Art. 15 der EU-Datenschutzgrundverordnung, CR 2015, 56; *Eisenschmid,* Informationspflichten nach der DS-GVO, WuM 2019, 353; *Edwards/Veale,* Slave To The Algorithm? Why A 'Right To An Explanation' Is Probably Not The Remedy You Are Looking For, Duke Law & Technology Review 2017–2018, 18; *Franck,* Das System der Betroffenenrechte nach der Datenschutz-Grundverordnung (DS-GVO), RDV 2016, 111; *Gerl/Meier,* The Layered Privacy Language Art. 12 – 14 GDPR Extension – Privacy Enhancing User Interfaces, DuD 2019, 747; *Haußmann/Klar/Rudnik,* Datenschutzrechtliche Information durch Bekanntmachung von Betriebsvereinbarungen? – Information i. S. v. Art. 13 und 14 DSGVO in betriebsüblichen Formaten, DB 2018, 1529; *Hermstrüwer,* Informationelle Selbstgefährdung – Zur rechtsfunktionalen, spieltheoretischen und empirischen Rationalität der datenschutzrechtlichen Einwilligung und des

Rechts auf informationelle Selbstbestimmung, 2016; *Kaminski,* The Right to Explanation, Explained, Berkeley Technology Law Journal 2019, 189; *Kamps/Schneider,* Transparenz als Herausforderung: Die Informations- und Meldepflichten der DSGVO, K&R 2017, Beilage 1 zu Heft 7/8, 24; *Kugelmann,* Datenfinanzierte Internetangebote – Regelungs- und Schutzmechanismen der DSGVO, DuD 2016, 566; *Kumkar/Roth-Isigkeit,* Erklärungspflichten bei automatisierten Datenverarbeitungen nach der DSGVO, JZ 2020, 277; *Lapp,* Informations- und Auskunftspflichten von Anwaltskanzleien, NJW 2019, 345; *Leopold,* Informationspflichten nach der DS-GVO im sozialgerichtlichen Verfahren, NZS 2018, 357; *Lepperhoff,* Informationspflichten gegenüber Bewerbern nach der DS-GVO, RDV 2017, 21; *Lorenz,* Datenschutzrechtliche Informationspflichten, VuR 2019, 213; *Malgieri/Comandé,* Why a Right to Legibility of Automated Decision-Making Exists in the General Data Protection Regulation, IDPL 2017, 243; *Petri,* Faire und transparente Verarbeitung, Informationsrechte und Rahmenbedingungen für ihre Beschränkung – zur Auslegung der Art. 12 ff. und 23 DSGVO, DuD 2018, 347; *Piltz,* Die Datenschutz-Grundverordnung, Teil 2: Rechte der Betroffenen und korrespondierende Pflichten der Verantwortlichen, K&R 2016, 629; *Roßnagel,* Wie zukunftsfähig ist die Datenschutz-Grundverordnung? Welche Antworten bietet sie für die neuen Herausforderungen des Datenschutzrechts?, DuD 2016, 561; *Robrecht,* EU-Datenschutzgrundverordnung: Transparenzgewinn oder Information-Overkill, 2015; *Schantz,* Die Datenschutz-Grundverordnung – Beginn einer neuen Zeitrechnung im Datenschutzrecht, NJW 2016, 1841; *Scheurer,* Playing consent – Informationsvermittlung durch Gamification, PinG 2020, 13; *Schulz,* Art. 13 DSGVO – Datenschutzhinweise für den Fernabsatz – Grundlagen und Vorlage, PinG 2018, 100; *Selbst/Powles,* Meaningful information and the right to explanation, IDPL 2017, 233; *Sörup,* Gestaltungsvorschläge zur Umsetzung der Informationspflichten der DS-GVO im Beschäftigungskontext, ArbR 2016, 207; *Tavanti,* Datenverarbeitung zu Werbezwecken nach der Datenschutz-Grundverordnung (Teil 2), RDV 2016, 295; *Veil,* Einwilligung oder berechtigtes Interesse? – Datenverarbeitung zwischen Skylla und Charybdis, NJW 2018, 3337; *Wachter/Mittelstadt/Floridi,* Why a Right of Explanation of Automated Decision-Making Does Not Exist in the General Data Protection Regulation, IDPL 2017, 76.

Übersicht

A. Allgemeines

I. Einführung

1 Art. 13 regelt Art und Umf. der **Informationspflicht des Verantwortlichen ggü. der betroffenen Person,** wenn und soweit die personenbezogenen Daten **bei der betroffenen Person erhoben werden.** Dabei legt **Abs. 1** diejenigen Informationen fest, die der Verantwortliche mitzuteilen hat, wenn personenbezogene Daten bei der betroffenen Person erhoben werden. **Abs. 2** erweitert die Informationspflicht um weitere Informationen, die zur Gewährleistung einer fairen und transparenten Verarbeitung notwendig sind. Falls der Verantwortliche (nachträglich) erhobene personenbezogene Daten für einen anderen als den ursprünglichen Zweck zu verarbeiten beabsichtigt, sind vor der Weiterverarbeitung ebenso (neue und erweiterte) Informationen der betroffenen Person zur Vfg. zu stellen (**Abs. 3**). Grds. bestehen die benannten Pflichten zur Information nicht, wenn und soweit die betroffene Person bereits über die (jeweiligen) Informationen verfügt (**Abs. 4**). Weitere Ausnahmen zu den Informationspflichten sehen die §§ 29 Abs. 2, 32, 85 Abs. 3 BDSG (→ Rn. 35a) vor.

2 Zur **Entstehungsgeschichte** näher 2. Aufl. 2018, Rn. 2 sowie etwa Bäcker in Kühling/Buchner DS-GVO Art. 13 Rn. 4 ff.; Dix in NK-DatenschutzR DS-GVO Art. 13 Rn. 3; Veil in GSSV DS-GVO Art. 13 und 14 Rn. 20 ff.; zum Vergleich mit der **DSRL** und dem **BDSG aF** siehe 2. Aufl. 2018, Rn. 36 ff.

3 Zur **Kritik** an den Informationspflichten s. etwa Innenausschuss Prot. BDSG, 36; Härting CR 2016, 715 (717); ders. Internetrecht Rn. 369 ff.; Hermstrüwer Informationelle Selbstgefährdung, 82 f.; Jaspers DuD 2012, 571 (572); Leucker PinG 2015, 195 (198, 200); Robrecht EU-Datenschutzgrundverordnung: Transparenzgewinn oder Information-Overkill, 19, 50 ff.; Roßnagel DuD 2016, 561 (563); Schantz in Schantz/Wolff DatenschutzR Rn. 1155; Tavanti RDV 2016, 295 (299); Veil NVwZ 2018, 686 (687 f.).

3a Zum Kernbereich der Art. 13 f. im Kontext des EU-US-Privacy Shield s. Mense ZD 2019, 351 (352).

II. Sinn und Zweck

Die Informationspflicht ist zu verstehen als Ausdruck einer **fairen und trans-**   4
parenten Verarbeitung von personenbezogenen Daten (so ausdr.
Abs. 2). Eine faire und transparente Verarbeitung bedingt eine Unterrichtung
der betroffenen Person nicht nur über die Existenz des Verarbeitungsvorganges, den Verantwortlichen und die Zwecke der Verarbeitung (vgl. ErwGr 60),
sondern darüber hinaus insbes. auch über verschiedene weitere mit der Verarbeitung zusammenhängende Absichten und Rechtsfolgen (näher Veil in
GSSV DS-GVO Art. 13 und 14 Rn. 2 sowie mit grundrechtlichen Bezügen
Bäcker in Kühling/Buchner DS-GVO Art. 13 Rn. 7 ff.). Die Informationspflicht bzw. die mitgeteilten Informationen fördern damit (auch) eine **effekti-**
ve Rechtsdurchsetzung, insbes. in Bezug auf die Rechte aus dem dritten
Abschn. (Art. 15 ff.). Im Zusammenspiel mit Art. 12 und 14 dient die Informationspflicht vor diesem Hintergrund vor allem auch einer umfassenden und
verständlichen Information (Albrecht CR 2016, 88 (93); Bäcker in Kühling/
Buchner DS-GVO Art. 13 Rn. 10).

III. Art, Weise und (Un)Entgeltlichkeit der Informationserteilung

Der Verantwortliche hat geeignete Maßnahmen zu treffen, um der betroffe-   5
nen Person die Informationen gem. Art. 13 (die sich auf die Verarbeitung
beziehen, hierzu → Art. 12 Rn. 20) in **präziser, transparenter, verständli-**
cher und leicht zugänglicher Form in einer **klaren und einfachen**
Sprache zu übermitteln (Art. 12 Abs. 1; → Art. 12 Rn. 25 ff.; ausf. Art-29-
Datenschutzgruppe WP 260 – Transparenz 16 f., 22 ff. unter Verweis auf
„Priorisierung" und „angemessene Detail- und Verfahrenstiefe"). Der Ver-
antwortliche muss aktiv informieren (Bäcker in Kühling/Buchner DS-GVO
Art. 13 Rn. 59; Veil in GSSV DS-GVO Art. 13 und 14 Rn. 12 („aktive
Transparenz" bzw. „Bringschuld"), etwa durch Bereitstellung oder zielge-
richtete Hinführung zu den Informationen (näher Art-29-Datenschutzgruppe
WP 260 – Transparenz 13 f., 17, 22). Eine Zustimmung zur Information
durch die betroffene Person wird nicht verlangt (zutr. Knyrim in Ehmann/
Selmayr DS-GVO Art. 13 Rn. 24). Siehe zu **multi-layered notice**
(→ Art. 12 Rn. 31), zu Push- und Pull-Hinweisen und weiteren geeigneten
Maßnahmen detailliert und mit Empfehlungen Art-29-Datenschutzgruppe
WP 260 – Transparenz 23 ff. sowie → Art. 12 Rn. 31). Die Informationen
gem. Art. 13 können in Kombination mit standardisierten Bildsymbolen
bereitgestellt werden (Art. 12 Abs. 7; → Art. 12 Rn. 75 ff.). Zur Modellierung mittels **Layered Privacy Language** s. Gerl/Meier DuD 2019, 747.

Art. 13 gibt keinen Aufschluss darüber, ob und inwiefern iRv Art. 13 ein   **5a**
Medienbruch zulässig ist (s. hierzu bereits → Art. 12 Rn. 45). Die DSK
(Kurzpapier Informationspflichten 3) betont im Grundsatz, dass kein Medienbruch erfolgen sollte. Bäcker (in Kühling/Buchner DS-GVO Art. 12 Rn. 17
und Art. 13 Rn. 58) spricht sich gegen die Zulässigkeit eines Medienbruchs
aus, da andernfalls dem in Art. 12 Abs. 1 normierten Gebot der leichten
Zugänglichkeit nicht entsprochen werden würde. Franck (in Gola DS-GVO

Art. 13 Rn. 40 und RDV 2016, 111 (116)) sieht (dagegen) das Gebot der leichten Zugänglichkeit bereits durch einen Verweis auf eine Kurz-URL nebst QR-Code als erfüllt an. Einen im Grundsatz ebenso eher pragmatischen (und zustimmungswürdigen) Ansatz verfolgt die Art-29-Datenschutzgruppe (s. WP 260 – Transparenz 13 f., 17, 22 ff., 26), die auf **vielfältige adäquate Informationsformen,** insbes. zweckmäßige Kombinationen verschiedener Informationsformen, verweist. So sollen bspw. im Zuge einer Datenerhebung am Telefon zentrale Informationen unmittelbar und die restlichen Informationen per E-Mail oder Mitteilung eines Links übermittelt werden können (Art-29-Datenschutzgruppe WP 260 – Transparenz 24). In jedem Fall ist die systematische Trennung zwischen Abs. 1 und Abs. 2 nicht als Grenze eines erlaubten Medienbruches zu begreifen (Franck in Gola DS-GVO Art. 13 Rn. 7).

6   Die gem. Art. 13 mitzuteilenden Informationen werden grds. **unentgeltlich** zur Vfg. gestellt (Art. 12 Abs. 5; → Art. 12 Rn. 61 ff.).

IV. Abdingbarkeit, Be- und Einschränkungen, Öffnungsklauseln

7   Die Informationspflichten gem. Art. 13 sind nicht dispositiv (Schmidt-Wudy in BeckOK DatenschutzR DS-GVO Art. 13 Rn. 33; näher iÜ → Art. 12 Rn. 15). Die Informationspflichten können allerdings **beschränkt werden** durch **Unionsrecht** oder das **Recht der Mitgliedstaaten,** denen der Verantwortliche (oder der Auftragsverarbeiter) unterliegt; erforderlich ist hierfür das Vorliegen von bestimmten, in **Art. 23** näher definierten Voraussetzungen (zu Einzelheiten s. Art-29-Datenschutzgruppe WP 260 – Transparenz 41 f. sowie → Art. 23 Rn. 9 ff.). Zu entsprechenden Ausnahmen s. → Rn. 35a. Zu konkreten Rechtsfragen des Art. 23 im Zusammenhang mit Art. 13 ausf. Bäcker in Kühling/Buchner DS-GVO Art. 13 Rn. 88 ff.; Veil in GSSV DS-GVO Art. 13 und 14 Rn. 151 ff.

8   Abweichungen oder Ausnahmen von Art. 13 können die Mitgliedstaaten gem. **Art. 85 Abs. 2** vorsehen für eine Verarbeitung, die zu **journalistischen Zwecken** sowie zu **wiss., künstlerischen oder literarischen Zwecken** erfolgt, wenn dies erforderlich ist, um das Recht auf Schutz der personenbezogenen Daten mit der **Freiheit der Meinungsäußerung** und der **Informationsfreiheit** in Einklang zu bringen (→ Art. 85 Rn. 5 ff.).

8a   Außerdem unterliegt Art. 13 der **Öffnungsklausel** des **Art. 88** (Schmidt-Wudy in BeckOK DatenschutzR DS-GVO Art. 13 Rn. 9). Demnach kann der nationale Gesetzgeber spezifischere Vorschr. für die Datenverarbeitung im **Beschäftigungskontext** vorsehen.

V. Geldbuße und sonstige Folgen eines Verstoßes

9   Bei einem Verstoß gegen Art. 13 kann gem. Art. 83 Abs. 5 lit. b eine **Geldbuße** verhängt werden (zu Einzelheiten → Art. 83 Rn. 23 f. sowie Schantz in Schantz/Wolff DatenschutzR Rn. 1176).

9a   Welche unmittelbaren und mittelbaren **Folgen** ein Verstoß für den Datenverarbeitungsprozess hat, regelt Art. 13 nicht (ausf. Bäcker in Kühling/Buchner DS-GVO Art. 12 Rn. 13, 18, 27 und Art. 13 Rn. 61 ff., 80 ff.; Dix in NK-DatenschutzR DS-GVO Art. 13 Rn. 26; Schantz in Schantz/Wolff DatenschutzR Rn. 1176). Unklar ist in diesem Zusammenhang auch, ob es sich um eine **Ordnungsvorschrift** oder um eine **Rechtmäßigkeitsvoraussetzung** handelt (hierzu Franck in Gola DS-GVO Art. 13 Rn. 55; ders. RDV 2016, 111 (116)). Ein Verstoß gegen Transparenzvorschriften führt jedenfalls **nicht per se** zur **Rechtswidrigkeit** der gesamten Verarbeitung bzw. weiteren Verarbeitungen (hierzu und zT zutr. differenzierend Albrecht/Jotzo DatenschutzR, 85; Bäcker in Kühling/Buchner DS-GVO Art. 13 Rn. 63 ff.; Eisenschmid WuM 2019, 353 (357); Franck RDV 2016, 111 (116); Kamlah in Plath DS-GVO Art. 12 Rn. 1 und Art. 13 Rn. 17; Moos/Rothkegel MMR 2019, 736 (739); Schantz in Schantz/Wolff DatenschutzR Rn. 1176; Schmidt-Wudy in BeckOK DatenschutzR DS-GVO Art. 13 Rn. 19 f.; Tavanti RDV 2016, 295 (301)). Insbes. ist in Ansehung des jeweiligen Informationszeitpunkts und der Regelungen in Art. 7 Abs. 2 (→ Art. 7 Rn. 10 ff.) und Art. 13 Abs. 2 lit. c (→ Rn. 28) die Erfüllung der Informationspflichten nach Art. 13, 14 nicht mit der Voraussetzung einer „informierten" Einwilligung gleichzusetzen (zutr. Heckmann/Paschke in Ehmann/Selmayr DS-GVO Art. 12 Rn. 5 f., 10; aA Bäcker in Kühling/Buchner DS-GVO Art. 13 Rn. 66; Dix in NK-DatenschutzR DS-GVO Art. 13 Rn. 26; Schmidt-Wudy in BeckOK DatenschutzR DS-GVO Art. 13 Rn. 19).

9b Umstr. ist die Einordnung von Art. 13 als **marktschützende Norm** iSd UWG (bejahend LG Würzburg ZD 2019, 38; verneinend etwa Laue/Kremer Neues DatenschutzR 156 f. mwN) bzw. die Frage, ob die Art. 77 ff. ggü. dem UWG eine abschließende Regelung darstellen (bejahend und einen Unterlassungsanspruch eines Mitwettbewerbers bei einem Verstoß gegen Art. 13 deswegen ablehnend LG Bochum ZD 2019, 39 und LG Stuttgart ZD 2019, 366; aA dagegen OLG Stuttgart, GRUR-Prax 2020, 163). Eine Einstufung der Art. 13 f. als verbraucherschützende Normen iSd § 2 Abs. 2 Nr. 11 UKlaG ablehnend Laue/Kremer Neues DatenschutzR 155 f.; Nink in Spindler/Schuster DS-GVO Art. 13 Rn. 30 mwN.

9c Zum **Rechtsschutz** im Kontext des Art. 13 iÜ s. Dix in NK-DatenschutzR DS-GVO Art. 13 Rn. 25; Franck in Gola DS-GVO Art. 13 Rn. 56 ff.; Nink in Spindler/Schuster DS-GVO Art. 13 Rn. 29 ff.; Veil in GSSV DS-GVO Art. 13 und 14 Rn. 196 ff.

B. Pflicht zur Mitteilung von Informationen (Abs. 1)

10 Der Verantwortliche (Art. 4 Nr. 7; → Art. 4 Rn. 55; zu gemeinsam für die Verarbeitung Verantwortlichen s. Art. 26; s. iÜ zu den Normadressaten Bäcker in Kühling/Buchner DS-GVO Art. 13 Rn. 18; Veil in GSSV DS-GVO Art. 13 und 14 Rn. 3 ff.) hat gem. Abs. 1 (und unbeschadet des Abs. 2; → Rn. 20 ff.) die Pflicht zur Mitteilung von bestimmten Informationen an die betroffene Person (Art. 4 Nr. 1; → Art. 4 Rn. 4 ff.). Es besteht − wo die jeweiligen Informationen einschlägig sind − insoweit kein Ermessen (Kamlah in Plath DS-GVO Art. 13 Rn. 7). Der Verantwortliche hat iÜ nicht die

Pflicht, über die konkret erhobenen personenbezogenen Daten (hierfür steht der betroffenen Person das Auskunftsrecht nach Art. 15 zu) oder über die Verarbeitung von personenbezogenen Daten als solche (dies ergibt sich allerdings aus den Umständen) zu informieren (zutr. und näher Veil in GSSV DS-GVO Art. 13 und 14 Rn. 50 ff.).

10a   Übersicht und Gestaltungsvorschläge zu den Informationspflichten finden sich bei Schulz PinG 2018, 100; Sörup ArbR 2016, 207; ders./Marquardt ArbRAktuell 2016, 103.

10b   Speziell zur Informationspflicht im Kontext von **Photographien** s. Reuter/Schwarz ZUM 2020, 31 (33 ff.); Sundermann K&R 2018, 438 (440 f.); im **M&A**-Kontext s. Tribess/Spitz GWR 2019, 261 (264 f.); im Kontext von **Anwaltskanzleien** Lapp NJW 2019, 345.

I. Allgemeine Voraussetzungen der Informationspflicht

11   Voraussetzung ist, dass der Verantwortliche die personenbezogenen Daten (Art. 4 Nr. 1; → Art. 4 Rn. 3 ff.) bei der betroffenen Person erhebt. Eine **Direkterhebung** ist der Beginn eines Datenverarbeitungsprozesses bei der betroffenen Person (vgl. und ausf. zum Begriff der Direkterhebung iSv Art. 13 Bäcker in Kühling/Buchner DS-GVO Art. 13 Rn. 12 ff.; Dix in NK-DatenschutzR DS-GVO Art. 13 Rn. 5 ff. („gezielte Beschaffung von Daten"); s. auch Franck in Gola DS-GVO Art. 13 Rn. 4 sowie Art-29-Datenschutzgruppe WP 260 – Transparenz 16 f.: „Anfangsphase des Verarbeitungszyklus"). Umfasst sind von der betroffenen Person aktiv bereitgestellte sowie auf andere Weise „beobachtete" Daten (s. Art-29-Datenschutzgruppe WP 260 – Transparenz 17 f.). In letzterem Fall wird sich die betroffene Person allerdings zumindest abstrakt über die Verarbeitung bewusst sein (Ingold in HK-DS-GVO Art. 13 Rn. 8; Schmidt-Wudy in BeckOK DatenschutzR DS-GVO Art. 13 Rn. 30; aA Bäcker in Kühling/Buchner DS-GVO Art. 13 Rn. 13; Veil in GSSV DS-GVO Art. 13 und 14 Rn. 40 („heimliche" Erhebung bei der betroffenen Person sei ein Fall des Art. 13); anderes Verständnis auch bei EDSA Leitlinien Videoüberwachung Rn. 110). Für eine solche Auslegung spricht auch, dass über die Quelle der personenbezogenen Daten nur im Zuge des Art. 14 zu informieren ist (vgl. Art. 14 Abs. 2 lit. f); gerade im Falle einer „heimlichen" Erhebung erscheint diese Information für die betroffene Person von Relevanz (vgl. auch Veil in GSSV DS-GVO Art. 13 und 14 Rn. 107).

11a   Eine Information ist **grds. nur bei der ersten Erhebung** erforderlich (anders noch 2. Aufl. 2018, Rn. 11); das Auskunftsrecht wäre andernfalls de facto überflüssig und iÜ verfügt die betroffene Person idR bereits über die (unveränderten) Informationen iSd Abs. 4 (zutr. Veil in GSSV DS-GVO Art. 13 und 14 Rn. 45).

11b   Umstr. ist etwa, ob eine **Videoüberwachung** als Direkterhebung zu verstehen ist. Wird die Überwachung offen – bspw. durch ein Hinweisschild – benannt, greift Art. 13 (vgl. Bäcker in Kühling/Buchner DS-GVO Art. 13 Rn. 15 mit weiteren Bsp.). Eine verdeckte Videoüberwachung erfüllt hingegen den Tatbestand des Art. 14 (Franck in Gola DS-GVO Art. 14 Rn. 2;

Schmidt-Wudy in BeckOK DatenschutzR DS-GVO Art. 14 Rn. 31.2; aA EDSA Leitlinien Videoüberwachung Rn. 110, dem zufolge auch bei einer verdeckten Videoüberwachung von einer Beobachtung (und damit von einer Direkterhebung) auszugehen ist; ebenso Dix in NK-DatenschutzR DS-GVO Art. 13 Rn. 6). Umf. zu Transparenz und Informationspflichten, insbesondere zur Ausgestaltung von Hinweisschildern, bei einer Videoüberwachung EDSA Leitlinien Videoüberwachung Rn. 110 ff. Für Deutschland sieht § 4 Abs. 4 BDSG nun eine spezifische Regelung zu den Informationspflichten bei einer Videoüberwachung öffentlich zugänglicher Räume vor. Einerseits wird ebd. pauschal auf Art. 13 und 14 verwiesen (krit. Veil in GSSV DS-GVO Art. 13 und 14 Rn. 180), andererseits soll nach § 4 Abs. 4 S. 2 BDSG § 32 BDSG entsprechend anzuwenden sein. Letzteres spricht für die Annahme einer Direkterhebung; allerdings ist nach § 4 Abs. 2 BDSG der Umstand der Beobachtung ohnehin zum frühestmöglichen Zeitpunkt erkennbar zu machen. S. näher hierzu → BDSG § 4 Rn. 26 ff.

Die Informationspflicht besteht **ggü. der betroffenen Person.** Die Mit- **12** teilung hat im **Zeitpunkt der Erhebung** zu erfolgen (Kamlah in Plath DS-GVO Art. 13 Rn. 8; Knyrim in Ehmann/Selmayr DS-GVO Art. 13 Rn. 10 ff.; Nink in Spindler/Schuster DS-GVO Art. 13 Rn. 20 ff.; iÜ ausf. Bäcker in Kühling/Buchner DS-GVO Art. 13 Rn. 56 ff., der für eine Information vor der Datenerhebung plädiert, zust. Eisenschmid WuM 2019, 353 (357)).

Da die DS-GVO keinen Grundsatz der Direkterhebung bei der betroffenen **12a** Person vorsieht, besteht **kein Rangverhältnis zwischen Art. 13 und 14** (Bäcker in Kühling/Buchner DS-GVO Art. 13 Rn. 3 und Art. 14 Rn. 3 (der allerdings einen Direkterhebungsgrundsatz aus Art. 6 sowie Art. 8 GRCh ableitet); Knyrim in Ehmann/Selmayr DS-GVO Art. 13 Rn. 3; aA Buchner DuD 2015, 155 (156 Fn. 13)).

II. Die Informationen im Einzelnen

Der Umf. der Mitteilung bestimmt sich anhand des in Abs. 1 lit. a bis f **13** aufgeführten **Kataloges von Informationen.** Die in lit. a und c aufgeführten Informationen sind stets mitzuteilen, die in lit. b und lit. d bis f aufgeführten Informationen demgegenüber nur unter bestimmten Umständen bzw. beim Vorliegen von näheren, dort jeweils definierten Voraussetzungen.

1. Name und Kontaktdaten (lit. a)

Gem. Abs. 1 lit. a hat der Verantwortliche den **Namen** und die **Kontakt- 14 daten** des Verantwortlichen sowie ggf. seines **Vertreters** (Art. 4 Nr. 17; → Art. 4 Rn. 122; Lorenz VuR 2019, 213 (214)) mitzuteilen (s. zur gemeinsamen Verantwortlichkeit Veil in GSSV DS-GVO Art. 13 und 14 Rn. 57). Der **Name** umfasst bei natürlichen Personen sowohl Vor- als auch Nachname (Eßer in Auernhammer DS-GVO Art. 13 Rn. 18; Knyrim in Ehmann/Selmayr DS-GVO Art. 13 Rn. 33; Schmidt-Wudy in BeckOK DatenschutzR DS-GVO Art. 14 Rn. 40; aA Franck in Gola DS-GVO Art. 13 Rn. 8, der den Nachnamen ausreichen lässt, falls nicht eine Namensgleichheit vorliegt); ebenso umfasst sind bei Kaufleuten, Personengesellschaften oder jur. Personen **Firmen- bzw. Vereinsname** sowie der jeweilige **Rechtsformzusatz** (vgl. hierzu DSK Kurzpapier Informationspflichten 1; Bäcker in Kühling/Buchner DS-GVO Art. 13 Rn. 22; Franck in Gola DS-GVO Art. 13 Rn. 8; Schmidt-Wudy in BeckOK DatenschutzR DS-GVO Art. 14 Rn. 40). Die mitzuteilenden **Kontaktdaten** (vgl. auch ErwGr 23) umfassen eine (ladungsfähige) Anschrift sowie die elektronische und/oder telefonische Erreichbarkeit des Verantwortlichen (Art-29-Datenschutzgruppe WP 260 – Transparenz 43; Eßer in Auernhammer DS-GVO Art. 13 Rn. 18; Franck in Gola DS-GVO Art. 13 Rn. 9; Schmidt-Wudy in BeckOK DatenschutzR DS-GVO Art. 14 Rn. 40; Veil in GSSV DS-GVO Art. 13 und 14 Rn. 56; aA Ingold in HK-DS-GVO Art. 13 Rn. 16; vgl. auch Kamlah in Plath DS-GVO Art. 13 Rn. 9 (der im Grundsatz eine postalische Anschrift ausreichen lässt); Knyrim in Ehmann/Selmayr DS-GVO Art. 13 Rn. 34 und Laue/Kremer Neues DatenschutzR 142, denen zufolge eine Angabe der E-Mail-Adresse erforderlich ist; Lorenz VuR 2019, 213 (214) (ggf. auch Faxnummer); s. auch Bäcker in Kühling/Buchner DS-GVO Art. 13 Rn. 22, der darauf abstellt, dass die betroffene Person den Verantwortlichen ohne Medienbruch soll erreichen können).

2. Kontaktdaten des Datenschutzbeauftragten (lit. b)

15 Ist bei dem Verantwortlichen ein Datenschutzbeauftragter gem. Art. 37 benannt (→ Art. 37 Rn. 5 ff.), hat der Verantwortliche nach Abs. 1 lit. b die **Kontaktdaten des Datenschutzbeauftragten** mitzuteilen (s. Art-29-Datenschutzgruppe WP 243 – Datenschutzbeauftragter 12; Lorenz VuR 2019, 213 (214 f.)). Die mitzuteilenden Kontaktdaten umfassen eine (ladungsfähige) Anschrift sowie die elektronische und/oder telefonische Erreichbarkeit des Datenschutzbeauftragten (Veil in GSSV DS-GVO Art. 13 und 14 Rn. 58; vgl. auch Kamlah in Plath DS-GVO Art. 13 Rn. 10, demzufolge die Angabe der E-Mail-Adresse fakultativ ist). Eine Angabe des Namens des Datenschutzbeauftragten ist nicht erforderlich (Bäcker in Kühling/Buchner DS-GVO Art. 13 Rn. 24; Franck in Gola DS-GVO Art. 13 Rn. 11; Kamlah in Plath DS-GVO Art. 13 Rn. 10; Knyrim in Ehmann/Selmayr DS-GVO Art. 13 Rn. 36; Laue/Kremer Neues DatenschutzR 142; Schmidt-Wudy in BeckOK DatenschutzR DS-GVO Art. 14 Rn. 43; differenzierend Dix in NK-DatenschutzR DS-GVO Art. 13 Rn. 9; krit. Lorenz VuR 2019, 213 (214 f.)).

3. Zwecke und Rechtsgrundlage der Verarbeitung (lit. c)

16 Gem. Abs. 1 lit. c hat der Verantwortliche die **Zwecke,** für die die personenbezogenen Daten verarbeitet werden sollen, sowie die **Rechtsgrundlage** für die Verarbeitung mitzuteilen (ausf. Franck in Gola DS-GVO Art. 13 Rn. 12 f.). Die Mitteilung über die Zwecke der Verarbeitung ist für die Transparenz der Datenverarbeitung aus Sicht der betroffenen Person von entscheidender Bedeutung und steht im Zusammenhang mit dem **Grundsatz der Zweckbindung,** wonach personenbezogene Daten grds. nur für festgelegte, eindeutige und legitime Zwecke erhoben werden (Art. 5 Abs. 1 lit. b; Dix in NK-DatenschutzR DS-GVO Art. 13 Rn. 8). Umstr. ist, ob an dieser Stelle bereits Schlagworte ausreichend sind (so Eßer in Auernhammer DS-GVO Art. 13 Rn. 20; Kamlah in Plath DS-GVO Art. 13 Rn. 11; Lorenz VuR 2019, 213 (215); ebenso wohl Franck in Gola DS-GVO Art. 13 Rn. 12) oder ob eine detaillierte Zweckangabe erfolgen muss (Bäcker in Kühling/ Buchner DS-GVO Art. 13 Rn. 25; Knyrim in Ehmann/Selmayr DS-GVO Art. 13 Rn. 37; Schmidt-Wudy in BeckOK DatenschutzR DS-GVO Art. 14 Rn. 45; wohl differenzierend Veil in GSSV DS-GVO Art. 13 und 14 Rn. 64).

Die **mitzuteilende Rechtsgrundlage** ergibt sich grds. aus Art. 6 uU iVm **16a** sonstigen Normen der DS-GVO, dem sonstigen Recht der EU bzw. der Mitgliedstaaten (detaillierte Auflistung bei Veil in GSSV DS-GVO Art. 13 und 14 Rn. 65). Nicht ausreichend ist somit etwa die pauschale Angabe von „Art. 6 Datenschutz-Grundverordnung" als Rechtsgrundlage. Anzugeben sind in Ansehung der vielfältigen Rechtsgrundlagen in Art. 6 insoweit vielmehr der genaue Abs. und die lit., um der betroffenen Person eine belastbare Überprüfung der zugrunde gelegten Rechtsgrundlage zu ermöglichen (Art-29-Datenschutzgruppe WP 260 – Transparenz 43 f.; Eßer in Auernhammer DS-GVO Art. 13 Rn. 21; Härting DS-GVO Rn. 59; Kamlah in Plath DS-GVO Art. 13 Rn. 11; Nink in Spindler/Schuster DS-GVO Art. 13 Rn. 13; Veil in GSSV DS-GVO Art. 13 und 14 Rn. 65; weitergehend Bäcker in Kühling/Buchner DS-GVO Art. 13 Rn. 26 (ggf. für Laien verständliche, einzelfallbezogene und vollständige Darlegung der Rechtslage); ähnlich Knyrim in Ehmann/Selmayr DS-GVO Art. 13 Rn. 38 Fn. 55; vgl. auch Ingold in HK-DS-GVO Art. 13 Rn. 18 („spezifische Konkretisierung im Hinblick auf die jeweilige Verarbeitungssituation"); hiergegen Lorenz VuR 2019, 213 (215)). Zur Konstellation mehrerer einschlägiger Rechtsgrundlagen Schmidt-Wudy in BeckOK DatenschutzR DS-GVO Art. 14 Rn. 46 ff.

4. Berechtigte Interessen (lit. d)

Art. 6 Abs. 1 lit. f gestattet eine Verarbeitung, soweit diese zur **Wahrung** **17** **der berechtigten Interessen des Verantwortlichen oder eines Dritten** (Art. 4 Nr. 10; → Art. 4 Rn. 59 f.; s. die Bsp. bei Robrecht EU-Datenschutzgrundverordnung: Transparenzgewinn oder Information-Overkill, 48) erforderlich ist und sofern nicht den Schutz personenbezogener Daten erfordernde Interessen oder Grundrechte und Grundfreiheiten der betroffenen Person überwiegen (zu Einzelheiten → Art. 6 Rn. 26 ff.). Fußt die Verarbeitung auf dieser Rechtsgrundlage, so sind gem. Abs. 1 lit. d die berechtigten Interessen mitzuteilen, die von dem Verantwortlichen oder einem Dritten verfolgt werden (Franck in Gola DS-GVO Art. 13 Rn. 14; Nink in Spindler/Schuster DS-GVO Art. 13 Rn. 16; vgl. auch Schmidt-Wudy in BeckOK DatenschutzR DS-GVO Art. 13 Rn. 50). Nicht mitzuteilen sind im Umkehrschluss die Interessen der betroffenen Person oder die berührten Grundrechte/-freiheiten (zust. Eßer in Auernhammer DS-GVO Art. 13 Rn. 22; Kamlah in Plath DS-GVO Art. 13 Rn. 12; Veil in GSSV DS-GVO Art. 13 und 14

Rn. 68). Der Verantwortliche hat die Interessen der betroffenen Person bzw. Grundrechte/-freiheiten demnach (nur) bei der (internen) Beurteilung der Rechtmäßigkeit der Verarbeitung zu berücksichtigen, wohingegen diese Interessen aber nicht der betroffenen Person gleichsam an die Hand zu geben sind (Laue/Kremer Neues DatenschutzR 143; aA Bäcker in Kühling/Buchner DS-GVO Art. 13 Rn. 27; Dix in NK-DatenschutzR DS-GVO Art. 13 Rn. 10; Knyrim in Ehmann/Selmayr DS-GVO Art. 13 Rn. 39, denen zufolge die Abwägung und Begr. aller berechtigten Interessen dem Betroffenen transparent zu machen sind; im Ausgangspunkt wie hier, allerdings eine stufenweise Mitteilung befürwortend Art-29-Datenschutzgruppe WP 260 – Transparenz 44 ff.).

5. Empfänger oder Kategorien von Empfängern (lit. e)

18 Der Verantwortliche hat gem. Abs. 1 lit. e der betroffenen Person ggf. die **Empfänger** (Art. 4 Nr. 9; → Art. 4 Rn. 57 f.; Behörden sind uU ausgenommen, s. Art. 4 Nr. 9 S. 2) oder **Kategorien von Empfängern** der personenbezogenen Daten mitzuteilen (s. auch EuGH NJW 2019, 3433 Rn. 80 – Planet49). Diese zwei Merkmale sind **alternativ** iSe Wahlrechts zu verstehen (Franck in Gola DS-GVO Art. 13 Rn. 17; Kamlah in Plath DS-GVO Art. 13 Rn. 13; Knyrim in Ehmann/Selmayr DS-GVO Art. 13 Rn. 40; Laue/Kremer Neues DatenschutzR 143; ebenso wohl Art-29-Datenschutzgruppe WP 260 – Transparenz 47 mit näheren Hinweise für die Angabe von Kategorien; aA Bäcker in Kühling/Buchner DS-GVO Art. 13 Rn. 30; Dix in NK-DatenschutzR DS-GVO Art. 13 Rn. 11; Eisenschmid WuM 2019, 353 (355); Härting DS-GVO Rn. 59; Lorenz VuR 2019, 213 (216); vgl. auch Eßer in Auernhammer DS-GVO Art. 13 Rn. 23). Im Gesetzgebungsverfahren wurden Bedenken geäußert, ob die Formulierung des lit. e zu vage sei und deshalb etwa auch Mitarbeiter des Verantwortlichen erfasst sein können (s. ER, 7978/1/15 REV 1, 23 (Fn. 77); verneinend Knyrim in Ehmann/Selmayr DS-GVO Art. 13 Rn. 45; Schmidt-Wudy in BeckOK DatenschutzR DS-GVO Art. 14 Rn. 51; Veil in GSSV DS-GVO Art. 13 und 14 Rn. 82). Bei einer Veröffentlichung über das Internet können „Empfänger" kaum zweckmäßig bestimmt werden (krit. Härting Internetrecht Rn. 370: „geradewegs untauglich"), einzelne Empfänger sind hier nicht anzugeben (Bäcker in Kühling/Buchner DS-GVO Art. 13 Rn. 30; Veil in GSSV DS-GVO Art. 13 und 14 Rn. 83). Unklar ist zudem, ob iRd Empfängerangabe auch das **Übermittlungsmedium** anzugeben ist (s. Franck in Gola DS-GVO Art. 13 Rn. 16). Über Übermittlungen insbes. an Auftragsverarbeiter ist in Ansehung des (weiten) Empfängerbegriffes in Art. 4 Nr. 9 zu informieren (Art-29-Datenschutzgruppe WP 260 – Transparenz 46; DSK Kurzpapier Informationspflichten 2; Bäcker in Kühling/Buchner DS-GVO Art. 13 Rn. 28; Franck in Gola DS-GVO Art. 13 Rn. 16; Knyrim in Ehmann/Selmayr DS-GVO Art. 13 Rn. 41, 44; Veil in GSSV DS-GVO Art. 13 und 14 Rn. 76; ausf. Lorenz VuR 2019, 213 (216 f.)). ZT wird vertreten, Abs. 1 lit. e erfasse nur Empfänger innerhalb der EU (Knyrim in Ehmann/Selmayr DS-GVO Art. 13 Rn. 40).

6. Übermittlung an Empfänger in Drittland oder internationale Organisation (lit. f)

Hat der Verantwortliche die Absicht, die personenbezogenen Daten an Emp- **19** fänger in einem **Drittland** (Dix in NK-DatenschutzR DS-GVO Art. 13 Rn. 12 und Art. 14 Rn. 6; Franck in Gola DS-GVO Art. 13 Rn. 19; jeweils mit zutr. Hinweis auf die Irrelevanz der abw. Formulierung in Art. 14 Abs. 1 lit. f) oder an eine **int. Organisation** zu übermitteln (Art. 44 ff.), ist der betroffenen Person diese Absicht gem. Abs. 1 lit. f mitzuteilen. Wird die Absicht erst nachträglich gefasst, ist erst dann zu informieren (Kamlah in Plath DS-GVO Art. 13 Rn. 14). Art-29-Datenschutzgruppe WP 260 – Transparenz 48 zufolge sind iÜ „normalerweise" die maßgeblichen Drittländer konkret zu benennen. Ferner ist die betroffene Person über das Vorhandensein oder das Fehlen eines **Angemessenheitsbeschlusses der KOM** (Art. 45) zu informieren. Liegt kein Angemessenheitsbeschluss der KOM vor, kommen Übermittlungen gem. Art. 46 ff. in Betracht. Soweit die Übermittlung gem. Art. 46, 47 oder 49 Abs. 1 S. 2 erfolgt, hat der Verantwortliche die betroffene Person auf die geeigneten oder angemessenen Garantien zu verweisen; zudem ist darauf hinzuweisen, wie und wo eine Kopie der Garantien erhältlich ist (Abs. 1 lit. f aE). Hierdurch sind uU die Binding Corporate Rules (BCR) „quasi öffentlich" (Kamlah in Plath DS-GVO Art. 13 Rn. 15). Im Falle einer Übermittlung nach Art. 49 Abs. 1 S. 2 ist die zusätzliche Informationspflicht nach Art. 49 Abs. 1 S. 4 zu beachten. S. iÜ näher Bäcker in Kühling/Buchner DS-GVO Art. 13 Rn. 33 ff.; Knyrim in Ehmann/Selmayr DS-GVO Art. 13 Rn. 48 ff.

C. Pflicht zur Mitteilung von weiteren Informationen (Abs. 2)

Der Verantwortliche (Art. 4 Nr. 7; zu gemeinsam für die Verarbeitung Ver- **20** antwortlichen → Art. 26) hat gem. Abs. 2 – zusätzlich zu den Informationen nach Abs. 1 (→ Rn. 13 ff.) – die Pflicht zur Mitteilung von bestimmten weiteren Informationen. Übersicht und Gestaltungsvorschläge zu den Informationspflichten finden sich etwa bei Schulz PinG 2018, 100; Sörup ArbR 2016, 207 und ders./Marquardt ArbRAktuell 2016, 103.

I. Allgemeine Voraussetzungen der Informationspflicht

Gem. Abs. 2 sollen bestimmte weitere Informationen zur Vfg. gestellt wer- **21** den. Der Verwendung unterschiedlicher Begriffe in Abs. 1 („mitteilen") und Abs. 2 („zur Verfügung stellen") kommt iErg keine Bedeutung zu; Grund für die Abweichung ist vielmehr ein Übersetzungsfehler, so weisen Abs. 1 und 2 in der englischen Fassung („provide") und in der französischen („fournir") keine begriffliche Differenzierung auf (Bäcker in Kühling/Buchner DS-GVO Art. 13 Rn. 59; Franck in Gola DS-GVO Art. 13 Rn. 5; ders. RDV 2016, 111 (115); Knyrim in Ehmann/Selmayr DS-GVO Art. 13 Rn. 21). Die Informationspflicht besteht ggü. der betroffenen Person, bei der die Daten erhoben werden. Die Mitteilung hat im Zeitpunkt der Erhebung zu erfolgen (zu Art, Weise und (Un)Entgeltlichkeit der Information → Rn. 5 f., 12). Zur Informationspflicht bei weiteren (erneuten) Erhebungen → Rn. 11.

22   Abs. 2 qualifiziert die nach diesem Abs. mitzuteilenden weiteren Informationen − im Unterschied zu Abs. 1 − als solche, die **zur Gewährleistung einer fairen und transparenten Verarbeitung notwendig** sind (zur Begriffsbestimmung Knyrim in Ehmann/Selmayr DS-GVO Art. 13 Rn. 31). Fraglich ist deshalb, ob für die Erteilung der in lit. a bis f aufgeführten Informationen das Kriterium der Notwendigkeit zur Gewährleistung einer fairen und transparenten Verarbeitung irrelevant ist (so explizit Art-29-Datenschutzgruppe WP 260 − Transparenz 16 sowie Bäcker in Kühling/Buchner DS-GVO Art. 13 Rn. 20; Dix in NK-DatenschutzR DS-GVO Art. 13 Rn. 13; Eßer in Auernhammer DS-GVO Art. 13 Rn. 27; Laue/Kremer Neues DatenschutzR 144; Nink in Spindler/Schuster DS-GVO Art. 13 Rn. 6 f.), die dort genannten Informationen das Kriterium iS einer unwiderleglichen gesetzlichen Vermutung stets erfüllen (vgl. Schmidt-Wudy in BeckOK DatenschutzR DS-GVO Art. 13 Rn. 37, 58 f. und Art. 14 Rn. 58 f. mit dem Hinweis, das Merkmal sei „redundant", da auch die in Abs. 1 aufgestellten Informationspflichten zum Zweck einer fairen und transparenten Verarbeitung erforderlich seien) oder ob diesem Kriterium vielmehr ein eigenständiger Gehalt zukommt (so Kamlah in Plath DS-GVO Art. 13 Rn. 5, 16; Knyrim in Ehmann/Selmayr DS-GVO Art. 13 Rn. 28 ff., 51 und Art. 14 Rn. 20 ff., 32 ff.; Piltz K&R 2016, 629 (630); Schantz in Schantz/Wolff DatenschutzR Rn. 1151; ders. NJW 2016, 1841 (1845); Schneider DatenschutzR, 218; Veil in GSSV DS-GVO Art. 13 und 14 Rn. 88; aA Franck in Gola DS-GVO Art. 13 Rn. 6). Die englische Sprachfassung („information necessary to ensure fair and transparent processing") ist insoweit ebenfalls nicht eindeutig. Für die Annahme einer unwiderleglichen gesetzlichen Vermutung spricht zunächst, dass **prima facie** kaum Fälle denkbar sein dürften, in denen die in lit. a bis f aufgeführten Informationen nicht für eine faire und transparente Verarbeitung notwendig sind (zust. Bäcker in Kühling/Buchner DS-GVO Art. 13 Rn. 20). Entscheidend für einen **eigenständigen Gehalt des Kriteriums** spricht dagegen die Tatsache, dass die Aufteilung der Informationspflichten in Abs. 1 und Abs. 2 ansonsten überflüssig wäre (ebenso Veil in GSSV DS-GVO Art. 13 und 14 Rn. 87). Die betreffende Aufteilung kann auch nicht allein mit Abs. 3 begründet werden (so wohl Franck in Gola DS-GVO Art. 13 Rn. 5 f.). Denn dazu hätte es der Aufnahme des Kriteriums nicht bedurft. Hätte das Kriterium allerdings keine eigenständige Bedeutung − sollte es also nur aus Klarstellungsgründen aufgeführt sein −, wäre dies zudem irreführend, denn auch die Informationen nach Abs. 1 dienen einer fairen und transparenten Verarbeitung. Für die Annahme eines eigenständigen Tatbestandsmerkmals spricht zusätzlich die Tatsache, dass ErwGr 60 die „Notwendigkeit" dahingehend weiter qualifiziert, dass die bes. Umstände und Rahmenbedingungen der (konkreten) Verarbeitung zu berücksichtigen sind.

23   Die Qualifizierung der Notwendigkeit zur Gewährleistung einer fairen und transparenten Verarbeitung als eigenständiges Tatbestandsmerkmal birgt gleichwohl erhebliche **(Folge-)Probleme.** Zunächst ist unklar, ob es sich um eine widerlegliche gesetzliche Vermutung handelt – oder aber (nur) um ein „einfaches" Tatbestandsmerkmal, für das die allg. Grundsätze der Beweislast gelten (vgl. Knyrim in Ehmann/Selmayr DS-GVO Art. 13 Rn. 28 ff., 51). In jedem Fall wird für die Ermittlung der konkreten Informationspflicht jeweils eine (umständliche) **Einzelfallprüfung** erforderlich sein (idS mit Vorschlägen Veil in GSSV DS-GVO Art. 13 und 14 Rn. 91 ff.). Für jede Verarbeitung müsste – unter Berücksichtigung der bes. Umstände und Rahmenbedingungen – geprüft werden, ob die in lit. a bis f aufgeführten Informationen jeweils notwendig iSd Vorschr. sind, dh insbes. zur Gewährleistung einer fairen und transparenten Verarbeitung erforderlich (zu diesen Tatbestandsmerkmalen → Art. 12 Rn. 19 ff.; s. auch Veil ZD 2015, 347 (349); krit. insoweit Franck in Gola DS-GVO Art. 13 Rn. 6). Für die praktische Handhabung ist anzuraten, ggf. schlicht sämtliche weiteren Informationen mitzuteilen (Knyrim in Ehmann/Selmayr DS-GVO Art. 13 Rn. 51; Piltz K&R 2016, 629 (630)). Dieses Vorgehen entbindet dann aber nicht von der Frage, ob ein Zuviel an Informationen „unpräzise" oder „intransparent" iSd Art. 12 ist (zust. Veil in GSSV DS-GVO Art. 13 und 14 Rn. 93; → Art. 12 Rn. 28 f.).

Zudem wird zT davon ausgegangen, dass Art. 13 Abs. 2 keinen abschl. **23a** Katalog an für die Gewährleistung eines fairen und transparenten Verarbeitungsverfahrens notwendigen Informationen enthält, sondern vielmehr darüber hinaus die Zurverfügungstellung von unbenannten Informationen nach Abs. 2 erforderlich sein kann (so Franck in Gola DS-GVO Art. 13 Rn. 30 ff. und Art. 14 Rn. 16; ebenso Art-29-Datenschutzgruppe WP 260 – Transparenz 8 f., 27 f.). Entsprechende unbenannte Informationspflichten gingen allerdings mit erheblicher Rechtsunsicherheit einher und sind dogmatisch nur überzeugend begründbar (zutr. Schmidt-Wudy in BeckOK DatenschutzR DS-GVO Art. 13 Rn. 38 und Art. 14 DS-GVO Rn. 38; zust. Kamlah in Plath DS-GVO Art. 13 Rn. 16 Rn. 24).

II. Die weiteren Informationen im Einzelnen

Die mitzuteilenden weiteren Informationen bestimmen sich iE anhand des in **24** Abs. 2 lit. a bis f aufgeführten Kataloges.

1. Dauer (lit. a)

Gem. Abs. 2 lit. a hat der Verantwortliche der betroffenen Person die **Dauer 25 der Speicherung** der personenbezogenen Daten mitzuteilen. Die Dauer ist als konkreter Zeitraum (Tage, Monate etc.) anzugeben (zust. Veil in GSSV DS-GVO Art. 13 und 14 Rn. 95; ebenso Eßer in Auernhammer DS-GVO Art. 13 Rn. 29); zusätzlich ist auf den Beginn des Speicherzeitraumes hinzuweisen. Beginn des Zeitraumes ist die (erstmalige) Speicherung der Daten; der Zeitpunkt der Speicherung wird bei einer elektronischen Kommunikation idR mit dem Zeitpunkt der Erhebung zusammenfallen (zust. Kamlah in Plath DS-GVO Art. 13 Rn. 18).

26   Ist eine Mitteilung über die Dauer **nicht möglich,** hat der Verantwortliche über die Kriterien für die Festlegung der Dauer zu informieren (hierzu Knyrim in Ehmann/Selmayr DS-GVO Art. 13 Rn. 52 ff.; Robrecht EU-Datenschutzgrundverordnung: Transparenzgewinn oder Information-Overkill, 48; krit. iÜ Kamlah in Plath DS-GVO Art. 13 Rn. 18). Die Nicht-Möglichkeit bestimmt sich nicht nur objektiv, sondern gerade auch subjektiv in Bezug auf den konkreten Verantwortlichen (zutr. Veil in GSSV DS-GVO Art. 13 und 14 Rn. 96). Nicht möglich wird daher die Mitteilung über die genaue Dauer in vielfältigen Fallkonstellationen sein. Bei einer potenziellen Weiterverarbeitung ist eine solche nicht nur als entsprechendes Kriterium mitzuteilen (zust. Eßer in Auernhammer DS-GVO Art. 13 Rn. 31), sondern es sind zudem die Vorgaben gem. Abs. 3 zu beachten (→ Rn. 33). Die Informationspflicht über die Speicherdauer bzw. die Kriterien für die Festlegung der Dauer setzt (implizit) das Vorhandensein eines Löschkonzeptes voraus (Bäcker in Kühling/Buchner DS-GVO Art. 13 Rn. 36; Franck in Gola DS-GVO Art. 12 Rn. 15 und Art. 13 Rn. 20; Lorenz VuR 2019, 213 (218); s. auch → Art. 17 Rn. 20).

2. Rechte der betroffenen Person (lit. b)

27   Gem. Abs. 2 lit. b hat der Verantwortliche die betroffene Person auf ihre Rechte hinzuweisen: Das **Recht auf Auskunft gegen den Verantwortlichen in Bezug auf personenbezogene Daten** (Art. 15), das **Recht auf Berichtigung** (Art. 16), das **Recht auf Löschung** („Recht auf Vergessenwerden")), das **Recht auf Einschränkung der Verarbeitung** (Art. 18), das **Recht auf Datenübertragbarkeit** (Art. 20) und das **Recht auf Widerspruch gegen die Verarbeitung** (Art. 21). Die Aufzählung ist iSd Artikelüberschriften zu verstehen; erfasst sind daher auch das Recht auf Kopie nach Art. 15 Abs. 3 und das Recht auf Vervollständigung nach Art. 16 S. 2 (aA Veil in GSSV DS-GVO Art. 13 und 14 Rn. 101, der gleichwohl eine Information „sicherheitshalber" befürwortet). Nicht erfasst sind demgegenüber das Recht auf Mitteilung gem. Art. 19 S. 2 (Dix in NK-DatenschutzR DS-GVO Art. 13 Rn. 14; Franck in Gola DS-GVO Art. 13 Rn. 22; Knyrim in Ehmann/Selmayr DS-GVO Art. 13 Rn. 55) sowie die Informationspflicht nach Art. 17 Abs. 2, die ggü. anderen Verantwortlichen besteht (iErg zutr. Franck in Gola DS-GVO Art. 13 Rn. 22). Allerdings dürfte eine Information iSd Auflistung in lit. b in der Praxis grds. ausreichend sein (Lorenz VuR 2019, 213 (218); eine Differenzierung nach best. einzelnen Rechten bzw. Absätzen und Sätzen der jew. Norm ist idR nicht erforderlich (vgl. auch Eßer in Auernhammer DS-GVO Art. 13 Rn. 32 f.; s. aber → Rn. 27a).

27a   Der missverständlich formulierte Wortlaut des lit. b ist in zweifacher Hinsicht klarstellungsbedürftig: Zum einen ist grds. über alle Rechte **kumulativ** zu informieren. ZT wird Abs. 2 lit. b daher als reine Information über bestehende Rechtsnormen verstanden, ohne Bezug auf die individuelle Datenverarbeitung durch den Verantwortlichen (Knyrim in Ehmann/Selmayr DS-GVO Art. 13 Rn. 55 f.). Hierüber geht die Art-29-Datenschutzgruppe (WP 260 – Transparenz 33 und 49 f.) sehr weit hinaus, die „eine zweckdienliche Ausgangsposition", die allg. Erleichterungspflicht nach Art. 12 Abs. 2 S. 1 (→ Art. 12 Rn. 43 ff.) sowie „eine Zusammenfassung dessen, was das Recht beinhaltet und wie die betroffene Person Schritte einleiten kann, um es auszuüben, sowie sämtliche Beschränkungen dieses Recht" betont. Zum anderen ist – auch und gerade iSe transparenten Information – eine Mitteilung über einzelne Rechte nicht vorzunehmen, falls ein solches Recht überhaupt nicht zustehen kann (zust. Bäcker in Kühling/Buchner DS-GVO Art. 13 Rn. 37; ebenso Art-29-Datenschutzgruppe WP 260 – Transparenz 49 f., wonach „speziell auf das jeweilige Verarbeitungsszenario ab[zu]stellen" sei; aA Franck in Gola DS-GVO Art. 13 Rn. 21; Kamps/Schneider K&R 2017 Beilage 1 zu Heft 7/8, 24 (26)). Beispielhaft kann auf das Recht auf Datenübertragbarkeit verwiesen werden, soweit keine der in Art. 20 Abs. 1 lit. a oder b genannten Voraussetzungen vorliegt.

Die Information über die der betroffenen Person zustehenden Rechte wirkt **27b** **nicht konstitutiv.** Ein Verweis auf ein Recht, welches iE nicht besteht, bindet den Verantwortlichen nicht (Franck in Gola DS-GVO Art. 13 Rn. 21). Krit. zu Rechtsbelehrungspflichten im Privatrechtsverkehr Kamlah in Plath DS-GVO Art. 12 Rn. 18 und DS-GVO Art. 13 Rn. 19; s. hierzu auch → Rn. 29 und → Art. 12 Rn. 58.

3. Widerruf der Einwilligung (lit. c)

Gem. Art. 6 Abs. 1 lit. a und Art. 9 Abs. 2 lit. a ist die Verarbeitung unter **28** näheren Voraussetzungen rechtmäßig, wenn die betroffene Person ihre Einwilligung zu der Verarbeitung der sie betr. personenbezogenen Daten gegeben hat. Basiert die Verarbeitung auf (mindestens) einer der beiden Rechtsgrundlagen (s. auch Veil in GSSV DS-GVO Art. 13 und 14 Rn. 103), hat der Verantwortliche die betroffene Person über zweierlei zu informieren (Abs. 2 lit. c): Einerseits ist zu informieren über das **Recht zum jederzeitigen Widerruf der Einwilligung** und andererseits über die Tatsache, dass die **Rechtmäßigkeit der Verarbeitung** auf Grdl. der Einwilligung **bis zum Widerruf** unberührt bleibt (Eßer in Auernhammer DS-GVO Art. 13 Rn. 35; Ingold in HK-DS-GVO Art. 13 Rn. 22; aA Kamlah in Plath DS-GVO Art. 13 Rn. 20, dem zufolge Abs. 2 lit. c so auszulegen ist, dass nur über die Widerrufbarkeit der Einwilligung zu informieren ist; so wohl auch Art-29-Datenschutzgruppe WP 260 – Transparenz 50 f.).

4. Beschwerderecht (lit. d)

Gem. Abs. 2 lit. d hat der Verantwortliche die betroffene Person zu informie- **29** ren über ihr **Beschwerderecht bei einer ASB** (Art. 57 Abs. 1 lit. f und Abs. 2; → Art. 57 Rn. 8 und 27 f.). Gemeint ist das Beschwerderecht iSd Art. 77 (Knyrim in Ehmann/Selmayr DS-GVO Art. 13 Rn. 60 f.). Betr. nicht-öffentliche Verantwortliche ist diese Informationspflicht dem Grunde nach eine systemwidrige „Rechtsbehelfsbelehrung" (s. Knyrim in Ehmann/Selmayr DS-GVO Art. 13 Rn. 59 sowie → Art. 12 Rn. 58). IE müssen die **Kontaktdaten der zuständigen ASB** nicht angegeben werden (zust. Eßer in Auernhammer DS-GVO Art. 13 Rn. 36; Franck in Gola DS-GVO Art. 13

Rn. 24; Kamlah in Plath DS-GVO Art. 13 Rn. 21; aA Bäcker in Kühling/ Buchner DS-GVO Art. 13 Rn. 39; Veil in GSSV DS-GVO Art. 13 und 14 Rn. 105; zur Unterrichtung nach Art. 12 Abs. 4 → Art. 12 Rn. 60; iSe Mittelweg wohl Art-29-Datenschutzgruppe WP 260 – Transparenz 51, wonach – iSd Art. 77 Abs. 1 – darüber belehrt werden soll, dass ein Beschwerderecht besteht bei einer Aufsichtsbehörde im Mitgliedsstaat des Aufenthaltsorts, des Arbeitsplatzes oder des Orts, wo ein Verstoß potenziell stattgefunden hat; zust. Knyrim in Ehmann/Selmayr DS-GVO Art. 13 Rn. 60). Zur Frage, ob Abs. 2 lit. d dem Ziel einer Erhöhung des Vertrauens durch Aufklärung und Transparenz zuwiderläuft s. Knyrim in Ehmann/Selmayr DS-GVO Art. 13 Rn. 59.

5. Bereitstellung der personenbezogenen Daten (lit. e)

30 Gem. Abs. 2 lit. e hat der Verantwortliche der betroffenen Person mitzuteilen, ob die Bereitstellung der personenbezogenen Daten (gesetzlich oder vertraglich) **vorgeschrieben** ist, ob die Bereitstellung der personenbezogenen Daten für einen Vertragsabschluss **erforderlich** ist, ob die betroffene Person eine **Pflicht** hat, die personenbezogenen Daten bereitzustellen, und welche **potenziellen Folgen** (hierzu Schmidt-Wudy in BeckOK DatenschutzR DS-GVO Art. 13 Rn. 75 f.) die Nichtbereitstellung bzw. die Zurückhaltung von personenbezogenen Daten haben kann (vgl. auch ErwGr 60). Abs. 2 lit. e verlangt somit („ob") stets eine Mitteilung zu den in diesem lit. e benannten Themenkomplexen, selbst wenn sich diese Mitteilung weitestgehend in negativen Aussagen erschöpfen mag. S. hierzu ausf. Bäcker in Kühling/Buchner DS-GVO Art. 13 Rn. 40 ff. sowie krit. Kamlah in Plath DS-GVO Art. 13 Rn. 22. Zu Überschneidungen mit Abs. 1 lit. c s. Knyrim in Ehmann/ Selmayr DS-GVO Art. 13 Rn. 62. Konkret bspw. zum Kontext von Mietverträgen Eisenschmid WuM 2019, 353 (355).

6. Automatisierte Entscheidungsfindung (lit. f)

31 Im Falle einer **automatisierten Entscheidungsfindung** gem. Art. 22 Abs. 1 und 4 (→ Art. 22 Rn. 15 ff.; mangels eines expliziten Hinweises auf Art. 22 Abs. 2 und 3 einschränkend allerdings Kamlah in Plath DS-GVO Art. 13 Rn. 26; Veil in GSSV DS-GVO Art. 13 und 14 Rn. 118; hiergegen Eßer in Auernhammer DS-GVO Art. 13 Rn. 42) hat der Verantwortliche gem. Abs. 2 lit. f der betroffenen Person das **Bestehen** der automatisierten Entscheidungsfindung sowie deren **Folgen** (ErwGr 60) mitzuteilen. Entgegen des Wortlauts und der Konzeption des Art. 22 (s. Kumkar/Roth-Isigkeit JZ 2020, 277 (278 ff.) mwN) soll lit.f der Art-29-Datenschutzgruppe (WP 260 – Transparenz 27) zufolge im Lichte von ErwGr 60 auch auf das Profiling allg. (Art. 4 Nr. 4; → Art. 4 Rn. 36 ff.) Anwendung finden (ebenso Bäcker in Kühling/Buchner DS-GVO Art. 13 Rn. 52; Dix in NK-DatenschutzR DS-GVO Art. 13 Rn. 16; Franck in Gola DS-GVO Art. 13 Rn. 27; hiergegen zu Recht Eßer in Auernhammer DS-GVO Art. 13 Rn. 41; Kamlah in Plath DS-GVO Art. 13 Rn. 27; Kumkar/Roth-Isigkeit JZ 2020, 277 (282)). In jedem Fall ist allerdings über das Profiling allg. als Zweck nach Abs. 1 lit. c zu informieren (s. iÜ und näher Art-29-Datenschutzgruppe WP 251 – automatisierte Entscheidungen 17 f.).

Es müssen **aussagekräftige Informationen** zu **involvierter Logik** sowie **31a** zur **Tragweite** und den angestrebten **Auswirkungen** einer solchen Verarbeitung für die betroffene Person mitgeteilt werden. Die Tatbestandsmerkmale Tragweite und Auswirkungen sind vergleichsweise konturlos (Veil in GSSV DS-GVO Art. 13 und 14 Rn. 129). IE muss etwa darüber informiert werden, dass eine (ermittelte) schlechtere Bonität potenziell zu Einschränkungen bei der Zahlungsweise führen kann (so das Bsp. bei Bräutigam/Schmidt-Wudy CR 2015, 56 (61); vgl. auch Dix in NK-DatenschutzR DS-GVO Art. 13 Rn. 16; Kamlah in Plath DS-GVO Art. 13 Rn. 29). Nicht informiert werden muss (und kann) dagegen über das in der Zukunft liegende Ergebnis der automatisierten Entscheidungsfindung (Dix in NK-DatenschutzR DS-GVO Art. 13 Rn. 16; Kumkar/Roth-Isigkeit JZ 2020, 277 (283); Veil in GSSV DS-GVO Art. 13 und 14 Rn. 120; Wischmeyer AöR 143 (2018) 1 (51)).

Eine aussagekräftige Information zur involvierten Logik bedeutet nicht, dass **31b** der **Algorithmus** selbst mitgeteilt werden muss (ebenso Eßer in Auernhammer DS-GVO Art. 13 Rn. 40; Franck in Gola DS-GVO Art. 13 Rn. 26; Kamlah in Plath DS-GVO Art. 13 Rn. 28a; Lorenz VuR 2019, 213 (219); Veil in GSSV DS-GVO Art. 13 und 14 Rn. 128; Wischmeyer AöR 143 (2018) 1 (51 ff.); iErg auch Laue/Kremer Neues DatenschutzR 146 f.; anders zu Art. 14 f. DS-GVO-E(Rat) Roßnagel/Nebel/Richter ZD 2015, 455 (458)). Wollte man demgegenüber eine Offenlegung (auch) des Algorithmus verlangen, so droht eine Offenbarung von **Betriebs- und Geschäftsgeheimnissen** (Eßer in Auernhammer DS-GVO Art. 13 Rn. 40; Kugelmann DuD 2016, 566 (568); Veil in GSSV DS-GVO Art. 13 und 14 Rn. 121; aA Bäcker in Kühling/Buchner DS-GVO Art. 13 Rn. 54, der sich für eine Lösung des Spannungsverhältnisses über Art. 23 ausspricht, und Franck in Gola DS-GVO Art. 13 Rn. 28, der auf eine allgemeine Rechtsgüterabwägung verweist; vgl. auch Dix in NK-DatenschutzR DS-GVO Art. 13 Rn. 16 sowie Bräutigam/Schmidt-Wudy CR 2015, 56 (61)).

Vielmehr müssen nur die **Grundannahmen der Algorithmus-Logik** **31c** erläutert werden (zutr. und ausf. zur involvierten Logik Veil in GSSV DS-GVO Art. 13 und 14 Rn. 119 ff. (Erläuterung der „Systemfunktionalität"); vgl. auch Kumkar/Roth-Isigkeit JZ 2020, 277 (283) („allgemeine Funktionsweise")). Ein anderes Verständnis ließe sich auch kaum mit den Vorgaben des Art. 12 → Art. 12 Rn. 25 ff.) in Einklang bringen (s. Wischmeyer AöR 143 (2018) 1 (53)). Zu solchen Grundannahmen zählen ua die Datenbasis (im Überblick), der Einsatz best. Faktoren bzw. Parameter sowie die Grundstruktur des dem Algorithmus inhärenten Entscheidungsprozesses (zutr. Veil in GSSV DS-GVO Art. 13 und 14 Rn. 128: „nur „nachvollziehbar" und nicht „nachrechenbar"; vgl. auch Kamlah in Plath DS-GVO Art. 13 Rn. 28a; Lorenz VuR 2019, 213 (219)) S. bspw. iE zum **Scoring** Dix in NK-DatenschutzR DS-GVO Art. 13 Rn. 17; v. Lewinski/Pohl ZD 2018, 17; sowie zuvor BGH MMR 2014, 489 (hierzu Paal, JZ 2014, 1006); s. iÜ auch die Unterrichtungspflicht gem. § 31 Abs. 1 Nr. 4 BDSG (→ BDSG § 31 Rn. 5 ff.).

31d   Abs. 2 lit. f wird deswegen (neben Art. 22 Abs. 3 iVm ErwGr 71) im Kontext eines „**Rechts auf Erläuterung**", „**Rechts auf Erklärung**" oder „**Rechts auf Erklärbarkeit**" diskutiert (ausf. Kumkar/Roth-Isigkeit JZ 2020, 277; Wischmeyer AöR 143 (2018) 1 (48 ff.)), insbes. auch im int. Schrifttum (Edwards/Veale Duke L. & Tech. Rev. 2017–2018, 18; Kaminski Berkeley Tech. L. J. 2019, 189; Malgieri/Comandé IDPL 2017, 243; Selbst/Powles IDPL 2017, 233; Wachter/Mittelstadt/Floridi IDPL 2017, 76).

31e   Die **Erklärbarkeit moderner Algorithmen** ggü. betroffenen Personen stößt offensichtlich an darstellerische und verständnisbezogene Grenzen (s. Dix in NK-DatenschutzR DS-GVO Art. 13 Rn. 16; Kumkar/Roth-Isigkeit JZ 2020, 277 (285); Wischmeyer AöR 143 (2018) 1 (53)). Insbes. sog. **selbstlernende Algorithmen** zeichnen sich zudem durch eine gewisses Maß an Unvorhersehbarkeit aus, das auch die Erklärbarkeit erschwert (allg. zur Erklärbarkeit Künstlicher Intelligenz Käde/v. Maltzan CR 2020, 66). Richtig ist zwar, dass der Informationspflicht nach Abs. 2 lit. f nicht genügt werden kann, falls überhaupt keine aussagekräftigen Informationen zur Verfügung gestellt werden können. Gerade iS eines innovationsoffenen Verständnisses des Datenschutzrechts sollten aber in diesen Fällen keine (prohibitiv bzw.) zu hohen Maßstäbe an die aussagekräftigen Informationen angelegt werden (zutr. und näher Kumkar/Roth-Isigkeit JZ 2020, 277 (285 f.)).

32   Abs. 2 lit. f versieht die Mitteilung der genannten aussagekräftigen Informationen über die Folgen mit dem Zusatz „zumindest in diesen Fällen". Daraus folgt, dass aus der expliziten Nennung dieser Aspekte nicht der Umkehrschluss gezogen werden soll, wonach solche Informationen außerhalb einer automatisierten Entscheidungsfindung gem. Art. 22 Abs. 1 und 4 nicht mitgeteilt werden dürfen (vgl. auch Bäcker in Kühling/Buchner DS-GVO Art. 13 Rn. 53; Dix in NK-DatenschutzR DS-GVO Art. 13 Rn. 18).

D. Weiterverarbeitung für einen anderen Zweck (Abs. 3)

33   Soweit der Verantwortliche eine Weiterverarbeitung der personenbezogenen Daten für einen anderen Zweck – also nicht für denjenigen, für den die personenbezogenen Daten ursprünglich erhoben wurden – beabsichtigt, hat der Verantwortliche die betroffene Person **(erneut)** zu **informieren** (Abs. 3; s. ausf. hierzu Art-29-Datenschutzgruppe WP 260 – Transparenz 28 ff.; krit. und unter Hinweis auf das Gesetzgebungsverfahren für eine teleologische Reduktion der Norm plädierend Veil in GSSV DS-GVO Art. 13 und 14 Rn. 131 ff.; speziell zur Offenlegung an weitere Empfänger Ingold in HK-DS-GVO Art. 13 Rn. 9). Die betr. Mitteilung muss vor der Weiterverarbeitung (näher Art-29-Datenschutzgruppe WP 260 – Transparenz 30, die auf einen angemessenen Zeitraum je nach den Umständen verweist; Dix in NK-DatenschutzR DS-GVO Art. 13 Rn. 20) erfolgen und umfasst Informationen über den anderen, neuen Zweck sowie im Grundsatz alle weiteren nach Maßgabe von Abs. 2 maßgeblichen Informationen (differenzierend in Bezug auf Abs. 2 Bäcker in Kühling/Buchner DS-GVO Art. 13 Rn. 74 ff.). Der Verweis auf Abs. 2 ist insoweit als **Rechtsgrundverweisung** zu verstehen, als dass zB Informationen nach Abs. 2 lit. f nur mitzuteilen sind, falls die dortigen Voraussetzungen vorliegen (zutr. Schmidt-Wudy in BeckOK DatenschutzR DS-GVO Art. 13 Rn. 88). Für diese Lesart spricht auch ErwGr 61 („erforderliche Informationen"). Trotz ErwGr 61 soll allerdings Art-29-Datenschutzgruppe WP 260 – Transparenz 29 zufolge stets über sämtliche Informationen des Abs. 2 informiert werden.

Abs. 3 soll auch in den Konstellationen des Art. 6 Abs. 4 Anwendung **33a** finden und in diesem Fall über die Vereinbarkeitsanalyse informiert werden (Art-29-Datenschutzgruppe WP 260 – Transparenz 28 f.; Dix in NK-DatenschutzR DS-GVO Art. 13 Rn. 20). Unklar ist, ob sich bei einer Zweckänderung – entgegen des Wortlautes – die Informationspflicht (analog) auch auf die **Abs. 1 lit. c, d, e und f** bezieht (bejahend für lit. c, e und f Dix in NK-DatenschutzR DS-GVO Art. 13 Rn. 21; für lit. d und e Franck in Gola DS-GVO Art. 13 Rn. 34; für lit. c und e Bäcker in Kühling/Buchner DS-GVO Art. 13 Rn. 72 f.; vgl. auch Veil in GSSV DS-GVO Art. 13 und 14 Rn. 84, 131). Nicht geklärt ist zudem, ob die Information über den neuen Zweck auch die Abwägungskriterien des **Art. 6 Abs. 4 lit. a bis e** umfasst (so Knyrim in Ehmann/Selmayr DS-GVO Art. 13 Rn. 67). Für eine analoge Anwendung von Art. 11 Abs. 2 S. 2 bzw. Art. 12 Abs. 6 auf die Fälle des Abs. 3 plädiert Veil in GSSV DS-GVO Art. 13 und 14 Rn. 34 ff. Die Mitteilungspflicht nach Abs. 3 bedingt insbes. in **Big Data-Konstellationen** erhebliche Herausforderungen (Leucker PinG 2015, 195 (198); Veil in GSSV DS-GVO Art. 13 und 14 Rn. 132). Zu **Art und Weise der Information** iÜ s. Art-29-Datenschutzgruppe WP 260 – Transparenz 20.

Keine Informationspflicht besteht im Grundsatz, wenn sich **Tatsachen** **33b** der Abs. 1 und 2 ändern, der ursprüngliche Zweck aber derselbe bleibt (ebenso Bäcker in Kühling/Buchner DS-GVO Art. 13 Rn. 57; Franck in Gola DS-GVO Art. 13 Rn. 35; aA Dix in NK-DatenschutzR DS-GVO Art. 13 Rn. 7). In Bezug auf **Abs. 1 lit. f und Abs. 2 lit. f** wird zT eine analoge Anwendung von Abs. 3 in Erwägung gezogen, um ein ansonsten drohendes Unterlaufen der Transparenz- und Warnwirkung von Art. 13 zu vermeiden (so Franck in Gola DS-GVO Art. 13 Rn. 35). Art-29-Datenschutzgruppe WP 260 – Transparenz 20 ff. befürwortet dagegen weitergehend eine Information über Änderungen in bestimmten Einzelfällen; zum Zeitpunkt der Informationserteilung in diesen Fällen s. ebd. 21 f.

E. Ausschluss der Informationspflicht (Abs. 4)

Die Informationspflichten gem. Abs. 1 bis 3 bestehen nicht, wenn und soweit **34** die betroffene Person **bereits über die jeweilige Information verfügt** (Abs. 4; näher und sehr restriktiv auslegend Art-29-Datenschutzgruppe WP 260 – Transparenz 33 f.; zu Recht krit. hierzu Knyrim in Ehmann/Selmayr DS-GVO Art. 13 Rn. 68). Abs. 4 setzt dabei **positive Kenntnis** voraus; Kenntnis wird idR durch die Information bei Ersterhebung ausgelöst (Eßer in Auernhammer DS-GVO Art. 13 Rn. 49, 51; Nink in Spindler/Schuster DS-GVO Art. 13 Rn. 24). Falls zuvor keine Information (iSd Art. 13) ggü. der betroffenen Person erfolgt ist, wird eine solche Kenntnis selten anzunehmen sein, s. Veil in GSSV DS-GVO Art. 13 und 14 Rn. 138; vgl. iÜ Ingold in HK-DS-GVO Art. 13 Rn. 10). S. iÜ ausf. zu Grundlagen positiver Kenntnis Kamlah in Plath DS-GVO Art. 13 Rn. 31 ff. Nicht unter den Ausnahmetatbestand zu fassen sind Fälle, in denen der Empfänger (nur) mit dem Inhalt der Information rechnen musste (ausf. Bäcker in Kühling/Buchner DS-GVO Art. 13 Rn. 31, 84 f.).

34a   Andere explizite Ausnahmen (anders als in Art. 14 Abs. 5; → Art. 14 Rn. 38 ff.) bestehen auf der Ebene der DS-GVO (s. aber → Rn. 35a) nicht. Diese „Absolutheit" der Informationspflicht nach Art. 13 wird teilw. umf. kritisiert (s. Veil in GSSV DS-GVO Art. 12 Rn. 56 und Art. 13 und 14 Rn. 1 und 149 ff.).

35   Nach ErwGr 62 besteht keine „Pflicht, Informationen zur Verfügung zu stellen" darüber hinaus in den folgenden Fällen: (1) die Speicherung oder Offenlegung der personenbezogenen Daten ist ausdr. **durch Rechtsvorschriften geregelt,** (2) die Unterrichtung der betroffenen Person erweist sich als **unmöglich** oder (3) die Unterrichtung ist mit **unverhältnismäßig hohem Aufwand** verbunden. Ein unverhältnismäßiger Aufwand soll ausweislich des ErwGr 62 insbes. bei Verarbeitungen für im öffentl. Interesse liegende **Archivzwecke,** zu **wiss. oder historischen Forschungszwecken** oder zu **statistischen Zwecken** in Betracht zu ziehen sein; zur Beurteilung des Aufwandes sollen dienen die **Anzahl der betroffenen Personen,** das **Alter** der Daten oder etwaige geeignete **Garantien** (Art. 46). Die Privilegierung von im öffentl. Interesse liegenden Archivzwecken, wiss. oder historischen Forschungszwecken oder statistischen Zwecken zieht sich durch die gesamte DS-GVO (vgl. Art. 5 Abs. 1 lit. b und e, 9 Abs. 2 lit. j, 14 Abs. 5 lit. b, 17 Abs. 3 lit. b, 21 Abs. 6, 89). ErwGr 62 geht erheblich über den Wortlaut des Abs. 4 hinaus und beschreibt Ausschlusstatbestände, die in Art. 14 Abs. 5 ausdr. für die Informationspflicht nach Art. 14 Abs. 1 bis 4 aufgenommen worden sind. Gerade letzteres spricht dafür, dass sich ErwGr 62 (nur) auf Art. 14 bezieht. Eine solche Beschränkung ergibt sich aus dem ErwGr selbst allerdings nicht – weshalb eine Berücksichtigung (auch) für Art. 13 zumindest zu diskutieren ist (zust. Veil in GSSV DS-GVO Art. 13 und 14 Rn. 135; vgl. auch betr. Art. 14 Abs. 5 lit. d ebd. Rn. 55; der Sache nach für eine Analogie des Art. 14 Abs. 5 lit. b Franck in Gola DS-GVO Art. 13 Rn. 45). Entgegen einer analogen Anwendung der Ausschlusstatbestände des **Art. 14 Abs. 5** wird allerdings zutr. auf die unterschiedlichen Zielrichtungen des Art. 13 und des Art. 14 hingewiesen (ausf. Dix in NK-DatenschutzR DS-GVO Art. 13 Rn. 22; Schmidt-Wudy in BeckOK DatenschutzR DS-GVO Art. 13 Rn. 95; iErg auch Ingold in HK-DS-GVO Art. 13 Rn. 11).

35a   Weitere Ausnahmen zu den Informationspflichten regeln die §§ 4 Abs. 2 und 4 (→ BDSG § 4 Rn. 26 ff. und 33 ff.), 29 Abs. 2 (→ BDSG § 29 Rn. 16 ff.), 32 (→ BDSG § 32 Rn. 1 ff.) und 85 Abs. 3 BDSG (→ BDSG § 8 Rn. 6 ff.), landesdatenschutzrechtliche Bestimmungen (vgl. etwa § 9 BayDSG, § 8 BW LDSG; § 15 HmbDSG) sowie § 32a AO (hierzu Erkis DStR 2018, 161 (164 f.)) und § 82 SGB X (hierzu Bieresborn NZS 2018, 10

(11 f.)). Darüber hinausgehend umf. für eine Vielzahl weiterer Ausnahmen plädierend Veil in GSSV DS-GVO Art. 13 und 14 Rn. 151 ff.

Art. 14 Informationspflicht, wenn die personenbezogenen Daten nicht bei der betroffenen Person erhoben wurden

(1) Werden personenbezogene Daten nicht bei der betroffenen Person erhoben, so teilt der Verantwortliche der betroffenen Person Folgendes mit:
a) den Namen und die Kontaktdaten des Verantwortlichen sowie gegebenenfalls seines Vertreters;
b) zusätzlich die Kontaktdaten des Datenschutzbeauftragten;
c) die Zwecke, für die die personenbezogenen Daten verarbeitet werden sollen, sowie die Rechtsgrundlage für die Verarbeitung;
d) die Kategorien personenbezogener Daten, die verarbeitet werden;
e) gegebenenfalls die Empfänger oder Kategorien von Empfängern der personenbezogenen Daten;
f) gegebenenfalls die Absicht des Verantwortlichen, die personenbezogenen Daten an einen Empfänger in einem Drittland oder einer internationalen Organisation zu übermitteln, sowie das Vorhandensein oder das Fehlen eines Angemessenheitsbeschlusses der Kommission oder im Falle von Übermittlungen gemäß Artikel 46 oder Artikel 47 oder Artikel 49 Absatz 1 Unterabsatz 2 einen Verweis auf die geeigneten oder angemessenen Garantien und die Möglichkeit, eine Kopie von ihnen zu erhalten, oder wo sie verfügbar sind.

(2) Zusätzlich zu den Informationen gemäß Absatz 1 stellt der Verantwortliche der betroffenen Person die folgenden Informationen zur Verfügung, die erforderlich sind, um der betroffenen Person gegenüber eine faire und transparente Verarbeitung zu gewährleisten:
a) die Dauer, für die die personenbezogenen Daten gespeichert werden oder, falls dies nicht möglich ist, die Kriterien für die Festlegung dieser Dauer;
b) wenn die Verarbeitung auf Artikel 6 Absatz 1 Buchstabe f beruht, die berechtigten Interessen, die von dem Verantwortlichen oder einem Dritten verfolgt werden;
c) das Bestehen eines Rechts auf Auskunft seitens des Verantwortlichen über die betreffenden personenbezogenen Daten sowie auf Berichtigung oder Löschung oder auf Einschränkung der Verarbeitung und eines Widerspruchsrechts gegen die Verarbeitung sowie des Rechts auf Datenübertragbarkeit;
d) wenn die Verarbeitung auf Artikel 6 Absatz 1 Buchstabe a oder Artikel 9 Absatz 2 Buchstabe a beruht, das Bestehen eines Rechts, die Einwilligung jederzeit zu widerrufen, ohne dass die Rechtmäßigkeit der aufgrund der Einwilligung bis zum Widerruf erfolgten Verarbeitung berührt wird;
e) das Bestehen eines Beschwerderechts bei einer Aufsichtsbehörde;
f) aus welcher Quelle die personenbezogenen Daten stammen und gegebenenfalls ob sie aus öffentlich zugänglichen Quellen stammen;
g) das Bestehen einer automatisierten Entscheidungsfindung einschließlich Profiling gemäß Artikel 22 Absätze 1 und 4 und – zumindest in diesen Fällen – aussagekräftige Informationen über die involvierte Logik sowie die Tragweite

und die angestrebten Auswirkungen einer derartigen Verarbeitung für die betroffene Person.

(3) Der Verantwortliche erteilt die Informationen gemäß den Absätzen 1 und 2
a) unter Berücksichtigung der spezifischen Umstände der Verarbeitung der personenbezogenen Daten innerhalb einer angemessenen Frist nach Erlangung der personenbezogenen Daten, längstens jedoch innerhalb eines Monats,
b) falls die personenbezogenen Daten zur Kommunikation mit der betroffenen Person verwendet werden sollen, spätestens zum Zeitpunkt der ersten Mitteilung an sie, oder,
c) falls die Offenlegung an einen anderen Empfänger beabsichtigt ist, spätestens zum Zeitpunkt der ersten Offenlegung.

(4) Beabsichtigt der Verantwortliche, die personenbezogenen Daten für einen anderen Zweck weiterzuverarbeiten als den, für den die personenbezogenen Daten erlangt wurden, so stellt er der betroffenen Person vor dieser Weiterverarbeitung Informationen über diesen anderen Zweck und alle anderen maßgeblichen Informationen gemäß Absatz 2 zur Verfügung.

(5) Die Absätze 1 bis 4 finden keine Anwendung, wenn und soweit
a) die betroffene Person bereits über die Informationen verfügt,
b) die Erteilung dieser Informationen sich als unmöglich erweist oder einen unverhältnismäßigen Aufwand erfordern würde; dies gilt insbesondere für die Verarbeitung für im öffentlichen Interesse liegende Archivzwecke, für wissenschaftliche oder historische Forschungszwecke oder für statistische Zwecke vorbehaltlich der in Artikel 89 Absatz 1 genannten Bedingungen und Garantien oder soweit die in Absatz 1 des vorliegenden Artikels genannte Pflicht voraussichtlich die Verwirklichung der Ziele dieser Verarbeitung unmöglich macht oder ernsthaft beeinträchtigt. In diesen Fällen ergreift der Verantwortliche geeignete Maßnahmen zum Schutz der Rechte und Freiheiten sowie der berechtigten Interessen der betroffenen Person, einschließlich der Bereitstellung dieser Informationen für die Öffentlichkeit,
c) die Erlangung oder Offenlegung durch Rechtsvorschriften der Union oder der Mitgliedstaaten, denen der Verantwortliche unterliegt und die geeignete Maßnahmen zum Schutz der berechtigten Interessen der betroffenen Person vorsehen, ausdrücklich geregelt ist oder
d) die personenbezogenen Daten gemäß dem Unionsrecht oder dem Recht der Mitgliedstaaten dem Berufsgeheimnis, einschließlich einer satzungsmäßigen Geheimhaltungspflicht, unterliegen und daher vertraulich behandelt werden müssen.

BDSG und anderes nationales Recht: §§ 29 Abs. 1 S. 1, 33 BDSG (kommentiert unter → BDSG § 29 Rn. 9 ff.; → BDSG § 33 Rn. 1 ff.).

Literatur: *Albrecht,* Das neue EU-Datenschutzrecht – von der Richtlinie zur Verordnung, CR 2016, 88; *Bräutigam/Schmidt-Wudy,* Das geplante Auskunfts- und Herausgaberecht des Betroffenen nach Art. 15 der EU-Datenschutzgrundverordnung, CR 2015, 56; *Dallmann/Busse,* Verarbeitung von öffentlich zugänglichen personenbezogenen Daten – Datenschutzrechtliche Voraussetzungen und Grenzen, ZD 2019, 394; *Eisenschmid,* Informationspflichten nach der DS-GVO, WuM 2019, 353; *Franck,* Das System der Betroffenenrechte nach der Datenschutz-Grundverordnung (DS-GVO), RDV 2016, 111; *Gerl/*

Meier, The Layered Privacy Language Art. 12 – 14 GDPR Extension – Privacy Enhancing User Interfaces, DuD 2019, 747; *Haußmann/Klar/Rudnik,* Datenschutzrechtliche Information durch Bekanntmachung von Betriebsvereinbarungen? – Information i. S. v. Art. 13 und 14 DSGVO in betriebsüblichen Formaten, DB 2018, 1529; *Johannes/Richter,* Privilegierte Verarbeitung im BDSG-E – Regeln für Archivierung, Forschung und Statistik, DuD 2017, 300; *Kaminski,* The Right To Explanation, Explained, Berkeley Technology Law Journal 2019, 189; *Kamps/Schneider,* Transparenz als Herausforderung: Die Informations- und Meldepflichten der DSGVO, K&R 2017, Beilage 1 zu Heft 7/8, 24; *Kumkar/Roth-Isigkeit,* Erklärungspflichten bei automatisierten Datenverarbeitungen nach der DSGVO, JZ 2020, 277; *Lapp,* Informations- und Auskunftspflichten bei Anwaltskanzleien, NJW 2019, 345; *Leopold,* Informationspflichten nach der DS-GVO im sozialgerichtlichen Verfahren, NZS 2018, 357; *Lepperhoff,* Informationspflichten gegenüber Bewerbern nach der DS-GVO, RDV 2017, 21; *Lorenz,* Datenschutzrechtliche Informationspflichten, VuR 2019, 213; *Petri,* Faire und transparente Verarbeitung, Informationsrechte und Rahmenbedingungen für ihre Beschränkung – zur Auslegung der Art. 12 ff. und 23 DSGVO, DuD 2018, 347; *Piltz,* Die Datenschutz-Grundverordnung Teil 2: Rechte der Betroffenen und korrespondierende Pflichten des Verantwortlichen, K&R 2016, 629; *Robrecht,* EU-Datenschutzgrundverordnung: Transparenzgewinn oder Information-Overkill, 2015; *Selbst/Powles,* Meaningful information and the right to explanation, IDPL 2017, 233; *Sörup,* Gestaltungsvorschläge zur Umsetzung der Informationspflichten der DS-GVO im Beschäftigungskontext, ArbR 2016, 207; *Tavanti,* Datenverarbeitung zu Werbezwecken nach der Datenschutz-Grundverordnung (Teil 2), RDV 2016, 295; *Wachter/Mittelstadt/Floridi,* Why a Right of Explanation of Automated Decision-Making Does Not Exist in the General Data Protection Regulation, IDPL 2017, 76; *Werkmeister/Brandt,* Datenschutzrechtliche Herausforderungen für Big Data, CR 2016, 233.

Übersicht

A. Allgemeines

I. Überblick

1 Art. 14 regelt Art und Umf. der **Informationspflicht** des Verantwortlichen ggü. der betroffenen Person, wenn und soweit die personenbezogenen Daten nicht bei der betroffenen Person erhoben werden. Dabei legt **Abs. 1** den **Grundkanon** derjenigen Informationen fest, die der Verantwortliche mitzuteilen hat. **Abs. 2** enthält eine Erweiterung der Informationspflicht um (zusätzliche) Informationen, die zur Gewährleistung einer **fairen und transparenten Verarbeitung** notwendig sind. **Abs. 3** regelt, bis zu welchem **Zeitpunkt** die Informationen spätestens mitzuteilen sind. Falls der Verantwortliche (nachträglich) erhobene personenbezogene Daten für einen **anderen** als den ursprünglichen **Zweck** zu verarbeiten beabsichtigt, sind vor der Weiterverarbeitung ebenso (neue und erweiterte) Informationen zur Vfg. zu stellen (**Abs. 4**). **Abs. 5** bestimmt Fälle, in denen die Abs. 1 bis 4 keine Anwendung finden. Weitere Ausnahmen zur Informationspflicht nach Art. 14 sehen die §§ 29 Abs. 1 S. 1 und 33 BDSG vor.

2 Zur **Entstehungsgeschichte** ausf. 2. Aufl. 2018, Rn. 2 sowie etwa Dix in NK-DatenschutzR DS-GVO Art. 14 Rn. 2.

3 Zur Kritik an den Informationspflichten → Art. 13 Rn. 3; zum Vergleich mit der DSRL und dem BDSG aF siehe 2. Aufl. 2018, Rn. 44 ff. sowie etwa Schmidt-Wudy in BeckOK DatenschutzR DS-GVO Art. 14 Rn. 3 f.

II. Sinn und Zweck

4 Art. 14 ist **Auffangtatbestand** zu Art. 13 (Ingold in HK-DS-GVO Art. 14 Rn. 8). Die Informationspflicht ist ebenso wie Art. 13 Ausdruck einer **fairen und transparenten Verarbeitung von personenbezogenen Daten** (so ausdr. Abs. 2). Eine solche faire und transparente Verarbeitung bedingt eine Unterrichtung der betroffenen Person nicht nur über die Existenz des Verarbeitungsvorganges, den Verantwortlichen und seine Zwecke (vgl. ErwGr 60), sondern darüber hinaus auch über verschiedene weitere mit der Verarbeitung zusammenhängende Absichten und Rechtsfolgen (näher Dix in

NK-DatenschutzR DS-GVO Art. 14 Rn. 1; vgl. auch Schmidt-Wudy in BeckOK DatenschutzR DS-GVO Art. 14 Rn. 2). Die Informationspflicht bzw. die mitgeteilten Informationen dienen damit auch einer **effektiven Rechtsdurchsetzung,** insbes. in Bezug auf die Rechte des dritten Abschn. (Art. 15 ff.). S. iÜ die Nachw. in → Art. 13 Rn. 4.

III. Art, Weise und (Un)Entgeltlichkeit der Informationserteilung

Der Verantwortliche hat geeignete Maßnahmen zu treffen, um der betroffe- **5** nen Person die Informationen gem. Art. 14 (die sich auf die Verarbeitung beziehen, hierzu → Art. 12 Rn. 20) in **präziser, transparenter, verständlicher und leicht zugänglicher Form** in einer **klaren und einfachen Sprache** zu übermitteln (Art. 12 Abs. 1; → Art. 12 Rn. 25 ff.; Art-29-Datenschutzgruppe WP 260 – Transparenz 16 f., 22 ff. unter Verweis auf „Priorisierung" und „angemessene Detail- und Verfahrenstiefe"). Die gem. Art. 14 mitzuteilenden Informationen können in Kombination mit standardisierten Bildsymbolen bereitgestellt werden (Art. 12 Abs. 7; → Art. 12 Rn. 75 ff.). Der Verantwortliche muss aktiv informieren, etwa durch Bereitstellung oder zielgerichtete Hinführung zu den Informationen (näher Art-29-Datenschutzgruppe WP 260 – Transparenz 13 f., 17, 22; → Art. 13 Rn. 5). Siehe zur **multi-layered notice** (→ Art. 12 Rn. 31), zu Push- und Pull-Hinweisen sowie weiteren geeigneten Maßnahmen detailliert und mit Empfehlungen Art-29-Datenschutzgruppe WP 260 – Transparenz 23 ff. Aufgrund der Erhebung nicht bei der betroffenen Person wird allerdings oftmals auch eine Information offline in Betracht kommen (Knyrim in Ehmann/Selmayr DS-GVO Art. 14 Rn. 15). Zur Modellierung mittels Layered Privacy Language s. Gerl/Meier DuD 2019, 747.

Im Gleichlauf zu Art. 13 stellt sich auch bei Art. 14 **die Frage nach der 5a Zulässigkeit eines Medienbruches** (s. hierzu näher Art-29-Datenschutzgruppe WP 260 – Transparenz 13 f., 17, 22 ff. sowie → Art. 13 Rn. 5a).

Die gem. Art. 14 mitzuteilenden Informationen werden **unentgeltlich** zur **6** Vfg. gestellt (Art. 12 Abs. 5; → Art. 12 Rn. 61 ff.).

Ein Rangverhältnis zwischen Art. 13 und 14 besteht nicht; → Art. 13 **6a** Rn. 12a.

IV. Abdingbarkeit, Be- und Einschränkungen, Öffnungsklauseln

Die Informationspflichten gem. Art. 14 sind **nicht dispositiv** (Dix in NK- **7** DatenschutzR DS-GVO Art. 14 Rn. 3; Schmidt-Wudy in BeckOK DatenschutzR DS-GVO Art. 14 Rn. 33; näher iÜ → Art. 12 Rn. 15), sie können allerdings durch **Unionsrecht** oder das **Recht der Mitgliedstaaten,** dem der Verantwortliche (oder der Auftragsverarbeiter) unterliegt, unter bestimmten, in Art. 23 näher definierten Voraussetzungen **beschränkt** werden (s. hierzu Art-29-Datenschutzgruppe WP 260 – Transparenz 41 f. sowie → Art. 23 Rn. 9 ff.). S. auch Abs. 5 lit. c (→ Rn. 42) sowie für weitere Ausnahmen → Rn. 38; iÜ → Art. 13 Rn. 7.

8 Abweichungen oder Ausnahmen von Art. 14 können die Mitgliedstaaten gem. Art. 85 Abs. 2 vorsehen für die Verarbeitung, die zu **journalistischen Zwecken** sowie zu **wiss., künstlerischen** oder **literarischen Zwecken** erfolgt, wenn dies erforderlich ist, um das Recht auf Schutz der personenbezogenen Daten mit der Freiheit der Meinungsäußerung und der Informationsfreiheit in Einklang zu bringen (→ Art. 85 Rn. 5 ff.). Außerdem unterliegt Art. 14 der Öffnungsklausel in Art. 88 (Schmidt-Wudy in BeckOK DatenschutzR DS-GVO Art. 14 Rn. 9).

V. Geldbuße und sonstige Folgen eines Verstoßes

9 Bei einem Verstoß gegen Art. 14 kann gem. Art. 83 Abs. 5 lit. b eine **Geldbuße** verhängt werden (→ Art. 83 Rn. 23 f.). Zu den unmittelbaren und mittelbaren Folgen eines Verstoßes für den Datenverarbeitungsprozess → Art. 13 Rn. 9a ff. sowie Bäcker in Kühling/Buchner DS-GVO Art. 14 Rn. 43 f., 50; Schmidt-Wudy in BeckOK DatenschutzR DS-GVO Art. 14 Rn. 19. IÜ führt ein Verstoß gegen Art. 14 nicht automatisch zu einem **immateriellen Schaden** iSd Art. 82 Abs. 1 (LG Feldkirch/Österr. ZD 2019, 562 (564); krit. Wirthensohn ZD 2019, 564 (566)). S. zum Rechtsschutz im Kontext des Art. 13 iÜ Dix in NK-DatenschutzR DS-GVO Art. 14 Rn. 32; Schmidt-Wudy in BeckOK DatenschutzR DS-GVO Art. 14 Rn. 17 ff.

B. Pflicht zur Mitteilung von Informationen (Abs. 1)

10 Der Verantwortliche (Art. 4 Nr. 7; zu gemeinsam für die Verarbeitung Verantwortlichen → Art. 26) hat gem. Abs. 1 (und unbeschadet des Abs. 2; → Rn. 21 ff.) die Pflicht zur Mitteilung von bestimmten Informationen an die betroffene Person (Art. 4 Nr. 1; → Art. 4 Rn. 4 ff.). **Übersicht und Gestaltungsvorschläge** zu den Informationspflichten finden sich bei Sörup ArbR 2016, 207; ders./Marquardt ArbRAktuell 2016, 103. S. iÜ → Art. 13 Rn. 10.

I. Allgemeine Voraussetzungen der Informationspflicht

11 Voraussetzung für die Anwendbarkeit von Art. 14 ist, nicht zuletzt in Abgrenzung zu Art. 13, dass der Verantwortliche die personenbezogenen Daten (Art. 4 Nr. 1) **nicht bei der betroffenen Person** (Art. 4 Nr. 1) **erhoben** hat (zum Begriff der Direkterhebung → Art. 13 Rn. 11). Eine Erhebung, die nicht bei der betroffenen Person erfolgt, ist eine solche, bei der die betroffene Person nicht als unmittelbare Datenquelle dient (Bäcker in Kühling/Buchner DS-GVO Art. 13 Rn. 13; vgl. auch Schmidt-Wudy in BeckOK DatenschutzR DS-GVO Art. 14 Rn. 30 f.; s. iÜ → Art. 13 Rn. 11 ff.). Umfasst sind Daten von dritten Verantwortlichen, allgemein zugänglichen Quellen, Datenvermittlern oder anderen betroffenen Personen (Aufzählung nach Art-29-Datenschutzgruppe WP 260 – Transparenz 18; s. auch Dix in NK-DatenschutzR DS-GVO Art. 14 Rn. 3, 7 zu verschiedenen Fallkonstellationen).

Die Informationspflicht besteht ggü. der betroffenen Person. Bis zu wel- **12** chem **Zeitpunkt** die Mitteilung spätestens zu erfolgen hat, bestimmt sich nach Maßgabe von Abs. 3 (zu Art, Weise und (Un)Entgeltlichkeit der Information → Rn. 5 f.).

Zur Information bei weiteren Erhebungen s. grds. → Art. 13 Rn. 11a; ein **13** anderer Verantwortlicher (etwa ein Empfänger von Daten) kann nach Art. 14 – insbes. allerdings vorbehaltlich Abs. 5 lit. a – zur Information verpflichtet sein, obwohl der (erste) Verantwortliche zuvor nach Art. 13 informiert hat (Bäcker in Kühling/Buchner DS-GVO Art. 14 Rn. 10, 52). Es besteht iÜ **kein Rangverhältnis zwischen Art. 13 und 14** (s. → Art. 13 Rn. 12a; Knyrim in Ehmann/Selmayr DS-GVO Art. 14 Rn. 2).

II. Die Informationen im Einzelnen

Der Umf. der Mitteilung bestimmt sich anhand des in Abs. 1 lit. a bis f **14** aufgeführten Kataloges von Informationen. Die in lit. a bis d aufgeführten Informationen sind stets mitzuteilen; die in lit. e und f aufgeführten Informationen demgegenüber nur unter bestimmten Umständen bzw. näheren, dort jeweils definierten Voraussetzungen.

1. Name und Kontaktdaten (lit. a)

Gem. Abs. 1 lit. a hat der Verantwortliche der betroffenen Person den **15** **Namen** und die **Kontaktdaten des Verantwortlichen** sowie ggf. seines **Vertreters** (Art. 4 Nr. 17; → Art. 4 Rn. 122) mitzuteilen (s. näher → Art. 13 Rn. 14).

2. Kontaktdaten des Datenschutzbeauftragten (lit. b)

Gem. Abs. 1 lit. b hat der Verantwortliche der betroffenen Person zusätzlich **16** die **Kontaktdaten des Datenschutzbeauftragten** gem. Art. 37 mitzuteilen (s. näher → Art. 13 Rn. 15). Im Unterschied zu Art. 13 Abs. 1 lit. b („gegebenenfalls") sieht Art. 14 Abs. 1 lit. b vor, dass „zusätzlich" über die Kontaktdaten des Datenschutzbeauftragten informiert wird. Dies beruht auf einem Übersetzungsfehler (in der englischen Fassung jeweils „where applicable") und führt somit letzlich zu keiner abweichenden Betrachtung (Dix in NK-DatenschutzR DS-GVO Art. 14 Rn. 4 Fn. 13; Knyrim in Ehmann/Selmayr DS-GVO Art. 14 Rn. 25; iErg ebenso Schmidt-Wudy in BeckOK DatenschutzR DS-GVO Art. 14 Rn. 42).

3. Zwecke und Rechtsgrundlage der Verarbeitung (lit. c)

Gem. Abs. 1 lit. c hat der Verantwortliche der betroffenen Person die **Zwe- 17 cke,** für die die personenbezogenen Daten verarbeitet werden sollen, sowie die **Rechtsgrundlage** für die Verarbeitung mitzuteilen (s. näher → Art. 13 Rn. 16 f.).

4. Kategorien personenbezogener Daten (lit. d)

18 Gem. Abs. 1 lit. d hat der Verantwortliche der betroffenen Person die **Kategorien personenbezogener Daten** mitzuteilen, die verarbeitet werden. Verlangt ist „eine abstrakte Beschreibung der Datenarten" (so Dix in NK-DatenschutzR DS-GVO Art. 14 Rn. 5; ähnlich Eßer in Auernhammer DS-GVO Art. 14 Rn. 16; Franck in Gola DS-GVO Art. 14 Rn. 7; Knyrim in Ehmann/Selmayr DS-GVO Art. 14 Rn. 29). Die Verarbeitung von bes. Kategorien von personenbezogenen Daten bestimmt sich zwar nach Maßgabe von Art. 9, lit. d bezieht sich aber nicht nur auf solche Kategorien (Ingold in HK-DS-GVO Art. 14 Rn. 27). Anzuzeigen sind somit nicht die erhobenen Daten an sich (s. auch → Art. 13 Rn. 10), sondern nur sich auf diese Daten beziehende allg. Angaben (Bäcker in Kühling/Buchner DS-GVO Art. 14 Rn. 17; Bspe. bei Ingold in HK-DS-GVO Art. 14 Rn. 27). Diese Angaben müssen allerdings so präzise und detailliert gefasst sein, dass eine Risikoabschätzung für die betroffene Person möglich ist (Bäcker in Kühling/Buchner DS-GVO Art. 14 Rn. 17; Veil in GSSV DS-GVO Art. 13 und 14 Rn. 69 f.; aA (wohl) Kamlah in Plath DS-GVO Art. 14 Rn. 3).

5. Empfänger oder Kategorien von Empfängern (lit. e)

19 Der Verantwortliche hat gem. Abs. 1 lit. e der betroffenen Person ggf. die **Empfänger** (Art. 4 Nr. 9; → Art. 4 Rn. 57 f.) oder **Kategorien von Empfängern** der personenbezogenen Daten mitzuteilen (s. näher → Art. 13 Rn. 18).

6. Übermittlung an Empfänger in Drittland oder internationale Organisation (lit. f)

20 Abs. 1 lit. f bestimmt die Informationspflicht bei einer **Übermittlung** von personenbezogenen Daten an einen Empfänger in einem **Drittland** oder an eine **int. Organisation** gem. Art. 44 ff. (s. näher → Art. 13 Rn. 19).

C. Pflicht zur Mitteilung von (weiteren) Informationen (Abs. 2)

21 Der Verantwortliche (Art. 4 Nr. 7; zu gemeinsam für die Verarbeitung Verantwortlichen → Art. 26) hat gem. Abs. 2 – zusätzlich zu den Informationen nach Abs. 1 (→ Rn. 10 ff.) – die **Pflicht zur Mitteilung** von bestimmten (weiteren) Informationen.

I. Allgemeine Voraussetzungen der Informationspflicht

22 Gem. Abs. 2 sollen bestimmte (weitere) Informationen zur Vfg. gestellt werden. Allerdings bleibt unklar, warum Art. 14 Abs. 2 im Gegensatz zu Art. 13 Abs. 2 insoweit nicht von „weiteren" Informationen spricht, nachdem beide Art. hier doch die identische Regelungstechnik verfolgen. Die Informationspflicht besteht ggü. der betroffenen Person. Bis zu welchem Zeitpunkt spätestens die Mitteilung zu erfolgen hat, bestimmt sich nach Abs. 3 (zu Art, Weise und (Un)Entgeltlichkeit der Information → Rn. 5 f.). Zur Informationspflicht bei weiteren (erneuten) Erhebungen → Rn. 11. Ebenso wie bei Art. 13 ist der Verwendung unterschiedlicher Begriffe in Abs. 1 („mitteilen") und Abs. 2 („zur Verfügung stellen") iErg keine weitere Bedeutung beizumessen. Die unterschiedliche Begrifflichkeit beruht vielmehr auf einem Übersetzungsfehler (→ Art. 13 Rn. 21).

Abs. 2 qualifiziert die nach diesem Abs. mitzuteilenden Informationen – im Unterschied zu Abs. 1 – als solche, die **zur Gewährleistung einer fairen und transparenten Verarbeitung erforderlich** sind. Der Unterschied zwischen Art. 13 Abs. 2 („notwendig") und Art. 14 Abs. 2 („erforderlich") dürfte ebenfalls auf einen Übersetzungsfehler zurückzuführen sein, denn die englische Fassung spricht insoweit einheitlich an beiden Stellen von „necessary" (ebenso Veil in GSSV DS-GVO Art. 13 und 14 Rn. 90). Notwendig und erforderlich sollten daher insoweit gleichläufig ausgelegt werden (vgl. auch Eßer in Auernhammer DS-GVO Art. 14 Rn. 20; Franck in Gola DS-GVO Art. 14 Rn. 3; Schmidt-Wudy in BeckOK DatenschutzR DS-GVO Art. 14 Rn. 58). **23**

Ebenso wie bei Art. 13 Abs. 2 stellt sich die Frage, ob für die in lit. a bis g aufgeführten Informationen das Kriterium der Erforderlichkeit zur Gewährleistung einer fairen und transparenten Verarbeitung irrelevant ist, iS einer **unwiderleglichen gesetzlichen Vermutung** stets erfüllt ist oder ob diesem Kriterium ein **eigenständiger Gehalt** (iS einer widerleglichen Vermutung oder eines „einfachen" Tatbestandsmerkmals) zukommt (ausf. hierzu mwN → Art. 13 Rn. 22 f.). **24**

Im Gleichauf zur Diskussion zu Art. 13 Abs. 2 wird zT davon ausgegangen, dass die in Abs. 2 aufgeführten Informationspflichten keinen abschl. Katalog darstellen (s. Franck in Gola DS-GVO Art. 14 Rn. 16 sowie Art-29-Datenschutzgruppe WP 260 – Transparenz 8 f.; hiergegen zutr. Schmidt-Wudy in BeckOK DatenschutzR DS-GVO Art. 14 Rn. 38; s. näher → Art. 13 Rn. 23a). **24a**

II. Die (weiteren) Informationen im Einzelnen

Die mitzuteilenden weiteren Informationen bestimmen sich iE anhand des in Abs. 2 lit. a bis g aufgeführten Kataloges. ZT wird vertreten, aus der Tatsache, dass Abs. 2 keine zu Art. 13 Abs. 2 lit. e vergleichbare Pflicht enthält, folge, dass bei Art. 14 insoweit eine Regelungslücke bestehe (so Bäcker in Kühling/ Buchner DS-GVO Art. 14 Rn. 24 ff., der für bestimmte Fälle iErg eine analoge Anwendung fordert; aA Franck RDV 2016, 111 (115)). **25**

1. Dauer (lit. a)

Gem. Abs. 2 lit. a hat der Verantwortliche der betroffenen Person die **Dauer der Speicherung** bzw. die **Kriterien für die Festlegung der Dauer** der Speicherung der personenbezogenen Daten mitzuteilen. Die Dauer ist als konkreter Zeitraum anzugeben (Tage, Monate etc.); zusätzlich ist auf den Beginn des Speicherzeitraumes hinzuweisen. Der maßgebliche Zeitraum be- **26** ginnt ab dem Zeitpunkt, an dem die Daten (erstmals) gespeichert werden (s. näher → Art. 13 Rn. 25 f.).

2. Berechtigte Interessen (lit. b)

27   Wird die Verarbeitung auf Art. 6 Abs. 1 lit. f gestützt, so sind gem. Abs. 2 lit. b die **berechtigten Interessen mitzuteilen,** die von dem Verantwortlichen oder einem Dritten verfolgt werden (s. näher → Art. 13 Rn. 17). Anders als bei Art. 13 ist das berechtigte Interesse iSd Art. 6 Abs. 1 lit f. bei nicht bei der Person erhobenen Daten keine Pflichtinformation iSd Abs. 1. Eine solche Mitteilung wird idR aber zur Gewährleistung einer fairen und transparenten Verarbeitung erforderlich sein (Schantz in Schantz/Wolff DatenschutzR Rn. 1152; vgl. auch Veil in GSSV DS-GVO Art. 13 und 14 Rn. 66).

3. Rechte der betroffenen Person (lit. c)

28   Gem. Abs. 2 lit. c hat der Verantwortliche die betroffene Person auf ihre **Rechte gem. Art. 15 ff.** hinzuweisen (s. näher → Art. 13 Rn. 27 f.). Zur (spezielleren) Regelung des Art. 21 Abs. 4 s. Franck in Gola DS-GVO Art. 14 Rn. 12.

4. Widerruf der Einwilligung (lit. d)

29   Basiert die Verarbeitung auf Art. 6 Abs. 1 lit. a und / oder Art. 9 Abs. 2 lit. a, so ist die betroffene Person gem. Abs. 2 lit. d zu informieren über das **Recht zum jederzeitigen Widerruf der Einwilligung** sowie über die Tatsache, dass die Rechtmäßigkeit der Verarbeitung auf Grdl. der Einwilligung bis zum Widerruf unberührt bleibt (s. näher → Art. 13 Rn. 28).

5. Beschwerderecht (lit. e)

30   Gem. Abs. 2 lit. e hat der Verantwortliche die betroffene Person zu informieren über ihr **Beschwerderecht bei einer ASB** (Art. 57 Abs. 1 lit. f und Abs. 2; → Art. 57 Rn. 8 und 27 f.). Kontaktdaten der zuständigen ASB müssen nicht angegeben werden (s. näher → Art. 13 Rn. 29).

6. Quelle der personenbezogenen Daten (lit. f)

31   Gem. Abs. 2 lit. f hat der Verantwortliche der betroffenen Person die **Quelle der personenbezogenen Daten** mitzuteilen sowie ggf., ob die personenbezogenen Daten aus öffentl. zugänglichen Quellen herrühren (für eine alternative Auslegung des Wortlauts, wonach betr. letzterem Fall nur abstrakt darüber zu informieren ist, dass die Daten allg. aus öffentl. zugänglichen Quellen stammen, s. Veil in GSSV DS-GVO Art. 13 und 14 Rn. 108; hiergegen Franck in Gola DS-GVO Art. 14 Rn. 13). Zum **Begriff der Quelle** s. näher (und weitgehend) Bäcker in Kühling/Buchner DS-GVO Art. 14 Rn. 19 ff. („Gegenstand und (…) Mittel, also Methode und ggf. Instrumente der Datenerhebung") sowie Veil in GSSV DS-GVO Art. 13 und 14 Rn. 108, der zu Recht auf die Problematik hinweist, dass die Angabe von Quellen eine

Offenlegung von personenbezogenen Daten Dritter sein kann; vgl. auch Dix in NK-DatenschutzR DS-GVO Art. 14 Rn. 11, der auch die „Methode der Datenerhebung" umfasst sieht; vgl. iÜ auch Nink in Spindler/Schuster DS-GVO Art. 13 Rn. 8. Zum Begriff der öffentl. Zugänglichkeit s. Bäcker in Kühling/Buchner DS-GVO Art. 14 Rn. 22; Franck in Gola DS-GVO Art. 14 Rn. 13 f.; Schmidt-Wudy in BeckOK DatenschutzR DS-GVO Art. 14 Rn. 75 f. (insbes. auch betr. Soziale Netzwerke).

Eine allg. gehaltene Mitteilung kommt in Betracht, wenn – weil verschie- **31a** dene Quellen benutzt wurden – der betroffenen Person der Ursprung der personenbezogenen Daten nicht mitgeteilt werden kann (vgl. ErwGr 61; ebenso Kamlah in Plath DS-GVO Art. 14 Rn. 6; aA Bäcker in Kühling/ Buchner DS-GVO Art. 14 Rn. 23, der eine Mitteilung aller Quellen, jedenfalls der genutzten Datenbestände und Systeme fordert; vgl. auch Dix in NK-DatenschutzR DS-GVO Art. 14 Rn. 11 sowie Eßer in Auernhammer DS-GVO Art. 14 Rn. 30; sehr restriktiv betr. einer allg. gehaltenen Mitteilung Art-29-Datenschutzgruppe WP 260 – Transparenz 36 und 51 f.). Dies ist etwa der Fall, wenn die Nutzung des Angebotes des Verantwortlichen auch unter einem Pseudonym möglich ist (Robrecht EU-Datenschutzgrundverordnung: Transparenzgewinn oder Information-Overkill, 60; s. ferner die Kritik bei Härting Internetrecht Rn. 371). Zu **Informanten** bzw. **Hinweisgebern** s. Dix in NK-DatenschutzR DS-GVO Art. 14 Rn. 12, 25 (mit Hinweis auf Abs. 5 lit. b).

7. Automatisierte Entscheidungsfindung (lit. g)

Im Falle einer **automatisierten Entscheidungsfindung** gem. Art. 22 **32** Abs. 1 und 4 (→ Art. 22 Rn. 15 ff.) hat der Verantwortliche gem. Abs. 2 lit. g der betroffenen Person das Bestehen der automatisierten Entscheidungsfindung sowie deren Folgen mitzuteilen. Näher → Art. 13 Rn. 31 ff. Trotz der Tatsache, dass im Zuge des lit. g die Entscheidung ggf. schon erfolgt ist, ist der Informationsumfang identisch zu Art. 13 Abs. 2 lit. f (zutr. Kumkar/Roth-Isigkeit JZ 2020, 277 (283)).

D. Zeitpunkt der Informationserteilung (Abs. 3)

Abs. 3 bestimmt, bis zu welchem **Zeitpunkt** die Informationspflicht gem. **33** Abs. 1 und Abs. 2 spätestens zu erfüllen ist (gleichwohl die Umstände des Einzelfalls betonend Art-29-Datenschutzgruppe WP 260 – Transparenz 19 unter Verweis auf ErwGr 60). Abs. 3 sieht hierzu drei **mögliche Zeitpunkte** (lit. a – c) vor. Zwischen den drei Varianten besteht **kein echtes Wahlrecht,** da die lit. b und c bei Vorliegen bestimmter (subjektiver) Voraussetzungen beim Verantwortlichen lediglich Konkretisierungen zu lit. a vorsehen (vgl. auch Art-29-Datenschutzgruppe WP 260 – Transparenz 18 f.; Bäcker in Kühling/Buchner DS-GVO Art. 14 Rn. 33; Schmidt-Wudy in BeckOK DatenschutzR DS-GVO Art. 14 Rn. 83).

34   Gem. Abs. 3 lit. a hat die Mitteilung nach Abs. 1 und Abs. 2 unter Berücksichtigung der spezifischen Umstände der Verarbeitung der personenbezogenen Daten **innerhalb einer angemessenen Frist nach Erlangung der personenbezogenen Daten zu erfolgen.** Da auf die spezifischen Umstände der Verarbeitung bzw. auf den konkreten Einzelfall (ErwGr 61) abzustellen ist, kann der Zeitpunkt gem. Abs. 3 lit. a zeitlich vor oder nach den Zeitpunkten der lit. b und c liegen (Bäcker in Kühling/Buchner DS-GVO Art. 14 Rn. 33; s. auch Art-29-Datenschutzgruppe WP 260 – Transparenz 36, die für eine Erhebung bei einer Kreditauskunftei von drei Tagen ausgeht). **Gesetzlich definierte Höchstgrenze** ist **ein Monat** nach Erlangung der personenbezogenen Daten (DSK Kurzpapier Informationspflichten 3; Bäcker in Kühling/Buchner DS-GVO Art. 14 Rn. 33; Dix in NK-DatenschutzR DS-GVO Art. 14 Rn. 13; aA Kamlah in Plath DS-GVO Art. 14 Rn. 9, der eine Monatsfrist regelmäßig als angemessen ansieht; vgl. auch Nink in Spindler/Schuster DS-GVO Art. 13 Rn. 10), die auch als Höchstgrenze für Abs. 3 lit. b und c fungieren soll (Art-29-Datenschutzgruppe WP 260 – Transparenz 18 f.; Eßer in Auernhammer DS-GVO Art. 14 Rn. 33; aA Kamlah in Plath DS-GVO Art. 14 Rn. 11; Laue/Kremer Neues DatenschutzR 151). Ausf. hierzu iÜ Bäcker in Kühling/Buchner DS-GVO Art. 14 Rn. 28 ff.

35   Beabsichtigt der Verantwortliche, die personenbezogenen Daten zur Kommunikation mit der betroffenen Person zu verwenden (zB Werbung, s. Härting Internetrecht Rn. 73), ist gem. Abs. 3 lit. b die betroffene Person spätestens zum Zeitpunkt der **ersten an sie gerichteten Mitteilung** nach Abs. 1 und 2 zu informieren (näher Bäcker in Kühling/Buchner DS-GVO Art. 14 Rn. 33 ff.). Zur Art und Weise der Information Knyrim in Ehmann/Selmayr DS-GVO Art. 14 Rn. 15 f.

36   Beabsichtigt der Verantwortliche die – rechtmäßige; vgl. ErwGr 60 – Offenlegung der personenbezogenen Daten an einen anderen Empfänger (Art. 4 Nr. 9; → Art. 4 Rn. 57 f.), ist die betroffene Person gem. Abs. 3 lit. c spätestens zum Zeitpunkt der **ersten Offenlegung an den Empfänger** nach Abs. 1 und Abs. 2 zu informieren (aA Bäcker in Kühling/Buchner DS-GVO Art. 14 Rn. 40, der der betroffenen Person eine Reaktionszeit zubilligt). ZT wird gefordert, die Information müsse so früh vor der ersten Offenlegung erfolgen, dass die betroffene Person eine ausreichende Reaktionszeit habe (so Bäcker in Kühling/Buchner DS-GVO Art. 14 Rn. 40; zust. Dix in NK-DatenschutzR DS-GVO Art. 14 Rn. 15; Nink in Spindler/Schuster DS-GVO Art. 13 Rn. 13). Weitere Offenlegungen begründen iÜ keine erneute Informationspflicht (Bäcker in Kühling/Buchner DS-GVO Art. 14 Rn. 39).

E. Weiterverarbeitung für einen anderen Zweck (Abs. 4)

37   Soweit der Verantwortliche eine **Weiterverarbeitung** der personenbezogenen Daten für einen anderen Zweck – also nicht für denjenigen, für den die personenbezogenen Daten ursprünglich erhoben wurden – beabsichtigt, hat der Verantwortliche die betroffene Person (erneut) zu informieren. Die betr. Mitteilung muss vor der Weiterverarbeitung erfolgen und umfasst Informatio-

nen über den anderen, neuen Zweck sowie alle anderen gem. Abs. 2 maß-
geblichen Informationen (Abs. 4). Bejaht man eine analoge Anwendung von
Art. 13 Abs. 2 lit. e bei Abs. 2 (→ Rn. 25), so wird dies auch im Zuge des
Abs. 4 zu berücksichtigen sein (Bäcker in Kühling/Buchner DS-GVO
Art. 14 Rn. 24 ff., 48). S. iÜ näher → Art. 13 Rn. 33 ff.

Keine Informationspflicht besteht im Grundsatz, wenn sich **Tatsachen**   **37a**
der Abs. 1 und 2 ändern, der ursprüngliche Zweck aber derselbe bleibt; Art-
29-Datenschutzgruppe WP 260 – Transparenz 20 ff. befürwortet demgegenüber weitergehend eine Information über Änderungen in bestimmten Einzelfällen; zum Zeitpunkt der Informationserteilung in diesen Fällen s. ebd. 21 f.
vgl. zudem näher → Art. 13 Rn. 33b.

F. Ausschluss der Informationspflicht (Abs. 5)

Die Informationspflichten gem. Abs. 1 bis 4 bestehen nicht in den in lit. a bis   **38**
d aufgeführten (alternativen) Fällen (Abs. 5; näher und restriktiv Art-29-
Datenschutzgruppe WP 260 – Transparenz 34 ff.; für eine enge Auslegung
plädierend Dix in NK-DatenschutzR DS-GVO Art. 14 Rn. 19). Der **Verantwortliche** ist insoweit **beweisbelastet** (Franck in Gola DS-GVO Art. 14
Rn. 23). S. auch die weiteren Ausnahmen in §§ 4, 29, 33 BDSG (→ BDSG
§ 4 Rn. 26 ff. und 33 ff.; → BDSG § 29 Rn. 1 ff.; → BDSG § 33 Rn. 1 ff.), in
landesdatenschutzrechtliche Bestimmungen (vgl. etwa § 9 BayDSG, § 8 BW
LDSG; § 15 HmbDSG) sowie in § 32b AO (hierzu Erkis DStR 2018, 161
(164 f.)) und § 82a SGB X (hierzu Bieresborn NZS 2018, 10 (12); Überblick
allg. bei Franck in Gola DS-GVO Art. 14 Rn. 28 ff. Darüber hinausgehend
umfangr. für eine Vielzahl weiterer Ausnahmen plädierend Veil in GSSV DS-
GVO Art. 13 und 14 Rn. 151 ff.

I. Bereits vorhandene Informationen (lit. a)

Gem. Abs. 5 lit. a bestehen die Informationspflichten nicht, wenn und soweit   **39**
die betroffene Person **bereits über die jeweiligen Informationen verfügt**
(→ Art. 13 Rn. 34).

II. Unmöglichkeit und unverhältnismäßiger Aufwand (lit. b)

Abs. 5 lit. b sieht ferner einen Ausschluss bei **Unmöglichkeit** und bei einem   **40**
unverhältnismäßigen Aufwand vor. Die (bzw. Teile der) Informationspflichten sind demnach (nur) ausgeschlossen, wenn und soweit die Erteilung
der konkreten Information sich entweder als (nachträglich) unmöglich erweist
oder mit einem unverhältnismäßigen Aufwand verbunden sind (näher Art-29-
Datenschutzgruppe WP 260 – Transparenz 35 ff.). Bei einem Wegfall von
Unmöglichkeit oder unverhältnismäßigem Aufwand, soll **nachträglich** zu
informieren sein (Art-29-Datenschutzgruppe WP 260 – Transparenz 35;
Knyrim in Ehmann/Selmayr DS-GVO Art. 14 Rn. 43; aA Schmidt-Wudy in
BeckOK DatenschutzR DS-GVO Art. 14 Rn. 100).

40a   **Unmöglichkeit** besteht vornehmlich bei **Nichtkenntnis** der betroffenen Person (Bäcker in Kühling/Buchner DS-GVO Art. 14 Rn. 54; Dix in NK-DatenschutzR DS-GVO Art. 14 Rn. 21; Ingold in HK-DS-GVO Art. 14 Rn. 13, der für Fälle rechtlicher Unmöglichkeit auf lit. c und d verweist). S. zum unverhältnismäßigen Aufwand und der damit verbundenen Abwägung näher Bäcker in Kühling/Buchner DS-GVO Art. 14 Rn. 55. Zur Anwendbarkeit des Ausnahmetatbestands **im Kontext von Photographien** s. Reuter/Schwarz ZUM 2020, 31 (33 f.); Sundermann K&R 2018, 438 (440 f.); im Kontext öffentlich zugänglicher Daten s. Dallmann/Busse ZD 2019, 394 (397 f.).

40b   Eine Unmöglichkeit bzw. ein unverhältnismäßiger Aufwand kommen iÜ gem. Abs. 5 lit. b Hs. 2 insbes. in den folgenden Fällen in Betracht: (1) Die Verarbeitung für im öffentl. Interesse liegende **Archivzwecke, für wiss.** oder **historische Forschungszwecke,** (2) die Verarbeitung für **statistische Zwecke** (vorbehaltlich der in Art. 89 Abs. 1 genannten Bedingungen und Garantien) oder (3) soweit die in „Abs. 1" (gemeint ist wohl Abs. 1 und 2, s. Dix in NK-DatenschutzR DS-GVO Art. 14 Rn. 24) genannte **Pflicht voraussichtlich die Verwirklichung der Ziele dieser Verarbeitung unmöglich macht** oder **ernsthaft beeinträchtigt** (näher Art-29-Datenschutzgruppe WP 260 – Transparenz 39; Bäcker in Kühling/Buchner DS-GVO Art. 14 Rn. 56 ff.; Dix in NK-DatenschutzR DS-GVO Art. 14 Rn. 23 ff.).

40c   Der Wortlaut des lit. b stützt allerdings nicht die Annahme, dass sich Verarbeiter außerhalb der Fälle (1) und (2) „im Normalfall" nicht auf lit. b berufen können (so aber Art-29-Datenschutzgruppe WP 260 – Transparenz 37). Aus der Formulierung „insbesondere" ergibt sich vielmehr, dass gerade auch weitere Fälle in Betracht kommen (Eßer in Auernhammer DS-GVO Art. 14 Rn. 43; Kamlah in Plath DS-GVO Art. 14 Rn. 15). Ebenso dürfte eine Begrenzung auf Umstände, die bei einer Direkterhebung nicht vorlägen, abzulehnen sein (so wiederum Art-29-Datenschutzgruppe WP 260 – Transparenz 37). Keine ausdrückliche Grundlage findet auch die Annahme, der Verarbeiter habe eine Abwägung zwischen Aufwand und Folgen für die betroffene Person vorzunehmen (wiederum Art-29-Datenschutzgruppe WP 260 – Transparenz 38; dieser zust. Dix in NK-DatenschutzR DS-GVO Art. 14 Rn. 22). Die Informationspflicht ist im Fall (3) allerdings nur solange ausgeschlossen, wie die Gefahr für die Verarbeitungsziele besteht (Bäcker in Kühling/Buchner DS-GVO Art. 14 Rn. 59). Ausweislich von ErwGr 62 sollen für die Fälle (1) und (2) die **Anzahl der betroffenen Personen,** das **Alter der Daten** oder etwaige **geeignete Garantien** als Anhaltspunkte zur Bestimmung des unverhältnismäßigen Aufwandes dienen (hierzu Kamlah in Plath DS-GVO Art. 14 Rn. 15 ff.). Zur Anwendbarkeit in Big Data-Konstellationen s. etwa Werkmeister/Brandt CR 2016, 233 (236).

40d   Umstr. ist, ob die Merkmale der Unmöglichkeit und Unverhältnismäßigkeit **objektiv** (so wohl Dix in NK-DatenschutzR DS-GVO Art. 14 Rn. 21 zur Unmöglichkeit); Franck in Gola DS-GVO Art. 14 Rn. 25; Schantz in Schantz/Wolff DatenschutzR Rn. 1169) oder **subjektiv** – also aus Sicht des Verantwortlichen – (so Schmidt-Wudy in BeckOK DatenschutzR DS-GVO Art. 14 Rn. 98; zust. Dallmann/Busse ZD 2019, 394 (398); Kamlah in Plath

DS-GVO Art. 14 Rn. 15) zu bestimmen sind. Vorzugswürdig erscheint es, sowohl objektive als auch subjektiv Gesichtspunkte einzubeziehen (zu der verwandten Fragestellung in Art. 13 Abs. 2 → Art. 13 Rn. 26).

In den Fällen des Abs. 5 lit. b Hs. 2 hat der Verantwortliche geeignete **41** Maßnahmen zum Schutz der Rechte und Freiheiten sowie der berechtigten Interessen der betroffenen Person (einschl. der (in aller Regel vorzunehmenden) Bereitstellung dieser Informationen für die Öffentlichkeit) zu ergreifen (lit. b aE; näher Art-29-Datenschutzgruppe WP 260 – Transparenz 38; Bäcker in Kühling/Buchner DS-GVO Art. 14 Rn. 61 ff.; Dix in NK-DatenschutzR DS-GVO Art. 14 Rn. 23, 26).

III. Sonstige Regelung (lit. c)

Gem. Abs. 5 lit. c bestehen die Informationspflichten nicht, falls die Erlan- **42** gung oder Offenlegung der personenbezogenen Daten ausdr. geregelt ist durch das Unionsrecht oder das Recht der Mitgliedstaaten, dem der Verantwortliche unterliegt und das geeignete Maßnahmen zum Schutz der berechtigten Interessen der betroffenen Person vorsieht (ausf. Art-29-Datenschutzgruppe WP 260 – Transparenz 39 f.; Bäcker in Kühling/Buchner DS-GVO Art. 14 Rn. 64 ff.; Dix in NK-DatenschutzR DS-GVO Art. 14 Rn. 27 f.). Es handelt sich hierbei um eine **Öffnungsklausel** (Knyrim in Ehmann/Selmayr DS-GVO Art. 14 Rn. 47; ausf. Kühling/Martini ua DSGVO und nationales Recht, 56 f.). Es wird hierzu angenommen, dass eine entspr. Regelung in ihrem Schutz- und Informationsstandard dem von Art. 14 geforderten Informationsgehalt gleichkommen müsse, sodass generalklauselartige Rechtsvorschriften nicht ausreichen sollen (Art-29-Datenschutzgruppe WP 260 – Transparenz 40; Bäcker in Kühling/Buchner DS-GVO Art. 14 Rn. 65; Dix in NK-DatenschutzR DS-GVO Art. 14 Rn. 27). Nur der Übersetzung dürfte es ferner geschuldet sein, dass das in der englischen Fassung einheitliche „Union or Member State law" teilw. mit „Rechtsvorschriften der Union oder der Mitgliedstaaten" und teilw. mit „Unionsrecht oder dem Recht der Mitgliedstaaten" Eingang in den Gesetzestext gefunden hat, vgl. lit. c, lit. d sowie etwa Art. 23 Abs. 1; eine inhaltliche Abweichung ist hiermit iErg nicht verbunden.

IV. Berufsgeheimnis und Geheimhaltungspflicht (lit. d)

Gem. Abs. 5 lit. d bestehen die Informationspflichten nicht, wenn die per- **43** sonenbezogenen Daten nach dem Unionsrecht oder dem Recht der Mitgliedstaaten dem **Berufsgeheimnis** (einschl. einer satzungsmäßigen **Geheimhaltungspflicht**) unterliegen und eine Pflicht besteht, diese vertraulich zu behandeln (s. hierzu Art-29-Datenschutzgruppe WP 260 – Transparenz 40 f.; Bäcker in Kühling/Buchner DS-GVO Art. 14 Rn. 68 ff.; Dix in NK-DatenschutzR DS-GVO Art. 14 Rn. 29 f.; Zikesch/Kramer ZD 2015, 565 (566 f.)). Abs. 5 lit. d enthält somit ebenso wie Abs. 5 lit. c eine **Öffnungsklausel** (Knyrim in Ehmann/Selmayr DS-GVO Art. 14 Rn. 47), die bereits zT durch die bestehenden nationalen Regelungen ausgefüllt wird (vgl. BT-

Drs. 18/11325, 100 f.; s. iÜ § 29 BDSG (→ BDSG § 29 Rn. 1 ff.) sowie zusf. Eisenschmid WuM 2019, 353 (357 f.)). Zum unionsrechtlichen Begriff des Berufsgeheimnisses s. Bäcker in Kühling/Buchner DS-GVO Art. 14 Rn. 68. Unter satzungsmäßigen Geheimhaltungspflichten sind einzig berufsständische Satzungen, nicht hingegen gesellschaftsrechtliche Geheimhaltungspflichten zu verstehen (Kamlah in Plath DS-GVO Art. 14 Rn. 20).

Art. 15 Auskunftsrecht der betroffenen Person

(1) Die betroffene Person hat das Recht, von dem Verantwortlichen eine Bestätigung darüber zu verlangen, ob sie betreffende personenbezogene Daten verarbeitet werden; ist dies der Fall, so hat sie ein Recht auf Auskunft über diese personenbezogenen Daten und auf folgende Informationen:
a) die Verarbeitungszwecke;
b) die Kategorien personenbezogener Daten, die verarbeitet werden;
c) die Empfänger oder Kategorien von Empfängern, gegenüber denen die personenbezogenen Daten offengelegt worden sind oder noch offengelegt werden, insbesondere bei Empfängern in Drittländern oder bei internationalen Organisationen;
d) falls möglich die geplante Dauer, für die die personenbezogenen Daten gespeichert werden, oder, falls dies nicht möglich ist, die Kriterien für die Festlegung dieser Dauer;
e) das Bestehen eines Rechts auf Berichtigung oder Löschung der sie betreffenden personenbezogenen Daten oder auf Einschränkung der Verarbeitung durch den Verantwortlichen oder eines Widerspruchsrechts gegen diese Verarbeitung;
f) das Bestehen eines Beschwerderechts bei einer Aufsichtsbehörde;
g) wenn die personenbezogenen Daten nicht bei der betroffenen Person erhoben werden, alle verfügbaren Informationen über die Herkunft der Daten;
h) das Bestehen einer automatisierten Entscheidungsfindung einschließlich Profiling gemäß Artikel 22 Absätze 1 und 4 und – zumindest in diesen Fällen – aussagekräftige Informationen über die involvierte Logik sowie die Tragweite und die angestrebten Auswirkungen einer derartigen Verarbeitung für die betroffene Person.

(2) Werden personenbezogene Daten an ein Drittland oder an eine internationale Organisation übermittelt, so hat die betroffene Person das Recht, über die geeigneten Garantien gemäß Artikel 46 im Zusammenhang mit der Übermittlung unterrichtet zu werden.

(3) [1] Der Verantwortliche stellt eine Kopie der personenbezogenen Daten, die Gegenstand der Verarbeitung sind, zur Verfügung. [2] Für alle weiteren Kopien, die die betroffene Person beantragt, kann der Verantwortliche ein angemessenes Entgelt auf der Grundlage der Verwaltungskosten verlangen. [3] Stellt die betroffene Person den Antrag elektronisch, so sind die Informationen in einem gängigen elektronischen Format zur Verfügung zu stellen, sofern sie nichts anderes angibt.

(4) Das Recht auf Erhalt einer Kopie gemäß Absatz 3 darf die Rechte und Freiheiten anderer Personen nicht beeinträchtigen.

BDSG und anderes nationales Recht: §§ 27 Abs. 2, 28 Abs. 2, 29 Abs. 1, 34 BDSG (kommentiert unter → BDSG § 27 Rn. 10 ff.; → BDSG § 28 Rn. 8; → BDSG § 29 Rn. 5 ff.; → BDSG § 34 Rn. 1 ff.).

Literatur: *Bräutigam/Schmidt-Wudy,* Das geplante Auskunfts- und Herausgaberecht des Betroffenen nach Art. 15 der EU-Datenschutzgrundverordnung − Ein Diskussionsbeitrag zum anstehenden Trilog der EU-Gesetzgebungsorgane, CR 2015, 56; *Brink/Joos,* Reichweite und Grenzen des Auskunftsanspruchs und des Rechts auf Kopie − Tatbestandlicher Umfang und Einschränkungen des Art. 15 DS-GVO, ZD 2019, 483; *Dausend,* Der Auskunftsanspruch in der Unternehmenspraxis − Beispiel zur Bearbeitung von Betroffenenanfragen und Exkurs zur Reichweite des Auskunftsanspruchs, ZD 2019, 103; *Engeler/Quiel,* Recht auf Kopie und Auskunftsanspruch im Datenschutzrecht, NJW 2019, 2201; *Fuhlrott,* Umfang und Grenzen des arbeitnehmerseitigen Auskunftsanspruchs gem. Art. 15 DS-GVO, GWR 2019, 157; *Härting,* Was ist eigentlich eine „Kopie"?, CR 2019, 219; *Kremer,* Das Auskunftsrecht der betroffenen Person in der DSGVO − Eine sorgfältige Aufbereitung für die Praxis im Unternehmen, CR 2018, 560; *Liedke,* BIG DATA − small information: muss der datenschutzrechtliche Auskunftsanspruch reformiert werden?, K&R 2014, 709; *Petrlic,* Identitätsprüfung bei elektronischen Auskunftsersuchen nach Art. 15 DSGVO − Wie die Betroffenenrechte der DSGVO nicht zum Bumerang für die Betroffenen werden, DuD 2019, 71; *Riemer,* Der Datenauskunftsanspruch gem. Art. 15 DSGVO als pre-trial-discovery und prima lex des Auskunftsrechts, DSB 2019, 223; *Riemer,* Der Datenauskunftsanspruch als „discovery" im deutschen Zivilprozess (Anm. zu LG Köln, Urt. v. 19.6.2019 − 26 S 13/18), ZD 2019, 413; *Schulte/Welge,* Der datenschutzrechtliche Kopieanspruch im Arbeitsrecht, NZA 2019, 1110; *Spindler,* Die neue EU-Datenschutz-Grundverordnung, DB 2016, 937; *Werkmeister/Brandt,* Datenschutzrechtliche Herausforderungen für Big Data, CR 2016, 233; *Wybitul,* Einsichtsrecht des Arbeitnehmers in die Personalakte (Anm. zu LAG BW, Urt. v. 20.12.2018 − 17 Sa 11/18), ZD 2019, 276; *Wybitul/Baus,* Wie weit geht das Recht auf Auskunft und Kopie nach Art. 15 DSGVO? − Analyse der Rechtsprechung und Checkliste für Auskunftsprozesse in der Praxis, CR 2019, 494; *ders./Brams,* Welche Reichweite hat das Recht auf Auskunft und auf eine Kopie nach Art. 15 I DS-GVO? − Zugleich eine Analyse des Urteils des LAG Baden-Württemberg vom 20.12.2018, NZA 2019, 672; *ders./Neu/Strauch,* Schadensersatzrisiken für Unternehmen bei Datenschutzverstößen − Verteidigung gegen Schadensersatzforderungen nach Art. 82 DS-GVO, ZD 2018, 202; *Zikesch/Sörup,* Der Auskunftsanspruch nach Art. 15 DS-GVO − Reichweite und Begrenzung, ZD 2019, 239.

Übersicht

A. Allgemeines

I. Einführung

1 Art. 15 regelt das **Auskunftsrecht der betroffenen Person** sowie die damit verbundenen **Mitteilungen** und **Maßnahmen des Verantwortlichen.** Die betroffene Person kann eine **Bestätigung** darüber verlangen, ob ihre personenbezogenen Daten verarbeitet wurden (Abs. 1 Hs. 1). Im Falle einer Verarbeitung hat die betroffene Person einen Anspruch auf **Auskunft über die personenbezogenen Daten** sowie weitere in Abs. 1 Hs. 2 näher definierte Informationen. Abs. 2 sieht ein Recht auf **Unterrichtung bei Übermittlungen an ein Drittland** oder an eine **int. Organisation** vor. Die **Zurverfügungstellung einer Kopie bzw. von Kopien** regelt Abs. 3. Abs. 4 sieht allfällige **Einschränkungen** für das Recht auf Erhalt von (einer) Kopie(n) iSv Abs. 3 vor.

II. Entstehungsgeschichte

2 Art. 15 DS-GVO war in den verschiedenen **Vorentwürfen der DS-GVO** in seinen Einzelheiten sehr unterschiedlich ausgestaltet. So differierte im Detail insbes. die Auflistung der verschiedenen Informationen, betr. die ein Anspruch auf Auskunft der betroffenen Person besteht. Bspw. sahen die DS-GVO-E(KOM/EP) in Art. 15 Abs. 1 lit. e noch kein Recht auf Auskunft der betroffenen Person auf Einschränkung der Verarbeitung durch den Verantwortlichen vor, welches sodann allerdings in Art. 15 Abs. 1 lit. e DS-GVO-E (Rat) und iErg auch in der DS-GVO verankert wurde. Das umfängliche Recht auf Auskunft über alle verfügbaren Informationen über die Herkunft der Daten, wie es im Entwurf der DS-GVO-E(KOM) vorgesehen war, wurde vom EP zunächst gestrichen. Der ER räumte dieses Recht jedoch erneut ein, wenn auch unter der Prämisse, dass die Daten nicht bei der betroffenen Person erhoben worden sind. Art. 15 Abs. 1 lit. h war im DS-GVO-E(KOM) noch wenig ausbalanciert formuliert. DS-GVO-E(EP) machte hingegen unter lit. ha und hb detaillierte Angaben zum Auskunftsrecht. Letztlich orientiert sich die Endfassung des Art. 15 Abs. 1 lit. h DS-GVO an dem DS-GVO-E(Rat), welcher den vom EP unter lit. ha genannten Aspekt aufgriff. Lediglich Art. 15 Abs. 1 lit. hb DS-GVO-E(EP), der ein Auskunftsrecht über den behördlichen Antrag auf Weitergabe personenbezogener Daten vorsah, fand letztlich keinen Eingang in Art. 15. Die in Art. 15 Abs. 2 und 3 DS-GVO niedergelegten Regelungen wurden erstmals in dem DS-GVO-E(Rat) unter Art. 15 Abs. 1a und 1b normiert. Hingegen wurde der Anspruch einer betroffenen Person darauf, dass ihr von dem Verantwortlichen mitgeteilt wird, welche personenbezogenen Daten verarbeitet werden, wie er in den DS-GVO-E(KOM/EP) geregelt war, im DS-GVO-E(Rat) und letztlich in der DS-GVO nicht aufgegriffen. Das schließlich in Art. 15 Abs. 4 DS-GVO statuierte Recht auf Erhalt einer Kopie fand sich zuvor in den DS-GVO-E(EP/Rat) in Abs. 2a. Ermächtigungen der KOM zum Erlass delegierter Rechtsakte und Standardvorlagen, wie sie in Art. 15 Abs. 3 und 4 DS-GVO-E(KOM) vorgesehen waren, wurden im weiteren Verfahren gänzlich gestrichen.

III. Sinn und Zweck

Das Auskunftsrecht ermöglicht der betroffenen Person einen **Einblick in das** **3** **Ob und Wie der Verarbeitung** (Art. 4 Nr. 2; → Art. 4 Rn. 20 ff.) von personenbezogenen Daten. Eine **faire und transparente Verarbeitung** speist sich nicht zuletzt aus der Möglichkeit für die betroffene Person, sich problemlos und in angemessenen Abständen (ErwGr 63) nicht nur über die Existenz des Verarbeitungsvorganges und seine Zwecke (ErwGr 60) zu informieren, sondern insbes. darüber hinaus auch über verschiedene weitere mit der Verarbeitung zusammenhängende Absichten und Rechtsfolgen. Hierdurch wird der betroffenen Person die informierte Überprüfung der Rechtmäßigkeit der Verarbeitung eröffnet (ErwGr 63). Das Auskunftsrecht bzw. die damit verbundenen Mitteilungen und Maßnahmen dienen somit auch einer **effektiven Rechtsdurchsetzung,** dies gilt va in Bezug auf die weiteren Rechte des dritten Abschn. (Art. 16 ff.). Die datenbezogene Auskunft bzw. allg. die effektive Rechtsdurchsetzung für den Betroffenen (Schneider in BeckOK DatenschutzR Syst. B DSRL Rn. 116) ist zudem unionsprimärrechtlich (Art. 8 Abs. 2 S. 2 GRCh) abgesichert (vgl. auch Bäcker in Kühling/Buchner DS-GVO Art. 15 Rn. 5; Schantz in Schantz/Wolff DatenschutzR Rn. 1190).

IV. Art, Weise und (Un)Entgeltlichkeit der Mitteilungen und Maßnahmen

Der Verantwortliche hat geeignete Maßnahmen zu treffen, um der betroffe- **4** nen Person die Mitteilungen gem. Art. 15 (die sich auf die Verarbeitung beziehen; → Art. 12 Rn. 20) in **präziser, transparenter, verständlicher und leicht zugänglicher Form** sowie in einer **klaren und einfachen Sprache** (→ Art. 12 Rn. 33 ff.) zu übermitteln; dabei erleichtert der Verantwortliche der betroffenen Person die Ausübung des Auskunftsrechtes (Art. 12 Abs. 1 und 2; → Art. 12 Rn. 19 ff.). Die Auskunftserteilung ist dabei an keine bestimmte Form gebunden (Art. 12 Abs. 1 S. 2 und 3, Abs. 3 S. 4 → Art. 12 Rn. 27 ff., 55).

5   Die gem. Art. 15 erfolgenden Mitteilungen und Maßnahmen werden grds. – und vorbehaltlich Abs. 3 S. 2 (→ Rn. 35) – **unentgeltlich** zur Vfg. gestellt; ein angemessenes Entgelt kann nur bei offenkundig **unbegründeten** oder **exzessiven Anträgen** verlangt werden (Art. 12 Abs. 5 S. 1 und S. 2 lit. a; → Art. 12 Rn. 61 ff.; vgl. auch Schantz in Schantz/Wolff DatenschutzR Rn. 1183).

6   Die Auskunft ist regelmäßig spätestens **innerhalb eines Monats** zu erteilen (Art. 12 Abs. 3 S. 1; in Bezug auf § 34 BDSG aF war dies umstr.; s. hierzu Dix in Simitis BDSG aF § 34 Rn. 103; s. auch Bräutigam/Schmidt-Wudy CR 2015, 56 (58); zu Art. 15 DS-GVO s. Schmidt-Wudy in BeckOK DatenschutzR DS-GVO Art. 15 Rn. 83; Specht in HK-DS-GVO Art. 15 Rn. 12).

V. Identität des Antragstellers

7   Der Antragsteller muss Betroffener (Art. 4 Nr. 1; → Art. 4 Rn. 4 ff.) iSd Vorschr. sein. Dies ist diejenige Person, die vor Beeinträchtigungen ihres Persönlichkeitsrechts aufgrund des Umgangs mit ihren personenbezogenen Daten zu schützen ist (OVG Lüneburg ZD 2019, 473, darauf verweisend, dass ein Insolvenzverwalter nicht Betroffener ist). Bei begr. **Zweifeln an der Identität** der antragstellenden Person kann der Verantwortliche **zusätzliche Informationen** anfordern (Art. 12 Abs. 6; vgl. auch ErwGr 64; → Art. 12 Rn. 72 ff.; zu Methoden der Identifizierung bei elektronischen Auskunfts-ersuchen vgl. Petrlic DuD 2019, 71 (72 ff.); s. ferner allg. zur Prüfung der Identität Kremer in Laue/Kremer Neues DatenschutzR § 4 Rn. 8 ff.). Zur Identifizierbarkeit (→ Rn. 10).

VI. Be- und Einschränkungen, Öffnungsklauseln

8   Für Verantwortliche, die eine große Menge von Informationen über die betroffene Person verarbeiten, sieht ErwGr 63 aE zunächst eine **Erleichterung bei** einem **(pauschalen) Auskunftsersuchen** vor. So darf der Verantwortliche vor Auskunftserteilung von der betroffenen Person eine **Präzisierung des Auskunftsbegehrens** verlangen (s. auch Bäcker in Kühling/Buchner DS-GVO Art. 15 Rn. 30; Schantz in Schantz/Wolff DatenschutzR Rn. 1193; Kremer in Laue/Kremer Neues DatenschutzR § 4 Rn. 28; bzgl. der Herausforderungen iRv Big Data Anwendungen s. Werkmeister/Brandt CR 2016, 233 (236 f.)). § 34 Abs. 1 S. 2 BDSG aF folgend ist ErwGr 63 als **Sollvorschr.** formuliert (zur alten Rechtslage vgl. Gola/Klug/Körffer in Gola/Schomerus BDSG § 34 Rn. 5). Eine rechtliche Pflicht zur Klarstellung, an welchen Informationen bzw. welchen Vorgängen sie interessiert ist, trifft die betroffene Person daher iErg wohl nicht. Spezifiziert der Betroffene sein Verlangen nicht, hat der Verantwortliche in vollem Umf. Auskunft zu geben (Däubler in DWWS DS-GVO Art. 15 Rn. 20; Kremer in Laue/Kremer Neues DatenschutzR § 4 Rn. 28). Ungeachtet dessen könnte die Konkreti-

sierung des Auskunftsbegehrens zumindest als eine Obliegenheit interpretiert werden (dies abl. Dix in NK-DatenschutzR DS-GVO Art. 15 Rn. 11; Specht in HK-DS-GVO Art. 15 Rn. 6 ist hingegen der Auff., dass, falls dem Präzisierungsverlangen nicht entsprochen wird, eine angemessene Fristverlängerung gem. Art. 12 Abs. 3 DS-GVO möglich ist).

Ein Tätigwerden aufgrund eines Antrages gem. Art. 15 Abs. 1 kann darü- **9** ber hinaus vom Verantwortlichen bei **offenkundig unbegründeten** oder **exzessiven Anträgen** verweigert oder es kann ein Entgelt vom Betroffenen verlangt werden (Art. 12 Abs. 5 S. 2; → Art. 12 Rn. 63 ff.; vgl. auch Franck in Gola DS-GVO Art. 15 Rn. 35; Schmidt-Wudy in BeckOK DatenschutzR DS-GVO Art. 15 Rn. 48). Die **Beweislast** für den offenkundig unbegründeten oder exzessiven Charakter des Antrags liegt nach Art. 12 Abs. 5 S. 3 beim dann – noch – Verantwortlichen. Während die Variante des offenkundig unbegründeten Antrags in der Praxis kaum jemals vorliegen dürfte, ist ein exzessiver Antrag jedenfalls bei einer Anfrage pro Quartal wohl nicht anzunehmen (Franck in Gola DS-GVO Art. 15 Rn. 35).

Art. 15 findet überdies bei **mangelnder Identifizierbarkeit** der betroffe- **10** nen Person unter den weiteren Voraussetzungen des Art. 11 Abs. 2 keine Anwendung (→ Art. 11 Rn. 10; vgl. auch Schmidt-Wudy in BeckOK DatenschutzR DS-GVO Art. 15 Rn. 49; Kremer CR 2018, 560 (567)).

Das Auskunftsrecht gem. Art. 15 Abs. 1 sowie die damit verbundenen Mit- **11** teilungen und Maßnahmen können durch **Unionsrecht** oder das **Recht der Mitgliedstaaten,** dem der Verantwortliche (oder der Auftragsverarbeiter) unterliegt, unter bestimmten, in Art. 23 näher definierten Voraussetzungen beschr. werden (→ Art. 23 Rn. 9; → BDSG § 29 Rn. 5 ff.; → BDSG § 34 Rn. 1 ff.).

Abweichungen oder Ausnahmen von Art. 15 können die Mitgliedstaaten **12** gem. **Art. 85 Abs. 2** vorsehen für die Verarbeitung, die zu **journalistischen Zwecken** sowie zu **wiss., künstlerischen oder literarischen Zwecken** erfolgt, wenn dies erforderlich ist, um das Recht auf Schutz der personenbezogenen Daten mit der Freiheit der Meinungsäußerung und der Informationsfreiheit in Einklang zu bringen (→ Art. 85 Rn. 5 ff.). Daneben ist auch der Erlass spezifischer Vorschr. durch die Mitgliedstaaten iRd **Beschäftigtenkontextes** nach **Art. 88 möglich** (→ Art. 88 Rn. 1 ff.).

Ausnahmen von den Rechten gem. Art. 15 können ferner im **Unions-** **13** **recht** oder im **Recht der Mitgliedstaaten** nach Art. 89 Abs. 2 und 3 unter näheren, dort genannten Voraussetzungen vorgesehen werden (→ Art. 89 Rn. 13 ff.; → BDSG § 27 Rn. 10 ff.; BDSG § 28 Rn. 8).

VII. Fernzugang zu einem sicheren System

ErwGr 63 sieht erg. – und ohne eine entspr. rechtliche Pflicht zu begründen **14** – die Möglichkeiten zur Einf. von elektronischen Systemen **(Webfaces)** vor, um den betroffenen Personen – vom Verantwortlichen – die Auskunftserteilung zu erleichtern. Der Verantwortliche soll (iR seiner Möglichkeiten) den betroffenen Personen einen Fern- und Direktzugriff auf ihre personenbezogenen Daten anbieten (Ehmann in Ehmann/Selmayr DS-GVO Art. 15

Rn. 15; Franck in Gola DS-GVO Art. 15 Rn. 22). Das zugrundeliegende System soll nach ErwGr 63 S. 4 sicher sein und wird für den Verantwortlichen regelmäßig eine handhabbare Plattform zur Erfüllung der Pflichten ua aus Art. 15 darstellen.

15   Zur Erfüllung der Auskunftspflicht (ebenso wie für das Recht auf Datenübertragbarkeit nach Art. 20) steht zu erwarten (und ist anzuraten), dass Verantwortliche bereits aus Effizienz- und Kostengründen idR ein entspr. umfassendes **Informationsmanagementsystem** vorhalten, vermittels dessen die betroffenen Personen automatisiert die Auskunft abrufen können (vgl. Wybitul BB 2016, 1077 (1079); ders./Rauer ZD 2012, 160 (162)).

VIII. Geldbuße

16   Bei einem Verstoß gegen Art. 15 kann gem. Art. 83 Abs. 5 lit. b eine **Geldbuße** verhängt werden (→ Art. 83 Rn. 23 f.).

B. Auskunftsrecht (Abs. 1)

17   Die betroffene Person (Art. 4 Nr. 1; → Art. 4 Rn. 4 ff.) hat gegen den Verantwortlichen (Art. 4 Nr. 7; → Art. 4 Rn. 55; zu gemeinsam für die Verarbeitung Verantwortlichen → Art. 26; zum Auftragsverarbeiter s. Bräutigam/Schmidt-Wudy CR 2015, 56 (58)) gem. Abs. 1 ein zweistufiges Auskunftsrecht. Zu **Big Data-Konstellationen** s. Werkmeister/Brandt CR 2016, 233 (236 f.). Zum Streitwert des Auskunftsanspruchs nach Art. 15 s. OLG Köln ZD 2019, 566; zur **Vollstreckung** s. LG Landau/Pf. ZD 2019, 568.

18   Zur Zurverfügungstellung von Informationen über die aufgrund des Antrages gem. Art. 15 Abs. 1 ergriffenen Maßnahmen s. Art. 12 Abs. 3 (→ Art. 12 Rn. 52 ff.).

I. Zweistufiges Auskunftsrecht

19   Zunächst hat die betroffene Person auf der **ersten Stufe** gegen den Verantwortlichen ein Auskunftsrecht, ob sie betr. personenbezogene Daten (Art. 4 Nr. 1; → Art. 4 Rn. 3 ff.) verarbeitet werden. Die Antwort des Verantwortlichen wird negativ ausfallen, soweit der Verantwortliche entweder **keine personenbezogenen Daten verarbeitet** oder personenbezogene Daten **anonymisiert** hat und eine De-Anonymisierung nicht mehr möglich ist (s. hierzu Dix in NK-DatenschutzR DS-GVO Art. 15 Rn. 12). Eine solche **Negativauskunft** ist dem Betroffenen mitzuteilen (vgl. Bäcker in Kühling/Buchner DS-GVO Art. 15 Rn. 7; Ehmann in Ehmann/Selmayr DS-GVO Art. 15 Rn. 13).

20   Falls eine Verarbeitung vorliegt, hat die betroffene Person auf der **zweiten Stufe** ein Recht auf Auskunft über die personenbezogenen Daten, die verarbeitet werden, sowie auf bestimmte zusätzliche Informationen (→ Rn. 23 ff.). Für die Auskunft über personenbezogene Daten der betroffenen Person stellt ErwGr 63 klar, dass diese Daten die gesundheitsbezogenen Daten der betroffenen Person umfassen (zu **Gesundheitsdaten** s. Art. 4

Nr. 15; → Art. 4 Rn. 106 ff.). ErwGr 63 listet beispielhaft die Auskunft über folgende Daten auf: Daten in Patientenakten, Diagnosen, Untersuchungsergebnisse, Befunde der behandelnden Ärzte sowie Angaben zu Behandlungen oder Eingriffen.

Die betroffene Person muss für die Auskunft auf erster und auf zweiter Stufe **21** einen entspr. **Antrag** stellen (der bzw. die Anträge können **formfrei** erfolgen (→ Art. 12 Rn. 42); zur Antragsstellung s. auch Petrlic DuD 2019, 71 (72)). Zu beobachten ist, dass der Antrag häufig für beide Stufen gestellt wird. Ein Antrag über das Ob der Verarbeitung wird hierbei regelmäßig nicht auch als Antrag auf Auskunft auf der zweiten Stufe zu verstehen sein (so auch Däubler in DWWS DS-GVO Art. 15 Rn. 8; aA Dix in NK-DatenschutzR DS-GVO Art. 15 Rn. 13; Kamlah in Plath DS-GVO Art. 15 Rn. 3 eine Trennung beider Anträge für „unnötigen Formalismus" haltend). Umgekehrt wird ein Antrag auf Auskunft, der sich seinem Wortlaut nach nur auf die zweite Stufe bezieht, grds. dahingehend auszulegen sein, dass der Antrag auch für die erste Stufe gestellt wird. Wird der Verantwortliche auf den Antrag hin nicht tätig, hat der Verantwortliche die Unterrichtungspflicht gem. Art. 12 Abs. 4 (→ Art. 12 Rn. 56 ff.).

Zu **Art, Weise** und **(Un)Entgeltlichkeit** der Auskunftserteilung **22** (→ Rn. 4 ff.).

II. Die Informationen im Einzelnen

Die betroffene Person hat auf der **zweiten Stufe** zunächst Anspruch auf **23** Auskunft über die **personenbezogenen Daten,** die verarbeitet werden. In **zeitlicher Hinsicht** stellt sich vor dem Hintergrund der Rijkeboer-Entsch. des EuGH, in welcher dieser feststellte, dass die Auskunft nicht nur die aktuell vorhandenen, sondern auch die in der Vergangenheit verarbeiteten Daten zu umfassen habe (Urt. v. 7.5.2009 – C-553/07, Rijkeboer, NJW 2010, 220) und der Formulierung der Vorschr. im Präsens (vgl. Veil in GSSV DS-GVO Art. 15 Rn. 155) die Frage, ob lediglich aktuell vorhandene oder auch in der **Vergangenheit** verarbeitete Daten zu auskunften sind (mit dieser Argumentation einen Anspruch bejahend Däubler in DWWS DS-GVO Art. 15 Rn. 9; Ehmann in Ehmann/Selmayr DS-GVO Art. 15 Rn. 12; Specht in HK-DS-GVO Art. 15 Rn. 10). Festzustellen ist, dass die DS-GVO zu diesem Punkt schweigt und daher grds. nicht auf den „durch Rijkeboer begr. Auskunftsanspruch" rekurriert werden kann (Schmidt-Wudy in BeckOK DatenschutzR DS-GVO Art. 15 Rn. 52.2; dem iErg zust. Bäcker in Kühling/Buchner DS-GVO Art. 15 Rn. 8; Mester in Taeger/Gabel DS-GVO Art. 15 Rn. 3, der betont, dass es entscheidend auf den Zeitpunkt des Auskunftsersuchens ankommt). Keinesfalls darf sich jedoch der Verantwortliche dem Auskunftsverlangen entziehen, indem er Daten löscht (Bäcker in Kühling/Buchner DS-GVO Art. 15 Rn. 8; Schmidt-Wudy in BeckOK DatenschutzR DS-GVO Art. 15 Rn. 52.2; zust. Specht in HK-DS-GVO Art. 15 Rn. 10).

In **inhaltlicher Hinsicht** umfasst das Auskunftsrecht nach Abs. 1 nicht von **23a** vornherein jeden Schriftverkehr, der dem Betroffenen bekannt ist, sowie

„sämtliche interne Vorgänge" (LG Köln ZD 2019, 313; LG Köln ZD 2019, 413; so auch AG München ZD 2019, 569; demgegenüber sieht das OLG Köln (ZD 2019, 462) über die „Stammdaten" der betroffenen Person hinaus – mit Verweis auf das umfassende Begriffsverständnis der DS-GVO in Bezug auf personenbezogene Daten – bereits interne Vermerke und Notizen zu (Telefon-)Gesprächen, in denen der Betroffene erwähnt wird, als personenbezogene Daten iSd Art. 15 Abs. 1 und damit den Auskunftsanspruch als uneingeschränkt an; sich dieser Argumentation iErg anschließend Riemer ZD 2019, 413 (414 f.)). Zur Reichweite des Rechts auf Kopie (→ Rn. 33).

Neben den personenbezogenen Daten hat der Verantwortliche der betroffenen Person Auskunft über **zusätzliche Informationen** zu erteilen. Die insoweit mitzuteilenden Informationen bestimmen sich anhand des in Abs. 1 lit. a bis h aufgeführten Kataloges von Informationen.

1. Verarbeitungszwecke (lit. a)

24 Gem. Abs. 1 lit. a hat der Verantwortliche der betroffenen Person Auskunft zu erteilen über seine **Verarbeitungszwecke.** Diese Auskunft ermöglicht eine Verifizierung der Zweckbindung gem. Art. 5 Abs. 1 lit. b (Bräutigam/Schmidt-Wudy CR 2015, 56 (60)). Zur Frage, ob die Auskunftspflicht hierbei auch die Angabe der Rechtsgrundlage der Verarbeitung umfasst s. Bäcker in Kühling/Buchner DS-GVO Art. 15 Rn. 13.

2. Kategorien personenbezogener Daten (lit. b)

25 Gem. Abs. 1 lit. b hat der Verantwortliche der betroffenen Person die **Kategorien** personenbezogener Daten mitzuteilen, die verarbeitet werden. Die Verarbeitung von bes. Kategorien von personenbezogenen Daten bestimmt sich nach Art. 9 (vgl. Bräutigam/Schmidt-Wudy CR 2015, 56 (60)).

3. Empfänger oder Kategorien von Empfängern (lit. c)

26 Der Verantwortliche hat gem. Abs. 1 lit. c der betroffenen Person Auskunft zu erteilen über **Empfänger** (Art. 4 Nr. 9; → Art. 4 Rn. 57 f.) **oder Kategorien von Empfängern,** denen ggü. die personenbezogenen Daten der betroffenen Person offengelegt worden sind oder noch offengelegt werden. Dies soll „insbesondere" bei Empfängern in Drittländern oder bei int. Organisationen gelten. Dieser Zusatz dürfte allerdings vornehmlich klarstellenden Charakter haben. Eine Auskunft hat bei allen Empfängern (oder Kategorien von Empfängern) zu erfolgen. Zu Kategorien von Empfängern zählen etwa auch Behörden (Bräutigam/Schmidt-Wudy CR 2015, 56 (61)). Zwischen „Empfängern" und „Kategorien von Empfängern" besteht ein **Wahlrecht zugunsten des Verantwortlichen** (vgl. Liedke K&R 2014, 709 (714); so auch Specht in HK-DS-GVO Art. 15 Rn. 10; aA Bäcker in Kühling/Buchner DS-GVO Art. 15 Rn. 16 f.; Ehmann in Ehmann/Selmayr DS-GVO Art. 15 Rn. 20; Schantz in Schantz/Wolff DatenschutzR Rn. 1198). Der Verantwortliche kann sich demnach stets auf die Angabe von Kategorien von Empfängern beschränken (vgl. auch Bräutigam/Schmidt-Wudy CR 2015, 56

(60); aA Franck in Gola DS-GVO Art. 15 Rn. 12, zwar von einem grds. Alternativverhältnis ausgehend, eine konkrete Benennung des Empfängers aber aus Gründen der Transparenz präferierend; differenzierend Schmidt-Wudy in BeckOK DatenschutzR DS-GVO Art. 15 Rn. 58). Zu der Frage, ob der Verantwortliche verpflichtet ist, die Informationen darüber, welchem Empfänger er welche Daten offen gelegt hat, zu speichern, um dem Auskunftsrecht des Betroffenen nachkommen zu können s. Bäcker in Kühling/Buchner DS-GVO Art. 15 Rn. 18 ff.; Schantz in Schantz/Wolff DatenschutzR Rn. 1196 f.

4. Dauer (lit. d)

Gem. Abs. 2 lit. d hat der Verantwortliche der betroffenen Person Auskunft **27** zu erteilen entweder – falls möglich – über die geplante **Dauer der Speicherung** der personenbezogenen Daten oder – andernfalls – über die Kriterien für die Festlegung der Dauer (hierzu Bräutigam/Schmidt-Wudy CR 2015, 56 (61)). Im ersten Fall ist die Dauer als konkreter Zeitraum anzugeben (Tage, Monate etc.); zusätzlich ist auf den Beginn des Speicherzeitraumes hinzuweisen. Beginn des maßgeblichen Zeitraumes ist die (erstmalige) Speicherung der Daten. „Nicht möglich" wird die Mitteilung über die genaue Dauer in vielfältigen Fallkonstellationen sein. Die Unmöglichkeit wird insofern nicht rein technisch zu verstehen sein, sondern vielmehr als subjektive Unmöglichkeit des Verantwortlichen (Bräutigam/Schmidt-Wudy CR 2015, 56 (61)). Stets unmöglich wird die Mitteilung sein, wenn sich der Verantwortliche eine Weiterverarbeitung zu einem anderen (als den ursprünglich bei Erhebung verfolgten) Zweck vorbehalten möchte. Die potenzielle Weiterverarbeitung ist dann nicht nur als entspr. Kriterium mitzuteilen, sondern zudem sind die Vorgaben gem. Art. 13 Abs. 3 zu beachten (→ Art. 13 Rn. 33).

5. Rechte der betroffenen Person (lit. e)

Gem. Abs. 1 lit. e hat der Verantwortliche der betroffenen Person Auskunft **28** zu erteilen über die folgenden Rechte: das **Recht auf Berichtigung** (Art. 16), das **Recht auf Löschung** (Art. 17; „Recht auf Vergessenwerden"), das **Recht auf Einschränkung der Verarbeitung** (Art. 18) und das **Recht auf Widerspruch gegen die Verarbeitung** (Art. 21). Trotz des missverständlich formulierten Wortlautes der lit. e ist nach Sinn und Zweck der Vorschr. über alle Rechte kumulativ Auskunft zu erteilen. Aus der Formulierung, es sei über das „Bestehen" eines solchen Rechtes aufzuklären, wird teilw. der Schluss gezogen, dass eine Information über das jeweilige Recht nur insoweit erfolgen müsse, als der betroffenen Person ein solches auch im Zeitpunkt des Auskunftsverlangens zustehe, (vgl. Schmidt-Wudy in BeckOK DatenschutzR DS-GVO Art. 15 Rn. 69). Der Verantwortliche hat aber weder die Pflicht, noch die Befugnis zu überprüfen, ob Betroffenenrechte einschlägig sind. Somit ist vielmehr grds. von einer **generellen Hinweispflicht** auszugehen, die unabhängig vom Vorliegen konkreter Betroffenenrechte besteht; etwas anderes kann gelten, wenn und soweit ausgeschlossen ist, dass ein bestimmtes Recht einer betroffenen Person überhaupt zustehen kann (vgl. hierzu → Art. 13 Rn. 27a).

6. Beschwerderecht (lit. f)

29 Gem. Abs. 1 lit. f hat der Verantwortliche der betroffenen Person Auskunft zu erteilen über ihr **Beschwerderecht bei einer ASB** (Art. 57 Abs. 1 lit. f und Abs. 2; → Art. 57 Rn. 8 und 27 f.). Unbeschadet der Tatsache, an welche ASB sich die betroffene Person wenden kann (s. Art. 77 Abs. 1), ist jedenfalls die für den Verantwortlichen zuständige ASB anzugeben (s. auch Bräutigam/Schmidt-Wudy CR 2015, 56 (61)). Zu der Frage, inwieweit auch die Kontaktdaten der ASB angegeben werden müssen (→ Art. 12 Rn. 60).

7. Herkunft der Daten (lit. g)

30 Für den Fall, dass die personenbezogenen Daten nicht bei der betroffenen Person erhoben wurden, hat der Verantwortliche gem. Abs. 1 lit. f der betroffenen Person Auskunft zu erteilen über alle Informationen über die **Herkunft der Daten,** die dem Verantwortlichen zur Vfg. stehen (zu Einzelheiten s. Schantz in Schantz/Wolff DatenschutzR Rn. 1194).

8. Automatisierte Entscheidungsfindung (lit. h)

31 Im Falle einer **automatisierten Entscheidungsfindung** (einschl. Profiling) gem. Art. 22 Abs. 1 und 4 hat der Verantwortliche gem. Abs. 1 lit. h der betroffenen Person Auskunft zu erteilen über das Bestehen der automatisierten Entscheidungsfindung sowie deren Folgen (zu Einzelheiten → Art. 13 Rn. 31 f.; s. ferner Bäcker in Kühling/Buchner DS-GVO Art. 15 Rn. 27 f.; Bräutigam/Schmidt-Wudy CR 2015, 56 (61)).

C. Übermittlung an Drittland oder internationale Organisation (Abs. 2)

32 Personenbezogene Daten können an ein **Drittland** oder an eine **int. Organisation** entweder aufgrund eines **Angemessenheitsbeschlusses der KOM** (Art. 45) oder unter den näheren Voraussetzungen der **Art. 46 ff.** (insbes. geeignete Garantien) übermittelt werden. Gem. Abs. 2 hat die betroffene Person ein **Recht auf Unterrichtung** über die geeigneten Garantien gem. Art. 46 im Zusammenhang mit der Übermittlung. Abs. 2 bezieht sich somit (nur) auf die Übermittlung gem. Art. 46. Im Falle einer Übermittlung auf der Grdl. von Art. 45 besteht kein Unterrichtungsrecht (vgl. auch Bäcker in Kühling/Buchner DS-GVO Art. 15 Rn. 29).

D. Kopien (Abs. 3)

33 Nach Maßgabe von Abs. 3 S. 1 hat die betroffene Person einen Anspruch auf die **Kopie der verarbeiteten personenbezogenen Daten.** Mit der Kopie in

Abs. 3 gemeint, ist die gem. Abs. 1 in Bezug auf die personenbezogenen Daten zu erteilende Auskunft, sodass das Recht auf Kopie in seiner materiell-rechtlichen **Reichweite** keinesfalls über das in Abs. 1 geregelte Auskunftsrecht hinausgehen kann (vgl. Kamlah in Plath DS-GVO Art. 15 Rn. 16, Abs. 3, das Recht auf Kopie als das „Verfahren" begreifend, wonach die Auskünfte nach Art. 15 Abs. 1 und 2 zu erteilen sind; Dix in NK-DatenschutzR sieht hierin eine bes. Form der Auskunft; in diese Richtung auch Specht in HK-DS-GVO Art. 15 Rn. 18; s. auch Franck in Gola DS-GVO Art. 15 Rn. 27, der die Kopie nicht als Sonderform, sondern als Grundtatbestand der Auskunftserteilung ansieht; iErg zust. Wybitul/Neu/Strauch ZD 2018, 202 (203); Dausend ZD 2019, 103 (106 f.); vgl. auch 8. Tätigkeitsbericht (2017/2018) des BayLDA, 46 f.; nach aA enthält Abs. 3 S. 1 dagegen einen eigenständigen Herausgabeanspruch gerichtet auf sämtliche vom Verantwortlichen verarbeitete (Roh-) Daten der betroffenen Person, vgl. Bäcker in Kühling/Buchner DS-GVO Art. 15 Rn. 39 f.; Härting CR 2019, 219 (220)).

Das LAG BW (NZA-RR 2019, 242) vertritt in dieser Fragestellung eine **33a** extensive Auff., wenn das Gericht davon ausgeht, dass in jeder E-Mail-Korrespondenz ein personenbezogenes Datum des Betroffenen enthalten und damit ein Anspruch auf die Kopie der verarbeiteten personenbezogenen Daten verwirklicht sein kann (hierzu Schulte/Welge NZA 2019, 1110 ff.). Damit widerspricht das LAG BW der Rspr. des EuGH (ZD 2014, 515) zur früheren RL 95/46/EG, deren Einsichtsrecht aus Art. 12 lit. a nach dem EuGH der betroffenen Person nicht das Recht geben sollte, vollständige Kopien aller Unterlagen zu fordern. Der extensive Auff. des LAG BW ist entgegenzuhalten, dass es Sinn und Zweck des Art. 15 ist, dem Betroffenen die Überprüfung der Rechtmäßigkeit der Datenverarbeitungen zu ermöglichen (→ Rn. 3); diese Lesart wird durch ErwGr 63 S. 1 unterstrichen. Zu diesem Zwecke ist es ausreichend, dass die betroffene Person die in Abs. 1 lit. a bis h genannten Angaben in Kopie erhält. Weitergehende Informationen sind gerade nicht erforderlich (so auch Wybitul/Brams NZA 2019, 672 (675 f.); Zikesch/Sörup ZD 2019, 239 (240 ff.)). Für die betroffenen Unternehmen bedeutete eine hierüber hinausgehende Auff. gesteigerten finanziellen, praktischen sowie rechtlichen Aufwand (so auch Wybitul ZD 2019, 276 (279)). Bei einer extensiven Auslegung wäre eine Abwägung mit Rechten und Freiheiten Dritter (Abs. 4) nicht möglich. Das Erfordernis einer solchen Abwägung verdeutlicht aber (mittelbar) ErwGr 63 (→ Rn. 41 f.). Entgegenzuhalten ist dem LAG BW auch, dass durch das extensive Verständnis durch die Hintertür eine dem deutschen Zivilprozessrecht fremde (pretrial) discovery wie in den USA oder dem Vereinigten Königreich (zum Begriff der „discovery" s. Spies in FHS Datenschutz Teil XIII. Kap. 2 B. Rn. 2 ff.) eingeführt würde. Eine solche steht im Widerspruch zum Beibringungsgrundsatz der ZPO, nach dem die Parteien selbst die für sie günstigen Tatsachen und Umstände mit Beweismitteln zu belegen haben (so auch Brink/Joos ZD 2019, 483 (486); Wybitul/Brams NZA 2019, 672 (676); Wybitul/Baus CR 2019, 494 (496 f.); aA Schmidt-Wudy in BeckOK DatenschutzR DS-GVO Art. 15 Rn. 85; zur pretrial discovery auch Riemer DSB 2019, 223; ders. ZD 2019, 413 (414 f.)).

34   Die Kopie wird **unentgeltlich** zur Vfg. gestellt (Art. 12 Abs. 5 S. 1). Die
      Konstellation eines **rechtsmissbräuchlichen Antrages** ist nicht explizit in
      Art. 15 geregelt (krit. hierzu Spindler DB 2016, 937 (944)); ein rechtsmiss-
      bräuchlicher Antrag kann (und muss) aber in Ansehung von Art. 12 Abs. 5
      S. 2 lit. b („offenkundig unbegründet") verweigert werden (s. ferner Bräu-
      tigam/Schmidt-Wudy CR 2015, 56 (58), auch zum Schutz von Auskunftei-
      en; aA Ehmann in Ehmann/Selmayr DS-GVO Art. 15 Rn. 27, ein Verwei-
      gerungsrecht für Fälle der rechtsmissbräuchlichen Geltendmachung nicht für
      notwendig haltend unter Verweis auf die Möglichkeit, ein Entgelt zu ver-
      langen).

35   Die betroffene Person kann weitere Kopien gem. Abs. 3 S. 2 verlangen.
      Solche weiteren Kopien iSd Abs. 3 S. 2 beziehen sich auf dies. Auskunft,
      nicht dagegen auf eine weitere Auskunft (s. auch ER, 12733/1/15 REV 1,
      5). Insofern kann (muss aber nicht) der Verantwortliche ein **angemessenes
      Entgelt** auf der Grdl. der Verwaltungskosten fordern. Weitere Kopien kann
      der Verantwortliche nur innerhalb der Grenzen des Art. 12 Abs. 5 verwei-
      gern (s. auch → Rn. 9). Zur Bestimmung der Verwaltungskosten → Art. 12
      Rn. 68.

36   Soweit die betroffene Person die Auskunft nach Abs. 1 elektronisch be-
      antragt, hat der Verantwortliche gem. Abs. 3 S. 3 „die Informationen" in
      einem gängigen **elektronischen Format** zur Vfg. zu stellen, sofern die
      betroffene Person nicht eine abw. Angabe macht (konkretisierend zum elek-
      tronischen Format s. Kremer in Laue/Kremer Neues DatenschutzR § 4
      Rn. 30). Anders als noch im Gesetzgebungsverfahren gefordert, ist eine
      „interoperable" Kopie nicht erforderlich (Spindler DB 2016, 937 (944)).
      Abs. 3 S. 3 ist **lex specialis** zu Art. 12 Abs. 3 S. 4.

37   Warum S. 3 von Abs. 3 in Abweichung von S. 1 und 2 von „Informatio-
      nen" anstelle von „personenbezogenen Daten" spricht, bleibt leider unklar.
      Abs. 1 unterscheidet nämlich zwischen „personenbezogenen Daten" und
      „Informationen". Gleichwohl ist davon auszugehen, dass die betroffene Per-
      son nach Abs. 3 S. 3 die personenbezogenen Daten selbst erhalten soll (Bäcker
      in Kühling/Buchner DS-GVO Art. 15 Rn. 40; Specht in HK-DS-GVO
      Art. 15 Rn. 18).

37a   Die Daten sind, in **Abgrenzung** zum Anspruch auf **Datenübertragung
      nach Art. 20** (→ Art. 20 Rn. 1 ff.) in der Form herauszugeben, in der sie
      beim Verantwortlichen vorliegen (Bäcker in Kühling/Buchner DS-GVO
      Art. 15 Rn. 40; Zikesch/Sörup ZD 2019, 239 (241)). Eine vorhergehende
      Pflicht zur Strukturierung der Daten ist iRd Art. 15 Abs. 3 somit gerade nicht
      vonnöten (anders bei Art. 20, vgl. hierzu → Art. 20 Rn. 19).

38   Die Kopien können (und sollen) mittels eines **sicheren Fernzuganges** zur
      Vfg. gestellt werden (→ Rn. 14 f.).

39   Zur Zurverfügungstellung von Informationen über die aufgrund des **An-
      trages gem. Art. 15 Abs. 3** ergriffenen Maßnahmen s. Art. 12 Abs. 3
      (→ Art. 12 Rn. 52 ff.).

E. Rechte und Freiheiten anderer Personen (Abs. 4)

Soweit die offizielle dt. Fassung der DS-GVO Bezug nimmt auf „Abs. 1b" **40** (die englische Fassung benennt richtigerweise Abs. 3), ist dies offensichtlich einem Redaktionsversehen geschuldet: Der nunmehrige Abs. 3 war noch in dem DS-GVO-E(Rat) der Abs. 1b.

Gem. Abs. 4 darf das Recht auf Erhalt einer Kopie gem. Abs. 3 die **Rechte** **41** **und Freiheiten anderer Personen** nicht beeinträchtigen. Insoweit ist das Recht auf Erhalt einer Kopie seinem Umf. nach beschr. Da mit der Kopie in Abs. 3 S. 1 die nach Abs. 1 in Bezug auf die personenbezogenen Daten zu erteilende Auskunft gemeint ist (→ Rn. 33), ist auch für den Auskunftsanspruch nach Abs. 1 eine Möglichkeit zur **Grundrechtsabwägung** eröffnet (die durch Spindler DB 2016, 937 (944) und Härting DS-GVO Rn. 683 ff. (der eine analoge Anwendung der Art. 14 Abs. 5 lit. b und d befürwortet) geäußerten Bedenken kommen dann nicht zum Tragen; wie hier Specht in HK-DS-GVO Art. 15 Rn. 22). Dies verdeutlicht (mittelbar) auch ErwGr 63, soweit dort klargestellt wird, dass ein Ausschluss **jeglicher** Auskunft ggü. der betroffenen Person durch einen Verweis auf die Rechte und Freiheiten anderer Personen nicht begr. werden kann (vgl. Deuster PinG 2016, 75 (78)).

Ausweislich ErwGr 63 sind unter Rechte und Freiheiten ua die folgenden **42** zu verstehen: **Geschäftsgeheimnisse** sowie **Rechte des geistigen Eigentums** (insbes. das Urheberrecht an Software).

Eine Regelung (s. Art. 15 Abs. 2c DS-GVO(EP)) betr. Personen, die der **43** berufsrechtlichen Verschwiegenheit unterliegen (hierzu Zikesch/Kramer ZD 2015, 565 (566 f.)), wurde nicht in die endg. Fassung der DS-GVO übernommen, s. aber → Art. 90 Rn. 3 ff.

Abschnitt 3. Berichtigung und Löschung

Art. 16 Recht auf Berichtigung

[1] **Die betroffene Person hat das Recht, von dem Verantwortlichen unverzüglich die Berichtigung sie betreffender unrichtiger personenbezogener Daten zu verlangen.** [2] **Unter Berücksichtigung der Zwecke der Verarbeitung hat die betroffene Person das Recht, die Vervollständigung unvollständiger personenbezogener Daten – auch mittels einer ergänzenden Erklärung – zu verlangen.**

BDSG und anderes nationales Recht: §§ 27 Abs. 2, 28 Abs. 3, 86 Abs. 2 BDSG (kommentiert unter → BDSG § 27 Rn. 10 ff.; → BDSG § 28 Rn. 9). § 79a Abs. 2 BGB, § 882i Abs. 2 ZPO, § 10a Abs. 2 HGB, § 12d Abs. 2 GBO, § 31c Abs. 2 AO, § 68a Abs. 2 PStG, § 97 Abs. 2 SchRegO, § 12 BMG, § 6c BSIG, § 51a Abs. 2 GwG, § 21 Abs. 4 EinSiG, § 4e Abs. 1 FinDAG, § 13a Abs. 1 AnlEntG, § 22b Abs. 1 BörsG, § 4 Abs. 3 SAG

Literatur: *Franck,* Das System der Betroffenenrechte nach der Datenschutz-Grundverordnung (DS-GVO), RDV 2016, 111; *Ory/Weth,* Die Betroffenenrechte in der Justiz – Die DS-GVO auf Konfrontationskurs mit der ZPO?, NJW 2018, 2829; *Piltz,* Die Datenschutz-Grundverordnung, Teil 2, K&R 2016, 629.

Übersicht

A. Allgemeines

I. Einführung

1 Art. 16 regelt das Recht auf **Berichtigung** (S. 1). Die betroffene Person kann dabei auch Berichtigung in Gestalt der **Vervollständigung** sie betr. personenbezogener Daten verlangen (S. 2).

II. Entstehungsgeschichte

2 Das in Art. 16 enthaltene Recht auf Berichtigung war bereits in den Entwurfsfassungen vorgesehen. Art. 16 DS-GVO-E(Rat) ergänzte hier insbes. das Unverzüglichkeits-Kriterium sowie den Bezug zum Verarbeitungszweck in Art. 16 S. 2.

III. Sinn und Zweck

3 Das **Recht auf Berichtigung** soll der betroffenen Person in einer Zeit dienen, in der eine immer größere Anzahl von personenbezogenen Daten offengelegt wird – und damit erhebliche Auswirkungen für die betroffene Person verbunden sind (EP, Bericht, A7–0402/2013, 236 f.).

Im **Recht auf Berichtigung** manifestiert sich der **Grundsatz der Daten-** 4
Richtigkeit (so auch Albrecht/Jotzo DatenschutzR, 86; Meents/Hinzpeter
in Taeger/Gabel DSGVO Art. 16 Rn. 3). Daten sollen sachlich richtig und
erforderlichenfalls auf dem neuesten Stand sein (Art. 5 Abs. 1 lit. d; → Art. 5
Rn. 39 ff.). Zweck des Rechtes auf Berichtigung ist damit die Sicherstellung
einer Verarbeitung von inhaltlich zutr. personenbezogenen Daten (vgl. Ka-
mann/Braun in Ehmann/Selmayr DS-GVO Art. 16 Rn. 3; die Zielrichtung
weitergehend in der Herstellung eines datenschutzrechtskonformen Zustands
sehend Worms in BeckOK DatenschutzR DS-GVO Art. 16 Rn. 40 f.). Die
betroffene Person kann eine Verarbeitung auf inhaltlich falscher Grdl. verhindern und ggf. daraus resultierende Nachteile vermeiden. Das Recht auf
Berichtigung ist vor diesem Hintergrund (auch) Ausfluss einer **fairen und**
transparenten Verarbeitung und zudem unionsprimärrechtlich (Art. 8
Abs. 2 S. 2 GRCh) abgesichert (näher hierzu Kamann/Braun in Ehmann/
Selmayr DS-GVO Art. 16 Rn. 2; Reif in Gola DS-GVO Art. 16 Rn. 3).

IV. (Un)Entgeltlichkeit

Die Berichtigung gem. Art. 16 erfolgt **unentgeltlich;** ein angemessenes Ent- 5
gelt kann allenfalls ausnahmsweise bei **offenkundig unbegründeten** oder
exzessiven Anträgen verlangt werden (Art. 12 Abs. 5 S. 1 und S. 2 lit. a;
→ Art. 12 Rn. 61 ff.).

V. Identität des Antragstellers

Bei begr. **Zweifeln an der Identität** der antragsstellenden Person kann der 6
Verantwortliche **zusätzliche Informationen** anfordern (Art. 12 Abs. 6; vgl.
auch ErwGr 64; → Art. 12 Rn. 72 ff.). Zur Identifizierbarkeit → Rn. 8.

VI. Be- und Einschränkungen, Öffnungsklauseln

Ein Tätigwerden aufgrund eines Antrages gem. Art. 16 kann vom Verant- 7
wortlichen bei **offenkundig unbegründeten** oder **exzessiven Anträgen**
verweigert werden (Art. 12 Abs. 5 S. 2 lit. b; → Art. 12 Rn. 63 ff.).

Art. 16 findet zudem keine Anwendung bei **mangelnder Identifizier-** 8
barkeit der betroffenen Person und unter den weiteren Voraussetzungen des
Art. 11 Abs. 2 (→ Art. 11 Rn. 10).

Das Recht auf Berichtigung gem. Art. 16 kann durch **Unionsrecht** oder 9
das **Recht der Mitgliedstaaten,** dem der Verantwortliche (oder der Auftragsverarbeiter) unterliegt, unter bestimmten, in Art. 23 näher definierten
Voraussetzungen beschr. werden (zu Einzelheiten → Art. 23 Rn. 9 ff.). Zum
Ausschluss der Berichtigung nach Abwägung mit dem **Grundsatz der „Ak-**
tenrichtigkeit" s. Herbst in Kühling/Buchner DS-GVO Art. 16 Rn. 19;
Dix in NK-DatenschutzR DS-GVO Art. 16 Rn. 8. Zur **Geltung der Be-**
troffenenrechte, insbes. auch des Art. 16, in zivilprozessualen Verfahren
Ory/Weth, NJW 2018, 2829, 2832 ff.

Abweichungen oder Ausnahmen von Art. 16 können die Mitgliedstaaten 10
gem. Art. 85 Abs. 2 vorsehen für eine Verarbeitung, die zu **journalistischen**

Zwecken sowie zu **wiss., künstlerischen oder literarischen Zwecken** erfolgt, wenn dies erforderlich ist, um das Recht auf Schutz der personenbezogenen Daten in Einklang zu bringen mit der **Freiheit der Meinungsäußerung** und der **Informationsfreiheit** (zu Einzelheiten → Art. 85 Rn. 5 ff.). Daneben besteht für die Mitgliedstaaten auch die **allg. Öffnungsklausel** bzgl. der Modifizierung von Betroffenenrechten iRd **Beschäftigungskontextes nach Art. 88** (→ Art. 88 Rn. 1 ff.).

10a Für **genetische, biometrische oder Gesundheitsdaten** ist daneben insbes. auch die Befugnis zum Erlass spezieller Bedingungen oder Beschränkungen durch die Mitgliedstaaten nach Art. 9 Abs. 4 relevant (→ Art. 9 Rn. 48; Herbst in Kühling/Buchner DS-GVO Art. 16 Rn. 41).

11 **Ausnahmen** von den Rechten gem. Art. 16 können ferner im Unionsrecht oder im Recht der Mitgliedstaaten nach Art. 89 Abs. 2 u. 3 unter näheren, dort genannten Voraussetzungen vorgesehen werden (zu Einzelheiten → Art. 89 Rn. 13 ff.; s.→ BDSG § 27 Rn. 10 ff.; → BDSG § 28 Rn. 9).

VII. Geldbuße

12 Bei einem Verstoß gegen Art. 16 kann nach Maßgabe von Art. 83 Abs. 5 lit. b eine **Geldbuße** verhängt werden (→ Art. 83 Rn. 23 f.).

B. Recht auf Berichtigung

13 Art. 16 regelt in S. 1 das allg. Recht auf unverzügliche **Berichtigung** unrichtiger personenbezogener Daten (Art. 4 Nr. 1; → Art. 4 Rn. 3 ff.) gegen den Verantwortlichen (Art. 4 Nr. 7; → Art. 4 Rn. 55; zu gemeinsam für die Verarbeitung Verantwortlichen s. Art. 26). S. 2 sieht vor, dass die betroffene Person (Art. 4 Nr. 1; → Art. 4 Rn. 4 ff.) zudem Berichtigung in Form der **Vervollständigung** sie betr. personenbezogener Daten verlangen kann. Art. 16 enthält somit zwei voneinander zu trennende Anspruchsgrundlagen: S. 1 für **unrichtige personenbezogene Daten** und S. 2 für **unvollständige personenbezogene Daten.** Der bzw. die entspr. Beseitigungsantrag bzw. -anträge an den Verantwortlichen können formfrei erfolgen (→ Art. 12 Rn. 42). Unabhängig von einem Antrag der betroffenen Person besteht bei Kenntnis des Verantwortlichen von der Unrichtigkeit der personenbezogenen Daten eine schon aus Art. 5 Abs. 1 lit. d resultierende Pflicht desselben zur Berichtigung bzw. Vervollständigung (vgl. Worms in BeckOK DatenschutzR DS-GVO Art. 16 Rn. 6 f., 45; Kamann/Braun in Ehmann/Selmayr DS-GVO Art. 16 Rn. 30, 40; Reif in Gola DS-GVO Art. 16 Rn. 6; Peuker in HK-DS-GVO Art. 16 Rn. 27; eine Pflicht nur betr. die Berichtigung anerkennend Veil in GSSV DS-GVO Art. 16 Rn. 28 f.).

14 Zur Mitteilungspflicht ggü. Empfängern im Zusammenhang mit der Berichtigung s. Art. 19; zur Zurverfügungstellung von Informationen über die aufgrund des Antrages gem. Art. 16 ergriffenen Maßnahmen s. Art. 12 Abs. 3; → Art. 12 Rn. 52 ff..

I. Berichtigung unrichtiger personenbezogener Daten (S. 1)

1. Unrichtige personenbezogene Daten

Voraussetzung für einen Anspruch auf Berichtigung **unrichtiger personen-** **15** **bezogener Daten** gem. Art. 16 S. 1 ist, dass der Verantwortliche unrichtige personenbezogenen Daten verarbeitet; ein besonders wichtiger Anwendungsfall ist die Speicherung (Art. 4 Nr. 2; → Art. 4 Rn. 20 ff.). Unrichtig sind die personenbezogenen Daten zunächst, wenn sie **inhaltlich unwahr** sind (zu Einzelheiten s. Kamann/Braun in Ehmann/Selmayr DS-GVO Art. 16 Rn. 13 ff.). Der Anspruch bezieht sich grds. nur auf **Tatsachenangaben,** denn nur diese können „unrichtig" sein (Dix in NK-DatenschutzR DS-GVO Art. 16 DS-GVO Rn. 14; Herbst in Kühling/Buchner DS-GVO Art. 16 Rn. 8 ff.; Reif in Gola DS-GVO Art. 16 Rn. 10; Peuker in HK-DS-GVO Art. 16 Rn. 7; aA wohl Kamann/Braun in Ehmann/Selmayr DS-GVO Art. 16 Rn. 20; differenzierend Worms in BeckOK DatenschutzR DS-GVO Art. 16 Rn. 53 ff.). Sofern ein **Werturteil** auf unrichtigen Tatsachen beruht, kann diese Tatsachengrundlage gleichwohl Gegenstand der Berichtigung sein (zum Scoring s. LG Karlsruhe ZD 2019, 511 Rn. 15 f.; vgl. iÜ Dix in NK-DatenschutzR DS-GVO Art. 16 Rn. 14; Herbst in Kühling/Buchner DS-GVO Art. 16 Rn. 9). Unerheblich ist dagegen, ob die Daten bereits zum **Zeitpunkt** der Speicherung unrichtig waren oder aus welcher Ursache die Unrichtigkeit resultiert (vgl. Kamann/Braun in Ehmann/Selmayr DS-GVO Art. 16 Rn. 16 f.; Veil in GSSV DS-GVO Art. 16 Rn. 76). Der historische Kontext kann allerdings ggf. zu berücksichtigen sein bei Daten, die sich auf einen bestimmten Zeitpunkt beziehen, denn diese Daten werden durch eine nachträgliche Änderung der Verhältnisse des Betroffenen mit Blick auf die damalige Rechtslage nicht zwangsläufig unrichtig (vgl. OVG Hmb NVwZ 2019, 1532 Rn. 22 zur Berichtigung einer Personalakte; so auch Albrecht/Jotzo DatenschutzR, 86; Herbst in Kühling/Buchner DS-GVO Art. 16 Rn. 12, Kamlah in Plath DS-GVO Art. 16 Rn. 4). Nach allg. Regeln trägt dabei grds. der Betroffene die **Beweislast** (vgl. Kamann/Braun in Ehmann/Selmayr DS-GVO Art. 16 Rn. 22; Kremer in Laue/Kremer Neues DatenschutzR § 4 Rn. 38; Stollhoff in Auernhammer DSGVO Art. 16 Rn. 8). Vgl. iÜ näher hierzu → Art. 18 Rn. 16.

2. Unverzügliche Berichtigung

Berichtigung der unrichtigen personenbezogenen Daten bedeutet bei in- **16** haltlich unwahren personenbezogenen Daten, dass das betroffene unrichtige Datum durch das inhaltlich wahre Datum ersetzt wird.

Die Berichtigung hat gem. S. 1 **unverzüglich** zu erfolgen. Teile des **17** Schrifttums rekurrieren insofern auf das nationale Begriffsverständnis des § 121 Abs. 1 S. 1 BGB (etwa Herbst in Kühling/Buchner DS-GVO Art. 16 Rn. 23; Reif in Gola DS-GVO Art. 16 Rn. 18; Worms in BeckOK DatenschutzR DS-GVO Art. 16 Rn. 64). Jedenfalls ist die Unverzüglichkeit grds. einzelfallabhängig zu bestimmen und zwar anhand der konkreten Verarbeitung sowie des damit verbundenen Berichtigungsaufwandes (ebenso auf die Umstände des Einzelfalls abstellend Kamann/Braun in Ehmann/Selmayr DS-GVO Art. 16 Rn. 33; Veil in GSSV DS-GVO Art. 16 Rn. 34). „Unverzüglich" iSd S. 1 ist daher auch nicht pauschal mit dem „unverzüglich" des Art. 17 Abs. 1 (→ Art. 17 Rn. 29 ff.) gleichzusetzen. Zu berücksichtigen ist allerdings, dass nach Art. 12 Abs. 3 („in jedem Fall") grds. eine Unterrichtung binnen Monatsfrist vorgesehen bzw. gem. Art. 12 Abs. 4 („spätestens") ein einmonatiges Zuwarten beim Tätigwerden bereits die Ausnahme ist. Da Art. 16 S. 1 diese allg. Regelungen verschärft, dürfte idR ein Tätigwerden **innerhalb von zwei Wochen** als „unverzüglich" zu qualifizieren sein; dies gilt vorbehaltlich bes. gelagerter Fälle bei der konkreten Verarbeitung, so dass im Einzelfall ggf. ein kürzerer oder längerer Zeitraum in Betracht kommt. Ggf. kann die betroffene Person für den Zeitraum der Überprüfung eine Einschränkung der Verarbeitung nach Art. 18 Abs. 1 lit. a verlangen (→ Art. 18 Rn. 16).

II. Berichtigung unvollständiger personenbezogener Daten (S. 2)

1. Unrichtige oder unvollständige personenbezogene Daten

18 Voraussetzung für einen Anspruch auf Berichtigung gem. Art. 16 S. 2 ist, dass der Verantwortliche unvollständige personenbezogene Daten verarbeitet, insbes. gespeichert hat (Art. 4 Nr. 2; → Art. 4 Rn. 20 ff.). Für eine Unvollständigkeit ist nicht ausreichend, dass irgendwelche personenbezogenen Daten fehlen. Ein solches Fehlen dürfte einerseits (fast) immer der Fall sein, andererseits stellt S. 2 die Unvollständigkeit ausdr. unter den Vorbehalt der Berücksichtigung der Zwecke der Verarbeitung. Unvollständig sind personenbezogene Daten daher (nur), falls sie in Bezug auf die konkrete Verarbeitung derart lückenhaft sind, dass der **mit der Verarbeitung verfolgte Zweck** nicht (mehr) erreicht wird (vgl. Herbst in Kühling/Buchner DS-GVO Art. 16 Rn. 27; Kamann/Braun in Ehmann/Selmayr DS-GVO Art. 16 Rn. 36 f.; Kremer in Laue/Kremer Neues Datenschutzrecht § 4 Rn. 37, darauf abstellend, ob die Unvollständigkeit zu einem Risiko für die betroffene Person führen kann; Worms in BeckOK DatenschutzR DS-GVO Art. 16 Rn. 57 ff.).

2. (Unverzügliche) Berichtigung

19 Bei unvollständigen personenbezogenen Daten erfolgt die Berichtigung durch Vervollständigung, sprich Ergänzung des Datensatzes der betroffenen Person (S. 2).

20 Anders als S. 1 spricht S. 2 nicht ausdr. von einer „unverzüglichen" Berichtigung. Gleichwohl hat auch die Berichtigung unvollständiger personenbezogener Daten nach S. 2 **„unverzüglich"** (→ Rn. 16 f.) zu erfolgen. Hierfür sprechen auch und gerade Sinn und Zweck der Norm; für eine faire und transparente Verarbeitung ist die schnellstmögliche Herstellung einer zutr. Datengrundlage entscheidend. Insoweit unterscheidet sich die Interessenlage der betroffenen Person nicht bei S. 1 und S. 2. Denn aus Sicht der betroffenen Person macht es regelmäßig keinen (wesentlichen) Unterschied, ob personenbezogene Daten unrichtig oder unvollständig einer Verarbeitung zugrunde gelegt werden (vgl. auch Worms in BeckOK DatenschutzR DS-GVO Art. 16 Rn. 62; in der Vervollständigung einen Spezialfall der Berichtigung sehend und hieraus auch für die Vervollständigung eine Pflicht zur unverzüglichen Berichtigung ableitend Dix in NK-DatenschutzR DS-GVO Art. 16 Rn. 18; Herbst in Kühling/Buchner DS-GVO Art. 16 Rn. 30).

3. Ergänzende Erklärung

Die betroffene Person kann zudem verlangen, dass der Verantwortliche die **21** Vervollständigung (für Dritte) durch eine entspr. **ergänzende Erkl.** kennzeichnet (vgl. Herbst in Kühling/Buchner DS-GVO Art. 16 Rn. 29).

C. DSRL und BDSG aF

Während Art. 16 das Recht auf Berichtigung für den Betroffenen regelt, **22** enthalten die **§§ 20 Abs. 1, 35 Abs. 1 BDSG aF** eine nicht von einem entspr. Antrag abhängige **Berichtigungspflicht.** Darüber hinaus sieht Art. 16 nunmehr auch ausdr. eine Vervollständigungspflicht vor, die den Regelungen des BDSG aF nur im Wege der Auslegung zu entnehmen war (vgl. Mallmann in Simitis BDSG aF § 20 Rn. 12 mwN; Worms in BeckOK DatenschutzR § 20 BDSG aF Rn. 19).

Das Recht auf Berichtigung war zuvor in **Art. 12 lit. b DSRL** geregelt (s. **23** Schneider in BeckOK DatenschutzR Syst. B DSRL Rn. 119 f.). Art. 16 geht mit dem Recht auf Vervollständigung zudem über die bisherige Regelung des **Art. 12 lit. b und lit. c DSRL** hinaus (vgl. Dix in Simitis BDSG aF § 35 Rn. 83).

Art. 17 Recht auf Löschung („Recht auf Vergessenwerden")

(1) Die betroffene Person hat das Recht, von dem Verantwortlichen zu verlangen, dass sie betreffende personenbezogene Daten unverzüglich gelöscht werden, und der Verantwortliche ist verpflichtet, personenbezogene Daten unverzüglich zu löschen, sofern einer der folgenden Gründe zutrifft:
a) Die personenbezogenen Daten sind für die Zwecke, für die sie erhoben oder auf sonstige Weise verarbeitet wurden, nicht mehr notwendig.
b) Die betroffene Person widerruft ihre Einwilligung, auf die sich die Verarbeitung gemäß Artikel 6 Absatz 1 Buchstabe a oder Artikel 9 Absatz 2 Buchstabe a stützte, und es fehlt an einer anderweitigen Rechtsgrundlage für die Verarbeitung.
c) Die betroffene Person legt gemäß Artikel 21 Absatz 1 Widerspruch gegen die Verarbeitung ein und es liegen keine vorrangigen berechtigten Gründe für die Verarbeitung vor, oder die betroffene Person legt gemäß Artikel 21 Absatz 2 Widerspruch gegen die Verarbeitung ein.
d) Die personenbezogenen Daten wurden unrechtmäßig verarbeitet.

e) Die Löschung der personenbezogenen Daten ist zur Erfüllung einer rechtlichen Verpflichtung nach dem Unionsrecht oder dem Recht der Mitgliedstaaten erforderlich, dem der Verantwortliche unterliegt.

f) Die personenbezogenen Daten wurden in Bezug auf angebotene Dienste der Informationsgesellschaft gemäß Artikel 8 Absatz 1 erhoben.

(2) Hat der Verantwortliche die personenbezogenen Daten öffentlich gemacht und ist er gemäß Absatz 1 zu deren Löschung verpflichtet, so trifft er unter Berücksichtigung der verfügbaren Technologie und der Implementierungskosten angemessene Maßnahmen, auch technischer Art, um für die Datenverarbeitung Verantwortliche, die die personenbezogenen Daten verarbeiten, darüber zu informieren, dass eine betroffene Person von ihnen die Löschung aller Links zu diesen personenbezogenen Daten oder von Kopien oder Replikationen dieser personenbezogenen Daten verlangt hat.

(3) Die Absätze 1 und 2 gelten nicht, soweit die Verarbeitung erforderlich ist

a) zur Ausübung des Rechts auf freie Meinungsäußerung und Information;

b) zur Erfüllung einer rechtlichen Verpflichtung, die die Verarbeitung nach dem Recht der Union oder der Mitgliedstaaten, dem der Verantwortliche unterliegt, erfordert, oder zur Wahrnehmung einer Aufgabe, die im öffentlichen Interesse liegt oder in Ausübung öffentlicher Gewalt erfolgt, die dem Verantwortlichen übertragen wurde;

c) aus Gründen des öffentlichen Interesses im Bereich der öffentlichen Gesundheit gemäß Artikel 9 Absatz 2 Buchstaben h und i sowie Artikel 9 Absatz 3;

d) für im öffentlichen Interesse liegende Archivzwecke, wissenschaftliche oder historische Forschungszwecke oder für statistische Zwecke gemäß Artikel 89 Absatz 1, soweit das in Absatz 1 genannte Recht voraussichtlich die Verwirklichung der Ziele dieser Verarbeitung unmöglich macht oder ernsthaft beeinträchtigt, oder

e) zur Geltendmachung, Ausübung oder Verteidigung von Rechtsansprüchen.

BDSG und anderes nationales Recht: § 35 BDSG (kommentiert unter → BDSG § 35 Rn. 1 ff.).

Literatur: *Albrecht,* Das neue EU-Datenschutzrecht – von der Richtlinie zur Verordnung, CR 2016, 88; *Arning/Moos/Schefzig,* Vergiss(,) Europa!, CR 2014, 447; *Bernal,* The Right to be Forgotten in the post-Snowdon era, PinG 2014, 173; *Boehme-Neßler,* Das Recht auf Vergessenwerden – Ein neues Internet-Grundrecht im Europäischen Recht, NVwZ 2014, 825; *Buchholtz,* Das „Recht auf Vergessen" im Internet – Vorschläge für ein neues Schutzkonzept, ZD 2015, 570; *dies.,* Das „Recht auf Vergessen" im Internet – eine Herausforderung für den demokratischen Rechtsstaat, AöR 140 (2015), 121; *Dammann,* Erfolge und Defizite der EU-Datenschutzgrundverordnung, ZD 2016, 307; *von Danwitz,* Die Grundrechte auf Achtung der Privatsphäre und auf Schutz personenbezogener Daten – Die jüngere Rechtsprechung des Gerichtshofes der Europäischen Union, DuD 2015, 581; *Diesterhöft,* Datenschutzrechtlicher Direktanspruch gegen Suchmaschinenbetreiber – Königsweg zum medialen Neubeginn? – Zum „Recht auf Vergessen" im europäischen Datenschutzrecht, VBlBW 2014, 370; *Durmus/Selzer/Pordesch,* Das Löschen nach der DSGVO – Eine Diskussion der datenschutzkonformen Umsetzung bei E-Mails, DuD 2019, 786; *Farke/Rensinghoff/Dürmuth/Gostomzyk,* Recht auf Vergessen – Chancen und Grenzen der technischen Umsetzung, DuD 2019, 681; *Federrath/Fuchs/Herrmann/Maier/Scheuer/Wagner,* Grenzen des „digitalen Radiergummis", DuD 2011, 403; *Golland,* Das

„Recht auf Vergessenwerden" unter Geltung der DSGVO: Anwendungsbereich und Rechtmäßigkeit, DSB 2019, 234; *ders.,* Das „Recht auf Vergessenwerden" unter Geltung der DSGVO: Rechtmäßigkeit der Anzeige sensibler Daten, DSB 2019, 262; *Gomille,* Datenschutzrechtlicher Löschungsanspruch gegen Suchmaschinenbetreiber – Anmerkung zu OLG Frankfurt am Main, Urteil vom 6.9.2018 – 16 U 193/17, ZUM-RD 2019, 86; *Grisse,* Google ist nicht der richtige Gegner, aber manchmal der einzige – Rechtsschutzlücken bei Persönlichkeitsrechtsverletzungen im Internet – Umgang mit anonymen Behauptungen, AfP 2019, 189; *Gründel,* Ermittlung des Löschbedarfs bei unstrukturierten Datenbeständen, ZD 2019, 493; *Gstrein,* Die umfassende Verfügungsbefugnis über die eigenen Daten – Das „Recht auf Vergessenwerden" und seine konkrete Umsetzbarkeit, ZD 2012, 424; *ders.,* The Right to Be Forgotten in the General Data Protection Regulation and the aftermath of the „Google Spain" judgement (C-131/12), PinG 2017, 9; *Güngör,* Kooperation lohnt sich: Ablauf einer Datenschutzüberprüfung durch die Aufsichtsbehörde beim Verantwortlichen, ITRB 2019, 256; *Härting,* Starke Behörden, schwaches Recht – der neue EU-Datenschutzentwurf, BB 2012, 459; *Heinzke,* Zum Recht auf Vergessenwerden nach Art. 17 DS-GVO, GRUR-Prax 2019, 396; *Hennemann,* Das Recht auf Löschung gemäß Art. 17 Datenschutz-Grundverordnung, PinG 2016, 176; *ders.,* Das Recht auf Vergessen(werden) in der Datenschutz-Grundverordnung – Tatbestandsmerkmale, praktische Umsetzungsmöglichkeiten und Perspektiven, in Specht ua, Medienrecht im Medienumbruch, 2017, S. 245; *Hole,* Datenminimierung und Löschkonzepte nach DSGVO, DSB 2019, 124; *Holznagel/Hartmann,* Das „Recht auf Vergessenwerden" als Reaktion auf ein grenzenloses Internet – Entgrenzung der Kommunikation und Gegenbewegung, MMR 2016, 228; *Hornung,* Die europäische Datenschutzreform – Stand, Kontroversen und weitere Entwicklung, in: Scholz/Funk (Hrsg.), DGRI Jahrbuch 2012, 2013, S. 1–24; *ders./Hofmann,* Ein „Recht auf Vergessenwerden"? – Anspruch und Wirklichkeit eines neuen Datenschutzrechts, JZ 2013, 163; *Jandt/Kieselmann/Wacker,* Recht auf Vergessen im Internet – Diskrepanz zwischen rechtlicher Zielsetzung und technischer Realisierbarkeit?, DuD 2013, 235; *Jaspers,* Die EU-Datenschutz-Grundverordnung – Auswirkungen der EU-Datenschutz-Grundverordnung auf die Datenschutzorganisation des Unternehmens, DuD 2012, 571; *Kalabis/Selzer,* Das Recht auf Vergessenwerden nach der geplanten EU-Verordnung – Umsetzungsmöglichkeiten im Internet, ZD 2012, 670; *Keppeler,* Die Pflicht zur Löschung von Daten nach der DSGVO, DSB 2018, 32; *ders.,* Das „Radierverbot" als „Rettung" vor den umfangreichen DS-GVO-Löschpflichten, RDV 2018, 70; *ders.//Berning,* Technische und rechtliche Probleme bei der Umsetzung der DS-GVO-Löschpflichten – Anforderungen an Löschkonzepte und Datenbankstrukturen, ZD 2017, 314; *Kieselmann/Wacker,* Löschen im Internet – rechtlich gefordert und technisch möglich!, DuD 2018, 437; *Kipker/Voskamp,* Datenschutz in sozialen Netzwerken nach der Datenschutzgrundverordnung, DuD 2012, 737; *Klickermann,* Die Privilegierung des Löschungsrechts – Das Recht auf Vergessenwerden im Fokus der beruflichen Tätigkeit, MMR 2018, 209; *Kodde,* Die „Pflicht zu Vergessen" – „Recht auf Vergessenwerden" und Löschung in BDSG und DS-GVO, ZD 2013, 115; *Koreng,* Das „Recht auf Vergessen" und die Haftung von Online-Archiven – Schlussfolgerungen zur Pressearchive aus der EuGH-Entscheidung „Google Spain", AfP 2015, 514; *ders./Feldmann,* Das „Recht auf Vergessen" – Überlegungen zum Konflikt zwischen Datenschutz und Meinungsfreiheit, ZD 2012, 311; *Kubis,* Das „Recht auf Vergessenwerden", DuD 2017, 583; *Kühling,* Rückkehr des Rechts: Verpflichtung von „Google & Co." zu Datenschutz, EuZW 2014, 527; *ders.,* Das „Recht auf Vergessenwerden" vor dem BVerfG – November(r)evolution für die Grundrechtsarchitektur im Mehrebenensystem, NJW 2020, 275; *Kühn/Karg,* Löschung von Google-Suchergebnissen – Umsetzung der EuGH-Entscheidung durch den Hamburgischen Datenschutzbeauftragten, ZD 2016, 61; *Leeb/Lorenz,* Datenschutzkonforme Dokumentenentsorgung – Dos and Don'ts im Unternehmen, ZD 2018, 573; *Leutheusser-Schnarrenberger,* Das Recht auf Vergessenwerden – ein Durchbruch oder ein digitales

Unding?, ZD 2015, 149; *dies., Wie kommt der Datenschutz aus der Defensive?, RDV 2016, 173; *dies.* in: Bär/Grädler/Mayr, Digitalisierung im Spannungsfeld von Politik, Wirtschaft, Wissenschaft und Recht, Band 1, S. 232; *von Lewinski,* Der Staat als Zensurhelfer – Staatliche Flankierung der Löschpflichten Privater nach dem Google-Urteil des EuGH, AfP 2015, 1; *Martini/Weinzierl,* Die Blockchain-Technologie und das Recht auf Vergessenwerden, NVwZ 2017, 1251; *Masing,* Vorläufige Einschätzung der „Google-Entscheidung" des EuGH, Verfassungsblog, 2014/8/14, http://www.verfassungsblog.de/ ribverfg-masing-vorlaeufige-einschaetzung-der-google-entscheidung-des-eugh/; *Mathes/ Krohm,* Der Schutz von Gesundheitsdaten im Gefüge rechtlicher Auslegungsspielräume auf nationaler und europäischer Ebene, PinG 2015, 49; *McCarthy,* All the World's a Stage: The European right to be forgotten revisited from a US perspective, GRUR Int. 2016, 604; *Meyer/Stakowski,* Muss Google Suchergebnisse redaktionell sortieren?, K&R 2019, 677; *Milker,* Die „Pflicht zu Erinnern" als notwendiger Gegenpol eines „Rechts auf Vergessenwerden", K&R 2017, 23; *ders.,* Die Umsetzung des „Rechts auf Vergessenwerden" im deutschen Recht, 2019; *Milstein,* Weder Verantwortlichkeit noch „Pflicht zu Vergessen" von Suchmaschinenbetreibern nach EU-Datenschutzrecht, K&R 2013, 446; *Muckel,* Grundrechte im Internet: „Recht auf Vergessen I", JA 2020, 233; *Nolte,* Zum Recht auf Vergessen im Internet – Von digitalen Radiergummis und anderen Instrumenten, ZRP 2011, 236; *ders.,* Das Recht auf Vergessenwerden – mehr als nur ein Hype?, NJW 2014, 2238; *Paal,* Online-Suchmaschinen, Persönlichkeitsrechts- und Datenschutz – Internationale Zuständigkeit, anwendbares Recht und sachrechtliche Fragen, ZEuP 2016, 591; *ders./Hennemann,* Online-Archive im Lichte der Datenschutz-Grundverordnung, K&R 2017, 18; *Pfeiffer,* EuGH: Keine Verpflichtung eines Suchmaschinenbetreibers zur weltweiten Auslistung, CR 2019, R125; *Piltz,* Recht auf Vergessenwerden – Das Google-Urteil in der Praxis, PinG 2014, 180; *ders.,* Die Datenschutz-Grundverordnung, Teil 2, K&R 2016, 629; *Raue,* Meinungsfreiheit in sozialen Netzwerken, JZ 2018, 961; *Roßnagel/ Richter/Nebel,* Besserer Internetdatenschutz für Europa – Vorschläge zur Spezifizierung der DS-GVO, ZD 2013, 103; *dies.,* Was bleibt vom Europäischen Datenschutzrecht? – Überlegungen zum Ratsentwurf der DS-GVO, ZD 2015, 455; *Schantz,* Die Datenschutz-Grundverordnung – Beginn einer neuen Zeitrechnung im Datenschutzrecht, NJW 2016, 1841; *Scheuch,* BVerfG: Recht auf Vergessenwerden bei Online-Pressearchiven, ITRB 2020, 1; *Schmidt-Kessel/Langhanke/Gläser/Herden,* Recht auf Vergessen und piercing the corporate veil – zugleich Anmerkungen zur Google-Entscheidung des EuGH, Rs. C-131/ 12 Google Spain SL und Google Inc., GPR 2014, 192; *Sörup,* Gestaltungsvorschläge zur Umsetzung der Informationspflichten der DS-GVO im Beschäftigungskontext, ArbR 2016, 207; *ders./Marquardt,* Auswirkungen der EU-Datenschutzgrundverordnung auf die Datenverarbeitung im Beschäftigungskontext, ArbR 2016, 103; *Spiecker gen. Döhmann,* Steuerung im Datenschutzrecht – Ein Recht auf Vergessen wider Vollzugsdefizite und Typisierung?, KritV 2014, 28; *Spindler,* Die neue EU-Datenschutz-Grundverordnung, DB 2016, 937; *ders.,* Verträge über digitale Inhalte – Haftung, Gewährleistung und Portabilität – Vorschlag der EU-Kommission zu einer Richtlinie über Verträge zur Bereitstellung digitaler Inhalte, MMR 2016, 219; *ders.,* Durchbruch für ein Recht auf Vergessen(werden)? – Die Entscheidung des EuGH in Sachen Google Spain und ihre Auswirkungen auf das Datenschutz- und Zivilrecht, JZ 2014, 981; *Trentmann,* Das „Recht auf Vergessenwerden" bei Suchmaschinentrefferlinks, CR 2017, 26; *Weber,* Kein Recht auf Vergessen gegen Wirtschaftsauskunftei bei Schuldenfreiheit, DSB 2019, 141; *Worms,* Die Pflicht zur Löschung von Daten in der Anwaltskanzlei, NJW 2018, 3218; *Wybitul/*Fladung, EU-Datenschutz-Grundverordnung – Überblick und arbeitsrechtliche Betrachtung des Entwurfs, BB 2012, 509; *ders./Rauer,* EU-Datenschutz-Grundverordnung und Beschäftigtendatenschutz – Was bedeuten die Regelungen für Unternehmen und Arbeiter in Deutschland?, ZD 2012, 160; *Ziebarth,* Google als Geheimnishüter? – Verantwortlichkeit der Suchmaschinenbetreiber nach dem EuGH-Urteil, ZD 2014, 394.

Übersicht

A. Allgemeines

I. Einführung

Art. 17 regelt das **Recht auf Löschung** – in der Gesetzesüberschrift selbst (in **1** Anlehnung an die Diskussion im Gesetzgebungsverfahren) plakativ als „**Recht auf Vergessenwerden**" bezeichnet. **Abs. 1** listet die **Gründe** auf, bei deren Vorliegen die betroffene Person eine Löschung von Daten verlangen kann bzw. wann ein Verantwortlicher (von sich aus) zur Löschung von Daten verpflichtet ist. **Abs. 2** erweitert die Pflichten des Verantwortlichen bei **veröffentlichten Daten.** Der Verantwortliche hat uU auch einen Dritten zur Löschung von Daten zu veranlassen. **Abs. 3** definiert einen Katalog von **Ausnahmetatbeständen,** ua zur Ausübung des Rechtes auf freie Meinungsäußerung und Information, in denen die Abs. 1 und 2 keine Anwendung finden.

II. Entstehungsgeschichte

2 Das „Recht auf Vergessenwerden" war (und ist) die wiss. (und medial) am meisten diskutierte Neuerung des (europ.) Datenschutzrechtes. Mit seiner bahnbrechenden Entsch. in der Rs. **Google Spain** hatte der **EuGH** (EuGH NJW 2014, 2257) einen ähnlich gelagerten Anspruch (aus Art. 12 lit. b und Art. 14 lit. a DSRL) für den bes. relevanten Fall eines Suchmaschinenbetreibers bejaht und damit einem effektiveren (digitalen) **Recht auf Vergessen (werden)** Vorschub geleistet (s. nun auch EuGH ZD 2017, 325 – Manni, betr. die Speicherung personenbezogener Daten in einem Gesellschaftsregister; hierzu Frenz DVBl 2017, 566; Hübner ZHR 183 (2019), 540 zur Google Spain-Entsch. s. Arning/Moos/Schefzig CR 2014, 447; Boehme-Neßler NVwZ 2014, 825; Buchholtz AöR 140 (2015), 121 (140 ff.); v. Danwitz DuD 2015, 581; Diesterhöft VBlBW 2014, 370; Holznagel/Hartmann MMR 2016, 228; Kühling EuZW 2014, 527; Leutheusser-Schnarrenberger ZD 2015, 149; dies. RDV 2016, 173 (177 ff.); Masing Verfassungsblog 2014/8/14; Piltz PinG 2014, 180; Nolte NJW 2014, 2238; Schmidt-Kessel ua GPR 2014, 192; Spindler JZ 2014, 981; zur int. Wahrnehmung der Entsch. s. etwa Bernal PinG 2014, 173; McCarthy GRUR Int. 2016, 604). ZT ist das Recht auf Vergessenwerden plakativ als neues „Internet-Grundrecht im europäischen Recht" bezeichnet worden (Boehme-Neßler NVwZ 2014, 825). Klarstellend ist hierzu anzumerken, dass Löschungsverpflichtungen seit jeher im Datenschutzrecht vorgesehen waren – und daher die Regelung in Art. 17 keineswegs so „neu" ist, wie die mediale Resonanz auf das „Recht auf Vergessenwerden" (zum Begriff → Rn. 4) glauben machen könnte (Herbst in Kühling/Buchner DS-GVO Art. 17 Rn. 1; Kamlah in Plath DS-GVO Art. 17 Rn. 2; Schantz NJW 2016, 1841 (1845); Simitis in Simitis BDSG aF Einl. Rn. 258; Worms in BeckOK DatenschutzR DS-GVO Art. 17 Rn. 3; hierzu auch Buchholtz AöR 140 (2015), 121 (134): „ein „internetbezogener" Löschungsanspruch"). Die in Art. 17 Abs. 1 und 2 nunmehr enthaltene Regelung geht in Abs. 2 gleichwohl im Tat sogar noch über die Google Spain-Entscheidung (und die Rechtslage unter der DSRL) hinaus (→ Rn. 32 ff.; Leutheusser-Schnarrenberger in Bär ua, Digitalisierung, S. 236; aA Albrecht CR 2016, 88 (93) lediglich eine erhöhte „Klarheit" im Vergleich zur Rechtslage nach der DSRL annehmend; ebenso Trentmann CR 2017, 26 (32)), weswegen das „Recht auf Vergessenwerden" nach der DS-GVO nicht ohne Weiteres mit dem vom EuGH zuerkannten Anspruch (wobei die Suchmaschine selbst als Verantwortlicher eingestuft wurde, hierzu auch Kubis DuD 2017, 583 (583)) vermengt werden sollte (Herbst in Kühling/Buchner DS-GVO Art. 17 Rn. 68), wenngleich in der Debatte die Begrifflichkeiten leider teilw. synonym verwendet werden (vgl. auch Stollhoff in Auernhammer DS-GVO Art. 17 Rn. 2).

2a Das „Recht auf Vergessenwerden" – insb. hinsichtlich des ihm zugrundeliegenden mehrpoligen Spannungsgefüges zwischen den Grundrechtspositionen der betroffenen Person einer- und dem Verantwortlichen sowie der Allgemeinheit andererseits – war zudem Anstoß zweier vielbeachteter und grundlegender Richtungsentscheidungen des BVerfG. Beiden Judikaten zugrunde lag die Entscheidung über eine Urteilsverfassungsbeschwerde über ein Recht auf Löschung nach §§ 823, 1004 BGB analog (allg. zum Verhältnis des Art. 17 Abs. 1 DS-GVO und dem hinsichtlich der Voraussetzungen weitgehend deckungsgleichen nationalen Anspruch auf Löschung über §§ 823, 1004 BGB aufgrund persönlichkeitsrechtsverletzender Inhalte s. Grisse AfP 2019, 189 (196 ff.); Milker, Die Umsetzung des Rechts auf Vergessenwerden im deutschen Recht, S. 17 ff. sowie S. 79).Während das BVerfG in seiner „Recht auf Vergessen I"-Entscheidung (BVerfG NJW 2020, 300; s. hierzu Hofmann NVwZ 2020, 33; Kühling NJW 2020, 275; Muckel JA 2020, 233) bzgl. des Anspruchs auf Löschung gegen einen Inhalteanbieter aufgrund des Medienprivilegs nach Art. 85 (→ Art. 85) (insoweit mit dem EuGH übereinstimmend, vgl. EuGH NJW 2019, 3499 – Google/CNIL, Rn. 64) eine Fallgestaltung im Bereich nicht vollständig unionsrechtlich determinierten nationalen Rechts annahm und infolgedessen eine (idS unspektakuläre) Prüfung am Maßstab der nationalen Grundrechte (namentlich des allg. Persönlichkeitsrecht nach Art. 2 Abs. 1 iVm Art. 1 Abs. 1 GG in seiner allg. Schutzdimension des Äußerungsrechts einer- sowie des Rechts auf Meinungs- und Pressefreiheit nach Art. 5 Abs. 1 S. 1 und 2 GG andererseits) vornahm, hat das BVerfG in seiner „Recht auf Vergessen II"-Entscheidung (BVerG NJW 2020, 314 – Recht auf Vergessen II; s. hierzu Hofmann NVwZ 2020, 33; Kühling NJW 2020, 275; Muckel JA 2020, 237) eine Fallgestaltung im vollständig unionsrechtlich determinierten Bereich zum Anlass genommen, ua unter Berufung auf die dem BVerfG zukommende Integrationsverantwortung nach Art. 23 Abs. 1 GG, erstmals selbst eine Prüfung am Maßstab der europ. GRCh (namentlich Art. 7 und 8 GRCh einer- sowie Art. 16 und 11 GRCh andererseits) vorzunehmen. Dies kann (in gewisser Weise) als Neupositionierung des BVerfG in seiner Rolle als Grundrechtsgewährleister im Mehrebenensystem verstanden werden (dies grds. begrüßend Kühling NJW 2020, 275 (279 f.); krit. Muckel JA 2020, 237 (239)).

Im Gesetzgebungsverfahren wurde insbes. die Regelung des Abs. 2 mit **3** Blick auf die **technischen Gegebenheiten** des Internets als „nicht durchführbar" eingestuft (EP, Bericht, A7–0402/2013, 352, 656; s. ferner Buchholz ZD 2015, 570 (573); Härting BB 2012, 459 (464); Wybitul/Fladung BB 2012, 509 (511); dies. AöR 140 (2015), 121 (137); sowie grdl. Spiecker gen. Döhmann KritV 2014, 28). Es wurde die Vermutung geäußert, dass ein solches Recht nicht über die Löschung bei dem (unmittelbar) Verantwortlichen hinausgehe(n könne). Zur Begr. wurde va verwiesen auf die Ausnahme privater Verarbeitung, die Schwierigkeiten bei der Anwendung auf soziale Plattformen, die mangelnde Übertragbarkeit auf die analoge Welt und das damit verbundene Missbrauchspotenzial; zudem wecke ein solches Recht nicht erfüllbare Erwartungen (s. zu alledem ER, 7978/1/15 REV 1, 36 (Fn. 152) sowie 39 (Fn. 168); Jaspers DuD 2012, 571 (572 f.); Wybitul/ Fladung BB 2012, 509 (512)). Der dezentrale Aufbau des Internets stehe einem „Vergessen" strukturell entgegen (Wybitul/Fladung BB 2012, 509 (512)). Ferner wurde hervorgehoben, ein Recht auf „Vergessenwerden" sei im Schwerpunkt dem Recht auf Privatheit zuzuordnen und eben nicht dem Datenschutz; es müsse daher insbes. gegen ein **Recht auf „Erinnern"** und auf **Informationszugang** abgewogen werden (ER, 7978/1/15 REV 1, 36 (Fn. 152); hierzu auch Milker K&R 2017, 23 (24)). Schließlich wurden allg. Probleme einer (weltweiten) **Durchsetzung** eines solchen Rechtes betont und mögliche (nachteilige) wettbewerbliche Konsequenzen für EU-Unternehmen aufgezeigt (ER, 7978/1/15 REV 1, 36 (Fn. 152)).

4 Der Begriff des „Vergessenwerdens" ist zudem wegen seiner **Unschärfe** allenfalls bedingt befriedigend. Richtigerweise geht es va darum, dass personenbezogene Daten nicht mehr (auf)gefunden werden. Andere Personen sollen also entweder keine (erleichterte) Kenntnis über das personenbezogene Datum erlangen oder – falls (früher) einmal bekannt – nicht mehr durch das Auffinden an das entspr. Datum erinnert werden (Farke/Rensinghoff/Dürmuth/Gostomzyk DuD 2019, 681 (682 f.); Hennemann PinG 2016, 176 (177)). Das „Recht auf Vergessenwerden" führt demnach – wenn überhaupt – zu einer Einschränkung der „kollektiven" Wissenserhaltung (s. auch Hornung in Scholz/Funk DGRI Jahrbuch 2012, S. 12). Für die nachf. Kommentierung wird der etablierte Begriff „Recht auf Vergessenwerden" – wie durch die amtl. Überschrift des Art. 17 nunmehr eingeführt – unbeschadet der vorgenannten Kritik zugrunde gelegt werden.

5 Bereits die Entwurfsfassungen sahen in Art. 17 ein Recht auf Vergessenwerden bzw. Löschung vor; Unterschiede bestanden allerdings in der konkret vorgeschlagenen Ausgestaltung. So war im DS-GVO-E(KOM/EP) das Recht auf Löschung lediglich als Recht der betroffenen Person, nicht jedoch auch als Pflicht der verantwortlichen Stelle ausgestaltet (krit. dazu statt vieler Kodde ZD 2013, 115 (117)). Art. 17 Abs. 1 lit. ca DS-GVO-E(EP) sah etwa als weiteren Löschungsgrund die **rechtskräftige Entsch. eines Gerichtes** oder einer Regulierungsbehörde innerhalb der EU vor. Ebenso nicht übernommen wurde letztlich die in Art. 17 Abs. 9 DS-GVO-E (KOM/EP) vorgesehene **Ermächtigung der KOM** zum Erlass delegierter Rechtsakte.

III. Sinn und Zweck

6 Das Recht auf Vergessenwerden soll der Tatsache begegnen, dass eine immer größere Anzahl von personenbezogenen Daten von allen Beteiligten offengelegt wird und dass damit erhebliche Auswirkungen für die betroffene Person verbunden sind (EP, Bericht, A7–0402/2013, 236 f.).

7 Das Recht auf Löschung bzw. die Verpflichtung zur Löschung sind damit Ausdruck des **Grundsatzes der Datenminimierung.** So müssen personenbezogene Daten nach dem Grundsatz der Datenminimierung in ihrem Umf. angemessen und erheblich sowie auf das für die Zwecke der Verarbeitung notwendige Maß beschr. sein (Art. 5 Abs. 1 lit. c; → Art. 5 Rn. 34 ff.). Das Recht auf Löschung bzw. die Verpflichtung zur Löschung dienen damit auch der **fairen und transparenten Verarbeitung.** Durch die **antragsunabhängige Ausgestaltung** der Löschung wird der Verantwortliche unmittelbar in die Pflicht genommen und die Bereinigung von Datensätzen nicht allein der betroffenen Person überantwortet, deren Reaktions- und Handlungsmöglichkeiten regelmäßig beschr. sein werden. Hierdurch soll auch und gerade dem Schutz von betroffenen Personen Rechnung getragen werden, die ihre Ein-

willigung zur Verarbeitung von personenbezogenen Daten bereits im Kindesalter abgegeben haben (ErwGr 65).

Zur **Gewährleistung eines effektiven Datenschutzniveaus** ist eine Löschung von personenbezogenen Daten bei dem (unmittelbar) Verantwortlichen nicht immer ausreichend – insbes. wird der jeweilige Verantwortliche auch nicht immer der betroffenen Person bekannt sein. Bei veröffentlichten Daten ist ebenso entscheidend, dass die Daten auch nicht bei anderen Verantwortlichen (digital) abrufbar sind bzw. bleiben. Dies ist va von zentraler Bedeutung, wenn und soweit die Daten noch über Suchmaschinen bei anderen Verantwortlichen auffindbar sind – und damit ein (digitales) „Vergessen" schon im Ansatz nicht möglich ist. Vor diesem Hintergrund bezweckt die Regelung in Abs. 2, dem Recht auf Vergessenwerden im digitalen Raum mehr Geltung zu verschaffen, indem es dem/den Verantwortlichen die Vornahme bes. **Maßnahmen zur Information der Empfänger** auferlegt (ErwGr 66).

Gleichwohl bergen ein Recht auf Löschung und ein Recht auf Vergessenwerden (auch) ein erhebliches **Konfliktpotenzial.** Zu weit gehende Rechte ermöglichen der betroffenen Person potenziell eine (absolute) Herrschaft über die sie betr. öffentl., va über das Internet, verfügbaren Daten. Hierdurch können legitime Interessen Dritter, va im Lichte der **Informations-, Meinungs- und Pressefreiheit,** in erheblicher Weise betroffen und uU (zu) stark beeinträchtigt werden (hierzu etwa Arning/Moos/Schefzig CR 2014, 447 (451 ff.); Holznagel/Hartmann MMR 2016, 228 (231 f.); v. Lewinski AfP 2015, 1 (2 ff.); Masing Verfassungsblog 2014/8/14; für einen individuellen Anspruch auf Veröffentlichung als korrespondierendes Gegengewicht daher Raue JZ 2018, 961 (963)).

Richtiger- und wichtiger Weise versuchen daher die **Ausnahmetatbestände** des Abs. 3 ua (auch) dem schwierigen Spannungsfeld zwischen Datenschutz und sonstigen Rechten Dritter angemessen Rechnung zu tragen (vgl. Herbst in Kühling/Buchner DS-GVO Art. 17 Rn. 73; Kamann/Braun in Ehmann/Selmayr DS-GVO Art. 17 Rn. 50; Worms in BeckOK DatenschutzR DS-GVO Art. 17 Rn. 15). Hier ist in Erinnerung zu rufen, dass keine Person vollkommen allein bestimmen kann (bzw. können sollte), wie sie öffentl. wahrgenommen und bewertet wird (s. Masing NJW 2012, 2305 (2307)). In diesem Kontext überwindet allerdings auch die Neuregelung des Art. 17 nicht den im Nachgang der Google Spain-Entsch. kritisierten **Einflussgewinn von Suchmaschinen** bzw. die zunehmende **Inpflichtnahme Privater** zur Abwägung von Grundrechtspositionen (statt vieler Masing Verfassungsblog 2014/8/14; Paal ZEuP 2016, 591; allgemein zur Problematik von Informationsintermediären als Entscheidungsträgern bei Löschungsansprüchen Raue JZ 2018, 961 (961 ff.); Veil in GSSV DS-GVO Art. 17 Rn. 143). Denn durch die (praktische) Auslegung der Ausnahmetatbestände be- und verantwortet auch in Zukunft zuallererst der Suchmaschinenbetreiber die Antwort auf die Frage nach der Löschung (s. hierzu exemplarisch die Ausführungen des EuGH (EuGH NJW 2019, 3503 – GC ua/CNIL), die Abwägung der widerstreitenden Grundrechtspositionen ausdrücklich in die Verantwortung des Suchmaschinenbetreibers stellend).

11 Zu **Alternativmodellen** zur Regelung des Art. 17 bzw. zu sonstigen technischen (Alternativ-)Lösungen für ein „Vergessen" (im Internet) s. etwa Farke/Rensinghoff/Dürmuth/Gostomzyk DuD 2019, 681 (682); Federrath ua DuD 2011, 403; Gstrein ZD 2012, 424 (427 f.); Holznagel/Hartmann MMR 2016, 228 (232); Hornung/Hofmann JZ 2013, 163 (170); Jandt/Kieselmann/Wacker DuD 2013, 235 (239 ff.); Kalabis/Selzer ZD 2012, 670 (671 ff.); v. Lewinski AfP 2015, 1 (2 ff.).

IV. (Un)Entgeltlichkeit

12 Die Löschung gem. Abs. 1 und die Maßnahmen gem. Abs. 2 erfolgen **unentgeltlich;** ein angemessenes Entgelt kann nur bei **offenkundig unbegründeten** oder **exzessiven Anträgen** verlangt werden (Art. 12 Abs. 5 S. 1 und S. 2 lit. a; → Art. 12 Rn. 61 ff.).

V. Identität des Antragstellers

13 Bei begr. **Zweifeln an der Identität** der antragstellenden Person kann der Verantwortliche **zusätzliche Informationen** anfordern (Art. 12 Abs. 6; vgl. auch ErwGr 64; → Art. 12 Rn. 72 ff.). **Zur Identifizierbarkeit der betroffenen Person** → Rn. 16.

VI. Be- und Einschränkungen, Öffnungsklauseln

14 Eine Ausübung des **Rechtes auf Datenübertragbarkeit gem. Art. 20 Abs. 1** lässt die Rechte und Pflichten des Art. 17 unberührt (Art. 20 Abs. 3; → Art. 20 Rn. 23).

15 Ein Tätigwerden aufgrund eines Antrages gem. Art. 17 kann von dem/den Verantwortlichen bei **offenkundig unbegründeten oder exzessiven Anträgen** verweigert werden (Art. 12 Abs. 5 S. 2 lit. b; → Art. 12 Rn. 63 ff.).

16 Art. 17 findet zudem bei **mangelnder Identifizierbarkeit** der betroffenen Person unter den weiteren Voraussetzungen des Art. 11 Abs. 2 keine Anwendung (→ Art. 11 Rn. 10).

17 Das Recht auf Löschung gem. Art. 17 Abs. 1 sowie die Maßnahmen nach Art. 17 Abs. 2 können durch **Unionsrecht** oder dem **Recht der Mitgliedstaaten,** dem der Verantwortliche (oder der Auftragsverarbeiter) unterliegt, unter bestimmten, in Art. 23 näher definierten Voraussetzungen **beschränkt** werden (→ Art. 23 Rn. 9 ff.; → BDSG § 35 Rn. 1 ff.).

18 Abweichungen oder Ausnahmen von Art. 17 dürfen die Mitgliedstaaten gem. Art. 85 Abs. 2 vorsehen für die Verarbeitung, die zu **journalistischen Zwecken** sowie zu **wiss., künstlerischen oder literarischen Zwecken** erfolgt, wenn dies erforderlich ist, um das Recht auf Schutz der personenbezogenen Daten mit der **Freiheit der Meinungsäußerung** und der **Informationsfreiheit** in Einklang zu bringen (→ Art. 85 Rn. 5 ff.; in Bezug auf **Online-Archive** s. Paal/Hennemann K&R 2017, 18; s. weiterhin die Entsch. d. BVerfG NJW 2020, 300 – Recht auf Vergessen I; NJW 2020, 314 – Recht auf Vergessen II).

VII. Geldbuße

Bei einem Verstoß gegen Art. 17 kann gem. Art. 83 Abs. 5 lit. b eine **19**
Geldbuße verhängt werden (→ Art. 83 Rn. 23 f.).

B. Recht auf Löschung (Abs. 1)

Abs. 1 sieht vor, dass die betroffene Person in näher definierten Fällen das **20**
Recht hat, eine unverzügliche **Löschung** der sie betr. personenbezogenen
Daten zu verlangen; der Antrag kann formfrei erfolgen (→ Art. 12 Rn. 42).
Zusätzlich wird eine **(antragsunabhängige) Verpflichtung** des für die Ver-
arbeitung Verantwortlichen statuiert, in diesen Fällen die personenbezogenen
Daten im Regelfall von sich aus (außer bei lit. f, → Rn. 28) zu löschen (so die
wohl hM; Gründel ZD 2019, 493 (494); Hennemann PinG 2016, 176 (177;
Kamlah in Plath DS-GVO Art. 17 Rn. 6; Keppeler DSB 2018, 32 (33);
Meents/Hinzpeter in Taeger/Gabel DS-GVO Art. 17 Rn. 81 ff.; Nolte/
Werkmeister in Gola DS-GVO Art. 17 Rn. 9; Peuker in HK-DS-GVO
Art. 17 Rn. 43; Schantz in Schantz/Wolff DatenschutzR Rn. 1213; Trentmann CR 2017, 26 (30 f.); Voigt in v. d.Bussche/Voigt KonzerndatenS Teil
II, Kap. 6, Rn. 45; aA wohl Kipker/Voskamp DuD 2012, 737 (741)). Eine
andere Wertung kann sich im Einzelfall ergeben, soweit der antragsunabhängigen (und idS ohne entspr. Kenntnis bzw. Mitwirkung des Betroffenen
erfolgenden) Löschung schutzwürdige Interessen des Betroffenen entgegenstehen (Herbst in Kühling/Buchner DS-GVO Art. 17 Rn. 8 ff.; ähnlich Dix
in NK-DatenschutzR Art. 17 Rn. 6; daher für die einzelnen Tatbestände
grds. differenzierend Veil in GSSV DS-GVO Art. 17 Rn. 3)). Ausnahmen
von dieser antragsunabhängigen Verpflichtung können sich darüber hinaus für
Suchmaschinenbetreiber ergeben, da diese nach Ansicht des EuGH grds. nur
zu einer antragsabhängigen ex-post-Überprüfung der Rechtmäßigkeit automatisch indexierter Suchergebnisse verpflichtet sind (EuGH NJW 2019, 3503
− GC ua/CNIL; zustimmend Meyer/Stakowski K&R 2019, 677 (678); dies
als Ausprägung eines Verhältnismäßigkeitsgrundsatzes interpretierend
Meents/Hinzpeter in Taeger/Gabel DS-GVO Art. 17 Rn. 84; ebenso LG
Frankfurt/M. CR 2019, 741; krit. dazu Heinzke GRUR-Prax 2019, 396;
iErg offen lassend Stollhoff in Auernhammer DS-GVO Art. 17 Rn. 44 ff.).
Die antragsunabhängige Verpflichtung zur Löschung bedingt, dass der Ver- **20a**
antwortliche seine **Löschungsverpflichtungen selbstständig und laufend**
zu überprüfen hat (zu Einzelheiten s. Herbst in Kühling/Buchner DS-GVO
Art. 17 Rn. 9 ff.). In Bezug auf die technische Umsetzung in der (Unter-
nehmens-)Praxis wird darüber hinaus problematisiert, dass sowohl die bisher
genutzten Datenbankstrukturen als auch die verwendete bzw. zur Verfügung
stehende Software einem einfachen/systematisierten/differenzierten Löschen
(einzelner) Datensätze entgegenstehen (s. ausf. hierzu Keppeler RDV 2018, 70
(70 ff.); für das Beispiel der **Blockchain-Technologie** Martini/Weinzierl
NVwZ 2017, 1251 (1252 ff.); Peuker in HK-DS-GVO Art. 17 Rn. 37). Für
eine solche Ermittlung und Prüfung von Löschungsverpflichtungen werden

Verantwortliche idR entspr. **(automatisierte) Systeme** zum Management der personenbezogenen Daten, insbes. auch zur Erfüllung der Pflichten nach Art. 15 und Art. 20, (sog. „Löschkonzepte", vgl. Gründel ZD 2019, 493 (494 ff.); Hole DSB 2019, 124 (124); *Scheja/Quae*/Conrad/Hausen in FHS Datenschutz, Teil IV Kap. 2 Rn. 29 ff.) einrichten bzw. einzurichten haben (vgl. Herbst in Kühling/Buchner DS-GVO Art. 17 Rn. 20; Keppeler/Berning ZD 2017, 314 (317 ff.)). Zu möglichen Umsetzungen in der Praxis s. Gründel ZD 2019, 493 (494 ff.); Hole DSB 2019, 124 (124 ff.); am Beispiel der Suchmaschine iRe Überprüfung von Löschanfragen Farke/Rensinghoff/Dürmuth/Gostomzyk DuD 2019, 681 (684 f.); bzgl. der Löschung von E-Mails Durmus/Selzer/Pordesch DuD 2019, 786 (787 ff.).

20b   In Bezug auf die **geographische Reichweite der Maßnahmen** nach Abs. 1 (zur geographischen Reichweite des Abs. 2 (→ Rn. 37) erweist sich die DS-GVO selbst als unbestimmt (Hennemann in Specht ua Medienrecht im Medienumbruch, S. 257). Insbes. für Suchmaschinen-Sachverhalte wurde daher, wie schon im Nachgang der Google Spain-Entsch. des EuGH (EuGH NJW 2014, 2257), darüber diskutiert, welche Links/Kopien/Replikationen auf welchen Webseiten von der Regelung des **Abs. 1** erfasst sind. Während teilweise für rein **regionale** bzw. **europaweite** Begrenzung der Löschpflicht nach Abs. 1 plädiert wurde (Holznagel/Hartmann MMR 2016, 228 (232)), so dass keine Daten auf **außerhalb der EU** belegenen Servern von der Löschpflicht nach Abs. 1 erfasst sein sollten, sprachen sich andere für eine (grds.) weltweit stattfindet De-Indexierung aus (vgl. Leutheusser-Schnarrenberger ZD 2015, 149 (150); Trentmann CR 2017, 26 (30); so auch Art-29-DSG WP 225 – Umsetzung von Urteil C-131/12 „Google Spain", S. 3; für eine differenzierende Anwendung auf Verantwortliche außerhalb der EU unter dem Blickpunkt der Verhältnismäßigkeit Kamann/Braun in Ehmann/Selmayr DS-GVO Art. 17 Rn. 37). Der **EuGH** hat sich nun in einer Entscheidung zur geographischen Reichweite des Abs. 1 (EuGH NJW 2019, 3499 – Google/CNIL) der ersteren Lesart angeschlossen und für **Betreiber von Suchmaschinen** bestimmt, dass diese im Falle einer De-Indexierung nach Abs. 1 die Auslistung **nur in allen mitgliedstaatlichen Versionen** der entspr. Suchmaschine vorzunehmen haben (s. zur Entsch. ua Golland DSB 2019, 234; Heinzke GRUR-Prax 2019, 544; Pfeiffer CR 2019, R125). Eine globale De-Indexierung ist somit iRd Abs. 1 nach Ansicht des EuGH gerade nicht gefordert, aber auch nicht ausgeschlossen; der EuGH verweist insoweit auf die **Möglichkeit für die Mitgliedsstaaten,** im Einzelfall aufgrund einer Abwägung nationaler Schutzstandards für die Grundrechte im Ergebnis eine Pflicht des Suchmaschinenbetreibers zur De-Indexierung in allen Versionen vorzunehmen (EuGH NJW 2019, 3499 – Google/CNIL, Rn. 72; krit. hierzu Kühling NJW 2020, 275 (276)). Ferner obliege es dem Suchmaschinenbetreiber, ggf. durch weitere (technische) Maßnahmen sicherzustellen, dass Internetnutzer in den Mitgliedstaaten bspw. durch den Einsatz von **Geoblocking,** daran gehindert werden, auf die exterritorialen Links zuzugreifen (EuGH NJW 2019, 3499 – Google/CNIL, Rn. 43) (vgl. hierzu auch Kamann/Braun in Ehmann/Selmayr DS-GVO Art. 17 Rn. 37; Worms in Beck-OK DatenschutzR DS-GVO Art. 17 Rn. 67c).

Zur Mitteilungspflicht ggü. Empfängern im Zusammenhang mit der Lö- **21** schung s. Art. 19; zur Zurverfügungstellung von Informationen über die aufgrund des Antrags gem. Art. 17 ergriffenen Maßnahmen s. Art. 12 Abs. 3 (→ Art. 12 Rn. 52 ff.).

I. Löschungsgründe

Ein Grund zur Löschung besteht in den in Abs. 1 lit. a bis f aufgeführten **22** Fällen.

1. Zweck der Verarbeitung (lit. a)

Gem. Abs. 1 lit. a hat eine Löschung zu erfolgen, wenn und soweit die **23** personenbezogenen Daten der betroffenen Person für die **Zwecke,** für die sie erhoben oder auf sonstige Weise verarbeitet wurden, **nicht mehr notwendig sind,** vgl. Art. 5 Abs. 1 lit. b. (krit. hierzu Keppeler RDV 2018, 70 (73) auf die fehlende Bestimmtheit hinweisend, wann welche Daten im Einzelfall nicht mehr zur Zweckerfüllung notwendig sind). Ein lit. a entspr. Zweckfortfall wird regelmäßig dann angenommen, wenn und soweit die Daten aufgrund tatsächlicher Entwicklungen in ihrer Aktualität überholt sind (vgl. zum Kriterium der Aktualität der Daten auch EuGH NJW 2019, 3503 GC ua/CNIL; OLG Frankfurt CR 2019, 90 (Revision beim BGH anhängig (BGH – IV ZR 405/18)); LG Frankfurt/M., CR 2019, 741). Dies wird etwa idR bei abgelehnten Bewerbern oder – im Arbeitsverhältnis – bei ausgeschiedenen Mitarbeitern der Fall sein (LAG Sachsen-Anhalt, ZD 2019, 424; Fladung in Wybitul DS-GVO Art. 17 Rn. 8; Peuker in HK-DS-GVO Art. 17 Rn. 16; Sörup ArbR 2016, 207 (207); ders./Marquardt ArbR 2016, 103 (105)) sowie bei der Beendigung von Kundenbeziehungen (Leeb/Lorenz ZD 2018, 573 (574); Worms in BeckOK DatenschutzR DS-GVO Art. 17 Rn. 26; Worms NJW 2018, 3218 (3219)) oder bei dem endgültigen Abschluss eines Prüfverfahrens hinsichtlich der Daten des Prüflings (EuGH NJW 2018 767 – Nowak, Rn. 55). Zu den Voraussetzungen eines Anspruchs auf Löschung personenbezogener Daten aus Handels- und Gesellschaftsregister EuGH ZD 2017, 325 – Manni, Rn. 48 ff.; ggü. Wirtschaftsauskunfteien LG Heilbronn, VIA 2020, 7; LG Wiesbaden, ZD 2019, 512; zu letzterem auch Weber DSB 2019, 141; hinsichtlich personenbezogener Daten in einer elektronischen Akte nach Beendigung des Bezugs von Sozialleistungen LSG Berlin, ZD 2019, 471). Zu beachten ist, dass die Pflicht zur Löschung entfällt, soweit eine **zulässige Zweckänderung** vorliegt (→ Art. 6 Rn. 46 ff.) und die Daten für diesen neuen Zweck noch erforderlich sind (vgl. Herbst in Kühling/Buchner DS-GVO Art. 17 Rn. 21 ff.; Kamann/Braun in Ehmann/ Selmayr DS-GVO Art. 17 Rn. 22).

2. Widerruf der Einwilligung (lit. b)

Wird die Verarbeitung gestützt auf Art. 6 Abs. 1 lit. a (→ Art. 6 Rn. 10 ff.) **24** oder Art. 9 Abs. 2 lit. a (→ Art. 9 Rn. 21 ff.) und **widerruft** die betroffene Person ihre **Einwilligung,** so hat gem. Abs. 1 lit. b eine Löschung zu erfolgen, wenn es an einer anderweitigen Rechtsgrundlage für die Verarbeitung fehlt (vgl. auch Art. 7 Abs. 3). Durch den Verweis auf die mögliche Legitimation der Verarbeitung durch eine anderweitige Rechtsgrundlage ist durch lit. b auch der bisher auf nationaler Ebene bestehende Streit, ob mit der Einwilligung ein Vertrauenstatbestand geschaffen wird, welcher einen nachträglichen Wechsel auf eine gesetzliche Rechtsgrundlage ausschließt, iSe Zulässigkeit einer solchen Alternativität zwischen Einwilligung und gesetzlicher Rechtsgrundlage entschieden (so die ganz hM, vgl. Dix in Simitis/Hornung/Spiecker DS-GVO Art. 17 Rn. 12; Fladung in Wybitul DS-GVO Art. 17 Rn. 10; Herbst in Kühling/Buchner DSGVO Art. 17 Rn. 24; Kamann/Braun in Ehmann/Selmayr DS-GVO Art. 17 Rn. 25; Meents/Hinzpeter in Taeger/Gabel DS-GVO Art. 17 Rn. 37; Nolte/Werkmeister in Gola Art. 17 Rn. 15; Peuker in HK-DS-GVO Art. 17 Rn. 18; Schulz in Gola DS-GVO Art. 7 Rn. 11; Stemmer in BeckOK DatenschutzR DS-GVO Art. 7 Rn. 90; Stollhoff in Auernhammer DS-GVO Art. 17 Rn. 15; Taeger in Taeger/Gabel DS-GVO Art. 6 Rn. 41; Worms in BeckOK DatenschutzR DS-GVO Art. 17 Rn. 36; aA Buchner/Kühling in Kühling/Buchner DS-GVO Art. 7 Rn. 18; für eine Informationspflicht über das Bestehen alternativer gesetzlicher Verarbeitungsgrundlagen zum Zeitpunkt des Einwilligungsersuchens Schantz in Schantz/Wolff DatenschutzR Rn. 475).

3. Widerspruch (lit. c)

25 Gem. Abs. 1 lit. c hat eine Löschung zu erfolgen, wenn die betroffene Person gem. Art. 21 Abs. 2 (→ Art. 21 Rn. 45 ff.) **Widerspruch** gegen die Verarbeitung einlegt (vgl. auch Art. 21 Abs. 1 S. 2 und 3). Legt die betroffene Person gem. Art. 21 Abs. 1 (→ Art. 21 Rn. 16 ff.) Widerspruch gegen die Verarbeitung ein, dürfen zudem keine **vorrangigen berechtigten Gründe** für die Verarbeitung vorliegen (zu Einzelheiten s. Veil in GSSV DS-GVO Art. 17 Rn. 103 ff.; zum Verhältnis von Art. 21 Abs. 1 und lit. c, insbes. auch bzgl. der Bedeutung des unterschiedlichen Wortlauts, s. EDSA Leitlinien Recht auf Vergessenwerden, S. 7 f.; Nolte/Werkmeister in Gola DS-GVO Art. 17 Rn. 17 ff.; einen Löschanspruch im Ergebnis abl. bspw. LG Heilbronn, VIA 2020, 7; stattgebend LG Frankfurt/M., NZI 2019, 342). Zur Frage des Verhältnisses zum Widerspruch nach Art. 21 Abs. 2 (insbes. hinsichtlich der unterschiedlichen Rechtsfolgen) s. Herbst in Kühling/Buchner DS-GVO Art. 17 Rn. 27; Kamlah in Plath DS-GVO Art. 17 Rn. 11a.

4. Unrechtmäßige Verarbeitung (lit. d)

26 Gem. Abs. 1 lit. d hat eine Löschung zu erfolgen, wenn die personenbezogenen Daten **unrechtmäßig verarbeitet** wurden. Trotz der insoweit wenig geglückten Formulierung („verarbeitet wurden") ist die gegenwärtige Recht- bzw. die gegenwärtige Beurteilung der Rechtmäßigkeit der Verarbeitung maßgeblich (vgl. LG Frankfurt/M., CR 2019, 741; Herbst in Kühling/Buchner DS-GVO Art. 17 Rn. 28; Stollhoff in Auernhammer DS-GVO Art. 17 Rn. 30; Worms in BeckOK DatenschutzR DS-GVO Art. 17 Rn. 43). Die Rechtmäßigkeit der Verarbeitung bestimmt sich hierbei va auf der Grdl. und am Maßstab von Art. 6. (EDSA Leitlinien Recht auf Vergessenwerden, S. 9; Kamlah in Plath DS-GVO Art. 17 Rn. 12; so bspw. am Maßstab des Art. 6 lit f. LG Frankfurt/M., CR 2019, 741; LG Heilbronn, VIA 2020, 7; LG Bonn, MMR 2019, 695). Es ist umstr., ob und inwieweit darüber hinaus auch Verstöße gegen sonstiges Unions- bzw. nationales Recht erfasst sind (für eine Beschränkung auf das Fehlen eines Erlaubnistatbestands nach Art. 6 Herbst in Kühling/Buchner DS-GVO Art. 17 Rn. 28; Laue/Kremer Neues DatenschutzR § 4, Rn. 45; aA Kamann/Braun in Ehmann/Selmayr DS-GVO Art. 17 Rn. 27; sowie Voigt in v. d.Bussche/Voigt KonzerndatenS Teil 2 Kap. 6 Rn. 45, Verstöße gegen die DS-GVO auch über Art. 6 hinaus berücksichtigend; Dix in NK-DatenschutzR Art. 17 Rn. 14; Stollhoff in Auernhammer DS-GVO Art. 17 Rn. 28 f.; auch sonstige unionale und nationale Datenschutzvorschriften einbeziehend Meents/Hinzpeter in Taeger/Gabel DS-GVO Art. 17 Rn. 58; Peuker in HK-DS-GVO Art. 17 Rn. 26, auf sämtliche unionale und nationale Rechtsnormen abstellend). Der EDSA sieht diesbzgl. in seinen Leitlinien zu Abs. 1 nunmehr eine weitreichende Einbeziehung von unionalen und nationalen Rechtsvorschriften sowie Gerichtsentscheidungen vor (EDSA Leitlinien Recht auf Vergessenwerden, S. 9).

5. Erfüllung einer rechtlichen Verpflichtung (lit. e)

Gem. Abs. 1 lit. e hat eine Löschung zu erfolgen, wenn und soweit die **27** Löschung der personenbezogenen Daten erforderlich ist zur **Erfüllung einer rechtlichen Verpflichtung** nach dem Unionsrecht oder dem Recht der Mitgliedstaaten, dem der Verantwortliche unterliegt. Umstr. ist, ob und inwieweit die Mitgliedsstaaten auf Grdl. dieser Regelung ermächtigt sind, Löschpflichten auf nationaler Ebene zu erlassen; s. hierzu Kühling/Martini ua DS-GVO und nationales Recht, 58; Worms in BeckOK DatenschutzR DS-GVO Art. 17 Rn. 44 ff.

6. Personenbezogene Daten von Kindern (lit. f)

Gem. Abs. 1 lit. f hat eine Löschung zu erfolgen, wenn die personenbezoge- **28** nen Daten in Bezug auf **angebotene Dienste der Informationsgesellschaft** gem. Art. 8 Abs. 1 erhoben wurden (zur Frage der maßgeblichen Altersgrenze des lit. f s. Herbst in Kühling/Buchner DS-GVO Art. 17 Rn. 33 f.). Art. 8 Abs. 1 regelt die Frage, wann und unter welchen Voraussetzungen eine Verarbeitung auf der Grdl. einer **Einwilligung eines Kindes** rechtmäßig ist. Unklar ist, ob und inwieweit lit. f einen eigenen Anwendungsbereich aufweist. Zweckmäßigerweise hat eine Löschung auf Grundlage des Abs. 1 lit. f nur dann zu erfolgen, wenn die Löschung durch das Kind bzw. die gesetzlichen Vertreter beantragt wird. Denn eine **antragsunabhängige Löschungsverpflichtung** des Verantwortlichen nach lit. f würde bedeuten, dass der Verantwortliche im Fall der Erhebung von personenbezogenen Daten auf Grdl. von Art. 8 Abs. 1 diese Daten unmittelbar wieder zu löschen hätte. Dies würde den Erlaubnistatbestand des Art. 8 Abs. 1 nahezu vollständig entwerten und dürfte vom Gesetzgeber wohl kaum intendiert gewesen sein. Demnach handelt es sich bei lit. f richtigerweise um einen Fall des Widerrufes der Einwilligung, den bereits lit. b erfasst (zutr. Härting DS-GVO Rn. 697 f.; Kamann/Braun in Ehmann/Selmayr DS-GVO Art. 17 Rn. 30; Nolte/Werkmeister in Gola DS-GVO Art. 17 Rn. 29; Roßnagel/Richter/Nebel ZD 2015, 455 (458); Veil in GSSV DS-GVO Art. 17 Rn. 123). Die Auffassung, wonach lit f. nur einschlägig sein soll, soweit gerade keine rechtmäßige Datenverarbeitung nach Maßgabe des Art. 8 Abs. 1 vorliegt, insbes. wenn und soweit es an einer fehlenden Mitwirkung des Trägers elterlicher Verantwortung mangelt, überzeugt dagegen mangels entsprechender Anhaltspunkte im Wortlaut des lit. f nicht (so aber Fladung in Wybitul DS-GVO Art. 17 Rn. 18; Peuker in HK-DS-GVO Art. 17 Rn. 30, lit. f); zumal eine solche Auslegung (ebenfalls) zu keinem eigenen Anwendungsbereich des lit f. führen würde, da in einem solchen Fall (mangels wirksamer Einwilligung) dann stets eine unrechtmäßige Verarbeitung vorläge, welche ihrerseits wiederum lit. d unterfiele (Herbst in Kühling/Buchner DS-GVO Art. 17 Rn. 34; Nolte/Werkmeister in Gola DS-GVO Art. 17 Rn. 31). Um eine tatbestandliche Dopplung zu vermeiden, wird teilweise (Albrecht/Jotzo DatenschutzR, 86; Dix in NK-DatenschutzR Art. 17 Rn. 17; so nun auch Herbst in Kühling/Buchner DS-GVO Art. 17 Rn. 35; Kamlah in Plath DS-GVO Art. 17 Rn. 14; Laue/Kremer Neues DatenschutzR § 4 Rn. 47; Meents/Hinzpeter in Taeger/Gabel DS-GVO Art. 17 Rn. 65 ff.; Peuker in HK-DS-GVO Art. 17 Rn. 28; Schantz NJW 2016, 1841 (1845); Schrey in Rücker/Kugler Data Protection, S. 140 Rn. 649; Worms in BeckOK DatenschutzR DS-GVO Art. 17 Rn. 51 ff.) vertreten, der Unterschied zu lit. b liege zum einen darin, dass nicht jedes Löschbegehren zugleich als Widerruf zu deuten sei, zum anderen darin, dass es im Falle eines Einwilligungswiderrufes iRd lit. f nicht möglich sei, auf eine andere, parallel bestehende Rechtsgrundlage auszuweichen. Gegen eine solche Auslegung werden systematische sowie teleologische Überlegungen angeführt (s. hierzu Nolte/Werkmeister in Gola DS-GVO Art. 17 Rn. 32, zur Begründung verweisend auf die Systematik des Abs 1, wonach, wenn der Gesetzgeber mit Abs. 1 lit. f eine Spezialregelung hätte erlassen wollen, dies hätte direkt in Abs. 1 lit. b erfolgen können. Zudem würden die schutzwürdigen Interessen von Kindern auch im Rahmen anderer Rechtsgrundlagen berücksichtigt, so etwa bei der Interessenabwägung nach Art. 6 Abs. 1 lit. f, weshalb allein vom Willen der betroffenen Person abhängende Löschrechte, die keine Speicherung aufgrund einer anderen Rechtsgrundlage ermöglichen, nicht erforderlich und überdies zu undifferenziert seien; somit sei anzunehmen, dass Abs. 1 lit. f lediglich klarstellenden Charakter und keinen eigenen Regelungsbereich habe).

28a   **Vorzugswürdig** dürfte es sein, lit. f im Sinne einer **grds. Löschverpflichtung** zu verstehen, bei der sich der Verantwortliche gerade nicht auf andere gesetzliche Rechtsgrundlagen für die Verarbeitung berufen kann. Denn die Daten durften (zum Zeitpunkt der Erhebung) gerade (allein) aufgrund des Willens des (minderj.) Betroffenen verarbeitet werden – ein allein vom Willen des Betroffenen abhängender Widerruf stellt sich insofern als spiegelbildlich zur Situation bei der Datenerhebung dar. Vor allem aber sind die Regelungen in Art. 8 und Art. 17 Abs. 1 lit. f in einer Zusammenschau dahingehend zu verstehen, dass der betroffene Minderj. einen besonderen

Schutz erfahren soll, weil und soweit er als Minderj. die Auswirkungen einer datenschutzrechtlichen Einwilligung (noch) nicht hinreichend abzusehen vermag. In diesem Sinne ist lit.f gleichsam als **„Reuerecht"** des Betroffenen zu sehen: Der Betroffene soll nicht an Einwilligungen festgehalten werden, welche er als Minderj. abgegeben hat. Dieses Ziel kann nur dann umfassend verwirklicht werden, wenn der Verantwortliche die Daten nicht unter Berufung auf (zeitlich nach der einwilligungsbasierten Datenverarbeitung) entstandenen Rechtfertigungsgründen weiterhin verarbeiten darf. Wenn und soweit dagegen schon bei der urspr. Datenerhebung weitere, neben der Einwilligung bestehende Verarbeitungsgrundlagen einschlägig sind, scheidet eine Berufung auf lit. f aus – auf diese Weise kann sichergestellt werden, dass nur solche Daten gelöscht werden (müssen), welche gerade auf der (als besonders prekär angesehenen und nur durch die Sondernorm des Art. 8 möglichen) Einwilligung des Minderj. beruhen.

II. Unverzügliche Löschung

Soweit einer der in lit. a bis f genannten Gründe vorliegt, ist die unverzügliche **29** Löschung die angeordnete Rechtsfolge. Der Verantwortliche sollte hierfür entspr. **(automatisierte) Verfahren** vorsehen (Wybitul/Rauer ZD 2012, 160 (162)).

Löschung meint hier entweder die physische Vernichtung (EuGH NJW **30** 2018, 767 – Nowak, Rn. 55) bzw. Unbrauchbarmachung der personenbezogenen Daten oder – wohl der Regelfall – die **technische Löschung** von elektronischen Daten. Eine Löschung im technischen Sinn – da auch Datenträger höchstens nur überschrieben werden können – meint einen Vorgang, nach dessen Ende auf die Daten bzw. deren Inhalt nicht mehr mit den üblichen Verfahren zugegriffen werden kann (s. auch Wybitul/Fladung BB 2012, 509 (511); ausf. Herbst in Kühling/Buchner DS-GVO Art. 17 Rn. 37 ff.). Entscheidend ist, dass die Daten nicht mehr verarbeitet und zu diesem Zweck auch nicht mehr ohne übermäßigen Aufwand wiederhergestellt werden können (s. auch Härting DS-GVO Rn. 701; Keppeler DSB 2018, 32 (33); Leeb/Lorenz ZD 2018, 573 (574); potenziell missverständlich Nolte/Werkmeister in Gola DS-GVO Art. 17 Rn. 10, eine Kennzeichnung dahingehend für ausreichend haltend, dass der „Text nicht mehr gelten soll", im Ergebnis aber ebenfalls darauf abstellend, dass die Daten für den Verantwortlichen „unlesbar geworden sein" müssen). IdS umfasst Art. 17 als Teil der Löschung nach Abs. 1 auch die Unterlassung einer Verarbeitung jener Daten für die Zukunft (LG Frankfurt/M., CR 2019, 741; zustimmend Heinzke GRUR-Prax 2019, 396). Die theoretische Möglichkeit einer Wiederherstellung mit Spezialprogrammen hat hierbei keinen Einfluss auf die Löschung iSd Norm (vgl. Hennemann PinG 2016, 176 (177); Kamann/Braun in Ehmann/Selmayr DS-GVO Art. 17 Rn. 35; Leeb/Lorenz ZD 2018, 573 (574); Stollhoff in Auernhammer DS-GVO Art. 17 Rn. 9; Worms in BeckOK DatenschutzR DS-GVO Art. 17 Rn. 55; sowie, jedenfalls iErg wohl auch Herbst in Kühling/Buchner DS-GVO Art. 17 Rn. 37; aA Dix in NK-DatenschutzR DS-GVO Art. 17 Rn. 5; ähnlich wohl Veil in GSSV DS-GVO Art. 17

Rn. 85 darauf abstellend, auch mit Hilfe von EDV-Fachleuten dürften die Daten nicht oder nur mit unverhältnismäßigen Mitteln wiederherstellbar sein). Für Suchmaschinenbetreiber tritt anstelle einer Pflicht zur Löschung der Daten die Pflicht zur De-Indexierung entspr. Verlinkungen (OLG Dresden NJW-RR 2019, 676; OLG Frankfurt/M CR 2019, 90; hierzu als Revisionsinstanz unlängst – BGH Entsch. v. 27.7.2020 – VI ZR 405/18 u. VI ZR 476/18). Im Einzelfall kann der Suchmaschinenbetreiber iRv Abs. 1 zur De-Indexierung einzelner Suchtreffer verpflichtet sein, in der Weise, dass die verlinkten Webseiten nicht vollständig aus dem Suchindex genommen werden müssen, sondern bspw. nur insoweit, dass die genannte URL nicht mehr bei Eingabe des Namens der betroffenen Person erscheint (OLG Frankfurt CR 2019, 90; hierzu als Revisionsinstanz unlängst – BGH Entsch. v. 27.7.2020 – VI ZR 405/18 u. VI ZR 476/18).

31   Die Löschung hat **unverzüglich** zu erfolgen. Die maßgebliche Unverzüglichkeit ist grds. einzelfallabhängig zu bestimmen und zwar anhand der konkreten Verarbeitung und dem damit verbundenen Löschungsaufwand (Gründel ZD 2019, 493 (494)). „Unverzüglich" iSd Abs. 1 kann daher nicht pauschal mit dem „unverzüglich" des Art. 16 S. 1 (→ Art. 16 Rn. 17) gleichgesetzt werden. Bei der Bestimmung der Unverzüglichkeit der Löschung ist vielmehr zu berücksichtigen, dass der Verantwortliche uU eine rechtlich keineswegs unerhebliche **Prüfung der Ausschlusstatbestände** des Abs. 3 (→ Rn. 40 ff.) vorzunehmen hat. Zu berücksichtigen ist allerdings, dass nach Art. 12 Abs. 4 ein einmonatiges Zuwarten beim Tätigwerden bereits die Ausnahme ist („spätestens"). Damit kann die Monatsfrist als äußerste Grenze gewertet werden (Dix in NK-DatenschutzR DS-GVO Art. 17 Rn. 8; Fladung in Wybitul DS-GVO Art. 17 Rn. 4; Herbst in Kühling/Buchner DS-GVO Art. 17 Rn. 46; Kamann/Braun in Ehmann/Selmayr DS-GVO Art. 17 Rn. 40; Trentmann CR 2017, 26 (31); Veil in GSSV DS-GVO Art. 17 Rn. 52 f.). Für eine Orientierung am Rechtsgedanken des § 121 Abs. 1 S. 1 BGB, der auf ein Tätigwerden „ohne schuldhaftes Zögern" abstellt s. Herbst in Kühling/Buchner DS-GVO Art. 17 Rn. 45; Kamann/Braun in Ehmann/Selmayr DS-GVO Art. 17 Rn. 40; Peuker in HK-DS-GVO Art. 17 Rn. 38; Worms in BeckOK DatenschutzR DS-GVO Art. 17 Rn. 57.

C. Informationspflicht an andere Verantwortliche (Abs. 2)

32   Abs. 2 regelt einen zentralen Aspekt des „Recht auf Vergessenwerden" (hierunter kann auch – wie die amtl. Überschrift des Art. 17 unterstreicht – das Recht auf Löschung allg. verstanden werden). Dieses „Recht" (zur Begrifflichkeit → Rn. 4) verpflichtet den zur Löschung veröffentlichter personenbezogener Daten verpflichteten Verantwortlichen zu angemessenen Maßnahmen betr. die **Information anderer Verantwortlicher** (ausf. Hennemann in Specht ua Medienrecht im Medienumbruch, 251 ff.). Es wird im Gegensatz zu Abs. 1 insoweit nicht ein bestimmter Erfolg verlangt, sondern vielmehr (nur) **„best efforts"** (ER, 7978/1/15 REV 1, 39 (Fn. 166); vgl. auch Kamann/Braun in Ehmann/Selmayr DS-GVO Art. 17 Rn. 50 f.). Ob der

Dritte bei ihm verarbeitete personenbezogene Daten zu löschen hat, bestimmt sich (allein) nach der Verarbeitungsbefugnis des Dritten; es tritt daher kein „umgekehrter Schneeball-Effekt" in Bezug auf die Verbreitung der personenbezogenen Daten ein (Hornung/Hofmann JZ 2013, 163 (167); Kubis DuD 2017, 583 (583); Schantz in Schantz/Wolff DatenschutzR Rn. 1215; Trentmann CR 2017, 26 (31); Voigt in v. d.Bussche/Voigt KonzerndatenS Teil 2 Kap. 6 Rn. 48).

I. Allgemeine Voraussetzungen

Voraussetzung für ein Ergreifen von Maßnahmen gem. Abs. 2 ist zunächst, **33** dass der Verantwortliche die personenbezogenen Daten der betroffenen Person **öffentl. gemacht** hat und gem. Abs. 1 zur **Löschung verpflichtet** ist. Unter **Öffentlichmachen** ist grds. „die Ermöglichung des Zugriffs durch einen unbestimmten Personenkreis" gemeint (Härting DS-GVO Rn. 723; vgl. Kamann/Braun in Ehmann/Selmayr DS-GVO Art. 17 Rn. 44). Zur Frage der **Öffentlichkeit in sozialen Netzwerken** s. Hornung/Hofmann JZ 2013, 163 (167 f.); Meents/Hinzpeter in Taeger/Gabel DS-GVO Art. 17 Rn. 101 f.; Worms in BeckOK DatenschutzR DS-GVO Art. 17 Rn. 71; krit. Jaspers DuD 2012, 571 (572 f.); eine Erstreckung auf soziale Netzwerke ablehnend Fladung in Wybitul DS-GVO Art. 17 Rn. 24.

Str. ist, ob und inwieweit unter Öffentlichmachen nur die **erste Ver– 33a öffentlichung** zu verstehen ist (so Trentmann CR 2017, 26 (33); idS wohl auch Veil in GSSV DS-GVO Art. 17 Rn. 129 ff. auf den „ersten Verantwortlichen" abstellend; aA Milker, Die Umsetzung des Rechts auf Vergessenwerden im deutschen Recht, S. 76; Stollhoff in Auernhammer DS-GVO Art. 17 Rn. 48). Insbes. relevant ist diese Frage für Suchmaschinenbetreiber, da von ihnen verwendete Inhalte stets bereits durch die Inhalteanbieter ins Netz gestellt wurden. Wäre nur eine Erstveröffentlichung von Abs. 2 erfasst, wäre die Informationspflicht folglich auf Suchmaschinenbetreiber grds. unanwendbar (so Trentmann CR 2017, 26 (33); eine Anwendung auf Suchmaschinenbetreiber iErg ebenfalls ausschließend (allerdings mit der Begründung, Dritte würden ein Suchmaschinenbetreiber veröffentlichten Links auf bestimmte Inhalte idR nicht weiterverarbeiten) Meents/Hinzpeter in Taeger/Gabel DS-GVO Art. 17 Rn. 95; aA Milker, Die Umsetzung des Rechts auf Vergessenwerden im deutschen Recht, S. 76; Peuker in HK-DS-GVO Art. 17 Rn. 48; Worms in BeckOK DatenschutzR DS-GVO Art. 17 Rn. 70). Der EDSA nimmt (in seinen Leitlinien zu Abs. 1) für Suchmaschinenbetreiber keine Anwendung des Abs. 2 an (EDSA Leitlinien Recht auf Vergessenwerden, S. 4 f.).

Zudem muss die betroffene Person **verlangen,** dass der Verantwortliche **34** den oder die anderen Verantwortlichen über ihr Löschbegehren in Kenntnis setzt („Löschung bei ihnen") (vgl. Hennemann in Specht ua Medienrecht im Medienumbruch, S. 250; Herbst in Kühling/Buchner DS-GVO Art. 17 Rn. 52; Nolte/Werkmeister in Gola DS-GVO Art. 17 Rn. 38; Schantz in Schantz/Wolff DatenschutzR Rn. 1216; Worms in BeckOK DatenschutzR DS-GVO Art. 17 Rn. 60a; aA Piltz K&R 2016, 629 (633), aufgrund des

ErwGr 66 S. 2 eine automatisch eintretende Hinweispflicht des Verantwortlichen annehmend); der Antrag kann formfrei erfolgen (→ Art. 12 Rn. 42).
Die Notwendigkeit eines Antrages ergibt sich allerdings nicht **expressis verbis** aus dem Wortlaut des Abs. 2, sondern dieses Erfordernis ist (nur) in der
Rechtsfolge – der Information an den weiteren Verantwortlichen – genannt.
Die betroffene Person kann zudem auch nur die Löschung bei bestimmten
anderen Verantwortlichen verlangen, wobei im Zweifel von einem Löschungsverlangen in Bezug auf alle Verantwortlichen auszugehen ist (Hor-
nung/Hofmann JZ 2013, 163 (167); Nolte/Werkmeister in Gola DS-GVO
Art. 17 Rn. 39).

II. Maßnahmen

35 Liegen die allg. Voraussetzungen des Abs. 2 vor, so hat der Verantwortliche
allfällige Maßnahmen zur Information anderer Verantwortlicher zu treffen.
Andere Verantwortliche idS sind Verantwortliche, die die veröffentlichten
personenbezogenen Daten der betroffenen Person verarbeiten. Durch die
Maßnahmen hat der Verantwortliche die anderen Verantwortlichen darüber
zu informieren, dass eine betroffene Person von ihm die Löschung aller Links
zu diesen personenbezogenen Daten und/oder von Kopien oder Replikationen dieser personenbezogenen Daten verlangt bzw. beantragt hat.

36 Die Maßnahmen zur Information müssen unter Berücksichtigung der verfügbaren Technologie(n) und der Implementierungskosten (zumindest) **angemessen** sein (ausf. hierzu Hennemann in Specht ua Medienrecht im
Medienumbruch, S. 251 ff.). Dabei geht Abs. 2 davon aus, dass entspr. Maßnahmen standardmäßig auch **Maßnahmen technischer Art** umfassen (vgl.
auch ErwGr 66). Unklar bleibt allerdings, welche Maßnahmen – und va wem
ggü. – (noch) angemessen sind (Peuker in HK-DS-GVO Art. 17 Rn. 51 ff.;
Spindler DB 2016, 937 (945)). Hiermit verbunden sind – auch und gerade in
Ansehung der Bußgeldbewehrung gem. Art. 83 Abs. 5 lit. b – **erhebliche
Unsicherheiten** (Jaspers DuD 2012, 571 (572 f.)) und ein **signifikanter
Auslegungsspielraum** (Wybitul/Fladung BB 2012, 509 (511)). Insbes. bei
im Internet veröffentlichten Daten (etwa durch einen Hyperlink) ist der Kreis
der Empfänger potenziell grenzenlos (Spindler DB 2016, 937 (945)). Daher
wird teilweise an der praktischen Umsetzbarkeit – jedenfalls unter Berücksichtigung der aktuell verfügbaren technischen Möglichkeiten – gezweifelt
(Kieselmann/Wacker DuD 2018, 437 (437 f.). Angemessene Maßnahmen –
auch in Bezug auf die Empfänger – müssen daher iRd **Zumutbarkeit** beurteilt werden (Gstrein ZD 2012, 424 (425); Hennemann PinG 2016, 176
(178); ders. in Specht ua Medienrecht im Medienumbruch, 253). Zumutbar
werden grds. Maßnahmen sein, die **automatisiert** (anhand entspr. technischer Voreinstellungen) erfolgen können (vgl. Hennemann PinG 2016, 176
(178); ders. in Specht ua Medienrecht im Medienumbruch, S. 253; Worms in
BeckOK DatenschutzR DS-GVO Art. 17 Rn. 75; zu einer möglichen technischen Umsetzung solcher (automatisierten) Maßnahmen Kieselmann/Wa-
cker DuD 2018, 437 (438 ff.)). Zudem müssen die Maßnahmen in Ansehung
der potenziell vielzähligen Informationsverpflichtungen nach Abs. 2 ohne

einen außer Verhältnis stehenden **Zeit- und Kostenaufwand** zu realisieren sein (s. auch Gstrein ZD 2012, 424 (425); Hennemann PinG 2016, 176 (178); ders. in Specht ua Medienrecht im Medienumbruch, S. 253). Die Angemessenheit bestimmt sich daher im jeweiligen Einzelfall in Abhängigkeit von den Verantwortlichen und den betroffenen Daten (Kamann/Braun in Ehmann/Selmayr DS-GVO Art. 17 Rn. 50 ff.). Für die Praxis sinnvoll dürfte ein abgestuftes System sein, je nachdem wie häufig und auf welche Weise (zB Webcrawler, Cache-Aktualisierung etc.) der Verantwortliche mit den anderen Verantwortlichen in (automatisiertem) Kontakt steht (so ausf. und für verschiedene Fallkonstellationen Hornung/Hofmann JZ 2013, 163 (168 f.); s. ferner auch Jandt/Kieselmann/Wacker DuD 2013, 235 (238 f.); Kipker/Voskamp DuD 2012, 737 (741 f.)). S. auch → Rn. 39. Abzuwarten bleibt, inwiefern durch entsprechende Leitlinien des EDSA nach Art. 70 Abs. 1 lit. d eine Konkretisierung der Pflichten nach Abs. 2 erfolgen wird (→ Art. 70 Rn. 6; ausf. Herbst in Kühling/Buchner DS-GVO Art. 17 Rn. 58 ff.).

Bisher noch ungeklärt ist die **geographische Reichweite der Informati- 37 onspflicht** nach Abs. 2 (zur Entscheidung des EuGH hinsichtlich der geographischen Reichweite der Löschpflicht nach Abs. 1 → Rn. 20b). Bei der Bestimmung der Reichweite der Informationspflichten nach Abs. 2 ist zu berücksichtigen, dass der in die Pflicht genommene nicht der (ggf. im Ausland befindliche) Informationsadressat, sondern der der Löschpflicht nach Abs. 1 unterliegende Verantwortliche ist. Soweit auf diesen die DS-GVO entspr. der Bestimmung des räumlichen Anwendungsbereichs nach Art. 3 anwendbar ist, sprechen gewichtige Gründe dafür, den Verantwortlichen (iRd Verhältnismäßigkeit) auch zu einer ggf. globalen Informationserteilung verpflichtet anzusehen; diese Lesart wird dadurch gestützt, dass hiermit allein keine Pflicht des Informationsempfängers verbunden ist (→ Rn. 32). Für eine Informationspflicht auch ggü. Adressaten außerhalb der EU ebenso Dix in NK-DatenschutzR DS-GVO Art. 17 Rn. 26; Herbst in Kühling/Buchner DS-GVO Art. 17 Rn. 54; Peuker in HK-DS-GVO Art. 17 Rn. 52; Worms in BeckOK DatenschutzR DS-GVO Art. 17 Rn. 76; in der Tendenz ähnlich Kamann/Braun in Ehmann/Selmayr DS-GVO Art. 17 Rn. 49).

Zur **Zurverfügungstellung von Informationen** über die auf **aufgrund 38 des Antrages gem. Art. 17 Abs. 2** ergriffenen Maßnahmen s. Art. 12 Abs. 3 (→ Art. 12 Rn. 52 ff.). Zum **Verhältnis zu Art. 19** vgl. Herbst in Kühling/Buchner DS-GVO Art. 17 Rn. 65 f.; Kamann/Braun in Ehmann/Selmayr DS-GVO Art. 17 Rn. 15.

III. Verfahrensregeln

Gem. Art. 70 Abs. 1 lit. d hat der **EDSA** die Aufgabe, **Verfahrensregeln** für 39 die (in Abweichung zum Regelungsinhalt von Abs. 2 bezeichnete) „Löschung" gem. Abs. 2 von Links zu personenbezogenen Daten, Kopien oder Replikationen dieser Daten aus öffentl. zugänglichen Kommunikationsdiensten bereitzustellen (→ Art. 70 Rn. 6).

D. Ausnahmetatbestände (Abs. 3)

40 Abs. 3 sieht verschiedene Ausnahmetatbestände vor, in denen die Abs. 1 und 2 keine Anwendung finden (s. auch ErwGr 65). Damit wird (zT) eine **(grundrechtsspezifische) Abwägung** eröffnet (zu Abwägungsmaßstäben nach der Google Spain-Entsch. (→ Rn. 2) Boehme-Neßler NVwZ 2014, 825 (828 f.)).

I. Freie Meinungsäußerung und Information (lit. a)

41 Gem. Abs. 3 lit. a finden die Abs. 1 und 2 keine Anwendung, soweit die Verarbeitung zur Ausübung des **Rechtes auf freie Meinungsäußerung** und **Information** (Art. 11 Abs. 1 GRCh) erforderlich ist. Hiermit ist eines der zentralen Spannungsfelder von (datenschutzrechtlichen) Löschungsansprüchen angesprochen (s. hierzu auch Art. 85 Abs. 2 sowie → Rn. 9 f.). Die praktische Rechtsanwendung des Abs. 3 lit. a erfordert es, die kollidierenden (unions-)verfassungsrechtlichen Positionen in ihrer **Mehrdimensionalität** (ie Verantwortlicher, betroffene Person, Dritte, Allgemeinheit) angemessen in Einklang zu bringen (vgl. auch Dammann ZD 2016, 307; Härting DS-GVO Rn. 704; Herbst in Kühling/Buchner DS-GVO Art. 17 Rn. 73; Kamann/ Braun in Ehmann/Selmayr DS-GVO Art. 17 Rn. 56 f.; Milker K&R 2017, 23 (25 ff.); Paal ZEuP 2016, 591; ders./Hennemann K&R 2017 19 (21 f.); Veil in GSSV DS-GVO Art. 17 Rn. 143; für eine Orientierung am Maßstab des Art. 6 Abs. 1 lit. f iRd Abwägung OLG Frankfurt/M., CR 2019, 90; Worms in BeckOK DatenschutzR DS-GVO Art. 17 Rn. 81). Zum **Verhältnis zwischen Datenschutz und Meinungsfreiheit** s. etwa Koreng/ Feldmann ZD 2012, 311. Von erheblicher Relevanz ist Abs. 3 lit. a auch und gerade für **Betreiber von Online-Archiven** (hierzu ausf. Klickermann MMR 2018, 209 (209 ff.); Paal/Hennemann K&R 2017, 18; s. weiterhin BVerfG NJW 2020, 300 – Recht auf Vergessen I).

42 Abs. 3 lit. a kann zudem auch als Reaktion auf das **Google Spain-Urt.** des EuGH (EuGH NJW 2014, 2257) bzw. die sich daran anschließende Diskussion verstanden werden (s. Roßnagel/Richter/Nebel ZD 2015, 455 (458)). Vor diesem Hintergrund ist darauf hinzuweisen, dass sich nach der (nicht unumstrittenen) Ansicht der KOM ein Suchmaschinenbetreiber für die Indexierung von (Such-)Erg. nicht auf das **Recht auf freie Meinungsäußerung** berufen dürfen soll (ER, 7978/1/15 REV 1, 38 (Fn. 160); idS auch EuGH NJW 2014, 2257 – Google Spain; BVerfG NJW 2020 314 – Recht auf Vergessen II, Rn. 105; EDSA (EDSA Leitlinien Recht auf Vergessenwerden, S. 11) zustimmend Klickermann MMR 2018, 209 (211); aA bspw. Trentmann CR 2017, 26 (28 f./33)). Bei der Entscheidung, ob ein Suchmaschinenbetreiber nach Abs. 1 zur De-Indexierung eines (Such-)Erg. verpflichtet ist, ist aber neben seinem Recht auf unternehmerische Freiheit nach Art. 16 EuGRCh auch das Informationsinteresse des Suchmaschinennutzers nach Art. 11 EuGRCh in die Abwägung einzubeziehen (EuGH NJW 2019 3503 – GC ua/CNIL; iErg. ein Überwiegen des Informationsinteresses annehmend bspw. OLG Dresden NJW-RR 2019, 676; OLG Frankfurt/M CR 2019, 90, hierzu ferner unlängst – als Revisionsinstanz BGH Entsch. v. 27.7.2020 – VI ZR 405/18 u. VI ZR 476/18; krit. dazu Gomille ZUM-RD 2019, 86. Der EuGH geht in diesem Zusammenhang davon aus, dass der Suchmaschinenbetreiber (insbes. im Falle besonderer Kategorien von Daten (→ Art. 9) regelmäßig zur De-Indexierung verpflichtet ist, erforderlich sei aber stets eine Abwägung im Einzelfall durch den Suchmaschinenbetreiber; in diese Abwägung einzustellen sei insbes. die Aktualität der betreffenden Information, deren Sensibilität für das Privatleben der betroffenen Person sowie deren Rolle im öffentlichen Leben (ausf. EuGH NJW 2019, 3503 – GC ua/CNIL; zu den Reaktionen auf die Entsch. s. etwa Golland DSB 2019, 262; Heinzke GRUR-Prax 2019, 544 (545 f.); Meyer/Stakowski K&R 2019, 677)).

II. Rechtliche Verpflichtung oder Wahrnehmung einer Aufgabe (lit. b)

Gem. Abs. 3 lit. b finden die Abs. 1 und 2 keine Anwendung, soweit die   **43** Verarbeitung für die **Erfüllung bestimmter rechtlicher Verpflichtungen** bzw. für bestimmte **Aufgabenwahrnehmungen** erforderlich ist. Gem. Abs. 3 lit. b Var. 1 ist die Erfüllung einer rechtlichen Verpflichtung, die die Verarbeitung nach dem Recht der EU oder der Mitgliedstaaten, denen der Verantwortliche unterliegt, erfordert. Insofern handelt es sich hierbei um eine **Öffnungsklausel** für die Mitgliedstaaten, bspw. für **steuer- oder handelsrechtliche Aufbewahrungspflichten** (vgl. Kamann/Braun in Ehmann/Selmayr DS-GVO Art. 17 Rn. 59; Kühling/Martini ua DS-GVO und nationales Recht, 85; → BDSG § 35 Rn. 7). Alternativ ist gem. Abs. 3 lit. b Var. 2 die Wahrnehmung einer dem Verantwortlichen übertragenen Aufgabe gefordert, die im **öffentl. Interesse** liegt oder **in Ausübung öffentl. Gewalt** erfolgt (ausf. Veil in GSSV DS-GVO Art. 17 Rn. 148 ff.).

III. Öffentliche Gesundheit (lit. c)

Gem. Abs. 3 lit. c finden die Abs. 1 und 2 keine Anwendung, soweit die   **44** Verarbeitung erforderlich ist aus Gründen des öffentl. Interesses im Bereich der **öffentl. Gesundheit** gem. Art. 9 Abs. 2 lit. h und i sowie Art. 9 Abs. 3 (s. auch ER, 7978/1/15 REV 1, 41 (Fn. 177); Fladung in Wybitul DS-GVO Art. 17 Rn. 34; Kamann/Braun in Ehmann/Selmayr DS-GVO Art. 17 Rn. 62; Mathes/Krohm PinG 2015, 49).

IV. Archiv-, wissenschaftliche oder historische Forschungs-, statistische Zwecke (lit. d)

Gem. Abs. 3 lit. d finden die Abs. 1 und 2 keine Anwendung, soweit die   **45** Verarbeitung erforderlich ist für die nachf. Zwecke und (nur) soweit das Recht auf Löschung gem. Art. 17 Abs. 1 voraussichtlich die Verwirklichung der Ziele dieser Verarbeitung unmöglich macht oder ernsthaft beeinträchtigt: Benannt sind im öffentl. Interesse liegende **Archivzwecke, wiss. oder historische Forschungszwecke oder statistische Zwecke** gem. Art. 89

Abs. 1 (Herbst in Kühling/Buchner DS-GVO Art. 17 Rn. 81 f.; Kamann/
Braun in Ehmann/Selmayr DS-GVO Art. 17 Rn. 63; Nolte/Werkmeister in
Gola DS-GVO Art. 17 Rn. 47).

V. Geltendmachung, Ausübung oder Verteidigung von Rechtsansprüchen (lit. e)

46 Gem. Abs. 3 lit. e finden die Abs. 1 und 2 keine Anwendung, soweit die
Verarbeitung zur **Geltendmachung und Ausübung von Rechtsansprü-
chen** sowie zur **Verteidigung „von" (sowie gegen) Rechtsansprüche**
erforderlich ist (OLG Frankfurt/M., ZD 2019, 364; Herbst in Kühling/
Buchner DS-GVO Art. 17 Rn. 83). S. zudem Art. 18 Abs. 1 lit. c (→ Art. 18
Rn. 18). Umstr. ist, welche Anforderungen an die Wahrscheinlichkeit der
Geltendmachung entspr. Ansprüche zu stellen sind. Überwiegend wird
jedenfalls die lediglich abstrakte Möglichkeit eventueller Ansprüche oder
Klagen für die Berufung auf Abs. 3 lit. e nicht für ausreichend gehalten
(Herbst in Kühling/Buchner DS-GVO Art. 17 Rn. 83, davon ausgehend, der
Rechtsstreit müsse mit hinreichender Wahrscheinlichkeit bevorstehen oder
schon stattfinden; für eine Interessenabwägung nach Art. 6 Abs. 1 lit. f Dix in
NK-DatenschutzR DS-GVO Art. 17 Rn. 38; Worms in BeckOK Daten-
schutzR DS-GVO Art. 17 Rn. 87; für eine generelle Abwägung der Wahr-
scheinlichkeit auch Kamann/Braun in Ehmann/Selmayr DS-GVO Art. 17
Rn. 64; Meents/Hinzpeter in Taeger/Gabel DS-GVO Art. 17 Rn. 58; aA
dagegen Kamlah in Plath DS-GVO Art. 17 Rn. 20, insofern auch irrationale
Aspekte berücksichtigend; daneben insbes. Veil in GSSV DS-GVO Art. 17
Rn. 166 im Zusammenhang mit Schuldverhältnissen auf den Ablauf der
regelmäßigen Verjährungsfrist abstellend; ähnlich Fladung in Wybitul DS-
GVO Art. 17 Rn. 40).

Art. 18 Recht auf Einschränkung der Verarbeitung

(1) Die betroffene Person hat das Recht, von dem Verantwortlichen die Einschränkung der Verarbeitung zu verlangen, wenn eine der folgenden Voraussetzungen gegeben ist:
a) die Richtigkeit der personenbezogenen Daten von der betroffenen Person
   bestritten wird, und zwar für eine Dauer, die es dem Verantwortlichen ermöglicht, die Richtigkeit der personenbezogenen Daten zu überprüfen,
b) die Verarbeitung unrechtmäßig ist und die betroffene Person die Löschung der
   personenbezogenen Daten ablehnt und stattdessen die Einschränkung der Nutzung der personenbezogenen Daten verlangt;
c) der Verantwortliche die personenbezogenen Daten für die Zwecke der Verarbeitung nicht länger benötigt, die betroffene Person sie jedoch zur Geltendmachung, Ausübung oder Verteidigung von Rechtsansprüchen benötigt, oder
d) die betroffene Person Widerspruch gegen die Verarbeitung gemäß Artikel 21
   Absatz 1 eingelegt hat, solange noch nicht feststeht, ob die berechtigten

Gründe des Verantwortlichen gegenüber denen der betroffenen Person überwiegen.

(2) Wurde die Verarbeitung gemäß Absatz 1 eingeschränkt, so dürfen diese personenbezogenen Daten – von ihrer Speicherung abgesehen – nur mit Einwilligung der betroffenen Person oder zur Geltendmachung, Ausübung oder Verteidigung von Rechtsansprüchen oder zum Schutz der Rechte einer anderen natürlichen oder juristischen Person oder aus Gründen eines wichtigen öffentlichen Interesses der Union oder eines Mitgliedstaats verarbeitet werden.

(3) Eine betroffene Person, die eine Einschränkung der Verarbeitung gemäß Absatz 1 erwirkt hat, wird von dem Verantwortlichen unterrichtet, bevor die Einschränkung aufgehoben wird.

BDSG und anderes nationales Recht: §§ 27 Abs. 2, 28 Abs. 4 BDSG (kommentiert unter → BDSG § 27 Rn. 10 ff.; → BDSG § 28 Rn. 10). § 51a Abs. 2 GwG, § 26 IRegG, § 13a Abs. 1 AnlEntG, § 22b Abs. 1 BörsG, § 32f AO, § 20 Abs. 2 BZRG, § 37 AZRG, § 21 Abs. 4 EinSiG, § 4 Abs. 3 SAG, § 4e Abs. 1 FinDAG, § 14 Abs. 3 BMG, § 12 BMG, § 6e BSIG, § 21a EGVG, § 31c Abs. 2 AO

Literatur: *Franck,* Das System der Betroffenenrechte nach der Datenschutz-Grundverordnung (DS-GVO), RDV 2016, 111; *Krämer,* Die Verarbeitung personenbezogener Daten durch Inkassounternehmen und Auskunfteien nach der DS-GVO, NJW 2018, 347; *Piltz,* Die Datenschutz-Grundverordnung, Teil 2, K&R 2016, 629.

Übersicht

A. Allgemeines

I. Überblick

1 Art. 18 statuiert ein **Recht auf Einschränkung der Verarbeitung.** Abs. 1 listet die (alternativen) **Voraussetzungen** auf, wann die betroffene Person eine Einschränkung verlangen kann. Abs. 2 bestimmt die **Folgen** einer Einschränkung für eine (weitere) Verarbeitung der personenbezogenen Daten. Abs. 3 statuiert eine **Pflicht** des Verantwortlichen **zur Unterrichtung** der betroffenen Person vor Aufhebung der Einschränkung.

II. Entstehungsgeschichte

2 Das in Art. 18 niedergelegte Recht auf Einschränkung der Verarbeitung war in den Vorentwürfen von KOM und EP in Art. 17 Abs. 4 bis 6 DS-GVO-E (KOM/EP) als Annex zum Recht auf Vergessenwerden bzw. Löschung vorgesehen, bevor der ER die Bestimmung sodann in Art. 17a DS-GVO-E(Rat) überführte. Die noch in Art. 17 Abs. 4 lit. d DS-GVO-E(KOM) sowie Art. 17 Abs. 4 lit. ca, d und da DS-GVO-E(EP) vorgesehenen Gründe für eine Einschränkung der Verarbeitung (iE (1) rechtskräftige Entsch. eines Gerichts oder einer Regulierungsbehörde, (2) Forderung der Übertragung auf ein anderes automatisiertes Verarbeitungssystem oder (3) die spezifische Art der Speichertechnologie ermöglicht keine Löschung und war vor Inkrafttreten dieser Verordnung installiert) wurden nicht in die endgültige Fassung übernommen. Darüber hinaus wurde auch die in Art. 17 Abs. 9 DS-GVO-E (KOM/EP) vorgesehene Ermächtigung der KOM zum Erlass delegierter Rechtsakte nicht übernommen.

III. Sinn und Zweck

3 Das Recht auf Einschränkung der Verarbeitung dient iRv **lit. a und d** einem **(vorläufigen) Ausgleich zwischen den Interessen** der betroffenen Person an den personenbezogenen Daten und dem Verantwortlichen an der Verarbeitung eben dieser Daten. IRv **lit. b und c** tritt die Einschränkung der Verarbeitung dagegen auf Antrag bzw. aus **Interesse der betroffenen Person** an die Stelle einer eigentlich vorgesehenen Löschung der entspr. Daten. In den verschiedenen Situationen sieht Art. 18 somit – als **ggü. der Löschung milderes Mittel** – vor, dass lediglich die Verarbeitung eingeschränkt wird und damit die betroffene Person einen effektiven (und quasi-einstweiligen) Rechtsschutz (bis zur Klärung der Rechtslage) erhält (zust. Veil in GSSV DS-GVO Art. 18 Rn. 4; idS auch Kamann/Braun in Ehmann/Selmayr DS-GVO Art. 18 Rn. 2).

IV. (Un)Entgeltlichkeit

4 Die Einschränkung der Verarbeitung gem. Abs. 1 und die Unterrichtung gem. Abs. 3 erfolgen **unentgeltlich;** ein angemessenes Entgelt kann nur bei

offenkundig unbegründeten oder **exzessiven Anträgen** verlangt werden (Art. 12 Abs. 5 S. 1 und S. 2 lit. a; → Art. 12 Rn. 61 ff.).

V. Identität des Antragstellers

Bei begr. **Zweifeln an der Identität** der antragsstellenden Person, kann der 5
Verantwortliche **zusätzliche Informationen** anfordern (Art. 12 Abs. 6; vgl.
auch ErwGr 64; → Art. 12 Rn. 72 ff.). Zur Identifizierbarkeit → Rn. 7.

VI. Be- und Einschränkungen, Öffnungsklauseln

Ein Tätigwerden aufgrund eines Antrags gem. Art. 18 kann von dem Ver- 6
antwortlichen bei **offenkundig unbegründeten** oder **exzessiven Anträgen**
verweigert werden (Art. 12 Abs. 5 S. 2 lit. b; zu Einzelheiten → Art. 12
Rn. 63 ff.).

Art. 18 findet zudem bei **mangelnder Identifizierbarkeit** der betroffe- 7
nen Person unter den weiteren Voraussetzungen des Art. 11 Abs. 2 keine
Anwendung (→ Art. 11 Rn. 10).

Das Recht auf Einschränkung der Verarbeitung gem. Art. 18 kann durch 8
Unionsrecht oder dem **Recht der Mitgliedstaaten,** dem der Verantwortliche (oder der Auftragsverarbeiter) unterliegt, unter bestimmten, in Art. 23
näher definierten Voraussetzungen beschr. werden (→ Art. 23 Rn. 9 ff.).

Abweichungen oder Ausnahmen von Art. 18 können die Mitgliedstaaten 9
gem. Art. 85 Abs. 2 vorsehen für die Verarbeitung, die zu **journalistischen
Zwecken** sowie zu **wiss., künstlerischen oder literarischen Zwecken**
erfolgt, wenn dies erforderlich ist, um das Recht auf Schutz der personenbezogenen Daten mit der **Freiheit der Meinungsäußerung** und der **Informationsfreiheit** in Einklang zu bringen (zu Einzelheiten → Art. 85
Rn. 5 ff.). Daneben ist auch der Erlass spezifischer Vorschr. durch die Mitgliedstaaten iRd **Beschäftigtenkontextes** nach **Art. 88** möglich (→ Art. 88
Rn. 1 ff.).

Ausnahmen von dem Recht gem. Art. 18 können ferner im **Unionsrecht** 10
oder im **Recht der Mitgliedsstaaten** nach Art. 89 Abs. 2 und 3 unter
näheren, dort genannten Voraussetzungen vorgesehen werden (zu Einzelheiten → Art. 89 Rn. 13 ff.).

VII. Geldbuße

Bei einem Verstoß gegen Art. 18 kann gem. Art. 83 Abs. 5 lit. b eine 11
Geldbuße verhängt werden (→ Art. 83 Rn. 23 f.).

B. Voraussetzungen für das Recht auf Einschränkung der Verarbeitung (Abs. 1)

Abs. 1 sieht vor, dass die betroffene Person in näher definierten Fällen das 12
Recht hat, eine Einschränkung der Verarbeitung zu verlangen. Der bzw. die
entspr. Anträge können formfrei erfolgen (→ Art. 12 Rn. 42). Das Recht auf

Einschränkung ist mithin als Initiativrecht ausgestaltet (Gola in Gola DS-GVO Art. 18 Rn. 2).

13   Zur Mitteilungspflicht ggü. Empfängern im Zusammenhang mit der Löschung s. Art. 19; zur Zurverfügungstellung von Informationen über die aufgrund des Antrages gem. Art. 18 ergriffenen Maßnahmen s. Art. 12 Abs. 3 (→ Art. 12 Rn. 52 ff.).

I. Einschränkung der Verarbeitung

14   Eine Einschränkung der Verarbeitung setzt voraus, dass die entspr. Daten durch eine Markierung in keiner Weise (vorbehaltlich des Abs. 2) mehr in Verarbeitungsprozesse integriert werden können (vgl. Worms in BeckOK DatenschutzR DS-GVO Art. 18 Rn. 47). ErwGr 67 weist insoweit hin auf verschiedene Methoden zur Einschränkung der Verarbeitung: (1) die entspr. personenbezogenen Daten werden **vorübergehend auf ein anderes Verarbeitungssystem übertragen,** (2) die entspr. personenbezogenen Daten werden **für Nutzer gesperrt** oder (3) veröffentlichte Daten werden **vorübergehend von einer Website entfernt.** ErwGr 67 stellt klar, dass in automatisierten Dateisystemen die Einschränkung der Verarbeitung grds. durch **technische Mittel** so erfolgen sollte, dass die personenbezogenen Daten in keiner Weise weiterverarbeitet und auch nicht verändert werden können. Schließlich sollte in solchen Systemen unmissverständlich auf die Beschränkung der Verarbeitung der personenbezogenen Daten hingewiesen werden.

II. Einschränkungsgründe

15   Ein Recht auf Einschränkung der Verarbeitung besteht in den in Abs. 1 lit. a bis d abschl. (vgl. Kamann/Braun in Ehmann/Selmayr DS-GVO Art. 18 Rn. 8) aufgeführten Fällen.

1. Bestreiten der Richtigkeit (lit. a)

16   Gem. Abs. 1 lit. a hat eine Einschränkung der Verarbeitung zu erfolgen, wenn die **Richtigkeit der personenbezogenen Daten von der betroffenen Person bestr. wird.** ZT wird darüber hinaus eine analoge Anwendung des Abs. 1 lit. a gefordert, falls die betroffene Person nicht die Richtigkeit der Daten, sondern die **Zulässigkeit** der Verarbeitung bestreitet (so Kamlah in Plath DS-GVO Art. 18 Rn. 7; aA Meents/Hinzpeter in Taeger/Gabel DS-GVO Art. 16 Rn. 13, wonach es an einer Regelungslücke fehle). Die betr. Einschränkung hat für einen solchen Zeitraum zu erfolgen, der es dem Verantwortlichen ermöglicht, die Richtigkeit der personenbezogenen Daten zu überprüfen. Der Prüfungszeitraum richtet sich grds. nach den **Umständen des Einzelfalls,** darf aber die **Monatsfrist** des Art. 12 Abs. 3 und 4 nicht überschreiten (vgl. Worms in BeckOK DatenschutzR DS-GVO Art. 18 Rn. 29 mwN). Die betroffene Person muss die angebliche Unrichtigkeit der verarbeiteten Daten grds. substantiiert darlegen (sog. qualifiziertes Bestreiten, vgl. VG Stade NVwZ 2019, 251 Rn. 31; Kamann/Braun in Ehmann/Selmayr DS-GVO Art. 18 Rn. 12 mwN). Ein **willkürliches Bestreiten** reicht insoweit also nicht aus (so aber Peuker in HK-DS-GVO Art. 16 Rn. 10; Meents/Hinzpeter in Taeger/Gabel DS-GVO Art. 16 Rn. 13; wohl auch Herbst in Kühling/Buchner DS-GVO Art. 18 Rn. 11), wird in der Praxis (mangels anfänglicher Überprüfbarkeit der Behauptung) allerdings in der Regel ebenso zu einer (zeitweisen) Einschränkung führen (s. auch Härting BB 2012, 459 (464); Veil in GSSV DS-GVO Art. 18 Rn. 63 f.). Ein Recht auf (dauerhafte) Einschränkung der Verarbeitung bei Vorliegen eines **non liquet** ist damit gleichwohl nicht verbunden (zu Einzelheiten mwN s. Worms in BeckOK DatenschutzR DS-GVO Art. 18 Rn. 33 ff.; aA Peuker in HK-DS-GVO Art. 18 Rn. 12; Meents/Hinzpeter in Taeger/Gabel DS-GVO Art. 16 Rn. 15; idS auch Kamann/Braun in Ehmann/Selmayr DS-GVO Art. 16 Rn. 15, für diesen Fall eine Verlängerung der Einschränkung auf Grundlage von lit. b annehmend).

Zu beachten ist, dass es sich bei der Richtigkeit der zu verarbeitenden **16a** Daten um einen allg. Grundsatz der DS-GVO handelt (vgl. Art. 5 Abs. 1 lit. d). Ist die Richtigkeit der Daten nicht beweisbar, so wird der Verantwortliche nicht die Rechtmäßigkeit der Verarbeitung darlegen können. Die Daten sind in diesem Fall allerdings nicht lediglich einer Beschränkung zu unterwerfen, sondern vielmehr ist die Datenverarbeitung mangels Rechtsgrundlage insgesamt zu unterlassen sowie einem Berichtigungs- oder Löschungsgesuch nachzukommen (vgl. Herbst in Kühling/Buchner DS-GVO Art. 18 Rn. 13; Gola in Gola DS-GVO Art. 18 Rn. 13; Worms in BeckOK DatenschutzR DS-GVO Art. 18 Rn. 35; Däubler in DWWS DS-GVO Art. 18 Rn. 4; Dix in NK-DatenschutzR DS-GVO Art. 18 Rn. 5).

2. Einschränkungsverlangen (lit. b)

Ist die **Verarbeitung unrechtmäßig** und lehnt die betroffene Person die **17** Löschung der personenbezogenen Daten ab, so kann sie gem. Abs. 1 lit. b eine Einschränkung der Verarbeitung verlangen (zu Einzelheiten s. Gola in Gola DS-GVO Art. 18 Rn. 16 f.).

3. Geltendmachung, Ausübung oder Verteidigung von Rechtsansprüchen (lit. c)

Gem. Abs. 1 lit. c hat eine Einschränkung zu erfolgen, wenn zwar der Ver- **18** antwortliche die personenbezogenen Daten für die Zwecke der Verarbeitung nicht länger benötigt (s. auch Art. 17 Abs. 1 lit. a iVm Abs. 3 lit. e), die betroffene Person die betr. Daten aber zur **Geltendmachung und Ausübung von Rechtsansprüchen** sowie zur **Verteidigung gegen Rechtsansprüche** benötigt (lit. c ist sprachlich verunglückt, da nicht eine Verteidigung „von" Rechtsansprüchen, sondern eine Verteidigung „gegen" Rechtsansprüche gemeint sein wird). Aus der Formulierung „benötigt" ergibt sich, dass zumindest eine **hinreichende Wahrscheinlichkeit** für eine rechtliche Auseinandersetzung bestehen muss (Herbst in Kühling/Buchner DS-GVO Art. 18 Rn. 22 f.; Worms in BeckOK DatenschutzR DS-GVO Art. 18 Rn. 41).

4. Widerspruch (lit. d)

19 Gem. Abs. 1 lit. d hat eine Einschränkung zu erfolgen, wenn und soweit die betroffene Person **Widerspruch gegen die Verarbeitung** gem. Art. 21 Abs. 1 eingelegt hat und noch nicht feststeht, ob die berechtigten Gründe des Verantwortlichen ggü. denen der betroffenen Person überwiegen (zu Einzelheiten s. Gola in Gola DS-GVO Art. 18 Rn. 19).

C. Verarbeitung nach Einschränkung (Abs. 2)

20 Im Falle einer Einschränkung nach Abs. 1 dürfen die maßgeblichen personenbezogenen Daten der betroffenen Person nach Abs. 2 nur in den folgenden Fällen durch den Verantwortlichen verarbeitet werden (stets zulässig bleibt die Speicherung): (1) **Einwilligung** der betroffenen Person, (2) zur **Geltendmachung und Ausübung von Rechtsansprüchen bzw. zur Verteidigung gegen Rechtsansprüche** (vgl. → Rn. 18), (3) zum **Schutz der Rechte einer anderen natürlichen oder jur. Person** oder (4) aus **Gründen eines wichtigen öffentl. Interesses der Union oder eines Mitgliedstaats** (zu Einzelheiten s. Kamann/Braun in Ehmann/Selmayr DS-GVO Art. 18 Rn. 30 ff.).

D. Unterrichtungspflicht vor Aufhebung der Einschränkung (Abs. 3)

21 Gem. Abs. 3 hat der Verantwortliche die Pflicht, die betroffene Person vor Aufhebung der Einschränkung zu unterrichten. Hierdurch wird die betroffene Person in die Lage versetzt, ihre Rechte, insbes. das Recht auf (eine weitere) Einschränkung, effektiv wahrzunehmen (vgl. Kamann/Braun in Ehmann/Selmayr DS-GVO Art. 18 Rn. 36). ZT wird die Unterrichtungspflicht in analoger Anwendung (auch) auf Fälle der noch zulässigen (Weiter-)Verarbeitung nach Abs. 2 erstreckt (so Peuker in HK-DS-GVO Art. 16 Rn. 30; Dix in NK-DatenschutzR DS-GVO Art. 18 Rn. 15; Meents/Hinzpeter in Taeger/Gabel DS-GVO Art. 16 Rn. 35; aA wohl Kamlah in Plath DS-GVO Art. 18 Rn. 20). Wenngleich dies dem Zweck der Unterrichtungspflicht entsprechen dürfte, steht einer solchen Ausdehnung iErg. aber der klare Wortlaut des Abs. 3 entgegen (vgl. auch Herbst in Kühling/Buchner DS-GVO Art. 18 Rn. 44).

E. DSRL und BDSG aF

22 Das in Art. 18 enthaltene Recht auf Einschränkung der Verarbeitung korrespondiert mit der in **§§ 20 Abs. 3 bis 7, 35 Abs. 3 bis 6, 8 BDSG aF** als Ersatz für die Löschung vorgesehenen Sperrung von Daten, ist aber nicht deckungsgleich (vgl. Dix in Simitis BDSG aF § 35 Rn. 84).

23 Die nunmehr vorgesehene Einschränkung der Verarbeitung dürfte zudem hinausgehen über die in **§ 3 Abs. 4 Nr. 4 BDSG aF** legaldefinierte Sperrung (Kennzeichnung gespeicherter personenbezogener Daten mit dem Ziel, ihre weitere Verarbeitung oder Nutzung einzuschränken) (zust. Dix in NK- DatenschutzR DS-GVO Art. 18 Rn. 1; aA Herbst in Kühling/Buchner DS-GVO Art. 18 Rn. 28; Worms in BeckOK DatenschutzR DS-GVO Art. 18 Rn. 19; Kamlah in Plath DS-GVO Art. 18 Rn. 1; Meents/Hinzpeter in Taeger/Gabel DS-GVO Art. 16 Rn. 27, von einem weitestgehenden Gleichlauf mit der Sperrung unter dem BDSG aF ausgehend). Die hierfür insoweit niedergelegten Gründe in §§ 20 Abs. 3, 35 Abs. 3 BDSG aF sind in Art. 18 nicht enthalten. In den Art. 18 Abs. 1 lit. a und d wird wie bei §§ 20 Abs. 4 und 5, 35 Abs. 4 und 5 BDSG aF deutlich, dass die Einschränkung der Verarbeitung tendenziell als temporäre Lösung anzusehen ist. Art. 18 Abs. 2 trifft insoweit eine abw. Regelung von §§ 20 Abs. 5, 35 Abs. 5 BDSG aF, da von der Widerspruchslösung zu einer Einwilligungslösung übergegangen wurde. Die Einschränkung der Verarbeitung nach Art. 18 ist auch insoweit schärfer als die Sperrung nach §§ 20 Abs. 3 bis 7, 35 Abs. 3 bis 6 BDSG aF, weil die in §§ 20 Abs. 7, 35 Abs. 8 BDSG aF statuierten Möglichkeiten der Nutzung und Übermittlung ohne Einwilligung in der DS-GVO nun nicht mehr explizit vorgesehen sind (s. aber Art. 23).

Art. 19 Mitteilungspflicht im Zusammenhang mit der Berichtigung oder Löschung personenbezogener Daten oder der Einschränkung der Verarbeitung

[1] Der Verantwortliche teilt allen Empfängern, denen personenbezogenen Daten offengelegt wurden, jede Berichtigung oder Löschung der personenbezogenen Daten oder eine Einschränkung der Verarbeitung nach Artikel 16, Artikel 17 Absatz 1 und Artikel 18 mit, es sei denn, dies erweist sich als unmöglich oder ist mit einem unverhältnismäßigen Aufwand verbunden. [2] Der Verantwortliche unterrichtet die betroffene Person über diese Empfänger, wenn die betroffene Person dies verlangt.

BDSG und anderes nationales Recht: § 86 Abs. 2 BDSG, § 13a Abs. 1 AnlEntG, § 22b Abs. 1 BörsenG, § 21 Abs. 4 EinSiG, § 4e Abs. 1 FinDAG, § 19a NWRG, § 180 Abs. 11 StVollzG, § 21a EGGVG, § 4 Abs. 3 SAG, § 5 Abs. 3 IHKG, § 62a DesignG, § 138a UrhG, § 31a PatG, § 22a DesignG, § 52a VGG

Literatur: *Piltz/zur Weihen,* Die Mitteilungspflicht nach Art. 19 DS-GVO, RDV 2019, 107.

A. Allgemeines

I. Überblick

Art. 19 regelt die **Mitteilungspflicht des Verantwortlichen** ggü. den Empfängern von personenbezogenen Daten (S. 1) und – für diese Fälle – die **Unterrichtung der betroffenen Person** (S. 2). 1

II. Entstehungsgeschichte

2 Die nunmehr in Art. 19 enthaltene Mitteilungspflicht wurde zunächst in Art. 13 DS-GVO-E(KOM/EP) und sodann in Art. 17b DS-GVO-E(Rat) im Gesetzgebungsverfahren diskutiert sowie schließlich im Verfahren um eine Mitteilungspflicht an die Betroffenen in S. 2 ergänzt.

III. Sinn und Zweck

3 Die Mitteilungspflicht bezweckt die notwendige **Effektuierung und Fortwirkung** der Rechte der betroffenen Person nach Art. 16, 17 Abs. 1 und 18 (ebenso Veil in GSSV DS-GVO Art. 19 Rn. 2). Die vorgenannten Rechte gewährleisten der betroffenen Person idR noch keinen umfassenden Schutz, wenn und soweit die Daten (dritten) Empfängern offengelegt wurden (s. aber auch Art. 17 Abs. 2, → Art. 17 Rn. 32 ff.). Hierdurch wird es den Empfängern – auch iSd Grundsatzes der „Richtigkeit" (Art. 5 Abs. 1 lit. d; → Art. 5 Rn. 39 ff.) – ermöglicht, ihre Datenbestände zu überprüfen bzw. zu aktualisieren. Der betroffenen Person wird zudem die Gelegenheit eröffnet, ihre Rechte nunmehr direkt ggü. dem Empfänger wahrzunehmen (vgl. Kamann/Braun in Ehmann/Selmayr DS-GVO Art. 19 Rn. 2 f.).

IV. (Un)Entgeltlichkeit

4 Die Mitteilung nach S. 1 und die Unterrichtung nach S. 2 erfolgen grds. **unentgeltlich;** ein angemessenes Entgelt kann allenfalls ausnahmsweise bei **offenkundig unbegründeten** oder **exzessiven Anträgen** verlangt werden (Art. 12 Abs. 5 S. 1 und S. 2 lit. a; → Art. 12 Rn. 61 ff.).

V. Identität des Antragstellers

5 Bei begründeten **Zweifeln an der Identität** der antragsstellenden Person kann der Verantwortliche **zusätzliche Informationen** anfordern (Art. 12 Abs. 6; vgl. auch ErwGr 64; → Art. 12 Rn. 72 ff.). Zur Identifizierbarkeit → Rn. 7.

VI. Be- und Einschränkungen, Öffnungsklauseln

6 Die Unterrichtung nach S. 2 kann vom Verantwortlichen bei **offenkundig unbegründeten oder exzessiven Anträgen** verweigert werden (Art. 12 Abs. 5 S. 2 lit. b; → Art. 12 Rn. 63 ff.).

7 Art. 19 findet zudem keine Anwendung bei **mangelnder Identifizierbarkeit** der betroffenen Person unter den weiteren Voraussetzungen des Art. 11 Abs. 2 (→ Art. 11 Rn. 10).

8 Die Mitteilungspflicht gem. Art. 19 kann durch **Unionsrecht** oder nach dem **Recht der Mitgliedstaaten,** denen der Verantwortliche (oder der Auftragsverarbeiter) unterliegt, unter bestimmten, in Art. 23 näher definierten Voraussetzungen **beschränkt** werden (→ Art. 23 Rn. 9 ff.).

Abweichungen oder Ausnahmen von Art. 19 können die Mitgliedstaaten **9** gem. Art. 85 Abs. 2 vorsehen für eine Verarbeitung, die zu **journalistischen Zwecken** sowie zu **wiss., künstlerischen oder literarischen Zwecken** erfolgt, wenn dies erforderlich ist, um das Recht auf Schutz der personenbezogenen Daten mit der **Freiheit der Meinungsäußerung** und der **Informationsfreiheit** in Einklang zu bringen (→ Art. 85 Rn. 5 ff.).

Ausnahmen von den Pflichten gem. Art. 19 können ferner im **Unions-** **10** **recht** oder im **Recht der Mitgliedstaaten** nach Art. 89 Abs. 3 unter den näheren dort genannten Voraussetzungen vorgesehen werden (→ Art. 89 Rn. 16 f.).

VII. Geldbuße

Bei einem Verstoß gegen Art. 19 kann gem. Art. 83 Abs. 5 lit. b eine **11** **Geldbuße** verhängt werden (→ Art. 83 Rn. 23 f.).

B. Mitteilungspflicht gegenüber Empfängern (S. 1)

Nach S. 1 teilt der Verantwortliche allen Empfängern, denen er (als Verant- **12** wortlicher selbst, vgl. Herbst in Kühling/Buchner DS-GVO Art. 19 Rn. 7) personenbezogene Daten offengelegt hat, grds. die folgenden Ereignisse mit: (1) **Berichtigung** der personenbezogenen Daten nach Art. 16, (2) **Löschung** der personenbezogenen Daten nach Art. 17 Abs. 1 oder (3) **Einschränkung** der Verarbeitung nach Art. 18. Die Mitteilungspflicht greift nur bei einer Berichtigung, Löschung oder Einschränkung infolge eines (erfolgreichen) Antrags der betroffenen Person (so Kamann/Braun in Ehmann/Selmayr DS-GVO Art. 19 Rn. 9; Kamlah in Plath DS-GVO Art. 19 Rn. 2 f.; Pohle/ Spittka in Taeger/Gabel DS-GVO Art. 16 Rn. 6; aA wohl Dix in NK-DatenschutzR DS-GVO Art. 19 Rn. 7). Zum Begriff der „Offenlegung" → Art. 4 Rn. 30; vgl. auch Herbst in Kühling/Buchner DS-GVO Art. 19 Rn. 6 ff.; Worms in BeckOK DatenschutzR DS-GVO Art. 19 Rn. 15a; restriktiv Veil in GSSV DS-GVO Art. 19 Rn. 28. Zu Einzelheiten bzgl. Inhalt und Zeitpunkt der Mitteilung s. bspw. Kamann/Braun in Ehmann/Selmayr DS-GVO Art. 19 Rn. 20 f.

Der Begriff des **„Empfängers"** ist weiter als der des „Dritten"; umfasst **12a** sind somit grds. auch **Auftragsverarbeiter** (Herbst in Kühling/Buchner DS-GVO Art. 19 Rn. 6; Pohle/Spittka in Taeger/Gabel DS-GVO Art. 16 Rn. 9). Zu bedenken ist aber, dass Auftragsverarbeiter aufgrund der strikten Weisungsgebundenheit selbstständig gar nicht zur Veränderung der Daten befugt sein werden. Insofern hat der Auftraggeber als Verantwortlicher den Auftragsverarbeiter zur Vornahme der entspr. Handlung anzuweisen (vgl. auch Gola in Gola DS-GVO Art. 19 Rn. 6; Piltz/von Weihen, RDV 2019, 107 (107 f.)).

Keine Pflicht zur Mitteilung besteht, wenn und soweit eine solche Mit- **13** teilung **unmöglich** oder mit einem **unverhältnismäßigen Aufwand** verbunden ist (s. hierzu → Art. 17 Rn. 36; Kamann/Braun in Ehmann/Selmayr DS-GVO Art. 19 Rn. 13 ff.).

13a   Str. ist, ob die Mitteilungspflicht auch dann besteht, wenn diese für die **betroffene Person nachteilig** ist (eine Ausnahme wegen des eindeutigen Wortlautes ablehnend Pohle/Spittka in Taeger/Gabel DS-GVO Art. 16 Rn. 8; ähnlich Herbst in Kühling/Buchner DS-GVO Art. 19 Rn. 11, allenfalls eine inhaltliche Beschränkung nach dem Grundsatz der Datenminimierung anerkennend; demgegenüber einen Ausschluss bei überwiegenden Interessen der betroffenen Person bejahend Kamann/Braun in Ehmann/Selmayr DS-GVO Art. 19 Rn. 23; ähnlich Gola in Gola DS-GVO Art. 19 Rn. 13, dies sei iRd Vorbehalts des „unverhältnismäßigen Aufwands" zu berücksichtigen; für einen Ausschluss der Mitteilungspflicht im Wege teleologischer Reduktion des Art. 19 Peuker in HK-DS-GVO Art. 19 Rn. 6).

13b   Zur Frage nach einer **zeitlichen Beschränkung** der Speicherung von Daten über Offenlegungen s. Herbst in Kühling/Buchner DS-GVO Art. 19 Rn. 13; Ehmann/Selmayr DS-GVO Art. 19 Rn. 23.

C. Mitteilungspflicht gegenüber der betroffenen Person (S. 2)

14   Der Verantwortliche hat die betroffene Person nach S. 2 auf deren Verlangen über die in S. 1 definierten Empfänger zu unterrichten.

D. DSRL und BDSG aF

15   §§ 20 Abs. 8, 35 Abs. 7 BDSG aF (vgl. auch Art. 12 lit. c DSRL) enthalten eine der Regelung des Art. 19 S. 1 vergleichbare Mitteilungspflicht (vgl. Gola in Gola DS-GVO Art. 19 Rn. 3). Darüber hinaus enthält Art. 19 nunmehr die Mitteilungspflicht des Verantwortlichen ggü. der betroffenen Person über die in S. 1 definierten Empfänger.

Art. 20 Recht auf Datenübertragbarkeit

(1) Die betroffene Person hat das Recht, die sie betreffenden personenbezogenen Daten, die sie einem Verantwortlichen bereitgestellt hat, in einem strukturierten, gängigen und maschinenlesbaren Format zu erhalten, und sie hat das Recht, diese Daten einem anderen Verantwortlichen ohne Behinderung durch den Verantwortlichen, dem die personenbezogenen Daten bereitgestellt wurden, zu übermitteln, sofern

a) die Verarbeitung auf einer Einwilligung gemäß Artikel 6 Absatz 1 Buchstabe a oder Artikel 9 Absatz 2 Buchstabe a oder auf einem Vertrag gemäß Artikel 6 Absatz 1 Buchstabe b beruht und

b) die Verarbeitung mithilfe automatisierter Verfahren erfolgt.

(2) Bei der Ausübung ihres Rechts auf Datenübertragbarkeit gemäß Absatz 1 hat die betroffene Person das Recht, zu erwirken, dass die personenbezogenen

Daten direkt von einem Verantwortlichen einem anderen Verantwortlichen übermittelt werden, soweit dies technisch machbar ist.

(3) [1] Die Ausübung des Rechts nach Absatz 1 des vorliegenden Artikels lässt Artikel 17 unberührt. [2] Dieses Recht gilt nicht für eine Verarbeitung, die für die Wahrnehmung einer Aufgabe erforderlich ist, die im öffentlichen Interesse liegt oder in Ausübung öffentlicher Gewalt erfolgt, die dem Verantwortlichen übertragen wurde.

(4) Das Recht gemäß Absatz 1 darf die Rechte und Freiheiten anderer Personen nicht beeinträchtigen.

BDSG und anderes nationales Recht: –

Literatur: *Albrecht,* Das neue EU-Datenschutzrecht – von der Richtlinie zur Verordnung, CR 2016, 88; *Bräutigam/Schmidt-Wudy,* Das geplante Auskunfts- und Herausgaberecht des Betroffenen nach Art. 15 der EU-Datenschutzgrundverordnung – Ein Diskussionsbeitrag zum anstehenden Trilog der EU-Gesetzgebungsorgane, CR 2015, 56; *Brüggemann,* Das Recht auf Datenportabilität, in: Taeger (Hrsg.), Tagungsband Herbstakademie 2017, 1 und K&R 2018, 1; *Dehmel/Hullen,* Auf dem Weg zu einem zukunftsfähigen Datenschutz in Europa? – Konkrete Auswirkungen der DS-GVO auf Wirtschaft, Unternehmen und Verbraucher, ZD 2013, 147; *Härting,* Starke Behörden, schwaches Recht – der neue EU-Datenschutzentwurf, BB 2012, 459; *Hennemann,* Datenportabilität, PinG 2017, 5; *Hornung,* Die europäische Datenschutzreform – Stand, Kontroversen und weitere Entwicklung, in: Scholz/Funk (Hrsg.), DGRI Jahrbuch 2012, 2013, 1; *Jaspers,* Die EU-Datenschutz-Grundverordnung – Auswirkungen der EU-Datenschutz-Grundverordnung auf die Datenschutzorganisation des Unternehmers, DuD 2012, 571; *Jülicher/Röttgen/v. Schönfeld,* Das Recht auf Datenübertragbarkeit, ZD 2016, 358; *Kipker/Voskamp,* Datenschutz in sozialen Netzwerken nach der Datenschutzgrundverordnung, DuD 2012, 737; *Kratz,* Datenportabilität und „Walled Gardens" – Historische Rekonstruktion und praktische Gefahren des Art. 20 DSGVO, InTeR 2019, 26; *Krause,* Datenportabilität, PinG 2018, 239 und 2019, 13; *Leucker,* Die zehn Märchen der Datenschutzreform, PinG 2015, 195; *Richter,* Datenschutz durch Technik und die Grundverordnung der EU-Kommission, DuD 2012, 576; *Roßnagel/Richter/Nebel,* Besserer Internetdatenschutz für Europa – Vorschläge zur Spezifizierung der DS-GVO, ZD 2013, 103; *Schätzle,* Ein Recht auf die Fahrzeugdaten – Das Recht auf Datenportabilität aus der DS-GVO, PinG 2016, 71; *Schantz,* Die Datenschutz-Grundverordnung – Beginn einer neuen Zeitrechnung im Datenschutzrecht, NJW 2016, 1841; *Schürmann,* Das Recht auf Datenübertragbarkeit – Daten schützen oder Daten nutzen?, DSB 2017, 230; *Skobel,* Alle Daten kommen mit – Datenportabilität als Mittel zur Bekämpfung der Meinungsmacht sozialer Netzwerke und Suchmaschinen, PinG 2018, 156; *Sperlich,* Das Recht auf Datenübertragbarkeit, DuD 2017, 377; *Spindler,* Verträge über digitale Inhalte – Haftung, Gewährleistung und Portabilität – Vorschlag der EU-Kommission zu einer Richtlinie über Verträge zur Bereitstellung digitaler Inhalte, MMR 2016, 219; *Strubel,* Anwendungsbereich des Rechts auf Datenübertragbarkeit, ZD 2017, 355; *Swire/Lagos,* Why the right to data portability likely reduces consumer welfare: antitrust and privacy critique, Maryland Law Review 2013, 335; *Westphal/Wichtermann,* Datenportierung nach Art. 20 DS-GVO – Ausgewählte Ausschlussgründe, ZD 2019, 191; *Wybitul/Fladung,* EU-Datenschutz-Grundverordnung – Überblick und arbeitsrechtliche Betrachtung des Entwurfs, BB 2012, 509; *ders./Rauer,* EU-Datenschutz-Grundverordnung und Beschäftigtendatenschutz – Was bedeuten die Regelungen für Unternehmen und Arbeiter in Deutschland?, ZD 2012, 160.

Übersicht

A. Allgemeines

I. Überblick

1   Art. 20 statuiert ein **Recht auf Datenübertragbarkeit. Abs. 1** betr. das Recht auf **Erhalt** und das Recht auf **Übermittlung der bereitgestellten Daten zu einem anderen Verantwortlichen. Abs.** 2 sieht – soweit technisch umsetzbar – ein Recht auf **Direkt-Übermittlung an den anderen Verantwortlichen** vor. **Abs. 3 und 4** treffen Regelungen zum **Verhältnis zu Art. 17** (Recht auf Löschung), zum **Anwendungsbereich** und zur **Beeinträchtigung von Rechten und Freiheiten anderer Personen.**

II. Entstehungsgeschichte

2   Ein **Recht auf Datenübertragbarkeit** wurde bereits durch die KOM in das Gesetzgebungsverfahren eingebracht. Nachdem das EP den betreffenden Art. 18 DS-GVO(KOM) zunächst vollständig aus dem Entwurf gestrichen hatte, sah der ER sodann das Recht auf Datenübertragbarkeit in Art. 18 DS-GVO(Rat) wiederum vor – nunmehr allerdings ohne die in Art. 18 Abs. 3 DS-GVO(KOM) vormals noch vorgesehene Ermächtigung der KOM zum Erlass von Durchführungsrechtsakten sowie mit den Einschränkungen des Art. 18 Abs. 2a und 2aa DS-GVO(Rat), welche denen der nunmehrigen Regelungen des Art. 20 Abs. 3 und 4 DS-GVO entsprechen. Im Gegensatz zu Art. 18 DS-GVO(Rat) enthält Art. 20 Abs. 2 DS-GVO darüber hinaus auch das Recht der betroffenen Person auf eine direkte Weiterleitung der personenbezogenen Daten.

3   Im Gesetzgebungsverfahren wurde zT geltend gemacht, das Recht auf Datenübertragbarkeit solle nicht im Zuge der DS-GVO geregelt werden, da es sich um eine verbraucherschutz-, immaterialgüter- und/oder (insbes.) **wettbewerbsrechtliche Materie** handele. Mitunter wurde darüber hinaus ua hingewiesen auf wettbewerbsrechtliche Gefahren bzw. den (mangelnden) Schutz von Geschäftsgeheimnissen sowie auf ein etwaiges Missbrauchspotential (s. zu alledem ER, 7978/1/15 REV 1, 45 (Fn. 190); ferner etwa Dehmel/ Hullen ZD 2013, 147 (153); Jaspers DuD 2015, 571 (573); Roßnagel/ Kroschwald ZD 2014, 495 (498); Richter DuD 2012, 576 (578); Bräutigam/ Schmidt-Wudy CR 2015, 56 (59); Härting BB 2012, 459 (465)). Zu Recht wurde darauf hingewiesen, dass durch die mit der Erfüllung des Anspruches nach Art. 20 einhergehende Strukturierung der Daten ggf. datenschutzrechtliche (Missbrauchs-)Risiken womöglich erst erzeugt werden (Leucker PinG 2015, 195 (198); Swire/Lagos Maryland Law Review 2013, 335 (339))).

III. Sinn und Zweck

Das Recht auf Datenübertragbarkeit (sog **Daten-Portabilität**) soll der betroffenen Person − wie auch das Recht auf Auskunft gem. Art. 15 − im Ausgangspunkt bei einer Verarbeitung personenbezogener Daten mit automatischen Mitteln eine bessere **Kontrolle über die eigenen Daten** ermöglichen (ErwGr 68; vgl. auch Hennemann PinG 2017, 5 (5); Jülicher/Röttgen/ v. Schönfeld ZD 2016, 358 (360 f.)). Darüber hinaus soll das Recht der betroffenen Person einen möglichst unkomplizierten **Wechsel** von einem Verantwortlichen, sprich **Anbieter,** zu einem anderen eröffnen. Ein vollständiger Wechsel iS eines vollständigen Entzuges der Daten vom Verantwortlichen wird allerdings vielfach gerade nicht erforderlich bzw. gewollt sein; vielmehr wird die betroffene Person häufig zusätzlich den Dienst eines weiteren (zweiten) Verantwortlichen (zumindest für eine Übergangszeit) parallel nutzen wollen. **4**

Für den Wechsel hat der Verantwortliche die Daten in einem entspr. (portablen) **Format** zur Verfügung zu stellen und ggf. diese Daten direkt an den anderen Verantwortlichen zu übermitteln. Die Vorschr. enthält zwar keine Pflicht zur **Übernahme** oder **Beibehaltung technisch kompatibler Datenverarbeitungssysteme,** soll aber gleichwohl **interoperable Formate fördern** (vgl. ErwGr 68). Art. 20 Abs. 1 ist damit auch Ausdruck eines **Wettbewerbs um datenschutzfreundliche(re) Technologien** (Albrecht CR 2016, 88 (93)), da das Recht uU Nutzern einen Wechsel in ein „datenschutzfreundliche(re)s" Netzwerk erleichtert (s. Roßnagel/Richter/Nebel ZD 2013, 103 (107); v. Lewinski in BeckOK DatenschutzR DS-GVO Art. 20 Rn. 12.1; zweifelnd insoweit Hennemann PinG 2017, 5 (6); Kühling/Martini EuZW 2016, 448). **5**

Zudem soll das Recht auf Datenübertragbarkeit etwaige (wettbewerbsrechtlich relevante) **„lock-in"-Effekte** minimieren (statt vieler Hornung ZD 2012, 99 (103); ders. DGRI Jahrbuch 2012, 12; Herbst in Kühling/Buchner DS-GVO Art. 20 Rn. 2) und verfolgt daher insbes. auch **wettbewerb (srecht)liche Zwecke** (Dix in Simitis BDSG aF § 34 Rn. 105; s. auch → Rn. 3; aA Jülicher/Röttgen/v. Schönfeld ZD 2016, 358 (360 f.) sowie Art-29-DSG WP 242 − Datenübertragbarkeit S. 4, jeweils den datenschutzrecht- **6** lichen Charakter der Norm betonend). Insofern wird Art. 20 mitunter zutreffend auch als „**überschießendes Wettbewerbsrecht**" bezeichnet (so Hennemann PinG 2017, 5 (6)). Allg. standen in der Diskussion über das Recht auf Datenübertragbarkeit Internetdienstleister, insbes. **soziale Netzwerke** im Fokus (statt vieler Conrad in Auer-Reinsdorff/Conrad IT-R-HdB Rn. 635, der von einer „Lex Facebook" spricht; Dix in Simitis BDSG aF § 34 Rn. 105; Härting BB 2012, 459 (465); Kipker/Voskamp DuD 2012, 737 (740); Roßnagel/Kroschwald ZD 2014, 495 (498)). Praktische Anwendungsbereiche finden sich darüber hinaus in zahlreichen weiteren Konstellationen, etwa beim Arbeitgeberwechsel in Bezug auf den Datensatz aus dem Personaldatensystem (Wybitul/Fladung BB 2012, 509 (512); ders./Rauer ZD 2012, 160 (162)) oder bei Leasingverträgen (Schätzle PinG 2016, 71 (73); zu weiteren möglichen Konstellationen s. auch Hennemann PinG 2017, 5 (5); krit. ggü. der fehlenden Begrenzung auf Internetdienstleister Veil in GSSV DS-GVO Art. 20 Rn. 1, 80 ff., der den Anwendungsbereich teleologisch reduzieren will).

IV. (Un)Entgeltlichkeit

7 Erhalt und Übermittlung der personenbezogenen Daten nach Abs. 1 und 2 erfolgen **unentgeltlich;** ein angemessenes Entgelt kann nur bei **offenkundig unbegründeten** oder **exzessiven Anträgen** verlangt werden (Art. 12 Abs. 5 S. 1 und S. 2 lit. a; → Art. 12 Rn. 61 ff.).

V. Identität des Antragstellers

8 Bei begründeten **Zweifeln an der Identität** der antragsstellenden Person kann der Verantwortliche **zusätzliche Informationen** anfordern (Art. 12 Abs. 6; vgl. auch ErwGr 64; → Art. 12 Rn. 72 ff.). Zur **Identifizierbarkeit** → Rn. 11.

VI. Be- und Einschränkungen, Öffnungsklauseln

9 Zur Nichtanwendung bei der **Verarbeitung im öffentl. Interesse** oder bei **Ausübung öffentl. Gewalt** s. Abs. 3 S. 2 → Rn. 24.

10 Das Tätigwerden auf den Antrag kann von dem Verantwortlichen bei **offenkundig unbegründeten oder exzessiven Anträgen verweigert** werden (Art. 12 Abs. 5 S. 2 lit. b; → Art. 12 Rn. 63 ff.; vgl. auch v. Lewinski in BeckOK DatenschutzR DS-GVO Art. 20 Rn. 110 f.).

11 Art. 20 findet zudem bei **mangelnder Identifizierbarkeit** der betroffenen Person unter den weiteren Voraussetzungen des Art. 11 Abs. 2 keine Anwendung (→ Art. 11 Rn. 10).

12 Die Mitteilungspflicht gem. Art. 20 kann durch **Unionsrecht** oder nach dem **Recht der Mitgliedstaaten,** dem der Verantwortliche (oder der Auftragsverarbeiter) unterliegt, unter bestimmten, in Art. 23 näher definierten Voraussetzungen **beschränkt** werden (→ Art. 23 Rn. 9 ff.).

13 Abweichungen oder Ausnahmen von Art. 20 können die Mitgliedstaaten gem. **Art. 85 Abs. 2** vorsehen für eine Verarbeitung, die zu **journalisti-**

schen Zwecken sowie zu **wiss.**, **künstlerischen oder literarischen Zwecken** erfolgt, wenn dies erforderlich ist, um das Recht auf Schutz der personenbezogenen Daten mit der **Freiheit der Meinungsäußerung** und der Informationsfreiheit in Einklang zu bringen (→ Art. 85 Rn. 5 ff.).

Ausnahmen von dem Recht aus Art. 20 können ferner im **Unionsrecht** 14 oder im **Recht der Mitgliedstaaten** nach Art. 89 Abs. 3 unter den weiteren, dort genannten Voraussetzungen vorgesehen werden (→ Art. 89 Rn. 16 f.).

VII. Geldbuße

Bei einem Verstoß gegen Art. 20 kann gem. Art. 83 Abs. 5 lit. b eine 15 **Geldbuße** verhängt werden (→ Art. 83 Rn. 23 f.).

B. Recht auf Datenübertragbarkeit (Abs. 1)

Abs. 1 regelt das **Recht auf Datenübertragbarkeit.** Dieses Recht umfasst 16 **zwei voneinander zu trennende Ansprüche:** Die betroffene Person hat zum einen das Recht, den **Erhalt des eigenen Datensatzes** zu verlangen (der Antrag kann formfrei erfolgen (→ Art. 12 Rn. 42)); zum anderen kommt der betroffenen Person das Recht zu, den Datensatz an einen **anderen Verantwortlichen weiter zu übermitteln.**

I. Voraussetzungen

Zunächst muss die betroffene Person die personenbezogenen Daten dem 17 **Verantwortlichen bereitgestellt** haben. Unstr. gelten zumindest solche Daten als bereitgestellt, die der Betroffene aktiv und willentlich an den Verantwortlichen übermittelt hat (Dix in NK-DatenschutzR DS-GVO Art. 20 Rn. 8; Krause Ping 2018, 239 (240)). Von vornherein nicht erfasst sind demgegenüber Daten, die erst das Ergebnis einer Auswertung durch den Verantwortlichen darstellen (Herbst in Kühling/Buchner DS-GVO Art. 20 Rn. 11) oder von Dritten bereitgestellt wurden (v. Lewinski in BeckOK DatenschutzR DS-GVO Art. 20 Rn. 48). Davon abgesehen wird die Frage, welche Daten als von der betroffenen Person „bereitgestellt" gelten, sehr unterschiedlich beantwortet (Übersicht bei Westphal/Wichtermann ZD 2019, 191 (191 f.) mwN). Eine weitgehende Auslegung des „Bereitstellens" nimmt die Art. 29-Datenschutzgruppe vor; hier werden auch solche Daten als „bereitgestellt" angesehen, die durch ein Beobachten des Verhaltens der betroffenen Person generiert wurden (vgl. Art. 29-Datenschutzgruppe WP 242 (9 ff.); ähnlich Dix in NK-DatenschutzR DS-GVO Art. 20 Rn. 8; Herbst in Kühling/Buchner Art. 20 DS-GVO Rn. 11; Jülicher/Röttgen/v. Schönfeld ZD 2016, 358 (359); Krause Ping 2018, 239 (240 f.)). Dem wird von anderer Seite ein engeres, solche Daten exkludierendes Verständnis entgegengesetzt (etwa Piltz in Gola DS-GVO Art. 20 Rn. 15; Kamann/Braun in Ehmann/Selmayr DS-GVO Art. 20 Rn. 13; Kumlah in Plath DS-GVO Art. 20 Rn. 6 f.). Neben Wortlaut, Systematik und Entstehungsgeschichte (ausfl. Untersuchung bei Strobel ZD 2017, 355 (356 ff.)) ist für eine Entscheidung maßgeblich, ob die Datensouveränität des Betroffenen oder wettbewerbsrechtliche Aspekte im Kontext der Verhinderung von „lock-in"-Effekten (→ Rn. 6) in den Vordergrund gerückt werden. Lock-in-Effekte können durch eine Beschränkung auf die sog. „Stammdaten" begünstigt werden, worunter wiederrum die Stärkung der nutzerbedingten Datensouveränität litte (so Westphal/Wichtermann ZD 2019, 191 (192); aA Skobel PinG 2018, 160 (163)).

17a   Nach dem Wortlaut der Vorschr. muss es sich darüber hinaus um den Antragssteller betr. personenbezogene Daten handeln. Als problematisch erweisen sich insofern **Daten mit Drittbezug** (sog. „multi-data subject"-Konstellationen). Richtigerweise sind diese Konstellationen grds. von Art. 20 erfasst, soweit jedenfalls auch personenbezogene Daten des Antragstellers betroffen sind (ebenso bspw. Herbst in Kühling/Buchner DS-GVO Art. 20 Rn. 3; Schantz NJW 2016, 1841 (1845); v. Lewinski in BeckOK DatenschutzR DS-GVO Art. 20 Rn. 32 sowie die Art-29-DSG WP 242 – Datenübertragbarkeit S. 9; zweifelnd dagegen Härting DS-GVO Rn. 732; Jülich/Röttgen/v. Schönfeld ZD 2016, 358 (359); Schätzle PinG 2016, 71 (74)). Der Anspruch kann in diesem Fall jedoch aufgrund Art. 20 Abs. 4 beschränkt sein (→ Art. 20 Rn. 26). In der Praxis problematisch ist vor allem auch die Abgrenzung zwischen Daten mit Drittbezug und den nicht erfassten reinen Drittdaten (vgl. v. Lewinski in BeckOK DatenschutzR DS-GVO Art. 20 Rn. 32 mwN; für einen weiten Anwendungsbereich plädiert Art-29-DSG WP 242 – Datenübertragbarkeit S. 9; krit. hierzu Veil in GSSV DS-GVO Art. 20 Rn. 88 f., 128 ff.).

18   Ferner setzt das Recht gem. Abs. 1 eine **Verarbeitung mithilfe automatisierter Verfahren** voraus (Abs. 1 lit. b). Zudem muss die Verarbeitung auf einer der folgenden **Rechtsgrundlagen** beruhen: (1) Einwilligung gem. Art. 6 Abs. 1 lit. a, (2) Einwilligung gem. Art. 9 Abs. 2 lit. a oder (3) Vertrag gem. Art. 6 Abs. 1 lit. b. Die Aufzählung der Rechtsgrundlagen ist hierbei abschl. (vgl. ErwGr 68).

II. Erhalt

19   Der Verantwortliche hat die Pflicht, der betroffenen Person den Datensatz (umstr. ist die genaue Abgrenzung zu den iRd Auskunftsrechtes zu übertragenden Daten s. Schätzle PinG 2016, 71 (74); Herbst in Kühling/Buchner DS-GVO Art. 20 Rn. 19) in einem **strukturierten, gängigen und maschinenlesbaren Format** übermitteln (krit. hierzu Bräutigam/Schmidt-Wudy CR 2015, 56 (60); zum „gängigen" Format s. Schätzle PinG 2016, 71 (74); allg. zu den Anforderungen an das Format s. v. Lewinski in BeckOK DatenschutzR DS-GVO Art. 20 Rn. 68 ff.). Das Format soll zudem **interoperabel** sein.

20   Es besteht aber gerade **keine Pflicht zur Übernahme oder Beibehaltung technisch kompatibler Datenverarbeitungssysteme** (ErwGr 68). Gegenläufig zum Zweck des Art. 20 (→ Rn. 4 ff.) kann somit ein Verantwortlicher uU durch ein potenziell weniger operables Format starke **Lock-in-Effekte** erzeugen (Hennemann PinG 2017, 5 (7); Roßnagel/Richter/Nebel ZD 2013, 103 (107)). Erhofft wird aber, dass die Nachfrage der Nutzer zu einem Wettbewerb der Anbieter um interoperable Angebote führen mögen (so bspw. Herbst in Kühling/Buchner DS-GVO Art. 20 Rn. 21; s. ferner bereits → Rn. 5).

III. Übermittlung

Die betroffene Person hat das Recht, den (erhaltenen) Datensatz an einen **21** anderen Verantwortlichen **ohne Behinderung** durch den Verantwortlichen zu übermitteln. Unter Berücksichtigung des Telos von Art. 20 dürfte der Begriff der „Behinderung" weit zu verstehen sein und sowohl **faktische** (also bspw. technische) als auch **rechtliche** Behinderungen umfassen (so etwa Kamann/Braun in Ehmann/Selmayr DS-GVO Art. 20 Rn. 26; Herbst in Kühling/Buchner DS-GVO Art. 20 Rn. 22; Piltz in Gola DS-GVO Art. 20 Rn. 12). Unzulässig sind daher technische Maßnahmen, die eine **Übermittlung** erschweren (vgl. Herbst in Kühling/Buchner DS-GVO Art. 20 Rn. 22; Piltz in Gola DS-GVO Art. 20 Rn. 12; Schätzle PinG 2016, 71 (73)), auch zur Frage einer etwaigen Einschränkung der Übermittlung während der (Leasing-)Vertragslaufzeit).

C. Direkte Übermittlung an einen anderen Verantwortlichen (Abs. 2)

Gem. Abs. 2 kann die betroffene Person von dem Verantwortlichen verlan- **22** gen, dass der Datensatz – soweit technisch machbar – **direkt an einen anderen Verantwortlichen übermittelt** wird (zu Einzelheiten s. Herbst in Kühling/Buchner DS-GVO Art. 20 Rn. 23 ff.; krit. hierzu Bräutigam/Schmidt-Wudy CR 2015, 56 (60)). Abs. 2 verpflichtet den anderen Verantwortlichen jedoch nicht, diese Daten auch anzunehmen (Kamann/Braun in Ehmann/Selmayr DS-GVO Art. 20 Rn. 31; Kamlah in Plath DS-GVO Art. 20 Rn. 9; v. Lewinski in BeckOK DatenschutzR DS-GVO Art. 20 Rn. 57; aA aber Piltz in Gola DS-GVO Art. 20 Rn. 29; eine solche Pflicht zumindest präferierend Jülicher/Röttgen/v. Schönfeld ZD 2016, 358 (362)).

D. Verhältnis zu Art. 17 und Ausschluss (Abs. 3)

Gem. Abs. 3 S. 1 lässt die Ausübung des Rechtes auf Datenübertragbarkeit **23** nach Abs. 1 ihrerseits die Anwendbarkeit von **Art. 17** unberührt. Ausweislich ErwGr 68 bezweckt dies insbes., dass für die Erfüllung eines Vertrages notwendige personenbezogene Daten nicht gelöscht werden (müssen) (vgl. Piltz in Gola DS-GVO Art. 20 Rn. 33).

Das Recht auf **Datenübertragbarkeit** gem. Abs. 1 ist in den folgenden **24** Konstellationen **nicht anwendbar** (s. iÜ → Rn. 9 ff.): (1) die Verarbeitung ist zur **Wahrnehmung einer im öffentl. Interesse liegenden Aufgabe** erforderlich, (2) die Verarbeitung ist erforderlich zur Wahrnehmung einer Aufgabe, die in Ausübung von **dem Verantwortlichen übertragenen öffentl. Gewalt** erfolgt. Unklar ist, ob das Recht gem. Abs. 1 auch ausgeschlossen sein soll, wenn die Verarbeitung der personenbezogenen Daten zur **Erfüllung**

einer rechtlichen Verpflichtung erfolgt, welcher der Verantwortliche unterliegt (worauf ErwGr 68 hinweist). Der Wortlaut des Abs. 3 bietet hierfür letztlich keinen Anhaltspunkt (anders und ausdr. etwa Art. 17 Abs. 3 lit. b; Herbst in Kühling/Buchner DS-GVO Art. 20 Rn. 15 geht daher von einem Redaktionsversehen in ErwGr 68 aus). Zur **Geltendmachung** von Art. 20 **nach Vertragsbeendigung** s. Westphal/Wichtermann ZD 2019, 191 (192 ff.).

E. Rechte und Freiheiten anderer Personen (Abs. 4)

25 Gem. Abs. 4 darf das **Recht auf Datenübertragbarkeit nach Abs. 1** die **Rechte und Freiheiten anderer Personen** nicht beeinträchtigen (zu dem vormaligen, auf einem redaktionellen Versehen beruhenden und zwischenzeitlich durch ein Corrigendum beseitigten Verweis auf Abs. 2 in der deutschen Sprachfassung s. 2. Aufl., 2018 Rn. 25).

26 Inhaltlich hat Abs. 4 ausweislich ErwGr 68 insbes. **personenbezogene Daten Dritter** im Blick, die im Datensatz der betroffenen Person enthalten sind; in diesen Fällen soll das Recht auf Erhalt des Datensatzes die **Grundrechte und Grundfreiheiten** dieser Dritter wahren. Insbes. bei Daten mit Drittbezug (→ Rn. 17) ist somit eine **umfassende Abwägung der Grundrechte** und **Interessen** des Antragstellers mit den entsprechenden Interessen und Rechtspositionen der „auch betroffenen" Person vorzunehmen (Kamann/Braun in Ehmann/Selmayr DS-GVO Art. 20 Rn. 17). Insoweit kommt auch das Bereitstellen eines eingeschränkten Datensatzes in Frage (zur Problematik der technischen Realisierung s. Jülich/Röttgen/v. Schönfeld ZD 2016, 358 (362); v. Lewinski in BeckOK DatenschutzR DS-GVO Art. 20 Rn. 94.1). Darüber hinaus ist für die Übermittlung an einen neuen Verantwortlichen eine **einschlägige Rechtsgrundlage** erforderlich, soweit die Daten Informationen über Dritte enthalten (vgl. Art. 29-Datenschutzgruppe WP 242 (11 f.); Herbst in Kühling/Buchner DS-GVO Art. 20 Rn. 18; Schantz in Schantz/Wolff DatenschutzR Rn. 1240). Zur **Einschränkung** wegen **Geschäftsgeheimnissen** s. Jaspers DuD 2015, 571 (573); v. Lewinski in BeckOK DatenschutzR DS-GVO Art. 20 Rn. 99 ff.

27 Ein eingeschränkter Datensatz kann uU zu erheblichen Nachteilen für die betroffene Person führen, so etwa wenn **(positive) Kundenrezensionen** oder **Bewertungen** von der Übertragung ausgeschlossen wären (zutr. Spindler DB 2016, 937 (945)).

F. DSRL und BDSG aF

28 Das Recht auf Datenübertragbarkeit stellt eine **normative Neuschöpfung** dar und war zuvor weder in der DSRL noch im BDSG aF geregelt.

Abschnitt 4. Widerspruchsrecht und automatisierte Entscheidungsfindung im Einzelfall

Art. 21 Widerspruchsrecht

(1) [1] Die betroffene Person hat das Recht, aus Gründen, die sich aus ihrer besonderen Situation ergeben, jederzeit gegen die Verarbeitung sie betreffender personenbezogener Daten, die aufgrund von Artikel 6 Absatz 1 Buchstaben e oder f erfolgt, Widerspruch einzulegen; dies gilt auch für ein auf diese Bestimmungen gestütztes Profiling. [2] Der Verantwortliche verarbeitet die personenbezogenen Daten nicht mehr, es sei denn, er kann zwingende schutzwürdige Gründe für die Verarbeitung nachweisen, die die Interessen, Rechte und Freiheiten der betroffenen Person überwiegen, oder die Verarbeitung dient der Geltendmachung, Ausübung oder Verteidigung von Rechtsansprüchen.

(2) Werden personenbezogene Daten verarbeitet, um Direktwerbung zu betreiben, so hat die betroffene Person das Recht, jederzeit Widerspruch gegen die Verarbeitung sie betreffender personenbezogener Daten zum Zwecke derartiger Werbung einzulegen; dies gilt auch für das Profiling, soweit es mit solcher Direktwerbung in Verbindung steht.

(3) Widerspricht die betroffene Person der Verarbeitung für Zwecke der Direktwerbung, so werden die personenbezogenen Daten nicht mehr für diese Zwecke verarbeitet.

(4) Die betroffene Person muss spätestens zum Zeitpunkt der ersten Kommunikation mit ihr ausdrücklich auf das in den Absätzen 1 und 2 genannte Recht hingewiesen werden; dieser Hinweis hat in einer verständlichen und von anderen Informationen getrennten Form zu erfolgen.

(5) Im Zusammenhang mit der Nutzung von Diensten der Informationsgesellschaft kann die betroffene Person ungeachtet der Richtlinie 2002/58/EG ihr Widerspruchsrecht mittels automatisierter Verfahren ausüben, bei denen technische Spezifikationen verwendet werden.

(6) Die betroffene Person hat das Recht, aus Gründen, die sich aus ihrer besonderen Situation ergeben, gegen die sie betreffende Verarbeitung sie betreffender personenbezogener Daten, die zu wissenschaftlichen oder historischen Forschungszwecken oder zu statistischen Zwecken gemäß Artikel 89 Absatz 1 erfolgt, Widerspruch einzulegen, es sei denn, die Verarbeitung ist zur Erfüllung einer im öffentlichen Interesse liegenden Aufgabe erforderlich.

BDSG und anderes nationales Recht: §§ 27 Abs. 2, 28 Abs. 4, 36 BDSG (kommentiert unter → BDSG § 27 Rn. 10 ff.; → BDSG § 28 Rn. 10 ff.; → BDSG § 36 Rn. 1 ff.).

Literatur: *Dahlke,* Das Datenschutzrecht als Plattform für „Scandal Driven Legislation"?, ZD 2012, 353; *Franck,* Das System der Betroffenenrechte nach der Datenschutz-Grundverordnung, RDV 2017, 111; *Martini/Kienle,* Facebook, die Lebenden und die Toten. Der digitale Nachlass aus telekommunikations- und datenschutzrechtlicher Sicht –

zugleich Besprechung von BGH, Urteil v. 12.7.2018 – III ZR 183/17, JZ 2019, 235; *Piltz,* Die Datenschutz-Grundverordnung. Teil 2: Rechte der Betroffenen und korrespondierende Pflichten des Verantwortlichen, K&R 2016, 629; *Schrey,* Right to object, GDPR, art. 21 in Rücker/Kugler (Hrsg.), New European General Data Protection Regulation, 2018, 147; *Schürmann,* Die Widerspruchsrechte in der DSGVO, DSB 2017, 150.

Übersicht

A. Allgemeines

I. Überblick über den Regelungsinhalt und Einordnung in den Gesamtkontext der DS-GVO

Art. 21 schützt den Einzelnen vor Verarbeitungen, die nicht mit seinem **1** Willen im Einklang stehen – dies allerdings nicht eo ipso, sondern erst, wenn er aktiv wird: Die Vorschr. vermittelt ihm das **Recht,** einer Verarbeitung personenbezogener Daten zu widersprechen. Das Widerspruchsrecht besteht jedoch nicht generell, sondern lediglich in **drei Konstellationen:** bei Verarbeitungen, die erforderlich sind, um eine im öffentl. Interesse liegende oder in Ausübung öffentl. Gewalt erfolgende Aufgabe oder um berechtigte Interessen des Verantwortlichen bzw. eines Dritten wahrzunehmen (**Abs. 1 S. 1**), in Fällen der Direktwerbung (**Abs. 2 iVm Abs. 3**) sowie bei Verarbeitungen zu Forschungs- oder Statistikzwecken (**Abs. 6**).

Das Widerspruchsrecht versteht sich nicht als Sanktionierung begangenen **2** Unrechts oder Abwehr künftiger Rechtsverletzungen. Vielmehr richtet es sich gegen Verarbeitungen, die nach den materiellen Vorgaben der DS-GVO an sich **rechtmäßig** sind. Das schließt zugleich einen Widerspruch gegen **rechtswidrige** Verarbeitungen nicht aus. Gegen sie kann der Betroffene zusätzlich mit Hilfe der Rechte aus Art. 77 ff. vorgehen (→ Rn. 24 ff.; s. auch Herbst in Kühling/Buchner DS-GVO Art. 21 Rn. 4; Caspar in NK-DatenschutzR DS-GVO Art. 21 Rn. 7).

Das Widerspruchsrecht steht dem **Widerruf der Einwilligung** zwar funk- **2a** tionell nahe, ist aber strukturell anders gelagert (Art. 7 Abs. 3; → Art. 7 Rn. 16 ff.): Beide Gestaltungsrechte ermöglichen es, eine (für sich genommen rechtmäßige) Verarbeitung einseitig mit Ex-nunc-Wirkung (→ Rn. 32 f., 46 und 51) zu unterbinden. Sie unterscheiden sich aber in ihren Voraussetzungen erheblich, insbes. unterliegt das Widerrufsrecht keinen materiell-rechtlichen Restriktionen. Demgegenüber sieht sich die betroffene Person beim Widerspruch – vom Fall der Direktwerbung (→ Rn. 47 ff.) abgesehen – grundsätzlich hohen Hürden ausgesetzt (dazu Veil NJW 2018, 3337 (3341); vgl. auch Forgó in BeckOK DatenschutzR Art. 21 DS-GVO Rn. 4). Beide Rechte sind (ebenso wie die jeweilige Verarbeitungsgrundlage → Art. 6 Rn. 7) selbstständig und daher nebeneinander anwendbar (Schulz in Gola DS-GVO Art. 21 Rn. 3).

Damit das Widerspruchsrecht nicht zu einem legislativen Papiertiger dege- **3** neriert, flankiert die DS-GVO es mit zwei **verfahrensrechtlichen Schutzmechanismen:** Da Betroffene ihr Widerspruchsrecht nur ausüben können, wenn sie um es wissen, legt die DS-GVO dem Verantwortlichen eine **Hinweispflicht** auf (**Abs. 4**). Um die Widerspruchseinlegung zu vereinfachen, gesteht sie Betroffenen bei Diensten der Informationsgesellschaft das Recht zu, den **Widerspruch mithilfe automatisierter Verfahren** auszuüben (**Abs. 5**).

Die verfahrensrechtlichen Schutzmechanismen der Abs. 4 und 5 finden **4** eine Ergänzung in den allg. Regeln über transparente Information für die

Ausübung der Rechte Betroffener in **Art. 12** sowie den Informationspflichten aus **Art. 13** und **Art. 14** (s. zur Systematik nur Veil in GSSV DS-GVO Art. 21 Rn. 12 ff.). Umgekehrt eröffnet **Art. 23** den Mitgliedstaaten und der Union aber die Möglichkeit, das Widerspruchsrecht – unter restriktiven Bedingungen (→ Art. 23 Rn. 9 ff.) – einzuschränken oder gar auszuschließen. Davon hat der deutsche Gesetzgeber bspw. in **§ 36 BDSG** (→ § 36 Rn. 1) und – bereichsspezifisch – **§ 84 Abs. 5 SGB X** hinsichtlich Art. 21 Abs. 1 Gebrauch gemacht.

5   Art. 21 etabliert **eines der grundlegenden Schutzrechte des Betroffenen.** Seine Bedeutung wird auch darin erkennbar, dass zahlr. andere Vorschr. auf den Norm Bezug nehmen. Das gilt insbes. für Art. 17 Abs. 1 lit. c und Art. 18 Abs. 1 lit. d. Sie verbinden das Widerspruchsrecht mit dem **Recht auf Löschung** bzw. auf **Einschränkung der Verarbeitung,** knüpfen namentlich tatbestandlich an die Ausübung des Widerspruchsrechts an.

5a   Für Verarbeitungen zuständiger Behörden, die darauf zielen, **Straftaten** zu verhüten, sie zu ermitteln, aufzudecken oder zu verfolgen oder **Gefahren für die öffentl. Sicherheit** abzuwehren, ist nicht die DS-GVO, sondern die **JI-RL** anwendbar (Art. 2 Abs. 2 lit. d DS-GVO; → Art. 2 Rn. 22 f.). Sie enthält – der Zweckbestimmung der Verarbeitungsvorgänge entspr. – keine dem Art. 21 korrespondierende Vorschr. Für die Datenverarbeitung durch **Organe, Einrichtungen und sonstige Stellen der Union** kennt die **VO (EU) 2018/1725** in Art. 23 ein Widerspruchsrecht, das Art. 21 nachgebildet ist und ihm weitgehend entspricht.

II. Sinn und Zweck der Vorschrift

6   Art. 21 zielt darauf ab, Betroffenen die Möglichkeit zu eröffnen, im Einzelfall eine Datenverarbeitung pro futuro zu unterbinden. Wiewohl der Einzelne nach dem Willen der DS-GVO bestimmte Verarbeitungen als grds. rechtmäßig hinnehmen muss, soll er doch das Recht haben, sich gegen eine Verarbeitung aus bes. Gründen, die in seiner Situation liegen, zur Wehr zu setzen (vgl. auch **ErwGr 69 und 70**).

III. Entstehungsgeschichte der Norm

7   Verglichen mit dem ursprünglichen **DS-GVO-E(KOM)** hat die Regelung des Widerspruchsrechts im Laufe ihrer Genese zahlr. Veränderungen erfahren. Art. 21 (ex Art. 19 DS-GVO-E(KOM)) enthielt in der Kommissionsfassung lediglich drei Abs. Die Regelungen, die heute in den Abs. 5 und 6 verankert sind, kannte er noch nicht. Diese gehen im Wesentlichen auf die Initiative des **DS-GVO-E(EP)** zurück. Von dem ursprünglichen Vorschlag, den das EP für Abs. 4 entworfen hatte, blieben in der Endfassung jedoch nur die beiden Elemente des „ausdrücklichen" (Abs. 4 Hs. 1) und „verständlichen" (Abs. 4 Hs. 2) Hinweises erhalten. Während der DS-GVO-E(EP) die Verständlichkeit noch auf die „Weise und Form" des Hinweises erstreckte, verlangt Abs. 4 in seiner Endfassung explizit nur noch eine „verständliche […] Form".

Der **ER** verlagerte allg. Anforderungen an die Hinweispflicht (die mit den **8** weiter gehenden Vorschlägen des EP (fast) übereinstimmten) aus Art. 21 in Art. 12 Abs. 1 S. 1 Hs. 1 und zog sie damit vor die Klammer. So fand zB das Gebot, eine **klare und einfache Sprache** zu verwenden, nunmehr nicht in Abs. 4, dafür jedoch in genereller Form in Art. 12 Abs. 1 S. 1 Hs. 1 Eingang. Die (der Form und Verständlichkeit sachlich verwandte) Anforderung, die Darst. in „von anderen Informationen getrennte[r] Form" vorzunehmen (**Abs. 4 Hs.** 2), geht ebenfalls auf einen Vorschlag des ER zurück.

Der ER war es auch, der ein Widerspruchsrecht gegen eine Verarbeitung **9** „**zu historischen, statistischen oder wissenschaftlichen Zwecken**" in den Gesetzgebungsprozess einbrachte. Dessen Regelungsgehalt ist heute weitgehend in Abs. 6 aufgegangen. IRd **Trilogs** erhielt Art. 21 seine heutige, sehr eng an die Fassung des Rates angelehnte Gestalt.

IV. Vergleich mit der bisherigen Rechtslage auf Unionsebene

Art. 21 ist **kein echtes Novum** des unionalen Datenschutzrechts. Er schreibt **10** vielmehr das Widerspruchsrecht des **Art. 14 DSRL** fort. Beide Regelungen decken sich jedoch nicht vollständig. Sie unterscheiden sich in der Reichweite des Widerspruchsrechts (→ Rn. 11), der Beweislastverteilung (→ Rn. 12), den Kosten des Widerspruchs (→ Rn. 13 f.) und der Hinweispflicht (→ Rn. 15).

1. Reichweite der Widerspruchstatbestände

Schon die DSRL gestand Betroffenen das Recht zu, der Datenverarbeitung in **11** den Fällen zu widersprechen, in denen die Verarbeitung erfolgt, um berechtigte Interessen oder eine Aufgabe wahrzunehmen, die im öffentlichen Interesse liegt oder in Ausübung öffentlicher Gewalt erfolgt (**Art. 14 UAbs. 1 lit. a DSRL,** heute Art. 21 Abs. 1 S. 1 Hs. 1). Gleiches gilt für das Widerspruchsrecht gegen Direktwerbung, welches – anknüpfend an **Art. 14 UAbs. 1 lit. b DSRL** – nunmehr Abs. 2 und 3 regeln. Neu ist allerdings der explizite Verweis auf das **Profiling** (Art. 21 Abs. 1 S. 1 Hs. 2 und Abs. 2 Hs. 2) sowie das Widerspruchsrecht gegen Verarbeitungen zu **Forschungs-** und **Statistikzwecken** (Art. 21 Abs. 6).

2. Inhaltliche Voraussetzungen

Unter Geltung des Art. 14 UAbs. 1 lit. a DSRL musste der Widersprechende **12** beim Widerspruch gegen Verarbeitungen, die einer öffentlichen Aufgabe dienten oder berechtigte Interessen wahren sollten, noch dartun, dass seine schutzwürdigen Gründe das Verarbeitungsinteresse überwiegen. Die DS-GVO dreht diese normative Vorrangentscheidung um: Jetzt genügt es grds., dass die betroffene Person ihre **bes. persönlichen Gründe** aufzeigt. Will der Verantwortliche trotz Widerspruchs eine rechtmäßige Verarbeitung vornehmen, muss er zwingende schutzwürdige Gründe für eine Verarbeitung darlegen, welche die Interessen des Betroffenen **überwiegen** (Art. 21 Abs. 1 S. 2).

In einer Non-liquet-Situation setzt sich nunmehr also das Interesse des Betroffenen durch.

3. Kosten des Widerspruchs

13   **Art. 14 UAbs. 1 lit. b DSRL** gestand Betroffenen „auf Antrag" die Kostenfreiheit des Widerspruchs zu – dies allerdings nicht generell, sondern ausdr. nur für Verarbeitungen zum Zwecke der Direktwerbung.

14   Art. 21 äußert sich selbst nicht ausdr. zur Kostenfrage – anders als noch die Entwürfe, insbes. des EP. Art. 19 Abs. 2 DS-GVO-E(EP) wollte den Widerspruch gegen Verarbeitungen, die sich auf Art. 6 Abs. 1 lit. f DS-GVO-E(EP) („Verarbeitung zur Wahrung berechtigter Interessen") stützen, noch vollständig von Kosten freistellen. Zudem sah **ErwGr 56 DS-GVO-E(EP)** vor, dass ein Widerspruch unentgeltlich möglich sein sollte, wenn „personenbezogene Daten zum Schutz der lebenswichtigen Interessen der betroffenen Person oder im öffentl. Interesse, in Ausübung hoheitlicher Gewalt oder aufgrund der berechtigten Interessen des für die Verarbeitung Verantwortlichen rechtmäßig verarbeitet werden dürfen". Diese weitreichende Kostenfreiheit fand im Laufe des Gesetzgebungsverfahrens jedoch (wie auch schon im Entwurf der KOM) an einem anderen Ort des verfügenden Teils der VO ihren normativen Niederschlag: **Art. 12 Abs. 5** ordnet ausdr. an, dass „alle Mitteilungen und Maßnahmen gemäß den Artikeln 15 bis 22" („any actions taken under Articles 15 to 22", also auch diejenigen Aufwendungen, die das Widerspruchsrecht aus Art. 21 auslöst) **unentgeltlich** sind. ErwGr 59 S. 1 bekräftigt das zusätzlich. Er billigt Betroffenen das Recht zu, „unentgeltlich [...] von ihrem Widerspruchsrecht Gebrauch [zu] machen" – ebenso **ErwGr 70 S. 1** für Verarbeitungen zu **Zwecken der Direktwerbung.**

4. Hinweis auf das Widerspruchsrecht

15   Regelungen, die den Verantwortlichen verpflichten, Betroffene auf das Widerspruchsrecht hinzuweisen, fanden sich in der DSRL nur rudimentär. Sie gab den Mitgliedstaaten lediglich – bezogen auf Konstellationen der **Direktwerbung** – in **Art. 14 UAbs. 2 DSRL** auf, Maßnahmen zu treffen, die gewährleisten, dass Betroffene von ihrem Widerspruchsrecht Kenntnis erlangen. Die **DS-GVO** fasst die Hinweispflicht nunmehr gegenständlich weiter: Sie beschr. diese nicht auf Verarbeitungen zu Zwecken der Direktwerbung, sondern versteht diese als normativen **Regelfall.** Das stellt **Art. 21 Abs. 4** klar. Er betont ausdr., dass sich die Hinweispflicht auf die Fälle des **Abs. 1 und 2** erstreckt. Der Tatbestand der Verarbeitung zu **Forschungs- und Statistikzwecken** (**Abs. 6**) ist im Umkehrschluss von der Hinweispflicht nicht erfasst; die DS-GVO nimmt ihn stillschweigend von dieser Pflicht aus. Die systematisch neu akzentuierte Regelung unterstreicht einerseits die Bedeutung der Hinweispflicht, hätte andererseits aber – um kohärent und vollständig wirksam zu sein – ihre Ausweitung auf das Widerspruchsrecht des Abs. 6 (jedenfalls für besondere Konstellationen) angezeigt erscheinen lassen.

B. Auslegung der Norm

I. Widerspruchsrechte (Abs. 1, 2–3 und 6)

Art. 21 etabliert **drei Widerspruchstatbestände,** die **unterschiedlichen** 16
Regimen folgen. Am großzügigsten ist das Widerspruchsrecht gegen Direkt-
werbung ausgestaltet (Abs. 2 und 3; → Rn. 47 ff.), am restriktivsten das Wi-
derspruchsrecht gegen Verarbeitungen zu Forschungs- bzw. Statistikzwecken
(Abs. 6; → Rn. 54 ff.). Zwischen diesen beiden Außenpolen bewegt sich das
Anforderungsniveau des Widerspruchsrechts gegen Verarbeitungen, die in
Wahrnehmung einer öffentlichen Aufgabe bzw. in Ausübung öffentlicher
Gewalt oder, um berechtigte Interessen wahrzunehmen, erfolgen (Abs. 1;
→ Rn. 17 ff.). Der Widerspruch ist kein Einmalrecht. Er kann (in den Gren-
zen des Schikaneverbots aus Art. 12 Abs. 5 S. 2 DS-GVO) mehrfach wieder-
holt werden (Forgó in BeckOK DatenschutzR Art. 21 DS-GVO Rn. 5).

1. Widerspruchsrecht in Fällen des Art. 6 Abs. 1 UAbs. 1 lit. e und f (Abs. 1)

Bei Verarbeitungen, die auf der Grdl. des **Art. 6 Abs. 1 UAbs. 1 lit. e und f** 17
erfolgen, gewichtet die DS-GVO das Verarbeitungsinteresse grds. höher als
das Interesse Betroffener am Schutz ihrer Privatsphäre: Sie lässt die Verarbeitung im Grundsatz zu. Zugleich will sie Aspekten, die sich aus der **bes.**
Situation der Betroffenen ergeben können, Rechnung tragen und ihnen
damit im Einzelfall ermöglichen, eine Verarbeitung ganz oder teilw. zu
unterbinden. Für die persönlichkeitsrechtlich sensible Bearbeitungsform des
Profiling hebt die DS-GVO das zur Klarstellung eigens hervor (Abs. 1 S. 1
Hs. 2 iVm Art. 4 Nr. 4; → Art. 22 Rn. 21 ff.).

Inhaber des Widerspruchsrechts ist die „betroffene Person". **Betroffen** ist 18
eine Person, wenn sich die jeweilige Verarbeitung auf ihre personenbezogenen Daten (Art. 4 Nr. 1; → Art. 4 Rn. 4 ff.) bezieht. Das Widerspruchsrecht
ist **höchstpersönlicher Natur** und damit **unvererblich** (Veil in GSSV DS-
GVO Art. 21 Rn. 23; vgl. auch Martini/Kienle JZ 2019, 235 (237 mit
Fn. 40)). **Verpflichtungsadressat** der Art. 21 ist derjenige, der allein oder
gemeinsam mit anderen über die Zwecke und Mittel der Verarbeitung der
fraglichen personenbezogenen Daten entscheidet, also der **Verantwortliche**
(Art. 4 Nr. 7), nicht der Auftragsverarbeiter. Das ergibt sich mittelbar auch
aus Art. 28 Abs. 3 UAbs. 1 S. 2 lit. e: Der Auftragsverarbeiter ist lediglich
verpflichtet, den Verantwortlichen zu **unterstützen,** wenn Betroffene ihre
Rechte wahrnehmen, rückt aber nicht in seine Pflichtenstellung ein. Bei
gemeinsam Verantwortlichen bestimmt sich die Pflichtenstellung im **In-**
nenverhältnis grundsätzlich nach der Vereinbarung der Verantwortlichen; an
der (gemeinsamen) Pflichtenstellung im **Außenverhältnis** ggü. Betroffenen
ändert das nichts (Art. 26 Abs. 1 S. 2, Abs. 3; → Art. 26 Rn. 22 ff.; Art. 33
Rn. 14a).

19   Die **Existenz** des Widerspruchsrechts als solche vermittelt der betroffenen Person noch keinen automatischen Schutz gegen eine Verarbeitung. Rechtsfolgen zeitigt dieses erst dann, wenn sie das Widerspruchsrecht auch tatsächlich **ausübt,** dh den Widerspruch ggü. dem Verantwortlichen artikuliert. Das Widerspruchsrecht ist ein **einseitiges Gestaltungsrecht,** das mit dem Zugang der Willenserklärung bei dem Verantwortlichen wirksam wird. Solange diesen die Widerspruchserklärung nicht erreicht (bzw. der Betroffene den Zugang im Streitfall nicht beweisen kann), ist der Verantwortliche nicht zum Handeln verpflichtet. Geht aber ein Widerspruchsantrag ein, treffen ihn die **Informationspflichten des Art. 12 Abs. 3 und 4:** Er muss dem Betroffenen insbes. spätestens innerhalb eines Monats Informationen über die getroffenen Maßnahmen sowie etwaige Verzögerungsgründe zukommen lassen.

19a   An eine bestimmte **Form** ist der Widerspruch nicht gebunden (vgl. auch Kamann/Braun in Ehmann/Selmayr DS-GVO Art. 21 Rn. 33). Rechteinhaber müssen insbes. nicht ausdr. die Bezeichnung „**Widerspruch**" verwenden, um von ihrem Widerspruchsrecht wirksam Gebrauch zu machen. Es reicht aus, wenn der Betroffene den **Willen zum Ausdruck** bringt, sich mit einer Verarbeitung nicht einverstanden zu erklären. Zudem muss er die **Gründe** darlegen, die seine bes. Situation iSd Art. 21 Abs. 1 S. 1 (→ Rn. 29 ff.) nachvollziehbar widerspiegeln (weiter gehend Kamann/Braun in Ehmann/Selmayr DS-GVO Art. 21 Rn. 35: „qualifizierte Darlegung").

20   Die Ausübung des Widerspruchsrechts unterliegt keiner **zeitlichen** Begrenzung; sie kann – wie der Widerruf (Art. 7 Abs. 3 S. 1) – „**jederzeit**" (Abs. 1 S. 1) erfolgen. Ist eine Verarbeitung (Abs. 4 Nr. 2; → Art. 4 Rn. 20 ff.) abgeschlossen, kann sich ein gleichwohl erklärter Widerspruch aber (mangels Regelungssubstrats) erledigen. Überdies ist das Widerspruchsrecht unter besonderen Umständen verwirkbar. Das Rechtsinstitut der **Verwirkung,** das im öffentlichen Recht allgemein anerkannt ist (s. etwa BVerwG NVwZ 2018, 1866 (1868)), setzt dreierlei voraus: Seit der Möglichkeit der Geltendmachung ist eine längere Zeit verstrichen **(Zeitmoment),** die betroffene Person blieb unter Verhältnissen untätig, die vernünftigerweise dazu anhalten, das Recht wahrzunehmen **(Umstandsmoment),** und dem Widerspruchsgegner ist ein Vertrauen erwachsen, welches eine verspätete Geltendmachung als Verstoß gegen Treu und Glauben erscheinen ließe **(Vertrauensmoment;** dazu BVerwG NVwZ 2018, 1866 (1868); BeckRS 2020, 1621 Rn. 12; Martini, Verwaltungsprozessrecht und Allgemeines Verwaltungsrecht, 6. Aufl. 2017, 99).

21   **a) Tatbestandsvoraussetzungen des Widerspruchsrechts (S. 1).** Abs. 1 S. 1 knüpft das Widerspruchsrecht an zwei Voraussetzungen: eine Verarbeitung, die auf einer **spezifischen Grdl.** (Art. 6 Abs. 1 UAbs. 1 lit. e oder f) fußt (→ Rn. 22 ff.), und Widerspruchsgründe, die sich aus der **bes. Situation der betroffenen Person** ergeben (→ Rn. 29 ff.).

22   **aa) Verarbeitung auf Grundlage des Art. 6 Abs. 1 UAbs. 1 lit. e oder f.** Neben Verarbeitungen zu Zwecken der Direktwerbung (Abs. 2; → Rn. 47 ff.) sowie der Forschung und Statistik (Abs. 6; → Rn. 54 ff.) unterliegen nur Datenverarbeitungen, die auf Grdl. des **Art. 6 Abs. 1 UAbs. 1**

lit. e oder f erfolgen, dem Widerspruchsrecht Betroffener. Für alle **anderen Tatbestände des Art. 6 Abs. 1 UAbs.** 1 besteht ein Widerspruchsrecht – e contrario – im Grundsatz nicht (vgl. aus der Rechtsprechung bspw. LSG Hessen BeckRS 2020, 1442 Rn. 11 f.; VG Stade NVwZ 2019, 251 (252); zu den anderweitigen Rechten des Betroffenen Veil in GSSV DS-GVO Art. 21 Rn. 28).

Lit. e und lit. f zielen auf den Schutz überragend wichtiger Allgemein- **23** interessen. **Lit. e** gestattet die Verarbeitung, um Aufgaben wahrzunehmen, die im **öffentl. Interesse** liegen oder in Ausübung dem Verantwortlichen übertragener **öffentl. Gewalt** erfolgen. Die Verarbeitungsgrundlage hat va die Datenverarbeitung öffentl. Stellen im Blick. Sie eröffnet den Mitgliedstaaten einen eigenen, tatbestandlich beschr. Regelungsspielraum (Art. 6 Abs. 2 und 3) und trägt damit der begrenzten Kompetenz der Union im Kernbereich mitgliedstaatlicher Erledigung von Staatsaufgaben Rechnung. **Lit. f** erlaubt Verarbeitungen, um **berechtigte Interessen** des Verantwortlichen oder eines Dritten zu wahren. Diesen weiten Erlaubnistatbestand darf allein die Union inhaltlich ausfüllen; ein mitgliedstaatlicher Regelungsspielraum verbleibt nicht. Die Regelung umfasst und ersetzt insbes. den bisher im nationalen Recht einschlägigen Tatbestand des **§ 28 Abs. 1 S. 1 Nr. 2 BDSG aF.**

Liegen nicht alle Tatbestandsvoraussetzungen der Verarbeitungsgrundlagen **24** des lit. e oder lit. f (oder einer sonstigen Verarbeitungsgrundlage des Art. 6 Abs. 1 UAbs. 1; → Rn. 28, 45a) vor, ist die **Verarbeitung** schon deshalb **rechtswidrig** und unzulässig. Eines Widerspruchs bedarf es dann an sich nicht. Das macht einen Widerspruch aber nicht zwingend unzulässig. Ein solcher ist vielmehr auch dann statthaft, wenn sich eine Verarbeitung **zu Unrecht** auf Art. 6 Abs. 1 UAbs. 1 lit. e oder f stützt.

Die Wendung „aufgrund von [...] erfolgt" (Abs. 1 S. 1) scheint dem prima **25** facie zu widerstreiten: Sie lässt sich so verstehen, dass die Verarbeitung ihre Rechtfertigungsgrundlage allein in der Norm finden muss, sich der Verarbeiter also nicht lediglich (unzulässig) darauf stützt und damit nur rechtmäßige Verarbeitungen einem Widerspruch offenstehen.

Dieses Verständnis wird dem weit konzipierten Schutzgedanken des Art. 21 **26** indes nicht hinreichend gerecht: Sowohl dann, wenn sich die Verarbeitung als rechtmäßig entpuppt, als auch, wenn sich der Verantwortliche zu Unrecht auf Art. 6 Abs. 1 UAbs. 1 lit. e oder f beruft, kann sich der Betroffene im Einzelfall **unabhängig von der objektiven Rechtslage** gegen die Verarbeitung zur Wehr setzen. Ist die Verarbeitung rechtswidrig, besteht nämlich umso mehr ein legitimierender Grund, dem Betroffenen das Recht zu eröffnen, die Verarbeitung gleichwohl durch individuellen Widerspruch zu unterbinden.

Ein zulässiger Widerspruch setzt daher nicht voraus, dass alle Tatbestands- **27** voraussetzungen des Art. 6 Abs. 1 UAbs. 1 lit. e oder f tatsächlich greifen oder gar die betroffene Person dies glaubhaft machen oder beweisen muss (zust. bspw. Munz in Taeger/Gabel DS-GVO Art. 21 Rn. 9; Kramer in Auernhammer DS-GVO Art. 21 Rn. 13; Caspar in NK-DatenschutzR DS-GVO Art. 21 Rn. 7; Atzert in SJTK DS-GVO Art. 21 Rn. 19; OLG Köln MMR 2020, 186 (194, Rn. 144); aA Veil in GSSV DS-GVO Art. 21 Rn. 26). Dies entspricht auch der plausiblen Wertung der Rechtsordnung in anderen Regelungskontexten. So kann der Bürger bspw. im Interesse eines umfassenden Rechtsschutzes auch einen nichtigen (und damit unwirksamen) VA mit der Anfechtungsklage angreifen (vgl. etwa Martini Verwaltungsprozessrecht und Allgemeines Verwaltungsrecht, 6. Aufl. 2017, 39). Das Risiko und die Schwierigkeit, zwischen rechtmäßiger und rechtswidriger Verarbeitung zweifelsfrei abzugrenzen, will die Rechtsordnung dem rechtsschutzsuchenden jur. Laien nicht auferlegen.

28 Ob ein Widerspruchsrecht auch dann besteht, wenn sich eine Verarbeitung außer auf Art. 6 Abs. 1 UAbs. 1 lit. e oder f **gleichzeitig auch auf andere Rechtfertigungsgrundlagen** stützen kann, ist unklar. Der Wortlaut ist mehrdeutig. Einerseits erfasst er nur die Fälle des Art. 6 Abs. 1 UAbs. 1 **lit. e oder f,** andererseits suspendiert er die anderen Erlaubnistatbestände des Art. 6 nicht, beschränkt das Widerspruchsrecht aus Art. 21 insbesondere nicht explizit auf diejenigen Fälle, in denen die Verarbeitung **ausschl.** auf Art. 6 Abs. 1 UAbs. 1 lit. e oder f beruht. Dem normativen Konzept des Art. 21 entspricht es am ehesten, den Widerspruch zwar **nicht tatbestandlich,** sehr wohl aber auf der **Rechtsfolgenebene** als **ausgeschlossen** zu betrachten, wenn neben lit. e oder f noch eine andere Verarbeitungsgrundlage besteht. Denn sonst dehnte sich das Widerspruchsrecht letztlich faktisch auch auf solche Tatbestände aus, für die die DS-GVO ein solches Recht nicht vorsieht (→ Rn. 45a).

29 bb) Gründe, die sich aus der besonderen Situation des Betroffenen ergeben. Ein Widerspruchsrecht gesteht die DS-GVO nicht jedem zu, der von einer Verarbeitung nach Art. 6 Abs. 1 UAbs. 1 lit. e oder f betroffen ist. Sie verlangt vielmehr – wie auch schon Art. 14 UAbs. 1 lit. a DSRL – zusätzlich Gründe, „die sich aus der besonderen Situation des Betroffenen ergeben". Welche „besondere Situation" die Norm adressiert und welche aus dieser Situation resultierenden Gründe die Ausübung eines Widerspruchsrechts rechtfertigen sollen, lässt die Vorschr. offen. Dies ändert aber nichts daran, dass es sich um eine **echte** (zusätzliche) – wenn auch unspezifische – **Tatbestandsvoraussetzung** handelt (aA Schrey in Rücker/Kugler New European GDPR Rn. 683; Caspar in NK-DatenschutzR DS-GVO Art. 21 Rn. 7, der das Merkmal als rein prozessuale Voraussetzung iRd Darlegungs- und Beweislast berücksichtigt).

30 Die „**besondere Situation**" nimmt nach dem systematischen Zusammenhang der Normen auf die Rechte und Freiheiten Betroffener, insbes. ihre Persönlichkeitsrechte, Bezug. Die Wendung soll zum Ausdruck bringen, dass das Widerspruchsrecht **atypischen** Konstellationen bes. schutzwürdiger persönlicher Interessen Rechnung tragen will, welche die pauschalierende, typisierende Abwägung des Privatheitsinteresses gegen das Auswertungsinteresse iRd abstrakt-generellen normativen Wertung des Art. 6 Abs. 1 UAbs. 1 lit. e oder f nicht vollständig zu erfassen vermag (zust. Herbst in Kühling/Buchner DS-GVO Art. 21 Rn. 15). Ein allgemeines Interesse daran, von einer Verarbeitung verschont zu bleiben, reicht gerade nicht aus. Es müssen vielmehr konkrete **Umstände des Einzelfalls** sein, die eine **bes. Schutzwürdigkeit**

des Betroffenen begründen, etwa bes. **familiäre Umstände** sowie sonstige sensible Informationen oder schutzwürdige **geschäftliche Geheimhaltungsinteressen** (s. auch LSG Hessen BeckRS 2020, 1442 Rn. 16; Schürmann DSB 2017, 150 (150); Kramer in Auernhammer DS-GVO Art. 21 Rn. 15 mit weiteren Bsp.). Eine solche atypische Situation kann bspw. bestehen, wenn eine Person, etwa eine Persönlichkeit des öffentlichen Lebens, berechtigten Anlass zu der Befürchtung hat, dass eine Verarbeitung (zB aufgrund Datenmissbrauchs) Informationen über ihren Gesundheitszustand an das Tageslicht der Öffentlichkeit spülen könnte. Das LG Frankfurt am Main erkannte eine besondere Situation auch darin, dass die Weitergabe von Informationen über eine Restschuldbefreiung dem Betroffenen Nachteile bei der Wohnungssuche oder seiner beruflichen Weiterentwicklung bescheren kann (NZI 2019, 342 (344)). Allerdings sind diese Folgen grds. nicht solche „einer besonderen Situation", sondern typische Folgen einer Bonitätsauskunft, welche die Verarbeitungsgrundlage des überwiegenden Interesses gerade decken soll (ebenso Heyer NZI 2019, 345; vgl. allg. dazu Krämer NJW 2018, 347 (350 f.)). Ein nicht gewährter Verbraucherkredit sowie die (behauptete, aber nicht dargelegte) Absicht, eine neue Wohnung zu suchen, stellen daher keine besondere Situation gegenüber einer Wirtschaftsauskunftei her (so LG Heilbronn ZD 2020, 256 (257, Rn. 27)).

Das Widerspruchsrecht darf einerseits die normative Grundentscheidung **31** rechtmäßiger Verarbeitung, die Art. 6 Abs. 1 UAbs. 1 lit. e und f treffen, nicht aushöhlen. Deshalb darf der Tatbestand der bes. Situation **nicht extensiv** interpretiert werden (wie hier zB Schulz in Gola DS-GVO Art. 21 Rn. 9; aA Caspar in NK-DatenschutzR DS-GVO Art. 21 Rn. 7). Andererseits müssen **die Gründe,** die den Widerspruch tragen, nach der Wertung der DS-GVO – anders als nach Art. 14 UAbs. 1 lit. a, ErwGr 45 DSRL – das öffentl. Interesse gerade nicht zwingend überwiegen. Es genügen **Besonderheiten des spezifischen Sachverhalts,** welche die normative Grundentscheidung der Verarbeitungsgrundlagen des Art. 6 Abs. 1 UAbs. 1 lit. e und f nicht bereits vollständig ihrem Sinn nach berücksichtigt hat.

b) Ausnahme: Abwendungsmöglichkeit (S. 2 Hs. 2). Das Verbot, die **32** personenbezogenen Daten (weiterhin) zu verarbeiten, kann der Verantwortliche unter bestimmten Umständen abwenden. Er muss dazu aber **nachweisen,** dass die Verarbeitung von **zwingenden schutzwürdigen Gründen** getragen ist, welche die Interessen, Rechte und Freiheiten der betroffenen Person überwiegen (Alt. 1; → Rn. 33 ff.). Der Gesetzgeber gesteht dem Verarbeitungsinteresse auch dann den Vorrang zu, wenn die Verarbeitung dazu dient, **Rechtsansprüche** geltend zu machen, auszuüben oder zu verteidigen (Alt. 2; → Rn. 39 ff.).

Der Unionsgesetzgeber ordnet die Abwendungsmöglichkeit semantisch **32a** zwar in die Rechtsfolgeanordnung der Vorschrift ein („verarbeitet [...] nicht mehr, es sei denn"). In der Sache formuliert er systematisch aber eine **Ausnahme vom Tatbestand des S. 1.**

33 **(aa) Zwingende schutzwürdige, überwiegende Gründe für die Verarbeitung (Alt. 1).** Im Vergleich zur Rechtslage unter der DSRL (→ Rn. 12) verschieben sich beim Widerspruch gegen Verarbeitungen, die im berechtigten privaten oder öffentlichen Interesse erfolgen, die normativen Gewichte zwischen den Parteien: Widerspricht eine betroffene Person der Verarbeitung eines Verantwortlichen aufgrund bes., in ihrer Situation liegender Gründe, genießt ihr Privatsphärenschutz ggü. dem Verarbeitungsinteresse nunmehr grds. den Vorrang. Will der Verantwortliche seine Verarbeitung trotz Widerspruchs vornehmen, muss sein Interesse an einer Fortführung der Verarbeitung das Interesse des Betroffenen an ihrer Beendigung **überwiegen** – und dies nicht aufgrund beliebiger, sondern „zwingender schutzwürdiger Gründe". Im Falle einer **Non-liquet-Situation** setzt sich mithin nicht mehr das Verarbeitungsinteresse, sondern das **Privatheitsinteresse des Betroffenen** durch (zust. zB Forgó in BeckOK DatenschutzR DS-GVO Art. 21 Rn. 10). Das folgt aus der Wendung „es sei denn" sowie dem systematischen Vergleich zur Regelung des Art. 6 Abs. 1 UAbs. 1 lit. f: Diese gestaltet das Vorrangverhältnis zwischen den betroffenen Interessen umgekehrt aus (→ Rn. 17; s. auch Martini/Kienle JZ 2019, 235 (240) mwN). Für die Abwägung zwischen dem Verarbeitungs- und dem Privatheitsinteresse ordnet Art. 21 Abs. 1 S. 2 in der Sache eine **Verhältnismäßigkeitsprüfung** mit umgekehrter Lastenverteilung an. Den Stufen des legitimen Ziels, der Geeignetheit und Erforderlichkeit entspricht dabei das Tatbestandsmerkmal „zwingende schutzwürdige [...] Gründe", der Stufe der Angemessenheit (praeter propter) das Merkmal „überwiegende Gründe".

34 Dafür, dass das Verarbeitungsinteresse überwiegt, trifft den Verantwortlichen die **Darlegungs- und Beweislast** (zust. Veil in GSSV DS-GVO Art. 21 Rn. 48; Schrey in Rücker/Kugel New European GDPR Rn. 682). Dies ergibt sich aus dem Wortlaut („nachweisen", engl.: „demonstrate"), der inneren Systematik der Norm sowie **ErwGr 69 S. 2** (engl.: „It should be for the controller to demonstrate"). Berücksichtigt man, dass das Widerspruchsrecht eine an sich rechtmäßige Verarbeitung unterbindet (vgl. ErwGr 69 S. 1), stärkt die normativ festgezurrte Beweislastverteilung (insbes. im Verhältnis zur DSRL; → Rn. 12) die Position der betroffenen Person nachhaltig.

35 **(1) „zwingende schutzwürdige Gründe".** Was die DS-GVO unter „zwingende(n) schutzwürdige(n) Gründe(n)" versteht, definiert sie nicht. An anderer Stelle – nämlich im Kontext der Datenübermittlung an Drittstaaten (Art. 49 Abs. 1 UAbs. 2 S. 1; → Art. 49 Rn. 30) – rekurriert sie auf „zwingende berechtigte Interessen" und damit auf ein ähnliches Merkmal, bestimmt dieses Kriterium dort allerdings ebenfalls nicht näher. Insbes. im Vergleich zur Wortwahl in anderen Tatbeständen der DS-GVO (zB „berechtigte Interessen" (Art. 6 Abs. 1 UAbs. 1 lit. f); „(vorrangige) berechtigte Gründe" (Art. 17 Abs. 1 lit. c; Art. 18 Abs. 1 lit. d); „wichtige Gründe (des öffentlichen Interesses)" (Art. 49 Abs. 1 lit. d); „erhebliches (öffentliches) Interesse" (Art. 9 Abs. 2 lit. g) und „wichtiges öffentliches Interesse" (Art. 18 Abs. 2; Art. 28 Abs. 3 S. 2 lit. a)) wird deutlich, dass der Maßstab zwingender schutzwürdiger, überwiegender Interessen die Verarbeitung bewusst einer hohen

Rechtfertigungshürde aussetzt: Die Gründe, die einen Widerspruch ausschließen, müssen von einer **legitimen, den Schutz der Rechtsordnung genießenden Zielsetzung** getragen sein, welche die intendierte Verarbeitung erforderlich macht.

Schutzwürdig sind diejenigen Gründe, die das Unionsrecht als solche – **36** sei es ausdr., sei es stillschweigend – anerkennt und legitimiert. Regelmäßig handelt es sich um die Verarbeitungsgründe des **Art. 6 Abs. 1 UAbs. 1 lit. e oder lit. f,** also insbes. grundrechtlich geschützte Rechtspositionen des Verantwortlichen (dazu Veil in GSSV DS-GVO Art. 21 Rn. 77 f.), aber auch öffentl. Interessen. Obgleich Art. 21 Abs. 1 S. 2 aufgrund seines systematischen Zusammenhangs mit S. 1 primär auf diese beiden Tatbestände Bezug nimmt, schließt er **andere schutzwürdige Verarbeitungsgründe** aber nicht aus. S. 2 ist insoweit offener als S. 1.

Schutzwürdige Gründe sind dann **zwingend,** wenn der Verarbeiter seine **37** legitimen Ziele nicht anders als durch die beabsichtigte Form der Verarbeitung erreichen kann, die Verarbeitung also unabweislich ist, um die rechtlich geschützte Zielsetzung verwirklichen zu können (zust. Forgó in BeckOK DatenschutzR DS-GVO Art. 21 Rn. 12; weniger restriktiv: Kamann/Braun in Ehmann/Selmayr DS-GVO Art. 21 Rn. 23). Darunter fallen bspw. gesetzliche Aufbewahrungsfristen, denen der Verantwortliche unterliegt (Veil in GSSV DS-GVO Art. 21 Rn. 79; Art. 17 Abs. 3 lit. b argumentum a maiore ad minus).

(2) „die Interessen, Rechte und Freiheiten der betroffenen Person 38 überwiegen". So sehr die intendierte Art der Verarbeitung für den Verantwortlichen ohne realistische Alternative bleibt, um seine Ziele erreichen zu können, so wenig legitimiert alleine dies seine Verarbeitung. Sie muss vielmehr auch die Interessen, Rechte und Freiheiten des Betroffenen im konkreten Fall **überwiegen.** Es hat also eine Abwägung zwischen den kollidierenden Interessen stattzufinden. Für sie gilt kraft der normativen Wertung der DS-GVO: Die Belange des Betroffenen genießen im Zweifel den Vorrang (zust. Helfrich in Sydow DS-GVO Art. 21 Rn. 67). Nur wenn der Verantwortliche darlegen kann, dass seine Interessen im Vergleich eine **höhere Wertigkeit** genießen und sich ein angemessener Ausgleich der Interessen nicht anders herstellen lässt, ist die Verarbeitung zulässig.

(bb) Geltendmachung, Ausübung oder Verteidigung von Rechts- 39 ansprüchen (Alt. 2). Der Verarbeitung kann der Betroffene außer in den Fällen der Alt. 1 auch dann nicht erfolgreich widersprechen, wenn sie dazu dient, Rechtsansprüche geltend zu machen, auszuüben oder zu verteidigen. Der Normgeber will damit verhindern, dass Betroffene das Widerspruchsrecht als Hebel missbrauchen, um die **Durchsetzung rechtlich geschützter Ansprüche** zu torpedieren.

(1) Verhältnis zwischen Alt. 1 und Alt. 2. Auch Rechtsansprüche sind **40** „zwingende schutzwürdige Gründe" iSd Alt. 1. Beide tatbestandliche Alternativen überlappen sich daher. Alt. 2 greift insbes. einen Ausschnitt aus dem breiten Spektrum der schutzwürdigen Gründe heraus, die Alt. 1 erfasst. Als **Lex specialis** genießt Alt. 2 ggü. der Alt. 1 aber den Vorrang.

41   Beide Alt. des Abs. 1 S. 2 unterscheiden sich dadurch, dass iRd Alt. 2 der Verarbeiter zwar ebenfalls die Darlegungslast trägt, ein **Glaubhaftmachen** aber **genügt** (zust. zB Helfrich in Sydow DS-GVO Art. 21 Rn. 70; aA Herbst in Kühling/Buchner DS-GVO Art. 21 Rn. 24). Das unterstreicht auch **ErwGr 69 S. 2:** Er legt dem Verantwortlichen eine bes. Nachweispflicht, also die Last, den Beweis zu führen, ausdr. nur für die Berufung auf „zwingende berechtigte Interessen" (Alt. 1) auf. Die „Geltendmachung, Ausübung oder Verteidigung von Rechtsansprüchen" (Alt. 2) lässt er demgegenüber unerwähnt. Diese differenzierte Wortwahl des Gesetzgebers wird man – obgleich beide Tatbestände dadurch asymmetrisch werden – als eine bewusste normative Entsch. deuten müssen. Der Zielsetzung, Rechtsansprüche geltend zu machen, ausüben oder verteidigen zu können, räumt der Gesetzgeber damit eine **normative Präponderanz** ggü. den Interessen Betroffener ein. Dem liegt die rechtspolitische Wertung zugrunde, dass im Grundsatz niemand den Schutz der Rechtsordnung für sich in Anspruch nehmen können soll, um die Durchsetzung legitimer Rechtsansprüche Dritter zu vereiteln. Diese Grundidee bringt die DS-GVO auch an anderer Stelle zum Ausdruck, insbes. in Art. 9 Abs. 2 lit. f (im Hinblick auf bes. Kategorien personenbezogener Daten), Art. 17 Abs. 3 lit. e (Ausschluss des Löschungsrechts), Art. 18 Abs. 1 lit. c, Abs. 2 (Recht auf Einschränkung der Verarbeitung) und Art. 49 Abs. 1 lit. e (Übermittlung personenbezogener Daten an ein Drittland).

42   Gleichzeitig ergibt sich aus dem Wort **„dienen"**, dass jedenfalls ein **Mindestmaß der Glaubhaftmachung** erforderlich ist. Ein **bloßes Behaupten** genügt nicht (zust. Helfrich in Sydow DS-GVO Art. 21 Rn. 70). Es darf auch nicht offensichtlich ausgeschlossen sein, dass die Rechtsansprüche tatsächlich bestehen. Sonst könnte der Verantwortliche das Widerspruchsrecht des Betroffenen faktisch leicht aushöhlen, indem er sich auf fingierte Ansprüche beruft. Es muss also eine **auf plausible Tatsachen gestützte Möglichkeit** dafür bestehen, dass solche Rechtsansprüche materiellrechtlich begr. sind.

43   **(2) „Rechtsansprüche".** Der Ausschlusstatbestand der Alt. 2 ist semantisch sehr weit gefasst. Er beschr. sich nicht allein auf **gerichtliche,** insbes. nicht nur auf bereits anhängige Verfahren. Es genügen vielmehr auch **außergerichtliche und vorgerichtliche** Verfahrensschritte. Das ergibt sich daraus, dass die DS-GVO ein „Dienen" ausreichen lässt (vgl. auch das ähnliche Verständnis in ErwGr 111 S. 1; s. auch Herbst in Kühling/Buchner DS-GVO Art. 21 Rn. 23).

44   Die Verarbeitungsgrundlagen des Art. 6 Abs. 1 UAbs. 1 lit. e oder f. sind – nach dem systematischen Konzept der Norm – nicht selbst **„Rechtsansprüche"** iSd S. 2 Alt. 2, sondern allein sonstige **materiell-rechtliche Ansprüche,** welche die unionale oder mitgliedstaatliche Rechtsordnung dem Verarbeiter zugesteht. Sonst führte sich das normative System selbst ad absurdum.

44a   Maßgeblich sind als Rechtsansprüche iSd Alt. 2 diejenigen Rechtsverhältnisse, die den Verantwortlichen **unmittelbar** betreffen – gleichviel ob im Verhältnis zum Widerspruchsführer oder zu Dritten (Kamann/Braun in Eh-

mann/Selmayr DS-GVO Art. 21 Rn. 28). Will oder muss der Verantwortliche personenbezogene Daten einem Dritten offenlegen, bleiben Rechtsansprüche, denen sich der **Dritte gegenüber sonstigen Personen** ausgesetzt
sieht, daher außer Betracht (vgl. dazu Martini/Kienle JZ 2019, 235 (240 mit
Fn. 91)). So greift die Abwendungsmöglichkeit bspw. nicht, wenn Erben (als
Dritte) Datenzugang bei einem Sozialen Netzwerk als Verantwortlichem
begehren, um sich ihrerseits gegen Schadensersatzansprüche ggü. einer vierten
Person (in BGH NJW 2018, 3178: der U-Bahn-Fahrer; ferner → Rn. 62a) zu
verteidigen. Eine solche entfernte Anspruchssituation nimmt der betroffenen
Person nicht das Widerspruchsrecht; sie überdehnte die Rückausnahme des
S. 2 Alt. 2 (vgl. auch Kramer in Auernhammer DS-GVO Art. 21 Rn. 20).
Dass die Rechtsansprüche iErg durchgreifen, insbes. **durchsetzbar** sind, ist
nicht zwingend erforderlich. Denn es genügt, dass die Rechtsausübung die-
sem Ziel „**dient**".

c) Rechtsfolgen des Widerspruchs (S. 2). Greifen die Voraussetzungen **45**
des Abs. 1 S. 1, löst das für den Verantwortlichen ein Verarbeitungsverbot aus
(Abs. 1 S. 2 Hs. 1). Die **Verarbeitung,** die Art. 6 Abs. 1 UAbs. 1 lit. e bzw. f
grds. zulässt, **wird** dann **rechtswidrig. Bis zu einer Entscheidung** über die
Begründetheit des anhängigen Widerspruchs hat die betroffene Person das
Recht, von dem Verantwortlichen zu verlangen, die Verarbeitung einstweilen
einzuschränken (**Art. 18 Abs. 1 lit. d;** → Art. 18 Rn. 19; zu den Rechtsfolgen → Art. 18 Rn. 20 sowie Dix in NK-DatenschutzR DS-GVO Art. 18
Rn. 11 ff.).

Stützt sich eine Datenverarbeitung außer auf die Erlaubnisnorm des Art. 6 **45a**
Abs. 1 UAbs. 1 lit. e oder f auch auf **andere Rechtsgrundlagen,** ist das
Widerspruchsrecht nicht tatbestandlich ausgeschlossen (→ Rn. 28). Der Betroffene kann vielmehr in zulässiger Weise „jederzeit" (wie es Abs. 1 S. 1
verspricht) Widerspruch erheben. Andernfalls beschnitte man ihm von vornherein ein subjektives Recht, wiewohl das Gesetz ihm ein solches einräumt
und es ggf. (insb. aus einer Ex-ante-Perspektive) unsicher ist, ob die andere
Rechtsgrundlage (lit. a–d) letztlich (zu klären etwa in einem gerichtlichen
Verfahren) überhaupt trägt. Der Betroffene muss die Verarbeitung, die auf lit.
e oder f gründet, jedenfalls in zulässiger Weise angreifen können. Ob daneben
noch eine andere Verarbeitungsgrundlage (durch-)greift, berührt daher nicht
die Statthaftigkeit des Widerspruchs, sondern seine Rechtsfolge: Lässt sich die
Verarbeitung auf eine andere Grundlage stützen, löst ein begründeter Widerspruch auf der **Rechtsfolgenebene kein Verarbeitungsverbot** (→ Rn. 45)
aus. Das Widerspruchsrecht des Art. 21 Abs. 1 aktiviert vielmehr seine Wirkung nur dann, wenn ausschl. lit. e oder f als Legitimationsgrundlage verbleiben. Sonst dehnte sich das Widerspruchsrecht im Ergebnis faktisch auch
auf solche Tatbestände aus, für die die DS-GVO ein solches Recht nicht
vorsieht. Dies widerspräche der legitimatorischen Tragweite der jeweiligen
Rechtfertigungsgrundlagen: Lit. e und f haben vorrangig den Schutz überragend wichtiger Allgemeininteressen im Auge, während die anderen Tatbestände auf Individualinteressen rekurrieren. Die Abwägung zwischen dem
Verarbeitungs- und dem Persönlichkeitsinteresse folgt insoweit in den beiden

Konstellationen jeweils unterschiedlichen Leitideen und daran anknüpfenden normativen Gewichtungen. Die Privilegierung, die sich mit einem Widerspruchsrecht für Verarbeitungen verknüpft, die übergeordneten Verarbeitungsinteressen dienen, soll nach dem Willen des Unionsgesetzgebers nur für solche Fälle wirken, in denen diese Tatbestände der **einzige Legitimationsgrund** sind, um in das Grundrecht auf Schutz personenbezogener Daten hineinzuwirken. Insoweit gilt der allg. Grundsatz, dass jede Rechtsgrundlage des Art. 6 Abs. 1 („mindestens eine") jeweils für sich genommen die Verarbeitung zu legitimieren imstande ist. Das beschränkte Widerspruchsrecht des Abs. 1 darf umgekehrt nicht in andere Erlaubnisnormen übergreifen und deren legitimatorische Kraft suspendieren.

46   Ob sich aus dem (begründeten) Widerspruch auch die Pflicht zur **Löschung** ergibt, beantwortet Abs. 1 S. 2 nicht. Die Wendung „verarbeitet […] nicht mehr" insinuiert, dass sich das Widerspruchsrecht in einer sofortigen – ausschl. **ex nunc** wirkenden – Beendigung von Verarbeitungsmaßnahmen erschöpft. **Art. 17 Abs. 1 lit. c** stellt aber klar, dass aus dem Widerspruch grds. (sofern keine vorrangigen berechtigten Gründe die Verarbeitung rechtfertigen) zugleich eine Löschungsverpflichtung des Verantwortlichen erwächst (→ Art. 17 Rn. 25); hat der Verantwortliche die personenbezogenen Daten öffentl. gemacht, muss er Dritte, welche die Daten verarbeiten, über das Löschungsverlangen informieren (**Art. 17 Abs. 2**). Verarbeitet der Verantwortliche die Daten anschließend trotzdem weiter, so kann der Betroffene auf der Grdl. der Art. 77 ff. mit rechtlichen Schritten gegen die Datenverarbeitung vorgehen und dem Verantwortlichen droht ein Bußgeld (Art. 83 Abs. 5 lit. b).

2. Widerspruchsrecht gegen Direktwerbung (Abs. 2 und 3)

47   Die DS-GVO stuft die Verarbeitung personenbezogener Daten für **Zwecke der Direktwerbung** als einen denkbaren Unterfall einer Verarbeitung ein, die dem **berechtigten Interesse** iSd Art. 6 Abs. 1 UAbs. 1 lit. f dient und deshalb zulässig sein kann (ErwGr 47 S. 7). Sie gesteht Betroffenen gegen solche Verarbeitungen aber (ebenso wie die Vorgängerregelung des Art. 14 UAbs. 1 lit. b DSRL) ein **privilegiertes Widerspruchsrecht** zu (Abs. 2, → Rn. 48 ff.). Jede weitere Verarbeitung zu Zwecken der Direktwerbung ist dann unzulässig (Abs. 3, → Rn. 51). Das Recht wirkt insoweit **absolut** (Kramer in Auernhammer DS-GVO Art. 21 Rn. 2 f.). Der Gesetzgeber verleiht dem Verarbeitungsinteresse Verantwortlicher in dieser Konstellation mithin nur einen schwachen, dem Abwehrinteresse Betroffener demgegenüber einen starken Schutz. Abs. 2 und 3 arrondieren dadurch den Schutz, den Art. 13 ePrivacy-RL (zur Kollisionsregelung s. Art. 95 DS-GVO), Art. 7 der Richtlinie über den elektronischen Geschäftsverkehr (RL 2000/31/EG) und § 7 Abs. 2 Nr. 2 UWG etablieren; an ihre Stelle soll nach den Vorstellungen der Unionsorgane alsbald die ePrivacy-VO treten (s. etwa Art. 16 des Entwurfs, Council of the European Union Dok. 6543/20 Annex v. 6.3.2020, S. 83; ferner Spindler/Dalby in Spindler/Schuster Art. 21 Rn. 9).

a) Tatbestandsvoraussetzungen (Abs. 2). **Direktwerbung** kennzeichnet 48
sich dadurch, dass ein Anbieter Personen unmittelbar, etwa mittels Prospek-
ten, Katalogen, Warenproben, automatischen Anrufsystemen, Faxgeräten, E-
Mails oder SMS, mit dem Ziel anspricht, den Absatz von Waren oder die
Erbringung von Dienstleistungen zu fördern (vgl. Art. 2 lit. a RL 2006/114/
EG; ErwGr 40–42, Art. 13 Abs. 1 ePrivacy-RL sowie im nationalen Recht
die Begriffsdefinition des § 2 Abs. 2 Nr. 7 RStV; zu dem Begriff „Direktwerbung" s. auch Spindler/Dalby in Spindler/Schuster, Art. 21 Rn. 12; vgl. auch
DSK, Orientierungshilfe der Aufsichtsbehörden zur Verarbeitung von per-
sonenbezogenen Daten für Zwecke der Direktwerbung, November 2018,
S. 3; dazu Ettig DSB 2019, 7 f.).

Die Ansprache zu **nicht-kommerziellen Zwecken** fällt nicht darunter, 48a
sondern unterliegt den allg. Regeln (aA Herbst in Kühling/Buchner DS-
GVO Art. 21 Rn. 26; Kamann/Braun in Ehmann/Selmayr DS-GVO Art. 21
Rn. 46; Ehmann in NK-DatenschutzR DS-GVO Anhang 3 zu Art. 6
Rn. 15 ff., der auch ideelle und gemeinnützige Zwecke erfasst sieht). Dies
ergibt sich zwar nicht eindeutig aus dem **Normwortlaut** – dieser kennt keine
ausdr. Beschränkung auf kommerzielle Werbung. Allerdings entspricht diese
Deutung dem Verständnis des Begriffs in anderen unionalen Normkontexten,
in denen er Verwendung findet („Absatz von Waren oder die Erbringung von
Dienstleistungen"; → Rn. 48), sowie der **Teleologie** der Vorschr.: Die Be-
lästigungswirkung für das informationelle Selbstbestimmungsrecht, die von
Werbung ausgeht, kann sich zwar unabhängig von dem kommerziellen
Zweck der Werbung einstellen, zB auch bei politischer oder ideeller Wer-
bung. Die Sonderbehandlung von Werbung in Abs. 2 rechtfertigt sich aber
gerade daraus, dass der Verantwortliche **geschäftliche Interessen** mit dem
Ziel verquickt, personenbezogene Daten zu verarbeiten. Verarbeitungen zu
Belangen, an denen ein nicht-kommerzielles Allgemeininteresse besteht (zB
politische Mitteilung oder Aufklärung über soziale Projekte), verortet die
Werteordnung der DS-GVO nicht auf der gleichen Stufe wie (kommerzielle)
Direktwerbung. Das unterstreicht auch der systematische **Vergleich zu
Art. 21 Abs. 1 iVm Art. 6 Abs. 1 UAbs. 1 lit. e:** Werbung, die erforderlich ist, um eine im öffentl. Interesse liegende Aufgabe wahrzunehmen,
behandelt die DS-GVO als einen Fall des Art. 21 Abs. 1, für den kein
privilegiertes Widerspruchsrecht besteht. Das trägt den unterschiedlichen In-
teressenlagen in gebührender Weise Rechnung: Betroffene Personen können
sich bei nicht-kommerzieller Werbung gegen die direkte Ansprache zur Wehr
setzen, müssen ihr Anliegen aber einer Interessenabwägung stellen (in deren
Rahmen Art. 21 Abs. 1 ihrem Schutzbedürfnis grds. den Vorrang einräumt;
→ Rn. 33 ff.).

Eine entgeltliche Dienstleistung muss dem Nutzer nicht notwendig einen 48b
monetären Preis abverlangen. Ausreichend ist ein **geldwerter Vorteil** als
Gegenleistung. Der Vorteil muss dem Werbetreibenden auch nicht unmittelbar aus der Hand des Nutzers zufließen, der die Leistung empfängt. Es genügt,
dass der Anbieter die Einnahmen aus Werbung bezieht, die ein **Dritter
finanziert.** Um unter den Tatbestand der (entgeltlichen) Direktwerbung zu
fallen, reicht es daher aus, dass die Dienstleistung darauf zielt, Daten kom-

merziell, zB in Gestalt des **Geschäftsmodells „Daten gegen Leistung"**, auszuwerten (vgl. auch zum weiten Begriff der Entgeltlichkeit in Art. 2 lit. a RL 2000/31/EG („Dienste der Informationsgesellschaft"): EuGH Urt. v. 11.9.2014, ECLI:EU:C:2014:2209, Rn. 27 ff. – Papasavvas; Urt. v. 15.9.2016, ECLI:EU:C:2016:689, Rn. 41 f. – Mc Fadden). Auch ein **„targeted advertising"** oder **dynamische bzw. personalisierte** Preise können darunter fallen (Helfrich in Sydow DS-GVO Art. 21 Rn. 77 mwN).

49   **Widerspruchsberechtigt** ist jeder, dessen personenbezogene Daten zu Zwecken der Direktwerbung verarbeitet werden. Dies braucht nicht alleine dadurch zu geschehen, dass der Verantwortliche eine Werbesendung zustellt. Es genügt bereits, Daten zu erheben, um Nachrichtenadressaten auszufiltern.

50   Anders als die Widerspruchsrechte aus Abs. 1 und 6 ist das Recht, Direktwerbung zu widersprechen, **voraussetzungslos.** Es genügt, dass der Betroffene Widerspruch erhebt, also zu erkennen gibt, dass er mit einer Verarbeitung nicht einverstanden ist. Weder muss er dafür (anders als nach Abs. 1 S. 1) bes. Gründe anführen, noch kann der Verantwortliche unter Hinweis auf zwingende schutzwürdige Gründe die Wirkungen des Widerspruchs überwinden.

50a   Ebenso wie das Widerspruchsrecht des Abs. 1 kann der Betroffene das Widerspruchsrecht iSd Abs. 2 **„jederzeit",** mithin auch nach der Verarbeitung (→ s. aber Rn. 20), ausüben.

51   **b) Rechtsfolge (Abs. 3).** Hat ein Betroffener Widerspruch gegen Direktwerbung eingelegt, darf der Verantwortliche dessen personenbezogene Daten nicht länger zu diesem Zweck verarbeiten **(Ex-nunc-Verarbeitungsverbot).** Verarbeitungen der Daten **sonstiger Betroffener** bleiben von diesem Verbot unberührt. Das ergibt sich zwar nicht ganz eindeutig aus dem Wortlaut („die personenbezogenen Daten"), jedenfalls aber aus dem Sinn der Vorschr.: Das Verbot erfasst jeweils die personenbezogenen Daten **des Widerspruchsführers.**

52   Der Widerspruch schließt nur Verarbeitungen **„für Zwecke der Direktwerbung"** aus – nicht aber Verarbeitungen, die zu anderen Zwecken erfolgen (sofern sie sich auf eine Rechtfertigungsgrundlage stützen lassen). Das folgt bereits aus dem Wortlaut des Abs. 3 („nicht mehr für *diese* Zwecke" – Hervorhebung d. Verf.; vgl. auch → Rn. 45a).

53   Der Widerspruch löst nicht nur ein Verarbeitungsverbot (→ Rn. 51) aus. Er verpflichtet den Verantwortlichen auch dazu, bereits verarbeitete Daten zu löschen, sofern es der Betroffene verlangt (**Art. 17 Abs. 1 lit. c Alt. 2**). Setzt sich der Verantwortliche über diese Rechtspflicht hinweg, stehen dem Betroffenen insbes. die Verteidigungsmöglichkeiten der Art. 77 ff. zur Seite und droht dem Verantwortlichen auf der Grundlage des Art. 83 Abs. 5 lit. b ein Bußgeld.

3. Widerspruchsrecht gegen Verarbeitungen zu Forschungs- oder Statistikzwecken (Abs. 6)

54   Moderne Datenverarbeitungstechniken des Big-Data-Universums erschließen der Forschung und Statistik bislang ungeahnte Erkenntnissphären, die – sei es

im Bereich der Gesundheits-, der Klimaforschung oder der sozialwissenschaftlichen Analyse – auf der Grdl. einer Massendatenanalyse gemeinwohlrelevante politische und gesellschaftliche Entsch. unterstützen können (vgl. ErwGr 157). Der Verarbeitung zu Forschungs- und Statistikzwecken gesteht die DS-GVO daher – auch in Respekt vor dem Ziel des **Art. 179 Abs. 1 AEUV,** einen europ. Raum der Forschung zu schaffen – **weitreichende Privilegien** zu. Das bringt die VO insbes. in **Art. 89** zum Ausdruck.

Das Forschungs- und Statistikprivileg erstreckt sich nicht nur auf das **Gebot** **55** **der Zweckbindung** (Art. 5 Abs. 1 lit. b Hs. 2; → Art. 5 Rn. 32 f.), sondern sogar auf die sog **bes. Kategorien personenbezogener Daten** iSd Art. 9 Abs. 1 (Art. 9 Abs. 2 lit. j; → Art. 9 Rn. 45 f.) sowie die **Informationspflichten des Art. 14** (Art. 14 Abs. 5 lit. b; → Art. 14 Rn. 40b) und das **Recht auf Löschung** (Art. 17 Abs. 3 lit. d; → Art. 17 Rn. 45). Die DS-GVO zielt damit darauf, „die legitimen gesellschaftlichen Erwartungen in Bezug auf einen Wissenszuwachs" bei der Konfliktentscheidung zwischen Verarbeitungs- und Privatheitsinteressen gebührend zu würdigen (vgl. auch **ErwGr 113 S. 4**). Im Kontext des Art. 21 äußert sich die Privilegierung darin, dass die DS-GVO das Recht, der Verarbeitung zu widersprechen, an **hohe Hürden** knüpft.

Den Topos der Verarbeitung zu **wiss. Forschungszwecken** versteht die **56** DS-GVO bewusst weit. Die Bandbreite reicht von der **Grundlagenforschung** und technologischen Entwicklung bis hin zur Demonstration von Forschungsergebnissen **angewandter Forschung.** Sie erfasst insbes. auch **privatfinanzierte Forschung** (ErwGr 159 S. 1 und 2) sowie Forschung, die dem Interesse **öffentl. Gesundheit** verschrieben ist (ErwGr 159 S. 4).

Die Wendung „wissenschaftliche oder historische Forschungszwecke" ver- **57** eint nicht ganz gleichwertige Tatbestände unter einem Begriffsdach. **Historische Forschungszwecke** sind nämlich zugleich per definitionem auch wiss. Forschungszwecke. Dem Normgeber war es offenbar (wie sich auch explizit aus ErwGr 160 ergibt) ein Anliegen, die historische Forschung als zulässigen – und traditionell in vielen Fällen berührten – Verarbeitungszweck bes. hervorzuheben.

Unter dem Topos **„statistische Zwecke"** will die DS-GVO jeden Vor- **58** gang der Erhebung und Verarbeitung personenbezogener Daten verstanden wissen, der darauf zielt, statistische Untersuchungen durchzuführen und statistische Ergebnisse zu erstellen (**ErwGr 162 S. 3**). Ob es sich um **öffentl. oder private Erhebungen** handelt, ist gleichgültig. Das ergibt sich zum einen aus dem weiten Begriffsverständnis, das die Erwägungsgründe statistischen Zwecken unterlegen, zum anderen im Umkehrschluss aus der Rückausnahme des Abs. 6 aE („es sei denn, die Verarbeitung ist zur Erfüllung einer im öffentlichen Interesse liegenden Aufgabe erforderlich"): Indem sie öffentl. Interessen ggü. sonstigen Interessen besonders privilegiert, macht sie deutlich, dass der Begriff der statistischen Zwecke im Grundsatz auch private Statistiken einschließt.

59 a) **Tatbestandsvoraussetzungen. aa) Besondere Situation des Betroffenen bei der Verarbeitung zu Forschungs- oder Statistikzwecken (Hs. 1).** Wie in Fällen des Abs. 1 setzt das Widerspruchsrecht gegen Verarbeitungen zu Forschungs- oder Statistikzwecken Gründe voraus, die sich aus der „**besonderen Situation**" des Betroffenen ergeben (zu dieser Wendung → Rn. 29 ff.). Es muss sich um solche **atypischen Gründe** handeln, welche die Verarbeitungsgrundlage noch nicht als solche bereits in ihrer Abwägung der kollidierenden Interessen als regelmäßig berührte Interessen integriert hat. Vielmehr bedarf es **spezifischer Aspekte des Einzelfalls,** die eine andere normative Gewichtung in der Kollision zwischen Verarbeitungs- und Privatheitsinteresse rechtfertigen.

60 **bb) Ausnahmevorbehalt für im öffentlichen Interesse liegende Aufgaben (Hs. 2).** Auch wenn die Tatbestandsvoraussetzungen des Widerspruchsrechts aus Abs. 6 grds. greifen, kann eine „im öffentlichen Interesse liegende Aufgabe" dieses Recht ausschließen: Macht sie die Verarbeitung erforderlich, steht dem Betroffenen kein Widerspruchsrecht zur Seite (Hs. 2). Die **Darlegungslast** dafür legt der Unionsgesetzgeber aber dem Verantwortlichen auf. Das bringt er mit der Wendung „es sei denn" zum Ausdruck: Sie drückt ein Grundsatz-Ausnahme-Verhältnis aus. Wer sich auf die Ausnahme stützt, muss auch deren Voraussetzungen darlegen. Wie bei Abs. 1 S. 2 Alt. 2 (→ Rn. 41 f.) genügt insoweit jedoch bereits ein Glaubhaftmachen. In der Wendung verbirgt sich zugleich eine normative Wertung für eine Non-liquet-Konfliktentscheidung: Wenn beide Interessen gleichwertig sind, setzt sich das Privatsphärenschutzinteresse des Betroffenen durch. Der Forschungs- bzw. Statistikzweck verdrängt die Interessen des Betroffenen mithin erst, wenn er **überwiegt.** Es genügt auch nicht allein, dass eine im öffentl. Interesse liegende Aufgabe besteht. Ihre ordnungsgem. Erfüllung muss die Verarbeitung vielmehr **erfordern,** dh sie darf nicht auf andere Weise, etwa durch Anonymisierung, verwirklichbar sein.

61 **b) Rechtsfolge.** Anders als Abs. 1 und 3 enthält sich Abs. 6 einer Aussage zu der Frage, welche Rechtsfolgen ein erfolgreicher Widerspruch gegen Verarbeitungen zeitigt, die wiss., historischen oder statistischen Zwecken dienen. Dieser Schweigsamkeit des Gesetzes liegt wohl das Bestreben des Gesetzgebers zugrunde, Wiederholungen zu Abs. 1 und 3 zu vermeiden. In der Sache soll aber nichts anderes gelten als dort. In logischer Vervollständigung der Norm zieht daher auch hier der Widerspruch ein **Verbot weiterer Verarbeitung** (der personenbezogenen Daten des Widersprechenden) nach sich (→ Rn. 45 ff. und Rn. 51).

62 Art. 89 Abs. 2 eröffnet den Mitgliedstaaten sowie der Union – ebenso wie Art. 23 (→ Rn. 4) – aber die Möglichkeit, **Ausnahmen** von der Widerspruchsmöglichkeit nach Abs. 6 vorzusehen. Dieser Spielraum besteht nicht vorbehaltlos. Er greift erst dann, wenn das Widerspruchsrecht die **spezifischen Zwecke des Art. 89 Abs. 1** voraussichtlich unmöglich macht oder ernsthaft beeinträchtigt und die Ausnahme notwendig ist, um die wissenschaftlichen, historischen oder statistischen Zwecke zu erreichen. Der Bun-

desgesetzgeber hat von dieser Öffnungsklausel bspw. in **§ 27 Abs.** 2 **BDSG** Gebrauch gemacht (→ § 27 Rn. 10 ff.).

4. Widerspruch im dreipoligen Verarbeitungsverhältnis

Ein Widerspruch ist auch im dreipoligen Verarbeitungsverhältnis möglich. **62a** Dazu kann es bspw. kommen, wenn die Erben den Zugang zu Daten über den Kommunikationsverkehr des Verstorbenen mit Freunden aus dem Facebook-Account begehren (BGH NJW 2018, 3178 (3185, Rn. 74 ff.); s. auch BGH BeckRS 2020, 22690). Die (dritt-)betroffenen Freunde können dann der Offenlegung „ihrer" Daten (insbes. in Form der Übermittlung; → Art. 4 Rn. 30) an die Erben unter den sonstigen Voraussetzungen widersprechen (Martini/Kienle JZ 2019, 235 (240)). Ist der Widerspruch begründet, darf der Verantwortliche Daten, die den Widerspruchsführer betreffen, nicht übermitteln. Ist der Verantwortliche aber kraft gerichtlicher Entscheidung dazu verpflichtet, die Daten herauszugeben, ist ein etwaiger Widerspruch der betroffenen Person ggf. inzident im Rahmen der Rechtmäßigkeit der Zwangsvollstreckung zu prüfen (vgl. Martini/Kienle JZ 2019, 235 (240)). Damit der Dritte das Widerspruchsrecht geltend machen kann, muss der Verantwortliche ihn über das Widerspruchsrecht **informieren,** bevor er die Daten weitergibt und damit vollendete Tatsachen schüfe (**Abs. 4 analog;** vgl. → Rn. 64 ff.).

II. Verfahrensrechtliche Schutzmechanismen zur Durchsetzung des Widerspruchsrechts (Abs. 4 und 5)

Um die Wirksamkeit des Widerspruchsrechts abzusichern, normieren Abs. 4 **63** und 5 **flankierende verfahrensrechtliche Schutzmechanismen:** eine Hinweispflicht und das Recht, den Widerspruch automatisiert auszuüben. **Abs. 4** (→ Rn. 64 ff.) bezieht sich nach seinem Wortlaut ausschl. auf die Widerspruchsrechte des Abs. 1 und 2; **Abs. 5** (→ Rn. 74 ff.) erstreckt sich demgegenüber auf alle Widerspruchsrechte, die Art. 21 gewährt.

1. Hinweispflicht (Abs. 4)

Wer von einem Widerspruchsrecht Gebrauch machen will, kann dies nur **64** dann tun, wenn er um dessen Existenz weiß. Deshalb verpflichtet die Union die Verantwortlichen, Betroffene ausdr. auf das Widerspruchsrecht des **Abs. 1** (Verarbeitung auf der Grdl. öffentlichen bzw. überwiegenden privaten Interesses Art. 6 Abs. 1 UAbs. 1 lit. e oder lit. f) und **Abs. 2** (Direktwerbung) hinzuweisen.

a) Verhältnis zu Art. 13 Abs. 2 lit. b und Art. 14 Abs. 2 lit. c. Die **65** Hinweispflicht des Abs. 4 ergänzt die **allg. Anforderungen an Hinweise** nach Art. 12 Abs. 1 und die **allg. Informationspflichten** bei der Erhebung von Daten aus Art. 13 und 14.

Schon Art. 13 Abs. 2 lit. b und Art. 14 Abs. 2 lit. c tragen dem Verant- **65a** wortlichen ausdr. auf, Betroffene auf das Widerspruchsrecht hinzuweisen. Die

Vorschr. überlappen sich mit Art. 21 Abs. 4, entbehren dadurch aber nicht eines jeweils eigenen Regelungsgehalts: Art. 21 Abs. 4 **präzisiert** die Anforderungen an die Informationspflichten. Art. 13 Abs. 2 lit. b und Art. 14 Abs. 2 lit. c stellen das Widerspruchsrecht – anders als Art. 21 Abs. 4 – demgegenüber unter den Vorbehalt, dass eine Information für eine faire Verarbeitung **notwendig** sein muss (vgl. auch Art. 13 Abs. 4 und Art. 14 Abs. 5, welche die Informationspflicht ausschließen, wenn und soweit die betroffene Person bereits über die Informationen verfügt). Art. 21 Abs. 4 geht insoweit über diese Vorschr. hinaus: Er erklärt einen Hinweis **vorbehaltlos** zur Pflicht und versteht sich insoweit – sub specie der Rechte aus Art. 21 **Abs. 1 und 2** – als **Lex specialis,** hinter der die allg. Vorschr. der Art. 13 und 14 grds. zurücktreten (zust. Helfrich in Sydow DS-GVO Art. 21 Rn. 106; Veil in GSSV DS-GVO Art. 21 Rn. 37).

65b   Hinsichtlich des Widerspruchsrechts aus Art. 21 **Abs. 6** (für welches Abs. 4 keine Geltung beansprucht) entfalten diese allg. Normen als subsidiäre Betroffenenrechte demgegenüber ihre Wirkung: Für das Widerspruchsrecht gegen Verarbeitungen zu wissenschaftlichen, historischen oder statistischen Zwecken ergibt sich die Hinweispflicht aus Art. 13 Abs. 2 lit. b bzw. Art. 14 Abs. 2 lit. c iVm Abs. 3 (ebenso Caspar in NK-DatenschutzR DS-GVO Art. 21 Rn. 28).

66 **b) Zeitpunkt des Hinweises.** Der Hinweis auf das Widerspruchsrecht muss „spätestens zum **Zeitpunkt der ersten Kommunikation**" (Hervorhebung d. Verf.) zwischen Betroffenem und Verantwortlichem erfolgen. So verfügt es Abs. 4 ausdr. Die Vorschr. findet jedoch eine **Ergänzung in Art. 13 Abs. 2 lit. b.** Sie grenzt den gebotenen **frühesten** Zeitpunkt der Hinweispflicht normativ ein: Erfolgt die **Erhebung** der Daten **beim Betroffenen,** ist der Hinweis bereits „zum Zeitpunkt der Erhebung" zu geben (Art. 13 Abs. 2 lit. b); falls schon vorher eine Kommunikation zwischen dem Verantwortlichen und dem Betroffenen stattgefunden hat, ist dieser Zeitpunkt maßgeblich (Art. 21 Abs. 4).

66a   Erfolgt die Erhebung bei einer **anderen** als der betroffenen **Person,** hat der Hinweis „spätestens zum Zeitpunkt der ersten Mitteilung" zu erfolgen (Art. 14 Abs. 3 lit. b iVm Abs. 2 lit. c). Insoweit ist **Art. 21 Abs. 4** (wenngleich weitgehend deckungsgleich) – für die Widerspruchsrechte aus Art. 21 Abs. 2 und 4 – wiederum **Lex specialis:** Fand die erste Kommunikation zwischen dem Verantwortlichen und dem Betroffenen bereits vor der ersten Mitteilung statt, kommt es auf diesen Zeitpunkt an.

66b   Für die Hinweispflicht aus **Art. 21 Abs. 6** greift demgegenüber ausschl. das Zeitregime des Art. 13 Abs. 2 lit. b bzw. Art. 14 Abs. 3 lit. b (vgl. auch Rn. 65b).

67 **c) Inhaltliche Anforderungen.** Der Unionsgesetzgeber sichert die Funktionalität der Hinweispflicht durch inhaltliche Anforderungen ab. Ihm ist es dabei darum bestellt, zu verhindern, dass der Hinweis auf das Widerspruchsrecht einerseits nicht gut erkennbar ist, insbes. in einer Flut sonstiger Informationen untergeht, oder andererseits rechtlich weniger gut Geschulte ihn nicht ohne nähere Nachforschungen verstehen. Er ordnet daher an, dass der Hinweis – ähnlich wie die Einwilligung (Art. 7 Abs. 2) – „ausdrücklich" (→ Rn. 68) sowie „in einer verständlichen […] Form" (→ Rn. 69) und „in einer klaren und einfachen Sprache" (→ Rn. 70) erfolgen muss. Dies steht verklausulierten Formulierungen entgegen, die Betroffene daran hindern, von dem Widerspruchsrecht Gebrauch zu machen. Für das Widerspruchsrecht aus Abs. 2 betont dies **ErwGr 70 S. 2** ausdrücklich. Dieser **informationsrechtliche Schutzmechanismus** entspricht den Standards, die sich in anderen verbraucherrechtlichen Kontexten, insbes. im Telekommunikationsrecht und Finanzrecht, bewährt haben (vgl. etwa § 43a Abs. 1 S. 1 TKG; § 23a Abs. 1 S. 2 KWG).

aa) Ausdrücklich. Der Hinweis muss explizit – im Idealfall unter Angabe **68** der einschlägigen Rechtsgrundlage des Art. 21 – **als Widerspruchsrecht bezeichnet** sein. Er darf sich insbes. nicht in einem konkludenten Hinweis erschöpfen, der sich nur gleichsam „zwischen den Zeilen" herauslesen lässt. Abs. 4 geht damit über die allg. Anforderungen des Art. 12 Abs. 1 S. 1 Hs. 1 als Lex specialis hinaus.

bb) In einer „verständlichen […] Form". Das Erfordernis einer verständ- **69** lichen Form des Abs. 4 wiederholt die allg. Anforderungen, die bereits Art. 12 Abs. 1 S. 1 Hs. 1 aufstellt: Es gebietet, dass der Inhalt der Mitteilung für einen durchschnittlichen Betrachter **ohne Nachforschungen und tieferes Nachdenken** hinreichend gut erfassbar ist. Der Hinweis muss es ihm bereits als solcher ermöglichen, seine Handlungsoptionen abzuleiten, um sich gegen eine Verarbeitung zur Wehr zu setzen, die seinem Willen widerspricht.

cc) „In einer klaren und einfachen Sprache" (Art. 12 Abs. 1 S. 1 70 Hs. 1). Anders als noch Art. 19 Abs. 2a DS-GVO-E(EP) und Art. 34 Abs. 2 (→ Art. 34 Rn. 50 ff.) äußert sich Abs. 4 nicht ausdr. zu dem Sprachniveau, dem der Hinweis genügen muss. Aufschluss darüber gibt jedoch die allg., vor die Klammer gezogene Vorschr. des Art. 12 Abs. 1 S. 1 Hs. 1 (Abs. 4 verdrängt diese nicht): Der Hinweis ist „in einer **klaren und einfachen Spra-che**" zu fassen. Das intellektuelle Anforderungsniveau an die sprachliche Erfassbarkeit muss sich **unterhalb der gehobenen Bildungssprache,** darf sich aber **oberhalb des Niveaus der sog leichten, an Menschen mit Sprachbehinderung gerichteten Sprache** bewegen. Auch die anderen inhaltlichen Anforderungen des Art. 12 Abs. 1 S. 1 Hs. 1 (**„präzise",** **„transparent"**) finden auf die Hinweispflicht des Abs. 4 ergänzend Anwendung (überlappen sich allerdings teilw. mit dem Gebot transparenter Form). Denn Abs. 4 will nicht das Anforderungsniveau der allg. Vorschr. des Art. 12 unterspülen.

d) Formelle Anforderungen. Zu den inhaltlichen Anforderungen an die **71** Ausdrücklichkeit und Verständlichkeit der Information tritt eine formelle Anforderung hinzu: Der Hinweis muss „in einer […] **von anderen Informationen getrennten Form"** (Hervorhebung d. Verf.) erfolgen. Ihm muss also **Unterscheidungskraft** im Verhältnis zu anderen Informationen zukommen, sodass er gut erkennbar ist. Wie der Verantwortliche die Trennung erreicht, bleibt grds. ihm überlassen; dem Unionsgesetzgeber kommt es alleine auf das vom Gesetz geforderte Erg. an. So kann der Verantwortliche die erforderliche Unterscheidungskraft insbes. dadurch herstellen, dass er den Hinweis in einer anderen – größeren – **Schriftgröße** angibt. Jedenfalls darf sich der Hinweis nicht – insbes. durch die optische Gestaltung – mit anderen Informationen in einer Weise **vermischen,** die es dem Betroffenen erschwert oder faktisch unmöglich macht, von dem Widerspruchsrecht Gebrauch zu machen. Eine Ergänzung findet das Trennungsgebot in der allg. Anforderung der **„leicht zugänglichen Form",** welches Art. 12 Abs. 1 S. 1 Hs. 1 formuliert: Der Verantwortliche muss den Hinweis in einer Weise gestalten, welche dem Betroffenen die Kenntnisnahme nicht erschwert, sondern das Widerspruchsrecht vielmehr **unkompliziert wahrnehmbar** macht.

72 **e) Rechtsfolgen eines Verstoßes.** Welche Rechtsfolgen eintreten, wenn die Mitteilung entweder verspätet oder nicht in einer verständlichen und von anderen Informationen getrennten Form erfolgt, lässt die DS-GVO **offen.** Typischerweise können Betroffene in solchen Fällen nach allgemeinen Rechtsgrundsätzen Schutzrechte zeitlich unbegrenzt geltend machen (vgl. in diese Richtung für das nationale Recht etwa § 58 Abs. 2 VwGO), insbes. greifen dann keine Ausschlussfristen. Da Art. 21 solche Ausschlussfristen jedoch nicht kennt, bliebe diese Rechtsfolgeanordnung für Betroffene ohne jeden Gewinn.

73 Der bes. normativen Verankerung und Betonung einer Hinweispflicht in der DS-GVO ist die innere Logik eigen, demjenigen, der die Pflichten missachtet, aus seinem rechtswidrigen Handeln keinen Vorteil erwachsen zu lassen. Denkbar ist es, dem Verantwortlichen, der die Pflichten des Art. 21 Abs. 4 verletzt, seinerseits seine Gegenrechte aus Art. 21 Abs. 1 S. 2 und Abs. 2 zur Überwindung des Widerspruchsrechts abzusprechen oder die inhaltlichen Anforderungen abzusenken, die der Betroffene im Hinblick auf seine „besondere Situation" darlegen muss. Obgleich dies de lege ferenda konsequent erscheint, bedürfte es kraft des Vorbehalts des Gesetzes (Art. 52 Abs. 1 S. 1 GRCh) doch einer ausdr. normativen Verankerung, da es das materielle Pflichtengefüge verschiebt. So beschr. sich die normative Folge auf das Recht der ASB, ihre **Abhilfebefugnisse** wahrzunehmen (**Art. 58 Abs. 2 lit. a bis d**) sowie die **Sanktionsbefugnis des Art. 83 Abs. 5 lit. b** (mit einer ggf. empfindlichen Geldbuße) auszuüben.

2. Ausübung des Widerspruchsrechts mit Hilfe automatisierter Verfahren (Abs. 5)

74 Damit die Transaktionskosten des Betroffenen das Widerspruchsrecht nicht zu einer leeren Hülle verkommen lassen, vereinfacht die DS-GVO den Weg seiner Geltendmachung: Der Betroffene kann das Widerspruchsrecht **„mittels automatisierter Verfahren",** insbes. durch **allg. Grundeinstellungen,** ausüben. Abs. 5 formt damit das der DS-GVO insgesamt innewohnende Ziel eines **Datenschutzes durch Technik** (→ Art. 25 Rn. 32) für den konkreten Anwendungsfall des Widerspruchsrechts aus und schränkt zugleich die ePrivacy-RL insoweit ein („ungeachtet der …").

Die Möglichkeit, das Widerspruchsrecht in automatisierten Verfahren auszuüben, gewährt der Unionsgesetzgeber aber nicht generell. Das Privileg ist auf solche Konstellationen beschränkt, in denen der Betroffene **Dienste der Informationsgesellschaft** nutzt. Darunter versteht das Unionsrecht „jede in der Regel gegen Entgelt elektronisch im Fernabsatz und auf individuellen Abruf eines Empfängers erbrachte Dienstleistungen" (Art. 4 Nr. 25 iVm Art. 1 Abs. 1 lit. b RL (EU) 2015/1535; → Art. 4 Rn. 142 ff.). Dienste der Informationsgesellschaft sind bspw. Internet-(Video-)-Telefondienste wie „Skype" (Buchner/Kühling in Kühling/Buchner DS-GVO Art. 4 Nr. 25 Rn. 5a), die Vermittlungsplattform „Airbnb" (EuGH MMR 2020, 171 (172 Rn. 44 ff.)) sowie soziale Netzwerke wie „Facebook" (Buchner/Kühling in Kühling/Buchner DS-GVO Art. 4 Nr. 25 Rn. 7). Anhang I der RL (EU) 2015/1535 hält eine Negativliste vor: **Keine Dienste** der Informationsgesellschaft sind etwa über Sprachtelefon oder Telefax erbrachte Dienste sowie (lineare) Fernseh- und Hörfunkdienste – ebenso Geldausgabe- und Fahrkartenautomaten.

Seiner systematischen Stellung vor Abs. 6 zum Trotz gilt Abs. 5 für **alle in** **75** **Art. 21 (Abs. 1, 2 und 6) verbürgten Widerspruchsrechte** (zust. Kamann/Braun in Ehmann/Selmayr DS-GVO Art. 21 Rn. 61; Herbst in Kühling/Buchner DS-GVO Art. 21 Rn. 44; Munz in Taeger/Gabel DS-GVO Art. 21 Rn. 50). Das ergibt sich zum einen daraus, dass Abs. 5 in seinem Wortlaut nicht zwischen den einzelnen Widerspruchsrechten differenziert, zum anderen aus einem **Umkehrschluss aus Abs. 4:** Indem der Gesetzgeber dort explizit zwischen den unterschiedlichen Widerspruchsverbürgungen des Art. 21 unterscheidet, ist das insoweit bestehende Schweigen des Art. 21 Abs. 5 als **beredtes Schweigen** zu verstehen. Es wäre zudem nur schwer begründbar, warum sich die Möglichkeit, sich automatisierter Verfahren bedienen zu können, nur auf die Widerspruchsrechte des Abs. 1 und 2 beschr.

3. Pflicht, über ergriffene Maßnahmen zu informieren (Art. 12 Abs. 3 und 4)

Zusätzlich zur Hinweispflicht des Abs. 4 und zur Vereinfachung der Aus **76** übungsformen durch Abs. 5 normiert Art. 12 ergänzend eine **Informationspflicht,** die an einen ausgeübten Widerspruch anknüpft: Der Verantwortliche muss Betroffene über die Maßnahmen, die er im Anschluss an den Widerspruch getroffen hat, „unverzüglich, in jedem Fall aber innerhalb eines Monats" informieren, nachdem der Antrag eingegangen ist (**Art. 12 Abs. 3 S. 1;** → Art. 12 Rn. 52 ff.). Gleiches gilt für den Fall, dass der Verantwortliche untätig bleibt, also keinerlei Maßnahmen ergreift. Er muss den Antragsteller dann über die Gründe, die ihn leiten, sowie über die Möglichkeit informieren, bei einer ASB Beschwerde oder einen gerichtlichen Rechtsbehelf einzulegen (**Art. 12 Abs. 4;** → Art. 12 Rn. 56 ff.).

C. Vergleich zum (bisherigen) nationalen Datenschutzrecht; Regelungsspielraum der Mitgliedstaaten

77 Das Instrument des Widerspruchsrechts ist dem bisherigen nationalen Datenschutzrecht keineswegs fremd. Den Vorgaben des **Art. 14 DSRL** folgend hatte bereits das BDSG aF ein solches insbes. in **§ 20 Abs. 5** und in **§ 35 Abs. 5** sowie im bereichsspezifischen Fachrecht, zB § 76 Abs. 2 Nr. 1 SGB X, geregelt (vgl. dazu Gola/Schomerus BDSG aF § 20 Rn. 21 sowie § 35 Rn. 27 f.). § 20 Abs. 5 und § 35 Abs. 5 BDSG aF waren wortlautidentisch. Welche von beiden Vorschr. einschlägig war, richtete sich danach, wer die Daten verarbeitet hat: Einer Datenverarbeitung öffentl. Stellen konnte der Betroffene auf der Grundlage des **§ 20 Abs. 5 BDSG aF** widersprechen; **§ 35 Abs. 5 BDSG aF** gewährleistete hingegen das Widerspruchsrecht gegen eine Datenverarbeitung nicht öffentl. Stellen bzw. öffentlich-rechtlicher Wettbewerbsunternehmen. Ein Widerspruchsrecht gegen Verarbeitungen oder Nutzungen von Daten für Zwecke der Werbung sowie der Markt- oder Meinungsforschung normierte das BDSG aF in **§ 28 Abs. 4 S. 1** und § 30a Abs. 5 iVm § 28 Abs. 4 S. 1. Wie die DS-GVO sah auch das BDSG aF als Rechtsfolge eines erfolgreichen Widerspruchs ein Verarbeitungsverbot (→ Rn. 45) vor (vgl. für § 20 Abs. 5 BDSG aF Worms in Wolff/Brink BDSG aF § 20 Rn. 73).

78 Auf der Grdl. des **BDSG aF** musste der Betroffene bislang das **Überwiegen** des eigenen schutzwürdigen Interesses selbst belegen (Gola/Schomerus BDSG aF § 20 Rn. 23). Art. 21 **Abs. 1** kehrt die normativen Gewichte zugunsten des Betroffenen um: Der Verantwortliche muss nunmehr (wenn der Betroffene hinreichende Gründe für seine bes. Situation dartun kann) nachweisen, dass **zwingende schutzwürdige Gründe** die Belange der betroffenen Person überwiegen. Art. 21 Abs. 1 räumt der betroffenen Person insofern eine vergleichsweise starke Stellung ein (→ Rn. 33 ff.).

79 In **§ 20 Abs. 5 S. 2 BDSG aF** bzw. **§ 35 Abs. 5 S. 2 BDSG aF** schränkte das nationale Recht das Widerspruchsrecht vergleichsweise weitreichend ein: Es stellte das Widerspruchsrecht des Betroffenen unter den Vorbehalt einer gesetzlichen Verarbeitungspflicht: Es griff nur, wenn die verantwortliche Stelle nicht (kraft „eine[r] Rechtsvorschrift") gehalten war, die Daten zu erheben, zu verarbeiten oder zu nutzen. Unter der DS-GVO besteht diese Schranke in ähnlicher Weise: Verarbeitungen nach Art. 6 Abs. 1 UAbs. 1 lit. c – mithin solche, die erforderlich sind, um eine rechtliche Verpflichtung zu erfüllen – sind „zwingende schutzwürdige Gründe" iSd Abs. 1 S. 2 (→ Rn. 35 ff.) bzw. „im öffentlichen Interesse liegende Aufgabe(n)" iSd Abs. 6, die das Widerspruchsrecht ausschließen können, aber nicht müssen. Hinsichtlich des Widerspruchsrechts aus Abs. 1 folgt dies nun auch für den Widerspruch ggü. einer öffentl. Stelle unmittelbar aus **§ 36 BDSG.**

79a Art. 21 löst das bisherige nationale Recht grds. vollständig ab. Er selbst belässt den Mitgliedstaaten nur im Hinblick auf das Widerspruchsrecht des Abs. 6 in der **Sonderregelung des Art. 89 Abs. 2 und 3** einen **eigenen**

Regelungsspielraum. Auch **Art. 23** lässt, obgleich nur unter engen Voraussetzungen, Abweichungen von Art. 21 zu.

Das BDSG macht von dem nationalen Regelungsspielraum, den Art. 23 **80** Abs. 1 sowie Art. 89 Abs. 2 und 3 eröffnen, an drei Stellen Gebrauch: in § 27 Abs. 2, § 28 Abs. 4 und § 36 BDSG: **§ 27 Abs. 2 BDSG** beschr. das Widerspruchsrecht des Betroffenen aus Art. 21 DS-GVO (unter Rekurs auf Art. 89 Abs. 2 DS-GVO), sofern dieses einen anvisierten Forschungs- oder Statistikzweck voraussichtlich unmöglich macht oder ernsthaft beeinträchtigt. Die Beschränkung muss allerdings **notwendig** sein, um den Forschungs- oder Statistikzweck zu erreichen. Inhaltlich nahezu wortgleich normiert **§ 28 Abs. 4 BDSG** (unter Rückgriff auf Art. 89 Abs. 3) einen Ausschlusstatbestand für das Widerspruchsrecht bei Verarbeitungen, die im öffentl. Interesse liegenden Archivzwecken dienen. Das Widerspruchsrecht aus **Art. 21 Abs. 1** beschr. der dt. Gesetzgeber in **§ 36 BDSG** zusätzlich allg. für Verarbeitungen, an denen ein **zwingendes öffentl. Interesse** besteht, das die Interessen der betroffenen Person überwiegt (Alt. 1). Gleiches gilt für solche Fälle, in denen eine Rechtsvorschrift den Verantwortlichen **zur Verarbeitung verpflichtet** (Alt. 2).

§ 36 Alt. 1 BDSG wiederholt in Teilen den Wortlaut des **Art. 21 Abs. 1** **80a** S. 2. Die Vorschr. schneidet ihn zugleich spezifisch auf den Widerspruch ggü. **öffentl. Stellen** und die zu schützenden **öffentl. Interessen** zu. Nach der Einschätzung der Gesetzesbegründung findet diese Regelung ihre Grdl. in der Öffnungsklausel des Art. 23 (BT-Drs. 18/11325, 106). Unionsrechtlich zulässig ist das aber nur, soweit die Verarbeitungspflicht spezifisch auf einen der Schutztatbestände des Art. 23 Abs. 1 rekurriert, dem Gebot der Verhältnismäßigkeit und dem Wesensgehalt der betroffenen Grundrechte im Einzelfall sowie den spezifischen Schutzbestimmungen des Art. 23 Abs. 2 entspricht.

§ 36 Alt. 1 BDSG nimmt auf das Schutzziel des „allgemeinen öffentlichen **80b** Interesses" aus **Art. 23 Abs. 1 lit. e** (nahezu wörtlich) Bezug. Er lässt aber offen, welches zwingende öffentl. Interesse genau das Widerspruchsrecht auszuschließen vermag; er lässt vielmehr potenziell *jedes* zwingende öffentl. Interesse genügen. Seinem Sinn nach verlangt der Schutztatbestand des Art. 23 Abs. 1 lit. e allerdings, dass der Mitgliedstaat das betroffene allg. öffentl. Interesse in einer konkretisierenden Weise benennt. Anderenfalls liefe der allg. gefasste Tatbestand Gefahr, sich nach Belieben aushöhlen zu lassen und so zu einer Leerformel zu degenerieren. § 36 Alt. 1 BDSG findet daher in Art. 23 Abs. 1 lit. e keine tragfähige Grundlage.

Unschädlich ist das dann, wenn sich die Regelung stattdessen auf die Öff- **80c** nungsklausel des **Art. 6 Abs. 2, Abs. 3 S. 3 iVm Abs. 1 UAbs. 1 lit. c und e** stützen kann. Diese eröffnet den Mitgliedstaaten die Möglichkeit, „spezifischere Bestimmungen zur Anpassung der Anwendung der Vorschriften" für solche Fälle zu regeln, in denen die Verarbeitung erforderlich ist, um eine rechtliche Verpflichtung zu erfüllen oder hoheitliche Aufgaben wahrzunehmen.

§ 36 Alt. 1 BDSG hebt zwar keine eigenständige Verarbeitungsbefugnis aus **80d** der Taufe, sondern setzt diese voraus. Soweit eine solche kraft mitgliedstaatlicher Vorschr. besteht, dürfen die Mitgliedstaaten aber von ihrer **Konkretisierungsbefugnis** Gebrauch machen.

80e   Art. 23 sperrt Art. 6 Abs. 2 und 3 S. 3 auch nicht. Denn beide knüpfen an unterschiedliche Voraussetzungen an: **Art. 23** gestattet den Mitgliedstaaten **allg. Ausnahmen** von Betroffenenrechten gegenüber rechtmäßigen Verarbeitungen, **Art. 6 Abs. 2 und 3 S. 3** demgegenüber „spezifischere Bestimmungen" für solche Fälle, in denen die **Mitgliedstaaten** weiterhin die Rechtsgrundlage selbst bestimmen dürfen. In diesen Fällen hält der Unionsgesetzgeber eine weiter gehende Gestaltungsmacht des nationalen Gesetzgebers für gerechtfertigt. Denn Art. 6 Abs. 2 und 3 S. 3 gestatten die spezifischere nationalstaatliche Ausgestaltung des Art. 21 Abs. 1 S. 2 für solche Konstellationen, in denen öffentl. Stellen Daten für ihre Aufgabenerledigung verarbeiten. Dass sich dieser Ausgestaltungsvorbehalt grds. auf **alle Vorschriften der DS-GVO** erstreckt, macht auch die Wendung „einschließlich Maßnahmen (…) für sonstige besondere Verarbeitungssituationen gemäß Kap. IX" in Art. 6 Abs. 2 aE sowie Art. 6 Abs. 3 S. 3 aE e contrario deutlich. Indem die DS-GVO dort die Möglichkeit betont, spezifischere Bestimmungen für die Regelung in Kap. IX zu treffen, deutet sie im Umkehrschluss an, dass die mitgliedstaatliche Regelungsbefugnis sich auch auf andere Kapitel der DS-GVO erstreckt.

80f   Art. 6 Abs. 2 und 3 gestatten den Mitgliedstaaten, Modifikationen unionsrechtlicher Regelungen vorzunehmen, soweit das Datenschutzniveau der DS-GVO im Wesentlichen unangetastet bleibt. Von dieser Regelungsbefugnis macht § 36 Alt. 1 BDSG im Ergebnis in noch **rechtmäßiger** Weise Gebrauch: Das Widerspruchsrecht für Verarbeitungen öffentl. Stellen in Konstellationen zwingenden öffentl. Interesses auszuschließen, entspricht in der Sache qualitativ den Vorgaben des Art. 21 Abs. 1 S. 2 Hs. 2 und passt damit die Anwendung des Art. 21 iSd Art. 6 Abs. 2 und 3 S. 3 an die nationalen Bedürfnisse an.

80g   § 36 **Alt. 2** BDSG („eine Rechtsvorschrift zur Verarbeitung verpflichtet") kann sich im Grundsatz insbes. auf die Zielbestimmungen des **Art. 23 Abs. 1 lit. a–e** und **lit. h–i** stützen. Ebenso wie Alt. 1 nimmt die Vorschr. allerdings nicht auf konkrete Gemeinwohlbelange des Art. 23 Abs. 1 Bezug und genügt daher dessen Anforderungen nicht. Eine mitgliedstaatliche Regelungsbefugnis kann sich allenfalls – wie im Falle der Alt. 1 – aus **Art. 6 Abs. 2, Abs. 3 S. 3 iVm Abs. 1 UAbs. 1 lit. c und e** ergeben. Während § 36 **Alt. 1** BDSG noch eine Anknüpfung in der normativen Anlage des Art. 21 Abs. 1 S. 2 findet – und sich damit als „spezifischere Bestimmung […] zur Anpassung der Anwendung der Vorschriften dieser Verordnung" iSd Art. 6 Abs. 2 und 3 S. 3, welche die Verarbeitung „präziser bestimmen" (Art. 6 Abs. 2), verstehen lässt –, nimmt § 36 **Alt. 2** BDSG eine **echte Ausnahme** von dem unionsrechtlichen Regelungsgehalt des Art. 21 vor. Sie geht über eine Konkretisierung, die Art. 6 Abs. 2 und 3 S. 3 zulassen, hinaus. Die Öffnungsklausel gestattet aber nur Präzisierungen unionsrechtlicher Vorschriften, zB hinsichtlich der Zweckbindung, der Speicherdauer und der Verarbeitungsverfahren – nicht hingegen, von bestehenden allgemeinen Regelungen der DS-GVO zu dispensieren. Art. 6 Abs. 2 und 3 S. 3 gestehen den Mitgliedstaaten insbes. **keine Abweichungsbefugnis** „durch die Hintertür" zu, welche das Widerspruchsrecht auszuschließen legitimiert. § 36 **Alt. 2** BDSG ist daher **nicht** mit dem Unionsrecht **vereinbar** und somit unanwendbar.

D. Ausblick

Art. 21 sah sich bereits während des Gesetzgebungsverfahrens intensiver Kritik   81
ausgesetzt. Diese entzündete sich va an der **Reichweite der Norm:** Das weit angelegte Widerspruchsrecht zeitige gerade für Auskunfteien und infolgedessen für die Wirtschaft insgesamt negative Auswirkungen (Dahlke ZD 2012, 353 (354)). Das entspricht aber der bewussten normativen Entsch. der Union und trägt dazu bei, das Grundrecht auf Schutz personenbezogener Daten in der digitalen Gesellschaft zu stärken. Nachdem sich Art. 21 sehr stark in der Tradition des Art. 14 DSRL bewegt, handelt es sich − mit Ausnahme der Neuverteilung der normativen Darlegungslast und Zweifelsregeln − bei den Verschiebungen, die von Art. 21 ausgehen, insgesamt eher um **Nuancierungen.**

Art. 22 Automatisierte Entscheidungen im Einzelfall einschließlich Profiling

(1) Die betroffene Person hat das Recht, nicht einer ausschließlich auf einer automatisierten Verarbeitung − einschließlich Profiling − beruhenden Entscheidung unterworfen zu werden, die ihr gegenüber rechtliche Wirkung entfaltet oder sie in ähnlicher Weise erheblich beeinträchtigt.

(2) Absatz 1 gilt nicht, wenn die Entscheidung
a) für den Abschluss oder die Erfüllung eines Vertrags zwischen der betroffenen Person und dem Verantwortlichen erforderlich ist,
b) aufgrund von Rechtsvorschriften der Union oder der Mitgliedstaaten, denen der Verantwortliche unterliegt, zulässig ist und diese Rechtsvorschriften angemessene Maßnahmen zur Wahrung der Rechte und Freiheiten sowie der berechtigten Interessen der betroffenen Person enthalten oder
c) mit ausdrücklicher Einwilligung der betroffenen Person erfolgt.

(3) In den in Absatz 2 Buchstaben a und c genannten Fällen trifft der Verantwortliche angemessene Maßnahmen, um die Rechte und Freiheiten sowie die berechtigten Interessen der betroffenen Person zu wahren, wozu mindestens das Recht auf Erwirkung des Eingreifens einer Person seitens des Verantwortlichen, auf Darlegung des eigenen Standpunkts und auf Anfechtung der Entscheidung gehört.

(4) Entscheidungen nach Absatz 2 dürfen nicht auf besonderen Kategorien personenbezogener Daten nach Artikel 9 Absatz 1 beruhen, sofern nicht Artikel 9 Absatz 2 Buchstabe a oder g gilt und angemessene Maßnahmen zum Schutz der Rechte und Freiheiten sowie der berechtigten Interessen der betroffenen Person getroffen wurden.

BDSG und sonstiges nationales Recht: § 6a BDSG aF; §§ 30, 31, 37, 54, 64 BDSG nF.

Literatur: *Abel,* Automatisierte Entscheidungen im Einzelfall gem. Art. 22 DS-GVO – Anwendungsbereich und Grenzen im nicht-öffentlichen Bereich, ZD 2018, 304; *Albrecht,* Das neue EU-Datenschutzrecht – von der Richtlinie zur Verordnung, CR 2016, 88; *Born,* Bonitätsprüfungen im Online-Handel – Scorewert-basierte automatisierte Entscheidung über das Angebot von Zahlungsmöglichkeiten, ZD 2015, 66; *Botta,* Datenschutz bei E-Learning-Plattformen, 2020, S. 207 ff.; *Buchner,* Grundsätze und Rechtmäßigkeit der Datenverarbeitung, DuD 2016, 155; *Deuster,* Automatisierte Entscheidungen nach der Datenschutz-Grundverordnung, PinG 2016, 75; *Eichler,* Zulässigkeit der Tätigkeit von Auskunfteien nach der DS-GVO, RDV 2017, 10; *Guckelberger,* Öffentliche Verwaltung im Zeitalter der Digitalisierung, 2019, Rn. 550 ff.; *Härting,* Profiling: Vorschläge für eine intelligente Regulierung, CR 2014, 528; *Kumkar/Roth-Isigkeit,* Erklärungspflichten bei automatisierten Datenverarbeitung nach der DSGVO, JZ 2020, 277; *Martini,* Big Data als Herausforderung für das Datenschutzrecht und den Persönlichkeitsschutz, DVBl 2014, 1481; *ders.,* Transformation der Verwaltung durch Digitalisierung, DÖV 2017, 443; *ders.,* Blackbox Algorithmus – Grundfragen einer Regulierung Künstlicher Intelligenz, 2019, S. 168 ff.; *Martini/Nink,* Wenn Maschinen entscheiden – vollautomatisierte Verwaltungsverfahren und der Persönlichkeitsschutz, NVwZ-Extra 10/2017, 1; *Moos/Rothkegel,* Nutzung von Scoring-Diensten im Online-Versandhandel – Scoring-Verfahren im Spannungsfeld von BDSG, AGG und DS-GVO, ZD 2016, 561; *Nink,* Justiz und Algorithmen, 2020, S. 248 ff.; *Schleipfer,* Datenschutzkonformes Webtracking nach Wegfall des TMG, ZD 2017, 460; *Schneider,* Schließt Art. 9 DS-GVO die Zulässigkeit der Verarbeitung bei Big Data aus?, ZD 2017, 303; *Roßnagel/Richter/Nebel,* Besserer Internetdatenschutz für Europa – Vorschläge zur Spezifizierung der DS-GVO, ZD 2013, 103; *Taeger,* Scoring in Deutschland nach der EU-Datenschutzgrundverordnung, ZRP 2016, 72; *ders.,* Verbot des Profiling nach Art. 22 DS-GVO und die Regulierung des Scoring ab Mai 2018, RDV 2017, 3.

Übersicht

A. Allgemeines

I. Bedeutung der Norm und Einordnung in den Gesamtkontext der DS-GVO

Art. 22 bietet Betroffenen Schutz gegen vollständig automatisiert generierte **1** Einzelentsch.: Er immunisiert sie grds. gegen solche Entsch., denen ein algorithmenbasierter Datenverarbeitungsprozess vorausgeht, ohne dass ein Mensch (substanziell steuernd) dazwischentritt (→ Rn. 16 ff.). Die Norm soll dadurch verhindern, dass eine natürliche Person zum Objekt einer rein automatisierten Entsch. degeneriert. Als Anwendungsfälle nennt **ErwGr 71 UAbs. 1 S. 1** exemplarisch „die automatische Ablehnung eines Online-Kreditantrags oder Online-Einstellungsverfahren". Als Teil des Kap. III (Rechte der betroffenen Person) ist Art. 22 **systematisch** als **Recht des Betroffenen** ausgestaltet. Das erzeugt Missverständnisse über seinen Regelungsgehalt: In der Sache handelt es sich um ein **Verbot,** das nicht davon abhängt, ob der

Betroffene es im Einzelfall geltend macht (→ Rn. 29a f.). Auch in anderer Hinsicht repräsentiert Art. 22 eine regelungstechnische Anomalie: Anders als andere Vorschriften der DS-GVO reglementiert er nicht die Datenverarbeitung als solche, sondern die Entsch., die darauf basiert (Scholz in NK-DatenschutzR DS-GVO Art. 22 Rn. 4).

1. Normstruktur

2 Art. 22 erfasst nach seinem Wortlaut ausschl. vollständig automatisierte Entsch., also Entsch., die allein auf der Grdl. automatisierter Verarbeitungen ergehen und rechtliche Wirkung ggü. dem Betroffenen zeitigen oder diesen in anderer Weise beeinträchtigen. Die Norm zielt mithin nur auf solche Maßnahmen ab, die **„ohne jegliches menschliche[s] Eingreifen"** (ErwGr 71 UAbs. 1 S. 1) erfolgen (dazu → Rn. 16 ff.). Das **Profiling** (Art. 4 Nr. 4) hebt der Unionsgesetzgeber dabei als einen – in praxi immer wichtiger werdenden – Anwendungsfall besonders hervor (→ Rn. 21 f.). Art. 22 begrenzt aber nicht das Profiling als solches in seiner rechtlichen Zulässigkeit, verbietet es insbes. nicht generell als Weg der Entscheidungsunterstützung (ebenso etwa Kumkar/Roth-Isigkeit JZ 2020, 277 (278); Schulz in Gola DS-GVO Art. 22 Rn. 4). Vielmehr knüpft Art. 22 seine Verbotsfolge an Profiling nur insoweit, als es **ausschl.** auf einer automatisierten Verarbeitung beruht. Profiling und automatisierte Verarbeitungen iSd Art. 22 Abs. 1 verhalten sich also wie zwei Kreise, die eine große Schnittmenge teilen: Es gibt automatische Entsch., die ohne Profiling auskommen, und Profiling, das nicht in automatische Entsch. mündet (Art. 29-Datenschutzgruppe, WP 251, S. 8). Art. 22 Abs. 1 erfasst nur die Schnittmenge beider Kreise.

3 Das Verbot automatisiert generierter Einzelentsch. des Art. 22 Abs. 1 gilt nicht vorbehaltlos. Vielmehr lässt der Unionsgesetzgeber unter den inhaltlichen und verfahrensrechtlichen Bedingungen des **Abs. 2 und 3 Ausnahmen** zu. Insbes. eröffnet Abs. 2 lit. b den Mitgliedstaaten der EU durch eine **Öffnungsklausel** einen eigenen Regelungsspielraum. Als Anwendungsfälle hebt ErwGr 71 UAbs. 1 S. 3 paradigmatisch vollautomatisierte Prüfungsprozesse hervor, die darauf zielen, Betrug und Steuerhinterziehung zu überwachen bzw. zu verhindern oder die Sicherheit und Zuverlässigkeit eines Dienstes zu gewährleisten, den der Verantwortliche bereitstellt. Zulässig ist eine automatisierte Entscheidungsfindung nach der Wertung des Normgebers aber nur, wenn der Verantwortliche **angemessene Schutzmaßnahmen** trifft, welche die Rechte und Freiheiten sowie berechtigten Interessen der betroffenen Person wahren (**Abs. 2 aE** und **Abs. 3** aE; → Rn. 35 f.). Zusätzlich zu Art. 22 Abs. 2 gestattet auch **Art. 23** den Mitgliedstaaten, die Rechte und Pflichten aus Art. 22 zu beschränken, um klar definierte Ziele, etwa der nationalen oder öffentl. Sicherheit oder der Gefahrenabwehr, sicherzustellen (s. etwa § 22b Abs. 1 S. 2 BörsG, § 51a Abs. 2 S. 1 GwG). Die Vorschr. knüpft diese Ausnahme jedoch an hohe Hürden: Die Beschränkung muss sich als in einer demokratischen Gesellschaft notwendige und verhältnismäßige Maßnahme darstellen, den Wesensgehalt der Grundrechte achten, einen der Tatbestände der Art. 23 Abs. 1 lit. a bis j erfüllen und spezifische Vorschr.

zum Schutz der Rechte Betroffener iSd Art. 23 Abs. 2 vorsehen (→ Art. 23 Rn. 9 ff.). Für **bes. Arten personenbezogener Daten** (Art. 9 Abs. 1) schließt Art. 22 **Abs. 4** eine automatisierte Entsch. in noch weiterem Umfang aus (→ Rn. 40 f.).

2. Einordnung in den Gesamtkontext der DS-GVO

Art. 22 ist Teil eines umfassenden Regelungsgeflechtes, das Betroffene (Art. 4 **4** Nr. 1) verfahrensrechtlich vor den Risiken vollautomatisierter Verfahren schützen soll. Nutzt die datenverarbeitende Stelle automatisierte Entscheidungsverfahren, trägt die DS-GVO ihr zusätzlich zu Art. 22 spezielle **Informationspflichten** ggü. dem Betroffenen auf (Art. 13 Abs. 2 lit. f und Art. 14 Abs. 2 lit. g): Der Verantwortliche muss über das Bestehen einer automatisierten Entscheidungsfindung, über die involvierte Logik und die Tragweite sowie die Auswirkungen der Verarbeitung aussagekräftig unterrichten. Der Betroffene kann von sich aus eine entspr. **Auskunft verlangen** (Art. 15 Abs. 1 lit. h). Umfangreiche **Widerspruchsrechte** setzt Art. 21 Abs. 1 S. 1 Hs. 2 der Verarbeitung entgegen (vgl. auch ErwGr 69 f.): Er eröffnet dem Betroffenen das Recht, einem Profiling, das sich auf Art. 6 Abs. 1 UAbs. 1 lit. e (öffentliche Aufgaben) oder lit. f (berechtigtes Interesse) stützt oder mit Direktwerbung in Verbindung steht (Art. 21 Abs. 2 Hs. 2), **aus bes. persönlichen Gründen jederzeit** zu widersprechen (Art. 21 Abs. 1 S. 1 Hs. 2). Bei automatisierten Verarbeitungen, die zu wissenschaftlichen oder historischen Forschungszwecken bzw. zu statistischen Zwecken erfolgen, besteht das Widerspruchsrecht nur „aus Gründen, die sich aus [der] besonderen Situation [des Betroffenen] ergeben" (Art. 21 Abs. 6).

Art. 35 Abs. 3 lit. a und der korrespondierende ErwGr 91 unterwerfen **5** Profiling-Maßnahmen dem Erfordernis einer **Datenschutz-Folgenabschätzung:** Automatisierte Verarbeitungen einschließlich Profiling sind nur rechtskonform, wenn der Verantwortliche ihre Folgen für den Schutz personenbezogener Daten vorab analysiert (→ Art. 35 Rn. 29).

Unternehmensgruppen müssen in ihren verbindlichen internen Daten- **6** schutzvorschriften verbriefen, Betroffene keiner vollautomatisierten Entsch. zu unterwerfen, sofern sie von den Privilegien des Art. 47 für die Übermittlung personenbezogener Daten an Drittländer profitieren wollen **(Art. 47 Abs. 2 lit. e).**

Unter welchen Voraussetzungen Entsch. ausnahmsweise nicht dem Verbot **6a** des Art. 22 unterliegen, gehört zu den wichtigen normativen Wegentscheidungen, die aus der Sicht des Unionsgesetzgebers der Konkretisierung bedürfen. Er gibt dem EDSA daher die Aufgabe mit auf den Weg, **Leitlinien, Empf. und bewährte Verfahren** bereitzustellen, welche den Bedingungen und Kriterien für Ausnahmen vom Verbot des Art. 22 Abs. 1 genügen müssen **(Art. 70 Abs. 1 lit. f).** Das soll eine unionsweit einheitliche Anwendung der Regelungen des Art. 22 sicherstellen. Der EDSA hat seine Aufgabe bereits wahrgenommen und mit seiner „Endorsement 1/2018" vom 25.5.2018 Leitfäden der Art.-29-Datenschutzgruppe vom 3.10.2017 übernommen.

6b   Dem Unionsgesetzgeber war es ein besonderes Anliegen, Art. 22 nicht als zahnlosen Tiger auszugestalten. Ein **Verstoß gegen die Norm** löst daher nicht nur einen Anspruch des Betroffenen auf erneute Sachentscheidung aus (Scholz in NK-DatenschutzR DS-GVO Art. 22 Rn. 67). Er kann vielmehr auch **Haftungsfolgen** (Art. 82 Abs. 2) und **Geldbußen** (bis zu 20 Mio. EUR oder 4 % des Vorjahresumsatzes) nach sich ziehen (Art. 83 Abs. 5 lit. b).

6c   Treffen **Religionsgemeinschaften** iSd Art. 140 GG iVm Art. 137 Abs. 3 S. 1 WRV vollständig automatisierte Entsch., dürfen sie ihre bestehenden Regeln weiter anwenden, soweit sie diese mit der DS-GVO in Einklang bringen (**Art. 91 Abs. 1;** weiterführend Martini/Botta DÖV 2020 [im Erscheinen]). Für die katholische Kirche ordnet § 24 KDG eine dem Art. 22 sehr ähnliche Regelung an; für die evangelische Kirche fehlt eine vergleichbare Norm im DSG-EKG (näher dazu Hoeren NVwZ 2018, 373 (375); → Art. 91 Rn. 16).

3. Bedeutung und Reichweite sowie Verhältnis zur RL (EU) 2016/680

7   Wie die gesamte DS-GVO gilt auch das Verbot des Art. 22 Abs. 1 für **öffentl. wie nicht-öffentl. Stellen** gleichermaßen (vgl. Art. 1 und Art. 2 Abs. 1). Für **nicht-öffentl. Stellen** strahlt die Vorschr. insbes. nachhaltig auf die **Geschäftsmodelle des Scorings und des Profilings** aus. Für die **öffentl. Verwaltung** erlangt Art. 22 insbes. für das **Besteuerungsverfahren** und die **Zulassung vollautomatisierter Verwaltungsverfahren** Bedeutung (ausf. Martini/Nink NVwZ-Extra 10/2017, 1 (3 ff.)). So ermöglicht § 155 Abs. 4 AO etwa – kraft der Öffnungsklausel des Art. 22 Abs. 2 lit. b (vgl. ErwGr 71 UAbs. 1 S. 3 „Verhinderung von (…) Steuerhinterziehung"; s. auch den entspr. RegE BT-Drs. 18/7457, 82 f.) – nunmehr „ausschließlich automationsgestützt" erlassene Steuerbescheide: Die Steuerbehörden führen das Steuerfestsetzungsverfahren auf Basis der Daten aus der elektronischen Steuererklärung (ELSTER) ohne menschliche Bearbeitung – also vollautomatisiert – durch. Um die Effizienz automatisierter Verfahren nicht durch Medienbrüche zu konterkarieren, können die Behörden ihre Bescheide anschließend auch auf digitalem Weg bekannt geben, indem sie sie auf einem Online-Portal zum elektronischen Abruf bereitstellen (§ 41 Abs. 2a VwVfG; § 37 Abs. 2a SGB X; § 122 Abs. 2a AO, dazu und mwN Braun Binder NVwZ 2016, 342).

7a   Seiner grds. weiten Formulierung zum Trotz bezieht sich Art. 22 nicht auf profilbildende Maßnahmen der **Polizei- und anderer Ermittlungsbehörden** der Gefahrenabwehr sowie der Staatsanwaltschaften, soweit Datenverarbeitungen in Rede stehen, die Straftaten verhüten, ermitteln, aufdecken oder verfolgen sollen oder der Strafvollstreckung, einschl. des Schutzes vor und der Abwehr von Gefahren für die öffentl. Sicherheit, dienen. Dies ergibt sich aus Art. 2 Abs. 2 lit. d und ErwGr 19. Für diese Bereiche beansprucht vielmehr die **JI-RL** (RL 2016/680) Geltung. Ihr **Art. 11** hält eine mit Art. 22 vergleichbare Regelung vor. Diese geht über die DS-GVO insoweit noch hinaus, als sie auch – unabhängig von einer konkreten Entsch. – ein ausdr. **Diskriminierungsverbot** für das Profiling im Hinblick auf bes. Kategorien personenbezogener Daten etabliert (Art. 11 Abs. 3 JI-RL).

Art. 9 Abs. 1 lit. a der revidierten **Europaratskonvention 108** trifft eine **7b** dem Art. 22 im Ansatz ähnliche Regelung. Anders als Art. 22 reduziert diese das Verbot jedoch im Wesentlichen auf ein Gebot, bei vollautomatisierten Entsch. **rechtliches Gehör** zu gewähren: Hat der Betroffene die Möglichkeit, seinen Standpunkt in geeigneter Weise einzubringen, kommt ihm kein Abwehrrecht zu (Martini, Blackbox Algorithmus, S. 170).

II. Sinn und Zweck der Vorschrift

Moderne Prozesse der Automatisierung und des maschinellen Lernens halten **8** in nahezu allen Lebensbereichen, insbes. in der Werbung, bei der Personalauswahl, Online-Händlern und Zahlungsdienstleistern, Einzug. Davon gehen **Risiken für die Privatheit** Betroffener aus. Ihnen will Art. 22 entgegenwirken. Er bewegt sich dabei in einem rechtlichen Zwiespalt: Einerseits will der Normgeber Gefährdungen der Privatsphäre unterbinden, andererseits technologische Innovationen mit erheblichem ökonomischem **Wertschöpfungspotenzial** aber nicht ausbremsen. Die normative Grundentscheidung fällt zugunsten der wirtschaftlichen Entfaltung aus: Die DS-GVO zieht lediglich **äußerste Verbotsgrenzen** für solche automatisierte Entsch., die den Einzelnen zum bloßen Objekt einer ohne menschliches Eingreifen erfolgenden algorithmenbasierten Analyse machen. Den Wertevorstellungen der Rechtsordnung von menschlicher Würde und Autonomie des Einzelnen widerspräche es im Grundsatz, Maschinen über Menschen entscheiden zu lassen. Die rein **entscheidungsvorbereitende Einbeziehung** von Datenanalysen, insbes. Profiling, lässt sie demgegenüber iÜ zu.

III. Entstehungsgeschichte der Norm

1. Kommissionsentwurf v. 25.1.2012

Der DS-GVO-E(KOM) kannte noch ein **umfassendes Profiling-Verbot** **9** (Art. 20 DS-GVO-E(KOM)): Maßnahmen, die auf einer automatisierten Datenverarbeitung beruhen und deren Zweck darin besteht, bestimmte Merkmale der Person auszuwerten oder persönliche Eigenschaften zu analysieren oder vorauszusagen, sollten grds. unzulässig sein. Die ursprüngliche normative Konzeption der Vorschr. bedrohte damit ein wichtiges, stark wachsendes Geschäftsfeld des Big-Data-Universums. Davon ist die Endfassung weit abgerückt. Insbesondere ist die ursprünglich angedachte Überschrift „Auf Profiling basierende Maßnahmen" nunmehr defensiver gefasst (vgl. aber → Rn. 15a ff.). Die DS-GVO verbietet Profiling nicht generell. Zudem sind die Zwecke, auf die sich das der Entsch. zugrunde liegende Profiling stützt, nunmehr – anders als noch im DS-GVO-E(KOM) – Teil der Definition des Art. 4 Nr. 4.

2. Legislative Entschließung des Parlaments v. 12.3.2014

10   Statt Profiling zu verbieten, wollte das EP (das den Art. lediglich mit „Profiling" überschrieb) diese Art der Datenverarbeitung den **allg. Zulässigkeitsvoraussetzungen des Art. 6** unterwerfen (vgl. Art. 20 DS-GVO-E(EP)). Sein Entwurf knüpfte daran ein korrespondierendes Widerspruchsrecht des Betroffenen sowie eine Unterrichtungspflicht des verantwortlichen Verarbeiters (Art. 20 Abs. 1 iVm Art. 19 DS-GVO-E(EP)); beide finden sich auch heute in der DS-GVO wieder (Art. 13 Abs. 2 lit. f und Art. 14 Abs. 2 lit. g; Art. 21 Abs. 1 S. 1 Hs. 2 [vgl. auch ErwGr 69 f.]; Art. 21 Abs. 2 Hs. 2).

11   Das EP gab dem **EDSA** in seinem Normierungsvorschlag zugleich auf, Leitlinien, Empf. und bewährte Praktiken zu veröffentlichen, welche die Kriterien und Bedingungen des Profilings präzisieren. Dieses Ansinnen hat in **Art. 70 Abs. 1 lit. f** Eingang in die DS-GVO gefunden.

3. Allgemeine Ausrichtung des Rates v. 15.6.2015

12   Seine heutige Gestalt verdankt Art. 22 va den Regelungsvorschlägen des ER. Dessen Anliegen war es, nicht (mehr) das Profiling als solches, sondern lediglich vollständig automatisiert generierte **Einzelentscheidungen** – die auch auf Profiling beruhen können (Art. 20 Abs. 1 DS-GVO-E(Rat)) – zu verbieten. Der DS-GVO-E(Rat) drehte das Grundsatz-Ausnahme-Verhältnis zwischen Abs. 1 und 2 im Vergleich zu den bisherigen Entwürfen um. Hieß es bis dahin noch „darf eine Person einer Maßnahme nach Absatz 1 nur unterworfen werden, wenn", gesteht die Vorschrift nunmehr der betroffenen Person das Recht zu, „nicht einer" ausschließlich automatisierten Verarbeitung „unterworfen zu werden". Auch die heutige Fassung des **Abs. 2** fand erst auf Drängen des ER (dort als Abs. 1a) Eingang in die DS-GVO. Die Vorschläge der KOM und des EP kannten zwar ebenfalls bereits **Ausnahmen** vom grds. (seinerzeit noch Profiling-)Verbot; der ER weitete diese allerdings aus, ergänzte sie insbes. um die mitgliedstaatliche **Öffnungsklausel** (heute Abs. 2 lit. b) und knüpfte an eine **Einwilligung** das Erfordernis der Ausdrücklichkeit, welches auch die Trilogfassung aufrechterhielt.

4. Trilog zwischen Kommission, Parlament und Rat

13   Die Fassung des Art. 22, die der ER vorgeschlagen hatte, setzte sich letztlich auch im Trilogverfahren durch. In ihren Mittelpunkt stellt die Regelung das **Verbot** automatisiert generierter Einzelentscheidungen.

IV. Vergleich mit der bisherigen Rechtslage auf Unionsebene

14   Art. 22 knüpft an das etablierte Normierungskonzept des **Art. 15 Abs. 1 DSRL** an und schreibt es mit deutlich sichtbaren Parallelen fort. Die Vorschrift räumte jeder Person das Recht ein, keiner für sie nachteiligen Entsch. unterworfen zu werden, die ausschl. auf Grund einer automatisierten Verarbeitung personenbezogener Daten zum Zwecke der Bewertung einzelner Aspekte ihrer Person ergeht. Art. 15 Abs. 1 DSRL folgt seinerseits im Wesentlichen dem französischen Vorbild des **Art. 2 loi no°78-17 relative à l'informatique, aux fichiers et aux libertés** aus dem Jahr 1978. Dieser sah noch ein absolutes Verbot von automatisierten Verarbeitungen vor, die ausschließlich auf einem Persönlichkeitsprofil des Betroffenen beruhen.

Ebenso wie die Vorgängervorschrift der DSRL begr. auch die DS-GVO **14a** kein explizites objektivrechtliches Verbot. Sie formuliert als Teil des Kap. III, welches die „Rechte der betroffenen Person" systematisch bündelt, vielmehr ein subjektives „Recht" einer Person und damit einen **Anspruch**. Was das für die Natur der Vorschr. bedeutet, stieß schon unter der DSRL auf unterschiedliche Antworten; → Rn. 29 ff.

Während Art. 15 DSRL seinen Regelungsgehalt nur auf für die Person **14b** nachteilige oder beschwerende Maßnahmen erstreckte, geht der **Anwendungsbereich** des Art. 22 weiter. Er erfasst **jegliche Entsch. mit rechtlicher Wirkung** unabhängig davon, ob diese wirtschaftlich vorteilhaft oder nachteilig ist (sowie in ähnlicher Weise **erheblich beeinträchtigende** Entscheidungen; → Rn. 27 ff.). Auch spezielle Regelungen zum **Profiling** kannte die DSRL noch nicht. Sie beschränkte den Anwendungsbereich des Verbots automatisierter Einzelentscheidungen aber auf solche automatisierten Verarbeitungen, die „zum Zwecke der Bewertung einzelner Aspekte ihrer Person" ergehen. Automatisierte Verarbeitungen, die ohne Profiling erfolgten, wie zB der Abhebevorgang am Bankautomaten, unterfielen der Vorschrift nicht. Art. 22 DS-GVO ist insoweit weiter. Er hebt das Profiling lediglich als einen wichtigen Anwendungsfall („einschließlich Profiling") einer „ausschließlich auf einer automatisierten Verarbeitung beruhende[n …] Entscheidung" – nicht aber als Anwendungsvoraussetzung – paradigmatisch hervor. Ähnlich wie der heutige Art. 22 Abs. 2 lit. b ließ auch die DSRL zu, dass die **Mitgliedstaaten** automatisierte Einzelentscheidungen gestatten (Art. 15 Abs. 2 lit. b DSRL). Sie stellte dies (ebenso wie jetzt die DS-GVO) unter den Vorbehalt, dass das entspr. Gesetz **Garantien** vorhält, um die berechtigten Interessen der betroffenen Person zu wahren.

Die Möglichkeit, in die automatisierte Verarbeitung **einzuwilligen,** wie **14c** sie Art. 22 Abs. 2 lit. c etabliert, sahen bislang weder die DSRL noch § 6a BDSG aF vor (vgl. auch BT-Drs. 17/11325, 4, Punkt II. 18.). Die DS-GVO vertraut damit – dem Grundgedanken der informationellen Selbstbestimmung verpflichtet – stärker als noch das alte Recht dem inneren Geltungsanspruch der persönlichen Entscheidungsautonomie: Der Einzelne soll grds. selbst entscheiden dürfen, wer seine Daten auf welche Weise und innerhalb welcher Grenzen verarbeiten und nutzen darf.

B. Auslegung der Norm

I. Grundsätzliches Verbot (Abs. 1)

Die Struktur und sprachliche Ausgestaltung der Abs. 1 und 2 bewegen sich **15** nicht nur in der Rechtskontinuität des Art. 15 DSRL. Sie entsprechen auch weitgehend dem Regelungsgehalt des bisherigen **§ 6a Abs. 1 und 2 BDSG**

(dazu auch Kühling/Martini ua DS-GVO und nationales Recht, 337 ff.).
Ihnen allen ist das Ziel gemein, den Bürger durch ein Verbot davor zu
schützen, zum bloßen Objekt eines automatisierten Entscheidungsprozesses
(→ Rn. 16 ff.) zu verkommen, zugleich aber Verarbeitern für spezifische Konstellationen Ausnahmen (→ Rn. 30 ff.) zuzugestehen.

1. „[E]iner ausschließlich auf einer automatisierten Verarbeitung – einschließlich Profiling – beruhenden Entscheidung unterworfen"

15a   a) **„Entscheidung".** Der Anwendungsbereich des Abs. 1 erfasst nicht generell jeden auf einer automatisierten Verarbeitung beruhenden Vorgang, sondern lediglich **Entsch.** Die Vorschrift begrenzt ihre Anwendung damit auf
gestaltende Akte, die eine Wahl zwischen mindestens zwei Alternativen treffen
und eine Wirkung in der Außenwelt erzielen, die über das Forum internum
hinausreicht. Erforderlich sind also typischerweise ein Regelungswille und
eine Willensäußerung – dies jedoch nicht zwingend: Nach der Vorstellung
des Verordnungsgebers können neben Willenserklärungen nämlich auch (andere) **„Maßnahme(n)"** Entsch. iSd Art. 22 Abs. 1 sein, also Tathandlungen,
die lediglich auf einen tatsächlichen, nicht aber auf einen rechtlichen Erfolg
gerichtet sind und damit keine regelnde Wirkung entfalten (**ErwGr 71
UAbs. 1 S. 1;** so auch schon der DS-GVO-E(KOM), der statt von „Entscheidungen" noch umfassend von „Maßnahme" (engl. „measure") sprach).
Die Entsch. muss sich auf einen **Einzelfall** beziehen: Abstrakte Regelungen
wie Rechtsverordnungen und Satzungen sind nicht erfasst (von Lewinski in
BeckOK DatenschutzR DS-GVO Art. 22 Rn. 15; Scholz in NK-DatenschutzR DS-GVO Art. 22 Rn. 17). Ob die Initiative für die Entsch. vom
Verantwortlichen oder vom Betroffenen ausgeht, ist grds. unerheblich (Atzert
in SJTK DS-GVO Art. 22 Rn. 33). Kann der Nutzer die Entsch. der Anwendung aber vollständig in eigener Hand konfigurieren, etwa bei einem Smart-
Home-Thermostat, ist die Person der Entsch. nicht iSd Art. 22 Abs. 1 unterworfen (→ Rn. 24b).

15b   Dass ein System, wie zB ein Bankautomat oder ein Gehaltsprogramm,
lediglich **einfache Wenn–dann-Entscheidungen** trifft, schließt – entgegen
häufig vertretener Auffassung (Abel ZD 2018, 304 (305); Buchner in Küh-
ling/Buchner DS-GVO Art. 22 Rn. 18; von Lewinski in BeckOK-DatenschutzR Art. 22 Rn. 13) – eine automatisierte Entsch. iSd Art. 22 Abs. 1
nicht aus (wie hier: Botta, Datenschutz bei E-Learning-Plattformen, 210 mit
Fn. 841; Finck, Smart Contracts as a Form of Solely Automated Processing
under the GDPR, S. 9; Dammann ZD 2016, 307 (312 f.); uneindeutig
Art. 29-Gruppe, WP 251, S. 8 f.; eingeschränkt auch Schulz in Gola DS-
GVO Art. 22 Rn. 20). Denn die DS-GVO knüpft die Rechtsfolge des
Art. 22 Abs. 1 nicht an die Komplexität der Entscheidungsfindung, sondern
daran, dass die Entsch. – auf der Grundlage einer programmierten Bewertung
(→ Rn. 15c) – ohne jedes weitere menschliche Einwirken erfolgt. Es kommt
allein darauf an, ob die Verarbeitung vollständig automatisiert erfolgt oder
nicht. Einfache deterministische Systeme und gebundene Entsch. grenzt die

DS-GVO daher **nicht generell auf der Tatbestandsebene** aus, sondern lässt sie über die Ausnahmen des Abs. 2 grds. zu.

Der **Wortlaut** Art. 22 Abs. 1 setzt auch nicht explizit voraus, dass die **15c** automatisierte Entsch. auf der **Bewertung persönlicher Merkmale** beruht – anders noch die Vorgängervorschrift des **Art. 15 Abs. 1 DSRL** (und in seinem Gefolge § 6a Abs. 1 BDSG aF): Sie knüpfte ihre Rechtsfolge an eine Verarbeitung von Daten „zum Zwecke der Bewertung einzelner Aspekte ihrer Person" an. Auch der **Entwurf der Kommission** für die DS-GVO stand ausdrücklich in dieser Tradition: Er stellte den Tatbestand unter die Voraussetzung, dass der Zweck der Maßnahme „in der Auswertung bestimmter Merkmale ihrer Person oder in der Analyse bzw. Voraussage etwa ihre[r] beruflichen Leistungsfähigkeit [...] besteht". Der **Rat** sowie der **Trilog** haben diese Formulierung später gestrichen. Das deutet darauf hin, dass der Unionsgesetzgeber von dieser Voraussetzung abrücken wollte. Immerhin taucht die Wendung aber in dem nicht verfügenden Teil der DS-GVO, namentlich in **ErwGr 71 UAbs. 1 S. 1,** noch auf. Dort versteht der Unionsgesetzgeber Art. 22 Abs. 1 als das „Recht [...] „keiner Entscheidung [...] zur Bewertung von sie betreffenden persönlichen Aspekten" („decision [...] evaluating personal aspects relating to him or her") unterworfen zu sein – und wiederholt damit in der Sache die Legaldefinition des Profilings aus Art. 4 Nr. 4 („um bestimmte persönliche Aspekte, die sich auf eine natürliche Person beziehen, zu bewerten"). Ausweislich seines Normtextes setzt Art. 22 Abs. 1 zugleich aber auch nicht notwendig voraus, dass die automatisierte Verarbeitung im Wege eines Profilings stattfindet. Die Vorschrift versteht **Profiling** vielmehr nur als eine **denkbare, aber nicht notwendige Gestaltungsform einer automatisierten Verarbeitung** (→ Rn. 2). Sonst wäre die Ergänzung „einschließlich Profiling" mindestens ungenau (vgl. auch ErwGr 71 UAbs. 1 S. 2: „Zu einer derartigen Verarbeitung zählt auch das Profiling"). Im Lichte dieser widerstreitenden normativen Bekenntnisse kann sich die Wendung „zur Bewertung von sie betreffenden persönlichen Aspekten" (ErwGr 71 UAbs. 1 S. 1) einerseits als redaktionelles Versehen entpuppen, das darauf zurückgeht, dass die Erwägungsgründe im Gesetzgebungsverfahren nicht mehr hinreichend auf den Normtext abgestimmt waren. Mehr spricht andererseits aber dafür, dass sie bewusst ein **implizites Normverständnis** ausdrückt: Die Wendung schränkt den Tatbestand im Wege **teleologischer Reduktion** ein, um dem Schutzgedanken Rechnung zu tragen, den Einzelnen nicht zum Objekt einer maschinellen Bewertung persönlicher Eigenschaften zu machen (in diesem Sinne etwa auch Buchner in Kühling/Buchner DS-GVO Art. 22 Rn. 19; Schulz in Gola DS-GVO Art. 22 Rn. 20; von Lewinski in BeckOK DatenschutzR DS-GVO Art. 22 Rn. 12; Krämer NJW 2020, 497 (498); iErg auch European Parliament, The impact of the General Data Protection Regulation (GDPR) on artificial intelligence, S. 60). Entsch. im Sinne des Art. 22 sind mithin iErg ausschließlich solche, die ein **Mindestmaß der Bewertung persönlicher Aspekte des Betroffenen** in sich bergen. Bei Bankautomaten oder Zugangsberechtigungssystemen, die biometrische Merkmale, wie zB den Fingerabdruck oder die Stimme, für Identifikationszwecke nutzen, fehlt es daran (Kamlah in Plath DS-GVO Art. 22 Rn. 2a; von

Lewinski in BeckOK DatenschutzR DS-GVO Art. 22 Rn. 10 f. mit weiteren Bsp.).

16   **b) „ausschließlich"**. Wann eine Entsch. „ausschließlich", also allein auf einer automatisierten Datenverarbeitung beruht, konkretisiert die DS-GVO ebenso wenig wie die alte DSRL. Das Verbot erfasst jedenfalls alle Fälle, in denen ein informationstechnisches System eine Entsch. **ohne jegliche menschliche Einflussnahme** trifft. Auch die dt. Parallelnorm des § 6a BDSG aF hat den Begriff der Ausschließlichkeit bisher in dieser Weise verstanden: als Entscheidungsprozess, den der Betroffene nicht beeinflussen kann und der keine natürliche Person dazwischenschaltet, welche von dem **rechnerermittelten Erg.** auch tatsächlich abzuweichen in der Lage und befugt ist (BT-Drs. 16/10529, 13). Darunter fallen zB Systeme, die vollautomatisch über die Vergabe von Studien- oder Arbeitsplätzen, Sozial- oder Versicherungsleistungen, Krediten oder über sonstige Vertragsabschlüsse entscheiden.

16a   **Zugangskontrollen** zu Gebäuden oder Veranstaltungen erfasst Art. 22 Abs. 1 jedenfalls dann, wenn das System in einem vorher nicht im Einzelnen vorgegebenen Ermessensrahmen über den Zugang entscheidet, etwa weil es davon ausgeht, dass der Betroffene betrunken ist oder ihn aufgrund seiner Kleidung einer gewaltbereiten Gruppe zuordnet. Gleiches gilt – mit Blick auf die stigmatisierende und dadurch grundrechtseingreifende Wirkung –, wenn ein Zugangssystem selbst entscheidet, ob eine Person zur Polizeikontrolle ausgesondert wird oder sich ausweisen muss. Ein **System zur Betrugsprävention bei Sozialleistungen** (wie bspw. das System SyRI („System Risk Indication") der niederländischen Sozialverwaltung), welches Betroffene bei Verdacht zur näheren Prüfung aussteuert, fällt unter Art. 22 Abs. 1, wenn die Selektion ohne menschliche Einwirkung erfolgt. Daran ändert auch der Umstand nichts, dass nach einer Aussteuerung Menschen die eigentliche Prüfung durchführen, ob ein Betrug vorliegt. Denn die **Auswahl als solche,** an die sich **hoheitliche Strafermittlungsmaßnahmen** knüpfen, löst bereits eine **grundrechtlich erhebliche Belastung** aus, die eine Entsch. im Sinne des Art. 22 Abs. 1 trifft. Anders wäre es bspw., wenn sich an die Auswahl lediglich die sanktionsfreie nochmalige Prüfung eines Antrags (zB auf Festsetzung der Einkommensteuer) durch einen Sachbearbeiter knüpft. Das System SyRI darf der niederländische Staat unterdessen nicht mehr verwenden. Das zugrunde liegende Gesetz verstößt nach Ansicht eines niederländischen Gerichts jedenfalls gegen das Recht auf Privatleben aus Art. 8 Abs. 1 EMRK. Die Frage, ob auch Entsch. iSd Art. 22 vorliegen, klammert das Urteil aber bewusst aus (Rechtbank Den Haag, C-09–550982-HA ZA 18–388, Rn. 6.57 ff.).

16b   Auch **Bußgeldbescheide** auf Basis von Daten aus Geschwindigkeitsmessgeräten automatisch zu erstellen, fällt unter Art. 22 Abs. 1 (Art.-29-DS-Gruppe WP251, S. 8). Systeme, die automatisiert **arbeitsrechtliche Abmahnungen** erstellen, treffen ebenso automatisierte Entsch. (Broy/Heinson in Weth/Herberger et al., Daten- und Persönlichkeitsschutz im Arbeitsverhältnis, 2019, B. II. Rn. 61).

Sog. **Smart Contracts,** also Programme, die als Reaktion auf die Eingabe   **16c**
von Daten selbständig Handlungen ausführen, treffen zumindest dann ausschließlich vollautomatische Entsch., wenn sie anstelle eines menschlichen
Entscheiders zum Einsatz kommen und nicht ein Mensch die Transaktion
freigeben muss. Dies trifft zB zu, wenn ein Smart Contract für einen Versicherungsvertrag selbständig prüft, ob ein Versicherter die persönlichen Voraussetzungen für einen Versicherungsfall erfüllt und die Leistung ggf. unmittelbar auszahlt (Finck, Smart Contracts as a Form of Solely Automated Processing Under the GDPR, 9 f.).

aa) (Keine) rein formale menschliche Entscheidung. Ob das Verbot des   **17**
Art. 22 Abs. 1 auch solche Verarbeitungsprozesse erfasst, bei denen ein System eine Entsch. **vorbereitet,** die ein Mensch dann umsetzt, ohne dabei
jedoch Einfluss auf den Entscheidungsinhalt nehmen zu wollen oder zu
können, ist unklar. In diesem Fall trifft zwar nach außen eine natürliche
Person die Entsch. Jedoch erschöpft sich deren Tätigkeit in einem **rein
formalen Schlussakt der Bestätigung oder Ausfertigung;** die automatisierte Verarbeitung hat die (wesentliche) inhaltliche Vorentscheidung bereits
gefällt.

Wann die Grenze zu einer ausschl. automatisierten Entsch. überschritten ist,   **17a**
legt der **Wortlaut** des Art. 22 Abs. 1 nicht zweifelsfrei offen. Einerseits verlangt er eine ausschließlich automatisierte Verarbeitung. Andererseits lässt er
ausreichen, dass die Entsch. auf dieser Verarbeitung lediglich **beruht** („beruhenden Entscheidung", „decision based on"). Selbst wenn die Prozesse,
welche die Entsch. vorbereiten, ausschl. automatisiert ablaufen, schließt das
nicht zwingend aus, dass ein Mensch die Endentscheidung trifft: Die Entsch.
beruht dann *auch* auf dem Abwägungsprozess eines Menschen und nicht
ausschl. auf der automatisierten Verarbeitung, wie es Art. 22 Abs. 1 verlangt.

Wie die Wendung „ausschließlich auf einer automatisierten Verarbeitung –   **17b**
einschließlich Profiling – beruhenden Entscheidung" gemeint ist, vermittelt
am ehesten die **Ratio** des Art. 22 Abs. 1: Er will solche Fälle mit einem grds.
Verbot belegen, bei denen kein (relevanter) **menschlicher Entscheidungs-
schritt** dazwischentritt (vgl. auch das Bsp. in ErwGr 71 UAbs. 1 S. 1: *„ohne
jegliches menschliche Eingreifen"*). Auch **Art. 35 Abs. 3 lit. a** differenziert
bewusst feinsäuberlich zwischen einer „automatisierte[n] Verarbeitung" (zB
dem Profiling) und der auf ihrer Grdl. getroffenen Entsch. („ihrerseits als
Grundlage für Entscheidungen dient"). Die DS-GVO deutet damit an, dass
ihr Verbotsvorbehalt sich nicht pauschal auf Vorgänge erstreckt, bei denen die
Entsch. auf der Grdl. automatisierter Verarbeitungen erfolgt. Er beschränkt
sich vielmehr auf solche Fälle, in denen der automatisierte vorbereitende
Verarbeitungsprozess und die Entsch. (praeter propter) identisch sind. Maß-
geblich ist also, ob ein Mensch **auf die Entsch. – also deren Inhalt –
Einfluss** nimmt. Der Computer muss die Entsch. nicht selbst fällen, die
Norm findet bereits Anwendung, wenn er sie so steuert, dass kein Mensch
mit Entscheidungsbefugnis deren Lauf aufhält (ebenso Kumkar/Roth-Isigkeit
JZ 2020, 277 (279)). Insoweit lässt Art. 22 Abs. 1 es ausreichen, dass die
Entsch. auf der automatisierten Verarbeitung **„beruht".**

18   **Fehlt** einem Sachbearbeiter eine eigene **Entscheidungsbefugnis** oder jegliche fachliche Entscheidungskompetenz, trifft er jedenfalls keine Entsch. Das gilt auch dann, wenn ein Datenverarbeitungsprozess einen (Zwischen-) Schritt menschlicher Datenverarbeitung ohne eigene Entscheidungsbefugnis, etwa das Einscannen von Unterlagen, vornimmt (wovon Unternehmen, aber auch staatliche Dienstleistungsanbieter in reichem Umf. Gebrauch machen: Sie lagern solche Teilprozesse oftmals zwecks Personalkosteneinsparung in Drittstaaten mit niedrigerem Datenschutzniveau aus; zur Zulässigkeit der Übermittlung von Daten an Drittstaaten siehe Art. 44 ff.). Art. 22 Abs. 1 unterbindet eine solche **manuelle Entscheidungsvorbereitung** nicht. Denn maßgeblich ist, ob die Entsch. selbst (also deren Inhalt), nicht ihre Vorbereitung, rein automatisiert erfolgt.

19   Verbleibt einer Person in einem automatisierten Verarbeitungsprozess eine **eigene inhaltliche Entscheidungsbefugnis,** heißt das noch nicht zwingend, dass ein Mensch eine Entsch. trifft. Erst dann, wenn er seine **Entscheidungsmacht ausübt** und diese nicht vollständig dem Computer überantwortet, wirkt er auf den Entscheidungsablauf und das Erg. ein. Die Entsch., auf den automatisierten Prozess nicht einzuwirken, genügt daher ebenso wenig, um von einem menschlichen Einwirken zu sprechen, wie eine Stichprobenkontrolle oder die Beschränkung auf die Entscheidungskompetenz, lediglich unplausible Fälle herauszufischen (Scholz in NK-DatenschutzR DS-GVO Art. 22 Rn. 27; aA von Lewinski in BeckOK DatenschutzR DS-GVO Art. 22 Rn. 25.1). Erforderlich ist vielmehr, dass ein Mensch **mehr als nur unerheblich** in den Entscheidungsprozess in einer Weise **eingreift,** die über eine rein formale Bestätigung des computertechnisch ermittelten Erg. hinausgeht. Das Einwirken eines Menschen unterbricht den Normzusammenhang des Art. 22 Abs. 1 mithin nur dann, wenn dem Sachbearbeiter zum einen ein eigener **Entscheidungsspielraum** zusteht und er diesen zum anderen auch **tatsächlich wahrnimmt.**

19a   IdS hatte der dt. Gesetzgeber das Verbot automatisierter Einzelentscheidungen (namentlich das Merkmal „ausschließlich auf eine automatisierte Verarbeitung […] gestützt werden") bereits in **§ 6a Abs. 1 S. 2 BDSG aF** gemeint und konzipiert (vgl. auch BT-Drs. 16/10529, 13: Das Merkmal sollte verdeutlichen, „dass § 6a alle Entscheidungen erfasst, deren bestimmende Motive durch automatisierte Vorgänge vorgegeben werden").

19b   Schreitet ein Programmierer in die **Trainingsphase eines lernenden Systems** ein, ist das kein menschliches Eingreifen. Denn es zielt nur darauf, die Funktionsweise des Systems als Ganzes zu verbessern, nicht aber darauf, eine konkrete/gebundene Entsch. zu fällen (von Lewinski in BeckOK DatenschutzR DS-GVO Art. 22 Rn. 23.2; Kumkar/Roth-Isigkeit JZ 2020, 277 (279)). Erst recht greift nicht schon deshalb ein Mensch in das System ein, weil ein Mensch die **Software programmiert** hat (Martini, Blackbox Algorithmus, S. 173). Denn das ist (jedenfalls nach heutigem Stand der Technik) immer der Fall.

19c   Wenn ein Mensch nur **im Einzelfall auf Aufforderung eines Betroffenen** in den Entscheidungsprozess hineinwirkt, entrinnt die Entsch. ebenso wenig dem normativen Klammergriff des Abs. 1. Das ergibt sich im Umkehrschluss aus **Art. 22 Abs. 3 aE** und **ErwGr 71 UAbs. 1 S. 4:** Sie verleihen dem Betroffenen bei automatisierten Entsch. einen durchsetzbaren Anspruch darauf, dass eine Person direkt in den Verarbeitungsprozess eingreift. Automatisierte Entsch. sind also (als Ausnahme zu Abs. 1) kraft Abs. 2 nur dann zulässig, wenn der Einzelne verlangen kann, dass ein **Mensch** im Einzelfall in den vollständig automatisierten Entscheidungsprozess **hineinwirkt.** Das heißt umgekehrt aber auch, dass ein Einwirken des Verantwortlichen in den maschinellen Entscheidungsprozess, das auf Anforderung im Einzelfall erfolgt, die Entsch. noch nicht insgesamt zu einer menschlichen macht. Denn die DS-GVO geht in Abs. 3 gerade davon aus, dass es sich in diesen Fällen tatbestandlich um eine automatisierte (ausnahmsweise zulässige) Entsch. iSd Abs. 1 handelt.

bb) Entscheidungsunterstützung und –vorbereitung? Art. 22 Abs. 1 **20** zielt nicht darauf ab, die Entscheidungsunterstützung und -vorbereitung durch automatisierte Verfahren zu verhindern. Vielmehr will er die Gefahren begrenzen, die von nicht überprüften automatisierten Verarbeitungen für den Schutz personenbezogener Daten ausgehen, welche den Einzelnen zum Objekt eines algorithmischen Entscheidungsmechanismus machen können. Nicht lediglich die Vorbereitung, sondern die **Entsch.** selbst muss ausweislich des Wortlautes des Art. 22 Abs. 1 „ausschließlich auf einer automatisierten Verarbeitung" beruhen. Eine **automatische Vorsortierung von Daten** (zB ein Bewerberranking im Rahmen des E-Recruiting) ist daher kein Anwendungsfall des Art. 22, solange diese Auswahl nicht bereits eine endgültige Entsch. trifft (von Lewinski in BeckOK DatenschutzR DS-GVO Art. 22 Rn. 16 f.). Eine allgemeine Ausnahme für Prozesse innerhalb der internen Entscheidungsstrukturen von Unternehmen gewährt Art. 22 Abs. 1 nicht (aA Abel ZD 2018, 304 (306)).

Ein **Studienberatungssystem,** das den Studierenden Hinweise für die **20a** optimale weitere Studiengestaltung erteilt, fällt dann nicht unter das Verbot des Art. 22 Abs. 1, wenn es nur als Assistenzsystem eines menschlichen Studienberaters agiert. Auch eine Software, die in der Justiz zB die **Rückfallwahrscheinlichkeit eines Straftäters** berechnet, fällt nur dann unter Art. 22 Abs. 1, wenn das System die inhaltl. Entsch. selbstständig trifft (insbesondere wenn der Richter hieran gebunden wäre). Ein solches System wäre jedoch schon wegen Verstoßes gegen Art. 92 Abs. 1, Art. 97 Abs. 2 und Art. 103 Abs. 1 GG sowie aus Gründen der richterlichen Unabhängigkeit (Art. 97 Abs. 1 GG) verfassungswidrig (Martini/Nink, Strafjustiz ex machina in: Automatisch erlaubt? 2020, S. 48 ff.).

cc) Spezialfall „Profiling". Eine **allein auf Profiling gestützte Entsch. 21** erklärt die DS-GVO für grds. unzulässig – nicht aber jegliches Profiling als solches. Anders als den unspezifischen Begriff der automatisiert generierten Entsch. definiert die DS-GVO den Begriff „Profiling" in **Art. 4 Nr. 4** legal: Profiling ist dadurch gekennzeichnet, dass Dienstleister und Datensammler Bestände personenbezogener Daten im Wege (nicht notwendig vollständig) automatisierter Verarbeitung auswerten, um auf dieser Grdl. „bestimmte persönliche Aspekte, die sich auf eine natürliche Person beziehen, zu bewerten", insbes. um bestimmte Verhaltensweisen zu analysieren oder vorherzusagen (→ Rn. 2). Dies kann bspw. die Arbeitsleistung, die wirtschaftliche Lage, die Gesundheit, persönliche Vorlieben, Interessen, Zuverlässigkeit, Verhalten, Aufenthaltsort oder Ortswechsel einer natürlichen Person betreffen.

21a   Eine „**Bewertung von Persönlichkeitsmerkmalen**" nimmt eine Entsch. dann vor, wenn sie nicht allein auf der Information beruht, die ein personenbezogenes Datum bzw. Persönlichkeitsmerkmal repräsentiert, sondern auf deren **Interpretation** (Deuster PinG 2016, 75 (76)). Als Erg. können daraus zB Einkaufstipps, Routenvorschläge, Arbeits- oder Studienplatzvergaben, Bewertungen der Zahlungsbereitschaft oder der Lebenserwartung erwachsen (vgl. Härting CR 2014, 528 (528)).

Die Definition des Art. 4 Nr. 4 beschreibt das Ziel des Profilings, erlaubt aber keine Rückschlüsse auf dessen **Methode** (Härting CR 2014, 528 (529)). Profiling ist insofern auch für sehr unterschiedliche Formen der Datenauswertung offen – bspw. für Gesichtserkennungs- und Stimmerkennungssysteme oder „Blockchain-Profiling" (Atzert in SJTK DS-GVO Art. 22 Rn. 69 ff.; Hofert ZD 2017, 161).

22   Die Regelwerke und Algorithmen, die der Datenauswertung zugrunde liegen, zB die Berechnungsformel, sind oftmals schützenswerte **Geschäftsgeheimnisse** (vgl. BGHZ 200, 38, 2. und 3. amtl. Ls.). Verantwortliche versagen Betroffenen aus diesem Grund regelmäßig den Einblick in ihre Entscheidungsmechanismen. Ihnen ist dann mitunter die Möglichkeit verwehrt, die Kontrolle über die Verwendung ihrer personenbezogenen Daten auszuüben. Das verschärft die bes. persönlichkeitsrechtliche Sensibilität des Profilings. In ihrem nicht verfügenden Teil verlangt die DS-GVO dem Verantwortlichen daher ab, Betroffenen „aussagekräftige Informationen über die involvierte Logik" mitzugeben **(Art. 13 Abs. 2 lit. f, Art. 14 Abs. 2 lit. g, Art. 15 Abs. 1 lit. h)** sowie „geeignete mathematische oder statistische Verfahren für das Profiling" sowie Korrekturmechanismen zu verwenden, um die Risiken für die Persönlichkeit sowie Diskriminierungsgefahren zu minimieren **(ErwGr 71 UAbs. 2 S. 1).**

23   Art. 22 entfaltet für das Profiling nur dann Regelungswirkung, wenn die Profilbildung in eine automatisierte Einzelentsch. mündet. Unter welchen bes. Voraussetzungen ein Profil gebildet und weiterverarbeitet werden darf, das nicht in eine ausschl. automatisierte Entsch. mündet, regelt die DS-GVO demgegenüber nicht ausdr. Sie unterwirft die inhaltlichen Anforderungen an den Verarbeitungsprozess und dessen Zulässigkeit in diesem Fall vielmehr grds. den allg. Rechtfertigungsregeln, insbes. Art. 6 und 9 (ErwGr 72 S. 1). Eine eigene Regelung, die den bes. persönlichkeitsrechtlichen Herausforderungen des allg., nicht entscheidungsbezogenen Profilings eine konzertierte normative Antwort entgegensetzt, tut Not. Immerhin gesteht die DS-GVO dem Betroffenen in Fällen des Art. 6 Abs. 1 UAbs. 1 lit. e und f sowie der Direktwerbung ausdr. das Recht zu, **Widerspruch** gegen ein Profiling einzulegen (Art. 21 Abs. 1 S. 1 Hs. 2 Abs. 2 Hs. 2); darüber hinaus ist bei Profiling-Maßnahmen eine **Datenschutz-Folgenabschätzung** unionsrechtlich zwingend (Art. 35 Abs. 3 lit. a; Art. 35 Rn. 29).

Die Kommission plant, das Regelungsgeflecht der DS-GVO um eine Ver- 23a
ordnung über die Achtung des Privatlebens und den Schutz personenbezogener Daten in der *elektronischen Kommunikation* (**„ePrivacy-VO"**) zu ergänzen. Sie soll für elektronische Kommunikationsdienste detaillierte Regelungen
zum Webtracking und zu anderen Profilbildungsmöglichkeiten treffen, welche die Vorgaben der ePrivacy-RL aus dem Jahr 2002 (RL 2002/58/EG)
ablösen (dazu auch Schleipfner ZD 2017, 460 (463 ff.)).

Nachdem sich Ende 2019 abgezeichnet hatte, dass der existierende Norm- 23b
entwurf keine Mehrheiten im europäischen Gesetzgebungsverfahren finden
würde, hat die **kroatische Ratspräsidentschaft** am 21.2.2020 einen modifi-
zierten Entwurf vorgelegt (5979/20 INIT), den sie am 6.3.2020 noch einmal
in geringfügig überarbeiteter Version veröffentlicht hat (6543/20 INIT). Der
kroatische Vorschlag orientiert sich stark an den Vorschr. der DS-GVO (insb.
Art. 9, 12 ff., 25, 35 f.). Er knüpft es an hohe Voraussetzungen, elektronische
Kommunikationsdaten zum Webtracking und Profiling zu verarbeiten, namentlich an die Einwilligung des Betroffenen, eine Risikofolgenabschätzung,
Informationspflichten und Verfahrenssicherungen zum Schutz der Grundrechte der Betroffenen, die sich an der DS-GVO ausrichten (vgl. etwa Art. 6a
Abs. 1 lit. a, Art. 6b Abs. 2 S. 2 lit. a-c ePrivacy-VO-E-Rat). Profiling erklärt
der Entwurf idR für unzulässig (vgl. etwa Art. 6b Abs. 1 lit. e S. 2 ePrivacy-
VO-E-Rat). Das politische Schicksal der VO ist aber ungewiss. Die **dt. Ratspräsidentschaft** will noch 2020 eine Einigung im Rat anstreben.

dd) Scoring. Die Geschäftspraxis des sog **Scorings** erwähnt Art. 22 nicht 24
explizit. Allerdings lässt eine Zusammenschau des ErwGr 71 UAbs. 1 S. 1
(„automatische Ablehnung eines Online-Kreditantrags") mit S. 2 („Analyse
oder Prognose von Aspekten bezüglich Arbeitsleistung, wirtschaftliche Lage
[…]") sowie Art. 4 Nr. 4 („um Aspekte bezüglich Arbeitsleistung, wirtschaftliche Lage […] zu analysieren oder vorherzusagen") erkennen, dass Art. 22
grds. das Scoring als einen **Unterfall des Profilings** adressiert. Entsch., die
an einen zuvor ermittelten Score-Wert anknüpfen, unterfallen der Vorschr.,
sofern sie **ohne dazwischentretende menschliche Entsch.** zustande kommen. Soweit Scoring demgegenüber lediglich eine nicht vollständig automatisierte Entsch. **vorbereitet** oder in (noch) keinem Zusammenhang zu
einer Entsch. steht, findet Art. 22 keine Anwendung (Kühling/Martini ua
DS-GVO und nationales Recht, 441 ff.; ebenso Taeger RDV 2017, 3 (6)). Ist
der Sachbearbeiter kraft Anweisung des Arbeitgebers an einen Cut-off-Score-
Wert gebunden, greift Art. 22 Abs. 1 jedoch. Denn die Entsch. des Sach-
bearbeiters erschöpft sich dann in einer Formalität (ebenso etwa Kamlah in
Plath DS-GVO Art. 22 Rn. 1c; Scholz in NK-DatenschutzR DS-GVO
Art. 22 Rn. 29); das Scoring ist in diesem Fall Teil einer automatisierten
Entsch. iSd Art. 22 Abs. 1 („einschließlich Profiling").

Der dt. Gesetzgeber hat für das Scoring in **§ 31 Abs. 1 BDSG** eine eigene 24a
Regelung getroffen. Sie lehnt sich an die Vorgängervorschrift des § 28b
BDSG an. Unterdessen reklamiert die Union allerdings in Art. 6 Abs. 1
UAbs. 1 lit. f für sich, die Zulässigkeit des einfachen Scorings zu regeln. Den
Mitgliedstaaten verbleibt daher (soweit das Scoring nicht Teil einer vollständig

automatisierten Verarbeitung iSd Art. 22 Abs. 1 ist) grds. **kein nationaler Handlungsspielraum** mehr (→ Rn. 43 ff.)

24b **c) „unterworfen".** Dass der Betroffene damit **einverstanden** ist, ein vollständig automatisiertes System zu nutzen, ändert an dem Charakter als vollautomatisierte Maßnahme nichts. Das ergibt sich bereits im Rückschluss aus Art. 22 Abs. 2 lit. c („mit ausdrücklicher Einwilligung der betroffenen Person"). Dieser Ausnahme hätte es nicht bedurft, wenn die Einwilligung schon tatbestandlich eine automatisierte Entsch. iSd Art. 22 Abs. 1 ausschlösse. Dass die Entsch. auf einer **vertraglichen Vereinbarung** zwischen dem Verantwortlichen und dem Nutzer basiert, die das System lediglich umsetzt, schließt ebenso wenig aus, einer Entsch. „unterworfen" zu sein. Denn Abs. 2 lit. a („für den Abschluss oder die Erfüllung eines Vertrages […] erforderlich ist") setzt voraus, dass Art. 22 Abs. 1 auch auf Fälle Anwendung findet, in denen der Verantwortliche und der Betroffene eine vertragliche Vereinbarung geschlossen haben, die das System umsetzt.

24c Einer Entsch. im Sinne des Abs. 1 ist die betroffene Person vielmehr nur **„unterworfen"** („subject to a decision"; „l'objet d'une décision"), wenn ein Dritter einseitig Regeln für die Nutzung eines Systems vorgibt, die der Nutzer nicht vollständig selbst regulieren kann. Das System muss eine Wirkung entfalten, ohne dass der Betroffene substanziell darauf einwirken kann (vgl. auch Schulz in Gola DS-GVO Art. 22 Rn. 19; Scholz in NK-DatenschutzR DS-GVO Art. 22 Rn. 18). Kann er demgegenüber die Anwendung **vollständig selbst konfigurieren,** wie zB bei Smart-Home-Techniken, etwa Thermostaten, ist er ihr nicht „unterworfen" (von Lewinski in BeckOK DatenschutzR DS-GVO Art. 22 Rn. 19 f.).

2. Wirkung der Entscheidung

25 Art. 22 Abs. 1 erstreckt seine Verbotsfolge nicht auf jegliche ausschl. auf einer automatisierten Verarbeitung beruhende Entsch., sondern nur auf solche, die der betroffenen Person ggü. rechtliche Wirkung entfalten (a; → Rn. 26) oder sie in ähnlicher Weise erheblich beeinträchtigen (b; → Rn. 27).

26 **a) „Rechtliche Wirkung".** Eine rechtliche Wirkung entfaltet eine Maßnahme dann, wenn sie den rechtlichen Status des Betroffenen in irgendeiner Weise verändert, dh für den Betroffenen eine **Rechtsfolge auslöst,** wie zB die Entsch., einen Vertrag zu kündigen bzw. ein Vertragsangebot anzunehmen, oder die Regelungswirkung, die in einem automatisierten Verwaltungsakt (§ 35a VwVfG, § 155 Abs. 4 AO; § 31a SGB X) steckt (ebenso Kumkar/Roth-Isigkeit JZ 2020, 277 (279); Scholz in NK-DatenschutzR DS-GVO Art. 22 Rn. 33). Rein **mittelbare** rechtliche Auswirkungen genügen nicht, da dem Tatbestandsmerkmal sonst keine einschränkende Wirkung mehr zukäme (von Lewinski in BeckOK DatenschutzR DS-GVO Art. 22 Rn. 28; wohl aA Scholz in NK-DatenschutzR DS-GVO Art. 22 Rn. 32, der eine rechtliche Wirkung auch dann bejaht, wenn eine andere Person als der Verantwortliche die rechtliche Folge herbeiführt). Setzt ein Vertragspartner bestehende Rechte, zB in Gestalt einer Mahnung oder Klageerhebung, mithilfe automatisierter Einrichtungen durch, ändert das idR die materielle oder prozessuale Rechtslage und entfaltet deshalb rechtliche Wirkung iSd Art. 22 (Atzert in SJTK DS-GVO Art. 22 Rn. 40; aA Abel ZD 2018, 304 (306) mit dem Argument, dies schaffe keine neue Rechtsposition; es kommt allerdings nicht darauf an, ob die Maßnahme neue Rechte generiert, sondern ob sie Rechtswirkungen entfaltet).

b) „In ähnlicher Weise erheblich beeinträchtigt". Eine erhebliche Be- **27** einträchtigung iSd Art. 22 Abs. 1 („significantly affects" „l'affectant [...] significative") entfalten solche Entsch. und tatsächliche Handlungen (→ Rn. 15a), welche die Position des Einzelnen in einer so nachhaltigen Weise berühren, dass sie einer **rechtlichen Wirkung gleichkommen.** Dies ist etwa der Fall, wenn sie seine wirtschaftliche oder persönliche Entfaltungsfreiheit nicht nur marginal berühren, seine körperliche Integrität oder Gesundheit antasten oder seine gesellschaftliche Reputation nachteilig verändern. Maßgeblich sind dabei − nach objektiver Bewertung − die **Umstände des Einzelfalles.** Nicht die Rechtsform des Handelns, sondern seine Ausstrahlungswirkung auf die (Grund-)Rechte des Betroffenen, insb. sein Persönlichkeitsrecht, entscheidet. Insbes. eine **Diskriminierung** kann eine solche Beeinträchtigungswirkung auslösen − so bspw., wenn ein behördliches Betrugserkennungssystem auf der Grundlage unzulässiger Differenzierungsmerkmale gegen einen Nutzer vorgeht (→ Rn. 16a) oder ein Geschäftspartner einen **Vertragsschluss** in für die Lebensentfaltung wesentlichen Bereichen (zB Gesundheitsleistungen, Versicherungsverträge) **ablehnt** (vgl. insbes. ErwGr 71 UAbs. 1 S. 1: „automatische Ablehnung eines Online-Kreditantrags"; unter Umständen kann darin − obgleich es grds. kein Recht auf Abschluss eines Vertrages gibt − bereits eine rechtliche Wirkung liegen; im Einzelnen str.; Deuster PinG 2016, 75 (76); von Lewinski in BeckOK DatenschutzR DS-GVO Art. 22 Rn. 38 f.; weiter gehend Scholz in NK-DatenschutzR DS-GVO Art. 22 Rn. 36, der bei jeder Ablehnung eines Vertragsverhältnisses von einer erheblichen Beeinträchtigung ausgeht). Auch ein automatisch erstellter **gerichtlicher Vergleichsvorschlag** entwickelt kraft der hoheitlichen Rolle des Gerichts zumindest dann eine erhebliche Beeinträchtigung, wenn dieser Vergleich eine eigene Verfahrensstufe innerhalb eines Online-Gerichtsprozesses markiert (Abschlussbericht der Länderarbeitsgruppe Legal Tech: Herausforderung für die Justiz, 112 f.). Ein **Chatbot** entfaltet demgegenüber regelmäßig keine Wirkung iSd Art. 22 Abs. 1 (Klar BB 2019, 2243 (2250)). Dies gilt jedenfalls so lange, wie der Chatbot mit seiner Antwort nur beratende Hinweise erteilt, die den Nutzer nicht davon abhalten, rechtlich geschützte Positionen geltend zu machen. Geht der Chatbot jedoch über reine Beratung hinaus, indem er zB auf Basis der ihm gestellten Fragen bindende Vertragsangebote unterbreitet, liegt regelmäßig eine faktische Beeinträchtigungswirkung vor.

Abs. 1 erfasst grds. keine **Preisdifferenzierungen** zwischen Verbrauchern, **27a** die ein System abhängig von deren Verhaltensmustern trifft. Auch wenn dies vollautomatisch erfolgt, kommt dem personalisierten Preisangebot als solchem keine rechtliche Wirkung zu, da es den Betroffenen noch nicht bindet. Für eine erhebliche (faktische) Beeinträchtigung fehlt es bei einer geringfügigen Preisdifferenz regelmäßig an der kritischen Relevanzschwelle, solange daraus keine nachhaltige Störung der persönlichen oder wirtschaftlichen Entfaltung oder eine rechtlich relevante Diskriminierung erwächst (→ Rn. 27; Hofmann/Freiling ZD 2020, 331 (332); Lindemann ZD 2020, 506 (508); Martini, Blackbox Algorithmus, S. 180 mit Fn. 75; aA Atzert in STJK DS-GVO Art. 22 Rn. 62; Scholz in NK-DatenschutzR DS-GVO Art. 22 Rn. 36). Anders kann sich das darstellen, wenn das System prohibitiv hohe Preise vorschlägt oder sogar kein Angebot unterbreitet und entweder der Anbieter oder das System eine faktische Monopolstellung innehat, die den Einzelnen von der Teilhabe an Leistungen des gesellschaftlichen Lebens ausschließen kann. Verwehrt das System dem Betroffenen dann faktisch die Chance, den gewünschten Vertrag abzuschließen, geht von dem Angebot eine erhebliche Beeinträchtigung aus.

27b   **Personalisierte Werbung** und sonstige vergleichbare Individualisierungen, die Betroffenen auf der Grdl. personenbezogener Daten Angebote unterbreiten, erfasst Abs. 1 grds. ebenso wenig wie Preisdifferenzierungen. Bloßer Werbung fehlt typischerweise sowohl die rechtliche als auch die faktische Beeinträchtigungswirkung. Jedenfalls solange der Verantwortliche die Daten (-aggregate) nicht automatisiert weitergibt, die er aufgrund einer Individualisierung gesammelt hat, oder sie sonst in einer die Persönlichkeitsrechte beeinträchtigenden Weise verarbeitet, liegt darin **grds. keine sonstige „erhebliche Beeinträchtigung",** die einer rechtlichen Wirkung vergleichbar ist (offene: Art. 29-Datenschutz-Gruppe WP 251 rev.01, S. 11, 24). Die DS-GVO erklärt Werbung insbesondere nicht generell für unzulässig. Dies ergibt sich aus einem **Umkehrschluss aus Art. 21 Abs. 2** und **ErwGr 70 S. 1:** Sie gestehen dem Betroffenen ein **Widerspruchsrecht gegen Direktwerbung** zu. Damit knüpfen sie an rechtmäßige Verarbeitungsvorgänge an. Dass die DS-GVO gegenüber Direktwerbung ein – auch im Vergleich zu den anderen Tatbeständen niederschwelliges (Abs. 1 und Abs. 6) – Widerspruchsrecht zubilligt, deutet aber auch an, dass von ihr in der Wertung des Unionsgesetzgebers eine Beeinträchtigungswirkung ausgehen kann, die im Einzelfall die Schwelle zur Erheblichkeit überschreiten kann.

28   **c) Belastende Wirkung?** Nicht eindeutig ist der Wortlaut des Abs. 1 in der Frage, ob er nur belastende (nachteilige) oder jegliche (auch begünstigende) Entsch. erfasst. Für die strukturell ähnliche Norm des **§ 6a BDSG aF** war anerkannt, dass nur belastende Entsch. in den Anwendungsbereich der Vorschr. fallen; dies ergab sich dort aus Abs. 1 und einem Umkehrschluss aus Abs. 2 Nr. 1 („dem Begehren des Betroffenen stattgegeben wurde"). Für die DS-GVO drängt sich dieser Schluss aus der Vorschr. selbst nicht ohne Weiteres auf: Der Wortlaut unterscheidet nicht zwischen belastenden und begünstigenden Maßnahmen. Auch die **systematische Stellung** der Vorschr. als Teil der Betroffenenrechte legt ein weites Verständnis nahe. Immerhin knüpft Art. 22 aber an eine **Beeinträchtigung** an. Das impliziert, dass die Entsch. in die Rechte und Freiheiten Betroffener **nachhaltig hineinwirken** muss und **nachteilige Auswirkungen** entfalten kann. Ob sie einen **ökonomischen**

Vorteil vermittelt, also bei einer Saldo-Betrachtung die Rechtsstellung oder die Vermögenssituation des Betroffenen insgesamt verbessert, ist nicht allein entscheidend. Es genügt, dass ihre Auswirkungen auf den Betroffenen einschneidend einwirken können – egal in welche Richtung (zust. Atzert in SJTK DS-GVO Art. 22 Rn. 42 ff.; Botta, Datenschutz bei E-Learning-Plattformen, S. 214 f.; aA Buchner in Kühling/Buchner DS-GVO Art. 22 Rn. 25; Kamlah in Plath DS-GVO Art. 22 Rn. 7e). Denn es sind auch solche Entsch. denkbar, die zwar dem Begehren des Betroffenen vollumfänglich entsprechen und wirtschaftlich vorteilhaft sind, ihm aber weniger zusprechen, als ihm eigentlich zustünde. Auch diese Fälle will Art. 22 Abs. 1 erfassen. Denn das Datenschutzrecht ist persönlichkeitsrechtlich als Vorfeldschutz und nicht als ökonomische Ergebniskontrolle konzipiert.

3. Rechtscharakter des Abs. 1

Art. 22 Abs. 1 formuliert keinen selbstständigen Erlaubnistatbestand. Vielmehr formuliert er eine **zusätzliche Rechtmäßigkeitsvoraussetzung** für besondere Verarbeitungsprozesse. Er dispensiert daher nicht von den Anforderungen des Art. 6 (Atzert in SJTK DS-GVO Art. 22 Rn. 30; Schulz in Gola DS-GVO Art. 22 Rn. 3)). **29**

Der **Wortlaut** des Abs. 1 spricht dem Betroffenen ein **subjektives Recht,** also einen Anspruch, zu. Das deckt sich mit der **systematischen Stellung** der Vorschr. als Teil der „Rechte der betroffenen Person" im **Kap. III.** Auch Art. 12 Abs. 3 u. 4, die ua auf Art. 22 verweisen, sprechen von einem „Antrag". Ähnlich sah es auch noch der DS-GVO-E(EP) vor (damals Art. 20 sowie ErwGr 58): Er räumte dem Betroffenen lediglich ein Widerspruchsrecht ein. In dieser Lesart hängt die Schutzwirkung des Abs. 1 von einem positiven Tun des Berechtigten ab. Seine Wirksamkeit entfaltete er erst dann, wenn ein Betroffener ihn (ggf. prozessual) mit einem Antrag geltend macht. Anbieter von Geschäftsmodellen vollständig automatisierter Verarbeitung könnten dann uU darauf vertrauen, dass Betroffene davor zurückschrecken oder ihnen die nötige Kenntnis fehlt, den Anspruch geltend zu machen. **29a**

Dem Zielniveau effektiven Schutzes der Persönlichkeit und der engen Verbindung des Art. 22 Abs. 1 mit der Menschenwürde (Art. 1 S. 1 GRCh) entspricht es indes am ehesten, in Art. 22 Abs. 1 ein **umfassendes, von individueller Geltendmachung unabhängiges Verbot** zu erkennen (ebenso Deuster PinG 2016, 75 (77); Atzert in SJTK DS-GVO Art. 22 Rn. 2; Buchner in Kühling/Buchner DS-GVO Art. 22 Rn. 12: „grundsätzliches Verbot […], welches […] weit auszulegen ist"; Herbst in Auernhammer DS-GVO Art. 22 Rn. 4; Taeger RDV 2017, 3 (3): „ausdrücklich ein Verbot"; aA Kamlah in Plath DS-GVO Art. 22 Rn. 4; Schulz in Gola DS-GVO Art. 22 Rn. 5, der aber für die praktische Anwendung zum selben Erg. kommt). Ein Verbotskonzept deutet auch **Abs. 4** an: Selbst dort, wo vollständig automatisierte Entsch. ausnahmsweise zulässig sind („Entscheidungen nach Absatz 2"), ordnet die Vorschr. ein weit reichendes Verbot an, das nicht davon abhängt, ob Betroffene es geltend machen („dürfen nicht […] beruhen"). Das streitet dafür, dass die DS-GVO in den Bereichen, in denen der Grundsatz des Abs. 1 **29b** greift, erst recht ein Verbot und nicht allein einen Anspruch Betroffener formuliert. Insbes. wäre ein „Recht" des Betroffenen, keiner automatisierten Verarbeitung unterworfen zu sein, in der Sache ein **Widerspruchsrecht,** das systematisch seinen Ort in **Art. 21** hätte finden müssen (so hatte es noch das EP vorgesehen: „und das Recht, [...] dem Profiling zu widersprechen"). Art. 21 nimmt aber seinerseits in Abs. 1 S. 1 Hs. 2 ausdr. auf „Profiling" als Gegenstand des Widerspruchsrechts Bezug. Verbürgte Art. 22 Abs. 1 lediglich ein subjektives Recht, hätte es seiner – neben Art. 21 – daher nur bedingt bedurft. Beide Vorschr. regeln insofern – auch ihrer Sachlogik nach – notwendig Unterschiedliches: Art. 21 etabliert das Recht, Profiling-Maßnahmen, welche eine Entsch. lediglich vorbereiten, durch **Widerspruch** unterbinden zu können; Art. 22 **verbietet** automatisierte Entsch., die auf Profiling beruhen und ohne menschliches Zutun ergehen – auch dann, wenn der Betroffene dies nicht im Einzelfall geltend macht.

II. Ausnahmen (Abs. 2–4)

1. Ausnahmetatbestände (Abs. 2)

30   Art. 22 Abs. 1 spricht kein vorbehaltloses Verbot aus. Vielmehr gestattet Abs. 2 zahlreiche **Ausnahmen.** Diese sind abschl.: Zulässig sind ausschließlich automatisierte Einzelentsch., die ein **Vertrag** erforderlich macht (lit. a; → Rn. 31 ff.), die aufgrund bes. **Rechtsvorschriften** zulässig sind (lit. b; → Rn. 33 ff.) oder die mit ausdrücklicher **Einwilligung** des Betroffenen erfolgen (lit. c; → Rn. 38).

30a   Kraft Vertrages oder einer Einwilligung zulässige automatisierte Entsch. erteilen dem Verantwortlichen jedoch zugleich keinen Freibrief. Der Verantwortliche muss vielmehr angemessene **Schutzmaßnahmen** treffen (**Abs. 3;** → Rn. 39 ff.). Für alle Ausnahmen greift zusätzlich auch der Vorbehalt des **Abs. 4** (→ Rn. 40 ff.). Automatisierte Entsch. „sollte[n]" nach dem Willen des Verordnungsgebers zudem kein **Kind** betreffen (ErwGr 71 UAbs. 1 S. 5). Daraus ergibt sich kein absolutes, sondern ein relatives Verbot: Automatisierte Entsch., an die sich nachhaltige Sanktionswirkungen oder Rechtspflichten knüpfen können, sind grds. generell unzulässig, nicht aber jegliche automatisierte Entsch. gegenüber Kindern (dazu näher Martini/Nink NVwZ-Extra 10/2017, 1 (6)). Das illustriert auch der Vergleich mit der Trilog-Fassung; diese normierte noch ein generelles Verbot (ehemals ErwGr 58 S. 4: „Maßnahme kein Kind betreffen darf"). Vollständig automatisierte Entsch. sind ggü. Kindern daher **ausnahmsweise zulässig,** wenn der Verantwortliche geeignete Sicherungen zum Schutz ihrer Persönlichkeitsrechte trifft. Dazu gehört insbes. eine Aufklärung über spezifische Privatsphärerisiken, kindgerechte Aufbereitung sowie die Einwilligung der Eltern (vgl. auch Art. 8 Abs. 1 UAbs. 1 S. 2).

31   **a) Zulässigkeit aufgrund vertraglicher Bindung (lit. a).** Für Verträge als Massengeschäft des Wirtschaftslebens öffnet sich die DS-GVO automatisierten Entsch. in weitem Umf. – allerdings nicht generell, sondern nur, sofern sie „für den Abschluss oder die Erfüllung eines Vertrages [...] erforderlich" sind.

Was „**erforderlich**" ist, ergibt sich aus einem Rekurs auf die vertragliche Leistungspflicht, welche die Parteien festgelegt haben bzw. verankern wollen (vgl. → Art. 6 Rn. 14).

„Erforderlich" ist dabei nicht gleichbedeutend mit „sinnvoll" bzw. „wün- **31a** schenswert", sondern meint vielmehr „unvermeidlich" bzw. „unumgänglich" (aA Kamlah in Plath DS-GVO Art. 22 Rn. 8). Das heißt zugleich aber nicht, dass der Ausnahmetatbestand des Abs. 2 lit. a nur dann greift, wenn sich der Verarbeitungszweck anders als durch eine Vollautomatisierung nicht erreichen lässt. **Referenzmaßstab** der Erforderlichkeit ist nämlich (ausweislich des Wortlauts) nicht die vollständig automatische Verarbeitung, sondern **(allgemein) „die Entscheidung".** Es kommt also nicht darauf an, ob sich die Verarbeitung statt durch vollautomatisierte Entsch. auch durch eine händische oder teilautomatisierte Verarbeitung durchführen ließe, sondern darauf, ob die Entscheidung, die mit der Datenverarbeitung einhergeht, erforderlich ist, um den Vertrag zu erfüllen oder abzuschließen. Maßgeblich sind dafür die **Vertragspflichten,** die die Parteien im Vertrag niedergelegt haben bzw. eingehen wollen, nicht die innere Motivationslage eines Vertragspartners (etwa ob er die Daten monetarisieren möchte, ohne dass der Vertrag dies vorsieht) – auch nicht, ob sie sich im Vertrag Sonder**rechte** (wie zB die Weitergabe der Daten an Dritte) vorbehalten haben, sondern allein ob die Vertragspflichten die Datenverarbeitung erfordern. Dafür bedarf es jedenfalls eines **unmittelbaren sachlichen Zusammenhangs zwischen der Datenverwendung und dem konkreten Vertragszweck;** dieser Konnex kann sich uU ausnahmsweise auch mittelbar (zB durch Nebenabreden) aus dem Vertragsinhalt ergeben (Deuster PinG 2016, 75 (77 f.)).

Auch das Vertragsrecht der Mitgliedstaaten strahlt als dispositive gesetzliche **31b** Auffangordnung auf die Auslegung aus, soweit die Parteien keine individuelle Regelung getroffen haben. Das deutet – wenn auch in anderem Zusammenhang – **Art. 8 Abs. 3** („lässt das allgemeine Vertragsrecht der Mitgliedstaaten [...] unberührt") vorsichtig an: Das Unionsrecht knüpft an das **nationale Vertragsrecht** an, es will dieses insbes. insoweit nicht selbst verändern. Dem Zweck der Vorschr. entspricht es – ebenso wie schon unter dem Regime des § 6a Abs. 2 Nr. 1 BDSG aF („oder eines sonstigen Rechtsverhältnisses") – insbes., auch **öffentlich-rechtliche Verträge** in den Anwendungsbereich aufzunehmen. Einseitige Rechtsgeschäfte oder gesetzliche Schuldverhältnisse erfasst sie ausweislich des insoweit eindeutigen Wortlauts demgegenüber nicht (vgl. Scholz in NK-DatenschutzR DS-GVO Art. 22 Rn. 39 aE; für Art. 6 zB Buchner/Petri in Kühling/Buchner DS-GVO Art. 6 Rn. 27 f.), sehr wohl aber **rechtsgeschäftsähnliche Schuldverhältnisse** (Albers/Veit in BeckOK DatenschutzR DS-GVO Art. 6 Rn. 30) und die **Vorbereitung von Verträgen** (Scholz in NK-DatenschutzR DS-GVO Art. 22 Rn. 39).

Das dt. Recht enthielt in **§ 6a Abs. 2 Nr. 1 BDSG aF** einen dem lit. a **32** weitgehend entspr. Ausnahmetatbestand. Er war allerdings defensiver konzipiert als derjenige der DS-GVO: Die Vorschrift dispensierte von dem Verbot automatisierter Einzelentscheidungen innerhalb vertraglicher Beziehungen nur bei solchen Entsch., die dem Begehren des Betroffenen **stattgeben** – nicht aber wenn der Vertragspartner einen Antrag ablehnt. Abs. 2 lit. a erfasst ausdrücklich auch den Abschluss von Verträgen. Das deutet an, dass es nicht mehr darauf ankommt, ob das Erg. dem Begehren des Betroffenen entspricht, sondern die Vorschrift auch dann greift, wenn der Verantwortliche den Vertragsabschluss ablehnt (Scholz in NK-DatenschutzR DS-GVO Art. 22 Rn. 40). Seiner exzessiven Inanspruchnahme wirkt Abs. 2 lit. a durch ein anderes Korrektiv entgegen: Die Entsch. muss nicht nur „im Rahmen des Abschlusses oder der Erfüllung […] ergehen" (§ 2 Nr. 1 BDSG aF), sondern gerade **erforderlich** sein, um den Vertrag zu erfüllen oder abzuschließen (→ Rn. 31 f.).

33   b) Zulässigkeit aufgrund Öffnungsklausel (lit. b). Die Öffnungsklausel des Abs. 2 lit. b vermittelt den Mitgliedstaaten einen Spielraum, automatisierte Verarbeitungen **kraft nationalen Rechts** zuzulassen und damit das Schutzniveau für das informationelle Selbstbestimmungsrecht abzusenken. Die nationalen Rechtsvorschriften (aa) müssen dann aber **angemessene Maßnahmen** („suitable measures") enthalten, um die Interessen der Betroffenen hinreichend wirksam zu schützen (bb). Der mitgliedstaatliche Regelungsspielraum ist auch nur dann eröffnet, wenn die Rechtsvorschriften auf den Verantwortlichen anwendbar sind, also dem **Anwendungsbereich des nationalen Rechts** unterliegen. Von der Öffnungsklausel des Art. 22 Abs. 2 lit. b hat der Bundesgesetzgeber insbes. in **§ 37 BDSG nF** Gebrauch gemacht. Die Norm gestattet automatisierte Entsch. im Einzelfall bei Versicherungsverträgen, sofern der Verantwortliche dem Begehren der betroffenen Person stattgibt oder die Entsch. auf der Anwendung verbindlicher Entgeltregelungen für Heilbehandlungen beruht. Auch **§ 35a VwVfG, § 31a SGB X und § 155 Abs. 4 AO** nutzen den Spielraum des Abs. 2 lit. b. **§ 31 BDSG nF** (Scoring und Bonitätsauskünfte) steht Art. 22 Abs. 2 lit. b zwar inhaltlich nahe, findet in der Vorschrift jedoch keine hinreichende Stütze; sie ist **unionsrechtswidrig** (→ Rn. 24a sowie → Rn. 44).

34   aa) Rechtsvorschrift. „Rechtsvorschriften" iSd Abs. 2 lit. b müssen nicht notwendig formelle Gesetze sein. Vielmehr reicht auch **materielles Gesetzesrecht,** wie zB Satzungsrecht – jedenfalls aus dem Blickwinkel des Unionsrechts (ErwGr 41 S. 1); aus nationalem Verfassungsrecht kann sich im Hinblick auf das Wesentlichkeitsgebot aber Anderes ergeben. Kein „national*staatliches*" Recht und daher nicht ausreichend sind Selbstregulierungsregeln iSd Art. 40. Auch eine Verwaltungsvorschrift oder ein Verwaltungsabkommen reichen (wohl) nicht. Denn sie lassen sich jederzeit ändern und sind daher für Normadressaten nicht im Sinne der Rechtsprechung des EuGH (und des ErwGr 41 S. 2) hinreichend vorhersehbar. So hat der EuGH die normkonkretisierende Verwaltungsvorschrift TA Luft ua deshalb nicht als gesetzliche Umsetzung der Luftreinhaltungsrichtlinie angesehen, da sie jederzeit abänderbar ist (EuGH NVwZ 1991, 866).

35   bb) Angemessene Maßnahmen. Damit die Mitgliedstaaten den Schutzstandard des Art. 22 Abs. 1 nicht nach Belieben aushöhlen und dadurch die Wertungen des Unionsrechts konterkarieren, verlangt die DS-GVO Mitgliedstaaten, die auf Abs. 2 lit. b zurückgreifen, „angemessene Maßnahmen" ab, welche die Rechte und Freiheiten sowie die berechtigten Interessen Betroffe-ner wahren. Das soll die Beeinträchtigungen kompensieren, die von der (zugelassenen) automatisierten Verarbeitung ausgehen. Die Zielrichtung und den gewollten Inhalt der Schutzmaßnahmen deuten **Art. 22 Abs. 3 aE und ErwGr 71 UAbs. 1 S. 4, ErwGr 67 S. 2 und 68 S. 1** an. Als **Schutzmaß-nahmen** sind daher insbes. denkbar: das Recht, von dem Verantwortlichen zu verlangen, dass eine Person in den Verarbeitungsprozess eingreift, das Recht, den eigenen Standpunkt darzulegen sowie das Recht, die Entsch. anfechten und damit eine inhaltliche Neubewertung erzwingen zu können (vgl. Art. 22 Abs. 3; → Rn. 39 sowie Martini/Nink NVwZ-Extra 10/2017, 1 (3 ff.)).

Der Mitgliedstaat ist nicht zwingend an die Maßnahmen gebunden, die **35a** Abs. 3 nennt. Denn dessen Vorgaben sind auf die Öffnungsklausel des Art. 22 Abs. 2 lit. b nicht unmittelbar anwendbar: Abs. 3 iVm Abs. 2 lit. a und lit. c nimmt unmittelbar nur den **Verantwortlichen** in die Pflicht, während Abs. 2 lit. b – seinem Wesen als Öffnungsklausel entspr. – den **Mitgliedstaat** adressiert (dazu Martini/Nink NVwZ-Extra 10/2017, 1 (5)). In der Aus-gestaltung der Schutzmaßnahmen lässt Abs. 2 lit. b den Mitgliedstaaten mithin größere Freiheit. Er gesteht ihnen aber nicht das Recht zu, ein insgesamt niedrigeres Schutzniveau als in den Fällen des Abs. 3 zuzulassen.

Den **Programmcode,** der einer Entsch. zugrunde liegt, ggü. dem Betrof- **36** fenen **offenzulegen,** gebietet Abs. 3 regelmäßig nicht (zust. Buchner in Kühling/Buchner DS-GVO Art. 22 Rn. 35; Kumkar/Roth-Isigkeit JZ 2020, 277 (283 ff.)). Denn das könnte zum einen schutzwürdige Geheimhaltungs-interessen der Verarbeiter, namentlich Geschäftsgeheimnisse, verletzen. Zum anderen schösse es regelmäßig über das Ziel hinaus, das der Unionsgesetzgeber erreichen wollte. Denn angemessene Schutzmaßnahmen lassen sich typischer-weise auch anderweitig herstellen. Den Anforderungen der DS-GVO genügt es grds., wenn die Maßnahmen geeignet sind, dem Betroffenen **Einsicht in die Bewertungsmaßstäbe** zu gewähren (so auch schon ErwGr 41 der DSRL; vgl. zum Diskriminierungspotenzial maschineller Lernsysteme und zur Notwendigkeit einer Regulierung Martini DVBl 2014, 1481 (1484 f. und 1488) sowie ders., Blackbox Algorithmus, S. 47 ff.). Das deutet die DS-GVO auch in Art. 13 Abs. 2 lit. f und Art. 14 Abs. 2 lit. g an: Sie gewährt dem Einzelnen das Recht, **aussagekräftige Informationen über die involvierte Logik** zu erhalten. Dadurch zieht sie der Rechtsposition Betroffener zugleich unausgesprochen e contrario eine Grenze: Mehr als diese Informationen, insb. ein Recht auf Offenlegung des Programmcodes, verheißt die DS-GVO Betroffenen nicht.

Eine **inhaltliche Anforderung an das System** stellt die DS-GVO aber **36a** doch – jedenfalls im nicht verfügenden Teil: Die algorithmische Analyse muss auf **geeigneten mathematischen bzw. statistischen Verfahren** beruhen, die das Fehlerrisiko minimieren und unzutreffende Daten aufdecken und kor-rigieren, sowie insbes. diskriminierende Wirkungen (etwa Preisdiskriminie-rung) nach Möglichkeit ausschließen **(ErwGr 71 UAbs. 2 S. 1; → Rn. 39d).**

Neben dem Gebot angemessener Schutzmaßnahmen zieht **Abs. 4** der **37** Öffnungsklausel des Abs. 2 lit. b eine weitere Grenze: Automatisierte Einzelentscheidungen darf das mitgliedstaatliche Recht grds. nicht erlauben, wenn sie auf **bes. Kategorien** personenbezogener Daten, z. B. biometrischen Daten, Gesundheitsdaten oder genetischen Daten (Art. 9 Abs. 1), beruhen (→ Rn. 40 ff.).

38 **c) Zulässigkeit aufgrund einer Einwilligung (lit. c).** Wenn der Betroffene **ausdr.** in die Maßnahme eingewilligt hat, schließt das die Verbotswirkung des Abs. 1 ebenso wie in den Fällen des lit. a und b aus (→ Art. 7 Rn. 8 f. sowie Art. 4 Nr. 11 und ErwGr 43). Der Betroffene muss dafür zumindest in Kenntnis der Sachlage, also **hinreichend informiert** (insb. iSd Art. 13 Abs. 2 lit. f, Art. 14 Abs. 2 lit. g, Art. 15 Abs. 1 lit. h), und mit **Einsichtsfähigkeit** sein Einverständnis mit der Verarbeitung **freiwillig** kundtun. Unter diesen Voraussetzungen gewährt die DS-GVO der Entscheidungsautonomie des Einzelnen Vorrang vor dem Schutzanspruch des Gesetzgebers. Denn sie will ihn nicht gleichsam vor sich selbst schützen. Ob und wann der Betroffene tatsächlich im konkreten Fall freiwillig handelt, bestimmt sich nach Art. 4 Nr. 11 und Art. 7 (Scholz in NK-DatenschutzR DS-GVO Art. 22 Rn. 52). An der Freiwilligkeit mangelt es bspw., wenn ein Antragsteller gezwungen ist, sich auf das vollautomatische Verfahren einzulassen, um für eine Begünstigung in Betracht gezogen zu werden (European Parliament, The impact of the General Data Protection Regulation (GDPR) on artificial intelligence, S. 61).

2. Inhaltliche Anforderungen an die Ausnahmetatbestände des Abs. 2 lit. a und lit. c (Abs. 3)

39 Ergeht eine vollautomatisiert generierte Entsch. aufgrund eines Vertrages (Abs. 2 lit. a) oder mit Einwilligung (Abs. 2 lit. c), knüpft die DS-GVO die Befreiung des Verantwortlichen von dem Verbotsvorbehalt an **die spezifischen Mindestgarantien des Abs. 3,** um ein einheitlich hohes Privatheitsschutzniveau zu gewährleisten: Die Vorschrift fordert Sicherungsmechanismen, die **Grundrechtsschutz durch Verfahren** gewährleisten sollen − vom Recht auf persönliches Eingreifen (a, → Rn. 39a) bis zum Gebot fairer und transparenter Verarbeitung (d, → Rn. 39d). Sie sind auch zwingender Bestandteil der Datenschutz-Folgenabschätzung bei automatisierten Verfahren (Art. 35 Abs. 1 lit. a iVm Abs. 7 lit. d). Der Betroffene kann auf die Mindestgarantien nicht verzichten; Art. 22 ist indisponibel (Scholz in NK-DatenschutzR DS-GVO Art. 22 Rn. 56; Atzert in SJTK DS-GVO Art. 22 Rn. 142).

39a **a) Recht auf persönliches Eingreifen des Verantwortlichen.** Wer einer vollautomatisierten Entsch. ausgesetzt ist, kann von dem Verantwortlichen verlangen, dass eine Person in den vollautomatischen Verarbeitungsprozess eingreift − dies jedoch nicht vorbehaltlos, sondern nur aus berechtigten Gründen des Einzelfalles − etwa in **Härtefällen,** die das System nicht erkennt oder erkennen kann. Anderenfalls käme dies im Ergebnis einem Recht gleich, von einer automatisierten Entsch. generell verschont zu bleiben. Ein solches Recht gewährt Art. 22 Abs. 3 iVm Abs. 2 jedoch nicht. Vielmehr sollen diese Vorschr. Ausnahmen von dem Verbot gerade ermöglichen (Martini/Nink

NVwZ-Extra 10/2017, 1 (4)). Aus dem Recht auf persönliches Eingreifen erwächst auch nicht zwingend das Gebot, eine Entsch. abzuändern; der menschliche Bearbeiter kann die Entsch. der Maschine nach Analyse des Sachverhalts im Ergebnis auch bestätigen (Atzert in SJTK DS-GVO Art. 22 Rn. 58).

b) Recht, den eigenen Standpunkt darzulegen. In vollautomatisierten **39b** Entscheidungsverfahren haben Betroffene das Recht, ihren **eigenen Standpunkt darzulegen.** Der Verantwortliche muss die vorgebrachten Umstände auch einzelfallbezogen berücksichtigen, hat sich also mit dem Vorbringen des Betroffenen auseinanderzusetzen. Eine **Einzelfallprüfung** durch einen **Sachbearbeiter aus Fleisch und Blut** verlangt die DS-GVO zwar nicht ausdr. Auch ein System maschinellen Lernens könnte diesen Anforderungen im Grundsatz Rechnung tragen. Die derzeitigen tatsächlichen Möglichkeiten technischer Systeme gewährleisten aber zum einen noch nicht hinreichend sicher, einen komplexen menschlichen Vortrag und ihm zugrunde liegende Erwägungen in einer Weise zu erfassen, die eine sachgerechte Einzelfallprüfung des Betroffenenstandpunktes sicherstellt (Martini/Nink NVwZ-Extra 10/2017, 1 (4)). Zum anderen entspricht es gerade dem Sinn des Rechts, den eigenen Standpunkt darzulegen, dass ein **Mensch** die Aspekte in ihren einzelnen Facetten aufnimmt und würdigt. Die Verbürgung erschöpft sich insbes. nicht lediglich in dem Recht, sich zu äußern. Sie impliziert vielmehr, tatsächlich **Gehör** zu finden. Sonst liefe dieses Schutzrecht im Erg. leer (Martini/Nink NVwZ-Extra 10/2017, 1 (4)). Auch die Möglichkeit, aus einer **enumerativen Liste** vorformulierte Aussagen auswählen zu können, genügt den Anforderungen des Schutzrechts daher nicht (Martini/Nink NVwZ-Extra 10/2017, 1 (4)).

c) Recht auf inhaltliche Neubewertung. Als dritte Mindestgarantie kon- **39c** stituiert Abs. 3 das Recht, die **Entsch. anzufechten.** Der Begriff der Anfechtung ist autonom unionsrechtlich auszulegen. Er meint nicht Anfechtung iSd §§ 119 ff. BGB, des AnfG oder des § 42 Abs. 1 VwGO. Vielmehr fordert die DS-GVO das Recht des Betroffenen, den Verantwortlichen – ähnlich dem verwaltungsrechtlichen Widerspruchsverfahren – selbst zu einer **inhaltlichen Neubewertung** der bisher automatisiert getroffenen Entsch. zwingen zu können (Martini/Nink NVwZ-Extra 10/2017, 1 (4)). Anders als das Recht auf persönliches Eingreifen des Verantwortlichen, das der Betroffene vor oder nach der Entsch. in Anspruch nehmen kann, ist das Recht auf inhaltliche Neubewertung sachlogisch auf den **Zeitraum nach der Entsch.** gerichtet (Atzert in SJTK DS-GVO Art. 22 Rn. 139).

d) Faire und transparente Verarbeitung (ErwGr 71 UAbs. 2 S. 1). Der **39d** Verantwortliche hat bei vollautomatisierten Verarbeitungen auch deren Transparenz und Fairness sicherzustellen (ErwGrd 71 UAbs. 2 2 S. 1; Kamlah in Plath DS-GVO Art. 22 Rn. 16 sieht hierin keine über Art. 5 Abs. 1 lit. a hinausgehende Anforderung; ebenso wohl auch von Lewinski in BeckOK DS-GVO Art. 22 Rn. 3.1). Er darf für ein Profiling insbes. nur **„geeignete mathematische oder statistische Verfahren"** anwenden (ErwGr 71

UAbs. 2 S. 1; vgl. auch § 31 Abs. 1 Nr. 2 BDSG nF: „Zugrundelegung eines wissenschaftlich anerkannten mathematisch-statistischen Verfahrens"; zur Problematik der Regelungsbefugnis → Rn. 24a sowie → Rn. 44). Das setzt zum einen voraus, dass die Berechnungsmodelle sachgerechten fachlichen bzw. wiss. Standards genügen, welche die **Validität** des Erg. hinreichend zuverlässig verbürgen. In das Entscheidungsmodell dürfen nur solche Kriterien Eingang finden, die für die Entsch. **nachweisbar erheblich** sind. Es muss also einen empirisch **tragfähigen Zusammenhang zwischen einer Ausgangsvariable** (Bsp.: Der Nutzer sucht auf der Webseite nach einer Briefwaage) **und der gezogenen Schlussfolgerung** (Bsp.: Der Nutzer handelt mit Drogen) geben (Martini, Blackbox Algorithmus, S. 257). Je größer der Schaden, den das Entscheidungsverfahren einem sensiblen Rechtsgut zufügen kann, desto höher muss die Wahrscheinlichkeit dafür sein, dass die Vermutung des Modells realiter zutrifft. Das entspricht auch dem risikobasierten Pflichtenzuschnitt der DS-GVO, wie ihn auch Art. 24 Abs. 1 S. 1 und Art. 25 Abs. 1 für die Pflichten des Verantwortlichen konzipieren (Martini, Blackbox Algorithmus, S. 258).

39e   Die Erg. automatisierter Verarbeitungen beruhen zum anderen nur dann auf fairen und geeigneten Mechanismen, wenn auch die Analysen auf einer **inhaltlich korrekten und aktuellen Datengrundlage** aufsetzen. Anderenfalls kann das Verarbeitungsverfahren seinem Wesen nach nicht zu richtigen Erg. gelangen. Der Verantwortliche hat daher **technische und organisatorische Maßnahmen** zu treffen, welche die Richtigkeit der Datengrundlage prüfen und ggf. **korrigieren** sowie das **Risiko von Fehlern minimieren** (ErwGr 71 UAbs. 2 S. 1 aE, Art. 29 Gruppe WP 251, S. 31; Art. 32 Abs. 1 und 2, vgl. → Art. 32 Rn. 30 ff.; Kamlah in Plath DS-GVO Art. 22 Rn. 17).

39f   **e) Keine Begründungspflicht.** Aus der DS-GVO erwächst keine generelle Pflicht, konkrete Entsch. zu begründen. Zwar postuliert der Unionsgesetzgeber eine „Erläuterung der nach einer entsprechenden Bewertung getroffenen Entscheidung" (Art. 22 Abs. 3 iVm ErwGr 71 UAbs. 1 S. 4). Die Wendung nimmt grammatikalisch aber nur auf den unmittelbar vorangehenden Topos „Darlegung des eigenen Standpunktes" (→ Rn. 39b) Bezug. Eine Erläuterung hat mithin (nur) zu ergehen, soweit sie im Einzelfall erforderlich ist, um dem Betroffenen zu veranschaulichen, wie sein Standpunkt in die Entsch. eingeflossen und warum das Ergebnis so und nicht anders ausgefallen ist. Es kann also nötig sein, eine Entsch. zu erläutern, die nach der Darlegung des Betroffenenstandpunktes iSd Art. 22 Abs. 3 ergeht. Erst dies eröffnet dem Betroffenen die Möglichkeit, zu überprüfen, ob seine Angaben bei der Bewertung Berücksichtigung fanden (Martini, Blackbox Algorithmus, S. 191 f.; zust. Kumkar/Roth-Isigkeit JZ 2020, 277 (281)). In allen anderen Fällen verlangt die DS-GVO keine Begründung – auch nicht in Art. 13 Abs. 2 lit. f, Art. 14 Abs. 2 lit. g oder Art. 15 Abs. 1 lit. h (Martini, Blackbox Algorithmus, S. 191 f.).

3. Grundsätzlicher Ausschluss bei bes. Kategorien personenbezogener Daten (Abs. 4)

Mit Blick auf die grundrechtliche Sensibilität **bes. Kategorien personenbe-** **40** **zogener Daten** schränkt die DS-GVO deren vollständig automatisierte Verarbeitungen nachhaltig ein: Sie erklärt diese grds. für unzulässig (**Abs. 4;** ErwGr 71 UAbs. 2 S. 2).

Was die DS-GVO unter „besonderen Kategorien personenbezogener Da- **40a** ten" versteht, definiert **Art. 9 Abs. 1.** Er nennt insbes. solche personenbezogenen Daten, aus denen die rassische und ethnische Herkunft, politische Meinungen, religiöse Überzeugungen oder die Gewerkschaftszugehörigkeit hervorgehen, sowie Daten über die Gesundheit oder die sexuelle Orientierung (zu der Frage, inwieweit Art. 9 die Zulässigkeit von Big-Data-Konzepten ausschließt, s. bspw. Schneider ZD 2017, 303 (306)).

Das grds. Verbot vollautomatisierter Einzelentscheidungen, die auf der Ver- **41** arbeitung bes. Kategorien personenbezogener Daten beruhen, gilt aber **nicht vorbehaltlos.** In **zwei Fällen** lässt die DS-GVO es ausnahmsweise zu, solche Informationen in eine automatisierte Verarbeitung einzubeziehen: zum einen, sofern der Betroffene in die Verarbeitung für einen oder mehrere festgelegte Zwecke **ausdr.** einwilligt (es sei denn, die EU oder der Mitgliedstaat schränken diese Möglichkeit durch Sonderregeln ein – Art. 22 Abs. 4 iVm Art. 9 Abs. 2 **lit. a;** dazu auch Kühling/Martini ua DS-GVO und nationales Recht, S. 49 ff.), zum anderen, sofern die Verarbeitung wegen eines **erheblichen öffentl. Interesses erforderlich** und auch insgesamt **verhältnismäßig** ist, zB um schwere Straftaten aufzuklären oder abzuwehren (Art. 22 Abs. 4 iVm Art. 9 Abs. 2 lit. g). In diesem Falle darf nicht nur die EU, sondern auch jeder Mitgliedstaat eine eigene **gesetzliche Verarbeitungserlaubnis** aus der Taufe heben. Um die Verarbeitung bes. Kategorien personenbezogener Daten aus Gründen öffentl. Interesses zuzulassen, bedarf es dann aber einer hinreichend bestimmten Rechtsgrundlage; eine implizite Abweichung gestattet die DS-GVO nicht (vgl. ErwGr 41 S. 2). Im Hinblick auf das bes. Gefährdungspotenzial, das von einer vollautomatisierten Verarbeitung bes. Kategorien personenbezogener Daten ausgehen kann, legt die EU die Maßstäbe für eine solche **Öffnungsklausel** auch **inhaltlich** hoch: Die gesetzliche Erlaubnis (des Mitgliedstaates bzw. der EU) muss den **Wesensgehalt** des Rechts auf Datenschutz wahren und – ebenso wie im Falle des Abs. 2 lit. b – angemessene sowie spezifische **Maßnahmen** vorsehen, um die Grundrechte und Interessen Betroffener zu wahren.

Im Fall **gemischter Verarbeitungen,** die sowohl nicht-sensible Daten als **41a** auch bes. Kategorien personenbezogener Daten betreffen, findet Art. 22 Abs. 4 grds. nur auf die sensiblen Daten Anwendung. Sind beide Datenarten aber so eng **miteinander verzahnt,** dass ihre Trennung unmöglich ist, oder bestehen Zweifel, ob es sich um bes. personenbezogene Daten handelt, ist Abs. 4 auf den gesamten Datensatz anzuwenden (Martini/Kienle JZ 2019, 235 (239); Martini/Botta VerwArch 2019, 235 (259 f.)).

4. Informations- und Auskunftsrechte bzw. -pflichten

41b **a) Information und Auskunft über das Bestehen und die Logik vollständig automatisierter Verarbeitung (Art. 13 Abs. 2 lit. f, Art. 14 Abs. 2 lit. g u. Art. 15 Abs. 1 lit. h).** Wer für eine vollständig automatisierte Verarbeitung verantwortlich ist, die ohne menschliches Zutun in eine Entsch. mit rechtlicher oder äquivalenter Beeinträchtigungswirkung mündet, muss Betroffene aussagekräftig darüber informieren, dass eine solche Verarbeitung stattfindet (**„Ob"**) – ebenso über die involvierte Logik und die Tragweite sowie die Auswirkungen der Verarbeitung (**„Wie"**) – Art. 13 Abs. 2 lit. f und Art. 14 Abs. 2 lit. g (→ Art. 13 Rn. 31 ff.; vgl. auch für personalisierte Preise, die auf eine automatisierte Entscheidungsfindung zurückgehen, ergänzend die Hinweispflicht aus Art. 4 Nr. 4 lit. a sublit. ii RL 2019/2161). Diese Informationen sind in präziser, transparenter, verständlicher (→ Art. 12 Rn. 30) und leicht zugänglicher Form in einer klaren und einfachen Sprache (Art. 12 Abs. 1 S. 1) dem Betroffenen **kostenfrei** (Art. 12 Abs. 5 S. 1) zur Verfügung zu stellen. Der Informationspflicht stellt **Art. 15 Abs. 1 lit. h** ein korrespondierendes **Auskunftsrecht** des Betroffenen ggü. (vgl. auch ErwGr 63). Seinen Informationspflichten kann sich der Verantwortliche nicht mit dem Argument entziehen, er habe keinen Zugang zu diesen Informationen, da er das Verfahren (zB Scoring-Verfahren) auf einen Dritten ausgelagert habe. Vielmehr ist er verpflichtet, diese gesetzlich gebotenen Informationen ggf. zu beschaffen (Scholz in NK-DatenschutzR DS-GVO Art. 22 Rn. 65).

41c Während Art. **13 Abs. 2 lit. f** sich als **auf die Zukunft gerichtetes Informationsrecht** („zum Zeitpunkt der Erhebung der Daten", Art. 13 Abs. 2) schon seinem Wesen nach nicht auf eine bereits konkretisierte Wertung oder Entscheidung beziehen kann, gelten **Art. 14 Abs. 2 lit. g und Art. 15 Abs. 1 lit. h** (auch) für bereits **ergangene Entscheidungen** („nach Erlangung der [...] Daten" (Art. 14 Abs. 3 lit. a); „offengelegt worden sind" (Art. 15 Abs. 1 lit. c)). Im Übrigen sind die konkreten Rechte aber wortlautidentisch. Art. 14 Abs. 2 lit. g und Art. 15 Abs. 1 lit. h gehen inhaltlich nicht über den Umfang des Art. 13 Abs. 2 lit. f hinaus (Martini, Blackbox Algorithmus, S. 191 f.). Der Verantwortliche schuldet insbes. grds. nur Auskunft über die Tatsachen, die er seiner Entsch. zugrunde legt oder gelegt hat, und die angewandte Logik der algorithmischen Entscheidungsfindung (Martini, Blackbox Algorithmus, S. 201), **nicht aber über einen ermittelten Profiling-Wert** selbst (wie zB „konservativ", „ideologisch beeinflussbar", „mit einer Wahrscheinlichkeit von 70% homophob"). Anderenfalls bestünde eine generelle Auskunftspflicht über getroffene Werturteile, die die **negative Meinungsfreiheit** nachhaltig beeinträchtigt, und sich als solche nicht gleichsam zwischen den Zeilen aus dem Normtext herauslesen lässt. Das Profiling-Ergebnis ist regelmäßig auch nicht erforderlich, um Entscheidungsinhalte zu erörtern, vielmehr bildet es lediglich die Entscheidungsgrundlage, die der Verantwortliche (auch sonst in der Rechtsordnung) grds. nicht insgesamt offenlegen muss (dazu auch Martini, Blackbox Algorithmus, S. 197 ff.).

b) Information über die Schutzmaßnahmen des Abs. 3 (Art. 12 41d Abs. 3 S. 1). Die informatorische Rechtsstellung des Betroffenen umfasst nicht nur Angaben zu wesentlichen Grundlagen der automatisierten Entscheidungsfindung. Der Verantwortliche muss Betroffene auch „unverzüglich, in jedem Fall aber innerhalb eines Monats" über diejenigen **Maßnahmen** unterrichten, die er trifft, um seiner **Verpflichtung aus Art. 22 Abs. 3** („angemessene Maßnahmen, um die Rechte und Freiheiten sowie die berechtigten Interessen der betroffenen Personen zu wahren") gerecht zu werden (Art. 12 Abs. 3 S. 1 iVm Art. 22 Abs. 2 und 3) – dies ausweislich des Wortlautes allerdings nicht vorbehaltlos, sondern nur insoweit, als es sich um „**auf Antrag** […] ergriffene[n] Maßnahmen" handelt. Dies heißt aber nicht, dass der Verantwortliche Schutzmaßnahmen ausschl. auf eine entspr. Anfrage des Betroffenen hin treffen muss (vgl. auch → Rn. 29 ff.). Dies vertrüge sich nicht mit dem voraussetzungslosen Normgebot („trifft der Verantwortliche angemessene Maßnahmen"; → Rn. 39 ff.). Der Verantwortliche hat die Schutzmaßnahmen vielmehr „ex officio" zu treffen, damit seine automatisierte Verarbeitung überhaupt zulässig ist.

Die DS-GVO lässt den Betroffenen jedoch bislang in einem Aspekt in einer **41e** **Informationslücke** zurück: Ihm steht bei strenger Lesart des Art. 12 Abs. 3 S. 1 kein Informationsrecht im Hinblick auf die Sicherungsmaßnahmen zur Seite, die kraft normativer Verpflichtung nach Art. 22 Abs. 3 – ohne vorherigen Antrag – zu treffen sind. Für diesen Fall ist namentlich weder Art. 13 Abs. 2 lit. f noch Art. 14 Abs. 2 lit. g noch Art. 15 Abs. 1 lit. h einschlägig: Die Vorschriften nehmen ausdr. nur auf **Art. 22 Abs. 1 und 4, nicht aber Abs. 3** Bezug. Dies mag man – insbesondere mit Blick auf Art. 12 Abs. 3 S. 1 iVm Art. 22 Abs. 2 und 3 e contrario – als bewusste Entsch. des Gesetzgebers deuten. Wahrscheinlicher ist aber, dass der Normgeber die Eigenheit des Art. 22 Abs. 3 (womöglich auch angesichts des im Verordnungsentwurf noch anders angelegten Normkonzepts) nicht im Blick hatte, als er die Art. 12 ff. erließ: Er ist sie als objektivrechtliche Verpflichtung angelegt, was ihn nach seiner normativen Struktur von den subjektiven Rechten der Art. 15–21 unterscheidet. Dann sollte sich die Informationspflicht auch abstrakt auf die getroffenen und zu treffenden Maßnahmen iSd Art. 22 Abs. 3 erstrecken. Eine solche erweiternde Auslegung sieht sich de lege lata jedoch den Grenzen des Gebots der Rechtssicherheit und des **Vorbehalts des Gesetzes** (Art. 52 Abs. 1 S. 1 GRCh) ausgesetzt: Eine belastende Regelung muss ihren Adressaten zumindest ermöglichen, den Umfang der sie treffenden Verpflichtungen vorherzusehen (s. allg. EuGH, ECLI:EU:C:2015:826 – Szemerey, Rn. 47 f.; EuGH, ECLI:EU:C:2019:112 – Human Operator, Rn. 34 f.). Das gilt insbesondere dort, wo sich an einen Verstoß Sanktionen knüpfen sollen (vgl. Art. 83 Abs. 5 lit. b). **De lege ferenda** sollte der Gesetzgeber in Art. 13 Abs. 2 lit f., 14 Abs. 2 lit. g, 15 Abs. 1 lit. h klarstellen, dass sich die Informationspflicht auch auf Schutzmaßnahmen iSd Art. 22 Abs. 3 erstreckt.

C. Nationales Recht

42 Im dt. Recht formulierte **§ 6a BDSG aF** schon bisher ein Verbot automatisierter Einzelentscheidungen. Der Gesetzgeber machte damit von dem Regelungsspielraum bzw. -auftrag des Unionsrechts Gebrauch, den ihm **Art. 15 DSRL** belassen hatte. Um dem Gebot hinreichenden Schutzes der informationellen Selbstbestimmung gerecht zu werden, befreite § 6a Abs. 2 Nr. 2 BDSG aF − ähnlich wie heute Art. 22 Abs. 3 − von dem Verbot automatisierter Einzelentscheidungen nur, wenn geeignete Schutzmaßnahmen die berechtigten Individualinteressen Betroffener wahrten. Der Verantwortliche musste dem Betroffenen ferner − ähnlich wie heute auf der Grundlage des Art. 13 Abs. 2 lit. f, Art. 14 Abs. 2 lit. g u. Art. 15 Abs. 1 lit. h − „die Tatsache des Vorliegens einer Entscheidung im Sinne des Absatzes 1 sowie auf Verlangen die wesentlichen Gründe dieser Entscheidung" mitteilen und erläutern. Das bisherige dt. Recht etablierte auf diese Weise ein **dreistufiges Verfahren** aus Information über die automatisierte Einzelentscheidung, Mitteilung sowie Erläuterung der wesentlichen Entscheidungsgründe auf Anfrage des Betroffenen und schließlich der Möglichkeit, den eigenen Standpunkt deutlich zu machen, um ggf. eine Revision der Entsch. zu erreichen (Gola/Schomerus BDSG aF § 6a Rn. 14, 14a).

43 Art. 22 belässt den Mitgliedstaaten nunmehr nur noch geringen Regelungsspielraum − lediglich über die **Öffnungsklausel des Abs. 2 lit. b und Abs. 4 iVm Art. 9 Abs. 2 lit. g** können sie nationale „Duftmarken" setzen. Davon hat die Bundesrepublik Gebrauch gemacht: zum einen durch **§ 37 BDSG nF** für **Versicherungsverträge,** zum anderen durch Sondernormen für **vollautomatisiert erlassene Verwaltungsakte (§ 35a VwVfG, § 31a SGB X und § 155 Abs. 4 AO).** Obgleich Widerspruchs- bzw. Einspruchsbescheide auch Verwaltungsakte sind, erstrecken sich diese Erlaubnisnormen nicht auf das **verwaltungsrechtliche Widerspruchs- bzw. Einspruchsverfahren.** Denn Algorithmen können keine vollständige rechtliche Zweckmäßigkeitsprüfung einer Entsch. gewährleisten, wie es § 113 Abs. 1 S. 1 iVm § 68 Abs. 1 VwGO verlangt; dazu Martini/Nink DVBl 2018, 1128 (1131 ff.)). Auch rechtspolitisch wäre eine Vollautomatisierung des gerichtlichen Vorverfahrens wenig sinnstiftend. Zum einen müsste der Gesetzgeber mit Blick auf das Recht auf inhaltliche Neubewertung aus Art. 22 (→ Rn. 39c) ein zusätzliches Wider-Widerspruchsverfahren aus der Taufe heben; zum anderen spendet ein vollautomatisiertes Widerspruchsverfahren nur wenig Mehrwert, wenn bereits das Ausgangsverfahren vollautomatisiert war (siehe näher hierzu Martini/Nink DVBl 2018, 1128 (1132, 1134 f.)). Im **gerichtlichen Verfahren** kommt − auch unter dem Regime des Art. 22 Abs. 2 lit. b − keine Vollautomatisierung, sondern nur ein unterstützender Einsatz algorithmenbasierter Entscheidungsverfahren in Betracht. Das GG behält die gerichtliche Kontrolle staatlichen Handelns aus guten Gründen der menschlichen Urteilskraft vor: **Art. 92 Hs. 1 GG** vertraut die rechtsprechende Gewalt den Richtern an; er meint damit ausschließlich Menschen, nicht aber Softwareagenten. Das drückt er auch in **Art. 97 Abs. 2** mit den Worten

„Wille", „Amtszeit", „auf Lebenszeit" und „Ruhestand" aus. Dahinter steht eine sachgerechte rechtspolitische Wertung: Nur Menschen sind dazu befähigt, sämtliche lebensweltlichen Aspekte eines Sachverhalts adäquat zu erfassen, situativ anhand interpretationsbedürftiger Normen zu würdigen und auf dieser Grundlage einzelfallgerechte Entsch. zu treffen. Computer haben keinen *common sense*. Ihnen fehlt ein Judiz, das den Richter auszeichnet, ebenso wie die soziale Kompetenz, die dem Richter abzuverlangen ist (vgl. auch § 9 Nr. 4 DRiG). Sie können sich insbesondere nicht in die Lage des Betroffenen hineinversetzen: Zu eben jener Empathie und emotionaler Intelligenz sind Maschinen bzw. Computerprogramme als anorganisch verfasste Entitäten nicht fähig. Streitentscheidende Tätigkeit erfordert stets eine Einzelfallbetrachtung aller – auch unvorhergesehener – Umstände. Der Richter soll solche Aspekte des Einzelfalls sachadäquat mit den normativen Zielvorstellungen abgleichen, die der Gesetzgeber ex ante nicht abschließend gesetzlich „programmieren" konnte. Gerade diese Kompetenz rechtfertigt seine Unabhängigkeit **(Art. 97 Abs. 1 GG)**. Dem Computer fehlt sie. Der Kerngedanke des Anspruchs auf rechtliches Gehör (Art. 103 Abs. 1 GG) ist es aber, dass die Prozessbeteiligten darauf vertrauen können müssen, dass der Richter ihren Vortrag rezipiert und den Lebenssachverhalt auch in seinen gesamten lebensweltlichen Auswirkungen erfassen kann (Martini/Nink DVBl 2018, 1128 (1136 f.); vgl. zur Gestattung von „Robo-Schlichtern" durch Änderung des Verbraucherstreitbeilegungsgesetzes: BT-Drs. 19/3714, S. 8).

Auch **Art. 23** gesteht den Mitgliedstaaten – unter restriktiven Voraussetzungen, insbes. nur für einen definierten Katalog von Zielsetzungen – das Recht zu, die Vorschr. des Art. 22 durch eigene gesetzliche Regelungen zu beschränken. **§ 22b Abs. 1 S. 2 BörsG** und **§ 51a Abs. 2 S. 1 GwG** machen davon Gebrauch (BT-Drs. 19/4674, S. 284 f.; 19/13827, S. 102; → Rn. 3). IÜ sind dem nationalen Gesetzgeber aber die Hände gebunden. Daran ändert auch der Umstand nichts, dass das Datenschutzniveau des Art. 22 hinter demjenigen der bisherigen nationalen Regelung des § 6a BDSG aF ein Stück weit zurückbleibt (vgl. auch oben → Rn. 32; aA Buchner in Kühling/Buchner DS-GVO Art. 22 Rn. 49): So waren die Ausnahmetatbestände in § 6a BDSG aF im Vergleich zur DS-GVO teilw. enger gefasst (namentlich bei Vertragsbeziehungen; dort musste die Entsch. selbst jedenfalls dem Begehren des Betroffenen entsprechen) oder (so etwa bei der Einwilligung) gar nicht vorgesehen (→ Rn. 30 ff.; krit. bereits zum DS-GVO-E (KOM) Roßnagel/Richter/Nebel ZD 2013, 103 (108)). **43a**

Wiewohl die Vorschr. des **§ 28b BDSG aF** für das betroffene Geschäfts- und Handlungsfeld bislang begrüßenswerte Rechtssicherheit verbürgte, bleibt dem nationalen Gesetzgeber kein Raum mehr, um den Inhalt der Scoring-Regelung im Gewand des neuen **§ 31 BDSG nF** aufrechtzuerhalten. Eine Normierungsbefugnis der Mitgliedstaaten lässt sich insbes. nicht auf Art. 22 Abs. 2 lit. b oder Art. 23 stützen. Vielmehr löst **Art. 6 Abs. 1 UAbs. 1 lit. f** den nationalstaatlichen Spielraum ab (ausf. hierzu Kühling/Martini ua DS-GVO und nationales Recht, S. 441 ff., ebenso Moos/Rothkegel ZD 2016, 561 (567 f.); aA Taeger ZRP 2016, 72 (74 f.), wohl auch noch Taeger RDV 2017, 3 (4 ff.)). Einen eigenen Regelungsspielraum eröffnen Art. 22 Abs. 2 **44** lit. b sowie Art. 23 den Mitgliedstaaten nur in dem Verbotsbereich, den Art. 22 Abs. 1 normativ vorzeichnet, also nur, soweit er ausschl. automatisierte Entsch. verbietet, nicht aber hinsichtlich der Formulierung von Anforderungen an Profiling-Verarbeitungsprozesse, die nicht dem Verbot des Abs. 1 unterfallen. Das Scoring, für das § 31 Abs. 1 BDSG Zulässigkeitsvoraussetzungen formuliert, trifft typischerweise keine automatisierte Entsch. iSd Art. 22 Abs. 1, sondern bereitet eine solche lediglich vor (→ Rn. 24 f.). Bei der Vorschrift des § 31 BDSG handelt es sich auch nicht lediglich um eine rein wirtschaftsregulierende Vorschrift des Verbraucherschutzrechts jenseits des Datenschutzrechts, die dem Klammergriff der DS-GVO entzogen ist. Zwar knüpft die Vorschrift an den zivilrechtlichen Vertragsschluss an („Verwendung eines Wahrscheinlichkeitswerts […] zum Zwecke der Entsch. über die Begründung, Durchführung oder Beendigung eines Vertragsverhältnisses). Sie formuliert in der Sache aber **Anforderungen an den Verarbeitungsprozess,** in dem die Verarbeitung personenbezogener Daten erfolgen darf und bewegt sich damit in dem Regelungsbereich, für den die DS-GVO Anwendungsvorrang für sich reklamiert. **§ 31 BDSG nF** ist daher unionsrechtswidrig (dazu bereits Martini, Blackbox Algorithmus, S. 174 ff.).

45   Im **Geltungsbereich der JI-RL (EU) 2016/680** (→ Rn. 7a) trifft § 54 BDSG nF eine eigene nationale Regelung zu Entsch., die ausschließlich auf einer automatisierten Verarbeitung beruhen; diese spezifischen Vorgaben flankiert § 64 Abs. 3 BDSG nF mit konkreten Vorgaben an die **Datensicherheit** bei automatisierten Verarbeitungen.

45a   Ein Verstoß gegen Art. 22 löst keinen Verstoß gegen **§ 3a UWG** aus. Der Regelung fehlt es am **Marktbezug,** den § 3a UWG voraussetzt (BGH GRUR 2017, 641 (642)): Sie soll den Einzelnen als Ausdruck seiner Würde davor schützen, zum Objekt einer rein computergenerierten Entsch. zu degenerieren. Art 22 regelt daher nicht das **Verhalten im Wettbewerb,** auch wenn ein Verstoß gegen die Vorschrift faktisch Marktvorteile generieren kann. Dies gilt selbst dann, wenn das Geschäftsmodell eines Verantwortlichen darin besteht, die Vorgaben des Art. 22 zu missachten. Anderenfalls mutierte eine privatheitsschützende Vorschrift unversehens zur Marktverhaltensregel.

D. Ausblick

46   Neue Technologien Künstlicher Intelligenz steuern in zunehmendem Umf. das Leben des Homo digitalis. Den Einzelnen vor den damit verbundenen Gefahren wirksam zu schützen, kommt vor diesem Hintergrund in der Architektur des Datenschutzes eine immer wichtiger werdende Rolle zu. Art. 22 versteht sich – an die Tradition des Art. 15 DSRL aF anknüpfend – als erste Antwort der EU auf die Herausforderungen (voll-)automatisierter Entscheidungsabläufe. Das letzte Wort wird er indes nicht bleiben (können). Denn die Vorschrift geht nicht weit genug, um die regulatorischen Aufgaben zu meistern, die sich mit einer **Vermessung und Verdinglichung der Persönlichkeit** in einer Big-Data-Welt verbinden. Seinen Schutz gewährt er grds. lediglich nach einem Schwarz-Weiß-Grundmuster. Er etabliert nament-

lich nur ein **Verbot rein automatisierter Einzelentscheidungen,** ohne die viel häufiger auftretenden und sensiblen algorithmenbasierten Handlungsvorschläge inhaltlich zu erfassen, die in eine menschliche Entsch. münden. Der nationale Gesetzgeber kann diese Lücke nicht ohne Weiteres schließen; die unmittelbare und allg. Geltung der DS-GVO (Art. 288 UAbs. 2 S. 1 AEUV) bindet ihm insoweit die Hände. Deshalb ist der Unionsgesetzgeber dazu aufgerufen, pro futuro die Grenze zwischen vollautomatisierten und teilautomatisierten Systemen (zB durch einen delegierten Rechtsakt) zum einen klarer zu ziehen und damit rechtssicher zu machen sowie zum anderen ein ausdifferenziertes Regulierungsregime für das Profiling, Scoring sowie andere Formen persönlichkeitsbeeinträchtigender Entscheidungsunterstützungssysteme zu entfalten, um das Recht auf Datenschutz in der digitalen Welt wirksam zu schützen und dadurch Vertrauen in innovative Anwendungen herzustellen.

Abschnitt 5. Beschränkungen

Art. 23 Beschränkungen

(1) **Durch Rechtsvorschriften der Union oder der Mitgliedstaaten, denen der Verantwortliche oder der Auftragsverarbeiter unterliegt, können die Pflichten und Rechte gemäß den Artikeln 12 bis 22 und Artikel 34 sowie Artikel 5, insofern dessen Bestimmungen den in den Artikeln 12 bis 22 vorgesehenen Rechten und Pflichten entsprechen, im Wege von Gesetzgebungsmaßnahmen beschränkt werden, sofern eine solche Beschränkung den Wesensgehalt der Grundrechte und Grundfreiheiten achtet und in einer demokratischen Gesellschaft eine notwendige und verhältnismäßige Maßnahme darstellt, die Folgendes sicherstellt:**
a) **die nationale Sicherheit;**
b) **die Landesverteidigung;**
c) **die öffentliche Sicherheit;**
d) **die Verhütung, Ermittlung, Aufdeckung oder Verfolgung von Straftaten oder die Strafvollstreckung, einschließlich des Schutzes vor und der Abwehr von Gefahren für die öffentliche Sicherheit;**
e) **den Schutz sonstiger wichtiger Ziele des allgemeinen öffentlichen Interesses der Union oder eines Mitgliedstaats, insbesondere eines wichtigen wirtschaftlichen oder finanziellen Interesses der Union oder eines Mitgliedstaats, etwa im Währungs-, Haushalts- und Steuerbereich sowie im Bereich der öffentlichen Gesundheit und der sozialen Sicherheit;**
f) **den Schutz der Unabhängigkeit der Justiz und den Schutz von Gerichtsverfahren;**
g) **die Verhütung, Aufdeckung, Ermittlung und Verfolgung von Verstößen gegen die berufsständischen Regeln reglementierter Berufe;**
h) **Kontroll-, Überwachungs- und Ordnungsfunktionen, die dauernd oder zeitweise mit der Ausübung öffentlicher Gewalt für die unter den Buchstaben a bis e und g genannten Zwecke verbunden sind;**

i) den Schutz der betroffenen Person oder der Rechte und Freiheiten anderer Personen;

j) die Durchsetzung zivilrechtlicher Ansprüche.

(2) Jede Gesetzgebungsmaßnahme im Sinne des Absatzes 1 muss insbesondere gegebenenfalls spezifische Vorschriften enthalten zumindest in Bezug auf

a) die Zwecke der Verarbeitung oder die Verarbeitungskategorien,

b) die Kategorien personenbezogener Daten,

c) den Umfang der vorgenommenen Beschränkungen,

d) die Garantien gegen Missbrauch oder unrechtmäßigen Zugang oder unrechtmäßige Übermittlung;

e) die Angaben zu dem Verantwortlichen oder den Kategorien von Verantwortlichen,

f) die jeweiligen Speicherfristen sowie die geltenden Garantien unter Berücksichtigung von Art, Umfang und Zwecken der Verarbeitung oder der Verarbeitungskategorien,

g) die Risiken für die Rechte und Freiheiten der betroffenen Personen und

h) das Recht der betroffenen Personen auf Unterrichtung über die Beschränkung, sofern dies nicht dem Zweck der Beschränkung abträglich ist.

BDSG und anderes nationales Recht: §§ 23 Abs. 1, 24 Abs. 1, 25, 27 Abs. 2 S. 2, 29 Abs. 1, Abs. 2, 32, 33, 34 Abs. 2 und 3, 35, 36 BDSG (kommentiert unter → BDSG § 23 Rn. 4 ff.; → BDSG § 24 Rn. 4 ff.; → BDSG § 25 Rn. 1 ff.; → BDSG § 27 Rn. 13 ff.; → BDSG § 29 Rn. 1, 16 ff.; → BDSG § 32 Rn. 1 ff.; → BDSG § 33 Rn. 1 ff.; § 34 Abs. 2 und 3 → BDSG § 34 Rn. 8 ff.; → BDSG § 35 Rn. 1 ff.; → BDSG § 36 Rn. 1 ff.).

Literatur: *Dammann,* Erfolge und Defizite der EU-Datenschutzgrundverordnung – Erwarteter Fortschritt, Schwächen und überraschende Innovationen, ZD 2016, 307; *Johannes,* Der BDSG-Entwurf und das Mysterium der „23", ZD-Aktuell 2017, 05533; *Johannes/Richter,* Privilegierte Verarbeitung im BDSG-E – Regeln für Archivierung, Forschung und Statistik, DuD 2017, 300; *Kühling/Martini,* Die Datenschutz-Grundverordnung: Revolution oder Evolution im europäischen und deutschen Datenschutzrecht?, EuZW 2016, 448; *Petri,* Faire und transparente Verarbeitung, Informationsrechte und Rahmenbedingungen für ihre Beschränkung – zur Auslegung der Art. 12 ff. und 23 DSGVO, DuD 2018, 347; *Schantz,* Die Datenschutz-Grundverordnung – Beginn einer neuen Zeitrechnung im Datenschutzrecht, NJW 2016, 1841; *Wiebe/Eichfeld,* Spannungsverhältnis Datenschutzrecht und Justiz – Anwendungsbereich, Verantwortlichkeit, richterliche Unabhängigkeit, NJW 2019, 2734; *Wybitul,* EU-Datenschutz-Grundverordnung in der Praxis – Was ändert sich durch das neue Datenschutzrecht?, BB 2016, 1077.

Übersicht

A. Allgemeines

I. Überblick

Art. 23 gewährt der EU und den Mitgliedstaaten die Möglichkeit, durch **1**
Rechtsvorschriften die sich aus dem Transparenzprinzip ergebenden **Pflichten und Rechte einzuschränken** bzw. bereits **bestehende Beschränkungen beizubehalten.** Voraussetzung hierfür ist, dass die betr. Rechtsvorschrift
eine für die demokratische Gesellschaft **notwendige und verhältnismäßige
Maßnahme** zur Sicherung einer der aufgelisteten **Rechtsgüter** darstellt
sowie zugleich den **Wesensgehalt** der **Grundrechte** und **Grundfreiheiten**
achtet (Abs. 1). **Zulässig** sind **nur Beschränkungen von Transparenzpflichten,** nicht jedoch deren **Ausweitung** (anders aber Art. 22 Abs. 2 lit. b;

→ Art. 22 Rn. 33 ff.). Die beschränkende Rechtsvorschrift muss die in **Abs. 2** benannten Vorgaben (→ Rn. 44 ff.) zwingend enthalten.

II. Normzweck

2 Zweck der Norm ist es, staatlichen Stellen zugunsten anderer überwiegender Rechte und Interessen einen **Zugang zu und Nutzung von Informationen** zu ermöglichen. Es handelt sich um eine **allg.** und **fakultative Öffnungsklausel** (Bäcker in Kühling/Buchner DS-GVO Art. 23 Rn. 1; Bertermann in Ehmann/Selmayr DS-GVO Art. 23 Rn. 1). Überdies soll durch zwingende materielle und prozedurale **Mindestvorgaben an die beschränkenden Rechtsvorschriften** sichergestellt werden, dass Garantien zum Schutz der betroffenen Person vorgesehen und abgesichert werden (unter Verweis auf den grundrechtlichen Rahmen Bäcker in Kühling/Buchner DS-GVO Art. 23 Rn. 6 f.). Die Schutzgarantien manifestieren sich insbes. im **Bestimmtheitsgrundsatz,** dem Verhältnismäßigkeitsgrundsatz, dem **effektiven Rechtsschutz** gegen Missbrauch und der **Information der betroffenen Person.**

III. Anwendungsbereich

3 Die Möglichkeit zu Beschränkungen bezieht sich einerseits auf Pflichten und Rechte nach **Art. 12 bis 22** – und damit auf das gesamte **Kap. III** (Rechte der betroffenen Person). Zudem können durch Rechtsvorschriften der Union oder der Mitgliedstaaten Pflichten und Rechte auch im Falle einer sogenannten „Datenpanne" (Art. 34) eingeschränkt werden. Art. 23 verweist insbes. auch auf die **Grundsätze der Datenverarbeitung nach Art. 5,** soweit deren Bestimmungen den in Kap. III vorgesehenen Rechten und Pflichten entsprechen (vgl. Stender-Vorwachs in BeckOK DatenschutzR DS-GVO Art. 23 Rn. 7). Der hiermit verbundene Verweis dient der **Vermeidung von Inkonsistenzen,** da sich die Vorgaben aus den Art. 12 bis 22 in ihrem Wesensgehalt mit den Grundsätzen nach Art. 5 überschneiden. Insbes. der Grundsatz von „**Rechtmäßigkeit, Treu und Glauben, Transparenz**" nach Art. 5 Abs. 1 lit. a (→ Art. 5 Rn. 13 ff.) und der Grundsatz der **Rechenschaftspflicht** nach Art. 5 Abs. 2 (→ Art. 5 Rn. 50 ff.) sind eng mit dem in Art. 12 bis 22 abgebildeten Transparenzprinzip verknüpft.

IV. Einschränkungen der Norm

4 Die iRv Art. 23 erlassenen Rechtsvorschriften stehen unter den **Vorbehalten der Zulässigkeit nach den Grundfreiheiten und Grundrechten** sowie der Zulässigkeit nach der jeweiligen **nationalen Rechtsordnung** (→ Rn. 13 f.).

5 Zur Bindung der Mitgliedstaaten an die unionalen Grundrechte gem. Art. 51 Abs. 1 S. 1 GRCh bei der Ausfüllung von Öffnungsklauseln → Rn. 13 f. sowie ausf. → Art. 5 Rn. 4.

V. Entstehungsgeschichte

Die Bestimmung ist zurückzuführen auf **Art. 13 DSRL** sowie auf die An- **6** forderungen aus der **GRCh** und der **EMRK** iSd Auslegung des EuGH und des EGMR (s. Begr. zu DS-GVO-E(KOM), 10). Die nunmehrige Fassung der Vorschr. ist hierbei Art. 13 DSRL wesensähnlich, wenngleich die Voraussetzungen der Beschränkung neu formuliert und ergänzt worden sind.

Systematisch ist die Regelung überdies eng verwandt mit **Art. 9 der** **7** **Europ. Datenschutzkonvention** (Übereinkommen Nr. 108 des Europarats).

Die von der KOM in **Art. 21 DS-GVO-E(KOM)** vorgeschlagene Rege- **8** lung enthielt bereits einen Katalog der Rechtsgüter, zugunsten derer eine Einschränkung durch Rechtsvorschrift auf Unions- oder Nationalebene zulässig sein sollte. Im Parlamentsentwurf (**Art. 21 DS-GVO-E(EP)**) wurde sodann ein Verweis auf den Wesensgehalt des Rechtes auf den Schutz personenbezogener Daten aufgenommen und die Mindestangaben nach Abs. 2 wurden erheblich erweitert. Der Rat hat diese Änderungsvorschläge des EP allerdings nicht in seinen Entwurf übernommen. Gleichwohl einigten sich die Trilog-Parteien letztlich auf einen Verweis auf die Grundfreiheiten und Grundrechte. Der vom EP erweiterte Katalog von Mindestangaben in Abs. 2 gelangte in leicht überarb. Form in die endg. Fassung.

B. Voraussetzungen der Beschränkung (Abs. 1)

I. Notwendigkeit und Verhältnismäßigkeit

Die beschränkende Gesetzgebungsmaßnahme als solche sowie deren Anwen- **9** dung im Einzelfall muss **notwendig und verhältnismäßig** sein (vgl. Bäcker in Kühling/Buchner DS-GVO Art. 23 Rn. 58; Dix in NK-DatenschutzR DS-GVO Art. 23 Rn. 18). Beschränkungen sind somit nur dann und nur in dem Umf. zulässig, wie sie der Sicherstellung der aufgeführten Rechtsgüter dienen. Die Beschränkung muss **situationsorientiert gerechtfertigt** sein (Johannes/Richter DuD 2017, 300 (305); vgl. auch Stender-Vorwachs in BeckOK DatenschutzR DS-GVO Art. 23 Rn. 12). Eine pauschale Anknüpfung an eine bestimmte Behörde oder eine bestimmte Aufgabe ist demgegenüber nicht ausreichend (Bertermann in Ehmann/Selmayr DS-GVO Art. 23 Rn. 4; entspr. zur DSRL Brühann in GHN DSRL Art. 13 Rn. 6; Dammann/Simitis DSRL Art. 13 Rn. 4; Ehmann/Helfrich DSRL Art. 13 Rn. 20).

Notwendig und verhältnismäßig ist eine Maßnahme dann, wenn die durch **10** sie getroffene Regelung das Recht zum Schutz der persönlichen Daten nur insoweit einschränkt, als dass dadurch eines der **aufgezählten Rechtsgüter gewahrt** wird. Die betr. Maßnahme muss das **am wenigsten einschränken- de Mittel** zur Erreichung des Schutzes des jeweiligen Rechtsgutes sein.

II. In einer demokratischen Gesellschaft

11 Die Bezugnahme auf eine **demokratische Gesellschaft** stammt aus **Art. 9 Abs. 2 der Europ. Datenschutzkonvention.** Aufgrund des Grundsatzes der **Kompatibilität** der DSRL mit der Konvention (Brühann in GHN DSRL Vorb. Rn. 62) wurde dieses Kriterium bereits bislang stets in Art. 13 DSRL hineingelesen.

12   **Rechtsvorschriften der EU** oder eines **Mitgliedstaates** dürfen das **Demokratieprinzip nicht einschränken.**

III. Wesensgehalt der Grundrechte und Grundfreiheiten

13 Beschränkungen haben den **Wesensgehalt** der **Grundrechte** und **Grundfreiheiten** zu achten (s. hierzu Bäcker in Kühling/Buchner DS-GVO Art. 23 Rn. 57; Bertermann in Ehmann/Selmayr DS-GVO Art. 23 Rn. 4). Gemeint sind damit die europ. Grundrechte und Grundfreiheiten (s. bereits → Rn. 5 sowie → Art. 5 Rn. 4). Zu den hiermit in Bezug genommenen Grundrechten zählen sowohl die **GRCh** als auch die **EMRK** sowie die vom **EuGH entwickelten ungeschriebenen Grundrechte** und **allg. Grundsätze.**

14   Dieser Zusatz hat lediglich **deklaratorische Wirkung,** da die Mitgliedstaaten durch **Art. 6 EUV** ohnehin an die GRCh und die EMRK und gem. Art. 52 Abs. 1 S. 1 GRCh an den Wesensgehalt der Grundrechte gebunden sind (zum Wesensgehalt von Art. 8 GRCh vgl. EuGH NJW 2014, 2169 Rn. 40 − Digital Rights Ireland ua; s. zur Verletzung des Grundrechts aus Art. 47 GRCh auch EuGH NJW 2015, 3151 Rn. 95 − Schrems/Digital Rights Ireland). Im deutschen Recht ergibt sich die Wesensgehaltsgarantie aus Art. 19 Abs. 2 GG.

IV. Im Wege von Gesetzgebungsmaßnahmen

15 Beschränkungen müssen in Form von **Gesetzen** niedergelegt sein. Die englische Sprachfassung spricht insoweit von **„legislative measures".** Der Erlass beschränkender Rechtsvorschriften ist dadurch den legislativen Staatsorganen vorbehalten. Gesetzgebungsmaßnahmen idS müssen allerdings **nicht notwendigerweise vom EP erlassene Gesetzgebungsakte** sein (ErwGr 41). Entsprechende Gesetzgebungsmaßnahmen sollen aber jedenfalls **klar** und **präzise** und für die Adressaten **vorhersehbar** sein (ErwGr 41). Zur Gewährleistung von Rechtssicherheit und Vorhersehbarkeit ist eine amtl. Veröff. erforderlich (zur DSRL EuGH ZD 2015, 577 Rn. 39 ff. − Bara; Bäcker in Kühling/Buchner DS-GVO Art. 23 Rn. 35). **VV ohne Außenwirkung** genügen insofern nicht (Bertermann in Ehmann/Selmayr DS-GVO Art. 23 Rn. 6; Bäcker in Kühling/Buchner DS-GVO Art. 23 Rn. 35). **Privatrechtliche Regelungen** können grds. keine Beschränkungen iSd Vorsch. darstellen (Bäcker in Kühling/Buchner DS-GVO Art. 23 Rn. 36). Wegen **Art. 88** dürfte es für den Datenschutz im Beschäftigungsverhältnis möglich sein, Sonderregelungen durch Kollektivvereinbarungen zu treffen (Bäcker in Kühling/Buchner DS-GVO Art. 23 Rn. 36; Grages in Plath DS-GVO

Art. 23 Rn. 3; aA dagegen Bertermann in Ehmann/Selmayr DS-GVO Art. 23 Rn. 6, eine Beschränkung der Rechte und Freiheiten durch Art. 88 generell abl.; Dix in NK-DatenschutzR DS-GVO Art. 23 Rn. 12; Koreng in Taeger/Gabel DS-GVO Art. 23 Rn. 11). Zum **Mindestinhalt beschränkender Gesetzgebungsmaßnahmen** → Rn. 44 f.

Für Deutschland relevant ist die sich aus ErwGr 41 ergebende Einschränkung, dass die Anforderungen der Verfassungsordnung des Mitgliedstaates an Gesetze zur Beschränkung der Rechte Betroffener zu berücksichtigen sind. Das BVerfG fordert in stRspr eine **formell-gesetzliche Grundlage zur Einschränkung des Rechts auf informationelle Selbstbestimmung** (etwa BVerfG NJW 1984, 419 (422)). Folglich wird in Deutschland auch weiterhin ein formelles Gesetz zur Beschränkung nach Art. 23 erforderlich sein (vgl. Stender-Vorwachs in BeckOK DatenschutzR DS-GVO Art. 23 Rn. 10; Bäcker in Kühling/Buchner DS-GVO Art. 23 Rn. 38 mwN). **15a**

V. Aufzählung vorrangiger Rechtsgüter

Die Aufzählung der **Rechtsgüter,** zu deren Gunsten eine Beschränkung **16** vorgenommen werden darf, ist **abschl.** (vgl. Bäcker in Kühling/Buchner DS-GVO Art. 23 Rn. 11; Bertermann in Ehmann/Selmayr DS-GVO Art. 23 Rn. 3). Der abschl. benannte Wirkungsbereich der Norm betr. die Beschränkung von Rechten und Pflichten lässt umgekehrt darauf schließen, dass die aufgeführten Gründe grds. nicht für eine Einschränkung anderer sich aus der VO ergebenden Rechte und Pflichten herangezogen werden können. Allerdings ist der Katalog insgesamt so weit gefasst, dass von ihm letztlich nur eine geringe eigenständige Begrenzungswirkung ausgeht (idS auch Dix in NK-DatenschutzR DS-GVO Art. 23 Rn. 6).

1. Die nationale Sicherheit (lit. a)

Die **nationale Sicherheit** bezeichnet den Schutz der inneren und äußeren **17** Sicherheit der Mitgliedstaaten (vgl. Stender-Vorwachs in BeckOK DatenschutzR DS-GVO Art. 23 Rn. 15).

Der Bereich der nationalen Sicherheit fällt zwar von vornherein nicht **18** unter den **Anwendungsbereich des Unionsrechts** gem. Art. 2 Abs. 2 lit. a sowie Art. 4 Abs. 2 S. 2 und 3 EUV. Dennoch ist die Nennung nicht nur lediglich **deklaratorischer Natur.** So gilt lit.a für beschränkende Maßnahmen, die zwar der nationalen Sicherheit dienen, aber nicht unmittelbar die Datenverarbeitung iRd Tätigkeit für die nationale Sicherheit regeln. Hauptanwendungsfall dürfte die zweckändernde Aufbewahrung oder Übermittlung bilden (vgl. Bäcker in Kühling/Buchner DS-GVO Art. 23 Rn. 15 f.).

2. Die Landesverteidigung (lit. b)

Der Begriff der **Landesverteidigung** bezeichnet in Abgrenzung zur **Bündnisverteidigung** (etwa aufgrund des NATO-Vertrages) die **militärische Abwehr** eines **äußeren Angriffes** auf das eigene Hoheitsgebiet eines Mit- **19** gliedstaates. Ob und inwieweit auch die Bündnisverteidigung von der Vorschr. umfasst ist, lässt sich aus dem Normtext heraus nicht abschl. beantworten. Durch den Vergleich der verschiedenen Sprachfassungen wird diese Unsicherheit jedenfalls nicht beseitigt: Die englische Fassung spricht von „defence", während die französische Formulierung „défense nationale" lautet. Angesichts der politischen Realität, wonach zahlreiche Mitgliedstaaten ihre Verteidigung nur im Wege der Bündnisverteidigung sinnvoll gewährleisten können, ist iErg davon auszugehen, dass auch die **Bündnisverteidigung umfasst** sein soll (zust. Bäcker in Kühling/Buchner DS-GVO Art. 23 Rn. 17; mit weiteren Erwägungen ebenso Stender-Vorwachs in BeckOK DatenschutzR DS-GVO Art. 23 Rn. 17).

20   Wie die nationale Sicherheit fällt auch die **Landesverteidigung** nicht in den Anwendungsbereich des Unionsrechts iSd Art. 2 Abs. 2 lit. a. Die Nennung dient folglich auch hier der Erfassung von Beschränkungen, die sich **mittelbar** aus Regelungen ergeben, welche die Landesverteidigung betreffen (→ Rn. 18). Denkbar sind insoweit auch unter lit. b fallende **Maßnahmen der EU,** die die Landesverteidigung nicht in ihrem Kernbereich betreffen (hierzu näher Stender-Vorwachs in BeckOK DatenschutzR DS-GVO Art. 23 Rn. 18).

3. Die öffentliche Sicherheit (lit. c)

21 Der Begriff **öffentl. Sicherheit** ist autonom unionsrechtlich (Bäcker in Kühling/Buchner DS-GVO Art. 23 Rn. 19; Dix in NK-DatenschutzR DS-GVO Art. 23 Rn. 25) auszulegen und umfasst lediglich Grundinteressen der Gesellschaft (vgl. zum jetzigen Art. 65 AEUV EuGH BeckRS 2004, 77551 Rn. 17 – Église de scientologie; zum jetzigen Art. 36 AEUV EuGH BeckRS 2011, 81813 Rn. 59 – Kommission/Belgien) bzw. besonders bedeutsame Rechtsgüter und elementare rechtstaatliche Grundsätze (vgl. Bäcker in Kühling/Buchner DS-GVO Art. 23 Rn. 19 f.). Hierzu zählt auch der **Schutz von Menschenleben,** so insbes. bei Naturkatastrophen oder vom Menschen verursachten Katastrophen (ErwGr 73). Gemeint ist nach stRspr des EuGH sowohl die innere als auch die äußere Sicherheit (s. hierzu etwa EuGH NJW 2000, 499 Rn. 17 – Sirdar; EuGH NJW 2003, 709 Rn. 32 – Dory). Im Verhältnis zu lit. d stellt lit. c auch und gerade aus kompetenzrechtlichen Gründen einen **Auffangtatbestand** dar (vgl. Art. 2 Abs. 2 lit. d; → Art. 2 Rn. 22 f.; zur Abgrenzung s. Bäcker in Kühling/Buchner DS-GVO Art. 23 Rn. 20).

22   Regelungen zum Schutz der öffentl. Sicherheit sind va auch in den nationalen **Polizei- und Ordnungsgesetzen** zu finden (für mögliche Anwendungsbsp. s. Stender-Vorwachs in BeckOK DatenschutzR DS-GVO Art. 23 Rn. 22).

23   Die öffentl. Sicherheit ist teilw. nicht Materie des Unionsrechtes (anders aber auch und gerade betr. die Prävention von Naturkatastrophen). Folglich dient die Nennung (auch hier → Rn. 18) in diesen Fällen der Ermöglichung von Regelungen, die die öffentl. Sicherheit wahren, aber nicht die **Datenverarbeitung** iRd Tätigkeit zum Schutz der öffentl. Sicherheit regeln. Ausnahmen bilden etwa europ. Sicherheitsorgane wie **Europol,** zugunsten derer auch beschränkende Unionsrechtsakte in Betracht kommen.

4. Verhütung, Ermittlung, Aufdeckung oder Verfolgung von Straftaten und Strafvollstreckung (lit. d)

Beschränkende Rechtsvorschriften können zugunsten der **Verhütung, Ermittlung, Aufdeckung oder Verfolgung von Straftaten** sowie zugunsten der **Strafvollstreckung** erlassen werden. Diese Beschränkungsmöglichkeit korrespondiert mit einer **Ausnahme aus dem sachlichen Anwendungsbereich der Norm** (→ Art. 2 Rn. 2 ff.). Folglich erlangt auch dieses Merkmal (vgl. vorstehend bereits lit. a bis c) nur bei beschränkenden Rechtsvorschriften Bedeutung, welche die Datenverarbeitung außerhalb des genannten Zweckes betreffen, wenngleich sie dem genannten Zweck dienen (s. auch mwN → Rn. 18). **24**

Bestimmungen über die Datenverarbeitung durch Behörden zum Zwecke der Verhütung, Ermittlung, Aufdeckung oder Verfolgung von Straftaten sowie der Strafvollstreckung regelt die mit der DS-GVO zeitgleich verabschiedete **JI-RL.** **25**

Unter einer **Verhütung** von Straftaten ist nur die Abwehr **konkreter Gefahren** zu verstehen. Das **Bestehen einer abstrakten Gefahr** allein kann dabei **nicht ausreichend** sein (zust. Dix in NK- DatenschutzR DS-GVO Art. 23 Rn. 26). Die Vorschr. würde ansonsten eine ausufernde Einschränkungsbefugnis eröffnen, was wiederum den Regelungszweck der VO zu konterkarieren droht, einen einheitlichen und hohen Datenschutzstandard in der EU zu etablieren (vgl. zur DSRL Ehmann/Helfrich DSRL Art. 13 Rn. 48 ff.). **26**

Ermittlung, Aufdeckung und Verfolgung von Straftaten betreffen **staatliche repressive Maßnahmen zur Strafverfolgung.** **27**

Der Begriff der **Straftat** wird durch **einzelstaatliches Recht** definiert. Somit werden die Grenzen der Beschränkungsmöglichkeit durch die Mitgliedstaaten selbst bestimmt. Diese **Definitionskompetenz** hat sich ihrerseits in dem durch die unionalen Grundrechte und Grundfreiheiten sowie das Demokratieprinzip abgesteckten rechtlichen Grenzen zu bewegen. **28**

Strafvollstreckung bezeichnet die **Erzwingung von Strafe durch Träger hoheitlicher Gewalt.** Zur Strafvollstreckung zählt die DS-GVO insoweit auch den Schutz vor und die Abwehr von Gefahren für die öffentl. Sicherheit. Einen begrifflichen Mehrwert zu lit. c lässt die Vorschr. hiernach aber nicht erkennen. **29**

5. Der Schutz sonstiger wichtiger Ziele des allgemeinen öffentlichen Interesses (lit. e)

Beschränkende Vorschr. können zum Schutz von Zielen des allg. öffentl. Interesses der EU oder eines Mitgliedstaates erlassen werden. Die Vorschr. hebt insbes. **wirtschaftliche und finanzielle Ziele** im Währungs-, Haus- **30** halts- und Steuerbereich sowie die **öffentl. Gesundheit** und die **soziale Sicherheit** hervor.

31   Zu den wichtigen wirtschaftlichen und finanziellen Interessen zählen alle Rechtsgüter, die der **Finanzierung der Politik eines Mitgliedstaates oder der EU** dienen. Das Attribut „**wichtig**" stellt klar, dass nicht bereits jedes mit der Finanzierung der Politik zusammenhängende Interesse für sich genommen bereits eine Beschränkung des Transparenzgebotes zu tragen vermag (so auch Dix in NK-DatenschutzR DS-GVO Art. 23 Rn. 15). Es muss sich vielmehr jedenfalls um für die Finanzierung **wesentliche Interessen** handeln. Im Einzelfall wird eine Abwägung zwischen dem staatlichen Interesse und dem datenschutzrechtlichen Interesse der betroffenen Person vorzunehmen sein (noch zur DSRL Ehmann/Helfrich DSRL Art. 13 Rn. 65).

31a   IErg stellt lit. e eine **Generalklausel** dar, die das Ziel, die Beschränkungstatbestände in Art. 23 abschl. aufzuzählen, ins Leere laufen lässt (Bäcker in Kühling/Buchner DS-GVO Art. 23 Rn. 22). Aus dem **Notwendigkeitsgebot** (bzw. der gebotenen Wichtigkeit des Zieles des öffentl. Interesses) ergibt sich, dass eine Rechtfertigung eines Eingriffes auf Grundlage von lit. e eines öffentl. Interesses von **bes. Gewicht** bedarf (Stender-Vorwachs in BeckOK DatenschutzR DS-GVO Art. 23 Rn. 26; iErg zust. Herbst in Auernhammer DS-GVO Art. 23 Rn. 15, eine enge Auslegung von lit. e über das Merkmal „wichtig" befürwortend, um so die in lit. a bis d und f bis j genannten Ziele nicht obsolet werden zu lassen).

6. Der Schutz der Unabhängigkeit der Justiz und der Schutz von Gerichtsverfahren (lit. f)

32   Beschränkende Vorschr. sind zum Schutz der Unabhängigkeit der Judikative und zum Schutz von Gerichtsverfahren zulässig. Hierzu zählt lediglich die **Spruchtätigkeit der Gerichte,** nicht aber deren Verwaltungstätigkeit (zur „justiziellen Tätigkeit" s. Wiebe/Eichfeld NJW 2019, 2734 (2736 f.); Peuker in Sydow DS-GVO Art. 23 Rn. 30; Dix in NK- DatenschutzR DS-GVO Art. 23 Rn. 29). Dass die Unabhängigkeit der Justiz durch die Ausübung eines Betroffenenrechts beeinträchtigt oder gefährdet wird, bedarf der näheren Begründung im Einzelfall (s. hierzu Däubler in DWWS DS-GVO Art. 23 Rn. 19; Koreng in Taeger/Gabel DS-GVO Art. 23 Rn. 38 beide mit weitergehenden Überlegungen; Bäcker in Kühling/Buchner DS-GVO Art. 23 Rn. 24). Beschränkungen der Betroffenenrechte zum Schutz von Gerichtsverfahren können der Sachverhaltsermittlung oder dazu dienen, dass den Prozessparteien die gleichen Chancen eingeräumt werden (Bäcker in Kühling/Buchner DS-GVO Art. 23 Rn. 24).

33   Zu beachten sind in diesem Zusammenhang lit. d (→ Rn. 24 ff.) und die **JI-RL,** die die **Datenverarbeitung durch die Justiz** im Bereich der Verhütung, Ermittlung, Aufdeckung oder Verfolgung von Straftaten oder im Bereich der Strafvollstreckung regelt. **Strafgerichtliche Verfahren** sind somit grds. von lit. f ausgenommen (Bäcker in Kühling/Buchner DS-GVO

Art. 23 Rn. 25; dem zust. auch Koreng in Taeger/Gabel DS-GVO Art. 23 Rn. 37).

7. Die Verhütung, Aufdeckung, Ermittlung und Verfolgung von Verstößen gegen die berufsständischen Regeln reglementierter Berufe (lit. g)

Rechtsvorschriften zur Durchsetzung **berufsständischer Regeln** können **34** durch die Transparenzpflichten eingeschränkt werden. Die Regelung entfaltet insbes. in Mitgliedstaaten Relevanz, in denen Berufsverbände staatliche Kontrollen in großem Umf. vornehmen bzw. ersetzen (vgl. zur DSRL Brühann in GHN DSRL Art. 13 Rn. 11; weitergehende Auslegung unter Miteinbeziehung „sämtlicher für einen Beruf geltenden Rechtsvorschriften" Bäcker in Kühling/Buchner DS-GVO Art. 23 Rn. 26). Was unter einem **reglementierten Beruf** zu verstehen ist, ist in Art. 3 Abs. 1 lit. a der Berufsanerkennungsrichtlinie definiert.

Lit. g ist von lit. d abzugrenzen, soweit es sich bei dem Verstoß um eine **35** **Straftat** handelt (s. hierzu eing. Bäcker in Kühling/Buchner DS-GVO Art. 23 Rn. 27; Koreng in Taeger/Gabel DS-GVO Art. 23 Rn. 43). Im Bereich der Verhütung von Verstößen ist hervorzuheben, dass die Beschränkungsmöglichkeit nicht bereits zur Abwehr bloß abstrakter Gefahren greift, sondern vielmehr erst dann, wenn die Vorschr. der Abwehr **konkreter Gefahren** dient (aA Koreng in Taeger/Gabel DS-GVO Art. 23 Rn. 44).

Lit. g nimmt allg. berufsständische Regeln bei reglementierten Berufen in **36** Bezug, womit grds. sämtliche Rechtsvorschriften erfasst sind, die auch und gerade den Zugang zu solchen Berufen oder die entsprechende Berufsausübung regeln (Bäcker in Kühling/Buchner DS-GVO Art. 23 Rn. 26; Dix in NK-DatenschutzR DS-GVO Art. 23 Rn. 30).

Dem **nationalen Recht** bleibt die Bestimmung vorbehalten, welche Nor- **37** men als berufsständische Regeln einzuordnen sind.

8. Kontroll-, Überwachungs- und Ordnungsfunktionen (lit. h)

Kontroll-, Überwachungs- und Ordnungsfunktionen, die dauernd oder **38** zeitweise iVm der Ausübung öffentl. Gewalt zu den vorgenannten Zwecken (ausgenommen der Schutz der Unabhängigkeit der Justiz und der Schutz von Gerichtsverfahren (lit. f)) stehen, können die Grdl. für beschränkende Rechtsvorschriften sein. Lit. h dient (lediglich) der Klarstellung, dass auch **Befugnisse der Exekutive** Regelungsgegenstand der einschränkenden Rechtsvorschriften sein können. Dies ergibt sich bereits folgerichtig aus den lit. a bis e und g, da nur Exekutivorgane Legislativmaßnahmen im Einzelfall Geltung verschaffen können (vgl. Bäcker in Kühling/Buchner DS-GVO Art. 23 Rn. 28).

Erfasst sind nur Tätigkeiten in Form der dauernden oder zeitweisen **Aus- 39** **übung öffentl. Gewalt.** Neben **Behörden** als dauernde Träger öffentl. Gewalt sind auch Private erfasst, wenn und soweit diese Privaten als **Beliehe-**

ne zeitweise öffentl. Gewalt ausüben (vgl. s. auch Stender-Vorwachs in BeckOK DatenschutzR DS-GVO Art. 23 Rn. 30).

9. Der Schutz der betroffenen Person oder der Rechte und Freiheiten anderer Personen (lit. i)

40 Beschränkende Rechtsvorschriften können von der EU oder einem Mitgliedstaat zum **Schutz der betroffenen Person oder der Rechte und Freiheiten anderer Personen** erlassen werden. Ziel ist es, die unterschiedlichen Interessen von betroffener Person, Verantwortlichem und Dritten angemessen in Ausgleich zu bringen, wobei der **Grundsatz der Verhältnismäßigkeit** sowie die unionalen **Grundrechte und Grundfreiheiten** zu berücksichtigen sind (s. hierzu auch Petri DuD 2018, 347 (349)).

41 Zum **Schutz der betroffenen Person** sind Beschränkungen etwa im **medizinischen Bereich** vorstellbar, so durch Regelungen, wonach Auskunft über medizinische Daten nur über ärztliches Personal an die betroffene Person kommuniziert werden soll (vgl. ErwGr 42 DSRL; Stender-Vorwachs in BeckOK DatenschutzR DS-GVO Art. 23 Rn. 31; aA Bäcker in Kühling/Buchner DS-GVO Art. 23 Rn. 30, der lit. i nicht als Kompetenznorm zu einem „paternalistischen" Zurückhalten von Informationen ggü. dem Betroffenen sieht; dem widersprechend wiederum Däubler in DWWS DS-GVO Art. 23 Rn. 24).

42 Unter den **Schutz anderer Personen,** darunter auch des Verantwortlichen (so auch Bäcker in Kühling/Buchner DS-GVO Art. 23 Rn. 32; aA Johannes/Richter DuD 2017, 300 (303), der argumentiert, dass in diesem Fall „alle in der DSGVO vorgesehenen Rechte und Pflichten zur Disposition" durch den nationalen Gesetzgeber stünden; vgl. auch Greve NVwZ 2017, 737 (743)), fallen etwa Regelungen zur **Wahrung von Betriebsgeheimnissen** oder Regelungen über das **Berufsgeheimnis. Höherrangige, menschenrechtsrelevante Interessen** gehören ebenfalls in diese Kategorie und können Grundlage einer beschränkenden Rechtsvorschrift sein (vertiefend Bäcker in Kühling/Buchner DS-GVO Art. 23 Rn. 29 bis 32).

10. Die Durchsetzung zivilrechtlicher Ansprüche (lit. j)

43 Lit. j ermöglicht den Erlass beschränkender Rechtsvorschriften zum Zwecke der zivilrechtlichen Anspruchsdurchsetzung. Diese Norm dient dem **Schutz anderer Privater** und hat damit iErg nur eine klarstellende Funktion im Verhältnis zu lit. i. Demgegenüber dient lit. f dem Schutz des Gerichtsverfahrens und nicht speziell dem Schutz der beteiligten Parteien (vgl. Bäcker in Kühling/Buchner DS-GVO Art. 23 Rn. 33). Erfasst ist auch und gerade das **Zwangsvollstreckungsrecht** (s. hierzu näher Koreng in Taeger/Gabel DS-GVO Art. 23 Rn. 53 f.).

C. Mindestinhalt beschränkender Gesetzgebungsmaßnahmen (Abs. 2)

Art. 23 statuiert in Abs. 2 konkrete **inhaltliche Mindestanforderungen** an **44** beschränkende Rechtsvorschriften iSd Abs. 1 (Bertermann in Ehmann/Selmayr DS-GVO Art. 23 Rn. 5). Wenngleich sich dieser Befund der deutschen Übersetzung nicht eindeutig entnehmen lässt, sind die Anforderungen des Abs. 2 grds. kumulativ zu verstehen, soweit diese sich im betreffenden Fall als sinnvoll erweisen (Peuker in HK-DS-GVO Art. 23 Rn. 48; so auch Däubler in DWWS DS-GVO Art. 23 Rn. 27 f., auf die Fassungen in anderen Sprachen verweisend). Durch den Einschub „gegebenenfalls" – für alle nachfolgenden Fallgruppen – sollen **irrelevante Angaben** im Hinblick auf die konkrete Regelungssituation ausgenommen werden (hierzu auch Petri DuD 2018, 347 (350)).

I. Zwecke der Verarbeitung und Verarbeitungskategorien (lit. a)

Als Ausprägung des **Bestimmtheitsgrundsatzes** muss die beschränkende **45** Rechtsvorschrift die **Zwecke der Verarbeitung** oder – sofern die Verarbeitung in verschiedenen Kategorien ermöglicht wird – die **Kategorien der Verarbeitung** benennen.

II. Kategorien personenbezogener Daten (lit. b)

Die Vorschr. muss regeln, auf welche **Kategorien von Daten** sie sich **46** bezieht, insbes., ob auch die Verarbeitung bes. Kategorien personenbezogener Daten iSd **Art. 9 Abs. 1** erfasst ist.

III. Umfang der Beschränkungen (lit. c)

Die Beschränkung muss in ihrem Umf. **beschr.** sein, wobei dies in der **47** Vorschr. selbst festzulegen ist.

IV. Garantien gegen Missbrauch oder Verstöße (lit. d)

Korrespondierend zu der Einschränkung der Transparenz hat der Gesetzgeber **48** einer beschränkenden Maßnahme entspr. **Garantien gegen Missbrauch, unrechtmäßigen Zugang** oder **unrechtmäßige Übermittlung** einzurichten (iE hierzu Bäcker in Kühling/Buchner DS-GVO Art. 23 Rn. 52; Dix in NK-DatenschutzR DS-GVO Art. 23 Rn. 41).

V. Angaben zum Verantwortlichen (lit. e)

Die Vorschr. muss **Angaben zum Verantwortlichen** bzw. zu den Katego- **49** rien von Verantwortlichen enthalten.

VI. Speicherfristen und geltende Garantien (lit. f)

50 Die beschränkende Vorschr. hat **Speicherfristen und Garantien** zu regeln. Allfällige Garantien haben sich an den Eigenschaften der Verarbeitung (oder Verarbeitungskategorien) hinsichtlich Art, Umf. und Zweck der Verarbeitung zu orientieren.

VII. Risiken für die betroffene Person (lit. g)

51 Die Vorschr. hat die **Risiken für die Rechte und Freiheiten der betroffenen Personen** in den Blick zu nehmen und spezifische Regelungen dafür zu treffen. Durch diesen Pflichtinhalt ist der Gesetzgeber angehalten, Risiken für die betroffenen Personen zu untersuchen und geeignete Gegenmaßnahmen vorzusehen (ebenso Bäcker in Kühling/Buchner DS-GVO Art. 23 Rn. 49).

VIII. Recht auf Unterrichtung über die Beschränkung (lit. h)

52 Sofern es dem Zweck der Beschränkung nicht abträglich ist, hat der Gesetzgeber ein **Recht der betroffenen Person auf Unterrichtung über die Beschränkung** zu regeln. Dadurch soll die Einschränkung der Transparenz abgemildert werden, indem die betroffene Person zumindest über die Beschränkung der Transparenz unterrichtet wird.

Kapitel IV. Verantwortlicher und Auftragsverarbeiter

Abschnitt 1. Allgemeine Pflichten

Art. 24 Verantwortung des für die Verarbeitung Verantwortlichen

(1) [1] Der Verantwortliche setzt unter Berücksichtigung der Art, des Umfangs, der Umstände und der Zwecke der Verarbeitung sowie der unterschiedlichen Eintrittswahrscheinlichkeit und Schwere der Risiken für die Rechte und Freiheiten natürlicher Personen geeignete technische und organisatorische Maßnahmen um, um sicherzustellen und den Nachweis dafür erbringen zu können, dass die Verarbeitung gemäß dieser Verordnung erfolgt. [2] Diese Maßnahmen werden erforderlichenfalls überprüft und aktualisiert.

(2) Sofern dies in einem angemessenen Verhältnis zu den Verarbeitungstätigkeiten steht, müssen die Maßnahmen gemäß Absatz 1 die Anwendung geeigneter Datenschutzvorkehrungen durch den Verantwortlichen umfassen.

(3) Die Einhaltung der genehmigten Verhaltensregeln gemäß Artikel 40 oder eines genehmigten Zertifizierungsverfahrens gemäß Artikel 42 kann als Gesichtspunkt herangezogen werden, um die Erfüllung der Pflichten des Verantwortlichen nachzuweisen.

BDSG und anderes nationales Recht: § 22 Abs. 2 S. 2 Nr. 1, § 64 Abs. 1 BDSG (kommentiert unter → BDSG § 22 Rn. 12 ff.; → BDSG § 64 Rn. 2 ff.).

Literatur: *Hornung*, Datenschutz durch Technik in Europa – Die Reform der Richtlinie als Chance für ein modernes Datenschutzrecht, ZD 2011, 51; *Martini*, Do it yourself im Datenschutzrecht – Der „GeoBusiness Code of Conduct" als Erprobungsfeld regulierter Selbstregulierung, NVwZ-Extra 2016, 1; *Quiring-Kock*, Anforderungen an ein Datenschutzmanagementsystem, DuD 2012, 832; *Roßnagel/Richter/Nebel*, Besserer Internetdatenschutz für Europa – Vorschläge zur Spezifizierung der DS-GVO, ZD 2013, 103; *Spindler*, Selbstregulierung und Zertifizierungsverfahren nach der DS-GVO. Reichweite und Rechtsfolgen der genehmigten Verhaltensregeln, ZD 2016, 407; *Veil*, Accountability – Wie weit reicht die Rechenschaftspflicht der DS-GVO?, ZD 2018, 9; *Veil*, DS-GVO: Risikobasierter Ansatz statt rigides Verbotsprinzip – Eine erste Bestandsaufnahme, ZD 2015, 347.

Übersicht

A. Allgemeines

I. Regelungsinhalt und Einordnung in den Gesamtkontext der DS-GVO

1. Regelungssystematik und Inhalt

1 Art. 24 steckt den Pflichtenkreis des Verantwortlichen ab. Die Vorschr. versteht sich (zusammen mit Art. 5 Abs. 2 („Der Verantwortliche ist für die Einhaltung [der Grundsätze] des Abs. 1 verantwortlich")) als **Generalnorm der Verantwortungszuweisung** für datenschutzrechtliche Pflichten: Wer allein oder gemeinsam mit anderen über die Zwecke und Mittel der Verarbeitung personenbezogener Daten entscheidet (Art. 4 Nr. 7; Art. 26 Abs. 1 S. 1), muss sicherstellen, dass er die Gebote einhält, welche die DS-GVO ihm auferlegt, und die dafür erforderlichen Maßnahmen treffen (ErwGr 74). Ihm obliegt es insbes., durch **Maßnahmen der Technikgestaltung** wie auch der **Organisation** dafür Sorge zu tragen, personenbezogene Daten im Einklang mit der DS-GVO zu verarbeiten (**Abs. 1**). Als Lex generalis ist Art. 24 in seinen Abs. 1 und 2 notwendigerweise in hohem Maße abstrakt. Sein Pflichteninhalt erfährt insbes. durch die Art. 25, 32 und 35 eine Konkretisierung.

Der Pflichtenkanon, den die DS-GVO Verantwortlichen auferlegt, folgt 2 einem **risikobasierten Ansatz** (risk-based approach), der auch an zahlreichen weiteren Stellen der VO, insbes. in der Datenschutz-Folgenabschätzung des Art. 35, Niederschlag gefunden hat: Er passt das Niveau der datenschutzrechtlichen Anforderungen dem Risiko an, das von der jeweiligen Verarbeitung ausgeht. Je größer die Wahrscheinlichkeit und der Grad einer möglichen Verletzung sind, umso stärker verdichten sich die datenschutzrechtlichen Pflichten (→ Rn. 11 und 26 ff., so auch Veil ZD 2015, 347 (351)).

Abs. 1 und Abs. 2 stehen im Verhältnis der Spezialität zueinander: Während 3 **Abs. 1** die allg. Grundsätze formuliert, konkretisiert **Abs. 2** das Maß der Anforderungen, die sich aus Abs. 1 ergeben: Zu den technischen und organisatorischen Maßnahmen müssen mindestens **geeignete Datenschutzvorkehrungen** gehören, um die Anforderungen des Abs. 1 tatsächlich zu erfüllen – dies aber nur so weit, wie es im Verhältnis zu den Verarbeitungstätigkeiten **angemessen** ist.

Für den Nachweis, dass der Verantwortliche seine Pflichten erfüllt hat, 4 gesteht die DS-GVO – deutlich stärker als die DSRL (→ Rn. 17) – **genehmigten Verhaltensregeln** und **Zertifizierungsverfahren** eine Privilegierung zu: Sie dürfen als Indikator der Pflichtenerfüllung Berücksichtigung finden (**Abs. 3**). Die Vorschr. räumt damit der **regulierten Selbstregulierung** im Datenschutzrecht einen breiteren Spielraum ein und setzt den Verantwortlichen insbes. Anreize, von den Möglichkeiten dieses Konzepts in praxi auch Gebrauch zu machen.

2. Querbezüge zu anderen Normen der DS-GVO

Art. 24 steht in enger Wechselbeziehung zu **Art. 25.** Schon in ihrer Wort- 5 wahl weisen beide Vorschr. eine hohe Schnittmenge auf, die den unbefangenen Leser bei dem Versuch, ihre Regelungsfelder abzugrenzen, zunächst ratlos zurücklässt. Bei näherer Betrachtung wird jedoch klar: Art. 24 versteht sich im Verhältnis beider Vorschr. als Lex generalis (zust. Hartung in Kühling/Buchner DS-GVO Art. 24 Rn. 11; Baumgartner in Ehmann/Selmayr DS-GVO Art. 25 Rn. 8). Art. 25 konkretisiert im Verhältnis zu Art. 24 die **Instrumente**, mit denen die DS-GVO sachgerechten Datenschutz – insbes. bei digitalen Datenverarbeitungen – erreichen will. Er schwört die Verantwortlichen va auf die Konzepte „Datenschutz durch Technik" **(Privacy by Design)** und „Datenschutz durch datenschutzfreundliche Voreinstellungen" **(Privacy by Default)** ein. IÜ geht Art. 24 als Generalnorm weitgehend in den Konkretisierungen auf, die er durch Art. 25 und 32 erfährt. Eigene Steuerungskraft entfalten (praeter propter) lediglich die Nachweispflicht in Abs. 1, die Spezialregelung zu Datenschutzvorkehrungen in Abs. 2 sowie die explizite Pflicht, die getroffenen technischen und organisatorischen Maßnahmen fortlaufend „erforderlichenfalls" zu überprüfen und zu aktualisieren (Abs. 1 S. 2). Letztere erfährt allerdings auch in Art. 32 Abs. 1 lit. d („Verfahren zur regelmäßigen Überprüfung, Bewertung und Evaluierung der Wirksamkeit") eine punktuelle Konkretisierung.

5a Eine enge Wechselbeziehung weist Art. 24 nicht zuletzt auch zu **Art. 35** auf: Sofern der Verantwortliche eine Datenschutz-Folgenabschätzung durchführt, finden deren Erg. bei der Festlegung der Maßnahmen nach Art. 24 Abs. 1 sowie für den Nachweis Berücksichtigung, dass die Datenverarbeitung im Einklang mit der DS-GVO steht (Art. 24 Abs. 1 S. 1 aE) – ErwGr 84 S. 2.

5b Keinen unmittelbaren Querbezug hat Art. 24 zu **Art. 6,** der die Rechtmäßigkeit der Datenverarbeitung regelt (zum Begriff der Rechtmäßigkeit → Art. 5 Rn. 14): Während Art. 24 das **„Wie"** der Datenverarbeitung adressiert, legt Art. 6 die Voraussetzungen für das **„Ob"** der Datenverarbeitung fest. Beide Normen stehen damit in einem aufeinander aufbauenden Stufenverhältnis.

6 Der **Datenschutzbeauftragte** soll dem Verantwortlichen dabei helfen, den Inhalt der Pflichten aus Art. 24 zu konkretisieren. Das betonen **Art. 39 Abs. 1 lit. a** und **ErwGr 77 S. 1:** Den Verantwortlichen bei der Erfüllung seiner Pflichten zu beraten, erklärt die DS-GVO ausdr. zum Aufgabenbestandteil des Datenschutzbeauftragten (vgl. dazu auch Klug ZD 2016, 315 (318 f.)).

7 Mit Blick auf den hohen Abstraktionsgrad des Art. 24 gesteht die DS-GVO dem **EDSA** eine wichtige **Konkretisierungsfunktion** zu: Er soll Leitlinien, Empf. und bewährte Verfahren bereitstellen, um so eine einheitliche Anwendung des Art. 24 sicherzustellen (**Art. 70 Abs. 1 lit. e**). **ErwGr 77** benennt diese als „Anleitungen", um das Pflichtenbündel des Art. 24 einzelfallgerecht auszuformen. Abweichend von Art. 70 Abs. 1 lit. e spricht er überraschend ausschl. von „Leitlinien". Das lässt sich auf den ersten Blick so lesen, dass der Unionsgesetzgeber für den Fall des Art. 24 die Regelungsform der Leitlinie als vorzugswürdig erachtet. Mehr spricht aber dafür, dass die abweichende Formulierung schlicht das Erg. fehlender redaktioneller Harmonisierung zwischen dem verfügenden Teil der VO und ihren (im Trilog nicht isoliert beratenen und nicht verbindlichen) ErwGr ist oder lediglich als beispielhafte Aufzählung gedacht ist.

8 Die **ASB** überwachen die Anwendung des Art. 24 und setzen sie durch (**Art. 57 Abs. 1 lit. a**). Sie dürfen dem Verantwortlichen als Teil ihrer Befugnisse insbes. auch Anweisungen erteilen (**Art. 58 Abs. 2 lit. d**). Befolgt der Verantwortliche eine Anweisung nicht, so ermächtigt **Art. 83 Abs. 5 lit. e bzw. Abs. 6** die ASB, eine Geldbuße zu verhängen. Ohne vorherige Anweisung der ASB ist eine Geldbuße demgegenüber nicht zulässig. Das erhellt auch ein Umkehrschluss aus Art. 83 Abs. 4 lit. a: Er benennt „die Pflichten (…) gemäß den Artikeln 8, 11, 25 bis 39" als bußgeldrelevante Tatbestände, spart also Art. 24 bewusst aus. Für **andere Sanktionsformen** neben Geldbußen, zB Strafnormen, belässt **Art. 84 Abs. 1** den Mitgliedstaaten in begrenztem Umf. Regelungsspielraum, soweit sie dadurch nicht die unionsrechtliche Harmonisierung unterwandern, die Art. 83 intendiert, (vgl. Martini/Wagner/Wenzel VerwArch. 109 (2018), 296 (298 ff.; 325 ff.)).

9 Verstöße gegen Art. 24 können einen **Ersatzanspruch des Betroffenen** auslösen. Art. 82 Abs. 1 legt dafür die normative Grundlage. Der Verantwortliche haftet unbegrenzt für alle **materiellen und immateriellen Schäden**

(Art. 82 Abs. 2 S. 1). Er kann sich aber **exkulpieren,** wenn er seine fehlende Verantwortlichkeit für den Schaden nachweist (Art. 82 Abs. 3).

3. Vergleich zur Parallelnorm in der JI-RL

Art. 24 findet eine Entsprechung in **Art. 19** der JI-RL. Sie regelt die An- **10** forderungen, welche Strafverfolgungs- und Gefahrenabwehrbehörden bei der Verarbeitung personenbezogener Daten einzuhalten haben. Die Abs. 1 und 2 beider Vorschr. sind jeweils deckungsgleich. Da die RL nur Strafverfolgungs- und Gefahrenabwehrbehörden adressiert, enthält sie konsequenterweise keine – dem Art. 24 Abs. 3 entspr. – Bestimmungen zur regulierten Selbstregulierung.

II. Sinn und Zweck

Art. 24 steht im Dienst des Zieles, die „Verantwortung und Haftung [...] für **11** jedwede Verarbeitung personenbezogener Daten" demjenigen zuzuordnen, der sie selbst vornimmt oder in seinem Namen vornehmen lässt (ErwGr 74 S. 1). Der Norm fällt in der Geometrie der DS-GVO damit die Aufgabe zu, den **Kreis der Pflichten** zu konturieren, die den Verantwortlichen treffen. **Abs. 1** ist dabei in bes. Weise auf das Bedürfnis der Betroffenen nach **effektivem, risikoadäquatem Schutz** ausgerichtet. Dieses ist umso größer, je höher das Risiko für ihre Rechte und Freiheiten ist. Daran hat der Verantwortliche seine Maßnahmen auszurichten. Er muss aber keine **unverhältnismäßigen** Vorkehrungen treffen (Art. 52 Abs. 1 S. 2 GRCh). Dieses Spannungsfeld zwischen dem Schutzbedürfnis des Betroffenen und dem Interesse des Verantwortlichen, das Anforderungsniveau auf das ihm Zumutbare zu begrenzen, nimmt **Abs. 2** speziell für Datenschutzvorkehrungen in den Blick. Die Vorschr. sucht beide Aspekte der Verantwortung miteinander zu versöhnen, indem sie den **Gefährdungsgrad** der Risiken für die Rechte und Freiheiten natürlicher Personen (Art, Umf., Umstände und Zwecke der Verarbeitung sowie Eintrittswahrscheinlichkeit und Schwere der Risiken) gegen die mit Schutzmaßnahmen verbundene **Belastung** abzuwägen gebietet. Das normative Konzept des Art. 24 ist insgesamt von dem Leitgedanken sachgerechter Zuordnung derjenigen Risiken beseelt, die mit Verarbeitungsvorgängen einhergehen.

III. Entstehungsgeschichte

Art. 24 erfuhr im Laufe seines Entstehungsprozesses zahlreiche textliche Än- **12** derungen. Seine regulatorische Grundsubstanz blieb aber jeweils weitgehend unangetastet.

1. Entwurf der Kommission

Der Entwurf der KOM fasste den Pflichtenkanon, den die DS-GVO dem **13** Verantwortlichen auferlegt, etwas konkreter als die heutige Fassung. Er benannte insbes. (im Wege der Verweisung) **konkrete** beispielhaft aufgezählte

(„insbesondere") **Maßnahmen,** etwa Dokumentationspflichten, die der Verantwortliche zu ergreifen hat, um ihm seine Pflichten vor Augen zu führen (Art. 22 Abs. 2 DS-GVO-E(KOM)). Unabhängige interne oder externe **Prüfer** sollten nach den normativen Vorstellungen der KOM die Wirksamkeit der ergriffenen Maßnahmen überwachen, soweit dies dem Verantwortlichen keine unangemessene Last auferlegt (Art. 22 Abs. 3 S. 2 DS-GVO-E (KOM)). Der Entwurf ermächtigte die KOM zudem, die Pflichten des Verantwortlichen durch **delegierte Rechtsakte** zu konkretisieren (Art. 22 Abs. 4 DS-GVO-E(KOM)).

2. Entwurf des Parlaments

14 Der Entwurf des EP führte die Forderung nach **„technische[n] und organisatorische[n] Strategien"** **und Maßnahmen** in den Normtext ein. Er spezifizierte auch die Abwägungsfaktoren, die bei der Pflichtenkonkretisierung zu berücksichtigen sind – ebenso die Nachweispflichten des Verantwortlichen. Bes. Beachtung sollten dabei nach Auffassung des EP solche Maßnahmen finden, welche die autonome Wahl betroffener Personen in bes. Weise respektieren (Art. 22 Abs. 1a DS-GVO-E(EP)) – eine Forderung, die in der Endfassung der DS-GVO weitgehend in den Geboten des **Art. 25 Abs. 1 und 2** aufgeht. Wie auch andernorts im Verordnungsentwurf strich das EP die Befugnis der KOM, delegierte Rechtsakte zu erlassen. Diese folgte zwar dem guten Grundgedanken, gebotene Maßnahmen iSd Abs. 1 und das Auditverfahren iSd Abs. 3 zu konkretisieren, um damit die abstrakten Vorgaben der VO vollzugsfähig zu machen. Sie hätte aber die normative Konkretisierungsmacht und damit das institutionelle Gleichgewicht in der Union nachhaltig zugunsten der KOM verschoben. Dies war sowohl den Mitgliedstaaten als auch dem Parlament ein Dorn im Auge. So findet sich in der heutigen Endfassung die ursprüngliche Delegationsbefugnis des Art. 22 Abs. 4 DS-GVO-E(KOM) ebenso wenig wieder wie die (noch in Art. 22 Abs. 3a DS-GVO-E(EP) vorgesehene) Befugnis, Daten innerhalb einer Unternehmensgruppe in der EU zu übermitteln. Diese hat nunmehr in abgeschwächter Form in den nicht verfügenden Teil der DS-GVO, namentlich in ErwGr 48 S. 1, Einzug gehalten. Er attestiert Verantwortlichen, die Daten innerhalb einer Unternehmensgruppe für interne Verwaltungszwecke übermitteln, ein mögliches berechtigtes Interesse, das eine Verarbeitung aufgrund Art. 6 Abs. 1 UAbs. 1 lit. f legitimieren kann (betrifft die Datenübermittlung Unternehmen in einem Drittland, gelten jedoch zusätzlich die bes. Anforderungen der Art. 44 ff.).

3. Entwurf des Rates

15 Dem ER war es ein Anliegen, die Kriterien **„Implementierungskosten"** und **„Stand der Technik",** die der Parlamentsentwurf zwischenzeitlich eingeführt hatte, aus Art. 24 zu eliminieren. Damit setzte er sich iErg aber nur bedingt durch: In den konkretisierenden Art. 25 und 32 haben sie weiterhin Bestand. Im Verordnungstext vollständig niedergeschlagen hat sich demgegenüber sein Vorschlag, die detaillierten Regelungen des Parlamentsentwurfes zur Nachweispflicht zu dezimieren (übrig geblieben ist nur der kurze Hinweis auf die Nachweispflicht in Abs. 1 S. 1 aE) und das **Konzept der regulierten Selbstregulierung** durch einen neuen **Abs. 2b zu stärken.** Der ER wertete dadurch zugleich mittelbar die (nunmehr in Art. 40 Abs. 9 und in Art. 43 Abs. 8 geregelten) Befugnisse der KOM auf, die Allgemeingültigkeit genehmigter **Verhaltensregeln** zu beschließen und die Anforderungen festzulegen, die bei datenschutzspezifischen **Zertifizierungsverfahren** zu berücksichtigen sind.

4. Trilog-Fassung

Der Trilog führte in Abs. 1 S. 2 die Pflicht des Verantwortlichen ein, die **16** **ergriffenen Maßnahmen zu überprüfen und zu aktualisieren.** IÜ ließ er die Ratsfassung weitgehend unangetastet.

IV. Vergleich mit der bisherigen Rechtslage auf Unionsebene

Art. 24 ist im unionsrechtlichen Datenschutzrecht nicht völlig ohne Vorbild. **17** Er löst die **Vorgängerregelung des Art. 17 Abs. 1 DSRL** ab. Diese Vorschr. stand ganz im Zeichen der Zielsetzung, die „**Sicherheit der Verarbeitung**" zu gewährleisten (diese Aufgabe fällt nunmehr Art. 32 DS-GVO zu). Sie verpflichtete den „für die Verarbeitung Verantwortliche[n]" dazu, geeignete technische und organisatorische Maßnahmen gegen die Zerstörung, den Verlust, die unberechtigte Änd. oder Weitergabe und den unberechtigten Zugang sowie „jede andere Form der unrechtmäßigen Verarbeitung" durchzuführen (vgl. auch ErwGr 46). Der notwendige Inhalt und Umf. solcher Maßnahmen bestimmte sich − ebenso wie heute nach Art. 24 Abs. 1 S. 1 − einerseits anhand der Risiken, die von der Verarbeitung ausgehen, und der Art der zu schützenden Daten. Andererseits waren der Stand der Technik und die Kosten zu berücksichtigen, die bei der Durchführung entstehen. Art. 17 Abs. 1 DSRL statuierte aber weder eine **Nachweispflicht** (Art. 24 Abs. 1 S. 1 aE) noch war der Verantwortliche expressis verbis dazu aufgerufen, seine Maßnahmen zu **überprüfen** und zu aktualisieren (Art. 24 Abs. 1 S. 2). Eine Dynamisierung seiner Pflichten erfolgte lediglich über das Anforderungsprofil des Standes der Technik. Mechanismen **regulierter Selbstregulierung** gestand die DSRL − anders als Art. 24 Abs. 3 − ebenfalls keine explizite Privilegierung zu.

B. Auslegung der Norm

I. Verpflichtung zur Umsetzung geeigneter technischer und organisatorischer Maßnahmen für eine rechtmäßige Verarbeitung (Abs. 1)

1. Adressat der Verpflichtungen („Verantwortlicher")

Art. 24 Abs. 1 nimmt nur den **Verantwortlichen** (Art. 4 Nr. 7), nicht hin- **18** gegen den Hersteller von Verarbeitungstechnologien in die Pflicht. Diese

normative Entsch. mag man rechtspolitisch kritisieren, denn Hersteller nehmen für die Konzeption komplexer moderner Datenverarbeitungsprozesse,
die insbes. mit Mechanismen Künstlicher Intelligenz operieren, zentrale Wei-
chenstellungen vor, welche Verantwortliche kaum wieder ändern können
(vgl. auch Hornung ZD 2011, 51 (52)). Die DS-GVO lässt sich jedoch von
der Erwägung leiten, dass es immer der Verantwortliche ist, der durch die
Auswahl und Verwendung der Technologien den entscheidenden Schritt
unternimmt, um auf personenbezogene Daten einzuwirken. Dann hat er auch
vollumfänglich in eigener Person für ihre Folgen einzustehen. Verantwortlicher ist, wer allein oder gemeinsam mit anderen (**Art. 26 Abs. 1 S. 1;**
→ Art. 26 Rn. 19 ff.) über die Zwecke und Mittel der Verarbeitung personenbezogener Daten entscheidet (Art. 4 Nr. 7 Hs. 1). Das muss nicht
unbedingt eine natürliche oder jur. Person sein. In Betracht kommt auch eine
Behörde sowie jede andere Stelle, der die Steuerung von Verarbeitungsprozessen zurechenbar ist.

19   Für den **Auftragsverarbeiter** gilt Art. 24 Abs. 1 − anders als Art. 32
Abs. 1 (Sicherheit der Verarbeitung) − nicht unmittelbar. Der Verantwortliche darf aber nur mit solchen Auftragsverarbeitern zusammenarbeiten, die
hinreichende Gewähr dafür bieten, dass auch sie den Vorgaben des Art. 24
genügen (**Art. 28 Abs. 1;** → Art. 28 Rn. 19). Ein Auftragsverarbeiter, der
entgegen der Konzeption der Auftragsverarbeitung die Zwecke und Mittel
der Verarbeitung bestimmt, gilt nach Art. 28 Abs. 10 selbst als Verantwortlicher („Verarbeitungsexzess"; → Art. 28 Rn. 76).

2. Inhalt der Verpflichtung (Abs. 1 S. 1)

20   a) „**Technische und organisatorische Maßnahmen**". Art. 24 Abs. 1 S. 1
verlangt dem Verantwortlichen „technische und organisatorische Maßnahmen" ab. Diese Formel verwendet die DS-GVO an zahlreichen Stellen
(insbes. in Art. 5 Abs. 1 lit. f, Art. 25 Abs. 1 und Abs. 2, Art. 28 Abs. 1,
Art. 32 Abs. 1, Art. 89 Abs. 1 S. 2) − ebenso wie schon Art. 17 Abs. 1 DSRL
und § 9 BDSG aF.

20a   Den Begriff der **Maßnahme** versteht Art. 24 Abs. 1 weit (dazu bspw.
Hartung in Kühling/Buchner DS-GVO Art. 24 Rn. 17; vgl. auch Raschauer
in Sydow DS-GVO Art. 24 Rn. 35 ff.). Er erfasst alle Handlungen, die in
geeigneter Weise dem Ziel dienen, eine DS-GVO-Konformität der Verarbeitung zu realisieren. Sie reichen von der Ausrichtung der technischen Systeme
über die Instruktion des Personals bis hin zur Pannenvorsorge.

21   **Technische Maßnahmen** sind alle Vorkehrungen und Verfahrensweisen,
deren Schutzwirkung maßgeblich auf der Funktinalität solcher technischer
Hilfsmittel beruht, die sich auf den Vorgang der Verarbeitung von Daten
entweder unmittelbar oder mittelbar physisch auswirken, wie zB das Wegschließen von Datenträgern und bauliche Maßnahmen, die den Zutritt Unbefugter verhindern sollen, oder den Software- oder Hardwareprozess der Verarbeitung steuern, etwa durch Maßnahmen der Zugriffs- oder Weitergabekontrolle (wie Verschlüsselung oder Passwortsicherung).

Organisatorische Maßnahmen richten sich insbes. auf die äußeren Rah- 22
menbedingungen, die den technischen **Verarbeitungsprozess** steuern sollen, etwa die Einhaltung des Vier-Augen-Prinzips, Protokollierungen von
Tätigkeiten und Stichprobenroutinen. Dazu können auch Schulungen der
Mitarbeiter (zB durch den Datenschutzbeauftragten; vgl. Art. 39 Abs. 1 lit. a)
oder Verpflichtungserklärungen gehören, wie sie auch schon § 5 S. 2 BDSG
aF vorsah.

Typen von Maßnahmen, die der Verantwortliche ergreifen kann, um 23
seinen Pflichten nach Art. 24 Abs. 1 S. 1 nachzukommen, führt **ErwGr 78
S. 3** beispielhaft auf. Er hebt insbes. Maßnahmen der **Datenminimierung,**
der frühzeitigen **Pseudonymisierung,** der „**Transparenz** in Bezug auf die
Funktionen und die Verarbeitung personenbezogener Daten" hervor (vgl.
auch Art. 5 Abs. 1 lit. a sowie Art. 12) – ferner Maßnahmen, die dem
Einzelnen ermöglichen, die Verarbeitung personenbezogener Daten zu **überwachen,** oder solche, die **Sicherheitsfunktionen** etablieren oder verbessern.

b) Zielkoordinaten des Maßnahmenbündels („geeignet, […] um si- 24
**cherzustellen und den Nachweis dafür zu erbringen, dass die Ver-
arbeitung gemäß dieser Verordnung erfolgt").** Maßnahmen, die der
Verantwortliche ergreift, sind auf das Ziel auszurichten, die Verarbeitung in
Übereinstimmung mit den Vorgaben der DS-GVO durchzuführen: Er muss
für die **datenschutzrechtliche Rechtmäßigkeit** seines Handelns und des
Handelns des Auftragsverarbeiters (vgl. ErwGr 74) einstehen und alle dafür
erforderlichen und angemessenen Anstrengungen unternehmen. Nicht nur
die Risiken der Verarbeitung (→ Rn. 28 ff.), sondern auch das **Verhältnismäßigkeitsprinzip** determinieren dabei, welche konkreten Maßnahmen er
treffen muss. Dieses scheint zwar nicht explizit im Wortlaut des Abs. 1 auf,
ergibt sich aber aus Art. 52 Abs. 1 S. 2 GRCh als ungeschriebene Begrenzung: Die DS-GVO kann dem Verantwortlichen stets nur ein angemessenes
Maß an technischen und organisatorischen Maßnahmen abverlangen, um die
Anforderungen zu erfüllen, die sie stellt. **Abs. 2** hebt das Gebot für die
Datenschutzvorkehrungen zusätzlich ausdr. hervor („in einem angemessenen
Verhältnis"). Erwägungen ua zur Wirtschaftlichkeit von Maßnahmen dürfen
und müssen sich auf den Entscheidungsprozess auswirken (vgl. Raschauer
in Sydow DS-GVO Art. 24 Rn. 32 ff.).

Das Ergebnisniveau der Verordnungskonformität muss der Verantwortliche 25
nicht nur **sicherstellen.** Er muss auch in der Lage sein, „den **Nachweis** dafür
zu erbringen", dass er alles Erforderliche unternommen hat, um das Ziel zu
erreichen (Abs. 1 S. 1). Diese Pflicht ist Ausfluss und Konkretisierung des
Grundsatzes der **allgemeinen Rechenschaftspflicht des Art. 5 Abs. 2.** Sie
trägt Verarbeitern die Verantwortung auf, nachweisen zu können, dass sie die
Verarbeitungsgrundsätze (Art. 5 Abs. 1) einhalten. Die Nachweise sollen
nicht nur prozedural die Rechtmäßigkeit der Verarbeitung sichern (also
Datenschutz durch Verfahren sicherstellen), sondern auch die Überprüfung ermöglichen, ob die Verarbeitung den Regeln der DS-GVO folgt.
Detaillierte Anforderungen an die Form und den Umfang des Nachweises
stellt die Vorschrift allerdings nicht.

25a   Die Nachweispflicht aus Art. 24 Abs. 1 S. 1 nimmt eine **Mittlerposition** zwischen der allgemein gefassten Norm des **Art. 5 Abs. 2** und spezielleren Normen, wie zB **Art. 30 Abs. 1, 2 und Art. 33 Abs. 5,** ein. Sie verknüpft die generelle Nachweispflicht insbesondere mit einem **risikobasierten Ansatz** (Heberlein in Ehmann/Selmayr DS-GVO Art. 5 Rn. 30; Veil in GSSV DS-GVO Art. 24 Rn. 78 ff.; vgl. auch Herbst in Kühling/Buchner DS-GVO Art. 5 Rn. 80). Nachweise sind daher umso umfassender zu erbringen, je risikoreicher eine Verarbeitung ist. Umgekehrt fällt die Nachweispflicht umso schwächer aus, je geringer das Risiko ist, das von der Verarbeitung für das informationelle Selbstbestimmungsrecht Betroffener ausgeht (Veil ZD 2018, 9 (13 ff.)). Bei einem geringen Risiko können bspw. Zeugenaussagen der Verantwortlichen eine physische Dokumentation ersetzen (Veil in GSSV DS-GVO Art. 24 Rn. 47). Als Instrument, um den Nachweis zu erbringen, benennt die DS-GVO „geeignete technische und organisatorische Maßnahmen", etwa organisatorische (ggf. gem. Art. 40 Abs. 5 genehmigte) **Verfahrensregeln,** die Einschaltung unabhängiger **Zeugen** oder die **schriftliche Dokumentation** wichtiger Ereignisse, wie Änderungen der Verarbeitungsziele oder der Verarbeitungstechniken. Technisch kann der Verantwortliche bspw. gem. Art. 42 zertifizierte oder kryptografisch abgesicherte Softwarebestandteile **(Datenmanagementsysteme)** oder sogar eine detaillierte **Protokollierung** einzelner Programmschritte einsetzen, um der Nachweispflicht zu entsprechen.

25b   Neben dem Risiko einer Verarbeitung wirken auch weitere Prinzipien begrenzend auf die Nachweispflicht ein, insbes. das **Verhältnismäßigkeitsprinzip** (→ Rn. 24): Der Verantwortliche muss nicht alles ihm Mögliche unternehmen, um seiner Nachweispflicht Genüge zu tun. Der Nachweis rechtmäßiger Verarbeitung darf dem Verantwortlichen va keine prohibitiv hohen Kosten auferlegen. Bspw. fordert Art. 24 Abs. 1 S. 1 daher nicht per se, jeden einzelnen Programmschritt oder gar jeden Zustand eines lernenden künstlichen neuronalen Netzes, das sich mit personenbezogenen Daten befasst, zu protokollieren (Martini, Blackbox Algorithmus, 264 f., 276 f.).

25c   Dies entspricht auch dem normativen Gebot der **Bestimmtheit (Art. 52 Abs. 1 GRCh):** Es verlangt dem Verordnungsgeber ab, Pflichten so zu formulieren, dass der Verantwortliche ihren Umfang klar erkennen kann. Eine ausgedehnte Protokollierungspflicht lässt sich dem sehr allgemein gehaltenen, dafür aber sanktionsbewehrten Art. 24 Abs. 1 S. 1 nicht ohne hinreichend klare Konkretisierung entnehmen (Martini, Blackbox Algorithmus, 264 f.; Veil ZD 2018, 9 (16 f.)). Dafür streitet auch ein Gegenschluss zur Vielzahl detaillierter Einzelnormen, die dem Verantwortlichen im System der DS-GVO konkrete, im Detail ausgeformte Nachweispflichten auferlegen (namentlich Art. 28 Abs. 3 S. 2 lit. a, Art. 33 Abs. 5 S. 1, Art. 49 Abs. 6 i. V. m. Art. 30 Abs. 1 lit. e, Abs. 2 lit. c). Die Anforderungen an den Nachweis konkretisiert die DS-GVO vor allem in Art. 30 in Gestalt des Gebotes, ein **Verzeichnis aller Verarbeitungtätigkeiten** zu führen (→ Art. 30 Rn. 1, ErwGr 82 S. 1). Die dem Gebot der Bestimmtheit verpflichtete normative Konkretisierungsleistung dieser Vorgaben im Regelungssystem der DS-GVO würde ausgehebelt, wenn man aus Art. 24 Abs. 1 S. 1 eine allgemeine Pflicht ableitete, jegliche Datenverarbeitung umfassend aufzuzeichnen (Buchholtz/Stentzel in GSSV DS-GVO Art. 5 Rn. 45; Martini, Blackbox Algorithmus, 264 f., 277).

Art. 24 Abs. 1 S. 1 will wie der allgemeinere Art. 5 Abs. 2 klarstellen, dass **25d** Nachweisunsicherheiten **gegenüber der ASB** zulasten des Verantwortlichen gehen: Können Verantwortliche den Nachweis für die rechtmäßige Verarbeitung nicht erbringen, weist die DS-GVO ihnen dafür das Risiko zu. Weder Art. 24 Abs. 1 S. 1 noch Art. 5 Abs. 2 treffen allerdings unmittelbar Regelungen zur **zivilrechtlichen Beweislast.** Insbesondere den Datenschutzrechtsverstoß und die haftungsbegründende Kausalität hat der Betroffene zu beweisen, wenn er einen Schadensersatzanspruch aus Art. 82 geltend macht (Martini, Blackbox Algorithmus, 278). Die Verletzung der Nachweispflicht strahlt allerdings auf das Vertretenmüssen iSd Art. 82 Abs. 3 aus. Wer nicht nachweisen kann, dass er alle gebotenen Maßnahmen ergriffen hat, um Daten des Betroffenen rechtmäßig zu verarbeiten, ist in der Folge nicht von einer Haftung aus Art. 82 befreit (Art. 82 Abs. 3; Herbst in Kühling/Buchner DS-GVO Art. 5 Rn. 79; Martini, Blackbox Algorithmus, 277 f.).

Die Nachweispflicht des Art. 24 Abs. 1 S. 1 steht selbstständig neben der **25e** **Befugnis der ASB,** auch über die Rechtmäßigkeit jeder einzelnen Datenverarbeitung Informationen zu verlangen (**Art. 58 Abs. 1 lit. a;** → Art. 58 Rn. 7 ff.). Eine allg. Pflicht zur Zusammenarbeit des Verantwortlichen mit der ASB etabliert darüber hinaus die Vorschr. des **Art. 31.**

c) Steuerungsgrößen des Pflichteninhaltes („unter Berücksichtigung 26 der Art, des Umfangs [...]"). Um das Pflichtenheft feinzujustieren, das Art. 24 dem Verantwortlichen mit auf den Weg gibt, nutzt der Unionsgesetzgeber eine Vielzahl **unbestimmter Rechtsbegriffe** als Steuerungsgrößen. Ganze sieben Faktoren muss der Verantwortliche ausweislich des Wortlauts des Art. 24 Abs. 1 S. 1 berücksichtigen, um geeignete Maßnahmen umzusetzen, die eine Verarbeitung nach den Vorgaben der DS-GVO sichern. Wie der Verantwortliche die unbestimmten Rechtsbegriffe ausfüllt, unterliegt der **vollen gerichtlichen Kontrolle.**

Die **Berücksichtigungsfaktoren** stellt die DS-GVO zwar als gleichwertig **26a** und selbstständig nebeneinander. Sie stehen jedoch inhaltlich in einem **Stufenverhältnis** unterschiedlicher Abstraktionsgrade zueinander: Das **„Risiko"** bildet den Oberbegriff, auf den alle anderen Begriffe bezogen sind. Die Variablen „Art, Umfang, Umstände und Zwecke der Verarbeitung" verstehen sich demgegenüber als Parameter, um die Eintrittswahrscheinlichkeit und die Schwere der Risiken bestimmen zu können (ErwGr 76 S. 1). Die zu erwartenden Risiken wiederum bilden den Richtwert, an den der Verarbeiter seine technischen und organisatorischen Maßnahmen auszurichten hat.

aa) Schutzgegenstand („Rechte und Freiheiten"). Daten zu verarbeiten, **27** kann im Einzelfall eine Vielzahl von Rechten tangieren. Die Risikoanalyse muss daher sämtliche Grundrechte und Grundfreiheiten des Betroffenen umschließen – nicht nur, aber insbes. den Schutz der informationellen Selbstbestimmung bzw. des Rechts auf Schutz personenbezogener Daten (Art. 8 GRCh). Dies deutet auch schon ErwGr 2 S. 1 an. Er nennt das **Recht auf**

Schutz personenbezogener Daten nur als einen (aber immerhin wichtigsten) Unterfall der Schutzpositionen, welche die DS-GVO in den Blick nimmt. Daneben steuern auch die **Achtung des Privat- und Familienlebens** oder die **Freiheit der Meinungsausübung** die Sensibilität des Verarbeitungsvorgangs – ebenso das Recht auf **ein faires Verfahren** (s. ErwGr 4 S. 3). „Rechte und Freiheiten" meint aber mehr als den Schutz der Grundrechte und Grundfreiheiten. Anderenfalls hätte der Unionsgesetzgeber auch direkt auf diese rekurrieren können und sollen, so wie er dies an verschiedenen Stellen – insbes. in Art. 1 Abs. 2, Art. 4 Nr. 24, Art. 6 Abs. 1 UAbs. 1 lit. f, Art. 9 Abs. 2 lit. b, lit. g und lit. j, Art. 23 Abs. 1, Art. 50 lit. b, Art. 51 Abs. 1 UAbs. 1 und Art. 88 Abs. 2 – tut. Mit dem offenen Wortlaut bringt der Normgeber vielmehr (wohl) zum Ausdruck, dass er auch Rechte geschützt wissen will, die dem **unionalen Sekundärrecht** entstammen (zust. Piltz in Gola DS-GVO Art. 24 Rn. 27).

28 **bb) „Risiko der Datenverarbeitung".** Der Verantwortliche muss bereits vor Beginn der Datenverarbeitung mögliche Gefahrenlagen identifizieren und Maßnahmen treffen, damit sich das abstrakte Risiko nicht zu einer konkreten Gefahr verdichtet (Petri in NK-DatenschutzR DS-GVO Art. 24 Rn. 3). Das Risiko für Rechte und Freiheiten, das die DS-GVO dem Verantwortlichen in Abs. 1 zu berücksichtigen aufgibt, lässt sich aber nicht unter den Bedingungen komplexer digitaler Verarbeitungsprozesse nicht immer ohne Weiteres exakt ex ante bestimmen. Auch deshalb ginge es an der Sache vorbei, das Risiko rein metrisch erfassen zu wollen. Dies spiegelte eine mathematisch exakte Messbarkeit vor, die in der Realität nicht existiert (Bieker/Bremert/Hansen DuD 2018, 492 (493)). Eine punktgenaue Risikoerfassung verlangt die DS-GVO dem Verantwortlichen folgerichtig nicht ab. Sie lässt es vielmehr ausreichen, das Risiko zumindest annäherungsweise einzugrenzen. Der verbleibenden Unsicherheit hat der Verantwortliche Rechnung zu tragen, indem er Verarbeitungsprozesse nach Möglichkeit so gestaltet, dass Gefahrenlagen schon nicht entstehen, sich zumindest aber nicht in Schäden niederschlagen. Dieser umfassenden Wirkung des risikobasierten Ansatzes setzen umgekehrt das Verhältnismäßigkeitsprinzip und der Bestimmtheitsgrundsatz normative Grenzen (→ Rn. 25b f.).

28a Das **Risiko** ist das **Produkt** aus möglicher **Schwere** (1, → Rn. 29 f.) und **Eintrittswahrscheinlichkeit** (2, → Rn. 30) eines denkbaren **Schadens** (aA Petri in NK-DatenschutzR DS-GVO Art. 24 Rn. 3, der übersieht, dass – sowohl im Polizeirecht als auch im Recht der Risikovorsorge – die Bezugsgröße immer ein zu vermeidender Schaden ist). Ein hohes Risiko kann auch durch einen hohen Schaden bei geringer Eintrittswahrscheinlichkeit entstehen und umgekehrt (vgl. DSK, Kurzpapier Nr. 18, S. 5 f.). Die Risikoparameter sind (soweit möglich) **objektiv** zu bestimmen. Sie münden in die Feststellung, ob „die Datenverarbeitung ein Risiko oder ein hohes Risiko" nach sich zieht (ErwGr 76 S. 2). An die Kategorien „erhöhtes Risiko" (vgl. Art. 8 Abs. 1 und 2, Art. 9 und 10, ErwGrd 38 S. 1), (einfache) „Risiken" sowie „geringere als einfache Risiken" bzw. „kein Risiko" (vgl. zB Art. 27 Abs. 2) knüpft die DS-GVO unterschiedliche Rechtsfolgen – bspw. das Gebot, bei hohem

Risiko eine Datenschutz-Folgenabschätzung vorzunehmen (Art. 35 Abs. 1), die Verpflichtung, einen Vertreter zu bestellen (Art. 27 Abs. 2; → Art. 27 Rn. 42) oder den Verzicht auf die Verpflichtung, ein Verarbeitungsverzeichnis zu führen, wenn ein Unternehmen weniger als 250 Mitarbeiter hat und die Verarbeitung ein geringeres als ein einfaches Risiko birgt (Art. 30 Abs. 5; vgl. Veil in GSSV DS-GVO Art. 24 Rn. 148 ff.).

Ein **hohes Risiko** besteht bspw. typischerweise, wenn der Verantwortliche **28b** KI nutzt oder Profiling betreibt, um personenbezogene Daten zu verarbeiten, sensible Daten iSd Art. 9 oder 10 in reichem Umfang verarbeitet, oder wenn er öffentlich zugängliche Bereiche systematisch umfangreich überwacht (vgl. Art. 35 Abs. 3; Der Bayrische Landesbeauftragte für den Datenschutz, Datenschutzfolgenabschätzung, S. 6) oder falls der Verantwortliche Betroffene anhand biometrischer Daten eindeutig identifiziert (EDSA, Opinion 5/2018, S. 6). Hingegen impliziert die Verarbeitung von Geodaten für sich genommen noch kein hohes Risiko (EDSA, Opinion 5/2018, S. 7). Ebenso wenig birgt es grds. ein hohes Risiko, wenn ein Unternehmen personenbezogene Daten der Mitarbeiter verarbeitet, um Löhne, Gehälter oder Entgelte zu berechnen oder um Aufzeichnungs-, Auskunfts- und Meldepflichten nachzukommen, sofern es aufgrund arbeitsvertraglicher oder gesetzlicher Bestimmungen hierzu verpflichtet ist (DSFA-AV, Anlage DSFA-A02).

(1) Schadensschwere. Die Schwere des Schadens (die DS-GVO spricht von **29** „Schwere des Risikos", meint aber wohl die Schwere der Schäden; → Art. 25 Rn. 37a f.) für die Rechte und Freiheiten beurteilt sich nach dem Gewicht des bedrohten Rechtes bzw. der bedrohten Freiheit sowie danach, welche konkreten Schäden Betroffenen aus der Verarbeitung erwachsen können. **Materielle Schäden** sind dabei ebenso von Relevanz wie **immaterielle.** Das ergibt sich mittelbar aus **Art. 82 Abs. 1:** Er bezieht immaterielle Schäden in den Haftungskreis des Verantwortlichen mit ein.

Einige mögliche Schadensereignisse hebt der Gesetzgeber in **ErwGr 75 29a** ausdr. beispielhaft hervor: Verarbeitungen mit Diskriminierungspotenzial, Identitätsdiebstahl oder -betrug, finanzieller Verlust, Rufschädigung, Verlust der Vertraulichkeit oder Verletzung eines Berufsgeheimnisses sowie die unbefugte Aufhebung einer Pseudonymisierung und die (unzulässige) Verarbeitung bes. personenbezogener Daten iSd Art. 9 Abs. 1 – aber auch bspw. Profiling oder Schäden bei besonders schutzbedürftigen natürlichen Personen, insbes. bei Kindern.

(2) „Eintrittswahrscheinlichkeit [...] der Risiken". Die Eintrittswahr- **30** scheinlichkeit bezeichnet im allg. Sprachgebrauch den **statistischen Erwartungswert,** mit dem ein bestimmtes Ereignis in der Zukunft eintreten, also ein Risiko in einen Schaden umschlagen wird. Für **neue Gefahrenlagen,** die aus technischen Innovationen entstehen, fehlen typischerweise solche statistischen Erfahrungswerte. Art. 24 beschränkt sich in diesen Konstellationen darauf, dem Verantwortlichen eine nachvollziehbare und fundierte Prognose abzuringen (vgl. Jandt in Kühling/Buchner DS-GVO Art. 32 Rn. 13).

31 cc) **Bezugsgrößen der Risikoermittlung** („**Art**", „**Umfang**", „**Umstände**" **und „Zwecke der Verarbeitung**"). Als Referenzgröße, um die Schwere und Eintrittswahrscheinlichkeit des Risikos beurteilen zu können, hebt Abs. 1 S. 1 die Kriterien „Art" (→ Rn. 32 ff.), „Umfang" (→ Rn. 33), „Umstände" (→ Rn. 34 f.) und „Zwecke der Verarbeitung" (→ Rn. 35) hervor. Sie stehen nicht in einem Hierarchieverhältnis zueinander, sondern gehen grds. gleichwertig als Faktor in die **Gesamtabwägung** ein.

32 Die „**Art**" der Verarbeitung kann sich in vielfältigen Spielformen vollziehen. Art. 4 Nr. 2 nennt insbes. das Erheben, Erfassen, die Übermittlung, das Ordnen, die Speicherung, das Löschen und die Vernichtung. Der Begriff der Verarbeitung ist insoweit im Unionsrecht weiter als im bisherigen dt. Recht (vgl. § 3 Abs. 3–5 BDSG aF).

32a Die Art der Verarbeitung gibt erst im Verbund mit weiteren Bezugsgrößen Aufschluss über das Risiko. Das **Löschen** ist bspw. typischerweise eine risikomindernde Art der Datenverarbeitung (es ist insbes. dem Grundsatz der Speicherbegrenzung gleichsam eingeschrieben (→ Art. 5 Abs. 1 lit. e) und als Betroffenenrecht verbürgt (Art. 17)). Je nach den Umständen der Verarbeitung kann es dem Betroffenen aber auch schwerwiegende Nachteile zufügen, namentlich wenn er ein rechtliches Interesse daran hat, dass der Verantwortliche die Daten vorhält. Als besonders intensiv in die Persönlichkeitsentfaltung Betroffener hineinwirkende Art der Verarbeitung hebt die DS-GVO an zahlreichen Stellen das **Profiling** hervor (insb. Art. 4 Nr. 4, Art. 21 Abs. 1 S. 1 Hs. 2, Art. 22 Abs. 1, Art. 35 Abs. 3 lit. a) – ebenso die **Direktwerbung** (Art. 21 Abs. 2). Ein hohes Risiko kann auch durch **Monitoring** entstehen, also durch die Beobachtung von Verhalten bzw. öffentlichen Plätzen (vgl. Art. 3 Abs. 2 lit. b; Art. 27 Abs. 3, Art. 35 Abs. 3 lit. c, Art. 37 Abs. 1 lit. b; Veil in GSSV DS-GVO Art. 24 Rn. 82).

32b Der Terminus „Art der Verarbeitung" ist **nicht identisch** mit der **Art *der Daten*.** Das illustriert auch ein systematischer Vergleich zu Art. 28 Abs. 3 S. 1 DS-GVO: Er stellt „die Art […] der Verarbeitung" und „die Art der personenbezogenen Daten" bewusst einander gegenüber und deutet damit an, dass die DS-GVO mit den Begriffen Unterschiedliches meint. Die „Art der Verarbeitung" und die „Art der personenbezogenen Daten" stehen aber in einer engen Wechselbeziehung. Denn die Art der personenbezogenen Daten strahlt auch auf die Sensibilität der Verarbeitung aus. Je nach Art des Datums kann bspw. die Offenlegung entweder ein hohes oder ein mäßiges Risiko für die Rechte und Freiheiten der Betroffenen hervorrufen (vgl. Art. 4 Nr. 12; Art. 32 Abs. 2; Art. 48; Petri in NK-DatenschutzR DS-GVO Art. 24 Rn. 12). Hoch ist das Risiko zB bei bes. Kategorien personenbezogener Daten, wie etwa Daten, aus denen die rassische oder ethnische Herkunft, politische Meinungen oder religiöse Überzeugungen hervorgehen (Art. 9; vgl. dazu auch Art. 6 Abs. 4 lit. c). Dass die Art der Daten für potenziell eintretende Schadensereignisse eine besonders hohe Bedeutung hat, unterstreicht auch **ErwGr. 75**. Er hebt ausdr. bes. personenbezogene Daten sowie personenbezogene Daten schutzwürdiger Personen, bspw. von Kindern, als Risikofaktoren hervor. Die DS-GVO trägt der Art der Daten mithin nicht nur auf Ebene der Rechtmäßigkeit ihrer Verarbeitung besonders Rechnung (vgl. insbes. Art. 8, 9 und 10), sondern gerade auch bei der Bemessung derjenigen technischen und organisatorischen Maßnahmen, die zum Schutz der Betroffenen geboten sind. Obgleich Art. 24 die wichtige Kategorie „Art der Daten" nicht ausdr. nennt, erfasst er sie somit über die Wendung „Art" der Verarbeitung einerseits und zusätzlich über die „Schwere des Risikos" andererseits.

Der **Umf. der Verarbeitung** bestimmt sich aus der Menge der **Personen,**   33 deren Daten in die Verarbeitung einfließen, sowie der Menge der **Daten,** die der Verantwortliche über eine Person erhebt (vgl. auch ErwGr 75 aE). Je mehr solcher Daten er verarbeitet, umso engmaschiger kann er personenbezogene Daten miteinander verknüpfen. Mit wachsender Zahl betroffener Personen lassen sich insbes. Querverbindungen in einer Weise herstellen, dass der Gehalt der Aussagen über die einzelnen Personen uU ein neues Qualitätsniveau erreicht. Dadurch wächst zugleich die Eintrittswahrscheinlichkeit der Risiken für die Rechte und Freiheiten der betroffenen Personen insgesamt.

Die Sensibilität personenbezogener Daten – und damit das Risiko iSd   34 Art. 24 Abs. 1 S. 1 – speist sich auch aus den **Umständen,** unter denen die Verarbeitung stattfindet. Der Verantwortliche hat seiner Risikobewertung daher alle Einzelheiten, die zum Verarbeitungsprozess gehören und seinen Sensibilitätsgrad konstituieren, als **Kontextfaktoren** zu unterlegen. Für die Sensitivität von Filmaufnahmen öffentlicher Plätze macht es bspw. einen Unterschied, ob diese an einem Rathausplatz oder an der Davidwache in Hamburg/St. Pauli, ob zur Mittagszeit oder in der Nacht stattfinden. Von Bedeutung für die Risikobewertung ist bspw. auch, ob es sich um eine Direkterhebung beim Betroffenen handelt oder Daten aus Drittquellen erhoben werden (vgl. die Differenzierung in Art. 13 und 14). Gleiches gilt für die Frage, in welchem Umf. der Verantwortliche **Dritte** in die Verarbeitung einbindet und Risiken unbefugten Zugriffs bestehen. Die DS-GVO erlaubt ausdrücklich, dass mehrere als gemeinsam Verantwortliche (Art. 26) zusammenwirken – ebenso die Auftragsverarbeitung (Art. 28). Mit der Zahl der Personen, die auf die Daten tatsächlich zugreifen können, steigt aber tendenziell auch das Risiko für die Betroffenen. Ist die Verarbeitung von Daten die Kerntätigkeit des Verantwortlichen, kann dies eine risikogeneigte Datenverarbeitung indizieren (Veil in GSSV DS-GVO Art. 24 Rn. 85).

Die **Dauer der Verarbeitung** nennt Art. 24 Abs. 1 S. 1 nicht ausdr. als   34a Relevanzfaktor. Bereits im Falle der mit Art. 24 verwandten Vorläufernorm des § 9 BDSG aF war umstr., ob die Dauer der Speicherung für die Bestimmung des Risikos der Verarbeitung als maßgeblich zu berücksichtigen ist (dafür zB Plath in Plath BDSG aF § 9 Rn. 8; dagegen aber Karg in BeckOK DatenschutzR BDSG aF § 9 Rn. 100). Hinsichtlich der **Schwere** des Schadens für die Rechte und Freiheiten bleibt es iErg in vielen Fällen ohne beachtlichen Unterschied, wie lange Daten vorgehalten werden. Für die **Eintrittswahrscheinlichkeit** des Risikos ist die Dauer der Beeinträchtigung, die von einer Verarbeitung auf personenbezogene Daten ausgeht, demgegenüber gleichwohl relevant, da die Missbrauchsgefahr ihrer Natur nach mit zunehmender Dauer der Verarbeitung steigt. Sachgerecht ist es, die Dauer der Verarbeitung in der DS-GVO als **Umstand** der Verarbeitung iSd Abs. 1 S. 1 zu verstehen.

35 Die **Zwecke der Verarbeitung** legt der Verarbeiter selbst fest (vgl. Art. 5 Abs. 1 lit. b, → Art. 5 Rn. 26 ff.). Sie determinieren auch, ob und unter welchen Voraussetzungen eine Verarbeitung die Anforderungen, die Art. 6 Abs. 4 an eine Zweckänderung stellt, einhalten muss. Als Faustformel gilt: Die Risiken sind umso schwerer und die Eintrittswahrscheinlichkeit ist umso höher, je weiter der festgelegte Zweck reicht. Einzelne Verarbeitungszwecke **privilegiert** die DS-GVO normativ in vielfältiger Weise und weist ihnen damit ein jeweils differenziertes Schutzniveau zu. So gesteht sie im öffentl. Interesse liegenden Archivzwecken, wiss. und historischen Forschungszwecken sowie statistischen Zwecken Ausnahmen von den Art. 15, 16, 18 und 21 zu (Art. 89 Abs. 2 und 3; vgl. auch Art. 5 Abs. 1 lit. b Hs. 2). Ähnliches gilt für die Verarbeitung personenbezogener Daten zu journalistischen, künstlerischen oder literarischen Zwecken (Art. 85 Abs. 2; ErwGr 153 S. 2). Teilw. gestattet die DS-GVO den Mitgliedstaaten insoweit spezielle Regelungsvorbehalte im Wege von Öffnungsklauseln, zB für Beschäftigtendaten (Art. 88 Abs. 1).

36 **dd) Verfahren der Risikobestimmung.** Art. 24 Abs. 1 S. 1 gibt dem Verantwortlichen zwar die Parameter vor, mit deren Hilfe er das Risiko „anhand einer objektiven Bewertung" (ErwGrd 76 S. 2) zu bestimmen hat. Die Norm zwängt den Verantwortlichen aber nicht in ein Verfahrenskorsett, das er bei der Risikobestimmung einzuhalten hat: Ihm ist es insbes. grds. selbst überlassen, in welchen **verfahrenstechnischen Schritten** er das Risiko der Datenverarbeitung bestimmt. Ein sinnvoller erster Schritt kann darin bestehen, sich einen **Überblick über alle anfallenden Datenverarbeitungen** zu verschaffen. Für jede Verarbeitung kann der Verantwortliche anschließend bestimmen, ob ein Risiko vorliegt, ob also aus ihr Schäden an den Rechtsgütern der Betroffenen erwachsen können – sei es während der Verarbeitung, sei es in deren zeitlichem Vorfeld und deren Nachgang (Bieker/Bremert, ZD 2020, 7 (11 f.)). Diesen potenziellen Schäden kann der Verantwortliche sodann eine **Risikokategorie** zuordnen – insbesondere feststellen, „ob die Datenverarbeitung ein Risiko oder ein hohes Risiko birgt" (ErwGrd 76 S. 2).

36a In Art. 35 Abs. 3 benennt der Verordnungsgeber Verarbeitungskonstellationen, in denen das Produkt aus Schwere des Risikos und Eintrittswahrscheinlichkeit typischerweise ein **hohes Risiko** für die Rechte und Freiheiten der Betroffenen nach sich zieht (→ Art. 35 Rn. 28 ff.). Die ASB müssen insbes. Listen mit Positivbeispielen für solche Verarbeitungen veröffentlichen, die aufgrund ihres hohen Risikos einer Datenschutz-Folgenabschätzung bedürfen (Art. 35 Abs. 4, → Art. 35 Rn. 33 ff.). Sie können überdies Listen mit entsprechenden Negativbeispielen veröffentlichen (Art. 35 Abs. 5, → Art. 35 Rn. 38 ff.). Beide Listen geben dem Verantwortlichen wertvolle, Rechtssicherheit vermittelnde Orientierungsleitlinien für die Risikobestimmung an die Hand. Ihr Aussagegehalt beschr. sich aber darauf, ob ein hohes oder ein normales Risiko vorliegt und ob deshalb eine Datenschutz-Folgenabschätzung angezeigt (Art. 35 Abs. 1) und die Aufsichtsbehörde zu konsultieren ist (Art. 36 Abs. 1), bevor der Verantwortliche konkrete Maßnahmen ergreift (vgl. auch Petri in NK-DatenschutzR DS-GVO Art. 24 Rn. 11; Bieker/ Bremert/Hansen, DuD 2018, 492 (493 ff.)).

Da sich der Umf. der Pflichten, die Art. 24 Abs. 1 S. 1 auferlegt, nach der **36b** konkreten Höhe des Risikos bestimmt, das aufgrund der Verarbeitung **im Einzelfall** besteht, sind die Listen (wie auch die in Art. 35 Abs. 3 aufgenommenen Bsp.) mit Blick auf die Pflichten des Art. 24 Abs. 1 S. 1 regelmäßig nur ein **Risikoindiz.** Erst recht lassen sie keine Rückschlüsse darauf zu, welche Schutzmaßnahmen **im konkreten Fall** geeignet oder geboten sind. Dementsprechend entbinden weder Art. 35 Abs. 3 noch die Listen iSd Art. 35 Abs. 4 und 5 den Verantwortlichen davon, selbst eine Analyse des Risikos und eine Prognose vorzunehmen, inwieweit seine Schutzmaßnahmen hinreichend sind. Die ASB und die Gerichte überprüfen nicht, ob der Verantwortliche das Risiko der Verarbeitung in die zutreffende Kategorie eingeordnet hat, sondern lediglich, ob er mit Blick auf das tatsächliche Risiko geeignete Schutzmaßnahmen getroffen hat.

3. Erneute Prüfung und Aktualisierung (Abs. 1 S. 2)

Auf die einmal getätigten Eigenmaßnahmen des Verantwortlichen und dessen **37** Pflicht, den Nachweis für eine ordnungsgemäße Verarbeitung zu erbringen, verlässt sich die DS-GVO nicht ausschl. Sie gebietet auch, die Maßnahmen zu **überprüfen** und zu **aktualisieren** (Abs. 1 S. 2). Wer diese Aufgabe wahrnehmen soll, lässt der Wortlaut der VO dabei offen. In Betracht kommen neben dem Verantwortlichen auch Dritte, etwa die ASB oder Datenschutzbeauftragte. Aus dem Sinnzusammenhang des S. 2 mit S. 1 ergibt sich jedoch, dass die DS-GVO an dieser Stelle den **Verantwortlichen selbst adressiert.** Hätte der Normgeber von der Pflichtenzuschreibung zum Verantwortlichen, die Abs. 1 S. 1 vornimmt, abweichen wollen, hätte das einer ausdrücklichen Erwähnung bedurft. In der Sache hat er das auch nicht beabsichtigt (zust. Schmidt/Brink in BeckOK DatenschutzR DS-GVO Art. 24 Rn. 22). Das bekräftigt im Umkehrschluss auch die Entstehungsgeschichte der Norm: Der Entwurf der KOM sah in seinem Abs. 3 S. 2 noch vor, dass die Überprüfung „von unabhängigen internen oder externen Prüfern durchgeführt" wird.

Abs. 1 S. 2 steht in einem engen normativen Zusammenhang mit **Art. 32 37a Abs. 1 lit. d.** Dieser konkretisiert die Überprüfungs- und Aktualisierungspflicht sub specie des Gebotes der Verarbeitungssicherheit prozedural: Der Verantwortliche muss ein Verfahren etablieren, mit dessen Hilfe er die Wirksamkeit technischer und organisatorischer Maßnahmen, welche die Sicherheit der Verarbeitung gewährleisten sollen, regelmäßig überprüfen, bewerten und evaluieren kann. Art. 24 Abs. 1 S. 2 verharrt hinsichtlich des Inhaltes seines Pflichtenkataloges demgegenüber noch auf einer höheren Abstraktionsstufe.

Für die Überprüfung und Aktualisierung gibt die DS-GVO keinen festen **38 Zeitpunkt** oder **Turnus** vor. Darin unterscheidet sich die heutige Fassung der VO von dem Entwurf des EP. Dieser verlangte, dass eine Überprüfung mind. alle zwei Jahre stattfinden hat (Art. 22 Abs. 1a S. 2 DS-GVO-E(EP)). Im Trilog verständigten sich die Gesetzgebungsorgane später darauf, dass die Prüfung und die Aktualisierung **„erforderlichenfalls"** vorzunehmen sind.

Sie hat also zu erfolgen, wenn sich Anhaltspunkte dafür ergeben, dass sich die Rahmenbedingungen der Risikobewertung (etwa durch Anpassungen in der Datenverarbeitung) verschoben haben oder sich (etwa aufgrund gesetzlicher Anpassungen, Änd. im Bestand der genehmigten Verhaltensregeln oder des Zertifizierungsverfahrens, aber auch neuer gerichtlicher bzw. aufsichtsbehördlicher Entsch.) erweist, dass die getroffenen Maßnahmen nicht ausreichen, um die Rechtmäßigkeit der Verarbeitung in Übereinstimmung mit den Vorgaben der DS-GVO sicherzustellen (vgl. Bertermann in Ehmann/Selmayr DS-GVO Art. 24 Rn. 12). Der Verantwortliche muss daher ein Verfahren etablieren, mit dessen Hilfe er gewährleisten kann, einem Wandel rechtlicher oder tatsächlicher Gegebenheiten im Kontext der Datenverarbeitung Rechnung zu tragen. Die Endfassung der DS-GVO ist damit flexibler als ihre Entwürfe; sie bietet mehr Raum für eine **Einzelfallbetrachtung.** Diesen Vorteil erkauft sie allerdings um den Preis einer Einbuße an Rechtssicherheit. Die ordnungsgemäße Wahrnehmung der Pflicht zu überprüfen, fällt in den Aufgabenbereich der **ASB** (Art. 51 Abs. 1, Art. 57 Abs. 1 lit. a).

II. Datenschutzvorkehrungen (Abs. 2)

39 Unter welchen Voraussetzungen die Maßnahmen nach Abs. 1 auch Datenschutzvorkehrungen umfassen müssen, dekretiert Abs. 2 spezialgesetzlich. Der Rekurs auf Abs. 1 („die Maßnahmen gemäß Abs. 1") macht deutlich, dass Datenschutzvorkehrungen einen **Unterfall der Maßnahmen des Abs. 1** bilden. Das heißt aber nicht, dass dem Abs. 2 lediglich deklaratorischer Charakter zukommt. Indem der Unionsgesetzgeber die Datenschutzvorkehrungen in Abs. 2 gesondert herausstellt, betont er vielmehr ihre **Sonderstellung unter den organisatorischen Maßnahmen.** Gemeint sind Maßnahmen, die sich primär an **Vorgehensweisen** statt an Ergebnissen orientieren (vgl. Bertermann in Ehmann/Selmayr DS-GVO Art. 24 Rn. 14; Petri in NK-DatenschutzR DS-GVO Art. 24 Rn. 22). Das deuten sowohl die Gesetzgebungshistorie als auch ein Blick in andere Sprachfassungen an: Der Begriff der **Datenschutzvorkehrungen** (in der englischen Sprachfassung: „data protection policies", in der französischen: „politiques en matière de protection des données") entstammt dem DS-GVO-E(Rat). Er ersetzt das (noch im DS-GVO-E(KOM) und im DS-GVO-E(EP) verwendete) Begriffspaar **„Strategien und Maßnahmen"** („policies and measures" bzw. „des règles internes et les mesures"). Gemeinsam ist ihnen die Zielrichtung, Schutzmaßnahmen im Interesse der Rechte und Freiheiten Betroffener zu beschreiben. Der Begriff der Strategien (der auch in Art. 39 Abs. 1 lit. b und ErwGr 78 S. 2 Verwendung findet) betont tendenziell stärker den prozeduralen Aspekt, der Begriff der Schutzvorkehrungen eher das Schutzergebnis. In der englischen Fassung ist der Gleichlauf des Wortlautes zwischen Art. 24 Abs. 2 („protection policies") und Art. 39 Abs. 1 lit. b („internal policies") sowie ErwGr 78 S. 2 („policies of the controller") auch in der amtl. Endfassung gewahrt. Das deutet ebenfalls darauf hin, dass die DS-GVO mit der sprachlichen Varianz keine substanzielle inhaltliche Abweichung verknüpfen, sondern mit dem

Begriff – hier wie dort – vorrangig auf Vorgehensweisen bzw. Strategien rekurrieren wollte.

Der Begriff der „Vorkehrungen" findet sich im nationalen Recht an zahl- **40** reichen Stellen. So kann die Behörde dem Vorhabenträger im Rahmen eines Planfeststellungsverfahrens Vorkehrungen auferlegen, die erforderlich sind, um nachteilige Wirkungen auf Rechte anderer zu vermeiden oder das Wohl der Allgemeinheit zu schützen (§ 74 Abs. 2 S. 2 VwVfG). Ebenso müssen Betreiber immissionsschutzrechtlich genehmigungsbedürftiger Anlagen Vorkehrungen treffen, um Störfälle und andere benachteiligende Wirkungen zu verhindern (§ 3 Abs. 1 12. BImSchV, § 14 S. 1 Hs. 1 und S. 2 BImSchG). Sofern der Begriff in datenschutzrechtlichen Kontexten aufscheint (§ 27 RhPfLJVollzDSG, § 150 JVollzGB LSA), meinen Schutzvorkehrungen technische und organisatorische Maßnahmen „gegen unbefugten Zugang und unbefugten Gebrauch" der Daten. Das alte BDSG verwendete den Begriff demgegenüber nicht. Es kannte lediglich die Figur des **„Datenschutzkonzept[s]"** als Paralleltopos (§ 9a BDSG aF). Bei der Konkretisierung entsprechender Umsetzungsstrategien für solche Konzepte verfolgten die Unternehmen sehr unterschiedliche Ansätze: Während manche Datenschutzkonzepte es damit bewenden ließen, die einschlägigen datenschutzrechtlichen Regelungen zusammenzustellen, adaptierten andere die Grundschutzkataloge des Bundesamts für Sicherheit in der Informationstechnik, zT gemischt mit anderen Standards und Normen (Quiring-Kock DuD 2012, 832 (834)). Letztere Strategie entspricht einem **umfassenden Compliance-Management,** das sich nicht darauf beschränkt, materiell-rechtliche Vorgaben zu beschreiben, sondern Prozesse mit konkreten Handlungsanweisungen etabliert (Haag in FHS Datenschutz Teil 2 Kap. 2 Rn. 1 f.). IdS ist auch der Begriff „Datenschutzvorkehrungen" in Art. 24 Abs. 2 zu verstehen. Er beschreibt alle Maßnahmen, welche der Verantwortliche trifft, um **Verstöße** gegen die DS-GVO **durch inhaltliche oder prozedurale Vorgaben** zu **vermeiden.** Insofern verschärft der Begriff va die organisatorischen Maßnahmen des Abs. 1, indem er dem Verantwortlichen aufgibt, durch systematisches Vorgehen und Konzepte potenziellen Datenschutzbeeinträchtigungen als Teil einer **übergreifenden Strategie** möglichst erschöpfend und frühzeitig zu begegnen (vgl. auch Raschauer in Sydow DS-GVO Art. 24 Rn. 38). Zu einem solchen Datenschutz-Managementsystem gehört daher, einen Überblick über die Verarbeitungsprozesse inklusive der passenden technisch-organisatorischen Maßnahmen zu erstellen (vgl. Jung ZD 2018, 208 (210)). Insbesondere muss der Verantwortliche allen an der Verarbeitung Beteiligten klare Vorgehensweisen an die Hand geben, wie sie Risiken minimieren sollen. Dies illustriert mittelbar auch **Art. 39 Abs. 1 lit. b:** Die Vorschr. konkretisiert „Strategien des Verantwortlichen" beispielhaft mit der Hervorhebung „einschließlich der Zuweisung von Zuständigkeiten, der Sensibilisierung und Schulung der an den Verarbeitungsvorgängen beteiligten Mitarbeiter und der diesbezüglichen Überprüfungen". Das kann beispielsweise auch bedeuten, Verfahrenswege zu finden, die den beteiligten Mitarbeitern bei ihren Aktivitäten die Zweckbindung der Datenverarbeitungen regelmäßig vor Augen führen, Maßnahmen, die die Reaktion auf Störungen und Probleme im Verarbeitungsbetrieb im Voraus regeln (vgl. SDM, Baustein 80 Datenschutzmanagement S. 8 f.), oder Vorkehrungen, die dafür sorgen, dass Mitarbeiter die Verarbeitungsprozesse planvoll und systematisch beenden (vgl. a. a. O., S. 11).

41   Die Datenschutzvorkehrungen müssen **geeignet** sein, den Pflichteninhalt des Abs. 1 abzubilden. Da jede Datenschutzvorkehrung zugleich eine Maßnahme iSd Abs. 1 ist, bestimmt sich die Geeignetheit nach den dort festgeschriebenen risikobasierten Parametern (→ Rn. 26 ff.).

42   Der Verantwortliche muss eine grds. geeignete Datenschutzvorkehrung aber nur treffen, soweit sie „in einem **angemessen** Verhältnis zu den Verarbeitungstätigkeiten" steht. Vorkehrungen, die für große Unternehmen im Hinblick auf die Vielzahl der betroffenen Verarbeitungsprozesse angezeigt und zumutbar erscheinen, sind für kleine Unternehmen mit wenigen Verarbeitungsprozessen nicht unbedingt adäquat – und umgekehrt. Die Vorschr. bricht damit das **Verhältnismäßigkeitsprinzip** des Art. 52 Abs. 1 S. 2 GRCh auf das sekundärrechtliche Datenschutzrecht herunter (→ Rn. 24, 25b f.).

43   Neben den **risikobasierten Parametern** des Abs. 1 finden bei der Bewertung der Angemessenheit iSd Abs. 2 auch der **Stand der Technik** und **Implementierungskosten** Berücksichtigung (→ Art. 25 Rn. 38 ff.). Das ergibt sich zwar nicht unmittelbar aus dem Wortlaut des Art. 24; der Vorschlag des EP, diese Faktoren als normative Schranke ausdr. im Rahmen „alle[r] angemessene[n] Schritte" in den Verordnungstext zu implementieren (Art. 22 Abs. 1a DS-GVO-E(EP)), fand keinen Eingang in die Endfassung (→ Rn. 15). Das ändert aber nichts daran, dass der Stand der Technik und die Implementierungskosten sachimmanente Grenzen der Angemessenheit markieren, die das primärrechtliche Verhältnismäßigkeitsprinzip konkretisieren. Der Wortlaut lässt es auch zu, **Zwecke** zu berücksichtigen, welche die Verarbeitungstätigkeit **mittelbar verfolgt.** So kann etwa der wirtschaftliche Kontext der Verarbeitung oder eine verfolgte Gemeinnützigkeit bei der Beurteilung der Geeignetheit von Maßnahmen Beachtung finden.

III. Privilegierung von Maßnahmen regulierter Selbstregulierung (Abs. 3)

44   Das unionale Datenschutzrecht hat Instrumente der Selbstregulierung zwar schon bislang in **Art. 27 DSRL** Raum gegeben. Ihre Durchschlagskraft blieb in der Praxis aber schwach. Dazu hat auch beigetragen, dass das Unionsrecht den Akteuren bislang keine hinreichend **klaren normativen Anreize** mit auf den Weg gegeben hat, Verhaltensregeln zu nutzen (dazu für Deutschland bspw. Martini NVwZ-Extra 2016, 1 (9 f.)). Das will Art. 24 Abs. 3 – ähnlich wie Art. 25 Abs. 3 (→ Art. 25 Rn. 53 f.), Art. 28 Abs. 5 (→ Art. 28 Rn. 67 ff.) und Art. 32 Abs. 3 (→ Art. 32 Rn. 61 ff.) – ändern: Er gestattet, die Einhaltung genehmigter Verfahrensregeln (Art. 40) oder die Zertifizierung (Art. 42) als **„Gesichtspunkt"** heranzuziehen, um nachzuweisen, dass der Verantwortliche die datenschutzrechtlichen Pflichten erfüllt hat. Die intendierte Indizwirkung fasst die DS-GVO zugleich mit spitzen Fingern an: Die Wendung „Gesichtspunkt" deutet an, dass die Einhaltung genehmigter

Verhaltensregeln oder von Zertifizierungsverfahren nur ein Faktor unter mehreren ist, um die Erfüllung der Pflichten nachzuweisen.

Obgleich das Wort „**kann**" üblicherweise auf ein Ermessen der Verwaltung   45 hindeutet, streiten gute Gründe dafür, nicht von einem vollständigen Ermessensentscheidungsspielraum, sondern von einem **intendierten Entschließungsermessen** auszugehen: Sind die Selbstregulierungsregeln eingehalten, **sind** sie **regelmäßig** bei der Konkretisierung des Pflichteninhaltes nach Abs. 1 zu **berücksichtigen.** Etwas anderes gilt nur dann, wenn ausnahmsweise ein atypischer Fall vorliegt, der die gegenteilige Wertung erheischt. Wenn die ASB Verhaltensregeln und Zertifizierungen genehmigt, bindet sie sich insoweit grds. selbst (Veil in GSSV DS-GVO Art. 24 Rn. 209; für Zertifizierungen v. Braunmühl/Wittmann in Plath DS-GVO Art. 42 Rn. 16). Sie benötigt dann gute Gründe, um eine Verarbeitung im Nachhinein nicht mehr als DS-GVO-konform zu bewerten. Das Instrument der Selbstregulierung ist für den Verantwortlichen letztlich auch nur dann attraktiv, wenn er davon ausgehen kann, dass diese ihm auch einen tatsächlichen Nutzen in Gestalt einer abschätzbaren Entscheidung der ASB vermittelt.

Bei sehr weitem Verständnis lässt sich die Wendung („kann als Gesichts-   45a punkt herangezogen werden") auch als **widerlegliche Vermutung** deuten (so für gem. Art. 40 Abs. 9 als allgemein gültig erklärte Verhaltensregeln v. Braunmühl/Wittmann in Plath DS-GVO Art. 40 Rn. 23). Die Einhaltung der Pflichten ist dann (vorbehaltlich anderer Erkenntnisse) grds. zu unterstellen. Diese Lesart schösse aber über die offene Formulierung des Abs. 3 hinaus und gestünde Verhaltensregeln eine faktisch-normative Kraft zu, welche die DS-GVO in ihrer vorsichtig tastenden Annäherung an neue Selbstregulierungsinstrumente nicht implementiert hat. Zu berücksichtigen sind Verhaltensregeln und Zertifizierungsverfahren auch nur, soweit sie sich als **geeignet** erweisen, den Inhalt der Verarbeitungspflichten zu spiegeln, die den Einzelnen aus der DS-GVO treffen. Erforderlich ist zudem eine hinreichende Gewähr dafür, dass der Verantwortliche die genehmigten Verhaltensregeln tatsächlich **einhält.** Die ASB trifft insoweit eine **Prüfpflicht,** welche die DS-GVO mit ihrer zurückhaltenden Formulierung andeutet (für ein restriktives Verständnis auch Bertermann in Ehmann/Selmayr DS-GVO Art. 24 Rn. 15).

Verhaltensregeln können ganz unterschiedliche Regelungsfragen adres-   46 sieren. Sie dürfen aber nur in ihrem **jeweiligen Regelungsbereich** als Gesichtspunkt herangezogen werden. Das verdeutlicht Art. 40 Abs. 2 im Zusammenspiel mit Art. 24 Abs. 3. In ihrer sektoralen Beschränkung unterscheiden sich Verhaltensregeln von Zertifizierungen: Eine **Zertifizierung** belegt die Übereinstimmung bestimmter Verarbeitungsvorgänge mit der **gesamten DS-GVO** (Art. 42 Abs. 1 S. 1).

C. Vergleich zum bisherigen nationalen Datenschutzrecht

Die inhaltliche Konturierung der Pflichten des Verantwortlichen war im   47 nationalen Recht bisher **§ 9 BDSG aF iVm der Anl. 1** vorbehalten. Er verpflichtete den Verantwortlichen dazu, eine rechtmäßige Verarbeitung durch technische und organisatorische Maßnahmen zu gewährleisten. Die Pflicht, Maßnahmen zu überprüfen und zu aktualisieren, sowie die Nachweispflicht, wie sie Art. 24 Abs. 1 S. 2 nunmehr explizit etabliert, sah § 9 BDSG aF zwar nicht explizit vor. Eine entspr. **Dokumentation** der technischen und organisatorischen Maßnahmen war aber auch bislang zum Beweis ausreichender Maßnahmen in praxi unerlässlich (s. nur Karg in BeckOK DatenschutzR BDSG aF § 9 Rn. 88 f.). Ferner ergab sich eine Pflicht, die getroffenen Maßnahmen fortlaufend zu **überprüfen** und zu **aktualisieren**, in der Sache bereits aus der Gewährleistungspflicht des § 9 BDSG aF (Ernestus in Simitis BDSG aF § 9 Rn. 15). Auch insofern bewegt sich Art. 24 in der Tradition des bisher geltenden Rechtes. Die Zuordnung der Verantwortung und Haftung zum für die Verarbeitung Verantwortlichen entspricht ebenfalls praeter propter der alten Rechtslage.

D. Ausblick

48 Als **Generalnorm** wird Art. 24 va dort eine **praktische, Lücken füllende Relevanz** entfalten, wo er keine Konkretisierung durch speziellere Normen, wie z. B. Art. 25 oder Art. 32, erfährt. Dies betrifft insbes. die Pflicht, Maßnahmen zu überprüfen und zu aktualisieren sowie die Spezialregelung zu Datenschutzvorkehrungen in Abs. 2. Der Abstraktionsgrad der Vorschr. eröffnet dem EuGH zahlreiche **Auslegungsspielräume** mit **Überraschungspotenzial**. Die Leitlinien, Empf. und bewährten Verfahren zur einheitlichen Anwendung der DS-GVO, die der EDSA auf der Grundlage des **Art. 70 Abs. 1 lit. e** bereitstellt, können insoweit zur Rechtssicherheit entscheidend beitragen. Das sollten sie auch tun. Denn sonst bleibt das normative Programm der DS-GVO in Teilen ein nur eingeschränkt vollzugsfähiger Torso.

49 Den Mitgliedstaaten belässt Art. 24 – anders als zahlreiche andere Vorschr. der DS-GVO – **keinen Regelungsspielraum.** Über die Öffnungsklausel des Art. 6 Abs. 2 und 3 S. 2 können der Mitgliedstaaten den Verantwortlichen lediglich für die Verarbeitungen nach **Art. 6 Abs. 1 UAbs. 1 lit. c** (Verarbeitung in Erfüllung einer rechtlichen Verpflichtung) und **lit. e** (Wahrnehmung einer öffentlichen Aufgabe) Maßnahmen mit auf den Weg geben, welche diese zu ergreifen haben, damit die Verarbeitung rechtmäßig und nach Treu und Glauben (Art. 5 Abs. 1 lit. a) erfolgt. Dies schließt die Befugnis ein, technische und organisatorische Maßnahmen anzuordnen. Insoweit steht den Mitgliedstaaten ein limitierter Konkretisierungsspielraum zu.

50 Für eine rechtssichere Handhabung des Art. 24 werden genehmigte **Verhaltensregeln** und **Zertifizierungen** eine segensreiche Wirkung entfalten können. An dieser Nahtstelle zwischen einseitiger Rechtsetzung und Koregulierung sind die Verbände, die ASB, die KOM und der EDSA aufgerufen, den – gerade für das Datenschutzrecht tragfähigen – Grundgedanken der regulierten Selbstregulierung mit Leben zu füllen (vgl. Art. 40 Abs. 1 und Art. 42 Abs. 1). Gelingt dies nicht, wird die Kritik an der normativen Flughöhe der technikbezogenen Regelungen der DS-GVO (etwa Roßnagel/Richter/Nebel ZD 2013, 103 (106); Münch RDV 2012, 72 (77); Richter DuD 2012, 576 (579 f.) nicht abflauen.

Art. 25 Datenschutz durch Technikgestaltung und durch datenschutzfreundliche Voreinstellungen

(1) Unter Berücksichtigung des Stands der Technik, der Implementierungskosten und der Art, des Umfangs, der Umstände und der Zwecke der Verarbeitung sowie der unterschiedlichen Eintrittswahrscheinlichkeit und Schwere der mit der Verarbeitung verbundenen Risiken für die Rechte und Freiheiten natürlicher Personen trifft der Verantwortliche sowohl zum Zeitpunkt der Festlegung der Mittel für die Verarbeitung als auch zum Zeitpunkt der eigentlichen Verarbeitung geeignete technische und organisatorische Maßnahmen – wie z. B. Pseudonymisierung –, die dafür ausgelegt sind, die Datenschutzgrundsätze wie etwa Datenminimierung wirksam umzusetzen und die notwendigen Garantien in die Verarbeitung aufzunehmen, um den Anforderungen dieser Verordnung zu genügen und die Rechte der betroffenen Personen zu schützen.

(2) ¹ Der Verantwortliche trifft geeignete technische und organisatorische Maßnahmen, die sicherstellen, dass durch Voreinstellung nur personenbezogene Daten, deren Verarbeitung für den jeweiligen bestimmten Verarbeitungszweck erforderlich ist, verarbeitet werden. ² Diese Verpflichtung gilt für die Menge der erhobenen personenbezogenen Daten, den Umfang ihrer Verarbeitung, ihre Speicherfrist und ihre Zugänglichkeit. ³ Solche Maßnahmen müssen insbesondere sicherstellen, dass personenbezogene Daten durch Voreinstellungen nicht ohne Eingreifen der Person einer unbestimmten Zahl von natürlichen Personen zugänglich gemacht werden.

(3) Ein genehmigtes Zertifizierungsverfahren gemäß Artikel 42 kann als Faktor herangezogen werden, um die Erfüllung der in den Absätzen 1 und 2 des vorliegenden Artikels genannten Anforderungen nachzuweisen.

BDSG und anderes nationales Recht: § 71 BDSG, § 13 Abs. 4 S. 1 u. 7 TMG (kommentiert unter → BDSG § 71 Rn. 1 ff.).

Literatur: *Baek/Bae/Jeong/Kim/Rhee,* Changing the default setting for information privacy protection: What and whose personal information can be better protected?, The Social Science Journal 2014, 523; *Baumgartner/Gausling,* Datenschutz durch Technikgestaltung und datenschutzfreundliche Voreinstellungen – Was Unternehmen jetzt nach der DS-GVO beachten müssen, ZD 2017, 308; *Bieker/Hansen,* Datenschutz „by Design" und „by Default" nach der neuen europäischen Datenschutz-Grundverordnung, RDV 2017, 165; *Boehme-Neßler,* Privacy by Design – Der EU-Datenschutz als Modell moderner Gesetzgebung, ZG 2013, 242; *Danezis/Domingo-Ferrer/Hansen/Hoepman/Le Metayer/Tirtea/Schiffner,* Privacy and Data Protection by Design – from policy to enginering, abrufbar unter https://www.enisa.europa.eu/publications/privacy-and-data-protection-by-design; *Dix,* Konzepte des Systemdatenschutzes, in Roßnagel (Hrsg.) Handbuch Datenschutzrecht, 2003; EDSA, Guidelines 4/2019 on Article 25 Data Protection by Design and by Default, https://edpb.europa.eu/sites/edpb/files/consultation/edpb_guidelines_201904_dataprotection_by_design_and_by_default.pdf; *Fischer-Hübner/Berthold,* Privacy-Enhancing Technologies, in Vacca (Hrsg.): Computer and Information Security Handbook, 2013; *Härting,*

Art. 23 Abs. 1 DSGVO (Privacy by Design): Cupcake ohne Rezept, PinG 2015, 193; *Hornung,* Datenschutzrechtliche Aspekte der Social Media, in Hornung/Müller-Terpitz (Hrsg.), Rechtshandbuch Social Media, 2014; *ders.,* Datenschutz durch Technik in Europa, ZD 2011, 51; *Jandt,* Datenschutz durch Technik in der DS-GVO, DuD 2017, 562; *Martini,* Do it yourself im Datenschutzrecht, NVwZ-Extra 2016, 1; *Martini/Weinzierl,* Mandated Choice: der Zwang zur Entscheidung auf dem Prüfstand von Privacy by Default (Art. 25 Abs. 2 S. 1 DSGVO), RW 2019, 287; *Niemann/Scholz,* Privacy by Design und Privacy by Default – Wege zu einem funktionierenden Datenschutz in Sozialen Netzwerken, in Peters/Kersten/Wolfenstetter (Hrsg.), Innovativer Datenschutz, 2012, 109; *Quiring-Kock,* Anforderungen an ein Datenschutzmanagementsystem, DuD 2012, 832; *Richter,* Datenschutz durch Technik und die Grundverordnung der EU-Kommission, DuD 2012, 576; *Roßnagel,* Modernisierung des Datenschutzrechts für eine Welt allgegenwärtiger Datenverarbeitung, MMR 2005, 71; *Roßnagel/Richter/Nebel,* Besserer Datenschutz für Europa, ZD 2013, 103; *Pohle,* Das Scheitern von Datenschutz by Design: Eine kurze Geschichte des Versagens, FIfF 2015, 51; *Schulz,* Privacy by Design, CR 2012, 204; *Steinebach/Jung/Krempel/Hoffmann,* Datenschutz und Datenanalyse, DuD 2016, 440; *Stollhof,* Datenschutzgerechtes E-Government, Baden-Baden, 2012; *Taeger/Schweda,* Die gemeinsam mit anderen Erklärungen erteilte Einwilligung, ZD 2020, 124; *Thoma,* Risiko im Datenschutz, ZD 2013, 578; *Veil,* DS-GVO: Risikobasierter Ansatz statt rigides Verbotsprinzip – Eine erste Bestandsaufnahme, ZD 2015, 347.

Übersicht

A. Allgemeines

Art. 25 konkretisiert die Generalklausel des Kap. IV (sc Art. 24): Er erlegt **1**
dem Verantwortlichen spezifische Pflichten zum **Datenschutz durch Technikgestaltung** sowie durch **datenschutzfreundliche Voreinstellungen**
auf und verleiht diesen konzeptionellen Grundideen des Privatheitsschutzes
damit bes. normative Schlagkraft.

I. Überblick über Regelungsinhalt und -systematik der Norm

Abs. 1 verpflichtet den Verantwortlichen dazu, durch „technische und orga- **2**
nisatorische Maßnahmen" die Datenschutzgrundsätze wirksam umzusetzen
und die Gewähr dafür zu bieten, dass die Verarbeitung mit den Regeln der
DS-GVO übereinstimmt. Einen konkreten Maßnahmenkatalog hält die Vorschrift nicht vor. Vielmehr ist sie bewusst **technikneutral** ausgestaltet. Der
Unionsgesetzgeber trägt damit dem Umstand Rechnung, dass sich die Technologien im Bereich des Datenschutzes stetig fortentwickeln und damit auch
der normative Rahmen entwicklungsoffen bleiben sollte. Die Kehrseite dieses
regulatorischen Weges ist ein hoher Abstraktionsgrad des Regelungsinhalts.
Abs. 2 wird etwas konkreter: Er setzt das allgemeine Prinzip „Data Protection
by Default" normativ um. Der Verantwortliche muss seine Voreinstellungen,
insbes. bei Opt-out-Einstellungen von Telemedien, so ausgestalten, dass er
nur die Daten verarbeitet, die für den jeweiligen Verarbeitungszweck erforderlich sind – nicht-erforderliche Daten darf er nicht „durch Voreinstellung"
verarbeiten („Data Protection by Default"; → Rn. 45 ff.). Die VO konkretisiert damit die Gebote der **Datenminimierung** (Art. 5 Abs. 1 lit. c (→ Art. 5

Rn. 34 ff.)) und der **Speicherbegrenzung** (Art. 5 Abs. 1 lit. e (→ Art. 5
Rn. 43 ff.)) sowie den **Zweckbindungsgrundsatz** (Art. 5 Abs. 1 lit. b
(→ Art. 5 Rn. 23 ff.)).

3   Angesichts der tatbestandlichen Weite und Konkretisierungsbedürftigkeit
der Regelungen des Abs. 1 und 2 zeigt sich **Abs. 3** in bes. Weise für Maßnahmen der **regulierten Selbstregulierung** offen. Diese aufzuwerten, erweist sich auch als sachgerecht, fristete das Konzept regulierter Selbstregulierung in der Vergangenheit doch (ungeachtet seines gerade im Datenschutzrecht hohen Potenzials) ein Schattendasein (dazu im Einzelnen Martini
NVwZ-Extra 6/2016, 1 (7 ff.)). Einer Zertifizierung auf der Grundlage des
Art. 42 kann nunmehr **Indizwirkung** dafür zukommen, dass der Verantwortliche die Anforderungen des Art. 25 Abs. 1 und Abs. 2 einhält (→ Rn. 15, 53;
vgl. auch Art. 24 Abs. 3 → Art. 24 Rn. 44 ff.). Anders als Art. 24 Abs. 3 und
Art. 32 Abs. 3 nimmt Abs. 3 nicht auf die Einhaltung genehmigter Verhaltensregeln iSd Art. 40 Abs. 2 lit. h Bezug. Befolgt der Verantwortliche sie,
dürfte dies ihm in der Praxis gleichwohl den Nachweis erleichtern, dass er die
Anforderungen des Art. 25 Abs. 1 und 2 erfüllt (→ Rn. 53a).

II. Einordnung in die Regelungssystematik der DS-GVO und des unionalen Datenschutzrechts

4   Ein Verstoß gegen das Data-Protection-by-Default-Gebot (Art. 25 Abs. 2;
→ Rn. 44 ff.) zeigt normativ nicht unmittelbar Auswirkungen auf die **Wirksamkeit von Einwilligungen zur Datenverarbeitung** (Art. 7). Denn
Art. 25 Abs. 2 ist Teil des Abschnitts, der die „Allgemeine[n] Pflichten" des
Verantwortlichen formuliert, und als solcher strukturell von den Bestimmungen getrennt, welche die Voraussetzungen der Einwilligung dekretieren. Unzulässige Voreinstellungen im Sinne des Art. 25 Abs. 2 – etwa eine daten-
schutzunfreundlich vormarkierte, wenn auch abwählbare, Auswahl (Opt-out)
– torpedieren faktisch aber regelmäßig auch wirksame Verarbeitungseinwil-
ligungen (Martini/Weinzierl RW 2019, 287 (307 ff.)). Denn derartige Voreinstellungen wirken auf der Einwilligungsebene fort. Sie lassen sich zwar
regelmäßig mit dem Koppelungsverbot (Art. 7 Abs. 4) vereinen. Denn Voreinstellungen machen die Vertragserfüllung nicht von der Einwilligung in
eine Datenverarbeitung abhängig, die dafür nicht erforderlich ist. Sie schließen den Nutzer insbesondere typischerweise nicht für den Fall von dem
Dienst aus, dass dieser seine Einwilligung verweigert. Eine Opt-out-Vorein-
stellung generiert jedoch keine „eindeutige bestätigende [Einwilligungs-]
Handlung". „Bereits angekreuzte Kästchen" sind keine wirksame Einwilligung (ErwGr 32 S. 3; sa EuGH MMR 2019, 732 (735); Buchner/Kühling
in Kühling/Buchner DS-GVO Art. 7 Rn. 57 f.). Darauf basierende Einwilligungen sind unwirksam; die normativen Anforderungen des Art. 25 Abs. 2
und der allgemeinen Einwilligungsvorschriften laufen insoweit parallel (Marti-
ni/Weinzierl RW 2019, 287 (309 f.)).

4a   Maßnahmen des Datenschutzes durch Technik und datenschutzfreundliche
Voreinstellungen teilen mit Maßnahmen der **Datensicherheit** eine hohe
Schnittmenge (→ Art. 32 Rn. 1b). Denn Datensicherheit ist das unverzicht-

bare Fundament wirksamen Datenschutzes durch Technik (Mantz in HK-DS-GVO Art. 25 Rn. 14). Die Datensicherheit ist aber nicht der primäre Gegenstand des Art. 25. Diese zu regeln, behält die DS-GVO vielmehr der Vorschr. des **Art. 32** vor.

Auch **Art. 89 Abs. 1 S.** 2 versteht sich im Verhältnis zu Art. 25 als Lex **4b** specialis. Jener formuliert – in sehr ähnlicher Diktion – Anforderungen an den Datenschutz durch Technik bei solchen Datenverarbeitungen, die zu (im öffentl. Interesse liegenden) **Archivzwecken, zu wiss.** **oder historischen Forschungszwecken** oder zu **statistischen Zwecken** erfolgen.

Ob der Verantwortliche die Anforderungen des Art. 25 erfüllt, unterliegt **5** der **Überwachungsverantwortung der ASB** (Art. 57 Abs. 1 lit. a). Sie verfügen über umfangreiche Untersuchungs- (Art. 58 Abs. 1) und Abhilfebefugnisse (Art. 58 Abs. 2). Insbes. kann die Behörde dem Verantwortlichen konkrete **Anweisungen** auferlegen, wie er einen Verstoß zu beseitigen hat (Art. 58 Abs. 1 lit. d). Sofern der Verantwortliche diese nicht befolgt, darf die ASB gegen ihn eine **Geldbuße** verhängen (Art. 58 Abs. 2 lit. i iVm Art. 83 Abs. 5 lit. e und Art. 83 Abs. 6). Die DS-GVO gestattet ihr auch, Verstöße gegen Art. 25 ausnahmsweise **ohne vorherige Anweisung** zu sanktionieren (Art. 58 Abs. 2 lit. i iVm Art. 83 Abs. 4 lit. a). Dies gilt insbesondere für Verstöße gegen das Gebot, datenschutzfreundliche Voreinstellungen zu verwenden (Abs. 2). Grundsätzlich hat jedoch – schon mit Blick auf die Unbestimmtheit der normativen Anforderungen des Art. 25 und das Gebot des mildesten Mittels – eine konkretisierende Anordnung der ASB voranzugehen (zu den praktischen Grenzen vgl. auch Hanßen in Wybitul EU-Datenschutz-Grundverordnung, 2017, DS-GVO Art. 25 Rn. 14). Bei der **Bemessung der Geldbuße** ist der Grad der Verantwortung für organisatorische und technische Maßnahmen, den Art. 25 dem Verantwortlichen auferlegt, gebührend zu berücksichtigen (Art. 83 Abs. 2 S. 2 lit. d).

Verstöße gegen Art. 25 können einen **Schadenersatzanspruch** des **6** Betroffenen nach **Art. 82** nach sich ziehen: Soweit die Integration der technischen und organisatorischen Maßnahmen in die Verarbeitungsprozesse nicht den Anforderungen des Art. 25 Abs. 1 bzw. Abs. 2 genügt, haftet der Verantwortliche für alle **materiellen und immateriellen Schäden,** die dem Betroffenen hierdurch entstehen. Einen vorbehaltlosen Rechtsgüterschutz gewährt dieser Haftungsanspruch dem Betroffenen aber nicht – dies schon deshalb, weil auch begrenzende Faktoren, wie der Stand der Technik und die Implementierungskosten, den Anforderungen des Art. 25 Abs. 1 Schranken setzen.

Für die Datenverarbeitung der **Gefahrenabwehr- und Strafverfolgungs-** **7** **behörden** hält **Art. 20 JI-RL** (Parallel-)Regelungen zum Datenschutz durch Technik und datenschutzfreundliche Voreinstellungen vor. Seine Abs. 1 und 2 stimmen mit Art. 25 Abs. 1 und 2 wörtlich überein. Da sich der Anwendungsbereich der JI-RL auf Bereiche klassischer hoheitlicher Aufgabenerfüllung beschr. (Art. 2 Abs. 1 iVm Art. 1 Abs. 1), kennt sie konsequenterweise – anders als Art. 25 Abs. 3 – keine Bestimmungen zur regulierten Selbstregulierung. Der deutsche Gesetzgeber setzt die Vorgaben des Art. 20 JI-RL in **§ 71 BDSG** nahezu wortgetreu um.

III. Sinn und Zweck der Vorschrift

8 Das Konzept eines **Datenschutzes durch Technik** („Data Protection by Design" – Abs. 1) und **datenschutzfreundliche Voreinstellungen** („Data Protection by Default" – Abs. 2) propagieren Literatur und Praxis bereits seit geraumer Zeit (s. zu dieser Diskussion bspw. Hornung ZD, 2011, 51; Pohle FIfF 2015, 41). Ihre Grundideen haben sich nunmehr in Art. 25 Bahn gebrochen. Die Vorschr. gehört zu den **Kernelementen** und **Innovations-bausteinen der DS-GVO.** Beide Datenschutzkonzepte sind von dem Ziel getragen, der Komplexität moderner Datenverarbeitungsvorgänge und ihren Herausforderungen für die informationelle Selbstbestimmung auf einer möglichst niedrigschwelligen Ebene zu begegnen.

1. Abs. 1

9 Auf den ersten Blick wirkt **Abs. 1** im Verhältnis zu Art. 24 Abs. 1 S. 1 wie eine überflüssige Doppelregelung. Denn schon dieser legt dem Verantwortlichen auf, durch technische und organisatorische Maßnahmen die Einhaltung der Anforderungen der DS-GVO sicherzustellen. Über diese normative Forderung geht Art. 25 Abs. 1 aber hinaus: Er verleiht dem Konzept des Datenschutzes durch Technik inhaltliche Kontur.

10 Die Vorschr. trägt der Erkenntnis Rechnung, dass adäquater Schutz der Privatheit im digitalen Zeitalter ohne datenschutzgerechte Technikgestaltung nicht denkbar ist. Das Konzept **„Privacy by Design"** setzt entspr. auf der Erkenntnis auf, dass sich der Schutz informationeller Selbstbestimmung am besten sicherstellen lässt, wenn er bereits in die Programmierung und architektonische Konzipierung der Datenverarbeitungsvorgänge sowie der Datenverarbeitungstechnik integriert ist und bei deren Entwicklung Berücksichtigung findet (vgl. insbes. EDSB Opinion 7/2015, 14; RPG Modernisierung des Datenschutzrechts, 35 mwN; Cavoukian Privacy by Design – The 7 Foundational Principles, 2011, 2 f.). **Technik** ist in diesem Konzept also nicht mehr nur Regelungsgegenstand des Datenschutzes, sondern dessen Inhalt. Sie steht im Dienste seiner Ziele und seines Vollzugs (Roßnagel MMR 2005, 71 (74); DSK Ein modernes Datenschutzrecht für das 21. Jahrhundert, 7). Gelingen kann dies zum einen durch die Integration sog **Privacy Enhancing Technologies** in die Verarbeitungsvorgänge. Bei ihnen handelt es sich um Technologien, die es dem Einzelnen ermöglichen, den Schutz seiner personenbezogenen Daten wirksam wahrzunehmen (ohne die Funktionalität des Dienstes zu beeinträchtigen). Bsp. sind die **(Teil-)Anonymisierung von Identitäten,** wie IP-Adressen beim Webbrowsen (zB via Tor), die Möglichkeit Betroffener, (zB über ein Datencockpit) Kontrolle über ihre Datennutzung zu erhalten (insbes. auf alle Informationen zuzugreifen, die ein Verantwortlicher über ihn speichert) oder Daten (etwa über APIs) nach den Grundsätzen der **Differential Privacy** bereitzustellen, also auf eine Weise, die aus einer Datensammlung keine Rückschlüsse darauf erlaubt, ob die Daten einer bestimmten Person in die Sammlung eingeflossen sind (etwa durch Begrenzung der verfügbaren Informationen über die Einzelpersonen oder sogar aktive Veränderung/Verrauschung von Datenpunkten; vgl. Heurix et al., Computers&Security 53 (2015), 1 ff.). Zum anderen sind aber auch **organisatorische Maßnahmen,** die durch prozedurale Sicherungen darauf hinwirken, datenschutzrechtliche Prinzipien einzuhalten, zur Umsetzung des Konzeptes essenziell (EDSB Opinion 7/2015, 14).

Das Konzept eines Datenschutzes durch Technik schlägt einen Weg **inte-** 11 **grierten Privatheitsschutzes** ein: Statt darauf zu vertrauen, dass die verarbeitenden Stellen das geltende Recht auf der Grdl. gesonderter, nachträglicher Maßnahmen umsetzen, implementiert es die datenschutzrechtlichen Anforderungen bereits als festen Bestandteil in die Systementwicklung und vermindert damit die **Kontroll- bzw. Systemanpassungskosten** (Boehme-Neßler ZG 2013, 242 (246); Schulz CR 2012, 204 (204); Kipker DuD 2015, 6; Roßnagel NZV 2006, 281 (286)). Es schwört die Technikgestaltung darauf ein, sich in allen Anwendungsbereichen und Phasen an den Geboten des Privatheitsschutzes auszurichten. Möglichen Datenschutzverstößen begegnet das Konzept dadurch im Idealfall **präventiv** und stärkt das Vertrauen der Betroffenen in die Verarbeitungssysteme (Cavoukian Privacy by Design – The 7 Foundational Principles, 2011, 1; zu einer Anwendung dieser Prinzipien bei der Softwarebeschaffung siehe bspw. Buss CR 2020, 1 ff.). Zugleich schützt Datenschutz durch Technikgestaltung infolgedessen die Betroffenen wirksam. Denn diese können die Vielzahl der unterdessen allgegenwärtigen Datenverarbeitungsvorgänge und die mit ihnen verbundenen Implikationen typischerweise nicht mehr vollständig überblicken (RPG Modernisierung des Datenschutzrechts, 36; instruktiv zur Allgegenwärtigkeit der Datenverarbeitung Roßnagel MMR 2005, 71).

2. Abs. 2

Art. 25 **Abs. 2** schwört den Verantwortlichen auf eine bes. Form der Pri- 12 vatheit durch Technik ein: Data Protection by Default. Er darf die **Voreinstellungen,** die er setzt, nicht vorrangig an dem – ökonomisch nachvollziehbaren – Wunsch ausrichten, seine Datenströme zu maximieren. Vielmehr müssen sie die **Entscheidungsautonomie** des Nutzers wahren und so dem Grundsatz der **Datenminimierung** (Art. 5 Abs. 1 lit. c; → Art. 5 Rn. 34 ff.) Folge leisten. Die **zulässigen Verarbeitungszwecke** schränkt der Normgeber damit nicht ein. Er reduziert die Datenverarbeitung vielmehr auf die **Menge** und **Tiefe,** die **erforderlich** sind, um den Verarbeitungszweck zu erfüllen (Niemann/Scholz in Peters/Kersten/Wolfenstetter (Hrsg.) Innovativer Datenschutz, 109 (114)). Dies soll die Datensammelleidenschaft moderner Big-Data-Dienstleister domestizieren, deren Geschäftsmodell darauf angelegt ist, den Nutzern in reichlichem Umf. personenbezogene Daten abzuringen, um den Datenstrom ökonomisch auszubeuten.

„Datenschutz durch Voreinstellungen" soll insbes. diejenigen Nutzer schüt- 13 zen, welche die datenschutztechnischen Implikationen der Verarbeitungsvorgänge entweder nicht zu erfassen in der Lage sind oder sich darüber keine Gedanken machen und sich deshalb auch nicht dazu veranlasst sehen, aus eigenem Antrieb datenschutzfreundliche Einstellungen vorzunehmen, obwohl der Telemediendienst ihnen diese Möglichkeit prinzipiell eröffnet. Abs. 2 reagiert damit insbes. auf das sog **Privacy Paradox und verhaltensökonomische Erkenntnisse:** Internetnutzer bekunden – wie empirische Untersuchungen valide belegen – eine abstrakt hohe Wertschätzung für den Schutz ihrer Privatsphäre, verhalten sich aber im Alltagskontext realiter anders. Sie tun – sei es aus Trägheit, Unkenntnis oder einer intuitiven Abwägung der Vor- und Nachteile – insbes. wenig dafür, um die Persönlichkeitsautonomie in der digitalen Welt wirksam vor den Gefahren zu schützen, die auf dem Weg zu einer „gelebten Privatheit" lauern (dazu etwa Athey/Catalini/Tucker, The Digital Privacy Paradox: Small Money, Small Costs, Small Talk, 2017 mit einem Experiment unter 3000 Studierenden, das der Leitfrage verschrieben war: Pizza over privacy?; Dienlin/Trepte, European Journal of Social Psychology 45 (2015), 285 (286 f.) mwN zur soziologischen Analyse des Phänomens; Martini in Hill/Martini/Wagner Die digitale Lebenswelt gestalten, 2015, 9 (29 ff.) mwN). Nutzer ändern insbes. die Voreinstellungen, welche der Diensteanbieter getroffen hat, typischerweise nicht ab, sondern behalten diese bei (sog **Default-Effekt**). Sie sparen damit **Transaktionskosten** der (Um-)Entscheidung. Die Nutzer verhalten sich auch deshalb so, weil sie der Person, die eine Voreinstellung gesetzt hat, (schon kraft ihres überlegenen Sachwissens) im Grundsatz Vertrauen entgegenbringen (sog **Recommendation Bias**) und die Nachteile fürchten, die sich aus der Abweichung vom Default-Zustand ergeben **(Loss-Aversion)** oder weil die Entscheidungssituation sie überfordert **(Cognitive Effort;** dazu bspw. Martini/Weinzierl RW 2019, 287 (288 f.)).

14   Der Gesetzgeber geht aber nicht (ähnlich wie Art. 23 Abs. 1 S. 4 VO Nr. 1008/2008: „Annahme […] auf „Opt-in"-Basis")) so weit, einen generellen Opt-in-Zwang zu formulieren, der den Nutzer dazu anstupst, Dienste möglichst datenschutzfreundlich zu nutzen, indem er (datenschutzunfreundliche) Berechtigungen erst händisch durch Opt-in erteilen muss (→ Rn. 46b). Das Ziel der Regelung ist vielmehr, dem Individuum autonom getroffene Entscheidungen zu ermöglichen, indem sie besonders manipulative **datenschutzfeindliche Voreinstellungen unterbindet.** Data Protection by Default soll so mittelbar das Verhalten von Nutzern mit deren privatsphärenschutzgeneigter Grundhaltung synchronisieren.

3. Abs. 3

15   Um dem Potenzial **regulierter Selbstregulierung** Leben einzuhauchen, setzt **Abs. 3** den Verantwortlichen Anreize, von ihren Möglichkeiten im Datenschutzrecht Gebrauch zu machen: Durchläuft ein Verantwortlicher erfolgreich ein Zertifizierungsverfahren, erleichtert ihm dies gegenüber der ASB den Nachweis, dass er die Anforderungen des Datenschutzes durch Technik und datenschutzfreundliche Voreinstellungen einhält.

IV. Entstehungsgeschichte der Norm

1. Kommissionsentwurf

Bereits der **DS-GVO-E(KOM)** enthielt Regelungsvorschläge zum Daten- 16
schutz durch Technik und datenschutzfreundliche Voreinstellungen
(**Art. 23**). Abs. 1 des Entwurfs lehnte sich noch stark an Art. 17 Abs. 1 DSRL
an. Abs. 2 des DS-GVO-E(KOM) gab dem Verantwortlichen auf, durch
entspr. Verfahren sicherzustellen, dass die Datenverarbeitung nicht über das
Maß hinausgeht, das für den jeweiligen Zweck erforderlich ist. Die KOM
hatte dabei insbes. **datenschutzfreundliche Voreinstellungen** im Auge,
auch wenn der Anwendungsbereich der Norm dies aufgrund des weiten
Wortlautes nicht klar zum Ausdruck brachte und nicht hierauf beschränkt war.
Abs. 2 sollte auf diese Weise dazu beitragen, den Grundsatz der **Datenminimierung** mit Leben zu füllen. Die Abs. 3 u. 4 des DS-GVO-E(KOM)
verliehen der KOM Befugnisse, **delegierte Rechtsakte** zu erlassen. Ihnen
sollte die Aufgabe zuwachsen, die Abs. 1 und 2 zu konkretisieren sowie technische Standards festzulegen. Der DS-GVO-E(EP) und die Endfassung der
VO haben diese Vorschläge nicht übernommen. Dass heute Ermächtigungen
für delegierte Rechtsakte fehlen, trägt jedoch nicht unwesentlich dazu bei,
dass die DS-GVO sich in Teilen als Regelungstorso präsentiert, dem die
normative Vollendung fehlt. Denn der Regelungsgehalt des Art. 25 hinterlässt
reichlich Konkretisierungsbedarf; er kennt – im Gegensatz zu vielen anderen
Stellen der VO – auch keine mitgliedstaatliche Öffnungsklausel als Kompensation für die fehlende Kommissionsermächtigung.

2. Entwurf des Parlaments

Der DS-GVO-E(EP) wollte den Anwendungsbereich des Art. 25 auf den 17
Auftragsverarbeiter erweitern und verankerte in Abs. 1 explizit das **Verhältnismäßigkeitsprinzip**. Stärker als die KOM betonte er das Grundprinzip, den Pflichtenumfang an die Risiken anzupassen, die dem Betroffenen aus
der Verarbeitung erwachsen (**risikobasierter Ansatz;** vgl. dazu Veil ZD
2015, 347 (348)). Überdies verschärfte das EP die Anforderungen an den
Datenschutz durch Technik. So sollten der Verantwortliche und der Auftragsverarbeiter „neueste technische Errungenschaften" und „bewährte internationale Verfahren" bei der Planung und Umsetzung von Maßnahmen
berücksichtigen (Abs. 1). In Abs. 1 schlug das Parlament vor, einen S. 2 und
3 einzufügen, die den Ansatz „Datenschutz durch Technik" hin zu einem
ganzheitlichen Schutzkonzept eines **„Lebenszyklusmanagement(s)"** konkretisieren sollten. Diese Ergänzungen verwarf der Ratsentwurf wieder.

3. Fassung des Rates

Der DS-GVO-E(Rat) näherte den Art. 25 weitgehend seiner heutigen Form 18
an. Abs. 2 regelte fortan den Datenschutz durch geeignete **Voreinstellungen**
explizit. Zudem konkretisierte er den risikobasierten Ansatz durch die heute
in der VO zu findende Wendung „unter Berücksichtigung [...] der **Art,** des

Umfangs, der **Umstände** und der **Zwecke** der Verarbeitung sowie der unterschiedlichen **Eintrittswahrscheinlichkeit** und **Schwere"** (Hervorhebung d. Verf.). Der ER strich auch das Gebot, Datenschutz durch Technik bei **öffentl. Ausschreibungen** gem. der RL 2004/18/EG zu berücksichtigen. Das EP hatte dies noch in Abs. 1a vorgeschlagen. Auch Abs. 3 verlieh der ER seine heutige Kontur.

4. Trilog

19 Der Trilog strich die Privilegierung des Verarbeitungszweckes „der Öffentlichkeit Informationen zur Verfügung (zu) stellen", die Abs. 2 des Ratsentwurfes noch vorgesehen hatte, und nahm redaktionelle Änd. des Wortlautes vor. Die Idee des EP, die Umsetzung des Konzeptes „Datenschutz durch Technik" bei öffentl. Ausschreibungen zu berücksichtigen, nahm der DS-GVO-E(Trilog) in abgeschwächter Form wieder in die ErwGr auf: Öffentliche Auftraggeber „sollte[n] […] den Grundsätzen des Datenschutzes durch Technik und durch datenschutzfreundliche Voreinstellungen bei öffentlichen Ausschreibungen Rechnung […] tragen" (**ErwGr 78 S. 5**). Mit Ausnahme kleinerer redaktioneller Änd. entsprach der DS-GVO-E(Trilog) der nunmehr in Kraft getretenen amtl. Fassung.

V. Vergleich mit der bisherigen Rechtslage auf Unionsebene

20 Bereits **Art. 17 Abs. 1 DSRL** hatte dem Verantwortlichen die Pflicht auferlegt, geeignete technische und organisatorische Maßnahmen zu ergreifen, die zum Schutz gegen eine unrechtmäßige Verarbeitung erforderlich sind. Im Unterschied zu Art. 25 adressierte die Norm aber vor allem die Datensicherheit. Diese regelt **Art. 32** nunmehr spezialgesetzlich. Unter der DSRL mussten die Maßnahmen dem Stand der Technik entsprechen (Art. 17 Abs. 1 UAbs. 2, ErwGr 46 DSRL) und ein Schutzniveau gewährleisten, das im Hinblick auf die Risiken, die von der Verarbeitung ausgehen, und die Art der Daten angemessen ist.

21 Art. 25 Abs. 1 geht in der Reichweite seines Pflichtenkataloges – entspr. seiner Funktion als allg. Konkretisierung der technischen Pflichten des Verantwortlichen – über Art. 17 Abs. 1 DSRL hinaus: Er gibt dem Verantwortlichen auf, die **Datenschutzgrundsätze insgesamt** durch technische und organisatorische Maßnahmen umzusetzen. Auch die RL proklamierte zwar in ihrem Art. 6 Datenschutzgrundsätze. Sie schrieb deren Umsetzung durch entspr. Maßnahmen aber nicht in gleichermaßen klarer Weise vor. Zudem konkretisiert Art. 25 Abs. 1 nunmehr unmissverständlich die Faktoren, die bei der Bestimmung des Risikos für die Rechte und Freiheiten Betroffener Beachtung finden müssen („[u]nter Berücksichtigung des Stands der Technik"). Die **Art der Daten,** die nach der alten RL für die Festlegung der durchzuführenden Maßnahmen zu berücksichtigen war, erwähnt Art. 25 nicht explizit. Sie ist in den Wendungen „Art der Verarbeitung" sowie „Schwere des Risikos" aufgegangen (→ Art. 24 Rn. 32 f.).

Das Konzept „Datenschutz durch datenschutzfreundliche Voreinstellun- 22
gen" und die regulierte **Selbstregulierung,** die Abs. 3 forciert, sind im Verhältnis zur RL ein echtes **Novum:** Art. 27 DSRL hielt zwar bereits Bestimmungen zu Verhaltensregeln vor. Eine ausdr. normative Privilegierung er-
arbeiteter Verhaltensregeln verknüpfte sie damit aber nicht.

B. Auslegung der Norm

Während Art. 25 Abs. 1 das Konzept des **Datenschutzes durch Technik** als 23
wichtigen Baustein der Regelungsarchitektur der DS-GVO verankert (**„Data
Protection by Design";** I., → Rn. 24 ff.), verpflichtet Abs. 2 den Verantwortlichen auf **datenschutzfreundliche Voreinstellungen** (**„Data Protection by Default",** II., → Rn. 44 ff.). Er formt so einen wichtigen Teil-
aspekt des Datenschutzes durch Technik weiter aus, den Art. 24 Abs. 1 S. 1
in seinen Grundzügen vorzeichnet. Mit Blick auf die Ausfüllungsbedürftigkeit
der Regelungen des Abs. 1 und 2 eröffnet Abs. 3 dem Verantwortlichen die
Chance, den **Nachweis** seines rechtskonformen Verhaltens durch eine **Zertifizierung** zu erleichtern (III.; → Rn. 53 f.).

I. Datenschutz durch Technik (Abs. 1)

Die Verpflichtung, Datenschutz durch Technik herzustellen, legt dem Ver- 24
antwortlichen (1., → Rn. 25 f.) die Last auf, den Schutz der Betroffenen
(→ Rn. 34 f.) dadurch sicherzustellen, dass er **frühzeitig** (5., → Rn. 43) **geeignete** (4., → Rn. 36 ff.) **technische und organisatorische Maßnahmen**
(2., → Rn. 27 ff.) in seine Datenverarbeitung implementiert.

1. Normadressat

Ebenso wie Art. 24 (→ Art. 24 Rn. 18 f.) nimmt Art. 25 Abs. 1 den (allein 25
oder gemeinsam) **Verantwortlichen** (Art. 4 Nr. 7) in die Pflicht. Die **Hersteller** von Produkten, Diensten und Anwendungen sind daher nicht dem
Pflichtenkatalog der Vorschr. unterworfen (es sei denn, sie sind zugleich Verantwortliche; zur Kritik daran s. Hornung ZD 2011, 51 (52); Roßnagel/
Richter/Nebel ZD 2013, 103 (105); Schantz NJW 2016, 1841 (1846); anders
aber Schulz CR 2012, 204 (207); Piltz Soziale Netzwerke im Internet, 303).
Der Vorschr. liegt die normative Vorstellung zugrunde, dass die Pflichten des
Verantwortlichen die Nachfrage nach entspr. Herstellerleistungen steuern,
sodass der Mechanismus „Privacy by Design" gleichsam **übers Dreieck** wirkt
(vgl. auch ErwGr 78 S. 4). In begrenztem Maße kann auch die Produzenten-
haftung eine indirekte Steuerungswirkung entfalten (Specht-Riemenschneider MMR 2020, 73 ff.). **Öffentliche Auftraggeber** sind unter Geltung des
Art. 25 gehalten, bei ihren Ausschreibungen den Bietern abzuverlangen, dass
sie die Anforderungen des Datenschutzes durch Technik einhalten, und
entspr. Angebote iRe Gesamtwürdigung ggf. zu bevorzugen (vgl. ErwGr 78
S. 5; zu seiner Entstehungsgeschichte → Rn. 18 f.). Entspr. dem Grundsatz
„impossibilium nulla est obligatio" können Verantwortliche zugleich

aber nur die Technik zum Datenschutz einsetzen, die ihnen die Hersteller anbieten.

26   Ebenso wie der Hersteller ist auch der **Auftragsverarbeiter** nicht unmittelbar Adressat der Pflichten des Art. 25 Abs. 1, es sei denn, er bestimmt entgegen Art. 28 die Zwecke und Mittel der Verarbeitung und wird damit selbst zum Verantwortlichen (**Art. 28 Abs. 10**). Da der Verantwortliche nur solche Auftragnehmer beauftragen darf, die Gewähr dafür bieten, dass sie die Anforderungen des Art. 25 erfüllen (Art. 28 Abs. 1), unterliegt der Auftragsverarbeiter jedoch jedenfalls **mittelbar** den Anforderungen des Art. 25 Abs. 1 (→ Art. 28 Rn. 18).

2. Pflichteninhalt („technische und organisatorische Maßnahmen")

27   Gegenstand des normativen Pflichtenhefts, welches das Gebot „Datenschutz durch Technik" etabliert, sind – ebenso wie schon in § 9 BDSG aF – **„technische und organisatorische Maßnahmen"**. Der Unionsgesetzgeber nimmt den Verantwortlichen insoweit im Hinblick auf alle Vorgänge in die Pflicht, die direkt oder indirekt mit der Verarbeitung von Daten zusammenhängen. Erfasst sind alle Maßnahmen, die er ergreifen kann, um „die Datenschutzgrundsätze wirksam umzusetzen und die notwendigen Garantien in die Verarbeitung aufzunehmen" (Abs. 1 aE; ähnlich auch schon in Bezug auf § 9 BDSG aF Karg in BeckOK DatenschutzR BDSG aF § 9 Rn. 68). Welche Maßnahmen im Einzelnen genau vorzunehmen sind und wie sie sich technisch umsetzen lassen, lässt die Vorschrift jedoch offen (→ Rn. 39 ff.). Als **technikneutrale Grundregelung** versteht sie das nicht als ihre Aufgabe, sondern überlässt die Antwort darauf sonstigen normativen Konkretisierungen der DS-GVO sowie des weiteren unionsrechtlichen Sekundärrechts. Sie trägt damit nicht zuletzt der Dynamik der sich stetig fortentwickelnden Technologien und der Vielfalt der Anwendungsfälle Rechnung.

27a   Eine Best-Practice-Sammlung konkreter Privacy-Technologien zu erstellen, hat sich die Agentur der Europäischen Union für Cybersicherheit **(ENISA)** zur Aufgabe gemacht. Ihre Anthologie etablierte und gut getestete – dem Stand der Technik entsprechende – Privacy Enhancing Technologies ebenso umfassen wie solche, die sich noch im frühen konzeptionellen Stadium befinden. Bereits im Jahr 2014 veröffentlichte die ENISA einen Bericht (Privacy and Data Protection by Design, ENISA, 2014), der ausführlich einschlägige Technologien begutachtet. Weitergehende Bemühungen der ENISA haben bisher jedoch nicht gefruchtet: Eine zentrale, umfassende Sammlung von Technologien erhielt in einer Testphase nicht die nötige Aufmerksamkeit derjenigen Fachkreise, die als Community Einsatzfelder und Stand der praktischen Einsatzfähigkeit konkreter Technologien bewerten sollten (ENISA's PETs Maturity Assessment Repository, Bericht vom 31.1.2019).

27b   Der Verantwortliche kann sich bei der Auswahl und Umsetzung technischer Maßnahmen auch an dem **Standard-Datenschutzmodell** (SDM) mit seinen verarbeitungsspezifischen Bausteinen und konkreten Referenzmaßnahmen orientieren (zB „Aufbewahrung", „Protokollierung", „Löschen und Vernichten"; → Rn. 40). Neben dem SDM hält das **IT-Grundschutz-**

Kompendium des BSI einen umfassenden Maßnahmenkatalog bereit. Es ist ebenso modular aufgebaut, aber auf die Informationssicherheit ausgerichtet. Das Kompendium betrachtet also den Systemschutz und die Sicherheit der Daten selbst, nicht aber die Implikationen für die Rechte der betroffenen Personen. Das Standard-Datenschutzmodell und und das Kompendium des PSI stehen nebeneinander und ergänzen sich mit ihren unterschiedlichen Ausrichtungen für einen breiten Schutz (vgl. SDM, Version 2a, S. 57 f.; IT-Grundschutzkompendium, CON.2, 1.3, Version vom Februar 2020; s. auch → Art. 32 Rn. 57).

a) Begriffsinhalt. Wie Art. 24 (→ Art. 24 Rn. 20 ff.), Art. 28 Abs. 1, Art. 32 **28** Abs. 1 und Art. 89 Abs. 1 S. 2 meint Art. 25 mit **technischen Maßnahmen** alle Vorkehrungen, die mit der Schutzwirkung technischer Hilfsmittel entweder unmittelbar oder mittelbar **physisch** auf den Vorgang der Verarbeitung von Daten einwirken (wie zB durch Wegschließen von Datenträgern sowie bauliche Maßnahmen, die den Zutritt Unbefugter verhindern sollen) oder den **Software- bzw. Hardwareprozess** der Verarbeitung steuern, etwa durch Maßnahmen der Zugriffs- oder Weitergabekontrolle (bspw. Verschlüsselung oder Passwortsicherung sowie Rollen- und Berechtigungssysteme, welche die Datenschutzgrundsätze dadurch technisch durchsetzen, dass sie Zugriffs- und Schreibrechte selektiv zuteilen). **Organisatorische Maßnahmen** beziehen sich auf die **äußeren Rahmenbedingungen,** die den technischen Verarbeitungsprozess gestalten. Dazu gehören bspw. das Vier-Augen-Prinzip sowie Protokollierungen von Tätigkeiten und Stichprobenroutinen.

b) Anwendungsbeispiele. Ausdr. hebt die VO als Maßnahme des Daten- **29** schutzes durch Technik **beispielhaft** die **Pseudonymisierung** hervor (vgl. auch ErwGr 28). Was der Unionsgesetzgeber darunter versteht, definiert Art. 4 Nr. 5 (→ Art. 4 Rn. 40 ff.): Das Wesen der Pseudonymisierung besteht darin, einen Namen oder ein anderes Merkmal, das eine Person eindeutig identifizierbar macht, durch einen Code, zB einen Nicknamen, zu ersetzen. Nur wer Zugriff auf den getrennt aufbewahrten Schlüssel hat, kann die Person dann identifizieren (vgl. auch ErwGr 26 S. 2; instruktiv auch Art. 29-Datenschutzgruppe, Stellungnahme 5/2014, zu Anonymisierungstechniken, WP 216). Für Personen, die keinen Zugriff auf den Schlüssel haben, wirkt die Pseudonymisierung daher wie eine Anonymisierung (Roßnagel ZD 2018, 243 (245)). Aus dem Plural „Maßnahmen" in Art. 25 Abs. 1 und der Wendung „wie zB" ergibt sich, dass eine Pseudonymisierung andere Datenschutzmaßnahmen keineswegs entbehrlich macht (s. auch ErwGr 28 S. 2). Im Verhältnis zur Pseudonymisierung bietet die **Anonymisierung** höheren Datenschutz: Sie zeichnet sich dadurch aus, Daten ihres Personenbezugs vollständig zu entkleiden (→ Art. 4 Rn. 48 ff.). Dies kann insbes. durch eine **Datenaggregation** erfolgen, die mehrere Datensätze derart zusammenfasst, dass sie keinerlei Rückschluss auf einzelne Datensätze mehr zulassen (→ Art. 4 Rn. 49). Auch eine **Datensynthese,** welche aus den vorhandenen personenbezogenen Daten ein Modell erstellt, das Daten künstlich erzeugt, welche die gleichen statistischen Eigenschaften haben, kann eine Anonymisierung herstellen (Steinebach/Jung/Krempel/Hoffmann DuD 2016, 440 (443)).

29a   Um **Transparenz** hinsichtlich der Funktionen und der Verarbeitung personenbezogener Daten herzustellen und es der betroffenen Person dadurch zu ermöglichen, die Verarbeitung ihrer personenbezogenen Daten zu überwachen (vgl. ErwGr 78 S. 3; Art. 5 Abs. 1 lit. a → Art. 5 Rn. 21 f.), kann der Verantwortliche zB **Daten-Dashboards** einsetzen. Daten-Dashboards visualisieren die konkreten Datenverarbeitungsvorgänge mittels Tabellen und Diagrammen. Der Nutzer einer Anwendung erhält so einen Überblick über die Daten und Informationsflüsse, die der Anbieter über seine Person sammelt, und kann auf der Grundlage dieser Informationen ggf. selbst Datenschutzeinstellungen ändern oder einzelne Daten löschen (vgl. Heinemann/Straub DuD 2019, 7 (11)). Ein Dashboard kann auch anzeigen, welche IP-Adresse sich mit der Benutzerkennung im eigenen Konto eingeloggt hat und dadurch unautorisierte Zugriffe Dritter erkennbar machen. Transparenz schafft der Verantwortliche auch, indem er **Software mit offenem Quellcode** einsetzt, oder indem er aufzeigt, welche Funktionen der Datenverarbeitung, etwa Mikrofon- und Kameraaufnahmen oder Datenübertragungen nach außen, gerade aktiviert sind.

29b   Je nach Anwendung kann eine **Dezentralisierung** der Daten, die insbes. sensible Informationen nicht in der Cloud, sondern auf dem Endgerät des Nutzers speichert, das Datenschutzniveau erhöhen (sog **Edge Computing**). Dieser Ansatz kam bspw. bei der Konzeption der deutschen **Tracing-App** zum Einsatz, welche die Verbreitungswege des **Coronavirus** nachzeichnen und Infizierte warnen soll: Die App verfolgt, ob Nutzer sich im Umfeld von Coronavirus-Infizierten aufgehalten haben. Sammelte eine Behörde diese Daten **zentral und für identifizierbare Personen** ein, ließe sich daraus ein umfassendes Bewegungs- und Kontaktprofil der Nutzer erstellen. Das käme einer pauschalen Vorratsdatenspeicherung und Überwachung der Bürger nahe. Die Standorte der Smartphones über grobe Funkzellendaten nachzuvollziehen, wäre weder nötig noch sinnvoll. Denn dieses Vorgehen ist nicht in der Lage, die Standorte hinreichend genau zu bestimmen, um relevante Kontakte zu Infizierten nachzuvollziehen. Zugleich erlaubte diese Technik auch nicht, Nutzer selbst entscheiden zu lassen, ob staatliche Stellen Zugriff auf ihre Standortdaten erhalten. Datenschutzfreundlicher ist es daher, Smartphones (etwa mit Bluetooth Low Energy) **direkt** miteinander kommunizieren zu lassen. Das ermöglicht es, die Begegnungen der einzelnen Nutzer lediglich lokal und **dezentral** auf den eigenen Smartphones zu speichern. Damit die Nutzer ihre Identität nicht offenlegen müssen, teilt die App ihnen Nutzer-IDs als **Pseudonym** zu, die in regelmäßigen Abständen wechseln. Bestätigt sich die Infektion eines Nutzers, lädt er seine Nutzer-ID in eine zentrale Datenbank. Die App ruft die IDs infizierter Nutzer aus der Datenbank ab und vergleicht diese mit den auf dem Smartphone lokal gesammelten Kennungen. Im Falle eines Treffers erhält der Nutzer eine Nachricht, dass er sich in der Nähe eines Infizierten befand, und kann sich ebenfalls isolieren und auf eine Infektion testen lassen. Auf diesem Wege behalten die Nutzer zu jeder Zeit den alleinigen Zugriff auf ihre Bewegungs- bzw. Kontaktdaten. Auch für Infizierte ist dieses Vorgehen besonders privatheitsschonend, da sie außer ihrer Infektion selbst nichts über sich preisgeben müssen.

Dem datenschutzrechtlichen **Zweckbindungsgrundsatz** (Art. 5 Abs. 1 **30** lit. b; → Art. 5 Rn. 23 ff.) können solche Datenverarbeitungssysteme zu praktischer Wirksamkeit verhelfen, die Daten bei ihrer Erhebung mit einem elektronischen Etikett, einem sog **tag,** versehen und den Daten so einen Verarbeitungszweck dauerhaft zuweisen. Das System erlaubt die weitere Verarbeitung dann nur, wenn diese demselben – oder zumindest einem kompatiblen (Art. 6 Abs. 4) – Zweck dient, welchem das „tag" die Daten zugeordnet hat (Dix in Roßnagel DatenschutzR Kap. 3.3 Rn. 46). Dieses Konzept kann umgekehrt auch sinnvoll sein, um die verschiedenen Berechtigungen der einzelnen Beschäftigten eines Verarbeiters nachzubilden. Je nach Aufgabe des Bearbeiters lassen sich diesem individuell verschiedene Rollen mit speziellen Befugnissen (Erfassen von Daten, reine Abfragen, Übermittlungs- oder Löschbefugnisse) zuweisen (Els DÖD 2019, 31 (34 ff.)). Entsprechende Softwarelösungen können die **Löschpflichten** automatisiert umsetzen (Hanßen in Wybitul EU-Datenschutz-Grundverordnung, 2017, DS-GVO Art. 25 Rn. 41).

Ein weiterer technischer Ansatz, Datenschutz durch Technik herzustellen, **31** besteht darin, bei der **Nutzerauthentifizierung** Schnittstellen zu nutzen, die Diensten nur die jeweils benötigten Daten zur Verfügung stellen, also keinen für den jeweiligen Zweck nicht-erforderlichen „Datenbeifang" mitübermitteln und so dem Grundsatz der **Datenminimierung** (Art. 5 Abs. 1 lit. c; → Art. 5 Rn. 34 ff.) zur Geltung zu verhelfen. Ein Musterbeispiel für gelungene Gesetzgebung auf diesem Gebiet ist der elektronische Identitätsnachweis, den das **PAuswG** vorsieht: Das System übermittelt nur diejenigen Datenkategorien, welche die betr. Person im konkreten Fall freigegeben hat, um ihre Identität zu ermitteln (§ 18 Abs. 5 S. 2 PAuswG). So benötigt ein Anbieter etwa zur digitalen Altersabfrage aus Jugendschutzgründen nicht das gesamte Ausweisdokument mitsamt aller seiner Informationen. Ausreichend ist bereits eine isolierte Bestätigung über das angefragte Mindestalter (vgl. Fischer-Hübner/Berthold in Vacca Computer and Information Security Handbook, 755 (766)).

Auch **Single-Sign-On-Services,** wie bspw. Shibboleth (s. hierzu Danezis **31a** ua Privacy and Data Protection by Design, 24 sowie ausf. Morgan ua Educause Quarterly 2004, 12), können die Menge der übertragenen Daten reduzieren. Shibboleth ist technisch so konzipiert, dass der Nutzer sich einmal bei dem Dienst anmeldet und seine Daten dort hinterlegt. Bei jeder darauf folgenden Authentifizierung stellt das Angebot den Diensteanbietern nur den Umf. an Daten bereit, den diese benötigen, um die Berechtigung zu überprüfen. Um sich bei Onlinebibliotheken zu authentifizieren, reicht es bspw. regelmäßig aus, nur die Hochschulzugehörigkeit des Nutzers zu überprüfen, ohne eine Nutzer-ID oder weitere persönliche Informationen zu übertragen.

Die kontaktlosen Bezahldienste „Google Pay" und „Apple Pay" haben **31b** ebenfalls einen Single-Sign-On-Service implementiert: Statt bei jeder Bezahlung vollständige Karteninformationen an das Lesegerät (und den Zahlungsempfänger) zu übermitteln, überträgt das mobile Endgerät Codes, die nur der **Zahlungsdienstleister** entschlüsseln kann. Der Zahlungsempfänger erfährt nur, dass der Smartphone-Inhaber zur Zahlung berechtigt ist. Im Verhältnis zwischen Zahlendem und Zahlungsempfänger erhöht dies die Datensicherheit und verringert das Missbrauchsrisiko (im Gegenzug erhalten jedoch die Intermediäre, Apple oder Google Pay, einen erweiterten Zugriff auf personenbezogene Daten und können daraus Schlüsse etwa bezüglich der Kreditwürdigkeit ihrer Nutzer ziehen).

32   Art. 25 steuert auch die technische Umsetzung des **Widerspruchsrechts** aus Art. 21 Abs. 1: Art. 21 Abs. 5 verleiht dem Betroffenen das Recht, seinen Widerspruch **mittels automatisierter Verfahren** auszuüben. Eine benutzerfreundliche technische Umsetzung trägt dazu bei, dass die Betroffenen nicht deswegen darauf verzichten, ihre Rechte geltend zu machen, weil damit ein unangemessen hoher Aufwand verbunden ist. Insbes. müssen entspr. Eingabemasken so ausgestaltet sein, dass der Betroffene nur so viel über sich und die Gründe für seine „besondere Situation" (Art. 21 Abs. 1) preisgeben muss, wie für die Entsch. über den Widerspruch unbedingt erforderlich ist.

33   Von bes. Bedeutung ist die Technikgestaltung auch bei **Informations- und Benachrichtigungspflichten.** Das macht die DS-GVO an zahlreichen Stellen deutlich (vgl. Art. 12 ff.). Art. 19 S. 1 verpflichtet den Verantwortlichen bspw., all jene über die Berichtigung, Löschung oder Einschränkung personenbezogener Daten zu informieren, denen solche Daten offengelegt wurden. Diese Pflicht soll nach dem Willen der DS-GVO insbes. durch geeignete datenschutzfreundliche technische Maßnahmen umgesetzt werden (ErwGr 66; zur Umsetzung im Falle der Blockchain-Technologie Martini/ Weinzierl NVwZ 2017, 1251 (1254 f.)). Solche Maßnahmen können auch dazu beitragen, regelwidrige **Verletzungen des informationellen Selbstbestimmungsrechts** unverzüglich festzustellen, um den Schaden gering zu halten, insbes. die zeitnahe Meldung an die ASB (Art. 33) und die Benachrichtigung der Betroffenen (Art. 34) sicherzustellen (ErwGr 87 S. 1).

3. Zielkoordinaten des Maßnahmenbündels („dafür ausgelegt sind, …")

34   Das Arsenal technischer und organisatorischer Maßnahmen, das Art. 25 Abs. 1 dem Verantwortlichen auferlegt, richtet die Norm auf ein klares Ziel aus: Sie sollen den Verarbeitungsprozess bereits bei der Konzipierung (nicht erst bei der Umsetzung der Verarbeitungsschritte) so zuschneiden, dass die Verarbeitung den Anforderungen der VO entspricht. Der Gesetzgeber betont dabei in bes. Weise die **Datenschutzgrundsätze des Art. 5,** greift namentlich den Grundsatz der Datenminimierung (Art. 5 Abs. 1 lit. c) beispielhaft heraus und verlangt notwendige **„Garantien".** Die englische Sprachfassung nutzt den Begriff „safeguards", also Schutzmaßnahmen. Gemeint sind technische und organisatorische Maßnahmen, welche die Umsetzung der datenschutzrechtlichen Pflichten effektiv absichern (vgl. auch Hansen in NK-DatenschutzR DS-GVO Art. 25 Rn. 31 f.; Mantz in HK-DS-GVO Art. 25 Rn. 20).

35   Der **Grundsatz der Datenminimierung** (Art. 5 Abs. 1 lit. c, → Art. 5 Rn. 34 ff.), den das dt. Recht bislang in § 3a BDSG aF („Datenvermeidung und Datensparsamkeit") verankerte, schwört den Verantwortlichen darauf ein,

personenbezogene Daten nur in einem solchen Maße zu verarbeiten, das für den Zweck der Verarbeitung erforderlich ist. In der Wahl seines Verarbeitungs**zweckes** ist der Verantwortliche jedoch grds. frei. Will er die Verarbeitung durch eine **Einwilligung** rechtfertigen, darf er aber keinen abstrakten und mithin weitreichenden Verarbeitungszweck festlegen. Anderenfalls läuft er Gefahr, die normativen Voraussetzungen einer informierten und unmissverständlichen Einwilligung zu unterwandern (vgl. Art. 4 Nr. 11, → Art. 4 Rn. 79 f.).

4. Bei der Maßnahmenwahl zu berücksichtigende Abwägungsfaktoren („unter Berücksichtigung des Standes der Technik …")

Art. 25 Abs. 1 gibt dem Verantwortlichen (lediglich) ein zu erreichendes Ziel **36** vor: Er hat den Anforderungen der VO zu genügen und die Rechte der betroffenen Personen zu schützen. Welche konkreten **organisatorischen und technischen Maßnahmen** er treffen muss, um diese Anforderungen des Art. 25 Abs. 1 einzuhalten, ist kontext-, risiko- und kostenabhängig. Bei der Auswahl der einzusetzenden Maßnahmen bleibt ihm ein weiter Entscheidungsspielraum. Das gebotene Pflichtenniveau bestimmt sich auf der Grdl. einer Abwägung einander widerstreitender Faktoren, welche die VO durch eine Vielzahl **unbestimmter Rechtsbegriffe** vorzeichnet: Auf der einen Seite sind die Eintrittswahrscheinlichkeit und Schwere der Risiken in Rechnung zu stellen, die sich aus der Verarbeitung für die Rechte und Freiheiten Betroffener ergeben (→ Rn. 37 ff.). Die VO verlangt dem Verantwortlichen auf der anderen Seite aber keine unverhältnismäßigen Maßnahmen ab (→ Rn. 38 ff.); vielmehr grenzen der Stand der Technik sowie die Implementierungskosten das Maß der zumutbaren Maßnahmen ein. Ob der Verantwortliche die Anforderungen in rechtskonformer Weise ausgefüllt hat, unterliegt trotz der interpretatorischen Offenheit dieser Rechtsbegriffe der **vollen gerichtlichen Kontrolle**.

a) Abwägungsfaktoren aus der Betroffenenperspektive. Referenzpunkt **37** für das Pflichtenniveau, das Art. 25 Abs. 1 dem Verantwortlichen auferlegt, sind – wie bei der Generalnorm des Art. 24 Abs. 1 (→ Art. 24 Rn. 26 ff.) – die **„Eintrittswahrscheinlichkeit"** und die **„Schwere" der Risiken** für die Rechte und Freiheiten der Betroffenen.

Indem die DS-GVO die „Eintrittswahrscheinlichkeit" und die „Schwere **37a** der Risiken" nebeneinander stellt, gibt sie zu erkennen, dass sie von einer Gleichrangigkeit der beiden Faktoren ausgeht. Da beide sachlich aber nicht gleichrangig sind, entpuppt sich die Terminologie als ungenau. Die Schwere der Risiken bestimmt sich nämlich gerade aus den Faktoren „Eintrittswahrscheinlichkeit" und „Schadensschwere" (→ Art. 24 Rn. 26a, 28 ff.). In der Sache meint die DS-GVO mit „Schwere der Risiken" wohl lediglich die potenzielle **Schadensschwere** als Teilkomponente des Risikos; die Wendung soll die Größe der Risiken als Produkt zweier Faktoren beschreiben, verquickt seine beiden Teilaspekte aber sprachlich unglücklich miteinander.

Für die Risikobemessung gilt die **Faustregel:** Je höher die Eintrittswahr- **37b** scheinlichkeit und das mögliche Schadensausmaß sind, umso weitreichendere

Maßnahmen hat der Verantwortliche zu ergreifen, damit die Risiken nicht in Schäden umschlagen.

37c Das Ausmaß der Risiken ergibt sich insbes. aus der Art, dem Umf., den Umständen und den Zwecken der Verarbeitung (→ Art. 24 Rn. 26a, ErwGr 76). Die Begriffe verwendet die VO wortgleich in Art. 24 Abs. 1 S. 1, Art. 32 Abs. 1 (→ Art. 32 Rn. 55) und Art. 35 Abs. 1 S. 1 (→ Art. 35 Rn. 17). Zum **Verfahren der Risikobestimmung** trifft der Unionsgesetzgeber (jenseits des Anwendungsbereiches des Art. 35) keine Vorgaben (s. hierzu → Art. 24 Rn. 31 ff.). Der Verantwortliche ist gehalten, den Weg zu beschreiten, der im jeweiligen Einzelfall dem Risiko und dem Ziel wirksamen Schutzes personenbezogener Daten in geeigneter Weise gerecht wird.

38 **b) Das Anforderungsniveau limitierende Faktoren – Perspektive des Verantwortlichen.** Zwar misst die VO dem Schutzniveau der Rechte und Freiheiten des Betroffenen einen hohen Rang bei. Sie zwingt den Verantwortlichen aber nicht, Maßnahmen zu treffen, die mit unangemessenen Belastungen einhergehen: Nach dem Willen des Unionsgesetzgebers muss der Verantwortliche weder Maßnahmen treffen, die über den Stand der Technik hinausgehen (aa; → Rn. 39 ff.), noch muss er solche Maßnahmen treffen, deren Implementierungskosten im Verhältnis zu dem Schutzniveau, das sie dem Betroffenen vermitteln, unverhältnismäßig erscheinen (bb; → Rn. 41 f.). Das ist Ausfluss des **Verhältnismäßigkeitsprinzips,** dass die Union in Art. 52 Abs. 1 S. 2 GRCh verankert.

39 **aa) Stand der Technik.** Indem der Verantwortliche sowohl bei der Planung („zum Zeitpunkt der Festlegung der Mittel für die Verarbeitung") als auch bei der Durchführung der technischen und organisatorischen Datenschutzmaßnahmen („zum Zeitpunkt der eigentlichen Verarbeitung") den Stand der Technik berücksichtigen muss, **dynamisiert** Art. 25 Abs. 1 seine normativen Anforderungen.

39a „**Stand der Technik**" ist ein **unbestimmter, abstrakt-genereller Begriff,** der als Blankett auf den gegenwärtigen Erkenntnisstand der Technik und Wissenschaft verweist. Als unionsrechtlicher Begriff ist er ohne Rücksicht auf nationale Deutungen auszulegen. In der Sache deckt er sich jedoch weitgehend mit dem Begriffsverständnis, wie es bspw. den umweltrechtlichen Normen des § 3 Abs. 6 BImSchG, § 3 Nr. 11 WHG, § 3 Abs. 28 KrWG zugrunde liegt: „Stand der Technik" beschreibt allgemein Verfahren und Methoden, die es nach Einschätzung der Fachwelt als gesichert erscheinen lassen, ein vorgegebenes Ziel hinreichend sicher zu erreichen.

39b Der Topos bewegt sich in seinem Anforderungsprofil zwischen (den weniger anspruchsvollen) „**allgemein anerkannten Regeln der Technik**" (→ Rn. 39c) einerseits und dem (in die Zukunft möglicher Entwicklungen weisenden) „**Stand der Wissenschaft und Technik**" andererseits (→ Rn. 39d; dazu auch Jarass BImSchG § 3 Rn. 114 f.).

39c „**Allgemein anerkannte Regeln der Technik**" verlangen lediglich, dass die Techniken sich in der Praxis bewährt haben und die überwiegende Zahl der Fachleute sie anerkennt. „Stand der Technik" meint demgegenüber solche Verfahren, die einem **fortgeschrittenen** Stand der technischen Entwicklung entsprechen.

Anders als dem „**Stand der Wissenschaft und Technik**" kommt es dem **39d** „Stand der Technik" darauf an, **dass die Verfahren technisch tatsächlich realisierbar sind.** Er beschreibt also Maßnahmen, die dem aktuell technisch Möglichen entsprechen, auf **gesicherten Erkenntnissen der Wissenschaft und Technik** beruhen und **in ausreichendem Maße zur Vfg.** stehen (vgl. auch Ernestus in Simitis BDSG aF § 9 Rn. 171; ähnlich auch Piltz in Gola DS-GVO Art. 32 Rn. 15 ff.).

Das unionale Umweltrecht spricht – in sachlich weitgehend äquivalenter **39e** Weise – vom Stand der „**besten verfügbaren Techniken**" (dazu Art. 3 Nr. 10 RL 2010/75/EU; s. zu dem Begriff auch Martini Integrierte Regelungsansätze im Immissionsschutzrecht, 210 ff.). Der Topos impliziert im Ergebnis zweierlei: Auf der einen Seite muss der Verantwortliche keine Maßnahmen ergreifen, die über den **Stand erprobter Verfahren** hinausgehen. Auf der anderen Seite müssen seine Maßnahmen die **fortgeschrittenen Verfahren der technischen Entwicklung** abbilden, die ihre praktische Eignung unter Beweis gestellt haben, das inhaltliche Anforderungsniveau der DS-GVO zu erfüllen. Daraus folgt auch die Pflicht des Verantwortlichen, seine Maßnahmen regelmäßig den Fortschritten der Technik anzupassen (→ Rn. 43c).

Um das rechtlich Gebotene zu ermitteln, ist der Verantwortliche auf eine **40** enge **Abstimmung mit der ASB** angewiesen. Daneben können ihm die einzelnen Maßnahmenbausteine des Standard-Datenschutzmodells der DSK als erste Richtschnur dienen (→ Rn. 27). Derzeit ist die Liste der Bausteine noch unvollständig. Künftig wird ein Arbeitskreis die einzelnen Anforderungen entsprechend den technischen Entwicklungen kontinuierlich aktualisieren (vgl. SDM, Version 2a, S. 67). Eine allgemeine Methode, mit der Beteiligte und Interessengruppen Qualität und Entwicklungsstand von Maßnahmen bestimmen können, hat die ENISA erarbeitet (ENISA, Readiness Analysis for the Adoption and Evolution of Privacy Enhancing Technologies, 2015; s. auch → Rn. 33a).

bb) Implementierungskosten. Implementierungskosten, also Kosten, die **41** sich daraus ergeben, dass der Verantwortliche organisatorische und technische Maßnahmen in das Verarbeitungssystem integriert, muss er nicht in unbegrenztem Umf., sondern nur bis zur Grenze der Unverhältnismäßigkeit auf sich nehmen. Implementierungskosten beschreiben semantisch die Kosten der ersten Umsetzung einer neuen Maßnahme – in Abgrenzung zu **Folgekosten,** die während des Betriebs bzw. der Aufrechterhaltung einer Maßnahme anfallen. Bei streng grammatikalischer Auslegung gewährt der Normgeber dem Pflichtigen für letztere daher keine Schonung. Allerdings entspricht es dem **Sinn der Vorschrift**, als Ausdruck der grundrechtlich gebotenen Verhältnismäßigkeit alle Kosten in die Rechnung einzustellen, die sich mit den Maßnahmen verbinden. Der Begriff ist daher im Ergebnis weit zu verstehen. Er umfasst alle Kosten, die im Lebenszyklus der Maßnahme anfallen (Hansen in NK-DatenschutzR DS-GVO Art. 25 Rn. 38; Nolte/Werkmeister in Gola DS-GVO Art. 25 Rn. 24; aA Mantz in HK-DS-GVO Art. 25 Rn. 45).

42   Die Implementierungskosten limitieren abstrakt die **Angemessenheit** einer Maßnahme, nehmen aber keinen Rekurs auf das für den Verantwortlichen **individuell wirtschaftlich und finanziell Machbare,** insbesondere
seine persönliche Zahlungsfähigkeit (vgl. auch Koós/Englisch ZD 2014, 276
(278); zustimmend wohl auch Baumgartner/Gausling ZD 2017, 308 (310)).
Sie dienen vielmehr als **Korrektiv,** damit der Verantwortliche nicht auch
solche Maßnahmen treffen muss, die das Risiko für die Betroffenen nur
unwesentlich senken, aber im Verhältnis zu den Kosten – nicht nur individuell
für den Verantwortlichen, sondern im Grundsatz für jeden Verarbeiter –
unangemessen sind. Er kann sich insbesondere nicht unter Berufung auf die
Implementierungskosten der Umsetzung der Datenschutzgrundsätze (Art. 5)
oder der Achtung der Betroffenenrechte (Art. 12–20) entziehen. Denn der
Gesetzgeber konzipiert diese normativen Vorgaben nicht konditional: Art. 25
gibt nicht vor, **ob** die Anforderungen dieser Normen umzusetzen sind, stellt
also nicht das Schutzniveau der Datenschutzgrundsätze infrage. Vielmehr
dekretiert er, **welche Maßnahmen** der Verantwortliche unter denjenigen
Maßnahmen zu treffen hat, die gleichermaßen geeignet sind, das Ziel zu
erreichen (vgl. LNK DatenschutzR § 7 Rn. 15). Der Wirtschaftlichkeit der
Maßnahme und der individuellen Leistungsfähigkeit des Verantwortlichen ist
aber mit Blick auf den grundrechtlichen Schutz der Berufsfreiheit und unternehmerischen Freiheit (Art. 15 f. GRCh) auf der Abwägungsebene Rechnung zu tragen (Art. 52 Abs. 1 S. 2 GRCh).

5. Zeithorizont der Pflichtenbindung („sowohl zum Zeitpunkt …")

43   Die DS-GVO gibt dem Verantwortlichen schon „zum Zeitpunkt der **Festlegung der Mittel**", also während der Planung seiner Verarbeitungsvorgänge,
auf, geeignete Maßnahmen zu ergreifen, welche die Rechtmäßigkeit der
Verarbeitung sicherstellen. Sie nimmt ihn damit zu einem denkbar **frühen
Zeitpunkt** in die Pflicht, Datenschutz durch Technik in seine Verarbeitungsvorgänge zu integrieren.

43a   Das ist auch regulatorisch sachgerecht: Datenschutzmaßnahmen (möglichst)
frühzeitig in Verarbeitungsvorgänge einzubinden, verhindert nicht nur Datenschutzverletzungen. Das Vorgehen entspricht auch der Grundlogik des
Datenschutzes durch Technik, Gefahren für personenbezogene Daten proaktiv statt reaktiv zu begegnen (Cavoukian Privacy by Design – The 7
Foundational Principles, 2011, 2). Im Idealfall ist es auch für den Verantwortlichen ressourcenschonender als aufwendige Nachrüstungsmaßnahmen (Nol-
te/Werkmeister in Gola DS-GVO Art. 25 Rn. 13). Der Datenschutz kann
dann schon prägend auf das Grundkonzept von Datenverarbeitungsmaßnah-
men wirken, ohne dass der Verantwortliche ihn später als weniger wirksames
und umständlicheres „Extra" noch implementieren muss (vgl. zur Softwarebeschaffung Buss CR 2020, 1 (3 f.)). Die DS-GVO verwehrt es dem Verantwortlichen jedenfalls, sich darauf zu berufen, dass ihn die höheren Kosten,
die eine spätere Nachrüstung mit sich bringt, unverhältnismäßig belasten,
wenn er ihre Implementierung bei der Planung der Datenverarbeitung nicht
vorausschauend mitbedacht hat.

Die Implementierungspflichten auf den Zeitpunkt der Planung der Ver- **43b**
arbeitungsvorgänge vorzuverlagern, findet aber im **Anwendungsbereich der
DS-GVO** eine Grenze: Dieser ist nur eröffnet, sofern der Verantwortliche
personenbezogene Daten (Art. 4 Nr. 1) verarbeitet (vgl. Art. 2 Abs. 1).
Erst wenn die Planung der Datenverarbeitung später tatsächlich in eine Verarbeitung solcher Daten mündet, kann der Verantwortliche daher gegen die
Maßgaben des Art. 25 Abs. 1 verstoßen (aA Baumgartner in Ehmann/Sel-
mayr DS-GVO Art. 25 Rn. 7). Der Verstoß liegt dann (aber auch erst in
diesem Zeitpunkt) in der Datenverarbeitung trotz mangelhafter Planung (so
auch Hartung in Kühling/Buchner DS-GVO Art. 25 Rn. 23).

Auch „**zum Zeitpunkt der eigentlichen Verarbeitung**" muss der Ver- **43c**
antwortliche nach dem Willen des Unionsgesetzgebers geeignete technische
und organisatorische Maßnahmen ergreifen. Er steht damit **während der
gesamten Verarbeitungskette** der Daten in der Verantwortung, seine geplanten Maßnahmen im Einklang mit den Geboten der DS-GVO umzusetzen, sie insbes. auch möglichen neuen Erkenntnissen anzupassen. Dies können
zum einen Erkenntnisse sein, die einen neuen Stand der Technik etablieren,
zum anderen Erkenntnisse zur tatsächlichen Schutzwirkung der getroffenen
Maßnahmen (vgl. Hansen in NK-DatenschutzR DS-GVO Art. 25 Rn. 35;
siehe auch → Art. 24 Rn. 37 ff.).

II. Datenschutzfreundliche Voreinstellungen (Abs. 2)

Voreinstellungen (zB zur öffentlichen Sichtbarkeit oder automatischen Lö- **44**
schung von Inhalten), die insbes. Telemedienangebote typischerweise vornehmen, überlässt die DS-GVO nicht der alleinigen Gestaltungsfreiheit des
Betreibers, sondern stellt sie in den Dienst des Privatheitsschutzes: Sie müssen
datenschutzfreundlich ausgestaltet sein, sich insbesondere am Ziel ausrichten, möglichst wenige Daten über den Nutzer zu sammeln. Dem Verantwortlichen solche technischen Spezifikationen als Grundmodus abzuverlangen, die für ein dem **Gebot der Datenminimierung, Speicherbegrenzung und der Zweckbindung** entspr. Datenschutzniveau sorgen, ist der
Kerngehalt des Konzepts „Privacy by Design". Seine Grundphilosophie hat
nunmehr in Art. 25 Abs. 2 eine ausdr. normative Verankerung erfahren.

Die DS-GVO bricht damit – insbes. mit Blick auf das gegenläufige Big- **44a**
Data-Geschäftsmodell vieler Diensteanbieter – das abstrakte Anforderungs-
niveau des Art. 5 Abs. 1 lit. c und e auf die konkrete Pflichtenstellung des
Verantwortlichen herunter. Der Unionsgesetzgeber gibt den Verantwort-
lichen auf, ihre eigenen wirtschaftlichen Interessen dem Gebot der Daten-
minimierung unterzuordnen und die Voreinstellungen als Instrument des
Datenschutzes, nicht ihres maximalen ökonomischen Vorteils einzusetzen.
Dies gilt allerdings nicht vorbehaltlos, sondern nur iRd Verhältnismäßigen.
Denn die Nutzung der Datenströme steht auch unter dem Schutz der **wirt-
schaftlichen Grundrechte,** denen die GRCh in ihren Art. 15 Abs. 1 und
Art. 16 ebenfalls eine primärrechtlich gesicherte Rechtsposition angedeihen
lässt.

44b   Ebenso wie Abs. 1 nimmt Abs. 2 nur den **Verantwortlichen** in die Pflicht, nicht auch den Auftragsverarbeiter oder den Hersteller (→ Rn. 25 f.; → Art. 24. Rn. 18 f.; krit. hierzu Mantz in HK-DS-GVO Art. 25 Rn. 65 f.). Im Falle gemeinsamer Verantwortung (Art. 26) bestimmt sich die Aufgabenverteilung grds. nach der Vereinbarung der Verantwortlichen (→ Art. 26 Rn. 22 ff.; → Art. 33 Rn. 14a).

1. Verpflichtung auf das Gebot der Datenminimierung durch Voreinstellungen (S. 1)

45   Datenverarbeiter verspüren einen Anreiz, Dienstnutzern in möglichst reichem Umfang personenbezogene Daten abzuringen, bilden diese doch die sprudelnde Quelle ihres wirtschaftlichen Ertrages. Jeder zusätzliche Datenstrom spült den Anbietern grds. eine werthaltige Auswertungsressource zu. Dem setzt Art. 25 Abs. 2 S. 1 das Gebot entgegen, die Voreinstellungen auf das für den Verarbeitungszweck Erforderliche zu begrenzen. Voreinstellungen sind also lediglich für solche Verarbeitungen zulässig, die für den Verarbeitungszweck **erforderlich** sind.

45a   **a) Für den Verarbeitungszweck nicht erforderliche Daten.** Auf den ersten Blick erlegt das Gebot, durch Voreinstellungen nur Daten zu verarbeiten, die für den Verarbeitungszweck erforderlich sind, dem Verantwortlichen keine neuen Pflichten auf. Denn dass sich die zulässige Datenverarbeitung auf erforderliche Daten beschränkt, ergibt sich bereits aus Art. 6 Abs. 1 UAbs. 1 lit. b bis f. Seinen normativen Bedeutungsgehalt entfaltet Abs. 2 S. 1 jedoch gerade mit Blick auf **nicht-erforderliche** Daten: Der Verantwortliche darf Daten, die für den Verarbeitungszweck (insbes. Art. 6 Abs. 1 UAbs. 1 lit. b) nicht erforderlich sind, nicht durch Voreinstellung verarbeiten. Solche Verarbeitungen muss der Verantwortliche sich vielmehr in anderer Form als durch Voreinstellung legitimieren lassen. Dass der Nutzer die Voreinstellung auch abwählen kann, genügt dem Unionsgesetzgeber nicht, um der Verarbeitung eine hinreichende Legitimation zu unterlegen (Martini/Weinzierl RW 2019, 287 (295 f.)).

45b   **„Erforderlich"** iSd Art. 25 Abs. 2 S. 1 sind Daten dann, wenn der Verarbeitungszweck sich ohne sie nicht erreichen lässt (vgl. auch ErwGr 39 S. 8; → Art. 6 Rn. 9). Diese Daten darf der Verantwortliche auch durch Voreinstellung verarbeiten. Für solche Daten, die der Verantwortliche nicht notwendig verarbeiten muss, um die legitimen Zwecke der Verarbeitungserlaubnis (Art. 6) erfüllen zu können, ist ihm der Weg der Voreinstellung demgegenüber verschlossen.

45c   In der **Wahl des Verarbeitungszweckes** ist der Verantwortliche jedoch weitgehend frei: Art. 5 Abs. 1 lit. b gebietet ihm lediglich, einen „eindeutige[n] und legitime[n]", also rechtlich zulässigen, Zweck, zu wählen (vgl. Schantz in BeckOK DatenschutzR DS-GVO Art. 5 Rn. 15 ff.; Herbst in Kühling/Buchner DS-GVO Art. 5 Rn. 35 ff.). Dem setzt Art. 25 Abs. 2 keine zusätzlichen Schranken. Insbes. verbietet Abs. 2 – anders als Art. 6 Abs. 4 – auch nicht kategorisch, bereits erhobene Daten zu anderen Zwecken als denjenigen weiterzuverarbeiten, zu welchen sie erhoben wurden (so aber

Hanßen in Wybitul EU-Datenschutz-Grundverordnung DS-GVO Art. 25 Rn. 46). Art. 25 Abs. 2 verbietet lediglich, eine Einwilligung in solche Zwecke als Voreinstellung vorzusehen.

In seiner deutschen **Ursprungsfassung** verlangte Abs. 2 dem Verantwortlichen datenschutzfreundliche Voreinstellungen nicht generell, sondern nur „**grundsätzlich**" ab. Bei dieser Wendung handelte es sich um ein Redaktionsversehen der dt. Übersetzung; in der englischen und französischen Sprachfassung fand sich der Hinweis auf ein Grundsatz-Ausnahme-Verhältnis zu keiner Zeit. Unterdessen hat die Union die deutsche Textfassung redaktionell bereinigt, dh den einschränkenden Passus „grundsätzlich" gestrichen. Abs. 2 gilt daher **vorbehaltlos.** Er gestattet dem Verantwortlichen nicht, in Ausnahmefällen (zB in besonderen Marktsegmenten) von dem Gebot datenschutzfreundlicher Voreinstellungen abzurücken. **45d**

b) „Voreinstellung". Voreinstellungen iSd Art. 25 Abs. 2 sind abänderbare Eingabevariablen, die darüber entscheiden, welche Datenverarbeitungen das System vornimmt, solange der Nutzer sie nicht modifiziert. Dieses Begriffsverständnis lässt der Gesetzgeber in der dt. Fassung insbes. durch den Topos „Data Protection by Default" (ErwGr 78 S. 2) anklingen: Die Vorschr. soll damit namentlich der **Lenkungsfunktion** entgegenwirken, die initialisierten, aber abänderbaren Konfigurationen zukommt – ausgehend von der empirischen Erkenntnis, dass die wenigsten Nutzer „ab Werk" vorgenommene Einstellungen abändern (sog **Default-Effekt;** vgl. Art. 29-Datenschutzgruppe, WP163 (8); Hansen in NK-DatenschutzR DS-GVO Art. 25 Rn. 41). Diese Trägheit der Nutzer veranlasste die Diensteanbieter in der Vergangenheit dazu, die Voreinstellungen an der Maxime ihres größten Eigennutzens auszurichten, also solche Voreinstellungen zu implementieren, welche die Datenquellen in möglichst großem Umf. ausbeuten. Dass der Anbieter den Nutzern die **Möglichkeit** eröffnet, Datenschutzeinstellungen des Dienstes **jederzeit selbst zu ändern,** genügt nach der Idee des Gesetzgebers dem normativen Auftrag des Art. 25 Abs. 2 daher nicht. Für nicht-erforderliche Daten spricht er vielmehr ein Opt-out-Verbot aus. **46**

Der Begriff „Voreinstellung" lässt sich bei unbefangener Lesart statt formell (also im Sinne einer abänderbaren Vorkonfiguration; → Rn. 46) auch **materiell-funktionsoffen** verstehen: Er umfasst dann jede Entscheidungsgestaltung, die durch Vorgaben des Anbieters eine Verhaltenssteuerung (zulasten Betroffener) erzielt. Darunter können auch solche Designmuster fallen, die dem Nutzer zwar kein „angeklicktes Kästchen" vorgeben, ihn aber dazu nötigen, sich zwischen zwei Alternativen zu entscheiden, die zur Auswahl stehen (**Mandated Choice;** dazu Martini/Weinzierl RW 2019, 287 (290 ff.)). Denn durch **Framing,** also die konkrete Einbettung des Entscheidungsrahmens, lassen sich (auch) in solchen Fällen ähnlich wirkmächtige Dynamiken wie im Rahmen von Opt-out-Strukturen erzielen (Martini/Weinzierl RW 2019, 287 (291 ff.)). Der Entscheidungsrahmen kann insbes. so beeinflussend sein, dass er nachhaltige verhaltenspsychologische Wirkung entfaltet. Solche Designmuster, die den Einzelnen zu Handlungen verleiten, welche seinen Interessen zuwiderlaufen, indem sie verhaltenspsychologische Schwächen aus- **46a** nutzen oder ihn in anderer Weise zu seinem Nachteil steuernd beeinflussen, indem sie die Steuerungsmacht von Gestaltungsmustern missbrauchen **(Dark Patterns),** treten in vielerlei Gestalt auf: zB Fragen mit verwirrenden doppelten Verneinungen oder einer Überbetonung der (vermeintlich) negativen Folgen einer Entscheidung gegen datenintensive Nutzungen („können Sie dann womöglich nicht mehr [...] nutzen"), farbliche Hervorhebungen der „erwünschten" Antwortmöglichkeit, komplizierte Auswahlalternativen, die zB mehr Klicks erfordern oder wahrheitsverschleiernde Aussagen und unzulässige Verknüpfungen („Wenn Sie den Musikdienst nutzen wollen, müssen Sie die Ortungsdienste einschalten".).

46b   Solche Formen der Verhaltenssteuerung hatte der Gesetzgeber nicht vor Augen, als er Abs. 2 S. 1 erließ. Die Vorschrift beruht vielmehr auf dem verhaltensökonomischen **Default-**Gedanken, der an automatisch gesetzte, aber abänderbare Programmvorgaben des Verantwortlichen anknüpft. „Voreinstellung" setzt daher eine vorbereitete Konfiguration voraus. Der historische Gesetzgeber verstand den Begriff in diesem Sinne formal, nicht materiell-funktionsoffen. Obgleich die Überschrift des Art. 25 Abs. 2 S. 1 von einem Gebot „datenschutzfreundliche[r] Voreinstellungen" spricht, geht die Vorschrift auch nicht so weit, den Verantwortlichen zu verpflichten, (als Teil eines libertären Paternalismus) für alle seine Programmbestandteile generell einen datenschutzfreundlichen **Default-Zustand** zu schaffen (zum Konzept allg. Sunstein/Thaler Nudge 2009, passim). Er zwingt den Anbieter mithin nicht dazu, ausschließlich Opt-in-Einstellungen zu verwenden, um eine Lenkungswirkung zugunsten des Datenschutzes zu etablieren. Es steht dem Verantwortlichen vielmehr frei, **keine Vorauswahl** zu treffen (Martini/Weinzierl RW 2019, 287 (301 f.)). Der Sinngehalt der Norm erschöpft sich insofern in einem Opt-out-Verbot (Martini/Weinzierl RW 2019, 287 (298 ff.)). Er zielt lediglich darauf ab, den Betroffenen zu einer eigenverantwortlichen Entscheidung zu ermächtigen.

46c   Auf Entscheidungsarchitekturen, die ähnlich stark verhaltenssteuernd wirken wie Opt-out-Gestaltungsmuster, namentlich die Beeinflussungsschwelle überschreiten, deren Ächtung das Verbot datenschutzunfreundlicher Voreinstellungen des Abs. 2 S. 1 verlangt, lässt sich die Vorschrift aber **entsprechend anwenden.** Denn in diesen Fällen ist die normative Logik, verhaltensökonomischen Beeinflussungen des Nutzers Schranken zu setzen, in wertungsmäßig gleicher Weise berührt wie in den Fällen einer (explizit untersagten) Opt-out-Architektur (Martini/Weinzierl RW 2019, 287 (302 ff.)). Der Gesetzgeber hatte diese Formen äquivalenter Verhaltenssteuerung nicht bedacht, als er Abs. 2 S. 1 erließ. Durch Bußgeld sanktionierbar sind Verstöße wegen des strafrechtlichen Analogieverbots (Art. 49 Abs. 1 S. 1 GRCh) aber nicht (Martini/Weinzierl RW 2019, 287 (305)).

47   **Keine Voreinstellungen** sind solche Verarbeitungsvorgaben, bei denen der Nutzer **kraft autonomer Entsch.** selbst Einstellungen vornimmt bzw. ändert. Abs. 2 S. 1 verlangt keine Einschränkung der **Nutzer-Wahlfreiheit.** Er will den Nutzern keine Einstellungen aufzwingen, die diese selbst bewusst anders getroffen haben. Der Verantwortliche ist daher nicht verpflichtet, eigenständige Datenschutzeinstellungen seiner Nutzer auf datenschutzfreundliche Grundeinstellungen zurückzusetzen.

c) Anwendungsbeispiele. Ein praktisches Umsetzungsbeispiel für **daten-** **47a**
schutzfreundliche Voreinstellungen geben solche Internet-Browser, die
den besuchten Webservern automatisch mitteilen, dass der Benutzer nicht
durch webseitenfremde, sog Third-Level-Dienste, getrackt werden möchte.
Der Nutzer muss die Funktion selbst ausschalten, um diese Art des Trackings
zu erlauben.

Ein **Gegenbeispiel** zu datenschutzfreundlichen Voreinstellungen sind sol- **47b**
che Gestaltungen, die personalisierte Werbung und Standortdienste oder
Gesichtserkennung als „Werkseinstellung" vorsehen; der Nutzer muss sie dann
manuell ausschalten, um sie zu unterbinden **(„Opt-out").** Eine solche Praxis
ahndete die französische ASB bei Google mit einer Geldbuße in Höhe von
50 Millionen Euro: Bei der Accounterstellung hatte das Unternehmen ua eine
vormarkierte und nur unter dem Reiter „Mehr Optionen" abwählbare Einwilligungserklärung für personalisierte Werbung genutzt. Auch Webseiten, die
automatisch und ohne Einwilligung Dateien auf den Endgeräten ihrer Nutzer
speichern, um deren Aktivität im Internet zu verfolgen (sog **„Cookies"**), sind
nicht mit Art. 25 Abs. 2 S. 1 zu vereinen. Der Anbieter darf sich die Zustimmung zu Cookies regelmäßig nicht durch voreingestellte Kästchen einholen (EuGH MMR 2019, 732 (735); BGH Urt. v. 28.5.2020 – I ZR 7/16,
NJW 2020, 2540 – Cookie-Einwilligung II (zur Rechtslage unter der RL
2002/58/EG); → Rn. 7a). Ob es zulässig ist, eine Zustimmungserklärung, zB
den „Teilnehmen"-Button für ein Gewinnspiel, mit dem Hinweis zu versehen, durch einen Klick zugleich auch den vorausgewählten, aber abwähl-
baren Cookie-Einstellungen zuzustimmen, hat der EuGH bislang noch nicht
geklärt (Taeger/Schweda ZD 2020, 124 (126 f.)). Einem solchen Zustim-
mungsmodus steht aber jedenfalls das Verbot des Art. 25 Abs. 2 S. 1 entgegen. Es stellt auf den **erforderlichen Verarbeitungszweck** ab und betrachtet damit den **gesamten Vorgang.** Cookies zu setzen, ist in einem
solchen Fall regelmäßig nicht erforderlich; das Einverständnis dazu darf also
grundsätzlich nicht voreingestellt sein.

Reichlich Anschauungsmaterial für datenschutzunfreundliche Voreinstel- **47c**
lungen bot in der Vergangenheit insbes. das Betriebssystem großer Software-
hersteller. So hatte das Windows-Betriebssystem standardmäßig das verarbei-
tungsintensive Assistenzsystem **„Cortana"** aktiviert. Der Dienst war zeitweise
sogar so tief mit Windows verwoben, dass er dessen Suchfunktion ersetzte.
Wer Cortana vollständig **deaktivieren** wollte, konnte das nicht in den zentralen Systemeinstellungen tun, sondern musste Hand an die Registrierungs-
Dateien des Betriebssystems legen.

Mit dem Gebot „Privacy by Design" ist es auch unvereinbar, die Auf- **47d**
nahmen von Sprachassistenten (wie sie Google, Amazon und Apple vorhalten)
von Menschen auswerten lassen, um Fehler der zugrunde liegenden Software auszumerzen, ohne die Nutzer zuvor eindeutig zu informieren und
und explizite Opt-in-Zustimmungen einzuholen. Denn diese Verarbeitung ist
für den Verarbeitungszweck nicht erforderlich und daher einer Voreinstellung
nicht zugänglich. Apple und Google haben diese Auswertung nach eigenen
Angaben unterdessen beendet. Bei Amazons System „Alexa" hingegen muss
der Nutzer erst eine entsprechend vorausgewählte Option abwählen.

2. Umfang der Verpflichtung (S. 2 und 3)

48 Den Umfang des Pflichtenkatalogs, den das Gebot datenschutzfreundlicher Voreinstellungen mit sich bringt, konkretisiert S. 2: Es erstreckt sich auf alle Dimensionen der Verarbeitung: die Menge der erhobenen personenbezogenen Daten (→ Rn. 49), den Umf. ihrer Verarbeitung (→ Rn. 50), ihre Speicherfristen (→ Rn. 51) und ihre Zugänglichkeit (→ Rn. 52 ff.).

49 **a) Menge der erhobenen personenbezogenen Daten.** Der Rationalität des Prinzips „Data Protection by Default" entspricht es, die Menge der preisgegebenen personenbezogenen Daten auf das Erforderliche zu begrenzen. Deshalb ist es konsequent, dass die VO die „Menge der personenbezogenen Daten" zu einem zentralen Bezugspunkt des Gebots datenschutzfreundlicher Voreinstellungen erhebt.

50 **b) Umfang der Datenverarbeitung.** Den Referenzrahmen „Umfang der Datenverarbeitung" integrieren auch Art. 24 Abs. 1 und Art. 25 Abs. 1 als Beschreibungsformel in ihr normatives Pflichtenheft. Im Kontext des Art. 25 Abs. 2 S. 2 ist diese Wendung allerdings enger zu verstehen. Auch in der englischen Fassung unterscheidet sich der Wortlaut des Art. 25 Abs. 2 S. 2 („the extent of their processing") von demjenigen des Art. 24 Abs. 1 und Art. 25 Abs. 2 S. 1 („scope [of processing]"). Umfang iSv Art. 25 Abs. 2 S. 2 meint die **„Tiefe"** der Verarbeitung, zB inwieweit sie die erhobenen Daten zu einem Persönlichkeitsprofil zusammenführt. Der tatsächlich mögliche „Umfang" der Datenverarbeitung ist dabei zugleich eng mit der Menge der erhobenen Daten verwoben (→ Rn. 49; → Art. 24 Rn. 33).

51 **c) Speicherfristen.** Der Verantwortliche darf Speicherfristen in seinen Voreinstellungen nur so ausgestalten, wie dies der Zweck der Verarbeitung gebietet. Der Unionsgesetzgeber erhebt damit auch das **Recht auf Vergessenwerden** (vgl. Art. 17) partiell zur normativen Voreinstellung. Ruft ein Nutzer die Leistungen eines Telemedienangebots ab, um einmalig eine Ware zu bestellen, ist es daher nicht gerechtfertigt, ihm als Voreinstellung eine dauerhafte Speicherung seiner Kontaktinformationen abzuringen.

51a Voreinstellungen, die darauf zielen, das postmortale Persönlichkeitsrecht zu sichern, erfasst die DS-GVO demgegenüber nicht. Der Datenschutz Verstorbener fällt nicht in ihren Anwendungsradius (ErwGr 27 S. 1). Vielmehr gesteht sie insoweit den Mitgliedstaaten einen Regelungsspielraum zu. Die Öffnungsklausel erstreckt sich unmittelbar zwar nur auf „die personenbezogenen Daten Verstorbener" – nicht diejenigen der Lebenden, die Verfügungen im Hinblick auf ihren Tod treffen. Ihrem Sinn nach erfasst sie aber auch solche Verfügungen, die sich auf den Tod beziehen (Martini/Kühling Die DSGVO und das nationale Recht, S. 21).

52 **d) Zugänglichkeit.** Auch die Zugänglichkeit der personenbezogenen Daten muss auf das Maß beschr. sein, das erforderlich ist, um den Zweck zu erreichen. Zugänglichkeit meint die **tatsächliche Möglichkeit,** auf die Daten zuzugreifen. Dabei kann es sowohl um die Zugänglichkeit **für Dritte** gehen (bspw. wenn soziale Netzwerke die Daten ihrer Nutzer für andere

Nutzer veröffentlichen), aber auch um die Zugänglichkeit **beim Datenverarbeiter,** der interne Zugriffsmöglichkeiten minimiert oder die Daten soweit möglich nur auf den Geräten der betroffenen Personen speichert. **Abs. 2 S. 3** konkretisiert die Zugänglichkeit für einen speziellen Fall: Voreinstellungen dürfen nicht so konzipiert sein, dass sie persönliche Informationen der gesamten Internetöffentlichkeit zugänglich machen.

Die Vorschr. wägt ab zwischen dem Bedürfnis der Diensteanbieter, personenbezogene Daten einer breiten Öffentlichkeit in möglichst weitem Umf. verfügbar zu machen und damit Reichweite zu erzielen, auf der einen Seite und einem sachgerechten, auf das Gebot der Datenminimierung ausgerichteten Privatheitsschutz auf der anderen Seite. Den Interessenkonflikt entscheidet die Norm **zulasten der Diensteanbieter.** Sie will dem Phänomen entgegenwirken, dass Nutzer unbewusst als vertraulich gedachte Inhalte allgemein zugänglich machen, etwa im Wege einer versehentlichen Einladung der gesamten Facebook-Öffentlichkeit zu einer sog Facebook-Party, und dadurch zum Schutz der informationellen Selbstbestimmung beitragen. Aus der Formulierung **„insbesondere"** ergibt sich, dass die Anforderung nur eines von mehreren Bsp. ist, um datenschutzfreundliche Voreinstellungen zu konkretisieren. **52a**

Eingreifen iSd Abs. 2 S. 3 meint, dass **der Nutzer** die Voreinstellung ändert. Er muss nicht zwingend mit dem Betroffenen, also demjenigen identisch sein, dessen Daten verarbeitet werden. Nutzer kann daher auch eine Person sein, die **Informationen über andere** der Öffentlichkeit zugänglich macht. Das ergibt sich zwar nicht eindeutig aus dem Wortlaut der Norm. Denn „der Person" kann sowohl die betroffene Person in Rekurs nehmen als auch einen sonstigen Nutzer, der sich Voreinstellungen ausgesetzt sieht. Aufschlussreich ist jedoch ein Vergleich zu der Fassung des Art. 23 Abs. 2 S. 2 DS-GVO-E(EP). Er wollte explizit (nur) die „betroffenen Personen" in die Lage versetzen, „die Verbreitung ihrer personenbezogenen Daten zu kontrollieren". Dass die Endfassung diese Wendung nicht übernommen hat und von „der Person" statt von „der betroffenen Person" spricht, lässt darauf rückschließen, dass der Unionsgesetzgeber entschieden hat, den Eingriff nicht zwingend nur der Person zuzuordnen, deren personenbezogene Daten der Verarbeitungsvorgang betrifft. Der Verantwortliche muss daher insbesondere **nicht überprüfen,** inwieweit die betroffene Person die Freigabe der Daten autorisiert hat (Hansen in NK-DatenschutzR DS-GVO Art. 25 Rn. 54). Ihren Schutzzweck, dem Nutzer begreiflich zu machen, dass eine unbestimmte Zahl von Dritten auf personenbezogene Daten zugreifen kann, und dies nicht versehentlich geschehen zu lassen, erfüllt die Vorschr. schon dann, wenn der im Einzelfall konkret Handelnde sich bewusst für diese Veröffentlichung entscheiden muss – unabhängig davon, um wessen Daten es sich handelt. **52b**

Ob Abs. 2 S. 3 auch auf Onlinemedien (wie etwa Blogs oder Foren) anwendbar ist, die ihrem Zweck nach typischerweise oder überwiegend darauf gerichtet sind, Inhalte oder Meinungen einer unbegrenzten Zahl von Personen zugänglich zu machen **(Publizitätsmedien),** ist unklar. Manche halten die Vorschrift im Falle solcher Angebote nicht für einschlägig (LNK DatenschutzR § 7 Rn. 18; Hartung in Kühling/Buchner DS-GVO Art. 25 **52c**

Rn. 26; Baumgartner in Ehmann/Selmayr DS-GVO Art. 25 Rn. 20). Denn Abs. 2 S. 3 mache es dann praktisch unmöglich, solche Dienste anzubieten (LNK DatenschutzR § 7 Rn. 18). Sie erkennen insbes. keine Notwendigkeit, die Nutzer dieser Angebote vor Überrumpelung zu schützen (Baumgartner in Ehmann/Selmayr DS-GVO Art. 25 Rn. 20).

52d   Eine solche Einschränkung legt Abs. 2 S. 3 auch jedoch zum einen nicht normativ an. Die Vorschr. kann zum anderen auch bei den Publizitätsmedien den ihr zugedachten Sinn und Zweck erfüllen: Informationen allgemein zugänglich zu machen, kann nicht nur personenbezogene Daten der Veröffentlichenden, sondern auch **Dritte** betreffen und damit auch bei Publizitätsmedien den Bedarf auslösen, Abs. 2 S. 3 anzuwenden. Es kann auch einem spezifischen Interesse der Nutzer von Blogs etc. entsprechen, Informationen nicht einem unbeschränkten Adressatenkreis im Wege von Voreinstellungen zugänglich zu machen, sie zB nicht für jedermann in Suchmaschinen auffindbar zu machen, sondern einem **bestimmten, individuell definierten Personenkreis,** zB spezifischen Fachgruppen, vorzubehalten. Die Grenze zwischen (im Zweifel nicht schutzbedürftigen) Nutzern von Publizitätsmedien und sonstigen Telemediendiensten, zB sozialen Netzwerken, lässt sich überdies kaum treffsicher ziehen. Facebook ist ein Bsp. für einen Dienst, der in beide Kategorien fällt.

52e   Sachgerechter, als bestimmte Dienste von Art. 25 Abs. 2 S. 3 generell auszunehmen, ist seine **Anwendung im Lichte des Gebotes der Datenminimierung:** Besteht der Verarbeitungszweck (Abs. 2 S. 1) darin, eine Information allgemein zu verbreiten, ist diese Verarbeitung zwar im Grundsatz **erforderlich** iSd Abs. 2 S. 1. Bei der Verbreitung personenbezogener Daten hat der Dienst aber der **Warnfunktion des Abs. 2 S. 3** Rechnung zu tragen: Dienste dürfen personenbezogene Informationen nur dann allg. zugänglich machen, wenn der Nutzer dies durch sein eigenes **Freischalten** bewusst ermöglicht. Dienste sind umgekehrt jedoch nicht gehindert, Nutzern die Option zu vermitteln, sich bewusst durch eigenes Eingreifen für eine allg. Zugänglichkeit ihrer Inhalte zu entscheiden. Das informationelle Selbstbestimmungsrecht ist dann hinreichend wirksam geschützt, ohne Nutzern autonome Entscheidungsmacht vorzuenthalten.

III. Privilegierung von Maßnahmen regulierter Selbstregulierung (Abs. 3)

53   Die Gebote des Datenschutzes durch Technikgestaltung und datenschutzfreundliche Voreinstellungen sind (abstrakte) Grundideen, die einer Konkretisierung bedürfen. Art. 25 Abs. 1 und 2 nehmen diese Konkretisierung nicht im Detail vor. Vielmehr lassen sie einen weiten Auslegungsspielraum, der Rechtsunsicherheit erzeugen kann, die wirtschaftliche Entsch. und Investitionssicherheit lähmt. Um den Verantwortlichen davon ein Stück weit zu befreien, öffnet sich Art. 25 Abs. 3 – ähnlich wie Art. 24 Abs. 3 (→ Art. 24 Rn. 44 ff.) und Art. 32 Abs. 3 (→ Art. 32 Rn. 61 ff.) – dem Steuerungskonzept regulierter Selbstregulierung viel stärker als das frühere Rechtsregime des unionalen Datenschutzrechts. Genehmigten **Zertifizierungsverfahren** iSd

Art. 42 spricht er eine **Indizwirkung** für den Nachweis zu, dass die Anforderungen der Abs. 1 und 2 eingehalten sind.

Im Gegensatz zu Art. 24 Abs. 3 und Art. 32 Abs. 3 erkennt Art. 25 Abs. 3 **53a** nicht auch genehmigte **Verhaltensregeln** neben genehmigten Zertifizierungsverfahren ausdr. als berücksichtigungsfähigen „Faktor" an. Gleichwohl gestattet Art. 40 Abs. 2 lit. h, für Maßnahmen nach Art. 25 genehmigte Verhaltensregeln zu erlassen. Prima facie spricht viel dafür, dass der Gesetzgeber genehmigte Verhaltensregeln nur versehentlich nicht in Art. 25 Abs. 3 inkludiert hat und ihnen daher eine Nachweisfunktion zuzuerkennen ist (so etwa Baumgartner in Ehmann/Selmayr DS-GVO Art. 25 Rn. 22; Baumgartner/Gausling ZD 2017, 308 (313)). Aus dem Umstand, dass die DS-GVO in ihrem Art. 40 Abs. 2 lit. h ausdr. Verhaltensregeln zur Konkretisierung der Pflichten des Art. 25 zulässt, lässt sich aber noch nicht zwingend schließen, dass sie ihnen auch eine bes. Privilegierungswirkung zugestehen will. Jedenfalls unter dem Gesichtspunkt der **Selbstbindung der ASB** erleichtern genehmigte Verhaltensregeln in der Praxis aber den Nachweis, dass der Verantwortliche die Anforderungen des Art. 25 Abs. 1 und 2 erfüllt (vgl. Mantz in HK-DS-GVO Art. 25 Rn. 73). Auffällig ist auch, dass Art. 25 Abs. 3 statt der Wendung **„Gesichtspunkt"** (Art. 24 Abs. 3, → Art. 24 Rn. 44) von **„Faktor"** spricht. Inhaltliche Abweichungen ergeben sich aus dieser sprachlichen Nuancierung aber nicht. Insbes. ist in der englischen Sprachfassung sowohl in Art. 24 und 25 als auch in Art. 32 einheitlich von „element" die Rede.

C. Vergleich mit dem bisherigen nationalen Recht; nationaler Regelungsspielraum

Das nationale Recht hatte den Grundansatz eines Datenschutzes durch Tech- **54** nik (va mit Blick auf die Erfordernisse der Datensicherheit) bislang in **§ 9 BDSG aF** sowie in der **Anl. 1 des BDSG aF** normativ angelegt; manche Landesdatenschutzgesetze, wie etwa § 10 LDSG NRW, etablierten demgegenüber originäre Vorschr. zum technischen Datenschutz. Sie trugen dem **Verantwortlichen und dem Auftragsverarbeiter** auf, alle gesetzlichen Pflichten durch technische und organisatorische Maßnahmen umzusetzen.

Anders als sie bindet die DS-GVO den **Auftragsverarbeiter** (Art. 28) – **54a** vom Fall des Verarbeitungsexzesses abgesehen (Art. 28 Abs. 10) – nicht unmittelbar in den Pflichtenkreis des Art. 25 mit ein.

Zwar war der **Datenschutz durch datenschutzfreundliche Voreinstel- 54b lungen** im BDSG aF bereits durch den Grundsatz der Datensparsamkeit angelegt, jedoch nur als **abstrakte Zielvorgabe** ausgestaltet (Schulz in BeckOK DatenschutzR BDSG aF § 3a Rn. 28 und 68). Die ASB hinderte das nicht, datenschutzfreundliche Voreinstellungen schon in der Vergangenheit als **verbindliche gesetzliche Vorgabe** anzusehen (Düsseldorfer Kreis, Orientierungshilfe an App-Entwickler und App-Anbieter, 26; Gemeinsame Position des Düsseldorfer Kreises und der Datenschutzbeauftragten der öffentlich-rechtlichen Rundfunkanstalten, Smartes Fernsehen nur mit smartem Datenschutz, 3).

55   Mit Blick auf die **Datenschutzgrundsätze**, die Art. 5 formuliert, blieb das Normgebot des § 9 BDSG aF noch lakonisch. Nunmehr verpflichtet Art. 25 Abs. 1 den Verantwortlichen ausdr. und indisponibel dazu, geeignete Maßnahmen zur Umsetzung der Datenschutzgrundsätze zu treffen. Die Berichtigung des Abs. 2 S. 1, welche die deutsche Fassung der DS-GVO im Jahr 2018 erfahren hat, stellt unterdessen klar, dass auch das Gebot datenschutzfreundlicher Voreinstellungen nicht nur als Grundsatz, sondern ohne Ausnahme gilt.

56   Eine Maßnahme war iSd § 9 BDSG aF nur dann **erforderlich**, „wenn ihr Aufwand in einem angemessenen Verhältnis zu dem angestrebten Schutzzweck" stand. Als **Aufwand** waren bei der Abwägung alle betriebswirtschaftlichen Kosten zu berücksichtigen, die aufgrund der Maßnahmen anfielen, also auch **Entwicklungs- und Betriebskosten** (Ernestus in Simitis BDSG aF § 9 Rn. 34). Die Kosten, die aufgrund der ordnungsgemäßen Verarbeitung der Daten ohnehin entstanden, waren indes nicht berücksichtigungsfähig (Ernestus in Simitis BDSG aF § 9 Rn. 36). Art. 25 Abs. 1 ändert daran trotz seiner etwas anderen Terminologie nichts. Die Wendung „**cost of their implementation**", die heute auch Art. 25 Abs. 1 verwendet, fand sich bereits in Art. 17 Abs. 1 S. 2 DSRL (die dt. Sprachfassung machte daraus etwas freier „bei ihrer Durchführung entstehenden Kosten").

57   Ob der Aufwand im Verhältnis zu dem angestrebten Schutzzweck **angemessen** war, bestimmte sich auf der Grdl. des BDSG aF nach der Sensibilität der zu verarbeitenden Daten und danach, wie risikobehaftet ihre Verarbeitung war (Ernestus in Simitis BDSG aF § 9 Rn. 38 f.; Thoma ZD 2013, 578 (580)). Art. 25 Abs. 1 geht über dieses **Anforderungsniveau** hinaus: Er ordnet zum einen an, dass die Risiken für alle Rechte und Freiheiten des Betroffenen integrativ zu berücksichtigen sind, und legt die Parameter zur Bestimmung des Risikos zum anderen nunmehr explizit fest (→ Rn. 37).

58   Im Gegensatz zu § 9 BDSG aF bestimmt Art. 25 Abs. 1 ausdr., dass der **Stand der Technik** bei der Bestimmung der zu treffenden Maßnahmen zu beachten ist. Dies schrieb das BDSG aF lediglich für diejenigen Maßnahmen ausdr. vor, die kraft § 9 iVm Anl. 1 S. 2 Nr. 2–4 zu treffen waren. Ob diese Pflicht auch bei Maßnahmen der Nr. 1 sowie Nr. 5–8 galt, war umstritten (dafür Karg in BeckOK DatenschutzR BDSG aF § 9 Rn. 67; dagegen zB Gitter/Meißner/Spaschus ZD 2015, 512 (516)).

59   Unter dem Regime des BDSG aF konnten die ASB Verstöße gegen Datenschutzgrundsätze nicht als solche sanktionieren: Verstöße gegen § 9 BDSG aF konnten sie durch **Geldbußen** nur ahnden, wenn sich der Verarbeiter einer vorangehenden behördlichen Anordnung widersetzte (**§ 43 Abs. 1 Nr. 11 BDSG aF**). Nunmehr können die ASB Verstöße gegen Art. 25 (**Art. 83 Abs. 4 lit. a**) sowie gegen die allg. Datenschutzgrundsätze (**Art. 83 Abs. 5 lit. a**) **unmittelbar** (also auch ohne vorherige Anweisung der ASB) mit einer Geldbuße belegen („zusätzlich zu oder anstelle von" (Art. 58 Abs. 2 lit. i), → Rn. 5). Das ergibt sich auch in einem Umkehrschluss aus Art. 83 Abs. 6 („bei Nichtbefolgung einer Anweisung der Aufsichtsbehörde"). Auch die **Höhe**

möglicher Geldbußen hebt die DS-GVO drastisch an, um dem Regime des Datenschutzrechts in seiner praktischen Wirksamkeit „Zähne" zu verleihen.

Dem nationalen Gesetzgeber belässt Art. 25 **keinen Regelungsspiel-** **60** **raum.** Er kann dem Verantwortlichen über die Öffnungsklausel des Art. 6 Abs. 2 und 3 lediglich für die Verarbeitungen nach Art. 6 Abs. 1 UAbs. 1 lit. c (Erfüllung einer rechtlichen Verpflichtung) und lit. e (Wahrnehmung einer öffentlichen Aufgabe) präzisierende Anforderungen – insbes. bestimmte technische und organisatorische Maßnahmen – auferlegen, welche die Rechtmäßigkeit der Verarbeitung konkretisieren.

D. Ausblick

Wie **schlagkräftig** die Konzepte des Datenschutzes durch Technik und **61** durch datenschutzfreundliche Voreinstellungen sind, hängt nicht unwesentlich davon ab, wie die in die Umsetzung des normativen Konzepts eingebundenen Akteure (insbes. die Verantwortlichen, die ASB und der EDSA, mittelbar aber auch die Hersteller von Datenverarbeitungstechnik) das abstrakte Normgebot im praktischen Vollzugsalltag konkretisieren. Gerade mit Blick auf das Gebot datenschutzfreundlicher Voreinstellungen besteht insoweit noch erheblicher Nachholbedarf.

Art. 26 Gemeinsam Verantwortliche

(1) [1] Legen zwei oder mehr Verantwortliche gemeinsam die Zwecke der und die Mittel zur Verarbeitung fest, so sind sie gemeinsam Verantwortliche. [2] Sie legen in einer Vereinbarung in transparenter Form fest, wer von ihnen welche Verpflichtung gemäß dieser Verordnung erfüllt, insbesondere was die Wahrnehmung der Rechte der betroffenen Person angeht, und wer welchen Informationspflichten gemäß den Artikeln 13 und 14 nachkommt, sofern und soweit die jeweiligen Aufgaben der Verantwortlichen nicht durch Rechtsvorschriften der Union oder der Mitgliedstaaten, denen die Verantwortlichen unterliegen, festgelegt sind. [3] In der Vereinbarung kann eine Anlaufstelle für die betroffenen Personen angegeben werden.

(2) [1] Die Vereinbarung gemäß Absatz 1 muss die jeweiligen tatsächlichen Funktionen und Beziehungen der gemeinsam Verantwortlichen gegenüber betroffenen Personen gebührend widerspiegeln. [2] Das wesentliche der Vereinbarung wird der betroffenen Person zur Verfügung gestellt.

(3) Ungeachtet der Einzelheiten der Vereinbarung gemäß Absatz 1 kann die betroffene Person ihre Rechte im Rahmen dieser Verordnung bei und gegenüber jedem einzelnen der Verantwortlichen geltend machen.

BDSG und anderes nationales Recht: § 63 BDSG für den Anwendungsbereich der JI-RL (kommentiert unter → BDSG § 63 Rn. 1 ff.).

Literatur: *Bierekoven,* Auftragsverarbeitung, Joint Controllership und kleines Konzernprivileg – Hinweise zur Verarbeitung personenbezogener Daten im Konzern, ITRB 2017,

282; *Dovas,* Joint Controllership – Möglichkeiten oder Risiken der Datennutzung? ZD 2016, 512; *Eckhardt/Kramer,* Auftragsdatenverarbeitung beim Einsatz von Persönlichkeits-analysetools, DuD 2016, 144; *Gierschmann,* Gemeinsame Verantwortlichkeit in der Praxis, ZD 2020, 69; *Gola/Klug,* Die Entwicklung des Datenschutzrechts im zweiten Halbjahr 2019, NJW 2020, 660; *Hacker,* Mehrstufige Informationsanbieterverhältnisse zwischen Datenschutz und Störerhaftung, Gestufte Kontrolle – gemeinsame Verantwortung?, MMR 2018, 779; *Janicki/Saive,* Privacy by Design in Blockchain-Netzwerken, ZD 2019, 251; *Jaspers,* Die EU-Datenschutz-Grundverordnung – Auswirkungen der EU-Daten-schutz-Grundverordnung auf die Datenschutzorganisation des Unternehmens, DuD 2012, 571; *Kartheuser/Nabulsi,* Abgrenzungsfragen bei gemeinsam Verantwortlichen, MMR 2018, 717; *Kremer,* Gemeinsame Verantwortlichkeit: Die neue Auftragsverarbeitung?, CR 2019, 225; *Kreyßing,* Öffentliche Stellen in den sozialen Medien – Die Vereinbarung über die gemeinsame Verantwortlichkeit und deren Folgen, PinG 2020, 145; *Kuß,* Folge dem weißen Kaninchen – Datenaustausch in der Matrixorganisation, DuD 2016, 150; *Lee/Cross,* (Gemeinsame) Verantwortlichkeit beim Einsatz von Drittinhalten auf Websites, Wird das Rad unnötig neu erfunden?, MMR 2019, 559; *Lezzi/Oberlin,* Gemeinsam Verantwortliche in der konzerninternen Datenverarbeitung, ZD 2018, 398; *Martini/Botta,* Undurchsichtige Datentransfers – gläserne Studierende?, Datenschutzrechtliche Schranken der Datenübermittlung in die USA am Beispiel von Massive Open Online Courses, VerwArch 110 (2019), 235; *Martini/Fritzsche,* Mitverantwortung in sozialen Netzwerken – Facebook-Fanpage-Betreiber in der datenschutzrechtlichen Grauzone, NVwZ-Extra 21/2015, 1; *Martini/Weinzierl,* Die Blockchain-Technologie und das Recht auf Verges-senwerden, NVwZ 2017, 1251; *Monreal,* „Der für die Verarbeitung Verantwortliche" – das unbekannte Wesen des deutschen Datenschutzrechts, ZD 2014, 611; *Monreal,* Der Rahmen der Verantwortung und die klare Linie in der Rechtsprechung des EuGH zu gemeinsam Verantwortlichen, CR 2019, 797; *Nink/Müller,* Beschäftigtendaten im Kon-zern – Wie die Mutter so die Tochter? – Arbeits- und datenschutzrechtliche Aspekte einer zentralen Personalverwaltung, ZD 2012, 505; *Schreiber,* Gemeinsame Verantwortlichkeit gegenüber Betroffenen und Aufsichtsbehörden, ZD 2019, 55; *Zikesch/Kramer,* Die DS-GVO und das Berufsrecht der Rechtsanwälte, Steuerberater und Wirtschaftsprüfer – Datenschutz bei freien Berufen, ZD 2015, 565.

Übersicht

A. Allgemeines

I. Bedeutung der Norm und Einordnung in den Gesamtkontext der DS-GVO

Art. 26 trifft eine Entscheidung über die normative Verantwortungszuord- **1** nung in komplexen Akteursnetzwerken: Wirken **mehrere Beteiligte** auf die Zwecke und Mittel eines Verarbeitungsprozesses ein (vgl. auch Art. 4 Nr. 7: „allein oder gemeinsam"), bedarf es einer klaren Grenzziehung zwischen ihren Verantwortungssphären. Dieses Bedürfnis nach **transparenten Verantwortungsstrukturen** wächst mit der Vielfalt und Komplexität neuer Geschäftsmodelle der digitalen Welt, insbes. der **Sharing-Economy,** sowie dem arbeitsteiligen Zusammenwirken in **sozialen Netzwerken** oder dem Angebot von Waren über Verkaufsplattformen im **Internet der Dinge.** Aber bspw. auch bei **digitalen Bildungsangeboten** (Botta, Datenschutz bei E-Learning-Plattformen, 2020, 219 ff.) oder beim **autonomen Fahren,** der Zusammenarbeit vieler Akteure in einer **Blockchain** (→ Rn. 19, 41) sowie zwischen Banken und FinTech-Unternehmen im Kontext von Finanz- und Zahlungsdienstleistungen (Spoerr in BeckOK DatenschutzR DS-GVO Art. 26 Rn. 4; Plath in Plath DS-GVO Art. 26 Rn. 7) tritt die Frage nach der Zurechnung von Mitwirkungsbeiträgen immer drängender auf den Plan. Ein weiterer wichtiger Anwendungsfall des Art. 26 sind daneben auch **Portallösungen der öffentlichen Hand,** die Verwaltungsleistungen verschiedener (Gebiets-)Körperschaften (ggf. in Zusammenarbeit mit privaten IT-Dienstleistern; vgl. Schreiber ZD 2019, 55 (56)) bündeln (vgl. auch § 1 Abs. 2 OZG; § 11 EGovG; Art. 29-Datenschutzgruppe Stellungn. 1/2010, 26; ebenso DSK Kurzpapier Nr. 16, S. 4 f.; Petri in NK-DatenschutzR DS-GVO Art. 26 Rn. 3). Konsequenterweise fordert **ErwGr 79** in all diesen Konstellationen eine „klare Zuteilung der Verantwortlichkeiten", um die Rechte und Freiheiten der betroffenen Personen hinreichend wirksam zu schützen, insbes. Überwachungs- und sonstige aufsichtsbehördliche Maßnahmen wirksam durchsetzen zu können. Diese Zielsetzung verknüpft Art. 26 mit konkreten normativen Handlungsbefehlen.

2   Da Art. 26 für einen effektiven Betroffenenschutz eine herausgehobene Bedeutung zukommt, verwundert es kaum, dass der **EuGH** in den vergangenen Jahren mehrfach aufgerufen war, den **Begriff der gemeinsam Verantwortlichen** näher zu konturieren (zur Entwicklung der Rechtsprechung vgl. insbes. Gierschmann ZD 2020, 69 (69 ff.)). Das hat er allen voran in den Rs. „Wirtschaftsakademie Schleswig-Holstein" (EuGH BeckRS 2018, 10155), „Jehovan todistajat" (EuGH BeckRS 2018, 14563) und „Fashion ID" (EuGH BeckRS 2019, 15831) getan. Die Entscheidungen sind für das Verständnis des Art. 26 von grundlegender Bedeutung (→ Rn. 19 ff.). Insgesamt geht der EuGH dabei von einem weiten Begriffsverständnis aus.

3   Die gemeinsame Verantwortlichkeit („joint controllership") des Art. 26 ist **von der Auftragsdatenverarbeitung** iSd Art. 4 Nr. 8 und Art. 28 **abzugrenzen.** Der Auftragsverarbeiter unterscheidet sich von dem gemeinsam Verantwortlichen durch seine **Weisungsabhängigkeit:** Er unterliegt – zumindest hinsichtlich der Zwecke und wesentlichen Mittel der Verarbeitung – Weisungen des Verantwortlichen (Art. 28 Abs. 3 UAbs. 1 S. 2 lit. a; Art. 29; Art. 29-Datenschutzgruppe Stellungn. 1/2010, 31; Schreiber ZD 2019, 55 (55)). Die Rechtsbeziehung zwischen ihm und dem Verantwortlichen ist daher auch an strenge Dokumentationspflichten gebunden (**Art. 28 Abs. 3 UAbs. 1 S. 2 lit. a** („nur auf dokumentierte Weisung") und **Abs. 9**). Während die Auftragsverarbeitung durch ein Hierarchieverhältnis geprägt ist (→ Art. 28 Rn. 7, 38 ff., → Art. 29 Rn. 18 ff.) und der Auftragsverarbeiter grds. nicht nach außen in Erscheinung tritt, ist die gemeinsame Verantwortung iSd Art. 26 demgegenüber durch eine **gleichberechtigte** (wenn auch **nicht zwingend gleichwertige,** EuGH BeckRS 2018, 10155, Rn. 43) **und gemeinsame Festlegung der Zusammenarbeit** gekennzeichnet.

3a   Ebenso wie Auftragsverarbeiter genießen die gemeinsam Verantwortlichen ein **Verarbeitungsprivileg,** wenn sie Daten untereinander austauschen (zust. Plath in Plath DS-GVO Art. 26 Rn. 5; Thomale in Auernhammer DS-GVO Art. 26 Rn. 3 f.; Lang in Taeger/Gabel DS-GVO Art. 26 Rn. 53; Tinnefeld/ Hanßen in Wybitul DS-GVO Art. 26 Rn. 3; zurückhaltender Monreal CR 2019, 797 (805); aA Bertermann in Ehmann/Selmayr DS-GVO Art. 26 Rn. 11; Hartung in Kühling/Buchner DS-GVO Art. 26 Rn. 27): Sie stehen einander (wie der Auftragsverarbeiter und der (allein) Verantwortliche) **nicht als Dritte** ggü. (vgl. Art. 4 Nr. 10: „außer [...] dem Verantwortlichen"). Zwar nimmt **Art. 4 Nr. 10** nur den „Verantwortlichen" als solchen von dem Begriff des Dritten aus, ohne – anders als in anderen Vorschr. (zB Art. 36 Abs. 3 lit. a) – ausdr. auch die gemeinsam Verantwortlichen besonders hervorzuheben. In der Sache erfasst diese Einschränkung aber auch die gemeinsam Verantwortlichen. Legen sie die Zwecke und Mittel der Verarbeitung im Zusammenspiel fest und konstituieren den Verarbeitungsvorgang gemeinsam, operieren sie als **Verantwortungseinheit,** ohne dass ein Übermittlungsvorgang zwischen Dritten erfolgt (vgl. ebenso Lang in Taeger/Gabel DS-GVO Art. 26 Rn. 83 ff.; Moos in Moos/Schefzig/Arning, Die neue DS-GVO, Kap. 8 Rn. 32; Piltz in Gola DS-GVO Art. 26 Rn. 8; ähnlich zur alten Rechtslage Monreal ZD 2014, 611 (613, 615); Spoerr in BeckOK DatenschutzR BDSG aF § 11 Rn. 64). Der Datentransfer zwischen ihnen bedarf (zusätzlich zur Rechtfertigung der eigenen Verarbeitungstätigkeit) daher **keiner gesonderten Rechtfertigungsgrundl. iSd Art. 6** (ebenso Thomale in Auernhammer DS-GVO Art. 26 Rn. 3 f.). Das ist auch insofern dogmatisch konsequent, als Art. 4 Nr. 10 die Beziehung zwischen dem Verantwortlichen und dem **Auftragsverarbeiter** nicht als Drittbeziehung einstuft (→ Art. 28 Rn. 8a ff.). Dann stehen die gemeinsam Verantwortlichen einander erst recht nicht als Dritte ggü. (eine differenzierende Ansicht verzichtet nicht generell auf eine Rechtfertigungsgrundl., sieht aber das berechtigte Interesse iSd Art. 6 Abs. 1 UAbs. 1 lit. f vor dem Hintergrund des ErwGr 48 S. 1 regelmäßig als erfüllt an, Voigt CR 2017, 428 (429); Bierekoven ITRB 2017, 282 (284): „kleines Konzernprivileg"; eine Privilegierung jedweder Art negierend dagegen Hartung in Kühling/Buchner DS-GVO Art. 26 Rn. 27; Bertermann in Ehmann/Selmayr DS-GVO Art. 26 Rn. 11; Dovas ZD 2016, 512 (515); Spoerr in BeckOK DatenschutzR DS-GVO Art. 26 Rn. 3, 13b, 23; Nink in Spindler/Schuster DS-GVO Art. 26 Rn. 1; DSK Kurzpapier Nr. 16, S. 1; Schreiber ZD 2019, 55 (55)).

Verbindet sich mit der gemeinsamen Verantwortlichkeit die **Übermitt-** **3b** **lung in ein Drittland,** greifen jedoch die Sonderregelungen der Art. 44 ff. und stehen sich die gemeinsam Verantwortlichen einander insoweit als **Dritte** ggü. (**Art. 44 S. 1;** weiterführend Martini/Botta VerwArch 110 (2019), 235 (260 ff.)). Sie müssen für ihre grenzüberschreitende Datenverarbeitung deshalb etwa auf die Standarddatenschutzklauseln der EU-Kommission (Art. 46 Abs. 2 lit. c) zurückgreifen (vgl. dazu EuGH Urt. v. 16.7.2020 – C-311/18, ECLI:EU:C:2020:559, Rn. 106 ff.).

Inwieweit gemeinsame Verfahren zur Verarbeitung personenbezogener **3c** Daten zulässig sind, stellt sich als Frage in praxi insbes. auch für **Konzerne bzw. Unternehmensverbünde,** die ihre unternehmerischen Ziele in nationalen und multinationalen Unternehmenskonglomeraten konzentrieren. Sie gehen in wachsendem Maße dazu über, Kunden- und Mitarbeiterdaten iR ihrer Geschäftstätigkeiten an konzernangehörige Unternehmen zu transferieren (vgl. Eckhardt/Kramer DuD 2016, 144 (144); Jaspers DuD 2012, 571 (573)). Immer mehr Dienstleistungen werden zudem entweder konzernintern oder extern zentralisiert bzw. arbeitsteilig erbracht (zB in sog Shared-Service-Centern oder Matrixstrukturen – vgl. hierzu ausf. Kuß DuD 2016, 150 (150 ff.)). Für die grenzüberschreitende Verarbeitung durch Unternehmensgruppen, die mit Datenübermittlungen in Drittstaaten einhergeht, hält **Art. 47** eine Sonderregelung vor (vgl. ErwGr 48 S. 2; dazu bspw. Martini/Botta VerwArch 110 (2019), 235 (274)).

Art. 26 unterscheidet in seiner Regelungsstruktur feinsäuberlich zwischen **4** dem Innenverhältnis und dem Außenverhältnis: Im **Außenverhältnis** ggü. betroffenen Personen sind beide Verarbeiter jeweils in vollem Umfang (ohne Dispositionsbefugnis, **Abs. 3**) verantwortlich; im **Innenverhältnis** treffen die Akteure Zuständigkeitsvereinbarungen. Sie müssen ihre jeweiligen Verantwortungsbereiche und die Aufteilung ihrer jeweiligen Pflichten in einer „**transparenten Vereinbarung**" regeln (**Abs. 1 S. 2**). Der **Inhalt** einer solchen Vereinbarung muss die „tatsächlichen Funktionen und Beziehungen" der gemeinsam Verantwortlichen ggü. betroffenen Personen gebührend widerspiegeln; sie muss also **den tatsächlichen Verhältnissen entsprechen** (mit Kritik an der dt. Sprachfassung Plath in Plath DS-GVO Art. 26 Rn. 14). Die gemeinsam Verantwortlichen müssen Betroffenen den wesentlichen Inhalt der Vereinbarung zur Vfg. stellen **(Abs. 2 S. 2)**. Diese sollen dadurch Einblick in die Strukturen der geteilten Verantwortlichkeit erlangen können. Die Norm konkretisiert damit den **Grundsatz der Transparenz,** den **Art. 5 Abs. 1 lit. a** allg. verankert und der in ErwGr 58 eine nähere Konturierung erfährt. Eine dem **Art. 26 Abs. 2 S. 2** vergleichbare Pflicht, dem Betroffenen die zwischen dem Vertreter und dem Verantwortlichen getroffene Vereinbarung zur Vfg. zu stellen, trifft den **Auftragsverarbeiter** und seinen Geschäftsherrn nicht.

5   Die Vereinbarung zwischen gemeinsam Verantwortlichen erfüllt eine wichtige **Beweissicherungs- und Zurechnungsfunktion** iRd Schadensausgleichs zwischen den an der Verarbeitung Beteiligten. Zwar trifft die gemeinsam Verantwortlichen im Außenverhältnis eine **gesamtschuldnerische Haftung,** „damit ein wirksamer Schadensersatz für die betroffene Person sichergestellt ist" **(Art. 82 Abs. 4)**. Ein Ausgleich erfolgt dann aber im **Innenverhältnis** zwischen den Verantwortlichen nach „ihrem Anteil an der Verantwortung für den Schaden" **(Art. 82 Abs. 5)**. Dieser lässt sich aus dem tatsächlichen Einfluss auf die Verarbeitung und der Verantwortungszuweisung rekonstruieren, welche die Vereinbarung in concreto verankert. Sie sorgt dabei für eine **Beweislastumkehr:** Derjenige Mitverantwortliche, der sich auf tatsächliche Umstände beruft, die nicht mit dem in der Vereinbarung festgelegten Inhalt übereinstimmen, muss diese beweisen.

5a   Arbeiten verschiedene Beteiligte als gemeinsam Verantwortliche, so erhöht sich damit uU das Risiko, datenschutzrechtliche Pflichten zu verletzen. Im Einzelfall kann daher ggf. eine **Datenschutzfolgenabschätzung** nach Art. 35 geboten sein (DSK Kurzpapier Nr. 16, S. 4,; Thomale in Auernhammer DS-GVO Art. 26 Rn. 7; Dovas ZD 2016, 512 (512, 514); noch weitergehend für eine generelle Pflicht zur Datenschutzfolgenabschätzung Bierekoven ITRB 2017, 282 (285); vgl. auch → Art. 35 Rn. 21).

6   Treffen die gemeinsam Verantwortlichen keine den Anforderungen des Art. 26 entspr. Vereinbarung oder verletzen sie in anderer Weise Pflichten, die ihnen aus Art. 26 erwachsen, stehen den **ASB** zahlreiche ordnungsrechtliche **Befugnisse aus Art. 58** zur Seite. Sie können bspw. Informationen von den Verantwortlichen anfordern oder die Zusammenarbeit vor Ort auf ihre Rechtmäßigkeit hin kontrollieren (Art. 58 Abs. 1 lit. a, e, f; Petri in NK-DatenschutzR DS-GVO Art. 26 Rn. 31; zur Störerauswahl → Rn. 37a), die Löschung von personenbezogenen Daten verlangen oder anordnen, die Verarbeitung der Daten vorübergehend oder dauerhaft zu beschränken, oder die Verantwortlichen formell verwarnen (Spoerr in BeckOK DatenschutzR DS-GVO Art. 26 Rn. 37a). Missachten die Verantwortlichen eine Anweisung, droht ihnen eine empfindliche **Geldbuße:** Die ASB kann die Pflichtverletzung mit einem Bußgeld von bis zu 20 Mio. EUR oder − im Fall eines Unternehmens − mit bis zu 4 % seines gesamten weltweit erzielten Jahresumsatzes des vergangenen Geschäftsjahres ahnden − je nachdem, welcher der Beträge höher ist **(Art. 83 Abs. 6)**. Auch wenn der Pflichtige nicht gegen

eine vorangegangene konkretisierende Anordnung der ASB verstoßen hat, belegt **Art. 83 Abs. 4 lit. a** einen Verstoß gegen Art. 26 mit einer Bußgelddrohung iHv bis zu 10 Millionen EUR oder – im Falle eines Unternehmens – bis zu 2 % seines gesamten weltweiten Jahresumsatzes.

Art. 26 findet **keine Anwendung,** soweit Behörden personenbezogene 7 Daten verarbeiten, um **Straftaten zu verhüten, zu ermitteln, aufzudecken, zu verfolgen oder zu vollstrecken** – ebenso im Falle der Verarbeitung zum Schutz vor und zur Abwehr von **Gefahren für die öffentl. Sicherheit (Art. 2 Abs.2 lit. d).** Für diesen Bereich beansprucht ausschließlich die **JI-RL** Geltung (vgl. Art. 2 Abs. 2 lit. d DS-GVO; Art. 1 Abs. 1, Art. 2 Abs. 1 der JI-RL). Sie kennt in ihrem **Art. 21** eine dem Art. 26 funktionell entspr. Vorschr. Von diesem unterscheidet sich Art. 21 JI-RL darin, dass er den Verantwortlichen nicht freistellt, eine **Anlaufstelle** für die betroffene Person anzugeben; dies ist vielmehr **verpflichtend** (Art. 21 Abs. 1 S. 3 JI-RL: „wird […] angegeben). Zudem schreibt er nicht ausdrücklich vor, dass die **Zuständigkeitsverteilung** den tatsächlichen Funktionen und Beziehungen entsprechen muss und die wesentlichen Vereinbarungsinhalte zur Verfügung zu stellen sind. Das gründet darauf, dass die im Bereich der Strafverfolgung und -prävention streng geregelte Kompetenzordnung abweichende Vereinbarungen ohnehin nicht zulässt (Petri in NK-DatenschutzR DS-GVO Art. 26 Rn. 7). Während sich die betroffene Person im Geltungsbereich der DS-GVO an jede der kooperierenden verantwortlichen Stellen wenden kann (Art. 26 Abs. 3), enthält **Art. 21 Abs. 2 JI-RL** lediglich eine Regelungsermächtigung, die es den Mitgliedstaaten ermöglicht, eine entsprechende Vorschrift für den Geltungsbereich der RL zu erlassen (weiterführend Petri NK-DatenschutzR DS-GVO Art. 26 Rn. 7).

II. Sinn und Zweck der Vorschrift

Art. 26 soll insbes. hybriden **Kooperationsformen der digitalen Welt** 8 Rechnung tragen, die neue, kollaborative Verantwortlichkeitsstrukturen generieren und es Betroffenen dadurch erschweren, „zu erkennen und nachzuvollziehen, ob, von wem und zu welchem Zweck sie betreffende personenbezogene Daten erfasst werden" ErwGr 58 S. 3). Für diese Konstellationen will die Vorschr. klare Zurechnungsregeln schaffen, die dem Anreiz einer **Verantwortungsdiffusion entgegenwirken** (vgl. ErwGr 79). Der Zielsetzung des **Transparenzgebotes** aus Art. 5 Abs. 1 lit. a verschrieben, eröffnet die Vorschrift daher dem Betroffenen Einblick in eine ihn betreffende arbeitsteilige **Verantwortungsstruktur.**

Mittelbar befördert das Pflichtenregime der Abs. 1 und 2 dadurch **effekti-** 9 **ven Rechtsschutz.** Denn es vermittelt dem Betroffenen hinreichende Informationen über seine potenziellen Anspruchsgegner und deren interne Aufgabenverteilung. Die Vorschr. folgt damit insgesamt einem einleuchtenden Grundgedanken: Betroffene sollen keine Nachteile dadurch erleiden, dass Verantwortliche ihre Verarbeitungsprozesse kooperativ betreiben, insbes. ihre Verantwortlichkeit aufteilen. Entsprechend **weit** legt der EuGH den Begriff der Mitverantwortlichkeit aus (EuGH BeckRS 2014, 80862 Rn. 34; BeckRS 2018, 10155 Rn. 28).

10 Die Verpflichtung, eine Vereinbarung abzuschließen, die das Beziehungs- und Verantwortungsgefüge klärt, soll ihre Schutzwirkung nicht nur nach **außen** entfalten. Sie soll auch nach **innen,** also im Verhältnis zwischen den gemeinsam Verantwortlichen, wirken. Denn sie vermeidet **Rechtsunklarheiten** und darauf gründende **Haftungsstreitigkeiten.** Nicht zuletzt stehen sich die gemeinsam Verantwortlichen dann, wenn sie Vertragsinhalte aushandeln, nicht notwendigerweise in einer strukturell paritätischen Verhandlungsposition ggü. (vgl. etwa Stellungn. des Ausschusses für Industrie, Forschung und Energie des EP (ITRE) v. 26.2.2013, 2012/0011(COD)). Das Transparenzerfordernis steht insoweit auch im Dienste der Zielsetzung, die **Vertragssymmetrie der Vertragspartner** flankierend zu schützen bzw. deren strukturelle Störung soweit wie möglich ans Tageslicht zu bringen.

10a Art. 26 steht in einem engen systematischen Kontext zu zahlreichen anderen Vorschriften der DS-GVO: Ausweislich **Art. 30 Abs. 1 S. 2 lit. a** muss eine gemeinsame Verarbeitung im Verarbeitungsverzeichnis benannt sein − ebenso erstreckt sich die Informationspflicht aus **Art. 13 Abs. 1 lit. a** sowie **Art. 14 Abs. 1 lit. a** auf alle Mitverantwortlichen. Wenn die Verarbeitung ein hohes Risiko für die Rechte und Freiheiten natürlicher Personen birgt, haben die Verantwortlichen iRd Konsultation nach **Art. 36 Abs. 3 lit. a** die ASB über eine gemeinsame Verantwortung zu informieren und andere Verantwortliche entspr. zu benennen (Tinnefeld/Hanßen in Wybitul DS-GVO Art. 26 Rn. 25). Art. 26 ergänzt die schadensersatzrechtliche Gesamtschuldregelung des **Art. 82 Abs. 4** auf der Primärebene und ist damit im Zusammenhang mit ihr zu lesen (→ Rn. 36). Die **sanktionsrechtliche** Verantwortlichkeit der gemeinsam Verantwortlichen ist demgegenüber jeweils getrennt zu beurteilen (→ Rn. 37d).

III. Entstehungsgeschichte der Norm

1. Kommissionsentwurf vom 25.1.2012

11 Der DS-GVO-E(KOM) war noch deutlich schlanker gefasst als die heutige Fassung des Art. 26. Er beschränkte sich iW auf die S. 1 und 2 des jetzigen Art. 26 Abs. 1. Auch die heutige Öffnungsklausel des Abs. 1 S. 2 aE hinsichtlich der konkreten, nicht disponiblen Pflichten der gemeinsam Verantwortlichen (→ Rn. 26 f.) kannte der DS-GVO-E(KOM) noch nicht.

2. Legislative Entschließung des EP vom 12.3.2014

12 Das EP nahm einerseits in S. 1 eine marginale sprachliche Korrektur des DS-GVO-E(KOM) vor („mehrere für die Verarbeitung Verantwortliche"), ergänzte ihn andererseits um die (heute in Abs. 2 verankerte) normative Verpflichtung, dass die Vereinbarung die **„jeweiligen tatsächlichen Funktionen und Beziehungen"** der gemeinsam Verantwortlichen gebührend widerspiegelt und der Betroffene die **Wesenselemente der Vereinbarung** einsehen kann. Der Regelungsansatz **gesamtschuldnerischer Verantwort-**

lichkeit geht ebenfalls auf die Initiative des EP zurück. Es wollte diese jedoch (anders als heute Art. 26 Abs. 3) noch auf Fälle „unklarer Verantwortlichkeit" begrenzt wissen (Art. 24 S. 3 aE DS-GVO-E(EP)).

3. Fassung des Rates vom 15.6.2015 – DS-GVO-E(Rat)

Der DS-GVO-E(Rat) nahm an den Vorversionen **zahlreiche Änderungen** 13 vor, die in der heutigen Fassung der VO sichtbare Spuren hinterlassen haben: Zum einen definierte er den Begriff der „gemeinsam für die Verarbeitung Verantwortlichen" (entsprechend dem Wortlaut des heutigen Abs. 1 S. 1) legal und fügte den Verweis auf die Informationspflichten der heutigen **Art. 13 und 14** ein. Der ER ergänzte zudem das (heute in Abs. 1 S. 2 in leicht veränderter Form bestehende) Erfordernis, die Vereinbarung in „transparenter Form" zu schließen. Er verpflichtete darüber hinaus die Verantwortlichen, festzulegen, wer von ihnen als **Anlaufstelle** der gemeinsam Verantwortlichen firmiert (Art. 24 Abs. 1 S. 3 DS-GVO-E(Rat)). Er implementierte in die VO ferner eine **Öffnungsklausel,** die den Mitgliedstaaten Raum für ergänzende Regelungen vermittelt (Abs. 1 S. 2 Hs. 2).

Der neu eingeführte **Abs. 2** des Entwurfs wandelte die gesamtschuldneri- 14 sche **Haftung,** wie sie noch das EP vorgeschlagen hatte, in das Recht Betroffener um, **alle ihre Rechte** bei und ggü. jedem einzelnen Verantwortlichen geltend machen zu können. Der Fokus lag dadurch stärker auf der präventiven Schutz- als auf der Haftungsebene (diese regelt nunmehr Art. 82 Abs. 4).

Zugleich grenzte der ER seinen eigenen Vorschlag, die Rechtsstellung 15 Betroffener im Außenverhältnis zu den gemeinsam Verantwortlichen zu stärken, durch einen **Ausschlusstatbestand** wieder ein: Wenn die betroffene Person **in transparenter und eindeutiger Form** darüber **informiert** wurde, sollte sie ihre Rechte regelmäßig nicht ggü. jedem, sondern nur ggü. dem zuständigen Verantwortlichen geltend machen können (Art. 24 Abs. 3 S. 2 DS-GVO-E(Rat)). Etwas anderes sollte nur dann gelten, wenn sich die Vereinbarung der Zuständigkeitsverteilung „im Hinblick auf die Rechte der betroffenen Person" als „unbillig" erweist.

4. Trilog zwischen Kommission, EP und Rat

Die Textfassung des Trilogs orientiert sich stark an der Fassung des ER. Sie 16 nimmt primär **redaktionelle Änd.** vor und wandelt das Gebot des DS-GVO-E(Rat), zwingend eine „Anlaufstelle" für den Betroffenen festzulegen, in eine fakultative Option der Vertragsparteien um (heute: Abs. 1 S. 3). Wichtigste Änd. ist die **Streichung des Ausschlusstatbestandes** des Abs. 3 S. 2, den der ER noch vorgeschlagen hatte (→ Rn. 15).

Nach der Veröff. der finalen Textfassung im ABl. der EU (ABl. L 119/1) 16a hat die Union den Normtext am 19.4.2018 im Wege einer **Berichtigung** angepasst (Corrigendum 8088/18, Anhang, 52): Die amtliche Überschrift der Norm lautet nun statt „Gemeinsam für die Verarbeitung Verantwortliche" **„Gemeinsam Verantwortliche".** Inhaltliche Änderungen gehen damit nicht einher (vgl. etwa Plath in Plath DS-GVO Art. 26 Rn. 1; Spoerr in BeckOK DatenschutzR DS-GVO Art. 26 Rn. 10a).

IV. Vergleich mit der bisherigen Rechtslage auf Unionsebene

17 Eine dem Art. 26 entspr. Vorschr. kannte das Unionsrecht bisher nicht. Auch die DSRL erwähnte zwar ausdr. eine gemeinsame Verantwortlichkeit mehrerer Beteiligter (**Art. 2 lit. d DSRL**). Was diese iE voraussetzte und welche Rechtsfolgen sich daran (insbes. für die Wahrnehmung der Betroffenenrechte) knüpften, blieb aber weithin unklar. Dass aber bereits für den damaligen Normbestand eine große Zahl von Anwendungsfällen und Auslegungsproblemen existierte, macht bspw. die Art. 29-Datenschutzgruppe in ihrer Stellung. 1/2010 zu den Begriffen „für die Verarbeitung Verantwortlicher" und „Auftragsverarbeiter" deutlich (vgl. dort etwa S. 3). Über diese Auslegungsvorgaben geht die Neuregelung des Art. 26 mit ihren neuen Anforderungen an gemeinsam Verantwortliche deutlich hinaus.

18 Die **Abgrenzung zur Auftragsdatenverarbeitung** nahm schon die DSRL – wie jetzt auch die DS-GVO – auf der Grundlage **objektiver Maßstäbe** vor: Entscheidend war, bei wem **de facto** die Verantwortung für die Verarbeitung, also die **Verfügungs- und Entscheidungsmacht** über die Zwecke und Mittel, lag (Art. 29-Datenschutzgruppe Stellungn. 1/2010, 10 f., 15). Dass es dabei bleiben soll und gerade keine subjektiven Erwägungen bzw. die formal vertraglich fixierten Regelungen der Beteiligten allein entscheidend für die Beurteilung im Außenverhältnis sein sollen, macht Art. 26 Abs. 2 S. 1 deutlich: Er stellt für den Inhalt der Vereinbarung auf die **„jeweiligen tatsächlichen Funktionen und Beziehungen der gemeinsam Verantwortlichen",** mithin objektive Bewertungsmaßstäbe, ab.

B. Auslegung der Norm

I. Inhalt und Form der Vereinbarung (Abs. 1 u. 2)

1. Begriff „gemeinsam Verantwortliche" (Abs. 1 S. 1)

19 Gemeinsam verantwortlich ist, wer zusammen mit einem anderen **„die Zwecke der und die Mittel zur Verarbeitung" festlegt** (Abs. 1 S. 1). Die gemeinsame Verantwortlichkeit zeichnet sich danach vor allem dadurch aus, dass jeder der Beteiligten **„Herr der Daten"** ist: Er ist in der Lage, auf den Verarbeitungsvorgang, nämlich sein von definierten Beweggründen getragenes, erwartetes und beabsichtigtes Erg. (**„Warum"**) und die Art und Weise, dieses Erg. zu erreichen (**„Wie"**), steuernd einzuwirken. Schon ein **rein tatsächlicher Einfluss** auf die Verarbeitung personenbezogener Daten kann dafür ausreichen; eine rechtliche Einwirkungsmöglichkeit ist also nicht zwingend erforderlich (Martini/Botta VerwArch 110 (2019), 235 (251 ff.); Monreal CR 2019, 797 (802 f.)); auch die Eigentumslage an der Infrastruktur, welche die Datenverarbeitung durchführt, ist irrelevant (Spoerr in BeckOK DatenschutzR DS-GVO Art. 26 Rn. 19). Die Mitverantwortlichkeit der Beteiligten muss auch **nicht gleichwertig** sein (EuGH BeckRS 2018, 10155, Rn. 43; BeckRS 2018, 14563, Rn. 66; Spoerr in BeckOK DatenschutzR DS-GVO Art. 26 Rn. 16; Petri in NK-DatenschutzR DS-GVO Art. 26 Rn. 14 ff.; Lang in Taeger/Gabel DS-GVO Art. 26 Rn. 19; Kartheuser/ Nabulsi MMR 2018, 717 (720); Kreyßing PinG 2020, 145 (145)). Die **bloße Mitursächlichkeit** für einen Datenstrom genügt aber nicht. Partizipieren mehrere unterschiedliche Personen an der gleichen Datenverarbeitung unabhängig voneinander, ohne dass ein kooperatives Handeln vorliegt, sind sie daher keine gemeinsam Verantwortlichen iSd Art. 26 Abs. 1 S. 1. Auch das Zusammenwirken mehrerer Nodes in einem **Blockchain-Netzwerk** (sofern das Netzwerk nicht ohnehin rein maschinelle Daten ohne Personenbezug verarbeitet, vgl. Janicki/Saive ZD 2019, 251 (252)) löst typischerweise keine gemeinsame Verantwortlichkeit der Beteiligten aus (Martini/Weinzierl NVwZ 2017, 1251 (1254); aA Plath in Plath DS-GVO Art. 26 Rn. 7a, der alle Teilnehmer an der Blockchain als gemeinsam Verantwortliche einstuft; andere sehen jedenfalls dann eine gemeinsame Verantwortlichkeit, wenn sich die Teilnehmer bei einer getroffenen Absprache zwischen den Nodes nicht lediglich den Entscheidungen der anderen Beteiligten anschließen; Kremer CR 2019, 225 (234); ähnlich auch Janicki/Saive ZD 2019, 251 (253 f.), die jedenfalls in sog Public Blockchains „gezielte, gemeinsam getroffene Entscheidungen über die Verwendung der Blockchain zu einem konkreten Datenverarbeitungszweck" verlangen).

Der Grat zwischen bloßer Mitursächlichkeit und Mitverantwortlichkeit ist **19a** indes schmal. Der EuGH lässt es bei dem Betreiber einer **Facebook-Fanpage** ausreichen, dass dieser die konkrete Datenverarbeitung des sozialen Netzwerks überhaupt erst **ermöglicht,** indem er die Fanpage erstellt, und durch seine **individuelle Filtereinstellung** Einfluss auf die Verarbeitung nehmen kann (EuGH BeckRS 2018, 10155, Rn. 35 ff.; ebenso Bertermann in Ehmann/Selmayr DS-GVO Art. 26 Rn. 9; krit. hierzu Hacker MMR 2018, 779 (779 f.); Lee/Cross MMR 2019, 559 (561 f.)). Der Fanpage-Betreiber muss **noch nicht einmal selbst personenbezogene Daten** erhalten (EuGH BeckRS 2018, 10155 Rn. 38). Erhebt jedoch ein Betreiber von dem Besucher seiner Internetpräsenz mittels spezifischer Webanalyse-Werkzeuge, zB **„Social Plug-ins"** oder „Widgets" (also in eine Anwendung eingebundene Schnittstellen zu einem sozialen Netzwerk), personenbezogene Daten und überträgt diese dann an das soziale Netzwerk, so ist er für diesen initialen Verarbeitungsschritt mitverantwortlich (EuGH BeckRS 2019, 15831, Rn. 73, 76; Schleipfer CR 2019, 574 (580); siehe auch die Schlussanträge des GA v. 19.12.2018 – C-40/17, ECLI:EU:C:2018:1039, Rn. 105; Gola/Klug NJW 2020, 660 (662)). Die Mitverantwortlichkeit erstreckt sich aber auch in den Augen des EuGH nur auf solche Verarbeitungsvorgänge, über deren Zwecke und Mittel die einzelnen Beteiligten **tatsächlich gemeinsam entschieden** haben (EuGH BeckRS 2019, 15831, Rn. 74 – Fashion ID; Bertermann in Ehmann/Selmayr DS-GVO Art. 26 Rn. 9; aA noch BVerwG BeckRS 2019, 31117, Rn. 22; vgl. auch die Schlussanträge des GA v. 1.2.2018 – C-25/17, ECLI:EU:C:2018:57, Rn. 69, 73). Gibt bspw. Facebook Nutzerdaten an US-amerikanische Sicherheitsbehörden weiter, hat dies der

Fanpage-Betreiber daher nicht nach Art. 26 mitzuverantworten. Die Weiterverarbeitung, die der gemeinsamen Datenerhebung nachfolgt, erweist sich vielmehr als **separater Verarbeitungsvorgang** in alleiniger Verantwortung des sozialen Netzwerks (EuGH BeckRS 2019, 15831, Rn. 101; Monreal CR 2019, 797 (805); Kreyßing PinG 2020, 145 (148)). Abhängig von den Umständen des einzelnen Falles hält der EuGH für entscheidend, innerhalb welcher konkreter **Verarbeitungsphasen** und in welchem Umfang die Verantwortlichen an der gemeinsamen Datenverarbeitung teilhaben (EuGH BeckRS 2018, 10155, Rn. 43; BeckRS 2019, 15831, Rn. 70; Gierschmann ZD 2020, 69 (70 f.); Spoerr in BeckOK DatenschutzR DS-GVO Art. 28 Rn. 16).

19b   Für die gemeinsame Entscheidung über die **Verarbeitungszwecke** reicht es aus, wenn die Verarbeitung den Beteiligten jeweils zu einem **wirtschaftlichen Vorteil** gereicht (EuGH BeckRS 2019, 15831, Rn. 80 f.). Ein solcher ökonomischer Vorteil ist umgekehrt aber auch nicht zwingend erforderlich. Die Mitverantwortlichkeit der Religionsgemeinschaft der Zeugen Jehovas für die Verkündungstätigkeit ihrer Mitglieder beruht bspw. darauf, dass die damit einhergehende Datenverarbeitung dazu dient, ihren Glauben zu verbreiten (EuGH BeckRS 2018, 14563, Rn. 71).

19c   Die Verarbeitungsvorgänge, die Teil einer gemeinsamen Verarbeitung sind, müssen nicht zwingend **zeitgleich** erfolgen, vielmehr sind auch **Verarbeitungsketten** möglich (EuGH BeckRS 2018, 10155, Rn. 43; vgl. auch Bertermann in Ehmann/Selmayr DS-GVO Art. 26 Rn. 16; Art. 29-Datenschutzgruppe Stellungn. 1/2010, 25; ebenso DSK Kurzpapier Nr. 16, S. 2; Hartung in Kühling/Buchner DS-GVO Art. 26 Rn. 16).

20   Von der **Verarbeitung im Auftrag** (Art. 4 Nr. 8, Art. 28) grenzt sich die gemeinsame Verantwortlichkeit durch das Merkmal **gemeinsamer Festlegung** ab. Maßgeblich sind die tatsächlichen Umstände der Entsch. über die Datenverarbeitung sowie der faktische Einfluss auf diese, nicht hingegen die „formale" Bezeichnung, die eine Vereinbarung festlegt (vgl. zur bisherigen Rechtslage auch Art. 29-Datenschutzgruppe Stellungn. 1/2010, 15). Entscheidend ist demnach nicht, ob sich die Zwecke jeweils decken, sondern dass die Beteiligten diese **gemeinsam festlegen** (Art. 29-Datenschutzgruppe Stellungn. 1/2010, 24; Laue in Spindler/Schuster DS-GVO Art. 26 Rn. 9; krit. dazu Kremer CR 2019, 225 (227), der eine Zweckidentität fordert). Die Auftragsverarbeitung nach Art. 28 ist dagegen von der **Weisungsgebundenheit** des Auftragnehmers geprägt (Art. 28 Abs. 3 UAbs. 1 S. 2 lit. a; Art. 29; → Art. 28 Rn. 7, 38 ff., → Art. 29 Rn. 18 ff.)). Kein Fall gemeinsamer Verantwortung ist auch der sog **Verarbeitungsexzess:** In dieser Konstellation „schwingt" sich ein Auftragsverarbeiter contra legem durch weisungswidriges Handeln vom Verarbeiter „auf" (**Art. 28 Abs. 10;** dazu etwa Nink in Spindler/Schuster DS-GVO Art. 26 Rn. 6; Thomale in Auernhammer DS-GVO Art. 26 Rn. 2).

21   Auch die **bloße Zusammenarbeit** jenseits eines Auftragsverhältnisses reicht nicht aus, um eine gemeinsame Verantwortung auszulösen. Voraussetzung ist vielmehr, dass die Partner den **Zielzustand,** den die Verarbeitung im Rahmen legitimer Verarbeitungsgründe anstrebt (Art. 5 Abs. 1 lit. b), und die **Mittel,** die auf dem Weg dorthin zum Einsatz kommen – also die Übereinkunft über die Motive und Instrumente der Datenverarbeitung (vgl. zur bisherigen Rechtslage Art. 29-Datenschutzgruppe Stellungn. 1/2010, 16) – **kooperativ determinieren.** Im Einzelfall kann daher die gemeinsame Mitarbeiterdatenverwaltung **innerhalb einer Konzernstruktur** eine gemeinsame Verantwortlichkeit induzieren (weil jedes konzernangehörige Unternehmen datenschutzrechtlich als gesonderter Verantwortlicher anzusehen ist, vgl. bereits zur alten Rechtslage Nink/Müller ZD 2012, 505 (505)), während dies im Verhältnis zu einem externen Personaldienstleister nicht zwingend der Fall sein muss (str. zum Streitstand im Arbeitsrecht Spoerr in BeckOK DatenschutzR DS-GVO Art. 26 Rn. 3). Übernimmt ein konzernangehöriges Unternehmen eine bestimmte Aufgabe (zB Kunden- oder Mitarbeiterdatenverwaltung), so ist maßgeblich, ob diese Einheit in die Entscheidung über die Mittel und Zwecke der Datenverarbeitung miteinbezogen oder ihr die Verfolgung eigener Interessen zugestanden wird; ist das hingegen nicht der Fall und obliegt es dieser konzerninternen Gesellschaft nur, die technischen Modalitäten der Datenverarbeitung zu bestimmen, ohne auf die wesentlichen Mittel und auf den Zweck der fraglichen Verarbeitungstätigkeiten Einfluss auszuüben, liegt dagegen eine Auftragsverarbeitung vor (vgl. Lezzi/Oberlin ZD 2018, 398 (400 f.)).

Wie eng die Konjunktion **„und"** in der Wendung „die Zwecke der und **21a** die Mittel zur Verarbeitung" zu verstehen ist, darüber gehen die Meinungen auseinander (zur Diskussion Kartheuser/Nabulsi MMR 2018, 717 (718 ff.)). Die Art. 29-Datenschutzgruppe ging noch von einem (praeter propter) **alternativen Verständnis** aus: Sie ließ entweder die gemeinsame Festlegung (jedenfalls wesentlicher Elemente) der Mittel oder der Zwecke genügen (Art. 29-Datenschutzgruppe Stellungn. 1/2010, 23; darauf Bezug nehmend Hartung in Kühling/Buchner DS-GVO Art. 26 Rn. 13; Lang in Taeger/Gabel DS-GVO Art. 26 Rn. 20). Mit dem **Wortlaut** der Vorschr. lässt sich das allerdings nicht vereinbaren: Versteht man ihn als **kumulative Verknüpfung,** so müssen die Beteiligten sowohl die Zwecke als auch die Mittel gemeinsam festlegen (Jungkind/Ruthemeyer/Eickmeier Der Konzern 2019, 289 (290); Kartheuser/Nabulsi MMR 2018, 717 (720); Piltz in Gola DS-GVO Art. 26 Rn. 3; mit Verweis auf die Genese der Norm: Petri in NK-DatenschutzR DS-GVO Art. 26 Rn. 12; DSK Kurzpapier Nr. 16, S. 1, die DSK lässt dabei aber flexible Ausgestaltungsmöglichkeiten zu und hält es für ausreichend, wenn die Beteiligten die jeweils verfolgten Zwecke und eingesetzten Mittel „gegenseitig akzeptieren"; Plath in Plath DS-GVO Art. 26 Rn. 8 erachtet es als zulässig, dass nur einer der Beteiligten die Zwecke und Mittel der Verarbeitung festlegt, wenn der andere ihm eine entsprechende Kompetenz eingeräumt hat).

2. „Vereinbarung in transparenter Form" (Abs. 1 S. 2 Hs. 1)

a) Vereinbarung. Der DS-GVO genügt es nicht, dass die Verantwortlichen **22** die Mittel und Zwecke der Verarbeitung realiter arbeitsteilig festlegen. Sie verlangt ihnen auch ab, dies **„in transparenter Form"** in Gestalt einer

Vereinbarung, also übereinstimmender Willenserklärungen (Tinnefeld/ Hanßen in Wybitul DS-GVO Art. 26 Rn. 12), vorzunehmen. Die vertragliche Abrede ist jedoch **nicht die Voraussetzung** gemeinsamer Verantwortung, sondern deren **Rechtsfolge** (zust. Spoerr in BeckOK DatenschutzR DS-GVO Art. 26 Rn. 27; Piltz in Gola DS-GVO Art. 26 Rn. 10; Piltz K&R 2016, 709 (711); Hartung in Kühling/Buchner DS-GVO Art. 26 Rn. 20; Lang in Taeger/Gabel DS-GVO Art. 26 Rn. 27; Kreyßing PinG 2020, 145 (146);dagegen aA wohl Thomale in Auernhammer DS-GVO Art. 26 Rn. 4, der bei Fehlen einer entsprechenden Vereinbarung von getrennter Verantwortlichkeit ausgeht). Schließen die Verantwortlichen keine oder eine unzureichende Vereinbarung, entbindet sie das also nicht von der gemeinsamen Verantwortung. Sie laufen vielmehr Gefahr, für ihr Versäumnis mit einer **Geldbuße** belegt zu werden (Art. 83 Abs. 4 lit. a, → Rn. 6; s. dazu Faust/ Spittka/Wybitul ZD 2016, 120 (122 f.)). Im **Außenverhältnis ggü. dem Betroffenen** entfaltet die Vereinbarung ohnedies keine rechtliche Bindungswirkung. Das stellt **Abs. 3** klar. Er lässt aber offen, was im Verhältnis zu sonstigen Personen, insbes. der **ASB,** gilt. Denn Abs. 3 nimmt ausdr. nur „die betroffene Person" als Berechtigten in Bezug. Rechtliche Relevanz entfaltet diese Frage bspw. dann, wenn die gemeinsam Verantwortlichen nicht regeln, wer von ihnen die **Meldepflicht aus Art. 33** erfüllen soll. Da Abs. 3 in diesen Fällen nicht unmittelbar einschlägig ist, sieht sich der Rechtsanwender dann auf die allg. Grundsätze des Art. 26 zurückgeworfen. Demjenigen, der seine Pflichten verletzt, gesteht die DS-GVO keine Privilegierung seines Tuns zu. Ihrer Intention entspricht es daher am ehesten, die Leitregel des Art. 26 Abs. 1 S. 1 zur Anwendung kommen zu lassen: Mehrere Verantwortliche können nicht auf den jeweils anderen, insbes. eine interne Verantwortungsaufteilung verweisen, sondern sind **gesamthänderisch** verantwortlich (aA wohl Hacker MMR 2018, 779 (780), der eine teleologische Reduktion des Art. 26 Abs. 3 anmahnt, wenn es für den Betroffenen objektiv erkennbar sei, dass ein Mitverantwortlicher tatsächlich nur über eine beschränkte Entscheidungsgewalt verfüge; differenzierend Hartung in Kühling/Buchner DS-GVO Art. 26 Rn. 31, der für bestimmte Pflichten durchaus auch Raum für eine ggü. der ASB wirksame und sich auf die Haftung auswirkende Pflichtenverteilung sieht, etwa für technische und organisatorische Maßnahmen iSd Art. 32).

23 Ihrer Funktion, Rechtssicherheit herzustellen, wird die Vereinbarung der gemeinsam Verantwortlichen nur gerecht, wenn sie **klare Festlegungen** trifft, welcher Verantwortliche welche DS-GVO-Verpflichtung erfüllt; bezeichnet die Vereinbarung einen Mitverantwortlichen fälschlicherweise als „Auftragsverarbeiter", ist das jedoch unschädlich. Entscheidend sind vielmehr die tatsächlichen Gegebenheiten (AG Mannheim BeckRS 2019, 26873, Rn. 26).

23a Die Übereinkunft muss insbes. die **Zwecke und Mittel** benennen, welche die Verantwortlichen ihrer Verarbeitung unterlegen und wer für sie in welcher Form verantwortlich zeichnet. Sie darf auch nicht offenlassen, wer welchen Informationspflichten aus **Art. 13 und 14** − etwa hinsichtlich der Verarbeitungszwecke (Art. 13 Abs. 1 lit. c) − nachkommt und wer intern dafür zuständig ist, die Rechte des Betroffenen zu wahren. Art. 13 Abs. 1

lit. a und Art. 27 Abs. 1 iVm Art. 3 Abs. 2 verlangen explizit, den ggf. erforderlichen Vertreter sowie seine Kontaktdaten zu benennen. Regeln muss die Vereinbarung ferner, wen die sich aus den **Art. 15–22** ergebenden Pflichten des Verantwortlichen, insbes. das Recht auf Auskunft, Berichtigung, Löschung, Datenportabilität und Widerspruch, treffen.

Auch eine Aufgabenzuweisung für Informationen über die Maßnahmen, **23b** welche die Verantwortlichen als **Reaktion auf Anträge** nach den Art. 15–22 ergriffen haben (vgl. Art. 12 Abs. 3 und 4), müssen die gemeinsam Verantwortlichen in der Vereinbarung treffen. Sie müssen jedenfalls eine Übersicht über die Pflichten der Verantwortlichen aus den Art. 13 bis 22 vorhalten und denjenigen, der für die konkrete Pflichterfüllung verantwortlich zeichnet, namentlich benennen.

b) Transparent. Die Verantwortlichen müssen die Vereinbarung in einer **24** „**transparente[n] Form**" schließen (Abs. 1 S. 2). Dieses Erfordernis adressiert in der Sache primär nicht die äußere Gestalt, sondern va den **Inhalt** der Vereinbarung. Das kommt in der englischen Sprachfassung noch deutlicher zum Ausdruck. Dort ist die Rede von „manner": Die Wendung hebt eher die **Art und Weise** als die äußere Form ab.

Transparenz bedingt, dass Information „**präzise, leicht zugänglich und 25 verständlich** sowie in **klarer und einfacher Sprache** abgefasst ist und gegebenenfalls **zusätzliche visuelle Elemente** verwendet werden" (Hervorhebung d. Verf.). So bringt es **ErwGr 58 S. 1** zum Ausdruck. Der ErwGr rekurriert zwar primär auf die allg. Transparenznorm des Art. 12 Abs. 1 S. 1. Er wirkt aber auch auf die Auslegung des Begriffes der Transparenz in Art. 26 Abs. 1 S. 2 maßstabsbildend ein (zust. Lang in Taeger/Gabel DS-GVO Art. 26 Rn. 37; Schreiber ZD 2019, 55 (56); aA Plath in Plath DS-GVO Art. 26 Rn. 12, der lediglich fordert, dass die Vereinbarung jedenfalls auch für Dritte verständlich sein muss).

Für Informationen und Hinweise, die sich (typischerweise) an **Kinder 25a** richten, bedingt Transparenz eine klare und einfache Formulierung, die auch dieser Personengruppe den Inhalt hinreichend verständlich nahebringt. Denn nur dann kann die Vereinbarung als solche (insbes. ihre normativ geforderte Zurverfügungstellung – Abs. 2 S. 2) den ihr zugedachten Zweck erreichen. Die Anforderungen an die Detailtiefe hängen dabei von der Komplexität der Verarbeitung ab (Lang in Taeger/Gabel DS-GVO Art. 26 Rn. 38). Die Vereinbarung **in Schriftform** zu treffen, ist vor dem Hintergrund ihres Zieles, Nachvollziehbarkeit und Beweisbarkeit herzustellen, **empfehlenswert** (ebenso Lang in Taeger/Gabel DS-GVO Art. 26 Rn. 38; Spoerr in BeckOK DatenschutzR DS-GVO Art. 26 Rn. 29 empfiehlt wahlweise die schriftliche oder elektronische Form). Eine bestimmte Form dekretiert der Unionsgesetzgeber jedoch nicht – anders als bspw. in Art. 4 Nr. 17 (Bestellung des Vertreters), Art. 28 Abs. 2 S. 1 (Genehmigung der Unterbeauftragung) und Art. 28 Abs. 9 (Auftragserteilung). Diese Sondernormen, insbes. Art. 28 Abs. 9, analog anzuwenden, ist nicht angezeigt. Die DS-GVO verfolgt sub specie der Formerfordernisse eine sehr ausdifferenzierte Gesamtregelung, sodass es an einer Regelungslücke fehlt (ebenso Thomale in Auernhammer DS-

GVO Art. 26 Rn. 14; Piltz in Gola DS-GVO Art. 26 Rn. 14; aA Tinnefeld/ Hanßen in Wybitul DS-GVO Art. 26 Rn. 12: Sie verlangen, dass die Vereinbarung tatsächlich auch in „irgendeiner Weise körperlich festgehalten ist", um der Transparenz- und Dokumentationsfunktion gerecht zu werden).

3. Aufteilung der Verantwortlichkeiten; Öffnungsklausel für die Mitgliedstaaten (Abs. 1 S. 2 Hs. 2)

26 Wie die Verantwortlichen ihr Pflichtenprogramm aufteilen, steht grds. zu ihrer **freien Disposition** (zu denkbaren Gestaltungsmöglichkeiten: Hartung in Kühling/Buchner DS-GVO Art. 26 Rn. 25). Etwas anderes gilt aber dann, wenn **unionales oder nationales Recht** selbst eine zwingende Aufteilung vornimmt. Diese Pflichtenzuweisung für gemeinsam Verantwortliche genießt dann Vorrang vor den individualvertraglichen Absprachen der Vereinbarung. So will es Abs. 1 S. 2 Hs. 2. Die DS-GVO gesteht den Mitgliedstaaten damit das Recht zu, die Ausgestaltungsfreiheit der Verantwortlichen einzuschränken. Jenseits der mitgliedstaatlichen Regelung verbleibt den gemeinsam Verantwortlichen jedoch Raum für eine ergänzende Regelung. Das macht die Wendung **„sofern und soweit"** deutlich. Sie lässt es nicht zuletzt zu, dass den Verantwortlichen kraft mitgliedstaatlicher Vorschriften keinerlei Dispositionsspielraum für die Verteilung ihrer Pflichten verbleibt und damit eine Vereinbarung iSd Abs. 1 S. 1 entbehrlich wird (Petri in NK-DatenschutzR DS-GVO Art. 26 Rn. 22).

27 Der Regelungsspielraum dieser **fakultativen Öffnungsklausel** erstreckt sich nicht nur auf die Informationspflichten aus Art. 13 und 14, sondern auf **alle Aufgaben,** die Verantwortliche nach der DS-GVO treffen. Sie eröffnet dem nationalen Gesetzgeber damit einen **weiten Spielraum,** ohne ihn an enge Anwendungsvoraussetzungen zu binden (vgl. Kühling/Martini ua DS-GVO und nationales Recht, 77). Von dieser Freiheit Gebrauch zu machen, kann für die Mitgliedstaaten vor allem bei **grenzüberschreitenden Verarbeitungsvorgängen** von Interesse sein, um den nationalen ASB einen Kontrollzugriff auf spezifische Aspekte eines Verarbeitungsvorgangs zu verbürgen (Kühling/Martini ua DS-GVO und nationales Recht, 78; zust. Tinnefeld/Hanßen in Wybitul DS-GVO Art. 26 Rn. 18). Die Öffnungsklausel ermöglicht es insbes. – ähnlich wie die thematisch sehr eng begrenzte Öffnungsklausel des Art. 90 Abs. 1 iVm Art. 58 Abs. 1 lit. e und f –, **Berufspflichten** einzelner Verantwortlicher und deren persönliche Erfüllung abzusichern, etwa die anwaltliche Schweigepflicht. Sie rechtfertigt aber nicht, neue, nicht in der DS-GVO angelegte Pflichten aus der Taufe zu heben. Sie gestattet es den Mitgliedstaaten vielmehr lediglich festzulegen, **wie die Verantwortlichen** ihre **Wahrnehmungslast** unter sich aufteilen. Der dt. Gesetzgeber hat von dieser Möglichkeit bisher noch keinen Gebrauch gemacht.

27a Die Mitgliedstaaten können nicht nur die Pflichtenverteilung zwischen den Verantwortlichen bestimmen. Wenn die nationalen Gesetzgeber die Zwecke und Mittel der Verarbeitung selbst vorgeben, können sie auch bestimmen, **wer Verantwortlicher ist** bzw. nach welchen Kriterien die Verantwortlichkeit zu bestimmen ist. So verfügt es (an versteckter Stelle) **Art. 4 Nr. 7 Hs. 2.**

Die Vorschrift ermöglicht den Mitgliedstaaten, sich von dem unionsrechtlichen Mantra zu lösen, die „Zwecke und Mittel" (Art. 4 Nr. 7 Hs. 1) als alleinigen Maßstab der Verantwortlichkeit anzulegen. Sie formuliert allerdings **keine eigenständige Öffnungsklausel.** Sie setzt vielmehr voraus, dass die VO selbst derartige Regelungsspielräume vermittelt, um die Zwecke und Mittel der Verarbeitung vorzugeben – so insbes. in Art. 6 Abs. 1 UAbs. 1 lit. c oder e iVm Art. 6 Abs. 2 und 3 (Kühling/Martini ua DS-GVO und nationales Recht, 26). Um die Zwecke und Mittel nationalstaatlich festzulegen, verlangt die DS-GVO **nicht notwendig einen parlamentarischen Gesetzesakt** als Mittel der Wahl (ErwGr 41 S. 1). Das Erfordernis einer formell-gesetzlichen Rechtsgrundlage kann sich aber aus dem **Vorbehalt des Gesetzes** (Art. 52 Abs. 1 S. 1 GRCh) bzw. dem nationalstaatlichen **Wesentlichkeitsvorbehalt** der Grundrechte ergeben (vgl. insbes. BVerfGE 98, 218 (251); 150, 1 (96 ff.); Kühling/Martini ua DS-GVO und nationales Recht, 8 f.). Eine **Verwaltungsvorschrift** genügt hingegen nicht. Da sie jederzeit änderbar ist und nicht in gleichem Maße der Publizität unterliegt, sind ihre Regelungen nicht in hinreichender Weise vorhersehbar. Vor diesem Hintergrund sind auch Verhaltensregeln iSv Art. 40 unzureichend – sowohl im Rahmen von Art. 4 Nr. 7 Hs. 2 als auch im Rahmen von Art. 26 Abs. 1 S. 2 (aA Raschauer in HK-DS-GVO Art. 4 Rn. 139).

4. Gemeinsame Anlaufstelle (Abs. 1 S. 3)

Um Betroffenen Unklarheiten im Hinblick auf die Aufteilung der Verant- **28** wortlichkeiten zu ersparen, sie insbes. nicht dem **Risiko eines Zuständigkeitskarussells** auszusetzen, kann eine Anlaufstelle Betroffenen wertvolle Bündelungsdienste leisten. Das gilt vor allem, wenn eine größere Zahl an Verantwortlichen im Spiel ist. Die DS-GVO schreibt eine solche Anlaufstelle für gemeinsam Verantwortliche allerdings nicht generell und zwingend vor. Sie gestattet sie vielmehr als **optionalen Teil der Vereinbarung** iSd Abs. 1 S. 1 („kann […] angegeben werden"). Die allg. Ausrichtung des ER formulierte dies – ebenso wie Art. 21 Abs. 1 S. 3 JI-RL – noch anders (→ Rn. 16): Der Entwurf konzipierte die Festlegung auf eine „einzige Anlaufstelle" als zwingenden Teil der Vereinbarung.

Die Anlaufstelle versteht sich in der Endfassung der DS-GVO gleichsam als **29** „**Serviceangebot**" an die von der Datenverarbeitung Betroffenen. Sie soll ihnen einen dauerhaften Ansprechpartner an die Seite stellen. Verständigen sich die Verantwortlichen auf eine Anlaufstelle, hindert das Betroffene jedoch nicht, ihre Rechte bei und gegen jeden einzelnen Verantwortlichen geltend zu machen; es bleibt bei einer gesamtschuldnerischen Verantwortlichkeit. Das macht **Abs. 3** (→ Rn. 36 f.) unmissverständlich deutlich. Er ist im Verhältnis zu Abs. 1 S. 2 als **Lex specialis** konzipiert. Die Anlaufstelle darf auch nicht von den **an der Verarbeitung beteiligten Parteien** vollständig personell entkoppelt sein. Es muss sich vielmehr um einen der gemeinsam Verantwortlichen handeln; ein **Dritter** kommt **nicht** in Betracht (zust. Lang in Taeger/Gabel DS-GVO Art. 26 Rn. 34). Der **Wortlaut** der Vorschr. ist zwar auch für eine andere Deutung offen (solange die Anlaufstelle der Gefahr einer

Verantwortungsdiffusion wirksam entgegengewirkt). Für ein enges Verständnis streitet aber die **Entstehungsgeschichte** der Norm: Die allg. Ausrichtung des ER sprach noch (ausführlicher) von der Angabe, „welcher der gemeinsam für die Verarbeitung Verantwortlichen als einzige Anlaufstelle für die betroffenen Personen handeln soll" (Art. 24 Abs. 1 S. 3 DS-GVO-E(Rat)). An diesem Verständnis einer **Personenidentität** hat sich (mit Ausnahme des fakultativen Charakters der Einigung) im Entstehungsprozess der Norm – soweit ersichtlich – nichts geändert. Einzelne Aufgaben des Verantwortlichen an Dritte zu delegieren, liefe insbes. Gefahr, dem Kerngedanken des Art. 26 zuwiderzulaufen, Betroffene vor einem Zuständigkeitskarussell zu verschonen, in dem die Vereinbarung zusätzlich zu den ohnedies mehreren Verantwortlichen noch eine weitere Person hinzufügt.

29a   Anders als der strukturell im Ansatz vergleichbare Vertreter iSd Art. 27 (→ Art. 27 Rn. 49 ff.) ist die Anlaufstelle **keine Vertretung** des Verantwortlichen **im rechtsgeschäftlichen Sinne** (aA Petri in NK-DatenschutzR DS-GVO Art. 26 Rn. 23). Die gemeinsame Anlaufstelle erfüllt aber die Funktion eines **Erklärungs- und Empfangsboten** auch für den/die jeweils anderen Verantwortlichen (enger Lang in Taeger/Gabel DS-GVO Art. 26 Rn. 34).

5. Wahrheitsgebot der Vereinbarung (Abs. 2 S. 1)

30   Eine Vereinbarung über die Aufteilung der Verantwortlichkeiten erfüllt ihre Mission nur dann, wenn sie die Funktionen und Beziehungen der Verantwortlichen ggü. dem Betroffenen wahrheitsgetreu widerspiegelt. Dies stellt Abs. 2 S. 1 klar. Die Vorschr. will die normativ geforderte **Transparenz** der Vereinbarung des Abs. 1 S. 2 (vgl. auch Art. 5 Abs. 1 lit. a) inhaltlich absichern und dadurch die Betroffenen insbes. vor Scheinvereinbarungen schützen, die sie in die Irre führen und damit dazu geeignet sind, ihre Rechte und Freiheiten zu beeinträchtigen. Ein Verstoß gegen das Wahrheitsgebot ist **bußgeldbewehrt** (Art. 83 Abs. 4 lit. a).

II. Außenverhältnis zum Betroffenen (Abs. 2 S. 2, Abs. 3)

1. Zurverfügungstellung der Vereinbarung (Abs. 2 S. 2)

31   Art. 26 Abs. 2 S. 2 stellt sicher, dass Betroffenen das „wesentliche der Vereinbarung" (orthographisch korrekt müsste es das „Wesentliche" heißen) zur Vfg. steht, um Einblick in die Aufteilung der Verantwortlichkeitsstrukturen zu erhalten. Daraus folgt zugleich im **Umkehrschluss:** Die Verantwortlichen müssen den jeweils Betroffenen **nicht den gesamten Inhalt** der Vereinbarung an die Hand geben. Einer darauf gerichteten Klage Betroffener verleiht die DS-GVO keine Grundlage.

32   **a) Das Wesentliche.** Unter dem Wesentlichen („the essence") der Vereinbarung sind alle Informationen zu verstehen, welche die **Kernelemente der „tatsächlichen Funktionen und Beziehungen" (Abs. 2 S. 1)** der gemeinsam Verantwortlichen spiegeln (ähnlich Plath in Plath DS-GVO Art. 26 Rn. 15). Aus dem Zusammenspiel mit Abs. 1 S. 2 ergibt sich, dass darunter

neben den Namen der Beteiligten jedenfalls die klare **Zuteilung der jeweiligen Pflichten** an einen der Verantwortlichen sowie die Verantwortung für die Informationspflichten aus **Art. 13 und 14** fällt. Die Vereinbarung muss darüber hinaus die Verantwortlichkeiten benennen, die erforderlich sind, um (den weiteren) **Betroffenenrechten** (insbes. **Art.** 15–22) entsprechen zu können – va im Hinblick auf die Verfahren und Mechanismen, die den betroffenen Personen die Wahrnehmung ihrer Rechte ermöglichen. Ist eine **Anlaufstelle** benannt, so ist auch sie aufzunehmen (Petri in NK-DatenschutzR DS-GVO Art. 26 Rn. 26). Informationen der Verantwortlichen zu den **wirtschaftlichen Rahmenbedingungen** der gemeinsamen Verarbeitung gehören demgegenüber **nicht** zu den Pflichtangaben (Bertermann in Ehmann/Selmayr DS-GVO Art. 26 Rn. 15; Plath in Plath DS-GVO Art. 26 Rn. 15; Hartung in Kühling/Buchner DS-GVO Art. 26 Rn. 26; Lang in Taeger/Gabel DS-GVO Art. 26 Rn. 46).

Informationen dazu, wie Betroffene Haftungsansprüche geltend machen **33** können und wer im Innenverhältnis das **Haftungsrisiko** trägt, sind nicht in toto Teil des Wesentlichen iSd Abs. 2 S. 2. Denn die sekundärrechtliche Liquidierung eines möglichen Schadens erfolgt ohnedies unabhängig von der Pflichtenaufteilung, welche die Vereinbarung festlegt. Das ergibt sich aus **Art. 82 Abs. 4:** Er weist die haftungsrechtliche Verantwortlichkeit den gemeinsam Verantwortlichen **gesamtschuldnerisch** zu (Spoerr in BeckOK DatenschutzR DS-GVO Art. 26 Rn. 38; Petri in NK-DatenschutzR DS-GVO Art. 26 Rn. 28; Nink in Spindler/Schuster DS-GVO Art. 26 Rn. 21). Auch **Art. 26 Abs. 3** verfügt, dass die interne Zuweisung von Aufgaben für das Verhältnis zum Betroffenen ohne Einfluss bleibt (→ Rn. 36 f.). Soweit die gemeinsam Verantwortlichen eine Information zur Haftung geben, darf diese Betroffene im Hinblick auf die Haftungsansprüche aber **nicht in die Irre führen.** Abs. 2 S. 2 will gerade durch Transparenz dazu beitragen, dass kollaborative Verantwortungsstrukturen den Betroffenen (unabhängig von der späteren Klärung rechtlicher Zurechnungsfragen in gerichtlichen Haftungsprozessen) nicht davon abhalten, seine Betroffenenrechte durchzusetzen.

b) Form der Zurverfügungstellung. Für die äußere Form, in der die Ver- **34** einbarung zur Verfügung zu stellen ist, trifft Abs. 2 S. 2 – ebenso wie für den Abschluss der Vereinbarung selbst (→ Rn. 25) – keine Vorgaben. Anders als in dem Parallelfall des Art. 28 Abs. 9 ordnet die DS-GVO insbes. keine schriftliche oder ggf. elektronische Form an (zust. Bertermann in Ehmann/Selmayr DS-GVO Art. 26 Rn. 15; Piltz in Gola DS-GVO Art. 26 Rn. 22; Spoerr in BeckOK DatenschutzR DS-GVO Art. 26 Rn. 29; Hartung in Kühling/Buchner DS-GVO Art. 26 Rn. 26; aA Thomale in Auernhammer DS-GVO Art. 26 Rn. 14, der mit Verweis auf das Transparenzgebot die elektronische oder Schriftform als obligatorisch ansieht; aus dem abstrakten Transparenzgebot lassen sich jedoch keine konkreten Anforderungen an die Form ableiten). „**Zur Verfügung stellen**" meint gerade nicht, Informationen körperlich auszuhändigen oder in Schriftform niederzulegen, sondern erfordert nur, den **Zugang zu ermöglichen.** Es reicht aus, dass die Information **abrufbar** ist.

35   Diesem interpretatorischen Befund entspricht die englische Fassung der
Norm, die von „**make available**" spricht – ebenso **ErwGr 58 S. 2** der es
(wenn auch primär auf die Regelung des Art. 12 bezogen) ausreichen lässt,
dass die Information auf einer Website für jedermann elektronisch bereitsteht
(ebenso DSK Kurzpapier Nr. 16, S. 4, Hartung in Kühling/Buchner DS-
GVO Art. 26 Rn. 26; Piltz in Gola DS-GVO Art. 26 Rn. 22; Lang in
Taeger/Gabel DS-GVO Art. 26 Rn. 47; aA Plath in Plath DS-GVO Art. 26
Rn. 17, der keine unaufgeforderte Offenlegung für erforderlich hält). Schon
zu **Beweiszwecken** empfiehlt sich allerdings die Text- bzw. Schriftform iSd
§§ 126, 126a, 126b BGB (vgl. Laue in Spindler/Schuster DS-GVO Art. 26
Rn. 14; Spoerr in BeckOK DatenschutzR DS-GVO Art. 26 Rn. 29; Har-
tung in Kühling/Buchner DS-GVO Art. 26 Rn. 20; Piltz in Gola DS-GVO
Art. 26 Rn. 22; „zumindest Textform" vgl. Lang in Taeger/Gabel DS-GVO
Art. 26 Rn. 42, 49).

35a   Die Verantwortlichen müssen **nicht die gesamte Vereinbarung** zur Verfügung stellen. Der Unionsgesetzgeber gesteht ihnen insoweit vielmehr auch
einen Vertraulichkeitsschutz zu: Aspekte, die für den Betroffenen nicht von
Bedeutung und deshalb nicht wesentlich iSd Abs. 2 S. 2 sind, brauchen sie
ihm nicht zugänglich zu machen. **Abs. 1 S. 2** fordert zwar zusätzlich eine
„Vereinbarung in transparenter Form", insbes. Verständlichkeit in klarer und
einfacher Sprache. Diese Verpflichtung impliziert jedoch nicht, dass die Vereinbarung als Ausfluss des Transparenzgebots Betroffenen insgesamt zur Verfügung zu stellen ist. Sie zielt vielmehr vorrangig darauf, Absprachen zwischen
den Beteiligten – insbes. für die Aufsichtsbehörde und mögliche Haftungsfälle
– im Streitfall **nachvollziehbar** zu machen. Umgekehrt erstreckt sich das
Transparenzgebot des Abs. 1 S. 2 aber auch und gerade auf die wesentlichen
Teile der Vereinbarung – zum einen, weil sie besonders wichtig sind, damit
die Verantwortlichen ihre jeweiligen Pflichten zweifelsfrei zuordnen können,
zum anderen, weil die Betroffenen als Adressaten den Inhalt der Zuordnung
sonst nicht nachvollziehen können, insbes. die Gefahr der Verantwortungs-
verschleierung besteht (zust. Petri in NK-DatenschutzR DS-GVO Art. 26
Rn. 2; Lang in Taeger/Gabel DS-GVO Art. 26 Rn. 49; iE auch Spoerr in
BeckOK DatenschutzR DS-GVO Art. 26 Rn. 35). Was **verständlich** ist,
bestimmt sich insoweit aus der **Sicht der betroffenen Empfänger** (Piltz in
Gola DS-GVO Art. 26 Rn. 19).

2. Geltendmachung von Rechten (Abs. 3)

36   Mit der Rechtsfigur gemeinsamer Verantwortlichkeit verbindet sich das Risi-
ko, dass der Betroffene Schaden nimmt, weil die Verantwortlichen ihre
Arbeitsteilung zu seinen Lasten organisieren. Dem will Abs. 3 entgegenwirken: Er schützt Betroffene vor Unklarheiten, die sich mit einer gemeinsamen
Verantwortlichkeit verbinden, dadurch, dass sie ihre Rechte, insbes. aus
Art. 15–22, unabhängig von der Vereinbarung „**bei und gegenüber jedem
einzelnen der Verantwortlichen geltend machen**" können. Keiner der
Verantwortlichen soll sich darauf zurückziehen können, für das Anspruchs-
begehren des Betroffenen nicht zuständig zu sein und dadurch aus der kol-

laborativen Verarbeitung ggü. Dritten Privilegien ziehen. Die Vereinbarung isd Abs. 1 S. 2 entfaltet ihre **Wirkung** insofern grds. nur im **Innenverhältnis**. Das entspricht der rechtlichen Konstruktion einer **Gesamtschuld** isd § 421 BGB. Die Norm ergänzt damit die haftungsrechtliche Pflichtenzuweisung des Art. 82 Abs. 4 auf der Primäranspruchsebene. Diese ordnet ebenfalls eine Gesamtschuld an, findet jedoch nur auf die Schadensersatzregulierung Anwendung (→ Art. 82 Rn. 16). Von jedem Vereinbarungspartner verlangt Art. 26 Abs. 3 implizit zumindest auch, auf die jeweils anderen Verantwortlichen iRd datenschutzrechtlichen „Primärpflichten" **einzuwirken** (sofern er Letztere nicht ohnedies selbst erfüllen kann bzw. muss).

Abs. 3 etabliert zudem eine über die bloße „Haftungsregelung" hinausgehende **Zurechnungsgrundlage** für die gemeinsam Verantwortlichen. So muss sich ein Verantwortlicher, der seine Datenverarbeitung auf eine **Einwilligung** stützen will, Handlungen der Mitverantwortlichen, welche die Freiwilligkeit infrage stellen, entgegenhalten lassen, soweit diese auf einem arbeitsteiligen Vorgehen basieren (Martini/Botta VerwArch 110 (2019), 235 (253)). Im Ergebnis kann sich dann die ihm ggü. erklärte Einwilligung als unwirksam erweisen (vgl. ErwGr 43 S. 1). **36a**

Unter der DSRL kam den Vertragsbedingungen – in der Deutung der Artikel-29-Datenschutzgruppe – eine **Orientierungswirkung** zu: „Wenn es keinen Grund gibt zu bezweifeln, dass diese die Realität korrekt widerspiegelt", sollten sie auch die Zurechnungsgrundlage bilden (Art. 29-Datenschutzgruppe, Stellung. 1/2010, 14). Die nunmehr bestehende zwingende Anforderung, die Pflichterfüllung in einer Vereinbarung festzulegen, stärkt den Beweiswert der Absprache und verknüpft damit den Anspruch, die faktische und die normative Lage im Interesse einer konsequenten Vertragsbefolgung zu synchronisieren: Im **Innenverhältnis** führt die Vereinbarung **beim Gesamtschuldnerausgleich** nach Art. 82 Abs. 5 zu einer Beweislastumkehr (→ Rn. 5) sowie bei erfolgter Anspruchserfüllung ggf. zum Anspruchsübergang (Moos/Schefzig in Taeger/Gabel DS-GVO Art. 82 Rn. 92 ff.). An der gemeinsamen Verantwortlichkeit im **Außenverhältnis** ändert das nichts. **37**

3. Behördliche Inpflichtnahme der gemeinsam Verantwortlichen

So ausführlich und detailliert Art. 26 regelt, wen der Betroffene in Anspruch nehmen kann, so lakonisch ist die Vorschrift hinsichtlich der **Störerauswahl der ASB.** Auch die Befugnisnorm des Art. 58 ist insoweit nicht klarer: Er spricht einheitlich nur von dem „Verantwortlichen", ohne zwischen den Beteiligten zu differenzieren oder ihre Verantwortlichkeiten abzustufen. Naheliegend erscheint es deshalb prima facie, auf das **mitgliedstaatliche Verwaltungsverfahrensrecht** zurückzugreifen, um zu ermitteln, welcher der Beteiligten unter welchen Voraussetzungen zu adressieren ist (→ Art. 58 Rn. 31). Denn nach dem **Grundsatz der Verfahrensautonomie** der Mitgliedstaaten, wie ihn auch Art. 58 Abs. 4 anerkennt, bleibt es grds. den verfahrensrechtlichen Regelungen der Mitgliedstaaten überlassen, wie die Aufsichtsbehörden ihre Befugnisse verfahrensrechtlich ausüben (vgl. auch **37a**

ErwGr. 129 S. 4; → Art. 31 Rn. 10). Dafür müsste die Störerauswahl aber überhaupt eine Frage des Verfahrensrechts sein. Die Vorgaben für das behördliche Ermessen sind indes nicht prozessualer, sondern **materiell-rechtlicher Natur** (vgl. bspw. Aschke in BeckOK VwVfG § 40 Vortext). Die datenschutzrechtliche Störerauswahl richtet sich folglich nicht nach den Vorschriften der VwVfGe – maßgeblich ist allein die **DS-GVO** (aA Spoerr in BeckOK DatenschutzR DS-GVO Art. 26 Rn. 37a).

37b   Dem Ziel der DS-GVO, das Recht auf Schutz personenbezogener Daten wirksam zu schützen (Art. 1 Abs. 2), entspricht grds. das **Gebot einer effektiven und wirkungsvollen Gefahrenabwehr** (Martini/Fritzsche NVwZ-Extra 21/2015, 1 (15); Schreiber ZD 2019, 55 (59)). In Anspruch zu nehmen ist dann grds. derjenige, der die drohende Verletzung wirksam abzuwehren in der Lage ist, auch wenn er sie nicht selbst verursacht hat (vgl. etwa OVG Lüneburg BeckRS 2016, 50752 Rn. 71). Das entspricht auch dem **Gebot der Verhältnismäßigkeit** (Art. 5 Abs. 3 UAbs. 2 S. 1, Abs. 4 EUV; Art. 52 Abs. 1 S. 2 GRCh): Maßnahmen sind so auszurichten, dass sie ihre Wirksamkeit möglichst grundrechtsschonend und zielgenau erreichen. Im Falle der gemeinsamen Verantwortlichkeit von Facebook und einem Facebook-Fanpage-Betreiber liegt es daher nahe, in erster Linie das soziale Netzwerk in Anspruch zu nehmen, da nur dieses selbst seine Verarbeitungspraxis umfassend ändern kann.

37c   Einer **„gestuften Störerhaftung"** im Datenschutzrecht, die zunächst den Sachnäheren heranzieht, hat das BVerwG – bezogen auf **§ 38 Abs. 5 S. 1 und 2 BDSG aF** – jedoch ausdr. eine Absage erteilt (BeckRS 2019, 31117, Rn. 19; aA Martini/Fritzsche NVwZ-Extra 21/2015, 1 (15)): Die Vorschrift sei zwar adressatenoffen ausgestaltet. Aus dem Umstand, dass sie auf der Maßnahmenebene eine zweistufige Vorgehensweise vorsehe, daraus folge aber nicht, dass dies gleichermaßen für die Auswahl der Rechtspflichtigen gelte (BeckRS 2019, 31117, Rn. 19). Auch der **EuGH** sieht die ASB im Grundsatz frei darin, sich an einen Mitverantwortlichen unabhängig von dem Gebot der Effektivität der Gefahrenabwehr zu wenden. Sie könne die Rechtmäßigkeit ihrer Maßnahme ohne Rücksicht auf die Beurteilung derjenigen Kontrollstelle beantworten, die für den anderen Mitverantwortlichen zuständig ist (EuGH BeckRS 2018, 10155, Rn. 74.) und genieße für ihre Befugnisse ein Auswahlermessen (EuGH Urt. v. 16.7.2020 – C–311/18, ECLI:EU: C:2020:559, Rn. 112). Soweit die Voraussetzungen einer gemeinsamen Verantwortlichkeit vorliegen, können sich ASB in dieser Lesart daher auch darauf beschränken, **nur einen der Beteiligten** in Anspruch zu nehmen, wenn dies bereits ausreicht, um den Anlass für ihr Einschreiten zu beseitigen (zur alten Rechtslage unter § 38 Abs. 5 S. 1 und 2 BDSG aF: BVerwG BeckRS 2019, 31117, Rn. 29; vgl. auch Kreyßing PinG 2020, 145 (150)).

37d   Für **Bußgelder** haften die Verantwortlichen aber grds. jeweils getrennt (Bertermann in Ehmann/Selmayr DS-GVO Art. 26 Rn. 16), jedenfalls soweit die Verantwortungsbereiche für die Pflichtverletzung abgrenzbar sind, wofür va die Festlegungen der Vereinbarung Indizien bieten (→ Rn. 5). **§ 41 Abs. 1 S. 1 BDSG iVm § 14 Abs. 1 OWiG** erklärt die Beteiligung an der Tat zwar in gleicher Weise wie die Täterschaft selbst zur Ordnungswidrigkeit. Das deutsche Ordnungswidrigkeitenrecht unterscheidet nicht zwischen Täterschaft und Teilnahme **(Grundsatz der Einheitstäterschaft).**

Allerdings belässt das **Unionsrecht** den Mitgliedstaaten keinen Regelungsspielraum, aus eigener Machtvollkommenheit materielle Regelungen zur Täterschaft und Teilnahme an bußgeldbewehrten Pflichtverletzungen zu erlassen. Das lässt sich im Umkehrschluss aus Art. 83 Abs. 8 sowie Art. 58 Abs. 4 herauslesen: Die Vorschriften ermächtigen die Mitgliedstaaten, **verfahrensbezogene** Regelungen („angemessene Verfahrensgarantien", „vorbehaltlich geeigneter Garantien einschließlich wirksamer gerichtlicher Rechtsbehelfe und ordnungsgemäßer Verfahren") zu erlassen, nicht aber das Sanktionsrecht um **materielle** Vorschriften zu ergänzen (Martini/Wagner/Wenzel, VerwArch 109 (2018), 296 (313 f.)). Inwieweit die Tatbeiträge gemeinsam Verantwortlicher einander zurechenbar sind, bestimmt sich daher ausschließlich nach den Vorgaben der DS-GVO. Die Regelungen des Art. 83 sprechen insoweit nur von dem Verantwortlichen, nicht aber explizit auch von gemeinsam Verantwortlichen. Art. 26 adressiert normsystematisch die datenschutzrechtliche Verantwortlichkeit gegenüber der ASB, nicht aber notwendig auch die sanktionsrechtliche Verantwortlichkeit. Vielmehr geht Art. 83 Abs. 2 davon aus, dass jeweils der **individuelle Tatbeitrag** für die Entscheidung über die Geldbuße maßgeblich ist: Er stellt auf die (individuelle) Schuld des jeweiligen Verantwortlichen (lit. b), seine Maßnahmen (lit. c) und den Grad seiner Verantwortung (lit. d) ab. Dafür streitet auch ein **Umkehrschluss zu Art. 83 Abs. 4:** Im **Haftungsrecht,** das von dem Gedanken beseelt ist, der betroffenen Person wirksamen Schadensersatz zu gewährleisten, ordnet der Gesetzgeber eine Einstandspflicht an. Im **Sanktionsrecht** hingegen schweigt der Unionsgesetzgeber insoweit. Die Tatbeiträge des einen gemeinsam Verantwortlichen sind daher nicht dem jeweils anderen vollständig wechselseitig bußgeldrechtlich zurechenbar. Für **strafrechtliche Verstöße** und sonstige Sanktionen gesteht der Unionsgesetzgeber den **Mitgliedstaaten** demgegenüber insoweit einen **Regelungsspielraum** zu (Art. 84 Abs. 1): Sie können die Regeln der Täterschaft und Teilnahme selbst festlegen. In Deutschland kommen dafür die Regelungen der §§ 25 ff. StGB zur Anwendung.

C. Nationales Datenschutzrecht

§ 3 Abs. 7 BDSG aF folgte bislang – viel stärker als die DSRL – dem Konzept einer **linearen Verantwortungsstruktur.** Es organisierte das komplexe Zusammenspiel von Diensteanbietern, technischer Infrastrukturebene und Inhaltserstellern im Web 2.0 entlang linearer Vertrags-, Nutzungs- und Auftragsbeziehungen. Auch unter dem Regime des BDSG aF waren aber gesamthänderische Verantwortlichkeiten über eine richtlinienkonforme Auslegung des **§ 3 Abs. 7 BDSG aF** in Grenzen denkbar (vgl. etwa Martini/Fritzsche NVwZ-Extra 21/2015, 1 (5); Dammann in Simitis BDSG aF § 3 Rn. 224, 226). Da die Richtlinienbestimmung des Art. 2 lit. d DSRL in der nationalen Umsetzung allerdings keinen expliziten Widerhall erfuhr, fand das Rechtsinstrument gemeinsamer Verantwortung praktisch keine Anwendung (vgl. dazu etwa Monreal ZD 2014, 611 (614); Dovas ZD 2016, 512 (514); Spoerr in BeckOK DatenschutzR DS-GVO Art. 26 Rn. 1). Die relevanten Konstellationen behandelte die Rechtspraxis meist als Auftragsdatenverarbeitung (Dovas ZD 2016, 512 (514)) bzw. als sog Funktionsübertragung (Bierekoven ITRB 2017 282 (282); s. auch → Art. 28 Rn. 7).

39   An dem **Grundverständnis des Verantwortlichkeitsbegriffes** hat sich mit Inkrafttreten der DS-GVO nichts geändert. Vielmehr führt sie – wie sie mit der Anleihe an der Wendung „die Zwecke der und die Mittel zur Verarbeitung" zum Ausdruck bringt – die Grundlinien der Verantwortlichkeitszurechnung konsequent fort, wie sie insbes. die Art. 29-Datenschutzgruppe skizziert hat, und konzipiert rechtssichere normative Lösungen für die Folgenzurechnung bei gemeinsamer Verantwortlichkeit. Das normative Konkretisierungsprogramm des Art. 4 Nr. 7 und Art. 26 beendet (weitgehend) bisher bestehende Auslegungsprobleme iRd BDSG aF (ausf. Hartung in Kühling/Buchner DS-GVO Art. 26 Rn. 3; Plath/Schreiber in Plath BDSG aF § 3 Rn. 69; s. auch Spoerr in BeckOK DatenschutzR DS-GVO Art. 26 Rn. 11 ff.).

40   Die zwingende Pflicht, eine Übereinkunft zu treffen und deren wesentlichen Inhalt dem Betroffenen zur Verfügung zu stellen, ist dem dt. Datenschutzrecht ebenso neu wie die (fakultative) **Anlaufstelle.** Die Grundsätze der DS-GVO über die **Haftung** im Primär- und Sekundärverhältnis ähneln demgegenüber den Lösungen, welche die Rechtspraxis bereits unter der Geltung des BDSG aF entwickelt hatte: Hatten mehrere verantwortliche Stellen den Schaden verursacht, hafteten sie schon bisher als Gesamtschuldner (Simitis in Simitis BDSG aF § 7 Rn. 37). Waren die Daten des Betroffenen **automatisiert** in der Weise gespeichert worden, dass mehrere Stellen speicherungsberechtigt waren, und war der Betroffene nicht in der Lage festzustellen, welche Stelle die Daten gespeichert hatte, gewährte **§ 6 Abs. 2 S. 1 BDSG aF** ihm das Recht, sich – ähnlich wie nach Art. 26 Abs. 3 – an jede dieser Stellen zu wenden. Daraus erwuchs jedoch keine originäre gemeinsame Erfüllungsverantwortung, sondern (nur) eine Pflicht, das Vorbringen an denjenigen weiterzuleiten, der die Daten gespeichert hatte (§ 6 Abs. 2 S. 2 BDSG aF; Bertermann in Ehmann/Selmayr DS-GVO Art. 26 Rn. 4).

40a   Art. 26 belässt den Mitgliedstaaten im Grundsatz nur einen **engen Regelungsspielraum.** Sie dürfen den gemeinsam Verantwortlichen keine neuen Pflichten auferlegen, immerhin aber ihre **Aufgabenverteilung** – insbes. hinsichtlich der Wahrnehmung der Betroffenenrechte (Art. 15–22) sowie der Informationspflicht nach Art. 13 und 14 – durch eigene, die Vereinbarung der Verantwortlichen überspielende Regelungen einseitig hoheitlich festlegen (Abs. 1 S. 2 Hs. 2). Darüber hinaus gesteht **Art. 4 Nr. 7** den Mitgliedstaaten die Regelungsmacht zu, selbst zu bestimmen, wer Verantwortlicher ist (und wer nicht) sowie selbst die Kriterien festzulegen, auf deren Grundlage die Verantwortlichkeit zu bestimmen ist, soweit die Mitgliedstaaten – insbes. im Falle des Art. 6 Abs. 1 UAbs. 1 lit. c und e (s. Art. 6 Abs. 2 und 3 S. 3) – die Zwecke und Mittel der Verarbeitung selbst festlegen können.

D. Ausblick

Art. 26 bewegt sich im Spannungsfeld zwischen wirksamem Schutz personen-　**41** bezogener Daten einerseits und der Offenheit für neue Kollaborationsformen sowie neue Verantwortlichkeitsstrukturen der digitalen Welt andererseits. Die Regelung reagiert auf das **Bedürfnis der Rechtsordnung, Verantwortlichkeiten** in komplexen Strukturen klar zurechenbar zu machen – und damit auf die berechtigte Kritik, dass das geltende dt. Datenschutzrecht sich bislang vorwiegend an linearen Vertrags-, Nutzungs- und Auftragsbeziehungen mit grds. getrennten Verantwortungssphären orientierte, dem arbeitsteiligen Zusammenwirken in sozialen Netzwerken, bei App-Diensten oder auf komplexen Online-Plattformen aber so kaum gerecht wurde (Martini/Fritzsche NVwZ-Extra 21/2015, 1 (5)). **Alle Fragen,** die sich mit solchen Kollaborationsstrukturen, wie zB Blockchain-Netzwerken verbinden, beantwortet sie jedoch nicht – jedenfalls nicht ausdr. und hinreichend klar.

Zudem kann Art. 26 auch selbst zu einer **Verantwortungsdiffusion** im　**42** Datenschutzrecht beitragen, wenn im Ergebnis jeder für die digitale Infrastruktur von Facebook & Co. mitverantwortlich zeichnet. Denn der EuGH legt der Vorschrift des Art. 26 ein **weites Begriffsverständnis** zugrunde und verlangt keine gleichwertige Mitverantwortlichkeit der Beteiligten. Zugleich hat sich das BVerwG gegen eine gestufte Störerhaftung ausgesprochen und stattdessen ein Ermessen der ASB bei der **Adressatenauswahl** postuliert. Gleichwohl müssen die ASB ihr Handeln am Gebot wirksamer Gefahrenabwehr ausrichten: Das Datenschutzrecht verlangt ihnen ab, nicht nur mit den an der Datenverarbeitung beteiligten „Leichtgewichten", sondern auch mit den veritablen „Schwergewichten" aus dem Silicon Valley in den Ring zu steigen. Nur dann kämpfen sie auch nachhaltig für einen stärkeren Datenschutz.

Der Siegeszug der **Künstlichen Intelligenz** überrollt tradierte Zuständig-　**43** keitsregelungen, in denen allein Menschen als Entscheidungsträger fungieren. Um sich dieser Entwicklung zu stellen, bedarf es zwar **keiner eigenen Rechtspersönlichkeit** für intelligente Systeme (weiterführend Martini, Blackbox Algorithmus, 2019, S. 290 ff.), sehr wohl aber einer **klaren Zuordnung der Verantwortlichkeit** zu ihren menschlichen Entwicklern und Nutznießern. Zum Schwur kommt es insoweit etwa bei autonomen Fahrzeugen. Denn gerade sie zeichnen sich durch eine Vielzahl beteiligter Akteure (Hersteller, Versicherer, Eigentümer, Halter etc.) und eine hohe Komplexität der Verarbeitungsvorgänge aus (Klink-Straub/Straub NJW 2018, 3201 (3202 f.)).

Art. 27 Vertreter von nicht in der Union niedergelassenen Verantwortlichen oder Auftragsverarbeitern

(1) **In den Fällen gemäß Artikel 3 Absatz 2 benennt der Verantwortliche oder der Auftragsverarbeiter schriftlich einen Vertreter in der Union.**

(2) Die Pflicht gemäß Absatz 1 des vorliegenden Artikels gilt nicht für
a) eine Verarbeitung, die gelegentlich erfolgt, nicht die umfangreiche Verarbeitung besonderer Datenkategorien im Sinne des Artikels 9 Absatz 1 oder die umfangreiche Verarbeitung von personenbezogenen Daten über strafrechtliche Verurteilungen und Straftaten im Sinne des Artikels 10 einschließt und unter Berücksichtigung der Art, der Umstände, des Umfangs und der Zwecke der Verarbeitung voraussichtlich nicht zu einem Risiko für die Rechte und Freiheiten natürlicher Personen führt, oder
b) Behörden oder öffentliche Stellen.

(3) Der Vertreter muss in einem der Mitgliedstaaten niedergelassen sein, in denen die betroffenen Personen, deren personenbezogene Daten im Zusammenhang mit den ihnen angebotenen Waren oder Dienstleistungen verarbeitet werden oder deren Verhalten beobachtet wird, sich befinden.

(4) Der Vertreter wird durch den Verantwortlichen oder den Auftragsverarbeiter beauftragt, zusätzlich zu diesem oder an seiner Stelle insbesondere für Aufsichtsbehörden und betroffene Personen bei sämtlichen Fragen im Zusammenhang mit der Verarbeitung zur Gewährleistung der Einhaltung dieser Verordnung als Anlaufstelle zu dienen.

(5) Die Benennung eines Vertreters durch den Verantwortlichen oder den Auftragsverarbeiter erfolgt unbeschadet etwaiger rechtlicher Schritte gegen den Verantwortlichen oder den Auftragsverarbeiter selbst.

BDSG und anderes nationales Recht: § 44 Abs. 3 BDSG (kommentiert unter → BDSG § 44 Rn. 6).

Literatur: *EDSA,* Guidelines 3/2018 on the territorial scope of the GDPR (Article 3), Version 2.1 v. 12.11.2019; *Franck,* Der Vertreter in der Union gem. Art. 27 DS-GVO, RDV 2018, 303; *Kahler,* Auftragsverarbeitung im Drittstaat: europarechtskonform! – Unmittelbare Anwendung der Datenschutzrichtlinie 95/46/EG in Deutschland, RDV 2012, 167; *Koós/Englisch,* Eine „neue" Auftragsdatenverarbeitung – Gegenüberstellung der aktuellen Rechtslage und der DS-GVO in der Fassung des LIBE-Entwurfs, ZD 2014, 276; *Lantwin,* Kann ein Briefkasten haften? – Rolle des Vertreters nach DS-GVO, ZD 2019, 14; *Uecker,* Extraterritorialer Anwendungsbereich der DS-GVO – Erläuterungen zu den neuen Regelungen und Ausblick auf internationale Entwicklungen, ZD 2019, 67; *Wieczorek,* Der räumliche Anwendungsbereich der EU-Datenschutz-Grundverordnung, DuD 2013, 644.

Übersicht

A. Allgemeines

I. Bedeutung der Norm, Überblick über den Regelungsgehalt und Einordnung in den Gesamtkontext der DS-GVO

Art. 27 zielt darauf ab, das **Marktortprinzip** des Art. 3 Abs. 2 konsequent **1** **operational abzusichern:** Damit Dienstleister aus dem EU-Ausland, wie Amazon, Google oder Facebook, sich nicht kraft räumlicher Distanz unversehens faktisch der Pflichten entledigen können, die sich aus der DS-GVO ergeben, trägt die Vorschr. ihnen auf, einen Vertreter in der Union zu benennen. Das Gebot greift immer dann, wenn ein Anbieter, der nicht in der EU niedergelassen ist, dort Waren oder Dienstleistungen anbietet bzw. Datenverarbeitungen vornimmt, die das Verhalten in der Union befindlicher Personen beobachten sollen. Art. 27 nimmt sowohl **Verantwortliche** (Art. 4 Nr. 7) als auch **Auftragsverarbeiter** (Art. 4 Nr. 8, Art. 28) in die Pflicht – **Abs. 1.**

Die DS-GVO konzipiert den Vertreter als „eine in der Union nieder- **1a** gelassene natürliche oder juristische Person", die der Verantwortliche oder Auftragsverarbeiter schriftlich benannt hat, damit sie ihn mit Blick auf die Pflichten vertritt, die ihm nach der DS-GVO obliegen **(Art. 4 Nr. 17).** Daraus ergibt sich zugleich, dass sich das Gebot, einen Vertreter zu bestellen, nicht allein darauf richtet, die Betroffenenrechte (Art. 12 ff.) wahrzunehmen. Anderenfalls bliebe Art. 27 Abs. 1 im Fall des Auftragsverarbeiters sinnfrei. Die aus den Art. 12 ff. erwachsenden Pflichten treffen nämlich ausschl. den Verantwortlichen, nicht auch den Auftragsverarbeiter (vgl. etwa Art. 15 Abs. 1, Art. 28 Abs. 3 UAbs. 1 S. 2 lit. e e contrario).

2   Die Pflicht des Art. 27 besteht aber nicht vorbehaltlos. Sie greift zum einen dann nicht, wenn das Risiko für die Rechte und Freiheiten natürlicher Personen, das von dem Bearbeitungsvorgang ausgeht, als gering einzustufen ist (**Abs. 2 lit. a**). Zum anderen unterliegen auch Behörden und öffentl. Stellen der Verpflichtung des Art. 27 Abs. 1 generell nicht (**Abs. 2 lit. b**).

3   Um zu gewährleisten, dass der Vertreter seine Aufgaben wirksam, insbes. nicht nur aus (bspw. transatlantischer) Distanz wahrnimmt, stellt die DS-GVO dem Vertreter den Ort seiner Niederlassung nicht frei: Er muss sich in einem **Mitgliedstaat niederlassen,** in dem sich diejenigen Personen befinden, welche der Verarbeitung, also dem Angebot von Waren oder Dienstleistungen bzw. der Beobachtung des Verhaltens, ausgesetzt sind (**Abs. 3**). Sonst könnte das Institut des Vertreters seine Funktion, einen ortsnahen Ansprechpartner zur Vfg. zu stellen, auch nicht adäquat erfüllen (vgl. ausf. → Rn. 47). Dem Vertreter kommt die Funktion einer „Anlaufstelle" zu (**Abs. 4**): Er wird bei sämtlichen Fragen der ASB bzw. Betroffenen im Zusammenhang mit der Verarbeitung **zusätzlich** zu dem Verantwortlichen bzw. Auftragsverarbeiter oder an seiner Stelle tätig, um dazu beizutragen, dass die Vorschr. der DS-GVO eingehalten werden und Betroffene ihre Rechte (insbes. aus Art. 15–22) wirksam wahrnehmen können. Deshalb muss der Verantwortliche Betroffenen auch den **Namen** sowie die **Kontaktdaten** seines Vertreters mitteilen (**Art. 13 Abs. 1 lit. a, Art. 14 Abs. 1 lit. a**).

3a   Obgleich Art. 27 Abs. 4 den Vertreter als „Anlaufstelle" bezeichnet, ist er mit der **„Anlaufstelle" gemeinsam Verantwortlicher** „für die betroffenen Personen" iSd **Art. 26 Abs. 1 S. 3 nicht identisch** (der englische Wortlaut spricht folgerichtig in Art. 26 von „a contact point", während in Art. 27 nur davon die Rede ist, dass der Vertreter „addressed" werden sollte, ohne dass von einem Institut einer „Anlaufstelle" die Rede ist; zu den sprachlichen Ungereimtheiten vgl. auch Hanloser in BeckOK-DatenschutzR DS-GVO Art. 27 Rn. 5 sowie → Rn. 47). Die Anlaufstelle für gemeinsam Verantwortliche ist ein fakultatives Serviceangebot, mit dessen Hilfe Verantwortliche, die gemeinsam die Zwecke und Mittel der Verarbeitung festlegen, ihre Pflichten erfüllen können (→ Art. 26 Rn. 28 ff.). Ihr kommt auch keine Vertretungsmacht für die Verantwortlichen zu (→ Art. 26 Rn. 29a). Der Vertreter iSd Art. 27 ist demgegenüber ein **verpflichtender Anlaufpunkt** (mit Vertretungsmacht) für solche Verantwortliche oder Auftragsverarbeiter, die nicht in der Union niedergelassen sind – kein bloßer „Kummerkasten" (Hanloser in BeckOK-DatenschutzR DS-GVO Art. 27 Rn. 5; Plath in Plath DS-GVO Art. 27 Rn. 2). Die DS-GVO schließt zugleich nicht aus, dass der Vertreter iSd Art. 27 in **Personalunion** zugleich die Funktion der Anlaufstelle iSd Art. 26 Abs. 1 S. 3 wahrnimmt.

4   Der Vertreter muss (vorbehaltlich der Ausnahme des Art. 30 Abs. 5 für KMUs) – ebenso wie der Verantwortliche – ein **Verzeichnis der Verarbei-**

tungstätigkeiten führen (Art. 30 Abs. 1; → Rn. 52 sowie Art. 30 Rn. 5 ff.). Wie den Verantwortlichen und den Auftragsverarbeiter trifft auch ihn die Verpflichtung, **mit der ASB zusammenzuarbeiten.** Das hebt **Art. 31** ausdr. hervor (→ Art. 31 Rn. 16a; vgl. auch ErwGr 80 S. 5). Die DS-GVO schreibt dem Vertreter nicht zuletzt bei der **Datenschutz-Folgenabschätzung** eine Rolle zu: Bevor der Verantwortliche eine solche erstellt, hat er den **Standpunkt des Vertreters** zu der beabsichtigten Verarbeitung einzuholen (Art. 35 Abs. 9; → Art. 35 Rn. 60 ff.).

Die Bestellung eines Vertreters lässt die **Haftung** des hinter dem Vertreter **5** stehenden Verantwortlichen oder Auftragsverarbeiters unberührt (**Abs. 5;** ErwGr 80 S. 4). Falls es zu Verstößen des Verantwortlichen oder Auftragsverarbeiters kommt, kann der Vertreter aber auch selbst **aufsichtsrechtlichen Durchsetzungsmaßnahmen** unterworfen werden. Das betont ErwGr 80 S. 6. Spiegelbildlich erstreckt **Art. 58 Abs. 1 lit. a** die Untersuchungsbefugnisse der ASB auf die Person des Vertreters – allerdings **nur hinsichtlich der Pflicht, Informationen bereitzustellen.** Im Umkehrschluss bedeutet dies zugleich: Der Vertreter ist anderen aufsichtsbehördlichen Befugniszugriffen grundsätzlich nicht ausgesetzt (dazu ausf. → Rn. 55).

Das Recht auf einen **wirksamen gerichtlichen Rechtsbehelf** iSd Art. 79 **5a** Abs. 1 erstreckt sich nicht unmittelbar auch auf den Vertreter, insbes. seine etwaigen Pflichtverletzungen. Der Wortlaut des Art. 79 Abs. 1 schließt Rechtsbehelfe gegen den Vertreter zwar nicht aus. Die **Überschrift der Norm** adressiert aber ausdrücklich nur „Verantwortliche oder Auftragsverarbeiter". Betroffene müssen ggü. dem Vertreter jedoch wirksam **Prozesshandlungen** mit Blick auf Pflichtverletzungen des Verantwortlichen/Auftragsverarbeiters vornehmen können. Das entspricht der Rolle des Vertreters, „bei sämtlichen Fragen im Zusammenhang mit der Verarbeitung" als Anlaufstelle zu fungieren (vgl. auch § 44 Abs. 3 BDSG; → Art. 79 Rn. 11a ff.).

Ein Verstoß gegen die Pflichten aus Art. 27 ist grds. bußgeldbewehrt: **5b** **Art. 83 Abs. 4 lit. a** ermöglicht es der ASB, **Geldbußen** in Höhe von bis zu 10 000 000 EUR oder (im Fall eines Unternehmens [je nachdem, welcher der Beträge höher ist]) von bis zu 2 % seines gesamten weltweit erzielten Jahresumsatzes des vorangegangenen Geschäftsjahres zu verhängen („Bei Verstößen gegen […] die Pflichten […] gemäß den Artikeln […] 25 bis 39"). Einer Bußgelddrohung ist aber nur der „Geschäftsherr", also der Verantwortliche bzw. der Auftragsverarbeiter ausgesetzt. Pflichtverletzungen, die der **Vertreter in eigener Person** zu verantworten hat (etwa die Pflicht, ein Verarbeitungsverzeichnis zu führen) sind demgegenüber **nicht sanktionsfähig.** ErwGr 80 S. 6 bringt zwar zum Ausdruck, dass es der ASB gestattet ist, auch den Vertreter „Durchsetzungsverfahren" zu unterwerfen. Hierzu können auch Bußgelder gehören (vgl. ErwGr 148 S. 1). Allerdings beschränkt Art. 83 Abs. 4 lit. a den Kreis seiner Adressaten explizit auf den Verantwortlichen und den Auftragsverarbeiter. Eine Pflichtverletzung des jeweils Vertretenen ist dem Vertreter auch **nicht zurechenbar** (vgl. Hartung in Kühling/Buchner DS-GVO Art. 27 Rn. 24; Martini/Wagner/Wenzel VerwArch 109 (2018), 296 (307)). Den Vertreter selbst zum Objekt einer Bußgelddrohung zu machen, verstieße gegen das unionsrechtliche Analogieverbot (Art. 49 Abs. 1

S. 1 GRCh; vgl. ausf. Hartung in Kühling/Buchner DS-GVO Art. 27 Rn. 18 ff.; iErg ebenso Ingold in HK-DS-GVO Art. 27 Rn. 11; Bertermann in Ehmann/Selmayr DS-GVO Art. 27 Rn. 14; Thomale in Auernhammer DS-GVO Art. 27 Rn. 12 f.; Lang in Taeger/Gabel DS-GVO Art. 27 Rn. 68). **Art. 83 Abs. 5 lit.** e gestattet zwar ein Bußgeld auch dann, wenn der Pflichtige einer Anweisung der ASB nicht gefolgt ist. Allerdings unterliegt nicht jede Anweisung der ASB einer Bußgelddrohung, sondern lediglich Verstöße gegen die Untersuchungsanordnung des Art. 58 Abs. 1 lit. e und f sowie gegen Anweisungen, welche die Aufsichtsbehörde auf der Grundlage des Art. 58 Abs. 2 erlassen hat. Diese Anordnungen darf die ASB jedoch nur ggü. dem Verantwortlichen und dem Auftragsverarbeiter, nicht aber ggü. dem Vertreter erlassen. Gleiches gilt für die Anweisung des Bußgeldtatbestandes aus **Art. 83 Abs. 6** (vgl. dazu und zum Ganzen bereits Martini/Wagner/ Wenzel VerwArch 109 (2018), 296 (307 f.)). Der Kommissionsentwurf sah zwar noch einen unmittelbaren sanktionsrechtlichen Durchgriff auf den Vertreter vor (Art. 78 Abs. 2 DS-GVO-E(KOM)). Mit diesem Vorschlag hat sich die Kommission jedoch im Ergebnis nicht durchsetzen können.

5c   Die JI-RL sieht keine dem Art. 27 inhaltlich entsprechende Vorschrift vor (vgl. Hornung in NK-DatenschutzR DS-GVO Art. 27 Rn. 7).

II. Sinn und Zweck der Vorschrift

6 Art. 27 konzipiert den **Vertreter als „Anlaufstelle" „bei sämtlichen Fragen"** der ASB oder betroffener Personen (Abs. 4). Im Vordergrund steht daher – wie Abs. 4 und 5 betonen – nicht das Ziel, ein weiteres Haftungssubjekt für die Durchsetzung möglicher Ansprüche zu generieren; der Vertreter tritt gerade **nicht in die Verantwortlichkeit als solche ein** (→ Rn. 5, 50, 54a). Vielmehr erfüllt er als **kommunikatives Bindeglied** eine Servicefunktion bei der Aufgabe, die normativen Vorgaben der DS-GVO zu verwirklichen.

7 Der Vertreter soll es einerseits Betroffenen insbes. ermöglichen, mit dem Verantwortlichen bzw. Auftragsverarbeiter in der **horizontalen Kommunikationsebene** direkt und unkompliziert Kontakt aufzunehmen. Andererseits soll er auch die **vertikale Kommunikation** zur ASB vereinfachen und steht dadurch auch im Dienste öffentl. Aufgabenerfüllung (Koós/Englisch ZD 2014, 276 (279)). Anbietern, die nicht in der EU niedergelassen sind, erschwert es die VO auf diese Weise erheblich, sich dem normativen Geltungsanspruch des unionalen Datenschutzrechts durch Nichtpräsenz vor Ort faktisch zu entziehen. Der öffentl. Meinungsdruck, der auf dem Vertreter lastet, kann so uU auch die Chancen einer außergerichtlichen Anspruchsdurchsetzung ergänzend verbessern (zur alten Rechtslage: Dammann in Simitis BDSG aF § 1 Rn. 237).

III. Entstehungsgeschichte der Norm

1. Kommissionsentwurf vom 25.1.2012

8 In seiner Grundstruktur ähnelte bereits der DS-GVO-E(KOM) der (letztlich im Trilogverfahren entwickelten) Endfassung: In **Abs. 1** fand sich bereits der

Verweis auf das Marktortprinzip des Art. 3 Abs. 2; die daran anknüpfende Pflicht, einen Vertreter zu bestellen, sollte sich allerdings auf Verantwortliche beschränken, nicht auch (wie heute) den Auftragsverarbeiter treffen; der Wortlaut des **Abs. 3** entsprach bereits nahezu der jetzigen Endfassung. Der **größten Entwicklungsdynamik** war **Abs. 2** unterworfen, der die **Ausnahmen von der Benennungspflicht** regelt. Die KOM hatte ihn etwas weiter als heute gefasst: Sie wollte (ebenso wie das EP) den Verantwortlichen von der Benennungspflicht befreien, wenn er in einem Drittland niedergelassen ist, das laut Beschl. der KOM einen angemessenen Schutz iSv Art. 41 DS-GVO-E(KOM) bietet (lit. a). Für kleinere **Unternehmen mit weniger als 250** Mitarbeitern sah Abs. 2 lit. b (ähnlich wie der heutige Art. 30 Abs. 5 für das Verzeichnis von Verarbeitungstätigkeiten) ebenfalls eine Ausnahme von der Benennungspflicht vor. Art. 78 Abs. 2 DS-GVO-E(KOM) gestattete zudem einen **sanktionsrechtlichen Zugriff** auf den Vertreter, der jedoch keinen Eingang in den endgültigen Verordnungstext fand (→ Rn. 55; Martini/Wagner/Wenzel VerwArch 109 (2018), 296 (307)).

2. Legislative Entschließung des Europaparlaments vom 12.3.2014

Der DS-GVO-E(KOM) hatte noch weit eine gefasste Privilegierung kleinerer **9** Unternehmen vorgesehen. Sie erfuhr in der Textfassung des EP eine deutliche inhaltliche Modifikation. Statt auf die Mitarbeiterzahl abzustellen, fokussierte das EP stärker die **Gefährdungslage für personenbezogene Daten:** Verantwortliche, die Daten in Bezug auf weniger als **5000 betroffene** Personen innerhalb eines Zeitraums von 12 aufeinanderfolgenden Monaten verarbeiten, sollten von der Pflicht befreit sein, einen Vertreter zu benennen.

Eine **Rückausnahme** sah der Entwurf des EP für solche Fälle vor, in **10** denen sich die Verarbeitung auf **bes. Kategorien personenbezogener Daten iSd Art. 9 Abs. 1** sowie **Standortdaten, Daten über Kinder oder Arbeitnehmerdaten aus groß angelegten Ablagesystemen** richtet. Eine Freistellung von der Benennungspflicht strebte der DS-GVO-E(EP) auch für solche Verarbeiter an, die nur **gelegentlich** Waren und Dienstleistungen anbieten (Abs. 2 lit. d DS-GVO-E(EP)).

3. Allgemeine Ausrichtung des Rates vom 15.6.2015

Der ER brachte das **Schriftformerfordernis** für die Benennung des Ver- **11** treters ein, wie es die Endfassung der Vorschrift auch heute noch vorsieht. Für den Ausnahmekatalog des **Abs. 2** forderte der ER, die abstrakte Gefährlichkeit der Verarbeitung nicht nach starren Umfanggrenzen zu bestimmen. Er schlug vielmehr eine konkrete Bewertung des Risikos für die Rechte und Freiheiten natürlicher Personen vor. Eine gelegentliche Verarbeitung sollte danach dann von der Bestellungspflicht befreien, wenn sie nach **Art, Umständen, Umf. und Zweck der Verarbeitung** zu keinem Risiko für die Rechte und Freiheiten natürlicher Personen führt. Mit dieser Forderung hat sich der Rat weitgehend durchgesetzt.

4. Trilog zwischen Kommission, Parlament und Rat

12 Die Trilog-Fassung veränderte die Vorläuferfassung kaum. Sie überarbeitete insbes. erneut den Ausnahmekatalog des Abs. 2, verdichtete ihn namentlich auf die beiden heute in der Vorschr. vorgesehenen Ausnahmen. Dabei kombiniert er die Rückausnahmen des Parlamentsentwurfs und die erweiterte Voraussetzung des ER miteinander. Dadurch stellt die DS-GVO iErg vergleichsweise **hohe Anforderungen an eine Befreiung.**

IV. Vergleich mit der bisherigen Rechtslage auf Unionsebene

13 Art. 27 ist nicht gänzlich ohne normatives Vorbild. Bereits **Art. 4 Abs. 2 DSRL** nahm den Verantwortlichen in die Pflicht, einen Inlandsvertreter für bestimmte Fälle zu benennen, namentlich für Datenverarbeitungen, die ein Verantwortlicher ausführt, der nicht im Gebiet der Gemeinschaft niedergelassen ist – allerdings nur, wenn er zum Zwecke der Verarbeitung personenbezogener Daten auf **Mittel** zurückgreift, „die **im Hoheitsgebiet** des betreffenden Mitgliedstaats belegen sind" (Art. 4 Abs. 1 lit. c DSRL; Hervorhebung des Verf.). An dieser Voraussetzung fehlte es in der Rechtspraxis häufig. Auch der **Auftragsverarbeiter** war nicht der Pflicht unterworfen, einen Vertreter zu bestellen (zur Entstehungsgeschichte Hornung in NK-DatenschutzR DS-GVO Art. 27 Rn. 4).

13a Die **Zielsetzungen** des Art. 4 Abs. 2 DSRL und des Art. 27 sind vergleichbar: Die Pflicht, einen Inlandsvertreter zu benennen, soll die Rechtsdurchsetzung vereinfachen. Insbes. sollen die **ASB** bei der Wahrnehmung ihrer hoheitlichen Aufgaben sowie **Betroffene** mit dem Verantwortlichen bzw. Auftragsverarbeiter kommunizieren können, ohne territoriale Grenzen überwinden zu müssen (Dammann/Simitis DSRL Art. 4 Rn. 10).

14 Schon die DSRL verankerte den Grundsatz, dass die Bestellung eines Vertreters sich nicht auf die Verantwortlichkeit des Vertretenen auswirkt. Die Benennung erfolgte namentlich **„unbeschadet der Möglichkeit eines Vorgehens gegen den für die Verarbeitung Verantwortlichen selbst"** (Art. 4 Abs. 2 Hs. 2 DSRL). Inwiefern der Vertreter selbst in Anspruch genommen werden konnte, war jedoch umstritten (wegen der nationalen Umsetzungsdivergenzen eine Harmonisierung fordernd Art. 29-Datenschutzgruppe, Stellungn. 08/2010 zum anwendbaren Recht, WP 179, 29). Diese Unklarheit setzt sich unter Geltung der DS-GVO fort (vgl. → Rn. 49 ff.).

15 Die ordnungsrechtlichen **Sanktionen** für Verletzungen des unionsrechtlichen Datenschutzrechts, insbes. der Regeln zum Inlandsvertreter, auszugestalten, überließ **Art. 24 DSRL** dem nationalen Gesetzgeber. Von dieser Ermächtigung hatte Deutschland in Bezug auf die Pflichten aus Art. 4 Abs. 2 DSRL keinen Gebrauch gemacht (vgl. auch Dammann in Simitis BDSG aF § 1 Rn. 233). **Art. 83 Abs. 4 lit. a** sanktioniert Verletzungen der Pflichten des Verantwortlichen und der Auftragsverarbeiter aus Art. 27 demgegenüber nunmehr unmittelbar (→ Rn. 5b).

B. Auslegung der Norm

I. Pflicht zur Benennung eines Vertreters (Abs. 1)

1. Anwendungsbereich

Art. 27 Abs. 1 nimmt im Grundsatz **alle Verantwortlichen und Auftrags-** 16
verarbeiter in die Pflicht, die **keine eigene Niederlassung in der EU**
haben, aber dort Waren oder Dienstleistungen anbieten bzw. Datenverarbeitungen vornehmen, welche das Verhalten in der Union befindlicher Personen
beobachten sollen (vgl. Art. 3 Abs. 2; → Art. 3 Rn. 15 ff.). Dass sie nicht mit
einer eigenen festen Einrichtung in einem der Mitgliedstaaten der Union
präsent sind, soll ihnen **kein regulatorisches Schlupfloch** eröffnen, sich der
Pflichten zu entledigen, welche die DS-GVO angelegt hat. Wenn schon nicht
in eigener Person, so müssen sie doch durch einen eigenen Vertreter vor Ort
präsent und damit **für die Rechtsordnung „greifbar"** sein. Bei unbefange-
nem Verständnis erlaubt der Wortlaut des Abs. 1 wahlweise dem Verantwortlichen „oder" dem Auftragsverarbeiter, für einen Verarbeitungsvorgang einen
Vertreter zu bestellen: Es genügt in dieser Lesart dann, dass im Falle der
Auftragsverarbeitung entweder der Auftragsverarbeiter oder der Verantwortliche den Vertreter bestellt. So ist die Vorschr. aber nicht gemeint. „Oder"
steht hier vielmehr synonym für „bzw.". Die **englische Sprachfassung**
spricht zwar auch von „or", leitet die Vorschrift aber mit „where Art. 3 (2)
applies" ein, der wiederum sowohl Verantwortliche als auch Auftragsverarbeiter adressiert, sodass das „oder" sinngemäß als „je nachdem", „bzw." zu lesen
ist. Sowohl den Auftragsverarbeiter als auch den Verantwortlichen trifft mithin
unabhängig voneinander die Pflicht, einen Vertreter zu bestellen, soweit
sie den Regelungen der DS-GVO unterliegen, ohne in der Union niedergelassen zu sein. Das deutet auch der **systematische Vergleich** zum Regelungsgehalt des **Art. 30 Abs. 1** und **Abs. 2** an: Die Vorschr. tragen sowohl
dem Verantwortlichen „und gegebenenfalls sein(em) Vertreter" (Abs. 1) als
auch dem Auftragsverarbeiter „und gegebenenfalls sein(em) Vertreter"
(Abs. 2) die Pflicht auf, ein Verzeichnis von Verarbeitungstätigkeiten zu
führen. Die DS-GVO geht mithin davon aus, dass die Pflicht, einen Vertreter
zu bestellen, beide nebeneinander, nicht wahlweise trifft. Das schließt es
zugleich nicht aus, dass sowohl der Auftragsverarbeiter als auch der Verantwortliche in einem Auftragsverhältnis den identischen Vertreter bestellen
(→ Rn. 27).

2. Form der Benennung

a) Schriftform. Die **DSRL** hatte es noch den Mitgliedstaaten überlassen, 17
wie sie die Bestellung ausgestalten (Dammann/Simitis DSRL Art. 4 Rn. 10).
Die DS-GVO belässt ihnen insoweit keinen Spielraum mehr: Die Bestellung
des Vertreters muss in **Schriftform** erfolgen. So verlangen es Art. 4 Nr. 17
und Art. 27 Abs. 1 ausdr. Wann die Schriftform gewahrt ist, konkretisiert die
DS-GVO allerdings nicht näher. Nach allg. Rechtsverständnis genügen grds.

nur **eigenhändig unterschriebene,** auf Papier verkörperte Textdokumente, nicht aber einfache E-Mails dem Schriftformerfordernis. In anderem Regelungskontext, namentlich in Art. 28 Abs. 9 (Auftragsverarbeitung), Art. 30 Abs. 3 (Verzeichnis der Verarbeitungstätigkeiten) sowie ErwGr 32 (Einwilligung) stellt die VO aber ausdr. klar, dass der Schriftform auch das elektronische Format genügt („schriftlich …, was auch in einem elektronischen Format erfolgen kann"). Daraus lässt sich womöglich das Begriffsverständnis ableiten, dass die DS-GVO von der überkommenen Unterscheidung zwischen schriftlicher und elektronischer Form gänzlich abrücken möchte (vgl. auch Lantwin ZD 2019, 14 (14)).

18   Umgekehrt kann Art. 30 Abs. 3 aber auch einen **Gegenschluss** indizieren: Hebt die VO die elektronische Form in anderen Vorschr. eigens hervor, in Art. 27 Abs. 1 demgegenüber nicht, legt dies nahe, dass die elektronische Form in diesem Fall für die Bestellung des Vertreters gerade **nicht ausreicht** (iErg ebenso Hornung in NK-DatenschutzR DS-GVO Art. 27 Rn. 10; Ingold in HK-DS-GVO Art. 27 Rn. 9). Dafür streitet auch der normative **Abgleich mit Art. 12 Abs. 1 S. 2:** Dort stellt der Normgeber (im Vergleich zu den anderen Normzuschnitten insgesamt unsystematisch) die schriftliche und die elektronische Form als einander nicht inkludierende Formtypen ggü. („schriftlich oder in anderer Form, gegebenenfalls auch elektronisch").

19   Da die interpretatorische Gemengelage auf eine unsaubere redaktionelle Arbeit des Normgebers hindeutet, ist der **Rationalität** des Schriftformerfordernisses umso größere Bedeutung für das Normverständnis beizumessen: Ebenso wie Art. 28 Abs. 9 und Art. 30 Abs. 3 zielt Art. 27 Abs. 1 sowohl auf eine **Beweis-** als auch eine **Authentizitätssicherung.** Die Schriftform soll in einer dem Beweis zugänglichen, dauerhaft verfügbaren Form für den Rechtsverkehr dokumentieren, wen der Pflichtige zum Vertreter bestellt hat. Sie soll auch sicherstellen, dass die Erklärung tatsächlich von demjenigen stammt, der als Urheber des Dokuments genannt ist (zust. Lang in Taeger/Gabel DS-GVO Art. 27 Rn. 48).

20   Dieser Anforderung genügt die einfache E-Mail typischerweise nicht – auch nicht die schlichte Nennung einer Person auf einer Homepage. Allenfalls eine Nachricht mit **qualifizierter elektronischer Signatur** oder eine **De-Mail** genügt (bei weitem Normverständnis) den Anforderungen des Art. 27 Abs. 1 (vgl. auch Art. 25 Abs. 2 eIDAS-VO; Hornung in NK-DatenschutzR DS-GVO Art. 27 Rn. 10; aA Piltz in Gola DS-GVO Art. 27 Rn. 15 f., der eine Authentifizierungsfunktion nicht anerkennt, sondern die Erkennbarkeit für Dritte ausreichen lässt; iErg ebenso Tinnefeld/Hanßen in Wybitul DS-GVO Art. 27 Rn. 13 f.; Franck RDV 2018, 303 (306); noch weiter gehend Kremer in SJTK DS-GVO Art. 27 Rn. 35, der „jedwede Verkörperung eines Erklärungsinhalts" genügen lässt). Schon zu **Beweiszwecken** ist jedoch die Schriftform iSd BGB als Modus der Wahl jedenfalls empfehlenswert (vgl. Hartung in Kühling/Buchner DS-GVO Art. 27 Rn. 13).

21 **b) Ausgestaltung der Bestellung; automatische Mitteilungspflicht?** Die DS-GVO äußert sich nicht klar zu der Frage, ob die Benennung **selbst-**

ständige Meldepflichten (nicht nur ggü. Betroffenen, sondern auch) ggü. der ASB auslöst.

Die ASB kann jedenfalls eine **Mitteilung** darüber **fordern,** wer der Ver- 22
treter in der Union ist. Das ergibt sich aus **Art. 58 Abs. 1 lit. a.** Zu den „Informationen (…), die für die Erfüllung" der Aufgaben der ASB erforderlich sind, gehört nämlich auch eine Auskunft darüber, wer als Vertreter benannt ist.

Eine Pflicht, die ASB **proaktiv** über die Bestellung eines Vertreters sowie 23
jede spätere Änd. zu informieren, lässt sich allenfalls mittelbar aus der **Pflicht zur Zusammenarbeit** des Art. 31 (vgl. auch ErwGr 80 S. 5) ableiten. Ohne die Information der ASB darüber, dass der Verantwortliche bzw. Auftragsverarbeiter einen Vertreter bestellt hat, lässt sich ihre Kontrolle einerseits schwerlich ausüben. Die Pflicht zur Zusammenarbeit des Art. 31 besteht aber andererseits nur „auf Anfrage". Eine allg., ggf. mit Zwangsmaßnahmen durchsetzbare Meldepflicht ggü. der ASB hätte einer ausdr. Normierung bedurft.

Eine solche Meldepflicht lässt sich auch **nicht** durch mitgliedstaatliches 24
Recht auf der Grundlage der **Öffnungsklausel des Art. 58 Abs. 6** konstituieren. Diese gestattet den Mitgliedstaaten zwar, die aufsichtsbehördlichen Befugnisse über Art. 58 Abs. 1, 2 und 3 hinaus auszudehnen – nicht aber, die materiellrechtliche Pflichtenstellung des Verantwortlichen aus Art. 27 allg. auszuweiten. Denn in der Sache macht eine allg. Meldepflicht nicht von einer – im Einzelfall wahrzunehmenden – Befugnis der ASB Gebrauch, sondern verändert unmittelbar den Normgehalt des Art. 27: Sie liest dort eine Öffnungsklausel hinein, welche die Vorschrift nicht angelegt hat. Es bleibt daher bei dem – rechtspolitisch unbefriedigenden – Befund, dass die DS-GVO **keine selbstauslösende Meldepflicht** des Verantwortlichen bzw. Auftragsverarbeiters über die Bestellung des Vertreters kennt (so auch Hartung in Kühling/Buchner DS-GVO Art. 27 Rn. 13; Franck RDV 2018, 303 (307)).

Art. 27 Abs. 4 fordert, dass der jeweils Verantwortliche bzw. Auftragsver- 24a
arbeiter den Vertreter **„beauftragt".** Dafür muss er diesem **Vollmachten zur Erklärungs- und Empfangsvertretung** erteilen. Nach dem Willen des Unionsgesetzgebers soll der Vertreter nämlich „im Namen des Verantwortlichen oder des Auftragsverarbeiters tätig werden" (ErwGr 80 S. 2) und auch – je nach Mandatierung – an der Stelle des Vertretenen als Anlaufstelle dienen (Abs. 4; ebenso Bertermann in Ehmann/Selmayr DS-GVO Art. 27 Rn. 10; Hartung in Kühling/Buchner DS-GVO Art. 27 Rn. 14; Hornung in NK-DatenschutzR DS-GVO Art. 27 Rn. 24; Ingold in HK-DS-GVO Art. 27 Rn. 11; Plath in Plath DS-GVO Art. 27 Rn. 2; gegen eine Stellvertretung Lantwin ZD 2019, 14 (16); ablehnend auch Lang in Taeger/Gabel DS-GVO Art. 27 Rn. 42; für eine Stellung zwischen Bote und Stellvertreter: Piltz in Gola DS-GVO Art. 27 Rn. 6, 32 ff.). Der Verantwortliche bzw. Auftragsverarbeiter kann den **Umfang der Vertretungsbefugnis** beschränken. Der Vertreter ist an die Vorgaben des Mandats gebunden (ErwGr 80 S. 5).

Die Mandatierung bedarf einer **Vereinbarung im Innenverhältnis.** Auch 24b
hierfür sieht ErwGr 80 S. 3 die **Schriftform** vor („und schriftlich beauftragen"); im verfügenden Teil der DS-GVO selbst fehlt jedoch eine solche explizite Anordnung. Auch die Legaldefinition des Art. 4 Nr. 17, die von

(schriftlich gem. Art. 27) „bestellt" bzw. „designated in writing" spricht, verfügt die Schriftform nur für den **Akt der Benennung** selbst. IErg streitet die Trennung zwischen „benennen/bestellen/designate" einerseits und „beauftragen/mandate" andererseits dafür, dass das Formerfordernis nur für die Benennung gilt, die genauere vertragliche Ausgestaltung aber nicht der Schriftform unterliegt. Der Akt des „Benennens" (engl. „to designate") in Abs. 1 unterfällt also der Schriftform, **nicht** jedoch derjenige des **„Beauftragens"** (engl. „to mandate") in Abs. 4 (ebenso Kremer in SJTK DS-GVO Art. 27 Rn. 28). Beide „Akte" können jedoch gemeinsam vorgenommen werden, müssen dann aber der strengeren Form genügen (Lang in Taeger/Gabel DS-GVO Art. 27 Rn. 51).

3. Auswahl des Vertreters

25   Wer als Vertreter **persönlich und fachlich geeignet** ist, lässt die DS-GVO weitgehend offen. Nach der Sachlogik der Vorschr. kann Vertreter jeder sein, der die ihm zugewiesenen Aufgaben zu erfüllen in der Lage ist (zust. Lang in Taeger/Gabel DS-GVO Art. 27 Rn. 36; Hornung in NK-DatenschutzR DS-GVO Art. 27 Rn. 12; aA wohl Kremer in SJTK DS-GVO Art. 27 Rn. 14 und Ingold in HK-DS-GVO Art. 27 Rn. 7, die keine ergänzenden Anforderungen stellen). Das kann sowohl eine **natürliche Person** als auch eine **jur. Person** – und damit auch ein Unternehmen oder ein Verein (ebenso Piltz in Gola DS-GVO Art. 27 Rn. 6) – sein. Dies stellt die **Legaldefinition des Art. 4 Nr. 17** ausdr. klar. Als Vertreter kommt bspw. eine Rechtsanwaltskanzlei in Betracht, die damit betraut ist, die Interessen des Verantwortlichen oder Auftragsverarbeiters zu vertreten (für den Zustellungsbevollmächtigten iSd § 5 NetzDG etwa Liesching in Spindler/Schmitz NetzDG § 5 Rn. 3). Eine spezifische, durch eigene Ausbildung nachgewiesene Qualifikation setzt die DS-GVO aber nicht voraus. Entscheidend ist, dass die Person hinreichend **vertrauenswürdig** und nach ihren **persönlichen Fähigkeiten** sowie ihrer **organisatorischen Ausstattung** in der Lage ist, ihre Pflichten als Vertreter sachgerecht wahrzunehmen, insbes. die Anträge Betroffener rechtmäßig zu bearbeiten. Ein **Datenschutzbeauftragter** kommt indes nicht als Vertreter in Frage. Denn er muss kraft Gesetzes von Weisungen bei der Ausübung seiner Aufgaben frei sein (Art. 38 Abs. 3), während der Vertreter grundsätzlich Weisungen des Verantwortlichen oder Auftragsverarbeiters befolgen muss (EDSA Guidelines 3/2018, S. 24).

26   Weder Art. 4 Nr. 17 noch Art. 27 verhalten sich klar zu der Frage, ob der Verantwortliche bzw. Auftragsverarbeiter auch eine **Person** als Vertreter bestellen darf, **die dem eigenen Konzern bzw. Unternehmen angehört.** Da das Institut der Vertretung auf eine unternehmensnahe, bruchfrei operierende Serviceeinheit vor Ort zielt, steht dem grds. nichts im Wege (zust. Thomale in Auernhammer DS-GVO Art. 27 Rn. 10; Ingold in HK-DS-GVO Art. 27 Rn. 7; ebenso auch Koós/Englisch ZD 2014, 276 (279), die angesichts der Reduzierung des Aufgabenspektrums ggü. dem DS-GVO-E (KOM) bereits einen konzernangehörigen Angestellten als Vertretung ausreichen lassen). Zugleich muss der Vertreter **in einem der Mitgliedstaaten der Union niedergelassen** sein, um die Vertreterfunktion rechtmäßig wahrnehmen zu können (Abs. 3; → Rn. 47 ff.). Das scheint auf den ersten Blick auszuschließen, dass Unternehmensmitarbeiter, deren Handeln dem Unternehmen selbst zuzurechnen ist, als Vertreter fungieren. Denn dann kann die Vertretung durch Unternehmensangehörige als eigene Niederlassung des Vertretenen in der Union einzustufen sein. Diese lässt dann die Tatbestandsvoraussetzungen des Art. 3 Abs. 2 und Art. 27 Abs. 1 entfallen: Der Vertretene unterliegt in diesem Fall bereits kraft Art. 3 Abs. 1 unmittelbar dem Anwendungsbereich der VO und benötigt keinen Vertreter. Allerdings ist eine Niederlassung des Vertreters **nicht zwingend** mit einer solchen des Vertretenen im Rahmen seiner Verarbeitungstätigkeit **gleichzusetzen:** Die Niederlassung des Vertreters begründet nicht zugleich stets eine eigene Niederlassung des Vertretenen in der Union (Hornung in NK-DatenschutzR DS-GVO Art. 3 Rn. 23; aA Lang in Taeger/Gabel DS-GVO Art. 27 Rn. 57). Das Anforderungsniveau des Art. 27 Abs. 3 und des Art. 3 Abs. 1 an eine Niederlassung ist angesichts der **unterschiedlichen Funktion** und des unterschiedlichen Referenzpunktes nicht notwendigerweise identisch (aA Lang in Taeger/Gabel DS-GVO Art. 27 Rn. 56; Piltz in Gola DS-GVO Art. 27 Rn. 19). Die Niederlassung iRd Verarbeitungstätigkeit setzt vielmehr die effektive und tatsächliche **Ausübung einer Verarbeitungstätigkeit** durch eine feste Einrichtung voraus (ErwGr 22 S. 2; vgl. auch ErwGr 124). Erforderlich ist also ein hinreichender Bezug zur Datenverarbeitung („soweit diese im Rahmen der Tätigkeiten [...] erfolgt"): Ein unmittelbarer Zusammenhang zwischen der Verarbeitung und der Tätigkeit der Niederlassung ist konstitutiv (vgl. Klar in Kühling/Buchner DS-GVO Art. 3 Rn. 54 f.). Aus der bloßen Benennung eines Vertreters und der Präsenz eigener Unternehmensvertreter in der Union erwächst mithin nicht ohne Weiteres eine Niederlassung iSd Art. 3 Abs. 1 (vgl. auch EDSA Guidelines 3/2018, S. 23; aA wohl Franck RDV 2018, 303 (307)).

Die DS-GVO schließt zugleich nicht aus, einen Vertreter für **mehrere** **27** **Mitgliedstaaten** zu benennen (→ Rn. 47; Franck RDV 2018, 303 (307)). Das folgt im **Umkehrschluss aus Abs. 3:** Er lässt auch eine Niederlassung „in einem der Mitgliedstaaten" ausreichen. Das relativiert die normative Effektivitätserwartung ein Stück weit. Denn Sprachhindernisse und territoriale Hürden bleiben dann bestehen. **Mehrere verantwortliche Stellen** dürfen auch dieselbe Person als Vertreter benennen (EDSA Guidelines 3/2018, S. 24; Thomale in Auernhammer DS-GVO Art. 27 Rn. 9), solange sich daraus keine Interessenkollision ergibt, welche die Person für die Aufgabe disqualifiziert. Das war bereits für die Rechtslage unter Art. 4 Abs. 2 DSRL anerkannt (vgl. Dammann in Simitis BDSG aF § 1 Rn. 234). Umgekehrt schließt Art. 27 nicht explizit aus, **mehrere Vertreter** zu benennen, sofern diese Personenmehrheit keine „Zuständigkeitsverwirrungen" verursacht (Hornung in NK-DatenschutzR DS-GVO Art. 27 Rn. 9).

4. Beendigung der Vertreterstellung

27a Unter welchen Voraussetzungen die Vertreterstellung endet, beantwortet die VO nicht. Es gilt der allgemeine Grundsatz: Die **Beendigung** der Rechtsbeziehung folgt ihrer Begründung als **actus contrarius**. Dabei ist der Rechtsakt der Benennung (→ Rn. 16 ff.) von der rechtsgeschäftlichen Ausgestaltung des Mandats im Innenverhältnis zu unterscheiden (→ Rn. 24a f. und 49).

27b Das „**Mandat**" (ErwGr 80 S. 5), das im Innenverhältnis durch eine Vereinbarung entsteht (→ Rn. 49), können beide Seiten nach dem jeweiligen mitgliedstaatlichen Vertragsrecht aufheben oder ändern (Franck RDV 2018, 303 (308)).

27c Die **Benennung** bestimmt sich ausschließlich nach Unionsrecht. Der Vertretene kann sie jederzeit ohne Angabe von Gründen widerrufen. Hierfür genügt eine einseitige, empfangsbedürftige Willenserklärung ggü. dem Vertreter (Kremer in SJTK DS-GVO Art. 27 Rn. 36). Anders als der Datenschutzbeauftragte (Art. 38 Abs. 3 S. 2) genießt der Vertreter mithin keinen unionsrechtlichen Schutz vor Abberufung (→ Art. 38 Rn. 10). Dies ist angesichts seiner rechtlichen Stellung als „bloße" Anlaufstelle (→ Rn. 49 ff.) auch sachgerecht: Der Vertreter ist nicht in gleicher Weise schutzbedürftig wie der Datenschutzbeauftragte. Solange der Verantwortliche oder der Auftragsverarbeiter den Widerruf der Benennung nicht nach außen kommuniziert hat, muss er den **Rechtsschein der Benennung** aber gegen sich gelten lassen (ebenso Franck RDV 2018, 303 (308); aA wohl Schwartmann/Hermann in SJTK DS-GVO Art. 4 Rn. 287, die Rechtsscheintatbestände jdf. für die Bestellung eines Vertreters nicht ausreichen lassen wollen). Das entspricht einem allg. Rechtsgedanken. Die betroffene Person oder die ASB können sich mithin so lange mit Wirkung ggü. dem Vertretenen an den Vertreter wenden, wie der Verantwortliche oder Auftragsverarbeiter den Widerruf der Benennung nicht kundgetan hat. Der Ratio der Norm entspricht es, dass der betroffenen Person ein Versäumnis des Vertretenen nicht zum Nachteil gereichen soll. Sie muss sich jederzeit rechtswirksam an jemanden „in einem Mitgliedstaat" (→ Rn. 47) wenden können.

II. Ausnahmen von der Benennungspflicht (Abs. 2)

28 Nicht jeder Verantwortliche oder Auftragsverarbeiter, der Waren oder Dienstleistungen in der Union anbietet oder dort das Verhalten betroffener Personen beobachtet, muss einen Vertreter benennen. Zwei Gruppen Verantwortlicher bzw. Auftragsverarbeiter nimmt Art. 27 Abs. 2 von der Bestellungspflicht aus: diejenigen, deren Verarbeitungen „nicht zu einem Risiko für die Rechte und Freiheiten natürlicher Personen" führen (→ Rn. 29 ff.), sowie Behörden und öffentl. Stellen (Abs. 2 lit. b; → Rn. 44 ff.). Dabei legt Art. 27 Abs. 2 an die Ausnahmen insgesamt relativ hohe Hürden an, sodass die Ausnahmen von der Bestellungspflicht in der Praxis nur selten greifen (so Thomale in Auernhammer DS-GVO Art. 27 Rn. 1; Nink in Spindler/Schuster DS-GVO Art. 27 Rn. 7).

1. Fehlendes Risiko für die Rechte und Freiheiten natürlicher Personen (lit. a)

Wenn Verarbeitungsvorgänge **keine nachhaltigen Risiken** für die Rechte 29 und Freiheiten natürlicher Personen auslösen, besteht nach der Wertung des Unionsgesetzgebers kein legitimer Grund, Verantwortlichen oder Auftragsverarbeitern die Pflicht aufzuerlegen, einen Vertreter zu benennen.

Eine **sachlich verwandte Regelung** hält die VO in **Art. 30 Abs. 5** vor: 30 Sie befreit Unternehmen und Einrichtungen, die weniger als 250 Mitarbeiter beschäftigen, unter bestimmten Voraussetzungen von der Pflicht, ein **Verarbeitungsverzeichnis** zu führen. Die KOM wollte eine Befreiung von der Pflicht, einen Vertreter zu bestellen, an die gleiche Schwelle anknüpfen (Art. 27 Abs. 2 lit. a DS-GVO-E(KOM)). Von dieser Festlegung auf einen absoluten numerischen Wert ist die Endfassung jedoch abgerückt. Daraus ergibt sich – auch im systematischen Vergleich zu Art. 30 Abs. 5: Auf die **Größe des Unternehmens** kommt es im Falle des Art. 27 nicht an. Entscheidend ist vielmehr das **materielle Gefährdungsrisiko** für die „Rechte und Freiheiten natürlicher Personen".

Art. 27 Abs. 2 lit. a knüpft nicht an bestimmte Gruppen von Verantwort- 31 lichen oder Auftragsverarbeitern an, sondern an **konkrete Verarbeitungsvorgänge** („eine Verarbeitung, die …"). Unter den Verarbeitungsvorgängen, welche ein Verantwortlicher oder Auftragsverarbeiter vornehmen, kann es daher einige geben, welche die Pflicht zur Bestellung auslösen, und andere, bei denen das nicht der Fall ist (zust. Hartung in Kühling/Buchner DS-GVO Art. 27 Rn. 6). Nach dem **Sinn und Zweck** der Vorschr. bedeutet dies aber nicht, dass es einem Betroffenen für bestimmte (namentlich risikoarme) Verarbeitungsvorgänge verwehrt ist, sich an den Vertreter iSd Art. 27 zu wenden, um seine Rechte zu wahren, obwohl der Verantwortliche (wegen anderer [risikobehafteter] Verarbeitungsvorgänge) grds. verpflichtet ist, einen Vertreter in der Union zu bestellen, und einen solchen in der Union auch vorhält. Wenn ein Vertreter bestellt ist, dürfen sich Betroffene vielmehr **für alle Verarbeitungsvorgänge** an ihn wenden. Sie dürfen namentlich nicht im Unklaren darüber bleiben, ob sie mit einem konkreten Anliegen legitimerweise an einen Vertreter herantreten können oder nicht. Dem Schutz der Betroffenenrechte, auf den Art. 27 zielt, erwiese das anderenfalls einen Bärendienst. Von der Pflicht des Art. 27 Abs. 1 sind Vertretene also nur befreit, wenn sie **ausschl.** Verarbeitungen iSd Art. 27 Abs. 2 lit. a vornehmen (oder Behörden bzw. öffentl. Stellen sind; → Rn. 44 ff.).

Abs. 2 lit. a weist eine komplexe, sprachlich nicht ganz glücklich gewählte 32 **Satzstruktur** auf, die unterschiedlichen Interpretationen Raum lässt. Insbes. lässt die Verknüpfung der Aufzählungskette sowohl mit der Konjunktion „oder" als auch „und" den Normadressaten auf den ersten Blick ratlos zurück. Bei näherer Betrachtung zeigt sich aber, dass die Norm in der Sache einer üblichen Technik der Gesetzgebungskunst folgen möchte: Sie schichtet Wertungskategorien voneinander ab, die einen komplexen Abwägungsprozess normativer Rasterung leiten sollen. Ihre Rechtsfolge knüpft die Norm an insgesamt drei Tatbestandsmerkmale an, die **kumulativ** gegeben sein müssen (zust. Hartung in Kühling/Buchner DS-GVO Art. 27 Rn. 7; Thomale in Auernhammer DS-GVO Art. 27 Rn. 5 ff.; Plath in Plath DS-GVO Art. 27 Rn. 4; Ingold in HK-DS-GVO Art. 27 Rn. 6; Tinnefeld/Hanßen in Wybitul DS-GVO Art. 27 Rn. 16 f.; Kremer in SJTK DS-GVO Art. 27 Rn. 39 f.; Hornung in NK-DatenschutzR DS-GVO Art. 27 Rn. 14; Bertermann in Ehmann/Selmayr DS-GVO Art. 27 Rn. 5; Franck RDV 2018, 303 (306); aA Piltz in Gola DS-GVO Art. 27 Rn. 23 „drei alternative Varianten").

33   Das erste Merkmal ist ein **Positivmerkmal** („Verarbeitung, die gelegentlich erfolgt"; → Rn. 34 ff.), das zweite Merkmal ein **Negativmerkmal,** das die Privilegierung ausschließt, wenn eine seiner beiden Varianten vorliegt („nicht die umfangreiche Verarbeitung besonderer Datenkategorien im Sinne des Artikels 9 Absatz 1 oder die umfangreiche Verarbeitung von personenbezogenen Daten über strafrechtliche Verurteilungen und Straftaten im Sinne des Artikels 10 einschließt", → Rn. 37 ff.). Das dritte **Generalklausel-Merkmal** („und unter Berücksichtigung (…) nicht zu einem Risiko für die Rechte und Freiheiten natürlicher Personen führt") verlangt eine **gesamtwürdigende Abwägung** des Risikos, das sich mit dem Verarbeitungsprozess verbindet. Die englische Sprachfassung (insbes. die dort verwendete Zeichensetzung) macht – ebenso wie eine Analyse der Normrationalität – deutlich, dass dieses Stufenverständnis als kumulative Merkmale dem Normgehalt am ehesten entspricht. Das Telos der Vorschr. und der Vergleich mit der Formulierung des Art. 30 Abs. 5 (→ Art. 30 Rn. 30 f.) bestätigen dieses Erg.: Ließe man es genügen, dass die Tatbestandsmerkmale alternativ vorliegen (so etwa Piltz in Gola DS-GVO Art. 27 Rn. 23), so könnte die Rechtspraxis über das Merkmal der Gelegentlichkeit die (mitunter viel sensibleren) anderen Ausschlusskriterien aushebeln.

34   **a) Positivmerkmal (gelegentliche Verarbeitung).** Denjenigen, der nur gelegentlich personenbezogene Daten iSd Art. 3 Abs. 2 verarbeitet, dazu zu verpflichten, einen Vertreter zu bestellen, hält der Normgeber im Grundsatz für unangemessen. Was „gelegentlich" im Detail meint, lässt er aber – ebenso wie in Art. 30 Abs. 5, wo er ebenfalls an dieses Begriffsmerkmal anknüpft (→ Art. 30 Rn. 34) – offen.

35   Die Schwelle zur gelegentlichen Verarbeitung haben die Arbeitsfassungen des Gesetzgebungsverfahrens unterschiedlich zu quantifizieren versucht – sei es via Mitarbeiterzahl, sei es über die Menge der absoluten Bearbeitungsvorgänge (→ Rn. 8 ff.). Übrig geblieben ist nur noch die Wendung „gelegentliche" Verarbeitung. Der Normgeber trägt damit der Erkenntnis Rechnung, dass ein Rekurs auf fixe Zahlen zwar zur Rechtssicherheit beiträgt, der normativen Zielrichtung aber nur bedingt gerecht wird. Die DS-GVO setzt in der Folge auf **qualitative Eingrenzungsmaßstäbe,** die den Gefährdungsgrad für das Recht auf Schutz personenbezogener Daten zu erfassen versuchen.

36   **„Gelegentlich"** („occasional") setzt begrifflich zum einen voraus, dass es sich – im Vergleich zum Geschäftsfeld des Verarbeiters – um eine **erkennbar untergeordnete, dh in ihrer Frequenz bisweilen bzw. vereinzelt erfolgende Tätigkeit** handelt (zust. Bertermann in Ehmann/Selmayr DS-GVO

Art. 27 Rn. 6 – „nicht zum Kernbereich der Tätigkeit"; Thomale in Auern-hammer DS-GVO Art. 27 Rn. 7; Hartung in Kühling/Buchner DS-GVO Art. 27 Rn. 8 f.). Das alleine reicht aber nicht aus. Die Union nimmt mit diesem Schutztatbestand nämlich nicht allein die Perspektive des Verarbeiters in den Blick, sondern vorrangig die **Zahl der** in der Union in ihren Rechten und Freiheiten **Betroffenen.** Es kommt also darauf an, wie sensibel die Ver-arbeitungsvorgänge sind, die sich auf in der Union befindliche Personen auswirken. Richtet sich das Angebot des Verarbeiters nur **zeitweise und vorübergehend** auf Personen in der Union, ist es nach der Wertung des Unionsgesetzgebers nicht erforderlich, einen Vertreter zu benennen (s. auch Piltz in Gola DS-GVO Art. 27 Rn. 24: „nicht planmäßig andauernd"; Tin-nefeld/Hanßen in Wybitul DS-GVO Art. 27 Rn. 18 sprechen von „inten-diert wiederkehrend"; ähnlich Ingold in HK-DS-GVO Art. 27 Rn. 6: „we-der planvoll noch regelmäßig wiederkehrend"; Kremer in SJTK DS-GVO Art. 27 Rn. 43: „nur einen vorübergehenden, ggf. aber unregelmäßig wie-derkehrenden Charakter"). Ist die Geschäftstätigkeit demgegenüber so struk-turiert, dass **regelmäßig und typischerweise** – als Folge eines Angebots an diese Personen – solche Verarbeitungsvorgänge erfolgen, die ein datenschutz-rechtliches Kontrollbedürfnis auslösen können, ist es nicht gerechtfertigt, eine Ausnahme von der Verpflichtung zuzulassen, einen Vertreter zu benennen.

b) Negativmerkmal(e). Auch wenn der Verantwortliche oder Auftragsver- **37** arbeiter iSd Art. 3 Abs. 2 aus dem EU-Ausland heraus nur gelegentliche Verarbeitungen vornimmt, befreit ihn die Union dann nicht von der Pflicht, einen Vertreter zu bestellen, wenn er umfangr. Verarbeitungen **bes. Daten-kategorien iSd Art. 9 Abs. 1** (aa; → Rn. 38 ff.) oder **personenbezogener Daten über strafrechtliche Verurteilungen und Straftaten iSd Art. 10** (bb; → Rn. 41) durchführt. Angesichts der Sensibilität der verarbeiteten Da-ten erachtet die DS-GVO einen in der Union niedergelassenen Ansprech-partner in diesem Fall regelmäßig für unverzichtbar – gleich, ob die Voraus-setzungen der einen oder anderen **Tatbestandsvariante** vorliegen.

aa) „Umfangreiche Verarbeitung besonderer Datenkategorien im **38** **Sinne des Art. 9 Abs. 1".** Zu den bes. Datenkategorien iSd Art. 9 Abs. 1, welche die Privilegierung entfallen lassen können, zählen die rassische oder ethnische Herkunft, die politische Meinung, religiöse oder weltanschauliche Überzeugungen, die Gewerkschaftszugehörigkeit, genetische Daten (Art. 4 Nr. 13), biometrische Daten, die eine natürliche Person eindeutig identifizie-ren (Art. 4 Nr. 14), Gesundheitsdaten (Art. 4 Nr. 15) sowie Daten zum Sexualleben oder der sexuellen Orientierung einer natürlichen Person (→ Art. 9 Rn. 10 ff.).

Es genügt aber nicht, dass ein Verantwortlicher oder Auftragsverarbeiter, **39** der nicht in der EU niedergelassen ist, solche Daten überhaupt verarbeitet. Er muss dies auch in **„umfangreicher" Form** tun. Diese Einschränkung kann sich prinzipiell auf die **Intensität** und die **Qualität der Verarbeitung** oder die **Zahl der betroffenen Daten** beziehen. Beide Betrachtungen schließen einander nicht zwingend aus (zust. auch Hartung in Kühling/Buchner DS-GVO Art. 27 Rn. 9). Da die DS-GVO primär auf den Privatsphärenschutz

des Individuums abzielt (vgl. insbes. Art. 1 Abs. 1 und 2), entspricht es ihrer Rationalität am ehesten, das Entscheidungsraster vorrangig auf die **Bearbeitungsintensität** sub specie des einzelnen Betroffenen auszurichten. Das ist nicht zuletzt in Abgrenzung zu dem Merkmal der Gelegentlichkeit sachgerecht. Beide (sich ohnedies überlappenden) Merkmale hätten sonst eine übergroße, den Sinn ihres Nebeneinanders infrage stellende Schnittmenge. Für die Deutung des Merkmals „umfangreich" ist also in erster Linie maßgeblich, in welcher **Detailtiefe** der Verarbeitungsprozess bes. personenbezogene Daten einzelner Personen analysiert (ähnlich Lang in Taeger/Gabel DS-GVO Art. 27 Rn. 29; ebenfalls auf den qualitativen Aspekt abstellend Schaffland/Holthaus in Schaffland/Holthaus DS-GVO Art. 27 Rn. 7; aA Kremer in SJTK DS-GVO Art. 27 Rn. 45, der dieses Merkmal „quantitativ" versteht; in diese Richtung auch Piltz in Gola DS-GVO Art. 27 Rn. 26).

40   Dem Telos der Vorschr. sowie ihrem natürlichen Wortsinn entspricht es aber zugleich, beim Umf. iSd lit. a auch die **Zahl betroffener Verarbeitungsvorgänge** in Rechnung zu stellen: Sie muss eine kritische Schwelle überschreiten. Es kommt folglich darauf an, ob die Verarbeitung, die sich auf Personen in der Union ausrichtet, − nicht allein bezogen auf die typische Verarbeitungstätigkeit des Verantwortlichen, sondern auch im Hinblick auf die Zahl der Personen, die von dem Verarbeitungsvorgang in der Union betroffen sind − eine **Größenordnung und Intensität** sensibler Bearbeitungsvorgänge erreicht, die ein Bedürfnis nach einer datenschutzrechtlichen Greifbarkeit des Verarbeiters vor Ort auslöst. Sie muss dafür eine kritische Schwelle von Verarbeitungsvorgängen überschreiten, welche einen in der Union niedergelassenen Vertreter angezeigt erscheinen lässt, um Betroffenen zu ermöglichen, ihre Rechte entspr. dem Marktortprinzip wirksam geltend zu machen.

40a   An den Topos „umfangreiche Verarbeitung besonderer Datenkategorien im Sinne des Art. 9 Abs. 1 bzw. Art. 10" knüpft die DS-GVO auch in **Art. 35 Abs. 3 lit. b** an. Dort dient er als Abgrenzungsmerkmal, um Pflichtfälle einer Datenschutz-Folgenabschätzung zu identifizieren. ErwGr 91 S. 4 hält auch einen konkreten Anwendungsfall dafür vor, wann nach der Wertung des Unionsgesetzgebers **keine umfangreiche Verarbeitung** vorliegt: wenn ein **Rechtsanwalt, Arzt** oder sonstige Angehörige eines Gesundheitsberufes personenbezogene Daten von Patienten oder Mandanten verarbeiten (→ Art. 35 Rn. 17, 30 und 35). Diese Privilegierung trägt dem Umstand Rechnung, dass diese Verantwortliche regelmäßig einem **Berufsgeheimnis** unterfallen, das die Vertraulichkeit des Verarbeitungsvorgangs sicherstellt. Diese implizite Vermutung greift allerdings bei Verantwortlichen, die ihren Sitz außerhalb der Europäischen Union haben, nicht mit hinreichender Sicherheit. Die Wertung des ErwGr 91 S. 4 lässt sich daher auf die Vertreterregelung nur bedingt übertragen.

41   **bb) „Umfangreiche Verarbeitung von personenbezogenen Daten über strafrechtliche Verurteilungen und Straftaten im Sinne des Artikels 10".** Neben Daten iSd Art. 9 Abs. 1 stuft der Normgeber auch Daten über strafrechtliche Verurteilungen und Straftaten iSd Art. 10 als **besonders**

sensibel ein. Ihre Verarbeitung kann namentlich die Resozialisierung von Straftätern und die dabei berührten Persönlichkeitsrechte nachhaltig beeinträchtigen. Einen Verantwortlichen oder Auftragsverarbeiter, der solche Daten in reicher Zahl und sensibler inhaltlicher Bearbeitungstiefe (→ Rn. 39 f.) verarbeitet, verpflichtet die Union daher aus gutem Grund, eine Anlaufstelle vorzuhalten, welche seine Präsenz in der Union gewährleistet.

c) Generalklausel – Risikoabwägung. Selbst wenn ein Verarbeiter aus **42** dem EU-Ausland nur gelegentlich Verarbeitungen mit EU-Bürger-Bezug vornimmt und keine Datenkategorien iSd Art. 9 Abs. 1 oder des Art. 10 umfangr. verarbeitet, ist er deshalb noch nicht automatisch von der Pflicht entbunden, einen Vertreter zu bestellen. Vielmehr ist zusätzlich eine Risikoabwägung vorzunehmen: Ein Vertreter ist nur dann entbehrlich, wenn die Verarbeitung „unter Berücksichtigung der Art, der Umstände, des Umfangs und der Zwecke der Verarbeitung voraussichtlich **nicht zu einem Risiko für die Rechte und Freiheiten** natürlicher Personen führt" (Hervorhebung d. Verf.).

Die Generalklausel ist Teil des **risikobasierten Ansatzes der DS-GVO** **43** (vgl. dazu Veil ZD 2015, 347). Sie greift auf die nahezu wortgleichen Berücksichtigungsfaktoren der Art. 24 Abs. 1 S. 1, Art. 25 Abs. 1, Art. 30 Abs. 5 Var. 1, Art. 32 Abs. 1, Art. 33 Abs. 1 S. 1 Hs. 2 und des Art. 35 Abs. 1 S. 1 zurück (→ Art. 24 Rn. 26 ff.). Der Topos **„nicht zu einem Risiko (…) führt"** meint – ebenso wie in Art. 33 Abs. 1 S. 1 Hs. 2 sowie in Art. 30 Abs. 5 Var. 1 (→ Art. 30 Rn. 32) – nicht ein (in der realen Welt nicht existentes) Null-Risiko, sondern ein **geringfügiges Risiko.** Maßgeblich ist das Verhältnis von Eintrittswahrscheinlichkeit und zu erwartender Schadenshöhe, das bei einer Abwägung aller relevanten Umstände eine Repräsentanz durch einen Vertreter in der Union nicht erforderlich macht (zust. Thomale in Auernhammer DS-GVO Art. 27 Rn. 6). Das Risiko muss nicht als solches sicher feststehen. Eine Prognose, welche die relevanten, künftigen Entscheidungsfaktoren würdigt, genügt („**voraussichtlich** nicht zu einem Risiko[…] führt" (Hervorhebung d. Verf.); „wahrscheinlich kein Risiko" (ErwGr 80 S. 1).

2. Behörden und öffentliche Stellen (lit. b)

Den Grundsatz „par inter parem non habet imperium", also die souveräne **44** Gleichheit der Staaten, vor Augen nimmt Art. 27 Abs. 2 lit. b auch **Behörden und öffentl. Stellen anderer Staaten** von der Pflicht aus, einen Vertreter zu bestellen. Für diesen Privilegierungstatbestand setzt die DS-GVO nicht auf der Ebene des Rechtsträgers, also etwa einer Gebietskörperschaft, an. Vielmehr liegt ihr – wie § 1 Abs. 4 VwVfG im dt. Verwaltungsrecht – ein **funktionales Begriffsverständnis** zugrunde: Entscheidend ist, dass die Einheit auf der Grundlage hinreichender Verselbstständigung **Aufgaben der öffentlichen Verwaltung im Außenverhältnis** zum Bürger wahrnimmt (ebenso Hartung in Kühling/Buchner DS-GVO Art. 27 Rn. 11; Hornung in NK-DatenschutzR DS-GVO Art. 27 Rn. 19). So versteht die DS-GVO den Begriff im Grundsatz auch in Art. 4 Nr. 7 (Petri in NK-DatenschutzR DS-

GVO Art. 4 Nr. 7 Rn. 19), Art. 6 Abs. 1 UAbs. 2 (Schantz in NK-Daten-schutzR DS-GVO Art. 6 Rn. 97), Art. 41 Abs. 6 (Bergt in Kühling/Buchner DS-GVO Art. 41 Rn. 18), Art. 46 Abs. 2 lit. a, Abs. 3 lit. b, Art. 49 Abs. 3 und Art. 79 Abs. 2 (→ Art. 79 Rn. 29b). Konkrete Anwendungsfälle sind bspw. Botschaften und sonstige diplomatische Vertretungen, aber auch Zoll- und Ermittlungsbehörden (Tinnefeld/Hanßen in Wybitul DS-GVO Art. 27 Rn. 24).

45   Der Topos der **„öffentlichen Stelle(n)"**, den lit. b neben denjenigen der Behörden stellt, löst sich von Verengungen des Behördenbegriffs. Er knüpft insbes. bewusst *nicht* (wie dieser) an außenwirksame Tätigkeiten an. Die Wendung „Stelle" verlangt lediglich (aber immerhin) ein **Mindestmaß organisatorischer Selbstständigkeit** der Einrichtung. Lit. b nimmt damit Rekurs auf denjenigen Ausdruck, den schon **Art. 28 Abs. 1 DSRL** verwendete, sowie die das dt. Datenschutzrecht durchziehende kategoriale Unterscheidung zwischen öffentlichen und nicht-öffentlichen Stellen. § 2 BDSG aF verstand unter „öffentliche Stelle" (vereinfacht ausgedrückt) jede Einrichtung in der (unmittelbaren oder mittelbaren) Trägerschaft des Mitgliedstaates, eines Gliedstaates, einer Gemeinde, eines Gemeindeverbandes oder sonstiger ihrer Aufsicht unterstehender Vereinigungen, welche – ungeachtet der Rechtsform – (direkt oder indirekt) Aufgaben der Allgemeinheit, etwa der Daseinsvorsorge, zu dienen bestimmt ist. Entspr. ihrer Rationalität grenzt die DS-GVO die Pflicht, einen Vertreter zu bestellen, danach ab, ob der Verantwortliche mit seinen Verarbeitungsprozessen **öffentl. Aufgaben** oder private Zwecke erfüllt. Deshalb stuft § 2 Abs. 4 S. 2 BDSG konsequenterweise auch Private als öffentliche Stellen ein, soweit sie im Einzelfall hoheitliche Aufgaben der öffentlichen Verwaltung wahrnehmen.

46   Wiewohl § 1 Abs. 4 VwVfG bzw. § 2 BDSG aF für die Begriffe „Behörde" und „öffentliche Stelle" Orientierungspunkte sachgerechter Konkretisierung liefern, handelt es sich bei beiden Topoi um **autonome unionsrechtliche Begriffe,** die sich von nationalen Kategorisierungen lösen. Entspr. seiner Rationalität, die originäre staatliche Ausübungsgewalt anderer Staaten zu schützen, ist Abs. 2 lit. b grds. eng zu verstehen. Es genügt nicht jegliche Erfüllung eines öffentl. Zwecks durch ausländische Stellen. Erforderlich ist vielmehr, dass eine Datenverarbeitung entweder **durch eine staatliche oder eine dem Staat zuzurechnende Einheit** erfolgt. Die Rechtsform ist hingegen unerheblich, solange die Stelle in mittelbarer oder unmittelbarer Trägerschaft des Staates steht und hoheitliche Aufgaben auf Grdl. einer formalen Aufgabenzuweisung wahrnimmt.

46a   Zum näheren Verständnis der Reichweite des Ausnahmetatbestandes in Art. 27 Abs. 2 lit. b trägt im Übrigen der **Vergleich mit dem Wortlaut des Art. 79 Abs. 2 S. 2 Hs. 2** bei: Dieser privilegiert Behörden beim Gerichtsstand nicht generell, sondern nur, wenn sie „in Ausübung ihrer hoheitlichen Befugnisse tätig geworden [sind]", also **Sonderrechte** in Anspruch genommen haben, die sie in ihrer Eigenschaft als Hoheitsträger berechtigen oder verpflichten (→ Art. 79 Rn. 30). Auch Art. 49 Abs. 3 grenzt seinen Anwendungsbereich ein, indem er auf den von den Behörden verfolgten Hoheitszweck bei Ausübung ihrer Tätigkeiten abstellt („Absätze [...] gelten nicht für

Tätigkeiten, die Behörden in Ausübung ihrer hoheitlichen Befugnisse durchführen"). Entsprechendes fehlt indes in Art. 27 Abs. 2 lit. b (ebenso in Art. 41 Abs. 6, Art. 46 Abs. 2 lit. a und Abs. 3 lit. b). Die unterschiedliche Fassung des Wortlauts legt offen, dass der Regelungsgehalt des Art. 27 jegliche behördliche Tätigkeit – **unabhängig von dem hoheitlichen Gehalt ihres Handelns** im konkreten Fall – erfasst.

III. Anforderungen an die Niederlassung des Vertreters (Abs. 3)

Die Rolle eines Vertreters kann nur erfüllen, wer in der Union **nieder-** 47 **gelassen** ist. Er muss jedoch **nicht in jedem Mitgliedstaat** der Union niedergelassen sein, in dem sich Personen befinden, die Zielobjekt von Verarbeitungen iSd Art. 3 Abs. 2 sind. Nach dem Willen des Unionsgesetzgebers genügt vielmehr grds., dass der Vertreter „in **einem** der Mitgliedstaaten niedergelassen" ist (Hervorhebung des Verf.). Die **Wahl des Ortes** der Niederlassung steht dem Verantwortlichen bzw. Auftragsverarbeiter zugleich aber nicht vollständig frei. Betreffen seine Verarbeitungen nur Personen in **einem Mitgliedstaat,** reduziert sich die Wahlfreiheit auf Null: Der Vertreter muss seine Niederlassung dann in diesem Mitgliedstaat einrichten. Das ergibt sich aus der Rationalität der Wendung „die betroffenen Personen (…) sich befinden." Richtet der Verantwortliche bzw. Auftragsverarbeiter seine angebotenen Waren oder Dienstleistungen bzw. seine Beobachtungsmaßnahmen auf Adressaten in **mehreren Mitgliedstaaten,** stehen ihm folglich auch nur die Mitgliedstaaten zur Auswahl, in denen sich die von der Verarbeitung betroffenen Personen „**befinden**" (ebenso Hartung in Kühling/Buchner DS-GVO Art. 27 Rn. 12; vgl. auch Piltz in Gola DS-GVO Art. 27 Rn. 17; Ingold in HK-DS-GVO Art. 27 Rn. 7; Plath in Plath DS-GVO Art. 27 Rn. 5; Thomale in Auernhammer DS-GVO Art. 27 Rn. 9; aA Tinnefeld/Hanßen in Wybitul DS-GVO Art. 27 Rn. 12, die unter Verweis auf den Wortlaut jeden Mitgliedstaat ausreichen lassen). „Befinden" knüpft nach dem Sinngehalt des Begriffs nicht vorrangig an den Wohnsitz der betroffenen Personen an, sondern an den Ort, an dem sie sich **aufhalten,** während die entscheidenden Daten erhoben werden. In der Sache wird dies im Falle des Art. 3 Abs. 2 lit. a der Ort des Angebots sein. Denn dort befindet sich regelmäßig auch die Person, an die sich das Angebot richtet.

Die Wendung „**niedergelassen**" lehnt sich an die Rpsr. des EuGH zur 48 Niederlassungsfreiheit aus **Art. 49 Abs. 1 S. 1 AEUV** an (vgl. zB EuGH BeckRS 2004, 77544 Rn. 8; NVwZ 2014, 857 (860); EuZW 2015, 912 (914) [zu Art. 4 Abs. 1 lit. a DSRL]). Sie deckt sich in der dt. und englischen Sprachfassung („established") jeweils mit der Terminologie des Art. 3 Abs. 1. Entspr. ist sie in beiden Fällen gleich auszulegen (ebenso Piltz in Gola DS-GVO Art. 27 Rn. 19; Kremer in SJTK DS-GVO Art. 27 Rn. 54; s. auch → Art. 3 Rn. 6 ff.; aA wohl Ingold in HK-DS-GVO Art. 27 Rn. 7, der (mit nahezu identischem Ergebnis) auf Art. 4 Nr. 5 RL 2006/123/EG rekurriert): Eine Niederlassung setzt „die effektive und tatsächliche Ausübung einer Tätigkeit durch eine feste Einrichtung" voraus. Eine Niederlassung ist daher durch eine **dauerhafte physische Präsenz** geprägt, von der aus auch **tat-**

sächlich Aktivitäten des Vertreters erfolgen; die Rechtsform der Einrichtung ist gleichgültig (**ErwGr 22 S. 3**). Briefkastenfirmen oder vergleichbare Konstrukte, die keine tatsächliche Geschäftstätigkeit vor Ort entfalten, scheiden also aus (zum identischen Wortlaut der DSRL Dammann/Simitis DSRL Art. 4 Rn. 3; ebenso Wieczorek DuD 2018, 644 (647); anders dagegen Piltz in Gola DS-GVO Art. 27 Rn. 20, der bspw. ein Postfach genügen lässt).

IV. Aufgaben des Vertreters (Abs. 4)

49 Der Vertreter dient den ASB und betroffenen Personen als **Anlaufstelle bei sämtlichen Fragen** im Zusammenhang mit der Verarbeitung, um dazu beizutragen, dass die DS-GVO rechtmäßig Anwendung findet. Mit diesem **Auftrag** muss der Verantwortliche bzw. Auftragsverarbeiter ihn ausstatten. Diese **rechtsgeschäftliche Beauftragung,** die das **Innenverhältnis** zwischen dem Auftraggeber und dem Vertreter regelt, ist von dem Rechtsakt der **Benennung** (→ Rn. 16 ff.) zu unterscheiden. Aus dt. vertragsrechtlicher Sicht wird idR ein Geschäftsbesorgungsvertrag vorliegen (Lang in Taeger/Gabel DS-GVO Art. 27 Rn. 53). Der Vertreter ist **an das Mandat** seines Auftraggebers **gebunden** (ErwGr 80 S. 5). Setzt er sich darüber hinweg, macht er sich im Innenverhältnis möglicherweise haftbar; der Auftraggeber muss sich das Handeln gleichwohl im Außenverhältnis zurechnen lassen.

49a Das Mandat muss insbes. die **gesetzlichen Pflichtaufgaben** enthalten und diese ggf. konkretisieren (vgl. zum Inhalt bspw. Lang in Taeger/Gabel DS-GVO Art. 27 Rn. 54). Der Verantwortliche bzw. Auftragsverarbeiter kann dem Vertreter auch weitere Aufgaben übertragen (→ Rn. 52a). Der gesetzliche Aufgabenkatalog lässt sich zwar grds. umgekehrt im Innenverhältnis beschränken. Im **Außenverhältnis** zeitigt dies jedoch **keine Rechtswirkung.** Nach der Ratio des Art. 27 DS-GVO dürfen rechtsgeschäftliche Vereinbarungen zwischen dem Verantwortlichen (bzw. dem Auftragsverarbeiter) und dem Unionsvertreter der betroffenen Person nämlich nicht zum Nachteil gereichen; der Vertreter muss überdies auch für die ASB bei „sämtlichen Fragen" greifbar sein.

50 Der Vertreter kann entweder ergänzend („zusätzlich") oder alleine („an seiner Stelle") als **Kontaktstelle** fungieren. Abs. 4 räumt dem Pflichtigen insoweit ein **Wahlrecht** ein (aA Plath in Plath DS-GVO Art. 27 Rn. 2). Die Einschränkung auf eine **alleinige Vertretung** anstelle des Verantwortlichen oder Auftragsverarbeiters wirkt aber grds. nur **im Auftragsverhältnis** zwischen Pflichtigem iSd Art. 27 Abs. 1 und Vertreter. **Ggü. Betroffenen** entfaltet die Wahl nur dann rechtliche Wirkung, wenn sie ihnen kommuniziert wurde oder positiv bekannt ist (zust. Hartung in Kühling/Buchner DS-GVO Art. 27 Rn. 15; aA Kremer in SJTK DS-GVO Art. 27 Rn. 62). Das erwähnt Abs. 4 nicht ausdr., ergibt sich aber aus der Schutzfunktion des Art. 27: Er will insbes. die Rechte, die dem Betroffenen ggü. dem Verantwortlichen zustehen (vgl. insbes. Art. 12 ff.), nicht einschränken, sondern absichern. Wenn also ein Verantwortlicher den Vertreter zur alleinigen Anlaufstelle erklärt, erstreckt sich diese Einschränkung nur auf die Kommunikations-, nicht auch auf die rechtliche Verpflichtungsebene (Abs. 5 → Rn. 53, 54a).

Die Beauftragung macht den Vertreter insbes. **nicht zu einem selbst-** **50a** **ständigen Haftungssubjekt** für Betroffene **bei Verstößen des Vertretenen** (ebenso Ingold in HK-DS-GVO Art. 27 Rn. 11; Bertermann in Ehmann/Selmayr DS-GVO Art. 27 Rn. 14; Hornung in NK-DatenschR DS-GVO Art. 27 Rn. 24; Piltz in Gola DS-GVO Art. 27 Rn. 9 f.; Thomale in Auernhammer DS-GVO Art. 27 Rn. 13; Kremer in SJTK DS-GVO Art. 27 Rn. 74; aA Hanloser in BeckOK DatenschutzR DS-GVO Art. 27 Rn. 10 ff.: „zusätzliches Verpflichtungs- und Vollstreckungssubjekt"; Tinnefeld/Hanßen in Wybitul DS-GVO Art. 27 Rn. 6). Der Vertreter tritt also nicht in die Pflichtenstellung des Verantwortlichen oder Auftragsverarbeiters ein (Lang in Taeger/Gabel DS-GVO Art. 27 Rn. 41). Er fungiert lediglich als **dauerhafter Stellvertreter** des Verantwortlichen bzw. Auftragsverarbeiters (→ Rn. 24a).

Das impliziert aber auch, dass **Zustellungen** an den Vertreter grds. wirk- **50b** sam möglich sind (diese Wertung war bereits unter Art. 4 Abs. 2 DSRL anerkannt, s. Dammann in Simitis BDSG aF § 1 Rn. 236). Der Bundesgesetzgeber fingiert („gilt") in **§ 44 Abs. 3 BDSG,** dass der nach Art. 27 Abs. 1 benannte Vertreter auch **Zustellungsbevollmächtigter** ist (dazu BT-Drs. 18/11325, 110; ferner → § 44 Rn. 7; → Art. 79 Rn. 11a ff.; Lantwin ZD 2019, 14 (16); Kreße in HK-BDSG § 44 Rn. 22 ff.; vgl. auch § 5 NetzDG, BT-Drs. 18/12356, 27 f. und BT-Drs. 18/13013, 13; s. ferner § 81b Abs. 3 SGB X für das sozialgerichtliche Verfahren). Die Vorschr. gilt nach dem insoweit eindeutigen Wortlaut jedoch **nur im Zivilprozess** („Zustellungen in zivilgerichtlichen Verfahren"); das schließt andere Verfahrensarten – etwa den Verwaltungsprozess – aus (ebenso Piltz in Gola DS-GVO Art. 27 Rn. 4; aA Bergt in Kühling Buchner § 44 BDSG Rn. 9; die Generalverweisung des § 173 S. 1 VwGO erfasst zwar die ZPO, nicht aber das BDSG). Obgleich die DS-GVO den Mitgliedstaaten nicht ausdrücklich via Öffnungsklausel eigene Regelungsmacht zugesteht, ist § 44 BDSG unionsrechtskonform (→ Rn. 57): Die Vorschr. betrifft nur die verfahrensrechtliche Dimension, ohne von dem unionsrechtlichen Gehalt des Art. 27 zu dispensieren: Es ist Sache der Mitgliedstaaten, ihr jeweiliges Prozessrecht insoweit anzupassen, als es der Durchführung der VO dient (**Verfahrensautonomie** (vgl. auch Art. 291 Abs. 1 AEUV sowie EuGH Urt. vom 14.12.1995, Rs C-312/93, ECLI:EU:C:1995:437 – Peterbroeck, Rn. 12); so auch Hornung in NK-DatenschutzR DS-GVO Art. 27 Rn. 28; aA Kremer in SJTK DS-GVO Art. 27 Rn. 71; tendenziell aA auch Piltz in Gola DS-GVO Art. 27 Rn. 4: „fraglich").

Die DS-GVO verpflichtet den Vertreter nicht ausdr. dazu, die jeweiligen **51** datenschutzrelevanten Fragen **bestmöglich,** insbes. **rechtmäßig, zu beantworten.** Diese Verpflichtung ergibt sich aber stillschweigend aus der **Rationalität einer Beauftragung.** Das schließt nicht unbedingt ein, alle Antworten und Aussagen in der jeweiligen **Landessprache** zur Vfg. zu stellen. Zwar besteht die Kernaufgabe des Vertreters gerade darin, die Kommunikation mit denjenigen, die die Bearbeitung betrifft, abzuwickeln; der **Mehrwert** eines „Ansprechpartners" innerhalb der Union reduziert sich insbes. mitunter auf Null, wenn er mit den Betroffenen nicht in der Landessprache zu kommunizieren in der Lage ist. Allerdings verpflichtet die Union Verantwortliche und Auftragsverarbeiter gerade nicht dazu, einen Vertreter für **jeden** Mitgliedstaat zu bestellen (Abs. 3, → Rn. 47 f.). Erst dann wäre es gerechtfertigt, die Kommunikation in der dem Betroffenen eigenen Landessprache als implizit vorausgesetzt anzusehen. **Rechtspolitisch** ist das zwar kritikwürdig. Denn wenn sich die Verarbeitung des Verantwortlichen an Personen in mehreren Mitgliedstaaten richtet, kann der Vertreter durch die Wahl der Niederlassung in einem EU-Land mit einer sonst kaum gesprochenen Amtssprache die wirksame Durchsetzung von Betroffenenrechten faktisch erschweren. Die grds. Wahlfreiheit des Verantwortlichen bzw. Auftragsverarbeiters entspricht aber der normativen Grundausrichtung der DS-GVO.

52   Aufgaben und Pflichten des Vertreters normieren neben Art. 27 Abs. 4 auch **andere Vorschr. der DS-GVO.** Insbes. verpflichtet **Art. 31** ihn explizit, **mit der ASB zusammenzuarbeiten** (→ Art. 31 Rn. 16). Sie kann den Vertreter auf der Grundlage des **Art. 58 Abs. 1 lit. a** überdies verpflichten, **Informationen bereitzustellen** (zum Verhältnis zwischen Art. 31 und der Befugnisnorm des Art. 58 Abs. 1 lit. a → Art. 31 Rn. 23, 24b). **Art. 30 Abs. 1** weist dem Vertreter ferner die Pflicht zu, ein **Verzeichnis für alle Verarbeitungstätigkeiten** zu führen, die seiner Zuständigkeit unterliegen (→ Art. 30 Rn. 5b). Unklar ist dabei, ob das Verzeichnis seine eigenen Verarbeitungstätigkeiten betrifft, oder (ggf. zusätzlich) die des Vertretenen. Richtigerweise wird man den Vertreter in den Fällen, in denen er **selbst personenbezogene Daten verarbeitet,** als Verantwortlichen (bzw. Auftragsverarbeiter) ansehen müssen, der in persona die Pflicht hat, ein Verarbeitungsverzeichnis zu führen (Lang in Taeger/Gabel DS-GVO Art. 27 Rn. 60). Daneben obliegt es ihm, das **Verarbeitungsverzeichnis des Verantwortlichen** (Art. 30 Abs. 1 S. 1) bzw. (als Vertreter eines Auftragsverarbeiters) das **Dienstleistungsverzeichnis** iSd Art. 30 Abs. 2 vorzuhalten (Thomale in Auernhammer DS-GVO Art. 27 Rn. 3). Die Ausnahme für KMU aus Art. 30 Abs. 5 ist folglich auf das jeweilige Verarbeitungsverhältnis **gesondert** anzuwenden. Es ist also denkbar, dass der Vertreter kraft Art. 30 Abs. 5 für sein eigenes Verarbeitungsverzeichnis befreit ist, nicht aber die Person, die er vertritt. Im Falle einer aufsichtsbehördlichen Anfrage ist das Verfahrensverzeichnis der Kontrollstelle **zur Verfügung zu stellen** (Art. 30 Abs. 4; → Art. 30 Rn. 25).

52a   Unbeschadet der gesetzlichen Aufgaben (→ Rn. 52), kann der Verantwortliche (oder der Auftragsverarbeiter) dem Vertreter auch **weitere Aufgaben** übertragen. Diese **„auftragsbezogenen Aufgaben"** beruhen dann auf einer vertraglichen Grundlage (Kremer in SJTK DS-GVO Art. 27 Rn. 71). Sie stehen **selbstständig neben den Aufgaben,** die Abs. 4 dem Vertreter kraft Gesetzes auferlegt. Ein Vertreter, der weitere Aufgaben übernimmt, kann dadurch zu einem Auftragsverarbeiter oder selbst zu einem Verantwortlichen mutieren (zur Abgrenzung, auch zur sog Funktionsübertragung → Art. 28 Rn. 2, 7). Die Stellung als Vertreter ist mit derjenigen eines Auftragsverarbeiters wegen möglicher Pflichten- und Interessenkollisionen grds. unvereinbar; sie schließen sich daher gegenseitig aus (EDSA, Guidelines 3/2018, 24 f.; dem folgend Kremer in SJTK DS-GVO Art. 27 Rn. 71; aA wohl Franck RDV 2018, 303 (307)).

V. Auswirkungen der Vertreterbestellung auf die Rechtsstellung des Verantwortlichen/Auftragsverarbeiters (Abs. 5)

Benennt der Verantwortliche oder Auftragsverarbeiter einen Vertreter, befreit **53** ihn das nicht von rechtlichen Schritten gegen ihn selbst – insbes. nicht von der Verantwortung, die ihm die DS-GVO auferlegt. Die Benennung wirkt sich vielmehr va auf die Art und Weise aus, wie die Ansprüche des Betroffenen (etwa Ansprüche aus den Art. 15–22) verfahrensrechtlich zu erfüllen sind: Der Vertreter wird zu einer Anlaufstelle für Betroffene, die zusätzlich zum Verantwortlichen bzw. Auftragsverarbeiter hinzutritt. Der Verantwortliche bzw. Auftragsverarbeiter bleibt aber **materiellrechtlich** weiterhin **verantwortlich**. Das betont Abs. 5 ausdr. (zust. zB Ingold in HK-DS-GVO Art. 27 Rn. 12; Plath in Plath DS-GVO Art. 27 Rn. 6).

Die Formulierung **„zusätzlich zu diesem oder an seiner Stelle"** des **54** **Abs. 4** steht zu der Aussage des Abs. 5 nur prima vista in einem Widerspruch. Denn sie bezieht sich nur auf die Andienung und Rolle als „Anlaufstelle", insbes. die Wahrnehmung der Betroffenenrechte, nicht aber auf das rechtliche Pflichtengefüge als solches. Selbst wenn der Verantwortliche oder Auftragsverarbeiter die Option einer ersetzenden Vertretungsregelung wählt, gilt dies also nur für die **Beantwortung und Abwicklung von Fragen, nicht** aber für die **Verantwortlichkeit** selbst. Diese bleibt in ihrem gesamten Pflichtengefüge erhalten. Das schließt es nicht aus, dass die ASB den Vertreter in Anspruch nehmen können. Dies bringt insbes. **ErwGr 80 S. 6** klar zum Ausdruck: Sie können gegen ihn selbstständig Durchsetzungsmaßnahmen verhängen (→ Rn. 55). Dies unterscheidet den Vertreter bspw. von einem Mitarbeiter oder Datenschutzbeauftragten des Verantwortlichen (Martini/Wagner/Wenzel VerwArch 109 (2018), 296 (307)). Unzulässig ist es insbes., den Vertreter nur für bestimmte Fragestellungen als ausschließliche „Anlaufstelle" zu benennen (Lang in Taeger/Gabel DS-GVO Art. 27 Rn. 63); die betroffene Person wäre dann einer undurchsichtigen Zuständigkeitsverteilung ausgesetzt.

Die eingeräumte Vertretungsmacht hat zur Folge, dass Erklärungen, wie **54a** etwa die Geltendmachung von Betroffenenrechten iSd Art. 12 ff., als Erklärungen ggü. dem Vertretenen gelten **(Empfangsvertretung)** und nicht erst mit Weitergabe an den Vertretenen Rechtswirkung erzeugen; die Rolle des Vertretenen erschöpft sich daher nicht in einer zivilrechtlichen Botenstellung, → Rn. 24a, 50. Ob die Formulierung des Abs. 4 auch eine **Prozessstandschaft** oder gar Passivlegitimation impliziert, lässt sich dem Wortlaut nicht eindeutig entnehmen (gegen eine Passivlegitimation Piltz in Gola DS-GVO Art. 27 Rn. 44; Hornung in NK-DatenschutzR DS-GVO Art. 27 Rn. 32; Lantwin ZD 2019, 14 (16); → Art. 79 Rn. 11c, 11f; für eine Passivlegitimation Tinnefeld/Hanßen in Wybitul DS-GVO Art. 27 Rn. 6). Abs. 4 und 5 machen deutlich: Der Vertreter rückt nicht vollständig in die Rechtsposition des Vertretenen ein (→ Rn. 6, 50). Er ist deshalb nicht umfassend materiell berechtigt und damit für Rechtsbehelfe **nicht passivlegitimiert.** Im Ergebnis betrifft die Formulierung „an seiner Stelle" nur das **Binnenverhältnis zwischen Vertretenem und Vertreter.**

55   Welche **Durchsetzungsmaßnahmen** die ASB gegen den Vertreter erlassen darf, konkretisiert Art. 58 Abs. 1 lit. a („und gegebenenfalls den Vertreter des Verantwortlichen oder des Auftragsverarbeiters"). Aus dem Zusammenspiel zwischen ErwGr 80 S. 6 und Art. 58 Abs. 1 lit. a ergibt sich jedoch, dass diese „Durchsetzungsmaßnahmen" sich darauf beschränken, der ASB alle erforderlichen „Informationen bereitzustellen" (Art. 58 Abs. 1 lit. a). Da die anderen Tatbestände des Art. 58 den Vertreter (anders als Abs. 1 lit. a) nicht nennen, drückt sich darin ein beredtes Schweigen des Gesetzgebers aus: **Untersuchungen** in Gestalt von Datenschutzüberprüfungen (Art. 58 Abs. 1 lit. b) oder **Verwarnungen** (Art. 58 Abs. 2 lit. b) gestattet die DS-GVO ggü. dem Vertreter **nicht** (zust. und mit Kritik am Widerspruch zwischen ErwGr und Normtext, Lantwin ZD 2019, 14 (16 f.); ebenso Piltz in Gola DS-GVO Art. 27 Rn. 7, 41 ff.; Hartung in Kühling/Buchner DS-GVO Art. 27 Rn. 15; Kremer in SJTK DS-GVO Art. 27 Rn. 75; aA Hanloser in BeckOK DatenschutzR DS-GVO Art. 27 Rn. 14; ähnlich Bertermann in Ehmann/Selmayr DS-GVO Art. 27 Rn. 12, der auch die übrigen Weisungs- und Abhilfebefugnisse der ASB ggü. dem Vertreter für zulässig erachtet). Die auf der Grdl. des Art. 58 Abs. 1 lit. a erlassenen Maßnahmen sind im Wege des **Verwaltungszwangs** nach den Regeln des nationalen Rechts durchsetzbar (→ Art. 31 Rn. 34c; Hornung in NK-DatenschutzR DS-GVO Art. 27 Rn. 37). Für sonstige aufsichtsbehördliche Maßnahmen ist der Vertreter empfangsberechtigt, verpflichtet ist allerdings der Vertretene (→ Rn. 24a, 54a). Die DS-GVO ermächtigt die ASB auch nicht, den Vertreter für Pflichtverstöße des Verantwortlichen oder des Auftragsverarbeiters durch **Sanktionen** zu belangen. Denn weder ermöglicht Art. 83 Abs. 4 lit. a eine Zurechnung zum Vertreter, die einen **Durchgriff** gestattet („Pflichten der Verantwortlichen und der Auftragsverarbeiter"), noch lässt sich eine Erweiterung auf Pflichten des Vertreters mit dem auch im Unionsrecht anerkannten **Analogieverbot** vereinbaren (Art. 49 Abs. 1 S. 1 GRCh; vgl. dazu bspw. EuGH Urt. v. 17.12.2015, ECLI:EU:C:2015:826 – Szemerey, Rn. 47 f.; Urt. v. 13.2.2019, ECLI:EU:C:2019:112 – Human Operator, Rn. 34 ff.; Hartung in Kühling/Buchner DS-GVO Art. 27 Rn. 18; zust. Lantwin ZD 2019, 14 (16 f.); Lang in Taeger/Gabel DS-GVO Art. 27 Rn. 68; Bertermann in Ehmann/Selmayr DS-GVO Art. 27 Rn. 14 „Strafe" im Sinne dieser Schutznorm sind insb. auch Bußgelder; vgl. EuG Urt. v. 8.10.2008, ECLI:EU:T:2008:415, – Schunk, Rn. 29).

C. Nationales Datenschutzrecht

56   Für das nationale Recht bringt Art. 27 substanzielle Veränderungen mit sich. **§ 1 Abs. 5 S. 3 BDSG aF** hatte zwar schon bisher in Umsetzung der unionsrechtlichen Vorgabe des Art. 4 Abs. 2 DSRL einen Inlandsvertreter vorgesehen: „Soweit die verantwortliche Stelle nach diesem Gesetz zu nennen ist",

etwa nach § 4d BDSG aF, verpflichtete die Vorschr. die nicht in der Union niedergelassenen verantwortlichen Stellen, die personenbezogene Daten im Inland erheben, verarbeiten oder nutzen, „Angaben über im Inland ansässige Vertreter" zu machen, um die Rechtsdurchsetzung zu erleichtern (vgl. Dammann in Simitis BDSG aF § 1 Rn. 231). Eine Pflicht, einen Vertreter zu bestellen, etablierte § 1 Abs. 5 S. 3 BDSG aF zwar nicht ausdr., implizierte sie aber (vgl. auch von Lewinski in Auernhammer BDSG aF § 1 Rn. 63 f.). Dass den ASB allerdings keine Möglichkeit offenstand, eine unterlassene Vertreterbestellung zu sanktionieren, schmälerte die „Bisskraft" der Vorschrift Bedeutung erheblich (vgl. Hartung in Kühling/Buchner DS-GVO Art. 27 Rn. 2).

Im Vergleich zur bisherigen Rechtslage erweitert Art. 27 die Pflicht, einen **57** Vertreter zu benennen, deutlich. Nunmehr fällt daher eine spürbar größere Zahl nicht in der Union ansässiger Datenverarbeiter in den Anwendungsbereich der Bestellungspflicht. Die Vorschr. unterfüttert ihre normative Durchschlagskraft zusätzlich durch die Möglichkeit, Verstöße gegen die Pflicht, einen Vertreter zu bestellen, mit drastischen **Bußgeldern** zu ahnden (Art. 83 Abs. 4 lit. a). An den faktischen Schwierigkeiten einer Rechtsdurchsetzung ggü. nicht kooperationswilligen Verantwortlichen oder Auftragsverarbeitern wird auch Art. 27 allerdings nur wenig ändern können. Denn ihrer werden die **ASB** via Zugriff auf den Vertreter ungeachtet ihrer erweiterten Befugnisse jedenfalls auf der **justiziellen Ebene** nur **schwer habhaft** werden: Sie dürfen den Vertreter als „Anlaufstelle" (Abs. 4) nur verpflichten, Informationen bereitzustellen (Art. 58 Abs. 1 lit. a). Art. 27 belässt den Mitgliedstaaten (anders als die zahlreichen Öffnungsklauseln der DS-GVO, zB Art. 6 Abs. 2, 3) keinen eigenen Regelungsspielraum (allg. dazu Kühlung/Martini ua DS-GVO und nationales Recht, 301). Das BDSG enthält sich daher – jenseits der verfahrensrechtlichen Regelung zur Zustellungsbevollmächtigung in § 44 Abs. 3 BDSG (→ Rn. 50b) – konsequenterweise eigener Regelungen zum Vertreter.

D. Ausblick

Art. 27 lässt die exakte Rolle des Vertreters in dem datenschutzrechtlichen **58** Beziehungsdreieck zwischen Verantwortlichem/Auftragsverarbeiter und Betroffenem in vielerlei Hinsicht offen. Der Gesetzgebungsprozess hat trotz vielfältiger Ansätze nur wenig Klarheit über **Funktion und Aufgabenradius** des Vertreters hervorgebracht. Der Unionsgesetzgeber sollte sich um Abhilfe bemühen, insbes. explizit eine Pflicht des Verantwortlichen und Auftragsverarbeiters verankern, (nicht nur dem Betroffenen (Art. 13 Abs. 1 lit. a und Art. 14 Abs. 1 lit. a), sondern auch) der ASB die Person des Vertreters **unaufgefordert zu benennen** und dem Vertreter aufzuerlegen, **Betroffenen in der Landessprache zu antworten.** Zudem sollte der Gesetzgeber das negative Tatbestandsmerkmal „gelegentlich" des **Abs. 2 lit. a konkretisieren** und klare Qualifikationsanforderungen an die Person des Vertreters aufstellen. Denn ob sich die Hoffnung, dass die jeweils Vertretenen durch die Präsenz des Vertreters besser „greifbar" sind (Hartung in Kühling/Buchner DS-GVO Art. 27 Rn. 1; Lang in Taeger/Gabel DS-GVO Art. 27 Rn. 2), in praxi bewahrheitet, wird sich letztlich danach bemessen, wie qualitativ gleichwertig Vertreter die Rolle des nicht vor Ort ansässigen Verantwortlichen bzw. Auftragsverarbeiters wahrnehmen und wie leicht sich die Inpflichtnahme des Vertreters realisieren lässt.

Art. 28 Auftragsverarbeiter

(1) Erfolgt eine Verarbeitung im Auftrag eines Verantwortlichen, so arbeitet dieser nur mit Auftragsverarbeitern, die hinreichend Garantien dafür bieten, dass geeignete technische und organisatorische Maßnahmen so durchgeführt werden, dass die Verarbeitung im Einklang mit den Anforderungen dieser Verordnung erfolgt und den Schutz der Rechte der betroffenen Person gewährleistet.

(2) [1] Der Auftragsverarbeiter nimmt keinen weiteren Auftragsverarbeiter ohne vorherige gesonderte oder allgemeine schriftliche Genehmigung des Verantwortlichen in Anspruch. [2] Im Fall einer allgemeinen schriftlichen Genehmigung informiert der Auftragsverarbeiter den Verantwortlichen immer über jede beabsichtigte Änderung in Bezug auf die Hinzuziehung oder die Ersetzung anderer Auftragsverarbeiter, wodurch der Verantwortliche die Möglichkeit erhält, gegen derartige Änderungen Einspruch zu erheben.

(3) [1] Die Verarbeitung durch einen Auftragsverarbeiter erfolgt auf der Grundlage eines Vertrags oder eines anderen Rechtsinstruments nach dem Unionsrecht oder dem Recht der Mitgliedstaaten, der bzw. das den Auftragsverarbeiter in Bezug auf den Verantwortlichen bindet und in dem Gegenstand und Dauer der Verarbeitung, Art und Zweck der Verarbeitung, die Art der personenbezogenen Daten, die Kategorien betroffener Personen und die Pflichten und Rechte des Verantwortlichen festgelegt sind. [2] Dieser Vertrag bzw. dieses andere Rechtsinstrument sieht insbesondere vor, dass der Auftragsverarbeiter
a) die personenbezogenen Daten nur auf dokumentierte Weisung des Verantwortlichen – auch in Bezug auf die Übermittlung personenbezogener Daten an ein Drittland oder eine internationale Organisation – verarbeitet, sofern er nicht durch das Recht der Union oder der Mitgliedstaaten, dem der Auftragsverarbeiter unterliegt, hierzu verpflichtet ist; in einem solchen Fall teilt der Auftragsverarbeiter dem Verantwortlichen diese rechtlichen Anforderungen vor der Verarbeitung mit, sofern das betreffende Recht eine solche Mitteilung nicht wegen eines wichtigen öffentlichen Interesses verbietet;
b) gewährleistet, dass sich die zur Verarbeitung der personenbezogenen Daten befugten Personen zur Vertraulichkeit verpflichtet haben oder einer angemessenen gesetzlichen Verschwiegenheitspflicht unterliegen;
c) alle gemäß Artikel 32 erforderlichen Maßnahmen ergreift;
d) die in den Absätzen 2 und 4 genannten Bedingungen für die Inanspruchnahme der Dienste eines weiteren Auftragsverarbeiters einhält;
e) angesichts der Art der Verarbeitung den Verantwortlichen nach Möglichkeit mit geeigneten technischen und organisatorischen Maßnahmen dabei unterstützt, seiner Pflicht zur Beantwortung von Anträgen auf Wahrnehmung der in Kapitel III genannten Rechte der betroffenen Person nachzukommen;

f) unter Berücksichtigung der Art der Verarbeitung und der ihm zur Verfügung stehenden Informationen den Verantwortlichen bei der Einhaltung der in den Artikeln 32 bis 36 genannten Pflichten unterstützt;

g) nach Abschluss der Erbringung der Verarbeitungsleistungen alle personenbezogenen Daten nach Wahl des Verantwortlichen entweder löscht oder zurückgibt und die vorhandenen Kopien löscht, sofern nicht nach dem Unionsrecht oder dem Recht der Mitgliedstaaten eine Verpflichtung zur Speicherung der personenbezogenen Daten besteht;

h) dem Verantwortlichen alle erforderlichen Informationen zum Nachweis der Einhaltung der in diesem Artikel niedergelegten Pflichten zur Verfügung stellt und Überprüfungen – einschließlich Inspektionen –, die vom Verantwortlichen oder einem anderen von diesem beauftragten Prüfer durchgeführt werden, ermöglicht und dazu beiträgt.

Mit Blick auf Unterabsatz 1 Buchstabe h informiert der Auftragsverarbeiter den Verantwortlichen unverzüglich, falls er der Auffassung ist, dass eine Weisung gegen diese Verordnung oder gegen andere Datenschutzbestimmungen der Union oder der Mitgliedstaaten verstößt.

(4) [1]Nimmt der Auftragsverarbeiter die Dienste eines weiteren Auftragsverarbeiters in Anspruch, um bestimmte Verarbeitungstätigkeiten im Namen des Verantwortlichen auszuführen, so werden diesem weiteren Auftragsverarbeiter im Wege eines Vertrags oder eines anderen Rechtsinstruments nach dem Unionsrecht oder dem Recht des betreffenden Mitgliedstaats dieselben Datenschutzpflichten auferlegt, die in dem Vertrag oder anderen Rechtsinstrument zwischen dem Verantwortlichen und dem Auftragsverarbeiter gemäß Absatz 3 festgelegt sind, wobei insbesondere hinreichende Garantien dafür geboten werden muss, dass die geeigneten technischen und organisatorischen Maßnahmen so durchgeführt werden, dass die Verarbeitung entsprechend den Anforderungen dieser Verordnung erfolgt. [2]Kommt der weitere Auftragsverarbeiter seinen Datenschutzpflichten nicht nach, so haftet der erste Auftragsverarbeiter gegenüber dem Verantwortlichen für die Einhaltung der Pflichten jenes anderen Auftragsverarbeiters.

(5) Die Einhaltung genehmigter Verhaltensregeln gemäß Artikel 40 oder eines genehmigten Zertifizierungsverfahrens gemäß Artikel 42 durch einen Auftragsverarbeiter kann als Faktor herangezogen werden, um hinreichende Garantien im Sinne der Absätze 1 und 4 des vorliegenden Artikels nachzuweisen.

(6) Unbeschadet eines individuellen Vertrags zwischen dem Verantwortlichen und dem Auftragsverarbeiter kann der Vertrag oder das andere Rechtsinstrument im Sinne der Absätze 3 und 4 des vorliegenden Artikels ganz oder teilweise auf den in den Absätzen 7 und 8 des vorliegenden Artikels genannten Standardvertragsklauseln beruhen, auch wenn diese Bestandteil einer dem Verantwortlichen oder dem Auftragsverarbeiter gemäß den Artikeln 42 und 43 erteilten Zertifizierung sind.

(7) Die Kommission kann im Einklang mit dem Prüfverfahren gemäß Artikel 93 Absatz 2 Standardvertragsklauseln zur Regelung der in den Absätzen 3 und 4 des vorliegenden Artikels genannten Fragen festlegen.

(8) Eine Aufsichtsbehörde kann im Einklang mit dem Kohärenzverfahren gemäß Artikel 63 Standardvertragsklauseln zur Regelung der in den Absätzen 3 und 4 des vorliegenden Artikels genannten Fragen festlegen.

(9) **Der Vertrag oder das andere Rechtsinstrument im Sinne der Absätze 3 und 4 ist schriftlich abzufassen, was auch in einem elektronischen Format erfolgen kann.**

(10) **Unbeschadet der Artikel 82, 83 und 84 gilt ein Auftragsverarbeiter, der unter Verstoß gegen diese Verordnung die Zwecke und Mittel der Verarbeitung bestimmt, in Bezug auf diese Verarbeitung als Verantwortlicher.**

BDSG und anderes nationales Recht: § 62, → BDSG (kommentiert unter → BDSG § 62 Rn. 1 ff.).

Literatur: *Art. 29-Datenschutzgruppe,* Stellungnahme 1/2010 zu den Begriffen „für die Verarbeitung Verantwortlicher" und „Auftragsverarbeiter", WP 169, 2010; *Bleckmann,* Anforderungen der DS-GVO an Labore, DuD 2019, 137; *Breyer,* Sale-and-lease-back von Datenträgern als Auftragsverarbeitung?, K&R 2019, 636; *Datenschutzkonferenz,* Kurzpapier Nr. 13 – Auftragsverarbeitung; *Eckhardt,* DS-GVO: Anforderungen an die Auftragsverarbeitung als Instrument zur Einbindung Externer, CCZ 2017, 111; *Fromageau/ Bäuerle/Werkmeister,* Auftragsverarbeitung in der Praxis, PinG 2018, 216; *Grages,* Haftung und Innenausgleich in Datenschutzverträgen, CR 2020, 232; *Grzeszick/Rauber,* Anwendbarkeit der DS-GVO durch Einschaltung Dritter?, ZD 2018, 560; *Härting,* Auftragsverarbeitung nach der DSGVO, ITRB 2016, 137; *Hartung/Büttgen,* Die Auftragsverarbeitung nach der DS-GVO, DuD 2017, 549; *von Holleben/Knaut,* Die Zukunft der Auftragsverarbeitung – Privilegierung, Haftung, Sanktionen und Datenübermittlung mit Auslandsbezug unter der DSGVO, CR 2017, 299; *Hunzinger/Sassenberg,* Notwendigkeit einer Vereinbarung zur Auftragsverarbeitung bei Telekommunikationsdiensten?, CR 2019, 188; *Koós/Englisch,* Eine „neue" Auftragsdatenverarbeitung – Gegenüberstellung der aktuellen Rechtslage und der DS-GVO in der Fassung des LIBE-Entwurfs, ZD 2014, 276; *Krohm/Müller-Peltzer,* (Fehlende) Privilegierung der Auftragsdatenverarbeitung unter der Datenschutz-Grundverordnung?, RDV 2016, 307; *Martini,* Do it yourself im Datenschutzrecht. Der „GeoBusiness Code of Conduct" als Erprobungsfeld regulierter Selbstregulierung, NVwZ-Extra 6/2016, 1; *Martini/Fritzsche,* Mitverantwortung in sozialen Netzwerken. Facebook-Fanpage-Betreiber in der datenschutzrechtlichen Grauzone, NVwZ-Extra 21/2015, 1; *Martini/Wagner/Wenzel,* Das neue Sanktionsregime der DSGVO – ein scharfes Schwert ohne legislativen Feinschliff, VerwArch 2018, 163 (Teil 1) und 296 (Teil 2); *Möllenkamp/Ohrtmann,* Auftragsverarbeitung im Konflikt mit Beweissicherungsinteressen des Auftragnehmers, ZD 2019, 445; *Monreal,* Die Geheimnisse der Auftragsverarbeitung, PinG 2017, 216; *Müthlein,* ADV 5.0 – Neugestaltung der Auftragsdatenverarbeitung in Deutschland, RDV 2016, 74; *Petri,* Auftragsdatenverarbeitung – heute und morgen. Reformüberlegungen zur Neuordnung des Europäischen Datenschutzrechts, ZD 2015, 305; *Schäfer/Fox,* Zertifizierte Auftragsdatenverarbeitung – Das Standard-ADV-Modell, DuD 2016, 744; *Schmidt/Freund,* Perspektiven der Auftragsverarbeitung. Wegfall der Privilegierung mit der DS-GVO?, ZD 2017, 14; *Schmitz/von Dall'Armi,* Standardvertragsklauseln – heute und morgen – eine Alternative für den Datentransfer in Drittländer?, ZD 2016, 217; *dies.,* Auftragsdatenverarbeitung in der DS-GVO – das Ende der Privilegierung? – Wie Daten künftig von Dienstleistern verarbeitet werden müssen, ZD 2016, 427; *Seiter,* Auftragsverarbeitung nach der Datenschutz-Grundverordnung – Steuerberatertätigkeiten & andere Streitfragen – Ein kleiner Rundumschlag, DuD 2019, 127; *Völkel,* Die Auftragsverarbeitung im Sozialdatenschutz bei Gesetzlichen Krankenversicherungen mit besonderen Herausforderungen bei Wartung und Cloud-Computing, PinG 2018, 189.

Übersicht

A. Allgemeines

I. Bedeutung der Norm und Einordnung in den Gesamtkontext der DS-GVO

1 Art. 28 ermöglicht es dem Verantwortlichen, seinen eigenen Handlungsradius dadurch zu verlängern, dass er eine Datenverarbeitung nicht selbst, sondern durch eine andere Person vornimmt. An die Auftragsbeziehung knüpft die Vorschrift zugleich strikte Vorgaben. Er implementiert sowohl **formelle (Abs. 9)** als auch **materielle Anforderungen (Abs. 3).** Ebenso wie die anderen Absätze der Vorschrift sind sie von dem Geist getragen, die Risiken zu minimieren, die entstehen, wenn der Verantwortliche zusätzliche Personen in den Datenverarbeitungsvorgang einbezieht. Dementspr. steckt Art. 28 gleich in seinem ersten Abs. den Kreis zulässiger Auftragsverarbeiter ab, indem er dem Verantwortlichen eine bes. **Auswahlverantwortung** auferlegt.

2 Wer **Auftragsverarbeiter** ist und sein kann, definiert Art. 28 nicht selbst. Die DS-GVO zieht die Legaldefinition vielmehr in **Art. 4 Nr. 8** vor die Klammer. Sie beschr. den Begriff des Auftragsverarbeiters nicht auf nat. Personen. Auch **jur. Personen, Behörden, Einrichtungen** und andere Stellen kommen in Betracht. Den inhaltlichen Kerngehalt der Tätigkeit des Auftragsverarbeiters beschreibt die Legaldefinition lakonisch: Der Auftragsverarbeiter zeichnet sich dadurch aus, dass er „personenbezogene Daten im Auftrag des Verantwortlichen verarbeitet". Weitere Konkretisierungen, die Aufschluss über die Auftragsbeziehungen geben, sucht der Normanwender vergebens. Die Definition sowie die Systematik der DS-GVO lassen aber klar werden: Der Auftragsverarbeiter wird als **„verlängerter Arm"** der verantwortlichen Person in deren Auftrag tätig. Er übt zwar die tatsächliche Herrschaft über den Verarbeitungsprozess aus, entscheidet aber nicht selbst über die Zwecke und Mittel der Verarbeitung. Vielmehr agiert er **nach Weisung** des Verantwortlichen, also **ohne eigenen Wertungs- und Entscheidungsspielraum.** Im Gegenzug muss sich der Verantwortliche dann das Handeln des Auftragsverarbeiters so zurechnen lassen, als sei dieser Teil seiner eigenen Organisation. Als „Herr über die Datenverarbeitung" trägt er für alle Aspekte des arbeitsteiligen Prozesses (mit Ausnahme eines Auftragsexzesses nach Abs. 10) grds. auch die **alleinige Verantwortung.** Für ihn gilt der allg. Rechtsgrundsatz: „Qui facit alium, facit per se" („wer durch einen anderen handelt, handelt selbst"; dazu und zu den allg. Charakteristika der Auftragsverarbeitung Martini/Fritzsche NVwZ-Extra 21/2015, 1 (5 f.)).

3 Art. 28 stellt nicht nur Anforderungen an die Begr. und inhaltliche Ausfüllung einer Verarbeitung im Auftrag. Er beschr. den Auftragsverarbeiter auch in seiner Freiheit, seinerseits **Unterauftragnehmer** in die Verarbeitungskette einzubeziehen **(Abs. 2 und 4).** Das soll die Entscheidungsautonomie des Verantwortlichen sichern und die Betroffenen dagegen immunisieren, dass Dritte unbefugt mit ihren personenbezogenen Daten in Berührung kommen.

4 An insgesamt vier Stellen verweist Art. 28 auf das **nationale Recht** (Abs. 3 UAbs. 1 S. 1, Abs. 3 UAbs. 1 S. 2 lit. a, Abs. 3 UAbs. 1 S. 2 lit. g und Abs. 4

S. 1). Einen Handlungsspielraum in Gestalt **echter Öffnungsklauseln** gewährt die DS-GVO den Mitgliedstaaten jedoch nicht an all diesen Stellen, sondern alleine in Abs. 3 UAbs. 1 S. 1 und Abs. 4 S. 1: Die Mitgliedstaaten dürfen ein **spezielles Rechtsinstrument** implementieren, das die Auftragsverarbeitung regelt – dies gilt sowohl **für die Auftrags- als auch die Unterauftragserteilung** (Kühling/Martini ua DS-GVO und nationales Recht, 78 ff.). Demgegenüber verweisen Abs. 3 UAbs. 1 S. 2 lit. a und Abs. 3 UAbs. 1 S. 2 lit. g lediglich auf im nationalen Recht bestehende Verarbeitungspflichten, insbes. solche, die der nationale Gesetzgeber auf der Grundlage des Art. 6 Abs. 1 UAbs. 1 lit. c und e, Abs. 2, 3 erlassen hat; bei ihnen handelt es sich um **unechte Öffnungsklauseln** (zu diesem Topos Kühling/Martini ua DS-GVO und nationales Recht, 11 f.).

Zwischen Art. 28 und den **übrigen Vorschr. des Kap. IV** („Verantwort- **5** licher und Auftragsverarbeiter") bestehen zahlr. Wechselbeziehungen. Aber auch an einigen anderen Stellen trifft die DS-GVO unmittelbar Aussagen zur Auftragsverarbeitung. So unterwirft sie den Auftragsverarbeiter ebenso wie den Verantwortlichen in zahlr. Vorschr. einem **umfangr. Pflichtenprogramm,** bspw. in Art. 27 Abs. 1 (Vertreterbenennung), Art. 30 Abs. 2 (Verzeichnis von Verarbeitungstätigkeiten), Art. 31 (Pflicht zur Zusammenarbeit), Art. 32 Abs. 1 (Sicherheit der Verarbeitung), Art. 33 Abs. 2 (Meldung von Datenschutzverletzungen), Art. 37 Abs. 1 (Benennung eines Datenschutzbeauftragten) und Art. 44 S. 1 Hs. 1 (Datenübermittlung an Drittländer). Mit diesen Vorgaben korrespondieren zahlr. **Abhilfe- und Untersuchungsbefugnisse** der ASB ggü. dem Auftragsverarbeiter, welche sicherstellen sollen, dass der Verarbeitungsprozess die datenschutzrechtlichen Vorgaben einhält (vgl. insbes. Art. 58 Abs. 1 lit. a, lit. d, lit. e, Abs. 2 lit. a). Sie kann gegen den Auftragsverarbeiter nicht zuletzt **Geldbußen** verhängen, wenn er gegen die DS-GVO verstößt (vgl. insbes. **Art. 83 Abs. 4 lit. a**).

Unterhält der Auftragsverarbeiter **Niederlassungen in mehr als einem 5a Mitgliedstaat,** kann das den Aufgabenradius mehrerer ASB berühren. In diesem Fall ist dann die **federführende ASB** für die grenzüberschreitende Verarbeitung zuständig (Art. 56 Abs. 1). Welche Behörde federführend ist, bestimmt sich nach dem Ort der Hauptniederlassung. Der Auftragsverarbeiter hat an dem Ort seine Hauptniederlassung, an dem er **seine Hauptverwaltung** unterhält (Art. 4 Nr. 16 lit. b Alt. 1). Verfügt der Auftragsverarbeiter nicht über eine Hauptverwaltung in der Union, ist maßgeblich, an welchen Niederlassungen die Verarbeitungstätigkeiten des Auftragsverarbeiters „hauptsächlich stattfinden" (Art. 4 Nr. 16 lit. b Alt. 2).

Der Auftragsverarbeiter ist zwar (solange er seinen Aufgabenradius nicht **5b** überschreitet, Abs. 10) **grds. nicht selbst Verantwortlicher** iSd Art. 4 Nr. 7. Deshalb nehmen ihn bspw. Art. 24, 25 (anders als andere Vorschr. des Kap. IV sowie der sonstigen DS-GVO, → Rn. 5, 18) auch nicht unmittelbar in die Pflicht. Da sich der Verantwortliche aber nur solcher Auftragsverarbeiter bedienen darf, die in Übereinstimmung mit den Vorgaben dieser Bestimmungen agieren, unterwirft Art. 28 Abs. 1 **mittelbar** auch den Auftragsverarbeiter den Anforderungen der Art. 24 und 25.

6   Auch der **Betroffene** selbst kann auf den Auftragsverarbeiter rechtlich zugreifen, um auf einen verordnungskonformen Umgang mit seinen personenbezogenen Daten hinzuwirken. Hierfür verbürgt ihm die DS-GVO das Recht auf einen wirksamen **gerichtlichen Rechtsbehelf** auch gegen den Auftragsverarbeiter (Art. 79 Abs. 1). Zudem ist auch der Auftragsverarbeiter – ohne selbst Verantwortlicher iSd Art. 4 Nr. 7 zu sein – bei einem Verstoß gegen die DS-GVO in eigener Person **haftungsverantwortlich** (Art. 82 Abs. 1) – allerdings nur, soweit er die ihm speziell als Auftragsverarbeiter auferlegten Pflichten nicht erfüllt oder rechtmäßig erteilte Anweisungen des Verantwortlichen missachtet hat (Art. 82 Abs. 2 S. 2). Weist der Auftragsverarbeiter hingegen nach, dass er in keinerlei Hinsicht für den Umstand verantwortlich ist, der den Schaden verursacht hat, ist er **von der Haftung befreit** (Art. 82 Abs. 3). Soweit er neben dem Verantwortlichen haftet, kann er sich nach den Prinzipien des Gesamtschuldnerausgleiches **bei seinem Auftraggeber schadlos halten** (Art. 82 Abs. 4; → Art. 82 Rn. 16; allg. zur Haftung und zum Innenausgleich in Datenschutzverträgen Grages CR 2020, 232).

7   Die Verarbeitung im Auftrag unterscheidet sich fundamental von Fällen **gemeinsamer Verantwortung** (engl. „joint control"). Solche Konstellationen einer Kooperation zwischen zwei oder mehreren Verantwortlichen, die gemeinsam die Zwecke und Mittel der Verarbeitung festlegen, unterliegen dem Regime des Art. 26 (→ Art. 26 Rn. 19 ff.). Die gemeinsame Verantwortung kennzeichnet sich dadurch, dass mehrere Personen **gleichberechtigt** (wenn auch mit unterschiedlichen Rollenverteilungen) auf die Verarbeitung einwirken, also die Zwecke und Mittel des Verarbeitungsprozesses steuern. Im Unterschied zu Art. 28 fehlt es ihr an einem hierarchischen Weisungsverhältnis. Gleiches gilt auch in den Fällen der sog **Funktionsübertragung.** Diese Rechtsfigur entstammt der älteren deutschen Datenschutzdogmatik. Sie beschreibt eine Fallgruppe im Graubereich zwischen gemeinsamer oder eigenständiger Verantwortung sowie der Auftragsverarbeitung: Im Falle der Funktionsübertragung wird – wie bei der Auftragsverarbeitung – eine Stelle für die andere tätig. Der Adressat der Funktionsübertragung handelt zwar – ebenso wie im Rahmen der Auftragsverarbeitung – im Interesse des Auftraggebers, verfügt aber über weitgehende **Selbstständigkeit** darin, wie er seine Aufgaben wahrnimmt, insbes. eine eigene Entscheidungsgewalt hinsichtlich der Zwecke und Mittel der Verarbeitung. Er ist daher kein Auftragsverarbeiter, sondern selbst **verantwortliche Stelle.** Tauscht er Daten mit dem Übertragenden aus, unterliegt diese Weitergabe daher allen Voraussetzungen an eine rechtfertigungsbedürftige Datenübermittlung (s. zB Martini/Fritzsche NVwZ-Extra 21/2015, 1 (6 f. mwN)). Eine solche Funktionsübertragung kann bspw. bei der Beauftragung eines Inkassounternehmens oder der Einschaltung eines Privatdetektivs, Anwalts oder Steuerberaters eintreten. Die Trennlinie zwischen einer Auftragsverarbeitung und Fällen der Funktionsübertragung zeichnen – ebenso wie bei sonstigen rechtfertigungsbedürftigen Datenübermittlungen und Fällen datenschutzrechtlicher Verantwortung – **Abs. 10** und **Art. 4 Nr. 7** vor: Es kommt darauf an, wer im Einzelfall die Entscheidungsbefugnis über die Verarbeitungsvorgänge innehat. Beschränkt sich der Verarbeiter auf die Rolle des verlängerten Arms eines anderen und nimmt keinen Einfluss auf qualitative Parameter – insbes. Zwecke und Mittel –, agiert er als Auftragsverarbeiter (vgl. auch Hartung in Kühling/Buchner DS-GVO Art. 28 Rn. 44, der aber iErg dafür plädiert, die Figur der Funktionsübertragung insgesamt aufzugeben; ähnl. auch Seiter DuD 2019, 127 (129 f.); Ingold in HK-DS-GVO Art. 28 Rn. 17). Bestimmt er dagegen die Zwecke und Mittel der Verarbeitung, ohne sich diese Entscheidungsmacht im Wege eines Verarbeitungsexzesses unbefugt anzumaßen (vgl. Abs. 10; → Rn. 77), handelt es sich um einen Fall der Funktionsübertragung (eine – nach wie vor – hilfreiche Entscheidungshilfe für die mitunter schwierige Abgrenzung im Einzelfall liefert das WP 169 der Art. 29-Datenschutzgruppe vom 16.2.2010; vgl. auch Hartung/Büttgen DuD 2017, 549 (551); zur Abgrenzung der Verantwortlichkeit bei Sale-and-lease-back-Verträgen im IT-Bereich vgl. Breyer K&R 2019, 636 (637 f.); zu Telekommunikationsdiensten als Auftragsverarbeiter vgl. Hunzinger/Sassenberg CR 2019, 188 (191 ff.)).

II. Sinn und Zweck der Vorschrift

Eine Auftragsverarbeitung soll dem Verantwortlichen die Effizienzvorteile **8** erschließen, die aus einer Aufteilung der Verarbeitungsfunktionen auf mehrere Personen erwachsen können. Dies sichert Art. 28 normativ ab. Er organisiert eine **arbeitsteilige Datenverarbeitung unter der Ägide des Verantwortlichen:** Der Verantwortliche muss nicht sämtliche Verarbeitungen selbst innerhalb seiner eigenen Organisation durchführen, sondern kann sie auch auslagern, solange er die Herrschaft über den Verarbeitungsvorgang behält.

Der Auftragsverarbeitung gesteht die DS-GVO eine wichtige **normative 8a Privilegierung** zu: Der Auftragsverarbeiter ist **nicht „Dritter"** iSd DS-GVO (vgl. Art. 4 Nr. 10: „außer [...] dem Auftragsverarbeiter"). Der Datenaustausch, der zwischen ihm und dem Verantwortlichen stattfindet, ist daher **keine Übermittlung** von Daten iSd Art. 4 Nr. 2. Er bedarf keiner (gesonderten) Verarbeitungsgrundlage aus Art. 6 und ist damit unter vereinfachten Voraussetzungen zulässig (so insbes. auch die Datenschutzkonferenz, Kurzpapier Nr. 13, S. 2; iErg zust. zB Bertermann in Ehmann/Selmayr DS-GVO Art. 28 Rn. 7; Hartung in Kühling/Buchner DS-GVO Art. 28 Rn. 23; Petri in NK-DatenschutzR DS-GVO Art. 28 Rn. 33; aA Schmidt/Freund ZD 2017, 14 (14); Spoerr in BeckOK DatenschutzR DS-GVO Art. 28 Rn. 30 f.).

In letzter Deutlichkeit bringt die DS-GVO dies zwar nicht zum Ausdruck. **8b** Insbes. versteht sie den Begriff der Verarbeitung, der den Kreis der rechtfertigungsbedürftigen Tätigkeiten iSd Art. 6 abgrenzt, bewusst denkbar weit (vgl. Art. 4 Nr. 2: jeder „Vorgang oder jede solche Vorgangsreihe im Zusammenhang mit personenbezogenen Daten") – auch die Offenlegung durch Übermittlung zählt dazu. Der Auftragsverarbeiter **empfängt** iSd Art. 4 Nr. 9 personenbezogene Daten (denn die Vorschr. unterscheidet ausdr. nicht danach, „ob es sich [...] um einen Dritten handelt oder nicht"). Mit dem Empfang verbindet sich notwendigerweise auch eine Offenlegung (Art. 4 Nr. 9: „Stelle, der personenbezogene Daten offengelegt werden"). Dann ließe sich womöglich auch die Auftragsverarbeitung als eigenständiger, rechtfertigungsbedürftiger Verarbeitungsvorgang deuten.

9   Die „Offenlegung **durch Übermittlung**" (Hervorhebung d. Verf.) als Form der Verarbeitung iSd Art. 4 Nr. 2 meint aber ihrem Sinn nach (wie auch schon § 3 Abs. 4 S. 2 Nr. 3 BDSG aF) nur die **Weitergabe an einen Dritten,** nicht an jeden Empfänger (iErg ebenso Hartung in Kühling/Buchner DS-GVO Art. 28 Rn. 17; aA Herbst in Kühling/Buchner DS-GVO Art. 4 Rn. 29). Eine Übermittlung setzt namentlich grds. voraus, dass eine verantwortliche Stelle Daten aus ihrem Verantwortungsbereich an eine andere verantwortliche Stelle weitergibt (so auch Schild in BeckOK DatenschutzR DS-GVO Art. 4 Rn. 49; vgl. zum BDSG aF Martini/Fritzsche NVwZ-Extra 21/2015, 1 (7); Dammann in Simitis BDSG aF § 3 Rn. 156). **Art. 14 Abs. 1 lit. f** scheint mit der Wendung „die personenbezogenen Daten an einen Empfänger" (also nicht allein einen Dritten) „in einem Drittland oder einer internationalen Organisation zu übermitteln" zwar einen weiteren Übermittlungsbegriff anzudeuten (terminologisch ähnlich auch Art. 58 Abs. 2 lit. j, Art. 83 Abs. 5 lit. c). Denn die Vorschr. setzt voraus, dass die Übertragung an **einen beliebigen Empfänger in einem Drittland** immer eine (rechtfertigungsbedürftige) Übermittlung repräsentiert. Dass der Auftragsverarbeiter Daten verarbeitet, erwähnt Art. 28 sogar selbst (vgl. etwa Abs. 3 S. 1: „Verarbeitung durch einen Auftragsverarbeiter"), so dass auch seine Tätigkeiten an sich dem Vorbehalt des Art. 6 Abs. 1 zu unterfallen scheinen.

10   Eine solch weitgehende Lesart des Verarbeitungsbegriffs ginge jedoch an dem **systematischen Konzept des Art. 28** vorbei: Bedürfte jede Datenübertragung zwischen Auftraggeber und Auftragnehmer einer eigenen Verarbeitungsgrundlage, stiege zum einen der Auftragsverarbeiter für diese selbst insoweit zum Verantwortlichen auf. Sein Pflichtenregime reichte dann iErg weiter, als die DS-GVO es nach dem strikten Trennungsprinzip zwischen Verantwortlichem und Auftragsverarbeiter angelegt hat. Die DS-GVO differenziert in ihrer Terminologie feinsäuberlich zwischen den Pflichten des Verantwortlichen und des Auftragsverarbeiters (vgl. etwa Art. 27 Abs. 1, 3 und 4, Art. 30 Abs. 1 und 2). Zum anderen liefe der Vorteil, der sich mit der Auftragsverarbeitung (trotz ihrer nicht unerheblichen Transaktionskosten) als Instrument prinzipiell verknüpft, faktisch ins Leere: Dem Auftragsverarbeiter eine Verarbeitungsgrundlage abzuverlangen, höhlte in letzter Konsequenz die Privilegierungswirkung des Art. 28 DS-GVO aus. Gerade im Bereich bes. Kategorien personenbezogener Daten, insbes. bei Gesundheitsdaten, wäre eine Auftragsdatenverarbeitung aufgrund des strengen Verbots aus **Art. 9 Abs. 1** dann regelmäßig nur sehr eingeschränkt rechtlich möglich (vgl. hierzu etwa im Kontext medizinischer Labore Bleckmann DuD 2019, 137 (140 f.)).

10a   Art. 28 zielt gerade darauf, den Verarbeitungsprozess zwischen Auftragnehmer und Verantwortlichem – als Kompensation für die enge Bindung des Auftragsverarbeiters – **von dem Rechtfertigungsregime des Art. 6 zu befreien** (zust. von Holleben/Knaut CR 2017, 299 (301 f.); Schmidt/Freund ZD 2017, 14 (16); aA Spoerr in BeckOK DatenschutzR DS-GVO Art. 28 Rn. 31). Nur so kann die Konstruktion der Auftragsverarbeitung in der Wirtschaftspraxis auch die ihr zugedachten erheblichen Synergien entfalten (zur gewachsenen Bedeutung der Auftragsverarbeitung s. auch Petri ZD 2015, 305 (305)).

Für die **Übermittlung an Empfänger in Drittländern** greifen jedoch – **10b** auch im Falle der Auftragsverarbeitung – die Regelungen der Art. 44 ff. Diese Sonderregeln sind für den Drittstaatenbezug konzipiert und treten zu den allgemeinen Rechtmäßigkeitsanforderungen der DS-GVO hinzu (vgl. auch Art. 44 S. 1: „und auch die sonstigen Bestimmungen dieser Verordnung eingehalten werden"; zur Einbindung der Anforderungen nach Art. 44 ff. in die Auftragsvereinbarung bei einem Drittstaatsbezug vgl. Fromageau/Bäuerle/Werkmeister PinG 2018, 216 (219 f.)).

III. Entstehungsgeschichte der Norm

Art. 28 gehört zu denjenigen Vorschr., die zwischen den Gesetzgebungs- **11** organen nicht als solche politisch umstr. waren. Er erfuhr im Laufe seines Entstehungsprozesses vorrangig redaktionelle, nur wenige inhaltliche Veränderungen. Auf die Endfassung der Vorschr. wirkte va der ER nachhaltig ein; sie trägt zu einem wesentlichen Teil seine Handschrift.

Abs. 1 hat im Laufe des Entstehungsprozesses keine (nennenswerte) Änd. **11a** erfahren. Alle Normentwürfe sahen die dort geregelte, bereits der DSRL bekannte Auswahlverantwortung vor.

Stärkere Änderungen hat **Abs. 2** im Gesetzgebungsverfahren erfahren. Er **12** geht in seiner heutigen Fassung iW auf den DS-GVO-E(Rat) zurück. Die Vorschrift erweitert die Regelung der Unterbeauftragung, die bereits der DS-GVO-E(KOM) und der DS-GVO-E(EP) angelegt hatten, und wertet sie dadurch auf, dass sie ihr einen eigenen Abs. widmet. Zuvor war die Regelung eher versteckt iRd Auflistung der Mindestinhalte verortet, die ein Auftragsvertrag (bzw. das andere Rechtsinstrument) aufweisen soll.

Den Kerngedanken einer auf Vertrag bzw. Rechtsakt beruhenden Beauf- **13** tragung, den die Auftragsverarbeitung an den Verantwortlichen rückbindet **(Abs. 3),** formulierte bereits der DS-GVO-E(KOM). Der DS-GVO-E(Rat) fügte zugunsten der Mitgliedstaaten zusätzlich eine Öffnungsklausel („nach dem Unionsrecht oder dem Recht der Mitgliedstaaten") in S. 1 ein. Er zeichnet auch verantwortlich für die Spezifikationen des Vertrags (bzw. anderen Rechtsinstruments) aE des ersten Satzes („in dem Gegenstand und Dauer […] festgelegt sind"). Der Mindestinhalt des Vertrages (bzw. anderen Rechtsinstruments), den **lit. a** vorgibt, ist ein Gemeinschaftsprodukt der KOM (Weisungspflicht), des EP (Öffnungsklausel) und des ER (Spezifikationen des 2. Hs.). Die Pflicht, die Weisung zu dokumentieren („dokumentierte Weisung"), hat demgegenüber erst im Zuge des Trilogs Eingang in die VO gefunden. **Lit. b und c** waren bereits im DS-GVO-E(KOM) angelegt. **Lit. d** schuf in seiner jetzigen Form hingegen erst zur Trilog; zuvor war an dieser Stelle va das Zustimmungserfordernis im Falle des Unterauftrags vorgesehen. Der normative Gehalt des **lit. e** fand sich bereits sowohl im DS-GVO-E(EP) als auch im DS-GVO-E(Rat). Ähnliches gilt auch für **lit. f:** Alle Entwürfe enthalten die dort genannte Unterstützungspflicht. Die jetzige Ausgestaltung des Tatbestands weist aber die größte Ähnlichkeit mit dem DS-GVO-E(EP) auf. Die Grundgedanken des **lit. g und h** finden sich in sämtlichen Entwürfen; ihre heutige Gestalt verdanken sie va der Fassung des ER. Der Wortlaut des lit. g erfuhr unterdessen im April 2018 eine erste Veränderung: Die **2. Berichtigung der DS-GVO** (ABl. 2018 Nr. L 127 S. 4) ergänzte ihn um eine Faksimile-Löschpflicht: Der Auftragsverarbeiter muss dann, wenn er seine Verarbeitungsleistungen vollständig erbracht hat, die personenbezogenen Daten nicht nur (nach Wahl des Verantwortlichen) entweder löschen oder zurückgeben, sondern auch vorhandene **Kopien** löschen.

14   Die **Abs. 4 bis 8** brachte erst der ER inhaltlich in das Gesetzgebungsverfahren ein. Eine Ausnahme bildet lediglich **Abs. 5:** Seinen Kerngehalt formuliert bereits der DS-GVO-E(EP). Die Endfassung der DS-GVO rezipiert die Vorschläge des DS-GVO-E(Rat) nahezu vollständig.

15   Auch **Abs. 9** entstammt in wesentlichen Teilen der Feder des ER. Die Entwürfe der KOM und des EP enthielten das Schriftformerfordernis noch nicht. Sie normierten vielmehr eine Dokumentationspflicht hinsichtlich der Anweisungen des Verantwortlichen und des vertraglichen Pflichtenregimes, wie sie sich im heutigen Abs. 3 UAbs. 1 S. 2 lit. a findet.

16   Die Idee, den Auftragsverarbeiter im Falle eines Rollenexzesses als Verantwortlichen zu behandeln **(Abs. 10),** kannten schon der DS-GVO-E (KOM) und der DS-GVO-E(EP) vor. Der Trilog verlieh diesem Grundgedanken seine endg. textliche Kontur.

IV. Vergleich mit der bisherigen Rechtslage auf Unionsebene

17   Auch die DSRL kannte den Auftragsverarbeiter als datenschutzrechtlichen Akteur. Sie definierte ihn in **Art. 2 lit. e DSRL** in Übereinstimmung mit Art. 4 Nr. 8 DS-GVO legal und lieferte die Blaupause für das ausdifferenzierte Regelungssystem des Art. 28: Er geht in seinen Kernelementen auf **Art. 16 und Art. 17 Abs. 2, 3 und 4 DSRL** zurück und entwickelt deren normatives Grundgerüst fort. Beide Normwerke eint die Zielsetzung, eine ordnungsgemäße Auftragsverarbeitung in arbeitsteiligen Verarbeitungsprozessen mit hinreichenden normativen Sicherungsmechanismen zu gewährleisten. Die **Auswahlverantwortung** des Verantwortlichen, die heute Art. 28 Abs. 1 (etwas verklausuliert) formuliert, fand sich seinerzeit in Art. 17 Abs. 2 DSRL. Die **Anforderungen an den Inhalt des Vertrages** bzw. das andere „Rechtsinstrument" spezifizierte die DSRL weitaus weniger detailliert als der heutige Art. 28 Abs. 3 UAbs. 1: Art. 17 Abs. 3 DSRL beschr. sich darauf, die Weisungsbindung sowie die Anforderungen an die Sicherheit der Verarbeitung normativ abzusichern, die heute va Art. 32 regelt.

18   Ebenso wie im Regime der DS-GVO (→ Rn. 8a ff.) war der Auftragsverarbeiter schon unter dem Regime der DSRL **kein „Dritter"** (iSd Art. 2 lit. f DSRL). Daten an den Auftragsverarbeiter zu übermitteln, bedurfte daher schon seinerzeit keiner Rechtfertigungsgrundlage (vgl. auch für das nationale Recht § 3 Abs. 8 S. 3 BDSG aF). Er war grds. nicht selbst und unmittelbar in das datenschutzrechtliche Pflichtenregime eingebunden. Vielmehr war der Auftraggeber für das Handeln des Auftragnehmers verantwortlich (Art. 16

DSRL, vgl. im nationalen Recht § 3 Abs. 7 BDSG aF: „[...] dies durch andere im Auftrag vornehmen lässt"). Die DS-GVO weist dem Auftragsverarbeiter demgegenüber an zahlr. Stellen **unmittelbar datenschutzrechtliche Pflichten** zu (zB in Art. 27 Abs. 1, Art. 30 Abs. 2, Art. 32 Abs. 1). Insbes. erklärt sie den Auftragsverarbeiter, der entgegen seiner Aufgabe die Zwecke und Mittel der Verarbeitung eigenständig bestimmt, selbst zum Verantwortlichen (Abs. 10).

B. Auslegung der Norm

I. Auswahl eines tauglichen Auftragsverarbeiters (Abs. 1)

Ähnlich wie bereits Art. 17 Abs. 2 DSRL trägt Abs. 1 dem Verantwortlichen **19** eine **Auswahlverantwortung** auf (dazu auch die Vorlage des BVerwG an den EuGH zur datenschutzrechtlichen Verantwortlichkeit von Facebook-Fanpage-Betreibern, BVerwG BeckRS 2016, 44371 im Anschluss an Martini/Fritzsche NVwZ-Extra 21/2015, 1 (11 ff.)): Der Auftragsverarbeiter muss (nach seinem Fachwissen, seiner Zuverlässigkeit und seinen verfügbaren Ressourcen) die Gewähr dafür bieten, dass die Verarbeitung dank geeigneter technischer und organisatorischer Maßnahmen (→ Art. 24 Rn. 20 ff.) die Anforderungen der DS-GVO einhält „und den Schutz der Rechte der betroffenen Person gewährleistet" (vgl. auch ErwGr 81 S. 1). Hält ein Auftragsverarbeiter genehmigte **Verhaltensregeln** (Art. 40) oder ein genehmigtes **Zertifizierungsverfahren** ein (Art. 42), billigt die VO dies als geeigneten Beitrag, um insoweit **hinreichende Garantien** nachzuweisen (Abs. 5). Missachtet der Verantwortliche die ihm obliegende Auswahlverantwortung, kann die ASB sein Fehlverhalten auf der Grundlage des **Art. 83 Abs. 4 lit. a** mit einer **Geldbuße** sanktionieren (s. dazu Martini/Wagner/Wenzel VerwArch 2018, 163 (169 ff.); Faust/Spittka/Wybitul ZD 2016, 120).

Eine die Auswahlverantwortung ergänzende fortwährende **Überprüfungs- 20 pflicht** statuiert Art. 28 – anders als § 11 Abs. 2 S. 4 BDSG aF und Art. 17 Abs. 2 Hs. 2 DSRL – nicht explizit. Sie lässt sich aber aus Abs. 1 herauslesen: Die Vorschr. rekurriert nicht isoliert auf den Zeitpunkt, zu dem die Beteiligten das Auftragsverhältnis begründen. Sie verlangt insbes. nicht nur die **Auswahl** eines tauglichen Auftragsverarbeiters. Sie nimmt vielmehr die gesamte Zeitachse der Auftragsverarbeitung in den Blick (vgl. „arbeitet [...] nur mit"). Der Verantwortliche muss sich deshalb fortwährend vergewissern, ob der Auftragsverarbeiter die Anforderungen weiterhin erfüllt, die Abs. 1 stellt (vgl. auch Art. 28 Abs. 3 UAbs. 1 S. 2 lit. h; zust. Spoerr in BeckOK DatenschutzR DS-GVO Art. 28 Rn. 35; Hartung in Kühling/Buchner DS-GVO Art. 28 Rn. 60; zur Kontrolle durch den Verantwortlichen Ingold in HK-DS-GVO Art. 28 Rn. 70 ff.). Es handelt sich um eine **Dauerpflicht**.

Bietet ein Auftragsverarbeiter nicht mehr die hinreichende Garantie iSd **21** Art. 28 Abs. 1 oder zeigt sich erst nach Begr. des Auftragsverhältnisses, dass der Auftragsverarbeiter die erforderlichen Voraussetzungen schon von Anfang an nicht erfüllt hatte, muss der Verantwortliche die Zusammenarbeit mit dem Auftragsverarbeiter **beenden** und weitere Datenverarbeitungen unterbinden.

II. „Grundlage" der Auftragsverarbeitung (Abs. 3)

22 Die Auftragsverarbeitung gründet auf einen schriftlichen (→ Rn. 75) **Vertrag** zwischen Verantwortlichem und Auftragsverarbeiter oder ein **anderes Rechtsinstrument** (→ Rn. 24 ff.). Deren Aufgabe ist es, den Auftragsverarbeiter an die Vorgaben des Verantwortlichen zu binden.

23 Sowohl der Vertrag wie auch das andere Rechtsinstrument müssen den **Konkretisierungsanforderungen** genügen, die **UAbs. 1 S. 1 Hs. 2** an ihren Regelungsgehalt stellt. Sie betreffen „Gegenstand und Dauer [...], Art und Zweck der Verarbeitung, die Art der personenbezogenen Daten, die Kategorien betroffener Personen und die Pflichten und Rechte des Verantwortlichen" (→ Rn. 27 ff.). **S. 2** konkretisiert den **erforderlichen Inhalt** des Vertrages bzw. des anderen Rechtsinstrumentes (→ Rn. 38 ff.).

1. Handlungsform (UAbs. 1 S. 1 Hs. 1)

24 a) **Vertrag.** Zur **Art des Vertrages** trifft Art. 28 keine nähere Aussage. Wichtiger als die Details seiner rechtlichen Konstruktion ist dem Unionsgesetzgeber die Funktion, die er erfüllen soll: Seine Mission ist es, die **Rechtsverbindlichkeit** und **Bindungswirkung** der Vereinbarung im Hinblick auf die Mindestanforderungen zu verbürgen, welche die DS-GVO an ihren Inhalt stellt. Essenziell ist dabei das **Synallagma der wechselseitigen Leistungen.** Ihr Kern ist eine Beauftragung mit der Verarbeitung nach Weisung des Verantwortlichen gegen Entgelt oder sonstige Gegenleistung. Welchen nationalen Regelungen die Mitgliedstaaten die Vertragsbeziehung zuordnen, ist dabei für den Unionsgesetzgeber ohne Belang. „Vertrag" iSd Vorschr. ist daher sowohl der **privatrechtliche als auch der öffentl.-rechtliche** Vertrag (Kühling/Martini ua DS-GVO und nationales Recht, 78 f.).

25 b) „**Anderes Rechtsinstrument"**. Das andere Rechtsinstrument, welches anstelle eines Vertrages eine Auftragsbeziehung auslösen kann, kann entweder die Union selbst oder das mitgliedstaatliche Recht vorsehen. Abs. 3 trägt damit durch eine **Öffnungsklausel** der mitgliedstaatlichen Befugnis Rechnung, die eigenen rechtlichen Handlungsformen zu regeln (sog **Verfahrensautonomie der Mitgliedstaaten**). Sie erlaubt es den Mitgliedstaaten aber nicht, die Auftragsverarbeitung von den inhaltlichen Anforderungen zu dispensieren, welche die DS-GVO stellt. Der nationale Gesetzgeber darf Verantwortliche und Auftragsverarbeiter insbes. nicht von der Pflicht freistellen, die Regelungsgehalte des Abs. 3 UAbs. 1 S. 1 festzulegen. Abs. 3 gewährt den Mitgliedstaaten vielmehr nur die Möglichkeit, die Auftragsverarbeitung auf diejenigen Handlungsinstrumente zu stützen, die dem nationalen Rechtssystem vertraut sind – etwa einseitig verpflichtende Rechtsgeschäfte oÄ (zust. Hartung in Kühling/Buchner DS-GVO Art. 28 Rn. 63; Spoerr in BeckOK DatenschutzR DS-GVO Art. 28 Rn. 46 f.; ausf. zur Öffnungsklausel des

Art. 28 Abs. 3 UAbs. 1 S. 1 s. Kühling/Martini ua DS-GVO und nationales Recht, S. 78 ff.).

Darüber, wie ein anderes Rechtsinstrument **beschaffen sein** muss, trifft 26 die DS-GVO weder in ihrem normativen Teil noch in ihren ErwGr (insbes. dem thematisch einschlägigen ErwGr 81 S. 3) weitere Aussagen. Die englische Fassung („other legal act") und eine systematische Abgrenzung zu dem Begriff „Vertrag", der auf das rechtsgeschäftliche Element abhebt, deuten aber an: Gemeint ist **ein gesetzlicher (Rechts-)Akt der Union oder des Mitgliedstaats.** Art. 17 Abs. 3 DSRL sprach noch ausdr. von einem „Rechtsakt" (engl.: „legal act"; vgl. auch Petri ZD 2015, 305 (308); Spoerr in BeckOK DatenschutzR BDSG aF § 11 Rn. 136: „Gesetze und Verordnungen"). Solche gesetzlichen Anordnungen der Auftragsdatenverarbeitung finden sich im dt. nationalen Recht bspw. im Kontext staatlicher Register. In diesen Fällen verpflichtet der Gesetzgeber die Auftragnehmer ausdr. durch gesetzlichen Rechtsbefehl (vgl. zB § 1 Abs. 1 S. 2 AZR-Gesetz: „Das Bundesverwaltungsamt verarbeitet die gespeicherten Daten im Auftrag und nach Weisung des Bundesamtes für Migration und Flüchtlinge"). Einer Willenseinigung zwischen Auftraggeber und Auftragnehmer bedarf es dann gerade nicht (so auch Härting ITRB 2016, 137 (139); zur Gesetzgebungskompetenz für eine Bestimmung des Auftragsverarbeiters durch Gesetz Buchner DuD 2016, 155 (160)).

2. Regelungsgegenstand des Vertrages bzw. anderen Rechtsinstruments (UAbs. 1 S. 1 Hs. 2)

Das Auftragsverhältnis zwischen Verantwortlichem und Verarbeiter muss spe- 27 zifischen **Anforderungen an seinen Regelungsgegenstand** genügen: Es soll in rechtlich verbindlicher und dokumentierter Weise gewährleisten, dass die Verarbeitung auch dann mit den Prinzipien der DS-GVO übereinstimmt, wenn der Verantwortliche einen Dritten in den Verarbeitungsprozess einbindet. Um dieses Ziel zu erreichen, darf der exakte Inhalt des Auftragsverhältnisses aus der Sicht des Normgebers nicht im Unklaren bleiben; er muss vielmehr exakt eingegrenzt sein. So will es UAbs. 1 S. 1 Hs. 2.

Diese normativen Anforderungen gelten (konsequenterweise) nicht nur für 27a das Gestaltungsinstrument eines Vertrages, sondern auch für das ggf. gewählte **andere Rechtsinstrument.** Dies ergibt sich zweifelsfrei aus dem Normwortlaut: Er bezieht die Anforderungen auf den gesamten ersten Hs. („der bzw. das").

a) Bindung des Auftragsverarbeiters an den Verantwortlichen. Der 28 Vertrag (bzw. das äquivalente Rechtsinstrument) muss den Auftragsverarbeiter rechtlich an den Verantwortlichen binden. Denn nur dies gestattet es dem Verantwortlichen, wirksam auf den Auftragsverarbeiter einzuwirken. Die Weisungsbindung des Auftragsverarbeiters ergibt sich zwar bereits kraft normativer Anordnung unmittelbar aus Art. 29 („ausschließlich auf Weisung des Verantwortlichen"). Der Normgeber verlangt jedoch eine ergänzende rechtsförmliche **Verankerung** dieser Verpflichtung des Auftragsverarbeiters **im**

Vertrag bzw. anderen Rechtsinstrument. Das bringt die Wendung „der bzw. das den Auftragsverarbeiter [...] bindet" zum Ausdruck.

29 **b) Wesentliche Inhalte der Verarbeitung.** Der Vertrag (bzw. das äquivalente Rechtsinstrument) muss die **wesentlichen Inhalte der Verarbeitung fixieren,** nämlich: „Gegenstand und Dauer der Verarbeitung" (→ Rn. 30), „Art und Zweck der Verarbeitung" (→ Rn. 31), „die Art der personenbezogenen Daten" (→ Rn. 32), „die Kategorien betroffener Personen" (→ Rn. 33) und „die Pflichten und Rechte des Verantwortlichen" (→ Rn. 34). Dieses Portfolio zwingender Angaben teilt mit dem Pflichtinhalt des **Verzeichnisses der Verarbeitungtätigkeiten,** welches der Verantwortliche kraft Art. 30 Abs. 1 – ebenso wie der Auftragsverarbeiter nach Art. 30 Abs. 2 in eigener Person – führen muss (→ Art. 30 Rn. 5 ff.), eine große Schnittmenge.

30 Den Begriff **„Gegenstand und Dauer"** verwendet die DS-GVO (außer in ErwGr 81 S. 3) nur an dieser Stelle. Er bezeichnet das (in einem weiten Sinne zu verstehende) Objekt der Verarbeitungtätigkeit (zB „Verarbeitung von Kundendaten, um eine Befragung durchzuführen") und deren zeitliche Erstreckung – beginnend mit der Erhebung bis hin zur Löschung der Daten.

31 Die Wendung **„Art und Zweck der Verarbeitung"** hebt zum einen auf die Modalitäten ab, in denen sich eine Verarbeitung vollzieht (insbes. Erheben, Erfassen, Ordnen, Speichern, Auslesen – Art. 4 Nr. 2), zum anderen auf die mit ihr verfolgte Intention (vgl. auch die ähnliche Formulierung in Art. 24 Abs. 1 S. 1, Art. 25 Abs. 1, Art. 32 Abs. 1 und Art. 35 Abs. 1 S. 1 → Art. 24 Rn. 32 und 35). Sobald die Beteiligten den Zweck eingrenzen, den die Verarbeitung in dem Auftragsverhältnis verfolgen soll, löst dies auch die Zweckbindung des Art. 5 Abs. 1 lit. b und Art. 6 Abs. 4 aus. Der Benennung des Verarbeitungszweckes kommt damit auch eine wichtige Dokumentations- und Steuerungsfunktion zu (s. auch → Art. 30 Rn. 8).

32 Mit der **„Art der personenbezogenen Daten"** meint die DS-GVO den persönlichkeitsrelevanten Sensibilitätsgrad der Daten, „insbesondere ob besondere Kategorien personenbezogener Daten gemäß Artikel 9 verarbeitet werden oder ob personenbezogene Daten über strafrechtliche Verurteilungen und Straftaten gemäß Artikel 10 verarbeitet werden" (Art. 6 Abs. 4 lit. c).

33 Die Wendung **„Kategorien betroffener Personen"** verwendet die DS-GVO insbes. auch in **Art. 30 Abs. 1 S. 2 lit. c und Art. 33 Abs. 3 lit. a.** Wie dort meint sie auch hier nach Typisierungsgraden abstrakt zusammengefasste Gruppen, die gemeinsame Merkmale teilen, etwa „Beschäftigte", „Kunden" etc. (s. auch → Art. 30 Rn. 10 ff.).

34 Die **„Pflichten und Rechte des Verantwortlichen",** die Abs. 3 UAbs. 1 S. 1 festzulegen verlangt, sollen beiden Parteien vor Augen führen, auf welche rechtlichen Folgewirkungen sie sich mit der Auftragsbeziehung einlassen. Gemeint sind damit nicht vorrangig die gesetzlichen Rechtsfolgen (welche kraft der unmittelbaren Geltung der DS-GVO keiner Verankerung – allenfalls einer klarstellenden Bewusstmachung – bedürfen), sondern vielmehr die **individuellen Absprachen** zwischen Verantwortlichem und Auftragsverarbeiter, welche die abstrakten normativen Vorgaben auf den Einzelfall herunterbrechen.

Dass der Verantwortliche nicht explizit auch die **Mittel der Verarbeitung** 35
(vgl. Art. 4 Nr. 7 Hs. 1) vorgeben und der Vertrag (bzw. das andere Rechtsinstrument) sie nicht regeln muss, überrascht prima facie. Denn diese Mittel
vorzugeben, scheint der Stellung des Verantwortlichen als desjenigen, der
über das „Wie" der Verarbeitung entscheidet (Art. 4 Nr. 7, Art. 28 Abs. 10),
wesensimmanent.

Gleichzeitig greift Abs. 3 UAbs. 1 S. 1 aber bereits wichtige inhaltliche 36
Aspekte des „Wie" der Verarbeitung auf, welche der Normgeber als **zwingend regelungsbedürftig** erachtet (zB „Gegenstand und Dauer der Verarbeitung, Art und Zweck der Verarbeitung"). Indem sie die vorzugebenden
Mittel nur abstrakt beschreibt, verdeutlicht die Vorschr. im Umkehrschluss,
dass der Verantwortliche über diesen Rahmen hinausgehende, konkrete Aspekte des „Wie" nicht zwingend vorgeben muss. **Technische und organisatorische Fragen** sind grds. dem Auftragsverarbeiter überantwortet (vgl. zur
DSRL Art. 29-Datenschutzgruppe WP 169, 14). Insbes. die technisch kom-
plizierten und aufwendigen Details der Verarbeitung hat – im Geiste der
Arbeitsteilung – grds. der Auftragsverarbeiter in der Hand.

Halten der Verantwortliche und der Auftragsverarbeiter die Vorgaben des 37
UAbs. 1 S. 1 nicht ein, so ist die **Auftragsdatenverarbeitung** mangels
entspr. Grundlage **unwirksam**. In diesem Fall ist der Kooperationspartner des
Verantwortlichen **Dritter iSd Art. 4 Nr. 10** (→ Art. 4 Rn. 59 f.). Überlässt
der Verantwortliche ihm Daten, handelt es sich daher dann um eine rechtfertigungsbedürftige Datenübermittlung. Deren Rechtmäßigkeit bestimmt
sich dann nach den allg. Regeln, va Art. 6.

3. Zwingender Mindestinhalt: Pflichten des Auftragsverarbeiters aus dem Vertrag bzw. anderen Rechtsinstrument (UAbs. 1 S. 2)

Der Vertrag (bzw. das andere Rechtsinstrument) muss dem Auftragsverarbei- 38
ter die Pflichten aus lit. a bis h auferlegen. Die Aufzählung der Norm ist **nicht
abschl.** („insbesondere"); der Verantwortliche kann den Auftragsverarbeiter
zusätzlich weiteren Pflichten unterwerfen.

a) Verarbeitung auf dokumentierte Weisung hin (lit. a). Personenbezo- 39
gene Daten darf der Auftragsverarbeiter entspr. dem Wesen der Rechtsbeziehung grds. nur auf Weisung des Verantwortlichen verarbeiten (→ Art. 29
Rn. 18 ff.). Diese Bindung muss auch der Vertrag bzw. das andere Rechtsinstrument festschreiben: Der Auftragsverarbeiter darf ausschl. „**auf dokumentierte Weisung**" hin aktiv werden (sofern nicht eine gesetzliche Verarbeitungspflicht besteht (UAbs. 1 S. 2 lit. a Hs. 1 aE; Art. 29 aE; → Rn. 41).
Anders als der erste Blick vermuten lässt, unterwirft die Vorschr. **nicht die
Weisung des Verantwortlichen selbst** einer bes. Form (zust. Hartung in
Kühling/Buchner DS-GVO Art. 28 Rn. 69); die Weisung kann vielmehr
grds. auch mündlich erfolgen (→ Art. 29 Rn. 19). Die Vorschrift legt dem
Auftragsverarbeiter lediglich die Pflicht auf, die Weisung des Verantwort-
lichen in geeigneter Weise festzuhalten. Die DS-GVO begr. also (etwas ver-
klausuliert) eine zusätzliche zwingende vertragliche Handlungspflicht: Der
Vertrag (bzw. das andere Rechtsinstrument) muss den Auftragsverarbeiter

einer **Dokumentationspflicht** unterwerfen. Dieser muss er nicht notwendig in einer bestimmten Form nachkommen. Dort, wo die DS-GVO bes. Formanforderungen statuieren möchte, tut sie dies nämlich ausdr. (zB in Abs. 2 und 9 oder in Art. 27 Abs. 1); iÜ lässt sie dem Pflichtigen die Freiheit, der Pflicht in geeigneter, den Zweck nicht unterlaufender Weise, nachzukommen (hierzu Möllenkamp/Ohrtmann ZD 2019, 445 (446 f.)). Dem Zweck einer Dokumentationspflicht entspricht es zugleich, nachträgliche Änd. nach Möglichkeit auszuschließen. Deshalb bedarf es eines **Mindestmaßes an Manipulationsschutz.** Ihm können aber auch geeignete **elektronische Verfahren** genügen.

40 Über die grds. bestehende Weisungsbindung darf sich der Auftragsverarbeiter nicht eigenmächtig hinwegsetzen. Gelangt er zu der Auff., dass eine ihm erteilte **Weisung rechtswidrig** ist, muss er den Verantwortlichen darüber informieren (→ UAbs. 2, Rn. 54 ff.). **Missachtet** der Auftragsverarbeiter eine **rechtmäßig erteilte Weisung,** trifft ihn für die daraus erwachsenden Schäden die **volle Haftung (Art. 82 Abs. 2 S. 2 Alt. 2).**

41 Die Weisungsbindung gilt aber **nicht vorbehaltlos:** Sofern das Recht der Union oder des Mitgliedstaats, dessen Rechtsregime der Verarbeitungsvorgang unterliegt, den Auftragnehmer **zu einer Verarbeitung verpflichtet,** geht dieses vor. Das hebt **Abs. 3 UAbs. 1 S. 2 lit. a Hs. 1 aE** – in Übereinstimmung mit der allg. Vorschr. des Art. 29 – ausdr. hervor. Dass eine entspr. Verarbeitungspflicht besteht, muss der Auftragsverarbeiter dem Verantwortlichen **mitteilen,** „sofern das betreffende Recht eine solche Mitteilung nicht wegen eines wichtigen öffentlichen Interesses" (zB staatlichen Geheimnisschutzes oder im Interesse wirksamer Strafverfolgung wegen besonders schwerer Taten) verbietet – lit. a Hs. 2.

42 Der Verweis auf das mitgliedstaatliche Recht statuiert eine **unechte Öffnungsklausel** (zu diesem Topos Kühling/Martini ua DS-GVO und nationales Recht, 11 f.): Der Mitgliedstaat darf auf ihrer Grundlage nicht in völliger Gestaltungsfreiheit selbstständig Verarbeitungspflichten des Auftragsverarbeiters begründen. Stattdessen setzt sie eine anderweitig in der DS-GVO (insbes. in Art. 6 Abs. 1 UAbs. 1 lit. c und e, Abs. 2, 3) normierte Verarbeitungsgrundlage voraus. Anderenfalls hätten es die Mitgliedstaaten in der Hand, das austarierte, an spezifische Voraussetzungen geknüpfte System mitgliedstaatlicher Handlungsermächtigungen mühelos zu unterwandern (ausf. Kühling/Martini ua DS-GVO und nationales Recht, 80 ff.).

43 b) Verpflichtung zur Vertraulichkeit bzw. Verschwiegenheit (lit. b).
Die Auftragsverarbeitung lebt von wechselseitigem Vertrauen: Der Verantwortliche ist in bes. Weise darauf angewiesen, dass alle Personen, die in den Verarbeitungsprozess eingebunden sind, vertrauenswürdig sind und Informationen, die sie in diesem Kontext erlangt haben, nicht nach außen tragen. Deshalb muss die Vereinbarung zwischen Auftragsverarbeiter und Verantwortlichem nach dem Willen des Normgebers auch korrespondierende Vertraulichkeits- und Verschwiegenheitsverpflichtungen enthalten. Lit. b bricht dadurch den allg. **Grundsatz der „Integrität und Vertraulichkeit"** des

Art. 5 Abs. 1 lit. f auf den konkreten Anwendungsfall der Auftragsverarbeitung herunter.

Der Auftragsverarbeiter muss gewährleisten, dass **alle „zur Verarbeitung** **43a**
der personenbezogenen Daten befugten Personen" einer Vertraulichkeitspflicht unterliegen. Das gilt für Beschäftigte, die in den Verarbeitungsprozess eingebunden sind, gleichermaßen wie für alle, die entspr. der vertraglichen Verpflichtung mit den personenbezogenen Daten in Berührung kommen dürfen. Für diejenigen, denen ein Datenzugriff **faktisch** zwar möglich ist, obwohl sie auf die Daten nicht zugreifen dürfen, ist lit. b hingegen nicht einschlägig. Denn deren Handlungen liegen grds. außerhalb der Einflusssphäre des Auftragsverarbeiters. Sie sind daher nicht „befugte Personen" iSd lit. b; insoweit ist lit. c Lex specialis: Der Auftragsverarbeiter muss insbes. die Integrität und Vertraulichkeit der Daten sicherstellen (lit. c iVm Art. 32 Abs. 1 lit. b). Die Verschwiegenheitspflicht muss sich nicht notwendig aus der vertraglichen Vereinbarung ergeben. Nach dem Willen des Unionsgesetzgebers reicht es auch aus, wenn sie sich aus einer **Verschwiegenheitspflicht** **des nationalen Rechts** ergibt. Solche gesetzlichen und standesrechtlichen Regelungen bestehen in Deutschland zB für Ärzte (§ 203 Abs. 1 Nr. 1 StGB), Beamte (§ 203 Abs. 2 S. 1 Nr. 1 StGB, § 37 BeamtStG, § 67 BBG), Rechtsanwälte (§ 43a Abs. 2 BRAO, § 2 BORA, § 203 Abs. 1 Nr. 3 StGB) und staatlich anerkannte Sozialarbeiter sowie Ehe-, Familien-, Erziehungs- oder Jugendberater (§ 203 Abs. 1 Nr. 6 StGB). Personen, die zur Verschwiegenheit verpflichtet sind, belegt das deutsche Strafrecht zusätzlich mit einer Strafdrohung, wenn sie mitwirkende Personen, die ein Geheimnis offenbaren, nicht zur Geheimhaltung verpflichtet haben (§ 203 Abs. 4 S. 2 Nr. 1 StGB; hierzu Petri in NK-DatenschutzR DS-GVO Art. 28 Rn. 67).

c) Maßnahmen nach Art. 32 (lit. c). Die Auftragsbeziehung muss den **44**
Verarbeitungsprozess nicht nur ggü. unberechtigten Zugriffen auf personenbezogene Daten **von innen** abschirmen, sondern auch gegen **Angriffe von** **außen** sowie **allg. Sicherheitsrisiken.** Aus diesem Grund hebt lit. c die bes. Verpflichtung des Auftragsverarbeiters hervor, solche Maßnahmen zu treffen, die ein dem Risiko angemessenes Schutzniveau der Verarbeitungssicherheit iSd Art. 32 gewährleisten. Dazu gehören insbes. die **Pseudonymisierung** (Art. 4 Nr. 5; vgl. auch Art. 25 Abs. 1) und die **Verschlüsselung** (vgl. auch Art. 32 Abs. 1 Hs. 2 lit. a; → Art. 32 Rn. 33 ff.), Möglichkeiten, Daten wiederherzustellen, sowie **Überprüfungsroutinen** (vgl. auch Art. 32 Abs. 1 Hs. 2 lit. c und d; → Art. 32 Rn. 41 ff.). Der Vertrag (bzw. das andere Rechtsinstrument) muss den Auftragsverarbeiter dazu verdingen, die dafür erforderlichen Maßnahmen zu ergreifen (→ Art. 32 Rn. 25 ff.).

Weshalb es des lit. c regulatorisch bedarf, erschließt sich nicht auf den ersten **45**
Blick. Denn er legt dem Auftragsverarbeiter keine neuen inhaltlichen Pflichten auf: Bereits Art. 32 nimmt den Auftragsverarbeiter in seinen Abs. 1 und 4 unmittelbar in die Pflicht. Lit. c verleiht dem Verantwortlichen aber ein **ergänzendes Handlungsinstrument,** mit dem er den Auftragsverarbeiter aus **eigenem vertraglichem Recht** dazu zwingen kann, solche Maßnahmen vorzunehmen, die für die Sicherheit seines Verarbeitungsprozesses notwendig

sind (aA wohl Bertermann in Ehmann/Selmayr DS-GVO Art. 28 Rn. 25: „va deklaratorische Bedeutung").

46 d) Einhaltung der Vorgaben zum Unterauftrag (lit. d). Wenn der Auftragsverarbeiter die Dienste eines **weiteren Auftragsverarbeiters** in Anspruch nimmt, können davon Risiken für die zu verarbeitenden personenbezogenen Daten ausgehen. Abs. 2 (→ Rn. 59 ff.) und Abs. 4 (→ Rn. 64 ff.) ziehen daher Unteraufträgen **enge Grenzen.** Aus Klarstellungsgründen und um dem Auftragsverarbeiter die Demarkationslinien zulässiger Unteraufträge vor Augen zu führen, muss der Auftragsvertrag (bzw. das andere Rechtsinstrument) die gesetzlichen Schranken für die Unterbeauftragung aus Abs. 2 und 4 **ausdrücklich** und **schriftlich** (Abs. 9; → Rn. 75) fixieren.

47 e) Unterstützung bei der Beantwortung von Anträgen (lit. e). Schaltet der Verantwortliche einen Auftragsverarbeiter ein, soll das nach dem Willen des Unionsgesetzgebers die **Betroffenenrechte** (Art. 12–22) nicht beeinträchtigen. Diese Rechte treffen ausschließlich den Verantwortlichen selbst. Vielfach kann der Verantwortliche Auskunftsrechte und sonstige Betroffenenrechte aber nur dann vollständig einlösen, wenn der Auftragsverarbeiter die dafür erforderlichen Informationen zur Verfügung stellt. Um dies zu gewährleisten, muss der Vertrag (bzw. das andere Rechtsinstrument) dem Auftragsverarbeiter die Pflicht auferlegen, den Verantwortlichen dabei zu unterstützen, den Betroffenenrechten zu entsprechen. Mit geeigneten **technischen und organisatorischen Maßnahmen** soll er dem Verantwortlichen bei der Beantwortung von Anträgen helfen, die Betroffene stellen, um ihre Rechte nach dem dritten Kap. der DS-GVO auszuüben. Dies betrifft insbes. das Recht Betroffener auf Löschung ihrer personenbezogenen Daten auf der Grundlage des „Rechts auf Vergessenwerden" aus Art. 17. Weder die DS-GVO noch der Vertrag (bzw. das andere Rechtsinstrument) dürfen dem Auftragsverarbeiter aber Unmögliches oder Unzumutbares auferlegen. Aus diesem Grund stellt lit. e – entspr. dem römischrechtlichen Grundsatz „impossibilium nulla est obligatio" (Dig. 50, 17, 185) – klar, dass die Pflicht **nur iRd rechtlich und tatsächlich Möglichen** besteht. Ihr Umf. ist **weder statisch** noch gegenstandsunabhängig. Er richtet sich vielmehr auch nach „der Art der Verarbeitung" (vgl. Art. 4 Nr. 2; → Art. 24 Rn. 32), insbes. ihrer Risikoneigung.

48 f) Unterstützung bei den Pflichten nach Art. 32 bis 36 (lit. f). Neben lit. c unterstreicht auch lit. f die Bedeutung, die Maßnahmen zur Sicherheit der Verarbeitung in Auftragsverhältnissen zukommt. Anders als lit. c nimmt er aber nicht unmittelbar auf die **Pflichten des Auftragsverarbeiters** aus Art. 32 Bezug. Vielmehr zielt er auf die Pflichten, die **den Verantwortlichen** nach Art. 32 ff. treffen. Für diese (auch für die Meldepflicht gegenüber der Aufsichtsbehörde (Art. 33 Abs. 2; → Art. 33 Rn. 39 ff.) sowie die Benachrichtigung betroffener Personen (Art. 34 Abs. 1; → Art. 34 Rn. 25 ff.)) erlegt er dem Auftragsverarbeiter eine **Unterstützungspflicht** auf. Dies ist bereits deshalb erforderlich, weil der Verantwortliche idR nicht in eigener

Person über alle relevanten Informationen verfügt, um den Pflichten der DS-GVO sinnvoll nachzukommen.

Das Ausmaß der Unterstützungspflicht bestimmt sich – ebenso wie im Falle **49** des lit. e – inbes. nach dem Risiko, das sich mit der Verarbeitung verbindet („Art der Verarbeitung"; → Rn. 31). An den eigenen **Informationen des Auftragsverarbeiters** findet seine Unterstützungspflicht aber umgekehrt auch ihre **Grenze.** Das betont lit. f mit der Wendung „ihm zur Verfügung stehenden Informationen" ausdr. Neue eigene Pflichten, jenseits der Unterstützungspflicht, zB eine Benachrichtigungspflicht, legt lit. f iVm Art. 32–36 dem Auftragsverarbeiter demgegenüber nicht unmittelbar auf. Seine Unterstützungspflicht muss aber in dem Vertrag (bzw. dem anderen Rechtsinstrument) – auch im Interesse der Bewusstmachung und Rechtsklarheit – ausdr. Aufnahme finden.

g) Löschung oder Rückgabe nach dem Ende der Verarbeitungsleis- **50** **tung (lit. g).** Hat der Auftragsverarbeiter seine Verarbeitungsleistungen erbracht, endet zwar das Auftragsverhältnis, nicht aber seine Pflichtenstellung. Hätte er weiterhin Zugriff auf die personenbezogenen Daten, ginge davon ein Risiko für die Rechte und Freiheiten Betroffener aus. Wenn das Zugriffsrecht nach Auftragsende entfällt, muss er daher – als Ausfluss des allg. **Grundsatzes der „Datenminimierung"** (Art. 5 Abs. 1 lit. c) sowie der **Speicherbegrenzung** (Art. 5 Abs. 1 lit. e) – alle personenbezogenen Daten „entweder lösch[en] oder zurück[geben] und die vorhandenen Kopien lösch[en]"; der Zugang zu den personenbezogenen Daten muss ihm verwehrt sein (vgl. auch Spoerr in BeckOK DatenschutzR DS-GVO Art. 28 Rn. 78; zum konfligierenden Beweissicherungsinteresse des Auftragnehmers s. Möllenkamp/Ohrtmann ZD 2019, 445).

Hinsichtlich des **Modus der Pflichterfüllung** gewährt lit. g dem Verant- **50a** wortlichen ein **Wahlrecht.** Die **Rückgabe** als Erfüllungsmodus („zurückgibt") ist dabei primär auf Verarbeitungsformen zugeschnitten, die auf physische Datenträger, etwa externe Festplatten oder Speicherkarten, zurückgreifen. Bei elektronischer Speicherung ist angesichts heute üblicher Formen des digitalen Datentransfers via Internet eine Rückgabe des Datenträgers typischerweise untunlich.

In Einzelfällen kann es aus übergeordneten Gründen erforderlich sein, dass **51** der Auftragsverarbeiter die verarbeiteten personenbezogenen Daten auch zu einem Zeitpunkt vorhält, nachdem er seine Verarbeitungsleistung bereits erbracht hat. Die Verpflichtung, Daten zu löschen bzw. zurückzugeben, stellt die DS-GVO daher unter den **Vorbehalt vorrangiger mitgliedstaatlicher oder unionsrechtlicher Speicherpflichten** (Hs. 2). So kennt bspw. das nationale Steuerrecht Aufbewahrungsfristen (vgl. bspw. die zehnjährige steuerrechtliche Vorhaltungspflicht aus § 147 AO), aber auch das Telekommunikationsrecht (vgl. etwa die Pflicht, Verkehrsdaten 14 Wochen zu speichern (§ 113b Abs. 1 Nr. 1 TKG) sowie das Arbeitsrecht (vgl. insb. die zweijährige Aufbewahrungsfrist für die Arbeitszeitdokumentation aus § 17 Abs. 1 MindestlohnG). Den Mitgliedstaaten kommt insoweit aber **keine unbeschränkte Regelungsbefugnis** zu, Speicherpflichten nach ihrem Gusto zu etablieren.

Vielmehr bleibt die mitgliedstaatliche Normierungsmacht immer an konkrete Verarbeitungsgrundlagen und die damit verknüpften Öffnungsklauseln gebunden, welche die DS-GVO den Mitgliedstaaten an anderer Stelle einräumt (insbes. in Art. 6 Abs. 2 und 3). Bei lit. g handelt es sich also – ähnlich wie bei lit. a (→ Rn. 39, 41 f.) – um eine **unechte Öffnungsklausel:** Sie knüpft an eine Regelungsbefugnis an, welche die DS-GVO andernorts einräumt (Kühling/Martini ua DS-GVO und nationales Recht, 83). Andernfalls gäbe lit. g den Mitgliedstaaten Raum, das feingliedrige, voraussetzungsvolle System mitgliedstaatlicher Regelungsbefugnisse nach der DS-GVO mühelos zu unterwandern.

52 **h) Zurverfügungstellung von Informationen und Unterstützung von Überprüfungen (lit. h).** Der Auftragsverarbeiter hat dem Verantwortlichen alle erforderlichen Informationen zur Verfügung zu stellen, um nachzuweisen, dass er seine Pflichten als Auftragsverarbeiter erfüllt. Denn nur so kann der Verantwortliche seinerseits sicherstellen, dass die Verarbeitung im Einklang mit der DS-GVO erfolgt. Allen voran Protokolldaten über die durchgeführten Verarbeitungsvorgänge können hier Relevanz erlangen (Petri in NK-DatenschutzR DS-GVO Art. 28 Rn. 80). Nach dem Willen des Unionsgesetzgebers muss der Vertrag (bzw. das andere Rechtsinstrument) die Mitwirkungspflicht des lit. h **ausdr. festschreiben.**

53 Einer Mitwirkungspflicht unterliegt der Auftragsverarbeiter auch im Hinblick auf **Überprüfungen** und Inspektionen (engl.: „audits" and „inspections"), welche der Verantwortliche oder ein Prüfer, den er beauftragt hat, durchführt. Hierzu zählen insb. auch Vor-Ort-Kontrollen (Hartung in Kühling/Buchner DS-GVO Art. 28 Rn. 78; Spoerr in BeckOK DatenschutzR DS-GVO Art. 28 Rn. 84). Ähnlich wie im Verhältnis zur ASB (Art. 31; → Art. 31 Rn. 16 ff.) muss der Auftragsverarbeiter auch im Verhältnis zum Verantwortlichen an der Kontrolle des eigenen Verhaltens **selbst aktiv mitwirken:** Das macht der Unionsgesetzgeber dadurch deutlich, dass der Auftragsverarbeiter die Überprüfung nicht nur ermöglichen, sondern auch dazu beitragen muss (s. auch Ingold in HK-DS-GVO Art. 28 Rn. 60; Spoerr in BeckOK DatenschutzR DS-GVO Art. 28 Rn. 82). Ihre Grenze findet die Mitwirkungspflicht im Nemo-tenetur-Grundsatz (vgl. Art. 6 Abs. 1 S. 1 EMRK). Die sog. **Selbstbelastungsfreiheit** gilt zwar grds. nur im vertikalen Verhältnis, dh **gegenüber dem Staat;** die rechtsgeschäftlich begründete Mitwirkungspflicht des Auftragsverarbeiters (Art. 28 Abs. 3 UAbs. 1 S. 2 lit. h) **gegenüber dem Verantwortlichen oder einem externen Prüfer** erfasst sie demnach nicht unmittelbar (vgl. dazu aus arbeitsrechtlicher Perspektive zB Fuhlrott/Oltmanns NZA 2019, 1105 (1109); zum Versicherungsrecht: BGH NJW 2017, 1391 (1396, Rn. 60); Looschelders in Looschelders/Pohlmann VVG § 31 Rn. 17). Indes kann sich der Auftragsverarbeiter gegenüber dem Verantwortlichen in einer vergleichbaren (faktischen) Zwangslage befinden – jedenfalls dann, wenn seine Auskünfte in voraussehbarer Weise in ein Sanktionsverfahren der ASB münden (etwa weil der Verantwortliche seinerseits verpflichtet ist, mit der ASB in derselben Sache zu kooperieren; vgl. Art. 31 und Art. 33; → Art. 33 Rn. 16b und 39 ff.). Insofern ist es angezeigt, den Nemo-tenetur-Grundsatz auf außerstaatliche „Inspektionen" zu erweitern bzw. den privaten Zwang zur Selbstbelastung in diesen Fällen dem Staat zuzurechnen (vgl. mit verschiedenen Lösungsansätzen in Bezug auf sog internal investigations bspw. Greco/Caracas NStZ 2015, 7 (8 ff.), die aber eine Zurechnung ua nur dann vornehmen, wenn die Strafverfolgungsbehörden selbst die Untersuchungen initiieren (aaO, 14)). Der Auftragsverarbeiter muss sich somit nicht selbst eines sanktionsrechtlich relevanten Verhaltens bezichtigen. Ihm kommt nach der (restriktiven) Rechtsprechung des EuGH jedoch ein bloßes **„Geständnisverweigerungsrecht"** zu: Der Auftragsverarbeiter muss alle erforderlichen Auskünfte erteilen, selbst wenn sie den Beweis für ein datenschutzwidriges Verhalten erbrächten. Seine Verteidigungsrechte sind in dieser Lesart erst dann beeinträchtigt, wenn der Auftragsverarbeiter eine Zuwiderhandlung selbst (positiv) eingestehen müsste (grdl. EuGH BeckRS 2004, 71022 Rn. 34 f.; ausf. → Art. 31 Rn. 31 ff.).

4. Besondere Informationspflicht bei rechtswidriger Weisung (UAbs. 2)

Der Auftragsverarbeiter ist zwar grds. an die Weisung des Verantwortlichen **54** gebunden. Ist er aber der Auff., dass eine **Weisung rechtswidrig** ist, muss er den Verantwortlichen darüber informieren (UAbs. 2). Diese **Remonstrationspflicht** ähnelt der Pflicht des Beamten, seinen Vorgesetzten auf rechtswidrige dienstliche Anordnungen auf dem Dienstweg aufmerksam zu machen (§ 36 Abs. 2 S. 1 BeamtStG; § 63 Abs. 2 S. 1 BBG).

Mit seiner Mitteilung darf der Auftragsverarbeiter nicht grundlos zuwarten. **54a** Er muss **„unverzüglich"** (engl. „immediately") tätig werden. Auf die gleiche Wendung greift die DS-GVO an zahlreichen anderen Stellen der dt. Sprachfassung zurück – insbes. in Art. 5 Abs. 1 lit. d als Teil des Grundsatzes der Richtigkeit, Art. 12 Abs. 3 S. 1 (Information des Verantwortlichen über die Maßnahmen, die er als Reaktion auf Betroffenenrechte ergriffen hat), Art. 16 S. 1 (Recht auf Berichtigung unrichtiger personenbezogener Daten), Art. 17 Abs. 1 (Recht auf Löschung), Art. 33 Abs. 1 S. 1, Abs. 2 (Meldung von Verletzungen des Schutzes personenbezogener Daten an die ASB), Art. 34 Abs. 1 (Benachrichtigung Betroffener über eine Verletzung personenbezogener Daten), Art. 51 Abs. 4 (Notifikationspflicht der Mitgliedstaaten), Art. 56 Abs. 3 S. 1 (Unterrichtung der federführenden ASB) etc. Die englische Sprachfassung ist im Vergleich interessanterweise variantenreicher. Sie spricht bspw. in Art. 33 Abs. 1 S. 1, Abs. 2 von „without undue delay" statt von „immediately" wie in Art. 28 Abs. 3 UAbs. 2. „Immediately" (postwendend, schleunigst, umgehend) ist in seiner Konnotation strenger als „without undue delay", lässt dem Pflichtigen also etwas weniger zeitlichen Handlungsspielraum. Die Bedeutungsunterschiede der textlichen Spielarten sind jedoch begrenzt. Dem systematischen Kontext und der Rationalität der Norm entspricht es am ehesten, den Begriff entsprechend dem allg. Sprachverständnis iSv **„ohne vorsätzlich oder fahrlässig zu zögern"** zu verstehen (vgl. § 121 Abs. 1 S. 1 BGB).

Die Vorschr. des UAbs. 2 nimmt (überraschenderweise) ausdr. nur auf **55** UAbs. 1 S. 2 **lit. h** (Zurverfügungstellung von Informationen; → Rn. 52 f.)

Bezug – nicht aber auf die weiteren Buchst. des UAbs. 1 S. 2. Inhaltlich sachgerecht wäre de lege ferenda zusätzlich ein ausdr. Rekurs auf UAbs. 1 S. 2 **lit. a.** Denn die Informationspflicht ist nicht nur im Kontext mit Art. 29 zu lesen und zu verstehen. Sie steht vielmehr auch im Zusammenhang mit der Pflicht, personenbezogene Daten nur auf dokumentierte Weisung des Verantwortlichen zu verarbeiten.

55a   UAbs. 2 bleibt mit der Formulierung **„mit Blick auf"** („with regard to"; „en ce qui concerne") umständlich tiefgründig. Die Einschränkung ist so zu verstehen, dass der Unionsgesetzgeber die bes. Informationspflicht aus UAbs. 2 als **Unterfall der allg. Informationspflicht aus lit. h** begreift: Die Pflicht des Auftragsverarbeiters, den Verantwortlichen auf rechtswidrige Weisungen aufmerksam zu machen, ist Teil seiner allg. Informationspflicht. Die enge Verbindung beider Regelungen hatte der DS-GVO-E(Trilog) noch deutlicher betont: Der heutige UAbs. 2 war dort noch als S. 2 in lit. h integriert.

56   Die Informationspflicht knüpft an die **subjektive Einschätzung des Auftragsverarbeiters** an („[...] der Auffassung ist"). Ob die Weisung objektiv rechtswidrig ist, ist also nicht entscheidend. Die Norm nimmt den Auftragsverarbeiter damit – wie schon § 11 Abs. 3 S. 2 BDSG aF – nicht unmittelbar in den Dienst einer Rechtmäßigkeitskontrolle. Vielmehr schützt sie ihn davor, eine Weisung ausführen zu müssen, die ihn sehenden Auges das Recht verletzen lässt. Die Subjektivierung macht eine Verletzung der Informationspflicht jedoch schwer überprüf- und damit nur eingeschränkt (nach Art. 83 Abs. 4 lit. a bzw. Art. 82 Abs. 2 S. 2) sanktionierbar. Die Formulierung **„der Ansicht ist"** bleibt hinsichtlich des erforderlichen **Grades innerer Überzeugung** des Auftragsverarbeiters namentlich vage. Jedenfalls erfordert UAbs. 2 mehr als ein bloßes „für denkbar Halten" und umgekehrt weniger als eine absolute Sicherheit.

57   Für Fälle, in denen der Auftragsverarbeiter die Verarbeitung für rechtmäßig hält, aber **zu einer anderen Auff. hätte gelangen müssen,** greift die Informationspflicht nicht. Denn der Auftragsverarbeiter „ist" dann nicht zu dieser Auff. „gelangt". **Rechtspolitisch** darf man diese unglückliche Engführung der Informationspflicht als **unbefriedigend** empfinden: Sachgerecht wäre es gewesen, diese schon dann greifen zu lassen, wenn der Auftragsverarbeiter die Weisung **für offensichtlich rechtswidrig halten musste,** sich ihm die Rechtswidrigkeit also geradezu aufgedrängt hat, er sich dieser Erkenntnis aber verschlossen hat. Das ändert aber nichts daran, dass der Auftragsverarbeiter seine Pflichten nach geltendem Recht nicht verletzt, wenn er es trotz objektiv gewichtiger Gründe unterlässt, den Verantwortlichen über die mögliche Rechtswidrigkeit der Weisung zu informieren, soweit er selbst die Weisung nicht für rechtswidrig hält. An den Nachw., dass der Auftragsverarbeiter zur Auff. gelangt ist, dass eine Weisung rechtswidrig ist, sind aber **geringe Anforderungen** zu stellen; bereits wenige Anhaltspunkte genügen. Sonst liefe die Vorschr. in praxi leer.

58   Wie der Verantwortliche **im Anschluss an eine Information des Auftragsverarbeiters** zu verfahren hat und wie eine entspr. Meinungsverschiedenheit zu beseitigen ist (ob insbes. die Weisungsbindung bei offensichtlicher

Rechtswidrigkeit endet), lässt Abs. 3 UAbs. 2 offen. Schon unter dem Regime des BDSG aF war diese Frage umstr. (Petri in Simitis BDSG aF § 11 Rn. 91). Der Verantwortung des Auftraggebers unter der DS-GVO entspricht es, dass sich die **Weisungsbefugnis** des Auftraggebers grds. durchsetzt. Sie findet aber dort eine Grenze, wo es sich um **offensichtliche Rechtsverletzungen** handelt. An ihnen mitzuwirken, ist dem Auftragsverarbeiter **nicht zumutbar.** Der Auftragsverarbeiter und der Verantwortliche sind dann ggf. gehalten, die **ASB** über den Konflikt zu informieren und deren Entsch. einzuholen (vgl. insbes. Art. 58 Abs. 2 lit. a). Befindet diese, dass die Weisung rechtmäßig ist, ist der Auftragsverarbeiter, der sie befolgt, (ähnlich wie der Beamte im nationalen Beamtenrecht – § 36 Abs. 2 S. 3 BeamtStG; § 63 Abs. 2 S. 3 BBG) – selbst wenn die Einschätzung der ASB objektiv rechtswidrig sein sollte – grds. von jeglicher **Haftung** aus Art. 82 Abs. 2 S. 2 sowie dem Risiko einer Geldbuße nach Art. 83 Abs. 4 lit. a **befreit.** Seinen Pflichten, insbes. einer in einem rechtmäßigen Verfahren erteilten Anweisung, ist er dann nachgekommen.

III. Unterauftrag (Abs. 2 und 4)

Der Auftragsverarbeiter muss seinen Auftrag nicht zwingend ausschl. in eige- **59** ner Person ausführen. Er kann sich eines **weiteren Auftragsverarbeiters** bedienen, den er in die Datenverarbeitung einbindet. Bei einem solchen **Unterauftrag** muss er aber die Anforderungen der Abs. 2 und 4 einhalten, um die Interessen des Verantwortlichen nicht zu gefährden sowie einen hinreichenden Schutz der Rechte und Freiheiten Betroffener sicherzustellen.

1. Verbot eigenmächtiger Unterauftragserteilung (Abs. 2)

Der Auftragsverarbeiter darf einen weiteren Auftragsverarbeiter nur **mit Zu- 60 stimmung des Verantwortlichen** bestellen. Er muss diese einholen, **bevor** er seinen Unterauftrag erteilt. Anders als nach dt. Nomenklatur spricht die DS-GVO (statt von einer Einwilligung, vgl. § 183 S. 1 BGB) von einer „Genehmigung".

Die Zustimmung kann gesondert, dh **speziell** für den jeweiligen Unter- **61** auftrag, oder **allg.** erfolgen. Im letzteren Fall muss der Auftragsverarbeiter den Verantwortlichen aber jedenfalls **informieren,** falls er ein Unterauftragsverhältnis einzugehen beabsichtigt, also einen Auftragsverarbeiter **hinzuziehen oder ersetzen** möchte (**Abs. 2 S. 2**). Eine Frist für die Informationen nennt die DS-GVO nicht. Aus der Wendung „beabsichtigte Änderung" ergibt sich aber, dass die Information jedenfalls rechtzeitig vor der Änd. zu geschehen hat. Sie muss erfolgen, bevor unumkehrbare tatsächliche oder rechtliche Folgen eintreten. Denn die Information soll den Verantwortlichen in die Lage versetzen, der Erteilung des Unterauftrags mit Erfolg zu widersprechen. Ein solches **Einspruchsrecht** gesteht Abs. 2 S. 2 dem Verantwortlichen ausdr. zu. Macht der Verantwortliche davon Gebrauch, ist es dem Auftragsverarbeiter versagt, den weiteren Auftragsverarbeiter in Anspruch zu nehmen.

62   Unabhängig davon, ob die Genehmigung gesondert oder allg. erfolgt, bedarf sie der **Schriftform.** Das betont **Abs. 2 S. 1.** Ihr Schriftformerfordernis bezieht die Vorschrift – sprachlich zwar nicht eindeutig, aber jedenfalls ihrem Sinn nach – gleichermaßen auf **beide Formen der Zustimmungserteilung** (sc die „gesonderte" und die „allgemeine"). Anders als in anderen Vorschr. (insbes. Abs. 9, Art. 27 Abs. 1, Art. 30 Abs. 3) hebt die DS-GVO in Abs. 2 S. 1 nicht ausdr. hervor, dass auch das elektronische Format der Schriftform genügt (→ Art. 27 Rn. 17 ff.). Die abweichenden Formulierungen in **Abs. 9** („schriftlich [...] was auch in einem elektronischen Format erfolgen kann") und **Abs. 2 S. 1** der gleichen Vorschr. lassen vielmehr einen **Gegenschluss** zu: In Abs. 2 S. 1 genügt die elektronische Form gerade nicht. Die Genehmigung ist **auf Papier zu verkörpern** und mit einer **eigenhändigen Unterschrift** zu versehen. Der Unionsgesetzgeber wollte offenbar mit Blick auf das Risiko, das von einer allg. pauschalisierten Genehmigung ausgeht, bes. Sicherheitsvorkehrungen für ihre Dokumentationsform etablieren.

63   Will der Unterauftragnehmer seinerseits ein **weiteres Unterauftragsverhältnis** eingehen, so bedarf er der Zustimmung all derjenigen, die in der Verarbeitungskette vor ihm stehen. Anders wäre auch die grds. wechselseitige gesamtschuldnerische Haftungszurechnung nach **Art. 82 Abs. 4** iRd Verarbeitungskette bis hin zum ursprünglichen Verantwortlichen nicht rechtfertigbar (→ Rn. 64).

2. Modalitäten des Unterauftrags; Haftung (Abs. 4)

64   Die inhaltlichen Anforderungen an einen zulässigen Unterauftrag iSd Abs. 2 regelt Abs. 4: Auch der weitere Auftragsverarbeiter ist mit Hilfe eines Vertrags (bzw. eines anderen Rechtsinstruments) in die Verarbeitungskette zu integrieren (**S. 1**). Ihm sind **schriftlich** („auch in einem elektronischen Format"; Abs. 9, → Rn. 75) die **gleichen Pflichten** aufzuerlegen, die auch den (Haupt-)Auftragsverarbeiter nach Abs. 3 treffen. Das bindet den weiteren Auftragsverarbeiter zugleich (mittelbar) an den Verantwortlichen. Die Unterbeauftragung soll nach dem Willen des Normgebers den Auftragsverarbeitern keine Möglichkeit bieten, das Pflichtenniveau durch geschickte Arbeitsteilung schrittweise abzusenken.

65   Wie der (Haupt-)Auftragsverarbeiter (→ Rn. 19 ff.) muss auch der weitere Auftragsverarbeiter **geeignete technische und organisatorische Maßnahmen** ergreifen, um eine verordnungskonforme Verarbeitung sicherzustellen. Hierfür bedarf es (ebenso wie zwischen Verantwortlichem und Auftragsverarbeiter nach Abs. 1) hinreichender **Garantien.** Die Einhaltung genehmigter Verhaltensregeln (Art. 40) oder eines genehmigten Zertifizierungsverfahrens (Art. 42) kann diesen Nachw. nach dem Willen des Verordnungsgebers erleichtern (Abs. 5).

66   Den (ersten) Auftragsverarbeiter trifft eine **Einstandspflicht** ggü. dem Verantwortlichen für den Fall, dass ein in die Verarbeitungskette eingeschalteter weiterer Auftragsverarbeiter ein datenschutzrechtliches Fehlverhalten an den Tag legt. Das stellt **S. 2** klar. **Nach außen,** dh ggü. Betroffenen, **haften** der Verantwortliche und die Auftragsverarbeiter jedoch grds. **gesamtschuld-**

nerisch nach Art. 82 Abs. 4 in voller Höhe (sie können sich aber jeweils bei dem anderen schadlos halten, Art. 82 Abs. 5; → Art. 82 Rn. 17). Den Kreis der Haftungsverpflichteten in dieser Weise auszudehnen, verfolgt eine klare Zielsetzung: Es soll Betroffenen einen wirksamen Schadensersatz verbürgen (Art. 82 Abs. 4 aE; → Art. 82 Rn. 16).

IV. Privilegierung genehmigter Verhaltensregeln und Zertifizierungsverfahren (Abs. 5)

Ebenso wie Art. 24 Abs. 3 (→ Art. 24 Rn. 44 ff.), Art. 25 Abs. 3 (→ Art. 25   **67** Rn. 53 f.) und Art. 32 Abs. 3 (→ Art. 32 Rn. 62 f.) räumt auch Art. 28 Abs. 5 **Instrumenten der Selbstregulierung** deutlich größeren Entfaltungsraum und rechtlich wirksamere Konkretisierungsmacht ein als noch die DSRL bzw. das BDSG aF (ausf. Martini NVwZ-Extra 6/2016, 1 (10 ff.)). Die Selbstregulierungsregeln sollen „Verbände und andere Vereinigungen, die Kategorien von Verantwortlichen oder Auftragsverarbeitern vertreten" (Art. 40 Abs. 2), sowie die Normunterworfenen selbst in die Lage versetzen, ein ökonomisch praktikables und zugleich wirksames Datenschutzrecht kooperativ zu konkretisieren.

Genehmigten Verhaltensregeln (Art. 40) und genehmigten Zertifizierungs-   **68** verfahren (Art. 42), welche die Pflichten des Auftragsverarbeiters und etwaiger Unterauftragnehmer konkretisieren, gesteht die DS-GVO insbes. eine wichtige normative **Privilegierung** zu: Hält der Auftragsverarbeiter (bzw. Unterauftragnehmer) die Selbstregulierungsregeln ein, zu denen er sich bekannt hat, kann das „als Faktor" bei der Beurteilung Berücksichtigung finden, ob der (Haupt-)Auftragnehmer seine Pflichten erfüllt hat (vgl. auch ErwGr 81 S. 2). Der Umstand lässt sich insbes. als ein Aspekt (unter mehreren) bei der Bewertung heranziehen, ob der Verantwortliche seiner **Auswahlverantwortung** gerecht geworden ist, ob also die hinreichende Gewähr besteht, dass der (Unter-)Auftragnehmer geeignete technische und organisatorische Maßnahmen trifft, damit die Verarbeitung im Einklang mit den Anforderungen der DS-GVO erfolgt und den Schutz der Rechte der betroffenen Personen gewährleistet.

Die eingegangenen Selbstverpflichtungen als solche stellen Verarbeitern,   **69** die sich an sie halten, zugleich noch **kein Rechtmäßigkeits-Siegel** aus. Die DS-GVO formuliert lediglich eine sehr vorsichtige **Indizwirkung** (zust. Hartung in Kühling/Buchner DS-GVO Art. 28 Rn. 59; s. auch Spoerr in BeckOK DatenschutzR DS-GVO Art. 28 Rn. 93: „beschränkte Nachweiswirkung"; Petri in NK-DatenschutzR DS-GVO Art. 28 Rn. 87: „ein Faktor" für den Nachweis). Vordergründig gesteht der Wortlaut der Norm den ASB sogar ein vollständiges Entschließungs- und Auswahlermessen bei der Würdigung der Maßnahmen zu („kann [...] herangezogen werden"). Soll die beabsichtigte Privilegierungswirkung nicht leerlaufen, ist aber von einem **intendierten Entschließungsermessen** auszugehen: „Heranziehen können" heißt also regelmäßig „heranziehen müssen", sofern nicht atypische Besonderheiten des jeweiligen Instruments der Selbstregulierung oder seiner

Beachtung begründete Zweifel an seiner Eignung nähren, die rechtmäßige Pflichtenerfüllung abzubilden (dazu auch → Art. 24 Rn. 45).

V. Verwendung von Standardvertragsklauseln (Abs. 6–8)

70   Die Auftragsverarbeitung kann ihre Aufgabe als „Schmieröl" effizienter Datenverarbeitung im Motor der arbeitsteilig agierenden Digitalwirtschaft umso besser erfüllen, je weniger **Transaktionskosten** der Vertragsschluss auslöst. Dazu kann jede Form der Standardisierung einen hilfreichen Beitrag leisten. Mit dieser Zielrichtung eröffnet Abs. 6 Verantwortlichem und Auftragsverarbeiter (bzw. Auftragsverarbeiter und weiterem Auftragsverarbeiter) die Möglichkeit, anstelle individueller Vereinbarungen **Standardvertragsklauseln** zu verwenden (s. auch ErwGr 81 S. 4). In welchem Umf. die Beteiligten davon Gebrauch machen, steht ihnen frei: Der Vertrag (bzw. das andere Rechtsinstrument) lässt sich entweder **„ganz" oder auch nur „teilweise"** auf Standardvertragsklauseln stützen. So klingt es in der Wendung „unbeschadet eines individuellen Vertrags" an.

71   Das Instrument der Standardvertragsklauseln kannte bereits die **DSRL** in ihrem **Art. 26 Abs. 4.** Anwendung fand es aber nur für die Übermittlung personenbezogener Daten in ein **Drittland** (dazu EuGH ZD 2015, 549 mAnm Spies; Schmitz/von Dall'Armi ZD 2016, 217). Die DS-GVO baut es nunmehr auch für andere Bereiche aus. Sie greift dabei mitunter auf den Begriff **„Standarddatenschutzklauseln"** zurück (namentlich in Art. 46 Abs. 2 lit. c und d für die rechtmäßige Datenübermittlung in Drittstaaten). Aus **Art. 57 Abs. 1 lit. j und Art. 58 Abs. 3 lit. g** ergibt sich, dass die DS-GVO beide Begriffe synonym verwendet.

72   **Inhaltlicher Bezugspunkt** der Standardvertragsklauseln sind – ausweislich des Wortlauts der Abs. 6 bis 8 – die Aspekte, die **Abs. 3** (→ Rn. 22 ff.) **und 4** (→ Rn. 64 ff.) **adressieren,** also der Inhalt der datenschutzrechtlichen Verpflichtungen, welche die DS-GVO den Vertragspartnern mit auf den Weg gibt, sowie die Grenzen, denen insoweit auch Unterauftragnehmer unterliegen.

73   Standardvertragsklauseln können auf zwei Wegen entstehen: Entweder kann die **KOM** sie unmittelbar „im Einklang mit dem Prüfverfahren gemäß Artikel 93 Absatz 2" festsetzen **(Abs. 7)** oder eine **ASB** legt sie auf der Grundlage des Kohärenzverfahrens gem. Art. 63 fest **(Abs. 8),** so dass die KOM sie später erlässt (vgl. auch ErwGr 81 S. 4).

74   Die **Aufgabe der ASB,** Standardvertragsklauseln zu erlassen, folgt aus **Art. 57 Abs. 1 lit. j.** Ihre damit korrespondierende **Befugnis** normiert **Art. 58 Abs. 3 lit. g.** Damit die Standardvertragsklauseln der ASB keine uneinheitliche Anwendung der VO in der Union nach sich ziehen, muss die ASB eine **Stellungnahme des EDSA** einholen, bevor sie die Klausel erlässt (Art. 64 Abs. 1 S. 2 lit. d). Tut die zuständige ASB dies nicht oder folgt sie der Stellungnahme nicht, kann jede betroffene ASB oder die KOM die Angelegenheit dem EDSA vorlegen (Art. 65 Abs. 1 lit. c). Dieser fällt dann einen verbindlichen **Beschl.**

VI. Formanforderungen (Abs. 9)

Der Vertrag (bzw. das andere Rechtsinstrument) muss **schriftlich** abgefasst **75**
sein. Das gilt sowohl für die rechtliche Absicherung der Auftragsverarbeitung
zwischen **Verantwortlichem und Auftragsverarbeiter** nach Abs. 3 als
auch für das Verhältnis zwischen **Auftragsverarbeiter und Unterauftragnehmer** nach Abs. 4. Die Verschriftlichung darf nach dem ausdr. Willen des
Normgebers – anders als im Falle der Genehmigung einer Unterauftragserteilung (→ Rn. 62) – „auch in einem **elektronischen Format**" (Hervorhebung d. Verf.), etwa als PDF, erfolgen; einer **Verkörperung** in Gestalt
eines Ausdrucks **bedarf es** somit **nicht.** Die elektronische Form iSd § 126a
BGB müssen die Parteien nicht einhalten (vgl. insoweit auch Bertermann in
Ehmann/Selmayr DS-GVO Art. 28 Rn. 12; Hartung in Kühling/Buchner
DS-GVO Art. 28 Rn. 94 ff.). Gleichwohl genügt **nicht jede elektronische
Form** den Anforderungen des Abs. 9. Denn der Normgeber verfolgt mit
dem Formerfordernis – anders als Art. 17 Abs. 4 DSRL, der explizit nur auf
„Zwecke der Beweissicherung" abhob, dafür aber jede „andere Form" genü-
gen ließ – **Dokumentations-, Beweissicherungs- und Authentizitäts-
sicherungszwecke.** Er will damit die Rechtssicherheit stärken. Die Form soll
verbürgen, dass sich die Parteien, die in dem Dokument genannt sind, zu den
eingegangenen Verpflichtungen mit dem konkreten Inhalt bekannt haben.
Nur wenn das elektronische Format diesen Anforderungen genügt, insbes. die
Echtheit der in dem Dokument genannten Verpflichtungen – gerade mit
Blick auf die Gefahr späterer Änd. oder Fälschungen – sicherstellt, ist die
Schriftform iSd Abs. 9 gewahrt. Eine einfache **E-Mail** genügt dem regelmäßig nicht (da sie die Authentizität des Erklärten nicht belegt) – anders aber
der Einsatz elektronischer Signaturen (vgl. auch Art. 32 Rn. 36b).

VII. Aufgabenexzess des Auftragsverarbeiters (Abs. 10)

Dem Auftragsverarbeiter gebührt nach seiner Funktion nicht die Befugnis, **76**
über die **Zwecke und Mittel der Verarbeitung** zu bestimmen. Maßt er
sich dieses Recht gleichwohl an, so mutiert er – „in Bezug auf diese Verarbeitung" – zum Verantwortlichen (Abs. 10). Die DS-GVO behandelt ihn
dann **kraft Fiktion wie einen Verantwortlichen** („gilt […] als Verantwortlicher"; „shall be considered to be a controller"; „il est considéré comme un
responsable"). Er **unterliegt** dann nicht nur den Pflichten aus Kap. III und
IV, sondern va auch dem Anwendungsbereich der **Art. 82, 83 und 84.** Er
muss daher nach diesen Vorschr. für ein etwaiges Fehlverhalten wie ein
Verantwortlicher einstehen. Auf der Grundlage des bisher geltenden Rechts
haftete der Auftragsverarbeiter (jedenfalls nach überw. Ansicht) für derartige
eigene Exzesse – trotz der Aussage in § 11 Abs. 1 S. 2 BDSG aF – bereits
nach § 7 BDSG aF selbst **ggü. dem Betroffenen auf Schadensersatz** (so
etwa Eßer in Auernhammer BDSG aF § 7 Rn. 10; Quaas in BeckOK DatenschutzR BDSG aF § 7 Rn. 41; Simitis in Simitis BDSG aF § 7 Rn. 11; anders
aber wohl Lang K&R 2012, 145 (149 f.)). Abs. 10 normiert die Einstands-

pflicht des Auftragsverarbeiters nunmehr aber eindeutig, indem er ihn **dem gesamten Pflichtenkanon eines Verantwortlichen** unterwirft.

77   Abs. 10 darf nicht so (miss-)verstanden werden, dass es dem Verantwortlichen freisteht, den Auftragsverarbeiter über die Zwecke und Mittel der Verarbeitung bestimmen zu lassen und ihm nach Belieben die Entscheidungsmacht zu übertragen. „Herr der Verarbeitung" ist und bleibt ausschl. der Verantwortliche (Art. 4 Nr. 7). Abs. 10 regelt vielmehr allein den **rechtswidrigen Funktionsexzess** des Auftragsverarbeiters. Die Wendung „Auftragsverarbeiter, der unter Verstoß […]" meint also **nicht** Fälle der sog **Funktionsübertragung** (→ Rn. 7; dazu auch Martini/Fritzsche NVwZ-Extra 21/2015, 1 (5 f. mwN)), sondern nur Konstellationen, in denen der **Auftragsverarbeiter eigenmächtig agiert**.

C. Nationales Datenschutzrecht

78   Das BDSG aF verzichtete darauf, den Auftragsverarbeiter zu definieren. Grundaussagen zu seinem rechtlichen Status ließen sich bisher nur mittelbar aus einem Zusammenspiel des **§ 3 Abs. 7 und 8 BDSG aF herauslesen:** Der Auftragsverarbeiter war nicht verantwortliche Stelle iSd BDSG (arg. e contrario § 3 Abs. 7 BDSG aF); die Verantwortung für die Datenverarbeitung lag vielmehr (wie auch nun nach der DS-GVO) grds. beim Auftraggeber (vgl. § 11 Abs. 1 S. 1 BDSG aF). Zugleich stellte § 3 Abs. 8 S. 3 BDSG aF aber klar, dass der Auftragsverarbeiter **nicht „Dritter"** iSd Gesetzes war. Das privilegierte die Auftragsverarbeitung in bes. Weise (Koós/Englisch ZD 2014, 276 (276 f.); Martini/Fritzsche NVwZ-Extra 21/2015, 1 (5, Fn. 58 mwN)): Die Übermittlung der Daten an den Auftragsverarbeiter bedurfte – wie auch unter der DS-GVO (→ Rn. 8a ff.) – keiner datenschutzrechtlichen Rechtfertigungsgrundlage (krit. hierzu bspw. Monreal PinG 2017, 216 (223 f.)).

79   Seine nähere rechtliche Ausgestaltung erfuhr die Figur des Auftragsverarbeiters in **§ 11 BDSG aF.** Die Norm glich inhaltlich (und auch systematisch, vgl. § 11 Abs. 2 S. 2 BDSG aF und Art. 28 Abs. 3 UAbs. 1 S. 2) an vielen Stellen dem, was nunmehr auch Art. 28 regelt. Dies gilt etwa für die Pflicht des Verantwortlichen, den Auftragsverarbeiter ordnungsgemäß auszuwählen (vgl. **§ 11 Abs. 2 S. 1 BDSG aF** bzw. Art. 28 Abs. 1; ausf. zur bisherigen Rechtslage Martini/Fritzsche NVwZ-Extra 21/2015, 1 ff.), ferner die Mindestanforderungen an den Auftragsinhalt (**§ 11 Abs. 2 S. 2 BDSG aF** bzw. Art. 28 Abs. 3 UAbs. 1 S. 2), die Hinweispflicht bei rechtswidriger Weisung (**§ 11 Abs. 3 S. 2 BDSG aF** bzw. Art. 28 Abs. 3 UAbs. 2) oder das Schriftformerfordernis (vgl. **§ 11 Abs. 2 S. 2 BDSG aF** bzw. Art. 28 Abs. 9). Einzelne Regelungsbereiche durchdringt Art. 28 nunmehr ausführlicher und eröffnet den Vertragsparteien ein zT geringeres Maß an Ausgestaltungsfreiheit als § 11 BDSG aF (ohne dadurch jedoch substanzielle Änd. am Gesamtkonstrukt der Auftragsverarbeitung vorzunehmen). Das gilt bspw. im Hinblick auf die Dokumentationspflicht für Weisungen (Art. 29 Abs. 3 UAbs. 1 S. 2 lit. a) sowie die Möglichkeit der Unterbeauftragung. Insoweit unterwarf § 11 Abs. 2 S. 2 Nr. 6 BDSG aF den Auftraggeber bisher nur der Verpflichtung, die

Zulässigkeit der Unterbeauftragung vertraglich zu regeln. Die DS-GVO zieht demgegenüber nunmehr in Abs. 2 und 4 ausführlichere Regelungen zur Unterbeauftragung in ihr Normgebäude ein (→ Rn. 59 ff.).

Das BDSG macht von den **Öffnungsklauseln** des Art. 28 DS-GVO **79a** (→ Rn. 4) keinen Gebrauch, sondern rekurriert lediglich an einigen Stellen auf den unionsrechtlichen Begriff des Auftragsverarbeiters (zB §§ 38 und 44 BDSG). § 62 BDSG setzt die Vorgaben der JI-RL für den Bereich der **Polizei und Strafjustiz** um. Die Norm enthält dem Art. 28 DS-GVO iW strukturell vergleichbare Regelungen. Im bereichsspezifischen nationalen Datenschutzrecht finden sich ebenfalls Regelungen zur Auftragsverarbeitung, so etwa im **Sozialdatenschutzrecht** (**§ 80 SGB X;** vgl. BT-Drs. 18/12611, 114 f.; krit. dazu bspw. Völkel PinG 2018, 189 (190 f.)).

D. Ausblick

Dass die Union das Instrument der Auftragsverarbeitung in einer arbeitstei- **80** ligen, sich immer stärker räumlich entgrenzenden digitalen Wirtschaft unionsweit einheitlich regelt, harmonisiert die bisher disparaten Regelungsansätze, Dritte in Datenverarbeitungsvorgänge einzubeziehen, in rechtspolitisch grundsätzlich sinnvoller Weise. Die neue Regelung verweist zwar an zahlreichen Stellen im Wege unechter Öffnungsklauseln (→ insbes. Rn. 4) auf das nationale Recht. Sie belässt den Mitgliedstaaten jedoch **keinen substanziellen inhaltlichen Regelungsspielraum.**

Inhaltlich bewegt sich Art. 28 weitestgehend in der Tradition der bisheri- **81** gen normativen Vorgaben der DSRL und des § 11 BDSG aF. Die **Neuerungen** für den dt. Rechtsanwender bewegen sich daher **in engen Grenzen.** Konkretisierungsbedarf lässt auch die heutige Regelung noch im Hinblick auf die **Remonstrationspflicht** des Auftragsverarbeiters erkennen: Die Union sollte seine Pflicht, den Verantwortlichen auf eine rechtswidrige Weisung aufmerksam zu machen, an eine objektive, offensichtliche Rechtswidrigkeit, nicht an eine subjektive Einschätzung („der Auffassung ist") knüpfen.

Art. 29 Verarbeitung unter der Aufsicht des Verantwortlichen oder des Auftragsverarbeiters

Der Auftragsverarbeiter und jede dem Verantwortlichen oder dem Auftragsverarbeiter unterstellte Person, die Zugang zu personenbezogenen Daten hat, dürfen diese Daten ausschließlich auf Weisung des Verantwortlichen verarbeiten, es sei denn, dass sie nach dem Unionsrecht oder dem Recht der Mitgliedstaaten zur Verarbeitung verpflichtet sind.

BDSG und anderes nationales Recht: § 52 BDSG (kommentiert unter → BDSG § 52 Rn. 1 ff.).

Literatur: s. die Literatur zu Art. 28.

Übersicht

A. Allgemeines

I. Bedeutung der Norm und Einordnung in den Gesamtkontext der DS-GVO

1 Art. 29 sichert die Hoheit des Verantwortlichen über Datenverarbeitungen ab, die in seinem Namen stattfinden: Weder der Auftragsverarbeiter selbst noch Personen, die ihm bzw. dem Verantwortlichen unterstehen, dürfen die personenbezogenen Daten eigenmächtig verarbeiten. Es bedarf stets einer Weisung des Verantwortlichen **(Hs. 1)**. Art. 29 verleiht dem Verantwortlichen nicht nur die **Entscheidungsbefugnis** darüber, ob der Normadressat die personenbezogenen Daten verarbeiten darf **(„Ob")**. Er gesteht ihm auch die Rechtsmacht zu, über den **Inhalt** der Verarbeitung, insbes. über deren Zwecke und Mittel, zu bestimmen **(„Wie")**. Etwas anderes gilt jeweils nur dann, wenn das Recht der Union oder der Mitgliedstaaten eine **Verarbeitungspflicht** begr. **(Hs. 2)**. Die gesetzliche Pflicht substituiert dann die Weisung des Verantwortlichen.

2 Art. 29 steht in engem systematischem Zusammenhang mit **Art. 28,** der **die allg. normativen Grundlagen** zur Auftragsverarbeitung legt – und zwar in zweierlei Hinsicht: Die Verpflichtung des Auftragsverarbeiters, die Verarbeitung nur auf Weisung des Verantwortlichen durchzuführen, muss zum einen **in dem Vertrag** (bzw. dem äquivalenten Rechtsinstrument) zwischen Auftragsverarbeiter und Verantwortlichem ihren Niederschlag finden **(Art. 28 Abs. 3 UAbs. 1 S. 2 lit. a, → Art. 28 Rn. 38 ff.)**. Aus Art. 29 selbst folgt ein solches vertragliches Weisungsrecht noch nicht; es bedarf **ergänzender Vereinbarung** (vgl. auch Spoerr in BeckOK DatenschutzR DS-GVO Art. 29 Rn. 1). Zum anderen muss der Auftragsverarbeiter den Verantwortlichen **informieren,** wenn er der Meinung ist, dass eine Weisung des Verantwortlichen gegen das (unionale oder mitgliedstaatliche) Datenschutzrecht verstößt (**Art. 28 Abs. 3 UAbs. 2,** → Art. 28 Rn. 54 ff.).

Die Weisungsbindung flankiert **Art. 32 Abs. 4** mit einer verfahrensrecht-   **3** lich-organisatorischen **Gewährleistungspflicht** für unterstellte Personen: Verantwortliche und Auftragsverarbeiter sind dazu angehalten, geeignete **Vorkehrungen** zu treffen (→ Art. 32 Rn. 64 ff.), um sicherzustellen, dass ihnen unterstellte nat. Personen, die Zugang zu personenbezogenen Daten haben, diese nur auf Anweisung des Verantwortlichen verarbeiten.

Folgt der Auftragsverarbeiter einer (rechtmäßigen) Weisung des Verant-   **4** wortlichen nicht, **haftet er in eigener Person** dem Betroffenen für den dadurch eingetretenen Schaden **(Art. 82 Abs. 2 S. 2).** Maßt sich der Auftragsverarbeiter dadurch die Zwecke und Mittel der Verarbeitung an **(Verarbeitungsexzess), gilt er** kraft gesetzlicher Fiktion – mitsamt der damit verbundenen Pflichten – **selbst als Verantwortlicher** (Art. 28 Abs. 10; → Art. 28 Rn. 76 f.; zur rechtswidrigen Weisung → Art. 28 Rn. 54 ff.).

II. Sinn und Zweck der Vorschrift

Bezieht der Verantwortliche andere Personen in die Verarbeitung ein, steigt   **5** das Risiko, dass sich die Verarbeitung personenbezogener Daten auf andere Weise als ursprünglich vorgesehen vollzieht und daraus Schäden für die Rechte und Freiheiten Betroffener erwachsen: Der Verantwortliche beansprucht zwar weiterhin die **Steuerungsmacht** und trägt die volle Verantwortung für mögliche Rechtsverletzungen. Seine faktische Einwirkungsmöglichkeit auf die Glieder der Verarbeitungskette nimmt jedoch ab. Dadurch droht ein **Kontrollverlust** über die Verarbeitung der personenbezogenen Daten insgesamt. Dem will Art. 29 entgegenwirken.

Um die Durchgriffsmacht des Verantwortlichen im Verarbeitungsprozess   **6** normativ abzusichern, bindet Art. 29 den Auftragsverarbeiter und jede ihm bzw. dem Verantwortlichen unterstellte Person, die Zugang zu den zu verarbeitenden personenbezogenen Daten hat, vollständig an die Instruktionshoheit des Verantwortlichen: Jede Verarbeitung steht unter einem **Weisungsvorbehalt** (vgl. auch Kremer in SJTK DS-GVO Art. 29 Rn. 1: „lückenlose Weisungskette"). Das Weisungsrecht des Verantwortlichen ist zugleich das notwendige **Korrelat** zu seiner datenschutzrechtlichen Haftung ggü. der betroffenen Person (Art. 82 Abs. 2 S. 1). Es schließt zwar die faktische Möglichkeit nicht aus, dass einzelne Glieder der Verarbeitungskette die Daten auch für andere (eigene) Zwecke verarbeiten. Es delegitimiert aber eine nicht von einer Weisung gedeckte Verarbeitung.

Für diejenigen Akteure, die ihre Verarbeitung nicht in eigener Person auf   **7** Art. 6 stützen können, schafft die Weisung eine **abgeleitete Rechtfertigung,** die es ihnen erlaubt, personenbezogene Daten zu verarbeiten (zu dieser Privilegierung → Art. 28 Rn. 8a ff.; vgl. auch Art. 4 Nr. 10: „unter der unmittelbaren Verantwortung des Verantwortlichen […] befugt sind, die personenbezogenen Daten zu verarbeiten").

8   Eine Weisung, welche die Verarbeitung legitimiert, ist nur dann entbehrlich, wenn das Unionsrecht oder das Recht der Mitgliedstaaten Normadressaten **gesetzlich verpflichtet, die Daten zu verarbeiten** (Hs. 2). In diesem Fall erwächst die Verarbeitungserlaubnis unmittelbar aus der jeweiligen gesetzlichen Verarbeitungspflicht. Möglicherweise entgegenstehende Weisungen, die das Verhalten der unterstellten Person steuern sollen, werden verdrängt.

III. Entstehungsgeschichte der Norm

9   Die heutige Fassung des Art. 29 fand sich bereits in sehr ähnlicher Gestalt im DS-GVO-E(KOM). Der DS-GVO-E(EP) und der DS-GVO-E(Rat) kannten eine vergleichbare Vorschrift demgegenüber nicht. Im Trilog verständigten sich KOM, EP und Rat darauf, den Art. in seiner heutigen Form in die DS-GVO aufzunehmen.

IV. Vergleich mit der bisherigen Rechtslage auf Unionsebene

10   Art. 29 ist mit dem Regelungsgehalt der Vorgängernorm des **Art. 16 DSRL** nahezu identisch. Die DS-GVO passt lediglich den − sachlich gleich gelagerten − **Ausnahmetatbestand des Hs. 2** an den Wechsel der unionsrechtlichen Handlungsform von der RL zur VO an: Eine Verarbeitungspflicht muss sich entweder unmittelbar aus dem **Unionsrecht** oder (auf der Grundlage einer entspr. Öffnungsklausel) dem **Recht der Mitgliedstaaten** ergeben.

B. Auslegung der Norm

I. Grundsatz: Verarbeitung nur auf Weisung des Verantwortlichen (Hs. 1)

11   Art. 29 sendet eine klare normative Botschaft aus: Wer als Auftragsverarbeiter oder Angestellter Zugang zu personenbezogenen Daten hat (1., → Rn. 12 ff.), darf Verarbeitungsvorgänge nicht aus eigenem Antrieb, sondern nur auf Weisung (2., → Rn. 18 ff.) vornehmen (aA Spoerr in BeckOK DatenschutzR DS-GVO Art. 29 Rn. 8, der daneben einen weisungsfreien Bereich anerkennt, der dem Auftragsverarbeiter „Spielräume eigenverantwortlicher Auftragserfüllung" zugestehe). Im Falle eines Verstoßes entbehrt die Verarbeitung der Legitimation und verlangt die DS-GVO dem Verantwortlichen entspr. Gegenmaßnahmen ab (3., → Rn. 23 ff.). Die Weisungsbindung erstreckt sich − so wie der gesamte Anwendungsbereich der DS-GVO (vgl. Art. 2 Abs. 1) − nur auf **personenbezogene Daten.** Anonymisierte Daten darf der Auftragsverarbeiter ohne Rücksicht auf die Anforderungen des Art. 29 verarbeiten.

1. Normadressaten

12   Art. 29 unterwirft nicht nur jeden Auftragsverarbeiter (a, → Rn. 13), sondern auch jede diesem oder dem Verantwortlichen unterstellte Person (b,

→ Rn. 14 ff.) der Weisungshoheit des Verantwortlichen. Dadurch **erweitert** die Vorschr. den Kreis der weisungsgebundenen Akteure im Vergleich zu Art. 28 Abs. 3 UAbs. 1 S. 1 und S. 2 lit. a, der nur die (zweipolige) Rechtsbeziehung unmittelbar zwischen dem Verantwortlichen und dem Auftragsverarbeiter selbst erfasst (→ Art. 28 Rn. 28, 39 ff.; s. zur „dreigeteilten" Struktur des Art. 29 Kremer in SJTK DS-GVO Art. 29 Rn. 6).

a) Auftragsverarbeiter. Wer Auftragsverarbeiter ist und damit den Weisun- **13** gen des Verantwortlichen Folge leisten muss, definiert **Art. 4 Nr. 8** legal (→ Art. 4 Rn. 56; → Art. 28 Rn. 2). Die Begriffsbestimmung ist weitgehend tautologisch: Sie erschöpft sich in einer Paraphrasierung des Begriffs „Auftragsverarbeiter". Immerhin konkretisiert sie den infrage kommenden Personenkreis: Auftragsverarbeiter kann nicht alleine eine nat., sondern auch eine **jur. Person** sein – ebenso jede **„Behörde, Einrichtung oder andere Stelle"**, die „personenbezogene Daten im Auftrag des Verantwortlichen verarbeitet" (→ Art. 28 Rn. 2). In der Sache ist die Auftragsverarbeitung iW durch zwei Merkmale gekennzeichnet: Der Verantwortliche bestimmt als **„Herr der Daten"** die Zwecke und Mittel der Verarbeitung – anders als im Falle gemeinsamer Verarbeitung nach Art. 26 – **alleine.** Der Auftragnehmer ist als dessen „verlängerter Arm" arbeitsteilig in den Verarbeitungsvollzug eingebunden, ohne in die Organisation des Verantwortlichen eingegliedert zu sein.

b) Unterstellte Person mit Zugang zu personenbezogenen Daten. **14** Neben dem Auftragsverarbeiter unterliegt auch jede diesem oder dem Verantwortlichen **„unterstellte Person"** (aa, → Rn. 15) der Weisungsbindung, „die **Zugang** zu personenbezogenen Daten hat" (bb, → Rn. 16) und als solche „unter der unmittelbaren Verantwortung des Verantwortlichen oder des Auftragsverarbeiters" tätig wird (cc, → Rn. 17). Das ergibt sich aus dem Gegenbegriff des „Dritten" in Art. 4 Nr. 10. Unter den Personenkreis des Art. 29 fallen insbes. (aber nicht nur) die **Arbeitnehmer** des Verantwortlichen und des Auftragsverarbeiters (vgl. zu Art. 16 DSRL Brühann in Grabitz/Hilf Das Recht der Europäischen Union, 40. Aufl. 2009, DSRL Art. 16 Rn. 5 mit weiteren Bsp.; Datenschutzkonferenz, Kurzpapier Nr. 19 vom 29.5.2018, S. 2). Denkbar sind darüber hinaus Personen, die **kraft Werkvertrags, Arbeitnehmerüberlassung oder Zeitarbeit** in den Geschäftsbetrieb des Verantwortlichen bzw. Auftragsverarbeiters **eingebunden** sind. Bei ihnen muss es sich – anders als im Falle des Art. 32 Abs. 4 („ihnen unterstellte natürliche Personen") – nicht zwingend um eine nat. Person handeln. In Betracht kommen – ebenso wie im Falle des Auftragsverarbeiters – **auch jur. Personen** (zust. Lutz/Gabel in Taeger/Gabel DS-GVO Art. 29 Rn. 9).

aa) Unterstellt. „Unterstellt" iSd Norm ist eine Person dem Verantwort- **15** lichen bzw. Auftragsverarbeiter dann, wenn er rechtlich in der Lage ist, ggü. der entspr. Person das **Direktionsrecht** auszuüben.

bb) Zugang zu personenbezogenen Daten. Zugang zu den personenbe- **16** zogenen Daten hat die unterstellte Person bereits dann, wenn sie über eine

faktische Zugriffsmöglichkeit verfügt. Auf die rechtliche Befugnis kommt es insoweit nicht an (zust. Spoerr in BeckOK DatenschutzR DS-GVO Art. 29 Rn. 11; Hartung in Kühling/Buchner DS-GVO Art. 29 Rn. 7; Kremer in SJTK DS-GVO Art. 29 Rn. 8; Lutz/Gabel in Taeger/Gabel DS-GVO Art. 29 Rn. 5; wohl auch Bertermann in Ehmann/Selmayr DS-GVO Art. 29 Rn. 3; aA Petri in NK-DatenschutzR DS-GVO Art. 29 Rn. 11). Diese besteht nach Art. 29 Hs. 1 per definitionem ohnehin nur kraft Weisung. Art. 29 stellt damit auch sicher, dass Personen, die mit einem Verarbeitungsprozess als dem Verantwortlichen oder Auftragsverarbeiter unterstellte Personen in Berührung kommen, nur dann legitimiert operieren, wenn sie „auf Weisung des Verantwortlichen" handeln (vgl. auch Art. 32 Abs. 4; → Rn. 3, Art. 32 Rn. 64 f.).

17 **cc) Unter der unmittelbaren Verantwortung des Verantwortlichen oder des Auftragsverarbeiters.** Zu dem Personenkreis des Art. 29 gehört nicht jeder, der irgendwie in den Verarbeitungsprozess integriert ist, sondern nur solche Personen, die unmittelbar, also ohne Einschaltung eines Dritten (Art. 4 Nr. 10), unter der direkten Verantwortung des Verantwortlichen oder des von ihm beauftragten Verarbeiters stehen.

2. Weisung

18 Art. 29 erklärt die Weisung zum zentralen, die Legitimität von Verarbeitungen vermittelnden Steuerungsinstrument im Beziehungsgefüge zwischen dem Verantwortlichen und den ihm unterstellten Personen. Unter den **Begriff der Weisung** fällt jede an den Normadressaten gerichtete Anordnung, die sich auf den Gegenstand und die Art des Umgangs mit personenbezogenen Daten sowie die darauf gerichteten technischen und organisatorischen Maßnahmen bezieht (vgl. zu § 11 BDSG aF Petri in Simitis BDSG aF § 11 Rn. 86; Thomale in Auernhammer BDSG aF § 11 Rn. 55; wie hier Nink in Spindler/Schuster DS-GVO Art. 29 Rn. 6; ähnl. zB Kremer in SJTK DS-GVO Art. 29 Rn. 11). Ob es sich um eine Weisung **im Einzelfall** handelt oder ob der Normadressat einem entspr. Pflichtenprogramm bereits **durch generelle Anordnung** iRe Auftragsverhältnisses unterliegt, ist unerheblich – ebenso, ob ein Auftrag iSd § 662 BGB vorliegt (VG Bayreuth ZD 2018, 382 Rn. 48 mAnm Felber; vgl. zu § 11 BDSG aF Petri in Simitis BDSG aF § 11 Rn. 86 mwN; Thomale in Auernhammer BDSG aF § 11 Rn. 55). Weisungen können sich daher insbes. auch in Prozessbeschreibungen, Ablaufplänen, Betriebsvereinbarungen, allgemeinen Dienstanweisungen, betrieblichen Dokumentationen sowie Handbüchern manifestieren (Datenschutzkonferenz, Kurzpapier 19 vom 29.5.2018, S. 2). Ein **bloßes Dulden** des Verantwortlichen genügt den Anforderungen an eine Weisung aber mangels anordnenden Charakters nicht. Die Weisung muss zudem **hinreichend konkret** sein, um ihre legitimierende Wirkung entfalten zu können (ebenso zB Hartung in Kühling/Buchner DS-GVO Art. 29 Rn. 15; zu § 11 BDSG aF bereits Gola/Schomerus BDSG aF § 11 Rn. 24; Thomale in Auernhammer BDSG aF § 11 Rn. 54).

Zur Frage, ob die Weisung einer **bestimmten Form** bedarf, schweigt sich   **19**
Art. 29 aus. Art. 28 Abs. 3 UAbs. 1 S. 2 lit. a vermittelt auf den ersten Blick
insoweit etwas mehr Klarheit: Der Vertrag (bzw. das andere Rechtsinstrument), welcher (bzw. welches) der Auftragsverarbeitung zugrunde liegt, muss
die Verpflichtung des Auftragsverarbeiters vorsehen, personenbezogene Daten
nur „auf **dokumentierte** Weisung" zu verarbeiten. Das insinuiert, dass der
Auftragsverarbeiter nur nach einer belegbaren, zB schriftlichen, Weisung aktiv
werden darf. Ein so enges Verständnis ginge jedoch an dem normativen
Gehalt der Vorschr. vorbei: Sie verpflichtet nicht den Verantwortlichen,
sondern vielmehr umgekehrt den Auftragsverarbeiter, dessen Weisung zu
dokumentieren. Art. 28 Abs. 3 UAbs. 1 S. 2 lit. a etabliert also keine Schriftform der Weisung, sondern eine **Dokumentationspflicht des Auftragsverarbeiters** (→ Art. 28 Rn. 39; zust. Hartung in Kühling/Buchner DS-GVO
Art. 29 Rn. 16). Dieser Pflicht kann er auch **in elektronischer Form** nachkommen. Zwar unterliegt der Auftragsvertrag (bzw. das andere Rechtsinstrument) der Schriftform (Art. 28 Abs. 9). Dieses Formerfordernis erstreckt sich
aber nicht auf jede Weisung, sondern nur auf das Auftragsverhältnis, welches
der Weisung zugrunde liegt.

Art. 29 lässt offen, ob die Weisung des Verantwortlichen rechtmäßig sein   **20**
muss, um ihre Bindungswirkung zu entfalten, oder ob die unterstellte Person
auch **rechtswidrige Weisungen** befolgen muss und darf. Die haftungsrechtliche Regelung des **Art. 82 Abs. 2 S. 2** scheint diese Frage prima vista zu
beantworten. Denn die Norm schließt bei Befolgung einer „rechtmäßig
erteilten" Anweisung („lawful instructions") die Haftung des Auftragsverarbeiters aus – ebenso wenn der Auftragsverarbeiter nicht „gegen diese Anweisungen gehandelt hat" (mit „diese" adressiert die Norm wohl – ebenso
wie in der Var. 2 – nur rechtmäßig erteilte Weisungen; das unterstreicht auch
die englische Sprachfassung „outside or contrary to lawful instructions"). Das
legt im Umkehrschluss nahe, dass der Auftragsverarbeiter nur rechtmäßig
erteilte Weisungen zu befolgen braucht, die Weisung also rechtmäßig sein
muss, um den Auftragsverarbeiter binden zu können.

Art. 82 Abs. 2 S. 2 regelt allerdings nur die haftungsrechtlichen Folgen,   **21**
nicht aber die **Rechtmäßigkeit des Handelns** selbst. Immerhin stehen die
Rechtmäßigkeit des Handelns und die Haftung in einem inneren Konnex:
Trägt der Auftragsverarbeiter dann, wenn er **rechtswidrig erteilte Weisungen** befolgt, auf der Sekundärebene ein Haftungsrisiko aus Art. 82 Abs. 2 S. 2
Var. 2, ist ihm auch auf der **Primärebene die Weisungsbefolgung nicht
ohne Weiteres zumutbar.**

Art. 29 zielt zugleich ratione materiae nicht darauf ab, die Frage nach den   **21a**
Grenzen der Bindungswirkung unmittelbar zu beantworten: Er will einen
Weisungsvorbehalt unterstellter Personen als **notwendige Bedingung** dafür,
dass deren Handeln überhaupt rechtmäßig sein kann, allg. verankern – nicht
aber spezifizieren, unter welchen Voraussetzungen eine Weisung mit der
Rechtsordnung im Einklang steht. Auch Art. 28 Abs. 3 UAbs. 1 S. 2 lit. a
verhält sich nicht eindeutig dazu, ob der Auftragsverarbeiter auch an rechtswidrige Weisungen gebunden ist.

21b   Am ehesten erschließt sich die Antwort auf die Grenzen der Weisungsbindung aus dem Sinn der Auftragsverarbeitung sowie des Art. 82 Abs. 2 S. 2: Sowohl Art. 28 f. als auch Art. 82 wollen dem Auftragsverarbeiter **nicht das Risiko der Rechtswidrigkeit der Verarbeitung** insgesamt auferlegen, sondern **nur das Risiko ordnungsgemäßer Auftragsverarbeitung.** Der Auftragsverarbeiter handelt daher nicht schon dann automatisch rechtswidrig, wenn der Verantwortliche gegen Vorschr. der DS-GVO, insbes. Art. 6, verstößt. Anderenfalls müsste der Auftragsverarbeiter – entgegen der feinsinnigen Differenzierung des Art. 82 Abs. 2 – wie der Verantwortliche selbst in vollem Umf. für die Rechtmäßigkeit der Verarbeitung einstehen. In vielen Fällen kann er aber gar nicht überprüfen, ob der Verantwortliche rechtmäßig handelt (zB weil er die Einwilligung eines Betroffenen als Grundlage der Verarbeitung nicht kennt). Die Weisung ist daher grds. dann rechtmäßig, wenn sie sich **auf ein rechtmäßiges Auftragsverhältnis iSd Art. 28 stützen** kann. An sie ist der Auftragsverarbeiter im Grundsatz **gebunden** – und zwar unabhängig davon, ob die Datenverarbeitung des Verantwortlichen rechtmäßig ist oder nicht (zust. Spoerr in BeckOK DatenschutzR DS-GVO Art. 29 Rn. 20). Das deutet auch ein **Umkehrschluss aus Art. 28 Abs. 3 UAbs. 2** an: Hält der Auftragsverarbeiter eine Weisung für rechtswidrig, muss er den Verantwortlichen hierüber **informieren** (→ Art. 28 Rn. 54 ff.). Er darf sich über die Weisung also nicht ohne Weiteres hinwegsetzen. Das Weisungsrecht des Verantwortlichen setzt sich im Zweifel durch (iErg wohl auch Kremer in STJK DS-GVO Art. 29 Rn. 12; ebenso Lutz/Gabel in Taeger/Gabel Art. 29 Rn. 13; Thomale in Auernhammer DS-GVO Art. 29 Rn. 5 f.). Der Auftragsverarbeiter genießt also **kein inhaltliches Verwerfungsrecht,** ihn trifft jedoch eine **Prüfungspflicht.** Er muss alle verfahrensrechtlichen Schritte unternehmen, um die Rechtmäßigkeit der Weisung zu klären, und hierzu ggf. die Aufsichtsbehörde anrufen (vgl. insbes. Art. 58 Abs. 2 lit. a). Die DS-GVO wählt insoweit einen **verfahrensrechtlichen Weg,** um Zweifel an der Rechtmäßigkeit einer Weisung auszuräumen. Setzt sich der Auftragsverarbeiter gleichwohl bewusst und eigenmächtig über die Zwecke und Mittel der Verarbeitung hinweg, begeht er einen **Auftragsverarbeiterexzess** und mutiert selbst zum Verantwortlichen (Art. 28 Abs. 10; → Art. 28 Rn. 76 f.).

22   Verlangt eine Weisung dem Auftragsverarbeiter **offensichtlich rechtswidriges Handeln** ab, ist ihm allerdings eine **Bindung unzumutbar.** Im Ausnahmefall kann es auch auf die Haftung nach Art. 82 Abs. 2 S. 2 durchschlagen, wenn er die Augen vor der Teilhabe an einem evident rechtswidrigen Verarbeitungsvorgang – entgegen dem Gebot der Verarbeitung nach Treu und Glauben (Art. 5 Abs. 1 lit. a) – verschließt (zust. Spoerr in BeckOK DatenschutzR DS-GVO Art. 29 Rn. 23).

22a   Für **Mitarbeiter** des Auftragsverarbeiters bzw. des Verantwortlichen gelten ähnliche Grundsätze wie für den Auftragsverarbeiter selbst (→ Rn. 20 ff.): Ebenso wie dieser haben sie Weisungen grds. auch dann zu befolgen, wenn sie rechtswidrig sind. Anders als dem Auftragsverarbeiter (Art. 28 Abs. 3 UAbs. 2) trägt die DS-GVO Mitarbeitern zwar keine ausdrückliche Informationspflicht für den Fall auf, dass die Weisung rechtswidrig ist (Martini/

Wagner/Wenzel VerwArch 2018, 296 (303 f.)). Die Mitarbeiter können jedoch arbeitsvertraglich gehalten sein, ihren Arbeitgeber auf die Rechtswidrigkeit einer Weisung hinzuweisen; sie schulden nicht blinden Gehorsam, sondern sie trifft eine **Treuepflicht,** Schaden von dem Arbeitgeber abzuwenden und ihn rechtzeitig zu informieren, bevor ein Schaden eintritt (Spinner in MüKoBGB § 611a Rn. 1001; Fuhlrott NZA 2019, 649 (653)).

Die DS-GVO lässt offen, was gilt, wenn die **Weisungen** des Auftragsver-   **22b** arbeiters und des Verantwortlichen **einander widersprechen. Vertragsrechtlich** ist der Mitarbeiter grds. nur dem Direktionsrecht seines unmittelbaren Vorgesetzten (vgl. § 106 GewO) unterworfen. Denn nur zum Auftragsverarbeiter steht er in einer unmittelbaren Rechtsbeziehung. Aus Art. 29 erwächst insbes. **kein unmittelbares vertragliches** Weisungsrecht des Verantwortlichen (→ Rn. 2). Er formuliert aber eine **gesetzliche Weisungsbindung** unterstellter Personen gegenüber dem Verantwortlichen („und jede […] unterstellte Person […] diese Daten ausschließlich auf Weisung des Verantwortlichen"). Diese setzt sich **datenschutzrechtlich** – also mit Blick auf die datenschutzrechtliche Zulässigkeit des Verarbeitungsvorgangs – gegen das vertragliche Weisungsrecht des Auftragsverarbeiters durch (ebenso Hartung in Kühling/Buchner DS-GVO Art. 29 Rn. 10; wohl auch Nink in Spindler/Schuster DS-GVO Art. 29 Rn. 8; aA Spoerr in BeckOK DatenschutzR DS-GVO Art. 29 Rn. 24; Lutz/Gabel in Taeger/Gabel DS-GVO Art. 29 Rn. 10). Befolgt der Mitarbeiter eine Weisung seines Vorgesetzten, die der Weisung des Verantwortlichen widerspricht, wird also **nicht vertragsbrüchig.** Der Verarbeitungsvorgang (für den er nicht selbst datenschutzrechtlich Verantwortung trägt; vgl. auch Art. 4 Nr. 10: „unter der unmittelbaren Verantwortung") findet aber (wegen Verstoßes gegen Art. 29) nicht die Legitimation des Datenschutzrechts. Das gilt selbst dann, wenn die Weisung des Verantwortlichen rechtswidrig ist (solange die Rechtswidrigkeit nicht offensichtlich ist; → Rn. 22).

3. Rechtsfolgen eines Verstoßes

Wer als Normadressat entweder gänzlich **ohne oder nicht in den Gren-**   **23** **zen der erteilten Weisung** handelt, etwa personenbezogene Daten unbefugt an Dritte weitergibt, verstößt grds. gegen Art. 29 (vgl. zur DSRL Brühann in Grabitz/Hilf Das Recht der Europäischen Union, 40. Aufl. 2009, DSRL Art. 16 Rn. 9). Auf ein **kognitives Element,** also das Kennen oder Kennenmüssen des Normadressaten, kommt es insoweit **nicht** an. Relevant sind iRd Art. 29 ausschl. **Weisungen des Verantwortlichen.** Ein Verstoß gegen Weisungen **des Auftragsverarbeiters** ist insofern unbeachtlich (→ Rn. 22b), es sei denn, sie gehen ihrerseits auf Weisungen des Verantwortlichen zurück.

Stellt der Verantwortliche fest, dass eine ihm unterstellte Person Daten nicht   **24** nach Weisung verarbeitet, so muss er entspr. **Gegenmaßnahmen** ergreifen. Deren Ziel muss es sein, die Folgen des Weisungsverstoßes nach Möglichkeit rückgängig zu machen sowie darauf hinzuwirken, dass die unterstellte Person die Weisungsbindung künftig einhält. Die gleiche Pflicht trifft den **Auftrags-**

verarbeiter, dessen Untergebene gegen Weisungen des Verantwortlichen verstoßen. Das entspricht auch dem Sicherstellungsgebot aus Art. 32 Abs. 4 Hs. 1. UU kann der Auftraggeber bzw. Auftragsverarbeiter sogar gezwungen sein, die **Zusammenarbeit** mit dem Untergebenen zu **beenden** (vgl. ähnlich zu § 11 BDSG aF Petri in Simitis BDSG aF § 11 Rn. 88; ebenso Spoerr in BeckOK DatenschutzR DS-GVO Art. 29 Rn. 24). Das gilt insbes. dann, wenn dieser **wiederholt** gegen Art. 29 verstößt.

25   Missachtet der Auftragsverarbeiter eine **rechtmäßig** erteilte Anweisung des Verantwortlichen völlig oder verstößt er (bewusst oder unbewusst) **gegen einzelne Anweisungen,** ist er grds. **schadensersatzpflichtig** (Art. 82 Abs. 2 S. 2, → Art. 82 Rn. 14). Mündet der Verstoß darin, dass ein Auftragsverarbeiter selbst die Zwecke und Mittel der Verarbeitung festlegt **(Auftragsverarbeiterexzess),** behandelt ihn die DS-GVO kraft Fiktion wie einen Verantwortlichen (Art. 28 Abs. 10 → Art. 28 Rn. 76 f.). **Keine Haftung** trifft den (echten) Auftragsverarbeiter nur dann, wenn er nachweist, dass er **in keinerlei Hinsicht für den Umstand verantwortlich** ist, durch den der Schaden eingetreten ist (Art. 82 Abs. 3, → Art. 82 Rn. 15).

25a   Die DS-GVO nimmt den Auftragsverarbeiter nach ihrem Wortlaut zwar nur für den (materiellen oder immateriellen, Art. 82 Abs. 1) Schaden in die Pflicht, den er in eigener Person verursacht hat. Für Verstöße seiner Mitarbeiter hat er aber **ggü. dem Verantwortlichen** aus dem zwischen ihnen bestehenden Rechtsverhältnis einzustehen. **Ggü. Dritten** haftet er auch für das Handeln seiner Untergebenen nach Art. 82 Abs. 2 S. 2 (es sei denn, er kann nachweisen, dass sein Fehler nicht zu dem Schaden geführt hat). Das Fehlverhalten kann überdies die **ASB** auf den Plan rufen. Gestützt auf Art. 83 Abs. 4 lit. a kann sie den Verstoß mit einer **Geldbuße** sanktionieren.

25b   Der **Mitarbeiter des Verantwortlichen bzw. Auftragsverarbeiters** selbst ist grds. weder Haftungsadressat iSd Art. 82 noch tauglicher Adressat einer Geldbuße (Martini/Wagner/Wenzel VerwArch 2018, 296 (302 f.)): Die Bußgeldtatbestände des Art. 83 tragen ausschließlich dem Verantwortlichen und dem Auftragsverarbeiter Pflichten auf. Nicht ausgeschlossen ist jedoch, dass die (Straf-)Rechtsordnung der Mitgliedstaaten den Arbeitnehmer in die (Mit-)Verantwortung nimmt, wenn er entweder Weisungen nicht befolgt oder offensichtlich rechtswidrigen Weisungen Folge leistet (Martini/Wagner/Wenzel VerwArch 2018, 296 (304)). Der Arbeitgeber kann seinen Mitarbeiter auch **arbeitsvertraglich** (namentlich bei Vorsatz oder grober Fahrlässigkeit) zur Rechenschaft ziehen (allerdings eingeschränkt durch die Grundsätze des innerbetrieblichen Schadensausgleichs, Baumgärtner in BeckOK BGB § 611a Rn. 74 f. mwN).

25c   Bestimmt der Mitarbeiter aber die Mittel und Zwecke der Verarbeitung selbst, indem er von der Weisung abweicht, mutiert er insoweit zum Verantwortlichen (**Mitarbeiterexzess;** dazu bspw. Ambrock ZD 2020, 492). Das ergibt sich aus Art. 28 Abs. 10 – zwar nicht in unmittelbarer Anwendung der Norm (denn sie bezieht sich allein auf den Auftragsverarbeiter), aber im Wege eines **Analogieschlusses.** Eine solche analoge Anwendung einer Norm legt Adressaten zwar ohne unmittelbare gesetzliche Verankerung Grundrechtslas-

ten auf; dem zieht der unionsrechtliche Vorbehalt des Gesetzes (Art. 52 Abs. 1
S. 1 GRCh) Grenzen. Das Unionsrecht schließt die analoge Anwendung auch
in öffentlich-rechtlichen Rechtsbeziehungen jedoch dann grds. nicht aus,
wenn es dem Adressaten der Verpflichtung möglich ist, den Umfang der ihm
auferlegten Verpflichtung **vorherzusehen** (EuGH BeckRS 2015, 82007
Rn. 47 f.; zu den Grenzen der Analogie im Unionsrecht vgl. Martini/Wein-
zierl RW 2019, 287 (302 ff.)). Eine Zulässigkeitsgrenze verläuft allerdings dort,
wo das **Sanktionsrecht** beginnt: Das sanktionsrechtliche Analogieverbot aus
Art. 49 Abs. 1 GRCh lässt es grds. nicht zu, gegenüber einem Mitarbeiter
(auch wenn er im Verarbeitungsexzess handelt) ein Bußgeld zu verhängen
(jedenfalls soweit er nicht zweifelsfrei in eigener Person die Tatbestandsvoraussetzungen des Art. 4 Nr. 7 [Verantwortlicher] erfüllt). Möglich sind aber
Schadensersatzansprüche und **aufsichtsbehördliches Einschreiten**
(Martini/Weinzierl RW 2019, 287 (305)).

II. Ausnahme: Verarbeitungspflicht kraft Unions- oder mitgliedstaatlichen Rechts (Hs. 2)

Art. 29 verdrängt Verschwiegenheitsnormen nicht, sondern flankiert diese **26**
(→ Art. 28 Rn. 43; vgl. Bertermann in Ehmann/Selmayr DS-GVO Art. 29
Rn. 2). Verpflichtet also eine **Rechtsnorm des Unions- oder mitglied-
staatlichen Rechts** den Normadressaten (→ Rn. 12 ff.), personenbezogene
Daten zu verarbeiten, darf und muss er diesem Gebot auch ohne Weisung des
Verantwortlichen nachkommen. Eine entspr. Einschränkung der Weisungs-
bindung muss auch Eingang in den der Auftragsverarbeitung zugrunde liegen-
den Vertrag (bzw. das andere Rechtsinstrument) finden (Art. 28 Abs. 3
UAbs. 1 S. 2 lit. a).

Art. 29 Abs. 2 eröffnet den Mitgliedstaaten **keine selbstständige Rege- 26a
lungsbefugnis**. Er gestattet ihnen daher nicht, auf seiner Grundlage selbst
neue gesetzliche Verarbeitungspflichten zu begründen. Er setzt solche vielmehr voraus. Die Norm verweist nur auf Regelungsspielräume, welche die
DS-GVO dem Mitgliedstaat an anderer Stelle, insbes. in Art. 6 Abs. 1
UAbs. 1 lit. c und e, einräumt. Bei Art. 29 Hs. 2 handelt es sich mithin um
eine **unechte Öffnungsklausel** (vgl. Kühling/Martini ua DSGVO und nationales Recht, 87). Anderenfalls hätten die Mitgliedstaaten die weitgreifende
Möglichkeit, das voraussetzungsvolle Regelungskonzept des Art. 6, das feinsäuberlich zwischen nationalen und unionalen Handlungsbefugnissen differenziert, zu unterwandern. Es entstünden asynchrone Normierungsbefugnisse,
die nicht an das System des Art. 6 rückgebunden sind.

Verarbeitungspflichten des nationalen Rechts gehen insbes. von **han- 26b
dels-** und **steuerrechtlichen Aufzeichnungspflichten** wie z. B. § 147 AO
aus (Möllenkamp/Orthmann ZD 2019, 445 (447); Plath in Plath DS-GVO
Art. 29 Rn. 10). Auch strafprozessuale Pflichten aus der **Beschlagnahme**
und **Sicherstellung von Beweismitteln** wie §§ 94, 95 StPO können Verarbeitungspflichten auslösen (Spoerr in BeckOK DatenschutzR DS-GVO
Art. 29 Rn. 30).

27   Macht der Mitgliedstaat von seinem Regelungsspielraum Gebrauch, setzt die DS-GVO nicht zwingend eine Regelung durch formelles Gesetz voraus (**ErwGr. 41 S. 1:** „erfordert [...] nicht notwendigerweise einen von einem Parlament angenommenen Gesetzgebungsakt"). Es genügt grundsätzlich ein **materielles Gesetz.** Dass ein Parlamentsgesetz erforderlich ist, kann sich aber aus dem **Wesentlichkeitsvorbehalt** des nationalen Verfassungsrechts ergeben. Dessen Anforderungen lässt die DS-GVO unberührt (**ErwGr. 41 S. 2**), soweit die Norm „klar und präzise" sowie in ihrer Anwendung „vorhersehbar" ist. Eine **vertragliche** Verpflichtung des Normadressaten ist jedenfalls **nicht ausreichend,** um die unterstellte Person von der Pflicht zu dispensieren, personenbezogene Daten nur nach Weisung zu verarbeiten (so bereits zur DSRL Brühann in Grabitz/Hilf Das Recht der Europäischen Union, 40. Aufl. 2009, DSRL Art. 16 Rn. 11).

C. Nationales Datenschutzrecht

28   Auf der Grundlage des Art. 16 DSRL hatte die Bundesrepublik in **§ 11 Abs. 3 S. 1 BDSG aF** bereits eine dem Art. 29 weitgehend äquivalente Norm erlassen. Anders als die DS-GVO und die DSRL nahm die Vorschr. **nur auf den Auftragnehmer selbst** Bezug, nicht hingegen auf sonstige ihm unterstellte Personen. Die ungeklärte Frage, ob das dt. Recht dem Unionsrecht bislang hinreichend entsprach, erledigt sich nunmehr.

29   Die **Folgen einer rechtswidrigen Weisung** benannte das dt. Recht in § 11 Abs. 3 S. 2 BDSG aF bislang ausdr.: War der Auftragnehmer der Meinung, dass die Weisung des Auftraggebers widerrechtlich ist, traf ihn eine **Hinweispflicht.** Diese Pflicht formuliert nun Art. 28 Abs. 3 UAbs. 2 DS-GVO.

30   Ein originärer **Regelungsspielraum** verbleibt dem dt. Gesetzgeber im Regime des Art. 29 DS-GVO nicht mehr – weder, um die Hinweispflicht zu regeln, noch, um die Beziehung zwischen Auftraggeber, Auftragsverarbeiter und den ihnen unterstellten Personen datenschutzrechtlich auszuformen. Die DS-GVO regelt diese Beziehung vielmehr selbst und abschl., gibt den Mitgliedstaaten insbes. **keine echte,** sondern lediglich eine unechte **Öffnungsklausel** für nationale Regelungen an die Hand (→ Rn. 26a; vgl. Kühling/Martini ua DS-GVO und nationales Recht, 87). Der Bundesgesetzgeber hat § 11 (insbes. seinen Abs. 3) BDSG aF konsequenterweise ersatzlos gestrichen. Originär **arbeitsrechtliche** Pflichten zu regeln, steht den Mitgliedstaaten aber nach wie vor grds. frei.

31   **§ 52 BDSG** trifft eine mit Art. 29 DS-GVO identische Regelung. Um eine unionsrechtlich unzulässige Wiederholung des Verordnungswortlauts handelt es sich dabei aber nicht. Die Vorschr. setzt vielmehr **Art. 23 der JI-RL** für den Bereich der Strafjustiz und Polizei um.

Art. 30 Verzeichnis von Verarbeitungstätigkeiten

(1) [1]Jeder Verantwortliche und gegebenenfalls sein Vertreter führen ein Verzeichnis aller Verarbeitungstätigkeiten, die ihrer Zuständigkeit unterliegen. [2]Dieses Verzeichnis enthält sämtliche folgenden Angaben:

a) den Namen und die Kontaktdaten des Verantwortlichen und gegebenenfalls des gemeinsam mit ihm Verantwortlichen, des Vertreters des Verantwortlichen sowie eines etwaigen Datenschutzbeauftragten;

b) die Zwecke der Verarbeitung;

c) eine Beschreibung der Kategorien betroffener Personen und der Kategorien personenbezogener Daten;

d) die Kategorien von Empfängern, gegenüber denen die personenbezogenen Daten offengelegt worden sind oder noch offengelegt werden, einschließlich Empfänger in Drittländern oder internationalen Organisationen;

e) gegebenenfalls Übermittlungen von personenbezogenen Daten an ein Drittland oder an eine internationale Organisation, einschließlich der Angabe des betreffenden Drittlands oder der betreffenden internationalen Organisation, sowie bei den in Artikel 49 Absatz 1 Unterabsatz 2 genannten Datenübermittlungen die Dokumentierung geeigneter Garantien;

f) wenn möglich, die vorgesehenen Fristen für die Löschung der verschiedenen Datenkategorien;

g) wenn möglich, eine allgemeine Beschreibung der technischen und organisatorischen Maßnahmen gemäß Artikel 32 Absatz 1.

(2) Jeder Auftragsverarbeiter und gegebenenfalls sein Vertreter führen ein Verzeichnis zu allen Kategorien von im Auftrag eines Verantwortlichen durchgeführten Tätigkeiten der Verarbeitung, die Folgendes enthält:

a) den Namen und die Kontaktdaten des Auftragsverarbeiters oder der Auftragsverarbeiter und jedes Verantwortlichen, in dessen Auftrag der Auftragsverarbeiter tätig ist, sowie gegebenenfalls des Vertreters des Verantwortlichen oder des Auftragsverarbeiters und eines etwaigen Datenschutzbeauftragten;

b) die Kategorien von Verarbeitungen, die im Auftrag jedes Verantwortlichen durchgeführt werden;

c) gegebenenfalls Übermittlungen von personenbezogenen Daten an ein Drittland oder an eine internationale Organisation, einschließlich der Angabe des betreffenden Drittlands oder der betreffenden internationalen Organisation, sowie bei den in Artikel 49 Absatz 1 Unterabsatz 2 genannten Datenübermittlungen die Dokumentierung geeigneter Garantien;

d) wenn möglich, eine allgemeine Beschreibung der technischen und organisatorischen Maßnahmen gemäß Artikel 32 Absatz 1.

(3) Das in den Absätzen 1 und 2 genannte Verzeichnis ist schriftlich zu führen, was auch in einem elektronischen Format erfolgen kann.

(4) Der Verantwortliche oder der Auftragsverarbeiter sowie gegebenenfalls der Vertreter des Verantwortlichen oder des Auftragsverarbeiters stellen der Aufsichtsbehörde das Verzeichnis auf Anfrage zur Verfügung.

(5) Die in den Absätzen 1 und 2 genannten Pflichten gelten nicht für Unternehmen oder Einrichtungen, die weniger als 250 Mitarbeiter beschäftigen, es sei denn, die von ihnen vorgenommene Verarbeitung birgt ein Risiko für die Rechte

und Freiheiten der betroffenen Personen, die Verarbeitung erfolgt nicht nur gelegentlich oder es erfolgt eine Verarbeitung besonderer Datenkategorien gemäß Artikel 9 Absatz 1 bzw. die Verarbeitung von personenbezogenen Daten über strafrechtliche Verurteilungen und Straftaten im Sinne des Artikels 10.

BDSG und anderes nationales Recht: § 70 BDSG (kommentiert unter → BDSG § 70 Rn. 1 ff.).

Literatur: *Duda,* Das Verfahrensverzeichnis und die DSGVO – Ohne geht es nicht!, PinG 2016, 248; *Gierschmann,* Was „bringt" deutschen Unternehmen die DS-GVO? – Mehr Pflichten, aber die Rechtsunsicherheit bleibt, ZD 2016, 51; *Gossen/Schramm,* Das Verarbeitungsverzeichnis der DS-GVO. Ein effektives Instrument zur Umsetzung der neuen unionsrechtlichen Vorgaben, ZD 2017, 7; *Hansen-Oest,* Datenschutzrechtliche Dokumentationspflichten nach dem BDSG und der Datenschutz-Grundverordnung, PinG 2016, 79; *Licht,* Das Verarbeitungsverzeichnis nach der DSGVO – Handlungsbedarf im Unternehmen, ITRB 2017, 65; *Schäffter,* Verfahrensverzeichnis 2.0, 2016; *Schulz,* Vorlage: Verzeichnis der Verarbeitungstätigkeiten gemäß Art. 30 DSGVO, PinG 2018, 107; *Veil,* Accountability – Wie weit reicht die Rechenschaftspflicht der DS-GVO?, ZD 2018, 9; *Volkmer/Kaiser,* Das Verzeichnis von Verarbeitungstätigkeiten und die Datenschutz-Folgenabschätzung in der Praxis, PinG 2017, 153.

Übersicht

A. Allgemeines

I. Bedeutung der Norm, Überblick über den Regelungsinhalt und Einordnung in den Gesamtkontext der DS-GVO

Art. 30 **konkretisiert** die **allg. Rechenschaftspflicht,** welche Art. 5 Abs. 2 **1** als Grundprinzip des unionalen Datenschutzrechts verankert. Sie trägt nicht nur dem Verantwortlichen **(Abs. 1),** sondern auch – ein Novum im unionsrechtlichen Datenschutzrecht – dem Auftragsverarbeiter **(Abs. 2)** als Teil ihrer allg. Pflichten das Gebot auf, schriftlich oder elektronisch **(Abs. 3)** ein Verzeichnis der Datenverarbeitungstätigkeiten zu erstellen. Soweit sie kraft Art. 3 Abs. 2, Art. 27 Abs. 1 einen **Vertreter** bestellen müssen, hat auch dieser ein Verzeichnis der Verarbeitungstätigkeiten zu führen. Die meisten der Angaben, die Art. 30 den Pflichtigen abverlangt, korrespondieren mit einem **Auskunftsrecht** des Betroffenen (Art. 15 Abs. 1 Hs. 2 und Abs. 2).

Art. 30 versteht sich als Teil des Konzeptes „**Datenschutz durch Ver- 1a fahren**": Dokumentationspflichten sollen die inhaltliche Gewährleistung materieller Schutzstandards flankieren und dadurch als Ensemble ein hohes Datenschutzniveau verbürgen. Die Pflichtigen müssen das Verfahrensverzeichnis der ASB zwar nicht von sich aus, sehr wohl aber „auf Anfrage zur Verfügung" stellen, damit diese die Rechtmäßigkeit der Verarbeitung sachgerecht prüfen kann **(Abs. 4).** Die Verpflichtung des Art. 30 trifft aber nicht jeden Verarbeiter: Im Interesse des Schutzes kleiner und mittlerer Unternehmen nimmt **Abs. 5** Unternehmen (und sonstige Einrichtungen) mit weniger als 250 Mitarbeitern unter bestimmten Voraussetzungen von der Verpflichtung aus. Wer die Verpflichtungen aus Art. 30 verletzt, dem droht eine empfindliche **Geldbuße** (Art. 83 Abs. 4 lit. a).

Art. 30 ist nicht die einzige Norm der DS-GVO, die Verantwortlichen **1b** bzw. Auftragsverarbeitern Dokumentationspflichten auferlegt. Nachweispflichten finden sich auch in Art. 7 Abs. 1, Art. 24 Abs. 1 S. 1, Art. 28 Abs. 3 UAbs. 1 S. 2 lit. a und h, Art. 33 Abs. 5 S. 1, Art. 35 Abs. 7 lit. d sowie Art. 49 Abs. 6.

II. Sinn und Zweck der Vorschrift

2 Die Dokumentationspflicht hat eine **dienende Funktion.** Sie soll verfahrensrechtlich absichern, dass die Pflichtigen die materiellen Anforderungen der DS-GVO einhalten (vgl. auch ErwGr 82 S. 1). Das Verzeichnis vermittelt der ASB einen Ausgangspunkt für ihre Kontrollmaßnahmen und soll eine **vorl. Rechtmäßigkeitsprüfung** ermöglichen. Deshalb sollte der Detailgrad der Dokumentation einen fundierten Gesamtüberblick liefern. Umgekehrt ist es nicht notwendig, jedes Detail im Einzelnen zu dokumentieren (→ Rn. 19; Plath in Plath DS-GVO Art. 30 Rn. 3). Mithilfe der Dokumentation können Verantwortliche bzw. Auftragsverarbeiter einerseits **Rechenschaft** darüber ablegen, dass sie ihre datenschutzrechtlichen Pflichten eingehalten haben, andererseits evaluieren, wo etwaige **Informations-, Auskunfts- bzw. Löschpflichten** wahrzunehmen sind (Gossen/Schramm ZD 2017, 7 (12)). IÜ zielen die Dokumentationspflichten darauf ab, **Transparenz** (vgl. auch Art. 5 Abs. 1 lit. a) herzustellen und zu erhöhen, indem sie – ähnlich wie Dokumentationspflichten in anderen Rechtsbereichen, etwa im ärztlichen Berufsrecht (vgl. zB § 10 MBO) oder im Polizeirecht (vgl. zB § 16b Abs. 2 RhPfPOG) – einzelne Schritte oder (Fehl-)Entwicklungen des Verarbeitungsvorgangs und seiner Steuerung nachvollziehbar machen (vgl. auch ErwGr 39 S. 3). Die Dokumentation kann dem Pflichtigen nicht zuletzt bei der **Beweisführung** helfen, nachzuweisen, dass eine Verarbeitung rechtmäßig war bzw. ist.

III. Entstehungsgeschichte der Norm

3 Art. 30 hat im Laufe seines Entstehungsprozesses keine fundamentalen Änd., sondern eher Randkorrekturen erfahren. Der DS-GVO-E(KOM) führte die Norm noch unter der Überschrift **„Dokumentation".** Anders als die heutige Endfassung ermächtigte er in **Abs. 5** die KOM, delegierte Rechtsakte zu erlassen. Sie sollten die Kriterien und Anforderungen der Dokumentation konkretisieren sowie dafür Standardvorlagen festlegen. Beide Ermächtigungen sind der Streichung des EP und des ER zum Opfer gefallen. An dieser in weiten Teilen fehlenden Normkonkretisierungsbefugnis krankt das normative Konzept der DS-GVO heute insgesamt. Der DS-GVO-E(KOM) billigte den Ausnahmetatbestand des (heutigen) Abs. 5 auch natürlichen Personen zu, die personenbezogene Daten **ohne eigenwirtschaftliches Interesse** verarbeiten **(Abs. 4 lit. a DS-GVO-E(KOM));** seit der Trilogfassung findet sich diese Ausnahme nicht mehr im Verordnungstext. Das EP änderte den DS-GVO-E (KOM) iÜ nur geringfügig ab, ergänzte ihn insbes. um eine Aktualisierungspflicht, die aber letztlich keinen Eingang in die Endfassung fand (→ Rn. 5d). Der ER nahm an den Vorgängerentwürfen lediglich redaktionelle Änd. vor.

IV. Vergleich mit der bisherigen Rechtslage auf Unionsebene

4 Die **DSRL** als Vorläuferregelwerk sah in **Art. 21 Abs. 2** („Öffentlichkeit der Verarbeitungen") „ein Register der nach Art. 18 DSRL gemeldeten Verarbeitungen" vor. Dieses Register zu führen, war den Kontrollstellen vorbehalten; es war **für jedermann einsehbar.** Die Meldepflicht erstreckte sich auf „vollständig oder teilweise automatisierte Verarbeitung[en] oder eine Mehrzahl von Verarbeitungen", die eine oder mehrere verbundene Zweckbestimmungen realisieren sollten (Art. 18 Abs. 1 DSRL). Art. 30 verzichtet auf eine solche Meldepflicht, erweitert die Reichweite des Verzeichnisses aber im Vergleich zu Art. 21 iVm Art. 18 Abs. 1 DSRL spürbar: Es ist nunmehr für „**alle Verarbeitungstätigkeiten**" zu führen (Abs. 1 S. 1). Der Inhalt der Meldung des Art. 30 Abs. 1 entspricht weitgehend den Pflichtangaben, die bereits Art. 19 DSRL vorsah. Anders als dieser erstreckt die DS-GVO die Pflicht, ein Verzeichnis zu führen, jedoch auch auf den **Auftragsverarbeiter** (Abs. 2). Für das Verzeichnis selbst besteht nunmehr keine Herausgabepflicht an jedermann und auch **keine Veröffentlichungspflicht** mehr. Die bisherige Differenzierung zwischen einem öffentl. und einem internen Teil des Verzeichnisses (§ 4g Abs. 2 BDSG aF; dazu Simitis in Simitis BDSG aF § 4g Rn. 60 ff.) entfällt damit.

B. Auslegung der Norm

I. Verzeichnis der Verarbeitungstätigkeiten des Verantwortlichen (Abs. 1)

1. Gegenstand und Adressat: „alle Verarbeitungstätigkeiten" jedes Verantwortlichen sowie ggf. seines Vertreters (Abs. 1 S. 1)

Das Verzeichnis der Verarbeitungstätigkeiten hat die Aufgabe, **die wesentlichen Informationen einer Datenverarbeitung** (Zweck, Löschfristen, Empfänger etc.) **schriftlich zu dokumentieren.** Es erstreckt sich (anders als noch nach Art. 18 Abs. 1 DSRL; → Rn. 4) auf „alle Verarbeitungstätigkeiten", die in der Zuständigkeit des Pflichtigen liegen. „Verarbeitungstätigkeit" meint alle Maßnahmen, die **Verarbeitung iSd Art. 4 Nr. 2** repräsentieren (Petri in NK-DatenschutzR DS-GVO Art. 30 Rn. 16; Plath in Plath DS-GVO/BDSG Art. 30 Rn. 5; Spoerr in BeckOK DatenschutzR DS-GVO Art. 30 Rn. 6; aA Hartung in Kühling/Buchner DS-GVO Art. 30 Rn. 14). Der Pflichtige darf **mehrere Verarbeitungen** in einem Verarbeitungsverzeichnis **bündeln.** Das deutet auch Abs. 1 S. 1 lit. b an: Er lässt es in der Sache zu, dass die Verarbeitung mehrere Zwecke verfolgen kann („die Zwecke der Verarbeitung"). Das impliziert, dass das Verarbeitungsverzeichnis unterschiedliche Zweckrichtungen erfassen kann. Alles andere wäre für Verantwortliche und Auftragsverarbeiter auch wenig praktikabel (vgl. auch hinsichtlich der Parallelfrage im Kontext der Datenschutz-Folgenabschätzung → Art. 35 Rn. 21). Die Verarbeitungsvorgänge, die zu dokumentieren sind, können bspw. beinhalten: Videoüberwachung, E-Mail und Telefonanlage, Kundendatenbank, Zeiterfassung, Personaldatenverarbeitung, Lohnbuchhaltung etc. Einschränkungen auf bestimmte Verarbeitungstätigkeiten des Verantwortlichen, wie zB nur solche Tätigkeiten, die mit hoher Wahrscheinlichkeit Risiken für die Freiheiten natürlicher Personen darstellen, sind nicht zulässig (aA wohl Spoerr in BeckOK DatenschutzR DS-GVO Art. 30 Rn. 6).

5a   Abs. 1 schneidet den Inhalt des Verzeichnisses auf die Tätigkeiten des **Verantwortlichen** zu; den **Auftragsverarbeiter** (mit seinem speziellen Aufgabenkanon) adressiert ausschl. Abs. 2 (→ Rn. 20 ff.). Legen **zwei oder mehr Verantwortliche** gemeinsam die Zwecke und Mittel der Verarbeitung fest, so sind zwar beide jeweils Verantwortliche („Jeder Verantwortliche", Abs. 1 S. 1). Es muss aber nicht jeder von ihnen ein Verfahrensverzeichnis führen. Vielmehr müssen sie in einer **Vereinbarung** festlegen, **wer von beiden** die Verpflichtung aus Art. 30 Abs. 1 S. 1 erfüllt (Art. 26 Abs. 1 S. 2; → Art. 26 Rn. 26 f.; zust. Ingold in HK-DS-GVO Art. 30 Rn. 8). Dies erleichtert es der ASB, den Verarbeitungsvorgang ganzheitlich normativ zu bewerten und daran ggf. Aufsichtsmaßnahmen zu knüpfen.

5b   Soweit der Verantwortliche **nicht in der EU niedergelassen** ist, aber dort Waren oder Dienstleistungen anbietet bzw. Datenverarbeitungen vornimmt, die das Verhalten in der EU befindlicher Personen beobachten sollen (Art. 3 Abs. 2), muss nicht nur er, sondern auch sein (nach Art. 27 Abs. 1 zu bestellender) **Vertreter** ein Verarbeitungsverzeichnis führen („und gegebenenfalls sein Vertreter"). Verstößt der Vertreter gegen diese Pflicht, trifft ihn die Bußgeldsanktion des **Art. 83 Abs. 4 lit. a** jedoch nicht (Laue in Spindler/Schuster DS-GVO Art. 30 Rn. 23). Denn die Bußgeldnorm adressiert nur „die Pflichten der Verantwortlichen und der Auftragsverarbeiter", nennt aber den Vertreter nicht ausdrücklich (→ Art. 27 Rn. 5b, 8, 15).

5c   **Tochtergesellschaften** müssen als selbstständige Verantwortliche ein eigenes Verzeichnis führen, sie können sich aber ein bestehendes Verzeichnis der Muttergesellschaft zu eigen machen (Spoerr in BeckOK DatenschutzR DS-GVO Art. 30 Rn. 8a).

5d   Anders als das EP vorgeschlagen hatte, kennt die Endfassung des Art. 30 keine explizite **Aktualisierungspflicht.** Das deutet auf ein beredtes normatives Schweigen hin. Seiner Ratio wird ein Verzeichnis aber nur dann gerecht, wenn es aktuelle Angaben enthält, also eine Anpassung erfährt, sobald sich einer der gelisteten Aspekte (zB der Verarbeitungszweck) ändert (aA Spoerr in BeckOK DatenschutzR DS-GVO Art. 30 Rn. 10a: turnusmäßige Aktualisierung). Unterlässt der Verantwortliche (bzw. Auftragsverarbeiter) die Anpassung, ist sein Verzeichnis **nicht vollständig** iSd Norm („sämtliche folgenden Angaben"). Die Aktualisierungspflicht lässt sich darüber hinaus im Lichte des Art. 5 Abs. 2 als **Konkretisierung der allg. Rechenschaftspflicht** lesen (→ Rn. 1): Die Norm beschränkt ihre Pflichten nicht auf einen bestimmten Zeitpunkt, sondern verlangt, dass der Verantwortliche die Grundsätze aus Art. 5 Abs. 1 – zu denen auch die Transparenz gehört (lit. a) – (jederzeit) nachweisen können muss (ebenso Hartung in Kühling/Buchner DS-GVO Art. 30 Rn. 31); auch Art. 24 Abs. 1 S. 2 ordnet eine Aktualisierungspflicht für technische und organisatorische Maßnahmen an, die den Nachweis zu erbringen geeignet sind, dass die Verarbeitung nach den Vorgaben der Verordnung erfolgt. Obgleich die DS-GVO das in Art. 30 nicht ausdrücklich betont, geht sie dennoch **stillschweigend** davon aus, dass nur ein solches Verarbeitungsverzeichnis, welches die tatsächliche, nicht überholte Sachlage spiegelt, der Pflichtenstellung entspricht, welche sie dem Verantwortlichen auferlegt.

2. Mindestinhalt (Abs. 1 S. 2)

Abs. 1 S. 2 konkretisiert diejenigen **Mindestinhalte,** die der Unionsgesetz-   **6**
geber als erforderlich ansieht, um den Dokumentationszweck des Verzeichnisses zu erreichen. Dazu gehören neben den Identifikationsdaten der Verarbeiter (lit. a, → Rn. 7) va die Zwecke der Verarbeitung (lit. b, → Rn. 8) sowie die Kategorien betroffener Personen und Empfänger (lit. c und d, → Rn. 10 ff.). Der Katalog weist eine hohe **strukturelle Ähnlichkeit mit den Informationspflichttatbeständen des Art. 13 Abs. 1 bzw. Art. 14 Abs. 1** auf. Er korrespondiert zugleich mit den Auskunftsrechten des Art. 15. Das überrascht nicht, stehen beide Normen doch im Dienste des Transparenzziels aus Art. 5 Abs. 1 lit. a, die Verarbeitung nachvollziehbar zu machen. Anders als die Betroffenenrechte erstreckt sich der Mindestinhalt des Art. 30 Abs. 1 S. 2 jedoch nicht auf die innere Logik eines verwendeten Verarbeitungssystems. Er erschöpft sich vielmehr in den Elementardaten des Verarbeitungsvorgangs. Aus Art. 30 lässt sich deshalb auch **keine allgemeine Protokollierungspflicht** für Verarbeitungsvorgänge ableiten (Martini JZ 2017, 1017 (1022)).

a) Identifikationsdaten des Verarbeiters (lit. a). Um eine eindeutige   **7**
Identifikation Verantwortlicher und ihrer Ansprechpartner zu ermöglichen, muss das Verzeichnis **den Namen und die Kontaktdaten des/der Verantwortlichen,** seines Vertreters (vgl. Art. 27) sowie eines etwaigen **Datenschutzbeauftragten** (Art. 37 ff.) ausweisen – lit. a. Die Angaben sollen es insbes. den ASB (Abs. 4) und uU (nachgelagert) auch den Betroffenen ermöglichen, die datenverarbeitende Stelle zweifelsfrei ausfindig zu machen, um daran ggf. Betroffenenrechte, Haftungsansprüche oder ordnungsbehördliche Maßnahmen knüpfen zu können. Eine Internet- oder E-Mail-Adresse genügt als solche nicht. Das deutet auch der verwendete Plural „Kontaktdaten" (in der englischen Fassung „contact details") an.

b) Zwecke der Verarbeitung (lit. b). Die Zwecke der Verarbeitung (lit. b)   **8**
zu dokumentieren, verlangt der Normgeber mit mehrerlei Zielrichtung. Der Verantwortliche soll sich zum einen das Ziel der Datenverarbeitung selbst bewusst machen. Zum anderen hängt der einschlägige gesetzliche Erlaubnistatbestand, mithin der zulässige Umf. der Datenverarbeitung, von der Zweckbestimmung ab. Der Verarbeitungszweck setzt damit den Maßstab für eine vorl. Rechtmäßigkeitsprüfung des Verfahrens. Va grenzt er den zulässigen Verarbeitungsrahmen mit Blick auf den **Zweckbindungsgrundsatz** des Art. 5 Abs. 1 lit. b (und den daran anknüpfenden **Kompatibilitätstest** des Art. 6 Abs. 4; dazu → Art. 6 Rn. 46 ff.) ein.

„**Zweck der Verarbeitung**" meint den Beweggrund und das Ziel der   **8a**
Datenverarbeitung. Die Zwecke sollen „eindeutig und rechtmäßig sein und zum Zeitpunkt der Erhebung der personenbezogenen Daten feststehen" (ErwGr 39 S. 6; sehr ähnlich Art. 5 Abs. 1 lit. b). So könnte eine Zweck-

bestimmung etwa lauten: „Entscheidung über Anträge auf Einbürgerung" oder „Datenerhebung für eine Entscheidung im Bewerbungsverfahren" (so zum BDSG aF und mit weiteren Bsp. Gola/Schomerus BDSG aF § 4 Rn. 31).

9   Mit lit. b korrespondiert ein **Auskunftsrecht** des Betroffenen über die Zwecke der Verarbeitung (Art. 15 Abs. 1 lit. a, ErwGr 60 S. 1 und 63 S. 3) sowie eine entspr. **Informationspflicht** des Verantwortlichen (Art. 13 Abs. 1 lit. c bzw. Art. 14 Abs. 1 lit. c). Für eine Einwilligung in eine Verarbeitung, die **mehreren Zwecken** dient, verlangt die DS-GVO für jeden einzelnen dieser Zwecke eine gesonderte Erklärung der betroffenen Person (ErwGr 32 S. 5). Dies muss sich auch in der Dokumentation widerspiegeln. Bei Verarbeitungen **öffentl. Stellen** ist die Zweckbestimmung an der Verwaltungsaufgabe auszurichten, denn deren Verarbeitungslegitimation ist auf die in ihrer Zuständigkeit liegenden Aufgaben begrenzt (vgl. § 3 BDSG; → § 3 Rn. 5).

10   **c) Kategorien der betroffenen Personen u. der personenbezogenen Daten (lit. c).** Nicht jedes personenbezogene Datum ist gleichermaßen sensibel. Vielmehr hängt das Ausmaß der Beeinträchtigungen, die von einem Verarbeitungsvorgang ausgehen, auch von den Kategorien der Personen und der personenbezogenen Daten ab, die der Verarbeitungsvorgang betrifft. Aus diesem Grund verlangt Abs. 1 S. 2 lit. c dem Verantwortlichen eine „Beschreibung der Kategorien betroffener Personen und der Kategorien personenbezogener Daten" ab.

10a   Den Begriff **„Kategorien betroffener Personen"** verwendet die DS-GVO ebenso im Kontext der Auftragsverarbeitung (**Art. 28 Abs. 3 UAbs. 1 S. 1**, → Art. 28 Rn. 33). Auch dort spezifiziert sie den damit gemeinten Inhalt nicht näher. In der Sache meint sie in beiden Fällen – nach Typisierungsgraden abstrakt zusammengefasste – bes. Teile der Bevölkerung, die gemeinsame Merkmale teilen und als solche von der Verarbeitung betroffen sind, etwa Beschäftigte eines Unternehmens (vgl. § 26 Abs. 8 BDSG), Nutzer einer Verwaltungsleistung oder der Dienste eines sozialen Netzwerks etc.

10b   Den Topos **„Kategorien personenbezogener Daten"** verwendet die DS-GVO auch in Art. 14 Abs. 1 lit. d, Art. 15 Abs. 1 lit. b, Art. 23 Abs. 2 lit. b, Art. 83 Abs. 2 lit. g. Wie dort versteht sie ihn weitgehend synonym mit dem Begriff „Art der personenbezogenen Daten" in Art. 6 Abs. 4 lit. c (zust. Petri in NK-DatenschutzR DS-GVO Art. 30 Rn. 23; vgl. auch → Rn. 12a zu Kategorien von Empfängern). Beide Topoi heben insbes. auf die Differenzierung zwischen allg. (Art. 6 Abs. 1) und bes. Kategorien personenbezogener Daten (Art. 9 Abs. 1) ab. Das Verfahrensverzeichnis vermittelt den ASB dadurch einen Überblick darüber, ob bes. sensible Kategorien personenbezogener Daten iSd Art. 9 Abs. 1 und Art. 10 ein bes. Kontrollbedürfnis auslösen (vgl. auch ErwGr 10 S. 5).

11   **„Kategorien"** meint jeweils den Pool derjenigen Daten, aus denen sich persönlichkeitsrechtlich sensible Informationen, etwa die politische Meinung, die religiöse Überzeugung, die sexuelle Orientierung usw., herauslesen lassen. Bsp. für Datenkategorien sind etwa Identitätsdaten, Kontaktdaten, Standortdaten (Art. 4 Nr. 1), Profildaten (zum Profiling → Art. 22 Rn. 21 ff.), Metadaten (also Daten, die Informationen über Merkmale anderer Daten enthalten), Bankdaten oder Online-Kennungen (vgl. Schäffter Verfahrensverzeichnis 2.0, 93).

d) Kategorien von Empfängern (lit. d). Da sich die Sensibilität einer **12** Verarbeitung in bes. Weise danach bemisst, wer in Kontakt mit den verarbeiteten personenbezogenen Daten kommt, verlangt die DS-GVO (ähnlich wie in Art. 13 Abs. 1 lit. e, Art. 14 Abs. 1 lit. e und Art. 15 Abs. 1 lit. c) die Dokumentation der **Kategorien von Empfängern,** ggü. denen die personenbezogenen Daten offengelegt worden sind oder noch offengelegt werden, einschl. Empfängern in Drittländern (Art. 44 ff.) oder int. Organisationen **(lit. d).**

Wer **Empfänger** iSd DS-GVO ist, präzisiert Art. 4 Nr. 9. Empfänger ist **12a** danach jede Person oder Stelle, der personenbezogene Daten offengelegt werden. Die Rechtsnatur des Adressaten ist grds. gleichgültig. Neben natürlichen kommen daher auch jur. Personen ebenso wie Behörden und andere Stellen in Betracht (auch **Dritte,** Art. 4 Nr. 9 S. 2 iVm Nr. 10), nicht jedoch Behörden, die „im Rahmen eines bestimmten Untersuchungsauftrags [...] personenbezogene Daten erhalten" (Art. 4 Nr. 9 S. 2). Das Verarbeitungsverzeichnis muss nicht die konkreten Empfänger aufnehmen. Es genügt vielmehr, Gruppen („Kategorien") von Empfängern zu benennen, die gemeinsame Eigenschaften teilen und sich dadurch nach spezifischen Merkmalen klassifizieren lassen, die sie von anderen Personen unterscheiden (zB „Kunden", „Mitarbeiter des Unternehmens"). Die Kategorien dürfen sich jedoch nicht in abstrakten Leerformeln erschöpfen, sondern müssen für den Zweck des Verzeichnisses hinreichend aussagekräftig sein (Petri in NK-DatenschutzR DS-GVO Art. 30 Rn. 27).

Dass lit. d Empfänger in **Drittländern,** also Nicht-EU-Staaten, besonders **13** hervorhebt, geht auf den damit verbundenen rechtlichen Kontrollverlust zurück. Der Unionsgesetzgeber unterwirft solche Verarbeitungen daher besonders strengen Regeln (Art. 44 ff.; vgl. dazu etwa Martini/Botta VerwArch 2019, 235 (242 ff.)).

Anders als noch § 4e S. 1 Nr. 6 BDSG aF („mitgeteilt werden können") **14** erfasst die Dokumentationspflicht des Art. 30 nur Datenübermittlungen, die tatsächlich erfolgt sind oder noch erfolgen werden. Sie knüpft mit anderen Worten an **tatsächliche Vorgänge,** nicht rechtliche Zulässigkeitskategorien an. Ob die Offenlegung von Daten **rechtmäßig** erfolgte, sich also auf eine Verarbeitungsgrundlage (Art. 6 Abs. 1) stützen kann, ist insoweit mithin gleichgültig. Entscheidend ist, dass die Daten dem Adressaten **gezielt „offengelegt werden",** die Empfänger also **mit Wissen und Wollen des Verantwortlichen** den Zugang zu den fraglichen Daten erhalten. Ein faktisch erlangter Einblick, den sich der Empfänger gegen den Willen des Verantwortlichen verschafft, genügt nicht. Konstellationen, in denen sich Dritte ohne Zutun des Verantwortlichen Zugang zu personenbezogenen Daten verschafft haben, sind an sich auch (rechtspolitisch) ein sinnvoller Bestandteil einer Verfahrensdokumentation. Für diesen Fall hat die DS-GVO aber bereits die

Meldepflicht des **Art. 33 Abs. 1 S. 1** als Antwort der Rechtsordnung vorgesehen.

15 **e) Übermittlungen an ein Drittland oder eine internationale Organisation (lit. e).** Mit Blick auf ihren bes. Gefährdungsgrad für das Recht auf Schutz personenbezogener Daten unterliegen auch etwaige **Übermittlungen** personenbezogener Daten an ein **Drittland** oder eine **int. Organisation** (Art. 44 ff.) der Dokumentationspflicht **(lit. e).** Das schließt die Angabe des Drittlandes oder der Organisation sowie (bei den in Art. 49 Abs. 1 UAbs. 2 genannten Datenübermittlungen) die Dokumentation geeigneter Garantien ein. Lässt sich die Übermittlung nicht auf einen Angemessenheitsbeschluss der KOM (Art. 45 Abs. 1), wie zB das – unwirksame – EU-US Privacy Shield (EuGH Urt. v. 16.7.2020 – C-311/18), oder geeignete Garantien zur persönlichkeitsrechtlichen Absicherung einer Datenübermittlung iSd Art. 46 stützen, muss der Verantwortliche geeignete Garantien iSd Art. 49 Abs. 1 UAbs. 2 vorsehen, die den Schutz personenbezogener Daten verbürgen und die sie tragende Beurteilung in die Dokumentation aufnehmen (Abs. 1 S. 2 lit. e; **Art. 49 Abs. 6).**

16 Was **Übermittlung** meint, präzisiert die DS-GVO nicht. In ihrem Art. 4 Nr. 2 hebt sie (ähnlich wie schon Art. 2 lit. b DSRL) die „Offenlegung durch Übermittlung" eigens als eine der Verarbeitungsformen bes. hervor – ohne sie allerdings näher zu definieren. Das dt. Recht verstand hierunter bisher die Bekanntgabe personenbezogener Daten an einen Dritten in der Weise, dass entweder die Daten an den Dritten weitergegeben werden oder aber der Dritte die hierfür bereitgehaltenen Daten einsieht oder abruft (§ 3 Abs. 4 S. 2 Nr. 3 BDSG aF), kurz: die (gewollte) **Weitergabe an Dritte.** IdS versteht auch die DS-GVO den Begriff der Übermittlung. Da die Daten dann einem anderen Rechtsregime unterworfen sind, das nicht notwendig einen äquivalenten Datenschutz gewährleistet, stellte schon Art. 25 Abs. 1 DSRL die Übermittlung unter den Vorbehalt eines angemessenen Schutzniveaus (dazu auch EuGH EuZW 2015, 881 (883, Rn. 50 ff.); zum Privacy-Shield: EuGH Urt. v. 16.7.2020 – C-311/18, Rn. 122 ff.). Die Absicht, die Daten an ein Drittland oder eine int. Organisation zu übermitteln, muss der Verantwortliche dem Betroffenen **mitteilen** (Art. 13 Abs. 1 lit. f bzw. Art. 14 Abs. 1 lit. f). Die Datenübermittlungen des lit. e können auch Gegenstand **genehmigter Verhaltensregeln** gem. Art. 40 Abs. 2 lit. j sein (s. auch Art. 40 Abs. 3).

17 **f) Fristen für die Löschung der verschiedenen Datenkategorien (lit. f).** Um Transparenz herzustellen (Art. 5 Abs. 1 lit. a) und zur Erwartungssicherheit beizutragen, muss der Verantwortliche nach Möglichkeit auch die **vorgesehenen** (Regel-)**Fristen** dokumentieren, innerhalb derer er die verschiedenen Datenkategorien **löscht (lit. f).** Das entspricht auch dem **Prinzip der Speicherbegrenzung** (Art. 5 Abs. 1 lit. e; ErwGr 39 S. 8). Die DS-GVO kennt allerdings keine allg. statische Regel-Löschfrist. Vielmehr erlegt sie dem Verantwortlichen auf, personenbezogene Daten „**unverzüglich** zu löschen" (Art. 17 Abs. 1). Der Verantwortliche muss dieser Pflicht also nachkommen, sobald das Speicherinteresse entfällt, welches die Verarbeitung rechtfertigte. Etwas anderes gilt nur dann, wenn eine spezialgesetzlich vorgesehene Löschfrist (vgl. etwa § 14 Abs. 2 BMG), eine Aufbewahrungspflicht (zB auch handels- und steuerrechtliche Aufbewahrungspflichten für Personaldaten) oder eine sonstige Ausnahme von der Löschpflicht greift (Art. 17 Abs. 3).

Dass die DS-GVO keine festen Löschfristen vorsieht, befreit den Verant- **18** wortlichen nicht davon, im Einzelfall Löschfristen in einem **Löschungskonzept** zu verankern. ErwGr 39 S. 10 gibt dem Verantwortlichen auf, **Fristen** für die Löschung personenbezogener Daten oder zumindest für eine regelmäßige Überprüfung vorzusehen, damit die Daten nicht länger als unbedingt nötig gespeichert werden. Er muss also sein Löschkonzept dokumentieren (zust. Petri in NK-DatenschutzR DS-GVO Art. 30 Rn. 30). In die gleiche Kerbe schlägt auch **Art. 25 Abs. 2 S. 1 und 2** („Speicherfrist"): Der Verantwortliche hat durch geeignete **Voreinstellungen** die geeigneten technischen und organisatorischen Maßnahmen zu treffen, um die Löschungsverpflichtung zu erfüllen. Dies entspricht auch dem bisherigen Ansatz des BDSG aF. Es sah nur einzelne feste Regelfristen für die Löschung vor (etwa in § 4e S. 1 Nr. 7 oder § 35 Abs. 2 BDSG aF; ähnlich auch in anderen Bereichen, etwa § 15 Abs. 7 S. 1 TMG) und leitete diese ansonsten **aus dem Zweck** der Verarbeitung her.

Von der Löschungsverpflichtung des Art. 17 darf der nationale Gesetzgeber **18a** auf der Grundlage des **Art. 23 Abs. 1** Abweichungen vorsehen. Davon hat die Bundesrepublik in **§ 35 Abs. 1 BDSG** für Fälle unverhältnismäßig hohen Aufwandes oder geringen Löschungsinteresses Gebrauch gemacht – allerdings in unionsrechtlich angreifbarer Weise, denn der Tatbestand bildet keines der **Schutzziele** des Art. 23 Abs. 1 ab (→ § 35 Rn. 2). In Betracht kommt allenfalls lit. i: „der Schutz der Rechte und Freiheiten anderer Personen". Der Verantwortliche ist zwar semantisch auch **„ein anderer".** Er ist hier aber nicht gemeint. Gemeint sind vielmehr Dritte – jenseits des Betroffenen und des Verantwortlichen –, die von einer Verarbeitung betroffen sind. § 35 Abs. 1 S. 1 BDSG beschränkt seine Geltung zwar mit Blick auf den limitierten Anwendungsbereich der DS-GVO (Art. 2 Abs. 1) auf Fälle „nicht automatisierter Datenverarbeitung". Die DS-GVO erstreckt ihren Anspruch unmittelbarer Wirkung aber explizit auch auf die „nichtautomatisierte Verarbeitung personenbezogener Daten, die in einem Dateisystem gespeichert sind oder gespeichert werden sollen" (Art. 2 Abs. 1 Var. 1; s. auch VG Wiesbaden, Beschl. v. 15.1.2019 – 22 K 4755/17.WI.PV, juris Rn. 20 f.). In **unionsrechtskonformer Auslegung** ist § 35 Abs. 1 S. 1 BDSG daher so zu lesen, dass er nur auf Konstellationen anwendbar ist, in denen keine Speicherung in Dateisystemen erfolgte oder erfolgen sollte.

Regelungsfreiheit genießt der nationale Gesetzgeber auch in den Fällen, in **18b** denen die Verarbeitung erforderlich ist, um eine rechtliche Verpflichtung zu erfüllen, der der Verantwortliche kraft Unionsrechts oder mitgliedstaatlichen Rechts unterliegt, oder um eine Aufgabe wahrzunehmen, „die im öffentlichen Interesse liegt oder in Ausübung öffentlicher Gewalt erfolgt" (**Art. 6 Abs. 1 UAbs. 1 lit. c und lit. e).** Art. 17 Abs. 3 lit. b nimmt dem Betroffenen in diesen Fällen einerseits das **Recht** auf Löschung. Davon unabhängig darf der nationale Gesetzgeber andererseits näher bestimmen, „wie lange" Daten „gespeichert werden dürfen", dh auch grds. selbst die entspr. maximalen Speicherfristen für Daten dieser Verarbeitungsprozesse – entsprechend der Zweckbestimmung des Verarbeitungsvorgangs – festlegen (**Art. 6 Abs. 3 S. 3; ErwGr 45 S. 5**). Allerdings wächst dem nationalen Gesetzgeber in diesem Fall keine generelle Abweichungsbefugnis, sondern lediglich eine **Konkretisierungsbefugnis** zu: Er darf lediglich „spezifische Bestimmungen zur Anpassung der Anwendung" der DS-GVO erlassen, die den abstrakten normativen Inhalt der DS-GVO auf den konkreten Anwendungsfall herunterbrechen.

18c Die Verpflichtung des lit. f, Löschfristen anzugeben, spricht der Unionsgesetzgeber nicht vorbehaltlos aus. Er beschränkt sie auf Fälle, in denen dies ohne unzumutbaren Aufwand und in einer nicht völlig sinnfreien Weise umsetzbar ist (**„wenn möglich"**).

19 **g) Beschreibung der technischen und organisatorischen Maßnahmen gem. Art. 32 Abs. 1 (lit. g).** Um dem bes. Bedürfnis nach Sicherheit der Verarbeitung angemessen Rechnung zu tragen, muss der Verantwortliche auch die **technischen und organisatorischen Maßnahmen** beschreiben, die er trifft, um seiner Verpflichtung gerecht zu werden, ein dem Risiko angemessenes Schutzniveau zu gewährleisten. Das hebt **Art. 32 Abs. 1 iVm Art. 30 Abs. 1 S. 2 lit. g** (→ Art. 32 Rn. 28 ff.) ausdr. hervor. Das Verzeichnis soll dadurch als Instrument der Qualitätssicherung dazu beitragen, Sicherheitslücken aufzudecken bzw. datenschutzrechtliche Verstöße schneller aufzuklären. In welchem **Detailgrad** die Maßnahmen in das Verzeichnis aufzunehmen sind, lässt die Vorschr. offen. Die Beschreibung muss aber jedenfalls so konkret sein, dass die ASB (und die Datenschutzbeauftragten; vgl. Art. 39 Abs. 1 lit. b) die **„Geeignetheit"** der Maßnahmen für ein angemessenes Schutzniveau vorl. **überprüfen können.** Erschöpft sich die Wiedergabe der getroffenen technischen und organisatorischen Maßnahmen aufgrund ihres Abstraktionsgrades demgegenüber letztlich in reiner Förmelei, genügt das nicht dem Ziel des Abs. 1 S. 2 lit. g. Ist eine konkretere Darstellung **nicht möglich,** verlangt die DS-GVO dem Verantwortlichen – entsprechend dem Grundsatz „impossibilium nulla est obligatio" – aber nicht mehr ab. Das bringt sie – ebenso wie in lit. f – mit dem Passus **„wenn möglich"** zum Ausdruck. Seine Einschränkung erstreckt sich nicht nur auf das **„Ob",** sondern in erster Linie auf das **„Wie viel",** also darauf, „wie detailliert" die zu verzeichnenden Angaben sein müssen (Spoerr in BeckOK DatenschutzR DS-GVO Art. 30 Rn. 10; ähnlich Plath in Plath DS-GVO Art. 30 Rn. 7: „soweit angemessen").

II. Verzeichnis des Auftragsverarbeiters (Abs. 2)

20 Nicht nur der Verantwortliche und sein Vertreter unterliegen der Pflicht, ein Verzeichnis zu führen, sondern auch der Auftragsverarbeiter und – soweit vorhanden – dessen Vertreter. Das ist im Vergleich zur DSRL ein **Novum** des unionsrechtlichen Datenschutzrechts: Der DS-GVO ist es ein besonderes Anliegen, das Handeln des Auftragsverarbeiters leichter nachvollziehbar zu machen. Für den Auftragsverarbeiter (zB ein IT-Dienstleistungsunternehmen) erhöht sich damit im **Vergleich zur bisherigen Rechtslage** (vgl. § 11

Abs. 4 BDSG aF) der Dokumentationsaufwand. An den Inhalt seiner Dokumentation stellt die DS-GVO aber − entsprechend seiner Funktion, Daten ausschließlich weisungsgebunden zu verarbeiten − **niedrigere Anforderungen:** Anders als der Verantwortliche (Abs. 1 S. 2 lit. d) muss er nicht die Zwecke der Verarbeitung und Kategorien von Empfängern auflisten, ggü. denen er die verarbeiteten personenbezogenen Daten offenlegt oder offengelegt hat (über diese zu entscheiden, obliegt dem Verantwortlichen). Der Auftragsverarbeiter muss stattdessen „**die Kategorien von Verarbeitungen**" auflisten, die er im Auftrag jedes Verantwortlichen vornimmt oder durchgeführt hat. Sein Verzeichnis ist damit **akzessorisch** zu den Kategorien der Verarbeitungstätigkeit, die der Auftrag nennt (Abs. 1, → Rn. 10 f.; ebenso zB Brüggemann in Auernhammer DS-GVO Art. 30 Rn. 14). Es muss diese aber auch vollständig abbilden. Das Verzeichnis darf sich insbes. nicht darin erschöpfen, die Kategorien pauschal zu nennen, sondern muss sie den jeweiligen Verantwortlichen zuordnen. Das macht **lit. b** mit den Worten „**jedes Verantwortlichen**" deutlich. Da Auftragsverarbeiter vielfach „mehreren Herren dienen", war es dem Normgeber ein Bedürfnis, eine klare Gruppierung der Verarbeitungsprozesse nach verantwortlichen Personen anzuordnen und dadurch einen besseren Überbl. über die Sensibilität der damit verbundenen Prozesse sicherzustellen.

Um eine rasche und zweifelsfreie Identifikation der Ansprechpartner zu **21** ermöglichen, muss der Auftragsverarbeiter − ähnlich wie der Verantwortliche (Abs. 1 S. 2 lit. a; → Rn. 7) − **seinen Namen und seine Kontaktdaten sowie diejenigen jedes Verantwortlichen,** in dessen Auftrag er tätig ist, sowie etwaiger Vertreter des Verantwortlichen oder des Auftragsverarbeiters dokumentieren **(lit. a).** Ist ein **Datenschutzbeauftragter** bestellt worden (Art. 37 Abs. 1, 4), sind auch dessen Kontaktdaten aufzunehmen.

Wie der Verantwortliche (Abs. 1 S. 2 lit. e, → Rn. 15 f.) muss auch der **22** Auftragsverarbeiter **Übermittlungen** personenbezogener Daten an ein Drittland oder eine int. Organisation dokumentieren **(lit. c).** Das soll dem uU gesteigerten Gefährdungsgrad Rechnung tragen, der für die Grundrechte und Grundfreiheiten Betroffener entsteht, wenn ein Verarbeitungsprozess einer fremden Rechtsordnung unterworfen ist. Ähnliches gilt − sub specie des bes. Bedürfnisses nach Sicherheit des Verarbeitungsvorgangs − für die (auch den Verantwortlichen treffende, Abs. 1 S. 2 lit. g, → Rn. 19) Verpflichtung, „wenn möglich" eine allg. Beschreibung der technischen und organisatorischen **Maßnahmen gem. Art. 32 Abs. 1** vorzulegen **(lit. d).**

Der Auftragsverarbeiter hat nicht nur seine eigenen Verarbeitungstätigkei- **23** ten, die er durchgeführt hat, sondern auch die **Weisung des Verantwortlichen** hinsichtlich der Datenverarbeitung zu dokumentieren. Dies ist zwar nicht zwingender Teil des Verzeichnisses iSd Art. 30 Abs. 2, ergibt sich aber aus **Art. 28 Abs. 3 UAbs. 1 S. 2 lit. a** (→ Art. 28 Rn. 38 f.).

III. Schriftformerfordernis (Abs. 3)

Das Verzeichnis der Verarbeitungstätigkeiten dürfen der Verantwortliche und **24** der Auftragsverarbeiter (sowie ggf. ihre Vertreter) nicht in jeder beliebigen

Form führen. Abs. 3 normiert vielmehr ein **Schriftformerfordernis.** Um den Bürokratieaufwand nicht unangemessen zu erhöhen, der sich mit dem Verzeichnis verbindet, betont die DS-GVO aber, dass auch das „**elektronische Format**" der Schriftform genügt (so auch für die Einwilligung ErwGr 32 S. 1; vergleichbare Regelungen bestehen für die Informationsübermittlung in Art. 12 Abs. 1 S. 2 sowie für den Vertragsschluss zwischen Auftragsverarbeiter und Verantwortlichem – Art. 28 Abs. 9 (→ Art. 28 Rn. 75)). Trotzdem sind einzelne dt. ASB der Ansicht, die Form des Verzeichnisses vorgeben zu können (Die Landesbeauftragte für den Datenschutz Niedersachsen, Hinweise zum Verzeichnis für Verarbeitungstätigkeiten, Stand: 30.6.2017, 2).

24a   Die elektronische Form setzt nicht ein elektronisches Dokument iSd § 126a Abs. 1 BGB voraus, das mit einer qualifizierten elektronischen Signatur versehen ist; es genügt ein **lesbares elektronisches Dokument,** sofern das Dateiformat hinreichenden **Manipulations- und Änderungsschutz** sicherstellt (liberaler Spoerr in BeckOK DatenschutzR DS-GVO Art. 30 Rn. 12; Hartung in Kühling/Buchner DS-GVO Art. 30 Rn. 32, der ein „einfaches" lesbares elektronisches Dokument genügen lässt).

24b   Zu der **Sprache,** in der das Verzeichnis zu führen ist, trifft die DS-GVO keine Aussage, grenzt sie insbes. nicht auf die Landessprache ein. Die verwendete Sprache muss aber dem Zweck entsprechen, den das Verzeichnis erfüllen soll: Sie muss insbesondere der ASB die **Rechtmäßigkeitskontrolle ermöglichen** (vgl. auch ErwGr 82 S. 1; Abs. 4 → Rn. 25). Der Pflichtige muss daher eine Sprache verwenden (oder auf Anforderung eine Übersetzung vorhalten), welche die ASB typischerweise verstehen kann. Es muss sich deshalb nicht notwendigerweise um eine dt. Fassung handeln (aA Spoerr in BeckOK DatenschutzR DS-GVO Art. 30 Rn. 12; wohl auch Plath in Plath DS-GVO Art. 30 Rn. 5). Eine englischsprachige Version kann ebenso ausreichen (Schultze–Melling in Taeger/Gabel DS-GVO Art. 30 Rn. 25).

IV. Zurverfügungstellen (Abs. 4)

25   Damit die ASB eine wirksame Rechtmäßigkeitskontrolle durchführen kann (ErwGr 82 S. 1), müssen der Verantwortliche oder der Auftragsverarbeiter (sowie ggf. ihre Vertreter) ihr das Verzeichnis **zur Vfg. stellen** – dies jedoch nicht vorbehaltlos und generell, sondern ausdr. nur „**auf Anfrage**". Abs. 4 formt damit die allg. Zusammenarbeitspflicht des **Art. 31** (→ Art. 31 Rn. 17 ff.) für diesen speziellen Fall näher aus. So deutet es auch ErwGr 82 S. 2 an („mit der Aufsichtsbehörde zusammenzuarbeiten"). Indem die DS-GVO die Vorlagepflicht auf ausdrückliches Anfordern beschränkt, entfernt sie sich von der generellen Meldepflicht, welche die DSRL noch in ihrem Art. 18 etablierte. Die neue Magna Charta des unionalen Datenschutzrechts setzt ihr damit eine vorsichtige **Entlastung** der Unternehmen und Behörden von Bürokratiekosten entgegen.

25a   Abs. 4 verleiht der ASB auch die **Befugnis,** einen **konkretisierenden VA** zu erlassen, der dem Pflichtigen aufträgt, das Verarbeitungsverzeichnis vorzulegen. Zwar formuliert die Vorschrift eine solche Befugnis nicht ausdrücklich, schließt sie aber mit der Wendung „auf Anfrage" mit ein. Nicht zuletzt ist die ASB befugt, den Verantwortlichen anzuweisen, ihr alle Informationen bereitzustellen, die sie benötigt, um ihre Aufgaben zu erfüllen (Art. 58 Abs. 1 lit. a) – dazu gehört auch das Verzeichnis des Art. 30. Art. 30 Abs. 4 fungiert im Verhältnis zu Art. 58 Abs. 1 lit. a dabei als (verdrängende) **Lex specialis.**

Gegenüber **Gerichten** fehlt der ASB demgegenüber die Befugnis, die Vor-   **25b** lage des Verfahrenverzeichnisses zu verlangen. Denn sie unterfallen nicht der Zuständigkeit der ASB, soweit sie personenbezogene Daten im Rahmen ihrer **justiziellen Tätigkeit** verarbeiten (**Art. 55 Abs. 3;** → Art. 55 Rn. 5 ff.; vgl. dazu Engeler NJOZ 2019, 593 (593 f.)). Die Gerichte sind zwar auch im justiziellen Bereich verpflichtet, ein Verarbeitungsverzeichnis zu führen. Sie müssen dieses der ASB aber nicht zur Verfügung stellen. Vielmehr müssen sie das Verzeichnis stattdessen den eigenen, „besonderen Stellen im Justizsystem", die sie kraft der DS-GVO errichten müssen, um die Datenschutzkonformität ihrer Tätigkeit sicherzustellen, offenlegen (ErwGr 20 S. 3). Was für die Gerichte gilt, gilt bspw. ebenso für die unabhängigen Organe der Finanzkontrolle, die **Rechnungshöfe** des Bundes und der Länder (Art. 55 Abs. 3 analog; eingehend Martini/Kienle Die Verwaltung 52 (2019), 467 (480 ff.); 494 f. mit Fn. 188; siehe auch → Rn. 38a): Auch sie sind von der Pflicht entbunden, das Verzeichnis der ASB zur Verfügung zu stellen.

V. Ausnahme für KMUs (Abs. 5)

1. Beschäftigtenzahl unter 250

Die Verpflichtung, ein Verzeichnis der Verarbeitungstätigkeiten zu erstellen,   **26** legt die DS-GVO nicht allen Kategorien von Verarbeitern auf. Abs. 5 nimmt vielmehr **kleine und mittlere Unternehmen** grds. aus. Das soll ihren bes. Bedürfnissen und ihrer Bedeutung als (insbes. beschäftigungspolitisches) Rückgrat der unionalen Volkswirtschaft Tribut zollen. Die Relevanzschwelle setzt die DS-GVO bei einer **Beschäftigtenzahl unter 250** an. Den Begriff „kleine und mittlere Unternehmen" knüpft das Unionsrecht in anderen Regelungskontexten grds. zusätzlich an einen **Jahresumsatz** von höchstens 50 Mio. EUR oder eine **Jahresbilanzsumme** von höchstens 43 Mio. EUR (Art. 2 Abs. 1 des Anh. zur Empf. der KOM v. 6.3.2003 (2003/361/EG)). Auch die DS-GVO will den Begriff „kleine und mittlere Unternehmen" idS verstanden wissen (so ausdr. ErwGr 13 S. 5). Art. 30 Abs. 5 nimmt aber auf „Kleinstunternehmen sowie kleinere und mittlere Unternehmen" gerade nicht ausdr. Bezug, sondern ausschl. auf die **Mitarbeiterzahl** („Unternehmen oder Einrichtungen, die weniger als 250 Mitarbeiter beschäftigen"). **ErwGr 13 S. 5** beschreibt lediglich die Motivation („um der besonderen Situation der Kleinstunternehmen sowie der kleinen und mittleren Unternehmen Rechnung zu tragen …"), nicht aber den Inhalt der unionsrechtlichen Privilegierung. Insbes. können die ErwGr ihrer Natur nach den verfügenden Teil der DS-GVO nicht modifizieren. Die Unterschreitung eines bestimmten Umsatzes oder einer Jahresbilanzsumme als zusätzliche Voraussetzung in Abs. 5 hineinzulesen, überschritte daher den normativen Gehalt des Abs. 5.

27   Die Privilegierung des Abs. 5 erstreckt sich nur auf „Unternehmen und Einrichtungen". Unter „**Unternehmen**" versteht die DS-GVO natürliche und jur. Personen – unabhängig von ihrer Rechtsform –, die eine wirtschaftliche Tätigkeit ausüben, „einschließlich Personengesellschaften oder Vereinigungen, die regelmäßig einer wirtschaftlichen Tätigkeit nachgehen" (Art. 4 Nr. 18). **Behörden** und gemeinnützige Organisationen nennt die Vorschr. – anders als die DS-GVO an zahlr. anderen Stellen ihres verfügenden Teils (insbes. Art. 6 Abs. 1 UAbs. 2, Art. 27 Abs. 2 lit. b, Art. 41 Abs. 6, Art. 46 Abs. 2 lit. a, Abs. 3 lit. b, Art. 49 Abs. 3) – nicht ausdr. Der Begriff „**Einrichtung**" (vgl. auch Art. 2 Abs. 3, Art. 80 Abs. 1) ist jedoch bewusst weit gefasst. Der DS-GVO ist vor allem die Mitarbeiterzahl, weniger die Organisationsform wichtig. Sie möchte im Grundsatz alle Einheiten, die Zurechnungsobjekt von Rechtssätzen sein können und weniger als 250 Mitarbeiter beschäftigen, von überbordenden bürokratischen Lasten befreien. Diese Zielsetzung streitet dafür, dass auch Behörden und gemeinnützige Organisationen das Privileg des Ausnahmetatbestandes genießen, wiewohl sie nicht als Wirtschaftsakteure am Marktleben teilhaben (zust. Brüggemann in Auernhammer DS-GVO Art. 30 Rn. 23).

28   Wie die **Berechnung der Mitarbeiterzahl** in Konzernverbünden mit mehreren Unternehmens- oder Betriebseinheiten erfolgt, lässt die DS-GVO offen. Ratione materiae ist nicht entscheidend, ob die Mitarbeiter an einem Ort ansässig sind, sondern ob sie einer gemeinsamen Einheit angehören. Die DS-GVO versteht **Konzerne oder andere Unternehmensgruppen** (Art. 4 Nr. 19) allerdings gerade nicht als datenschutzrechtliche Einheit. Das ergibt sich bereits aus der normativen Differenzierung zwischen Unternehmen (Art. 4 Nr. 18) und Unternehmensgruppen (Art. 4 Nr. 19): Letztere bestehen ihrem Wesen nach aus mehreren (wenn auch abhängigen) Unternehmen, zwischen denen (regelmäßig rechtfertigungsfähige, aber rechtfertigungsbedürftige) Datenübermittlungen stattfinden (vgl. auch ErwGr 48 S. 1 sowie die Privilegierung von Unternehmensgruppen bei der Datenübermittlung in Drittstaaten durch verbindliche interne Datenschutzvorschriften (Art. 47, ErwGr 110) und Art. 88 Abs. 2). Dass eine Unternehmensgruppe einen gemeinsamen Datenschutzbeauftragten benennen darf (Art. 37 Abs. 2) und uU berechtigte Interessen iSv Art. 6 Abs. 1 UAbs. 1 lit. f verfolgt (vgl. ErwGr 48), ändert daran nichts. Für die Mitarbeiterzahl ist deshalb das **einzelne für die Verarbeitung verantwortliche Unternehmen** maßgeblich, nicht die Unternehmensgruppe (aA Spoerr in BeckOK DatenschutzR DS-GVO Art. 30 Rn. 15, der allein auf die Empf. 2003/361/EG (insbes. Anh. Art. 3–5) abstellt; wie hier Laue in Spindler/Schuster DS-GVO Art. 30 Rn. 20; wohl auch Egle/Zeller in v. d. Bussche/Voigt Konzerndatenschutz Kap. 4 Rn. 4).

2. Anforderungen an den Verarbeitungsprozess

29   Nicht alle Unternehmen und Einrichtungen mit einer Beschäftigtenzahl unter 250 Mitarbeitern befreit der Unionsgesetzgeber vorbehaltlos von den Pflichten des Art. 30. Sie müssen vielmehr **weitere, an Art. 27 Abs. 2 lit. a**

angelehnte Anforderungen erfüllen. Diese sollen sicherstellen, dass nur solche Verarbeiter in den Genuss der Privilegierung gelangen, deren Verarbeitungstätigkeit nicht das spezifische Kontrollbedürfnis auslöst, auf das die Ratio des Art. 30 gründet.

a) Verhältnis der Tatbestände zueinander – Gegenausnahmen. Die **30** Befreiung von der Pflicht, ein Verzeichnis zu führen, knüpft Abs. 5 an **drei (negative) Tatbestandsmerkmale:** Unternehmen mit weniger als 250 Mitarbeitern sind nur dann von den Pflichten aus Art. 30 befreit, wenn die Verarbeitung **weder** ein Risiko für die Rechte der betroffenen Personen birgt (→ Rn. 32) **noch** regelmäßig erfolgt (→ Rn. 33 f.) **noch** bes. Datenkategorien iSd Art. 9 Abs. 1 bzw. Art. 10 betrifft (→ Rn. 35). Die Merkmale müssen also **kumulativ vorliegen,** damit das Unternehmen in den Genuss der Privilegierung gelangt (ebenso zB Spoerr in BeckOK DatenschutzR DS-GVO Art. 30 Rn. 17).

Die Privilegierung erstreckt sich auch nicht ausschließlich auf einzelne **31** (unsensible) Verarbeitungstätigkeiten eines einzelnen Unternehmens, sondern auf das jeweilige **Unternehmen als solches.** Das Regelungskonzept folgt insofern einem Schwarz-Weiß-Muster. Der Ausnahmetatbestand des Art. 30 Abs. 5 stellt dadurch **sehr hohe Anforderungen,** welche ihn faktisch leerlaufen zu lassen drohen. Insbes. auf kleinste Unternehmen (zB Optiker, Handwerker, Apotheker) und Start-ups rollt die Pflicht aus Art. 30 daher mit voller Wucht zu (vgl. auch Brüggemann in Auernhammer DS-GVO Art. 30 Rn. 26; Meltzian in BeckOK DatenschutzR BDSG aF § 4d Rn. 19).

b) Risiko für die Rechte und Freiheiten. Birgt die Verarbeitung „ein **32** Risiko für die Rechte und Freiheiten der betroffenen Person" („likely to result in a risk"; „un risque"), schließt Abs. 5 die Privilegierung, die er eigentlich ausspricht, wieder aus. Nimmt man dies beim Wort, schlüpfte kein unionales Unternehmen unter den Schutzschirm der Vorschrift. Denn Verarbeitungstätigkeiten ohne jegliches Risiko sind eine Fiktion. Gemeint sind vielmehr Verarbeitungen, die durch ein **mehr als nur geringes Risiko** gekennzeichnet sind, also Vorgänge, von denen **kein** hohes bzw. erhebliches Risiko oder ein **erhöhtes** Risiko ausgeht. Zur Methodik der Risikobestimmung benennt Art. 35 (→ Art. 35 Rn. 15 ff.) Anhaltspunkte, die als normative Konkretisierungsanleihe taugen; insbes. überschreitet der Einsatz neuer Technologien, Profiling (Art. 35 Abs. 3 lit. a) und Videoüberwachung (Art. 35 Abs. 3 lit. c) in der Regel die Schwelle zum hohen Risiko (vgl. ErwGr 89 S. 4).

c) Regelmäßigkeit der Verarbeitungstätigkeit. Verarbeitungstätigkeiten **33** mit geringem Risiko genießen das Ausschlussprivileg des Abs. 5 nur dann, wenn sie nicht Teil des regelmäßigen Geschäftsbetriebes sind.

Was die DS-GVO unter **„gelegentlich"** versteht, lässt sie offen; auch die **34** DSRL kann nicht dazu beitragen, den Inhalt des Topos zu erhellen; sie kannte diese Ausnahme nicht. Die englische Fassung („occasional": „zeitweise", aber auch: „singulär") sowie das allg. Sprachverständnis – „hin und wieder; manchmal; bei Gelegenheit; dann und wann" – helfen bei der Konkretisierung ein

Stück weiter – ebenso die Kontrastierung mit dem Wortlaut des DS-GVO-E (KOM): Er wollte die Privilegierung auf die Verarbeitungen richten, die Kleinunternehmen, Handwerksbetriebe oÄ **„nur als Nebentätigkeit zusätzlich zu ihren Haupttätigkeiten"** („ancillary to its main activities") vornehmen. Im Unterschied dazu hebt die Differenzierung zwischen „regelmäßig" und „gelegentlich" semantisch weniger auf die untergeordnete Bedeutung im Verhältnis zum Hauptbetrieb, sondern auf die **Frequenz** ab, in der solche Verarbeitungstätigkeiten anfallen. Gemeint ist in der Sache die **Häufigkeit** der Tätigkeit im Verhältnis typischen Geschäftsbetrieb: Die Ratio des Tatbestandes will mithin nicht solche Verarbeitungen befreien, die als regelmäßige Datenverarbeitungen zum Kerngegenstand der unternehmerischen Tätigkeit gehören, sondern nur solche, die sich **jenseits der typischen Verarbeitungstätigkeit** bewegen und deshalb nur von Zeit zu Zeit vorkommen. Von solchen gelegentlichen Verarbeitungen geht nach der normativen Vorstellung der DS-GVO typischerweise keine substanzielle Gefahr für den Betroffenen aus, die ein Verarbeitungsverzeichnis rechtfertigt. Für regelmäßige oder dauerhafte Standardverfahren in Unternehmen und Behörden (zB Personalakten, Finanzbuchhaltung, Kundendatenbank) bleibt es demgegenüber unabhängig von der Mitarbeiterzahl bei der Verfahrensverzeichnispflicht (so auch Volkmer/Kaiser PinG 2017, 153 (154)).

35 **d) Verarbeitung besonderer Datenkategorien iSd Art. 9 Abs. 1 bzw. Art. 10.** Eine Ausnahme von der Pflicht des Abs. 1 und 2 sieht die DS-GVO auch dann nicht als gerechtfertigt an, wenn die Verarbeitungstätigkeit **bes. Datenkategorien iSd Art. 9 Abs. 1** bzw. personenbezogene Daten über strafrechtliche Verurteilungen und Straftaten iSd **Art. 10** erfasst. Die Sensibilität dieser Daten löst nach der Wertung des Unionsgesetzgebers ein hohes Kontrollbedürfnis aus, welches eine Befreiung von Art. 30 kategorisch ausschließt – dies nicht allein dann, wenn alle verarbeiteten Daten dem Regime des Art. 9 Abs. 1 bzw. Art. 10 unterfallen; es genügt vielmehr bereits, dass **einzelne** der verarbeiteten Daten dies sind. Sensibilität auslösen.

35a   Abs. 5 nennt zwar explizit nur „Daten über **strafrechtliche Verurteilungen und Straftaten**". Der Verweis auf Art. 10 ist aber umfassend zu verstehen, sodass auch **Daten über Sicherungsmaßregeln** darunter fallen (Spoerr in BeckOK DatenschutzR DS-GVO Art. 30 Rn. 26). Diese sind nicht minder sensibel.

C. Nationales Recht

36 Für dt. Unternehmen und Behörden, die als Verantwortliche personenbezogene Daten verarbeiten, bringt Art. 30 grds. **keine nachhaltigen inhaltlichen Neuerungen** mit sich (idS auch Hansen-Oest PinG 2016, 79 (83 f.); vgl. aber auch die technischen Aspekte bei Schäffter Verfahrensverzeichnis 2.0, 36 ff. sowie 116 ff.). Denn das alte BDSG kannte in **§§ 4e, 4g Abs. 2 S. 2** bereits ein dem Art. 30 vergleichbares **Verfahrensverzeichnis.** Für **Auftragsverarbeiter** betritt die DS-GVO demgegenüber Neuland: Diese

trifft nun ebenfalls die Pflicht, ein Verzeichnis der Datenverarbeitungen zu führen – und damit ein Mehraufwand.

Das Verfahrensverzeichnis war **bislang** auf Antrag jedermann **zur Vfg. zu**   **36a** **stellen** – auch dies lässt die DS-GVO entfallen: Ein „Jedermanns-Recht" auf Einsicht in die Verfahrensverzeichnisse gibt es nicht mehr. Die Differenzierung in einen internen und einen öffentl. Teil des Verzeichnisses wird obsolet. Die bisher nach § 4e S. 1 Nr. 1–8 BDSG aF offenzulegenden Angaben deckt die DS-GVO nunmehr aber normativ als zwingenden Bestandteil der Informationspflichten ggü. dem Betroffenen (Art. 13 Abs. 1 und 2, Art. 14 Abs. 1 und 2) ab (so auch Brüggemann in Auernhammer DS-GVO Art. 30 Rn. 20).

Anders als in der bisherigen Unternehmenspraxis ist unter dem Regime des   **36b** Art. 30 nicht mehr der Datenschutzbeauftragte, sondern der Verantwortliche – also die **Unternehmensleitung** – für das Verzeichnis zuständig und verantwortlich. Da Art. 39 den Katalog der Pflichten des **betrieblichen Datenschutzbeauftragten** nicht abschließend festlegt („zumindest"), sieht die Art.-29-Gruppe den Pflichtigen jedoch nicht daran gehindert, dem betrieblichen Datenschutzbeauftragten „die Aufgabe zu übertragen" (Art.-29-Gruppe, WP 243, 22). Die Verantwortung für das Verfahrensverzeichnis bleibt aber auch dann unverändert in den Händen des (Auftrags-)Verarbeiters (so wohl auch Art.-29-Gruppe, WP 243, 22).

Das Verzeichnis der öffentl. Stellen in der Bundesverwaltung (**§ 18 Abs. 2**   **36c** **BDSG aF**) ist unter dem Regime der DS-GVO entfallen. Allenfalls als spezifische Anpassungsbestimmung iSd Art. 6 Abs. 3 S. 3 ließe es sich aufrechterhalten. Der nationale Gesetzgeber hat von dieser Möglichkeit im BDSG nF aber keinen Gebrauch gemacht. § 18 Abs. 2 S. 1 BDSG aF legte öffentl. Stellen zusätzlich auf, ein **Hardware-Verzeichnis** zu führen. Art. 30 sieht ein solches nunmehr nicht explizit vor, regelt die Verpflichtung aber in Ansätzen immanent mit (→ Rn. 19).

Die Vorschr. des **§ 18 Abs. 2 S. 2 BDSG aF** begründete bislang eine   **37** Pflicht, die Rechtsgrundlage automatisierter Verarbeitungen sowie inhaltliche Mitteilungspflichten **schriftlich** darzulegen. Auch dieses Erfordernis kennt die DS-GVO nicht. **Art. 30 Abs. 1 S. 2 lit. g und Abs. 2 lit. d** weisen aber Parallelen zur Dokumentation von Datensicherheitsmaßnahmen gem. **§ 9 BDSG aF iVm der Anl. zu § 9 BDSG aF** auf. Diese Regelungen gelten nunmehr nur im Anwendungsbereich der JI-RL (Ermittlungs- und Strafverfolgungsbehörden) fort: **§ 64 BDSG nF** entspricht iW § 9 BDSG aF. **§ 70 BDSG nF** enthält für den Geltungsbereich der JI-RL zudem eine dem Art. 30 nachempfundene Regelung.

Das sog **interne Verfahrensverzeichnis** iSd § 4g Abs. 2 S. 1 BDSG aF   **38** hatte sich in der Praxis etabliert. Es sollte die Stellung des Datenschutzbeauftragten festigen und diesem einen Überbl. über die Verarbeitungen gewähren (ausf. Simitis in Simitis BDSG aF § 4g Rn. 60 ff.). Die Verpflichtung des Verantwortlichen, den Datenschutzbeauftragten einzubinden und zu unterstützen, regelt nunmehr **Art. 38 Abs. 1–3** unionsrechtlich abschl.

Art. 30 DS-GVO belässt den Mitgliedstaaten **keinerlei eigenständigen**   **38a** **Regelungsspielraum.** Manche Länder hat das gleichwohl nicht davon abgehalten, Sonderregelungen zu treffen. So befreien die Länder Baden-Württemberg und Thüringen ihre **Rechnungshöfe** von der Verpflichtung, ein Verfahrensverzeichnis zu führen (§ 2 Abs. 4 S. 3 LDSG BW und § 2 Abs. 9 S. 1 ThürDSG). Sie wollen damit der Sonderstellung der Rechnungshöfe im verfassungsrechtlichen Gefüge Rechnung tragen. Die DS-GVO ist – trotz der richterlichen Unabhängigkeit der Mitglieder des Rechnungshofs – jedoch auch im sog. Hofbereich materiellrechtlich vollständig anwendbar (näher hierzu Martini/Kienle Die Verwaltung 52 (2019), 467 (469 ff.)). Nationale Befreiungsregelungen von Art. 30 sind daher **unionsrechtswidrig.** Der Rechnungshof Baden-Württemberg und der Thüringer Rechnungshof sind (vorbehaltlich des Abs. 5; → Rn. 26 ff.) kraft unmittelbaren Unionsrechts weiterhin verpflichtet, ein Verarbeitungsverzeichnis zu führen. Die Rechnungshöfe müssen das Verarbeitungsverzeichnis der ASB aber **nicht zur Verfügung stellen.** Denn sie sind aufsichtsrechtlich aufgrund ihrer strukturell vergleichbaren Unabhängigkeit wie Gerichte zu behandeln (Art. 55 Abs. 3 analog; Martini/Kienle Die Verwaltung 52 (2019), 467 (480 ff.); ferner → Rn. 25b).

D. Ausblick

39 Ein Verzeichnis der Verarbeitungen, das sich inhaltlich weitgehend mit Angaben des Art. 30 deckt, dürfte kraft der Vorgaben des § 4e S. 1 BDSG aF bereits in der Vergangenheit ein großer Teil der datenverarbeitenden Stellen geführt haben – jedenfalls sofern die Verarbeitung meldepflichtig war (§ 4e BDSG aF) und/oder der Verantwortliche einen Datenschutzbeauftragten (zu) berufen hat(te) (§ 4g Abs. 2 BDSG aF). Ob die konkrete Ausgestaltung der Art. 30 einen Informationsgehalt bietet, der einen nennenswerten, auf die Bedürfnisse ubiquitärer Datenverarbeitung zugeschnittenen **Mehrwert** verheißt, lässt sich hinterfragen (sehr krit. Hansen-Oest PinG 2016, 79 (79 ff.)). **De lege ferenda** ist es empfehlenswert, das Verfahrensverzeichnis – jedenfalls bei sensiblen Anwendungen, wie Gesichtserkennung, Videoüberwachung etc. – (vorbehaltlich vorrangiger schutzbedürftiger Interessen) **der Öffentlichkeit** zugänglich zu machen.

Art. 31 Zusammenarbeit mit der Aufsichtsbehörde

Der Verantwortliche und der Auftragsverarbeiter und gegebenenfalls deren Vertreter arbeiten auf Anfrage mit der Aufsichtsbehörde bei der Erfüllung ihrer Aufgaben zusammen.

BDSG und anderes nationales Recht: §§ 16 Abs. 4, 40 Abs. 5 S. 2 und 3 BDSG (kommentiert unter → BDSG § 16 Rn. 4; → BDSG § 40 Rn. 34 f.

Literatur: *Schürmann,* Behördenkommunikation- und verfahren: Eine Orientierungshilfe, DSB 2019, 160; *Wenzel/Wybitul,* Vermeidung hoher DS-GVO-Bußgelder und Kooperation mit Datenschutzbehörden, ZD 2019, 290.

Übersicht

A. Allgemeines

I. Bedeutung der Norm und Einordnung in den Gesamtkontext der DS-GVO

Art. 31 erlegt dem Verantwortlichen und dem Auftragsverarbeiter (sowie ggf. **1** deren Vertretern) **verwaltungsverfahrensrechtliche Kooperationspflichten** auf (aA Raum in Ehmann/Selmayr DS-GVO Art. 31 Rn. 5). Die Vorschr. drängt damit den **Amtsermittlungsgrundsatz,** der das Verhältnis zwischen ASB und Verarbeitern im Allg. prägt, ein Stück weit zurück. Die unionsrechtlich verankerte Zusammenarbeitspflicht schränkt dadurch zugleich den **Grundsatz der Verfahrensautonomie** der Mitgliedstaaten (vgl. Art. 291 AEUV) ein.

Art. 31 fußt **nicht** auf der Kompetenz des Art. 197 Abs. 2 oder 298 **2** AEUV, sondern auf der **Annexkompetenz** (sog. implied power) der Union, das Verwaltungsverfahren der Mitgliedstaaten zu regeln, soweit dies erforderlich ist, um die Unionskompetenz aus Art. 16 Abs. 2 AEUV wahrzunehmen. Diese verfahrensrechtliche Regelungsbefugnis flankiert damit die sachliche Regelungsmacht der Union im Bereich des materiellen Datenschutzrechts (Ehlers in Ehlers/Pünder Allg. Verwaltungsrecht § 13 Rn. 19).

3   Neben der (allg.) Pflicht zur Kooperation, die Art. 31 verankert, kennt die DS-GVO eine Reihe **spezieller Zusammenarbeitspflichten.** Sie verlangen dem Adressaten stets ein aktives Tun ab und begründen – anders als in vielen Fällen, in denen die ASB Befugnisse (wie zB iRd Zugangsgewährung aus Art. 58 Abs. 1 lit. e und f) ausüben – **keine bloße Duldungsverpflichtung** (aA Hartung in Kühling/Buchner DS-GVO Art. 31 Rn. 1). Zu den spezialgesetzlich geregelten Zusammenarbeitspflichten gehören: die Verpflichtung, der ASB auf Anforderung Aufzeichnungen über die Verarbeitungstätigkeit zur Vfg. zu stellen (**Art. 30 Abs. 4;** → Art. 30 Rn. 25), die Meldepflicht des **Art. 33 Abs. 1 und 2** (→ Art. 33 Rn. 14 ff.) und die Pflicht, der ASB alle Informationen bereitzustellen, die sie benötigt, um ihre Aufgaben erfüllen zu können (**Art. 58 Abs. 1 lit. a**). Art. 31 steht auch in einer engen **Wechselbeziehung** zu der Grundnorm des **Art. 24 Abs. 1 S. 1,** der allgemein die Pflichtenstellung des Verantwortlichen regelt, sowie zur Befugnisnorm des **Art. 58.**

3a   Der eigenständige Anwendungsbereich, welcher Art. 31 neben den speziellen Zusammenarbeitspflichten seiner Adressaten und den Befugnissen der ASB (insb. Art. 58) in der Vollzugspraxis verbleibt, ist begrenzt. Dies ändert jedoch nichts daran, dass Art. 31 eine **eigenständige Pflicht** etabliert (→ Rn. 14a), auf die die ASB bei ihrem Handeln zurückgreifen kann (→ Rn. 34 ff.; einen eigenständigen Bedeutungsgehalt verneinend demgegenüber Hartung in Kühling/Buchner DS-GVO Art. 31 Rn. 1, 5; Klug in Gola DS-GVO Art. 31 Rn. 1: „deklaratorisch"; ebenso Dietze in SJTK DS-GVO Art. 31 Rn. 2).

II. Sinn und Zweck der Vorschrift

4   Datenschutzrechtliche Pflichten lassen sich nicht ohne Weiteres gegen, sondern nur gemeinsam mit dem Normadressaten erfolgreich durchsetzen. Dieser Erkenntnis trägt das **Kooperationsprinzip** des Art. 31 Rechnung. Die Zusammenarbeitspflicht soll die ASB namentlich dabei unterstützen, ihre Aufgaben wahrzunehmen. Das betrifft insbes. ihr Bemühen, den Sachverhalt aufzuklären sowie – daran anknüpfend – den materiellen datenschutzrechtlichen Pflichtenstatus zu ermitteln.

4a   Die Zusammenarbeitspflicht ist Teil eines **allg. Rechtsgebots wirksamer Rechtsdurchsetzung.** Im **Umweltrecht** ist das Kooperationsprinzip (neben insbes. dem Verursacher- und dem Vorsorgeprinzip) bereits seit Langem integraler Bestandteil seines Katalogs fundamentaler Leitideen (ebenso im Steuerrecht; vgl. § 90 AO; weitere Mitwirkungspflichten bei Rätke in Klein AO § 90 Rn. 2). Das **allg. Verwaltungsrecht** versteht eine allg. Pflicht zur Zusammenarbeit ebenfalls als Schlüsselelement wirksamer Erledigung von Verwaltungsaufgaben. Es verankert sie in **§ 26 Abs. 2 VwVfG** (s. auch Schneider/Hofmann/Ziller ReNEUAL-Musterentwurf für ein EU-Verwaltungsverfahrensrecht, 2015, Buch II Rn. 54). Ein ähnliches Verständnis des Zwecks des Art. 31 legen auch **ErwGr 80 S. 5 und 82 S.** 2 zugrunde: Sie beziehen die Zusammenarbeitspflicht va auf Maßnahmen der ASB, welche sicherstellen sollen, dass der Vertreter und seine Geschäftsherren die Regeln der DS-GVO einhalten, sowie auf das **Verzeichnis von Verarbeitungstätigkeiten,** „damit die betreffenden Verarbeitungsvorgänge anhand dieser Verzeichnisse kontrolliert werden können" (ErwGr 82 S. 2).

Mit der Kooperationspflicht korrespondiert typischerweise kein **Kontroll-** 5 **interesse des Verpflichteten:** Diesem ist im Zweifel daran gelegen, mögliche Verstöße gegen materielles Datenschutzrecht nicht ans Licht treten zu lassen. Davon geht ein Anreiz aus, die Zusammenarbeit mit der ASB zu behindern oder gar Ermittlungen zu verschleppen. Dieser Gefahr will Art. 31 entgegenwirken. Die Norm gibt dem Verantwortlichen bzw. Auftragsverarbeiter daher **Pflichten** auf, regelt aber **nicht** seine **Verfahrensrechte,** etwa das Recht, im Verwaltungsverfahren Gehör zu finden; dieses verbürgt vielmehr Art. 42 Abs. 1 GRCh; es ist als allg. Rechtsgrundsatz des Unionsrechts anerkannt (vgl. EuGH BeckRS 2004, 73814, Rn. 9, 11, stRspr; Craig EU Administrative Law, 7. Aufl. 2012, S. 290 ff. mwN und S. 321 ff.).

III. Entstehungsgeschichte der Norm

Art. 31 erfuhr im Laufe seiner Genese nur wenige Veränderungen (va in 6 Gestalt von Kürzungen). Der Vorschlag der **KOM** kannte noch eine **Zuarbeitspflicht,** welche auf Verlangen der ASB wirken sollte („arbeiten … zu", Art. 29 Abs. 1 DS-GVO-E(KOM)). Exemplarisch („insbesondere") hob er die Pflicht hervor, Informationen zu übermitteln (Art. 53 Abs. 2 lit. a DS-GVO-E(KOM)) und Zugang zu den Geschäftsräumen zu gewähren (Art. 53 Abs. 2 lit. b DS-GVO-E(KOM)). Um einen **wirksamen Vollzug** zu ermöglichen, trug Art. 29 **Abs. 2** DS-GVO-E(KOM) dem Verantwortlichen und dem Auftragsverarbeiter die Pflicht auf, (Auskunfts-)Anordnungen der ASB (die auf der Grdl. des Art. 53 Abs. 2 DS-GVO-E(KOM) erfolgten) fristgerecht zu beantworten.

Das **EP** modifizierte die Formulierung des Kommissionsentwurfs unwe- 7 sentlich, strich aber den Art. 29 Abs. 2 des DS-GVO-E(KOM): Anders als die Kommission wollte es die Befugnisse der ASB so ausgestalten, dass diese „ohne Vorankündigung" wahrgenommen werden dürfen. Einer Fristsetzung und einer bes. Hervorhebung der Reaktionspflicht – wie sie noch Art. 29 **Abs. 2** DS-GVO-E(KOM) vorsah – sollte es auf der Grundlage der allg. Norm des Abs. 1 nicht (mehr) bedürfen.

Der **ER** strich den verbliebenen ersten Abs. der Regelung vollständig. Er 8 hielt die Regelung insgesamt für entbehrlich.

IRd **Trilogs** fand Abs. 1 (in modifizierter Form) erneut Aufnahme in den 9 Verordnungstext: Aus der Verpflichtung zur Zuarbeit wurde eine Verpflichtung zur Zusammenarbeit. Das Ziel, die Aufgabenerfüllung der ASB zu vereinfachen („um ihr die Erfüllung ihrer Pflichten zu erleichtern"), entfiel. Denn ihm haftete aus der Sicht der Gesetzgebungsorgane der Makel an, Verantwortliche und Auftragsverarbeiter schlimmstenfalls zu Dienstleistern der ASB zu degradieren und damit das Pflichtengefüge einseitig zulasten der Verarbeiter zu verschieben. Nunmehr beschr. sich die Verpflichtung auf eine **allg. Pflicht zur Kooperation,** wie sie der Rechtsordnung auch in anderen normativen Kontexten vertraut ist.

IV. Verhältnis zum nationalen Verwaltungsverfahrensrecht

10 Wenn die Mitgliedstaaten Unionsrecht vollziehen, genießen sie grundsätzlich Gestaltungsfreiheit. Sie können das Unionsrecht (vorbehaltlich des Äquivalenzprinzips und des Effektivitätsgebots) nach Maßgabe ihres nationalen Verwaltungsverfahrensrechts durchsetzen (**Grundsatz der Verfahrensautonomie der Mitgliedstaaten;** EuGH NJW 1984, 2024 (2024 f.); EuGH BeckRS 2004, 74924, Rn. 67, stRspr; vgl. auch die Regelung des Art. 58 Abs. 4, → Art. 58 Rn. 31 ff.). Art. 31 schränkt diesen Grundsatz ein. Er dekretiert die allg. Zusammenarbeitspflicht zwischen den Adressaten und den mitgliedstaatlichen ASB unmittelbar sekundärrechtlich. Ihm kommt daher jedenfalls hinsichtlich seiner **Tatbestandsseite Anwendungsvorrang** vor den entspr. Regelungen der Mitgliedstaaten, wie zB § 26 Abs. 2 VwVfG, zu.

11 Weniger klar ist, ob sich die **Rechtsfolgen eines Verstoßes** gegen die Zusammenarbeitspflicht ebenfalls aus dem Unionsrecht oder vielmehr aus dem (Verwaltungsverfahrens-)Recht der Mitgliedstaaten ergeben. Art. 31 selbst verfügt für den Fall eines Verstoßes nämlich keine unmittelbaren Rechtsfolgen. Unionsrechtlich lassen sich diese alleine aus den allg. Rechtsgrundsätzen und der dazu ergangenen Rechtsprechung des EuGH gewinnen. Ergäben sich die **unmittelbaren Rechtsfolgen** eines Verstoßes, wie Fragen der Beweiswirkung und des Sanktionenregimes, nicht aus dem Unionsrecht, wäre die einheitliche Anwendung des Unionsrechts und die Harmonisierung, welche die DS-GVO anstrebt, gefährdet. Die unmittelbaren Rechtsfolgen unterfallen daher dem Unionsrecht (→ Rn. 34 ff.). **Mittelbare Rechtsfolgen,** wie die Kosten eines Verwaltungs(gerichts)verfahrens und das Haftungsfolgenrecht bei Staatshaftungsansprüchen, unterliegen hingegen grds. dem Regime des nationalen Rechts (→ Rn. 41 ff.).

V. Vergleich mit der bisherigen Rechtslage auf Unionsebene

12 Die **DSRL** als Vorgängerin der DS-GVO formulierte keine ausdr. Zusammenarbeitspflicht zwischen Kontrollstellen und Kontrollierten. Sie kannte lediglich eine **horizontale Unterstützungspflicht** der mitgliedstaatlichen Kontrollstellen untereinander.

13 Auch in Verordnungen der Union, die das mitgliedstaatliche Verwaltungsverfahrensrecht teilw. mitregeln (wie bspw. der Unionszollkodex (VO (EU) Nr. 952/2013)), findet sich bisher **keine vergleichbare Norm.** Nichts anderes gilt für das partiell durch VO geregelte **Verwaltungsverfahren der Union;** so regeln Art. 12, 15 Abs. 2 S. 3 BeihilfenVfVO (VO (EU) 2015/1589) nur das Verhältnis zu den Mitgliedstaaten. Alleine Art. 10 Abs. 1 VerwaltungsVfVO-E(EP) (JURI, DV\1081253EN.doc PE573.120v01-00) und Art. III-13 Abs. 1 S. 1 ReNEUAL-Musterentwurf schlagen pro futuro eine dem Art. 31 ähnliche Verpflichtung vor. Die datenschutzrechtliche Vorschrift entpuppt sich daher als **Novum des europäischen Verwaltungsrechts.**

B. Auslegung der Norm

Art. 31 kommt im Gefüge der DS-GVO für das Miteinander der ASB und **14** der datenschutzrechtlichen Pflichtadressaten als verwaltungsverfahrensrechtliche Leitnorm eigenständige Bedeutung zu. Dies verdeutlicht bereits die Entstehung der Norm: Der Gesetzgeber hat sie bewusst (unter Herauslösung ursprünglich exemplarisch genannter spezieller Pflichten („insbesondere", → Rn. 3)) im Laufe des Normierungsprozesses als vollwertige Regelung aufrechterhalten. Sie dient insoweit als **Auffangnorm** (vgl. Spoerr in BeckOK DatenschutzR DS-GVO Art. 31 Rn. 19).

I. Abgrenzung: Pflicht oder Obliegenheit?

Ob Art. 31 eine Zusammenarbeitspflicht, -obliegenheit oder -last statuiert, **14a** sagt die Norm nicht mit letzter Klarheit. Dass die Vorschr. **sanktionsbewehrt** ist (Art. 83 Abs. 4 lit. a) und sich an ihre Nichtbefolgung **weitere mittelbare Nachteile** knüpfen (→ Rn. 36 ff.), streitet für ihre Einordnung als **selbstständige (Handlungs-)Verpflichtung** (zust. Kieck in Auernhammer DS-GVO Art. 31 Rn. 3; iErg ebenso Spoerr in BeckOK DatenschutzR DS-GVO Art. 31 Rn. 9; aA Hartung in Kühling/Buchner DS-GVO Art. 31 Rn. 5, 8). Sie geht insoweit über die **ähnlich gelagerte Vorschr. des § 26 Abs. 2 VwVfG** hinaus (die viele ebenso als selbstständige Pflichtennorm deuten; vgl. Herrmann in BeckOK VwVfG § 26 Rn. 36 ff.; Huck in Huck/ Müller VwVfG § 26 Rn. 21 ff.; Kugele in ders. VwVfG § 26 Rn. 9; anders Kallerhoff in SBS VwVfG § 26 Rn. 44 ff. und Ritgen in Knack/Henneke VwVfG § 26 Rn. 103: „Mitwirkungslast"; Engel/Pfau in Mann/Sennekamp/ Uechtritz VwVfG § 26 Rn. 52 ff.: „Mitwirkungsobliegenheit").

II. Verpflichtete und Berechtigte

1. Adressaten der Kooperationsverpflichtung

Art. 31 nimmt **Verantwortliche** (Art. 4 Nr. 7; → Art. 4 Rn. 55) und **Auf-** **15** **tragsverarbeiter** (Art. 4 Nr. 8; → Art. 4 Rn. 56; Art. 28 Rn. 2 ff.) gleichermaßen in die Pflicht. Dass der Adressat Verantwortlicher oder Auftragsverarbeiter ist, muss aber nicht zweifelsfrei feststehen. Vielmehr genügt es, wenn der ASB insoweit tatsächliche Anhaltspunkte vorliegen (vgl. Brink in BeckOK DatenschutzR BDSG aF § 38 Rn. 57). Denn die Zusammenarbeitspflicht kann gerade auch der Ermittlung dienen, ob überhaupt eine kontrollbedürftige Verarbeitung personenbezogener Daten vorliegt. Im Falle **gemeinsamer Verantwortung** (Art. 26) bestimmt sich die Pflichtenverteilung zwischen den Verantwortlichen grds. nach der Vereinbarung, die sie treffen; hilfsweise sind sie zur gesamten Hand verantwortlich (→ Art. 26 Rn. 22 ff.). Soweit

Verantwortliche oder Auftragsverarbeiter einen **Datenschutzbeauftragten** benannt haben, steht dieser der ASB als ergänzender Ansprechpartner bei der Konkretisierung der Zusammenarbeitspflicht zur Seite (s. Art. 39 Abs. 1 lit. d; vgl. → Art. 39 Rn. 8; Raum in Ehmann/Selmayr DS-GVO Art. 31 Rn. 7).

15a   In den Fällen, in denen der Verantwortliche oder der Auftragsverarbeiter kraft Art. 27 Abs. 1 einen **Vertreter** (Art. 4 Nr. 17; → Art. 4 Rn. 122; Art. 27 Rn. 16 ff.) bestellt hat („gegebenenfalls", weil sie **nicht in der Union** niedergelassen sind, aber dort Waren oder Dienstleistungen anbieten bzw. Datenverarbeitungen unter Beobachtung des Verhaltens in der Union befindlicher Personen vornehmen, **Art. 3 Abs. 2**), adressiert Art. 31 auch diesen. Ob der materiellrechtlich Verpflichtete tatsächlich einen **Vertreter** bestellen **musste,** dies pflichtwidrig unterlassen oder unabhängig von einer rechtlichen Pflicht (ggf. unter falscher Auslegung des Art. 3 Abs. 2) getan hat, ist unerheblich. Entscheidend ist nach dem Sinngehalt der Norm, dass der Verantwortliche bzw. Auftragsverarbeiter **tatsächlich** einen Vertreter **benannt** hat. Denn Adressat der Zusammenarbeitspflicht kann nicht alleine eine fiktiv zu ernennende Person, sondern nur ein benannter Vertreter sein.

15b   Die Zusammenarbeitspflicht geht − wie alle anderen Verpflichtungen des Verantwortlichen oder Auftragsverarbeiters unter der DS-GVO − nicht befreiend auf den Vertreter über (Art. 27 Abs. 5, → Art. 27 Rn. 53 ff., s. auch ErwGr 80 S. 4); der Vertreter tritt vielmehr als **zusätzlicher Verpflichteter** neben den Verantwortlichen oder Auftragsverarbeiter. Die ASB muss den Vertreter somit auch **nicht vorrangig adressieren** (vgl. Art. 27 Abs. 5; Bertermann in Ehmann/Selmayr DS-GVO Art. 27 Rn. 8; aA wohl Hanloser in BeckOK DatenschutzR DS-GVO Art. 27 Rn. 7).

2. Die ASB als Berechtigte

16   Die Adressaten der Norm sind gegenüber allen **Datenschutzaufsichts-behörden** (Art. 4 Nr. 21), welche die Mitgliedstaaten unter der DS-GVO eingerichtet haben, zur Kooperation verpflichtet. An der **Zuständigkeitsverteilung,** welche das Unionsrecht (Art. 55 ff.) und die nationalen Begleitgesetze (§ 19 BDSG) vornehmen, ändert das nichts (Spoerr in BeckOK DatenschutzR DS-GVO Art. 31 Rn. 7). Die ASB dürfen sich daher nicht unter Berufung auf Art. 31 Handlungskompetenzen anmaßen, die anderen Behörden zustehen. Sie dürfen sich aber zB bei gemeinsamen Maßnahmen iSd Art. 62 Abs. 1 oder der Übertragung von Befugnissen nach Art. 62 Abs. 3 S. 1 ggü. den Verpflichteten auf Art. 31 berufen und von ihnen Zusammenarbeit einfordern.

III. Inhalt der allgemeinen Zusammenarbeitspflicht

17   Der Pflicht zur Zusammenarbeit liegt der Leitgedanke zugrunde, dass der materiellrechtlich Verpflichtete **im Interesse wirksamen Rechtsvollzugs** daran mitzuwirken hat, dem ihn treffenden Normbefehl und die daran anknüpfenden Kontrollmaßnahmen umzusetzen (vgl. für das dt. Recht Kallerhoff in SBS VwVfG § 26 Rn. 47 f., 51). Die Pflicht erstreckt sich − mit

Blick auf die tatsächlichen Erkenntnisgrenzen der ASB – insbes. darauf, ihm bekannte **Tatsachen** anzugeben und **Beweismittel** vorzulegen. Ungeachtet seiner gegenläufigen Eigeninteressen darf der Verpflichtete den **Normvollzug nicht torpedieren.**

Dass er **darüber hinausgehende Maßnahmen** ergreift, erwartet die 18 Rechtsordnung von ihm demgegenüber nicht (vgl. auch Art. III-13 Abs. 1 S. 2 Alt. 2 ReNEUAL-Musterentwurf: „which can reasonably expected to be presented by them"). Aktive Handlungspflichten sowie allg. Duldungspflichten bestehen grds. nur, soweit diese **ausdr.** (insbes. in Art. 30 Abs. 4 und Art. 58) normativ verankert sind (vgl. auch Art. III-13 Abs. 1 S. 5 ReNEUAL-Musterentwurf). So kann die ASB etwa aus ihrer **Aufgabe,** die Verantwortlichen und Auftragsverarbeiter für die ihnen aus der DS-GVO erwachsenden Pflichten, insbes. die Zusammenarbeitspflicht, zu „sensibilisieren" (Art. 57 Abs. 1 lit.d), keine **Befugnis** ableiten, sie zur Teilnahme an Schulungen oÄ zu verpflichten.

Art. 31 ist von der Zielsetzung durchdrungen, materielle Pflichtenstellungen 19 dort verfahrensrechtlich zu flankieren, wo sich Sachverhaltsaufklärungen **nur mithilfe des Verantwortlichen oder Auftragsverarbeiters** erreichen lassen (etwa bei der Darlegung sicherheitsrechtlicher Schutzkonzepte (vgl. zB Art. 32 Abs. 1 lit. d). Die Norm erfüllt demgegenüber nicht die Funktion, den Aufgabenvollzug der ASB dort zu erleichtern, wo diese nicht **darauf angewiesen** sind. Dieses Verständnis findet auch in der Entstehungsgeschichte der Norm eine Stütze. IdF der KOM und des EP fand sich noch die normative Zielsetzung, der ASB „die Erfüllung ihrer Pflichten zu erleichtern". Diese hat der ER bewusst gestrichen: Statt einer Verpflichtung zur „Zuarbeit" findet sich in der Endfassung nunmehr eine Verpflichtung zur „Zusammenarbeit" (→ Rn. 6, 9).

Eine **Grenze** der Zusammenarbeitspflicht verläuft daher dort, wo die ASB 20 um Informationen nachsucht, die ihr **ausschl.** eine **Arbeitserleichterung** vermitteln sollen – so etwa, wenn die ASB sich nicht der Mühe unterzieht, die ihr vorliegenden Informationen auszuwerten, oder den Pflichtigen eine umfassende Dokumentation erstellen lässt, statt sich darauf zu beschränken, die relevanten Daten oder eine Aufstellung anzufordern, welche Daten überhaupt vorhanden sind (vgl. auch Kallerhoff in SBS VwVfG § 26 Rn. 51). In einem solchen Fall ist der dem Art. 31 zugrunde liegende Gedanke **sachgerechter Sphärenzuordnung** verletzt (vgl. zu diesem auch im Steuer- und Sozialrecht den Umfang von Mitwirkungspflichten determinierenden Grundsatz etwa BFH, Beschluss vom 17.3.1990, I B 123/95; Rüsken in Klein AO § 162 Rn. 4; AEAO Nr. 1 zu § 90; zum Sozialrecht BSGE 96, 238 (245 f.); Schmidt in M-LKLS SGG § 103 Rn. 19b mwN). Die Behörde hat den Sachverhalt im Regelfall selbst aufzubereiten. Diese Wertung ist Ausfluss des **Amtsermittlungsgrundsatzes** (→ Rn. 36) sowie des **Verhältnismäßigkeitsprinzips,** die das Verhältnis zwischen ASB und Verarbeitern im Allg. prägen.

Verantwortliche und Auftragsverarbeiter sind grds. auch im Hinblick auf 21 **Geschäftsgeheimnisse** zur Zusammenarbeit verpflichtet (vgl. Miersch in GH 26. EL 2005 VO (EG) Nr. 1/2003 Art. 18 Rn. 10). Da der Schutz des Geschäftsgeheimnisses sowohl ein Schutzgut der DS-GVO (s. insbes. ErwGr 63 S. 5) als auch ein allg. Rechtsgrundsatz des Unionsrechts ist (grds.

EuGH BeckRS 2004, 73286, Rn. 28; s. auch EuG BeckEuRS 1996, 212140, Rn. 87; vgl. auch RL (EU) 2016/943), muss die ASB die **Vertraulichkeit** offenbarter Geschäftsgeheimnisse jedoch adäquat **wahren.** Sie darf insbes. Dritten keine Kenntnis von geschützten Informationen gewähren (vgl. Schütz in Busche/Röhling, Kölner Kommentar zum Kartellrecht, 2015, VO 1/2003 Art. 28 Rn. 9 ff.; zum Steuergeheimnis aus § 30 AO etwa BVerfGE 67, 100 (139 f.)). **Denkbare Vorgehensweisen** sind insoweit die Schwärzung von Informationen oder In-camera-Verfahren, wie sie im nationalen Recht bspw. § 99 Abs. 2 VwGO vorsieht (vgl. BVerfGE 115, 205 (239 ff.); Martini Black-box Algorithmus, 2019, S. 254 f.).

22   Die Pflicht zur Zusammenarbeit schließt grds. nicht das Recht der ASB ein, den Pflichtigen **formell zu befragen.** Sie ist also nicht berechtigt, unter Berufung auf Art. 31 mit dem Adressaten in eine Verhörsituation einzutreten (vgl. § 136 StPO), um einen Sachverhalt aufzuklären. Eine Vernehmung ist vielmehr eine verfahrensrechtliche Ermittlungsmaßnahme, die einer **eigenen Rechtsgrundlage** bedarf (vgl. auch Art. 19 KartellVfVO, VO (EG) 1/2003; Hirsbrunner in GSH KartellVfVO Art. 19 Rn. 1 f.).

IV. Tatbestandsvoraussetzungen

1. „Anfrage" der Aufsichtsbehörde

23   Der Adressat des Art. 31 muss **nicht von sich aus** tätig werden. Die Pflicht zur Zusammenarbeit setzt vielmehr eine konkretisierende **Anfrage der ASB** voraus („auf Anfrage", engl.: „on request", franz.: „à la demande"). Art. 31 implementiert damit ein verfahrensrechtliches Unikat: Sowohl dem § 26 Abs. 2 VwVfG als auch dem ReNEUAL-Musterentwurf sowie dem VerwaltungsVfVO-E(EP) (JURI, DV\1081253EN.doc PE573.120v01-00) ist eine solche Rückbindung der Zusammenarbeitspflicht unbekannt. Für gesetzliche **Auskunftspflichten** verhält es sich insoweit anders: Das Unions- (zB Art. 18 KartellVfVO, VO (EG) Nr. 1/2003) und das nationale Recht (§ 26 Abs. 1 VwVfG, § 93 Abs. 1 und 1a AO, § 5a Abs. 5 Nr. 1 AEG, § 114 Abs. 1 S. 1 TKG) knüpfen Auskunftspflichten vielfach an eine behördliche Anfrage. Abzugrenzen ist eine Anfrage iSd Art. 31 von einem **Auskunftsersuchen** iSd Art. 58 Abs. 1 lit. a. Ein solches liegt vor, wenn die ASB deutlich macht, dass sie Auskünfte über die Verarbeitung des Verantwortlichen – etwa über die Art und den Verarbeitungsumfang einer Videoüberwachungsanlage (VG Mainz ZD 2020, 171) – benötigt, um einen Sachverhalt aufklären zu können.

23a   Das Anfrage-Erfordernis ist **systemkonform.** Denn bei allg. Ermittlungsmaßnahmen der ASB handelt es sich weder um ein im Interesse des Verantwortlichen betriebenes Antragsverfahren, in dem dieser die erforderlichen Unterlagen beizubringen hat, noch bestehen ohne Weiteres Gründe, die es rechtfertigen, ihm – wie im Fall des Art. 33 Abs. 1 und 2, 34 Abs. 1 oder 36 Abs. 1 – ein proaktives Tätigwerden abzuverlangen.

24   Art. 31 lässt den Normanwender über den **Rechtscharakter** der Aufforderung bzw. Anfrage im Unklaren. Ihrer Natur und ihrem Sinngehalt nach trifft diese grds. keine eigene Regelung. Sie bereitet eine solche vielmehr lediglich vor, ohne selbst das Verwaltungsverfahren abzuschließen (vgl. VGH Mannheim BeckRS 2014, 49685). Die Anfrage iSd Art. 31 ist damit **grds. kein VA** iSd § 35 S. 1 (L)VwVfG.

Eine selbstständige Verfahrenshandlung kann im Einzelfall aber auch eine 24a verbindliche Entsch. über den Umf. datenschutzrechtlicher Pflichten fällen und damit **ausnahmsweise** eine **feststellende Regelungswirkung** entfalten, mithin die Voraussetzungen eines **VAes** iSd § 35 S. 1 (L)VwVfG erfüllen (vgl. BVerwG NVwZ 2012, 1123 (1124, Rn. 12 ff.); VGH Mannheim BeckRS 2014, 49685; BFH NVwZ-RR 2016, 315, Rn. 26 zu § 93 AO; aA Spoerr in BeckOK DatenschutzR DS-GVO Art. 31 Rn. 12 und 14; Hartung in Kühling/Buchner DS-GVO Art. 31 Rn. 9; Raum in Ehmann/Selmayr DS-GVO Art. 31 Rn. 6; Polenz in NK-DatenschutzR DS-GVO Art. 31 Rn. 6; allg. zur Abgrenzung von feststellendem VA und behördlicher Wissenserklärung bereits Hoeren RDV 2011, 1 (1 f.); zur fehlenden VA-Qualität einer aufsichtsbehördlichen Abschlussmitteilung VG Ansbach ZD 2020, 217 (217, Rn. 19 f.) mAnm Engelbrecht). Regelungswirkung hat die Aufforderung zur Mitwirkung namentlich, wenn sie als solche die Pflicht zur Zusammenarbeit **hinreichend klar präzisiert,** also eine konkrete Mitwirkungshandlung benennt, welche die Pflichtenstellung des Verantwortlichen auf den Einzelfall mit dem Anspruch herunterbricht, ihm **vollstreckbare Maßnahmen** abzuverlangen (vgl. zu ähnlichen Abgrenzungsfragen im Steuerrecht insbes. BFH BStBl II 99, 199; Ratschow in Klein AO § 118 Rn. 28; der BFH bejaht die VA-Qualität zB bei Anordnung einer Außenprüfung gem. §§ 193 ff. AO (BFH vom 2.9.2008, X R 9/08), verneint sie aber bei Aufforderungen, ein Fahrtenbuch zu führen (BFH/NV 05, 1755)).

Art. 31 selbst verleiht der ASB zugleich nicht ohne Weiteres eine **Ermäch-** 24b **tigung,** konkrete vollzugsfähige Mitwirkungsmaßnahmen einzufordern, die tiefgehende grundrechtliche Eingriffe nach sich ziehen. Um solche **nachhaltigen grundrechtlichen Belastungen** zu legitimieren, ist die Vorschr. **zu unbestimmt.** Auch die Wendung „arbeiten auf Anfrage […] zusammen" verleiht der ASB eine solche Handlungsbefugnis noch nicht. Denn der Normtatbestand begründet nur eine allgemeine verfahrensrechtliche Kooperationspflicht, aber noch nicht das Recht, einzelne grundrechtsrelevante Maßnahmen zu erlassen. Solche Befugnisse erwachsen regelmäßig erst aus **Art. 58 Abs. 1,** insbes. **lit. e und f** oder anderen – konkreten – Befugnisnormen, zB Art. 30 Abs. 4. Diese normative Arbeitsteilung entspricht der systematischen Stellung des Art. 31 im Regelungsgefüge der DS-GVO, insbes. seinem Verhältnis zu Art. 58 („Befugnisse"): Die DS-GVO ordnet Art. 31 nicht als Teil der behördlichen Befugnisse, sondern als verfahrensrechtliche Generalklausel ein, die allg. Mitwirkungspflichten auslöst und ausnahmsweise eine (nicht grundrechtsintensive) aufsichtsbehördliche Handlungsermächtigung deckt. Eine Mitwirkungsaufforderung, die ihrem Adressaten vollzugsfähige Maßnahmen abverlangt, ist daher regelmäßig nur dann **rechtmäßig,** wenn sie sich auf eine Ermächtigung in Art. 58 oder eine andere **konkrete Befugnisnorm** stützen kann. Das ändert aber nichts daran, dass es sich bei einer (allein) auf Art. 31 gestützten vollzugsfähigen Aufforderung zu einer Handlung im Einzelfall um einen (dann rechtswidrigen) VA iSd § 35 S. 1 (L)VwVfG handeln kann. Denn die **Rechtsnatur** einer Maßnahme ist von ihrer Rechtmäßigkeit zu trennen.

24c   Hat die Aufforderung (ausnahmsweise, → Rn. 24a) **VA-Charakter,** ist sie – in den Grenzen des § 44a S. 1 VwGO (→ Rn. 43) – mit der Anfechtungsklage bzw. dem Widerspruch angreifbar. Die angestrebte Mitwirkungshandlung des Adressaten ist dann auch grds. **selbstständig erzwingbar.**

24d   Auf der Grundlage des § 80 Abs. 2 S. 1 Nr. 4, Abs. 3 VwGO kann die ASB in diesem Fall auch den **Sofortvollzug** einer Anfrage anordnen (aA Polenz in NK-DatenschutzR DS-GVO Art. 31 Rn. 7; ebenso Dietze in SJTK DS-GVO Art. 31 Rn. 28). Rechtmäßig ist diese Anordnung, wenn das öffentliche **Vollzugsinteresse** das private Suspensivinteresse überwiegt. Das Vollzugsinteresse kann daraus erwachsen, dass (konkrete) Anhaltspunkte für einen gegenwärtigen oder bevorstehenden Datenschutzverstoß bestehen und die abverlangte Zusammenarbeit zur zeitgerechten Prüfung und ggf. Abhilfe (wesentlich) beitragen kann. Darüber hinaus kann die Anordnung des Sofortvollzugs in **unionsrechtskonformer Auslegung** des § 80 Abs. 2 S. 1 Nr. 4 VwGO (gerade in Situationen der Zusammenarbeit zwischen mehreren Aufsichtsbehörden (Art. 60) oder der Amtshilfe (Art. 61)) angezeigt sein, um die DS-GVO wirksam durchzusetzen (vgl. grds. EuGH BeckRS 2004, 72354; Schoch in SSB VwGO § 80 Rn. 218 ff., 231 ff.) – bspw., wenn die ASB nur so in der Lage ist, einem Amtshilfeersuchen „unverzüglich und spätestens innerhalb eines Monats nach Eingang des Ersuchens nachzukommen" (Art. 61 Abs. 2 S. 1, → Art. 61 Rn. 4).

25   Die Anfrage muss entspr. allg. Rechtsgrundsätzen des Unionsrechts **hinreichend bestimmt** sein, um erfüllbar und sanktionierbar zu sein. Sie muss daher den aufzuklärenden Sachverhalt bzw. die Ermittlungshypothese der ASB umreißen (vgl. grds. EuGH NJW 1989, 3080 (3083, Rn. 41): „Angabe von Gegenstand und Zweck" als „grundlegende Garantie für die Verteidigungsrechte", zur KartellVfVO, VO (EWG) 17/62; EuG BeckRS 2014, 80553, Rn. 36).

26   Der Adressat muss insbes. **Klarheit über den Umf.** seiner Zusammenarbeitspflicht erlangen können (so im Grunde EuGH EuZW 2003, 14 (17, Rn. 47), zur KartellVfVO, VO (EWG) 17/62). Nur so ist es ihm möglich, gezielt Informationen bereitzustellen und mit der ASB effektiv zusammenzuarbeiten. Zudem kann der Adressat allein auf dieser Grundlage die Rechtmäßigkeit der Anfrage beurteilen und etwaige Verweigerungsrechte (→ Rn. 31 ff.) prüfen sowie eine Beeinträchtigung seiner geschützten Rechte verhindern (vgl. EuGH NJW 1989, 3080 (3082, Rn. 29), zur KartellVfVO, VO (EWG) 17/62; EuG BeckRS 2014, 80553, Rn. 32 ff., zur KartellVfVO, VO (EG) 1/2003).

27   Die Angabe von Gründen und die Eingrenzung des Untersuchungsgegenstandes dürfen zugleich die **Wirksamkeit der Untersuchung nicht beeinträchtigen.** Die ASB ist insbes. nicht generell verpflichtet, diejenigen ihr vorliegenden Informationen, Indizien und Beweismittel anzugeben, auf die sie ihre Vermutungen stützt – denn mit ihnen würde sie zugleich offenbaren, welche Informationen es sich zu verbergen lohnt (vgl. EuGH NJW 1989,

3080 (3083, Rn. 41), zur KartellVfVO, VO (EWG) 17/62; EuG BeckRS 2014, 80553, Rn. 32, 37, zur KartellVfVO, VO (EG) 1/2003).

Dem Verantwortlichen bzw. Auftragsverarbeiter steht **kein selbständiges** 28 **subjektives Recht auf Beteiligung** an der Sachverhaltsermittlung zur Seite. Denkbar ist allein ein Anspruch auf **ermessensfehlerfreie Entsch.** über eine Beteiligung und die Berücksichtigung der eigenen Angaben (so auch zum dt. Recht Kallerhoff in SBS VwVfG § 26 Rn. 45; BVerwG NVwZ 1999, 535 (536)). Denn die Zusammenarbeitspflicht besteht nur **im Allgemeininteresse** und im Interesse des Ziels, die Rechte desjenigen durchzusetzen und zu verteidigen, den das Datenschutzrecht schützt.

Die ASB hat das (ungeschriebene) Recht, dem Adressaten eine angemesse- 29 ne **Frist** zur Zusammenarbeit zu **setzen** (zust. Hartung in Kühling/Buchner DS-GVO Art. 31 Rn. 10; Raum in Ehmann/Selmayr DS-GVO Art. 31 Rn. 8).

2. „Bei der Erfüllung" der Aufgaben der Aufsichtsbehörde

Eine Anfrage zur Zusammenarbeit darf die ASB nur stellen, wenn sie **iR ihrer** 30 **Aufgaben** nach der DS-GVO (Art. 57 Abs. 1) zum Schutz personenbezoge- ner Daten tätig wird.

Die Anfrage darf sich auch nur auf das zur Erfüllung der Aufgaben **Er-** 30a **forderliche** erstrecken (zust. Spoerr in BeckOK DatenschutzR DS-GVO Art. 31 Rn. 12). Das Rechtsstaatsprinzip, insbes. das Bestimmtheitsgebot, **verbietet Ausforschungen ins Blaue** hinein, die **keinen konkreten Un- tersuchungsgegenstand** erkennen lassen, aus welchem der Pflichtige ablei- ten kann, welche Informationen die ASB von ihm verlangt (sog **fishing expeditions,** vgl. für das Kartellrecht Hirsbrunner in GSH VO (EG) 1/2003 Art. 18 Rn. 2). Die ASB darf folglich eine Zusammenarbeit nur in dem Umf. anfragen, der geboten ist, um einen (vermuteten) Datenschutzverstoß zu ermitteln oder sonstige Aufgaben der ASB zu erfüllen (vgl. EuG BeckRS 2012, 80635, Rn. 42, zur KartellVfVO, VO (EG) 1/2003).

Solange die ASB den Gegenstand der Anfrage hinreichend konkret be- 30b zeichnet, darf sie die **Zusammenarbeit** zugleich **anlasslos verlangen** (vgl. Hartung in Kühling/Buchner DS-GVO Art. 31 Rn. 11; Dietze in SJTK DS-GVO Art. 31 Rn. 25 mwN; zum AEG: BVerwG NVwZ 2012, 1123 (1126, Rn. 33): „dem Begriff der Aufsicht immanent"). Sie bedarf also keiner kon- kreten Anhaltspunkte dafür, dass der Verantwortliche gegen datenschutzrecht- liche Vorschr. verstößt. Denn Art. 31 konstituiert eine allg., wenn auch an eine Aufforderung gebundene Mitwirkungspflicht der Normadressaten.

Die Pflicht zur Zusammenarbeit darf zugleich nicht mit Belastungen ein- 30c hergehen, die zu den Erfordernissen der Untersuchung nicht mehr in einem **angemessenen Verhältnis** stehen (EuG BeckRS 2014, 80553, Rn. 92, zur KartellVfVO, VO (EG) 1/2003). Dies ist Ausdruck des **Verhältnismäßig- keitsgebots** des Art. 52 Abs. 1 S. 2 GRCh. Um das Maß des Erforderlichen zu bestimmen, steht der ASB jedoch ein weitreichender **Einschätzungs- spielraum** zur Seite (vgl. EuGH BeckRS 2004, 71022, Rn. 15, zur KartellVfVO, VO (EWG) 17/62; EuG BeckRS 2014, 80553, Rn. 52, zur KartellVfVO, VO (EG) 1/2003).

3. Grundrechtskonforme Auslegung – Selbstbelastungsfreiheit

31 **a) Im Verwaltungsverfahren.** Die allg. Zusammenarbeitspflicht kann im Einzelfall mit dem **Recht auf ein faires Verfahren** (Art. 47 Abs. 2 GRCh) bzw. dem Recht, sich nicht selbst belasten zu müssen, kollidieren. Die **Pflicht, rein tatsächliche Fragen zu beantworten,** berührt in den Augen der Unionsgerichte die Verteidigungsrechte **im Verwaltungsverfahren** nicht. Die Grenze zur Selbstbelastung halten sie erst dann für überschritten, wenn eine Behörde Antworten verlangt, die den Adressaten dazu zwingen, eine Zuwiderhandlung einzugestehen, für welche die ASB den **Nachweis zu erbringen** hat (vgl. EuGH BeckRS 2004, 71022, Rn. 18 ff., 35; EuG EuZW 2001, 345 (349, Rn. 66 f.); Martini/Wagner/Wenzel VerwArch 2018, 169 (181), jeweils zur KartellVfVO, VO (EWG) 17/62; s. auch Hirsbrunner in GSH KartellVfVO Art. 18 Rn. 13 ff.; Miersch in GHN VO Nr. 1/2003 vor Art. 17 Rn. 17 ff.). IErg besteht nach dieser Lesart also nur ein **„Geständnisverweigerungsrecht"** (Burrichter/Henninger in Immenga/Mestmäcker Wettbewerbsrecht, 5. Aufl. 2016, VO 1/2003 Vorb. Art. 17–22 Rn. 38), hingegen **kein umfassendes Auskunftsverweigerungsrecht** (aA wohl Eichler in BeckOK DatenschutzR DS-GVO Art. 58 Rn. 7; Nguyen in Gola DS-GVO Art. 58 Rn. 5 und Selmayr in Ehmann/Selmayr DS-GVO Art. 58 Rn. 12).

32 Die grundrechtlich gebotenen **Verteidigungsrechte** sieht der EuGH bereits dadurch **gewahrt,** dass der Betroffene „immer noch in der Lage ist, [...] während des Verwaltungsverfahrens [...] geltend zu machen, dass die vorgelegten Dokumente einen anderen als den ihnen [...] zugeschriebenen Sinn hätten" (EuGH BeckRS 2006, 70501, Rn. 49, zur KartellVfVO, VO (EWG) 17/62).

32a Dies steht in scharfem Kontrast zur bisherigen Rechtslage unter § 38 Abs. 3 S. 2, 3 **BDSG aF.** Er sah ein **Auskunftsverweigerungsrecht** vor (vgl. Brink in BeckOK DatenschutzR BDSG aF § 38 Rn. 61 ff.). Gleichwohl scheint das **BVerfG** aus der Perspektive des nationalen Verfassungsrechts eine Selbstbezichtigungspflicht im Verwaltungsverfahren zu akzeptieren, wenn diese – wie im Datenschutzrecht (vgl. etwa Art. 1 Abs. 2, Art. 57 Abs. 1 lit. v) – auch die Rechte Dritter schützt (vgl. BVerfGE 56, 37 (46)). Die ASB wird stets auch zum Schutz des Grundrechts auf Schutz personenbezogener Daten des Betroffenen tätig.

33 Auch der EGMR geht davon aus, dass **Art. 6 Abs. 1 EMRK auf vorbereitende verwaltungsrechtliche Ermittlungen nicht anwendbar** ist (EGMR Nr. 19187/91 Urt. v. 17.12.1996, Rn. 67). Entspr. betrachten auch der EuGH und das EuG Art. 6 Abs. 1 EMRK bei der Pflicht, im Verwaltungsverfahren rein tatsächliche Fragen zu beantworten, als nicht einschlägig (EuGH BeckRS 2004, 75338, Rn. 274–276; EuGH BeckRS 2006, 70501, Rn. 44 f., jeweils zur KartellVfVO, VO (EWG) 17/62).

b) Im Sanktions- und Strafverfahren. Von der Selbstbelastungsfreiheit im 33a
Verwaltungsverfahren ist die Frage zu trennen, inwieweit die gewonnenen
Informationen die **Grundlage eines Sanktions-** (Art. 83 DS-GVO, § 43
BDSG) oder **Strafverfahrens** (Art. 84 DS-GVO iVm § 42 BDSG) sein
dürfen. Insoweit räumt die DS-GVO den Mitgliedstaaten iRd Öffnungsklau-
seln der Art. 83 Abs. 8 und Art. 84 Abs. 1 die Möglichkeit ein, (unter
Wahrung der unionsrechtlichen Vorgaben) das Verfahren zu gestalten und
insbes. Verfahrensgarantien zu etablieren (vgl. auch BT-Drs. 18/11325, 109).
Dazu gehört auch die Selbstbelastungsfreiheit, die – nach den sog. Engel-
Kriterien (vgl. Meyer-Ladewig/Harrendorf/König in NK-EMRK EMRK
Art. 6 Rn. 23 ff.) – im Sanktions- (Strafe iwS) und im Strafverfahren (Strafe
ieS) greift (vgl. Kienapfel in GSH VO (EG) 1/2003 Art. 23 Rn. 12; iErg auch
EuG BeckEuRS 2011, 576762, Rn. 52, 54; Bülte StV 2017, 460 (466 ff.,
insbes. 467 und 470); zum nationalen Recht vgl. etwa BVerfGE 56, 37 (43 ff.,
49 ff.)).

§ 42 Abs. 4 und § 43 Abs. 4 BDSG machen von dieser nationalen 33b
Regelungsfreiheit für einen speziellen Fall Gebrauch: Sie machen die rechtliche Möglichkeit, **eine Meldung** nach Art. 33 bzw. Art. 34 Abs. 1 in einem
Straf- bzw. Ordnungswidrigkeitenverfahren verwenden zu dürfen, von der
Zustimmung des Meldepflichtigen abhängig. Auskünfte, welche **Art. 31 (sowie Art. 30 Abs. 4, 58 Abs. 1 lit. a)** dem Verantwortlichen abverlangen,
erfasst die Vorschr. demgegenüber nicht; sie genießen den Schutz der Selbstbelastungsfreiheit nicht. Die Neufassung des BDSG bleibt dadurch hinter dem
verfassungsrechtlich gebotenen Minimum zurück. Der ausdr. Schutz der
Selbstbelastungsfreiheit für (auch jenseits der Art. 33 und 34) unter Zwang
offenbarte Informationen wäre – ähnlich wie zB in § 19 Abs. 8 MarkenG,
§ 101 Abs. 8 UrhG, § 56 Abs. 1 S. 2 Alt. 2 BRAO für Auskünfte ggü.
Privaten – **unter rechtsstaatlichen Gesichtspunkten geboten** (idS BVerf-
GE 56, 37 (51); s. auch Martini Das Wettbewerbsrecht als Ressource der
Berufsausübungspflichten, 2014, S. 177 ff.).

V. Folgen einer (unzulässig) unterlassenen Zusammenarbeit

Kommt der Adressat einer Anfrage der ASB nicht nach, steht dieser grds. die 34
Möglichkeit offen, sich die **Informationen** iRd Befugnisse des Art. 58
Abs. 1 lit. e, f (insbes. durch den Zugang zu den Informationen und Einrich-
tungen des Adressaten) **selbst zu beschaffen** (→ Rn. 34a ff.) und/oder
Sanktionen zu verhängen (→ Rn. 42a ff.). Daneben knüpfen sich an eine
unterbliebene Zusammenarbeit beweisrechtliche Folgen (→ Rn. 36 ff.).

1. Durchsetzung mit Zwang?

Die allg. Pflicht zur Zusammenarbeit aus Art. 31 ist nicht ohne Weiteres auch 34a
**in rechtmäßiger Weise mit hoheitlichen Zwangsinstrumenten durch-
setzbar.** Es bedürfte dafür nämlich einer **Eingriffsbefugnis,** die grundrechtliche Eingriffe in hinreichend konkreter Weise legitimiert (wie etwa die
Befugnis des Art. 58 Abs. 1 lit. a, dem Verantwortlichen Informationen ab-

zuverlangen). Art. 31 lässt sich zwar auch als verfahrensrechtliche Auffangnorm verstehen, die dem Verantwortlichen nicht nur eine Mitwirkungspflicht
auferlegt, sondern der ASB auch eine damit korrespondierende Handlungsermächtigung verleiht („auf Anfrage" der ASB). Der Konkretisierungsgrad
der Ermächtigungsnorm muss aber auch mit der grundrechtlichen Eingriffstiefe korrespondieren. Eine solche hinreichend konkrete Befugnis verleiht
Art. 31 der ASB allenfalls für nicht tiefgehende Grundrechtseingriffe (aA
Hartung in Kühling/Buchner DS-GVO Art. 31 Rn. 17; Polenz in NK-
DatenschutzR DS-GVO Art. 31 Rn. 7: keine Durchsetzung mit Zwang).
Um schwerwiegende Grundrechtseinschnitte zu rechtfertigen, ist die Vorschr.
zu unbestimmt (→ Rn. 24a). Konkrete Eingriffsmaßnahmen hat die DS-
GVO vielmehr grds. jeweils **spezialgesetzlich** ausgeformt und mit **konkre-
ten Handlungsbefugnissen** der ASB verknüpft.

34b   Soweit andere Vorschr. als Art. 31 spezifische durchsetzbare Handlungs-
(und Duldungs-)befugnisse etablieren, um den Pflichtigen zur Zusammenarbeit zu bewegen, kann (und muss) sich die ASB auch des **nationalen
Verwaltungsvollstreckungsrechts** bedienen. Das Verwaltungsverfahren ist
grds. Sache der Mitgliedstaaten (Art. 291 Abs. 1 AEUV; sog. **Verfahrensautonomie der Mitgliedstaaten;** vgl. etwa Ludwigs NVwZ 2018, 1417
(1419 f.)). Die sekundären Maßnahmen der Verwaltungsvollstreckung regelt
die DS-GVO daher nicht selbst (vgl. demgegenüber etwa die Regelung zum
Zwangsgeld in Art. 24 KartellVfVO, VO (EG) 1/2003). Der **Äquivalenz-
grundsatz** gebietet den Mitgliedstaaten aber, unionsrechtliche Verpflichtungen mit denselben Mitteln und der gleichen Nachhaltigkeit durchzusetzen
wie nationale. Das nationale Recht darf die Durchsetzung einer unionsrechtlichen Verpflichtung auch nicht praktisch unmöglich machen oder übermäßig
erschweren **(Effektivitätsgrundsatz).** Die dt. ASB können und müssen deshalb auf den Instrumentenkasten ihrer jeweiligen Verwaltungsvollstreckungs-
gesetze zurückgreifen, um ihre Befugnisse durchzusetzen (VwVG des Bundes
sowie etwa § 1 Abs. 1, 61 ff. LVwVG-RhPf oder Art. 18 ff. BayVwZVG).
Vollstreckungsmaßnahmen, wie das **Zwangsgeld,** werden auch nicht durch
die Sanktionen des Art. 83 verdrängt. Beide Mechanismen stehen (mit Blick
auf ihre unterschiedlichen Zielsetzungen) vielmehr nebeneinander (vgl. auch
Art. 23 und 24 KartellVfVO, VO (EG) 1/2003). Denn das Zwangsgeld wirkt
rein präventiv, die Sanktionen demgegenüber repressiv (zur Verwarnung s.
Martini/Wenzel PinG 2017, 92 ff.).

34c   Die DS-GVO lässt es grds. zu, Verwaltungsmaßnahmen auch **ggü. Hoheitsträgern** zu vollstrecken. Das deutet sie mittelbar in **Art. 83 Abs. 7** an:
Die Vorschrift gesteht den Mitgliedstaaten im Wege einer Öffnungsklausel die
Freiheit zu, Behörden von Geldbußen freizustellen. Die **Abhilfebefugnisse**
aus Art. 58 Abs. 2 bleiben nach dem ausdr. Willen der DS-GVO davon aber
unberührt (Art. 83 Abs. 7: „unbeschadet der Abhilfebefugnisse"). Daraus folgt
im Umkehrschluss, dass den ASB auch ggü. Behörden aufsichtsbehördliche
Primärbefugnisse zukommen. Das **BDSG** gesteht dem BfDI entspr. nunmehr
auch ggü. öffentlichen Stellen des Bundes grds. die **vollen Befugnisse aus
Art. 58 Abs. 2** zu (§ 16 Abs. 1 BDSG; anders noch das BDSG aF sowie das
heute geltende BDSG im Anwendungsbereich der JI-RL: Dort kommt dem

BfDI im Wesentlichen lediglich ein Beanstandungsrecht zu (§ 16 Abs. 2 BDSG; → § 16 Rn. 3; zur Warnung s. Grittmann in Taeger/Gabel BDSG § 16 Rn. 28)). Die Landesdatenschutzgesetze sehen äquivalente Regelungen vor (siehe etwa § 17 LDSG RP; zu weiteren Parallelregelungen im Landesrecht Thiel in Gola/Heckmann BDSG § 16 Rn. 13).

Diese Handlungsbefugnisse implizieren jedoch **nicht** auch eine **Vollstreckungsbefugnis.** Das dt. Verwaltungsverfahrensrecht lässt eine Vollstreckung ggü. Hoheitsträgern grds. nicht zu (vgl. pars pro toto **§ 17 VwVG;** ähnlich spezialgesetzlich § 255 Abs. 1 AO; vgl. aber § 17 Abs. 1 S. 3 FinDAG, § 76 WVG). Es vertraut auf die Wirkung der Befugnisnormen und die verfassungsrechtlich verankerte Gesetzesbindung der Verwaltung (Art. 20 Abs. 3 GG). Die bestehenden Befugnisse bleiben insoweit zwar gleichsam auf einem Auge blind. Die Mitgliedstaaten genießen kraft des Subsidiaritätsprinzips für die Vollstreckung im staatlichen Binnenbereich jedoch Verfahrensautonomie (EuGH NJW 2020, 977 (978, Rn. 33)); die DS-GVO trifft insbes. nicht unmittelbar Regelungen zur Vollstreckung: Solange die Mitgliedstaaten wirksam sicherstellen, dass die öffentlichen Stellen den Befugnissen Folge leisten, genügt das dem unionsrechtlichen Gebot, den unionsrechtlichen Regeln zur praktischen Wirksamkeit zu verhelfen **(effet utile).** 34d

2. Keine Präklusion – Zulässigkeit verspäteten Vorbringens

Verstöße gegen eine Frist, welche eine ASB (zulässigerweise) iRd allg. Zusammenarbeitspflicht gesetzt hat (→ Rn. 29), lösen **keine Präklusion** verspäteten Vorbringens aus (vgl. zum dt. Recht Pünder in Ehlers/Burgi Allgemeines Verwaltungsrecht, 14. Aufl. 2010, § 14 Rn. 26). Denn diese bedürfte zum einen einer hinreichend **klaren normativen Verankerung.** Zum anderen ist der Adressat (trotz der Zusammenarbeitspflicht) selbst nicht zur Sachaufklärung verpflichtet; eine Präklusion zwänge ihn jedoch faktisch zu einer solchen. 35

3. Beweislastabschwächung, keine Beweislastumkehr

Der DS-GVO liegt der **Amtsermittlungsgrundsatz** zugrunde (vgl. auch Art. 9 Abs. 1 S. 2 Hs. 2 VerwaltungsVfVO-E(EP), JURI, DV\1081253EN.doc PE573. 120v01-00 und Art. III-10 Abs. 1 S. 1 ReNEUAL-Musterentwurf). Sie regelt ihn zwar nicht ausdr. Er ist aber als **allg. Grundsatz des Unionsrechts** anerkannt und ihr insoweit eingeschrieben (vgl. EuGH NJW 1984, 2024 (2026); v. Danwitz Europ. Verwaltungsrecht, 2008, S. 533). 36

Dass in aufsichtsbehördlichen Verfahren der Amtsermittlungsgrundsatz gilt, impliziert, dass dort keine formelle **Beweislastverteilung** existiert: Ein „**non liquet",** also das Risiko fehlender Aufklärbarkeit, geht grds. zu Lasten der handelnden ASB. Denn in einem Rechtsstaat haben hoheitliche Maßnahmen nur dann Bestand, wenn sich ihre gesetzlichen Voraussetzungen nachweisen lassen (vgl. zum Wettbewerbsrecht Schmidt in Immenga/Mestmäcker Wettbewerbsrecht, 5. Aufl. 2016, VO 1/2003 Art. 2 Rn. 3, 38 f.; Heßhaus in BeckOK VwVfG § 24 Rn. 15, 17). 37

37a   Befolgt jedoch der Verantwortliche oder Auftragsverarbeiter die Zusammenarbeitspflicht nicht, ist die ASB berechtigt, ihre **Entsch. auf der Grundlage der verfügbaren Informationen** zu erlassen (vgl. auch Art. III-13 Abs. 1 S. 4 ReNEUAL-Musterentwurf; ebenso die ausdr. Regelung in Art. 15 Abs. 1 S. 3 BeihilfenVfVO, VO (EU) 2015/1589, die sich jedoch auf das Verhältnis der KOM zum Mitgliedstaat bezieht; der VerwaltungsVfVO-E (EP), JURI, DV\1081253EN.doc PE573.120v01-00, schweigt zu dieser Frage). Denn anderenfalls hätte die ASB vielfach keinerlei Möglichkeit, die Pflichten der DS-GVO, die Art. 31 verfahrensrechtlich konkretisieren soll, wirksam durchzusetzen, und könnten sich Verantwortliche durch Verweigerung der Zusammenarbeit ihren materiellrechtlichen Pflichten leicht entziehen.

38   Die **verfügbaren Informationen,** welche die ASB heranzieht, müssen gleichwohl **„verlässlich"** sein (EuG BeckRS 2008, 70209, Rn. 148, zur BeihilfenVfVO, VO (EU) 2015/1589). Von Art. 31 geht nämlich nach seiner konstruktiven Logik lediglich eine **Beweislastabschwächung** aus, nicht jedoch eine Beweislastumkehr; dafür fehlt es schon an einer formellen Beweislast. Die Beweislastabschwächung liegt in der inneren Konsequenz der Pflicht zur Zusammenarbeit begründet. Anderenfalls führte Art. 31 sich selbst ad absurdum. Der Amtsermittlungsgrundsatz erfährt insoweit eine Einschränkung.

39   Wenn die Entsch. der ASB belastende Auswirkungen **für Dritte** haben kann, verschärft sich der Maßstab für ihre Darlegungslast. In diesem Fall unterliegt die ASB der bes. Nachweispflicht, alle ihr eingeräumten Untersuchungsbefugnisse genutzt zu haben, um zu vermeiden, dass ein nicht gerechtfertigter Nachteil für Dritte entsteht (so EuG BeckRS 2008, 70209, Rn. 149, zur BeihilfenVfVO, VO (EU) 2015/1589; vgl. insges. Bartosch EU-Beihilfenrecht, 2. Aufl. 2016, VO (EU) 2015/1589 Art. 15 Rn. 4).

40   Im nationalen Verwaltungsverfahrensrecht kann die Behörde schon bei schuldhaft unterlassener (oder unzureichender) Mitwirkung des Pflichtigen berechtigt sein, eine für ihn **nachteilige Beweiswürdigung** vorzunehmen (vgl. BVerwG NVwZ 1987, 802 (804); Herrmann in BeckOK VwVfG § 26 Rn. 38; Kallerhoff in SBS VwVfG § 26 Rn. 52: „Verringerung des Beweismaßes"). Voraussetzung dafür, dass die ASB ihre Entsch. auf der Grdl. verfügbarer, unvollständiger Informationen treffen darf, ist – jdf. mit Blick auf das Gebot der Rechtsstaatlichkeit und des fairen Verfahrens – jedoch ein entspr. **Hinweis** (Herrmann in BeckOK VwVfG § 26 Rn. 39). Die Grundsätze zur vereinfachten Beweiswürdigung finden überdies lediglich im Bereich der Leistungs-, nicht aber der Eingriffsverwaltung Anwendung. Um in die Rechtsposition der betroffenen Person eingreifen zu dürfen, muss sich die Behörde die erforderliche Gewissheit verschaffen (so zu Recht Ritgen in Knack/Henneke VwVfG § 26 Rn. 105).

4. Weitere Rechtsfolgen

41   Verweigert der Pflichtige die Zusammenarbeit, kann das neben einer Beweislastabschwächung auch ein **Mitverschulden bei Amtshaftungsansprüchen**

nach sich ziehen (§ 254 BGB). Solche können sich dem Grunde nach daraus ergeben, dass die ASB einer Entsch. einen **objektiv falschen Sachverhalt zugrunde gelegt** hat und es dadurch zu einem Schaden gekommen ist (vgl. BGH NJW 1992, 2769 (2770); Herrmann in BeckOK VwVfG § 26 Rn. 40; Kallerhoff in SBS VwVfG § 26 Rn. 55). Verweigert ein Verantwortlicher die Zusammenarbeit gegenüber der ASB, kann das mittelbar auch **Schäden bei Betroffenen** nach sich ziehen, wenn sich bspw. ein DS-GVO-Verstoß fortsetzt. Für diesen Fall hält **Art. 82 Abs. 1** einen Ersatzanspruch vor.

Auswirkungen eines Verstoßes gegen Art. 31 sind auch bei der **Kosten-** **42** **tragung** denkbar – sowohl im Verwaltungsverfahren nach § 73 Abs. 3 S. 3 VwGO, § 80 VwVfG als auch im verwaltungsgerichtlichen Verfahren nach § 155 Abs. 4 VwGO (vgl. grds. Hartung in BeckOK VwGO § 155 Rn. 13). Die DS-GVO selbst hält insoweit (mit Ausnahme der allerdings nicht einschlägigen Kostenregelung des Art. 57 Abs. 3, 4) keine eigene Kostentragungsregel vor. Den Verstoß bei der Verteilung der Kostenlast zu berücksichtigen, entspricht aber der Rationalität des Art. 31.

5. Bußgeldbewehrung

Verstößt der Verantwortliche oder Auftragsverarbeiter gegen die allg. Zusam- **42a** menarbeitspflicht, kann die ASB das auf der Grundlage des Art. 83 Abs. 4 lit. a **sanktionieren** (vgl. dazu auch Hartung in Kühling/Buchner DS-GVO Art. 31 Rn. 19; Kieck in Auernhammer DS-GVO Art. 31 Rn. 10; Dietze in SJTK DS-GVO Art. 31 Rn. 35). Der Bußgeldtatbestand nennt Verstöße gegen die Pflichten des Art. 31 ausdr. Von dem rechtsstaatlichen **Bestimmtheitsgebot** befreit das jedoch nicht (→ Art. 83 Rn. 19 und 24). Art. 31 gibt dem Verantwortlichen namentlich nicht ohne Weiteres zu erkennen, welche Mitwirkungspflicht die ASB ihm in welchem Umf. rechtmäßig auferlegen und wann eine Nichtbefolgung eine Geldbuße nach sich ziehen kann. Ein Bußgeld aufzuerlegen, kommt deshalb regelmäßig nur dann in Betracht, wenn die ASB dem Verantwortlichen vorher zweifelsfrei zu verstehen gibt, welche **konkrete Maßnahme** sie ihm abverlangt (→ Rn. 40), oder wenn der Verantwortliche jede konkrete Form der Mitwirkung **vorbehaltlos verweigert.** Ist die Anfrage oder Aufforderung der ASB zur Mitwirkung hinreichend konkret (beinhaltet sie etwa einen genauen Katalog der verlangten Handlungen oder Zugangsrechte), kann eine Bußgeldbewehrung bei Verletzung der Kooperationspflicht aus Art. 31 auch verhältnismäßig im Sinne des Art. 83 Abs. 1 sein (aA Wenzel/Wybitul ZD 2019, 290 (291 f.); zweifelnd auch Spoerr in BeckOK DatenschutzR DS-GVO Art. 31 Rn. 10).

Art. 31 iVm Art. 83 Abs. 4 lit. a deckt nach seinem Wortlaut grds. auch **42b** eine **Sanktionierung** von Verstößen gegen solche bes. Zusammenarbeitspflichten, die Art. 83 Abs. 4, 5 nicht unmittelbar nennt. Art. 83 lässt bspw. die Pflicht des Verantwortlichen, des Auftragsverarbeiters bzw. ggf. des Vertreters unerwähnt, Informationen bereitzustellen (**Art. 58 Abs. 1 lit. a**). Art. 83 Abs. 5 lit. e verweist nur auf die „Nichtgewährung des Zugangs", mithin auf Verstöße gegen Art. 58 Abs. 1 lit. e, f, nicht aber auf lit. a („alle Informationen bereitzustellen, die für die Erfüllung ihrer Aufgaben erforderlich sind"). Art. 83 erfasst ebenfalls nicht unmittelbar Verstöße gegen die **Informationspflichten aus Art. 49 Abs. 1 S. 3 und Art. 60 Abs. 10 S. 2.**

42c   Belegt der Gesetzgeber spezielle Zusammenarbeitspflichten nicht explizit mit einer Bußgelddrohung, ist es rechtsstaatlich nicht tragbar, eine solche auf dem Umweg über Art. 31 zu konstruieren. Fällt eine Aufforderung oder Maßnahme unter eine der speziellen Rechtsgrundlagen nach Art. 58 Abs. 1 lit. a, Art. 49 Abs. 1 S. 3 oder Art. 60 Abs. 10 S. 2, ist Art. 31 namentlich schon wegen des Grundsatzes *lex specialis derogat legi generali* nicht einschlägig. Eine Bußgeldbewehrung lässt sich dann auch nicht über Art. 83 Abs. 4 lit. a konstruieren. Dass theoretisch jeder Verstoß gegen eine spezielle Zusammenarbeitspflicht auch einen Verstoß gegen die allg. Zusammenarbeitspflicht des Art. 31 darstellt, ändert hieran nichts (aA Hartung in Kühling/Buchner DS-GVO Art. 31 Rn. 19). Die dadurch entstehende **Wertungslücke** zu schließen, ist Aufgabe des Gesetzgebers, nicht der Rechtspraxis. De lege lata rechtfertigt Art. 83 Abs. 4 lit. a iVm Art. 31 daher iErg **keine Sanktionierung** des Verantwortlichen **wegen Verstößen gegen spezialgesetzlich geregelte Mitwirkungspflichten** wie Art. 58 Abs. 1 lit. a. Sind diese Spezialvorschriften demgegenüber nicht einschlägig, etwa weil ihr Tatbestand nicht erfüllt ist, greift Art. 31 und damit auch die Bußgeldbewehrung, die Art. 83 Abs. 4 lit. a anordnet. Ein Wertungswiderspruch ergibt sich schon deshalb nicht, weil die nicht bußgeldbewehrten Spezialvorschriften in diesem Fall nicht greifen.

VI. Rechtsschutz

43   Fordert die ASB den Pflichtigen auf, mit ihr zusammenzuarbeiten, kann er sich dagegen grds. nicht im Wege der Anfechtungsklage (§ 42 Abs. 1 Var. 1 VwGO) zur Wehr setzen. Denn regelmäßig fehlt der Aufforderung der **VA-Charakter** (→ Rn. 24 ff.). Etwas anderes gilt nur dann, wenn sie **ausnahmsweise** einen konkreten Regelungsgehalt aufweist, namentlich eine spezifische Mitwirkungshandlung benennt, welche die Pflichtenstellung des Verantwortlichen auf den Einzelfall mit dem Anspruch herunterbricht, ihm vollstreckungsfähige Maßnahmen abzuverlangen. Diese Aufforderung erschöpft sich dann nicht in einer reinen Verfahrenshandlung: Sie steht zwar zumeist im Zusammenhang mit einem Verwaltungsverfahren und dient dazu, eine regelnde Sachentscheidung vorzubereiten, um das Datenschutzrecht durchzusetzen (vgl. allg. BVerwG NVwZ 2017, 489 (490, Rn. 19)). Sie trifft jedoch zugleich selbst eine pflichtenkonkretisierende verbindliche Regelung. Soweit sich damit eine Grundrechtsbeeinträchtigung verbindet, verleiht dafür aber typischerweise nicht Art. 31 die **Eingriffsgrundlage,** sondern andere Befugnisnormen der DS-GVO, zB Art. 58 Abs. 1 lit. e und f. Sofern es sich ausnahmsweise um einen (sei es rechtmäßigen, sei es rechtswidrigen) VA handelt, steht **§ 44a S. 1 VwGO** der Zulässigkeit einer Klage gegen die Anfrage nicht entgegen. Da die Verfügung zwangsweise durchsetzbar ist, ist sie auch selbstständig anfechtbar (§ 44a S. 2 Alt. 1 VwGO; vgl. dazu etwa Martini Verwaltungsprozessrecht und Allgemeines Verwaltungsrecht, 6. Aufl.

2017, S. 96 f.). Die Anfechtungsklage entfaltet grds. **aufschiebende Wirkung** (§ 80 Abs. 1 S. 1 VwGO), soweit die ASB nicht den Sofortvollzug angeordnet hat (→ Rn. 24d).

Soweit die Aufforderung zur Mitwirkung – wie regelmäßig – **keinen VA-**   **44** **Charakter** aufweist, ist grds. Rechtsschutz im Wege der **allg. Feststellungsklage** denkbar. Rechtsschutzziel ist dann die Feststellung, dass eine konkrete Aufforderung der ASB die Grenzen des Art. 31 überschreitet. Einer solchen Klage setzt § **44a S. 1 VwGO** aber enge Zulässigkeitsgrenzen: Anders als in den Fällen, in denen die Aufforderung die Voraussetzungen des § 35 S. 1 VwVfG erfüllt (→ Rn. 43), greift hier die Ausnahme des § 44a S. 2 VwVfG (selbstständige Vollstreckbarkeit) nämlich nicht. Rechtsschutz ist vielmehr **vorrangig inzident** iRd Überprüfung der Entsch. in der Sache eröffnet, soweit die ASB auf einen vorgeblichen Verstoß gegen die Zusammenarbeitspflicht nachteilige Folgen gestützt oder ein Bußgeld verhängt hat.

C. Nationales Datenschutzrecht

Das BDSG aF enthielt kein dem Art. 31 vergleichbares allg. Gebot der   **45** Zusammenarbeit. Vielmehr normierte es lediglich spezifische Duldungs- und Handlungspflichten, etwa in § **11 Abs. 4 Nr. 2**, § **38 Abs. 4 S. 4 BDSG aF** (dazu etwa Hartung in Kühling/Buchner DS-GVO Art. 31 Rn. 2; Koós/ Englisch ZD 2014, 276 (281)). **Subsidiär** galt im nationalen Recht beim Vollzug des Datenschutzrechts die allg. Kooperationspflicht des § **26 Abs. 2 VwVfG iVm § 1 Abs. 4 BDSG aF.** Ihr (generalklauselartiger) Inhalt unterscheidet sich von dem – auf die Ermittlung des Sachverhalts fokussierten – Gebot der Zusammenarbeit des Art. 31 nicht fundamental. Rechtsänderungen hat die neue Vorschr. va im Verhältnis zu Verantwortlichen (und deren Vertretern) hervorgebracht, die ihren Sitz nicht in einem Mitgliedstaat der Union haben. Insoweit formen Art. 3 Abs. 2, Art. 27 und Art. 31 ein **normatives Sicherungs-Dreieck,** um das Recht auf Schutz personenbezogener Daten in der Union wirksam zu wahren.

§ **68 BDSG** trifft eine dem Art. 31 vergleichbare Regelung. Er beschränkt   **45a** seinen normativen Pflichtenradius aber anders als dieser auf den **Verantwortlichen.** Den Auftragsverarbeiter adressiert er demgegenüber nicht. Anders als Art. 31 ist § 68 BDSG nicht von einer Anfrage abhängig und nicht bußgeldbewehrt. Bei der Vorschrift handelt es sich (entgegen dem ersten Anschein) weder um eine (verbotene) Wiederholung noch um eine (unzulässige) Umsetzung des Art. 31. Vielmehr setzt sie die Vorgaben der Parallelnorm des **Art. 26 JI-RL** für die Polizei und Justiz im deutschen Recht um. Ihr Anwendungsbereich beschränkt sich daher auf diejenigen öffentlichen Stellen, die personenbezogene Daten verarbeiten, um **Straftaten** oder **Ordnungswidrigkeiten** zu verhüten, zu ermitteln, aufzudecken, zu ahnden oder zu verfolgen (§ 45 BDSG).

D. Ausblick

46 Als Ausdruck eines sich entfaltenden unionalen Verwaltungsverfahrensrechts betritt Art. 31 regulatorisches **Neuland.** Seine Auswirkungen sind noch unklar. Da die Rechtsdurchsetzung der entscheidende Wegbereiter für die Wirkmacht des unionalen Datenschutzrechts ist, ist es nur eine Frage der Zeit, bis die Gerichte bzw. Private den EuGH anrufen, um seinen Tatbestand und seine unklaren Rechtsfolgen (insbesondere das grds. Verhältnis zwischen Amtsermittlungsgrundsatz und Beibringungspflicht) zu konkretisieren.

Abschnitt 2. Sicherheit personenbezogener Daten

Art. 32 Sicherheit der Verarbeitung

(1) Unter Berücksichtigung des Stands der Technik, der Implementierungskosten und der Art, des Umfangs, der Umstände und der Zwecke der Verarbeitung sowie der unterschiedlichen Eintrittswahrscheinlichkeit und Schwere des Risikos für die Rechte und Freiheiten natürlicher Personen treffen der Verantwortliche und der Auftragsverarbeiter geeignete technische und organisatorische Maßnahmen, um ein dem Risiko angemessenes Schutzniveau zu gewährleisten; diese Maßnahmen schließen gegebenenfalls unter anderem Folgendes ein:
a) die Pseudonymisierung und Verschlüsselung personenbezogener Daten;
b) die Fähigkeit, die Vertraulichkeit, Integrität, Verfügbarkeit und Belastbarkeit der Systeme und Dienste im Zusammenhang mit der Verarbeitung auf Dauer sicherzustellen;
c) die Fähigkeit, die Verfügbarkeit der personenbezogenen Daten und den Zugang zu ihnen bei einem physischen oder technischen Zwischenfall rasch wiederherzustellen;
d) ein Verfahren zur regelmäßigen Überprüfung, Bewertung und Evaluierung der Wirksamkeit der technischen und organisatorischen Maßnahmen zur Gewährleistung der Sicherheit der Verarbeitung.

(2) Bei der Beurteilung des angemessenen Schutzniveaus sind insbesondere die Risiken zu berücksichtigen, die mit der Verarbeitung verbunden sind, insbesondere durch – ob unbeabsichtigt oder unrechtmäßig – Vernichtung, Verlust, Veränderung oder unbefugte Offenlegung von beziehungsweise unbefugten Zugang zu personenbezogenen Daten, die übermittelt, gespeichert oder auf andere Weise verarbeitet wurden.

(3) Die Einhaltung genehmigter Verhaltensregeln gemäß Artikel 40 oder eines genehmigten Zertifizierungsverfahrens gemäß Artikel 42 kann als Faktor herangezogen werden, um die Erfüllung der in Absatz 1 des vorliegenden Artikels genannten Anforderungen nachzuweisen.

(4) Der Verantwortliche und der Auftragsverarbeiter unternehmen Schritte, um sicherzustellen, dass ihnen unterstellte natürliche Personen, die Zugang zu personenbezogenen Daten haben, diese nur auf Anweisung des Verantwortlichen

verarbeiten, es sei denn, sie sind nach dem Recht der Union oder der Mitgliedstaaten zur Verarbeitung verpflichtet.

BDSG und anderes nationales Recht: § 22 Abs. 2 S. 2 Nr. 6–9; § 64 BDSG (kommentiert unter → BDSG § 22 Rn. 12 ff.; → BDSG § 64 Rn. 1 ff.).

Literatur: *AK Technik der Konferenz der unabhängigen Datenschutzbeauftragten des Bundes und der Länder,* Das Standard-Datenschutzmodell Version 2.0; *Becker,* Meldungen nach Art. 33 DS-GVO – Voraussetzungen der Meldepflicht und die Doppelrolle der Aufsichtsbehörden, ZD 2020, 175; *Bieker/Bremert,* Identifizierung von Risiken für die Grundrechte von Individuen — Auslegung und Anwendung des Risikobegriffs der DS–GVO, ZD 2020, 7; *Bieker/Hansen,* Normen des technischen Datenschutzes nach der europäischen Datenschutzreform, DuD 2017, 285; *Blankertz,* Designing Data Trusts, 2020; *Cavelty/Kavanagh,* Cybersecurity and Human Rights in Wagner/Kettemann/Vieth, Research Handbook on Human Rights and Digital Technology, 2019, 73; *Franck,* Datensicherheit als datenschutzrechtliche Anforderung, CR 2016, 238; *Delfs/Knebl,* Introduction to Cryptography, 2015; *Dressel,* Detailtiefe der Darstellung technisch-organisatorischer Maßnahmen nach Art. 32 DSGVO in der betrieblichen Datenschutzdokumentation, ITRB 2019, 279; *Erbguth,* Datenschutzkonforme Verwendung von Hashwerten auf Blockchains – Wann sind kryptografische Hashwerte von personenbezogenen Daten selbst wieder personenbezogene Daten?, MMR 2019, 654; *Gehrmann/Voigt,* IT-Sicherheit – Kein Thema nur für Betreiber Kritischer Infrastrukturen, CR 2017, 93; *Gitter/Meißner/Spauschus,* Das neue IT-Sicherheitsgesetz – IT-Sicherheit zwischen Digitalisierung und digitaler Abhängigkeit, ZD 2015, 512; *Jaspers,* Die EU-Datenschutz-Grundverordnung – Auswirkungen der EU-Datenschutz-Grundverordnung auf die Datenschutzorganisation des Unternehmens, DuD 2012, 571; *Gohr/Klein/Schindler,* Verräterischer Stromverbrauch, DuD 2020, 431; *Gonscherowski/Hansen/Rost,* Resilienz – eine neue Anforderung aus der Datenschutz-Grundverordnung, DuD 2018, 442; *Hagemeier,* Kryptografie – heute und zukünftig, DuD 2019, 631; *Hofmann,* Dynamische Zertifizierung, 2019; *Joseph/Castan,* The International Covenant on Civil and Political Rights, Kommentar, 3. Aufl. 2013; *Karaçay/Savaş/Alptekin,* Intrusion Detection Over Encrypted Network Data, The Computer Journal 2020, 604; *Keppeler/Berning,* Die Bußgeldrisiken nach Art. 83 der Datenschutz-Grundverordnung – auch ein Risiko für den Jahresabschluss?!, DStR 2018, 91; *Kettemann,* 'This is not a drill': International Law and Protection of Cybersecurity in Wagner/Kettemann/Vieth, Research Handbook on Human Rights and Digital Technology, 2019, 113; *Kipker,* Cybersecurity, 2020; *ders.,* Was dürfen Betreiber von Kritischen Infrastrukturen und Anbieter von digitalen Diensten erwarten?, MMR 2017, 143; *Kilovaty,* An Extraterritorial Human Right to Cybersecurity, Notre Dame J. Int'l & Comp. Law 2020, 35; *Kroschwald,* Verschlüsseltes Cloud Computing: Auswirkung der Kryptografie auf den Personenbezug in der Cloud, ZD 2014, 75; *Leister,* Liberalisierung von Reverse Engineering durch Geschäftsgeheimnisgesetz: Wie können sich Unternehmen noch schützen? GRUR-Prax 2019, 175; *Lotz/Wendler,* Datensicherheit als datenschutzrechtliche Anforderung: Zur Frage der Abdingbarkeit des § 9 BDSG, CR 2016, 31; *Löschhorn/Fuhrmann,* „Neubürger" und die Datenschutz-Grundverordnung: Welche Organisations- und Handlungspflichten treffen die Geschäftsleitung in Bezug auf Datenschutz und Datensicherheit?, NZG 2019, 161; *Meints,* Datenschutz nach BSI-Grundschutz? Das Verhältnis zwischen Datenschutz und Datensicherheit, DuD 2006, 13; *Miller,* Root-of-Trust-Architekturen als Open-Source-Hardware und deren Zertifizierung, DuD 2020, 451; *Mitterer/Wiedemann/Thress,* BB-Gesetzgebungs- und Rechtsprechungsreport zu Industrie 4.0 und Digitalisierung 2019, BB 2020, 3; *Müller-Quade/Huber/Nilges,* Daten verschlüsselt speichern und verarbeiten in der Cloud, DuD 2015, 531; *Papastefanou,* „Database Reconstruction Theorem" und die Verletzung der Privatsphäre (Differential Privacy), CR 2020, 379; *Quiring-Kock,* Anforderungen an ein Datenschutzmanagementsystem – Aufbau und Zertifizierung, DuD 2012, 832; *Richter,* Datenschutz durch Technik und die Grundverordnung der EU-Kommission, DuD 2012, 576; *Rona/Aarons,* State Responsibility to Respect, Protect and Fulfill Human Rights Obligations in Cyberspace, JNSLP 2016, 503; *Rosenthal,* Informationssicherheit in der DSGVO: Checkliste für Unternehmen, DSB 2017, 206; *Roßnagel,* Pseudonymisierung personenbezogener Daten, ZD 2018, 243; *Schleipfer,* Pseudonymität in verschiedenen Ausprägungen, ZD 2020, 284; *Schulte/Wambach,* Zielkonflikte zwischen Datenschutz und IT-Sicherheit im Kontext der Aufklärung von Sicherheitsvorfällen, DuD 2020, 462; *Schwartmann/Weiß,* Ein Entwurf für einen Code of Conduct zum Einsatz DS-GVO konformer Pseudonymisierung, RDV 2020, 71; *Specht-Riemenschneider,* Herstellerhaftung für nicht-datenschutzkonform nutzbare Produkte – Und er haftet doch!, MMR 2020, 73; *Speith/Becker/Ender/Puschner/Endres/Paar,* Hardware-Trojaner, DuD 2020, 446; *Thoma,* Risiko im Datenschutz – Stellenwert eines systematischen Risikomanagements in BDSG und DS-GVO-E, ZD 2013, 578; *Wennemann,* TOM und die Datenschutz-Grundverordnung – Eine praktische Umsetzung von technischen und organisatorischen Maßnahmen gem. Art. 32 DS-GVO, DuD 2018, 174; *Winter/Battis/Halvani,* Herausforderungen für die Anonymisierung von Daten, ZD 2019, 489; *Wischmeyer,* Informationssicherheitsrecht – IT-Sicherheitsgesetz und NIS-Richtlinie als Bausteine eines Ordnungsrechts für die Informationsgesellschaft, Die Verwaltung 50 (2017), 155; *Wolters,* The Security of Personal Data under the GDPR, Int. Data Privacy Law 2017, 165; *Veil,* DS-GVO: Risikobasierter Ansatz statt rigides Verbotsprinzip – Eine erste Bestandsaufnahme, ZD 2015, 347.

Übersicht

A. Allgemeines

I. Überblick über den Regelungsgehalt und -zweck

In einer Welt komplexer Datenverarbeitungsprozesse und wachsender Ver- **1**
netzung nimmt die Zahl der Bedrohungslagen für die Vertraulichkeit und
Integrität personenbezogener Daten drastisch zu – sei es durch Hacker-An-
griffe, Distributed-of-Service-Attacken oder Identitätsdiebstahl, sei es
durch Computerviren und Trojaner. Ihr Gefährdungspotenzial wächst mit
der Sensibilität der Anwendung. Besondere Angriffsfläche bieten insoweit zB
Krit. Infrastrukturen, autonome Fahrzeuge oder Gesundheitsanwendungen,
wie etwa Pflege- oder Operationsroboter.

Unter den Bedingungen vielfältiger Bedrohungslagen ist Datenschutz ohne **1a**
Datensicherheit wie ein Torso. Denn nur wer sicher sein kann, dass seine
Daten nicht in die Hände unbefugter Dritter gelangen, kann darauf vertrauen,
dass sein Recht gewahrt ist, selbst zu bestimmen, ob und innerhalb welcher
Grenzen er persönliche Lebenssachverhalte offenbart. Art. 32 legt dem Verantwortlichen und dem Auftragsverarbeiter daher im Interesse der Verarbeitungssicherheit bes. **Gewährleistungspflichten** auf.

Während der **Datenschutz** unmittelbar darauf abzielt, die Autonomie des **1b**
Einzelnen im Umgang mit seinen personenbezogenen Daten zu schützen (vgl.
Art. 1 Abs. 1, 2), hat die **Datensicherheit** zur Mission, einen unzulässigen
Umgang mit Daten allg. zu verhindern und die **Vertraulichkeit, Integrität
sowie Verfügbarkeit der Daten mittels technischer und organisatori-
scher Maßnahmen zu gewährleisten** (vgl. Kramer/Meints in HSH MultimediaR-HdB, Rn. 3; zur Abgrenzung zur IT-Sicherheit allg. s. Schulte/
Wambach DuD 2020, 462 (463)). Beide Begriffe stehen insoweit in einer
Wechselwirkung: Das Ziel des Datenschutzes lässt sich sachgerecht nur erreichen, wenn die Vorgaben der Datensicherheit gewahrt sind. Gleichzeitig
begrenzt der Datenschutz die Datensicherheit auch (Voskamp in Kipker,
Cybersecurity, S. 152 f., 163 ff.). Denn Maßnahmen der Datensicherheit, wie
etwa mehrfache Datensicherungen oder File Logging, können den Zielen des
Datenschutzes (insbes. dem Gebot der Datenminimierung – Art. 5 Abs. 1
lit. c) zuwiderlaufen (→ Rn. 59a). Datenschutz konturiert va die **inhaltlichen**

Anforderungen an die Verarbeitung; die Datensicherheit umschreibt demgegenüber vorrangig den **technischen und organisatorischen Rahmen,** in dem sich der Umgang mit verarbeiteten Informationen vollziehen darf (vgl. Meints DuD 2006, 13 (13)). Der EuGH hat die Datensicherheit vor diesem Hintergrund folgerichtig als Bestandteil des Rechts auf Schutz personenbezogener Daten aus Art. 8 GRCh anerkannt (EuGH NJW 2014, 2169 (2170, Rn. 29 f.)).

2   Art. 32 formt den allg. **Grundsatz der Integrität und Vertraulichkeit (Art. 5 Abs. 1 lit. f)** näher aus. Er verlangt Verarbeitungsprozessen ab, ein angemessenes Schutzniveau für die Sicherheit personenbezogener Daten zu gewährleisten, um damit angemessenen Systemdatenschutz sicherzustellen. Das Gebot soll insbes. personenbezogene Daten durch geeignete technische und organisatorische Maßnahmen davor schützen, dass Dritte diese unbefugt oder unrechtmäßig verarbeiten oder es unbeabsichtigt zu einem Verlust, einer Zerstörung oder Schädigung der Daten kommt. Art. 32 steht darüber hinaus im Dienste der Zielsetzung des Datenschutzgrundsatzes **„Verarbeitung nach Treu und Glauben"** (engl.: „fairness", frz.: „loyauté") aus Art. 5 Abs. 1 lit. a. Er soll insbes. sicherstellen, dass Verarbeiter nicht das Vertrauen missbrauchen, das ihnen die betroffenen Personen mit Blick auf den ordnungsgemäßen Umgang mit ihren Daten entgegenbringen. Auch der Grundsatz der **Richtigkeit** aus Art. 5 Abs. 1 lit. d tangiert Aspekte der Integrität (Hansen in NK-DatenschutzR DS-GVO Art. 32 Rn. 13): Daten, die verloren oder zerstört wurden, können die Vollständigkeit des Wirklichkeitsabbilds beeinträchtigen, welche die Daten repräsentieren sollen, und damit ein Korrekturbedürfnis auslösen.

3   Um die Sicherheitsziele der „Vertraulichkeit, Integrität, Verfügbarkeit und Belastbarkeit der Systeme" zu gewährleisten, trägt Art. 32 dem Verantwortlichen (Art. 4 Nr. 7) und dem etwaigen Auftragsverarbeiter (Art. 4 Nr. 8) – jeweils unabhängig voneinander – „geeignete technische und organisatorische Maßnahmen" als **Sicherheitsanforderungen** auf (**Abs. 1 Hs. 1**). Deren Inhalt **konkretisiert Abs. 1 Hs. 2** auf der Grdl. eines – nicht abschl. („unter anderem") – Maßnahmenkatalogs: Verantwortliche und Auftragsverarbeiter müssen die Risiken ihrer jeweiligen Verarbeitung reflektieren und **risikoadäquate Maßnahmen** ergreifen, um ein **möglichst hohes Maß an Verarbeitungssicherheit** zu erreichen. Umgekehrt will der Unionsgesetzgeber mit seinem Korsett regulatorischer Anforderungen aber auch nicht die **wirtschaftliche Innovationsfähigkeit** über Gebühr hemmen. Die Ausgestaltungsparameter des Abs. 1 S. 1 (**„Stand der Technik", „Implementierungskosten"** etc.) zielen daher darauf, den Normadressaten vor unangemessenen Belastungen zu schützen. Sie sind Ausfluss des **Verhältnismäßigkeitsprinzips** (vgl. ErwGr 4), das als Teil der grundrechtlichen Verbürgungen das normative Regime des Sekundärrechts überlagert (Art. 52 Abs. 1 GRCh).

4   Die Risiken, die durch Vernichtung, Verlust, Veränderung oder unbefugte Offenlegung personenbezogener Daten entstehen können, müssen Verantwortliche und Auftragsverarbeiter als Faktoren bei der Wahl ihrer Schutzmaßnahmen in Rechnung stellen (Abs. 2). Da das EP eine obligatorische Datenschutzfolgenabschätzung für alle Verarbeitungsvorgänge politisch nicht durch-

setzen konnte, fallen die Anforderungen an das **Verfahren der Risiko-bewertung** in Art. 32 iErg weniger streng aus als im Falle einer Bewertung nach Art. 35 (vgl. mwN zur Entstehungsgeschichte Mantz in HK-DS-GVO Art. 32 Rn. 8). Unterwirft Art. 35 den konkreten Verarbeitungsprozess aber einer (formalisierten) **Datenschutz-Folgenabschätzung,** so sind deren Erg. bei der Entsch. über die gebotenen Maßnahmen der Datensicherheit zu berücksichtigen (**ErwGr 84 S. 2**).

Art. 32 lässt offen, ob der Betroffene den Verantwortlichen bzw. den Auf- **4a** tragsverarbeiter auch aus freien Stücken von der Pflicht **dispensieren** kann, ein risikoadäquates Sicherheitsniveau zu gewährleisten – etwa wenn ein Betroffener ein Auskunftsverlangen auf einem nicht hinreichend sicheren Kommunikationskanal beantwortet wissen will oder wenn ein Vermittler Bewerberdaten an konkret interessierte Arbeitgeber ohne kryptografische Absicherung weitergeben will (vgl. dazu VG Bln. CR 2012, 191 (192); Franck CR 2016, 238 (239)). Die Frage hatten Wissenschaft und Praxis bereits unter Geltung des § 9 BDSG aF kontrovers diskutiert (das Bay. Landesamt für Datenschutzaufsicht sah die Vorschr. über die Datensicherheit bei entspr. Informiertheit über die Konsequenzen bspw. als disponibel an; vgl. den Jahresbericht v. 2015/2016, S. 99 f., https://www.lda.bayern.de/media/baylda_report_07.pdf; eine Dispositionsbefugnis ebenso bejahend zuletzt Lotz/Wendler CR 2016, 31 (35); abl. aber bspw. Karg in BeckOK DatenschutzR BDSG aF § 9 Rn. 60; s. Jandt in Kühling/Buchner DS-GVO Art. 32 Rn. 39 f. mwN).

Der Wortlaut des Art. 32 legt eine Dispositionsbefugnis des Betroffenen **4b** nicht klar an: Er trägt dem Verantwortlichen und Auftragsverarbeiter Pflichten auf, ohne diese ausdr. von einer Zustimmung abhängig zu machen. Die rechtfertigende Wirkung, die **Art. 6 Abs. 1 UAbs. 1 lit. a** der Einwilligung (Art. 7) zugesteht, bezieht sich systematisch auf das **„Ob"** der Verarbeitung, nicht aber auch vollumfänglich auf das **„Wie"** (→ Art. 6 Rn. 7). Dies streitet dafür, die Gestaltungswirkung der Einwilligung nicht zugleich auf die Anforderungen an die Datensicherheit zu erstrecken (vgl. Jandt in Kühling/ Buchner DS-GVO Art. 32 Rn. 40). Anders als andere Vorschr., die sich dem Ziel der Datensicherheit verschreiben (wie zB die NIS-RL, die auf den Schutz Krit. Infrastrukturen ausgerichtet ist; → Rn. 14 ff.), haben die gesetzlichen Anforderungen des Art. 32 jedoch – ebenso wie das Grundrecht der informationellen Selbstbestimmung – vorrangig den **Schutz der Betroffenen** im Auge. Es erklärt sich deshalb nicht von selbst, warum der Betroffene zwar in das „Ob" der Datenverarbeitung einwilligen kann, nicht aber in das „Wie". Die Möglichkeit, im Einzelfall in das „Ob" einer Datenverarbeitung einzuwilligen, schließt vielmehr die Möglichkeit zur Einwilligung in ihre Modalitäten im Grundsatz ein (aA Jandt in Kühling/Buchner DS-GVO Art. 32 Rn. 40).

Zugleich kann sich eine Einwilligung ihrem Wesen nach jedoch nur auf das **4c** **Beziehungsgefüge zwischen dem Betroffenen und dem Verantwortlichen, nicht** aber auf das Verhältnis zu **Dritten** erstrecken. Art. 32 formuliert Anforderungen, die der Verantwortliche als Grundbaustein der Leistungsfähigkeit seines technischen Systems zwingend vorhalten muss. Er kann von ihnen auf der Grdl. einer wirksamen Einwilligung im Einzelfall nur dispensieren, sofern mit dieser Einwilligung keine Beeinträchtigung Dritter einhergeht. Von den Anforderungen an die sicherheitstechnischen Vorkehrungen, die mit Blick auf den Schutz (auch potenziell berührter) Dritter und des Gemeinwesens allg. an digitale Systeme zu stellen sind, kann der Betroffene den Verantwortlichen daher nicht befreien. Drittinteressen könnten insbes. tangiert sein, wenn ein Betroffener nicht über die Weitergabekontrolle im Einzelfall, sondern über die Zugangskontrolle zu einem Datenverarbeitungssystem disponiert. Denn das kann auch Dritte gefährden.

5   Allen konkretisierenden Annäherungen des Abs. 1 und 2 zum Trotz bleiben die Anforderungen des Art. 32 an die normativ gebotenen Sicherheitsmaßnahmen abstrakt und **konkretisierungsbedürftig.** Auch deshalb räumt die DS-GVO genehmigten **Verhaltensregeln** iSd Art. 40 und **genehmigten Zertifizierungsverfahren** iSd Art. 42 eine wichtige Privilegierung ein: Sie misst diesen Instrumenten der Selbstregulierung **Indizcharakter** dafür bei, dass die Pflichtigen die Sicherheitsanforderungen nach Abs. 1 tatsächlich eingehalten haben **(Abs. 3).** Der Gesetzgeber setzt damit den Verantwortlichen Anreize, Selbstverpflichtungen zu konzipieren sowie sich ihnen zu unterwerfen – und erschließt dem Konzept regulierter Selbstregulierung im Datenschutzrecht neue Entfaltungsräume.

6   Sicherheitsrisiken gehen längst nicht alleine von der Person des Verantwortlichen bzw. des etwaigen Auftragsverarbeiters aus. Häufig sind es deren **Mitarbeiter,** welche die Schwachstelle im Verarbeitungsprozess bilden. **Abs. 4** verpflichtet den Verantwortlichen und den Auftragsverarbeiter daher, die ihnen unterstellten Personen **zu beaufsichtigen,** soweit diese iRd Datenverarbeitung Zugang zu personenbezogenen Daten erhalten. Sie dürfen diese Daten nur nach Anweisung des jeweils Verantwortlichen verarbeiten. Abs. 4 zielt damit darauf, die Rechte Betroffener auch **in arbeitsteiligen Verarbeitungsprozessen** abzusichern; die Norm bildet das Spiegelbild zu der Weisungsbindung unterstellter Personen, die Art. 29 normiert. Für das Verhalten natürlicher Personen, die ihnen unterstellt sind, müssen Verantwortliche und Auftragsverarbeiter iR bestehender Vertragsverhältnisse aufgrund § 278 BGB (ggf. analog) zwar ohnedies einstehen. Die normative Verankerung der Einstandspflicht in Art. 32 Abs. 4 ermöglicht (über die haftungsrechtliche Ebene hinaus) aber auch **ein aufsichtsbehördliches Eingreifen** (bspw. durch die Anordnungsbefugnisse nach Art. 58 Abs. 1 lit. d und Abs. 2 lit. b oder die Sanktionen nach Art. 83 Abs. 4 lit. a).

II. Einordnung in die Regelungssystematik der DS-GVO und des Unionsrechts

7   Die enge Verzahnung der Datensicherheit mit dem Datenschutz bildet sich auch in der inhaltlichen sowie semantischen Nähe des Art. 32 zu anderen Vorschr. ab. Das gilt in besonderer Weise für die **Generalnorm** des **Art. 24:** Er verpflichtet den Verantwortlichen allg. dazu, durch technische und organisatorische Maßnahmen sicherzustellen, dass er die Anforderungen der DS-GVO einhält. **Art. 32 konkretisiert** diese allg. Aussage hinsichtlich der tech-

nischen und organisatorischen Maßnahmen, die der Verantwortliche zum Zwecke der Datensicherheit zu treffen hat. Die Verpflichtungen, die aus Art. 32 erwachsen, treten **neben** diejenigen des Art. 24.

Ebenso wie **Art. 32** ist auch **Art. 25** als Lex specialis zu Art. 24 konzipiert. **8** Alle drei Vorschr. greifen insbes. auf die gleichen Parameter zurück, um ein risikoadäquates Schutzniveau zu definieren. Sie unterscheiden sich aber hinsichtlich des **Normadressaten** und ihrer **Schutzrichtung:** Während Art. 24 Abs. 1 S. 1 und Art. 25 Abs. 1 nur den Verantwortlichen in die Pflicht nehmen (→ Art. 24 Rn. 18 f.; → Art. 25 Rn. 25 f.), verpflichtet Art. 32 Abs. 1 Hs. 1 sowohl den Verantwortlichen als auch den Auftragsverarbeiter. Art. 25 spezifiziert den Normgehalt des Art. 24 hinsichtlich derjenigen **Maßnahmen und Instrumente,** die der Verantwortliche zum Zwecke des **Datenschutzes** zu treffen hat: Er trägt dem Verantwortlichen auf, das Gebot wirksamen Datenschutzes bereits **bei der Konzipierung von Datenverarbeitungssystemen** – also im Vorfeld einer Datenverarbeitung – zu berücksichtigen (Privacy by Design, Abs. 1) und Voreinstellungen datenschutzfreundlich zu gestalten (Privacy by Default, Abs. 2). **Art. 32 Abs. 1** konkretisiert demgegenüber die Maßnahmen und Instrumente, welche die **Datensicherheit** Verantwortlichen und Auftragsverarbeitern abverlangt, um Betroffene über den gesamten Verarbeitungsvorgang hinweg **insbes. vor sicherheitsrelevanter Vernichtung, Verlust und unbefugter Offenlegung bereits erhobener Daten zu schützen.** Art. 32 legt dabei ein weites Verständnis von Sicherheit zu Grunde, welches sowohl die Datensicherheit als auch die IT-Sicherheit umfasst (Jandt in Kühling/Buchner DS-GVO Art. 32 Rn. 3).

Dass der Normgeber die Pseudonymisierung sowohl in Art. 25 Abs. 1 als **9** auch Art. 32 Abs. 1 lit. a explizit als Schutzmaßnahme benennt, illustriert aber exemplarisch, dass technische und organisatorische Maßnahmen **beiden Stoßrichtungen** gleichermaßen verschrieben sein können, sich also **überlappen.**

Das Normprogramm des Art. 32 erfährt für Konstellationen der Auftrags- **10** verarbeitung durch **Art. 28 Abs. 3 UAbs. 1 lit. c** einen Flankenschutz: Er erklärt die Verpflichtung des Auftragsverarbeiters, „alle gemäß Artikel 32 erforderlichen Maßnahmen" zu ergreifen, zum zwingenden Bestandteil der Auftragsvereinbarung. Auf den ersten Blick präsentiert sich diese Verpflichtung als redundant, ist doch der Auftragsverarbeiter selbst bereits Adressat der Verpflichtungen aus Art. 32 Abs. 1 und 4. Dass Art. 28 Abs. 3 UAbs. 1 lit. c die Verpflichtungen der Datensicherheit in den vertraglichen Pflichtenkatalog des **Auftragsverarbeiters** aufnimmt, versetzt den Verantwortlichen aber zusätzlich in die Lage, die sich daraus ergebenden Anforderungen **aus eigenem Recht** als **vertragliche Pflicht** einfordern zu können. Zusätzlich sieht **Art. 28 Abs. 3 UAbs. 1 lit. f** die vertragliche Pflicht des Auftraggebers vor, den Verantwortlichen dabei zu unterstützen, seine Pflichten aus Art. 32–36 einzuhalten. Das unterstreicht den bes. Fokus des Normgebers auf das Bedürfnis, sicherheitsrelevante Maßnahmen wirksam umzusetzen.

Welche hohe Bedeutung die DS-GVO Sicherheitsmaßnahmen beimisst, **11** zeigt sich auch daran, dass Maßnahmen iSd Art. 32 „wenn möglich" in

Gestalt einer allg. Beschreibung der technischen und organisatorischen Maßnahmen in das **Verzeichnis** der Verarbeitungstätigkeiten Aufnahme finden müssen (**Art. 30 Abs. 1 lit. g;** → Art. 30 Rn. 19). Das vereinfacht es den ASB, die Anwendung des Art. 32 iR ihrer Aufsichtsbefugnis nach **Art. 57 Abs. 1 lit. a** zu überwachen. Sie verfügen auf der Grdl. des **Art. 58** (insbes. Abs. 1 lit. a, b, d–f; Abs. 2 lit. a–f) auch über die nötigen ordnungsrechtlichen Befugnisse, um die Maßgaben des Art. 32 durchzusetzen.

12   Die **Meldepflichten des Art. 33** bzw. die **Benachrichtigungspflicht des Art. 34** bilden gleichsam die verlängerte verfahrensrechtliche Werkbank des Art. 32. Sie sollen einerseits mittelbar präventiv absichern, dass der Verantwortliche alle geeigneten technischen Schutz- sowie organisatorischen Maßnahmen ergreift, indem sie ihn dazu zwingen, Verletzungen offenzulegen. Andererseits sollen sie rechtzeitige Gegenmaßnahmen Betroffener und der ASB ermöglichen (vgl. auch ErwGr 87 S. 1; zum Verhältnis zwischen Art. 32 und 33 vgl. insbes. Becker ZD 2020, 175 (177)).

13   Einen Verstoß gegen die Vorgaben des Art. 32 kann die ASB auf der Grdl. des **Art. 83 Abs. 4 lit. a** mit einer **Geldbuße** ahnden. Diese kann eine Höhe bis zu 10 000 000 EUR oder (im Fall eines Unternehmens) bis zu 2 % des gesamten weltweit erzielten Jahresumsatzes des vorangegangenen Geschäftsjahrs erreichen − je nachdem, welcher der Beträge höher ist. Bei völlig unzureichenden Schutzmaßnahmen kann ein Verstoß gegen Art. 32 zugleich einen Verstoß gegen den Grundsatz der Integrität und Vertraulichkeit aus Art. 5 Abs. 1 lit. f verkörpern, den **Art. 83 Abs. 5 lit. a** noch strenger sanktioniert (Keppeler/Berning DStR 2018, 91 (92)).

13a   Art. 32 bewehrt Sicherheitsverletzungen nicht nur selbstständig bzw. mittelbar via Art. 5 Abs. 1 lit. f mit einem Bußgeld. Die Vorschr. wirkt darüber hinaus auch allg. als **Steuerungsgröße der Bußgeldbemessung:** Ob und inwieweit der Bußgeldpflichtige technische und organisatorische Sicherheitsmaßnahmen iSd Art. 32 getroffen hat, ist ein entscheidender Bemessungsfaktor für den **Grad der Verantwortung,** die ihn trifft (**Art. 83 Abs. 2 S. 2 lit. d).**

13b   Dass es sich bei den Sanktionsnormen nicht bloß um Papiertiger handelt, sondern gerade Verstöße gegen Art. 32 empfindliche Geldbußen nach sich ziehen können, illustrieren die Bußgelder der britischen ASB UK Information Commissioner's Office (ICO) gegen British Airways und Marriott International iHv ca. **183 Mio. EUR** bzw. ca. **111 Mio. EUR** paradigmatisch (ICO, Pressemitteilung v. 8.7.2019 bzw. 9.7.2019). Für **Behörden und öffentl. Stellen** hat der Bundesgesetzgeber von der Öffnungsklausel des Art. 83 Abs. 7 Gebrauch gemacht und diese durch § 43 Abs. 3 BDSG (bzw. entspr. Parallelnormen in den LDSG) von Geldbußen freigestellt (→ Art. 83 Rn. 27 f.).

13c   Mittelbare Wirkung entfalten die Vorgaben des Art. 32 insbes. für die **Compliance-Maßnahmen des Vorstandes von Aktiengesellschaften: § 91 Abs. 2 AktG** trägt ihnen die Pflicht auf, ein Überwachungssystem zu installieren, das geeignet ist, bestandsgefährdende Entwicklungen im Unternehmen zu erkennen. Darunter fallen auch die Anforderungen an die Datensicherheit. Die Unternehmensleitung ist daher unmittelbar und persönlich verpflichtet, entspr. Maßnahmen zu erlassen (Löschhorn/Fuhrmann NZG 2019, 161 (163 f.)).

III. Verhältnis zu sonstigen Sicherheitsnormen des Unionsrechts

1. NIS-RL

Für den speziellen Bereich der **Cybersicherheit** hat die Union mit der sog. **14** **NIS-RL** (RL 2016/1148/EU v. 6.7.2016) zusätzlich zu Art. 32 unterdessen einen Markstein für die normative Bewältigung der dynamischen Sicherheitsherausforderungen in digitalen Systemen gesetzt. Die Richtlinie zielt auf ein hohes Sicherheitsniveau von Netz- und Informationssystemen (Art. 1 NIS-RL). Ihr regulatorisches Fadenkreuz richtet sie auf zwei Gruppen von Betreibern: die Betreiber sog **wesentlicher Dienste** (Art. 14 NIS-RL), also Krit. Infrastrukturen (s. § 2 Abs. 10 BSIG), sowie die **Anbieter digitaler Dienste,** wie zB Online-Marktplätzen, Suchmaschinen und Cloud-Computing-Diensten (Art. 16 NIS-RL). Ihnen müssen die Mitgliedstaaten risikoadäquate, den Stand der Technik berücksichtigende technische und organisatorische Maßnahmen auferlegen.

Die NIS-RL unterwirft die Betreiber Krit. Infrastrukturen einer **Ex–ante-** **14a** **Kontrolle,** die Anbieter digitaler Dienste einer **Ex-post-Kontrolle.** Diese greift, wenn sich hinreichende Anhaltspunkte dafür ergeben, dass die Anbieter die Anforderungen an „geeignete und verhältnismäßige technische und organisatorische Maßnahmen […], um die Risiken für die Sicherheit der Netz- und Informationssysteme […] zu bewältigen", sowie an Meldepflichten nicht einhalten (Art. 17 Abs. 1 iVm Art. 16 NIS-RL).

Die NIS-RL begr. insbes. Anforderungen an **nationale Cyber-Sicher-** **14b** **heitsstrategien** und legt den Mitgliedstaaten auf, verantwortliche Behörden zu benennen und sog. Computer Emergency Response Teams (CERT) einzurichten. Ähnlich wie Art. 29 DSRL und Art. 60 ff. DS-GVO etabliert sie einen **europ. Mechanismus** der Zusammenarbeit der Cybersicherheits-Aufsichtsstruktur.

Der Bund hat die NIS-RL durch Gesetz vom 23.6.2017 (BGBl. I 2017, **15** 1885) in nationales Recht umgesetzt (s. dazu allg. Kipker MMR 2017, 143; Gehrmann/Voigt CR 2017, 93). Das Umsetzungsgesetz änderte va Vorschr. des BSI-Gesetzes. Dieses erfasst nunmehr auch die sog. digitalen Dienste, die bis dato nicht Gegenstand des nationalen Cybersicherheitsrechts waren (§ 8c BSIG). § 8c Abs. 1 und 2 BSIG erschöpfen sich aber weitgehend darin, die recht abstrakten Vorgaben des Art. 16 Abs. 1 und 2 NIS-RL wiederzugeben: Sie beschreiben die technischen und organisatorischen Maßnahmen, welche die **Betreiber der digitalen Dienste** zu treffen haben, um eine max. Verfügbarkeit ihrer Dienste zu gewährleisten. Die Vorgaben des § 8a Abs. 1 und 2 BSIG differenzieren die Schutzziele für die Sicherheitsmaßnahmen der Betreiber Krit. Infrastrukturen näher aus (Vermeidung von Störungen der Verfügbarkeit, Integrität, Authentizität und Vertraulichkeit ihrer informationstechnischen Systeme, Komponenten oder Prozesse) und verknüpfen sie mit Fristen.

16   Anders als die DS-GVO und das sonstige Datenschutzrecht trifft die NIS–RL nicht selbst Regeln zur **Verarbeitung personenbezogener Daten.** Vielmehr verweist sie insoweit in **Art. 2** auf die **DSRL.** Da diese inzwischen aber außer Kraft getreten ist (Art. 94 Abs. 1 DS-GVO), treten nunmehr die Vorschr. der DS-GVO an ihre Stelle (Art. 94 Abs. 2 S. 1 DS-GVO). Art. 2 NIS-RL gesteht den Regeln der DS-GVO für Datensicherheitsmaßnahmen keinen Vorrang vor den Vorschr. der NIS-RL zu. Vielmehr stehen beide Regelwerke kraft ihres unterschiedlichen Schutzzweckes in **Idealkonkurrenz** zueinander (für eine weitgehende Spezialität demgegenüber Mantz in HK-DS-GVO Art. 32 Rn. 34): Während die NIS-RL (und deren dt. Umsetzung im BSIG) im **Gemeinwohlinteresse** Datensicherheitsmaßnahmen zum Schutz Krit. Infrastrukturen anordnet, steht Art. 32 (ebenso wie die gesamte DS-GVO jedenfalls mittelbar) im Dienste der **informationellen Selbstbestimmung des Einzelnen.** Dem arbeitsteilig angelegten normativen Zuschnitt der beiden Regelwerke würde es nicht gerecht, wenn für personenbezogene Daten – auch sub specie der Datensicherheit – das weniger konkrete und strenge Regime der DS-GVO statt desjenigen der NIS-RL Anwendung fände (vgl. zu den auf der NIS-RL beruhenden Meldepflichten aus dem BSIG und deren Verhältnis zur DS-GVO → Art. 33 Rn. 61). Sofern der Verantwortliche oder Auftragsverarbeiter beiden Regelungsregimen unterfällt, hat er vielmehr das jeweils höhere Schutzniveau zu erfüllen (Ritter in SJTK DS–GVO Art. 32 Rn. 12).

2. EU Cybersecurity Act

17   Einen weiteren Baustein für die Cybersicherheit hat der sog. **EU Cybersecurity Act** (CSA) in die Architektur der unionalen Sicherheitsregeln eingefügt (VO (EU) 2019/881 v. 17.4.2019). Die VO etabliert die **Agentur der Europäischen Union für Cybersicherheit** (ENISA) auf Dauer und stärkt ihr Mandat: Sie soll gleichsam als **unionales Äquivalent zum BSI** agieren. Ihr Auftrag ist es, ein hohes gemeinsames Niveau der Cybersicherheit in der EU zu erreichen. Zu diesem Zweck soll sie ua die Mitgliedstaaten und die Organe, Einrichtungen und sonstigen Stellen der Union dabei unterstützen, die Cybersicherheit zu verbessern (Art. 3 Abs. 1 S. 1; Art. 5 CSA), aber auch private Wirtschaftsakteure für das Thema Cybersicherheit sensibilisieren (Art. 4 Abs. 7 CSA).

17a   Gleichsam als Pendant zu den DS–GVO-Bausteinen ,data protection by design' und ,data protection by default' (Art. 25 Abs. 2 DS-GVO), etabliert der CSA ,security by design' und ,security by default' als sicherheitsrechtliche Prinzipien (s. ErwGr 12 f. CSA). Er entwickelt einen unionsweiten **Rahmen für die Cybersicherheitszertifizierung** von Produkten, Dienstleistungen und Prozessen. Auch insoweit schreibt der CSA der ENISA eine tragende Rolle zu (Art. 4 Abs. 6; Art. 8 CSA): Ihre sog Zertifizierungsschemata sollen einen europaweiten Mindeststandard für Cybersicherheit aus der Taufe heben.

17b   Während der **CSA** der Cybersicherheit als Ganzes dient und nicht nur den Schutz personenbezogener Daten im Auge hat, ist der normative Fokus des

Art. 32 enger: Er richtet sein normatives Programm allein auf die Datensicherheit als Fundament des Datenschutzes aus. Umgekehrt legt Art. 32 den Verantwortlichen unmittelbar Verhaltenspflichten auf, während der **CSA** die Betreiber nicht direkt in die Pflicht nimmt, sondern darauf zielt, einen **organisatorischen und verfahrensrechtlichen Rahmen** der Cybersicherheit fortzuentwickeln (vgl. ErwGr 6, 7 CSA).

Gleichwohl bestehen zwischen beiden Normenkomplexen zahlr. Schnitt- **17c** mengen und Parallelen (vgl. ErwGr 15 CSA). Der enge Bezug des CSA zum Datenschutz wird auch daran deutlich, dass zur ENISA-Beratungsgruppe ua die Datenschutz-ASB gehören (Art. 21 Abs. 1 CSA). Zudem ist es Aufgabe der ENISA, **Empf.** für die mehrstufige Authentifizierung, Patching, Verschlüsselung, Anonymisierung und Datenschutz zu geben (ErwGr 40 CSA). Diese reflektieren neben dem allg. Ziel des Datenschutzes auch die Sicherheit der Datenverarbeitung, wie sie in Art. 32 ihren Niederschlag gefunden hat. Umgekehrt etabliert die DS-GVO ihrerseits Zertifizierungen ua als Instrument der datenschutzrechtlichen Cybersicherheit (Art. 32 Abs. 3; → Rn. 63a). Die Sicherheitsziele, die die Cybersicherheitszertifizierungsschemata verwirklichen sollen, schließen die Ziele des Art. 32 mit ein (Art. 51 CSA). Die Zertifizierungsmechanismen beider Rechtsakte stehen jedoch selbstständig nebeneinander (s. ErwGr 74 CSA).

3. JI-RL

Die sog. JI-RL (RL 2016/680/EU v. 27.4.2016) enthält in Art. 29 Abs. 1 **17d** (Sicherheit der Verarbeitung) ebenfalls eine dem Art. 32 Abs. 1 vergleichbare Vorschr. Sie ist nahezu zeitgleich zur DS-GVO entstanden und gibt – ihrer Natur als RL entspr. – dem nationalen Gesetzgeber zahlr. Zielvorgaben mit auf den Weg, welche die technischen und organisatorischen Maßnahmen iSd Art. 29 Abs. 1 JI-RL erreichen sollen (Art. 29 Abs. 2), insbes. Zugangs-, Datenträger-, Speicher-, Benutzer-, Übertragungs- und Eingabekontrolle. Anders als Art. 32 Abs. 1 benennt Art. 29 Abs. 2 JI-RL weder konkrete technischen Maßnahmen als Regelbsp. noch fordert er Verarbeitern explizit ab, die Wirksamkeit der Maßnahmen regelmäßig zu bewerten und zu evaluieren. Um „ein dem Risiko angemessenes Schutzniveau [dauerhaft] zu gewährleisten", welches Art. 29 Abs. 1 JI-RL fordert, sind entspr. Screenings aber ohnedies notwendig. Eine solche Pflicht ist den Zielvorgaben des Art. 29 JI-RL also mit eingeschrieben. Die Vorgaben des Art. 29 Abs. 1 JI-RL setzt die Bundesrepublik in **§ 64 BDSG** in nationales Recht um.

4. EECC-RL; PSD2-RL

Auch Art. 40 des **europäischen Kodex für die elektronische Kom- 17e munikation** (EECC-RL, RL (EU) 2018/1972 v. 11.12.2018) enthält eine dem Art. 32 vergleichbare Regelung. Sie verpflichtet die Mitgliedstaaten, sicherzustellen, dass die Anbieter öffentlicher elektronischer Kommunikationsnetze oder öffentlich zugänglicher elektronischer Kommunikationsdienste angemessene und verhältnismäßige technische und organisatorische Maßnahmen ergreifen, um **Risiken für die Sicherheit von Netzen und Diensten** zu beherrschen. Sie sollen, zB im Wege der Verschlüsselung, ein dem Risiko adäquates Schutzniveau gewährleisten, welches den Stand der Technik berücksichtigt (Art. 40 Abs. 1 S. 2 EECC-RL). Art. 40 EECC-RL lässt die Vorgaben des Art. 32 unberührt (Art. 40 Abs. 4 EECC-RL). Beide stehen selbständig nebeneinander.

17f   Anforderungen an die Datensicherheit formuliert auch die **Zahlungsdiensterichtlinie,** sog. PSD2-RL (RL 2015/2366/EU v. 25.11.2015), etwa in Art. 1 Abs. 1 lit. j iVm UAbs. 3, Art. 66 Abs. 3 lit. b, Art. 67 Abs. 2 lit. b, Art. 69 Abs. 2; Art. 70 Abs. 1 lit. a und Art. 97. Ihr Anwendungsradius richtet sich statt auf alle elektronischen Dienste auf einen spezifischen, besonders sicherheitssensitiven Tätigkeitssektor: den elektronischen Zahlungsverkehr.

5. ePrivacy-RL; pro futuro: ePrivacy-VO

17g   Bereits seit geraumer Zeit nimmt die **ePrivacy-RL** (RL 2002/58/EG v. 12.7.2002) im Orchester der europ. „Cyberregulierungen" einen festen Platz ein. Sie verlangt dem Betreiber eines öffentlich zugänglichen elektronischen Kommunikationsdienstes Maßnahmen ab, um die Sicherheit der Datenverarbeitung zu gewährleisten (vgl. Art. 4 Abs. 1, ErwGr 20 ePrivacy-RL). Diese Vorgaben gehen als **Lex specialis** den Vorschriften der DS–GVO vor (Art. 95; vgl. dazu jüngst BGH v. 28.5.2020 – I ZR 7/16, Rn. 58 ff.). In Zukunft wird voraussichtlich die VO über Privatsphäre und elektronische Kommunikation (sog. **ePrivacy-VO**) die bisherige ePrivacy-RL und die sog. Cookie-RL (RL 2009/136/EG v. 25.11.2009) ablösen (dazu bspw. Voskamp in Kipker, Cybersecurity, S. 156). Der Rechtsakt befindet sich seit einem ersten Kommissionsentwurf im Jahre 2017 (ePrivacy-VO-E, COM/2017/010 final – 2017/03 (COD)) noch im Gesetzgebungsverfahren. Der Entwurf der KOM zur ePrivacy-VO formulierte **keine Anforderungen an die Datensicherheit,** sondern verwies auf Art. 32 DS–GVO, um zu vermeiden, dass die Normbefehle der Regelwerke sich überlappen (Wolters Int. Data Privacy Law 2017, 165 (170)). Das Schicksal des Gesetzgebungsakts ist jedoch offener denn je. Er hat sich gleichsam zur unendlichen Geschichte des Datenschutzes entwickelt. Zuletzt veröffentlichte die finnische EU-Ratspräsidentschaft am 22.2.2019 einen überarb. Entwurf (COD (2017) 0003; 6771/19), der allerdings im November 2019 scheiterte (zum Verfahrensstand: https://eur-lex.europa.eu/procedure/DE/2017_3 sowie Mitterer/Wiedemann/Thress BB 2020, 3 (5 f.)). Andeutungen der KOM lassen darauf schließen, dass die KOM einen vollständig neuen Entwurf vorlegen wird (Hemmert-Halswick MMR-Aktuell 2019, 422777). Die dt. Ratspräsidentschaft unternahm jüngst den Versuch, durch einen „General Approach" einen neuen Ausweg aus der verfahrenen Situation zu weisen (Dok. 9243/20 v. 6.7.2020).

17h   Im Gesetzgebungsverfahren befindet sich auch die **VO zur Einrichtung des Europäischen Kompetenzzentrums für Cybersicherheit** in Industrie, Technologie und Forschung und des Netzes nationaler Koordinierungszentren (KOM(2018) 630 final). Diese soll die Cybersicherheit in den genannten Sektoren fördern, jedoch keine neuen Datensicherheitsverpflichtungen schaffen.

IV. Verhältnis zu völkerrechtlichen Sicherheitsnormen

Auch zahlreiche **völkerrechtliche Rechtsakte** treffen Regelungen zur Da-   **17i**
tensicherheit – teilweise auch implizit. So verbürgen Art. 8 der EMRK sowie
Art. 17 des Int. Paktes über bürgerliche und politische Rechte (IPbpR) und
Art. 12 der Allgemeinen Erklärung der Menschenrechte (AEMR) mit dem
Schutz des Privatlebens auch Datensicherheit (vgl. Joseph/Castan in Jo-
seph/Castan IPbpR Art. 17 Rn. 58 ff.; Meyer in Wolter EMRK Art. 8
Rn. 34). Welche Konturen das Gebot der Datensicherheit als Ausfluss dieser
Normen annimmt, liegt noch weitgehend im Dunkeln (vgl. Kilovaty Notre
Dame J. Int'l & Comp. Law 2020, 35 (52 ff.)). Da wirksamer Datenschutz aber
nicht ohne ein Mindestmaß an Datensicherheit denkbar ist (vgl. Cavelty/
Kavanagh in WKV, 73 (76)) und Staaten eine Schutzpflicht für den Datenschutz zukommt (vgl. etwa Rona/Aarons JNSLP 2016, 503 (516 ff.)), verlangen die menschenrechtlichen Verpflichtungen jedenfalls auch ein **Mindestmaß an Datensicherheit** (vgl. UN Doc. A/HRC/RES/34/7 Rn. 9;
EGMR Urt. v. 13.11.2012 – 24029/07, Rn. 195, Urt. v. 25.2.1997 – 9/
1996/627/811, Rn. 95 f., Urt. v. 17.7.2008 – 20511/03, Rn. 35 ff.; KOM
(2017) 477 endg. (10); Montreux Declaration, The Protection of Personal
Data and Privacy in a Globalised World: a Universal Right Respecting Diver-
sities; vgl. auch Kettemann in WKV, 113 (116, 122); UN Human Rights
Special Procedures, Mandate of the Special Rapporteur, Encryption and
Anonymity Follow-Up Report, Rn. 7; Joseph/Castan in Joseph/Castan
IPbpR Art. 17 Rn. 58 ff.;). Konkrete Handlungsanleitungen für ein Mindest-
maß an Datensicherheit lassen sich den **„Guidelines for the Regulation of
Computerized Personal Data Files"** der UN Generalversammlung (Nr. 7)
sowie den **„OECD Guidelines on the Protection of Privacy and Transborder Flows of Personal Data"** der OECD (Nr. 11) entnehmen (s. ferner
OECD, Digital Security Risk Management for Economic and Social Pros-
perity: OECD Recommendation and Companion Document, 2015; OECD,
Recommendation of the Council concerning Guidelines for Cryptography
Policy, 1997). Bei ihnen handelt es sich um **unverbindliche völkerrechtliche Empf.**, die weder die Union noch ihre Mitgliedstaaten unmittelbar
binden. Die „Convention for the protection of individuals with regard to the
processing of personal data", die sog. **Konvention 108** des Europarats, ist
demgegenüber für ihre Vertragsstaaten verbindlich. Sie stellt ausdrücklich
Anforderungen an die Datensicherheit auf (Art. 5 lit. e, 7 Konvention 108
bzw. Art. 5 Abs. 4 lit. e, 7 der modernisierten Fassung; s. zur innerstaatlichen
Umsetzung der modernisierten Fassung BR-Drs. 267/20). Auch die **Cybercrime Convention** schützt in völkerrechtlich bindender Weise die Datensicherheit, indem sie spezifische Verhaltensweisen, die sich gegen die Vertraulichkeit, Integrität und Verfügbarkeit von Computerdaten und -systemen
richten, pönalisiert (Art. 5–6 Cybercrime Convention).

17j   Zwischen diesen Vertragswerken und Art. 32 entstehen **keine Kollisions-lagen:** Zum einen adressieren die völkerrechtlichen Vertragswerke ihrem Wesen nach nicht unmittelbar Verantwortliche und Auftragsverarbeiter als Pflichtige, sondern **Staaten.** Zum anderen übertrifft das **Schutzniveau** des Art. 32 den geforderten Mindestschutz der verbindlichen völkerrechtlichen Verträge oder ist ihm mindestens gleichwertig.

V. Entstehungsgeschichte der Norm

18   Im Laufe seines Entstehungsprozesses hat Art. 32 zahlr. Wandlungen, jedoch keine radikalen Umwälzungen erfahren. Für **Abs. 1** gilt das in bes. Weise: Die Faktoren, die er zu berücksichtigen vorgibt, blieben in allen Fassungen iW unverändert. Der Vorschlag des EP, auch die **Erg. der Datenschutz-Folgenabschätzung** ausdr. im verfügenden Teil als einen Berücksichti-gungsfaktor zu benennen, hat sich in den Trilog-Verhandlungen nicht durch-gesetzt. Schenkt man den ErwGr Glauben, gründet diese Entsch. nicht auf eine grds. abl. Haltung gegenüber dem Vorschlag als solchem. Sie folgt vielmehr einem etwas anderen gesetzgebungstechnischen Pfad und Imple-mentierungsweg: Das Gebot, die Ergebnisse der Folgenabschätzung zu be-rücksichtigen, findet sich nunmehr in ErwGr 84 S. 2 als allg. (nicht sicher-heitsspezifische) Vorgabe.

18a   Die **Handlungsgebote des Abs. 1 Hs. 2,** die die Vorgaben für die Datensicherheit konkretisieren, fanden auf Vorschlag des EP (Abs. 1a DS-GVO-E(EP)) Eingang in den Text der VO. Es titulierte sie noch als Maß-nahmen der „Sicherheitspolitik". Dass es sich bei diesen explizit benannten Maßnahmen nicht um Pflichtmaßnahmen, sondern lediglich um nützliche **Hilfestellungen für die Normadressaten** handelt, wollte der ER dadurch klargestellt wissen, dass die Formulierung „inter alia, as appropriate" in den Text Aufnahme fand (Ratsdokument 13885/15, 13.11.2015, S. 3). Diese Wendung hat letztlich auch Eingang in die englische Sprachfassung der DS-GVO gefunden. In der dt. Sprachfassung fehlte eine solche Formulierung aufgrund eines Übersetzungsfehlers zunächst. Diesen hat der Normgeber aber mittlerweile durch den Begriff **„gegebenenfalls"** korrigiert (ABl. EU 2018 L 127, 4).

19   **Abs. 2** der Vorschr. geht iW auf den Vorschlag des Rates zurück. Seine Vorgaben erfuhren im Laufe des Gesetzgebungsverfahrens mehr redaktionelle als inhaltliche Modifikationen.

20   Der DS-GVO-E(KOM) sah noch eine Ermächtigung der KOM vor, **dele-gierte Rechtsakte** (nach Maßgabe des seinerzeitigen Art. 86) zu erlassen, um die Kriterien und Bedingungen für die **technischen und organisatorischen Maßnahmen** aus Abs. 1 und 2 festzulegen und den aktuellen **Stand der Technik** für ausgewählte Sektoren und Datenverarbeitungssituationen zu **bestimmen.** Der Parlamentsentwurf wollte die Konkretisierungsbefugnis demgegenüber dem **EDSA** zusprechen. IErg hat sich keine der beiden Po-sitionen vollständig durchgesetzt. In der DS-GVO findet sich nur noch – ohne Bezug auf Art. 32 (und damit anders als bspw. sub specie des Art. 33 und 34 [Art. 70 Abs. 1 lit. f und g]) – der allg. Hinweis auf die Aufgabe des

EDSA, Leitlinien, Empf. und bewährte Verfahren bereitzustellen, um die DS-GVO einheitlich zur Anwendung zu bringen (Art. 70 Abs. 1 lit. e). Stattdessen hat der Unionsgesetzgeber das **Recht zur Selbstregulierung** durch Verhaltensregeln und Zertifizierungsverfahren als Weg der Normkonkretisierung in Art. 32 Abs. 3 gestärkt. Einfluss auf die Datensicherheit kann die **KOM** nunmehr nur noch mittelbar über die Allgemeinverbindlichkeitserklärung von Verhaltensregeln nach Art. 40 Abs. 9 nehmen.

VI. Vergleich mit der bisherigen Rechtslage auf Unionsebene

Art. 32 geht auf das Vorbild des **Art. 17 Abs. 1 und 2 DSRL** zurück. Die **21** Vorschr. nahm den Verantwortlichen in die Pflicht, „die geeigneten technischen und organisatorischen Maßnahmen" durchzuführen, die für den Schutz vor jeder Form unrechtmäßiger Verarbeitung personenbezogener Daten erforderlich sind. Den **Auftragsverarbeiter** verpflichtete sie nicht unmittelbar, sondern lediglich kraft der vertraglichen Auftragsvereinbarung, für deren Einhaltung der Verantwortliche einzustehen hatte (Art. 17 Abs. 3 Spstr. 2 DSRL). Art. 32 verpflichtet demgegenüber nunmehr den Auftragsverarbeiter ausdrücklich dazu, die Datensicherheit durch technische und organisatorische Maßnahmen zu gewährleisten.

Art. 17 DSRL erschöpfte sich in Mindestanforderungen an die nationale **22** Gesetzgebung. Er blieb deshalb insbes. in seinem Detaillierungsgrad **deutlich** hinter der heutigen Vorschr. des Art. 32 **zurück.**

Anders als die RL **konkretisieren** Art. 32 Abs. 1 und 2 nun insbes. die **23** **Kriterien,** die das gebotene Schutzniveau bestimmen, und benennen die **Risiken,** welche die Normadressaten abzuwehren haben. Die Bsp., welche die RL nannte, ähneln denen des Art. 32 Abs. 2 jedoch: die „zufällige oder unrechtmäßige Zerstörung", der „zufällige[...] Verlust, die unberechtigte Änderung, die unberechtigte Weitergabe" oder der „unberechtigte[...] Zugang" (Art. 17 Abs. 1 UAbs. 1 DSRL). Die Maßnahmen, welche die RL gebot, hatte der Verantwortliche zum Zeitpunkt der **Planung** des Verarbeitungssystems sowie der eigentlichen **Verarbeitung** zu treffen und an den Stand der Technik anzupassen (Art. 17 Abs. 1 UAbs. 2, ErwGr 46 DSRL).

Bei der Abwägung im Hinblick auf das Maß, das dem Verantwortlichen **24** **zumutbar** ist, hob die RL auf die in dem gesamten Prozess entstehenden **Kosten** („bei ihrer Durchführung entstehenden Kosten") ab. Der Kostenbegriff des Art. 32 Abs. 1 Hs. 1 DS-GVO ist auf den ersten Blick enger: Er schaut allein auf die „Implementierungskosten". In der Sache unterscheiden sich beide Kostenmaßstäbe jedoch nicht (→ Rn. 60a). Neu im Verhältnis zur DSRL ist auch, dass die DS-GVO unternehmerische **Selbstregulierung** bei der Konkretisierung des Schutzniveaus explizit **privilegiert.**

B. Auslegung der Norm

I. Sicherheit durch geeignete technische und organisatorische Maßnahmen (Abs. 1 und 2)

25 Art. 32 Abs. 1 sendet an Verantwortliche und Auftragsverarbeiter (→ Rn. 27) eine klare normative Kernbotschaft aus: Er verlangt ihnen ab, technische und organisatorische Maßnahmen festzulegen (→ Rn. 28 ff.), um ein angemessenes Datenschutzniveau sicherzustellen (→ Rn. 46 ff.).

26 Die zu treffenden Maßnahmen müssen zum einen geeignet sein, das entspr. **angemessene Schutzniveau** zu erreichen; zum anderen sind aber auch die **wirtschaftlichen Interessen** des Verarbeiters, insbes. die Implementierungskosten, als Grenze der Zumutbarkeit zu berücksichtigen (→ Rn. 60). Die Norm ist insoweit multipolar ausgerichtet. Sie sucht die Interessen derjenigen, die eine Datenverarbeitung betrifft, und derjenigen, welche die Datenverarbeitung vornehmen, sorgfältig gegeneinander auszutarieren. Deshalb verfügt sie **keinen Vorrang einzelner Faktoren.** Art. 32 bewegt sich damit in der Tradition des Art. 17 DSRL und des § 9 BDSG aF. Auch sie verlangten eine **Gesamtabwägung** zwischen der Art der zu schützenden Daten, dem Stand der Technik und der Kosten, die bei Schutzmaßnahmen anfallen (dazu Kramer/Meints in Auernhammer BDSG aF § 9 Rn. 36; Laue in Spindler/Schuster DS–GVO Art. 32 Rn. 7; Mantz in HK-DS-GVO Art. 32 Rn. 10; → Rn. 24).

1. Normadressaten

27 Art. 32 verpflichtet unmittelbar (nur) die (allein bzw. gemeinsam) Verantwortlichen (Art. 4 Nr. 7; → Art. 26 Rn. 19 ff.; → Art. 33 Rn. 14) und Auftragsverarbeiter (Art. 4 Nr. 8), also diejenigen, die entweder die Verarbeitung **selbst ausführen** oder jedenfalls **im rechtlichen Sinne die Verantwortung** für sie tragen – nicht aber bspw. **Software- oder Gerätehersteller.** Diese müssen Sicherheitsmaßnahmen iSd Art. 32 nur ergreifen, wenn sie neben ihrer Eigenschaft als Hersteller auch zugleich Verantwortlicher oder Auftragsverarbeiter sind (zur Reformdiskussion → Art. 25 Rn. 25).

27a Jedoch kann eine **mittelbare Wirkung** auf die Hersteller aus der **Auswahlverantwortung** der Verantwortlichen und Auftragsverarbeiter erwachsen: Sie müssen bei der Gestaltung ihrer Verarbeitungsprozesse solche Angebote auswählen, die den Anforderungen des Art. 32 entsprechen, um ihren Pflichten aus Art. 32 DS–GVO nachzukommen (Hansen in NK-DatenschutzR DS–GVO Art. 32 Rn. 16). Auch über die Vorgaben des **ProdHaftG** und die daraus entspringende Verpflichtung, datenschutzrechtskonforme Produkte zu vertreiben, kann Art. 32 zumindest mittelbare Bindungswirkung für die Hersteller entfalten (vgl. Specht-Riemenschneider MMR 2020, 73 (75 ff., insbes. 77)). Diese Wirkung „über Eck" ist intendiert: Die DS-GVO will „die Hersteller der Produkte, Dienste und Anwendungen" bewusst ermutigen, „das Recht auf Datenschutz bei der Entwicklung und

Gestaltung der Produkte, Dienste und Anwendungen zu berücksichtigen"
(ErwGr 78 S. 4).

Anders als Art. 24 verpflichtet Art. 32 nicht nur den Verantwortlichen **27b**
selbst unmittelbar zu technisch-organisatorischen Maßnahmen für die Rechtmäßigkeit der Verarbeitung, sondern auch den **Auftragsverarbeiter**
(→ Art. 24 Rn. 18 f.). Beide stehen als Normadressaten unabhängig voneinander in der Pflicht. Insbes. erlischt die Pflicht des Verantwortlichen nicht
dadurch, dass er die Verarbeitung der Daten einem Dritten überträgt (vgl.
Piltz in Gola DS-GVO Art. 32 Rn. 8; Jandt in Kühling/Buchner DS-GVO
Art. 32 Rn. 4.). Das ist auch sachgerecht. Denn der Verantwortliche kann die
Erfüllung des Pflichtenkatalogs, den Art. 32 etabliert, von dem Auftragsver-
arbeiter auch aus eigenem, vertraglichem Recht einfordern (Art. 28 Abs. 3
UAbs. 1 lit. c; → Rn. 10).

2. „Technische und organisatorische Maßnahmen" (Abs. 1 Hs. 1)

a) Begriffsinhalt. Art. 32 richtet seinen normativen Verpflichtungsgehalt auf **28**
„technische und organisatorische Maßnahmen" aus. Diese Wendung zieht die
DS-GVO auch an zahlr. anderen Stellen als normativen Anknüpfungspunkt
heran, insbes. in Art. 5 Abs. 1 lit. f, Art. 24 Abs. 1 S. 1, Art. 25 Abs. 1 und
Abs. 2 S. 1, Art. 28 Abs. 1 sowie in Art. 89 Abs. 1 S. 2 (vgl. ausf. → Art. 24
Rn. 20 ff.). Der Topos meint **alle Handlungen,** die sich auf den **tech-
nischen Vorgang der Verarbeitung oder seine äußeren Rahmenbedin-
gungen** mit dem Ziel richten, diese **in Einklang mit den Vorgaben der
VO zu bringen** (ähnlich zur Rechtslage unter dem BDSG aF: Ernestus in
Simitis BDSG aF § 9 Rn. 20). Einige **Bsp.** für konkrete Maßnahmen nennt
ErwGr 78 S. 3 (allerdings nicht abschl. und ohne direkte Bezugnahme auf
Art. 32 Abs. 1 Hs. 1): die Verarbeitung personenbezogener Daten zu minimieren, schnellstmöglich zu pseudonymisieren, Transparenz über die Funktionen und die Verarbeitung personenbezogener Daten herzustellen sowie
den Betroffenen dazu zu befähigen, die Datenverarbeitung in eigener Person
zu überwachen.

Wie groß die Vielfalt „technischer und organisatorischer Maßnahmen" ist, **29**
macht ein Blick auf die Parallelnorm des **Art. 29 Abs. 2 JI-RL** deutlich, der
die Datenverarbeitung von Gefahrenabwehr- und Strafverfolgungsbehörden
regelt: Er listet – sehr ähnlich wie im nationalen Recht die **Anl. zu § 9
BDSG aF** (vgl. auch Richter DuD 2012, 576 (579)) – beispielhaft zahlr.
mögliche Sicherungsmechanismen auf, namentlich **Zugangs-, Datenträ-
ger-, Speicher-, Benutzer-, Übertragungs-, Eingabe- und Transportkontrolle,** die **Wiederherstellung** sowie die **Gewährleistung der Zuverlässigkeit** und die **Datenintegrität.** Denkbar sind bspw. auch Maßnahmen
der **Zugriffs-, der Weitergabe- und Auftragskontrolle,** der **Verfügbarkeit** ebenso wie Sicherungsmechanismen, welche eine **getrennte Verarbeitung** solcher Daten gewährleisten, die zu unterschiedlichen Zwecken erhoben wurden. Als konkrete Maßnahmen kommen etwa bauliche Maßnahmen zum Schutz gegen den Zutritt oder Eingriff durch Unbefugte in
Betracht sowie organisatorische Arrangements, die die Aufgaben und Befug-

nisse gezielt auf verschiedene Instanzen aufteilen oder die Verantwortlichkeiten bzw. die Protokollierung von Tätigkeiten zuweisen (zu § 9 BDSG aF Ernestus in Simitis BDSG aF § 9 Rn. 22 mwN).

30 **b) Maßnahmenkatalog (Abs. 1 Hs. 2).** Art. 32 Abs. 1 Hs. 2 etabliert einen kurzen, nicht abschl. **Katalog** verschiedener technischer und organisatorischer Maßnahmen. Er gliedert sich in **konkrete Maßnahmen,** wie zB die Pseudonymisierung (Abs. 1 lit. a), und in **abstrakte** Maßnahmen, die eher **Zielvorgaben** ähneln (lit. b und c).

31   Durch welche konkreten Maßnahmen der Verantwortliche und der Auftragsverarbeiter die Vorgaben der abstraktenl it. b und c erfüllen, steht grds. in ihrem eigenen **(Auswahl-)Ermessen** (zust. Kramer/Meints in Auernhammer DS-GVO Art. 32 Rn. 13) – ebenso die Entsch., welche konkreten Maßnahmen sie ergreifen, um ein angemessenes Schutzniveau zu gewährleisten. Die **ASB** überprüft nur, ob dieses Schutzniveau überhaupt sichergestellt ist (vgl. zur Parallelvorschr. im BDSG aF: Kramer/Meints in Auernhammer BDSG aF § 9 Rn. 2).

32   Bei dem Maßnahmenbündel des Abs. 1 Hs. 2 handelt es sich regelmäßig um **Mindestvorgaben** („schließen gegebenenfalls unter anderem Folgendes ein"). Ihr zu erreichendes Zielniveau bestimmt sich aber nach den Berücksichtigungsfaktoren des Abs. 1 Hs. 1 (→ Rn. 46 ff.). Entspr. sind die Maßnahmen nicht in jedem Einzelfall zwingend geboten. Vielmehr sind sie jeweils daraufhin zu überprüfen, inwieweit sie **im konkreten Fall** dazu beitragen, den Verarbeitungsprozess an die normativen Sicherheitsziele anzupassen, ohne die „Zwecke der Verarbeitung" (Abs. 1 Hs. 1) zu gefährden. Dass es sich in Abs. 1 Hs. 2 insoweit normstrukturell um Regelbsp. handelt, legt auch die englische Sprachfassung nahe: Sie spricht von „including inter alia as appropriate". Indem der Unionsgesetzgeber die Regelbsp. explizit auflistet, räumt er ihnen aber eine klare Priorität ein. Die ASB darf den Einsatz dieser Maßnahmen von den Normadressaten erwarten, wann immer es möglich und zumutbar ist (Burton in KBD Art. 32, S. 636).

33 **aa) „Pseudonymisierung und Verschlüsselung personenbezogener Daten" (Abs. 1 Hs. 2 lit. a).** In einer digitalisierten Welt ubiquitärer Datenverarbeitung trägt es nachhaltig zum Schutz der Privatheit bei, Daten schon zu einem frühen Zeitpunkt zu pseudonymisieren, um damit einen ungewollten Zugriff auf sensible Informationen zu erschweren. Der Normgeber greift die **Pseudonymisierung** deshalb in lit. a als eine zentrale Standardmaßnahme der Verarbeitungssicherheit heraus: Verarbeiter müssen stets prüfen, ob sie die Zwecke ihrer Verarbeitungtätigkeit durch Pseudonymisierung, also auch ohne direkten Personenbezug (Art. 4 Nr. 1), realisieren können (vgl. auch Art. 5 Abs. 1 lit. e Hs. 1). Dies sollte so früh wie möglich erfolgen (Schwartmann/Weiß, Entwurf für einen Code of Conduct zum Einsatz DS-GVO konformer Pseudonymisierung der Fokusgruppe Datenschutz der Plattform Sicherheit, Schutz und Vertrauen für Gesellschaft und Wirtschaft im Rahmen des Digital-Gipfels 2019, S. 12; vgl. auch Art. 5 Abs. 1 lit. c). Der Kerngehalt einer Pseudonymisierung besteht darin, den **Personenbezug** von Daten nicht vollständig (wie bei einer Anonymisierung; → ErwGr 26 S. 3), aber

immerhin so weit aufzulösen, dass ein Rückschluss auf eine bestimmte Person **nur unter „Hinzuziehung zusätzlicher Informationen"**, insbes. eines Identifizierungsschlüssels, möglich ist (**Art. 4 Nr. 5;** → Art. 4 Rn. 40 ff.; vgl. auch ErwGr 156 S. 3; instruktiv Art. 29-Datenschutzgruppe, Stellungn. 5/ 2014 zu Anonymisierungstechniken, WP 216, 24 ff.).

Im Idealfall sind die Identifizierungsinformationen so verteilt, dass zwi- **33a** schen der Stelle, die die Pseudonymisierung durchführt, also demjenigen, der die Zuordnungsregel verwaltet, und dem Nutzer der pseudonymisierten Daten keine Personenidentität und keine Interessenskonflikte bestehen. Je weiter sich der Verarbeitungsprozess von diesem Anforderungsniveau entfernt, umso eher reduziert sich das Schutzniveau (Roßnagel ZD 2018, 243 (244)). Um eine hinreichende Pseudonymisierung zu erreichen, müssen die zusätzlichen Informationen etwa **gesondert aufbewahrt** werden sowie technischen und organisatorischen Maßnahmen unterliegen, die sicherstellen, dass es nicht möglich ist, die Person, die hinter den Daten steht, unzulässigerweise zu identifizieren (Mantz in HK-DS-GVO Art. 32 Rn. 11). Auch sollten personenbezogene Daten von vornherein pseudonym gebildet werden und nicht erst im Nachhinein pseudonymisiert werden (Schleipfer ZD 2020, 284 (286)). Ein klassischer Weg der Pseudonymisierung besteht darin, den Namen durch eine **Kennziffer** (s. Art. 87) oder **Referenztabellen** zu ersetzen (Art. 29-Datenschutzgruppe, Stellungn. 5/2014 zu Anonymisierungstechniken, WP 216, 24 ff.). Denkbar ist es auch, einen **Treuhänder** als vertrauenswürdige Mittlungsinstanz einzuschalten, der dafür sorgt, dass es nicht zu einer Reidentifizierung der Person kommt (vgl. bspw. Blankertz, Designing Data Trusts, S. 13 ff.; Datenethikkommission, Abschlussgutachten, 23.10.2019, S. 133 ff.). Die geeignete Pseudonymisierungsmethode richtet sich letztlich nach Kriterien wie ua der Art und Risikoklasse der verarbeiteten personenbezogenen Daten, dem Zweck der Verarbeitung sowie dem Kontext der Pseudonymisierung. Einen ersten Orientierungspunkt für ein geeignetes Pseudonymisierungsverfahren vermittelt der Entwurf für einen Code of Conduct zum Einsatz DS-GVO – konformer Pseudonymisierung, der jedoch keine sektorspezifischen Vorgaben enthält und für eine abschließende Bewertung somit nicht geeignet ist (Schwartmann/Weiß RDV 2020, 71 (75)).

Auch die **Verschlüsselung** stuft der Unionsgesetzgeber als eine der priori- **34** tären Sicherheitsmaßnahmen zum Schutz personenbezogener Daten ein. Anders als im Falle der Pseudonymisierung bleibt der Personenbezug bei der Verschlüsselung grds. vollständig erhalten. Allerdings verändert die Verschlüsselung die Daten (regelmäßig vollständig, nicht nur hinsichtlich der Zuordnung zu einer Person) durch kryptografische Maßnahmen so, dass sie – insbes. während ihres Übertragungsvorgangs – **ohne den passenden Schlüssel nicht mehr lesbar** sind, ein unberechtigter Zugriff Dritter mithin ausgeschlossen ist (vgl. auch Art. 34 Abs. 3 lit. a). Die kryptographischen Verfahren, die der Verschlüsselung zu Grunde liegen, müssen den **Stand der Technik** berücksichtigen (Abs. 1 S. 1; s. zum Stand der Technik für Verschlüsselung: BSI TR-02102-1 „Kryptographische Verfahren: Empf. und Schlüssellängen", Version 2020-01). Um diesem Kriterium zu entsprechen, dürfen **keine Hintertüren** in die Verschlüsselungssysteme eingebaut sein, die einen unbefugten Zugang eröffnen (Hansen in NK-DatenschutzR DS-GVO Art. 32 Rn. 35).

34a   Technisch sind einerseits **symmetrische Verschlüsselungsmethoden** denkbar (zB AES, Blowfish, IDEA, RC6, Twofish). „Symmetrisch" heißen diese, weil sich Daten mit demselben Schlüssel ver- und entschlüsseln lassen (vgl. *Schmidt/Pruß* in Auer-Reinsdorff/Conrad IT-R-HdB Rn. 408). Eine einfache Form der symmetrischen Verschlüsselung findet zB bei Packprogrammen Anwendung, welche verschlüsselte Dateiarchive erstellen, die dann nur mithilfe des entspr. Passwortschlüssels zugänglich sind (zB ZIP, vgl. Kramer/Meints in Auernhammer DS-GVO Art. 32 Rn. 19). Mit der **asymmetrischen Verschlüsselung** stehen aber auch anspruchsvollere Formen der Verschlüsselung (zB ECC, ElGamal, RSA) zur Verfügung. Sie kommen häufig in Kombination mit symmetrischen Verschlüsselungen vor und spielen ihre Stärken in der Kommunikation bzw. Datenübertragung aus. „Asymmetrisch" bedeutet, dass zwei unterschiedliche, aber mathematisch untrennbar miteinander verbundene Schlüssel, nämlich ein öffentl. und ein geheimer, zum Einsatz kommen, um die Daten zu ver- und entschlüsseln (Hagemeier DuD 2019, 631 (631 f.)). Das Verfahren firmiert daher auch unter dem Begriff **„Public-Key Kryptografie"** (Hagemeier DuD 2019, 631 (631)). Je nach Gefahrenlage kann eine andere Ausgestaltung des Verschlüsselungsmechanismus geboten sein (vgl. hierzu Jandt in Kühling/Buchner DS-GVO Art. 32 Rn. 19 ff.), etwa was die Länge der Schlüssel betrifft (→ Rn. 34d; Laue in Spindler/Schuster DS-GVO Art. 32 Rn. 12). Als gleichsam „heiliger Gral" der Kryptographie gilt gegenwärtig die **homomorphe Verschlüsselung** (Müller–Quade/Huber/Nilges DuD 2015, 531 (531)). Ihr Vorteil besteht darin, dass Computer mit den so verschlüsselten Daten rechnen können, ohne sie entschlüsseln zu müssen. Der Verantwortliche kann damit Berechnungen auf Systeme auslagern, denen er nicht vertraut. Die homomorphe Verschlüsselung spiegelt indes (wohl) noch nicht den Stand der Technik wider, sondern den (anspruchsvolleren) Stand der Wiss. und Forschung (Dressel ITRB 2019, 279 (282); so auch Ritter in SJTK DS–GVO Art. 32 Rn. 33). Künftig könnte sie va im Bereich des Cloud Computing für eine erhöhte Datensicherheit sorgen.

34b   Ebenso wie die Pseudonymisierung ist die Verschlüsselung **nicht in jedem Einzelfall zwingend geboten.** Wo sie sich jedoch als erforderlich und angemessen erweist, um ein dem „Risiko angemessenes Schutzniveau zu gewährleisten" (Abs. 1 Hs. 1), ist sie rechtlich aber das Mittel der Wahl.

34c   Die Verschlüsselung kann Sicherheit **nur für eine begrenzte Zeit** gewährleisten. Denn mit steigender Rechenleistung nimmt die Wahrscheinlichkeit zu, dass sich ein Schlüssel innerhalb einer überschaubaren Zeit durch sog. „Brute Force"-Methoden errechnen lässt; umgekehrt nimmt die Sicherheit eines Passworts in gleichem Maße ab (Kroschwald ZD 2014, 75 (77 ff.); Ritter in SJTK DS-GVO Art. 32 Rn. 28 mwN). Die erweiterte Rechenleistung von **Quantencomputern** wird bspw. die Sicherheit herkömmlicher Verschlüsselungsmethoden früher oder später infrage stellen (vgl. hierzu bspw. BSI, Migration zu Post-Quanten-Kryptografie, 2020; Hagemeier DuD 2019,

631 (633 ff.)). Um der wachsenden Entschlüsselungsgefahr zu begegnen, muss der Normadressat seine Verschlüsselungsverfahren stets dem Stand der Technik anpassen.

Die Erfolgswahrscheinlichkeit, den Schlüssel zu errechnen, korreliert mit **34d** der **Schlüssellänge.** Gleichwohl ist es nur bedingt zielführend, eine Mindestschlüssellänge normativ festzuschreiben, da mit der Schlüssellänge auch der Rechenaufwand steigt, um die Verarbeitung überhaupt vornehmen zu können. Die Schlüssellänge muss vielmehr dem Risiko angemessen sein (Ritter in SJTK DS-GVO Art. 32 Rn. 31; zu einzelnen Schlüssellängen BSI TR-02102-1 „Kryptographische Verfahren: Empf. und Schlüssellängen"; Piltz in Gola DS-GVO Art. 32 Rn. 27; Schultze-Melling in Taeger/Gabel DS-GVO Art. 32 Rn. 17).

Ein weiteres wichtiges Verfahren, um die Sicherheit von Maßnahmen zu **34e** erhöhen, ist der **kryptographische Hash** (dt.: Streuwert). Die Formeln, die einen Hash mathematisch generieren, sog. Hashfunktionen, ermitteln aus den personenbezogenen Daten einen Code, der einem konkreten Datensatz zugeordnet ist (Kramer/Meints in Auernhammer DS-GVO Art. 32 Rn. 15; vgl. zur Definition weiterhin Delfs/Knebl, Introduction to Cryptography, 2015, S. 32; s. auch Erbguth MMR 2019, 654 (654 f.)). Er zeichnet sich – im Gegensatz zur Verschlüsselung – durch Irreversibilität aus (sog. **Einwegfunktion**). Aus dem Hash lässt sich also nicht auf den Eingangswert rückschließen. Mit Hilfe des kryptographischen Hashes lässt sich etwa ein Passwort sicher abspeichern. Aus den Bestandteilen des Passworts wird dabei ein Hashwert generiert und statt des Passworts gespeichert, damit es bei einem etwaigen Angriff nicht im Klartext vorliegt. Bei der Diensteanmeldung generiert das Verfahren aus dem eingegebenen Passwort ebenfalls einen Hashwert und gleicht ihn mit dem hinterlegten ab. Stimmen beide Werte überein, so gewährt das System den Zugriff. Gleichzeitig ist es aber einem Angreifer, der an den Hashwert gelangt, nicht möglich, von diesem auf das Passwort zu schließen. Obgleich Hashes auf diese Weise die Datensicherheit erhöhen, ist es gleichwohl nicht gänzlich unmöglich, von einem Hash seinen Eingangswert zu errechnen, bspw. mit Hilfe des frei verfügbaren Passwortwiederherstellungswerkzeugs Hashcat oder sog. Rainbow Tables. Es ist daher erforderlich, aus den verfügbaren Hashverfahren ein dem Risiko angemessenes zu wählen und auf unsichere Verfahren (wie MD5 und SHA1) zu verzichten (vgl. Sohr/Kemmerich in Kipker, Cybersecurity, S. 39, aber zB SHA 3). Darüber hinaus muss eine Hashfunktion auch **kollisionsresistent** sein (Delfs/Knebl, Introduction to Cryptography, 2015, S. 31).

Ein weiterer Weg, dem Risiko einer Reidentifikation bei sensiblen Infor- **34f** mationen entgegenzuwirken, ist das Konzept **„Differential Privacy"** (vgl. grdl. Dwork/Roth The Algorithmic Foundations of Differential Privacy, S. 5 ff.). Es arbeitet statt mit Originaldaten mit „Dummyeinträgen", welche die Person, die hinter dem Datum steckt, repräsentieren, ohne den Aussagegehalt der Originalinformation zu verfälschen (vgl. bspw. Martini, Blackbox Algorithmus, S. 243 mit Fn. 292; Winter/Battis/Halvani ZD 2019, 489 (491)). Das Konzept trägt dadurch dazu bei, zu verhindern, dass Angreifer eine bestimmte Person in einer Datenbank identifizieren können. „Differential privacy" lässt sich auch durch die sog. **„Jittering"-Methode** umsetzen (Papastefanou CR 2020, 379 (382 ff.)). Dabei handelt es sich um ein Verfahren, das sorgfältig ausgewählte Einzeldaten innerhalb eines Datensatzes verändert, deren Änderung einen mathematisch besonders nachhaltigen Effekt auf den Schutz der Privatsphäre hat, ohne die Aussagekraft des Datensatzes (signifikant) zu verfälschen (vgl. Papastefanou CR 2020, 379 (382)).

35 **bb) „Fähigkeit, die Vertraulichkeit, Integrität, Verfügbarkeit und Belastbarkeit der Systeme und Dienste sicherzustellen" (Abs. 1 Hs. 2 lit. b).** Die Vertraulichkeit, Integrität, Verfügbarkeit und Belastbarkeit der Systeme und Dienste gehören zu den Schlüsselfunktionen moderner IT-Sicherheitsmechanismen. Auf sie schwört lit. b den Verantwortlichen und den Auftragsverarbeiter ein. Abs. 1 lit. b rekurriert dabei in bes. Weise auf die Verarbeitungsgrundsätze des Art. 5 Abs. 1, namentlich die **„Integrität und Vertraulichkeit"** als Schutzziel. Diese beiden Schutztopoi genießen auch im nationalen Verfassungsrecht als Kernelemente des Grundrechts auf Gewährleistung der Vertraulichkeit und Integrität informationstechnischer Systeme (sog IT-Grundrechts) eigenständigen grundrechtlichen Schutz, der neben dem Recht auf informationelle Selbstbestimmung besteht – Art. 2 Abs. 1 iVm Art. 1 Abs. 1 GG; BVerfGE 120, 274 ff.; → Art. 5 Rn. 46.

35a Der Normadressat muss die **Fähigkeit,** diese Ziele zu erreichen, sicherstellen. Das impliziert nicht, dass er ein absolutes Maß an Vertraulichkeit, Integrität, Verfügbarkeit und Belastbarkeit gewährleisten muss (vgl. Mantz in HK-DS-GVO Art. 32 Rn. 14). Er muss vielmehr in der Lage sein, für diese Schutzgüter ein **angemessenes Sicherheitsniveau** herzustellen (vgl. iErg auch Ritter in SJTK DS-GVO Art. 32 Rn. 35).

35b Alle Schutzelemente des Abs. 1 lit. b haben konsequenterweise als Leitziele im **Standard-Datenschutzmodell** (→ Art. 35 Rn. 49) und der **ISO 27000-Normenreihe** (→ Rn. 57 f.) ihren Niederschlag gefunden (s. ferner ISO/EIC 27002; Common Criteria, ISO/EIC 15408; COBIT). Ihnen ist insbes. das Bestreben gemeinsam, einen wirksamen **Schutz vor Zugriffen Dritter,** etwa Hackern, herzustellen. Sie zielen jedoch auch darauf, den **Regelbetrieb** technisch einwandfrei zu gewährleisten, etwa eine Überlastung der Systeme zu vermeiden. Die Zielvorgaben stehen nicht beziehungslos nebeneinander. Sie beeinflussen sich wechselseitig.

35c Die Anforderungen des lit. b gelten sowohl für die **Verarbeitungssysteme** als auch für die **Dienste,** die der Verantwortliche oder Auftragsverarbeiter zur Verarbeitung nutzt. Der Begriff „System" iSd lit. b ist dabei weit zu verstehen. Er umfasst jede Form elektronischer Informationstechnik (Ritter in SJTK DS-GVO Art. 32 Rn. 34). Wiewohl der Wortlaut des lit. b sich nur auf diese zwei Elemente bezieht, macht der Gesamtkontext der Norm deutlich, dass die Ziele für den **gesamten Datenverarbeitungsvorgang** einschl. der Daten gelten. So erstrecken sich die Schutzziele „Integrität und Verfügbarkeit" bspw. sowohl auf die Systeme und Dienste als auch auf die Daten selbst. Denn „Vertraulichkeit" bezieht sich weniger auf die Systeme oder die Dienste als vielmehr auf die Daten selbst.

(1) Vertraulichkeit. Vertraulichkeit heißt, Informationen vor unbefugter **35d** Preisgabe zu schützen und sensible Daten ausschl. Befugten zugänglich zu machen (vgl. BSI, IT-Grundschutz-Kompendium, 2020, S. 12). Maßnahmen, das **Gebot der Vertraulichkeit** umzusetzen, sind etwa eine **Zutritts-, Zugriffs-, Zugangs- oder Weitergabekontrolle** (ebenso die Verschlüsselung, die bereits lit. a explizit erwähnt, → Rn. 34 ff.; eine detaillierte Übersicht mit einer Vielzahl möglicher konkreter Maßnahmen gibt Anh. 2 VwV SKDV BW, sowie das Standard-Datenschutzmodell S. 32 f. (→ Rn. 59b)). Dazu gehört bspw. ein **„Double-Opt-in-Verfahren"**, um Waren oder Dienste, wie Newsletter, Werbenachrichten uä zu bestellen. Ohne ein solches Verfahren ist es Dritten brevi manu möglich, sich ohne Zustimmung des Betroffenen unter dessen Namen zu Diensten anzumelden. In den Augen der österreichischen Datenschutzaufsichtsbehörde verletzt der Verzicht auf ein Double-Opt-in-Verfahren daher das Gebot der Vertraulichkeit (DSB-D130.073/0008-DSB/2019 v. 9.10.2019, S. 7 f.). Auch in der **telefonischen Kundenbetreuung** müssen Anbieter durch technisch-organisatorische Maßnahmen sicherstellen, dass unbefugte Dritte sich nicht auf einfachem Wege, zB allein durch Angabe des Namens und des Geburtsdatums, weit reichende Informationen zu personenbezogenen Kundendaten verschaffen können. Der deutsche BfDI hat in der jüngeren Vergangenheit daher einen dt. Telekommunikationsanbieter aufgrund fehlender Sicherungsmechanismen in der telefonischen Kundenbetreuung mit einem Bußgeld belegt (BfDI Pressemitteilung v. 9.12.2019).

Gefahren für die Vertraulichkeit der Daten können auch von **Seitenkanal-** **35e** **angriffen** ausgehen. Dabei handelt es sich um kryptoanalytische Methoden, welche die physische Implementierung von Verschlüsselungsmechanismen ausnutzen, um sie zu umgehen, zB indem sie von der Berechnungszeit für bestimmte Eingaben nach und nach auf den Schlüssel rückschließen. Diese Angriffe lassen sich nicht durch Verschlüsselung abwehren, da ihre Methoden gerade dazu dienen, die Verschlüsselung zu umgehen. Um dieses Risiko von vornherein zu vermeiden, sollten Hersteller die Hardware intensiv testen, möglicherweise unterstützt durch KI und insbes. Methoden des maschinellen Lernens (Gohr/Klein/Schindler DuD 2020, 431). Werden Seitenkanalangriffe auf bestimmte Hardwareprodukte bekannt, kann der Normadressat dem im besten Fall durch ein Softwareupdate und im schlimmsten Fall durch den Austausch der Hardware entgegenwirken (Gohr/Klein/Schindler DuD 2020, 431 (435)). Auch das sog. **Root-of-Trust-Problem,** also der Umstand, dass die unterste Ausführungsstufe der Absicherung des Software-Stapels in Computer-Systemen nicht kryptographisch verifiziert werden kann, lässt sich nicht mit Verschlüsselung beheben. Hier bietet es sich an, Hardware zu verwenden, die zertifiziert wurde oder nach den Open-Hardware-Grundsätzen konzipiert ist (Miller DuD 2020, 451).

(2) Integrität. Das Schutzziel **„Integrität"** soll die Manipulation von Daten **36** (sub specie ihres Urhebers oder ihres Bezugs zu anderen Datenobjekten) verhindern, also eine Information davor schützen, dass sie – etwa beim risikoanfälligen Datenaustausch zwischen Verarbeitern auf dem Transportweg –

eine **unautorisierte Modifikation** erfährt (vgl. dazu auch Kramer/Meints in Auernhammer DS-GVO Art. 32 Rn. 30). Integrität umfasst einerseits die **Unversehrtheit der Daten** als solche, andererseits aber auch die **korrekte Funktionsweise von Systemen** (vgl. BSI, IT-Grundschutz-Kompendium, 2020, S. 6). Die Integrität verletzt nicht nur, wer unbefugt den Dateninhalt verändert, sondern auch, wer die Attribute der Daten, wie Urheber, Absender oder Zeitpunkt der Erstellung, manipuliert (vgl. BSI, IT-Grundschutz-Kompendium, 2020, S. 6).

36a Auch Schadprogramme wie zB Ransomware, also Software, die persönliche Daten verschlüsselt und eine Entschlüsselung allenfalls gegen eine „Lösegeldzahlung" vornimmt, sind Verletzungen der Datenintegrität. Ihnen können der Verantwortliche und Auftragsverarbeiter zusätzlich zu Schulungen der Mitarbeiter, Firewalls und Antivirenprogrammen, durch Backup- und Datensicherungskonzepte (einschließl. Offline-Sicherungen der Daten, um kompromittierte Daten wieder herstellen zu können) sowie sichere Konfigurationen als präventive Maßnahmen entgegengetreten (vgl. Jandt in Kühling/Buchner DS-GVO Art. 32 Rn. 24; s. ferner Ritter in SJTK DS-GVO Art. 32 Rn. 46). Aber auch **segmentierte Netzwerke,** ein sicheres **Rechtemanagement,** effektives **Netzwerkmonitoring und -logging** sowie regelmäßige **Schwachstellenscans** und **Penetrationstests** schützen vor Virenbefall (s. ausf. BSI, Ransomware, 2019, S. 15 ff.). Das Scannen der eigenen Netzwerke, insbesondere durch externe Dienstleister, kann jedoch seinerseits die Integrität der gescannten, personenbezogenen Daten beeinträchtigen (Karaçay/Savaş/Alptekin The Computer Journal 2020, 604 (604)). In Zukunft wird es daher angebracht sein, auf Verfahren zu setzen, die ein Netzwerkmonitoring ermöglichen, ohne die Privatsphäre des Betroffenen zu beeinträchtigen (s. hierzu Karaçay/Savaş/Alptekin The Computer Journal 2020, 604). Ist eine Sicherheitsverletzung eingetreten, ist es angezeigt, zunächst den Schaden durch Abtrennen des infizierten Systems zu begrenzen sowie den Infektionsvektor zu finden und zu schließen, um eine erneute Infektion zu verhindern, sowie schließlich die Systeme neu aufzusetzen und Daten wiederzuherstellen (BSI, Ransomware, 2019, S. 22 f.).

36b Zu den klassischen Schutzmaßnahmen der Integritätssicherung gehören auch **elektronische Signaturen,** die mit einer asymmetrischen Verschlüsselung arbeiten (→ Rn. 34a; Hagemeier DuD 2019, 631 (631); s. ferner Anh. 2 VwV SKDV BW mit einer Vielzahl möglicher konkreter Maßnahmen sowie das Standarddatenschutzmodell, S. 32 (→ Rn. 59b)). Sie sollen die Unveränderbarkeit des unterzeichneten Dokuments, die Fälschungssicherheit der digitalen Signatur und die Verifizierbarkeit sicherstellen (Sohr/Kemmerich in Kipker, Cybersecurity, S. 40 f.). Das Schlüsselpaar besteht dabei aus einem Signaturschlüssel, der die Signatur erzeugt, und einem Signaturprüfschlüssel, der sie überprüft – ein Konstrukt, das etwa das dt. Signaturgesetz zwingend vorschreibt (vgl. § 7 Abs. 1 Nr. 2 SignG). Die Zertifikate des Signaturprüfschlüssels (idR wird der X.509-Zertifikate Standard verwendet, vgl. Sohr/Kemmerich in Kipker, Cybersecurity, S. 44 ff.) ermöglichen es, zu verifizieren, wer die Daten signiert hat und ob die Daten unverfälscht sind (Roßnagel in Roßnagel DatenschutzR-HdB 3.4 Rn. 77).

Nicht nur von Software-Schadprogrammen, sondern auch von der einge- **36c**
setzten **Hardware** kann eine Gefahr für die Datenintegrität ausgehen. Hardware kann Trojaner beinhalten, die der Verwender der Hardware nur schwer
zu entdecken vermag (Speith/Becker/Ender/Puschner/Endres/Paar DuD
2020, 446). Ein effektiver Schutz gegen Hardware-Trojaner besteht im Trusted Manufacturing, Split Manufacturing und in Open-Hardware (Speith/
Becker/Ender/Puschner/Endres/Paar DuD 2020, 446 (450)). Bei **Trusted
Manufacturing** handelt es sich um die Produktion von Chips in vertrauenswürdigen Fertigungsstätten (idealerweise in Europa), um Manipulationen
während der Fertigung ausschließen zu können. **Split Manufacturing** stellt
nur Bestandteile eines Chips in vertrauenswürdigen Fertigungsstätten her.
Dadurch tritt das vollständige Hardwaredesign des Chips nicht nach außen.
Das erschwert die Implementierung von Trojanern (Speith/Becker/Ender/
Puschner/Endres/Paar DuD 2020, 446 (450)). Für den Hersteller der Hardware beansprucht die DS-GVO zwar keine Geltung (→ Rn. 27). Die Datenverarbeitenden stehen aber in der Pflicht, Hardware zu verwenden, die das
Schutzziel des Art. 32 unter Berücksichtigung des Risikos erreicht.

Auch sog **Eingabekontrollen** können zum Schutz der Integrität beitragen **37**
(zum Begriff und weiteren Bsp. Hansen in NK-DatenschutzR DS-GVO
Art. 32 Rn. 40): Sie werten Protokolldaten in IT-Systemen aus und ermöglichen es dadurch, nachträglich zu überprüfen und festzustellen, wer personenbezogene Daten in Datenverarbeitungssysteme eingegeben, diese verändert
oder entfernt hat.

(3) Verfügbarkeit. Verfügbarkeit bezeichnet in der Fachsprache der Infor- **38**
mationstechnik die Wahrscheinlichkeit, dass ein System eine geforderte Leistung tatsächlich erbringt. Das impliziert insbes. den Schutz vor zufälliger
Zerstörung und zufälligem Verlust von Daten (Heibey in Roßnagel DatenschutzR-HdB 4.5 Rn. 20, 67). Das Gebot der Verfügbarkeit bezieht sich in
Abs. 1 Hs. 2 lit. b semantisch auf „Systeme und Dienste". Es verfolgt aber
keinen Schutz des Systems um seiner selbst willen, sondern steht im Dienste
des Schutzes der personenbezogenen Daten, die das System verarbeitet.
Während die Verfügbarkeit der **Systeme und Dienste** immer gewünscht ist,
kann hinsichtlich der **Daten** demgegenüber gerade die Nichtverfügbarkeit
dem Interesse angemessenen Datenschutzes entsprechen (bspw. Art. 5 Abs. 1
lit. c und e; Art. 17; vgl. Hansen in NK-DatenschutzR DS-GVO Art. 32
Rn. 41).

Die Schutzmaßnahmen der Verfügbarkeit richten sich insbes. auf den **38a**
Bereich der sog **„Back-up-Vorsorge"**, also das Bemühen, alle Komponenten der Datenverarbeitung redundant, also doppelt oder mehrfach, vorzuhalten, um sie ggf. wiederherstellen zu können (obgleich das grds. dem Prinzip
der Datenminimierung (Art. 5 Abs. 1 lit. c widerstreitet) – dazu gehören
sowohl die **Datensicherung ieS,** also Datenbestände auf gesonderten Datenträgern regelmäßig zu kopieren und sicher unterzubringen oder Hardware-
komponenten zu spiegeln (Heibey in Roßnagel DatenschutzR-HdB 4.5
Rn. 123 ff.), als auch ein **Datensicherungskonzept** (Kramer/Meints in Auernhammer DS-GVO Art. 32 Rn. 31). Angesichts der immer schneller wach-

senden Datenbestände müssen die Intervalle der Sicherung mit dem Verlustrisiko Schritt halten (Schultze-Melling in Taeger/Gabel DS-GVO Art. 32 Rn. 21).

38b   Neben diesen „datenbezogenen Maßnahmen" trifft den Normadressaten die Pflicht, den **ungestörten Betrieb der Datenverarbeitungsanlage** etwa durch eine unterbrechungsfreie Stromversorgung und Vertretungsregeln sicherzustellen, um einem Datenverlust vorbeugend entgegenzuwirken (Hansen in NK-DatenschutzR DS-GVO Art. 32 Rn. 41). Das gilt unabhängig davon, ob es sich um menschlich verschuldete Schadensereignisse oder etwa um Naturphänomene handelt (Piltz in Gola DS-GVO Art. 32 Rn. 34). Präventive Schutzmaßnahmen müssen unvorhergesehene Ereignisse, wie Strom- und Hardwareausfälle, Wassereinbrüche oder Blitzschläge in Betracht ziehen (Mantz in HK-DS-GVO Art. 32 Rn. 16; s. ferner Anh. 2 VwV SKDV BW sowie das Standarddatenschutzmodell, S. 31 f. mit einer Vielzahl möglicher konkreter Maßnahmen (→ Rn. 59b)). Maßnahmen, welche die Verfügbarkeit des Systems sichern, tragen zugleich dazu bei, dass der Verantwortliche – zB im Haftungsfall – einen **lückenlosen Nachw.** der Rechtmäßigkeit der Datenverarbeitung erbringen kann, wie es Art. 5 Abs. 2 verlangt. Sie sind insofern mittelbar den Zielen des Datenschutzes verschrieben (Kramer/Meints in Auernhammer DS-GVO Art. 32 Rn. 31).

39   **(4) Belastbarkeit.** Das Prinzip der Belastbarkeit nimmt das unionale Datenschutzrecht neu in sein normatives Programm der Sicherheit auf. Belastbarkeit meint die **Resilienz** des Systems (vgl. die engl. Fassung der DS-GVO: „resilience"), dh die Fähigkeit, Gefahrenlagen zu bewältigen, insbes. bei Störungen nicht auszufallen, sondern die Leistungsfähigkeit aufrechtzuerhalten. Das int. anerkannte Prinzip der „Resilience" zielt darauf, Systemzusammenbrüche zu vermeiden und dadurch die Risiken für die Rechte und Freiheiten natürlicher Personen sowie für die Datensicherheit einzudämmen (vgl. auch Kramer/Meints in Auernhammer DS-GVO Art. 32 Rn. 22 – zu Unterschieden im dt. Begriffsverständnis Gonscherowski/Hansen/Rost DuD 2018, 442 (442 f.)). Datenverarbeitungssysteme sind **belastbar** iSd lit. b, wenn sie so widerstandsfähig gegen interne, wie auch externe, insbes. unvorhergesehene, Störungen (zB menschliche Fehler, Technikversagen, neue wissenschaftliche Erkenntnisse über Sicherheitsrisiken, Rechtsänderungen oder Insolvenz eines Dienstleisters) sind, dass ihre Funktionsfähigkeit selbst bei starker Beeinträchtigung gewährleistet ist (weiterführend Hansen in NK-DatenschutzR DS-GVO Art. 32 Rn. 43; für eine Übersicht der unterschiedlichen Annäherungen an das Element der Belastbarkeit vgl. Gonscherowski/Hansen/Rost DuD 2018, 442 (443)). Davon sind auch Maßnahmen umfasst, um ein System vor Angriffen von außen, etwa durch die gezielte Überlastung von Servern mittels sog **DoS- oder DDoS-Attacken** („[Distributed] Denial of Service", vgl. hierzu Gerlach CR 2015, 581 (585)), zu schützen. Die Zahl der Angriffsflächen des Systems zu reduzieren, gehört dazu ebenso wie Angriffserkennungssysteme sowie verteilte Systeme, die dezentral operieren und dadurch weniger angriffsanfällig sind – ferner ein modulares Design der Verarbeitungskomponenten, das Einzelkomponenten im Falle ihres Versagens schnell austauschbar macht, eine Redundanzplanung und ein abgesicherter Betriebsmodus, der sich bei Zwischenfällen aktiviert (Hansen in NK-DatenschutzR DS-GVO Art. 32 Rn. 45). Wie intensiv die Schutzmaßnahmen sein müssen, hängt in hohem Maße von der **Art und Relevanz des Systems** für die jeweiligen Nutzer – und damit vom Einzelfall – ab (Mantz in HK-DS-GVO Art. 32 Rn. 17; für eine Übersicht über konkrete Maßnahmen s. auch Anh. 2 VwV SKDV BW). So erfordern **autonome Systeme,** die in Interaktion mit anderen Geräten und ihrer Umgebung treten, zB Roboter oder Anwendungen im Internet der Dinge, idR ein bes. hohes Maß an Belastbarkeit.

40 Art. 32 Abs. 1 Hs. 2 lit. b verlangt dem Verantwortlichen und Auftragsverarbeiter die Vertraulichkeit, Integrität, Verfügbarkeit und Belastbarkeit der Systeme und Dienste nicht nur punktuell, sondern „**auf Dauer**" ab. Verarbeiter stehen also in der Pflicht, die getroffenen Maßnahmen zum einen als **nachhaltig wirksam anzulegen** und umzusetzen. Sie müssen diese zum anderen auch in regelmäßigen Abständen **überprüfen,** um dem Schutzanspruch des Art. 32 Abs. 1 und 2 zu genügen (vgl. auch lit. d, → Rn. 43). Mit der auf Persistenz angelegten Verpflichtung geht eine **Dynamisierung** des Schutzes einher: Sie zwingt die Normadressaten dazu, ihre Sicherheitsstrategie kontinuierlich dem sich wandelnden Umfeld anzupassen.

41 cc) „**Fähigkeit, die Verfügbarkeit der personenbezogenen Daten und den Zugang zu ihnen bei einem physischen oder technischen Zwischenfall rasch wiederherzustellen**" (Abs. 1 Hs. 2 lit. c). Während Abs. 1 Hs. 2 lit. b vorsorgende Maßnahmen adressiert, die Krisenfälle vermeiden sollen, und den Verarbeitern insoweit eine Sicherstellungspflicht auferlegt, knüpft Abs. 1 Hs. 2 lit. c an Situationen an, in denen das Kind gleichsam bereits in den Brunnen gefallen ist, es also zu einem **physischen oder technischen Zwischenfall** gekommen ist. Denkbar sind bspw. die physische Zerstörung oder der Verlust von Speichermedien sowie die unbefugte Verschlüsselung von Daten durch einen Ransomware-Angriff. Ob der Zwischenfall wegen gezielter Angriffe von außen entsteht oder etwa auf Unfälle oder Naturereignisse zurückgeht, ist insoweit irrelevant (so auch Piltz in Gola DS-GVO Art. 32 Rn. 34).

41a Die Vorschr. zollt dem Umstand Respekt, dass das **Risiko von Datenverlusten** zu den größten Gefahren digitaler Systeme gehört. Darauf reagiert sie, indem sie den Verarbeitern die Verpflichtung auferlegt, sich dazu zu befähigen, die Daten schnell wiederherzustellen. Dadurch beugt sie zugleich mittelbar auch Gefahren vor, die durch Datenvernichtung, -verlust und -veränderung entstehen können.

41b Lit. c verlangt dem Pflichtigen ab, sowohl die **Datenverfügbarkeit** als auch den **Datenzugang wiederherzustellen.** Denn das eine ist ohne das andere nicht denkbar. Zugang ist dabei umfassend gemeint, schließt also Zugang, Zutritt und Zugriff ein, und beschr. sich nicht auf die Zugangskontrolle (Hansen in NK-DatenschutzR DS-GVO Art. 32 Rn. 48).

41c Zu den denkbaren Maßnahmen, um das Gebot der Datenwiederherstellung umzusetzen, gehört insbes., Datenbestände für den Fall der Infizierung, Beschädigung oder Manipulation des Primärsystems mehrfach vorzuhalten

(Back-up-Systeme, → Rn. 38a). Neben der eigentlichen Speicherung verlangt Abs. 1 Hs. 2 lit. c jedoch va, dass Verantwortliche und Auftragsverarbeiter **technische und organisatorische Maßnahmen** treffen, welche die gespeicherten Daten rasch **erneut verfügbar** machen. Zu denken ist insoweit etwa an eine **Notstromversorgung** oder an **Vertretungspläne** für Personal sowie ein ausgefeiltes **„betriebliches Kontinuitätsmanagement"** („Business Continuity Management" (BCM)), also der Aufbau und die dauerhafte Pflege einer systematischen, funktionalen Notfall- und Krisenplanung, die im Krisenfall dafür sorgt, den Geschäftsbetrieb aufrechtzuerhalten (Müller in Koreng/Lachenmann, Formularhandbuch Datenschutzrecht 2. Formular zur Prüfung der technischen und organisatorischen Maßnahmen Rn. 42; Hladjk in Ehmann/Selmayr DS-GVO Art. 32 Rn. 9).

41d   Die Wiederherstellung hat nach dem Willen des Normgebers **„rasch"**, also nach allg. Sprachverständnis „zügig", „flott" bzw. „schnell", zu erfolgen. Die englische und französische Sprachfassung der DS-GVO sind insoweit etwas aussagekräftiger: Sie verwenden die Formulierung „in a timely manner" bzw. „dans des délais appropriés", also **„innerhalb eines angemessenen Zeitraums"**. Der Pflichtige muss daher so rechtzeitig reagieren, dass in der Zwischenzeit keine unangemessenen Schäden eintreten können. Dieses Sinnverständnis deutet auch ErwGr 85 S. 1 an („wenn nicht rechtzeitig und angemessen reagiert wird"). Was das im Einzelfall heißt, bestimmt sich insbes. nach der **Schwere des Zwischenfalls,** der **Unumkehrbarkeit** eintretender Schäden sowie der **Sensibilität** der Daten (vgl. auch Mantz in HK-DS-GVO Art. 32 Rn. 19; Jandt in Kühling/Buchner DS-GVO Art. 32 Rn. 28; eher generalisierend Piltz in Gola DS-GVO Art. 32 Rn. 33, der davon ausgeht, dass „rasch" ein „etwas größeres Zeitfenster als eine Pflicht zum unverzüglichen Handeln" meint; Ritter in SJTK DS-GVO Art. 32 Rn. 60 verweist auf die Frist in Art. 33 als Maßstab und sieht somit einen Zeitraum von 24–72 Stunden regelmäßig als „rasch" an.).

42   Vergleichbar zu Art. 32 Abs. 2 lit. c stellt **Art. 29 Abs. 2 lit. i JI-RL** für den Bereich der **Polizei und Justiz** die Verpflichtung auf, zu gewährleisten, „dass eingesetzte Systeme im Störungsfall wiederhergestellt werden können (Wiederherstellung)". Der nationale Gesetzgeber hat diese Formulierung wortgleich in **§ 64 Abs. 3 Nr. 9 BDSG** übernommen und greift das Wiederherstellungsgebot zusätzlich in **§ 64 Abs. 2 S. 2 Nr. 2 BDSG** auf.

43   dd) **„Verfahren zur regelmäßigen Überprüfung, Bewertung und Evaluierung der Wirksamkeit der technischen und organisatorischen Maßnahmen zur Gewährleistung der Sicherheit der Verarbeitung" (Abs. 1 Hs. 2 lit. d).** Verantwortliche und Auftragsverarbeiter müssen die Sicherheitsmaßnahmen, die ihnen die DS-GVO abverlangt, nicht nur einmalig her- und „auf Dauer" sicherstellen (lit. b). Sie müssen ihre Wirksamkeit vielmehr auch regelmäßig durch geeignete Verfahren einer **krit. Begutachtung** unterziehen (lit. d). Diese Verpflichtung folgt der normativen Leitidee, dass erst die regelmäßige Evaluation der Maßnahmen das erforderliche Maß an Datensicherheit nachhaltig verbürgt. Abs. 1 Hs. 2 lit. d ist insoweit **Lex specialis zu Art. 24 Abs. 1 S. 2** („diese Maßnahmen werden erforderlichenfalls überprüft und aktualisiert"; → Art. 24 Rn. 37 ff.) und bildet zugleich eine Art sicherheitsrechtliches Pendant zum **Datenschutz durch Technik** im Vorfeld der Verarbeitung (Art. 25 Abs. 2, → Art. 25 Rn. 44 ff.) sowie zur **Datenschutz-Folgeabschätzung** iSd Art. 35 als Bestandteil der präventiven Risikoabschätzung (→ Art. 35 Rn. 6 ff.).

Die **Nachsorge** in Gestalt technischer und organisatorischer Maßnahmen **44** kann auf Grdl. externer oder interner **Prüfberichte** sowie **Evaluierungen** durch Betroffene und Nutzer (etwa mit Hilfe von Fragebögen oder persönlichen Befragungen) erfolgen (s. Anh. 2 VwV SKDV BW mit einer Übersicht über mögliche konkrete Maßnahmen). Die Informatik stellt eine Vielzahl von Analytik-, Test-, Mess- und Prüfmethoden zur Verfügung, die ein System auf gewünschte und ungewünschte Funktionen sicherheitstechnisch zu evaluieren in der Lage sind (zB „**Equivalence Checking**", also die Prüfung, ob zwei Funktionen auch funktionell identisch sind, bzw. „**Fuzzymatching**", dh die Prüfung von ähnlichen Eingaben). Zu dem Portfolio der Maßnahmen gehören auch Verfahren, die Fehlfunktionen, Schwachstellen und Hintertüren verhindern (zB „Built-in-Self-Test" (BIST)-Verfahren) oder automatisierte zerstörungsfreie Prüfverfahren durchführen. Denkbar sind weiterhin Methoden, um vertrauenswürdige Elektronikkomponenten eindeutig **identifizierbar** und **verfolgbar** zu machen und zu monitoren (zB die Prüfung hardwarebasierter prozessspezifischer Funktionen), ferner Methoden für „**Reverse Engineering**" (ein Verfahren, das durch Rückbau und Analyse eines Objektes den Aufbau des Objektes und das in diesem enthaltene, nicht offen einsehbare Know-how in Erfahrung zu bringen versucht, Leister GRUR-Prax 2019, 175 (175)) – für Software ist bspw. ein Vorgehen denkbar, durch Analyse des Programms einen Einblick in seine Struktur und Funktion zu gewinnen und so uU sogar das Programm zu dekompilieren (vgl. Ernst in HSH MultimediaR-HdB Teil 7.1. Rn. 14) sowie Verfahren, um rekonfigurierbare Systeme im lfd. Betrieb zu prüfen. Als Prüfungsinstrument haben sich auch fingierte Angriffe durch Dritte im Auftrag des Verarbeiters, sog. **Penetrationstests,** etabliert (vgl. Mantz in HK-DS-GVO Art. 32 Rn. 20; Hladjk in Ehmann/Selmayr DS-GVO Art. 32 Rn. 10).

Die daraus resultierenden Erg. hat der Verarbeiter **in regelmäßigen Ab- 44a ständen** zu **bewerten** sowie die notwendigen **Anpassungsmaßnahmen** vorzunehmen (ebenso Grages in Plath DS-GVO Art. 32 Rn. 7; Hansen in NK-DatenschutzR DS-GVO Art. 32 Rn. 57; Jandt in Kühling/Buchner DS-GVO Art. 32 Rn. 30). Letzteres ergibt sich zwar nicht ausdr. aus dem Wortlaut der Norm, sehr wohl aber aus ihrem Sinn. Die Tatbestandsalternativen „Überprüfung, Bewertung und Evaluierung" überlappen sich dabei teilw.

Für den **Turnus** der Evaluierungsmaßnahmen trifft die DS-GVO keine **45** konkreten Vorgaben. Dem Unionsgesetzgeber stand die Idee vor Augen, dass es der Zielsetzung eines adäquaten Sicherheitsniveaus am besten entspricht, die regulatorischen Vorgaben flexibel zu handhaben. Die Normadressaten bezahlen dieses offene Regime allerdings mit einem Verlust an Rechtssicherheit. Als Orientierungsrahmen kann aber zB der PDCA-Zyklus nach dem BDS Standard 100-1 oder der ISO 27001 dienen (Ritter in SJTK DS-GVO Art. 32 Rn. 62). Neben turnusmäßigen Evaluierungen sollten auch **anlass-**

bezogene Kontrollen erfolgen, zB nach technischen Änd., wie Software-Updates (Jandt in Kühling/Buchner DS-GVO Art. 32 Rn. 30).

45a Zu welchem Zeitpunkt genau eine Evaluierung notwendig ist, hängt von dem wechselhaften Schicksal der Risiken ab, welche der Verarbeitungsprozess für die Rechte und Freiheiten der Betroffenen auslöst. **Neue Risiken** können sich nicht nur aus technischen Wandlungsprozessen, sondern auch aus Änd. der bisherigen Verarbeitungspraxis ergeben. Typischerweise wächst mit der Größe der Datenhalden, der Komplexität der Verarbeitungsprozesse und der Zahl der (Unter-)Auftragnehmer auch das Risiko für Angriffe Dritter.

3. „Dem Risiko angemessenes Schutzniveau" (Abs. 1 Hs. 1, Abs. 2)

46 Gemeinsames Ziel aller technischen und organisatorischen Maßnahmen ist es, ein „dem Risiko angemessenes Schutzniveau" herzustellen. Art. 32 Abs. 1 und 2 zurren damit **kein absolutes, statisches Schutzniveau** fest, sondern passen es dem Einzelfallrisiko an. Diese normative Ausrichtung ist Ausdruck des **risikobasierten Ansatzes,** welchen die DS-GVO an zahlr. Stellen im Gesetzestext aufscheinen lässt (dazu bspw. Veil ZD 2015, 347).

47 Für die Zielanalyse gibt die DS-GVO in Art. 32 – ähnlich wie in der Lex generalis des Art. 24 Abs. 1 (→ Art. 24 Rn. 26 ff.) sowie in Art. 25 Abs. 1 (→ Art. 25 Rn. 37 ff.) – ein Bündel an **Faktoren** vor, die in die Ermittlung des konkreten Schutzniveaus einfließen müssen. Für das nationale Recht sind diese Maßstäbe kein Novum: Bereits unter dem **BDSG aF** waren die Art der Daten bzw. die Datenkategorien die maßgeblichen Stellschrauben dafür, welche technischen oder organisatorischen Maßnahmen erforderlich sind (vgl. Ernestus in Simitis BDSG aF § 9 Rn. 58). Sofern eine Verarbeitung **Daten unterschiedlicher Sensitivitätsstufen** erfasste, galten die jeweils empfindlichsten Daten und die möglicherweise am stärksten risikobehaftete Datenverarbeitung als entscheidender Anknüpfungspunkt für das einzuhaltende Schutzniveau (Kramer/Meints in Auernhammer BDSG aF § 9 Rn. 28, 39). Unter dem Regime der DS-GVO gilt das Gleiche: Die sensibelsten Datensätze geben den Maßstab für die zu treffenden Maßnahmen vor, sofern die Datensätze untrennbar miteinander verbunden sind und sich deshalb die Maßnahmen nicht aufspalten lassen.

48 Das Risiko bestimmt sich insbes. aus den Charakteristika und Kontextfaktoren der Verarbeitung – also ihrer **Art,** ihrem **Umf.,** ihren **Umständen** und ihrem **Zweck** (→ Rn. 55) – sowie der **Höhe des drohenden Schadens.** Maßgeblicher Bezugspunkt ist die Wahrscheinlichkeit eines „physischen, materiellen oder immateriellen Schaden[s]" (ErwGr 83 S. 3 aE). Gleichsam als Gegenspieler zu den Rechten und Freiheiten Betroffener sind sowohl das **technisch Machbare** (→ Rn. 56 ff.) als auch die **wirtschaftlichen Belastungen** des Verarbeiters (insbes. die Implementierungskosten) in die Abwägung einzubeziehen (→ Rn. 60). Ihre rechtliche Korrekturfunktion ist Ausfluss des Verhältnismäßigkeitsprinzips, welches Art. 52 Abs. 1 S. 2 GRCh als Teil des Grundrechtsschutzes verbürgt. Die Abwägung zwischen den konkurrierenden Faktoren, die zu berücksichtigen sind, hat dabei nicht

nach subjektiven, sondern objektiven Maßstäben zu erfolgen (ErwGr 76 S. 2).

Gebietet Art. 35 eine **Datenschutz–Folgenabschätzung** (→ Art. 35 **49** Rn. 25 ff.), so sind deren Erg. bei der Entsch. über die risikoadäquaten, dem Schutzniveau angemessenen Maßnahmen der Datensicherheit zu berücksichtigen. So bringt es auch **ErwGr 84 S. 2** zum Ausdruck (→ Rn. 18).

a) „Mit der Verarbeitung" verbundene „Risiken" („Eintrittswahr- 50 scheinlichkeit und Schwere der Risiken") – Abs. 1 S. 1, Abs. 2. Das Schutzniveau, welches der Pflichtige einzuhalten hat, bestimmt sich nach dem **Risiko** für die Rechte und Freiheiten natürlicher Personen (Abs. 1 S. 1 Hs. 1, Abs. 2; → Art. 24 Rn. 27). Das Risiko speist sich – ebenso wie in dem insoweit nahezu wortlautidentischen Art. 24 Abs. 1 S. 1 und Art. 25 Abs. 1 – aus zwei Faktoren: der möglichen **Schadensschwere** (→ Art. 24 Rn. 29 f.) und der „**Eintrittswahrscheinlichkeit**" (Abs. 1 Hs. 1; → Art. 24 Rn. 30) des (ungewissen) Verletzungsereignisses.

Je sensibler die Daten der Grundrechtsträger sind, welche die Verarbei- **51** tung betrifft, desto größer ist tendenziell **die mögliche Schadensschwere** und umso umfassendere Maßnahmen der Datensicherheit verlangt Art. 32 den Normadressaten im Einzelfall ab (vgl. auch ErwGr 75; Veil ZD 2015, 347 (351); Hladjk in Ehmann/Selmayr DS-GVO Art. 32 Rn. 4). In den Blick zu nehmen sind dabei nicht nur Risiken für das Recht auf Schutz personenbezogener Daten (Art. 8 GRCh), sondern für **alle Grundrechte,** auf die die Datenverarbeitung ausstrahlt, zB Art. 3, 7, 11, 12, 21, 47, 39, 40 GRCh.

Als **bes. sensibel** stuft die DS-GVO insbes. genetische oder Gesundheits- **51a** daten sowie Daten über strafrechtliche Verurteilungen ein **(Art. 9 Abs. 1; Art. 10 S. 1).** Aber auch Daten, die **persönliche Aspekte analysieren oder prognostizieren** (insbes. die Arbeitsleistung, die wirtschaftliche Lage, persönliche Vorlieben oder Interessen, die Zuverlässigkeit, das Verhalten oder Ortswechsel), um persönliche Profile zu erstellen oder zu nutzen, behandelt die DS-GVO als bes. risikoreich **(ErwGr 75).** Gleiches gilt für die Verarbeitung der Daten **schutzbedürftiger natürlicher Personen,** va von Kindern (ErwGr 75).

Das Schutzniveau muss umso höher sein, **je größer die Eintrittswahr- 52 scheinlichkeit** der Vernichtung, des Verlusts, der Veränderung oder der Offenlegung ist. In die Risikobeurteilung gehen daher bspw. auch die Zahl der Mitarbeiter ein, die Zugriff auf entspr. Daten haben, die Dauer der Speicherung sowie Beeinträchtigungen für Persönlichkeitsrechte, die eine Rufschädigung, einen Identitätsdiebstahl, finanziellen Verlust oder gesellschaftliche Nachteile nach sich ziehen. Je nach Schwere des ermittelten Risikos kann eine denkbare **Handlungsoption** darin bestehen, das Risiko **entweder zu vermeiden, zu vermindern oder es hinzunehmen** (vgl. Thoma ZD 2013, 578). Ein **vorausschauendes Risikomanagement** hat vorrangig auf das Ziel hinzuwirken, Rechtsverletzungen beim Umgang mit personenbezogenen Daten auf der Grdl. der ermittelbaren Informationen zu **vermeiden,** statt Schäden später auszugleichen.

53   Zusätzlich zu den Schadenspotenzialen, die für die gesamte DS-GVO relevant sind, benennt **Abs. 2 konkrete, mit der Verarbeitung selbst verbundene Risiken,** mit denen sich der Normadressat iR seiner Datensicherheitsvorkehrungen in bes. Maße auseinandersetzen soll. Dazu gehören insbes. die **Vernichtung,** der **Verlust** oder die **Veränderung** von Daten – gleichviel ob diese unbeabsichtigt oder beabsichtigt, unrechtmäßig oder rechtmäßig erfolgen. Aus der englischen Sprachfassung, die von „in particular" (insbes.) spricht, wird (klarer als in der deutschen Sprachfassung („ob")) deutlich, dass die Risiken, die sich aus unbeabsichtigten oder unrechtmäßigen Beeinträchtigungen ergeben, in besonderer Weise (aber nicht ausschl.) in den Blick zu nehmen sind (vgl. Jandt in Kühling/Buchner DS-GVO Art. 32 Rn. 33).

53a   Im Falle der **Vernichtung** und des **Verlustes** besteht die spezifische Gefahrenlage darin, dass dem Berechtigten die Möglichkeit verwehrt ist, auf die Daten weiterhin zuzugreifen **(Verfügbarkeit),** im Falle der **Veränderung** von Daten darin, dass der Verarbeiter bzw. der Betroffene die Veränderung womöglich nicht sofort erkennen und uU auch nicht revidieren kann **(Integrität).** Modifizierte Datenbestände können insbes. Verarbeitungserg. hervorbringen, die den Ruf, die Kreditwürdigkeit oder etwa die Seriosität des Betroffenen erheblich gefährden können (vgl. ErwGr 71 S. 1 sowie ErwGr 75: „erhebliche wirtschaftliche oder gesellschaftliche Nachteile"; zur alten Rechtslage s. auch Kramer/Meints in Auernhammer BDSG aF § 9 Rn. 41).

54   Neben der Vernichtung, dem Verlust und der Veränderung von Daten haben der Verantwortliche und der Auftragsverarbeiter das **Risiko** in den Blick zu nehmen, dass personenbezogene Daten, die übermittelt, gespeichert oder auf andere Weise, zB durch Veröff., verarbeitet wurden, **unbefugt offengelegt werden.** Gleiches gilt für den **unbefugten Zugang,** zB wenn jemand den Zugangsschlüssel unbefugt verwendet. „**Unbefugt**" erfolgt eine Offenlegung bzw. der Zugang, wenn sie bzw. er nicht den Maßgaben folgt, welche die DS-GVO für die Übermittlung von Daten vorsieht (s. auch Jandt in Kühling/Buchner DS-GVO Art. 32 Rn. 35).

55   **b) Art, Umfang, Umstände und Zweck(e) der Verarbeitung.** Die **Art** (→ Art. 24 Rn. 32 ff.), der **Umf.** (→ Art. 24 Rn. 33), die **Umstände** (→ Art. 24 Rn. 34 f.) und die **Zwecke** (→ Art. 24 Rn. 35) des Verarbeitungsprozesses bilden im normativen System der DS-GVO die Steuerungsvariablen der Sicherheitsrelevanz: An ihren Parametern hat sich die Risikoermittlung auszurichten.

56   **c) Stand der Technik als dynamisierende Bezugsgröße.** Maßstab für das angemessene Schutzniveau ist neben der Sensibilität der Verarbeitung (→ Rn. 50 ff.) der „Stand der Technik" (engl.: „state of the art"): Nur dasjenige, was dem Stand des technisch Machbaren entspricht, verlangt die VO dem Normadressaten ab; umgekehrt muss er diesen Anforderungen idR aber auch genügen (umf. zum Stand der Technik → Art. 25 Rn. 38 ff.). Da der Stand der Technik aber nur zu **berücksichtigen** ist („Unter Berücksichtigung…"), kann der Normadressat ihn in bestimmten Konstellationen auch ausnahmsweise unterschreiten.

Der „**Stand der Technik**" beschreibt Maßnahmen, die dem aktuell tech- **56a**
nisch Möglichen entsprechen, auf **gesicherten Erkenntnissen** der Wiss. und
Technik beruhen und in ausreichendem Maße **zur Vfg.** stehen. Die Maß-
nahmen müssen sich in der Praxis **bewährt** haben, um nicht selbst mit
Sicherheitsrisiken behaftet zu sein (vgl. umf. → Art. 25 Rn. 39 ff.; Hladjk in
Ehmann/Selmayr DS-GVO Art. 32 Rn. 5; Kramer/Meints in Auernhammer
DS-GVO Art. 32 Rn. 37; Piltz in Gola DS-GVO Art. 32 Rn. 18 f.). Der
Stand der Technik verlangt dem Verantwortlichen daher ein höherwertiges
Schutzniveau ab als die allgemein anerkannten Regeln der Technik. Den (in
die Zukunft möglicher Entwicklungen weisenden) **Stand der Wiss. und
Technik** (→ Art. 25 Rn. 39d) muss er aber nicht erreichen (zust. Hansen in
NK-DatenschutzR DS-GVO Art. 32 Rn. 22; Kramer/Meints in Auernham-
mer DS-GVO Art. 32 Rn. 37; Jandt in Kühling/Buchner DS-GVO Art. 32
Rn. 10; Ekrot/Fischer/Müller in Kipker, Cybersecurity, S. 84 ff.).

Obgleich der Topos „Stand der Technik" statisch anmutet, **dynamisiert** er **56b**
die Anforderungen: Sie passen sich automatisch dem Entwicklungsstand fort-
schreitender technischer Innovation an.

Als **Konkretisierung** des Standes der Technik für den Bereich der Daten- **57**
sicherheit hat sich in Deutschland das **IT-Grundschutz-Kompendium** (bis
Januar 2018 unter dem Titel „IT-Grundschutzkataloge") etabliert, welches das
Bundesamt für Sicherheit in der Informationstechnik **(BSI)** bereitstellt (BSI,
IT-Grundschutz-Kompendium, 2020; s. hierzu auch Quiring-Kock DuD
2012, 832 sowie → Rn. 58 ff.). Es greift auf Kontrollziele, Maßnahmenkatalo-
ge und Methoden aus dem Informationsmanagement zurück, um **allg. anerkannte, int. Normen und Standards** zusammenzutragen, welche auch
die ASB als geeignet ansehen, um datenschutzrechtlichen Anforderungen
gerecht zu werden (vgl. Kramer/Meints in Auernhammer DS-GVO Art. 32
Rn. 43). Zuletzt passte das BSI das IT-Grundschutz-Kompendium im Februar
2020 an den aktuellen Stand der Technik an. Für den Anwendungsbereich der
JI-Richtlinie erklärt **§ 64 Abs. 1 S. 2 BDSG** diese „Technischen Richtlinien und Empfehlungen des Bundesamtes für die Sicherheit in der Informationstechnik" ausdrücklich zum zu „berücksichtigen[den]" Maßstab. Eine wichtige Konkretisierungsleistung erbringen auch die **BSI-Standards.** Sie formu-
lieren Empf. zu Methoden, Prozessen, Verfahren und Maßnahmen der IT-
Sicherheit (so zB für den Aufbau eines Informationssicherheitsmanagements
(ISMS) der Standard 200-1 https://www.bsi.bund.de/DE/Themen/IT-
Grundschutz/ITGrundschutzStandards/ITGrundschutzStandards_node.html).
Im europ. Raum hat sich insbes. die **ISO 27000-Normenreihe mit dem
Zertifizierungsstandard ISO 27002** (Information security management sys-
tems) sowie der vergleichsweise junge **Standard ISO/IEC 27018** für den
Datenschutz in der Cloud als Orientierungsgröße etabliert.

Auch der BSI-Grundschutz basiert letztlich auf der ISO-27000-Normen- **58**
reihe (www.iso.org), welche die Int. Organisation für Normung herausgibt.
Das BSI spezifiziert die dort lediglich als „Hinweise" formulierten Vorgaben
in seinem Grundschutz-Kompendium in Gestalt konkreter Maßnahmen. Die
ISO-Norm richtet sich an den int. als Dreiklang der Informationssicherheit
anerkannten Grundwerten der **Vertraulichkeit** (Geheimhaltung schützens-

werter Informationen), der **Integrität** (Korrektheit sowie Unverfälschtheit von Informationen) und der **Verfügbarkeit** (Wahrscheinlichkeit, dass ein System eine geforderte Leistung tatsächlich erbringt) aus (sog. **CIA-Triad**). Auf diese Maßstäbe nimmt nunmehr auch Art. 32 Abs. 1 lit. b Bezug (→ Rn. 35 ff.; zur ISO-Normierung vgl. Schultze-Melling in Taeger/Gabel DS-GVO Art. 32 Rn. 26 ff; Kramer/Meints in Auernhammer DS-GVO Art. 32 Rn. 43, 53 ff.).

59   Sowohl die ISO-Bestimmungen als auch der IT-Grundschutz des BSI sehen als organisatorischen Rahmen ein sog **Informationssicherheitsmanagementsystem (ISMS)** vor, um die Normanforderungen dauerhaft zu gewährleisten. Es beschreibt die Struktur der Organisation, analysiert sowie bewertet das Risiko und entwirft einen Plan, wie mit dem Risiko umzugehen ist (s. Kramer/Meints in Auernhammer DS-GVO Art. 32 Rn. 26). Es stützt sich iW auf **drei Elemente:** Aufbauorganisation, Ablauforganisation und Regelwerk. Letzteres beschreibt einen Rahmen von Leitlinien, Richtlinien und Arbeitsanweisungen, der vorgibt, wie die festgelegten Aufgaben umzusetzen sind (vgl. ausf. Kramer/Meints in Auernhammer DS-GVO Art. 32 Rn. 26, 43 ff.). Die **Kernaufgabe** eines solchen Systems ist es, Informationssicherheitskonzepte zu planen, umzusetzen, zu kontrollieren und anzupassen bzw. fortzuentwickeln (sog. **Plan-Do-Check-Act Zyklus;** vgl. Sohr/Kemmerich in Kipker, Cybersecurity, S. 73 f.).

59a   Zwar sollte das ISMS Schnittstellen zum **Datenschutzmanagementsystem** aufweisen. Es steht jedoch selbstständig neben diesem. Denn Datenschutz und Datensicherheit können auch **konfligieren** (Hansen in NK-DatenschutzR DS-GVO Art. 32 Rn. 57; Voskamp in Kipker, Cybersecurity, S. 163 ff.; Schulte/Wambach DuD 2020, 462). So stellen etwa **Blockchain-Systeme** zwar ein bes. hohes Niveau an Integrität sicher. Sie können zugleich aber bei der Verarbeitung personenbezogener Daten mit dem Betroffenenrecht auf Löschung oder Korrektur und dem Datenschutzgrundsatz der Speicherbegrenzung in Konflikt geraten (vgl. Martini/Weinzierl NVwZ 2017, 1251 (1252 ff.); Marnau in Eibl/Gaedke, INFORMATIK 2017, 1025 (1034)). Nichts anderes gilt für das sog **File Logging:** Es erhöht die Sicherheit, widerstreitet aber der Zielsetzung, möglichst wenige personenbezogene Daten zu verarbeiten.

59b   Auch das **Standard-Datenschutzmodell** der unabhängigen Datenschutzbehörden des Bundes und der Länder (SDM, → Art. 35 Rn. 49) konkretisiert in seiner neuesten Fassung vom April 2020 Maßstäbe dafür, wie sich die Datensicherheit gewährleisten lässt (AK Technik der Konferenz der unabhängigen Datenschutzbeauftragten des Bundes und der Länder, Das Standard-Datenschutzmodell Version 2.0, S. 31 ff.; vgl. auch Laue in Spindler/Schuster DS-GVO Art. 32 Rn. 23). Im Gegensatz zum organisationszentrierten Ansatz des BSI, der auf Systemschutz abzielt und so primär die Sicherheit der Daten selbst, nicht aber die Implikationen für die Rechte der betroffenen Personen, in den Fokus nimmt, stehen beim SDM stärker die Interessen der Betroffenen im Vordergrund. Beide Werke stehen daher **nebeneinander** und **ergänzen sich** mit ihren jeweils unterschiedlichen Ausrichtungen für einen breiten Schutz (→ Art. 25 Rn. 27b). So verweist der BSI-Standard 200-2 wiederum auf das SDM (zum Verhältnis SDM und BSI-Standards vgl. AK Technik der Konferenz der unabhängigen Datenschutzbeauftragten des Bundes und der Länder, Das Standard-Datenschutzmodell Version 2.0, S. 58). Das SDM listet neben einer eher abstrakten Beschreibung der Ziele der Datensicherheit auch konkrete Maßnahmen auf, um diese Ziele umzusetzen (vgl. dazu Schultze-Melling in Taeger/Gabel DS-GVO Art. 32 Rn. 20).

In Zukunft wird voraussichtlich auch der EDSA einen Beitrag leisten, um **59c** die Vorgaben aus Art. 32 zu konkretisieren. Art. 70 Abs. 1 S. 2 lit. g trägt ihm allgemein auf, Leitlinien, Empfehlungen und bewährte Verfahren bereit-zustellen, die eine einheitliche Anwendung der Verordnung sicherstellen sollen. Bisher hat er diese Aufgabe für den Bereich der Datensicherheit noch nicht ausgefüllt, aber hinsichtlich der Datensicherheit in Videoüberwachungs-systemen Stellung genommen (EDSA, Guidelines 3/2019 on processing of personal data through video devices 2.0, 2020, 28 ff.).

d) Verhältnismäßigkeit – insbes. Implementierungskosten. Die DS- **60** GVO verlangt Verantwortlichen und Auftragsverarbeitern nicht alles erdenk-lich Machbare, sondern lediglich das **wirtschaftlich Zumutbare** ab. In die Risikogesamtabwägung sind daher auch die „Implementierungskosten" ein-zustellen. Im Einzelfall kann das Verhältnismäßigkeitsprinzip als Korrektiv auch gebieten, dass der Normadressat des Art. 32 Abs. 1 ausnahmsweise keine Maßnahme ergreifen muss. Denkbar ist dies aber nur, wenn die **Gefahren für den Betroffenen gering** sind und Datensicherheitsmaßnahmen **un-angemessen hohe Implementierungskosten** nach sich zögen (ebenso Piltz in Gola DS-GVO Art. 32 Rn. 20; aA Kramer/Meints in Auernhammer DS-GVO Art. 32 Rn 40; Hansen in NK-DatenschutzR DS-GVO Art. 32 Rn. 21: Sie halten auch bei hohem Kostenaufwand in jedem Fall Daten-sicherheitsmaßnahmen für notwendig; ähnlich Paulus in BeckOK Daten-schutzR DS-GVO Art. 32 Rn. 9; Mantz in HK-DS-GVO Art. 32 Rn. 10). **Regelmäßig** sind aber zumindest grdl. Datensicherheitsmaßnahmen verhält-nismäßig und geboten. Den Verzicht auf Maßnahmen der Datensicherheit rechtfertigt insbes. nicht allein der Umstand, dass die Implementierungskosten höher sind als der potenzielle Schaden, der mit den Risiken einhergeht (Ritter in SJTK in DS-GVO Art. 32 Rn. 85).

Implementierungskosten (engl.: „costs of implementation"; frz.: „coûts **60a** de mise en œuvre") sind all jene wirtschaftlichen Ressourcen, die der Ver-arbeiter aufwenden muss, um die Maßnahme in sein Verarbeitungssystem zu integrieren. Nimmt man den Topos beim Wort, schließt er **Folgekosten** nicht ein (→ Art. 25 Rn. 41 f.). Allerdings entspricht es der Ratio der Vorschr., die wirtschaftlichen Belastungen, die dem Verantwortlichen bzw. Auftragsverarbeiter entstehen, im Interesse einer sachgerechten Abwägung umfassend in Rechnung zu stellen. Der Begriff ist daher iErg weit zu ver-stehen: Er erfasst **alle Kosten,** die im **gesamten Lebenszyklus des Ver-arbeitungsprozesses** anfallen (Hansen in NK-DatenschutzR DS-GVO Art. 32 Rn. 26; Ritter in SJTK in DS-GVO Art. 32 Rn. 87). Nicht erfasst sind hingegen „Sowieso-Kosten", also solche Kosten, die ohnedies entstünden (Ritter in SJTK DS-GVO Art. 32 Rn. 87).

II. Einhaltung von Verhaltensregeln bzw. Zertifizierungsverfahren nach Art. 40 und 42 als Maßstab (Abs. 3)

61   Die Anforderungen des Art. 32 Abs. 1 und 2 sind aufgrund der Vielzahl seiner unbestimmten Rechtsbegriffe in hohem Maße **konkretisierungsbedürftig.** Auch der Maßnahmenkatalog, den Art. 32 Abs. 1 **Hs. 2 lit. a–d** bereitstellt, hilft dem nur bedingt ab. Weder sind die dort genannten Maßnahmen abschl. Natur (→ Rn. 3), noch sind sie aufgrund ihres partiellen Zielvorgabencharakters (lit. c und d) ohne Weiteres vollzugsfähig. Die daraus erwachsende Rechtsunsicherheit hemmt Investitionen und droht, einen Wildwuchs unterschiedlicher Sicherheitssysteme sprießen zu lassen.

62   Technische Sicherheitsmaßnahmen sind aber in bes. Weise auf Planbarkeit und Rechtssicherheit sowie auf den Sachverstand der Normadressaten und Standardisierungen angewiesen. **Instrumente regulierter Selbstregulierung** können als bereichsspezifische, kooperative Konkretisierung rechtlicher Handlungspflichten einen sachgerechten Beitrag zur wirksamen Regelbefolgung und -konkretisierung erbringen (dazu Martini NVwZ-Extra 6/2016, 1 (7 f.)). Von diesen rechtspolitischen Überlegungen lässt sich auch die DS-GVO leiten: Art. 32 Abs. 3 spricht genehmigten Verhaltensregeln iSd Art. 40 und genehmigten Zertifizierungsverfahren iSd Art. 42 eine **Indizwirkung** dafür zu, dass die Anforderungen des Art. 32 eingehalten sind. Die Regelung entspricht in ihrem Kerngehalt weitgehend Art. 24 Abs. 3 (→ Art. 24 Rn. 44 ff.), Art. 28 Abs. 5 (→ Art. 28 Rn. 67 ff.) sowie der (engeren, weil Verhaltensregeln nicht ausdr. adressierenden) Vorschr. des Art. 25 Abs. 3 (→ Art. 25 Rn. 53). Anders als Art. 24 Abs. 3, aber ebenso wie Art. 25 Abs. 3 spricht Art. 32 Abs. 3 nicht von einem „Gesichtspunkt", sondern von einem **„Faktor",** der neben anderen zu berücksichtigen ist. Inhaltliche Unterschiede verbinden sich mit der uneinheitlichen Terminologie aber nicht. Die englische Sprachfassung verwendet in beiden Normen übereinstimmend den Begriff „element".

63   Sowohl der Wortlaut des Art. 24 Abs. 3 als auch des Art. 25 Abs. 3 und Art. 32 Abs. 3 („kann [...] berücksichtigt werden"; „kann [...] herangezogen werden") scheinen den ASB vordergründig ein **Ermessen** darin einzuräumen, ob sie Selbstregulierungsinstrumente iSd. Art. 40 berücksichtigen. So hat der Unionsgesetzgeber es aber nicht verstanden wissen wollen. Anderenfalls liefe die Privilegierungswirkung der Normen faktisch leer. Vielmehr soll die Kann-Regelung zum Ausdruck bringen, dass Selbstregulierungsinstrumente allein nicht ausreichen, um den Nachw. zu erbringen, dass der Verarbeiter alle Pflichten eingehalten hat. Der ASB kommt in der Sache mithin ein **intendiertes Entschließungsermessen** zu: Sind die Anforderungen der Selbstregulierungsregeln eingehalten, gehen sie als ein **Gesichtspunkt** in die **Gesamtwürdigung der Nachweispflicht** ein. Genehmigte Verhaltensregeln und Zertifizierungsverfahren sind also – vorbehaltlich atypischer Sonderfälle – **zu berücksichtigen,** soweit sie das normativ Gebotene zu spiegeln geeignet sind und der Nachw. erbracht ist, dass der Verarbeiter sie tatsächlich eingehalten hat (→ Art. 24 Rn. 45).

III. Pflicht, unterstellte natürliche Personen zu überwachen (Abs. 4)

Schalten Verantwortliche oder Auftragsverarbeiter ihnen unterstellte Personen **64** in den Verarbeitungsprozess ein, birgt das ein Sicherheitsrisiko. Denn von jedem weiteren Zugriffsberechtigten geht eine zusätzliche Missbrauchs- oder Fehlergefahr aus. Den damit verbundenen Sicherheitslücken arbeitsteiliger Prozesse will Abs. 4 entgegenwirken. Er legt den Normadressaten eine **organisatorische Gewährleistungspflicht** auf: Sie müssen durch geeignete Schritte sicherstellen, dass natürliche Personen, die ihnen unterstellt sind, die Verarbeitung „**nur auf Anweisung** des Verantwortlichen" (Hervorhebung d. Verf.) vornehmen. Der Verantwortliche und der Auftragsverarbeiter haben insoweit ein hinreichendes Maß an Ergebnissicherheit zu gewährleisten („sicherzustellen").

Die Sicherstellungspflicht erstreckt sich ausdr. nur auf unterstellte „**na-** **65** **türliche**" (also nicht auf jur.) „**Personen,** die Zugang zu personenbezogenen Daten haben" (Hervorhebung d. Verf.). Ob auch Mitarbeiter darunterfallen, die sich außerhalb ihres Zuständigkeitskreises, **unbefugt** den **Zugang** zu personenbezogenen Daten **selbst verschaffen,** lässt die Vorschr. (ebenso wie Art. 29; → Art. 29 Rn. 16) offen. Ihr Sinn drohte aber leerzulaufen, wenn der Normadressat nicht auch verpflichtet wäre, **hinreichende Sicherungsmaßnahmen gegen Fehlgriffe** von Personen zu treffen, die ihm zwar unterstellt sind, er aber nicht in den Verarbeitungsprozess eingebunden hat. Verantwortliche und Auftragsverarbeiter müssen daher die personenbezogenen Daten generell gegen den unzulässigen Zugriff **ihnen unterstellter Weisungsempfänger** abschirmen. Diese Pflicht erstreckt sich nicht nur auf Stammmitarbeiter, sondern auch auf freie Mitarbeiter, Praktikanten, externe Berater oder Beschäftigte von Dienstleistungsunternehmen, soweit sie Zugang zu personenbezogenen Daten haben (→ Art. 29 Rn. 14; Hansen in NK-DatenschutzR DS-GVO Art. 32 Rn. 69; aA Ritter in SJTK DS-GVO Art. 32 Rn. 104, der Mitarbeiter externer Dienstleister mangels Weisungsrechts ausschließt). Eine Sicherstellungspflicht ggü. **sonstigen Dritten,** etwa zufälligen Besuchern oder Kunden, die sich rechtswidrig Zugriff auf die Daten verschaffen, deckt die Norm jedoch nicht ab. Denn diese sind dem Verantwortlichen bzw. Auftragsverarbeiter nicht „unterstellt".

Schritte, mit denen der Verantwortliche und der Auftragsverarbeiter **66** ihrer Gewährleistungspflicht nachkommen können, sind bspw. eindeutige **Verhaltensregeln** und **Dienstanweisungen** ggü. den Weisungsempfängern oder die **Sanktionierung von Fehlverhalten** durch arbeitsrechtliche Mittel (insbes. Weisungen, Verwarnungen oder Abmahnungen, vgl. Mantz in HK-DS-GVO Art. 32 Rn. 25). Denkbar sind auch technische Maßnahmen, die den unbefugten Zugang verhindern (→ Art. 25 Rn. 28; Piltz in Gola DS-GVO Art. 32 Rn. 49). Schutzmaßnahmen einmalig durchzuführen, genügt jedoch nicht: Abs. 4 fordert vielmehr die **dauerhafte** Gewährleistung, bspw. mittels wiederholter Schulungen und Kontrollen (vgl. Kramer/Meints in Auernhammer DS-GVO Art. 32 Rn. 60; Mantz in

HK-DS-GVO Art. 32 Rn. 27). Der Verantwortliche und der Auftragsverarbeiter haben regelmäßig zu **kontrollieren,** ob die unterstellten Personen die Verarbeitung ausschl. in den Grenzen der Weisung ausführen (Hansen in NK-DatenschutzR DS-GVO Art. 32 Rn. 71). Der Verantwortliche muss sich dafür ggf. entspr. vertragliche **Weisungsrechte** einräumen lassen, wenn er einen Auftragsverarbeiter in die Datenverarbeitung einbezieht (Kramer/Meints in Auernhammer DS-GVO Art. 32 Rn. 61; Piltz in Gola DS-GVO Art. 32 Rn. 51; zum Datengeheimnis vgl. → Rn. 77). Falls mit der Beendigung des Arbeitsverhältnisses nicht die Möglichkeit des Untergebenen wegbricht, auf personenbezogene Daten zuzugreifen, sind ggf. ergänzende vertragliche Geheimhaltungspflichten zu vereinbaren (Mantz in HK-DS-GVO Art. 32 Rn. 27).

66a   Um der Pflicht aus Abs. 4 zu genügen, müssen Auftragsverarbeiter oder Verantwortliche uU legitimierungsbedürftige Datenverarbeitungsvorgänge iSd DS-GVO vornehmen, etwa die Mitarbeiter dokumentieren, die mit der eigentlichen Verarbeitung in Kontakt kommen. Aus ErwGr 49 ergibt sich, dass die Gewährleistung der Netz- und Informationssicherheit selbst ein **berechtigtes Interesse iSd Art. 6 Abs. 1 UAbs. 1 lit. f** darstellen kann und somit diese Verarbeitungsvorgänge rechtfertigen kann; sie sind aber auf unbedingt notwendige und verhältnismäßige Maßnahmen zu beschränken (Schreibauer/Spittka in Wybitul DS-GVO Art. 32 Rn. 22).

67   Abs. 4 steht in einer engen **systematischen Verbindung** zu **Art. 29** sowie **Art. 28 Abs. 3 UAbs. 1 S. 2 lit. a** (→ Art. 28 Rn. 39 ff.). Anders als Art. 29 richtet Art. 32 Abs. 4 seine Handlungsbefehle aber nicht an die in die Verarbeitung einbezogenen Personen, sondern erlegt dem Verantwortlichen und dem Auftragsverarbeiter selbst eine Pflicht auf. Aus der englischen Sprachfassung „on instructions" lässt sich herauslesen, dass die abweichende Wortwahl („auf Weisung") in Art. 29 und in Art. 32 Abs. 4 („auf Anweisung") keinen sachlichen Unterschied ausdrücken soll. Die privatrechtliche Vertragshaftung und die Zurechnung unbefugter Verarbeitung durch Angestellte lassen die Normen zugleich unberührt.

68   Allen drei Vorschr. ist auch der **Ausnahmevorbehalt** gemeinsam, der im Falle einer Verarbeitungspflicht des Untergebenen entspr. dem jeweiligen **Hs. 2** greift: Wenn mitgliedstaatliches Recht (bzw. anderweitiges Unionsrecht) die Personen verpflichtet, die Daten zu verarbeiten, dürfen diese auch ohne Anweisung des Verantwortlichen datenverarbeitend tätig werden (→ Art. 29 Rn. 26 f.). Die Einschränkung „es sei denn, sie sind […] zur Verarbeitung verpflichtet", etabliert eine **unechte Öffnungsklausel** (dazu auch Kühling/Martini ua DS-GVO und nationales Recht, 2016, S. 11 f. und 87 f.): Sie räumt den Mitgliedstaaten nicht das Recht ein, generell Verarbeitungspflichten zu begründen, sondern setzt eine solche voraus. Die Vorschr. nimmt also bestehende Verarbeitungspflichten in Bezug, welche die Mitgliedstaaten insbes. aufgrund Art. 6 Abs. 1 UAbs. 1 lit. c und e erlassen können (zB rechtmäßig angeordnete Durchsuchungen oder Beschlagnahmen, vgl. Hansen in NK-DatenschutzR DS-GVO Art. 32 Rn. 73 f.). Art. 32 Abs. 4 soll lediglich **klarstellen,** dass unterstellte Personen die Daten in diesen Fällen auch ohne Weisung des Verantwortlichen rechtmäßig verarbeiten, sich

die gesetzliche Verarbeitungspflicht mithin insbes. ggü. der Weisung des Verantwortlichen durchsetzt.

Inwieweit Abs. 4 den Verantwortlichen und den Auftragsverarbeiter auch **69** dazu verpflichtet, **Schritte zu unternehmen,** um sicherzustellen, dass die ihnen unterstellten Personen Daten in diesen Fällen nicht auf ihre Anweisung verarbeiten, sondern entspr. den Verarbeitungspflichten aus dem Recht der Union oder der Mitgliedstaaten, lässt der Normtext offen. Ihrem **Sinn** nach erstreckt sich die Pflicht des Verantwortlichen oder Auftraggebers, geeignete Schritte zu unternehmen, nur auf Konstellationen, in denen keine gesetzliche Verarbeitungspflicht besteht. Denn nur dann besteht ein Bedürfnis und die Handlungsmacht des Verantwortlichen, durchzusetzen, dass die unterstellte Person Daten „nur auf Anweisung des Verantwortlichen" verarbeitet (ebenso Piltz in Gola DS-GVO Art. 32 Rn. 53; aA Hansen in NK-DatenschutzR DS-GVO Art. 32 Rn. 66).

Die Einhaltung des Abs. 4 zu überwachen, obliegt der **ASB.** Verstößen **70** kann sie insbes. durch **Überprüfungen** auf der Grundlage ihrer Untersuchungsbefugnisse aus Art. 58 Abs. 1 lit. a und b sowie e und f, **Warnungen** (Art. 58 Abs. 2 lit. a), **Verwarnungen** (Art. 58 Abs. 2 lit. b), **Anweisungen,** Anpassungsmaßnahmen vorzunehmen (Art. 58 Abs. 2 lit. d), sowie durch das **Verbot** datenunsicherer Verarbeitungen (Art. 58 Abs. 2 lit. f DS-GVO) entgegentreten. So stellt die DS-GVO gleichsam über Bande sicher, dass die unterstellten Personen iSd Art. 29 – auch wenn sie selbst nicht Adressat aufsichtsbehördlicher Ordnungsbefugnisse nach Art. 58 Abs. 2 sind – die Weisungen des Verantwortlichen befolgen.

Kommen der Verantwortliche oder der Auftragsverarbeiter ihrer Organisa- **71** tionspflicht nicht nach, kann ihnen das den Nachw. verwehren (vgl. auch Art. 5 Abs. 2 und Art. 24 Abs. 1 S. 1 aE), nicht für den Umstand verantwortlich zu sein, durch den ein Schaden eingetreten ist. Sie trifft dann die **Haftungspflicht** aus Art. 82 Abs. 1–3. Dadurch, dass den Auftragsverarbeiter die Pflichten aus Art. 32 als eigene treffen, kann er sich **nicht** auf die **Entlastungsmöglichkeit des Art. 82 Abs. 2 S. 2 berufen** (Mantz in HK-DS-GVO Art. 32 Rn. 32). Der Verstoß kann auch eine **Geldbuße** gem. Art. 83 Abs. 4 lit. a nach sich ziehen.

Mitarbeiter und sonstige unterstellte Personen adressiert Art. 32 grds. **72** nicht. Sie unterfallen daher auch nicht dem Zugriff des Art. 83. Handelt dieser Personenkreis allerdings explizit weisungswidrig, schwingt er sich selbst zum Verantwortlichen auf, sofern er dadurch selbst Zweck und Mittel der Verarbeitung bestimmt (Art. 28 Abs. 10 analog; → Art. 28 Rn. 76 f.; Art. 29 Rn. 25 ff.; Bertermann in Ehmann/Selmayr DS-GVO Art. 29 Rn. 8; Hartung in Kühling/Buchner DS-GVO Art. 29 Rn. 20; Klug in Gola DS-GVO Art. 29 Rn. 3). In der Folge unterliegt die unterstellte Person persönlich den Pflichten, die die DS-GVO für Verarbeiter vorsieht (zum Exzess des Mitarbeiters und den entspr. Haftungsfolgen vgl. ausf. Martini/Wenzel/Wagner VerwArch 2018, 296 (302 ff.)).

C. Vergleich mit dem bisherigen nationalen Recht; Regelungsspielraum der Mitgliedstaaten

73 Anforderungen an die Sicherheit des Verarbeitungsprozesses, insbes. des **Datenschutzes durch Technik** (vgl. Art. 25 Abs. 2, → Art. 25 Rn. 44 ff.), regelte das nationale Recht in der Vergangenheit in **§ 9 BDSG aF** sowie in der Anl. zu dieser Vorschr. Sie schworen den Verarbeiter darauf ein, alle erforderlichen technischen und organisatorischen Maßnahmen zu treffen, um die gesetzlichen Anforderungen des Datenschutzes zu gewährleisten. Diese Maßnahmen ließen sich den Kategorien **Zutritts-, Zugangs-, Zugriffs-, Weitergabe-, Eingabe-, Auftrags-** und **Verfügbarkeitskontrolle** sowie dem **Trennungsgebot** zuordnen (Anl. zu § 9 BDSG aF). Art. 32 DS-GVO hat diese Normstruktur nicht übernommen – anders demgegenüber Art. 29 JI-RL und § 64 BDSG (Burton in KBD Art. 32 S. 633 nimmt entgegen der Gesetzesbegründung (BT-Drs. 18/11325, 116) allerdings an, dass § 64 BDSG der Umsetzung und Konkretisierung der DS-GVO dient).

74 Als Ausprägung des Verhältnismäßigkeitsprinzips stellte § 9 BDSG aF die gebotenen Maßnahmen unter den Vorbehalt der **Angemessenheit** („ihr Aufwand in einem angemessenen Verhältnis zum angestrebten Schutzzweck steht"). Als **Aufwand** waren bei der Abwägung alle betriebswirtschaftlichen Kosten zu berücksichtigen, die aufgrund der Maßnahmen anfielen, also auch Entwicklungs- und Betriebskosten – nicht demgegenüber **Kosten,** die infolge der ordnungsgemäßen Verarbeitung der Daten ohnedies entstanden wären (Ernestus in Simitis BDSG aF § 9 Rn. 34, 36). Art. 32 Abs. 1 ist insoweit vordergründig enger: Er stellt nur die **„Implementierungskosten"** in die Abwägung mit ein. Nimmt man diese Wendung beim Wort, erfasst sie nur die Kosten, die der Einbau der Maßnahmen mit sich bringt, nicht Folgekosten. In der Sache soll der Begriff nach seiner Rationalität jedoch auch diese Kosten miterfassen (→ Rn. 60a).

75 Anders als Art. 32 Abs. 1 benannte § 9 BDSG aF die **Kriterien,** die heranzuziehen sind, **um das Risiko zu bestimmen,** nicht ausdr. Entnehmen ließen sie sich nur der Gesamtkonzeption und der gesetzgeberischen Zielsetzung des BDSG aF, Beeinträchtigungen des informationellen Selbstbestimmungsrechts zu vermeiden (§ 1 Abs. 1 BDSG aF). Art. 32 Abs. 1 erhöht insoweit die Rechtssicherheit und Operationalisierbarkeit im Vergleich zur bisherigen Rechtslage spürbar.

76 Der **Anh. zu § 9 BDSG aF** listete **Bsp. für technische und organisatorische Maßnahmen** auf, wie etwa die Zugangs- oder Zutrittskontrolle. Er sah sich der Kritik ausgesetzt, nicht auf weltweit standardisierte Begriffe wie Verfügbarkeit, Integrität und Vertraulichkeit zu rekurrieren sowie für neue Risiken, die aus der Fortentwicklung der automatisierten Datenverarbeitung erwachsen, nicht gewappnet zu sein (vgl. Ernestus in Simitis BDSG aF § 9 Rn. 1; Karg in BeckOK DatenschutzR BDSG aF § 9 Rn. 3). Art. 32 Abs. 1 reagiert auf diese Herausforderung mit einer offenen Zieldefinition sowie mit dem Maßnahmenkatalog des **Abs. 1 S. 1 Hs. 2.**

Das **Datengeheimnis des § 5 BDSG aF** nahm alle „bei der Datenver- **77** arbeitung beschäftigten Personen" in die Pflicht. Art. 32 Abs. 4 adressiert demgegenüber lediglich Verantwortliche und Auftragsverarbeiter (vgl. dazu auch Herbst in Auernhammer BDSG aF § 5 Rn. 35; Kramer/Meints in Auernhammer DS-GVO Art. 32 Rn. 60 ff.; aA Hansen in NK-DatenschutzR DS-GVO Art. 33 Rn. 68). Die Anweisungen, die Verantwortliche und Auftragsverarbeiter ggü. den ihnen unterstellen Personen treffen, erhalten über das Vehikel des Art. 29 (der die Pflicht festsetzt, Weisungen zu befolgen), allerdings ebenso normative Durchschlagskraft (→ Art. 29 Rn. 3 f.; Kramer/ Meints in Auernhammer DS-GVO Art. 32 Rn. 62).

Art. 32 belässt den Mitgliedstaaten **keinen eigenen Regelungsspiel-** **78** **raum,** den sie auf der Grundlage einer echten Öffnungsklausel ausschöpfen könnten. Lediglich Abs. 4 formuliert eine unechte Öffnungsklausel. Sie er- öffnet keine eigene mitgliedstaatliche Regelungsbefugnis, sondern setzt diese voraus (→ Rn. 68). Für Verarbeitungen auf der Grundlage des **Art. 6 Abs. 1** **UAbs. 1 lit. c** (Erfüllung einer rechtlichen Verpflichtung) **und lit. e** (Wahr- nehmung einer öffentl. Aufgabe) räumen die **Öffnungsklauseln** des Art. 6 Abs. 2 und 3 den Mitgliedstaaten einen **Konkretisierungsspielraum** für Vorgaben der Datensicherheit ein: Sie können den Normadressaten insbes. Maßnahmen vorschreiben, welche diese zu ergreifen haben, damit die Ver- arbeitung rechtmäßig und nach den Grundsätzen von Treu und Glauben erfolgt. Dies schließt die Befugnis ein, konkretisierende technische und orga- nisatorische Sicherheitsmaßnahmen anzuordnen.

Vorschr. der Datensicherheit finden sich im bisherigen nationalen **78a** Recht teilw. auch **in bereichsspezifischen datenschutzrechtlichen Nor-** **mierungen** (zB § 78 SGB X, § 109 TKG, § 13 Abs. 4 und 7 TMG, § 8a BSIG). Sie standen in einem komplexen, grds. durch § 1 Abs. 3 BDSG aF gesteuerten Beziehungsverhältnis zu den Normen des BDSG aF (zur Dis- kussion Karg in BeckOK DatenschutzR BDSG aF § 9 Rn. 28 ff.). Der **Anwendungsvorrang des Unionsrechts** verdrängt diese Vorschr. seit In- krafttreten der DS-GVO nunmehr grds., soweit sie nicht – wie zB § 109 Abs. 2 TKG als Umsetzung des Art. 13a der ePrivacy-RL (RL 2002/58/EG; → Rn. 17g) – normativen Sonderbereichen jenseits des Datenschutzrechts zuzuordnen sind. Die **ePrivacy-RL** ist in ihrem Anwendungsbereich im Verhältnis zur DS-GVO spezieller (Art. 95), sodass auch ihre nationalrecht- lichen Umsetzungsakte die allg. Vorschr. verdrängen, soweit die Spezialität reicht (Mantz in HK-DS-GVO Art. 32 Rn. 34; dazu bspw. BGH v. 28.5.2020 – I ZR 7/16, Rn. 59). Dies gilt insbes. nicht nur für § 109 Abs. 2 TKG, sondern auch für § 13 Abs. 7 TMG. Die bereichsspezifische Vorgabe des § 8 a Abs. 1 BSIG fußt dagegen auf den Vorgaben der NIS-RL (→ Rn. 14 ff.). Teilw. hat der dt. Gesetzgeber das bereichsspezifische Daten- schutzrecht auch den Vorgaben der DS-GVO angepasst (so etwa den § 78 SGB X durch das zweite Datenschutzanpassungsgesetz (2. DSAnpUG-EU, BGBl. I 2019 S. 1626)).

Mit dem **IT-SiG 2.0** (IT-SiG 2.0-E v. 7.5.2020) möchte der Gesetzgeber **78b** einen weiteren Beitrag zur IT-Sicherheit leisten. Es soll das BSI mit neuen Aufgaben stärken. Dieses soll ua einen Stand der Technik bei sicherheitstech-

nischen Anforderungen an IT-Produkte veröffentlichen (§ 3 Abs. 1 S. 2
Nr. 20 BSIG-E), Empfehlungen für Identifizierungs- und Authentisierungs-
verfahren herausgeben und diese Verfahren unter dem Gesichtspunkt der
Informationssicherheit bewerten (§ 3 Abs. 1 S. 2 Nr. 19 BSIG-E). Das BSI
erhält Befugnisse, als Konformitätsbewertungsstelle im Bereich der IT-Sicher-
heit zu agieren (§ 3 Abs. 1 S. 2 Nr. 5a BSIG-E) sowie als Ansprechpartner für
staatliche und private Stellen in Fragen der Informationssicherheit tätig zu
werden (§ 3 Abs. 1 S. 2 Nr. 14 und 14a BSIG-E). Darüber hinaus soll es die
IT-Systeme des Bundes absichern (s. § 4a, 5c, 7, 8 BSIG-E). Das IT-SiG 2.0-
E erweitert die Pflichten für die Betreiber von Krit. Infrastrukturen und
Unternehmen im besonderen öffentlichen Interesse (§ 8a, 8b, 8e, 8f BSIG-E).
Auch eine freiwillige IT-Sicherheitskennzeichnung in Abgrenzung zur Zertifizierung nach dem CSA sieht das IT-SiG 2.0-E vor (§ 9a BSIG-E). **Konkrete neue Pflichten** für die Sicherheit bei der Verarbeitung von personen-
bezogenen Daten durch die Verantwortlichen hebt das Gesetz **nicht** aus der
Taufe. Es zielt vielmehr darauf, die **IT-Sicherheit insgesamt** im Gemeinwohlinteresse zu erhöhen (IT-SiG 2.0-E, S. 1).

D. Ausblick

79   Art. 32 ist **von unbestimmten Rechtsbegriffen** und der Forderung nach
einem **Ausgleich zwischen** verschiedenen, teils gegenläufigen **Interessen**
durchdrungen. Auch dort, wo die Vorschr. (vergleichsweise) konkret wird
(etwa in dem Maßnahmenkatalog des Abs. 1 Hs. 2), zieht sich ihre Regel-
lungsreichweite weitgehend (mit Ausnahme der lit. a) darauf zurück, abstrakte Zielvorgaben zu benennen. Die größte Schwäche der Norm ist
jedoch womöglich zugleich eine ihrer größten Stärken: In einem **hoch-
gradig dynamischen Umfeld,** in dem sich technische Neuerungen zu
einer schier unendlichen Innovationskette aneinanderreihen, wird einem
technikneutralen risikobasierten Ansatz (s. hierzu auch ErwGr 15), der
sich an den Zielvorgaben orientiert, mit seiner normativen Leitbildfunktion
eine längere Lebensdauer beschieden sein als einer katalogartigen Festlegung
konkreter technischer und organisatorischer Maßnahmen. Auf den rasanten
technologischen Wandel und die neuen Risiken für die Informationsverarbeitung, die dadurch aufkeimen, können die Normadressaten sowie Voll-
zugsorgane so in einem **stabilen, entwicklungsoffenen rechtlichen Rahmen** reagieren (vgl. auch Art. 29-Datenschutzgruppe Stellungn. 8/2012,
WP 199 v. 5.10.2012, S. 29). Ihnen fällt die Aufgabe zu, die abstrakten
normativen Forderungen mit Leben zu füllen.

80   **Instrumente der Selbstregulierung** können dabei einen wertvollen Beitrag leisten, diese abstrakten technischen Zielvorgaben auszufüllen: Sie verstehen sich als **bereichsspezifische Konkretisierungen abstrakter normativer Anforderungen,** die Rechtssicherheit und Orientierung schaffen.
In einem digitalen Kosmos, der Verarbeitungssicherheit als Grdl. des Vertrauens voraussetzt, ist das Datenschutzrecht auf derartige Orientierungshilfen

mehr denn je angewiesen. Anderenfalls liefe der Gesetzgeber Gefahr, vor der Geschwindigkeit des Wandels kapitulieren zu müssen.

Art. 33 Meldung von Verletzungen des Schutzes personenbezogener Daten an die Aufsichtsbehörde

(1) [1] Im Falle einer Verletzung des Schutzes personenbezogener Daten meldet der Verantwortliche unverzüglich und möglichst binnen 72 Stunden, nachdem ihm die Verletzung bekannt wurde, diese der gemäß Artikel 55 zuständigen Aufsichtsbehörde, es sei denn, dass die Verletzung des Schutzes personenbezogener Daten voraussichtlich nicht zu einem Risiko für die Rechte und Freiheiten natürlicher Personen führt. [2] Erfolgt die Meldung an die Aufsichtsbehörde nicht binnen 72 Stunden, so ist ihr eine Begründung für die Verzögerung beizufügen.

(2) Wenn dem Auftragsverarbeiter eine Verletzung des Schutzes personenbezogener Daten bekannt wird, meldet er diese dem Verantwortlichen unverzüglich.

(3) Die Meldung gemäß Absatz 1 enthält zumindest folgende Informationen:

a) eine Beschreibung der Art der Verletzung des Schutzes personenbezogener Daten, soweit möglich mit Angabe der Kategorien und der ungefähren Zahl der betroffenen Personen, der betroffenen Kategorien und der ungefähren Zahl der betroffenen personenbezogenen Datensätze;

b) den Namen und die Kontaktdaten des Datenschutzbeauftragten oder einer sonstigen Anlaufstelle für weitere Informationen;

c) eine Beschreibung der wahrscheinlichen Folgen der Verletzung des Schutzes personenbezogener Daten;

d) eine Beschreibung der von dem Verantwortlichen ergriffenen oder vorgeschlagenen Maßnahmen zur Behebung der Verletzung des Schutzes personenbezogener Daten und gegebenenfalls Maßnahmen zur Abmilderung ihrer möglichen nachteiligen Auswirkungen.

(4) Wenn und soweit die Informationen nicht zur gleichen Zeit bereitgestellt werden können, kann der Verantwortliche diese Informationen ohne unangemessene weitere Verzögerung schrittweise zur Verfügung stellen.

(5) [1] Der Verantwortliche dokumentiert Verletzungen des Schutzes personenbezogener Daten einschließlich aller im Zusammenhang mit der Verletzung des Schutzes personenbezogener Daten stehenden Fakten, von deren Auswirkungen und der ergriffenen Abhilfemaßnahmen. [2] Diese Dokumentation muss der Aufsichtsbehörde die Überprüfung der Einhaltung der Bestimmungen dieses Artikels ermöglichen.

BDSG und anderes nationales Recht: §§ 42 Abs. 4, 43 Abs. 4 BDSG (kommentiert unter → BDSG § 42 Rn. 10; → BDSG § 43 Rn. 5).

Literatur: *Artikel-29-Datenschutzgruppe,* Leitlinien für die Meldung von Verletzungen des Schutzes personenbezogener Daten gemäß der Verordnung (EU) 2016/679, 18/DE WP250rev.01 v. 6.2.2018; *Becker,* Meldungen nach Art. 33 DS-GVO – Voraussetzungen der Meldepflicht und die Doppelrolle der Aufsichtsbehörden, ZD 2020, 175; *Böse,* Wirtschaftsaufsicht und Strafverfolgung – Die verfahrensübergreifende Verwendung von Informationen und die Grund- und Verfahrensrechte des Einzelnen, 2005; *Dannecker,*

Konturierung prozessualer Gewährleistungsgehalte des nemo tenetur-Grundsatzes anhand der Rechtsprechung des EGMR, ZStW 2015, 991; *Der Bayerische Beauftrage für den Datenschutz,* Meldepflicht und Benachrichtigungspflicht des Verantwortlichen. Erläuterungen zu Art. 33 und 34 Datenschutz-Grundverordnung, Orientierungshilfe v. 1.6.2019; *Els,* Meldung von Datenschutzvorfällen nach Art. 33 DSGVO, DöD 2018, 213; *Faust/Spittka/Wybitul,* Milliardenbußgelder nach der DS-GVO? – Ein Überblick über die neuen Sanktionen bei Verstößen gegen den Datenschutz, ZD 2016, 120; *Faußner/Leeb,* Die Melde- und Benachrichtigungspflichten nach Art. 33, Art. 34 DSGVO in der betrieblichen Praxis, DSB 2019, 156 (Teil 1) und 196 (Teil 2); *Fuhlrott,* Data Incident Management: Rechtlicher Umgang mit „Datenpannen", NZA 2019, 649; *Gabriel,* Das Auskunftsverweigerungsrecht im Wirtschaftsverwaltungsrecht, NVwZ 2020, 19; *Gierschmann,* Was „bringt" deutschen Unternehmen die DS-GVO?, ZD 2016, 51; *Hessel/Potel,* Zur Notwendigkeit einer Data Breach Notification bei Datenträgerverschlüsselung, DuD 2020, 94; *Kasner,* Melde- und Benachrichtigungspflichten nach Art. 33, 34 DSGVO, PinG 2019, 111; *Kaufmann,* Meldepflichten und Datenschutz-Folgenabschätzung, ZD 2012, 358; *Leibold,* Meldung von Verletzungen des Schutzes personenbezogener Daten an die Aufsichtsbehörde nach Art. 33 DS-GVO – auch bei Verschlüsselung?, ZD-Aktuell 2019, 06650; *Marschall,* Datenpannen – „neue" Meldepflicht nach der europäischen DS-GVO?, DuD 2015, 183; *Ortwein/Rücker,* Kann Europa von Kalifornien lernen?, DuD 2014, 613; *Paal,* Meldepflicht bei Datenschutzverstößen nach Art. 33 DS-GVO – Praxisrelevante Rechtsfragen und Handlungsempfehlungen, ZD 2020, 119; *Piltz/Pradel,* Wie lange dauern 72 Stunden – Umgang mit der EU-weiten Fristenverordnung am Beispiel der DS-GVO, ZD 2019, 152; *Pohl,* Verwendungsverbot für Data Breach Notifications, PinG 2019, 100; *Pörtge,* Die unternehmerische Ermessensentscheidung über Verteidigung oder Kooperation, CCZ 2020, 65; *Rüb,* Der Nemo-tenetur-Grundsatz im BDSG im Lichte der Kartellrechts-Judikatur des EuGH, RDV 2019, 246; *Schwarze,* Europäische Kartellbußgelder im Lichte übergeordneter Vertrags- und Verfassungsgrundsätze, EuR 2009, 171; *Spittka,* Der Personal Data Breach als Pflicht zur Selbstbelastung?, DSB 2019, 217; *ders.,* Si tacuisses … – nemo tenetur und DS-GVO, RDV 2019, 167; *Thode,* Die neuen Compliance-Pflichten nach der Datenschutz-Grundverordnung, CR 2016, 714; *Veil,* DS-GVO: Risikobasierter Ansatz statt rigides Verbotsprinzip. Eine erste Bestandsaufnahme, ZD 2015, 347; *Wenzel/Wybitul,* Vermeidung hoher DS-GVO-Bußgelder und Kooperation mit Datenschutzbehörden, ZD 2019, 290; *Werkmeister/Brandt/Felcht,* Die Meldepflicht nach Art. 33 DSGVO – Berechnung der 72-Stunden-Frist, CR 2020, 89.

Übersicht

A. Allgemeines

I. Bedeutung und Systematik der Norm; Überblick über den Regelungsinhalt

Art. 33 legt dem Verantwortlichen (**Abs. 1,** → Rn. 14 ff.) und (in abge- **1** schwächter Form) dem Auftragsverarbeiter (**Abs. 2,** → Rn. 39 ff.) eine **Meldepflicht** auf. Ihr Ziel ist es, die Gefahren für die Rechte und Freiheiten der Betroffenen (vgl. ErwGr 75) zu minimieren, die aus einer Verletzung des Schutzes personenbezogener Daten (Art. 4 Nr. 12) resultieren: Die Meldung soll die **ASB** über das Risiko in Kenntnis setzen, damit diese ggf. von ihren Befugnissen aus Art. 58 Gebrauch machen kann. Soweit es dem Verantwortlichen möglich ist, hat er die Meldung binnen **72 Stunden** nach Bekanntwerden der Verletzung an die ASB abzugeben (Abs. 1 S. 1; → Rn. 32 ff.).

Den **Mindestinhalt** der Meldung konkretisiert die DS-GVO in **Abs. 3 2** (→ Rn. 43 ff.). Der Unionsgesetzgeber gestattet dem Verantwortlichen, Informationen auch **schrittweise zur Verfügung zu stellen,** soweit es ihm nicht möglich ist, alle relevanten Erkenntnisse zur gleichen Zeit bereitzustellen (**Abs. 4,** → Rn. 51 ff.). Um überprüfen zu können, ob der Verantwortliche seiner Meldepflicht nachgekommen ist, verpflichtet ihn **Abs. 5** (→ Rn. 54 ff.), etwaige Verletzungen des Schutzes personenbezogener Daten **umfassend** – auch unabhängig von einer Meldung – **zu dokumentieren.**

II. Einordnung in den Gesamtkontext der DS-GVO sowie des sonstigen Unionsrechts

Art. 33 verankert die Meldepflicht **nicht vorbehaltlos.** Die Vorschr. macht **3** diese vielmehr von dem Risiko abhängig, das mit der Verletzung des Schutzes personenbezogener Daten einhergeht: Sie entfällt, wenn „die Verletzung [...] voraussichtlich nicht zu einem Risiko für die Rechte und Freiheiten natürlicher Personen führt" (**Abs. 1 S. 1 Hs. 2**). Diese Eingrenzung ist Ausdruck des **risikobasierten Ansatzes,** den der Unionsgesetzgeber an vielen Stellen in das normative Regime der DS-GVO implementiert hat – zB in Art. 24 Abs. 1 S. 1 (→ Art. 24 Rn. 2, 26 ff.), Art. 25 Abs. 1 (→ Art. 25 Rn. 37 ff.), Art. 32 Abs. 1 (→ Art. 32 Rn. 46 ff.) sowie in Art. 35 Abs. 1 S. 1 (→ Art. 35 Rn. 14 ff.); vgl. dazu bspw. Veil ZD 2015, 347; Schröder ZD 2019, 503). Die Risikoadjustierung nimmt Rücksicht auf den **bürokratischen und finanziellen Aufwand,** den ehe Meldepflicht den Normadressaten aufbürdet. Insbes. rückt die DS-GVO damit von der generellen Meldepflicht ab, welche vormals die **DSRL** den Pflichtigen zugemutet hatte: Nach der Einschätzung der Unionsorgane hatte diese ungeachtet ihrer guten Absicht „nicht in allen Fällen zu einem besseren Schutz personenbezogener Daten geführt" (ErwGr 89 S. 3).

4   Art. 33 kommt die Funktion zu, **das umfangr. materielle Pflichtenprogramm,** das die DS-GVO dem Verantwortlichen als Zentralfigur des datenschutzrechtlichen Verarbeitungsregimes (vgl. insbesondere Art. 24 und 25 sowie 32) auferlegt, **verfahrensrechtlich zu flankieren.**

5   Die Vorschr. versteht sich als eine **spezialgesetzliche Konkretisierung der allg. Zusammenarbeitspflicht,** die **Art. 31** den Verantwortlichen und den Auftragsverarbeitern auferlegt. Sie steht zugleich in engem Zusammenhang mit **Art. 34:** Dieser trägt dem Verantwortlichen die Pflicht auf, – zusätzlich zur ASB (Art. 33) – die von einer Verletzung personenbezogener Daten **betroffene(n) Person(en)** zu informieren. Die beiden Normen bilden die tragenden **Eckpfeiler des Sicherheitsmitteilungsregimes** der DS-GVO. Sie sind (in unterschiedlicher Konturierung) Ausdruck des Leitgedankens, dass die Bekämpfung von Sicherheitslücken nur dann wirksam möglich ist, wenn die Risiken und Verstöße den relevanten Akteuren kraft eines Hinweises hinreichend zeitnah bekannt sind.

6   Damit Art. 33 in der praktischen Anwendung ein hinreichendes Maß an Rechtssicherheit gewährleisten kann, ist die Vorschr. auf eine **Konkretisierung angewiesen.** Der Normgeber betraut daher zum einen den **EDSA** auf Grdl. des **Art. 70 Abs. 1 S. 2 lit. g** mit der Aufgabe, durch Leitlinien, Empf. und bewährte Verfahren Hilfestellungen für den praktischen Vollzug des Art. 33 zu geben.

6a   Zum anderen hebt **Art. 40 Abs. 2 lit. i** die Vorschr. des Art. 33 ausdr. als idealtypischen **Anwendungsfall für selbstregulierende Verhaltensregeln** von Verbänden ua Vereinigungen hervor. Anders als Art. 24 Abs. 3 (→ Art. 24 Rn. 44 ff.), Art. 25 Abs. 3 (→ Art. 25 Rn. 53), Art. 28 Abs. 5 (→ Art. 28 Rn. 67 ff.) sowie Art. 32 Abs. 3 (→ Art. 32 Rn. 61 ff.) knüpft Art. 33 daran aber keine ausdr. normative Privilegierung.

6b   **Unterlässt** der Normadressat eine Meldung iSd Art. 33 Abs. 1 an die ASB in rechtswidriger Weise, so kann diese den Verstoß auf der Grdl. des **Art. 83 Abs. 4 lit. a** mit einer **Geldbuße** ahnden. Die gleiche Rechtsfolge greift auch dann, wenn der Verantwortliche oder Auftragsverarbeiter sonstige Pflichten schuldig bleibt, die ihnen Art. 33 **Abs. 2–5** auferlegt. Denn Art. 83 Abs. 4 lit. a verweist pauschal und ohne Differenzierung auf Art. 33.

Neben der Meldepflicht des Art. 33 etabliert **Art. 4 Abs.** 7
2 ePrivacy-RL (RL 2002/58/EG) eine **bereichsspezifische Sonderregelung** für diejenigen Fälle, in denen die Verarbeitung personenbezogener Daten bei der **Bereitstellung öffentl. zugänglicher elektronischer Kommunikationsdienste in öffentl. Kommunikationsnetzen** erfolgt (zum Verhältnis beider Regelwerke → Art. 95 Rn. 2 f.). Sie verpflichtet den Betreiber öffentl. zugänglicher elektronischer Kommunikationsdienste, die zuständige nationale Behörde im Fall einer Verletzung des Schutzes personenbezogener Daten unverzüglich über den Sachverhalt in Kenntnis zu setzen. Eine Konkretisierung erfährt diese Meldepflicht durch **Art. 2 VO (EU) 611/2013** (sowie deren Anh. I). Diese Vorschr. diente, wie sich aus ihrem Inhalt und ihrer Struktur ablesen lässt, dem Art. 33 als regelungstechnische Blaupause.

Zur Meldepflicht der ePrivacy-RL treten die Regelungen der Richtlinie 8
über Maßnahmen zur Gewährleistung eines hohen gemeinsamen Sicherheitsniveaus von Netz- und Informationssystemen in der Union (RL (EU) 2016/1148, **NIS-RL**) hinzu. Sie legt den Mitgliedstaaten eine Gewährleistungspflicht dafür auf, dass öffentl. Verwaltungen und Marktteilnehmer den zuständigen Behörden Vorfälle mit erheblichen Auswirkungen auf die Sicherheit der Kerndienste, die sie bereitstellen, unverzüglich melden **(Art. 14 Abs. 3 NIS-RL).** Die ENISA (Agentur der Europäischen Union für Cybersicherheit) unterstützt die Mitgliedstaaten – respektive die zuständige(n) nationale(n) Behörde(n) – bei der Meldung von Sicherheitsvorfällen, indem sie hierfür Stellungnahmen abgibt, Leitlinien herausgibt sowie Beratung und bewährte Verfahren („best practices") anbietet (Art. 5 Nr. 2 VO (EU) 2019/881).

Für den Bereich der Datenverarbeitung durch **Gefahrenabwehr- und** 9
Strafverfolgungsbehörden findet Art. 33 eine Entsprechung in dem – nahezu wortlautidentischen – **Art. 30 JI-RL,** der zeitgleich zur DS-GVO entstanden ist. Den Anwendungsbereich der DS-GVO und der RL grenzt Art. 2 JI-RL entlang der Trennlinie des behördlichen Aufgabenbereichs der Datenverarbeitung voneinander ab: Die JI-RL, nicht die DS-GVO ist einschlägig, wenn Behörden personenbezogene Daten verarbeiten, um Gefahrenabwehr zu betreiben oder Straftaten zu verhüten, zu ermitteln, aufzudecken oder zu verfolgen bzw. Strafen zu vollstrecken. Die unionsrechtlichen Vorgaben aus Art. 30 JI-RL hat Deutschland in § 65 BDSG (→ § 65 Rn. 1 ff.) in nationales Recht gegossen.

III. Sinn und Zweck der Vorschrift

Art. 33 soll (ähnlich wie Art. 34) **verfahrensrechtlichen Schutz der Rech-** 10
te und Freiheiten des Betroffenen verbürgen, indem er den aufsichtsbehördlichen Informationsstand verbessert. Die Vorschr. trägt damit – wie die korrespondierenden ErwGr 85 und 87 ff. betonen – dem Umstand Rechnung, dass das informationelle Selbstbestimmungsrecht in einer digitalen Welt ubiquitärer Datenverarbeitung besonders verletzlich ist und dadurch Betroffenen nachhaltige **immaterielle und materielle Schäden** entstehen können. Diese reichen vom Datenkontrollverlust über den „Verlust der Vertraulich-

keit" von Daten, die einem Berufsgeheimnis unterliegen, bis hin zum Identitätsdiebstahl und zur Rufschädigung (ErwGr 85 S. 1). Etwaige Verletzungen des Schutzes personenbezogener Daten frühzeitig zu erfahren, ist für die **ASB** die **notwendige Vorstufe,** um ggf. **geeignete Maßnahmen** ggü. dem Verantwortlichen ergreifen zu können (vgl. auch ErwGr 87 S. 3). Ihr obliegt es auch, die Information Betroffener über die Verletzung zu veranlassen, sofern der Pflichtige dies unterlassen hat (**Art. 34 Abs. 4 Alt. 1**). Die Vorschr. tritt damit neben die eigenen informatorischen Befugnisse der ASB (Art. 58 Abs. 1) und sucht Informationsasymmetrien zwischen den beteiligten Akteuren auszugleichen.

11   Die Meldepflicht knüpft an eine **eingetretene Verletzung** des Schutzes personenbezogener Daten an. Gleichzeitig zielt sie **mittelbar** auch auf **vorbeugenden Privatsphärenschutz** (vgl. dazu auch Paal ZD 2020, 119 (119)): Die (jedenfalls potenzielle, mittelbare) Publizitätswirkung zu meldender Verstöße erhöht zum einen die Bereitschaft, Persönlichkeitsverletzungen zu vermeiden, beugt also weiteren Datenschutzverletzungen, die strukturell ähnlichen Gefahrenlagen erwachsen können, bei demselben oder bei anderen Verantwortlichen vor. Auf der Grundlage gemeldeter Verstöße können die ASB zum anderen frühzeitig Gegenmaßnahmen ergreifen und damit Schäden bei den Betroffenen vermeiden. Die ASB können ihr Wissen um konkrete Verletzungen des Schutzes personenbezogener Daten im Idealfall nutzen, um generelle Risiken aufzudecken und frühzeitig einzuschreiten.

IV. Entstehungsgeschichte der Norm

12   Im Laufe des Gesetzgebungsverfahrens hat Art. 33 nur **wenige Veränderungen** ggü. der Entwurfsfassung erfahren. Die Normstruktur blieb iW unangetastet. Ein wechselvolles Schicksal durchlief lediglich der **Zeitrahmen,** innerhalb dessen die Benachrichtigung nach **Abs. 1** zu erfolgen hat. Während der Entwurf der **KOM** zunächst nach dem Vorbild des Art. 2 Abs. 3 S. 1 VO 611/2013 eine Regelfrist von 24 Stunden vorsah, kannte der Vorschlag des **EP** keine genauere Zeitvorgabe. Er verlangte lediglich, dass die Meldung „unverzüglich" zu erfolgen habe. Seine heutige Gestalt, also die Regelfrist von 72 Stunden, verlieh der **ER** dem Abs. 1.

V. Vergleich mit der bisherigen Rechtslage auf Unionsebene

13   Die DSRL kannte keine dem Art. 33 vergleichbare Vorschr. (vgl. auch ErwGr 89 S. 3). **Art. 18 DSRL** sah stattdessen lediglich eine **generelle Meldepflicht** vor, „bevor eine vollständig oder teilweise automatisierte Verarbeitung oder eine Mehrzahl von Verarbeitungen zur Realisierung einer oder mehrerer verbundener Zweckbestimmungen durchgeführt wird". Eine Ergänzung fand Art. 18 DSRL in der Vorschr. des **Art. 19 DSRL.** Sie traf nähere Vorgaben zum Inhalt der Meldung.

B. Auslegung der Norm

I. Meldepflicht des Verantwortlichen (Abs. 1)

Abs. 1 nimmt den **Verantwortlichen** (Art. 4 Nr. 7) in die Pflicht. Sonstige **14** Personen, etwa den Vertreter (Art. 27), den Auftragsverarbeiter (Art. 28) oder den Datenschutzbeauftragten (Art. 39) adressiert er nicht. Den **Auftragsverarbeiter** bezieht aber Abs. 2 in sein Pflichtenprogramm ein. Ihn trifft allerdings keine Meldepflicht ggü. der ASB, sondern alleine **ggü. dem Verantwortlichen,** also eine **interne Melde- bzw. Benachrichtigungspflicht** (Abs. 2; dazu bspw. Gierschmann in GSSV DS-GVO Art. 33 Rn. 3, 35; → Rn. 39 ff.).

Wen im Falle **gemeinsamer Verantwortung** (Art. 26) die Meldepflicht **14a** trifft, lässt Art. 33 Abs. 1 S. 1 offen. Naheliegend ist es, die Meldepflicht demjenigen normativ aufzuerlegen, in dessen Sphäre die Verletzung erfolgt ist (so Wilhelm in HK-DS-GVO Art. 33 Rn. 6). **Art. 26 Abs. 1 S. 2** regelt dies jedoch anders: Die Meldepflicht ggü. der ASB trifft denjenigen, den die gemeinsam Verantwortlichen in ihrer **Vereinbarung** bestimmen (ebenso WP250rev.01, 15). Damit geht zwar eine für die Erfüllung sicherheitsrelevanter Pflichten ungewöhnliche Dispositionsfreiheit der Datenverarbeiter einher. Der unionale Gesetzgeber geht aber davon aus, dass die Verantwortlichen selbst am besten einschätzen können, welche der verantwortlichen Personen welches Risiko tragen soll. Die Union und die Mitgliedstaaten können diese Freiheit überdies durch besondere Rechtsvorschriften einschränken (Art. 26 Abs. 1 S. 1 aE; → Art. 26 Rn. 26 f.). Die Vereinbarung wirkt zwar grds. nur im **Innenverhältnis** zwischen den Verantwortlichen, nicht aber im Außenverhältnis zum Betroffenen (Art. 26 Abs. 3; → Art. 26 Rn. 22 u. 36 f.). Diese Wirkungslimitierung des Art. 26 Abs. 3 kommt aber explizit lediglich der betroffenen Person zugute. Die ASB kann sich auf dieses Privileg nicht berufen. Sie ist auch nicht in gleichem Maße schutzbedürftig wie jene (das schließt es auch aus, Art. 26 Abs. 3 auf die Meldung gegenüber der ASB analog anzuwenden). Treffen die Verantwortlichen in ihrer Vereinbarung **keine Regelung,** sind sie nach dem Grundsatz des Art. 26 Abs. 1 S. 1 **zur gesamten Hand verantwortlich** (→ Art. 26 Rn. 22).

Adressat der Meldung ist diejenige ASB, die nach Art. 55 zuständig ist **14b** (→ Art. 55 Rn. 2 ff.; zur Problematik der fristgemäßen Meldung bei einer unzuständigen ASB s. Jandt in Kühling/Buchner DS-GVO Art. 33 Rn. 17), nicht der Betroffene. Dessen Information regelt **Art. 34.**

1. Entstehen der Meldepflicht (Abs. 1 S. 1)

a) Grundsatz (Hs. 1). Die Meldepflicht entsteht, wenn eine Verletzung des **15** Schutzes personenbezogener Daten eintritt (aa → Rn. 16 ff.) und dies dem Verantwortlichen bekannt ist (bb → Rn. 18 ff.).

aa) Verletzung des Schutzes personenbezogener Daten. Wann die **16** Schwelle zu einer „Verletzung des Schutzes personenbezogener Daten" überschritten ist, definiert **Art. 4 Nr. 12** legal. Anders als der allg. Sprachgebrauch insinuiert, meint die Wendung nicht jeden Verstoß gegen Vorschr. zum Schutz des Rechts auf informationelle Selbstbestimmung. Sie bezeichnet vielmehr ausschl. „eine **Verletzung der Sicherheit**" (engl.: „in case of a personal data breach", franz.: „la violation de données à caractère personnel"). Als **Erscheinungsformen** nennt die DS-GVO die Vernichtung, den Verlust, die Veränderung oder die unbefugte Offenlegung von bzw. den unbefugten Zugang zu verarbeiteten personenbezogenen Daten (zu Einzelheiten → Art. 4 Rn. 92 ff.).

16a   Art. 33 Abs. 1 S. 1 i. V. m. Art. 4 Nr. 12 knüpft nicht an subjektive Momente, sondern ausschl. daran, dass ein **Verletzungsergebnis** eingetreten ist (in diesem Sinne auch Paal ZD 2020, 119 (119); Dix in NK-DatenschutzR DS-GVO Art. 4 Nr. 12 Rn. 8: „objektive Rechtswidrigkeit"). Ob Beteiligte die jeweiligen Folgen herbeiführen wollten oder nicht, ist daher unerheblich („ob unbeabsichtigt oder unrechtmäßig") – ebenso, ob den Verantwortlichen ein **Verschulden** trifft (zust. bspw. Faußner/Leeb DSB 2019, 156 (157)). Irrelevant ist auch, ob der Verantwortliche selbst den Sachverhalt als Verletzung einstuft. Soweit eine rechtliche Einordnung unverschuldet fehlerhaft war, kommt dies dem Pflichtigen nicht iRd Art. 33 Abs. 1 zugute. Vielmehr ist dies als Verschuldensaspekt bei der Verhängung von Sanktionen, insbes. Geldbußen, in Anschlag zu bringen (Art. 83 Abs. 2 S. 1 lit. b).

16b   Wer in der Verarbeitungskette die Verletzung des Schutzes der personenbezogenen Daten **verursacht** hat, ist gleichgültig. Der Verantwortliche muss daher auch ein **Fehlverhalten seines Auftragsverarbeiters** an die ASB melden. Das verdeutlicht das Zusammenspiel des Abs. 1 mit Abs. 2. Denn Abs. 2 erlegt dem Auftragsverarbeiter keine unmittelbare Pflicht auf, der ASB eine Meldung abzugeben, sondern nur eine Meldepflicht ggü. dem Verantwortlichen. Sobald dem Verantwortlichen dann die Verletzung bekannt ist, greift dessen Meldepflicht aus Abs. 1. Der Verantwortliche hat ferner Verletzungen zu melden, die aus den Eingriffen solcher Personen in die Datenverarbeitung resultieren, die nicht in die Verarbeitungsvorgänge eingebunden, also **Dritte** iSd Art. 4 Nr. 10, sind. Auch in diesem Fall liegt qua definitionem eine Datenschutzverletzung vor (→ Rn. 16); insoweit unterscheidet sich die Meldepflicht des Art. 33 Abs. 1 S. 1 von der Sicherstellungspflicht des Art. 32 Abs. 4 (→ Art. 32 Rn. 65).

17   Nimmt man Art. 4 Nr. 12 beim Wort („Verletzung der Sicherheit"), erstreckt sich die Informationspflicht nicht nur auf Verstöße gegen **Sicherheitsvorschr. der DS-GVO,** sondern **jeglicher unionsrechtlicher Vorschr.,** die Sicherheitsregeln etablieren, zB der ePrivacy-RL oder der NIS-RL. Ihrer inneren Zweckbestimmung nach greift die Vorschr. allerdings nur, soweit die Verarbeitung personenbezogener Daten im Anwendungsbereich der DS-GVO betroffen ist (vgl. auch Art. 4 Nr. 12 aE, Art. 2).

17a   Erlassen die Mitgliedstaaten auf der Grdl. der **Öffnungsklauseln** der DS-GVO (zB Art. 6 Abs. 2 und 3 iVm Art. 6 Abs. 1 UAbs. 1 lit. c und e) eigene datenschutzrechtliche Sicherheitsnormen, erstreckt sich die Meldepflicht nach der Rationalität des Art. 33 grds. auch auf deren Verletzung – aber nur dann, wenn diese Vorschr. einem expliziten **Regelungsauftrag** der DS-GVO folgen, den Inhalt der VO zu präzisieren; denkbar ist das zB bei Regelungen zur Datenverarbeitung im Beschäftigungskontext (Art. 88 Abs. 1). Für „Einschränkungen des Regelungsgehalts der DS-GVO", zu denen die Mitgliedstaaten in bestimmten Fällen (zB nach Art. 85 Abs. 2) ermächtigt sind (vgl. ErwGr 8), gilt das aber nicht ohne Weiteres. Denn ihre Verletzungen sind nicht zwingend auch Verletzungen des **Unionsrechts,** auf die sich die Melde- und Dokumentationspflicht des Art. 33 Abs. 1 und 5 der Sache nach erstrecken.

bb) Bekanntwerden der Verletzung. Die Mitteilungspflicht des Verant- **18** wortlichen entsteht in dem Zeitpunkt, in welchem ihm die Verletzung **bekannt** wird. Diese Situation tritt ein, sobald er von einer Sicherheitsverletzung, die zu einer Verletzung des Schutzes personenbezogener Daten geführt hat (vgl. Art. 4 Nr. 12; → Rn. 16 ff.), in einer Weise **hinreichend Kenntnis erlangt,** die ihm eine sinnvolle Meldung nach den Vorschr. der DS-GVO ermöglicht (vgl. auch Art. 2 Abs. 2 UAbs. 3 VO (EU) 611/2013). Die Datenschutzverletzung muss lediglich **wahrscheinlich** sein; eine sichere Kenntnis setzt die Vorschr. nicht voraus (vgl. Werkmeister/Brandt/Felcht CR 2020, 89 (90) mwN). Es genügt vielmehr eine „hinreichende Gewissheit" (so die Leitlinien der Artikel-29-Datenschutzgruppe, die der EDSA übernommen hat, WP250rev.01, 12). Liegen dem Verantwortlichen noch nicht alle Informationen vor, eröffnet das Gesetz ihm die Möglichkeit einer schrittweisen Meldung (Abs. 4, → Rn. 51 ff.). Entscheidend ist die **Kenntnis der tatsächlichen Umstände,** nicht die (zutr.) rechtliche Einordnung als „Verletzung des Schutzes personenbezogener Daten" iSd Art. 4 Nr. 12 – ähnlich wie ein Rechtsirrtum den Fristbeginn nicht hindert (BGH NJW 2008, 1729 (1732); OLG Frankfurt am Main BeckRS 2019, 5090 Rn. 32). Nach dem Sinn und Zweck der Meldepflicht ist dem Verantwortlichen ein (kurzes) **Untersuchungsmoratorium** zu gewähren, wenn die Verletzung nicht augenfällig ist. Diese Aufklärungsphase hemmt das Bekanntwerden und damit den Fristbeginn (WP250rev.01, 13; s. auch die Orientierungshilfe des Bayerischen Landesbeauftragten für den Datenschutz v. 1.6.2019, Rn. 70: Fristhemmung für „höchstens 24 Stunden").

Entzieht sich der Verantwortliche **bewusst pflichtwidrig** der Kenntnis **19** solcher Umstände, die (objektiv) als Verletzung der Sicherheit personenbezogener Daten zu werten sind, um zu verhindern, dass die Meldepflicht entsteht, ist er so zu behandeln, als ob er über die entsprechende Kenntnis verfügte. Ab dem Moment, in dem er die Kenntnis pflichtwidrig vorsätzlich verweigert, beginnt mit anderen Worten die Frist für die Meldung zu laufen. Nur so lässt sich sicherstellen, dass der Verantwortliche die Meldepflicht des Art. 33 Abs. 1 nicht unterläuft. Die Frist beginnt aber **nicht** schon dann, wenn der Verantwortliche sich **einzelnen Informationen oder Erkenntnissen fahrlässig verschlossen** hat. Denn immerhin knüpft die DS-GVO ausdr. an ein „bekannt sein", nicht an ein „bekannt sein müssen" an. Ein bloßes (nicht vorsätzliches) Kennenmüssen (vgl. aus dem dt. Recht § 122 Abs. 2 BGB) genügt daher nicht (ebenso zB Werkmeister/Brandt/Felcht CR 2020, 89 (90 f.)). Als „bekannt" darf dem Verantwortlichen die Verletzung aber dann gelten, wenn er **bewusst und planmäßig** darauf hingewirkt hat, sich Informationen und Indizien, aus denen sich eine Verletzung ergibt, zu verschließen.

19a   Bei **Behörden, Gemeinden** und **juristischen Personen** finden für die Kenntnis die allgemeinen Grundsätze der **Wissenszurechnung** Anwendung (Paal ZD 2020, 119 (120 f.); Franck in SJTK DS-GVO Art. 33 Rn. 58; Wilhelm in HK-DS-GVO Art. 33 Rn. 14). Dem Verantwortlichen ist mithin das Wissen in der Person des zuständigen Mitarbeiters als **Wissensvertreter** zuzurechnen (Werkmeister/Brandt/Felcht CR 2020, 89 (90 f.) mwN; tendenziell enger wohl BayLfDI, Meldepflicht und Benachrichtigungspflicht des Verantwortlichen, 2019, Rn. 71, der hinsichtlich öffentl. Stellen auf spezifische Funktionseinheiten oder -träger rekurriert). Beruht die **verspätete Kenntnis** des Wissensvertreters auf einem **Organisationsverschulden** des Verantwortlichen, kommt es darauf an, wann die Kenntnisnahme bei ordnungsgemäßem Ablauf (etwa iRd Datenschutz-Management-Systems; dazu Jung ZD 2018, 208) aus objektiver Sicht zu erwarten war (Werkmeister/Brandt/Felcht, CR 2020, 89 (91); s. auch → Rn. 19). Den Verantwortlichen trifft die Pflicht, die interne Kommunikation so zu organisieren, dass der Informationsfluss in der Organisation gesichert ist (vgl. für das Zivilrecht nur BGH NJW 1996, 1339 (1341); für das öffentl. Recht allg. etwa BVerwG NVwZ-RR 2015, 681 (682, Rn. 16)). Derjenige, der sich Dritter bedient, um seine eigenen Angelegenheiten zu erledigen, darf daraus keine Vorteile im Verhältnis zu der Situation erlangen, in der er alle Pflichten selbst wahrnimmt. Ein etwaiger Einsatz (teil-)autonomer Algorithmen (etwa im Rahmen sog Smart Knowledge Organizations) kann dem Pflichtigen daher besondere Formen der Wissensorganisation abverlangen (vgl. Spindler/Seidel NJW 2018, 2153 (2153 f.); ferner OLG Frankfurt am Main BeckRS 2019, 5090 Rn. 33 f.).

19b   **Nicht** zuzurechnen ist dem Verantwortlichen aber bspw. das **Wissen des Datenschutzbeauftragten** (BayLfDI, Meldepflicht und Benachrichtigungspflicht des Verantwortlichen, 2019, Rn. 72): Der Datenschutzbeauftragte hat zwar die Aufgabe, den Verantwortlichen über seine Pflichten zu unterrichten und zu überwachen, ob die Vorschr. der DS-GVO eingehalten werden; das Gesetz setzt ihn als Anlaufstelle für die ASB auf den Posten (Art. 39 Abs. 1 lit. b und e). Er agiert aber **nicht als Wissensvertreter** des Verantwortlichen; insbesondere ist er – im Rahmen seiner Aufgaben – verpflichtet, Informationen vertraulich zu behandeln und geheim zu halten (Art. 38 Abs. 5; vgl. Drewes in NK-DatenschutzR DS-GVO Art. 38 Rn. 49; → Art. 38 Rn. 13). Zuzurechnen ist dem Verantwortlichen demgegenüber das Wissen des **Vertreters iSd Art. 27.** Dieser hat kraft Gesetzes „bei sämtlichen Fragen im Zusammenhang mit der Verarbeitung" eine Schnittstellenfunktion inne, um sicherzustellen, dass die Verarbeitung datenschutzkonform erfolgt (Art. 27 Abs. 4). Der **Auftragsverarbeiter** hat den Verantwortlichen dabei zu unterstützen, die Meldepflicht aus Art. 33 zu erfüllen (vgl. Art. 28 Abs. 3 UAbs. 1 S. 2 lit. f). Sein Wissen ist dem Verantwortlichen aber nicht automatisch zurechenbar. Vielmehr trifft den Auftragsverarbeiter eine selbstständige Meldepflicht (Art. 33 Abs. 2). Erst wenn er dieser nachgekommen ist, ist dem Verantwortlichen das Wissen des Auftragsverarbeiters zurechenbar.

So nachhaltig die Rechtsfolgen sind, die sich an die Feststellung und das **20** Bekanntwerden der Verletzung knüpfen (→ Rn. 6b), so wichtig ist dem Normgeber eine klare und praktisch handhabbare Präzisierung, wann die Tatbestandsvoraussetzungen des Abs. 1 S. 1 greifen. Vor diesem Hintergrund überträgt der Normgeber dem **EDSA** die Aufgabe, **Leitlinien, Empf. und bewährte Verfahren** für die (unverzügliche) Feststellung bereitzustellen, wann personenbezogene Daten verletzt sind, und die Voraussetzungen zu präzisieren, wann die Meldepflicht entsteht (**Art. 70 Abs. 1 lit. g**).

b) Ausnahme (Hs. 2). aa) Voraussichtlich kein Risiko. Die Melde- **21** pflicht des Abs. 1 S. 1 stellt der Unionsgesetzgeber unter einen Ausnahmevorbehalt: Der Verantwortliche muss eine Verletzung nicht melden, wenn diese „voraussichtlich nicht zu einem Risiko für die Rechte und Freiheiten natürlicher Personen führt". Auf diesen Topos greift die DS-GVO auch in **Art. 27 Abs. 2 lit. a** (Befreiung von der Pflicht zur Bestellung eines Vertreters; → Art. 27 Rn. 29 ff.) sowie in **Art. 30 Abs. 5 Var. 1** (Befreiung von der Pflicht, ein Verzeichnis der Verarbeitungstätigkeiten zu führen; → Art. 30 Rn. 32) zurück. Er ist Ausdruck des risikobasierten Ansatzes der DS-GVO.

(1) „nicht zu einem Risiko". Der **ER** knüpfte die Meldepflicht in seiner **22** allg. Ausrichtung noch an ein voraussichtlich „hohes Risiko für die persönlichen Rechte und Freiheiten". Die Endfassung kehrt das Grundsatz-Ausnahme-Verhältnis regelungstechnisch um: Sie macht die Ausnahme von einem fehlenden Risiko abhängig. Mit der Wendung meint der Normgeber jedoch nicht ein (in der realen Welt nicht existentes) Null-Risiko, sondern ein **geringfügiges Risiko,** also ein Verhältnis von Eintrittswahrscheinlichkeit und Schadenshöhe, das eine **Meldung** bei einer rationalen Abwägung aller relevanten Gefahrenaspekte **entbehrlich macht** (vgl. auch Werkmeister/ Brandt/Felcht CR 2020, 89 (89 f.), die sich für eine Änd. des Wortlauts aussprechen; Faußner/Leeb DSB 2019, 196 (196) stellen auf ein „mittleres" Risiko ab).

Wann genau sich ein mehr als nur geringfügiges Risiko aus einer Daten- **23** schutzverletzung ergibt, definiert die DS-GVO nicht. Das Risiko ergibt sich – entspr. der allg. Wortbedeutung – aus dem **Zusammenspiel der Schwere und der Eintrittswahrscheinlichkeit** des drohenden Schadensereignisses. Anders als Art. 24 Abs. 1 S. 1, Art. 25 Abs. 1, Art. 32 Abs. 1 und Art. 35 Abs. 1 S. 1 benennt Art. 33 Abs. 1 keine **Berücksichtigungsfaktoren,** aus denen sich das Risiko bestimmen lässt (→ Art. 24 Rn. 28 ff.). Die Aspekte, welche die anderen Normen nennen, lassen sich auch nicht unbesehen auf Art. 33 Abs. 1 übertragen. Der Ursprung des Risikos ist in den anderen Normtatbeständen jeweils anderer. An den Stellen, an denen der Gesetzgeber die Bemessungskriterien ausdr. benennt, folgt das Risiko namentlich aus der Verarbeitung selbst; in Art. 33 folgt es demgegenüber aus einer **bereits eingetretenen Verletzung** des Schutzes personenbezogener Daten iSd Art. 4 Nr. 12 (ähnlich in Art. 34 Abs. 1 S. 1; → Art. 34 Rn. 28 ff.). Die

Parameter sind daher in Art. 33 grds. lediglich mit Blick auf die Art, den Umf. und die Umstände der eingetretenen **Verletzung** in die Risikoprognose einzubeziehen; das mögliche **Schadensausmaß** rückt stärker in den Fokus. Bes. Augenmerk gebührt dabei einerseits der **Menge und der Art der betroffenen Daten,** andererseits möglichen **Zielen und Fähigkeiten Dritter,** die (potenziell) Zugang zu den Daten erhalten. Um die Tragweite des Risikos der Verletzung eingrenzen zu können, sind dabei gleichzeitig aber auch die Art, der Umf. und die Umstände der zugrunde liegenden Verarbeitung in die Bewertung einzubeziehen. Hat der Verantwortliche bspw. ein **Verschlüsselungsverfahren** eingesetzt, kann die Meldepflicht entfallen, wenn die Vertraulichkeit des Schlüssels hinreichend sicher gewahrt ist (WP 250rev. 01, S. 21 f.). Gleiches gilt für den Fall, dass personenbezogene Daten mittels einer – dem Stand der Technik entsprechenden kryptografischen – **Hash-Funktion** ordnungsgemäß verschlüsselt worden sind und unbefugte Personen den verwendeten „Schlüssel" mit (derzeit verfügbaren) technischen Mitteln nicht zu generieren imstande sind (WP 250rev.01, S. 22).

24   Die Risikoanalyse richtet sich an den „**Rechten und Freiheiten** natürlicher Personen" als Referenzpunkt aus (→ Art. 24 Rn. 27). In Rechnung zu stellen sind alle „physischen, materiellen oder immateriellen" Schäden für Betroffene. Dazu gehört insbes. der „Verlust der Kontrolle" (ErwGr 85 S. 1) über die Daten. Soweit die Daten in die **Hände Dritter** gelangt sind oder gelangen könnten, kommen vielfältige Gefahrenszenarien in Betracht: insbesondere Diskriminierung, Identitätsdiebstahl oder -betrug, finanzielle Verluste, unbefugte Aufhebung einer Pseudonymisierung, Rufschädigung, Verlust der Vertraulichkeit von Daten, die dem Berufsgeheimnis unterliegen, sowie andere wirtschaftliche oder gesellschaftliche Nachteile (ErwGr 85 S. 1).

25   **(2) „voraussichtlich".** Von der Meldepflicht ist der Verantwortliche nicht erst befreit, wenn gesichert ist, dass kein Risiko für die Rechte und Freiheiten des Betroffenen besteht. Es genügt, dass die Datenschutzverletzung „voraussichtlich", also bei dem **zu erwartenden Gang der Dinge,** kein Risiko für die Rechte und Freiheiten der Betroffenen heraufbeschwört (Hs. 2). Der Verantwortliche muss also eine **Prognose** über die Folgen des Datenschutzverstoßes anstellen. Fördert diese ein Risiko für die Rechte und Freiheiten natürlicher Personen zu Tage, darf eine Meldung nicht ausnahmsweise unterbleiben.

26   Ihrem Wesen nach findet eine Prognose auf unsicherer Tatsachengrundlage statt. Dass sie den realen Verlauf der künftigen Entwicklung – ex post betrachtet – nicht zutr. vorhersagt, macht sie daher noch nicht per se fehlerhaft. Entscheidend ist, dass die Aussage über künftige Zustände und Entwicklungen auf einer **methodisch nachvollziehbaren Analyse des zum Zeitpunkt der Prognose verfügbaren Wissens** beruht (zust. Paal ZD 2020, 119 (121); aA wohl Reif in Gola DS-GVO Art. 33 Rn. 26). Da Abs. 1 S. 1 an die **Kenntnis des Verantwortlichen** anknüpft, ist auch insoweit konsequenterweise nur sein Erkenntnishorizont maßgeblich. Seine Prognose lässt sich aber daraufhin überprüfen, ob er **alle maßgeblichen Umstände einbezogen** hat, die ihm zum damaligen Zeitpunkt erkennbar waren, sowie darauf, ob er eine **geeignete fachliche Methodik** angewandt hat, um das Risiko zu bestimmen. Die Prognoseentscheidung unterliegt insoweit der **vollen gerichtlichen Kontrolle.**

bb) Selbstbelastungsfreiheit. Dass die Meldung ein Tätigwerden der ASB **27** nach sich ziehen kann (ErwGr 87 S. 3), bringt den Verantwortlichen in einen inneren Widerstreit, nämlich in einen potenziellen Konflikt mit der grundrechtlich verbürgten **Selbstbelastungsfreiheit** bzw. dem Recht auf ein faires Verfahren (Art. 47 Abs. 2 GRCh; vgl. Schwarze EuR 2009, 171 (190 ff.)). Die bisherige Rspr. des EuGH sieht die Selbstbelastungsfreiheit nicht verletzt, wenn der Betroffene lediglich **rein tatsächliche Auskünfte** geben muss (vgl. → Art. 31 Rn. 31 ff.). Auch im Falle des Abs. 1 S. 1 hat der Verantwortliche nur die Verletzung selbst sowie die näheren tatsächlichen Umstände zu melden (→ Rn. 43 ff.). Überzeugend ist diese Rspr. jedoch nur bedingt. Denn sie macht aus dem Grundsatz „nemo tenetur, se ipsum accusare" – wie er im nationalen Recht etwa in § 384 Nr. 2 ZPO, §§ 55, 136 Abs. 1 S. 2 StPO, § 393 Abs. 1 S. 2 AO, § 59 Abs. 5 GWB, § 22 Abs. 6 RStV und § 20 Abs. 1 S. 3 BDG als Auskunftsverweigerungsrecht verankert ist – ein **Geständnisverweigerungsrecht** (Dannecker ZStW (127) 2015, 370 (371); Martini/ Wagner/Wenzel VerwArch 2018, 163 (181); Spittka DSB 2019, 217 (218)). Damit gefährdet sie den in der Menschenwürde und dem Rechtsstaatsprinzip liegenden Kerngehalt der Selbstbelastungsfreiheit: Sie verbürgt dem Einzelnen das Recht, grds. nicht zur eigenen Überführung beitragen zu müssen. Zugleich erstreckt sie sich aber – auch nach dt. Rechtsverständnis – nicht auf jeden Nachteil, sondern **nur auf das Risiko straf-, ordnungswidrigkeiten- oder berufsrechtlicher Verfolgung** (vgl. dazu etwa Martini Das Wettbewerbsrecht als Ressoure der Berufsaufsicht, 2014, 175 ff.). Sie greift daher erst, wenn Informationen in einem späteren Ordnungswidrigkeiten- oder Strafverfahren Verwendung finden sollen. **Ordnungsrechtliche Meldepflichten,** die **künftige Gefahren** und damit **weitere Schäden abwehren** sollen, stellt das Gebot der Selbstbelastungsfreiheit mithin als solche nicht zwingend infrage (vgl. auch für das nationale Recht etwa § 12 Abs. 2 S. 3 HessSOG); es untersagt lediglich, sie später in sanktionsrechtlichen Verfahren zu verwerten. Abs. 1 S. 1 lässt sich daher insoweit auch mit einem weiten Verständnis des Gebots der Belastungsfreiheit grundrechtlich in Einklang bringen (vgl. zur allg. Zusammenarbeitspflicht → Art. 31 Rn. 31 ff.): Dem Konflikt zwischen ordnungsrechtlichem Abwehrbedürfnis und sanktionsrechtlichem Schutz der Selbstbelastungsfreiheit ist der dt. Gesetzgeber mit **§ 42 Abs. 4** und **§ 43 Abs. 4 BDSG** (allerdings in verfassungsrechtlich unzureichender Weise; → Art. 31 Rn. 33b) begegnet.

cc) Nachweispflicht bei unterlassener Meldung. Unterlässt der Verant- **28** wortliche es, der ASB eine Verletzung des Schutzes personenbezogener Daten zu melden, so muss er den **Nachw. führen,** dass zum Zeitpunkt seiner Entscheidung auf der Grdl. einer sachgerechten Risikoabwägung („voraussichtlich") **kein Risiko bestand.** Dies folgt sowohl aus der Regelungssystematik der Norm („es sei denn") als auch aus ErwGr 85 S. 2 („nachweisen, dass die") sowie Abs. 5 („dokumentiert Verletzungen des Schutzes personenbezogener Daten einschließlich aller im Zusammenhang mit der Verletzung des Schutzes personenbezogener Daten stehenden Fakten"); zust. bspw. Dix in NK-DatenschutzR DS-GVO Art. 33 Rn. 10. Die Dokumentationspflicht formt den allg. Grundsatz der Rechenschaftspflicht des Art. 5 Abs. 2 für den Bereich der Datensicherheit aus. In ihrer inhaltlichen Ausgestaltung kann sich die Dokumentation der Verletzung an Abs. 3 (→ Rn. 43 ff.) orientieren; sie kann umso knapper ausfallen, je evidenter es ist, dass ein Risiko im konkreten Einzelfall nicht bestand. Anderenfalls trifft den Verantwortlichen grds. das Risiko, mit einer Geldbuße (Art. 83 Abs. 4 lit. a) rechnen zu müssen.

2. Formelle Anforderungen an die Meldung

29   a) **Form der Meldung.** Art. 33 knüpft die Meldung nicht ausdr. an eine bestimmte Form. Darin unterscheidet sich die Vorschr. von zahlreichen anderen Regelungen, in denen die DS-GVO die Pflichtenerfüllung bewusst an die Schriftform bindet, namentlich in Art. 7 Abs. 2 S. 1 (Einwilligung), Art. 12 Abs. 1 S. 3 (transparente Information), Art. 27 Abs. 1 (Bestellung eines Vertreters in der Union; → Art. 27 Rn. 17 ff.), Art. 28 Abs. 2 S. 1 und 2, Abs. 9 (Auftragsverarbeitung), Art. 30 Abs. 3 (Verzeichnis der Verarbeitungstätigkeiten) sowie Art. 36 Abs. 2 S. 1 (vorherige Konsultation). Auch für die Parallelnorm des **Art. 34** trifft der Unionsgesetzgeber in **Art. 12 Abs. 1 S. 2 und 3** eine explizite Regelung ("schriftlich oder in anderer Form, ggf. auch elektronisch"; "kann […] mündlich erteilt werden"). Das indiziert einen Umkehrschluss: Die Meldepflicht des Art. 33 muss (kraft beredten Schweigens) **keinerlei Formanforderungen** erfüllen.

30   Immerhin gibt **Abs. 1 S. 2** mit der Wendung „ist ihr eine Begründung für die Verzögerung beizufügen" zu erkennen, dass der Normgeber womöglich von einer Verkörperung der Meldung ausgeht. Zwingend ist das aber nicht. Denn zum einen greift die Begründungspflicht nicht generell, sondern nur dann, wenn die Meldung nicht binnen 72 Stunden erfolgte; zum anderen bedingt „beizufügen" (engl.: „accompanied by", franz.: „accompagnée") nicht zwingend die Schriftform der Meldung; beifügen lassen sich ebenso Anlagen zu elektronischen, nicht alleine zu schriftlichen Dokumenten. Auch das normative Gebot des **Abs. 5,** Verletzungen des Schutzes personenbezogener Daten zu **dokumentieren,** impliziert nicht notwendig, dass die Meldung selbst einer bestimmten Form genügen muss. Im Gegenteil deutet diese Vorschr. an, dass die Meldung selbst nicht zwingend einer bestimmten Form bedarf: Zum einen dekretiert der Unionsgesetzgeber für die Dokumentation keine spezifische Form; sie kann bspw. elektronisch erfolgen. Zum anderen bedürfte es der Dokumentationspflicht des Verantwortlichen nicht in vollem Umf., wenn bereits die Meldung selbst einer besonderen Form unterläge: Muss der Verantwortliche Verletzungen und ergriffene Maßnahmen umfassend dokumentieren, verliert sich der Mehrwert einer besonderen Form der Meldung nachhaltig. Denn die Dokumentation soll – ebenso wie eine etwaige Schriftform der Meldung – bereits die Zielsetzung befriedigen, der ASB eine Überprüfung zu ermöglichen, ob der Verantwortliche die Bestimmungen des Art. 33 eingehalten hat. Die **Meldung** selbst bedarf daher **keiner bes. Form**

(zust. Reif in Gola DS-GVO Art. 33 Rn. 37; Dix in NK-DatenschutzR DS-GVO Art. 33 Rn. 21).

Allenfalls die **Beweisfunktion** der Meldung könnte eine bes. Form jenseits **31** der Mündlichkeit sinnvoll oder erforderlich machen. Das Risiko, nachweisen zu müssen, seine Pflichten ordnungsgemäß erfüllt zu haben, legt der Unionsgesetzgeber jedoch in die Hand des Verantwortlichen. Das gilt insbes. für den **Zugang** der Meldung (Reif in Gola DS-GVO Art. 33 Rn. 37). Aufgrund der Fülle an Informationen, die eine Meldung enthalten muss (s. nur Abs. 3), wird eine **mündliche Mitteilung** den normativen Anforderungen aus **praktischen Gründen** zugleich aber nur eingeschränkt Rechnung tragen können (ähnlich auch Wilhelm in HK-DS-GVO Art. 33 Rn. 25; Faußner/Leeb DSB 2019, 156 (157), die eine Schriftform anraten). Von vorneherein aus rechtlicher Sicht ausgeschlossen sind aber weder die mündliche noch andere nichtschriftliche Formen (zur Einschätzung, dass die Textform ausreicht, s. Marschall DuD 2015, 183 (186)). Das ist auch **rechtspolitisch sachgerecht.** Denn entscheidend ist, **dass** die Meldung die ASB erreicht und ggf. schnelles Gegensteuern ermöglicht – **nicht, in welcher Form** sie erfolgt. Um eine unkomplizierte Meldung zu ermöglichen, halten die ASB vielfach elektronische – rein webbasierte oder downloadbare – Musterformulare bereit (vgl. die Übersicht bei Faußner/Leeb DSB 2019, 156 (157)).

b) Meldefrist. Der Verantwortliche muss die Verletzung „unverzüglich und **32** möglichst binnen 72 Stunden" melden. Die DS-GVO **verzichtet** damit **auf eine absolute, starre Frist.** Dies entspricht der Regelung für Verletzungen iRd elektronischen Kommunikation, die eine Benachrichtigung „binnen 24 Stunden" nur insoweit verlangt, als „dies möglich ist" (Art. 2 Abs. 2 UAbs. 1 VO (EU) 611/2013). Entsprechend dem römischen Rechtsgrundsatz „ignoranti non currit tempus" (für den Unwissenden läuft keine Frist; Dig. 38, 15 (16), 2 § 5) beginnt die Frist in dem Zeitpunkt, in dem die Verletzung dem Verantwortlichen „bekannt wurde" (→ Rn. 18 ff.).

aa) „möglichst binnen 72 Stunden". „72 Stunden" versteht die DS-**33** GVO als eine **normative Leitvorgabe,** die der Verantwortliche nur überschreiten darf, wenn ihm eine Meldung vorher nicht in sachdienlicher Weise **möglich** war. Auf die Beschwernisse (etwa der innerbetrieblichen Organisation), die sich mit einer solchen zeitnahen Meldung verbinden, kommt es dabei nicht an. Entscheidend ist allein die **tatsächliche Möglichkeit,** die Meldung abgeben zu können. Es ist auch nicht relevant, ob dem Verantwortlichen die **Meldepflicht** (nicht die Verletzung) **bekannt** war: Die Unkenntnis normativer Pflichten schützt den Verantwortlichen nicht vor deren Rechtsfolgen: Es gilt das Prinzip „ignorantia facti, non iuris excusat" (Bonifaz VIII., Liber sextus 5, 13, 13; → Rn. 37 f.). Die DS-GVO will dem Verantwortlichen möglichst wenige Anknüpfungspunkte für Ausflüchte und Pflichtbefreiungen bieten.

Die Frist berechnet sich nicht nach nationalen Vorschr. (etwa §§ 187 ff. **33a** BGB, § 31 VwVfG), sondern nach der **VO (EWG, Euratom) Nr. 1182/71** (sog Fristen-VO; vgl. Piltz/Pradel ZD 2019, 152 (153); Werkmeister/Brandt/Felcht CR 2020, 89 (91); Faußner/Leeb DSB 2019, 196 (197 f.)). Bei einer

Stundenfrist – wie der des Abs. 1 – wird die Stunde, in die das fristauslösende Ereignis, namentlich das Bekanntwerden (→ Rn. 18) der Datenschutzverletzung, fällt, **nicht mitgerechnet** (Art. 3 Abs. 1 UAbs. 1 Fristen-VO). Sie **endet** mit Ablauf der letzten Stunde der Frist (Art. 3 Abs. 2 lit. a Fristen-VO), mithin der 72. Stunde. Die Stundenfrist kann nach der unionsrechtlichen Fristen-VO (Art. 3 Abs. 4e contrario iVm Abs. 3) grundsätzlich auch an einem **Wochenende** oder einem **Feiertag** enden, nicht erst mit Ablauf der letzten Stunde des folgenden Arbeitstags (s. für das dt. Recht zB § 31 Abs. 6 VwVfG; anders: § 222 Abs. 3 ZPO ggf. iVm § 57 Abs. 2 VwGO; ebenso Piltz/Pradel ZD 2019, 152 (155 f.); Werkmeister/Brandt/Felcht CR 2020, 89 (91 f.); aA LfDI Saarland, 28. Tätigkeitsbericht Datenschutz, 2019, S. 58). Allerdings muss auch die 72-Stunden-Frist **mindestens zwei Arbeitstage** umfassen (s. Art. 3 Abs. 5 Fristen-VO („[j]ede Frist"); Werkmeister/Brandt/Felcht CR 2020, 89 (92); Piltz/Pradel ZD 2019, 152 (156) mit Bsp. zur Fristberechnung; aA Orientierungshilfe des Bayerischen Landesbeauftragten für den Datenschutz v. 1.6.2019, Rn. 81).

34 **bb) „unverzüglich".** Selbst wenn der Verantwortliche die Frist von 72 Stunden einhält, ist die Meldung dennoch verspätet, wenn er sie nicht **„unverzüglich"** abgegeben hat. Die DS-GVO verwendet den Begriff „unverzüglich" an zahlr. Stellen (zB Art. 17 Abs. 1, Art. 34 Abs. 1, Art. 51 Abs. 4), ohne ihn zu definieren. Im dt. (Zivil-)Recht meint er **„ohne schuldhaftes Zögern"** (§ 121 Abs. 1 S. 1 BGB). Dieses Begriffsverständnis deckt sich insbes. mit der englischen Textfassung, die von „without undue delay" spricht. In ähnlicher Weise verwendete der DS-GVO-E(Trilog) noch die Wendung „ohne unangemessene Verzögerung". Dem Terminus wohnt damit eine subjektive Komponente der **Vorwerfbarkeit** inne.

35 Anhaltspunkte dafür, welche Aspekte in diese Beurteilung einfließen, liefert **ErwGr 87 S. 2.** Zu berücksichtigen sind danach insbes. „die **Art** und **Schwere** der Verletzung des Schutzes personenbezogener Daten sowie deren **Folgen** und **nachteilige Auswirkungen** für die betroffene Person".

35a So sehr das Gebot, „unverzüglich" zu handeln, den Verantwortlichen dazu anhält, die Verletzung möglichst schnell zu melden, so wenig verlangt der Gesetzgeber ihm ein (objektiv) sofortiges Handeln ab – wiewohl **ErwGr 87 S. 1** von „sofort feststellen" spricht; diese Wendung bezieht sich lediglich auf vorsorgende Schutz- sowie organisatorische Maßnahmen, um eine Verletzung feststellen zu können, nicht aber auf die Meldung selbst. Eine Meldung, die objektiv nicht sofort, sondern zeitverzögert erfolgt, ist also so lange nicht zu beanstanden, wie **nachvollziehbare Gründe** dies rechtfertigen.

36 Der Normgeber hat bereits erahnt, dass das Begriffsmerkmal der Unverzüglichkeit im praktischen Vollzug Auslegungsschwierigkeiten und Rechtsstreitigkeiten nach sich ziehen wird. Deshalb gibt er dem **EDSA** auf, Leitlinien, Empf. und bewährte Verfahren für die Präzisierung des Begriffs zu entwickeln (**Art. 70 Abs. 1 lit. g;** vgl. dazu bspw. Dix in Kühling/Buchner DS-GVO Art. 70 Rn. 8 ff.). Der EDSA hat sich die „Leitlinien für die Meldung von Verletzungen des Schutzes personenbezogener Daten gemäß der Verordnung

(EU) 2016/679" der Art.-29-Datenschutzgruppe (WP250rev.01 v. 6.2.2018, S. 12 ff.) zu eigen gemacht (Endorsement 1/2018 v. 25.5.2018, Nr. 4).

c) Rechtsfolgen (S. 2). Kommt der Verantwortliche seiner Meldepflicht 37 **nicht innerhalb von 72 Stunden** nach, muss er die zeitliche Verzögerung gem. **S. 2** begründen (selbst wenn er „unverzüglich" gehandelt hat). Die Begr. hat er seiner Meldung beizufügen. Sie darf **nicht lediglich formelhaft** sein. Aus ihr muss vielmehr in – für die ASB als Adressaten – **nachvollziehbarer Weise** hervorgehen, warum die Meldung nicht früher erfolgte. Nur dann lässt sich die mit der Begr. einhergehende Exkulpation, die Regelfrist zu überschreiten, rechtfertigen.

Erfolgte die Meldung demgegenüber **nicht unverzüglich,** so vermag die 38 Begr. die verspätete Meldung nicht zu heilen. Denn die Heilungsmöglichkeit des S. 2 erstreckt sich nur auf die Fristvorgabe „binnen 72 Stunden", nicht aber auf einen Verstoß gegen das Gebot unverzüglichen Handelns. Eine nicht rechtzeitige Meldung kann **aufsichtsrechtliche Maßnahmen,** insbes. eine Verwarnung nach Art. 58 Abs. 2 lit. b (dazu Martini/Wenzel PinG 2017, 92), nach sich ziehen und erfüllt die Voraussetzungen des **Bußgeldtatbestandes** des Art. 83 Abs. 4 lit. a (zur Selbstbelastungsfreiheit → Rn. 27).

II. Meldepflicht des Auftragsverarbeiters (Abs. 2)

Den **Auftragsverarbeiter** trifft **ggü. der ASB** keine Meldepflicht. Abs. 2 39 verpflichtet ihn aber, **den Verantwortlichen** zu informieren, wenn ihm eine Verletzung des Schutzes personenbezogener Daten bekannt wird (zum Begriff „bekannt werden" → Rn. 18). Die Verletzung muss nicht aus seinem eigenen Verhalten resultieren. Entscheidend ist nicht die Verantwortlichkeit für eine Verletzung, sondern (ausweislich des Wortlauts) allein deren **Kenntnis** (vgl. dazu auch Wilhelm in HK-DS-GVO Art. 33 Rn. 27). Verletzt der Auftragsverarbeiter seine gesetzliche Meldepflicht gegenüber dem Verantwortlichen, schwebt über ihm das Damoklesschwert eines empfindlichen **Bußgeldes** (Art. 83 Abs. 4 lit. a).

Die Benachrichtigung muss – wie auch die Meldung des Verantwortlichen 40 nach Abs. 1 – **„unverzüglich"** (→ Rn. 34 ff.) erfolgen. Der 72-Stunden-Frist unterliegt der Auftragsverarbeiter (anders als der Verantwortliche) demgegenüber nicht. Das ergibt sich aus einem Umkehrschluss zu Art. 33 Abs. 1 S. 1 Hs. 1.

Um die Anforderungen, die mit der Meldepflicht, namentlich den Begrif- 41 fen „Verletzung" und „unverzüglich", einhergehen, greifbarer zu machen, trägt die DS-GVO dem **EDSA** (ebenso wie im Falle des Verantwortlichen) die Aufgabe auf, Leitlinien, Empf. und bewährte Verfahren bereitzustellen, die den Inhalt der Verpflichtungen präzisieren (**Art. 70 Abs. 1 lit. g;** → Rn. 36).

Zusätzlich zur Meldepflicht trifft den Auftragsverarbeiter die vertragliche 42 Pflicht, den Verantwortlichen dabei zu **unterstützen,** seine Pflichten aus Art. 32–34 zu erfüllen. Das folgt aus **Art. 28 Abs. 3 UAbs. 1 S. 2 lit. f** (→ Art. 28 Rn. 48 f.).

III. Inhaltliche Mindestanforderungen an die Meldung (Abs. 3)

43 Abs. 3 formuliert **inhaltliche Mindestanforderungen,** denen die Meldung iSd Abs. 1 genügen muss. Der Verantwortliche muss alle dort aufgeführten Angaben übermitteln. Er ist jedoch weder gehindert noch davon befreit, der ASB **weitere Informationen** zur Vfg. zu stellen, wenn dies erforderlich ist, damit die ASB das Ausmaß einer „Verletzung des Schutzes personenbezogener Daten" sachgerecht beurteilen kann **(„zumindest").** Einen Anhaltspunkt für mögliche weitere im Einzelfall gebotene Informationen liefert **Anh. I VO (EU) 611/2013.**

44 Abs. 3 nimmt – prima facie überraschend – nur auf die **Pflichten des Verantwortlichen,** nicht aber auf die Meldung des **Auftragsverarbeiters** nach Abs. 2 Bezug („gemäß Absatz 1"). Dem liegt wohl eine bewusste legislatorische Entscheidung zugrunde: Obgleich die Meldeinhalte der Sache nach praeter propter auf die Meldung des Auftragsverarbeiters bruchfrei übertragbar wären, wollte die DS-GVO den Auftragsverarbeiter nicht den gleichen gesetzlichen Bürokratielasten wie den Verantwortlichen selbst unterwerfen. Vielmehr versteht sie den Auftragsverarbeiter als **„verlängerten Arm"** und den Verantwortlichen als „Herren der Daten", der als primärer Ansprechpartner in der Pflicht steht. Die Meldung des Auftragsverarbeiters muss daher **nicht in vollem Umf. dem Katalog des Abs. 3** genügen. Die Angaben des Auftragsverarbeiters müssen den Verantwortlichen aber in die Lage versetzen, seiner eigenen Meldepflicht nach Abs. 1 nachzukommen. Das ergibt sich auch aus der Unterstützungspflicht, die Art. 28 Abs. 3 UAbs. 1 S. 2 lit. f dem Auftragsverarbeiter auferlegt.

45 Die unterschiedlichen inhaltlichen Vorgaben des Abs. 3 gliedern sich sachlich in solche der **Risikobewertung** (lit. a), der **Faktenmitteilung** (lit. b) sowie der **Folgenanalyse** (lit. c und d). Eine herausgehobene Stellung erlangen die inhaltlichen Anforderungen der Art. 33 Abs. 3 lit. b, c und d dadurch, dass **Art. 34 Abs. 2** (welcher die **Benachrichtigung Betroffener** regelt) diese ebenfalls in Bezug nimmt. Sie formen auf diese Weise das inhaltliche Grundgerüst für die Benachrichtigung der betroffenen Person(en) (→ Art. 34 Rn. 53 f.).

1. „Beschreibung der Art der Verletzung des Schutzes personenbezogener Daten" (lit. a)

46 Damit die ASB die Auswirkungen auf das Grundrecht auf Schutz personenbezogener Daten (Art. 8 Abs. 1 GRCh) leichter einordnen kann, muss der Verantwortliche in der Meldung die Art der Verletzung beschreiben. Die DS-GVO unterscheidet vier unterschiedliche Verletzungsarten als Dimensionen des Integritätsschutzes iSd Art. 5 Abs. 1 lit. f (**Art. 4 Nr. 12;** → Art. 4 Rn. 92 ff.): **Vernichtung, Verlust, Veränderung** und **unbefugte Offenlegung** (bzw. unbefugter Zugang). Die **Arten der Verletzung** iSd Art. 4 Nr. 12 sind dogmatisch von der **Art der Verarbeitung** (Art. 24 Abs. 1 S. 1; → Art. 24 Rn. 32; Art. 25 Abs. 1; Art. 32 Abs. 1) und der **Art der Daten** (→ Art. 24 Rn. 32; Art. 17 Abs. 1 aE DSRL) zu unterscheiden.

Wie detailliert die Beschreibung sub specie der weiteren Angaben zu 47 erfolgen hat, welche lit. a nennt, und welche Einzelinformationen sie enthalten muss, unterstellt der Normgeber einem **Machbarkeitsvorbehalt:** Die Pflicht, die Kategorien (zB „Arbeitnehmer", „Kunde") und die ungefähre Zahl der **betroffenen Personen** (zu diesem Begriff Art. 28 Abs. 3 UAbs. 1 S. 1, → Art. 28 Rn. 33 und Art. 30 Abs. 1 lit. c, → Art. 30 Rn. 10) sowie die betroffenen Kategorien und die ungefähre Zahl der betroffenen **personenbezogenen Datensätze zu benennen,** trifft den Verantwortlichen nicht generell, sondern nur „soweit möglich". Kategorien personenbezogener Datensätze können insbesondere sensible Daten **(Art. 9 Abs. 1),** etwa biometrische Daten oder Gesundheitsdaten, sowie Daten über strafrechtliche Verurteilungen und Straftaten **(Art. 10)** sein; vgl. bspw. auch Art. 14 Abs. 1 lit. d, Art. 23 Abs. 2 lit. b sowie Art. 30 Abs. 1 S. 2 lit. b, → Art. 30 Rn. 10. Ob die Kategorien und die Zahlen der Datensätze mitzuteilen sind, bestimmt sich ausschl. danach, ob dem Verantwortlichen die Mitteilung **möglich** ist, nicht aber danach, ob sich mit ihr hohe **Kosten** verbinden. Eine rote Linie ist erst dann überschritten, wenn der Ressourcenaufwand grundrechtlich nicht mehr vertretbar, also unverhältnismäßig ist (zur Selbstbelastungsfreiheit → Rn. 27).

2. Namen und Kontaktdaten des Datenschutzbeauftragten (lit. b)

Die Meldung iSd Art. 33 verschafft der ASB zwar erste Kenntnis von der 48 Verletzung des Schutzes personenbezogener Daten. Regelmäßig sind die in der Meldung enthaltenen Angaben aber nicht ausreichend, damit die ASB über ihr weiteres Vorgehen hinreichend sachkundig entscheiden kann. Mitunter ist es erforderlich, **ergänzende Informationen** beim Verantwortlichen einzuholen und Rückfragen zu stellen. Um der ASB die **Kontaktaufnahme** zu erleichtern, muss die Meldung iSd Art. 33 daher – ähnlich wie nach Art. 30 Abs. 1 lit. a und Abs. 2 lit. a – den **Namen und die Kontaktdaten** einer (typischerweise betrieblichen) **Anlaufstelle** enthalten, die der ASB weitere Informationen geben kann.

Grds. ist der **Datenschutzbeauftragte** als Kontaktstelle prädestiniert – 48a schließlich ist seine Zusammenarbeit mit der ASB ausweislich des Art. 39 Abs. 1 lit. d eine seiner Kernaufgaben; er fungiert als „Anlaufstelle" für die ASB (Art. 39 Abs. 1 lit. e). Art. 33 Abs. 3 lit. b hebt den Datenschutzbeauftragten daher als Anlaufstelle iSd Norm besonders hervor. In Einzelfällen kann es nach der Wertung des Unionsgesetzgebers auch sinnstiftend sein, eine „**sonstige Anlaufstelle**" in der Meldung anzugeben, etwa wenn ein **Vertreter iSd Art. 27** bestellt ist, oder weil eine andere Instanz bereits über eine bessere Informationslage oder aber weiter reichende Entscheidungsbefugnisse verfügt. Dem Datenschutzbeauftragten kommt nach dem Wortlaut **kein Vorrang gegenüber der sonstigen Anlaufstelle** zu (Wilhelm in HK-DS-GVO Art. 33 Rn. 20). Beide Alt. stehen vielmehr gleichrangig nebeneinander.

3. Folgenbeschreibung (lit. c)

Auf das Bedürfnis der **ASB,** sehr schnell einschätzen zu können, ob und in 49 welcher Form sie **passgenau sowie zeitgerecht intervenieren** sollte, reagiert lit. c: Der Verantwortliche muss ihr die **wahrscheinlichen Folgen** beschreiben, welche die Verletzung des Schutzes der betroffenen personenbezogenen Daten nach sich ziehen wird. Diese Einschätzung des Verantwortlichen soll die informatorische Basis der ASB verbreitern: Mit ihr kann sie ihre eigene Bewertung der Situation abgleichen und auf dieser Grdl. über das weitere Vorgehen befinden.

49a   Lit. c spricht zwar pauschal und umfassend von den „wahrscheinlichen Folgen der Verletzung". Entspr. dem Schutzauftrag der Meldung sind davon aber grds. **nicht alle** denkbaren wirtschaftlichen, sozialen und politischen Folgen der Verletzung umfasst. Gemeint sind primär die **Folgen für die Persönlichkeitsentfaltung natürlicher Personen** (Art. 1 Abs. 1 und 2).

49b   In Ansätzen können die Prognosen über mögliche Folgeszenarien – trotz und unter Berücksichtigung ihrer unterschiedlichen Perspektive – einer **Datenschutz-Folgenabschätzung** (Art. 35 Abs. 1 S. 1; → Art. 35 Rn. 14 ff.) einen ersten geeigneten Anknüpfungspunkt für die Analyse und den insoweit normativ geforderten Inhalt der Folgenbeschreibung bilden. Da diese in Relation zur Datenschutzverletzung regelmäßig allgemein gehalten ist, bedarf die Datenschutz-Folgenabschätzung jedenfalls der Konkretisierung, welche die spezifischen einschlägigen Umstände (ex post) in die Bewertung einstellt (vgl. WP250rev.01, 13).

4. Beschreibung ergriffener oder vorgeschlagener Maßnahmen (lit. d)

50   Die ASB kann den Sachstand umso schneller und exakter erfassen sowie gebotene Gegenmaßnahmen einschätzen und zielgenau einleiten, je mehr der Verantwortliche in der Gefahrenlage dazu beiträgt, **Wissensasymmetrien** auszugleichen: Er muss daher nach dem Willen des Normgebers der ASB alle Maßnahmen beschreiben, die er bereits ergriffen hat oder vorschlägt, um die eingetretene Verletzung zu beseitigen oder ihre Auswirkungen abzumildern.

50a   Die Formulierung **„vorgeschlagene(n) Maßnahmen"** kann das Missverständnis auslösen, dass der Verantwortliche mit weiteren Abhilfemaßnahmen auf konkrete Anweisungen der ASB warten müsste. Das ist aber nicht der Fall. Vielmehr ist er selbst gehalten, alles ihm Mögliche und Zumutbare zu unternehmen, um die Risiken für die Betroffenen zu senken – das ergibt sich mittelbar aus Art. 83 Abs. 2 S. 1 lit. c („Maßnahmen zur Minderung des den betroffenen Personen entstandenen Schadens"). Mit „vorgeschlagenen Maßnahmen" meint die DS-GVO solche Maßnahmen, die **der Verantwortliche** selbst zu ergreifen **vorgesehen** hat. Das bringt auch die englische Sprachfassung („proposed to be taken by the controller") zum Ausdruck (Wilhelm in HK-DS-GVO Art. 33 Rn. 23).

50b   Die Informationen des Verantwortlichen sollen es der ASB ermöglichen, ihren Kenntnisstand mit dem spezialisierten Sachwissen (aber auch kollidierenden Eigeninteressen) des Verantwortlichen abzugleichen und auf dieser Grdl. aus dem denkbaren Maßnahmenbündel geeignete **Abhilfemaßnahmen iSd Art. 58 Abs. 2 lit. d und f** auszuwählen.

IV. Schrittweise Zurverfügungstellung der Informationen
(Abs. 4)

Ist es dem Verantwortlichen **nicht möglich,** alle Informationen zur gleichen 51
Zeit geschlossen und final in einer Meldung zusammenzutragen, entbindet
ihn das nicht von seiner Pflicht, der ASB die Informationen unverzüglich
zukommen zu lassen. Stattdessen ist er dann gehalten, der ASB **Informationen schrittweise** zur Verf. zu stellen. So verfügt es Abs. 4. Ähnlich verfährt
die VO (EU) 611/2013 (→ Rn. 7): Sie legt in ihrem Art. 2 Abs. 3 UAbs. 2
ein Stufenverhältnis an: Der Betreiber eines (öffentlich zugänglichen) elektronischen Kommunikationsdienstes kann sich zunächst durch eine sog Erstbenachrichtigung entlasten. Die restlichen Angaben muss er sodann – gleichsam in einem zweiten Schritt – „so bald wie möglich" mitteilen sowie bereits
erteilte Angaben ggf. aktualisieren.

Vordergründig scheint Abs. 4 dem Verantwortlichen einen **Entschei-** 52
dungsspielraum einzuräumen („kann [...] der Verantwortliche"). Diese
Deutung griffe jedoch zu kurz. In der Möglichkeit, die Meldung schrittweise
zu übermitteln, spiegelt sich auch eine damit korrespondierende **Pflicht.** Sie
erwächst zum einen aus seiner Verpflichtung aus Abs. 1 S. 1, unverzüglich zu
handeln (→ Rn. 34 ff.): Ist eine Teilmeldung geboten, um ein **substanzielles
Risiko** für die Rechte und Freiheiten natürlicher Personen abzuwenden oder
zu beseitigen, darf der Verantwortliche mit der Übermittlung nicht zuwarten.
Vielmehr hat er ohne schuldhaftes Zögern zu agieren, um möglichen weiteren
Schaden abzuwenden.

Zum anderen deutet auch Abs. 4 mit der Wendung **„ohne unangemesse-** 52a
ne Verzögerung" an, dass die schrittweise Zurverfügungstellung dem Ziel
verschrieben ist, weitere Schadensrisiken zu vermeiden. Der Passus bezieht
sich grammatikalisch unmittelbar zwar nur auf die Einzelschritte selbst (und
damit das **„Wie"** einer Teilmeldung), nicht aber darauf, **ob** der Verantwortliche seine Meldung auch in Teilschritten abgeben muss. Der Sachlogik der
Norm entspricht es jedoch, das Verzögerungsverbot auch die Abgabe der
ersten Meldung zu erstrecken. Das findet in der betonenden Einschränkung
„wenn und soweit" eine ergänzende normative Stütze.

Abs. 4 offenbart, dass die DS-GVO grds. eine zeitnahe Meldung höher 52b
gewichtet als eine vollständige (vgl. auch **ErwGr 85 S. 2**): Primär soll der
Verantwortliche die ASB über das „Ob" einer Verletzung des Schutzes personenbezogener Daten informieren. Ähnlich wie nach Art. 2 Abs. 3 UAbs. 1
S. 1 VO (EU) 611/2013 ist zuvörderst eine **„Erstbenachrichtigung"** abzugeben, um den Informationsfluss in Gang zu bringen. Die den gesamten
Art. 33 überlagernde Ratio, **Schaden** für Persönlichkeitsrechte durch unverzügliche Meldungen **abzuwenden,** lädt die Möglichkeit der Teilmeldung
damit inhaltlich zu einer Pflicht auf.

Damit die Meldepflicht ihr Ziel erreicht, die ASB grds. zu informieren, sind 53
auch bei einer Teilmeldung jedenfalls **Mindestangaben** zum Verantwortlichen geboten (Name des Verantwortlichen; Informationen nach Abs. 3 lit.
b; die Angabe, ob es sich um eine erste oder weitere, ergänzende Meldung
handelt) sowie eine **Erstinformation** über die Verletzung des Schutzes per-

sonenbezogener Daten (jedenfalls erste Einschätzungen zu den kraft Abs. 3 lit. a geforderten Informationen).

V. Dokumentationspflicht des Verantwortlichen (Abs. 5)

54 Ergänzend zur Meldepflicht aus Abs. 1 erlegt Abs. 5 dem Verantwortlichen die Pflicht auf, etwaige Verletzungen des Schutzes personenbezogener Daten zu dokumentieren. Die Vorschr. konkretisiert damit den **Grundsatz der Rechenschaftspflicht des Art. 5 Abs. 2** (→ Art. 5 Rn. 50 ff.). Die Dokumentationspflicht soll der ASB einen Weg eröffnen, **effektiv zu kontrollieren,** ob der Verantwortliche seine Meldepflicht gewahrt hat (Abs. 5 S. 2). Deshalb laufen beide Pflichten auch nicht vollständig parallel: Ist es voraussichtlich nicht zu einem Risiko für die Rechte und Freiheiten natürlicher Person gekommen (Abs. 1 S. 1 Hs. 2), befreit dies den Verantwortlichen zwar von der Meldepflicht, nicht aber von der Dokumentationspflicht.

55 Relevanz hat die Dokumentation in zwei Fällen: Wenn der Verantwortliche eine **Meldung abgegeben hat,** soll sie eine Überprüfung ermöglichen, welche Verletzungen der Verantwortliche wann festgestellt hat und welche Tatsachen dem zugrunde liegen. Diese Informationen kann die ASB heranziehen, um an diese Erkenntnisse geeignete Abhilfemaßnahmen oder ggf. aufsichts- oder sanktionsrechtliche Maßnahmen zu knüpfen. Im Falle bußgeld- oder strafrechtlicher Sanktionen wirkt dann allerdings die grundrechtlich unterfütterte Selbstbelastungsfreiheit begrenzend (→ Rn. 27).

56 In Konstellationen, in denen der Verantwortliche **von einer Meldung** iSd Abs. 1 S. 1 **abgesehen** hat, weil er aus der Verletzung **kein hinreichendes „Risiko für die Rechte und Freiheiten natürlicher Personen"** (Abs. 1 S. 1 Hs. 2) erwachsen sah, vermittelt die Dokumentation der ASB eine Grdl., um die Richtigkeit der Wertung überprüfen zu können (Abs. 5 S. 2). Kam der Verantwortliche demgegenüber (zutreffend) zu dem Schluss, dass bereits **tatbestandlich keine Verletzung** des Schutzes personenbezogener Daten **vorliegt,** trifft ihn keine Dokumentationspflicht. Denn Abs. 5 S. 1 knüpft an eine **Verletzung** an. Ein Blick auf die Entstehungsgeschichte der DS-GVO unterstützt diese Lesart: In den Entwurfsfassungen der KOM, des EP und des ER fand sich noch die Formulierung „etwaige Verletzungen". Die Endfassung der DS-GVO hat in allen ihren nationalen Sprachfassungen davon Abstand genommen. Mit dieser Abkehr drückt der Normgeber den normativen Willen aus, die Dokumentationspflicht auf Fälle **objektiv eingetretener Verletzungen** zu begrenzen.

57 Die Dokumentationspflicht erstreckt sich auf „alle [...] im Zusammenhang mit der Verletzung des Schutzes personenbezogener Daten stehenden **Fakten,** [...] deren **Auswirkungen** und [die] ergriffenen Abhilfemaßnahmen". Das schließt jedenfalls diejenigen Informationen ein, die der Verantwortliche kraft **Abs. 3 lit. a, c und d** verpflichtend an die ASB zu melden hat. Der Pflichtenkatalog erschöpft sich darin aber nicht. Sonst beschränkte sich Abs. 5 praeter propter lediglich auf das Gebot, bereits erteilte Informationen zu verschriftlichen bzw. elektronisch zu erfassen. Damit allein könnte die Dokumentation ihren Zweck, eine Überprüfung zu ermöglichen, ob der Verantwortliche die Meldung richtig abgegeben hat bzw. hätte abgegeben müssen, aber nur sehr eingeschränkt erreichen. Das unterstreicht Abs. 5 mit seinem Rekurs auf „alle [...] im Zusammenhang mit der Verletzung des Schutzes personenbezogener Daten stehenden Fakten". Zu dokumentieren sind daher sämtliche Umstände, die relevant sein können, um sachgerecht zu beurteilen, ob der Verantwortliche die Meldepflicht erfüllt hat. Die „ergriffenen **Abhilfemaßnahmen**" muss der Verantwortliche nach dem Willen des Gesetzgebers sowohl in ihrer Breite als auch in ihrer Tiefe **umfassend darstellen.** Ob die Dokumentation dem gerecht wird, bestimmt sich danach, inwieweit sie der ASB die Überprüfung ermöglicht, ob die Bestimmungen der Meldepflicht eingehalten wurden (Abs. 5 S. 2).

Anders als für die Meldepflicht schreibt Art. 33 für die Dokumentations- **58** pflicht **keine Frist** fest. Wann der Verantwortliche ihr nachzukommen hat, ergibt sich vielmehr aus ihrer Rationalität: Sie setzt tatbestandlich erst mit der Verletzung des Schutzes personenbezogener Daten ein. Der Verantwortliche unterliegt daher **keiner präventiven Dauerdokumentationspflicht.** Er muss die Dokumentation aber so zeitnah vornehmen, dass sie die Überprüfung ermöglicht (Abs. 5 S. 2). Sie darf insbes. nicht so spät erfolgen, dass sich die tatsächlichen Vorgänge nicht mehr rekonstruieren und sinnvoll dokumentieren lassen.

Der Norm selbst lässt sich **keine Verpflichtung** des Verantwortlichen **58a** entnehmen, die erstellte Dokumentation der ASB zuzuleiten (vgl. auch Marschall DuD 2015, 183 (186)). Er muss diese lediglich in einer dem Beweis zugänglichen Form **vorhalten,** um der ASB auf Anfrage eine Kontrolle ermöglichen zu können.

C. Vergleich zum (bisherigen) nationalen Datenschutzrecht; nationaler Regelungsspielraum

Art. 33 fand im alten BDSG eine Entsprechung in § 42a: Die Vorschr. sah **59** bei bestimmten Datenschutzverstößen ebenfalls eine Mitteilungspflicht ggü. der ASB sowie den Betroffenen vor. Die Mitteilungspflicht erstreckte sich jedoch nur auf die dort abschl. aufgezählten **besonders sensiblen Arten von Daten,** namentlich Daten iSd § 3 Abs. 9 BDSG aF, einem Berufsgeheimnis unterliegende Daten, für Straftaten bzw. Ordnungswidrigkeiten rechtlich relevante Daten sowie Daten zu Bank- oder Kreditkartenkonten (vgl. dazu Dix in Simitis BDSG aF § 42a Rn. 5). Anders als § 42a BDSG aF hebt Art. 33 auch nicht darauf ab, ob eine nicht-öffentliche Stelle Daten Dritten **unrechtmäßig übermittelt** oder sonst **unrechtmäßig zur Kenntnis gebracht hat.** Zudem kehrt Art. 33 das in § 42a BDSG aF bestehende Regel-Ausnahme-Verhältnis um: Während § 42a S. 1 BDSG aF eine Meldung nur vorschrieb, sofern **schwerwiegende Beeinträchtigungen** für die Rechte oder schutzwürdigen Interessen der Betroffenen drohten, darf der Verantwortliche von der Meldung iSd Art. 33 Abs. 1 S. 1 nur dann absehen, wenn **kein Risiko** für die Rechte und Freiheiten der Betroffenen besteht (→ Rn. 21). Die

Meldung ist in der DS-GVO also nicht mehr die Ausnahme, sondern die Regel. Die Meldepflicht reicht damit insgesamt **deutlich weiter** als diejenige des BDSG aF (s. nur Dix in Simitis BDSG aF § 42a Rn. 22; Gierschmann ZD 2015, 51 (53); Herbst in Auernhammer BDSG aF § 42a Rn. 32; Fauß-ner/Leeb DSB 2019, 156 (158 f.)).

59a   Mangels Öffnungsklausel belässt Art. 33 (anders Art. 34 iVm Art. 23 Abs. 1; → Art. 34 Rn. 58) **den Mitgliedstaaten keinen eigenen Rege-lungsspielraum.** § 42a BDSG aF ist daher ersatzlos der Streichung zum Opfer fallen. Zugleich hat der dt. Gesetzgeber die Selbstbelastungsfreiheit der Meldepflichtigen gestärkt: Die Meldung darf in Straf- und Bußgeldverfahren nur mit Zustimmung des Meldepflichtigen Verwendung finden (§ 42 Abs. 4 (→ § 42 Rn. 10); § 43 Abs. 4 (→ § 43 Rn. 5); zur Unionsrechtskonformität des § 43 Abs. 4 BDSG s. Pohl PinG 2019, 100; Spittka RDV 2019, 167 (170 f.); ders. DSB 2019, 217 (218 f.); zur Positionierung der ASB Piltz/zur Weihen DSB 2019, 226 f.; zur partiellen Verfassungswidrigkeit → Art. 31 Rn. 33b). Die Vorschr. sind § 42a S. 6 BDSG aF „entlehnt" (BT-Drs. 18/11325, 109) und beruhen auf den Öffnungsklauseln des Art. 84 Abs. 1 und Art. 83 Abs. 8. Sie finden nicht nur auf natürliche, sondern auch auf juristische Personen Anwendung (so iErg bspw. Wenzel/Wybitul ZD 2019, 290 (292 f.)).

60   Mit dem **IT-Sicherheitsgesetz** hat der Bund für den **Sonderbereich Krit. Infrastrukturen** neue, zusätzliche Meldepflichten geschaffen. § 8b Abs. 1 BSIG erklärt das Bundesamt für Sicherheit in der Informationstechnik (BSI) zur „zentrale[n] Meldestelle für Betreiber Kritischer Infrastrukturen in Angelegenheiten der Sicherheit in der Informationstechnik". Betreiber Krit. Infrastrukturen sind verpflichtet, in den tatbestandlich beschriebenen Fällen die zentrale Meldestelle zu benachrichtigen (**§ 8b Abs. 4 BSIG sowie § 44b AtomG, § 11 Abs. 1c EnWG, § 109 Abs. 5 TKG).** Den Begriff der „Kritischen Infrastrukturen", der den basalen Anknüpfungspunkt für die statuierte Meldepflicht bildet, definiert § 2 Abs. 10 S. 1 BSIG als „Einrichtun-gen, Anlagen oder Teile davon", die zentralen Infrastrukturressourcen, insbes. solchen der Netzwirtschaft, zugehören („Energie, Informationstechnik und Telekommunikation, Transport und Verkehr, Gesundheit, Wasser, Ernährung sowie Finanz- und Versicherungswesen") und für das Funktionieren des Gemeinwesens von hoher Bedeutung sind.

61   Die Meldepflichten iSd Art. 33 und § 8b Abs. 4 BSIG sind unterschiedli-chen Zwecken verschrieben: Art. 33 hat primär den **aufsichtsrechtlichen Schutz der Rechte und Freiheiten der Betroffenen** im Auge. Dem-gegenüber sieht sich § 8b BSIG in bes. Weise dem **systematischen Schutz Krit. Infrastrukturen** als Teil des allg. staatlichen Gewährleistungsauftrags für die Daseinsvorsorge verschrieben. Weder verdrängt die Meldepflicht iSd Art. 33 diejenige nach § 8b Abs. 4 BSIG noch macht sie diese obsolet. Beide Vorschr. stehen in **Idealkonkurrenz** zueinander. Ein Verantwortlicher, der zugleich eine Krit. Infrastruktur betreibt, muss deshalb uU zwei Meldungen an unterschiedliche Behörden absetzen: eine gem. Art. 33 an die ASB und eine gem. § 8b BSIG an das BSI.

D. Ausblick

Art. 33 ist von zahlr. **unbestimmten Rechtsbegriffen** durchtränkt. In der 62 ersten Phase nach Inkrafttreten der DS-GVO zog dies Rechtsunsicherheit bei den Normadressaten nach sich. Den Leitlinien, Empf. und bewährten Verfahren, die der **EDSA** bereitstellt (Art. 70 Abs. 1 lit. g; → Rn. 36, 41), wird daher bes. Bedeutung bei der Normkonkretisierung zukommen.

Dass Art. 33 in seinem Abs. 1 Hs. 2 keine Regelung zur **Selbstbelas-** 63 **tungsfreiheit** vorhält, die gleichermaßen Rechtssicherheit wie Grundrechtskonformität gewährleistet, ist beklagenswert (vgl. auch Scheffczyk in BeckOK DatenschutzR BDSG aF § 42a Rn. 70; → Rn. 27). Die bisherige restriktive Rechtsprechung des EuGH, insbes. zur KartellVfVO (VO (EG) 1/2003; dazu bspw. Rüb RDV 2019, 246), war für den unionalen Normgeber augenscheinlich Anlass, die Frage als nicht regelungsbedürftig zu betrachten. An der objektiven Konfliktlage mit dem primären Unionsrecht ändert das jedoch nichts – ebenso wenig daran, dass der EuGH seine Rechtsprechung den Anforderungen angemessenen Grundrechtsschutzes anpassen sollte.

Art. 34 Benachrichtigung der von einer Verletzung des Schutzes personenbezogener Daten betroffenen Person

(1) Hat die Verletzung des Schutzes personenbezogener Daten voraussichtlich ein hohes Risiko für die persönlichen Rechte und Freiheiten natürlicher Personen zur Folge, so benachrichtigt der Verantwortliche die betroffene Person unverzüglich von der Verletzung.

(2) Die in Absatz 1 genannte Benachrichtigung der betroffenen Person beschreibt in klarer und einfacher Sprache die Art der Verletzung des Schutzes personenbezogener Daten und enthält zumindest die in Artikel 33 Absatz 3 Buchstaben b, c und d genannten Informationen und Maßnahmen.

(3) Die Benachrichtigung der betroffenen Person gemäß Absatz 1 ist nicht erforderlich, wenn eine der folgenden Bedingungen erfüllt ist:

a) der Verantwortliche geeignete technische und organisatorische Sicherheitsvorkehrungen getroffen hat und diese Vorkehrungen auf die von der Verletzung betroffenen personenbezogenen Daten angewandt wurden, insbesondere solche, durch die die personenbezogenen Daten für alle Personen, die nicht zum Zugang zu den personenbezogenen Daten befugt sind, unzugänglich gemacht werden, etwa durch Verschlüsselung;

b) der Verantwortliche durch nachfolgende Maßnahmen sichergestellt hat, dass das hohe Risiko für die Rechte und Freiheiten der betroffenen Personen gemäß Absatz 1 aller Wahrscheinlichkeit nach nicht mehr besteht;

c) dies mit einem unverhältnismäßigen Aufwand verbunden wäre. In diesem Fall hat stattdessen eine öffentliche Bekanntmachung oder eine ähnliche Maßnahme zu erfolgen, durch die die betroffenen Personen vergleichbar wirksam informiert werden.

(4) **Wenn der Verantwortliche die betroffene Person nicht bereits über die Verletzung des Schutzes personenbezogener Daten benachrichtigt hat, kann die Aufsichtsbehörde unter Berücksichtigung der Wahrscheinlichkeit, mit der die Verletzung des Schutzes personenbezogener Daten zu einem hohen Risiko führt, von dem Verantwortlichen verlangen, dies nachzuholen, oder sie kann mit einem Beschluss feststellen, dass bestimmte der in Absatz 3 genannten Voraussetzungen erfüllt sind.**

BDSG und anderes nationales Recht: §§ 29 Abs. 1 S. 3 und 4, 42 Abs. 4, 43 Abs. 4, → BDSG (kommentiert unter → BDSG § 29 Rn. 10; → BDSG § 42 Rn. 1 ff.; → BDSG § 43 Rn. 5 ff.).

Literatur: *Der Bayerische Beauftragte für den Datenschutz,* Meldepflicht und Benachrichtigungspflicht des Verantwortlichen. Erläuterungen zu Art. 33 und 34 Datenschutz-Grundverordnung, Orientierungshilfe v. 1.6.2019, https://www.datenschutz-bayede/datenschutzreform2018/OH_Meldepflichten.pdf; *Eckhardt,* EU-DatenschutzVO – Ein Schreckgespenst oder Fortschritt?, CR 2012, 195; *Faußner/Leeb,* Die Melde- und Benachrichtigungspflichten nach Art. 33, Art. 34 DSGVO in der betrieblichen Praxis, DSB 2019, 156 (Teil 1) und 196 (Teil 2); *Härting/Schneider,* Das Ende des Datenschutzes – es lebe die Privatsphäre. Eine Rückbesinnung auf die Kern-Anliegen des Privatsphärenschutzes, CR 2015, 819; *Kasner,* Melde- und Benachrichtigungspflichten nach Art. 33, 34 DSGVO, PinG 2019, 111; *Marschall,* Datenpannen – „neue" Meldepflicht nach der europäischen DS-GVO?, DuD 2015, 183; *Veil,* DS-GVO: Risikobasierter Ansatz statt rigides Verbotsprinzip. Eine erste Bestandsaufnahme, ZD 2015, 347. Siehe ferner die Literaturhinweise bei → Art. 33.

Übersicht

A. Allgemeines

I. Bedeutung der Norm und Einordnung in den Gesamtkontext der DS-GVO

Art. 34 statuiert eine **Benachrichtigungspflicht des Verantwortlichen** **1** ggü. allen Personen, die eine Verletzung ihrer personenbezogenen Daten iSd Art. 4 Nr. 12 erlitten haben. Die Benachrichtigung versetzt diese dadurch in die Lage, auf informierter Grdl. Maßnahmen zum Schutz der eigenen Datensicherheit zu treffen und ihre Betroffenenrechte (**Art. 12 ff.**) sowie Ersatzmöglichkeiten (**Art. 82**) wahrzunehmen (→ Rn. 16 f.).

1. Art. 34 als Ausprägung des risikobasierten Ansatzes – Verhältnis zu Art. 24, 25 und 32

Das Momentum, das die Benachrichtigungspflicht des Art. 34 auslöst, ist **2** eine **Verletzung** des Schutzes personenbezogener Daten (Art. 4 Nr. 12), die voraussichtlich zu einem **hohen Risiko** für die Rechte und Freiheiten des Betroffenen führt (**Abs. 1;** → Rn. 27 ff.). Indem die Vorschr. an die Risikohöhe anknüpft, folgt sie der Grundphilosophie des **risikobasierten Ansatzes** (risk-based-approach; → Art. 24 Rn. 2, 28 ff.), den die DS-GVO stärker in den normativen Fokus des Datenschutzes rückt. Im Gegensatz zu anderen Normen (Art. 24 Abs. 1 S. 1, 25 Abs. 1, 32 Abs. 1 Hs. 1), die gleichermaßen von dem risikobasierten Ansatz geprägt sind, **skaliert** das Maß des Risikos für die Rechte und Freiheiten der Betroffenen in Art. 34 jedoch **nicht den Umf.** der Pflichten des Verantwortlichen. Vielmehr entscheidet das **Maß des Risikos alleine** darüber, **ob** überhaupt eine Benachrichtigungspflicht entsteht. Löst eine Verletzung kein hohes Risiko für natürliche Personen aus, so entfällt auch die Benachrichtigungspflicht (**Abs. 3 lit. a und b;** → Rn. 37 ff.).

2. Verhältnis zu Art. 33 – Gemeinsamkeiten und Unterschiede

Art. 34 steht in engem thematischen **Zusammenhang mit Art. 33**. Die **3** intensive Verzahnung beider Vorschr. machen nicht allein ihre ähnlichen

Rechtsfolgen, sondern auch der Umstand deutlich, dass Art. 34 Abs. 2 unmittelbar auf Art. 33 Abs. 3 verweist. Zusammen etablieren beide Vorschr. als Komplementäre ein **informatorisches Sicherungsregime,** das die Folgen eingetretener Datenschutzverletzungen mit verfahrensrechtlichen Instrumenten zu bekämpfen bzw. zu mildern trachtet. Zwar knüpft die Informationspflicht jeweils an **bereits eingetretene Datenschutzverletzungen** an. Im Hinblick auf die Rechte und Freiheiten der Betroffenen erfüllt sie gleichwohl einen präventiven Zweck. Denn sie soll auch dazu beitragen, künftige Rechtsverletzungen zu vermeiden (→ Rn. 16). Als Rechtsreflex eröffnet die Benachrichtigung den Betroffenen außerdem die Möglichkeit, ihre Rechte geltend zu machen (→ Rn. 17).

4   Ihres engen thematischen Zusammenhangs zum Trotz unterscheiden sich Art. 33 und 34 zum einen in ihrer Schutzrichtung, zum anderen in dem **erforderlichen Grad des Risikos** für die Rechte und Freiheiten des Betroffenen: Art. 33 zielt darauf, die **ASB** frühzeitig zu informieren, damit diese zeitnah Gefahrenabwehrmaßnahmen einleiten kann. Die Benachrichtigungspflicht des Art. 34 nimmt demgegenüber die **Betroffenen** als Schutzobjekte in den Blick. Während **Art. 34** an einen voraussichtlich **hohen** Risikograd anknüpft, entsteht die Meldepflicht des **Art. 33** grds. bei **jeder Datenschutzverletzung,** es sei denn, es besteht im Einzelfall voraussichtlich kein Risiko für die Rechte und Freiheiten des Betroffenen. Was auf den ersten Blick wie eine Wiederholung in unterschiedlichen sprachlichen Kolorierungen wirken mag, entpuppt sich bei näherer Betrachtung als fein säuberliche gesetzgeberische Differenzierung. Beiden Vorschr. unterlegt der Normgeber zum einen ein unterschiedliches **Grundsatz–Ausnahme–Verhältnis für Non–liquet–Situationen:** Die **Meldepflicht** ggü. der ASB greift im Zweifel, die **Benachrichtigungspflicht** ggü. dem Betroffenen greift im Zweifel nicht. Zum anderen verlangt die Benachrichtigungspflicht des Art. 34 begrifflich nicht nur mehr als „kein Risiko", sondern auch mehr als ein bloßes Überschreiten der normalen Risikoschwelle: Der Verantwortliche muss den Betroffenen nur über solche Datenschutzverletzungen informieren, die diesem erhebliche negative Folgen vermitteln können (→ Rn. 28 ff.). Dadurch will Art. 34 einen angemessenen Ausgleich zwischen der Gefahr unnötiger Reputationsverluste des Verantwortlichen und den legitimen Schutzinteressen der Betroffenen herstellen (vgl. auch Jandt in Kühling/Buchner DS-GVO Art. 34 Rn. 6).

5   Art. 34 hält einen umfangr. Katalog von **Ausnahmetatbeständen** vor, der den Verantwortlichen von der Benachrichtigungspflicht befreit **(Abs. 3).** Anders als Art. 33 eröffnet Art. 34 den Mitgliedstaaten darüber hinaus einen **eigenen Regelungsspielraum,** um zusätzliche Ausnahmetatbestände zu etablieren: Auf der Grdl. des **Art. 23** können die Mitgliedstaaten die Benachrichtigungspflicht des Art. 34 im Wege eigener Gesetzgebungsmaßnahmen einschränken (→ Rn. 43).

6   Auch mit Blick auf den **Umf. der zu übermittelnden Informationen** unterscheiden sich Art. 33 und Art. 34: Im Falle der Meldung an die **ASB** muss der Verantwortliche dem **Betroffenen einen Gesamtüberblick** über den Datenschutzverstoß verschaffen (vgl. Art. 33 Abs. 3 lit. a). Die Benach-

richtigung des Betroffenen iSd Art. 34 erstreckt sich demgegenüber nur auf die in Art. 33 Abs. 3 lit. b, c und d genannten Informationen sowie Maßnahmen **(Art. 34 Abs. 2).** Sie muss dafür aber – anders als die Meldung an die ASB – in **„klarer und einfacher Sprache"** (Abs. 2) gefasst sein; darüber hinaus muss sie in **präziser, transparenter und leicht zugänglicher Form** erfolgen sowie grds. **unentgeltlich** sein. Das verdeutlicht der (systematisch wenig durchschaubare) Verweis auf Art. 34 in der allg. Transparenznorm des **Art. 12 Abs. 1 und 5.**

3. Rechtsfolgen und Verknüpfungen mit sonstigen Vorschriften der DS-GVO

Die Benachrichtigungspflicht des Art. 34 ermöglicht Betroffenen zum einen, **7** **Haftungsansprüche** geltend zu machen, die an die Datenschutzverletzung anknüpfen **(Art. 82 Abs. 1).** Zum anderen kann eine Verletzung des Art. 34 seinerseits Haftungsansprüche aus Art. 82 Abs. 1 auslösen (aA Reif in Gola DS-GVO Art. 34 Rn. 18, der im Verstoß gegen Art. 34 ausschl. eine Schutzgesetzverletzung iSd § 823 Abs. 2 BGB erblickt), soweit eine unterlassene, verzögerte oder unverständliche Benachrichtigung einen materiellen oder immateriellen Schaden verursacht oder vertieft (vgl. auch **ErwGr 86 S. 4**).

Die **Aufsicht** darüber, dass der Verantwortliche die Meldepflicht einhält, **8** legt Art. 57 Abs. 1 lit. a in die Hände der **ASB.** Sie kann zu diesem Zweck nicht nur von ihren Untersuchungs- sowie Abhilfebefugnissen iSd Art. 58 Gebrauch machen (zum Verhältnis zwischen Art. 34 Abs. 4 und Art. 58 Abs. 2 → Rn. 56a). Sie kann dem Verantwortlichen ggf. darüber hinaus nach Maßgabe des Art. 83 Abs. 4 lit. a iVm Art. 83 Abs. 2 eine **Geldbuße** auferlegen.

Um Rechtssicherheit in der praktischen Anwendung zu gewährleisten, **9** bedarf Art. 34 aus der Sicht des Unionsgesetzgebers einer **Konkretisierung.** Die DS-GVO gibt dem **EDSA** daher auf, **Leitlinien, Empf. und bewährte Verfahren** bereitzustellen, um zu spezifizieren, wann ein hohes Risiko besteht, das eine Benachrichtigungspflicht iSd Art. 34 Abs. 1 auslöst **(Art. 70 Abs. 1 lit. h).**

Bei dem Versuch, den Inhalt der Benachrichtigungspflicht zu konkretisie- **10** ren, vertraut die DS-GVO auch in bes. Weise auf die **Kräfte der Selbstregulierung.** In **Art. 40 Abs. 2 lit. i** hebt sie deshalb die Präzisierung der Benachrichtigungspflicht des Art. 34 beispielhaft als einen möglichen **Gegenstand von Verhaltensregeln** iSd Art. 40 Abs. 2 hervor. Eine ausdr. normative Privilegierung knüpft die DS-GVO daran aber nicht – anders als in Art. 24 Abs. 3 (→ Art. 24 Rn. 44 ff.), Art. 25 Abs. 3 (→ Art. 25 Rn. 53 f.), Art. 28 Abs. 5 (→ Art. 28 Rn. 67 ff.) sowie Art. 32 Abs. 3 (→ Art. 32 Rn. 61 ff.). Diese Privilegierungstatbestände können aber mittelbar auch auf die Bereitschaft durchschlagen, Verhaltensregeln zur Benachrichtigungspflicht in ein Gesamtpaket von Verhaltensregeln zu integrieren.

4. Verhältnis zu sonstigen Benachrichtigungspflichten des Unionsrechts

11 Für den Bereich öffentl. zugänglicher **elektronischer Kommunikationsdienste** in öffentl. Kommunikationsnetzen etabliert **Art. 4 Abs. 3 UAbs. 2 ePrivacy-RL** eine **bereichsspezifische Spezialregelung** zu Art. 34. Sie verpflichtet Betreiber öffentl. zugänglicher elektronischer Kommunikationsdienste, die Teilnehmer bzw. betroffene Personen im Fall einer Verletzung des Schutzes personenbezogener Daten unverzüglich hierüber zu informieren, sofern anzunehmen ist, dass es zu einer Beeinträchtigung ihrer Privatsphäre gekommen ist. Die **VO (EU) 611/2013** der KOM konkretisiert diese Benachrichtigungspflicht in ihrem Art. 3 und 4 sowie Anh. II. Die dort getroffenen Regelungen standen Art. 34 DS-GVO als **regelungstechnisches Vorbild** Pate.

12 Anders als Art. 34 DS-GVO hält **Art. 3 Abs. 2 VO (EU) 611/2013** einen konkreten Bewertungsmaßstab für die Frage bereit, wann eine künftige Beeinträchtigung des Betroffenen **wahrscheinlich** ist. Zudem geht über die Benachrichtigungspflicht inhaltlich über Art. 34 DS-GVO hinaus. Die Benachrichtigung iSd VO (EU) 611/2013 muss auch Angaben zum **Namen** des Betreibers, eine **Zusammenfassung des Vorfalls,** der zur Verletzung des Schutzes der personenbezogenen Daten geführt hat, sowie Informationen über **Art und Inhalt der betroffenen personenbezogenen Daten** und Angaben über die **Umstände der Verletzung der Daten** (bspw. Datendiebstahl) enthalten (Art. 3 Abs. 4 S. 1 iVm Anh. II VO (EU) 611/2013). Die VO sieht außerdem explizit die Möglichkeit vor, die Benachrichtigungspflicht auszusetzen, falls diese die ordnungsgemäße Untersuchung der Verletzung des Schutzes personenbezogener Daten gefährdet **(Art. 3 Abs. 4 VO (EU) 611/2013).**

13 Die VO (EU) 611/2013 präzisiert auch **geeignete Verschlüsselungsmechanismen,** die Dritte am Zugriff auf Daten hindern können und dann den Betreiber von der Benachrichtigungspflicht befreien (Art. 4 Abs. 2 VO (EU) 611/2013). Daneben kann die KOM auch selbst ergänzend geeignete Schutzmaßnahmen festlegen (Art. 4 Abs. 3 VO (EU) 611/2013). Namentlich kann sie nach Anhörung der zuständigen nationalen Behörden, der (bisherigen, auf der Grdl. der DSRL bestehenden) Art. 29-Datenschutzgruppe, der Europäischen Agentur für Netz- und Informationssicherheit und des EDSB, entsprechend der aktuellen Praxis eine vorl. **Aufstellung geeigneter technischer Schutzmaßnahmen** gem. Abs. 1 veröffentlichen.

13a Die **ePrivacy-RL** als Mutterregelung der VO (EU) 611/2013 wird alsbald eine Ablösung durch die **ePrivacy-VO** der Union erfahren. Bis dahin bleibt sie aber für den Bereich, den sie regelt, im Verhältnis zur DS-GVO **Lex specialis;** das betont die Vorschr. des **Art. 95 DS-GVO** (zu dem umstrittenen Verhältnis beider Rechtsakte siehe bspw. Martini in BeckOK InfoMedienR TMG § 1 Rn. 26a; → Art. 95 Rn. 2 f.).

14 Zur Meldepflicht der ePrivacy-RL gesellt sich die RL über Maßnahmen zur Gewährleistung eines hohen gemeinsamen Sicherheitsniveaus von Netz- und Informationssystemen in der Union hinzu (RL (EU) 2016/1148). Die sog. **NIS-RL** legt den Mitgliedstaaten eine Gewährleistungspflicht dafür auf, dass öffentl. Verwaltungen und Marktteilnehmer **den zuständigen Behörden** Vorfälle melden, sofern sie erhebliche Auswirkungen auf die Sicherheit der Kerndienste zeitigen, welche sie bereitstellen **(Art. 14 Abs. 3 NIS-RL).**

Für den Bereich der Datenverarbeitung durch **Gefahrenabwehr- und** 15 **Strafverfolgungsbehörden** findet Art. 34 eine Entsprechung in **Art. 31 JI-RL.** Im Unterschied zu Art. 34 DS-GVO etabliert sie in ihrem **Abs.** 5 einen weitreichenden Ausnahmekatalog (mit einer Vielzahl unbestimmter Rechtsbegriffe), der es dem Verantwortlichen erlaubt, die Benachrichtigung aufzuschieben, einzuschränken oder zu unterlassen. Die RL zollt damit insbes. **legitimen Schutzinteressen der Mitgliedstaaten,** wie der nationalen Sicherheit und den Bedürfnissen effektiver Strafverfolgung, Respekt.

II. Sinn und Zweck der Vorschrift

Während Art. 33 Allgemeininteressen schützt, ist Art. 34 (alleine) dem 16 **Schutz der Rechte und Freiheiten des Betroffenen** verschrieben (vgl. auch Marschall DuD 2015, 183 (186)). Die Benachrichtigung soll es dem Betroffenen einerseits ermöglichen, auf bestehende Risiken zu reagieren, und selbst zum Schutz seiner Freiheiten und Rechte durch geeignete Vorkehrungen beizutragen (ErwGr 86 S. 1), indem er bspw. weitere Datenübertragungen an den Verantwortlichen stoppt, bis die Risikoquelle bereinigt ist (Selbstdaten-/-sicherheitsschutz).

Die Benachrichtigung kann Betroffene andererseits dazu veranlassen, ihre 17 Betroffenenrechte wahrzunehmen (Art. 12 ff.) oder gegen den Verantwortlichen gerichtlich vorzugehen (Art. 79 und 82). Beides bezweckt Art. 34 jedoch nicht primär. Ihm ist es vorrangig um die **Abwehr** von Schäden bestellt, die aus der Verletzung der Sicherheit resultieren können. Dies lässt die **Systematik der Norm** erkennen. Art. 34 Abs. 1 knüpft die Benachrichtigungspflicht nämlich zum einen (präventiv) an ein **Risiko** für die Rechte und Freiheiten des Betroffenen und nicht vorrangig an einen Schaden, der bei ihm eingetreten ist. Zum anderen lässt **Art. 34 Abs. 3 lit. b** eine Benachrichtigungspflicht wieder entfallen, sobald kein solches Risiko mehr besteht: In Fällen, in denen der Verantwortliche durch nachfolgende Maßnahmen dafür sorgt, dass eine Perpetuierung des Schadens „aller Wahrscheinlichkeit nach" nicht mehr zu erwarten ist, erweist sich eine Benachrichtigung als „nicht erforderlich". Hätte die Benachrichtigungspflicht auch der Vorbereitung von Schadensersatzklagen dienen sollen, wäre es normativ angezeigt gewesen, eine Benachrichtigungspflicht auch für solche Fälle vorzusehen, in denen ein Schaden bereits unumkehrbar eingetreten ist. Dass der Unionsgesetzgeber die Norm vorrangig als präventives Schutzinstrument konzipiert hat, findet auch eine Bekräftigung in der **Entstehungsgeschichte** der Norm: Den Vorschlag des EP, den Betroffenen auch über dessen **Rechtsbehelfe** informieren zu müssen, hat der ER verworfen (→ Rn. 19 f.). Das deutet an, dass der Unionsgesetzgeber den Schutzzweck der Norm weniger auf der repressiven Rechtsschutzebene als auf der präventiven Ebene der Gefahrenabwehr sieht.

III. Entstehungsgeschichte der Norm

18 Der DS-GVO-E(KOM) und der DS-GVO-E(EP) verstanden die Benachrichtigungspflicht des **Abs. 1** noch übereinstimmend als **Anschlussverpflichtung an die Meldepflicht** ggü. den ASB („im Anschluss an die Meldung nach Artikel 31"). Der DS-GVO-E(Rat) löste diese Verwebung auf. Die Benachrichtigungspflicht knüpfte fortan nur noch isoliert an ein **hohes Risiko** für die Rechte und Freiheiten des Betroffenen an. Typische Fallkonstellationen hoher Risiken konkretisierte der ER noch durch eine beispielhafte Aufzählung („wie etwa Diskriminierung, Identitätsdiebstahl oder –betrug, finanzielle Verluste, Rufschädigung, unbefugte Umkehr der Pseudonymisierung, Verlust der Vertraulichkeit von dem Berufsgeheimnis unterliegenden Daten"). Im Zuge des Trilogs fiel die Aufzählung der Streichung zum Opfer. Sie findet sich jetzt nur noch in ErwGr 75 S. 1 und 85 S. 1 als Beschreibung risikogeeigneter Datenverarbeitungen und typischer Schadenskonstellationen.

19 Der **Mindestumfang der Benachrichtigungspflicht (Abs. 2)** umfasste bereits in dem **DS-GVO-E(KOM)** nicht nur den Namen und die Kontaktdaten eines Ansprechpartners für weitere Informationen. Er schloss auch eine Beschreibung der Maßnahmen ein, die der Verantwortliche entweder ergriffen oder beabsichtigt hatte. Der **DS-GVO-E(EP)** ergänzte den Benachrichtigungsumfang sowohl um eine Beschreibung der **voraussichtlichen Folgen** der Datenschutzverletzung als auch um eine Pflicht, dem Betroffenen **Informationen und Empfehlungen** bereitzustellen, damit er seine Rechte wahrnehmen kann.

20 Der ER empfand die Pflicht, **Informationen über die Rechte** (einschl. der Rechtsbehelfe) zur Verf. zu stellen, als zu weitgehend und strich diese wieder. Alle Verordnungsentwürfe eint demgegenüber – vermittelt über einen Verweis der allg. Vorschr. zur **transparenten Kommunikation** (heute Art. 12) auf Art. 34 – die Verpflichtung des Verantwortlichen, die Benachrichtigung für den Betroffenen **verständlich** zu fassen. Dem EP war aber daran gelegen, diese Pflicht darüber hinaus explizit direkt in Art. 34 zu verankern. Im Trilog konnte das EP sich mit seinem Wunsch durchsetzen: Die Verpflichtung findet sich heute in Art. 34 Abs. 2.

21 Die Struktur der Ausnahmetatbestände des **Abs. 3** geht iW auf den DS-GVO-E(Rat) zurück. Die Kommission und das EP wollten die Befreiung von der Benachrichtigung noch allg. daran koppeln, dass die ASB mit den Maßnahmen des Verantwortlichen zufrieden war („zur Zufriedenheit der Aufsichtsbehörde nachweist"). Mit Ausnahme der lit. d („ein wichtiges öffentliches Interesse beeinträchtigen würde"), finden sich die Ausnahmetatbestände, die der Rat vorgeschlagen hatte, heute in Abs. 3 weitgehend unverändert wieder.

22 Eine dem **Abs. 4** äquivalente Regelung, welche der ASB eine Aktivierungsfunktion einräumt, sahen bereits die Vorschläge der KOM und des EP vor. Der ER wollte die Vorschr. streichen, blieb damit aber im Trilog-Verfahren ohne Erfolg. Dieses implementierte in den Verordnungstext insbes. die Befugnis der ASB, durch Beschl. festzustellen, dass eine der in Abs. 3 genannten Voraussetzungen erfüllt ist.

Der DS-GVO-E(KOM) räumte der KOM noch das Recht ein, **delegierte**   23
Rechtsakte zu erlassen, um die Kriterien und Anforderungen für die Umstände festzulegen, die eine Benachrichtigungspflicht auslösen. Der DS-
GVO-E(EP) wollte die Konkretisierungsaufgabe demgegenüber in die Hände
des **EDSA** legen. Mit diesem Vorschlag setzte er sich im Trilog durch. Die
Regelung (welche der DS-GVO-E(EP) noch als Art. 34 Abs. 5 vorsah) findet
sich heute in **Art. 70 Abs. 1 lit. h.**

IV. Vergleich mit der bisherigen Rechtslage auf Unionsebene

Die DSRL kannte bereits Informationspflichten des für die Verarbeitung Ver-   24
antwortlichen. Sie etablierte insbes. die Pflicht, den Betroffenen bei der
Erhebung seiner persönlichen Daten über die vorgesehene Verarbeitung zu
informieren. Dies galt sowohl für den Fall, dass der Verantwortliche die Daten
bei dem **Betroffenen** selbst (Art. 10 DSRL), als auch wenn er die Daten bei
einem **Dritten** erhob (Art. 11 DSRL); diese Pflichten finden sich nunmehr
in den Art. 13 und 14 DS-GVO. Eine Pflicht, den Betroffenen auch über
etwaige **Datenschutzverletzungen** iRd Datenverarbeitung zu informieren,
kannte die DSRL demgegenüber – anders als § 42a BDSG aF – nicht. Bislang
begr. lediglich **Art. 4 Abs. 3 UAbs. 2 ePrivacy-RL** im Verbund mit der
VO (EU) 611/2013 (→ Rn. 11 ff.) eine entspr. Benachrichtigungspflicht der
Betreiber öffentl. zugänglicher elektronischer Kommunikationsdienste.

B. Auslegung der Norm

I. Benachrichtigungspflicht des Verantwortlichen (Abs. 1 und 3)

Art. 34 Abs. 1 fällt in dem normativen Programm der Betroffeneninformation   25
die Aufgabe zu, die Voraussetzungen festzulegen, unter denen die Normadressaten (→ Rn. 26) einer Benachrichtigungspflicht für Sicherheitsverlet-
zungenunterliegen (→ Rn. 27 ff.). Zudem gibt er den Zeitraum vor, innerhalb
dessen die Benachrichtigungspflicht zu erfüllen ist (→ Rn. 44 f.).

1. Adressat der Norm

Anders als im Fall der Meldepflicht aus Art. 33 Abs. 1 bzw. 2 (→ Art. 33   26
Rn. 14 ff., 39 ff.) trifft die Benachrichtigungspflicht nur den **Verantwort-**
lichen, nicht aber auch den **Auftragsverarbeiter.** Allerdings hat der Vertrag
(bzw. das andere Rechtsinstrument) zwischen Auftragsverarbeiter und Verantwortlichem vorzusehen, dass der Auftragsverarbeiter den Verantwortlichen
dabei unterstützen muss, seine Pflicht aus Art. 34 zu erfüllen (**Art. 28 Abs. 3**
UAbs. 1 S. 2 lit. f). Daraus erwächst dem Auftragsverarbeiter eine rechtsgeschäftliche Verpflichtung. Im Falle **mehrerer Verantwortlicher** bestimmt
sich die Zuordnung der Meldepflicht im Innenverhältnis nach der Vereinbarung, die sie treffen (Art. 26 Abs. 1 S. 2; → Art. 26 Rn. 22 ff.; vgl. auch
→ Art. 33 Rn. 14a).

2. Entstehen der Benachrichtigungspflicht (Abs. 1 und 3)

27 a) **Grundsatz (Abs. 1). aa) „Verletzung des Schutzes personenbezogener Daten".** Die Benachrichtigungspflicht knüpft an eine **„Verletzung des Schutzes personenbezogener Daten"** an. Anders als der allg. Sprachgebrauch insinuiert, erfasst die Wendung nicht jeden Verstoß gegen Vorschr., die dem Schutz der informationellen Selbstbestimmung dienen. Vielmehr beschränkt sie sich auf „eine **Verletzung der Sicherheit".** Das stellt die DS-GVO in der Legaldefinition des **Art. 4 Nr. 12** klar (→ Art. 4 Rn. 92 ff.; Art. 33 Rn. 16). **Wer** die Verletzung des Schutzes personenbezogener Daten hervorgerufen hat, ist ebenso unerheblich (→ Art. 33 Rn. 16b) wie ein **Verschulden** (→ Art. 33 Rn. 16a).

28 bb) **„voraussichtlich ein hohes Risiko".** Die Verletzung des Schutzes personenbezogener Daten allein löst die Benachrichtigungspflicht noch nicht aus. Sie muss zusätzlich **„voraussichtlich ein hohes Risiko für die persönlichen Rechte und Freiheiten natürlicher Personen zur Folge"** haben. Art. 34 Abs. 1 knüpft damit an die gleichen Voraussetzungen und die gleiche Semantik wie **Art. 35 Abs. 1 S. 1** (ausf. → Art. 35 Rn. 15 ff.) an.

29 Sachlich noch enger verwandt als Art. 35 Abs. 1 S. 1 ist die tatbestandliche Anknüpfung der aufsichtsbehördlichen Meldepflicht aus **Art. 33 Abs. 1** (→ Art. 33 Rn. 21 ff.). Sie wählt freilich eine etwas andere normative Regelungstechnik (die auch Auswirkungen auf den Inhalt zeitigt) und legt der Norm ein anderes Gefährdungsniveau als bei der Benachrichtigungspflicht iSd Art. 34 zugrunde: Der Normgeber versteht die **Meldepflicht** iSd Art. 33 als grds. **umfassend.** Er lässt sie lediglich entfallen, wenn ausnahmsweise voraussichtlich kein Risiko für die Rechte und Freiheiten entsteht (→ Art. 33 Rn. 21 ff.). Art. 34 löst eine **Benachrichtigungspflicht** demgegenüber tatbestandlich überhaupt nur dann aus, wenn (nachweislich) ein **hohes Risiko** besteht. Der Unionsgesetzgeber legt die Hürden für die Benachrichtigungspflicht des Verantwortlichen mithin höher (vgl. auch Jandt in Kühling/Buchner DS-GVO Art. 34 Rn. 6: „risikoorientiertes Stufenverhältnis"). Er trägt damit dem Bedürfnis des Pflichtigen Rechnung, die Benachrichtigungspflicht auf bes. Risikosituationen zu begrenzen, statt Betroffene bei jedem denkbaren Schadensszenario zu verunsichern. Besteht nicht nachweislich ein hohes, sondern lediglich ein durchschnittliches oder ein nicht eindeutig spezifizierbares Risiko, trifft den Verantwortlichen folglich keine Benachrichtigungspflicht.

30 Wann das Risiko mehr als nur durchschnittlich, also **hoch** ist, definiert die DS-GVO nicht. Grds. ist ein Risiko dann als hoch einzustufen, wenn die Prognose (**„voraussichtlich",** → Art. 33 Rn. 25 f.; Art. 35 Rn. 19 f.) ergibt, dass mit hoher Wahrscheinlichkeit ein Schaden für die Rechte und Freiheiten natürlicher Personen droht. Bei **hoher drohender Schadensschwere** (s. hierzu ErwGr 75 S. 1; → Art. 24 Rn. 29; s. auch Art. 3 Abs. 2 VO (EU) 611/2013) genügt bereits eine geringe Eintrittswahrscheinlichkeit (aA Reif in Gola DS-GVO Art. 34 Rn. 4, der Risiko und Schaden entgegen dem allg. Sprachgebrauch und der normativen Intention gleichsetzt; wohl auch Gierschmann in GSSV DS-GVO Art. 34 Rn. 23 mit einer „risk matrix").

Umgekehrt überschreitet auch ein geringer zu erwartender Schaden die Risikoschwelle, wenn er mit **hoher Wahrscheinlichkeit** eintritt.

Einen Orientierungspunkt für die Risikobeurteilung markieren insoweit 30a auch die Wertungen, die der unionale Gesetzgeber in der Parallelnorm des **Art. 35 Abs. 1 und 3** verankert hat. Sie nehmen zwar die Ex-ante-Perspektive vor einer Datenverarbeitung ein, geben aber Aufschluss darüber, wann die DS-GVO die Schwelle zu einem hohen Risiko überschritten sieht.

Ein hohes Risiko besteht insbes. und jedenfalls typischerweise bei umfangr. 30b **Verarbeitungen bes. Kategorien personenbezogener Daten iSd Art. 9 Abs. 1** sowie personenbezogener Daten über **strafrechtliche Verurteilungen und Straftaten** (Art. 10), bei **Profiling** und **automatisierten Verarbeitungen** sowie **systematischer Überwachung öffentl. zugänglicher Bereiche** (vgl. Art. 35 Abs. 3). Für die **Prognose** iRd Art. 34 ist von entscheidender Bedeutung, inwieweit die Benachrichtigung Betroffener geeignet ist, **pro futuro** weitere (Sicherheits-)Verletzungen für die persönlichen Rechte und Freiheiten Betroffener zu vermeiden.

cc) Bekanntwerden der Verletzung? Die **Entwürfe der KOM** und des 31 **EP** knüpften die Benachrichtigungspflicht noch ausdr. an eine vorausgehende Mitteilung des Verantwortlichen an die ASB an, setzten damit das Bekanntwerden denklogisch voraus. Diese Verknüpfung hat die DS-GVO im Anschluss an den Vorschlag des ER aufgelöst. Obgleich Art. 34 Abs. 1 die Benachrichtigungspflicht nunmehr nicht explizit daran koppelt, dass die Verletzung dem Verantwortlichen **„bekannt wurde"** (ausf. → Art. 33 Rn. 18 ff.), muss das aber nicht zwingend heißen, dass die Benachrichtigungspflicht bereits mit jeder objektiven Verletzung der Rechte und Freiheiten der Betroffenen greift.

Weder die Entstehungsgeschichte noch die ErwGr lassen zweifelsfrei erken- 32 nen, wie der Normgeber das Pflichtenheft des Art. 34 insoweit verstanden wissen wollte. Dass Art. 34 in seinem gesamten normativen Konzept enger als Art. 33 gefasst ist, streitet zumindest dafür, dass auch das Korsett etwaiger zeitlicher Benachrichtigungsvoraussetzungen nicht enger als in Art. 33 geschnürt ist. Auch unter teleologischen Gesichtspunkten es wenig überzeugend, dem Verantwortlichen aufzuerlegen, den Betroffenen vor der Meldung an die ASB zu benachrichtigen.

Das ändert aber nichts daran, dass der **Wortlaut des Art. 34** jedenfalls 33 weder ausdr. an das Bekanntwerden noch an die 72-Stunden-Frist anknüpft, welche Art. 33 Abs. 1 S. 1 benennt. In eine Vorschr. neue Tatbestandsmerkmale hineinzulesen, setzt hinreichend klare Anhaltspunkte voraus. Anderenfalls droht die Rechtsinterpretation in Rechtsschöpfung zu münden. Auch das an subjektive Elemente anknüpfende Tatbestandsmerkmal **„unverzüglich"** (Abs. 1) trägt insoweit nur eingeschränkt zur Klärung bei. Denn sein normatives Gebot, ohne schuldhaftes Zögern zu handeln (→ Art. 33 Rn. 34), kann sich sowohl auf die Verletzungshandlung als auch auf deren Bekanntwerden beziehen.

Immerhin lässt sich aus dem Tatbestandsmerkmal der Unverzüglichkeit aber 34 die normative Wertung entnehmen, dem Verantwortlichen keine unzumutbaren, sondern nur erfüllbare Handlungspflichten abzuverlangen: **Bevor** dem Verantwortlichen die **Verletzung bekannt wurde,** liegt in seiner Untätigkeit auch **kein vorwerfbares Verhalten,** das Art. 34 Abs. 1 verletzen könnte. Hat er sich aber naheliegenden Erkenntnissen zur „Verletzung des Schutzes personenbezogener Daten" **bewusst verschlossen,** hat er auch dann nicht „unverzüglich" gehandelt, wenn ihm die Verletzung noch nicht positiv bekannt war (→ Art. 33 Rn. 19). Der Normgeber versperrt damit dem Verantwortlichen eine denkbare Flucht aus seinem normativen Pflichtenkreis – und stellt einen sachgerechten Kompromiss zwischen der Zumutbarkeit von Handlungspflichten und dem Risiko, Informationsasymmetrien einseitig auszunutzen, her. Im Ergebnis muss die Verletzung dem Verantwortlichen daher entweder **positiv bekannt** oder (jedenfalls grob) **fahrlässig unbekannt** gewesen sein (so auch Brink in BeckOK DatenschutzR DS-GVO Art. 34 Rn. 28).

35 **b) Ausnahmen (Abs. 3).** Die Benachrichtigungspflicht des Art. 34 gilt nicht schrankenlos: Abs. 3 benennt Fälle, in denen sie entfällt. Die Tatbestände formulieren keine kumulativen, sondern **alternative Ausschlussgründe** („wenn **eine** der folgenden Bedingungen erfüllt ist", Hervorhebung d. Verf.; zust. Dix in NK-DatenschutzR DS-GVO Art. 34 Rn. 12). Sie sind abschl.; weitere Ausnahmen lässt Art. 34 also nicht zu (s. aber die allg. Möglichkeit, die Benachrichtigungspflicht kraft Öffnungsklausel zu beschränken → Rn. 43).

36 Die Ausnahmen des Abs. 3 sind **offen formuliert** und können deshalb – jedenfalls potenziell – weit reichen. Sie stehen dadurch in der Gefahr, die Benachrichtigungspflicht leerlaufen zu lassen, wenn die Ausnahmetatbestände nicht tendenziell eine **restriktive Interpretation** und Anwendung erfahren (so auch Brink in BeckOK DatenschutzR DS-GVO Art. 34 Rn. 37; aA wohl Schultze-Melling in Taeger/Gabel DS-GVO Art. 34 Rn. 12).

36a Das Risiko, Rechtsunsicherheit zu schaffen, das von Abs. 3 ausgeht, hat der Unionsgesetzgeber gesehen. Als Instrument der Konkretisierung eröffnet **Abs. 4 Alt. 2** daher (an systematisch überraschendem Ort) der **ASB** die Möglichkeit, durch **Beschl.** festzustellen, dass einzelne der Voraussetzungen des Abs. 3 erfüllt sind.

36b Art. 34 verlangt dem Verantwortlichen nicht ausdrücklich ab, die Umstände, welche die Ausnahmen begründen, zu **dokumentieren.** Ihn trifft zwar eine allgemeine Rechenschaftspflicht (Art. 5 Abs. 2). Diese erstreckt sich aber nur auf die allgemeinen Grundsätze des Art. 5 Abs. 1 („für die Einhaltung des Absatzes 1"), nicht zwingend auch darauf, jede einzelne Ausnahme von gesetzlichen Pflichten (wie bspw. Art. 34 Abs. 3) in einer Dokumentation zu erfassen (aA Hladjk in Ehmann/Selmayr DS-GVO Art. 34 Rn. 13). Dass der Gesetzgeber in Art. 33 eine Dokumentationspflicht explizit geregelt hat, in Art. 34 dazu aber schweigt, rechtfertigt vielmehr im Umkehrschluss, dass den Verantwortlichen **keine selbstständige, erzwingbare Dokumentationspflicht** für die Ausnahmen des Abs. 3 trifft. Die praktischen Auswirkungen dieser Frage bleiben aber begrenzt: Kraft **Art. 33 Abs. 5** muss der Verantwortliche ohnedies alle „im Zusammenhang mit der Verletzung des Schutzes personenbezogener Daten stehenden Fakten" dokumentieren (→ Art. 33 Rn. 54 ff.).

aa) „geeignete technische und organisatorische Sicherheitsvorkeh- 37 **rungen" (lit. a).** Die Benachrichtigungspflicht entfällt, wenn der Verantwortliche geeignete **technische und organisatorische Sicherheitsvorkehrungen** getroffen (→ Art. 32 Rn. 28 ff.; vgl. auch → Art. 24 Rn. 20 ff.) und diese auf diejenigen personenbezogenen Daten **angewendet** hat, die von der Verletzung (Art. 4 Nr. 12) betroffen sind.

Als **Sicherheitsvorkehrungen** sind insbes. solche Maßnahmen geeignet, 38 welche die personenbezogenen Daten solchen Personen unzugänglich machen, die nicht zum Zugriff auf die Daten befugt sind (**lit. a Hs. 2**). Dieses Ziel lässt sich etwa durch eine **Verschlüsselung** (→ Art. 32 Rn. 34) erreichen (lit. a Hs. 2 aE), sofern die Vertraulichkeit des Schlüssels gewahrt ist (vgl. WP250rev.01, S. 21 f. zu Art. 33) und sie insgesamt dem Stand der Technik entspricht (Franck in SJTK DS-GVO Art. 34 Rn. 22; dazu auch Gierschmann in GSSV DS-GVO Art. 34 Rn. 30–32; ferner Hessel/Potel DuD 2020, 94 ff.). Die DS-GVO legt die Verschlüsselung der betroffenen Daten zwar nahe, sieht sie aber **nicht als einziges Mittel** („insbesondere") an, um einen Zugriff unberechtigter Personen auszuschließen. Sie weicht damit von der insoweit engeren Regel des **Art. 4 Abs. 1 iVm Abs. 2 VO (EU) 611/ 2013** ab, der für den Bereich der elektronischen Kommunikation als Lex specialis konzipiert ist (→ Rn. 11 ff.). Er nennt nur die Verschlüsselung. Neben der Verschlüsselung kommen prinzipiell etwa auch die **Pseudonymisierung** (Art. 32 Abs. 1 Hs. 2 lit. a; → Art. 32 Rn. 33) sowie eine Umsetzung räumlicher Sicherheitsmaßnahmen oder dienstlicher Anweisungen in Betracht (zust. bspw. Dix in NK-DatenschutzR DS-GVO Art. 34 Rn. 13), sofern der Verantwortliche hinreichend zuverlässig sicherstellt, dass er sie im Ergebnis wirksam einhält. Wann Sicherheitsvorkehrungen **geeignet** sind, sagt lit. a nicht ausdrücklich. Denklogisch kann insoweit aber nur der Schutz der Rechte und Freiheiten der Betroffenen der Bezugspunkt sein. Das bedingt, dass die Vorkehrungen ein hohes Risiko einer Sicherheitsverletzung ausschließen müssen (tendenziell weiter Gierschmann in GSSV DS-GVO Art. 34 Rn. 30: „befürchtete[…] Risiken wahrscheinlich nicht eintreten").

bb) „nachfolgende Maßnahmen" (lit. b). Der Verantwortliche darf eine 39 Benachrichtigung nicht nur unterlassen, wenn er **präventiv** geeignete technische und organisatorische Sicherheitsvorkehrungen angewendet hat (lit. a). Er darf dies vielmehr auch dann, wenn er **im Anschluss** an die Datenschutzverletzung Maßnahmen ergriffen hat, welche die Voraussetzungen der Benachrichtigungspflicht des Abs. 1 entfallen lassen, also aller Wahrscheinlichkeit nach das hohe **Risiko** für die Rechte und Freiheiten der betroffenen Person infolge der eingeleiteten Schritte **nicht mehr besteht.**

Im Gegensatz zu lit. a gibt der Unionsgesetzgeber in lit. b nicht zu 39a erkennen, welche Maßnahmen er genau im Blick hat. Lit. b ist ein **Auffangtatbestand:** Er gibt dem Verantwortlichen ein **Ziel** vor, überlässt ihm aber die Wahl der **Mittel.** So sehr der Normgeber dem Verantwortlichen damit einen großen Spielraum zugesteht, so sehr knüpft er die Befreiung von der

Benachrichtigungspflicht an hohe Voraussetzungen: Obgleich der Verantwortliche die Verletzung des Schutzes präventiv nicht ausschließen muss, hat er in geeigneter Weise sicherzustellen, dass sich das hohe Risiko pro futuro nicht materialisiert.

39b   „**Aller Wahrscheinlichkeit nach**" besteht das hohe Risiko nur dann nicht mehr, wenn nach menschlichem Ermessen bei normalem Gang der Dinge nicht damit zu rechnen ist, dass eine Verletzung der Sicherheit, also die Vernichtung, der Verlust, die Veränderung, die unbefugte Offenlegung oder der unbefugte Zugang zu personenbezogenen Daten, eintritt oder einen substanziellen Schaden für grundrechtliche Positionen natürlicher Personen nach sich zieht. Denkbar ist etwa, eine Vertraulichkeitsvereinbarung mit dem Empfänger, dem versehentlich zu Unrecht personenbezogene Daten Dritter übermittelt wurden, abzuschließen oder den Zugang zu einem Online-Konto zu sperren, nachdem Unbefugte Zugriff auf das Konto erlangt haben (Reif in Gola DS-GVO Art. 34 Rn. 8). Aber auch Daten aus der Ferne zu löschen oder Daten beim Täter nachträglich sicherzustellen, können Maßnahmen iSd lit. b sein (Schreibauer in Auernhammer DS-GVO Art. 34 Rn. 20). Die „nachfolgende Maßnahme" muss der Verantwortliche aber so schnell treffen, dass es nicht in der Zwischenzeit zu einem Schaden kommt. Denn er muss mit seinen Maßnahmen ein hohes Risiko hinreichend sicher ausschließen. Anderenfalls hat er die Benachrichtigung „unverzüglich" vorzunehmen (Abs. 1; vgl auch Jandt in Kühling/Buchner DS-GVO Art. 34 Rn. 15).

40   **cc) „unverhältnismäßiger Aufwand" (lit. c).** Während die Benachrichtigungspflicht aus Abs. 1 unter den Voraussetzungen der lit. a und b komplett entfällt, **modifiziert** lit. c ihre Anforderungen für solche Fälle, in denen sie sich für den Verantwortlichen zu einem **unverhältnismäßigen Aufwand** auswächst. Anders als in den Fällen der lit. a und b muss der Verantwortliche Betroffene dann nicht individuell benachrichtigen. Vielmehr beschränkt sich die Benachrichtigungspflicht in diesem Fall auf eine **öffentl. Bekanntmachung** oder eine **sachlich vergleichbare Maßnahme.** Sub specie des Rufschadens, der dem Pflichtigen droht, ist eine solche Maßnahme aber keineswegs milder. Schonender ist nur der mit ihr verbundene Aufwand (zust. Brink in BeckOK DatenschutzR DS-GVO Art. 34 Rn. 42; Hladjk in Ehmann/Selmayr DS-GVO Art. 34 Rn. 12). Für den Verantwortlichen ist die Option, die lit. c ihm einräumt, daher ein zweischneidiges Schwert.

40a   **(1) Tatbestand.** Die Ausnahme des Abs. 3 lit. c greift, wenn die individuelle Adressierung der Betroffenen einen Aufwand hervorriefe, der im Verhältnis zu den verbundenen Kosten **unangemessenen** wäre. In Betracht kommt das va dann, wenn eine **sehr große Personenzahl** zu benachrichtigen ist, deren Kontaktdaten nur schwer ermittelbar sind, insbes. einen so langen Zeitraum in Anspruch nähme, dass in der Zwischenzeit (weitere) Schäden drohen (ebenso Jandt in Kühling/Buchner DS-GVO Art. 34 Rn. 15a; Schreibauer in Auernhammer DS-GVO Art. 34 Rn. 22, der auf die Wertung des § 42a S. 5 BDSG aF rekurriert).

(2) Rechtsfolge. Der Verantwortliche kann zwischen einer „öffentlichen   **41**
Bekanntmachung" und einer „ähnlichen Maßnahme" **wählen.** Voraussetzung ist jedoch, dass die Maßnahme in geeigneter Weise sicherstellt, dass die
betroffenen Personen die Information tatsächlich wahrnehmen („vergleichbar
wirksam"; „in an equally effective manner"; „de manière tout aussi efficace").
Der Wortlaut der lit. c lässt offen, ob sich die **vergleichbare Wirksamkeit**
nur auf die Wendung „ähnliche Maßnahme" bezieht (also die Maßnahme
nur der öffentl. Bekanntmachung in ihrer Wirksamkeit vergleichbar sein
muss) oder ob die **öffentl. Bekanntmachung und ihre Äquivalente** in
gleicher Weise wirksam wie die individuelle Benachrichtigung iSd Abs. 1
sein müssen, um eine Ausnahme zu rechtfertigen. Letzteres hätte zur Folge,
dass auch eine öffentl. Bekanntmachung nicht in jedem Fall von der Benachrichtigung entbände. Vielmehr hätte eine Prüfung auf ihre Wirksamkeitsäquivalenz (im Verhältnis zu einer Benachrichtigung) im Einzelfall zu erfolgen.

Das bürdete dem Verantwortlichen nicht nur eine substanzielle Rechts   **41a**
unsicherheit auf. Diese Lesart widerspräche auch der rechtstechnischen Funktion des Relativsatzes: Dessen Formulierung („vergleichbar wirksam informiert werden") beschreibt die **Rechtsfolge** der Befreiung, nicht ihren Tatbestand (diese Aufgabe ist Abs. 3 lit. c S. 1 („mit einem unverhältnismäßigen
Aufwand verbunden") vorbehalten). **S. 2** formuliert daher **keine zusätzlichen Anforderungen an die Befreiung.** Die Wendung „vergleichbar wirksam" bezieht sich auf die öffentliche Bekanntmachung. Der Verantwortliche
ist mithin auch dann von seiner Pflicht zur individuellen Benachrichtigung
entbunden, wenn sich damit die Gefahr verbindet, dass einzelne Personen die
Information auf dem alternativen Bekanntgabeweg nicht wahrnehmen und
die öffentliche Bekanntmachung insofern nicht in jedem Einzelfall in gleicher
Weise geeignet sein mag wie eine Individualbenachrichtigung.

Für **„öffentliche Bekanntmachungen"** formuliert die DS-GVO weder   **41b**
formale Anforderungen noch eine allgemeingültige Definition. In der englischen Sprachfassung der DS-GVO, die den Verhandlungen der EU-Organe
zugrunde lag, findet die Formulierung „public communication [...] measure"
Verwendung, was eher „öffentl. Kommunikationsmaßnahme" denn „öffentliche Bekanntmachung" meint. Diese Begrifflichkeit insinuiert, öffentl. Bekanntmachung bzw. public communication mit Veröff. im Internet gleichzusetzen. Dann verbliebe aber für „eine ähnliche Maßnahme" iSd Art. 34
Abs. 3 lit. c S. 2 Var. 2 kaum ein sinnvoller Anwendungsbereich. Näher liegt
es, dass die DS-GVO bei „öffentlicher Bekanntmachung" am ehesten an die
in den Mitgliedstaaten **überkommenen Formen amtlicher Bekanntmachung** durch **Veröffentlichung in amtlichen Verkündungsblättern,**
insbes. Amtsblättern oder Tageszeitungen, im Auge hat (vgl. bspw. § 186
Abs. 2 ZPO, § 27 RhPfGemO; s. auch § 42a S. 5 BDSG aF; zust. Brink in
BeckOK DatenschutzR DS-GVO Art. 34 Rn. 43; aA Franck in SJTK DS-
GVO Art. 34 Rn. 14; Schaffland/Holthaus in Schaffland/Holthaus DS-GVO
Art. 34 Rn. 27). So verstand auch **Art. 21 Abs. 1 VO (EG) Nr. 1346/2000**
(„entsprechend den Bestimmungen des jeweiligen Staates für öffentliche Bekanntmachungen zu veröffentlichen") den Begriff (s. auch die Parallelregelung

in Art. 3 Abs. 7 S. 1 VO (EU) 611/2013 („durch Bekanntmachung in den großen nationalen oder regionalen Medien der betreffenden Mitgliedstaaten")).

41c „**Ähnliche Maßnahmen**" sind solche, die einen vergleichbaren Verbreitungsgrad wie amtliche Bekanntmachungen erreichen: Sie müssen insbes. **allg.**, also grds. **für jedermann ohne nachhaltige Zugangshürden, zugänglich** sein. Die **Veröff. im Internet** repräsentiert den Paradefall einer solchen Erreichbarkeit. Eine Veröff. auf der eigenen Internetseite genügt den normativen Vorgaben indes nur, wenn sie sicherstellt, dass sie einer öffentlichen Bekanntmachung **in ihrer Publizitätswirkung vergleichbar** ist. Das ist in jedem Fall dann gewährleistet, wenn die Betroffenen die Homepage oder den Auftritt des Verantwortlichen in einem sozialen Netzwerk typischerweise regelmäßig frequentieren (etwa weil der Verantwortliche auf dieser Seite Dienste anbietet; vgl. Wilhelm in HK-DS-GVO Art. 34 Rn. 15; Jandt in Kühling/Buchner DS-GVO Art. 34 Rn. 15a) – nicht aber bspw. dann, wenn der Verantwortliche eine Verletzung in einem geschlossenen, nicht mittels Suchmaschine auffindbaren Teil des Internets, zB im Darknet oder in einem geschlossenen Forum, bekanntgibt.

41d Eine **öffentl. Berichterstattung,** die der Verantwortliche selbst gezielt anstößt, kann dem Gebot vergleichbarer Wirksamkeit ebenso genügen, soweit sie hinreichende Breitenwirkung erlangt und sichergestellt ist, dass sie ausreichend schnell erfolgt, um möglichen weiteren Schaden vom Betroffenen abzuwenden. Erfolgte eine öffentl. Berichterstattung demgegenüber **ohne Zutun des Verantwortlichen,** befreit ihn diese Informationskundgabe nicht von seiner eigenen Benachrichtigungspflicht (Wilhelm in HK-DS-GVO Art. 34 Rn. 13). Anderenfalls führte sich das normative System des Art. 34 („benachrichtigt der Verantwortliche die betroffene Person unverzüglich") selbst ad absurdum. Auch um die mit der vergleichbaren Wirksamkeit ähnlicher Maßnahmen verbundenen Rechtsunsicherheiten zu mildern, ist der Verantwortliche gut beraten, die Maßnahmen frühzeitig mit dem ASB abzustimmen (vgl. ErwGr 86 S. 3).

42 Greifen die Voraussetzungen des Art. 34 Abs. 3 lit. c, verändern sich prima facie auch die **inhaltlichen und formellen Anforderungen,** die Abs. 2 an eine Benachrichtigung knüpft („in klarer und einfacher Sprache [...] und enthält zumindest"). Denn Abs. 2 rekurriert explizit nur auf die Benachrichtigung iSd Abs. 1. Doch der Schein trügt: Abs. 3 lit. c will ausschl. von dem Erfordernis **individueller** Benachrichtigung befreien, nicht aber von weiteren Anforderungen. Dafür besteht auch keine sachliche Rechtfertigung, soll die Benachrichtigung des Betroffenen ihren Schutzzweck erfüllen.

43 dd) Sonderregelungen auf der Grundlage der Öffnungsklausel des Art. 34 iVm Art. 23 Abs. 1. Zusätzlich zu Art. 34 Abs. 3 ermöglicht Art. 23 Abs. 1 es den Mitgliedstaaten, die Verantwortlichen – unter engen tatbestandlichen Voraussetzungen – von den Anforderungen des Art. 34 zu dispensieren. Die Vorschr. enthält eine **fakultative Öffnungsklausel** (dazu Kühling/Martini ua DS-GVO und nationales Recht, 69 f.). Die Ausnahmegründe nach Abs. 3 entpuppen sich insoweit lediglich als unional konsentierter Kernbestand, der den Verzicht auf eine Benachrichtigung insgesamt bzw. (im Falle der lit. c) sub specie einer individuellen Benachrichtigung rechtfertigt, ergänzende nationale Ausnahmetatbestände aber nicht ausschließt. Die Ausnahmegründe des Art. 34 Abs. 3 und des Art. 23 Abs. 1 iVm der nationalen Sonderregelung stehen selbstständig nebeneinander. Von der Option des Art. 23 hat die Bundesrepublik Deutschland in **§ 29 Abs. 1 S. 3 und 4 BDSG** Gebrauch gemacht (s. BT-Drs. 18/11325, 32, 100; → § 29 Rn. 15; zu den inhaltlichen Anforderungen an Ausnahmetatbestände iSd Art. 23 Abs. 1 → Rn. 58).

3. Zeitlicher Rahmen der Benachrichtigung („unverzüglich")

Die Benachrichtigung hat „unverzüglich" (→ Art. 33 Rn. 34 ff.) zu erfolgen. **44** Die DS-GVO setzt damit keine starre, absolute Frist, sondern macht sie vom **Einzelfall** abhängig. **ErwGr 86 S. 3** präzisiert die allgemeine Vorgabe: Die Benachrichtigung sollte „stets so rasch wie nach allgemeinem Ermessen möglich, in enger Absprache mit der Aufsichtsbehörde und nach Maßgabe der Weisungen" erfolgen, welche diese oder andere zuständige Behörden, wie bspw. Strafverfolgungsbehörden, geben. Die Konkretisierung des Begriffs „unverzüglich" obliegt also nach der Vorstellung des Unionsgesetzgebers – zumindest auch – den **involvierten Behörden**. Die „Art und Schwere der Verletzung [...] sowie deren Folgen und nachteilige Auswirkungen für die betroffene Person" sind bei der Konkretisierung des gebotenen Zeitpunkts von bes. Bedeutung. Das betont **ErwGr 87 S. 2** eigens. Er spricht zwar von „Meldung" und adressiert damit Art. 33, nicht 34. Die Wertungen beider Normen sind aber insoweit normativ äquivalent und lassen sich damit übertragen. Je eher ein unmittelbarer Schaden bei dem Betroffenen droht, desto schneller muss der Verantwortliche ihn informieren **(ErwGr 86 S. 4)**. Umgekehrt kann eine „längere Benachrichtigungsfrist" gerechtfertigt sein, um in der Zwischenzeit **Sicherheitslücken** zu schließen und „fortlaufende[n] oder vergleichbare[n] Verletzungen", etwa durch Nachahmer, Einhalt zu gebieten **(Prinzip der „responsible disclosure";** vgl etwa Reif in Gola DS-GVO Art. 34 Rn. 15)

Dass die Erwägungsgründe beispielhaft auch **Weisungen der Strafverfol-** **45** **gungsbehörden** erwähnen, macht zugleich deutlich, dass aus der Sicht des Unionsgesetzgebers zum Zeitpunkt der Benachrichtigung auch **ermittlungstaktische Gesichtspunkte** Bedeutung erlangen können. Das unterstreicht auch ErwGr 88 S. 2 (der allerdings (ebenso wie ErwGr 87 S. 2; → Rn. 44) von der „Meldung" des Art. 33, nicht von der Benachrichtigungspflicht spricht; eine vergleichbare Ausnahme sieht auch Art. 3 Abs. 5 VO (EU) 611/2013 vor). Insoweit besteht in der aufsichtsbehördlichen Praxis erheblicher Konkretisierungsbedarf. Unabhängig davon können die **Mitgliedstaaten** den zeitlichen Rahmen **durch eigene Regelungen** nach Art. 23 (insbes. uU unter Rekurs auf Abs. 1 lit. a, c, d und e) näher ausgestalten (→ Rn. 58).

II. Modalitäten der Benachrichtigung (Abs. 2)

46 Abs. 2 beschreibt die Modalitäten, in denen die Benachrichtigung zu erfolgen hat: Die Vorschrift formuliert sowohl **formale** (→ Rn. 47 und 50 ff.) als auch **inhaltliche** Vorgaben (→ Rn. 48 f.). Ergänzend treten die Anforderungen des **Art. 12 Abs. 1** hinzu (→ Rn. 51 und 54). Beide Vorschr. überlappen sich in weiten Teilen ihres Regelungsgehalts.

1. Adressat der Benachrichtigung

47 Adressat der Benachrichtigung sind alle Personen, welche Opfer der Sicherheitsverletzung iSd Art. 4 Nr. 12 sind. Auf welchem Weg die Benachrichtigung zu erfolgen hat, lässt Art. 34 Abs. 2 weitgehend offen. Anders als bspw. Art. 3 Abs. 6 S. 1 VO (EU) 611/2013 schreibt er insbes. nicht explizit vor, dass der Verantwortliche die Benachrichtigung nur auf Wegen übermitteln darf, die nach dem Stand der Technik angemessen gesichert sind. „**Benachrichtigt** […] die betroffene Person" meint aber in jedem Falle eine **individuelle Adressierung,** etwa durch E-Mail, auf dem Postweg oder auf andere geeignete Weise. Eine **öffentl. Bekanntmachung** genügt den Anforderungen des Art. 34 Abs. 1 demgegenüber nicht. Das ergibt sich im **Umkehrschluss aus Art. 34 Abs. 3 lit. c.** Die dort als Ausnahme vorgesehene „öffentliche Bekanntmachung" impliziert, dass Art. 34 Abs. 1 von einer individuellen Benachrichtigung als Normalfall ausgeht. Eine öffentl. Bekanntmachung oder eine ähnliche Maßnahme ist mithin nur zulässig, wenn die individuelle Benachrichtigung ausnahmsweise unverhältnismäßigen Aufwand auslöst.

2. Inhaltliche Anforderungen (Hs. 2)

48 Die inhaltlichen Anforderungen der Benachrichtigung iSd Art. 34 decken sich in ihrem Mindestumfang weitgehend mit denen des Art. 33 Abs. 3: Die Benachrichtigung muss zumindest die **Art der Verletzung** (→ Art. 33 Rn. 46; aA Wilhelm in HK-DS-GVO Art. 34 Rn. 19) und die in Art. 33 Abs. 3 **lit. b** (→ Art. 33 Rn. 48 f.), **lit. c** (→ Art. 33 Rn. 49 ff.) sowie **lit. d** (→ Art. 33 Rn. 50 ff.) genannten Informationen und Empf. umfassen. Ausgenommen hat der Normgeber aus dem Verweisungskatalog des Art. 33 lediglich diejenigen Meldungsbestandteile, die ausschl. für eine Gesamtbetrachtung des Umf. der Datenschutzverletzung relevant sind (Art. 33 Abs. 3 **lit. a Hs. 2;** iErg ebenso Brink in BeckOK DatenschutzR DS-GVO Art. 34 Rn. 33; Jandt in Kühling/Buchner DS-GVO Art. 34 Rn. 11; aA Reif in Gola DS-GVO Art. 34 Rn. 11; offen Franck in SJTK DS-GVO Art. 34 Rn. 10). Ihre Kenntnis ist für den einzelnen Betroffenen regelmäßig entbehrlich.

49 **ErwGr 86 S. 3** erklärt es für angezeigt, dass der Verantwortliche den Inhalt der Benachrichtigung des Betroffenen **in Absprache mit der ASB und nach Maßgabe der Weisung anderer zuständiger Behörden** festlegt. Über den Mindestumfang des verfügenden Teils der Verordnung in Art. 33

Abs. 2 **hinausgehende Anforderungen** (etwa zur Personalisierung der Inhalte, damit der Betroffene individuelle Folgen für seinen Lebenskreis noch besser zu erfassen in der Lage ist) ergeben sich daraus jedoch nicht: Die Erwägungsgründe heben keine neuen normativen Pflichten aus der Taufe, sondern sind lediglich Interpretationshilfen (vgl. dazu etwa EuGH EuZW 2014, 703 Rn. 31). Art. 33 Abs. 2 bestimmt die an die Benachrichtigung gestellten inhaltlichen Anforderungen abschl.

3. „in klarer und einfacher Sprache" (Hs. 1) sowie „in präziser, transparenter, verständlicher und leicht zugänglicher Form" (Art. 12 Abs. 1 S. 1 iVm Art. 34 Abs. 2)

Die Benachrichtigung des Betroffenen muss – ebenso wie nach Art. 3 Abs. 4 **50** S. 2 VO (EU) 611/2013 – in **einfacher und klarer Sprache** erfolgen (Abs. 2). Einfache und klare Sprache meint ein Anforderungsniveau, das sich **zwischen Fachsprache und der sog. leichten Sprache** bewegt (ausf. → Art. 21 Rn. 70). Die Regeln zur leichten Sprache beschreiben eine sprachliche Ausdrucksweise, welche auch Menschen mit eingeschränkten Lesekompetenzen verstehen können, zB funktionale Analphabeten und Menschen mit kognitiven Einschränkungen oder schlechten Deutschkenntnissen (vgl. etwa auch BR-Drs. 18/16, 43).

Art. 34 Abs. 2 („die in Abs. 1 genannte Benachrichtigung") lässt sich prima **51** facie zwar auch so deuten, dass sich die Verpflichtung, den Betroffenen in klarer und einfacher Sprache zu informieren, semantisch nur auf die Unterrichtung zur **Art der Verletzung** bezieht („beschreibt in klarer und einfacher Sprache die Art"). So eng ist das rechtliche Gebot aber nicht gedacht. Es hat die **Benachrichtigung insgesamt** im Blick – auch den Mindestinhalt des Abs. 2 Hs. 2 iVm Art. 33 Abs. 3 lit. b, c und d (→ Rn. 52).

Der Vorgabe einfacher und verständlicher Sprache des Art. 34 Abs. 2 ist es **52** um den Schutz der Betroffenen vor Rechtsverlust durch „Verständnisfrust" bestellt. Der·Verantwortliche soll sie nicht mit gedrechselter Sprache konfrontieren, die ihrem **Laienhorizont** nicht entspricht und sie dadurch mit zahlreichen offenen Fragen zurücklässt. Dieser Schutz erschöpft sich nicht alleine darin, Betroffenen das Verständnis zu vermitteln, worin die Verletzung besteht **(Abs. 2 Hs. 1):** Er umschließt auch die inhaltlich nachvollziehbare Erläuterung, welche Folgen die Verletzung des Schutzes personenbezogener Daten wahrscheinlich mit sich bringt **(Hs. 2 iVm Art. 33 Abs. 3 lit. c)** und welche Maßnahmen der Verantwortliche entweder ergriffen oder vorgeschlagen hat, um sie zu beheben oder abzumildern **(Hs. 2 iVm Art. 33 Abs. 3 lit. d).** Gerade Erläuterungen zu den Folgen und getroffenen Maßnahmen sind für den Betroffenen – in verständlicher Form erklärt – bes. wichtig, damit er seine Privatsphäre wahren kann. Denn sie bilden seine Entscheidungsgrundlage für eine angemessene Reaktion auf die Verletzung des Schutzes seiner personenbezogenen Daten.

Aus dem Gebot klarer und einfacher Sprache erwachsen Anforderungen **53** sowohl an den **Inhalt** der Benachrichtigung als auch an die **Art der Darst.** (ähnlich auch Marschall DuD 2015, 183 (188 f.)). Das schließt es insbes. aus, die Information über die Verletzung unter einer Vielzahl anderer Informationen gleichsam, zB durch die Lesbarkeit beeinträchtigenden **Kleindruck,** zu verstecken oder die Information mit Werbe- oder Verkaufsangeboten zu verknüpfen, die nicht klar von der Verletzungsinformation **getrennt** sind (ähnlich Reif in Gola DS-GVO Art. 34 Rn. 11; Hladjk in Ehmann/Selmayr DS-GVO Art. 34 Rn. 7; Franck in SJTK DS-GVO Art. 34 Rn. 16). Insoweit ergibt sich aus dem inhaltlichen Gebot der Einfachheit und Verständlichkeit auch ein **formelles Koppelungsverbot.** Nur so ist sichergestellt, dass der Adressat die Benachrichtigung in einem ausreichenden Maße verstehen kann (in diesem Sinn auch explizit die Parallelregelung des Art. 3 Abs. 6 S. 2 VO (EU) 611/2013).

54 Die Benachrichtigung muss insbes. – gerade wenn sie Kinder adressiert – in **„präziser, transparenter, verständlicher und leicht zugänglicher Form"** (→ Art. 21 Rn. 69; → Art. 12 Rn. 27 ff.) erfolgen. Das ergibt sich aus dem Verweis des **Art. 12 Abs. 1 S. 1** auf Art. 34. Für die Betroffenen muss die Benachrichtigung auch grds. **kostenfrei** sein (Art. 12 Abs. 5 S. 1; → Art. 12 Rn. 61 f.).

54a Die Vorgabe einfacher und klarer Sprache ist zwar nicht für alle Informationen und Maßnahmen des Art. 33 Abs. 3 sachlich von Relevanz, zB nicht für lit. b („Namen und Kontaktdaten"). Ferner kann das zusätzliche Erfordernis dem Verantwortlichen den Weg abschneiden, die Meldung, die er bereits auf der Grdl. des **Art. 33** an die ASB gerichtet hat, wortgleich auch für die Benachrichtigung Betroffener zu verwenden. Denn das Gebot einfacher und klarer Sprache erstreckt sich nicht auf Art. 33. Es entstehen dann **asymmetrische** und (aus der Sicht des Verantwortlichen) ineffiziente **Meldestrukturen** (falls sich die Meldung an die ASB aufgrund ihrer fachspezifischen Anforderungen nicht ohne Weiteres in einfacher Sprache ausdrücken lässt).

54b Einen denkbaren Bündelungsvorteil gesteht Art. 34 dem Verantwortlichen aber nicht um den Preis zu, auf eine in klarer und einfacher Sprache abgefasste Meldung als Benachrichtigung iSd Art. 34 verzichten zu dürfen. Das ergibt sich auch aus einem Vergleich zu der normativen Vorgabe des Art. 12 Abs. 1 S. 1: Er formuliert ebenfalls und zusätzlich zu Art. 34 Abs. 2 das Gebot einer klaren und einfachen Sprache. **Art. 12 Abs. 1 S. 1** nimmt ausdr. auf **Art. 34 insgesamt** Bezug – und damit auch auf Art. 34 Abs. 2 Hs. 2, der auf die Informationen und Maßnahmen des Art. 33 verweist. Das Gebot klarer und einfacher Sprache des Art. 12 Abs. 1 S. 1 (→ Art. 12 Rn. 19 ff.) gilt mithin **ohne Einschränkung** auch für diejenigen Benachrichtigungsbestandteile, die sich mit denen aus Art. 33 decken.

III. Einschreiten der Aufsichtsbehörde (Abs. 4)

55 Hat der Verantwortliche die betroffene Person **noch nicht benachrichtigt,** kann auch die **ASB** aktiv werden. Abs. 4 ermächtigt diese nicht unmittelbar, die Benachrichtigung im Wege einer **Ersatzvornahme** selbst zu tätigen (ebenso Franck in SJTK DS-GVO Art. 34 Rn. 49 mwN; aA noch Reif in Gola DS-GVO, 2017, Art. 34 Rn. 16). Sie kann von dem Verantwortlichen aber verlangen, die Benachrichtigung **„nachzuholen" (Abs. 4 Alt. 1).** Verweigert dieser sich der Aufforderung, kann die ASB (unter Rückgriff auf eine gesonderte Rechtsgrundlage) Vollstreckungsmaßnahmen vornehmen. Da dem Pflichtigen ein hohes Bußgeld droht, wenn er der Aufforderung nicht Folge leistet (**Art. 83 Abs. 5 lit. e, Abs. 6**), kommt Abs. 4 aber eine nicht unerhebliche, die Rechtsbefolgung beflügelnde Durchschlagskraft zu.

Abs. 4 knüpft nicht explizit an einen **Verstoß** des Verantwortlichen gegen **56** die Pflichten aus Abs. 1 an. Der Tatbestand („nicht bereits [...] benachrichtigt hat") verlangt nicht einmal, dass der Verantwortliche um die Verletzung weiß oder die zeitliche Schwelle zur (persönlich pflichtwidrigen) Unverzüglichkeit bereits überschritten hat. Die Formulierung **„nachzuholen"** der dt. Sprachfassung deutet jedoch **implizit** darauf hin, dass der Verantwortliche einem bestehenden Normbefehl pflichtwidrig noch nicht nachgekommen ist. Die englische Fassung („may require to do so") und die französische („peut [...] exiger du responsable [...] qu'il procède") sind insoweit zurückhaltender. „Require" steht im allgemeinen Sprachgebrauch für „fordern", „verlangen" bzw. „benötigen", knüpft aber nicht notwendig an eine Pflichtverletzung an. Diese **enge Lesart** des Abs. 4 entspricht auch seiner Rationalität: Ihm wohnt das gefahrenabwehrrechtliche Schutzbedürfnis inne, unabhängig von den Voraussetzungen des Art. 34 Abs. 1, Schaden von dem Betroffenen abzuwenden. Die behördliche Befugnis aus Abs. 4 greift deshalb bereits bei einem aus der Verletzung erwachsenden **hohen Risiko** − nicht erst, wenn der Verantwortliche die Benachrichtigung aus Abs. 1 pflichtwidrig unterlassen hat.

Für Abs. 4 Alt. 1 hat der Unionsgesetzgeber in **Art. 58 Abs. 2 lit. e** eine **56a** „Spiegelnorm" vorgesehen: Sie knüpft die Anweisungsbefugnis der ASB zur Benachrichtigung deutlicher als Art. 34 Abs. 4 (nur) an eine vorausgegangene „Verletzung des Schutzes personenbezogener Daten". Auch sie verleiht der ASB selbst dann das Recht, eine Benachrichtigungspflicht aufzuerlegen, wenn die Schwelle des Art. 34 Abs. 1 noch nicht überschritten ist. Auf den ersten Blick erscheinen beide Vorschriften wie eine überflüssige, gleichlaufende (Doppel-)Regelung. Darin erschöpft sich Art. 58 Abs. 2 lit. e jedoch nicht. Anders als Art. 34 Abs. 4 knüpft er nicht explizit an ein (wahrscheinliches) hohes Risiko an. Er lässt eine **Verletzung** des Schutzes personenbezogener Daten ausreichen („to communicate a personal data breach to the data subject"). Die ASB darf den Verantwortlichen daher auf der Grundlage des Art. 58 Abs. 2 lit. e − in den Grenzen der Verhältnismäßigkeit − auch dann zu einer Benachrichtigung anweisen, wenn von der Verletzung **kein hohes Risiko** für die Rechte betroffener Personen ausgeht. Beide Vorschr. stehen selbstständig nebeneinander.

Nimmt man Art. 34 Abs. 4 beim Wort, verleiht er der ASB nicht die **56b** Befugnis, dem Verantwortlichen aufzutragen, eine unzureichende oder unvollständige Benachrichtigung zu **ergänzen**. Denn die Befugnis des Art. 34 Abs. 4 Alt. 1 greift nur, „wenn der Verantwortliche die betroffene Person nicht [...] benachrichtigt hat" (in der englischen Sprachfassung: „if"). Soll die Vorschrift auch die unvollständige oder unzureichende Benachrichtigung erfassen, müsste sie sprachlich exakt von „soweit [...] nicht [...] benachrichtigt hat" sprechen − ebenso von „vervollständigen" statt „nachholen". Dem Sinn des Art. 34 Abs. 4 entspricht es jedoch, in Art. 34 Abs. 4 auch die **Befugnis** der **ASB** verankert zu sehen, die **Ergänzung einer unzureichenden oder unvollständigen Benachrichtigung** zu verlangen. Liest man diese Vorschrift enger, ergibt sich eine solche Befugnis (nur) aus Art. 58 Abs. 2 lit. e.

57   Zusätzlich zur Aufforderung, eine Benachrichtigung vorzunehmen, kann die ASB auch **verbindlich feststellen,** dass ein **Ausnahmegrund** oder mehrere Ausnahmegründe („bestimmte") **isd Abs. 3** greifen (Abs. 4 Alt. 2). Die ASB bindet sich mit dieser Feststellung selbst und vermittelt dem Verantwortlichen auf diese Weise Rechtssicherheit (Jandt in Kühling/Buchner DS-GVO Art. 34 Rn. 16). Rechtsdogmatisch handelt es sich bei dem „Beschluss" um einen **feststellenden VA,** der voller gerichtlichen Überprüfung unterliegt (Dix in NK-DatenschutzR DS-GVO Art. 34 Rn. 18).

IV. Sonderregelungen auf der Grundlage der Öffnungsklausel des Art. 34 iVm Art. 23 Abs. 1

58   Nicht nur im Hinblick auf die Ausnahmetatbestände des Abs. 3 (→ Rn. 43), sondern auch auf alle sonstigen normativen Forderungen des Art. 34 gestattet Art. 23 Abs. 1 dem nationalen Gesetzgeber eigene abw. Regelungen. Die DS-GVO knüpft diese Freiheit jedoch an hohe Voraussetzungen: Die Ausnahme muss zum einen **notwendig** und **verhältnismäßig** sein, um eines der **Schutzziele der lit. a–j** zu erreichen. In Betracht kommen insoweit insbes. lit. c (öffentliche Sicherheit), lit. e (wichtige Ziele des allgemeinen öffentlichen Interesses) sowie lit. i (Schutz des Betroffenen oder anderer Personen) und lit. j (Durchsetzung zivilrechtlicher Ansprüche). Die Ausnahmeregelung muss zum anderen zahlr. **Sicherungsmechanismen** einbauen (Abs. 2), die einer uferlosen Ausdehnung der Abweichungsmöglichkeiten Schranken setzen sollen, zB Vorschriften zu den „Risiken für die Rechte und Freiheiten der betroffenen Personen" (lit. g).

58a   Von der Öffnungsklausel des Art. 23 Abs. 1 lit. i (sowie des Art. 90; → § 29 Rn. 1) macht der dt. Gesetzgeber in **§ 29 Abs. 1 S. 3 und 4 BDSG** Gebrauch (BT-Drs. 18/11325, 100): Die Pflicht zur Benachrichtigung entfällt (ergänzend zu Art. 34 Abs. 3), soweit die Benachrichtigung Informationen offenbart, „die nach einer **Rechtsvorschrift** [Alt. 1] oder **ihrem Wesen nach** [Alt. 2], insbes. wegen der überwiegenden berechtigten Interessen eines Dritten, geheim gehalten werden müssen" (**§ 29 Abs. 1 S. 3 BDSG;** → § 29 Rn. 15; ferner Wilhelm in HK-BDSG § 29 Rn. 14 ff.). Die Vorschr. versucht, den Zielkonflikt zwischen Datenschutz und Geheimnisschutz (insbes. von Berufsgeheimnisträgern) aufzulösen (→ § 29 Rn. 3 f.; s. zum Normzweck auch Uwer in BeckOK DatenschutzR DS-GVO § 29 Rn. 2). Der Gesetzgeber macht diese Befreiung in der 2. Alt. von einer **Interessenabwägung** abhängig (§ 29 Abs. 1 S. 4 BDSG): Überwiegen die Interessen der betroffenen Person das Geheimhaltungsinteresse, hat die Benachrichtigung zu erfolgen. Beruht die Geheimhaltungsbedürftigkeit hingegen auf einer „Rechtsvorschrift" (Alt. 1), hat der Gesetzgeber die widerstreitenden Interessen bereits in der Norm selbst (abstrakt-generell) abgewogen (Lapp in Gola/Heckmann BDSG § 29 Rn. 15; → § 29 Rn. 10).

C. Vergleich zum (bisherigen) nationalen Datenschutzrecht und nationaler Regelungsspielraum

Das nationale Recht verankerte eine Pflicht, den Betroffenen bei Datensicher- **59** heitsverstößen zu benachrichtigen, bisher in **§ 42a BDSG aF.** Die Norm war tatbestandlich enger als Art. 34 gefasst (vgl. Scheffczyk in BeckOK DatenschutzR BDSG aF § 42a Rn. 70; Dix in Simitis BDSG aF § 42a Rn. 22 noch zum DS-GVO-E(KOM)): Sie erfasste nur die unrechtmäßige Kenntnisnahme Dritter von **bestimmten Arten personenbezogener Daten** (namentlich bes. personenbezogene Daten; Daten, die einem Berufsgeheimnis unterliegen; Daten zu einem Bank- oder Kreditkartenkonto; Daten, die sich auf strafbare Handlungen oder Ordnungswidrigkeiten oder einen entsprechenden Verdacht beziehen). Andere mögliche Verletzungen der Datensicherheit – die Art. 34 nun pauschal erfasst – lösten bislang keine Benachrichtigungspflicht aus. Hatten Dritte unrechtmäßig von Daten Kenntnis erlangt, aktivierte das eine Benachrichtigungspflicht nach § 42a S. 1 BDSG aF auch nur dann, wenn **schwerwiegende Beeinträchtigungen** für die Rechte und schutzwürdigen Interessen des Betroffenen drohten.

Die unverzügliche Benachrichtigung sollte nach § 42a S. 2 BDSG aF so **60** lange unterbleiben, wie das **Interesse der Strafverfolgung** sowie die **Datensicherungspflichten des § 9 BDSG aF** ihr entgegenstanden (Scheffczyk in BeckOK DatenschutzR BDSG aF § 42a Rn. 42). Angemessene Sicherheitsvorkehrungen machten die Benachrichtigung des Betroffenen – anders als nach Art. 34 Abs. 3 lit. a bzw. lit. b – nicht entbehrlich. Diese waren lediglich ein Grund, die Benachrichtigung aufzuschieben **(§ 42a S. 2 BDSG aF).**

Inhaltlich **erweitert** Art. 34 die Benachrichtigungspflicht im Vergleich **61** zum bisherigen nationalen Recht **moderat**. Bislang musste der Verantwortliche die Art und Weise darlegen, wie es zur unrechtmäßigen Kenntnis gekommen ist, und Empfehlungen für Maßnahmen unterbreiten, welche die nachteiligen Folgen mindern (§ 42a S. 3 BDSG aF). Nunmehr ist neben der Beschreibung der **Art der Verletzung** und der **Maßnahmen** (Art. 34 Abs. 2 iVm Art. 33 Abs. 3 lit. d) insbes. auch erforderlich, die wahrscheinlichen **Folgen der Verletzung** zu beschreiben (Art. 34 Abs. 2 iVm Art. 33 Abs. 3 lit. c).

Im Gegensatz zum bisherigen nationalen Recht kennt Art. 34 kein **Infor-** **62** **mationsverwendungsverbot**, das die **Selbstbelastungsfreiheit** absichert. § 42a S. 6 BDSG aF untersagte es, die Informationen, welche die Behörden infolge der Benachrichtigung erlangten, ohne die Einwilligung des Verantwortlichen in Strafverfahren und Verfahren nach dem OWiG gegen ihn zu verwenden. Der dt. Gesetzgeber hat sich jedoch dazu entschieden, in das BDSG eine Regelung aufzunehmen, die § 42a S. 6 BDSG aF ähnelt (vgl. BT-Drs. 18/11325, 109): **§ 42 Abs. 4** (→ § 42 Rn. 10) und **§ 43 Abs. 4 BDSG** (→ § 43 Rn. 5) verfügen (zulasten der justiziellen Wahrheitsfindung), dass die Meldung in Straf- und Bußgeldverfahren nur mit Zustimmung des Meldepflichtigen verwendet werden darf. Die Vorschr. gründen auf der Öffnungsklausel des **Art. 83 Abs. 8** sowie des **Art. 84 Abs. 1** (so BT-Drs. 18/ 11325, 109).

63   Neben § 42a BDSG aF hat der Bund in zahlr. **Sondergesetzen** Meldepflichten aus der Taufe gehoben (s. insbes. § 8b Abs. 4 BSIG sowie § 44b AtomG, § 11 Abs. 1c EnWG, § 109 Abs. 5 TKG). Aufgrund ihrer andersartigen Zielrichtung, Kritische Infrastrukturen zu schützen (und teilw. nur Meldepflichten ggü. den ASB zu begründen), stehen sie mit Art. 34 trotz des Anwendungsvorrangs des Unionsrechts in **Idealkonkurrenz,** können also daneben bestehen bleiben (ausf. → Art. 33 Rn. 60 f.).

D. Ausblick

64   Ähnlich wie Art. 33 lässt Art. 34 den Verantwortlichen mit unbefriedigten Wünschen an eine rechtssichere Handhabung zurück. Die Wirksamkeit und der Nutzen der Vorschr. hängen maßgeblich davon ab, wie die Rechtspraxis mit den von **unbestimmten Rechtsbegriffen** übersäten Ausnahmetatbeständen des Abs. 3 umgehen wird. Für die zukünftige Durchschlagskraft der Norm ist deshalb von bes. Bedeutung, dass die ASB und Gerichte sie **nicht zu großzügig auslegen** (→ Rn. 36). Andernfalls drohen die Ausnahmen zur Regel zu mutieren und die Benachrichtigungspflicht weitgehend leerlaufen zu lassen. Den **Leitlinien, Empf. und bewährten Verfahren des EDSA** iSd Art. 70 Abs. 1 lit. h wird daher ebenso wie der Rechtsprechung des EuGH eine wichtige **Klärungsfunktion** zukommen.

Abschnitt 3. Datenschutz-Folgenabschätzung und vorherige Konsultation

Art. 35 Datenschutz-Folgenabschätzung

(1) [1]Hat eine Form der Verarbeitung, insbesondere bei Verwendung neuer Technologien, aufgrund der Art, des Umfangs, der Umstände und der Zwecke der Verarbeitung voraussichtlich ein hohes Risiko für die Rechte und Freiheiten natürlicher Personen zur Folge, so führt der Verantwortliche vorab eine Abschätzung der Folgen der vorgesehenen Verarbeitungsvorgänge für den Schutz personenbezogener Daten durch. [2]Für die Untersuchung mehrerer ähnlicher Verarbeitungsvorgänge mit ähnlich hohen Risiken kann eine einzige Abschätzung vorgenommen werden.

(2) Der Verantwortliche holt bei der Durchführung einer Datenschutz-Folgenabschätzung den Rat des Datenschutzbeauftragten, sofern ein solcher benannt wurde, ein.

(3) Eine Datenschutz-Folgenabschätzung gemäß Absatz 1 ist insbesondere in folgenden Fällen erforderlich:

a) systematische und umfassende Bewertung persönlicher Aspekte natürlicher Personen, die sich auf automatisierte Verarbeitung einschließlich Profiling gründet und die ihrerseits als Grundlage für Entscheidungen dient, die Rechtswirkung gegenüber natürlichen Personen entfalten oder diese in ähnlich erheblicher Weise beeinträchtigen;

b) umfangreiche Verarbeitung besonderer Kategorien von personenbezogenen Daten gemäß Artikel 9 Absatz 1 oder von personenbezogenen Daten über strafrechtliche Verurteilungen und Straftaten gemäß Artikel 10 oder

c) systematische umfangreiche Überwachung öffentlich zugänglicher Bereiche.

(4) [1] Die Aufsichtsbehörde erstellt eine Liste der Verarbeitungsvorgänge, für die gemäß Absatz 1 eine Datenschutz-Folgenabschätzung durchzuführen ist, und veröffentlicht diese. [2] Die Aufsichtsbehörde übermittelt diese Listen dem in Artikel 68 genannten Ausschuss.

(5) [1] Die Aufsichtsbehörde kann des Weiteren eine Liste der Arten von Verarbeitungsvorgängen erstellen und veröffentlichen, für die keine Datenschutz-Folgenabschätzung erforderlich ist. [2] Die Aufsichtsbehörde übermittelt diese Listen dem Ausschuss.

(6) Vor Festlegung der in den Absätzen 4 und 5 genannten Listen wendet die zuständige Aufsichtsbehörde das Kohärenzverfahren gemäß Artikel 63 an, wenn solche Listen Verarbeitungstätigkeiten umfassen, die mit dem Angebot von Waren oder Dienstleistungen für betroffene Personen oder der Beobachtung des Verhaltens dieser Personen in mehreren Mitgliedstaaten im Zusammenhang stehen oder die den freien Verkehr personenbezogener Daten innerhalb der Union erheblich beeinträchtigen könnten.

(7) Die Folgenabschätzung enthält zumindest Folgendes:

a) eine systematische Beschreibung der geplanten Verarbeitungsvorgänge und der Zwecke der Verarbeitung, gegebenenfalls einschließlich der von dem Verantwortlichen verfolgten berechtigten Interessen;

b) eine Bewertung der Notwendigkeit und Verhältnismäßigkeit der Verarbeitungsvorgänge in Bezug auf den Zweck;

c) eine Bewertung der Risiken für die Rechte und Freiheiten der betroffenen Personen gemäß Absatz 1 und

d) die zur Bewältigung der Risiken geplanten Abhilfemaßnahmen, einschließlich Garantien, Sicherheitsvorkehrungen und Verfahren, durch die der Schutz personenbezogener Daten sichergestellt und der Nachweis dafür erbracht wird, dass diese Verordnung eingehalten wird, wobei den Rechten und berechtigten Interessen der betroffenen Personen und sonstiger Betroffener Rechnung getragen wird.

(8) Die Einhaltung genehmigter Verhaltensregeln gemäß Artikel 40 durch die zuständigen Verantwortlichen oder die zuständigen Auftragsverarbeiter ist bei der Beurteilung der Auswirkungen der von diesen durchgeführten Verarbeitungsvorgänge, insbesondere für die Zwecke einer Datenschutz-Folgenabschätzung, gebührend zu berücksichtigen.

(9) Der Verantwortliche holt gegebenenfalls den Standpunkt der betroffenen Personen oder ihrer Vertreter zu der beabsichtigten Verarbeitung unbeschadet des Schutzes gewerblicher oder öffentlicher Interessen oder der Sicherheit der Verarbeitungsvorgänge ein.

(10) Falls die Verarbeitung gemäß Artikel 6 Absatz 1 Buchstabe c oder e auf einer Rechtsgrundlage im Unionsrecht oder im Recht des Mitgliedstaats, dem der

Verantwortliche unterliegt, beruht und falls diese Rechtsvorschriften den konkreten Verarbeitungsvorgang oder die konkreten Verarbeitungsvorgänge regeln und bereits im Rahmen der allgemeinen Folgenabschätzung im Zusammenhang mit dem Erlass dieser Rechtsgrundlage eine Datenschutz-Folgenabschätzung erfolgte, gelten die Absätze 1 bis 7 nur, wenn es nach dem Ermessen der Mitgliedstaaten erforderlich ist, vor den betreffenden Verarbeitungstätigkeiten eine solche Folgenabschätzung durchzuführen.

(11) Erforderlichenfalls führt der Verantwortliche eine Überprüfung durch, um zu bewerten, ob die Verarbeitung gemäß der Datenschutz-Folgenabschätzung durchgeführt wird; dies gilt zumindest, wenn hinsichtlich des mit den Verarbeitungsvorgängen verbundenen Risikos Änderungen eingetreten sind.

BDSG und anderes nationales Recht: § 67 BDSG (kommentiert unter → BDSG § 67 Rn. 1 ff.).

Literatur: *Albrecht,* Das neue EU-Datenschutzrecht – von der Richtlinie zur Verordnung, CR 2016, 88; *Art. 29-Datenschutzgruppe,* Guidelines on Data Protection Impact Assessment (DPIA) and determining whether processing is „likely to result in a high risk" for the purposes of Regulation 2016/679, WP (Working Paper) 248, 2017; *dies.,* Statement on the 2016 action plan for the implementation of the General Data Protection Regulation (GDPR), WP 236, 2016; *Bieker/Bremert,* Identifizierung von Risiken für die Grundrechte von Individuen, ZD 2020, 7; *Böhret/Konzendorf,* Handbuch Gesetzesfolgenabschätzung (GFA), 2001; *Dochow,* Notwendigkeit der Datenschutz-Folgenabschätzung, PinG 2018, 51; *Dovas,* Die Datenschutzfolgenabschätzung in der Praxis, ITRB 2018, 14; *Els,* Teil 1 und Teil 2: Die Datenschutz-Folgenabschätzung in der öffentlichen Verwaltung, DÖD 2019, 201 u. 237; *Feuerherdt/Rath,* Datenschutz-Folgenabschätzung als Standard im Konzern: Hinweise zur Anwendung des Kriteriums „hohes Risiko" einer Datenverarbeitung und Vorschläge zur Verknüpfung mit dem Standard-Datenschutzmodell sowie den ISO-Standards 29100 und 29134, CR 2017, 500; *Friedewald/Schiering/Martin,* Datenschutz-Folgenabschätzung in der Praxis, DuD 2019, 473; *Friedewald/Obersteller/Nebel/Bieker/Rost,* White Paper Datenschutz-Folgenabschätzung – Ein Werkzeug für einen besseren Datenschutz, Forum Privatheit und selbstbestimmtes Leben in der digitalen Welt, 2016; *Gierschmann,* Was „bringt" deutschen Unternehmen die DS-GVO? Mehr Pflichten, aber die Rechtsunsicherheit bleibt, ZD 2016, 51; *Grunwald,* Technikfolgenabschätzung – eine Einführung, 2010; *Hansen,* Datenschutz-Folgenabschätzung – gerüstet für Datenschutzvorsorge?, DuD 2016, 587; *Härting/Schneider,* Das Ende des Datenschutzes – es lebe die Privatsphäre, CR 2015, 819; *Jandt,* Datenschutz durch Technik in der DS-GVO – Präventive und repressive Vorgaben zur Gewährleistung der Sicherheit der Verarbeitung, DuD 2017, 562; *Kaufmann,* Meldepflichten und Datenschutz-Folgenabschätzung – Kodifizierung neuer Pflichten in der EU-Datenschutz-Grundverordnung, ZD 2012, 358; *Krings/Ohrtmann,* Datenschutz-Folgenabschätzung in der Praxis, DSB 2019, 193; *Marschall/Müller,* Der Datenschutzbeauftragte im Unternehmen zwischen BDSG und DS-GVO – Bestellung, Rolle, Aufgaben und Anforderungen im Fokus europäischer Veränderungen, ZD 2016, 415; *Martin/Mester/Schiering/Friedewald/Hallinan,* Datenschutz-Folgenabschätzung. Ein notwendiges „Übel" des Datenschutzes?, DuD 2020, 149; *Martin/Schiering/Friedewald,* Methoden der Datenschutz-Folgenabschätzung, DuD 2020, 154; *Mester,* Datenschutz-Folgenabschätzung – Chance des Datenschutzes, DuD 2020, 145; *Quiel,* Die Datenschutz-Folgenabschätzung und ihre Durchführung in der Praxis am Beispiel von Werbebildschirmen mit Gesichtserkennungssensorik, PinG 2018, 30; *Rath/Feuerherdt,* Datenschutz-Folgenabschätzung als Standard im Konzern: Hinweise zur Anwendung des Kriteriums „hohes Risiko" einer Datenverarbeitung und Vorschläge zur

Verknüpfung mit dem Standard-Datenschutzmodell sowie den ISO-Standards 29100 und 29134, CR 2017, 500; *Roßnagel/Geminn/Johannes,* Datenschutz-Folgenabschätzung im Zuge der Gesetzgebung, ZD 2019, 435; *Schmitz/von Dall'Armi,* Datenschutz-Folgenabschätzung – verstehen und anwenden. Wichtiges Instrument zur Umsetzung von Privacy by Design, ZD 2017, 57; *Schnebbe,* DSB-Bestellpflicht und Datenschutzfolgeabschätzung, DuD 2019, 373; *Schröder,* Der risikobasierte Ansatz in der DS-GVO, ZD 2019, 503; *Syckor/Strufe/Lauber-Rönsberg,* Die Datenschutz-Folgenabschätzung: Ausnahme oder Regelfall?, ZD 2019, 390; *Veil,* DS-GVO: Risikobasierter Ansatz statt rigides Verbotsprinzip – Eine erste Bestandsaufnahme, ZD 2015, 347; *Volkmer/Kaiser,* Das Verzeichnis von Verarbeitungstätigkeiten und die Datenschutz-Folgenabschätzung in der Praxis, PinG 2017, 153; *Von Grafenstein,* Innovationsoffener Datenschutz durch Folgenabschätzungen und Technikgestaltung, DuD 2020, 172; *Votteler,* Whitelist und Blacklist der CNIL – Wann müssen Verantwortliche in Frankreich eine Datenschutz-Folgenabschätzung durchführen?, ZD 2020, 184; *Wichtermann,* Die Datenschutz-Folgenabschätzung in der DS-GVO – Die Folgenabschätzung als Nachfolger der Vorabkontrolle, DuD 2016, 797; *Wybitul/Ströbel,* Checklisten zur DSGVO – Teil 1: Datenschutz-Folgenabschätzung in der Praxis, BB 2016, 2307.

Übersicht

A. Allgemeines

1 Art. 35 trägt Verantwortlichen auf, bei risikobehafteten Arten der Verarbeitung personenbezogener Daten eine Datenschutz-Folgenabschätzung (engl.: „Data Protection Impact Assessment") vorzunehmen: Verarbeitungsvorgänge, die **voraussichtlich ein hohes Risiko** für die persönlichen Rechte und Freiheiten Betroffener mit sich bringen, sind vorab auf ihre Folgewirkungen für den Privatsphärenschutz zu prüfen. Die Vorschr. adressiert in erster Linie den Verantwortlichen (Abs. 1–3, 7–9 und 11), mittelbar aber auch die ASB (Abs. 4–6) und die Mitgliedstaaten (Abs. 10).

I. Bedeutung der Norm und Einordnung in den Gesamtkontext der DS-GVO

2 Die Datenschutz-Folgenabschätzung ist (neben insbes. dem Marktortprinzip (Art. 3 Abs. 2), den präziseren Anforderungen an die Einwilligung (Art. 7), den Privacy-Prinzipien des Art. 25 sowie dem strengeren Bußgeldrahmen (Art. 83 ff.)) eine der wenigen echten **regulatorischen Innovationen** der DS-GVO. Zahlr. andere Rechtsgebiete kennen dieses Regulierungsinstrument bereits: Sein Einsatzspektrum reicht von der Umweltverträglichkeitsprüfung (dazu bspw. Martini Integrierte Regelungsansätze im Immissionsschutzrecht, 2000, 55 ff.) bis hin zur Gesetzesfolgenabschätzung (dazu Böhret/Konzendorf Handbuch Gesetzesfolgenabschätzung, passim).

3 Die Datenschutz-Folgenabschätzung versteht sich als bes. **Unterfall der Technikfolgenabschätzung** (das deutet auch Abs. 1 vorsichtig an: „insbesondere bei Verwendung neuer Technologien"). Deren Aufgabe besteht darin, die Auswirkungen risikogeneigter Technologien auf Gesellschaft und

Umwelt zu beleuchten. Als institutionalisiertes Beratungsgremium tritt insoweit seit 1990 das Büro für Technikfolgen-Abschätzung beim Deutschen Bundestag (TAB) in Erscheinung. Die **Datenschutz**-Folgenabschätzung schreibt den Verantwortlichen die Aufgabe zu, Folgewirkungen verletzungsanfälliger Verarbeitungsprozesse für das Recht auf Achtung des Privatlebens (Art. 7 GRCh) und den Schutz personenbezogener Daten (Art. 8 GRCh) zu antizipieren. Im angelsächsischen Raum sind derartige „**Privacy Impact Assessments**" seit Längerem etabliert; allerdings fehlt es dort meist an einheitlichen Methoden für und Anforderungen an die praktische Umsetzung (dazu Friedewald/Obersteller ua White Paper Datenschutz–Folgenabschätzung, 9 ff.). Sowohl die britische Datenschutzaufsichts- (ICO) als auch die französische Datenschutzbehörde (CNIL) haben vor der Trilog-Fassung der DS-GVO Modelle und konkrete Empf. für die Folgenabschätzung vorgelegt (vertiefend Friedewald/Obersteller ua White Paper Datenschutz-Folgenabschätzung, 10 ff.).

Art. 35 steht in engem **Zusammenhang mit Art. 25** und **Art. 32.** Ihr **4** jeweiliger Abs. 1 ähnelt sich stark. Gemeinsam formen sie den normativen Unterbau für den risikobasierten Ansatz der DS-GVO („risk–based approach"). Art. 35 versteht sich in dieser Regelungsarchitektur als Teil des Prinzips, Datenschutzanforderungen gleich in die Konzeption technischer Verarbeitungsprozesse zu integrieren („Privacy by Design"; vgl. auch Art. 25 Abs. 1). Die Folgenabschätzung soll helfen, Risiken vorab zu erkennen, und – auf diesen Erg. aufsetzend – zeitgerecht geeignete **technische und organisatorische Gegenmaßnahmen** zu ergreifen. Fördert das Erg. der Abschätzung ein **hohes Risiko** zu Tage, erwächst daraus die **Pflicht,** die ASB vor der Datenverarbeitung zu konsultieren (es sei denn, der Verantwortliche trifft selbst (geeignete) Maßnahmen, um das Risiko einzudämmen **(Art. 36 Abs. 1)).** Die ordnungsgemäße Durchführung der Abschätzung zu begleiten, vertraut die DS-GVO zwei Instanzen an: zum einen dem **Datenschutzbeauftragten (Art. 39 Abs. 1 lit. c),** der den Verantwortlichen auf Anfrage berät **(Art. 35 Abs. 2).** Zum anderen fällt der **ASB** (aufgrund ihrer allg. Zuständigkeit aus Art. 57 Abs. 1 lit. a) die Aufgabe zu, die Datenschutz-Folgenabschätzung ordnungsbehördlich zu überwachen. In Fällen der **Auftragsverarbeitung** unterstützt der Auftragsverarbeiter den Verantwortlichen bei der Folgenabschätzung **(Art. 28 Abs. 3 UAbs. 1 S. 2 lit. f).** Ein **Verstoß** gegen Art. 35 kann **Haftungsfolgen (Art. 82 Abs. 2)** und empfindliche **Geldbußen (Art. 83 Abs. 4 lit. a bzw. Art. 83 Abs. 6,** falls der Pflichtige eine Anweisung der ASB, die diese auf der Grundlage des Art. 58 Abs. 2 erlassen hat, nicht befolgt) nach sich ziehen.

Für die Datenverarbeitung der **Gefahrenabwehr- und Strafverfolgungs- 5 behörden** hält **Art. 27 JI-RL** eine (im Verhältnis zu Art. 35 inhaltlich deutlich abgespeckte) **Lex specialis** vor. Ähnlich wie nach dem Grundgedanken des Art. 35 Abs. 1 S. 2 soll die Datenschutz-Folgenabschätzung dort „auf maßgebliche Systeme und Verfahren im Rahmen von Verarbeitungsvorgängen abstellen, nicht jedoch auf Einzelfälle" (ErwGr 58 S. 2 JI-RL). Das **BDSG** setzt diese Vorgabe für den Anwendungsbereich der RL in seinem **§ 67** in nationales Recht um.

II. Sinn und Zweck der Vorschrift

6   Art. 35 ist von einem einleuchtenden Grundgedanken beseelt: Ein sachadä-
quates Datenschutzregime lässt sich nicht ohne **Rücksicht auf die Folgen
von Verarbeitungsvorgängen** entwickeln. Erst ein frühzeitiger analytischer
Blick auf mögliche Konsequenzen für die Rechte und Freiheiten natürlicher
Personen ermöglicht es, risikoadäquate und effektive Gegen- und Schutzmaßnahmen zu ergreifen. Eine Analyse der Schwachstellen und Gefährdungs-
zonen sowie ihrer Risikograde soll daher nach der Vorstellung des Normgebers sich abzeichnende **Rechtsverletzungen,** die sich aus dem Verarbeitungsprozess selbst ergeben können oder auf diesen von außen einzuwirken
drohen, frühzeitig identifizieren – und diesen Gefahren mit adäquaten Gegenmaßnahmen rechtzeitig begegnen (Friedewald/Obersteller ua White Paper
Datenschutz-Folgenabschätzung, 5). Mit dieser Zielrichtung etabliert die Datenschutz-Folgenabschätzung einen **Frühwarnmechanismus,** um geeignete
Maßnahmen zum Schutz der Rechte und Freiheiten der Betroffenen rechtzeitig zu planen und zu ergreifen (Art. 24 Abs. 1 S. 1, Abs. 2, Art. 25 Abs. 1
und Art. 32 Abs. 1, 2). Gleichzeitig schlägt sie als **Berücksichtigungsfaktor
beim Nachw.** zu Buche, dass die jeweilige Verarbeitung der personenbezogenen Daten mit der DS-GVO in Einklang steht (ErwGr 84 S. 2).

7   Die DS-GVO verschreibt sich damit einem **risikobasierten Konzept** des
Datenschutzes. Es entfernt sich ein Stück weit von dem Schwarz-Weiß-
Muster des Verbotsprinzips der DSRL und seinen Nachteilen (dazu bspw.
Härting/Schneider CR 2015, 819 (822 ff.); vertiefend zum risikobasierten
Ansatz Veil ZD 2015, 347; Schröder ZD 2019, 503). Damit geht zugleich
eine **Verantwortungsverlagerung** einher: Die DS-GVO bezieht den Verarbeitenden stärker in die Kategorisierung datenschutzrechtlicher Pflichten-
niveaus ein, statt an spezifische Tatbestände pauschal aufsichtsbehördliche
Meldepflichten (vgl. Art. 18 Abs. 1 DSRL) zu knüpfen und die Maßnahmen-
auswahl alleine der ASB zu überlassen. Der Verantwortliche muss die Verarbeitung, die er anvisiert, nunmehr zunächst selbst iR einer **risikobasierten
Selbsteinschätzung** auf ihre Implikationen für das Recht auf Schutz personenbezogener Daten prüfen.

8   Als Baustein des risikobasierten Konzepts zielt Art. 35 darauf ab, das **normative Erwartungsniveau** an Datenschutzmaßnahmen (va bei besonders
persönlichkeitssensiblen Arten der Datenverarbeitung) mit dem **Risikoniveau**
zu synchronisieren, das der Verarbeitungsprozess auslöst. Die Folgenabschätzung soll **Kriterien des operationalisierten Grundrechtsschutzes** definieren, denkbare Folgen von Datenverarbeitungspraktiken möglichst vollständig
erfassen und diese mit Blick auf die verschiedenen Rollen sowie damit verbundenen Interessen objektiv und nachvollziehbar **bewerten.**

9   Die Handschrift des risikobasierten Ansatzes trägt Art. 35 auch insofern, als
seine Pflichten nur bei solchen Datenverarbeitungen greifen, die voraussichtlich ein **hohes Risiko** für die Rechte und Freiheiten der Betroffenen nach
sich ziehen. Den Anwendungsbereich der Vorschr. auf solche Risiken zu
begrenzen, ist auch deshalb angemessen, weil die Datenschutz-Folgenabschätzung dem Verantwortlichen einen vergleichsweise hohen Aufwand auferlegt.

III. Entstehungsgeschichte

Bereits der DS-GVO-E(KOM) sah das Instrument einer Datenschutz-Folgen- **10**
abschätzung vor. Auch das EP und der ER erkannten den grds. Regelungsbedarf und behielten das Instrument in ihren Entwürfen bei. Das EP wollte
der Folgenabschätzung in einer eigenen Vorschr. eine **„Risikoanalyse"**
(Art. 32a DS-GVO-E(EP)) gleichsam als Maßnahmen-Ampel vorschalten,
welche die Erforderlichkeit einer Datenschutz-Folgenabschätzung evaluieren
sollte. Art. 35 regelt diese nunmehr in sachlich ähnlicher Form in Abs. 1
sowie in den Abs. 3 bis 5 (→ Rn. 25 ff.). Der Ansatz der KOM, die Einzelheiten durch **delegierte Rechtsakte** selbst zu bestimmen, fand indes (wie
auch bei zahlr. anderen Bestimmungen ihres Regelungsentwurfs) keinen Eingang in die endg. Fassung. Insbes. die Bundesrepublik Deutschland, allen
voran der BT, hatte darauf hingewirkt, diese Kommissionskompetenzen zu
streichen (Stellungn. zur DS-GVO BT-Drs. 17/11325, 3).

Das EP setzte sich dafür ein, den heutigen Abs. 7 um **weitere Mindest-** **11**
inhalte der Folgenabschätzung zu erweitern – ua um eine ggf. erforderliche
„Liste mit Angaben über geplante Datenübermittlungen in Drittländer" sowie
„eine allgemeine Angabe der Fristen für die Löschung der verschiedenen
Datenkategorien". Die Trilog-Fassung griff diese Punkte nicht auf. Sie fanden
aber als obligatorischer Teil des Verfahrensverzeichnisses (Art. 30 Abs. 1 lit. e
und lit. f) an anderer Stelle Eingang in die DS-GVO. Die Pflicht des Verantwortlichen, den **Standpunkt des Betroffenen** einzuholen (Abs. 9;
→ Rn. 60 ff.) erfuhr im Verlauf des Gesetzgebungsverfahrens eine Abschwächung: Sowohl der DS-GVO-E(KOM) als auch der DS-GVO-E(Rat) sahen
noch vor, dass der Verantwortliche den Standpunkt des Betroffenen in jedem
Fall einholt. Die Endfassung spricht nur noch von „gegebenenfalls".

IV. Vergleich mit der bisherigen Rechtslage auf Unionsebene

Der risikobasierte Ansatz, den Art. 35 nunmehr deutlich akzentuiert, ist kein **12**
völlig neues Konzept des unionsrechtlichen Datenschutzes. Er fand bereits in
der DSRL Ausdruck: **Art. 17 Abs. 1 S. 2 DSRL** schwor die Sicherheit der
Verarbeitung („geeignete technische und organisatorische Maßnahmen") auf
das Ziel ein, einen risikoadäquaten Schutz der Daten sicherzustellen
(→ Art. 25 Rn. 24 ff. und → Art. 32 Rn. 25 ff.). Das Instrument der Datenschutz-Folgenabschätzung als solches ist aber ein Novum.

Der ihr inhärente Gedanke der risikobasierten **Selbsteinschätzung** des **13**
Verantwortlichen ersetzt die bislang (aufgrund **Art. 18 Abs. 1 DSRL**) obligatorische, bürokratiekostenintensive **generelle Pflicht, die ASB zu be-**
nachrichtigen, bevor er best. Datenverarbeitungsvorgänge aufnimmt (s. auch
ErwGr 89 ff.). Sie hatte sich als regulierungspolitisch nur bedingt tauglich
erwiesen (ErwGr 89 S. 2). An die Meldepflicht anknüpfend sahen **Art. 20**
und **ErwGr 54 DSRL** eine **Vorabkontrolle** für Verarbeitungen mit bes.
(„spezifischen") Risiken für personenbezogene Daten vor. Sie stellten es den
Mitgliedstaaten aber gänzlich frei, welche Verarbeitungen einer solchen Vorabkontrolle unterfallen sollten. Die Vorabkontrolle nahmen entweder die

Kontrollstelle oder der Datenschutzbeauftragte vor; dieser hatte „im Zweifelsfall" die Kontrollstelle zu konsultieren. Dieses Instrument lebt nun – deutlich stärker konturiert – als „Vorherige Konsultation" in Art. 36 fort.

B. Auslegung der Norm

I. Datenschutz-Folgenabschätzung als Teil eines risikobasierten Datenschutzansatzes (Abs. 1)

14 Abs. 1 S. 1 etabliert eine Pflicht, vor dem Verarbeitungsvorgang die Folgen zu analysieren, welche besonders risikobehaftete Verarbeitungsvorgänge für den Schutz personenbezogener Daten zeitigen. Eine solche Datenschutz-Folgenabschätzung ist als **Instrument der Risikoerkennung und -bewertung** angelegt. Ihr Ziel ist es, das persönlichkeitsgefährdende Potenzial zu identifizieren, welches dem Individuum in seinen unterschiedlichen Rollen (als Bürger, Patient, Kunde etc.) durch den Einsatz einer bestimmten Technologie oder eines Systems droht (Friedewald/Obersteller ua White Paper Datenschutz-Folgenabschätzung, 5). Die Analyse soll die **Basis für adäquate Gegenmaßnahmen** legen.

1. Adressat der Pflicht

14a Die Pflicht, eine Datenschutz-Folgenabschätzung durchzuführen, trifft den **Verantwortlichen** (Art. 4 Nr. 7) – nicht hingegen diejenigen, welche „die technische Infrastruktur" für die Datenverarbeitung kreieren, zum Beispiel „Technologieanbieter und Systemintegratoren" (krit. Friedewald/Schiering/Martin DuD 2019, 473 (475)). Ebenso wenig sind **Auftragsverarbeiter** und **Hersteller** Adressaten der Datenschutz-Folgenabschätzung (Hansen in Beck-OK DatenschutzR DS-GVO Art. 35 Rn. 10 f.). Den Auftragsverarbeiter trifft nach dem Willen des Unionsgesetzgebers jedoch immerhin die vertragliche Pflicht, den Verantwortlichen bei den Schritten, die Art. 35 ihm abverlangt, zu unterstützen **(Art. 28 Abs. 3 UAbs. 1 S. 2 lit. f).** Umgekehrt darf der Verantwortliche die Pflichten im Außenverhältnis aber nicht – auch nicht teilweise – auf den Auftragsverarbeiter übertragen (Karg in NK-DatenschutzR DS-GVO Art. 35 Rn. 15).

2. „Hohes Risiko für die Rechte und Freiheiten natürlicher Personen" (Abs. 1 S. 1)

15 Der Tatbestand des Art. 35 Abs. 1 knüpft an eine Vielzahl unbestimmter Rechtsbegriffe, va „ein hohes Risiko", an. Er eröffnet dadurch einen grds. **weiten, wertungsoffenen Anwendungsbereich,** den die Abs. 3–6 durch verfahrensrechtliche Mechanismen näher konkretisieren (→ Rn. 25 ff.).

15a **a) Begriff des Risikos.** Was die DS-GVO unter **„Risiko"** versteht, definiert sie nicht selbst. Im allg. Sprachgebrauch meint der Begriff eine Prognose, mit welcher Wahrscheinlichkeit ein (evtl. hoher oder aber in seinem Ausmaß unbekannter) physischer, materieller oder immaterieller (ErwGr 75 S. 1) Schaden eintritt oder ein erwarteter Vorteil ausbleibt.

„Risiko" iSd Art. 35 bezeichnet mithin das **Produkt aus Eintrittswahr-** **15b** **scheinlichkeit und Schadensschwere** für die Freiheitsrechte natürlicher Personen (ErwGr 90 S. 1, vgl. auch Friedewald/Obersteller ua White Paper Datenschutz-Folgenabschätzung, 31 f.). Diesen Definitionsansatz stützt auch ein vergleichender Blick auf Art. 24 Abs. 1 (→ Art. 24 Rn. 28 ff.), Art. 25 Abs. 1 (→ Art. 25 Rn. 37 ff.) und Art. 32 Abs. 1 (→ Art. 32 Rn. 46 ff.).

Als **typische Risiken,** die mit einer Verarbeitung personenbezogener **16** Daten einhergehen, heben **ErwGr 75** und **85 S. 1** exemplarisch einzelne Fallgestaltungen hervor: die Diskriminierung von Personen, Identitätsdiebstahl oder -betrug, finanzielle Verluste, die unbefugte Aufhebung der Pseudonymisierung, Rufschädigung, Profilbildung mit Standortdaten sowie den Verlust der Vertraulichkeit von Daten, die dem Berufsgeheimnis unterliegen. Mit bes. Fokus auf die Sicherheit der Verarbeitung benennt **Art. 32 Abs. 2** die Vernichtung, den Verlust, die Veränderung oder die unbefugte Offenlegung von personenbezogenen Daten bzw. den unbefugten Zugang zu ihnen (dazu auch → Art. 32 Rn. 46 ff.).

b) Risikofaktoren. Risiken können sich insbes. aus der **Art** (Art. 4 Nr. 2; **17** → Art. 24 Rn. 32), dem **Umf.** (→ Art. 24 Rn. 33), den **Umständen** (→ Art. 24 Rn. 34) und den **Zwecken** (Art. 5 Abs. 1 lit. b, → Art. 5 Rn. 23 ff.; Art. 4 Nr. 7) **der Verarbeitung** (Art. 4 Nr. 2, dazu auch → Art. 24 Rn. 31 ff.) ergeben. Diese Variablen bilden die Zielfaktoren, auf welche die Gradmesser „Eintrittswahrscheinlichkeit" und „Schwere des Risikos" für die Rechte und Freiheiten der betroffenen Person auszurichten sind (vgl. auch ErwGr 76 und 90 S. 1). Um ein hohes Risiko auszulösen, müssen **nicht notwendig zwei oder mehr Faktoren** erfüllt sein. Es kann vielmehr bereits ein einzelner Faktor ausreichen (vgl. auch Jandt in Kühling/Buchner DS-GVO Art. 35 Rn. 7). Als wichtiges Indiz für eine mögliche Schädigung oder Beeinträchtigung der persönlichen Rechte und Freiheiten Betroffener versteht die DS-GVO gerade auch den Umfang der Verarbeitung. Das macht EwrGr 94 S. 1 deutlich. Wann die Schwelle zur krit. „Datenmenge" im Detail überschritten ist, die eine Datenschutz-Folgenabschätzung erforderlich macht, lässt die DS-GVO offen. An einer Stelle konkretisiert sie das aber negativ: Verarbeiten ein einzelner Arzt, ein sonstiger Angehöriger eines Gesundheitsberufs oder ein Rechtsanwalt personenbezogene Daten von Patienten oder Mandanten, will sie das **nicht als umfangr. Verarbeitung** werten (**ErwGr 91 S. 4**). Die Datenverarbeitungen dieser Berufsgruppen stellt die DS-GVO damit durch ein Privileg grds. von aufwendigen Folgenabschätzungen frei, sofern nicht im Einzelfall aus anderen Gründen ein hohes Risiko besteht (→ Rn. 30 und 35; vgl. dazu auch Piltz in Gola DS-GVO Art. 24 Rn. 33).

Als bes. **„Form der Verarbeitung"** (Abs. 1 S. 1) hebt die DS-GVO **18** **neue Technologien** hervor. Denkbar sind insoweit als typischerweise risikogeneigte Verarbeitungsformen etwa Gesichts- und Spracherkennung, Body-Cams, allg. Videoüberwachung (s. Abs. 3 lit. c, → Rn. 31) oder geodatenbasierte Dienste. Umfasst sein können aber auch innovative **Basistechnologien** der digitalen Welt, etwa lernende Algorithmen, der Einsatz der Blockchain-Technologie, Instrumente der Sentimentanalyse oder Softwaretools zur Aufbereitung von **Big Data** (s. auch → Rn. 26; zum Begriff „Form der Verarbeitung": vgl. auch Martin/Mester/Schiering/Friedewald/Hallinan DuD 2020, 149 (150)).

19 **c) Prognoseentscheidung.** Der Tatbestand des Art. 35 Abs. 1 setzt nicht voraus, dass ein Risiko sicher feststeht. Es reicht, dass ein solches **„voraussichtlich"** eintritt. Der Verantwortliche hat also eine Prognoseentscheidung auf der Grdl. unsicherer Rahmendaten zu treffen. Ob die Prognose richtig ist, ist grds. **vollständig gerichtlich überprüfbar.** Denn die Voraussetzungen, unter denen der Verarbeitungsvorgang stattfindet, lassen sich grds. ebenso wie seine Beurteilung und die relevanten Risikofaktoren (abgesehen von der Prognoseunsicherheit) vollständig replizieren. Dem Verarbeiter verbleibt deshalb (anders als zB der Bundesnetzagentur nach § 10 Abs. 2 S. 2 TKG) kein ausschl. ihm vorbehaltener Entscheidungsspielraum (sog Beurteilungsspielraum). Andernfalls liefe das Instrument der Datenschutz-Folgenabschätzung auch Gefahr, zu einem stumpfen Schwert zu degenerieren.

20 Dem Wesen einer Prognose entspricht es, dass spätere **Tatsachenänderungen** oder **nicht vorhersehbare Entwicklungen** ihre Richtigkeit nicht infrage stellen. Entscheidend ist vielmehr, dass der Verarbeiter – ebenso wie im Falle der Meldung nach Art. 33 Abs. 1 S. 1 (→ Art. 33 Rn. 25 f.) – die Prognose auf der Grdl. einer **vertretbaren Analyse** derjenigen Informationen getroffen hat, die ihm zum **Zeitpunkt seiner Entsch. zur Verfügung standen.** Ist das der Fall, ist es auch dann rechtmäßig, von einer Folgenabschätzung abzusehen, wenn sich das Risiko ex post als hoch erweist. Um nachträgliche Verschiebungen der Risikolage ebenso wie Veränderungen der Risikobeurteilung rechtzeitig erfassen zu können, legt die DS-GVO dem Verantwortlichen jedoch als Korrektiv eine **Überprüfungspflicht** auf (Abs. 11, → Rn. 72 f.). Seine Entscheidung, keine Datenschutz-Folgenabschätzung durchzuführen, muss der Verantwortliche der ASB nachvollziehbar darlegen können, insbes. muss er **nachweisen** können, wie er für und wider ein hohes Risiko sprechende Faktoren gegeneinander abgewogen hat. Das entspringt seiner Rechenschaftspflicht aus **Art. 5 Abs. 2** sowie **Art. 24 Abs. 1 S. 1** („und den Nachweis dafür erbringen zu können, dass die Verarbeitung gemäß dieser Verordnung erfolgt").

3. Zusammenfassung ähnlicher Verarbeitungsvorgänge zu einer einzigen Folgenabschätzung (Abs. 1 S. 2)

21 Abs. 1 erfasst nicht notwendig jeden einzelnen Verarbeitungsvorgang isoliert. Vielmehr kann der Verantwortliche Verarbeitungen, die einen **übergreifenden gemeinsamen Zweck** teilen, kategorisieren und gebündelt einer **einzigen** Datenschutz-Folgenabschätzung zuführen: Im Interesse einer sachgerechten Risikobewertung lässt die DS-GVO es zu, „eine Datenschutz-Folgenabschätzung nicht lediglich auf ein bestimmtes Projekt zu beziehen, sondern sie thematisch breiter anzulegen – beispielsweise wenn Behörden oder öffentliche Stellen eine gemeinsame Anwendung oder Verarbeitungs-plattform schaffen möchten" (ErwGr 92), um **Risiken integrativ statt punktuell-sektoral** erfassen zu können. Die Entsch. darüber, **welche Verarbeitungsschritte** in einem Verfahren zusammenzufassen sind, trifft grds. der Verantwortliche. Sie ist aber uneingeschränkt gerichtlich überprüfbar (s. auch → Rn. 19). Die Norm ermöglicht es auch **gemeinsam Verantwortlichen,** eine gemeinsame Datenschutz-Folgenabschätzung durchzuführen, bspw. wenn sie eine gemeinsame Anwendung oder Verarbeitungsumgebung nutzen (vgl. ErwGr 92).

4. Gegenstand der Untersuchung

Gegenstand der Datenschutz-Folgenabschätzung ist die **Rechtmäßigkeit** des **22** gesamten **geplanten Verarbeitungsverfahrens.** Abs. 1 bestimmt das zwar nicht ausdr. (er verweist lediglich auf „die Folgen" der Verarbeitung); diese Ausrichtung ergibt sich jedoch zwingend aus dem Ziel der Datenschutz-Folgenabschätzung: Sie ist darauf gerichtet, risikoreiche Verarbeitungen mit den Anforderungen der DS-GVO zu synchronisieren. Dazu zählt nicht nur, ob eine Verarbeitungsgrundlage besteht, dh das grds. Verbot mit Erlaubnis-vorbehalt durchbrochen ist (Art. 6 Abs. 1), sondern auch, ob organisatorische und technische Maßnahmen greifen, die den bes. Risiken gerecht werden (Art. 24, 25 und 32).

Art. 35 Abs. 1 verpflichtet den Verantwortlichen, eine Folgenabschätzung **22a** „**vorab**" durchzuführen. Er muss diese also durchführen, bevor er den Datenverarbeitungsvorgang startet. Für langfristig angelegte Verarbeitungsvor-gänge, die bereits **vor der Geltung der DS-GVO,** dh vor dem **25.5.2018,** (Art. 99 Abs. 2) **begannen,** besteht grds. keine Pflicht zur Folgenabschätzung (vgl. zu aufsichtsbehördlichen Maßnahmen unter Berufung auf eine (nicht bestehende) Vorwirkung der DS-GVO VG Karlsruhe ZD 2017, 543 (545, Rn. 22)). Das entspricht der Grundkonzeption der Vorschr., künftige Risiken von Verarbeitungsvorgängen, die nach Geltung der DS-GVO begannen, zu antizipieren (Abs. 7 lit. d), statt auf rückwirkende und nachträgliche Bewer-tungen zu zielen. Daran ändert auch das Gebot des Abs. 11, „eine Über-prüfung" der Verarbeitung durchzuführen, nichts. Denn die Vorschr. knüpft an bereits erfolgte Folgenabschätzungen an, setzt also voraus, dass Abs. 1 bereits Anwendung fand, als die Verarbeitung begann (aA Karg in NK-DatenschutzR DS-GVO Art. 35 Rn. 65).

Die Befreiung bereits begonnener Datenverarbeitungsvorgänge gilt aber **22b** nur, soweit es sich um den **gleichen Vorgang** handelt. Die Anforderungen dafür liegen hoch. Verantwortliche hätten die Zielrichtung des Art. 35, ihnen eine risikobasierte Selbsteinschätzung aufzuerlegen, anderenfalls leicht umge-hen können, indem sie riskante Verarbeitungen einfach bereits vor dem 25.5.2018 starten ließen. Für vor der Geltung der DS-GVO **begonnene, bestehende bzw. lfd. Verarbeitungen** empfiehlt es sich jedoch im Interesse der Rechtssicherheit, die Datenschutz-Folgenabschätzung nachzuholen (so iE auch Nolte/Werkmeister in Gola DS-GVO Art. 35 Rn. 37). Der Bayerische Landesbeauftragte für den Datenschutz gewährt für sog Bestandsverfahren, die nach Art. 26 BayDSG-alt freigegeben wurden und „ohne wesentliche Änderungen fortgeführt werden und […] nunmehr eine DSFA erfordern", eine Übergangsfrist bis zum 25.5.2021 (BayLfD Datenschutz-Folgenabschätzung – Orientierungshilfe, 13).

5. Rechtsfolgen

23 Das Erg. der Folgenabschätzung steuert die Entsch. über die Maßnahmen, die der Verantwortliche zu treffen hat, um die Rechte und Freiheiten der Betroffenen (Art. 24 Abs. 1 S. 1, Abs. 2, Art. 25 Abs. 1 und Art. 32 Abs. 1, 2) zu schützen: Fördert die Folgenabschätzung ein **hohes Risiko** zu Tage, erhärtet sich also die abstrakte Risikovermutung im konkreten Fall (→ Rn. 25 ff.), ist der Verantwortliche aufgerufen, geeignete **technische und organisatorische Maßnahmen** zu ergreifen, um das Risiko einzudämmen (Art. 36 Abs. 1 aE).

24 Genügen die getroffenen Maßnahmen **nach Auff. des Verantwortlichen** (→ Art. 36 Rn. 5 ff.) nicht, um mit vertretbaren Mitteln ein hohes Risiko hinreichend sicher auf ein hinnehmbares Niveau abzusenken, verbleibt also ein (hohes oder mittleres) Restrisiko, hat er die **ASB** zu **konsultieren, bevor** er die Verarbeitung durchführt (ErwGr 94 S. 1, Art. 36 Abs. 1).

24a Welcher Aufwand sich damit verbindet, das Risiko einzudämmen, insbes. ob die erforderlichen Implementierungskosten **verhältnismäßig** sind oder nicht, ist insoweit ohne Belang. Denn das Ziel der Konsultationspflicht besteht gerade darin, der ASB eine **präventive Kontrollmöglichkeit** zu eröffnen, um darüber entscheiden zu können, welche Maßnahmen zu treffen sind. Sie knüpft alleine an ein „**hohes Risiko**" an, das der Verantwortliche mit seinen Maßnahmen nicht ausreichend eingedämmt hat, nicht hingegen an eine Kosten-Nutzen-Relation.

24b Die ASB gibt dann innerhalb eines Zeitraums von acht Wochen **Empfehlungen** ab (Art. 36 Abs. 2); zudem kann sie ihre **Befugnisse aus Art. 58** ausüben, insbes. selbst eine Datenschutzuntersuchung auf der Grundlage des Art. 58 Abs. 1 lit. b durchführen oder den Verarbeitungsvorgang untersagen (ErwGr 94 S. 4 aE, Art. 58 Abs. 2 lit. f). Einen **Verstoß** gegen die Konsultationspflicht aus Art. 36 Abs. 1 kann die ASB mit einer **Geldbuße** ahnden (Art. 83 Abs. 4 lit. a; nicht allerdings ggü. Behörden, vgl. Art. 83 Abs. 7 iVm § 43 Abs. 3 BDSG).

24c Besteht (nach Auff. des Verantwortlichen) **kein hohes Restrisiko,** muss der Verantwortliche die ASB nicht konsultieren und darf mit der Datenverarbeitung beginnen. Wie die ASB von unzureichenden Schutzmaßnahmen Kenntnis erlangen kann, wenn eine Konsultationspflicht entfällt (zB wenn der Verantwortliche das Risiko irrigerweise zu niedrig einschätzt bzw. er aus seiner Sicht ausreichende Schutzmaßnahmen ergriffen hat), lässt die DS-GVO offen. Sie hinterlässt insoweit eine **Schutzlücke** in ihrem normativen System des Privatsphärenschutzes.

II. Erforderlichkeit einer Datenschutz-Folgenabschätzung

1. Relevanzschwelle – „hohes" Risiko (Abs. 1)

Wann die kritische Relevanzschwelle zum hohen Risiko überschritten ist, **25**
definiert die DS-DVO nicht. **Hoch** ist ein Risiko jedenfalls dann, wenn eine
Prognose (→ Rn. 19 f.) ergibt, dass mit hoher Wahrscheinlichkeit ein Schaden
für die Rechte und Freiheiten natürlicher Personen eintreten wird. Droht ein
hoher Schaden, genügt eine geringe Eintrittswahrscheinlichkeit. Bei hoher
Wahrscheinlichkeit genügt bereits ein geringer zu erwartender Schaden (aA
Syckor/Strufe/Lauber-Rönsberg ZD 2019, 390 (391 f.): Sie regen an, wegen
des großen „Prüfaufwands" und der „Filterfunktion" der Schwellwertanalyse
die Eintrittswahrscheinlichkeit noch nicht bei der Entscheidung zu berücksichtigen, ob eine Datenschutz-Folgenabschätzung durchgeführt werden sollte, sondern erst in der „eigentlichen Datenschutzfolgenabschätzung". Das
widerspricht aber dem normativen Gebot des Art. 35 Abs. 1, das „Risiko" –
und damit das Produkt aus Eintrittswahrscheinlichkeit und Schaden – zu
ermitteln).

Den Bestand von Verarbeitungsvorgängen, die eine Folgenabschätzung **26**
nach sich ziehen, illustriert die DS-GVO auf der Grdl. einer ausgefeilten
normativen Abschichtungsmethodik in **Abs. 3–5** (→ Rn. 28 ff.; Standard-
Datenschutzmodell Version 2.0a, 2019, 42 f.) sowie mit Hilfe der **Bsp. in
ErwGr 91** (dazu auch → Rn. 18): Art. 35 Abs. 1 will insbes. „umfangreiche
Verarbeitungsvorgänge" erfassen, „die dazu dienen, große Mengen personenbezogener Daten auf regionaler, nationaler oder supranationaler Ebene zu
verarbeiten, [und] eine große Zahl von Personen betreffen könnten"
(ErwGr 91 S. 1) oder anderweitig eine bes. Sensibilität aufweisen.

Um eine einheitliche Anwendung der DS-GVO sicherzustellen und **27**
Rechtssicherheit zu gewährleisten, steht dem **EDSA** die Möglichkeit offen,
Leitlinien, Empf. und bewährte Verfahren für die Risikobeurteilung
bereitzustellen. Das ergibt sich aus Art. 70 Abs. 1 lit. e. Zwar erwähnt die
Vorschr. dies nicht ausdr.; im Gegenteil indiziert **Art. 70 Abs. 1 lit. h** eher
einen Gegenschluss: Die Vorschr. zählt „Leitlinien, Empfehlungen und be-
währte Verfahren [...]" zu den Umständen, unter denen eine Verletzung des
Schutzes personenbezogener Daten voraussichtlich ein hohes Risiko für die
Rechte und Freiheiten natürlicher Personen" birgt – allerdings nur für die
Fälle des **Art. 34 Abs. 1,** nicht des Art. 35. Das schließt einen Rückgriff auf
die generalklauselartige Aufgabenzuweisung des **Art. 70 Abs. 1 lit. e** für
Art. 35 aber nicht aus. Viel spricht dafür, dass der Normgeber in lit. f bis j nur
beispielhaft typische Fallkonstellationen herausgreifen wollte, in denen er die
Konkretisierung durch Leitlinien in bes. Weise für angezeigt hält, ohne da-
durch aber andere Fälle ausschließen zu wollen. Eindeutig ist das aber nicht.

Noch auf der Grdl. der DSRL hatte die **Art. 29-Datenschutzgruppe** im **27a**
April 2017 **Leitlinien zum Begriff des hohen Risikos und zur Datenschutz-Folgenabschätzung** veröffentlicht (Art. 29-Datenschutzgruppe WP
248). Die Art. 29-Datenschutzgruppe präzisiert bzw. erweitert die Aufzählung
der ErwGr 75 (→ Rn. 16) und 91 (→ Rn. 26) um zehn konkrete **Fallgrup-**

pen bzw. Kriterien: Scoring/Profiling; automatisierte Einzelfallentsch. mit rechtl. Wirkung; systematische Überwachung; Verarbeitung sensibler Daten (insbes. Art. 9); umfangr. Verarbeitungen (Datenmenge, Anzahl der Betroffenen); Zusammenführen oder Abgleichen von Datenbeständen, wenn Betroffene nicht damit rechnen müssen; Verarbeitung von Daten bes. schutzwürdiger Betroffener (zB Kinder, Geschäftsunfähige); Verwendung neuer Technologien (Abs. 1 S. 1); Übermittlung personenbezogener Daten an Empfänger außerhalb der EU; Verarbeitungen, die dem Betroffenen die Ausübung seiner Rechte erschweren. Sind **zwei oder mehr Fallgruppen** einschlägig, empfiehlt die Art. 29-Datenschutzgruppe Verantwortlichen als Faustregel, eine Datenschutz-Folgenabschätzung durchzuführen (Art. 29-Datenschutzgruppe WP 248, 7 ff.; dazu auch Volkmer/Kaiser PinG 2017, 153 (155 f.)).

2. Fälle zwingender Datenschutz-Folgenabschätzung (Abs. 3)

28   In welchen besonders sensiblen Fällen einer Datenverarbeitung eine Folgenabschätzung in jedem Falle geboten ist („ist [...] erforderlich"), konkretisiert Abs. 3 **in nicht abschl. Weise** („insbesondere"). Die Vorschr. benennt **typische risikogeneigte Verarbeitungstätigkeiten,** deren Gefahrenpotenzial für die Rechte und Freiheiten natürlicher Personen der Normgeber generell als hoch einstuft.

29   Für verpflichtend erklärt er die Folgenabschätzung im Grundsatz bei persönlichkeitssensiblen **automatisierten Bewertungen** und **Profilbildungsmaßnahmen (lit. a,** ErwGr 91 S. 2). Noch nicht die automatisierte Verarbeitung oder das **Profiling** als solches löst die Pflicht aus Abs. 3 lit. a iVm Abs. 1 aus. Erst wenn der Verantwortliche Profiling-Erg. für **Entsch.** mit rechtl. oder vergleichbar intensiver Wirkung nutzt (→ Art. 22 Rn. 21 ff.), greift der gesetzliche Handlungsbefehl („als Grundlage für Entscheidungen dient, die Rechtswirkung [...] entfalten oder [...] in ähnlich erheblicher Weise beeinträchtigen").

29a   Um eine Datenschutz-Folgenabschätzungspflicht auszulösen, genügt es nicht, dass der Verantwortliche **einzelne persönliche Aspekte** natürlicher Personen bewerten will. Die Bewertung muss vielmehr „systematisch" und „umfassend" sein. **Systematisch** ist die Bewertung, wenn sie einem Plan oder einer Strategie folgt, die einer (typischerweise vorab festgelegten) Methodik folgt (vgl. Art. 29-Datenschutzgruppe WP 248, 10 f. (Fn. 15)); **„umfassend"** ist sie, wenn sie sich auf eine Vielzahl von persönlichen Eigenschaftsmerkmalen erstreckt. Greifen all diese Voraussetzungen, hat eine Datenschutz-Folgenabschätzung in diesen Fällen insbes. die Mindestanforderungen des Art. 22 Abs. 3 (→ Art. 22 Rn. 39 ff.) in den Blick zu nehmen (Abs. 7 lit. d; Schmitz/von Dall'Armi ZD 2017, 57 (60)). Das bisherige nationale Pendant zu Abs. 3 lit. a bildete § 4d Abs. 5 S. 2 Nr. 2 BDSG aF: Er verpflichtete bei Persönlichkeitsbewertungen zu einer Vorabkontrolle.

30   Das Gebot, eine Folgenabschätzung durchzuführen, kann sich nicht nur aus der Intensität einer persönlichkeitssensiblen Bewertung, sondern auch aus dem **Umf.** ergeben, in dem der Veranwortliche **bes. Kategorien personen-**

bezogener Daten gem. Art. 9 Abs. 1 oder **Daten über strafrechtliche Verurteilungen und Straftaten** gem. Art. 10 verarbeitet (**lit. b,** auch ErwGr 91 S. 2, § 4d Abs. 5 S. 2 Nr. 1 BDSG aF). Der Verweis auf Art. 10 ist – wie in Art. 30 Abs. 5 auch – umfassend zu verstehen. Er schließt Daten über Sicherungsmaßregeln mit ein (→ Art. 30 Rn. 35). Die Verarbeitung personenbezogener Daten durch einen niedergelassenen **Arzt oder Rechtsanwalt** kann allerdings unter die Privilegierung des ErwGr 91 S. 4 fallen (→ Rn. 17 und 35). Die Verarbeitung gilt dann nach dem Willen des Unionsgesetzgebers idR nicht als umfangr.; ein „hohes Risiko" kann sich indes auch aus anderen Umständen des Einzelfalls ergeben. Insbes. bei unternehmensinternen Ermittlungen wegen möglicher Straftaten und entspr. Compliance-Maßnahmen sind Arbeitgeber regelmäßig in bes. Weise aufgerufen, zuvor eine Folgenabschätzung zu veranlassen. Sonst können ihnen empfindliche Bußgeldsanktionen drohen (Art. 83 Abs. 4 lit. a).

Auch wer systematisch **umfangreich öffentlich zugängliche Bereiche,** 31 insbes. mittels optoelektronischer Vorrichtungen, **überwacht** (**lit. c,** ErwGr 91 S. 3), muss sich einer Folgenabschätzung stellen. Dies trägt der strukturellen Gefährdung des informationellen Selbstbestimmungsrechts Rechnung, die von der systematischen Beobachtung menschlichen Verhaltens durch Videomaßnahmen ausgeht. „**Umfangreich**" iSd lit. c ist die Überwachung, wenn ihre räumliche Reichweite groß ist und/oder sie sich auf eine Vielzahl betroffener Personen erstreckt (Karg in NK-DatenschutzR DS-GVO Art. 35 Rn. 45). Es genügt nicht, dass die Überwachung nur in Einzelfällen umfassend erfolgt. Sie muss vielmehr „**systematisch**" erfolgen, also einem Plan folgen, von dem die Gefahr ausgeht, dass der Einzelne mit steter Überwachung rechnen muss. Ob die Formulierung in Abs. 3 lit. c („Überwachung öffentlich zugänglicher Bereiche") im Umkehrschluss bedeutet, dass die Videoüberwachung in **nicht öffentl. zugänglichen Bereichen** oder eine Videoüberwachung öffentl. zugänglicher Bereiche, die nur einen **begrenzten Bereich** erfasst (zB eine Kamera, die nur bei Nutzung einer Türklingel aktiviert wird), keiner Folgenabschätzung bedarf, lässt die DS-GVO offen. Da sich Abs. 3 lediglich als beispielhafter Katalog solcher Fälle versteht, in denen eine Folgenabschätzung *jedenfalls* stattzufinden hat, rechtfertigen Abweichungen von den Tatbeständen keinen Gegenschluss.

Für Verarbeitungsvorgänge der **Polizeibehörden** gilt in erster Linie die **JI-** 32 **RL** (vgl. Art. 2 Abs. 2 lit. d und ErwGr 19). **ErwGr 26 S. 2 und 3** JI-RL stellen klar, dass Maßnahmen, wie etwa die Videoüberwachung, einer **Rechtsgrundlage** bedürfen und **verhältnismäßig** sein müssen, aber nicht per se gegen die Datenverarbeitungsgrundsätze verstoßen.

3. Positivliste der Aufsichtsbehörden (Abs. 4)

Bei der Aufgabe, diejenigen Verarbeitungen zu bestimmen, welche einer 33 Folgenabschätzung unterworfen sind, gesteht die DS-GVO den ASB eine wichtige Rolle zu: Sie verleiht ihnen eine **Konkretisierungsbefugnis.** Den ASB obliegt es, **Listen** solcher Verarbeitungsvorgänge zu erstellen und zu **veröffentlichen,** die eine Datenschutz-Folgenabschätzung nach sich ziehen

(**S. 1;** zur Form der Veröffentlichung s. Jandt in Kühling/Buchner DS-GVO Art. 35 Rn. 15). Ihnen steht es nicht lediglich frei, solche Listen zu erstellen. Sie sind dazu auch **verpflichtet.** Das unterstreicht der Wortlaut des Abs. 4 („erstellt") im Vergleich zur Formulierung des Abs. 5 („kann des Weiteren […] erstellen"; vgl. auch → Rn. 38; ausf. Jandt in Kühling/Buchner DS-GVO Art. 35 Rn. 13). Dies soll für alle Betroffenen **Transparenz** gewährleisten. Abs. 4 versucht (zusammen mit den fakultativen Negativlisten nach Abs. 5) die Klärungslücke zu schließen, welche die offene Formulierung des Abs. 1 aufreißt, und trägt so zur **Rechtssicherheit** bei. Die ASB unterwerfen sich bei der Erstellung der Listen demselben **Abwägungsprozess,** der auch die Verantwortlichen bei der Datenschutz-Folgenabschätzung anleitet (allerdings nicht mit individuell-konkreter, sondern generell-abstrakter und für die der Aufsicht Unterworfenen (insb. mit Blick auf Bußgeldsanktionen) verbindlicher Wirkung; Karg in NK-DatenschutzR DS-GVO Art. 35 Rn. 55; zur Rechtsnatur der Listen s. Nolte/Werkmeister in Gola DS-GVO Art. 35 Rn. 32, Fn. 33).

34   Mit **„Aufsichtsbehörde"** bezeichnet die DS-GVO diejenige (nationale) Behörde, welche der Mitgliedstaat als unabhängige staatliche Stelle installiert hat (Art. 4 Nr. 21, Art. 51 Abs. 1). Die DS-GVO hat dabei grds. das Bild eines Mitgliedstaats vor Augen, in dem **eine Behörde** für das gesamte Staatsgebiet zuständig ist. Die Verordnung schließt aber auch mehrere Behörden für einen Mitgliedstaat nicht aus. Das machen sowohl Art. 51 Abs. 1 („[…] oder **mehrere"**) als auch Art. 68 Abs. 4 („ist in einem Mitgliedstaat mehr als eine Aufsichtsbehörde für die Überwachung […] zuständig") deutlich. In diesem Fall sollte der Mitgliedstaat entspr. der innerstaatlichen Zuständigkeitsordnung auch für ein Verfahren sorgen, in dem eine bzw. alle nationalen ASB die Liste erlassen (vgl. für die Mitwirkung im EDSA Art. 51 Abs. 3, Art. 68 Abs. 4 sowie § 17 f. BDSG). Das gilt jedenfalls für Listen im Hinblick auf Verarbeitungstätigkeiten, die Ausstrahlungen auf Bürger anderer Mitgliedstaaten zeitigen (vgl. Abs. 6). Anderenfalls sieht der Unionsgesetzgeber die intendierte unionsweit einheitliche Anwendung der DS-GVO gefährdet.

35   Die DS-GVO hat im Falle des Abs. 4 insbes. solche Verarbeitungsvorgänge vor Augen, die betroffene Personen daran hindern, ihre Rechte auszuüben oder eine Dienstleistung zu nutzen bzw. einen Vertrag durchzuführen (bspw. wenn beweiserhebliche Daten gelöscht werden), oder **„systematisch in großem Umfang"** erfolgen (ErwGr 91 S. 3). **ErwGr 91 S. 4 und 5** benennen explizit beispielhafte Fälle, in denen „eine Datenschutz-Folgenabschätzung nicht zwingend vorgeschrieben sein" sollte, die also **keine Aufnahme in die Positivliste** (Abs. 4) finden sollten: die Verarbeitung personenbezogener Daten von Patienten eines einzelnen **Arztes,** sonstigen Angehörigen eines Gesundheitsberufes oder von Mandanten eines **Rechtsanwalts.** Dass die DS-GVO diese Berufsgruppen explizit hervorhebt, ist nicht allein das Erg. erfolgreicher Lobbyarbeit der zugehörigen Berufsorganisationen. Sie trägt va dem Umstand Rechnung, dass die verarbeiteten Daten regelmäßig dem Berufsgeheimnis unterfallen und dadurch im Grundsatz bereits hinreichend geschützt sind (vgl. auch Raum in Auernhammer DS-GVO Art. 35 Rn. 17 unter Berufung auf die Entstehungsgeschichte der Norm).

Die zuständige ASB übermittelt die Liste – obligatorisch – dem **EDSA** **36** (**S.** 2); dieser entscheidet daraufhin, ob das Kohärenzverfahren stattfindet (Abs. 6, Art. 64 Abs. 1 S. 1, 2 lit. a s. dazu → Rn. 40 ff.). In anderen Fällen kann der EDSA den Beschlussentwurf über die Liste zur Grdl. für **Leitlinien, Empf. und bewährte Verfahren** machen, um eine möglichst einheitliche Anwendung der DS-GVO zu erreichen (**Art. 70 Abs. 1 lit. e;** → Rn. 27).

Die Positivliste des Abs. 4 könnte Verantwortlichen dann einen besonders **37** nachhaltigen Gewinn an Rechtssicherheit vermitteln, wenn sie **abschließend** wäre. Aufgrund steten technischen Wandels und der Technikneutralität der DS-GVO lässt sich dies zum einen aber nur um den Preis erzielen, den Abstraktionsgrad der Liste deutlich zu erhöhen. Das liefe indes erst recht dem Ziel zuwider, bei Behörden und Unternehmen Rechtsklarheit herzustellen. Wäre die Liste des Abs. 4 als abschl. angelegt, bedürfte es zum anderen weder der generalklauselartigen Auslösungsnorm des Abs. 1 S. 1 noch der Negativliste des Abs. 5 (→ Rn. 38 f.). Die Positivliste des Abs. 4 versteht sich auch insofern als **ausdifferenzierte Exemplifizierung** solcher Verarbeitungsvorgänge, die in jedem Fall einer Datenschutz-Folgenabschätzung unterliegen, lässt aber **keinen Umkehrschluss** zu.

Unterdessen verabschiedeten mehrere ASB **Positivlisten** für den **nicht- 37a öffentlichen Bereich;** die Konferenz der unabhängigen Datenschutzaufsichtsbehörden des Bundes und der Länder folgte mit einer gemeinsamen Liste für Datenverarbeitungen nach Abs. 4. Das Kohärenzverfahren ist zwischenzeitlich abgeschlossen und die überarbeitete **DSK-Positivliste** für den **nicht-öffentlichen Bereich** somit verbindlich. Sie benennt **17 Verarbeitungstätigkeiten,** wie etwa die „umfangreiche Verarbeitung von Daten, die dem Sozial-, einem Berufs- oder besonderen Amtsgeheimnis unterliegen" (Nr. 3), und konkretisiert sie mit der Angabe sog typischer Einsatzfelder sowie näherer Beispiele.

Der BfDI und einige Landesdatenschutzbehörden veröffentlichten geson- **37b** dert **Positivlisten für den öffentlichen Bereich,** bei denen mangels grenzüberschreitenden Sachverhalts keine Abstimmung erfolgen muss (vgl. Hansen in BeckOK DatenschutzR DS-GVO Art. 35 Rn. 33; zB für den Bund https://www.bfdi.bund.de/DE/Datenschutz/DatenschutzGVO/Aktuelles/Aktuelles_Artikel/ListeVerarbeitungsvorgaenge.html (abgerufen am 20.3.2020)). Diese Listen entfalten unmittelbar ab Veröffentlichung ihre Bindungswirkung (Reibach in Taeger/Gabel DS-GVO Art. 35 Rn. 24).

4. Negativliste der Aufsichtsbehörden (Abs. 5)

Zusätzlich zu einer Positivliste kann die ASB auch eine Negativliste solcher **38** Verarbeitungsvorgänge erstellen, für die **keine Datenschutz-Folgenabschätzung** erforderlich ist (**S.** 1). Während die ASB verpflichtet sind, eine Positivliste zu erstellen („erstellt" bzw. engl. „shall establish"), ist die Negativliste **fakultativ** („kann des Weiteren" bzw. engl. „may establish"). Die Listen iSd Abs. 4 und 5 tragen so ergänzend zur Rechtssicherheit und -klarheit bei (die Sinnhaftigkeit der Negativliste anzweifelnd Hansen DuD 2016, 587 (588); Hansen in BeckOK DatenschutzR DS-GVO Art. 35 Rn. 36).

39   Ebenso wie die Positivliste des Abs. 4 übermittelt die ASB die etwaige Negativliste dem EDSA (**S. 2**, → Rn. 36). Obgleich sie dem Verantwortlichen eine Datenschutz-Folgenabschätzung erspart, entbindet sie ihn nicht von der nach Art. 24 Abs. 1, Art. 25 Abs. 1 und Art. 32 Abs. 1 gebotenen **allg. Risikoabschätzung.**

39a   Die **ASB anderer EU-Mitgliedstaaten** veröffentlichten bereits Negativlisten (so zuletzt die französische Datenschutzbehörde (CNIL) (abrufbar unter https://www.cnil.fr/sites/default/files/atoms/files/liste-traitements-aipd-non-requise.pdf (aufgerufen am 8.4.2020); für erste Anhaltspunkte ebenfalls instruktiv ist die österreichische Verordnung der Datenschutzbehörde über die Ausnahmen von der Datenschutz-Folgenabschätzung (DSFA-AV) aus dem Jahre 2018, vgl. BGBl. II Nr. 108/2018 (abrufbar unter https://www.ris.bka.gv.at/Dokumente/BgblAuth/BGBLA_2018_II_108/BGBLA_2018_II_108.pdfsig (aufgerufen am 8.4.2020). Die deutschen Aufsichtsbehörden haben bis Juli 2020 noch keine Negativlisten veröffentlicht.

5. Aufsichtsbehördliches Kohärenzverfahren in den Fällen des Abs. 4 und 5 (Abs. 6)

40   Ihr Ziel, das Datenschutzrecht wirksam zu harmonisieren (vgl. ErwGr 2 S. 2 und ErwGr 10), erreicht die DS-GVO nur, wenn ihre Vorschr. **unionsweit** in vergleichbarer Weise Umsetzung und Anwendung erfahren. Dies soll das aufsichtsbehördliche **Kohärenzverfahren** als Instrument vertikaler Koordinierung absichern (Art. 63 ff., Art. 57 Abs. 1 lit. k). Es sieht einen Mechanismus dafür vor, wie die ASB zusammenarbeiten und zu einer abgestimmten Vorgehensweise gelangen. Das Kohärenzverfahren kommt zur Anwendung, bevor die ASB eine **Positiv- und (ggf.) eine Negativliste festlegen.** Das gilt jedoch nicht in allen Fällen, sondern nur, wenn die Listen **bes. Verarbeitungstätigkeiten** umfassen, namentlich wenn diese **angebots- oder verhaltensbezogen** sind oder den **freien Verkehr personenbezogener Daten innerhalb der Union** möglicherweise erheblich beeinträchtigen (Abs. 6). Die Vorschr. nimmt damit **insbes. Profilingmaßnahmen und allg. Dienste der Informationsgesellschaft** in den Blick, um im (digitalen) Binnenmarkt den Privatsphärenschutz zu stärken.

41   Bevor die zuständige Aufsichtsbehörde eine Positiv- oder Negativliste annimmt, übermittelt sie dem EDSA einen Beschlussentwurf (Art. 64 Abs. 1 S. 2 lit. a). Als tauglichen Gegenstand benennt Art. 64 Abs. 1 S. 2 lit. a – vermutlich auf Grund eines redaktionellen Versehens – nur die **Positivlisten des Art. 35 Abs. 4** („Verarbeitungsvorgänge [...], die der Anforderung einer Datenschutz-Folgenabschätzung [...] unterliegen"), nicht aber die **Negativlisten des Abs. 5.** Die Vorschr. nimmt auch die Tatbestandsvoraussetzungen des Abs. 6 („Angebot von Waren [...]; → Rn. 40) nicht auf. **Abs. 6** geht insoweit jedoch als **Lex specialis** vor: Er gilt sowohl für Positivals auch für Negativlisten in den Bereichen, die Abs. 6 beschreibt.

42   Leitet die ASB dem **EDSA** einen Beschlussentwurf über eine Positiv- oder Negativliste zu, welche die Voraussetzungen des Abs. 6 erfüllt, *muss* dieser hierzu eine **Stellungn.** abgeben (Art. 64 Abs. 1 S. 1, 2 lit. a). Um seine Entscheidungsbasis zu verbreitern, verpflichtet Art. 64 Abs. 4 die ASB und die KOM, dem EDSA „**alle zweckdienlichen Informationen**", insbes. die Gründe und unterschiedlichen Standpunkte, zu übermitteln.

Bis der EDSA seine Stellungn. abgegeben hat, grds. aber längstens acht **43** Wochen, trifft die ASB eine **Stillhalteverpflichtung** (Art. 64 Abs. 6 iVm Abs. 3 S. 2). Will die ASB der Stellungn. nicht „weitestgehend Rechnung" (Art. 64 Abs. 7) tragen, sondern ihr insgesamt oder teilw. **nicht folgen,** ergeht ein **verbindlicher Beschl.** (Art. 288 Abs. 4 AEUV) des EDSA in der Sache (Art. 65 Abs. 1 lit. c). Hiergegen steht der ASB grds. die **Nichtigkeitsklage** nach Art. 263 Abs. 4 AEUV offen (dazu ausf. Martini in SJTK DS-GVO Art. 68 Rn. 27; aA Kienle/Wenzel ZD 2019, 107 (108 f.)).

III. Inhaltliche Mindestanforderungen (Abs. 7–8)

Nach welchen Kriterien die Folgenabschätzung durchzuführen ist, lässt die **44** DS-GVO weitgehend offen. Abs. 7 und 8 legen aber einen **zwingenden Mindestinhalt** fest.

Abs. 7 lit. a definiert Anforderungen für die Vorbereitungsphase. Sie ist **44a** der Zielausrichtung und organisatorischen Abwicklung der Datenschutz-Folgenabschätzung verschrieben (1., → Rn. 45 ff.). **Lit. b und c** fokussieren die Bewertungsphase als Kernelement (2., → Rn. 48 ff.) und **lit. d** die Maßnahmenphase (3., → Rn. 54 f.).

Damit gibt die DS-GVO der Datenschutz-Folgenabschätzung implizit auch **44b** eine **innere Verfahrensstruktur** vor (s. zum Workflow der Folgenabschätzung auch Art. 29-Datenschutzgruppe in ihrem WP 248, S. 6; Martin/Schiering/Friedewald DuD 2020, 154). Soweit Abs. 7 nicht zwingend vorgibt, wie die Folgenabschätzung praktisch umzusetzen ist, überlässt die DS-GVO sie grds. der Konkretisierung der Rechtspraxis, insbes. der ASB sowie der Leitlinien des EDSA nach Art. 70 Abs. 1 lit e (→ Rn. 27).

In **Frankreich** stellt die französische Datenschutzbehörde (CNIL) eine **44c** **Software** („**PIA**": Privacy Impact Assessment) bereit, die den Verantwortlichen die Möglichkeit bietet, eine Risikofolgenabschätzung **systematisch** durchzuführen (Votteler ZD 2020, 184 (185, 188); vgl. auch https://www.cnil.fr/en/open-source-pia-software-helps-carry-out-data-protection-impact-assesment (aufgerufen am 7.4.2020)). Der Bayerische Landesbeauftragte für den Datenschutz hat eine dt. Übersetzung der App veröffentlicht (kostenfrei abrufbar unter https://www.datenschutz-bayern.de/dsfa/ (aufgerufen am 7.4.2020)).

Hält der Verantwortliche oder der Auftragsverarbeiter Verhaltensregeln iSd **44d** Art. 40 ein, sind diese bei der Beurteilung „gebührend zu berücksichtigen" (**Abs. 8;** 4. → Rn. 56 f.). Das soll Instrumenten der **Selbstregulierung** auch im Kontext der Datenschutz-Folgenabschätzung verbindliche normative Durchschlagskraft verleihen und dadurch Verantwortlichen Anreize setzen, Verhaltensregeln als Instrument zu nutzen und zu befolgen.

1. Vorbereitungsphase (Abs. 7 lit. a)

45 Technikfolgenabschätzungen beginnen typischerweise mit einer **Projektde-finition** und einer **Beschreibung der** zu untersuchenden **Technologie** („target of evaluation") – so auch die Datenschutz-Folgenabschätzung: Hat der Verantwortliche auf der Grdl. der Positiv- und Negativlisten der ASB sowie der inhaltlichen Vorgaben der Abs. 1 und 3 erkannt, dass eine Folgen-abschätzung durchzuführen ist (→ Rn. 25 ff.), determiniert er den genauen **Prüfungsgegenstand** und benennt die beteiligten **Akteure**.

46 Im Ansatz ist diese Phase mit dem sog **Scoping** (engl.: „scope": Umf., Aufgabenbereich) iRd Umweltverträglichkeitsprüfung gem. **§ 5 UVPG** (dazu Goldmann ZJS 2015, 3 (6)) und **§ 4 BauGB** vergleichbar. Das Scoping steckt den Untersuchungsrahmen in einem **kooperativen Verfahren** ab, das An-tragsteller **und** Behörden (anders als die Datenschutz-Folgenabschätzung) zu einem **frühen Zeitpunkt** zusammenbringt: Die Genehmigungsbehörde äu-ßert sich insbes. zum Umf. und den Anforderungen an die Prüfmethodik; das soll den Antragsteller in die Lage versetzen, besser absehen zu können, welche Pflichten auf ihn zukommen. Diesem Verfahrenszuschnitt liegt die Vorstel-lung zugrunde, dass sich die Prüfung zu einer unverhältnismäßigen Belastung auswachsen kann, wenn sie sich als vollständig offenes „Suchverfahren" ver-stünde, das alle nur erdenklichen Auswirkungen einer Planung analysiert. Deshalb erstreckt sich das Verfahren iRd Umweltverträglichkeitsprüfung le-diglich auf diejenigen Schutzgüter, bei denen sich nach Lage der Dinge eine detaillierte Untersuchung als sachgerecht erweist. Nichts anderes gilt in der Sache für die Datenschutz-Folgenabschätzung: Das entspricht der Grundphi-losophie des risikobasierten Ansatzes der DS-GVO. Er will die **konkreten Risiken im speziellen Fall eindämmen**, statt abstrakt risikoreiche Ver-arbeitungen generell zu **erschweren**. Hier wie dort besteht die Aufgabe darin, Auswirkungen für das jeweilige Schutzgut zu antizipieren und dadurch Risiken bzw. negative Folgen zu minimieren.

47 Entspr. der Mission des Scopings als Teil einer Technologiefolgenabschät-zung gehört zum zwingenden Bestandteil der Folgenabschätzung, „die ge-planten **Verarbeitungsvorgänge** und **Zwecke** der Verarbeitung, ggf. einschl. der verfolgten berechtigten Interessen" systematisch zu beschreiben (**lit. a**). Die **Verarbeitungsvorgänge** und die für sie **maßgeblichen Rechtsgrundlagen** sind zu diesem Zweck zu **identifizieren** und den damit jeweils **verfolgten Zielsetzungen zuzuordnen**. In Anlehnung an das (al-lerdings grds. retrospektive) Verzeichnis des Art. 30 Abs. 1 sind – je nach Branche – als Teil der Beschreibung der Verarbeitungsvorgänge angezeigt: die Erstellung eines Verzeichnisses der geplanten und umgesetzten Verarbei-tungen personenbezogener Daten, insbes. Art, Umfang sowie Dauer und nähere Umstände der Datenverarbeitung sowie die hierfür eingesetzte Tech-nik samt Schnittstellen, Prozessabläufen und Funktionsrollen (vgl. Art. 35 Abs. 1 S. 1; → Rn. 17 f.); die Bestimmung der betroffenen **Datenkatego-rien,** die Benennung der daraus erwachsenden Risiken (vgl. auch die Auf-listung des ErwGr 75); die Prüfung, ob eine **Weitergabe** der Daten vorgese-hen ist bzw. an wen und zu welchem Zweck; ferner die Prüfung, wer

Zugriff auf die Daten hat sowie zu welchem Zweck und in welchem Umfang; die Prüfung, ob die Daten wirklich **erforderlich** sind (vgl. auch Art. 5 Abs. 1 lit. c – Gebot der Datenminimierung) und ob die geplante **Aufbewahrungsfrist** dem Gebot der Speicherbegrenzung (Art. 5 Abs. 1 lit. e) Rechnung trägt und wie transparent die Bearbeitung gegenüber Betroffenen erfolgt. Die – dem Wortlaut nach fakultative – Beschreibung der **„verfolgten berechtigten Interessen"**, von denen lit. a spricht, soll dazu dienen, die Legitimität der Verarbeitung, an welche die Verarbeitungsgrundlagen anknüpfen (insb. Art. 6 Abs. 1 UAbs. 1 lit. f), gegen die mit ihr verbundenen möglichen Beeinträchtigungen der Freiheiten und Rechte Betroffener sachgerecht abzuwägen und nachvollziehbar machen zu können (vgl. die praxisnahe und anschauliche „Checkliste" bei Schmitz/von Dall'Armi ZD 2017, 57 (59 ff., insbes. 61)).

2. Bewertungsphase (Abs. 7 lit. b und c)

Die Bewertungsphase gleicht die Verarbeitungsvorgänge sowie -zwecke mit **48** den einschlägigen rechtlichen Vorgaben ab. Die Verarbeitungsvorgänge sind insbes. daraufhin zu evaluieren, inwieweit sie für ihren Zweck **notwendig** und **verhältnismäßig** sind (lit. b). Abs. 7 greift damit das **Gebot der Datenminimierung** (Art. 5 Abs. 1 lit. c) auf und konkretisiert es. Notwendig ist die Verarbeitung dann, wenn sie sich auf das für die Zwecke der Verarbeitung erforderliche Maß beschränkt, dh anders als durch die Einwirkung auf personenbezogene Daten ihren Zweck nicht zu erreichen in der Lage ist. Dem stellt die Bewertung die Folgen für die Rechte und Freiheiten der betroffenen Personen gegenüber, die von der Verarbeitung ausgehen, und prüft sie darauf, inwieweit sie in einem angemessenen Verhältnis zum Verarbeitungszweck stehen. Die Bewertungsphase identifiziert folglich **Gefahrenlagen** sowie **Gewährleistungsziele** als Prüfungsmaßstab und bricht daraus erwachsende Konsequenzen auf die konkreten Verarbeitungsvorgänge herunter (vertiefend Rost/Bock DuD 2011, 30 (32 f.)). Ihr Entscheidungsraster stellt die **Eintrittswahrscheinlichkeit** und die **Schwere möglicher Schäden** für Betroffene einander gegenüber. Sie bildet damit das Herzstück der Datenschutz-Folgenabschätzung.

Eine Vorstufe einer solchen Folgenbewertung hat (noch auf der Grdl. des **49** BDSG aF) das sog **Standard-Datenschutzmodell** elaboriert. Dieses legen die Datenschutzbeauftragten des Bundes und der Länder seit ihrer 90. Konferenz im Herbst 2015 ihrer Arbeit als Empf. zugrunde. Im November 2019 bzw. April 2020 verabschiedeten sie im Rahmen ihrer Konferenz eine aktualisierte Version („Version 2.0a" bzw. „Version 2.0b"). Das Standard-Datenschutzmodell versteht sich als Methode, Verarbeitungsvorgänge systematisch auf ihre Übereinstimmung mit den Anforderungen des Datenschutzrechts zu überprüfen. Es liefert dadurch als Blaupause eine Struktur für die Datenschutz-Folgenabschätzung. In den Mittelpunkt seiner Analyse stellt es **sechs einheitliche Gewährleistungsziele.** Die ersten drei betreffen die **Daten- und Informationssicherheit,** namentlich die **Verfügbarkeit** (von Daten und Diensten, Erreichbarkeit von Anwendern), die **Integrität** (von Nachrichteninhalten, also die Zurechenbarkeit einer Nachricht zum Absender/ Empfänger) und die **Vertraulichkeit** (von Nachrichteninhalten, dh den Schutz vor Preisgabe der Information an Unbefugte; s. zu den Begriffen auch → Art. 32 Rn. 35 d ff.). Alle drei benennt Art. 32 Abs. 1 lit. b als Schutzziele der Verarbeitungssicherheit; die beiden Letztgenannten hebt die DS-GVO auch in **Art. 5 Abs. 1 lit. f** als Schutzgrundsätze sicherer Datenverarbeitung eigens hervor.

50   Als **allg. Datenschutzschutzziele** formuliert das Standard-Datenschutzmodell darüber hinaus die **Transparenz** (Art. 5 Abs. 1 lit. a; → Art. 5 Rn. 21 f.), die **Nichtverkettung** und die **Intervenierbarkeit.** Nichtverkettung meint technische und organisatorische Maßnahmen, die absichern, dass personenbezogene Daten nicht oder nur mit unverhältnismäßig hohem Aufwand für einen anderen als den ausgewiesenen Zweck erhoben, verarbeitet und genutzt werden können. Intervenierbarkeit soll sicherstellen, dass Betroffene insbes. ihre Rechte geltend machen können und der Nachweis erbracht wird, dass der Verantwortliche die Verarbeitung tatsächlich steuernd beherrscht. Die Schutzziele des Datenschutzmodells bewegen sich dabei in einem **Spannungsfeld:** Als sehr vertraulich bewertete Daten (Schutzziel **Vertraulichkeit**) sollten bspw. nicht zugleich in hohem Maße verfügbar sein (Schutzziel **Verfügbarkeit**).

51   **Ziel der Bewertung** iRd unionsrechtlichen Folgenabschätzung ist es, einen Abgleich zwischen legitimen Verarbeitungszielen und den dadurch ausgelösten Beeinträchtigungen der Rechte und Freiheiten Betroffener (vgl. insbes., aber nicht nur Art. 7 und 8 GRCh) vorzunehmen und auf dieser Grdl. zu einem **angemessenen Ausgleich** der kollidierenden Interessen zu gelangen. Diesen Abwägungsprozess leitet die Grundfrage an: Bewegen sich die Beeinträchtigungen, die sich mit den Verarbeitungsvorgängen verbinden, iR dessen, was sich als legitime Zielsetzung (wirtschaftlicher, gesellschaftlicher, wiss. oder sonstiger Natur) in einer einerseits auf adäquaten Schutz personenbezogener Daten, andererseits zunehmend auf digitale Verarbeitungsvorgänge ausgerichteten demokratischen Gesellschaft darstellt?

52   Die objektive (vgl. ErwGr 76 S. 2) **Risikobewertung** nimmt einen **Soll-Ist-Vergleich** anhand von Referenzpunkten vor. In der Praxis hat sich dafür eine Matrix etabliert (Volkmer/Kaiser PinG 2017, 153 (156), → Rn. 15 ff.). Sie setzt die Risiken, welche die Verarbeitungsvorgänge mit Blick auf ihre Art, ihren Umfang sowie ihre Umstände (Abs. 1 S. 1; → Rn. 17) für betroffene Personen auslösen (normal, hoch, sehr hoch), in Beziehung zu den Zielen, welche die Verarbeitungsvorgänge verfolgen. Zu identifizieren sind nicht nur die drohenden **Risiken,** sondern auch ihre möglichen **Verursacher** (intern, insbes. aus der Organisation des Verantwortlichen heraus/extern) und deren **Motive** (zB Missbrauch von Daten zu Werbezwecken, Leistungskontrolle von Mitarbeitern). Im Fokus stehen nicht allein Angriffe von außen, sondern va Überdehnungen eines an sich zulässigen Verarbeitungszwecks, die der Verantwortliche selbst vornimmt. Denn die DS-GVO legitimiert nach ihrem normativen Grundkonzept des Art. 6 nur diejenigen Verarbeitungsvorgänge, die erforderlich und angemessen sind, um legitime Verarbeitungsziele zu erreichen.

Der Verantwortliche sollte die **Maßstäbe,** die der Bewertung zugrunde   53
liegen, ausreichend **dokumentieren,** um seiner Nachweispflicht aus Art. 5
Abs. 2 nachkommen zu können. Ebenso sollte er die Gründe festhalten, die
ihn angeleitet hatten, die **Risiken** der jeweiligen Verarbeitungsvorgänge in
die Kategorien normal, hoch, sehr hoch einzuteilen (Nolte/Werkmeister in
Gola DS-GVO Art. 35 Rn. 52; Laue in Spindler/Schuster DS-GVO Art. 35
Rn. 28).

3. (Berichts- und) Maßnahmenphase (Abs. 7 lit. d)

Eine Datenschutz-Folgenabschätzung erfüllt ihre Mission nur dann, wenn sie   54
dazu beiträgt, erkannte Risiken auch tatsächlich auf ein **vertretbares und
angemessenes Niveau** zu senken. Die DS-GVO nimmt den Verantwortlichen daher mit – zu dokumentierenden – „**Abhilfemaßnahmen**" in die
Pflicht (**lit. d**), die er – selbst wenn der Wortlaut dies nicht eindeutig klarstellt
– auch „faktisch" durchführen muss (zu Letzterem Jandt in Kühling/Buchner
DS-GVO Art. 35 Rn. 48). In der (Berichts- und) Maßnahmenphase leitet der
Verantwortliche folglich Gegenmaßnahmen ein, die das identifizierte und
bewertete Risiko minimieren. Das Erg. der Analyse stellt er den zuständigen
Behörden zur Vfg. Abhilfemaßnahmen schließen insbes. „**Garantien, Sicherheitsvorkehrungen und Verfahren**" ein, die eine hinreichende datenschutzrechtliche **Ergebnissicherheit** gewährleisten sowie den **Nachw.** erbringen, dass die Verarbeitungsmaßnahme die verfahrensrechtlichen und inhaltlichen Anforderungen der DS-GVO einhält. **Garantien** sind dabei insbes.
verbindliche Zusagen des Verantwortlichen, die den Betroffenen vor Rechts-
beeinträchtigungen schützen. Mit **Sicherheitsvorkehrungen** meint die DS-
GVO konkrete Schritte, die der Verantwortliche vorsorgend ergreift, um
Rechtsverletzungen zu vermeiden. **Verfahren** beschreiben geregelte Abläufe,
welche die Folgen der Einwirkungen in das Grundrecht auf Datenschutz
abfedern sollen (vgl. auch Jandt in Kühling/Buchner DS-GVO Art. 35
Rn. 49). Zu diesen Maßnahmen können als **technische Sicherungen** bspw.
ein Autorisierungsmanagement (etwa eine Zwei-Faktor-Authentifizierung)
sowie Verschlüsselungsmechanismen, Berechtigungssysteme oder Zugriffs-
kontrollen gehören. Die Maßnahmen können aber auch **rechtlicher Natur**
sein, bspw. ergänzende Vertragsschlüsse umfassen (Hansen in BeckOK DatenschutzR DS-GVO Art. 35 Rn. 48).

Anders als etwa § 9 UVPG für die Umweltverträglichkeitsprüfung kennt   55
die DS-GVO **keine Pflicht,** das Erg. einer Datenschutz-Folgenabschätzung
zu **veröffentlichen.** Unter unternehmerischen Publicity-Gesichtspunkten
kann eine freiwillige Veröff. – als transparenzerhöhende Maßnahme – zwar
unter Umständen sinnvoll sein. Im wirtschaftlichen Alltag hat sie aufgrund
legitimer Geheimhaltungsinteressen bislang aber keine Verbreitung erfahren.
De lege ferenda wäre eine Veröffentlichungspflicht ein sachgerechter Baustein präventiven Privatsphärenschutzes; zumindest sensible Verarbeitungen
von Hoheitsträgern sollte der Gesetzgeber einer solchen Pflicht unterwerfen
(Martini JZ 2017, 1017 (1022)).

4. Berücksichtigung von Verhaltensregeln aus Art. 40 (Abs. 8)

56 Wie Art. 24 Abs. 3, Art. 28 Abs. 5 und Art. 32 Abs. 3 gesteht auch Art. 35 Abs. 8 genehmigten Verhaltensregeln iSd Art. 40 eine **Privilegierungswirkung** zu. Sie soll dem **Instrument der Selbstregulierung** im Datenschutz – stärker als noch die DSRL – Leben einhauchen: Hält der zuständige Verantwortliche oder Auftragsverarbeiter genehmigte Verhaltensregeln ein, ist das „bei der Beurteilung der Auswirkungen der […] durchgeführten Verarbeitungsvorgänge […] gebührend zu berücksichtigen". Die Formulierung macht zweierlei deutlich: Allein der Umstand, dass der Verantwortliche die genehmigten Verhaltensregeln beachtet hat, impliziert einerseits noch nicht, dass er datenschutzrechtliche Risiken wirksam eingedämmt hat (Hansen in BeckOK DatenschutzR DS-GVO Art. 35 Rn. 59). Andererseits räumt Abs. 8 in der Frage, **ob** die Befolgung von Verhaltensregeln als Aspekt einzubeziehen ist, – (auf den ersten Blick scheinbar) anders als die Parallelnormen des Art. 24 Abs. 3, Art. 28 Abs. 5 und Art. 32 Abs. 3 (→ Art. 24 Rn. 44 ff.) – **kein Ermessen** ein: Sie „ist […] zu berücksichtigen".

56a **In welchem Umf.** die Verhaltensregeln Berücksichtigung finden, beschreibt Art. 35 Abs. 8 demgegenüber sibyllinisch. Die Wendung **„gebührend"** belässt den zuständigen Stellen **substanziellen Auslegungsspielraum.** Die defensive Formulierung ist nicht zuletzt Ausdruck der Vorsicht ggü. einem Rekurs auf nicht staatlich gesetztes Recht, dessen Gewährleistungsniveau in der Anwendungspraxis sich ex ante ebenso schwer einschätzen lässt wie die Genehmigungspraxis der zuständigen Stellen. Der Unionsgesetzgeber beugt damit auch der Gefahr vor, dass das Schutzniveau genehmigter Verhaltensregeln besonders risikobehafteter Verarbeitungen nicht gerecht wird oder der Verantwortliche die Verarbeitung unter Berufung auf ein solches Selbstregulierungsinstrument realiter sehenden Auges ohne erforderliche ergänzende Schutzmaßnahmen durchführt.

57 Was **„gebührend"** iSd Abs. 8 ist, bestimmt sich nach der Ratio der Folgenabschätzung sowie dem Datenschutzniveau, welches die Verhaltensregeln gewährleisten: Die Pflicht zur Folgenabschätzung ist nicht als sich selbst genügender bürokratischer Selbststand konzipiert, sondern als Sensorium für besonders risikoreiche Verarbeitungsvorgänge. Dass der Verantwortliche bzw. Auftragsverarbeiter Verhaltensregeln einhält, fließt daher zwar in die Folgenabschätzung ein, muss sich aber auch in dem Risiko des Verarbeitungsvorgangs niederschlagen, wenn es Berücksichtigung finden soll.

57a In dem Maße, in dem genehmigte Verhaltensregeln hohe Risiken auf ein vertretbares Maß reduzieren, sind sie bei der Folgenabschätzung als Abilfemaßnahme (Abs. 7 lit. d) zu beachten. Das setzt aber voraus, dass die Verhaltensregeln **in praxi** – nicht nur nach ihrem inneren Anspruch – eine **hinreichende Gewähr** dafür bieten, dass die Anforderungen der DS-GVO eingehalten werden. Auf dieses Ergebnisniveau bezieht sich die Wendung „gebührend": Stellen die genehmigten Verhaltensregeln ein der DS-GVO adäquates Schutzniveau sicher, „gebührt" es ihnen, Berücksichtigung zu finden. Je weniger sie dazu in der Lage sind, umso weniger ist es gerechtfertigt, sie als Teil einer Datenschutz-Folgenabschätzung heranzuziehen.

Abs. 8 schließt aber umgekehrt auch nicht völlig aus, dass der Verantwort- **57b** liche – mit entspr. Begr. und nach krit. Auseinandersetzung – von den Empfehlungen der Verhaltensregeln **abweicht**" und andere als die dort genannten Instrumente und Maßnahmen einsetzt (Jandt in Kühling/Buchner DS-GVO Art. 35 Rn. 53).

IV. Beteiligung anderer Personen (Abs. 2 und 9)

1. Einbeziehung des Datenschutzbeauftragten (Abs. 2)

Unter dem Regime des BDSG aF lag es in den Händen des Datenschutz- **58** beauftragten, die (mit Art. 35 im Ansatz vergleichbare) **Vorabkontrolle** (→ Rn. 74 ff.) durchzuführen (§ 4d Abs. 5 und 6 BDSG aF). Nunmehr ist für die **Datenschutz-Folgenabschätzung** als Normadressat der Verantwortliche selbst zuständig. Er hat aber nach dem Willen des Gesetzgebers den Rat des Datenschutzbeauftragten einzuholen, falls er einen solchen ernannt hat (Abs. 2). Auf der Grdl. der neuen normativen Konzeption wird der Datenschutzbeauftragte also nicht von Amts wegen auf eigene Initiative beratend tätig, sondern **auf Anfrage.** In diesem Fall **überwacht** er die Durchführung der Datenschutz-Folgenabschätzung (vgl. Art. 39 Abs. 1 lit. c). Dem Rat des Datenschutzbeauftragten zu folgen, verpflichtet Abs. 2 den Verantwortlichen aber nicht (ebenso Jandt in Kühling/Buchner DS-GVO Art. 35 Rn. 18). Der Verantwortliche darf die Aufgabe nicht gänzlich auf den Datenschutzbeauftragten übertragen. Die Wendung „Rat einholen" schließt eine vollständige Delegation der Folgenabschätzung aus (Karg in NK-DatenschutzR DS-GVO Art. 35 Rn. 67; aA Raum in Auernhammer DS-GVO Art. 35 Rn. 8; krit. zur Frage, ob der Datenschutzbeauftragte überhaupt vorab über die erforderlichen Kenntnisse verfügt Els DÖD 2019, 201 (204)). Verantwortliche sind jedenfalls gut beraten, zu dokumentieren, ob und inwieweit sie den Datenschutzbeauftragten einbezogen haben, um nachweisen zu können, dass sie ihre (verfahrensrechtliche) Pflicht aus Abs. 2 erfüllt haben (Hansen in BeckOK DatenschutzR DS-GVO Art. 35 Rn. 23).

Ob der Verantwortliche einen **Datenschutzbeauftragten zu ernennen** **59** hat, bestimmt sich grds. nach **Art. 37 Abs. 1–4.** Die Mitgliedstaaten sind kraft der Öffnungsklausel des Art. 37 Abs. 4 S. 1 Hs. 2 frei darin, auf der Grdl. ihres eigenen Rechts über das Unionsrecht hinausgehende Bestellungspflichten zu etablieren (dazu bspw. Kühling/Martini ua DS-GVO und nationales Recht, 96 ff.). Art. 35 Abs. 2 knüpft seine Konsultationspflicht allerdings nicht daran, ob der Verantwortliche verpflichtet ist, einen Datenschutzbeauftragten zu benennen, sondern daran, ob er einen solchen tatsächlich **benannt hat.**

2. Konsultation Betroffener (Abs. 9)

„Gegebenenfalls" muss der Verantwortliche den **Standpunkt Betroffener** **60** **oder ihrer Vertreter** einholen, schreibt Abs. 9 vor. Die Vorschr. hat einerseits **konkret „betroffene[…] Personen"** im Auge, auf die sich der Verarbeitungsvorgang auswirken wird – andererseits aber auch (gerade wenn eine

Verarbeitung neue Technologien für eine Vielzahl künftiger Anwendungsfälle implementiert) deren „**Vertreter**". Vertreter kann einerseits (in einer engen Lesart) den gesetzlichen Vertreter Minderjähriger oder Betreuter meinen. Vertreter kann andererseits aber auch sein, wer als anerkannter Verbraucherschutzverband oder sonstige Einrichtung oder Vereinigung kraft gesetzlichen Klagerechts **(Art. 80)** die Rechte Betroffener in deren Namen wahrzunehmen berechtigt ist (vgl. auch Laue in Spindler/Schuster DS-GVO Art. 35 Rn. 35 mwN). Insoweit implementiert Abs. 9 eine der Öffentlichkeitsbeteiligung (vgl. zB § 3 BauGB, § 18 UVPG, § 32 KrWG) angenäherte **Konsultationspflicht** (wohl aA Friedewald/Schiering/Martin DuD 2019, 473 (474)). Sie greift, soweit der Verarbeitungsvorgang solche Personengruppen in bes., identifizierbarer sowie adressierbarer Weise trifft („gegebenenfalls"). Im systematischen Kontext heißt dies: Der Standpunkt Betroffener ist sowohl bei der Bewertung der Frage, **ob** eine Datenschutz-Folgenabschätzung durchzuführen ist (also insbes. hinsichtlich der Ermittlung und Bewertung des Risikos nach Abs. 1), als auch iRd **Durchführung** der Folgenabschätzung selbst **(„Wie")** abzufragen.

61   Der Standpunkt ist lediglich **einzuholen.** Eine Pflicht, ihn auch zu berücksichtigen, ordnet die DS-GVO nicht ausdr. an. Zugleich darf sich die Einholung des Standpunkts nicht ausschl. in einer sinnfreien Pflichtübung erschöpfen, soll sie ihren normativen Sinn erfüllen. Der Verantwortliche wird sich also zumindest **mit den Standpunkten beschäftigen** und darauf in der Folgenabschätzung eingehen müssen (zust. Jandt in Kühling/Buchner DS-GVO Art. 35 Rn. 58).

62   Betroffene können ihren Standpunkt nur dann sachgerecht einbringen, wenn sie zuvor Informationen über die beabsichtigte Verarbeitung erlangen. Insofern erwächst aus Abs. 9 auch eine **Informationspflicht.** Sie legitimiert Betroffene aber nicht dazu, solche Unterlagen einzusehen, die einem bes. Geheimhaltungsschutz unterliegen. Das gilt insbes. für Informationen, deren Bekanntwerden die **gewerblichen** oder **öffentl. Interessen** bzw. die **Sicherheit** der Verarbeitungsvorgänge gefährden kann. Das stellt Abs. 9 ausdr. klar.

63   Zu den geschützten Interessen gehören einerseits **Geschäftsgeheimnisse,** also unternehmensbezogene Tatsachen, Umstände und Vorgänge, die nicht offenkundig sind und für die der Inhaber aber ein legitimes Interesse daran reklamieren kann, dass sie sich nicht verbreiten (vgl. etwa BVerwG NVwZ 2016, 1014 (1018, Rn. 35)). Andererseits sind insbes. auch **Berufsgeheimnisse, Amtsgeheimnisse** sowie Belange der **äußeren und inneren Sicherheit** des Staates geschützt. Aspekte der **Sicherheit des Verarbeitungsvorgangs** (→ Art. 32 Rn. 28 ff.) befreit der Unionsgesetzgeber deshalb von der Informationspflicht, weil Systeme (zB für Hacking-Maßnahmen) umso angreifbarer werden, je mehr Informationen über sie aufgrund der Folgenabschätzung des Verantwortlichen bekannt sind (auch wenn diese nicht veröffentlicht wird).

63a   Der Verpflichtete muss zwar keine Informationen bekannt geben, die seine legitimen Schutzinteressen gefährden können. Eine pauschale Informationsverweigerung deckt das freilich nicht. Der Verantwortliche bzw. Auftragsverarbeiter muss zumindest (abstrakt) darlegen, **welche Schutzinteressen** einer Bekanntgabe von Verarbeitungsvorgängen zwingend im Wege stehen. Andernfalls hätte es der Verantwortliche in der Hand, die Konsultationspflicht durch pauschalen Verweis auf unbenannte gewerbliche Interessen faktisch auszuhöhlen. Das Verhältnismäßigkeitsprinzip gebietet es zudem, eine ggf. zulässige Informationsverweigerung, zB durch Schwärzung sensibler Passagen, auf den **Umf.** zu beschränken, der unbedingt erforderlich ist, um die legitimen Interessen zu wahren.

V. Ausnahme und Öffnungsklausel (Abs. 10)

Abs. 10 etabliert eine Ausnahme von dem Pflichtenkatalog der Abs. 1 bis 7. **64** Sie knüpft an die Verarbeitungsgrundlage des Art. 6 Abs. 1 UAbs. 1 **lit. c** (Erfüllung einer rechtlichen Verpflichtung) und **lit. e** (öffentl. Interesse oder in Ausübung öffentl. Gewalt) an. Für diese gesteht die Union den Mitgliedstaaten Regelungsbefugnisse insbes. mit Blick auf die **Verarbeitungserfordernisse öffentl. Stellen** zu. Macht der Mitgliedstaat von ihnen Gebrauch oder erlässt die Union auf dieser Grdl. Rechtsvorschriften, hält die DS-GVO es für ausreichend, dass der Mitgliedstaat beim Erlass der Rechtsgrundlage eine **Gesetzesfolgenabschätzung** vornimmt: Eine eigene Datenschutz-Folgenabschätzung iSd Art. 35 ist dann grds. nicht mehr erforderlich (dazu und zum Folgenden auch Kühling/Martini ua DS-GVO und nationales Recht, 90 f.). Durchzuführen ist sie ausschl., wenn der Mitgliedstaat dies nach seinem Ermessen für erforderlich hält.

Die Formulierung „nach dem **Ermessen der Mitgliedstaaten**" (engl.: **64a** „unless Member States deem it to be necessary") des 2. Hs. verdeutlicht die **Berechtigung und Freiheit** des Gesetzgebers, die Entscheidung darüber zu treffen, ob gleichwohl eine (zusätzliche) Datenschutz-Folgenabschätzung erforderlich ist. Der 2. Hs. ermöglicht so eine **Rückausnahme** von dem Ausschluss des 1. Hs. Der nationale Gesetzgeber kann entscheiden, ob er auf Grundlage des Art. 6 Abs. 1 UAbs. 1 lit. c oder lit. e eine entsprechende Rechtsgrundlage für konkrete Verarbeitungstätigkeiten erlassen und dabei zugleich bereits eine Folgenabschätzung vornehmen möchte (aA Roßnagel/ Geminn/Johannes ZD 2019, 435 (436); Karg in NK-DatenschutzR DS-GVO Art. 35 Rn. 57; sie erkennen in Abs. 10 keine Öffnungsklausel, da sie den Begriff (zu) eng definieren).

1. Tatbestandsvoraussetzungen

Abs. 10 nimmt risikoreiche Verarbeitungen unter drei Voraussetzungen aus **65** dem Anwendungsbereich der Abs. 1 bis 7 heraus: Die Union oder ein Mitgliedstaat hat auf der Grdl. der **Öffnungsklausel** des Art. 6 Abs. 1 UAbs. 1 lit. c oder lit. e iVm Abs. 2 und 3 eine Rechtsgrundlage für einen Verarbeitungsprozess geschaffen (→ Rn. 66), welcher der Betroffene unterliegt (→ Rn. 67), und hat bereits im Zusammenhang mit dem Erlass der Rechtsgrundlage eine Datenschutz-Folgenabschätzung vorgenommen (→ Rn. 68).

66   **a) Gebrauchmachen von der Öffnungsklausel des Art. 6 Abs. 1 UAbs. 1 lit. c oder lit. e iVm Abs. 2 und 3.** Ist die Verarbeitung erforderlich, um eine **rechtliche Verpflichtung,** etwa eine Aufbewahrungspflicht, zu erfüllen (Art. 6 Abs. 1 UAbs. 1 lit. c) oder eine Aufgabe wahrzunehmen, die **im öffentl. Interesse** liegt **oder in Ausübung öffentl. Gewalt** erfolgt, welche dem Verantwortlichen übertragen wurde (lit. e), zB Steuerverwaltung, geht damit typischerweise ein hohes Risiko für die Rechte und Freiheiten Betroffener einher. In diesen Fällen ist eine Datenschutz-Folgenabschätzung grds. geboten. Die Mitgliedstaaten dürfen in diesem Bereich ebenso wie die Union selbst auf Basis und in den Schranken des Art. 6 Abs. 2 und 3 Verarbeitungsgrundlagen schaffen und sich damit – insbes. für ihre öffentl. Stellen – weite mitgliedstaatliche Regelungsspielräume vorbehalten.

67   **b) Unionale oder mitgliedstaatliche Regelung iSd Art. 6 Abs. 1 UAbs. 1 lit. c oder lit. e, welche den konkreten Verarbeitungsvorgang erfasst.** Einen Verarbeitungsvorgang iSd Art. 6 Abs. 1 UAbs. 1 lit. c oder e erfasst Art. 35 Abs. 10 nicht schon allein dann, wenn der Mitgliedstaat überhaupt von der Öffnungsklausel Gebrauch macht, sondern erst, wenn die Regelung den **konkreten Verarbeitungsvorgang** auch tatbestandlich erfasst. Das versteht sich zwar weitgehend von selbst. Dem Normgeber war es aber ein Bedürfnis, dies im Interesse der Rechtsklarheit ausdr. festzuschreiben.

68   **c) Folgenabschätzung „im Rahmen der allgemeinen Folgenabschätzung im Zusammenhang mit dem Erlass dieser Rechtsgrundlage".** Nehmen der Mitgliedstaat oder die Union iRd Erlasses der Rechtsgrundlage bereits eine allg. Folgenabschätzung – insbes. eine **Gesetzesfolgenabschätzung** – vor, kann eine weitere, iRd Vorbereitung des Verarbeitungsvorgangs vorgenommene Datenschutz-Folgenabschätzung zu einer reinen Förmelei verkommen, die Kontrollen und bürokratischen Aufwand doppelt, ohne einen echten Mehrwert zu generieren. Die Union hält eine weitere Folgenabschätzung in diesen Fällen daher für grds. entbehrlich.

69   Die **konkreten Anforderungen** an die „Datenschutz-Folgenabschätzung, die im Zusammenhang mit dem Erlass" der Rechtsgrundlage erfolgte, lässt die DS-GVO offen. Das überrascht auch insofern, als die Vollzugsformen der Gesetzesfolgenabschätzung in den Mitgliedstaaten sehr unterschiedlich ausgestaltet sind (zum Verfahren und Inhalt einer Gesetzesfolgenabschätzung vgl. bspw. Roßnagel/Geminn/Johannes ZD 2019, 435 (438 f.)). Zwischen der allg. Gesetzesfolgenabschätzung und der Abschätzung der Folgen für den konkreten Fall besteht überdies ein wichtiger **methodischer Unterschied:** Eine abstrakte Folgenabschätzung auf legislativer Ebene lässt sich nur schwer auf die Rechtmäßigkeit konkreter Verarbeitungsvorgänge herunterbrechen.

70   Indem die DS-GVO mit der Wendung „bereits im Rahmen der allgemeinen Folgenabschätzung im Zusammenhang mit dem Erlass dieser Rechtsgrundlage" recht unpräzise bleibt, legt sie die Anforderungen an ihren Dispens nicht sehr hoch. Vielmehr lässt sie genügen, dass eine **allg., systematische Erfassung und eine Analyse der intendierten und unbeabsichtigten Folgen der Rechtsnorm für den Persönlichkeitsschutz** sowie der zu ergreifenden Abhilfemaßnahmen stattgefunden haben, befreit zugleich aber nicht generell von den materiellen Anforderungen, welche die Datenschutz-Folgenabschätzung iSd Art. 35 erreichen soll (Karg in NK-DatenschutzR DS-GVO Art. 35 Rn. 58). Die Auswirkungen auf den konkret betroffenen Fall des Verarbeitungsvorgangs muss die Folgenabschätzung (und kann sie ihrem Wesen nach) nicht erfassen.

2. Rechtsfolge

Liegen die drei tatbestandlichen Voraussetzungen des Abs. 10 vor, finden die **71** Abs. 1–7 grds. keine Anwendung (aA Roßnagel/Geminn/Johannes ZD 2019, 435 (437)). Die Verpflichtungen aus Abs. 8 (→ Rn. 56 f.), Abs. 9 (→ Rn. 60 ff.) und Abs. 11 (→ Rn. 72 f.) bleiben hingegen bestehen. Die Mitgliedstaaten sind nach Maßgabe ihres **Ermessens** frei darin, gleichwohl eine auf den konkreten Verarbeitungsvorgang bezogene Datenschutz-Folgenabschätzung anzuordnen, soweit sie eine solche für erforderlich halten. Das gesteht ihnen die Öffnungsklausel des Abs. 10 aE ausdr. zu (→ Rn. 64a). Bei der Ermessensausübung hat der Mitgliedstaat zu erwägen, inwieweit nur eine weitere Folgenabschätzung dem hohen **Schutzniveau** Rechnung tragen kann, welches die DS-GVO intendiert. Die Entscheidungsfreiheit der Mitgliedstaaten findet ihre **Grenze** in den Grundrechten der GRCh sowie im nationalen Verfassungsrecht, insbes. den hieraus erwachsenden Schutzpflichten.

VI. Überprüfung durch den Verantwortlichen (Abs. 11)

Eine einmal vorgenommene Datenschutz-Folgenabschätzung entbindet den **72** Verantwortlichen nicht von der Prüfung, ob die **Prämissen fortbestehen, die ihr zugrunde lagen,** und ob sich die spätere Verarbeitung **in Übereinstimmung mit den Hypothesen** der Datenschutz-Folgenabschätzung **vollzieht.** „Erforderlichenfalls" hat der Verantwortliche daher zu prüfen, ob die Verarbeitung auch tatsächlich nach den Präsumtionen der Datenschutz-Folgenabschätzung erfolgt. Gleiches gilt auch für den Verarbeitungsvorgang selbst: **Art. 24 Abs. 1 S. 2** verlangt dem Verantwortlichen ab, die (auf Grdl. der Datenschutz-Folgenabschätzung) entspr. umgesetzten technischen und organisatorischen Maßnahmen „erforderlichenfalls" zu überprüfen und zu aktualisieren.

Erforderlich ist eine Überprüfung jedenfalls dann, wenn das tatsächliche **73** von dem kalkulierten **Verarbeitungsrisiko abweicht.** Der Wortlaut der DS-GVO lässt dabei jede „Änderung" des Risikos iSd Risikobewertung aus Abs. 7 lit. c genügen; diese muss nicht substanziell sein. Ein solcher Fall tritt jedenfalls immer dann ein, wenn sich die ursprüngliche Annahme später als von vornherein fehlerhaft erweist oder sich die **tatsächlichen oder rechtlichen Umstände in relevanter Weise ändern,** insbes. infolge einer Änd. von Rechtsvorschriften, einer Ausweitung des Verarbeitungsumfangs, technischer Entwicklungen oder neuer Sicherheitsrisiken. Das betont **Abs. 11 Hs. 2** ausdr. Die Norm will damit sicherstellen, dass eine ursprünglich durchgeführte Abschätzung nicht aufgrund nachfolgender Änd. zu Lasten der

Betroffenenrechte ins Leere läuft. Manche ASB rät auch unabhängig davon, die Folgenabschätzung „in regelmäßigen Abständen" zu prüfen (vgl. etwa Art. 29-Datenschutzgruppe WP 248, 17: „kontinuierlich überprüft und regelmäßig erneuert"; Baumgartner in Ehmann/Selmayr DS-GVO Art. 35 Rn. 12). Dennoch stellen turnusmäßige Überprüfungen **keine gesetzliche Pflicht** dar. Der Gesetzgeber hat – entgegen dem Vorschlag des EU-Parlaments („spätestens" alle „zwei Jahre") – gerade darauf verzichtet, eine solche in Abs. 11 festzusetzen (Schwendemann in HK-DS-GVO Art. 35 Rn. 35 mwN).

C. Nationales Recht

74   Die Datenschutz-Folgenabschätzung des Art. 35 entspricht in Ansätzen der **Vorabkontrolle,** die das dt. Recht in **§ 4d Abs. 5, Abs. 6 S. 1 BDSG aF** verankerte. Diese ging auf **Art. 20 DSRL** zurück. In Unternehmen erlangte sie jedoch kaum praktische Relevanz. Art. 35 modifiziert daher den Anwendungsbereich der Vorabkontrolle und professionalisiert die Analysemethodik der Risikoprüfung.

75   Von der Datenschutz-Folgenabschätzung unterschied sich die Vorabkontrolle in drei wesentlichen Aspekten: § 4d Abs. 5 BDSG aF erfasste dem Wortlaut nach nur „automatisierte Verarbeitungen". Art. 35 Abs. 1 bezieht dagegen **sämtliche Verarbeitungen** in den Geltungsbereich der Norm ein, solange diese ein hohes Risiko für die Betroffenen zeitigen. Während § 4d Abs. 6 BDSG aF die Vorabkontrolle bislang in die **Zuständigkeit** des Datenschutzbeauftragten legte, der sich „in Zweifelsfällen" an die ASB zu wenden hatte, verlagert Art. 35 die Zuständigkeit für die Folgenabschätzung nunmehr auf den Verantwortlichen selbst (der allerdings den Rat des Datenschutzbeauftragten einholen muss, Abs. 2; → Rn. 58).

76   Das dt. Recht stellte die Vorabkontrolle bisher unter einen weiten **Ausnahmevorbehalt:** Sie fand nicht statt, wenn eine gesetzliche Verpflichtung oder eine Einwilligung des Betroffenen vorlag oder die Erhebung, Verarbeitung oder Nutzung dafür erforderlich war, ein rechtsgeschäftliches oder rechtsgeschäftsähnliches Schuldverhältnis zu begründen, durchzuführen oder zu beenden (§ 4d Abs. 5 S. 2 Hs. 2 BDSG aF).

76a   Art. 35 fasst den Ausnahmebereich deutlich **enger** und regelt die Erforderlichkeit sowie die Anforderungen an eine Folgenabschätzung grds. **abschl. und unmittelbar.** Der Gesetzgeber des BDSG hat Art. 35 folgerichtig als grds. ergänzungsfeindlich eingestuft und – entspr. dem Normwiederholungsverbot (dazu ausf. Kühling/Martini ua DS-GVO und nationales Recht, 4 ff.) – § 4d BDSG aF für das BDSG ersatzlos gestrichen. Den Mitgliedstaaten verbleibt ein Regelungsspielraum nur für solche Fälle, in denen sie von der Verarbeitungsgrundlage des **Art. 6 Abs. 1 UAbs. 1 lit. c oder lit. e** Gebrauch machen (Abs. 10, → Rn. 64 ff.). Auf dieser Grundlage hat bspw. das Land Bayern in **Art. 14 BayDSG** den Anwendungsbereich der Pflicht zur Datenschutz-Folgenabschätzung für öffentliche Stellen konkretisiert (LT-Drs. BY 17/19628, 38): Ein Verantwortlicher muss danach keine Folgenabschät-

zung vornehmen, wenn im Rechtsetzungsverfahren bereits eine Folgenabschätzung erfolgt ist (Abs. 1 Nr. 2) oder das fachlich zuständige Staatsminis-
terium bzw. eine von diesem ermächtigte öffentliche Stelle bereits eine solche
durchgeführt hat „und dieser Verarbeitungsvorgang im Wesentlichen unverändert übernommen wird" (Abs. 1 Nr. 1). Gleiches gilt, wenn eine öffentliche Stelle (zB die Anstalt für Kommunale Datenverarbeitung in Bayern –
AKDB) ein automatisiertes Verfahren der Datenschutz-Folgenabschätzung
entwickelt hat, diese durchführt und eine andere öffentliche Stelle „das Verfahren im Wesentlichen unverändert übern[immt]" (Abs. 2 S. 2 BayDSG; vgl.
auch LT-Drs. BY 17/19628, 38; BayLfD Datenschutz-Folgenabschätzung –
Orientierungshilfe, 6)

Lediglich für den sachlichen Geltungsbereich der **JI-RL** hat der Bund eine **76b**
neue Regelung in **§ 67 BDSG** getroffen (→ Rn. 5), die sich in Aufbau und
Inhalt eng an Art. 35 anlehnt (vgl. auch BT-Drs. 18/11325, 117). Das Gebot,
eine Folgenabschätzung iSd § 67 BDSG durchzuführen, erstreckt der Gesetzgeber allerdings nur auf „neue Verarbeitungssysteme oder wesentliche Veränderungen an bestehenden" (BT-Drs. 18/11325, 117).

D. Ausblick und Forderungen de lege ferenda

Im Vergleich zum Status quo vor Geltung der DS-GVO erleichtert Art. 35 **77**
Verantwortlichen in vielen Mitgliedstaaten das datenschutzrechtliche Marsch-
gepäck: Er lässt die bisherige **Pflicht zur Meldung sonstiger Verfahren
entfallen** (ErwGr 89 S. 3; Albrecht CR 2016, 88 (93 f.); Gierschmann ZD
2016, 51 (53)). Das flexibilisiert das datenschutzrechtliche Kontrollregime und
eröffnet **risikobasierten Ansätzen** im Datenschutzrecht Entfaltungsraum.
Gerade mit Blick auf persönlichkeitsbeeinträchtigende Geschäftsmodelle neuer digitaler Technologien, wie etwa Gesichtserkennung, lernende Prognose-
Algorithmen oder Social Media Monitoring, die sich bisweilen als Teil eines
digitalen Imperialismus des Silicon Valley über den Endkundenmarkt zu legen
scheinen, eröffnet die Datenschutz-Folgenabschätzung auf der Grdl. des
Marktortprinzips (Art. 3 Abs. 2) Kontrollmöglichkeiten. Sie formt das Rüst-
zeug für eine **Datenschutzaufsicht „mit Zähnen".**

Um materielle Durchschlagskraft zu erzielen und Transparenz über die **78**
Risiken einer Verarbeitung herzustellen, ist es de **lege ferenda** sachgerecht,
die Ergebnisse einer Datenschutz-Folgenabschätzung (nicht nur mit Blick auf
die davon ausgehende Selbstbindungswirkung) grundsätzlich (vorbehaltlich
legitimer geschäftlicher und öffentlicher Schutzinteressen) der **Allgemeinheit**
durch Veröffentlichung **zugänglich** zu machen. Eine solche gesetzliche
Pflicht sollte der Unionsgesetzgeber in die DS-GVO implementieren. Um
der Datenschutz-Folgenabschätzung eine stärkere dogmatische Kontur und
Standardisierung zu verleihen, sollte er darüber hinaus insbes. bei sensiblen
neuen Technologien eine Liste verpflichtender Angaben etablieren, die Inhalt
der Folgenabschätzung sind (s. dazu Martini Blackbox Algorithmus, 2019,
210 f.).

79   Nach der Konzeption der DS-GVO versteht sich eine Datenschutz-Folgen-abschätzung **nicht als Last für Verantwortliche und Auftragsverarbeiter.** Sie eröffnet nach ihrem eigenen Anspruch vielmehr vorrangig die Chance, ungewollte Datenschutzrisiken frühzeitig zu erkennen, aufsichtsbehördliches Verhalten zu antizipieren und spätere Anpassungsnotwendigkeiten durch „Privacy by Design"-Maßnahmen zu vermeiden – und dadurch einen wirksamen Datenschutz effizient zu gestalten.

80   Die DS-GVO gestaltet die Folgenabschätzung iSd Art. 35 jedoch nicht als umfassende Risikoanalyse aus. Zum Prüfungsprogramm gehören lediglich die Folgen für den Schutz **personenbezogener Daten** („Abschätzung der Folgen […] für den Schutz personenbezogener Daten" – Art. 35 Abs. 1 S. 1). Sonstige Schutzgüter, wie die Meinungsfreiheit, die körperliche Integrität oder den Schutz vor Diskriminierungen, erfasst ihr Prüfradar nicht. Diese sind lediglich dafür relevant, **ob** eine Folgenabschätzung durchzuführen ist, beeinflussen aber nicht deren **Inhalt.** Der Gesetzgeber sollte pro futuro den Prüfungsradius erweitern und die Folgenabschätzung zu einer thematisch umfassenden Risikoabschätzung weiterentwickeln (Martini Blackbox Algorithmus, 2019, 219 ff.).

Art. 36 Vorherige Konsultation

(1) Der Verantwortliche konsultiert vor der Verarbeitung die Aufsichtsbehörde, wenn aus einer Datenschutz-Folgenabschätzung gemäß Artikel 35 hervorgeht, dass die Verarbeitung ein hohes Risiko zur Folge hätte, sofern der Verantwortliche keine Maßnahmen zur Eindämmung des Risikos trifft.

(2) [1]Falls die Aufsichtsbehörde der Auffassung ist, dass die geplante Verarbeitung gemäß Absatz 1 nicht im Einklang mit dieser Verordnung stünde, insbesondere weil der Verantwortliche das Risiko nicht ausreichend ermittelt oder nicht ausreichend eingedämmt hat, unterbreitet sie dem Verantwortlichen und gegebenenfalls dem Auftragsverarbeiter innerhalb eines Zeitraums von bis zu acht Wochen nach Erhalt des Ersuchens um Konsultation entsprechende schriftliche Empfehlungen und kann ihre in Artikel 58 genannten Befugnisse ausüben. [2]Diese Frist kann unter Berücksichtigung der Komplexität der geplanten Verarbeitung um sechs Wochen verlängert werden. [3]Die Aufsichtsbehörde unterrichtet den Verantwortlichen oder gegebenenfalls den Auftragsverarbeiter über eine solche Fristverlängerung innerhalb eines Monats nach Eingang des Antrags auf Konsultation zusammen mit den Gründen für die Verzögerung. [4]Diese Fristen können ausgesetzt werden, bis die Aufsichtsbehörde die für die Zwecke der Konsultation angeforderten Informationen erhalten hat.

(3) Der Verantwortliche stellt der Aufsichtsbehörde bei einer Konsultation gemäß Absatz 1 folgende Informationen zur Verfügung:

a) gegebenenfalls Angaben zu den jeweiligen Zuständigkeiten des Verantwortlichen, der gemeinsam Verantwortlichen und der an der Verarbeitung beteiligten Auftragsverarbeiter, insbesondere bei einer Verarbeitung innerhalb einer Gruppe von Unternehmen;

b) die Zwecke und die Mittel der beabsichtigten Verarbeitung;

c) die zum Schutz der Rechte und Freiheiten der betroffenen Personen gemäß dieser Verordnung vorgesehenen Maßnahmen und Garantien;
d) gegebenenfalls die Kontaktdaten des Datenschutzbeauftragten;
e) die Datenschutz-Folgenabschätzung gemäß Artikel 35 und
f) alle sonstigen von der Aufsichtsbehörde angeforderten Informationen.

(4) Die Mitgliedstaaten konsultieren die Aufsichtsbehörde bei der Ausarbeitung eines Vorschlags für von einem nationalen Parlament zu erlassende Gesetzgebungsmaßnahmen oder von auf solchen Gesetzgebungsmaßnahmen basierenden Regelungsmaßnahmen, die die Verarbeitung betreffen.

(5) Ungeachtet des Absatzes 1 können Verantwortliche durch das Recht der Mitgliedstaaten verpflichtet werden, bei der Verarbeitung zur Erfüllung einer im öffentlichen Interesse liegenden Aufgabe, einschließlich der Verarbeitung zu Zwecken der sozialen Sicherheit und der öffentlichen Gesundheit, die Aufsichtsbehörde zu konsultieren und deren vorherige Genehmigung einzuholen.

BDSG und anderes nationales Recht: § 14 Abs. 1 S. 2 Nr. 3, Abs. 2 BDSG (kommentiert unter → BDSG § 14 Rn. 2 f.).

Literatur: *Albrecht,* Das neue EU-Datenschutzrecht- von der Richtlinie zur Verordnung – Überblick und Hintergründe zum finalen Text für die Datenschutz-Grundverordnung der EU nach der Einigung im Trilog, CR 2016, 88; *Bieker/Bremert/Hansen,* Die Risikobeurteilung nach der DSGVO, DuD 2018, 492; *Dovas,* Die Datenschutzfolgenabschätzung im DSGVO, ITRB 2019, 14; *Eckhardt/Kramer,* EU-DSGVO – Diskussionspunkte aus der Praxis, DuD 2013, 287; *Engelien-Schulz,* Die Vorabkontrolle gemäß § 4d Abs. 5 und Abs. 6 Bundesdatenschutzgesetz (BDSG), RDV 2003, 270; *Friedewald/Bieker/Obersteller et al.,* Datenschutz-Folgenabschätzung – Ein Werkzeug für einen besseren Datenschutz, White Paper des Forum Privatheit, 3. Aufl. 2017; *Gierschmann,* Was „bringt" deutschen Unternehmen die DS-GVO?, ZD 2016, 51; *Hallermann,* Vorabkontrollen nach dem BDSG: Handlungsempfehlungen für die praktische Umsetzung, RDV 2015, 23; *Hansen-Oest,* Datenschutzrechtliche Dokumentationspflichten nach dem BDSG und der Datenschutz-Grundverordnung, PinG 2016, 79; *Kaufmann,* Meldepflichten und Datenschutz-Folgenabschätzung – Kodifizierung neuer Pflichten in der EU-Datenschutz-Grundverordnung, ZD 2012, 358; *Schmitz/von Dall'Armi,* Datenschutz-Folgenabschätzung – verstehen und anwenden, ZD 2017, 57; *Thode,* Die neuen Compliance-Pflichten nach der Datenschutz-Grundverordnung, CR 2016, 714; *Veil,* DS-GVO: Risikobasierter Ansatz statt rigides Verbotsprinzip, ZD 2015, 347; *Wichtermann,* Die Datenschutz-Folgenabschätzung in der DS-GVO, DuD 2016, 797.

Übersicht

A. Allgemeines

I. Überblick

1 Art. 36 begr. für Verantwortliche die Pflicht, die **zuständige ASB** zu **konsultieren,** wenn sich aus der Datenschutz-Folgenabschätzung ergibt, dass der geplante **Datenverarbeitungsprozess ein hohes Risiko** aufweist. Der zuständigen ASB kommt im Falle einer solchen Konsultation die Kompetenz zu, die Empfehlungen zur Eindämmung des Risikos oder auch die Versagung der Durchführung der betr. Datenverarbeitung auszusprechen. Ferner statuiert die Vorschr. eine Pflicht der Mitgliedstaaten, die zuständige ASB zu konsultieren, wenn und soweit die Mitgliedstaaten allfällige Rechts- oder Verwaltungsvorschriften erlassen wollen, welche die Verarbeitung personenbezogener Daten betreffen.

II. Sinn und Zweck

2 In Art. 36 manifestiert sich der **risikobasierte Ansatz** der DS-GVO (vgl. Albrecht CR 2016, 88 (93 f.); Baumgartner in Ehmann/Selmayr DS-GVO Art. 36 Rn. 1; Jandt in Kühling/Buchner DS-GVO Art. 36 Rn. 1; Veil ZD 2015, 347 (347 ff.)). Art. 36 dient dem Ziel, **hochriskante Datenverarbeitungen** präventiv durch die **ASB überprüfen zu lassen** (Baumgartner in Ehmann/Selmayr DS-GVO Art. 36 Rn. 1). So erhält die ASB Kenntnis von geplanten Verarbeitungen und kann ggf. erforderliche Abhilfemaßnahmen treffen. Die KOM sah dabei ausweislich der Entwurfsbegründung (vgl. Begr. zu DS-GVO-E(KOM), 12) die Vorabkontrolle gem. Art. 20 DSRL als Ausgangspunkt für die Neuregelung.

3 Art. 36 stellt für die dt. Rechtsanwender **kein „Neuland"** dar (vgl. Kaufmann ZD 2012, 358 (361); → Rn. 25 f.).

4 Wesentlicher Unterschied zur bisherigen Rechtslage ist, dass die Prüfung nach einer **Konsultation nicht mehr durch den Datenschutzbeauftragten** erfolgt, **sondern** nunmehr stattdessen **durch die ASB** (→ Rn. 12 f.; → Rn. 25 f.). Das Verfahren ist zweigeteilt: Der Verantwortliche führt mit Unterstützung des Datenschutzbeauftragten die **Datenschutz-Folgenabschätzung gem. Art. 35** durch. Die (externe) **Vorabkontrolle** erfolgt sodann im Wege der Konsultation **durch die ASB.** Hieraus resultiert für die **Unternehmen** eine **Verschärfung ihrer Pflichten** ggü. der bisherigen Rechtslage, welche innerbetriebliche Lösungen gemeinsam mit dem Datenschutzbeauftragten zuließ (vgl. Gierschmann ZD 2016, 51 (53)). Vor diesem Hintergrund sind Befürchtungen geäußert worden, wonach die Konsultationspflicht die Unternehmen bei der Entwicklung und Veröff. innovativer Produkte oder Geschäftsmodelle hemmen könnte (vgl. etwa Hansen-Oest PinG 2016, 79 (84); Thode CR 2016, 714 (719)).

B. Voraussetzungen der Konsultationspflicht (Abs. 1)

Art. 36 Abs. 1 benennt die **Voraussetzungen der Konsultationspflicht** des **5** Verantwortlichen (→ Art. 4 Rn. 55). Die zuständige ASB (→ Art. 55 Rn. 6 ff.) ist einzubeziehen, falls die Datenschutz-Folgenabschätzung (→ Art. 35 Rn. 4 ff.) ergibt, dass die geplante Datenverarbeitung ein hohes Risiko für die Rechte und Freiheiten der betroffenen Personen zur Folge hätte. Dies gilt allerdings nur dann, wenn der Verantwortliche nicht der Auff. ist, dass dieses hohe Risiko durch geeignete und vertretbare Mittel hinreichend eingedämmt werden kann. Diese Einschränkung folgt zwar nicht zwingend aus dem Wortlaut des Abs. 1, der auch dahingehend ausgelegt werden könnte, dass eine Konsultation ohne Rücksicht auf eine mögliche Abhilfe durchgeführt werden muss. Aus ErwGr 94 lässt sich aber belastbar ableiten, dass die Konsultation nur in Abwesenheit von geeigneten Mitteln erfolgen muss (so auch Hansen in BeckOK DatenschutzR DS-GVO Art. 36 Rn. 8 f.; Jandt in Kühling/Buchner DS-GVO Art. 36 Rn. 5). Während also Art. 35 einschlägig ist, wenn ein hohes Risiko wahrscheinlich ist, greift Art. 36 ein, sofern in der Datenschutz-Folgenabschätzung nach Art. 35 das **tatsächliche Bestehen eines hohen Risikos** festgestellt wurde und diesem hohen Risiko nach Ansicht des Verantwortlichen **nicht anderweitig abgeholfen werden kann** (Hansen in BeckOK DatenschutzR DS-GVO Art. 36 Rn. 9; Schantz in Schantz/Wolff DatenschutzR Rn. 885; idS auch Jandt in Kühling/Buchner DS-GVO Art. 36 Rn. 5; mit zusätzlichem Verweis auf ErwGr 84 und weiterführenden Erwägungen ebenso Baumgartner in Ehmann/Selmayr DS-GVO Art. 36 Rn. 9 f.). Die tatsächliche Möglichkeit einer hinreichenden Eindämmung des Risikos durch Abhilfemaßnahmen ist für die Pflicht nach Abs. 1 nicht relevant, sondern lediglich die Beurteilung dieser Möglichkeit durch den Verantwortlichen (Jandt in Kühling/Buchner DS-GVO Art. 36 Rn. 5; Schmitz/von Dall'Armi ZD 2017, 57 (63)). Ein etwaiger materieller Verstoß der Verarbeitung gegen die DS-GVO bleibt davon iErg. unberührt.

Art. 36 statuiert **kein Genehmigungsverfahren** für riskante Datenver- **6** arbeitung (Baumgartner in Ehmann/Selmayr DS-GVO Art. 36 Rn. 1; Jandt in Kühling/Buchner DS-GVO Art. 36 Rn. 1). Allerdings setzt sich der Verantwortliche einer doppelten Sanktionierungsgefahr aus, sofern die Verarbeitung im Widerspruch zur DS-GVO steht, da dann sowohl die materielle Verletzung als auch die ausgebliebene Konsultation sanktioniert werden kann. Aufgrund dieses Risikos lässt sich von einem **faktischen Genehmigungs-**

vorbehalt sprechen (Baumgartner in Ehmann/Selmayr DS-GVO Art. 36 Rn. 1; v. d. Bussche in Plath DS-GVO Art. 36 Rn. 4 f.)).

I. Hohes Risiko für die Rechte und Freiheiten der Betroffenen

7   Das Vorliegen eines hohen Risikos ist nach dem Willen des Gesetzgebers eng geknüpft an die **Art der Verarbeitung** einerseits sowie den **Umf. und die Häufigkeit der Verarbeitung** andererseits (vgl. ErwGr 94). IS einer **einheitlichen Auslegung des Begriffes „hohes Risiko"** in den Art. 35 f. kann sich der Rechtsanwender orientieren an den Tatbestandsmerkmalen der Generalklausel des Art. 35 Abs. 1 (→ Art. 35 Rn. 14 ff.), dem Katalog des Art. 35 Abs. 3 (→ Art. 35 Rn. 28 ff.) sowie an der von der ASB gem. Art. 35 Abs. 4 zu erstellenden Liste (→ Art. 35 Rn. 33 ff.).

8   Ursprünglich sah der Kommissionsentwurf insoweit vor, dass die KOM die Kompetenz erhält, **delegierte Rechtsakte** zu erlassen, um die Kriterien und Anforderungen für die Bestimmung der hohen konkreten Risiken festzulegen (Art. 34 Abs. 8 DS-GVO-E(KOM)). Diese Kompetenzzuweisung hat sich im Gesetzgebungsverfahren jedoch letztlich **nicht durchgesetzt.**

II. Keine vertretbaren Mittel zur Abhilfe

9   Die Vertretbarkeit der möglichen Mittel richtet sich insbes. nach den **verfügbaren Technologien** und den entstehenden **Implementierungskosten** (ErwGr 94; vgl. hierzu auch Wichtermann DuD 2016, 797 (800 f.)).

III. Konsultation der Aufsichtsbehörde

10   Nach dem Wortlaut des Abs. 1 konsultiert der Verantwortliche im Falle eines hohen Risikos (→ Rn. 6) die (nach Art. 55 und 56 zuständige) ASB (→ Art. 55 Rn. 6 ff.). Sofern ein Datenschutzbeauftragter im Unternehmen benannt wurde, dient dieser für die ASB als Anlaufstelle im Verfahren der vorherigen Konsultation, Art. 39 Abs. 1 lit. e (→ Art. 39 Rn. 9).

11   Der Vorschlag des Berichterstatters des EP, Jan Philipp Albrecht, sah vor, dass der **Datenschutzbeauftrage** – sofern ein solcher benannt wurde – **anstelle der ASB konsultiert werden könne.** Dieser Vorschlag wurde begr. mit dem Anliegen, „unnötige Lasten von den Behörden" zu nehmen „und gleichzeitig die Rolle des Datenschutzbeauftragten" zu stärken (Berichtsentwurf, Ausschuss für bürgerliche Freiheiten, Justiz und Inneres des EP v. 16.1.2013, 144 f.). In der Lit. wurde der Vorschlag begrüßt (so etwa Eckhardt/Kramer DuD 2013, 287 (292)). Die vorgeschlagene Änd. hätte der derzeitigen Ausgestaltung im dt. Recht entsprochen: Gem. § 4d Abs. 6 S. 3 BDSG aF hatte sich nur in Zweifelsfällen der Datenschutzbeauftragte an die ASB zu wenden. Der beschriebene Vorschlag konnte sich im Gesetzgebungsverfahren allerdings iErg. nicht durchsetzen. Damit wurde das Ziel des Bürokratieabbaus (vgl. ErwGr 89) jedenfalls an dieser Stelle nicht konsequent verwirklicht. Es steht zu erwarten, dass die nunmehrige Regelung einen **deutlichen Mehraufwand** für die ASB mit sich bringen wird (Baumgartner in Ehmann/Selmayr DS-GVO Art. 36 Rn. 5; Kaufmann ZD 2012, 358 (361 f.)).

Ob eine (erheblich) verbesserte personelle Ausstattung und eine wesentliche Verbesserung des technischen Sachverstandes der ASB hieraus abgeleitet werden wird, bleibt abzuwarten (vgl. hierzu Hansen-Oest PinG 2016, 79 (84)).

C. Reaktionskompetenzen der Aufsichtsbehörde (Abs. 2)

Abs. 2 regelt das **Verfahren** im Falle einer Konsultation durch den Verant- **12** wortlichen.

Sofern der Verantwortliche die ASB mit den in Abs. 3 (→ Rn. 19 f.) **13** vorausgesetzten Informationen konsultiert, hat die ASB nach S. 1 innerhalb **von acht Wochen** zu der Vereinbarkeit der geplanten Verarbeitung mit der DS-GVO Stellung zu nehmen. Ist die ASB der Auff., dass die Verarbeitung unvereinbar mit der DS-GVO ist, kann die ASB eine **schriftliche Empf.** geben (vertiefend hierzu Baumgartner in Ehmann/Selmayr DS-GVO Art. 36 Rn. 15; Jandt in Kühling/Buchner DS-GVO Art. 36 Rn. 8; zur Auslegung des Begriffes „schriftlich" s. ErgwGr 32 iVm Art. 25 Abs. 2 eIDAS-VO) oder ihre **Kompetenzen gem. Art. 58** (→ Art. 58 Rn. 2 ff.) ausüben, die neben der Möglichkeit einer Beschränkung der Verarbeitung insbes. auch ein endg. Verbot vorsehen (vgl. Art. 58 Abs. 2 lit. f; → Art. 58 Rn. 21). Aus den ErwGr sowie aus der Systematik der VO ergibt sich, dass die ASB, selbst wenn sie nicht innerhalb der Frist reagiert, Maßnahmen nach Art. 58 ergreifen kann (vgl. ErwGr 94; so auch Baumgartner in Ehmann/Selmayr DS-GVO Art. 36 Rn. 14; Hansen in BeckOK DatenschutzR DS-GVO Art. 36 Rn. 16 f.; Schmitz/von Dall'Armi ZD 2017, 57 (63)). Das **Maßnahmenportfolio der ASB** umfasst für solche Konstellationen die Befugnis der geplanten Verarbeitung ebenso wie eine Untersagung.

Weist die geplante Verarbeitung einen höheren Grad an Komplexität auf, **14** kann die ASB nach S. 2 die **Frist um bis zu sechs Wochen verlängern.** Allerdings hat die ASB den Verantwortlichen oder den Auftragsverarbeiter (→ Art. 4 Rn. 56; s. hierzu auch → Rn. 18) hierbei nach S. 3 **innerhalb von vier Wochen nach Eingang des Antrages** auf Konsultation über die Fristverlängerung **zu informieren.** Diese Information hat **gemeinsam mit einer Begr.** für die Verzögerung zu erfolgen.

Kommt der Verantwortliche seiner Pflicht zur Bereitstellung der nach **15** Abs. 3 erforderlichen Informationen, insbes. im Hinblick auf die von der ASB gem. Abs. 3 lit. f im Einzelfall angeforderten Informationen, nicht nach (**implizierte Mitwirkungspflicht,** vgl. Jandt in Kühling/Buchner DS-GVO Art. 36 Rn. 9), so hat die ASB gem. S. 4 die Kompetenz zur **Aussetzung der Frist** bis zur Erlangung der angeforderten Informationen. Eine **Informationspflicht** ggü. dem Verantwortlichen ist allerdings **nicht ausdr. statuiert.** Gleichwohl ist die Aussetzung der Frist an ein Fehlen der erforderlichen Informationen geknüpft. Folglich hat iSd Gesetzestelos mit der Aussetzung eine Mitteilung an den Verantwortlichen einherzugehen, dass Informationen nachzureichen sind und aus diesem Grund die Frist ausgesetzt wurde (so iErg. auch Thieb in Knyrim DS-GVO, 228; Hansen in BeckOK DatenschutzR DS-GVO Art. 36 Rn. 15).

16   Fraglich ist die Rechtsfolge im Falle des **Ausbleibens einer Reaktion der ASB.** Unmittelbar aus Art. 36 Abs. 2 ergibt sich eine Pflicht zur Reaktion nur im Falle einer aus Sicht der ASB **angenommenen** Unvereinbarkeit der geplanten Verarbeitung mit der DS-GVO (Hansen in BeckOK DatenschutzR DS-GVO Art. 36 Rn. 11; aA Karg in NK-DatenschutzR DS-GVO Art. 36 Rn. 37). Es tritt **keine Genehmigungsfiktion** ein (→ Rn. 15; auch Baumgartner in Ehmann/Selmayr DS-GVO Art. 36 Rn. 14). Aus einer ausbleibenden Reaktion der ASB auf die Konsultation ergibt sich ein erhebliches Potenzial für Rechtsunsicherheit. Denn der Verarbeiter kann sich nicht sicher sein, ob seine Verarbeitung durch die ASB für vereinbar mit der DS-GVO gehalten wird. Das Ausbleiben einer Reaktion sollte bei der Sanktionierung daher zu Gunsten des Verantwortlichen berücksichtigt werden, sofern nach Ablauf der Reaktionsfrist für die ASB bereits mit der (rechtswidrigen) Verarbeitung begonnen wurde (s. hierzu auch Baumgartner in Ehmann/Selmayr DS-GVO Art. 36 Rn. 14; Laue/Kremer Neues DatenschutzR § 7 Rn. 95)). Zur Möglichkeit der **klageweisen Erzwingung einer Reaktion** s. Jandt in Kühling/Buchner DS-GVO Art. 36 Rn. 9a (Beschwerde und sodann ggf. verwaltungsgerichtliches Verfahren nach den nationalen Vorschriften); Karg in NK-DatenschutzR DS-GVO Art. 36 Rn. 38.

17   Der **Auftragsverarbeiter** kann nach S. 3 in das Verfahren der Konsultation **einbezogen werden:** Alle Befugnisse, die ggü. dem Verantwortlichen ausgeübt werden können (→ Rn. 15), können auch ggü. dem Auftragsverarbeiter geltend gemacht werden. Ebenso besteht die Möglichkeit, eine Fristverlängerung dem Auftragsverarbeiter ggü. anzuzeigen (→ Rn. 16). Hintergrund ist die gesetzgeberische Intention, dass der Auftragsverarbeiter den Verantwortlichen erforderlichenfalls bei der Einhaltung der sich durch die Datenschutz-Folgenabschätzung und die vorherige Konsultation ergebenden Auflagen unterstützen soll (vgl. ErwGr 95). Zur Begr. kann insofern va auf die Sachnähe des Auftragsverarbeiters verwiesen werden.

D. Inhaltliche Anforderungen an Konsultation (Abs. 3)

18   Der Verantwortliche hat der ASB gem. Abs. 2 eine Reihe an **Informationen** zur Vfg. zu stellen, damit die ASB die geplante Verarbeitung adäquat auf ihre Vereinbarkeit mit der VO prüfen kann. Zu diesen Informationen zählen ua gem. Abs. 3 lit. b die **Zwecke und Mittel der beabsichtigten Verarbeitung,** gem. Abs. 3 lit. c die **zum Schutz der Rechte und Freiheiten der betroffenen Personen vorgesehenen Maßnahmen und Garantien** sowie gem. Abs. 3 lit. e die Datenschutz-Folgenabschätzung. Vor allem die **Datenschutz-Folgenabschätzung** wird regelmäßig für die Beurteilung der ASB von hervorgehobener Bedeutung sein (so auch Baumgartner in Ehmann/Selmayr DS-GVO Art. 36 Rn. 17). Dies gilt insbes. im Hinblick auf die zur Eindämmung des Risikos für die Rechte und Freiheiten natürlicher Personen geplanten Maßnahmen (vgl. ErwGr 94; ausf. zu den inhaltlichen Anforderungen Kramer in GSSV DS-GVO Art. 36 Rn. 38 ff.).

Die in Abs. 3 enthaltene **Aufzählung ist nicht abschl.**; vielmehr kann   19
die **ASB** nach Maßgabe der Generalklausel in Abs. 3 lit. f alle sonstigen, ihrer
Ansicht nach **erforderlichen Informationen anfordern.** Die ASB hat
hierbei nach allg. Grundsätzen des pflichtgemäßen Ermessens zu handeln
(Baumgartner in Ehmann/Selmayr DS-GVO Art. 36 Rn. 16). Die **angeforderten Informationen** müssen sich danach in einem **angemessenen und
zumutbaren Rahmen** halten.

E. Konsultation durch Mitgliedstaaten (Abs. 4)

Nach Abs. 4 obliegt den **Mitgliedstaaten** die Pflicht, die ASB zu konsultie-   20
ren, wenn sie innerhalb ihrer verbliebenen Kompetenz den Erlass von
Rechts- oder Verwaltungsvorschriften planen, welche die **Verarbeitung
von Daten** betreffen. Zweck der Vorschr. ist es, die Vereinbarkeit zwischen
der DS-GVO und solchen Regelungen zu gewährleisten, durch welche eine
bestimmte Art der Verarbeitung personenbezogener Daten zugelassen werden
soll, und das Risiko für die betroffenen Personen einzudämmen (vgl. ErwGr
96). Erfasst ist die **Regelungstätigkeit von Bund und Ländern** (Kramer in
GSSV DS-GVO Art. 36 Rn. 43; zur Frage des Zeitpunkts s. Karg in NK-
DatenschutzR DS-GVO Art. 36 Rn. 26 ff.). Der Bundesgesetzgeber regelt
die Konsultation nach Abs. 4 in **§ 14 Abs. 1 S. 1 Nr. 3, Abs. 2 BDSG**
(→ § 14 BDSG Rn. 2 f.). Gem. dieser Vorschr. wird die/der BfDI (als ASB
gem. § 9 Abs. 1 BDSG; → § 9 BDSG Rn. 2 f.) ermächtigt, die Legislativ-
und Exekutivorgane des Bundes über Maßnahmen zum Schutz der Rechte
und Freiheiten natürlicher Personen in Bezug auf die Verarbeitung personenbezogener Daten zu beraten. In der Gesetzesbegründung (BT-Drs. 18/11325,
87) wird insofern auf Art. 57 und 58 Abs. 3 lit. b verwiesen.

F. Regelungskompetenz der Mitgliedstaaten (Abs. 5)

Abs. 5 enthält eine **Öffnungs- und Spezifizierungsklausel zugunsten des**   21
**nationalen Rechts mit einem Ermessensspielraum für die Mitgliedsstaa-
ten** (Karg in NK-DatenschutzR DS-GVO Rn. 41). Von dieser Kompetenz hat
der Bundesgesetzgeber bislang keinen Gebrauch gemacht; die in § 69 BDSG
vorgesehene Konsultation gründet auf Art. 28 JI-RL (Jandt in Kühling/Buch-
ner DS-GVO Art. 36 Rn. 14; Karg in NK-DatenschutzR DS-GVO Art. 36
Rn. 41). Danach darf der nationale Gesetzgeber über die Vorgaben des Abs. 1
hinaus dem Verantwortlichen eine Konsultationspflicht oder gar eine Genehmigungspflicht auferlegen, sofern es sich um eine Verarbeitung handelt, die im
öffentl. Interesse ist. Dies umschließt insbes. **Interessen der sozialen Sicherheit und der öffentl. Gesundheit.** Hintergrund dieser Vorschr. ist, dass
der unionale Gesetzgeber den Mitgliedstaaten im Bereich der Verarbeitung
personenbezogener Daten im öffentl. Interesse die eigene Gesetzgebungskompetenz weitestgehend erhalten wollte (vgl. ErwGr 10; → Art. 23 Rn. 1).

G. Sanktionen und Rechtsschutz

22 Verstoßen die Unternehmen gegen ihre Konsultationspflicht aus Art. 36, ist eine solche Verletzung gem. Art. 83 Abs. 4 lit. a sanktionsbewehrt mit einer Geldbuße von bis zu 10 Millionen EUR oder – im Falle eines Unternehmens – von bis zu 2 Prozent des gesamten weltweit erzielten Jahresumsatzes des vorangegangenen Geschäftsjahres (→ Art. 83 Rn. 22). Eine unterlassene Vorabkontrolle durch den **Datenschutzbeauftragten im Unternehmen** war nach altem Recht mangels Erwähnung in den §§ 43 f. BDSG aF weder als Ordnungswidrigkeit noch als Straftat zu werten (Hallermann RDV 2015, 23 (26)).

23 Die schriftlichen Stellungn. ebenso wie Maßnahmen nach Art. 58 sind **gerichtlich voll überprüfbar** (Baumgartner in Ehmann/Selmayr DS-GVO Art. 36 Rn. 5). Zur Möglichkeit des Rechtsschutzes bei einem Ausbleiben einer Reaktion der ASB → Rn. 15a sowie weiterhin auch Baumgartner in Ehmann/Selmayr DS-GVO Art. 36 Rn. 21.

H. DSRL und BDSG aF

I. Konsultationspflicht der Verantwortlichen

1. Bezüge zur DSRL

24 Die Vorschr. des Art. 36 setzt iW auf dem Prinzip der Vorabkontrolle des bisherigen Art. 20 DSRL (s. bereits → Rn. 2) auf, der durch den dt. Gesetzgeber in § 4d Abs. 5 und 6 BDSG aF umgesetzt worden war. Allerdings weicht der Norminhalt des Art. 36 iE nicht nur unerheblich von der bisherigen Regelung in Art. 20 DSRL ab. Vormals war es den Mitgliedstaaten nach Art. 20 DSRL überlassen, das Verfahren einer Vorabkontrolle iE zu regeln. Ebenso waren die Mitgliedstaaten ermächtigt, die spezifischen Risiken, welche eine Vorabkontrolle erforderten, selbst gesetzgeberisch zu bestimmen. Eine solche Ermächtigung enthält die DS-GVO nicht (mehr). Gem. Art. 35 Abs. 4 kann nunmehr nur die ASB eine Liste erstellen, die typische Fälle einer Pflicht zur Datenschutz-Folgenabschätzung – und daher ggf. auch einer Konsultationspflicht – statuiert (→ Art. 35 Rn. 33 ff.). Die praktisch bedeutsamste Neuerung im Vergleich zur alten Rechtslage liegt darin, dass der Datenschutzbeauftragte nicht mehr ermächtigt ist, die Vorabkontrolle bzw. nun die Prüfung der Verarbeitung nach erfolgter Konsultation selbst durchzuführen. Dies war nach Art. 20 Abs. 2 DSRL und auch in der nationalen Umsetzung gem. § 4d Abs. 6 BDSG aF noch möglich; auch der Berichtsentwurf des EP hatte dies vorgesehen (s. hierzu vertiefend → Rn. 4).

2. Bezüge zum BDSG aF

25 Bereits nach altem Recht bestand auf nationaler Ebene bislang mit § 4d Abs. 5 und 6 BDSG aF eine Regelung zur Vorabkontrolle. In der Praxis kam der bestehenden Regelung bislang jedoch nur eine sehr begrenzte Bedeutung zu (Raum in Auernhammer BDSG aF § 4d Rn. 51). Dies lag ua daran, dass nach der bisherigen dt. Rechtslage eine Vorabkontrolle iSd § 4d Abs. 6 BDSG aF nur im Falle von **automatisierten Verarbeitungsvorgängen mit bes. Risiken** durchzuführen war (vgl. hierzu bereits → Rn. 10). Eine entspr. Eingrenzung ist vom unionalen Gesetzgeber in Art. 36 nun (mehr) nicht vorgesehen.

Während bisher der Datenschutzbeauftragte für die Durchführung der Vor- **25a** abkontrolle nach § 4d Abs. 5 und 6 BDSG aF zuständig war, ist nun der Verantwortliche zuständig (vgl. → Rn. 4).

II. Konsultationspflicht der Mitgliedstaaten

1. Bezüge zur DSRL

Die **Konsultationspflicht der Mitgliedstaaten** beim Erlass von Gesetzen **26** und VO gem. Art. 36 Abs. 4 fand sich **bereits in Art. 20 Abs. 3 iVm Art. 28 Abs. 2 DSRL**. Aus Art. 28 Abs. 2 DSRL ergibt sich, dass die Vorabkontrolle durch die Kontrollstelle (nunmehr die zuständige ASB) keineswegs – wie der Wortlaut des Art. 20 Abs. 3 DSRL vermuten lassen mochte – fakultativ sein sollte (Ehmann/Helfrich DSRL Art. 20 Rn. 20).

2. Bezüge zum BDSG aF

Im **nationalen Recht** wurde die Verpflichtung der Mitgliedstaaten zur Kon- **27** sultation der Kontrollstelle **nicht unmittelbar rechtsverbindlich** umgesetzt. So benennt § 21 Abs. 1 der Gemeinsamen Geschäftsordnung der Bundesministerien zwar grds. eine Beteiligung aller Bundesbeauftragten bei ihren Aufgabenbereich betr. Vorhaben. Zudem hatte der BT die Bundesregierung mehrmals dazu angehalten, die/den BfDI bei Gesetzesinitiativen oder beim Erlass von VV zu beteiligen (BT-Drs. 9/1623 und 10/6583). Es wird vertreten, dass sich jedenfalls bei Vorhaben von erheblicher Datenschutzrelevanz eine Pflicht aus der Generalklausel des § 24 Abs. 4 S. 1 BDSG aF hätte ableiten lassen, die alle öffentl. Stellen des Bundes zur Unterstützung des/der BfDI verpflichtet (Dammann in Simitis BDSG aF Art. 26 Rn. 21; zur neuen Rechtslage → Rn. 21).

Abschnitt 4. Datenschutzbeauftragter

Art. 37 Benennung eines Datenschutzbeauftragten

(1) Der Verantwortliche und der Auftragsverarbeiter benennen auf jeden Fall einen Datenschutzbeauftragten, wenn
a) die Verarbeitung von einer Behörde oder öffentlichen Stelle durchgeführt wird, mit Ausnahme von Gerichten, soweit sie im Rahmen ihrer justiziellen Tätigkeit handeln,

b) die Kerntätigkeit des Verantwortlichen oder des Auftragsverarbeiters in der Durchführung von Verarbeitungsvorgängen besteht, welche aufgrund ihrer Art, ihres Umfangs und/oder ihrer Zwecke eine umfangreiche regelmäßige und systematische Überwachung von betroffenen Personen erforderlich machen, oder

c) die Kerntätigkeit des Verantwortlichen oder des Auftragsverarbeiters in der umfangreichen Verarbeitung besonderer Kategorien von Daten gemäß Artikel 9 oder von personenbezogenen Daten über strafrechtliche Verurteilungen und Straftaten gemäß Artikel 10 besteht.

(2) Eine Unternehmensgruppe darf einen gemeinsamen Datenschutzbeauftragten ernennen, sofern von jeder Niederlassung aus der Datenschutzbeauftragte leicht erreicht werden kann.

(3) Falls es sich bei dem Verantwortlichen oder dem Auftragsverarbeiter um eine Behörde oder öffentliche Stelle handelt, kann für mehrere solcher Behörden oder Stellen unter Berücksichtigung ihrer Organisationsstruktur und ihrer Größe ein gemeinsamer Datenschutzbeauftragter benannt werden.

(4) [1]In anderen als den in Absatz 1 genannten Fällen können der Verantwortliche oder der Auftragsverarbeiter oder Verbände und andere Vereinigungen, die Kategorien von Verantwortlichen oder Auftragsverarbeitern vertreten, einen Datenschutzbeauftragten benennen; falls dies nach dem Recht der Union oder der Mitgliedstaaten vorgeschrieben ist, müssen sie einen solchen benennen. [2]Der Datenschutzbeauftragte kann für derartige Verbände und andere Vereinigungen, die Verantwortliche oder Auftragsverarbeiter vertreten, handeln.

(5) Der Datenschutzbeauftragte wird auf der Grundlage seiner beruflichen Qualifikation und insbesondere des Fachwissens benannt, das er auf dem Gebiet des Datenschutzrechts und der Datenschutzpraxis besitzt, sowie auf der Grundlage seiner Fähigkeit zur Erfüllung der in Artikel 39 genannten Aufgaben.

(6) Der Datenschutzbeauftragte kann Beschäftigter des Verantwortlichen oder des Auftragsverarbeiters sein oder seine Aufgaben auf der Grundlage eines Dienstleistungsvertrags erfüllen.

(7) Der Verantwortliche oder der Auftragsverarbeiter veröffentlicht die Kontaktdaten des Datenschutzbeauftragten und teilt diese Daten der Aufsichtsbehörde mit.

BDSG und anderes nationales Recht: §§ 5, 7, 38 Abs. 1 BDSG (kommentiert unter → BDSG § 5 Rn. 1 ff.; → BDSG § 7 Rn. 1 ff.; → BDSG § 38 Rn. 5 ff.).

Literatur: *Albrecht,* Das neue EU-Datenschutzrecht – von der Richtlinie zur Verordnung – Überblick und Hintergründe zum finalen Text für die Datenschutz-Grundverordnung der EU nach der Einigung im Trilog, CR 2016, 88; *Artikel-29-Datenschutzgruppe,* Leitlinien in Bezug auf Datenschutzbeauftragte („DSB"), WP 243; *Baumgartner/Hansch,* Der betriebliche Datenschutzbeauftragte – Best Practices und offene Fragen, ZD 2019, 99; *Bittner,* Der Datenschutzbeauftragte gemäß EU-Datenschutz-Grundverordnungs-Entwurf, RDV 2014, 183; *Datenschutzkonferenz,* Kurzpapier Nr. 12 Datenschutzbeauftragte bei Verantwortlichen und Auftragsverarbeitern; *Dammann,* Erfolge und Defizite der EU-Datenschutzgrundverordnung, ZD 2016, 307; *Dochow,* Notwendigkeit der Datenschutz-Folgenabschätzung und Benennung eines Datenschutzbeauftragten in der Arztpraxis, PinG 2018, 51; *Eckhardt,* EU-DatenschutzVO – Ein Schreckgespenst oder Fortschritt?, CR 2012, 195; *Eckhardt/Kramer,* EU-DSGVO – Diskussionspunkte aus der Praxis, DuD 2013, 287; *Eckhardt/Kramer/Mester,* Auswirkungen der geplanten EU-DS-GVO auf den deutschen Datenschutz, DuD 2013, 623; *Ernst,* Erforderlichkeit der Benennung eines Datenschutzbeauftragten für nicht-öffentliche Stellen nach Art. 37 DSGVO und § 38 BDSG – Checkliste mit Fragen und Antworten, ArbRB 2018, 272; *Franck/Reif,* Pluralistische Datenschutzkontrolle – Datenschutzbeauftragte, Stellvertreter, Hilfspersonal und mehr, ZD 2015, 405; *Franzen,* Datenschutz-Grundverordnung und Arbeitsrecht, EuZA 2017, 313; GDD-Praxishilfe DS-GVO – Der Datenschutzbeauftragte nach der Datenschutz-Grundverordnung, 2016; *Gierschmann,* Was „bringt" deutschen Unternehmen die DS-GVO, ZD 2016, 51; *Gola,* Spezifika bei der Benennung behördlicher Datenschutzbeauftragter, ZD 2019, 383; *Gola/Schulz,* Der Entwurf für eine EU-Datenschutz-Grundverordnung – eine Zwischenbilanz, RDV 2013, 1; *Hansch,* DSB 2019, Die „neue" Rolle des Konzerndatenschutzbeauftragten: Erfahrungen und Schwierigkeiten, 186; *Hoeren,* Der betriebliche Datenschutzbeauftragte, ZD 2012, 355; *Hornung,* Eine Datenschutz-Grundverordnung für Europa? – Licht und Schatten im Kommissionsentwurf vom 25.1.2012, ZD 2012, 99; *Jaspers,* Die EU-Datenschutz-Grundverordnung – Auswirkungen der EU-Datenschutz-Grundverordnung auf die Datenschutzorganisation des Unternehmers, DuD 2012, 571; *Jaspers/Reif,* Der betriebliche Datenschutzbeauftragte nach der geplanten EU-Datenschutz-Grundverordnung – ein Vergleich mit dem BDSG, RDV 2012, 78; *Jaspers/Reif,* Der Datenschutzbeauftragte: Bestellpflicht, Rechtsstellung und Aufgaben, RDV 2016, 61; *Kahlert/Licht,* Die neue Rolle des Datenschutzbeauftragten nach der DS-GVO – Was Unternehmen zu beachten haben, ITRB 2016, 178; *Kazemi,* Der Datenschutzbeauftragte in der Rechtsanwaltskanzlei, NJW 2018, 443; *Klug,* Die Position des EU-Parlaments zur zukünftigen Rolle von Datenschutzbeauftragten – ein kommentierter Überblick, RDV 2014, 90; *ders.,* Der Datenschutzbeauftragte in der EU, ZD 2016, 315; *Knopp,* Dürfen juristische Personen zum betrieblichen Datenschutzbeauftragten bestellt werden?, DuD 2015, 98; *Kort,* Was ändert sich für Datenschutzbeauftragte, Aufsichtsbehörden und Betriebsrat mit der DS-GVO – Die zukünftige Rolle der Institutionen rund um den Beschäftigtendatenschutz, ZD 2017, 3; *Kramer,* Juristische Personen als Datenschutzbeauftragte?, DSB 2017, 193; *Marschall/Müller,* Der Datenschutzbeauftragte im Unternehmen zwischen BDSG und DS-GVO – Bestellung, Rolle, Aufgaben und Anforderungen im Fokus europäischer Veränderungen, ZD 2016, 415; *Niklas/Faas,* Der Datenschutzbeauftragte nach der Datenschutz-Grundverordnung, NZA 2017, 1091; *Peifer,* Auswirkungen der EU-Datenschutz-Grundverordnung auf öffentliche Stellen, GewArch 2014, 142; *Piltz,* Die Datenschutz-Grundverordnung – Teil 3: Rechte und Pflichten des Verantwortlichen und Auftragsverarbeiters, K&R 2016, 709; *ders./Häntschel,* Der Datenschutzbeauftragte – Anwalt, Berater, Haftungsobjekt?, RDV 2019, 277; *Schefzig,* Der Datenschutzbeauftragte in der betrieblichen Datenschutzorganisation – Konflikt zwischen Zuverlässigkeit und datenschutzrechtlicher Verantwortung, ZD 2015, 503; *Schemmel,* Abwesenheit des betrieblichen Datenschutzbeauftragten: Handlungsempfehlungen für die Praxis, DSB 2017, 31; *Sörup/Batman,* Der betriebliche Datenschutzbeauftragte – Fragen über Fragen?, ZD 2018, 553; *Stück,* Datenschutzrechtliche Aspekte einzelner Mitbestimmungsrechte – Umfang und Inhalt, ZD 2019, 346; *Thode,* Die neuen Compliance-Pflichten nach der Datenschutz-Grundverordnung, CR 2016, 714; *Weichert,* Die Zukunft des Datenschutzbeauftragten, CuA 4/2016, 8; *Wybitul/v. Gierke,* Checklisten zur DSGVO – Teil 2: Pflichten und Stellung des Datenschutzbeauftragten im Unternehmen, BB 2017, 181.

Übersicht

A. Allgemeines

1 Art. 37 sieht bei Datenverarbeitungen für Behörden und öffentliche Stellen (mit Ausnahmen für Gerichte → Rn. 6) sowie und unter bestimmten Voraussetzungen auch für Private, sofern deren (Kern-)Tätigkeit besondere datenschutzrechtliche Gefahrenpotenziale aufweist (→ Rn 8 ff.), die **verpflichtende Benennung eines Datenschutzbeauftragten** vor (Abs. 1). Darüber hinaus eröffnet Abs. 4 die Möglichkeit zu einer **freiwilligen Benennung** und zur Festlegung von weiteren, umfassenden Verpflichtungen betreffend die Bestellung eines Datenschutzbeauftragten. Es handelt sich bei den betrieblichen und behördlichen Datenschutzbeauftragten um ein Kernelement der DS-GVO und einen **zentralen Baustein der Selbstregulierung** im Datenschutzrecht (Bergt in Kühling/Buchner DSGVO Art. 37 Rn. 1; Heberlein in Ehmann/Selmayr DSGVO Art. 37 Rn. 1). Der Datenschutzbeauftragte wird zu einer **„Schlüsselfigur im neuen Data-Governance-System"** (Art-29-Datenschutzgruppe WP 243 rev.01 – Datenschutzbeauftragter S. 5; Heberlein in Ehmann/Selmayr DS-GVO Art. 37 Rn. 1).

I. Inhalt der Vorschrift

Gem. **Abs. 1** muss bei der Verarbeitung durch Behörden oder öffentl. Stellen **2** und unter bestimmen Voraussetzungen auch bei der Verarbeitung im privaten Sektor als **interne Kontrollinstanz** (Bergt in Kühling/Buchner DSGVO Art. 37 Rn. 1) ein **Datenschutzbeauftragter** benannt werden. **Abs. 2 und 3** sehen die Möglichkeit zur Benennung eines gemeinsamen Datenschutzbeauftragten für Unternehmensgruppen (Abs. 2) und mehrere Behörden (Abs. 3) vor. **Abs. 4** stellt klar, dass über die in Abs. 1 genannten Fälle hinaus die freiwillige Benennung eines Datenschutzbeauftragten möglich bleibt; überdies klärt die Bestimmung das Verhältnis zu den nationalen Vorschr. **Abs. 5 und 6** betreffen die erforderliche Qualifikation des Datenschutzbeauftragten (Abs. 5) sowie das Rechtsverhältnis zum bestellenden Verantwortlichen bzw. Auftragsverarbeiter (Abs. 6). In **Abs. 7** ist eine Veröff.- und Mitteilungsverpflichtung des Verantwortlichen bzw. Auftragsverarbeiters hinsichtlich der Kontaktdaten des Datenschutzbeauftragten geregelt.

II. Normzweck

Die Figur des Datenschutzbeauftragten implementiert erstmals auf unionaler **3** Ebene eine behördliche bzw. betriebliche Eigenkontrolle **(Selbstregulierung)** der einschlägigen datenschutzrechtlichen Vorschr. Als weniger bürokratisches und damit bes. wirksames Mittel zum Schutz personenbezogener Daten stellt der Datenschutzbeauftragte eine **sinnvolle Ergänzung zur behördlichen Aufsicht** dar. Nach ErwGr 97 S. 1 soll „der Verantwortliche oder der Auftragsverarbeiter bei der Überwachung der internen Einhaltung der Bestimmungen dieser Verordnung von einer weiteren Person, die über Fachwissen auf dem Gebiet des Datenschutzrechts und der Datenschutzverfahren verfügt, unterstützt werden."

III. Entstehungsgeschichte

Eine Regelung zum Datenschutzbeauftragten war bereits im ersten Entwurf **4** der KOM zur DS-GVO-E(KOM) vorgesehen (vgl. Art. 35 DS-GVO-E (KOM)). Die nunmehrige Vorschr. stützt sich ausweislich der Begr. zum Kommissionsentwurf auf **Art. 18 Abs. 2 DSRL** (zur Regelung s. Dammann/Simitis DSRL Art. 18 Rn. 11), der den Mitgliedstaaten die Möglichkeit bietet, als Ersatz für die allg. Meldepflicht bei der Kontrollstelle die Bestellung eines Datenschutzbeauftragten vorzusehen (vgl. Begr. zu DS-GVO-E(KOM), KOM(2012)011 endg., Ziff. 3.4.4.4.). Während insbes. Deutschland und Österreich die verpflichtende Bestellung eines Datenschutzbeauftragten befürworteten, sprach sich die Mehrheit der Mitgliedstaaten gegen eine solche Benennungspflicht aus (Albrecht CR 2016, 88 (94)). Der Umf. der Benennungspflichten war im Gesetzgebungsverfahren bis zuletzt str., so bestand insbes. bzgl. der **Reichweite der Benennungspflichten im privaten Sektor** erhebliche Uneinigkeit. Der ursprüngliche Entwurf der KOM sah in Art. 35 Abs. 1 lit. b DS-GVO-E(KOM) eine Benennungspflicht für **Unternehmen mit mehr als 250 Mitarbeitern** vor. Diese Regelung sollte kleinere und mittlere Unternehmen entlasten von den finanziellen und wirtschaftlichen Kosten, die mit der Benennung eines Datenschutzbeauftragten einhergehen (Reding ZD 2012, 195 (198); vgl. auch Begleitunterlage der KOM zu DS-GVO-E(KOM), SEK/2012/0073 endg.). Der Vorschlag stieß allerdings insbes. wegen der − als nicht sachgerecht angesehenen − formalen Anknüpfung an die Mitarbeiterzahl auf massive Kritik (Dehmel/Hullen ZD 2013, 147 (152); Eckhart/Kramer/Mester DuD 2013, 623 (628); Gola/Schulz RDV 2013, 1 (5); Hoeren ZD 2012, 355 (356); Hornung ZD 2012, 99 (104); Jaspers DuD 2012, 571 (574)) und wurde aus diesem Grund richtigerweise durch eine **am Gefahrenpotenzial der konkreten Verarbeitung orientierte Regelung** ersetzt (zum nunmehrigen risikobasierten Ansatz des Art. 37 s. Heberlein in Ehmann/Selmayr DS-GVO Art. 37 Rn. 10; Klug ZD 2016, 315 (315 f.)). Vorschläge des EP (vgl. Art. 35 Abs. 1 lit. d DS-GVO-E(EP)) zu weitergehenden Benennungspflichten betr. die Verarbeitung von Standortdaten, Daten über Kinder oder Arbeitnehmerdaten in groß angelegten Ablagesystemen konnten sich nicht durchsetzen. Zur Entstehungsgeschichte s. auch Bergt in Kühling/Buchner DS-GVO Art. 37 Rn. 3 ff.; Heberlein in Ehmann/Selmayr DS-GVO Art. 37 Rn. 2 ff.

B. Pflicht zur Benennung (Abs. 1)

5 Abs. 1 zählt **abschl.** die Fälle auf, in denen Verantwortlicher und Auftragsverarbeiter nach der DS-GVO zur Benennung (zur Terminologie des „Benennens" s. Heberlein in Ehmann/Selmayr DS-GVO Art. 37 Rn. 14, zutreffend zwischen Benennung und Grundverhältnis unterscheidend; Kahlert/Licht ITRB 2016, 178 (179 f.); Laue/Kremer Neues DatenschutzR § 6 Rn. 13) eines Datenschutzbeauftragten verpflichtet sind. Die Voraussetzungen für das Bestehen einer Pflicht zur Benennung sind für den Verantwortlichen und Auftragsverarbeiter jeweils gesondert zu prüfen (Bergt in Kühling/Buchner DS-GVO Art. 37 Rn. 25; Heberlein in Ehmann/Selmayr DS-GVO Art. 37 Rn. 16) und müssen nur alternativ erfüllt sein (Helfrich in HK-DS-GVO Art. 37 Rn. 60). Zur Frage, ob eine Bestellpflicht auf Seiten des Verantwortlichen im Einzelfall auch beim Auftragsverarbeiter eine Bestellpflicht auslöst s. Mayer in GSSV DS-GVO, Art. 37 Rn. 46. Für den Fall, dass die Voraussetzungen für die Benennungspflicht vorliegen, räumt die Vorschrift **keine Benennungsfrist** ein, so dass eine Benennung bei Aufnahme der entspr. Tätigkeit bereits erfolgt sein muss (Heberlein in Ehmann/Selmayr DS-GVO Art. 37 Rn. 17; Marschall/Müller ZD 2016, 415 (416)). Es ist grds. zulässig, **mehrere Datenschutzbeauftragte** zu benennen (Baumgartner/Hansch ZD 2019, 99 (101)); allerdings müssen mögliche Kompetenzkonflikte vermieden werden (vgl. BAG ZD 2018, 321). Zur Frage, ob eine Pflicht zur **Benennung eines Stellvertreters** besteht s. Schemmel DSB 2017, 31. Liegen die Voraussetzungen für eine Benennung nicht vor, empfiehlt die Artikel-29-Datenschutzgruppe die zugrundegelegten Erwägungen zum Zwecke des Nachweises gegenüber der ASB für die Berücksichtigung der Frage zu

dokumentieren (Art-29-Datenschutzgruppe WP 243 rev.01 – Datenschutzbeauftragter S. 6).

I. Datenverarbeitung durch Behörde oder öffentliche Stelle (lit. a)

Nach Abs. 1 lit. a besteht eine Pflicht zur Benennung eines Datenschutz- **6**
beauftragen bei der **Verarbeitung durch eine Behörde oder öffentl.
Stelle.** Der **Begriff der Behörde** wie auch der öffentl. Stelle richtet sich
nach Ansicht der Artikel-29-Datenschutzgruppe (WP 243 – Datenschutzbeauftragter S. 6) grundsätzlich nach nationalem Recht, wobei der gesamte
öffentliche Bereich gemeint ist, was durch nationales Recht nicht beschränkt
werden kann (Bergt in Kühling/Buchner DS-GVO Art. 37 Rn. 16; Heberlein in Ehmann/Selmayr DS-GVO Art. 37 Rn. 19 f); zum Begriff der öffentl.
Stellen nach deutschem Recht s. § 2 Abs. 1 BDSG; → BDSG § 2 Rn. 2.
Erfasst werden soll hiernach der gesamte öffentl. Bereich. Die Artikel 29-
Datenschutzgruppe stellt klar, dass Beliehene (natürliche oder juristische Personen des Privatrechts, die öffentl. Aufgaben übernehmen) grundsätzlich nicht
von der Bestellpflicht nach lit. a umfasst sind, empfiehlt eine Bestellung aber
gleichwohl (WP 243 – Datenschutzbeauftragter S. 6 f.). § 2 Abs. 3 BDSG;
→ BDSG § 2 Rn. 3 ordnet für bestimmte öffentl. Stellen insoweit ohnehin
die Einstufung als öffentl. Stelle an. **Ausgenommen** sind nach dem Wortlaut
von Abs. 1 lit. a allerdings **Gerichte,** die iR **ihrer justiziellen Tätigkeit**
handeln. Gerichte iSd Abs. 1 lit. a sind neben den Verfassungsgerichten alle
ordentlichen Gerichte in Deutschland, sprich Amtsgerichte, Landgerichte,
Oberlandesgerichte und der Bundesgerichtshof, das Bundespatentgericht sowie die Gerichte der Arbeits-, Finanz-, Sozial- und Verwaltungsgerichtsbarkeit. Von einem **Handeln iR einer justiziellen Tätigkeit** wird auszugehen
sein, falls ein Gericht in seiner Funktion als Organ der Rspr. tätig wird, nicht
also demgegenüber bei der Erfüllung von Aufgaben der Justizverwaltung.
ErwGr 97 schließt darüber hinaus auch **unabhängige Justizbehörden,** die
iR ihrer justiziellen Tätigkeit handeln, in die Ausnahmeregelung mit ein
(gegen eine Erstreckung der Bereichsausnahme auf Justizbehörden Heberlein
in Ehmann/Selmayr DS-GVO Art. 37 Rn. 22). Was unter einer Justizbehörde zu verstehen ist, gibt die DS-GVO nicht explizit vor.

Der Begriff der **Justizbehörde** ist, wie auch in § 23 EGGVG, **funktional 7
auszulegen** (zust. wohl Drewes in NK-DatenschutzR DS-GVO Art. 37
Rn. 11; vgl. zu § 23 EGGVG Ehlers/Schneider in SSB VwGO § 40
Rn. 585 f.; Mayer in KK-StPO § 23 Rn. 10 f.). Es darf daher nicht darauf
ankommen, ob die Behörde dem Justizministerium organisatorisch unterstellt
ist. Vielmehr bestimmt sich die Eigenschaft als Justizbehörde nach ihrer konkreten Tätigkeit, insbes. dem Erlass von Justizverwaltungsakten. **Justizver-
waltungsakte** stellen Einzelfallentscheidungen dar, ergehen aber in Abgrenzung zu Akten der Rspr. nicht durch einen sachlich und persönlich unabhängigen Richter. Überträgt man diese Überlegungen auf Art. 37, so fallen unter
den Begriff der Justizbehörde etwa die ordentlichen Gerichte in ihrer bes.
Eigenschaft als Organe der (Justiz-)Verwaltung oder auch das Bundeskartell-
amt (so iErg wohl auch Bergt in Kühling/Buchner DS-GVO Art. 37 Rn. 16).

Die Justizbehörde muss nach ErwGr 97 **unabhängig** sein. Die Datenverarbeitung durch Staatsanwaltschaften und die Polizei iRd Vorbeugung und Bekämpfung von Straftaten wird hingegen gemäß Art. 2 (2) d) DS-GVO von vornherein nicht durch die DS-GVO erfasst. Ob Ministerien unter den Begriff der unabhängigen Justizbehörde fallen, darf bezweifelt werden. Hier wird es grds. an der in den ErwGr formulierten Anforderung des Handelns iRe justiziellen Tätigkeit fehlen. Von einem **Handeln iRe justiziellen Tätigkeit** ist nur auszugehen, wenn die genannte Stelle in Ausführung der vorgenannten spezifisch justizbehördlichen Aufgaben tätig wird.

7a   Allerdings dürfte sich für Deutschland der Relevanz der Abgrenzung auf eine Begrenzung des Aufgabenbereichs des Datenschutzbeauftragten beschränken, da sich der nationale Gesetzgeber ohnehin für eine generelle Bestellpflicht für öffentl. Stellen entschieden hat (s. § 5 Abs. 1 BDSG; → BDSG § 5 Rn. 1 ff.), von der weder Gerichte (s. § 7 Abs. 1 S. 2 BDSG; → BDSG § 7 Rn. 2; vgl. auch die dahingehende Empf. von Bergt in Kühling/Buchner DS-GVO Art. 37 Rn. 17) noch Justizbehörden ausgenommen sind.

II. Durchführung von Verarbeitungsvorgängen, die umfangreiche, regelmäßige und systematische Überwachung erfordern (lit. b)

8   Im **privaten Sektor** sieht lit. b eine Benennungspflicht iSe. risikobasierten Ansatzes vor, sofern die **Kerntätigkeit** des Verantwortlichen oder Auftragsverarbeiters (zum Verhältnis Auftragsverarbeiter–Verantwortlicher in Bezug auf die Benennungspflicht s. Bergt in Kühling/Buchner DS-GVO Art. 37 Rn. 25; Heberlein in Ehmann/Selmayr DS-GVO Art. 37 Rn. 16) in der Durchführung von Verarbeitungsvorgängen besteht, welche aufgrund ihrer Art, ihres Umf. und/oder ihrer Zwecke eine **umfangr., regelmäßige und systematische Überwachung von betroffenen Personen erforderlich** machen (krit. zur unbestimmten Formulierung der Vorschr. Klug ZD 2016, 315 (316); ders. in Gola DS-GVO Art. 37 Rn. 11; Piltz K&R 2016, 709 (717)). Nach ErwGr 97 bezieht sich die Kerntätigkeit eines Verantwortlichen auf dessen Haupttätigkeit und nicht auf die Verarbeitung personenbezogener Daten als Nebentätigkeit. Nichts anderes dürfte für den Auftragsverarbeiter gelten, selbst wenn die ErwGr den Auftragsverarbeiter insoweit nicht ausdr. in Bezug nehmen. Kerntätigkeiten sind **Geschäftsbereiche, die für die Umsetzung der Unternehmensstrategie entscheidend sind und nicht bloß routinemäßige Verwaltungsaufgaben darstellen** (zust. Jaspers/Reif RDV 2016, 61 (62); Franzen EuZA 2017, 313 (338); Kahlert/Licht ITRB 2016, 178 (179); Wolff in Schantz/Wolff DatenschutzR Rn. 899; ähnlich auch Art-29-Datenschutzgruppe WP 243 rev.01 – Datenschutzbeauftragter S. 8: „die wichtigsten Arbeitsabläufe [...], die zur Erreichung der Ziele des Verantwortlichen oder des Auftragsverarbeiters erforderlich sind"; dagegen Bergt in Kühling/Buchner DS-GVO Art. 37 Rn. 19; Dochow, PinG 2018, 51, 60; Drewes in NK-DatenschutzR DS-GVO Art. 37 Rn. 16; Haag in FHS Datenschutz Kap. 2 Rn. 11; Heberlein in Ehmann/Selmayr DS-GVO Art. 37 Rn. 25; Helfrich in HK-DS-GVO Art. 37 Rn. 65; Klug ZD

2016, 315 (316); ders. in Gola DS-GVO Art. 37 Rn. 8; Niklas/Faas, NZA 2017, 1091 (1092); die jeweils primär auf den Geschäftszweck rekurrieren; insoweit krit. aber Kahlert/Licht ITRB 2016, 178 (179), nach denen das Abstellen allein auf den Geschäftszweck zu einer Aushöhlung des Anwendungsbereiches der Benennungspflicht führen könnte, restriktiver Moos in BeckOK DatenschutzR DS-GVO Art. 37 Rn. 20).

Eine Kerntätigkeit wird hiernach etwa gegeben sein beim Betrieb eines **8a** Werbenetzwerkes, innerhalb dessen Nutzerdaten zur Auslieferung von Werbung analysiert werden (Gierschmann ZD 2016, 51 (52)). **Keine Kerntätigkeit** dürfte demgegenüber vorliegen bei der Analyse von Kundendaten neben dem Kerngeschäft des Vertriebes von Waren, um Produktvorschläge ggü. Kunden machen zu können (Heberlein in Ehmann/Selmayr DS-GVO Art. 37 Rn. 25; Gierschmann ZD 2016, 51 (52); krit. Bergt in Kühling/ Buchner DS-GVO Art. 37 Rn. 21, insoweit stärker auf den Umf. der Tätigkeit abstellend) sowie bei der Verarbeitung von Mitarbeiterdaten als bloße Nebentätigkeit (DSK Kurzpapier Datenschutzbeauftragte S. 1; s. Laue/Kremer Neues DatenschutzR, § 6 Rn. 9; Moos in BeckOK DatenschutzR DS-GVO Art. 37 Rn. 19; wohl auch Heberlein in Ehmann/Selmayr DS-GVO Art. 37 Rn. 27; krit. auch Bergt in Kühling/Buchner DS-GVO Art. 37 Rn. 21, nach dem es auch insoweit auf den Umf. der Tätigkeit ankommen soll). Von dem Begriff der Kerntätigkeit sollen auch solche Tätigkeiten umfasst sein, die untrennbarer Bestandteil der jeweiligen Tätigkeiten sind, so etwa die Verarbeitung gesundheitsbezogener Daten in einem Krankenhaus (Art-29-Datenschutzgruppe WP 243 rev.01 – Datenschutzbeauftragter S. 8; Dochow PinG 2018, 51 (52), nicht jedoch bloße Unterstützungsleistungen, die alle Unternehmen durchführen (müssen). Zur Frage, ob die Kerntätigkeit sich auf das ganze Unternehmen beziehen muss oder nur auf einzelne Unternehmensteile s. Bergt in Kühling/Buchner DS-GVO Art. 37 Rn. 19; Drewes in NK-DatenschutzR Art. 37 Rn. 18. Krit. zur Einordnung der Datenverarbeitungen bei einem Steuerberater Helfrich in HK-DS-GVO Art. 37 Rn. 66.

Die Verarbeitungsvorgänge müssen eine **umfangr., regelmäßige und 8b systematische Überwachung von betroffenen Personen erforderlich machen** (zur Auslegung s. insbes. Bergt in Kühling/Buchner DSGVO Art. 37 Rn. 18 ff.; Heberlein in Ehmann/Selmayr DS-GVO Art. 37 Rn. 23 ff.; Klug in Gola DS-GVO Art. 37 Rn. 11; Moos in BeckOK DatenschutzR DS-GVO Art. 37 Rn. 25 ff.). Der Tatbestand der umfangr. Überwachung kann neben der **großen Zahl von Betroffenen** (Klug in Gola DS-GVO Art. 37 Rn. 11; s. ferner den Vorschlag v. Thode CR 2016, 714 (717), auf den Schwellenwert von 5.000 betroffenen Personen innerhalb eines Jahres abzustellen) auch durch **eine hohe Menge an verarbeiteten Daten,** einer entspr. **großen geographischen Reichweite** der Datenerfassung oder der **langen Dauer der Beobachtung und Speicherung** erfüllt sein (Heberlein in Ehmann/Selmayr DS-GVO Art. 37 Rn. 24; zu Beispielen siehe Art-29-Datenschutzgruppe WP 243 – Datenschutzbeauftrager S. 9 f.). Der Begriff der Regelmäßigkeit schließt jedenfalls einmalige Vorgänge aus (Klug in Gola DS-GVO Art. 37 Rn. 11). „Systematisch" deutet auf die methodische Verwendung von entspr. Überwachungstechnik hin (Klug in Gola DS-GVO Art. 37 Rn. 11; zust. Thode CR 2016, 714 (717)). Das Überwachungserfordernis kann seine Ursache in der **Art**, dem **Umf.** und/oder den **Zwecken** der Verarbeitungstätigkeit finden. Dies macht deutlich, dass auf die Gesamtumstände abgestellt werden muss (Bergt in Kühling/Buchner DS-GVO Art. 37 Rn. 20; Klug in Gola DS-GVO Art. 37 Rn. 9; v. d. Bussche in Plath DS-GVO Art. 37 Rn. 18 will maßgeblich auf die Risikobehaftung einer Tätigkeit abstellen). Gemeint sind hierbei wohl in erster Linie Datenverarbeitungen, die mit umfangr. **Profiling-Maßnahmen** einhergehen (Bergt in Kühling/Buchner DS-GVO Art. 37 Rn. 23; Klug in Gola DS-GVO Art. 37 Rn. 10). Einer Bestellpflicht unterliegen damit insbes. **Scoring-Maßnahmen** durchführende Auskunfteien und Detekteien, Unternehmen mit datengestützten Marketingstrategien und Treueprogramme (Art-29-Datenschutzgruppe WP 243 rev.01 – Datenschutzbeauftragter S. 10 f.), Social-Media-Plattformen, Video-Überwachungsunternehmen (hierzu Moos in BeckOK DatenschutzR DS-GVO Art. 37 Rn. 31), aber auch Versicherungsunternehmen, die zur Risikobeurteilung eine Überwachung der Versicherungsnehmer vornehmen (vgl. die Bsp. bei Bergt in Kühling/Buchner DS-GVO Art. 37 Rn. 23; Dammann ZD 2016, 307 (308); Heberlein in Ehmann/Selmayr DS-GVO Art. 37 Rn. 25; Jaspers/Reif RDV 2016, 61 (62); Weichert CuA 4/2016, 8 (10); s. v. d. Bussche in Plath DS-GVO Art. 37 Rn. 5 zur Einordnung von Factoringgesellschaften; s. Bergt in Kühling/Buchner DS-GVO Art. 37 Rn. 20; Kahlert/Licht ITRB 2016, 178 (179) zur Einordnung von Datenauswertungen durch Online-Shops).

III. Umfangreiche Verarbeitung sensibler Daten gemäß Art. 9 oder Art. 10 (lit. c)

9 Im **privaten Sektor** sieht lit. c darüber hinaus eine Benennungspflicht vor, sofern die Kerntätigkeit des Verantwortlichen oder Auftragsverarbeiters in der umfangr. Verarbeitung bes. Kategorien von Daten gem. Art. 9 (→ Art. 9 Rn. 6 ff.) oder von personenbezogenen Daten über strafrechtliche Verurteilungen und Straftaten gem. Art. 10 (→ Art. 10 Rn. 4 ff.) besteht. Ein Datenschutzbeauftragter ist verpflichtend zu benennen bei einer **Kerntätigkeit** (zum Begriff der Kerntätigkeit → Rn. 8), die in der umfangr. Verarbeitung bes. **sensibler Daten gem. Art. 9 oder 10** besteht. Herausfordernd ist die Beantwortung der Frage, wann die Verarbeitung als dergestalt „umfangreich" angesehen werden kann. Von einer **umfangr. Verarbeitung** dürfte wohl insoweit nur ausgegangen werden können, wenn die Verarbeitung der angesprochenen Kategorien von Daten gem. Art. 9 und 10 das übliche Maß bei Weitem übersteigt (krit. Bergt in Kühling/Buchner DS-GVO Art. 37 Rn. 21, da eine solche rein relative Marktbetrachtung keinerlei Bezug zur Gefährdung des Persönlichkeitsrechtes der Betroffenen aufweise und damit dem risikobasierten Ansatz der DS-GVO widerspreche). Eine umfangr. Datenverarbeitung kann sowohl dadurch begr. werden, dass **viele Daten der genannten Art über wenige Betroffene** oder aber **wenige Daten der genannten Art über eine große Anzahl Betroffener** verarbeitet werden (Marschall/Müller

ZD 2016, 415 (417)). Eine aus Abs. 1 lit. c abgeleitete Pflicht zur Benennung eines Datenschutzbeauftragten sollte daher **nicht** angenommen werden, wenn der Verantwortliche bzw. Auftragsverarbeiter iR seiner Kerntätigkeit **allenfalls zufällig oder nur gelegentlich mit den angesprochenen Kategorien von Daten in Kontakt kommt.** Eine Benennungspflicht nach lit. c dürfte insbes. für Krankenhäuser, für Labors, für Arztpraxen, die genetische Daten verarbeiten und Kranken- und Lebensversicherungen in Betracht kommen, während sie für einzelne „normale" Arztpraxen oder Rechtsanwalts-, Steuerberater-, und Wirtschaftsprüferkanzleien regelmäßig abzulehnen sein wird (s. ErwGr. 91; DSK Kurzpapier Datenschutzbeauftragte S. 1; Dochow PinG 2018 51 (61); Heberlein in Ehmann/Selmayr DS-GVO Art. 37 Rn. 27; Laue/Kremer Neues DatenschutzR, § 6 Rn. 4; Moos in BeckOK DatenschutzR DS-GVO Art. 37 Rn. 34; kritisch zu Rechtsanwaltskanzleien Kazemi NJW 2018, 443; bei Rechtsanwaltskanzleien differenzierend nach Art und Umfang der anwaltlichen Tätigkeit Bortz in Specht/Mantz § 11 Rn. 89 ff; aA Scheja in Taeger/Gabel DSGVO Art. 37 Rn. 38 f., der wohl eine generelle Pflicht zur Bestellung eines Datenschutzbeauftragten für Einzel- Arztpraxen und Rechtsanwaltskanzleien befürwortet; für die allg. Einbeziehung von im Gesundheitswesen tätigen Unternehmen Marschall/Müller ZD 2016, 415 (417); so wohl auch Bergt in Kühling/Buchner DS-GVO Art. 37 Rn. 24). Für Beratungsstellen mit politischer, familiärer oder persönlicher Ausrichtung sowie Verkaufsstellen von Erotikartikeln dürfte regelmäßig eine Benennungspflicht anzunehmen sein (zust. Helfrich in HK-DS-GVO Art. 37 Rn. 88; s. die Auflistung bei Jaspers/Reif RDV 2016, 61 (62); Klug in Gola DS-GVO Art. 37 Rn. 12), nicht jedoch für die Verwaltung von Krankmeldungen von Beschäftigten in der Personalabteilung (Haag in FHS Datenschutz Kap. 2 Rn. 12).

C. Gemeinsamer Datenschutzbeauftrager bei Unternehmensgruppen (Abs. 2)

Nach Art. 37 Abs. 2 dürfen Unternehmensgruppen einen **gemeinsamen** **10** **Datenschutzbeauftragten** ernennen, sofern dieser Datenschutzbeauftragte von jeder Niederlassung aus leicht erreicht werden kann. Der Begriff der **Unternehmensgruppe** ist in Art. 4 Nr. 19 legaldefiniert (→ Art. 4 Rn. 128 ff.). Es bedarf dabei – abw. zur Rechtslage nach dem BDSG aF – wohl auch nur eines **einzigen Benennungsaktes** (vgl. Bergt in Kühling/Buchner DS-GVO Art. 37 Rn. 27; Hansch DSB 2019, 186; Jaspers/Reif RDV 2016, 61 (63); Kahlert/Licht ITRB 2016, 178 (180); Laue/Kremer Neues DatenschutzR § 6 Rn. 13; Marschall/Müller ZD 2016, 415 (416)). Angesichts der umfassenden Kompetenz des Konzern-Datenschutzbeauftragten wird teilw. empfohlen, dass es sich, wenn ein Konzernbeschäftigter gewählt wird, um einen Beschäftigten des herrschenden Unternehmens handeln sollte (Laue/Kremer Neues DatenschutzR § 6 Rn. 14). Die Regelung in Abs. 2 wirft die Frage auf, ob bei der Benennung eines Konzerndatenschutzbeauftragten die Möglichkeit der **Abberufung** von auf Grdl.

des BDSG für einzelne Niederlassungen bestellten Datenschutzbeauftragten besteht. Dies ist allerdings abzulehnen, da die Regelung in Abs. 2 vornehmlich dem Zweck dient, aufwändige Einzelbestellungen zu vermeiden (Hansch DSB 2019, 186; Jaspers/Reif RDV 2016, 61 (63); iErg ebenso Laue/Kremer Neues DatenschutzR § 6 Rn. 21). Zur Frage, ob für Gesellschaften, die bereits einen eigenen Datenschutzbeauftragten haben, ein Konzerndatenschutzbeauftragter bestellt werden kann s. Baumgartner/ Hansch, ZD 2019, 99 (101); jedenfalls muss eine klare Abgrenzung der Kompetenzen sichergestellt werden, vgl. BAG ZD 2018, 321; Gola ZD 2019, 383 (386).

10a   Die erforderliche **Erreichbarkeit** des Konzerndatenschutzbeauftragten kann auch mittels Fernkommunikationsmitteln gewährleistet werden; eine **persönliche Erreichbarkeit** unter beiderseitiger örtlicher Anwesenheit ist nicht erforderlich (s. Art-29-Datenschutzgruppe WP 243 – Datenschutzbeauftragter S. 12; Baumgartner/Hansch, ZD 2019, 99 (101); Drewes in NK-DatenschutzR Art. 37 Rn. 31; Hansch DSB 2019, 186 (187); Laue/Kremer Neues DatenschutzR § 6 Rn. 14; Mayer in GSSV DS-GVO Art. 37 Rn. 73; Moos in BeckOK DatenschutzR DS-GVO Art. 37 Rn. 43; Thode CR 2016, 714 (717); v. d. Bussche, in Bussche v. d./Voigt, Konzerndatenschutz, Teil 2, Kap. 1 Rn. 27; Wybitul/v. Gierke BB 2017, 181 (183); die physische Erreichbarkeit nicht erwähnend DSK Kurzpapier Datenschutzbeauftragte S. 2; aA Bergt in Kühling/Buchner DS-GVO Art. 37 Rn. 28; Helfrich in HK-DS-GVO Art. 37 Rn. 97; Niklas/Faas, NZA 2017, 1091 (1093); wohl auch Heberlein in Ehmann/Selmayr DS-GVO Art. 37 Rn. 30, nach dem die Erreichbarkeit „persönliche Präsenz" voraussetzen soll). Die Artikel-29-Datenschutzgruppe empfiehlt die Ernennung eines in der EU ansässigen Datenschutzbeauftragten, hält aber auch eine effektive Aufgabenwahrnehmung durch einen außerhalb der EU ansässigen Datenschutzbeauftragten für möglich in Fällen, in denen der Verantwortliche oder der Auftragsverarbeiter nicht in der EU ansässig sind, wonach ein persönliches Treffen mit geringem Aufwand möglich sein müssen soll.

10b   Über die persönliche Erreichbarkeit hinaus ist bei in mehreren Ländern agierenden Unternehmensgruppen auch ein entspr. adäquater **sprachlicher Zugang** zu fordern: Ein gemeinsamer Datenschutzbeauftragter kann sinnvollerweise nur für solche Niederlassungen wirksam benannt werden, die einem gemeinsamen Sprachraum entstammen oder wenn der Datenschutzbeauftragte in sämtlichen in Rede stehenden Sprachen für die Aufgabenerfüllung hinreichende sprachliche Kenntnisse aufweisen kann (so auch Bergt in Kühling/Buchner DS-GVO Art. 37 Rn. 29; Bittner RDV 2014, 183 (184); die sprachliche Erreichbarkeit betonend auch Franzen EuZA 2017, 313 (339); Heberlein in Ehmann/Selmayr DS-GVO Art. 37 Rn. 30; König in Knyrim DS-GVO, 236; Marschall/Müller ZD 2016, 415 (417); aA Drewes in NK-DatenschutzR Art. 37 Rn. 32, Hansch DSB 2019, 186 (188); wohl auch Laue/Kremer Neues DatenschutzR § 6 Rn. 15, nach denen es genügen soll, wenn der Datenschutzbeauftragte auf Hilfspersonal zur Überbrückung der Sprachbarrieren zurückgreifen kann; in diese Richtung auch Baumgartner/ Hansch ZD 2019, 99 (101).

In zeitlicher Hinsicht ist zu fordern, dass der Datenschutzbeauftragte   **10c** kurzfristig erreichbar ist, wozu ihm ein **angemessenes Zeitbudget** zur Wahrung seiner Aufgaben zur Verfügung stehen muss (Bergt in Kühling/ Buchner DS-GVO Art. 37 Rn. 29).

Richtigerweise besteht auch die Möglichkeit der Bestellung eines oder   **10d** mehrerer **Teilkonzern-Datenschutzbeauftrager.** Wollte man die Möglichkeit zur Benennung eines gemeinsamen Datenschutzbeauftragten (nur) für den Teil einer Unternehmensgruppe verneinen, würde man Unternehmen, die (bspw. aus geografischen Gründen) nicht in der Lage sind, einen Datenschutzbeauftragten für den gesamten Konzern zu bestellen, die Möglichkeit nehmen, überhaupt einen Konzern-Datenschutzbeauftragten zu bestellen, da dieser dann nur als Teilkonten-Datenschutzbeauftrager agieren könnte. Zudem sind auch keine teleologischen oder sonstigen Gründe ersichtlich, die einer Einräumung dieser Möglichkeit auf freiwilliger Basis entgegenstehen.

D. Gemeinsamer Datenschutzbeauftragter bei Behörden oder öffentlichen Stellen (Abs. 3)

Behörden und öffentl. Stellen dürfen **unter Berücksichtigung ihrer**   **11** **Organisationsstruktur und Größe** für mehrere Behörden oder öffentl. Stellen gem. Abs. 3 einen **gemeinsamen Datenschutzbeauftragten** benennen. Insoweit weicht die DS-GVO von der vormaligen Rechtslage unter dem BDSG aF ab, wonach im öffentl. Bereich nur die Bestellung eines bereichsübergreifenden Datenschutzbeauftragten möglich sein sollte. In Anpassung an die DS-GVO sieht nunmehr auch § 5 Abs. 2 BDSG (→ BDSG § 5 Rn. 3) die Benennung eines gemeinsamen Datenschutzbeauftragten im öffentl. Bereich vor. Voraussetzung für die Benennung eines gemeinsamen Datenschutzbeauftragten ist, dass die jeweiligen Beauftragten zur effektiven Wahrnehmung der ihnen durch die DS-GVO übertragenen Aufgaben tatsächlich in der Lage sind (Bergt in Kühling/Buchner DS-GVO Art. 37 Rn. 30; Heberlein in Ehmann/Selmayr DS-GVO Art. 37 Rn. 31; v. d. Bussche in Plath DS-GVO Art. 37 Rn. 9). Das in Abs. 2 genannte Kriterium der leichten Erreichbarkeit wird überdies auch hier zur Anwendung zu bringen sein. Zur Vermeidung etwaiger Interessenkonflikte sollte ein Datenschutzbeauftragter zudem nicht für mehrere Träger benannt werden (Heberlein in Ehmann/Selmayr DS-GVO Art. 37 Rn. 31).

E. Freiwillige Benennung; Verhältnis zu nationalen Vorschriften (Abs. 4)

Abs. 4 S. 1 Hs. 1 stellt klar, dass über die in Abs. 1 geregelten Fälle hinaus   **12** eine **freiwillige Benennung** eines Datenschutzbeauftragten **durch den Verantwortlichen oder den Auftragsverarbeiter** weiterhin möglich bleibt (zur fakultativen Benennung s. Heberlein in Ehmann/Selmayr DS-GVO Art. 37 Rn. 35 ff.; Schneider DatenschutzR 190 f., 193). Ein solcher freiwillig

benannter Datenschutzbeauftragter hat grds. dies. Rechte und Pflichten wie
ein nach Art. 37 verpflichtend zu benennender Datenschutzbeauftragter
(allgM, s. Art-29-Datenschutzgruppe WP 243 – Datenschutzbeauftragter
rev.01 S. 6; Bergt in Kühling/Buchner DS-GVO Art. 37 Rn. 26; Heberlein
in Ehmann/Selmayr DS-GVO Art. 37 Rn. 11, 37, Art. 38 Rn. 2; Laue/
Kremer Neues DatenschutzR § 6 Rn. 4; Wolff in Schantz/Wolff DatenschutzR Rn. 902); allerdings darf der freiwillige Datenschutzbeauftragte im
Gegensatz zum verpflichtenden Datenschutzbeauftragten auch wieder ersatzlos abberufen werden (Drewes in NK-DatenschutzR Art. 37 Rn. 37; Moos
in BeckOK DatenschutzR DS-GVO Art. 37 Rn. 25). Ferner dürfen **Verbände oa Vereinigungen, die Kategorien von Verantwortlichen oder
Auftragsverarbeitern vertreten** (zum Begriff → Art. 40 Rn. 9 ff.) nach
Abs. 4 S. 1 freiwillig einen Datenschutzbeauftragten benennen. Nach S. 2
kann der Datenschutzbeauftragte in diesen Konstellationen für die Verbände
oa Vereinigungen handeln. Hieraus folgt, dass Vereinigungen für ihre Mitglieder, die nicht zur Bestellung eines Datenschutzbeauftragten verpflichtet
sind, einen Datenschutzbeauftragten bestellen können, der dann auch nach
außen gegenüber der ASB tätig werden kann – schließlich ist der Verband
regelmäßig selbst Verantwortlicher und damit selbst zur Benennung eines
Datenschutzbeauftragten berechtigt (Bergt in Kühling/Buchner DS-GVO
Art. 37 Rn. 31; wohl auch Drewes in NK-DatenschutzR Art. 37 Rn. 38,
der aber den Wortlaut als mögliches Gegenargument anführt).

12a   S. 1 Hs. 2 der Vorschr. stellt klar, dass sich unabhängig von dem Vorliegen
einer Benennungspflicht nach Abs. 1 eine **Pflicht zur Benennung auch aus
nationalen Rechtsvorschriften** ergeben kann (zum Inhalt dieser sog. „Ver-
stärkungsklausel" s. Heberlein in Ehmann/Selmayr DS-GVO Art. 37
Rn. 32 ff.; Kühling/Martini ua DS-GVO und nationales Recht, 95 ff.). Die
fakultative Öffnungsklausel in S. 1 Hs. 2 trägt den positiven Erfahrungen
Rechnung, die mehrere nationale Rechtsordnungen bereits mit dem Instrument betrieblicher Datenschutz-Selbstkontrolle gemacht haben (Jaspers/Reif
RDV 2012, 78). Die Öffnungsklausel bezieht sich ausschl. auf solche nationalen Tatbestände, die zu einer Bestellpflicht führen. **Aufgaben und Rechtsstellung** eines aufgrund einer nationalen Regelung ernannten Datenschutzbeauftragten bestimmen sich nach der DS-GVO und **dürfen vom nationalen Gesetzgeber nicht abw. geregelt werden** (vgl. Jaspers/Reif RDV
2016, 61 (62); Kühling/Martini ua DS-GVO und nationales Recht, 99 f.).
Der nationale Gesetzgeber hat über Art. 37 Abs. 1 hinausgehend in **§ 5
Abs. 1 BDSG** (→ BDSG § 5 Rn. 3) eine generelle Benennungspflicht für
öffentl. Stellen normiert. IErg. sieht **§ 38 Abs. 1 BDSG** (→ BDSG § 38
Rn. 5 ff.) für den nicht-öffentl. Bereich vor, dass eine Benennungspflicht
besteht, soweit Verantwortliche und Auftragsverarbeiter idR mindestens
zwanzig Personen ständig mit der automatisierten Verarbeitung personenbezogener Daten beschäftigen oder Verarbeitungen vornehmen, die einer Datenschutz-Folgenabschätzung nach Art. 35 (→ Art. 35 Rn. 1 ff.) unterliegen
oder personenbezogene Daten geschäftsmäßig zum Zwecke der Übermittlung, der anonymisierten Übermittlung oder für Zwecke der Markt- oder
Meinungsforschung verarbeiten. Zur **Fortgeltung von nach dem BDSG**

aF erfolgten Bestellungen s. Laue/Kremer Neues DatenschutzR § 6 Rn. 21 f.; dafür LAG Sachs. BeckRS 2019, 13937.

F. Anforderungen an den Datenschutzbeauftragten (Abs. 5)

Abs. 5 definiert die **Anforderungen,** die ein Datenschutzbeauftragter nach **13** der DS-GVO für die Benennung erfüllen muss. Heranzuziehen sind insoweit neben der **beruflichen Qualifikation** und der **Fähigkeit zur Erfüllung der in Art. 39 benannten Aufgaben** (→ Art. 39 Rn. 4 ff.) insbes. das **Fachwissen auf dem Gebiet des Datenschutzrechtes und der Datenschutzpraxis** (zur erforderlichen Qualifikation s. Bergt in Kühling/Buchner DS-GVO Art. 37 Rn. 34 f.; Heberlein in Ehmann/Selmayr DS-GVO Art. 37 Rn. 38 ff.). Das Niveau des Fachwissens soll sich dabei ausweislich ErwGr 97 nach den durchgeführten Datenverarbeitungsvorgängen und dem erforderlichen Schutz für die von dem Verantwortlichen oder Auftragsverarbeiter verarbeiteten personenbezogenen Daten richten. Bei der Verarbeitung von Kategorien bes. sensibler Daten gem. den Art. 9 (→ Art. 9 Rn. 6 ff.) und Art. 10 (→ Art. 10 Rn. 4 ff.) müssen daher entspr. hohe Anforderungen an die Fachkunde gestellt werden (zust. Bergt in Kühling/Buchner DS-GVO Art. 37 Rn. 33). Eine bestimmte Ausbildung ist für den Datenschutzbeauftragten nicht vorgesehen (Däubler in DWWS DS-GVO Art. 37 Rn. 18); eingeh. zum erforderlichen Maß der Fachkenntnisse s. Scheja in Taeger/Gabel DSGVO Art. 37 Rn. 60 ff. Die **Zuverlässigkeit und persönliche Integrität** des Datenschutzbeauftragten wird in Art. 37 Abs. 5 nicht explizit genannt, ist nach zutreffender Lesart aber in der erwähnten „Fähigkeit zur Erfüllung der Aufgaben" enthalten (Art-29-Datenschutzgruppe WP 243 rev.01 – Datenschutzbeauftragter S. 14; Laue/Kremer Neues DatenschutzR § 6 Rn. 26; Conrad/Treeger in Auer-Reinsdorff/Conrad IT-R-HdB § 34 Rn. 376); ebenso ein hohes Maß an Kommunikationsfähigkeit (Niklas/Faas NZA 2017, 1091 (1093)). Zur entspr. Regelung im nationalen Recht in § 5 Abs. 3 BDSG für öffentl. Stellen s. → BDSG § 5 Rn. 3.

Darüber hinaus ist von einer grundsätzlichen **Vereinbarkeit der Betäti- 13a gung von Datenschutzbeauftragten mit dem RDG** auszugehen: Zwar beinhalten die gesetzlich zugewiesenen Aufgaben des Datenschutzbeauftragten grds. auch die Erbringung von Rechtsdienstleistungen. Zugleich sprechen aber Umfang und Inhalt der sonstigen, nicht als Rechtsdienstleistung zu qualifizierenden Tätigkeiten, der enge sachliche Zusammenhang zwischen rechtsberatenden und nicht-rechtsberatenden Tätigkeiten und die umfassenden für die Hauptleistung erforderlichen Rechtskenntnisse dafür, dass die durch den externen Datenschutzbeauftragten erbrachten Rechtsdienstleistungen nach Maßgabe von § 5 RDG erlaubt sind (Paal/Nabulsi NJW 2019, 3673; kritisch zur Vereinbarkeit demgegenüber Bergt in Kühling/Buchner DS-GVO Art. 37 Rn. 59 ff.).

G. Rechtsverhältnis zum Verantwortlichen bzw. Auftragsverarbeiter (Abs. 6)

I. Interne und externe Datenschutzbeauftragte

14 In Abs. 6 wird zum Rechtsverhältnis zwischen Datenschutzbeauftragtem und Verantwortlichem bzw. Auftragsverarbeiter klargestellt, dass sowohl die Benennung eines Beschäftigten des Verantwortlichen bzw. des Auftragsverarbeiters als **internen Datenschutzbeauftragten** (zur arbeitsrechtlichen Stellung vgl. Jaspers/Reif RDV 2012, 78 (81)) als auch die Benennung eines **externen Datenschutzbeauftragten** auf Grdl. eines Dienstleistungsvertrags (Geschäftsbesorgungsvertrags) zulässig ist (zur Stellung des externen Datenschutzbeauftragten s. Heberlein in Ehmann/Selmayr DS-GVO Art. 37 Rn. 42; nach FG München ZD 2018, 94 ist die Tätigkeit als externer Datenschutzbeauftragter als gewerbliche Tätigkeit zu qualifizieren). Die Möglichkeit zur Benennung eines externen Datenschutzbeauftragten besteht mangels abw. Sonderregelung(en) zudem auch für **Behörden und öffentl. Stellen** (so iErg auch Klug in Gola DS-GVO Art. 37 Rn. 15). Dies stellt eine Neuerung zur Rechtslage unter dem BDSG aF dar, wonach öffentl. Stellen nur einen Bediensteten aus einer anderen öffentl. Stelle zum Datenschutzbeauftragten ernennen durften. Vgl. auch die nunmehr explizite Regelung im nationalen Recht in § 5 Abs. 4 BDSG (→ BDSG § 5 Rn. 3).

II. Juristische Person als externer Datenschutzbeauftragter

15 Zur auf Grdl. des BDSG umstr. Frage der Zulässigkeit der Benennung einer **jur. Person** als externen Datenschutzbeauftragten (s. etwa Knopp DuD 2015, 98) nimmt die DS-GVO nicht explizit Stellung. Die DS-GVO enthält in den Art. 37 bis 39 keine Vorgaben, welche die Benennung einer jur. Person als externen Datenschutzbeauftragten explizit ausschließen würden. Allerdings deuten die Formulierungen im Zusammenhang mit der Benennung, insbes. in Abs. 5 („berufliche Qualifikation", „Fachwissen"; „Fähigkeit"), darauf hin, dass der Unionsgesetzgeber bei der Konzeption der Regelung primär die **Benennung einer natürlichen Person** als (externen) Datenschutzbeauftragten im Blick hatte (zust. Bergt in Kühling/Buchner DS-GVO Art. 37 Rn. 36; Drewes in NK-DatenschutzR DS-GVO Art. 37 Rn. 49; Ehmann/Selmayr DS-GVO Art. 37 Rn. 43; Heberlein in Laue/Kremer Neues DatenschutzR, § 6 Rn. 18; Helfrich in HK-DS-GVO Art. 37 Rn. 116 ff.; Schneider DatenschutzR, 197 f.; für die Zulässigkeit der Benennung einer jur. Person aber Baumgartner/Hansch, ZD 2019, 99 (102); Kramer, DSB 2017, 193; unter Verweis auf den Telos der Vorschrift Moos in BeckOK DatenschutzR DS-GVO Art. 37 Rn. 65 ff.; Scheja in Taeger/Gabel DSGVO Art. 37 Rn. 77 ff.; Sörup/Batman, ZD 2018, 553 f.; Wolff in Schantz/Wolff DatenschutzR Rn. 905; wohl auch Bittner RDV 2014, 183 (186)). Für ein solches Verständnis streitet auch, dass ErwGr 97 nur von einer „weiteren Person" spricht, während in den ErwGr 45, 115 und 143 ausdr. auf die jur. Person als Normadressat abgestellt wird (s. Laue/Kremer Neues DatenschutzR § 6 Rn. 18). So stehen mehrere deutsche Landesdatenschutzbehörden der Bestellung einer jur. Person als Datenschutzbeauftragte ebenfalls kritisch gegenüber (vgl. Baumgartner/Hansch, ZD 2019, 99 (100 mwN)).

Gleichwohl dürfte es zulässig sein, dass der zugrundeliegende Dienstleis- **15a** tungsvertrag mit einer jur. Person geschlossen wird (zust. Heberlein in Ehmann/Selmayr DS-GVO Art. 37 Rn. 44). In diese Richtung weisen auch die Ausführungen der Art-29-Datenschutzgruppe, die allerdings im Übrigen nicht eindeutig eine Festlegung in Bezug auf die Person des DSB treffen (Art-29-Datenschutzgruppe WP 243 rev.01 – Datenschutzbeauftragter S. 14; idS. auch Heberlein in Ehmann/Selmayr DS-GVO Art. 37 Rn. 44; Laue/Kremer Neues DatenschutzR § 6 Rn. 18): „Die Funktion eines DSB kann auch auf Grundlage eines Dienstleistungsvertrags ausgeübt werden, der mit einer **natürlichen oder juristischen Person** geschlossen wird, die nicht der Einrichtung des Verantwortlichen oder Auftragsverarbeiters angehört. In letzterem Falle ist es unverzichtbar, dass jedes Mitglied der Einrichtung, das die Funktionen eines DSB wahrnimmt, sämtliche in Abschnitt 4 der DS-GVO genannten Anforderungen erfüllt (sodass Interessenkonflikte ausgeschlossen werden können). Ebenso wichtig ist es, dass jedes Mitglied durch die Bestimmungen der DS-GVO geschützt ist (keine ungerechtfertigte Kündigung von Dienstleistungsverträgen in Bezug auf Tätigkeiten als DSB und keine ungerechtfertigte Entlassung einer der Einrichtung angehörigen natürlichen Person, welche die Aufgaben eines DSB wahrnimmt). Zugleich lassen sich individuelle Qualifikationen und Stärken so miteinander kombinieren, dass Einzelpersonen durch die Zusammenarbeit im Team ihren Mandanten noch wirksamere Dienste leisten können. Im Interesse der Rechtssicherheit und einer ordnungsgemäßen Organisation, aber auch, um Interessenkonflikte der Teammitglieder zu vermeiden, wird empfohlen, eine klare Aufgabenverteilung innerhalb des DSB-Teams vorzusehen und eine einzelne Person als primären Ansprechpartner festzulegen, der zugleich für den jeweiligen Kunden „zuständig" ist. Es ist generell von Nutzen, diese Punkte im Dienstleistungsvertrag festzuhalten."

III. Einzelheiten zum Benennungsvorgang

Weitere Einzelheiten betr. den konkreten Benennungsvorgang regelt die DS- **16** GVO nicht. Eine Pflicht zur **schriftlichen Benennung,** wie etwa vormals in § 4f Abs. 1 S. 1 BDSG aF vorgesehen, besteht damit nicht; eine solche Verschriftlichung ist aber gleichwohl aus Dokumentationsgründen für die Praxis zu empfehlen (DSK Kurzpapier Datenschutzbeauftragte S. 3; zust. Bergt in Kühling/Buchner DS-GVO Art. 37 Rn. 32; Franzen EuZA 2017, 313 (340); Heberlein in Ehmann/Selmayr DS-GVO Art. 37 Rn. 17; Mayer in GSSV DS-GVO Art. 37 Rn. 21; Marschall/Müller ZD 2016, 415 (416); Laue/Kremer Neues DatenschutzR § 6 Rn. 6 und Conrad/Treeger in Auer-Reinsdorff/Conrad IT-R-HdB § 34 Rn. 370 empfehlen zudem eine Dokumentation des Einverständnisses durch den Datenschutzbeauftragten; zum Inhalt der Dokumentationspflicht Gola ZD 2019, 383). Für den Vorgang der

Bestellung zum Datenschutzbeauftragten besteht keine Verpflichtung zur Beteiligung des Betriebsrats, allenfalls besteht eine solche für mit der Benennung
einhergehende arbeitsrechtliche Maßnahmen wie etwa eine Versetzung (Haag
in FHS Datenschutz, Teil II Kap. 3, Rn. 25; weitergehend zur Frage einer
Beteiligung des Betriebsrats Däubler in DWWS DS-GVO Art. 37 Rn. 20;
Drewes in NK-DatenschutzR DS-GVO Art. 37 Rn. 53; Stück ZD 2019,
346 (347)).

16a   Zur **Dauer der Benennung** trifft die DS-GVO ebenfalls keine Regelung.
In der Entwurfsfassung der KOM war ursprünglich eine Befristung der
Stellung auf zwei Jahre vorgesehen (vgl. Art. 35 Abs. 7 DS-GVO-E(KOM);
krit. Eckhart/Kramer/Mester DuD 2013, 623 (628); Hoeren ZD 2012, 355
(357); Jaspers/Reif RDV 2012, 78 (79)), die aber in die finale Fassung nicht
übernommen wurde. Sowohl eine **Benennung auf unbestimmte Zeit** als
auch eine **Befristung** (zust. Bergt in Kühling/Buchner DS-GVO Art. 38
Rn. 29; Marschall/Müller ZD 2016, 415 (416)), im Regelfall von vier Jahren,
ggf. auch kürzer als zwei Jahre, insbes. bei Erstbestellungen (Drewes in
NK-DatenschutzR DS-GVO Art. 37 Rn. 56; krit. Bergt in Kühling/Buch-
ner DS-GVO Art. 38 Rn. 29; Heberlein in Ehmann/Selmayr DS-GVO
Art. 37 Rn. 18; Jaspers/Reif RDV 2016, 61 (63); gegen die Zulässigkeit einer
Befristung Raum in Auernhammer DS-GVO Art. 37 Rn. 51 ff.) dürften
daher zulässig sein. Allerdings darf die Befristung nicht so kurz bemessen sein,
dass eine nicht mehr sachgerechte Aufgabenerfüllung zu befürchten steht,
etwa weil der Datenschutzbeauftragte Zeit für die Einarbeitung benötigt oder
um seine Wiederbenennung fürchten muss (Bergt in Kühling/Buchner DS-
GVO Art. 38 Rn. 29; Drewes in NK-DatenschutzR DS-GVO Art. 37
Rn. 55 so iErg auch Franzen EuZA 2017, 313 (340)). Zur Durchführung der
Benennung bei öffentlichen Stellen Gola ZD 2019, 383 (387).

H. Veröffentlichungs- und Mitteilungspflichten (Abs. 7)

17   Die **Kontaktdaten** des Datenschutzbeauftragten sind durch den Verantwortlichen oder den Auftragsverarbeiter zu **veröffentlichen** und der **ASB mitzuteilen.** Hierzu ist nicht der Name des Datenschutzbeauftragten zu zählen
(allgM, s. Bergt in Kühling/Buchner DS-GVO Art. 37 Rn. 38; Heberlein in
Ehmann/Selmayr DS-GVO Art. 37 Rn. 18; Moos in BeckOK DatenschutzR
DS-GVO Art. 37 Rn. 80; s. hierzu auch Laue/Kremer Neues DatenschutzR
§ 6 Rn. 20), sondern nur die Anschrift und die E-Mail-Adresse oder die
Telefonnummer (s. Art-29-Datenschutzgruppe WP 243 rev.01 − Datenschutzbeauftragter S. 15; für sinnvoll erachtet die Veröff. des Namens aber
Drewes in NK-DatenschutzR DS-GVO Art. 37 Rn. 68); gegen eine verpflichtende Angabe der Telefonnummer Laue/Kremer Neues DatenschutzR
§ 6 Rn. 20. Die DS-GVO geht nicht explizit darauf ein, in welcher **Form**
eine solche Veröff. zu erfolgen hat. Angesichts der Aufgabe des Datenschutzbeauftragten als Ansprechpartner der Betroffenen nach Art. 38 Abs. 4
(→ Art. 38 Rn. 12) ist eine **permanente Abrufbarkeit der Kontaktdaten
vorzugswürdig;** denn hierdurch wird es den Betroffenen jederzeit ermög-

licht, an den Datenschutzbeauftragten heranzutreten, etwa im Intra- und Internet. Die Kontaktdaten des Datenschutzbeauftragten sind darüber hinaus der ASB gem. Art. 36 Abs. 3 lit. d bei einer Konsultation nach Art. 36 Abs. 1 (→ Art. 36 Rn. 5 ff.) mitzuteilen (hierzu Heberlein in Ehmann/Selmayr DS-GVO Art. 37 Rn. 46). Zur entspr. Regelung in § 5 Abs. 5 BDSG für öffentl. Stellen → BDSG § 5 Rn. 3.

I. Sanktionen und Rechtsschutz

Bei einem Verstoß gegen die Pflichten aus Art. 37 droht gem. Art. 83 Abs. 4 **18** lit. a (→ Art. 83 Rn. 22) dem Verantwortlichen bzw. Auftragsverarbeiter eine **Geldbuße** von bis zu **10 000 000 EUR** oder im Fall eines Unternehmens von bis zu **2 % seines gesamten weltweit erzielten Jahresumsatzes des vorangegangenen Geschäftsjahres,** abhängig davon, welcher der benannten Beträge höher ist. Relevant wird die Sanktionsbewehrung insbes. bei Verstößen gegen die Benennungspflichten aus Abs. 1 sowie Veröff.- und Mitteilungspflichten aus Abs. 7.

In der DS-GVO sind **keine Sanktionen für Verstöße des Datenschutz- 18a beauftragten** gegen seine Pflichten vorgesehen (s. Bergt in Kühling/Buchner DS-GVO Art. 38 Rn. 48 unter Verweis auf Art. 83 Rn. 25); allerdings können durch das nationale Recht solche Sanktionen angeordnet werden (vgl. Art. 84).

Zu **Fragen des Rechtsschutzes** s. Dix in NK-DatenschutzR DS-GVO **18b** Art. 37 Rn. 71 f.; Heberlein in Ehmann/Selmayr DS-GVO Art. 37 Rn. 47 ff.

Zur **Haftung des Datenschutzbeauftragten** → Art. 39 Rn. 11 f. **18c**

Art. 38 Stellung des Datenschutzbeauftragten

(1) Der Verantwortliche und der Auftragsverarbeiter stellen sicher, dass der Datenschutzbeauftragte ordnungsgemäß und frühzeitig in alle mit dem Schutz personenbezogener Daten zusammenhängenden Fragen eingebunden wird.

(2) Der Verantwortliche und der Auftragsverarbeiter unterstützen den Datenschutzbeauftragten bei der Erfüllung seiner Aufgaben gemäß Artikel 39, indem sie die für die Erfüllung dieser Aufgaben erforderlichen Ressourcen und den Zugang zu personenbezogenen Daten und Verarbeitungsvorgängen sowie die zur Erhaltung seines Fachwissens erforderlichen Ressourcen zur Verfügung stellen.

(3) ¹Der Verantwortliche und der Auftragsverarbeiter stellen sicher, dass der Datenschutzbeauftragte bei der Erfüllung seiner Aufgaben keine Anweisungen bezüglich der Ausübung dieser Aufgaben erhält. ²Der Datenschutzbeauftragte darf von dem Verantwortlichen oder dem Auftragsverarbeiter wegen der Erfüllung seiner Aufgaben nicht abberufen oder benachteiligt werden. ³Der Datenschutzbeauftragte berichtet unmittelbar der höchsten Managementebene des Verantwortlichen oder des Auftragsverarbeiters.

(4) Betroffene Personen können den Datenschutzbeauftragten zu allen mit der Verarbeitung ihrer personenbezogenen Daten und mit der Wahrnehmung ihrer Rechte gemäß dieser Verordnung im Zusammenhang stehenden Fragen zu Rate ziehen.

(5) Der Datenschutzbeauftragte ist nach dem Recht der Union oder der Mitgliedstaaten bei der Erfüllung seiner Aufgaben an die Wahrung der Geheimhaltung oder der Vertraulichkeit gebunden.

(6) ¹ Der Datenschutzbeauftragte kann andere Aufgaben und Pflichten wahrnehmen. ² Der Verantwortliche oder der Auftragsverarbeiter stellt sicher, dass derartige Aufgaben und Pflichten nicht zu einem Interessenkonflikt führen.

BDSG und anderes nationales Recht: §§ 6, 7, 38 Abs. 2 BDSG (kommentiert unter → BDSG § 6 Rn. 1 ff.; → BDSG § 7 Rn. 1 ff.; → BDSG § 38 Rn. 16 ff.).

Literatur: *Baumgartner/Hansch,* Der betriebliche Datenschutzbeauftragte – Best Practices und offene Fragen, ZD 2019, 99; *Bittner,* Der Datenschutzbeauftragte gemäß EU-Datenschutz-Grundverordnungs-Entwurf, RDV 2014, 183; *Eckhardt/Kramer,* EU-DSGVO – Diskussionspunkte aus der Praxis, DuD 2013, 287; *Eckhardt/Kramer/Mester,* Auswirkungen der geplanten EU-DS-GVO auf den deutschen Datenschutz, DuD 2013, 623; *Franzen,* Datenschutz-Grundverordnung und Arbeitsrecht, EuZA 2017, 313; GDD-Praxishilfe DS-GVO – Der Datenschutzbeauftragte nach der Datenschutz-Grundverordnung, 2016; *Heberlein,* Der Datenschutzbeauftragte – ein Kernelement der Datenschutz-Grundverordnung, jM 2019, 19; *Hoeren,* Der betriebliche Datenschutzbeauftragte – Neuerungen durch die geplante DS-GVO, ZD 2012, 355; *Jacksch/von Daacke,* Datenschutzbeauftragter und Datenschutz-Organisation unter der DSGVO, DuD 2018, 758; *Jaspers/Reif,* Der betriebliche Datenschutzbeauftragte nach der geplanten EU-Datenschutz-Grundverordnung – ein Vergleich mit dem BDSG, RDV 2012, 78; *dies.,* Der Datenschutzbeauftragte: Bestellpflicht, Rechtsstellung und Aufgaben, RDV 2016, 61; *Kahlert/Licht,* Die neue Rolle des Datenschutzbeauftragten nach der DS-GVO – Was Unternehmen zu beachten haben, ITRB 2016, 178; *Klug,* Die Position des EU-Parlaments zur zukünftigen Rolle von Datenschutzbeauftragten – ein kommentierter Überblick, RDV 2014, 90; *ders.,* Der Datenschutzbeauftragte in der EU – Maßgaben der Datenschutzgrundverordnung, ZD 2016, 315; *Kort,* Was ändert sich für Datenschutzbeauftragte, Aufsichtsbehörden und Betriebsrat mit der DS-GVO – Die zukünftige Rolle der Institutionen rund um den Beschäftigtendatenschutz, ZD 2017, 3; *Kramer,* IT-Administrator darf Datenschutzbeauftragter sein, DSB 2018, 87; *Marschall/Müller,* Der Datenschutzbeauftragte im Unternehmen zwischen BDSG und DS-GVO – Bestellung, Rolle, Aufgaben und Anforderungen im Fokus europäischer Veränderungen, ZD 2016, 415; *Peifer,* Auswirkungen der EU-Datenschutz-Grundverordnung auf öffentliche Stellen, GewArch 2014, 142; *Piltz,* Die Datenschutz-Grundverordnung – Teil 3: Rechte und Pflichten des Verantwortlichen und Auftragsverarbeiters, K&R 2016, 709; *ders./Häntschel,* Der Datenschutzbeauftragte – Anwalt, Berater, Haftungsobjekt?, RDV 2019, 277; *Stück,* Betriebsrat oder Geheimrat?, ZD 2019, 256, 259; *Weichert,* Die Zukunft des Datenschutzbeauftragten, CuA 4/2016, 8; *Wybitul/v. Gierke,* Checklisten zur DSGVO – Teil 2: Pflichten und Stellung des Datenschutzbeauftragten im Unternehmen, BB 2017, 181.

A. Allgemeines

Art. 38 regelt die **Stellung des Datenschutzbeauftragten** sowohl **intern** 1
im Verhältnis zu dem Verantwortlichen und/oder Auftragsverarbeiter als auch
die Stellung **nach außen** hin ggü. den von der Verarbeitung Betroffenen.
Hierdurch soll sichergestellt werden, dass der Datenschutzbeauftragte – unionsweit auf einem (möglichst) einheitlichen Niveau und Standard – seinen
Aufgaben als Kernelement der datenschutzrechtlichen Compliance-Struktur
nachkommen (→ Art. 37 Rn. 1) kann. Die Regelung des Art. 38 greift auch
dann, wenn die Bestellung eines Datenschutzbeauftragten nicht nach Art. 37
Abs. 1 (→ Art. 37 Rn. 5 ff.), sondern aufgrund mitgliedstaatlichen Rechtes
erforderlich ist (→ Art. 37 Rn. 12a). Zur Entstehungsgeschichte Bergt in
Kühling/Buchner DS-GVO Art. 38 Rn. 4 ff.; Heberlein in Ehmann/Selmayr
DS-GVO Art. 38 Rn. 1 f.

I. Inhalt der Vorschrift

Nach **Abs. 1** ist der Datenschutzbeauftragte **umfassend** in die für den Schutz 2
personenbezogener Daten relevanten Verarbeitungsvorgänge **einzubinden.**
Abs. 2 normiert eine **Unterstützungspflicht des Verantwortlichen bzw.**
Auftragsverarbeiters ggü. dem Datenschutzbeauftragten bzgl. der Erfüllung der dem Datenschutzbeauftragten obliegenden Aufgaben. **Abs. 3**
betrifft die **Sicherung der Unabhängigkeit** des Datenschutzbeauftragten.
Abs. 4 enthält **Vorgaben zum Verhältnis von Datenschutzbeauftragten**
und Betroffenen. Abs. 5 regelt **Geheimhaltungs- und Vertraulichkeits-**
pflichten des Datenschutzbeauftragten. **Abs. 6** stellt klar, dass der Datenschutzbeauftragte andere Aufgaben und Pflichten wahrnehmen kann, wenn
und soweit dies nicht zu einem Interessenkonflikt führt **(Vermeidung von**
Interessenkonflikten).

II. Normzweck

Wie sich aus ErwGr 97 ergibt, ging es dem Unionsgesetzgeber hinsichtlich 3
der Stellung des Datenschutzbeauftragten insbes. darum, die **Unabhängig-**
keit bei Erfüllung der Pflichten und Aufgaben des Datenschutzbeauf-
tragten sicherzustellen. Diese gesetzgeberische Intention manifestiert sich
auch und gerade in Abs. 3, wonach der Datenschutzbeauftragte weisungs-
unabhängig bzgl. der Ausübung seiner Aufgaben handelt und wegen der
Erfüllung seiner Aufgaben nicht abberufen oder benachteiligt werden darf
(→ Rn. 10).

B. Einbindung des Datenschutzbeauftragten (Abs. 1)

Der Verantwortliche bzw. Auftragsverarbeiter muss gem. Abs. 1 sicherstellen, 4
dass der Datenschutzbeauftragte **ordnungsgemäß und frühzeitig** in alle mit
dem Schutz personenbezogener Daten zusammenhängenden Fragen **einge-**

bunden wird, wobei die Beurteilungskompetenz darüber, ob eine derartige Frage vorliegt, bei Verantwortlichem und Auftragsverarbeiter liegt (Helfrich in HK-DS-GVO Art. 38 Rn. 35 ff.). Wann eine Einbindung als ordnungsgemäß und frühzeitig angesehen werden kann, konkretisiert die DS-GVO allerdings nicht. Vor dem Hintergrund der Aufgabenzuweisung in Art. 39 (→ Art. 39 Rn. 4 ff.) wird die Einbindung hinsichtlich Zeitpunkt und Umf. jedenfalls so auszugestalten sein, dass der Datenschutzbeauftragte sämtliche ihm nach Maßgabe der DS-GVO übertragenen Aufgaben und Pflichten vollumfänglich erfüllen kann. Eine frühzeitige Einbindung dürfte dabei regelmäßig erfordern, dass der Datenschutzbeauftragte proaktiv bereits im **Stadium der Planung bzw. Konzeption** beteiligt wird, um seinen Standpunkt einbringen zu können (s. Bergt in Kühling/Buchner DS-GVO Art. 38 Rn. 14.; Heberlein in Ehmann/Selmayr DS-GVO Art. 38 Rn. 8; Klug in Gola DS-GVO Art. 38 Rn. 3; Laue/Kremer Neues DatenschutzR § 6 Rn. 29; Moos in BeckOK DatenschutzR DS-GVO Art. 38 Rn. 4). Eine spezielle Verpflichtung zur **Einbindung im Rahmen der Datenschutz-Folgenabschätzung** ergibt sich aus **Art. 35 Abs. 2** (→ Art. 35 Rn. 58). Im Hinblick auf die Pflicht zur Unterrichtung und Beratung des Verantwortlichen bzw. des Auftragsverarbeiters sowie deren Beschäftigten nach Art. 39 Abs. 1 lit. a (→ Art. 39 Rn. 5) wird dem Datenschutzbeauftragten eine entspr. **Liste der mit Verarbeitungen betrauten Personen** auszuhändigen sein. Die **Überwachungspflicht** nach Art. 39 Abs. 1 lit. b (→ Art. 39 Rn. 6) erfordert, dass der Datenschutzbeauftragte neben dem Zugang zu den Verarbeitungsvorgängen auch Kenntnis von der innerbetrieblichen Organisation und Arbeitszuteilung erhält, was insbes. auch einen **Zugang zu den Tätigkeiten und Vorgängen der internen Organisationseinheiten** umschließen wird (zust. Helfrich in HK-DS-GVO Art. 38 Rn. 33; Jacksch/von Daacke DuD 2018, 758 (760)). Im Hinblick auf die zeitliche, örtliche sowie personelle Planung der Sensibilisierungen und Schulungen der an den Verarbeitungsvorgängen beteiligten Mitarbeiter nach Art. 39 Abs. 1 lit. b (→ Art. 39 Rn. 6a) muss der Datenschutzbeauftragte zudem frühzeitig in den entspr. internen Planungsprozess auf der Management- und Führungsebene eingebunden werden, sodass ein **Vorspracherecht bei die Verarbeitung betr. Leitungsbesprechungen** anzunehmen ist. Im Regelfall dürfte eine ordnungsgem. und frühzeitige Einbindung überdies erfordern, dass der Datenschutzbeauftragte in einem **ständigen Austausch zur obersten Führungs- bzw. Managementebene steht** (der er nach Abs. 3 S. 3 auch unmittelbar berichtet, vgl. → Rn. 11; krit. hierzu Helfrich in HK-DS-GVO Art. 38 Rn. 33). Zur entspr. Regelung in § 6 Abs. 1 BDSG für öffentl. Stellen → BDSG § 6 Rn. 2.

C. Unterstützung für den Datenschutzbeauftragten (Abs. 2)

5   Abs. 2 statuiert eine **Unterstützungspflicht** des Verantwortlichen bzw. Auftragsverarbeiters ggü. dem Datenschutzbeauftragten. Die genannten Personen müssen dem Datenschutzbeauftragten die zur Erfüllung seiner Aufgaben gem.

Art. 39 (→ Art. 39 Rn. 4 ff.) und die zur Erhaltung seines Fachwissens (zum Begriff des Fachwissens → Art. 37 Rn. 13) **erforderlichen Ressourcen** sowie den **Zugang zu personenbezogenen Daten und Verarbeitungsvorgängen** zur Vfg. stellen. Zur entspr. Regelung in § 6 Abs. 2 BDSG für öffentl. Stellen → BDSG § 6 Rn. 2.

I. Ressourcen zur Aufgabenerfüllung und zur Erhaltung des Fachwissens

Als **Ressourcen zur Erfüllung der Aufgaben gem. Art. 39** sind – in **6** Anlehnung an die Regelung des § 4f Abs. 5 S. 1 BDSG – etwa geeignete (dh grds. abgeschlossene, zu Möglichkeiten der Gewährleistung von Vertraulichkeit in einem Großraumbüro s. Scheja in Taeger/Gabel DSGVO BDSG Art. 38 Rn. 36 ff.) **Räumlichkeiten, Geräte** (dh Telekommunikationsmittel; Zugang zu internem IT-System; Möglichkeit zur unbeobachteten und sicheren Datenverarbeitung) und **finanzielle Mittel** zu verstehen (s. auch die Auflistung bei Bergt in Kühling/Buchner DS-GVO Art. 38 Rn. 21). In Abhängigkeit von der Ausgestaltung und Größe der verarbeitenden Stelle, Umf. der übertragenen Aufgaben und Umf. der Fachkenntnisse und Kompetenzen des Datenschutzbeauftragten sind zudem **personelle Ressourcen** zur Unterstützung zu gewähren (s. Bergt in Kühling/Buchner DS-GVO Art. 38 Rn. 21; Heberlein in Ehmann/Selmayr DS-GVO Art. 38 Rn. 10; König in Knyrim DS-GVO, 237; Piltz K&R 2016, 709 (717); vgl. auch die im Hinblick auf den Umf. der Unterstützungspflicht aufgestellten Kriterien der GDD, GDD-Praxishilfe DS-GVO, 8). Nicht zuletzt muss der Verantwortliche bzw. Auftragsverarbeiter auch gewährleisten, dass dem Datenschutzbeauftragten ein ausreichendes **Zeitbudget** zur Vfg. steht; zu diesem Zwecke ist der Datenschutzbeauftragte ggf. von anderen Aufgaben zu entbinden (Bergt in Kühling/Buchner DS-GVO Art. 38 Rn. 22; Drewes in NK-DatenschutzR DS-GVO Art. 38 Rn. 23; Jaspers/Reif RDV 2016, 61 (65)). Unter die im Hinblick auf die starke Dynamik im Bereich des Datenschutzrechtes bedeutsamen **Ressourcen zur Erhaltung des Fachwissens** (s. Klug in Gola DS-GVO Art. 38 Rn. 4; Maier/Ossoinig in Roßnagel EU-DS-GVO § 3 Rn. 354; nach Ansicht von Drewes in NK-DatenschutzR DS-GVO Art. 38 Rn. 29 müssen solche Ressourcen nur bei internen Datenschutzbeauftragten zur Vfg. gestellt werden) werden va die **einschlägige Fachliteratur** (bspw. Kommentare zu den einschlägigen Rechtsvorschriften; Fachzeitschriften) sowie entspr. **Fort- und Weiterbildungsmaßnahmen** zu rechnen sein (Bergt in Kühling/Buchner DS-GVO Art. 38 Rn. 23; Heberlein in Ehmann/Selmayr DS-GVO Art. 38 Rn. 12; Jaspers/Reif RDV 2012, 78 (80 f.); Moos in BeckOK DatenschutzR DS-GVO Art. 38 Rn. 14 f.; ausf. zu den in Betracht kommenden Fortbildungsveranstaltungen Däubler in DWWS DS-GVO Art. 38 Rn. 8 ff.). Eine **Erweiterung des Fachwissens** ist dagegen **nicht zwingend**, s. Bergt in Kühling/Buchner DS-GVO Art. 38 Rn. 24; zu den erforderlichen Ressourcen ausf. Art-29-DSG WP 243 rev.01 – Datenschutzbeauftragter S. 16 f.

II. Zugang zu personenbezogenen Daten und Verarbeitungsvorgängen

7 Das Zurverfügungstellen des **Zuganges zu personenbezogenen Daten und Verarbeitungsvorgängen** umfasst **Zutrittsrechte** zu sämtlichen Bereichen und Räumlichkeiten, in denen relevante Verarbeitungen durchgeführt werden (können) (zust. Bergt in Kühling/Buchner DS-GVO Art. 38 Rn. 19; Heberlein in Ehmann/Selmayr DS-GVO Art. 38 Rn. 11). Darüber hinaus müssen dem Datenschutzbeauftragten **Zugang zu sämtlichen Unterlagen** sowie entspr. **EDV-Zugangs- und Zugriffsbefugnisse** gewährt werden (zust. Bergt in Kühling/Buchner DS-GVO Art. 38 Rn. 20). Zum Verhältnis zwischen Art. 29 und den Befugnissen des Datenschutzbeauftragten eines Auftragsdatenverarbeiters s. Bergt in Kühling/Buchner DS-GVO Art. 38 Rn. 20.

D. Wahrung der Unabhängigkeit des Datenschutzbeauftragten (Abs. 3 S. 1 und 2)

8 Die Vorgaben des Abs. 3 S. 1 und 2 dienen der **Sicherung der Unabhängigkeit** des Datenschutzbeauftragten, wobei diese Unabhängigkeit als Grundvoraussetzung für eine wirkungsvolle Erfüllung der dem Datenschutzbeauftragten übertragenen Aufgaben anzusehen ist. Zur entspr. Regelung in § 6 Abs. 3 BDSG für öffentl. Stellen s. → BDSG § 6 Rn. 2.

I. Weisungsfreiheit (S. 1)

9 S. 1 verpflichtet den Verantwortlichen bzw. Auftragsverarbeiter, sicherzustellen, dass der Datenschutzbeauftragte **keine Anweisungen bzgl. der Erfüllung seiner Aufgaben** erhält, und schützt damit die Unabhängigkeit des Datenschutzbeauftragten, die als zwingende Voraussetzung einer wirkungsvollen Aufgabenwahrnehmung anzusehen ist (s. hierzu auch Bergt in Kühling/Buchner DS-GVO Art. 38 Rn. 26; Heberlein in Ehmann/Selmayr DS-GVO Art. 38 Rn. 13). Dieses Vorgabe zur Weisungsfreiheit gilt insbes. für die oberste Leitungs- bzw. Managementebene, der der Datenschutzbeauftragte nach Abs. 3 S. 3 berichtet (→ Rn. 11). Hierdurch wird vornehmlich bezweckt, Datenschutzbeauftragte vor unbilligen Beeinflussungsversuchen ihrer jeweiligen Arbeitgeber und/oder Vorgesetzten zu schützen, deren Interessen den Zielen eines umfassenden Schutzes personenbezogener Daten zuwiderlaufen mögen. Die Weisungsfreiheit ist **funktionsbezogen** zu verstehen und besteht hinsichtlich sämtlicher, dem Datenschutzbeauftragten nach Art. 39 zugewiesenen Aufgaben (Moos in BeckOK DatenschutzR DS-GVO Art. 38 Rn. 17); denn nach ErwGr 97 sollten Datenschutzbeauftragte ihre Pflichten und Aufgaben „in vollständiger Unabhängigkeit ausüben können". Im Hinblick auf die von der DS-GVO gewährte Möglichkeit der Benennung externer Datenschutzbeauftragter (→ Art. 37 Rn. 14) stellt sich die Frage, ob und inwieweit das Gebot der Weisungsunabhängigkeit auch für **externe Daten-**

schutzbeauftragte in Bezug auf Anweisungen ihrer (externen) Vorgesetzten gilt. Zulässig dürften insoweit rein **organisatorische Anweisungen** sein, etwa die Zuweisung von Arbeitszeiten oder (weiterer) Aufgaben; jedenfalls sofern die Zuweisung die Erfüllung der dem Datenschutzbeauftragten obliegenden Aufgaben nicht behindert oder unmöglich macht (zust. Bergt in Kühling/Buchner DS-GVO Art. 38 Rn. 26; Heberlein in Ehmann/Selmayr DS-GVO Art. 38 Rn. 14; Laue/Kremer Neues DatenschutzR § 6 Rn. 34; Drewes in NK-DatenschutzR DS-GVO Art. 38 Rn. 33; abl. Helfrich in HK-DS-GVO Art. 38 Rn. 50).

Kontroll- und Überwachungsmaßnahmen des Verantwortlichen bzw. **9a** Auftragsverarbeiter werden sich mit der Weisungsfreiheit grds. vereinbaren lassen (s. Bergt in Kühling/Buchner DS-GVO Art. 38 Rn. 26; Moos in BeckOK DatenschutzR DS-GVO Art. 38 Rn. 12 mwN; dies soll nach Heberlein in Ehmann/Selmayr DS-GVO Art. 38 Rn. 13; Kort ZD 2017, 3 (6) allerdings nicht für **Kontrollmaßnahmen durch den Betriebs- oder Personalrat** gelten). Als **unzulässig** werden hingegen **konkrete Prüfaufträge** anzusehen sein oder auch die **Anweisung, bestimmte Bereiche nicht zu vernachlässigen** (Bergt in Kühling/Buchner DS-GVO Art. 38 Rn. 27; Moos in BeckOK DatenschutzR DS-GVO Art. 38 Rn. 19). Seiner Stellung als internes Kontrollorgan (→ Art. 39 Rn. 6) und „Anwalt der Betroffenen" (→ Rn. 12) kann der Datenschutzbeauftragte nur gerecht werden, sofern er im Hinblick auf die inhaltliche Erfüllung seiner Aufgaben frei von Anweisungen seines (externen) Vorgesetzten handelt und handeln kann.

II. Abberufungs- und Benachteiligungsverbot

S. 2 enthält ein Abberufungs- und Benachteiligungsverbot, wonach der Da- **10** tenschutzbeauftragte wegen Erfüllung seiner Aufgaben **nicht abberufen oder benachteiligt werden darf** (s. hierzu auch Bergt in Kühling/Buchner DS-GVO Art. 38 Rn. 30 ff.; Heberlein in Ehmann/Selmayr DS-GVO Art. 38 Rn. 15 f.; v. d. Bussche in Plath DS-GVO Art. 38 Rn. 8 ff.). Abgesehen von der Regelung in S. 2 lässt die DS-GVO konkrete Aussagen zu **sonstigen Möglichkeiten der vorzeitigen Enthebung vom Amt des Datenschutzbeauftragten** allerdings vermissen. Eine Regelung hierzu war demgegenüber noch in der Entwurfsfassung der KOM vorgesehen (vgl. Art. 35 Abs. 7 DS-GVO-E(KOM)), wurde im weiteren Verfahrensverlauf aber sodann gestrichen. Damit bleiben die Möglichkeiten einer vorzeitigen Abberufung durch die DS-GVO iErg weitgehend ungeklärt.

Die **Voraussetzungen einer Abberufung** des Datenschutzbeauftragten **10a** nach der DS-GVO werden im Schrifttum entspr. kontrovers diskutiert. Zur Abberufung wegen Nicht- oder Schlechterfüllung der Pflichten des Datenschutzbeauftragten (Laue/Kremer Neues DatenschutzR § 6 Rn. 35; Bergt in Kühling/Buchner DS-GVO Art. 37 Rn. 47 f. zufolge muss bei unbefristet benannten Datenschutzbeauftragten ein außerhalb der Amtsführung liegender sachlicher Grund und bei befristet benannten Datenschutzbeauftragten während der festen Bestellungszeit ein wichtiger Grund für die Abberufung vorliegen; aA v. d. Bussche in Plath DS-GVO Art. 38 Rn. 10, wonach eine

Abberufung grds. jederzeit möglich sein soll). Zur Möglichkeit der Abberufung eines auf Grdl. des BDSG bestellten Datenschutzbeauftragten durch Benennung eines Konzerndatenschutzbeauftragten → Art. 37 Rn. 10; zum Schicksal des Amtes des Datenschutzbeauftragten bei gesellschaftsrechtlichen Umstrukturierungen v. d. Bussche, in v. d. Bussche/Voigt, Konzerndatenschutz, Teil 2, Kap. 1 Rn. 90 ff. Einen expliziten **Kündigungsschutz** normiert die DS-GVO trotz entspr. Forderungen im Gesetzgebungsverfahren (vgl. Stellungn. des Europäischen Wirtschafts- und Sozialausschusses zur DS-GVO, 2012/C 229/17, Ziff. 4.11.1) nicht (hierzu auch Jaspers/Reif RDV 2012, 78 (80 f.); krit. auf Grdl. des LIBE-Entwurfes zudem Bittner RDV 2014, 183 (188)). So ist nach der DS-GVO eine **betriebsbedingte Kündigung** grds. möglich (zust. Wolff in Schantz/Wolff DatenschutzR Rn. 909; aA Laue/Kremer Neues DatenschutzR § 6 Rn. 36, wonach eine Kündigung mit dem Ziel, die Abberufung herbeizuführen, eine unzulässige Benachteiligung des Datenschutzbeauftragten darstellen würde). Insgesamt ist – jedenfalls partiell – ein Gleichlauf von Abberufungs- und Kündigungsschutz anzunehmen, wobei eine Kündigung des Beschäftigungsverhältnisses eines Datenschutzbeauftragten nicht in Betracht kommen, sofern eine datenschutzrechtliche Abberufung unzulässig ist (Bergt in Kühling/Buchner DS-GVO Art. 38 Rn. 32; v. d. Bussche in Plath DS-GVO Art. 38 Rn. 9).

10b   Durch die nationale Gesetzgebungskompetenz für die Regelung des materiellen Arbeitsrechtes steht es dem Gesetzgeber offen, einen **bes. Kündigungsschutz für Datenschutzbeauftragte auf nationaler Ebene** vorzusehen (s. Bergt in Kühling/Buchner DS-GVO Art. 38 Rn. 33; Conrad/Treeger in Auer-Reinsdorff/Conrad IT-R-HdB § 34 Rn. 411; Franzen EuZA 2017, 313 (340); Heberlein in Ehmann/Selmayr DS-GVO Art. 38 Rn. 15; Jaspers/Reif RDV 2016, 61 (64); Raum in Auernhammer DS-GVO Art. 37 Rn. 12; jedenfalls für den betrieblichen Datenschutzbeauftragten Sächs LAG ZD 2020, 163; aA Härting DS-GVO Rn. 16; Laue/Kremer Neues DatenschutzR § 6 Rn. 37; krit. im Hinblick auf die Regelungskompetenz für den Schutz vor Abberufung Drewes in NK-DatenschutzR DS-GVO Art. 37 Rn. 58). Der dt. Gesetzgeber hat in **§ 6 Abs. 4 BDSG** (→ BDSG § 6 Rn. 3) für Datenschutzbeauftragte öffentl. Stellen und eingeschränkt in **§ 38 Abs. 2 BDSG** (→ BDSG § 38 Rn. 16) auch für Datenschutzbeauftragte nicht öffentl. Stellen festgelegt, dass die Abberufung eines Datenschutzbeauftragten in **entspr. Anwendung von § 626 BGB** das Vorliegen eines wichtigen Grundes erfordert, der eine sofortige Kündigung ohne Einhaltung einer Kündigungsfrist rechtfertigt, und dieser Kündigungsschutz nach Beendigung der Tätigkeit als Datenschutzbeauftragter für ein weiteres Jahr fortbesteht.

E. Bericht an die höchste Managementebene (Abs. 3 S. 3)

11   Der Datenschutzbeauftragte **berichtet** nach Abs. 3 S. 3 **unmittelbar an die höchste Managementebene** des Verantwortlichen bzw. Auftragsverarbeiters. Hierbei dürfte es sich regelmäßig um das Organ handeln, das die Gesellschaft nach außen vertritt (Franzen EuZA 2017, 313 (341); zust. Helfrich in

HK-DS-GVO Art. 38 Rn. 63; Drewes in NK-DatenschutzR DS-GVO Art. 38 Rn. 38; aA Laue/Kremer Neues DatenschutzR § 6 Rn. 40, nach denen mit der „höchsten Managementebene" die Ebene unmittelbar unter der Leitung adressiert wird). Mit der Unmittelbarkeit der Berichtslinie **unvereinbar** wäre jedenfalls die **Zwischenschaltung weiterer Personen oder Abteilungen** anzusehen (Heberlein in Ehmann/Selmayr DS-GVO Art. 38 Rn. 16; Klug in Gola DS-GVO Art. 38 Rn. 3; Moos in BeckOK DatenschutzR DS-GVO Art. 38 Rn. 25). Der Vorschlag des EP, zum Zwecke des Berichtes ein Mitglied der obersten Leitung zu bestimmen, das die Verantwortung für die Einhaltung der Bestimmungen dieser VO trägt (vgl. Art. 35 Abs. 2 DS-GVO-E(EP)), wurde in die finale Fassung nicht aufgenommen. Eine **direkte Unterstellung** ist mit der Berichtsfunktion damit **nicht verbunden** (allgM, s. Bergt in Kühling/Buchner DS-GVO Art. 38 Rn. 25; Moos in BeckOK DatenschutzR DS-GVO Art. 38 Rn. 26; s. aber König in Knyrim DS-GVO, 238, der eine solche Anbindung empfiehlt; krit. zur Berichtslösung der DS-GVO auch Jaspers/Reif RDV 2016, 61 (64)). Zur entspr. Regelung für öffentl. Stellen in § 6 Abs. 3 S. 2 BDSG s. → BDSG § 6 Rn. 2. Üblich und anzuraten ist – unbeschadet von allfälligen aktuellen Entwicklungen und Ereignissen – für die Praxis jedenfalls ein Jahresgespräch sowie die Vorlage eines Jahresberichts zum Datenschutz durch den Datenschutzbeauftragten (s. Drewes in NK-DatenschutzR DS-GVO Art. 38 Rn. 39).

F. Konsultationsrecht der Betroffenen (Abs. 4)

Abs. 4 regelt die Stellung des Datenschutzbeauftragten ggü. den von einer **12** Verarbeitung betroffenen Personen. Nach Maßgabe von Abs. 4 erschöpft sich die Tätigkeit des Datenschutzbeauftragten nicht in einer rein internen Kontrolle, sondern der Datenschutzbeauftragte fungiert nach teilw. Auffassung als **„Anwalt der Betroffenen"** (Jaspers/Reif RDV 2012, 78 (82); krit. zu dieser Begrifflichkeit Heberlein in Ehmann/Selmayr DS-GVO Art. 38 Rn. 18: „Bindeglied") und kann von betroffenen Personen zu allen mit der Verarbeitung ihrer personenbezogenen Daten und mit der Wahrnehmung ihrer Rechte gem. der VO im Zusammenhang stehenden Fragen konsultiert werden. Dies setzt voraus, dass der Datenschutzbeauftragte durch die Betroffenen unmittelbar kontaktiert werden kann (hierzu Bergt in Kühling/Buchner DS-GVO Art. 38 Rn. 35). Dieses **Konsultationsrecht der Betroffenen** ggü. dem Datenschutzbeauftragten wird iSd Herstellung und Wahrung eines effektiven Schutzes personenbezogener Daten regelmäßig so auszulegen sein, dass korrespondierend zum Recht der Betroffenen auch eine **Pflicht** des Datenschutzbeauftragten besteht, sich mit dem vorgebrachten Anliegen des Betroffenen **zu befassen** und dieses Anliegen bei Feststellung bzw. begr. Aussicht auf Verstoß dem höchsten Management **vorzutragen** (zust. Bergt in Kühling/Buchner DS-GVO Art. 38 Rn. 36; hierzu auch Jaspers/Reif RDV 2012, 78 (80)). Diese Pflicht des Datenschutzbeauftragten umfasst sowohl die **Entgegennahme von Beschwerden** als auch eine **Beratung im Hinblick auf Rechte der Betroffenen** (Bergt in Kühling/Buchner DS-GVO Art. 38

Rn. 37). Adressat entspr. Anträge bleibt jedoch stets die benennende Stelle (s. Bergt in Kühling/Buchner DS-GVO Art. 38 Rn. 37; Moos in BeckOK DatenschutzR DS-GVO Art. 38 Rn. 28). Zur entspr. Regelung eines Konsultationsrechtes für öffentl. Stellen in § 6 Abs. 5 S. 1 BDSG → BDSG § 6 Rn. 4.

G. Bindung an Wahrung der Geheimhaltung und der Vertraulichkeit (Abs. 5)

13   Abs. 5 betrifft Geheimhaltungs- und Vertraulichkeitsverpflichtungen des Datenschutzbeauftragten. Der Datenschutzbeauftragte ist **nach dem Recht der EU oder der Mitgliedstaaten** bei Erfüllung seiner Aufgaben an die Wahrung der Geheimhaltung und der Vertraulichkeit gebunden. Damit stellt die DS-GVO **keine eigenen Geheimhaltungs- und Vertraulichkeitsverpflichtungen** auf, sondern verweist diesbzgl. vielmehr auf sonstige unionsrechtliche oder mitgliedstaatliche Vorschr. (vgl. Franzen EuZA 2017, 313 (341); Heberlein in Ehmann/Selmayr DS-GVO Art. 38 Rn. 19; Jaspers/Reif RDV 2016, 61 (65); Laue/Kremer Neues DatenschutzR § 6 Rn. 41; Maier/Ossoinig in Roßnagel EU-DS-GVO § 3 Rn. 361; aA Bergt in Kühling/Buchner DS-GVO Art. 38 Rn. 38, wonach Abs. 5 eine umfassende Verschwiegenheitspflicht auch ggü. der ihn benennenden Stelle aufstelle). Solche Geheimhaltungs- und Vertraulichkeitsverpflichtungen finden sich auf nationaler Ebene insbes. **in §§ 6 Abs. 5 S. 2, 38 Abs. 2 BDSG** (→ BDSG § 6 Rn. 4; → BDSG § 38 Rn. 16), nach denen der Datenschutzbeauftragte zur **Verschwiegenheit** über die Identität des Betroffenen sowie über die Umstände, die Rückschlüsse auf den Betroffenen zulassen, verpflichtet ist, sofern der Datenschutzbeauftragte nicht davon durch den Betroffenen befreit wird, und in **§§ 6 Abs. 6, 38 Abs. 2 BDSG** (→ BDSG § 6 Rn. 4; → BDSG § 38 Rn. 16), wo dem Datenschutzbeauftragten unter bestimmten Voraussetzungen ein **Zeugnisverweigerungsrecht** gewährt wird, und **§ 203 Abs. 2a StGB,** wonach einem Datenschutzbeauftragten unter bestimmten Voraussetzungen bei Verletzung von Privatgeheimnissen auch **strafrechtliche Konsequenzen** drohen. Die Wahrung von Geheimhaltung und Vertraulichkeit ist von zentraler Bedeutung für eine effektive Überwachung der Einhaltung der einschlägigen Rechtsvorschriften bei der Verarbeitung durch den Datenschutzbeauftragten (vgl. Art. 39 Abs. 1 lit. a → Art. 39 Rn. 5). Betroffene Personen müssen darauf vertrauen dürfen, dass Nachfragen und Hinweise, die ggf. auch Missstände aufzeigen, vorgebracht werden können, ohne dass die Betroffenen eine Offenlegung der Identität ggü. dem Verantwortlichen bzw. Auftragsverarbeiter zu befürchten zu haben; dies gilt va auch in Kontext von Beschäftigungs- und Arbeitsverhältnissen (s. auch Heberlein in Ehmann/Selmayr DS-GVO Art. 38 Rn. 19).

H. Wahrnehmung anderer Aufgaben / Vermeidung von Interessenkonflikten (Abs. 6)

Abs. 6 S. 1 stellt klar, dass der Datenschutzbeauftragte auch **andere Auf-** **14** **gaben und Pflichten** wahrnehmen kann, wobei allerdings stets das Auftreten von Interessenkonflikten zu vermeiden ist. Dies dürfte insbes. dann von Bedeutung sein, wenn es sich bei dem Datenschutzbeauftragten um einen Beschäftigten des Verantwortlichen oder Auftragsverarbeiters handelt (→ Art. 37 Rn. 14). Der Datenschutzbeauftragte kann seinen Aufgaben somit auch in Teilzeit nachgehen (s. Heberlein in Ehmann/Selmayr DS-GVO Art. 38 Rn. 21; Klug ZD 2016, 315 (317); ders. in Gola DS-GVO Art. 37 Rn. 16; Moos in BeckOK DatenschutzR DS-GVO Art. 38 Rn. 32). Eine Einschränkung gilt jedoch nach S. 2: Der Verantwortliche oder Auftragsverarbeiter muss sicherstellen, dass die Wahrnehmung dieser Aufgaben und Pflichten **nicht zu einem Interessenkonflikt führt** (zu möglichen Interessenkonflikten s. Bergt in Kühling/Buchner DS-GVO Art. 38 Rn. 39 ff.; Heberlein in Ehmann/Selmayr DS-GVO Art. 38 Rn. 22 ff.; Moos in Beck-OK DatenschutzR DS-GVO Art. 38 Rn. 33 ff.). Auch diese Vorgabe dient der **Sicherstellung der Unabhängigkeit** des Datenschutzbeauftragten bei Erfüllung seiner Aufgaben und Pflichten (→ Rn. 8 ff.). Es handelt sich um eine **Benennungsvoraussetzung** (Bergt in Kühling/Buchner DS-GVO Art. 38 Rn. 39; Maier/Ossoinig in Roßnagel EU-DS-GVO § 3 Rn. 348), während der Amtszeit des Datenschutzbeauftragten zudem um eine **echte Organisationspflicht** (Bergt in Kühling/Buchner DS-GVO Art. 38 Rn. 39). Ein zu vermeidender Interessenkonflikt kann insbes. angenommen werden, sofern **der Datenschutzbeauftragte sich selbst bzw. die Ergebnisse seiner eigenen Arbeit kontrollieren müsste** (s. Baumgartner/ Hansch ZD 2019, 99; Bergt in Kühling/Buchner DS-GVO Art. 38 Rn. 40; Heberlein in Ehmann/Selmayr DS-GVO Art. 38 Rn. 22; Moos in BeckOK DatenschutzR DS-GVO Art. 38 Rn. 35; Drewes in NK- DatenschutzR DS-GVO Art. 38 Rn. 54). Dies wäre va dann der Fall, wenn die Person aufgrund ihrer Stellung in der Unternehmensorganisation einen Einfluss auf die Datenverarbeitung des Unternehmens hat (s. Art-29-Datenschutzgruppe WP 243 – Datenschutzbeauftragter S. 19; Mayer in GSSV DS-GVO, Art. 38 Rn. 55). **Unzulässig** ist damit insbes. die **Benennung von Geschäftsführern** sowie Leitern der **IT-, Marketing-** oder **Personalabteilung** (s. Art-29-Datenschutzgruppe WP 243 rev.01 – Datenschutzbeauftragter S. 19; Heberlein, jM 2019, 19 (25); zur Benennung des Leiters der Rechts- oder Compliance-Abteilung s. Heberlein in Ehmann/Selmayr DS-GVO Art. 38 Rn. 23; Helfrich in HK-DS-GVO Art. 38 Rn. 78; zum Compliance-Beauftragten ferner Müller/Janicki InTeR 2016, 213 (216 f.); krit. zu einer dahingehenden Ämterkumulation Baumgartner/Hansch, ZD 2019, 99 (100); differenzierend zum Leiter der Rechtsabteilung Drewes in NK-DatenschutzR DS-GVO Art. 38 Rn. 56; zum Verhältnis zwischen Datenschutzbeauftragtem und Compliance-Abteilung Drewes in NK-DatenschutzR DS-GVO Art. 38 Rn. 57 ff.; differenzierend zu potenziellen Interessenkonflikten bei Mitarbeitern in IT-Abteilungen verschiedener Hierarchiestufen Kramer, DSB 2018, 87). Umstr. ist, ob die Betriebsratsmitgliedschaft einen unzulässigen Interessenkonflikt begründet (dafür Drewes in NK- DatenschutzR DS-GVO Art. 38 Rn. 55; Laue/Kremer Neues DatenschutzR § 6 Rn. 27; Wybitul/v. Gierke BB 2017, 181 (183); dagegen Moos in BeckOK DatenschutzR DS-GVO Art. 38 Rn. 37; Stück, ZD 2019, 256 (260); krit. Heberlein in Ehmann/Selmayr DS-GVO Art. 38 Rn. 24; Bergt in Kühling/Buchner DS-GVO Art. 38 Rn. 45 hält die Benennung von Mitgliedern des Betriebsrats für nicht empfehlenswert; noch für das BDSG dagegen BAG, Urt. v. 17.5.2011, 9 AZR 189/10, NZA 2011, 1036; LAG Sachs., Urt. v. 19.8.2019 – 9 Sa 268/18, BeckRS 2019, 22146). Ein Interessenkonflikt kann darüber hinaus angenommen werden, sofern die Person ein **wirtschaftliches Interesse am Unternehmenserfolg** hat (Bergt in Kühling/Buchner DS-GVO Art. 38 Rn. 41).

14a   Zur Anwendung in Bezug auf **externe Datenschutzbeauftragte** s. Bergt in Kühling/Buchner DS-GVO Art. 38 Rn. 39, für vertragliche Regelungen plädierend; Heberlein in Ehmann/Selmayr DS-GVO Art. 38 Rn. 24. Zur entspr. Regelung in § 7 Abs. 2 BDSG für öffentl. Stellen → BDSG § 7 Rn. 3. Zu potenziellen Interessenkonflikten bei externen Beratern (Unternehmensberatern, Wirtschaftsprüfern, Rechtsanwälten) als Datenschutzbeauftrage Baumgartner/Hansch, ZD 2019, 99 (103); in diesen Fällen einen Interessenkonflikt bejahend Däubler in DWWS DS-GVO Art. 38 Rn. 16. Praktisch kann der Verantwortliche oder Auftragsverarbeiter die Einhaltung der Anforderungen durch das **Erfordernis einer Nebentätigkeitsgenehmigung** sicherstellen (Helfrich in HK-DS-GVO Art. 38 Rn. 33); zu weiteren möglichen Maßnahmen des Verantwortlichen bzw. Auftragsverarbeiters zur Vermeidung von Interessenkonflikten Art-29-DSG WP 243 rev.01 – Datenschutzbeauftragter S. 19.

I. Sanktionen

15   Bei einem Verstoß gegen die Pflichten aus Art. 38 drohen gem. Art. 83 Abs. 4 lit. a (→ Art. 83 Rn. 22) dem Verantwortlichen bzw. Auftragsverarbeiter eine **Geldbuße** von bis zu **10 000 000 EUR** oder im Fall eines Unternehmens von bis zu **2 % seines gesamten weltweit erzielten Jahresumsatzes des vorangegangenen Geschäftsjahres,** abhängig davon, welcher der Beträge höher ist.

15a   **Zivilrechtlich** kommen zudem Schadensersatzansprüche in Betracht; hier wird ein allfälliger Entlastungsbeweis regelmäßig nicht greifen, falls der Datenschutzbeauftragte nicht frühzeitig und/oder nicht ordnungsgemäß eingebunden wurde sowie falls keine unmittelbare Berichtslinie zur höchsten Managementebene bestand (Bergt in Kühling/Buchner DS-GVO Art. 38 Rn. 47). Zum **Rechtsschutz** s. Heberlein in Ehmann/Selmayr DS-GVO Art. 38 Rn. 25. Zur **Haftung des Datenschutzbeauftragten** sowie zu **Rechtsbehelfen und Sanktionen gegen den Datenschutzbeauftragten** → Art. 37 Rn. 19 ff.

Art. 39 Aufgaben des Datenschutzbeauftragten

(1) Dem Datenschutzbeauftragten obliegen zumindest folgende Aufgaben:
a) Unterrichtung und Beratung des Verantwortlichen oder des Auftragsverarbeiters und der Beschäftigten, die Verarbeitungen durchführen, hinsichtlich ihrer Pflichten nach dieser Verordnung sowie nach sonstigen Datenschutzvorschriften der Union bzw. der Mitgliedstaaten;
b) Überwachung der Einhaltung dieser Verordnung, anderer Datenschutzvorschriften der Union bzw. der Mitgliedstaaten sowie der Strategien des Verantwortlichen oder des Auftragsverarbeiters für den Schutz personenbezogener Daten einschließlich der Zuweisung von Zuständigkeiten, der Sensibilisierung und Schulung der an den Verarbeitungsvorgängen beteiligten Mitarbeiter und der diesbezüglichen Überprüfungen;
c) Beratung – auf Anfrage – im Zusammenhang mit der Datenschutz-Folgenabschätzung und Überwachung ihrer Durchführung gemäß Artikel 35;
d) Zusammenarbeit mit der Aufsichtsbehörde;
e) Tätigkeit als Anlaufstelle für die Aufsichtsbehörde in mit der Verarbeitung zusammenhängenden Fragen, einschließlich der vorherigen Konsultation gemäß Artikel 36, und gegebenenfalls Beratung zu allen sonstigen Fragen.
(2) Der Datenschutzbeauftragte trägt bei der Erfüllung seiner Aufgaben dem mit den Verarbeitungsvorgängen verbundenen Risiko gebührend Rechnung, wobei er die Art, den Umfang, die Umstände und die Zwecke der Verarbeitung berücksichtigt.

BDSG und anderes nationales Recht: § 7 BDSG (kommentiert unter → BDSG § 7 Rn. 1 ff.).

Literatur: *Baumgartner/Hansch,* Der betriebliche Datenschutzbeauftragte – Best Practices und offene Fragen, ZD 2019, 99; *Bittner,* Der Datenschutzbeauftragte gemäß EU-Datenschutz-Grundverordnungs-Entwurf, RDV 2014, 183; *Bommer,* Chancen im Arbeitnehmerdatenschutz erkennen und nutzen. Gemeinsames Ziel von betrieblichen Datenschutzbeauftragten und Betriebsräten, ZD 2015, 123; *Bongers/Krupna,* Haftungsrisiken des internen Datenschutzbeauftragten – Zivilrechtliche Haftung, Bußgelder und Strafen, ZD 2013, 594; *Breyer/Duensing,* Haftpflicht-Versicherungsschutz für Datenschutzbeauftragte nach der DS-GVO, DuD 2019, 86; *Eckhardt,* EU-DatenschutzVO – Ein Schreckgespenst oder Fortschritt?, CR 2012, 195; *Eckhardt/Kramer,* EU-DSGVO – Diskussionspunkte aus der Praxis, DuD 2013, 287; *Eckhardt/Kramer/Mester,* Auswirkungen der geplanten EU-DS-GVO auf den deutschen Datenschutz, DuD 2013, 623; *Esser/Steffen,* Zivilrechtliche Haftung des Datenschutzbeauftragten – Wann haften interner und externer Datenschutzbeauftragter? CR 2018, 289; *Franck/Reif,* Pluralistische Datenschutzkontrolle – Datenschutzbeauftragte, Stellvertreter, Hilfspersonal und mehr, ZD 2015, 405; *Franzen,* Datenschutz-Grundverordnung und Arbeitsrecht, EuZA 2017, 313; GDD-Praxishilfe DS-GVO – Der Datenschutzbeauftragte nach der Datenschutz-Grundverordnung, 2016; *Fuhlrott,* Data Incident Management: Rechtlicher Umgang mit Datenpannen, NZA 2019, 649; *Franck,* Risikobasierte Aufgabenpriorisierung für Datenschutzbeauftragte, DSB 2019, 181; *Gola,* Spezifika bei der Benennung behördlicher Datenschutzbeauftragter, ZD 2019, 383; *Hoeren,* Der betriebliche Datenschutzbeauftragte – Neuerungen durch die geplante DS-GVO, ZD 2012, 355; *Jaspers/Reif,* Der betriebliche Datenschutzbeauftragte nach der geplanten EU-Datenschutz-Grundverordnung – ein Vergleich mit dem BDSG, RDV 2012, 78; *dies.,* Der Datenschutzbeauftragte: Bestellpflicht, Rechtsstellung und Aufgaben,

RDV 2016, 61; *Kahlert/Licht,* Die neue Rolle des Datenschutzbeauftragten nach der DS-GVO – Was Unternehmen zu beachten haben, ITRB 2016, 178; *Klug,* Die Position des EU-Parlaments zur zukünftigen Rolle von Datenschutzbeauftragten – ein kommentierter Überblick, RDV 2014, 90; *ders.,* Der Datenschutzbeauftragte in der EU – Maßgaben der Datenschutzgrundverordnung, ZD 2016, 315; *Kort,* Was ändert sich für Datenschutzbeauftragte, Aufsichtsbehörden und Betriebsrat mit der DS-GVO – Die zukünftige Rolle der Institutionen rund um den Beschäftigtendatenschutz, ZD 2017, 3; *Kramer,* Was muss der Datenschutzbeauftragte nach der DS-GVO erledigen?, DSB 2017, 126; *Lantwin,* Risikoberuf Datenschutzbeauftragter, ZD 2017, 411; *Marschall,* Strafrechtliche Haftungsrisiken des betrieblichen Datenschutzbeauftragten, ZD 2014, 66; *ders./Müller,* Der Datenschutzbeauftragte im Unternehmen zwischen BDSG und DS-GVO – Bestellung, Rolle, Aufgaben und Anforderungen im Fokus europäischer Veränderungen, ZD 2016, 415; *Müller/Janicki,* Die Wechselbeziehungen zwischen Datenschutz und Unternehmenscompliance unter Geltung der neuen Datenschutz-Grundverordnung, InTeR 2016, 213; *Niklas/Faas,* Der Datenschutzbeauftragte nach der Datenschutz-Grundverordnung, NZA 2017, 1091; *Peifer,* Auswirkungen der EU-Datenschutz-Grundverordnung auf öffentliche Stellen, GewArch 2014, 142; *Piltz,* Die Datenschutz-Grundverordnung – Teil 3: Rechte und Pflichten des Verantwortlichen und Auftragsverarbeiters, K&R 2016, 709; *ders./Hänt-schel,* Der Datenschutzbeauftragte – Anwalt, Berater, Haftungsobjekt?, RDV 2019, 277; *Steffen,* Zivilrechtliche Haftung von Datenschutzbeauftragten für Bußgelder, DuD 2018, 145; *Stück,* Betriebsrat oder Geheimrat?, ZD 2019, 256; *Thode,* Die neuen Compliance-Pflichten nach der Datenschutz-Grundverordnung, CR 2016, 714; *Weichert,* Die Zukunft des Datenschutzbeauftragten, CuA 4/2016, 8; *Wybitul,* Was ändert sich mit dem neuen EU-Datenschutzrecht für Arbeitgeber und Betriebsräte – Anpassungsbedarf bei Beschäftigtendatenschutz und Betriebsvereinbarungen, ZD 2016, 203; *ders./v. Gierke,* Checklisten zur DSGVO – Teil 2: Pflichten und Stellung des Datenschutzbeauftragten im Unternehmen, BB 2017, 181.

A. Allgemeines

1   Art. 39 statuiert (Mindest-)**Aufgaben,** die dem Datenschutzbeauftragten nach der DS-GVO obliegen. Im Zusammenspiel mit Art. 37 und Art. 38 werden durch Art. 39 wesentliche Voraussetzungen und Bestandteile der – internen und externen – datenschutzrechtlichen-Compliance durch das Wirken des Datenschutzbeauftragten festgelegt.

I. Inhalt der Vorschrift

2   Der Katalog des **Abs. 1** benennt (Mindest-)**Aufgaben** des Datenschutzbeauftragten. **Abs. 2** betrifft die **Art und Weise der Aufgabenerfüllung;** zu diesem Zweck wird bestimmt, dass der Datenschutzbeauftragte bei der Erfüllung seiner Aufgaben dem mit den Verarbeitungsvorgängen verbundenen Risiko gebührend Rechnung tragen muss.

II. Entstehungsgeschichte

3   Der **Kreis der (Mindest-)Aufgaben,** die dem Datenschutzbeauftragten nach der DS-GVO zwingend obliegen, ist deutlich **weniger umfangr. als noch in den Entwurfsfassungen** der KOM und des EP vorgesehen (s. auch Bergt in Kühling/Buchner DS-GVO Art. 39 Rn. 2 ff.; Drewes in NK-Daten-

schutzR DS-GVO Art. 39 Rn. 3; Klug in Gola DS-GVO Art. 39 Rn. 1, das Erg. als „Kompromisslösung" bezeichnend). Im ursprünglichen Entwurf der KOM niedergelegt waren zusätzlich zu den Aufgaben nach Abs. 1 etwa eine Zuständigkeit für die Überwachung der Erstellung des Verzeichnisses für Verarbeitungstätigkeiten gem. Art. 30 (Art. 37 Abs. 1 lit. d DS-GVO-E(KOM)), eine Zuständigkeit für die Überwachung der Dokumentation und Meldung von Verletzungen des Schutzes personenbezogener Daten sowie die Benachrichtigung davon gem. den Art. 33, 34 (Art. 37 Abs. 1 lit. e DS-GVO-E (KOM)). Der Vorschlag des EP sah darüber hinausgehend auch eine Zuständigkeit für die Unterrichtung der Arbeitnehmervertreter über die Verarbeitung von Daten der Arbeitnehmer vor (Art. 37 Abs. 1 lit. j DS-GVO-E(EP)). Zur Entstehungsgeschichte s. auch Bergt in Kühling/Buchner DS-GVO Art. 39 Rn. 2 ff.; Drewes in NK-DatenschutzR DS-GVO Art. 39 Rn. 3.

B. Einzelne Aufgaben (Abs. 1)

Der Katalog des Abs. 1 benennt eine Reihe von (Mindest-)**Aufgaben,** die **4** dem Datenschutzbeauftragten nach der Konzeption der DS-GVO zwingend obliegen. Dem Datenschutzbeauftragten können überdies auch weitere Aufgaben und Pflichten auferlegt werden, vgl. Art. 38 Abs. 6 (→ Art. 38 Rn. 14; ebenso und zu möglichen weiteren Aufgaben s. Bergt in Kühling/Buchner DS-GVO Art. 39 Rn. 10; Gola ZD 2019, 383 (388); Heberlein in Ehmann/ Selmayr DS-GVO Art. 39 Rn. 20); dies gilt insbesondere für **verbindliche interne Datenschutzvorschriften** (Art. 47 Abs. 2 lit. h und **vertragliche Absprachen** (→ Rn. 5 f.). Jedoch darf es durch die weiteren Aufgaben nicht zu einem Interessenkonflikt (→ Art. 38 Rn. 14) kommen und die ordnungsgemäße Erfüllung der Pflichtaufgaben des Datenschutzbeauftragten muss sichergestellt sein (Baumgartner/Hansch ZD 2019, 99 (100).

Zur **Haftung des Datenschutzbeauftragten** bei Verstoß gegen Pflichten des Art. 39 Abs. 1 vgl. → Rn. 11 f. Zur entspr. Regelung für Datenschutzbeauftragte öffentl. Stellen in § 7 Abs. 1 S. 1 BDSG → BDSG § 7 Rn. 2.

I. Unterrichtung und Beratung (lit. a)

Der Datenschutzbeauftragte hat den Verantwortlichen oder Auftragsverarbei- **5** ter sowie deren Beschäftigte, sofern diese Personen entsprechende Datenverarbeitungen durchführen, über deren Pflichten nach der DS-GVO sowie nach sonstigen Datenschutzvorschriften der EU bzw. der Mitgliedstaaten zu unterrichten und zu beraten (zu den Aufgaben der Unterrichtung und Beratung s. Bergt in Kühling/Buchner DS-GVO Art. 39 Rn. 11 ff.; Heberlein in Ehmann/Selmayr DS-GVO Art. 39 Rn. 7 ff.). Die Unterrichtungs- und Beratungspflicht erstreckt sich nicht nur auf Kern- oder Haupttätigkeiten, sondern umfasst auch Verarbeitungen iRe Hilfsfunktion, so bspw. die Verarbeitung von Mitarbeiterdaten (Heberlein in Ehmann/Selmayr DS-GVO Art. 39 Rn. 7). Als **Unterrichtung** ist die Mitteilung und Erläuterung der einschlägigen datenschutzrechtlichen Vorgaben zu verstehen. Diese Unterrichtung hat sinnvollerweise **proaktiv** zu erfolgen (Bergt in Kühling/Buchner DS-GVO Art. 39 Rn. 11; Heberlein in Ehmann/Selmayr DS-GVO Art. 39 Rn. 8; Moos in BeckOK DatenschutzR DS-GVO Art. 39 Rn. 3; v. d. Bussche in Plath DS-GVO Art. 39 Rn. 3). Eine **Beratung** bietet über die bloße Wiedergabe der einschlägigen Vorschr. hinaus eine Unterstützung beim Lösen von konkreten Problemen, die im Zuge der spezifischen Umsetzung der datenschutzrechtlichen Vorgaben auftauchen (können) (krit. wegen eines möglichen Konfliktes zur Überwachungsaufgabe Kahlert/Licht ITRB 2016, 178 (181)). So führt ErwGr 77 aus, der Datenschutzbeauftragte könne ggü. dem Verantwortlichen oder Auftragsverarbeiter hinsichtlich der Durchführung geeigneter Maßnahmen und Einhaltung der Anforderungen der DS-GVO Hinweise geben. Es empfiehlt sich, Unterrichtungs- und Beratungstätigkeiten zu **dokumentieren,** um im Bedarfsfall die ordnungsgemäße Erfüllung der Aufgaben und Pflichten nachweisen zu können (Heberlein in Ehmann/Selmayr DS-GVO Art. 39 Rn. 8). Schwierig ist regelmäßig die Abgrenzung der Unterrichtung und Beratung einerseits von der Schulung andererseits; nach Abs. 1 lit b kommt die Aufgabe der Schulung der benennenden Stelle zu, während der Datenschutzbeauftragte insoweit (nur) die ordnungsgemäße Durchführung zu überwachen hat (zutr. Bergt in Kühling/Buchner DS-GVO Art. 39 Rn. 12).

II. Überwachung (lit. b)

6 Dem Datenschutzbeauftragten werden **umfassende Überwachungszuständigkeiten** auferlegt (krit. insoweit wegen drohender Haftungsrisiken Marschall/Müller ZD 2016, 415 (418)). Die Überwachung durch den Datenschutzbeauftragten befreit die verantwortliche Stelle nicht von der Pflicht zur Einhaltung der datenschutzrechtlichen Vorgaben (s. Heberlein in Ehmann/Selmayr DS-GVO Art. 39 Rn. 10). Eine Überwachungspflicht besteht bzgl. der **Einhaltung einschlägiger Rechtsvorschriften.** Die einzuhaltenden Rechtsvorschriften umfassen insbes. die DS-GVO sowie sonstige Datenschutzvorschriften der EU und der Mitgliedstaaten. Krit. zu im Hinblick auf die Überwachungspflicht durch den Datenschutzbeauftragten erwachsende Handlungsverpflichtungen Helfrich in HK-DS-GVO Art. 39 Rn. 71 f. Eine Überwachungspflicht besteht darüber hinaus bzgl. der internen **Strategien des Verantwortlichen oder des Auftragsverarbeiters für den Schutz personenbezogener Daten.** Die vorgenannten Strategien sollen als **organisatorische Maßnahmen** iSd Art. 24 Abs. 1 S. 1 (→ Art. 24 Rn. 20 ff.; s. Heberlein in Ehmann/Selmayr DS-GVO Art. 39 Rn. 11; Moos in BeckOK DatenschutzR DS-GVO Art. 39 Rn. 10) vom Verantwortlichen bzw. Auftragsverarbeiter festgelegt werden und dienen gem. ErwGr 78 dem Nachweis der Einhaltung der DS-GVO. Bei der Überwachungszuständigkeit handelt es sich um eine zentrale datenschutzrechtliche **Compliance-Aufgabe** (vgl. Klug in Gola DS-GVO Art. 39 Rn. 4; Raum in Auernhammer DS-GVO Art. 37 Rn. 12). Eine mitwirkende Tätigkeit des Datenschutzbeauftragten bei Entwicklung der internen Strategien wird von der DS-GVO hingegen nicht ausdr. vorgesehen (krit. hierzu Jaspers/Reif RDV 2012, 78 (81)).

Die Überwachungspflicht schließt nach dem Wortlaut des lit. b („ein- **6a**
schließlich") die **Zuweisung von Zuständigkeiten, die Sensibilisierung
und Schulung der an den Verarbeitungsvorgängen beteiligten Mitarbeiter** und diesbzgl. **Überprüfungen** mit ein. Der Wortlaut der Norm ist
an dieser Stelle allerdings nicht eindeutig (vgl. zu den möglichen Auslegungs-
varianten s. etwa Laue/Kremer Neues DatenschutzR § 6 Rn. 49 ff.). Grammatikalisch ist sowohl eine Auslegung dahingehend möglich, dass „die Zuweisung von Zuständigkeiten, die Sensibilisierung und Schulung der an den
Verarbeitungsvorgängen beteiligten Mitarbeiter und diesbezügliche Überprüfungen" sich auf den am Normanfang stehenden Begriff der „Überwachung"
bezieht – und daher vom Datenschutzbeauftragten ausschl. überwacht, nicht
aber selbst durchgeführt werden soll (so Bergt in Kühling/Buchner DS-GVO
Art. 39 Rn. 14; Heberlein in Ehmann/Selmayr DS-GVO Art. 39 Rn. 20;
Klug in Gola DS-GVO Art. 39 Rn. 4). Möglich ist allerdings auch eine
Auslegung, nach der dem Datenschutzbeauftragten die Aufgabe zukommt, im
Hinblick auf die Überwachung der Einhaltung der einschlägigen Rechtsvorschriften und internen Strategien **allfällige Zuständigkeiten iRd Über-
wachungsprozesses selbst festzulegen** sowie einzelnen Mitarbeitern zu-
zuweisen und die **Sensibilisierung und Schulung** der an den Verarbeitungsvorgängen beteiligten Mitarbeiter **selbst durchzuführen.** Für letztere Lesart
spricht insbes., dass es kaum zweckmäßig wäre, wenn dem Datenschutzbeauftragten die Unterrichtung der Beschäftigten nach Art. 39 Abs. 1 lit. a übertragen wird, die Sensibilisierung und Schulung hingegen dem Verantwortlichen obliegt (s. Laue/Kremer Neues DatenschutzR § 6 Rn. 50; für die
Sensibilisierung und Schulung als Aufgabe des Datenschutzbeauftragten auch
Franzen EuZA 2017, 313 (342); Thode CR 2016, 714 (718); krit. bzgl. einer
Befugnis des Datenschutzbeauftragten zur Zuweisung von Zuständigkeiten
mit Blick auf eine drohende Durchbrechung bestehender Weisungs- und Ver-
antwortungsbeziehungen Helfrich in HK-DS-GVO Art. 39 Rn. 82 ff. sowie
gegen eine Pflicht des Datenschutzbeauftragten zur Sensibilisierung und Schulung der Mitarbeiter Helfrich in HK-DS-GVO Art. 39 Rn. 86 ff.).

Zur Sicherstellung der Wahrung datenschutzrechtlicher Vorgaben sind für **6b**
die Praxis **regelmäßige Kontrollen durch den Datenschutzbeauftragten**
anzuraten. Anders noch als unter Geltung des BDSG aF (BAG NZA 1998,
385; zum Verhältnis von Datenschutzbeauftragten und Betriebsrat nach alter
Rechtslage s. auch Bommers ZD 2015, 123; Franck/Reif ZD 2015, 405
(408)) soll unter Geltung der DS-GVO auch der Betriebsrat nicht von einer
Kontrolle durch den Datenschutzbeauftragten befreit sein (Baumgartner/
Hansch ZD 2019, 99 (102); Bergt in Kühling/Buchner DS-GVO Art. 39
Rn. 45; Drewes in NK-DatenschutzR DS-GVO Art. 39 Rn. 27; Kort ZD
2017, 3 (6); s. hierzu auch Wybitul/v. Gierke BB 2017, 181 (184); Stück ZD
2019, 256 (259); dagegen Moos in BeckOK DatenschutzR DS-GVO Art. 39
Rn. 14). Die Erg. dieser Kontrollen sollte der Datenschutzbeauftragte doku-
mentieren, insbes. um iR aufsichtsbehördlicher Kontrollen eine pflichtgem.
Erfüllung seiner Aufgaben nachweisen zu können (s. DSK Kurzpapier Daten-
schutzbeauftragte S. 4; Haag in FHS Datenschutz Kap. 2 Rn. 92; Moos in
BeckOK DatenschutzR DS-GVO Art. 39 Rn. 13).

III. Beratung bei Datenschutz-Folgenabschätzung und Überwachung ihrer Durchführung (lit. c)

7 Der Datenschutzbeauftragte ist nach lit. c an der Durchführung der **Datenschutz-Folgenabschätzung** beteiligt, wenngleich sich der Gesetzgeber dagegen entschieden hat, dem Datenschutzbeauftragten die Zuständigkeit für die Datenschutz-Folgenabschätzung nach Art. 35 (→ Art. 35 Rn. 1 ff.) vollständig zu übertragen (krit. hierzu Jaspers/Reif RDV 2012, 78 (82, 84)). Zur Frage, ob dem Datenschutzbeauftragten die Durchführung der Datenschutz-Folgenabschätzung als zusätzliche Aufgabe übertragen werden kann s. Bergt in Kühling/Buchner DS-GVO Art. 39 Rn. 16; Heberlein in Ehmann/Selmayr DS-GVO Art. 39 Rn. 13; krit. Baumgartner/Hansch ZD 2019, 99 (100)). Der Datenschutzbeauftragte hat eine **beratende Tätigkeit** im Kontext der Datenschutz-Folgenabschätzung auszuüben. Ungeachtet dessen, dass die Bewertung nach dem Wortlaut des lit. c nur „auf Anfrage" erfolgt, steht die Beiziehung des Datenschutzbeauftragten nicht im Belieben des Verantwortlichen (Heberlein in Ehmann/Selmayr DS-GVO Art. 39 Rn. 15; dies in Frage stellend Mayer in GSSV DS-GVO Art. 39 Rn. 17). Vielmehr folgt aus der entspr. Formulierung in Art. 35 Abs. 2 (→ Art. 35 Rn. 58), dass der Verantwortliche bei Durchführung der Datenschutz-Folgenabschätzung (zwingend) den Rat des Datenschutzbeauftragten einzuholen hat, sofern ein solcher benannt wurde (für eine verpflichtende Beiziehung auch Bergt in Kühling/Buchner DS-GVO Art. 39 Rn. 16; Drewes in NK-DatenschutzR DS-GVO Art. 39 Rn. 32; Heberlein in Ehmann/Selmayr DS-GVO Art. 39 Rn. 15). Neben der Beratung hat der Datenschutzbeauftragte zusätzlich die Durchführung der Datenschutz-Folgenabschätzung zu überwachen. Bereits der Wortlautvergleich zur Beratungsaufgabe zeigt, dass auch die Beteiligung des Datenschutzbeauftragten bei der **Überwachung** der Durchführung der Datenschutz-Folgenabschätzung nicht im Belieben des Verantwortlichen steht. **Zu den Elementen der Folgenabschätzung** s. Art-29-DSG WP 243 rev.01 – Datenschutzbeauftragter S. 20 f.

IV. Zusammenarbeit mit der Aufsichtsbehörde (lit. d)

8 Nach der DS-GVO ist eine **umfassende Kooperation des Datenschutzbeauftragten mit den ASB** vorgesehen (krit. wegen dieser „**Doppelrolle**" und einer möglichen Kollision zu arbeitsrechtlichen Treuepflichten Bergt in Kühling/Buchner DS-GVO Art. 39 Rn. 19; Kort ZD 2017, 3 (7); Laue/Kremer Neues DatenschutzR § 6 Rn. 54; Marschall/Müller ZD 2016, 415 (418)). Durch die Befugnis zum Außenkontakt mit den ASB wird die Stellung des Datenschutzbeauftragten innerhalb des Unternehmens zusätzlich gestärkt (Jaspers/Reif RDV 2012, 78 (83); 2016, 61 (66 f.)). Von der Kooperationspflicht **nicht umfasst** ist die **Verpflichtung** des Datenschutzbeauftragten **zur sofortigen Meldung von Verstößen ggü.** der ASB (zust. Heberlein in Ehmann/Selmayr DS-GVO Art. 39 Rn. 19; idS wohl auch Bergt in Kühling/Buchner DS-GVO Art. 39 Rn. 19, eine Meldepflicht nur bei bes. schweren Verstößen wie Straftaten bejahend; idS. auch Drewes in NK-DatenschutzR DS-GVO Art. 39 Rn. 36). Die Treuepflicht der Datenschutzbeauftragten ggü. dem Verantwortlichen bzw. Auftragsverarbeiter erfordert es vielmehr, dass der Datenschutzbeauftragte vorrangig **alle internen Maßnahmen zur Beseitigung** der Verstöße **ausschöpft** (Heberlein in Ehmann/Selmayr DS-GVO Art. 39 Rn. 19; Jaspers/Reif RDV 2016, 61 (67); Kramer DSB 2017, 126 (127); dies für „fraglich" haltend Bergt in Kühling/Buchner DS-GVO Art. 39 Rn. 19). Ein solches kooperatives Verständnis entspricht auch der Stellung des Datenschutzbeauftragten als vorwiegend interne Kontrollinstanz.

Die Entwurfsfassung der KOM sah über die bloße Zusammenarbeit hinaus **8a** eine Zuständigkeit des Datenschutzbeauftragten für die Überwachung der auf Anfrage der ASB ergriffenen Maßnahmen vor (Art. 35 Abs. 1 lit. g DS-GVO-E(KOM)). Diese Regelung stieß allerdings zu Recht auf Bedenken im Hinblick auf die Gewährleistung einer unabhängigen Aufgabenwahrnehmung des Datenschutzbeauftragten (Jaspers/Reif RDV 2012, 78 (83)) und hat letztlich keinen Eingang gefunden in die Endfassung. Art. 57 Abs. 3 (→ Art. 57 Rn. 26 ff.) stellt klar, dass die Erfüllung der Aufgaben der ASB für den Datenschutzbeauftragten (ebenso wie für die betroffene Person) unentgeltlich erfolgt.

V. Anlaufstelle für die Aufsichtsbehörde (lit. e)

Nach lit. e wirkt der Datenschutzbeauftragte als **Anlaufstelle für die ASB** in **9** mit der Verarbeitung zusammenhängenden Fragen, einschl. der vorherigen Konsultation gem. Art. 36 (vgl. → Art. 36 Rn. 5 ff.; vgl. Bergt in Kühling/Buchner DS-GVO Art. 39 Rn. 18, da die ASB damit „den wohl kompetentesten internen Ansprechpartner" habe). Über die verpflichtende Mitteilung der Kontaktdaten des Datenschutzbeauftragten nach Art. 37 Abs. 7 (→ Art. 37 Rn. 17) wird sichergestellt, dass die ASB von der benannten Person Kenntnis erlangt. Ob der Funktion des Datenschutzbeauftragten nach lit. e als **Anlaufstelle für die ASB** praktische Relevanz zukommt, darf jedoch bezweifelt werden, da sich die meisten Fälle schon unter die Zusammenarbeit mit der ASB nach lit. d (→ Rn. 8) subsumieren lassen. Jedenfalls stellt lit. e klar, dass sich die ASB für Fragen im Zusammenhang mit Verarbeitungsvorgängen sowie im Verfahren der vorherigen Konsultation nach Art. 36 nicht zwingend zuerst an den Verantwortlichen bzw. Auftragsverarbeiter wenden muss, sondern die ASB vielmehr den Datenschutzbeauftragten unmittelbar kontaktieren kann. Darüber hinaus hat der Datenschutzbeauftragte nach dem Wortlaut des lit. e die ASB ggf. zu allen sonstigen Fragen zu beraten. Die Formulierung „gegebenenfalls" stellt insofern klar, dass eine Beratung nur zu erfolgen hat, sofern auch tatsächlich ein Beratungswunsch der ASB besteht, mit dem diese an den Datenschutzbeauftragten herantritt. Die Beratung erfolgt zu allen sonstigen Fragen; dabei wird allerdings ein konkreter Bezug zu Verarbeitungsvorgängen des Verantwortlichen bzw. Auftragsverarbeiters, von denen der Datenschutzbeauftragte benannt wurde, zu fordern sein. Zur **Funktion als Anlaufstelle** s. auch Heberlein in Ehmann/Selmayr DS-GVO Art. 39 Rn. 17 ff. Zu einem **Initiativrecht des Daten-**

schutzbeauftragten, sich selbständig an die Aufsichtsbehörde zu wenden Bergt in Kühling/Buchner DS-GVO Art. 39 Rn. 19: „erhebliches Konfliktpotenzial"; Heberlein in Ehmann/Selmayr DS-GVO Art. 39 Rn. 19, zurecht auf die Loyalitätspflicht des Datenschutzbeauftragten gegenüber der benennenden Stelle verweisend; Helfrich in HK-DS-GVO Art. 39 Rn. 109 f.

C. Risiko bei Verarbeitungsvorgängen (Abs. 2)

10 Abs. 2 enthält eine Vorgabe zur Art und Weise der Aufgabenerfüllung und ist Ausfluss des risikobasierten Ansatzes der Verordnung. Danach muss der Datenschutzbeauftragte bei der Erfüllung seiner Aufgaben dem mit den Verarbeitungsvorgängen verbundenen Risiko gebührend Rechnung tragen. Abs. 2 normiert damit eine bes. **Sorgfaltspflicht** des Datenschutzbeauftragten. Der Datenschutzbeauftragte hat bei Erfüllung seiner Aufgaben insbes. die aus den Verarbeitungsvorgängen resultierenden **Gefahren für den Schutz personenbezogener Daten** natürlicher Personen zu berücksichtigen. Dies erfordert va auch **Verschwiegenheit** hinsichtlich der Identität der Betroffenen sowie der zur Kenntnis erlangten Dateninhalte. Von den Datenschutzbeauftragten wird zudem eine Priorisierung ihrer Tätigkeit anhand des zu Grunde liegenden Risikos der entspr. Tätigkeit erwartet (s. Art-29-Datenschutzgruppe WP 243 rev.01 – Datenschutzbeauftragter S. 22). Ferner muss der Datenschutzbeauftragte **gewissenhaft und genau** arbeiten sowie in bes. Maße auf die Einhaltung von Vorgaben der Datensicherheit achten. Bei der Bestimmung der erforderlichen Sorgfalt sind nach Abs. 2 **Art, Umf., Umstände und Zwecke der Verarbeitung** zu berücksichtigen. Insbes. bei der **Verarbeitung von Kategorien bes. sensibler Daten** nach Art. 9 (→ Art. 9 Rn. 6 ff.) und Art. 10 (→ Art. 10 Rn. 4 ff.) oder bei einer sehr umfangr. Datenerfassung oder -verarbeitung ist ein hohes Maß an Sorgfalt geboten. Zur **risikoorientierten Aufgabenerfüllung** s. ferner Bergt in Kühling/Buchner DS-GVO Art. 39 Rn. 23; Heberlein in Ehmann/Selmayr DS-GVO Art. 39 Rn. 22. Zur entspr. Regelung für Datenschutzbeauftragte öffentl. Stellen in § 7 Abs. 3 S. 1 BDSG → BDSG § 7 Rn. 3.

D. Haftung des Datenschutzbeauftragten

11 Die höchst praxisrelevante Frage, ob und inwieweit der Datenschutzbeauftragte bei Nicht- oder Schlechterfüllung seiner Aufgaben aus Art. 39 Abs. 1 haftet, lässt die DS-GVO weitgehend unbeantwortet. Geldbußen ggü. dem Datenschutzbeauftragten bei Verstoß gegen die Pflichten aus Art. 39 (→ Rn. 4 ff.) sehen die Art. 83 Abs. 4 und 5 (→ Art. 83 Rn. 22 ff.) jedenfalls nicht vor. Ferner statuiert die DS-GVO auch **keine gerichtlichen Rechtsbehelfe** der betroffenen Person gegen den Datenschutzbeauftragten (Heberlein in Ehmann/Selmayr DS-GVO Art. 37 Rn. 48); eine unmittelbare, auf die DS-GVO gestützte Haftung des Datenschutzbeauftragten scheidet aus, da dieser weder Verantwortlicher noch Auftragsverarbeiter ist (Bergt in Kühling/

Buchner DS-GVO Art. 37 Rn. 51). Gleichwohl können gegenüber dem Datenschutzbeauftragten **Ansprüche aus Vertragsrecht gegenüber der** ihn **benennenden Stelle** (Bergt in Kühling/Buchner DS-GVO Art. 37 Rn. 53) und aus **Deliktsrecht gegenüber betroffenen Personen** (Bergt in Kühling/Buchner DS-GVO Art. 37 Rn. 54) bestehen. Bei **internen Datenschutzbeauftragten** müssen insoweit die **arbeitsrechtlichen Besonderheiten,** namentlich der **innerbetriebliche Schadensausgleich** und die **Beweislastumkehr des § 619a BGB** (Moos in BeckOK DatenschutzR DS-GVO Art. 39 Rn. 3; Kühling/Buchner DS-GVO Art. 37 Rn. 53), bei einem Datenschutzbeauftragten einer Behörde ggf. die privilegierten Haftungsregelungen für Beamte beachtet werden (Mayer in GSSV DS-GVO Art. 38 Rn. 68). Im Verhältnis zum Betroffenen kommen unter engen Voraussetzungen deliktsrechtliche Ansprüche in Betracht (Fuhlrott NZA 2019, 649 (653)). Insoweit dürfte iRd Nicht- oder Schlechterfüllung der Aufgaben nach der DS-GVO nichts anderes gelten. Mögliche Ansatzpunkte für eine deliktische Haftung ggü. Betroffenen unter dem Gesichtspunkt einer Verletzung des allg. Persönlichkeitsrechts könnten bspw. Verstöße gegen die Verschwiegenheitspflicht, die aktive Falschberatung der benennenden Stelle oder das Unterlassen von Überwachungsmaßnahmen nach Art. 39 Abs. 1 lit. b (→ Rn. 6) sein (s. Bergt in Kühling/Buchner DS-GVO Art. 37 Rn. 54; gegen eine Außenhaftung aufgrund einer Verletzung der DS-GVO Laue/Kremer Neues DatenschutzR § 6 Rn. 57). Zu **Haftpflichtversicherungen für Datenschutzbeauftragte** s. Breyer/Duensing DuD 2019, 86.

12 Eine **Strafbarkeit** des Datenschutzbeauftragten für den Fall, dass er ihm in seiner Stellung anvertraute fremde Geheimnisse offenbart, kommt nach § 203 Abs. 4 S. 1 StGB sowie nach dem auf die Öffnungsklausel in Art. 84 Abs. 1 GS-GVO zurückgehenden § 42 BDSG in Betracht. Im Hinblick auf nicht ordnungsgemäße Verarbeitungen durch den Verantwortlichen wurde auf Grdl. des nationalen Rechtes allerdings in der Vergangenheit eine straf- und ordnungswidrigkeitenrechtliche Haftung des Datenschutzbeauftragten im Regelfall abgelehnt: Da die abschl. Entscheidung über die Verarbeitung grds. dem Verantwortlichen oblag, kam im Hinblick auf eine täterschaftliche Begehung allein eine Unterlassensstrafbarkeit in Betracht. Diese Unterlassensstrafbarkeit scheiterte jedoch an der Garantenstellung des Datenschutzbeauftragten, da der Datenschutzbeauftragte nach § 4g Abs. 1 S. 1 BDSG aF nur auf die Einhaltung der einschlägigen Rechtsvorschriften „hinwirken" musste (aA Marschall ZD 2014, 66 (68)). Gem. Art. 39 Abs. 1 muss der Datenschutzbeauftragte allerdings nunmehr nicht mehr nur auf die Einhaltung der Rechtsvorschriften hinwirken, sondern ihn treffen überdies umfassende Überwachungspflichten (→ Rn. 6). IdS könnte der Datenschutzbeauftragte als **Überwachergarant im straf- und ordnungswidrigkeitenrechtlichen Sinne** einzuordnen sein (so Bergt in Kühling/Buchner DS-GVO Art. 37 Rn. 55; Laue/Kremer Neues DatenschutzR § 6 Rn. 60; Wybitul ZD 2016, 203 (205); ders./v. Gierke BB 2017, 181 (182); dagegen Drewes in NK-DatenschutzR DS-GVO Art. 39 Rn. 59 ff.; Lantwin ZD 2017, 411 (414); Mayer in GSSV DS-GVO, Art. 38 Rn. 69 ff; Moos in BeckOK DatenschutzR DS-GVO Art. 39 Rn. 38; Niklas/Faas NZA 2017, 1091 (1096);

Wolff in Schantz/Wolff DatenschutzR Rn. 911, nach denen der Datenschutzbeauftragte keine Garantiepflicht ggü. Dritten besitzt; offenlassend Thode CR
2016, 714 (718); zur Rückgriffshaftung von Datenschutzbeauftragten für dem
Verantwortlichen auferlegte Bußgelder Steffen DuD 2018, 145), womit sich
die Haftungsrisiken für den Datenschutzbeauftragten massiv verschärfen würden. Zudem kommt eine **Gehilfenstrafbarkeit** des Datenschutzbeauftragten
gemäß § 27 StGB für unrechtmäßige Verarbeitungen durch den Verantwortlichen in Betracht (Laue/Kremer Neues DatenschutzR § 6 Rn. 57).

E. Sanktionen

13 Bei Verstoß gegen die Pflichten aus Art. 39 drohen gem. Art. 83 Abs. 4 lit. a
(→ Art. 83 Rn. 22) dem **Verantwortlichen bzw. Auftragsverarbeiter** eine
Geldbuße von bis zu **10 000 000 EUR** oder im Fall eines Unternehmens von
bis zu **2 % seines gesamten weltweit erzielten Jahresumsatzes des vorangegangenen Geschäftsjahres,** abhängig davon, welcher der Beträge
höher ist.

Abschnitt 5. Verhaltensregeln und Zertifizierung

Art. 40 Verhaltensregeln

(1) Die Mitgliedstaaten, die Aufsichtsbehörden, der Ausschuss und die Kommission fördern die Ausarbeitung von Verhaltensregeln, die nach Maßgabe der
Besonderheiten der einzelnen Verarbeitungsbereiche und der besonderen Bedürfnisse von Kleinstunternehmen sowie kleinen und mittleren Unternehmen zur
ordnungsgemäßen Anwendung dieser Verordnung beitragen sollen.

(2) Verbände und andere Vereinigungen, die Kategorien von Verantwortlichen
oder Auftragsverarbeitern vertreten, können Verhaltensregeln ausarbeiten oder
ändern oder erweitern, mit denen die Anwendung dieser Verordnung beispielsweise zu dem Folgenden präzisiert wird:
a) faire und transparente Verarbeitung;
b) die berechtigten Interessen des Verantwortlichen in bestimmten Zusammen-
    hängen;
c) Erhebung personenbezogener Daten;
d) Pseudonymisierung personenbezogener Daten;
e) Unterrichtung der Öffentlichkeit und der betroffenen Personen;
f) Ausübung der Rechte betroffener Personen;
g) Unterrichtung und Schutz von Kindern und Art und Weise, in der die Einwil-
    ligung des Trägers der elterlichen Verantwortung für das Kind einzuholen ist;
h) die Maßnahmen und Verfahren gemäß den Artikeln 24 und 25 und die Maß-
    nahmen für die Sicherheit der Verarbeitung gemäß Artikel 32;
i) die Meldung von Verletzungen des Schutzes personenbezogener Daten an
    Aufsichtsbehörden und die Benachrichtigung der betroffenen Person von sol-
    chen Verletzungen des Schutzes personenbezogener Daten;

j) die Übermittlung personenbezogener Daten an Drittländer oder an internationale Organisationen oder

k) außergerichtliche Verfahren und sonstige Streitbeilegungsverfahren zur Beilegung von Streitigkeiten zwischen Verantwortlichen und betroffenen Personen
im Zusammenhang mit der Verarbeitung, unbeschadet der Rechte betroffener
Personen gemäß den Artikeln 77 und 79.

(3) [1]Zusätzlich zur Einhaltung durch die unter diese Verordnung fallenden Verantwortlichen oder Auftragsverarbeiter können Verhaltensregeln, die gemäß Absatz 5 des vorliegenden Artikels genehmigt wurden und gemäß Absatz 9 des
vorliegenden Artikels allgemeine Gültigkeit besitzen, auch von Verantwortlichen
oder Auftragsverarbeitern, die gemäß Artikel 3 nicht unter diese Verordnung
fallen, eingehalten werden, um geeignete Garantien im Rahmen der Übermittlung
personenbezogener Daten an Drittländer oder internationale Organisationen nach
Maßgabe des Artikels 46 Absatz 2 Buchstabe e zu bieten. [2]Diese Verantwortlichen oder Auftragsverarbeiter gehen mittels vertraglicher oder sonstiger rechtlich bindender Instrumente die verbindliche und durchsetzbare Verpflichtung ein,
die geeigneten Garantien anzuwenden, auch im Hinblick auf die Rechte der
betroffenen Personen.

(4) Die Verhaltensregeln gemäß Absatz 2 des vorliegenden Artikels müssen
Verfahren vorsehen, die es der in Artikel 41 Absatz 1 genannten Stelle ermöglichen, die obligatorische Überwachung der Einhaltung ihrer Bestimmungen durch
die Verantwortlichen oder die Auftragsverarbeiter, die sich zur Anwendung der
Verhaltensregeln verpflichten, vorzunehmen, unbeschadet der Aufgaben und Befugnisse der Aufsichtsbehörde, die nach Artikel 55 oder 56 zuständig ist.

(5) [1]Verbände und andere Vereinigungen gemäß Absatz 2 des vorliegenden
Artikels, die beabsichtigen, Verhaltensregeln auszuarbeiten oder bestehende Verhaltensregeln zu ändern oder zu erweitern, legen den Entwurf der Verhaltensregeln bzw. den Entwurf zu deren Änderung oder Erweiterung der Aufsichtsbehörde vor, die nach Artikel 55 zuständig ist. [2]Die Aufsichtsbehörde gibt eine Stellungnahme darüber ab, ob der Entwurf der Verhaltensregeln bzw. der Entwurf zu
deren Änderung oder Erweiterung mit dieser Verordnung vereinbar ist und genehmigt diesen Entwurf der Verhaltensregeln bzw. den Entwurf zu deren Änderung
oder Erweiterung, wenn sie der Auffassung ist, dass er ausreichende geeignete
Garantien bietet.

(6) Wird durch die Stellungnahme nach Absatz 5 der Entwurf der Verhaltensregeln bzw. der Entwurf zu deren Änderung oder Erweiterung genehmigt und
beziehen sich die betreffenden Verhaltensregeln nicht auf Verarbeitungstätigkeiten in mehreren Mitgliedstaaten, so nimmt die Aufsichtsbehörde die Verhaltensregeln in ein Verzeichnis auf und veröffentlicht sie.

(7) Bezieht sich der Entwurf der Verhaltensregeln auf Verarbeitungstätigkeiten
in mehreren Mitgliedstaaten, so legt die nach Artikel 55 zuständige Aufsichtsbehörde – bevor sie den Entwurf der Verhaltensregeln bzw. den Entwurf zu deren
Änderung oder Erweiterung genehmigt – ihn nach dem Verfahren gemäß Artikel 63 dem Ausschuss vor, der zu der Frage Stellung nimmt, ob der Entwurf der
Verhaltensregeln bzw. der Entwurf zu deren Änderung oder Erweiterung mit
dieser Verordnung vereinbar ist oder – im Fall nach Absatz 3 dieses Artikels –
geeignete Garantien vorsieht.

(8) Wird durch die Stellungnahme nach Absatz 7 bestätigt, dass der Entwurf der Verhaltensregeln bzw. der Entwurf zu deren Änderung oder Erweiterung mit dieser Verordnung vereinbar ist oder – im Fall nach Absatz 3 – geeignete Garantien vorsieht, so übermittelt der Ausschuss seine Stellungnahme der Kommission.

(9) [1] Die Kommission kann im Wege von Durchführungsrechtsakten beschließen, dass die ihr gemäß Absatz 8 übermittelten genehmigten Verhaltensregeln bzw. deren genehmigte Änderung oder Erweiterung allgemeine Gültigkeit in der Union besitzen. [2] Diese Durchführungsrechtsakte werden gemäß dem Prüfverfahren nach Artikel 93 Absatz 2 erlassen.

(10) Die Kommission trägt dafür Sorge, dass die genehmigten Verhaltensregeln, denen gemäß Absatz 9 allgemeine Gültigkeit zuerkannt wurde, in geeigneter Weise veröffentlicht werden.

(11) Der Ausschuss nimmt alle genehmigten Verhaltensregeln bzw. deren genehmigte Änderungen oder Erweiterungen in ein Register auf und veröffentlicht sie in geeigneter Weise.

BDSG und anderes nationales Recht: § 21 BDSG

Literatur: *Bergt,* Verhaltensregeln als Mittel zur Beseitigung der Rechtsunsicherheit in der Datenschutz-Grundverordnung, CR 2016, 670; *Herfurth/Engel,* Codes of Conduct im Konzern? Verhaltensregeln von Unternehmensgruppen nach Art. 40 DSGVO, ZD 2017, 367; *Karper,* Datenschutzsiegel und Zertifizierungen nach der Datenschutz-Grundverordnung, PinG 2016, 201; *Kranig/Peintinger,* Selbstregulierung im Datenschutzrecht – Rechtslage in Deutschland, Europa und den USA unter Berücksichtigung des Vorschlags zur DS-GVO, ZD 2014, 3; *Krings/Mammen,* Zertifizierungen und Verhaltensregeln – Bausteine eines modernen Datenschutzes für die Industrie 4.0, RDV 2015, 231; *Kraska,* Datenschutz-Zertifizierungen in der EU-Datenschutzgrundverordnung, ZD 2016, 153; *Krohm,* Anreize für Selbstregulierung nach der DS-GVO, PinG 2016, 205; *Polenz,* Verbraucherdatenschutz durch Selbstregulierung?, VuR 2012, 303; *Reifert,* Codes of Conduct nach der DSGVO – Ein Mittel für mehr Rechtssicherheit auf europäischer Ebene, ZD 2019, 305; *Spindler,* Selbstregulierung und Zertifizierungsverfahren nach der DS-GVO – Reichweite und Rechtsfolgen der genehmigten Verhaltensregeln, ZD 2016, 407; *Schwartmann/Weiß,* Ko-Regulierung vor einer neuen Blüte – Verhaltensregeln und Zertifizierungsverfahren nach der Datenschutzgrundverordnung, (2. Teil Verhaltensregeln), RDV 2016, 240; *von Braunmühl,* Ansätze zur Ko-Regulierung in der Datenschutz-Grundverordnung, PinG 2015, 231; *Wolff,* Verhaltensregeln nach Art. 40 DS-GVO auf dem Prüfstand – Neuauflage eines europäischen Instituts mit schlechter Entwicklungsprognose, ZD 2017, 151; *Wronka,* Anmerkungen zu Verhaltensregeln der Deutschen Versicherungswirtschaft, RDV 2014, 93.

Übersicht

A. Allgemeines

Art. 40 regelt **Inhalt, Voraussetzungen** und **Verfahren** der Ausarbeitung **1** von Verhaltensregeln, die zur ordnungsgemäßen Ausführung der DS-GVO beitragen sollen. Die Vorschrift findet nur auf Verhaltensregeln (zum Begriff s. → Rn. 5) Anwendung, die das Verfahren aufsichtsbehördlicher Genehmigung nach Abs. 5 bis 11 (→ Rn. 19 ff.) durchlaufen sollen, um Vorteile iRd aufsichtsbehördlichen Kontrolle (→ Rn. 7) in Anspruch zu nehmen (zur Abgrenzung von bloßen Verhaltensempfehlungen und Privacy Policies s. Raschauer in HK-DS-GVO Art. 40 Rn. 13; Schneider in FHS Datenschutz Teil II Kap. 6 E Rn. 48). Art. 40 steht in engem Zusammenhang zu Art. 41, der die Überwachung der Einhaltung von Verhaltensregeln durch akkreditierte Überwachungsstellen zum Gegenstand hat.

I. Inhalt der Vorschrift

Abs. 1 enthält eine an die Mitgliedstaaten, die ASB, den Ausschuss und KOM **2** gerichtete Förderungsverpflichtung. Abs. 2 benennt die vorlageberechtigten Institutionen und spezifiziert den zulässigen Inhalt von Verhaltensregeln.

Abs. 3 bestimmt, dass die Einhaltung von Verhaltensregeln eine geeignete Garantie iRd Übermittlung an Drittstaaten darstellen kann. Nach Abs. 4 müssen Verhaltensregeln bestimmte Vorgaben betr. das Verfahren ihrer Überwachung enthalten. Die Abs. 5 und 6 betreffen das Verfahren bei Verhaltensregeln mit Bezug zu Verarbeitungstätigkeiten in einem Mitgliedstaat. In den Abs. 7 bis 9 geregelt ist das Verfahren bei Verhaltensregeln mit Bezug zu Verarbeitungstätigkeiten in mehreren Mitgliedstaaten. Abs. 10 und 11 enthalten Veröff.- und Registeraufnahmepflichten.

II. Sinn und Zweck

3   Bei Verhaltensregeln handelt es sich um eine **Maßnahme der Selbstregulierung** (zum Vergleich der Selbstregulierung im Datenschutz in Europa und den USA Kranig/Peintinger ZD 2014, 3; Polenz VuR 2012, 303). Nach ErwGr 98 dienen die Verhaltensregeln dem Zweck, die **wirksame Anwendung der VO zu erleichtern.** Verhaltensregeln können ein Mittel darstellen, die zahlr. Regelungslücken der DS-GVO im Wege der Selbstregulierung zu schließen und hierdurch die Rechtssicherheit für Verantwortliche, Auftragsverarbeiter und Betroffene erhöhen (ebenso bereits Kranig/Peintinger ZD 2014, 3 (8)). Rechtsgrundlage für die Verarbeitung bleibt jedoch in jedem Fall die VO, dh die Einhaltung der Verhaltensregeln hat nicht automatisch zur Folge, dass die Datenverarbeitung den Anforderungen der VO entspricht (Jungkind in BeckOK DatenschutzR DS-GVO Art. 40 Rn. 28). Darüber hinaus können Verhaltensregeln die Kosten der für die Durchsetzung zuständigen Behörden verringern (vgl. Standpunkt des ER in erster Lesung, Begr., ST 5419 2016 REV 1 ADD – 2012/011 (OLP), Ziff. 5.6). Zum Verhältnis zum selbstregulatorischen Instrument d. Zertifizierung s. Jungkind in BeckOK DatenschutzR DS-GVO Art. 40 Rn. 6; Schwartmann/Weiß RDV 2016, 240 (242 f.); v.Braunmühl/Wittmann in Plath DS-GVO Art. 40 Rn. 8.

III. Entstehungsgeschichte

4   Eine Vorschr. zu Verhaltensregeln war bereits im **ersten Entwurf zur DS-GVO** der KOM vorgesehen (vgl. Art. 38 DS-GVO-E(KOM)). Die Norm hat im Gesetzgebungsverfahren allerdings einige Änd. erfahren. So wurde etwa der Beispielkatalog betr. zulässiger Inhalte von Verhaltensregeln nach Abs. 2 (→ Rn. 13 ff.) deutlich erweitert. Ferner wurden die Regelungen zu den geeigneten Garantien in Abs. 3 sowie die Veröff. und Registeraufnahme genehmigter Verhaltensregeln durch den Ausschuss nach Abs. 11 (vgl. Art. 38 Abs. 1 ab ebenso wie Abs. 5a DS-GVO-E(Rat)) erst auf Vorschlag des ER in die Vorschr. eingefügt. Ein Vorschlag des EP, auch die Möglichkeit der Annahme von durch eine ASB ausgearbeiteten Verhaltensregeln (vgl. Art. 38 Abs. 1 DS-GVO-E(EP)) vorzusehen, wurde in der Endfassung nicht berücksichtigt.

B. Förderung der Ausarbeitung von Verhaltensregeln (Abs. 1)

I. Förderungsverpflichtung

Gem. Abs. 1 fördern die Mitgliedstaaten, die ASB (vgl. auch Art. 57 Abs. 1 **5** lit. m → Art. 57 Rn. 16), der Ausschuss (vgl. auch Art. 70 Abs. 1 lit. n → Art. 70 Rn. 8) und die KOM die Ausarbeitung von Verhaltensregeln. Unter **Verhaltensregeln** sind die Vorgaben eines Verbandes oder einer anderen Vereinigung ggü. ihren Mitgliedern zu verstehen, sich datenschutzrechtlich in einer bestimmten Weise zu verhalten (vgl. EDSA Leitlinien Verhaltensregeln Rn. 7 ff.). **Fördern** bedeutet, dass die genannten Stellen ein Umfeld schaffen müssen, in welchem selbstregulatorische Verhaltensregeln sich zu einem wirksamen Instrument datenschutzrechtlicher Selbstkontrolle entwickeln können. Die ASB darf sich damit nicht auf die bloße Genehmigungstätigkeit beschränken (vgl. Jungkind in BeckOK DatenschutzR DS-GVO Art. 40 Rn. 7; eing. zur Reichweite der Zielbestimmung Raschauer in HK-DS-GVO Art. 40 Rn. 14 ff.; Roßnagel in NK-DatenschutzR Art. 40 Rn. 27 ff.; Schweinoch in Ehmann/Selmayr DS-GVO Art. 40 Rn. 25). Abs. 1 greift darüber hinaus den Zweck der Verhaltensregeln auf, der insbes. in der **Erleichterung der wirksamen Anwendung der VO** liegt (→ Rn. 3).

II. Berücksichtigungsbedürftige Aspekte bei der Ausarbeitung

Bei der Ausarbeitung der Verhaltensregeln ist nach Abs. 1 den Besonderhei **6** ten der betroffenen Verarbeitungsbereiche sowie den bes. Bedürfnissen von Kleinstunternehmen sowie kleinen und mittleren Unternehmen Rechnung zu tragen. Der Hinweis auf die **Besonderheiten der betroffenen Verarbeitungsbereiche** stellt klar, dass bei den Entwürfen von Verhaltensregeln nach Art. 40 das Ziel verfolgt wird, eine Konkretisierung der verpflichtenden Vorgaben der VO im Hinblick auf gebiets- oder branchentypische Verarbeitungsvorgänge zu erreichen. Die Vorgabe, dass bei der Ausarbeitung der Verhaltensregeln den **bes. Bedürfnissen von Kleinstunternehmen sowie kleinen und mittleren Unternehmen** Rechnung getragen werden soll, wurde auf Anregung des ER hinzugefügt (vgl. Art. 38 Abs. 1 DS-GVO-E(Rat)) und ist va auch der zentralen Rolle des Mittelstandes für die europ. Wirtschaft geschuldet.

III. Anreize für die Ausarbeitung von Verhaltensregeln

Die DS-GVO setzt durch eine Reihe von Privilegierungen iRd aufsichts- **7** behördlichen Kontrolle konkrete **Anreize** für die Ausarbeitung von Verhaltensregeln: Die Einhaltung der genehmigten Verhaltensregeln kann gem. Art. 40 als Gesichtspunkt/Faktor herangezogen werden, um (1) gem. Art. 24 Abs. 3 die Erfüllung der Pflichten des Verantwortlichen nach Art. 24 Abs. 1 (→ Art. 24 Rn. 44 ff.) nachzuweisen, (2) gem. Art. 28 Abs. 5 die iRd Auftragsverarbeitung erforderlichen hinreichenden Garantien gem. Art. 28 Abs. 1

und Abs. 4 nachzuweisen (→ Art. 28 Rn. 67 ff.), (3) gem. Art. 33 Abs. 3 die Erfüllung der in Art. 33 Abs. 1 genannten Anforderungen an die Sicherheit der Verarbeitung nachzuweisen (→ Art. 33 Rn. 43 ff.; s. auch ErwGr 81) oder um (4) gem. Art. 35 Abs. 8 (→ Art. 35 Rn. 56 f.) Auswirkungen der durch die zuständigen Verantwortlichen bzw. Auftragsverarbeiter durchgeführten Verarbeitungsvorgänge zu beurteilen, insbes. für die Zwecke einer Datenschutz-Folgeabschätzung. Darüber hinaus kann (5) gem. Art. 83 Abs. 2 lit. j die Einhaltung von genehmigten Verhaltensregeln nach Art. 40 bei der Entsch. über die Verhängung einer Geldbuße und über deren Betrag berücksichtigt werden (→ Art. 83 Rn. 13 f.; vgl. auch ErwGr 148; s. zum Ganzen auch Bergt in Kühling/Buchner DS-GVO Art. 40 Rn. 48 ff.).

C. Gegenstand von Verhaltensregeln (Abs. 2)

8 **Abs.** 2 benennt die **Institutionen,** die Verhaltensregeln iSd Art. 40 ausarbeiten, ändern oder erweitern können und konkretisiert in einem Beispielkatalog mögliche Inhalte von Verhaltensregeln.

I. Vorlageberechtigte Institutionen

9 Welche Stellen zum Kreis vorlageberechtigter Institutionen nach Abs. 2 zu zählen sind, ist umstr. Die DS-GVO nennt in Abs. 2 **Verbände und sonstige Vereinigungen, die Kategorien von Verantwortlichen oder Auftragsverarbeitern vertreten.** Unstr. dürfte sein, dass das Vertretungserfordernis angesichts des Wortlauts („und") und im Hinblick auf den Zweck der Ausarbeitung bereichstypischer Verhaltensregeln (→ Rn. 3) sowohl für die „anderen Vereinigungen" als auch für „Verbände" gilt (zum erforderlichen Grad der Repräsentanz s. → Rn. 12). Das Erfordernis der Vertretung von Kategorien von Verantwortlichen oder Auftragsverarbeitern schließt eine Vorlageberechtigung für Vereinigungen aus, die Betroffene oder andere als die genannten Personen vertreten, wie bspw. **Verbraucher- oder Datenschutzverbände** (allgM, vgl. nur Bergt in Kühling/Buchner DS-GVO Art. 40 Rn. 13; Schweinoch in Ehmann/Selmayr DS-GVO Art. 40 Rn. 28) und steht auch einer Vorlage von bloß **unternehmensintern wirkenden Verhaltensregeln** (sog Binding Corporate Rules) durch einzelne Unternehmen entgegen (zust. Heilmann/Schulz in GSSV DS-GVO Art. 40 Rn. 16; Lepperhoff in Gola DS-GVO Art. 40 Rn. 9; v.Braunmühl/Wittmann in Plath DS-GVO Art. 40 Rn. 10; Vomhof in Auernhammer DS-GVO Art. 40 Rn. 12; aA Jungkind in BeckOK DatenschutzR DS-GVO Art. 40 Rn. 10; zu Verhaltensregeln von Konzernen und Unternehmensgruppen → Rn. 11a). Zum Kreis der vorlageberechtigten Stellen sollen nach den EDSA Leitlinien grds. auch **Behörden und öffentl. Stellen** gehören, obwohl gem. Art. 41 Abs. 6 (→ Art. 41 Rn. 21) ihnen ggü. keine Überwachung durch Stellen nach Art. 41 Abs. 1 erfolgen kann (s. EDSA Leitlinien Verhaltensregeln Rn. 26, 88; aA Voraufl. Rn. 9). Die Vorlageberechtigung von Behörden und öffentl. Stellen legt zudem nahe, dass ungeachtet des selbstregulierenden Charakters

von Verhaltensregeln die Vorlageberechtigung **nicht auf freiwillige Zu-sammenschlüsse** beschr. ist (s. Raschauer in HK-DS-GVO Art. 40 Rn. 21; Roßnagel in NK-DatenschutzR Art. 40 Rn. 35; Weichert in DWWS DS-GVO Art. 40 Rn. 14; aA Heilmann/Schulz in GSSV DS-GVO Art. 40 Rn. 16; Kinast in Taeger/Gabel DS-GVO Art. 40 Rn. 26; Schweinoch in Ehmann/Selmayr DS-GVO Art. 40 Rn. 29).

Grds. steht es den Mitgliedern der betr. Vereinigungen frei, die Verhaltens- **9a** regeln anzuwenden (zur Rechtslage bei allg. gültig erklärten Verhaltensregeln → Rn. 28a). Sollen die **Mitglieder zur Einhaltung der Verhaltensregeln verpflichtet werden,** bedarf es zusätzlicher Maßnahmen, wie bspw. eine Verankerung in der Satzung, in den AGB oder vertraglicher Anerkennung (allgM, s. Jungkind in BeckOK DatenschutzR DS-GVO Art. 40 Rn. 26; Laue/Kremer Neues DatenschutzR § 8 Rn. 19; Lepperhoff in Gola DS-GVO Art. 40 Rn. 22; Roßnagel in NK-DatenschutzR Art. 40 Rn. 68; Wolff ZD 2017, 151 (152)). Zur umstr. Frage, ob auch Verantwortliche und Auf-tragsverarbeiter, die nicht der vorlageberechtigten Institution angehören, sich den Verhaltensregeln unterwerfen können, s. Bergt CR 2016, 670 (673); Jungkind in BeckOK DatenschutzR DS-GVO Art. 40 Rn. 27.

1. Verbände

Der Begriff der Verbände iSd Abs. 2 Var. 1 umfasst insbes. **Berufsverbände** **10** als Zusammenschlüsse von Personen, die einer bestimmten Berufsgruppe angehören (zur Freiwilligkeit des Zusammenschlusses s. → Rn. 9). Eine Vor-lageberechtigung als Verband haben angesichts der offenen Formulierung darüber hinaus auch **Interessensverbände** wie bspw. Gewerkschaften und Arbeitgeberverbände (EDSA Leitlinien Verhaltensregeln Rn. 21) und **ho-heitliche Zwangsverbände** wie Kammern und Innungen (Bergt in Küh-ling/Buchner DS-GVO Art. 40 Rn. 13; aA Roßnagel in NK-DatenschutzR Art. 40 Rn. 35).

2. Sonstige Vereinigungen

IRd Auffangtatbestandes der **sonstigen Vereinigungen** ist wie auch schon **11** bei Art. 27 DSRL und § 38a BDSG aF (hierzu Petri in Simitis BDSG aF § 38a Rn. 12; Kinast in Taeger/Gabel BDSG aF § 38a Rn. 13) eine gewisse Homogenität der vertretenen Gruppe eine zentrale Voraussetzung (allgM, s. Bergt in Kühling/Buchner DS-GVO Art. 40 Rn. 12; Lepperhoff in Gola DS-GVO Art. 40 Rn. 8; Roßnagel in NK-DatenschutzR Art. 40 Rn. 33; Wolff in Schantz/Wolff DatenschutzR Rn. 1283). Dies legt zum einen bereits der Wortlaut der Vorschr. nahe, der von „Kategorien" von Verantwortlichen und Auftragsverarbeitern spricht. Zum anderen ist ein **Mindestmaß an Homogenität** auch im Hinblick auf den Zweck der Verhaltensregeln gebo-ten, die ausweislich des Abs. 1 eine Konkretisierung der datenschutzrecht-lichen Vorgaben im Hinblick auf bestimmte Verarbeitungsbereiche erreichen sollen. Dies setzt voraus, dass praktische Gemeinsamkeiten in der Anwendung datenschutzrechtlicher Bestimmungen bestehen. Keine zwingende Vorausset-zung ist, dass die teilnehmenden Verarbeiter aus einer Branche stammen

(Vomhof in Auernhammer DS-GVO Art. 40 Rn. 7; aA wohl Heilmann/ Schulz in GSSV DS-GVO Art. 40 Rn. 16).

11a   Die **Vorlageberechtigung von Konzernen und Unternehmensgruppen ist** innerhalb des Schrifttums – wie auch schon auf Grundlage von § 38a BDSG aF (hierzu Herfurth/Engel ZD 2017, 367 (367 f.)) – **umstr.** Einige Stimmen lehnen die Vorlageberechtigung von Konzernen und Unternehmensgruppen unter Berufung auf Wortlaut (keine Vertretung von „Kategorien" von Verantwortlichen bzw. Auftragsverarbeitern) und Telos (Gefahr der Entstehung einer Vielzahl unterschiedlicher Verhaltensregeln innerhalb einer Branche) der Vorschr. ab (vgl. Lepperhoff in Gola DS-GVO Art. 40 Rn. 9; Roßnagel in NK-DatenschutzR Art. 40 Rn. 34; Vomhof in Auernhammer DS-GVO Art. 40 Rn. 13; Herfurth/Engel ZD 2017, 367; wohl auch Kinast in Taeger/Gabel DS-GVO Art. 40 Rn. 20 ff.). Überzeugend ist es aber im Hinblick auf den weiten Wortlaut des Abs. 2 betreffend die „sonstige Vereinigung" die Vorlageberechtigung nicht per se auszuschließen, sondern im Einzelfall in Betracht zu ziehen, wenn und soweit der betr. Konzern bzw. die Unternehmensgruppe das Kriterium einer hinreichenden Repräsentanz (→ Rn. 12) in dem betr. Bereich erfüllt (vgl. Schweinoch in Ehmann/Selmayr DS-GVO Art. 40 Rn. 28; für eine Vorlageberechtigung von Konzernen und Unternehmensgruppen auch Bergt in Kühling/Buchner DS-GVO Art. 40 Rn. 13 f.; Heilmann/Schulz in GSSV DS-GVO Art. 40 Rn. 16; Hullen in v. d. Bussche/Voigt KonzerndatenS Teil 2 Kap. 8 Rn. 14; Schweinoch in Ehmann/Selmayr DS-GVO Art. 40 Rn. 28; Weichert in DWWS DS-GVO Art. 40 Rn. 14).

3. Repräsentationserfordernis

12   **Nicht erforderlich** ist, dass der betr. Verband bzw. die Vereinigung die jeweilige Gruppe von Verantwortlichen bzw. Auftragsverarbeitern **vollständig oder in wesentlichen Teilen repräsentiert** (allgM, vgl. Hullen in v. d. Bussche/Voigt KonzerndatenS Teil 2 Kap. 8 Rn. 13; Kinast in Taeger/Gabel DS-GVO Art. 40 Rn. 17; Schweinoch in Ehmann/Selmayr DS-GVO Art. 40 Rn. 28; Vomhof in Auernhammer DS-GVO Art. 40 Rn. 8). Einer hierauf gerichteten Forderung der dt. Delegation wurde nicht entsprochen (vgl. Vorschlag der dt. Delegation zur Neufassung von Art. 38 und 38a, 5702/13 DATAPROTECT 2JAI 47 MI 44 DRS 17 DAPIX 6 FREMP 3 COMIX 40 CODEC 155). Bereits iRd Art. 27 DSRL hatte der europ. Gesetzgeber bewusst auf ein Repräsentationserfordernis verzichtet (Ehmann/ Helfrich DSRL Art. 27 Rn. 12). Entscheidend ist, dass die vorlegende Stelle in der Lage ist, die Bedürfnisse, ihrer Mitglieder zu verstehen und den betr. Verarbeitungsbereich näher zu definieren. Die in den EDSA Leitlinien genannten **Parameter für die Repräsentativität** umfassen **(1) Anzahl/prozentualer Anteil der** potenziell den Verhaltensregeln unterliegenden **Mitglieder** im betr. Sektor und **(2) Erfahrung** der vorlegenden Stelle in Bezug auf den Sektor und die von den Verhaltensregeln abgedeckten Verarbeitungstätigkeiten (vgl. EDSA Leitlinien Verhaltensregeln Rn. 22).

II. Inhalte von Verhaltensregeln

Nach ErwGr 98 können die Verhaltensregeln insbes. genutzt werden, um die **13** Pflichten des Verantwortlichen und des Auftragsverarbeiters zu bestimmen. Der **Beispielkatalog des Abs. 2 lit. a bis k** zählt mögliche Regelungsinhalte von Verhaltensregeln auf (zu den einzelnen Tatbeständen des Abs. 2 s. Roßnagel in NK-DatenschutzR Art. 40 Rn. 38 ff.; Vomhof in Auernhammer DS-GVO Art. 40 Rn. 16 ff.). Die Aufzählung ist **nicht abschl.** („beispielsweise"). Zulässig ist eine Beschränkung auf einzelne Regelungsgegenstände (zust. Vomhof in Auernhammer DS-GVO Art. 40 Rn. 15; v.Braunmühl/ Wittmann in Plath DS-GVO Art. 40 Rn. 12; Weichert in DWWS DS-GVO Art. 40 Rn. 15). Die Verhaltensregeln müssen für die geregelten Bereiche auch **wirksame Garantien** vorsehen, dh Schutzmaßnahmen enthalten, mit denen die mit der Datenverarbeitung verbundenen Risiken sowie Risiken für die Rechte und Freiheiten von Personen eingedämmt werden können; bes. Bedeutung kommt diesen Garantien insbes. in Sektoren mit hohem Verarbeitungsrisiko zu (s. EDSA Leitlinien Verhaltensregeln Rn. 32 ff.).

Von bes. Bedeutung innerhalb des Beispielkataloges des Abs. 2 dürfte **14** insbes. **lit. h** sein, wonach mittels Verhaltensregeln die Anwendung der VO zu Maßnahmen und Verfahren gem. Art. 24 (Verantwortung des für die Verarbeitung Verantwortlichen) und 25 (Datenschutz durch Technikgestaltung und durch datenschutzfreundliche Voreinstellungen) sowie die Maßnahmen für die Sicherheit der Verarbeitung gem. Art. 32 präzisiert werden kann. Die DS-GVO ermöglicht damit, durch die Formulierung von Verhaltensregeln **datenschutzspezifische Anforderungen an die technische Ausgestaltung zu konkretisieren und an den fortschreitenden Stand der Technik anzupassen** (s. Kraska ZD 2016, 153 (154)).

Lit. k eröffnet zusätzlich die Möglichkeit, außergerichtliche Verfahren und **14a** sonstige Streitschlichtungsverfahren zur Beilegung von Streitigkeiten zwischen Verantwortlichen und betroffenen Personen im Zusammenhang mit der Bearbeitung zu schaffen und ermöglicht damit die **Einrichtung branchenspezifischer Schlichtungsverfahren** zur raschen und kostengünstigen Klärung von Konflikten (s. Bergt in Kühling/Buchner DS-GVO Art. 40 Rn. 21; Schweinoch in Ehmann/Selmayr DS-GVO Art. 40 Rn. 35).

III. Datenschutzrechtlicher Mehrwert

Es stellt sich die Frage, ob und inwieweit die Verhaltensregeln einen **daten- 15 schutzrechtlichen Mehrwert** aufweisen müssen. Nach Abs. 1 sollen Verhaltensregeln zur ordnungsgemäßen Anwendung der VO beitragen. Mit dieser Zielsetzung wäre es jedenfalls unvereinbar, sollten die Verhaltensregeln das in der DS-GVO vorgesehene Niveau unterschreiten. Dies stellt auch ErwGr 98 klar, nach dem sich die Verhaltensregeln **innerhalb der Grenzen der VO** halten müssen. Allerdings müssen die Vorgaben der Verhaltensregeln auch nicht zwingend über das Schutzniveau der DS-GVO hinausgehen. Der datenschutzrechtliche Mehrwert von Verhaltensregeln kann vielmehr auch und gerade in der **bereichsspezifischen Präzisierung der gesetzlichen**

Vorgaben bestehen. Nicht ausreichend sind auf dieser Grdl. somit Verhaltensregeln, die sich durchgängig in einer bloßen Wiederholung des Wortlautes erschöpfen, da insoweit kein hinreichender Beitrag zur ordnungsgemäßen Anwendung der VO geleistet wird (allgM, s. Bergt in Kühling/Buchner DS-GVO Art. 40 Rn. 18; Jungkind in BeckOK DatenschutzR DS-GVO Art. 40 Rn. 15; Lepperhoff in Gola DS-GVO Art. 40 Rn. 13; Schweinoch in Ehmann/Selmayr DS-GVO Art. 40 Rn. 34). Erforderlich ist vielmehr, dass sich die Verhaltensregeln mit den **spezifischen Fragen und Problemen des jeweiligen Bereiches befassen** und hierfür **hinreichend klare Lösungen** anbieten (s. EDSA Leitlinien Verhaltensregeln Rn. 32; Bergt in Kühling/Buchner DS-GVO Art. 40 Rn. 18). Auch eine Anhebung des Schutzniveaus in Form einer **„Verschärfung"** der gesetzlichen Vorgaben ist zulässig (**str.,** so wie hier Bergt in Kühling/Buchner DS-GVO Art. 40 Rn. 17; Hullen in v. d. Bussche/Voigt KonzerndatenS Teil 2 Kap. 8 Rn. 16; Vomhof in Auernhammer DS-GVO Art. 40 Rn. 14; v.Braunmühl/Wittmann in Plath DS-GVO Art. 40 Rn. 12; Weichert in DWWS DS-GVO Art. 40 Rn. 12; wohl auch Heilmann/Schulz in GSSV DS-GVO Art. 40 Rn. 18; aA Kinast in Taeger/Gabel DS-GVO Art. 40 Rn. 30 f.; Lepperhoff in Gola DS-GVO Art. 40 Rn. 13).

IV. Konsultation von Interessenträgern und betroffenen Personen

16 Gem. ErwGr 99 sollen bei der Ausarbeitung oder Erweiterung von Verhaltensregelungen die **maßgeblichen Interessenträger** sowie möglichst auch die **betroffenen Personen konsultiert** und in diesem Zusammenhang erhaltene Eingaben und Stellungn. berücksichtigt werden. Die Durchführung eines Konsultationsprozesses ist damit zwar nicht verpflichtend, erscheint allerdings dennoch ratsam, um das Genehmigungsverfahren zu erleichtern (Härting DS-GVO Rn. 789) und eine höhere Akzeptanz der Verhaltensregeln bei den teilnehmen Stellen zu erreichen (Jungkind in BeckOK DatenschutzR DS-GVO Art. 40 Rn. 12). IdS sehen auch die EDSA Leitlinien vor, dass bei Einreichung der Verhaltensregeln über die Durchführung entsprechender Konsultationen **Rechenschaft** abgelegt werden muss (s. EDSA Leitlinien Verhaltensregeln Rn. 28).

D. Einhaltung von Verhaltensregeln durch Sonstige (Abs. 3)

17 Nach Abs. 3 S. 1 können auch Verantwortliche und Auftragsverarbeiter in Drittländern, die gem. Art. 3 nicht unter die VO fallen (zum Geltungsbereich → Art. 3 Rn. 2 ff.) durch Verhaltensregeln nachweisen, dass sie eine **geeignete Garantie** iSd Art. 46 Abs. 2 lit. e für den Schutz der Grundrechte des Betroffenen bei der Übermittlung von personenbezogenen Daten an Drittländer oder int. Organisationen bieten (→ Art. 46 Rn. 32). Abs. 3 ist auf eine Initiative des ER zurückzuführen (vgl. Art. 38 Abs. 1 ab DS-GVO-E(Rat)). Die Verhaltensregeln müssen gem. Abs. 5 genehmigt worden sein (→ Rn. 21 ff.) und gem. Art. 9 allg. Gültigkeit besitzen (→ Rn. 28), sodass nach hA **allein auf nationaler Ebene genehmigte Verhaltensregeln Datenexporte nicht rechtfertigen können** (Bergt in Kühling/Buchner DS-GVO Art. 40 Rn. 47; Heilmann/Schulz in GSSV DS-GVO Art. 40 Rn. 24; Kinast in Taeger/Gabel DS-GVO Art. 40 Rn. 35; Spindler ZD 2016, 407 (411); Wolff ZD 2017, 151 (153 f.); aA Schweinoch in Ehmann/ Selmayr DS-GVO Art. 40 Rn. 37). Erforderlich ist darüber hinaus nach Art. 40 Abs. 3 S. 2, 46 Abs. 2 lit. e eine rechtsverbindliche und durchsetzbare Verpflichtung des Verantwortlichen bzw. Auftragsverarbeiters in dem Drittland zur Anwendung der geeigneten Garantien; dies schließt die Rechte der betroffenen Personen ein. Mit ABl. L 127 vom 23.5.2018 wurde der redaktionelle Fehler einer doppelten Verwendung des Verbs „können" in Abs. 3 S. 1 berichtigt.

E. Vorgaben für Verhaltensregeln (Abs. 4)

Verhaltensregeln müssen nach Abs. 4 ein **Verfahren** vorsehen, das es der **18** nach Art. 41 Abs. 1 zuständigen Stelle (→ Art. 41 Rn. 4 f.) ermöglicht, die **Einhaltung** der Verhaltensregeln durch den Verantwortlichen bzw. Auftragsverarbeiter **zu kontrollieren.** Insoweit ergibt sich ein Widerspruch zur Wortlautfassung des Art. 41 Abs. 1, wonach die Überwachung der Einhaltung von Verhaltensregeln gem. Artikel 40 von einer zuständigen Stelle durchgeführt werden „kann". Dieser Widerspruch ist nach zutr. Verständnis (zum Streitstand → Art. 41 Rn. 5) zugunsten des in Abs. 4 verwendeten Begriffs („müssen") aufzulösen, sodass die **Benennung einer Überwachungsstelle** nach Art. 41 Abs. 1 und eines Überwachungsverfahrens eine **verpflichtende Vorgabe** für Verhaltensregeln darstellt, die von privaten Stellen erarbeitet wurden (zu den Besonderheiten für Verhaltensregeln von Behörden und öffentl. Stellen → Art. 41 Rn. 21). Die Überwachung der Einhaltung der Verhaltensregeln durch die nach Art. 41 Abs. 1 zuständige Stelle tritt selbstständig neben die aufsichtsbehördliche Datenschutzaufsicht (→ Art. 41 Rn. 17). Wie das Verfahren und die darauf bezogene Regelung ausgestaltet sein müssen, hängt maßgeblich von Inhalt und Umf. der aufgestellten Verhaltensregeln ab. Vor dem Hintergrund des Zieles, die Ausarbeitung freiwilliger Verhaltensregeln zu fördern (→ Rn. 5), sollten in diesem Rahmen durch die zuständigen Stellen keine allzu hohen Anforderungen an die Verfahrensausgestaltung gestellt werden.

F. Verfahren (Abs. 5 und 6)

Abs. 5 und 6 regeln das **Genehmigungsverfahren für Verhaltensregeln** **19** **mit Bezug auf Verarbeitungstätigkeiten in nur einem Mitgliedstaat** (zum speziellen Verfahren bei Verhaltensregeln mit Bezug auf Verarbeitungstätigkeiten in mehreren Mitgliedstaaten → Rn. 25 ff.; zur Durchführung eines optionalen Kohärenzverfahrens bei rein nationalen Sachverhalten s. Bergt in Kühling/Buchner DS-GVO Art. 40 Rn. 29). Entscheidend ist dabei der **Ort,**

an dem der Datenverarbeitungsprozess stattfindet, nicht etwa eine eventuelle Betroffenheit von Personen anderer Mitgliedstaaten (Bergt CR 2016, 670 (674); Jungkind in BeckOK DatenschutzR DS-GVO Art. 40 Rn. 18; aA Schwartmann/Weiß RDV 2016, 240 (242)). Der Ausschuss hat in seinen Leitlinien sowohl den Ablauf des aufsichtsbehördlichen Genehmigungsverfahren (s. EDSA Leitlinien Verhaltensregeln Rn. 41 ff.) als auch die notwendigen Inhalte des Genehmigungsantrages (s. EDSA Leitlinien Verhaltensregeln Rn. 19 ff.; vgl. hierzu auch die Prüfliste in Anh. 3 der EDSA Leitlinien Verhaltensregeln) näher präzisiert.

I. Vorlage bei der zuständigen Aufsichtsbehörde (Abs. 5 S. 1)

20 Gem. Abs. 5 S. 1 müssen Verbände und Vereinigungen, die beabsichtigen, Verhaltensregeln auszuarbeiten oder bestehende Verhaltensregeln zu ändern oder zu erweitern, den **Entwurf** der Verhaltensregeln bzw. den Entwurf der Änd. oder Erweiterung **der zuständigen ASB** (→ Art. 55 Rn. 1 ff.) **vorlegen.** Die Einreichung soll nach den EDSA Leitlinien formell in elektronischer Form oder schriftlich erfolgen (EDSA Leitlinien Verhaltensregeln Rn. 42). Eine Vorlagepflicht kann nur angenommen werden, wenn die vorlegende Institution in den Genuss der Rechtsvorteile der Verhaltensregeln (s. → Rn. 7) kommen will (Bergt in Kühling/Buchner DS-GVO Art. 40 Rn. 26). Die zuständige ASB bestätigt sodann den Eingang der Vorlage und überprüft die Zulässigkeit des Entwurfs (EDSA Leitlinien Verhaltensregeln Rn. 20).

II. Stellungnahme der Aufsichtsbehörde und Genehmigung (Abs. 5 S. 2)

21 Nach dem Wortlaut des S. 2 gibt die ASB sodann eine **Stellungn.** darüber ab, ob der vorgelegte Entwurf mit der VO vereinbar ist und **genehmigt den Entwurf, sofern die ASB der Auff. ist, dass der Entwurf ausreichende geeignete Garantien bietet** (vgl. die Aufgaben- und Befugniszuweisung in Art. 57 Abs. 1 lit. m, Art. 58 Abs. 3 lit. d; zum Begriff der Garantie → Rn. 13).

22 Trotz der Formulierung in Abs. 6, wonach „durch" die Stellungn. nach Abs. 5 der Entwurf genehmigt wird, sind Stellungn. und Genehmigung als **zwei eigenständige Rechtsakte** anzusehen (so die mittlerweile wohl hA, vgl. Jungkind in BeckOK DatenschutzR DS-GVO Art. 40 Rn. 19; Roßnagel in NK-DatenschutzR Art. 40 Rn. 61; Schweinoch in Ehmann/Selmayr DS-GVO Art. 40 Rn. 34; Vomhof in Auernhammer DS-GVO Art. 40 Rn. 37; aA noch Voraufl. Rn. 22; Kinast in Taeger/Gabel DS-GVO Art. 40 Rn. 39; Wolff ZD 2017, 151 (152)). Für diese Lesart spricht, dass nach den EDSA Leitlinien die Stellungn. den Zweck hat, es der vorlegenden Stelle im Falle einer abl. Entsch. zu ermöglichen, die Gründe der Ablehnung nachzuvollziehen und auf dieser Grundlage den Entwurf überdenken zu können (s. EDSA Leitlinien Verhaltensregeln Rn. 45 f.). Eine **Stellungn.** ist damit **auch**

bei beabsichtigter **Ablehnung der Genehmigung** des vorgelegten Entwurfes **erforderlich.**

Da Art. 40 – anders als etwa Art. 57 Abs. 3 – keine Kostenfreiheit vorsieht, **23** kann nach Maßgabe des nationalen Rechts von der Aufsichtsbehörde für die Genehmigung eine **Gebühr** erhoben werden (s. Bergt in Kühling/Buchner DS-GVO Art. 40 Rn. 57).

Die aufsichtsbehördliche Genehmigung ergeht nach hA in Form eines **fest-** **23a** **stellenden Verwaltungsakts** (s. Bergt in Kühling/Buchner DS-GVO Art. 40 Rn. 40; Jungkind in BeckOK DatenschutzR DS-GVO Art. 40 Rn. 31; Laue/Kremer Neues DatenschutzR § 8 Rn. 12; Roßnagel in NK-DatenschutzR Art. 40 Rn. 64; Schweinoch in Ehmann/Selmayr DS-GVO Art. 40 Rn. 41; aA Wolff in Schantz/Wolff DatenschutzR Rn. 1294; ders. ZD 2017, 151 (152), der für eine Einordnung als behördliche Willenserklärung plädiert). Im Hinblick auf die Förderungspflicht für Verhaltensregeln nach Abs. 1 liegt die Annahme einer **geb. Entsch.** nahe, sodass die ASB die Genehmigung erteilen muss, wenn und soweit eine Vereinbarkeit mit der VO vorliegt bzw. im Fall nach Abs. 3 geeignete Garantien vorgesehen sind (zust. Bergt in Kühling/Buchner DS-GVO Art. 40 Rn. 38; Schweinoch in Ehmann/Selmayr DS-GVO Art. 40 Rn. 41; Vomhof in Auernhammer DS-GVO Art. 40 Rn. 47; Spindler ZD 2016, 407 (408); Wolff ZD 2017, 151 (153)). Zur Frage der Zulässigkeit von Nebenbestimmungen s. Bergt in Kühling/Buchner DS-GVO Art. 40 Rn. 34; Roßnagel in NK-DatenschutzR Art. 40 Rn. 64.

Nach dem **Grundsatz der Selbstbindung der Verwaltung** ist die **23b** genehmigende ASB in der Weise an die Verhaltensregeln gebunden, dass sie bei einer späteren Überprüfung die Datenverarbeitung nicht als rechtswidrig verwerfen darf; nichts anderes gilt für ASB, die der genehmigenden Entsch. zugestimmt haben (so die wohl hA, s. Bergt. in Kühling/Buchner DS-GVO Art. 40 Rn. 40; Jungkind in BeckOK DatenschutzR DS-GVO Art. 40 Rn. 31; v.Braunmühl/Wittmann in Plath DS-GVO Art. 40 Rn. 18; weitergehend für eine Bindungswirkung ggü. allen ASB Roßnagel in NK-DatenschutzR Art. 40 Rn. 68 f.; einschränkend für eine bloß erhöhte Darlegungslast Heilmann/Schulz in GSSV DS-GVO Art. 40 Rn. 32). Mit dieser Selbstbindung sind **keinerlei Wirkungen ggü. anderen Behörden oder Gerichten** verbunden (Bergt CR 2016, 670 (676); Jungkind in BeckOK DatenschutzR DS-GVO Art. 40 Rn. 31; Kinast in Taeger/Gabel DS-GVO Art. 40 Rn. 54 f.; Laue/Kremer Neues DatenschutzR § 8 Rn. 20; Roßnagel in NK-DatenschutzR Art. 40 Rn. 68; für Verhaltensregeln als Prima-facie-Beweis im gerichtlichen Verfahren Krohm PinG 2016, 205 (209); eine Vermutungswirkung befürwortend auch Spindler ZD 2016, 407 (413 f.)).

III. Aufnahme in Verzeichnis und Veröffentlichung (Abs. 6)

Genehmigt die ASB den Entwurf, werden die Verhaltensregeln nach Abs. 6 **24** von der ASB in ein Verzeichnis aufgenommen und veröffentlicht.

G. Verfahren bei Verarbeitung in mehreren Mitgliedstaaten (Abs. 7–10)

25 Die Abs. 7 bis 10 regeln das **Genehmigungsverfahren für Verhaltensregeln mit Bezug auf Verarbeitungstätigkeiten in mehreren Mitgliedstaaten** (zum Verfahren bei Verhaltensregeln mit Bezug auf Verarbeitungstätigkeiten in nur einem Mitgliedstaat → Rn. 19 ff.). Zum Ablauf des Genehmigungsverfahrens s. EDSA Leitlinien Verhaltensregeln Rn. 48 ff.

I. Vorlage bei der zuständigen Aufsichtsbehörde (Abs. 7)

26 Wie im Verfahren nach den Abs. 5 und 6 ist der **Entwurf** der Verhaltensregeln bzw. deren Änd. oder Ergänzung gem. Abs. 7 zunächst **der zuständigen ASB** vorzulegen.

II. Übermittlung an den Ausschuss und Stellungnahme (Abs. 7 u. 8)

27 Bevor die ASB den Entwurf genehmigt, hat sie den Entwurf nach dem Verfahren gem. Art. 63 dem Ausschuss vorzulegen, der eine Stellungn. darüber abgibt, ob der Entwurf der Verhaltensregeln bzw. der Entwurf zu deren Änd. oder Erweiterung mit der VO vereinbar ist oder – im Fall nach Abs. 3 (→ Rn. 17) – geeignete Garantien vorsieht (vgl. auch Art. 64 Abs. 1 lit. b → Art. 64 Rn. 1 ff.). Die ursprünglich str. Frage, ob eine **Vorlage an den Ausschuss** auch bei beabsichtigter abl. Entsch. erforderlich ist (vgl. Voraufl. Rn. 27) wird in den Leitlinien des Ausschusses dahingehend aufgelöst, dass eine Vorlage **nur bei beabsichtigter Genehmigung** bzw. positiver Stellungn. zu erfolgen hat (vgl. EDSA Leitlinien Verhaltensregeln Rn. 54). Kommt der Ausschuss iR seiner Prüfung zu dem Erg., dass der Entwurf mit der VO vereinbar ist bzw. – im Fall nach Abs. 3 – geeignete Garantien vorsieht, so übermittelt der Ausschuss gem. Abs. 8 seine **Stellungn.** der KOM. Stimmt die ASB mit der abgegebenen Stellungn. nicht überein, kann das verbindliche Beschlussverfahren nach Art. 65 eingeleitet werden. Die in Art. 70 Abs. 1 lit. x geführte Aufgabe des Ausschusses zur Abgabe von Stellungn. von den auf Unionsebene erarbeiteten Verhaltensregeln stellt ein Redaktionsversehen dar (s. Bergt in Kühling/Buchner DS-GVO Art. 40 Rn. 33).

III. Allgemeine Gültigkeit durch Durchführungsrechtsakt der Kommission (Abs. 9)

28 Nach Abs. 9 S. 1 kann die KOM im Wege von **Durchführungsrechtsakten** beschließen, dass die ihr gem. Abs. 8 übermittelten genehmigten Verhaltensregeln bzw. deren genehmigte Änd. oder Erweiterungen **allg. Gültigkeit in der EU** besitzen (krit. hierzu Kranig/Peintinger ZD 2014, 3 (7 f.)). Der KOM steht diesbzgl. ein **Ermessen** zu („kann", vgl. Bergt CR 2016, 670 (675); Jungkind in BeckOK DatenschutzR DS-GVO Art. 40 Rn. 23; Roßnagel in NK-DatenschutzR Art. 40 Rn. 82; Schwartmann/Weiß RDV 2016, 240 (242)).

Welche **Rechtsfolgen** mit der Allgemeingültigkeitserklärung verbunden **28a** sind, ist **umstr.** (zum Streitstand Jungkind in BeckOK DatenschutzR DS-GVO Art. 40 Rn. 32 ff.; Wolff in Schantz/Wolff DatenschutzR Rn. 1297 ff.; Vomhof in Auernhammer DS-GVO Art. 40 Rn. 64 ff.). So wird vertreten, dass die allg. Gültigkeit nach Abs. 9 lediglich die Rechtsfolgen der Genehmigung auf die gesamte EU erstreckt (Bergt in Kühling/Buchner DS-GVO Art. 40 Rn. 51; Heilmann/Schulz in GSSV DS-GVO Art. 40 Rn. 34 f.; Hullen in v. d. Bussche/Voigt KonzerndatenS Teil 2 Kap. 8 Rn. 24; Kinast in Taeger/Gabel DS-GVO Art. 40 Rn. 50; Roßnagel in NK-DatenschutzR Art. 40 Rn. 81; Schweinoch in Ehmann/Selmayr DS-GVO Art. 40 Rn. 48; Spindler ZD 2016, 407 (411); Vomhof in Auernhammer DS-GVO Art. 40 Rn. 66). Nach aA gewährt die Allgemeingültigkeitserklärung denjenigen Unternehmen, die sich zur Einhaltung von Verhaltensregeln verpflichtet haben, eine **„widerlegbare Konformitätsvermutung"** mit den Artikeln der VO (v. Braunmühl/Wittmann in Plath DSGVO Art. 40 Rn. 23). Überzeugend ist letztlich die Annahme einer **normativen Wirkung,** wonach die Verhaltensregeln mit Erlass des Durchführungsrechtsaktes allgemeinverbindlich werden und damit **ggü. jedermann wirken.** Dies schließt auch Gerichte, Behörden und andere Verantwortliche, die in den Anwendungsbereich der Verhaltensregel fallen, aber sich den Verhaltensregeln nicht freiwillig unterworfen haben, mit ein (so auch Härting DS-GVO Rn. 788; Jungkind in BeckOK DatenschutzR DS-GVO Art. 40 Rn. 32; Reifert ZD 2019, 305 (309); Wolff in Schantz/Wolff DatenschutzR Rn. 1297 f.; ders. ZD 2017, 151 (153); Weichert in DWWS DS-GVO Art. 40 Rn. 34). Dafür streitet die Rechtsnatur der Allgemeingültigkeitserklärung als Durchführungsrechtsakt der KOM. Durchführungsrechtsakte iSd Art. 291 AEUV zielen darauf ab, einheitliche Bedingungen für die Durchführung der verbindlichen Rechtsakte der EU herzustellen. Dies ist nur möglich, wenn diese unionsweit verbindlich sind (Jungkind in BeckOK DatenschutzR DS-GVO Art. 40 Rn. 32). Abs. 9 S. 2 bestimmt, dass die Durchführungsrechtsakte gem. dem Prüfverfahren nach Art. 93 Abs. 2 (→ Art. 93 Rn. 3 ff.) erlassen werden. Zum Rechtsschutz gegen die Allgemeingültigkeitserklärung s. → Rn. 33.

IV. Veröffentlichung (Abs. 10)

Nach Abs. 10 hat die KOM dafür Sorge zu tragen, dass die genehmigten **29** Verhaltensregeln, denen gem. Abs. 9 allg. Gültigkeit zugesprochen wurde, **in geeigneter Weise veröffentlicht** werden. Was als eine solche „geeignete Weise der Veröffentlichung" angesehen werden kann, wird in der VO allerdings nicht weiter konkretisiert. Angesichts des Bezuges zu Verarbeitungstätigkeiten in mehreren Mitgliedstaaten ist eine von allen Mitgliedstaaten tatsächlich zugängliche Form der Veröff. zu fordern, etwa auf einer (mehrsprachigen) Homepage der KOM bzw. über das Europ. Justizportal.

H. Register und Veröffentlichung (Abs. 11)

30 Nach dem auf einen Vorschlag des ER zurückgehenden (vgl. Art. 38 Abs. 5a DS-GVO-E(Rat)) Abs. 11 hat der **Ausschuss** alle genehmigten Verhaltensregeln (zum Genehmigungsverfahren → Rn. 19 ff.) bzw. deren genehmigte Änd. oder Ergänzungen **in ein Register aufzunehmen und in geeigneter Weise zu veröffentlichen.** Im Ratsentwurf wurde beispielhaft für eine geeignete Weise der Veröff. die Veröff. über das Europ. Justizportal angeführt (vgl. Art. 38 Abs. 5a DS-GVO(Rat)).

I. DSRL und BDSG

I. Bezüge zur DSRL

31 Eine **Förderungsverpflichtung** zur Ausarbeitung von Verhaltensregeln wurde, aufbauend auf den positiven Erfahrungen einiger Mitgliedstaaten (insbes. in den Niederlanden), mit freiwilligen Verhaltensregeln auf unionsrechtlicher Ebene bereits in **Art. 27 DSRL** normiert (zu Art. 27 DSRL Brühann in GHN DSRL Art. 27; Dammann/Simitis DSRL Art. 27). Art. 27 Abs. 1 DSRL (vgl. auch ErwGr 61 DSRL) enthielt eine Pflicht zur Förderung der Ausarbeitung von Verhaltensregeln; diese Pflicht bezog sich nur auf die Mitgliedstaaten und die KOM, während in Art. 40 Abs. 1 ausdr. auch die ASB und der Ausschuss in die Pflicht genommen werden. Art. 27 Abs. 2 DSRL machte Vorgaben zum mitgliedstaatlichen Verfahren betr. den Erlass von Verhaltensregeln. Nach Art. 27 Abs. 3 DSRL konnten gemeinschaftliche Verhaltensregeln durch die Art. 29-Datenschutzgruppe genehmigt werden. Als zu begrüßende Neuerung im Hinblick auf die Regelung der Verhaltensregeln in der DS-GVO im Vergleich zur Regelung in der DSRL ist insbes. anzusehen, dass in Art. 40 der mögliche Inhalt der Verhaltensregeln näher konkretisiert wird und erstmalig auch für die Verarbeitung von Auftragsverarbeitern Verhaltensregeln aufgestellt werden können (vgl. auch Petri in Simitis BDSG aF § 38a Rn. 13).

II. Bezüge zum BDSG aF

32 Auf nationaler Ebene war in **§ 38a BDSG aF** für Berufsverbände und andere Vereinigungen, die bestimmte Gruppen von verantwortlichen Stellen vertreten, die Möglichkeit vorgesehen, zum Zwecke der Förderung der Durchführung von datenschutzrechtlichen Regelungen Verhaltensregeln auszuarbeiten (zu § 38a BDSG aF s. Kinast in Taeger/Gabel aF BDSG § 38a Rn. 1 ff.; Petri in Simitis BDSG aF § 38a Rn. 1 ff.) und setzte insoweit die Vorgabe des Art. 27 DSRL (→ Rn. 31) um. Wie bei dem Verfahren nach Art. 40 Abs. 5 und 6 mussten die Entwürfe nach § 38a Abs. 1 BDSG aF der zuständigen ASB unterbreitet werden, die sodann nach § 38a Abs. 2 BDSG aF die Vereinbarkeit der Entwürfe mit dem geltenden Datenschutzrecht überprüft. Die Regelung des § 38a BDSG aF hat in der Vergangenheit in der

Praxis nur sehr begrenzt Anklang gefunden. So haben auf nationaler Ebene nur zwei Verbände von der Regelung Gebrauch gemacht und entspr. Verhaltensregeln erlassen; dies sind zum einen die Verhaltensregeln des Gesamtverbandes der dt. Versicherungswirtschaft und zum anderen der GeoBusiness Code of Conduct (CoC). Die Ursachen im mangelnden Erfolg der Vorschr. sind ua in der unzureichenden Anreizstruktur und dem – insbes. wegen der förderalen Struktur der nationalen Datenschutzaufsicht – aufwändigen Anerkennungsverfahren zu sehen (hierzu Martini NVwZ 2016, 353).

III. Bezüge zum BDSG nF

Das BDSG nF enthält keine dem § 38a BDSG aF vergleichbare Norm, sodass **33** sich die Zulässigkeit der Ausarbeitung von Verhaltensregeln allein nach den Vorgaben der Art. 40 f. DS-GVO richtet. Auf Verhaltensregeln Bezug genommen wird allerdings in § 21 BDSG, der Rechtsbehelfe gegen Beschlüsse der KOM über die Allgemeingültigkeit von Verhaltensregeln vorsieht (s. (→ BDSG § 21 Rn. 1 ff.; Bergt in Kühling/Buchner DS-GVO Art. 40 Rn. 58; Heilmann/Schulz in GSSV DS-GVO Art. 40 Rn. 40).

Art. 41 Überwachung der genehmigten Verhaltensregeln

(1) Unbeschadet der Aufgaben und Befugnisse der zuständigen Aufsichtsbehörde gemäß den Artikeln 57 und 58 kann die Überwachung der Einhaltung von Verhaltensregeln gemäß Artikel 40 von einer Stelle durchgeführt werden, die über das geeignete Fachwissen hinsichtlich des Gegenstands der Verhaltensregeln verfügt und die von der zuständigen Aufsichtsbehörde zu diesem Zweck akkreditiert wurde.

(2) Eine Stelle gemäß Absatz 1 kann zum Zwecke der Überwachung der Einhaltung von Verhaltensregeln akkreditiert werden, wenn sie
a) ihre Unabhängigkeit und ihr Fachwissen hinsichtlich des Gegenstands der Verhaltensregeln zur Zufriedenheit der zuständigen Aufsichtsbehörde nachgewiesen hat;
b) Verfahren festgelegt hat, die es ihr ermöglichen, zu bewerten, ob Verantwortliche und Auftragsverarbeiter die Verhaltensregeln anwenden können, die Einhaltung der Verhaltensregeln durch die Verantwortlichen und Auftragsverarbeiter zu überwachen und die Anwendung der Verhaltensregeln regelmäßig zu überprüfen;
c) Verfahren und Strukturen festgelegt hat, mit denen sie Beschwerden über Verletzungen der Verhaltensregeln oder über die Art und Weise, in der die Verhaltensregeln von dem Verantwortlichen oder dem Auftragsverarbeiter angewendet werden oder wurden, nachgeht und diese Verfahren und Strukturen für betroffene Personen und die Öffentlichkeit transparent macht, und
zur Zufriedenheit der zuständigen Aufsichtsbehörde nachgewiesen hat, dass ihre Aufgaben und Pflichten nicht zu einem Interessenkonflikt führen.

(3) Die zuständige Aufsichtsbehörde übermittelt den Entwurf der Anforderungen an die Akkreditierung einer Stelle nach Absatz 1 gemäß dem Kohärenzverfahren nach Artikel 63 an den Ausschuss.

(4) [1] Unbeschadet der Aufgaben und Befugnisse der zuständigen Aufsichtsbehörde und der Bestimmungen des Kapitels VIII ergreift eine Stelle gemäß Absatz 1 vorbehaltlich geeigneter Garantien im Falle einer Verletzung der Verhaltensregeln durch einen Verantwortlichen oder einen Auftragsverarbeiter geeignete Maßnahmen, einschließlich eines vorläufigen oder endgültigen Ausschlusses des Verantwortlichen oder Auftragsverarbeiters von den Verhaltensregeln. [2] Sie unterrichtet die zuständige Aufsichtsbehörde über solche Maßnahmen und deren Begründung.

(5) Die zuständige Aufsichtsbehörde widerruft die Akkreditierung einer Stelle gemäß Absatz 1, wenn die Anforderungen für ihre Akkreditierung nicht oder nicht mehr erfüllt sind oder wenn die Stelle Maßnahmen ergreift, die nicht mit dieser Verordnung vereinbar sind.

(6) Dieser Artikel gilt nicht für die Verarbeitung durch Behörden oder öffentliche Stellen.

BDSG und anderes nationales Recht: –

Literatur: *Bergt,* Verhaltensregeln als Mittel zur Beseitigung der Rechtsunsicherheit in der Datenschutz-Grundverordnung, CR 2016, 670; *Herfurth/Engel,* Codes of Conduct im Konzern? Verhaltensregeln von Unternehmensgruppen nach Art. 40 DSGVO, ZD 2017, 367; *Karper,* Datenschutzsiegel und Zertifizierungen nach der Datenschutz-Grundverordnung, PinG 2016, 201; *Kranig/Peintinger,* Selbstregulierung im Datenschutzrecht – Rechtslage in Deutschland, Europa und den USA unter Berücksichtigung des Vorschlags zur DS-GVO, ZD 2014, 3; *Krings/Mammen,* Zertifizierungen und Verhaltensregeln – Bausteine eines modernen Datenschutzes für die Industrie 4.0, RDV 2015, 231; *Kraska,* Datenschutz-Zertifizierungen in der EU-Datenschutzgrundverordnung, ZD 2016, 153; *Krohm,* Anreize für Selbstregulierung nach der DS-GVO, PinG 2016, 205; *Polenz,* Verbraucherdatenschutz durch Selbstregulierung?, VuR 2012, 303; *Reifert,* Codes of Conduct nach der DSGVO – Ein Mittel für mehr Rechtssicherheit auf europäischer Ebene, ZD 2019, 305; *Spindler,* Selbstregulierung und Zertifizierungsverfahren nach der DS-GVO – Reichweite und Rechtsfolgen der genehmigten Verhaltensregeln, ZD 2016, 407; *Schwartmann/Weiß,* Ko-Regulierung vor einer neuen Blüte – Verhaltensregeln und Zertifizierungsverfahren nach der Datenschutzgrundverordnung, (2. Teil Verhaltensregeln), RDV 2016, 240; *von Braunmühl,* Ansätze zur Ko-Regulierung in der Datenschutz-Grundverordnung, PinG 2015, 231; *Wolff,* Verhaltensregeln nach Art. 40 DS-GVO auf dem Prüfstand – Neuauflage eines europäischen Instituts mit schlechter Entwicklungsprognose, ZD 2017, 151; *Wronka,* Anmerkungen zu Verhaltensregeln der Deutschen Versicherungswirtschaft, RDV 2014, 93.

Übersicht

A. Allgemeines

Art. 41 regelt die Überwachung der Einhaltung von genehmigten Verhaltens- **1** regeln (zur Genehmigung → Art. 40 Rn. 19 ff.) und betrifft den Fall, dass sich Verantwortliche bzw. Auftragsverarbeiter zur Einhaltung von genehmigten Verhaltensregeln verpflichtet haben. Art. 41 steht in engem Zusammenhang mit Art. 40, der Inhalt, Voraussetzungen und Verfahren der Ausarbeitung von Verhaltensregeln zum Gegenstand hat. Es handelt sich um ein Instrument der freiwilligen Selbstkontrolle (Jungkind in BeckOK DatenschutzR DS-GVO Art. 41 Rn. 1).

I. Inhalt der Vorschrift

Nach Abs. 1 kann die Überwachung von Verhaltensregeln gem. Art. 40 **2** durch eine zu diesem Zweck von der ASB akkreditierte Stelle vorgenommen werden. Abs. 2 und 3 regeln Voraussetzungen und Verfahren der Akkreditierung. Abs. 4 präzisiert den Tätigkeitsbereich einer akkreditierten Stelle nach Abs. 1 der Vorschr. In Abs. 5 wird eine Regelung zu den Voraussetzungen des Widerrufes der Akkreditierung getroffen. Abs. 6 stellt klar, dass Art. 41 keine Anwendung auf die Verarbeitung durch Behörden und öffentl. Stellen findet.

II. Entstehungsgeschichte

Art. 41 wurde erst spät im Gesetzgebungsverfahren auf Initiative des ER in **3** die DS-GVO eingefügt. Der Entwurf des ER wurde dabei nahezu unverändert in die Endfassung übernommen (vgl. Art. 38a DS-GVO-E(Rat)).

B. Akkreditierung von Überwachungsstellen (Abs. 1)

4 Nach Abs. 1 kann die Überwachung der Einhaltung von Verhaltensregeln gem. Art. 40 durch eine zu diesem Zweck von der ASB (vgl. Aufgabenzuweisung in Art. 57 Abs. 1 lit. q) akkreditierte Stelle (sog **Überwachungsstelle,** vgl. die Formulierung in Art. 83 Abs. 4 lit. c) erfolgen, die über das geeignete Fachwissen hinsichtlich des Gegenstandes der Verhaltensregeln verfügt. Der Hinweis auf den **Nachweis des geeigneten Fachwissens** hat insoweit keine eigenständige Bedeutung, da eine entspr. Vorgabe auch noch einmal explizit iRd Anforderungen an die zu akkreditierende Stelle nach Abs. 2 genannt wird (→ Rn. 7).

5 Ob die Überwachung der Einhaltung von Verhaltensregeln gem. Art. 40 ausschl. durch eine akkreditierte Stelle gem. Abs. 1 erfolgen kann, ist umstr. Abw. zur Wortlautfassung in Art. 40 Abs. 4 (→ Art. 40 Rn. 18) könnte der Wortlaut in Abs. 1 („kann") sowie der Hinweis, dass die Überwachung „unbeschadet der Aufgaben und Befugnisse der zuständigen ASB gem. den Art. 57 und 58" erfolgt, implizieren, dass die **Einrichtung einer akkreditierten Stelle** gem. Abs. 1 zum Zwecke der Überwachung der Einhaltung von Verhaltensregeln **optional** ist. IdS wurde im Schrifttum zT die Auff. vertreten, die **Überwachung** der Einhaltung der Verhaltensregeln könne stattdessen auch **durch die ASB** erfolgen (v.Braunmühl/Wittmann in Plath DS-GVO Art. 40 Rn. 13; Jungkind in BeckOK DatenschutzR DS-GVO Art. 41 Rn. 5; Kinast in Taeger/Gabel DS-GVO Art. 40 Rn. 29; Roßnagel in NK-DatenschutzR Art. 41 Rn. 9). Diese Lesart überzeugt indes nicht. Die **Einrichtung einer akkreditierten Stelle** gem. Abs. 1 zum Zwecke der Überwachung der Einhaltung von Verhaltensregeln ist grds. **verpflichtend** (so iErg auch Bergt in Kühling/Buchner DS-GVO Art. 41 Rn. 3; Schweinoch in Ehmann/Selmayr DS-GVO Art. 41 Rn. 1, 18; vgl. auch EDSA Leitlinien Verhaltensregeln Rn. 41, 60, wonach eine Ausnahme allein für Verhaltensregeln von Behörden oder öffentl. Stellen gem. Abs. 6 (→ Rn. 21) besteht). Gegen eine Überwachungszuständigkeit der ASB sprechen zudem das Fehlen einer entspr. Aufgabenzuweisung in den Art. 57 und 58 sowie der Umstand, dass eine Überwachung durch die ASB dem Gedanken der Selbstregulierung zuwiderliefe (Hullen in v. d. Bussche/Voigt KonzerndatenS Teil 2 Kap. 8 Rn. 31; Schweinoch in Ehmann/Selmayr DS-GVO Art. 41 Rn. 18 ff.). Der Hinweis auf die fortbestehenden Aufgaben und Befugnisse der zuständigen ASB gem. Art. 57 und 58 sollte lediglich klarstellen, dass trotz der Überwachung der Einhaltung von Verhaltensregeln durch eine akkreditierte Stelle die **aufsichtsbehördliche Kontrolle** des Verantwortlichen bzw. Auftragsverarbeiters durch die nach Art. 55 und 56 zuständige ASB **bestehen bleibt.**

5a Die Verbände und Vereinigungen können die erforderliche Überwachung grds. auch selbst durchführen, indem sie zB einen internen ad-hoc-Ausschuss oder eine gesonderte unabhängige Abteilung einrichten (s. EDSA Leitlinien Verhaltensregeln Rn. 64; krit. Hullen in v. d. Bussche/Voigt KonzerndatenS Teil 2 Kap. 8 Rn. 31; Roßnagel in NK-DatenschutzR Art. 40 Rn. 17;

Schweinoch in Ehmann/Selmayr DS-GVO Art. 41 Rn. 18 ff.). Bei der Benennung einer solchen **internen Überwachungsstelle** ist allerdings bes. krit. zu überprüfen, ob die Voraussetzungen nach Abs. 2 (→ Rn. 6 ff.) erfüllt werden, wobei ein bes. Augenmerk auf die Unabhängigkeit (→ Rn. 7) der Stelle zu richten ist (s. hierzu auch EDSA Leitlinien Verhaltensregeln Rn. 64 ff., wonach ein Konzept zur Unparteilichkeit u. Unabhängigkeit vorgelegt werden muss).

C. Voraussetzungen für die Akkreditierung (Abs. 2)

Abs. 2 führt die Voraussetzungen auf, die eine Stelle zwingend vorweisen **6** muss, um zum Zwecke der Überwachung der Einhaltung von Verhaltensregeln akkreditiert werden zu können. Erfüllt die Überwachungsstelle diese Voraussetzungen, hat sie einen Anspruch auf Akkreditierung (vgl. Bergt in Kühling/Buchner DS-GVO Art. 41 Rn. 4; Vomhof in Auernhammer DS-GVO Art. 41 Rn. 19; Schweinoch in Ehmann/Selmayr DS-GVO Art. 41 Rn. 25; aA Lepperhoff in Gola DS-GVO Art. 41 Rn. 14; wohl auch Heilmann/Schulz in GSSV DS-GVO Art. 41 Rn. 15).

I. Unabhängigkeit und Fachwissen (lit. a)

Die Überwachungsstelle muss für die Akkreditierung ihre Unabhängigkeit **7** und ihr Fachwissen hinsichtlich des Gegenstandes der Verhaltensregeln zur Zufriedenheit der zuständigen ASB nachgewiesen haben. Die Formulierung „zur Zufriedenheit der zuständigen Aufsichtsbehörde" legt nahe, dass der ASB insoweit ein gewisser Beurteilungsspielraum zusteht (allgM, vgl. mwN Jungkind in BeckOK DatenschutzR DS-GVO Art. 41 Rn. 7; Roßnagel in NK-DatenschutzR Art. 40 Rn. 17 mwN). Der **Nachweis der Unabhängigkeit** erfordert, dass die zu akkreditierende Stelle belegen kann, dass sie organisatorisch-personell keinerlei Verflechtung mit den überwachenden Verantwortlichen bzw. Auftragsverarbeitern aufweist und keinen Beeinflussungen seitens der zu überwachenden Stelle ausgesetzt ist. Hierfür ist auch eine hinreichend unabhängige Finanzausstattung erforderlich, wobei eine Finanzierung über kostenpflichtige Leistungen der zu überwachenden Verantwortlichen bzw. Auftragsverarbeitern unschädlich sein dürfte (s. Bergt in Kühling/Buchner DS-GVO Art. 41 Rn. 7; Lepperhoff in Gola DS-GVO Art. 41 Rn. 16; Spindler ZD 2016, 407 (408); einschränkend Kinast in Taeger/Gabel DS-GVO Art. 40 Rn. 20; v.Braunmühl/Wittmann in Plath DS-GVO Art. 41 Rn. 4). Ferner darf die Überwachungsstelle aktuell keine beratende oder in sonstiger Weise unterstützende Tätigkeit im Hinblick auf das geltende Datenschutzkonzept der zu überprüfenden Verantwortlichen bzw. Auftragsverarbeiter ausüben (zust. Bergt in Kühling/Buchner DS-GVO Art. 41 Rn. 7; ders. CR 2016, 670 (673); Roßnagel in NK-DatenschutzR Art. 40 Rn. 17; Schweinoch in Ehmann/ Selmayr DatenschutzR DS-GVO Art. 41 Rn. 22; einschränkend Jungkind in BeckOK DatenschutzR DS-GVO Art. 41 Rn. 7). Jedenfalls eine Tätigkeit als externer Datenschutzbeauftragter (→ Art. 37 Rn. 14) bei einem der zu überprüfenden Verantwortlichen bzw. Auftragsverarbeiter ist mit dem Unabhängigkeitspostulat unvereinbar. Unproblematisch dürfte hingegen die Beratung bloß in derselben Branche sein (Schweinoch in Ehmann/Selmayr DS-GVO Art. 41 Rn. 22). Die Einrichtung einer internen Überwachungsstelle (→ Rn. 5a) steht der Unabhängigkeit nicht entgegen, wenn und soweit eine personelle Trennung gewährleistet ist und ein entspr. Konzept die Unparteilichkeit u. Unabhängigkeit der Stelle ggü. dem zu überwachenden Verantwortlichen bzw. Auftragsverarbeiter absichert. **Fachwissen hinsichtlich des Gegenstandes der Verhaltensregeln** erfordert Kenntnis der einschlägigen Verhaltensregeln, der branchenbezogen relevanten datenschutzrechtlichen Vorschr., soweit erforderlich IT-Kenntnisse sowie ein Grundverständnis für die maßgeblichen technischen Abläufe und organisatorischen Strukturen der zu überwachenden Stellen (zu den erforderlichen Nachw. s. Jungkind in BeckOK DatenschutzR DS-GVO Art. 41 Rn. 7; v.Braunmühl/Wittmann in Plath DS-GVO Art. 41 Rn. 4). Daraus folgt auch, dass keine allg. Akkreditierung als Überwachungsstelle in Betracht kommt, sondern die Akkreditierung stets für spezifische Verhaltensregeln oder einzelne Verarbeitungsbereiche erfolgen muss (Schweinoch in Ehmann/Selmayr DS-GVO Art. 41 Rn. 24).

II. Festlegung eines Bewertungsverfahrens (lit. b)

8 Die betr. Stelle muss ein Verfahren festlegen, das es ihr ermöglicht, (1) zu bewerten, ob die Verhaltensregeln durch den Verantwortlichen bzw. Auftragsverarbeiter angewendet werden können, (2) die **Einhaltung** der Verhaltensregeln zu überwachen und (3) die **Anwendung** der Verhaltensregeln regelmäßig zu überprüfen. Die Ausgestaltung des Verfahrens sowie die zu ergreifenden Maßnahmen haben sich dabei an den Inhalten der jeweiligen Verhaltensregel und den spezifischen Verarbeitungsrisiken zu orientieren (Schweinoch in Ehmann/Selmayr DS-GVO Art. 41 Rn. 22). Da die DS-GVO das Bewertungsverfahren nur fragmentarisch regelt, sind Konkretisierungen ratsam, insbes. sollte geregelt werden, welche Rechte der Überwachungsstelle ggü. den betroffenen Verantwortlichen bzw. Auftragsverarbeitern iRd Überwachung zustehen (s. Bergt in Kühling/Buchner DS-GVO Art. 41 Rn. 8).

III. Festlegung eines Beschwerdeverfahrens (lit. c)

9 Die betr. Stelle muss Verfahren und Strukturen festlegen, mit denen sie **Beschwerden über Verletzungen sowie die Art und Weise der Anwendung der Verhaltensregeln** durch den Verantwortlichen bzw. Auftragsverarbeiter nachgeht (zur Ausgestaltung des Beschwerdemanagements s. Bergt in Kühling/Buchner DS-GVO Art. 41 Rn. 9 f.). Diese Verfahren und Strukturen müssen für betroffene Personen und die Öffentlichkeit **transparent** gemacht werden. Das Transparenzerfordernis zielt darauf ab, dass betroffene Personen von ihrem Beschwerderecht regelmäßig nur Gebrauch machen können und werden, sofern sie von der Beschwerdemöglichkeit Kenntnis haben und die Beschwerde überdies auch als ein effektives Mittel zur Abstellung von Verstößen gegen die Verhaltensregeln wahrgenommen wird.

IV. Nachweis eines fehlenden Interessenkonfliktes (lit. d)

Die betr. Stelle muss zudem zur Zufriedenheit der ASB nachweisen, dass ihre **10** **Aufgaben und Pflichten nicht zu einem Interessenskonflikt führen.** Der Wortlaut legt insoweit das Bestehen eines Beurteilungsspielraumes der ASB nahe (→ Rn. 7). Ein solcher Interessenskonflikt wäre etwa anzunehmen, wenn eine organisatorisch-personelle Verflechtung zwischen akkreditierter Stelle und zu überwachenden Verantwortlichen bzw. Auftragsverarbeitern besteht, so etwa bei einer vergüteten Beratungstätigkeit bei einem zu überwachenden Verarbeiter (Schweinoch in Ehmann/Selmayr DS-GVO Art. 41 Rn. 22) oder wenn die die akkreditierte Stelle durch eine Tätigkeit in derselben Branche wie die zu überwachenden Verantwortlichen bzw. Auftragsverarbeiter zu diesen in direktem Wettbewerb steht (Roßnagel in NK-DatenschutzR Art. 40 Rn. 22). Die Vorgabe überschneidet sich insoweit zT mit dem Unabhängigkeitsnachweis (→ Rn. 7) nach lit. a. Die Akkreditierung **mehrerer Überwachungsstellen** für dieselben Verhaltensregeln ist grds. möglich, solange keine nachteiligen Auswirkungen auf Überwachungstätigkeit zu erwarten sind (Kinast in Taeger/Gabel DS-GVO Art. 40 Rn. 28; Lepperhoff in Gola DS-GVO Art. 41 Rn. 22; iErg wohl auch EDSA Leitlinien Verhaltensregeln Rn. 41; aA Vomhof in Auernhammer DS-GVO Art. 41 Rn. 3).

D. Akkreditierungsverfahren (Abs. 3)

Das Akkreditierungsverfahren wird von der DS-GVO nur lückenhaft ge- **11** regelt. Abs. 3 betrifft lediglich das von der ASB im Vorfeld einer konkreten Akkreditierungsentscheidung zu beachtende Vorgehen. Will die ASB zum Zwecke der Überwachung eine Stelle akkreditieren, hat die ASB zunächst **Anforderungen für die Akkreditierung** zu formulieren (der Begriff „Anforderungen" wurde mit der Berichtigung durch ABl. L 127 vom 23.5.2018 anstatt des Begriffs „Kriterien" eingefügt; vgl. auch die Aufgabenzuweisung in Art. 57 Abs. 1 lit. q → Art. 57 Rn. 20). Diese Anforderungen präzisieren ua die Voraussetzungen nach Abs. 2 lit. a bis d. Anschließend sind die betr. Anforderungen dem Ausschuss **zu übermitteln.** Der **Ausschuss** gibt nach Art. 64 Abs. 1 S. 1, S. 2 lit. c eine **Stellungn.** darüber ab, ob er die Anforderungen für die Akkreditierung billigt (zum Verfahren → Art. 64 Rn. 5 ff.).

Die konkrete Ausgestaltung des Akkreditierungsverfahrens überlässt die **11a** DS-GVO dem mitgliedstaatlichen Recht. Erforderlich ist zunächst ein entsprechender **Antrag** der (künftigen) Überwachungsstelle, mit dem sodann ein **Verwaltungsverfahren** eingeleitet wird (Roßnagel in NK-DatenschutzR Art. 40 Rn. 13). Die Entscheidung über die Akkreditierung ergeht als **VA** (Weichert in DWWS DS-GVO Art. 41 Rn. 16). Die ASB kann **Gebühren** für die Akkreditierung erheben (Bergt in Kühling/Buchner DS-GVO Art. 41 Rn. 19).

E. Pflichten der Überwachungsstelle (Abs. 4)

12 Abs. 4 präzisiert die maßgeblichen **Pflichten der Überwachungsstelle.**

I. Überwachung

13 Die akkreditierte Stelle hat die betr. Verantwortlichen bzw. Auftragsverarbeiter nach Abs. 1 zu überwachen. Erforderlich ist eine aktive Überwachung in Form regelmäßiger anlassunabhängiger Überprüfungen und nicht nur ein Tätigwerden bei Beschwerden oder sonstigen konkreten Anlässen (Bergt in Kühling/Buchner DS-GVO Art. 41 Rn. 8; Heilmann/Schulz in GSSV DS-GVO Art. 41 Rn. 21; Schweinoch in Ehmann/Selmayr DS-GVO Art. 41 Rn. 28). Ob eine stichprobenhafte Überprüfung genügt, lässt sich nicht pauschal beantworten, sondern hängt von der Ausgestaltung der jew. Verhaltensregeln sowie den Risiken der betr. Verarbeitungsvorgänge ab (für eine Zulässigkeit von Stichprobenkontrollen Lepperhoff in Gola DS-GVO Art. 41 Rn. 9; Vomhof in Auernhammer DS-GVO Art. 41 Rn. 15). Das maßgebliche Verfahren der Überwachung richtet sich nach den Verfahrensvorgaben der jeweiligen Verhaltensregeln (vgl. Art. 40 Abs. 4 → Art. 40 Rn. 18), zu deren Einhaltung sich die betr. Verantwortlichen bzw. Auftragsverarbeiter im Rahmen der Unterwerfung unter die Verhaltensregeln ggü. der Überwachungsstelle konkret verpflichtet haben. Nicht zu den Aufgaben der Überwachungsstelle zählt eine über die Einhaltung der Verhaltensregeln hinausgehende Überwachung (Schweinoch in Ehmann/Selmayr DS-GVO Art. 41 Rn. 2). Das Verhältnis zw. Überwachungsstelle und zu überwachendem Verantwortlichen bzw. Auftragsverarbeiter unterliegt nach zutreffendem Verständnis der **Regelung durch privatrechtliche Vereinbarung** (so auch Lepperhoff in Gola DS-GVO Art. 41 Rn. 11; Schweinoch in Ehmann/Selmayr DS-GVO Art. 41 Rn. 5, 17; iErg wohl auch Heilmann/Schulz in GSSV DS-GVO Art. 41 Rn. 13; aA Kinast in Taeger/Gabel DS-GVO Art. 40 Rn. 40; Raschauer in HK-DS-GVO Art. 41 Rn. 31, 34, nach denen es sich bei den Überwachungsstellen um Beliehene handeln soll). Folgt man diesem Verständnis sind für Rechtsstreitigkeiten zwischen der Überwachungsstelle und dem zu überwachenden Verantwortlichen bzw. Auftragsverarbeiter die ordentlichen Gerichte zuständig (Schweinoch in Ehmann/Selmayr DS-GVO Art. 41 Rn. 37; Roßnagel in NK-DatenschutzR Art. 40 Rn. 33 ff.).

II. Ergreifen geeigneter Maßnahmen bei Verletzungen

14 Bei einer Verletzung der Verhaltensregeln durch einen Verantwortlichen oder Auftragsverarbeiter hat die akkreditierte Stelle nach Abs. 4 S. 1 Hs. 2 **geeignete Maßnahmen** zu ergreifen. Der Begriff der Geeignetheit legt nahe, dass sich die zu ergreifenden Maßnahmen in Abhängigkeit von dem konkreten Verstoß und den näheren Umständen bestimmen (so auch Schweinoch in

Ehmann/Selmayr DS-GVO Art. 41 Rn. 29). Sinnvoll ist ein abgestuftes Sanktionskonzept (Heilmann/Schulz in GSSV DS-GVO Art. 41 Rn. 22). Beispielhaft nennt die DS-GVO insoweit den vorl. oder endg. **Ausschluss** des Verantwortlichen oder Auftragsverarbeiters von den Verhaltensregeln. Insbes. beim endg. Ausschluss von den Verhaltensregeln handelt es sich um eine einschneidende Maßnahme (s. Raschauer in HK-DS-GVO Art. 41 Rn. 33), die regelmäßig erst bei gravierenden oder mehrmaligen Verstößen eine angemessene Reaktion darstellen wird (s. Kinast in Taeger/Gabel DS-GVO Art. 40 Rn. 35; Weichert in DWWS DS-GVO Art. 41 Rn. 15). Vorrangig wird ggü. dem betr. Verantwortlichen bzw. Auftragsverarbeiter **Warnung** unter Setzung einer Frist zur Abstellung der Verstöße auszusprechen sein. In jedem Fall sollte vor jedem Tätigwerden eine **Stellungn.** des betreffenden Verantwortlichen bzw. Auftragsverarbeiter eingeholt werden (Kinast in Taeger/Gabel DS-GVO Art. 40 Rn. 35; Raschauer in HK-DS-GVO Art. 41 Rn. 30; Schweinoch in Ehmann/Selmayr DS-GVO Art. 41 Rn. 30). Besondere Abhilfebefugnisse der Überwachungsstelle können nur auf Satzungs- oder Vertragsrecht beruhen und müssen gem. Art. 40 Abs. 4 in den Verhaltensregeln vorgesehen sein (Roßnagel in NK-DatenschutzR Art. 40 Rn. 28). Zu möglichen Sanktionen ggü. der Überwachungsstelle bei Verstoß gegen die Pflichten aus Abs. 4 → Rn. 22.

Maßnahmen sind nach dem Wortlaut des Abs. 4 S. 1 durch die Über- **15** wachungsstelle **vorbehaltlich geeigneter Garantien** zu ergreifen. Dies ist so zu verstehen, dass es der Überwachungsstelle frei steht, von einem Tätigwerden abzusehen, wenn und soweit eine angemessene Sicherungsmaßnahme bzw. geeignete Anstrengungen zur Gewährleistung von Datenschutz und Datensicherheit bereits durch den Verantwortlichen bzw. Auftragsverarbeiter ergriffen wurden. Die Vorschrift ist Ausdruck des Prinzips der Verhältnismäßigkeit (Roßnagel in NK-DatenschutzR Art. 40 Rn. 29). Eine geeignete Garantie soll etwa anzunehmen sein, wenn der Verantwortliche bzw. Auftragsverarbeiter **Verschlüsselungstechnologien** einsetzt (Kinast in Taeger/Gabel DS-GVO Art. 40 Rn. 34; Roßnagel in NK-DatenschutzR Art. 40 Rn. 29). Nicht ausreichend dürfte hingegen die bloße Zusicherung durch die zu überwachende Stelle sein, dass das beanstandete Verhalten eingestellt wird und sich nicht wiederholen wird (Kinast in Taeger/Gabel DS-GVO Art. 40 Rn. 34; Schweinoch in Ehmann/Selmayr DS-GVO Art. 41 Rn. 29; aA Heilmann/Schulz in GSSV DS-GVO Art. 41 Rn. 23; Jungkind in BeckOK DatenschutzR DS-GVO Art. 41 Rn. 14).

III. Begründungs- und Unterrichtungspflicht

Die ergriffenen Maßnahmen sind zu begründen. Nach S. 2 ist die **zuständige** **16** **ASB über die Maßnahmen nach S. 1 und deren Begr. zu unterrichten.** Die ASB soll auf Grundlage der Unterrichtung in die Lage versetzt werden, selbstständig zu prüfen, ob die Notwendigkeit eines eigenen Tätigwerdens besteht. Da nicht jeder Verstoß gegen Verhaltensregeln zwingend auch in einem Verstoß gegen die Vorgaben der DS-GVO mündet, ist ein Tätigwerden der ASB nicht zwingend erforderlich (Schweinoch in Ehmann/Selmayr

DS-GVO Art. 41 Rn. 31). Die Unterrichtungspflicht **greift nicht ein, sofern geeignete Garantien** (→ Rn. 15) **vorliegen;** (nur) ein solches Verständnis trägt zur Stärkung der Vorschrift als Instrument der Selbstkontrolle bei (Bergt in Kühling/Buchner DS-GVO Art. 41 Rn. 16; Vomhof in Auernhammer DS-GVO Art. 41 Rn. 24; Weichert in DWWS DS-GVO Art. 41 Rn. 17; aA Roßnagel in NK-DatenschutzR Art. 40 Rn. 30). Auch über bereits **bereinigte Verstöße** muss nicht berichtet werden (Schweinoch in Ehmann/Selmayr DS-GVO Art. 41 Rn. 31).

IV. Verhältnis zu aufsichtsbehördlichen Kompetenzen

17 Die Überwachung erfolgt nach Abs. 4 S. 1 Hs. 1 **unbeschadet der Aufgaben und Befugnisse der zuständigen ASB.** Verantwortliche und Auftragsverarbeiter sind daher auch bei Überwachung der Einhaltung von Verhaltensregeln nicht von der behördlichen Aufsicht befreit (krit. Heilmann/Schulz in GSSV DS-GVO Art. 41 Rn. 6; LK DatenschutzR § 8 Rn. 15; zu den Privilegien iRd Aufsicht → Art. 40 Rn. 7). Allerdings beschränkt sich die behördliche Aufsicht auf die Einhaltung der Pflichten der DS-GVO und umfasst nicht auch die Einhaltung darüber hinausgehender Vorgaben in den Verhaltensregeln.

F. Widerruf der Akkreditierung (Abs. 5)

18 Während davon auszugehen ist, dass die Überwachungsstelle – vorbehaltlich einschränkender Vereinbarungen mit den zu überwachenden Verantwortlichen bzw. Auftragsverarbeitern (→ Rn. 13) – grundsätzlich jederzeit die Beendigung einer nach Abs. 1 (→ Rn. 4 f.) erteilten Akkreditierung erklären kann (Kinast in Taeger/Gabel DS-GVO Art. 40 Rn. 47 ff.), steht der ASB die Möglichkeit eines Widerrufs der Akkreditierung nach Maßgabe von Abs. 5 zu. Zu Rechtsschutzmöglichkeiten bei Streitigkeiten zwischen ASB und Überwachungsstelle s. Schweinoch in Ehmann/Selmayr DS-GVO Art. 41 Rn. 36.

I. Widerruf der Akkreditierung

19 Abs. 5 regelt den Widerruf einer nach Abs. 1 erteilten Akkreditierung. Die zuständige ASB widerruft die Akkreditierung einer Stelle gem. Abs. 1 (→ Rn. 4 f.), wenn die **Anforderungen** (Begriff neu eingefügt durch ABl. L 127 vom 23.5.2018; vormals „Voraussetzungen") für eine Akkreditierung nach Abs. 2 (→ Rn. 6 ff.) nicht oder nicht mehr erfüllt sind oder wenn die betr. Stelle Maßnahmen ergreift, die nicht mit der DS-GVO vereinbar sind. Der Widerruf erfolgt als actus contrarius zur Akkreditierung (→ Rn. 11a) durch **VA** (Schweinoch in Ehmann/Selmayr DS-GVO Art. 41 Rn. 32). Der Wortlaut („widerruft") legt eine gebundene Entsch. der ASB nahe (zust. Bergt in Kühling/Buchner DS-GVO Art. 41 Rn. 11; Raschauer in HK-DS-GVO Art. 41 Rn. 37; Weichert in DWWS DS-GVO Art. 41 Rn. 18). Der Überwachungsstelle ist Gelegenheit zur Stellungn. einzuräumen (Schweinoch in

Ehmann/Selmayr DS-GVO Art. 41 Rn. 32). Ob die **Anforderungen für eine Akkreditierung nicht oder nicht mehr erfüllt** sind, richtet sich nach den Kriterien des Abs. 3 (→ Rn. 11). Unter **Maßnahmen, die nicht mit der VO vereinbar sind,** können etwa das Unterlassen erforderlicher Handlungen (Bergt in Kühling/Buchner DS-GVO Art. 41 Rn. 11) oder Kompetenzüberschreitungen der Überwachungsstelle gefasst werden. Im Hinblick auf die gravierenden Konsequenzen eines Widerrufs für die überwachten Verantwortlichen bzw. Auftragsverarbeiter ist die Widerrufsmöglichkeit auf **Verstöße von einigem Gewicht** zu beschränken (vgl. Heilmann/Schulz in GSSV DS-GVO Art. 41 Rn. 26; Schweinoch in Ehmann/Selmayr DS-GVO Art. 41 Rn. 32; Vomhof in Auernhammer DS-GVO Art. 41 Rn. 26). Ein zulässiger Widerruf durch die ASB ist auch dann möglich, wenn das Bedürfnis nach Überwachung der Einhaltung von Verhaltensregeln entfällt, etwa wenn sich kein Verantwortlicher bzw. Auftragsverarbeiter mehr zur Einhaltung der betr. Verhaltensregeln verpflichten will (aA Kinast in Taeger/Gabel DS-GVO Art. 40 Rn. 44 f.). Ein **Widerruf der Akkreditierung der Überwachungsstelle** führt – soweit nicht mehrere für die Überwachung der betr. Verhaltensregeln akkreditierte Überwachungsstellen vorgesehen sind (→ Rn. 10) – zu einem **Ausschluss der** von dieser Stelle **überwachten Verantwortlichen bzw. Auftragsverarbeiter von den Verhaltensregeln,** da gem. Art. 40 Abs. 4 (→ Art. 40 Rn. 18) das Vorhandensein einer Stelle nach Abs. 1 zwingend ist (s. EDSA Leitlinien Verhaltensregeln Rn. 87; Bergt in Kühling/Buchner DS-GVO Art. 41 Rn. 11; Schweinoch in Ehmann/Selmayr DS-GVO Art. 41 Rn. 33; aA Lepperhoff in Gola DS-GVO Art. 41 Rn. 25; Raschauer in HK-DS-GVO Art. 41 Rn. 37). Fällt durch den Widerruf der Akkreditierung die letzte oder einzige Überwachungsstelle weg, ist mit dem Widerruf der Akkreditierung der Überwachungsstelle darüber hinaus zwingend ein **Widerruf der Genehmigung der Verhaltensregeln** verbunden (s. EDSA Leitlinien Verhaltensregeln Rn. 86 f.; Bergt in Kühling/Buchner DS-GVO Art. 41 Rn. 11; Roßnagel in NK-DatenschutzR Art. 40 Rn. 24; aA Heilmann/Schulz in GSSV DS-GVO Art. 41 Rn. 25; Schweinoch in Ehmann/Selmayr DS-GVO Art. 41 Rn. 34; Vomhof in Auernhammer DS-GVO Art. 41 Rn. 27). Daher sollten die betroffenen Verarbeiter möglichst frühzeitig über diese Maßnahme informiert werden und die jeweiligen Verhaltensregeln sollten Regelungen zu einem möglichen Wechsel der Überwachungsstelle enthalten (Schweinoch in Ehmann/Selmayr DS-GVO Art. 41 Rn. 33). Zu den Besonderheiten bei int. SV s. Bergt in Kühling/Buchner DS-GVO Art. 41 Rn. 11.

II. Geltungsdauer der Akkreditierung

Im Gegensatz zu Art. 43 Abs. 4 (→ Art. 43 Rn. 18), der die Akkreditierung **20** von Zertifizierungsstellen regelt, trifft Art. 41 keine Regelung über die Geltungsdauer einer Akkreditierung. Daher ist davon auszugehen, dass die Akkreditierung der Überwachungsstelle durch die ASB grds. **unbefristet** erfolgt (hA, s. mwN Bergt in Kühling/Buchner DS-GVO Art. 41 Rn. 11; Jungkind in BeckOK DatenschutzR DS-GVO Art. 41 Rn. 12; Schweinoch in Ehmann/Selmayr DS-GVO Art. 41 Rn. 32; einschränkend aber Roßnagel in NK-DatenschutzR Art. 40 Rn. 14). Während die Überwachungsstelle grds. jederzeit die Beendigung der Akkreditierung erklären kann (Kinast in Taeger/Gabel DS-GVO Art. 40 Rn. 47 ff.), steht der ASB lediglich die Möglichkeit eines Widerrufs der Akkreditierung zur Verfügung (→ Rn. 18 f.).

G. Verarbeitung durch Behörden oder öffentliche Stellen (Abs. 6)

21 Abs. 6 stellt klar, dass Art. 41 nicht für die Verarbeitung durch **Behörden oder öffentl. Stellen** gilt, die zwar Verhaltensregeln ausarbeiten dürfen (→ Art. 40 Rn. 9; anders noch in der Voraufl. Rn. 21), iRd Durchführung aber nicht durch eine nach Abs. 1 akkreditierte Stelle überwacht werden. Hieraus kann allerdings nicht der Schluss gezogen werden, dass Behörden oder öffentl. Stellen gänzlich von der Überwachung befreit sind. Die Überwachung erfolgt nur nicht durch eine nach Abs. 1 akkreditierte Stelle, sondern wird durch eine **interne Überwachung** ersetzt, wobei an die durchführende Abteilung/Person dieselben materiellen Anforderungen zu stellen sein dürften wie an interne Überwachungsstellen im Sinne des Abs. 1 (→ Rn. 5a; aA Weichert in DWWS DS-GVO Art. 41 Rn. 20, von einer Überwachung durch die ASB ausgehend). IdS verlangen auch die EDSA Leitlinien, dass die Verhaltensregeln von Behörden oder öffentl. Stellen ein **Verfahren für die Überwachung der Einhaltung** der Bestimmungen vorsehen (s. EDSA Leitlinien Verhaltensregeln Rn. 26).

H. Sanktionen

22 Bei Verstoß gegen die Pflichten aus Abs. 4 (→ Rn. 12 ff.) drohen der **Überwachungsstelle** gem. Art. 83 Abs. 4 lit. c (→ Art. 83 Rn. 22) **Geldbußen** von bis zu **10 000 000 EUR** oder im Fall eines Unternehmens von bis zu **2 % seines gesamten weltweit erzielten Jahresumsatzes des vorangegangenen Geschäftsjahres,** abhängig davon, welcher der Beträge höher ist.

I. DSRL und BDSG

23 Die Möglichkeit, die Überwachung der Einhaltung der Verhaltensregeln einer zu diesem Zweck von der ASB akkreditierten Überwachungsstelle zu übertragen, stellt eine **Neuerung der DS-GVO** im Vergleich zur Rechtslage unter Art. 27 DSRL bzw. § 38a BDSG aF (→ Art. 40 Rn. 31 ff.) dar.

Art. 42 Zertifizierung

(1) [1]Die Mitgliedstaaten, die Aufsichtsbehörden, der Ausschuss und die Kommission fördern insbesondere auf Unionsebene die Einführung von datenschutzspezifischen Zertifizierungsverfahren sowie von Datenschutzsiegeln und -prüfzei-

chen, die dazu dienen, nachzuweisen, dass diese Verordnung bei Verarbeitungsvorgängen von Verantwortlichen oder Auftragsverarbeitern eingehalten wird. [2] Den besonderen Bedürfnissen von Kleinstunternehmen sowie kleinen und mittleren Unternehmen wird Rechnung getragen.

(2) [1] Zusätzlich zur Einhaltung durch die unter diese Verordnung fallenden Verantwortlichen oder Auftragsverarbeiter können auch datenschutzspezifische Zertifizierungsverfahren, Siegel oder Prüfzeichen, die gemäß Absatz 5 des vorliegenden Artikels genehmigt worden sind, vorgesehen werden, um nachzuweisen, dass die Verantwortlichen oder Auftragsverarbeiter, die gemäß Artikel 3 nicht unter diese Verordnung fallen, im Rahmen der Übermittlung personenbezogener Daten an Drittländer oder internationale Organisationen nach Maßgabe von Artikel 46 Absatz 2 Buchstabe f geeignete Garantien bieten. [2] Diese Verantwortlichen oder Auftragsverarbeiter gehen mittels vertraglicher oder sonstiger rechtlich bindender Instrumente die verbindliche und durchsetzbare Verpflichtung ein, diese geeigneten Garantien anzuwenden, auch im Hinblick auf die Rechte der betroffenen Personen.

(3) Die Zertifizierung muss freiwillig und über ein transparentes Verfahren zugänglich sein.

(4) Eine Zertifizierung gemäß diesem Artikel mindert nicht die Verantwortung des Verantwortlichen oder des Auftragsverarbeiters für die Einhaltung dieser Verordnung und berührt nicht die Aufgaben und Befugnisse der Aufsichtsbehörden, die gemäß Artikel 55 oder 56 zuständig sind.

(5) [1] Eine Zertifizierung nach diesem Artikel wird durch die Zertifizierungsstellen nach Artikel 43 oder durch die zuständige Aufsichtsbehörde anhand der von dieser zuständigen Aufsichtsbehörde gemäß Artikel 58 Absatz 3 oder – gemäß Artikel 63 – durch den Ausschuss genehmigten Kriterien erteilt. [2] Werden die Kriterien vom Ausschuss genehmigt, kann dies zu einer gemeinsamen Zertifizierung, dem Europäischen Datenschutzsiegel, führen.

(6) Der Verantwortliche oder der Auftragsverarbeiter, der die von ihm durchgeführte Verarbeitung dem Zertifizierungsverfahren unterwirft, stellt der Zertifizierungsstelle nach Artikel 43 oder gegebenenfalls der zuständigen Aufsichtsbehörde alle für die Durchführung des Zertifizierungsverfahrens erforderlichen Informationen zur Verfügung und gewährt ihr den in diesem Zusammenhang erforderlichen Zugang zu seinen Verarbeitungstätigkeiten.

(7) [1] Die Zertifizierung wird einem Verantwortlichen oder einem Auftragsverarbeiter für eine Höchstdauer von drei Jahren erteilt und kann unter denselben Bedingungen verlängert werden, sofern die einschlägigen Kriterien weiterhin erfüllt werden. [2] Die Zertifizierung wird gegebenenfalls durch die Zertifizierungsstellen nach Artikel 43 oder durch die zuständige Aufsichtsbehörde widerrufen, wenn die Kriterien für die Zertifizierung nicht oder nicht mehr erfüllt werden.

(8) Der Ausschuss nimmt alle Zertifizierungsverfahren und Datenschutzsiegel und -prüfzeichen in ein Register auf und veröffentlicht sie in geeigneter Weise.

BDSG und anderes nationales Recht: –

Literatur: *Batman,* Die Datenschutzzertifizierung von Cloud-Diensten nach der EU-DSGVO, DSRITB 2018, 87; *Duisberg,* Zertifizierung und der Mittelstand – Quo Vadis?, ZD 2018, 53; *Hornung/Hartl,* Datenschutz durch Marktanreize – auch in Europa?, DuD 2014, 219; *Karper,* Datenschutzsiegel und Zertifizierungen nach der Datenschutz-Grundverordnung, PinG 2016, 201; *Krings/Mammen,* Zertifizierungen und Verhaltensregeln – Bausteine eines modernen Datenschutzes für die Industrie 4.0, RDV 2015, 231; *Kraska,* Datenschutz-Zertifizierungen in der EU-Datenschutzgrundverordnung, ZD 2016, 153; *Krohm,* Anreize für Selbstregulierung nach der DS-GVO, PinG 2016, 205; *Maier/Bile,* Die Zertifizierung nach der DSGVO – Innovatives, aber hochkomplexes Instrument, DuD 2019, 478; *Maier et. al.,* Die Zertifizierung von Cloud-Diensten nach der DSGVO, DuD 2019, 225; *Richter,* Chancen für die Zertifizierung im Datenschutz, RDV 2017, 63; *ders.,* Zertifizierung unter der DS-GVO, ZD 2020, 84; *Schäfer/Fox,* Zertifizierte Auftragsdatenverarbeitung, DuD 2016, 744; *Spindler,* Selbstregulierung und Zertifizierungsverfahren nach der DS-GVO – Reichweite und Rechtsfolgen der genehmigten Verhaltensregeln, ZD 2016, 407; *Schwartmann/Weiß,* Ko-Regulierung vor einer neuen Blüte – Verhaltensregeln und Zertifizierungsverfahren nach der Datenschutzgrundverordnung, (1. Teil Zertifizierung), RDV 2016, 68.

Übersicht

A. Allgemeines

Art. 42 regelt Inhalt und Voraussetzungen von datenschutzrechtlichen Zertifi- **1**
zierungen und steht in engem Zusammenhang mit Art. 43, der die Anforderungen an das Akkreditierungsverfahren von Zertifizierungsstellen normiert.

I. Inhalt der Vorschrift

Abs. 1 enthält eine an die Mitgliedstaaten, die ASB, den Ausschuss und die **2**
KOM gerichtete Förderungsverpflichtung und definiert mögliche Gegenstände der Zertifizierung. Abs. 2 bestimmt, dass datenschutzrechtliche Zertifizierungen eine geeignete Garantie iRd Übermittlung an Drittstaaten darstellen
können. Gem. Abs. 3 muss die Zertifizierung freiwillig und über ein transparentes Verfahren zugänglich sein. Abs. 4 stellt klar, dass eine Zertifizierung
nicht von der Pflicht zur Einhaltung der VO befreit sowie Aufgaben und
Befugnisse der ASB unberührt lässt. Die Abs. 5 und 6 betreffen das Verfahren
der Erteilung von Zertifizierungen. Abs. 7 regelt die Gültigkeitsdauer, Möglichkeiten der Verlängerung sowie den Widerruf einer erteilten Zertifizierung. Abs. 8 enthält eine an den Ausschuss gerichtete Veröff.- und Register-
aufnahmepflicht.

II. Normzweck

Während auf **nationaler Ebene** mit § 9a BDSG aF (s.→ Rn. 27) bereits seit **3**
dem Jahre 2001 eine Vorschr. existiert, welche die Thematik datenschutzrechtlicher Zertifizierungen aufgreift, stellt die Regelung zur Zertifizierung in
Art. 42 DS-GVO auf unionsrechtlicher Ebene ein Novum dar. Für einen
Überblick über den Stand der Entwicklung datenschutzrechtlicher Zertifizierungsmechanismen auf Landes-, Bundes- und EU-Ebene s. Duisberg ZD
2018, 53 (53 f.); Maier/Bile DuD 2019, 478; Richter ZD 2020, 84 (84 ff.).
Die **Verwendung bestehender oder sonstiger datenschutzrechtlicher
Zertifizierungen,** die nicht das bes. Verfahren nach Maßgabe des Art. 42 u.
43 durchlaufen haben, ist grds. nicht verboten, führt allerdings nicht zu den
bes. Privilegierungen iRd aufsichtsbehördlichen Kontrolle und kann ggf.
wettbewerbswidrig sein (vgl. Bergt in Kühling/Buchner DS-GVO Art. 42
Rn. 17; Kinast in Taeger/Gabel DS-GVO Art. 42 Rn. 73). Sinn und Zweck
der in der DS-GVO vorgesehenen Zertifizierungsverfahren ist nach ErwGr
100 auf Seiten der verarbeitenden Stellen die **Einhaltung der VO zu verbessern** und **Transparenz** zu schaffen, indem den betroffenen Personen ein
Überbl. über das Datenschutzniveau bestimmter Produkte und Dienstleistungen ermöglicht wird. Zertifizierungen beweisen zwar nicht die Vereinbarkeit
mit den geltenden datenschutzrechtlichen Bestimmungen an sich, aber stellen
ein Element dar, das zum Nachweis der Konformität verwendet werden kann
(EDSA Leitlinien Zertifizierung Rn. 13). Datenschutzrechtliche Zertifizierungen sollen das Vollzugsdefizit im Datenschutzrecht verringern, indem für
private Stellen Anreize zur Gewährleistung eines hohen Datenschutzniveaus

gesetzt werden. So eröffnen datenschutzrechtliche Zertifizierungen Unternehmen die Möglichkeit, den **Datenschutz als besonderen Wettbewerbsvorteil** für sich **zu nutzen** (s. hierzu Heilmann/Schulz in GSSV DS-GVO Art. 42 Rn. 7 f.; Scholz in Simitis BDSG aF § 9a Rn. 3 ff.). Darüber hinaus können Verhaltensregeln dazu beitragen, die Kosten der für die Durchsetzung zuständigen Behörden zu verringern (vgl. Standpunkt des ER in erster Lesung, Begr., ST 5419 2016 REV 1 ADD – 2012/011 (OLP), Ziff. 5.6.). Zum Verhältnis von Zertifizierungen zum weiteren selbstregulatorischen Element der Verhaltensregeln s. Eckhardt in BeckOK DatenschutzR DS-GVO Art. 42 Rn. 20; Will in Ehmann/Selmayr DS-GVO Art. 42 Rn. 2 f. Zum Verhältnis zur Tätigkeit des Datenschutzbeauftragten s. Hornung in Auernhammer DS-GVO Art. 42 Rn. 60 ff.; Scholz in NK-DatenschutzR DS-GVO Art. 42 Rn. 37.

III. Entstehungsgeschichte

4   Während die **Regelung der Zertifizierung im Kommissionsentwurf noch sehr vage** blieb und sich iW auf die Förderungsverpflichtung nach Abs. 1 beschränkte sowie Einzelheiten der Ausgestaltung der KOM im Wege delegierter Rechtsakte übertrug (vgl. Art. 39 Abs. 2 DS-GVO-E(KOM); krit. bzgl. des geringen Detaillierungsgrades Scholz in Simitis BDSG aF § 9a Rn. 12a; Hornung/Hartl ZD 2014, 219 (223); Roßnagel/Richter/Nebel ZD 2013, 103 (106)), sind in der endg. Fassung – zurückgehend insbes. auf den Entwurf des ER zu Art. 39, 39a DS-GVO-E(Rat) – Voraussetzungen und Verfahren der Zertifizierung deutlich umfassender geregelt worden.

B. Förderungsverpflichtung und Gegenstand der Zertifizierung (Abs. 1)

I. Förderungsverpflichtung

5   Gem. Abs. 1 S. 1 fördern die Mitgliedstaaten, die ASB (vgl. auch Art. 57 Abs. 1 lit. n → Art. 57 Rn. 17), der Ausschuss (vgl. auch Art. 70 Abs. 1 lit. n → Art. 70 Rn. 9) und die KOM die Einf. von datenschutzspezifischen Zertifizierungsverfahren sowie von Datenschutzsiegeln und -prüfzeichen (zum Umf. der Förderverpflichtung s. Will in Ehmann/Selmayr DS-GVO Art. 42 Rn. 11 ff.).

II. Begrifflichkeiten

6   Die in Art. 42 Abs. 1 genannten **Zertifizierungsverfahren, Datenschutzsiegel und -prüfzeichen** lassen sich unter den **Oberbegriff der Zertifizierung** zusammenfassen. Was unter den genannten Zertifizierungsverfahren, Datenschutzsiegeln und -prüfzeichen konkret zu verstehen ist, gibt die VO allerdings nicht vor (zum Begriffsverständnis s. EDSA Leitlinien Zertifizierung Rn. 18; Eckhardt in BeckOK DatenschutzR DS-GVO Art. 42 Rn. 27 ff.; Hornung in Auernhammer DS-GVO Art. 42 Rn. 2 f.). Dabei kommt der

KOM nach Art. 43 Abs. 8 die Befugnis zu, delegierte Rechtsakte zu erlassen, um die Anforderungen für die in Art. 42 Abs. 1 genannten Zertifizierungsverfahren zu spezifizieren. Zutr. kritisiert wurde an der Regelung des Art. 42, dass diese nicht – wie die Regelung des § 9a BDSG aF – zwischen der Zertifizierung für technische Einrichtungen und der Auditierung für Datenschutzkonzepte unterscheidet (vgl. Hornung in Auernhammer DS-GVO Art. 42 Rn. 46 f.; Hornung/Hartl ZD 2014, 219 (222 ff.)).

III. Gegenstand der Zertifizierung

Zertifizierungsgegenstand sind gem. Abs. 1 „**Verarbeitungsvorgänge**" **7** von Verantwortlichen und Auftragsverarbeitern. Auch Bündel von Verarbeitungen können zertifiziert werden, sodass eine Zertifizierung auch für ein **gesamtes Produkt** oder eine **gesamte Leistung** erteilt werden kann (EDSA Leitlinien Zertifizierung Rn. 54; Eckhardt in BeckOK DatenschutzR DS-GVO Art. 42 Rn. 31 f.; Kinast in Taeger/Gabel DS-GVO Art. 40 Rn. 23; Lepperhoff in Gola DS-GVO Art. 42 Rn. 9; Weichert in DWWS DS-GVO Art. 42 Rn. 47; aA Hornung in Auernhammer DS-GVO Art. 42 Rn. 47, 91; Scholz in NK-DatenschutzR DS-GVO Art. 42 Rn. 21). **Nicht zertifizierungsfähig sind** hingegen **Organisationen** des Verantwortlichen bzw. Auftragsverarbeiters in ihrer Gesamtheit (Will in Ehmann/Selmayr DS-GVO Art. 42 Rn. 15; wohl auch Scholz in NK-DatenschutzR DS-GVO Art. 42 Rn. 22; aA Weichert in DWWS DS-GVO Art. 42 Rn. 47) sowie **persönliche Fachkunde und Qualifikation,** bspw. von Datenschutzbeauftragten (EDSA Leitlinien Zertifizierung Rn. 53; Eckhardt in BeckOK DatenschutzR DS-GVO Art. 42 Rn. 35; Lepperhoff in Gola DS-GVO Art. 42 Rn. 9; Schwartmann/Weiß RDV 2016, 68 (72)). Einen weiteren Zertifizierungsgegenstand bildet gem. Abs. 2 das **Vorliegen geeigneter Garantien** iSd Art. 46 Abs. 2 lit. f für die Übermittlung von personenbezogenen Daten an Drittländer oder int. Organisationen (s. → Rn. 10). Die Zertifizierung steht grds. sowohl **öffentl. als auch nicht-öffentl. Stellen** offen (Hornung in Auernhammer DS-GVO Art. 42 Rn. 36; Lepperhoff in Gola DS-GVO Art. 42 Rn. 19; Will in Ehmann/Selmayr DS-GVO Art. 42 Rn. 14). Speziell zur Zertifizierung von **Cloud Computing Diensten** s. Batman DSRITB 2018, 87; Maier et. al. DuD 2019, 225; Richter ZD 2020, 84 (86 ff.).

Die Zertifizierung dient gem. S. 1 dem Nachweis der Einhaltung der Vor- **7a** gaben der DS-GVO. Umstr. ist, ob auch die **Zertifizierung eines über die Anforderungen der DS-GVO hinausgehenden** – bes. datenschutzfreundlichen – **Standards** möglich ist. Dies wird in der Lit. im Hinblick auf den abschl. Charakter der DS-GVO und des möglichen Mehraufwandes für die die Zertifizierung erteilende Stelle überw. nicht für möglich gehalten (s. Hornung in Auernhammer DS-GVO Art. 42 Rn. 49; Hornung/Hartl ZD 2014, 219 (224); Kinast in Taeger/Gabel DS-GVO Art. 40 Rn. 26; Lepperhoff in Gola DS-GVO Art. 42 Rn. 26; Scholz in NK-DatenschutzR DS-GVO Art. 42 Rn. 38; Will in Ehmann/Selmayr DS-GVO Art. 42 Rn. 33; wohl auch v. Braunmühl/Wittmann in Plath DS-GVO Art. 42 Rn. 8; aA Bergt in Kühling/Buchner DS-GVO Art. 42 Rn. 15; Schwartmann/Weiß

RDV 2016, 68 (72); Weichert in DWWS DS-GVO Art. 42 Rn. 24, die insoweit mit ErwGr 100 argumentieren, wonach Zertifizierungen einen „Überblick über das Datenschutzniveau einschl. Produkte und Dienstleistungen" verschaffen sollten, was nur sinnvoll sei, wenn es auch unterschiedliche Niveaus geben könne). Trotz des Umstandes, dass angesichts der verpflichtenden Vorgaben damit letztlich nur eine **„rechtliche Selbstverständlichkeit"** (Roßnagel/ Richter/Nebel ZD 2015, 455 (459)) zertifiziert wird, kann die werbliche Nutzung von Zertifizierungen im Geschäftsverkehr unter Berücksichtigung der Wertungen der DS-GVO wettbewerbsrechtlich nicht mit dem Argument untersagt werden, es handele sich um keine überobligatorische Eigenschaft der Verarbeitungstätigkeit (vgl. Bergt in Kühling/Buchner DS-GVO Art. 42 Rn. 36; Laue/Kremer Neues DatenschutzR § 8 Rn. 47; Will in Ehmann/Selmayr DS-GVO Art. 42 Rn. 33; zu wettbewerbsrechtlichen Ansprüchen s. auch → Rn. 26).

IV. Berücksichtigungsbedürftige Aspekte

8 Nach S. 2 wird den **bes. Bedürfnissen von Kleinstunternehmen sowie kleinen und mittleren Unternehmen** Rechnung getragen. Diese Vorgabe wurde auf Anregung des ER hinzugefügt und soll va auch der zentralen Rolle des Mittelstandes für die europ. Wirtschaft gerecht werden. Anforderungen und Verfahren von Zertifizierungen müssen so ausgestaltet sein, dass die Inanspruchnahme dieses Instrumentes datenschutzrechtlicher Selbstkontrolle auch für Kleinstunternehmen sowie kleine und mittlere Unternehmen praktisch realisierbar bleibt (s. hierzu auch Laue/Kremer Neues DatenschutzR § 8 Rn. 28; krit. wegen der im Regelfall hohen Kosten der Zertifizierung aber Duisberg ZD 2018, 53 (54)).

V. Anreize für die Inanspruchnahme

9 Ein konkreter Anreiz zur Inanspruchnahme von Zertifizierungen besteht durch **Privilegierungen iRd aufsichtsbehördlichen Kontrolle.** Die Einhaltung eines genehmigten Zertifizierungsverfahrens kann als Gesichtspunkt bzw. Faktor herangezogen werden, um (1) gem. Art. 24 Abs. 3 die Erfüllung der Pflichten des Verantwortlichen nach Art. 24 Abs. 1 (→ Art. 24 Rn. 44 ff.) nachzuweisen, (2) gem. Art. 28 Abs. 5 die iRd Auftragsverarbeitung erforderlichen hinreichenden Garantien gem. Art. 28 Abs. 1 und Abs. 4 nachzuweisen (→ Art. 28 Rn. 67 ff.; s. auch ErwGr 81) sowie (3) gem. Art. 33 Abs. 3 die Erfüllung der in Art. 33 Abs. 1 genannten Anforderungen an die Sicherheit der Verarbeitung nachzuweisen (→ Art. 33 Rn. 43 ff.). Darüber hinaus kann (4) gem. Art. 83 Abs. 2 lit. j die Einhaltung von genehmigten Zertifizierungsverfahren nach Art. 42 bei der Entsch. über die Verhängung der Geldbuße und über deren Höhe (→ Art. 83 Rn. 13 f.; vgl. auch ErwGr 148) als mildernder oder erschwerender Faktor berücksichtigt werden (vgl. EDSA Leitlinien Zertifizierung Rn. 6 („as an aggravating or mitigating factor"); aA (nur mindernd) Lepperhoff in Gola DS-GVO Art. 42 Rn. 4; Hornung in Auernhammer DS-GVO Art. 42 Rn. 81; Scholz in NK-Daten-

schutzR DS-GVO Art. 42 Rn. 52; v. Braunmühl/Wittmann in Plath DS-GVO Art. 42 Rn. 17). Die Heranziehung als „Gesichtspunkt" bzw. „Faktor" impliziert eine **bloße Indizwirkung** der Zertifizierung, die umso geringer ist, desto länger die Überprüfung zurück liegt (Scholz in NK-DatenschutzR DS-GVO Art. 42 Rn. 50). Anders als bei den Verhaltensregeln nach Art. 40 (→ Art. 40 Rn. 7) enthält die DS-GVO allerdings gem. dem Wortlaut von Art. 35 Abs. 8 (s. → Art. 35 Rn. 56 f.) **keine Privilegierung** durch Einhaltung eines Zertifizierungsverfahrens bei der Beurteilung der Auswirkungen der von zuständigen Verantwortlichen bzw. Auftragsverarbeitern durchgeführten Verarbeitungsvorgänge **iRd Datenschutz-Folgeabschätzung.** Dies lässt sich damit erklären, dass Zertifizierungen, die sich auf bereits in Gang gesetzte Vorgänge beziehen, nicht dazu geeignet sind, die bei der Datenschutz-Folgeabschätzung vorzunehmende Bewertung von zukünftigen Risiken zu beeinflussen (Kinast in Taeger/Gabel DS-GVO Art. 42 Rn. 31; Will in Ehmann/Selmayr DS-GVO Art. 42 Rn. 7). Eine Berücksichtigung bei der Geltendmachung von Schadensersatz ist gesetzlich zwar ebenfalls nicht vorgesehen, sollte aber iRd Exkulpation nach Art. 82 Abs. 3 (→ Art. 82 Rn. 15) möglich sein (Bergt in Kühling/Buchner DS-GVO Art. 42 Rn. 28; Hornung in Auernhammer DS-GVO Art. 42 Rn. 81).

C. Garantie gemäß Art. 46 Abs. 2 lit. f (Abs. 2)

Nach Abs. 2 S. 1 können auch Verantwortliche und Auftragsverarbeiter in **10** Drittländern durch eine Zertifizierung nachweisen, dass sie eine **geeignete Garantie** iSd Art. 46 Abs. 2 lit. f für die Übermittlung von personenbezogenen Daten an Drittländer oder int. Organisationen bieten (ausf. Hornung/Hartl ZD 2014, 219 (224 f.)). Die Zertifizierung dient dem Zweck, zu bestätigen, dass eine bestimmte Verarbeitung entspr. den Anforderungen des europ. Datenschutzrechts durchgeführt wird (Will in Ehmann/Selmayr DS-GVO Art. 42 Rn. 19). Erforderlich hierfür ist nach Art. 42 Abs. 2 S. 2, 46 Abs. 2 lit. f, dass die Garantien ausdr. auf die Rechtfertigung von Datenexporten ausgelegt sind (Bergt in Kühling/Buchner DS-GVO Art. 42 Rn. 14) und neben einem genehmigten Zertifizierungsmechanismus (zu den Anforderungen s. Bergt in Kühling/Buchner DS-GVO Art. 42 Rn. 30) eine rechtsverbindliche und durchsetzbare Verpflichtung des Verantwortlichen bzw. Auftragsverarbeiters in dem Drittland zur Anwendung der geeigneten Garantien, unter Einschluss der Rechte der betroffenen Personen enthalten. Geeignet sind die vorgesehenen Garantien dabei nur, wenn sie sämtliche grundrechtlichen Anforderungen erfüllen, wie sie in der Rspr. des EuGH und EGMR definiert werden (s. hierzu Bergt in Kühling/Buchner DS-GVO Art. 42 Rn. 14). IÜ gelten dieselben Anforderungen wie für Zertifizierungen nach Abs. 1 (Eckhardt in BeckOK DatenschutzR DS-GVO Art. 42 Rn. 39).

D. Anforderungen an die Zertifizierung (Abs. 3)

11 Abs. 3 Hs. 1 stellt klar, dass den Verantwortlichen bzw. Auftragsverarbeiter keinerlei Pflicht zur Inanspruchnahme von Zertifizierungsverfahren trifft, sondern die Zertifizierung vielmehr auf freiwilliger Basis erfolgt. Das Erfordernis der **Freiwilligkeit** ist weit zu verstehen: Die Verantwortlichen oder Auftragsverarbeiter dürfen weder gesetzlich noch durch eine einseitige Anordnung der ASB zu einer Zertifizierung verpflichtet werden (Heilmann/Schulz in GSSV DS-GVO Art. 42 Rn. 23; Hornung in Auernhammer DS-GVO Art. 42 Rn. 55; Kinast in Taeger/Gabel DS-GVO Art. 42 Rn. 38; Will in Ehmann/Selmayr DS-GVO Art. 42 Rn. 15; aA Weichert in DWWS DS-GVO Art. 42 Rn. 9, 29). An den Umstand, dass eine verfügbare Zertifizierung nicht in Anspruch genommen wurde, darf keine Sanktion oder zivilrechtliche Haftung geknüpft werden (vgl. Eckhardt in BeckOK DatenschutzR DS-GVO Art. 42 Rn. 41; Raschauer in HK-DS-GVO Art. 42 Rn. 11). Eine Zertifizierung darf auch **nicht zur standardmäßigen Forderung in öffentl. Ausschreibungsbedingungen** werden (hM, s. mwN Bergt in Kühling/Buchner DS-GVO Art. 42 Rn. 10; Hornung in Auernhammer DS-GVO Art. 42 Rn. 55, 86; Scholz in NK-DatenschutzR DS-GVO Art. 42 Rn. 30; aA Lepperhoff in Gola DS-GVO Art. 42 Rn. 19), allerdings darf eine bestehende Zertifizierung als geeigneter Nachweis zur Einhaltung der datenschutzrechtlichen Vorgaben herangezogen werden und kann auf diese Weise in den Entscheidungsprozess mit einfließen (s. Bergt in Kühling/Buchner DS-GVO Art. 42 Rn. 10; Hornung in Auernhammer DS-GVO Art. 42 Rn. 55, 83 ff.; Kinast in Taeger/Gabel DS-GVO Art. 42 Rn. 38; aA Raschauer in HK-DS-GVO Art. 42 Rn. 12). Abs. 3 Hs. 2 fordert, dass die Zertifizierung **über ein transparentes Verfahren zugänglich** sein muss. Die Anforderungen für die Erteilung einer Zertifizierung, die zuständige Stelle und das maßgebliche Verfahren sollen für interessierte Verantwortliche und Auftragsverarbeiter leicht begreiflich und nachvollziehbar sein (zum Transparenzerfordernis s. auch Raschauer in HK-DS-GVO Art. 42 Rn. 14). Die Verwendung von „Rechtssprache" steht der Transparenz nicht per se entgegen (Eckhardt in BeckOK DatenschutzR DS-GVO Art. 42 Rn. 43; Hornung in Auernhammer DS-GVO Art. 42 Rn. 56; aA Bergt in Kühling/Buchner DS-GVO Art. 42 Rn. 11).

E. DS-GVO-Pflichten und Aufsichtsbehörden (Abs. 4)

12 Abs. 4 Hs. 1 stellt klar, dass eine Zertifizierung für den Verantwortlichen bzw. Auftragsverarbeiter **keine Befreiung von der Pflicht zur Einhaltung der DS-GVO** mit sich bringt. Der Verantwortliche bzw. Auftragsverarbeiter ist darüber hinaus nach Abs. 4 Hs. 2 auch weiterhin der **Aufsicht durch die zuständige ASB** unterworfen. Insoweit stellt sich die Frage, ob und inwieweit die Erteilung einer Zertifizierung durch die zuständige ASB zu einer **Selbstbindung** iRd aufsichtsbehördlichen Bewertung von Verarbeitungsvorgängen in der Zukunft führen kann. Gegen eine solche Bindungswirkung für die Zukunft spricht neben der unabhängigen Stellung der ASB (vgl. Art. 52 Abs. 1 DS-GVO → Art. 52 Rn. 3 ff.), die bestehende Pflicht der ASB zum Widerruf einer erteilten Zertifizierung nach Abs. 7 (→ Rn. 21), wenn und soweit die Voraussetzungen für eine Zertifizierung nicht mehr vorliegen (s. Eckhardt in BeckOK DatenschutzR DS-GVO Art. 42 Rn. 44; Scholz in NK-DatenschutzR DS-GVO Art. 42 Rn. 33 f.; aA Spindler ZD 2016, 407 (412); Weichert in DWWS DS-GVO Art. 42 Rn. 57) sowie der Umstand, dass sich die mit der Zertifizierung einhergehende Bestätigung der Datenschutzkonformität allenfalls auf den Zeitpunkt der Zertifizierungsvergabe beziehen kann (Roßnagel/Nebel/Richter ZD 2015, 455 (459)). Die Zertifizierung entfaltet daher allenfalls **„faktische Wirkung"** (s. DSK, Kurzpapier Zertifizierung, S. 2; Hornung in Auernhammer DS-GVO Art. 42 Rn. 80; Scholz in NK-DatenschutzR DS-GVO Art. 42 Rn. 33; v. Braunmühl/Wittmann in Plath DS-GVO Art. 42 Rn. 16; vermittelnd Kinast in Taeger/Gabel DS-GVO Art. 42 Rn. 42; Scholz in NK-DatenschutzR DS-GVO Art. 42 Rn. 34; Schwartmann/Weiß RDV 2016, 68 (72); Will in Ehmann/Selmayr DS-GVO Art. 42 Rn. 25 ff., denen zufolge die Behörde eine gesteigerte Darlegungslast für Maßnahmen trifft, die mit einer zuvor erteilten Zertifizierung in Widerspruch stehen). Stellt die Behörde innerhalb des Zertifizierungsverfahrens allfällige Rechtsverstöße fest, darf sie sich nicht darauf beschränken, die gewünschte Zertifizierung zu verweigern, sondern muss vielmehr aufsichtsrechtlich iR ihres Ermessens tätig werden und darauf hinwirken, solche Rechtsverstöße abzustellen. Die Zertifizierung nach der DS-GVO ist damit vergleichbar mit einem freiwilligen Genehmigungsverfahren (s. Härting CR 2013, 715 (720)).

F. Erteilung der Zertifizierung (Abs. 5)

Gem. Abs. 5 S. 1 besteht im Hinblick auf die Erteilung der Zertifizierung **13** eine **parallele Zuständigkeit** von **Zertifizierungsstelle nach Art. 43** (→ Art. 43 Rn. 5) und **zuständiger ASB** (vgl. auch die Aufgaben- und Befugniszuweisung in Art. 57 Abs. 1 lit. o (→ Art. 57 Rn. 18) und Art. 58 Abs. 3 lit. f (→ Art. 58 Rn. 30)). Um mögliche Interessenskonflikte zu vermeiden, die aus dieser **„Doppelrolle" der ASB als Zertifizierungs- und Aufsichtsorgan** (krit. Eckhardt in BeckOK DatenschutzR DS-GVO Art. 42 Rn. 48; Lepperhoff in Gola DS-GVO Art. 42 Rn. 8; Maier/Bile DuD 2019, 478 (482)) resultieren können, muss eine hinreichende organisatorische und personelle Trennung von Zertifizierungs- und Aufsichtstätigkeit sichergestellt werden (s. EDSA Leitlinien Zertifizierung Rn. 22). Der Hinweis auf die **„zuständige" ASB** legt nahe dass eine ASB nur die Verantwortlichen bzw. Auftragsverarbeiter zertifizieren darf, die auch ihrer aufsichtsbehördlichen Zuständigkeit unterliegen (Scholz in NK-DatenschutzR DS-GVO Art. 42 Rn. 35). Dies bemisst sich nach dem Sitz des Antragstellers (zur Zuständigkeit s. → Art. 56 Rn. 2 ff.). Auch für Zertifizierungsstellen nach Art. 43 Abs. 1 (→ Art. 43 Rn. 5) besteht keine Wahlfreiheit (aA Hornung in Auernhammer DS-GVO Art. 42 Rn. 59), sondern die Zertifizierungsstelle kann nur in dem Mitgliedstaat Zertifizierungen erteilen, in denen die Kriterien von der zuständigen ASB genehmigt wurden (s. EDSA Leitlinien Zertifizierung Rn. 34). Eine Ausnahme gilt lediglich für Zertifizierungsstellen, die für das Europ. Datenschutzsiegel akkreditiert wurden (→ Rn. 14).

13a   Die Zertifizierung stellt keine Pflichtaufgabe der ASB dar (vgl. → Art. 57 Abs. 1 lit. n-q und → Art. 58 Abs. 3 lit. f), sodass der ASB im Hinblick auf die Durchführung von Zertifizierungsverfahren ein weites **Ermessen** zukommt. So steht es der ASB frei, die Zertifizierung auf Grdl. eigener Zertifizierungskriterien selbst auszustellen, Zertifizierungsstellen mit dem entspr. Zertifizierungsverfahren zu beauftragen oder den Markt zur Entwicklung von Zertifizierungsmechanismen zu ermutigen (s. EDSA Leitlinien Zertifizierung Rn. 20; einschr. noch Voraufl. Rn. 13). Den ASB steht es zudem frei, den Beurteilungsprozess ganz oder teilweise an Dritte weiterzugeben (s. EDSA Leitlinien Zertifizierung Rn. 20). Als problematisch erweist sich diese Lösung in Deutschland vor dem Hintergrund der föderalen Struktur der Datenschutzaufsicht, weil damit grds. jede der 17 Landesbehörden berechtigt ist, eigene Kriterien auszuarbeiten (krit. Hornung in Auernhammer DS-GVO Art. 42 Rn. 64; Maier/Bile DuD 2019, 478 (480 ff.)).

I. Kriterien und Verfahren zur Erteilung (S. 1)

13b   Maßstab für die Erteilung sind die von der ASB selbst entwickelten oder zuvor entweder nach Var. 1 von der zuständigen ASB gem. Art. 58 Abs. 3 lit. f (→ Art. 58 Rn. 30) genehmigten Kriterien oder nach Var. 2 die zuvor durch den Ausschuss im Wege des Kohärenzverfahrens gem. Art. 63 genehmigten Kriterien. Eine Genehmigung ist auch für aktualisierte oder zusätzliche Kriterien erforderlich (EDSA Leitlinien Zertifizierung Rn. 33). Mithilfe dieser **Kriterien** werden die **nominalen Anforderungen für die Erlangung einer bestimmten Zertifizierung** iSd Abs. 1 festgelegt. Nähere Vorgaben und Hinweise zur Entwicklung und inhaltlichen Ausgestaltung der Zertifizierungskriterien hat der Ausschuss in seinen Leitlinien niedergelegt (s. EDSA Leitlinien Zertifizierung Rn. 46 ff.). Die nach Var. 1 von der zuständigen ASB genehmigten Kriterien sind gemeinsam mit den Anforderungen an die Zertifizierungsstelle gem. Art. 43 Abs. 3 (→ Art. 43 Rn. 14 ff.) nach Art. 43 Abs. 6 S. 1 und 2 von der ASB in leicht zugänglicher Form zu veröffentlichen und dem Ausschuss zu übermitteln (→ Art. 43 Rn. 21). Es müssen auch **Verfahren für Evaluation und Überprüfung der Zertifizierung** festgelegt werden (vgl. Art. 43 Abs. 2 lit. c → Art. 43 Rn. 11; s. auch EDSA Leitlinien Zertifizierung Rn. 61 ff.). Ist der Einsatz von privaten Zertifizierungsstellen geplant, bedarf es zusätzlich eines **Systems zur Sicherstellung der Übertragung erforderlicher Informationen** (vgl. EDSA Leitlinien Zertifizierung Rn. 26; zu den Mitteilungspflichten der Zertifizierungsstellen ggü. den ASB s. → Art. 43 Rn. 19 f.).

13c   Das zur Erteilung einer Zertifizierung führende Verfahren wird durch einen **Antrag** bei der zuständigen ASB oder Zertifizierungsstelle in Gang gesetzt (zur Zuständigkeit s. → Rn. 13). Sodann folgt ein **Ermittlungsver-**

fahren, in dem der konkrete Zertifizierungsgegenstand (s. → Rn. 7) entspr. dem nach Maßgabe des Abs. 3 festgelegten Kriterienkatalog (s. → Rn. 13b) begutachtet wird. Auf Basis des in diesem Rahmen zu erstellenden Prüfberichts erfolgt sodann eine **Entscheidung** über die Erteilung der beantragten Zertifizierung (s. zum Verfahrensablauf die Übersicht in EDSA Leitlinien Zertifizierung Rn. 19; Raschauer in HK-DS-GVO Art. 42 Rn. 23 ff.). Wird der **Antrag bei der zuständigen ASB** gestellt, ergeht die Entsch. über die Erteilung o. Verweigerung einer Zertifizierung als **VA** (vgl. Hornung in Auernhammer DS-GVO Art. 42 Rn. 88; Lepperhoff in Gola DS-GVO Art. 42 Rn. 5; Weichert in DWWS DS-GVO Art. 42 Rn. 56; zur Möglichkeit einer Untätigkeitsklage nach § 75 VwGO s. Eckhardt in BeckOK DatenschutzR DS-GVO Art. 42 Rn. 31). Ggü. der ASB wird dem Antragsteller **Rechtsschutz nach Maßgabe der verwaltungsprozessualen Vorschr.** gewährt (vgl. Kinast in Taeger/Gabel DS-GVO Art. 42 Rn. 74; Will in Ehmann/Selmayr DS-GVO Art. 42 Rn. 45 ff.). Zur Drittanfechtungsklage eines Mitbewerber s. Hornung in Auernhammer DS-GVO Art. 42 Rn. 89. Wird der **Antrag bei einer** (privaten) **Zertifizierungsstelle** gestellt, ist das zugrunde liegende Rechtsverhältnis hingegen **privatrechtlicher Natur,** sodass dem Antragsteller zivilprozessuale Rechtsbehelfe zustehen (Hornung in Auernhammer DS-GVO Art. 42 Rn. 90; Will in Ehmann/Selmayr DS-GVO Art. 42 Rn. 47). Art. 42 trifft keine Regelung darüber, wer die **Kosten** der Zertifizierung zu tragen hat; ein entspr. Vorschlag des EP, dass die Zertifizierung zu erschwinglichen Kosten zugänglich sein muss (vgl. Art. 39 Abs. 1b DS-GVO-E(EP)), konnte sich im weiteren Gesetzgebungsverfahren nicht durchsetzen. Die ASB kann damit **Gebühren** verlangen, die allerdings nicht so hoch bemessen sein dürfen, dass sie abschreckend wirken oder bestimmte Stellen von vornherein von der Zertifizierung ausschließen (Hornung in Auernhammer DS-GVO Art. 42 Rn. 70; Weichert in DWWS DS-GVO Art. 42 Rn. 30). Die **Entgelte** privater Zertifizierungsstellen können privatautonom vereinbart werden (vgl. Bergt in Kühling/Buchner DS-GVO Art. 42 Rn. 33; Raschauer in HK-DS-GVO Art. 42 Rn. 42).

II. Europäisches Datenschutzsiegel (S. 2)

Abs. 5 S. 2 bezieht sich auf den Fall, dass die von einer Zertifizierungsstelle **14** oder einer nationalen ASB vorgelegten Kriterien zur Erteilung der Zertifizierung nach Maßgabe von Var. 2 durch den Ausschuss genehmigt wurden. In diesem Fall kann dies zu einer europaweiten Zertifizierung – dem **Europäischen Datenschutzsiegel** – führen. Diese Möglichkeit dient dem Zweck, eine Fragmentierung des Marktes für Datenschutzzertifizierungen zu vermeiden (s. EDSA Leitlinien Zertifizierung Rn. 35). Der Antrag muss über eine zuständige ASB gestellt werden und die Absicht unionsweiter Ausrichtung angeben. Die ASB legt dem Ausschuss die Kriterien vor, wenn sie der Ansicht ist, dass die Anforderungen für das Europ. Datenschutzsiegel erfüllt sind (zu den Anforderungen s. EDSA Leitlinien Zertifizierung Rn. 39 ff.) und vom Ausschuss genehmigt werden können. Der Ausschuss ist bei Vorliegen der entspr. Voraussetzungen zwingend zu befassen (Scholz in NK-DatenschutzR

DS-GVO Art. 42 Rn. 39; aA Kinast in Taeger/Gabel DS-GVO Art. 42 Rn. 58; Will in Ehmann/Selmayr DS-GVO Art. 42 Rn. 36, eine Ermessensentscheidung der ASB annehmend). Eine dem Europ. Datenschutzsiegel entspr. Zertifizierung muss **EU–weit zugänglich** sein, weshalb Kriterien und Mechanismen so beschaffen sein müssen, dass eine Anpassung an nationale sektorspezifische Regelungen möglich ist (EDSA Leitlinien Zertifizierung Rn. 40). Der Wortlaut („kann"; engl. Fassung „may result") legt nahe, dass es dem **Ermessen** des Ausschusses obliegt, ob und ggf. in welcher konkreten Ausgestaltung allfällige Kriterien für ein gemeinsames Europ. Datenschutzsiegel genehmigt werden. Diese Einschätzung bestätigen auch die Leitlinien, nach denen der Ausschuss die Kriterien für das Europ. Datenschutzsiegel „nach Bedarf" genehmigen wird (s. EDSA Leitlinien Zertifizierung Rn. 39). Zertifizierungsstellen müssen sich für das Europ. Datenschutzsiegel speziell akkreditieren lassen, wobei die Akkreditierung in dem Mitgliedstaat erfolgen muss, in dem die betr. Zertifizierungsstelle ihren Sitz hat (s. EDSA Leitlinien Zertifizierung Rn. 43 ff.). Im Hinblick auf die Rechtswirkungen (→ Rn. 9) gelten die allg. Grundsätze (Kinast in Taeger/Gabel DS-GVO Art. 42 Rn. 59; Will in Ehmann/Selmayr DS-GVO Art. 42 Rn. 38).

G. Mitwirkungspflichten (Abs. 6)

15 Abs. 6 normiert **Mitwirkungspflichten** des Verantwortlichen bzw. Auftragsverarbeiters iRd Zertifizierungsverfahrens (zu Sanktionen → Rn. 26). Der Verantwortliche bzw. Auftragsverarbeiter hat der Zertifizierungsstelle (→ Art. 43 Rn. 5) bzw. der zuständigen ASB alle für die Durchführung des Zertifizierungsverfahrens erforderlichen **Informationen** zur Vfg. zu stellen und den für die Durchführung des Zertifizierungsverfahrens erforderlichen **Zugang zu den maßgeblichen Verarbeitungtätigkeiten** zu gewähren. Was als für die Durchführung des Zertifizierungsverfahrens erforderliche Information bzw. erforderlicher Zugang zu Verarbeitungtätigkeiten angesehen werden kann, bestimmt sich nach dem konkreten Zertifizierungsgegenstand – sprich der Verarbeitung, für die eine Zertifizierung erteilt werden soll – sowie den nach Abs. 5 genehmigten Kriterien für die Erteilung einer bestimmten Zertifizierung bzw. Datenschutzsiegels oder -prüfzeichens iSd Abs. 1 (zur Frage einer obligatorischen Vor-Ort-Prüfung → Art. 43 Rn. 17). Grenzen können sich im Hinblick auf den Schutz von Betriebs- und Geschäftsgeheimnissen sowie vertraglichen Geheimhaltungspflichten ergeben (Eckhardt in BeckOK DatenschutzR DS-GVO Art. 42 Rn. 59). Da sich die Mitwirkungspflicht nicht auch auf Auftragnehmer erstreckt, ist es ratsam, sich die Unterstützung durch die Auftragnehmer im Vorfeld vertraglich zusichern zu lassen (s. Bergt in Kühling/Buchner DS-GVO Art. 42 Rn. 20; Eckhardt in BeckOK DatenschutzR DS-GVO Art. 42 Rn. 57; Lepperhoff in Gola DS-GVO Art. 42 Rn. 16). Der Verstoß gegen Pflichten nach Abs. 6 ist gem. Art. 83 Abs. 4 lit. a (→ Rn. 26) mit einem Bußgeld bewährt.

H. Gültigkeitsdauer und Verlängerung (Abs. 7 S. 1)

Abs. 7 S. 1 betrifft die Gültigkeitsdauer von Zertifizierungen sowie deren **16** Verlängerung. Mit der Berichtigung durch ABl. L 127 vom 23.5.2018 wurden die Formulierungen „einschlägigen Kriterien weiterhin" und „wenn die Kriterien für" anstatt der Formulierungen „einschlägigen Voraussetzungen weiterhin" und „wenn die Voraussetzungen für" eingefügt.

I. (Höchst-)Dauer der Zertifizierung

Nach dem Wortlaut von Abs. 7 S. 1 Hs. 1 wird die Zertifizierung für eine **17** **Höchstdauer von drei Jahren** erteilt. Damit ist die Erteilung für einen kürzeren Zeitraum möglich; nicht in Betracht kommt demgegenüber eine Erteilung für einen Zeitraum von über drei Jahren. Über die Gültigkeitsdauer entscheidet die Zertifizierungsstelle nach Art. 43 Abs. 1 (→ Art. 43 Rn. 5) bzw. die zuständige ASB. Allerdings wird angesichts des erheblichen Verfahrensaufwandes für den Verantwortlichen bzw. Auftragsverarbeiter ein sachlicher Grund für eine Beschränkung der Gültigkeitsdauer auf einen Zeitraum von unter drei Jahren zu fordern sein (allgM, vgl. mwN Bergt in Kühling/Buchner DS-GVO Art. 42 Rn. 21; Eckhardt in BeckOK DatenschutzR DS-GVO Art. 42 Rn. 62; Scholz in NK-DatenschutzR DS-GVO Art. 42 Rn. 42). Eine kürzere Gültigkeitsdauer der Zertifizierung dürfte insbes. in Verarbeitungsbereichen in Betracht kommen, in denen bei Erteilung der Zertifizierung relevante Veränderungen in Bezug auf das Verarbeitungsverfahren oder den Verarbeitungsumfang zu erwarten sind (zust. Raschauer in HK-DS-GVO Art. 42 Rn. 38; Scholz in NK-DatenschutzR DS-GVO Art. 42 Rn. 42).

II. Zulässigkeit von Verlängerungen

S. 1 Hs. 2 stellt klar, dass – sofern die einschlägigen Kriterien weiterhin erfüllt **18** werden – eine auch mehrmalige **Verlängerung der Zertifizierung** möglich ist (s. Bergt in Kühling/Buchner DS-GVO Art. 42 Rn. 21; Scholz in NK-DatenschutzR DS-GVO Art. 42 Rn. 42; Weichert in DWWS DS-GVO Art. 42 Rn. 52). Es muss das gleiche (Prüf-)Verfahren wie bei der erstmaligen Zertifizierung durchlaufen werden (Hornung in Auernhammer DS-GVO Art. 42 Rn. 67; Lepperhoff in Gola DS-GVO Art. 42 Rn. 18; Scholz in NK-DatenschutzR DS-GVO Art. 42 Rn. 42). Unterbleibt ein Verlängerungsantrag, endet die Zertifizierung; eines bes. Beendigungsaktes bedarf es nicht (Eckhardt in BeckOK DatenschutzR DS-GVO Art. 42 Rn. 63).

III. Art. 70 Abs. 1 S. 2 lit. o DS-GVO

Der Verweis auf Art. 42 Abs. 7 in Art. 70 Abs. 1 S. 2 lit. o (→ Art. 70 Rn. 9), **19** nach dem der Ausschuss ein öffentl. Register der in Drittländern niedergelassenen akkreditierten Verantwortlichen oder Auftragsverarbeiter gem. Art. 42 Abs. 7 zu führen hat, stellt ein redaktionelles Versehen dar (zust.

Kinast in Taeger/Gabel DS-GVO Art. 42 Rn. 64; Scholz in NK-Daten-schutzR DS-GVO Art. 42 Rn. 47; aA Will in Ehmann/Selmayr DS-GVO Art. 42 Rn. 44; Weichert in DWWS DS-GVO Art. 42 Rn. 53). Richtiger-weise dürfte ein Verweis auf Art. 42 Abs. 8 (→ Rn. 24 f.) gewollt gewesen sein.

I. Widerruf der Zertifizierung (Abs. 7 S. 2)

20 Abs. 7 S. 2 regelt den Widerruf der Zertifizierung.

I. Widerruf der Zertifizierung

21 Nach Abs. 7 S. 2 ist ein Widerruf der Zertifizierung durch die Zertifizie-rungsstelle nach Art. 43 Abs. 1 (→ Art. 43 Rn. 5) oder durch die zuständige ASB möglich, sofern die **Kriterien für eine Zertifizierung nicht (mehr) vorliegen.** Ausdr. zugewiesen wird der ASB die Befugnis zum Widerruf in Art. 58 Abs. 2 lit. h (→ Art. 58 Rn. 25). Nach dieser Vorschr. ist es der ASB auch gestattet, die Zertifizierungsstelle anzuweisen, eine erteilte Zertifizierung zu widerrufen, falls die Kriterien für eine Zertifizierung nicht (mehr) vor-liegen. **Umstr.** ist, **ob die ASB** auch eine **durch die Zertifizierungsstelle erteilte Zertifizierung selbst widerrufen** darf. Dagegen spricht, dass an-sonsten die in Art. 58 Abs. 2 lit. h vorgesehene Befugnis, die Zertifizierungs-stelle anzuweisen, eine erteilte Zertifizierung zu widerrufen, ins Leere laufen würde (so iErg auch Hornung in Auernhammer DS-GVO Art. 42 Rn. 69; Raschauer in HK-DS-GVO Art. 42 Rn. 47; Scholz in NK-DatenschutzR DS-GVO Art. 42 Rn. 44; aA Albrecht/Jotzo DatenschutzR Teil 5 Rn. 30, Bergt in Kühling/Buchner DS-GVO Art. 42 Rn. 25; Heilmann/Schulz in GSSV DS-GVO Art. 42 Rn. 39; Schwartmann/Weiß RDV 2016, 68 (71); Will in Ehmann/Selmayr DS-GVO Art. 42 Rn. 42). Allenfalls, wenn die Weisung nicht durchsetzbar ist oder die Akkreditierung widerrufen wurde, kommt ein Selbsteintrittsrecht der ASB in Form eines direkten Widerrufs-rechts in Betracht (vgl. Hornung in Auernhammer DS-GVO Art. 42 Rn. 69; ähnlich auch Eckhardt in BeckOK DatenschutzR DS-GVO Art. 42 Rn. 68 sowie Spindler ZD 2016, 407 (413)). Allerdings ist die Regelung zum Wider-ruf jedenfalls in der dt. Sprachfassung unglücklich formuliert, da nicht ein-deutig zum Ausdruck kommt, ob der Widerruf im Ermessen der Zertifizie-rungsstelle bzw. ASB liegt. Ungeachtet des Ausdrucks „gegebenenfalls" legt der weitere Wortlaut der Norm („wird [...] widerrufen" nahe, dass es sich um eine **gebundene Entsch.** handelt (allgM, vgl. Bergt in Kühling/Buchner DS-GVO Art. 42 Rn. 23; Eckhardt in BeckOK DatenschutzR DS-GVO Art. 42 Rn. 67, Hornung in Auernhammer DS-GVO Art. 42 Rn. 68). Hier-für spricht auch, dass die Zertifizierung bereits für das Einhalten der zwingen-den gesetzlichen Vorgaben erteilt wird (→ Rn. 7), sodass bei Verstoß gegen die zwingenden Vorgaben der VO keine Rechtfertigung mehr für die durch eine Zertifizierung gewährten Privilegierungen (→ Rn. 9) besteht. Nach Art. 43 Abs. 5 ist die ASB bei einem Widerruf durch die Zertifizierungsstelle

über die Gründe des Widerrufes zu unterrichten (→ Art. 43 Rn. 19 f.).
Der Widerruf erfolgt als actus contrarius zur Erteilung bei einer von der ASB
erteilten Zertifizierung durch VA (Raschauer in HK-DS-GVO Art. 42
Rn. 48; Weichert in DWWS DS-GVO Art. 42 Rn. 56) bzw. bei einer von
einer privaten Zertifizierungsstelle erteilten Zertifizierung in der vertraglich
vereinbarten Form. Bei einem Widerruf durch die ASB kommen die §§ 48 ff.
VwVfG zur Anwendung, allerdings mit entspr. europarechtlicher Überfor-
mung (vgl. Bergt in Kühling/Buchner DS-GVO Art. 42 Rn. 24; Kinast in
Taeger/Gabel DS-GVO Art. 42 Rn. 69; aA wohl Scholz in NK-Daten-
schutzR DS-GVO Art. 42 Rn. 45). Der Widerruf wirkt **ex nunc** (vgl.
Raschauer in HK-DS-GVO Art. 42 Rn. 48; Scholz in NK-DatenschutzR
DS-GVO Art. 42 Rn. 44; aA Bergt in Kühling/Buchner DS-GVO Art. 42
Rn. 23).

II. Überprüfung der Zertifizierungen

Fraglich ist, ob der Zertifizierungsstelle nach Art. 43 Abs. 1 (→ Art. 43 Rn. 5) **22**
auch die **Befugnis zur regelmäßigen Überprüfung** der erteilten oder verlängerten Zertifizierungen zukommt. Dafür spricht, dass die Zertifizierungsstelle ansonsten keine Kenntnis vom Nichtvorliegen der Zertifizierungs-
voraussetzungen erlangen könnte, die nach Abs. 5 S. 2 einen Widerruf zur
Folge hat. Anders ließe sich auch nicht erklären, dass die nach Art. 43 Abs. 1
zuständige Zertifizierungsstelle gem. Art. 43 Abs. 2 lit. c (→ Art. 43 Rn. 11),
um akkreditiert zu werden, zwingend auch ein Verfahren für die regelmäßige
Überprüfung der Zertifizierungen festlegen muss. Die Überprüfung selbst
kann auch durch sachverständige Dritte durchgeführt werden (Bergt in Küh-
ling/Buchner DS-GVO Art. 43 Rn. 10).

Für die ASB erfolgt eine Zuweisung der Überprüfungsaufgabe ausdr. durch **23**
Art. 57 Abs. 1 lit. o (→ Art. 57 Rn. 18). In Art. 58 Abs. 1 lit. c wird der ASB
die hierfür erforderliche Untersuchungsbefugnis zugewiesen (→ Art. 58
Rn. 9).

J. Register und Veröffentlichung (Abs. 8)

Nach Abs. 8 sind sämtliche Zertifizierungsverfahren und Datenschutzsiegel **24**
und -prüfzeichen durch den Ausschuss in ein **Verzeichnis** aufzunehmen und
in geeigneter Weise zu **veröffentlichen.** Im Entwurf des ER wurde beispielhaft für eine geeignete Weise der Veröff. eine Veröff. über das Europ.
Justizportal angeführt (vgl. Art. 39 Abs. 5 DS-GVO(Rat)). Umstr. ist, ob sich
die Veröffentlichungspflicht auch auf individuelle Zertifizierungsentscheidun-
gen erstreckt (dafür Scholz in NK-DatenschutzR DS-GVO Art. 42 Rn. 47;
Weichert in DWWS DS-GVO Art. 42 Rn. 63; aA Eckhardt in BeckOK
DatenschutzR DS-GVO Art. 42 Rn. 70; Hornung in Auernhammer DS-
GVO Art. 42 Rn. 72; s. zum Ganzen auch Will in Ehmann/Selmayr DS-
GVO Art. 42 Rn. 44).

25   Nach Art. 70 Abs. 1 S. 2 lit. o (→ Art. 70 Rn. 9) hat der Ausschuss ein öffentl. **Register** der in Drittländern niedergelassenen akkreditierten Verantwortlichen oder Auftragsverarbeiter zu führen (zur fehlerhaften Verweisung auf Art. 42 Abs. 7 → Rn. 19).

K. Sanktionen und Haftung

26   Bei Verstoß gegen die Pflichten aus Art. 42 drohen dem **Verantwortlichen** bzw. **Auftragsverarbeiter** gem. Art. 83 Abs. 4 lit. a bzw. der Zertifizierungsstelle gem. Art. 83 Abs. 4 lit. b (→ Art. 83 Rn. 22) **Geldbußen von bis zu 10 000 000 EUR** oder im Fall eines Unternehmens von bis zu **2 % seines gesamten weltweit erzielten Jahresumsatzes des vorangegangenen Geschäftsjahres,** abhängig davon, welcher der Beträge höher ist. Darüber hinaus ist eine **Haftung** der Zertifizierungsstelle bzw. ASB **ggü. Betroffenen** bei zu Unrecht erteilten, verlängerten oder nicht zurückgenommen Zertifizierungsstellen nach Maßgabe des nationalen Rechts denkbar (s. Bergt in Kühling/Buchner DS-GVO Art. 42 Rn. 35; Scholz in NK-DatenschutzR DS-GVO Art. 43 Rn. 20). In Betracht kommen auch **wettbewerbsrechtliche Ansprüche,** da bei unrechtmäßiger Verwendung von Datenschutzsiegeln gegen Nr. 2 des Anhangs zu § 3 Abs. 3 UWG („schwarze Liste") verstoßen wird (hierzu s. Bergt in Kühling/Buchner DS-GVO Art. 42 Rn. 36; Laue/Kremer Neues DatenschutzR § 8 Rn. 45; Scholz in NK-DatenschutzR DS-GVO Art. 42 Rn. 54; Weichert in DWWS DS-GVO Art. 42 Rn. 13).

L. BDSG aF

27   Auf nationaler Ebene war bereits in **§ 9a S. 1 BDSG aF** die Möglichkeit für Anbieter von Datenverarbeitungssystemen und -programmen sowie datenverarbeitenden Stellen vorgesehen, ihr Datenschutzkonzept sowie ihre technischen Einrichtungen durch unabhängige und zugelassene Gutachter prüfen und bewerten zu lassen (sog **Datenschutzaudit;** zu der Vorschr. s. Scholz in Simitis BDSG aF § 9a; Hornung in Auernhammer BDSG aF § 9a). Allerdings führte diese Regelung bis zuletzt ein „Schattendasein" (vgl. Feik/v. Lewinski ZD 2014, 59 (59)), da die zur Ausgestaltung der Programmnorm des § 9a S. 1 BDSG aF erforderlichen Ausführungsgesetze nach S. 2 nicht erlassen wurden. Einheitliche Zertifizierungsstandards konnten sich vor diesem Hintergrund nicht herausbilden, womit das Ziel der Vorschr., für Rechtssicherheit auf Seiten der Verantwortlichen und Auftragsverarbeiter zu sorgen und den Betroffenen einen einfachen Überbl. über das Datenschutzniveau zu geben, nicht erreicht wurde (krit. zur Untätigkeit des Gesetzgebers Kraska ZD 2016, 153 (153)). Anders als die Zertifizierung nach Art. 42 (s. → Rn. 7a) sollte sich das Datenschutzaudit nach § 9a BDSG aF seiner Konzeption nach nicht darauf beschränken, das Erreichen der gesetzlichen Mindestanforderungen zu prämieren, sondern zu einer **stetigen Verbesserung des Datenschutzes**

und der Datensicherheit beitragen (Scholz in Simitis BDSG aF § 9a Rn. 4).
Zudem differenzierte die Regelung des § 9a BDSG aF zwischen einem **Produktaudit** in Form der Zertifizierung, das sich an technische Einrichtungen
richtete, und einem **Verfahrensaudit**, das der Überprüfung von Datenschutzkonzepten diente (zur Konzeption von Produkt- und Verfahrensaudit
nach § 9a BDSG aF vgl. Scholz in Simitis BDSG aF § 9a Rn. 24 ff.; Hornung
in Auernhammer DS-GVO Art. 42 Rn. 39 ff.). Zu den Regelungen betr.
Zertifizierungsverfahren auf Landesebene s. Hornung in Auernhammer DS-
GVO Art. 42 Rn. 15 ff.

M. Ausblick

Die ausdr. Regelung datenschutzrechtlicher Zertifizierungen in Art. 42 ist **28**
dem Grundsatz nach zu begrüßen. Selbstregulatorische Mechanismen bergen
die Chance, dem häufig von einem Vollzugsdefizit belasteten Datenschutzrecht zu weitreichenderer Wirkungsmacht zu verhelfen. Allerdings sind die
gesetzlichen Regelungen viel zu unbestimmt. Vor diesem Hintergrund uneingeschränkt zu befürworten ist daher, dass der Ausschuss mit seinen Leitlinien zur Zertifizierung erste Schritte zu einer entspr. Konkretisierung und
Ergänzung ergriffen hat (s. zu den Leitlinien des Ausschuss auch Maier/Bile
DuD 2019, 478). Weitere Hoffnungen sind in die Rechtsakte der KOM nach
den Art. 43 Abs. 8 und 9 (→ Art. 43 Rn. 23 ff.) zu setzen.

Art. 43 Zertifizierungsstellen

(1) [1]**Unbeschadet der Aufgaben und Befugnisse der zuständigen Aufsichtsbehörde gemäß den Artikeln 57 und 58 erteilen oder verlängern Zertifizierungsstellen, die über das geeignete Fachwissen hinsichtlich des Datenschutzes verfügen, nach Unterrichtung der Aufsichtsbehörde – damit diese erforderlichenfalls von ihren Befugnissen gemäß Artikel 58 Absatz 2 Buchstabe h Gebrauch machen kann – die Zertifizierung.** [2]**Die Mitgliedstaaten stellen sicher, dass diese Zertifizierungsstellen von einer oder beiden der folgenden Stellen akkreditiert werden:
a) der gemäß Artikel 55 oder 56 zuständigen Aufsichtsbehörde;
b) der nationalen Akkreditierungsstelle, die gemäß der Verordnung (EG) Nr. 765/2008 des Europäischen Parlaments und des Rates[1] im Einklang mit EN-ISO/IEC 17065/2012 und mit den zusätzlichen von der gemäß Artikel 55 oder 56 zuständigen Aufsichtsbehörde festgelegten Anforderungen benannt wurde.**
(2) **Zertifizierungsstellen nach Absatz 1 dürfen nur dann gemäß dem genannten Absatz akkreditiert werden, wenn sie**

---

[1] **Amtl. Anm.:** Verordnung (EG) Nr. 765/2008 des Europäischen Parlaments und des
Rates vom 9. Juli 2008 über die Vorschriften für die Akkreditierung und Marktüberwachung im Zusammenhang mit der Vermarktung von Produkten und zur Aufhebung
der Verordnung (EWG) Nr. 339/93 des Rates (ABl. L 218 vom 13.8.2008, S. 30).

a) ihre Unabhängigkeit und ihr Fachwissen hinsichtlich des Gegenstands der Zertifizierung zur Zufriedenheit der zuständigen Aufsichtsbehörde nachgewiesen haben;

b) sich verpflichtet haben, die Kriterien nach Artikel 42 Absatz 5, die von der gemäß Artikel 55 oder 56 zuständigen Aufsichtsbehörde oder – gemäß Artikel 63 – von dem Ausschuss genehmigt wurden, einzuhalten;

c) Verfahren für die Erteilung, die regelmäßige Überprüfung und den Widerruf der Datenschutzzertifizierung sowie der Datenschutzsiegel und -prüfzeichen festgelegt haben;

d) Verfahren und Strukturen festgelegt haben, mit denen sie Beschwerden über Verletzungen der Zertifizierung oder die Art und Weise, in der die Zertifizierung von dem Verantwortlichen oder dem Auftragsverarbeiter umgesetzt wird oder wurde, nachgehen und diese Verfahren und Strukturen für betroffene Personen und die Öffentlichkeit transparent machen, und

e) zur Zufriedenheit der zuständigen Aufsichtsbehörde nachgewiesen haben, dass ihre Aufgaben und Pflichten nicht zu einem Interessenkonflikt führen.

(3) [1] Die Akkreditierung von Zertifizierungsstellen nach den Absätzen 1 und 2 erfolgt anhand der Anforderungen, die von der gemäß Artikel 55 oder 56 zuständigen Aufsichtsbehörde oder – gemäß Artikel 63 – von dem Ausschuss genehmigt wurden. [2] Im Fall einer Akkreditierung nach Absatz 1 Buchstabe b des vorliegenden Artikels ergänzen diese Anforderungen diejenigen, die in der Verordnung (EG) Nr. 765/2008 und in den technischen Vorschriften, in denen die Methoden und Verfahren der Zertifizierungsstellen beschrieben werden, vorgesehen sind.

(4) [1] Die Zertifizierungsstellen nach Absatz 1 sind unbeschadet der Verantwortung, die der Verantwortliche oder der Auftragsverarbeiter für die Einhaltung dieser Verordnung hat, für die angemessene Bewertung, die der Zertifizierung oder dem Widerruf einer Zertifizierung zugrunde liegt, verantwortlich. [2] Die Akkreditierung wird für eine Höchstdauer von fünf Jahren erteilt und kann unter denselben Bedingungen verlängert werden, sofern die Zertifizierungsstelle die Anforderungen dieses Artikels erfüllt.

(5) Die Zertifizierungsstellen nach Absatz 1 teilen den zuständigen Aufsichtsbehörden die Gründe für die Erteilung oder den Widerruf der beantragten Zertifizierung mit.

(6) [1] Die Anforderungen nach Absatz 3 des vorliegenden Artikels und die Kriterien nach Artikel 42 Absatz 5 werden von der Aufsichtsbehörde in leicht zugänglicher Form veröffentlicht. [2] Die Aufsichtsbehörden übermitteln diese Anforderungen und Kriterien auch dem Ausschuss.

(7) Unbeschadet des Kapitels VIII widerruft die zuständige Aufsichtsbehörde oder die nationale Akkreditierungsstelle die Akkreditierung einer Zertifizierungsstelle nach Absatz 1, wenn die Voraussetzungen für die Akkreditierung nicht oder nicht mehr erfüllt sind oder wenn eine Zertifizierungsstelle Maßnahmen ergreift, die nicht mit dieser Verordnung vereinbar sind.

(8) Der Kommission wird die Befugnis übertragen, gemäß Artikel 92 delegierte Rechtsakte zu erlassen, um die Anforderungen festzulegen, die für die in Artikel 42 Absatz 1 genannten datenschutzspezifischen Zertifizierungsverfahren zu berücksichtigen sind.

(9) ¹ Die Kommission kann Durchführungsrechtsakte erlassen, mit denen technische Standards für Zertifizierungsverfahren und Datenschutzsiegel und -prüfzeichen sowie Mechanismen zur Förderung und Anerkennung dieser Zertifizierungsverfahren und Datenschutzsiegel und -prüfzeichen festgelegt werden. ² Diese Durchführungsrechtsakte werden gemäß dem in Artikel 93 Absatz 2 genannten Prüfverfahren erlassen.

BDSG und anderes nationales Recht: § 39 BDSG (kommentiert unter → BDSG § 39 Rn. 1 ff.).

Literatur: *Batman,* Die Datenschutzzertifizierung von Cloud-Diensten nach der EU-DSGVO, DSRITB 2018, 87; *Duisberg,* Zertifizierung und der Mittelstand – Quo Vadis?, ZD 2018, 53; *Hornung/Hartl,* Datenschutz durch Marktanreize – auch in Europa?, DuD 2014, 219; *Karper,* Datenschutzsiegel und Zertifizierungen nach der Datenschutz-Grundverordnung, PinG 2016, 201; *Krings/Mammen,* Zertifizierungen und Verhaltensregeln – Bausteine eines modernen Datenschutzes für die Industrie 4.0, RDV 2015, 231; *Kraska,* Datenschutz-Zertifizierungen in der EU-Datenschutzgrundverordnung, ZD 2016, 153; *Krohm,* Anreize für Selbstregulierung nach der DS-GVO, PinG 2016, 205; *Maier/Bile,* Die Zertifizierung nach der DSGVO – Innovatives, aber hochkomplexes Instrument, DuD 2019, 478; *Maier et. al.,* Die Zertifizierung von Cloud-Diensten nach der DSGVO, DuD 2019, 225; *Richter,* Chancen für die Zertifizierung im Datenschutz, RDV 2017, 63; *ders.,* Zertifizierung unter der DS-GVO, ZD 2020, 84; *Schäfer/Fox,* Zertifizierte Auftragsdatenverarbeitung, DuD 2016, 744; *Spindler,* Selbstregulierung und Zertifizierungsverfahren nach der DS-GVO – Reichweite und Rechtsfolgen der genehmigten Verhaltensregeln, ZD 2016, 407; *Schwartmann/Weiß,* Ko-Regulierung vor einer neuen Blüte – Verhaltensregeln und Zertifizierungsverfahren nach der Datenschutzgrundverordnung, (1. Teil Zertifizierung), RDV 2016, 68.

Übersicht

A. Allgemeines

1 Art. 43 sieht vor, dass neben den zuständigen ASB auch akkreditierte Zertifizierungsstellen für die Erteilung und Verlängerung von Zertifizierungen eingesetzt werden; zudem wird das Verfahren der Akkreditierung der Zertifizierungsstellen geregelt. Art. 43 steht in engem Zusammenhang zu Art. 42, der Verfahren und Inhalte von Zertifizierungen regelt.

I. Inhalt der Vorschrift

2 Abs. 1 sieht vor, dass Zertifizierungen entweder durch die ASB oder durch eine Zertifizierungsstelle erteilt werden können. Die Abs. 2 und 3 regeln Anforderungen an die zu akkreditierende Stelle sowie das Verfahren der Akkreditierung. Abs. 4 und 5 präzisieren Verantwortung und Pflichten der akkreditieren Stelle. Abs. 6 enthält Veröff.- und Übermittlungspflichten der zuständigen ASB. In Abs. 7 wird eine Regelung zum Widerruf der Akkreditierung getroffen. Abs. 8 und 9 sehen eine Übertragung von Befugnissen an die KOM zum Erlass von Rechtsakten vor.

II. Normzweck

3 Die Möglichkeit der Akkreditierung externer Stellen, die im Auftrag der ASB die Zertifizierung vergeben und verlängern, gewährleistet ein effizientes Zertifizierungsverfahren unter Einhaltung einheitlicher Zertifizierungsstandards (vgl. Koós/Englisch ZD 2014, 267 (282); befürwortend auch Hornung/Hartl ZD 2014, 219 (224)).

III. Entstehungsgeschichte

4 Wie die Regelung des Art. 41 betr. des Einsatzes akkreditierter Stellen zur Überwachung der Einhaltung der Verhaltensregeln (→ Art. 41 Rn. 3) wurde Art. 43 erst zu einem späten Zeitpunkt während des Gesetzgebungsverfahrens in die DS-GVO eingefügt. Die Regelung ist zurückzuführen auf eine **Initiative des ER** (vgl. Art. 38a DS-GVO-E(Rat)), obgleich auch schon die Entwurfsfassung des EP in Art. 39 Abs. 1d DS-GVO-E(EP) – wenn auch mit deutlich geringerer Detailschärfe – die prinzipielle Möglichkeit des Einsatzes akkreditierter Prüfer iRd Zertifizierungsverfahrens vorsah.

B. Akkreditierte Zertifizierungsstellen (Abs. 1)

I. Parallele Zuständigkeit von Zertifizierungsstelle und Aufsichtsbehörde

Nach Abs. 1 S. 1 können Erteilungen und Verlängerungen von Zertifizierun- **5** gen durch zu diesem Zweck akkreditierte Zertifizierungsstellen vorgenommen werden, die über das geeignete Fachwissen hinsichtlich des Datenschutzschutzes verfügen. In den EDSA Leitlinien wird Akkreditierung definiert als die Bescheinigung einer nationalen Akkreditierungsstelle und/oder einer ASB, dass eine Zertifizierungsstelle qualifiziert ist, eine Zertifizierung gemäß Art. 42 und 43 DS-GVO durchzuführen, wobei die ISO/IEC 17065/2012 und die von der ASB und/oder vom Ausschuss festgelegten zusätzlichen Anforderungen (s.→ Rn. 7) zu berücksichtigen sind (s. EDSA Leitlinien Akkreditierung von Zertifizierungsstellen Rn. 28). Dem Hinweis in S. 1 auf den erforderlichen Nachweis des Fachwissens der akkreditierten Stelle kommt keine eigenständige Bedeutung zu, da sich ein entspr. Hinweis auch noch einmal iRd Anforderungen an die Zertifizierungsstelle in Abs. 2 lit. a findet. Allerdings hebt der Fachwissensnachweis in S. 1 deutlich hervor, dass eine Akkreditierung nur bei fachlich hinreichend qualifizierten Stellen in Betracht kommt. Die **aufsichtsbehördliche Zuständigkeit** für die Erteilung oder Verlängerung von Zertifizierungen (→ Art. 42 Rn. 13) bleibt unberührt. Dies stellt auch S. 1 klar, wonach die Erteilung und Verlängerung von Zertifizierungen durch die Zertifizierungsstellen **unbeschadet der Aufgaben und Befugnisse der zuständigen ASB** gem. den Art. 57 und 58 erfolgt. Art. 57 Abs. 1 wiederum verweist auf andere in der VO niedergelegte Aufgaben, zu denen auch die Aufgabenzuweisung des Art. 42 Abs. 5 zu zählen ist.

II. Erteilung und Verlängerung von Zertifizierungen; Unterrichtung der Aufsichtsbehörde

Unter **Erteilung** ist die erstmalige Vergabe einer Zertifizierung nach Art. 42 **6** Abs. 5 (→ Art. 42 Rn. 13) zu verstehen. **Verlängerung** betrifft den Fall des Art. 42 Abs. 7 Var. 2 (→ Art. 42 Rn. 18). Abs. 1 S. 1 stellt zudem klar, dass die Zertifizierungsstelle vor Erteilung oder Verlängerung einer Zertifizierung die ASB zu unterrichten hat (ausf. zu den Mitteilungspflichten → Rn. 19 f.).

III. Akkreditierungsstellen

Abs. 1 S. 2 bestimmt die für die Akkreditierung **zuständigen Stellen**. Die **7** Mitgliedstaaten müssen sicherstellen, dass Zertifizierungsstellen akkreditiert werden, haben im Hinblick auf die Ausgestaltung des entspr. Verfahrens jedoch einen weiten Spielraum (s. EDSA Leitlinien Akkreditierung von Zertifizierungsstellen Rn. 29 ff.). Danach ist eine Akkreditierung der Zertifizierungsstellen **allein oder gemeinsam** möglich nach **lit. a** durch die gem. Art. 55 und 56 **zuständige ASB** (vgl. auch Aufgaben- und Befugniszuweisung in Art. 57 Abs. 1 lit. q → Art. 57 Rn. 18; Art. 58 Abs. 3 lit. e → Art. 58

Rn. 28) oder nach **lit. b** durch die **nationale Akkreditierungsstelle.** Art. 43 Abs. 1 ist im Hinblick auf die Möglichkeit eines parallelen Tätigwerdens von Akkreditierungsstelle und ASB **lex specialis zu Art. 2 Abs. 11 der VO (EG) Nr. 765/2008** (s. EDSA Leitlinien Akkreditierung von Zertifizierungsstellen Rn. 32 f.). Die nationale Akkreditierungsstelle wird gem. der VO (EG) Nr. 765/2008 des EP und des ER im Einklang mit EN-ISO/IEC 17065/2011 sowie mit den zusätzlichen von der gem. Art. 55 und 56 zuständigen ASB festgelegten Anforderungen durch die Mitgliedstaaten benannt (zu diesen zusätzlichen Anforderungen s. EDSA Leitlinien Akkreditierung von Zertifizierungsstellen Rn. 44 ff.; Schwartmann/Weiß RDV 2016, 68 (70); Raschauer in HK-DS-GVO Art. 43 Rn. 18 ff.). In Deutschland hat die DSK diese **zusätzlichen Anforderungen** in einem vorläufigen Papier ergänzt und konkretisiert; die Stellungn. des Ausschusses zu diesem Papier steht allerdings noch aus (s. DSK Anforderungen zur Akkreditierung gem. Art. 43 Abs. 3 DS-GVO iVm DIN EN ISO/IEC 17065, Version 1.2 v. 21.1.2020; vgl. hierzu auch Maier/Bile DuD 2019, 478 (480 f.)). ASB und Akkreditierungsstelle können **Gebühren** für die Akkreditierung erheben (Bergt in Kühling/Buchner DS-GVO Art. 43 Rn. 24; zu den Kosten für die Zertifizierung s. → Art. 42 Rn. 13c).

7a   Der dt. Gesetzgeber hat in § 39 S. 1 BDSG (→ BDSG § 39 Rn. 1 ff.) die Aufgaben der nationalen Akkreditierungsstelle der „Deutschen Akkreditierungsstelle" (DAkkS) übertragen (zu den Akkreditierungsstandards der DAkkS s. Duisberg ZD 2018, 53 (54)). Die DAkkS handelt als Beliehene (s. Bergt in Kühling/Buchner DS-GVO Art. 43 Rn. 15). Darüber hinaus werden durch die in § 39 S. 2 BDSG angeordnete entspr. Anwendung von Normen des Akkreditierungsstellengesetzes (AkkStelleG) den ASB Beteiligungs- und Mitspracherechte bei Akkreditierungsentscheidungen eingeräumt (s. Will in Ehmann/Selmayr DS-GVO Art. 43 Rn. 3). Die Akkreditierung erfolgt damit in einem zweistufigen Verfahren (Lepperhoff in Gola DS-GVO Art. 43 Rn. 2; Weichert in DWWS DS-GVO Art. 43 Rn. 12 ff.): In der ersten Stufe erfolgt im Einvernehmen mit der ASB (vgl. § 4 Abs. 3 AkkStelleG) eine Akkreditierung bei der DAkkS, in der die grds. Eignung als Zertifizierungsstelle geprüft wird. Bei erfolgreichem Durchlaufen kann auf der zweiten Stufe eine Akkreditierung für die geplante Zertifizierung bei der zuständigen ASB beantragt werden.

C. Anforderungen an die zu akkreditierende Stelle (Abs. 2)

8   Abs. 2 führt die Voraussetzungen auf, die eine Stelle zwingend vorweisen muss, um zum Zwecke der Überwachung der Einhaltung von Verhaltensregeln akkreditiert werden zu können. Der Katalog ist **nicht abschl.,** sondern normiert lediglich Mindestanforderungen (s. v. Braunmühl/Wittmann in Plath DS-GVO Art. 43 Rn. 4; Will in Ehmann/Selmayr DS-GVO Art. 43 Rn. 5; aA Eckhardt in BeckOK DatenschutzR DS-GVO Art. 43 Rn. 16). Die Zertifizierungsstelle hat einen Anspruch auf Akkreditierung, sofern sie die Voraussetzungen nach Abs. 2 erfüllt und die entspr. Nachw. hierfür erbringen kann (Bergt in Kühling/Buchner DS-GVO Art. 43 Rn. 13; Eckhardt in BeckOK DatenschutzR DS-GVO Art. 42 Rn. 25; Kinast in Taeger/Gabel DS-GVO Art. 43 Rn. 40; aA Will in Ehmann/Selmayr DS-GVO Art. 43 Rn. 5). Der Wortlaut „zur Zufriedenheit" spricht für einen **Beurteilungsspielraum** hinsichtlich der Anforderungen nach lit. a und lit. e (Eckhardt in BeckOK DatenschutzR DS-GVO Art. 43 Rn. 19; Will in Ehmann/Selmayr DS-GVO Art. 43 Rn. 5). Zu Rechtsform und Finanzierung stellt die VO keine Vorgaben auf. Damit können sowohl Rechtspersonen des öffentl. Rechtes als auch solche des Privatrechtes akkreditiert werden (allgM, vgl. Bergt in Kühling/Buchner DS-GVO Art. 43 Rn. 3; Hornung in Auernhammer DS-GVO Art. 43 Rn. 7; Scholz in NK-DatenschutzR DS-GVO Art. 43 Rn. 8; Schwartmann/Weiß RDV 2016, 68 (70 f.)). Die Zertifizierungsstelle muss einen Sitz in dem Mitgliedstaat haben, in der Zertifizierungen angeboten werden sollen (s.→ Art. 42 Rn. 13).

I. Unabhängigkeit und Fachwissen (lit. a)

Die betr. Stelle muss für die Akkreditierung ihre Unabhängigkeit und ihre **9** Fachkunde hinsichtlich des Gegenstandes der Zertifizierung zur Zufriedenheit der zuständigen ASB nachgewiesen haben. Zum Nachweis der **Unabhängigkeit** vgl. die weitgehend wortgleiche Regelung in Art. 41 Abs. 2 lit. a (→ Art. 41 Rn. 7). Unschädlich ist eine Finanzierung der betr. Stelle über Entgelte der zu zertifizierenden Unternehmen (s. Lepperhoff in Gola DS-GVO Art. 43 Rn. 19; Scholz in NK-DatenschutzR DS-GVO Art. 43 Rn. 11). Der Begriff des **Fachwissens** in lit. a ist parallel zum Begriff des Fachwissens in Art. 41 Abs. 2 lit. a (→ Art. 41 Rn. 7) zu verstehen; die engl. Sprachfassung verwendet in beiden Fällen den Begriff „expertise". Fachwissen **hinsichtlich des Gegenstandes der Zertifizierung** meint Kenntnis der einschlägigen Zertifizierungen und deren Anforderungen, der branchenbezogen relevanten datenschutzrechtlichen Vorschr., soweit erforderlich IT-Kenntnisse und Grundverständnis der technischen Abläufe sowie Kenntnis der organisatorischen Strukturen der zu überwachenden Stellen. Das entspr. Fachwissen kann sowohl in der Person eigener Mitarbeiter als auch in der Person beauftragter Dritter bestehen (Lepperhoff in Gola DS-GVO Art. 43 Rn. 20; Scholz in NK-DatenschutzR DS-GVO Art. 43 Rn. 10).

II. Verpflichtung zur Anwendung der genehmigten Kriterien nach Art. 42 Abs. 5 (lit. b)

Die betr. Stelle muss sich verpflichtet haben, die nach Art. 42 Abs. 5 **10** (→ Art. 42 Rn. 13) von der zuständigen ASB oder vom Ausschuss genehmigten Kriterien für die Erteilung der Zertifizierung einzuhalten.

III. Festlegung von Verfahrensgestaltungen (lit. c)

Die betr. Stelle muss **Verfahren** für die ihr obliegenden Tätigkeitsbereiche **11** vorsehen, so namentlich für die Erteilung (→ Art. 42 Rn. 13 ff.), die Überprüfung (→ Art. 42 Rn. 22) und den Widerruf (→ Art. 42 Rn. 21) von

Datenschutzzertifizierungen bzw. -siegeln oder -prüfzeichen. Die Vorabfestlegung der entspr. Verfahrensgestaltungen stellt sicher, dass das Zertifizierungsverfahren in der Praxis effizient unter gleichzeitiger Wahrung der zwingenden gesetzlichen Vorgaben erfolgt.

IV. Festlegung eines Beschwerdeverfahrens (lit. d)

12 Die betr. Stelle muss Verfahren und Strukturen festlegen, vermittels derer **Beschwerden** über Verletzungen der Zertifizierung oder die Art und Weise der Umsetzung der Zertifizierung durch den Verantwortlichen bzw. Auftragsverarbeiter nachgegangen wird (s. zum Beschwerdemanagement Bergt in Kühling/Buchner DS-GVO Art. 43 Rn. 11 ff.; Scholz in NK-DatenschutzR DS-GVO Art. 43 Rn. 14). Diese Verfahren und Strukturen müssen für betroffene Personen und die Öffentlichkeit **transparent** gemacht werden. Vgl. auch die Ausführungen zur wortgleichen Regelung in Art. 41 Abs. 2 lit. c (→ Art. 41 Rn. 9).

V. Nachweis eines fehlenden Interessenkonfliktes (lit. e)

13 Die betr. Stelle muss zur Zufriedenheit der ASB nachweisen, dass ihre Aufgaben und Pflichten nicht zu einem **Interessenskonflikt** führen. Zum Nachweis vgl. Ausführungen zur wortgleichen Regelung in Art. 41 Abs. 2 lit. d → Art. 41 Rn. 10.

D. Verfahren (Abs. 3)

14 Abs. 3 betrifft das bei der Akkreditierung von Zertifizierungsstellen zu beachtende Verfahren. IRd Berichtigung durch ABl. L 127 vom 23.5.2018 wurde die Formulierung „anhand der Anforderungen, die" anstatt der Formulierung „anhand der Kriterien, die" eingefügt.

15 Die Akkreditierung kann durch die in Abs. 1 S. 2 genannten Stellen (→ Rn. 7) erfolgen. Nach dem Wortlaut des Abs. 3 S. 1 erfolgt die Akkreditierung anhand der **Anforderungen,** die gem. Var. 1 von der zuständigen ASB (vgl. auch die Aufgabenzuweisung in Art. 57 Abs. 1 lit. p) oder gem. Var. 2 von dem Ausschuss nach Maßgabe des Kohärenzverfahrens aus Art. 63 (vgl. auch Art. 64 Abs. 1 S. 1, S. 2 lit. c → Art. 64 Rn. 1 ff. und Art. 70 Abs. 1 lit. p → Art. 70 Rn. 9) genehmigt wurden. Dieser Wortlaut ist jedoch insoweit missverständlich, als dass auch die von der ASB genehmigten Anforderungen gem. Art. 64 Abs. 1 lit. c **dem Ausschuss vorab** im Kohärenzverfahren **nach Art. 63 ff. vorzulegen** sind, da die Beteiligung des Datenschutzausschusses im Akkreditierungsverfahren als konstitutiv anzusehen ist (Bergt in Kühling/Buchner DS-GVO Art. 43 Rn. 6; Kinast in Taeger/Gabel DS-GVO Art. 43 Rn. 38; Scholz in NK-DatenschutzR DS-GVO Art. 43 Rn. 19; Will in Ehmann/Selmayr DS-GVO Art. 43 Rn. 8 f.).

16 Nach Abs. 3 S. 2 **ergänzen** diese Anforderungen bei einer Akkreditierung durch die nationale Akkreditierungsstelle gem. Abs. 1 S. 2 lit. b (→ Rn. 7) die Vorgaben der **VO (EG) Nr. 765/2008** und der technischen Vorschr., in denen die Methoden und Verfahren der Zertifizierungsstellen beschrieben werden. Mit den „technischen Vorschriften, in denen die Methoden und Verfahren der Zertifizierungsstellen beschrieben werden", wird in erster Linie die auch in Abs. 1 S. 2 lit. b angesprochene europ. Norm **EN-ISO/IEC 17065/2012** mit der Bezeichnung „Konformitätsbewertung – Anforderungen an Stellen, die Produkte, Prozesse und Dienstleistungen zertifizieren" adressiert.

Streitigkeiten iRd Akkreditierungsverfahrens mit der ASB oder der vom **16a** Bund beliehenen AkkS (s. → Rn. 7a) unterliegen als öffentl.-rechtliche Berufszulassungsentscheidungen dem **Verwaltungsrechtsweg,** vgl. für die ASB auch die ausdr. Anordnung § 20 BDSG iVm Art. 78 DS-GVO (→ Art. 78 Rn. 3 ff.) (s. Scholz in NK-DatenschutzR DS-GVO Art. 43 Rn. 32; Will in Ehmann/Selmayr DS-GVO Art. 43 Rn. 17).

E. Verantwortung der Zertifizierungsstellen (Abs. 4 S. 1)

Nach Abs. 4 S. 1 trifft die Zertifizierungsstellen nach Abs. 1 die **Verantwor-** **17** **tung für die Angemessenheit der Bewertung,** auf deren Grdl. über eine Zertifizierung oder einen Widerruf entschieden wird. Indirekt wird damit auch klargestellt, dass die Zertifizierungsstellen **keine Verantwortlichkeit für die Einhaltung der VO** durch den Verantwortlichen bzw. Auftragsverarbeiter trifft (Eckhardt in BeckOK DatenschutzR DS-GVO Art. 43 Rn. 26). Umfasst sind neben der Entsch. über den Widerruf angesichts des weit gefassten Wortlautes („die der Zertifizierung [...] zugrunde liegt") sowohl die Entsch. über die **Erteilung** einer Zertifizierung als auch über eine **Verlängerung** (zust. Kinast in Taeger/Gabel DS-GVO Art. 43 Rn. 46 f.). Die Erteilung einer Zertifizierung erfordert eine **eingehende Prüfung,** die **vor Ort beim Verantwortlichen bzw. Auftragsverarbeiter** vorzunehmen ist (Will in Ehmann/Selmayr DS-GVO Art. 42 Rn. 40; Schwartmann/Weiß RDV 2016, 68 (72); aA Lepperhoff in Gola DS-GVO Art. 42 Rn. 15; Eckhardt in BeckOK DatenschutzR DS-GVO Art. 42 Rn. 58); eine Beschränkung auf Selbstauskünfte ist dagegen genauso ungeeignet wie rein reaktive Überprüfungen auf Beschwerden von Betroffenen (s. Lepperhoff in Gola DS-GVO Art. 43 Rn. 13; Kinast in Taeger/Gabel DS-GVO Art. 43 Rn. 44; Will in Ehmann/Selmayr DS-GVO Art. 43 Rn. 10). Von Bedeutung ist diese explizite Zuweisung der Verantwortung insbes. im Hinblick auf die Sanktionen des Art. 83 Abs. 4 lit. b (→ Art. 83 Rn. 22), wonach die Zertifizierungsstelle bei Verstoß gegen die ihr nach Art. 43 obliegenden Pflichten mit einer Geldbuße belegt werden kann (s. zu den Sanktionen auch → Rn. 25; zur zivilrechtlichen Haftung ggü. Betroffenen → Art. 42 Rn. 26). Nach Abs. 4 S. 1 bleibt die Verantwortung des Verantwortlichen bzw. Auftragsverarbeiters für die Einhaltung der VO unberührt.

F. Gültigkeitsdauer der Akkreditierung (Abs. 4 S. 2)

18 Nach Abs. 4 S. 2 wird die Akkreditierung für eine **max. Dauer von fünf Jahren** erteilt. Die Akkreditierung kann mehrfach verlängert werden, sofern die Anforderungen für die Zertifizierung weiterhin vorliegen (s. Heilmann/ Schulz in GSSV DS-GVO Art. 43 Rn. 21; Raschauer in HK-DS-GVO Art. 43 Rn. 34). Zuständig für die Festlegung der Dauer der Akkreditierung und die Entsch. über eine Verlängerung sind die nach Abs. 1 S. 2 (→ Rn. 7) zuständigen Stellen. Zu einer möglichen Verkürzung der Gültigkeitsdauer bei Wegfall der Zertifizierungsstelle (→ Rn. 22).

G. Mitteilungspflichten der Zertifizierungsstellen (Abs. 5)

19 Abs. 5 normiert Mitteilungspflichten der Zertifizierungsstellen ggü. der zuständigen ASB. Bereits aus Abs. 1 S. 1 folgt, dass die Zertifizierungsstelle die ASB zu unterrichten hat, sofern sie eine Zertifizierung erteilt oder verlängert. Abs. 5 erweitert diese **Mitteilungspflicht** auf den Widerruf der Zertifizierung nach Art. 42 Abs. 7 (→ Art. 42 Rn. 20 f.).

20 Zudem sind nach Abs. 5 der ASB die **Gründe für die Erteilung oder den Widerruf** der beantragten Zertifizierung mitzuteilen. Damit soll die ASB in die Lage versetzt werden, von ihren Rechten nach Art. 58 Abs. 2 lit. h Gebrauch machen zu können (v. Braunmühl/Wittmann in Plath DS-GVO Art. 42 Rn. 6; s. zum Ganzen ausf. Bergt in Kühling/Buchner DS-GVO Art. 43 Rn. 18). Gegen eine Erweiterung der Mitteilungspflicht auf den Fall der Nichterteilung einer Zertifizierung spricht, dass die ASB damit ggf. Hinweise auf datenschutzrechtliche Unzulänglichkeiten erhalten würde, was Verantwortliche und Auftragsverarbeiter davon abhalten könnte, Zertifizierungsverfahren in Anspruch zu nehmen (Heilmann/Schulz in GSSV DS-GVO Art. 43 Rn. 27; für eine Erweiterung hingegen Scholz in NK-DatenschutzR DS-GVO Art. 43 Rn. 22). Auch eine Mitteilungspflicht bezogen auf Gründe der **Verlängerung** einer Zertifizierung wird nicht explizit gefordert, sodass insoweit eine Unterrichtung der ASB nach Abs. 1 S. 1 genügt (s. Bergt in Kühling/Buchner DS-GVO Art. 43 Rn. 18; Kinast in Taeger/ Gabel DS-GVO Art. 43 Rn. 56).

20a Der **Zeitpunkt für die Unterrichtung** muss so gewählt werden, dass die zuständige ASB noch die Möglichkeit hat, ihre aufsichtsbehördlichen Befugnisse wahrzunehmen, wobei Maßstab für die Rechtzeitigkeit die Bearbeitungszeiten einer angemessenen ausgestatteten, effizient arbeitenden ASB sind (Bergt in Kühling/Buchner DS-GVO Art. 43 Rn. 17; Eckhardt in BeckOK DatenschutzR DS-GVO Art. 43 Rn. 11). Eine **Pflicht zur Vorlage der** jeweiligen **Akten** besteht nicht (Lepperhoff in Gola DS-GVO Art. 43 Rn. 11; Will in Ehmann/Selmayr DS-GVO Art. 43 Rn. 13).

H. Veröffentlichung und Übermittlung (Abs. 6)

Gem. Abs. 6 S. 1 sind die **Anforderungen an die Zertifizierungsstellen** 21
nach Abs. 3 (→ Rn. 11) ebenso wie die **Kriterien nach Art. 42 Abs. 5**
betreffend die Anforderungen zur Erteilung der Zertifizierung (→ Art. 42
Rn. 13) von der ASB in **leicht zugänglicher Form zu veröffentlichen.**
Gem. S. 2 sind die Anforderungen nach Abs. 3 sowie die Kriterien nach
Art. 42 Abs. 5 darüber hinaus an den **Ausschuss zu übermitteln.** Der vormalige S. 3, in dem Register- und Veröffentlichungspflichten des Ausschuss
angeordnet waren, wurde iRd Berichtigung durch Abl. L 127 vom 23.5.2018
gestrichen.

I. Widerruf der Akkreditierung (Abs. 7)

Abs. 7 bestimmt, dass die für die Akkreditierung zuständige Stelle nach Abs. 1   22
S. 2 (→ Rn. 7) die Akkreditierung widerruft, sofern die Voraussetzungen für
eine Akkreditierung nicht oder nicht mehr erfüllt sind, oder wenn die Stelle
Maßnahmen ergreift, die nicht mit dieser VO vereinbar sind. Der Wortlaut
(„widerruft") legt nahe, dass es sich insoweit um eine **gebundene Entsch.**
handelt (allgM, vgl. Bergt in Kühling/Buchner DS-GVO Art. 43 Rn. 15;
Eckhardt in BeckOK DatenschutzR DS-GVO Art. 42 Rn. 37; Raschauer in
HK-DS-GVO Art. 43 Rn. 38; Scholz in NK-DatenschutzR DS-GVO
Art. 43 Rn. 26). Das Verfahren richtet sich nach den §§ 48 ff. VwVfG (Bergt
in Kühling/Buchner DS-GVO Art. 43 Rn. 15). Vor Ausspruch des Wider-
rufs ist rechtliches Gehör zu gewähren (Raschauer in HK-DS-GVO Art. 43
Rn. 38), Ob die **Voraussetzungen für eine Akkreditierung nicht (mehr)
erfüllt** sind, bemisst sich nach den Anforderungen des Abs. 3 (→ Rn. 15 ff.).
Unter **Maßnahmen, die nicht mit der VO vereinbar sind,** können neben
Kompetenzüberschreitungen der Zertifizierungsstelle insbesondere auch das
Unterlassen gebotener Maßnahmen wie etwa Kontrollen, Widerruf erteilter
Zertifizierungen oder Informationen nach Abs. 5 gefasst werden (s. Bergt in
Kühling/Buchner DS-GVO Art. 43 Rn. 15; Scholz in NK-DatenschutzR
DS-GVO Art. 43 Rn. 26). Der Widerruf erfolgt nach dem Wortlaut des
Abs. 7 „unbeschadet des Kapitels VIII", in dem auch und gerade Haftung und
Sanktionen bei Verstößen gegen die Vorgaben der VO geregelt werden.
Dieser Hinweis stellt klar, dass die Möglichkeit zur Auferlegung weitergehen-
der Sanktionen (s. → Rn. 25) ggü. der Zertifizierungsstelle durch den Widerruf der Akkreditierung nicht berührt wird. Umstr. ist, welche **Auswirkungen**
ein Widerruf der Akkreditierung **für die** von der betr. Stelle **erteilten
Zertifizierungen** hat. Während sich für einen Fortbestand der Gültigkeit
argumentieren ließe, dass die Zertifizierung durch eine zum (damaligen) Zeitpunkt der Zertifizierung ordnungsgemäß akkreditierte Stelle vergeben wurde
(vgl. Lepperhoff in Gola DS-GVO Art. 43 Rn. 27; Scholz in NK-DatenschutzR DS-GVO Art. 43 Rn. 27; idS auch noch die Voraufl. Rn. 22),
spricht der mit einem Widerruf verbundene Wegfall der gem. Abs. 2 lit. d

notwendigen Stelle zur Entgegennahme von Beschwerden **gegen den Fortbestand bestehender Zertifizierungen,** soweit sich der Verarbeiter nicht
gleichzeitig der Überwachung durch eine gleichwertige Zertifizierungsstelle
unterwirft (Will in Ehmann/Selmayr DS-GVO Art. 43 Rn. 11; gegen den
Fortbestand auch Hornung in Auernhammer DS-GVO Art. 43 Rn. 20; Weichert in DWWS DS-GVO Art. 43 Rn. 39).

J. Rechtsakte der Kommission zum Zertifizierungsverfahren (Abs. 8 und 9)

I. Erlass delegierter Rechtsakte

23   Nach Abs. 8 wird der KOM die Befugnis übertragen, delegierte Rechtsakte
auf der Grdl. des Verfahrens nach Art. 92 (s. → Art. 92 Rn. 7 ff.) zu erlassen,
um die **Anforderungen** festzulegen, die **für die in Art. 42 Abs. 1 genannten Zertifizierungsverfahren** zu berücksichtigen sind. Der Ausschuss gibt
gem. Art. 70 Abs. 1 lit. q (→ Art. 70 Rn. 9) ggü. der KOM eine Stellungn.
zu den maßgeblichen Zertifizierungsanforderungen ab.

II. Erlass von Durchführungsrechtsakten

24   Nach Abs. 9 wird der KOM die Befugnis übertragen, Durchführungsrechtsakte gem. dem Verfahren nach Art. 93 Abs. 2 (s. → Art. 93 Rn. 3 ff.) zu
erlassen, mit denen **technische Standards für Zertifizierungen** nach
Art. 42 Abs. 1 sowie **Mechanismen zur Förderung und Anerkennung**
dieser Zertifizierungen festgelegt werden.

K. Sanktionen

25   Bei Verstoß gegen die Pflichten aus Art. 43 drohen dem **Verantwortlichen**
bzw. **Auftragsverarbeiter** gem. Art. 83 Abs. 4 lit. a bzw. der **Zertifizierungsstelle** gem. Art. 83 Abs. 4 lit. b (→ Art. 83 Rn. 22) **Geldbußen** von
bis zu **10 000 000 EUR** oder im Fall eines Unternehmens von bis zu **2 %
seines gesamten weltweit erzielten Jahresumsatzes des vorangegangenen Geschäftsjahres,** je nachdem, welcher der Beträge höher ist.

L. BDSG aF

26   Auf nationaler Ebene sollte iRd Grundkonzeption des Datenschutzaudits nach
§ 9a BDSG aF ebenfalls der Einsatz akkreditierter Stellen iRd Zertifizierungsverfahrens erfolgen.

Kapitel V. Übermittlungen personenbezogener Daten an Drittländer oder an internationale Organisationen

Art. 44 Allgemeine Grundsätze der Datenübermittlung

[1] Jedwede Übermittlung personenbezogener Daten, die bereits verarbeitet werden oder nach ihrer Übermittlung an ein Drittland oder eine internationale Organisation verarbeitet werden sollen, ist nur zulässig, wenn der Verantwortliche und der Auftragsverarbeiter die in diesem Kapitel niedergelegten Bedingungen einhalten und auch die sonstigen Bestimmungen dieser Verordnung eingehalten werden; dies gilt auch für die etwaige Weiterübermittlung personenbezogener Daten durch das betreffende Drittland oder die betreffende internationale Organisation an ein anderes Drittland oder eine andere internationale Organisation. [2] Alle Bestimmungen dieses Kapitels sind anzuwenden, um sicherzustellen, dass das durch diese Verordnung gewährleistete Schutzniveau für natürliche Personen nicht untergraben wird.

BDSG und anderes nationales Recht: –

Literatur: *Ambrock/Karg,* Ausnahmetatbestände der DS-GVO als Rettungsanker des internationalen Datenverkehrs? Analyse der Neuerungen zur Angemessenheit des Datenschutzniveaus, ZD 2017, 154; *Auer-Reinsdorff,* (Hard) Brexit – Teil III: Datenschutzrecht, IWRZ 2019, 101; *Karg,* Gegenwart und Zukunft der Angemessenheit des Datenschutzniveaus im außereuropäischen Datenverkehr, VuR 2016, 457; *Schmidt/Freund,* Perspektiven der Auftragsverarbeitung – Wegfall der Privilegierung mit der DS-GVO?, ZD 2017, 14; *Theusner/Dachlauer,* „Brexit" und seine Auswirkungen auf den Datenverkehr in Europa, DSB 2020, 14

Übersicht

A. Allgemeines

I. Einführung

1 Kap. V bewirkt die **Ausdehnung des unionsweit garantierten Schutzes personenbezogener Daten,** indem es die Zulässigkeit von Datenübermittlungen aus der EU an Empfänger in Drittländern oder an int. Organisationen an die Erfüllung bestimmter Voraussetzungen knüpft. Verlassen Daten den Geltungsbereich des EU-Datenschutzrechtes, geht damit die **Gefahr** sowohl einer **uneingeschränkten Datenverwendung im Empfängerland oder der Empfängerorganisation** als auch eines **unkontrollierten Rückflusses in den EU-Raum** einher (so bereits zur DSRL Dammann/Simitis DSRL Art. 25 Rn. 1). Vor diesem Hintergrund statuiert Art. 44 als **präventives Verbot mit Erlaubnisvorbehalt** den allg. Grundsatz, dass entspr. Datenübermittlungen nur unter den in Kap. V festgelegten Bedingungen gestattet sind. Dabei wird nun – anders als noch unter der DSRL – neben dem Verantwortlichen auch unmittelbar der Auftragsverarbeiter adressiert. Von praktischer Relevanz ist dies für den Auftragsverarbeiter nicht zuletzt im Hinblick auf eine etwaige Haftung nach Art. 82 Abs. 2. Ein Verstoß gegen die Vorschr. zur Drittlandsübermittlung kann zu einem erhöhten Bußgeld von bis zu 20 Mio. EUR oder 4 % des weltweiten Jahresumsatzes führen (Art. 83 Abs. 5 lit. c, (→ Rn. 19)), wodurch die Qualität eines **bes. schweren Verstoßes** gegen die DS-GVO zum Ausdruck kommt (Schantz in NK-DatenschutzR DS-GVO Art. 44 Rn. 27).

II. Regelungssystematik

2 Art. 44 ist die Grund- und Ausgangsregel für die Übermittlung personenbezogener Daten an Empfänger in Drittländern und an int. Organisationen. Sie enthält **vier Kernthesen:**

1. Übermittlungen personenbezogener Daten an Empfänger in Drittländern und an int. Organisationen müssen die außerhalb des Kap. V statuierten Zulässigkeitsvoraussetzungen der DS-GVO erfüllen, insbes. jene des Kap. II.
2. Übermittlungen personenbezogener Daten an Empfänger in Drittländern und an int. Organisationen sind nur erlaubt, wenn sie ferner in Einklang mit mind. einem der in Kap. V genannten Erlaubnistatbestände stehen.
3. Die DS-GVO findet auch auf Weiterübermittlungen an Empfänger in Drittländern und an int. Organisationen Anwendung.
4. Die Regelungen des Kap. V sind immer unter der Prämisse anzuwenden, dass das von der DS-GVO dem Betroffenen garantierte Schutzniveau nicht unterschritten wird.

III. Zentrale Begrifflichkeiten

1. Übermittlung

Eine Definition des Begriffes der **Übermittlung** sucht man in der DS-GVO **3** vergeblich. Zwar umfasst die in Art. 4 Nr. 2 enthaltene und sehr weitreichende Definition von „Verarbeitung" die „Offenlegung durch Übermittlung". Die ausdr. Differenzierung in der englischen und französischen Sprachfassung (ebd.: „transmission" / Kapitel V: „transfer" bzw. „transfers") belegt allerdings, dass die DS-GVO nicht von einer Gleichsetzung der unter Kap. V fallenden „Übermittlung" und der in der dt. Fassung des Art. 4 Nr. 2 enthaltenen „Offenlegung durch Übermittlung" ausgeht. Von praktischer Relevanz ist diese Differenzierung va für den **Auftragsverarbeiter:** Da dieser nach der DS-GVO kein Dritter ist (vgl. Art. 4 Nr. 10), und zwar unabhängig davon, ob er sich im EU-In- oder Ausland befindet, wohl aber Empfänger iSd Art. 4 Nr. 9 ist, werden an ihn keine Daten „übermittelt" iSd Art. 4 Nr. 2. Vielmehr werden die Daten ihm ggü. „offengelegt" (Art. 4 Nr. 9). Da der Art. 44 ff. jedoch lediglich von „Übermittlung" als solche sprechen (zB nicht: „Übermittlung an einen Dritten"), sind die Art. 44 ff. auch bei einer Offenlegung von personenbezogenen Daten an einen Auftragsverarbeiter in einem Drittland anwendbar. Zu den daraus resultierenden Rechtsfolgen vgl. → Art. 28 Rn. 8.

Dass Art. 44 von einer (Weiter-)Übermittlung personenbezogener Daten **4** „durch" das betr. Drittland „an" ein anderes Drittland spricht, ist nicht etwa so zu verstehen, dass das Drittland selbst Empfänger oder aber Übermittler der personenbezogenen Daten sein muss. Dies wird aus einem Vergleich zur engl. Fassung deutlich („onward transfer personal data from the third country", nicht dagegen „of/by the third country"; vgl. dazu Ambrock/Karg ZD 2017, 154 (155), die von einem Übersetzungsfehler sprechen). Die weite Formulierung ist vielmehr so zu verstehen, dass alle drittlandgrenzüberschreitenden Datenübermittlungen umfasst sind, dh insbes. Übermittlungen an oder von privaten Stellen, die lediglich in Drittländern niedergelassen sind (entspr. Kamp/Beck in BeckOK DatenschutzR DS-GVO Art. 44 Rn. 20; Schröder in Kühling/Buchner DS-GVO Art. 44 Rn. 19). Vor diesem Hintergrund und im Lichte des Art. 44 S. 2 wird man Übermittlung als **jede Offenlegung personenbezogener Daten ggü. einem Empfänger in einem Drittland oder einer int. Organisation** verstehen müssen, wobei es weder auf die Art der Offenlegung, noch auf die Offenlegung ggü. einem Dritten ankommt (s. Art. 4 Nr. 9).

Als Vorgang der Offenlegung ist etwa auch die **Einstellung personenbe- 5 zogener Daten auf eine Plattform** einzuordnen, auf die von einem Drittland aus zugegriffen werden kann, dh unabhängig davon, ob der Zugriff tatsächlich erfolgt (zB Website im Internet, entspr. Zerdick in Ehmann/Selmayr DS-GVO Art. 44 Rn. 7). Dabei ist unerheblich, ob der Server, über den die Daten zugänglich gemacht werden, innerhalb der EU belegen ist (vgl. dagegen zur DSRL noch EuGH EuZW 2004, 245 Rn. 71). Denn die von Art. 44 S. 2 adressierte Schutzbedürftigkeit der Betroffenen resultiert aus dem

Umstand, dass Dritte aus dem EU-Ausland die Dateien empfangen (so iErg wohl auch Zerdick in Ehmann/Selmayr DS-GVO Art. 44 Rn. 8 mit Verweis auf die neuere Rspr. des EuGH). Als Empfänger kommen schließlich auch Personen in Betracht, die, wie zB unselbständige Zweigniederlassungen, rechtlich zwar Teil der verantwortlichen Stelle sind, die Daten jedoch in einem Drittland empfangen.

2. Drittländer

6 Aus Sicht des Verordnungsgebers kann es sich bei **Drittländern** nur um solche Staaten handeln, in denen die DS-GVO mangels unionsrechtlichen Rechtsanwendungsbefehles nicht gilt. Da die DS-GVO nur für die EU-Mitgliedstaaten verbindlich ist, gelten als Drittländer damit alle Staaten, die nicht Mitglied der EU sind. Folglich zählen grds. auch die EWR-Staaten Island, Liechtenstein und Norwegen zur Gruppe der Drittländer. Bereits im Falle der DSRL haben diese jedoch deren Anwendung beschlossen (vgl. Beschl. des Gemeinsamen EWR-Ausschusses Nr. 83/1 1999 v. 25.6.1999, ABl. EU 2000 L 296, 41) und dies am 6.7.2018 nunmehr auch für die DS-GVO entschieden. Durch diesen Beschl. trat die DS-GVO am 20.7.2018 auch in Island, Liechtenstein und Norwegen in Kraft (vgl. Beschl. des Gemeinsamen EWR-Ausschusses Nr. 154/2018 v. 6.7.2018), wodurch sie nicht mehr als Drittländer gelten (ABl. EU 2018 L 183, 23; Kamp/Beck in BeckOK DatenschutzR DS-GVO Art. 44 Rn. 24).

7 Im Vereinigten Königreich ist die DS-GVO trotz EU-Mitgliedschaftsreferendum v. 23.6.2016 (zunächst) unmittelbar anwendbar, mit vollzogenem **Brexit** ist das Vereinigte Königreich nach dem vollzogenen EU-Austritt jedoch grds. als **Drittland** zu behandeln (vgl. Auer-Reinsdorff IWRZ 2019, 101 (102)). Aufgrund des Marktortprinzips sind jedoch auch in diesem Fall Unternehmen mit Sitz im Vereinigten Königreich, die Waren und Dienstleistungen in der EU anbieten, an die DS-GVO gebunden (→ Art. 3 Rn. 13 ff.). Derzeit unterscheidet sich das Datenschutzniveau im Vereinigten Königreich aufgrund des Status als Mitgliedstaat und der daraus folgenden Anwendbarkeit der DS-GVO nicht vom übrigen europ. Standard. Sofern dieser **Standard** nach einem EU-Austritt **beibehalten** wird, könnte die KOM einen **Angemessenheitsbeschluss** (Art. 45 DS-GVO) erlassen, wodurch eine Datenübermittlung ohne zusätzliche Anforderungen möglich bliebe (Towfigh/Ulrich in HK-DS-GVO Art. 44 Rn. 5). Insgesamt gilt es abzuwarten, wie sich dieser Umstand auf die zukünftige Entwicklung des britischen Datenschutzregimes auswirken wird. Es bestehen jedoch Pläne seitens der Regierung, die DS-GVO in nationales Recht umzusetzen.

7a Grds. wurde während der Brexit-Verh. zwischen zwei wesentlichen Szenarien differenziert, wie der Brexit erfolgen könnte. Zum einen wurde die Möglichkeit eines sog. „**Hard Brexit**", dh der Austritt ohne Abkommen nach Ende der Übergangszeit, sowie eines sog. „**Soft Brexit**", dh der Austritt mit Austrittsabkommen (Theusner/Dachlauer DSB 2020 14 (14 f.)) diskutiert. Während im Falle eines Hard Brexit das Vereinigte Königreich ohne Übergangsphase zu einem Drittland geworden wäre, besteht nun im Falle des Soft

Brexit jedenfalls eine **Übergangsphase** bis zum 31.12.2020, innerhalb derer das Vereinigte Königreich nicht als Drittland, sondern als Mitgliedsstaat behandelt wird (Theusner/Dachlauer DSB 2020 14 (15)). Das für den Soft Brexit ratifizierte **Austrittsabkommen** sieht dabei in Art. 71 vor, dass die DS-GVO weiterhin Anwendung finden kann, soweit personenbezogene Daten von Betroffenen außerhalb des Vereinigten Königreichs verarbeitet werden. Voraussetzung ist, dass es sich um Daten handelt, die vor Ablauf des Übergangszeitraums im Vereinigten Königreich verarbeitet wurden (Art. 71 Abs. 1 lit. a) oder nach Ablauf aufgrund des Abkommens verarbeitet werden (Art. 71 Abs. 1 lit. b). Nach Ende der Übergangsphase bleibt jedoch abzuwarten, inwiefern Datenübermittlungen in das Vereinigte Königreich als Drittland erfolgen müssen. Sollte die KOM innerhalb des Zeitraums eine Adäquanzentscheidung zur Datenübermittlung treffen, bestünde kein zwingender Bedarf etwa nach Standarddatenschutzklauseln zur Datenübermittlung. Sollte eine solche Adäquanzentscheidung hingegen nicht getroffen werden, so würde das Vereinigte Königreich nach Ende der Übergangsfrist zu einem unsicheren Drittland.

7b Für den Fall eines Brexit ohne Abkommen hat die britische ASB einen **Leitfaden** für Unternehmen und Organisationen entwickelt (https://ico.org.uk/dpbrexit/). Die britische ASB differenziert dabei zwischen **vier verschiedenen Grundkonstellationen,** denen ein Unternehmen oder eine Organisation gegenüberstehen kann. Zu unterscheiden sind dabei Unternehmen und Organisationen, die keine Kunden oder Verbindungen in der EU haben, Unternehmen oder Organisationen, die Daten aus der EU empfangen oder in die EU übermitteln, Unternehmen oder Organisationen, die eine Niederlassung in der EU aufweisen oder sich an Kunden in der EU richten, sowie Unternehmen oder Organisationen, die Daten aus Drittländern empfangen oder in Drittländer übermitteln. In dem Leitfaden wird ua Unternehmen, die Daten aus der EU empfangen, geraten, **Standarddatenschutzklauseln** mit den übermittelnden Stellen abzuschließen. Unternehmen mit Niederlassung(en) in der EU sollen überprüfen, wer die **federführende ASB** sein wird, indem sie ihre Hauptniederlassung in der EU bestimmen. Unternehmen ohne Niederlassung in der EU müssen hingegen einen **Vertreter in der EU** benennen. Diese Erwägungen können auch auf das Szenario übertragen werden, bei dem innerhalb des Übergangszeitraums bis zum 31.12.2020 keine Adäquanzentscheidung der KOM erreicht werden kann.

3. Internationale Organisationen

8 Der Begriff der **int. Organisation** ist in Art. 4 Nr. 26 definiert. Umfasst sind etwa int. humanitäre Organisationen (ErwGr 112) und die Vereinten Nationen.

B. Vorbehalt zugunsten anderer Regelungen der DS-GVO (S. 1 Hs. 1)

9 Der Vorbehalt zugunsten der anderen Regelungen der DS-GVO verdeutlicht, dass Kap. V **keine Erlaubnistatbestände** enthält, auf die die **Über-**

mittlung personenbezogener Daten an Empfänger in einem Drittland oder an int. Organisationen allein gestützt werden könnte. Vielmehr gelangt man bei der Prüfung der Zulässigkeit der Übermittlung personenbezogener Daten an Empfänger in einem Drittland oder an int. Organisationen erst dann zu den Regelungen des Kap. V, wenn zuvor festgestellt wurde, dass diese Übermittlung im Einklang mit den sonstigen Regelungen der DS-GVO steht. Von diesem Verweis umfasst sind sowohl **allg. Regelungen** (etwa Art. 5 bis 11) als auch Vorschr. mit **bes. Anforderungen** für den Fall von Verarbeitungen mit Drittlandbezug, die sich nicht in Kap. V befinden (etwa Art. 13 Abs. 1 lit. f, Art. 14 Abs. 1 lit. f, Art. 15 Abs. 1 lit. c sowie Abs. 2, Art. 28 Abs. 3 lit. a, Art. 30 Abs. 1 lit. d und lit. e sowie Abs. 2 lit. c). Diese Systematik entspricht im Ausgangspunkt dem bereits in § 4b Abs. 2 ff. BDSG aF verfolgten Konzept einer **Zwei-Stufen-Prüfung,** wonach auf einer **ersten Stufe** zu prüfen ist, ob die **Übermittlung als solche** – dh unabhängig vom Drittlandbezug – **erlaubt** ist. Erst auf der **zweiten Stufe** ist festzustellen, ob einer der Erlaubnistatbestände für die **Übermittlung personenbezogener Daten aus dem territorialen Geltungsbereich der DS-GVO hinaus** greift (entspr. Ambrock/Karg ZD 2017, 154 (155); Karg VuR 2016, 457 (459); Schröder in Kühling/Buchner DS-GVO Art. 44 Rn. 20; Zerdick in Ehmann/Selmayr DS-GVO Art. 44 Rn. 13). Nach dem Wortlaut des S. 1 Hs. 1 und im Unterschied zu § 4b Abs. 1 BDSG aF beschr. sich die Prüfung iRd ersten Stufe jedoch nun nicht mehr auf die Prüfung der gesetzlichen Grundlage der Übermittlung nach §§ 28–30a BDSG aF (so früher die Auslegung des DK zu § 4b Abs. 1 BDSG aF, vgl. Beschl. des DK vom 11./ 12.9.2013 Datenübermittlung in Drittstaaten), sondern erstreckt sich auf sämtliche Bestimmungen der DS-GVO, einschl. der Grundprinzipien der Datenverarbeitung iSd Art. 5 DS-GVO (Ambrock/Karg ZD 2017, 154 (155)).

10   Weiterhin keine Rolle spielt auf der ersten Stufe der Drittlandsbezug. Die Formulierung in ErwGr 101 ist so zu verstehen, dass die Datenübermittlung zwar auf beiden Stufen für sich genommen zulässig sein muss, nicht aber die beiden Stufen sich in einer Weise beeinflussen, dass erhöhte Zulässigkeitsanforderungen zu stellen sind. Hierfür spricht neben dem Wortlaut des ErwGr insbes. die Systematik des europ. Datenschutzrechtes, nach welcher etwaige Schutzdefizite durch zusätzliche Maßnahmen wie geeignete Garantien (→ Art. 46 Rn. 1 ff.) kompensiert werden können. Im Lichte dieser Systematik ist nicht erkennbar, warum die beiden Stufen sich beeinflussen müssten (so zwischenzeitlich auch Kamp/Beck in BeckOK DatenschutzR DS-GVO Art. 44 Rn. 48).

C. Abschließender Katalog an Erlaubnistatbeständen (S. 1 Hs. 1)

11   Kap. V greift die Regelungssystematik des Kap. II auf und schafft einen **abschl. Katalog an Erlaubnistatbeständen** für die Übermittlung personenbezogener Daten an einen Empfänger in einem Drittland oder an int. Organisationen. Selbst wenn eine solche Datenübermittlung alle außerhalb des

Kap. V stehenden einschlägigen Anforderungen erfüllt (→ Rn. 9), ist diese Übermittlung nur zulässig, wenn sie zusätzlich mit mind. einem der in den Art. 45 bis 49 aufgeführten Erlaubnistatbestände in Einklang steht. Dabei ist zwischen Übermittlungen in Drittstaaten, die ein angemessenes Datenschutzniveau gewährleisten (dann Art. 45) und solchen, die kein angemessenes Schutzniveau gewährleisten (dann Art. 46, 47 oder 49) zu differenzieren.

D. Weiterübermittlung (S. 1 Hs. 2)

Art. 44 S. 1 Hs. 2 **verlängert den Anwendungsbereich der DS-GVO,** 12 indem sie die VO auch auf Weiterübermittlungen in dem Drittland und der int. Organisation für anwendbar erklärt. S. 1 Hs. 2 greift damit den bereits in der Schrems-I-Entscheidung (EuGH NJW 2015, 3151 Rn. 73 f.) formulierten Gedanken auf, dass bei Datenübermittlungen in ein Drittland oder an eine int. Organisation der Fortbestand des von Art. 8 Abs. 1 der GRCh garantierten Schutzes personenbezogener Daten sicherzustellen ist, indem von dem Drittland oder der int. Organisation aufgrund innerstaatlicher Rechtsvorschriften oder int. Verpflichtungen ein Schutzniveau zu fordern ist, das **dem in der EU vorzufindenden Schutzniveau der Sache nach iW gleichwertig** ist. Der Schutz durch die DS-GVO haftet übermittelten personenbezogenen Daten damit an und kann insbes. nicht durch vertragliche Gestaltung abgeschüttelt werden.

Die Norm ist trotz missverständlichem Wortlaut weit zu verstehen (so auch 13 Kamp/Beck in BeckOK DatenschutzR DS-GVO Art. 44 Rn. 19). Auch wenn Art. 44 S. 1 Hs. 2 fordert, dass die Weiterübermittlung an ein anderes Drittland oder eine andere int. Organisation erfolgt, sind auch Weiterübermittlungen innerhalb des Drittlandes umfasst (vgl. ErwGr 101 S. 4: „[...] personenbezogene Daten [...] in demselben oder einem anderen Drittland oder an dieselbe oder eine andere internationale Organisation weiterübermittelt werden."), etwa bei einer Datenübermittlung innerhalb desselben Drittlandes, wenn die übermittelnde, nicht aber die empfangende Stelle Mitglied eines spezifischen Sektors iSd Art. 45 Abs. 1 ist (Schröder in Kühling/Buchner DS-GVO Art. 44 Rn. 21).

Nach dem Wortlaut des S. 1 Hs. 1 gelten für die Datenübermittlung an 14 Drittländer oder an int. Organisationen nicht nur die Regelungen des Kap. V, sondern jegliche Regelungen der DS-GVO, die sich auf Übermittlungen beziehen oder zu dem von der DS-GVO garantierten Schutzniveau beitragen – und zwar, etwa im Falle sog Auslagerungsketten, nicht nur für die erste, sondern auch für sämtliche folgende **Weiterübermittlungen.** IdS ist ErwGr 101 S. 4 zu verstehen, der hervorhebt, dass „in jedem Fall", dh ausnahmslos, Übermittlungen an Empfänger in Drittländern und an int. Organisationen nur in vollem Einklang mit der DS-GVO erfolgen dürfen.

Dies heißt jedoch nicht, dass die DS-GVO in Folge einer Weiterübermittlung 15 in vollem Umf. auf den gesamten Folgesachverhalt anwendbar ist. Denn der räumliche Anwendungsbereich der DS-GVO wird grds. in Art. 3 festgelegt. Gem. dem Wortlaut und der Regelungssystematik der Art. 44 ff. sowie des

ErwGr 101 erstreckt sich die erweiterte Anwendung der DS-GVO vielmehr nur auf den **Vorgang der Weiterübermittlung.** Nicht anwendbar ist die DS-GVO dagegen auf den Folgesachverhalt im Anschluss an die Weiterübermittlung, bspw. die Frage, ob auch der Empfänger im EU-Drittland nach Maßgabe des Art. 37 DS-GVO einen betrieblichen Datenschutzbeauftragten bestellen muss. Denn dem Verordnungsgeber kam es ausweislich des ErwGr 101 gerade darauf an, ein bestimmtes Schutzniveau für den Prozess der grenzüberschreitenden Datenübermittlung aus der EU dauerhaft zu konservieren.

E. Perpetuiertes Schutzniveau (S. 2)

16   Diesen Gedanken konkretisierend ordnet S. 2 an, dass alle Vorschr. des Kap. V, dh auch S. 1, dergestalt anzuwenden sind, dass das **durch die DS-GVO garantierte Schutzniveau nicht unterschritten** wird. S. 2 schafft damit für die Übermittlung personenbezogener Daten an einen Empfänger in einem Drittland oder an int. Organisationen einen perpetuierten Mindeststandard und ist zugleich bei der Auslegung der Regelungen in Kap. V heranzuziehen.

17   Inwieweit die DS-GVO allg. auf die **Verarbeitung personenbezogener Daten in einem Drittland** anzuwenden ist, bemisst sich dagegen nach Art. 3 oder individuellen Vereinbarungen, nicht jedoch nach Kap. V. Kap. V regelt ausweislich seiner Überschrift und dem Inhalt seiner Normen die Übermittlung personenbezogener Daten. Demgegenüber knüpft Art. 3 für die Bestimmung des räumlichen Anwendungsbereiches der DS-GVO an die Verarbeitung personenbezogener Daten an. Dieses Verständnis reflektieren auch Art. 40 Abs. 3 und Art. 42 Abs. 2, wenn diese statuieren, dass Empfänger personenbezogener Daten in Drittländern oder int. Organisationen, die gem. Art. 3 nicht der DS-GVO unterliegen, das Vorhandensein angemessenen Schutzes durch Datenschutzsiegel und dgl. dokumentieren können. Würde die DS-GVO allein aufgrund der Übermittlung personenbezogener Daten nach Maßgabe von Kap. V auch auf die anschließende Verarbeitung dieser Daten anzuwenden sein, wäre es weder denkbar, dass die Empfänger der Daten wie von Art. 40 Abs. 3 und Art. 42 Abs. 2 formuliert, nicht der DS-GVO unterlägen, noch erforderlich, einen angemessenen Schutz durch Datenschutzsiegel oder dgl. darzulegen. Denn ein angemessenes Schutzniveau wäre bereits durch die Anwendbarkeit der DS-GVO erzielt.

18   Eine **(verschuldensunabhängige) Haftung** der verantwortlichen Stelle oder des Auftragsverarbeiters für ein Verhalten von Drittanbietern im EU-Ausland begr. S. 2 dagegen **nicht.** Zwar fordert S. 2 eine Anwendung aller Bestimmungen des Kap. V um sicherzustellen, dass das Schutzniveau der DS-GVO nicht untergraben wird. Eine Haftungsregelung in Form einer Überleitung von fremden Verschulden oder die Statuierung einer verschuldensunabhängigen Haftung für Drittverhalten im EU-Ausland, in dem ein äquivalentes Schutzniveau nicht erreicht wird, sehen die Art. 44 ff. jedoch nicht vor (entspr. Schröder in Kühling/Buchner DS-GVO Art. 44 Rn. 24, der für eine Haftung stets ein Auswahl- oder Überwachungsverschulden des in der EU ansässigen Unternehmens fordert).

F. Rechtsschutz

Verstöße gegen die Pflichten aus Kap. V sind nach Art. 83 Abs. 5 lit. c **buß-** 19 **geldbewehrt**. Für die Einlegung von **Rechtsbehelfen** und die **Haftung** gelten die allg. Vorschr. aus Kap. VIII.

Da im Anwendungsbereich des Kap. V stets personenbezogene Daten an 20 EU-Drittländer übermittelt werden, drängt sich die Frage auf, wie eine wirksame **Rechtsdurchsetzung** auch außerhalb des Hoheitsgebietes der EU realisiert werden kann. Der Verordnungsgeber hat die Problematik der Rechtsdurchsetzung punktuell in den Art. 44 ff. adressiert: IRd Datenübermittlung auf der Grundlage eines Angemessenheitsbeschlusses normiert Art. 45 ua wirksame und durchsetzbare Rechte der betroffenen Personen (Abs. 2 lit. a), wirksame verwaltungsgerichtliche und gerichtliche Rechtsbehelfe für betroffene Personen (Abs. 2 lit. a) sowie die Existenz und die wirksame Funktionsweise von ASB in dem betr. Drittland (Abs. 2 lit. b) als Kriterien für die Angemessenheitsentscheidung. Erfolgt die Datenübermittlung unter Heranziehung geeigneter Garantien iSd Art. 46, soll der Rechtsschutz durch vergleichbare Betroffenenrechte realisiert werden, die durch die Verantwortlichen oder Auftragsverarbeiter eingeräumt und den Betroffenen mit durchsetzbaren und wirksamen Rechten ausstatten (vgl. etwa Art. 46 Abs. 2 lit. e, lit. f und Abs. 3 lit. b sowie die Haftungsklausel 6 in den Standarddatenschutzklauseln in Beschluss (EU) 2010/87 v. 5.2.2010). Daneben zielt Art. 50 auf eine Förderung der Zusammenarbeit zwischen KOM und europ. ASB mit Drittländern und dabei insbes. deren ASB ab.

Art. 45 Datenübermittlung auf der Grundlage eines Angemessenheitsbeschlusses

(1) ¹ Eine Übermittlung personenbezogener Daten an ein Drittland oder eine internationale Organisation darf vorgenommen werden, wenn die Kommission beschlossen hat, dass das betreffende Drittland, ein Gebiet oder ein oder mehrere spezifische Sektoren in diesem Drittland oder die betreffende internationale Organisation ein angemessenes Schutzniveau bietet. ² Eine solche Datenübermittlung bedarf keiner besonderen Genehmigung.

(2) Bei der Prüfung der Angemessenheit des gebotenen Schutzniveaus berücksichtigt die Kommission insbesondere das Folgende:
a) die Rechtsstaatlichkeit, die Achtung der Menschenrechte und Grundfreiheiten, die in dem betreffenden Land bzw. bei der betreffenden internationalen Organisation geltenden einschlägigen Rechtsvorschriften sowohl allgemeiner als auch sektoraler Art – auch in Bezug auf öffentliche Sicherheit, Verteidigung, nationale Sicherheit und Strafrecht sowie Zugang der Behörden zu personenbezogenen Daten – sowie die Anwendung dieser Rechtsvorschriften, Datenschutzvorschriften, Berufsregeln und Sicherheitsvorschriften einschließlich der Vorschriften für die Weiterübermittlung personenbezogener Daten an ein anderes Drittland bzw. eine andere internationale Organisation, die Rechtsprechung sowie wirksame und durchsetzbare Rechte der betroffenen Person und wirk-

same verwaltungsrechtliche und gerichtliche Rechtsbehelfe für betroffene Personen, deren personenbezogene Daten übermittelt werden,

b) die Existenz und die wirksame Funktionsweise einer oder mehrerer unabhängiger Aufsichtsbehörden in dem betreffenden Drittland oder denen eine internationale Organisation untersteht und die für die Einhaltung und Durchsetzung der Datenschutzvorschriften, einschließlich angemessener Durchsetzungsbefugnisse, für die Unterstützung und Beratung der betroffenen Personen bei der Ausübung ihrer Rechte und für die Zusammenarbeit mit den Aufsichtsbehörden der Mitgliedstaaten zuständig sind, und

c) die von dem betreffenden Drittland bzw. der betreffenden internationalen Organisation eingegangenen internationalen Verpflichtungen oder andere Verpflichtungen, die sich aus rechtsverbindlichen Übereinkünften oder Instrumenten sowie aus der Teilnahme des Drittlands oder der internationalen Organisation an multilateralen oder regionalen Systemen insbesondere in Bezug auf den Schutz personenbezogener Daten ergeben.

(3) [1]Nach der Beurteilung der Angemessenheit des Schutzniveaus kann die Kommission im Wege eines Durchführungsrechtsaktes beschließen, dass ein Drittland, ein Gebiet oder ein oder mehrere spezifische Sektoren in einem Drittland oder eine internationale Organisation ein angemessenes Schutzniveau im Sinne des Absatzes 2 des vorliegenden Artikels bieten. [2]In dem Durchführungsrechtsakt ist ein Mechanismus für eine regelmäßige Überprüfung, die mindestens alle vier Jahre erfolgt, vorzusehen, bei der allen maßgeblichen Entwicklungen in dem Drittland oder bei der internationalen Organisation Rechnung getragen wird. [3]Im Durchführungsrechtsakt werden der territoriale und der sektorale Anwendungsbereich sowie gegebenenfalls die in Absatz 2 Buchstabe b des vorliegenden Artikels genannte Aufsichtsbehörde bzw. genannten Aufsichtsbehörden angegeben. [4]Der Durchführungsrechtsakt wird gemäß dem in Artikel 93 Absatz 2 genannten Prüfverfahren erlassen.

(4) Die Kommission überwacht fortlaufend die Entwicklungen in Drittländern und bei internationalen Organisationen, die die Wirkungsweise der nach Absatz 3 des vorliegenden Artikels erlassenen Beschlüsse und der nach Artikel 25 Absatz 6 der Richtlinie 95/46/EG erlassenen Feststellungen beeinträchtigen könnten.

(5) [1]Die Kommission widerruft, ändert oder setzt die in Absatz 3 des vorliegenden Artikels genannten Beschlüsse im Wege von Durchführungsrechtsakten aus, soweit dies nötig ist und ohne rückwirkende Kraft, soweit entsprechende Informationen – insbesondere im Anschluss an die in Absatz 3 des vorliegenden Artikels genannte Überprüfung – dahingehend vorliegen, dass ein Drittland, ein Gebiet oder ein oder mehrere spezifischer Sektor in einem Drittland oder eine internationale Organisation kein angemessenes Schutzniveau im Sinne des Absatzes 2 des vorliegenden Artikels mehr gewährleistet. [2]Diese Durchführungsrechtsakte werden gemäß dem Prüfverfahren nach Artikel 93 Absatz 2 erlassen.

In hinreichend begründeten Fällen äußerster Dringlichkeit erlässt die Kommission gemäß dem in Artikel 93 Absatz 3 genannten Verfahren sofort geltende Durchführungsrechtsakte.

(6) Die Kommission nimmt Beratungen mit dem betreffenden Drittland bzw. der betreffenden internationalen Organisation auf, um Abhilfe für die Situation zu schaffen, die zu dem gemäß Absatz 5 erlassenen Beschluss geführt hat.

(7) Übermittlungen personenbezogener Daten an das betreffende Drittland, das Gebiet oder einen oder mehrere spezifische Sektoren in diesem Drittland oder an die betreffende internationale Organisation gemäß den Artikeln 46 bis 49 werden durch einen Beschluss nach Absatz 5 des vorliegenden Artikels nicht berührt.

(8) Die Kommission veröffentlicht im Amtsblatt der Europäischen Union und auf ihrer Website eine Liste aller Drittländer beziehungsweise Gebiete und spezifischen Sektoren in einem Drittland und aller internationalen Organisationen, für die sie durch Beschluss festgestellt hat, dass sie ein angemessenes Schutzniveau gewährleisten bzw. nicht mehr gewährleisten.

(9) Von der Kommission auf der Grundlage von Artikel 25 Absatz 6 der Richtlinie 95/46/EG erlassene Feststellungen bleiben so lange in Kraft, bis sie durch einen nach dem Prüfverfahren gemäß den Absätzen 3 oder 5 des vorliegenden Artikels erlassenen Beschluss der Kommission geändert, ersetzt oder aufgehoben werden.

BDSG und anderes nationales Recht: § 21 BDSG (kommentiert unter → BDSG § 21 Rn. 1 ff.).

Literatur: *Albrecht,* Das neue EU-Datenschutzrecht – von der Richtlinie zur Verordnung, CR 2016, 88; *Backes/Eul/Guthmann/Martwich/Schmidt,* Entscheidungshilfe für die Übermittlung personenbezogener Daten in Drittländer, RDV 2004, 156; *Eckhardt/Kramer,* EU-DS-GVO – Diskussionspunkte aus der Praxis, DuD 2013, 287; *Erd,* Zehn Jahre Safe Harbor Abkommen – kein Grund zum Feiern, K&R 2010, 624; *Hense/Fischer,* Kaliforniens neues Datenschutzgesetz: Der „California Consumer Privacy Act of 2018" (CCPA), DSB 2019, 26; *Laas,* Nach „Safe Harbor": Die USA und das „angemessene Datenschutzniveau", PinG 2016, 37; *Mense,* EU-US-Privacy-Shield – der kleinste gemeinsame Nenner angemessenen Datenschutzes?, ZD 2019, 351; Moos, Die Entwicklung des Datenschutzrechts im Jahr 2011, K&R 2012, 151; *Räther/Seitz,* Übermittlung personenbezogener Daten in Drittländern, MMR 2002, 425; *Voigt/Posedel,* Safe Harbor invalidated – What next?, PinG 2016, 40.

Übersicht

A. Allgemeines

I. Einführung

1 Abs. 1 greift das bereits unter Art. 25 DSRL bewährte Instrument eines Angemessenheitsbeschlusses seitens der KOM auf und präzisiert dieses ua durch einen umfassenden Kriterienkatalog. Bieten Drittländer, bestimmte Gebiete oder Verarbeitungssektoren eines Drittlandes oder eine int. Organisation **ein angemessenes Datenschutzniveau,** und stellt die KOM dies durch Beschl. fest, dann dürfen personenbezogene Daten **ohne weitere Genehmigung** (dh wenn daneben die sonstigen Bestimmungen der DS-GVO eingehalten werden, vgl. Art. 44 S. 1) an diese Länder übermittelt werden. Anders als unter der DSRL obliegt die Entsch. über die Angemessenheit des Schutzniveaus nunmehr ausschl. der KOM (mit Ausnahme der eigenständigen Prüfung durch die verantwortliche Stelle gem. Art. 49 Abs. 1 UAbs. 2) und nicht mehr den einzelnen Mitgliedstaaten. Damit wird in der gesamten EU für Rechtssicherheit und eine einheitliche Rechtsanwendung gesorgt (ErwGr 103).

II. Zentrale Begrifflichkeiten

1a Neben den allg., bereits in Art. 44 erörterten Begriffen Übermittlung (→ Art. 44 Rn. 3 ff.), Drittländer (→ Art. 44 Rn. 6 f.) und int. Organisation (→ Art. 44 Rn. 8), enthält Art. 45 zwei weitere zentrale Begrifflichkeiten.

1. Angemessenes Schutzniveau

1b Als „angemessen" iSd Art. 45 gilt ein Datenschutzniveau nicht erst dann, wenn es mit dem der Unionsrechtsordnung identisch ist (vgl. allg. Art-29-DSG WP 12 – Übermittlungen in Drittländer S. 5). Um bei Datenübermittlungen in ein Drittland oder an eine int. Organisation den Fortbestand des von Art. 7 und Art. 8 Abs. 1 GRCh garantierten Schutzes der personenbezogenen Daten sicherzustellen, ist notwendig aber auch ausreichend, dass das Drittland oder die int. Organisation aufgrund seiner innerstaatlichen Rechtsvorschriften oder int. Verpflichtungen tatsächlich ein Schutzniveau gewährleistet, das **dem in der EU vorzufindenden Schutzniveau der Sache nach gleichwertig** ist (ErwGr 104; EuGH NJW 2015, 3151 Rn. 72 f.; Albrecht CR 2016, 88 (95); krit. dazu Schröder in Kühling/Buchner DS-GVO Art. 45 Rn. 13 mwN, der eine Einbeziehung von gegenläufigen Grundrechten, insbes. der Berufs- und unternehmerischen Freiheit sowie der allg. Handlungsfreiheit fordert). Der Maßstab für die Beurteilung der Angemessenheit des Schutzniveaus ergibt sich insbes. aus Art. 45 Abs. 2, den ErwGr 102–104 (→ Art. 45 Rn. 4 ff.) sowie der Rspr. des EuGH (→ Art. 45 Rn. 12 ff.). Aufgrund der bes. Grundrechtsrelevanz sowie der großen Zahl potentieller Betroffener im Falle einer Übermittlung personenbezogener Daten ins EU-Ausland verfügt die KOM bei ihrer Beurteilung nach dem EuGH nur über einen **eingeschränkten Wertungsspielraum,** der weitestgehend einer gerichtlichen Kontrolle zugänglich ist (vgl. EuGH NJW 2015, 3151 Rn. 78; entspr. Schröder in Kühling/Buchner DS-GVO Art. 45 Rn. 15).

Anders als noch die DSRL (vgl. Art. 25 Abs. 5 DSRL; dazu Dammann/ **2** Simitis DSRL Art. 25 Rn. 23 f.) sieht die DS-GVO keine Verh. vor, die auf die Herstellung eines angemessenen Datenschutzniveaus und damit auf einen anschließenden Erlass einer Angemessenheitsentscheidung abzielen. Stattdessen macht die DS-GVO in Art. 45 Abs. 2 bis 9 umfassende prozedurale und inhaltliche Vorgaben, an die sich die KOM halten muss, will sie über die Angemessenheit eines Schutzniveaus entscheiden.

2. Gebiets- oder sektorspezifische Entscheidungen

Die DS-GVO ermöglicht nun auch ausdr. eine Angemessenheitsentscheidung **3** über die Übermittlung von Daten in ein Drittland, wenn dieses nicht insgesamt ein angemessenes Datenschutzniveau aufweist, sondern lediglich **ein Gebiet oder bestimmte spezifische Sektoren,** bspw. der private Sektor oder bestimmte Wirtschaftszweige innerhalb des Landes (DS-GVO Kommissionsvorschlag, DS-GVO-E(KOM) (12)). In der DSRL war eine solche Verfahrensweise zwar nicht ausdr. vorgesehen. Ein entspr. Vorgehen war jedoch gleichwohl anerkannt und wurde auch in der Praxis, bspw. bei der Angemessenheitsentscheidung zu Kanada (→ Art. 45 Rn. 34), angewendet (Schantz in BeckOK DatenschutzR BDSG aF § 4b Rn. 25 f.).

Von praktischer Relevanz könnte die sektorspezifische Angemessenheits- **3a** entscheidung insbes. für Länder sein, denen lediglich im öffentl. Bereich ein konsequenter Datenschutz attestiert wird, bspw. Australien (vgl. Spies in FHS Datenschutz, Kap. 4 Rn. 39), oder für Länder mit Föderalstruktur, wie die USA, in denen die Datenschutzgesetzgebung von Bundesstaat zu Bundesstaat variieren kann (vgl. bereits Art-29-DSG WP 12 – Übermittlungen in Drittländer S. 28 f. sowie allg. WP 15 – Verhandlungen Datenschutzniveau USA; Moos K&R 2012, 151 (157)).

B. Kriterien für Angemessenheitsentscheidung (Abs. 2)

4 Abs. 2 legt **in nicht abschließender Weise** („insbesondere") Kriterien fest, auf deren Grdl. eine Angemessenheitsentscheidung der KOM über das Datenschutzniveau eines Drittlandes oder einer int. Organisation erfolgen soll. Nach der Systematik der DS-GVO ist die Beurteilung auf drei Säulen zu stützen: Ein im Drittland vorhandenes effektives Datenschutzregime (Abs. 2 lit. a), das Vorhandensein einer effektiven Datenschutzaufsicht (Abs. 2 lit. b) sowie das Bestehen int. Verpflichtungen zum Schutz personenbezogener Daten (Abs. 2 lit. c). Die Voraussetzungen müssen nicht kumulativ erfüllt sein, sondern sollen lediglich umfassende Kriterien für die notwendige wertende Gesamtschau aufzeigen (vgl. Schröder in Kühling/Buchner DS-GVO Art. 45 Rn. 3). Den ersten beiden Säulen ist iRd Angemessenheitsentscheidung ein bes. Gewicht beizumessen (vgl. Art-29-DSG WP 12 – Übermittlungen in Drittländer S. 5).

I. Effektives Datenschutzregime (lit. a)

1. Normativer Maßstab

4a Nach Abs. 2 lit. a wird das Datenschutzregime primär durch die in dem betr. Land bzw. der betr. int. Organisation geltenden allg. und sektorspezifischen **Rechtsnormen** festgelegt. Da sich die Angemessenheitsentscheidung ausweislich des Wortlautes auch auf ein Gebiet oder spezifische Sektoren beschränken kann, ist bei einer solchen Entsch. der Vergleichsmaßstab entspr. enger zu ziehen. Geltende Vorschr. idS liegen nur vor, wenn sie rechtlich bindend sind. Dies allein gewährleistet das erforderliche Maß an Transparenz und Verbindlichkeit. Die maßgeblichen Vorschr. sind nicht nur dem Bereich des Datenschutzrechtes ieS zu entnehmen. Der Verordnungsgeber legt vielmehr einen weiten Maßstab an und bezieht exemplarisch einerseits auch **„bereichsfremde" Regelungsmaterien** mit ein, etwa Vorschr. aus dem Bereich der öffentl. Sicherheit, Verteidigung, nationale Sicherheit und dem Strafrecht, andererseits auch Rechtsnormen, die nicht zwingend den Rang eines formellen Gesetzes haben, etwa Berufsregeln oder Sicherheitsvorschriften. Bei Regelungen, die an bloße Selbstverpflichtungen anknüpfen, ist dann jedoch ein bes. Augenmerk auf bestehende Überwachungs- und Kontrollmechanismen zu richten (vgl. Zerdick in Ehmann/Selmayr DS-GVO Art. 45 Rn. 6).

4b   Bei der Angemessenheitsentscheidung sind auch solche Regelungen zu berücksichtigen, die eine **Weiterübermittlung** personenbezogener Daten an andere Drittländer oder int. Organisationen betreffen. Zwar betrifft die Angemessenheitsentscheidung unmittelbar nur das Datenschutzniveau in dem jeweiligen Empfängerdrittland (Klug in Gola DS-GVO Art. 45 Rn. 6; Schröder in Kühling/Buchner DS-GVO Art. 45 Rn. 17). Besteht aber die Möglichkeit eines unkontrollierten Datenweiterflusses in Länder mit unzureichendem Datenschutzniveau, so kann dies eine Gefährdung für den Erhalt des

Schutzniveaus darstellen (vgl. Art. 44 S. 3), die sich mittelbar auf die Entsch. über das Empfängerdrittland auswirken kann (Art-29-DSG WP 12 – Übermittlungen in Drittländer S. 7).

Sämtliche datenschutzspezifische und bereichsfremde Normen sind iRd **4c** Angemessenheitsentscheidung vor dem Hintergrund der **Rechtsstaatlichkeit,** der **Achtung der Menschenrechte,** der **Grundfreiheiten** (vgl. Art. 1 Abs. 2 sowie Art. 2 EUV iVm Art. 3 Abs. 5 EUV) und der **Garantien der GRCh,** insbes. Art. 7 und Art. 8 GRCh, zu bewerten (vgl. auch ErwGr 104). Demnach fehlt es etwa an einer Gleichwertigkeit, wenn die Regelungen des Drittstaates bei Eingriffen in die jeweiligen Schutzbereiche keine klaren und präzisen Regeln für die Tragweite und die Anwendung einer Maßnahme vorsehen und keine Mindestanforderungen aufstellen, sich die Einschränkungen vom Schutz personenbezogener Daten nicht auf ein absolut notwendiges Maß beschränken oder der Wesensgehalt eines Grundrechtes verletzt wird (vgl. EuGH NJW 2015, 3151 Rn. 91 ff.).

2. Rechtsanwendung und Rechtsschutz

Neben dem bloßen Vorhandensein der allg. und bereichsspezifischen Rechts- **5** vorschriften stellt Abs. 2 lit. a darauf ab, ob die genannten Normen in der konkreten Rechtspraxis auch Anwendung finden. Dadurch werden die tatsächlichen Rahmenbedingungen der Datenverarbeitungen zu einem maßgeblichen Beurteilungsfaktor neben rein rechtlichen Gesichtspunkten erklärt (vgl. Zerdick in Ehmann/Selmayr DS-GVO Art. 45 Rn. 5). Als Reaktion auf die Snowden-Veröffentlichungen und die Vorgaben des EuGH aus der Schrems-I-Entscheidung (EuGH NJW 2015, 3151 Rn. 93) sind nun auch ausdr. die **Zugriffsmöglichkeiten staatlicher Behörden** auf personenbezogene Daten zu berücksichtigen.

Daneben sind die **Rechtsschutzmöglichkeiten** bei etwaigen Verstößen **5a** bei der Beurteilung des Datenschutzregimes einzubeziehen. Abs. 2 lit. a fordert ausdr. die Existenz **wirksamer und durchsetzbarer Rechte sowie wirksamer administrativer und gerichtlicher Rechtsbehelfe** zu berücksichtigen. Hierzu zählt auch die **Gewährleistung angemessener Entschädigungen** für die geschädigte Partei bei Verstoß gegen die Bestimmungen (Art-29-DSG WP 12 – Übermittlungen in Drittländer S. 8). Zwar dürfen aus eigenem Antrieb vorgenommene Aktivitäten von ASB nicht unterbewertet werden (→ Rn. 6 f.). Gleichwohl ist zu unterstellen, dass etwaige Verstöße gegen Datenschutzvorgaben nachhaltiger verfolgt und geahndet werden, wenn die von den Datenübermittlungen unmittelbar Betroffenen ihre Interessen selbst durchsetzen können. Sieht das Datenschutzregime des Empfängerlandes dagegen keine Möglichkeiten für Betroffene vor, mittels eines Rechtsbehelfes Zugang zu den ihn betr. personenbezogenen Daten zu erlangen oder ihre Berichtigung oder Löschung zu erwirken, scheitert eine Gleichwertigkeit bereits an einer Verletzung des Wesensgehaltes des in Art. 47 GRCh verankerten Grundrechtes auf wirksamen gerichtlichen Rechtsschutz (vgl. EuGH NJW 2015, 3151 Rn. 95).

II. Effektive Datenschutzaufsicht (lit. b)

6 Die zweite Säule für die Beurteilung der Angemessenheit des Datenschutzniveaus ist gem. Abs. 2 lit. b das Vorhandensein einer oder mehrerer **effektiver ASB**. Es reicht nicht aus, dass die in → Rn. 4a ff. dargestellten Vorgaben in der Theorie bestehen. Vielmehr muss in der Praxis eine Instanz existieren, die eine wirksame Anwendung der in dem Drittland bestehenden Datenschutzregelungen und -vorgaben kontrolliert, durchsetzt und damit iErg ihre Einhaltung gewährleistet (vgl. Art-29-DSG WP 12 – Übermittlungen in Drittländer S. 8; EuGH NJW 2015, 3151 Rn. 74). Die **Unabhängigkeit** der ASB setzt voraus, dass deren Mitglieder im Wege eines transparenten Verfahrens von einer unabhängigen Stelle ernannt werden, die Mitglieder neben ihrem Amt keinen Tätigkeiten nachgehen, die mit ihrem Amt nicht zu vereinbaren sind und sie die ihnen zugewiesenen Aufgaben ohne Einflussnahme von außen erfüllen können. Unschädlich ist indes, wenn sie Kontroll- oder Überwachungsmechanismen oder gerichtlichen Überprüfungen unterworfen ist oder wenn die Politik Einfluss auf die Besetzung der Behörde nehmen kann (vgl. ErwGr 121 f.).

6a Um die ihr zugewiesenen Aufgaben **effektiv durchzusetzen,** muss die ASB mit angemessenen Sanktionen auf Datenschutzverstöße reagieren können. Hiervon ist auszugehen, wenn die Sanktionen geeignet sind, eine abschreckende Wirkung zu entfalten. Bedeutung kommt den ASB zudem nicht allein hinsichtlich ihrer Rolle als Kontroll- und Sanktionierungsinstanz zu, sondern auch bei der Frage, ob und inwiefern sie beratend tätig werden und einzelne betroffene Personen bei der Wahrnehmung ihrer Rechte unterstützen (vgl. Art-29-DSG WP 12 – Übermittlungen in Drittländer S. 8).

III. Internationale Verpflichtungen (lit. c)

7 IRd dritten Säule ist gem. Abs. 2 lit. c zu untersuchen, ob das betr. Drittland bzw. die betr. int. Organisation **int.** Verpflichtungen unterliegt, die für den Schutz personenbezogener Daten von Bedeutung sind. In Betracht kommt dabei insbes. das ER Übereinkommen Nr. 108 zum Schutz des Menschen bei der automatischen Verarbeitung personenbezogener Daten v. 28.1.1981 (Sammlung Europ. Verträge Nr. 108, sowie Zusatzprotokoll Nr. 109; ausf. dazu Lange/Filip in BeckOK DatenschutzR DS-GVO Art. 50 Rn. 17 ff.; vgl. auch ErwGr 105).

C. Abkommen mit den USA

8 Das datenschutzrechtliche Regelungsregime in den USA unterscheidet sich grdl. vom Konzept des europ. Datenschutzrechtes. Datenschutzregelungen existieren in den USA vereinzelt und sektoral und werden von Selbstverpflichtungen der Wirtschaft ergänzt (vgl. allg. Art-29-DSG WP 15 – Verhandlungen Datenschutzniveau USA zum Datenschutzniveau in den USA; Räther/Seitz MMR 2002, 425 (427)). Diese Ausgangssituation verhindert die allgemeingültige Annahme eines angemessenen Datenschutzniveaus für die USA nach europ. Maßstab (Schröder in Kühling/Buchner DS-GVO Art. 45 Rn. 47a).

I. Safe Harbor-Grundsätze der KOM

Vor diesem Hintergrund hatten sich KOM und US-Regierung nach langen **9** Verh., die von der Art. 29-Datenschutzgruppe begleitet worden waren, auf die sog „**Safe Harbor-Grundsätze**" geeinigt (Simitis in Simitis BDSG aF § 4b Rn. 71; vgl. Art-29-DSG WP 19 – Wirtschaftsministerium und Safe Harbor; WP 21 – FAQ Safe Harbor; WP 23 – Kommission Safe Harbor; WP 27 – Stellungnahme und FAQ Safe Harbor; WP 31 – Dialog Safe Harbor; WP 32 – Datenschutzniveau Safe Harbor). Diese insgesamt sieben Grundsätze, die ua Informationspflichten, eine Beschränkung der Datenweitergabe und die Etablierung von Rechtsdurchsetzungsmechanismen vorsahen, waren in einem vom US-Handelsministerium herausgegebenen Dokument enthalten (abrufbar unter: https://www.ftc.gov/tips-advice/business-center/guidance/information-eu-residents-regarding-us-eu-safe-harbor-program) und wurden ergänzt durch eine Liste von fünfzehn „Häufig gestellten Fragen" (FAQs). Die Safe Harbor-Vereinbarung sah vor, dass Unternehmen, die unter die Aufsicht der Federal Trade Commission (FTC) oder des Department of Transportation (DoT) fallen, sich freiwillig auf die Einhaltung dieser Grundsätze und der FAQs verpflichten und durch eine entspr. Meldung an die FTC oder eine von diesen benannten Stellen selbst zertifizieren konnten. Dabei stand es Unternehmen frei, bei ihrem Beitritt selbst den Schutzbereich des „sicheren Hafens" festzulegen, indem sie ihre Verpflichtungserklärung lediglich auf bestimmte Arten von Daten erstreckten (Backes/Eul/Guthmann/Martwich/Schmidt RDV 2004, 156 (161); v. d. Bussche in Plath BDSG aF § 4b Rn. 30). Die Selbstzertifizierung war jedes Jahr zu erneuern. Das US-Handelsministerium führte ein Verzeichnis derjenigen Unternehmen, die sich öffentl. zu den Grundsätzen des Safe Harbor verpflichtet hatten. Mit der **Entsch. 2000/520/EG** („Safe Harbor-Entscheidung", ABl. EG 2000 L 215, 7) erkannte die KOM an, dass US-amerikanische Unternehmen, die der Aufsicht der FTC oder des DoT unterstehen und sich eindeutig und öffentl. auf die Einhaltung der Safe Harbor-Grundsätze verpflichtet hatten, ein **angemessenes Datenschutzniveau** bieten (vgl. Art. 1 Safe Harbor-Entscheidung).

Das Safe Harbor-Konzept hat **von Anfang an Kritik** erfahren. Beanstandet **10** wurde insbes. der fehlende Kontrollmechanismus zur Überprüfung einer tatsächlichen Beachtung der Selbstverpflichtungen (vgl. Mitteilung der KOM vom 27.11.2013, KOM (2013) 847 endg. (5)). Ein behördliches Eingreifen war erst nach Beschwerden oder der Einl. von Verfahren wegen unlauterer und/oder irreführender Geschäftspraktiken gegen einen Verarbeiter vorgesehen (Simitis in Simitis BDSG aF § 4b Rn. 75). Darüber hinaus wurden insbes. die enthaltenen Informationspflichten ggü. den betroffenen Personen, deren Auskunftsrecht und die Einschränkungen des Zweckbindungsgrundsatzes als europ. Datenschutzstandards nicht genügend angesehen (Räther/

Seitz MMR 2002, 425 (429 f.)). Empirische Untersuchungen zeigten zudem erhebliche praktische Umsetzungsdefizite auf (vgl. Schantz in BeckOK DatenschutzR BDSG aF § 4b Rn. 32; Erd K&R 2010, 624 (626)). Vor diesem Hintergrund verlangte der DK von dt. datenexportierenden Unternehmen ab 2010, bei US-Datenempfängern die Einhaltung bestimmter Mindestanforderungen vor der Übermittlung personenbezogener Daten selbst zu prüfen und zu dokumentieren. Bei Verstößen sollten die zuständigen ASB informiert werden (Beschl. des DK v. 28./29.4.2010).

11 Der Ton verschärfte sich im Zuge der Affäre um den Whistleblower Edward Snowden und die durch ihn erfolgte Aufdeckung des groß angelegten **„PRISM"-Überwachungsprogrammes der US-amerikanischen Geheimdienste.** Die dt. ASB werteten diesen routinemäßigen Zugriff auf personenbezogene Daten ohne Einhaltung der Grundsätze der Erforderlichkeit, Verhältnismäßigkeit und Zweckbindung „mit hoher Wahrscheinlichkeit" als eine Verletzung der Safe Harbor-Grundsätze und prüften ua eine Aussetzung von Datenübermittlungen in die USA, die auf Grdl. des Safe Harbor-Abkommens und der Standarddatenschutzklauseln erfolgten (vgl. Pressemitteilung der DSK v. 24.7.2013). Die KOM formulierte zudem dreizehn Empf., um den festgestellten Unzulänglichkeiten von Safe Harbor zu begegnen (vgl. Mitteilung der KOM v. 27.11.2013, KOM (2013) 847 endg. (20 ff.)). Auf Grdl. dieser Empf. wurden sodann Gespräche zwischen KOM und US-Behörden eingeleitet, um einen neuen Rechtsrahmen für den transatlantischen Datenaustausch zu schaffen (vgl. Mitteilung der KOM v. 27.11.2013, KOM (2015) 847 endg. (3)).

II. Schrems-I-Entscheidung des EuGH

12 Zu Fall gebracht wurde das Safe Harbor-Abkommen durch das **Grundsatzurteil des EuGH in der Rechtssache Maximilian Schrems gegen Data Protection Commissioner vom 6.10.2015** (Schrems-I-Entscheidung, EuGH NJW 2015, 3151 ff.). Mit seiner Entsch. antwortete der EuGH auf eine Vorlage des obersten irischen Zivil- und Strafgerichtes (Irish High Court), den der österreichische Facebook-Nutzer Maximilian Schrems angerufen hatte. Unter Berufung auf die Snowden-Enthüllungen wandte sich Schrems dagegen, dass Facebook Ireland Limited seine personenbezogenen Daten an Facebook Inc. in die USA weiterleitete. Facebook Inc. war zu diesem Zeitpunkt Safe Harbor-zertifiziert. Der zuvor mit der Sache befasste irische Datenschutzbeauftragte hatte erklärt, er sehe sich an die Safe Harbor-Entscheidung der KOM gebunden. Gegenstand des Verfahrens war dagegen nicht, ob das konkret betroffene Unternehmen, Facebook Ireland Limited, Recht verletze.

13 Der EuGH traf **drei wesentliche Aussagen:**
14 1. Die Safe Harbor-Entscheidung ist unwirksam und kann keine Grdl. mehr für Datenübermittlungen in die USA darstellen. Da sich die KOM beim Erlass der Safe Harbor-Grundsätze nicht an die unionsrechtlichen Vorgaben gehalten hat, konnte der EuGH die Safe Harbor-Entscheidung für unwirksam erklären, ohne dass er auf die Frage einzugehen brauchte, ob in den USA allg.

ein angemessenes Datenschutzniveau besteht oder ob dieses durch die Anwendung der Safe Harbor-Grundsätze (sektoral) erreicht wird (Voigt/Posedel PinG 2016, 40 (41); EuGH NJW 2015, 3151 Rn. 98). Gem. Art. 25 Abs. 6 DSRL ist die Angemessenheit des Datenschutzniveaus eines Drittlandes ua auf Grdl. seiner innerstaatlichen Rechtsvorschriften oder int. Verpflichtungen zu beurteilen. Die Safe Harbor-Grundsätze können für sich genommen kein angemessenes Datenschutzniveau begründen, da sie **lediglich die zertifizierten Unternehmen binden und nicht von US-Behörden beachtet werden müssen** (EuGH NJW 2015, 3151 Rn. 81 ff.). Mehr noch: Die Grundsätze sehen ausdr. vor, dass sie **ggü. „Erfordernissen der nationalen Sicherheit, des öffentlichen Interesses oder der Durchführung von Gesetzen" nachrangig** sind, sodass die selbstzertifizierten US-Organisationen die Grundsätze des „sicheren Hafens" unangewandt lassen müssen, wenn sie in Widerstreit zu den genannten Erfordernissen stehen (EuGH NJW 2015, 3151 Rn. 85 f.). Dementsprechend ermöglichen sie zu den genannten Zwecken einen staatlichen Zugriff auf die aus der EU übermittelten Daten. Die Zulässigkeit derartiger Zugriffe ist jedoch am Grundsatz der Verhältnismäßigkeit zu messen. Selbst wenn sie legitimen Zielen dienen, müssen sie **auf das absolut Notwendige beschr.** sein. Daran fehlt es jedenfalls bei Regelungen, die generell und ohne Differenzierung, Einschränkung oder Ausnahme anhand des verfolgten Zieles die Speicherung der aus der EU übermittelten personenbezogenen Daten gestatten, und die kein objektives Kriterium vorsehen, das es ermöglicht, den Zugang der Behörden zu den Daten und deren spätere Nutzung auf konkrete, strikt begrenzte Zwecke zu beschränken (EuGH NJW 2015, 3151 Rn. 92 ff.). Soweit derartige staatliche Zugriffe möglich sind, setzt zudem das in Art. 47 der GRCh verankerte Grundrecht auf wirksamen gerichtlichen Rechtsschutz voraus, dass Regelungen vorzusehen sind, die dem Bürger **einen Anspruch auf Auskunft, Berichtigung oder Löschung zu den ihn betr. personenbezogenen Daten** ermöglichen. Die KOM hat ihre Entsch. allein auf die Safe Harbor-Grundsätze (und die begleitenden FAQs) gestützt (vgl. Art. 1 Safe Harbor-Entscheidung) und damit eine untaugliche Hilfskonstruktion als Ersatz für das unangemessene Schutzniveau gewählt (Positionspapier des ULD vom 14.10.2015 (2)). Es **fehlt an Feststellungen zu innerstaatlichen Rechtsvorschriften oder int. Vereinbarungen,** aus denen sich eine Begrenzung staatlicher Zugriffsmöglichkeiten oder der Rechtsschutzmöglichkeiten der von Datenzugriffen Betroffenen ergeben würden und die eine Voraussetzung für die Annahme eines angemessenen Datenschutzniveaus sein könnten.

2. Nationale ASB der EU-Mitgliedstaaten müssen „völlige Unabhängigkeit" genießen. Den nationalen Kontrollstellen muss das Recht zustehen, in **völliger Unabhängigkeit** zu prüfen, ob bei der Datenübermittlung die in der DSRL aufgestellten Anforderungen zum Schutz ihrer Rechte und Freiheiten bei der Verarbeitung personenbezogener Daten gewahrt sind. Andernfalls werde den betroffenen Personen das von Art. 8 Abs. 1 und 3 der GRCh garantierte Recht vorenthalten, zum Schutz ihrer Grundrechte die nationalen Kontrollstellen anzurufen (EuGH NJW 2015, 3151 Rn. 57 f.). Mit dieser Aussage stand **Art. 3 der Safe Harbor-Grundsätze im Widerspruch.**

15

Dieser enthielt eine Regelung, die die Befugnisse der Kontrollbehörden in unzulässiger Weise beschr., indem er ihre Eingriffsmöglichkeiten vom Vorliegen restriktiver Voraussetzungen abhängig machte (EuGH NJW 2015, 3151 Rn. 99 ff.). Eine identische Regelung war in sämtlichen Angemessenheitsentscheidungen unter der DSRL enthalten. Da diese aber nicht Gegenstand des Schrems-I-Verfahrens waren und die EuGH-Entscheidung dementsprechend keine unmittelbaren Auswirkungen auf sie hatte, konnte die KOM mit Durchführungsbeschluss vom 16.12.2016 die weiterhin wirksamen Angemessenheitsbeschlüsse entspr. der geäußerten Kritik anpassen (ABl. 2016 L 344, 83).

16   3. Angemessenheitsentscheidungen sind regelmäßig zu kontrollieren. Losgelöst von den konkreten Vorlagefragen traf der EuGH eine weitere praxisrelevante Aussage. Vor dem Hintergrund, dass das von einem Drittland gewährleistete Schutzniveau Veränderungen unterworfen sein kann, wies er darauf hin, dass Angemessenheitsentscheidungen, insbes. wenn Anlass zu Zweifeln besteht, **in regelmäßigen Abständen daraufhin zu überprüfen sind, ob die Annahme des angemessenen Schutzniveaus noch gerechtfertigt** ist. Dabei ist angesichts des bes. Stellenwertes des Schutzes personenbezogener Daten für das Grundrecht auf Achtung der Privatsphäre aus Art. 7 der GRCh ein strenger Maßstab anzulegen (EuGH NJW 2015, 3151 Rn. 76 ff.). Diese Feststellung fand postwendend Einzug in die DS-GVO (→ Rn. 27).

III. EU-US Privacy Shield-Entscheidung der KOM

17 Am 29.2.2016 legte die KOM eine Entwurfsfassung zum **EU-US Privacy Shield,** einen Entwurf eines Angemessenheitsbeschlusses sowie eine Reihe von Texten zum EU-US Privacy Shield vor. Der EU-US Privacy Shield sollte die im Zuge des Schrems-I-Urteils vom EuGH identifizierten Defizite des Safe Harbor-Abkommens bei der transatlantischen Übermittlung von Daten beheben. Inhaltlich handelte es sich dabei ua um die von Unternehmen einzuhaltenden Datenschutzgrundsätze sowie um schriftliche Zusicherungen der US-Regierung, die der Durchsetzung der Vereinbarung dienen sollten, darunter Garantien und Beschränkungen für den Datenzugriff durch Behörden. Auch der EU-US Privacy Shield folgte dem schon vom Safe Harbor-Konzept bekannten **Grundprinzip der Selbstzertifizierung** auf Grdl. eines definierten Regelwerkes. Dementsprechend war ein Datentransfer auf dieser Basis möglich, wenn US-Unternehmen die vom US Department of Commerce aufgestellten Grundsätze anerkannten.

18   Der Regelung zufolge unterlagen Unternehmen in den USA **strengeren Aufl. zum Schutz personenbezogener Daten von EU-Bürgern** als zuvor. Das US Department of Commerce und die FTC wurden zu intensiveren Kontroll- und Durchsetzungsmaßnahmen verpflichtet. So war ua eine verstärkte Zusammenarbeit mit den europ. ASB vorgesehen. Außerdem verpflichteten sich die USA, ihren Behörden den Zugriff auf personenbezogene Daten, die auf Grundl. des EU-US Privacy Shield übermittelt wurden, nur unter rechtlich klar festgelegten Bedingungen, strenger Aufsicht und in begrenztem Umf. zu ermöglichen. So sollte eine **intensive Überwachung verhindert** werden. Überdies sah der EU–US Privacy Shield **erweiterte Rechtsschutzmöglichkeiten für EU–Bürger** vor: Sie sollten sich mit Anfragen oder Beschwerden an eine eigens zu diesem Zweck eingerichtete **Ombudsstelle** wenden und – über den US Judicial Redress Act – ihre Ansprüche auch **vor Gerichten in den USA** geltend machen können.

Das Echo auf diesen von der KOM vorgelegten Entwurf des EU-US **19** Privacy Shield fiel weitgehend krit. aus. So gab die Art. 29-Datenschutzgruppe am 13.4.2016 eine Stellungn. ab, in der die Datenschützer zwar von „signifikanten Verbesserungen" im Vergleich zum Vorgängerabkommen Safe Harbor sprachen, aber dennoch „erhebliche Bedenken" äußerten (Art-29-DSG WP 238 – Privacy Shield).

Insbes. kritisierte die **Art. 29-Datenschutzgruppe,** dass **20**

(1) die Datenschutzgarantien nicht hinreichend klar formuliert seien (Art-29-DSG WP 238 – Privacy Shield S. 12),

(2) eine massive und willkürliche Sammlung von persönlichen Daten durch US-Behörden nach wie vor nicht effektiv ausgeschlossen sei (Art-29-DSG WP 238 – Privacy Shield S. 16),

(3) keine Begrenzungen der Datenspeicherungsdauer festgelegt seien (Art-29-DSG WP 238 – Privacy Shield S. 17) und

(4) der Ombudsmann nicht mit hinreichenden Befugnissen und der erforderlichen Unabhängigkeit ausgestattet sei (Art-29-DSG WP 238 – Privacy Shield S. 49 ff.).

Ungeachtet der Feststellungen des EuGH (→ Rn. 12 ff.) gestattete die Art. 29-Datenschutzgruppe transatlantische Datenübermittlungen jedenfalls bis zum Abschluss der Verh. zwischen KOM und US-Vertretern unter Rückgriff auf Standarddatenschutzklauseln und verbindliche unternehmensinterne Vorschr.

Der **EDSB** schloss sich der Kritik und den Verbesserungsvorschlägen der **21** Art. 29-Datenschutzgruppe weitgehend an und verlangte darüber hinaus ua eine umfassende Integration der Grundsätze der Datenminimierung, Datenspeicherung und Zweckbindung, weitere Garantien bzgl. automatisierter Verarbeitungen, die Beschränkung von Ausnahmen sowie bessere Mechanismen für Beschwerden und Kontrollen (vgl. Stellungn. 4/2016 des EDSB v. 30.5.2016 (10 f.)).

Nachbesserungsbedarf wurde auch von Seiten des **EP** identifiziert. Unter **22** Verweis auf die Rspr. des EuGH wies das EP insbes. darauf hin, dass die durch die US-amerikanische Regierung zugesicherten Einschränkungen der US-Geheimdienstaktivitäten nicht den Kriterien der Erforderlichkeit und der Verhältnismäßigkeit entsprachen, wie sie sich aus der GRCh ergeben, und forderte die KOM auf, auf eine Klärung des rechtlichen Status der schriftlichen Zusicherungen der USA hinzuwirken (vgl. Entschließung des EP vom 26.5.2016, P8_TA-PROV (2016) 0233 (4 f.)).

Unter Berücksichtigung dieser Stellungn. und Empf. vereinbarten KOM **23** und USA **weitere Klarstellungen** zur Sammelerhebung von Daten, zur Stärkung der Ombudsstelle und hinsichtlich präziserer Verpflichtungen für Unternehmen in Bezug auf Beschränkungen für die Speicherung und die

Weitergabe von Daten. Am 12.7.2016 verabschiedete die KOM daraufhin eine **Angemessenheitsentscheidung** (C(2016) 4176 final), mit der US-amerikanischen Unternehmen, die sich auf die Einhaltung der Grundsätze des EU-US Privacy Shield verpflichteten, ein angemessenes Datenschutzniveau attestiert wurde. Das **Inkrafttreten** der Angemessenheitsentscheidung und damit des EU-US Privacy Shield erfolgte unmittelbar darauf mit Zugang der Dokumente bei den Mitgliedstaaten. Seit dem 1.8.2016 konnten sich US-Unternehmen vom US-Handelsministerium eine entspr. Bescheinigung hinsichtlich der Einhaltung der Grundsätze des EU-US Privacy Shields ausstellen lassen und damit die Grdl. für die Übermittlung personenbezogener Daten in die USA schaffen. Bis zum 23.3.2017 waren dem EU-US Privacy Shield bereits 1.893 US-Organisationen beigetreten (2016/3018(RSP)).

IV. Die Ungültigkeitserklärung durch den EuGH

24 Mit dem EU-US Privacy Shield wurden die Datenströme zwischen der EU und den USA auf eine neue Grdl. gestellt. Allerdings wurde angesichts anhaltender Kritik damit gerechnet, dass auch diese Angemessenheitsentscheidung **vor dem EuGH auf seine Zulässigkeit hin überprüft** werden würde, da gegen die Entsch. rechtliche Schritte wahrscheinlich waren (vgl. etwa die mit Beschl. v. 22.11.2017 als unzulässig abgewiesene Klage einer irischen Bürgerrechtsorganisation, Az. T-670/16, oder die von einer französischen NGO angestrengte Klage, über die im Juli 2019 mündlich verhandelt wurde (https://www.bvdw-datenschutz.de/allgemein/eugh-verhandlung-zum-eu-us-privacy-shield-am-01-juli-2019)). Die KOM kündigte zudem eine regelmäßige **jährliche Revision** des EU-US Privacy Shield an. Die EU-Kommissarin für Justiz, Verbraucherschutz und Gleichstellung bestätigte eine entspr. erste Revision für September 2017 (vgl. die Pressemeldung der Art. 29-Datenschutzgruppe v. Juni 2017, abrufbar unter http://ec.europa.eu/newsroom/document.cfm?doc_id=45362). Diese Überprüfung wurde von Vertretern der US-Regierung, der KOM und den europ. ASB vorgenommen. Die dabei gesammelten Informationen wurden von der KOM bewertet. Am 18.10.2017 veröffentlichte die KOM den ersten jährlichen Bericht mit dem Erg., dass die USA bzgl. personenbezogener Daten, die an ein teilnehmendes Unternehmen in den USA übermittelt wurden, ein angemessenes Schutzniveau gewährleistete (COM(2017) 611 final). Dieses Erg. wurde durch die zweite jährliche Überprüfung am 19.12.2018 (COM(2018) 860 final) sowie durch die dritte jährliche Überprüfung vom 23.10.2019 bestätigt (COM(2019) 495 final). Im Laufe der drei jährlichen Überprüfungen wurden viele Kritikpunkte, die von der Art. 29-Datenschutzgruppe und von anderen Seiten bemängelt wurden, durch die US-Behörden nachgebessert (Mense ZD 2019, 351 (355)). Als Bsp. kann hierfür die proaktive Überwachung der Einhaltung von Datenschutzvorschriften durch zertifizierte Unternehmen und die Benennung einer Ombudsperson angeführt werden (COM(2018) 611 final, S. 5).

1. Anhaltende Kritik am EU-US Privacy Shield

Trotz der jährlichen Überprüfungen hielt die Kritik am EU-US Privacy **24a**
Shield beständig an. Das **EP** äußerte am 6.4.2017 mit 306 gegen 240 Stimmen
ebenfalls Bedenken gegen die Regelungen im EU-US Privacy Shield (vgl.
2016/3018(RSP)). Das EP stellte zwar fest, dass im Hinblick auf die Klarheit
bei Standards erhebliche Verbesserungen ggü. den Safe Harbor-Grundsätzen
eingetreten waren und die Datenübermittlung in die USA insgesamt erheblich
vereinfacht wurde. Das EP kritisierte jedoch insbes. die folgenden Punkte:

(1) der rechtliche Status der „schriftlichen Zusicherungen" der US-Bundes-
regierung, die dem EU-US Privacy Shield zugrunde lagen, sei unklar, insbes.
nach Amtsantritt einer neuen Regierung;

(2) mit Blick auf die nationale Sicherheit ist in den USA nach wie vor eine
Sammelüberwachung möglich; auch die Presidential Policy Directive 28 sieht
sechs verschiedene Fälle vor, wobei die Sammelerhebung und -erfassung
lediglich so zielgerichtet wie möglich und zumutbar sein muss, was nicht den
in der GRCh verankerten strengen Kriterien der Notwendigkeit und Verhältnismäßigkeit entspreche;

(3) das Privacy and Civil Liberties Oversight Board (PCLOB), ein unabhängiges, gesetzliches festgelegtes Gremium, welchem die Analyse und Überprüfung der Terrorismusbekämpfung, einschl. dem Schutz der Privatsphäre
obliegt, hatte am 7.1.2017 bis zur Benennung neuer Vorstandsmitglieder und
Bestätigung durch den US-Senat seine Beschlussfähigkeit verloren;

(4) auch ein Jahr nach Inkrafttreten der Presidential Policy Directive 28
hatte ein US-Dienstleistungserbringer für elektronische Kommunikation auf
Aufforderungen des Amtes für nationale Sicherheit (NSA) und des FBI
sämtliche über seine Server übermittelten E-Mails überwacht;

(5) im März 2017 hatte sowohl der US-Senat als auch das US-Repräsentan-
tenhaus für die Ablehnung der Vorschr. über den Schutz der Privatsphäre von
Kunden von Breitbanddiensten und weiteren Telekommunikationsdiensten
der Federal Communications Commission gestimmt;

(6) nach den am 3.1.2017 von der US Justizministerin genehmigten „Procedures for the Availability or Dissemination of Raw Signals Intelligence
Information by the National Security Agency under Section 2.3 of Executive
Order 12333" kann die NSA erhobene private Daten ohne eine Ermächtigung, einer richterlichen Anordnung oder eine Genehmigung des Kongresses
an 16 andere Stellen weitergeben; und

(7) Betroffenen aus der EU steht bei einer Überwachung aus Gründen der
nationalen Sicherheit nicht bei sämtlichen Rechtsgrundlagen ein Rechtsbehelf zur Vfg. (zB Executive Order 12333).

Diese Kritik deckte sich – zumindest teilw. – mit den von der **Art. 29-** **24b**
Datenschutzgruppe bereits am 26.7.2016 in einer Stellungnahme (Article
29 Working Party Statement on the decision of the European Commission on
the EU-U.S. Privacy Shield) bemängelten Punkten (vgl. Art-29-DSG WP 26
– Grundrechtskatalog). Die Art. 29-Datenschutzgruppe hatte bereits angeführt, dass weiterhin Regelungen zu automatisierten Entsch. und dem Recht
zum Widerspruch fehlten. Daneben sei die Unabhängigkeit der Ombuds-

person unklar und die Zusicherungen der US-Behörden zur Beschränkung des anlasslosen Zugriffes auf personenbezogene Daten seien zu unbestimmt.

2. Die Schrems-II-Entscheidung des EuGH

24c   Im Lichte der anhaltenden Kritik nicht gänzlich unerwartet ereilte den EU-US Privacy Shield im Juli 2020 schließlich das gleiche Schicksal wie das Safe Harbor-Abkommen: Durch ein weiteres **Grundsatzurteil des EuGH vom 16.7.2020, erneut in der Rechtssache des irischen Data Protection Commissioner gegen Maximilian Schrems und Facebook Ireland Limited** (Schrems-II-Entscheidung, Az. C–311/18), wurde auch der EU-US Privacy Shield durch den EuGH für ungültig erklärt.

Nachdem Facebook Ireland Limited in Folge der Schrems-I-Entscheidung erklärte, einen großen Teil personenbezogener Daten nunmehr auf Grdl. von Standarddatenschutzklauseln an Facebook Inc. in die USA zu übermitteln, forderte Maximilian Schrems den Data Protection Commissioner im Zuge der von ihm umformulierten Beschwerde dazu auf, Facebook Ireland Limited die Übermittlung seiner personenbezogenen Daten an Facebook Inc. zu verbieten oder diese auszusetzen.

Die vom Data Protection Commissioner durchgeführte Untersuchung kam zu der vorl. Schlussfolgerung, dass die nach den Snowden Enthüllungen bekannten Überwachungsprogramme der US-amerikanischen Geheimdienste und die diesen zugrundeliegenden nationalen Sicherheitsgesetze der USA sowohl die Frage nach der Gültigkeit des EU-US Privacy Shield als auch der Standarddatenschutzklauseln der KOM aufwerfen. Über den Irish High Court ließ der Data Protection Commissioner daher unter anderem Fragen in Bezug auf die Gültigkeit der Beschl. der KOM über die Standarddatenschutzklauseln für die Übermittlung personenbezogener Daten an Auftragsverarbeiter in Drittländern (Beschl. 2010/87/EU) und den EU-US Privacy Shield (Beschl. 2016/1250) vorlegen, die der EuGH mit seinem Urt. vom 16.7.2020 beantwortete.

Während der EuGH den Beschl. der KOM über die Standarddatenschutzklauseln dem Grunde nach für wirksam erachtete (→ Art. 46 Rn. 12 ff.), erklärte er den EU-US Privacy Shield für ungültig.

Im Gegensatz zum Generalanwalt, der in seinem Schlussantrag zwar Bedenken an der Gültigkeit des EU-US Privacy Shields geäußert, dem EuGH jedoch empfohlen hatte, diese Frage im Urt. nicht aufzugreifen, sah der EuGH auch die Frage nach der Gültigkeit des EU-US Privacy Shield als für das Schrems-II-Verfahren entscheidungserheblich an. Der EuGH begründete die Ungültigkeitserklärung damit, dass der EU-US Privacy Shield nicht das nach Art. 45 im Lichte der durch die Art. 7, 8 und 47 GRCh verbürgten Grundrechte erforderliche Schutzniveau gewährleiste. Dies führte der EuGH iW auf folgende Punkte zurück:

(1) Die **weitreichenden Befugnisse der US-amerikanischen Geheimdienste** und deren gesetzliche Grundlagen (insbes. Section 702 des Foreign Intelligence Surveillance Act (FISA) und Executive Order 12333) genügen – auch im Lichte der Presidential Policy Directive 28 (→ Rn. 24d) – nicht dem

unionsrechtlichen Grundsatz der Verhältnismäßigkeit. Folglich sei davon auszugehen, dass hierauf gestützte Überwachungsprogramme der Geheimdienste (wie etwa „PRISM" oder „UPSTREAM") nicht auf das zwingend erforderliche Maß beschr. seien (EuGH, C-311/18, Rn. 172 ff.) (s. zu den Befugnissen der US-Geheimdienste auch → Art. 48 Rn. 1 ff.).

(2) EU-Bürgern stehen **keine hinreichenden Rechtsbehelfe** zu, die den Anforderungen der Art. 45 Abs. 2 Buchst. a sowie Art. 47 Abs. 1 GRCh genügen und mit denen das Recht auf Achtung des Privatlebens und auf Schutz der personenbezogenen Daten von den betroffenen Personen in den USA geltend gemacht werden könne. Insbes. der im EU-US Privacy Shield angelegte Ombudsmechanismus könne keinen derartigen Rechtsschutz gewähren, da die unmittelbar dem US-amerikanischen Außenminister unterstehende Ombudsperson nicht als zweifelsfrei von der Exekutive unabhängig angesehen werden könne und zudem nicht über ausreichende Kompetenzen verfüge, um Geheimdiensten gegenüber verbindliche Entscheidungen zu treffen (EuGH, C-311/18, Rn. 186 ff.).

Angesichts des Umstands, dass der EuGH in der Schrems-II-Entscheidung **keine Übergangs oder Schonfrist** vorgesehen hat, sind Übermittlungen in Drittländer auf Grdl. des EU-US Privacy Shield mit sofortiger Wirkung unzulässig. Aber auch auf transatlantische Übermittlungen personenbezogener Daten auf der Grdl. anderer geeigneter Garantien hat die Entscheidung des EuGH potentiell erheblichen Einfluss (→ Art. 46 Rn. 12 ff.).

3. Entwicklung des US-amerikanischen Datenschutzrechtes

Ob – und ggf. wann – im Lichte der Schrems-II-Entscheidung mit einem **24d** Nachfolgeabkommen des EU-US Privacy Shield zu rechnen sein wird, wird nicht zuletzt von weiterer Entwicklung des US-amerikanischen Datenschutzrechts abhängen. Die EU-US Privacy Shield Entsch. der KOM basierte ua auf den Zusicherungen durch die **Presidential Policy Directive 28** v. 17.1.2014 (abrufbar unter https://obamawhitehouse.archives.gov/the-press-office/ 2014/01/17/presidential-policy-directive-signals-intelligence-activities), nach der die Ausländerüberwachung zu beschränken und die US-Datenschutzbestimmungen – soweit rechtlich zulässig – auch auf EU-Bürger anzuwenden seien (vgl. C(2016) 4176 final, ErwGr 69 und 85). Zudem sichert der **US Judicial Redress Act 2015** (abrufbar unter https://www.congress.gov/114/ plaws/publ126/PLAW-114publ126.pdf) EU-Bürgern bei Datenschutzverstößen bestimmte Rechtsmittel aus dem **US Privacy Act von 1974** zu. Für mediale Aufregung sorgte dagegen eine **Executive Order des US-Präsidenten Donald Trump** v. 25.1.2017 zur „Verbesserung der öffentlichen Sicherheit" (abrufbar unter https://www.whitehouse.gov/the-press-office/ 2017/01/25/presidential-executive-order-enhancing-public-safety-interior-united). In dieser wies Trump die US-Behörden an – im Einklang mit dem anwendbaren Recht – dafür zu sorgen, dass ihre Datenschutzrichtlinien Nicht-US-Bürger vom Schutz des US Privacy Act bzgl. ihrer personenbezogenen Daten ausschließen (Sec. 14).

24e Konkrete Folgen für den EU-US Privacy Shield entstanden dadurch nicht. Allerdings galt es zu berücksichtigen, dass der US Privacy Act von 1974 nach seinem Wortlaut auch bislang lediglich US-Bürger sowie Ausländer mit zugelassenem ständigem Wohnsitz in den USA schützen sollte (vgl. § 552a (a) (2)). In der Literatur wurde daher teilw. vertreten, dass Trump durch die Executive Order lediglich eine jahrelange Verwaltungspraxis der US-Bundesbehörden beseitigen wollte, nach der Datensätze von US-Bürgern und Ausländern aus Gründen der Vereinfachung der Verwaltungsabläufe in sog Misch-Datenbanken zusammen aufbewahrt wurden, so dass der Schutz für US-Bürger aus dem US Privacy Act von 1974 rein faktisch auf die Datensätze der Ausländer ausstrahlte, da die Datensätze nicht ohne weiteres voneinander getrennt werden konnten (Wendt ZD-Aktuell 2017, 05505). Executive Orders des US-Präsidenten sind keine Gesetzgebungsakte, sondern lediglich Anweisungen an Behörden zur Ausführung der Gesetze, vergleichbar mit dt. Verwaltungsvorschriften. Die Executive Orders sind demnach zwar für die Exekutive bindend, müssen aber im Einklang mit dem geltenden Recht stehen. Die Presidential Policy Directive 28 sowie der Judicial Redress Act 2015 gelten damit weiterhin auch für EU-Bürger, so dass sich in normativer Hinsicht keine Änd. ergeben hat (vgl. Wendt ZD-Aktuell 2017, 05505).

Am 1.1.2020 trat der „California Consumer Privacy Act of 2018" (CCPA) in Kraft. Er kann als kalifornische Antwort auf die DS-GVO verstanden werden (Hense/Fischer DSB 2019, 26). Betroffen sind alle Unternehmen, die entweder einen Jahresumsatz von mind. 25 Mio. US-Dollar aufweisen, Daten von mind. 50.000 Kunden verarbeiten, oder aus der kommerziellen Verwertung von Daten mind. 50 % ihres Erlöses erwirtschaften (Hense/Fischer DSB 2019, 26). Der California Consumer Privacy Act schützt bspw. Minderjährige, indem er den Verkauf ihrer Daten unter einen Erlaubnisvorbehalt der Minderjährigen oder einen gesetzlichen Vertreter stellt (1798.120 (c)). Zudem wird eine Opt-out-Möglichkeit auf Internetseiten vorgesehen, um den Verkauf von Kundendaten untersagen zu können (1798.135 (a) (2)). Ein sich noch im Entwurfsstadium befindliches Federal Privacy Law soll darüber hinaus zukünftig die Datenverarbeitung durch Private bestimmen (Mense ZD 2019, 351 (354)).

Derartige Annäherungen US-datenschutzrechtlicher Gesetze an die Regelungsprinzipien der DS-GVO dürften die Chancen eines Nachfolgeabkommens jedenfalls potentiell erhöhen. Angesichts der weitreichenden Kritikpunkte des EuGH in der Schrems-II-Entscheidung wird bei der Betrachtung der Angemessenheit des Schutzniveaus in den USA neben datenschutzrechtlichen Tendenzen aber auch ein besonderes Augenmerk auf die Entwicklung der US-amerikanischen Sicherheitsgesetze und deren praktischer Handhabung zu legen sein.

4. Auswirkung auf andere Erlaubnistatbestände

25 Die Schrems-II-Entscheidung und die Wertungen des EuGH in Bezug auf die US-Geheimdienstaktivitäten wird auch erhebliche Auswirkungen auf die Übermittlung personenbezogener Daten auf der Grdl. von **Standarddaten-**

schutzklauseln oder **verbindlichen unternehmensinternen Vorschr.** haben (→ Art. 46 Rn. 12 ff.). Jedenfalls in Bezug auf die Übermittlung personenbezogener Daten in die USA sind die Wertungen des EuGH zum Privacy Shield und zu den Standarddatenschutzklauseln eng miteinander verknüpft zu betrachten.

D. Formelle Vorgaben (Abs. 3)

I. Zuständigkeit

Die Mitgliedstaaten, ASB, betroffene Drittländer oder int. Organisationen **25a** können eine Angemessenheitsprüfung zwar anregen. Eine Verpflichtung der KOM zur Prüfung besteht jedoch nicht (Zerdick in Ehmann/Selmayr DS-GVO Art. 45 Rn. 4). Bei der **Ermessensentscheidung,** mit welchen Drittländern die **KOM** einen Dialog über die Angemessenheit des Schutzniveaus führt, legt die KOM folgende Kriterien an (vgl. COM(2017) 7 final, 9):

(1) der Umf. der Handelsbeziehungen der EU zu dem jeweiligen Drittland, einschl. der Frage, ob ein Freihandelsabkommen besteht oder entspr. Verh. im Gange sind;

(2) der Umf. der Übermittlung personenbezogener Daten aus der EU in das Drittland, der die geografischen und/oder kulturellen Bindungen widerspiegelt;

(3) die Vorreiterrolle des Drittlandes im Bereich des Schutzes der Privatsphäre und des Datenschutzes, die als Modell für andere Länder in der Region dienen könnte; und

(4) die allg. politischen Beziehungen zu dem Drittland, insbes. in Bezug auf die Förderung gemeinsamer Werte und Ziele auf int. Ebene.

II. Verfahren

Ist die KOM auf Grdl. insbes. der in Abs. 2 genannten Kriterien – und nach **26** Einholung einer nicht bindenden **Stellungnahme** (Art. 70 Abs. 1 lit. s) sowie Konsultation des EDSA (Art. 28 Abs. 2 VO (EG) Nr. 45/2001) – zum Erg. gekommen, dass ein Drittland, ein Gebiet bzw. Sektor eines Drittlandes oder eine int. Organisation ein angemessenes Datenschutzniveau aufweisen, stellt sie dies mittels eines **Durchführungsrechtsaktes gem. Art. 291 Abs. 2 AEUV** fest. Dieser wird gem. dem **Prüfungsverfahren** nach Art. 93 Abs. 2 iVm Art. 5 VO (EU) Nr. 182/2011 („Komitologieverfahren") – welches iW dem Ausschussverfahren nach Art. 31 DSRL entspricht – erlassen, wenn ein aus Vertretern der Mitgliedstaaten zusammengesetzter Ausschuss eine zust. Stellungn. zu dem ihm vorgelegten und von ihm geprüften Entwurf abgibt (vgl. → Art. 93 Rn. 9 ff.). Nach förmlicher Annahme des Angemessenheitsbeschlusses von der KOM als Kollegium tritt die Entsch. mit **Bekanntmachung** ggü. den Mitgliedstaaten in Kraft. Der Angemessenheitsbeschluss bindet sodann unmittelbar alle Organe der Mitgliedstaaten (Art. 288 Abs. 4 AEUV).

III. Inhalt und Form

27 Der Durchführungsrechtsakt muss **bestimmten inhaltlichen Mindest-anforderungen** gerecht werden. In **positiver Hinsicht** sind zunächst die **territoriale und die sektorale Reichweite der Angemessenheitsent-scheidung** festzulegen und – sofern vorhanden – die **zuständigen ASB** zu nennen. Darüber hinaus ist unmittelbar in den Rechtsakten ein **Überprü-fungsmechanismus** hinsichtlich der datenschutzrelevanten Entwicklungen in dem Drittland bzw. der int. Organisation zu implementieren, der mind. alle vier Jahre eine Überprüfung vorsieht. Dabei sind die Ansichten und Erkennt-nisse von EP und ER sowie sonstiger relevanter Stellen und Quellen zu berücksichtigen (ErwGr 106). Diese Anforderung setzt Vorgaben des EuGH aus der Schrems-I-Entscheidung (EuGH NJW 2015, 3151 Rn. 76) um und stellt eine **Verschärfung ggü. der bisherigen Praxis** unter der DSRL dar. Danach enthielten Angemessenheitsentscheidungen idR lediglich eine nicht näher konkretisierte Pflicht der KOM, die „Durchführung der Entscheidung" zu überwachen (so etwa jeweils Art. 5 der Angemessenheitsentscheidung für die Färöer Inseln, Jersey und Neuseeland, vgl. unten → Rn. 34).

28 In **negativer Hinsicht** darf ein Durchführungsrechtsakt **keine Einschrän-kung der Befugnisse der ASB enthalten.**

E. Überwachung und Änderung von Angemessenheitsentscheidungen (Abs. 4–7)

I. Durch die KOM

29 Die KOM hat die **datenschutzrelevanten Entwicklungen in Drittlän-dern und int. Organisationen,** die sich auf die Wirksamkeit der auf Grdl. der DS-GVO sowie der DSRL getroffenen Angemessenheitsentscheidungen beziehen, **„fortlaufend" zu überwachen** (Abs. 4). Die Regelung ergänzt die Verpflichtung zur Einfügung eines Überwachungsmechanismus in die Angemessenheitsentscheidung der KOM nach Art. 45 Abs. 3 (→ Rn. 25a ff.), die in vergleichbarer Form auch überw. in den unter der DSRL ergangenen Angemessenheitsentscheidungen enthalten sind.

29a Die Prüfung hat in regelmäßigen Abständen zu erfolgen (vgl. auch EuGH NJW 2015, 3151 Rn. 76). Während Abs. 4 selbst keine **zeitlichen Vor-gaben** hinsichtlich der Überwachungspflicht macht, enthält die korrelierende Regelung in Art. 97 Abs. 1, 2 lit. a die Pflicht, dass die KOM EP und ER bis zum 25.5.2020 und danach alle vier Jahre in Berichtsform insbes. über die Bewertungen und Überprüfungen der Anwendung und Wirkungsweise der Angemessenheitsbeschlüsse nach Art. 45 Abs. 3 informiert (→ Art. 97 Rn. 1 f.). Eine Überprüfung nach Abs. 4 scheint jedenfalls dann geboten, wenn konkrete Anhaltspunkte vorliegen, die Zweifel an der Gleichwertigkeit des gewährleisteten Schutzniveaus in sachlicher und rechtlicher Hinsicht we-cken (vgl. EuGH NJW 2015, 3151 Rn. 76).

Die KOM **widerruft, ändert oder setzt Angemessenheitsentschei-** 30
dungen aus, wenn sie feststellt, dass Umstände, die die Annahme des angemessenen Datenschutzniveaus zunächst gerechtfertigt haben, nicht mehr
vorliegen (Abs. 5; anders als der ursprüngliche Kommissionsvorschlag vermuten ließ (vgl. Eckhardt/Kramer DuD 2013, 287 (294)), wird hiermit keine
Kategorie an Drittländern geschaffen, in die Datenübermittlungen aus der EU
insgesamt unzulässig sind). Die bevorstehende Maßnahme ist zuvor ggü. dem
entspr. Drittland bzw. der entspr. int. Organisation zu begründen (vgl.
ErwGr 103). Welche der genannten Alternativen zu ergreifen ist, richtet sich
nach der mit der geänd. Umständen verbundenen Gefährdungslage für die
Rechte der von den Datenübermittlungen in das entspr. Drittland bzw. die
entspr. int. Organisation betroffenen Personen. Eine Abänderung (iSe Einschränkung) der ursprünglichen Entsch. ist etwa statthaft, wenn weiterhin für
gewisse Gebiete bzw. Sektoren ein angemessenes Datenschutzniveau angenommen werden kann. Ist die Beeinträchtigung voraussichtlich lediglich
vorübergehender Natur (weil bspw. ein zu erlassendes Gesetz abzuwarten ist),
so sind die Datenübermittlungen auf Grdl. der Angemessenheitsentscheidung
bis zu dem entspr. Zeitpunkt auszusetzen. Lediglich als **Ultima Ratio** wird
die KOM eine Angemessenheitsentscheidung widerrufen, wenn eine Behebung des Zustandes auch in absehbarer Zukunft nicht möglich erscheint. Die
Maßnahme zeitigt allein **Wirkung für die Zukunft,** sodass abgeschlossenen
Datenübermittlungen, die auf Grdl. der ursprünglichen Angemessenheitsentscheidung erfolgt sind, nicht nachträglich die Rechtfertigung entzogen wird.
Die Maßnahmen ergehen ebenfalls in Form eines Durchführungsrechtsaktes,
welcher, wie bereits der Erlass der Angemessenheitsentscheidung, grds. unter
Mitwirkung eines aus Vertretern der Mitgliedstaaten zusammengesetzten Ausschusses im **Prüfungsverfahren** (vgl. → Rn. 26) zu erlassen ist. In äußerst
dringlichen Fällen kann die KOM die Maßnahme allerdings für eine begrenzte Zeitdauer (bis zu sechs Monate) ohne vorherige Befassung des Ausschusses
treffen (Art. 93 Abs. 3 iVm Art. 8 VO (EU) Nr. 182/2011; → Art. 93
Rn. 16 ff.).

Hat die KOM eine Maßnahme nach Abs. 5 beschlossen, so tritt sie umge- 31
hend in **Beratungen mit dem betr. Drittland oder der betr. int. Organisation** ein, um der Situation abzuhelfen (Abs. 6). Die DS-GVO trifft keine
Aussage hinsichtlich des konkreten Inhaltes dieser Beratungsgespräche. Maßgeblich ist das Ziel, wieder zu einem Zustand zu gelangen, der die Beurteilung des Datenschutzniveaus als angemessen ermöglicht. Dementsprechend
gilt es nicht zwangsläufig, die Entwicklungen, die zu dem Widerruf, der
Abänderung oder der Aussetzung der Angemessenheitsentscheidung geführt
haben, rückgängig zu machen. Ebenso vorstellbar sind andere „Ausgleichs-
maßnahmen", die sich positiv auf das Datenschutzniveau auswirken (vgl. Klug
in Gola DS-GVO Art. 45 Rn. 10).

Stellt die KOM fest, dass eine Angemessenheitsentscheidung nicht aufrecht- 32
zuerhalten ist und setzt sie diese daraufhin aus, widerruft oder ändert sie ab, so
hat dies gem. Abs. 7 konsequenterweise **keine Auswirkungen auf Datenübermittlungen, bei denen der Schutz der personenbezogenen Daten
auf Grdl. der Art. 46, 47 und 49 garantiert ist.** Schließlich greifen diese

Erlaubnistatbestände für Datenübermittlungen in Drittländer oder int. Organisationen gerade in Fällen, in denen im betr. Drittland bzw. der betr. int. Organisation kein angemessenes Datenschutzniveau vorzufinden ist.

II. Durch Aufsichtsbehörden und Gerichte

32a Eine Änderungsbefugnis für ASB und Gerichte sieht Art. 45 dagegen nicht vor. Trotz grds. Bindung aller Organe der Mitgliedstaaten an einen Angemessenheitsbeschluss der KOM gem. Art. 288 Abs. 4 AEUV haben **ASB** Beschwerden eines Betroffenen (Art. 77) oder eines Datenschutzvereines (Art. 80) jedoch mit aller gebotener Sorgfalt zu prüfen, wenn die Beschwerdeführer der Ansicht sind, dass eine Verarbeitung der sie betr. personenbezogenen Daten gegen die DS-GVO verstößt. Soweit die ASB die Beschwerde zurückweist, muss dem Betroffenen gem. Art. 78 das Recht auf einen gerichtlichen Rechtsbehelf zustehen, mit dem er die Entsch. der ASB vor einem nationalen Gericht anfechten kann (vgl. dazu den Durchführungsbeschluss ABl. 2016 L 344, 83; ErwG 5). Kommt die ASB dagegen zum Erg., dass die Beschwerde begr. ist, kann sie gem. Art. 58 Abs. 2 lit. j die **Aussetzung** der Datenübermittlung anordnen. In einem solchen Fall setzt der betreffende Mitgliedstaat die KOM unverzüglich davon in Kenntnis (vgl. etwa Art. 3 Durchführungsbeschluss (EU) 2016/1250 der KOM v. 12.6.2016). Zudem fordert Art. 58 Abs. 5 für diesen Fall ein gerichtliches Klagerecht der ASB gegen die Entsch. der KOM.

32b Hat die nationale ASB grds. Zweifel an der Rechtmäßigkeit eines Angemessenheitsbeschlusses der KOM (entspr. gilt für einen Beschl. über die Anerkennung von Standarddatenschutzklauseln oder über die Allgemeingültigkeit von genehmigten Verhaltensregeln) kann gem. § 21 BDSG eine Überprüfung vor dem BVerwG angestrebt werden (vgl. → BDSG § 21 Rn. 10 f.). Zwar dürfen **nationale Gerichte** die Ungültigkeit eines Angemessenheitsbeschlusses der KOM nicht selbst feststellen. Die nationalen Gerichte müssen – soweit sie der Ansicht der ASB folgen – jedoch das Verfahren aussetzen und eine Vorabentscheidung des EuGH gem. Art. 267 AEUV einleiten (vgl. EuGH NJW 2015, 3151 Rn. 64).

F. Veröffentlichung der Entscheidungen/Fortbestand bereits erlassener Angemessenheitsentscheidungen (Abs. 8 und 9)

33 Die Angemessenheitsentscheidungen der KOM nach Abs. 3 und Abs. 5 werden im ABl. der EU und auf der Website der KOM (abrufbar unter: https://ec.europa.eu/info/law/law-topic/data-protection/international-dimension-data-protection/adequacy-decisions_en) veröffentlicht (Abs. 8).

34 Angemessenheitsentscheidungen die auf Grdl. der DSRL ergangen sind, bleiben auch unter der DS-GVO in Kraft, sofern sie nicht von der KOM gem. Abs. 3 oder Abs. 5 geänd., ersetzt oder aufgeh. werden (Abs. 9). Der Vorschlag des EP, die Wirksamkeit auf fünf Jahre nach Inkrafttreten der DS-GVO zu befristen, wurde in den Trilog-Verhandlungen fallengelassen. Die Über-

wachungspflichten der KOM nach Abs. 4 beziehen sich ebenfalls auf die unter der DSRL erlassenen Angemessenheitsbeschlüsse (→ Rn. 29 ff.). Die KOM hat den folgenden Ländern ein (sektoral) angemessenes Datenschutzniveau bescheinigt:
– Andorra (ABl. EU 2010 L 277, 27);
– Argentinien (ABl. EU 2003 L 168, 19);
– Australien (ABl. EU 2008 L 213/47), jedoch beschr. auf Verarbeitungen und Übermittlungen von Fluggastdatensätzen an die australische Zollbehörde;
– Faröer Inseln (ABl. EU 2010 L 58, 17);
– Guernsey (ABl. EU 2003 L 308, 27);
– Isle of Man (ABl. EU 2004 L 151, 51, berichtigt in ABl. EU 2004 L 208, 47);
– Israel (ABl. EU 2011 L 27, 39), jedoch beschr. auf automatisierte Verarbeitungen im Staat Israel iSd Völkerrechtes;
– Japan (ABl. EU 2019 L 76, 1);
– Jersey (ABl. EU 2008 L 138, 21);
– Kanada (ABl. EG 2002 L 2, 13), jedoch beschr. auf private Unternehmen, die unter den Personal Information Protection and Electronic Documents Act fallen;
– Neuseeland (ABl. EU 2013 L 28, 11);
– Schweiz (ABl. EG 2000 L 215, 1);
– Ungarn (ABl. EG 2000 L 215, 4); die Entsch. wurde jedoch mit EU-Beitritt Ungarns am 1.5.2004
hinfällig;
– Uruguay (ABl. EU 2012 L 227, 11);
– Vereinigte Staaten von Amerika, jedoch beschr. auf US-Organisationen, die in der EU-US Privacy Shield Datenschutzliste aufgeführt sind (Dieser Beschluss wurde inzwischen aber vom EuGH für ungültig erklärt → Art. 45 Rn. 23 ff.).)

Der Angemessenheitsbeschluss der KOM für Japan wurde am 23.1.2019 bekannt gegeben. Somit dürfen Daten seither ohne weitere Genehmigung nach Japan übermittelt werden. Nach der Gemeinsamen Erkl. des Ersten Vizepräsidenten Timmermans, des Vizepräsidenten Ansip sowie der Kommissionsmitglieder Jourová und Gabriel anlässlich des Datenschutztags vom 25.1.2019 (abrufbar unter: https://europa.eu/rapid/press-release_STATE-MENT-19–662_de.htm) verhandelt die KOM aktuell mit Südkorea über die Verabschiedung eines Angemessenheitsbeschlusses.

Die Angemessenheitsbeschlüsse wurden in Folge der in der Schrems-I- **34a** Entscheidung geäußerten Kritik des EuGH (EuGH NJW 2015, 3151 Rn. 99 f.) mit Durchführungsbeschluss der KOM vom 16.12.2016 in der Form angepasst, dass die Beschränkungen der Befugnisse der nationalen Kontrollstellen aufgehoben wurden (ABl. 2016 L 344, 83). Ob die Schrems-II-Entscheidung ebenfalls Anpassungen an bestehenden oder zukünftigen Angemessenheitsbeschlüssen haben wird und welche Form diese haben werden, bleibt abzuwarten.

Art. 46 Datenübermittlung vorbehaltlich geeigneter Garantien

(1) Falls kein Beschluss nach Artikel 45 Absatz 3 vorliegt, darf ein Verantwortlicher oder ein Auftragsverarbeiter personenbezogene Daten an ein Drittland oder eine internationale Organisation nur übermitteln, sofern der Verantwortliche oder der Auftragsverarbeiter geeignete Garantien vorgesehen hat und sofern den betroffenen Personen durchsetzbare Rechte und wirksame Rechtsbehelfe zur Verfügung stehen.

(2) Die in Absatz 1 genannten geeigneten Garantien können, ohne dass hierzu eine besondere Genehmigung einer Aufsichtsbehörde erforderlich wäre, bestehen in

a) einem rechtlich bindenden und durchsetzbaren Dokument zwischen den Behörden oder öffentlichen Stellen,

b) verbindlichen internen Datenschutzvorschriften gemäß Artikel 47,

c) Standarddatenschutzklauseln, die von der Kommission gemäß dem Prüfverfahren nach Artikel 93 Absatz 2 erlassen werden,

d) von einer Aufsichtsbehörde angenommenen Standarddatenschutzklauseln, die von der Kommission gemäß dem Prüfverfahren nach Artikel 93 Absatz 2 genehmigt wurden,

e) genehmigten Verhaltensregeln gemäß Artikel 40 zusammen mit rechtsverbindlichen und durchsetzbaren Verpflichtungen des Verantwortlichen oder des Auftragsverarbeiters in dem Drittland zur Anwendung der geeigneten Garantien, einschließlich in Bezug auf die Rechte der betroffenen Personen, oder

f) einem genehmigten Zertifizierungsmechanismus gemäß Artikel 42 zusammen mit rechtsverbindlichen und durchsetzbaren Verpflichtungen des Verantwortlichen oder des Auftragsverarbeiters in dem Drittland zur Anwendung der geeigneten Garantien, einschließlich in Bezug auf die Rechte der betroffenen Personen.

(3) Vorbehaltlich der Genehmigung durch die zuständige Aufsichtsbehörde können die geeigneten Garantien gemäß Absatz 1 auch insbesondere bestehen in

a) Vertragsklauseln, die zwischen dem Verantwortlichen oder dem Auftragsverarbeiter und dem Verantwortlichen, dem Auftragsverarbeiter oder dem Empfänger der personenbezogenen Daten im Drittland oder der internationalen Organisation vereinbart wurden, oder

b) Bestimmungen, die in Verwaltungsvereinbarungen zwischen Behörden oder öffentlichen Stellen aufzunehmen sind und durchsetzbare und wirksame Rechte für die betroffenen Personen einschließen.

(4) Die Aufsichtsbehörde wendet das Kohärenzverfahren nach Artikel 63 an, wenn ein Fall gemäß Absatz 3 des vorliegenden Artikels vorliegt.

(5) [1]Von einem Mitgliedstaat oder einer Aufsichtsbehörde auf der Grundlage von Artikel 26 Absatz 2 der Richtlinie 95/46/EG erteilte Genehmigungen bleiben so lange gültig, bis sie erforderlichenfalls von dieser Aufsichtsbehörde geändert, ersetzt oder aufgehoben werden. [2]Von der Kommission auf der Grundlage von Artikel 26 Absatz 4 der Richtlinie 95/46/EG erlassene Feststellungen bleiben so lange in Kraft, bis sie erforderlichenfalls mit einem nach Absatz 2 des vorliegenden Artikels erlassenen Beschluss der Kommission geändert, ersetzt oder aufgehoben werden.

BDSG und anderes nationales Recht: –

Literatur: *Albrecht,* Das neue EU-Datenschutzrecht – von der Richtlinie zur Verordnung, CR 2016, 88; *Filip,* Binding Corporate Rules (BCR) aus der Sicht einer Datenschutzaufsichtsbehörde, ZD 2013, 51; *Hillenbrand-Beck,* Aktuelle Fragestellungen des internationalen Datenverkehrs, RDV 2007, 231; *Hoeren,* EU-Standardvertragsklauseln, BCR und Safe Harbor Principles – Instrumente für ein angemessenes Datenschutzniveau, RDV 2012, 271; *Hornung/Sädtler,* Europas Wolken, CR 2012, 638; *Lejeune,* Datentransfer in das außereuropäische Ausland – Hinweise zur Lösung aktueller Fragestellungen, ITRB 2005, 94; *Moos,* Die EU-Standardvertragsklauseln für Auftragsverarbeiter 2010, CR 2010, 281; *Rittweger/Schmidl,* Einwirkung von Standardvertragsklauseln auf § 28 BDSG, DuD 2004, 617; *Schmidl,* Übermittlung von Arbeitnehmerdaten auf Grundlage des Standardvertrages Set II, DuD 2008, 258; *Wisskirchen,* Grenzüberschreitender Transfer von Arbeitnehmerdaten, CR 2004, 862.

Übersicht

A. Allgemeines

1 An einer Möglichkeit, Daten in ein bestimmtes Drittland bzw. an eine bestimmte int. Organisation zu übermitteln, kann in der Praxis auch dann Interesse bestehen, wenn diesem bzw. dieser **kein angemessenes Datenschutzniveau** bescheinigt wird. Um in diesen Konstellationen eine Gefährdung der von den Übermittlungen Betroffenen gleichwohl auszuschließen (Art. 44 S. 2), gibt die DS-GVO den übermittelnden verantwortlichen Stellen und Auftragsverarbeitern **verschiedene Garantiemaßnahmen** an die Hand. Diese gewährleisten den Schutz personenbezogener Daten und sind deshalb geeignet, die Datenübermittlungen zu legitimieren. Das Minus im Datenschutzniveau des empfangenden Drittlandes bzw. der empfangenden int. Organisation wird dann durch das Plus an eigenen Sicherheitsmaßnahmen der übermittelnden Stelle ausgeglichen (Rittweger/Schmidl DuD 2004, 617 (618); v. d. Bussche in Plath BDSG aF § 4c Rn. 20). Im Gegensatz zu Angemessenheitsbeschlüssen nach Art. 45 ist die sachliche und personelle Reichweite der Erlaubnis durch Garantien regelmäßig eingeschränkter, da sie lediglich für bestimmte Wirtschaftsteilnehmer und bestimmte Datenverkehrsteile gelten. Dagegen ist der räumliche Anwendungsbereich insofern flexibler, als dass er sich nicht von vorneherein auf bestimmte Drittländer oder int. Organisationen beschr., sondern grds. weltweit ausgedehnt werden kann (Zerdick in Ehmann/Selmayr DS-GVO Art. 46 Rn. 2).

B. Garantien zur Kompensation eines fehlenden Datenschutzniveaus (Abs. 1)

I. Subsidiarität

2 Der Erlaubnistatbestand des Art. 46 Abs. 1 S. 1 ist nach seinem Wortlaut subsidiär zum Vorhandensein eines Angemessenheitsbeschlusses nach Art. 45 Abs. 3. Dies hindert Unternehmen jedoch nicht daran, die Maßnahmen nach Maßgabe des Art. 46 vorsorglich einzuleiten, um im Falle einer Änd. oder eines Widerrufes des Angemessenheitsbeschlusses ohne zeitliche Zäsur die Datenübermittlung auf die Erlaubnis aus Art. 46 stützen zu können. Auch soweit der Angemessenheitsbeschluss in sachlicher, personeller oder räumlicher Hinsicht nicht sämtliche Konstellationen abdeckt, oder der Verantwortliche kein Vertrauen in eine nachhaltige Wirksamkeit der Angemessenheitsentscheidung hat, kann ein ergänzender Rückgriff auf Garantien sinnvoll sein (so iErg auch Schröder in Kühling/Buchner DS-GVO Art. 46 Rn. 9). In jedem Fall wirkt sich ein Widerruf, eine Änd. oder eine Aussetzung der Angemessenheitsentscheidung nicht auf die Wirksamkeit der Datenübermittlung nach Art. 46 aus (vgl. Art. 45 Abs. 7).

II. Verantwortliche Stelle oder Auftragsverarbeiter

Abs. 1 legt fest, dass die Garantiemaßnahmen von der verantwortlichen Stelle   **3**
oder dem Auftragsverarbeiter zu treffen sind. Eine **praxisrelevante Neuerung ggü. der DSRL** stellt dabei zunächst die ausdr. **Erstreckung des
Anwendungsbereiches der Vorschr. auf Auftragsverarbeiter** dar. Während unter der DSRL noch allein der Verantwortliche die Zulässigkeit der
Datenübermittlung in unsichere Drittländer sicherzustellen hatte (Art. 26
Abs. 2 DSRL), können die notwendigen Garantien nun auch von Auftragsverarbeitern geboten werden. Ein in der Praxis vergleichbares Erg. wurde
zuvor bspw. erreicht, indem der Verantwortliche den Auftragsverarbeiter
bevollmächtigte, in seinem Namen die entspr. Vereinbarungen abzuschließen
(vgl. Moos CR 2010, 281 (283); v. d. Bussche in Plath BDSG aF § 4c
Rn. 32).

Entspr. dem Wortlaut der Vorschr. haben der Verantwortliche oder der   **4**
Auftragsverarbeiter **für die Garantiemaßnahmen selbst Sorge zu tragen.**
Damit geht **scheinbar eine Vereinfachung ggü. der Rechtslage unter
dem BDSG** einher. Dort war gem. § 4b Abs. 5 BDSG aF die **übermittelnde Stelle** zu bestimmen, die dann verantwortlich für die Zulässigkeit der
Datenübermittlung war. Die Ermittlung der übermittelnden Stelle wies insbes. dann Schwierigkeiten auf, wenn **verschiedene Konzernunternehmen**
personenbezogene Daten in konzernweite Datenbanken einspeisten oder an
Konzerneinheiten innerhalb des Konzerns personenbezogene Daten weiterlei-
teten (v. d.Bussche in Plath BDSG aF § 4b Rn. 37; Gabel in Taeger/Gabel
BDSG aF § 4b Rn. 27). Allerdings wurde von den ASB letztlich darauf abgestellt, **welche Konzerneinheit** (bspw. die Konzernmutter oder die europ.
Konzernzentrale) **„das Tor zum Datenexport öffnet"**, indem sie **für den
jeweils vorzunehmenden Übermittlungsvorgang verantwortlich** zeichnet (Hillenbrand-Beck RDV 2007, 232 (232); Positionspapier des DK zum
int. Datentransfer v. 28.3.2007, Ziff. I.1.). Diese dürfte aber häufig deckungsgleich mit der verantwortlichen Stelle sein, sodass – lässt man die Einbeziehung des Auftragsverarbeiters außer Betracht – die neue Gesetzeslage keine
veritable Änd. ggü. der Situation unter dem BDSG aF zur Konsequenz hat.
Geht die **Übermittlung von einer unselbständigen Niederlassung aus,**
dann trägt grds. die zuständige Hauptniederlassung die Verantwortung für die
Rechtmäßigkeit. Dies gilt auch dann, wenn letztere ihren Sitz in einem
anderen (Dritt-)Staat hat (19. TB LDA H, Ziff. 11.2; zur Sonderkonstellation,
wenn die unselbständige Niederlassung die Daten an ihre zuständige Hauptniederlassung übermittelt vgl. → Rn. 11).

III. Geeignete Garantien

1. Regelungssystematik

Konkret sieht die DS-GVO die folgenden **Garantiemaßnahmen** vor: **5**
1. Rechtlich bindende und durchsetzbare Dokumente zwischen den Behör-
    den oder öffentl. Stellen (Abs. 2 lit. a).

2. Verbindliche interne Datenschutzvorschriften (Binding Corporate Rules, BCR) (Abs. 2 lit. b, Art. 47).
3. Standarddatenschutzklauseln (Abs. 2 lit. c, d).
4. Verhaltensregeln gem. Art. 40 (Abs. 2 lit. e).
5. Zertifizierungsverfahren gem. Art. 42 (Abs. 2 lit. f).
6. Vertragsklauseln (Abs. 3 lit. a).
7. Bestimmungen in Verwaltungsvereinbarungen zwischen Behörden oder öffentl. Stellen (Abs. 3 lit. b).

6 Die verschiedenen Garantien können aufgeteilt werden in solche, die eine bes. Genehmigung einer ASB voraussetzen (Abs. 3) und solche, die ihre Wirkung ohne bes. Genehmigung entfalten (Abs. 2). Die Auflistung in Abs. 3 ist nicht abschl. („insbesondere"). Ob dies entspr. auch für den Katalog in Abs. 2 gilt, ist mit Blick auf dessen Wortlaut („können") sowie die Formulierung des Abs. 1 unklar. Zwar ist den in Abs. 2 genannten Garantien – mit Ausnahme des Abs. 2 lit. a – immanent, dass eine Kontrollinstanz eine vorherige Kontrolle des jeweiligen Garantieinstruments durchgeführt hat. Der Wortlaut des Abs. 1 und des Abs. 2 lässt jedoch auch die Annahme weiterer Garantiemaßnahmen zu, die (bislang) nicht ausdr. in Abs. 2 vorgesehen sind (so auch Zerdick in Ehmann/Selmayr DS-GVO Art. 46 Rn. 7). Mit Blick auf die drakonischen Strafandrohungen der DS-GVO wird die Fragestellung in der Praxis jedoch eher von geringer Bedeutung sein: Verantwortliche oder Auftragsverarbeiter werden den Rückgriff auf „unbestätigte" Garantieinstrumente idR meiden und bei unklaren Verhältnissen auf Abs. 3 oder aber den Ausnahmetatbestand des Art. 49 zurückgreifen wollen.

2. Inhaltliche Anforderungen

7 Inhaltliche Anforderungen an die „Geeignetheit" der Garantien gibt Art. 46 **nicht ausdr. vor.** Aus ErwGr 108 ergibt sich jedoch zumindest, dass die Garantien die Beachtung der Datenschutzvorschriften und der Rechte der betroffenen Personen auf eine der Verarbeitung innerhalb der EU angemessenen Art und Weise sicherstellen sollen. IErg müssen die Garantien damit ein Schutzniveau gewährleisten, das nicht wesentlich von den Vorgaben der DS-GVO abweicht (Schröder in Kühling/Buchner DS-GVO Art. 46 Rn. 11). Daraus folgt, dass die Garantien die allg. Grundsätze für die Verarbeitung personenbezogener Daten der DS-GVO beachten müssen, wie zB Datenschutz durch Technik (Privacy by Design), sowie datenschutzfreundliche Voreinstellungen (Privacy by Default) (Klein/Pieper in SJTK DS-GVO Art. 46 Rn. 11).

8 Mittelbar können inhaltliche Anforderungen einerseits aus den Mindestanforderungen in Art. 45 (vgl. → Art. 45 Rn. 4 ff.), andererseits aus den auf Grdl. von Art. 26 DSRL erlassenen Standarddatenschutzklauseln (→ Rn. 18) abgeleitet werden. Denn diese gelten mit Blick auf Art. 46 Abs. 5 grds. fort, weshalb davon ausgegangen werden kann, dass auch der Verordnungsgeber diese als ausreichend geeignete Garantien ansieht (Schröder in Kühling/Buchner DS-GVO Art. 46 Rn. 12). Entspr. gilt für verbindliche interne Datenschutzvorschriften gem. Art. 47, die gem. Art. 46 Abs. 2 lit. b ebenfalls geeignete Garantien darstellen.

In seinem **Grundsatzurteil vom 16.7.2020 in der Rechtssache des irischen Data Protection Commissioner gegen Maximilian Schrems und Facebook Ireland Limited** (Schrems-II-Entscheidung, Az. C–311/18, s. → Art. 45 Rn. 24c und → Rn. 12a ff. zu den Einzelheiten des Urt.) betonte der EuGH zudem die bes. Bedeutung des Regelungsgedanken des Art. 44 S. 2, an dem alle geeigneten Garantien zu messen seien. Daher werden Verantwortliche und Auftragsverarbeiter auch bei der Verwendung geeigneter Garantie nach Art. 46 regelmäßig sicherstellen müssen, dass das durch die DS-GVO gewährleistete Schutzniveau auch iRd jeweils verwendeten geeigneten Garantie nicht untergraben wird.

3. Vertragliche Vereinbarungen als Mittel zur Überwindung eines fehlenden angemessenen Datenschutzniveaus

Bereits 1992 ging eine gemeinsame Studie des ER, der KOM und der Int. **9** Handelskammer („Model contract to ensure equivalent data protection in the context of transborder data flows, with explanatory report" v. 2.11.1992) der Frage nach, inwiefern auf vertraglicher Basis eine Grdl. für Datenübermittlungen in Drittländer mit niedrigen Datenschutzstandards geschaffen werden kann (vgl. Art-29-DSG WP 12 – Übermittlungen in Drittländer S. 16). Vor diesem Hintergrund wies Art. 26 Abs. 2 DSRL ausdr. darauf hin, dass insbes. Vertragsklauseln die erforderlichen Garantien für eine Übermittlung personenbezogener Daten in Drittländer mit fehlendem Datenschutzniveau bieten könnten. Die DS-GVO greift dieses Verständnis in Art. 46 im Ausgangspunkt auf (Schröder in Kühling/Buchner DS-GVO Art. 46 Rn. 15).

Mit Blick auf Art. 44 ist allg. zu fordern, dass ein solcher Vertrag eine **10** gewisse Dauerhaftigkeit aufweist. Dies ist jedenfalls dann nicht der Fall, wenn eine der Parteien das Recht hat, den Vertrag beliebig zu ändern oder aufzulösen (Schantz in NK-DatenschutzR DS-GVO Art. 46 Rn. 17). Umstände, die sich mittelbar aus dem Prinzip der Privatautonomie ergeben und sämtlichen Verträgen immanent sind, sind dagegen unschädlich. Verliert der Vertrag bspw. durch den Abschluss einer Aufhebungsvereinbarung, durch einen Rücktritt oder durch eine Anfechtung seine Wirksamkeit, dann wird den darauf beruhenden Datenübermittlungen – unter Berücksichtigung des Rechtsgedankens von Art. 41 Nr. 5 – die Grdl. erst mit Wirkung für die Zukunft entzogen (vgl. Schantz in NK-DatenschutzR DS-GVO Art. 46 Rn. 19).

Abzuschließen ist der Vertrag von der verantwortlichen Stelle oder 11 dem Auftragsverarbeiter, die bzw. der die Datenübermittlung aus dem Geltungsbereich der DS-GVO heraus vornimmt. Handelt es sich dabei um eine **unselbständige Niederlassung,** dann ist die zuständige Hauptniederlassung hierfür verantwortlich (→ Rn. 4). Problematisch ist die Konstellation, dass personenbezogene Daten **zwischen einer unselbständigen Niederlassung und der Hauptniederlassung** übermittelt werden und sich eine der Niederlassungen innerhalb und eine außerhalb des Geltungsbereiches der DS-

GVO befindet. Ungeachtet des Umstandes, dass die Daten innerhalb des Verantwortlichen verbleiben, handelt es sich um eine Datenübermittlung isd DS-GVO, sodass die Voraussetzungen von Kap. V einzuhalten sind (→ Art. 44 Rn. 3 ff.). In diesen Fällen scheidet eine Garantiemaßnahme in Form eines Vertragsabschlusses aus, da ein und dies. jur. Person nicht einen Vertrag mit sich selbst schließen kann. Dass diese Alternative nicht zur Vfg. steht, ist für sich genommen unschädlich. Schließlich stellt der Vertrag lediglich ein Mittel dar, um den **Empfänger außerhalb der EU rechtsverbindlich auf die Einhaltung der notwendigen Sicherheitsmaßnahmen zu verpflichten.** Dementsprechend können die Standarddatenschutzklauseln grds. auch in diesen Fällen eine taugliche Übermittlungsgrundlage darstellen, sofern ein anderer Weg gefunden wird, um ihre rechtliche Verbindlichkeit – insbes. zugunsten der vom Datentransfer betroffenen Personen – zu gewährleisten (19. TB LDA H, Ziff. 11.2; vgl. Art-29-DSG WP 108 – Checkliste BCRs 2005 S. 5 zu verschiedenen Lösungsansätzen der Parallelproblematik bei verbindlichen Unternehmensregelungen). Die dt. ASB erkennen insofern die Möglichkeit **einseitiger zugangsbedürftiger, aber nicht annahmebedürftiger Garantieerklärungen** durch den Datenimporteur bzw. das Unternehmen an. Indem die Standarddatenschutzklauseln mit einer entspr. Erkl., sich an diese zu halten, in das Internet oder Intranet gestellt oder in sonstiger Weise ggü. den betroffenen Personen zugänglich gemacht werden, kommt ein Garantievertrag mit den betroffenen Personen zustande (Positionspapier des DK zum int. Datentransfer v. 28.3.2007, Ziff. I.4.). Einer Genehmigungs- oder Vorlage bei einer ASB bedarf es dann nicht mehr (19. TB LDA H, Ziff. 11.2). Werden derartige einseitige Erkl. allerdings von der jeweiligen Rechtsordnung der Mitgliedstaaten nicht als verbindlich anerkannt, muss eine Umsetzung der Standarddatenschutzklauseln anderweitig erfolgen (vgl. Art-29-DSG WP 108 – Checkliste BCRs 2005 S. 5).

12 Eine Grundproblematik vertraglicher Regelungen stellen **Rechtsvorschriften** dar, denen die datenempfangende Vertragspartei unabhängig von den individuellen Vereinbarungen inter partes **zwingend unterliegt.** Diese können in letzter Konsequenz dazu führen, dass ein Vertrag ein zu schwaches Instrument darstellt, um eine angemessene Garantie für den Datenschutz isd Art. 44 S. 2 zu bieten und Datenübermittlung aus dem Geltungsbereich der DS-GVO heraus zu rechtfertigen (vgl. Art-29-DSG WP 12 – Übermittlungen in Drittländer S. 23). Im Mittelpunkt stehen insofern gesetzliche Vorschr., denen zufolge staatlichen Stellen personenbezogene Daten offenzulegen sind. Derartige ggü. den vertraglichen Abreden regelmäßig vorrangige Verpflichtungen sind nur solange hinzunehmen, wie sie **nicht über die Beschränkungen hinausgehen, die aus einem der in Art. 23 Abs. 1 genannten Gründe als Mindestmaß für eine demokratische Gesellschaft absolut notwendig** sind (vgl. Art. 4 Abs. 1 lit. a Beschl. 2010/87/EU; Moos CR 2010, 281 (286); Art-29-DSG WP 12 – Übermittlungen in Drittländer S. 22 f.). An der absoluten Notwendigkeit fehlt es jedenfalls bei Regelungen, die **generell und ohne Differenzierung, Einschränkung oder Ausnahme** anhand des verfolgten Zieles die Speicherung der aus der EU übermittelten personenbezogenen Daten gestatten, und die kein objektives Kriterium vorsehen, das es ermöglicht, den Zugang der Behörden zu den Daten und deren spätere Nutzung auf konkrete, strikt begrenzte legitime Zwecke zu beschränken (EuGH NJW 2015, 3151, Rn. 92 f.)). Vor diesem Hintergrund standen einzelne ASB vertraglich abgesicherten Datenübermittlungen, etwa nach China, bereits in der Vergangenheit skeptisch ggü. (Moos CR 2010, 281 (286)). Angesichts der im Zuge der Snowden-Enthüllungen bekannt gewordenen umfassenden Überwachungsaktivitäten der **US-Geheimdienste** wurden zudem Datenübermittlungen in die USA als problematisch eingestuft (vgl. → Art. 45 Rn. 11; s. auch Schröder in Kühling/Buchner DS-GVO Art. 46 Rn. 16 ff. und Zerdick in Ehmann/Selmayr DS-GVO Art. 46 Rn. 12 mwN). Diesbzgl. hat die Schrems-II-Entscheidung des EuGH sowohl für Datenübermittlungen auf Grdl. des EU-US-Privacy Shield (zu weiteren Einzelheiten des Urt. s. → Rn. 12a, Art. 45 Rn. 24c) als auch auf Grdl. der geeigneten Garantien des Art. 46 erhebliche Auswirkungen mit sich gebracht:

Ausdrücklicher Gegenstand des **Schrems-II-Verfahrens** war auch die 12a Frage nach der Gültigkeit des Beschl. der KOM über die Standarddatenschutzklauseln für die Übermittlung personenbezogener Daten an Auftragsverarbeiter in Drittländern (Beschl. 2010/87/EU). Wie bereits der Generalanwalt in dessen Schlussanträgen sieht auch der EuGH den **Beschl. der KOM über Standarddatenschutzklauseln** dem Grunde nach als gültig an (die KOM hat dennoch neue Standarddatenschutzklauseln veröffentlicht und ein Konsultationsverfahren gestartet). In Abgrenzung zu Angemessenheitsbeschlüssen der KOM gem. Art. 46 Abs. 3 betonte der EuGH, dass es bei Beschl. über Standarddatenschutzklauseln gerade nicht Sache der KOM sei, die Angemessenheit des datenschutzrechtlichen Schutzniveaus einzelner Drittländer zu prüfen und sicherzustellen. Vielmehr sollen Standarddatenschutzklauseln lediglich vertragliche Garantien darstellen, die in allen Drittländern − unabhängig vom dortigen Schutzniveau − einheitlich gelten und es den Vertragsparteien dem Grunde nach ermöglichen, auf dieser Grdl. ein *inter partes* geltendes Schutzniveau zu gewährleisten (EuGH, C-311/18, Rn. 132 ff.). Die Gültigkeit des Beschl. der KOM über Standarddatenschutzklauseln hänge somit vielmehr davon ab, ob die vertraglichen Regelungen wirksame Mechanismen enthielten, die es den Vertragsparteien ermöglichen, das nach dem Unionsrecht verlangte Schutzniveau einzuhalten und Übermittlungen personenbezogener Daten bei Nichteinhaltung oder nicht möglicher Einhaltung auszusetzen oder zu verbieten (EuGH, C-311/18, Rn. 137). Dies sah der EuGH für Beschl. 2010/87/EU als gegeben an. Der EuGH rückte in diesem Zusammenhang die Verantwortung der Vertragsparteien − zuvorderst des Verantwortlichen als Datenexporteur − in den Fokus, die Einhaltung und Einhaltbarkeit der Regelungen der Standarddatenschutzklauseln fortlaufend zu überprüfen und sicherzustellen: Nach der Struktur der Art. 44 ff. sei es außerhalb des Vorliegens eines Angemessenheitsbeschlusses der KOM Aufgabe des Datenexporteurs, personenbezogene Daten nur dann in Drittländer zu übermitteln, wenn hierfür geeignete Garantien vorliegen (vgl. Art. 46 Abs. 1) oder eine bes. Ausnahme nach Art. 49 gegeben ist. Mit dieser generellen Verantwortlichkeit gehe im Fall der Verwendung von Standarddatenschutzklauseln die Pflicht des Datenexporteurs einher, in jedem Einzelfall – und ggf. in Zusammenarbeit mit dem Daten-importeur – zu prüfen, ob das auf den Datenimporteur anwendbare Recht des Bestimmungsdrittlandes nach Maßgabe des Unionsrechts einen angemessenen Schutz für die übermittelten personenbezogenen Daten gewährleisten könne (EuGH, C-311/18, Rn. 134). Ergebe diese Prüfung, dass das Recht des Bestimmungsdrittlandes – etwa aufgrund extensiver Befugnisse der dortigen Nachrichtendienste oder fehlender Rechtsbehelfe der Unionsbürger gegen derartige Eingriffe – es dem Datenimporteur unmöglich mache, die Regelun-gen der Standarddatenschutzklauseln einzuhalten, sei der Datenexporteur grds. dazu verpflichtet, die Übermittlung personenbezogener Daten in das betref-fende Drittland auszusetzen oder zu beenden. Dies sei insbes. dann der Fall, wenn der Datenimporteur nach Maßgabe des Rechts des Bestimmungsdritt-lands gesetzlichen Pflichten unterliege, die im Widerspruch zu den Standard-datenschutzklauseln stehen und somit geeignet seien, die vertraglichen Garan-tien eines angemessenen Schutzniveaus zu unterlaufen (EuGH, C-311/18, Rn. 135). In derartigen Fällen sei eine Übermittlung ausnahmsweise aber dann zulässig, wenn der Datenexporteur über die Standarddatenschutzsklauseln hinausgehende – vom EuGH jedoch nicht näher bezeichnete – zusätzliche Maßnahmen ergreifen könne, um die Einhaltung des vertraglich garantierten angemessenen Schutzniveaus zu gewährleisten. Könne auch durch solche zu-sätzliche Maßnahmen ein Schutzniveau, das dem in der Union durch die DS-GVO im Lichte der GRCh garantierten Niveau angemessen ist, nicht erreicht werden, müsse die Übermittlung auf der Grdl. von Standarddatenschutzklau-seln in den betreffenden Fällen endg. unterbleiben. Der EuGH betonte diesbzgl. auch die (nachrangige) Verantwortung der zuständigen Aufsichts-behörden, die Einhaltung und Einhaltbarkeit der Standarddatenschutzklauseln und des durch diese garantierten Schutzniveaus – ggf. auch auf Grdl. zusätzli-cher Maßnahmen – zu überwachen und bei Bedarf die Aussetzung oder Beendigung der jeweiligen Übermittlungen anzuordnen.

12b   Auch wenn die Verpflichtung der Vertragsparteien zur Einhaltung des europäischen Datenschutzrechts bereits in den Regelungen der Standard-datenschutzklauseln angelegt ist (vgl. z. B. Klausel 4b) des Anhangs zu Beschl. 2010/87/EU), stellt die vom EuGH geforderte fortlaufende Prüfpflicht des Verantwortlichen in Zusammenarbeit mit dem Empfänger – gerade aufgrund der geforderten Berücksichtigung des Rechts des Bestimmungsdrittlands – vor hohe Hürden. Dies könnte erhebliche Auswirkungen auf den internationalen Datenverkehr mit sich bringen. Insbes. im Lichte der Ausführungen des EuGH in der Schrems-II-Entscheidung zum EU-US Privacy Shield müssen Verwender der Standarddatenschutzklauseln in diesem Zusammenhang ein besonderes Augenmerk auf die nationalen Sicherheitsgesetze des jeweiligen Bestimmungsdrittlands und deren praktische Handhabung zu legen. Da dies eine Regelungsmaterie und Praxis darstellt, in die der Öffentlichkeit häufig nur stark begrenzt Einblick gewährt wird, dürfte eine Bewertung im Einzelfall erhebliche praktische Schwierigkeiten mit sich bringen. Zudem legte der EuGH iRd. Schrems-II-Entscheidung keine klaren Kriterien fest, welche Umstände bei der geforderten Einzelfallbetrachtung der Einhaltung und Ein-haltbarkeit des durch die Standarddatenschutzklauseln garantieren Schutzniveaus von Verwendern anzulegen ist. Ob über die Rechtslage im Bestimmungsdrittland und ggf. Einzelheiten der jeweiligen Datenübermittlung (z. B. Art, Kategorien, Herkunft und Speicherdauer der übermittelten Daten, Schutzbedürftigkeit der Betroffenen oder der Übermittlung zugrundeliegende technische und organisatorische Maßnahmen) weitere Umstände bei der Prüfung zu berücksichtigen sind, bleibt im Lichte zu erwartender ausführlicherer behördlicher Stellungnahmen abzuwarten.

In **praktischer Hinsicht** müssen Verantwortliche bzw. Auftragsverarbeiter **12c** und Empfänger selbst tätig werden und zunächst einzelfallbezogen das Datenschutzniveau in dem betreffenden Drittland auf seine Angemessenheit überprüfen. Der EDSA betont in der Zusammenfassung der im Nachgang an die Schrems-II-Entscheidung häufig an ihn gerichteter Fragen und in seinen am 10.11.2020 veröffentlichten Leitlinien (EDSA, Frequently Asked Questions on the judgment of the Court of Justice of the European Union in Case C-311/18 – Data Protection Commissioner v Facebook Ireland Ltd and Maximillian Schrems, Adopted on 23 July 2020; abrufbar unter: https://edpb.europa.eu/sites/edpb/files/files/file1/20200724_edpb_faqoncjeuc31118_en.pdf, „**EDSA FAQs**"), dass dabei auf die Umstände der Übermittlung abzustellen und die potentiell zu treffenden Maßnahmen einzubeziehen sind (EDSA FAQs Ziffern 5, 9). Bei der Beurteilung der Angemessenheit sind darüber hinaus die vertraglichen Regelungen zu berücksichtigen, die zwischen dem Verantwortlichen bzw. seinem Auftragsverarbeiter und dem Empfänger vereinbart wurden, sowie die maßgeblichen Regelungen des Drittlands hinsichtlich eines möglichen Zugriffs auf die Daten durch Behörden. Als Maßstab sind dabei auch die in Art. 45 Abs. 2 genannten Grundsätze heranzuziehen (EuGH, C-311/18, Rn. 103 ff.).

Die DSK äußerte in einer ersten Pressemitteilung (Pressemitteilung der DSK vom 28.7.2020: Urteil des Europäischen Gerichtshofs zur Übermittlung personenbezogener Daten in Drittländer (**„Schrems II"**) stärkt den Datenschutz für EU-Bürgerinnen und Bürger; abrufbar unter: https://www.datenschutzkonferenz-online.de/media/pm/20200616_pm_schrems2.pdf, „**DSK PM Schrems II**") mit Blick auf Datenübermittlungen in die USA die Ansicht, dass nach der Schrems-II-Entscheidung für derartige Übermittlungen Standarddatenschutzklauseln ohne zusätzliche Maßnahmen grds. nicht mehr ausreichend seien. Nach dem Landesdatenschutzbeauftragten für Rheinland-Pfalz ist eine Übermittlung auf Grdl. von Standarddatenschutzklauseln in die USA nur dann nicht möglich, wenn die US-Sicherheitsgesetze auf diese Datenübermittlung aus der EU in die USA anwendbar sind (was jedenfalls für Übermittlungen an Telekommunikationsunternehmen und Unternehmen, die sich solcher Telekommunikationsdienstleistungen bedienen, der Fall sei) (FAQs zum EuGH-Urteil vom 16.7.2020 (C-311/18), Stand: 24.7.2020; abrufbar unter: https://www.datenschutz.rlp.de/de/themenfelder-themen/datenuebermittlung-in-drittlaender/). Die Kommission kündigte in einer Mitteilung vom 16.7.2020 (Opening remarks by Vice-President Jourová and Commissioner Reynders at the press point following the judgment in case C-311/18 Facebook Ireland and Schrems; abrufbar unter: https://ec.europa.eu/commission/presscorner/detail/en/statement_20_1366) an, die Standarddatenschutzklauseln zu erneuern sowie in enger Zusammenarbeit mit den US-Behörden zukünftig Mechanismen bereitzustellen, die einen sicheren Datentransfer in Drittländer ermöglichen.

Sofern bei der Angemessenheitsprüfung kein ausreichendes Datenschutzniveau festgestellt wird, muss in einem nächsten Schritt evaluiert werden, ob und welche zusätzlichen geeigneten Garantien ergriffen werden können, die durchsetzbare Rechte und wirksame Rechtsbehelfe gewährleisten, sodass ein Schutzniveau besteht, das der in der EU bestehenden Rechtslage der Sache nach gleichwertig ist. Diese Garantien müssen wirksame Mechanismen enthalten, die sicherstellen, dass die Übermittlung ausgesetzt wird, wenn die Einhaltung der Standarddatenschutzklauseln unmöglich ist oder gegen sie verstoßen wird. Ein Verstoß gegen die Standarddatenschutzklauseln liegt dabei nicht schon vor, wenn zwingende Erfordernisse des Rechts des Drittlands bestehen, die nicht über das hinausgehen, was in einer demokratischen Gesellschaft zur Gewährleistung ua der Sicherheit des Staates, der Landesverteidigung und der öffentl. Stellen erforderlich ist, wohingegen Verpflichtungen, die über diese erforderlichen Zwecke hinausgehen, einen Verstoß darstellen (EuGH, C-311/18, Rn. 87 f.). In seinen FAQs stellt der Landesdatenschutzbeauftragte für Rheinland-Pfalz eine kurze Übersicht über diese oben genannten Prüfungspunkte als Schritt-für-Schritt-Anleitung für Unternehmen zur Bestimmung und Überprüfung der Rechtmäßigkeit von Übermittlungen in die USA bereit (FAQs zum EuGH-Urteil vom 16.7.2020 (C-311/18), Stand: 24.7.2020; abrufbar unter: https://www.datenschutz.rlp.de/de/themenfelder-themen/datenuebermittlung-in-drittlaender/).

Als zusätzliche Garantien kommen insb. rechtliche, technische und organisatorische Maßnahmen in Betracht (so auch EDSA FAQs Ziffer 10). Welche konkreten Maßnahmen ergriffen werden müssen, ist durch eine Einzelfallprüfung zu bestimmen, wobei insb. die Umstände und der Umf. der Übermittlung sowie die datenschutzrechtlichen Bestimmungen des Drittlandes einzubeziehen sind. Die erg. Maßnahmen müssen sicherstellen, dass das angemessene Schutzniveau auch in der Praxis effektiv durchgesetzt werden kann, ohne dass Bestimmungen des Drittlandes diese Maßnahmen untergraben. Auch mit Blick auf die Gestalt solcher „zusätzlicher Maßnahmen" wird es für Verwender von Standarddatenschutzklauseln zukünftig von herausgehobener Bedeutung sein, tragfähige aufsichtsbehördliche Aussagen zu erhalten.

Können die Standarddatenschutzklauseln nicht eingehalten werden, ist der Empfänger verpflichtet, dies dem Verantwortlichen unverzüglich mitzuteilen, wobei dieser die Übermittlung aussetzen oder vom Vertrag zurücktreten muss. Bereits übermittelte Daten sind dann zurückzuschicken oder zu zerstören. Daneben besteht die Möglichkeit, die Übermittlung auf andere geeignete Garantien oder Ausnahmen nach Art. 49 zu stützen, wobei zu beachten ist, dass insbes. bei BCRs ebenfalls zusätzliche Maßnahmen erforderlich sein können, um ein angemessenes Schutzniveau zu gewährleisten (→ Art. 47 Rn. 32a).

12d Aufgrund der grdl. Ausführungen und Wertungen des EuGH in der Schrems-II-Entscheidung wird das Urt. mit Blick auf den internationalen Datenverkehr weitreichende Wirkung entfalten. So betonten sowohl der EDSA (EDSA FAQs Ziffern 6 ff.) als auch die DSK (DSK PM Schrems II,

Ziffer 3), dass die Wertungen der Schrems-II-Entscheidung auch auf andere Garantien nach Art. 46 Anwendung finden dürften und nannten in diesem Zusammenhang ausdr. die verbindlichen internen Datenschutzvorschriften. Vorbehaltlich weiterer aufsichtsrechtlicher Stellungnahmen müssen die vom EuGH gestellten Anforderungen daher auch iRd. weiteren geeigneten Garantien des Art. 46 Berücksichtigung finden.

IV. Durchsetzbare Rechte und wirksame Rechtsbehelfe

Alle Garantiemaßnahmen müssen den von Datenübermittlungen in Drittländer bzw. an int. Organisationen Betroffenen **durchsetzbare Rechte** und **wirksame Rechtsbehelfe** zur Vfg. stellen, die denen bei Datenverarbeitungen innerhalb der EU entsprechen. Hierzu zählt insbes. ein **effektiver Rechtsschutz** bei Behörden oder vor Gericht sowie das Recht, Ersatz erlittener Schäden zu verlangen (ErwGr 108; vgl. auch Albrecht CR 2016, 88 (95)). Der effektive Rechtsschutz soll sich nach dem Verordnungsgeber insbes. auf die Einhaltung der allg. Grundsätze für die Verarbeitung personenbezogener Daten, die Grundsätze des Datenschutzes durch Technik und durch datenschutzfreundliche Voreinstellung beziehen (ErwGr. 108). In diesem Zusammenhang bedarf es hinreichender **Kontrollmöglichkeiten durch unabhängige Instanzen,** die es erlauben, in der Praxis etwaige Verstöße gegen die Regelungen zur Gewährleistung des Schutzes personenbezogener Daten zu ermitteln und zu ahnden (vgl. EuGH NJW 2015, 3151 Rn. 81; Schantz in NK-DatenschutzR DS-GVO Art. 46 Rn. 14). **13**

C. Genehmigungsfreie Garantiemaßnahmen (Abs. 2)

I. Keine besondere Genehmigung erforderlich

Stützt der Verantwortliche bzw. der Auftragsverarbeiter die Datenübermittlung auf eine der Alternativen aus Abs. 2, benötigt er keine bes. zusätzliche Genehmigung einer ASB mehr. Als **„besondere Genehmigung"** iSd Vorschr. sind allein solche Genehmigungen jenseits der Verweisungen in Abs. 2 zu verstehen, die **für einzelne Datenübermittlungen bzw. Arten von Übermittlungen** erforderlich wären. Ein weitergehendes Verständnis ist ausgeschlossen, da jedenfalls die – ebenfalls von Abs. 2 erfassten – verbindlichen unternehmensinternen Datenschutzvorschriften ein ausdr. Genehmigungsverfahren seitens der zuständigen ASB vorsehen (vgl. Art. 47 Abs. 1; ausf. unter → Art. 47 Rn. 9 ff.). Diese Klarstellung stellt eine gravierende und außerordentlich praxisrelevante **Neuerung ggü. der Situation unter der DSRL** dar. Bislang machten die verschiedenen EU/EWR-Mitgliedstaaten in ihren nationalen Rechtsordnungen nicht selten von der Möglichkeit Gebrauch, die Zulässigkeit int. Datentransfers unter die Voraussetzung zusätzlicher Genehmigungen zu stellen. Während in Deutschland die Verwendung von EU-Standarddatenschutzklauseln allenfalls eine Anzeigepflicht bei der zuständigen ASB auslöste (Gola/Schomerus BDSG aF § 4c Rn. 22; Hoeren RDV 2012, 271 (277); Simitis in Simitis BDSG aF § 4c Rn. 51; v. d. Bussche **14** in Plath BDSG aF § 4c Rn. 29), bedurfte es etwa in Bulgarien, Dänemark, Estland, Frankreich, Litauen, Luxemburg, Malta, Österreich, Polen, Rumänien, Slowenien, Spanien und Zypern bislang einer zusätzlichen behördlichen Genehmigung.

II. Einzelne Garantiemaßnahmen

1. Rechtlich bindende und durchsetzbare Dokumente zwischen den Behörden oder öffentlichen Stellen (Abs. 2 lit. a)

15 Eine durch die DS-GVO neu eingeführte Garantie zur Rechtfertigung von Datenübermittlungen zwischen Behörden und öffentl. Stellen bei fehlendem angemessenen Datenschutzniveau stellen rechtsverbindliche und durchsetzbare **Dokumente** zwischen staatlichen Behörden oder Stellen gem. Abs. 2 lit. a dar. Eine Legaldefinition zu „Dokument" (in der engl. Fassung: „instrument") enthält die DS-GVO nicht. Aus ErwGr 108 ergibt sich jedoch, dass Verwaltungsvereinbarungen, bspw. gemeinsame Absichtserklärungen, umfasst sind. Die Regelung verdeutlicht den Vertrauensvorschuss, den staatliche Behörden und Stellen ggü. nicht öffentl. Stellen genießen. Anders als im nicht öffentl. Bereich kommen Datenübermittlungen zwischen Behörden und öffentl. Stellen eines Mitgliedstaates und denen eines Drittlandes oder einer int. Organisation demnach **ohne vorherige externe Beteiligung** (bspw. der KOM oder einer ASB) aus.

16 Sollen zwischen Behörden und öffentl. Stellen bestehende Dokumente eine taugliche Grdl. für Datenübermittlungen darstellen, so müssen sie gem. Abs. 2 lit. a **sowohl rechtsverbindlich als auch durchsetzbar** sein (→ Rn. 13). Gemeint ist die unmittelbare Durchsetzbarkeit der unter → Rn. 13 angeführten Rechte durch die betroffenen Personen, die insbes. nach der Rspr. des EuGH die Grundvoraussetzungen für ein angemessenes Datenschutzniveau nach dem Maßstab der DS-GVO darstellen. Soweit entspr. Behördenvereinbarungen in völkerrechtlichen Verträgen, öffentlich-rechtlichen Verträgen oder Verwaltungsvereinbarungen getroffen werden, ist eine solche Rechtsverbindlichkeit im Außenverhältnis nur gewährleistet, wenn die genannten Vereinbarungen unmittelbar anwendbar sind (vgl. Zerdick in Ehmann/Selmayr DS-GVO Art. 46 Rn. 8: „self-executing"). Fehlt es an einer solchen Rechtsverbindlichkeit, kommt eine rechtfertigende Wirkung gem. Abs. 3 lit. b nur dann infrage, wenn die zuständige ASB die Vereinbarung zuvor genehmigt hat (vgl. ErwGr 108). Mangelt es demgegenüber an den durchsetzbaren Betroffenenrechten, scheidet das Dokument als taugliche Grdl. von vornherein aus. Dies verdeutlicht einmal mehr den herausragenden Stellenwert, den der Verordnungsgeber und der EuGH einem effektiven Rechtsschutz der betroffenen Person ggü. unzulässigen Datenverwendungen sowie den Kontrollmöglichkeiten beimessen (Albrecht CR 2016, 88 (95)).

2. Verbindliche interne Datenschutzvorschriften (Abs. 2 lit. b, Art. 47)

17 In Abs. 2 lit. b werden verbindliche interne Datenschutzvorschriften (vgl. Art. 4 Nr. 20; engl.: Binding Corporate Rules (BCR)) nun explizit als

Sicherheitsmaßnahme für die Zulässigkeit int. Datentransfers in multinationalen Unternehmen anerkannt. Die konkreten Anforderungen sind in Art. 47 aufgeführt (vgl. allg. → Art. 47 Rn. 16 ff.).

3. Standarddatenschutzklauseln

a) Von der Kommission verabschiedete Standarddatenschutzklauseln 18 (Abs. 2 lit. c). Der Erlass von „**Standarddatenschutzklauseln**" durch die KOM geht auf **Art. 26 Abs. 4 DSRL** zurück (dort Standardvertragsklauseln; vgl. Dammann/Simitis DSRL Art. 26 Rn. 28 f.; Ehmann/Helfrich DSRL Art. 26 Rn. 20 ff.). Sie stellen einen Sonderfall ggü. sonstigen vertraglichen Regelungen zur Ermöglichung von Übermittlungen personenbezogener Daten aus dem Geltungsbereich der DS-GVO heraus dar (Abs. 3 lit. a).

aa) Entstehung und Einbeziehung. Standarddatenschutzklauseln zeichnet 19 aus, dass sie **bereits nach einem festgelegten Verfahren zustande gekommen** sind, in welchem ihnen offiziell die Qualität als ausreichende Garantie für den Schutz der von Datenübermittlungen betroffenen Rechte bescheinigt worden ist. IRd Verfahrens kann die KOM entweder eigene Vertragsregelungen entwickeln oder solche, die ihr von Dritten vorgelegt worden sind, darauf untersuchen, ob sie hinreichende Vorkehrungen für den Schutz der von Datenübermittlungen Betroffenen bieten (vgl. → Rn. 13). Diese werden anschließend iRd **Prüfverfahrens** von Art. 93 Abs. 2 iVm Art. 5 VO EU Nr. 182/2011, das dem Komitologie-/Ausschussverfahren des ehem. Art. 31 Abs. 2 DSRL entspricht, im Wege eines Durchführungsrechtsaktes insbes. dann erlassen, wenn ein aus Vertretern der Mitgliedstaaten zusammengesetzter Ausschuss eine zust. Stellungn. zu dem ihm vorgelegten und von ihm geprüften Entwurf abgibt (vgl. allg. → Art. 93 Rn. 9 ff.). Aufgrund ihrer Rechtsnatur als Entsch. der KOM sind nationale ASB gem. Art. 288 AEUV grds. an die Entsch. gebunden. Bei Zweifel im Hinblick auf die Rechtmäßigkeit der Standarddatenschutzklauseln sind sie jedoch verpflichtet, die Frage einem nationalen Gericht vorzulegen (vgl. → Art. 45 Rn. 32b). Die ASB können Datenübermittlungen zudem aussetzen oder untersagen, wenn die vertraglichen Vereinbarungen vom Empfänger nicht beachtet werden, oder eine Missachtung naheliegt und dem Betroffenen ein irreparabler Schaden droht (Schröder in Kühling/Buchner DS-GVO Art. 46 Rn. 28).

Die erlassenen Standarddatenschutzklauseln können von jeder nicht öffentl. 20 datenverarbeitenden Stelle eingesetzt werden, **ohne** dass auf dieser Grdl. erfolgende Datenübermittlungen aus dem Geltungsbereich der DS-GVO hinaus **einer zusätzlichen Genehmigung einer ASB** bedürften (vgl. → Rn. 14). Für die Vertragsparteien ist der Einsatz von Standarddatenschutzklauseln insofern vorteilhaft, als dass diese **schnell implementiert** werden können und die **Unsicherheiten eines behördlichen Verfahrens wegfallen.**

Bisher boten Standarddatenschutzklauseln für ihren Verwender ein **hohes Maß an Rechtssicherheit.** Durch die Schrems-II-Entscheidung wurde dieser Umstand insofern ins Gegenteil verkehrt, als dass die Übermittlung personenbezogener Daten in Drittländer ohne ein im Lichte der GRCh angemessenes Schutzniveau auf der Grdl. von Standarddatenschutzklauseln künftig große Herausforderungen für ihre Verwender mit sich bringen wird (→ Rn. 12a ff.). Zusätzlicher Handlungsbedarf für die Vertragsparteien könnte ferner dann entstehen, wenn die KOM ihren Beschl. über die Standarddatenschutzklauseln ändert oder ersetzt. Insofern sollte ein Unternehmen ein **Register über die im Einsatz befindlichen Standarddatenschutzklauseln** führen, um im Falle von Anpassungsbedarf zügig reagieren zu können.

21 Die Privilegierung gilt auch für den Fall, dass die Standarddatenschutzklauseln **unverändert in ein Gesamt- oder Mehrparteienvertragswerk eingebaut** werden, solange die sonstigen in dem Vertrag enthaltenen Klauseln zu den Standarddatenschutzklauseln weder mittelbar noch unmittelbar im Widerspruch stehen oder die Grundrechte und -freiheiten der betroffenen Personen beschneiden (ErwGr 109). In Betracht kommen dabei auch Regelungen über Streitbeilegung, Kostenteilung und Vertragsbeendigung (Moos CR 2010, 281 (285)). Bei Mehrparteienverträgen muss jedoch insbes. festgelegt sein, welche Rollen die einzelnen Parteien innehaben (Verantwortlicher oder Auftragsverarbeiter) und wie die einzelnen Datenflüsse erfolgen (Lange/Filip in BeckOK DatenschutzR DS-GVO Art. 46 Rn. 31). Möglich ist es zudem, die Standarddatenschutzklauseln durch weitere vertragliche Regelungen zusätzlich abzusichern (ErwGr 109). Dieser Umstand wird in Folge der Schrems-II-Entscheidung erheblich an Bedeutung gewinnen (→ Rn. 12a ff.). Werden hingegen **Änd. an erlassenen Klauseln** selbst vorgenommen, dann gehen sie ihrer Privilegierungswirkung verlustig (zu Bsp. aus der Praxis vgl. Lange/Filip in BeckOK DatenschutzR DS-GVO Art. 46 Rn. 32). Dies gilt aus Gründen der Rechtssicherheit selbst dann, wenn die Änd. zu einem Mehr an Rechten der Betroffenen führen (vgl. Ziffer B.1.10 FAQs der KOM zu int. Datentransfers; abrufbar unter: http://ec.europa.eu/justice/data-protection/international-transfers/files/international_transfers_faq.pdf; Schantz in NK-DatenschutzR DS-GVO Art. 46 Rn. 32; aA Schröder in Kühling/Buchner DS-GVO Art. 46 Rn. 33; Hillenbrand-Beck RDV 2007, 231 (234); Lange/Filip in BeckOK DatenschutzR DS-GVO Art. 46 Rn. 29; Towfigh/Ulrich in HK-DS-GVO Art. 46 Rn. 8; Positionspapier des DK zum int. Datentransfer v. 28.3.2007, Ziffer II. 4.; v. d. Bussche in Plath DS-GVO Art. 46 Rn. 15; zur Frage, ob nationale ASB weitreichende Garantien verlangen dürfen vgl. Schröder in Kühling/Buchner DS-GVO Art. 46 Rn. 33). Da in einem solchen Fall keine „Standard"-Datenschutzklausel mehr vorliegt, kann die Datenübermittlung nicht auf Art. 46 Abs. 2 lit. c, wohl aber auf andere Erlaubnistatbestände (insbes. Art. 46 Abs. 3) gestützt werden.

22 bb) Regelungsstruktur und Auswahlkriterien. Die bisher ergangenen Kommissionsentscheidungen über Standarddatenschutzklauseln weisen **strukturelle Übereinstimmungen** auf. Der eigentlichen Kommissionsentscheidung, die den Zweck, den Anwendungsbereich und die bes. Bedeutung der Standarddatenschutzklauseln beschreibt, folgen im Anh. die konkreten Vertragstexte sowie zugehörige Formulare, die von den Vertragsparteien entspr. der beabsichtigten Datenübermittlung auszufüllen und zu unterzeichnen sind.

Jeweils enthalten sind etwa Klauseln, die die wechselseitigen Rechte und Pflichten einschl. der Haftung der Parteien festlegen, die Zusammenarbeit mit Kontrollstellen, Beendigungs- und Änderungsmöglichkeiten sowie das anwendbare Recht betreffen oder Dritten mittels Drittbegünstigungsklauseln Rechte einräumen. Verschiedene der vorgesehenen Regelungen (etwa zur Haftung, Kündigung oder zur Zulässigkeit von Weiterübermittlungen) adressieren die bekannten neuralgischen Punkte vertraglicher Regelungen und erlegen den Vertragsparteien sehr konkrete Verpflichtungen auf, die wenig Spielraum für Umgehung- und Interpretationsmöglichkeiten lassen (v. d. Bussche in Plath DS-GVO Art. 46 Rn. 15).

Derzeit sind drei von der KOM auf Grdl. von Art. 26 Abs. 4 DSRL **23** erlassene Standarddatenschutzklauseln verfügbar:

1. Standarddatenschutzklauseln für die Übermittlung personenbezogener Daten in Drittländer (Standarddatenschutzklauseln Set I; ABl. EG 2001 L 181, 19; abgeändert durch ABl. EU 2016 L 344, 100).
2. Alternative Standarddatenschutzklauseln für die Übermittlung personenbezogener Daten in Drittländer (Standarddatenschutzklauseln Set II; ABl. EG 2004 L 385, 74).
3. Standarddatenschutzklauseln für die Übermittlung personenbezogener Daten an Auftragsverarbeiter in Drittländern (Standarddatenschutzklauseln ADV; ABl. EU 2010 L 39, 5; abgeändert durch ABl. EU 2016 L 344, 100; diese haben die zuvor geltenden Standarddatenschutzklauseln für Auftragsverarbeiter (ABl. EG 2002 L 006, 52) ersetzt).

Mit Beschluss vom 16.12.2016 hat die KOM unter Berücksichtigung des **24** Schrems-Urteils (vgl. → Art. 45 Rn. 12 ff.) die Standarddatenschutzklauseln leicht angepasst und die Befugnisse der nationalen ASB gestärkt. Nunmehr müssen Mitgliedstaaten für den Fall, dass eine ASB eine Datenübertragung an Drittstaaten aussetzt oder endg. verbietet, die KOM lediglich informieren; weitere Voraussetzungen bestehen nicht. Auch im Lichte der Schrems-II-Entscheidung (→ Rn. 12a ff.) erscheint es nicht unwahrscheinlich, dass die KOM das bestehende System an Standarddatenschutzklauseln einer Überarbeitung unterzieht und die Wertungen des EuGH in aktualisierten Varianten der Standarddatenschutzklauseln adressiert.

Zu unterscheiden sind die Standarddatenschutzklauseln zunächst über ihren **25** **Verwendungszweck.** So ermöglichen die Standarddatenschutzklauseln Set I und Set II Datenübermittlungen zwischen Verantwortlichen. Verarbeitet die datenempfangende Stelle im Drittland bzw. der int. Organisation die personenbezogenen Daten hingegen im Auftrag der verantwortlichen Stelle, dann ist auf die Standarddatenschutzklauseln für Auftragsverarbeiter zurückzugreifen.

Stehen die Standarddatenschutzklauseln Set I und Set II zur Wahl, dann **26** kann insbes. die **abw. Haftungsregelung** für die Entsch. ausschlaggebend sein. Während die Vertragsparteien der Standarddatenschutzklauseln Set I **gesamtschuldnerisch** für entstandene Schäden der betroffenen Personen einzustehen haben (Klausel 6 Abs. 2 Standarddatenschutzklauseln Set I), sehen die von der Int. Handelskammer entwickelten und als insgesamt wirtschaftsfreundlicher geltenden Standarddatenschutzklauseln Set II in Klausel 3 lit. a eine vorteilhafte **verursacherbezogene Haftung** vor. Als vorzugswürdig wird Set II zudem erachtet, weil danach unkompliziert **Änd. zu Aktualisierungszwecken** möglich sind und die Vertragsparteien sich **lediglich rkr. Entsch. und Beschl.** der **ASB unterwerfen** (Standarddatenschutzklauseln Set I: Verpflichtung zur Bearbeitung aller Anfragen der Kontrollstellen; vgl. Hoeren RDV 2012, 271 (276)).

27   Allerdings ist zu beachten, dass die **Standarddatenschutzklauseln Set II** nach überw. Ansicht **nicht für die Übermittlung von Arbeitnehmerdaten** verwendet werden können. Sie erschweren zum einen die Haftung des Datenexporteurs (des dt. Arbeitgebers) und ermöglichen dem Arbeitnehmer zum anderen nicht, hinsichtlich der Datenverarbeitungen des Datenimporteurs die Rechte auf Auskunft, Berichtigung, Löschung und Schadensersatz ggü. dem Arbeitgeber geltend zu machen (vgl. Positionspapier des DK zum int. Datentransfer v. 28.3.2007, Ziff. II. 2.; Schmidl DuD 2008, 258 (259)). Um die Übermittlung von Arbeitnehmerdaten rechtskonform auszugestalten, wird es – neben einem **Ausweichen auf Set I** – für zulässig gehalten, die **Klauseln des Set II** um Regelungen **zu erweitern,** die den Arbeitnehmern die erforderlichen Individualrechte vermitteln. Ggü. bereits Angestellten kann dabei auf eine rechtlich wirksame selbstverpflichtende Zusicherung, etwa in Form eines Aushanges, bei Neueinstellungen auf eine entspr. Zusicherung im Arbeitsvertrag zurückgegriffen werden (Schmidl DuD 2008, 258 (260 f.)).

28   Anders als noch die Vorgängerfassung ermöglichen die **Standarddatenschutzklauseln für Auftragsverarbeiter** dem Beauftragten in bestimmten Fällen den **Einsatz von Subunternehmern.** Damit soll dem „Globalisierungstrend in den Geschäftspraktiken und Gepflogenheiten bei der Datenverarbeitung" Rechnung getragen werden (ErwGr 16 Standarddatenschutzklauseln ADV; Art-29-DSG WP 161 – Standarddatenschutzklauseln bei Auftragsverarbeitung S. 2). Allerdings umfasst diese Ermächtigung nicht sämtliche Var. an möglichen Auftrags- und Unterauftragsverhältnissen, wie sie etwa im **Cloud Computing** anzutreffen sind, sondern beschr. sich auf die konkrete Konstellation, dass ein in einem Drittland niedergelassener Auftragsverarbeiter einen in einem Drittland niedergelassenen Unterauftragsverarbeiter mit Verarbeitungsdiensten beauftragt (ErwGr 23 Standarddatenschutzklauseln ADV; Hornung/Sädtler CR 2012, 638 (644)). Voraussetzung ist dann, dass der Datenexporteur, der Verantwortliche, schriftlich in die Unterbeauftragung eingewilligt hat und der Auftragsverarbeiter **dem Unterauftragsverarbeiter** mittels einer schriftlichen Vereinbarung ua **die gleichen Pflichten auferlegt,** die auch der **Auftragsverarbeiter selbst zu erfüllen hat** (Klausel 5 lit. h, Klausel 11 Standarddatenschutzklauseln ADV; Moos CR 2010, 281 (282 ff.)). Hierzu genügt es, wenn der **Unterauftragsverarbeiter** den zwischen verantwortlicher Stelle und Auftragsverarbeiter **geschlossenen Vertrag mitunterzeichnet** (Klausel 11 Abs. 1 Standarddatenschutzklauseln ADV). Nicht zur Anwendung können die Klauseln hingegen insbes. dann kommen, wenn sowohl der Verantwortliche als auch der Auftragsverarbeiter in der EU sitzen und allein der Subunternehmer in einem Drittland niedergelassen ist (ausf. dazu Lange/Filip in BeckOK DatenschutzR DS-GVO Art. 46 Rn. 41 ff.; vgl. auch Moos CR 2010, 281 (285)). Mittels (genehmi-

gungsfreien) Standarddatenschutzklauseln lässt sich diese praxisrelevante Problemstellung nur lösen, indem der **Verantwortliche mit dem Unterauftragsnehmer außerhalb der EU** – selbst oder vertreten durch den Auftragsverarbeiter – die **Standarddatenschutzklauseln ADV abschließt**. Diese Vorgehensweise hat allerdings stets (mind.) eine Verdopplung vertraglicher Vereinbarungen und einen nicht unerheblichen logistischen Aufwand zur Folge, da es zusätzlich noch eines Vertragsschlusses zwischen Auftragsverarbeiter und Unterauftragsverarbeiter bedarf. Eine unmittelbar zwischen Auftragsnehmer und Unterauftragsverarbeiter einsetzbare aber **genehmigungspflichtige** (vgl. → Rn. 46 ff.) Alternative stellen **Ad-Hoc-Verträge** dar, mit denen dem Subunternehmer die Einhaltung der in den Standarddatenschutzklauseln ADV enthaltenen Pflichten und Haftungsbestimmungen auferlegt wird (Art-29-DSG WP 176 – FAQ zu Standarddatenschutzklauseln bei Auftragsverarbeitung S. 4 f.). Daneben kommen **verbindliche interne Datenschutzvorschriften für Auftragsverarbeiter** in Betracht, die allerdings ebenfalls einer **Genehmigung bedürfen** und zudem **keine Einbeziehung beliebiger Unterauftragsverarbeiter** ermöglichen (vgl. → Art. 47 Rn. 4; Filip ZD 2013, 51 (58 f.)).

Lt. einer Mitteilung vom Januar 2017 zieht die KOM unter der DS-GVO **29** die Entwicklung **neuer Standarddatenschutzklauseln** ua für Datenübermittlungen durch Auftragsverarbeiter an in Drittstaaten ansässige Unterauftragsverarbeiter in Erwägung (COM(2017) 7 final v. 10.1.2017, Nr. 3.2). Auch für spezifische Bedürfnisse bestimmter Wirtschaftssektoren (etwa sensible Daten im Gesundheitssektor) oder aber bes. Verarbeitungsvorgänge (etwa die Auslagerung von Dienstleistungen, die für europ. Unternehmen durchgeführt werden) seien neue Standarddatenschutzklauseln denkbar. Diese Entwicklung könnte durch die Schrems-II-Entscheidung des EuGH zusätzliche Fahrt aufnehmen.

b) Von Datenschutzbehörden verabschiedete Standarddatenschutz- **30** **klauseln (Abs. 2 lit. d).** Eine weitere **Neuerung ggü. der DSRL** ist die Möglichkeit, dass nicht mehr allein die KOM, sondern nun auch **ASB der EU-Mitgliedstaaten** Standarddatenschutzklauseln annehmen können (Abs. 2 lit. d). Diese Neuerung hat keinen Einfluss auf die Anforderungen an den Inhalt und die Form der Klauseln. Maßgeblich bleibt folglich, ob die **allg. inhaltlichen Mindestanforderungen erfüllt** sind (vgl. → Rn. 7 ff.). Ohne Kommissionsbeteiligung kommt diese Form der Standarddatenschutzklauseln indes ebenfalls nicht aus. Die ASB legt der KOM die selbst erstellten oder ihr vorgeschlagenen und von ihr geprüften Klauselwerke vor. Die nach den Verordnungsentwürfen der KOM und des EP noch vorgesehene vorherige Abstimmung der europ. ASB untereinander im Wege des Kohärenzverfahrens nach Art. 63 ff. ist im Trilog entfallen. Die KOM genehmigt und erlässt die Klauseln nach Durchführung des **Prüfungsverfahren** von Art. 93 Abs. 2 iVm Art. 5 VO EU Nr. 182/2011 insbes. dann, wenn ein aus Vertretern der Mitgliedstaaten zusammengesetzter Ausschuss eine zust. Stellungn. zu dem Entwurf abgibt (vgl. → Art. 93 Rn. 9 ff.).

31 In welchem Umf. in der Praxis von dem neugeschaffenen Instrument Gebrauch gemacht werden wird, bleibt abzuwarten. Zwar stehen mit den drei Standarddatenschutzklauseln, die derzeit in Kraft sind (vgl. → Rn. 23), bereits konkrete „Musterlösungen" zur Vfg. Das ändert aber nichts an dem unzweifelhaft vorhandenen **Bedarf an weiteren Alternativen,** die auch in bestimmten Konstellationen, die von den vorhandenen Standarddatenschutzklauseln nicht abgedeckt werden, zur Anwendung kommen können. Bes. Augenmerk dürfte dabei insbes. der **Erhöhung der Kompatibilität mit Cloud Computing-Modellen** zu widmen sein, bei denen die eingeschränkten Möglichkeiten zur Unterauftragsvergabe eine Verwendung von Standarddatenschutzklauseln oftmals ausschließen (vgl. → Rn. 28; Art-29-DSG WP 176 – FAQ zu Standarddatenschutzklauseln bei Auftragsverarbeitung S. 3 ff.; Hornung/Sädtler CR 2012, 638 (644)). Auch wäre vorstellbar, dass nationale ASB **für bestimmte Branchen** Standarddatenschutzklauseln erlassen, wenn sich solche Branchen vornehmlich im Zuständigkeitsbereich dieser ASB befinden und deshalb bei solchen ASB **bes. spezifische Expertise** vorhanden ist.

4. Genehmigte Verhaltensregeln (Abs. 2 lit. e)

32 Als weiteres **neues Garantieinstrument** zur Legitimierung von Datenübermittlungen in Drittländer oder an int. Organisationen stehen nun die aus dem US-amerikanischen Recht bekannten und in Art. 40 f. kodifizierten **genehmigten Verhaltensregeln** zur Vfg. (vgl. allg. → Art. 40 Rn. 1 ff.). Sie werden von Verbänden oder Vereinigungen, die bestimmte Gruppen von datenverarbeitenden Stellen vertreten, erstellt und geben diesen Stellen **Leitlinien für die Anwendung von Bestimmungen der DS-GVO** etwa im Hinblick auf technische und organisatorische Sicherheitsmaßnahmen, auf Meldepflichten bei Datenschutzverstößen aber auch auf Datenübermittlungen in Drittländer oder an int. Organisationen (Art. 40 Abs. 2).

33 Sollen Verhaltensregeln, die von verantwortlichen Stellen in Drittländern oder int. Organisationen eingehalten werden, als geeignete Sicherheitsmaßnahme iSv Abs. 2 lit. e qualifiziert werden, so müssen sie kumulativ drei Bedingungen erfüllen:

34 1. Die Verhaltensregeln müssen genehmigt worden sein. Dh sie müssen entweder von der gem. Art. 55 zuständigen ASB **genehmigt und veröffentlicht** (Art. 40 Abs. 5, 6) oder – für den Fall, dass sie sich auf **Verarbeitungstätigkeiten in mehreren Mitgliedstaaten** beziehen – von der KOM im Wege des **Prüfverfahrens** nach Art. 93 Abs. 2 iVm Art. 5 VO (EU) Nr. 182/2011 erlassen worden sein, nachdem der EDSA dazu Stellung genommen hat (Art. 40 Abs. 7).

35 2. Es muss **rechtlich verbindlich** sichergestellt werden, dass die verantwortlichen Stellen in Drittländern oder int. Organisationen die Verhaltensregeln einhalten. Dabei verweist die DS-GVO in Art. 40 Abs. 3 zunächst auf die Möglichkeit vertraglicher Lösungen. Als Alternative nennt die DS-GVO zudem allg. „rechtlich bindende Dokumente". Denkbar ist insofern etwa eine Aufnahme der Verhaltensregeln in die **allg. Unternehmensgrundsätze** (vgl.

Art-29-DSG WP 108 – Checkliste BCRs 2005 S. 5 zur Parallelproblematik bei verbindlichen unternehmensinternen Regelungen).

3. Zuletzt müssen die Verhaltensregeln geeignete Garantien zum Schutz **36** der Rechte der von Datenübermittlungen Betroffenen enthalten. Voraussetzung ist demnach, dass die **wesentlichen Bestimmungen des Datenschutzes** bei der Verarbeitung von in das Drittland oder an die int. Organisation übermittelten Daten beachtet werden und die **Einhaltung dieser Bestimmungen gewährleistet** ist. Hierzu bedarf es insbes. **Kontrollmöglichkeiten unabhängiger Instanzen** sowie **wirksamer Rechtsschutzmöglichkeiten für die von den Datenübermittlungen Betroffenen** (vgl. → Rn. 13).

5. Genehmigte Zertifizierungsmechanismen (Abs. 2 lit. f)

Parallel zu den unter → Rn. 32 ff. erläuterten genehmigten Verhaltensregeln **37** ist eine Legitimation von Datenübermittlungen aus dem Geltungsbereich der DS-GVO heraus durch genehmigte Zertifizierungsmechanismen möglich (vgl. allg. → Art. 42 Rn. 1 ff.). Mittels der entspr. den Vorgaben von Art. 42 f. eingeführten **datenschutzspezifischen Zertifizierungsverfahren, Datenschutzsiegel und -prüfzeichen** kann verantwortlichen Stellen und Auftragsverarbeitern bescheinigt werden, dass die von ihnen vorgenommenen Datenverarbeitungsvorgänge in Übereinstimmung mit den Vorgaben der DS-GVO durchgeführt werden (Art. 42 Abs. 1). Primär sind die Zertifizierungen dazu bestimmt, betroffenen Personen einen **raschen Überbl. über das Datenschutzniveau einschlägiger Produkte und Dienstleistungen** zu ermöglichen (vgl. ErwGr 100).

Sie können aber auch **geeignete Garantien** iSv Art. 46 Abs. 2 lit. f dar- **38** stellen, wenn Verantwortlicher und Auftragsverarbeiter in Drittländern oder in int. Organisationen zertifiziert werden. Dazu müssen **kumulativ vier Bedingungen** erfüllt sein:

1. Die Zertifizierungskriterien müssen ein **Genehmigungsverfahren 39 durchlaufen** haben. Zuständig für derartige Genehmigungen sind entweder die nationalen ASB oder – nach Durchführung des Kohärenzverfahrens gem. Art. 63 – der EDSA (vgl. Art. 63, 64 Abs. 1 lit. c; Art. 43 Abs. 3).

2. Die verantwortlichen Stellen und Auftragsverarbeiter in Drittländern **40** oder in int. Organisationen müssen **entspr. den Vorgaben der DS-GVO zertifiziert** werden. Die Zertifizierung kann entweder von akkreditierten Zertifizierungskörperschaften iSv Art. 43, von nationalen ASB oder – nach Durchführung des Kohärenzverfahrens gem. Art. 63 – vom EDSA erteilt werden (Art. 42 Abs. 5).

3. Weiter muss **rechtlich verbindlich** sichergestellt werden, dass die ver- **41** antwortlichen Stellen in Drittländern oder int. Organisationen die Zertifizierungskriterien einhalten. Insofern besteht eine identische Regelung wie im Fall der Verhaltensregeln gem. Abs. 2 lit. e (vgl. → Rn. 35). Dementsprechend stehen auch hier neben der konkret genannten Alternative der **vertraglichen Vereinbarungen** allg. „**rechtlich bindende Dokumente**" zur

Vfg. (Art. 42 Abs. 2). Letztere können in einer Aufnahme der Verhaltensregeln in die **allg. Unternehmensgrundsätze** bestehen.

42 4. Zuletzt müssen die Zertifizierungskriterien die Einhaltung geeigneter
Garantien zum Schutz der Rechte der von Datenübermittlungen Betroffenen
umfassen. Dies ist der Fall, wenn sie Vorgaben für die verantwortlichen Stellen
und Auftragsverarbeiter vorsehen, die die **Einhaltung der wesentlichen
Bestimmungen des Datenschutzes** bei der Verarbeitung von in das Drittland oder an die int. Organisation übermittelten Daten gewährleisten. Hierzu
zählen insbes. **Kontrollmöglichkeiten unabhängiger Instanzen** sowie
**wirksame Rechtsschutzmöglichkeiten für die von den Datenüber-
mittlungen Betroffenen** (vgl. → Rn. 13).

43 Die genehmigten Zertifizierungsmechanismen weisen als Garantieinstrument eine **konzeptionelle Besonderheit** auf. Anders als im Fall der sonstigen Übermittlungsgrundlagen des Art. 46 obliegt die **Letztentscheidung**
über die Zulässigkeit einer Übermittlung personenbezogener Daten aus dem
Geltungsbereich der DS-GVO heraus hier nicht zwangsläufig einer hoheitlichen, sondern uU **einer privaten Stelle.** Dies ist dann anzunehmen, wenn
die Zertifizierung durch eine akkreditierte Zertifizierungsstelle gem. Art. 43
vorgenommen wird. Allerdings ist dieser „Systembruch" letztlich unschädlich,
da einerseits die Zertifizierungskriterien vorab im Wege des vorgegebenen
Verfahrens hoheitlich festgelegt werden und andererseits die privaten Zertifizierungsstellen die zuständige ASB gem. Art. 43 Abs. 1 über beabsichtigte
Zertifizierungen zu unterrichten haben und letztere einschreiten können,
sofern die Voraussetzungen für eine Zertifizierung nicht vorliegen (Art. 58
Abs. 2 lit. h).

D. Genehmigungsbedürftige Garantiemaßnahmen (Abs. 3, 4)

I. Genehmigung durch Aufsichtsbehörden

44 Neben den in Art. 46 Abs. 2 abschl. aufgezählten Garantieinstrumenten, die
ohne zusätzliche Genehmigung einer ASB auskommen (vgl. → Rn. 14),
sehen Abs. 3 und Abs. 4 die Möglichkeit von Datenübermittlungen in Drittländer oder an int. Organisationen unter dem **Vorbehalt einer Genehmigung** seitens der zuständigen ASB vor. **Beispielhaft** („insbesondere") genannt werden insofern zwischen den datenübermittelnden Parteien abgeschlossene **Vertragsregelungen** sowie **qualifizierte Bestimmungen,** die
in Verwaltungsvereinbarungen zwischen Behörden und öffentl. Stellen
aufzunehmen sind. Daneben sind folglich andere Übermittlungsgrundlagen
denkbar, solange diese einen angemessenen Schutz der zu übermittelnden
personenbezogenen Daten gewährleisten und dieser Umstand durch die zuständige ASB bestätigt wird. Sollen etwa Mitarbeiterdaten innerhalb eines
Konzerns übermittelt werden, dann kommen bspw. Betriebsvereinbarungen
in Betracht, wenn deren Rechtsverbindlichkeit sichergestellt ist.

Die Genehmigungen der in Abs. 3 genannten sowie von sonstigen nicht **45** nach Abs. 2 als genehmigungsfrei eingestuften Garantieinstrumente sind im Wege des Kohärenzverfahrens gem. Art. 63 zu erteilen (Abs. 4).

II. Vertragsklauseln (Abs. 3 lit. a)

Individuelle vertragliche Regelungen **(Ad-Hoc-Verträge)** gem. Abs. 3 lit. a **46** stellen nur dann geeignete Garantien für die Übermittlung personenbezogener Daten in ein Drittland oder an eine int. Organisation dar, wenn sie **bestimmte Voraussetzungen** erfüllen (vgl. allg. zu Vertragsklauseln als Übermittlungsgarantien → Rn. 9 ff.). Hierzu müssen sie insbes. eine Verpflichtung der an der Übermittlung Beteiligten auf die **grdl. Bestimmungen des Datenschutzes** im Hinblick auf die Verarbeitung der in das Drittland oder an die int. Organisation übermittelten Daten sicherstellen. Der Vertrag muss detailliert festlegen, wie der Empfänger der Datenübermittlung diese Grundsätze anzuwenden hat. In Betracht kommen etwa Regelungen zur Festlegung der Zweckbestimmung, der Kategorien der zu übermittelnden Daten oder der Maßnahmen zur Verhinderung unautorisierter Zugriffe wie sie ebenfalls in den Standarddatenschutzklauseln (→ Rn. 18 ff.) enthalten sind (vgl. Art-29-DSG WP 12 – Übermittlungen in Drittländer S. 18; Wisskirchen CR 2004, 862 (866)).

Vertragsklauseln gem. Abs. 3 lit. a weisen den entscheidenden Vorteil auf, **47** dass sie durch ihre **individuelle Gestaltbarkeit** in nahezu jeder Konstellation zur Anwendung gelangen können. Anders als die vergleichsweise starren Standarddatenschutzklauseln, die jeweils konkrete Einsatzmöglichkeiten abdecken und nur dort verwendet werden können (→ Rn. 23), sind Vertragsklauseln gem. Abs. 3 lit. a **an den jeweiligen Einsatzzweck und -ort anpassbar.** Existiert für einen bestimmten Verwendungszweck also keine Standarddatenschutzklausel – wie etwa bei Cloud-Computing-Sachverhalten relevanten Anordnung, dass sowohl Verantwortlicher als auch Auftragsverarbeiter in der EU sitzen und allein der Subunternehmer in einem Drittland niedergelassen ist (→ Rn. 28) – so kann über Ad-Hoc-Verträge Abhilfe geschaffen werden. Die Vorzüge einer individuellen Gestaltbarkeit zeigen sich auch, wenn es beim Datenempfänger lediglich an bestimmten Voraussetzungen zur Sicherstellung eines angemessenen Schutzes der zu übermittelnden personenbezogenen Daten fehlt. Hier genügt es, wenn die Vertragsklauseln diese defizitären Bereiche ausgleichen.

Ungeachtet dieser Vorteile macht der mit dem Genehmigungserfordernis **48** einhergehende bürokratische und va zeitliche Aufwand individuelle Vertragsklauseln **praktisch wenig attraktiv** (so auch Schröder in Kühling/Buchner DS-GVO Art. 46 Rn. 41). Besteht also keine zwingende Notwendigkeit für die Verwendung von Ad-Hoc-Verträgen, weil sich die Datenübermittlung auch auf andere Übermittlungsalternativen aus Art. 46 – insbes. auf Standarddatenschutzklauseln – stützen lässt, wird regelmäßig dieser Weg vorzugswürdig sein.

III. Verwaltungsvereinbarungen (Abs. 3 lit. b)

49 Unter dem Vorbehalt einer aufsichtsbehördlichen Genehmigung können auch Bestimmungen, die in Verwaltungsvereinbarungen zwischen Behörden und öffentl. Stellen aufzunehmen sind, hinreichende Garantien für die Übermittlung personenbezogener Daten darstellen. Die Regelung erfasst in Abgrenzung zu Abs. 2 lit. a (→ Rn. 15 f.) **nur Verwaltungsvereinbarungen, denen keine rechtliche Verbindlichkeit** zukommt (vgl. ErwGr 108). Hiervon ist etwa auszugehen, wenn die Bestimmungen in eine **bloße Absichtserklärung** eingefügt werden (engl.: Memorandum of Understanding). IRd durchzuführenden Genehmigungsverfahrens ist folglich in erster Linie zu beleuchten, ob trotz der fehlenden Rechtverbindlichkeit ein hinreichender Schutz der zu übermittelnden personenbezogenen Daten sichergestellt ist.

50 Die Bestimmungen müssen den betroffenen Personen **durchsetzbare und wirksame Rechte** vermitteln. Insofern besteht kein Unterschied zu den Inhaltsanforderungen an die „Dokumente" gem. Abs. 2 lit. a (vgl. → Rn. 15 f.). Enthalten sein müssen demnach Regelungen, die einen **effektiven Rechtsschutz** gewährleisten und **Kontrollmöglichkeiten unabhängiger Instanzen** sicherstellen.

E. Geltungsdauer der Garantieinstrumente (Abs. 5)

51 Abs. 5 enthält zwei Tatbestandsalternativen, welche den Fortbestand von Genehmigungen und Feststellungen regeln, die im Hinblick auf die Zulässigkeit von Exporten personenbezogener Daten in Drittländer noch unter der DSRL erlassen worden sind. Während S. 1 sich auf die Genehmigung von Datenübermittlungen beim Vorliegen von geeigneten Garantiemaßnahmen bezieht (Art. 26 Abs. 2 DSRL; jetzt Art. 46 Abs. 3, 4), betrifft S. 2 die Entsch. der KOM über die Annahme von Standarddatenschutzklauseln (Art. 26 Abs. 4 DSRL; jetzt Art. 46 Abs. 2 lit. c und lit. d).

52 Die erfassten Genehmigungen bzw. Feststellungen bleiben unverändert in Kraft, solange sie nicht auf Grdl. der DS-GVO geänd., ersetzt oder aufgehoben werden. Die Vorschr. stellt eine Parallelregelung zu Art. 45 Abs. 9 (→ Art. 45 Rn. 34) dar, welche die gleiche Rechtsfolge für Angemessenheitsbeschlüsse anordnet.

Art. 47 Verbindliche interne Datenschutzvorschriften

(1) **Die zuständige Aufsichtsbehörde genehmigt gemäß dem Kohärenzverfahren nach Artikel 63 verbindliche interne Datenschutzvorschriften, sofern diese**
a) rechtlich bindend sind, für alle betreffenden Mitglieder der Unternehmensgruppe oder einer Gruppe von Unternehmen, die eine gemeinsame Wirtschaftstätigkeit ausüben, gelten und von diesen Mitgliedern durchgesetzt werden, und dies auch für ihre Beschäftigten gilt,

b) den betroffenen Personen ausdrücklich durchsetzbare Rechte in Bezug auf die Verarbeitung ihrer personenbezogenen Daten übertragen und

c) die in Absatz 2 festgelegten Anforderungen erfüllen.

(2) Die verbindlichen internen Datenschutzvorschriften nach Absatz 1 enthalten mindestens folgende Angaben:

a) Struktur und Kontaktdaten der Unternehmensgruppe oder Gruppe von Unternehmen, die eine gemeinsame Wirtschaftstätigkeit ausüben, und jedes ihrer Mitglieder;

b) die betreffenden Datenübermittlungen oder Reihen von Datenübermittlungen einschließlich der betreffenden Arten personenbezogener Daten, Art und Zweck der Datenverarbeitung, Art der betroffenen Personen und das betreffende Drittland beziehungsweise die betreffenden Drittländer;

c) interne und externe Rechtsverbindlichkeit der betreffenden internen Datenschutzvorschriften;

d) die Anwendung der allgemeinen Datenschutzgrundsätze, insbesondere Zweckbindung, Datenminimierung, begrenzte Speicherfristen, Datenqualität, Datenschutz durch Technikgestaltung und durch datenschutzfreundliche Voreinstellungen, Rechtsgrundlage für die Verarbeitung, Verarbeitung besonderer Kategorien von personenbezogenen Daten, Maßnahmen zur Sicherstellung der Datensicherheit und Anforderungen für die Weiterübermittlung an nicht an diese internen Datenschutzvorschriften gebundene Stellen;

e) die Rechte der betroffenen Personen in Bezug auf die Verarbeitung und die diesen offenstehenden Mittel zur Wahrnehmung dieser Rechte einschließlich des Rechts, nicht einer ausschließlich auf einer automatisierten Verarbeitung – einschließlich Profiling – beruhenden Entscheidung nach Artikel 22 unterworfen zu werden sowie des in Artikel 79 niedergelegten Rechts auf Beschwerde bei der zuständigen Aufsichtsbehörde beziehungsweise auf Einlegung eines Rechtsbehelfs bei den zuständigen Gerichten der Mitgliedstaaten und im Falle einer Verletzung der verbindlichen internen Datenschutzvorschriften Wiedergutmachung und gegebenenfalls Schadenersatz zu erhalten;

f) die von dem in einem Mitgliedstaat niedergelassenen Verantwortlichen oder Auftragsverarbeiter übernommene Haftung für etwaige Verstöße eines nicht in der Union niedergelassenen betreffenden Mitglieds der Unternehmensgruppe gegen die verbindlichen internen Datenschutzvorschriften; der Verantwortliche oder der Auftragsverarbeiter ist nur dann teilweise oder vollständig von dieser Haftung befreit, wenn er nachweist, dass der Umstand, durch den der Schaden eingetreten ist, dem betreffenden Mitglied nicht zur Last gelegt werden kann;

g) die Art und Weise, wie die betroffenen Personen über die Bestimmungen der Artikel 13 und 14 hinaus über die verbindlichen internen Datenschutzvorschriften und insbesondere über die unter den Buchstaben d, e und f dieses Absatzes genannten Aspekte informiert werden;

h) die Aufgaben jedes gemäß Artikel 37 benannten Datenschutzbeauftragten oder jeder anderen Person oder Einrichtung, die mit der Überwachung der Einhaltung der verbindlichen internen Datenschutzvorschriften in der Unternehmensgruppe oder Gruppe von Unternehmen, die eine gemeinsame Wirtschaftstätigkeit ausüben, sowie mit der Überwachung der Schulungsmaßnahmen und dem Umgang mit Beschwerden befasst ist;

i) die Beschwerdeverfahren;

j) die innerhalb der Unternehmensgruppe oder Gruppe von Unternehmen, die eine gemeinsame Wirtschaftstätigkeit ausüben, bestehenden Verfahren zur Überprüfung der Einhaltung der verbindlichen internen Datenschutzvorschriften. Derartige Verfahren beinhalten Datenschutzüberprüfungen und Verfahren zur Gewährleistung von Abhilfemaßnahmen zum Schutz der Rechte der betroffenen Person. Die Ergebnisse derartiger Überprüfungen sollten der in Buchstabe h genannten Person oder Einrichtung sowie dem Verwaltungsrat des herrschenden Unternehmens einer Unternehmensgruppe oder der Gruppe von Unternehmen, die eine gemeinsame Wirtschaftstätigkeit ausüben, mitgeteilt werden und sollten der zuständigen Aufsichtsbehörde auf Anfrage zur Verfügung gestellt werden;

k) die Verfahren für die Meldung und Erfassung von Änderungen der Vorschriften und ihre Meldung an die Aufsichtsbehörde;

l) die Verfahren für die Zusammenarbeit mit der Aufsichtsbehörde, die die Befolgung der Vorschriften durch sämtliche Mitglieder der Unternehmensgruppe oder Gruppe von Unternehmen, die eine gemeinsame Wirtschaftstätigkeit ausüben, gewährleisten, insbesondere durch Offenlegung der Ergebnisse von Überprüfungen der unter Buchstabe j genannten Maßnahmen gegenüber der Aufsichtsbehörde;

m) die Meldeverfahren zur Unterrichtung der zuständigen Aufsichtsbehörde über jegliche für ein Mitglied der Unternehmensgruppe oder Gruppe von Unternehmen, die eine gemeinsame Wirtschaftstätigkeit ausüben, in einem Drittland geltenden rechtlichen Bestimmungen, die sich nachteilig auf die Garantien auswirken könnten, die die verbindlichen internen Datenschutzvorschriften bieten, und

n) geeignete Datenschutzschulungen für Personal mit ständigem oder regelmäßigem Zugang zu personenbezogenen Daten.

(3) [1] Die Kommission kann das Format und die Verfahren für den Informationsaustausch über verbindliche interne Datenschutzvorschriften im Sinne des vorliegenden Artikels zwischen Verantwortlichen, Auftragsverarbeitern und Aufsichtsbehörden festlegen. [2] Diese Durchführungsrechtsakte werden gemäß dem Prüfverfahren nach Artikel 93 Absatz 2 erlassen.

BDSG und anderes nationales Recht: –

Literatur: FS 25 Jahre Datenschutz und 5 Jahre Informationsfreiheit in Berlin 2008; *Filip,* Binding Corporate Rules (BCR) aus der Sicht einer Datenschutzaufsichtsbehörde, ZD 2013, 51; *Kort,* Arbeitnehmerdatenschutz gemäß der EU-Datenschutz-Grundverordnung, DB 2016, 711.

Übersicht

A. Allgemeines

I. Einführung

Int. tätige und mit (selbständigen) Einheiten in verschiedenen Ländern ansäs- **1**
sige **Unternehmensgruppen** (nach Art. 4 Nr. 19 sind dies Gruppen von
Unternehmen, die aus einem herrschenden Unternehmen und den von
diesem abhängigen Unternehmen bestehen, also Konzerne, s. dazu → Rn. 4)
haben nicht selten ein Interesse daran, **personenbezogene Daten** – bspw.
Personal-, Kunden- oder Lieferantendaten – **gruppenweit verfügbar** zu
machen. Von großer Relevanz in der Praxis ist bspw. die Weitergabe von
Beschäftigtendaten iR zentraler Personalverwaltung oder von Kundendaten
zum Zwecke der Einf. einer globalen Kundendatenbank. Verfolgen die
Unternehmensgruppe oder eines ihr angehörigen Unternehmen ein daten-
basiertes Geschäftsmodell, dann setzt dieses Geschäftsmodell häufig voraus,
dass die maßgeblichen personenbezogenen Daten gruppenweit verfügbar
sind. Im häufig anzutreffenden Fall, dass nicht sämtliche Niederlassungen in
der EU oder einem sicheren Drittland (→ Art. 45 Rn. 34) liegen, stellt sich
unmittelbar die Frage einer Zulässigkeit der dann vorliegenden Drittlandsübermittlung. Wie es bereits unter der DSRL der Fall war (Dammann/Simitis
DSRL Art. 2 Rn. 17; Innenministerium BW, Hinweise zum Datenschutz für
private Unternehmen und Organisationen Nr. 39, Ziff. 3.4), sieht das unionsrechtliche Datenschutzrecht in diesen Konstellationen weiterhin **kein
Konzernprivileg** vor (Schröder in Kühling/Buchner DS-GVO Art. 46
Rn. 20; Zerdick in Ehmann/Selmayr DS-GVO Art. 47 Rn. 4; aA Kort DB
2016, 711 (714), der unter der DS-GVO zumindest von einem „beschränkten" Konzernprivileg ausgeht). Zwar erkennt der Verordnungsgeber teilw.
(insbes. zu internen Verwaltungszwecken) ein legitimes Interesse der verantwortlichen Stelle daran an, personenbezogene Daten innerhalb einer Unternehmensgruppe zugänglich zu machen (vgl. ErwGr 48). Diese auf der ersten
Stufe (vgl. allg. → Art. 44 Rn. 9) der Bewertung der Zulässigkeit der Datenweitergabe zu berücksichtigende Interessenlage ist jedoch ohne Präjudiz für

die auf der zweiten Stufe erfolgende Prüfung der Rechtmäßigkeit der Übermittlung aus dem territorialen Geltungsbereich der DS-GVO hinaus (vgl. ErwGr 48 aE). IErg bedarf es somit entweder einer Übermittlungsgrundlage aus Art. 46 (→ Art. 46 Rn. 5) oder eines Erlaubnistatbestandes nach Art. 49; letztere sind aufgrund ihres Ausnahmecharakters allerdings grds. eng auszulegen (→ Art. 49 Rn. 2). Insbes. die vermeintlich bequemste Alternative der genehmigungsfreien **Standarddatenschutzklauseln** gem. Art. 46 Abs. 2 lit. c, d (→ Art. 46 Rn. 18 ff.) ist im Fall von oft variierenden, netzartigen Datenübermittlungen innerhalb einer multinationalen Unternehmensgruppe regelmäßig **nicht praktikabel.** Da dazu jeder Verantwortliche mit jedem Datenempfänger in einem Drittland einen separaten – und auf den konkreten Übermittlungsvorgang zugeschnittenen – Standardvertrag abschließen müsste, hätte dies mitunter eine kaum überschaubare Anhäufung an Verträgen zur Folge (Filip ZD 2013, 51 (51 f.)).

II. Zentrale Begrifflichkeiten

1. Verbindliche interne Datenschutzvorschriften

2   An diesem Punkt setzen die verbindlichen internen Datenschutzvorschriften (**Binding Corporate Rules,** kurz: **BCR;** zum Begriff vgl. Art. 4 Nr. 20) an, die bereits Ende der 90er Jahre auf Betreiben der Wirtschaft ins Leben gerufen wurden. Bei BCR handelt es sich um Unternehmensrichtlinien, die in der Form eines Gruppenvertrages alle einbezogenen Unternehmenseinheiten binden und für diese einen **verbindlichen Datenschutzstandard** schaffen (Hoeren RDV 2012, 271 (274)). Als weltweit erste Unternehmensgruppe führte die **DaimlerChrysler AG** derartige Unternehmensregelungen für Kundendaten einerseits und für Mitarbeiterdaten andererseits ein, auf deren Grdl. die Berliner ASB 2002 zwei Genehmigungen für Datenübermittlungen von Konzerntöchtern der DaimlerChrysler AG in die USA erteilte (FS Datenschutz Bln., 7 (46 f.)). In der Folge präzisierte die **Art. 29-Datenschutzgruppe** die konkreten Anforderungen an BCR in verschiedenen Arbeitspapieren und entwickelte sie fortlaufend weiter (Art-29-DSG WP 74 – Art. 26 Abs. 2 DSRL; WP 102 – Checkliste BCRs 2004; WP 107 – Kooperationsverfahren; WP 108 – Checkliste BCRs 2005; WP 133 – Antrag auf Genehmigung von BCRs 2007; WP 153 – Grundsätze und Bestandteile von BCRs; WP 154 – Rahmen für BCRs; WP 155 – FAQ zu BCRs; vgl. → Rn. 7 zu den Arbeitspapieren WP 195a – Antrag auf Genehmigung von BCRs 2012 und WP 204 – BCRs und Auftragsverarbeitung hinsichtlich BCR für Auftragsverarbeiter). Diese Dokumente **standen nun Pate für die Regelungen der BCR in der DS-GVO,** sodass sie für die Auslegung und Konkretisierung herangezogen werden können (vgl. DS-GVO Entwurf der KOM, DS-GVO-E(KOM) (13)).

3   Aus datenschutzrechtlicher Sicht wurden BCR unter der DSRL auf Art. 26 Abs. 2 DSRL gestützt, der allerdings keinen Hinweis auf diese Form einer Garantiemaßnahme zur Legitimierung von Datenübermittlungen in Drittländer enthält. Während in der Folge etwa der dt. Gesetzgeber das Instrument in

§ 4c Abs. 2 S. 2 BDSG aF ausdr. aufgriff, die Ausgestaltung der konkreten Voraussetzungen aber der Praxis überließ, wurden BCR in Portugal überhaupt nicht als Übermittlungsgrundlage anerkannt. Vor diesem Hintergrund stellt es eine **bedeutende Neuerung ggü. der DSRL** und eine nicht zu unterschätzende **Stärkung dieses Instruments** dar, dass BCR nun in der DS-GVO ausdr. und mitsamt der detaillierten Beschreibung der Anforderungen für ihre Anerkennung in Gesetzesform gegossen wurden.

2. Unternehmensgruppen und -kooperationen

Neben Unternehmensgruppen (zum Begriff des Unternehmens vgl. Art. 4 Nr. 18, zum Begriff der Unternehmensgruppe vgl. Art. 4 Nr. 19) können BCR auch von anderen Formen von **Gruppen von Unternehmen** eingeführt werden, sofern diese eine gemeinsame Wirtschaftstätigkeit ausüben (vgl. Art. 4 Nr. 20 aE, „**Unternehmenskooperationen**"). Eine Konkretisierung letzter Personengruppe sucht man in der DS-GVO vergeblich. Mit Mitteilung vom 10.1.2017 hat die KOM lediglich festgestellt, dass es sich insofern bspw. um Unternehmen aus der Reiseindustrie handeln könne (COM(2017) 7 final, 11). Gemeinsame Voraussetzung für sämtliche Unternehmensgruppen oder -kooperationen ist, dass diese so verfestigt sind, dass sie in der Praxis die Einhaltung der datenschutzrechtlichen Anforderungen an eine verbindliche Unternehmensregelung – etwa aufgrund der Eigentumsverhältnisse, einer finanziellen Beteiligung oder sonstigen Bestimmungen – sicherstellen können (vgl. dazu Zerdick in Ehmann/Selmayr DS-GVO Art. 47 Rn. 8; Art-29-DSG WP 74 – Art. 26 Abs. 2 DSRL S. 8). Als **limitierender Faktor** dürfte sich das insbes. bei **BCR von Auftragsverarbeitern** erweisen. Einer schrankenlosen Vergabe von Unteraufträgen an Unterauftragsverarbeiter durch deren Einbeziehung in eine Unternehmenskooperation dürften insofern Grenzen gesetzt sein, als sich nicht jede Beziehung mit dem Unterauftragsverarbeiter als hinreichend verfestigt erweisen wird. Auch bei **losen Kooperationen** zwischen branchengleichen Unternehmen wird man mit Blick auf die umfangr. inhaltlichen Anforderungen in Abs. 2 eher auf genehmigungsbedürftige Verhaltensregeln nach Art. 46 Abs. 2 lit. e iVm Art. 40 zurückgreifen müssen (Schröder in Kühling/Buchner DS-GVO Art. 47 Rn. 13).

Die Natur der BCR als gruppen- bzw. kooperationsinternes Garantieinstrument hat zwangsläufig zur Folge, dass **Weiterübermittlungen der personenbezogenen Daten,** also Datenübermittlungen an Unternehmen, die von diesen BCR nicht gebunden sind, **nicht auf der Basis der BCR** erfolgen können. Befindet sich ein solcher Empfänger folglich in einem Land ohne angemessenes Datenschutzniveau, dann bedarf es einer sonstigen Übermittlungsgrundlage aus Art. 46 oder der Bejahung eines Erlaubnistatbestandes nach Art. 49 (Art-29-DSG WP 74 – Art. 26 Abs. 2 DSRL S. 9).

Auf Grdl. von Art. 26 Abs. 2 DSRL wurden bis zum Inkrafttreten der DS-GVO **BCR von 132 Unternehmensgruppen und -kooperationen genehmigt** (Stand Mai 2018, vgl. die Liste abrufbar unter: https://ec.europa.eu/info/law/law-topic/data-protection/international-dimension-data-protection/binding-corporate-rules-bcr_de). Wie Art. 46 Abs. 5 S. 1 klarstellt, **bleiben** diese **gültig,** solange sie nicht von einer ASB **geändert, ersetzt oder aufgehoben** werden (vgl. → Art. 46 Rn. 52).

III. Binding Corporate Rules für Auftragsverarbeiter

7 Unter der DS-GVO können BCR nicht allein von Unternehmensgruppen und -kooperationen eingeführt werden, deren Mitglieder als Verantwortliche eigene Daten verarbeiten, sondern auch für den Fall, dass sie mit **Auftragsverarbeitung** hinsichtlich der Verarbeitung der Daten Dritter befasst sind. Eigenständige BCR für Auftragsverarbeiter sind eine vergleichsweise junge Entwicklung. Offiziell anerkannt werden sie seit dem 1.1.2013 (vgl. die Pressemeldung der Art. 29-Datenschutzgruppe v. 21.12.2012, abrufbar unter: http://ec.europa.eu/justice/data-protection/article-29/press-material/press-release/art29_press_mate-rial/201212 21_pr_bcrs_en.pdf), zuvor hatte die Art. 29-Datenschutzgruppe bereits in Arbeitspapieren die Anforderungen und Prinzipien, denen BCR für Auftragsverarbeiter gerecht werden müssen, sowie ein entspr. Antragsformular veröffentlicht (Art-29-DSG WP 195a – Antrag auf Genehmigung von BCRs 2012). Die Entwicklung dieser BCR folgte auf die **Veröff. der Standarddatenschutzklauseln für Auftragsverarbeiter** (→ Art. 46 Rn. 23), die von der KOM bereits 2010 verabschiedet worden waren und auf deren Grdl. Verantwortliche in der EU Daten an einen Auftragsverarbeiter in einem Drittland weitergeben konnten. Insbes. vor dem Hintergrund ihres eingeschränkten Anwendungsbereiches (→ Art. 46 Rn. 28) wurde weiterhin ein unverminderter Bedarf an alternativen Datenübermittlungsgrundlagen in Auftragsverarbeitungskonstellationen gesehen (Art-29-DSG WP 204 – BCRs und Auftragsverarbeitung S. 5). Nicht umfasst sind dagegen Übermittlungen bzw. Offenlegung von personenbezogenen Daten an Unternehmen, einschl. Auftragsverarbeiter, außerhalb der jeweiligen Unternehmensgruppe (Schröder in Kühling/Buchner DS-GVO Art. 47 Rn. 15).

8 Noch ist allerdings **unklar, ob und inwiefern BCR für Auftragsverarbeiter unter der DS-GVO eigenen und anderen Anforderungen als BCR für Verantwortliche unterliegen** sollen – wie es von den Arbeitspapieren WP 195a – Antrag auf Genehmigung von BCRs 2012 und WP 204 – BCRs und Auftragsverarbeitung der Art. 29-Datenschutzgruppe vorgesehen wird. Da die DS-GVO bei den in Art. 47 enthaltenen Mindestvorgaben an die Genehmigungsfähigkeit von BCR **keine Differenzierung** zwischen dem konkreten Verwendungszweck der BCR vorsehen und damit grds. dies. Voraussetzungen zu erfüllen sind, erscheint dies zumindest zweifelhaft. IErg wird sich diese Frage wohl erst beantworten lassen, wenn sich eine Genehmigungspraxis von BCR auf Grdl. von Art. 47 herausgebildet hat.

B. Genehmigungsvoraussetzungen (Abs. 1)

I. Genehmigungsverfahren

BCR sind von der zuständigen ASB gem. dem Kohärenzverfahren gem. **9**
Art. 63 zu genehmigen (Abs. 1). Dieser vergleichsweise trivialen Festlegung
kommt praktisch große Bedeutung zu. Die Festlegung ist eine **wichtige
Neuerung** ggü. der bisherigen Rechtslage, die eine **deutliche Attraktivi-
tätssteigerung von BCR** zur Folge hat. Unter der DSRL waren Datenübermittlungen auf der Grdl. von BCR im Hinblick auf das Genehmigungserfordernis insofern problematisch, als die verschiedenen ASB – sofern sie BCR
überhaupt als taugliche Übermittlungsgrundlagen anerkannten (→ Rn. 3) –
unterschiedliche Verfahrensvorgaben und materielle Anforderungen
stellten (vgl. die Auflistung der unterschiedlichen Voraussetzungen, abrufbar
unter: http://ec.europa.eu/justice/data-protection/international-transfers/fi-
les/table_nat_admin_req_en.pdf), was bei der Einf. von BCR zu erheblichem
logistischen Aufwand führte.

Unter der DSRL erfolgte die Genehmigung von BCR im Wege des sog. **10**
Koordinierungs- oder des mutual recognition-Verfahrens der ASB.
Um die europaweite Anerkennung von BCR zu erreichen, war iRd Koor-
dinierungsverfahrens ein dreistufiger Ablauf vorgesehen. Im ersten Schritt
bestimmte das Unternehmen die für die Genehmigung der BCR zuständige
federführende ASB (**„lead authority"**) nach objektiven, von der Art. 29-
Datenschutzgruppe entwickelten Kriterien (vgl. Art-29-DSG WP 107 – Kooperationsverfahren S. 2: grds. vorrangiges Abstellen auf den Sitz der Unternehmenszentrale; daneben bspw. Heranziehen des Sitzes des mit dem Datenschutz beauftragten Unternehmensteiles, des Sitzes des Unternehmensteiles,
der am besten geeignet ist, sich mit der Genehmigungserteilung zu befassen
und die verbindlichen unternehmensinternen Regelungen im Unternehmen
durchzusetzen oder des Unternehmensteiles von dem die meisten Datenexporte ausgehen) und legte dieser den Entwurf der BCR vor. Im zweiten
Schritt stimmte die federführende ASB die BCR sodann mit der Unternehmensgruppe bzw. -kooperation ab und leitete diesen „konsolidierten Entwurf"
daraufhin den ASB, in deren Zuständigkeitsbereich weitere datenexportieren-
de gruppenangehörige Unternehmen ansässig waren, zur Stellungn. zu (Art-
29-DSG WP 107 – Kooperationsverfahren S. 3). Im dritten Schritt waren die
auf Grdl. der Stellungn. überarb. BCR („endgültige Entwurfsfassung") sodann
erneut den ASB zu übermitteln. Das Genehmigungsverfahren war erfolgreich
beendet, wenn die ASB die Angemessenheit der vorgeschlagenen Garantien
bestätigten (vgl. Art-29-DSG WP 107 – Kooperationsverfahren S. 4). Eine
Vereinfachung ggü. diesem Koordinierungsverfahren stellte der Prozess der
gegenseitigen Anerkennung (**„mutual recognition"**) dar. Die teilnehmenden Länder (zuletzt waren dies 21 EWR-Staaten) **verzichteten auf eine
eigene Prüfung** und verpflichteten sich stattdessen, durch die federführende
ASB **geprüfte Unternehmensregelungen anzuerkennen.** Um sich weitere Expertise und Erfahrung zunutze zu machen, konnten dabei bis zu zwei

zusätzliche ASB in die Prüfung eingebunden werden. Das Verfahren brachte eine deutliche Verkürzung des Genehmigungsprozesses mit sich. Eine „Genehmigung aus einer Hand" hatte es allerdings nicht zur Folge, schließlich bedurften die BCR nach wie vor einer etwaigen Genehmigung der EWR-Staaten, die nicht am mutual recognition-Verfahren teilnahmen (Filip ZD 2013, 51 (54)).

11   Mit dem mit der DS-GVO nun eingeführten einheitlichen Genehmigungsregime geht iErg ein Ende des zuvor bestehenden „Flickenteppichs" einher. Sollen auf der Grdl. von BCR personenbezogene Daten in ein Drittland oder eine int. Organisation übermittelt werden, dann ist eine **Genehmigung der BCR durch die zuständige ASB** (ggf. im Wege des Kohärenzverfahrens → Art. 93 Rn. 10 ff.) **sowohl erforderlich als auch ausreichend.** Aus Art. 46 f. folgen dabei in verfahrenstechnischer Hinsicht zwei wesentliche Neuerungen ggü. der bisherigen Rechtslage und geübten Praxis. Zunächst lässt der eindeutige Wortlaut von Abs. 1 keinen Raum mehr für die unter der DSRL mitunter vertretene Auff. (in Deutschland etwa von den ASB in Baden-Württemberg, Bayern, Bremen, Hamburg, Hessen, Saarland, Sachsen, Sachsen-Anhalt und Thüringen), dass BCR genehmigungsfrei seien. Dies wurde damit begr., dass BCR ein angemessenes Schutzniveau iSd Art. 25 Abs. 2 der DSRL schaffen würden, sodass keine (zu genehmigenden) Garantien zur Überwindung eines fehlenden Schutzniveaus erforderlich seien (Filip ZD 2013, 51 (52)). Aus Art. 46 Abs. 2 folgt überdies, dass Datentransfers, die auf Grdl. bereits genehmigter BCR stattfinden, keiner zusätzlichen Genehmigung mehr bedürfen (vgl. → Art. 46 Rn. 14). Auch insofern bestand unter der DSRL keine Einigkeit zwischen den verschiedenen europ. ASB (vgl. → Rn. 9; Filip ZD 2013, 51 (53)).

12   Abs. 1 verweist hinsichtlich der Genehmigung von BCR grds. auf das **Kohärenzverfahren gem. Art. 63.** Dabei sind allerdings **Sachverhalte, die lediglich einen Mitgliedstaat betreffen,** vom Anwendungsbereich der Vorschr. **auszunehmen.** Die von Art. 63, 64 Abs. 1 lit. f vorgeschriebene Befassung des EDSA ist nur statthaft, wenn die Unternehmensgruppe bzw. -kooperation, die BCR einführen möchte, **Niederlassungen in mehreren Mitgliedstaaten** besitzt, die personenbezogene Daten exportieren sollen. Das folgt aus Sinn und Zweck des Kohärenzverfahrens, welches eine einheitliche Anwendung der DS-GVO in der gesamten EU sicherstellen soll (vgl. ErwGr 135 sowie arg. e contrario aus ErwGr 127). Eine uneinheitliche Rechtsanwendung ist aber von vornherein nur denkbar, wenn eine bestimmte Maßnahme, sprich die Genehmigung der BCR im konkreten Einzelfall, in den Zuständigkeitsbereich mehrerer ASB fällt und so theoretisch unterschiedlich bewertet werden kann.

13   Die DS-GVO führt das mit dem bisherigen Koordinierungs- und mutual recognition-Verfahren (→ Rn. 10) bereits weitgediehene **„One-Stop-Shopping"** konsequent zu Ende. Für sämtliche Mitgliedstaaten gilt hinsichtlich BCR nun ein einheitliches Genehmigungsverfahren mit übereinstimmenden Verfahrens- und Anerkennungsvoraussetzungen. Zur **Bestimmung der federführenden ASB** wird dabei – wie es unter der DSRL ebenfalls vorrangig der Fall war – gem. Art. 56 Abs. 1 auf den Sitz der Haupt- oder einzigen

Niederlassung des Verantwortlichen oder Auftragsverarbeiters abgestellt (vgl. auch ErwGr 124; Art-29-DSG WP 107 – Kooperationsverfahren S. 2). Anders als bislang ist der Begriff der Hauptniederlassung nun in Art. 4 Nr. 16 legal definiert, wobei zwischen Verantwortlichen und Auftragsverarbeitern unterschieden wird. Danach ist bei einem **Verantwortlichen** mit Niederlassungen in mehr als einem Mitgliedstaat grds. auf die Hauptverwaltung und hilfsweise – sollte dies nicht bei der Hauptverwaltung angesiedelt sein – auf die Niederlassung abzustellen, die für die Managementtätigkeiten im Hinblick auf Datenschutzfragen und deren Umsetzung zuständig ist. Kein Kriterium ist demgegenüber die Frage, wo die Datenverarbeitungsaktivitäten tatsächlich stattfinden (ErwGr 36). In den – faktisch seltenen – **hiervon nicht erfassten Konstellationen** ist die Festlegung **nach Maßgabe der bisherigen Grundsätze** vorzunehmen. Hat etwa ein Verantwortlicher mehrere Niederlassungen in der EU, von denen keine als Hauptniederlassung eingeordnet werden kann, weil sämtliche Managementaktivitäten in einem Drittland vorgenommen werden, dann ist ein Anknüpfen an die oben (→ Rn. 10) genannten bewährten und umfassenderen Kriterien, insbes. den Schwerpunkt der Datenexporte, weiterhin sachgerecht. Keine Probleme wirft hingegen die Bestimmung der federführenden ASB bei **Auftragsverarbeitern** auf. Haben diese keine Hauptverwaltung in der EU, dann soll – anders als im Fall des Verantwortlichen – auf die Niederlassung abgestellt werden, in der schwerpunktmäßig die Datenverarbeitungsaktivitäten erfolgen.

Ob die unter der DS-GVO geltenden Verfahrensregelungen in der Praxis **14** zu einer **Beschleunigung und/oder Straffung des Genehmigungsverfahrens** führen werden, **bleibt abzuwarten.** Die gesetzlich vorgeschriebene Bestimmung der zuständigen ASB macht jedenfalls das zu diesem Zweck zuvor erforderliche und auf eine Dauer von bis zu einem Monat (vgl. Art-29-DSG WP 107 – Kooperationsverfahren) ausgelegte Verfahren zwischen den ASB überflüssig. Inwiefern das, mitunter zeitintensive, anschließende Abstimmungsverfahren der ASB iRd tatsächlichen Genehmigungsprozesses entfällt, ist hingegen offen. Unter der DS-GVO legt die federführende ASB den mit der Unternehmensgruppe bzw. -kooperation abgestimmten BCR-Entwurf gem. Art. 64 Abs. 1 dem Ausschuss zur Stellungn. vor. Dabei ist allerdings vorgesehen, dass neben einer Darst. des Sachverhaltes insbes. auch die Standpunkte anderer betroffener ASB mitzuliefern sind (Art. 64 Abs. 4). Diese Festlegung hat eine **teilw. Rückkehr zum ursprünglichen Koordinierungsprozess** zur Folge (→ Rn. 10). Anders als dies iRd mutual recognition-Verfahrens der Fall war – dort verzichteten die betroffenen Länder auf eine eigene Prüfung und erkannten die Entsch. der Federführenden auch für sich bindend an –, sind nun in einem ersten Schritt **erneut sämtliche betroffene ASB mit den BCR zu befassen.** Die Einholung dieser Stellungn. dürfte aber wiederum einen nicht unerheblichen Zeitraum beanspruchen, auch und insbes. weil die betroffenen ASB wohl weiterhin Übersetzungen in die maßgeblichen Landessprachen fordern werden. Die Übermittlung des Entwurfes an den Ausschuss ersetzt lediglich die zuvor erforderliche abermalige Vorlage der BCR – der „endgültigen Entwurfsfassung" – an die betroffenen ASB, indem sie die finale Abstimmung in das Kohärenzverfahren verlagert.

15 Die Detailregelungen hinsichtlich des Informationsaustausches zwischen Verantwortlichen, Auftragsverarbeitern und ASB sind gem. Abs. 3 noch im Wege eines Durchführungsrechtsaktes zu präzisieren (vgl. → Rn. 33 f.).

II. Genehmigungsvoraussetzungen von Binding Corporate Rules

1. Interne rechtliche Verbindlichkeit (Abs. 1 lit. a)

16 Eine wesentliche Anerkennungsvoraussetzung von BCR ist ihre **rechtliche Verbindlichkeit innerhalb der Unternehmensgruppe bzw. -kooperation.** In **personeller Hinsicht** muss Verbindlichkeit ggü. allen „betreffenden" Unternehmensteilen gewährleistet sein, die von den BCR profitieren sollen. Nicht erforderlich ist dagegen eine Verpflichtung auch aller übrigen Mitglieder der Unternehmensgruppe. In **sachlicher Hinsicht** müssen die BCR sämtliche personenbezogene Daten einbeziehen, die Gegenstand einer Übermittlung an Empfänger in einem Drittland oder an int. Organisationen sind, soweit kein anderer Erlaubnistatbestand iSd Art. 45 ff. greift (vgl. Schröder in Kühling/Buchner DS-GVO Art. 47 Rn. 16 f.). Auf welche Art und Weise dies im Einzelfall erreicht werden kann, hängt von verschiedenen Faktoren ab, etwa von der Gruppenstruktur oder den einzelstaatlichen Vorschr., denen die Gruppenunternehmen unterliegen. Als **nicht ausreichend** wird insofern etwa grds. ein bloßer **Hinweis in den Gruppenrichtlinien,** dass der Datenschutz garantiert werde, oder eine entspr. **Wohlverhaltenserklärung der Führungsspitze** sein (Towfigh/Ulrich in HK-DS-GVO Art. 47 Rn. 8; vgl. zum alten Recht auch Simitis in Simitis BDSG aF § 4c Rn. 65). Infrage kommen demgegenüber ua **vertragliche Vereinbarungen** zwischen den Unternehmen, die der Unternehmensgruppe bzw. -kooperation angehören, **einseitige Erkl. oder Verpflichtungen seitens des Mutterunternehmens,** soweit diese für die übrigen Unternehmensteile verbindlich sind, oder die **Aufnahme der Regelungen in die allg. Unternehmensgrundsätze** mit entspr. Verhaltensregeln, Audits und Sanktionen zu ihrer Durchsetzung (vgl. Art-29-DSG WP 108 – Checkliste BCRs 2005 S. 5). Die interne rechtliche Verbindlichkeit ist im jeweiligen Einzelfall zu prüfen. So scheiden bspw. einseitige Erklärungen des Mutterunternehmens dann aus, wenn diese im jeweiligen Mitgliedstaat nicht als verbindliche Regelung anerkannt werden (Filip ZD 2013, 51 (57); Schröder in Kühling/Buchner DS-GVO Art. 47 Rn. 19; Art-29-DSG WP 74 – Art. 26 Abs. 2 DSRL S. 12; WP 108 – Checkliste BCRs 2005 S. 6).

17 Die rechtliche Verbindlichkeit der BCR muss auch die **Beschäftigten der Gruppenunternehmen** erfassen. Zu diesem Zweck können den Mitarbeitern bspw. diesbzgl. **Verpflichtungen in den Arbeitsverträgen** auferlegt oder verbindliche Anweisungen über das Direktionsrecht erteilt und diese durch entspr. **Disziplinarmaßnahmen und Sanktionen im Falle von Verstößen** abgesichert werden (vgl. Art-29-DSG WP 108 – Checkliste BCRs 2005 S. 6; WP 204 – BCRs und Auftragsverarbeitung S. 8). Zur Förderung des Datenschutzbewusstseins beim betrieblichen Umgang mit personenbezogenen Daten sind zudem **spezielle Schulungsprogramme für**

die **Beschäftigten** empfehlenswert, für Personal mit ständigem oder regelmäßigem Zugang zu personenbezogenen Daten sind diese verpflichtend (vgl. Abs. 2 lit. n; → Rn. 32).

2. Vermittlung durchsetzbarer Rechte (Abs. 1 lit. b)

BCR müssen nicht nur innerhalb der Unternehmensgruppe bzw. -koope-   **18** ration **rechtlich verbindlich** sein, sondern auch **im Außenverhältnis** Wirkung entfalten. Von Datenübermittlungen im Anwendungsbereich der BCR betroffene Personen müssen als **Drittbegünstigte** die Möglichkeit haben, die Einhaltung der Regelungen sowohl **durch die ASB** als auch **auf gerichtlichem Wege** zu erzwingen (→ Rn. 21). Hierzu müssen ihnen gem. Abs. 2 lit. e im Verletzungsfall insbes. das Recht auf Wiedergutmachung und ggf. auf Schadensersatz eingeräumt werden. Dabei stellt sich die Frage des jeweils infrage kommenden Formates in gleicher Weise wie iRd Rechtsverbindlichkeit innerhalb der Unternehmensgruppe bzw. -kooperation (→ Rn. 16). Im Falle von BCR, deren interne Geltung durch **vertragliche Vereinbarungen** zwischen den Unternehmen erreicht wird, können die Drittbegünstigungsrechte den Betroffenen durch entspr. in den Vertrag aufzunehmende Regelungen gewährt werden (Art-29-DSG WP 74 – Art. 26 Abs. 2 DSRL S. 12; WP 204 – BCRs und Auftragsverarbeitung S. 9). Im dt. Zivilrecht kann in dogmatischer Hinsicht insofern auf einen Vertrag zugunsten Dritter iSd § 328 BGB, ansonsten aber auch auf einseitige Rechtsgeschäfte mit vergleichbarer Rechtsfolge zurückgegriffen werden (Schröder in Kühling/Buchner DS-GVO Art. 47 Rn. 21). So kann eine Drittbegünstigung auch im Wege eines **Garantievertrages** mit nicht zugangsbedürftiger Annahmeerklärung erreicht werden (Filip ZD 2013, 51 (58)).

3. Inhaltliche Mindestanforderungen an Binding Corporate Rules (Abs. 2)

Abs. 2 enthält eine umfangr. Auflistung an Mindestanforderungen an die   **18a** BCR, die einerseits den Unternehmen eine Abfassung erleichtern, andererseits den ASB bei einer einheitlichen Anwendung des Art. 47 helfen sollen. Die Auflistung enthält materiell-rechtliche und verfahrensrechtliche Mindestangaben an die BCR („mindestens"). Im Einzelfall können – etwa wegen der Struktur des Unternehmens oder der Art der Datenübermittlung – weitere Anforderungen erforderlich sein (Zerdick in Ehmann/Selmayr DS-GVO Art. 47 Rn. 13).

Zur **Ermöglichung einer Genehmigungsentscheidung** und – nach   **19** Genehmigungserteilung – aus **Transparenzgesichtspunkten** ist es erforderlich, dass sich der konkrete Geltungsbereich unmittelbar aus den BCR selbst ergibt und nicht erst über einen zusätzlichen Rechercheaufwand ermittelt werden muss. Aus diesem Grund müssen die BCR belastbare Informationen zur Struktur und Kontaktdaten der Unternehmensgruppe bzw. -kooperation, für die die BCR gelten, sowie ihrer Mitglieder enthalten (Abs. 2 lit. a). Während die ASB diese Informationen iR ihrer Beurteilung und – dem eigentlichen Genehmigungsprozess vorgelagert – zur Feststellung der federführenden Behörde benötigen, helfen sie nach Genehmigungserteilung insbes. bei der **Bewertung, ob konkrete Datenflüsse von den BCR gedeckt sind** und ermöglichen den von Datenübermittlungen Betroffenen zudem eine Ausübung ihrer Rechte.

20   Ebenfalls zum Zwecke der Genehmigungsentscheidung und einer anschließenden Rechtmäßigkeitskontrolle sind die **von den jeweiligen BCR umfassten Datenübermittlungen** festzulegen, einschl. der betr. Arten personenbezogener Daten, der Art und des Zweckes der Datenverarbeitung, der Art der betroffenen Personen sowie einer Angabe des bzw. der Drittländer, in welche die Datenübermittlungen erfolgen sollen (Abs. 2 lit. b; Art-29-DSG WP 155 – FAQ zu BCRs S. 5). Die Angaben in den BCR zur Datenübermittlung müssen aus sich heraus für jeden verständlich sein. Die bisherige Praxis nach der DSRL, wonach BCR bloß generische Beschreibungen enthalten durften und zusätzlich detailliertere Informationen über die spezifischen Datenübermittlungen erst iRd einzelstaatlichen Genehmigungsverfahrens mitgeteilt wurden (vgl. Art-29-DSG WP 204 – BCRs und Auftragsverarbeitung S. 14 f.) lässt sich auf Abs. 2 lit. b nicht übertragen. Denn Abs. 2 lit. b sieht eine Genehmigung der BCR durch die ASB als solche vor, nicht dagegen eine Genehmigung der individuellen Datenübermittlung (Schröder in Kühling/Buchner DS-GVO Art. 47 Rn. 32). Int. Unternehmensgruppen und -kooperationen, für die die Einf. von BCR infrage kommt, können oftmals ein Interesse an einer Vielzahl an verschiedensten, den einzelnen Unternehmensteil überschreitenden Datenflüssen haben (vgl. → Rn. 1). Aus der Genehmigungsperspektive korreliert allerdings mit einem **weiten Umf.** an unter die BCR fallenden Datenübermittlungen und Datenarten ein **höherer Rechtfertigungsaufwand** (Art-29-DSG WP 108 – Checkliste BCRs 2005 S. 8). Die Genehmigungsbehörde muss sich ein Bild davon verschaffen können, ob die in den BCR vorhandenen Sicherungsmaßnahmen den Schutz der personenbezogenen Daten gewährleisten. Dies gilt insbes., wenn eine Übermittlung personenbezogener Daten an gruppenangehörige Unternehmen in Drittländern mit sehr niedrigem Datenschutzniveau, eine Übermittlung bes. Kategorien personenbezogener Daten oder eine Weiterübermittlung an gruppenfremde Unternehmen beabsichtigt ist (Art-29-DSG WP 108 – Checkliste BCRs 2005 S. 9; → Art. 46 Rn. 11). Nach Erteilung einer Genehmigung ermöglicht die Festlegung der in Abs. 2 lit. b genannten Informationen wiederum sowohl (den Angestellten) der Unternehmensgruppe bzw. -kooperation selbst als auch Personen außerhalb die Feststellung, ob konkrete Datenübermittlungen zulässigerweise auf Grdl. der BCR erfolgen können (vgl. Art-29-DSG WP 74 – Art. 26 Abs. 2 DSRL S. 14). Von Bedeutung sind die Angaben damit auch für die Beurteilung der Frage, ob von einer Unternehmensgruppe bzw. -kooperation beabsichtigte geänd. Datenübermittlungen bereits von den BCR erfasst sind oder sie ggf. ein erneutes Genehmigungsverfahren erforderlich machen (vgl. → Rn. 29).

21   Gem. Abs. 2 lit. c müssen die BCR Angaben zu ihrer Rechtsverbindlichkeit enthalten. Davon umfasst ist sowohl die **interne Verbindlichkeit der BCR** innerhalb der Unternehmensgruppe bzw. -kooperation gem. Abs. 1

lit. a (→ Rn. 16 f.) als auch die **externe Verbindlichkeit** – die Vermittlung verbindlicher und durchsetzbarer Rechte ggü. betroffenen Personen – gem. Abs. 1 lit. b (→ Rn. 18). Insbes. der letztgenannte Aspekt erfordert **klare Regelungen** in den BCR, die der Unternehmensgruppe bzw. -kooperation und ihren Angestellten **keinen Interpretationsspielraum zulasten der Betroffenen** einräumen (Art-29-DSG WP 74 – Art. 26 Abs. 2 DSRL S. 13). Konkret bedeutet dies, dass die Rechte mit drittbegünstigten Charakter explizit genannt werden müssen (entspr. Schröder in Kühling/Buchner DS-GVO Art. 47 Rn. 33). Erl., woraus sich die Rechtverbindlichkeit ergibt, sind dagegen lediglich im Antrag auf Genehmigung der BCR, nicht aber in den BCR selbst erforderlich (Art-29-DSG WP 153 – Grundsätze und Bestandteile von BCRs S. 3).

22 Abs. 2 lit. d enthält einen umfangr., nicht abschl. („insbesondere") Katalog der **„allgemeinen Datenschutzgrundsätze"** der DS-GVO, die der Unternehmensgruppe bzw. -kooperation angehörigen Unternehmen in Drittländern iRd BCR aufzuerlegen sind. Insbes. in Ländern, die keine oder nur wenige Datenschutzvorschriften aufweisen und keine Datenschutzkultur besitzen, steht zu befürchten, dass die allg. Datenschutzgrundsätze den Unternehmen und Arbeitnehmern, die personenbezogene Daten dort verarbeiten, wenig bedeuten (Art-29-DSG WP 74 – Art. 26 Abs. 2 DSRL S. 14). Auch insofern bedarf es deshalb klarer Regelungen, die von den Personen, die innerhalb des Unternehmens für den Datenschutz zuständig sind, verstanden und tatsächlich angewandt werden können. Um Fehlinterpretationen zu vermeiden und der ASB die Prüfung zu erleichtern, wird die Verwendung der Formulierungen und Bestimmungen der entspr. Regelungen der DS-GVO empfohlen (vgl. Art-29-DSG WP 155 – FAQ zu BCRs S. 6). Konkret nennt Abs. 2 lit. d Zweckbindung, Datenminimierung, begrenzte Speicherfristen, Datenqualität, Datenschutz durch Technikgestaltung und durch datenschutzfreundliche Voreinstellungen, Rechtsgrundlagen für die Verarbeitung sowie für die Verarbeitung bes. Kategorien von personenbezogenen Daten, Maßnahmen zur Sicherstellung der Datensicherheit und Anforderungen für die Weiterübermittlung an nicht an die internen Datenschutzvorschriften gebundenen Stellen (vgl. Art-29-DSG WP 154 – Rahmen für BCRs zu den Einzelanforderungen hinsichtlich der Einhaltung der Datenschutzgrundsätze unter der DSRL). Allerdings ist nicht zwingend erforderlich, dass die BCR stets sämtliche angeführten Grundsätze selbst regeln. BCR stellen **kein isoliertes Datenschutzrecht** innerhalb der Unternehmensgruppe bzw. -kooperation dar, sondern sind stets in einer **Zusammenschau mit dem bestehenden Datenschutzregime** in dem jeweiligen Drittland, in welchem das oder die Unternehmen ihren Sitz hat bzw. haben, zu sehen. Die Verpflichtung auf die Einhaltung der allg. Datenschutzgrundsätze erfolgt nicht um ihrer selbst willen, sondern dient primär dem Zweck, am Empfangsort bzw. den Empfangsorten ein angemessenes Datenschutzniveau zu schaffen (vgl. ErwGr 110). Aus diesem Grund sind in den BCR nur solche **Regelungen zwingend** zu treffen, die **zur Sicherstellung des Schutzes der zu übermittelnden personenbezogenen Daten tatsächlich erforderlich** sind (krit. Schröder in Kühling/Buchner DS-GVO Art. 47 Rn. 37). Fehlt es also lediglich an

bestimmten Festlegungen zur Erreichung eines Datenschutzniveaus nach Maßgabe der DS-GVO, dann genügt es, wenn die BCR diese **defizitären Bereiche ausgleichen** (vgl. zur Parallelsituation bei Ad-Hoc-Verträgen → Art. 46 Rn. 47). Um den ASB die Prüfung der BCR zu erleichtern, ist es allerdings empfehlenswert, iRd Antragsstellung auf die Entbehrlichkeit entspr. Festlegungen in den BCR hinzuweisen und sich dabei auf die im Drittland bestehenden Regelungen zu berufen.

23   In den BCR müssen die **Drittbegünstigtenrechte** angegeben werden, die den Betroffenen hinsichtlich der von Unternehmen in Drittländern auf Grdl. der BCR vorgenommenen **Verarbeitung ihrer personenbezogenen Daten** sowie der den Betroffenen **offenstehenden Mittel zur Wahrnehmung dieser Rechte** eingeräumt werden (Abs. 2 lit. e). Auf diesem Weg wird iErg die Einhaltung der in Abs. 2 lit. d genannten allg. Datenschutzgrundsätze gewährleistet. Die Drittbegünstigtenrechte müssen ggü. dem haftenden Unternehmen (→ Rn. 24) geltend gemacht werden können und sicherstellen, dass die betroffenen Personen **so gestellt werden, als ob ihre Daten das EU-Gebiet nie verlassen hätten** (Art-29-DSG WP 74 – Art. 26 Abs. 2 DSRL S. 18 f.; WP 154 – Rahmen für BCRs S. 19). Konkret werden in Abs. 2 lit. e zunächst die Rechte der Betroffenen angeführt, (a) keinen Entsch. unterworfen zu werden, die ausschl. auf automatisierten Verarbeitungen beruhen und ihnen ggü. rechtliche Wirkung entfalten oder sie in ähnlicher Weise erheblich beeinträchtigen (Art. 22 Abs. 1), (b) im Fall von Verletzungen bei der zuständigen ASB Beschwerde einzulegen oder die zuständigen Gerichte der Mitgliedstaaten anzurufen sowie (c) Wiedergutmachung und ggf. Schadenersatz zu erhalten. Soweit hiervon noch nicht abgedeckt, ist die **Einräumung weiterer Drittbegünstigtenrechte notwendig,** etwa das Recht auf Auskunft (vgl. Art. 15), Berichtigung (vgl. Art. 16), Löschung (vgl. Art. 17), Einschränkung der Datenverarbeitung (vgl. Art. 18) oder Widerspruch gegen bestimmte Datenverarbeitungen (vgl. Art. 21). Im Fall von BCR verantwortlicher Stellen müssen den Dritten iErg die Rechte zustehen (vgl. die Auflistung in Art-29-DSG WP 74 – Art. 26 Abs. 2 DSRL S. 12 f.), die **nach den Standarddatenschutzklauseln Set I** (→ Art. 46 Rn. 23) ggü. dem Datenexporteur und dem Datenimporteur gewährt werden (Lange/Filip in BeckOK DatenschutzR DS-GVO Art. 47 Rn. 39). Bei BCR für Auftragsverarbeiter müssen hingegen auftragsverarbeitungsspezifische Aspekte berücksichtigt werden. So sollte der Betroffene hier durchsetzen können, dass der Auftragsverarbeiter sich den Weisungen der verantwortlichen Stelle unterwirft (vgl. die Auflistung in Art-29-DSG WP 204 – BCRs und Auftragsverarbeitung S. 10). Die den Betroffenen einzuräumenden Möglichkeiten, die Einhaltung der Regelungen der BCR sowohl durch **Einreichen einer Beschwerde** bei der zuständigen ASB als auch durch **Anrufen eines zuständigen Gerichtes** in der EU sicherzustellen, stehen **gleichrangig nebeneinander und schließen sich nicht gegenseitig aus** (vgl. Art. 79 Abs. 1; WP 74 – Art. 26 Abs. 2 DSRL S. 11 f.). Zum Zweck der gerichtlichen Geltendmachung müssen die BCR den Betroffenen in Abhängigkeit von der Struktur der Unternehmensgruppe bzw. -kooperation eine **Wahlmöglichkeit zwischen bis zu drei unterschiedlichen Gerichtständen**

einräumen: Zwar sah die Art. 29-Datenschutzgruppe bislang lediglich Gerichtsstände im Mitgliedstaat des Unternehmensteiles, von dem die Datenübermittlung stammt, und dem der Hauptniederlassung bzw. des für den Datenschutz zuständigen Unternehmensteiles vor (Art-29-DSG WP 74 – Art. 26 Abs. 2 DSRL S. 20; WP 108 – Checkliste BCRs 2005 S. 7; WP 204 – BCRs und Auftragsverarbeitung S. 9; vgl. → Rn. 13 zur Bestimmung der Hauptniederlassung unter der DS-GVO). Allerdings hat der Betroffene unter der DS-GVO stets das Recht, eine Klage alternativ bei den Gerichten des Mitgliedstaates an seinem Aufenthaltsort zu erheben (Art. 79 Abs. 2 S. 2). Um inkonsistente Rechtsschutzmöglichkeiten zu vermeiden, muss diese für den Betroffenen sehr vorteilhafte Regelung auch Anwendung finden, wenn Datenverarbeitungen eines der Unternehmensgruppe bzw. -kooperation angehörigen Unternehmens in einem Drittland nicht den maßgeblichen Regelungen in den BCR entsprechen. Aus Unternehmenssicht bietet es sich daher an, den Betroffenen in den BCR diesen Gerichtsstand ebenfalls als Wahlmöglichkeit zur Vfg. zu stellen.

Aus den BCR muss hervorgehen, welches der Unternehmensgruppe bzw. **24** -kooperation angehörige Unternehmen mit Sitz in der EU für etwaige **Verstöße eines in einem Drittland niedergelassenen Unternehmens** gegen die BCR einsteht (Abs. 2 lit. f). Die Haftung iSd Abs. 2 lit. f ist streng zu unterscheiden von einer evtl. bestehenden **eigenen Haftung** des in dem Drittland niedergelassenen Unternehmens selbst; ggf. greift eine gesamtschuldnerische Haftung. Aus den BCR muss hervorgehen, dass es dem in Anspruch genommenen Unternehmen obliegt nachzuweisen, dass der Verstoß gegen die BCR, mit dem die betroffene Person ihre Schadenersatzforderung begr., nicht dem außerhalb der EU ansässigen Mitglied der Unternehmensgruppe bzw. -kooperation zur Last gelegt werden kann **(Beweislastumkehr).** Nur wenn dem Unternehmen mit Sitz in der EU dieser Nachweis gelingt, ist es insoweit von der Haftung befreit. Dem Betroffenen wäre ohne einer solche Beweislastumkehr die Beweisführung ansonsten, wenn überhaupt, nur unter Einsatz eines unverhältnismäßigen Aufwandes möglich (Art-29-DSG WP 74 – Art. 26 Abs. 2 DSRL S. 19 f.). Mag auch grds. die Hauptniederlassung (vgl. → Rn. 13) für die Übernahme der Haftung prädestiniert sein, so ist es aufgrund des offenen Wortlautes des Abs. 2 durchaus möglich, die Verpflichtung einem anderen in einem Mitgliedstaat ansässigen Unternehmen aufzuerlegen, insbes. soweit dieses Unternehmen zum Betroffenen den näheren Bezug hat oder aber über bes. finanzielle Mittel verfügt (Schröder in Kühling/Buchner DS-GVO Art. 47 Rn. 43; aA wohl Lange/Filip in BeckOK DatenschutzR DS-GVO Art. 47 Rn. 45 mit Verweis auf Art-29-DSG WP 155 – FAQ zu BCRs S. 4 f.), die es ua für notwendig erachten, dass eine Zentralisierung der Haftung etwa aufgrund der bes. Struktur der Unternehmensgruppe nicht möglich ist). Der Antrag auf Genehmigung der BCR muss jedoch eine **Bestätigung** enthalten, dass das haftende Unternehmen über **ausreichende Mittel** verfügt oder **geeignete Vorkehrungen** getroffen hat, etwa durch Abschluss einer Haftpflichtversicherung, um evtl. Schadensersatzverpflichtungen infolge der Verletzung der BCR durch Unternehmen in Drittländern zu erfüllen (vgl. auch Art-29-DSG

WP 74 – Art. 26 Abs. 2 DSRL S. 19; WP 108 – Checkliste BCRs 2005 S. 7). Unzulässig ist daher auch eine Haftungsüberleitung auf eine leere Unternehmenshülle mit dem Ziel der Haftungsvermeidung.

25 Um den Betroffenen einen **effektiven Rechtsschutz** gegen Verletzungen bei der Verarbeitung ihrer personenbezogenen Daten iRd BCR zu ermöglichen, benötigen sie nach Abs. 2 lit. g **Informationen über Art und Umf. der sie betr. Datenverarbeitungen sowie über die ihnen zustehenden Rechte und Rechtsbehelfe** nach Abs. 2 lit. d bis lit f. Die Informationspflicht tritt neben die Pflichten aus Art. 13 und 14 (Schröder in Kühling/Buchner DS-GVO Art. 47 Rn. 44; vgl. zur DSRL bereits Art-29-DSG WP 74 – Art. 26 Abs. 2 DSRL S. 20). Über die übrigen Angaben der BCR nach Maßgabe des Abs. 2 müssen die betroffenen Personen dagegen im Umkehrschluss nicht zwingend informiert werden (Lange/Filip in BeckOK DatenschutzR DS-GVO Art. 47 Rn. 50). Für die in Abs. 2 lit. g genannten Informationen müssen die BCR für die Betroffenen das **Recht auf einfachen Zugang** zu den BCR **festschreiben.** Auch die Klausel über die Drittbegünstigung sollte für alle betroffenen Personen, die entspr. Rechte in Anspruch nehmen können, leicht zugänglich sein. Wie konkret zu informieren ist, ist eine Frage des Einzelfalles und hängt von den BCR und dabei insbes. davon ab, welche personenbezogenen Daten welches Personenkreises auf Grdl. der BCR übermittelt werden. Dienen die BCR etwa lediglich der **Übermittlung von Beschäftigtendaten** und handelt es sich bei den Betroffenen damit allein um Angestellte der Unternehmensgruppe bzw. -kooperation, so dürfte es ausreichend sein, sie in das **Intranet** einzustellen (Art-29-DSG WP 153 – Grundsätze und Bestandteile von BCRs S. 5). Eine **Veröff. im Internet** wird demgegenüber angezeigt sein, wenn auf Grdl. der BCR auch die personenbezogenen Daten von **externen Personen** übermittelt werden sollen. Nicht ausreichend ist dagegen, soweit die BCR lediglich auf Anfrage zur Vfg. gestellt werden (so auch Schröder in Kühling/Buchner DS-GVO Art. 47 Rn. 44).

26 Gem. Abs. 2 lit. h sind in den BCR die **Personen oder Einrichtungen** der Unternehmensgruppe bzw. -kooperation **zu bezeichnen,** die für **die Überwachung der Einhaltung der BCR** (→ Rn. 28) sowie die **Überwachung der Schulungsmaßnahmen** (→ Rn. 32) und den **Umgang mit Beschwerden** (→ Rn. 27) zuständig sind. Diese Personen oder Einrichtungen (Abs. 2 lit. h spricht lediglich von „Person"; umfasst sind neben natürlichen auch jur. Personen) müssen über ein entspr. Maß an Unabhängigkeit verfügen (Art-29-DSG WP 74 – Art. 26 Abs. 2 DSRL S. 17; WP 153 – Grundsätze und Bestandteile von BCRs S. 7). Nach dem offenen Wortlaut kann dabei auch auf externe Personen zurückgegriffen werden (entspr. Lange/Filip in BeckOK DatenschutzR DS-GVO Art. 47 Rn. 54). Wurden von der Unternehmensgruppe bzw. -kooperation **Datenschutzbeauftragte** – oder gem. Art. 37 Abs. 2 ein gemeinsamer Datenschutzbeauftragter – benannt, dann fallen die Aufgaben grds. in deren Verantwortungsbereich (vgl. Art. 39 Abs. 1 lit. b). Abs. 2 lit. h verlangt überdies die Beschreibung der konkreten Aufgaben und Zuständigkeiten dieser Personen bzw. Einrichtungen (Art-29-DSG WP 74 – Art. 26 Abs. 2 DSRL S. 16 f.; vgl. insbes. die beispielhafte Aufgabenbeschreibung in Art-29-DSG WP 154 – Rahmen für BCRs S. 9).

Die BCR müssen ein **Verfahren** beschreiben, das es betroffenen Personen **27** ermöglicht, gegen **Verstöße** von Mitgliedern der Unternehmensgruppe bzw. -kooperation gegen die BCR **Beschwerde** zu erheben (Abs. 2 lit. i). Das Beschwerdeverfahren ist **unabhängig von** den den Betroffenen nach Abs. 2 lit. e einzuräumenden Möglichkeiten einer **Beschwerde bei einer ASB** und der **Anrufung eines Gerichtes** (→ Rn. 23). Zuständig für die Bearbeitung der Beschwerden sind die Personen oder Einrichtungen, die nach Maßgabe von Abs. 2 lit. h (→ Rn. 26) festzulegen sind. Der **Antrag** auf Genehmigung der BCR muss darüber hinaus **weitere konkretisierende Angaben** zu den Beschwerdeverfahren enthalten. Gefordert werden etwa Aussagen zu Form, Frist und den möglichen Rechtsbehelfen gegen abl. Entsch. (vgl. Art-29-DSG WP 153 – Grundsätze und Bestandteile von BCRs S. 7; WP 204 – BCRs und Auftragsverarbeitung S. 6 f.).

In den BCR ist ein **Verfahren zur Überprüfung der Einhaltung der** **28** **BCR** vorzusehen (Abs. 2 lit. j). Konkret ist insbes. festzulegen, dass die **Datenschutzaudits** regelmäßig oder auf Antrag der für die Überwachung der Einhaltung der BCR zuständigen Personen oder Einrichtungen (→ Rn. 26) erfolgen, dass sie alle Aspekte der BCR abdecken und Verfahren vorhanden sind, die die Durchführung von **Abhilfemaßnahmen** sicherstellen. Vorgenommen werden können die Audits sowohl von **internen** als auch von **akkreditierten externen Auditoren** (Art-29-DSG WP 74 – Art. 26 Abs. 2 DSRL S. 16 f.; WP 153 – Grundsätze und Bestandteile von BCRs S. 8 f.). Es bleibt abzuwarten, ob nach Ansicht der ASB Auditoren zugleich die allg. Überwachung nach Abs. 2 lit. h durchführen dürfen, oder ob insofern eine funktionale Trennung vorzunehmen ist. Auch wenn Praktikabilitätsgründe sicher für eine Zuweisung an eine Einheit sprechen, birgt die Personenidentität zumindest die Gefahr einer iErg leerlaufenden Selbstkontrolle (so Lange/Filip in BeckOK DatenschutzR DS-GVO Art. 47 Rn. 58 mit Verweis auf die bisherige Genehmigungspraxis). Die **Erg.** der Audits sind den **zuständigen Personen** sowie dem **Verwaltungsrat** des herrschenden Unternehmens einer Unternehmensgruppe oder der -kooperation **mitzuteilen.** Darüber hinaus ist in den BCR vorzusehen, dass den **ASB** im Fall einer Aktualisierung der BCR (→ Rn. 29) sowie auf Antrag **Zugang zu den Erg.** des Audits zu gewähren ist und dass sie berechtigt sind, bei Bedarf selbst einen Datenschutzaudit durchzuführen (→ Rn. 30). Insbes. die umfassenden Dokumentationspflichten könnten in der Praxis viele Unternehmen abschrecken, BCR zu verwenden (so Schröder in Kühling/ Buchner DS-GVO Art. 47 Rn. 49, der von einer „Beweisführung gegen sich selbst" spricht). Die weiteren, über die genannten Aspekte hinausgehenden **Einzelheiten des Auditverfahrens** (etwa konkrete Angaben zum Verfahrensablauf) sind nicht in den BCR selbst, sondern im **Genehmigungsantrag** zu beschreiben (vgl. iE Art-29-DSG WP 153 – Grundsätze und Bestandteile von BCRs S. 8).

Die BCR müssen ein Verfahren für die Erfassung und interne Meldung **29** von Änd. der BCR und die externe Meldung dieser Änd. an die ASB aufweisen (Abs. 2 lit. k). Unternehmensgruppen und -kooperationen sind **keine starren Organisationen:** Ihre **Strukturen und Praktiken unterliegen** regelmäßig **Veränderungen,** etwa durch den Kauf oder Verkauf von Unternehmensteilen oder die Erschließung neuer Geschäftsfelder. Da die BCR immer **auf einem aktuellen Stand zu halten** sind, sind sie an die tatsächlich vorliegenden Gegebenheiten anzupassen. Um sicherzustellen, dass sämtliche Mitglieder der Unternehmensgruppe bzw. Unternehmenskooperation stets auf Grdl. einer aktuellen Fassung der BCR operieren, bedarf es insofern zunächst der Festlegung von Verantwortlichkeiten hinsichtlich eines **Verfahrens zur Dokumentation** sämtlicher Modifikationen der BCR sowie zu deren **interner Kommunikation.** Soweit Änd. an den BCR vorgenommen werden, hat dies allerdings gleichzeitig zur Folge, dass sie inhaltlich von der **ursprünglich genehmigten Form abweichen.** Da andernfalls ein nicht unerheblicher Attraktivitätsverlust der BCR zu befürchten wäre, ist es indes anerkannt, dass keine bloßen Aktualisierungen, sondern allein **signifikante Änd.** des ursprünglich genehmigten Textes ein neues **Genehmigungserfordernis** auslösen. Letzteres ist jedenfalls anzunehmen, wenn sich die **Verarbeitungsziele,** die verarbeiteten **Datenkategorien** oder die **Kategorien betroffener Personen** ändern (Art-29-DSG WP 74 – Art. 26 Abs. 2 DSRL S. 16). Demgegenüber sind **Aktualisierungen** der BCR auch ohne neue Genehmigung unter den **folgenden Bedingungen,** die kumulativ vorliegen müssen, möglich (vgl. Art-29-DSG WP 204 – BCRs und Auftragsverarbeitung S. 13 f.; WP 154 – Rahmen für BCRs S. 11):

1. In den BCR wird die verantwortliche Person oder Einrichtung benannt, die eine stets aktuelle Liste der Gruppenmitglieder führt, Änd. der BCR erfasst und den betroffenen Personen oder ASB auf Anfrage diesbzgl. Auskünfte erteilt.
2. Soweit ein neues Mitglied der Unternehmensgruppe oder -kooperation beitritt, werden personenbezogene Daten an dieses Mitglied erst übermittelt, wenn die BCR für dieses neue Mitglied gelten (indem es etwa vertraglich vereinbarte BCR (mit-)unterzeichnet hat) und die Einhaltung der Vorschr. gewährleistet ist.
3. Erhebliche Änd. der BCR oder der Mitgliederliste werden der zuständigen ASB jährlich mit einer kurzen Begr. der Änd. gemeldet. Nach dem Wortlaut („[…] an die Aufsichtsbehörde") ist eine Mitteilung an diejenige ASB ausreichend, die die Genehmigung der BCR erteilt hat. Ab wann im Einzelfall von einer „erheblichen" Änd. auszugehen ist, legt Abs. 2 lit. k nicht fest (s. auch Schröder in Kühling/Buchner DS-GVO Art. 47 Rn. 52, der im Zweifelsfall zu einer Information der ASB rät). An der Erheblichkeit dürfte es jedenfalls fehlen, wenn es sich um verwaltungstechnische Änd. handelt, die sich nicht auf die Anwendung der BCR auswirken, oder wenn die Mitgliederliste nur aufgrund einer erfolgten Umfirmierung zu aktualisieren war (vgl. Art-29-DSG WP 108 – Checkliste BCRs 2005 S. 10). Dagegen wird regelmäßig von einer erheblichen Änd. auszugehen sein, soweit sich die Kategorien der verarbeiteten Daten oder der Betroffenen ändern (Lange/Filip in BeckOK DatenschutzR DS-GVO Art. 47 Rn. 59).

4. Bei BCR für Auftragsverarbeiter sind Änd. der BCR daneben der jeweiligen verantwortlichen Stelle mitzuteilen (Art-29-DSG WP 204 – BCRs und Auftragsverarbeitung S. 14).

Um die Befolgung der BCR durch sämtliche Mitglieder der Unternehmens- 30 gruppe oder -kooperation sicherzustellen, ist in den BCR ein **Verfahren der Zusammenarbeit mit der zuständigen ASB** festzulegen (Abs. 2 lit. l). ASB haben die Aufgabe, betroffene Personen bei der Wahrnehmung der ihnen zustehenden Rechte hinsichtlich der Verarbeitung ihrer personenbezogenen Daten zu unterstützen (Art-29-DSG WP 12 – Übermittlungen in Drittländer S. 8; WP 74 – Art. 26 Abs. 2 DSRL S. 17 f.). Dazu sind sie allerdings nur imstande, wenn sie über die Datenverarbeitungsvorgänge in ihrem Verantwortungsbereich erstens umfassend informiert sind und auf diese zweitens bei Bedarf auch Einfluss nehmen können. Neben der in Abs. 2 lit. j (→ Rn. 28) ausdr. genannten Verpflichtung, den ASB die Erg. etwaiger Audits offenzulegen, dienen auch die Mitteilungspflichten in Abs. 2 lit. k (→ Rn. 29) sowie in Abs. 2 lit. m (→ Rn. 31) diesem Ziel. Um die Möglichkeit einer Einflussnahme der ASB sicherzustellen, müssen die BCR darüber hinaus alle Mitglieder der Unternehmensgruppe bzw. -kooperation dazu verpflichten, etwaige **Prüfungen der ASB zu dulden** (Art-29-DSG WP 153 – Grundsätze und Bestandteile von BCRs S. 10).

Gem. Abs. 2 lit. m müssen die BCR eine Bestimmung enthalten, nach der 31 die zuständige ASB über **Rechtsvorschriften** zu unterrichten ist, denen ein Mitglied der Unternehmensgruppe bzw. -kooperation unterliegt und die sich **nachteilig auf die durch die BCR gebotenen Garantien auswirken könnten.** Im Mittelpunkt dürften hier einmal mehr gesetzliche Vorgaben stehen, denen zufolge personenbezogene Daten ggü. staatlichen Stellen offenzulegen sind. Als allg. Grundsatz des europ. Datenschutzrechtes sind derartige Verpflichtungen allerdings **solange hinzunehmen, wie sie nicht über die Beschränkungen hinausgehen, die aus einem der in Art. 23 Abs. 1 genannten Gründe als Mindestmaß für eine demokratische Gesellschaft absolut notwendig sind** (Art-29-DSG WP 74 – Art. 26 Abs. 2 DSRL S. 14; vgl. → Art. 46 Rn. 12 zur Parallelsituation bei vertraglichen Garantiemaßnahme). An der absoluten Notwendigkeit fehlt es jedenfalls bei Regelungen, die **generell und ohne Differenzierung, Einschränkung oder Ausnahme** anhand des verfolgten Zieles die Speicherung der aus der EU übermittelten personenbezogenen Daten gestatten, und die kein objektives Kriterium vorsehen, das es ermöglicht, den Zugang der Behörden zu den Daten und deren spätere Nutzung auf konkrete, strikt begrenzte legitime Zwecke zu beschränken (EuGH NJW 2015, 3151 Rn. 92 f.).

Die bloße Einf. von BCR durch eine Unternehmensgruppe oder -koope- 32 ration genügt nicht, um hinreichende Garantien für die Übermittlung personenbezogener Daten in ein Drittland zu legitimieren. Die BCR müssen darüber hinaus den **Personen und Einrichtungen, die sie anwenden sollen, auch bekannt sein und von ihnen verstanden werden** (Art-29-DSG WP 74 – Art. 26 Abs. 2 DSRL S. 16). Zu diesem Zweck und um allg. das Datenschutzbewusstsein beim betrieblichen Umgang mit personenbezogenen Daten zu fördern, sind in den BCR **Schulungsprogramme für**

Beschäftigte vorzusehen, die **ständigen oder regelmäßigen Zugang zu personenbezogenen Daten** haben (Abs. 2 lit. n). Regelmäßiger Zugang eines Mitarbeiters besteht bspw., wenn dieser über einen dienstlichen E-Mail-Account verfügt (Traut in SJTK DS-GVO Art. 47 Rn. 62).

32a   Welche Auswirkungen die Schrems-II-Entscheidung des EuGH (zu Einzelheiten des Urt. s. → Art. 45 Rn. 24c sowie → Art. 46 Rn. 12a ff.) auf bestehende und zukünftige BCR und die damit zusammenhängenden Verpflichtungen der Verwender haben wird, hängt iE von den durch die zuständigen Aufsichtsbehörden erwarteten Stellungnahmen ab. Sowohl der EDSA (EDSA, Frequently Asked Questions on the judgment of the Court of Justice of the European Union in Case C-311/18 – Data Protection Commissioner v Facebook Ireland Ltd and Maximilian Schrems, Adopted on 23 July 2020; abrufbar unter: https://edpb.europa.eu/sites/edpb/files/files/file1/20200724 _edpb_faqoncjeuc31118_en.pdf, „**EDSA FAQs**") als auch die DSK (Pressemitteilung der DSK vom 28.7.2020: Urteil des Europäischen Gerichtshofs zur Übermittlung personenbezogener Daten in Drittländer („Schrems II") stärkt den Datenschutz für EU-Bürgerinnen und Bürger; abrufbar unter: https://www. datenschutzkonferenz-online.de/media/pm/20200616_pm_schrems2.pdf, „**DSK PM Schrems II**") haben in ersten Stellungnahmen die Ansicht geäußert, dass die Wertungen des EuGH auch auf BCR Anwendung finden und Verwender von BCR daher den für Standarddatenschutzklauseln entspr. Pflichten (→ Art. 46 Rn. 12a ff.) unterliegen. Grund dafür ist, dass auch bei Anwendung von BCR die Gefahr besteht, dass US-amerikanische Behörden auf personenbezogene Daten zugreifen (EDSA FAQs Ziffer 6). Somit ist vom Datenimporteur und -exporteur auch bei der Datenübermittlung auf Grdl. von BCR zuvor eine Risikoeinschätzung durchzuführen, bei der die Umstände der Datenübermittlung und die ggf. bestehenden oder zu treffenden Sicherheitsmaßnahmen zu beachten sind (EDSA FAQs Ziffer 6; DSK PM Schrems II Nr. 3). Der EDSA empfiehlt insbes., mit dem Datenimporteur die Rechtslage des importierenden Landes zu evaluieren und entspr. erforderliche Maßnahmen zu ergreifen (EDSA FAQs Ziffer 9). Zu genaueren Maßnahmen sowohl rechtlicher als auch organisatorischer und technischer Art will sich der EDSA zu einem späteren Zeitpunkt eing. äußern (EDSA FAQS Ziffer 10; vgl. → Art. 46 Rn. 12b). Der EuGH nimmt auch hier nicht nur den Übermittler und den Empfänger der Daten in Verantwortung, sondern va auch die zuständigen Aufsichtsbehörden. Gerade bei BCR spielen diese eine große Rolle, da diese BCR genehmigen müssen (vgl. DSK PM Schrems II).

C. Ermächtigung zum Erlass von Durchführungsrechtsakten (Abs. 3)

33   Gem. Abs. 3 S. 1 kann die KOM **Durchführungsrechtsakte** erlassen, mit denen das **Format und das Verfahren für den Informationsaustausch über BCR** zwischen Verantwortlichen, Auftragsverarbeitern und ASB festgelegt wird. Erlassen werden diese Durchführungsrechtsakte iRd **Prüfverfahrens** von Art. 93 Abs. 2 iVm Art. 5 VO EU Nr. 182/2011, welches dem

Ausschussverfahren des ehem. Art. 31 Abs. 2 DSRL entspricht, insbes. dann, wenn ein aus Vertretern der Mitgliedstaaten zusammengesetzter Ausschuss eine zust. Stellungn. zu dem ihm vorgelegten und von ihm geprüften Entwurf abgibt (vgl. → Art. 93 Rn. 9 ff.).

Ausweislich des Wortlautes der Vorschr. ist die Erlasskompetenz der KOM **34** auf die Konkretisierung des Formates und des Verfahrens für den Informationsaustausch über BCR und damit **auf formelle Aspekte beschr.** Ausgeschlossen sind dementsprechend **materielle Präzisierungen,** wie etwa die inhaltlichen Anforderungen an den von der Unternehmensgruppe bzw. -kooperation zu stellenden Antrag. In Betracht kommen hingegen bspw. konkrete Festlegungen der iRd Genehmigungsverfahrens **einzuhaltenden Fristen, die Anzahl einzureichender Ausfertigungen** oder aber **sprachliche Vorgaben.**

D. Rechtsschutz

I. Für Unternehmensgruppen oder -kooperationen

Als Rechtsschutz gegen eine ausbleibende Genehmigung durch die ASB sieht **34a** **Art. 78** die Möglichkeit einer **Klage** durch das antragstellende Unternehmen **vor dem Gericht des Mitgliedstaates** vor, in dem die den Antrag abl. ASB ansässig ist. Beschließt ein Datenschutzausschuss iRe Streitbeilegung im Kohärenzverfahren gem. Art. 65 über eine Nichtgenehmigung, kann das betroffene Unternehmen zudem nach Maßgabe des **Art. 263 AEUV** vor dem **EuGH Klage** auf Nichtigerklärung des Beschlusses erheben (vgl. ErwGr 143).

II. Für Betroffene

Für Betroffene ergibt sich das Recht auf Beschwerde bei der zuständigen ASB, **34b** auf Einlegung eines Rechtsbehelfes bei den zuständigen Gerichten der Mitgliedstaaten und – für den Fall einer Verletzung der BCR – auf Wiedergutmachung und Schadensersatz unmittelbar **aus den BCR selbst** (vgl. Abs. 2 lit. e; → Rn. 23). Daneben sieht **Art. 78 Abs. 1** auch für Betroffene ein Klagerecht gegen die ASB vor, soweit diese von einem rechtsverbindlichen Beschluss (in Deutschland: Verwaltungsakt iSd § 35 VwVfG) betroffen sind. **Art. 79** gewährt Betroffenen das allg. gerichtliche Klagerecht gegen den Verantwortlichen im Falle der Verletzung von Rechten infolge einer nicht im Einklang mit der DS-GVO stehenden Verarbeitung personenbezogener Daten.

Art. 48 Nach dem Unionsrecht nicht zulässige Übermittlung oder Offenlegung

Jegliches Urteil eines Gerichts eines Drittlands und jegliche Entscheidung einer Verwaltungsbehörde eines Drittlands, mit denen von einem Verantwortlichen oder einem Auftragsverarbeiter die Übermittlung oder Offenlegung personenbezogener Daten verlangt wird, dürfen unbeschadet anderer Gründe für die Übermittlung gemäß diesem Kapitel jedenfalls nur dann anerkannt oder vollstreckbar werden, wenn sie auf eine in Kraft befindliche internationale Übereinkunft wie etwa ein Rechtshilfeabkommen zwischen dem ersuchenden Drittland und der Union oder einem Mitgliedstaat gestützt sind.

BDSG und anderes nationales Recht: –

Literatur: *Albrecht,* Das neue EU-Datenschutzrecht – von der Richtlinie zur Verordnung, CR 2016, 88; *Bolthausen,* Offenlegungspflichten deutscher Unternehmen in US „discovery-proceedings", MDR 2006, 1081; *Gausling,* Offenlegung von Daten auf Basis des CLOUD Act – CLOUD Act und DS-GVO im Spannungsverhältnis, MMR 2018, 578; *Lejeune,* Der US CLOUD Act: eine neue Rechtsgrundlage für den internationalen Datenzugriff?, ITRB 2018, 118; *Loof/Schefold,* Kooperation bei Ermittlungsverfahren gegen Unternehmen in den USA – Datentransfer zwischen Skylla und Charybdis, ZD 2016, 107; *Rath/Klug,* e-Discovery in Germany?, K&R 2008, 596; *Rath/Kuß/Maiworm,* Die neue Microsoft Cloud in Deutschland mit Datentreuhand als Schutzschild gegen NSA & Co.?, CR 2016, 98; *Rath/Spies,* CLOUD Act: Selbst für die Wolken gibt es Grenzen, CCZ 2018, 229; *Schantz,* Die Datenschutz-Grundverordnung – Beginn einer neuen Zeitrechnung im Datenschutzrecht, NJW 2016, 1841; *Schwartz/Pfeifer,* Datentreuhändermodelle – Sicherheit vor Herausgabeverlangen US-amerikanischer Behörden und Gerichte?, CR 2017, 165

A. Allgemeines

1 Verantwortliche oder Auftragsverarbeiter in der EU sind mitunter **hoheitlichen Datenanforderungen aus Drittländern** ausgesetzt. Hintergrund sind dabei häufig Interessen der inneren Sicherheit wie insbes. die Verbrechens- und/oder Terrorismusbekämpfung. Von zentraler Bedeutung für die Praxis ist dabei insbes. das **Verhältnis zu den USA.** So kann bspw. ein Cloud-Anbieter mit Sitz in den USA auf Grdl. des USA Patriot Act bzw. des USA Freedom Act als Teilnachfolger verpflichtet werden, personenbezogene Daten, die bei einem in der EU ansässigen Tochterunternehmen liegen, an die US-Behörden zu übermitteln. Umfassende Zugriffsmöglichkeiten des FBI auf Nicht-US-Daten sieht auch der US Foreign Intelligence Surveillance Act (FISA) unter der Voraussetzung vor, dass eine Gefährdung der Sicherheit der USA zu befürchten ist (Rath/Kuß/Maiworm CR 2016, 98 (99)). Daneben sieht das US-Recht Eingriffsbefugnisse für den US-Geheimdienst nach Maßgabe des Cybersecurity Information Sharing Act of 2015 (CISA) oder in einem US-Prozess iRe sog E-Discovery nach Rule 26 Federal Rules of Civil Procedure (FRCP) vor (vgl. Rath/Kuß/Maiworm CR 2016, 98 (98); ausf. zur Kooperation bei Ermittlungsverfahren gegen Unternehmen in den USA Loof/Schefold ZD 2016, 107). Für mediale Aufmerksamkeit sorgte ein gegen Microsoft erlassener strafrechtlicher Beschlagnahmebeschluss zur Vorlage von E-Mail-Verkehr, der sich ausschl. auf personenbezogene Daten bezog, die auf Servern in Irland gespeichert waren. Der auf den Stored Communications Act gestützte Beschlagnahmebeschluss wurde von einem US-Berufungsgericht jedoch aufgehoben, da das Gesetz keine Rechtsgrundlage enthalte, die Herausgabe von Daten anzuordnen, die ausschl. auf Servern in Drittstaaten gespeichert sind (US Court

of Appeals, Second Circuit, Entsch. v. 14.7.2016, No. 14–2985 mit Anm. Spies/Schröder ZD 2016, 480; dazu auch Schwartz/Pfeifer CR 2017, 165 (165 f.)). Gegen diese Entsch. zog die Regierung zwar vor den US Supreme Court (Az. 17-2), jedoch kam es zu keiner inhaltlichen Entsch., da eine solche durch die zwischenzeitliche Verabschiedung des Clarifying Lawful Overseas Use of Data Act **(CLOUD Act)** im März 2018 hinfällig wurde. Vielmehr stellte der US Supreme Court das Verfahren ein (https://www.supreme-court.gov/opinions/17pdf/17-2_1824.pdf). Durch den CLOUD Act werden Anbieter **elektronischer Kommunikationsdienste** sowie Anbieter von **Remote-Computing-Diensten** verpflichtet, dh. insbes. auch Cloud-Anbieter (Gausling MMR 2018, 578 (579); Lejeune ITRB 2018, 118 (120)), die Inhalte elektronischer Kommunikation über die Grenzen der USA hinaus aufzubewahren, zu speichern und ggü. US-Behörden offenzulegen. Gleiches gilt auch für weitere Informationen, die über einen Kunden vorgehalten werden. Ein Anbieter kann dem CLOUD Act zufolge lediglich dann einer ggü. ihm erteilten Anordnung zur Offenlegung von Informationen widersprechen, wenn zwei Bedingungen kumulativ vorliegen: der betroffene Kunde ist keine sog. **„US-Person"** (Gausling MMR 2018, 578 (580)), dh. insbes. kein US-Staatsbürger und nicht in den USA ansässig, und es besteht ein wesentliches Risiko, dass der Anbieter durch die Offenlegung gegen das Recht eines Staates verstößt, mit dem die USA ein **Abk.** über die Privatsphäre und Datenaustausch abgeschlossen hat (Rath/Spies CCZ 2018, 229 (229)). Insbes. durch die Voraussetzung eines solchen Abk. ist die Widerspruchsmöglichkeit stark beschr. Um eine Kontrolle über Daten und eine daraus folgende Anwendbarkeit des CLOUD Act auf Unternehmen möglichst zu vermeiden, wird deshalb häufig die Möglichkeit diskutiert, inwiefern **Datentreuhandmodelle** und die **Abspaltung** von Unternehmensteilen vor Zugriffen von US-Behörden schützen können (Gausling MMR 2018, 578 (582)).

Bereits im Vorfeld der Entstehung der DS-GVO hatte es **Bestrebungen** **2** gegeben, Zugriffen aus Drittländern auf personenbezogene Daten im Anwendungsbereich des EU-Rechtes **strengere Vorschr. zur Durchsetzung des EU-Datenschutzrechtes** entgegenzusetzen (vgl. Entschließung des EP zum Gesamtkonzept für den Datenschutz in der EU (2011/2025 (INI) Ziff. 45; ausf. zur Entstehungsgeschichte Schröder in Kühling/Buchner DS-GVO Art. 48 Rn. 5 ff.). Ein erster kommissionsinterner Entwurf der DS-GVO enthielt daraufhin eine entspr. Regelung, der zufolge Entsch. aus Drittländern nicht als Rechtsgrundlage für die Übermittlung personenbezogener Daten aus der EU zu qualifizieren seien. Nachdem in der Folge allerdings von Seiten der US-Regierung **gezielte Lobbyarbeit gegen die Regelung** betrieben worden war, fand sie letztlich keinen Eingang in die finale DS-GVO-Entwurfsfassung der KOM. Vor dem Hintergrund der **US-Spionageenthüllungen** durch Edward Snowden (vgl. → Art. 45 Rn. 11) griff das EP die Vorschr., die unter Bezugnahme auf den FISA, einer der wesentlichen Rechtsgrundlagen der umstr. US-Geheimdienstaktivitäten im Ausland, als **„Anti-FISA Klausel"** bezeichnet wird, wieder auf und setzte sich mit dieser Position auch im Trilog gegen die **abl. Haltung der Mehrheit der Mitgliedstaaten** im ER durch (Albrecht CR 2016, 88 (94 f.)).

3 Das Vereinigte Königreich nimmt aufgrund seiner **abl. Position** zu Art. 48 eine gewisse Sonderrolle ein (zu den allg. Auswirkungen des Brexit auf die Anwendung der Art. 44 ff. vgl. → Art. 44 Rn. 7). Das Protokoll Nr. 21 zum AEUV enthält eine Sonderregelung zugunsten des Vereinigten Königreichs und Irland, nach welcher sich die beiden Länder an der Annahme von Maßnahmen im Bereich der polizeilichen und justiziellen Zusammenarbeit nur beteiligen, wenn sie dem ausdr. zugestimmt haben („opt-in"). Die britische Regierung vertritt die Auff., dass Art. 48 in den Anwendungsbereich dieser Sonderregelung fällt und hat angekündigt, **keinen Gebrauch von ihrem Zustimmungsrecht zu machen** (vgl. Written Statement des House of Lords – HCWS500; Written Statement des House of Commons – HCWS511). Dieser Ansicht wird entgegengehalten, dass sich zum einen die Regelungskompetenz der EU für Art. 48 aus Art. 16 AEUV ergebe, der von den britischen Sonderrechten nicht umfasst sei, und zum anderen der Bereich der polizeilichen und justiziellen Zusammenarbeit überhaupt nicht betroffen sei (vgl. schriftliche Stellungn. von A. Roßnagel v. 19.2.2016, Drs. 18(24)93 des Ausschusses Digitale Agenda (9 f.); Zerdick in Ehmann/Selmayr DS-GVO Art. 48 Rn. 12). Diese von Großbritannien vorgesehene Nichtanwendbarkeit von Art. 48 hat **jedenfalls ein uneinheitliches Schutzniveau** im territorialen Anwendungsbereich der DS-GVO zur Folge. Schließlich könnten Unternehmen und Behörden in Großbritannien dann auch ohne das Erfordernis von Rechtshilfevereinbarungen personenbezogene Daten an ausländische Behörden und Gerichte übermitteln (vgl. schriftliche Stellungn. von A. Roßnagel v. 19.2.2016, Drs. 18(24)93 des Ausschusses Digitale Agenda (10)). Die weiteren Konsequenzen bleiben abzuwarten. So wird etwa vertreten, dass den Mitgliedstaaten als Ultima Ratio gar das Recht zugebilligt werden müsse, den freien Datenverkehr mit Großbritannien entgegen Art. 1 Abs. 3 einzuschränken, da bei Fehlen der Schutzklausel des Art. 48 der von der DS-GVO vorausgesetzte Grundrechtsschutz nicht gewährleistet sei (vgl. schriftliche Stellungn. von A. Roßnagel v. 19.2.2016, Drs. 18(24)94 des Ausschusses Digitale Agenda (13), Frage 7).

4 Ein mögliches Folgeproblem der Vorschr. ist ein **drohender Sanktionenwettstreit der Rechtsordnungen**. Ist bspw. eine Unternehmensgruppe nach dem geltenden Recht eines Drittlandes zur Übermittlung von „EU-Daten" an ein Gericht oder eine Behörde eines Drittlandes verpflichtet, so bleibt ihr mitunter nur die Wahl, ob sie **das eine oder das andere Recht brechen** und die entspr. Konsequenzen in Kauf nehmen will (vgl. Stellungn. der Industry Coalition for Data Protection v. 24.8.2015, in Meyer, Industrie issues plea over data reform, abrufbar unter https://www.politico.eu/article/industry-plea-data-reform-protection-privacy/). Bei der dann anstehenden Entsch. dürfte in der Praxis die **Schärfe der jeweils drohenden Sanktion nicht unberücksichtigt** bleiben, sodass – jedenfalls in Konstellationen, in denen gravierende Unterschiede zwischen den in Betracht kommenden Alternativen bestehen – nicht ausgeschlossen ist, dass der **Weg des kleineren Übels** gewählt und eine Verletzung der Rechtsordnung, die die milderen Sanktionen vorsieht, in Kauf genommen wird.

B. Tatbestandsvoraussetzungen

I. Hoheitliche Anforderung personenbezogener Daten

Art. 48 setzt zunächst ein **Urteil eines Gerichtes** oder eine **Entsch. einer**   5
Verwaltungsbehörde eines Drittlandes voraus, mit denen von einem Verantwortlichen oder einem Auftragsverarbeiter die Übermittlung oder Offenlegung personenbezogener Daten verlangt wird. Um dem Zweck der Vorschr., Zugriffe auf personenbezogene Daten aus Drittländern im Anwendungsbereich des EU-Rechtes zu begrenzen (vgl. auch Art. 44 S. 3), gerecht zu werden, sind diese Begriffe **weit auszulegen.** Der **Begriff des Urteils** ist demnach nicht − wie es etwa nach dt. Prozessrecht der Fall wäre − auf Entsch. zu beschränken, denen eine mündliche Verhandlung vorausgegangen ist, sondern **umfasst sämtliche gerichtliche Entscheidungsformen.** Auch bei behördlichen Entsch. ist die Bezeichnung der Handlungsform unerheblich, soweit die Entsch. einen hoheitlichen Charakter aufweist (entspr. Zerdick in Ehmann/Selmayr DS-GVO Art. 48 Rn. 5).

Da die Vorschr. eine **hoheitliche Anforderung** personenbezogener Da-   6
ten voraussetzt, entfaltet sie **keine Sperrwirkung** im Fall von **Datenanforderungen von Privaten.** Maßgeblich für die Beurteilung, ob das Verlangen der Übermittlung oder Offenbarung personenbezogener Daten privater oder hoheitlicher Natur ist, ist der abschl., unmittelbare Akt ggü. dem Verantwortlichen oder Auftragsverarbeiter. Ohne **Bedeutung** sind demgegenüber **der Ursprung oder der Zweck** des Verlangens nach Übermittlung oder Offenbarung. Von Bedeutung ist dies bspw. bei Datenanforderungen iR. US-amerikanischer „Pre-Trial-Discovery"-Verfahren, die der Sachverhaltsfeststellung oder Beweisermittlung im Vorfeld von Zivilverfahren dienen (Bolthausen MDR 2006, 1081 (1081 f.); Rath/Klug K&R 2008, 596 (596)). Grds. wird dieses Verfahren allein zwischen den Parteien und ohne Mitwirkung eines Richters abgewickelt. Kommt eine der Parteien allerdings einer Aufforderung der Gegenseite auf Übermittlung bestimmter Informationen nicht nach, dann kann das zuständige Gericht die Herausgabe anordnen (vgl. Regel 37 der US Federal Rules of Civil Procedures). Ungeachtet des Umstandes, dass das Verlangen auf Offenbarung der personenbezogenen Daten jeweils demselben Zweck dient, fällt es nur im letztgenannten Fall unter Art. 48 und ist dementsprechend auf eine int. Übereinkunft zu stützen, soweit nicht ein sonstiger Übermittlungtatbestand − insbes. Art. 49 Abs. 1 lit. e (→ Rn. 7) − greift.

II. Zulässigkeit aufgrund sonstiger Übermittlungtatbestände

Verantwortliche oder Auftragsverarbeiter sind nicht daran gehindert, per-   7
sonenbezogene Daten zu übermitteln oder zu offenbaren, wenn das Verlangen zwar nicht auf eine int. Übereinkunft gestützt ist, sich die Zulässigkeit aber aus „anderen Gründen" ergibt. Aus dem Wortlaut von Art. 48 und der systematischen Stellung der Vorschr. folgt insofern, dass es sich bei

den „anderen Gründen" nur um sonstige **Übermittlungsgrundlagen aus Kap. V** handeln kann (vgl. Schantz NJW 2016, 1841 (1846); aA wohl Schröder in Kühling/Buchner DS-GVO Art. 48 Rn. 22 ff., der von einer abschließenden Regelung der Art. 48 und 49 für hoheitliche Zugriffe ausgeht). Keine Bedeutung kommt dementsprechend den Erlaubnistatbeständen des Kap. II und insbes. aus Art. 6 zu, die unabhängig von Art. 48 iRd Rechtmäßigkeit der Weitergabe auf der ersten Stufe der Prüfung (vgl. allg. → Art. 44 Rn. 2) zu berücksichtigen sind. In Betracht kommt demgegenüber insbes. eine Zulässigkeit nach Art. 49 Abs. 1 lit. d im Fall eines Vorliegens wichtiger Gründe des öffentl. Interesses (ErwGr 115). Ein Rückgriff auf Art. 49 Abs. 1 lit. d **scheidet** allerdings **von vornherein aus,** wenn die Datenübermittlung den Zwecken der Strafverfolgung oder Terrorismusbekämpfung eines Drittlandes dient, da diese Zwecke **nicht in den Anwendungsbereich des Unionsrechtes fallen,** vgl. Art. 6 Abs. 3, Art. 49 Abs. 4 (→ Art. 49 Rn. 18 ff.). Es genügt nicht, wenn das öffentl. Interesse des Drittlandes in abstrakter Weise auch als Unionsinteresse besteht. Vielmehr bedarf es einer Konkretisierung im Unionsrecht, die das öffentl. Interesse an dieser Art von Datenübermittlungen widerspiegelt (EDSA Leitlinien Art. 49 DS-GVO S. 12). Zu einer Anwendbarkeit der Regelung auf Private vgl. → Art. 49 Rn. 20. Soweit es sich um Datenübermittlungen zu Zwecken der Geltendmachung, Ausübung oder Verteidigung von Rechtsansprüchen in Drittländern handelt, wird dagegen häufig Art. 49 Abs. 1 lit. e als vorgehender Erlaubnistatbestand einschlägig sein (→ Art. 49 Rn. 21 f.).

III. In Kraft befindliche internationale Übereinkommen

8 Ist die Übermittlung nicht durch einen sonstigen Erlaubnistatbestand des Kap. V gestattet, muss sie gem. Art. 48 auf ein **in Kraft befindliches int. Übereinkommen,** wie bspw. ein Rechtshilfeabkommen zwischen dem Drittland und der EU oder dem Mitgliedstaat, gestützt werden (vgl. dazu → Art. 96 Rn. 1 ff.). In Betracht kommt insofern etwa eine Anforderung der personenbezogenen Daten auf Grdl. des Haager Übereinkommens über die Beweisaufnahme im Ausland in Zivil- oder Handelssachen vom 18.3.1970 (BGBl. 1977, Teil II Nr. 54, 1452 ff.), das allerdings nicht von allen EU-Mitgliedstaaten ratifiziert worden ist, das int. Übereinkommen über Computerkriminalität des ER vom 23.11.2001 (ETS No. 185), die Abk. zwischen der EU und den Vereinigten Staaten von Amerika über Auslieferung vom 25.6.2003 (ABl. 2003 L 181, 27) sowie über die Verwendung von Fluggastdatensätze und deren Übermittlung an das United States Department of Homeland Security vom 11.8.2012 (ABl. 2012 L 215, 5), oder das Abk. zwischen der EU und Japan über die Rechtshilfe in Strafsachen vom 15.12.2009 (ABL. 2010 L 39, 19).

Art. 49 Ausnahmen für bestimmte Fälle

(1) Falls weder ein Angemessenheitsbeschluss nach Artikel 45 Absatz 3 vorliegt noch geeignete Garantien nach Artikel 46, einschließlich verbindlicher interner Datenschutzvorschriften, bestehen, ist eine Übermittlung oder eine Reihe von Übermittlungen personenbezogener Daten an ein Drittland oder an eine internationale Organisation nur unter einer der folgenden Bedingungen zulässig:

a) die betroffene Person hat in die vorgeschlagene Datenübermittlung ausdrücklich eingewilligt, nachdem sie über die für sie bestehenden möglichen Risiken derartiger Datenübermittlungen ohne Vorliegen eines Angemessenheitsbeschlusses und ohne geeignete Garantien unterrichtet wurde,

b) die Übermittlung ist für die Erfüllung eines Vertrags zwischen der betroffenen Person und dem Verantwortlichen oder zur Durchführung von vorvertraglichen Maßnahmen auf Antrag der betroffenen Person erforderlich,

c) die Übermittlung ist zum Abschluss oder zur Erfüllung eines im Interesse der betroffenen Person von dem Verantwortlichen mit einer anderen natürlichen oder juristischen Person geschlossenen Vertrags erforderlich,

d) die Übermittlung ist aus wichtigen Gründen des öffentlichen Interesses notwendig,

e) die Übermittlung ist zur Geltendmachung, Ausübung oder Verteidigung von Rechtsansprüchen erforderlich,

f) die Übermittlung ist zum Schutz lebenswichtiger Interessen der betroffenen Person oder anderer Personen erforderlich, sofern die betroffene Person aus physischen oder rechtlichen Gründen außerstande ist, ihre Einwilligung zu geben,

g) die Übermittlung erfolgt aus einem Register, das gemäß dem Recht der Union oder der Mitgliedstaaten zur Information der Öffentlichkeit bestimmt ist und entweder der gesamten Öffentlichkeit oder allen Personen, die ein berechtigtes Interesse nachweisen können, zur Einsichtnahme offensteht, aber nur soweit die im Recht der Union oder der Mitgliedstaaten festgelegten Voraussetzungen für die Einsichtnahme im Einzelfall gegeben sind.

[1] Falls die Übermittlung nicht auf eine Bestimmung der Artikel 45 oder 46 – einschließlich der verbindlichen internen Datenschutzvorschriften – gestützt werden könnte und keine der Ausnahmen für einen bestimmten Fall gemäß dem ersten Unterabsatz anwendbar ist, darf eine Übermittlung an ein Drittland oder eine internationale Organisation nur dann erfolgen, wenn die Übermittlung nicht wiederholt erfolgt, nur eine begrenzte Zahl von betroffenen Personen betrifft, für die Wahrung der zwingenden berechtigten Interessen des Verantwortlichen erforderlich ist, sofern die Interessen oder die Rechte und Freiheiten der betroffenen Person nicht überwiegen, und der Verantwortliche alle Umstände der Datenübermittlung beurteilt und auf der Grundlage dieser Beurteilung geeignete Garantien in Bezug auf den Schutz personenbezogener Daten vorgesehen hat. [2] Der Verantwortliche setzt die Aufsichtsbehörde von der Übermittlung in Kenntnis. [3] Der Verantwortliche unterrichtet die betroffene Person über die Übermittlung und seine zwingenden berechtigten Interessen; dies erfolgt zusätzlich zu den der betroffenen Person nach den Artikeln 13 und 14 mitgeteilten Informationen.

(2) [1]Datenübermittlungen gemäß Absatz 1 Unterabsatz 1 Buchstabe g dürfen nicht die Gesamtheit oder ganze Kategorien der im Register enthaltenen personenbezogenen Daten umfassen. [2]Wenn das Register der Einsichtnahme durch Personen mit berechtigtem Interesse dient, darf die Übermittlung nur auf Anfrage dieser Personen oder nur dann erfolgen, wenn diese Personen die Adressaten der Übermittlung sind.

(3) Absatz 1 Unterabsatz 1 Buchstaben a, b und c und sowie Absatz 1 Unterabsatz 2 gelten nicht für Tätigkeiten, die Behörden in Ausübung ihrer hoheitlichen Befugnisse durchführen.

(4) Das öffentliche Interesse im Sinne des Absatzes 1 Unterabsatz 1 Buchstabe d muss im Unionsrecht oder im Recht des Mitgliedstaats, dem der Verantwortliche unterliegt, anerkannt sein.

(5) [1]Liegt kein Angemessenheitsbeschluss vor, so können im Unionsrecht oder im Recht der Mitgliedstaaten aus wichtigen Gründen des öffentlichen Interesses ausdrücklich Beschränkungen der Übermittlung bestimmter Kategorien von personenbezogenen Daten an Drittländer oder internationale Organisationen vorgesehen werden. [2]Die Mitgliedstaaten teilen der Kommission derartige Bestimmungen mit.

(6) Der Verantwortliche oder der Auftragsverarbeiter erfasst die von ihm vorgenommene Beurteilung sowie die angemessenen Garantien im Sinne des Absatzes 1 Unterabsatz 2 des vorliegenden Artikels in der Dokumentation gemäß Artikel 30.

BDSG und anderes nationales Recht: –

Literatur: *Lehmann/Wancke,* Abtretung von Darlehensforderungen und Datenschutz – Neues zu einer problematischen Beziehung – Teil II –, WM 2019, 665; *Vierkötter/Heine,* Zur Behandlung von Erfinderdaten bei Patentanmeldungen, Inwiefern beeinflusst das Datenschutzrecht patentrechtliche Vorgänge?, IPRB 2019, 114.

Übersicht

A. Allgemeines

Art. 49 ist die **Nachfolgeregelung von Art. 26 DSRL**. Ein Bedürfnis, **1** personenbezogene Daten in Drittländer oder an int. Organisationen zu übermitteln, kann auch bestehen, wenn weder ein Angemessenheitsbeschluss der KOM nach Art. 45 Abs. 3 erlassen worden ist, noch geeignete Garantien nach Art. 46, einschl. verbindlicher interner Datenschutzvorschriften nach Art. 47, vorhanden sind. Vor diesem Hintergrund gestattet Art. 49 **in bestimmten Ausnahmefällen** eine Datenübermittlung bei fehlendem angemessenen Datenschutzniveau am Empfangsort. Zweck der Erlaubnistatbestände ist es, einer **unnötigen Belastung** des Übermittlungsablaufes und Wirtschaftsverkehrs mit Drittländern oder int. Organisationen ohne angemessenes Datenschutzniveau oder geeignete Garantien **entgegenzuwirken** (Art-29-DSG WP 114 – Ausnahmen für Übermittlungen in Drittländer S. 8). Wie auch die anderen Erlaubnistatbestände des Kap. V rechtfertigt Art. 49 die Datenübermittlung nicht selbstständig. Daneben müssen auch die übrigen Vorschr. der DS-GVO berücksichtigt werden (vgl. allg. zur Zwei-Stufen-Prüfung → Art. 44 Rn. 9).

Als Ausnahmen von der allg. Grundregel der Unzulässigkeit der Datenüber- **2** mittlung bei fehlendem angemessenen Datenschutzniveau müssen die Erlaubnistatbestände zwar grds. **restriktiv ausgelegt** werden (Art-29-DSG WP 12 – Übermittlungen in Drittländer S. 26; Art-29-DSG WP 114 – Ausnahmen für Übermittlungen in Drittländer S. 9; Art-29-DSG WP 191 – Reformvorschläge S. 35). Dessen ungeachtet wird die Vorschr. des Art. 49 – wie auch ihre Vorgängernorm – nach ihrem Regelungsgehalt jedenfalls in weiten Teilen **alltägliche immer wiederkehrende Übermittlungen zum Gegenstand** haben, etwa Hotelbuchungen, Flugreservierungen, Überweisungen oder Warenbestellungen (vgl. Schröder in Kühling/Buchner DS-GVO Art. 49 Rn. 2; Simitis in Simitis BDSG aF § 4c Rn. 1, der in Bezug auf die Vorgängernorm davon spricht, dass es mit Blick auf die Praxis iErg keineswegs eine Ausnahme sei; dagegen Zerdick in Ehmann/Selmayr DS-GVO Art. 49 Rn. 4 mit Verweis auf Art-29-DSG WP 114 – Ausnahmen für Übermittlungen in Drittländer S. 13: „Die Vorschrift [Art. 49] eignet sich […] grundsätzlich nicht für Verarbeitungen, die massenhaft, wiederholt oder routinemäßig erfolgen."; krit. auch Lange/Filip in BeckOK DatenschutzR DS-GVO Art. 49 Rn. 1 ff.).

Inwiefern sich in der Praxis die Anzahl an auf Art. 49 gestützten Übermittlungen in Folge der Schrems-II-Entscheidung des EuGH (zu Einzelheiten des Urt. s. → Art. 45 Rn. 24c sowie → Art. 46 Rn. 12a ff.) erhöhen wird, bleibt abzuwarten. Der EDSA betonte in einer ersten Stellungnahme nach dem Urt., dass eine Übermittlung auf Grdl. von Art. 49 nur bei Vorliegen der tatbestandlichen Voraussetzungen möglich sei und diese als Ausnahmen ausgestalteten Erlaubnisse nicht zur Regel werden dürften (EDSA, Frequently

Asked Questions on the judgment of the Court of Justice of the European Union in Case C–311/18 – Data Protection Commissioner v Facebook Ireland Ltd and Maximillian Schrems, Adopted on 23 July 2020; abrufbar unter: https://edpb.europa.eu/sites/edpb/files/files/file1/20200724_edpb_faqoncjeuc31118_en.pdf; vgl. auch Pressemitteilung der DSK vom 28.7.2020: Urteil des Europäischen Gerichtshofs zur Übermittlung personenbezogener Daten in Drittländer („Schrems II") stärkt den Datenschutz für EU-Bürgerinnen und Bürger; abrufbar unter: https://www.datenschutzkonferenz-online.de/media/pm/20200616_pm_schrems2.pdf, **„DSK PM Schrems II"**). Bereits 2018 hat der EDSA hierfür Leitlinien erlassen (EDSA Leitlinien Art. 49 DSGVO).

B. Die Ausnahmetatbestände des Abs. 1 UAbs. 1

3 Der Katalog des Abs. 1 UAbs. 1 ist an Art. 26 Abs. 1 DSRL angelehnt und legt die Fälle, in denen personenbezogene Daten in Drittländer ohne angemessenes Datenschutzniveau oder geeignete Garantien übermittelt werden dürfen, **abschl.** („nur") fest.

4 Hintergrund der Regelung ist wie bei Art. 26 DSRL der Gedanke, dass entweder das **Schutzbedürfnis des Betroffenen** im Hinblick auf sein Persönlichkeitsrecht in den aufgezählten Fällen vergleichsweise **gering** ist, oder **andere Interessen,** bspw. die Wahrung eines wichtigen öffentl. Interesses oder des Interesses der betroffenen Person selbst, **Vorrang vor dem Recht der betroffenen Person auf Schutz der Privatsphäre** genießen (ausf. zur Entstehungsgeschichte Schröder in Kühling/Buchner DS-GVO Art. 49 Rn. 3 ff.; vgl. auch Klug in Gola DS-GVO Art. 49 Rn. 1; Art-29-DSG WP 12 – Übermittlungen in Drittländer S. 26; Art-29-DSG WP 114 – Ausnahmen für Übermittlungen in Drittländer S. 8). Während die Einwilligung nach Abs. 1 UAbs. 1 lit. a eine informierte Selbstbestimmung des Betroffenen voraussetzt, verlangen lit. b bis f die Beachtung des Grundsatzes der Erforderlichkeit. Dabei knüpfen lit. b und c an (vor-)vertragliche Notwendigkeiten und lit. d bis f an Interessen der Öffentlichkeit bzw. mutmaßliche Interessen des Betroffenen selbst an. Abs. 1 UAbs. 1 lit. g trägt zuletzt dem Umstand Rechnung, dass Daten, die für andere berechtigterweise ohnehin verfügbar sind, eines geringeren Schutzes bedürfen.

I. Einwilligung des Betroffenen (Abs. 1 UAbs. 1 lit. a, Abs. 3)

5 Nach Abs. 1 UAbs. 1 lit. a besteht eine Ausnahme vom grds. Verbot der Übermittlung personenbezogener Daten in Drittländer oder an int. Organisationen ohne angemessenes Schutzniveau oder geeignete Garantien, wenn der Betroffene in die vorgeschlagene Übermittlung seiner Daten **ausdr. eingewilligt** hat. **Telos des Datenschutzrechtes** ist der **Schutz der Grundrechte und Grundfreiheiten** der von dem Umgang mit ihren Daten betroffenen Personen (vgl. Art. 1 Abs. 2). Eine Datenübermittlung muss dementsprechend möglich sein, falls und soweit die Betroffenen eigenverantwortlich auf diesen Schutz verzichten. Dabei können sie mit ihrem Einverständnis die

Bedingungen für den Umgang mit ihren Daten **selbstbestimmt** festlegen. Die Einwilligung kann jederzeit (ex nunc) widerrufen werden.

Die Einwilligung rechtfertigt den Verzicht auf einen angemessenen Daten- **6** schutz im Empfängerland nur, wenn sie den Anforderungen der Art. 4 Nr. 11 (→ Art. 4 Rn. 61 ff.), Art. 7 (→ Art. 7 Rn. 6 ff.) und Art. 8 (→ Art. 8 Rn. 6 ff.) genügt und die betroffene Person zuvor über die Risiken der Übermittlung der Daten in ein Land ohne angemessenes Schutzniveau oder geeignete Garantien ordnungsgemäß **unterrichtet** wurde (vgl. Art-29-DSG WP 12 – Übermittlungen in Drittländer S. 26; Klug in Gola DS-GVO Art. 49 Rn. 5; Schantz in NK-DatenschutzR DS-GVO Art. 49 Rn. 14). Denn vor dem Hintergrund der **Verknüpfung des Umf. von Einwilligung und zulässigem Eingriff in die Grundrechte und Grundfreiheiten** der betroffenen Personen (vgl. → Rn. 5) ist zwingend notwendig, dass es sich um eine **„informierte Einwilligung"** handelt, sich die betroffene Person also über die Tragweite ihrer Erkl. im Klaren ist. Dementsprechend besteht eine **Pflicht zur umfassenden Information** des Betroffenen vor Abgabe der Einwilligungserklärung. Dabei ist ua anzugeben, auf welche personenbezogenen Daten bzw. Datenkategorien und Verarbeitungsvorgänge sich das Einverständnis bezieht, welchem konkreten Zweck die Datenübermittlung dient, wer Empfänger ist und wo der Zielort der Daten liegt. Daneben müssen die Personen über mögliche Risiken informiert werden, die sich aus der Übermittlung ergeben können, wobei eine abstrakte Darstellung ausreichend ist (Schröder in Kühling/Buchner DS-GVO Art. 49 Rn. 15). Erforderlich ist etwa der Hinweis, dass im Empfängerland kein mit der EU vergleichbares Datenschutzniveau besteht und die an der Übermittlung beteiligten Stellen auch keine spezifischen Garantien erbracht haben, um die Defizite auszugleichen, nicht aber eine detaillierte Beschreibung der Rechtslage im Zielland (Lange/Filip in BeckOK DatenschutzR DS-GVO Art. 49 Rn. 8).

Die Einwilligung muss zudem **„ausdrücklich"** erfolgen. Eine konkluden- **7** te Einwilligung ist damit ausgeschlossen. Schweigen oder ein bloßes Opt-Out (etwa bei Formularen im Internet) kann grds. nicht als Einverständnis interpretiert werden (vgl. Art-29-DSG WP 114 – Ausnahmen für Übermittlungen in Drittländer S. 12). Dies bedeutet eine **Verschärfung ggü. der entspr. Regelung** in der DSRL, wonach die Einwilligung zwar „ohne jeden Zweifel" gegeben sein musste, aber unter strengen Anforderungen noch Raum für eine Einwilligung durch schlüssiges Verhalten blieb (Dammann/Simitis DSRL Art. 26 Rn. 5; Art-29-DSG WP 12 – Übermittlungen in Drittländer S. 26). Die DS-GVO setzt darüber hinaus **keine bestimmte Form** (etwa die Schriftform) voraus. **Entscheidend** ist vielmehr die **Eindeutigkeit** der gleich in welcher Form abgegebenen ausdr. Einwilligungserklärung.

Unter Berücksichtigung einerseits des Schutzzweckes der Regelung (vgl. **8** → Rn. 5) und andererseits des Wortlautes von Abs. 1 UAbs. 1 lit. a („vorgeschlagene Datenübermittlung") ist eine **vorherige Willensbekundung** zu verlangen. Im Zeitpunkt der Übermittlung personenbezogener Daten in ein Drittland oder an eine int. Organisation muss daher das Einverständnis des Betroffenen bereits vorliegen. Ausgeschlossen ist folglich eine Vorgehensweise, bei der sich eine Person erst nachträglich gegen die Übermittlung aussprechen oder diese genehmigen kann, nachdem sie bereits stattgefunden hat (vgl. Art-29-DSG WP 114 – Ausnahmen für Übermittlungen in Drittländer S. 12).

9   Die Einwilligung muss für **einen oder mehrere konkrete Fälle** („eine Übermittlung oder eine Reihe von Übermittlungen", Abs. 1 UAbs. 1 Hs. 1) oder bestimmte Datenkategorien erteilt werden (vgl. Zerdick in Ehmann/ Selmayr DS-GVO Art. 49 Rn. 7). Vor dem Hintergrund des Wortlautes Abs. 1 UAbs. 1 lit. a („die vorgeschlagene Datenübermittlung") sind **Pauschaleinwilligungen** betroffener Personen in Übermittlung ihrer personenbezogenen Daten in Drittländer oder an int. Organisationen unwirksam (→ Art. 4 Rn. 78; vgl. Klug in Gola DS-GVO Art. 49 Rn. 5; Art-29-DSG WP 114 – Ausnahmen für Übermittlungen in Drittländer S. 14).

10   Die Einwilligung muss **freiwillig** erfolgen. Problematisch kann die Freiwilligkeit des Betroffenen wegen des der Rechtsbeziehung immanenten Abhängigkeitsverhältnisses bspw. im Arbeitsverhältnis sein (vgl. dazu auch BAG NJW 2015, 2140 (2142) sowie die Fallgruppen bei → Art. 4 Rn. 69 ff. und in Art-29-DSG WP 114 – Ausnahmen für Übermittlungen in Drittländer S. 12 f.).

11   Abs. 1 UAbs. 1 lit. a gilt nach Abs. 3 nicht für Tätigkeiten, die Behörden **in Ausübung ihrer hoheitlichen Befugnisse** durchführen.

II. Erforderlichkeit zur Vertragserfüllung (Abs. 1 UAbs. 1 lit. b, Abs. 3)

12   Abs. 1 UAbs. 1 lit. b gestattet Datenübermittlungen an Drittländer oder int. Organisationen, die **zur Erfüllung eines Vertrages** zwischen der übermittelnden Stelle und dem Betroffenen oder zur Durchführung vorvertraglicher Maßnahmen, die der Betroffene beantragt hat, erforderlich sind. Typische Bsp. sind Aufträge im int. E-Commerce, int. Zahlungsverkehr, int. Beförderungsleistungen, Reservierungen und Buchungen von Hotels, Mietwagen usw. in Drittländern (vgl. Schantz in NK-DatenschutzR DS-GVO Art. 49 Rn. 22).

13   Die Datenübermittlung muss **zur Vertragserfüllung tatsächlich erforderlich** sein. Dies setzt einen engen und erheblichen Zusammenhang zwischen der betroffenen Person und den Zwecken des Vertrages voraus (vgl. Art-29-DSG WP 114 – Ausnahmen für Übermittlungen in Drittländer S. 15). Können die Ziele des Vertrages auch ohne Übermittlung ins Drittland oder die int. Organisation erreicht werden, dann hat die Übermittlung zu unterbleiben. Aus diesem Grund ist insbes. ein großer Umf. zu übermittelnder Daten problematisch. So kann bspw. die **Übermittlung von Fluggastdatensätzen an US-amerikanische Behörden** nicht auf die Ausnahmeregelung gestützt werden, selbst wenn es der Fluglinie aufgrund des Entzuges der Rechte ohne die Übermittlung unmöglich ist, ihre vertragliche Leistung zu erbringen (vgl. Art-29-DSG WP 66 – Passagierlisten S. 7). Die Begrenzung der Datenübermittlung auf den für den konkreten Zweck erforderlichen Umf. hat zudem zur Konsequenz, dass personenbezogene Daten, die nicht

zur Vertragserfüllung notwendig sind (etwa Marketing im Anschluss an einen Verkaufsprozess), von der Übermittlung auszunehmen sind (vgl. Art-29-DSG WP 114 – Ausnahmen für Übermittlungen in Drittländer S. 16; Zerdick in Ehmann/Selmayr DS-GVO Art. 49 Rn. 10). Auch eine auf Art. 49 gestützte Übermittlung von Daten von Angestellten eines Tochterunternehmens an die Muttergesellschaft aus Gründen der Zentralisierung der Gehalts- und Personalverwaltung wird von der Art. 29-Datenschutzgruppe mangels direkten und objektiven Zusammenhanges zwischen einer Erfüllung eines Beschäftigtenvertrages und einer solchen Datenübermittlung für unzulässig erachtet (Art-29-DSG WP 114 – Ausnahmen für Übermittlungen in Drittländer S. 15). Etwas anderes gilt für Beschäftigtendaten dann, wenn die Übermittlung zur Erfüllung der arbeitsvertraglichen Pflichten tatsächlich erforderlich ist, etwa bei Vertriebsmitarbeitern, die für das jeweilige Drittland zuständig sind (Lange/ Filip in BeckOK DatenschutzR DS-GVO Art. 49 Rn. 15). Nach aA kann die Übermittlung von Daten über Vertriebsmitarbeiter bei gelegentlichen Geschäftsreisen auf Art. 49 Abs. 1 lit. a gestützt werden (BayLDA FAQ, abrufbar unter https://www.lda.bayern.de/de/faq). Bes. Augenmerk ist dann auf die Freiwilligkeit der Einwilligung zu legen (→ Rn. 10).

Bei der Fallgruppe der **vorvertraglichen Beziehungen** muss verhindert **14** werden, dass mögliche Vertragspartner die noch unklare Situation ausnutzen, um Daten in Drittländer weiterzugeben. Das bloße Wissen um die Absicht zur Datenübermittlung berechtigt dementsprechend noch nicht zur Weitergabe. Nur wenn der Betroffene an der Übermittlung personenbezogener Daten an ein Drittland oder eine int. Organisation ohne angemessenes Datenschutzniveau aktiv mitwirkt, ist diese zulässig (vgl. Schantz in NK-DatenschutzR DS-GVO Art. 49 Rn. 26). Zudem muss eine vorvertragliche Rechtsbeziehung vorliegen, etwa weil Vertragsverhandlungen aufgenommen wurden oder sich bereits ein konkreter Vertragsschluss anbahnt. Mit Blick auf das dt. Zivilrecht bietet sich insofern eine Orientierung an den Grundsätzen zum vorvertraglichen Schuldverhältnis iSd § 311 Abs. 2 BGB an.

Abs. 1 UAbs. 1 lit. b gilt nach Abs. 3 nicht für Tätigkeiten, die Behörden **15** **in Ausübung ihrer hoheitlichen Befugnisse** durchführen.

III. Erforderlichkeit zur Vertragserfüllung mit einem Dritten (Abs. 1 UAbs. 1 lit. c, Abs. 3)

Nach Abs. 1 UAbs. 1 lit. c sind Datenübermittlungen an Drittländer ohne **16** angemessenes Datenschutzniveau oder geeignete Garantien zudem zulässig, wenn sie dazu dienen, einen Vertrag abzuschließen oder zu erfüllen, den der Verantwortliche **im Interesse der betroffenen Person** mit einem Dritten abgeschlossen hat. Anders als bei der Zulässigkeit einer Übermittlung aufgrund der Erforderlichkeit zur Vertragserfüllung nach Abs. 1 UAbs. 1 lit. b (→ Rn. 12 ff.) ist der Betroffene hier **nicht selbst als Vertragspartei beteiligt**. Die vertragliche Regelung liegt aber in seinem Interesse und begünstigt ihn, wie es insbes. bei Verträgen zugunsten Dritter iSd § 328 BGB (etwa im Zusammenhang mit int. Banküberweisungen, Reiseleistungen oder Versicherungen) der Fall ist (vgl. Schantz in NK-DatenschutzR DS-GVO Art. 49

Rn. 28; Klug in Gola DS-GVO Art. 49 Rn. 7; Zerdick in Ehmann/Selmayr DS-GVO Art. 49 Rn. 12). Im Hinblick auf das Merkmal der Erforderlichkeit kann auf die Ausführungen zu Abs. 1 UAbs. 1 lit. b (→ Rn. 12 ff.) verwiesen werden (vgl. Art-29-DSG WP 114 – Ausnahmen für Übermittlungen in Drittländer S. 16). Bei Beschäftigtendaten, die im Zusammenhang mit Gehaltszahlungen oder sonstigen Finanzleistungen (zB Aktienoptionsplan) an Drittdienstleister in einem unsicheren Drittland übermittelt werden sollen, wird es regelmäßig an der Erforderlichkeit fehlen (dazu Lange/Filip in Beck-OK DatenschutzR DS-GVO Art. 49 Rn. 22 f.). Insbes. in Fällen, in denen Beschäftigten ein Vorteil gewährt wird (zB Aktienoptionen), wird der Arbeitgeber jedoch Einwilligungen der Beschäftigten einholen können (→ Rn. 5 ff.) und die maßgeblichen Daten auf dieser Grdl. auch an Drittdienstleister in unsichere Drittländern übermitteln können.

17   Abs. 1 UAbs. 1 lit. c gilt nach Abs. 3 nicht für Tätigkeiten, die Behörden **in Ausübung ihrer hoheitlichen Befugnisse** durchführen.

IV. Notwendigkeit aus wichtigen Gründen des öffentlichen Interesses (Abs. 1 UAbs. 1 lit. d, Abs. 4)

18   Übermittlungen sind nach Abs. 1 UAbs. 1 lit. d ferner zulässig, wenn sie aus **wichtigen Gründen des öffentl. Interesses notwendig** sind. Abs. 4 legt fest, dass das öffentl. Interesse im Unionsrecht oder im Recht des Mitgliedstaates, dem der Verantwortliche unterliegt, **anerkannt** sein muss. Keine Berücksichtigung können demnach Gesichtspunkte finden, die lediglich im Interesse von Drittländern sind (vgl. auch Art. 6 Abs. 3). Ansonsten bestünde die Gefahr, dass der von Kap. V bezweckte Schutz durch entspr. Gestaltung ausländischer Vorschr. umgangen wird (Zerdick in Ehmann/Selmayr DS-GVO Art. 49 Rn. 14 mwN).

19   Im Vergleich zu Art. 6 Abs. 1 lit. e stellt die Regelung eine höhere Hürde auf, da sie nur bei **wichtigem** Grund des öffentl. Interesses eingreift. Darüber, wann ein Grund des öffentl. Interesses als „wichtig" anzusehen ist, trifft die DS-GVO allerdings keine Aussage. Mit Blick auf den Ausnahmecharakter der Norm ist die Regelung eng auszulegen (vgl. Art-29-DSG WP 114 – Ausnahmen für Übermittlungen in Drittländer S. 17).

20   Wichtige öffentl. Interessen iSv lit. d können insbes. vorliegen, wenn eine Übermittlung personenbezogener Daten notwendig ist zwischen Wettbewerbs-, Steuer- oder Zollbehörden, zwischen Finanzaufsichtsbehörden oder zwischen Diensten, die für Angelegenheiten der sozialen Sicherheit oder für die öffentl. Gesundheit (zB bei ansteckenden Krankheiten oder der Beseitigung des Dopings im Sport) zuständig sind (vgl. ErwGr 112). Ein **wichtiges Interesse** nach lit. d **scheidet** demgegenüber von vornherein **aus,** wenn die Datenübermittlung Zwecken dient, die **nicht in den Anwendungsbereich des Unionsrechtes** fallen (vgl. Art. 2 Abs. 2), wie etwa die Strafverfolgung oder Terrorismusbekämpfung. Ausgenommen sind jedoch nur Übermittlungen durch öffentl. Stellen, da Übermittlungen durch die zuständige Behörde der JI-RL unterfallen (Art. 2 Abs. 2 lit. d DS-GVO). Übermittlungen durch Private können hingegen durchaus auf Abs. 1 UAbs. 1 lit. d gestützt werden (Lange/Filip in BeckOK DatenschutzR DS-GVO Art. 49 Rn. 28; Schantz in NK-DatenschutzR DS-GVO Art. 49 Rn. 33; Schlender in GSSV DS-GVO Art. 49 Rn. 20).

V. Erforderlichkeit zur Geltendmachung, Ausübung oder Verteidigung von Rechtsansprüchen (Abs. 1 UAbs. 1 lit. e)

Abs. 1 UAbs. 1 lit. e ermöglicht die ausnahmsweise Übermittlung in „unsi- **21** chere" Drittländer oder an int. Organisationen, wenn dies zur **Geltendmachung, Ausübung oder Verteidigung von Rechtsansprüchen erforderlich** ist. Damit wird dem Interesse an der Verfolgung und Realisierung von Rechtsansprüchen der Vorrang ggü. dem Datenschutzinteresse des Betroffenen eingeräumt (vgl. Schantz in NK-DatenschutzR DS-GVO Art. 49 Rn. 39). Die Vorschr. bezieht sich sowohl auf die Geltendmachung, Ausübung oder Verteidigung vor Gericht, auf dem Verwaltungsweg oder in außergerichtlichen Verfahren, wozu auch Verfahren vor Regulierungsbehörden zählen (vgl. ErwGr 111; zum US-Pre-Trial-Discovery-Verfahren vgl. Lange/Filip in BeckOK DatenschutzR DS-GVO Art. 49 Rn. 30 ff. sowie Schröder in Kühling/Buchner DS-GVO Art. 49 Rn. 27 ff.). Damit dürfte auch die Übermittlung an Kartellbehörden in unsicheren Drittländern iRv fusionskontrollrechtlichen Genehmigungsverfahren zulässig sein. Insoweit geht es um die Geltendmachung des Rechtsanspruches auf Genehmigung des Zusammenschlusses bei Vorliegen der einschlägigen Voraussetzungen. Grenzen bestehen allerdings dort, wo der Zusammenschluss für die Antragstellerin bereits vor Übermittlung erkennbar unzulässig ist und deshalb nicht genehmigt werden würde oder die maßgeblichen personenbezogenen Daten für die Entsch. über den Antrag irrelevant sind. Denn die Datenübermittlung muss in jedem Fall **erforderlich** sein: Dies setzt einen engen Zusammenhang zwischen der Datenübermittlung und einem konkreten Verfahren voraus, in dem die maßgeblichen Daten für den Verfahrensausgang von Relevanz sind. Die Datenübermittlung ist nicht erforderlich, soweit das Verfahren mit hinreichender Aussicht auf Erfolg auch ohne die Daten oder aber mit Daten in anonymisierter Form geführt werden kann (vgl. Art-29-DSG WP 158 – Offenlegung im Zivilverfahren S. 11). Darüber hinaus werden Übermittlungen iRe Abtretung von notleidenden Darlehen an Inkassounternehmen (Lehmann/Wancke WM 2019, 665 (667)) sowie iRd Erwirkung ausländischer Patentrechte (Vierkötter/Heine IPRB 2019, 114 (119)) als zulässig angesehen.

Ausweislich des Wortlautes von Art. 48 („unbeschadet anderer Gründe für **22** die Übermittlung") und der erg. Hinweise in ErwGr 115 S. 4 steht der übermittelnden Stelle durchaus der Rückgriff auf den in Abs. 1 UAbs. 1 lit. e enthaltenen Erlaubnistatbestand offen, wenn die Übermittlung oder Offenlegung gem. Art. 48 ansonsten unzulässig ist. Umgekehrt kann die übermittelnde Stelle von einem Gericht eines Drittlandes bei Nichtvorliegen der Voraussetzungen des Art. 48 nicht gezwungen werden, personenbezogene Daten zu übermitteln, wenn dies den Interessen der übermittelnden Stelle zuwiderläuft. Umstr. ist, ob die Erfüllung von Auskunftsverlangen ausländischer Behörden oder Gerichte der „Verteidigung von Rechtsansprüchen" dient. Nach Auff. des EDSA ist einzig erforderlich, dass das Verfahren auf einer Rechtsgrundlage beruht und damit auch Übermittlungen zum Zwecke der Vermeidung von Geldstrafen unter die Ausnahmeregelung fallen (EDSA Leitlinien Art. 49 DSGVO S. 13 f.). Nach aA ist ein Rechtsanspruch des angefragten Unternehmens erforderlich, sodass ein isoliertes staatliches Auskunftsverlangen nicht von der Regelung umfasst ist. Andernfalls würde damit ein Einfallstor zur Umgehung der Voraussetzungen des Art. 48 geschaffen (Schröder in Kühling/Buchner DS-GVO Art. 49 Rn. 33; Schantz in NK-DatenschutzR DS-GVO Art. 49 Rn. 42).

VI. Erforderlichkeit zum Schutz lebenswichtiger Interessen (Abs. 1 UAbs. 1 lit. f)

23 Abs. 1 UAbs. 1 lit. f lässt Übermittlungen an ein Drittland oder eine int. Organisation zu, wenn sie zum Schutz **lebenswichtiger Interessen** des Betroffenen oa Personen **erforderlich** sind (vgl. zu den Begrifflichkeiten → Art. 9 Rn. 29 ff.). Dies gilt aufgrund des Gebotes zur **Achtung der Privatautonomie** aber nur, sofern die betroffene Person aus physischen oder rechtlichen Gründen außerstande ist, ihre Einwilligung zu geben (mutmaßliche Einwilligung, vgl. auch ErwGr 112). Die Entsch. soll **grds. dem Betroffenen überlassen** bleiben (vgl. Schantz in NK-DatenschutzR DS-GVO Art. 49 Rn. 46). Erfasst wird bspw. die Weitergabe medizinischer Daten für eine Behandlung des Betroffenen im Ausland, wenn der Betroffene seinen Willen wegen Bewusstlosigkeit nicht (mehr) zum Ausdruck bringen kann. Die Norm entspricht iW dem Wortlaut des § 28 Abs. 6 Nr. 1 BDSG aF.

24 Die Ausnahmetatbestände nach lit. d (**wichtige Gründe des öffentl. Interesses;** → Rn. 18 ff.) und die **lebenswichtigen Interessen** nach lit. f können sich **überschneiden.** So kann etwa eine Übermittlung personenbezogener Daten einer betroffenen Person an eine int. humanitäre Organisation, die erfolgt, um eine nach den Genfer Konventionen obliegende Aufgabe auszuführen, oder um dem in bewaffneten Konflikten anwendbaren humanitären Völkerrecht nachzukommen, sowohl unter Abs. 1 UAbs. 1 lit. d als auch unter Abs. 1 UAbs. 1 lit. f fallen.

VII. Übermittlung aus einem Register (Abs. 1 UAbs. 1 lit. g, Abs. 2)

25 Abs. 1 UAbs. 1 lit. g regelt die Übermittlung aus **Registern,** die gem. dem Unionsrecht oder dem Recht der Mitgliedstaaten **zur Information der Öffentlichkeit** bestimmt sind und entweder der gesamten Öffentlichkeit oder allen Personen, die ein berechtigtes Interesse nachweisen können, zur Einsichtnahme offenstehen, sofern die im Unionsrecht oder im Recht der Mitgliedstaaten festgelegten Voraussetzungen für die Einsichtnahme im Einzelfall gegeben sind. Die Vorschr. trägt damit dem Umstand Rechnung, dass Daten, die für andere berechtigterweise ohnehin verfügbar sind, einen geringeren Schutz bedürfen.

Auf die **Bezeichnung als „Register"** kommt es nicht an. Vielmehr 26
sind **allein die Zwecksetzung der Öffentlichkeitsinformation und die
niedrige Zugangsschwelle maßgeblich** (vgl. Schröder in Kühling/Buch-
ner DS-GVO Art. 49 Rn. 36). In Deutschland betrifft dies va behördliche
Register, wie zB Handelsregister, Vereinsregister oder das Bundeszentralregister (Schantz in NK-DatenschutzR DS-GVO Art. 49 Rn. 49). Erfasst sind
nicht nur Register, die der gesamten Öffentlichkeit zugänglich sind, sondern
auch solche, die bestimmten Personengruppen aufgrund eines berechtigten
Interesses zur Einsichtnahme offenstehen, wie etwa das Grundbuch. Daten
aus privaten Registern (zB Schufa) sind dagegen nicht umfasst (Schröder in
Kühling/Buchner DS-GVO Art. 49 Rn. 36).

Nach Abs. 2 dürfen Datenübermittlungen nach Abs. 1 UAbs. 1 lit. g **nicht** 27
die Gesamtheit oder ganze Kategorien der im Register enthaltenen personenbezogenen Daten umfassen (vgl. Art-29-DSG WP 114 – Ausnahmen
für Übermittlungen in Drittländer S. 18 f.). Ist ein Register nur zur Einsichtnahme durch Personen mit berechtigtem Interesse bestimmt, darf die Übermittlung zudem nur erfolgen, wenn diese Personen entweder **selbst die
Übermittlung anfordern** oder aber die **Adressaten der Übermittlung**
sind. Dabei ist stets den Interessen und Grundrechten der betroffenen Person
in vollem Umf. Rechnung zu tragen (vgl. ErwGr 111).

C. Erforderlichkeit zur Wahrung zwingender berechtigter Interessen des Verantwortlichen (Abs. 1 UAbs. 2, Abs. 3, Abs. 6)

Eine im Vergleich zu Art. 26 DSRL **neue Regelung** findet sich in Abs. 1 28
UAbs. 2. Danach darf eine Übermittlung an ein Drittland oder eine int.
Organisation, die weder auf Art. 45 oder 46 – einschl. verbindlicher interner
Datenschutzvorschriften – noch auf einen der Erlaubnistatbestände in Abs. 1
UAbs. 1 gestützt werden kann, gleichwohl erfolgen, wenn mehrere Voraussetzungen kumulativ vorliegen. Erforderlich ist, dass die zu prüfende Übermittlung **nicht wiederholt** erfolgt, nur eine **begrenzte Zahl von betroffenen Personen** betrifft, für die **Wahrung der zwingenden berechtigten
Interessen des Verantwortlichen erforderlich** ist, **die Interessen oder
die Rechte und Freiheiten der betroffenen Person nicht überwiegen**
und der Verantwortliche **alle Umstände der Datenübermittlung beurteilt**
und auf der Grdl. dieser Beurteilung **geeignete Garantien** in Bezug auf den
Schutz personenbezogener Daten vorgesehen hat.

Um dem Schutzzweck des Kap. V und die allg. Grundsätze der Datenüber- 29
mittlung nach Art. 44 durch diesen **Auffangtatbestand** nicht zu untermini-
ren, sind die aneinandergereihten **unbestimmten Rechtsbegriffe** allesamt
restriktiv auszulegen. Dementsprechend muss es sich zunächst um eine
einmalige Übermittlung handeln und zum Zeitpunkt der Übermittlung
müssen für die übermittelnde Stelle **die betroffenen Personen sowie** deren
personenbezogene Daten, die in das Drittland oder die int. Organisation
weitergegeben werden sollen, **feststehen.** Es spricht indes einiges dafür, dass
die „begrenzte Zahl von betroffenen Personen" **nicht iSe zahlenmäßigen**

Begrenzung zu verstehen ist. Denn ob eine bestimmte Anzahl groß oder gering ist, wird im Einzelfall von der jeweiligen Vergleichsgruppe abhängen und kann folglich stark variieren. Insofern wäre eine zahlenmäßige Begrenzung ein in der Praxis kaum handhabbares Kriterium. Stattdessen liegt es, im Lichte des Schutzzweckes, dieser Vorschr. näher, eine bestimmte Anzahl an Personen zu fordern (so iErg auch Lange/Filip in BeckOK DatenschutzR DS-GVO Art. 49 Rn. 52). Denn nur wenn die Anzahl begrenzt und damit bestimmt ist, kann der Verantwortliche seinen Informationspflichten gem. Art. 1 UAbs. 2 letzter Satz nachkommen. Liegen demnach die sonstigen Anforderungen von Abs. 1 UAbs. 2 vor, dann ist durchaus auch eine Übermittlung der personenbezogenen Daten einer großen, wenngleich auch begrenzten Anzahl von Personen denkbar.

30   Die Datenübermittlung kommt zudem nur infrage, wenn diese einem zwingenden berechtigten Interesse dient, dem kein überw. Interesse oder die Rechte und Freiheiten der betroffenen Personen entgegenstehen. Die DS-GVO trifft keine konkrete Aussage dazu, welche Anforderungen an die Einordnung als derartiges „zwingendes berechtigtes Interesse" zu stellen sind. Aufgrund des eindeutigen Wortlautes kann jedenfalls **nicht jedes „berechtigte Interesse"** iSv Art. 6 Abs. 1 UAbs. 1 lit. f zur Rechtfertigung herangezogen werden. In Betracht kommen sollen bspw. die legitimen gesellschaftlichen Erwartungen in Bezug auf einen Wissenszuwachs bei Datenübermittlungen zu wiss. oder historischen Forschungszwecken oder bei statistischen Zwecken (vgl. ErwGr 113).

31   Liegen die unter → Rn. 27 f. genannten Voraussetzungen vor, dann hat der Verantwortliche, der die Übermittlung personenbezogener Daten in ein Drittland oder eine int. Organisation vornehmen will, in einer **umfassenden Überprüfung** sämtliche Umstände der Datenübermittlung zu untersuchen und dabei insbes. die Art der personenbezogenen Daten, den Zweck und die Dauer der vorgesehenen Verarbeitung, die Situation im Herkunftsland, in dem betr. Drittland und dem Endbestimmungsland zu berücksichtigen (ErwGr 113). Auf Grdl. des Erg. dieser Untersuchung sind sodann geeignete Garantien zum Schutz der personenbezogenen Daten vorzusehen. Da von Abs. 1 UAbs. 2 nur dann Gebrauch gemacht werden wird, wenn keiner der anderen Gründe für eine Übermittlung einschlägig ist, stellen auch die „**geeigneten Garantien**" iSd Vorschr. ein **Weniger ggü. den Garantien nach Art. 46 f.** dar (vgl. auch die englische Fassung, die in Art. 49 Abs. 1 UAbs. 2 von „suitable safeguards", in Art. 46 dagegen von „appropriate safeguards" spricht). Es sollten jedoch zumindest die wesentlichen Datenschutzgrundsätze der DS-GVO einschl. der Betroffenenrechte gewahrt werden (Lange/Filip in BeckOK DatenschutzR DS-GVO Art. 49 Rn. 55). Vorstellbar ist etwa, dass mittels einer vertraglichen Vereinbarung zwischen übermittelnder und empfangender Stelle eine auf den konkreten Einzelfall zugeschnittene Regelung zur entspr. Gewährleistung des Schutzes der personenbezogenen Daten getroffen wird.

32   Der Verantwortliche muss die **Datenübermittlung der zuständigen ASB melden.** Eine Pflicht der ASB, auf die Mitteilung zu reagieren oder diese gar zu prüfen, sieht Abs. 1 UAbs. 2 dagegen nicht vor. Darüber hinaus hat er die **betroffenen Personen** – zusätzlich zu den nach Art. 13 und 14 ohnehin erforderlichen Benachrichtigungspflichten – über die **Übermittlung** und seine **zwingenden berechtigten Interessen zu informieren.** Neben der Meldung an die ASB und die Betroffenen ist der Verantwortliche oder der Auftragsverarbeiter nach Abs. 6 verpflichtet, die von ihm vorgenommene Beurteilung sowie die angemessenen Garantien iSd Abs. 1 UAbs. 2 in seinem **Verzeichnis der Verarbeitungstätigkeiten gem. Art. 30 zu dokumentieren** (→ Art. 30 Rn. 15).

Abs. 1 UAbs. 2 gilt nach Abs. 3 nicht für Tätigkeiten, die **Behörden in Ausübung ihrer hoheitlichen Befugnisse** durchführen. Fehlt es an einem Angemessenheitsbeschluss, dann sind diese insoweit auf die Garantiemaßnahmen nach Art. 46 (→ Art. 46 Rn. 14 ff.) angewiesen. **33**

D. Beschränkungen aus wichtigen Gründen des öffentlichen Interesses (Abs. 5)

Abs. 5 enthält eine **unscheinbare aber bedeutsame Neuregelung** ggü. der **34** Rechtslage unter der DSRL. Liegt hinsichtlich eines Drittlandes oder einer int. Organisation kein Angemessenheitsbeschluss iSd Art. 45 Abs. 3 vor, dann können im Unionsrecht oder im Recht der Mitgliedstaaten aus wichtigen Gründen des öffentl. Interesses Beschränkungen vorgesehen werden, sodass die Übermittlung bestimmter Kategorien von personenbezogenen Daten an diese Empfangsorte unzulässig ist. Da die Beschränkungen iSd Vorschr. ausdr. **allein beim Vorliegen von Angemessenheitsbeschlüssen ausgeschlossen** sind, können auf diesem Weg nicht nur Datenübermittlungen auf Grdl. von Art. 49 Abs. 1, sondern auch **auf Grdl. von Garantiemaßnahmen nach Art. 46 f.** verhindert werden. Die Stellung der Regelung innerhalb des Art. 49 ist daher aus systematischer Sicht unglücklich gewählt (so auch Zerdick in Ehmann/Selmayr DS-GVO Art. 49 Rn. 19).

Eine Beschränkung von Datenübermittlungen in Drittländer oder int. Or- **35** ganisationen setzt zunächst einen **wichtigen Grund des öffentl. Interesses** voraus. Insofern gelten die oben unter → Rn. 18 ff. dargelegten Grundsätze. Darüber hinaus muss sich die **Beschränkung auf bestimmte Kategorien personenbezogener Daten** beziehen. Die DS-GVO lässt offen, welche Datenkategorien und Zwecke dies sein könnten. In formeller Hinsicht setzt Abs. 5 voraus, dass die **Beschränkungen der Datenübermittlungen ausdr.** erfolgen. Die von den Mitgliedstaaten erlassenen Bestimmungen sind der KOM mitzuteilen. Das Unionsrecht sieht ein entspr. Übermittlungsverbot an Drittstatten, int. Organisationen oder private Stellen etwa für Daten aus der zentralen Asylbewerber-Fingerabdruckdatenbank „Eurodac" vor (Art. 35 VO (EU) Nr. 603/2013).

Art. 50 Internationale Zusammenarbeit zum Schutz personenbezogener Daten

In Bezug auf Drittländer und internationale Organisationen treffen die Kommission und die Aufsichtsbehörden geeignete Maßnahmen zur
a) **Entwicklung von Mechanismen der internationalen Zusammenarbeit, durch die die wirksame Durchsetzung von Rechtsvorschriften zum Schutz personenbezogener Daten erleichtert wird,**
b) **gegenseitigen Leistung internationaler Amtshilfe bei der Durchsetzung von Rechtsvorschriften zum Schutz personenbezogener Daten, unter anderem durch Meldungen, Beschwerdeverweisungen, Amtshilfe bei Untersuchungen und Informationsaustausch, sofern geeignete Garantien für den Schutz personenbezogener Daten und anderer Grundrechte und Grundfreiheiten bestehen,**
c) **Einbindung maßgeblicher Interessenträger in Diskussionen und Tätigkeiten, die zum Ausbau der internationalen Zusammenarbeit bei der Durchsetzung von Rechtsvorschriften zum Schutz personenbezogener Daten dienen,**
d) **Förderung des Austauschs und der Dokumentation von Rechtsvorschriften und Praktiken zum Schutz personenbezogener Daten einschließlich Zuständigkeitskonflikten mit Drittländern.**

BDSG und anderes nationales Recht: –

A. Allgemeines

1 Art. 50 verfolgt einen **zweifachen Regelungszweck.** Die Vorschr. greift zunächst die **faktische Gefährdungslage für die Grundrechte betroffener Personen** auf, die mit Übermittlungen personenbezogener Daten aus der EU heraus einhergeht. Datenübermittlungen in ein Drittland oder an eine int. Organisation bringen trotz der extraterritorialen Wirkung der Art. 3 Abs. 2 (vgl. → Art. 3 Rn. 13 ff.) und Art. 27 (vgl. → Art. 27 Rn. 1 ff.) das Risiko mit sich, dass betroffene Personen ihre Datenschutzrechte nicht wahrnehmen können, um sich bspw. gegen die unrechtmäßige Nutzung oder Offenlegung ihrer personenbezogenen Daten zu schützen. Insbes. ist es nicht ausgeschlossen, dass europ. ASB nicht in der Lage sind, Beschwerden nachzugehen oder Untersuchungen durchzuführen, die einen Bezug zu Tätigkeiten außerhalb ihres Mitgliedstaates haben, sodass ein **Durchsetzungsdefizit** besteht (Schröder in Kühling/Buchner DS-GVO Art. 50 Rn. 6). Dem kann auch nicht die Pflicht zur Bestellung eines Vertreters in der EU ausreichend entgegenwirken, da nicht sämtliche Stellen von dieser Pflicht erfasst werden. So sind durchaus Stellen denkbar, die zwar Daten aus der EU erhalten, jedoch selbst weder eine Niederlassung in der EU aufweisen, noch dem Marktortprinzip (vgl. → Art. 3 Rn. 13 ff.) unterfallen. Das kann bspw. auf Datenimporteure in Drittländern zutreffen (Schröder in Kühling/Buchner DS-GVO Art. 50 Rn. 6). Die Bemühungen der ASB um grenzüberschreitende Zusammenarbeit können zudem durch unzureichende Präventiv- und Abhilfebefugnisse, widersprüchliche Rechtsordnungen oder auch praktische Hindernisse wie Ressourcenknappheit behindert werden (ErwGr 116). Darüber hinaus sieht die Vorschr. aber auch ausdr. den **Grundsatz der Gegenseitigkeit** vor (vgl. lit. b; ErwGr 116). Einer int. Zusammenarbeit bedarf es schließlich nicht nur im Hinblick auf „EU-Daten", die in Drittländern verarbeitet werden und die Grundrechte betroffener Personen nach Maßgabe der DS-GVO tangieren. Umgekehrt kann ebenso eine Unterstützung der ASB von Drittländern durch europ. Behörden erforderlich sein, wenn Verarbeitungen personenbezogener Daten im territorialen Anwendungsbereich der DS-GVO auch unter das Datenschutzrecht des Drittlandes fallen. Hintergrund der Regelung ist demnach sowohl die wirksame Durchsetzung der datenschutzrechtlichen Regelungen (Art. 50 lit. a bis lit. c), als auch der Erfahrungs- und Informationsaustausch zwischen den ASB und den ASB mit der EU-KOM (Art. 50 lit. d) (Klug in Gola DS-GVO Art. 50 Rn. 1 f.).

Während Art. 57 Abs. 1 lit. g auf die Zusammenarbeit der ASB innerhalb **2** des Geltungsbereiches der DS-GVO abzielt, bezweckt Art. 50 eine **Förderung der Zusammenarbeit** zwischen KOM und europ. ASB mit Drittländern (→ Art. 44 Rn. 20) und dabei insbes. deren ASB. Zudem dient Art. 50 dazu, die Vorschr. über die Zusammenarbeit und Kohärenz innerhalb der EU aus Kapitel VII spezifisch mit Bezug auf Drittländer und int. Organisationen zu ergänzen (Klug in Gola DS-GVO Art. 50 Rn. 2; Schröder in Kühling/Buchner DS-GVO Art. 50 Rn. 5). **Keine Bedeutung** kommt insofern dem Umstand zu, dass bestimmte Drittländer (vgl. die Liste unter → Art. 45 Rn. 34) ein **angemessenes Datenschutzniveau** aufweisen, das mit dem Maßstab der DS-GVO vergleichbar ist (Pieper in SJTK DS-GVO Art. 50 Rn. 2). Schließlich besteht auch bei der Gewährleistung eines angemessenen Datenschutzniveaus ein Bedürfnis nach einer funktionierenden Zusammenarbeit mit der EU und ihren Mitgliedstaaten in Datenschutzfragen. Die Vorschr. ist **angelehnt an die OECD-Empfehlung** vom 12.6.2007 zur grenzübergreifenden Zusammenarbeit bei der Durchsetzung des Datenschutzrechtes (OECD Recommendation on Cross-border Cooperation in the Enforcement of Laws Protecting Privacy; vgl. DS-GVO-E (KOM) (13)).

Art. 50 begr. nach seinem Wortlaut zwar eine Pflicht zum Tätigwerden, **3** enthält jedoch **weder eine Aussage** zu einer konkreten **Rollenverteilung** zwischen KOM und ASB für die Umsetzung noch eine Festlegung der einzelnen **Instrumente im Detail.** Ob im jeweiligen Anwendungsfall KOM und/oder ASB aktiv werden, ist letztlich zweitrangig. Entscheidend ist insofern, wer aus **Zuständigkeits- und Praktikabilitätsgesichtspunkten** in der Lage ist, eine der in Art. 50 genannten Maßnahmen umzusetzen. Dabei kommt es auch insbes. darauf an, in welcher Form die Umsetzung erfolgt, bspw. in einer schlichten informellen Zusammenarbeit von ASB oder einem von der KOM zu schließenden Verwaltungsabkommen. Aufgrund der fehlenden Vorgabe zu Instrumenten im Detail kommen alle Maßnahmen in Betracht, soweit diese rechtlich zulässig und zur Erreichung der in Art. 50 genannten Ziele geeignet sind (Zerdick in Ehmann/Selmayr DS-GVO Art. 50 Rn. 3). Da die Vorschr. lediglich eine Verpflichtung enthält, dass geeignete Maßnahmen getroffen werden, darüber hinaus aber keine Konkretisierung vornimmt, verbleibt ein beträchtlicher **Handlungsspielraum** für KOM und ASB (Schiedermair in NK-DatenschutzR DS-GVO Art. 50 Rn. 2). Zudem werden keine Sanktionsmöglichkeiten für den Fall normiert, dass es an entspr. Maßnahmen fehlen sollte (Schröder in Kühling/Buchner DS-GVO Art. 50 Rn. 5).

B. Einzelne Maßnahmen

4 Als ersten der in Art. 50 festgelegten **vier Bereiche,** in denen seitens der KOM und der ASB Maßnahmen zu treffen sind, sieht lit. a zunächst **allg.** die Entwicklung von **Mechanismen der int. Zusammenarbeit** zur Erleichterung der wirksamen Durchsetzung von Datenschutzvorschriften vor. Dabei sind zweierlei Zielrichtungen zu verfolgen. Zunächst bedarf es Maßnahmen, die positiv auf die Einhaltung der Datenschutzprinzipien hinwirken. Diese umfassen bspw. die Durchführung gemeinsamer Kontrollen, wie sie iRd Amtshilfe auch unter lit. b fallen. Vor dem Hintergrund des in Art. 47 der GRCh verankerten Grundrechtes auf wirksamen gerichtlichen Rechtsschutz ist daneben eine Zusammenarbeit im Hinblick auf **Abhilfemöglichkeiten der betroffenen Personen bei Datenschutzverstößen** vorzusehen (vgl. OECD-Empfehlung (6); EuGH NJW 2015, 3151 Rn. 95). Darunter dürfte insbes. der zwischen KOM und US Regierung ausgehandelte **US Judicial Redress Act of 2015** (US Public Law Nr. 114–126 v. 24.2.2016) fallen, der – in eingeschränktem Umf. – Klagen von EU-Bürgern vor US-Gerichten zulässt. Auch im außergerichtlichen Bereich sollten spezielle Anlaufstellen innerhalb der ASB für int. Angelegenheiten eingerichtet werden (vgl. Zerdick in Ehmann/Selmayr DS-GVO Art. 50 Rn. 5). Weitere Maßnahmen sind bspw. weltweite Datenschutzkonferenzen von ASB wie die Internationale Datenschutzkonferenz (Zerdick in Ehmann/Selmayr DS-GVO Art. 50 Rn. 5; Schiedermair in NK-DatenschutzR DS-GVO Art. 50 Rn. 11). Es handelt sich damit um neuere Maßnahmen zur Zusammenarbeit, die über die zahlr. klassischen Foren auf int. Ebene hinausgehen. Dies folgt daraus, dass regelmäßig die KOM auf int. Ebene beteiligt ist, Art. 50 aber ausdr. die Beteiligung der ASB vorsieht (Schiedermair in NK-DatenschutzR DS-GVO Art. 50 Rn. 5).

5 Lit. b zielt demgegenüber konkret auf die **gegenseitige Leistung von Amtshilfe** zur Durchsetzung der Datenschutzvorschriften ab. Als Anwendungsfälle werden beispielhaft die Meldung von Datenschutzverstößen, die Verweisung von Beschwerden der betroffenen Personen an die zuständigen Behörden, die Unterstützung bei der Durchführung von Datenschutzkontrollen bei den datenverarbeitenden Stellen sowie ein Informationsaustausch zwischen den ASB genannt. Im Lichte des Art. 50 zugrundeliegenden Prinzips der Gegenseitigkeit (→ Rn. 1) ist das Erfordernis geeigneter Garantien für den Schutz personenbezogener Daten und anderer Grundrechte und Grundfreiheiten zu sehen. Insbes. wenn mit der Leistung von Amtshilfe ggü. Drittländern eine Übermittlung von oder ein Zugriff auf personenbezogene Daten,

die der DS-GVO unterfallen, einhergeht, darf dies nicht zu deren Schutz-
losigkeit und so zu einer Aushebelung der Grundprinzipien der DS-GVO
führen. Insofern ist etwa sicherzustellen, dass klare und präzise Regelungen
für Maßnahmen der Amtshilfe vorgesehen werden (vgl. EuGH NJW 2015,
3151 Rn. 91), um das Schutzniveau der Datenschutzvorschriften zu erhalten.
Von dem Schutzniveau kann jedoch mit Blick auf Art. 49 in Ausnahmefällen
abgewichen werden, wenn vorrangige öffentl. oder lebenswichtige Interessen
betroffen sind, bspw. zur Bekämpfung von Terrorismus (Towfigh/Ulrich in
HK-DS-GVO Art. 50 Rn. 6). Die Ausarbeitung präziser Regelungen für
Maßnahmen der Amtshilfe wird bereits teilw. praktiziert, etwa iRd Übereinkommens Nr. 108 zum Schutz des Menschen bei der automatischen Verarbeitung personenbezogener Daten vom 28.1.1981 (Sammlung Europ. Verträge Nr. 108, sowie Zusatzprotokoll Nr. 109; ausf. dazu Lange/Filip in
BeckOK DatenschutzR DS-GVO Art. 50 Rn. 17 ff.). Das Übereinkommen
Nr. 108 ist derzeit das einzige verbindliche multilaterale Instrument im Bereich des Datenschutzes und befindet sich in Überarbeitung. In einer Mitteilung der KOM vom 10.1.2017 (COM(2017) 7 final) hat die KOM erklärt,
dass sie eine zügige Annahme der modernisierten Fassung und eine Beteiligung der EU als Vertragspartner fördern werde und machte am 5.6.2018
dem Rat einen Beschlussvorschlag ((COM2018) 451 final). Das Übereinkommen soll dieselben Grundsätze widerspiegeln, die auch in den neuen EU-
Datenschutzvorschriften verankert sind. Der Rat hat mit Beschl. vom
9.4.2009 (Beschl. (EU) 2019/682 des Rates v. 9.4.2009, ABl. L 115/7 v.
2.5.2019) die „Mitgliedstaaten […] ermächtigt, im Interesse der Union das
Protokoll zu ratifizieren, soweit dessen Bestimmungen in die ausschließliche
Zuständigkeit der Union fallen" (Art. 1 des Beschl.). Die Ratifizierung obliegt den Mitgliedstaaten, da nur diese im Übereinkommen Nr. 108 als Vertragspartner auftreten und die Union das Änderungsprotokoll nicht unterzeichnen kann (ErwGr 7 des Beschl.)

Gem. lit. c soll **eine Einbindung relevanter Interessenträger in Dis-** 6
kussionen und Tätigkeiten erfolgen. Angestrebt wird die **Errichtung**
eines informellen Netzwerkes von ASB und anderen geeigneten Akteuren.
In diesem Forum sollen bspw. Gespräche stattfinden mit Bezug zu den
praktischen Aspekten der int. Zusammenarbeit zur Durchsetzung der Rechtsvorschriften zum Schutz personenbezogener Daten, bewährte Herangehens-
weisen bei der Bewältigung grenzüberschreitender Herausforderungen geteilt
oder gemeinsame Initiativen zur Durchsetzung von Datenschutzrechten und
zu Datenschutzsensibilisierungskampagnen angestoßen werden (vgl. OECD-
Empfehlung v. 12.6.2007 zur grenzübergreifenden Zusammenarbeit bei der
Durchsetzung des Datenschutzrechtes, 11). In der Praxis sollen damit Staat,
Wirtschaft und Zivilgesellschaft eingebunden werden (Schröder in Kühling/
Buchner DS-GVO Art. 50 Rn. 8), nämlich diejenigen Stellen, die die Re-
gelungen als Datenverarbeiter in der Praxis anwenden (Schlender in GSSV
DS-GVO Art. 50 Rn. 10). Als geeignete Akteure kommen sachkundige
Behörden-, Unternehmens-, Branchen- und Verbandsvertreter in Betracht
(Klug in Gola DS-GVO Art. 50 Rn. 3). Interessenträger sind damit bspw.
Verbraucherschutzorganisationen (Schiedermair in NK-DatenschutzR DS-

GVO Art. 50 Rn. 10), Datenschutzbeauftragte, Vertreter von Strafverfolgungsbehörden oder Gremien wie der DK (Towfigh/Ulrich in HK-DS-GVO Art. 50 Rn. 7). In der Praxis erfolgt die Zusammenarbeit (vgl. dazu Zerdick in Ehmann/Selmayr DS-GVO Art. 50 Rn. 8) bereits in int. Organisationen, etwa iRd Organisation für wirtschaftliche Zusammenarbeit und Entwicklung (OECD) oder der Asiatisch-Pazifischen Wirtschaftsgemeinschaft (APEC). So beschlossen die APEC-Mitgliedstaaten bspw. im Jahr 2012 Cross-Border Privacy Rules, die als grenzüberschreitende Datenschutzregelungen den Schutz personenbezogener Daten sicherstellen sollen (Zerdick in Ehmann/Selmayr DS-GVO Art. 50 Rn. 8; Schlender in GSSV DS-GVO Art. 50 Rn. 13).

7   Zuletzt soll der **Austausch und die Dokumentation von Rechtsvorschriften und Praktiken zum Schutz personenbezogener Daten** einschl. der Lösung von Zuständigkeitskonflikten mit Drittländern gefördert werden (lit. d). Dies dient insbes. dem Informationsaustausch zwischen den ASB sowie den ASB und der KOM (Klug in Gola DS-GVO Art. 50 Rn. 2). Dadurch kann das Verständnis und die Kenntnis datenschutzrechtlicher Regelungen auf weltweiter Ebene verbessert werden und dazu führen, dass die Durchsetzbarkeit von Datenschutzvorschriften erleichtert wird (Zerdick in Ehmann/Selmayr DS-GVO Art. 50 Rn. 9; Schlender in GSSV Art. 50 Rn. 12). Die Förderung des Informationsaustausches in lit. d dient damit zugleich auch der Förderung der in lit. a bis lit. c genannten Ziele. Soweit dies nicht bereits innerhalb des nach lit. c (→ Rn. 6) zu errichtenden Netzwerkes geschieht, sollten für den Zweck des Informationsaustausches konkrete Verfahrensabläufe und Informationskanäle festgelegt werden. Besonders relevant ist dabei die **Behandlung von Zuständigkeitskonflikten.** Schließlich geht mit der DS-GVO ggü. der DSRL eine nicht unerhebliche Erweiterung des sachlichen Anwendungsbereiches auf Sachverhalte in Drittländern einher (vgl. → Art. 3 Rn. 13 ff.). Insbes. grenzüberschreitend agierende Unternehmen können dadurch in Konfliktsituationen geraten, zu deren Vermeidung die Regelung beitragen kann (Schröder in Kühling/Buchner DS-GVO Art. 50 Rn. 9; Schiedermair in NK-DatenschutzR DS-GVO Art. 50 Rn. 10).

Kapitel VI. Unabhängige Aufsichtsbehörden

Abschnitt 1. Unabhängigkeit

Art. 51 Aufsichtsbehörde

(1) Jeder Mitgliedstaat sieht vor, dass eine oder mehrere unabhängige Behörden für die Überwachung der Anwendung dieser Verordnung zuständig sind, damit die Grundrechte und Grundfreiheiten natürlicher Personen bei der Verarbeitung geschützt werden und der freie Verkehr personenbezogener Daten in der Union erleichtert wird (im Folgenden „Aufsichtsbehörde").

(2) ¹Jede Aufsichtsbehörde leistet einen Beitrag zur einheitlichen Anwendung dieser Verordnung in der gesamten Union. ²Zu diesem Zweck arbeiten die Aufsichtsbehörden untereinander sowie mit der Kommission gemäß Kapitel VII zusammen.

(3) Gibt es in einem Mitgliedstaat mehr als eine Aufsichtsbehörde, so bestimmt dieser Mitgliedstaat die Aufsichtsbehörde, die diese Behörden im Ausschuss vertritt, und führt ein Verfahren ein, mit dem sichergestellt wird, dass die anderen Behörden die Regeln für das Kohärenzverfahren nach Artikel 63 einhalten.

(4) Jeder Mitgliedstaat teilt der Kommission bis spätestens 25. Mai 2018 die Rechtsvorschriften, die er aufgrund dieses Kapitels erlässt, sowie unverzüglich alle folgenden Änderungen dieser Vorschriften mit.

BDSG und anderes nationales Recht: §§ 9, 17, 18 BDSG (kommentiert unter → BDSG § 9 Rn. 2; → BDSG § 17 Rn. 1 ff.; → BDSG § 18 Rn. 1 ff.).

Literatur: *Dahns,* Vorschlag für Datenschutzbeauftragten der Anwaltschaft, NJW-Spezial 2017, 126; *Kahler,* Die Europarechtswidrigkeit der Kommissionsbefugnisse in der Grundverordnung, RDV 2013, 69; *Kazemi,* Der Datenschutzbeauftragte in der Rechtsanwaltskanzlei, NJW 2018, 443; *Kranig,* DS-GVO – und was die Aufsichtbehörden daraus machen (sollten), RDV 2018, 243; *Kugelmann,* Kooperation und Betroffenheit im Netzwerk – Die deutschen Datenschutzaufsichtsbehörden in Europa, ZD 2020, 76; *v. Lewinski,* Datenschutzaufsicht in Europa als Netzwerk, NVwZ 2017, 1483; *Reding,* Sieben Grundbausteine der europäischen Datenschutzreform, ZD 2012, 195; *Ronellenfitsch,* Bestandsschutz der Religionsgemeinschaften nach dem DSGVO – Zur Auslegung unmittelbar geltenden Unionsrechts, DÖV 2018, 1017; *Schmidt,* Datenschutz-Organisation und -Dokumentation in der Anwaltskanzlei, NJW 2018, 1448; *Thiel,* DSK – starke Stimme für den Datenschutz – Geschichte und Schwerpunkte der Datenschutzkonferenz seit 2016, ZD 2020, 93; *Tinnefeld,* Das Verhältnis von DS-GVO und nationalen Sonderregelungen – Anforderungen an das kirchliche Selbstbestimmungsrecht, ZD 2020, 145; *Ziegenhorn,* Datenschutzaufsicht über Anwälte, NJW-aktuell 18/2017, 14.

A. Allgemeines

1 Die Überwachung der Anwendung datenschutzrechtlicher Vorschr. gehört seit Beginn der Datenschutzgesetzgebung zum **Konzept des Grundrechtsschutzes.** Bereits Art. 28 DSRL sah die Einrichtung von ASB zur Überwachung der Anwendung der zur Umsetzung der RL erlassenen Vorschr. in den Mitgliedstaaten vor. In Deutschland gibt es eine staatliche Datenschutzaufsicht seit Inkrafttreten der Datenschutzgesetze der ersten Generation. Auf der Grdl. des Art. 28 DSRL hat sich die Datenschutzaufsicht in der Union jedoch sehr unterschiedlich entwickelt. Gleichwohl hat es der europ. Gesetzgeber auf eine Zentralisierung der Aufsicht bei einer europäischen Behörde verzichtet (befürwortend Kahler RDV 2013, 69), sondern es bei der dezentralen Datenschutzaufsicht durch die Mitgliedstaaten belassen (näher dazu Selmayr in Ehmann/Selmayr DS-GVO Art. 51 Rn. 4 ff.). Dem damit verbundenen Risiko der Zersplitterung wirkt er durch das Mittel der Verordnung, präzisere Anforderungen an eine unabhängige Datenschutzaufsicht und die Einführung eines Systems zur Zusammenarbeit und Herstellung gemeinsamer Positionen der ASB entgegen.

2 Im Mittelpunkt der Datenschutzaufsicht steht auch nach der DS-GVO weiterhin der Grundrechtsschutz für die Betroffenen (s. ErwGr 117). Dieser erfordert eine staatliche Datenschutzaufsicht. Die Aufsicht muss einen vorgezogenen Rechtsschutz ermöglichen, unabhängig sein und über diejenigen Ressourcen und Befugnisse verfügen, die für einen wirksamen Grundrechtsschutz erforderlich sind (EuGH NJW 2010, 1265 ff.; BVerfG NJW 2013, 1455, Rn. 215). Neu ist dagegen die ausdr. gesetzliche Festlegung der zweiten Zielrichtung der Datenschutzaufsicht in Abs. 1, die Erleichterung des freien Verkehrs personenbezogener Daten innerhalb der EU. Aus dieser Zielbestimmung leitet sich das Prinzip der **einheitlichen Anwendung der DS-GVO** ab, dessen Förderung nun ausdr. Aufgabe der Datenschutzaufsicht ist (für den Vollzug des Unionsrechts sieht Selmayr die ASB funktional als dezentrale Unionsbehörden an, Selmayr in Ehmann/Selmayr DS-GVO Art. 51 Rn. 6; aA Kugelmann in Schwartmann/Jaspers/Thüsing/Kugelmann DS-GVO Art. 51 Rn. 43). Doch auch für die Gewährleistung des Datenschutzes in der Union ist die Einheitlichkeit der Rechtsanwendung von zentraler Bedeutung. Nur durch gleiche Bedingungen für die Datenverarbeitung kann verhindert werden, dass Unternehmen die Wahl ihres Standorts am Durchsetzungsgrad der Freiheitsrechte der Betroffenen ausrichten und gerade solche Unternehmen, deren Geschäftszweck in der Verarbeitung personenbezogener Daten einer Vielzahl von Betroffenen in der gesamten Union besteht, einen Standort wählen, der ihnen im Vergleich zu anderen Mitgliedstaaten weitgehende Möglichkeiten der Datenverarbeitung einräumt.

3 Dieser Abschn. der DS-GVO überlässt den Mitgliedstaaten in einigen Punkten **Gestaltungsspielraum** bei der Umsetzung. Dies wird deutlich an Formulierungen wie „jeder Mitgliedstaat sieht vor" in Abs. 1, „jeder Mitgliedstaat stellt sicher" in Art. 52 Abs. 4–6. Abs. 1 überlässt es den Mitgliedstaaten, eine oder mehrere ASB einzurichten (s. u. Rn. 7). Neu ist die ausdrückliche Pflicht einer innerstaatlichen Koordinierung in grenzüberschreitenden Fragen. Hierzu räumt Abs. 3 den betroffenen Mitgliedstaaten die nähere Gestaltung ein. Dieser Abschn. bedarf daher in weiten Teilen der Umsetzung durch nationales Recht. Dies ist in den §§ 17–19 BDSG erfolgt.

B. Zielsetzung der Datenschutzaufsicht (Abs. 1)

Abs. 1 bestimmt zwei Ziele der Datenschutzaufsicht. Erstes Ziel ist der 4 **Schutz der Grundrechte** natürlicher Personen bei der Verarbeitung ihrer personenbezogenen Daten. Dies ist nicht überraschend, da dieses Schutzziel Fundament der Datenschutzgesetze und damit auch Kern der Datenschutzaufsicht ist. Es beruht für die DS-GVO auf Art. 16 AEUV, der jeder Person das Recht auf Schutz der sie betr. personenbezogenen Daten garantiert und in Abs. 2 die Kompetenz der Union zum Erlass von Vorschr. zur Gewährleistung dieses Schutzes begr. Grdl. für Art. 16 AEUV sind die in Art. 7 und 8 GRCh garantierten Freiheiten. Diese Grundrechte garantieren die Achtung des Privat- und Familienlebens, der Wohnung und der Kommunikation von Personen (Art. 7 GRCh) und das Recht jeder Person auf Schutz der sie betr. personenbezogenen Daten (Art. 8 GRCh). Art. 8 Abs. 3 schreibt die Einrichtung einer unabhängigen Stelle zur Überwachung der Einhaltung des Grundrechts und die in seinem Schutz festgelegten Vorgaben über den Gesetzes- bzw. Einwilligungsvorbehalt, die Zweckbindung der Datenverarbeitung, das Auskunfts- und Berichtigungsrecht der betroffenen Person (Art. 8 Abs. 2 GRCh) vor. Auch im dt. Verfassungsrecht ist die Einrichtung unabhängiger Datenschutzbeauftragter fest verankert (BVerfGE 65, 1 (46)). In jüngeren Entsch. zur Datenverarbeitung durch Polizeibehörden und Nachrichtendienste hebt das BVerfG zunehmend die Bedeutung der Datenschutzkontrolle als Korrektiv für intransparente Datenverarbeitungen hervor (BVerfG NJW 2013, 1455, Rn. 214 ff.; 2016, 1781, Rn. 141).

Als weiteres Ziel bestimmt Abs. 1 ausdr. die **Erleichterung des freien** 5 **Verkehrs personenbezogener Daten** innerhalb der EU. Auch dieses Ziel ist in Art. 16 Abs. 2 AEUV verankert, und dessen ausdr. Vorgabe für die Datenschutzaufsicht ist konsequente Fortsetzung der Zielrichtung der DS-GVO, den freien Datenfluss in der EU zu fördern. Hierfür ist die Einheitlichkeit des Datenschutzniveaus in allen Mitgliedstaaten der EU von elementarer Bedeutung. Dies kann nicht allein durch die noch recht abstrakten Vorschr. der DS-GVO erreicht werden, sondern hierfür spielt deren Auslegung, Anwendung und Durchsetzung durch die ASB eine wesentliche Rolle. Dass der Nutzen der durch die DS-GVO geschaffenen europaweit einheitlichen Regeln nicht durch eine von Ld. zu Ld. unterschiedliche Anwendung und Durchsetzung verspielt wird (so Reding ZD 2012, 195 (196)), soll durch Zuständigkeitsregelungen und die Pflicht zur Zusammenarbeit der ASB sichergestellt werden. Damit beschr. sich die Aufgabe der Datenschutzaufsicht, den freien Datenverkehr zu erleichtern, auf die Zusammenarbeit und Abstimmung untereinander mit dem Ziel der einheitlichen Anwendung der DS-GVO. Zielrichtung der Datenschutzaufsicht ist es nicht, die Überwachung der

Anwendung der DS-GVO darauf auszurichten, dass Verantwortliche möglichst ohne Beschränkungen personenbezogene Daten innerhalb der Union verarbeiten können. Ihr Ziel ist allein die Durchsetzung der Freiheitsrechte der Betroffenen und die Schaffung einheitlicher Standards innerhalb der Union für den Schutz der Freiheitsrechte und der zu diesem Zweck erlassenen Bestimmungen der DS-GVO (aA Schneider in BeckOK DatenschutzR DS-GVO Art. 51 Rn. 6 f.; wie hier Ziebarth in Sydow DS-GVO Art. 51 Rn. 20; Grittmann in Taeger/Gabel DSGVO BDSG Art. 51 Rn. 3). Aufgrund der Verankerung in der GRCh sind die ASB verpflichtet, bei der Anwendung der DS-GVO im eigenen Hoheitsgebiet und im Zusammenwirken mit den ASB der Mitgliedstaaten auf die Entfaltung der Freiheitsrechte der Betroffenen hinzuwirken.

C. Zusammenarbeit der Aufsichtsbehörden (Abs. 2 und 3)

I. Zusammenarbeit innerhalb der Union und mit der Kommission (Abs. 2)

6 Der Zielrichtung des Abs. 1 entspr. sind die ASB nach Abs. 2 verpflichtet, untereinander („im Netzwerk", vgl. v. Lewinski NVwZ 2017, 1483 ff.; Kugelmann ZD 2020, 76 ff.; Thiel ZD 2020, 93 ff) und mit der KOM **zusammenzuarbeiten** (zur Rolle der KOM Selmayr in Ehmann/Selmayr DS-GVO Art. 51 Rn. 7). Wie beschrieben erfolgt die Zusammenarbeit mit dem Ziel einheitlicher Standards zur Gewährleistung des weitest möglichen Schutzes der Grundrechte der Betroffenen (dazu näher Kranig, RDV 2018, 243 ff; Thiel ZD 2020, 93). Abs. 2 ist unmittelbar anwendbar. IE ist die Zusammenarbeit in Kap. VII ausgestaltet.

II. Mitgliedstaaten mit mehreren Aufsichtsbehörden (Abs. 3)

7 Abs. 3 überlässt den Mitgliedstaaten die Regelung von Vertretungsbefugnissen und nationalen Abstimmungsverfahren, wenn diese wie Deutschland über **mehrere ASB** verfügen. Damit ist zunächst klargestellt, dass das auf der DSRL errichtete System der Datenschutzaufsicht in Deutschland auch nach der DS-GVO beibehalten werden kann (so ausdr. Reding, ZD 2012, 195 (196)). Die Regelung gilt nicht nur für die föderale Aufteilung der Datenschutzaufsicht auf die ASB des Bundes und der Länder (dazu Nguyen in Gola DS-GVO Art. 51 Rn. 6; Ziebarth in Sydow DS-GVO Art. 51 Rn. 11 ff.), sondern eröffnet auch die Möglichkeit, wie bisher, ASB für unterschiedliche Bereiche zu bestimmen. Dies betrifft die Datenschutzbeauftragten des Rundfunks, der Presse und der Kirchen (dazu Ziebarth in Sydow DS-GVO Art. 51 Rn. 15 ff.; krit. zur Pluralität der ASB Selmayr in Ehmann/Selmayr DS-GVO Art. 51 Rn. 19; krit. zur Trennung der Aufsicht über den öffentl. und den nicht-öffentl. Bereich Ziebarth in Sydow DS-GVO Art. 51 Rn. 13; zu den ASB der Kirchen Tinnefeld ZD 2020, 145 (147)). Eine sektorspezifische Datenschutzaufsicht für Rechtsanwälte wurde entgegen entspr. Forderungen aus der Anwaltschaft (Dahns NJW-Spezial 2017, 126) durch den Bundes-gesetzgeber nicht eingeführt.

Diese Mitgliedstaaten können nach Art. 68 Abs. 4 nur einen **gemein-** **8** **samen Vertreter** und einen Stellvertreter (Art. 68 Abs. 3) in den **EDSA** nach Art. 68 entsenden. Diese Vertreter bestimmt der Mitgliedstaat nach Abs. 3 selbst (→ Art. 68 Rn. 5). In den Fällen gemeinsamer Vertretung muss der Mitgliedstaat dafür Sorge tragen, dass die anderen nicht unmittelbar im **EDSA** vertretenen ASB am Kohärenzverfahren wirksam beteiligt werden. Nähere Vorstellungen des Verordnungsgebers über die dafür zu ergreifenden Maßnahmen ergeben sich aus ErwGr 119.

Die zu treffenden **Verfahrensregelungen** müssen va gewährleisten, dass **9** ASB in Deutschland in Verfahren vor dem **EDSA** angemessen beteiligt werden, in denen sie die Rolle der federführenden oder einer betroffenen ASB haben (so auch der Bundesrat in seinem Beschl. v. 30.3.2012 zum Entwurf der KOM (BR-Drs. 52/12 (Beschl.) (2), 22 (Nr. 50): „Außerdem ist zu gewährleisten, dass die Strukturen föderal organisierter Mitgliedstaaten auch bei den Entsendungsregelungen des Datenschutzausschusses berücksich-tigt werden, um sicherzustellen, dass die im föderalen Verwaltungsaufbau zuständigen Kontrollstellen an den Beratungen von Angelegenheiten beteiligt werden, die in ihre Vollzugsverantwortung fallen.“). Ebenso ist sicherzustel-len, dass verbindliche Beschlüsse des EDSA von allen ASB umgesetzt werden, um die Einheitlichkeit der Umsetzung der DS-GVO zu gewährleisten (Sel-mayr in Ehmann/Selmayr DS-GVO Art. 51 Rn. 18).

D. Notifizierungspflicht (Abs. 4)

Die Mitgliedstaaten sind nach Abs. 4 verpflichtet, der KOM alle Rechtsvor- **10** schriften, die sie aufgrund des Kap. VI erlassen, bis zum 25.5.2018 mitzutei-len. Auch Änd. dieser Vorschr. sind unverzüglich mitzuteilen. Damit wird die KOM in die Lage versetzt, die Umsetzung der DS-GVO in den Mitglied-staaten zu überwachen (Selmayr in Ehmann/Selmayr DS-GVO Art. 51 Rn. 20; Nguyen in Gola DS-GVO Art. 51 Rn. 15). Sie kann Vertragsverlet-zungsverfahren einleiten, wenn sie Verstöße gegen die DS-GVO bei deren Umsetzung in nationales Recht (dazu Nguyen in Gola DS-GVO Art. 51 Rn. 15) sowie Verstöße gegen die Mitteilungspflicht nach Abs. 4 (dazu Sel-mayr in Ehmann/Selmayr DS-GVO Art. 51 Rn. 21) feststellt.

Art. 52 Unabhängigkeit

(1) Jede Aufsichtsbehörde handelt bei der Erfüllung ihrer Aufgaben und bei der Ausübung ihrer Befugnisse gemäß dieser Verordnung völlig unabhängig.

(2) Das Mitglied oder die Mitglieder jeder Aufsichtsbehörde unterliegen bei der Erfüllung ihrer Aufgaben und der Ausübung ihrer Befugnisse gemäß dieser Ver-ordnung weder direkter noch indirekter Beeinflussung von außen und ersuchen weder um Weisung noch nehmen sie Weisungen entgegen.

(3) Das Mitglied oder die Mitglieder der Aufsichtsbehörde sehen von allen mit den Aufgaben ihres Amtes nicht zu vereinbarenden Handlungen ab und üben während ihrer Amtszeit keine andere mit ihrem Amt nicht zu vereinbarende entgeltliche oder unentgeltliche Tätigkeit aus.

(4) Jeder Mitgliedstaat stellt sicher, dass jede Aufsichtsbehörde mit den personellen, technischen und finanziellen Ressourcen, Räumlichkeiten und Infrastrukturen ausgestattet wird, die sie benötigt, um ihre Aufgaben und Befugnisse auch im Rahmen der Amtshilfe, Zusammenarbeit und Mitwirkung im Ausschuss effektiv wahrnehmen zu können.

(5) Jeder Mitgliedstaat stellt sicher, dass jede Aufsichtsbehörde ihr eigenes Personal auswählt und hat, das ausschließlich der Leitung des Mitglieds oder der Mitglieder der betreffenden Aufsichtsbehörde untersteht.

(6) Jeder Mitgliedstaat stellt sicher, dass jede Aufsichtsbehörde einer Finanzkontrolle unterliegt, die ihre Unabhängigkeit nicht beeinträchtigt und dass sie über eigene, öffentliche, jährliche Haushaltspläne verfügt, die Teil des gesamten Staatshaushalts oder nationalen Haushalts sein können.

BDSG und anderes nationales Recht: §§ 8, 10, 13 BDSG (kommentiert unter → BDSG § 8 Rn. 1 ff.; → BDSG § 10 Rn. 1 ff.; → BDSG § 13 Rn. 2).

Literatur: *Caspar,* Das aufsichtsbehördliche Verfahren nach der EU-Datenschutz-Grundverordnung, ZD 2012, 555; *Frenzel,* „Völlige Unabhängigkeit" im demokratischen Rechtsstaat. Der EuGH und die mitgliedstaatliche Verwaltungsorganisation, DÖV 2010, 925; *Hornung,* Eine Datenschutz-Grundverordnung für Europa?, ZD 2012, 99; *Kahler,* Die Europarechtswidrigkeit der Kommissionsbefugnisse in der Grundverordnung, RDV 2013, 69; *Kieck,* Zum Verhältnis von Datenschutz- und Kartellaufsicht, PinG 02.17, 67; *Koós,* Das Vorhaben eines einheitlichen Datenschutzes in Europa, ZD 2014, 9; *Kranig,* Anm. zu: Kahler, Die Europarechtswidrigkeit der Kommissionsbefugnisse in der Grundverordnung, RDV 2013, 217; *Kugelmann,* Kooperation und Betroffenheit im Netzwerk – Die deutschen Datenschutzaufsichtsbehörden in Europa, ZD 2020, 76; *v. Lewinski,* Datenschutzaufsicht in Europa als Netzwerk, NVwZ 2017, 1483; *Lüdemann/Wenzel,* Zur Funktionsfähigkeit der Datenschutzaufsicht in Deutschland, RDV 2015, 285; *Ziebarth,* Demokratische Legitimation und Unabhängigkeit der deutschen Datenschutzbehörden, CR 2013, 60.

A. Allgemeines

1 Die Vorschr. übernimmt das aus Art. 28 DSRL bekannte Konstrukt der ASB, die ihre Aufgaben in **„völliger Unabhängigkeit"** wahrnehmen und gestaltet dieses durch konkrete Vorgaben weiter aus. Die Unabhängigkeit der Stellen, die zur Überwachung der Einhaltung des Art. 8 GRCh eingerichtet werden, ist in Art. 8 Abs. 3 GRCh ausdr. vorgeschrieben. Ihre konkrete Ausgestaltung in der DS-GVO geht zurück auf zwei Entsch. des EuGH zur Unabhängigkeit der Kontrollstellen nach Art. 28 DSRL (EuGH NJW 2010, 1265 ff. zur Unabhängigkeit der Datenschutzaufsicht in Deutschland und EuGH ZD 2012, 563 zur Datenschutzaufsicht in Österreich), in denen der EuGH den Begriff der „völligen Unabhängigkeit" in Art. 28 DSRL näher bestimmt hat. Dieses Verständnis der völligen Unabhängigkeit ist in der DS-GVO über-

nommen worden. Nach Auff. des BR (BR-Drs. 52/12 (Beschl.) (2), 19 (Nr. 46)) gehen die konkreten Vorgaben in der DS-GVO dagegen weit über diejenigen der DSRL und der Entsch. des EuGH hinaus, insbes. im Hinblick auf die statusrechtlichen Regelungen. Dieser Schluss ist nicht zutr., denn der EuGH hat nicht nur die unmittelbare staatliche Einflussnahme auf die Kontrollstellen nach Art. 28 DSRL für unvereinbar mit dem Gebot der völligen Unabhängigkeit erklärt, sondern klargestellt, dass auch eine mittelbare Einflussnahme – wie sie etwa in der Bestimmung über Haushalt und Personal liegen kann – nach Art. 28 DSRL auszuschließen ist (EuGH NJW 2010, 1265 (1266, Rn. 25)).

Die Regelungen in Abs. 1 bis 3, die die Unabhängigkeit bei der Aufgaben- **2** erfüllung und die Anforderungen an die persönliche Integrität der Mitglieder der ASB festlegen, sind **unmittelbar anwendbar.** Die in Abs. 3 bis 6 definierten Anforderungen an die Ausstattung der ASB sind durch die Mitgliedstaaten umzusetzen.

B. Weisungsfreie Aufgabenerfüllung (Abs. 1 und 2)

Wie schon Art. 28 DSRL schreibt Abs. 1 vor, dass die ASB ihre Aufgaben in **3** völliger Unabhängigkeit wahrnehmen. Der Begriff wird in Abs. 2 im Einklang mit der Rechtsprechung des EuGH (NJW 2010, 1265 ff.; ZD 2012, 563) definiert als Freiheit von Weisungen und direkter sowie indirekter Beeinflussung. Nach der Entsch. des EuGH schließt die Unabhängigkeit „nicht nur jegliche Einflussnahme seitens der kontrollierten Stellen aus, sondern auch jede Anordnung und jede sonstige äußere Einflussnahme, sei sie unmittelbar oder mittelbar, durch die in Frage gestellt werden könnte, dass die genannten Kontrollstellen ihre Aufgabe, den Schutz des Rechts auf Privatsphäre und den freien Verkehr personenbezogener Daten ins Gleichgewicht zu bringen, erfüllen" (EuGH NJW 2010, 1265, Rn. 30). Damit interpretiert der EuGH den Begriff der Unabhängigkeit, anders als zuvor die Bundesrepublik Deutschland, iSe **institutionellen** und nicht bloß funktionellen **Unabhängigkeit.** Dies schließt auch Formen staatlicher Aufsicht wie Fach- und Rechtsaufsicht aus (EuGH NJW 2010, 1265, Rn. 31–37). Auch eine Dienstaufsicht ist im Hinblick auf damit verbundene Einflussmöglichkeiten des Dienstherrn problematisch (Selmayr in Ehmann/Selmayr DS-GVO Art. 52 Rn. 17; Polenz in Simitis/Hornung/Spiecker gen. Döhmann Art. 52 Rn. 8; näher dazu Stellungn. der KOM im Vertragsverletzungsverfahren Nr. 2003/4820 DuD 2005, 607 (609); BT-Drs. 18/2848, 13; Ziebarth CR 2013, 60 (66), der eine Dienstaufsicht für vertretbar hält, soweit sie wie die Aufsicht über Richter nach § 26 DRiG die Unabhängigkeit nicht gefährdet; aA Frenzel DÖV 2010, 925 (928)). Nicht ausgeschlossen ist dagegen eine parlamentarische Kontrolle (EuGH NJW 2010, 1265, Rn. 43–45).

Diesen Grundsatz der völligen Unabhängigkeit schränkt die DS-GVO al- **4** lerdings, anders als die DSRL, teilw. ein. Eine Einschränkung liegt darin, dass der **EDSA** nach Art. 65 Abs. 1 für die ASB **verbindliche Beschlüsse** erlassen kann. Dies kommt einer Weisung gleich. Dies mag noch mit dem

Verständnis des EuGH von der Unabhängigkeit der ASB vereinbar sein, denn diese Beschlüsse werden von der Mehrheit der unabhängigen ASB der Mitgliedstaaten gefasst und können daher noch als „interne" Weisung innerhalb der Datenschutzaufsicht verstanden werden (so Kahler RDV 2013, 69 (70); iErg auch Wolff in Schantz/Wolff DatenschutzR Rn. 999; aA für einen die Vorgabe eines Koordinationszwangs der nationalen ASB Koós ZD 2014, 9 (14) unter Berufung auf Kranig RDV 2013, 217 (218); krit. auch Ziebarth in Sydow DS-GVO Art. 52 Rn. 8 ff.). Die Unabhängigkeit ist nach dem EuGH hingegen ggü. Einflüssen „von außen" (EuGH NJW 2010, 1265, Rn. 25) zu schützen. Eine Einflussnahme durch die zu kontrollierenden Stellen und durch staatliche Stellen ist auch bei den Entsch. des EDSA formal nicht möglich, wenngleich faktisch durch die Erhöhung der an der Entsch. mitwirkenden Behörden die Möglichkeiten zur Einflussnahme auf den Entscheidungsprozess für die verantwortlichen Stellen zunehmen.

5   Äußerst bedenklich ist dagegen die Pflicht der ASB zur Zusammenarbeit mit der KOM. Wenngleich die Befugnisse der KOM ggü. dem Kommissionsentwurf (die darin vorgesehenen Mitwirkungs- und Entscheidungsbefugnisse der KOM im Kohärenzverfahren waren zu Recht kritisiert worden, s. Bundesrat, BR-Drs. 52/12 (B), 5 (Nr. 8); Hornung ZD 2012, 99 (105); Caspar ZD 2012, 555 (556); Ziebarth CR 2013, 60 (68)) im Trilog erheblich reduziert wurden, begegnen auch die verbliebenen **Kompetenzen der KOM** weiterhin Bedenken (s. Kahler RDV 2013, 69 (70) zu dem in Art. 64 Abs. 2 noch vorhandenen Recht der KOM, „jede erdenkliche Maßnahme zum Gegenstand des Konsistenzmechanismus zu machen". Die KOM ist keine Behörde, die den Anforderungen der DS-GVO an die Unabhängigkeit entspricht (s. Hornung ZD 2012, 99 (105); Ziebarth CR 2013, 60 (68); aA aufgrund der Unabhängigkeit und Neutralität der KOM sowie der Funktion der ASB als dezentrale Unionsbehörden Selmayr in Ehmann/Selmayr DS-GVO Art. 52 Rn. 14).

6   In **Deutschland** sind in allen Ländern und zu Beginn des Jahres 2016 auch für den Bund Gesetzesänderungen vorgenommen worden, um die Anforderungen an die völlige Unabhängigkeit der ASB in Folge der EuGH-Entsch. **umzusetzen** (s. dazu Nguyen in Gola DS-GVO Art. 52 Rn. 11). Zuvor bestehende Regelungen über Rechts- oder gar Fachaufsicht durch die Regierung oder einzelne Ministerien sind aufgeh. worden. Im Gegenzug ist die parlamentarische Kontrolle über die ASB verstärkt worden, um die demokratische Legitimation sicherzustellen.

C. Unvereinbare Nebentätigkeiten und Handlungen (Abs. 3)

7   Zur Wahrung der Unabhängigkeit der ASB sieht Abs. 3 Anforderungen an die Mitglieder der ASB vor, die sicherstellen sollen, dass diese ihr Amt frei von jeglichen **Interessenskollisionen** ausüben können. Sie dürfen während ihrer Amtszeit keinerlei andere, mit ihrem Amt nicht zu vereinbarende Tätigkeit ausüben und keine solchen Handlungen ausführen. Dies gilt auch für unentgeltliche Tätigkeiten. Konkretisiert wird diese Vorgabe im nationalen

Recht, für die / den BfDI in § 13 BDSG (→ § 13 BDSG Rn. 2) und für die LfD in den LDSG.

In Deutschland übt die überw. Zahl der Datenschutzbeauftragten der Län- **8** der und auch die Bundesdatenschutzbeauftragte zusätzlich das Amt der oder des **Beauftragten für Informationsfreiheit** aus. Dieses Amt ist vereinbar mit dem Amt des Datenschutzbeauftragten. Es bestehen keine Interessenskollisionen (Ziebarth in Sydow DSGVO Art. 52 Rn. 34; Polenz in Simitis/ Hornung/Spiecker gen. Döhmann, DSGVO Art. 54 Rn. 12; aA v. Lewinski, NVwZ 2017 (1483) (1488); Selmayr in Ehmann/Selmayr DS-GVO Art. 52 Rn. 20; Nguyen in Gola DS-GVO Art. 52 Rn. 14); vielmehr ergänzen sich das Prinzip des Rechts auf informationelle Selbstbestimmung und das der Informationsfreiheit. Beide sind auf Transparenz staatlichen Handelns angelegt, die im Bereich des Datenschutzes im Hinblick auf Informationen über natürliche Personen und im Bereich der Informationsfreiheit umfassend wirken soll. Letztlich wirken die Beauftragten in beiden Ämtern darauf hin, durch Stärkung von Transparenz und Teilhabe das demokratische Gemeinwesen zu fördern.

D. Ausstattung der Aufsichtsbehörden mit Personal und Haushaltsmitteln (Abs. 4–6)

Die DS-GVO weist den ASB eine Vielzahl von Aufgaben zu, die teilw. bereits **9** in der DSRL enthalten waren, teilw. erst durch die DS-GVO geschaffen werden (etwa die Beteiligung bei Zertifizierungsverfahren). Ihre grundrechtsschützende Funktion und ihr Wirken für eine einheitliche Rechtsanwendung in der Union kann die ASB nur erfüllen, wenn sie hierfür über ausreichend **personelle und finanzielle Ressourcen** verfügt. Dementsprechend sieht die DS-GVO nun ausdr. in Abs. 4 vor, dass die Mitgliedstaaten die nötige Ausstattung der ASB mit personellen, technischen und finanziellen Ressourcen, Räumlichkeiten und Infrastrukturen sicherstellen müssen. Dabei ist nicht nur der Bedarf für die Erfüllung der Aufgaben im eigenen Hoheitsgebiet zu berücksichtigen, sondern es sind ausdr. auch die für die Gewährung von Amtshilfe, die Zusammenarbeit untereinander und die Mitwirkung im **EDSA** erforderlichen Mittel bereitzustellen.

In Deutschland war die Ausstattung der ASB schon für die Aufgaben nach **10** der DSRL unzureichend (umfassender Überbl. über die Ressourcen der ASB bei Lüdemann/Wenzel RDV 2015, 285 (287 ff.)). Die zusätzlichen Aufgaben der DS-GVO, insbes. die Kooperations- und Koordinierungsaufgaben (Nguyen in Gola, DS-GVO Art. 52 Rn. 18; Selmayr in Ehmann/Selmayr, DS-GVO Art. 52 Rn. 23; Polenz in Simitis/Hornung/Spiecker gen. Döhmann, DSGVO Art. 52 Rn. 16) sowie die für eine effektive Durchsetzung erforderliche Ausübung der Befugnisse einschl. der Möglichkeit des Rechtsschutzes für die davon Betroffenen (Nguyen in Gola, DS-GVO Art. 52 Rn. 18) führen zu einem weiteren Bedarf. Die DSK hat in einer gemeinsamen Entschließung auf den aus der DS-GVO erwachsenden Bedarf hingewiesen (Entschließung

v. 25.5.2016: „EU-Datenschutz-Grundverordnung erfordert zusätzliche Ressourcen für Datenschutzbehörden").

11 Nach Abs. 5 ist sicherzustellen, dass die ASB **eigene Personalhoheit** hat, dh eigenes Personal beschäftigt. Dies ist ein wesentlicher Bestandteil der unabhängigen, selbstbestimmten Amtsführung. Der damit im Vergleich zur bisherigen Anbindung vieler Datenschutzbehörden in Deutschland an Ministerien verbundene Verlust des Personalaustauschs im Geschäftsbereich der Behörde (im Fall der / des BfDI war dies bislang das Bundesministerium des Innern) wird dadurch aufgewogen, dass mit der DS-GVO auch das Ziel eines verbesserten Personalaustauschs zwischen den ASB der Mitgliedstaaten angestrebt wird (vgl. Art. 70 lit. v). Auch ist der Abschluss von Vereinbarungen mit anderen Behörden des Bundes oder des jeweiligen Ld. über einen Personalaustausch möglich (BT-Drs. 18/2848, 16).

12 Abs. 6 verlangt die Wahrung der Unabhängigkeit der ASB auch bei der **Finanzkontrolle.** Damit wird zum einen klargestellt, dass die Mittelverwendung der ASB einer Kontrolle unterliegt (Selmayr in Ehmann/Selmayr DS-GVO Art. 52 Rn. 27), diese jedoch nicht in die völlige Unabhängigkeit der ASB eingreifen darf, sich also zB einer datenschutzrechtlichen Bewertung zu enthalten hat (dazu Ziebarth in Sydow DS-GVO Art. 52 Rn. 49).

13 Die ASB muss nach Abs. 6 außerdem über eigene, öffentl. und jährliche **Haushaltspläne** verfügen. Als oberste Bundesbehörde verfügt der BfDI über einen eigenen Einzelplan. Dies ist jedoch nicht zwingend erforderlich. Ausreichend, aber auch erforderlich ist, dass der Haushalt der ASB eigenständig, etwa als Kap. in einem Einzelplan des Parlaments oder eines Ressorts, ausgewiesen wird (Selmayr in Ehmann/Selmayr DS-GVO Art. 51 Rn. 26; Ziebarth in Sydow DS-GVO Art. 52 Rn. 51).

Art. 53 Allgemeine Bedingungen für die Mitglieder der Aufsichtsbehörde

(1) Die Mitgliedstaaten sehen vor, dass jedes Mitglied ihrer Aufsichtsbehörden im Wege eines transparenten Verfahrens ernannt wird, und zwar
– vom Parlament,
– von der Regierung,
– vom Staatsoberhaupt oder
– von einer unabhängigen Stelle, die nach dem Recht des Mitgliedstaats mit der Ernennung betraut wird.

(2) Jedes Mitglied muss über die für die Erfüllung seiner Aufgaben und Ausübung seiner Befugnisse erforderliche Qualifikation, Erfahrung und Sachkunde insbesondere im Bereich des Schutzes personenbezogener Daten verfügen.

(3) Das Amt eines Mitglieds endet mit Ablauf der Amtszeit, mit seinem Rücktritt oder verpflichtender Versetzung in den Ruhestand gemäß dem Recht des betroffenen Mitgliedstaats.

(4) Ein Mitglied wird seines Amtes nur enthoben, wenn es eine schwere Verfehlung begangen hat oder die Voraussetzungen für die Wahrnehmung seiner Aufgaben nicht mehr erfüllt.

BDSG und anderes nationales Recht: §§ 11, 12 BDSG (kommentiert unter → BDSG § 11 Rn. 1 ff.; → BDSG § 12 Rn. 2).

Literatur: *Ziebarth,* Demokratische Legitimation und Unabhängigkeit der deutschen Datenschutzbehörden, CR 2013, 60.

A. Allgemeines

Art. 53 legt die allg. Grundsätze für die Anforderungen an die Mitglieder der **1** ASB, d. h. deren Leitungsperson oder, bei Kollegialorganen, Leitungspersonen, als **unmittelbar geltendes Recht** fest. Sie bedürfen jedoch der Konkretisierung, die nach Art. 54 durch nationale Rechtsvorschriften der Mitgliedstaaten vorzunehmen ist. Die Anforderungen entspr. den vom EuGH in den Entsch. zur Unabhängigkeit der Datenschutzaufsicht nach Art. 28 DSRL aufgestellten Anforderungen (EuGH NJW 2010, 1265 zur Unabhängigkeit der Datenschutzaufsicht in Deutschland und EuGH ZD 2012, 563 zur Datenschutzaufsicht in Österreich). In Deutschland ist die Umsetzung für die / den BfDI in §§ 11, 12 BDSG (→ § 11 BDSG Rn. 1 ff., → § 12 BDSG Rn. 1 ff.) und für die LfD in den LDSG erfolgt.

B. Ernennung des Mitglieds (Abs. 1)

Die Ernennung des Mitglieds der ASB ist durch nationales Recht der Mit- **2** gliedstaaten zu regeln (Art. 54 Abs. 1 lit. c). Nach Abs. 1 kommt eine Ernennung durch BT/LT, durch die Regierung, das Staatsoberhaupt oder einer mit der Ernennung betrauten unabhängigen Stelle in Betracht. Dieser Spielraum wird in Deutschland durch das GG eingeschränkt, das eine **demokratische Legitimation** der ASB erfordert. Diese wird, für den Bund in § 11 Abs. 1 BDSG, dadurch hergestellt, dass die Leitung der ASB vom BT/LT gewählt wird (dazu Ziebarth CR 2013, 60 (63)).

C. Fachliche Qualifikation des Mitglieds (Abs. 2)

Abs. 2 legt bestimmte Anforderungen an die fachliche Qualifikation des Mit- **3** glieds der ASB fest. Das Mitglied muss danach über die erforderliche Qualifikation, Erfahrung und Sachkunde verfügen. Diese muss insbes. im Bereich des Schutzes personenbezogener Daten vorhanden sein. Die Anforderungen sind nach Art. 54 Abs. 1 lit. b durch nationales Recht auszugestalten. Für die dt. Datenschutzgesetze ist dies ein Novum. Bislang gab es lediglich Anforderungen an eine formale Qualifikation des Beauftragten für Datenschutz, idR die Befähigung zum Richteramt oder Laufbahnbefähigung des höheren Dienstes. § 11 Abs. 1 BDSG übernimmt für das Amt der / des BfDI wörtlich die Anforderungen aus Abs. 2 und ergänzt sie um Berufserfahrung im Datenschutzrecht, die Befähigung zum Richteramt oder höheren Verwaltungsdienst sowie ein Mindestalter von 35 Jahren.

D. Beendigung des Amtes und Amtsenthebung (Abs. 3 und 4)

4 Abs. 3 legt abschl. die Gründe für eine reguläre Beendigung des Amtes des Mitglieds der ASB fest; in Abs. 4 sind die Voraussetzungen für eine Amtsenthebung geregelt. Ein Regelungsspielraum verbleibt den Mitgliedstaaten im Hinblick auf die Beendigung des Amtes lediglich bei der Festlegung der Amtszeit (Art. 54 Abs. 1 lit. d) und der Wiederwahlmöglichkeit (Art. 54 Abs. 1 lit. e).

5 Das Amt eines Mitglieds der ASB kann nach Abs. 3 nur beendet werden, wenn die festgelegte Amtszeit abläuft, das Mitglied zurücktritt oder nach dem Recht der Mitgliedstaaten verpflichtend in den Ruhestand zu versetzen ist. Daneben sieht Abs. 4 eine **Amtsenthebung** vor. Dies ist in zwei Fällen möglich. Zum einen ist die Amtsenthebung möglich bei einer schweren Verfehlung. Die Beschränkung auf „schwere" Verfehlungen macht deutlich, dass nicht jegliches Fehlverhalten, erst recht nicht umstrittene aufsichtsbehördliche Entscheidungen, zu einer Amtsenthebung führen kann (Selmayr in Ehmann/Selmayr DS-GVO Art. 53 Rn. 14; Nguyen/Stroh in Gola DS-GVO Art. 53 Rn. 9). Nach der zweiten Var. kann das Mitglied des Amtes enthoben werden, wenn es die Voraussetzungen für die Wahrnehmung seiner Aufgaben nicht mehr erfüllt. Hierunter werden neben schweren gesundheitlichen Beeinträchtigungen (Nguyen/Stroh in Gola DS-GVO Art. 53 Rn. 9; Ziebarth in Sydow DSGVO Art. 53 Rn. 28; Polenz in Simitis/Hornung/Spiecker gen. Döhmann DSGVO Art. 53 Rn. 13) in erster Linie Konstellationen fallen, in denen die Integrität des Mitglieds der ASB iSv Art. 52 Abs. 3 nicht gewährleistet ist, zB durch nicht auflösbare Interessenskollisionen.

6 Offen bleibt, wer über die **Amtsenthebung entscheidet** bzw. diese vollzieht. Um die Unabhängigkeit der Amtsführung nicht zu beeinträchtigen, kann dies nur von der Einrichtung vorgenommen werden, die im Einklang mit den Anforderungen an die Unabhängigkeit der ASB die Wahl und Ernennung des Mitglieds der ASB vornimmt (alternativ nennt Selmayr in Ehmann/Selmayr DS-GVO Art. 53 Rn. 17 die Möglichkeit der Entsch. einer anderen unabhängigen Stelle, insbes. eines Gerichts). In Deutschland kommen hierfür nur die Parlamente in Betracht. Nach § 12 Abs. 2 Satz 2 BDSG erfolgt eine Amtsenthebung durch den BPräs nur auf Vorschlag des BT.

Art. 54 Errichtung der Aufsichtsbehörde

(1) Jeder Mitgliedstaat sieht durch Rechtsvorschriften Folgendes vor:
a) die Errichtung jeder Aufsichtsbehörde;
b) die erforderlichen Qualifikationen und sonstigen Voraussetzungen für die Ernennung zum Mitglied jeder Aufsichtsbehörde;
c) die Vorschriften und Verfahren für die Ernennung des Mitglieds oder der Mitglieder jeder Aufsichtsbehörde;
d) die Amtszeit des Mitglieds oder der Mitglieder jeder Aufsichtsbehörde von mindestens vier Jahren; dies gilt nicht für die erste Amtszeit nach 24. Mai

2016, die für einen Teil der Mitglieder kürzer sein kann, wenn eine zeitlich versetzte Ernennung zur Wahrung der Unabhängigkeit der Aufsichtsbehörde notwendig ist;
e) die Frage, ob und – wenn ja – wie oft das Mitglied oder die Mitglieder jeder Aufsichtsbehörde wiederernannt werden können;
f) die Bedingungen im Hinblick auf die Pflichten des Mitglieds oder der Mitglieder und der Bediensteten jeder Aufsichtsbehörde, die Verbote von Handlungen, beruflichen Tätigkeiten und Vergütungen während und nach der Amtszeit, die mit diesen Pflichten unvereinbar sind, und die Regeln für die Beendigung des Beschäftigungsverhältnisses.

(2) ¹Das Mitglied oder die Mitglieder und die Bediensteten jeder Aufsichtsbehörde sind gemäß dem Unionsrecht oder dem Recht der Mitgliedstaaten sowohl während ihrer Amts- beziehungsweise Dienstzeit als auch nach deren Beendigung verpflichtet, über alle vertraulichen Informationen, die ihnen bei der Wahrnehmung ihrer Aufgaben oder der Ausübung ihrer Befugnisse bekannt geworden sind, Verschwiegenheit zu wahren. ²Während dieser Amts- beziehungsweise Dienstzeit gilt diese Verschwiegenheitspflicht insbesondere für die von natürlichen Personen gemeldeten Verstößen gegen diese Verordnung.

BDSG und anderes nationales Recht: §§ 8, 11, 12, 13 BDSG (kommentiert unter → BDSG § 8 Rn. 1 ff.; → BDSG § 11 Rn. 1 ff.; → BDSG § 12 Rn. 1 ff.; → BDSG § 13 Rn. 1 ff.).

Literatur: *Ziebarth,* Demokratische Legitimation und Unabhängigkeit der deutschen Datenschutzbehörden, CR 2013, 60.

A. Allgemeines

Abs. 1 überlässt den Mitgliedstaaten die konkrete Ausformung der in Art. 53 **1** geregelten Grundsätze für die Mitglieder der ASB. Hierbei handelt es sich um einen **zwingenden Regelungsauftrag** an die Mitgliedstaaten.

B. Regelungen der Mitgliedstaaten für die Einrichtung von Aufsichtsbehörden (Abs. 1)

I. Errichtung der Aufsichtsbehörde (lit. a)

Nach lit. a bestimmt der Mitgliedstaat durch nationales Recht die Errichtung **2** jeder ASB. Damit obliegt ihm die Entsch., wie viele ASB er einrichtet und in welcher **Rechtsform** diese errichtet werden. Der EuGH hat in seinen Entsch. deutlich gemacht, dass die Unabhängigkeit der ASB eine institutionelle Unabhängigkeit und nicht lediglich eine funktionelle Unabhängigkeit iSe Unabhängigkeit von den zu kontrollierenden Stellen ist (EuGH NJW 2010, 1265 zur Unabhängigkeit der Datenschutzaufsicht in Deutschland und EuGH ZD 2012, 563 zur Datenschutzaufsicht in Österreich). Dem wird am ehesten dadurch Rechnung getragen, dass die ASB – wie die / der BfDI nach § 8 BDSG – als oberste Bundes- oder Landesbehörde eingerichtet wird (Entschließung der DSK v. 27./28.10.2005 – „Unabhängige Datenschutzkontrolle in Deutschland gewährleisten"; Begr. des Gesetzentwurfs zur Änd. des BDSG – Stärkung der Unabhängigkeit der Datenschutzaufsicht im Bund durch Errichtung einer obersten Bundesbehörde, BT-Drs. 18/2448, 16). Hierbei ist auch zu berücksichtigen, dass sich mit der DS-GVO die Befugnisse der ASB im öffentl. Bereich verändern. Ihre Feststellungen werden sie nicht mehr wie bislang den Verantwortlichen und ggf. den zuständigen Fachaufsichtsbehörden lediglich ohne Rechtsverbindlichkeit mitteilen (Beanstandung nach § 25 BDSG aF). Die Abhilfebefugnisse und die Genehmigungsbefugnisse nach Art. 58 Abs. 2 und 3 gelten auch ggü. öffentl. Stellen (→ Art. 58 Rn. 3). Die ASB erhält damit Befugnisse, ggü. anderen Behörden rechtsverbindliche Maßnahmen zu ergreifen und diese durchzusetzen.

II. Anforderungen an das Mitglied der Aufsichtsbehörde (lit. b-f)

3 Die Mitgliedstaaten sind verpflichtet, die in Art. 53 allg. festgelegten Anforderungen an das Mitglied der ASB durch nationale Vorschr. nach lit. b bis f zu konkretisieren. Der Umsetzungsspielraum ist eng begrenzt. So legt die DS-GVO bspw. bereits fest, dass die Mitglieder stets für eine **begrenzte Amtszeit** von mind. vier Jahren gewählt werden. Den Mitgliedstaaten verbleibt die Entsch., eine längere Amtszeit vorzusehen und über die Möglichkeit bzw. Begrenzung der Wiederwahl zu entscheiden (lit. e). Die Amtszeit von vier Jahren orientiert sich an den Wahlperioden der Parlamente mehrerer Mitgliedstaaten (zur Anbindung an das amtierende Parlament s. Ziebarth in Sydow, DSGVO Art. 54 Rn. 25 f.). Für die / den BfDI regelt § 11 Abs. 3 BDSG eine fünfjährige Amtszeit mit einmaliger Wiederwahl (→ § 11 BDSG Rn. 5). Es sprechen gute Gründe dafür, längere Amtszeiten als die von der DS-GVO geforderte Mindesamtszeit vorzusehen. Neben der für die Personalgewinnung relevanten Attraktivität des Amtes (darauf weist Selmayr in Ehmann/Selmayr, DS-GVO Art. 54 Rn. 10 hin) gilt es auch zu bedenken, dass es idR eine gewisse Zeit braucht, um das Amt inhaltlich auszugestalten (so auch Polenz in Simitis/Hornung/Spiecker gen. Döhmann, DSGVO Art. 54 Rn. 9). Dies gilt umso mehr angesichts der Rechtsschutzmöglichkeiten und der Dauer von Gerichtsverfahren. Hinsichtlich der Wiederwahl haben die Mitgliedstaaten die Möglichkeit, keine oder eine beliebige Anzahl von Wiederwahlen vorzusehen. Dabei sind die genannten Gesichtspunkte ebenso zu berücksichtigen wie der Umstand, dass der Ausschluss einer Wiederwahl die unabhängige Amtsführung stärken kann (dazu Selmayr in Ehmann/Selmayr, DS-GVO Art. 54 Rn. 10). Eine Ernennung auf Lebenszeit dürfte hingegen dem Ziel der DS-GVO widersprechen, da diese in Art. 54 Abs. 1 offensichtlich von begrenzten Amtszeiten ausgeht (so auch Polenz in Simitis/Hornung/Spiecker gen. Döhmann, DSGVO Art. 54 Rn. 8).

C. Verschwiegenheitspflicht (Abs. 2)

4 Das Mitglied und die Bediensteten der ASB unterliegen nach Abs. 2 der **Verschwiegenheit.** Dies galt bereits auf der Grdl. der DSRL (Art. 28

Abs. 7). Neu ist ggü. der DSRL die ausdr. Erwähnung der Verschwiegenheitspflicht in S. 2 für die von natürlichen Personen gemeldeten Verstöße gegen die DS-GVO. Für die / den BfDI ist die Verschwiegenheit in § 13 Abs. 4 BDSG geregelt (→ § 13 BDSG Rn. 7). Sie wird in § 13 Abs. 4 BDSG durch ein Zeugnisverweigerungsrecht der / des BfDI und der LfD (§ 13 Abs. 6 BDSG) abgesichert (→ § 13 BDSG Rn. 5 f.).

Abschnitt 2. Zuständigkeit, Aufgaben und Befugnisse

Art. 55 Zuständigkeit

(1) Jede Aufsichtsbehörde ist für die Erfüllung der Aufgaben und die Ausübung der Befugnisse, die ihr mit dieser Verordnung übertragen wurden, im Hoheitsgebiet ihres eigenen Mitgliedstaats zuständig.

(2) [1] Erfolgt die Verarbeitung durch Behörden oder private Stellen auf der Grundlage von Artikel 6 Absatz 1 Buchstabe c oder e, so ist die Aufsichtsbehörde des betroffenen Mitgliedstaats zuständig. [2] In diesem Fall findet Artikel 56 keine Anwendung.

(3) Die Aufsichtsbehörden sind nicht zuständig für die Aufsicht über die von Gerichten im Rahmen ihrer justiziellen Tätigkeit vorgenommenen Verarbeitungen.

BDSG und anderes nationales Recht: § 9 BDSG (kommentiert unter → BDSG § 9 Rn. 1 ff.).

Literatur: *Caspar,* Das aufsichtsbehördliche Verfahren nach der EU-Datenschutz-Grundverordnung, ZD 2012, 555; *Dehmel/Hullen,* Auf dem Weg zu einem zukunftsfähigen Datenschutz in Europa, ZD 2013, 147; *Engeler,* Auswirkungen der Datenschutz-Grundverordnung auf die Arbeit der justiziellen Beteiligungsgremien, NJOZ 2019, 593; *Geminn,* Das Europäische Dtenschutzrecht −Zwischen Leuchtturmfunktion und Werteexport?, DVBl. 2018, 1593; *Grzeszick,* Nationale Parlamente und EU-Datenschutzgrundverordnung, NVwZ 2018, 1505; *Hornung,* Eine Datenschutz-Grundverordnung für Europa?, ZD 2012, 99; *Kühling/Martini,* Die Datenschutz-Grundverordnung: Revolution oder Evolution im europäischen und deutschen Datenschutzrecht?, EuZW 2016, 448; *Kugelmann,* Kooperation und Betroffenheit im Netzwerk – Die deutschen Aufsichtsbehörden in Europa, ZD 2020, 76; *v. Lewinski,* Datenschutzaufsicht in Europa als Netzwerk, NVwZ 2017, 1483; *Nguyen,* Die zukünftige Datenschutzaufsicht in Europa, ZD 2015, 265; *ders.,* Die Verhandlungen um die EU-Datenschutzgrundverordnung unter litauischer Ratspräsidentschaft, RDV 2014, 26; *Reding,* Sieben Grundbausteine der europäischen Datenschutzreform, ZD 2012, 195; *Roßnagel/Kroschwald,* Was wird aus der Datenschutzgrundverordnung?, ZD 2014, 495; *Schröder,* Anwendbarkeit der DS-GVO und des BDSG auf den Deutschen Bundestag, ZRP 2018, 129; *Uecker,* Extraterritorialer Anwendungsbereich der DS-GVO – Erläuterungen zu den neuen Regelungen und Ausblick auf internationale Entwicklungen, ZD 2019, 67; *Wiebe/Eichfeld,* Spannungsverhältnis Datenschutz und Justiz – Anwendungsbereich, Verantwortlichkeit, richterliche Unabhängigkeit, NJW 2019, 2734.

A. Allgemeines

1 Die Schaffung einheitlicher Maßstäbe bei der Anwendung und Durchsetzung des Datenschutzrechts war von vornherein erklärtes Ziel der Datenschutzreform, und somit standen Regelungen über die Bestimmung der zuständigen ASB und Mechanismen zur Herbeiführung einheitlicher Entsch. der ASB von Anfang an im Zentrum der Reform. Sie werden als Grundvoraussetzungen für den freien Datenverkehr in der EU angesehen (dazu Reding ZD 2012, 195 (195 ff.)). Die KOM hat hierfür das Prinzip des **„One Stop Shop"** eingeführt. Nach dem Entwurf der KOM (Art. 51 Abs. 2 DS-GVO-E (KOM)) sollte für Datenverarbeitungen eines Verantwortlichen mit Niederlassungen in mehreren Mitgliedstaaten der EU die ASB am Sitz der Hauptniederlassung allein für sämtliche Datenverarbeitungen des Verantwortlichen innerhalb der EU zuständig sein. Dieser Vorschlag ist va deshalb auf Kritik gestoßen (befürwortend dagegen aufgrund der hohen Rechtssicherheit für Unternehmen Dehmel/Hullen ZD 2013, 147 (151)), weil er für die Betroffenen den Zugang zur ASB erheblich erschwert (Europ. Wirtschafts- und Sozialausschuss ABl. 2012 C 229, 95; Nguyen RDV 2014, 26 (27)) und va befürchtet wurde, dass Verantwortliche die Wahl des Sitzes ihrer Hauptniederlassung an dem dort vorherrschenden Datenschutzniveau ausrichten, dass auch durch die in vielen Punkten ausgestaltungsbedürftige DS-GVO nicht in jeglicher Hinsicht vollharmonisiert werden könne (Hornung ZD 2012, 99 (105); Caspar ZD 2012, 555 (556); Roßnagel/Kroschwald ZD 2014, 495 (499); Europ. Wirtschafts- und Sozialausschuss ABl. 2012 C 229, 95). Sowohl das EP als auch der ER haben den Vorschlag daher verändert (zu den Verh. im ER Nguyen RDV 2014, 26; ders. ZD 2015, 265). Im Trilog durchgesetzt hat sich der Vorschlag des ER mit einer federführenden ASB am Sitz der Hauptniederlassung und beteiligten ASB, die am Entscheidungsprozess mitwirken.

B. Grundsatz: Zuständigkeit im Hoheitsgebiet (Abs. 1)

2 Abs. 1 bestimmt den Grundsatz, dass jede ASB im **Hoheitsgebiet ihres eigenen Mitgliedstaats** zuständig ist (dazu Nguyen in Gola DS-GVO Art. 55 Rn. 4 f; Selmayr in Ehmann/Selmayr DS-GVO Art. 55 Rn. 5). Damit ist noch keine Festlegung darüber verbunden, woran sich ihre Zuständigkeit anknüpft. In Betracht kommen als Anknüpfungspunkt grds. Verantwortliche, Datenverarbeitungen oder Betroffene. Je nach Wahl des Anknüpfungspunkts können sich daraus ganz unterschiedliche Zuständigkeiten ergeben. Welcher dieser Anknüpfungspunkte jeweils gilt, erschließt sich erst aus der Zusammenschau mit den Aufgaben und Befugnissen der ASB, auf die Abs. 1 ausdr. Bezug nimmt und die somit den Anknüpfungspunkt für die Bestimmung der Zuständigkeit bilden. Aufgaben und Befugnisse richten sich an unterschiedliche Adressaten: Verantwortliche, Auftragsverarbeiter, Betroffene, Zertifizierungsstellen, Parlamente. Manche Aufgaben und Befugnisse berühren jeweils nur eine Zielgruppe, zB die Beratung von Verantwortlichen, die Information von Betroffenen über ihre Rechte nach der DS-GVO oder die Abgabe von Berichten oder Stellungn. ggü. dem Parlament. In solchen Fällen ergibt sich die Zuständigkeit klar aus dem Sitz des Adressaten. Die ASB übt ihre Aufgaben und Befugnisse nur ggü. Adressaten in ihrem Hoheitsgebiet aus. Für die Zuständigkeit ist der **Sitz** (→ Art. 3 Rn. 3 f.) **der Niederlassung** (→ Art. 3 Rn. 6 ff., → Art. 4 Rn. 111 f.) maßgeblich. Durch das mit der DS-GVO eingeführte **Marktortprinzip** (→ Art. 3 Rn. 13 ff.) gilt die DS-GVO auch für Unternehmen, die keine Niederlassung in der EU haben. Der Ort der Niederlassung scheidet als Anknüpfungspunkt für die Zuständigkeit der ASB also aus. In Betracht kommen statt dessen der Ort der Verarbeitung und das Gebiet, in dem die Verarbeitung Auswirkungen auf betroffene Personen entfaltet oder aufgrund ihrer Ausrichtung entfalten kann und soll (ErwGr 122). Andere Aufgaben und Befugnisse betr. mehrere Adressaten. Typisches Bsp. ist die Anrufung der ASB durch Betroffene, die sich in ihren Rechten verletzt sehen und eine daraufhin eingeleitete Prüfung des Verantwortlichen durch die ASB. Für solche Fälle trifft die DS-GVO eine Entsch. über die Zuständigkeit in Art. 60, wenn Betroffener und Verantwortlicher aus verschiedenen Hoheitsgebieten kommen. Mit der Grundsatzregelung in Abs. 1 ist außerdem keine Entsch. getroffen über die in der Praxis häufigen Fälle, in denen ein Verantwortlicher Niederlassungen im Hoheitsgebiet mehrerer ASB unterhält. Für solche Fälle finden die Regelungen in Art. 56 Anwendung, nach denen mehrere ASB für denselben Sachverhalt zuständig sein können, die sich in dem dort und in Art. 60 genauer beschriebenen Verfahren und ggf. im Kohärenzverfahren nach Art. 63 ff. abstimmen müssen.

3 In Deutschland gibt es aufgrund der föderalen Struktur auch nach der DS-GVO **mehrere ASB.** Dass die DS-GVO dem nicht entgegensteht, wird in Art. 51 Abs. 1 und 3 sowie in ErwGr 117 S. 2 und 119 ausdr. klargestellt. Die Zuständigkeit der ASB in Deutschland ist insbes. in § 9 BDSG und den LDSG geregelt.

C. Ausschließliche Zuständigkeit für den öffentlichen Bereich (Abs. 2)

4 Im **öffentl. Bereich** ist ausschl. die ASB im Hoheitsgebiet der verantwortlichen öffentl. oder nichtöffentlichen Stelle zuständig. Dies stellt Abs. 2 für die Datenverarbeitung durch Behörden und private Stellen auf der Grdl. von Art. 6 Abs. 1 lit. c und e klar. Die Vorschr. über die federführende Behörde und das Verfahren der Zusammenarbeit und Kohärenz finden hier keine Anwendung (s. ErwGr 128). Diese Ausnahme betrifft die Kontrolle von Datenverarbeitungen zur Erfüllung rechtlicher Verpflichtungen gem. Art. 6 Abs. 1 lit. c (→ Art. 6 Rn. 17 f.) und zur Wahrnehmung einer Aufgabe im öffentl. Interesse oder zur Ausübung von öffentl. Gewalt, die dem Verantwortlichen übertragen wurde gem. Art. 6 Abs. 1 lit. e (→ Art. 6 Rn. 23 ff.).

D. Justizielle Tätigkeit (Abs. 3)

5 Die Datenverarbeitung durch die Gerichte fällt – mit Ausnahme der Strafjustiz – vollständig in den Anwendungsbereich der DS-GVO (wie hier Selmayr in Ehmann/Selmayr DS-GVO Art. 55 Rn. 13; aA Kühling/Martini ua, DS-GVO und nationales Recht, 175 f.). Sie wird in Abs. 3 allerdings teilw. von der Kontrolle durch die ASB ausgenommen. Anders als das bisherige nationale Recht (§ 24 Abs. 3 BDSG aF und die meisten LDSG), das ausdr. nur die Verwaltungsangelegenheiten der Gerichte unter die Kontrolle der ASB stellte, nimmt Abs. 3 nur die **justizielle Tätigkeit** von der Kontrolle durch die ASB aus. Das Verständnis, das dem Begriff „justizielle Tätigkeit" zu Grunde liegt, wird in ErwGr 20 verdeutlicht. Besonders hervorgehoben wird dort die **Beschlussfassung durch die Justiz.** Dies entspricht der Definition der Rechtsprechung im dt. Recht, die nach Art. 97 GG in richterlicher Unabhängigkeit wahrgenommen werden muss (ähnlich Kühling/Martini ua, DS-GVO und nationales Recht, 175 „originär rechtsprechende Tätigkeit"; Kugelmann/Römer in Schwartmann/Jaspers/Thüsing/Kugelmann DS-GVO Art. 55 Rn. 58 ff.). Kennzeichen rechtsprechender Tätigkeit ist die letztverbindliche Klärung der Rechtslage in einem Streitfall iR besonders geregelter Verfahren (BVerfG NJW 2001, 1048). Die Unabhängigkeit – und damit auch die Freiheit von aufsichtsbehördlicher Kontrolle – erstreckt sich auf sämtliche Tätigkeiten, die mit der Entscheidungsfindung im Zusammenhang stehen. Dazu gehören insbes. alle vorbereitenden und der Durchführung der Entscheidungsfindung dienenden Handlungen (BGH NJW 2006, 1674; NJW-RR 2008, 1660). Insbes. bei der Vorbereitung oder Durchführung dienenden Handlungen, bei denen neben dem Spruchkörper auch Geschäftsstellen oder andere Teile des Gerichts beteiligt sind, kann es in Detailfragen Abgrenzungsschwierigkeiten geben (Wiebe/Eichfeld NJW 2019, 2734 /2737). Nicht erfasst sind dagegen Tätigkeiten der Rechtspflege, die im dt. Recht zum Bereich der Exekutive gehören und der Rechtweggarantie des Art. 19 Abs. 4 GG unterliegen (ebenso Selmayr in Ehmann/Selmayr DS-GVO Art. 55 Rn. 14; Kugelmann/Römer in Schwartmann/Jaspers/Thüsing/Kugelmann DS-GVO Art. 55 Rn. 61; zur Einordnung der Rechtspflege in den Bereich der Exekutive BVerfG NJW 2000, 1709; BVerwG NVwZ 2006, 1704 ff.; BGH NJW-RR 2000, 1366 ff.). Auch die Datenverarbeitung in **Verwaltungsangelegenheiten** der Gerichte unterliegt in vollem Umf. der Kontrolle durch die ASB.

6 Neu ist ggü. der geltenden Rechtslage die Einf. einer **Selbstkontrolle der Justiz** für Datenverarbeitungen, die der richterlichen Unabhängigkeit unterliegen und dadurch der Kontrolle durch die ASB entzogen sind. Sie ist allerdings nur in ErwGr 20 beschrieben und hat keinen Eingang in den Verordnungstext gefunden. Da in Deutschland weder im Bund noch in den Ländern eine solche Stelle eingerichtet wurde, unterliegt die Datenverarbeitung der Gerichte iR justizieller Tätigkeiten in Deutschland keiner Datenschutzkontrolle (s. auch Wiebe/Eichfeld NJW 2019, 2734 (2737)). In der Praxis zeigen Beschwerden gegen gerichtliche Datenverarbeitungen bei den

ASB, dass eine solche Kontrolle dringend geboten ist (für angebracht halten die Einrichtung einer solchen Stelle auch Kugelmann/Römer in Schwartmann/Jaspers/Thüsing/Kugelmann DS-GVO Art. 55 Rn. 67).

Der Kontrolle durch die ASB unterliegen uneingeschränkt Datenverarbei- **7** tungen durch Behörden, die durch ein Gericht angeordnet, bestätigt oder für zulässig erklärt wurden (Kugelmann/Römer in Schwartmann/Jaspers/Thüsing/Kugelmann DS-GVO Art. 55 Rn. 56). Forderungen des BR, solche Datenverarbeitungen ebenfalls von der Kontrolle der ASB auszunehmen (BR-Drs. 52/12 (Beschl.) (2), 21 (Nr. 48)), sind zu Recht nicht in die DS-GVO übernommen worden (ausf. dazu die Vorauflage).

Einige LDSG nehmen auch den **Rechnungshof** von der Kontrolle durch **8** die ASB aus, soweit er seine Aufgaben in richterlicher Unabhängigkeit erfüllt. Diese Ausnahme ist vertretbar, da sie dasselbe Schutzziel verfolgt (aA Selmayr in Ehmann/Selmayr DS-GVO Art. 55 Rn. 15; Kugelmann/Römer in Schwartmann/Jaspers/Thüsing/Kugelmann DS-GVO Art. 55 Rn. 57 mit Verweis auf den Wortlaut des Abs. 3) Das BDSG enthält keine gesetzliche Ausnahme; nach der Gesetzesbegründung (BT-Drs. 18/11325, 84) soll die / der BfDI die richterliche Unabhängigkeit der Mitglieder des Rechnungshofs wahren. Weitere Ausnahmen sind zum Schutz der Gewaltenteilung nicht erforderlich. Für die legislative Tätigkeit von **Parlamenten** ist bereits der Anwendungsbereich der DS-GVO nicht eröffnet (BfDI, Datenschutz-Grundverordnung für Abgeordnete – Handreichung für Mitglieder des Deutschen Bundestages vom 18.12.2018, S. 2, veröffentlicht unter www.bfdi.bund.de; Grzeszick NVwZ 2018, 1505 ff.; Schröder ZRP 2018, 129 (131) mwN; v. Lewinski in Auernhammer DSGVO Art. 2 Rn. 17). **Staatsanwaltschaften,** die in Bezug auf ihre Aufgabenerfüllung nicht der DS-GVO, sondern der JI-RL unterfallen, bedürfen aufgrund ihrer fehlenden Unabhängigkeit keines besonderen Schutzes (→ BDSG § 9 Rn. 4; Kugelmann/Römer in Schwartmann/Jaspers/Thüsing/Kugelmann DS-GVO Art. 55 Rn. 55).

Art. 56 Zuständigkeit der federführenden Aufsichtsbehörde

(1) Unbeschadet des Artikels 55 ist die Aufsichtsbehörde der Hauptniederlassung oder der einzigen Niederlassung des Verantwortlichen oder des Auftragsverarbeiters gemäß dem Verfahren nach Artikel 60 die zuständige federführende Aufsichtsbehörde für die von diesem Verantwortlichen oder diesem Auftragsverarbeiter durchgeführte grenzüberschreitende Verarbeitung.

(2) Abweichend von Absatz 1 ist jede Aufsichtsbehörde dafür zuständig, sich mit einer bei ihr eingereichten Beschwerde oder einem etwaigen Verstoß gegen diese Verordnung zu befassen, wenn der Gegenstand nur mit einer Niederlassung in ihrem Mitgliedstaat zusammenhängt oder betroffene Personen nur ihres Mitgliedstaats erheblich beeinträchtigt.

(3) [1] In den in Absatz 2 des vorliegenden Artikels genannten Fällen unterrichtet die Aufsichtsbehörde unverzüglich die federführende Aufsichtsbehörde über diese Angelegenheit. [2] Innerhalb einer Frist von drei Wochen nach der Unterrichtung entscheidet die federführende Aufsichtsbehörde, ob sie sich mit dem Fall gemäß

dem Verfahren nach Artikel 60 befasst oder nicht, wobei sie berücksichtigt, ob der Verantwortliche oder der Auftragsverarbeiter in dem Mitgliedstaat, dessen Aufsichtsbehörde sie unterrichtet hat, eine Niederlassung hat oder nicht.

(4) [1] Entscheidet die federführende Aufsichtsbehörde, sich mit dem Fall zu befassen, so findet das Verfahren nach Artikel 60 Anwendung. [2] Die Aufsichtsbehörde, die die federführende Aufsichtsbehörde unterrichtet hat, kann dieser einen Beschlussentwurf vorlegen. [3] Die federführende Aufsichtsbehörde trägt diesem Entwurf bei der Ausarbeitung des Beschlussentwurfs nach Artikel 60 Absatz 3 weitestgehend Rechnung.

(5) Entscheidet die federführende Aufsichtsbehörde, sich mit dem Fall nicht selbst zu befassen, so befasst die Aufsichtsbehörde, die die federführende Aufsichtsbehörde unterrichtet hat, sich mit dem Fall gemäß den Artikeln 61 und 62.

(6) Die federführende Aufsichtsbehörde ist der einzige Ansprechpartner der Verantwortlichen oder der Auftragsverarbeiter für Fragen der von diesem Verantwortlichen oder diesem Auftragsverarbeiter durchgeführten grenzüberschreitenden Verarbeitung.

BDSG und anderes nationales Recht: –

Literatur: *Dehmel/Hullen,* Auf dem Weg zu einem zukunftsfähigen Datenschutz in Europa, ZD 2013, 147; *Kahler,* Die Europarechtswidrigkeit der Kommissionsbefugnisse in der Grundverordnung, RDV 2013, 69; *Kaiser,* Die Aufsichtsmechanismen der neuen europäischen Datenschutzgesetzgebung – nationaler Vollzug im Spannungsfeld supranationaler Zusammenarbeit und Entscheidungsfindung, RDV 2017, 273; *Kugelmann,* Kooperation und Betroffenheit im Netzwerk – Die deutschen Datenschutzaufsichtsbehörden in Europa, ZD 2020, 76; *Nguyen,* Die zukünftige Datenschutzaufsicht in Europa, ZD 2015, 265; *Schneider,* Kollision von Joint Controllership und One-Stop-Shop – Federführende Aufsichtsbehörde für grenzüberschreitende Datenverarbeitungen, ZD 2020, 179; *Schultze-Melling,* Keine Aufsichtsbehörde ist eine Insel, ZD 2015, 397; *ders.,* Internationale Player und europäischer Datenschutz, Sonderveröffentlichung zu RDV 06/2017, 14; *Wagner/Ruhmann,* Irland: Das One-Stop-Shop-Verfahren, ZD-Aktuell 2019, 06546; *Wybitul,* CNIL verhängt hohes Bußgeld – Welche Folgen hat der Fall für Unternehmen?, ZD 2019, 97.

A. Allgemeines

1   Zur Entstehungsgeschichte der Vorschr. → Art. 55 Rn. 1. An die Stelle der ursprünglich im Entwurf der KOM vorgesehenen allein zuständigen ASB am Sitz der Hauptniederlassung tritt nun die federführende ASB am Sitz der Hauptniederlassung oder der einzigen Niederlassung in der EU. Erhalten geblieben ist der Gedanke des **einzigen Ansprechpartners für Unternehmen** mit Niederlassungen in mehreren Mitgliedstaaten. Dies stellt Abs. 6 sicher. Anders als nach dem Entwurf der KOM vorgesehen, entscheidet die federführende ASB jedoch nicht mehr allein, sondern unter Einhaltung des Verfahrens nach Art. 60 (→ Art. 60 Rn. 6 ff.) gemeinsam mit den anderen betroffenen ASB. Unter welchen Voraussetzungen eine ASB betroffen ist, regelt Art. 4 Nr. 22 (→ Art. 4 Rn. 134 ff.).

B. Federführende Aufsichtsbehörde(Abs. 1)

Die federführende ASB muss bei **grenzüberschreitenden Verarbeitungen** 2
bestimmt werden. Solche Verarbeitungen sind in Art. 4 Nr. 23 definiert
(→ Art. 4 Rn. 138 ff.). Sie haben stets zur Folge, dass ASB in mehreren
Mitgliedstaaten beteiligt sind (Polenz in Simitis/Hornung/Spiecker gen.
Döhmann DSGVO Art. 56 Rn. 7). Es handelt sich entweder um Datenverarbeitungen, die durch Verantwortliche oder Auftragsverarbeiter in mehreren Mitgliedstaaten erfolgen, wenn diese Niederlassungen in mehreren Mitgliedstaaten haben. Grenzüberschreitende Verarbeitungen können aber auch nur in
einer einzelnen Niederlassung erfolgen, wenn sie erhebliche Auswirkungen
auf betroffene Personen in mehr als einem Mitgliedstaat haben oder haben
können. Die Aufsicht über solche Verarbeitungen erfordert eine Koordinierung der ASB untereinander sowie in der Außenwirkung ggü. dem Verantwortlichen, Auftragsverarbeiter, Beschwerdeführer oder weiteren Personen.
Hierfür sieht Art. 60 das sog **One-Stop-Shop-Verfahren** vor, in dem der
federführenden ASB die zentrale Rolle zukommt (Eichler in BeckOK DatenschutzR DSGVO Art. 56 Rn. 8; Nguyen in Gola DS-GVO Art. 56 Rn. 17).
Die **Zuständigkeit der federführenden ASB** bestimmt sich nach der
Niederlassung des Verantwortlichen oder Auftragsverarbeiters. Gibt es nur
eine Niederlassung innerhalb der EU, ist die ASB am Ort dieser Niederlassung
die federführende ASB. Gibt es in der EU mehrere Niederlassung, ist die ASB
am Sitz der Hauptniederlassung nach Art. 4 Nr. 16 (→ Art. 4 Rn. 111 ff.) die
federführende ASB. Die Zuständigkeit der ASB in Deutschland ist insbes. in
§ 9 BDSG und den LDSG geregelt; federführende ASB kann in Deutschland
sowohl die / der BfDI als auch die ASB eines Landes sein (Eichler in BeckOK
DatenschutzR DSGVO Art. 56 Rn. 7). Die federführende ASB ist nach
Abs. 6 **einziger Ansprechpartner** des Verantwortlichen oder Auftragsverarbeiters für die jeweilige Verarbeitung (dazu Nguyen in Gola DS-GVO
Art. 56 Rn. 18; Lachmayer in Auernhammer DSGVO Art. 56 Rn. 8), und
nur sie ist berechtigt, diesen ggü. verbindliche Beschlüsse über Maßnahmen
nach Art. 58 zu erlassen (ErwGr 125). Über solche Beschlüsse entscheidet sie
im Verfahren nach Art. 60 gemeinsam mit den betroffenen ASB (→ Art. 4
Rn. 134 ff.). Kann in diesem Verfahren keine Einigung erzielt werden, muss
das Kohärenzverfahren nach Art. 63 ff. mit Streitbeilegung durch den EDSA
nach Art. 65 (→ Art. 65 Rn. 3) durchgeführt werden. Schwierigkeiten können bei der Bestimmung der Hauptniederlassung nach Art. 4 Nr. 16 entstehen (→ Art. 4 Rn. 111 ff.). Hier ist ebenfalls eine Streitbeilegung durch
den EDSA nach Art. 65 Abs. 1 lit. b vorgesehen (→ Art. 65 Rn. 4). Ebenso
kann es zu Konflikten bei der Bestimmung der federführenden ASB kommen,
wenn Auftragsverarbeiter und Verantwortlichen in unterschiedlichen Mitgliedstaaten ihren Sitz haben. Konflikte hierüber müssen über eine klare
Abgrenzung des Verantwortungsbereichs des Auftragsverarbeiters und des
Verantwortlichen gelöst werden.

Besteht keine Niederlassung des Verantwortlichen oder Auftragsverarbeiters 3
in der EU und findet die DS-GVO aufgrund des **Marktortprinzips** nach

Art. 3 Abs. 2 Anwendung (→ Art. 3 Rn. 13 ff.), fehlt ein Anknüpfungspunkt für die Bestimmung einer federführenden Behörde. In solchen Fällen werden gleichwohl Personen in mehreren Mitgliedstaaten betroffen und demzufolge mehrere ASB zuständig sein. Eigene Regelungen für die Zusammenarbeit der betroffenen ASB in solchen Fällen enthält die DS-GVO nicht. Für die Durchführung von Amtshilfe und gemeinsamen Maßnahmen nach Art. 61 und 62 dürfte sich dies allenfalls geringfügig auswirken. Schwierigkeiten entstehen dagegen für das Verfahren der Zusammenarbeit nach Art. 60. Dessen Wesen besteht darin, dass nur eine – und zwar stets dies. – ASB für die jeweilige Verarbeitung ggü. dem Verantwortlichen oder Auftragsverarbeiter als Ansprechpartner fungiert und sich daraus die Aufgabenverteilung der betroffenen ASB ableitet. Diese Konstellation ist mit den Marktortfällen nicht vergleichbar. Eine Federführung und damit die Koordinierung der Abstimmung kann nicht bestimmt werden; es bleibt daher bei der parallelen Zuständigkeit nach Art. 55 DS-GVO (Dix in Kühling/Buchner DSGVO Art. 56 Rn. 6; Selmayr in Ehmann/Selmayr DSGVO Art. 56 Rn. 11). Die Art. 29-Datenschutzgruppe hat gerade für diese Fälle eine bes. Bedeutung der Zusammenarbeit und Kohärenz erkannt und vorgeschlagen, dass die betroffenen ASB in solchen Fällen anhand von Kriterien (hauptsächlich von tatsächlicher Verarbeitung oder den Auswirkungen auf betroffene Personen, betroffener Mitgliedstaat, Ort der Einreichung von Beschwerden von betroffenen Personen) darüber abstimmen, wer die Federführung übernimmt. In Fällen, wo dies nicht offensichtlich ist oder keine Einwilligung erzielt wird, solle der **EDSA** anhand der genannten Kriterien über die Federführung entscheiden (Art. 29-Datenschutzgruppe Stellungn. 01/2012 zu den Reformvorschlägen im Bereich des Datenschutzes vom 23.3.2012, WP 191, 20 f.).

C. Zuständigkeit der betroffenen Aufsichtsbehörde (Abs. 2)

4   Abs. 2 erklärt als Ausnahme von Abs. 1 die **ASB am Ort der Datenverarbeitung** für zuständig, wenn der Gegenstand einer dort eingegangenen Beschwerde oder eines sonst bekannt gewordenen Verstoßes nur mit einer Niederlassung in ihrem Mitgliedstaat zusammenhängt oder nur betroffene Personen ihres Mitgliedstaats erheblich beeinträchtigt. Als Bsp. hierfür nennt ErwGr 127 die Verarbeitung von Beschäftigtendaten im spezifischen Beschäftigungskontext eines Mitgliedstaats. Auch der Einsatz von Videoüberwachung kann hierunter fallen, wenn er nicht auf verbindlichen Vorgaben der Unternehmenszentrale beruht (s. auch Nguyen ZD 2015, 265 (267)). Das OVG Hamburg hat einen Fall des Abs. 2 auch für Beschwerden betroffener Personen gegen die Speicherung von Suchergebnissen bei Suchmaschinenbetreibern anerkannt, wenn die ASB am Sitz der Hauptniederlassung des Suchmaschinenbetreibers zu Gunsten der ASB im Mitgliedstaat einer anderen Niederlassung, bei der eine Beschwerde nach Art. 77 eingelegt wurde, verzichtet hat (OVG Hamburg BeckRS 2019, 36126). Diese ASB soll in solchen Fällen alle ihr zur Vfg. stehenden Möglichkeiten ausschöpfen können, wie ErwGr 131 klarstellt: „sollte die Aufsichtsbehörde [...] versuchen, eine gütli-

che Einigung mit dem Verantwortlichen zu erzielen; falls sich dies als nicht erfolgreich erweist, sollte sie die gesamte Bandbreite ihrer Befugnisse wahrnehmen." Streng genommen handelt es sich in den Fällen des Abs. 2 nicht um eine grenzüberschreitende Verarbeitung nach Art. 4 Nr. 23 (aA Dix in Kühling/Buchner DS-GVO Art. 56 Rn. 9; wie hier Eichler in BeckOK DatenschutzR DSGVO Art. 56 Rn. 14). Eine grenzüberschreitende Verarbeitung setzt voraus, dass die Verarbeitung iRd Tätigkeiten von mehreren Niederlassungen in mehreren Mitgliedstaaten erfolgt. Dafür ist zumindest erforderlich, dass die verschiedenen Niederlassungen für bestimmte Zweckbestimmungen gleichartige Verarbeitungsverarbeitungsverfahren einsetzen (Gola in Gola DS-GVO Art. 4 Rn. 118; Nguyen in Gola DS-GVO Art. 56 Rn. 5). Im Fall des Abs. 2 hängt die Verarbeitung jedoch nur mit der Tätigkeit einer Niederlassung zusammen. Gleiches gilt für die Auswirkungen auf die betroffenen Personen, die nur dann eine grenzüberschreitende Verarbeitung begründen, wenn Personen in mehreren Mitgliedstaaten betroffen sind. Auch dies ist in Abs. 2 nicht der Fall. Somit besteht in den Fällen des Abs. 2 von vornherein keine Zuständigkeit der federführenden ASB. Der Ausnahmeregelung in Abs. 2 bedarf es dafür nicht. Ihr eigentlicher Regelungsgehalt besteht nicht in der Begr. der Zuständigkeit der ASB am Ort der Datenverarbeitung oder Beschwerde. Vielmehr wird durch die nachf. Absätze sichergestellt, dass die federführende ASB auch in denjenigen Fällen beteiligt wird und die Möglichkeit erhält, diese federführend zu regeln, in denen keine grenzüberschreitende Datenverarbeitung vorliegt, der Verantwortliche oder Auftragsverarbeiter aber seine Haupt- oder einzige Niederlassung in einem anderen Mitgliedstaat hat. Dieses Verfahren ist in jedem Fall sachgerecht. Denn die Abgrenzung, ob die Ursache für einen Verstoß im Bereich und in der Verantwortung der Hauptniederlassung oder der örtlichen Niederlassung liegt, erfordert häufig eine Würdigung aller Umstände des Einzelfalls (dies veranschaulichen die Beispiele bei Nguyen in Gola DS-GVO Art. 56 Rn. 20 f.), die nur im Zusammenwirken von ASB der Niederlassung vor Ort und ASB der Hauptniederlassung zuverlässig gelingen kann. Zudem gewährleistet die Beteiligung der federführenden ASB, dass wiederkehrende Verstöße, Zusammenhänge zwischen mehreren Niederlassungen und struktureller Änderungsbedarf bei der Hauptniederlassung oder der einzigen Niederlassung erkannt werden kann (Eichler in BeckOK DatenschutzR DSGVO Art. 56 Rn. 17). Ihre Funktion als einziger Ansprechpartner nach Abs. 6 kann die federführende ASB umso effizienter und sachdienlicher ausüben, je mehr Kenntnisse sie über die tatsächliche Datenverarbeitung in den Niederlassungen hat und je mehr Austausch sie mit den ASB am Ort der Niederlassungen pflegt.

D. Unterrichtung der federführenden Aufsichtsbehörde (Abs. 3)

Die nach Abs. 2 zuständige ASB unterrichtet unverzüglich (dazu Selmayr in **5** Ehmann/Selmayr DSGVO Art. 56 Rn. 17) die federführende ASB über die Beschwerde oder den auf andere Weise bekannt gewordenen Verstoß. Die federführende ASB prüft innerhalb von drei Wochen, ob sie sich mit dem Fall befasst oder ob dieser allein durch die ASB nach Abs. 2 geregelt wird. Grds. ist die vorgesehene Vorlage sinnvoll und sachgerecht (s. o. Rn. 4). Es ist jedoch fraglich, ob hierfür die **Vorlage** ausnahmslos **jeder Beschwerde an die federführende ASB** erforderlich ist, wie es Art. 56 vorsieht. Jedenfalls für offensichtlich unbegründete Beschwerden wäre zur Vermeidung von unnötiger Doppelarbeit eine Ausnahme von der Vorlagepflicht angebracht. Auch eine Ausnahme von der dreiwöchigen Entscheidungsfrist der federführenden ASB ist in Art. 56 nicht geregelt. Hier ist in Eilfällen das Dringlichkeitsverfahren nach Art. 66 anwendbar. Eine Absprache über die Zuständigkeit kann auch einmalig in genereller Form für eine Vielzahl gleichartiger Beschwerden getroffen werden, so dass nicht für jede einzelne Beschwerde das Verfahren nach Abs. 3–5 durchgeführt werden muss (OVG Hamburg BeckRS 2019, 36126). Bei ihrer Entsch. über ihre Befassung mit dem Fall berücksichtigt die federführende ASB, ob im Hoheitsgebiet der unterrichtenden ASB eine Niederlassung besteht und die ASB nach Abs. 2 somit selbst die Möglichkeit hat, Beschlüsse ggü. dem für die Verarbeitung Verantwortlichen oder dem Auftragsverarbeiter wirksam durchzusetzen (ErwGr 127). In der Gesamtschau des Konzepts nach Art. 56 ergeben sich für die federführende ASB folgende Entscheidungskriterien: Stellt sie bei der Prüfung des Falls fest, dass die Verarbeitung entgegen der Annahme der unterrichtenden ASB grenzüberschreitend ist, muss sie nach Abs. 1 die Regelung des Falls übernehmen (→ Rn. 6). Bestätigt die Prüfung allerdings, dass kein Fall der grenzüberschreitenden Verarbeitung vorliegt, hat sie ein Ermessen (näher dazu Dix in Kühling/Buchner DSGVO Art. 56 Rn. 12 f; Selmayr in Ehmann/Selmayr DSGVO Art. 56 Rn. 18). Sie ist jedoch nach Maßgabe des Abs. 3 S. 2 gehalten, die Regelung des Falls der unterrichtenden ASB zu überlassen, soweit diese über ausreichende Befugnisse verfügt (→ Rn. 7). Sind Maßnahmen ggü. dem Verantwortlichen oder dem Auftragsverarbeiter geboten und verfügt die unterrichtende ASB nicht über entspr. Befugnisse, so muss die federführende ASB den Fall regeln.

E. Regelung des Falls durch federführende Aufsichtsbehörde (Abs. 4)

6 Bei einer Befassung der federführenden ASB richtet sich das Verfahren wie in allen anderen Fällen der Regelung durch die federführende ASB nach Art. 60. Die unterrichtende ASB hat hier allerdings die Möglichkeit der Mitgestaltung, indem sie von ihrem Recht Gebrauch macht, der federführenden ASB einen **Beschlussvorschlag** vorzulegen. An diesen ist die federführende ASB jedoch nicht gebunden. Sie kann einen eigenen Beschlussentwurf erstellen und ist nach Abs. 4 lediglich gehalten, dabei dem Entwurf der unterrichtenden ASB weitestgehend Rechnung zu tragen. Die Auflösung von Konflikten erfolgt im Verfahren nach Art. 60 bzw. im Kohärenzverfahren.

F. Regelung des Falls durch die unterrichtende Aufsichtsbehörde (Abs. 5)

Verzichtet die federführende ASB darauf, den Fall zu regeln, bleibt es bei der **7** **Zuständigkeit der unterrichtenden ASB.** Diese regelt den Fall nach den Art. 61 und 62. Unklar ist dabei, ob mit dem Verweis auf die Vorschr. der Amtshilfe und gemeinsamen Maßnahmen eine Pflicht der ASB vor Ort statuiert werden soll, stets das Amtshilfeverfahren nach Art. 61 und für den Fall, dass mehrere ASB betroffen sind, gemeinsame Maßnahmen nach Art. 62 durchzuführen, oder ob mit dem Verweis lediglich klargestellt werden soll, dass die ASB vor Ort diese Verfahren anwenden kann. Das Gebot der DS-GVO, auf eine einheitliche Rechtsanwendung hinzuwirken, würde dafür sprechen, den Verweis als Verpflichtung zu verstehen. Überzeugender ist es hingegen, den Verweis als bloße Befugnis zu verstehen. Dafür spricht, dass in solchen Fällen gerade keine grenzüberschreitende Verarbeitung vorliegt. Dies hat die federführende ASB bereits bestätigt. Durch den Verweis in Abs. 5 werden die Regelungen der Art. 61 und 62 aus dem Abschnitt für grenzüberschreitende auch für die örtlichen Fälle für anwendbar erklärt (so Eichler in BeckOK DatenschutzR DSGVO Art. 56 Rn. 22). Eine bloße Befugnis ist auch sachgerecht, da ein Erfordernis für eine Koordinierung der ASB mit den ASB am Ort anderer Niederlassungen aufgrund der nur lokalen Relevanz des Verstoßes im Regelfall wohl nicht bestehen wird.

G. Ansprechpartner für die Verantwortlichen (Abs. 6)

Mit dieser Regelung ist einer der Grundgedanken des „One Stop Shop" aus **8** dem Vorschlag der KOM übernommen worden (Nguyen in Gola DS-GVO Art. 56 Rn. 3 und 17 f.). Durch die Festlegung der federführenden ASB als einzigem Ansprechpartner (**„Single Contact Point"**) bei grenzüberschreitender Verarbeitung wird der Zugang für Verantwortliche und Auftragsverarbeiter zur ASB erleichtert. Für diese bedeutet es eine wesentliche Vereinfachung, wenn sie nur mit einer, und zwar stets ders., ASB kommunizieren und nicht einer Mehrzahl von Aufsichtsbehörden gegenüberstehen (dazu Dehmel/Hullen ZD 2013, 147 (151); Schultze-Melling ZD 2015, 397 f.; Kahler RDV 2013, 69 (71), der sich für eine Zuständigkeit des EDSB ausspricht). Zu beachten ist dabei jedoch, dass für unterschiedliche Verarbeitungen unterschiedliche Niederlassungen als Hauptniederlassung iSd Art. 4 Nr. 16 lit. a 2. Alt. fungieren können. Somit können auch unterschiedliche ASB Ansprechpartner iSd Abs. 6 sein (dazu Nguyen in Gola DSGVO Art. 56 Rn. 18). Für die betroffenen Personen verringern sich durch Abs. 6 die Chancen, durch das Vorbringen ihrer Beschwerden bei der ASB an ihrem Wohnort ihre Interessen bei Verantwortlichen und Auftragsverarbeitern durchzusetzen. Den betroffenen ASB wird durch Abs. 6 ebenfalls die Möglichkeit genommen, durch direkten Austausch mit den Verantwortlichen und Auftragsverarbeitern Informationen zu erhalten und ihren Standpunkt zu vermitteln.

Art. 57 Aufgaben

(1) [1] Unbeschadet anderer in dieser Verordnung dargelegter Aufgaben muss jede Aufsichtsbehörde in ihrem Hoheitsgebiet

a) die Anwendung dieser Verordnung überwachen und durchsetzen;

b) die Öffentlichkeit für die Risiken, Vorschriften, Garantien und Rechte im Zusammenhang mit der Verarbeitung sensibilisieren und sie darüber aufklären. [2] Besondere Beachtung finden dabei spezifische Maßnahmen für Kinder;

c) im Einklang mit dem Recht des Mitgliedsstaats das nationale Parlament, die Regierung und andere Einrichtungen und Gremien über legislative und administrative Maßnahmen zum Schutz der Rechte und Freiheiten natürlicher Personen in Bezug auf die Verarbeitung beraten;

d) die Verantwortlichen und die Auftragsverarbeiter für die ihnen aus dieser Verordnung entstehenden Pflichten sensibilisieren;

e) auf Anfrage jeder betroffenen Person Informationen über die Ausübung ihrer Rechte aufgrund dieser Verordnung zur Verfügung stellen und gegebenenfalls zu diesem Zweck mit den Aufsichtsbehörden in anderen Mitgliedstaaten zusammenarbeiten;

f) sich mit Beschwerden einer betroffenen Person oder Beschwerden einer Stelle, einer Organisation oder eines Verbandes gemäß Artikel 80 befassen, den Gegenstand der Beschwerde in angemessenem Umfang untersuchen und den Beschwerdeführer innerhalb einer angemessenen Frist über den Fortgang und das Ergebnis der Untersuchung unterrichten, insbesondere, wenn eine weitere Untersuchung oder Koordinierung mit einer anderen Aufsichtsbehörde notwendig ist;

g) mit anderen Aufsichtsbehörden zusammenarbeiten, auch durch Informationsaustausch, und ihnen Amtshilfe leisten, um die einheitliche Anwendung und Durchsetzung dieser Verordnung zu gewährleisten;

h) Untersuchungen über die Anwendung dieser Verordnung durchführen, auch auf der Grundlage von Informationen einer anderen Aufsichtsbehörde oder einer anderen Behörde;

i) maßgebliche Entwicklungen verfolgen, soweit sie sich auf den Schutz personenbezogener Daten auswirken, insbesondere die Entwicklung der Informations- und Kommunikationstechnologie und der Geschäftspraktiken;

j) Standardvertragsklauseln im Sinne des Artikels 28 Absatz 8 und des Artikels 46 Absatz 2 Buchstabe d festlegen;

k) eine Liste der Verarbeitungsarten erstellen und führen, für die gemäß Artikel 35 Absatz 4 eine Datenschutz-Folgenabschätzung durchzuführen ist;

l) Beratung in Bezug auf die in Artikel 36 Absatz 2 genannten Verarbeitungsvorgänge leisten;

m) die Ausarbeitung von Verhaltensregeln gemäß Artikel 40 Absatz 1 fördern und zu diesen Verhaltensregeln, die ausreichende Garantien im Sinne des Artikels 40 Absatz 5 bieten müssen, Stellungnahmen abgeben und sie billigen;

n) die Einführung von Datenschutzzertifizierungsmechanismen und von Datenschutzsiegeln und -prüfzeichen nach Artikel 42 Absatz 1 anregen und Zertifizierungskriterien nach Artikel 42 Absatz 5 billigen;

o) gegebenenfalls die nach Artikel 42 Absatz 7 erteilten Zertifizierungen regelmäßig überprüfen;
p) die Anforderungen an die Akkreditierung einer Stelle für die Überwachung der Einhaltung der Verhaltensregeln gemäß Artikel 41 und einer Zertifizierungsstelle gemäß Artikel 43 abfassen und veröffentlichen;
q) die Akkreditierung einer Stelle für die Überwachung der Einhaltung der Verhaltensregeln gemäß Artikel 41 und einer Zertifizierungsstelle gemäß Artikel 43 vornehmen;
r) Vertragsklauseln und Bestimmungen im Sinne des Artikels 46 Absatz 3 genehmigen;
s) verbindliche interne Vorschriften gemäß Artikel 47 genehmigen;
t) Beiträge zur Tätigkeit des Ausschusses leisten;
u) interne Verzeichnisse über Verstöße gegen diese Verordnung und gemäß Artikel 58 Absatz 2 ergriffene Maßnahmen und
v) jede sonstige Aufgabe im Zusammenhang mit dem Schutz personenbezogener Daten erfüllen.

(2) Jede Aufsichtsbehörde erleichtert das Einreichen von in Absatz 1 Buchstabe f genannten Beschwerden durch Maßnahmen wie etwa die Bereitstellung eines Beschwerdeformulars, das auch elektronisch ausgefüllt werden kann, ohne dass andere Kommunikationsmittel ausgeschlossen werden.

(3) Die Erfüllung der Aufgaben jeder Aufsichtsbehörde ist für die betroffene Person und gegebenenfalls für den Datenschutzbeauftragten unentgeltlich.

(4) [1] Bei offenkundig unbegründeten oder – insbesondere im Fall von häufiger Wiederholung – exzessiven Anfragen kann die Aufsichtsbehörde eine angemessene Gebühr auf der Grundlage der Verwaltungskosten verlangen oder sich weigern, aufgrund der Anfrage tätig zu werden. [2] In diesem Fall trägt die Aufsichtsbehörde die Beweislast für den offenkundig unbegründeten oder exzessiven Charakter der Anfrage.

BDSG und anderes nationales Recht: §§ 14, 40 Abs. 1 BDSG (kommentiert unter → BDSG § 14 Rn. 1 ff.; → BDSG § 40 Rn. 4).

Literatur: *Bäumler,* Der neue Datenschutz in der Realität, DuD 2000, 257; *Brink,* Der Beratungsauftrag der Datenschutzaufsichtsbehörden – Aufgabe, Befugnis oder Pflicht?, ZD 2020, 59; *Ehmann,* Bußgelder, behördliche Anordnungen, Verbandsklagen – wie lässt sich Datenschutz am besten durchsetzen?, ZD 2014, 493; *Hansen,* Zukunft von Datenschutz und Privatsphäre in einer mobilen Welt, DuD 2015, 435; *Kieck,* Zum Verhältnis von Datenschutz- und Kartellaufsicht, PinG 02.17, 67; *Kranig,* DS-GVO – und was die Aufsichtsbehörden daraus machen (sollten), RDV 2018, 243; *Kugelmann,* Kooperation und Betroffenheit im Netzwerk – Die deutschen Datenschutzaufsichtsbehörden in Europa, ZD 2020, 76; *Lüdemann/Wenzel,* Zur Funktionsfähigkeit der Datenschutzaufsicht in Deutschland, RDV 2015, 285; *Stoll/Rost,* Technische Herausforderungen in der DS-GVO, RDV 2017, 53; *Thiel,* Die DSGVO als Herausforderung (auch) für die Aufsichtsbehörden, RDV 2017, 191; *dies.,* DSK – starke Stimme für den Datenschutz – Geschichte und Schwerpunkte der Datenschutzkonferenz seit 2016, ZD 2020, 93.

Übersicht

A. Allgemeines

1 Art. 57 regelt die Aufgaben der ASB als **unmittelbar anwendbares Recht.** Während die DSRL in Art. 28 Abs. 2 S. 1 die Aufgabe der ASB generell als

Überwachung der Anwendung der Vorschr. über den Datenschutz beschrieben hat, benennt die VO in Abs. 1 konkret eine ganze Reihe von Einzelaufgaben, die letztlich allesamt Ausprägungen der Gesamtaufgabe „Überwachung und Durchsetzung der Anwendung der Verordnung" darstellen. Die Tendenz zur Konkretisierung der Aufgaben war bereits im Entwurf der KOM angelegt; durch die Änd. des EP und des ER sind zahlr. weitere Ausprägungen der Aufgaben hinzugekommen. Obwohl der Katalog mit 21 Pflichtaufgaben umfang- und detailreich ist, ist er ausdr. nicht abschl. konzipiert, wie die Auffangregelung in Abs. 1 lit. v klarstellt.

B. Aufgaben der Aufsichtsbehörden

I. Überwachung und Durchsetzung der Anwendung der DS-GVO (lit. a)

Wie bisher in Art. 28 DSRL und § 38 BDSG aF ist die **Überwachung** der **2** Anwendung der Vorschr. zum Schutz personenbezogener Daten die zuerst genannte und damit zentrale Aufgabe der ASB. Sie steht systematisch in einer Reihe mit den anderen Aufgaben. Dem Grunde nach ist sie jedoch als Oberbegriff für die Aufgabe der ASB zu verstehen. Sämtliche nachgenannten Aufgaben sind Ausprägungen der in lit. a genannten Gesamtaufgabe. Die DS-GVO geht in der Zielsetzung allerdings weiter als die DSRL, indem sie auch die **Durchsetzung** der Vorschr. zur Aufgabe der ASB erklärt. Die Durchsetzung war bislang nicht ausdr. als Aufgabe der ASB genannt. Dementsprechend verfügten die ASB nach der DSRL auch allenfalls rudimentär über Mittel zur Durchsetzung von Datenschutzvorschriften. Im öffentl. Bereich gab es keine Durchsetzungsbefugnisse der Datenschutzbeauftragten des Bundes und der Länder. Im nicht-öffentlichen Bereich verfügten die ASB dagegen auch nach dem BDSG aF bereits über Durchsetzungsbefugnisse. Allerdings sind auch hier erst mit Änd. des BDSG im Jahr 2009 (dazu BT-Drs. 16/13 657, Vorschlag des Bundesrates BR-Drs. 4/09 (17 f.)) umfangr. Anordnungsbefugnisse geschaffen worden. Zuvor waren die Anordnungs- und Untersagungsbefugnisse auf die Beseitigung technischer und organisatorischer Mängel beschr. Mit der Novellierung des BDSG im Jahr 2009 sind die Befugnisse auf die Beseitigung und Untersagung von materiellen Rechtsverstößen erstreckt worden. Entspr. der Erweiterung der Aufgaben sieht die DS-GVO in Art. 58 Abs. 2 ggü. Art. 28 DSRL auch eine Erweiterung der Befugnisse der ASB vor. Die wirksame Überwachung und Durchsetzung der Anwendung der DS-GVO erfordert ein Bündel unterschiedlicher Maßnahmen. Dazu gehören repressive Maßnahmen wie Kontrollen und Anordnungen sowie Sanktionen (zum Zusammenwirken dieser Instrumente Ehmann ZD 2014, 493) genauso wie präventive Maßnahmen wie Sensibilisierung von Verantwortlichen und der Öffentlichkeit, Beratung bei der Gesetzgebung, vorherige Konsultation, Erarbeitung von Orientierungshilfen sowie Zertifizierung, mit denen die ASB auf die datenschutzkonforme Gestaltung der Datenverarbeitung hinwirken kann (ähnlich Ziebarth in Sydow DS-GVO Art. 57 Rn. 8 f.; zu den dadurch entstehenden Rationalisierungseffekten und der Durchsetzungsfähigkeit Bäumler DuD 2000, 257; Stoll/Rost RDV 2017, 53 (59) sehen die ASB bzgl der technischen Herausforderungen in der Pflicht). Zu kurz greift insoweit der Ansatz von Lüdemann/Wenzel (RDV 2015, 285), die in der Kontrolle, Verfolgung und Sanktionierung von Verstößen die primäre Aufgabe der ASB sehen und die gestaltende Wirkung von präventiven Maßnahmen nicht berücksichtigen. Ein solches umfassendes Konzept von Überwachung und Durchsetzung liegt der DS-GVO zu Grunde, wie die Vielfalt der genannten Aufgaben in Abs. 1 belegt.

II. Aufklärung und Sensibilisierung der Öffentlichkeit, insbesondere Kinder (lit. b)

3 Erstmals gesetzlich normiert ist die Aufgabe, die Öffentlichkeit zu sensibilisieren und aufzuklären über die Risiken, Vorschr., Garantien und Rechte im Zusammenhang mit der Verarbeitung personenbezogener Daten. Diese Aufgabe gehört in Deutschland zum Selbstverständnis der Datenschutzbehörden und wird in unterschiedlichem Umf. entspr. der zur Vfg. stehenden Ressourcen wahrgenommen, auch wenn sich gesetzliche Pflichten bislang meist auf die Veröff. eines Tätigkeitsberichts (Art. 28 Abs. 5 DSRL, → Art. 59 Rn. 4) beschr. hatten. Der Aufklärungsauftrag bezieht sich mit der Bezugnahme auf „Risiken, Vorschriften, Garantien und Rechte" auf das gesamte Spektrum des Datenschutzes. Er reicht von Aufklärungsmaßnahmen in Bezug auf spezifische Risiken, bspw. bei neuen Verarbeitungsformen (→ lit. i Rn. 11 f.; Art. 58 Abs. 3 lit. b → Art. 58 Rn. 29) bis hin zu allgemeinen Bildungsangeboten. Eine besondere Aufmerksamkeit soll auf Kinder gerichtet werden (vgl. ErwGr. 38 zu den spezifischen Risiken für Kinder). Durch solche Öffentlichkeits- und Bildungsarbeit soll das Bewusstsein betroffener Personen für die Risiken der Datenverarbeitung sowie die Kompetenz, mit diesen Risiken umzugehen, dabei eigene Interessen zu wahren und ggf. die nach der DSGVO zustehenden Rechte auszuüben, gestärkt werden.

III. Beratung von Parlament und Regierung in legislativen und administrativen Angelegenheiten (lit. c)

4 Die Aufgabe, das Parlament und die Regierung in Fragen des Datenschutzes zu **beraten,** gehörte auch nach altem Recht in Deutschland zum festen Bestandteil der Aufgaben der Landesbeauftragten für Datenschutz. Die Beratung des **Parlaments** ist in der Praxis va bei der Gesetzgebung relevant, kann sich aber auch auf andere Aufgaben der Parlamente, bspw. die Kontrolle der Exekutive, erstrecken. Als Maßnahmen der **Regierung** oder anderer Gremien kommen insbes. der Erlass von Rechtsverordnungen, Satzungen oder anderen Regelungen in Betracht. Auch hier ist die Beratung aber nicht auf diese Gegenstände beschr. In welcher Form die genannten Stellen handeln, ist letztlich unerheblich. Entscheidend ist, dass die Stellen in ihrer Funktion als Normgeber oder Kontrollstelle handeln und nicht als Verantwortliche

(Ziebarth in Sydow DSGVO Art. 57 Rn. 23 f.; Kugelmann/Buchmann in Schwartmann/Jaspers/Thüsing/Kugelmann DS-GVO Art. 57 Rn. 53). Sofern sie als Verantwortliche oder Auftragsverarbeiter handeln, gilt lit. d (→ Rn. 5). Einzelheiten der Beratungsaufgabe können durch nationales Recht näher ausgestaltet werden (dazu Selmayr in Ehmann/Selmayr DSGVO Art. 57 Rn. 16).

IV. Sensibilisierung der Verantwortlichen über ihre Pflichten aus der DS-GVO (lit. d)

Die Sensibilisierung nach lit. d richtet sich an Verantwortliche und Auftrags- **5** verarbeiter. Die Sensibilisierung umfasst jedwede **Bereitstellung von Informationen** über die sich aus der DS-GVO ergebenden Pflichten. In der Praxis erfolgt dies insbes. durch Hinweise der ASB (dazu näher Kranig RDV 2018, 243 ff.; Thiel ZD 2020, 93 ff.) sowie durch Vorträge und Fortbildungsangebote. Dieses Angebot ist nach ErwGr. 132 ausdr. auch auf Kleinst- sowie kleine und mittlere Unternehmen auszurichten. Danach sollen die ASB auch spezifische Maßnahmen zur Umsetzung der DS-GVO empfehlen. Eine **Pflicht** der ASB, Verantwortliche und Auftragsverarbeiter auf Anfrage **in individuellen Einzelfragen zu beraten,** die in § 38 Abs. 1 S. 2 BDSG aF ausdrücklich normiert war, kann aus lit. d nicht abgeleitet werden (Eichler in BeckOK DatenschutzR DS-GVO Art. 57 Rn. 13; Nguyen in Gola DS-GVO Art. 57 Rn. 15; Grittmann in Taeger/Gabel DSGVO Art. 57 Rn. 13; Brink ZD 2020, 59 (62)). Diese besteht ausdr. nur nach lit. l in Fällen vorheriger Konsultation. Zudem besteht eine Beratungspflicht nach § 40 Abs. 6 BDSG ggü den Datenschutzbeauftragten nichtöffentlicher Stellen. Umgekehrt steht die DS-GVO einer individuellen Beratung von Verantwortlichen oder Auftragsverarbeitern durch die ASB auch nicht entgegen (zur Befugnis → Art. 58 Rn. 28). Die Beratung kann zB sinnvoll sein, um das Fachwissen und die Erfahrung der ASB in die Gestaltung von Datenverarbeitungen einzubringen und durch konstruktive Hinweise auf eine der VO entspr. Datenverarbeitung hinzuwirken (Ziebarth in Sydow DS-GVO Art. 57 Rn. 26 f.). **Nicht geeignet** ist die Beratung hingegen, um die gesamte Planung von Verarbeitungsverfahren auf die ASB auszulagern (Ziebarth in Sydow DSGVO Art. 57 Rn. 27) oder vor Einführung von Verarbeitungsverfahren eine Art **Unbedenklichkeitsbescheinigung** der ASB einzuholen. Letzteres käme faktisch einer Genehmigung gleich, die in der DS-GVO nicht vorgesehen ist.

Durch die Formulierung in der DS-GVO bekommt die Aufgabe eine neue **6** Richtung. Während die bisherige Beratungspflicht als Pflicht zum rein reaktiven Tätigwerden auf Anfrage der verantwortlichen Stellen verstanden werden kann, verlangt der in der DS-GVO gewählte Begriff „**Sensibilisierung**" ein **proaktives Handeln der ASB** ggü. den genannten Stellen durch Bereitstellung von Informationen.

V. Bereitstellung von Informationen für betroffene Personen über die Ausübung ihrer Rechte (lit. e)

7 Die Pflicht zur Bereitstellung von Informationen über die Ausübung der Rechte der Betroffenen gilt ausdr. nur auf deren Antrag. Dies hindert die ASB nicht daran, solche Informationen im Wege der Öffentlichkeitsarbeit nach lit. b in allg. Form für die Öffentlichkeit zur Vfg. zu stellen. Die Regelung in lit. e verleiht den betroffenen Personen einen **Anspruch auf solche Informationen.** Entspr. dem Recht der betroffenen Person, sich mit einer Beschwerde an jede ASB ihrer Wahl zu wenden (Art. 77 Abs. 1), steht ihr auch der Anspruch nach lit. e ggü. jeder ASB zu. Betrifft ein Antrag die Wahrnehmung der Rechte ggü. einem bestimmten Verantwortlichen oder Auftragnehmer, für den eine ASB eines anderen Mitgliedstaats zuständig ist, hat die ASB mit dieser zusammenzuarbeiten.

VI. Behandlung von Beschwerden (lit. f)

8 Lit. f regelt spiegelbildlich zum Beschwerderecht von betroffenen Personen nach Art. 77 und Verbänden nach Art. 80 die Aufgaben der ASB im Beschwerdefall (→ Art. 77 Rn. 5 ff.). Abs. 2 verpflichtet die ASB, das Einreichen von Beschwerden zu unterstützen (→ Rn. 27 f.). Die Bearbeitung von Beschwerden gehört unmittelbar zur Aufgabe nach lit. a, der Durchsetzung der DS-GVO (Selmayr in Ehmann/Selmayr DSGVO Art. 57 Rn. 8).

VII. Zusammenarbeit mit anderen Aufsichtsbehörden (lit. g)

9 Die Aufgabe, mit **anderen ASB zusammenzuarbeiten,** enthielt bereits Art. 28 Abs. 6 DSRL. Neu ist dagegen die ausdr. Bestimmung des Ziels der Zusammenarbeit, die einheitliche Anwendung und Durchsetzung der DS-GVO in den Mitgliedstaaten. Näher ausgestaltet wird die Aufgabe in den Art. 60 ff., die die ASB unmittelbar zur Zusammenarbeit, zur gegenseitigen Amtshilfe und zu gemeinsamen Maßnahmen verpflichten. Vereinbarungen zwischen den Mitgliedstaaten sind dazu nicht erforderlich (s. ErwGr 123).

VIII. Untersuchungen über die Anwendung der DS-GVO (lit. h)

10 Da bereits lit. a der ASB die Aufgabe zuweist, die Anwendung der DS-GVO zu überwachen, ist fraglich, wie die in lit. h genannte Aufgabe der Untersuchung von der Überwachung nach lit. a abzugrenzen ist. Insofern kann lit. h als Konkretisierung und Klarstellung verstanden werden, dass die ASB auch von Amts wegen Kontrollen bei Verantwortlichen und Auftragsverarbeitern durchzuführen haben (so Selmayr in Ehmann/Selmayr DS-GVO Art. 57 Rn. 9; Grittmann in Taeger/Gabel DSGVO Art. 57 Rn. 20). Einen konkreten Anlass hierfür setzt lit. f nicht voraus, auch wenn dort als ein Beispiel für die Einleitung solcher Prüfungen Informationen einer anderen (Aufsichts-) behörde genannt sind (Boehm in Kühling/Buchner DS-GVO Art. 57 Rn. 13, sieht hierin die Pflicht der ASB, solche Informationen zu berücksichtigen und ein Tätigwerden zu prüfen).

Art. 57 DS-GVO

IX. Verfolgung relevanter Entwicklungen (lit. i)

Ausdr. festgelegt ist nun die Aufgabe der ASB, sämtliche für den Schutz **11** personenbezogener Daten relevante Entwicklungen zu verfolgen. Exemplarisch genannt sind Entwicklungen der Informations- und Kommunikationstechnologie und der Geschäftspraktiken. Ohne Kenntnis von solchen Entwicklungen kann die ASB ihre Aufgaben, insbes. ihre Informationsaufgaben ggü. den Betroffenen (lit. b) und ihre Pflichten bei der Datenschutz-Folgenabschätzung (lit. k) und der vorherigen Konsultation (lit. l), nicht erfüllen. Sie ist daher ebenso wie die ausreichende Ausstattung und die fachliche Qualifikation der Mitglieder und Bediensteten der ASB Grundvoraussetzung für die Erfüllung der Aufgaben und nicht eigenständige Aufgabe. Eine eigenständige Bedeutung mag die Vorschr. dadurch enthalten, dass sie die ASB verpflichtet, sich aus eigener Initiative mit der Entwicklung der Informations- und Kommunikationstechnologie auseinanderzusetzen. Dies erfordert eine **anlassunabhängige proaktive Beobachtung** und nicht lediglich eine reaktive Analyse von neuen Technologien und Geschäftspraktiken, ausgelöst durch Beschwerden oder Beratungsanfragen. Ein solches Verständnis dieser Aufgabe steht im Einklang mit den Aufgaben in lit. b und c, der Aufklärung und Beratung der Öffentlichkeit und der Parlamente. Für die wirkungsvolle Wahrnehmung dieser Aufgaben reicht es nicht aus, dass die ASB sich auf vorhandene Kenntnisse aus Beschwerde- oder Beratungsfällen beschr. Vielmehr ist mit den Aufgaben die Erwartung verbunden, dass die ASB informieren, wenn neue Technologien oder Geschäftspraktiken mit Risiken für die Grundrechte der betroffenen Personen verbunden sind. Die Information ist sowohl nach lit. b an die Öffentlichkeit als auch – sofern aus Sicht der ASB gesetzgeberischer Handlungsbedarf besteht – an die Parlamente zu richten.

Allerdings ist die ASB nicht darauf beschr., die Entwicklungen zu beobach- **12** ten und vor neuen Risiken zu warnen. Die Aufgabe in lit. i ist umfassend iSe **Gestaltungsauftrags** zu verstehen. Dies ergibt sich aus der Zielsetzung der Datenschutzaufsicht, die nun ausdr. nicht mehr in der bloßen Überwachung, sondern in der **Durchsetzung** des Datenschutzrechts besteht. Zu einer wirkungsvollen Durchsetzung trägt va eine frühzeitige Berücksichtigung der Anforderungen der DS-GVO in der Entwicklung von Technologien und Geschäftspraktiken bei. Dieses Prinzip des Datenschutzes durch Technikgestaltung ist in der DS-GVO weitaus stärker verankert als in den bisherigen Datenschutzgesetzen. Die ASB hat aufgrund ihrer fachlichen Kompetenz eine Schlüsselrolle, um diesem Prinzip zur Geltung zu verhelfen. Sie ist gehalten, auf die datenschutzkonforme Entwicklung der Informations- und Kommunikationstechnologie und den damit verbundenen Geschäftspraktiken hinzuwirken (s. zur Umsetzung des Datenschutzes durch Technikgestaltung Hansen in Roßnagel DatenschutzR, 291 ff.; dies. DuD 2015, 435 (438); Dix in Roßnagel DatenschutzR, 363 ff.).

X. Festlegung von Standardvertragsklauseln (lit. j)

13 Lit. j wiederholt die Regelungen über die Festlegung von Standardvertragsklauseln für die Datenverarbeitung im Auftrag in Art. 28 Abs. 8 (→ Art. 28 Rn. 73 f.) und als geeignete Garantien für die Datenübermittlung in Drittländer nach Art. 46 Abs. 2 lit. d (→ Art. 46 Rn. 30 f.).

XI. Führen einer Liste von Verfahrensarten für Datenschutzfolgenabschätzung (lit. k)

14 Die Aufgaben sind in Art. 35 Abs. 4 und 5 näher ausgestaltet. Bei der Erstellung der **Positivliste** (→ Art. 35 Rn. 33 ff.) mit solchen Verfahren, die der Datenschutz-Folgenabschätzung unterliegen, handelt es sich um eine Pflichtaufgabe. Die Erstellung einer **Negativliste** (→ Art. 35 Rn. 38 ff.) mit Verfahren, für die keine Datenschutz-Folgenabschätzung erforderlich ist, ist dagegen fakultativ. Die allg. Bestimmung von Verfahren, bei denen von vornherein ein hohes Risiko für die Persönlichkeitsrechte ausgeschlossen werden kann, erscheint kaum möglich, wenn man bedenkt, dass es kein per se belangloses Datum gibt, sondern für die Bestimmung des Risikos stets der Verwendungszweck (BVerfGE 65, 1 (45)), aber auch Fragen der Datensicherheit, wie etwa die gegen eine missbräuchliche Verwendung getroffenen Schutzmaßnahmen, berücksichtigt werden müssen. Eine von ihr erstellte Positivliste hat die ASB gem. Art. 35 Abs. 4 dem EDSA zur Stellungn. (vgl. Art. 64 Abs. 1 lit. a) vorzulegen. Auch die Negativliste ist nach Art. 35 Abs. 5 dem Ausschuss vorzulegen. Eine Stellungn. durch den EDSA ist in Art. 64 hierzu jedoch nicht vorgesehen (→ Art. 64 Rn. 3).

XII. Beratung in Bezug auf Verarbeitungsvorgänge nach Art. 36 Abs. 2 (lit. l)

15 Die Aufgaben der ASB im Verfahren der vorherigen Konsultation sind in Art. 36 Abs. 2 näher festgelegt (→ Art. 36 Rn. 14 ff.).

XIII. Verhaltensregeln nach Art. 40 (lit. m)

16 Lit. m fasst die Aufgaben der ASB im Zusammenhang mit Verhaltensregeln nach Art. 40 zusammen (→ Art. 40 Rn. 21 ff.).

XIV. Datenschutzzertifizierungsmechanismen, Datenschutzgütesiegel und -prüfzeichen (lit. n)

17 Neben den Mitgliedstaaten, dem EDSA und der KOM haben auch die ASB die Aufgabe, die Einf. von Zertifizierungsverfahren zu fördern. Am Zertifizierungsverfahren können sie in unterschiedlicher Weise auch selbst mitwirken. Sie können, ebenso wie der EDSA, Zertifizierungskriterien genehmigen (s. auch Art. 42 Abs. 5 und Art. 58 Abs. 3 lit. f, → Art. 42 Rn. 13). Darüber hinaus können sie in ihrem Zuständigkeitsbereich selbst Zertifizierungen vornehmen (Art. 42 Abs. 5 und Art. 58 Abs. 3, → Art. 42 Rn. 13). Zertifizie-

rungen durch andere Stellen sind nur möglich, wenn diese Zertifizierungsstellen von der ASB oder der nationalen Akkreditierungsstelle akkreditiert
worden sind (s. lit. q, → Rn. 21).

XV. Überprüfung von Zertifizierungen (lit. o)

Eine regelmäßige anlasslose Pflicht der ASB, erteilte Zertifizierungen zu über- **18**
prüfen, sieht die DS-GVO nicht vor. Eine solche Prüfung ist auch nicht
erforderlich, da das Zertifikat nur für die Dauer von drei Jahren gültig ist und
Änd. der Rechtslage oder des Stands der Technik durch diese Befristung idR
ausreichend Rechnung getragen wird. Gleichwohl hat die ASB nach Art. 42
Abs. 7 S. 2 die Befugnis, eine **Zertifizierung zu widerrufen,** wenn die
Voraussetzungen für die Zertifizierung nicht oder nicht mehr erfüllt werden
(→ Art. 42 Rn. 21). Um diese Befugnis auszuüben, muss die ASB Überprüfungen der Zertifizierungen vornehmen. Eine Überprüfung ist jedenfalls
dann angezeigt, wenn Umstände bekannt werden, die sich auf die Bewertung
des Zertifizierungsgegenstands auswirken können, bspw. eine Verletzung des
Schutzes personenbezogener Daten iSd Art. 34 oder sonstige Datenschutzverstöße durch den zertifizierten Verantwortlichen oder Auftragsverarbeiter
oder schwerwiegende Mängel der im zertifizierten Verfahren eingesetzten
Technologien.

XVI. Abfassung und Veröffentlichung der Anforderungen an die Akkreditierungs- kriterien (lit. p)

Die ASB erstellen und veröffentlichen Anforderungen an die Akkreditierung **19**
von Zertifizierungsstellen nach Art. 43 sowie von Stellen nach Art. 41 für die
Überwachung von Verhaltensregeln. Nach Art. 43 Abs. 3 genehmigen die
ASB die Anforderungen, nach denen Zertifizierungsstellen akkreditiert wer-
den (→ Art. 43 Rn. 15 f.). Der EDSA hat zu diesen Anforderungen gem.
Art. 64 Abs. 1 lit. c eine Stellungn. abzugeben. Die ASB veröffentlicht die
Anforderungen gem. Art. 43 Abs. 6 in leicht zugänglicher Form.

XVII. Akkreditierung von Stellen (lit. q)

Lit. q nimmt Bezug auf die Regelungen in Art. 41 über die Akkreditierung **20**
von Stellen für die Überwachung von Verhaltensregeln nach Art. 41
(→ Art. 41 Rn. 4 f.). Die Voraussetzungen für die Akkreditierung sind in
Art. 41 Abs. 2 und für den Widerruf in Art. 41 Abs. 5 geregelt. Anforderungen für die Akkreditierung erstellt die ASB nach Art. 41 Abs. 3 und übermittelt den Entwurf an den EDSA, der hierzu gem. Art. 64 Abs. 1 lit. c
Stellung nimmt.

Die Akkreditierung einer Zertifizierungsstelle ist nach Art. 43 Abs. 1 S. 2 **21**
entweder durch die nationale Akkreditierungsstelle oder die gem. Art. 55 und
56 zuständige ASB vorzunehmen (→ Art. 43 Rn. 5). § 39 BDSG konkretisiert dies für Deutschland. Die Akkreditierung erfolgt danach durch die
Deutsche Akkreditierungsstelle; die zuständige ASB erteilt der Zertifizie-

rungsstelle auf dieser Grdl. die Befugnis, gem. Art. 43 Abs. 1 S. 1 tätig zu werden.

XVIII. Genehmigung von Vertragsklauseln und Bestimmungen nach Art. 46 Abs. 3 (lit. r)

22 Werden für die Übermittlung personenbezogener Daten in Drittländer Vertragsklauseln nach Art. 46 Abs. 3 verwendet, dh solche, die in Verträgen zwischen der übermittelnden Stelle und dem Empfänger oder in Verwaltungsvereinbarungen zwischen Behörden vereinbart wurden, bedürfen sie der Genehmigung durch die ASB (→ Art. 46 Rn. 39). Hierfür ist nach Art. 46 Abs. 4 das Kohärenzverfahren anzuwenden.

XIX. Genehmigung von verbindlichen unternehmensinternen Vorschriften nach Art. 47 (lit. s)

23 Die ASB genehmigt die in Art. 47 Abs. 1 näher beschriebenen verbindlichen internen Datenschutzvorschriften, auf deren Grdl. personenbezogene Daten in Drittländer übermittelt werden (→ Art. 47 Rn. 9 ff.). Hierfür ist nach Art. 47 Abs. 1 das Kohärenzverfahren anzuwenden; der EDSA nimmt hierzu gem. Art. 64 Abs. 1 lit. f Stellung.

XX. Beiträge zur Tätigkeit des Europäischen Datenschutz- ausschusses (lit. t)

24 Lit. t verpflichtet die ASB ausdr., an der Arbeit im EDSA mitzuwirken und hierfür aktiv Beiträge zu leisten. Diese Beiträge bestehen in der Teilnahme an den Sitzungen des EDSA und der **Vorbereitung** der vom EDSA zu treffenden **Entsch.** Auch in Angelegenheiten, in denen die ASB nicht selbst nach Art. 64 Abs. 1, Art. 60 Abs. 4 oder Art. 66 Abs. 2 ggü. dem EDSA vorlagepflichtig ist, hat sie nach lit. t die Pflicht, den EDSA zu unterstützen. Dies erfolgt zum einen in den Plenumssitzungen des EDSA und zum anderen in dessen Arbeitsgruppen, die die Entscheidungen des EDSA vorbereiten (→ Art. 72 Rn. 3). Eine Beteiligung an diesen Gruppen gehört nach lit. t zur Aufgabe der ASB der Mitgliedstaaten.

XXI. Führung von internen Verzeichnissen über Verstöße (lit. u)

25 Auf Vorschlag des EP ist die Aufgabe der ASB aufgenommen worden, interne Verzeichnisse über Verstöße gegen die DS-GVO und die von der ASB ergriffenen Abhilfemaßnahmen zu führen. Weder der Zweck solcher Verzeichnisse, die nach dem Wortlaut ausschl. behördenintern geführt werden, noch deren Inhalt sind in lit. u genannt. Die rein behördeninterne Informationssammlung zum Zweck ihrer Aufgabenerfüllung ist eine Frage der Aktenhaltung und der Arbeitsorganisation, die eigentlich keiner eigenen gesetzlichen Aufgabenzuweisung bedarf. Daher liegt es näher, den Sinn des Verzeichnisses darin zu sehen, dass damit eine Datenbasis für externe Untersuchungen über die Anwendung der DS-GVO geschaffen werden soll. Eine ähnliche

Liste kann auch in den Tätigkeitsbericht nach Art. 59 aufgenommen werden. Für eine Offenlegung der Verantwortlichen oder Auftragsverarbeiter, die Adressat von Maßnahmen nach Art. 58 waren, sehen weder DS-GVO noch BDSG ausdrückliche Befugnisse vor (näher Polenz in Simitis/Hornung/Spiecker gen. Döhmann DSGVO Art. 57 Rn. 50 zur Offenlegung statistischer Informationen und zu Ansprüchen nach Presse- und Informationsfreiheitsgesetzen).

XXII. Erfüllung sonstiger Aufgaben zum Schutz personenbezogener Daten (lit. v)

Die Auffangnorm gem. lit. v stellt klar, dass es sich bei dem Aufgabenkatalog **26** nicht um eine abschl. Regelung handelt, sondern die ASB in jeder Hinsicht auf die Gewährleistung der Freiheitsrechte natürlicher Personen und des Schutzes personenbezogener Daten hinzuwirken hat.

C. Erleichterung von Beschwerden (Abs. 2)

Abs. 2 verpflichtet die ASB, Maßnahmen zu ergreifen, um betroffenen Per- **27** sonen die **Einreichung von Beschwerden zu erleichtern.** Beispielhaft genannt wird die Bereitstellung eines elektronischen Beschwerdeformulars. Das Beschwerderecht bei der ASB ist ein zentraler Bestandteil des Grundrechtsschutzes für betroffene Personen, das mit der DS-GVO durch Art. 77, 78 und 80 Abs. 2 weiter gestärkt wird. Auch Abs. 2 ist Bestandteil dieser verstärkten Rolle des Beschwerderechts. Dies verpflichtet die ASB insgesamt zu einem bürgerfreundlichen und grundrechtsorientierten Verhalten ggü. Bürgerinnen und Bürgern. Ein elektronisches Beschwerdeformular kann hierfür hilfreich sein, reicht allein jedoch nicht aus. Dies stellt Abs. 2 klar, indem ausdr. hervorgehoben wird, dass **andere Kommunikationsmittel nicht ausgeschlossen** werden dürfen. Wichtige Kommunikationsmittel sind für betroffene Personen der direkte persönliche oder telefonische Kontakt mit den Beschäftigten der ASB. Dies bekräftigt die DS-GVO durch die Möglichkeit für betroffene Personen, nach Art. 77 Abs. 1 Beschwerden unabhängig von der Zuständigkeit nach Art. 55 Abs. 1 bei der ASB an ihrem Wohnort einzulegen.

Bietet die ASB ein elektronisches Beschwerdeformular an, ist bei dessen **28** Gestaltung darauf zu achten, dass es für die betroffene Person tatsächlich als Erleichterung und nicht als Zugangserschwernis wahrgenommen wird. Ein relevantes Kriterium dafür ist der Umf. der anzugebenden personenbezogenen Daten und die Anforderung an die Darst. und Substantiierung des Sachverhalts (→ Art. 77 Rn. 3). Hier dürfen **keine zu hohen Anforderungen** gestellt werden; auch ein anonymer Hinweis sollte über das Beschwerdeformular ermöglicht werden können. Allerdings ist die betroffene Person darauf hinzuweisen, dass für konkrete personenbezogene Überprüfungen sowohl eine Namensangabe als auch ein hinreichend bestimmter und substantiierter Sachverhalt erforderlich sind.

D. Kosten (Abs. 3)

29 Die Leistungen der ASB sind nur für die betroffene Person und den **Daten-schutzbeauftragten** (mit Einschränkungen Polenz in Simitis/Hornung/ Spiecker gen. Döhmann DSGVO Art. 57 Rn. 54; Nguyen in Gola DS-GVO Art. 57 Rn. 21; Boehm in Kühling/Buchner DS-GVO Art. 57 Rn. 26) eines Verantwortlichen oder Auftragsverarbeiters kostenlos. Gleiches muss gelten, wenn sich die betroffene Person durch eine Einrichtung oder Organisation nach Art. 80 Abs. 1 vertreten lässt. Ggü. allen anderen Adressaten kann die ASB grds. eine Kostenerstattung verlangen. Dies ist naheliegend bei **Beratungsleistungen,** die die ASB ggü. Unternehmen auf deren Ersuchen erbringt. Auch Zertifizierungen und andere Maßnahmen nach Art. 58 Abs. 3 erfolgen auf Antrag des Verantwortlichen oder Auftragsverarbeiters, so dass ebenfalls eine Kostenerstattung in Betracht zu ziehen ist. Bei Kontrollen ist die Situation umgekehrt. Dem Umstand, dass die Maßnahme nicht von dem Gebührenpflichtigen veranlasst wurde, kann dadurch Rechnung getragen werden, dass jedenfalls bei mangelfreiem Erg. der Prüfung keine Gebühren vom Verantwortlichen erhoben werden.

E. Offensichtlich unbegründete oder unverhältnismäßige Anträge (Abs. 4)

30 Abs. 4 enthält eine Ausnahme von der Pflicht der ASB, Anträge zu bearbeiten bzw. die Bearbeitung kostenlos vorzunehmen. Dem Wortlaut nach gilt sie für alle Anträge. Da es sich um eine Ausnahme von einer Pflicht handelt, kann sie jedoch nur für Anträge gelten, zu deren Bearbeitung die ASB im Regelfall verpflichtet ist. Dies sind insbes. **Beschwerden** von betroffenen Personen.

31 Angesichts der Bedeutung des Beschwerderechts für den Grundrechtsschutz der Bürger sind die Ausnahmen eng gefasst und in der Praxis **zurückhaltend anzuwenden.** Der Antrag muss entweder offenkundig unbegründet oder exzessiv sein. Gerade im Fall von unbegründeten Anträgen wird die betroffene Person jedoch grds. einen Anspruch auf eine Mitteilung der ASB über deren Einschätzung haben. Durch diese Mitteilung ist dem Beschwerderecht nach Art. 77 bereits Genüge getan (→ Art. 77 Rn. 5), so dass die Inanspruchnahme der Ausnahmeregelung in solchen Fällen nicht erforderlich ist. Für die Praxis ist sicherlich der zweite Ausnahmetatbestand der **exzessiven,** insbes. der wiederholten **Anträge,** relevanter. Die Prüfung, ob von der Ausnahmeregelung Gebrauch gemacht werden kann, hat die ASB nach pflichtgemäßem Ermessen vorzunehmen. Dabei hat sie zu berücksichtigen, mit welcher Wahrscheinlichkeit und in welcher Intensität der Beschwerdeführer in seinen Rechten beeinträchtigt ist, ob ihm eigene Abhilfemöglichkeiten zur Vfg. stehen und inwieweit eine Befassung durch die ASB geeignet ist, das Interesse des Beschwerdeführers zu unterstützen.

32 Sind die Voraussetzungen erfüllt, kann die ASB abw. von dem Grundsatz des Abs. 3 eine **Gebühr** für die Bearbeitung verlangen. Diese Möglichkeit wird insbes. bei exzessiven Anträgen in Betracht kommen, wenn diese besonders arbeitsintensiv sind und kein bes. schutzwürdiges Interesse des Betroffenen an der Bearbeitung seiner Beschwerde(n) erkennbar ist. Eine **Weigerung,** Beschwerden zu bearbeiten wird nur in bes. Ausnahmefällen bei offensichtlich missbräuchlichen oder häufig wiederholten unbegründeten Anträgen in Betracht kommen.

Art. 58 Befugnisse

(1) Jede Aufsichtsbehörde verfügt über sämtliche folgenden Untersuchungsbefugnisse, die es ihr gestatten,

a) den Verantwortlichen, den Auftragsverarbeiter und gegebenenfalls den Vertreter des Verantwortlichen oder des Auftragsverarbeiters anzuweisen, alle Informationen bereitzustellen, die für die Erfüllung ihrer Aufgaben erforderlich sind,

b) Untersuchungen in Form von Datenschutzüberprüfungen durchzuführen,

c) eine Überprüfung der nach Artikel 42 Absatz 7 erteilten Zertifizierungen durchzuführen,

d) den Verantwortlichen oder den Auftragsverarbeiter auf einen vermeintlichen Verstoß gegen diese Verordnung hinzuweisen,

e) von dem Verantwortlichen und dem Auftragsverarbeiter Zugang zu allen personenbezogenen Daten und Informationen, die zur Erfüllung ihrer Aufgaben notwendig sind, zu erhalten,

f) gemäß dem Verfahrensrecht der Union oder dem Verfahrensrecht des Mitgliedstaats Zugang zu den Räumlichkeiten, einschließlich aller Datenverarbeitungsanlagen und -geräte, des Verantwortlichen und des Auftragsverarbeiters zu erhalten.

(2) Jede Aufsichtsbehörde verfügt über sämtliche folgenden Abhilfebefugnisse, die es ihr gestatten,

a) einen Verantwortlichen oder einen Auftragsverarbeiter zu warnen, dass beabsichtigte Verarbeitungsvorgänge voraussichtlich gegen diese Verordnung verstoßen,

b) einen Verantwortlichen oder einen Auftragsverarbeiter zu verwarnen, wenn er mit Verarbeitungsvorgängen gegen diese Verordnung verstoßen hat,

c) den Verantwortlichen oder den Auftragsverarbeiter anzuweisen, den Anträgen der betroffenen Person auf Ausübung der ihr nach dieser Verordnung zustehenden Rechte zu entsprechen,

d) den Verantwortlichen oder den Auftragsverarbeiter anzuweisen, Verarbeitungsvorgänge gegebenenfalls auf bestimmte Weise und innerhalb eines bestimmten Zeitraums in Einklang mit dieser Verordnung zu bringen,

e) den Verantwortlichen anzuweisen, die von einer Verletzung des Schutzes personenbezogener Daten betroffene Person entsprechend zu benachrichtigen,

f) eine vorübergehende oder endgültige Beschränkung der Verarbeitung, einschließlich eines Verbots, zu verhängen,

g) die Berichtigung oder Löschung von personenbezogenen Daten oder die Einschränkung der Verarbeitung gemäß den Artikeln 16, 17 und 18 und die Unterrichtung der Empfänger, an die diese personenbezogenen Daten gemäß Artikel 17 Absatz 2 und Artikel 19 offengelegt wurden, über solche Maßnahmen anzuordnen,

h) eine Zertifizierung zu widerrufen oder die Zertifizierungsstelle anzuweisen, eine gemäß den Artikel 42 und 43 erteilte Zertifizierung zu widerrufen, oder die Zertifizierungsstelle anzuweisen, keine Zertifizierung zu erteilen, wenn die Voraussetzungen für die Zertifizierung nicht oder nicht mehr erfüllt werden,

i) eine Geldbuße gemäß Artikel 83 zu verhängen, zusätzlich zu oder anstelle von in diesem Absatz genannten Maßnahmen, je nach den Umständen des Einzelfalls,

j) die Aussetzung der Übermittlung von Daten an einen Empfänger in einem Drittland oder an eine internationale Organisation anzuordnen.

(3) Jede Aufsichtsbehörde verfügt über sämtliche folgenden Genehmigungsbefugnisse und beratenden Befugnisse, die es ihr gestatten,

a) gemäß dem Verfahren der vorherigen Konsultation nach Artikel 36 den Verantwortlichen zu beraten,

b) zu allen Fragen, die im Zusammenhang mit dem Schutz personenbezogener Daten stehen, von sich aus oder auf Anfrage Stellungnahmen an das nationale Parlament, die Regierung des Mitgliedstaats oder im Einklang mit dem Recht des Mitgliedstaats an sonstige Einrichtungen und Stellen sowie an die Öffentlichkeit zu richten,

c) die Verarbeitung gemäß Artikel 36 Absatz 5 zu genehmigen, falls im Recht des Mitgliedstaats eine derartige vorherige Genehmigung verlangt wird,

d) eine Stellungnahme abzugeben und Entwürfe von Verhaltensregeln gemäß Artikel 40 Absatz 5 zu billigen,

e) Zertifizierungsstellen gemäß Artikel 43 zu akkreditieren,

f) im Einklang mit Artikel 42 Absatz 5 Zertifizierungen zu erteilen und Kriterien für die Zertifizierung zu billigen,

g) Standarddatenschutzklauseln nach Artikel 28 Absatz 8 und Artikel 46 Absatz 2 Buchstabe d festzulegen,

h) Vertragsklauseln gemäß Artikel 46 Absatz 3 Buchstabe a zu genehmigen,

i) Verwaltungsvereinbarungen gemäß Artikel 46 Absatz 3 Buchstabe b zu genehmigen

j) verbindliche interne Vorschriften gemäß Artikel 47 zu genehmigen.

(4) Die Ausübung der der Aufsichtsbehörde gemäß diesem Artikel übertragenen Befugnisse erfolgt vorbehaltlich geeigneter Garantien einschließlich wirksamer gerichtlicher Rechtsbehelfe und ordnungsgemäßer Verfahren gemäß dem Unionsrecht und dem Recht des Mitgliedstaats im Einklang mit der Charta.

(5) Jeder Mitgliedstaat sieht durch Rechtsvorschriften vor, dass seine Aufsichtsbehörde befugt ist, Verstöße gegen diese Verordnung den Justizbehörden zur Kenntnis zu bringen und gegebenenfalls die Einleitung eines gerichtlichen Verfahrens zu betreiben oder sich sonst daran zu beteiligen, um die Bestimmungen dieser Verordnung durchzusetzen.

(6) [1]Jeder Mitgliedstaat kann durch Rechtsvorschriften vorsehen, dass seine Aufsichtsbehörde neben den in den Absätzen 1, 2 und 3 aufgeführten Befugnissen über zusätzliche Befugnisse verfügt. [2]Die Ausübung dieser Befugnisse darf nicht die effektive Durchführung des Kapitels VII beeinträchtigen.

BDSG und anderes nationales Recht: §§ 14 Abs. 2, 16, 21, 29 Abs. 3, 40
BDSG (kommentiert unter → BDSG § 14 Rn. 3; → BDSG § 16 Rn. 2, 4;
→ BDSG § 21 Rn. 1 ff.; → BDSG § 29 Rn. 18 ff.; → BDSG § 40 Rn. 1 ff.).

Literatur: *Born,* Grenzen der Informationstätigkeit der Datenschutzaufsicht im nicht
öffentlichen Bereich, RDV 2015, 125; *Brink,* Der Beratungsauftrag der Datenschutzaufsichtsbehörden − Aufgabe, Befugnis oder Pflicht?, ZD 2020, 59; *ders.,* Bußgeldrahmen
nach der DS-GVO: „Mit Zuckerbrot und Peitsche", ZD 2019, 141; *Golla,* Säbelrasseln in
der DS-GVO: Drohende Sanktionen bei Verstößen gegen die Vorgaben zum Werbe-
datenschutz, RDV 2017, 123; *Herbrich,* Umgang mit Fragebögen von Aufsichtsbehörden,
Datenschutz-Berater 2020, 20; *Kieck,* Zum Verhältnis von Datenschutz- und Kartellaufsicht, PinG 02.17, 67; *Kugelmann,* Kooperation und Betroffenheit im Netzwerk − Die
deutschen Datenschutzaufsichtsbehörden in Europa, ZD 2020, 76; *Lachenmann/Leibold,*
Prüfkataloge der Aufsichtsbehörden zur Umsetzung der DS-GVO-Vorgaben, ZD-Aktuell
2019, 06419; *v. Lewinski,* Formelles und informelles Handeln der datenschutzrechtlichen
Aufsichtsbehörden, RDV 2001, 205; *Martini/Wenzel,* „Gelbe Karte" von der Aufsichtsbehörde: die Verwarnung als datenschutzrechtliches Sanktionshybrid, PinG 2017, 92;
Nguyen, Die zukünftige Datenschutzaufsicht in Europa, ZD 2015, 265; *Petri,* Das Verhältnis von Datenschutzaufsicht und Rechtsprechung − Rechtsanwendung und Rechtsfortbildung durch die Aufsichtsbehörden, ZD 2020, 81; *Quiel/Hofmann,* 100 Bußgelder
unter der DSGVO in Deutschland − ein Resümee, Datenschutz-Berater 2019, 139;
Ronellenfitsch, Fortentwicklung des Datenschutzes − Die Pläne der Europäischen Kommission, DuD 2012, 561; *Schönefeld/Thomé,* Auswirkungen der Datenschutz-Grundverordnung auf die Sanktionierungspraxis der Aufsichtsbehörden, PinG 03.2017, 1; *Schreiber,*
Gemeinsame Verantwortlichkeit gegenüber Betroffenen und Aufsichtsbehörden, ZD
2019, 55; *Thiel,* Die DSGVO als Herausforderung (auch) für die Aufsichtsbehörden,
RDV 2017, 191; *Weichert,* Das Äußerungsrecht der Aufsichtsbehörden, DuD 2015, 323
und 397; *Wenzel/Wybitul,* Vermeidung hoher DS-GVO-Bußgelder und Kooperation mit
Datenschutzbehörden − Strategische Möglichkeiten zur Vermeidung von Sanktionen, ZD
2019, 290; *Wybitul,* CNIL verhängt hohes Bußgeld − Welche Folgen hat der Fall für
Unternehmen, ZD 2019, 97.

Übersicht

A. Allgemeines

1 Ggü. Art. 28 Abs. 3 DSRL enthält Art. 58 einen weitaus detaillierteren, wenn auch ebenfalls nicht abschl., (s. die Öffnung für die Mitgliedstaaten in Abs. 6) Katalog der einzelnen Befugnisse der ASB. Dies ist zur Vereinheitlichung der Arbeitsweise der ASB erforderlich, weil der unbestimmte Rechtsrahmen des Art. 28 DSRL in den Mitgliedstaaten zu „großen Unterschieden in der Rechtsdurchsetzung" geführt hat (Art. 29-Datenschutzgruppe, WP 168, 26, Rn. 90). Art. 58 regelt die Befugnisse der ASB als **unmittelbar geltendes Recht.** Der ER war demgegenüber für eine Regelung der Befugnisse durch nationales Recht eingetreten. Grund hierfür waren verfahrensrechtliche Unterschiede für die Wahrnehmung der Befugnisse in den Mitgliedstaaten (Nguyen ZD 2015, 265 (269)). Im Trilog hat sich insoweit jedoch die ursprüngliche Fassung der KOM durchgesetzt. Da das Verfahren zur Ausübung der Befugnisse nicht in der DS-GVO festgelegt ist, sondern nach dem Verfahrensrecht der Union des Mitgliedstaats erfolgt (Abs. 4, ausdr. für die Vor-Ort-Prüfung in den Räumlichkeiten des Verantwortlichen oder Auftragsverarbeiters Abs. 1 lit. f), stand einer einheitlichen unmittelbar geltenden Regelung der Befugnisse nichts entgegen. Zur Verhinderung eines Forum Shoppings (zu den Befürchtungen Nguyen ZD 2015, 265 (269)) sind insoweit einheitliche Befugnisse der ASB dem Regelungsspielraum der Mitgliedstaaten vorzuziehen. Neu hinzugekommen ist dafür die Öffnung für die Mitgliedstaaten in Abs. 6, den ASB durch nationales Recht zusätzliche Befugnisse einzuräumen. Die Grenze besteht dort, wo zusätzliche Befugnisse die Zusammenarbeit und das Kohärenzverfahren nach Kap. VII gefährden.

B. Befugnisse (Abs. 1–3)

Die Befugnisse der ASB sind entspr. der Fassung des ER gegliedert in Unter- **2** suchungsbefugnisse (Abs. 1), Abhilfebefugnisse (Abs. 2) und Genehmigungsbefugnisse (Abs. 3). Da mit der Ausübung der Befugnisse Eingriffe in die Grundrechte der Adressaten, dh des Verantwortlichen oder Auftragsverarbeiters, einhergehen, hat die ASB den Grundsatz der **Verhältnismäßigkeit** zu beachten, worauf ErwGr 129 besonders hinweist.

Anders als das bisherige dt. Recht unterscheidet Art. 58 die Befugnisse **3** nicht für den nicht-öffentlichen und den **öffentl. Bereich.** Die ASB sind daher auch im öffentl. Bereich befugt, ggü. öffentl. Stellen verbindliche Maßnahmen zur Durchsetzung des Datenschutzes zu ergreifen, uU auch den Einsatz bestimmter Datenverarbeitungsverfahren zu untersagen (s. auch Selmayr in Ehmann/Selmayr DS-GVO Art. 58 Rn. 4). Dies unterscheidet sich elementar von der bisherigen Rechtslage. Seit ihrem Bestehen waren die Datenschutzbeauftragten im öffentl. Bereich als Kontrollbehörden ohne Weisungs- und Durchsetzungsbefugnisse ausgestaltet (näher dazu Ziebarth in Sydow DSGVO Art. 58 Rn. 3, 7; Polenz in Simitis/Hornung/Spiecker gen. Döhmann DSGVO Art. 58 Rn. 2). Beanstandungen, die sie auf der Grdl. von § 25 BDSG aF oder entspr. Vorschr. der LDSG aussprachen, hatten keine rechtlich verbindliche Wirkung (BVerwG CR 1993, 242; Sächs. OVG DuD 2011, 816). Sie wurden nach § 25 Abs. 1 S. 2 BDSG aF und den entspr. Regelungen in den LDSG der zuständigen Fachaufsichtsbehörde mitgeteilt, damit diese vom Datenschutzbeauftragten geforderte Maßnahmen ggü. der verantwortlichen Stelle anweisen konnte. Durch die DS-GVO erhalten die ASB nunmehr eigene Weisungsbefugnisse. Dieses Ergb. war von den ASB der Mitgliedstaaten ausdr. als Forderung in die Verh. zur DS-GVO eingebracht worden (s. dazu Art. 29-Datenschutzgruppe, Anh. zum Schreiben an die Trilogpartner vom 17.6.2015 „Core Topics of the trilogue"; krit. dazu Ronellenfitsch DuD 2012, 561 (563), der Anordnungs- und Bußgeldbefugnisse der ASB ggü. öffentl. Stellen für unvereinbar mit dem GG hält).

Diese Änd. führt auch zu einer Änd. der Rechtschutzmöglichkeiten. **4** Ebenso wie nicht-öffentlichen Stellen muss den öffentl. Stellen ein **Rechtsweg** gegen Anordnungen der ASB eröffnet werden.

I. Untersuchungsbefugnisse (Abs. 1)

Die ASB verfügt nach Abs. 1 über umfassende Untersuchungsbefugnisse, die **5** überw. den zuvor in Art. 28 Abs. 3 DSRL geregelten Befugnissen entsprechen. Im Kern geht es darum, die ASB mit den notwendigen Befugnissen auszustatten, damit sie alle für ihre Aufgabenwahrnehmung erforderlichen tatsächlichen und rechtlichen **Informationen** über die Datenverarbeitung durch Verantwortliche und Auftragsverarbeiter erhalten kann. Voraussetzungen für die Geltendmachung der Untersuchungsbefugnisse enthält Art. 58 Abs. 1 – neben dem allgemeinen Grundsatz der Verhältnismäßigkeit, auf den ErwGr. 129 hinweist – nicht. Sie können sowohl aus Anlass einer Beschwerde nach Art. 77 als auch von Amts wegen ausgeübt werden (Selmayr in Ehmann/Selmayr DS-GVO Art. 58 Rn. 11; Nguyen in Gola DS-GVO Art. 58 Rn. 5). Anhaltspunkte für einen Verstoß gegen die DS-GVO setzen die Befugnisnormen nicht voraus, so dass die ASB auch **anlasslos** nach Abs. 1 tätig werden darf (so auch Selmayr aaO, Nguyen aaO; Eichler in BeckOK DatenschutzR DSGVO Art. 58 Rn. 2).

6   Inwieweit die Untersuchungsbefugnisse ggü. **Berufsgeheimnisträgern** gelten, regelt die DS-GVO nicht abschl., sondern überlässt dies nach Art. 90 dem Recht der Mitgliedstaaten (→ Art. 90 Rn. 8 ff.; Selmayr in Ehmann/Selmayr DS-GVO Art. 58 Rn. 9). § 29 Abs. 3 BDSG schließt die Untersuchungsbefugnisse des Abs. 1 lit. e und f ggü. Berufsgeheimnisträgern aus (→ BDSG § 29 Rn. 18 ff.).

1. Bereitstellung von Informationen (lit. a)

7   An erster Stelle ist der **Informationsanspruch** der ASB ggü. Verantwortlichen und Auftragsverarbeitern genannt. Er entspricht iW § 38 Abs. 3 BDSG aF. Der Anspruch erstreckt sich auf alle Informationen, die für die Erfüllung der Aufgaben erforderlich sind; die konkrete Ausgestaltung liegt im Ermessen der ASB (VG Mainz ZD 2020, 171 (172); BeckRS 2019, 13643; RDV 2019, 263 (266); Lachenmann/Leibold ZD-Aktuell 2019, 06419; Herbrich Datenschutz-Berater 2020, 20; zum Umf. nach der insoweit wortgleichen Vorschr. des § 38 Abs. 3 BDSG aF AG Kiel RDV 1988, 93; AG Trier RDV 1988, 154; OLG Celle RDV 1995, 244; VG Osnabrück DuD 2007, 541; Sächs. OVG DuD 2014, 55 (57) – auch die Pflicht zur Offenlegung der technischen und organisatorischen Abläufe und Zusammenhänge der Datenverarbeitung). Die bereitzustellenden Informationen können in Auskünften auf Fragen der ASB oder in der Vorlage oder Übergabe von Unterlagen an die ASB bestehen. Der Begriff „alle Informationen" schließt die Bereitstellung von Dokumenten, wie Verfahrensbeschreibungen, Kopien und Dateien ein (so auch Eichler in BeckOK DatenschutzR DS-GVO Art. 58 Rn. 5; Nguyen in Gola DS-GVO Art. 58 Rn. 4; Polenz in Simitis/Hornung/Spiecker gen. Döhmann DSGVO Art. 58 Rn. 10). Die Pflicht zur Bereitstellung der Informationen trifft den Verantwortlichen oder Auftragsverarbeiter sowie deren Vertreter (nach Ziebarth in Sydow DS-GVO Art. 58 Rn. 18 muss die ASB die Informationen bei Bedarf auch bei einem Dritten beschaffen können, zB beim Hersteller). Bei jur. Personen sind dies deren Organe oder von ihnen bevollmächtigte Personen. Die Bereitstellung kann sowohl im schriftlichen Verfahren als auch iRe Datenschutzüberprüfung vor Ort verlangt werden (Polenz in Simitis/Hornung/Spiecker gen. Döhmann DSGVO Art. 58 Rn. 12).

8   Nach dt. Strafverfahrensrecht gilt der Grundsatz, dass sich niemand wegen einer Straftat oder Ordnungswidrigkeit selbst belasten muss (**Nemo tenetur se ipsum accusare,** § 136 Abs. 1 S. 2, § 55 Abs. 1 StPO). Dies ist beim Auskunftsverlangen über die Verarbeitung personenbezogener Daten zu berücksichtigen, da rechtswidrige Datenverarbeitungen nach nationalem Recht straf- und bußgeldbewehrt sein können. Gleiches gilt für Personen, die zur

Verweigerung des Zeugnisses berechtigt sind. Über den Verweis in Abs. 4 auf das nationale Verfahrensrecht gelten diese Grundsätze auch für den Auskunftsanspruch nach Abs. 1 fort. Soweit er nicht für den Auskunftsanspruch der ASB ausdr. geregelt ist (vgl. § 40 Abs. 4 S. 2 BDSG), folgt er aus den allg. verfassungsrechtlichen und strafverfahrensrechtlichen Grundsätzen. Voraussetzung für das **Auskunftsverweigerungsrecht** ist, dass das Auskunftsverlangen sich auf ein Verhalten bezieht, das den Tatbestand einer Straftat oder Ordnungswidrigkeit erfüllen kann. Nicht erfasst ist die Konstellation, dass die Beantwortung des Ersuchens selbst eine Straftat oder Ordnungswidrigkeit darstellen könnte (Gola/Schomerus BDSG aF § 38 Rn. 21; so aber KG DuD 2011, 366 für die anwaltliche Verschwiegenheitspflicht nach § 203 StGB; wie hier Meyer-Goßner/Schmidt StPO § 55 Rn. 4).

Mit der Geltendmachung des Auskunftsanspruchs wird beim Verantwort- **9** lichen oder Auftragsverarbeiter eine Handlungspflicht ausgelöst. Die Verpflichtung zur Auskunftserteilung ggü. den ASB der Länder ist in § 40 Abs. 4 BDSG geregelt. Sie kann von den ASB durch **Verwaltungsakt** konkretisiert und **durchgesetzt** werden (VG Mainz ZD 2020, 171; BeckRS 2019, 13643; RDV 2019, 263 (266); VG Saarlouis BeckRS 2019, 25590; hierfür spricht auch die Formulierung „anweisen" in lit. a (englische Sprachfassung „to order")). Ob ein Auskunftsersuchen als VA anzusehen ist, richtet sich nach dem Verwaltungsverfahrensrecht des Bundes bzw. des jeweiligen Landes. Entscheidend ist, dass das Ersuchen eine Regelung enthält, die ASB mithin zum Ausdruck bringt, dass sie den Adressaten zur Erteilung der verlangten Information verpflichtet (→ Art. 35 Rn. 24a; zutr. Herbrich Datenschutz-Berater 2020, 20). Ein solcher VA kann nach dem Verwaltungsverfahrens- und -vollstreckungsrecht der Länder mit Mitteln des Verwaltungszwangs, zB dem Zwangsgeld, durchgesetzt werden (VG Mainz ZD 2020, 171; BeckRS 2019, 13643; RDV 2019, 263). Ob zusätzlich ein **Bußgeld** verhängt werden kann, kann nach dem Wortlaut der Bußgeldnormen der DS-GVO nicht eindeutig beantwortet werden. In Betracht käme ein Bußgeld nach Art. 83 Abs. 4 lit. a wegen eines Verstoßes gegen das allg. Gebot zur Zusammenarbeit mit der ASB in Art. 31 (verneinend Martini → Art. 35 Rn. 42a ff.) oder – bei weiter Auslegung des Begriffs „Zugang" – ein Bußgeld nach Art. 83 Abs. 5 lit. e.

2. Durchführung von Datenschutzüberprüfungen (lit. b)

Entspr. der Aufgabe der ASB, die Anwendung der DS-GVO zu überwachen **10** (Art. 57 Abs. 1 lit. a), hat sie nach Abs. 1 lit. b die Befugnis, **Untersuchungen** in Form von Datenschutzüberprüfungen durchzuführen. Der Gegenstand der Befugnis ist sprachlich weit gefasst (Datenschutzüberprüfungen, englische Sprachfassung: „audit") und zur Gewährleistung der Aufgabenwahrnehmung auch weit zu verstehen. Gegenstand und Anlass der Datenschutzüberprüfung bestimmt die ASB nach pflichtgemäßem Ermessen. Ein bestimmter Anlass ist nach lit. b für die Vornahme der Überprüfung nicht erforderlich (→ Rn. 7). Dies wäre mit der Aufgabenstellung der ASB, die Anwendung der DS-GVO umfassend zu überwachen, auch nicht vereinbar. Lit. b sieht keine bestimmte

Form der Überprüfungen vor. Die Wahl der Form und der Mittel, dh weiterer
Befugnisse nach lit. a, e und f, liegt im Ermessen der ASB.

3. Überprüfung von erteilten Zertifizierungen (lit. c)

11 Die ASB hat nach Art. 57 Abs. 1 lit. o die Aufgabe, ggf. die nach Art. 42
Abs. 7 erteilten Zertifizierungen regelmäßig zu überprüfen (→ Art. 57
Rn. 18; → Art. 42 Rn. 21). Korrespondierend zu dieser Aufgabe verleiht
Abs. 1 lit. c ihr die Befugnis, entspr. Prüfungen vorzunehmen.

4. Hinweis des Verantwortlichen oder Auftragsverarbeiters auf vermeintlichen Verstoß (lit. d)

12 Bei einem bloßen **Hinweis** auf einen vermeintlichen, dh noch nicht abschl.
festgestellten, Verstoß gegen die DS-GVO dürften Grundrechte der Adressaten kaum berührt sein, so dass es hierfür eigentlich keiner ausdr. Befugnis
bedarf. IÜ ist ein Hinweis häufig untrennbarer Annex zur Wahrnehmung
anderer Befugnisse der ASB. So wird das Auskunftsverlangen nach lit. a oder
die Vor-Ort-Begehung nach lit. f, soweit sie anlassbezogen erfolgt, idR mit
einer Erl. des Anlasses verbunden sein. War Anlass für die Maßnahme die
Vermutung eines Verstoßes, liegt in der Erl. gleichsam ein Hinweis nach lit.
d. Gleiches gilt, wenn die ASB beabsichtigt, Abhilfebefugnisse nach Abs. 2
wahrzunehmen. Das dt. Verwaltungsverfahrensrecht sieht hierfür die vorige
Anhörung des Adressaten vor (§ 28 VwVfG), in der gleichzeitig ein Hinweis
auf den vermuteten Verstoß liegt. Eine eigenständige Bedeutung kommt der
Befugnis in Fällen zu, in denen die ASB von möglichen Verstößen Kenntnis
erlangt, eine Sachverhaltsermittlung durch Einholung von Informationen
beim Verantwortlichen oder Auftragsverarbeiter nicht erforderlich ist – weil
der Sachverhalt offenkundig feststeht, bspw. durch Beschreibung der Datenverarbeitung in AGB – und die ASB die Ausübung von Abhilfebefugnissen
nach Abs. 2 (noch) nicht erwägt. In solchen Fällen kann sie nach lit. d auf den
von ihr vermuteten Verstoß hinweisen und den Hinweis mit einer Empf. zur
Abstellung des Verstoßes und der Bitte um Stellungn. verbinden. Bleibt der
Hinweis unberücksichtigt, entscheidet sie nach pflichtgemäßem Ermessen, ob
und ggf. welche weiteren Maßnahmen sie ergreift.

5. Zugang zu personenbezogenen Daten und Informationen (lit. e)

13 Die Befugnis, Zugang zu allen Daten und Informationen zu erhalten, die zur
Erfüllung der Aufgaben erforderlich sind, ist unabdingbare **Voraussetzung
für die Aufgabenwahrnehmung** durch die ASB. Sie war bereits in Art. 28
Abs. 3 DSRL enthalten. Ob hiervon auch Daten erfasst sind, die einem
Berufs- oder Amtsgeheimnis unterliegen, bleibt nach Art. 90 der Regelung
durch den nationalen Gesetzgeber vorbehalten (→ Art. 90 Rn. 8 ff.); in § 29
Abs. 3 BDSG ist diese Befugnis bei Berufsgeheimnisträgern eingeschränkt
(→ BDSG § 29 Rn. 18 ff.). Der Zugang der ASB ist nicht auf personenbezogene Daten beschr., sondern erstreckt sich auf sämtliche Informationen, die
für die Aufgabenerfüllung, dh die Bewertung der Datenverarbeitung, erfor-

derlich sind. Dies können insbes. auch Betriebs- und Geschäftsgeheimnisse sein wie etwa Informationen über die Funktionsweise von Datenverarbeitungsprogrammen (s. auch Sächs. OVG ZD 2014, 48). Der Unterschied zum Bereitstellungsverlangen nach lit. a besteht darin, dass nach lit. e die ASB selbst zur Informationsbeschaffung tätig wird (Polenz in Simitis/Hornung/Spiecker gen. Döhmann DSGVO Art. 58 Rn. 18), häufig iRe Vor-Ort-Begehung nach lit f. Der Verantwortliche oder Auftragsverarbeiter ist nach § 40 Abs. 5 S. 2 BDSG zur Duldung verpflichtet. Die Duldungspflicht schließt bereits eine begrenzte Mitwirkungspflicht ein (Nguyen in Gola DS-GVO Art. 58 Rn. 10; Polenz aaO). Nach lit. e kann die ASB die Duldung und Mitwirkung durch VA erzwingen (s. o. zur Bereitstellung → Rn. 9). Soweit die Mitwirkung den Nemo-Tenetur-Grundsatz verletzen würde (bei der bloßen Duldung ist dies nicht der Fall, weshalb § 40 Abs. 5 auch kein Verweigerungsrecht enthält), muss eine Mitwirkungshandlung auch hier verweigert werden dürfen (Nguyen aaO; Eichler in BeckOK DatenschutzR Art. 58 Rn. 14). Die Nichtgewährung des Zugangs ist nach Art. 83 Abs. 5 lit. e bußgeldbewehrt.

6. Zugang zu Geschäftsräumen und Datenverarbeitungsanlagen (lit. f)

Die Befugnis, Zugang zu den **Räumlichkeiten** sowie Datenverabeitungs- **14** anlagen und -geräten zu erhalten, soll im Einklang mit dem **Verfahrensrecht** des jeweiligen **Mitgliedstaats** ausgeübt werden. Als Bsp. für verfahrensrechtliche Anforderungen im nationalen Recht nennt ErwGr 129 das Erfordernis einer richterlichen Genehmigung. Da lit. f in der Fassung des Corrigendums vom 23.5.2018 nicht mehr auf Geschäftsräume beschr. ist, sondern sämtliche Räumlichkeiten der zu prüfenden Stellen erfasst, ist im Hinblick auf die Unverletztlichkeit der Wohnung ein Richtervorbehalt naheliegend. Im deutschen Recht ist das Zugangsrecht für die ASB der Länder in § 40 Abs. 5 S. 1 BDSG und für die / den BfDI in § 16 Abs. 4 Nr. 1 BDSG näher ausgestaltet. Es ist auf Grundstücke und **Geschäftsräume** nicht-öffentlicher Stellen und Grundstücke sowie Diensträume öffentl. Stellen beschr. (näher → § 40 BDSG Rn. 32).

Wie alle Untersuchungsbefugnisse ist auch das Zugangsrecht nach lit. f **15** **anlasslos** ausgestaltet (→ Rn. 5); die im Entwurf der **KOM** vorgesehene **Einschränkung,** nach der die Zugangsbefugnis an die Annahme geknüpft war, dass Tätigkeiten ausgeführt werden, die gegen die DS-GVO verstoßen, ist nicht übernommen worden. Für die Ausübung ihrer Aufgaben muss es der ASB möglich sein, auch ohne den Verdacht auf einen Verstoß Kontrollen vor Ort vorzunehmen. Kontrollen der ASB legitimieren sich nicht durch die Aufdeckung von Verstößen, sondern dienen der Feststellung der Rechtmäßigkeit oder Rechtswidrigkeit der Datenverarbeitung. Insbes. bei Verarbeitungen, die für die betroffenen Personen nicht oder eingeschränkt transparent sind, kommt der Kontrolle durch die ASB eine grundrechtssichernde Bedeutung zu (BVerfG NJW 2013, 1455, Rn. 214 ff.; NJW 2016, 1781, Rn. 141). Gleichwohl sind iRd Verhältnismäßigkeitsprüfung die Auswirkungen der Vor-Ort-Kontrolle für den Verantwortlichen oder Auftragsdatenverarbeiter, die Erfolgsaussichten etwaiger milderer Mittel sowie die für eine Vor-Ort-Kontrolle sprechenden Gründe sorgfältig gegeneinander abzuwägen. Auch die Durchführung der Vor-Ort-Kontrolle ist in verhältnismäßiger Weise vorzunehmen. Eine **Vorankündigung,** die auch ohne die vom EP vorgeschlagene ausdr. Klarstellung (vgl. Art. 53 Abs. 2 DS-GVO-E(EP)) nicht erforderlich ist, ist im Regelfall aus Gründen der Verhältnismäßigkeit angezeigt, es sei denn, hierdurch würde die Sachverhaltsermittlung gefährdet (Nguyen in Gola DS-GVO Art. 58 Rn. 13).

16   Die Geltendmachung der Befugnis nach lit. f verpflichtet den Adressaten zur Duldung der Maßnahme. Hieraus folgt iVm Art. 31 (→ Art. 31 Rn. 30 ff.) eine **begrenzte Unterstützungspflicht** des Verantwortlichen oder Auftragsverarbeiters (→ Rn. 13). Er hat der ASB den Zugang zu Räumen, Anl. und Geräten zu verschaffen. Hierzu gehört bei automatisierter Datenverarbeitung die Verpflichtung, das Verfahren zu starten, Anwendungen auszuführen und gespeicherte Daten einschl. Protokolldaten sichtbar zu machen. Die Nichtgewährung des Zugangs ist nach Art. 83 Abs. 5 lit. e bußgeldbewehrt. Mit der Durchführung der Vor-Ort-Kontrolle kann die ASB weitere Untersuchungsbefugnisse verbinden. Insbes. kann sie nach lit. e Zugang zu personenbezogenen Daten und Informationen oder nach lit. a die Bereitstellung von Informationen verlangen.

II. Abhilfebefugnisse (Abs. 2)

1. Warnung und Verwarnung (lit. a und b)

17   Stellt die ASB fest, dass eine beabsichtigte Datenverarbeitung (lit. a) oder eine bereits begonnene (lit. b) Datenverarbeitung gegen die DS-GVO verstößt oder im Fall von lit. a voraussichtlich verstoßen wird, kann sie den Verantwortlichen oder Auftragsverarbeiter warnen (lit. a) oder verwarnen (lit. b). Der Unterschied zum Hinweis nach Abs. 1 lit. d besteht darin, dass der **Verstoß** im Fall des Abs. 2 **feststeht** bzw. im Fall der künftigen Verarbeitung nach lit. a zu erwarten ist, während dem Hinweis nur die Vermutung eines Verstoßes zu Grunde liegt. Die Vermutung kann durch den Verantwortlichen oder Auftragsverarbeiter entkräftet werden. Im Fall der lit. b ist dies nicht und im Fall von lit. a nur dadurch möglich, dass der Verantwortliche oder Auftragsverarbeiter von der beabsichtigten Verarbeitung Abstand nimmt.

18   Die Voraussetzung für die Erteilung einer Verwarnung ist dies. wie die für die Verhängung eines Bußgelds, nämlich ein festgestellter Verstoß gegen die DS-GVO. ErwGr. 148 erläutert die Kriterien für die Auswahl: bei **geringfügigen Verstößen** kann anstelle eines Bußgelds eine Verwarnung erteilt werden. Gleiches gilt, wenn der Verantwortliche oder Auftragsverarbeiter eine natürliche Person ist und eine Geldbuße ihn unverhältnismäßig belasten würde. Die Kriterien für die Gewichtung eines Verstoßes werden ebenfalls in ErwGr. 148 genannt und entsprechen denen des Art. 83.Von der Anweisung nach lit. d unterscheidet sich die Warnung oder Verwarnung dadurch, dass sie **keine unmittelbare Rechtspflicht** des Adressaten auslöst, die Verarbeitung abzustellen oder zu ändern. Sie entspricht damit in ihrem Charakter am ehesten der aus dem dt. Datenschutzrecht für den öffentl. Bereich bekannten Beanstandung (zu den Unterschieden Polenz in Simitis/Hornung/Spiecker gen. Döhmann DSGVO Art. 58 Rn. 27 f.), der aufgrund des fehlenden Regelungsgehalts von den Gerichten keine VA-Qualität zugesprochen wurde. Zwar begründet die Verwarnung keine Handlungs- oder Unterlassungspflichten des Verantwortlichen, ihrem Ausspruch ist aber notwendigerweise die Feststellung eines Verstoßes vorgelagert. Diese Feststellung hat für den Adressaten eine belastende Wirkung. Sie kann zB im Wiederholungsfall für ein Bußgeldverfahren herangezogen werden. Auch ist denkbar, dass sich betroffene Personen bei der Geltendmachung zivilrechtlicher Ansprüche auf die Verwarnung berufen. Dies spricht dafür, die Verwarnung als einen feststellenden Verwaltungsakt anzusehen (so auch VG Hannover ZD 2020, 269; Polenz aaO Rn. 29; Martini/Wenzel PinG 2017, 92 (96); Kugelmann/Buchmann in Schwartmann/Jaspers/Thüsing/Kugelmann DS-GVO Art. 58 Rn. 83; aA Nguyen in Gola DS-GVO Art. 58 Rn. 17; Grittmann in Taeger/Gabel DSGVO Art. 58 Rn. 23).

2. Anweisung zur Durchsetzung der Rechte der Betroffenen (lit. c)

Lit. c regelt die Befugnis der ASB, den Verantwortlichen oder Auftragsver- **19** arbeiter anzuweisen, einem Antrag einer betroffenen Person auf Wahrnehmung ihrer Rechte zu entsprechen. Eine solche Befugnis war bislang in Art. 28 Abs. 2 DSRL lediglich im Hinblick auf die Anordnung der Sperrung oder Löschung von Daten vorgesehen. Voraussetzung für die Anweisung ist zunächst ein **Antrag einer betroffenen Person** auf Wahrnehmung ihrer Rechte nach Kap. III ggü. dem Verantwortlichen oder Auftragsverarbeiter, dem dieser nicht oder nicht vollständig entsprochen hat (s. auch Eichler in BeckOK DatenschutzR DS-GVO Art. 58 Rn. 21; Ziebarth in Sydow DS-GVO Art. 58 Rn. 41). Bevor die ASB eine Anordnung erlässt, muss sie prüfen, ob darin ein Verstoß gegen die Rechte der betroffenen Person liegt. Hierfür wird sie den Verantwortlichen oder Auftragsverarbeiter zum Sachverhalt sowie zu den Gründen der Verweigerung anhören. Ergibt die Prüfung, dass die Verweigerung rechtswidrig war, liegen die Voraussetzungen für eine Anweisung nach lit. c vor. IRd Ermessensausübung (dazu VG Ansbach ZD 2020, 217 m. Anm. Engelbrecht; BeckRS 2019, 30069; einen Anspruch der betroffenen Person ggü der ASB grds. ablehnend SG Frankfurt/O. ZD 2020, 165; BeckRS 2019, 30859) wird die ASB sowohl das Interesse der betroffenen Person an der Wahrnehmung ihrer Rechte als auch deren Möglichkeiten zu prüfen haben, diese selbst ggf. gerichtlich durchzusetzen (iRe Zivilklage, s. OLG Köln ZD 2019, 566, BeckRS 2019, 21980; LG Berlin ZD 2020, 203; BeckRS 2019, 33384; LG Landau/Pf. ZD 2019, 568; BeckRS 2019, 22099; AG Wertheim ZD 2020, 206; BeckRS 2019, 33192; AG München ZD 2019, 569; BeckRS 2019, 23247). Die Anordnung ergeht in der Form des VA (Nguyen in Gola DS-GVO Art. 58 Rn. 18).

3. Anweisung zur Ergreifung von Maßnahmen in Bezug auf Verarbeitungsvorgänge (lit. d)

20 Nach dieser Vorschr. hat die ASB die Befugnis, den Verantwortlichen oder Auftragsverarbeiter anzuweisen, Verarbeitungsvorgänge ggf. in Einklang mit der DS-GVO zu bringen. Hierfür kann sie bestimmte inhaltliche und zeitliche Vorgaben machen. Sie entspricht iW der bisherigen Regelung in § 38 Abs. 5 S. 1 BDSG aF. Die Anweisung setzt voraus, dass die ASB im Wege der Überprüfung festgestellt hat, dass Verarbeitungsvorgänge nicht mit der DS-GVO übereinstimmen. Aus der weiten Formulierung „in Einklang mit der Verordnung bringen" folgt, dass **jede Abweichung von der DS-GVO** grds. **Anlass für eine Anweisung** der ASB sein kann. Insbes. ist die Anweisung nicht auf Verstöße beschr., die zur materiellen Unzulässigkeit der Datenverarbeitung führen. Ist allerdings die Verarbeitung deshalb nicht im Einklang mit der DS-GVO, weil hierfür gänzlich oder teilw. die Rechtsgrundlage fehlt und kann dies nicht geheilt werden (zB durch Einholung einer neuen Einwilligung), ist es unmöglich, die Verarbeitung in Einklang mit der DS-GVO zu bringen. Sie ist dann nach lit. f zu beschränken. Die systematisch sinnwidrige Verknüpfung von Maßnahmen zur Mängelbeseitigung einerseits und Untersagungen von Datenverarbeitungen andererseits in § 38 Abs. 5 BDSG aF zu einem Rangverhältnis ist durch die DS-GVO nicht übernommen worden. Die daraus entstandenen Anwendungsschwierigkeiten der Untersagungsbefugnis (s. dazu Gola/Schomerus BDSG aF § 38 Rn. 26 mwN) entfallen damit. Als Maßnahme nach lit. d kommen zB Anweisungen in Betracht, technische und organisatorische Maßnahmen iSd Art. 32 zu ergreifen, einen Datenschutzbeauftragten nach Art. 37 zu benennen, ein Verzeichnis der Verarbeitungstätigkeiten nach Art. 30 zu erstellen, das Verhältnis zu einem Auftragsverarbeiter durch Vertrag nach Art. 28 Abs. 3 zu regeln, die Ausrichtung von Überwachungskameras zu verändern (BVerwG NJW 2019, 2556; OVG Lüneburg ZD 2018, 50, jeweils zur Rechtslage nach § 38 Abs. 5 BDSG aF), Änd. in einer Bewertungsplattform für Autofahrer vorzunehmen (OVG Münster NVwZ 2018, 742; ZD 2018, 596 ebenfalls zur Rechtslage nach § 38 Abs. 5 BDSG aF), das Löschkonzept einer Auskunftei für dort gespeicherte Forderungen zu ändern (VG Karlsruhe ZD 2017, 543 zur Rechtslage nach § 38 Abs. 5 BDSG aF), den Einsatz einer Dashcam zu verändern (VG Göttingen ZD 2017, 496 zur Rechtslage nach § 38 Abs. 5 BDSG aF) oder eine vorformulierte Einwilligungserklärung iSd Art. 7 anzupassen. Das Gewicht der festgestellten Abweichung von der DS-GVO ist iRd Ermessensausübung zu berücksichtigen (s. ErwGr 129; zur Ermessensausübung bei Anordnungen nach § 38 Abs. 5 BDSG aF VG Ansbach SVR 2015, 235, Rn. 69). Im Hinblick auf das Verfahren der Anweisung kommt als **milderes Mittel** grds. ein **Hinweis** nach Abs. 1 lit. c in Betracht. Da nach § 28 VwVfG vor Erlass einer Anordnung in Form eines VA eine Anhörung zwingend vorgeschrieben ist, wird dem Adressaten ermöglicht, den Erlass der Anweisung durch freiwillige Änd. des Verarbeitungsvorgangs abzuwenden.

21 Die ASB kann **bestimmte Maßnahmen anordnen** („auf bestimmte Weise"), mit denen die Vereinbarkeit mit der DS-GVO hergestellt werden soll. Hierbei ist einerseits zu beachten, dass die Anweisung hinreichend bestimmt sein muss. Für den Adressaten des VA muss die von der Behörde getroffene Regelung so vollständig, klar und unzweideutig erkennbar sein, dass er sein Verhalten danach richten kann (VG Ansbach SVR 2015, 235, Rn. 64). Andererseits gebietet es der Grundsatz der Verhältnismäßigkeit, dass der Entscheidungsspielraum des Adressaten nicht unnötig eingeschränkt wird, wenn mehrere gleich geeignete Möglichkeiten zur Herstellung der Vereinbarkeit mit der DS-GVO bestehen.

4. Anweisung zur Benachrichtigung von betroffenen Personen (lit. e)

Lit. e ermächtigt die ASB, die Benachrichtigung von betroffenen Personen **22** anzuordnen. Sie bezieht sich auf Benachrichtigungen nach Art. 34 bei Verletzungen des Schutzes personenbezogener Daten (**„Data Breaches"**). Dementsprechend ist als Adressat der Anweisung ausschl. der Verantwortliche genannt, da nur diesen nach Art. 34 die Pflicht zur Benachrichtigung trifft. Nach Art. 34 Abs. 4 hat die ASB bei der Ermessensausübung auch die Wahrscheinlichkeit zu berücksichtigen, mit der die Verletzung des Schutzes personenbezogener Daten zu einem hohen Risiko führt.

5. Beschränkung oder Verbot der Datenverarbeitung (lit. f)

Auf der Grdl. von lit. f können die ASB Beschränkungen bis hin zu einem **23** vollständigen Verbot der Datenverarbeitung anordnen. Die Befugnis entspricht im Grundsatz dem bisherigen § 38 Abs. 5 S. 2 BDSG aF. Die ASB kann die Datenverarbeitung teilw. beschränken, zB die Löschung oder Sperrung einzelner nicht mehr erforderlicher Datensätze anordnen oder eine Videoüberwachung räumlich oder zeitlich einschränken (OVG Saarlouis ZD 2018, 134; BeckRS 2017, 137554 zur Rechtslage nach § 38 Abs. 5 BDSG aF). Sie kann aber auch ein **vollständiges Verbot der Datenverarbeitung** verhängen, zB die Datenerhebung von Nutzerdaten eines Dienstes durch den Konzern (OVG Hamburg, ZD 2018, 230 zur Rechtslage nach § 38 Abs. 5 BDSG aF), die Verarbeitung von Daten zum Zweck der Kundenakquise (OVG Saarlouis ZD 2020, 212 zur Rechtslage nach § 38 Abs. 5 BDSG aF), den Betrieb eines Meldeportals für Lehrkräfte, die gegen das Neutralitätsgebot verstoßen (VG Schwerin DuD 2020, 268) oder die Übermittlung von Daten an einen oder mehrere Empfänger vollständig untersagen, die Verarbeitung von Daten bei einem Auftragsverarbeiter unterbinden oder den Einsatz eines Programms zur Datenverarbeitung untersagen (zur Untersagung des Betriebs einer Facebook-Fanpage BVerwG NJW 2020, 414; BeckRS 2019, 31117; ZD 2020, 264 mit Anm. Petri). Diese Maßnahmen greifen schwerwiegend in die Rechte oder die Aufgabenwahrnehmung des Adressaten ein. Anders als § 38 Abs. 5 BDSG aF regelt lit. f keine Voraussetzungen für die Verhängung von Beschränkungen oder Verboten. Es ist auch kein Stufenverhältnis vorgesehen, so dass die ASB eine Beschränkung oder Untersagung aussprechen kann, ohne zuvor mildere Maßnahmen erfolglos durchgeführt zu haben (→ Rn. 20; Selmayr in Ehmann/Selmayr DS-GVO Art. 58 Rn. 24). IRd pflichtgemäßen Ermessens (ErwGr 129) ist die Erforderlichkeit und Angemessenheit solcher Maßnahmen jedoch sorgfältig zu prüfen. Die Schwere des Verstoßes und die Beeinträchtigung der Rechte der betroffenen Personen sind abzuwägen mit den Folgen, die dem Verantwortlichen oder Auftragsverarbeiter infolge der Maßnahme voraussichtlich entstehen. Gleich geeignete mildere Mittel zur Erreichung des Ziels, wie zB der Hinweis nach Abs. 1 lit. d die Anordnungen von Maßnahmen nach lit. e oder eine zeitlich befristete Beschränkung („vorübergehend"), sind auszuschöpfen.

6. Anordnung der Berichtigung, Löschung oder Einschränkung (lit. g)

24 Liegen die Voraussetzungen des Art. 16 für eine Berichtigung, des Art. 17 für eine Löschung personenbezogener Daten oder des Art. 18 für eine Einschränkung der Datenverarbeitung vor, kann die ASB deren Vornahme anordnen. Sie kann außerdem den Verantwortlichen anweisen, die Empfänger zu unterrichten, an die die Daten übermittelt wurden. Bei der Berichtigung, Löschung und Einschränkung handelt es sich um Rechte der Betroffenen. Zu deren Durchsetzung kann die ASB bereits nach lit. c tätig werden. Lit. c setzt jedoch anders als lit. g einen vorigen Antrag der betroffenen Person beim Verantwortlichen oder Auftragsverarbeiter voraus. Eine Anordnung nach lit. g kann die ASB demnach auch dann aussprechen, wenn sie **von Amts wegen** die Verpflichtung zur Berichtigung, Löschung oder Einschränkung **festgestellt** hat. Dies ist erforderlich, da die Entstehung dieser Verpflichtung nicht allein durch die betroffene Person gesteuert wird, sondern in vielen Fällen aufgrund objektiver Umstände, zB des Wegfalls der Erforderlichkeit der Speicherung der Daten, eintritt.

7. Widerruf einer Zertifizierung oder Anweisung an die Zertifizierungsstelle (lit. h)

25 Die Befugnis, eine erteilte Zertifizierung zu widerrufen, ist im Zusammenhang mit Art. 42 Abs. 6 zu betrachten, der den **Widerruf einer Zertifizierung** vorschreibt, wenn deren Voraussetzungen nicht oder nicht mehr erfüllt werden (→ Art. 42 Rn. 21). Hat die ASB die Zertifizierung vorgenommen, ist sie auch für deren Widerruf zuständig. Ist die Zertifizierung durch eine Zertifizierungsstelle erfolgt, nimmt diese den Widerruf vor. Die ASB kann die Zertifizierungsstelle dazu nach lit. h anweisen. Gem. Art. 43 Abs. 1 S. 1 unterrichten die Zertifizierungsstellen die ASB über erteilte oder verlängerte Zertifizierungen, damit diese von ihren Befugnissen nach lit. h Gebrauch machen kann.

8. Verhängung einer Geldbuße (lit. i)

26 Lit. i ermächtigt die ASB zur Verhängung von Geldbußen (→ Art. 83 Rn. 1 ff.) zusätzlich oder an Stelle der anderen Abhilfemaßnahmen. Damit wird auch die Zuständigkeit für Ordnungswidrigkeitenverfahren direkt den ASB übertragen. Ausnahmen erlaubt Art. 83 Abs. 7 für öffentl. Stellen. Die Mitgliedstaaten dürfen insoweit die Ordnungswidrigkeiten selbst regeln und die Verhängung von Geldbußen auch gänzlich ausschließen. ErwGr. 148

stellt die besondere Bedeutung heraus, die die DS-GVO der Sanktionierung von Datenschutzverstößen durch die Verhängung von Geldbußen zumisst. ISe generalpräventiven Ansatzes ist dies nachvollziehbar und sinnvoll. Im Hinblick auf konkrete Verstöße und Beeinträchtigungen der Rechte betroffener Personen muss die ASB in ihr Auswahlermessen jedoch auch mit einbeziehen, welche Maßnahme geeignet ist, in dem konkreten Einzelfall Rechtskonformität herzustellen und Beeinträchtigungen von Rechten und Freiheiten betroffener Personen zu beseitigen. Besteht im konkreten Fall ein noch andauernder Verstoß und ist der Verantwortliche oder Auftragsverarbeiter nicht bereit, diesen abzustellen, ist es primäre Aufgabe der ASB, ihr Wirken auf eine Beseitigung des Verstoßes auszurichten. Dies kann nur mit einer Anordnung nach lit. c, d, e, f oder g, in dringlichen Fällen im Wege des Sofortvollzugs, erzielt werden. Mit einer Geldbuße wird dagegen ein Verstoß sanktioniert; eine Handlungs- oder Unterlassungspflicht zur Herstellung von Rechtskonformität wird dem Verantwortlichen oder Auftragsverarbeiter aber nicht auferlegt. Als alleinige Maßnahme kommt die Geldbuße daher va für Verstöße in Betracht, die bereits beendet sind und keine zu beseitigenden Wirkungen mehr erzeugen (ähnlich Ziebarth in Sydow DSGVO Art. 58 Rn. 68). Bei andauernden Verstößen kann durch eine zusätzlich zu einer Anordnung verhängte Geldbuße verstärkend und spezialpräventiv auf den Verantwortlichen oder Auftragsverarbeiter eingewirkt werden.

9. Aussetzung der Übermittlung in Drittland oder internationale Organisation (lit. j)

Nach lit. j ist die ASB ausdr. befugt, die Übermittlung von Daten in Dritt- **27** länder oder an int. Organisationen auszusetzen. Die Vorschr. enthält keinerlei Voraussetzungen für die Inanspruchnahme dieser Befugnis. Grdl. für die Anordnung muss jedoch stets die Rechtswidrigkeit der Übermittlung nach Maßgabe der Regelungen in Kap. V sein (ausf. Selmayr in Ehmann/Selmayr DS-GVO Art. 58 Rn. 28). Hinzu kommen die für alle Befugnisse geltenden Voraussetzungen des Verhältnismäßigkeitsgrundsatzes.

III. Genehmigungs- und Beratungsbefugnisse (Abs. 3)

1. Beratung im Rahmen der vorherigen Konsultation (lit. a)

Ausdr. geregelt ist die Befugnis zur Beratung nur für den Fall der vorherigen **28** Konsultation nach Art. 36 (→ Art. 36 Rn. 12 ff.) und dementsprechend nur im Hinblick auf den Verantwortlichen. Hierbei handelt es sich um eine **Pflicht des Verantwortlichen,** die Beratung der ASB in Anspruch zu nehmen. Damit können Eingriffe in die Rechte des Verantwortlichen verbunden sein, bspw. durch Übernahme der Beratungskosten oder durch Maßnahmen der ASB nach Abs. 2 (→ Art. 36 Rn. 15). Vor diesem Hintergrund erklärt sich die ausdr. Festlegung der Beratungsbefugnis. Sie hindert die ASB nicht daran, Verantwortliche, Auftragsverarbeiter, betroffene Personen und weitere Stellen in Fragen des Datenschutzes zu beraten (→ Art. 57 Rn. 5), soweit die Beratung freiwillig in Anspruch genommen wird (dazu Brink ZD 2020, 59). Hierdurch wird nicht in die Grundrechte des Verantwortlichen eingegriffen, so dass eine ausdr. Befugnis nicht erforderlich ist.

2. Abgabe von Stellungnahmen (lit. b)

29 Lit. b ermächtigt die ASB, Stellungn. zu Fragen des Datenschutzes an beliebige Stellen und auch an die Öffentlichkeit zu richten. Soweit es sich dabei um Stellungn. zu allg. Themen handelt, liegt darin kein Grundrechtseingriff, so dass es einer Befugnis nicht bedürfte. Die ausdr. Regelung dieser Befugnis bedeutet daher, dass die ASB mit diesen Stellungn. in Grundrechte eingreifen kann. Sie kann daher − unter Beachtung des Grundsatzes der Verhältnismäßigkeit − Stellungn. zu Datenverarbeitungen namentlich benannter oder bestimmbar beschriebener Verantwortlicher oder Auftragsverarbeiter abgeben und mit **Warnhinweisen** an die Öffentlichkeit treten (Nguyen in Gola DS-GVO Art. 58 Rn. 23; Ziebarth in Sydow DS-GVO Art. 58 Rn. 86 f.). Dies entspricht ihrem Auftrag, die Entwicklung der Datenverarbeitung zu beobachten (Art. 57 Abs. 1 lit. i), die Anwendung der DS-GVO zu überwachen (Art. 57 Abs. 1 lit. a) und ihre Erkenntnisse und Einschätzungen und Empf. an diejenigen Stellen und Personen weiterzugeben, für die diese Informationen relevant sind − sei es der zum Handeln aufgeforderte Gesetzgeber oder Regierungen (Art. 57 Abs. 1 lit. c) oder betroffene Personen (Art. 57 Abs. 1 lit. b), die die ASB über Risiken und mögliche Abhilfemaßnahmen aufklärt. Die in der nationalen Rechtsprechung anerkannte Befugnis für solche öffentl. Äußerungen (s. dazu OVG Schleswig ZD 2014, 536; Weichert DuD 2015, 323 und 397; aA Born RDV 2015, 125 (129 f.)) wird in der DS-GVO nun ausdr. verankert.

3. Genehmigungen und Billigungen (lit. c-j)

30 Lit. c–j regeln Befugnisse zur Genehmigung oder Billigung in verschiedenen Verfahren, die iE in der DS-GVO geregelt sind. Lit. c bezieht sich auf Genehmigungen nach Art. 36 Abs. 5. Diese Öffnungsklausel ermöglicht es Mitgliedstaaten, eine Genehmigungspflicht für Verarbeitungen vorzusehen, die im öffentl. Interesse erfolgen (→ Art. 36 Rn. 22). Lit. d ist die korrespondierende Befugnis zu Art. 40 Abs. 5. Verhaltensregeln von Verbänden und anderen Branchenvereinigungen können durch die ASB genehmigt werden (→ Art. 40 Rn. 20 ff.). Lit. e regelt korrespondierend zu Art. 43 Abs. 1 S. 2 lit. a die Befugnis der ASB, Zertifizierungsstellen zu akkreditieren (→ Art. 43 Rn. 5), und lit. f die Befugnis, Zertifizierungen zu erteilen (→ Art. 42 Rn. 13) und Kriterien für die Zertifizierung zu billigen (Art. 42 Rn. 13). Nach lit. g hat die ASB die Befugnis, Standarddatenschutzklauseln für die Auftragsverarbeitung nach Art. 28 Abs. 8 (→ Art. 28 Rn. 74) festzulegen. Die weiteren Befugnisse betreffen den internationalen Datentransfer. Die ASB kann nach lit. g Standdarddatenschutzklauseln für die Übermittlung in Drittländer annehmen, die nach Art. 46 Abs. 2 lit. d eine geeignete Garantie für die Rechte und Freiheiten der betroffenen Personen darstellen (→ Art. 46

Rn. 30 f.). Nach lit. h kann sie Vertragsklauseln zwischen den an der Verarbeitung beteiligten Stellen nach Art. 46 Abs. 3 lit. a (→ Art. 46 Rn. 46 ff.), nach lit. i Verwaltungsvereinbarungen iSd Art. 46 Abs. 3 lit. b zwischen Behörden (→ Art. 46 Rn. 49 f.) und nach lit. j verbindliche interne Datenschutzvorschriften iSd Art. 47 (→ Art. 47 Rn. 9 ff.) genehmigen.

C. Ausübung der Befugnisse (Abs. 4)

Die Ausübung der Befugnisse richtet sich nach nationalem Recht, wie Abs. 4 **31** klarstellt. Das nationale Verfahrensrecht muss bestimmten Anforderungen genügen; insbes. muss es ein ordnungsgemäßes Verfahren und wirksame gerichtliche Rechtsbehelfe vorsehen. In Deutschland hängt es von der Funktion ab, in der die ASB tätig wird, welches Verfahrensrecht anwendbar ist. Wird sie als Sonderordnungsbehörde tätig, gilt das **Verwaltungsverfahrensrecht** (VwVfG) einschl. des Verwaltungsvollstreckungsrechts (VwZG). Sowohl die Untersuchungsbefugnisse als auch die meisten Abhilfebefugnisse kann die ASB durch VA anordnen und im Wege des Vollstreckung durchsetzen. Bei den in Abs. 3 genannten Genehmigungen, Billigungen, Akkreditierungen und Zertifizierungen handelt es sich ebenfalls um (den Antragsteller begünstigende) VA. Hinsichtlich der Untersuchungs- und Abhilfebefugnisse nach Abs. 1 und 2 steht der ASB ein **Entschließungs- und Auswahlermessen** zu. Dies schließt auch die Störerauswahl bei mehreren – nach Art. 26 gemeinsam – Verantwortlichen ein (BVerwG ZD 2020, 269 mit Anm. Petri), Zur Erteilungen der in Abs. 3 genannten Genehmigungen und anderen Zulassungen wird die ASB hingegen auf Antrag verpflichtet sein, wenn die Voraussetzungen hierfür vorliegen. Dem Erlass eines VA geht ein Verwaltungsverfahren voraus, das nach § 22 VwVfG auf Antrag oder im Ermessen der ASB eingeleitet werden kann. Eines bestimmten Anlasses bedarf es dafür – mit Ausnahme der in Abs. 3 vorgesehenen Genehmigungsverfahren – nicht. In Bußgeldverfahren, in denen die ASB nach der DS-GVO die Rolle der Verwaltungsbehörde einnimmt, gelten hingegen die Verfahrensvorschriften des **OWiG und erg. der StPO.** Dies hat Auswirkungen auf den Umf. und die Voraussetzung von Befugnissen. Die Einleitung eines Bußgeldverfahrens ist nach § 46 ASbs. 1 OWiG iVm § 160 Abs. 1 StPO nur bei Vorliegen eines Anfangsverdachts für eine Ordnungswidrigkeit zulässig. Anlasslose Ermittlungen sind im Ordnungswidrigkeitenrecht unzulässig. Andere Voraussetzungen gelten auch für Vor-Ort-Kontrollen. Diese sind im Bußgeldverfahren nur als Durchsuchung nach § 46 Abs. 1 OWiG iVm § 102 ff. StPO unter den dort genannten Voraussetzungen zulässig, zu denen insbes. eine gerichtliche Anordnung gehört (§ 105 StPO). Unterschiede bestehen auch hinsichtlich des Rechtswegs. Gegen Maßnahmen der ASB als Sonderordnungsbehörde ist der Verwaltungsrechtsweg eröffnet (§ 40 VwGO), während Maßnahmen der Verwaltungsbehörde im Bußgeldverfahren nach § 68 OWiG dem Amtsgericht bzw. Landgericht (§ 41 Abs. 1 S. 3 BDSG) zur Prüfung vorzulegen sind. Den vorgesehenen rechtsstaatlichen Anforderungen genügen beide Verfahrensordnungen. Insbes. sind mit § 28 VwVfG und § 55 OWiG

Informations- und Beteiligungsrechte der durch das Verfahren betroffenen Personen und Stellen sowie gem. Art. 78 Rechtsschutz gegen sämtliche Eingriffsmaßnahmen der ASB vorgesehen.

31a   Für die/den BfDI gelten nach nationalem Recht zusätzliche Pflichten vor der Ausübung der Befugnisse nach Abs. 2 lit. b bis g, i und j. Nach § 16 Abs. 1 S. 2 ist hier zunächst die Fach- oder Rechtsaufsichtsbehörde zu beteiligen (→ BDSG § 16 Rn. 2).

32   Konkrete Erwartungen an **Form und Inhalt von Maßnahmen** der ASB formuliert ErwGr 129 S. 7, 8.

D. Unterrichtung von Justizbehörden und Einleitung von Gerichtsverfahren (Abs. 5)

33   Abs. 5 enthält eine Öffnungsklausel, die zwingend durch die Gesetzgeber der Mitgliedstaaten auszufüllen ist. Die ASB müssen die Befugnis erhalten, Verstöße gegen die DS-GVO den Justizbehörden zur Kenntnis zu bringen und ggf. die Einl. eines gerichtlichen Verfahrens zu betreiben. Dies war bislang im BDSG aF für Strafverfahren vorgesehen (s. § 38 Abs. 1 S. 6, § 44 Abs. 2 BDSG aF). § 21 BDSG sieht nun die Befugnis und Pflicht der ASB vor, Angemessenheitsbeschlüsse der KOM, Beschlüsse über die Anerkennung von Standardschutzklauseln oder über die Allgemeingültigkeit von genehmigten Verhaltensregeln gerichtlich prüfen zu lassen (→ BDSG § 40 Rn. 1 ff.; Wolff in Schantz/Wolff DatenschutzR Rn. 1014).

E. Weitere Befugnisse nach nationalem Recht (Abs. 6)

34   Abs. 6 enthält eine **optionale Öffnungsklausel** für den nationalen Gesetzgeber. Zusätzliche Befugnisse der ASB können durch nationales Recht geregelt werden, soweit sie nicht die Wirkungsweise der Zusammenarbeitsvorschriften in Kap. VII beeinträchtigen.

35   § 40 Abs. 3 S. 3 BDSG ermächtigt die ASB ausdr., die **betroffene Person zu unterrichten,** wenn sie einen Verstoß gegen Vorschr. des Datenschutzrechts festgestellt hat (→ BDSG § 40 Rn. 22).

36   Nach § 40 Abs. 3 S. 3 BDSG ist die ASB außerdem befugt, einen festgestellten Verstoß bei den für die Verfolgung oder Ahndung zuständigen Stellen anzuzeigen sowie bei schwerwiegenden Verstößen die **Gewerbeaufsichtsbehörde** zur Durchführung gewerberechtlicher Maßnahmen zu unterrichten (→ BDSG § 40 Rn. 23 f.).

37   Nach § 40 Abs. 6 S. 2 BDSG hat die ASB die Befugnis, die Abberufung des Datenschutzbeauftragten einer nicht-öffentlichen Stelle zu verlangen (→ BDSG § 40 Rn. 40).

Art. 59 Tätigkeitsbericht

> [1] Jede Aufsichtsbehörde erstellt einen Jahresbericht über ihre Tätigkeit, der eine Liste der Arten der gemeldeten Verstöße und der Arten der getroffenen Maßnahmen nach Artikel 58 Absatz 2 enthalten kann. [2] Diese Berichte werden dem nationalen Parlament, der Regierung und anderen nach dem Recht der Mitgliedstaaten bestimmten Behörden übermittelt. [3] Sie werden der Öffentlichkeit, der Kommission und dem Ausschuss zugänglich gemacht.

BDSG und anderes nationales Recht: § 15 BDSG (kommentiert unter → BDSG § 15 Rn. 1 f.).

Literatur: *v. Lewinski,* Tätigkeitsberichte im Datenschutz, RDV 2004, 163.

A. Allgemeines

Die Verpflichtung der ASB, einen regelmäßigen Tätigkeitsbericht zu erstellen 1 und zu veröffentlichen, war bereits in Art. 28 DSRL und in den Datenschutzgesetzen des Bundes und der Länder enthalten. Während Art. 28 DSRL den Mitgliedstaaten jegliche nähere Ausgestaltung hinsichtlich des Berichtszeitraums und der Adressaten überließ, trifft die DS-GVO hierzu konkrete Festlegungen. Auch hinsichtlich des Inhalts gibt die DS-GVO konkrete Vorschläge, die erst im Trilog aufgenommen wurden.

B. Berichtszeitraum und Inhalt des Berichts (S. 1)

Der Bericht ist **jährlich** zu erstellen. Entspr. Vorgaben enthielt die DSRL 2 nicht, so dass der Berichtszeitraum in Deutschland unterschiedlich gestaltet war.

Den Inhalt des Jahresberichts beschreibt S. 1 als einen Bericht über die 3 Tätigkeit der ASB. In der Praxis sind die Tätigkeitsberichte der Datenschutzbehörden in Deutschland nicht auf einen reinen Nachw. ihrer Tätigkeit beschr. (zu dieser Funktion des Tätigkeitsberichts auch als Grdl. für die notwendige parlamentarische Kontrolle der ASB Selmayr in Ehmann/Selmayr DS-GVO Art. 59 Rn. 1). Vielmehr orientieren sie sich auch an dem Ziel, einen möglichst vollständigen **Überbl.** über die Situation und **wesentliche Entwicklungen des Datenschutzes** im eigenen Zuständigkeitsbereich zu geben (Gola/Schomerus BDSG aF § 26 Rn. 2; v. Lewinski RDV 2004, 163 (164) mwN). Neu ist die Möglichkeit, in den Tätigkeitsbericht eine – anonymisierte (vgl. Polenz in Simitis/Hornung/Spiecker gen. Döhmann DSGVO Art. 59 Rn. 6) – **Liste von gemeldeten Verstößen** und der Arten der getroffenen Maßnahmen aufzunehmen. Dieser Bestandteil des Tätigkeitsberichts ist optional. Welchen Informationsgehalt eine solche Auflistung ggü. der von der ASB vorgenommenen Erl. ihrer Tätigkeit nach eigener Systematik und Gewichtung hat, ist fraglich. Eine Beschränkung der Auflistung auf die in S. 1 genannten gemeldeten Verstöße und Maßnahmen dürfte kaum geeignet sein, um einen vollständigen Eindruck von der Situation des Datenschutzes im Hoheitsgebiet des Mitgliedstaats zu erhalten. Gemeldete Verstöße geben allenfalls punktuelle Einblicke, da sie jedenfalls in Bezug auf Beschwerden stark von der subjektiven Wahrnehmung der betroffenen Personen abhängen. Als weitere Funktion des Tätigkeitsberichts wird in der Literatur (Selmayr in Ehmann/Selmayr DS-GVO Art. 59 Rn. 3) die Kontrolle der Ausstattung und Mittelverwendung der ASB genannt. Auch vor diesem Hintergrund ist die Liste der gemeldeten Verstöße zu sehen.

C. Adressatenkreis (S. 2 und 3)

4 Die Adressaten des Tätigkeitsberichts sind nicht abschl. genannt. Verpflichtend sieht S. 2 die Übermittlung des Tätigkeitsberichts an **Parlament und Regierung** im eigenen Zuständigkeitsbereich vor. Weitere nationale Adressaten können durch nationales Recht der Mitgliedstaaten bestimmt werden. Mit der Regierung kommt im Vergleich zur gegenwärtigen Rechtslage ein neuer Adressat hinzu. Neu ist weiterhin, dass der Tätigkeitsbericht nach S. 3 der **KOM** und dem **EDSA** zugänglich gemacht werden müssen. Der Begriff ist hier bewusst anders gewählt als die Übermittlung nach S. 2. Eine Übersendung des Berichts an die KOM und den EDSA ist danach nicht erforderlich (s. auch Selmayr in Ehmann/Selmayr DS-GVO Art. 59 Rn. 11; Boehm in Kühling/Buchner DS-GVO Art. 59 Rn. 8). Nicht geregelt ist die Befassung der Adressaten mit dem Tätigkeitsbericht. Bislang ist es üblich, dass die Parlamente den vorgelegten Tätigkeitsbericht beraten. Ob dies auch für die KOM gilt, muss bezweifelt werden. Eine Stellungn. der KOM zur Ausübung der Tätigkeit der ASB wäre ein unzulässiger Eingriff in deren Unabhängigkeit. Sinnvoll kann dagegen eine Befassung der KOM im Hinblick darauf sein, wie die DS-GVO von den Verantwortlichen und Auftragsverarbeitern angewandt wird, um ggf. Änderungsbedarf bzgl. der DS-GVO daraus ableiten zu können (eing. zur Befassung der KOM Selmayr in Ehmann/Selmayr DS-GVO Art. 59 Rn. 11). Der Tätigkeitsbericht muss nach S. 3 veröffentlicht werden, um für die Öffentlichkeit zugänglich zu sein.

Kapitel VII. Zusammenarbeit und Kohärenz

Abschnitt 1. Zusammenarbeit

Art. 60 Zusammenarbeit zwischen der federführenden Aufsichtsbehörde und den anderen betroffenen Aufsichtsbehörden

(1) [1] Die federführende Aufsichtsbehörde arbeitet mit den anderen betroffenen Aufsichtsbehörden im Einklang mit diesem Artikel zusammen und bemüht sich dabei, einen Konsens zu erzielen. [2] Die federführende Aufsichtsbehörde und die betroffenen Aufsichtsbehörden tauschen untereinander alle zweckdienlichen Informationen aus.

(2) Die federführende Aufsichtsbehörde kann jederzeit andere betroffene Aufsichtsbehörden um Amtshilfe gemäß Artikel 61 ersuchen und gemeinsame Maßnahmen gemäß Artikel 62 durchführen, insbesondere zur Durchführung von Untersuchungen oder zur Überwachung der Umsetzung einer Maßnahme in Bezug auf einen Verantwortlichen oder einen Auftragsverarbeiter, der in einem anderen Mitgliedstaat niedergelassen ist.

(3) [1] Die federführende Aufsichtsbehörde übermittelt den anderen betroffenen Aufsichtsbehörden unverzüglich die zweckdienlichen Informationen zu der Angelegenheit. [2] Sie legt den anderen betroffenen Aufsichtsbehörden unverzüglich einen Beschlussentwurf zur Stellungnahme vor und trägt deren Standpunkten gebührend Rechnung.

(4) Legt eine der anderen betroffenen Aufsichtsbehörden innerhalb von vier Wochen, nachdem sie gemäß Absatz 3 des vorliegenden Artikels konsultiert wurde, gegen diesen Beschlussentwurf einen maßgeblichen und begründeten Einspruch ein und schließt sich die federführende Aufsichtsbehörde dem maßgeblichen und begründeten Einspruch nicht an oder ist der Ansicht, dass der Einspruch nicht maßgeblich oder nicht begründet ist, so leitet die federführende Aufsichtsbehörde das Kohärenzverfahren gemäß Artikel 63 für die Angelegenheit ein.

(5) [1] Beabsichtigt die federführende Aufsichtsbehörde, sich dem maßgeblichen und begründeten Einspruch anzuschließen, so legt sie den anderen betroffenen Aufsichtsbehörden einen überarbeiteten Beschlussentwurf zur Stellungnahme vor. [2] Der überarbeitete Beschlussentwurf wird innerhalb von zwei Wochen dem Verfahren nach Absatz 4 unterzogen.

(6) Legt keine der anderen betroffenen Aufsichtsbehörden Einspruch gegen den Beschlussentwurf ein, der von der federführenden Aufsichtsbehörde innerhalb der in den Absätzen 4 und 5 festgelegten Frist vorgelegt wurde, so gelten die federführende Aufsichtsbehörde und die betroffenen Aufsichtsbehörden als mit dem Beschlussentwurf einverstanden und sind an ihn gebunden.

(7) [1] Die federführende Aufsichtsbehörde erlässt den Beschluss und teilt ihn der Hauptniederlassung oder der einzigen Niederlassung des Verantwortlichen oder

gegebenenfalls des Auftragsverarbeiters mit und setzt die anderen betroffenen Aufsichtsbehörden und den Ausschuss von dem betreffenden Beschluss einschließlich einer Zusammenfassung der maßgeblichen Fakten und Gründe in Kenntnis. [2] Die Aufsichtsbehörde, bei der eine Beschwerde eingereicht worden ist, unterrichtet den Beschwerdeführer über den Beschluss.

(8) Wird eine Beschwerde abgelehnt oder abgewiesen, so erlässt die Aufsichtsbehörde, bei der die Beschwerde eingereicht wurde, abweichend von Absatz 7 den Beschluss, teilt ihn dem Beschwerdeführer mit und setzt den Verantwortlichen in Kenntnis.

(9) [1] Sind sich die federführende Aufsichtsbehörde und die betreffenden Aufsichtsbehörden darüber einig, Teile der Beschwerde abzulehnen oder abzuweisen und bezüglich anderer Teile dieser Beschwerde tätig zu werden, so wird in dieser Angelegenheit für jeden dieser Teile ein eigener Beschluss erlassen. [2] Die federführende Aufsichtsbehörde erlässt den Beschluss für den Teil, der das Tätigwerden in Bezug auf den Verantwortlichen betrifft, teilt ihn der Hauptniederlassung oder einzigen Niederlassung des Verantwortlichen oder des Auftragsverarbeiters im Hoheitsgebiet ihres Mitgliedstaats mit und setzt den Beschwerdeführer hiervon in Kenntnis, während die für den Beschwerdeführer zuständige Aufsichtsbehörde den Beschluss für den Teil erlässt, der die Ablehnung oder Abweisung dieser Beschwerde betrifft, und ihn diesem Beschwerdeführer mitteilt und den Verantwortlichen oder den Auftragsverarbeiter hiervon in Kenntnis setzt.

(10) [1] Nach der Unterrichtung über den Beschluss der federführenden Aufsichtsbehörde gemäß den Absätzen 7 und 9 ergreift der Verantwortliche oder der Auftragsverarbeiter die erforderlichen Maßnahmen, um die Verarbeitungstätigkeiten all seiner Niederlassungen in der Union mit dem Beschluss in Einklang zu bringen. [2] Der Verantwortliche oder der Auftragsverarbeiter teilt der federführenden Aufsichtsbehörde die Maßnahmen mit, die zur Einhaltung des Beschlusses ergriffen wurden; diese wiederum unterrichtet die anderen betroffenen Aufsichtsbehörden.

(11) Hat – in Ausnahmefällen – eine betroffene Aufsichtsbehörde Grund zu der Annahme, dass zum Schutz der Interessen betroffener Personen dringender Handlungsbedarf besteht, so kommt das Dringlichkeitsverfahren nach Artikel 66 zur Anwendung.

(12) Die federführende Aufsichtsbehörde und die anderen betroffenen Aufsichtsbehörden übermitteln einander die nach diesem Artikel geforderten Informationen auf elektronischem Wege unter Verwendung eines standardisierten Formats.

BDSG und anderes nationales Recht: § 19 Abs. 2 BDSG (kommentiert unter → BDSG § 19 Rn. 3).

Literatur: *Dehmel/Hullen,* Auf dem Weg zu einem zukunftsfähigen Datenschutz in Europa, ZD 2013, 147; *Kahler,* Die Europarechtswidrigkeit der Kommissionsbefugnisse in der Grundverordnung, RDV 2013, 69; *Kaiser,* Die Aufsichtsmechanismen der neuen europäischen Datenschutzgesetzgebung – nationaler Vollzug im Spannungsfeld supranationaler Zusammenarbeit und Entscheidungsfindung, RDV 2017, 273; *Kugelmann,* Kooperation und Betroffenheit im Netzwerk – Die deutschen Datenschutzaufsichtsbehörden in Europa, ZD 2020, 76; *v. Lewinski,* Datenschutzaufsicht in Europa als Netzwerk, NVwZ

2017, 1483; *Nguyen,* Die zukünftige Datenschutzaufsicht in Europa, ZD 2015, 265; *Schultze-Melling,* Keine Aufsichtsbehörde ist eine Insel, ZD 2015, 397; *ders.,* Internationale Player und europäischer Datenschutz, Sonderveröffentlichung zu RDV 06/2017, 14; *Wagner/Ruhmann,* Irland: Das One-Stop-Shop-Verfahren, ZD-Aktuell 2019, 06546.

A. Allgemeines

Das **One-Stop-Shop-Prinzip** der DS-GVO verpflichtet die ASB, bei jeg- **1** licher grenzüberschreitenden Datenverarbeitung zusammenzuarbeiten. Für die ASB bedeutet dies eine **gewichtige Neuerung,** die auch Auswirkungen auf den Ressourcenbedarf hat. Zwar waren die ASB nach Art. 28 Abs. 6 DSRL ebenfalls gehalten, für die zur Erfüllung ihrer Kontrolltätigkeit erforderliche gegenseitige Zusammenarbeit zu sorgen. Jedoch war dies keine Verpflichtung, die wie nunmehr in der DS-GVO durch ein konkretes, in jedem Fall grenzüberschreitender Verarbeitung einzuhaltendes, Verfahren ausgeprägt war. Dementsprechend existierte für die Zusammenarbeit der ASB untereinander im Wege der Amtshilfe vor der DS-GVO keine feste Struktur. Zudem bestehen weiterhin Unterschiede im Verfahrensrecht in den beteiligten Mitgliedstaaten.

B. Anwendbarkeit und Grundsätze der Zusammenarbeit

Abs. 1 legt die Grundsätze der Zusammenarbeit fest. Die **federführende 2 ASB** ist danach zur Zusammenarbeit mit den betroffenen ASB **verpflichtet.** Diese Pflicht gilt für alle grenzüberschreitenden Verarbeitungen. Dies ergibt sich aus Art. 56 Abs. 1, der auf Art. 60 verweist. Auch die Erwägungsgründe gehen davon aus, dass das Verfahren nach Art. 60 bei allen grenzüberschreitenden Verarbeitungen zur Anwendung kommt. Nach ErwGr 124 sollte die federführende ASB in Fällen der grenzüberschreitenden Verarbeitung „mit den anderen Behörden zusammenarbeiten, die betroffen sind, weil der Verantwortliche oder Auftragsverarbeiter eine Niederlassung im Hoheitsgebiet ihres Mitgliedstaats hat, weil die Verarbeitung erhebliche Auswirkungen auf betroffene Personen mit Wohnsitz in ihrem Hoheitsgebiet hat oder weil bei ihnen eine Beschwerde eingelegt wurde." Über den Verweis in Art. 56 Abs. 4 kommt das Verfahren nach Art. 60 auch bei Verarbeitungen zur Anwendung, die nicht grenzüberschreitend sind, mit denen sich die federführende ASB nach Unterrichtung durch die betroffene ASB aber befasst. Das Recht, Beschlüsse zu erlassen, hat in Fällen grenzüberschreitender Verarbeitung allein die federführende ASB, ErwGr 125.

Das Verfahren nach Art. 60 ist demnach immer anzuwenden, bevor die **3** federführende ASB einen **Beschl. in Fragen der grenzüberschreitenden Verarbeitung** oder in den Fällen des Art. 56 Abs. 2 erlässt. Ausdr. genannt sind in Art. 60 Beschlüsse über den Umgang mit Beschwerden (Abs. 7–9). Dies ist allerdings nicht als abschl. Anwendungsfall zu verstehen. Vielmehr sind Beschwerden nur deshalb besonders geregelt, weil es hier mit dem Beschwerdeführer einen weiteren Adressaten des Beschl. gibt. Dementsprechend beziehen sich die Regelungen auf die Kommunikation mit dem Beschwerdeführer. Beschlüsse isd Art. 60 können sich grds. auf die Ausübung jeglicher Befugnisse der ASB beziehen, wie ErwGr 125 verdeutlicht. Dazu gehören neben Prüfungen und sich ggf. anschließenden Warnungen, Verwarnungen, Anweisungen oder Anordnungen (Art. 2 lit. a–g) zB auch vorherige Konsultationen (Art. 3 lit. a), Zertifizierungen (Art. 58 Abs. 3 lit. f) oder die Verhängung von Geldbußen (Art. 58 Abs. 2 lit. i). Einige Befugnisse kann die federführende ASB dagegen in Fällen von grenzüberschreitender Bedeutung nur im Kohärenzverfahren nach Art. 63 durchführen, zB die Billigung von Verhaltensregeln (Art. 58 Abs. 3 lit. d, Art. 40 Abs. 7) die Genehmigung von Vertragsklauseln nach Art. 46 Abs. 3 (Art. 58 Abs. 3 lit. h, Art. 46 Abs. 4) und verbindlichen internen Datenschutzvorschriften nach Art. 47 Abs. 1. In diesen Fällen kommt das Verfahren nach Art. 60 nicht zur Anwendung.

4   Abs. 1 verpflichtet die federführende ASB zur Zusammenarbeit mit den anderen betroffenen ASB. Ziel der Zusammenarbeit ist die Erzielung eines gemeinsamen Erg. möglichst im Konsens. Auf diesen hinzuwirken ist ausdr. Aufgabe der federführenden ASB. An alle betroffenen ASB richtet sich die in Abs. 1 S. 2 festgelegte Pflicht, gegenseitig alle **zweckdienlichen Informationen auszutauschen.** Eine Befugnis zur gegenseitigen Übermittlung personenbezogener Daten ist damit unmittelbar jedoch nicht verbunden (→ Art. 61 Rn. 2).

5   Da das Modell der federführenden und der betroffenen ASB nur für grenzüberschreitende Verarbeitungen gilt, die nur bei Betroffenheit mehrerer Mitgliedstaaten vorliegen kann, ist das Verfahren nach Art. 60 nicht anwendbar auf **rein nationale Sachverhalte,** durch die ausschl. ASB innerhalb eines Mitgliedstaats betroffen sind.

C. Untersuchung der Datenverarbeitung

6 Hinsichtlich der **Sachverhaltsaufklärung,** die jedem Beschl. der ASB zwingend vorausgehen muss, ist eine Pflicht der federführenden ASB zur Zusammenarbeit mit den betroffenen ASB nicht ausdr. festgelegt. Hier beschr. sich die DS-GVO in Abs. 2 auf die – aufgrund der ohnehin nach Art. 61 und 62 bestehenden Befugnisse – rein deklaratorisch zu verstehende Regelung der Befugnis der federführenden ASB, mit den betroffenen ASB zusammenzuarbeiten (Nguyen in BeckOK DatenschutzR DS-GVO Art. 60 Rn. 7). Eine Pflicht dazu wäre auch nicht in jedem Fall einhaltbar. Dies gilt va dann, wenn die betroffenen ASB nicht über eigene Ermittlungsbefugnisse verfügen, weil in ihrem Hoheitsgebiet zB keine Niederlassung angesiedelt ist. Ist eine Niederlassung im Hoheitsgebiet des betroffenen Mitgliedstaats vorhanden, fehlt es oft an tatsächlichen Ermittlungsmöglichkeiten, wenn zB der Verantwortliche oder Auftragsverarbeiter Auskünfte zu Fragen grenzüberschreitender Datenverarbeitung nur ggü. der federführenden Behörde erteilt. Vor diesem Hintergrund ist die ausdr. Erwähnung der Zusammenarbeit bei Untersuchungen in Abs. 2 so zu verstehen, dass nach Möglichkeit hiervon Gebrauch gemacht werden sollte. Die Regelung bekräftigt den Gedanken der Zusammenarbeit der ASB.

D. Information durch die federführende Aufsichtsbehörde (Abs. 3)

Abs. 3 regelt die Informationspflichten der federführenden ASB ggü. den **7** betroffenen ASB. Zur Abstimmung über den Beschl. übermittelt die federführende ASB unverzüglich die **zweckdienlichen Informationen** zu der Angelegenheit an die betroffenen ASB. Sie legt ihnen außerdem ebenfalls unverzüglich einen Beschlussentwurf zur Stellungn. vor. Offen bleibt, wann die Pflicht zur Übermittlung der Informationen entsteht, dh ob sie unmittelbar nach Kenntniserlangung von einer Beschwerde oder einem Verstoß entsteht oder ob die Informationen erst mit dem Beschlussvorschlag übermittelt werden müssen. Ersteres würde es den betroffenen ASB ermöglichen, sich aus eigener Initiative an der Sachverhaltsaufklärung zu beteiligen. Auf diese Weise können bei den betroffenen ASB verfügbare Erkenntnisse frühzeitig berücksichtigt werden, was für die Effizienz des Verfahrens, das einheitliche Auftreten der ASB ggü. Verantwortlichen und Auftragsverarbeitern und letztlich auch für das Gelingen der Konsensfindung zwischen den beteiligten ASB förderlich ist. ISd Grundgedankens der Zusammenarbeit ist Abs. 3 daher so zu verstehen, dass die Pflicht zur Information über die Angelegenheit unverzüglich nach Kenntniserlangung von ders. entsteht (s. auch Dix in Kühling/ Buchner DS-GVO Art. 60 Rn. 8; Nguyen in BeckOK DatenschutzR DS-GVO Art. 60 Rn. 8). Insbes. bei Eingang von Beschwerden hat die federführende Behörde daher unverzüglich zu prüfen, ob es sich um eine Angelegenheit der grenzüberschreitenden Datenverarbeitung handelt und bei positivem Erg. unverzüglich die betroffenen ASB zu informieren.

E. Abstimmung über den Beschluss (Abs. 3–6)

Ist die Sachverhaltsermittlung und Entscheidungsfindung der federführenden **8** ASB über das weitere Vorgehen abgeschlossen, was nach nationalem Verfahrensrecht insbes. auch eine Anhörung des Verantwortlichen oder Auftragsverarbeiters beinhalten kann (dazu Polenz in Simitis/Hornung/Spiecker gen. Döhmann DSGVO Art. 60 Rn. 17), beginnt die Abstimmung. Das Abstimmungsverfahren zwischen den beteiligten ASB wird durch die federführende ASB eingeleitet, indem sie den betroffenen ASB einen Beschlussvorschlag vorlegt (Abs. 3 S. 2). Die Kommunikation zwischen den ASB erfolgt nach Abs. 6 elektronisch. Damit entfällt ein zusätzlicher Zeitaufwand für die Zustellung. Ab Eingang des Entwurfs beginnt eine vierwöchige Frist für die betroffenen ASB, innerhalb derer sie den Entwurf prüfen und eine Stellungn. abgeben können (Abs. 4). Ist eine betroffene ASB mit dem Entwurf nicht einverstanden, kann sie einen **maßgeblichen und begr. Einspruch** dagegen einlegen (Abs. 4). Der Begriff des maßgeblichen und begr. Einspruchs ist in Art. 4 Nr. 24 definiert; gleichwohl bedürfen die Anforderungen an einen solchen Einspruch der näheren Ausgestaltung durch Leitlinien des EDSA (s. ErwGr 124 aE). Die federführende ASB ist nach Abs. 3 gehalten, dem Standpunkt anderer betroffener ASB gebührend Rechnung zu tragen. Sie wird daher sorgfältig prüfen müssen, ob sie sich dem Einspruch anschließt und darf diesen nicht leichtfertig verwerfen. Schließt sie sich dem Einspruch an, überarb. sie ihren Beschlussentwurf und legt den neuen Entwurf erneut zur Abstimmung vor (Abs. 5). Hierfür gilt wieder das Verfahren nach Abs. 4, dh es ist auch hier wieder ein Einspruch möglich. Einziger Unterschied ist die Frist, die ab der zweiten Abstimmungsrunde zwei Wochen beträgt. Da die DS-GVO keine Beschränkung enthält, sind unbegrenzt viele Abstimmungsrunden möglich (Eichler in Gola DS-GVO Art. 60 Rn. 17; für eine Vorlage an den EDSA nach erfolglosem Ablauf der zweiten Abstimmung dagegen Dix in Kühling/Buchner DS-GVO Art. 60 Rn. 17). Keine Regelung ist vorgesehen für den in der Praxis zu erwartenden Fall, dass mehrere betroffene ASB Einsprüche einlegen, die sich gegenseitig widersprechen. Auch in solchen Fällen ist es zunächst Aufgabe der federführenden ASB, durch Ausloten von Kompromissmöglichkeiten einen Konsens zwischen allen beteiligten Behörden zu suchen.

9 Schließt sich die federführende ASB dem Einspruch einer betroffenen ASB nicht an – entweder weil sie ihn in der Sache nicht teilt oder weil der Einspruch nicht maßgeblich und begr. ist (Abs. 4) –, endet das Verfahren nach Art. 60. Die federführende ASB leitet in diesem Fall das **Kohärenzverfahren** nach Art. 63 ein. Legt hingegen keine der betroffenen ASB Einspruch gegen den vorgelegten Beschlussentwurf ein, gilt dieser als geeinigt. Eine ausdrückliche Zustimmung der ASB ist hierfür nicht erforderlich; Schweigen reicht aus (Eichler in Gola DSGVO Art. 60 Rn. 18). Die federführende und die betroffenen ASB gelten nach Abs. 6 an den Beschluss gebunden. Unklar ist, ob die **Bindungswirkung** nur für diejenigen ASB gilt, die am konkreten Verfahren tatsächlich beteiligt waren (Polenz in Simitis/Hornung/Spiecker gen. Döhmann Art. 60 Rn. 15) oder ob sie für sämtliche betroffene ASB eintritt (so zutr. Dix in Kühling/Buchner DS-GVO Art. 60 Rn. 18 und Nguyen in BeckOK DatenschutzR Art. 60 Rn. 13 ff., der darauf abstellt, ob die ASB unter Berücksichtigung der bis zum Abschluss des Verfahrens bekannten Umstände zu beteiligen war).

F. Erlass des Beschlusses (Abs. 7–9)

10 Bei der in Abs. 7 bis 9 geregelten Frage, welche ASB den Beschl. erlässt, kommen die in Art. 56 geregelten Grundsätze über den Ansprechpartner für Verantwortliche, Auftragsverarbeiter und betroffene Personen zum Tragen. Soweit der Beschl. den Verantwortlichen oder den Auftragsverarbeiter beschwert, erlässt ihn die federführende Behörde. Soweit er hingegen die betroffene Person beschwert, weil ihre Beschwerde abgewiesen wird, erlässt ihn diejenige ASB, bei der die Beschwerde eingelegt wurde. Dies ist im Hinblick auf die Nähe der ASB zu den betroffenen Personen und im Hinblick auf den Rechtsschutz nach Art. 78 gegen Beschlüsse der ASB sachgerecht (zu den Rechtsschutzmöglichkeiten gegen Beschlüsse nach Art. 60 → Art. 78 Rn. 14 ff.). Nicht ausdr. geregelt ist der Fall, dass eine gleichlautende Beschwerde von einer betroffenen Person bei mehreren ASB gleichzeitig eingereicht wird. In diesem Fall müssen, um den Rechtsschutz der betroffenen Person nicht zu beschneiden, alle ASB einen Beschl. erlassen. Die erlassende Behörde teilt den Beschl. dem betroffenen Adressaten mit. Die jeweils andere, nicht durch den Beschl. beschwerte Partei, wird lediglich über den Beschl. unterrichtet bzw. in Kenntnis gesetzt. Gleiches gilt für die anderen betroffenen ASB und den EDSA, die nach Abs. 7 über Beschlüsse gegen Verantwortliche und Auftragsverarbeiter in Kenntnis gesetzt werden. Ihnen wird gleichzeitig eine Zusammenfassung der maßgeblichen Fakten und Gründe übermittelt. Dies fehlt bei der Unterrichtung von nicht durch den Beschl. beschwerten betroffenen Personen und Verantwortlichen sowie Auftragsverarbeitern. Hier reicht nach der DS-GVO eine bloße Mitteilung des Erg. aus. ISd Grundrechtsschutzes und der Transparenz sollten jedoch die betroffenen Personen auch bei Beschlüssen, mit denen ihre Beschwerde angenommen wird, soweit informiert werden, wie dies mit Rücksicht auf Betriebs- und Geschäftsgeheimnisse des Verantwortlichen oder Auftragsverarbeiters und etwaiger anderer entgegenstehender Interessen möglich ist. Die Kommunikation mit der betroffenen Person erfolgt stets durch die ASB, bei der die Person die Beschwerde eingereicht hat. Die Kommunikation mit dem Verantwortlichen oder dem Auftragsverarbeiter ist unterschiedlich gestaltet. Grds. teilt die federführende ASB den Beschl. mit. Wird mit dem Beschl. allerdings eine Beschwerde einer betroffenen Person abgelehnt, erfolgt die Unterrichtung durch die ASB, bei der die Beschwerde eingegangen ist.

G. Umsetzung des Beschlusses durch den Verantwortlichen (Abs. 10)

Abs. 10 regelt das Verfahren der Umsetzung von Beschlüssen. S. 1, nach der **11** der Verantwortliche oder Auftragsverarbeiter die zur Umsetzung des Beschl. **erforderlichen Maßnahmen ergreift,** hat lediglich deklaratorische Bedeutung (Nguyen in BeckOK DatenschutzR DS-GVO Art. 60 Rn. 19). Die Pflicht ergibt sich unmittelbar aus dem Beschl., wenn die federführende ASB von ihren Abhilfebefugnissen nach Art. 58 Abs. 2 Gebrauch macht. Nach Abs. 10 S. 2 hat der Adressat des Beschl. der federführenden ASB die ergriffenen Maßnahmen mitzuteilen. Eine Regelung trifft Art. 60 nur für den – unproblematischen – Fall, dass diese Mitteilung erfolgt. Nach Abs. 10 S. 2 unterrichtet die federführende ASB die betroffenen ASB über die Maßnahmen.

Nicht geregelt ist die Beteiligung der betroffenen ASB für den Fall, dass **12** entweder **keine Maßnahmen** durch den Verantwortlichen oder Auftragsverarbeiter ergriffen oder der federführenden ASB mitgeteilt werden oder dass eine betroffene ASB die mitgeteilten Maßnahmen **nicht für ausreichend hält.** Die federführende ASB muss in solchen Fällen entscheiden, ob sie nach Maßgabe ihres nationalen Rechts den Beschl. im Wege der Verwaltungsvollstreckung durchsetzt. Solche Fragen können in jedem Fall von den betroffenen ASB zum Gegenstand einer Stellungn. des EDSA im Verfahren nach Art. 64 Abs. 2 gemacht werden.

H. Dringlichkeitsverfahren (Abs. 11)

13 Für Ausnahmefälle ist eine Anwendung des Dringlichkeitsverfahrens nach Art. 66 vorgesehen. Es reicht hierfür aus, dass eine betroffene ASB **dringenden Handlungsbedarf** sieht. Nach Art. 66 kann diese ASB selbst einstweilige Maßnahmen ergreifen, ohne diese mit den anderen betroffenen ASB vorher abzustimmen. Auch die federführende ASB ist nicht vorab zu beteiligen.

I. Kommunikation der Aufsichtsbehörden (Abs. 12)

14 Die Kommunikation der ASB erfolgt nach Abs. 12 in elektronischer Form. Dies ist angesichts der großen Anzahl möglicher beteiligter ASB sowie zur Beschleunigung des Verfahrens unumgänglich. Für den Austausch ist ein **standardisiertes Format** zu verwenden, das die KOM nach Art. 61 Abs. 9 im Wege von Durchführungsrechtsakten festlegen kann.

Art. 61 Gegenseitige Amtshilfe

(1) ¹ Die Aufsichtsbehörden übermitteln einander maßgebliche Informationen und gewähren einander Amtshilfe, um diese Verordnung einheitlich durchzuführen und anzuwenden, und treffen Vorkehrungen für eine wirksame Zusammenarbeit. ² Die Amtshilfe bezieht sich insbesondere auf Auskunftsersuchen und aufsichtsbezogene Maßnahmen, beispielsweise Ersuchen um vorherige Genehmigungen und eine vorherige Konsultation, um Vornahme von Nachprüfungen und Untersuchungen.

(2) ¹ Jede Aufsichtsbehörde ergreift alle geeigneten Maßnahmen, um einem Ersuchen einer anderen Aufsichtsbehörde unverzüglich und spätestens innerhalb eines Monats nach Eingang des Ersuchens nachzukommen. ² Dazu kann insbesondere auch die Übermittlung maßgeblicher Informationen über die Durchführung einer Untersuchung gehören.

(3) ¹ Amtshilfeersuchen enthalten alle erforderlichen Informationen, einschließlich Zweck und Begründung des Ersuchens. ² Die übermittelten Informationen werden ausschließlich für den Zweck verwendet, für den sie angefordert wurden.

(4) Die ersuchte Aufsichtsbehörde lehnt das Ersuchen nur ab, wenn

a) sie für den Gegenstand des Ersuchens oder für die Maßnahmen, die sie durchführen soll, nicht zuständig ist oder

b) ein Eingehen auf das Ersuchen gegen diese Verordnung verstoßen würde oder gegen das Unionsrecht oder das Recht der Mitgliedstaaten, dem die Aufsichtsbehörde, bei der das Ersuchen eingeht, unterliegt.

(5) ¹ Die ersuchte Aufsichtsbehörde informiert die ersuchende Aufsichtsbehörde über die Ergebnisse oder gegebenenfalls über den Fortgang der Maßnahmen, die getroffen wurden, um dem Ersuchen nachzukommen. ² Die ersuchte Aufsichtsbehörde erläutert gemäß Absatz 4 die Gründe für die Ablehnung des Ersuchens.

(6) Die ersuchten Aufsichtsbehörden übermitteln die Informationen, um die von einer anderen Aufsichtsbehörde ersucht wurde, in der Regel auf elektronischem Wege unter Verwendung eines standardisierten Formats.

(7) ¹ Ersuchte Aufsichtsbehörden verlangen für Maßnahmen, die sie aufgrund eines Amtshilfeersuchens getroffen haben, keine Gebühren. ² Die Aufsichtsbehörden können untereinander Regeln vereinbaren, um einander in Ausnahmefällen besondere aufgrund der Amtshilfe entstandene Ausgaben zu erstatten.

(8) ¹ Erteilt eine ersuchte Aufsichtsbehörde nicht binnen eines Monats nach Eingang des Ersuchens einer anderen Aufsichtsbehörde die Informationen gemäß Absatz 5, so kann die ersuchende Aufsichtsbehörde eine einstweilige Maßnahme im Hoheitsgebiet ihres Mitgliedstaats gemäß Artikel 55 Absatz 1 ergreifen. ² In diesem Fall wird von einem dringenden Handlungsbedarf gemäß Artikel 66 Absatz 1 ausgegangen, der einen im Dringlichkeitsverfahren angenommenen verbindlichen Beschluss des Ausschuss gemäß Artikel 66 Absatz 2 erforderlich macht.

(9) ¹ Die Kommission kann im Wege von Durchführungsrechtsakten Form und Verfahren der Amtshilfe nach diesem Artikel und die Ausgestaltung des elektronischen Informationsaustauschs zwischen den Aufsichtsbehörden sowie zwischen den Aufsichtsbehörden und dem Ausschuss, insbesondere das in Absatz 6 des vorliegenden Artikels genannte standardisierte Format, festlegen. ² Diese Durchführungsrechtsakte werden gemäß dem in Artikel 93 Absatz 2 genannten Prüfverfahren erlassen.

BDSG und anderes nationales Recht: –

Literatur: *Kugelmann,* Kooperation und Betroffenheit im Netzwerk – Die deutschen Datenschutzaufsichtsbehörden in Europa, ZD 2020, 76; *v. Lewinski,* Datenschutzaufsicht in Europa als Netzwerk, NVwZ 2017, 1483.

A. Allgemeines

Die Pflicht der ASB zur gegenseitigen Amtshilfe enthielt bereits die DSRL in **1** Art. 28 Abs. 6. Die Regelung beschr. sich jedoch auf den Grundsatz der gegenseitigen Unterstützung im Wege der Amtshilfe und des Austauschs von Informationen. Genauere Anforderungen an die Amtshilfe, wie sie nun in Art. 61 festgelegt sind, fehlten in der DSRL. Auch im BDSG aF ist diese Pflicht nicht näher ausgestaltet worden (s. § 38 Abs. 1 S. 5 BDSG aF). Die DS-GVO enthält in Art. 61 konkrete Vorgaben über die gegenseitige Gewährung von Amtshilfe, die durch Durchführungsrechtsakte der KOM näher ausgestaltet werden können. Sie gehen den Vorschr. im nationalen Recht über die Europ. Verwaltungszusammenarbeit (§ 8a VwVfG des Bundes und entspr. Regelungen im Landesrecht) vor (Kopp/Ramsauer VwVfG § 8a Rn. 9, 11).

B. Grundsätze der Zusammenarbeit

2 Abs. 1 verpflichtet die ASB zum Austausch von Informationen, zur gegenseitigen Amtshilfe und, im Vorfeld der Amtshilfe, generell dazu, Vorkehrungen für eine wirksame Zusammenarbeit zu treffen. Damit geht die Verpflichtung weit über die Unterstützung und den Austausch im Einzelfall hinaus. Vielmehr sind die ASB gefordert, eine Struktur zu schaffen, die in Einzelfällen eine schnelle und reibungslose Zusammenarbeit ermöglicht. Dazu gehört als Basis das in Abs. 6 und Art. 60 Abs. 12 genannte Format für den elektronischen Austausch von Informationen (→ Art. 67 Rn. 3). Zudem kommen personelle Ressourcen einschl. Kontaktstellen für Amtshilfe in Betracht (Eichler in Gola DS-GVO Art. 61 Rn. 3). Auch hinsichtlich der sprachlichen Verständigung werden Vorkehrungen zu treffen sein, insbes. Übersetzungen der Kommunikation mit betroffenen Personen sowie Verantwortlichen und Auftragsverarbeitern sowie von diesen zur Vfg. gestellten Unterlagen. Wie in Art. 60 Abs. 1 bezieht sich die in Abs. 1 S. 1 geregelte Pflicht zum Informationsaustausch nicht ausdr. auf personenbezogene Daten. Den Anforderungen an die Bestimmtheit gesetzlicher Befugnisse für die Verarbeitung personenbezogener Daten entspricht die Regelung nicht, so dass sie nicht als Befugnis zum Austausch personenbezogener Daten zu verstehen ist. Dies galt bereits für die Regelung in Art. 28 Abs. 6 DSRL (und gilt erst recht für die DS-GVO). Denn die DS-GVO unterscheidet, anders als die DSRL an anderer Stelle ganz deutlich zwischen Aufgaben und Befugnissen (s. Art. 57 und 58). Sie unterscheidet außerdem zwischen dem Oberbegriff der Informationen und dessen Unterkategorie der personenbezogenen Daten (vgl. Art. 4 Nr. 1). Eine Übermittlung personenbezogener Daten ist nur unter den Voraussetzungen des für die ASB geltenden Art. 6 Abs. 1 lit. e zulässig, dh soweit sie zur Zusammenarbeit erforderlich ist (Dix in Kühling/Buchner DS-GVO Art. 61 Rn. 8).

3 Die Gegenstände, auf die sich die Amtshilfe bezieht, sind in Abs. 1 S. 2 beispielhaft genannt. Hierbei handelt es sich va um **Unterstützungsleistungen bei Untersuchungen** über die Datenverarbeitung. Dies liegt nahe, wenn ein Verantwortlicher oder Auftragsverarbeiter mehrere Niederlassungen betreibt. Die Festlegung der ausschl. Zuständigkeit der federführenden ASB für Fälle der grenzüberschreitenden Verarbeitung macht es erforderlich, dass die federführende ASB durch die ASB an den Orten von Niederlassungen unterstützt wird, soweit die zu überprüfende Datenverarbeitung in den Niederlassungen anderer Mitgliedstaaten vorgenommen wird. Ist in solchen Fällen eine Kontrolle vor Ort oder ein direktes Auskunftsersuchen an die Niederlassung erforderlich, kann dies nur im Wege der Amtshilfe der ASB am Ort der Niederlassung für die zuständige federführende ASB erfolgen. Auch zur Feststellung der Hauptniederlassung kann Amtshilfe erforderlich sein (Eichler in Gola DS-GVO Art. 61 Rn. 4). Die Bsp. der vorherigen Genehmigung und vorherigen Konsultation verdeutlichen, dass gegenseitige Amtshilfe nicht nur bei der Ausübung von Untersuchungs- und Abhilfebefugnissen geleistet werden kann und soll, sondern auch bei beratender oder genehmigender

Tätigkeit der ASB. Nicht von der Amtshilfe umfasst sind die Verhängung von Geldbußen und die Vollstreckung von Geldbußen oder Anordnungen (Dix in Kühling/Buchner DS-GVO Art. 61 Rn. 10).

C. Frist (Abs. 2)

Abs. 2 setzt der ersuchten ASB eine Frist von **höchstens einem Monat** für 4 die Beantwortung des Amtshilfeersuchens, stellt aber durch die Formulierung „unverzüglich" klar, dass diese Frist nicht ausgeschöpft werden darf, wenn eine frühere Beantwortung möglich ist. Muss die ASB Maßnahmen ergreifen, um dem Amtshilfeersuchen nachzukommen, bspw. ein Auskunftsverlangen an den Verantwortlichen stellen oder eine Kontrolle vor Ort durchführen, reicht es zur Wahrung der Frist aus, wenn sie diese Maßnahmen ergreift (so ausdr. die Formulierung in S. 1). Sie müssen nicht innerhalb dieser Frist abgeschlossen sein. Gerade bei schriftlichen Auskunftsersuchen wird aufgrund der Antwortzeiten und ggf. erforderlich werdenden Rückfragen eine abschl. Bearbeitung innerhalb eines Monats nicht immer möglich sein (Nguyen in BeckOK DatenschutzR DS-GVO Art. 61 Rn. 7).

D. Durchführung der Amtshilfe

Die Gewährung von Amtshilfe erfolgt auf ein Ersuchen durch die zuständige 5 ASB hin. Abs. 3 schreibt den **Inhalt des Ersuchens** vor. Es muss alle erforderlichen Informationen enthalten, den Zweck der Amtshilfe beschreiben und das Ersuchen begründen. Erfüllt das Ersuchen aus Sicht der ersuchten ASB diese Anforderungen nicht, muss sie aufgrund ihrer Pflicht zur Zusammenarbeit die ersuchende ASB darauf hinweisen. Die Frist nach Abs. 2 beginnt jedoch erst, wenn die ersuchte ASB über alle erforderlichen Informationen einschl. der Begr. des Ersuchens verfügt (Eichler in Gola DS-GVO Art. 61 Rn. 6; Nguyen in BeckOK DatenschutzR DS-GVO Art. 61 Rn. 7).

Die ersuchte ASB kann ein **Amtshilfeersuchen** nur unter den in Abs. 4 6 eng definierten Voraussetzungen **ablehnen.** Die Ausnahmen beschränken sich auf die Unzuständigkeit der ersuchten ASB (lit. a) und entgegenstehende Rechtsvorschriften der DS-GVO, des Unionsrechts oder des nationalen Rechts (lit. b). Die Ablehnung ist ggü. der ersuchenden ASB zu begründen, Abs. 5 S. 2. Nimmt die ASB das Ersuchen an, informiert sie nach Abs. 5 S. 1 die ersuchende ASB über die von ihr ergriffenen Maßnahmen und die erzielten Erg. Der Austausch von Informationen erfolgt nach Abs. 6 elektronisch unter Verwendung eines standardisierten Formats (→ Art. 67 Rn. 3). Abs. 3 legt eine strenge Zweckbindung für die Informationen fest, die bei Durchführung der Amtshilfe ausgetauscht werden. Dies muss sowohl für die von der ersuchten ASB übermittelten Daten als auch für die Informationen gelten, die die ersuchende der ersuchten ASB für die Bearbeitung des Ersuchens mitteilt (aA Nguyen in BeckOK DatenschutzR DSGVO Art. 61 Rn. 10). Sie dürfen ausschl. für den Zweck verwendet werden, für den sie angefordert wurden (für ein weiteres Verständnis Dix in Kühling/Buchner DS-GVO Art. 61 Rn. 12; Eichler in Gola DS-GVO Art. 61 Rn. 8; Nguyen in BeckOK DatenschutzR DSGVO Art. 61 Rn. 9).

E. Folgen unterbliebener Amtshilfe (Abs. 8)

7 Erhält die ersuchende ASB innerhalb der in Abs. 2 genannten Monatsfrist keine Informationen über die Erg. der Amtshilfe, kann sie nach Abs. 8 **einstweilige Maßnahmen** gegen den Verantwortlichen oder Auftragsverarbeiter erlassen (dazu Dix in Kühling/Buchner DS-GVO Art. 61 Rn. 20 f.). Die Maßnahmen sind auf ihr Hoheitsgebiet beschr. Es gelten die Vorschr. für das Dringlichkeitsverfahren nach Art. 66 (→ Art. 66 Rn. 4 ff.). Zudem kann ua jede ASB nach Art. 64 Abs. 2 eine Prüfung und Stellungnahme durch den EDSA beantragen (→ Art. 64 Rn. 4).

F. Kosten (Abs. 7)

8 Die Kosten für die zur Erfüllung des Amtshilfeersuchens ergriffenen Maßnahmen trägt die **ersuchte ASB** grds. selbst. Sie kann hierfür von der ersuchenden Behörde keine Gebühren verlangen. Ausnahmen hiervon sind grds. möglich, bedürfen aber einer Vereinbarung der ASB untereinander. Nach dem Wortlaut kommen hierfür sowohl generelle Regelungen der ASB für die Durchführung von Amtshilfemaßnahmen als auch bilaterale Vereinbarungen im Einzelfall in Betracht (s. auch Dix in Kühling/Buchner DS-GVO Art. 61 Rn. 19).

G. Ausgestaltung des Verfahrens durch die Kommission (Abs. 9)

9 Über die nähere Ausgestaltung des Amtshilfeverfahrens und des standardisierten Formats für den elektronischen Austausch von Informationen bestimmen nicht die ASB selbst; vielmehr ist die Bestimmung von Form und Verfahren der Amtshilfe nach Abs. 9 und Art. 67 eine der wenigen aus dem Entwurf der KOM erhalten gebliebenen Regelungsbefugnisse der KOM (→ Art. 67 Rn. 3).

Art. 62 Gemeinsame Maßnahmen der Aufsichtsbehörden

(1) **Die Aufsichtsbehörden führen gegebenenfalls gemeinsame Maßnahmen einschließlich gemeinsamer Untersuchungen und gemeinsamer Durchsetzungsmaßnahmen durch, an denen Mitglieder oder Bedienstete der Aufsichtsbehörden anderer Mitgliedstaaten teilnehmen.**

(2) [1]**Verfügt der Verantwortliche oder der Auftragsverarbeiter über Niederlassungen in mehreren Mitgliedstaaten oder werden die Verarbeitungsvorgänge voraussichtlich auf eine bedeutende Zahl betroffener Personen in mehr als einem**

Mitgliedstaat erhebliche Auswirkungen haben, ist die Aufsichtsbehörde jedes dieser Mitgliedstaaten berechtigt, an den gemeinsamen Maßnahmen teilzunehmen. [2] Die gemäß Artikel 56 Absatz 1 oder Absatz 4 zuständige Aufsichtsbehörde lädt die Aufsichtsbehörde jedes dieser Mitgliedstaaten zur Teilnahme an den gemeinsamen Maßnahmen ein und antwortet unverzüglich auf das Ersuchen einer Aufsichtsbehörde um Teilnahme.

(3) [1] Eine Aufsichtsbehörde kann gemäß dem Recht des Mitgliedstaats und mit Genehmigung der unterstützenden Aufsichtsbehörde den an den gemeinsamen Maßnahmen beteiligten Mitgliedern oder Bediensteten der unterstützenden Aufsichtsbehörde Befugnisse einschließlich Untersuchungsbefugnisse übertragen oder, soweit dies nach dem Recht des Mitgliedstaats der einladenden Aufsichtsbehörde zulässig ist, den Mitgliedern oder Bediensteten der unterstützenden Aufsichtsbehörde gestatten, ihre Untersuchungsbefugnisse nach dem Recht des Mitgliedstaats der unterstützenden Aufsichtsbehörde auszuüben. [2] Diese Untersuchungsbefugnisse können nur unter der Leitung und in Gegenwart der Mitglieder oder Bediensteten der einladenden Aufsichtsbehörde ausgeübt werden. [3] Die Mitglieder oder Bediensteten der unterstützenden Aufsichtsbehörde unterliegen dem Recht des Mitgliedstaats der einladenden Aufsichtsbehörde.

(4) Sind gemäß Absatz 1 Bedienstete einer unterstützenden Aufsichtsbehörde in einem anderen Mitgliedstaat im Einsatz, so übernimmt der Mitgliedstaat der einladenden Aufsichtsbehörde nach Maßgabe des Rechts des Mitgliedstaats, in dessen Hoheitsgebiet der Einsatz erfolgt, die Verantwortung für ihr Handeln, einschließlich der Haftung für alle von ihnen bei ihrem Einsatz verursachten Schäden.

(5) [1] Der Mitgliedstaat, in dessen Hoheitsgebiet der Schaden verursacht wurde, ersetzt diesen Schaden so, wie er ihn ersetzen müsste, wenn seine eigenen Bediensteten ihn verursacht hätten. [2] Der Mitgliedstaat der unterstützenden Aufsichtsbehörde, deren Bedienstete im Hoheitsgebiet eines anderen Mitgliedstaats einer Person Schaden zugefügt haben, erstattet diesem anderen Mitgliedstaat den Gesamtbetrag des Schadenersatzes, den dieser an die Berechtigten geleistet hat.

(6) Unbeschadet der Ausübung seiner Rechte gegenüber Dritten und mit Ausnahme des Absatzes 5 verzichtet jeder Mitgliedstaat in dem Fall des Absatzes 1 darauf, den in Absatz 4 genannten Betrag des erlittenen Schadens anderen Mitgliedstaaten gegenüber geltend zu machen.

(7) [1] Ist eine gemeinsame Maßnahme geplant und kommt eine Aufsichtsbehörde binnen eines Monats nicht der Verpflichtung nach Absatz 2 Satz 2 des vorliegenden Artikels nach, so können die anderen Aufsichtsbehörden eine einstweilige Maßnahme im Hoheitsgebiet ihres Mitgliedstaats gemäß Artikel 55 ergreifen. [2] In diesem Fall wird von einem dringenden Handlungsbedarf gemäß Artikel 66 Absatz 1 ausgegangen, der eine im Dringlichkeitsverfahren angenommene Stellungnahme oder einen im Dringlichkeitsverfahren angenommenen verbindlichen Beschluss des Ausschusses gemäß Artikel 66 Absatz 2 erforderlich macht.

BDSG und anderes nationales Recht: –

Literatur: *Kugelmann,* Kooperation und Betroffenheit im Netzwerk – Die deutschen Datenschutzaufsichtsbehörden in Europa, ZD 2020, 76; *v. Lewinski,* Datenschutzaufsicht in Europa als Netzwerk, NVwZ 2017, 1483.

A. Allgemeines

1 Art. 62 regelt das Verfahren der Zusammenarbeit der ASB bei gemeinsamen Maßnahmen. Als gemeinsame Maßnahmen iSd Art. 62 sind Maßnahmen von ASB aus mehreren Mitgliedstaaten anzusehen, die im Hoheitsgebiet einer ASB gemeinsam von Mitgliedern und Bediensteten der verschiedenen teilnehmenden ASB durchgeführt werden. Die Durchführung gemeinsamer Maßnahmen ist als Pflichtaufgabe der ASB ausgestaltet. Die Pflicht wird allerdings dadurch relativiert, dass die Entsch., in welchen Fällen eine gemeinsame Maßnahme zweckmäßig und angemessen ist („gegebenenfalls" in Abs. 1, englische Sprachfassung „where appropriate"), den ASB überlassen bleibt. Die Entsch. über die Durchführung von gemeinsamen Maßnahmen trifft die einladende ASB. Dies ist bei grenzüberschreitender Verarbeitung die federführende ASB.

B. Gemeinsame Maßnahmen (Abs. 1)

2 Als Hauptanwendungsfall für gemeinsame Maßnahmen kommen sicherlich die in Abs. 1 genannten **gemeinsamen Prüfungen und Untersuchungen** sowie gemeinsame Durchsetzungsmaßnahmen in Betracht. Letzteres bietet sich insbes. in Fällen des Art. 56 Abs. 2 an, wenn die ASB am Ort der Hauptniederlassung sich nicht mit dem Fall befasst. In solchen Fällen wendet die ASB am Ort der betroffenen Niederlassung nach Art. 56 Abs. 5 das Verfahren des Art. 62 an (→ Art. 56 Rn. 7).

C. Einladung und Teilnahme (Abs. 2)

3 Die Einladung zum gemeinsamen Verfahren und somit die Koordinierung des Verfahrens erfolgt in Fällen grenzüberschreitender Verarbeitung durch die federführende ASB nach Art. 56 Abs. 1. In Fällen **lokaler Verarbeitung** durch einen Verantwortlichen oder Auftragsverarbeiter mit Niederlassungen in mehreren Mitgliedstaaten oder mit Auswirkung auf betroffene Personen in mehreren Mitgliedstaaten erfolgen Einladung und Koordinierung durch die nach Art. 56 Abs. 5 zuständige ASB am Ort der betroffenen Niederlassung (der Verweis in Art. 62 Abs. 2 S. 2 muss auf einem Redaktionsversehen beruhen; es dürfte Abs. 5 gemeint sein, so auch Dix in Kühling/Buchner DS-GVO Art. 62 Rn. 7). Die Teilnahme an solchen Maßnahmen ist in Abs. 2 S. 1 ausdr. als Berechtigung, nicht als Verpflichtung formuliert. Berechtigt ist jede ASB, in deren Hoheitsgebiet sich entweder eine Niederlassung des betroffenen Verantwortlichen oder Auftragsverarbeiters befindet oder Auswirkungen der Verarbeitung auf eine bedeutende Zahl betroffener Personen

zu erwarten sind. Jede ASB, die die Voraussetzungen zur Teilnahme erfüllt, ist von der zuständigen ASB einzuladen.

D. Übertragung von Befugnissen (Abs. 3)

Abs. 3 regelt die Übertragung von Befugnissen bei gemeinsamen Maßnah- **4** men in einem Mitgliedstaat. Zur Übertragung befugt ist nach dem Wortlaut „eine" ASB. Aus dem Gesamtzusammenhang des Abs. 3, der auf das Recht des Mitgliedstaats der einladenden ASB abstellt, ergibt sich jedoch, dass nicht jede ASB, sondern nur die einladende ASB zur Übertragung von Befugnissen ermächtigt ist. Die einladende ASB kann nach Abs. 3 S. 1 1. Alt. **Befugnisse** auf die **Mitglieder oder Bediensteten der unterstützenden ASB** übertragen (näher dazu Dix in Kühling/Buchner DS-GVO Art. 62 Rn. 8 ff.). Damit erhalten die Mitglieder und Bediensteten der unterstützenden ASB die Möglichkeit, im Hoheitsgebiet der einladenden ASB deren Befugnisse wahrzunehmen, bspw. Untersuchungen durchzuführen. Sie üben diese Befugnisse in diesem Fall nach dem Recht des einladenden Mitgliedstaats aus. Abw. davon kann die einladende Behörde den Mitgliedern und Bediensteten der unterstützenden ASB nach Abs. 3 S. 1 2. Alt. gestatten, ihre Untersuchungsbefugnisse im Hoheitsgebiet der einladenden ASB nach dem Recht des Mitgliedstaats der unterstützenden ASB auszuüben. Beides ist jedoch nur möglich, soweit es das Recht des Mitgliedstaats der einladenden ASB zulässt. In beiden Fällen muss sichergestellt sein, dass die Untersuchungsbefugnisse unter Leitung der Mitglieder oder Bediensteten der einladenden ASB ausgeübt werden. Ein Mitglied oder Bediensteter der einladenden ASB muss vor Ort anwesend sein. Die Mitglieder oder Bediensteten der unterstützenden ASB unterliegen dem Recht des Mitgliedstaats der einladenden ASB; auch dann, wenn sie nach S. 1 1. Alt. eigene Befugnisse ausüben.

An ihre Grenzen stößt die Regelung, wenn die gemeinsame Maßnahme **5** **nicht im Hoheitsgebiet der einladenden ASB** stattfindet. Dies könnte zB der Fall sein, wenn die federführende ASB die Umsetzung der DS-GVO in Niederlassungen in anderen Mitgliedstaaten überprüfen will. In solchen Fällen hat die einladende Behörde selbst keine Hoheitsbefugnisse für Maßnahmen im Mitgliedstaat anderer Niederlassungen. Da nur die einladende, dh die federführende, ASB Befugnisse übertragen kann, kommt eine Übertragung von Befugnissen in solchen Fällen nicht in Betracht.

E. Haftung (Abs. 4–6)

Die Haftung für die an der gemeinsamen Maßnahme beteiligten Bediensteten **6** der ASB übernimmt nach Abs. 4 der Mitgliedstaat der einladenden Behörde. Dieser muss nicht zwingend mit dem Mitgliedstaat des Ortes identisch sein, an dem die gemeinsame Maßnahme stattfindet. In solchen Fällen haftet der

Mitgliedstaat der einladenden ASB nach Maßgabe des Rechts des Mitgliedstaats des Einsatzortes der Maßnahme.

F. Folgen einer unterbliebenen Einladung

7 Abs. 7 trifft Regelungen für den Fall, dass eine geplante gemeinsame Maßnahme nicht durchgeführt werden kann, weil die Einladung durch die nach Abs. 2 S. 2 zuständige ASB nicht erfolgt. Die anderen betroffenen ASB können in solchen Fällen einstweilige Maßnahmen in entspr. Anwendung des Dringlichkeitsverfahrens nach Art. 66 treffen. Offen bleibt, auf welche Weise und in welchem Zeitpunkt die Pflicht der nach Abs. 2 S. 2 zuständigen ASB entsteht, andere betroffene ASB zu einer gemeinsamen Maßnahme einzuladen. Die Bestimmung des genauen Zeitpunkts ist erforderlich für die Bemessung der Frist nach Abs. 7 S. 1 von einem Monat, den die betroffenen ASB abwarten müssen, bevor sie eigene einstweilige Maßnahmen ergreifen dürfen. Von der Kompetenz der KOM zur Ausgestaltung durch Durchführungsrechtsakt ist diese Frage nicht erfasst. Deren Kompetenz ist nach Art. 61 Abs. 9 auf Form und Verfahren der Amtshilfe nach Art. 61 und die Ausgestaltung des elektronischen Informationsaustauschs (Art. 61 Abs. 9 und Art. 67) beschr.

Abschnitt 2. Kohärenz

Art. 63 Kohärenzverfahren

Um zur einheitlichen Anwendung dieser Verordnung in der gesamten Union beizutragen, arbeiten die Aufsichtsbehörden im Rahmen des in diesem Abschnitt beschriebenen Kohärenzverfahrens untereinander und gegebenenfalls mit der Kommission zusammen.

BDSG und anderes nationales Recht: –

Literatur: *Dehmel/Hullen,* Auf dem Weg zu einem zukunftsfähigen Datenschutz in Europa, ZD 2013, 147; *Kaiser,* Die Aufsichtsmechanismen der neuen europäischen Datenschutzgesetzgebung – nationaler Vollzug im Spannungsfeld supranationaler Zusammenarbeit und Entscheidungsfindung, RDV 2017, 273; *Kienle/Wenzel,* Das Klagerecht der Aufsichtsbehörden – Gerichtlicher Rechtsschutz gegen Beschlüsse des Europäischen Datenschutzausschusses, ZD 2019, 107; *Kranig,* DS-GVO – und was die Aufsichtsbehörden daraus machen (sollten), RDV 2018, 243; *Kühling/Martini,* Die Datenschutz-Grundverordnung: Revolution oder Evolution im europäischen und deutschen Datenschutzrecht?, EuZW 2016, 448; *Kugelmann,* Kooperation und Betroffenheit im Netzwerk – Die deutschen Datenschutzaufsichtsbehörden in Europa, ZD 2020, 76; *v. Lewinski,* Datenschutzaufsicht in Europa als Netzwerk, NVwZ 2017, 1483, *Reding,* Sieben Grundbausteine der europäischen Datenschutzreform, ZD 2012, 195; *Schultze-Melling,* Internationale Player und europäischer Datenschutz, Sonderveröffentlichung zu RDV 06/2017, 14; *Wagner/Ruhmann,* Irland: Das One-Stop-Shop-Verfahren, ZD-Aktuell 2019, 06546.

A. Allgemeines

Das in diesem Abschn. näher ausgestaltete Kohärenzverfahren soll sicherstel- **1** len, dass die ASB der Mitgliedstaaten in den grdl. Fragen und Einzelentscheidungen des grenzüberschreitenden Datenverkehrs wirksam (Reding ZD 2012, 195 (197): „eng, zuverlässig und schnell") zusammenarbeiten, um die einheitliche Anwendung der DS-GVO (Begr. der KOM, DS-GVO-E (KOM), 14) als Voraussetzung für einen freien Datenverkehr in der Union zu gewährleisten.

Die Ausgestaltung des Kohärenzverfahrens hat in den Fassungen des EP **2** und des ER wesentliche Änd. erfahren (ausf. zur Entstehungsgeschichte Caspar in Kühling/Buchner DS-GVO Art. 63 Rn. 11 ff; Marsch in BeckOK DatenschutzR Art. 63 Rn. 3). Im Trilog ist hauptsächlich die Fassung des ER übernommen worden. Stark umstr. war va die Rolle der KOM, die ggü. dem Entwurf der KOM nunmehr eng begrenzt ist.

B. Gegenstand und Ergebnis des Kohärenzverfahrens

Das Kohärenzverfahren ergänzt die in Abschn. 1 vorgesehene Zusammen- **3** arbeit der ASB untereinander. Die DS-GVO regelt jedoch nicht nur die Pflicht zur Zusammenarbeit, sondern führt mit dem **EDSA** nach Art. 68 eine **Hierarchieebene** ein, indem sie den EDSA in Art. 65 mit dem Recht ausstattet, verbindliche Beschlüsse für die Entsch. der ASB zu erlassen. Damit beschr. das Kohärenzverfahren die Entscheidungsbefugnisse einzelner ASB (zur Unabhängigkeit der ASB → Art. 52 Rn. 4) zu Gunsten des EDSA (was aus Sicht der Unternehmen kritisiert worden ist, s. Dehmel/Hullen ZD 2013, 147 (151)). Das **Kohärenzverfahren** ist für Fragestellungen mit Bezug zu mehr als einem Mitgliedstaat **anwendbar** (ausf. Spiecker gen. Döhmann in Simitis/Hornung/Spiecker gen. Döhmann DSGVO Art. 63 Rn. 12). Von vornherein ausgenommen sind damit nur Verarbeitungen im öffentl. Interesse nach Art. 6 Abs. 1 Buchst. c und e, für die nach Art. 55 Abs. 2 (→ Art. 55 Rn. 4) ausschl. die ASB des Mitgliedstaats zuständig ist (ErwGr 128). Dabei sind dem EDSA unterschiedliche Kompetenzen für unterschiedliche Angelegenheiten zugewiesen. Er ist stets zu beteiligen in den in Art. 64 Abs. 1 genannten Angelegenheiten. Hierbei handelt es sich um Entscheidungen einzelner ASB, die grdl. Bedeutung haben und eine gewisse faktische Präjudizwirkung auch für andere ASB entfalten (so auch Spiecker gen. Döhmann in Simitis/Hornung/Spiecker gen. Döhmann DSGVO Art. 63 Rn. 12). Diese sind der alleinigen Entsch. durch die ASB entzogen. Das Verfahren nach Art. 65 stellt sicher, dass die Entsch. des EDSA in diesen Fällen umgesetzt wird. Alle übrigen Angelegenheiten verbleiben grds. in der Entscheidungshoheit der ASB. Hier beschr. sich die Funktion des EDSA auf eine **Streitschlichtung** in Fällen grenzüberschreitender Datenverarbeitung, die der Zusammenarbeit der ASB unterliegen und durch diese nicht einvernehmlich bearb. werden. In solchen Fällen ist nach Art. 60 Abs. 4 das Kohärenzverfahren zwingend vorgeschrieben (→ Art. 60 Rn. 9). Neben den zwingenden Kohärenzverfahren nach Art. 64 Abs. 1 und Art. 60 Abs. 4 ist auch eine freiwillge Vorlage an den EDSA nach Art. 64 Abs. 2 (→ Art. 64 Rn. 4) möglich. Die Erg. des Kohärenzverfahrens sind transparent; sie werden im Register nach Art. 70 Abs. 1 lit. y (→ Art. 70 Rn. 13) veröffentlicht.

C. Zusammenarbeit im Kohärenzverfahren

3a Die Zusammenarbeit einzelner ASB untereinander ist im Kooperationsverfahren nach Art. 60–62 geregelt. Im Kohärenzverfahren arbeiten alle ASB zusammen; diese Zusammenarbeit findet ausschl. im **EDSA** statt. Der EDSA ist nach Art. 68 eine Einrichtung der Union mit **eigener Rechtspersönlichkeit**. Er besteht aus dem Leiter einer ASB jedes Mitgliedstaats und dem EDSB. Der EDSB hat nach Art. 68 Abs. 6 ein eingeschränktes Stimmrecht, das sich nur auf Angelegenheiten der auf die EU-Organe anwendbaren Grundsätze und Vorschr. erstreckt. Zusätzlich stellt der EDSB das Sekretariat des EDSA (→ Art. 75 Rn. 1 ff.). Dies ist insofern von Bedeutung, als das Sekretariat nach Art. 75 Abs. 5 dem EDSA nicht nur administrative, sondern auch analytische Unterstützung bei der Vorbereitung und Abfassung seiner Stellungn. leistet.

4 Die **KOM** ist an dem Verfahren im EDSA beteiligt, hat jedoch kein Stimmrecht. Ihre Rolle ist jedoch nicht auf die passive Teilnahme beschr. (näher Marsch in BeckOK DatenschutzR Art. 63 Rn. 11 ff.). Sie kann nach Art. 64 Abs. 2 (→ Art. 64 Rn. 4) vielmehr eigenständig Gegenstände vor den EDSA bringen.

Art. 64 Stellungnahme des Ausschusses

(1) [1]Der Ausschuss gibt eine Stellungnahme ab, wenn die zuständige Aufsichtsbehörde beabsichtigt, eine der nachstehenden Maßnahmen zu erlassen. [2]Zu diesem Zweck übermittelt die zuständige Aufsichtsbehörde dem Ausschuss den Entwurf des Beschlusses, wenn dieser

a) der Annahme einer Liste der Verarbeitungsvorgänge dient, die der Anforderung einer Datenschutz-Folgenabschätzung gemäß Artikel 35 Absatz 4 unterliegen,

b) eine Angelegenheit gemäß Artikel 40 Absatz 7 und damit die Frage betrifft, ob ein Entwurf von Verhaltensregeln oder eine Änderung oder Ergänzung von Verhaltensregeln mit dieser Verordnung in Einklang steht,

c) der Billigung der Anforderungen an die Akkreditierung einer Stelle nach Artikel 41 Absatz 3, einer Zertifizierungsstelle nach Artikel 43 Absatz 3 oder der Kriterien für die Zertifizierung gemäß Artikel 42 Absatz 5 dient,

d) der Festlegung von Standard-Datenschutzklauseln gemäß Artikel 46 Absatz 2 Buchstabe d und Artikel 28 Absatz 8 dient,

e) der Genehmigung von Vertragsklauseln gemäß Artikel 46 Absatz 3 Buchstabe a dient, oder

f) der Annahme verbindlicher interner Vorschriften im Sinne von Artikel 47 dient.

(2) Jede Aufsichtsbehörde, der Vorsitz des Ausschuss oder die Kommission können beantragen, dass eine Angelegenheit mit allgemeiner Geltung oder mit Auswirkungen in mehr als einem Mitgliedstaat vom Ausschuss geprüft wird, um eine Stellungnahme zu erhalten, insbesondere wenn eine zuständige Aufsichtsbehörde den Verpflichtungen zur Amtshilfe gemäß Artikel 61 oder zu gemeinsamen Maßnahmen gemäß Artikel 62 nicht nachkommt.

(3) ¹In den in den Absätzen 1 und 2 genannten Fällen gibt der Ausschuss eine Stellungnahme zu der Angelegenheit ab, die ihm vorgelegt wurde, sofern er nicht bereits eine Stellungnahme zu derselben Angelegenheit abgegeben hat. ²Diese Stellungnahme wird binnen acht Wochen mit der einfachen Mehrheit der Mitglieder des Ausschusses angenommen. ³Diese Frist kann unter Berücksichtigung der Komplexität der Angelegenheit um weitere sechs Wochen verlängert werden. ⁴Was den in Absatz 1 genannten Beschlussentwurf angeht, der gemäß Absatz 5 den Mitgliedern des Ausschusses übermittelt wird, so wird angenommen, dass ein Mitglied, das innerhalb einer vom Vorsitz angegebenen angemessenen Frist keine Einwände erhoben hat, dem Beschlussentwurf zustimmt.

(4) Die Aufsichtsbehörden und die Kommission übermitteln unverzüglich dem Ausschuss auf elektronischem Wege unter Verwendung eines standardisierten Formats alle zweckdienlichen Informationen, einschließlich – je nach Fall – einer kurzen Darstellung des Sachverhalts, des Beschlussentwurfs, der Gründe, warum eine solche Maßnahme ergriffen werden muss, und der Standpunkte anderer betroffener Aufsichtsbehörden.

(5) Der Vorsitz des Ausschusses unterrichtet unverzüglich auf elektronischem Wege

a) unter Verwendung eines standardisierten Formats die Mitglieder des Ausschusses und die Kommission über alle zweckdienlichen Informationen, die ihm zugegangen sind. Soweit erforderlich stellt das Sekretariat des Ausschusses Übersetzungen der zweckdienlichen Informationen zur Verfügung und

b) je nach Fall die in den Absätzen 1 und 2 genannte Aufsichtsbehörde und die Kommission über die Stellungnahme und veröffentlicht sie.

(6) Die in Absatz 1 genannte zuständige Aufsichtsbehörde nimmt den in Absatz 1 genannten Beschlussentwurf nicht vor Ablauf der in Absatz 3 genannten Frist an.

(7) Die in Absatz 1 genannte Aufsichtsbehörde trägt der Stellungnahme des Ausschusses weitestgehend Rechnung und teilt dessen Vorsitz binnen zwei Wochen nach Eingang der Stellungnahme auf elektronischem Wege unter Verwendung eines standardisierten Formats mit, ob sie den Beschlussentwurf beibehalten oder ändern wird; gegebenenfalls übermittelt sie den geänderten Beschlussentwurf.

(8) Teilt die in Absatz 1 genannte zuständige Aufsichtsbehörde dem Vorsitz des Ausschusses innerhalb der Frist nach Absatz 7 des vorliegenden Artikels unter Angabe der maßgeblichen Gründe mit, dass sie beabsichtigt, der Stellungnahme des Ausschusses insgesamt oder teilweise nicht zu folgen, so gilt Artikel 65 Absatz 1.

BDSG und anderes nationales Recht: –

Literatur: s. die Hinweise zu Art. 63

A. Gegenstände verpflichtender Befassung des Europäischen Datenschutzausschusses (Abs. 1)

1 Abs. 1 regelt abschl. die Gegenstände, mit denen der EDSA verpflichtend durch die ASB zu befassen ist. Dies betrifft entweder **grdl. Fragen von übergreifender Bedeutung** – Festlegungen von Verarbeitungsvorgängen, die einer Datenschutz-Folgenabschätzung unterliegen (lit. a, → zu den Listen Art. 35 Rn. 33 ff., zum Kohärenzverfahren → Art. 35 Rn. 40 ff.), Billigung von Verhaltensregeln, die in mehreren Mitgliedstaaten gelten sollen (lit. b, → Art. 40 Rn. 25 ff.), Billigung von Anforderungen an die Akkreditierung oder Zertifizierung oder von Zertifizierungskriterien (lit. c, → Art. 41 Rn. 11, → Art. 43 Rn. 15 f., → Art. 42 Rn. 14 f.) und Festlegungen von Standardvertragsklauseln für die Auftragsdatenverarbeitung (lit. d, → Art. 28 Rn. 70 ff.) – sowie die Grdl. für die **Übermittlung von Daten in Drittländer** (lit. d–f, → Art. 46 Rn. 30 f., → Art. 46 Rn. 46 ff., → Art. 47 Rn. 12 ff.).

2 Die Auff. des EDSA zu Angelegenheiten des Abs. 1 ist für die betroffene ASB **in letzter Konsequenz verbindlich.** Dies gilt zwar unmittelbar noch nicht für die Stellungn. des EDSA nach Abs. 1 (vgl. Abs. 8). Folgt die ASB der Stellungn. nicht, erlässt der EDSA hierzu einen verbindlichen Beschl. nach Art. 65 Abs. 1. Hierzu ist jedoch eine Vorlage einer betroffenen ASB oder der KOM erforderlich (vgl. Art. 65 Abs. 1 lit. c S. 2).

3 Auffällig ist, dass einige Vorschr. der DS-GVO die Vorlage eines Entwurfs der jeweiligen Entsch. durch die ASB an den EDSA vorschreiben, ohne dass eine korrespondierende Befassung des EDSA in Art. 64 vorgesehen ist. Dies ist der Fall bei Negativlisten für die Datenschutz-Folgenabschätzung. Diese sind nach Art. 35 Abs. 5 an den EDSA zu übersenden. Eine Stellungn. des EDSA ist hier jedoch nach Abs. 1 nicht vorgesehen. Auch die einschränkenden Voraussetzungen des Art. 35 Abs. 6 für die Vorlage von Listen sind in Abs. 1 lit. a nicht erwähnt. Dem liegt möglicherweise ein Redaktionsversehen in Abs. 1 zu Grunde. Auch wenn die Liste nach Art. 35 Abs. 5 in das Ermessen der ASB gestellt wird, entfaltet eine solche Liste faktisch ebenso Wirkungen für andere ASB wie eine Liste nach Art. 35 Abs. 4. Eine Befassung und Stellungnahme des EDSA ist daher auch hierfür angezeigt. Art. 35 Abs. 6 ist als lex specialis konkretisierend bzw. erg. zu Abs. 1 lit. a anzuwenden (→ Art. 35 Rn. 41; aA Caspar in Kühling/Buchner DS-GVO Art. 64 Rn. 6). Eine Abweichung von Abs. 1 gibt es ebenfalls bei den Regelungen für Datenübermittlungen in Drittländer aufgrund geeigneter Garantien nach Art. 46 Abs. 3. Die Pflicht zur Durchführung des Kohärenzverfahrens bezieht sich nach Art. 46 Abs. 4 auf beide Fälle des Abs. 3. In Abs. 1 ist jedoch eine Befassung des EDSA nur für den Fall von lit. a vorgesehen. Hier liegt möglicherweise ein Redaktionsversehen in Art. 46 Abs. 4 zu Grunde, da sich Art. 46 Abs. 3 lit. b auf Verwaltungsvereinbarungen von Behörden bezieht, die jeweils nur einzelne Mitgliedstaaten betr. dürften und damit nach Art. 55 Abs. 2 der alleinigen Zuständigkeit der ASB des Mitgliedstaats unterliegen (Schantz in Simitis/Hornung/Spiecker gen. Döhmann DSGVO Art. 46 Rn. 77 sieht einen Anwendungsbereich für ungenannte geeignete Garantien).

B. Gegenstände fakultativer Befassung des Europäischen Datenschutzausschusses (Abs. 2)

Abs. 2 sieht eine Befassung des EDSA auf Antrag vor. Antragsbefugt sind jede **4** ASB, der Vorsitz des EDSA und die KOM. Ein solcher Antrag ist jedoch nur möglich, wenn die Stellungn. zu einer **Angelegenheit mit allg. Geltung** oder mit Auswirkungen in mehr als einem Mitgliedstaat erbeten wird. Der Begriff der Angelegenheiten mit allg. Geltung ist weit zu verstehen (Spiecker gen. Döhmann in Simitis/Hornung/Spiecker gen. Döhmann DSGVO Art. 64 Rn. 27 ff; Caspar in Kühling/Buchner DS-GVO Art. 64 Rn. 8 jeweils mit Beispielen). Als Beispielsfall für eine Anrufung des EDSA nennt Abs. 2, dass eine ASB ihrer Verpflichtung zur Amtshilfe nach Art. 61 oder zu gemeinsamen Maßnahmen nach Art. 62 nicht nachkommt. Das Vorliegen dieser Voraussetzungen muss aus der Vorlage und den vom Antragsteller nach Abs. 4 vorzulegenden Informationen hervorgehen. Ist nicht erkennbar, dass es sich um eine Angelegenheit mit allg. Geltung oder Auswirkungen in mehreren Mitgliedstaaten handelt, kann der EDSA den Antrag auf eine Stellungn. zurückweisen. Anders als die Stellungn. nach Abs. 1 entfalten diejenigen nach Abs. 2 keine Bindungswirkung, da die Rechtsfolgen für die ASB in Abs. 7 und 8 ausdr. nur für Beschlüsse nach Abs. 1 eintreten (Marsch in BeckOK DatenschutzR DS-GVO Art. 64 Rn. 20; Eichler in Gola DS-GVO Art. 64 Rn. 4 mit Hinweis auf die Möglichkeit, einen verbindlichen Beschluss nach Art. 65 Abs. 1 lit. c zu erwirken; Spiecker gen. Döhmann in Simitis/Hornung/Spiecker gen. Döhmann DSGVO Art. 64 Rn. 55, die aufgrund des fehlenden Konkretisierungsgrades von Stellungnahmen nach Abs. 2 eine analoge Anwendung ablehnt; aA Caspar in Kühling/Buchner DS-GVO Art. 64 Rn. 12).

C. Verfahren

I. Vorlage an den Europäischen Datenschutzausschuss (Abs. 4)

Die nach Abs. 1 vorlagepflichtige ASB sowie die nach Abs. 2 antragsbefugten **5** Antragsteller übermitteln dem EDSA alle für die Stellungn. **zweckdienlichen Informationen** (zur Befugnis zur Übermittlung personenbezogener Daten → Art. 61 Rn. 2). Die Auflistung der zu übersendenden Unterlagen in Abs. 4 ist beispielhaft und weder abschl. noch als Pflicht zur vollständigen Vorlage der dort genannten Unterlagen zu verstehen. Die zeitliche Vorgabe „unverzüglich" bezieht sich auf die Vorlage sowie den Antrag an den EDSA nach Abs. 1 und 2. Mit deren Eingang wird die in Abs. 3 S. 2 genannte Frist für die Annahme der Stellungn. durch den EDSA in Gang gesetzt. Die unverzügliche Übersendung der zweckdienlichen Informationen dient damit der Fristwahrung des EDSA. Die Übersendung erfolgt elektronisch unter Verwendung des nach Art. 61 Abs. 9, Art. 67 festzulegenden standardisierten Formats.

II. Stellungnahme durch den Europäischen Datenschutzausschuss (Abs. 3 und 5)

6 Der Vorsitz des EDSA unterrichtet nach Abs. 5 zunächst die Mitglieder und die KOM über die Vorlage nach Abs. 1 bzw. den Antrag nach Abs. 2 und übermittelt ihnen im Fall des Abs. 1 den Beschlussentwurf sowie in jedem Fall die von der ASB oder der KOM zur Vfg. gestellten Informationen. Nicht ausdr. geregelt ist die Entsch. des EDSA darüber, ob er eine Stellungn. abgibt. Die Formulierung in Abs. 3 S. 1 setzt eine solche Entsch. jedoch voraus, soweit dem EDSA eine Angelegenheit zur Stellungn. vorgelegt wird, die er entweder nicht als einen von Abs. 1 oder Abs. 2 erfassten Fall ansieht oder zu dem er bereits eine Stellungn. abgegeben hat. Unklar bleibt, ob für diese Entsch. das Verfahren nach Abs. 3 entspr. anzuwenden ist, oder ob die **Entsch. über die Annahme** oder Nichtannahme der Vorlage oder des Antrags allein durch den Vorsitz getroffen wird. Dies regelt die Geschäftsordnung des EDSA in Art. Nr. 3 und 4. Es entscheidet hierüber der Ausschuss in einer vom Vorsitz vorgegebenen Frist. Für die Beschlussfassung über die Vorlage gilt nach Abs. 3 S. 2 eine Frist von acht Wochen; eine Verlängerung um weitere sechs Wochen ist bei bes. Komplexität möglich. Die Frist beginnt ab Eingang des Beschlussentwurfs nach Abs. 1 S. 2 oder des Antrags nach Abs. 2. Für die Annahme der Stellungn. genügt eine einfache Mehrheit.

7 Eine Sonderregelung gilt für Stellungn. nach Abs. 1. Hier gilt nach Abs. 3 S. 4 eine **Verschweigensfrist.** Setzt der Vorsitz den Mitgliedern des EDSA eine angemessene Frist für die Erhebung von Einwänden gegen den Beschlussentwurf der vorlegenden ASB, gilt das Schweigen des Mitglieds als Zustimmung zu dem Beschlussentwurf. Eine solche Erklärungsfiktion setzt voraus, dass der Zugang der Dokumente und der Fristsetzung sichergestellt und nachweisbar ist. Dies muss das standardisierte Format nach Art. 61 Abs. 9, Art. 67 gewährleisten (→ Art. 67 Rn. 3).

III. Behandlung der Stellungnahme durch die Aufsichtsbehörden (Abs. 6–8)

8 Hinsichtlich des Umgangs der ASB mit der Stellungn. des EDSA ist zu unterscheiden zwischen der zwingend einzuholenden Stellungn. bei Beschlüssen in Angelegenheiten des Abs. 1 und der fakultativen Stellungn. in Fällen des Abs. 2.

9 Hat eine ASB dem EDSA einen Beschlussentwurf nach Abs. 1 vorgelegt, darf sie nach Abs. 6 bis zur Entsch. des EDSA den Beschl. so lange nicht annehmen, bis sie entweder eine zust. Stellungn. des EDSA erhalten hat oder die in Abs. 3 genannte Höchstfrist von vierzehn Wochen verstrichen ist. Die Stellungn. des EDSA wird der vorlegenden ASB sowie der KOM durch den Vorsitz des EDSA nach Abs. 5 lit. b unverzüglich zugeleitet. Die ASB ist nach Abs. 7 gehalten, der **Stellungn. weitestgehend Rechnung zu tragen.** Sie wird zu prüfen haben, ob die Stellungn. eine Änd. ihres Beschlussentwurfs erfordert. Innerhalb von zwei Wochen muss sie dem Vorsitz des EDSA mitteilen, ob sie ihren Beschlussentwurf beibehält oder ändert. Hat der EDSA dem Beschlussentwurf der vorlegenden ASB zugestimmt und behält die ASB ihren Entwurf bei, ist das Verfahren damit abgeschlossen; die ASB kann ihren Beschl. erlassen. Ergibt sich aus der Stellungn. des EDSA dagegen Änderungsbedarf, sind weitere Schritte erforderlich. Hier sind zwei Fälle zu unterscheiden. Entweder nimmt die vorlegende ASB die Stellungn. an. In diesem Fall übersendet sie den geänd. Beschlussentwurf an den Vorsitz des EDSA. Nicht geregelt ist, wie der Vorsitz mit dem geänd. Beschlussentwurf verfährt, dh ob nochmals eine inhaltliche Überprüfung des Beschl. im Hinblick darauf erfolgt, ob der geänd. Entwurf der Stellungn. des EDSA vollumfänglich Rechnung trägt oder ob die Übersendung lediglich der Aufnahme in das öffentl. Register nach Art. 70 Abs. 1 lit. y dient. Der Umstand, dass die ASB lediglich einen Beschlussentwurf und nicht einen endg. Beschl. übersendet, spricht für eine erneute Überprüfung durch den EDSA. Ob es sich hierbei um bloßen Formalismus handelt (so Spiecker gen. Döhmann in Simitis/Hornung/Spiecker gen. Döhmann DSGVO Art. 64 Rn. 58), hängt davon ab, wie konkret die Stellungnahme des EDSA im jeweiligen Fall gefasst ist und ob und inwieweit der ASB bei der Umsetzung ein Spielraum verbleibt (Eichler in Gola DS-GVO Art. 64 Rn. 14).

Die vorlegende ASB kann auch entscheiden, der **Stellungn. des EDSA** **10** ganz oder teilw. **nicht zu folgen.** In diesem Fall teilt sie ihre Entsch. gem. Abs. 8 dem Vorsitz des EDSA innerhalb von zwei Wochen unter Angabe von Gründen mit. In einem solchen Fall kann eine Streitbeilegung durch den EDSA nach Art. 65 Abs. 1 lit. c erfolgen. Dieses Verfahren wird nur auf Antrag einer betroffenen ASB oder der KOM eingeleitet. Es ist zu erwarten, dass diejenigen ASB, die die Stellungn. des EDSA unterstützt haben, von ihrem Anrufungsrecht Gebrauch machen werden. Allerdings müssen sie betroffen iSd Art. 4 Abs. 22 sein, um dieses Recht ausüben zu können. Sind die ASB, die die Stellungn. des EDSA unterstützen, nicht betroffene ASB, kann eine Anrufung des EDSA durch die KOM erfolgen.

Handelt es sich um eine Vorlage nach Abs. 2, gelten die Abs. 6–8 nicht **11** (s. o. → Rn. 4).

Art. 65 Streitbeilegung durch den Ausschuss

(1) **Um die ordnungsgemäße und einheitliche Anwendung dieser Verordnung in Einzelfällen sicherzustellen, erlässt der Ausschuss in den folgenden Fällen einen verbindlichen Beschluss:**
a) **wenn eine betroffene Aufsichtsbehörde in einem Fall nach Artikel 60 Absatz 4 einen maßgeblichen und begründeten Einspruch gegen einen Beschlussentwurf der federführenden Behörde eingelegt hat und sich die federführende Aufsichtsbehörde dem Einspruch nicht angeschlossen hat oder den Einspruch als nicht maßgeblich oder nicht begründet abgelehnt hat. Der verbindliche Beschluss betrifft alle Angelegenheiten, die Gegenstand des maßgeblichen und begründeten Einspruchs sind, insbesondere die Frage, ob ein Verstoß gegen diese Verordnung vorliegt;**

b) wenn es widersprüchliche Standpunkte dazu gibt, welche der betroffenen Aufsichtsbehörden für die Hauptniederlassung zuständig ist,

c) wenn eine zuständige Aufsichtsbehörde in den in Artikel 64 Absatz 1 genannten Fällen keine Stellungnahme des Ausschusses einholt oder der Stellungnahme des Ausschusses gemäß Artikel 64 nicht folgt. In diesem Fall kann jede betroffene Aufsichtsbehörde oder die Kommission die Angelegenheit dem Ausschuss vorlegen.

(2) [1] Der in Absatz 1 genannte Beschluss wird innerhalb eines Monats nach der Befassung mit der Angelegenheit mit einer Mehrheit von zwei Dritteln der Mitglieder des Ausschusses angenommen. [2] Diese Frist kann wegen der Komplexität der Angelegenheit um einen weiteren Monat verlängert werden. [3] Der in Absatz 1 genannte Beschluss wird begründet und an die federführende Aufsichtsbehörde und alle betroffenen Aufsichtsbehörden übermittelt und ist für diese verbindlich.

(3) [1] War der Ausschuss nicht in der Lage, innerhalb der in Absatz 2 genannten Fristen einen Beschluss anzunehmen, so nimmt er seinen Beschluss innerhalb von zwei Wochen nach Ablauf des in Absatz 2 genannten zweiten Monats mit einfacher Mehrheit der Mitglieder des Ausschusses an. [2] Bei Stimmengleichheit zwischen den Mitgliedern des Ausschusses gibt die Stimme des Vorsitzes den Ausschlag.

(4) Die betroffenen Aufsichtsbehörden nehmen vor Ablauf der in den Absätzen 2 und 3 genannten Fristen keinen Beschluss über die dem Ausschuss vorgelegte Angelegenheit an.

(5) [1] Der Vorsitz des Ausschusses unterrichtet die betroffenen Aufsichtsbehörden unverzüglich über den in Absatz 1 genannten Beschluss. [2] Er setzt die Kommission hiervon in Kenntnis. [3] Der Beschluss wird unverzüglich auf der Website des Ausschusses veröffentlicht, nachdem die Aufsichtsbehörde den in Absatz 6 genannten endgültigen Beschluss mitgeteilt hat.

(6) [1] Die federführende Aufsichtsbehörde oder gegebenenfalls die Aufsichtsbehörde, bei der die Beschwerde eingereicht wurde, trifft den endgültigen Beschluss auf der Grundlage des in Absatz 1 des vorliegenden Artikels genannten Beschlusses unverzüglich und spätestens einen Monat, nachdem der Europäische Datenschutzausschuss seinen Beschluss mitgeteilt hat. [2] Die federführende Aufsichtsbehörde oder gegebenenfalls die Aufsichtsbehörde, bei der die Beschwerde eingereicht wurde, setzt den Ausschuss von dem Zeitpunkt, zu dem ihr endgültiger Beschluss dem Verantwortlichen oder dem Auftragsverarbeiter bzw. der betroffenen Person mitgeteilt wird, in Kenntnis. [3] Der endgültige Beschluss der betroffenen Aufsichtsbehörden wird gemäß Artikel 60 Absätze 7, 8 und 9 angenommen. [4] Im endgültigen Beschluss wird auf den in Absatz 1 genannten Beschluss verwiesen und festgelegt, dass der in Absatz 1 des vorliegenden Artikels genannte Beschluss gemäß Absatz 5 auf der Website des Ausschusses veröffentlicht wird. [5] Dem endgültigen Beschluss wird der in Absatz 1 des vorliegenden Artikels genannte Beschluss beigefügt.

BDSG und anderes nationales Recht: –

Literatur: s. die Hinweise zu Art. 63

A. Allgemeines

Die verbindliche Entscheidungskompetenz des EDSA bei Streitfragen zwi- **1** schen den ASB ist aufgrund der Vorschläge von EP und ER in die DS-GVO aufgenommen worden. Hierfür hatte sich die Art. 29-Datenschutzgruppe ausgesprochen (Erkl. der Art. 29-Datenschutzgruppe v. 16.4.2014, Ziff. 5). Der EDSA soll in solchen Fällen durch verbindlichen Beschluss entscheiden. Dies ist dient der einheitlichen Anwendung der DS-GVO.

B. Gegenstände von verbindlichen Beschlüssen (Abs. 1)

Abs. 1 legt die Angelegenheiten und Anlässe für das Streitbeilegungsverfahren **2** nach Art. 65 abschl. fest. Die Entsch. trifft der EDSA in Form eines verbindlichen Beschl. Daneben erlässt der EDSA verbindliche Beschl. im Dringlichkeitsverfahren nach Art. 66 Abs. 2 (→ Art. 66 Rn. 4) und 3 (→ Art. 66 Rn. 5).

I. Widerstreitende Auffassungen der Aufsichtsbehörden im Verfahren der Zusammenarbeit nach Art. 60 (lit. a)

Der EDSA entscheidet über Streitigkeiten zwischen den betroffenen ASB, die **3** im Verfahren der Zusammenarbeit nach Art. 60 entstanden sind und nicht aufgelöst werden konnten. Die nach lit. a vom EDSA zu regelnde Streitigkeit entsteht durch einen **Einspruch einer betroffenen ASB** gegen einen Beschlussvorschlag der federführenden ASB, dem letztere sich nicht anschließt, weil sie den Einspruch entweder nicht für maßgeblich und begr. hält oder ihn in der Sache nicht teilt. Die Anrufung des EDSA erfolgt in solchen Fällen nach Maßgabe des Art. 60 Abs. 4. Der EDSA ist in seiner Prüfung auf diejenigen Fragen beschr., die Gegenstand des maßgeblichen und begr. Einspruchs sind (so ausdr. lit. a S. 2). Er hat mithin keine Prüf- und Entscheidungsbefugnis über Fragen, die zwischen den betroffenen ASB unstr. sind (s. auch Marsch in BeckOK DatenschutzR DS-GVO Art. 65 Rn. 5; Caspar in Kühling/Buchner DS-GVO Art. 65 Rn. 3). Bezieht sich der maßgebliche und begr. Einspruch nur auf einen Teil des Beschlussentwurfs der federführenden ASB, ist der unstr. Teil des Beschlussentwurfs der Prüfung und Entsch. durch den EDSA entzogen. Gleiches gilt, soweit der EDSA einen Einspruch der ASB als nicht maßgeblich und nicht begr. ansieht. Nicht ausdr. geregelt ist die **Reichweite der Prüf- und Entscheidungsbefugnis** des EDSA, wenn er entgegen der Auff. der federführenden ASB einen Einspruch einer betroffenen ASB für maßgeblich und begr. (zu den Anforderungen Art. 4 Nr. 24 → Art. 4 Rn. 141) hält. In solchen Fällen hat sich die federführende ASB noch nicht in der Sache mit dem Einspruch auseinandergesetzt. Sie hat insbes. noch nicht den anderen betroffenen ASB Gelegenheit gegeben, sich mit ihrer Umsetzung des Einspruchs auseinanderzusetzen. Dies spricht dafür, die Entscheidungskompetenz des EDSA bei Streitigkeiten über die Einordnung eines

Einspruchs auf die Frage zu beschränken, ob dieser maßgeblich und begr. ist und bei Bestätigung des Einspruchs diesen zur Entsch. in der Sache an die federführende ASB zurück zu verweisen. Dagegen spricht, dass die federführende ASB durch die Ablehnung des Einspruchs als nicht maßgeblich und nicht begr. bereits zum Ausdruck gebracht hat, dass sie nicht beabsichtigt, diesen zu berücksichtigen. Eine Zurückverweisung durch den EDSA würde in diesem Fall einen unnötigen Zeitverlust bedeuten (eine Entscheidung des EDSA daher befürwortend Marsch in BeckOK DatenschutzR DSGVO Art. 65 Rn. 5.1). Gleichwohl ist die Zurückverweisung an die ASB iErg der einzig in Betracht kommende Maßnahme (so iErg. auch Spiecker gen. Döhmann in Simitis/Hornung/Spiecker gen. Döhmann DSGVO Art. 65 Rn. 11). Hierdurch bleibt ihre Zuständigkeit so weit wie möglich gewahrt. Für die Lösung sprechen überdies praktische Erwägungen. Die federführende ASB ist durch ihre Befassung mit der Angelegenheit am besten in der Lage, Einwände der betroffenen ASB in konkrete Änd. ihres Beschl. umzuwandeln. Auch ist zu erwarten, dass sich die betroffenen ASB untereinander aufgrund ihrer Befassung mit der in Rede stehenden Datenverarbeitung effizienter auf praxisgerechte Lösungen verständigen können als der EDSA.

II. Widersprüchliche Auffassungen der Aufsichtsbehörden über die Zuständigkeit (lit. b)

4   Nach lit. b entscheidet der EDSA, wenn es unter den ASB widersprechende Standpunkte dazu gibt, welche der betroffenen ASB für die **Hauptniederlassung zuständig** ist. Die Vorschr. ist missverständlich formuliert, indem sie suggeriert, dass die Hauptniederlassung feststeht und der Streit in der Zuständigkeit hierüber besteht. Dieser Fall ist aufgrund der klaren territorialen Zuständigkeitsverteilung nach Art. 55 jedoch ausgeschlossen. Schwierigkeiten sind demgegenüber vielmehr bei der Bestimmung der Hauptniederlassung zu erwarten. Die Art. 29-Datenschutzgruppe hat frühzeitig auf die Schwierigkeiten der Bestimmung der Hauptniederlassung hingewiesen und eine Letztentscheidung des EDSA in Zweifelsfragen gefordert, die nicht einvernehmlich durch die betroffenen ASB geklärt werden können (Stellungn. 01/2012 zu den Reformvorschlägen im Bereich Datenschutz v. 23.3.2012, WP 191, 21).

5   Ähnliche Schwierigkeiten dürften bei der Abgrenzung entstehen, ob überhaupt eine grenzüberschreitende Verarbeitung vorliegt (dazu Spiecker gen. Döhmann in Simitis/Hornung/Spiecker gen. Döhmann DSGVO Art. 65 Rn. 15) bzw., ob eine Datenverarbeitung ausschl. **lokale Auswirkungen** iSd Art. 56 Abs. 2 hat oder ob sich diese auch auf die Hauptniederlassung, Niederlassungen in anderen Mitgliedstaaten oder auf betroffene Personen in anderen Mitgliedstaaten erstrecken. Dies spricht dafür, den Anwendungsbereich dieser Fallgruppe insgesamt auf Zuständigkeitsfragen zwischen mehreren ASB auszudehnen. In Anbetracht des ohnehin verfehlten Wortlauts des Abs. 1 lit. b dürfte diese Auslegung noch vertretbar sein (aA Marsch in BeckOK DatenschutzR DS-GVO Art. 65 Rn. 7).

III. Vorlagepflichtige Angelegenheiten nach Art. 64 Abs. 1 (lit. c)

Nach lit. c können jede betroffene ASB und die KOM eine Streitbeilegung **6** durch den EDSA in Fällen des Art. 64 verlangen. Hier sind zwei Konstellationen zu unterscheiden. Im ersten Fall hat eine zuständige ASB eine Entscheidung nach Art. 64 Abs. 1 (→ Art. 64 Rn. 1) getroffen, ohne zuvor die obligatorische Stellungnahme des EDSA einzuholen. Jede betroffene ASB und die KOM können solche Fälle dem EDSA vorlegen. Anstelle der eigentlich nach Art. 64 Abs. 1 vorgesehenen Stellungnahme erlässt der EDSA dann nach Abs. 1 einen verbindlichen Beschluss. Im zweiten Fall liegt eine Stellungnahme des EDSA nach Art. 64 vor, der eine zuständige ASB nicht folgt. Nach dem Wortlaut ist diese Alternative nicht auf Angelegenheiten nach Art. 64 Abs. 1 beschr., sondern umfasst auch Stellungnahmen nach Art. 64 Abs. 2.

C. Verfahren (Abs. 2, 3 und 5)

Für die Beschlussfassung des EDSA sehen Abs. 2 und 3 zwei Durchgänge vor. **7** Im ersten Durchgang nach Abs. 2 kann der Beschl. nur mit einer Mehrheit von zwei Dritteln der Mitglieder des EDSA und innerhalb einer Frist von einem Monat – verlängerbar in komplexen Angelegenheiten auf zwei Monate – angenommen werden. Gelingt dies nicht, gilt nach Abs. 3 eine neue Frist von zwei Wochen, innerhalb derer er den Beschl. mit einfacher Mehrheit annehmen kann. Der angenommene Beschl. wird mit Begr. an die federführende und die betroffenen ASB übermittelt und außerdem der KOM zur Kenntnis gegeben. Für die federführende und die betroffenen ASB ist er verbindlich.

D. Pflichten der Aufsichtsbehörden (Abs. 4 und 6)

Ist eine Angelegenheit beim EDSA zur Beschlussfassung anhängig, dürfen die **8** betroffenen ASB gem. Abs. 4 solange keinen Beschl. annehmen, bis der EDSA einen Beschl. fasst oder die Höchstfrist von zwei Monaten und zwei Wochen für die Beschlussfassung durch den EDSA verstrichen ist.

Nach Abs. 5 unterrichtet der Vorsitz des EDSA die betroffenen ASB un- **9** verzüglich über den angenommenen Beschluss und setzt die KOM hierüber in Kenntnis. Den betroffenen ASB steht nach Art. 263 AEUV **Rechtsschutz** in Form der Nichtigkeitsklage gegen den Beschluss zu (ausf. Spiecker gen. Döhmann in Simitis/Hornung/Spiecker gen. Döhmann DSGVO Art. 65 Rn. 39 ff.). Nachdem der Vorsitz der federführenden und den betroffenen ASB den Beschl. mitgeteilt hat, treffen diese ihren **endg. Beschl.** Hierfür haben sie die in Abs. 6 S. 1 vorgegebene Höchstfrist von einem Monat einzuhalten. Für die Annahme des endg. Beschl. gilt die in Art. 60 Abs. 7–9 geregelte Zuständigkeitsverteilung zwischen federführender ASB und derjenigen ASB, bei die Beschwerde eingelegt wurde. Auf den Beschl. des EDSA muss im endg. Beschl. Bezug genommen werden, und er muss außerdem als

Anl. beigefügt werden. Dies ist zur Gewährleistung eines umfassenden **Rechtsschutzes** für den Adressaten erforderlich, da dieser bei unmittelbarer und individueller Betroffenheit sowohl nach Art. 263 AEUV eine Klage auf Nichtigerklärung des Beschl. des EDSA beim Gerichtshof erheben kann (vgl. ErwGr 143, näher dazu Spiecker gen. Döhmann in Simitis/Hornung/Spiecker gen. Döhmann DSGVO Art. 65 Rn. 40) als auch den endg. Beschl. der ASB nach Art. 78 durch das zuständige Gericht im Mitgliedstaat der ASB überprüfen lassen kann (→ Art. 78 Rn. 19). Nur in vollständiger Kenntnis des Beschl. des EDSA ist der Adressat in der Lage, seine Rechtsschutzmöglichkeiten zu prüfen und effektiv wahrzunehmen. Die für den Erlass des endg. Bescheids zuständige ASB unterrichtet den EDSA über den Zeitpunkt, zu dem sie ihren endg. Beschl. dem Adressaten mitteilt.

10   Kommt ein **Beschl. des EDSA nicht zustande,** ist zu differenzieren: In den Fällen des Abs. 1 lit. a und b ist der Streitfall weiterhin offen. Die ASB werden hier erneut in das Verfahren nach Art. 60 eintreten und nach einer Einigung suchen müssen. Bis dahin wird die federführende ASB keine Maßnahme bzw. allenfalls einstweilige Maßnahmen unter den Voraussetzungen des Dringlichkeitsverfahrens nach Art. 66 ergreifen können. Kommt in den Fällen von lit. c kein Beschl. zustande, ist die im Verfahren nach Art. 64 erlassene Stellungn. des EDSA weiterhin vorhanden.

E. Veröffentlichung (Abs. 5)

11   Nachdem die zuständigen ASB den EDSA über die Mitteilung ihrer Beschlüsse an die Adressaten informiert haben, wird der Beschl. des EDSA auf der Website des EDSA veröffentlicht.

Art. 66 Dringlichkeitsverfahren

(1) [1]Unter außergewöhnlichen Umständen kann eine betroffene Aufsichtsbehörde abweichend vom Kohärenzverfahren nach Artikel 63, 64 und 65 oder dem Verfahren nach Artikel 60 sofort einstweilige Maßnahmen mit festgelegter Geltungsdauer von höchstens drei Monaten treffen, die in ihrem Hoheitsgebiet rechtliche Wirkung entfalten sollen, wenn sie zu der Auffassung gelangt, dass dringender Handlungsbedarf besteht, um Rechte und Freiheiten von betroffenen Personen zu schützen. [2]Die Aufsichtsbehörde setzt die anderen betroffenen Aufsichtsbehörden, den Ausschuss und die Kommission unverzüglich von diesen Maßnahmen und den Gründen für deren Erlass in Kenntnis.

(2) Hat eine Aufsichtsbehörde eine Maßnahme nach Absatz 1 ergriffen und ist sie der Auffassung, dass dringend endgültige Maßnahmen erlassen werden müssen, kann sie unter Angabe von Gründen im Dringlichkeitsverfahren um eine Stellungnahme oder einen verbindlichen Beschluss des Ausschusses ersuchen.

(3) Jede Aufsichtsbehörde kann unter Angabe von Gründen, auch für den dringenden Handlungsbedarf, im Dringlichkeitsverfahren um eine Stellungnahme oder gegebenenfalls einen verbindlichen Beschluss des Ausschusses ersuchen,

wenn eine zuständige Aufsichtsbehörde trotz dringenden Handlungsbedarfs keine geeignete Maßnahme getroffen hat, um die Rechte und Freiheiten von betroffenen Personen zu schützen.

(4) Abweichend von Artikel 64 Absatz 3 und Artikel 65 Absatz 2 wird eine Stellungnahme oder ein verbindlicher Beschluss im Dringlichkeitsverfahren nach den Absätzen 2 und 3 binnen zwei Wochen mit einfacher Mehrheit der Mitglieder des Ausschusses angenommen.

BDSG und anderes nationales Recht: –

Literatur: s. Literatur zu Art. 63

A. Allgemeines

Die Einf. eines Dringlichkeitsverfahrens soll sicherstellen, dass in Fällen grenz- **1** überschreitender Datenverarbeitung die erforderliche Abstimmung unter den betroffenen ASB nicht zu **schweren und unzumutbaren Nachteilen** für die betroffenen Personen führt. In den Fällen des Art. 66 räumt die DS-GVO dem Interesse der betroffenen Person den Vorrang vor der Einheitlichkeit der Anwendung der DS-GVO ein und gesteht der zuständigen ASB zu, eigenständig einstweilige Maßnahmen in ihrem Hoheitsgebiet zu ergreifen, ohne diese zuvor mit den anderen betroffenen ASB abzustimmen. Um das Ziel der Einheitlichkeit der Anwendung der DS-GVO auch in Eilfällen weitgehend sicherzustellen, ist der Anwendungsbereich dieser Regelung eng beschr., und die Abstimmung der ASB bleibt für endg. Maßnahmen weiterhin erforderlich; verändert ist lediglich der Zeitpunkt für die Abstimmung. Die Regelung über das Dringlichkeitsverfahren entspricht weitgehend dem Vorschlag der KOM; sie ist im Laufe des Gesetzgebungsverfahrens nur geringfügig geänd. worden.

B. Anwendungsbereich des Dringlichkeitsverfahrens (Abs. 1)

Das Dringlichkeitsverfahren ist anwendbar, wenn außergewöhnliche Umstän- **2** de vorliegen und die ASB zu der Auff. gelangt, dass dringender Handlungsbedarf besteht, um Rechte und Freiheiten von betroffenen Personen zu schützen. Damit beschr. Abs. 1 den Anwendungsbereich auf **außergewöhnliche Eilfälle,** in denen ein zügiges Einschreiten zum Schutz der Rechte der betroffenen Personen geboten ist. Die Beurteilung, ob die Voraussetzungen eines solchen Eilfalls erfüllt sind und die Risiken für die betroffenen Personen schwerer wiegen als das Interesse an einem einheitlichen Vollzug der DS-GVO, liegt im Ermessen der für den Erlass der Maßnahme zuständigen ASB (für ein weites Verständnis aufgrund des grundrechtsschützenden Charakters der Vorschr. Caspar in Kühling/Buchner DS-GVO Art. 66 Rn. 5; Spiecker gen. Döhmann in Simitis/Hornung/Spiecker gen. Döhmann DSGVO Art. 66 Rn. 6). Hierbei sind sämtliche Umstände des Einzelfalls zu berücksichtigen, insbes. die Schwere und Zumutbarkeit der Beeinträchtigungen, die den betroffenen Personen drohen und die Möglichkeiten für die betroffenen

Personen, ihre Rechte selbst ggü. dem Verantwortlichen oder Auftragsverarbeiter durchzusetzen. Auf der anderen Seite wird zu berücksichtigen sein, welche Bedeutung der zu treffenden Maßnahme für die anderen betroffenen ASB zukommt. Dafür ist sowohl von Relevanz, ob es sich um eine Datenverarbeitung von nur lokaler Bedeutung handelt oder ob Niederlassungen sowie betroffene Personen in anderen Mitgliedstaaten berührt sind. Ebenso ist entscheidend, ob die der Maßnahme zugrundeliegenden Rechtsfragen der Auslegung der DS-GVO unter den betroffenen ASB oder durch den EDSA bereits geklärt sind oder ob der Maßnahme noch offene und unter den ASB str. Rechtsfragen zu Grunde liegen.

3   Das Dringlichkeitsverfahren kann nach dem klaren Wortlaut des Abs. 1 S. 1 ausschl. zum Schutz der **Interessen der betroffenen Personen** angewandt werden. Es dient nicht zur beschleunigten Bearbeitung von Angelegenheiten im Interesse der Verantwortlichen oder Auftragsverarbeiter. So kann bspw. ein Antrag eines Verantwortlichen auf Genehmigung der Grdl. für eine Übermittlung von Daten in einen Drittstaat oder auf Erteilung einer Zertifizierung auch bei bes. Eilbedürftigkeit für den Verantwortlichen nicht im Wege des Abs. 1 bearb. werden.

C. Maßnahmen im Dringlichkeitsverfahren

I. Zuständige Aufsichtsbehörde

4   Zuständig zum Erlass von Maßnahmen im Dringlichkeitsverfahren ist jede betroffene ASB in ihrem Hoheitsgebiet. Auch die federführende ASB gehört hierzu (Caspar in Kühling/Buchner DS-GVO Art. 66 Rn. 14; Spiecker gen. Döhmann in Simitis/Hornung/Spiecker gen. Döhmann DSGVO Art. 66 Rn. 5). Da die Maßnahme Rechtswirkungen ggü. einem Verantwortlichen oder Auftragsverarbeiter entfaltet, kann sie nur durch die ASB getroffen werden, in deren Hoheitsgebiet sich die betroffene Niederlassung des Verantwortlichen oder Auftragsverarbeiters befindet. Allein der Eingang einer Beschwerde verleiht demnach nicht die Befugnis, Maßnahmen nach Abs. 1 zu ergreifen. Erhält eine ASB eine Beschwerde gegen eine Niederlassung außerhalb ihres Hoheitsgebiets, kann sie bei Untätigkeit der zuständigen ASB nach Abs. 3 den EDSA anrufen.

II. Einstweilige Maßnahmen

5   Im Dringlichkeitsverfahren kann die ASB **räumlich, zeitlich und inhaltlich begrenzte Maßnahmen** erlassen. Räumlich sind sie auf das Hoheitsgebiet beschr. In zeitlicher Hinsicht sind sie nach Abs. 2 S. 1 auf höchstens drei Monate begrenzt. Die Geltungsdauer ist von der ASB festzulegen. Inhaltlich ist die ASB auf einstweilige Maßnahmen beschr. Charakteristisches Merkmal einstweiliger Entsch. ist nach dt. Recht, dass sie nur **vorl. Regelungen** treffen. Danach sind Regelungen ausgeschlossen, die rechtlich oder faktisch auf eine Vorwegnahme der endg. Entsch. hinauslaufen (vgl. Kopp/Schenke VwGO § 123 Rn. 14 zur einstweiligen Anordnung durch das Gericht). Die

englische Sprachfassung des Abs. 1 („provisional measures") legt nahe, dass dieses Verständnis auch für Maßnahmen im Dringlichkeitsverfahren gilt. Dies führt zu Problemen in solchen Fällen, in denen eine Maßnahme zumindest **faktisch eine endg. Wirkung** entfaltet, zB bei einer Anweisung an den Verantwortlichen, die von einem sog Data Breach betroffenen Personen zu benachrichtigen (Art. 58 Abs. 2 lit. e) oder bei einer Untersagung einer Datenverarbeitung, die im Zusammenhang mit einem einmalig stattfindenden unmittelbar bevorstehenden Ereignis geplant ist. Dem Wortlaut nach sind solche Maßnahmen nicht möglich. Eine strenge Wortlautauslegung kann in solchen Fällen jedoch dazu führen, dass die ASB in Fällen grenzüberschreitender Datenverarbeitung bei unmittelbar bevorstehenden Gefährdungen für die Rechte und Freiheiten von betroffenen Personen handlungsunfähig sind. Drohen schwerwiegende Beeinträchtigungen für die Rechte der betroffenen Personen, kann ein Absehen von Maßnahmen nicht durch das Interesse der Einheitlichkeit der Anwendung der DS-GVO gerechtfertigt werden. Es ist daher in Anlehnung an die Grundsätze des einstweiligen Rechtsschutzes im dt. Verfahrensrecht (s. dazu Kopp/Schenke VwGO § 123 Rn. 14 mwN) auch eine endg. Maßnahme der ASB möglich, wenn die zu erwartende Rechtsverletzung unzumutbar und durch eine endg. Entsch. unter Beteiligung des EDSA auch im verkürzten Verfahren nach Abs. 2 nicht mehr abwendbar wäre und ein hoher Grad an Wahrscheinlichkeit dafür spricht, dass die Entsch. durch den EDSA bestätigt wird (ähnlich Caspar in Kühling/ Buchner DS-GVO Art. 66 Rn. 8; Spiecker gen. Döhmann in Simitis/Hornung/Spiecker gen. Döhmann DSGVO Art. 66 Rn. 10).

Soweit der Schutz der Rechte der betroffenen Personen allerdings durch **6** Maßnahmen erreicht werden kann, die noch keine endg. Wirkung entfalten, wird die ASB nur solche Maßnahmen anordnen können. Begehrt die betroffene Person zB die Löschung von Daten, und kann ihrem Interesse vorübergehend durch eine Sperrung der Daten Rechnung getragen werden, darf die ASB im Verfahren nach Abs. 1 nur die Sperrung anordnen. Über eine endg. Löschung ist im Verfahren nach Abs. 2 zu entscheiden.

III. Mitteilung über die Maßnahme

Nach Abs. 1 S. 2 muss die ASB die anderen betroffenen ASB, den EDSA und **7** die KOM über die nach Abs. 1 getroffene Eilmaßnahme in Kenntnis setzen. Auch die Gründe für deren Erlass sind mitzuteilen. Dadurch werden die Adressaten in die Lage versetzt, die Maßnahme durch den EDSA nach Art. 64 Abs. 2 prüfen zu lassen.

D. Endgültige Maßnahmen (Abs. 2 und 4)

Besteht nach Erlass der einstweiligen Maßnahme nach Abs. 1 der Bedarf für **8** den Erlass einer endg. Maßnahme, ermöglicht Abs. 2 hierfür ein **beschleunigtes Verfahren.** Dieses ist anzuwenden, wenn die Dringlichkeit weiterhin besteht, dh die endg. Maßnahme unmittelbar nach Ablauf der Geltungsdauer der einstweiligen Maßnahme erlassen werden muss. Die ASB ersucht in diesem Fall unmittelbar den EDSA um eine Stellungn. oder einen Beschl. Das Abstimmungsverfahren im EDSA läuft dann nach Abs. 3 mit verkürzter Frist von zwei Wochen. Eine einfache Mehrheit ist ausreichend. Das Verfahren nach Art. 60 entfällt.

9 Ist die Dringlichkeit nach Erlass der einstweiligen Maßnahme entfallen, bspw. weil diese faktisch eine endg. Wirkung hatte, ist für weitere Entsch. in der Angelegenheit das reguläre Verfahren der Zusammenarbeit nach Art. 60 durchzuführen.

E. Einleitung des Dringlichkeitsverfahrens durch andere Aufsichtsbehörden (Abs. 3 und 4)

10 Abs. 3 verleiht jeder betroffenen ASB das Recht, die Ergreifung von dringlich gebotenen **Maßnahmen** (zur Beschränkung der Untätigkeitsrüge auf das Dringlichkeitsverfahren Caspar in Kühling/Buchner DS-GVO Art. 66 Rn. 12) durch die zuständige ASB zu **erzwingen.** Eine Entsch., ob und welche Maßnahmen zu ergreifen sind, trifft der EDSA. Der Eilbedürftigkeit wird dadurch Rechnung getragen, dass auch Abs. 4 eine verkürzte Frist von zwei Wochen für die Abstimmung im EDSA gilt und eine einfache Mehrheit für die Annahme von Beschlüssen und Stellungn. ausreicht. Nach dem Wortlaut des Abs. 3 kann das Verfahren von jeder ASB eingeleitet werden (anders noch die Vorauflage). Das Ersuchen ist zu begründen. Voraussetzung ist, dass die nach Abs. 1 zuständige ASB am Ort der Niederlassung oder die federführende ASB am Ort der Hauptniederlassung keine Maßnahme getroffen hat. Die betroffene ASB wird daher zunächst Kontakt zu den ASB am Ort der betroffenen und der Hauptniederlassung aufnehmen müssen, um sich Gewissheit darüber zu verschaffen, dass dort keine Maßnahmen geplant sind.

Art. 67 Informationsaustausch

Die Kommission kann Durchführungsrechtsakte von allgemeiner Tragweite zur Festlegung der Ausgestaltung des elektronischen Informationsaustauschs zwischen den Aufsichtsbehörden sowie zwischen den Aufsichtsbehörden und dem Ausschuss, insbesondere des standardisierten Formats nach Artikel 64, erlassen. Diese Durchführungsrechtsakte werden gemäß dem Prüfverfahren nach Artikel 93 Absatz 2 erlassen.

BDSG und anderes nationales Recht: –

A. Allgemeines

1 Der Entwurf der KOM sah an dieser Stelle eine ganze Reihe von Ermächtigungen für den Erlass von **Durchführungsrechtsakten** der KOM in Angelegenheiten vor, die im Kohärenzverfahren behandelt werden. Darunter be-

fanden sich auch Ermächtigungen für Durchführungsakte zur Anwendung der DS-GVO. Von den Ermächtigungen ist in Bezug auf das Kohärenzverfahren einzig die Befugnis zur Ausgestaltung des Informationsaustauschs zwischen den ASB untereinander und mit dem EDSA übrig geblieben. Auch in diesem Punkt ist die Gestaltungsbefugnis der KOM allerdings nicht einleuchtend und im Hinblick auf die Unabhängigkeit der ASB fragwürdig. Eine Festlegung durch den EDSA, etwa als Bestandteil seiner Geschäftsordnung (vgl. Art. 72 Abs. 2), wäre im Hinblick auf dessen Funktion sachnäher gewesen.

B. Elektronischer Informationsaustausch

I. Beteiligte Stellen

Ein Informationsaustausch ist in der DS-GVO zwischen unterschiedlichen **2** Stellen vorgeschrieben. Insbes. die Regelungen zum Kohärenzverfahren sehen an vielen Stellen die Übermittlung von Informationen auf elektronischem Weg vor. Daran sind zumeist die ASB, der EDSA und die KOM beteiligt. Ein gemeinsames **standardisiertes Format** für den elektronischen Austausch ist nach Art. 67 jedoch nur vorgesehen für die ASB untereinander und den Austausch zwischen ASB und EDSA. Die KOM ist damit nicht am gemeinsamen standardisierten Austauschformat beteiligt.

II. Elektronischer Austausch

Ein schneller Informationsaustausch ist für die Zusammenarbeit der ASB und **3** für den zügigen Ablauf des Kohärenzverfahrens unabdingbar. Das einzurichtende Verfahren muss selbst den Anforderungen der DS-GVO genügen, da nicht auszuschließen ist, dass hierüber auch personenbezogene Daten ausgetauscht werden müssen. Neben anderen Schutzzielen muss es daher insbes. die **Integrität und Vertraulichkeit** der Daten sowie für fristgebundene Verfahren die revisionsfähige Dokumentation des Austausches und Zugangs von Dokumenten gewährleisten. Vertraulichkeit muss auch ggü. der KOM sichergestellt werden, da diese am elektronischen Austausch weder im Verfahren zwischen den ASB noch im Kohärenzverfahren zwischen ASB und EDSA beteiligt ist.

Abschnitt 3. Europäischer Datenschutzausschuss

Art. 68 Europäischer Datenschutzausschuss

(1) **Der Europäische Datenschutzausschuss (im Folgenden „Ausschuss") wird als Einrichtung der Union mit eigener Rechtspersönlichkeit eingerichtet.**
(2) **Der Ausschuss wird von seinem Vorsitz vertreten.**

(3) **Der Ausschuss besteht aus dem Leiter einer Aufsichtsbehörde jedes Mitgliedstaats und dem Europäischen Datenschutzbeauftragten oder ihren jeweiligen Vertretern.**

(4) **Ist in einem Mitgliedstaat mehr als eine Aufsichtsbehörde für die Überwachung der Anwendung der nach Maßgabe dieser Verordnung erlassenen Vorschriften zuständig, so wird im Einklang mit den Rechtsvorschriften dieses Mitgliedstaats ein gemeinsamer Vertreter benannt.**

(5) **[1]Die Kommission ist berechtigt, ohne Stimmrecht an den Tätigkeiten und Sitzungen des Ausschusses teilzunehmen. [2]Die Kommission benennt einen Vertreter. [3]Der Vorsitz des Ausschusses unterrichtet die Kommission über die Tätigkeiten des Ausschusses.**

(6) **In den in Artikel 65 genannten Fällen ist der Europäische Datenschutzbeauftragte nur bei Beschlüssen stimmberechtigt, die Grundsätze und Vorschriften betreffen, die für die Organe, Einrichtungen, Ämter und Agenturen der Union gelten und inhaltlich den Grundsätzen und Vorschriften dieser Verordnung entsprechen.**

BDSG und anderes nationales Recht: § 17 Abs. 1 BDSG (kommentiert unter → BDSG § 17 Rn. 2).

Literatur: *Kranig,* DS-GVO – und was die Aufsichtsbehörden daraus machen (sollten), RDV 2018, 243; *Kugelmann,* Kooperation und Betroffenheit im Netzwerk – Die deutschen Datenschutzaufsichtsbehörden in Europa, ZD 2020, 76; *Kühling/Martini,* Die Datenschutz-Grundverordnung: Revolution oder Evolution im europäischen und deutschen Datenschutzrecht?, EuZW 2016, 448; *v. Lewinski,* Datenschutzaufsicht in Europa als Netzwerk, NVwZ 2017, 1483; *Thiel,* Die DSGVO als Herausforderung (auch) für die Aufsichtsbehörden, RDV 2017, 191; *Wagner/Ruhmann,* Irland: Das One-Stop-Shop-Verfahren, ZD-Aktuell 2019, 06546.

A. Allgemeines

1   Der nach Art. 68 eingerichtete EDSA hat die auf Grdl. des Art. 29 DSRL eingerichtete Datenschutzgruppe abgelöst (ErwGr 139). Wie die Art. 29-Datenschutzgruppe besteht er aus den ASB der Mitgliedstaaten und dem EDSB. Die KOM ist kein Mitglied des EDSA, sondern hat nur ein Teilnahme- und Informationsrecht. Die Funktion und die Aufgaben des EDSA gehen weit über diejenigen der Art. 29-Datenschutzgruppe hinaus. Wie diese hat auch der EDSA eine Beratungsfunktion ggü. der KOM; zur Förderung der einheitlichen Anwendung der DS-GVO hat er jedoch eine weitaus stärkere Rolle als bisher die Art. 29-Datenschutzgruppe. In Fällen grenzüberschreitender Datenverarbeitung sowie in grdl. Angelegenheiten nach Art. 64 hat er verbindliche Entscheidungsbefugnisse. Zur Vereinheitlichung der Rechtsanwendung trägt er überdies durch Leitlinien, Empf. und Definition von bewährten Verfahren bei.

B. Einrichtung des Europäischen Datenschutzausschusses (Abs. 1)

Entspr. den Empf. der Art. 29-Datenschutzgruppe („Propositions regarding **2** the European Data Protection Board Internal Structure" vom 25.9.2015) und des Vorschlags des EP wird der EDSA als Einrichtung der Union mit **eigener Rechtspersönlichkeit** errichtet (ausf. zur Rechtsnatur des EDSA Schöndorf-Haubold in Sydow DSGVO Art. 68 Rn. 2 ff.; Hermerschmidt in Auernhammer DSGVO Art. 68 Rn. 9 ff.). Dies entspricht seiner verbindlichen Entscheidungskompetenz und seiner Unabhängigkeit. Der EDSA kann im eigenen Namen handeln und dadurch auch direkt nach Art. 263 AEUV vor dem EuGH verklagt werden (→ Art. 65 Rn. 9). Zudem erhält er selbst ebenfalls Klagebefugnis (Dix in Kühling/Buchner DS-GVO Art. 68 Rn. 6; Hermerschmidt in Auernhammer DSGVO Art. 68 Rn. 13).

C. Vorsitz

Der EDSA wählt nach Art. 73 einen Vorsitz aus dem Kreis seiner Mitglieder. **3** Dieser vertritt den EDSA nach außen und führt – unterstützt durch zwei Stellvertreter und ein Sekretariat (→ Art. 75 Rn. 2 f.) – die Geschäfte des EDSA.

D. Mitglieder (Abs. 3–6)

Mitglieder des EDSA sind nach Abs. 3 die Leitungen der ASB jedes Mitglied- **4** staats und der EDSB oder ihre jeweiligen Vertreter. **Jeder Mitgliedstaat** ist mit **einer Stimme** im EDSA vertreten. Das **Stimmrecht des EDSB** ist nach Abs. 6 eingeschränkt. Er ist nur bei solchen Beschlüssen des EDSA stimmberechtigt, die Grundsätze und Vorschr. betreffen, die für die seiner Zuständigkeit unterliegenden EU-Einrichtungen gelten (ausf. Hermerschmidt in Auernhammer DSGVO Art. 68 Rn. 31 ff.). Dies ist ein Kompromiss zwischen der Position des EP, das sich für ein Stimmrecht des EDSB ausgesprochen hatte und des ER, der angesichts der fehlenden Zuständigkeit des EDSB für die vom EDSA zu entscheidenden Fragen keinen Grund für ein Stimmrecht des EDSB gesehen hat (s. ER, Dok. 14318/15, 7).

Mitgliedstaaten mit mehreren ASB können nach Abs. 4 einen **gemein- 5 samen Vertreter** benennen. Für die Vertretung der dt. ASB im EDSA wurde die/der BfDI bestimmt, als Stellvertretung wählt der BR eine Leiterin oder einen Leiter einer ASB (→ BDSG § 17 Rn. 2).

Die **KOM** ist kein Mitglied des EDSA. Sie hat nach Abs. 5 das Recht, an **6** den Tätigkeiten und Sitzungen des EDSA teilzunehmen. Dies setzt eine Information der KOM über die Tätigkeiten und Sitzungstermine des EDSA voraus, die der Vorsitz nach Abs. 5 S. 3 sicherzustellen hat. Diese im Vergleich zum Kommissionsvorschlag erheblich geschwächte Position der KOM im EDSA beruht auf Änd. des ER, denen erhebliche Kritik an Einflussmöglichkeiten der KOM vorausgegangen war.

Art. 69 Unabhängigkeit

(1) Der Ausschuss handelt bei der Erfüllung seiner Aufgaben oder in Ausübung seiner Befugnisse gemäß den Artikeln 70 und 71 unabhängig.

(2) Unbeschadet der Ersuchen der Kommission gemäß Artikel 70 Absätze 1 und2 ersucht der Ausschuss bei der Erfüllung seiner Aufgaben oder in Ausübung seiner Befugnisse weder um Weisung noch nimmt er Weisungen entgegen.

BDSG und anderes nationales Recht: –

Literatur: s. Literatur zu Art. 52

A. Allgemeines

1   Wie für die einzelnen ASB der Mitgliedstaaten gilt auch für den EDSA das Gebot der **vollständigen Unabhängigkeit,** deren Ausprägung sich nach den Vorgaben des EuGH (NJW 2010, 1265 ff.) richtet. Dies ist erforderlich, da der EDSA eine eigene Rechtspersönlichkeit hat und Beschlüsse mit Bindungswirkung für alle ASB der Mitgliedstaaten fassen kann. Um die Unabhängigkeit der ASB der Mitgliedstaaten nicht auf diesem Weg einzuschränken, ist eine Einflussnahme von außen auf den EDSA – auch durch die KOM – in gleicher Weise auszuschließen wie nach Art. 52 für die ASB.

B. Unabhängigkeit, Weisungsfreiheit

2   Die Regelung der Unabhängigkeit beschr. sich für den EDSA auf die Festlegung, dass er weder um **Weisungen** ersucht noch Weisungen entgegennimmt. Außerdem garantiert die Festlegung der Rechtsform des EDSA in Art. 68 Abs. 1 dessen Unabhängigkeit. Bes. Regelungen für den Vorsitz und die Mitglieder des EDSA bedarf es nicht, weil diese Personen bereits die Anforderungen des Art. 52 Abs. 3 und Art. 53 erfüllen. Versäumt wurde allerdings eine konkrete Vorgabe über die Ausstattung des EDSA mit hinreichenden Haushaltmitteln nach dem Vorbild des Art. 52 Abs. 4, was angesichts der Fülle der Aufgaben des Ausschussvorsitzes angebracht gewesen wäre. Auch hinsichtlich der Personalauswahl ist der EDSA eingeschränkt, da das Sekretariat vom EDSB zur Vfg. gestellt wird (krit. dazu Nguyen in Gola DS-GVO Art. 68 Rn. 2; Brink/Wilhelm in BeckOK DatenschutzR DS-GVO Art. 68 Rn. 15 f.).

C. Einfluss der Kommission

3   Anders als im Entwurf der KOM hat diese **keine unmittelbaren Einflussmöglichkeiten** auf die Entsch. des EDSA. Sie kann jedoch die Themen, mit denen sich der EDSA befasst, in weitem Maße bestimmen (dazu Hermerschmidt in Auernhammer DSGVO Art. 68 Rn. 12 ff.). Sie kann nach Art. 70 Abs. 1 den EDSA um Beratung in allen Fragen des Datenschutzes in der

Union ersuchen und nach Art. 70 Abs. 3 für die Bearbeitung eine Frist bestimmen. Nach Art. 64 Abs. 2 kann sie beantragen, dass eine Angelegenheit mit allg. Geltung oder mitgliedstaatenübergreifender Bedeutung vom EDSA geprüft wird. Auch hierin kann eine Beeinträchtigung der Aufgabenerfüllung des EDSA liegen, wenn die Ersuchen der KOM aufgrund ihres Umf. Auswirkungen auf die Auswahl, Priorisierung und Abarbeitung von Aufgaben des EDSA haben. Der EDSA hat keine Möglichkeit, Ersuchen der KOM zurückzuweisen. Auf das „Wie" der Befassung des EDSA kann die KOM hingegen keinen Einfluss nehmen, dh weder auf das Erg. noch auf die Art und Weise der Behandlung im EDSA (Dix in Kühling/Buchner DS-GVO Art. 68 Rn. 6; Hermerschmidt in Auernhammer DSGVO Art. 68 Rn. 13 ff.).

Art. 70 Aufgaben des Ausschusses

(1) [1] Der Ausschuss stellt die einheitliche Anwendung dieser Verordnung sicher. [2] Hierzu nimmt der Ausschuss von sich aus oder gegebenenfalls auf Ersuchen der Kommission insbesondere folgende Tätigkeiten wahr:
a) Überwachung und Sicherstellung der ordnungsgemäßen Anwendung dieser Verordnung in den in den Artikeln 64 und 65 genannten Fällen unbeschadet der Aufgaben der nationalen Aufsichtsbehörden;
b) Beratung der Kommission in allen Fragen, die im Zusammenhang mit dem Schutz personenbezogener Daten in der Union stehen, einschließlich etwaiger Vorschläge zur Änderung dieser Verordnung;
c) Beratung der Kommission über das Format und die Verfahren für den Austausch von Informationen zwischen den Verantwortlichen, den Auftragsverarbeitern und den Aufsichtsbehörden in Bezug auf verbindliche interne Datenschutzvorschriften;
d) Bereitstellung von Leitlinien, Empfehlungen und bewährten Verfahren zu Verfahren für die Löschung gemäß Artikel 17 Absatz 2 von Links zu personenbezogenen Daten oder Kopien oder Replikationen dieser Daten aus öffentlich zugänglichen Kommunikationsdiensten;
e) Prüfung – von sich aus, auf Antrag eines seiner Mitglieder oder auf Ersuchen der Kommission – von die Anwendung dieser Verordnung betreffenden Fragen und Bereitstellung von Leitlinien, Empfehlungen und bewährten Verfahren zwecks Sicherstellung einer einheitlichen Anwendung dieser Verordnung;
f) Bereitstellung von Leitlinien, Empfehlungen und bewährten Verfahren gemäß Buchstabe e des vorliegenden Absatzes zur näheren Bestimmung der Kriterien und Bedingungen für die auf Profiling beruhenden Entscheidungen gemäß Artikel 22 Absatz 2;
g) Bereitstellung von Leitlinien, Empfehlungen und bewährten Verfahren gemäß Buchstabe e des vorliegenden Absatzes für die Feststellung von Verletzungen des Schutzes personenbezogener Daten und die Festlegung der Unverzüglichkeit im Sinne des Artikels 33 Absätze 1 und 2, und zu den spezifischen Umständen, unter denen der Verantwortliche oder der Auftragsverarbeiter die Verletzung des Schutzes personenbezogener Daten zu melden hat;

h) Bereitstellung von Leitlinien, Empfehlungen und bewährten Verfahren gemäß Buchstabe e des vorliegenden Absatzes zu den Umständen, unter denen eine Verletzung des Schutzes personenbezogener Daten voraussichtlich ein hohes Risiko für die Rechte und Freiheiten natürlicher Personen im Sinne des Artikels 34 Absatz 1 zur Folge hat;

i) Bereitstellung von Leitlinien, Empfehlungen und bewährten Verfahren gemäß Buchstabe e des vorliegenden Absatzes zur näheren Bestimmung der in Artikel 47 aufgeführten Kriterien und Anforderungen für die Übermittlungen personenbezogener Daten, die auf verbindlichen internen Datenschutzvorschriften von Verantwortlichen oder Auftragsverarbeitern beruhen, und der dort aufgeführten weiteren erforderlichen Anforderungen zum Schutz personenbezogener Daten der betroffenen Personen;

j) Bereitstellung von Leitlinien, Empfehlungen und bewährten Verfahren gemäß Buchstabe e des vorliegenden Absatzes zur näheren Bestimmung der Kriterien und Bedingungen für die Übermittlungen personenbezogener Daten gemäß Artikel 49 Absatz 1;

k) Ausarbeitung von Leitlinien für die Aufsichtsbehörden in Bezug auf die Anwendung von Maßnahmen nach Artikel 58 Absätze 1, 2 und 3 und die Festsetzung von Geldbußen gemäß Artikel 83;

l) Überprüfung der praktischen Anwendung der Leitlinien, Empfehlungen und bewährten Verfahren;

m) Bereitstellung von Leitlinien, Empfehlungen und bewährten Verfahren gemäß Buchstabe e des vorliegenden Absatzes zur Festlegung gemeinsamer Verfahren für die von natürlichen Personen vorgenommene Meldung von Verstößen gegen diese Verordnung gemäß Artikel 54 Absatz 2;

n) Förderung der Ausarbeitung von Verhaltensregeln und der Einrichtung von datenschutzspezifischen Zertifizierungsverfahren sowie Datenschutzsiegeln und -prüfzeichen gemäß den Artikeln 40 und 42;

o) Genehmigung der Zertifizierungskriterien gemäß Artikel 42 Absatz 5 und Führung eines öffentlichen Registers der Zertifizierungsverfahren sowie von Datenschutzsiegeln und -prüfzeichen gemäß Artikel 42 Absatz 8 und der in Drittländern niedergelassenen zertifizierten Verantwortlichen oder Auftragsverarbeiter gemäß Artikel 42 Absatz 7;

p) Genehmigung der in Artikel 43 Absatz 3 genannten Anforderungen im Hinblick auf die Akkreditierung von Zertifizierungsstellen gemäß Artikel 43;

q) Abgabe einer Stellungnahme für die Kommission zu den Zertifizierungsanforderungen gemäß Artikel 43 Absatz 8;

r) Abgabe einer Stellungnahme für die Kommission zu den Bildsymbolen gemäß Artikel 12 Absatz 7;

s) Abgabe einer Stellungnahme für die Kommission zur Beurteilung der Angemessenheit des in einem Drittland oder einer internationalen Organisation gebotenen Schutzniveaus einschließlich zur Beurteilung der Frage, ob das Drittland, das Gebiet, ein oder mehrere spezifische Sektoren in diesem Drittland oder eine internationale Organisation kein angemessenes Schutzniveau mehr gewährleistet. Zu diesem Zweck gibt die Kommission dem Ausschuss alle erforderlichen Unterlagen, darunter den Schriftwechsel mit der Regierung des Drittlands, dem Gebiet oder spezifischen Sektor oder der internationalen Organisation;

t) Abgabe von Stellungnahmen im Kohärenzverfahren gemäß Artikel 64 Absatz 1 zu Beschlussentwürfen von Aufsichtsbehörden, zu Angelegenheiten, die nach Artikel 64 Absatz 2 vorgelegt wurden und um Erlass verbindlicher Beschlüsse gemäß Artikel 65, einschließlich der in Artikel 66 genannten Fälle;

u) Förderung der Zusammenarbeit und eines wirksamen bilateralen und multilateralen Austauschs von Informationen und bewährten Verfahren zwischen den Aufsichtsbehörden;

v) Förderung von Schulungsprogrammen und Erleichterung des Personalaustausches zwischen Aufsichtsbehörden sowie gegebenenfalls mit Aufsichtsbehörden von Drittländern oder mit internationalen Organisationen;

w) Förderung des Austausches von Fachwissen und von Dokumentationen über Datenschutzvorschriften und -praxis mit Datenschutzaufsichtsbehörden in aller Welt;

x) Abgabe von Stellungnahmen zu den auf Unionsebene erarbeiteten Verhaltensregeln gemäß Artikel 40 Absatz 9 und

y) Führung eines öffentlich zugänglichen elektronischen Registers der Beschlüsse der Aufsichtsbehörden und Gerichte in Bezug auf Fragen, die im Rahmen des Kohärenzverfahrens behandelt wurden.

(2) Die Kommission kann, wenn sie den Ausschuss um Rat ersucht, unter Berücksichtigung der Dringlichkeit des Sachverhalts eine Frist angeben.

(3) Der Ausschuss leitet seine Stellungnahmen, Leitlinien, Empfehlungen und bewährten Verfahren an die Kommission und an den in Artikel 93 genannten Ausschuss weiter und veröffentlicht sie.

(4) [1] Der Ausschuss konsultiert gegebenenfalls interessierte Kreise und gibt ihnen Gelegenheit, innerhalb einer angemessenen Frist Stellung zu nehmen. [2] Unbeschadet des Artikels 76 macht der Ausschuss die Ergebnisse der Konsultation der Öffentlichkeit zugänglich.

BDSG und anderes nationales Recht: –

Literatur: s. Literatur zu Art. 68

A. Allgemeines

Art. 70 stellt **Funktion und Aufgabe** des EDSA klar. Er stellt die einheitli- **1** che Anwendung der DS-GVO sicher. Die Aufgaben und Tätigkeiten, die er zur Erfüllung dieses Ziels ausübt, werden in Art. 70 iE aufgeführt. Der 25 Aufgaben umfassende Katalog ist nicht abschl., wie das Wort „insbesondere" in der Einl. der Auflistung klarstellt. Er beruht in seiner jetzigen, im Trilog nochmals konkretisierten, Form auf dem Vorschlag des ER. Der ER hatte die im Kommissionsentwurf vorgesehenen Befugnisse der KOM zur näheren Ausgestaltung der DS-GVO in Form von Durchführungsrechtsakten und delegierten Rechtsakten weitgehend gekürzt. An die Stelle der KOM ist nun der EDSA getreten, dessen vorrangige Aufgabe darin besteht, durch Erstellung von Leitlinien und Empf. für eine einheitliche Anwendung der DS-GVO in den Mitgliedstaaten zu sorgen (ER, Dok. 5419/1/16/REV1/ADD1, 29). Erst in der Zusammenarbeit der ASB untereinander und im EDSA wird die

Einheitlichkeit der Anwendung erreicht werden können. Die materiellen Datenschutzregelungen der DS-GVO können dies aufgrund ihrer Unbestimmtheit nicht leisten. Der Umf. des Katalogs der Aufgaben des EDSA ist Ausdruck für den enormen Ausgestaltungs- und Abstimmungsbedarf, den sie erfordern, um zu einem einheitlichen Datenschutz in der Union zu gelangen.

B. Anlass für die Tätigkeit des Europäischen Datenschutzausschusses (Abs. 1)

2 Der EDSA wird entweder auf **eigene Initiative** oder auf **Ersuchen der KOM** (→ Art. 69 Rn. 3) tätig. Andere Stellen können sich nicht unmittelbar an den EDSA wenden; dies gilt sowohl für die Mitgliedstaaten als auch für Verantwortliche, Auftragnehmer und betroffene Personen. Ihre Anlaufstelle ist stets die ASB, die nach eigenem Ermessen nach Art. 64 Abs. 2 oder Art. 65 Abs. 1 lit. c den EDSA befassen kann und in den Fällen des Art. 64 Abs. 1 und Art. 60 Abs. 4 dazu verpflichtet ist.

C. Aufgaben des Europäischen Datenschutzausschusses (Abs. 1)

3 Die Fülle der Aufgaben lässt sich in zehn Bereiche einteilen (die auch stärker zusammengefasst werden können, s. Nguyen in Gola DS-GVO Art. 70 Rn. 2 ff.; Dix in Kühling/Buchner DS-GVO Art. 70 Rn. 5 ff; Hermerschmidt in Auernhammer DSGVO Art. 70 Rn. 10). Sie alle dienen dem übergeordneten Ziel, eine einheitliche Anwendung der DS-GVO in der Union sicherzustellen.

I. Überwachung und Sicherstellung der Anwendung der DS-GVO in den Fällen der Art. 64 und 65

4 In lit. a werden die Aufgaben des EDSA im **Kohärenzverfahren** wiedergegeben (→ Art. 64 Rn. 1–4; → Art. 65 Rn. 1–6).

II. Beratung der Kommission und Abgabe von Stellungnahmen gegenüber der Kommission (lit. b-d, q-s)

5 Der EDSA ist verpflichtet, die KOM auf deren Ersuchen zu beraten und Stellungn. abzugeben. Er kann auch auf eigene Initiative zu den in Abs. 1 genannten Fragen Stellung nehmen (Nguyen in Gola DS-GVO Art. 70 Rn. 4). Die **Beratung** der KOM bezieht sich auf sämtliche Fragen des Datenschutzes in der Union sowie Vorschläge zur Änd. der DS-GVO (lit. b). Ausdr. erwähnt ist in lit. c die Beratung für die Festlegung des Informationsaustauschs zwischen den Beteiligten bei der Festlegung verbindlicher interner Datenschutzvorschriften nach Art. 47 Abs. 6 (→ Art. 47 Rn. 33 f.). Lit. q–s regeln die Beteiligung des EDSA am Erlass **delegierter Rechtsakte** durch die KOM. Lit. q betrifft die Befugnis der KOM in Art. 43 Abs. 8, durch Erlass von delegierten Rechtsakten Anforderungen für Zertifizierungsverfah-

ren festzulegen. Eine Beteiligung des EDSA daran ist nicht zwingend vorgeschrieben. Nach lit. q hat er jedenfalls die Möglichkeit, sich in den Prozess einzubringen. Gleiches gilt nach lit. r für den Erlass delegierter Rechtsakte durch die KOM zur Erstellung von Bildsymbolen nach Art. 12 Abs. 7 und 8 sowie Entsch. der KOM über die Angemessenheit des Datenschutzniveaus in einem Drittland oder einer int. Organisation gem. Art. 40 (lit. s).

III. Bereitstellung von Leitlinien, Empfehlungen und bewährten Verfahren (lit. d-k, m)

Seine Kernaufgabe, neben den Angelegenheiten des Kohärenzverfahrens, **6** erhält der EDSA in insgesamt neun Bestimmungen, nach denen er **Leitlinien, Empf. und bewährte Verfahren** für die Anwendung der DS-GVO in unterschiedlichen Bereichen bereitstellt. Durch die allg. Bestimmung in lit. e wird klargestellt, dass die einzelnen Aufgaben lediglich herausgehobene Bsp. sind und der EDSA von sich aus, auf Antrag eines seiner Mitglieder oder auf Ersuchen der KOM zu jeder Frage der DS-GVO konkretisierende Vorgaben aussprechen darf (Dix in Kühling/Buchner DS-GVO Art. 70 Rn. 10; Nguyen in Gola DS-GVO Art. 70 Rn. 7). Angesichts der Unbestimmtheit vieler Regelungen der DS-GVO, insbes. der materiellen Vorschr. über die Zulässigkeit der Datenverarbeitung, kann ohne solche Konkretisierungen eine einheitliche Anwendung in allen Mitgliedstaaten schwerlich erreicht werden.

IV. Prüfung der Anwendung der Leitlinien (lit. l)

Für die Leitlinien, Empf. und bewährten Verfahren hat der EDSA nach lit. l **7** ausdr. die Aufgabe, deren praktische Anwendung zu überprüfen.

V. Förderung der Ausarbeitung von Verhaltensregeln (lit. n)

Lit. n wiederholt die in Art. 40 Abs. 1 dem EDSA sowie auch den Mitglied- **8** staaten, ASB und der KOM auferlegte Aufgabe, die Ausarbeitung von Verhaltensregeln zu fördern (→ Art. 40 Rn. 5 ff.).

VI. Aufgaben im Zusammenhang mit der Zertifizierung (lit. n-q)

Der EDSA nimmt iRv Zertifizierungsverfahren eine Fülle von Aufgaben **9** wahr. Er fördert die Einrichtung von Zertifizierungsverfahren sowie Datenschutzsiegeln und -prüfzeichen (lit. n). Er genehmigt Zertifizierungskriterien nach Art. 42 Abs. 5 (→ Art. 42 Rn. 14) und führt das in Art. 42 Abs. 8 genannte Register der Zertifizierungsverfahren und Datenschutzsiegel (→ Art. 42 Rn. 24 f.) sowie das in Art. 42 Abs. 7 genannte Register der in Drittländern niedergelassenen zertifizierten Verantwortlichen oder Auftragsverarbeiter (→ Art. 42 Rn. 19). Nach lit. p genehmigt der EDSA die in Art. 43 Abs. 3 genannten Anforderungen für die Akkreditierung von Zertifizierungsstellen (→ Art. 43 Rn. 15). An der Festlegung von Zertifizierungsanforderungen durch die KOM im Wege delegierter Rechtsakte kann er sich mit Stellungn. beteiligen.

VII. Stellungnahmen im Kohärenzverfahren (lit. t)

10 Lit. t wiederholt die Aufgaben des EDSA im Kohärenzverfahren nach Art. 64 und 65 (→ Art. 64 Rn. 6 ff. und Art. 65 Rn. 3 ff.).

VIII. Förderung der Tätigkeit und Zusammenarbeit der Aufsichtsbehörden (lit. u-w)

11 Nach lit. u–w **unterstützt** der EDSA die Aufgabenwahrnehmung der **ASB,** indem er etwa die Wissensvermittlung und den Personalaustausch zwischen den ASB fördert. Er wirkt damit auf einen Informationsaustausch und eine Vernetzung der ASB in der Union hin. Gleichzeitig vermittelt er Kontakte zu ASB in Drittländern und zu int. Organisationen, wie lit. v und w verdeutlichen. Damit hat der EDSA eine zentrale Funktion für die weltweite Angleichung von Datenschutzstandards.

IX. Stellungnahme zu Verhaltensregeln nach Art. 40 Abs. 9 (lit. x)

12 An den Durchführungsrechtsakten der KOM nach Art. 40 Abs. 9 zur allg. Gültigerklärung von Verhaltensregeln (→ Art. 40 Rn. 28 f.) kann sich der EDSA mit Stellungn. beteiligen.

X. Register über Beschlüsse im Zusammenhang mit dem Kohärenzverfahren (lit. y)

13 Der EDSA führt nach lit. y ein Register über alle Beschlüsse der ASB sowie dazugehörige Gerichtsentscheidungen, die im Kohärenzverfahren behandelt wurden. Das Register ist öffentl. zugänglich. Es ergänzt die in Art. 65 Abs. 5 S. 2 vorgeschriebene Veröff. der eigenen Beschlüsse des EDSA im Kohärenzverfahren.

D. Fristsetzung durch die Kommission (Abs. 2)

13a Die KOM kann dem EDSA für die Bearbeitung ihrer Beratungsanfragen eine Frist setzen. Dabei hat sie die Dringlichkeit des Sachverhalts zu berücksichtigen. Aufgrund der Unabhängigkeit des EDSA ist die Befugnis zur Fristsetzung eng auszulegen (Hermerschmidt in Auernhammer DSGVO Art. 68 Rn. 63). Folgen für die Nichteinhaltung der Frist sind in der DS-GVO nicht geregelt (Hermerschmidt aaO Rn. 64; Dix in Kühling/Buchner DS-GVO Art. 70 Rn. 16).

E. Verbreitung der Erzeugnisse des Europäischen Datenschutzausschusses (Abs. 3)

14 Stellungn., Leitlinien, Empf. und bewährte Verfahren, die der EDSA erlassen hat, sind nach Abs. 4 zu veröffentlichen. Dies entspricht der Praxis der

Art. 29-Datenschutzgruppe und ist eine wesentliche Voraussetzung für die Anwendung der Vorgaben des EDSA. Der nach Art. 93 zur Unterstützung der KOM einzurichtende Ausschuss ist über die angenommenen Dokumente des EDSA zu informieren.

F. Konsultation interessierter Kreise (Abs. 4)

Nach Abs. 4 hat der EDSA die Aufgabe, soweit nach eigenem Ermessen **15** erforderlich, interessierte Kreise zu konsultieren. Die Erg. werden veröffentlicht.

Art. 71 Berichterstattung

(1) [1] Der Ausschuss erstellt einen Jahresbericht über den Schutz natürlicher Personen bei der Verarbeitung in der Union und gegebenenfalls in Drittländern und internationalen Organisationen. [2] Der Bericht wird veröffentlicht und dem Europäischen Parlament, dem Rat und der Kommission übermittelt.

(2) Der Jahresbericht enthält eine Überprüfung der praktischen Anwendung der in Artikel 70 Absatz 1 Buchstabe l genannten Leitlinien, Empfehlungen und bewährten Verfahren sowie der in Artikel 65 genannten verbindlichen Beschlüsse.

BDSG und anderes nationales Recht: –

Literatur: s. Literatur zu Art. 59, 68

A. Allgemeines

Neben der Veröff. der Beschl., Leitlinien und sonstigen Empf. und Stellungn. **1** ist der **Jahresbericht** nach Art. 71 ein weiterer Baustein der Öffentlichkeitsarbeit des EDSA. Er dient in seiner Ausrichtung nicht nur der Vereinheitlichung, sondern vielmehr auch der Fortentwicklung des Datenschutzniveaus und ist dabei nicht auf den Datenschutz in der Union beschr., sondern ausdr. auch auf den int. Datenschutz ausgerichtet.

B. Jahresbericht

Wie die ASB erstellt auch der EDSA jährlich einen Bericht. Anders als der **2** Tätigkeitsbericht der ASB ist der Jahresbericht des EDSA nicht primär als Zusammenfassung seiner Tätigkeit (vgl. dazu Art. 59: „Jahresbericht über ihre Tätigkeit"), sondern als **Statusbericht über den Datenschutz** in der Union und ggf. in Drittländern konzipiert. Er entspricht dem jährlichen Bericht der Art. 29-Datenschutzgruppe nach Art. 30 Abs. 6 DSRL.

I. Inhalt des Jahresberichts

3 Da Art. 71 nur wenig spezifische Vorgaben zum Inhalt macht, hat der EDSA einen weiten Spielraum bei der Gestaltung des Berichts (Nguyen in Gola DS-GVO Art. 71 Rn. 3; Hermerschmidt in Auernhammer DSGVO Art. 71 Rn. 8). Der Jahresbericht enthält wie beschrieben einen Überbl. über den Datenschutz in der Union und ggf. in Drittstaaten. Hierzu gehört auch die **Entwicklung in den Mitgliedstaaten** (eine nur untergeordnete Rolle misst dem Hermerschmidt in Auernhammer DSGVO Art. 71 Rn. 8 bei), die schon bisher in den Berichten der Art. 29-Datenschutzgruppe überblicksartig zusammengefasst wurde. Ggü. Art. 29 Abs. 6 DSRL kommt mit Abs. 2 ein Bericht über die Überprüfung der Anwendung der Leitlinien und Empf. des EDSA sowie seiner im Kohärenzverfahren erlassenen Beschlüsse hinzu. Damit sind auch die Tätigkeiten des EDSA im Bericht zu behandeln.

II. Adressaten

4 Der Bericht ist unmittelbar an das EP, den ER und die KOM adressiert. Dadurch erhält er in erster Linie eine **politische Ausrichtung.**

Art. 72 Verfahrensweise

(1) **Sofern in dieser Verordnung nichts anderes bestimmt ist, fasst der Ausschuss seine Beschlüsse mit einfacher Mehrheit seiner Mitglieder.**
(2) **Der Ausschuss gibt sich mit einer Mehrheit von zwei Dritteln seiner Mitglieder eine Geschäftsordnung und legt seine Arbeitsweise fest.**

BDSG und anderes nationales Recht: –

Literatur: s. Literatur zu Art. 68; *Albrecht,* Das neue EU-Datenschutzrecht – von der Richtlinie zur Verordnung, CR 2016, 88.

A. Allgemeines

1 Die Möglichkeit, Entsch. durch Mehrheitsbeschluss herbeizuführen, ist eine wesentliche Voraussetzung dafür, dass der EDSA Streitfragen zwischen den ASB entscheiden kann (vgl. Albrecht CR 2016, 88 (96)). Daher waren Abstimmungsverhalten und Mehrheiten ein wichtiger Baustein für die Übertragung der Entscheidungskompetenz im Kohärenzverfahren von der KOM, wie ursprünglich vorgesehen, auf den EDSA.

B. Beschlussfassung

2 Eine Mehrheit von **zwei Dritteln** der Mitglieder ist für die Streitbeilegung im Kohärenzverfahren (Art. 65 Abs. 2) sowie für den Erlass einer Geschäftsordnung (Abs. 2) vorgesehen. Alle anderen Entsch., auch die Wahl des Vorsitzes, die Streitbeilegung im Kohärenzverfahren nach Scheitern der Zwei-Drittel-Mehrheit gem. Art. 65 Abs. 3 sowie alle Entsch. im Dringlichkeitsverfahren nach Art. 66, trifft der EDSA mit einfacher Mehrheit seiner Mitglieder (anders als für die einfache Mehrheit im dt. Recht reicht hier nicht die Mehrheit der anwesenden Mitglieder, sondern es ist eine absolute Mehrheit aller Mitglieder erforderlich, Nguyen in Gola DS-GVO Art. 72 Rn. 3; Hermerschmidt in Auernhammer DSGVO Art. 72 Rn. 5).

C. Geschäftsordnung

Der EDSA regelt die Einzelheiten seiner Arbeitsweise in einer Geschäfts- **3** ordnung. Die am 25.5.2018 in Kraft getretenen „Rules of Procedure" (abrufbar unter https://edpb.europa.eu/our-work-tools/our-documents/publication-type/rules-procedure_en) enthalten Regelungen ua zur Wahl, Amtszeit und Amtsführung des Vorsitzes, zur Teilnahme von Beobachtern und Gästen an den Sitzungen des EDSA, zur Beschlussfassung, zu Plenumssitzungen, zum Zugang zu Dokumenten des EDSA und zur Einrichtung von Expert Subgroups. Letztere sind Arbeitsgruppen, die aus Vertretern der Fachebene der ASB der Mitgliedstaaten und des EDSB bestehen und die Entscheidungen des EDSA vorbereiten. Sie werden unterstützt durch das Sekretariat (→ Art. 75 Rn. 3).

Art. 73 Vorsitz

(1) **Der Ausschuss wählt aus dem Kreis seiner Mitglieder mit einfacher Mehrheit einen Vorsitzenden und zwei stellvertretende Vorsitzende.**
(2) **Die Amtszeit des Vorsitzenden und seiner beiden Stellvertreter beträgt fünf Jahre; ihre einmalige Wiederwahl ist zulässig.**

BDSG und anderes nationales Recht: –

Literatur: s. Literatur zu Art. 54, 68

A. Allgemeines

Die Regelung ist im Laufe des Gesetzgebungsverfahrens in einigen Punkten **1** geänd. worden. Der Kommissionsentwurf sah noch vor, dass der Vertreter des EDSB in jedem Fall eine der zwei Positionen – Vorsitz oder Stellvertretung – bekleidet. Dies wurde durch das EP und den ER gestrichen, was der insgesamt geschwächten Stellung des EDSB in den Fassungen von EP und ER ggü. dem Entwurf der KOM entspricht. Das EP hat sich ausdr. dafür ausgesprochen, dass die Stelle des **Vorsitzes** als Vollzeitstelle gestaltet wird und eine entspr. Vorgabe in den Verordnungstext aufgenommen. Dieser Vorschlag konnte sich im Trilog nicht durchsetzen, obwohl er von der Art. 29-Datenschutzgruppe unterstützt wurde (s. „Proposition regarding the European Data Protection Board Internal Structure" v. 25.9.2015). Die Art. 29-Datenschutzgruppe hatte sich aufgrund der Verantwortung und der Unabhängigkeit des Ausschussvorsitzes für eine Vollzeitstelle und die Freiheit von anderen Funktionen im Bereich Datenschutz im Mitgliedstaat oder in der EU ausgesprochen. Tatsächlich dürfte die Position des Vorsitzes aufgrund der zahlr. Aufgaben des EDSA selbst und seines Vorsitzes wenig Raum für die Ausübung anderer Tätigkeiten, insbes. der Leitung einer ASB eines Mitgliedstaats lassen. Auf der anderen Seite ist zu bedenken, dass die Ausübung solcher anderen Funktionen die sachliche und praktische Anbindung des Vorsitzes an die durch den EDSA zu behandelnden Fragestellungen und Themen sicherstellt. Daher sprachen gute Gründe dafür, die Forderung des EP nicht zu übernehmen. Letztlich hängt es von der Aufgabenverteilung zwischen Vorsitz und den zwei Stellvertretern sowie der Ausstattung des dem Vorsitz bereitzustellenden Sekretariats ab, welchen Umf. die Tätigkeit des Vorsitzes einnimmt. Eine eindeutige Regelung ist im Hinblick auf die Wiederwahlmöglichkeit getroffen worden. Auf Vorschlag des ER ist sie auf eine einmalige Wiederwahl beschr. worden.

B. Vorsitz aus dem Kreis der Mitglieder (Abs. 1)

2 Abs. 1 stellt klar, dass der Vorsitz und die zwei Stellvertreter selbst **Mitglieder des EDSA** iSd Art. 63 Abs. 3 sein müssen. Dies entspricht der Regelung für die Art. 29-Datenschutzgruppe in Art. 29 Abs. 4 DSRL. Der Vorsitz und die Stellvertretung kann daher nur von Personen ausgeübt werden, die Leiter einer ASB eines Mitgliedstaats oder dessen Vertreter oder Vertreter des EDSB sind. Für die Wahl des Vorsitzes und der stellvertretenden Vorsitzenden ist die einfache Mehrheit der Mitgliederstimmen ausreichend. Maßgeblich ist, auch wenn der Bezug auf die Mitglieder hier im Wortlaut fehlt, die einfache Mehrheit iSd Art. 72 Abs. 1, dh die Mehrheit aller und nicht nur der anwesenden Mitglieder (Hermerschmidt in Auernhammer DSGVO Art. 73 Rn. 6; Schiedermair in Simitis/Hornung/Spiecker gen. Döhmann DSGVO Art. 73 Rn. 3; aA Nguyen in Gola DS-GVO Art. 73 Rn. 2).

C. Amtszeit und Wiederwahl (Abs. 2)

3 Eine eindeutige Regelung trifft Abs. 2 über die **Amtszeit und Wiederwahl** des Vorsitzes und der Stellvertreter. Sie ist auf eine Amtszeit von insgesamt höchstens zehn Jahren begrenzt. Zu einer weiteren Begrenzung kann es kommen, wenn die Amtszeit des Vorsitzes oder der Stellvertreter als Mitglied der ASB nach nationalem Recht endet. Denn damit endet automatisch auch ihre Zugehörigkeit zum EDSA (Dix in Kühling/Buchner DS-GVO Art. 73 Rn. 6; Nguyen in Gola DS-GVO Art. 73 Rn. 3; Hermerschmidt in Auernhammer DSGVO Art. 73 Rn. 15 f.). Die Rules of Procedure des EDSA (→ Art. 72 Rn. 3, abrufbar unter https://edpb.europa.eu/our-work-tools/our-documents/publication-type/rules-procedure_en) sehen für diesen Fall eine Neuwahl vor. Im Gegensatz zum Vorsitz der Art. 29-Datenschutzgruppe ist die Amtszeit von zwei auf fünf Jahre deutlich verlängert worden, sie entspricht der Amtszeit des EDSB (Art. 42 Abs. 1 VO (EG) 45/2001). Dies ist angesichts der veränderten Bedeutung des EDSA und damit auch seines Vorsitzes sachgerecht. Im nationalen Recht ist die Beschränkung der Wiederwahlmöglichkeit umstr. und dementsprechend in den Ländern unterschiedlich geregelt (→ Art. 54 Rn. 3). Für den EDSA kommt der Wiederwahlbeschränkung eine eigenständige Bedeutung zu. Sie stellt sicher, dass der EDSA nur für einen begrenzten Zeitraum von denselben Repräsentanten ders. Mitgliedstaaten geleitet wird und fördert die Rotation nicht nur von Personen, sondern auch von Mitgliedstaaten.

Art. 74 Aufgaben des Vorsitzes

(1) Der Vorsitz hat folgende Aufgaben:
a) Einberufung der Sitzungen des Ausschusses und Erstellung der Tagesordnungen,
b) Übermittlung der Beschlüsse des Ausschusses nach Artikel 65 an die federführende Aufsichtsbehörde und die betroffenen Aufsichtsbehörden,
c) Sicherstellung einer rechtzeitigen Ausführung der Aufgaben des Ausschusses, insbesondere der Aufgaben im Zusammenhang mit dem Kohärenzverfahren nach Artikel 63.
(2) Der Ausschuss legt die Aufteilung der Aufgaben zwischen dem Vorsitzenden und dessen Stellvertretern in seiner Geschäftsordnung fest.

BDSG und anderes nationales Recht: –

Literatur: s. Literatur zu Art. 68

A. Aufgaben des Vorsitzes (Abs. 1)

Abs. 1 regelt die Aufgaben des Vorsitzes. Es handelt sich dabei ausschl. um **1**
administrative Aufgaben. Allerdings liegt in der in lit. a vorgesehenen Aufgabe der Einberufung von Sitzungen einschl. der Erstellung von Tagesordnungen ein begrenzter Gestaltungsrahmen für die Festlegung der Häufigkeit von Sitzungen und der Prioritäten, mit denen Themen durch den EDSA behandelt werden.

B. Aufgabenteilung zwischen Vorsitz und Vertretern (Abs. 2)

Nach Abs. 2 bestimmen Vorsitz und Stellvertretungen nicht selbst über die **2**
Aufteilung der Aufgaben untereinander. Dies wird vielmehr in der Geschäftsordnung festgelegt, die mit zwei Dritteln der Mitglieder zu beschließen ist.

Art. 75 Sekretariat

(1) Der Ausschuss wird von einem Sekretariat unterstützt, das von dem Europäischen Datenschutzbeauftragten bereitgestellt wird.

(2) Das Sekretariat führt seine Aufgaben ausschließlich auf Anweisung des Vorsitzes des Ausschusses aus.

(3) Das Personal des Europäischen Datenschutzbeauftragten, das an der Wahrnehmung der dem Ausschuss gemäß dieser Verordnung übertragenen Aufgaben beteiligt ist, unterliegt anderen Berichtspflichten als das Personal, das an der Wahrnehmung der dem Europäischen Datenschutzbeauftragten übertragenen Aufgaben beteiligt ist.

(4) Soweit angebracht, erstellen und veröffentlichen der Ausschuss und der Europäische Datenschutzbeauftragte eine Vereinbarung zur Anwendung des vorliegenden Artikels, in der die Bedingungen ihrer Zusammenarbeit festgelegt sind und die für das Personal des Europäischen Datenschutzbeauftragten gilt, das an der Wahrnehmung der dem Ausschuss gemäß dieser Verordnung übertragenen Aufgaben beteiligt ist.

(5) Das Sekretariat leistet dem Ausschuss analytische, administrative und logistische Unterstützung.

(6) Das Sekretariat ist insbesondere verantwortlich für

a) das Tagesgeschäft des Ausschusses,

b) die Kommunikation zwischen den Mitgliedern des Ausschusses, seinem Vorsitz und der Kommission,

c) die Kommunikation mit anderen Organen und mit der Öffentlichkeit,

d) den Rückgriff auf elektronische Mittel für die interne und die externe Kommunikation,

e) die Übersetzung sachdienlicher Informationen,

f) die Vor- und Nachbereitung der Sitzungen des Ausschusses,

g) die Vorbereitung, Abfassung und Veröffentlichung von Stellungnahmen, von Beschlüssen über die Beilegung von Streitigkeiten zwischen Aufsichtsbehörden und von sonstigen vom Ausschuss angenommenen Dokumenten.

BDSG und anderes nationales Recht: –

Literatur: s. Literatur zu Art. 68; *Nguyen,* Die zukünftige Datenschutzaufsicht in Europa, ZD 2015, 265.

A. Allgemeines

1 Im Vergleich zur Art. 29-Datenschutzgruppe verfügt der EDSA über einen wesentlich breiteren Aufgabenkreis. Hinzu kommen enge Zeitvorgaben, die die Vorschr. über das Kohärenzverfahren für die Befassungen des EDSA festlegen. Dies zu bewältigen erfordert in erheblichem Umf. die Vorbereitung und Unterstützung durch das Sekretariat (s. Stellungn. der Art. 29-Datenschutzgruppe v. 25.9.2015 „Propositions regarding the European Data Protection Board Internal Structure"). Die **enge Anbindung des EDSB** an den EDSA, die dadurch entsteht, dass der EDSB dem EDSA ein Sekretariat zur Vfg. stellt,

war im Gesetzgebungsverfahren nicht unumstritten. Die Art. 29-Datenschutzgruppe hatte sich für eine eigenständige Verwaltung des EDSA ausgesprochen (Art. 29-Datenschutzgruppe WP 191, 25; s. auch Nguyen ZD 2015, 265 (268)). Um die Unabhängigkeit des EDSA auch ggü. dem EDSB sicherzustellen, enthält Art. 75 eine Reihe von Vorgaben über das dem EDSA zur Vfg. gestellte Personal des EDSB und die Weisungsbefugnisse des Vorsitzes.

B. Bereitstellung des Sekretariats durch den EDSB (Abs. 1–4)

Abs. 1 legt fest, dass das Sekretariat vom EDSB bereitgestellt wird (krit. zur **2** damit verbundenen Rolle des EDSB Brink in BeckOK DatenschutzR DS-GVO Art. 75 Rn. 7). Die Eigenständigkeit des EDSA ggü. dem EDSB sollen die Regelungen der Abs. 2–4 sicherstellen. Nach Abs. 2 unterliegt es den **Weisungen des Ausschussvorsitzenden.** Der EDSB hat insoweit keine Weisungsbefugnisse über die Beschäftigten, wie das Wort „ausschließlich" in Abs. 2 klarstellt. Die Beschäftigten unterliegen nach Abs. 3 auch nicht den für die im Geschäftsbereich des EDSB tätigen Beschäftigten geltenden Berichtspflichten. Sie erstatten ausschl. dem Ausschussvorsitz Bericht (vgl. ErwGr 140). Weitere Bedingungen über die Zusammenarbeit zwischen EDSA und EDSB und über das für das Ausschusssekretariat eingesetzte Personal legen EDSA und EDSB in einer zu veröffentlichenden Vereinbarung nach Abs. 4 fest. Dies ist mit dem Memorandum of Understanding zum 25.5.2018 (abrufbar unter https://edpb.europa.eu/sites/edpb/files/files/file1/memorandum_of_understanding_signed_en.pdf) erfolgt. Darin wird die Bereitstellung von Ressourcen durch den EDSB an den EDSA konkretisiert. Ua ist die Zusammenarbeit bei der Personalgewinnung für den EDSA, die Trennung des EDSA-Personals von dem des EDSB (Dix in Kühling/Buchner DS-GVO Art. 75 Rn. 7; Hermerschmidt in Auernhammer DSGVO Art. 75 Rn. 14 ff.) und der Haushalt des EDSA innerhalb des Haushaltsplans des EDSB (Hermerschmidt in Auernhammer DSGVO Art. 75 Rn. 9) geregelt.

C. Aufgaben des Sekretariats (Abs. 5–6)

Zu den Aufgaben des Sekretariats gehört hauptsächlich die Unterstützungs- **3** leistung bei der Ausübung der administrativen Tätigkeiten des Vorsitzes. Diese beschreibt Abs. 5 als administrative und logistische Unterstützung. Abs. 6 listet diese Aufgaben in lit. a–f iE auf. Jedoch ist die Tätigkeit des Sekretariats hierauf nicht beschr., wie Abs. 5 und Abs. 6 lit. g verdeutlichen. Nach Abs. 5 leistet das Sekretariat auch **analytische Unterstützung.** Diese besteht offenbar in der in Abs. 6 lit. g genannten Vorbereitung, Abfassung und Veröff. von Stellungn., von Beschlüssen über die Beilegung von Streitigkeiten zwischen ASB und von sonstigen vom EDSA angenommenen Dokumenten. Dies lässt vermuten, dass das Sekretariat nicht nur organisatorische Unterstützung bei der Erstellung der Dokumente, etwa durch Versand von Entwürfen, Bereitstellung von Formatvorlagen und Übersetzung von Texten leistet, sondern diese auch **inhaltlich bearb.** (dazu auch Hermerschmidt in Auernhammer DSGVO Art. 75 Rn. 26). Solche Aufgaben des Sekretariats wären jedoch nicht nur im Hinblick darauf erstaunlich, dass der Vorsitz selbst – für den das Sekretariat unterstützend tätig wird – nach Art. 74 keinerlei inhaltliche, sondern ausschl. administrative Aufgaben hat. Sie werfen auch Fragen hinsichtlich der Zusammenarbeit der Mitgliedstaaten auf, deren Vertretung der EDSA letztlich darstellt. Bislang wurden die Arbeitspapiere, Stellungn., Empf. und sonstige Dokumente der Art. 29-Datenschutzgruppe durch ihre Mitglieder selbst vorbereitet (dies befürwortend Dix in Kühling/Buchner DS-GVO Art. 75 Rn. 10; Nguyen in Gola DS-GVO Art. 75 Rn. 5). Erstellt und beraten wurden diese durch die fachlichen Vertreter der ASB der Mitgliedstaaten in den Arbeitsgruppen der Art. 29-Datenschutzgruppe. Erhält nun mit Art. 75 Abs. 5 und Abs. 6 lit. g das Sekretariat eigene Aufgaben zur inhaltlichen Gestaltung der vom EDSA anzunehmenden Dokumente, ist zu befürchten, dass sich die Ausrichtung der ASB von einer dezentral geprägten Struktur der mitgliedstaatenübergreifenden Kooperation iRd Art. 29-Datenschutzgruppe zu einer zentralen Struktur, geprägt durch den EDSA als eigene Rechtspersönlichkeit und den EDSB als dessen fachlichem Unterbau verlagert. Hierin kann ein weiterer Schritt zur Vereinheitlichung des Datenschutzniveaus liegen. Gleichzeitig kann hiermit aber auch eine Entfernung von der Praxis der aufsichtsbehördlichen Tätigkeit verbunden sein. Denn der EDSB verfügt selbst nicht über Zuständigkeiten für den Datenschutz im nicht öffentl. Bereich. Seine Zuständigkeit ist auf die Überwachung des Datenschutzes bei den Organen der EU beschr. Auch der Vorsitz des EDSA wird aufgrund seiner Einbindung in die Ausschussangelegenheiten weniger direkte Berührungspunkte mit der aufsichtsbehördlichen Praxis haben als die Vertreter der ASB der Mitgliedstaaten. Die analytische Unterstützung muss daher eng ausgelegt werden (idS Nguyen in Gola DS-GVO Art. 75 Rn. 5; Brink in BeckOK DatenschutzR DS-GVO Art. 75 Rn. 16; Bartholomäus Regenhardt in Sydow DSGVO Art. 75 Rn. 10).

Art. 76 Vertraulichkeit

(1) **Die Beratungen des Ausschusses sind gemäß seiner Geschäftsordnung vertraulich, wenn der Ausschuss dies für erforderlich hält.**

(2) **Der Zugang zu Dokumenten, die Mitgliedern des Ausschusses, Sachverständigen und Vertretern von Dritten vorgelegt werden, wird durch die Verordnung (EG) Nr. 1049/2001 des Europäischen Parlaments und des Rates**[1] **geregelt.**

BDSG und anderes nationales Recht: –

Literatur: s. Literatur zu Art. 68

---

[1] **Amtl. Anm.:** Verordnung (EG) Nr. 1049/2001 des Europäischen Parlaments und des Rates v. 30. Mai 2001 über den Zugang der Öffentlichkeit zu Dokumenten des Europäischen Parlaments, des Rates und der Kommission (ABl. L 145 v. 31.5.2001, S. 43).

A. Beratungen (Abs. 1)

Nach Abs. 1 entscheidet der EDSA in seiner **Geschäftsordnung** darüber, ob **1**
und inwieweit seine Beratungen vertraulich sind. Art. 33 der Rules of Procedure des EDSA (https://edpb.europa.eu/our-work-tools/our-documents/
publication-type/rules-procedure_en) regelt hierzu, dass die Diskussionen im
Plenum und in den Expert Subgroups vertraulich sind, wenn sie eine bestimmte Person oder den Kohärenzmechanismus betreffen, oder wenn der
EDSA die Vertraulichkeit beschliesst, bspw. wenn die Diskussionen internationale Beziehungen betreffen und/oder wenn das Fehlen der Vertraulichkeit
die Entscheidungsfindung der ASB beeinträchtigen würde und das öffentl.
Interesse nicht überwiegt.

B. Dokumente (Abs. 2)

Für die Dokumente, die von Dritten vorgelegt werden, gilt die VO (EG) **2**
1049/2001 über den Zugang der Öffentlichkeit zu Dokumenten des EP, des
ER und der KOM. Danach hat jeder Unionsbürger und jede natürliche oder
jur. Person mit Wohnsitz oder Sitz in einem Mitgliedstaat grds. ein **Recht auf
Zugang zu Dokumenten** der Organe der Union. Dazu gehören nach
Art. 2 Abs. 3 VO (EG) 1049/2001 nicht nur die von den Organen selbst
erstellten Dokumente, sondern auch solche, die bei ihnen eingegangen sind
und sich in ihrem Besitz befinden. Ein Zugang kann nach Art. 4 VO (EG)
1049/2001 verweigert werden, wenn der Schutz des öffentl. Interesses, der
Privatsphäre eines Einzelnen oder der Schutz geschäftlicher Interessen, auch
des geistigen Eigentums, dies gebieten und das öffentl. Interesse an dem
Zugang nicht überwiegt.

Die vom EDSA erstellten Dokumente, dh Stellungn. und Beschlüsse, **3**
werden nach Maßgabe der Art. 64 Abs. 5 lit. b und Art. 65 Abs. 5 sowie
Art. 70 Abs. 3 und 4 veröffentlicht.

Kapitel VIII. Rechtsbehelfe, Haftung und Sanktionen

Art. 77 Recht auf Beschwerde bei einer Aufsichtsbehörde

(1) Jede betroffene Person hat unbeschadet eines anderweitigen verwaltungsrechtlichen oder gerichtlichen Rechtsbehelfs das Recht auf Beschwerde bei einer Aufsichtsbehörde, insbesondere in dem Mitgliedstaat ihres gewöhnlichen Aufenthaltsorts, ihres Arbeitsplatzes oder des Orts des mutmaßlichen Verstoßes, wenn die betroffene Person der Ansicht ist, dass die Verarbeitung der sie betreffenden personenbezogenen Daten gegen diese Verordnung verstößt.

(2) Die Aufsichtsbehörde, bei der die Beschwerde eingereicht wurde, unterrichtet den Beschwerdeführer über den Stand und die Ergebnisse der Beschwerde einschließlich der Möglichkeit eines gerichtlichen Rechtsbehelfs nach Artikel 78.

BDSG und anderes nationales Recht: –

Literatur: *Brink,* Die informationelle Selbstbestimmung – umzingelt von Freunden?, CR 2017, 433; *Engelbrecht,* Anm. zu VG Ansbach, ZD 2020, 219; *Fiek/Härting/Thiess,* DSGVO: Der Verwaltungsakt wird zum Normalfall – Das neue Beschwerderecht des Bürgers, CR 2018, 296; *Leowsky,* Befugnisse der Aufsichtsbehörde gegenüber Rechtsanwälten, DuD 2011, 412; *Redeker,* Datenschutz auch bei Anwälten – aber gegenüber Datenschutzkontrollinstanzen gilt das Berufsgeheimnis, NJW 2009, 554; *Rüpke,* Freie Advokatur, anwaltliches Berufsgeheimnis und datenschutzrechtliche Kontrollbefugnisse, RDV 2003, 72; *Will,* Vermittelt die DS-GVO einen Anspruch auf aufsichtsbehördliches Einschreiten? – (Noch) ungeklärte Fragen aus dem Alltag einer Datenschutzaufsichtsbehörde, ZD 2020, 97.

A. Allgemeines

1 Mit der Vorschr. wird der betroffenen Person ein Recht auf Beschwerde bei der ASB eingeräumt. Dieses ist an das Recht nach Art. 28 Abs. 4 DSRL angelehnt, sich mit einer Eingabe an die Kontrollstelle zu wenden (Begr. des Kommissionsentwurfs, DS-GVO-E(KOM), 16). Der Vorschlag der KOM zur Schaffung eines unmittelbar geltenden Verbandsklage- bzw. -beschwerderechts (Art. 73 Abs. 2 und 3 des Kommissionsentwurfs) ist nicht übernommen, sondern dem Recht der Mitgliedstaaten überlassen worden (Art. 80 Abs. 2).

B. Betroffene Personen als Beschwerdeberechtigte

2 Das Recht der Beschwerde steht nach Abs. 1 jeder **betroffenen Person** iSv Art. 4 Nr. 1 zu, dh jeder Person, über die durch einen der DS-GVO unterliegenden Verantwortlichen oder Auftragsverarbeiter Daten in der Weise verarbeitet werden, dass die Person des Betroffenen daraus zumindest bestimmbar

wird (→ Art. 4 Rn. 4 ff.). Eine Verbandsbeschwerde im Auftrag von Betroffenen oder auf eigene Initiative der Organisation ist gem. Art. 80 nach Maßgabe des nationalen Rechts möglich (→ Art. 80 Rn. 6 ff.). Durch die Beschränkung in Abs. 1 auf betroffene Personen wird die Möglichkeit für **andere Personen, Hinweise auf Verstöße** gegen datenschutzrechtliche Vorschr. bei den ASB anzuzeigen, nicht ausgeschlossen. Solche Hinweise gelten, wenn sie nicht von Personen mitgeteilt werden, die in eigenen Rechten betroffen sind oder als Vertreter für eine betroffene Person deren Rechte wahrnehmen, nicht als Beschwerde iSd Vorschr. Sie sind von der ASB als schlichte Information über Sachverhalte zu behandeln und unterliegen nicht den Vorgaben des Abs. 2 und Art. 78 Abs. 2 über die Behandlung von Beschwerden (s. auch Bergt in Kühling/Buchner DS-GVO Art. 77 Rn. 5; Pötters/Werkmeister in Gola DS-GVO Art. 77 Rn. 10). Für die Anerkennung der Beschwerdeberechtigung kann hingegen nicht vorausgesetzt werden, dass tatsächlich Daten über den Beschwerdeführer verarbeitet werden. Es muss ausreichen, dass der Beschwerdeführer die **begr. Vermutung** darlegt, **dass Daten über seine Person verarbeitet werden** (vgl. Nemitz in Ehmann/Selmayr DS-GVO Art. 77 Rn. 7). Strengere Anforderungen an die Beschwerdeberechtigung würden dem grundrechtlichen Anspruch des Betroffenen auf Transparenz der Datenverarbeitung nicht gerecht. Denn vielfach liegt einer Beschwerde von Betroffenen nicht die positive Kenntnis von einer Datenverarbeitung zu Grunde, sondern Unkenntnis darüber, ob und welche Daten verarbeitet werden. Besteht die Beschwerde des Betroffenen jedoch ausschl. in dieser Unkenntnis, so ist es ihm idR zuzumuten, unter Geltendmachung seines Auskunftsrechts aus Art. 15 zunächst selbst um Auskunft bei dem Verantwortlichen oder Auftragsverarbeiter zu ersuchen.

C. Vermuteter Verstoß als Voraussetzung der Beschwerde

Die betroffene Person muss der Ansicht sein, dass die Verarbeitung dieser **3** Daten gegen die DS-GVO verstößt. Strenge Anforderungen an die **Darlegung des Rechtsverstoßes** sind danach nicht zu stellen, da sie sonst dem Ziel des Beschwerderechts entgegenlaufen, den Betroffenen einfache und unbürokratische Möglichkeiten zur Wahrnehmung ihrer Rechte zur Vfg. zu stellen. Für die Darlegung der Beschwerde dürfen daher nur diejenigen Angaben gefordert werden, die die ASB für ihr Tätigwerden benötigt. Dies beschr. sich idR auf eine Darst. des Sachverhalts; bloße unsubstantiierte Behauptungen reichen hingegen nicht (Nemitz in Ehmann/Selmayr DS-GVO Art. 77 Rn. 8. Eine Bewertung wird dem Beschwerdeführer nicht abverlangt werden können (vgl. Bergt in Kühling/Buchner DS-GVO Art. 77 Rn. 10;). Diese vorzunehmen, ist Aufgabe der ASB. Hinsichtlich der **Form** trifft Art. 77 keine Regelung. Die Beschwerde ist formlos, fristen- und kostenfrei (zu den Kosten ausdr. Art. 57 Abs. 3) möglich (vgl. Mundil in Beck-OK DatenschutzR DS-GVO Art. 77 Rn. 7; vgl. Bergt in Kühling/Buchner DS-GVO Art. 77 Rn. 11 f.; zu den Kosten Nemitz in Ehmann/Selmayr DS-GVO Art. 77 Rn. 14 und → Art. 57 Rn. 29). **Angaben zur Identität** der betroffenen Person sind nur erforderlich, soweit sie zur Aufklärung und Bewertung erforderlich sind (ausf. Bergt in Kühling/Buchner DS-GVO Art. 77 Rn. 13). Anonyme Beschwerden sind bspw. in Bezug auf allg. Verarbeitungen, wie etwa Videoüberwachungen in öffentl. Bereichen, möglich, wenn sie nicht nur den Beschwerdeführer betreffen und unabhängig von einem konkreten Einzelfall überprüft werden können. Die ASB ist gehalten, Maßnahmen zu ergreifen, um den Betroffenen die Einreichung von Beschwerden zu erleichtern. ErwGr 141 nennt hierfür exemplarisch die Bereitstellung eines (elektronischen) Beschwerdeformulars (→ Art. 57 Rn. 28), stellt aber klar, dass andere Kommunikationsmittel nicht ausgeschlossen werden dürfen. Dies wird bei der Gestaltung solcher Formulare zu beachten sein; für die Betroffenen müssen sie als Unterstützung erkennbar sein, nicht aber den fälschlichen Eindruck bes. Zugangshürden vermitteln, indem bspw. viele Angaben erfragt werden. Wenn die ASB die Möglichkeit zur elektronischen Kommunikation eröffnet, muss sie sichere Kommunikationswege, bspw. durch E-Mail-Verschlüsselung, anbieten, um die Vertraulichkeit der Beschwerde zu gewährleisten.

D. Ort der Beschwerde

4 Die betroffene Person hat auf der Ebene der Mitgliedstaaten ein uneingeschränktes **Wahlrecht** und kann sich an jede ASB wenden. Hierbei muss es sich nicht um die für den Verantwortlichen oder den Auftragsverarbeiter zuständige ASB handeln. Beispielhaft, aber nicht abschl., nennt Abs. 1 die ASB am Aufenthaltsort oder am Arbeitsplatz der betroffenen Person oder am Ort des mutmaßlichen Verstoßes. In der Wahl der ASB ist der Betroffene frei und an keinerlei Kriterien gebunden. Wie die federführende ASB für den Verantwortlichen oder Auftragsverarbeiter wird die von der betroffenen Person ausgewählte ASB für sie zum „Single Point of contact". Die ASB wird durch den Eingang einer Beschwerde nach Art. 4 Nr. 22 lit. c zur betroffenen ASB. Für die interne Struktur und Aufgabenverteilung innerhalb eines Mitgliedstaates gilt dies nicht. Hier kann der Mitgliedstaat eigene Regelungen erlassen. In Deutschland ist mit § 19 Abs. 2 BDSG (→ § 19 BDSG Rn. 3) eine abw. Regelung für grenzüberschreitende Angelegenheiten getroffen worden. Beschwerden werden danach innerhalb Deutschlands an die ASB der (Haupt-)Niederlassung abgegeben und von dieser vollständig zur eigenen Bearbeitung übernommen (vgl. auch Sydow in Sydow DSGVO Art. 77 Rn. 23). Dies gilt auch ohne gesetzliche Regelung erst recht bei Beschwerden, die rein nationale Sachverhalte betreffen (aA Mundil in BeckOK DatenschutzR DS-GVO Art. 77 Rn. 11).

E. Umgang mit der Beschwerde durch die Aufsichtsbehörde

5 Welche Pflichten der ASB aus dem Eingang der Beschwerde erwachsen, lässt Art. 77 weitgehend offen. Näheres hierzu ergibt sich aus Art. 57 Abs. 1 lit. f und ErwGr 141. Nach Art. 57 Abs. 1 lit. f hat die ASB den Gegenstand der Beschwerde in angemessenem Umf. zu untersuchen und den Beschwerdeführer in angemessener Frist über den Fortgang und das Erg. der Untersuchung zu unterrichten. Diese Beschreibung entspricht derjenigen der DSRL und des BDSG aF, die die Anrufungsmöglichkeit der ASB als **Petitionsrecht** ausgestaltet hatten (zur Anwendbarkeit der Grundsätze des Petitionsrechts Gola/Schomerus BDSG aF § 21 Rn. 6; krit. dazu Brink, CR 2017, 433 (435)). Danach hat der Betroffene einen Anspruch auf Entgegennahme, sachliche Prüfung und Bescheidung durch die ASB. Dies galt bislang für die Anrufung nach dem BDSG aF (zur Beschwerde nach Art. 28 Abs. 4 DSRL EuGH NJW 2015, 3151, Rn. 63; zum Anrufungsrecht nach dem BDSG aF Dammann in Simitis BDSG aF § 21 Rn. 18; BayVGH ZD 2015, 329) und gilt auch für die Beschwerde nach Art. 77, wie die Aufgabenbeschreibung in Art. 57 Abs. 1 lit. f und ErwGr 141 bestätigen (SG Frankfurt/O. ZD 2020, 165). Wie weit die Prüfpflicht der ASB reicht, hängt vom Einzelfall ab; sie muss mit der gebotenen Sorgfalt erfolgen (EuGH NJW 2015, 3151, Rn. 63; VG Ansbach ZD 2020, 217 stellt sowohl auf die Schwere des Eingriffs in der Rechte der Betroffenen als auch auf die Ressourcen und Möglichkeiten der ASB ab). Ergeben sich aus dem Vortrag des Beschwerdeführers Anhaltspunkte für einen Verstoß gegen datenschutzrechtliche Vorschr., wird die ASB dem idR nachgehen und Maßnahmen zur Aufklärung des Sachverhalts ergreifen müssen. Stellt die ASB daraufhin einen Verstoß fest, wird sie iR ihres Ermessens nach Art. 58 Abs. 2 im Regelfall darauf hinwirken, dass dieser abgestellt wird. Davon zu unterscheiden ist die – in Rechtsprechung und Literatur str. – Frage, ob der betroffenen Person ein **subjektiver Rechtsanspruch** auf die **Ergreifung bestimmter Maßnahmen** durch die ASB zusteht. Für das Anrufungsrecht nach §§ 21 und 38 BDSG bestand nach der überw. Auff. in Rspr. und Lit. von vornherein **kein Rechtsanspruch.** In Art. 77 sehen einige Gerichte ebenfalls keinen subjektiven Anspruch der betroffenen Person auf Ergreifung von Abhilfemaßnahmen durch die ASB (SG Fankfurt/O. ZD 2020, 165; VG Berlin, Beschl. v. 28.1.2019, 1 L 1.19 nv; VGH Baden-Württemberg, Beschl. v. 22.1.2020, 1 S 3001/19 nv; dem iErg folgend Will, ZD 2020, 97; Engelbrecht, ZD 2020, 219). Andere Gerichte hingegen gehen aufgrund der durch die DS-GVO insgesamt gestärkten Position der betroffenen Person von einem solchen Rechtsanspruch aus, der auf eine fehlerfreie Ermessensausübung der ASB gerichtet ist, die einer vollständigen gerichtlichen Überprüfung unterliegt (OVG Hamburg BeckRS 2019, 36126; VG Ansbach ZD 2020, 217; noch weitergehend Mundil in BeckOK DatenschutzR DS-GVO Art. 77 Rn. 15, der davon ausgeht, dass eine ASB bei einer begründeten Beschwerde in aller Regel entspr. Maßnahmen zu ergreifen hat). In jedem Fall hat die betroffene Person nach Abs. 2 einen **Anspruch auf Bescheidung** durch die ASB. Letztere muss der betroffenen Person die Erg. ihrer Untersuchung und bei längeren Verfahren auch den Zwischenstand mitteilen (vgl. ErwGr 141). Zur abschl. Mitteilung gehören das Erg. der tatsächlichen Prüfung (dazu Dammann in Simitis BDSG aF § 21 Rn. 20 f.) und der rechtlichen Bewertung (Dammann aaO Rn. 20) sowie die Angabe der Rechtsschutzmöglichkeiten nach Art. 78 gegen rechtsverbindliche Beschlüsse der ASB. Für die Dauer der Bearbeitung bzw. Sachstandsmitteilung an den Beschwerdeführer schreibt Art. 78 Abs. 2 eine Frist von drei Monaten vor (→ Art. 78 Rn. 11). Für die Entscheidung der ASB selbst ist die Frage des Rechtsanspruchs der betroffenen Person von geringerer Bedeutung. Entscheidend wirkt sich diese Frage erst bei einer Klage aus, da der Umf. der gerichtlichen Überprüfung von der Reichweite des Beschwerderechts abhängt (eing. dazu Will ZD 2020, 97 (98)). Verleiht das Beschwerderecht der betroffenen Person nur ein Recht auf sachliche Prüfung und Mitteilung des Erg., überprüft das Gericht nur, ob die ASB dem ausreichend nachgekommen ist. Besteht hingegen ein Anspruch auf Ergreifung bestimmter Maßnahmen, unterliegt die Entscheidung der ASB vollständig der gerichtlichen Überprüfung, einschl. der rechtlichen Bewertung und der Ermessensausübung in Bezug auf die Maßnahmen nach Art. 58 Abs. 2. Die ASB hat bei einem festgestellten Verstoß – unabhängig davon, ob dieser aufgrund einer Beschwerde oder von Amts wegen ermittelt wurde – stets zu entscheiden, ob und wie sie diesem abhilft. Hierbei hat sie ein Einschreit- und Auswahlermessen. Dabei wird sie insbes. die Intensität der Verletzung von Individualrechtsgütern der betroffenen Person, aber auch das öffentl. Interesse an der Beseitigung des Rechtsverstoßes berücksichtigen. Wichtig ist in diesem Zusammenhang auch, welche zumutbaren Möglichkeiten die betroffene Person hat, selbst ggü. dem Verantwortlichen oder Aufragsverarbeiter Rechtsschutz nach Maßgabe des Art. 79 zu erhalten (Nguyen in Gola DS-GVO Art. 57 Rn. 10 nennt zutr. als Bsp. natürliche Personen, die sich auf Augenhöhe begegnen und die von der ASB auf den Zivilrechtsweg verwiesen werden können). Auch wenn man vom Beschwerderecht auch Maßnahmen der ASB umfasst sieht, besteht ein Anspruch auf eine bestimmte Maßnahme nur im Fall einer Ermessensreduzierung auf Null (OVG Hamburg BeckRS 2019, 36126 Rn. 66; VG Ansbach ZD 2020, 217 Rn. 25; aA Mundil in BeckOK DatenschutzR DS-GVO Art. 77 Rn. 15).

6   Ist die ASB, bei der die Beschwerde eingegangen ist, nicht die für den Verantwortlichen oder Auftragsverarbeiter zuständige ASB, muss in grenzüberschreitenden Fällen (zu nationalen Fällen → Rn. 4) oder Fällen nach Art. 56 Abs. 2 die federführende **ASB beteiligt** werden. Eine Aufklärung des Sachverhalts wird idR nur mit ihrer Einbindung möglich sein, soweit hierfür Befugnisse nach Art. 58 Abs. 1 in Anspruch genommen werden müssen. Gleiches gilt, wenn Maßnahmen nach Art. 58 Abs. 2 zur Beseitigung eines festgestellten Verstoßes ergriffen werden sollen. Die Zusammenarbeit der ASB erfolgt im Verfahren nach Art. 60 sowie ggf. im Wege der Amtshilfe nach Art. 61 oder von gemeinsamen Maßnahmen nach Art. 62. Die Kommunikation mit dem Beschwerdeführer obliegt in allen Fällen der ASB, bei der die Beschwerde eingegangen ist.

7   Das für nationale Sachverhalte geltende Verfahren, nach dem Beschwerden ausschl. von der örtlich zuständigen ASB bearb. werden und ggf. an diese zur weiteren Bearbeitung vollständig abgegeben werden (→ Rn. 5), ist mit der DS-GVO nicht vereinbar, wenn ASB in mehreren Mitgliedstaaten betroffen sind. Die ASB, bei der die Beschwerde eingegangen ist, ist als betroffene ASB nach Art. 4 Nr. 22 lit. c am Verfahren beteiligt und bleibt für die Kommunikation mit dem Beschwerdeführer verantwortlich (zum Rechtsbehelf des Beschwerdeführers gegen die betroffene ASB → Art. 78 Rn. 14). Eine Sonderregelung enthält die DS-GVO in Art. 57 Abs. 4 für Beschwer- **8** den bei den ASB, die **offenkundig unbegründet oder exzessiv** sind. In solchen Fällen kann die ASB nach sorgfältiger Prüfung der Verhältnismäßigkeit, bei der sie der Bedeutung des Beschwerderechts für den Grundrechtsschutz gebührend Rechnung tragen muss, eine Bearbeitung ablehnen (→ Art. 57 Rn. 30 f.).

F. Verhältnis zu anderen Rechtsbehelfen

Ausdr. geregelt wird in Abs. 1 das Verhältnis zu anderen möglichen Rechts- **9** behelfen der betroffenen Person. Das Beschwerderecht bei der ASB gilt „unbeschadet" anderer Rechtsbehelfe und steht damit **gleichrangig neben diesen Rechtsbehelfen.** Dies galt zwar auch ohne ausdr. Regelung für die Anrufung nach dem BDSG aF oder den LDSG (vgl. Dammann in Simitis BDSG aF § 21 Rn. 16), führte jedoch in der Praxis in manchen Fällen zu Irritationen bei den verantwortlichen Stellen. Bsp. hierfür ist die Diskussion um die Kontrollbefugnis der Datenschutzaufsichtsbehörden für die Datenverarbeitung durch Rechtsanwälte. Die Kontrolle durch die Datenschutzaufsichtsbehörden wurde ua unter Verweis auf die ausschl. Kontrolle durch die Rechtsanwaltskammern abgelehnt (so Redeker NJW 2009, 554; Rüpke RDV 2003, 72; dagegen Leowsky DuD 2011, 412). Dem Risiko voneinander abw. Bewertungen und Entsch. kann in der Praxis durch engen Austausch der mit der Beschwerde befassten Stellen begegnet werden. Ausgeschlossen werden können unterschiedliche Entsch. damit jedoch nicht; dies ist durch die DS-GVO auch nicht vorgesehen. Eine **endg. Klärung** kann durch die Gerichte vorgenommen werden, zu denen der Weg für alle Beteiligten nach Art. 78 offen steht.

Zu den anderen Rechtsbehelfen gehört auch die **Klage der betroffenen 10 Person** gegen die Verarbeitung der sie betr. personenbezogenen Daten nach Art. 79 (→ Art. 79 Rn. 9 ff.). Diese kann neben einer Beschwerde bei der ASB erhoben werden. Liegt der Verdacht einer Straftat vor, kann daneben auch Strafanzeige oder -antrag gestellt werden. Sämtliche Verfahren stehen selbstständig nebeneinander. Insbes. entbindet ein anhängiges Gerichtsverfahren die ASB nicht davon, den Sachverhalt tatsächlich und rechtlich zu prüfen und ihre Bewertung der betroffenen Person mitzuteilen. Die Stellungn. der ASB kann die betroffene Person für das andere Verfahren verwenden (s. auch BMH BDSG aF § 38 Rn. 125). Im Hinblick auf die Ausübung von Abhilfebefugnissen nach Art. 58 Abs. 2 wird die ASB jedoch iRd Ermessensprüfung anhängige Verfahren bei anderen Stellen berücksichtigen (zu dem Risiko abw. Gerichtsentscheidungen in ders. Angelegenheit aufgrund des Auseinanderfallens der Zuständigkeit der Gerichte Mundil in BeckOK DatenschutzR DS-GVO Art. 77 Rn. 18).

Art. 78 Recht auf wirksamen gerichtlichen Rechtsbehelf gegen eine Aufsichtsbehörde

(1) Jede natürliche oder juristische Person hat unbeschadet eines anderweitigen verwaltungsrechtlichen oder außergerichtlichen Rechtsbehelfs das Recht auf einen wirksamen gerichtlichen Rechtsbehelf gegen einen sie betreffenden rechtsverbindlichen Beschluss einer Aufsichtsbehörde.

(2) Jede betroffene Person hat unbeschadet eines anderweitigen verwaltungsrechtlichen oder außergerichtlichen Rechtbehelfs das Recht auf einen wirksamen gerichtlichen Rechtsbehelf, wenn die nach den Artikeln 55 und 56 zuständige Aufsichtsbehörde sich nicht mit einer Beschwerde befasst oder die betroffene Person nicht innerhalb von drei Monaten über den Stand oder das Ergebnis der gemäß Artikel 77 erhobenen Beschwerde in Kenntnis gesetzt hat.

(3) Für Verfahren gegen eine Aufsichtsbehörde sind die Gerichte des Mitgliedstaats zuständig, in dem die Aufsichtsbehörde ihren Sitz hat.

(4) Kommt es zu einem Verfahren gegen den Beschluss einer Aufsichtsbehörde, dem eine Stellungnahme oder ein Beschluss des Ausschusses im Rahmen des Kohärenzverfahrens vorangegangen ist, so leitet die Aufsichtsbehörde diese Stellungnahme oder diesen Beschluss dem Gericht zu.

BDSG und anderes nationales Recht: § 20 BDSG (kommentiert unter → BDSG § 20 Rn. 1 ff.).

Literatur: *Brink,* Die informationelle Selbstbestimmung – umzingelt von Freunden?, CR 2017, 433; *Engelbrecht,* Anm. zu VG Ansbach, ZD 2020, 219; *Fiek/Härting/Thiess,* DSGVO: Der Verwaltungsakt wird zum Normalfall – Das neue Beschwerderecht des Bürgers, CR 2018, 296; *Kugelmann,* Kooperation und Betroffenheit im Netzwerk – Die deutschen Datenschutzaufsichtsbehörden in Europa, ZD 2020, 76; *v. Lewinski,* Datenschutzaufsicht in Europa als Netzwerk, NVwZ 2017, 1483; *Nguyen,* Die zukünftige Datenschutzaufsicht in Europa, ZD 2015, 265; *Petri,* Das Verhältnis von Datenschutzaufsicht und Rechtsprechung – Rechtsanwendung und Rechtsfortbildung durch die Aufsichtsbehörden, ZD 2020, 81; *Will,* Vermittelt die DS-GVO einen Anspruch auf aufsichtsbehördliches Einschreiten? – (Noch) ungeklärte Fragen aus dem Alltag einer Datenschutzaufsichtsbehörde, ZD 2020, 97.

A. Allgemeines

1 Art. 78 regelt die Rechtsschutzmöglichkeiten gegen ASB. Umfasst sind sowohl Entscheidungen der ASB (Abs. 1) als auch – allerdings nur in Bezug auf Beschwerden nach Art. 77 – deren Untätigkeit (Abs. 2). Der Vorschlag der KOM sah die Möglichkeit für Betroffene vor, die ASB an ihrem gewöhnl. Aufenthaltsort zu ersuchen, gegen die für eine Verarbeitung von Daten des Betroffenen zuständige ASB Klage zu erheben (mit berechtigter Kritik und Zweifeln an dem Nutzen dieser Möglichkeit für Betroffene Nguyen ZD 2015, 265 (268)). Dieser Vorschlag ist durch den ER gestrichen worden.

B. Rechtsbehelf gegen die Aufsichtsbehörde

Art. 78 verleiht jeder natürlichen und jur. Person einen Anspruch auf gericht-   2
lichen Rechtsbehelf gegen Entsch. der ASB (Abs. 1) oder gegen Untätigkeit
der ASB (Abs. 2). Dazu gehören auch jur. Personen des öffentl. Rechts, da
die DS-GVO auch rechtsverbindliche Maßnahmen der ASB ggü. öffentl.
Stellen erlaubt. Art. 78 steht im Zusammenhang mit Art. 58 Abs. 4, nach
dem die Ausübung der Befugnisse der ASB auf der Grdl. nationaler und
unionsrechtlicher Vorschr. erfolgt, die geeignete Garantien für die rechtmäßige Ausübung der Befugnisse und einen Rechtsschutz gegen Maßnahmen der
ASB vorsehen. Die Ausübung der Rechtsbehelfe nach Abs. 1 und 2 soll im
Einklang mit den **Verfahrensvorschriften des Mitgliedstaats** erfolgen
(ErwGr 143 S. 7). Im dt. Recht garantiert Art. 19 Abs. 4 GG wirksamen
Rechtsschutz gegen Maßnahmen von Verwaltungsbehörden, die in Grundrechte eingreifen. Dementsprechend ist nach dem Verwaltungsprozessrecht
der Rechtsweg gegen jegliche Akte öffentl. Gewalt eröffnet (Sodan in Sodan/
Ziekow VwGO § 40 Rn. 53).

I. Rechtsbehelfe gegen Beschlüsse der Aufsichtsbehörden

1. Rechtsverbindliche Beschlüsse der Aufsichtsbehörde (Abs. 1)

Der Rechtsbehelf nach Abs. 1 ist möglich gegen **rechtsverbindliche Be-**   3
schlüsse der ASB. Er ist als Abwehrrecht gegen belastende Maßnahmen der
ASB ausgestaltet. Welche Art von Maßnahmen der ASB damit gemeint ist,
erläutert ErwGr 143. Genannt werden Beschlüsse, mit denen die Befugnisse
nach Art. 58 Abs. 1–3 ausgeübt oder Beschwerden abgelehnt oder abgewiesen werden und die für die klagebefugte Person Rechtswirkungen entfalten.
Damit wird deutlich, dass Rechtsschutz gegen sämtliche Maßnahmen der
ASB möglich sein soll, die Rechtswirkungen ggü. ihren Adressaten, evtl. auch
ggü Dritten, entfalten. Die Bezeichnung „rechtsverbindlich" (englische
Sprachfassung: „legally binding") und die in den Erwägungsgründen genannte
Voraussetzung der Entfaltung von Rechtswirkungen deutet darauf hin, dass
mit den in Abs. 1 genannten Beschlüssen solche gemeint sind, die nach dt.
Recht als **VA** (§ 35 VwVfG) anzusehen sind (so auch Pötters/Werkmeister in
Gola DS-GVO Art. 78 Rn. 8; Moos/Schefzig in Taeger/Gabel DSGVO
Art. 78 Rn. 6). Gegen VA ist Rechtsschutz nach Maßgabe des § 42 VwGO
eröffnet. Auch im Hinblick auf **schlichtes Verwaltungshandeln** steht den
Betroffenen nach dem dt. Recht mit der allg. Leistungsklage Rechtsschutz als
Abwehr- oder Leistungsklage zur Vfg. Somit ist Abs. 1 in seiner Funktion als
Abwehrrecht vollständig im nationalen Recht umgesetzt, unabhängig davon,
ob die ASB durch VA oder Realakt handelt (s. zur Leistungsklage in Form der
Unterlassungsklage als Abwehr gegen Maßnahmen der ASB OVG Schleswig
MMR 2014, 536; VG Schleswig MMR 2014, 102 (Vorinstanz)). Ein Rechts-
schutz ist gegen alle belastenden Maßnahmen der ASB gegeben.

4   Lückenhaft geregelt ist in der DS-GVO der Rechtsschutz von Verantwortlichen oder Auftragsverarbeitern im Hinblick auf **begehrte Leistungen** der
ASB wie die Erteilung von Genehmigungen (Art. 58 Abs. 3 lit. h, i, j), die
Billigung von Verhaltensregeln (Art. 58 Abs. 3 lit. d), die Akkreditierung von
Zertifizierungsstellen (Art. 58 Abs. 3 lit. e) und die Erteilung von Zertifizierungen (Art. 58 Abs. 3 lit. f). Wird ein Antrag auf eine solche Maßnahme
abgelehnt, ist diese Entsch. der ASB als ein Beschl. iSd Abs. 1 anzusehen und
unterliegt damit dem Rechtsschutz. Bleibt die ASB nach Antragstellung dagegen untätig, sind weder die Voraussetzungen des Abs. 1 noch die des Abs. 2
erfüllt. Letzterer regelt ausschl. die Ansprüche der betroffenen Person bei
Untätigkeit der ASB, nicht hingegen die des Verantwortlichen oder Auftragsverarbeiters. Nach dt. Recht besteht jedoch für Verantwortliche oder Auftragsverarbeiter in solchen Fällen Rechtsschutz in Form der **Verpflichtungsklage,** soweit das Begehren auf den Erlass eines VA (zB die Erteilung einer
Genehmigung oder einer Zertifizierung) gerichtet ist, oder in Form der **Leistungsklage,** soweit die Vornahme schlichten Verwaltungshandelns begehrt
wird (zB die Beratung iRd vorherigen Konsultation, Art. 58 Abs. 3 lit. a).

5   Um eine Entsch. der ASB handelt es sich auch, wenn sie **Beschwerden**
von betroffenen Personen nach Prüfung des Sachverhalts und der Rechtslage
zurückweist (OVG Hamburg BeckRS 2019, 36126; Mundil in BeckOK
DatenschutzR DSGVO Art. 78 Rn. 7; Bergt in Kühling/Buchner DS-GVO-
Art. 78 Rn. 7). Rechtsschutz nach Abs. 2 kommt für die betroffenen Personen hier nicht in Betracht, da kein Fall der dort beschriebenen Untätigkeit
vorliegt. Aus ErwGr 143 S. 9 geht klar hervor, dass der betroffenen Person
auch gegen von der ASB abgelehnte oder abgewiesene Beschwerden gerichtlicher Rechtsschutz zustehen soll. Das Interesse der betroffenen Person wird
sich im Regelfall nicht allein auf die Anfechtung der ablehnenden Entsch. der
ASB beschränken, sondern sich vielmehr auf den **Erlass der von ihr begehrten Maßnahme** durch die ASB richten. Besteht diese in einem VA,
kommt nach dt. Verfahrensrecht eine Verpflichtungsklage in Betracht;
schlichtes Verwaltungshandeln kann im Wege der allg. Leistungsklage geltend
gemacht werden (VG Ansbach ZD 2020, 217). Inwieweit ein solcher Anspruch in der Sache besteht, die betroffene Person also einen gerichtlich
einklagbaren subjektiven Rechtsanspruch auf die Ergreifung von Maßnahmen
durch die ASB oder jedenfalls eine dahingehende fehlerfreie Ermessensausübung hat, ist in Rechtsprechung und Literatur str. (→ Art. 77 Rn. 5).

2. Berechtigte Personen und Stellen

6 Der Rechtsbehelf steht jeder jur. und jeder natürlichen Person zu, die von
einem Beschl. betroffen ist. Damit sind Verantwortliche und Auftragsverarbeiter erfasst, gegen die die ASB einen Beschl. gefasst hat. Ebenso fallen
natürliche Personen als Betroffene unter diese Regelung. Diese sind dann
betroffen, wenn ein Beschl. der ASB negative Auswirkungen für sie entfaltet.
Unmittelbar negativ wirken sich Entsch. aus, mit denen ihre Beschwerde in
der Sache abgewiesen wird, etwa weil die ASB einen Verstoß gegen datenschutzrechtliche Vorschr. nicht festgestellt hat (→ Rn. 5). Durch die DS-

GVO erhalten ASB zunehmend Befugnisse zur Genehmigung von Datenverarbeitungsvorgängen oder -systemen. Die **Genehmigungen** können **belastende Auswirkungen auf betroffene Personen** haben, so dass sich die Frage der Anfechtbarkeit solcher Genehmigungen durch betroffene Personen stellt, die nicht Adressat der Genehmigung sind. Das dt. Verwaltungsrecht setzt hierfür zum Ausschluss von Popularklagen eine Klagebefugnis nach § 42 Abs. 2 VwGO voraus, an die strenge Anforderungen zu stellen sind. Als hierfür erforderliche Schutznorm kommen das Recht auf informationelle Selbstbestimmung als Grundrecht sowie die Ausprägungen dieses Rechts durch die DS-GVO in Betracht. Unabhängig davon kann sich eine Klagebefugnis unmittelbar aus Abs. 1 ergeben, soweit der Beschl. der ASB Rechtswirkungen für die betroffene Person entfaltet (s. zum Einfluss des Europarechts für den Rechtsschutz Kopp/Schenke VwGO § 1 Rn. 20, § 42 Rn. 152).

3. Verhältnis zu anderen Rechtsbehelfen

Der Rechtsschutz nach Abs. 1 besteht unabhängig von etwaigen anderen **7** Rechtsbehelfen, die dem Betroffenen zur Vfg. stehen. Als solche kommen bspw. zivilrechtliche **Amtshaftungsansprüche** oder (Dienst-)Aufsichtsbeschwerden in Betracht. Auch eine unmittelbare Klage gegen den Verantwortlichen oder Auftragsverarbeiter nach Art. 79 kommt in Betracht. Die Betroffenen können die Rechtsbehelfe unabhängig voneinander geltend machen (zum Verhältnis von Art. 77, 78 und 79 → Art. 79 Rn. 2, 12).

II. Rechtsbehelfe bei Untätigkeit der Aufsichtsbehörde (Abs. 2)

1. Untätigkeit

Der Rechtsbehelf nach Abs. 2 steht nur den **betroffenen Personen** zu, die **8** eine Beschwerde bei einer ASB erhoben haben. Der Rechtsbehelf richtet sich gegen die nach Art. 55 und 56 zuständige ASB, wenn diese sich mit einer Beschwerde nicht befasst. Dieser Umstand muss der betroffenen Person von der ASB mitgeteilt worden sein; anderenfalls läge ein Fall der 2. Var. des Abs. 2 vor. Aus der Mitteilung muss außerdem hervorgehen, dass die ASB das Vorbringen der betroffenen Person inhaltlich nicht prüft. Denn eine Zurückweisung der Beschwerde nach erfolgter inhaltlicher datenschutzrechtlicher Prüfung fällt unter die Kategorie des Beschl. nach Abs. 1. Es muss sich daher um Beschwerden handeln, die die ASB bspw. wegen fehlender datenschutzrechtlicher Relevanz oder wegen missbräuchlicher Inanspruchnahme des Beschwerderechts zurückgewiesen hat (aA Bergt in Kühling/Buchner DS-GVO Art. 78 Rn. 7, 18, der in diesem Fall Abs. 1 für anwendbar hält).

Die 2. Var. des Abs. 2 betrifft den Fall, dass die betroffene Person innerhalb **9** von drei Monaten keine Rückmeldung von der ASB über den Stand der Bearbeitung oder das Erg. ihrer Beschwerde erhält.

Rechtsschutz besteht nach dt. Recht in beiden Fällen in Form der allg. **10** Leistungsklage sowie der Verpflichtungsklage, soweit die betroffene Person den Erlass eines VA durch die ASB begehrt (→ Rn. 5). Die Verpflichtungsklage kann bei Untätigkeit der ASB als **Untätigkeitsklage** nach § 75 VwGO erhoben werden. Die für die Erhebung der Klage geltende Frist von mind. drei Monaten für den Regelfall (§ 75 S. 2 VwGO) entspricht den in Abs. 2 festgelegten Voraussetzungen für den Rechtsbehelf. Die Untätigkeitsklage nach § 75 VwGO geht insofern weiter als der Rechtsbehelf nach Abs. 2, als sie nach § 75 S. 2 VwGO aufgrund bes. Umstände des Falles die Erhebung der Klage auch innerhalb einer kürzeren Frist zulässt. Noch weitergehend sind die Möglichkeiten für die Erhebung der allg. Leistungsklage. Hierfür sind keine Fristen einzuhalten (Kopp/Schenke VwGO vor § 40 Rn. 8a). Enger ist der Rechtsschutz nach § 75 VwGO jedoch insofern, als die Klage nach § 75 S. 3 VwGO ausgesetzt wird, wenn die Untätigkeit der Behörde auf einem zureichenden Grund beruht. Im Unterschied dazu sieht Abs. 2 die Möglichkeit eines Rechtsbehelfs erst nach einer Untätigkeit der ASB von mind. drei Monaten vor. Diese Zeitspanne ist starr beschrieben. Es ist weder die Möglichkeit eines früheren Rechtsbehelfs vorgesehen noch eine Abweichung zu Gunsten der ASB, falls eine längere Bearbeitungszeit geboten ist.

11   Das Fehlen der Ausnahmeregelung für längere Bearbeitungen durch die ASB relativiert sich allerdings dadurch, dass Abs. 2 nach seinem eindeutigen Wortlaut nicht verlangt, dass die Beschwerde des Betroffenen nach drei Monaten abschl. bearb. sein muss. Eine **Mitteilung** über den **Stand der Bearbeitung** innerhalb von drei Monaten ist danach ausreichend. Da für die Prüfung der Beschwerde häufig Sachverhaltsermittlungen im Wege des Auskunftsverlangens oder in Form von Vor-Ort-Prüfungen bei dem Verantwortlichen oder Auftragsverarbeiter erforderlich sind, und in Fällen von grenzüberschreitender Verarbeitung weitere ASB beteiligt werden müssen, wird eine abschl. Bearbeitung innerhalb von drei Monaten oftmals nicht möglich sein. Diese Umstände sind als zureichende Gründe für eine längere Bearbeitungsdauer iSd § 75 VwGO anerkannt (s. dazu Brenner in Sodan/Ziekow VwGO § 75 Rn. 51 mwN). Dieser Wertung entspricht Abs. 2, indem der betroffenen Person kein Anspruch auf eine Bearbeitung innerhalb dieses Zeitraums eingeräumt wird, sondern lediglich ein Anspruch darauf, über den Sachstand ihrer Beschwerde in Abständen von mind. drei Monaten unterrichtet zu werden.

2. Verhältnis zu anderen Rechtsbehelfen

12   Wie der Rechtsbehelf nach Abs. 1 gilt auch der nach Abs. 2 unbeschadet von etwaigen anderen verwaltungsrechtlichen oder gerichtlichen Rechtsbehelfen. Neben Rechtsbehelfen gegen die ASB wie Amtshaftungsansprüchen oder Aufsichtsbeschwerden gegen die Bediensteten der ASB kommt in Fällen des Abs. 2 va ein Rechtsbehelf **gegen die Datenverarbeitungsmaßnahme** des Verantwortlichen oder Auftragsverarbeiters selbst in Betracht. Unabhängig von einem Einschreiten der ASB kann die betroffene Person ihre Datenschutzrechte nach Art. 79 unmittelbar ggü. dem Verantwortlichen oder Auftragsverarbeiter je nach Rechtsnatur auf dem Zivil- oder Verwaltungsrechtsweg geltend machen (→ Art. 77 Rn. 10, → Art. 79 Rn. 9 ff.).

C. Zuständige Aufsichtsbehörde und zuständiges Gericht

Soweit die ASB, die einen Beschl. erlassen hat oder aufgrund einer Beschwer- **13** de hätte tätig werden müssen, die zuständige ASB ist, ist der Rechtsbehelf stets gegen diese ASB zu richten. Sind bei **grenzüberschreitenden Verarbeitungen** an einem Verfahren mehrere ASB in den Rollen der federführenden und der betroffenen ASB beteiligt, sind für die Bestimmung der ASB, gegen die der Rechtsbehelf einzulegen ist, die folgenden Fälle zu unterscheiden:

1. Der Rechtsbehelf richtet sich nach Abs. 1 **gegen einen Beschl.** der **14** ASB. Der Rechtsbehelf ist gegen diejenige ASB einzulegen, die den Beschl. erlassen hat. Dies ist bei Beschlüssen gegen Verantwortliche oder Auftragsverarbeiter gem. Art. 60 Abs. 7 die federführende ASB. Beschlüsse, mit denen eine Beschwerde abgelehnt oder abgewiesen wird, erlässt gem. Art. 60 Abs. 8 die ASB, bei der die Beschwerde eingereicht wurde. Deren gerichtliche Verantwortung für die Ablehnung rechtfertigt sich durch ihre Beteiligung an der Entsch. über den Beschl. Wurde diese Entsch. nicht im Einvernehmen mit der betroffenen ASB getroffen, muss dieser ein Beschl. des EDSA gem. Art. 65 im Kohärenzverfahren zu Grunde liegen. In diesem Fall ist nach Abs. 4 der Beschl. dem entscheidenden Gericht vorzulegen (→ Rn. 19). Das Gericht kann diesen Beschl. nicht verwerfen. Vielmehr muss es, wenn es den Beschl. für nichtig hält, im Einklang mit Art. 267 AEUV den Gerichtshof im Vorabentscheidungsverfahren mit der Frage der Gültigkeit befassen (ErwGr 143).

Ist der Beschl. der ASB im Einvernehmen mit den anderen betroffenen **15** ASB ergangen, ohne dass ein Beschl. des EDSA eingeholt wurde, entscheidet das zuständige Gericht ohne Vorlage an den EuGH, es sei denn, es hält eine Vorlage aus anderen Gründen, bspw. zur Auslegung von Rechtsfragen der DS-GVO, für erforderlich. In solchen Fällen besteht die Gefahr **divergierender Gerichtsentscheidungen,** wenn Beschlüsse von ASB in ders. Sache von mehreren Gerichten in unterschiedlichen Mitgliedstaaten entschieden werden. In solchen Fällen soll nach ErwGr 144 das Gericht mit dem anderen Gericht Kontakt aufnehmen, wenn es Anlass zu der Vermutung hat, dass ein dies. Verarbeitung betr. Verfahren vor einem Gericht in einem anderen Mitgliedstaat anhängig ist.

2. Der Rechtsbehelf richtet sich nach Abs. 2 gegen die **Untätigkeit** der **16** ASB. In diesen Fällen richtet sich der Rechtsbehelf gegen diejenige ASB, die die verlangte Handlung vorzunehmen hat.

Erschöpft sich das Begehren der betroffenen Person darin, über den Stand **17** oder das Erg. der Beschwerde unterrichtet zu werden, richtet sich ein Rechtsbehelf gegen die ASB, bei der die Beschwerde eingelegt wurde (aA Bergt in Kühling/Buchner DS-GVO Art. 78 Rn. 27, der eine Klage gegen beide ASB für zulässig hält). Denn diese trifft nach Art. 60 Abs. 8 die Pflicht, die betroffene Person zu unterrichten. Geht es der betroffenen Person dagegen darum, dass die ASB sich inhaltlich mit der Beschwerde befasst bzw. Maßnahmen ggü. dem Verantwortlichen oder Auftragsverarbeiter ergreift, richtet sich der Rechtsbehelf gegen die nach Art. 55 und 56 zuständige ASB, wie

Abs. 2 ausdr. klarstellt (aA Mundil in BeckOK DatenschutzR DS-GVO Art. 78 Rn. 26). Bei mehreren betroffenen ASB ist dies nach Art. 56 die federführende ASB (s. ER, Dok. 16626/3/13/REV3 v. 2.12.2013, 10, Ziff. 27).

18   Zuständig ist stets das **Gericht am Sitz der ASB**. Dies legt Abs. 3 ausdr. fest. Damit wird vermieden, dass über die Wahrnehmung der Aufgaben einer ASB ein Gericht eines anderen Mitgliedstaats entscheidet (s. ER, Dok. 16626/3/13/REV3 v. 2.12.2013, 10, Ziff. 26).

D. Verfahren bei Beschlüssen des Europäischen Datenschutzausschusses

19   Liegt dem Beschl. einer ASB eine Stellungn. oder ein Beschl. des EDSA nach Art. 64 oder 65 zu Grunde, muss die beklagte ASB diesen dem Gericht vorlegen. Das Gericht kann den Beschl. prüfen, jedoch hat es keine Verwerfungskompetenz, da es sich um eine Entsch. eines Organs der EU handelt. Hält es den Beschl. für rechtswidrig, muss es die Frage nach dessen Gültigkeit gem. Art. 267 AEUV dem EuGH zur **Vorabentscheidung** vorlegen (ausf. Spiecker gen. Döhmann in Simitis/Hornung/Spiecker gen. Döhmann Art. 65 Rn. 41 f.). Gegen Beschlüsse des EDSA steht den davon unmittelbar betroffenen natürlichen und jur. Personen außerdem das Recht zu, unmittelbar beim EuGH eine **Nichtigkeitsklage** nach Art. 263 AEUV zu erheben (ErwGr 143). Dies gilt auch für ASB, die von einem Beschl. des EDSA betroffen sind.

Art. 79 Recht auf wirksamen gerichtlichen Rechtsbehelf gegen Verantwortliche oder Auftragsverarbeiter

(1) **Jede betroffene Person hat unbeschadet eines verfügbaren verwaltungsrechtlichen oder außergerichtlichen Rechtsbehelfs einschließlich des Rechts auf Beschwerde bei einer Aufsichtsbehörde gemäß Artikel 77 das Recht auf einen wirksamen gerichtlichen Rechtsbehelf, wenn sie der Ansicht ist, dass die ihr aufgrund dieser Verordnung zustehenden Rechte infolge einer nicht im Einklang mit dieser Verordnung stehenden Verarbeitung ihrer personenbezogenen Daten verletzt wurden.**

(2) [1]**Für Klagen gegen einen Verantwortlichen oder gegen einen Auftragsverarbeiter sind die Gerichte des Mitgliedstaats zuständig, in dem der Verantwortliche oder der Auftragsverarbeiter eine Niederlassung hat.** [2]**Wahlweise können solche Klagen auch bei den Gerichten des Mitgliedstaats erhoben werden, in dem die betroffene Person ihren gewöhnlichen Aufenthaltsort hat, es sei denn, es handelt sich bei dem Verantwortlichen oder dem Auftragsverarbeiter um eine Behörde eines Mitgliedstaats, die in Ausübung ihrer hoheitlichen Befugnisse tätig geworden ist.**

BDSG und anderes nationales Recht: § 44 BDSG (kommentiert unter → BDSG § 44 Rn. 1 ff.).

Literatur: *Dieterich,* Rechtsdurchsetzungsmöglichkeiten der DS-GVO, ZD 2016, 260; *Ehmann,* Bußgelder, behördliche Anordnungen, Verbandsklagen, ZD 2014, 493; *Gerhard,* Vereinbarkeit einer Verbandsklage im Datenschutzrecht mit Unionsrecht. Grundsätzliche Fragen zur Rechtmäßigkeit des UKlaG–E v. 4.2.2015 (BT-Drucks. 18/4631) aus Sicht des EU-Rechts, CR 2015, 338; *Kühling/Martini,* Die Datenschutz-Grundverordnung: Revolution oder Evolution im europäischen und deutschen Datenschutzrecht?, EuZW 2016, 448; *Jarass,* Bedeutung der EU-Rechtsschutzgewährleistung für nationale und EU-Gerichte, NJW 2011, 1393; *Piltz,* Die Datenschutz-Grundverordnung. Teil 5: Internationale Zusammenarbeit, Rechtsbehelfe und Sanktionen, K&R 2017, 85.

Übersicht

A. Allgemeines

I. Bedeutung der Norm und Einordnung in den Gesamtkontext der DS-GVO

Art. 79 flankiert das materielle Datenschutzrecht mit **prozessualen Siche-** **1** **rungsmechanismen.** Er ergänzt namentlich die Möglichkeit des Einzelnen, im Wege der Beschwerde bei einer ASB gegen Datenschutzverstöße vorzugehen, um eine **unmittelbare gerichtliche Durchsetzungsmöglichkeit.**

2   Art. 79 formt zusammen mit Art. 77 und 78 ein Dreieck unionsrechtlichen Datenschutzrechtsschutzes. In diesem Gefüge fällt **Art. 77** die Aufgabe zu, dem Betroffenen das **Recht auf Beschwerde** bei einer **ASB** zu verbürgen. Soweit diese sich mit einer Beschwerde nicht befasst oder den Beschwerdeführer nicht über deren Stand und Erg. informiert, hat er das Recht auf einen wirksamen gerichtlichen **Rechtsbehelf gegen die ASB (Art. 78 Abs. 2). Art. 79 Abs.** 1 ermöglicht es dem Betroffenen demgegenüber, **unmittelbar** gegen den **Verantwortlichen** und gegen den **Auftragsverarbeiter** gerichtlich vorzugehen. Ohne Art. 79 bliebe das Rechtsschutzkonzept der DS-GVO lückenhaft – auch insofern, als es an einer unionsrechtlich abgesicherten Möglichkeit fehlte, einen Schadensersatzanspruch wirksam gerichtlich durchzusetzen.

3   **Abs.** 2 trifft Regelungen zur **int. Zuständigkeit der Gerichtsbarkeit.** Er verdrängt als Lex specialis die allg. Vorschr. der Union über die int. Zuständigkeit, insbes. die EuGVVO (Brüssel Ia, VO (EU) Nr. 1215/2012 des EP und des Rates v. 12.12.2012 über die gerichtliche Zuständigkeit und die Anerkennung und Vollstreckung von Entscheidungen in Zivil- und Handelssachen); **ErwGr 147.**

II. Sinn und Zweck der Vorschrift

4   Art. 79 hat eine klare Mission: Er will die **materiellen Datenschutzregeln,** welche die DS-GVO verbrieft, wirksam **prozessual durchsetzbar** machen. Diese Möglichkeit, hinreichend durchgreifenden gerichtlichen Rechtsschutz gegen eine nicht verordnungskonforme Verarbeitung zu erlangen, ist einer der zentralen Sicherungsbausteine der DS-GVO. Gemeinsam mit der drastischen Verschärfung der Bußgeldtatbestände und der unionsweiten Koordinierung der Datenschutzaufsicht formt Art. 79 ein unionales Datenschutzrecht „mit Zähnen" (vgl. Kühling/Martini EuZW 2016, 448 (452)).

5   Art. 79 eröffnet dem Betroffenen **niederschwelligen** – aber zugleich nicht von den subjektiven Rechten und Freiheiten des Betroffenen losgelösten – Zugang zu den Gerichten, um Verarbeitungsprozesse überprüfen zu lassen. Das Recht auf einen gerichtlichen Rechtsbehelf knüpft zugleich nicht an eine objektive Rechtsverletzung, sondern an die **„Ansicht des Betroffenen"** an, dass es zu einer Verletzung der ihm nach der DS-GVO zustehenden Rechte gekommen ist. Einer Gewissheit oder gar einer aufsichtsbehördlichen Bestätigung der Rechtsverletzung bedarf es mithin nicht.

III. Entstehungsgeschichte der Norm

6   Sowohl der DS-GVO-E(KOM) als auch der DS-GVO-E(EP) sowie der DS-GVO-E(Rat) sahen **Abs.** 1 und **Abs.** 2 in (nahezu) identischer Form vor. Die KOM hatte ursprünglich zusätzlich einen **Abs.** 3 und **Abs.** 4 vorgeschlagen. Sie sollten dem Gericht die Möglichkeit eröffnen, das Verfahren auszusetzen, wenn zu derselben „Maßnahme, Entscheidung oder Vorgehens-

weise" bereits ein **Kohärenzverfahren** anhängig ist (Abs. 3 DS-GVO-E
(KOM)). Außerdem erlegte Abs. 4 DS-GVO-E(KOM) den Mitgliedstaaten
eine vorbehaltlose **Vollstreckungspflicht** für die gerichtlichen Entsch. iSd
Art. 79 auf: Die Vorschr. sah Anerkennungs- und Exequaturverfahren für
Urt. anderer Mitgliedstaaten vor. Sie wäre damit selbst über den aktuellen
Stand der EuGVVO (Brüssel Ia, dort Art. 45 ff.) hinausgegangen und hätte
sogar auf einen Ordre-public-Vorbehalt verzichtet. Den anderen Gesetz-
gebungsorganen ging das zu weit (ausf. auch Boehm in NK-DatenschutzR
DS-GVO Art. 79 Rn. 7).

IV. Vergleich mit der bisherigen Rechtslage auf Unionsebene

Eine dem Art. 79 vergleichbare Regelung enthielt bereits **Art. 22 DSRL**. Er 7
verpflichtete die Mitgliedstaaten, sicherzustellen, dass „jede Person […] bei
Gericht einen Rechtsbehelf einlegen kann". Im Vergleich zu dieser Gewährleistung betont Art. 79 das Gebot der **Wirksamkeit** des gerichtlichen
Rechtsbehelfs besonders (wiewohl auch Art. 22 DSRL in der Sache bereits
eine „effektive" Rechtsschutzmöglichkeit meinte; vgl. EuGH BeckRS 2017,
126269 Rn. 60, der Art. 22 DSRL „im Einklang" mit Art. 47 GRCh aus-
legte; Brühann in Grabitz/Hilf Das Recht der Europäischen Union, 40. Aufl.
2009, RL 95/46/EG Art. 22 Rn. 8) und ergänzt das unionale System des
Datenrechtsschutzes um eine Zuständigkeitsregelung.

Thematisch knüpft Art. 79 an **Art. 47 GRCh** an, reicht jedoch weiter: 8
Art. 79 verbürgt einen wirksamen gerichtlichen Rechtsbehelf auch gegen
Maßnahmen **anderer Akteure** als solcher, die der Bindung des Art. 51
GRCh unterliegen. So sichert Art. 79 insbes. auch das Recht auf einen wirk-
samen gerichtlichen Rechtsbehelf gegen **Maßnahmen Privater** ab.

B. Auslegung der Norm

I. Recht auf einen wirksamen gerichtlichen Rechtsbehelf (Abs. 1)

1. „Eine betroffene Person"

Die DS-GVO gesteht das Recht auf einen wirksamen gerichtlichen Rechts- 9
behelf „jeder betroffenen Person" zu. **„Betroffen"** ist eine Person, wenn sich
eine Verarbeitung auf ihre personenbezogenen Daten bezieht (Art. 4 Nr. 1).
Das können nur **natürliche Personen** sein (zust. Mundil in BeckOK DatenschutzR DS-GVO Art. 79 Rn. 2; Kreße in HK-DS-GVO Art. 79 Rn. 5).
Denn die DS-GVO beschränkt ihren Gegenstand auf den „Schutz natürlicher
Personen" gegen Beeinträchtigungen ihrer Rechte und Freiheiten (Art. 1).
Entspr. versetzt Art. 79 Abs. 1 nur sie (und nicht zugleich auch jur. Personen)
in die Lage, sich gerichtlich gegen eine rechtswidrige Datenverarbeitung zu
verteidigen (krit. hierzu Ehmann ZD 2014, 493 (494)).

Der Betroffene muss nicht unbedingt selbst mit einem Rechtsbehelf iSd 10
Art. 79 vorgehen. Er kann sich auch von Einrichtungen, Organisationen oder
Vereinigungen ohne Gewinnerzielungsabsicht bei der Rechtewahrnehmung

vertreten lassen **(Art. 80 Abs. 1)**. Ein **Verbandsklagerecht** statuiert die DS-GVO – ebenso wie die verschiedenen im Gesetzgebungsprozess vorgebrachten Fassungen – jedoch nicht selbst. Verbände können lediglich im Namen der betroffenen Person eine Beschwerde einreichen, die **Individualrechte** aus Art. 77, 78 und 79 wahrnehmen und das Recht auf Schadensersatz aus Art. 82 geltend machen, sofern die betroffene Person den Verband dazu beauftragt und der Mitgliedstaat dies zulässt (vgl. auch Gerhard CR 2015, 338 (344)). **Art. 80 Abs.** 2 gewährt den **Mitgliedstaaten** ergänzend jedoch die Möglichkeit, ein Verbandsklagerecht „unabhängig von einem Auftrag der betroffenen Person" zu eröffnen (vgl. dazu auch Dieterich ZD 2016, 260 (265)).

2. Adressat des gerichtlichen Rechtsbehelfs

11 Der Normtext des Abs. 1 sagt (anders als Abs. 2) nicht explizit, **wen** die betroffene Person mit ihrem gerichtlichen Rechtsbehelf adressieren darf. Aus der Überschrift der Norm und ihrem Abs. 2 S. 1 ergibt sich jedoch: Die Vorschr. verbürgt Rechtsbehelfe sowohl gegen den **Verantwortlichen** (Art. 4 Nr. 7) als auch gegen einen etwaigen **Auftragsverarbeiter** (Art. 4 Nr. 8). **Gemeinsam Verantwortliche** kann der Kläger entweder gemeinsam oder nach seiner Wahl jeweils einzeln verklagen (vgl. Art. 26 Abs. 3; → Art. 26 Rn. 36 f.).

11a Ob Art. 79 darüber hinaus auch ggü. einem **Vertreter** (Art. 4 Nr. 17; Art. 27) das Recht auf einen wirksamen gerichtlichen Rechtsbehelf vermittelt, ist unklar. Der Wortlaut der Norm im Speziellen und die Systematik der DS-GVO im Allgemeinen widerstreiten dem: In anderen Vorschr. (zB Art. 30 Abs. 1 S. 1) benennt die DS-GVO regelmäßig explizit, ob die Regelung auch den Vertreter adressiert; die Überschrift des Art. 79 nennt den Vertreter demgegenüber ebenso wenig wie der Wortlaut der Norm selbst. Immerhin betont **ErwGr 80 S. 6**, dass der bestellte Vertreter „bei Verstößen des Verantwortlichen oder Auftragsverarbeiters […] Durchsetzungsverfahren unterworfen werden" soll. Gemeint sind damit allerdings wohl grds. nur die Untersuchungsbefugnisse des Art. 58 Abs. 1 lit. a (→ Art. 27 Rn. 55). Denn der ErwGr betrifft das **vertikale** Verhältnis zwischen dem ASB und dem Vertreter, nicht aber das **horizontale** Verhältnis zwischen dem Betroffenen und dem Verantwortlichen/Auftragsverarbeiter.

11b Zugleich zielt Art. 79 aber darauf, **materielle Betroffenenrechte umfassend und wirksam prozessual zu flankieren. Art. 27 Abs. 4** macht ergänzend deutlich, dass der Vertreter „bei sämtlichen Fragen im Zusammenhang mit der Verarbeitung" als **Anlaufstelle** fungiert. Soll der Vertreter an die Stelle des Verantwortlichen oder Auftragsverarbeiters treten können (ohne „rechtliche Schritte" gegen diesen auszuschließen, Art. 27 Abs. 4 und 5), insinuiert das, dass Betroffene auch ggü. dem Vertreter wirksam prozessual Rechte geltend machen können, soweit ihre Rechte aus der DS-GVO betroffen sind. Anderenfalls gäbe die Figur des Vertreters Betroffenen in der Sache Steine statt Brot. Sie blieben ohne wirksamen Rechtsschutz und nicht in der Union niedergelassene Verantwortliche und Auftragsverarbeiter wären entgegen der Intention des Art. 3 Abs. 2 ggü. solchen, die in der Union niedergelassen sind, faktisch privilegiert.

Das impliziert zugleich nicht notwendig die Möglichkeit, den Vertreter, **11c** der nicht in eigener Person materiellrechtlich verantwortlich ist, selbst verklagen zu können; die DS-GVO geht vielmehr von einem **Gleichlauf der materiellen und prozessualen Rechte** aus. Ausreichend (und entspr. dem Normzweck des Verbundes aus Art. 27 und 79 normativ intendiert) ist bereits die Möglichkeit, auch ggü. dem Vertreter **wirksam Prozesshandlungen,** zB die Klageerhebung, **vornehmen zu können.**

Die DS-GVO gibt den Mitgliedstaaten insoweit einen versteckten **Rege-** **11d** **lungsauftrag** mit auf den Weg: Sie müssen in ihrem Prozessrecht sicherstellen, dass Betroffene gegen den Verantwortlichen/Auftragsverarbeiter gerichtete Prozesshandlungen auch ggü. dem Vertreter iSd Art. 27 wirksam ausüben können (aA wohl Boehm in NK-DatenschutzR DS-GVO Art. 79 Rn. 12). In der Sache ist das Teil des Gebots wirksamen Rechtsschutzes gegen den Verantwortlichen bzw. Auftragsverarbeiter.

Der dt. Gesetzgeber kommt diesem Regelungsauftrag durch **§ 44 Abs. 3** **11e** **BDSG** (zumindest teilw.) nach (→ Art. 27 Rn. 50b): Der Vertreter gilt „als bevollmächtigt, Zustellungen im **zivilgerichtlichen Verfahren** nach Absatz 1 entgegenzunehmen" (Hervorhebung d. Verf.). Zivilgerichtliche Verfahren sind zwar der mit Abstand praktisch häufigste Fall von Streitigkeiten zwischen Verantwortlichen und Betroffenen. Gleichwohl hätte der Gesetzgeber die Zustellungsbevollmächtigung konsequenterweise ebenso auf **verwaltungsgerichtliche** und **sonstige Verfahren** erstrecken müssen. Denn auch vor den Verwaltungsgerichten können Betroffene im Einzelfall ihr informationelles Selbstbestimmungsrecht gegen Verantwortliche (sei es im Wege der Beiladung) verteidigen, die nicht in der EU niedergelassen sind.

Einen gerichtlichen Zugriff auf den Vertreter wegen dessen **eigener** **11f** **Rechtsverletzungen** verbürgt Art. 79 Abs. 1 im Ergebnis nicht. Birgt dies auch die Gefahr einer Rechtsschutzlücke, so richtet die Norm ihr normatives Programm nicht zugleich auf einen Rechtsschutz gegen den Vertreter selbst aus.

3. „Unbeschadet eines verfügbaren (…) außergerichtlichen Rechtsbehelfs einschließlich des Rechts auf Beschwerde"

Das Recht auf einen **gerichtlichen** Rechtsbehelf und die Möglichkeit, einen **12** **verwaltungsrechtlichen** oder **außergerichtlichen** Rechtsbehelf (einschl. des Rechts auf Beschwerde gem. Art. 77) zu ergreifen, stehen **selbstständig nebeneinander.** Das macht der Wortlaut des Abs. 1 mit der Wendung „unbeschadet" (engl.: „[w]ithout prejudice") deutlich. Verwaltungsrechtliche Rechtsbehelfe, wie etwa der **Widerspruch,** oder außergerichtliche Rechtsbehelfe, die Rechtsschutz außerhalb eines gerichtlichen Verfahrens gewähren (etwa ein **Schlichtungsverfahren**), verdrängen dementsprechend nicht das Recht des Betroffenen, einen gerichtlichen Rechtsbehelf iSd Art. 79 Abs. 1 einzulegen. Mitgliedstaaten dürfen sich zugleich nicht darauf beschränken, nur solche außergerichtlichen Rechtsbehelfe zur Vfg. zu stellen. Sie müssen vielmehr ein **umfassendes gerichtliches Rechtsschutzsystem** für datenschutzrechtliche Rechtsverstöße vorhalten. Ein Betroffener kann dadurch **mehrgleisig** Rechtsschutz suchen: Er kann bei der ASB Beschwerde einreichen und diesen Weg ggf. gerichtlich weiterverfolgen (Art. 77 und 78); unabhängig davon kann er sich in derselben Sache gerichtlich unmittelbar gegen den Verantwortlichen oder den Auftragsverarbeiter (→ Rn. 11) wenden (Art. 79). Das Recht auf einen gerichtlichen Rechtsbehelf ist insbes. nicht generell davon abhängig, dass der Betroffene zunächst einen Antrag bei dem Verantwortlichen gestellt hat. ASB und Gerichte können zwar zu **unterschiedlichen rechtlichen Bewertungen** gelangen. Dies hat der Gesetzgeber jedoch erkannt und hingenommen. Das ergibt sich aus Art. 81 (Aussetzung des Verfahrens) sowie den Art. 77 Abs. 1, 78 Abs. 1 und 79 Abs. 1 („unbeschadet eines anderweitigen […] Rechtsbehelfs", vgl. auch Boehm in NK-DatenschutzR DS-GVO Art. 79 Rn. 16; Koreng in GSSV DS-GVO Art. 79 Rn. 13; Mundil in BeckOK DatenschutzR DS-GVO Art. 79 vor Rn. 1; krit. Nemitz in Ehmann/Selmayr DS-GVO Art. 79 Rn. 8; Schneider in SJTK DS-GVO Art. 79 Rn. 20, der erwägt, Art. 81 analog anzuwenden). Die DS-GVO hebt damit ein **duales Rechtsschutzsystem** aus der Taufe. Die Entkopplung der Rechtsbehelfswege voneinander verdeutlicht die herausgehobene Bedeutung, die der Normgeber dem gerichtlichen Rechtsschutz als tragende Säule für den materiellen Datenschutz beimessen wollte. Das duale Rechtsschutzsystem hindert die nationalen Gesetzgeber zugleich jedoch nicht daran, den Klagen Betroffener **zwingende Vorverfahren** als **Zulässigkeitsvoraussetzung** vorzuschalten (aA Bergt in Kühling/Buchner DS-GVO Art. 79 Rn. 12 und 20; wie hier zB Kreße in HK-DS-GVO Art. 79 Rn. 31; wohl auch Boehm in NK-DatenschutzR DS-GVO Art. 78 Rn. 10). Solche Prozessvoraussetzungen sind auch im Lichte des **Art. 47 GRCh** zulässig. Sie dürfen eine Klageerhebung lediglich nicht wesentlich verzögern, nicht zu einer die Parteien abschließend bindenden Entscheidung führen und kein hohes Kostenrisiko bergen (vgl. EuGH BeckRS 2017, 126269 Rn. 70 mwN).

4. „Wirksamer gerichtlicher Rechtsbehelf"

13 **a) Gerichtlicher Rechtsbehelf.** Mit „gerichtlichen Rechtsbehelf[en]" meint die DS-GVO solche Rechtsschutzmöglichkeiten, welche dem Betroffenen nicht nur ein **formelles Bescheidungsrecht,** sondern auch ein **Recht auf Entsch. in der Sache durch ein staatliches Gericht** vermitteln.

14 Welche Gerichte „**staatliche Gerichte**" iSd Art. 79 Abs. 1 sind, unterliegt nicht der Definitionsmacht der Mitgliedstaaten. Es handelt sich vielmehr um einen **unionsrechtlichen Topos.** Die Funktion, wirksamen Rechtsschutz zu gewähren, setzt die dem Spruchkörper – inhaltlich und persönlich – garantierte **Unabhängigkeit** voraus, eine Rechtsfrage **nach Maßgabe des bestehenden Rechts** str. und für die Beteiligten **verbindlich** zu entscheiden. Unter staatlichen Gerichten im unionsrechtlichen Sinne sind daher alle **durch Gesetz errichteten, unabhängigen ständigen Einrichtungen** zu verstehen, die **mit bindender Wirkung** über **Rechtsfragen** in einem **streitigen**

Verfahren entscheiden (vgl. etwa EuGH NJW 1997, 3365 Rn. 23 mwN; Frenz HdB Europarecht Bd. 4, 2009, Rn. 5011 mwN). Auf die Gerichte der ordentlichen und der Verwaltungsgerichtsbarkeit treffen diese Voraussetzungen zu, nicht aber auf Beschwerdestellen oder Widerspruchsbehörden. Letztere entscheiden bereits nicht in sachlicher Unabhängigkeit. Eine Ernennung der Richter auf Lebenszeit oder den Ausschluss der Wiederwahl setzt die Unabhängigkeit des Gerichts nach dem Verständnis des Unionrechts nicht voraus. Das macht bereits das Beispiel des EuGH deutlich, der eine sechsjährige Amtszeit der Richter kennt und deren Wiederwahl zulässt (Art. 253 Abs. 1 Hs. 2, Abs. 3 S. 2 AEUV).

Auch **private Schiedsgerichte** (vgl. bspw. §§ 1025 ff. ZPO) entsprechen **14a** nicht den unionsrechtlichen Anforderungen an ein Gericht (vgl. Wegener in Calliess/Ruffert AEUV Art. 267 Rn. 20; so auch Bergt in Kühling/Buchner DS-GVO Art. 79 Rn. 11), obgleich der Schiedsrichter bei seiner Entsch. ebenso an Gesetz bzw. Recht gebunden ist und die Entsch. wie ein rechtskräftiges − ggf. auch vollstreckbares − Urteil wirkt (vgl. EuGH BeckRS 2004, 70632 Rn. 10). Die privaten Schiedsgerichte entscheiden im Unterschied zu staatlichen Gerichten erst, wenn sich die beteiligten Parteien selbst freiwillig einer Schiedsklausel unterwerfen. „[D]ie öffentliche Gewalt" ist daher „in die Entscheidung, den Weg der Schiedsgerichtsbarkeit zu wählen, nicht einbezogen" (EuGH BeckRS 2004, 70632 Rn. 12; vgl. auch Karpenstein in GHN AEUV Art. 267 Rn. 18 mwN) und kann „nicht von Amts wegen in den Ablauf des Verfahrens vor dem Schiedsrichter eingreifen" (EuGH BeckRS 2004, 70632 Rn. 12); es existiert folglich keine „hinreichend enge Beziehung" zwischen dem Verfahren vor dem privaten Schiedsgericht und „dem allgemeinen Rechtsschutzsystem in dem betroffenen Mitgliedstaat" (vgl. EuGH BeckRS 2004, 70632 Rn. 13).

Eine **Mediationsstelle** repräsentiert ebenso kein staatliches Gericht iSd **14b** Art. 79 Abs. 1. Der Unionsgesetzgeber ordnet die Mediation konsequent den außergerichtlichen Rechtsbehelfen als alternatives Streitbeilegungsverfahren zu (vgl. die ErwGr der Richtlinie 2008/52/EG des Europäischen Parlaments und des Rates v. 21.5.2008 über bestimmte Aspekte der Mediation in Zivil- und Handelssachen, ABlEU Nr. L 136 v. 24.5.2008, so auch Hess in GHN AEUV Art. 81 Rn. 49 f.; Rossi in Calliess/Ruffert AEUV Art. 81 Rn. 30 f.). Unter einer Mediation ist „ein strukturiertes Verfahren […] [zu verstehen], in dem zwei oder mehr Streitparteien mit Hilfe eines Mediators auf freiwilliger Basis selbst versuchen, eine Vereinbarung über die Beilegung ihrer Streitigkeiten zu erzielen" (vgl. Art. 3 lit. a S. 1 RL 2008/52/EG). Als **alternatives Streitbeilegungsverfahren** zielt die Mediation somit gerade auf keine streitige Entsch., sondern eine einvernehmliche Konfliktbeilegung ab. Der Mediator ist neutral und hat **keine Entscheidungsbefugnis.** Auch ein **Güterichter** ist nicht entscheidungsbefugt (vgl. § 278 Abs. 5 S. 1 ZPO [ggf. iVm § 173 VwGO]; vgl. Steinbeiß-Winkelmann in SSB VwGO § 173 Rn. 205 ff. mit Fn. 395 zum Streit, ob Güterichter- oder Mediatorentätigkeiten Rechtsprechung iSd Art. 92 GG sind)). Bei anderen Formen der alternativen Streitbeilegung, etwa der **Schlichtung** (teilweise gesetzlich normiert im Bereich der Verbraucherstreitbeilegung), unterbreitet der Schlichter zwar Entscheidungsvorschläge, diese sind jedoch nicht bindend – auch insoweit liegen die Voraussetzungen eines gerichtlichen Rechtsbehelfs nicht vor (→ Rn. 14: „Recht auf Entsch. in der Sache durch ein staatliches Gericht").

15   Die **Kirchengerichte** sind grds. **keine staatlichen** Gerichte. Daraus folgt aber nicht zwingend, dass der Rechtsschutz, den sie vermitteln, nicht den Anforderungen des Art. 79 Abs. 1 genügt: **Art. 91** gesteht den Kirchen – als Ausfluss ihres auch unionsrechtlich anerkannten Autonomierechts (Art. 17 Abs. 1 AEUV) – eine Sonderstellung bei der Wahrnehmung ihrer Datenschutzaufsicht und der Einhaltung ihrer Regeln zu (→ Art. 91 Rn. 8 ff.). Das impliziert – auch wenn die DS-GVO das nicht ausdr. erwähnt – zugleich das Zugeständnis einer **Sonderrolle bei der Rechtsschutzgewährleistung:** Wenn die Mitgliedstaaten Betroffenen Rechtsschutz gegen datenschutzrechtlich relevante Maßnahmen der Kirchen durch kirchliche Gerichte einräumen, genügt das nach der Ratio des Art. 79 Abs. 1 den gestellten Anforderungen.

15a   Die Deutsche Bischofskonferenz hat durch Beschluss vom 20.2.2018 eigene Datenschutzgerichte aus der Taufe gehoben. In der evangelischen Kirche entscheiden hingegen die Verwaltungsgerichte der religionsgemeinschaftlichen Kirchengerichte über Klagen gegen die kircheneigene Datenschutzaufsicht und kirchliche Stellen sowie ihre Auftragsverarbeiter (§ 47 Abs. 1 DSG-EKD; vgl. dazu Martini/Botta DÖV 2020, im Erscheinen). Sofern die kirchlichen Gerichte nach Maßgabe der Regeln der DS-GVO sowie **sachlich und persönlich unabhängig entscheiden,** bedarf es dann keines ergänzenden Rechtsschutzes durch staatliche Gerichte mehr. Zwar verfügen die Kirchengerichte nicht über eine Zwangsvollstreckungsbefugnis. Um ihre Rechte durchzusetzen, ist Betroffenen jedoch der – subsidiäre – Zugang zu den staatlichen Gerichten nicht verwehrt.

16   **b) Wirksamkeit des Rechtsbehelfs.** Zu der Frage, wann ein gerichtlicher Rechtsbehelf **wirksam** iSd Art. 79 ist, schweigt sich die DS-GVO aus. Anhaltspunkte liefert die grundrechtliche Verbürgung des **Art. 47 GRCh.** Dort nimmt die Wirksamkeit insbes. auf die Art der Rechtsschutzeröffnung, einzuhaltende Fristen und die Kontrolldichte des Gerichts Bezug (Jarass in Jarass GRCh Art. 47 Rn. 23). Dem Gebot der Wirksamkeit genügt ein Rechtsbehelf danach nur dann, wenn der **Zugang** zur gerichtlichen Kontrolle nicht unzumutbar (etwa durch unangemessen kurze Fristen oder unverhältnismäßig hohe Hürden) erschwert ist und das Gericht die Entsch. **ausschließlich nach Maßgabe des Rechts** trifft. Der Erfolg des Rechtsbehelfs darf nicht der Botmäßigkeit des Gerichts, sondern ausschließlich der **Herrschaft des Gesetzes** überantwortet sein.

17   Wirksam ist ein Rechtsbehelf allein dann, wenn er geeignet ist, eine Rechtsverletzung oder ihre Fortdauer zu verhindern oder dem Verletzten eine angemessene Wiedergutmachung zu verschaffen (so zu Art. 13 EMRK vgl. Meyer-Ladewig/Renger in NK-EMRK EMRK Art. 13 Rn. 9). Sein Ziel muss es sein, eine durch rechtswidrige Datenverarbeitung begangene Rechtsverletzung zu **beseitigen,** für die Zukunft **abzustellen** oder ihre Rechtswidrigkeit **feststellen** zu lassen. Das schließt auch die Möglichkeit ein, **vorl. Rechtsschutz** zu erhalten, um faktische, nur schwer rückgängig zu machende Verletzungen **zeitgerecht** abwenden zu können (EuGH NJW 1991, 2271 (2272, Rn. 21)) – ebenso die Möglichkeit des Betroffenen, einen **Unterlassungsanspruch** gegen eine drohende Rechtsverletzung geltend zu machen. Ob ihm darüber hinaus auch ein **vorbeugender** Unterlassungsanspruch zu gewähren ist, ist Art. 79 nicht eindeutig zu entnehmen. Der Wortlaut des Abs. 1 knüpft an bereits begangene Rechtsverletzungen an: „Rechte [...] verletzt wurden". Jedenfalls bei **schweren und irreversiblen Verletzungen der Privatsphäre** ist es dem Betroffenen aber unzumutbar, eine sich abzeichnende Rechtsverletzung erst sehenden Auges abwarten zu müssen, bevor er Rechtsschutz erlangt (grds. zust. Mundil in BeckOK DatenschutzR DS-GVO Art. 79 Rn. 11). Insoweit umschließt das Gebot **wirksamen** Rechtsschutzes auch und gerade **vorbeugende Klagen** gegen bevorstehende Rechtsverletzungen (mit Blick auf Art. 47 GRCh – anders als bei Art. 79 – zust. Kreße in HK-DS-GVO Art. 79 Rn. 29 f.). Der Vorschlag der Kommission, einen solchen Rechtsschutz explizit in die DS-GVO einzubinden („Die Mitgliedstaaten stellen sicher, dass mit den nach innerstaatlichem Recht verfügbaren Klagemöglichkeiten rasch Maßnahmen einschließlich einstweilige Maßnahmen erwirkt werden können, um mutmaßliche Rechtsverletzung abzustellen und zu verhindern, dass den Betroffenen weiterer Schaden entsteht" – Art. 76 Abs. 5 DS-GVO-E (KOM)), hat zwar keinen Eingang in die Endfassung gefunden. Das heißt jedoch nicht, dass der Unionsgesetzgeber vorbeugenden Rechtsschutz nicht als Teil der Verbürgung wirksamen Rechtsschutzes iSd Art. 79 verstanden wissen wollte (aA Kreße in HK-DS-GVO Art. 79 Rn. 30). Dass die Endfassung der DS-GVO die gesamte Vorschrift des Art. 76, die gemeinsame Vorschriften für Gerichtsverfahren bündelte, gestrichen hat, streitet vielmehr eher dafür, dass er deren Inhalt bereits durch Art. 79 abgedeckt sah.

Die **Darlegungs- und Beweislast** in Verfahren iSd Art. 79 richtet sich **17a** grds. nach dem Verfahrensrecht der Mitgliedstaaten (sog. Verfahrensautonomie der Mitgliedstaaten (Art. 19 Abs. 1 UAbs. 2 EUV)). In Deutschland trägt daher im Zivilprozess grundsätzlich die klagende Partei die Last für alle Tatsachen, die ihren Anspruch stützen (vgl. nur BGH NJW 2005, 2395 (2396)). Das materielle Datenschutzrecht des Unionsrechts kann aber auch selbst im Einzelfall die Lastenverteilung vornehmen (dazu auch Kreße in HK-DS-GVO Art. 79 Rn. 26 ff.). So muss derjenige, der seine Verarbeitung auf berechtigte Interessen stützt **(Art. 6 Abs. 1 UAbs. 1 lit. f),** die Aspekte darlegen und beweisen, aus denen sich dieses Interesse speist – ebenso wie die betroffene Person im Gegenzug darlegen und beweisen muss, ob und warum ihre Interessen oder Freiheiten das berechtigte Verarbeitungsinteresse überwiegen. Wer sich auf die Legitimationsgrundlage berechtigter Interessen stützt, dem bürdet **Art. 21 Abs. 1 S. 2** in ähnlicher Weise den Nachweis zwingender schutzwürdiger Gründe für die Verarbeitung auf, wenn er diese trotz Widerspruchs fortsetzen möchte. Ebenso trägt der Verantwortliche die Last, den **Nachweis** zu führen, dass die **Verarbeitung der Daten rechtmäßig** erfolgt (Art. 5 Abs. 2; Art. 28 Abs. 3 S. 2 lit. a; Art. 24 Abs. 1 S. 1 („und den Nachweis dafür erbringen zu können"); Art. 30 Abs. 1 und 2; Art. 33 Abs. 5 S. 1; vgl. auch Martini Blackbox Algorithmus, 276 ff.; Bergt in

Kühling/Buchner DS-GVO Art. 79 Rn. 7 mwN). Das nationale Recht darf diese Wertungsentsch. des materiellen Datenschutzrechts nicht durch Verfahrensregeln unterspülen. Das ist Ausfluss des **effet utile** (Art. 4 Abs. 3 S. 2 EUV).

5. „Aufgrund dieser Verordnung zustehende Rechte"

18 Art. 79 gewährt nicht jedermann Rechtsschutz, der sich als Sachwalter des Datenschutzrechts in der Union versteht. Vielmehr knüpft er an eine **individuelle Verletzung eigener Rechte** Betroffener an. Die Vorschrift konzipiert das Klagerecht mithin als Verletzten-, nicht als Popularklage und steht insoweit – entgegen der allg. Entwicklung im Unionsrecht – in der Tradition der Klagebefugnis des § 42 Abs. 2 VwGO. Der Rechtsbehelfsführer muss namentlich eine rechtswidrige Verarbeitung seiner Daten (→ Rn. 19) und eine dadurch eintretende Rechtsverletzung (→ Rn. 21 f.) dartun. Der Wortlaut der Vorschrift lässt zwar ausreichen, dass die betroffene Person **„der Ansicht ist"**, eine Rechtsverletzung erlitten zu haben. Das subjektive Empfinden alleine, genügt jedoch nicht: Art. 79 will seinen Schutz nicht lediglich an ein Rechtsgefühl, sondern an eine mögliche Rechtsverletzung knüpfen. Er enthebt den Einzelnen nicht der Last, diese Verletzung **plausibel darzutun.** Diese Anforderung entspricht auch dem primärrechtlichen Gebot des Art. 47 GRCh, der ebenfalls voraussetzt, „dass [der Grundrechtsträger] eine Verletzung von Rechten und Freiheiten zumindest in vertretbarer Weise behauptet" (ausf. Kreße in HK-DS-GVO Art. 79 Rn. 20 ff.). Gelingt es der betroffenen Person nicht, eine Rechtsverletzung plausibel darzutun, sichert Art. 79 den Rechtsweg zu den Gerichten nicht normativ ab.

19 **a) Nicht verordnungskonforme Verarbeitung.** Auf das Recht auf einen wirksamen gerichtlichen Rechtsbehelf kann sich nur berufen, wer geltend machen kann, dass eine **Verarbeitung** seiner personenbezogenen Daten (Art. 4 Nr. 2) **nicht im Einklang mit den Vorgaben der DS-GVO steht,** also gegen materielles Datenschutzrecht verstößt, das die Zulässigkeit der Verarbeitung regelt. Darunter fällt ebenso eine Verarbeitung gänzlich **ohne Rechtsgrundlage** wie eine Vereinbarung, welche die Grenzen einer bestehenden Rechtsgrundlage überschreitet. Aber auch eine Verarbeitung, die nicht mit den nach Maßgabe der DS-GVO erlassenen **delegierten Rechtsakten und Durchführungsrechtsakten** in Einklang steht, erfüllt die Voraussetzungen des Art. 79 Abs. 1. **ErwGr 146 S. 5** stellt dies – wenn auch für den Kontext des Schadensersatzrechts – klar.

20 Missachtungen von **Rechtsvorschriften der Mitgliedstaaten, die Bestimmungen der Verordnung präzisieren sollen,** sind nach dem Willen des Unionsgesetzgebers ebenso Verstöße gegen die DS-GVO selbst (ErwGr 146 S. 5). Der Betroffene kann sich daher auch auf Rechtsvorschriften des nationalen Rechts berufen, die Regelungsspielräume der DS-GVO ausfüllen. Der Begriff **„Präzisierung"** iSd ErwGr 8 bezeichnet mitgliedstaatliche Regelungen, die Regelungsaufträge und -spielräume der DS-GVO, wie sie zB Art. 54 oder Art. 6 Abs. 2 und Abs. 3 S. 3 enthält, mit dem Ziel nutzen, den Regelungsgehalt der Verordnung (ohne Änderung des Schutzniveaus) näher zu konkretisieren (vgl. dazu auch Kühling/Martini ua DS-GVO und nationales Recht, 2016, 351 f.). Ihm stellt die DS-GVO im gleichen ErwGr den Begriff der „**Einschränkung**" ggü.

Wenn dieser sprachlichen Differenzierung ein tieferer Sinn zukommen soll, **20a** dann adressiert „**Einschränkung**" „echte Öffnungsklauseln", die den Mitgliedstaaten explizit Abweichungen vom Regelungsgehalt der DS-GVO zugestehen (zB Art. 23 und Art. 85 Abs. 2). „**Präzisierungen**" sind demgegenüber solche Regelungen, die das Schutzniveau der DS-GVO nicht antasten, sondern inhaltlich näher ausfüllen (vgl. bspw. Art. 6 Abs. 2: „präziser bestimmen"). Ist eine betroffene Person der Ansicht, eine Verarbeitung verstoße gegen nationales Recht, das den Regelungsgehalt der DS-GVO **präzisiert**, verbürgt Art. 79 Abs. 1 ihr daher grds. gerichtlichen Rechtsschutz; in **allen anderen Fällen** nationalen Datenschutzrechts greift Art. 79 Abs. 1 demgegenüber nicht.

Ob sich diese begriffliche Differenzierung zwischen Präzisierung und Einschränkung aber bruchfrei durchhalten lässt und ob der Normgeber sie so **20b** gedacht hat, ist ungewiss. Die Trennung ist jedenfalls rechtssystematisch konsequent, zollt sie doch dem mitgliedstaatlichen Regelungsspielraum Respekt, den die Öffnungsklausel gerade einräumen will: Steht den Mitgliedstaaten ein echter, **eigener Abweichungsspielraum** offen, dürfen sie grds. auch das daran anknüpfende Rechtsschutzsystem selbst regeln. Dieses ist dann nicht von Art. 47 GRCh, sondern durch **Art. 19 Abs. 4 GG** verfassungsrechtlich überlagert (aA Bergt in Kühling/Buchner DS-GVO Art. 79 Rn. 8; Boehm in NK-DatenschutzR DS-GVO Art. 79 Rn. 11). Da in beiden Fällen das Gebot wirksamen Rechtsschutzes gleichermaßen durchgreift, sind die praktischen Konsequenzen der Unterscheidung allerdings begrenzt.

b) Mögliche Verletzung eigener Rechte. Nicht jede unionsrechtswidrige **21** Verarbeitung legitimiert das Recht, dagegen einen gerichtlichen Rechtsbehelf einzulegen. Aus der rechtswidrigen Verarbeitung muss vielmehr zusätzlich eine zumindest mögliche Verletzung der **Rechte** erwachsen, die **dem Betroffenen** aufgrund der DS-GVO zustehen. Denn Art. 79 verbürgt nur ein **subjektives Rechtsschutzverfahren,** verleiht dem Einzelnen mithin **nicht** die Rechtsmacht, die Verletzung **objektiven** Datenschutzrechts gerichtlich zu rügen. So kann sich der Einzelne bspw. nicht unter Berufung auf Art. 79 gerichtlich dagegen zur Wehr setzen, dass der Verantwortliche seine Pflicht verletzt hat, ein **Verfahrensverzeichnis** zu führen. Denn ein solches Verzeichnis dient ausschl. der ASB als erster Zugriffspunkt für vorläufige Kontrollen (arg. ex Art. 30 Abs. 4e contrario). Dem Betroffenen steht deshalb auch kein einklagbares Recht zur Seite, das Verzeichnis einzusehen (→ Art. 30 Rn. 4 und 25). Ebenso wenig kann er sich auf ein verbrieftes Recht berufen, die Verletzung der Meldepflicht aus **Art. 33** gerichtlich geltend zu machen; diese besteht (anders als die Benachrichtigungspflicht aus Art. 34 Abs. 1; → Rn. 22) allein gegenüber der ASB.

Der Terminus „**Rechte**" umfasst nicht nur die Betroffenenrechte des Kap. **22** III (Art. 12–23), sondern alle subjektiven Rechte des Einzelnen, welche die DS-GVO (bzw. ein auf ihrer Grundlage ergangener delegierter Rechtsakt oder Durchführungsrechtsakt (Kap. X – Art. 92) oder die DS-GVO präzisierendes nationales Recht (→ Rn. 20)) – gleich an welcher Stelle – gewährt. Der Begriff ist insofern **weit** auszulegen (zust. Boehm in NK-DatenschutzR DS-GVO Art. 79 Rn. 10; Mundil in BeckOK DatenschutzR DS-GVO Art. 79 Rn. 7; aA Kreße in HK-DS-GVO Art. 79 Rn. 7). Zu den gerichtlich durchsetzbaren Rechten (jenseits des Kap. III) gehört auch die Benachrichtigungspflicht des **Art. 34.** Sie ist nicht nur Allgemeininteressen verschrieben, sondern soll die spezifischen subjektiv-rechtlichen Schutzbedürfnisse solcher Personen wahren, die Opfer einer Verletzung des Schutzes personenbezogener Daten wurden.

22a   Das Recht, das Art. 79 Betroffenen verleiht, greift nur, wenn die Verletzung eine **Folge** der Verarbeitung eigener personenbezogener Daten ist („infolge"; engl.: „infringed as a result of the processing of his or her personal data"): Zwischen der Datenverarbeitung und der Rechtsverletzung muss ein **Kausalzusammenhang** bestehen (zu Recht Kreße in HK-DS-GVO Art. 79 Rn. 16; aA Moos/Schefzig in Taeger/Gabel DS-GVO Art. 79 Rn. 8). Bei strenger Auslegung fehlt es daran, wenn der Anspruch des Betroffenen sich lediglich darauf richtet, herauszufinden, ob eine Rechtsverletzung vorliegt, insbes. zu ermitteln, ob eine Verarbeitung personenbezogener Daten stattgefunden hat (Kreße in HK-DS-GVO Art. 79 Rn. 17) – so etwa wenn jemand eine Bestätigung darüber verlangt, ob ihn betreffende personenbezogene Daten verarbeitet wurden **(Art. 15 Abs. 1 Hs. 1).** Denn die Rechtsverletzung, die der Kläger behauptet, besteht in diesem Falle unabhängig von einer Verarbeitung, ist also nicht deren Folge. Ist es dem Betroffenen aber nicht anders als durch eine Klage möglich, sein subjektives Recht auf Auskunft zu verteidigen, lässt Art. 79 Abs. 1 es kraft seiner Ratio ausreichen, dass der Betroffene die Möglichkeit einer rechtswidrigen Verarbeitung plausibel darlegt. Das subjektive Recht auf Auskunft liefe sonst leer, hätte also keinen prozessualen Widerpart. Art. 79 Abs. 1 hinterließe contra legem eine Rechtsschutzlücke.

II. Zuständigkeit für Klagen nach Abs. 1 (Abs. 2)

23   Für Klagen gegen den Verantwortlichen oder einen Auftragsverarbeiter sind die Gerichte desjenigen Mitgliedstaats zuständig, in dem dieser eine **Niederlassung** unterhält (Abs. 2 S. 1; → Rn. 24 f.). Die DS-GVO trifft damit eine Regelung zur **int. Zuständigkeit** (Werkmeister in Gola DS-GVO Art. 79 Rn. 4, 6; Becker in Plath DS-GVO Art. 79 Rn. 3). Sie stellt es der betroffenen Person aber zugleich auch frei, die Klage (bzw. den Antrag auf vorl. Rechtsschutz; → Rn. 23b) bei den Gerichten desjenigen Mitgliedstaats zu erheben, in dem sie ihren **„gewöhnlichen Aufenthaltsort"** hat (Abs. 2 S. 2; → Rn. 26 ff.). Dem Unionsgesetzgeber war es ein Anliegen, dem Betroffenen ein **Wahlrecht** einzuräumen, um es ihm zu ermöglichen, seine Rechte möglichst einfach wahrzunehmen. Das unterstreicht **ErwGr 145** („sollte es dem Kläger überlassen bleiben, ob").

23a   Über diese Wahlmöglichkeit verfügt die betroffene Person allerdings ausnahmsweise dann **nicht,** wenn der für die Verarbeitung Verantwortliche oder

der Auftragsverarbeiter eine **Behörde** ist, die bei ihrer Tätigkeit hoheitliche Befugnisse ausgeübt hat (→ Rn. 29 f.). Entspr. dem völkerrechtlichen Grundsatz „**par in parem non habet imperium**" müssen sich Behörden eines Mitgliedstaates nicht vor den Gerichten eines anderen Mitgliedstaates, sondern nur vor den nationalen Gerichten verantworten. Der Normgeber stuft den Schutzbedarf Betroffener in diesen Fällen als gering ein und will einem denkbaren justiziellen „Rosinenpicken" von vornherein die Grdl. entziehen.

Art. 79 Abs. 2 S. 1 und 2 erstrecken ihre normative Aussage – anders als **23b** der offen formulierte Abs. 1 („Rechtsbehelf"; → Rn. 16) – in der dt. Sprachfassung ausschl. auf „**Klagen**", nicht aber auf **Anträge in Verfahren vorl. Rechtsschutzes.** Die englische Fassung ist insoweit offener: Sie spricht von „**proceedings**", also gerichtlichen Verfahren (anders demgegenüber – ähnlich wie im Deutschen – die französische („actions") und die italienische Fassung („azioni"). Ein sachlicher Grund, die int. Zuständigkeit in Verfahren des Hauptsacherechtsschutzes anders als im vorl. Rechtsschutzverfahren zu regeln, ist nicht erkennbar. Die dt. Sprachfassung geht wohl auf eine **Übersetzungsungenauigkeit** zurück. Art. 79 Abs. 2 findet also auch auf Verfahren vorl. Rechtsschutzes Anwendung (ebenso Kreße in HK-DS-GVO Art. 79 Rn. 35; Moos/Schefzig in Taeger/Gabel DS-GVO Art. 79 Rn. 14).

1. Mitgliedstaat einer Niederlassung (Abs. 2 S. 1)

Der Mitgliedstaat, in dem der Verantwortliche bzw. Auftragsverarbeiter seine **24** Niederlassung hat, ist – gemessen an dem prozessualen Grundsatz „Der Kläger muss zum Beklagten" – der gleichsam „natürliche Anknüpfungspunkt" der örtlichen Zuständigkeit. Der Begriff der **Niederlassung** bezeichnet im Unionsrecht den Ort, an dem ein Wirtschaftssubjekt eine wirtschaftliche Tätigkeit **mittels einer festen Einrichtung** auf unbestimmte Zeit tatsächlich ausübt (EuGH BeckRS 2004, 75196, Rn. 20 – Factortame; vgl. auch Forsthoff in GHN AEUV Art. 49 Rn. 16 ff.). Diese Lesart legt die DS-GVO auch ihrem Verständnis des Begriffs „Niederlassung" zugrunde. Das bringt **ErwGr 22 S. 2** unmissverständlich zum Ausdruck: „Eine Niederlassung setzt die effektive und tatsächliche Ausübung einer Tätigkeit durch eine feste Einrichtung voraus." Auf die **Rechtsform** der Einrichtung kommt es dafür ausdr. nicht an (ErwGr 22 S. 3).

Ob sich im betr. Mitgliedstaat auch die **Hauptniederlassung** (Art. 4 **25** Nr. 16) des Verantwortlichen bzw. des Auftragsverarbeiters befindet, ist **unerheblich** (zust. Bergt in Kühling/Buchner DS-GVO Art. 79 Rn. 16; Boehm in NK-DatenschutzR DS-GVO Art. 79 Rn. 18). Denn Abs. 2 S. 1 knüpft allein an den Mitgliedstaat an, in dem der Pflichtige *eine* Niederlassung hat. Unterhält der Verantwortliche bzw. Auftragsverarbeiter Niederlassungen in **mehr als einem Mitgliedstaat,** kann die betroffene Person unter diesen Orten wählen, muss also ihre Klage nicht notwendig in demjenigen Mitgliedstaat erheben, in dem das Unternehmen seine Hauptverwaltung unterhält.

2. Gewöhnlicher Aufenthaltsort (Abs. 2 S. 2)

26 **a) Grundsatz (Hs. 1).** Dem Bedürfnis des Betroffenen, seine Rechte möglichst unkompliziert geltend zu machen, kommt der Unionsgesetzgeber durch das Privileg entgegen, die Klage an seinem **gewöhnlichen Aufenthaltsort** zu erheben (Abs. 2 S. 2). Der Begriff des gewöhnlichen Aufenthaltsortes ist dem Unionsrecht – ebenso wie die Begriffe des „gewöhnlichen Aufenthaltes" (Art. 4 VO (EU) Nr. 650/2012, dort engl.: „habitual residence") und des „Aufenthalts" (Art. 56 VO (EU) Nr. 1215/2012, dort engl.: „resident") – bereits vertraut (bspw.: in Art. 13 Nr. 13 lit. d sublit. i RL 2009/138/EG, dort engl.: „habitual residence"). Auch die DS-GVO verwendet den Topos an anderer Stelle, namentlich in Art. 77 Abs. 1 und ErwGr 141 S. 1 („gewöhnlichen Aufenthalts"). In ErwGr 2 S. 1 sowie ErwGr 14 S. 1 spricht sie demgegenüber nur vom Aufenthaltsort. Die **Ursprungsfassung der Vorschrift** rekurrierte ebenfalls lediglich auf den „Aufenthaltsort". Sie meinte damit aber in der Sache – wie auch die englische Sprachfassung („habitual residence") deutlich machte – den gewöhnlichen Aufenthaltsort. Unterdessen hat der Unionsgesetzgeber dies im Wege einer Berichtigung klargestellt (ABl. 2018 L 127 vom 23.5.2018, S. 2–8 (DE)).

27 Auch das dt. Recht rekurriert an zahlr. Stellen auf den Begriff des „gewöhnlichen Aufenthaltsortes" (vgl. bspw. § 44 Abs. 1 S. 2 BDSG: „gewöhnlichen Aufenthaltsort") und definiert ihn bisweilen auch legal (etwa in § 9 AO). Für die DS-GVO ist das Tatbestandsmerkmal jedoch **unionsrechtsautonom** zu bestimmen. Nur so ist auch eine einheitliche Handhabung des Abs. 2 in allen Mitgliedstaaten sichergestellt. Angezeigt ist seine Auslegung in Übereinstimmung mit den **Brüssel-Verordnungen zur int. Zuständigkeit** (insbes. VO (EU) Nr. 1215/2012 und VO (EG) Nr. 2201/2003). Diese sind insoweit von gleich lfd. Grundzielen und -erwägungen wie Art. 79 Abs. 2 S. 1 durchdrungen: Sie wollen den „Zugang zum Recht" erleichtern (ErwGr 3 S. 1 VO (EU) Nr. 1215/2012). Grds. ist der „gewöhnliche Aufenthaltsort" iSd Art. 79 daher derjenige Ort, an dem die betr. Person **tatsächlich lebt,** an dem sich – mit anderen Worten – ihr **Lebensmittelpunkt** befindet (so für Art. 8 VO (EG) Nr. 2201/2003 Gottwald in MüKoFamFG, 2. Aufl. 2013, VO (EG) Nr. 2201/2003 Rn. 4). Das entspricht der Zielsetzung der Vorschrift, Betroffenen die Möglichkeit zu eröffnen, Rechtsschutz dort zu suchen, wo sie typischerweise aufhalten. Konsequenterweise spricht auch ErwGr 145 (mittlerweile aufgrund der Berichtigung; → Rn. 26) nicht mehr von dem „Mitgliedstaat[…], in dem die betroffene Person ihren Aufenthaltsort hat", sondern von dem „Mitgliedstaat[…], in dem die betroffene Person **wohnt**" (Hervorhebung d. Verf.).

28 Der **EuGH** definiert den gewöhnlichen Aufenthalt in anderem Kontext unter Zugrundelegung auch subjektiver Aspekte demgegenüber in etwas anderer Nuancierung. Er versteht darunter den Ort, „den der Betroffene als ständigen oder gewöhnlichen Mittelpunkt seiner Lebensinteressen in der Absicht gewählt hat, ihm Dauerhaftigkeit zu verleihen". Für diese Feststellung sind „alle hierfür wesentlichen tatsächlichen Gesichtspunkte zu berücksichtigen" (EuGH BeckRS 2004, 77333, Rn. 22). Diese Definition verleiht dem

Begriff des gewöhnlichen Aufenthaltsortes eine besondere subjektive Komponente: Der Aufenthaltsort muss nach der Vorstellung des Betroffenen **auf Dauerhaftigkeit angelegt** sein und nicht lediglich rein faktisch bestehen. Der EuGH wird diese Deutung im Zweifel auch der Auslegung des Art. 79 Abs. 2 S. 2 unterlegen.

Art. 79 Abs. 2 verbürgt aber jedenfalls nicht das Recht, einen nur vorüber- **28a** gehenden **Aufenthaltsort zu suchen,** um sich dort möglichst günstige gerichtliche Erfolgschancen, zB mit Blick auf eine bekannte strenge nationale Auslegung des Datenschutzrechts, zu sichern. Vielmehr soll der Betroffene nicht die Last tragen müssen, weite Wege zu Gerichten in anderen Mitgliedstaaten oder Gerichtsverfahren in fremden Sprachen in Kauf nehmen zu müssen, um seine Rechte geltend machen zu können.

Obgleich der Verweis auf den „-ort" des Aufenthalts in der dt. Sprach- **28b** fassung das Gegenteil insinuiert, bestimmt Abs. 2 S. 2 **nicht** zugleich auch die **örtliche Zuständigkeit** des nationalen Gerichts. Er regelt vielmehr allein die **int. Zuständigkeit** (zust. Werkmeister in Gola DS-GVO Art. 79 Rn. 6, 10). Dies macht die engl. Sprachfassung sehr deutlich: Sie verweist auch hier – wie in S. 1 – alleine auf die „courts of the Member State" (anders zB ausdr. in Art. 7 Nr. 5 VO (EU) Nr. 1215/2012, dort engl.:"courts for the place", dt.: „vor dem Gericht des Ortes"). Die örtliche Zuständigkeit regelt nunmehr § 44 Abs. 1 BDSG (→ Rn. 31a).

b) Ausnahme (Hs. 2). Richtet sich die Klage gegen **Behörden,** gesteht der **29** Normgeber dem Betroffenen das Wahlrecht grds. nicht zu (s. auch § 44 Abs. 2 BDSG; → BDSG § 44 Rn. 2). Er zollt damit der staatlichen Souveränität der Mitgliedstaaten und ihrer Kernaufgabe Respekt, ihre hoheitlichen Aufgaben kraft eigener Machtvollkommenheit durchzusetzen. Dies ist letztlich Ausdruck des **Subsidiaritätsprinzips** (Art. 5 Abs. 1 S. 2, Abs. 3 EUV).

Den **Begriff „Behörde"** verwendet die DS-GVO bspw. auch in Art. 6 **29a** Abs. 1 UAbs. 2, Art. 27 Abs. 2 lit. b, Art. 41 Abs. 6, Art. 46 Abs. 2 lit. a, Abs. 3 lit. b und Art. 49 Abs. 3. Sie definiert ihn aber nicht. Der Begriff ist **nicht** mit § 1 Abs. 4 VwVfG identisch. Vielmehr handelt es sich um einen **autonomen unionsrechtlichen Begriff.**

Ihm liegt jedoch ein **ähnliches Grundverständnis** wie dem funktionellen **29b** nationalen Behördenbegriff des § 1 Abs. 4 VwVfG zugrunde. Denn er rekurriert in der Sache auf die Sonderrechte, die Hoheitsträgern auf der Grundlage der Verarbeitungserlaubnis des Art. 6 Abs. 1 UAbs. 1 lit. e zukommen. Er bezeichnet daher solche staatlichen oder dem Staat zuzurechnenden Einheiten, die auf der Grdl. hinreichender Verselbstständigung Aufgaben der öffentl. Verwaltung regelmäßig im Außenverhältnis zum Bürger wahrnehmen (→ Art. 27 Rn. 44 ff.).

Nicht jedes behördliche Handeln schließt jedoch das Wahlprivileg Betroffe- **30** ner aus, sondern nur ein solches, das in Ausübung **hoheitlicher Befugnisse** erfolgt. Das Auswahlprivileg entfällt daher insb. nicht bei privatrechtlichen Hilfsgeschäften, etwa Beschaffungsvorgängen, und erwerbswirtschaftlicher Betätigung des Staates im Wirtschaftsleben als Unternehmer, insbes. durch eigene unternehmerische Tätigkeit oder Beteiligungen an Handelsgesellschaften (zust. Bergt in Kühling/Buchner DS-GVO Art. 79 Rn. 14). Erforderlich ist vielmehr, dass die Behörde von Sonderrechten Gebrauch macht, die sie – anders als Privatrechtssubjekte – **in ihrer Eigenschaft als Hoheitsträger** berechtigen oder verpflichten, um ihre staatlichen Aufgaben zu erfüllen. Nur in diesen Fällen sieht der Normgeber es als gerechtfertigt an, Betroffenen das Wahlrecht des Abs. 2 abzuschneiden. Dass die Behörde **bei der Datenverarbeitung als solcher** von hoheitlichen Befugnissen Gebrauch macht, setzt Art. 79 Abs. 2 S. 2 Hs. 2 demgegenüber nicht voraus. Entsprechend der Rationalität und den vorsichtigen Formulierungen des Wortlauts der Norm („in Ausübung […] tätig geworden ist") genügt es vielmehr, dass die Datenverarbeitung dazu dient, **hoheitliche Befugnisse auszuüben,** also erforderlich ist, um staatliche Aufgaben zu erfüllen. Die Diktion des Abs. 2 S. 2 Hs. 2 deckt sich insoweit weitgehend mit der Wendung „in Ausübung öffentlicher Gewalt" des **Art. 6 Abs. 1 UAbs. 1 lit. e** (→ Art. 6 Rn. 23 ff.; die genaue Dimension der Übereinstimmung ist jedoch „unklar", vgl. Buchner/Petri in Kühling/Buchner DS-GVO Art. 6 Rn. 116; denn anders als iRd Art. 6 Abs. 1 UAbs. 1 lit. e handelt es sich nach dem Wortlaut des Art. 79 Abs. 2 S. 2 Hs. 2 bei den Verantwortlichen oder Auftragsverarbeitern ausschließlich um Behörden).

C. Nationales Recht

31   Art. 79 ist im BDSG aF ohne Vorbild. Für eine einfachgesetzliche Verbürgung dieser Art bestand im BDSG aF aber auch keine Notwendigkeit. Denn effektiven Rechtsschutz zu gewährleisten, ist Teil einer normativen Selbstverständlichkeit, die sich aus **Art. 19 Abs. 4 GG** bzw. dem aus Art. 2 Abs. 1 GG iVm dem Rechtsstaatsprinzip abgeleiteten **allg. Justizgewährungsanspruch** ergibt (zum allg. Justizgewährungsanspruch s. BVerfGE 88, 118 (123 f.); BVerfG NJW 2019, 3137 (3137 f., Rn. 14–16)).

31a   Der nationale Gesetzgeber greift den Regelungsansatz des Art. 79 Abs. 2 nunmehr in **§ 44 BDSG** auf. Während Art. 79 Abs. 2 die int. Zuständigkeit regelt, bestimmt § 44 Abs. 1 BDSG den **nationalen Gerichtsstand:** Der Betroffene kann entweder am Ort der **Niederlassung** des Verantwortlichen bzw. des Auftragsverarbeiters (§ 44 Abs. 1 S. 1 BDSG) oder am eigenen **gewöhnlichen Aufenthaltsort** (§ 44 Abs. 1 S. 2 BDSG) Klage erheben. Die Vorschrift formuliert eine Lex specialis, welche die allg. Normen der §§ 12 ff. ZPO ergänzt und damit einen **bes. Gerichtsstand** begr. (vgl. BT-Drs. 18/11325, 109).

31b   Art. 79 versteht sich zwar als grds. abschl. Regelung des Unionsrechts, die dem nationalen Gesetzgeber **keinen Raum für Abweichungen** lässt. Gleichwohl verstößt § 44 BDSG – obgleich er in seinem Abs. 2 den Wortlaut des Art. 79 Abs. 2 S. 2 Hs. 2 DS-GVO wiederholt – nicht gegen das **unionsrechtliche Wiederholungsverbot** (zu ihm Kühling/Martini ua DS-GVO und nationales Recht, 2016, 6 ff. mwN). Denn zum einen hat § 44 Abs. 2 einen etwas anderen Regelungsgegenstand als Art. 79 Abs. 2 (→ Rn. 31a). Zum anderen erlegt Art. 79 die Norm dem nationalen Gesetzgeber einen **impliziten Regelungsauftrag** auf: Ihn trifft die **Verpflichtung,** die entspr. **gerichtlichen Rechtsbehelfe bereitzuhalten** (vgl. auch Art. 19 Abs. 1 UAbs. 2 EUV). Das Unionsrecht baut insoweit auf dem Fundament eines nationalen Rechtsschutzsystems als Baustein des unionsrechtlichen Datenschutzrechts auf (dies übersehend: VG Regensburg BeckRS 2020, 19361 Rn. 16 ff.). Es gebietet den Mitgliedstaaten, ihr nationales Verfahrensrecht ggf. so anzupassen, dass es den Anforderungen des Art. 79 an umfassenden gerichtlichen Rechtsschutz genügt. Das gestattet auch Wiederholungen des Wortlauts des Art. 79, um die Kohärenz und Verständlichkeit der nationalen Normen für die Personen, für die sie gelten, zu wahren (ErwGr 8 aE).

Aus Art. 27 Abs. 4 iVm Art. 79 Abs. 1 erwächst den Mitgliedstaaten ein **31c** unionaler Auftrag, das nationale Prozessrecht so anzupassen, dass der **Vertreter Empfangsvollmachtsfunktion** hat. Diesem Gebot kommt **§ 44 Abs. 3 BDSG** nach (→ Rn. 11a ff.). Für das mitgliedstaatliche Verfahrensrecht sind die Mitgliedstaaten im Übrigen weiterhin unverändert kompetenziell zuständig (vgl. auch die ausfüllenden Regelungen in **§ 20 f. BDSG**).

Über eigenen Regelungsspielraum jenseits des impliziten Regelungsauftrags **31d** (→ Rn. 31b f.) aus Art. 79 verfügt der nationale Gesetzgeber auch insoweit, als er über die den Kläger „aufgrund dieser Verordnung zustehenden Rechte" im Wege einer **echten Öffnungsklausel** (zB Art. 23) disponieren kann. Dann steht es den Mitgliedstaaten auch frei, selbst zu regeln, wie sich diese im Grundsatz verbürgten Rechte prozessual durchsetzen lassen (→ Rn. 20).

In einigen Sachbereichen errichtet das nationale Recht für Klageverfahren **31e** prozessuale Hürden, die dem Weg zum Gericht vorgeschaltet sind, wie etwa die Pflicht, verfügbare Verwaltungsrechtsbehelfe auszuschöpfen, aber auch vorgerichtliche **Streitbeilegungs- und Mediationsverfahren** sowie **Vorverfahren,** die den gerichtlichen Verfahren vorausgehen, insbes. das **verwaltungsgerichtliche Vorverfahren** (§ 68 VwGO) oder das **Güteverfahren** nach **§ 15a EGZPO** iVm Landesrecht, das als Einigungsversuch vor einer Gütestelle stattgefunden haben muss, bevor der Kläger zivilrechtliche Klage (zB in Nachbarschaftsstreitigkeiten) erhebt. Sie sind sowohl mit dem Gebot effektiven Rechtsschutzes aus **Art. 47 GRCh** als auch mit **Art. 79 Abs. 1** vereinbar (str.; → Rn. 12). Die Zulässigkeitsvoraussetzungen dürfen das Recht auf einen wirksamen Rechtsbehelf nur **nicht unverhältnismäßig beschränken.** Art. 79 Abs. 1 findet überdies gerade „unbeschadet" (engl.: „[w]ithout prejudice") anderweitiger (verwaltungsrechtlicher oder außergerichtlicher) Rechtsbehelfe Anwendung. Beide Rechtsbehelfe dürfen also auch nach Maßgabe der DS-GVO als Erweiterungen des Rechtsschutzes nebeneinanderstehen, solange der Zugang zum Gericht niederschwellig eröffnet ist. **§ 68 VwGO** bedarf daher keiner Anpassung an das unionale Datenschutzrecht (dafür jedoch Bergt in Kühling/Buchner DS-GVO Art. 79 Rn. 20). Für die Verfahren gem. Art. 78 Abs. 1 und 2 ordnet **§ 20 Abs. 6 BDSG** ohnehin als Lex specialis an, dass ein Vorverfahren nicht stattfindet (→ § 20 BDSG Rn. 11). Darüber hinaus bedarf es eines verwaltungsgerichtlichen Vorverfahrens regelmäßig schon deshalb nicht, weil es sich bei den ASB um oberste Bundes- bzw. Landesbehörden iSd § 68 Abs. 1 S. 2 Nr. 1 VwGO handelt (s.

etwa § 8 Abs. 1 S. 1 BDSG; § 15 Abs. 4 S. 1 LDSG RP). Ähnliches gilt für das obligatorische Güteverfahren gemäß § 15a EGZPO.

D. Ausblick

32 Verglichen mit der bisherigen nationalen Rechtslage hat Art. 79 primär klarstellenden Charakter. Für das Datenschutzrecht bringt die Vorschr. **keine essenziellen Änd.** mit sich. Nichtsdestotrotz wird ihre normative Verbürgung in praxi für den Einzelnen – als zentraler Hebel zur Durchsetzung des Datenschutzrechts sowie bei der Geltendmachung von Haftungsansprüchen – eine gewichtige Rolle einnehmen.

Art. 80 Vertretung von betroffenen Personen

(1) Die betroffene Person hat das Recht, eine Einrichtung, Organisationen oder Vereinigung ohne Gewinnerzielungsabsicht, die ordnungsgemäß nach dem Recht eines Mitgliedstaats gegründet ist, deren satzungsmäßige Ziele im öffentlichem Interesse liegen und die im Bereich des Schutzes der Rechte und Freiheiten von betroffenen Personen in Bezug auf den Schutz ihrer personenbezogenen Daten tätig ist, zu beauftragen, in ihrem Namen eine Beschwerde einzureichen, in ihrem Namen die in den Artikeln 77, 78 und 79 genannten Rechte wahrzunehmen und das Recht auf Schadensersatz gemäß Artikel 82 in Anspruch zu nehmen, sofern dieses im Recht der Mitgliedstaaten vorgesehen ist.

(2) Die Mitgliedstaaten können vorsehen, dass jede der in Absatz 1 des vorliegenden Artikels genannten Einrichtungen, Organisationen oder Vereinigungen unabhängig von einem Auftrag der betroffenen Person in diesem Mitgliedstaat das Recht hat, bei der gemäß Artikel 77 zuständigen Aufsichtsbehörde eine Beschwerde einzulegen und die in den Artikeln 78 und 79 aufgeführten Rechte in Anspruch zu nehmen, wenn ihres Erachtens die Rechte einer betroffenen Person gemäß dieser Verordnung infolge einer Verarbeitung verletzt worden sind.

BDSG und anderes nationales Recht: –

Literatur: *Elbrecht/Schröder,* Verbandsklagebefugnisse bei Datenschutzverstößen für Verbraucherverbände, K&R 2015, 361; *Frenzel,* „Völlige Unabhängigkeit" im demokratischen Rechtsstaat, DÖV 2010, 925; *Gärditz,* Funktionswandel der Verwaltungsgerichtsbarkeit unter dem Einfluss des Unionsrechts – Umfang des Verwaltungsrechtsschutzes auf dem Prüfstand. Gutachten D zum 71. Deutschen Juristentag, 2016; *Gola,* Verbandsklagen – ein neues Schwert des Datenschutzes?, RDV 2016, 17; *Gola/Wronka,* Datenschutzrecht im Fluss, RDV 2015, 3; *Halfmeier,* Die neue Datenschutzverbandsklage, NJW 2016, 1126; *Hess,* Die EU-Datenschutzgrundverordnung und das europäische Prozessrecht, in: FS Reinhold Geimer, 2017, S. 255; *Kort,* Was ändert sich für Datenschutzbeauftragte, Aufsichtsbehörden und Betriebsrat mit der DS-GVO?, ZD 2017, 3; *Masing,* Die Mobilisierung des Bürgers für die Durchsetzung des Rechts, 1997; *ders.,* Der Rechtsstatus des Einzelnen im Verwaltungsrecht, in: HSV VerwR, Bd. I, 2. Aufl. 2012, § 7; *Schaar,* Datenschutz-Grundverordnung: Arbeitsauftrag für den deutschen Gesetzgeber, PinG 2016, 62; *Schantz,* Die Datenschutz-Grundverordnung – Beginn einer neuen Zeitrechnung im Datenschutzrecht, NJW 2016, 1841; *Schmitt,* Datenschutzverletzungen als Wettbewerbsverstöße? Kritische Betrachtungen der neuen DSGVO unter strafrechtlichen und wettbewerbsrechtlichen Gesichtspunkten, WRP 2019, 27; *Wybitul,* DS-GVO veröffentlicht – Was sind die neuen Anforderungen an die Unternehmen?, ZD 2016, 253.

A. Allgemeines

I. Einführung

Das materielle EU-Recht ist dazu bestimmt, praktisch wirksam zu sein. Sinn- **1** voll ist es daher, dass die VO selbst wirksame Instrumente zur Durchsetzung des Rechts zur Vfg. stellt, ohne im nationalen Recht bereits vorhandene Instrumente zu desavouieren (vgl. OLG Stuttgart v. 27.2.2020, Az. 2 U 257/19, Rn. 54 ff.). Art. 80 erweitert das Instrumentarium des individuellen Rechtsschutzes nach Art. 77 ff. und Art. 82 maßvoll, indem einerseits eine gewillkürte Verfahrens- bzw. Prozessvertretung (Abs. 1) eingeführt und andererseits die Möglichkeit von Verbandsbeschwerde und Verbandsklage vorgesehen wird (Abs. 2), die bestimmten Organisationen ein eigenes Recht geben, gegen Verstöße gegen die DS-GVO durch (nicht nur private) Verantwortliche vorzugehen. Auf dem Weg zu einer **Effektivierung** des Datenschutzrechts werden verschiedene Ziele verfolgt: Der Einzelne soll von dem Erfordernis der Leidensfähigkeit und der moderaten Querulanz entlastet, die Hemmschwelle für ein Vorgehen gegen datenschutzrechtswidriges Verhalten abgesenkt (vgl. Schantz in Schantz/Wolff DatenschutzR Rn. 1270: „rationale Apathie") und das Vorgehen gegen dieses Verhalten konzertiert und kanalisiert werden. Es wird also nicht nur auf den Einzelnen gesetzt, um die dezentrale Vollzugskontrolle sicherzustellen (vgl. Masing § 7 Rn. 91 ff.).

II. Entstehungsgeschichte

1. Vergleich mit der DSRL

Art. 22 DSRL setzte das Beschwerdeverfahren zur ASB voraus und sah selbst **2** für „jede Person" gerichtliche Rechtsbehelfe im Falle der Verletzung von auf der Grundl. der DSRL garantierten Rechten vor. Gemeint war damit jede Person, die eine Betroffenheit geltend machen konnte (vgl. Dammann/Simitis DSRL Art. 22 Erl. 2). Diese Regelung findet in den Art. 77–79 eine ungleich genauere, umfassende Entsprechung. Das Schweigen der DSRL über die verfahrensmäßige Ausgestaltung schloss weitergehende mitgliedstaatliche Regelungen indes nicht aus, wie der (sehr beschr. wirkende) § 2 Abs. 2 S. 1 Nr. 11 UKlaG zeigt (vgl. → Art. 6 Rn. 55; vgl. auch Gola RDV 2016, 17 (20 f.)). Fluchtpunkt für die Effektivierung des Art. 22 DSRL war somit die **Umsetzungspflicht** und der **Grundsatz der praktischen Wirksamkeit** nach Art. 4 Abs. 3 EUV. Allerdings bestanden insoweit Schutzlücken, und zwar nicht nur in Fällen, in denen eine ASB nicht in völliger Unabhängigkeit handelte (vgl. Frenzel DÖV 2010, 925) oder nicht angemessen ausgestattet war.

2. Vergleich mit den Entwurfsfassungen

3 Art. 73 Abs. 2 DS-GVO-E(KOM) sah für Organisationen oÄ, „(…) die sich den Schutz der Rechte und Interessen der betroffenen Person in Bezug auf den Schutz ihrer personenbezogenen Daten zum Ziel gesetzt haben", das Recht vor, „im Namen einer oder mehrerer betroffenen Personen Beschwerde bei einer Aufsichtsbehörde zu erheben". Davon unabhängig war ein Verbandsbeschwerderecht in Art. 73 Abs. 3 DS-GVO-E(KOM) vorgesehen. Art. 76 Abs. 1 DS-GVO-E(KOM) sah die Möglichkeit der Wahrnehmung gerichtlicher Rechtsbehelfe gegen ASB (Art. 74 DS-GVO-E(KOM)) und Verantwortliche (Art. 75 DS-GVO-E(KOM)) im Namen des Betroffenen vor.

4 Nach Art. 73 Abs. 2 DS-GVO-E(EP) sollte es ausreichen, wenn die Organisation „im öffentlichen Interesse" handelte; der Bezug zum Schutz der personenbezogenen Daten wurde darin aufgehoben. Art. 73 Abs. 3 DS-GVO-E(EP) stellte nicht mehr darauf ab, dass personenbezogene Daten, sondern dass die VO als verletzt angesehen werden musste. Art. 76 Abs. 1 DS-GVO-E(EP) erstreckte die Vertretungsmöglichkeit auch auf den Schadensersatzanspruch nach Art. 77 DS-GVO-E(KOM). Außerdem war er insoweit klarer formuliert, als die Möglichkeit der Wahrnehmung der Rechte von der Beauftragung durch die betroffene Person abhängig sein sollte.

5 Durch Art. 76 Abs. 1 DS-GVO-E(Rat) wurde in Bezug auf die Vertretungsmöglichkeit erstmals die **betroffene Person in den Vordergrund** gestellt; ihr wurde das Recht gegeben, eine Organisation oÄ zu beauftragen, in ihrem Namen Beschwerde zu erheben und die in Art. 73, 74, 75 genannten Rechte wahrzunehmen. Zu den satzungsmäßigen Zielen der Organisation musste nach diesem Entwurf der Schutz der Rechte und Freiheiten von betroffenen Personen in Bezug auf den Schutz ihrer personenbezogenen Daten gehören. Art. 77 DS-GVO-E (nunmehr Art. 82 DS-GVO) war wieder ausgenommen; für diese Regelung wurde nunmehr eine Öffnungsklausel zu Gunsten mitgliedstaatlichen Rechts vorgesehen. Gem. Art. 76 Abs. 2 DS-GVO-E(Rat) wurde das Verbandsklagerecht nicht mehr von Anfang an vorgesehen, sondern die Anordnung den Mitgliedstaaten überlassen; auch hier war Art. 77 DS-GVO-E (nunmehr Art. 82 DS-GVO) ausgenommen, und blieb es (vgl. ErwGr 142 S. 3: „Diesen Einrichtungen, Organisationen oder Verbänden kann unabhängig vom Auftrag einer betroffenen Person nicht gestattet werden, im Namen einer betroffenen Person Schadenersatz zu verlangen").

B. Beauftragung durch den Betroffenen (Abs. 1)

6 Systematisch korrekt geht Abs. 1 vom Betroffenen und seinen materiellen Rechten aus, die er prozedural durch bestimmte Organisationen wahrnehmen lassen kann. Die Regelung ist mit dem **System der Verletztenklage** vereinbar. Sie erleichtert verfahrensrechtlich die Wahrnehmung des Rechts (Schantz NJW 2016, 1841 (1847): „eine Art Prozessstandschaft"). Der Individualbezug bleibt erhalten; insoweit überformt die DS-GVO nur das mitgliedstaatliche Verfahrens- bzw. Prozessrecht.

Die Formulierung des Abs. 1 ist insoweit sprachlich nicht gelungen, als „in **7** ihrem Namen" dem Wortlaut nach sowohl auf die betroffene Person als auch auf die Einrichtung oder Vereinigung bezogen werden kann. Doch ergibt sich aus dem Vergleich mit der englischen Sprachfassung („data subject"/„on his or her behalf"; französisch: „la personne concernée"/„en son nom"), aus dem Begriff der „Beauftragung" und aus dem Sinn und Zweck des Abs. 1, dass die Organisation zur Wahrnehmung der Rechte **im Namen der betroffenen Person** berechtigt sein soll.

Die zu beauftragende **Einrichtung, Organisation oder Vereinigung** **8** muss zahlr. Anforderungen erfüllen: Erst im Trilog aufgenommen wurde das Merkmal „**ohne Gewinnerzielungsabsicht**"; diese Voraussetzung hätte über die Voraussetzung der satzungsmäßigen Ziele im öffentl. Interesse rekonstruiert werden können, was – bei Motivbündeln – aber zu Streitfällen geführt hätte. Nicht ausgeschlossen ist eine Auslagenerstattung, solange prospektiv und retrospektiv damit keine Gewinnerzielung(sabsicht) verbunden ist (zutr. Kreße in Sydow DS-GVO Art. 80 Rn. 6); sobald jede Auslagenerstattung einer Grauzone zugeordnet wird, wird das Anliegen der nichtkommerziellen Bündelung von Initiativen zur Durchsetzung des Datenschutzrechts prekär. Weiterhin muss die Organisation nach dem Recht eines Mitgliedstaats gegründet und „**im Bereich** des Schutzes der Rechte und Freiheiten von betroffenen Personen in Bezug auf den Schutz ihrer personenbezogenen Daten tätig" sein. Die VO ist insoweit strenger formuliert als Art. 3 RL 98/27/EG. Dieser setzt eine Stelle voraus, „die nach dem Recht eines Mitgliedstaats ordnungsgemäß errichtet wurde und ein berechtigtes Interesse daran hat, die Einhaltung der in Artikel 1 genannten Bestimmungen sicherzustellen". Diese Vorgabe wurde durch § 3 UKlaG 2001 (Art. 3 des Gesetzes zur Modernisierung des Schuldrechts, BGBl. I 2001 3138 (3171)) umgesetzt. Verbände zur Förderung gewerblicher oder selbständiger beruflicher Interessen ohne Gewinnerzielungsabsicht, die im og Bereich tätig sind (zB der Berufsverband der Datenschutzbeauftragten Deutschlands – BvD), müssten die Anforderungen der DS-GVO ebenso erfüllen können wie Vereine, die sich vielschichtig den Themen Datenschutz und Informationsfreiheit widmen – fraglich ist indes, ob sich diese Vereinigungen die Möglichkeiten des Art. 80 zu Eigen machen (vgl. etwa die ARGE DATEN – Österreichische Gesellschaft für Datenschutz). Keine selbständige Einrichtung ist der Betriebsrat eines Unternehmens (Kort ZD 2017, 3 (7)). Mit den Anforderungen soll nach der Begründung verhindert werden, dass sich im Bereich des Datenschutzes ein Geschäftsmodell (iS einer „Abmahn-Industrie") entwickelt (Entwurf der Begründung des Rates v. 8.4.2016 5419/1/16 Rev 1 Add 1, 31: „(…) die Entwicklung einer Kultur von handelsrechtlichen (sic!) Klagen"; im Englischen: „aim to avoid the development of a commercial claims culture". Die Zunahme der Abmahnaktivitäten auf der Grundlage des UKlaG erwarten Gola/Wronka RDV 2015, 3 (9); vgl. auch Wybitul ZD 2016, 253 (254); zum Potential des UKlaG Gola RDV 2016, 17 (18 f., 22)).

Die Organisation oÄ muss beauftragt werden. Dies setzt – schon aus **9** Gründen der Sicherheit für den Rechtsverkehr und des Ausschlusses der Missbrauchsgefahr – eine ausdr., **schriftliche Erklärung** voraus (nicht iSe

Rechtspflicht, gegen eine solche auch Bergt in Kühling/Buchner DS-GVO Art. 80 Rn. 10). Beauftragt werden kann die Wahrnehmung der Rechte nach Art. 77, 78 und 79, alternativ und kumulativ. Die vorherige Erwähnung der Berechtigung, Beschwerde einzureichen, geht in Art. 77 auf und ist damit redundant, zumal auch nicht erwähnt wird, bei welchem Adressaten die Beschwerde einzureichen wäre. Auf Art. 82 erstreckt sich die Möglichkeit nur akzessorisch zu den Regelungen im jeweiligen Mitgliedstaat („soweit dieses im Recht (…) vorgesehen").

C. Verbandsrechte (Abs. 2)

10 Abs. 2 ermöglicht es den Mitgliedstaaten, eine Verbandsbeschwerde und eine **„uneigentliche", hybride Verbandsklage** einzuführen (vgl. zum „Megatrend" des Verbandsrechtsschutzes Gärditz, D 41 ff.); hier hat das Unionsrecht die bundesgesetzliche Regelung des UKlaG erreicht; dieses findet auf AGB Anwendung, so dass in diesen enthaltene Datenschutzbestimmungen einer Inhaltskontrolle zugänglich sind. Das System der Verletztenklage kann dadurch um eine Ausnahme ergänzt werden. Damit kann die Organisation oÄ unabhängig von einer Beauftragung durch betroffene Personen berechtigt werden. Die **Beschwerde** bei der ASB kann – einer „echten" Verbandsbeschwerde entspr. – unabhängig von der möglichen Verletzung von Rechten eines Betroffenen eingelegt werden (Gola/Wronka RDV 2015, 3 (9)): Abs. 2 ist zwar insoweit nicht eindeutig formuliert, weil sich der erweiterte Infinitiv am Ende auch auf den ersten Hs. beziehen könnte; deutlich wird die Unabhängigkeit von den Rechten des Betroffenen aber in ErwGr 142 S. 2. Dem Wortlaut nach zulässig ist auch der grenzüberschreitende Rechtsschutz (vgl. Hess, 255 (263), wegen Art. 18 AEUV ist er jedoch bereits vorgezeichnet, wenn Verbandsrechte eingeführt werden).

11 Für die **Klage** einer Organisation oÄ wird jedoch auf eine Verletzung der Rechte einer Person aus der DS-GVO infolge einer Verarbeitung und damit nicht lediglich auf einen Verstoß gegen objektives Recht abgestellt (vgl. ErwGr 142 S. 2). Das Klagerecht ist damit **akzessorisch** zur (behaupteten) Verletzung subjektiver Rechte, der Verband damit nur „Kläger hinter dem Kläger". Insoweit besteht ein Unterschied zur Verbandsklage im Umweltrecht (vgl. § 2 Abs. 4 UmwRG, wonach es darauf ankommt, dass eine Entsch. gegen dem Umweltschutz dienende entscheidungserhebliche Vorschr. verstößt) und im Verbraucherschutzrecht (§ 2 Abs. 1 S. 1 UKlaG, wonach lediglich verbraucherschützenden Vorschr. zuwider gehandelt werden muss; vgl. Elbrecht/Schröder K&R 2015, 361; Halfmeier NJW 2016, 1126).

12 Eine Fehlstellung wäre es jedoch, die Verletzung der Rechte bestimmter betroffener Personen inzident prüfen zu wollen. Denn damit würde der betroffenen Person, die bis dahin selbst keine Beschwerde eingereicht haben muss, nicht nur die Hoheit über ihr Verfahren genommen; vielmehr würde sie selbst zum Objekt eines Verfahrens, ggf. ohne ein solches Verfahren zu beabsichtigen. Deshalb dürfte es im Falle der Regelung der Verbandsrechte nur darauf ankommen, dass durch eine Datenverarbeitung **drittschützende**

Normen verletzt werden, ohne Rücksicht auf konkrete Personen. Insoweit muss die Vorschr. teleologisch reduziert werden.

D. Nationale Bestimmungen

Anders als ursprünglich vorgesehen ist die **Komplettierung** der Instrumente 13
zur Durchsetzung der DS-GVO durch Organisationen von der Gestaltung des mitgliedstaatlichen Rechts abhängig (vgl. Schantz in Schantz/Wolff DatenschutzR Rn. 1273): Dies gilt zum einen für die Möglichkeit, Schadensersatzansprüche geltend machen zu lassen (Abs. 1), und zum anderen für das Verbandsbeschwerde- bzw. -klagerecht als solches (Schaar PinG 2016, 62 (63): „erheblicher Gestaltungsspielraum"). In Deutschland trifft die DS-GVO auf die bestehenden Regelungen (§§ 1, 2 UKlaG, §§ 3a Abs. 1, 8 UWG). Diese müssen sich am Anspruch des Art. 80 Abs. 2 messen lassen, jeder Einrichtung iSd Abs. 1 rechtliche Schritte zu ermöglichen. Die bestehenden dt. Regelungen könnten daher eine vorzeitige, quasi zufällige „Teilumsetzung" darstellen (krit. Werkmeister in Gola DS-GVO Art. 80 Rn. 18). Dagegen sprechen der Wortlaut, der keine Minusmaßnahme zulässt, und die Gefahr der Unübersichtlichkeit ausdifferenzierter Verbandsklagerechte in den Mitgliedstaaten. „Alles oder nichts" ist insoweit der transparente Regelungsansatz, nachdem Art. 80 keine Vollharmonisierung durch Überformung der mitgliedstaatlichen Verfahrensordnungen erzwingt. Mit dem BDSG (vgl. § 44) wurde für die zweite Alternative optiert. Diese Entsch. wird durch die Möglichkeit, diese Unwucht in behördlichen und Gerichtsverfahren zu thematisieren und mittelfristig einer Vorabentscheidung des EuGH zuzuführen, kaum kompensiert. Die Regelungen des nationalen Rechts können jedoch auch in ihrer rechtsfolgenreichen Eigenständigkeit gewürdigt werden (OLG Hamburg v. 25.10.2018, Az. 3 U 66/17, Rn. 56 f.; OLG Stuttgart v. 27.2.2020, Az. 2 U 257/19, Rn. 52: Art. 80 enthalte „keine abschließende Regelung für die private Rechtsdurchsetzung") – zumal auch das unionsrechtlich geprägte Wettbewerbs- und Lauterkeitsrecht praktisch wirksam werden soll. Wenn also ein Verstoß gegen Datenschutzrecht auch als wettbewerbsrechtlicher Verstoß zu würdigen ist, kann dem benachteiligten Dritten der Rechtsschutz nicht verweigert werden.

Nach den Vorgaben des Abs. 1 muss die Organisation oÄ **nicht mono-** 14
thematisch am Datenschutz ausgerichtet sein. Die Formulierung „im Bereich des Schutzes der Rechte und Freiheiten von betroffenen Personen in Bezug auf den Schutz ihrer personenbezogenen Daten tätig" schließt eine allg., zB verbraucherschützende, Ausrichtung nicht aus. Diese Grenzen muss der mitgliedstaatliche Gesetzgeber bei der etwaigen Aktivierung der uneigentlichen Verbandsklage berücksichtigen, dh er entscheidet insoweit über das Ob, nicht das Wie dieses Instruments zur Effektivierung der DS-GVO. Jede Organisation oÄ, die sich unter den Voraussetzungen des Abs. 1 ernsthaft mit der DS-GVO und deren Einhaltung befasst, wird iRd nationalen Rechts Anerkennung finden. Die Kumulation der Anforderungen stellt iÜ sicher,

dass die Funktionsfähigkeit der ASB und der Datenschutzaufsicht insgesamt nicht gefährdet wird.

E. Ausblick

15 Prima vista überrascht die Unvollständigkeit der Regelung angesichts des absehbaren Vollzugsdefizits bei der Anwendung der DS-GVO. Die Regelung ist ein **politischer Kompromiss.** Unabhängig davon ist die Zurückhaltung des Verordnunggebers durchaus angebracht: Zum einen sind nicht wenige betroffene Personen und die **ASB** selbst selbstbewusste Verfechter der eigenen Sache. Die ASB stützen sich dabei auch auf ihre Unabhängigkeit, die sie zT von Behörden unterscheidet, die im Bereich des Natur- oder Verbraucherschutzes tätig sind. Zum anderen wird die **Verbandsklage** auch im Unionsrecht in erster Linie **in Sonderlagen** als Instrument herangezogen, wenn eine Person, welche die Einhaltung gesetzlicher Vorgaben geltend machen könnte, nicht vorhanden ist. Ein zu erwartendes Vollzugsdefizit alleine rechtfertigt es noch nicht, in die mitgliedstaatliche Konzeption des Rechtsschutzes − welches Verbandsklagerechte schon vorsehen kann, etwa mit Blick auf Marktverhaltensregelungen (vgl. Schmitt WRP 2019, 30 f.) − einzugreifen; so sind die Mitgliedstaaten zuständig, dieses Instrument erforderlichenfalls zu aktivieren.

Art. 81 Aussetzung des Verfahrens

(1) **Erhält ein zuständiges Gericht in einem Mitgliedstaat Kenntnis von einem Verfahren zu demselben Gegenstand in Bezug auf die Verarbeitung durch denselben Verantwortlichen oder Auftragsverarbeiter, das vor einem Gericht in einem anderen Mitgliedstaat anhängig ist, so nimmt es mit diesem Gericht Kontakt auf, um sich zu vergewissern, dass ein solches Verfahren existiert.**

(2) **Ist ein Verfahren zu demselben Gegenstand in Bezug auf die Verarbeitung durch denselben Verantwortlichen oder Auftragsverarbeiter vor einem Gericht in einem anderen Mitgliedstaat anhängig, so kann jedes später angerufene zuständige Gericht das bei ihm anhängige Verfahren aussetzen.**

(3) **Sind diese Verfahren in erster Instanz anhängig, so kann sich jedes später angerufene Gericht auf Antrag einer Partei auch für unzuständig erklären, wenn das zuerst angerufene Gericht für die betreffenden Klagen zuständig ist und die Verbindung der Klagen nach seinem Recht zulässig ist.**

BDSG und anderes nationales Recht: −

Literatur: *Dieterich,* Rechtsdurchsetzungsmöglichkeiten der DS-GVO, ZD 2016, 260; *Gärditz,* Funktionswandel der Verwaltungsgerichtsbarkeit unter dem Einfluss des Unionsrechts − Umfang des Verwaltungsrechtsschutzes auf dem Prüfstand. Gutachten D zum 71. Deutschen Juristentag, 2016; *Lüpfert,* Konnexität im EuGVÜ, 1997; *McGuire,* Verfahrenskoordination und Verjährungsunterbrechung im Europäischen Prozessrecht, 2004; *Menne,* Dialogue of Judges − Verbindungsrichter und internationale Richternetzwerke, JZ 2017, 332; *Piltz,* Die Datenschutzgrundverordnung. Teil 5: Internationale Zusammenarbeit, Rechtsbehelfe und Sanktionen, K&R 2017, 85; *Schlosser/Heß,* EU-Zivilprozessrecht,

4. Aufl. 2015; *Skouris,* Leitlinien der Rechtsprechung des EuGH zum Datenschutz, NVwZ 2016, 1359; *Voßkuhle,* Die Verwaltungsgerichte im Europäischen Gerichtsverbund, SächsVBl. 2013, 77; *Weiß,* Der Europäische Verwaltungsverbund, 2010.

A. Allgemeines

I. Einführung

Art. 81 zielt im Falle der **Konnexität** von Rechtsstreitigkeiten mehrstufig auf **1** die Vernetzung und den Dialog der Gerichte im Mehrebenensystem der EU ab. Nach dem Verbund bei der Gesetzgebung und dem Verwaltungsverbund (vgl. Weiß, 20 ff.) wird damit für die gleichmäßige Durchsetzung des materiellen Rechts ein Impuls für einen **Gerichtsverbund,** wenn nicht einen Instanzgerichtsverbund gesetzt (vgl. Voßkuhle SächsVBl. 2013, 77 (78 ff.), zur Rolle der VG als Grundrechts-, Unions- und Konventionsgerichte; Gärditz, D 90 ff.; Menne JZ 2017, 332 (332 ff., 339 f.) beispielhaft für das Familien- und das Insolvenzrecht; zum Zusammenwirken von EuGH und BVerfG Skouris NVwZ 2016, 1359 (1364)). Damit soll berücksichtigt werden, dass die Verarbeitung von Daten durch einen einzelnen Verantwortlichen in verschiedenen Mitgliedstaaten Konflikte verursachen kann, die nach demselben Maßstab der DS-GVO rechtlich beurteilt und von ASB adressiert werden müssen. Für die Überprüfung der Maßnahmen der verschiedenen ASB sind verschiedene Gerichte zuständig.

Mittels der Maßnahmen nach Art. 81 soll eine **Einheitlichkeit der ge- 2 richtlichen Entscheidungspraxis** gefördert werden; sie ergänzt das Ziel der Einheitlichkeit der verwaltungsbehördlichen Entscheidungspraxis (vgl. Art. 56, 57 Abs. 1 lit. e und g sowie Art. 60). Mit dem Justizgewährungsanspruch und dem Recht auf effektiven Rechtsschutz ist dieses Instrument dem Wortlaut nach nicht ohne weiteres vereinbar. Die Rechtfertigung ist in dem Ziel zu suchen, dass verhindert wird, dass „(…) derselbe Gegenstand in Bezug auf die Verarbeitung durch denselben Verantwortlichen oder Auftragsverarbeiter von verschiedenen Gerichten geprüft wird" (Entwurf der Begründung des ER v. 8.4.2016 5419/1/16 Rev 1 Add 1, 32).

II. Entstehungsgeschichte

Die DSRL enthielt keine Vorläuferbestimmung. Nach Art. 75 Abs. 3 DS- **3** GVO-E(KOM) sollte es einem Gericht möglich sein, ein Verfahren auszusetzen, wenn dies. Maßnahme oÄ Gegenstand des Kohärenzverfahrens gewesen wäre, es sei denn, dass dessen Ausgang wegen der Dringlichkeit des Schutzes der Rechte der Person nicht abzuwarten gewesen wäre. Von dieser Verschränkung von gerichtlichem und behördlichem Verfahren wurde nunmehr Abstand genommen. Die geltende Regelung des Art. 81 wurde durch Art. 76a DS-GVO-E(Rat) eingebracht. Dieser ist dem Wortlaut nach zT (Abs. 2, 3) an Art. 30 Abs. 1, 2 EuGVVO orientiert (VO (EU) Nr. 1215/ 2012; zu dieser gerade mit Blick auf die DS-GVO Dieterich ZD 2016, 260 (261 f.); vgl. für „Zusammenarbeit und Kommunikation der Gerichte"

Art. 42 EuInsVO). Die Nähe zu dieser Regelung und die Distanz zu Art. 29 EuGVVO („Klagen wegen desselben Anspruchs zwischen denselben Parteien") zeigen, dass der Verordnunggeber eine weitreichende Regelung treffen wollte.

B. Kontaktaufnahme (Abs. 1)

4   Das mitgliedstaatliche Gericht, welches mit der Verarbeitung von Daten durch einen Verantwortlichen oder Auftragsverarbeiter befasst ist, muss zunächst Kenntnis von einem Verfahren in einem anderen Mitgliedstaat erhalten. Dass die Kenntnis von einer der Parteien herrührt, die eine Kenntnisgabe ggf. als vorteilhaft einschätzt, ist naheliegend; ausgeschlossen ist jedoch nicht, dass das Gericht durch Dritte Kenntnis erlangt (dagegen Piltz K&R 2017, 85 (90)). Dieses Verfahren muss denselben Gegenstand in Bezug auf die Verarbeitung und denselben Verantwortlichen/Auftragsverarbeiter betreffen. Streitgegenstand bzw. Rechtsverhältnis sind also schon deshalb nicht identisch, weil mehrere territorial zuständige ASB gehandelt haben; **Parteienidentität** wird nur auf der Seite des Verantwortlichen verlangt. Damit geht die Regelung über das Verständnis der Identität des Streitgegenstands hinaus (vgl. Schlosser in Schlosser/Heß EuGVVO Art. 29 Rn. 4; McGuire, 85 f.).

5   Die Formulierung des Art. 81 Abs. 1 reicht jedoch weiter als nur zu Verfahren gegen Maßnahmen der ASB. Nach dem Wortlaut der Vorschr. könnten Verfahren auch mit unterschiedlichen Verfahrensbeteiligten bei unterschiedlichen Gerichtsbarkeiten anhängig sein: Ein verwaltungsgerichtliches Verfahren des Verantwortlichen gegen eine ihm ggü. erlassene aufsichtsbehördliche Maßnahme bezieht sich iwS auf dies. Datenverarbeitung wie ein zivilgerichtliches Verfahren. Dieses weite Verständnis ist allerdings mit der Funktionalität des Art. 81 nicht zu vereinbaren. Gegenständlich ist in einem Verfahren die Datenverarbeitung, in einem anderen die behördliche Maßnahme, die gegen die Verarbeitung gerichtet ist. Nur der Gleichlauf der Verfahren rechtfertigt es, den Gerichten einen Austausch nicht nur zu ermöglichen, sondern diesen von ihnen auch zu erwarten und erst recht ein Verfahren auszusetzen.

6   Eine Hilfestellung leistet ErwGr 144. Dessen S. 1 benennt den Ausgangspunkt: Die Vermutung eines die gleiche Verarbeitung betreffenden Verfahrens vor einem zuständigen Gericht in einem anderen Mitgliedstaat muss ein Gericht haben, welches „mit einem **Verfahren gegen die Entscheidung einer Aufsichtsbehörde**" befasst ist. Dies schränkt den Kreis der dem Verantwortlichen ggü. stehenden Verfahrensbeteiligten stark ein. ErwGr 144 S. 3 sieht vor, dass Verfahren als miteinander verwandt gelten, „(…) wenn zwischen ihnen eine so enge Beziehung gegeben ist, dass eine gemeinsame Verhandlung und Entscheidung geboten erscheint, um zu vermeiden, dass in getrennten Verfahren einander widersprechende Entscheidungen ergehen". Eine gesetzliche Definition wäre insoweit vorzugswürdig gewesen, vgl. auch Art. 30 Abs. 3 EuGVVO; in der englischsprachigen Fassung der DS-GVO wird wie in der EuGVVO für das Verhältnis der Verfahren zueinander

„deemed to be related" verwendet, in der dt. Fassung der EuGVVO „im Zusammenhang stehen" (dazu anhand der Vorgängerregelung des EuGVÜ Lüpfert, 41 ff.), nicht wie in der DS-GVO „verwandt". Weil die Datenverarbeitung aber in das Zentrum der Regelung gestellt wird, kann ein Zusammenhang zwischen Verfahren gegen sehr unterschiedliche Entsch. der ASB in Bezug auf die Datenverarbeitung angenommen werden; es kommt demnach zB nicht darauf an, ob die ASB ggü. dem Verantwortlichen die gleichen Abhilfeanordnungen nach Art. 58 Abs. 2 getroffen haben. Ausreichend ist die gemeinsame Grundfrage, ob die Verarbeitung selbst gegen eine Bestimmung der DS-GVO verstößt oder nicht. Die Beantwortung dieser Vorfrage für die Entsch. kann in dem ausgesetzten Verfahren in dem anderen Mitgliedstaat immerhin berücksichtigt werden.

Es bleibt damit ein **schmaler Anwendungsbereich** in Fällen, in denen 7 die für eine Maßnahme von ASB gegenständliche Verarbeitung von Daten durch denselben Verantwortlichen vor den Gerichten mind. zweier Mitgliedstaaten verhandelt wird: Das Bsp. bilden zwei gerichtliche Verfahren desselben Verantwortlichen gegen Verfügungen der ASB in zwei Mitgliedstaaten wegen einer Datenverarbeitung; in diesem Fall stellen die ASB ohnehin untereinander Verbindungen her, Art. 56, 57 Abs. 1 lit. e und g sowie Art. 60; dh im Verwaltungsverfahren wird bereits verlangt, dass sie wie die int. agierenden verantwortlichen Unternehmen kosmopolitisch, welt- bzw. unionsläufig eingestellt sind. Diese **Unionsläufigkeit** wird nun für die Kontaktaufnahme auch von den Instanzgerichten verlangt, die über den Konflikt zwischen den Unternehmen und den ASB entscheiden. Je nach den Regelungen über den Gerichtsstand wird die Zahl der Gerichte überschaubar bleiben, insbes. wenn es auf den Sitz der ASB ankommt; zugleich hängt die Zahl der ASB vom Aufbau des Mitgliedstaats ab, also etwa davon, ob er zentralistisch oder föderal organisiert ist.

Nicht erfasst werden betroffene Personen in verschiedenen Mitgliedstaa- 8 ten, die getrennt voneinander gegen eine Praxis der Datenverarbeitung durch denselben (privaten) Verantwortlichen vorgehen. Die – von den formellen Entsch. der Aussetzung nach Abs. 2 und der Erklärung nach Abs. 3 abw. – Informalität des Vorgehens der Kontaktaufnahme birgt indes Chancen und Risiken.

Die **ASB des Bundes und der Länder** sind untereinander nicht ASB 9 eines anderen Mitgliedstaates. Art. 81 nimmt auf die föderale Struktur – wenig überraschend – keine Rücksicht. Einerseits ist die gleichzeitige Entsch. mehrerer dt. ASB mit Verarbeitungsvorgängen eines einzelnen Unternehmens wegen der unterschiedlichen örtlichen Zuständigkeiten unwahrscheinlich; dies gilt in der Folge auch für die VG, deren örtliche Zuständigkeit sich bei Anfechtungsklagen gegen Verwaltungsakte der ASB regelmäßig nach § 52 Nr. 3 VwGO richtet. Andererseits fällt die Kontaktaufnahme wegen der Sprachgleichheit leichter. Dieser Austausch wird kaum im Zusammenhang mit zwei oder mehr Parallelverfahren stehen, sondern allg. ausgerichtet sein.

C. Aussetzung (Abs. 2)

10 Während Abs. 1 die Vernetzung der Gerichte stimuliert, ermöglicht Abs. 2 den Gerichten unabhängig von den Verfahrensgesetzen der Mitgliedstaaten, ein Verfahren auszusetzen. Art. 81 ist als Regelung einer VO Teil der mitgliedstaatlichen Prozessordnung. Allerdings sind die Gerichte lediglich **horizontal verbunden;** sie stehen nicht in einem vertikalen Verhältnis zueinander wie im Falle des Vorabentscheidungsverfahrens nach Art. 267 AEUV: Dort entscheidet der EuGH über die Auslegung von EU-Recht, welches für das ausgesetzte Verfahren entscheidungserheblich ist, und das anrufende Gericht ist an diese Entsch. gebunden. Eine solche Bindungswirkung besteht für mitgliedstaatliche Gerichte, die Unionsrecht anwenden, untereinander nicht: Die Fälle, die auf der Grundl. desselben Rechts (DS-GVO) entschieden werden, betreffen zwar die Datenverarbeitung durch denselben Verantwortlichen, aber unterschiedliche Personen und liegen im Zuständigkeitsbereich unterschiedlicher ASB. Die Streitgegenstände sind damit nicht identisch. Die instanzgerichtliche Entsch. wirkt *inter partes.* Die Entsch. ist nicht vorgreiflich iSd § 148 ZPO, welcher auf ein Rechtsverhältnis abstellt, welches Gegenstand eines anderen Rechtsstreites oder einer verwaltungsbehördlichen Entsch. ist. Die Entsch. des anderen Gerichts könnte damit lediglich als **Orientierung** dienen, wie Vorschr. der DS-GVO in Bezug auf eine bestimmte Datenverarbeitung durch einen Verantwortlichen ausgelegt und angewandt werden (vgl. Lüpfert S. 167 f.).

11 Die Entsch. über die Aussetzung steht im Ermessen des Gerichts. Dabei sind nicht nur die Aspekte der **Prozessökonomie,** sondern auch die **Grundrechte** der im behördlichen Ausgangsverfahren beteiligten Parteien aus der GRCh zu berücksichtigen, Art. 51 Abs. 1 S. 1 GRCh. Zu diesen sind insbes. die zum Ausgleich zu bringenden Rechtspositionen aus den Art. 7, 8 GRCh und aus den Art. 15, 16 GRCh sowie Art. 47 Abs. 1 GRCh (wirksamer Rechtsschutz) zu zählen; denn durch die DS-GVO werden der betroffenen Person Rechte gegeben, die durch eingreifendes Handeln – durch öffentl. wie durch nicht öffentl. Stellen – verletzt werden können. Rechtstatsächliche Umstände – wie die wirtschaftliche Bedeutung und die voraussichtliche Dauer des Verfahrens vor dem mitgliedstaatlichen Gericht – sind dabei zu berücksichtigen (vgl. Schlosser in Schlosser/Heß EU-Zivilprozessrecht EuGVVO Art. 30 Rn. 9).

D. Unzuständigkeit (Abs. 3)

12 Das letzte Mittel für ein abgestimmtes Verhalten ist die Möglichkeit des Gerichts, sich für unzuständig zu erklären. Es müssen **mehrere Voraussetzungen** vorliegen: Die Verfahren müssen in erster Instanz anhängig sein; das Gericht, an welches verwiesen werden soll, muss für alle Klagen zuständig sein; seine Prozessordnung muss die Verbindung der Klagen zulassen. Zudem muss eine Partei einen Antrag gestellt haben, dass sich das später mit einem Rechtsstreit befasste Gericht für unzuständig erklärt.

Nachdem das Gericht eines Mitgliedstaates kaum für die Überprüfung einer **13** Entsch. einer ASB eines anderen Mitgliedstaates zuständig sein kann (darauf weisen Nolte/Werkmeister in Gola DS-GVO Art. 81 Rn. 2 zu Recht hin), ist die Anwendbarkeit der Regelung insgesamt zweifelhaft (Kreße in Sydow DS-GVO Art. 81 Rn. 22: geringe Relevanz): Denn unvorstellbar – und mit der in ErwGr 144 S. 1 geschilderten Ausgangslage unvereinbar – wäre es, die Regelung auf zivilgerichtliche Auseinandersetzungen zwischen Verantwortlichem und (mehreren) Betroffenen anzuwenden (aA Nolte/Werkmeister in Gola DS-GVO Art. 81 Rn. 2). Der in einem Mitgliedstaat Betroffene wird zwar insoweit geschützt, als das Gericht in dem anderen Mitgliedstaat für seinen Fall zuständig sein muss. Der gesetzlich vorgesehene Gerichtsstand, auf den er sich verlassen konnte, würde jedoch auf der Grundl. eines anderen Gesetzes – Art. 81 Abs. 3 – auf den Antrag einer Partei hin (wohl derjenigen, für die dies günstig ist) durch eine gewillkürte Entsch. eines Spruchkörpers abgeändert; zudem ist zu diesem Zeitpunkt nicht gesichert, dass das andere Gericht sich des Verfahrens annimmt (Nemitz in Ehmann/Selmayr DS-GVO Art. 81 Rn. 9 warnt insoweit vor einer „**Rechtsschutzlücke"**). Den **Justizgewährungsanspruch** aus Art. 47 Abs. 1 GRCh so zu entwerten, kann nicht mit den Vorteilen eines einheitlichen Zugriffs gerechtfertigt werden. Dieser wie auch die Freiheitsrechte sind bei der Entsch. über die Frage zu berücksichtigen (Art. 51 Abs. 1 S. 1 GRCh), ob das Gericht sich für unzuständig erklärt.

E. Nationale Bestimmungen

Das nationale Prozessrecht wird durch Art. 81 überlagert. Wie schon Art. 30 **14** EuGVVO reicht Art. 81 viel weiter als § 148 ZPO (vgl. Schlosser in Schlosser/Heß EU-Zivilprozessrecht EuGVVO Art. 30 Rn. 1) und als § 94 VwGO. Anders als die EuGVVO ist die Bestimmung wenig geeignet, in der Praxis wirksam zu werden.

F. Ausblick

Ein verständlicher Wunsch und eine unverständliche Naivität scheinen die **15** Eltern des Gedankens zu sein, die mitgliedstaatlichen Gerichte für die Sache des Datenschutzes miteinander zu vernetzen und dafür eine einzelne, auf der letzten Etappe des Gesetzgebungsverfahrens formulierte Vorschr. zur Vfg. zu stellen. Hinzu kommen ein eigentümliches Verhältnis zu der Frage, wie viel **Pluralität der Entscheidungspraxis** unabhängiger Gerichte zugelassen werden muss, und das Misstrauen, dass die Bindung an das materielle Recht als solches und deren Überprüfung im Instanzenzug nicht ausreichen würden. Gerade der Instanzenzug soll die Bindung an das materielle Recht als Form der Justizhygiene sicherstellen. Wenn man das System der Verletztenklage als

Ausgangspunkt heranzieht und den Umstand berücksichtigt, dass ein Streitentscheid inter partes und nicht erga omnes wirkt, besteht kein Anlass zur Sorge um etwaige instanzgerichtliche Hyperaktivität. Die Entsch. von Instanzgerichten zu Fragen der Anwendung und Auslegung der DS-GVO taugen nicht als Präjudizien; ihre – mögliche – Vielstimmigkeit muss ertragen werden. Als nicht notwendig letztes Mittel steht das Vorabentscheidungsersuchen zum EuGH nach Art. 267 AEUV zur Vfg.

Art. 82 Haftung und Recht auf Schadenersatz

(1) Jede Person, der wegen eines Verstoßes gegen diese Verordnung ein materieller oder immaterieller Schaden entstanden ist, hat Anspruch auf Schadenersatz gegen den Verantwortlichen oder gegen den Auftragsverarbeiter.

(2) [1]Jeder an einer Verarbeitung beteiligte Verantwortliche haftet für den Schaden, der durch eine nicht dieser Verordnung entsprechende Verarbeitung verursacht wurde. [2]Ein Auftragsverarbeiter haftet für den durch eine Verarbeitung verursachten Schaden nur dann, wenn er seinen speziell den Auftragsverarbeitern auferlegten Pflichten aus dieser Verordnung nicht nachgekommen ist oder unter Nichtbeachtung der rechtmäßig erteilten Anweisungen des für die Datenverarbeitung Verantwortlichen oder gegen diese Anweisungen gehandelt hat.

(3) Der Verantwortliche oder der Auftragsverarbeiter wird von der Haftung gemäß Absatz 2 befreit, wenn er nachweist, dass er in keinerlei Hinsicht für den Umstand, durch den der Schaden eingetreten ist, verantwortlich ist.

(4) Ist mehr als ein Verantwortlicher oder mehr als ein Auftragsverarbeiter bzw. sowohl ein Verantwortlicher als auch ein Auftragsverarbeiter an derselben Verarbeitung beteiligt und sind sie gemäß den Absätzen 2 und 3 für einen durch die Verarbeitung verursachten Schaden verantwortlich, so haftet jeder Verantwortliche oder jeder Auftragsverarbeiter für den gesamten Schaden, damit ein wirksamer Schadensersatz für die betroffene Person sichergestellt ist.

(5) Hat ein Verantwortlicher oder Auftragsverarbeiter gemäß Absatz 4 vollständigen Schadenersatz für den erlittenen Schaden gezahlt, so ist dieser Verantwortliche oder Auftragsverarbeiter berechtigt, von den übrigen an derselben Verarbeitung beteiligten für die Datenverarbeitung Verantwortlichen oder Auftragsverarbeitern den Teil des Schadenersatzes zurückzufordern, der unter den in Absatz 2 festgelegten Bedingungen ihrem Anteil an der Verantwortung für den Schaden entspricht.

(6) Mit Gerichtsverfahren zur Inanspruchnahme des Rechts auf Schadenersatz sind die Gerichte zu befassen, die nach den in Artikel 79 Absatz 2 genannten Rechtsvorschriften des Mitgliedstaats zuständig sind.

BDSG und anderes nationales Recht: –

Literatur: *Bleckat,* Die Auslegung des Schadensbegriffs in Art. 82 DS-GVO, RDV 2020, 11; *Born,* Schadensersatz bei Datenschutzverstößen, 2001; *Frenzel,* Die Charta der Grundrechte als Maßstab für mitgliedstaatliches Handeln zwischen Effektivierung und Hyperintegration, Der Staat 53 (2014), 1; *Gola/Piltz,* Die Datenschutz-Haftung nach geltendem und zukünftigem Recht – ein vergleichender Ausblick auf Art. 77 DS-GVO,

RDV 2015, 279; *Geissler/Ströbel,* Datenschutzrechtliche Schadensersatzansprüche im Musterfeststellungsverfahren, NJW 2019, 341; *Hess,* Die EU-Datenschutzgrundverordnung und das europäische Prozessrecht, in: FS Reinhold Geimer, 2017, S. 255; *von Holleben/Knaut,* Die Zukunft der Auftragsverarbeitung – Privilegierung, Haftung, Sanktionen und Datenübermittlung mit Auslandsbezug unter der DSGVO, CR 2017, 299; *Jacquemain,* Der deliktische Schadensersatz im europäischen Datenschutzprivatrecht, 2017; *Kohn,* Der Schadensersatzanspruch nach Art. 82 DS-GVO. Besondere Herausforderung für die Kommunalverwaltung, ZD 2019, 498; *Krämer,* Die Rechtmäßigkeit der Nutzung von Scorewerten, NJW 2020, 497; *Oertel,* Objektive Haftung in Europa, 2010; *Paal,* Schadensersatzansprüche bei Datenschutzverstößen. Voraussetzungen und Probleme des Art. 82 DS-GVO, MMR 2020, 14; *Schmitt/Suschinski/Heil,* Schadensersatz wegen Cyberattacken nach der DSGVO, ZIP 2019, 2092; *Spindler,* Die neue EU-Datenschutz-Grundverordnung, DB 2016, 937; *Voßkuhle,* Zur Einwirkung der Verfassung auf das Zivilrecht, in: FS Stürner, 2013, 79; *Weitenberg,* Der Begriff der Kausalität in der haftungsrechtlichen Rechtsprechung der Unionsgerichte, 2014; *Wessels,* Schmerzensgeld bei Verstößen gegen die DSGVO, DuD 2019, 781; *Wybitul,* DS-GVO veröffentlicht – Was sind die neuen Anforderungen an die Unternehmen?, ZD 2016, 253; *Wybitul,* Immaterieller Schadensersatz wegen Datenschutzverstößen – Erste Rechtsprechung der Instanzgerichte, NJW 2019, 3265; *Wybitul/Haß/Albrecht,* Abwehr von Schadensersatzansprüchen nach der Datenschutz-Grundverordnung, NJW 2018, 113; *Zech,* Gefährdungshaftung und neue Technologien, JZ 2013, 21.

Übersicht

A. Allgemeines

I. Einführung

Die DS-GVO gestaltet nicht nur das materielle und das formelle Verwaltungs- **1** recht, nicht nur zivilrechtliche Primärrechte des Betroffenen gegen den Verantwortlichen und nicht nur Sanktionen (Ordnungswidrigkeiten und Straftaten): Sie wirkt auch insoweit in das **Zivilrecht** hinein, als durch Art. 82 unmittelbar ein deliktsrechtlicher Anspruch begründet wird, ungeachtet herkömmlicher Anspruchsgrundlagen nach BGB und ungeachtet der bußgeldrechtlichen Regelungen (vgl. Wessels DuD 2019, 781). Das mitgliedstaatliche

Haftungsregime – im Falle Deutschlands nicht nur die §§ 823 ff., 249 ff. BGB, sondern auch das Vertragsrecht – wird dadurch wenn nicht vollständig verdrängt, so doch überlagert. Im Vergleich zur Vorgängerregelung der §§ 7, 8 BDSG – in Umsetzung des Art. 23 DSRL – ist Art. 82 eine Weiterentwicklung, auch soweit er nicht in demselben Umf. des Rückgriffs auf das BGB bedarf (vgl. etwa Abs. 4, 5). Die Norm ist so angelegt, dass das Datenschutzrecht auf allen Ebenen Wirklichkeit gewinnt. Die Anspruchsgrundlage wird indes ausgetauscht, mit den entspr. Implikationen, etwa der aus Art. 51 Abs. 1 S. 1 GRCh („Durchführungslage") folgenden Anwendbarkeit der GRCh im Zivilprozess, während deren Anwendbarkeit im Falle der auf der Grundlage der DSRL „europäisierten" §§ 7, 8 BDSG bezweifelt wurde und werden durfte (vgl. Frenzel Der Staat 53 (2014), 1 (8 ff.)). Dies hat Konsequenzen für den Referenzrahmen und die Interpretation der zivilrechtlichen Norm (vgl. Voßkuhle, 79 ff.). Die Vorläufer im Gemeinschafts- bzw. Unionsrecht für eine solche Regelung sind zahlreich (vgl. etwa Art. 1, 7 RL 85/374/EWG des ER vom 25.7.1985 zur Angleichung der Rechts- und Verwaltungsvorschriften der Mitgliedstaaten über die Haftung für fehlerhafte Produkte; vgl. Oertel, 49 ff., 234 ff.). Auf der Grundlage der Aktivierung der **Verbandsklage** durch die Mitgliedstaaten (vgl. Art. 80 Abs. 2) könnte Art. 82 weitere, bisher unbekannte Wirkungen entfalten.

II. Entstehungsgeschichte

1. Vergleich mit der DSRL

2   Art. 23 Abs. 1 DSRL verpflichtete die Mitgliedstaaten, iRd Umsetzung eine weitgehende (vgl. Simitis in Simitis BDSG aF § 7 Rn. 4, 32) **Haftung** vorzusehen, dass jede Person, der wegen einer rechtswidrigen Verarbeitung oder jeder anderen mit den einzelstaatlichen Vorschr. zur Umsetzung dieser RL nicht zu vereinbarenden Handlung ein Schaden entsteht, das Recht hat, vom Verantwortlichen Schadenersatz zu verlangen. Abs. 2 sah die teilw. oder vollständige Befreiung des Verantwortlichen von der Haftung vor, wenn er nachwies, dass der Umstand, durch den der Schaden eingetreten ist, ihm nicht zur Last gelegt werden konnte. § 7 BDSG wurde entspr. geändert, wobei für das BDSG bereits von Anfang an eine Haftungsvorschrift diskutiert (vgl. auch § 14a in dem Gesetzentwurf der CDU/CSU-Fraktion zur Änderung des BDSG, BT-Drs. 8/3608 v. 24.1.1980, S. 5; § 4 Abs. 2 in dem Gesetzentwurf der Fraktionen der SPD und der FDP, BT-Drs. 8/3703 v. 27.2.1980, S. 2) und 1990 aufgenommen worden war und Landesrecht vereinzelt jeweils eine Haftung vorgesehen hatte (vgl. Simitis in Simitis BDSG aF § 7 Rn. 1 ff.).

2. Vergleich mit den Entwurfsfassungen

3   Art. 77 Abs. 1 DS-GVO-E(KOM) war insoweit noch offener formuliert, als auf das Entstehen eines Schadens „wegen einer rechtswidrigen Verarbeitung oder einer anderen mit dieser Verordnung nicht zu vereinbarenden Handlung" abgestellt wurde. Der Maßstab für die Rechtswidrigkeit der Verarbeitung war insoweit nicht ganz eindeutig, der Bezug (die VO) indes klar.

Art. 77 Abs. 2 DS-GVO-E(KOM) begründete die gesamtschuldnerische Haftung für mehrere an der Datenverarbeitung lediglich Beteiligte. Nach Art. 77 Abs. 3 DS-GVO-E(KOM) sollte der Verantwortliche – an Art. 23 Abs. 2 DSRL anschl. – von der Haftung befreit werden, wenn er nachweisen konnte, dass ihm der den Schaden begründende Umstand „nicht zur Last gelegt werden kann".

Art. 77 Abs. 1 DS-GVO-E(EP) ergänzte den Schaden („auch") um den **4** immateriellen Schaden; aus dem Anspruch auf Schadenersatz wurde das Recht, von dem Verantwortlichen oder dem Auftragsverarbeiter Schadensersatz zu verlangen. Art. 77 Abs. 2 Hs. 2 DS-GVO-E(EP) verwies auf eine mögliche Vereinbarung der Verantwortlichen nach Art. 24 (jetzt Art. 26) untereinander.

Art. 77 Abs. 1 DS-GVO-E(Rat) wurde abw. formuliert: Bezugspunkt war **5** das Entstehen eines („materiellen oder moralischen"; iRd Trilogs: „materiellen oder immateriellen") Schadens „wegen einer Verarbeitung, die nicht mit dieser Verordnung zu vereinbaren ist". Mit Art. 77 Abs. 2 DS-GVO-E(Rat) wurde zu einer anteiligen Haftung gewechselt, wobei durch Abs. 4 auch festgelegt wurde, dass mehrere Haftende gesamtschuldnerisch haften. Art. 77 Abs. 3 DS-GVO-E(Rat) stellte den Bezug (auf Abs. 2) klar und statt auf „zur Last gelegt" auf den Begriff „verantwortlich" ab, der sprachlich unglücklich auf den „Verantwortlichen" verweist. Art. 77 Abs. 5 DS-GVO-E(Rat) begründete erstmals die Regressmöglichkeiten des Haftenden ggü. anderen Verantwortlichen. Art. 77 Abs. 6 DS-GVO-E(Rat) enthielt erstmals die Regelung zum gerichtlichen Verfahren.

B. Anspruchsbegründung (Abs. 1)

Abs. 1 begründet einen Anspruch zugunsten der Person, der wegen eines **6** Verstoßes gegen die DS-GVO (besser: durch einen Verstoß) ein Schaden entstanden ist. Damit kommt es zur Begründung des Anspruchs auf ein Verschulden nicht an. Allerdings wird nach Abs. 3 bei Nachweis der Nichtverantwortlichkeit von der Haftung befreit. Dies lässt sich als Rückkehr zu einer Verschuldenshaftung „durch die Hintertür" rekonstruieren (vgl. zur Vorgängerregelung des § 7 BDSG aF Simitis in Simitis BDSG aF § 7 Rn. 21). Die Bewertung als **verschuldensunabhängig** (vgl. Wybitul ZD 2016, 253) entspricht der Konstruktion des Haftungstatbestands: Für die Verwirklichung des Tatbestands mit der Rechtsfolge der Schadensersatzpflicht wird gerade kein Verschulden vorausgesetzt (vgl. zu verschiedenen Anwendungen der Gefährdungshaftung Zech JZ 2013, 21 (22 f.)). Diese Charakterisierung ist der Annahme der – widerlegbaren – Vermutung eines Verschuldens (so Härting DS-GVO Rn. 234; Albrecht/Jotzo DatenschutzR, 127 (Rn. 22)) oder einer bloßen Beweislastumkehr (so Gola/Piltz in Gola DS-GVO Art. 82 Rn. 18) vorzuziehen (vgl. auch den abweichenden Ansatz bei der Umsetzung der JI-RL durch § 83 Abs. 1 BDSG; Bergt in Kühling/Buchner DS-GVO Art. 82 Rn. 12: „in der Praxis irrelevant, weil jedenfalls der Verantwortliche

(...) einen Entlastungsbeweis führen muss"; vgl. auch Kohn ZD 2019, 498 (502)).

7   **Anspruchsberechtigt** ist jede (natürliche, vgl. Art. 4 Nr. 1) Person, der wegen eines Verstoßes gegen die DS-GVO ein Schaden entstanden ist. Gemeint sind damit die von der Datenverarbeitung betroffenen Personen (weitergehend Bergt in Kühling/Buchner DS-GVO Art. 82 Rn. 15), deren Daten nach Maßgabe der DS-GVO zu behandeln sind; auf den spezifisch drittschützenden Charakter der Norm kommt es nicht an (zust. Bergt in Kühling/Buchner DS-GVO Art. 82 Rn. 23); Korrektive sind vielmehr der Schaden und die diesem vorausliegende Kausalität. Nicht in Betracht kommen dritte Personen (aA Schantz in Schantz/Wolff DatenschutzR Rn. 1247), denen dadurch ein Schaden entstanden ist, dass der Verantwortliche Daten betroffener Personen verarbeitet hat, ohne dazu berechtigt zu sein: Ein Bsp. wäre insoweit unlauteres Verhalten eines Wettbewerbers, der im Widerspruch zur DS-GVO Daten zu seinem Vorteil verarbeitet, woraus der rechtskonform agierende Wettbewerber einen Nachteil erleidet (zust. von Holleben/Knaut CR 2017, 299 (302)). Ein weiteres Bsp. wäre die Weitergabe von Daten über eine Person, die Rückschlüsse auf eine andere Person erlaubt; so kann die Weitergabe von Daten über die Bonität einer betroffenen Person Folgen für das Ansehen oder die Bewertung einer anderen, mit der betroffenen Person in einem wirtschaftlichen oder höchstpersönlichen Verhältnis stehenden Person haben (für Schantz in Schantz/Wolff DatenschutzR Rn. 1247 ist der Pflichtwidrigkeitszusammenhang entscheidend).

8   **„Verstoß gegen die Verordnung"** ist per se weit gefasst. Die Problematik der Art. 5 ff. – und darunter insbes. die des Art. 5 (vgl. → Art. 5 Rn. 2) – realisiert sich hier. Solange die Auseinandersetzung mit den Grundsätzen nach Art. 5 isoliert stattfindet, ist sie theoretischer Natur. Sobald sie herangezogen werden, um eine Verarbeitung von Daten als Verstoß zu qualifizieren, der in Maßnahmen der ASB oder – wie hier – Schadensersatzansprüche mündet, werden die Unwägbarkeiten der Rechtspraxis zu einem Risiko, gerade für diejenigen Verantwortlichen, die versuchen, ihr Verhalten rechtskonform zu gestalten.

9   Darüber hinaus soll „Verstoß gegen die Verordnung" nach ErwGr 146 S. 5 als „nicht im Einklang mit der Verordnung" stehend weit verstanden werden: Verstöße gegen (in der finalen Fassung seltene) delegierte Rechtsakte und Durchführungsrechtsakte sowie (nicht selten) Rechtsvorschriften der Mitgliedstaaten zur Präzisierung von Bestimmungen der DS-GVO sollen dementsprechend dazugehören. Für **notwendige Präzisierungen** kann diesem Verständnis zugestimmt werden, nicht jedoch für Regelungen der Mitgliedstaaten, die nicht der Durchführung der DS-GVO dienen und auf die die DS-GVO allenfalls deklaratorisch verweist; hier muss es – angesichts des Wortlauts – bei der Geltung der mitgliedstaatlichen Haftung bleiben. Ein Bsp. ist Art. 85 Abs. 2, den das Kap. VIII der DS-GVO nicht ausnimmt: Eine Erstreckung auf die außerhalb der DS-GVO liegenden Regelungen widerspräche hier nicht nur dem Wortlaut, sondern brächte auch die Gefahr des „chilling effect" mit sich. § 7 BDSG aF war insoweit ausdr. offener formuliert (Zufügung eines Schadens „durch eine nach diesem Gesetz oder nach anderen Vorschriften

über den Datenschutz unzulässige oder unrichtige Erhebung"), erfasste also auch andere Schutznormen („in der Breite"), während Art. 82 Abs. 1 dem ErwGr 146 S. 5 nach zunächst „in die Tiefe" geht.

Der Verstoß alleine reicht nicht aus: Es muss auch ein **Schaden** eingetreten 10 sein (zur Auslegung Paal MMR 2020, 14 (16 f.); Bleckat RDV 2020, 11), der schlüssig darzulegen ist (vgl. AG Bochum v. 11.3.2019, Az. 65 C 485/18). Nach ErwGr 146 S. 3 soll der Begriff des Schadens „(…) im Lichte der Rechtsprechung des Gerichtshofs weit auf eine Art und Weise ausgelegt werden, die den Zielen dieser Verordnung in vollem Umfang entspricht". Daraus kann abgeleitet werden, dass der nach Abs. 1 bereits weite Schadensbegriff (vgl. § 253 BGB) im Zweifel weit ausgelegt wird (Gola/Piltz RDV 2015, 279 (284)). Dass es sich um einen materiellen und – hier liegt eine wesentliche Neuerung im Vergleich zu § 7 BDSG aF – einen immateriellen Schaden handeln kann, legt Abs. 1 bereits fest (zur möglichen Kodifikation von Kriterien Jacquemain, 379). Fluchtpunkt ist auch hier Art. 4 Abs. 3 EUV: Verstöße müssen wirksam sanktioniert werden, damit die DS-GVO wirken kann (vgl. ErwGr 146 S. 6: vollständiger und wirksamer Schadensersatz; vgl. auch Abs. 4 letzter Hs.; weiterhin Schantz NJW 2016, 1841 (1847); zust. Wybitul/Haß/Albrecht NJW 2018, 113 (115)). Deshalb muss der Schaden – wie auch der Anwendungsbereich mancher Norm des EU-Rechts – weit verstanden werden (zust. Bergt in Kühling/Buchner DS-GVO Art. 82 Rn. 17); gleichwohl muss er „erlitten" (ErwGr 146 S. 6), maW „spürbar", objektiv nachvollziehbar, von gewissem Gewicht sein (AG Diez v. 7.11.2018, Az. 8 C 130/18), um bloße Unannehmlichkeiten oder Bagatellschäden – keinesfalls leichtfertig – auszuschließen. Die VO geht dem Wortlaut nach eindeutig weiter als § 7 BDSG aF, auch und gerade im Vergleich zu Art. 8 Abs. 2 BDSG aF. Unter Berücksichtigung des Vorrangs des Unionsrecht können hier die Grundsätze zu den §§ 249 ff. BGB herangezogen werden; es kommen insbes. auch ein Unterlassungs- und ein Beseitigungsanspruch in Betracht.

Der Verstoß muss für den Schaden kausal sein. Anknüpfungspunkt im 11 Wortlaut ist hierfür „wegen (…) entstanden". **Kausalität** kann aus dem Unionsrecht heraus bestimmt werden (vgl. Schlussanträge der Generalanwältin Kokott in der Rs. C-557/12 (Kone) v. 30.1.2014, Rn. 31 ff., für einen kartellrechtlichen Fall), oder man stellt mit der Rspr. des EuGH auf die mitgliedstaatlichen Regelungen ab, die „(…) jedoch die volle Wirksamkeit des Wettbewerbsrechts der Union sicherstellen müssen" (EuGH v. 5.6.2014, Rs. C-557/12, Rn. 32 – Kone). Der Begriff der Kausalität muss insoweit entfaltet werden, um einer „uferlosen Schadensersatzpflicht" (Kokott, Schlussanträge in der Rs. C 557/12 (Kone) v. 30.1.2014, Rn. 32) entgegenzuwirken. Die begriffliche Entfaltung „mit hinreichender Unmittelbarkeit" (EuGH v. 4.10.1979, Rn. 21 – Dumortier/Rat) ist insoweit keine Floskel, sondern – freilich wertungsabhängiges – Korrektiv (zur Kausalität bei der unionsrechtlichen und der mitgliedstaatlichen Haftung Weitenberg, 288 ff., 315 ff.), welches im Zweifel zu Gunsten der Annahme einer Kausalität genutzt wird, wenn ein Schaden auch substantiiert dargelegt wurde. Jedenfalls muss das mitgliedstaatliche Gericht bei seiner Entsch. über den Schadensersatzanspruch auch an dieser Stelle erkennen lassen, dass es die unionsrechtliche Überformung berücksichtigt (vgl. etwa zur Verarbeitung Landesgericht Feldkirch v. 7.8.2019, Az. 57 Cg 30/19b-15, Rn. 182 ff.; zur Löschung eines Posts OLG Dresden v. 11.6.2019, Az. 4 U 760/19, Rn. 12 f., und v. 11.12.2019, Az. 4 U 1680/19, Rn. 25; Krämer NJW 2020, 497 (502), in Bezug auf Scoring-Leistungen; Schmitt/Suschinski/Heil ZIP 2019, 2092, zu Cyberattacken). Zugleich ist der Kontext der Kausalität enger bestimmt als im Falle des Kartellrechts, nachdem mit der Person iSd Art. 82 Abs. 1 der von der Datenverarbeitung Betroffene und nicht etwa ein Dritter gemeint ist.

12   **Anspruchsverpflichtet** ist der Verantwortliche oder der Auftragsverarbeiter, der an der Datenverarbeitung beteiligt ist. Ob es sich um eine öffentl. oder um eine private Stelle handelt, ist unbeachtlich; wenn Art. 83 und der Anspruch praktischer Wirksamkeit des Unionsrechts ernstgenommen werden, kann dies im Vergleich zum staatshaftungsrechtlichen Regime nach mitgliedstaatlichem Recht zu dem Erg. führen, dass der Staat eher haftet als nach Maßgabe des mitgliedstaatlichen Rechts (vgl. auch → Rn. 20). Verantwortlicher ist nicht iSe Verschuldens zu verstehen. Vielmehr stellt sich die Frage, wer die Daten verarbeitet hat, vgl. Art. 5 Abs. 2. Damit entfällt die Unterscheidung von öffentl. und nicht öffentl. Stelle. Es kommt auf die Zurechnung der Verarbeitung an, nicht auf die Zurechnung des Schadens. Auftragsverarbeiter (→ Art. 4 Rn. 56) werden ebenfalls erfasst, aber nicht statt, sondern neben dem Auftraggeber. Der Auftragsverarbeiter wird durch Art. 82 Abs. 2 S. 2 privilegiert. Allerdings kommt eine Befreiung des Verantwortlichen in Betracht, wenn seine Weisungen missachtet wurden (vgl. Art. 82 Abs. 2 S. 2; Spindler DB 2016, 937 (947)).

12a   Die **Höhe des Anspruchs** ist **bei immateriellen Schäden** nicht willkürlich, sondern auf der Grundlage der inhaltlichen Schwere und Dauer der Rechtsverletzung zu beurteilen – Bemessung ist immer auch Arbeit mit dem Kontext, den Umständen eines Verstoßes. Genugtuungs- und Vorbeugungsfunktion können bei der Bezifferung eine Rolle spielen (vgl. auch die Kriterien in Art. 83 Abs. 2). Einerseits darf die Höhe des Schadensersatzes keine Strafwirkung entfalten. Andererseits reicht ein künstlich niedrig bezifferter Betrag mit symbolischer Wirkung nicht aus, um die praktische Wirksamkeit des Unionsrechts sicherzustellen, wenngleich dieses nicht das System der zurückhaltenden Bezifferung immaterieller Schäden suspendiert, wie es sich in der Rechtsprechung herausgebildet hat (vgl. Wybitul/Haß/Albrecht NJW 2018, 113 (115 m. w. N.); Wybitul NJW 2019, 3265 (3267)). Unterlaufen bei der Bezifferung keine Stockfehler, spricht wenig dafür, dass der EuGH – so sich Gelegenheiten finden – den Mitgliedstaaten kleinteilige Vorgaben machen könnte.

C. Haftung (Abs. 2)

13   Art. 82 Abs. 2 S. 1 stellt klar, dass die **Beteiligung** an einem Verarbeitungsvorgang als Verantwortlicher für die Haftung ausreicht. Es kommt insoweit nicht auf eine schädigende Handlung an. Beteiligung ist zum Zweck der

Effektivierung des Schadensersatzanspruchs (und der Primärverpflichtungen aus der DS-GVO), aber auch unter Berücksichtigung der Möglichkeit der Befreiung nach Abs. 3 weit zu verstehen (zust. Bergt in Kühling/Buchner DS-GVO Art. 82 Rn. 22). Ein Verantwortlicher, der rechtmäßig Daten an einen Dritten weitergibt, ist an der weiteren Verarbeitung dieser Daten auch noch beteiligt. Sein Vorverhalten ist *conditio sine qua non*. Er muss sicherstellen, dass alle Informationen über die Bedingungen der weiteren Verarbeitung weitergegeben werden. Soweit er all seine Verpflichtungen erfüllt hat, ist Abs. 3 einschlägig. Im Grundsatz haftet er jedoch als an der (späteren) Verarbeitung Beteiligter. Auch ein Verantwortlicher, der Daten erhält, ist an der Verarbeitung beteiligt, und sei es nur in Gestalt der Über- bzw. Entgegennahme der Daten. Insoweit reicht die Verantwortlichkeit iSd Abs. 2, 3 weiter als die Verantwortlichkeit iSd Art. 4 Nr. 7, und dies erweitert die Haftung, was im Sinne der Effektivierung des Gehalts der DS-GVO und ihrer praktischen Wirksamkeit ist. Wurden Daten rechtswidrig erhoben und/oder weitergegeben, haftet der weitere Verantwortliche im Grundsatz ebenso. Abs. 2 sieht jedoch nur eine anteilige Haftung vor, wenngleich für den Schaden gesamtschuldnerisch gehaftet wird (Abs. 4), mit der Möglichkeit des Regresses nach Abs. 5, der wiederum auf Abs. 2 verweist.

Abs. 2 S. 2 privilegiert den **Auftragsverarbeiter,** denn die unbestimmte **14** Beteiligung iSd Abs. 1 wird hier weitgehend spezifiziert und damit eingeschränkt. Damit wird dem Umstand Rechnung getragen, dass der Auftragsverarbeiter im Hintergrund arbeitet; er ist der „(kleinere) Verantwortliche hinter dem (größeren) Verantwortlichen" (und nicht umgekehrt), ohne selbst die Entscheidungshoheit zu haben (vgl. Paal MMR 2020, 15 (16)). Gefordert ist jedoch auch hier lediglich objektiv pflichtwidriges Fehlverhalten und kein Verschulden.

D. Befreiung von der Haftung (Abs. 3)

Nach Art. 82 Abs. 3 tritt eine Haftungsbefreiung ein, wenn **Nichtverant-** **15** **wortlichkeit** nachgewiesen wird. Verantwortlichkeit ist hier etwas anderes als nur das Erg. der Zurechnung der Datenverarbeitung iSd Art. 4 Nr. 7, 5 Abs. 2. Hier liegt eine unglückliche Dopplung der Begrifflichkeiten (vgl. Albrecht/Jotzo DatenschutzR, 126 f. (Rn. 22); Bergt in Kühling/Buchner DS-GVO Art. 82 Rn. 49): Diese darf nicht dazu führen, dass an der Datenverarbeitung gar nicht Beteiligte in eine Nachweispflicht dafür verstrickt werden, dass sie nicht verantwortlich iSv „nicht beteiligt" seien. Weil jedoch die bloße Beteiligung an einer Datenverarbeitung ausreicht, um haften zu müssen, soll derjenige Beteiligte, der seine **Verpflichtungen vollumfänglich erfüllt** hat **und dies nachweist,** von der Haftung entlastet werden. Dadurch bleibt die Haftung im Grundsatz zu Gunsten der betroffenen Personen strikt; die betroffene Person wird davon entlastet, Verantwortungszusammenhänge nachzuweisen, die sich in diffusen Verhältnissen der Verantwortlichen verlieren. Typische Bsp. sind unberechtigte Zugriffe (externer) Dritter auf die Daten, gegen die der Verantwortliche in Gemäßheit mit der DS-GVO alle erforderlichen Sicherungsmaßnahmen ergriffen hat (vgl. Simitis in Simitis BDSG aF § 7 Rn. 24 f.). Nutzen Dritte bereits erkannte oder erkennbare Angriffswege, um auf Daten zuzugreifen, kann die Nichtverantwortlichkeit des Verantwortlichen nicht nachgewiesen werden (zust. Bergt in Kühling/Buchner DS-GVO Art. 82 Rn. 54). Nichtverantwortlichkeit kann in Bezug auf die eigenen Mitarbeiter, die unberechtigt auf Daten zugreifen, ebenfalls nicht nachgewiesen werden.

E. Gesamtschuldnerische Haftung (Abs. 4)

16 Art. 82 Abs. 4 ordnet die gesamtschuldnerische Haftung an. § 840 Abs. 1 BGB spielt damit – anders als im Falle des § 7 BDSG aF – keine Rolle mehr. Bemerkenswert ist hier, dass die Begr. für diese Haftung im letzten Hs. mitgeliefert wird (vgl. auch ErwGr 146 S. 6). Art. 82 bindet somit alle Beteiligten dauerhaft ein und erhöht extrinsisch die Bereitschaft, den datenschutzrechtlichen Bestimmungen entspr. zu handeln – was die Verantwortlichen zum Teil vor schwer überschaubare Problemfelder stellt (→ Rn. 8).

F. Innenausgleich (Abs. 5)

17 Art. 82 Abs. 5 sieht den Rückgriff des im Außenverhältnis Schadensersatz Leistenden auf die anderen an der Datenverarbeitung Beteiligten vor, die nach Abs. 2 haften. Insoweit enthält die DS-GVO eine der dt. Regelung (§ 426 BGB) vorgängige Regelung für den gesamtschuldnerischen Innenausgleich.

G. Zuständiges Gericht (Abs. 6)

18 Art. 82 Abs. 6 verweist auf Art. 79 Abs. 2 und soll das Auseinanderfallen der Spruchkörper vermeiden, die über den Verstoß gegen die DS-GVO als solche und über den Schadensersatz entscheiden. Um den Gleichlauf sicherzustellen, wird das allgemeinere EU-Recht, die EuGVVO, und das mitgliedstaatliche Recht, hier: das Prozessrecht, überlagert.

H. Nationale Bestimmungen

19 Für § 7 BDSG aF war unter der Geltung des Art. 82 kein Raum mehr; dies gilt auch für die im Vergleich zu § 7 BDSG aF zT differenzierten Haftungsregelungen der LDSG. Durch die im Vergleich zur Vorgängerregelung des § 7 BDSG aF, welcher weitergehend auf das BGB verwiesen war, komplette Regelung des Art. 82 wird die Relevanz des mitgliedstaatlichen Rechts zurückgedrängt. Einige Einfallstore bleiben denkbar, ohne dass die Wirkung der unionsrechtlichen Anspruchsgrundlage überspielt werden dürfte: Prozessual gilt dies zunächst für die Darlegungs- und Beweislast in Bezug auf Schaden und Kausalität. Weiterhin könnte ein – durch den Verantwortlichen nachzuweisendes – **Mitverschulden** nach § 254 BGB auch bei einem verschuldensunabhängigen Anspruch berücksichtigt werden (vgl. als Bsp. aus dem dt. Recht § 9 StVG; zur Vorgängerregelung Simitis in Simitis BDSG aF § 7 Rn. 43). Dies kann jedoch nicht so weit gehen, dass die Wertungen der DS-GVO mit ihren Aufklärungs- und weiteren Transparenzpflichten durch den Hinweis auf den Anspruch und die Verpflichtungen des mündigen Verbrauchers aufgehoben werden, selbständig Einblicke in die Folgen seines Handelns nehmen zu können. Auch für die **Verjährung** gilt das mitgliedstaatliche Recht, hier: § 195 BGB. Ein Verstoß gegen Art. 9 Abs. 1 dadurch, dass Daten über das Sexualleben oder die sexuelle Orientierung verarbeitet werden, löst nicht die Verjährung nach § 197 Abs. 1 Nr. 1 BGB aus: Schutzgut des Art. 9 Abs. 1 ist insoweit die Selbstbestimmung über die Daten, nicht die sexuelle Selbstbestimmung als solche. Auch das mitgliedstaatliche AGB-Recht findet Anwendung, wobei der praktischen Wirksamkeit der DS-GVO immer Rechnung zu tragen ist, so dass ein Haftungsausschluss nicht in Betracht kommt.

Neben Art. 82 Abs. 1 kommen **Anspruchsgrundlagen des mitglied-** **20** **staatlichen Rechts** für die Schadensersatzpflicht in Betracht (vgl. ErwGr 146 S. 4). Dazu gehören vertragliche und vorvertraglich Ansprüche (vgl. §§ 241 Abs. 2, 280 Abs. 1 S. 1, 311 Abs. 2 BGB) sowie deliktische nach §§ 823, 824 BGB (unter Rückgriff auf Schutznormen des StGB (vgl. → Art. 84 Rn. 5) wie auch der DS-GVO selbst, gleichzeitig mit der Einschränkung des § 831 BGB) und § 1004 BGB analog, soweit es um einen Unterlassungsanspruch geht. Die Grenze für den Rückgriff auf diese Vorschriften ist das Auftreten negativer Effekte für den Anspruch nach Art. 82; ein Bsp. dafür läge in einem Bias der mitgliedstaatlichen Gerichte zu Gunsten des mitgliedstaatlichen Rechts unter Vernachlässigung oder gar Missachtung des Art. 82 als eigenständiger Anspruchsgrundlage. Dies wird nicht zuletzt bei der Staatshaftung nach § 839 BGB iVm Art. 34 GG und deren strikter Handhabung zu Ungunsten einer Haftung relevant (→ Rn. 12): Für Kompromissformeln, mit denen der Vorrang des Unionsrechts zum Ausdruck gebracht, gleichzeitig aber den mitgliedstaatlichen Gerichten ein Angebot gemacht wird – wie in Gestalt der Voraussetzung eines hinreichend qualifizierten Verstoßes (EuGH, Slg. 1996, I-1029 – Brasserie du pêcheur/Factortame) –, ist bei Art. 82 kein Raum. „Der Staat haftet nicht" wird nicht das Leitmotiv der Anwendung des Art. 82 sein können.

I. Ausblick

Weil durch Art. 82 ein zivilrechtlicher Anspruch geregelt wird, ist diese **21** Norm des Unionsrechts – jedenfalls vermeintlich – noch weiter von der Rechtsanwendungspraxis entfernt, als dies die das Verwaltungshandeln prägenden Normen sind: Alleine die Verortung einer Vorschr. – im BDSG oder in der DS-GVO – kann somit schon einen Unterschied machen. Entscheidend wird es sein, Art. 82 als zivilrechtliche Norm **nicht als** „**fremdes**" **Recht** aufzufassen und nicht unter Verweis auf die Dogmatik zu §§ 823, 249, 253 BGB zu entwerten, geschweige denn leerlaufen zu lassen: Die Regelung ist vorrangiger, eigenständiger und unmittelbarer Teil der dt. Zivilrechtsordnung. Die größte Herausforderung des Art. 82 ist daher eher formaler Natur, zumal das Programm materiell weitgehend vorgezeichnet ist und sich „nachhaltig auf das Verhältnis zum (grenzüberschreitenden) Persönlichkeitsschutz" auswirken wird (so Hess, 255 (257); vgl. auch Jacquemain, 212 f.).

22   Wie Art. 83 f. ist Art. 82 DS-GVO in erster Linie nachsorgend, verbunden mit einer gewissen abschreckenden Wirkung für die Zukunft (vgl. Born). Er ist nicht das Herzstück der DS-GVO, die auf von Anfang an rechtskonformes, notwendig zu dokumentierendes, mit Aufwand verbundenes Verhalten abzielt, sondern eines ihrer Instrumente für eine ganzheitliche Regelung des Datenschutzes. Dass die Verbandsklage nach Art. 80 Abs. 2 durch das BDSG nicht aktiviert wird, ändert nichts an der Möglichkeit der Vertretung nach Art. 80 Abs. 1. Und im Falle eines schweren Verstoßes gegen Datenschutzrecht, welcher eine Vielzahl von Personen betrifft, wird der Einsatz einer Musterfeststellungsklage (dazu Geissler/Ströbel NJW 2019, 3414) naheliegen.

Art. 83 Allgemeine Bedingungen für die Verhängung von Geldbußen

(1) Jede Aufsichtsbehörde stellt sicher, dass die Verhängung von Geldbußen gemäß diesem Artikel für Verstöße gegen diese Verordnung gemäß den Absätzen 5 und 6 in jedem Einzelfall wirksam, verhältnismäßig und abschreckend ist.

(2) [1]Geldbußen werden je nach den Umständen des Einzelfalls zusätzlich zu oder anstelle von Maßnahmen nach Artikel 58 Absatz 2 Buchstaben a bis h und i verhängt. [2]Bei der Entscheidung über die Verhängung einer Geldbuße und über deren Betrag wird in jedem Einzelfall Folgendes gebührend berücksichtigt:

a) Art, Schwere und Dauer des Verstoßes unter Berücksichtigung der Art, des Umfangs oder des Zwecks der betreffenden Verarbeitung sowie der Zahl der von der Verarbeitung betroffenen Personen und des Ausmaßes des von ihnen erlittenen Schadens;

b) Vorsätzlichkeit oder Fahrlässigkeit des Verstoßes;

c) jegliche von dem Verantwortlichen oder dem Auftragsverarbeiter getroffenen Maßnahmen zur Minderung des den betroffenen Personen entstandenen Schadens;

d) Grad der Verantwortung des Verantwortlichen oder des Auftragsverarbeiters unter Berücksichtigung der von ihnen gemäß den Artikeln 25 und 32 getroffenen technischen und organisatorischen Maßnahmen;

e) etwaige einschlägige frühere Verstöße des Verantwortlichen oder des Auftragsverarbeiters;

f) Umfang der Zusammenarbeit mit der Aufsichtsbehörde, um dem Verstoß abzuhelfen und seine möglichen nachteiligen Auswirkungen zu mindern;

g) Kategorien personenbezogener Daten, die von dem Verstoß betroffen sind;

h) Art und Weise, wie der Verstoß der Aufsichtsbehörde bekannt wurde, insbesondere ob und gegebenenfalls in welchem Umfang der Verantwortliche oder der Auftragsverarbeiter den Verstoß mitgeteilt hat;

i) Einhaltung der nach Artikel 58 Absatz 2 früher gegen den für den betreffenden Verantwortlichen oder Auftragsverarbeiter in Bezug auf denselben Gegenstand angeordneten Maßnahmen, wenn solche Maßnahmen angeordnet wurden;

j) Einhaltung von genehmigten Verhaltensregeln nach Artikel 40 oder genehmigten Zertifizierungsverfahren nach Artikel 42 und

k) jegliche anderen erschwerenden oder mildernden Umstände im jeweiligen Fall, wie unmittelbar oder mittelbar durch den Verstoß erlangte finanzielle Vorteile oder vermiedene Verluste.

(3) Verstößt ein Verantwortlicher oder ein Auftragsverarbeiter bei gleichen oder miteinander verbundenen Verarbeitungsvorgängen vorsätzlich oder fahrlässig gegen mehrere Bestimmungen dieser Verordnung, so übersteigt der Gesamtbetrag der Geldbuße nicht den Betrag für den schwerwiegendsten Verstoß.

(4) Bei Verstößen gegen die folgenden Bestimmungen werden im Einklang mit Absatz 2 Geldbußen von bis zu 10 000 000 EUR oder im Fall eines Unternehmens von bis zu 2 % seines gesamten weltweit erzielten Jahresumsatzes des vorangegangenen Geschäftsjahrs verhängt, je nachdem, welcher der Beträge höher ist:

a) die Pflichten der Verantwortlichen und der Auftragsverarbeiter gemäß den Artikeln 8, 11, 25 bis 39, 42 und 43;

b) die Pflichten der Zertifizierungsstelle gemäß den Artikeln 42 und 43;

c) die Pflichten der Überwachungsstelle gemäß Artikel 41 Absatz 4.

(5) Bei Verstößen gegen die folgenden Bestimmungen werden im Einklang mit Absatz 2 Geldbußen von bis zu 20 000 000 EUR oder im Fall eines Unternehmens von bis zu 4 % seines gesamten weltweit erzielten Jahresumsatzes des vorangegangenen Geschäftsjahrs verhängt, je nachdem, welcher der Beträge höher ist:

a) die Grundsätze für die Verarbeitung, einschließlich der Bedingungen für die Einwilligung, gemäß den Artikeln 5, 6, 7 und 9;

b) die Rechte der betroffenen Person gemäß den Artikeln 12 bis 22;

c) die Übermittlung personenbezogener Daten an einen Empfänger in einem Drittland oder an eine internationale Organisation gemäß den Artikeln 44 bis 49;

d) alle Pflichten gemäß den Rechtsvorschriften der Mitgliedstaaten, die im Rahmen des Kapitels IX erlassen wurden;

e) Nichtbefolgung einer Anweisung oder einer vorübergehenden oder endgültigen Beschränkung oder Aussetzung der Datenübermittlung durch die Aufsichtsbehörde gemäß Artikel 58 Absatz 2 oder Nichtgewährung des Zugangs unter Verstoß gegen Artikel 58 Absatz 1.

(6) Bei Nichtbefolgung einer Anweisung der Aufsichtsbehörde gemäß Artikel 58 Absatz 2 werden im Einklang mit Absatz 2 des vorliegenden Artikels Geldbußen von bis zu 20 000 000 EUR oder im Fall eines Unternehmens von bis zu 4 % seines gesamten weltweit erzielten Jahresumsatzes des vorangegangenen Geschäftsjahrs verhängt, je nachdem, welcher der Beträge höher ist.

(7) Unbeschadet der Abhilfebefugnisse der Aufsichtsbehörden gemäß Artikel 58 Absatz 2 kann jeder Mitgliedstaat Vorschriften dafür festlegen, ob und in welchem Umfang gegen Behörden und öffentliche Stellen, die in dem betreffenden Mitgliedstaat niedergelassen sind, Geldbußen verhängt werden können.

(8) Die Ausübung der eigenen Befugnisse durch eine Aufsichtsbehörde gemäß diesem Artikel muss angemessenen Verfahrensgarantien gemäß dem Unionsrecht

und dem Recht der Mitgliedstaaten, einschließlich wirksamer gerichtlicher Rechtsbehelfe und ordnungsgemäßer Verfahren, unterliegen.

(9) [1] Sieht die Rechtsordnung eines Mitgliedstaats keine Geldbußen vor, kann dieser Artikel so angewandt werden, dass die Geldbuße von der zuständigen Aufsichtsbehörde in die Wege geleitet und von den zuständigen nationalen Gerichten verhängt wird, wobei sicherzustellen ist, dass diese Rechtsbehelfe wirksam sind und die gleiche Wirkung wie die von Aufsichtsbehörden verhängten Geldbußen haben. [2] In jeden Fall müssen die verhängten Geldbußen wirksam, verhältnismäßig und abschreckend sein. [3] Die betreffenden Mitgliedstaaten teilen der Kommission bis zum 25. Mai 2018 die Rechtsvorschriften mit, die sie aufgrund dieses Absatzes erlassen, sowie unverzüglich alle späteren Änderungsgesetze oder Änderungen dieser Vorschriften.

BDSG und anderes nationales Recht: §§ 41, 43 BDSG (kommentiert unter → BDSG § 41 Rn. 1 ff.; → BDSG § 43 Rn. 1 ff.).

Literatur: *Albrecht,* Das neue EU-Datenschutzrecht − von der Richtlinie zur Verordnung, CR 2016, 88; *Ashkar,* Durchsetzung und Sanktionierung des Datenschutzrechts nach den Entwürfen der Datenschutz-Grundverordnung, DuD 2015, 796; *Bergt,* Sanktionierung von Verstößen gegen die Datenschutz-Grundverordnung, DuD 2017, 555; *Bitkom/Weiß,* Stellungnahme Bußgeldkonzept der DSK, 10.12.2019; *Bornemann,* Ordnungswidrigkeiten in Rundfunk und Telemedien, 5. Aufl. 2015; *Brink,* Die informationelle Selbstbestimmung − umzingelt von Freunden?, CR 2017, 433; *Bülte,* Das Datenschutzbußgeldrecht als originäres Strafrecht der Europäischen Union?, StV 2017, 460; *Dieterich,* Rechtsdurchsetzungsmöglichkeiten der DS-GVO, ZD 2016, 260; *Dieterle,* Sanktionierung von Neugierabfragen im öffentlichen Dienst. Umgang mit unberechtigten Datenabrufen aus amtlichen Registern, ZD 2020, 135; *DSK,* Offizielles Kurzpapier Nr. 2. Aufsichtsbefugnisse/Sanktionen, 2017; *DSK,* Konzept der unabhängigen Datenschutzaufsichtsbehörden des Bundes und der Länder zur Bußgeldzumessung in Verfahren gegen Unternehmen, 14.10.2019; *Faust/Spittka/Wybitul,* Milliardenbußgelder nach der DS-GVO? Ein Überblick über die neuen Sanktionen bei Verstößen gegen den Datenschutz, ZD 2016, 120; *Gola,* Neues Recht − neue Fragen: Einige aktuelle Interpretationsfragen zur DSGVO, K&R 2017, 145; *Golla,* Die Straf- und Bußgeldtatbestände der Datenschutzgesetze, 2015; *Keßler,* Der Unternehmensbegriff im deutschen und europäischen Wettbewerbs- und Lauterkeitsrecht − Irrungen und Wirrungen, WRP 2014, 765; *Kohn,* Der Schadensersatzanspruch nach Art. 82 DS-GVO. Besondere Herausforderung für die Kommunalverwaltung, ZD 2019, 498; *Mayer,* Das Opportunitätsprinzip in der Verwaltung, 1963; *Mitsch,* Recht der Ordnungswidrigkeiten, 2. Aufl. 2005; *Neun/Lubitzsch,* EU-Datenschutz-Grundverordnung − Behördenvollzug und Sanktionen, BB 2017, 1538; *Nolde,* Sanktionen nach DSGVO und BDSG-neu: Wem droht was warum?, PinG 2017, 114; *Paal,* Kritische Würdigung des Konzepts der Datenschutzaufsichtsbehörden zur Bußgeldzumessung, RDV 2020, 57; *Pohlmann,* Zum Unternehmensbegriff im Verbraucherschutzrecht, Wettbewerbsrecht und Versicherungsaufsichtsrecht der Europäischen Union, in: FS Egon Lorenz, 2014, S. 327; *Raab,* Die Harmonisierung des einfachgesetzlichen Datenschutzes, 2015; *Schönefeld/Thomé,* Auswirkungen der Datenschutz-Grundverordnung auf die Sanktionierungspraxis der Aufsichtsbehörden, PinG 2017, 126; *Schwartmann/Weiß,* Ko-Regulierung vor einer neuen Blüte − Verhaltensregelungen und Zertifizierungsverfahren nach der Datenschutzgrundverordnung (Teil 1), RDV 2016, 68; *Spindler,* Die neue EU-Datenschutz-Grundverordnung, DB 2016, 937.

Übersicht

A. Allgemeines

I. Einführung

Die Umstellung von der Handlungsform der RL auf die Handlungsform der **1**
VO bringt es mit sich, dass auch die Sanktionen als ein wesentliches Instrument zur Durchsetzung des materiellen Rechts in der DS-GVO geregelt oder
jedenfalls angelegt werden müssen. Der Ansatz eines harmonisierten und
wirksamen Datenschutzes könnte sonst nicht realisiert werden (vgl. Raab,
151 ff.). Dementsprechend wird durch Art. 83 ein Anfang gemacht: Einerseits
ermöglicht dieser im Vergleich zu den vorherigen mitgliedstaatlichen Regelungen deutlich **schärfere Sanktionen** durch die ASB (vgl. Faust/Spittka/
Wybitul ZD 2016, 120; vgl. zur Bußgeldpraxis mwN Lüdemann/Wenzel
RDV 2015, 285 (290)). Dies schlägt sich in einzelnen spektakulären Fällen
bereits nieder (vgl. Paal RDV 2020, 57 (62 ff.), zu Deutsche Wohnen SE und
1&1 Telecom). Damit wird ein negativer Anreiz gesetzt, datenschutzrechtliche Bestimmungen nicht nur zur Kenntnis zu nehmen und sie als Anregun-
gen zu werten, sondern sicherzustellen, dass sie dauerhaft eingehalten werden.
Durch diese Innovation wird Datenschutzrecht zu einem ernstzunehmenden
Thema für **Compliance.** Andererseits greift es die Rechtsprechung und die
Gewährleistungen der GRCh auf und enthält damit **einige deklaratorische
Regelungen.** Die Definition allg. Bestimmungen ist der dt. Rechtsordnung

indes nicht fremd, vgl. § 46 StGB und § 17 Abs. 3, 4 OWiG. Nachdem die
mediatisierende Wirkung der Umsetzung der RL entfällt, war insbes. zu
entscheiden, ob Verstöße gegen die – auch schon in der RL vorhandenen, im
dt. Recht aber nicht direkt gespiegelten – **Grundsätze** sanktioniert werden
können und sollen; man entschied sich in problematischer Art und Weise
dafür.

II. Entstehungsgeschichte

1. Vergleich mit der DSRL

2 Art. 24 DSRL mit der Überschrift „Sanktionen" verpflichtete die Mitgliedstaaten, „(...) geeignete Maßnahmen zu ergreifen, um die volle Anwendung
der Bestimmungen" der RL sicherzustellen, und „insbesondere" Sanktionen
für Verstöße gegen die Umsetzung der RL festzulegen. Sanktionen sind die
Mittel, mit denen die praktische Wirksamkeit des Unionsrechts (vgl. Art. 4
Abs. 3 EUV) zuletzt sichergestellt werden soll. Zwar enthielt bereits das
BDSG 1977 Straf- und Bußgeldvorschriften, aber der Katalog des § 43 BDSG
aF legt beredt Zeugnis ab, dass Art. 24 DSRL insoweit umgesetzt wurde (zur
Systematik Golla, 195 ff.). Diese Umsetzung wirkt jedoch nur im Zusammenspiel mit den ASB, die nach mit Art. 28 DSRL (vgl. dort Abs. 2, 3) zu
vereinbarendem mitgliedstaatlichem Recht errichtet wurden bzw. errichtet
sind, und deren Ausstattung und Aktivität. Dies galt und gilt – auch für den
Vollzug der DS-GVO – sowohl für die Tätigkeit der ASB in der Breite (in
Bezug auf die Überprüfungen) als auch in der Tiefe (durch Bußgeldverfahren
wegen einschlägiger Verstöße gegen datenschutzrechtliche Bestimmungen),
zumal in einem föderal organisierten Mitgliedstaat (vgl. Ashkar DuD 2012,
796 (797); Dieterich ZD 2016, 260 (266); vgl. die Übersicht über den Status
quo bei Lüdemann/Wenzel RDV 2015, 285 (286 ff.)).

2. Vergleich mit den Entwurfsfassungen

3 In Art. 78 Abs. 1 DS-GVO-E(KOM) (Sanktionen) wurde vorgesehen, dass
die Mitgliedstaaten festlegen sollten, welche Sanktionen „bei einem **Verstoß
gegen die Verordnung**" zu verhängen seien. Dies sollte auch für den Fall
gelten, dass der Verantwortliche keinen Vertreter benannt hätte. Zudem
mussten die Sanktionen „wirksam, verhältnismäßig und abschreckend" sein
(Abs. 1 S. 2). Art. 78 Abs. 2 DS-GVO regelte die Unabhängigkeit der Wirkung der Sanktionen gegen den Vertreter von der Wirkung der Sanktionen
gegen den Verantwortlichen. Nach Art. 78 Abs. 3 DS-GVO sollte die KOM
von den Mitgliedstaaten über deren Regelungen notifiziert werden. Art. 79
DS-GVO-E(KOM) (verwaltungsrechtliche Sanktionen) begründete die Befugnis der ASB, unmittelbar auf der Grdl. der DS-GVO Sanktionen zu verhängen. Nach Art. 79 Abs. 2 S. 1 DS-GVO-E(KOM) wurde ebenfalls die
Anforderung des Art. 78 Abs. 1 S. 2 genannt. Faktoren für die Bemessung
der Sanktion wurden durch Art. 79 Abs. 2 S. 2 DS-GVO-E(KOM) bestimmt. Art. 79 Abs. 3 DS-GVO-E(KOM) sah für den ersten, unabsicht-
lichen Verstoß „statt einer Sanktion" für bestimmte Fälle eine **schriftliche**

Verwarnung vor. Art. 79 Abs. 4, 5, 6 DS-GVO-E(KOM) bestimmte für unterschiedliche Verstöße die Ahndung mit Geldbuße mit unterschiedlichen Höchstgrenzen (250 000 EUR bzw. 0,5 % des weltweiten Jahresumsatzes, 1 Mio. EUR bzw. 1 % und 2 Mio. EUR bzw. 2 %). Art. 79 Abs. 7 DS-GVO-E(KOM) enthielt eine Ermächtigung der KOM zur Rechtsetzung, „um die Beträge der in den Absätzen 4, 5 und 6 genannten Geldbußen unter Berücksichtigung der in Absatz 2 aufgeführten Kriterien zu aktualisieren". Art. 78 DS-GVO-E(KOM) wurde durch das EP nicht verändert. Art. 79 **4** Abs. 1 S. 2 DS-GVO-E(EP) sah die **Zusammenarbeit der ASB** gem. Art. 46, 57 DS-GVO-E(EP) vor, um ein harmonisiertes Niveau der Sanktionen zu gewährleisten. Art. 79 Abs. 2 S. 2 DS-GVO-E(KOM) wurde vom EP in Art. 79 Abs. 2c DS-GVO-E(EP) überführt und um zahlr. Faktoren bzw. Konkretisierungen erweitert; der Schlusspunkt wurde mit einer **Auffangklausel** in Abs. 2c lit. l gesetzt, wonach „jegliche anderen erschwerenden oder mildernden Umstände im Einzelfall" zu berücksichtigen waren. Nach Art. 79 Abs. 2a DS-GVO-E(EP) sollte die ASB als Sanktion **mind.** eine schriftliche Verwarnung im Falle eines erstmaligen und nicht vorsätzlichen Verstoßes und/oder regelmäßige Überprüfungen (sic!) und/oder eine Geldbuße bis zu 100 Mio. EUR verhängen; nach dieser Generalklausel sollte **jede** Nichterfüllung der Pflichten aus der DS-GVO sanktioniert werden. Die Abs. 3 bis 6 des Entwurfs der KOM mit ihren Katalogen wurden gestrichen. Art. 79 Abs. 2a DS-GVO-E(EP) war insoweit widersprüchlich zu dessen Abs. 1, als dort die Befugnis der ASB, Sanktionen zu verhängen, erwähnt wurde, und nicht etwa eine Verpflichtung. Art. 79 Abs. 2b DS-GVO-E(EP) sah eine Privilegierung für Verantwortliche mit europ. **Datenschutzsiegel** vor; ungleich heikler ging mit der Regelung beiläufig einher, dass Geldbußen auch unabhängig von Vorsatz und Fahrlässigkeit verhängt werden sollten (vgl. Raab, 215 f.).

Art. 79 Abs. 1 DS-GVO-E(Rat) wurde auf die Anforderung reduziert, dass **5** die Verhängung von Geldbußen wirksam, verhältnismäßig und abschreckend sein muss. Art. 79 Abs. 2 wurde gestrichen und dafür ein Abs. 2a eingefügt: Demnach werden Geldbußen zusätzlich zu oder an Stelle von Abhilfemaßnahmen nach Art. 53 Abs. 1b lit. a bis f verhängt. Abs. 2a S. 2 griff den Katalog der Faktoren für die Bemessung auf, der jedoch etwas verkürzt wurde; die **Auffangklausel** „jegliche anderen erschwerenden oder mildernden Umstände im jeweiligen Fall" blieb erhalten. Nach Art. 79 Abs. 3b wurde den Mitgliedstaaten die Möglichkeit eröffnet, gegen im jeweiligen Mitgliedstaat ansässige öffentl. Behörden und Einrichtungen Geldbußen zu verhängen. Abs. 4 verwies – deklaratorisch – auf die Einhaltung angemessener Verfahrensgarantien. Abs. 5 ermöglichte den Mitgliedstaaten, für den Fall, dass ihre Rechtsordnung keine Geldbußen vorsieht, auf ein in ihrer Rechtsordnung bereits vorhandenes strafrechtliches Sanktionssystem zurückzugreifen. Art. 79a DS-GVO-E(Rat) griff Art. 79 Abs. 4, 5, 6 DS-GVO-E(KOM) wieder auf und stellte unter Beibehaltung der Abstufung der Obergrenzen das **Ermessen der ASB** in den Vordergrund. Art. 78 DS-GVO-E(KOM) wurde durch einen Art. 79b DS-GVO-E(Rat) ersetzt; dadurch und durch den Wortlaut kommt zum Ausdruck, dass eine mitgliedstaatliche Sanktion subsidiär ist.

Art. 79, 79a DS-GVO-E(Rat) gehen nunmehr in Art. 83 auf; die Regelung wurde im Trilog noch an einzelnen Stellen geänd. (→ Rn. 13, 24).

B. Anforderungen an die ASB im Falle von Geldbußen (Abs. 1)

6 Abs. 1 ist die die Regelungen über die Ahndung einleitende Vorschr. Geregelt wird die Geldbuße als **verwaltungsrechtliche Sanktion** (vgl. ErwGr 150 S. 1). Die Verpflichtung der ASB, jeweils sicherzustellen, dass eine Geldbuße im Einzelfall **wirksam** und **verhältnismäßig** ist, gilt unabhängig von Abs. 1. Dabei setzt die Verhältnismäßigkeit als Primat zur Beurteilung hoheitlichen Handelns unter dem Aspekt der Eignung oder Geeignetheit einer Maßnahme ihre Wirksamkeit voraus (zust. Neun/Lubitzsch BB 2017, 1538 (1541)). Insoweit ist die Vorschr. ein hilfreicher, wenngleich normativ nicht erforderlicher **Orientierungspunkt** für die Betätigung des der ASB zustehenden Ermessens. Sie ist nicht überflüssig, sondern von dem Anspruch getragen, die normativen Vorgaben des Primärrechts im Sekundärrecht abzubilden. Auf diese Weise kommt die gemeinsame Grundlage der Entscheidungstätigkeit der ASB unabhängig von den aus den mitgliedstaatlichen Rechtsordnungen abgeleiteten Vorverständnissen zur Geltung, auch indem entlastende Aspekte erwähnt werden (positiv Nolde PinG 2017, 114 (119)). Gleichzeitig verweisen die Maßstäbe des Abs. 1 gerade nicht auf das mitgliedstaatliche, sondern auf das Unionsrecht, insbes. im Falle der Verhältnismäßigkeit, deren Fluchtpunkt im Verhältnis zwischen ASB und Verantwortlichem Art. 52 GRCh ist. Damit gewinnen die EU-Grundrechte des betroffenen Verantwortlichen in seinem Verhältnis zur ASB maßstabbildende Bedeutung. Wortlaut und Systematik (vgl. → Rn. 8) bestätigen jedoch, dass bereits ein **Erstverstoß** gegen die DS-GVO mit Geldbuße geahndet werden kann; eine solche Sanktion ist nicht per se unverhältnismäßig.

7 Die Anforderung, dass die Ahndung auch **abschreckend** wirkt, ist indes keine Selbstverständlichkeit und erhöht die Komplexität der Bedingungen, unter denen die Behörde entscheidet. Denn Abschreckung ist nicht nur spezialpräventiv auf den betroffenen Verantwortlichen bezogen und insofern mit der Verhältnismäßigkeit der Maßnahme verknüpft. Abschreckung wirkt auch generalpräventiv (zust. Schönefeld/Thomé PinG 2017, 126 (127); Neun/Lubitzsch BB 2017, 1538 (1541)). Die Verhältnismäßigkeit der Maßnahme im Verhältnis zwischen der ASB und dem Verantwortlichen begrenzt diesen Abschreckungseffekt (zust. Wolff in Schantz/Wolff DatenschutzR Rn. 1123; Neun/Lubitzsch BB 2017, 1538 (1541)).

C. Entscheidung über die Verhängung einer Geldbuße (Abs. 2)

I. Verhältnis zu Maßnahmen nach Art. 58 Abs. 2 (Abs. 2 S. 1)

8 Art. 83 Abs. 2 S. 1 stellt klar, dass die Geldbuße **zusätzlich zu oder an Stelle** einer Abhilfemaßnahme nach Art. 58 Abs. 2 verhängt wird. Abs. 2 S. 1 verweist auf Art. 58 Abs. 2 lit. a bis h und i; gemeint ist allerdings Art. 58

Abs. 2 lit. a bis h und j (zust. Kreße in Sydow DS-GVO Art. 83 Rn. 1): Dies zeigt der Vergleich mit anderen Sprachfassungen (eindeutig insoweit die englische, die französische und die italienische Sprachfassung). Lit. i sieht iÜ die Geldbuße selbst als Maßnahme vor. Art. 58 Abs. 2 lit. i bestimmt außerdem dasselbe Verhältnis der Geldbuße zu anderen Maßnahmen („zusätzlich zu oder anstelle von"). Nach richtiger Ansicht handelt es sich bei den meisten Abhilfemaßnahmen nicht um Sanktionen ieS: Sie sind zum großen Teil darauf ausgerichtet, der Behörde ein Handeln (insbes. das Warnen, Anweisen, Anordnen, Verhängen (eines Verbots), Widerrufen) zu ermöglichen („gestatten"), durch das – idR mittelbar – rechtmäßige Zustände (wieder) hergestellt werden. Sie setzen auch **kein Verschulden** voraus. Das Verhängen einer Geldbuße ragt aus diesen „Abhilfebefugnissen" heraus und ist **verschuldensabhängig** (zust. Kreße in Sydow DS-GVO Art. 83 Rn. 13; Wolff in Schantz/Wolff DatenschutzR Rn. 1130: „begriffsimmanent"; aA Härting DS-GVO Rn. 253; vgl. → Rn. 14). Das Verwarnen (Art. 58 Abs. 2 lit. b) wegen eines Verstoßes hat – insbes. iVm einer Veröffentlichung (etwa durch Pressemitteilung) – am ehesten vergleichbaren Sanktionscharakter.

Bei der Entsch., ob eine Geldbuße zusätzlich zu oder an Stelle einer **9** anderen Maßnahme verhängt wird, sind die **Umstände des Einzelfalls** zu berücksichtigen (vgl. zur Rationalisierung DSK; Konzept zur Bußgeldzumessung in Verfahren gegen Unternehmen; krit. Bitkom/Weiß; Paal RDV 2020, 57 (59 f.)). Dafür sind die Kriterien des Abs. 2 S. 2 heranzuziehen („bei der Entscheidung über die Verhängung einer Geldbuße"); insbes. die in Abs. 2 S. 2 lit. b, e, h und j beschriebenen Umstände – Vorsätzlichkeit, (rechtswidriges) Vorverhalten, Verschleierung, Befolgung anderer Anordnungen nach Art. 58 Abs. 2 – können Anhaltspunkte geben, ob nicht eine Abhilfemaßnahme ausreicht oder ob die Verknüpfung mit der Geldbuße angezeigt ist. Die Beurteilung fällt angesichts des Abs. 1 nicht leicht, weil auch die generalpräventive Wirkung zu berücksichtigen ist. Daraus abzuleiten, dass der im Einzelfall angemessene Verzicht auf eine Geldbuße neben der Abhilfemaßnahme nicht in Betracht komme, weil andere Verantwortliche sich angesichts der „milden" Entscheidungspraxis deshalb zunächst nicht rechtstreu verhalten könnten, würde den Maßstab der Verhältnismäßigkeit allerdings desavouieren.

Aus dem Wortlaut des Abs. 2 S. 1 folgt jedoch **keine Pflicht,** einen Ver- **10** stoß gegen die DS-GVO mit einer Geldbuße zu ahnden (zust. Wolff in Schantz/Wolff DatenschutzR Rn. 1126; anders andeutungsweise Albrecht CR 2016, 88 (96); Spindler DB 2016, 937 (947): „(n)icht völlig klar"). Der Wortlaut der Vorschr. – wie auch der von Art. 79a DS-GVO-E(Rat) abweichende Wortlaut der Abs. 4, 5, 6 – und ErwGr 148 S. 2 („kann anstelle einer Geldbuße eine Verwarnung erteilt werden") könnten zwar so verstanden werden, dass der ASB nur ein Auswahlermessen hinsichtlich der Höhe (unter Berücksichtigung der Umstände des Einzelfalls) und nicht ein Entschließungsermessen hinsichtlich der Verfolgung mittels Geldbuße als solcher zukommen soll. ErwGr 150 S. 1 sieht jedoch nur vor, dass jede ASB „befugt sein (sollte)", Geldbußen zu verhängen.

11   Gegen eine Beförderung des Legalitätsprinzips in Bezug auf die Sanktionen spricht, dass es zum einen möglich gewesen wäre, eine solche Verpflichtung der ASB sprachlich eindeutig anzulegen. Dass dies nicht geschah, ist mit dem **Opportunitätsprinzip** zu erklären, welches zugunsten eines Entscheidungsspielraums der ASB Wirkung entfaltet (vgl. für das BDSG aF Gola/Schomerus BDSG aF § 43 Rn. 1; zur DS-GVO Bülte StV 2017, 460 (463); iE zust. Neun/Lubitzsch BB 2017, 1538 (1542); aA Bergt DuD 2017, 555 (556 ff.)). Das Prinzip gehört zum Proprium der Verwaltung; daran ändert auch ein jahrzehntelanges Vollzugsdefizit nichts (vgl. Golla, 209 ff.). § 47 Abs. 1 OWiG ist insoweit kein singulärer Exzess des dt. Rechts. Das in Kenntnis des langjährigen Vollzugsdefizits herausgebildete Sentiment zugunsten des Datenschutzes (vgl. ErwGr 148 S. 1: „Im Interesse einer konsequenteren Durchsetzung der Vorschriften dieser Verordnung", wobei sich die Frage stellt, warum hier ein Komparativ verwendet wird) sollte nicht den Ausschlag zu Gunsten einer Verpflichtung geben (vgl. auch DSK S. 1). Die Ahndung von Ordnungswidrigkeiten und die Bestrafung von Straftaten unterscheiden sich wesentlich, und Hoheitsträger sind insoweit auf **Formentreue** verpflichtet. Zum anderen ist zu beachten, dass die Geldbuße selbst nicht alleine darauf ausgerichtet ist (vgl. Abs. 1), rechtskonforme Zustände sicherzustellen (vgl. Bergt in Kühling/Buchner DS-GVO Art. 83 Rn. 31). Dies unterscheidet die Geldbuße von den meisten anderen Abhilfebefugnissen nach Art. 58 Abs. 2, die eine Engführung des Verantwortlichen bei der Datenverarbeitung ermöglichen.

12   Die ASB entscheidet **nach pflichtgemäßem Ermessen** (zust. Wolff in Schantz/Wolff DatenschutzR Rn. 1126), und zwar innerhalb rechtlich vorgegebener Grenzen (vgl. bereits Mayer, 18 ff.; Mitsch § 23). Zu diesen Grenzen gehört als abstrakte Grundnorm auch die praktische Wirksamkeit des Unionsrechts nach Art. 4 Abs. 3 EUV, welche im Falle der generellen oder evident unschlüssigen Verweigerung der Sanktionierung eines Verstoßes mittels Geldbuße in Stellung zu bringen wäre. Zu den Grenzen gehören auch die Leitlinien des EDSA (Art. 68) nach Art. 70 Abs. 1 S. 2 lit. k („Festsetzung von Geldbußen"). Allerdings wäre es empfehlenswert gewesen, die Regelung zugunsten dieses Verständnisses anders zu formulieren (vgl. Abs. 7 für die Möglichkeit der Mitgliedstaaten, dass ASB gegen Behörden Geldbußen verhängen können, vgl. → Rn. 27; Art. 23 VO (EG) Nr. 1/2003 zur Durchführung der in den Art. 81 und 82 des Vertrags niedergelegten Wettbewerbsregeln). Zudem sind die im Mai 2018 bestätigten „Leitlinien für die Anwendung und Festsetzung von Geldbußen im Sinne der Verordnung (EU) 2016/679 der Artikel-29-Datenschutzgruppe" v. 3.10.2017 (WP 253) nicht abschließend; das DSK-Konzept (2019) ist im Vergleich dazu indes knapp, aber doch ein Versuch einer differenzierenden Rationalisierung durch ein mehrstufiges Berechnungsmodell (vgl. Paal RDV 2020, 57 (58 f.)).

II. Kriterien für die Verhängung und die Bemessung der Geldbuße (Abs. 2 S. 2)

13   Die Kriterien sind bei der Entsch. darüber, ob eine Geldbuße verhängt wird, und bei der Entsch. über deren Höhe heranzuziehen. Mit dem **Katalog** der

Umstände, Kriterien oder Faktoren nach den lit. a bis k, die jeweils in sich weiter ausdifferenziert sind, kann der Einzelfall nahezu abschl. vermessen werden. Dies gilt erst recht, weil lit. k die **Auffangklausel** „jegliche anderen erschwerenden oder mildernden Umstände im jeweiligen Fall" enthält, die iRd Trilogs noch um ein Bsp. ergänzt wurde („erlangte finanzielle Vorteile oder vermiedene Verluste"); gleichwohl kritisch zu sehen ist die Zentralstellung des Umsatzes im DSK-Konzept (vgl. Paal RDV 2020, 57 (59), der auch vor einem Verkümmern der Kriterien auf der vierten und fünften Stufe warnt (61)). IRd Trilogs eingefügt wurden auch die lit. f (Zusammenarbeit mit ASB) und g (betroffene Kategorien personenbezogener Daten). Nach ErwGr 151 S. 4 sollen die ASB auch „(...) dem allgemeinen Einkommensniveau in dem betreffenden Mitgliedstaat und der wirtschaftlichen Lage der Personen Rechnung tragen", ein Aspekt, der nicht unmittelbar aus dem Katalog des Abs. 2 S. 2 abgeleitet werden kann, wegen des Grundsatzes der Verhältnismäßigkeit (vgl. Abs. 1) – hier: Angemessenheit – aber gleichwohl gilt. Art. 83 ist insoweit eine fortschrittliche Kodifikation, die positivrechtlich Orientierungspunkte gibt, die aus rechtstaatlichen Grundsätzen über Jahre und Jahrzehnte gerichtlich entwickelt wurden und werden (vgl. Art. 23 Abs. 3 VO (EG) Nr. 1/2003 zur Durchführung der in den Art. 81 und 82 des Vertrags niedergelegten Wettbewerbsregeln: „Bei der Festsetzung der Höhe der Geldbuße ist sowohl die Schwere der Zuwiderhandlung als auch deren Dauer zu berücksichtigen."). Sie ist Erg. einer **verfassungslosen Konstitutionalisierung** des Sekundärrechts.

Einzelne Bestimmungen des Abs. 2 S. 2 verdeutlichen, wie sehr Verant- **14** wortliche in das System des Datenschutzrechts **verstrickt** werden. Dazu gehören die lit. d, f, h, i und j, die darauf verweisen, dass das Verhältnis von ASB und Verantwortlichem nicht ausschl. iSe Gegeneinanders oder iSe Über-Unterordnung konstruiert wird, sondern auch iSe (nicht ganz freiwilligen) Miteinanders. Es werden finanzielle Anreize gesetzt (vgl. Schwartmann/Weiß RDV 2016, 68 (72)); belohnt werden „Compliance", Beachtung von Vorgaben und Zusammenarbeit bis hin zur Selbstpreisgabe (zust. Boehm NK-DatenschutzR Art. 83 Rn. 22). Dies gilt nicht nur oder nicht so sehr auf der Primärebene, indem die einzelnen Instrumente zur Vfg. gestellt werden (vgl. Art. 25, 32, 40, 42), Kooperation und Vorsorge also zu tragenden Prinzipien des Datenschutzrechts werden. Belohnt wird diese Einstellung gerade auch in dem Fall, dass ein datenschutzrechtswidriges Vorverhalten geahndet werden muss. Positivrechtlich beiläufig (lit. b) wird vorausgesetzt, dass für eine Geldbuße **jedenfalls fahrlässig** gegen eine Vorschr. verstoßen werden muss (vgl. § 10 OWiG, vgl. → Rn. 31; aA Härting DS-GVO Rn. 253); dieses normative Korrektiv ist wichtig, wenngleich Fahrlässigkeit angesichts der weitläufigen Verpflichtungen und der Garantenstellung des Verantwortlichen häufig vorliegen wird, und sei es nur in Gestalt eines **Organisationsverschuldens.** Die Frage, inwieweit das Schuldprinzip im Recht der Ordnungswidrigkeiten integrationsfest zur Verfassungsidentität gehört, um dem Anwendungsvorrang des Unionsrechts entgegengehalten zu werden, stellt sich an dieser Stelle (vgl. demgegenüber → Rn. 24) nicht (vgl. für das Strafrecht BVerfG NJW 2016, 1149).

D. Tateinheit (Abs. 3)

15 Art. 83 Abs. 3 regelt den Fall, dass ein Verantwortlicher bei gleichen Verarbeitungsvorgängen oder bei mehreren miteinander verbundenen Verarbeitungsvorgängen gegen mehrere Bestimmungen der DS-GVO verstößt. Bereits ein und **derselbe Vorgang** kann mehrere Vorschr. verletzen, etwa in dem Fall, dass in die Verarbeitung nicht eingewilligt wurde, höchstpersönliche Daten verarbeitet und an Dritte weitergegeben werden, oder in dem Fall, dass Daten nach Zweckerreichung nicht nur nicht gelöscht, sondern auch weitergegeben werden etc. Eine Wiederholung eines Verarbeitungsvorgangs ggü. ders. Person führt bereits zu mehreren Verarbeitungsvorgängen. Insoweit ist die Orientierung an Art. 83 Abs. 2 S. 2 für die Bemessung der Geldbuße wichtig: Denn der Rechtsverstoß desjenigen, der sich weitgehend rechtskonform verhält (etwa iRd Verstrickung mit dem ASB, vgl. → Rn. 14), wiegt weniger schwer als der Rechtsverstoß desjenigen, der die Vorgaben der DS-GVO eher als Empf. oder Vorschläge auffasst.

16 Durch die Tateinheit verklammert werden insbes. auch **mehrere Vorgänge,** bei denen die Daten verschiedener Betroffener verarbeitet werden. Gerade in Fällen automatisierter Verarbeitung ist eine Vielzahl von Personen betroffen, deren Schutz von der DS-GVO jeweils für sich bezweckt wird. Insoweit liegen mehrere Vorgänge vor. Diese sind jedoch durch ihre **Gleichförmigkeit** miteinander verbunden: Personenbezogene Daten verschiedener Betroffener werden erhoben, ausgewertet, gespeichert oder auf andere Weise verarbeitet, und zwar innerhalb eines Geschäftsmodells nach denselben Routinen. Neben der sachlichen Verbindung muss auch eine **zeitliche Verbindung** gegeben sein, um die verschiedenen Rechtsverstöße noch einem Tatgeschehen zuordnen zu können (zust. Bergt in Kühling/Buchner DS-GVO Art. 83 Rn. 60). Ein Argument für diese Sicht ist das Verschuldenserfordernis. Abs. 3 stellt nicht auf schleichende Rechtsverstöße ab, die zwischenzeitlich gar nicht aufgedeckt werden können, sondern auf schuldhaftes Verhalten, bei dem der Verantwortliche immer wieder erkennt bzw. erkennen könnte, dass gegen Regelungen der DS-GVO verstoßen wird. Damit verwirkt er mehrere Geldbußen, wenn er in zeitlichem Abstand bei verschiedenen – wenn auch gleichförmigen – Verarbeitungsvorgängen gegen die DS-GVO verstößt.

17 Unklar ist die Festsetzung der Obergrenze für die Geldbuße als Rechtsfolge der Tateinheit: Dass der Gesamtbetrag den Betrag für den schwerstwiegenden Verstoß nicht übersteigen darf, kann nur so zu verstehen sein, dass für die Geldbuße die **gesetzlich vorgesehene Obergrenze** für den schwerstwiegenden Verstoß gilt, nicht der festgesetzte Betrag für den schwerstwiegenden Verstoß im konkreten Fall (zust. Wolff in Schantz/Wolff DatenschutzR Rn. 1124; Bergt in Kühling/Buchner DS-GVO Art. 83 Rn. 62). Ansonsten würden alle anderen Verstöße vollständig konsumiert. In der englischsprachigen Fassung wird der Unterschied etwas deutlicher: „the total amount of the administrative fine shall not exceed the amount specified for the gravest infringement", wobei „specified" die gesetzliche Bestimmung meint. Lediglich vergleichend kann der insoweit eindeutige § 19 Abs. 2 S. 1 OWiG herangezogen werden: „Sind mehrere Gesetze verletzt, so wird die Geldbuße nach dem Gesetz bestimmt, das die höchste Geldbuße androht."

E. Sanktion der Geldbuße (Abs. 4 bis 6)

I. Allgemeines

In den Abs. 4 bis 6 werden die Regelungen bestimmt, die mit Geldbußen **18** bewehrt sind. Zugleich wird ein unvollständiger **Bußgeldrahmen** mit (flexiblen) Obergrenzen vorgesehen, und zwar unter **Abstufung der Obergrenzen** von 10 Mio. EUR oder zwei Prozent des Jahresumsatzes (Abs. 4) und 20 Mio. EUR oder vier Prozent des Jahresumsatzes. Dabei soll jeweils der höhere Betrag maßgeblich sein (Abs. 5, 6). Außerdem werden Verstöße gegen Vorschr. der DS-GVO (Abs. 4, 5) und Verstöße gegen Anordnungen der ASB nach Art. 58 Abs. 2 (Abs. 6) unterschieden. Damit treten ein **zweistufiges** (Feststellung eines Verstoßes − Verhängung einer Geldbuße nach Abs. 4, 5) und ein **vierstufiges Modell** (Feststellung eines Verstoßes − Abhilfeanordnung − Feststellung der Nichtbefolgung − Verhängung einer Geldbuße nach Abs. 6) für das Handeln der ASB nebeneinander. Die Modelle sind nicht exklusiv gegenübergestellt, weil die Befugnisse des Art. 58 Abs. 2 sich durch die weitere Formulierung („gegen diese Verordnung", vgl. dort lit. a bis d) auch auf Verstöße gegen Vorschr. iSd Art. 83 Abs. 4, 5 beziehen. Auf diese Weise kann Verstößen in jedem Einzelfall unter Berücksichtigung des Abs. 2 differenziert Rechnung getragen werden. Das Auswahlermessen ist also nicht nur auf der Ebene der einzelnen Abs. zu betätigen, sondern auch im Vergleich der verschiedenen Abs. und deren Konzeption (Abs. 4, 6 einerseits, Abs. 5, 6 andererseits). Die Unterscheidung dreier Kategorien (Abs. 4 bis 6), um „(…) den Verantwortlichen und den Auftragsverarbeitern Rechtssicherheit zu bieten und die Harmonisierung der Geldbußen innerhalb der Union zu verstärken und gleichzeitig den ASB einen Ermessensspielraum einzuräumen" (Entwurf der Begr. des ER v. 8.4.2016, 5419/1/16 Rev 1, Add 1, 33), überzeugt nicht.

Wenngleich die Geldbuße keine Strafe ieS ist, für die die Garantiefunktion **19** des Strafrechts unmittelbar greift (vgl. Art. 49 GRCh), so kann sie doch strafrechtlichen (oder strafenden) Charakter haben (vgl. auch EuGH v. 26.2.2013 Rs. C-617/10, Rn. 34 ff. − **Gesetzmäßigkeit der Verwaltung**). Der EuGH versteht den Grundsatz der Gesetzlichkeit der Straftatbestände und Strafen als allg. Grundsatz des Gemeinschafts- bzw. Unionsrechts; dieser Grundsatz verlange insbes., „(…) dass jede Gemeinschaftsregelung, insbesondere wenn sie die Verhängung von Sanktionen vorschreibt oder gestattet, klar und bestimmt ist, damit die Betroffenen ihre Rechte und Pflichten unzweideutig erkennen und somit ihre Vorkehrungen treffen können. Auch ist dieser Grundsatz sowohl bei Normen mit strafrechtlichem Charakter als auch bei spezifischen verwaltungsrechtlichen Instrumenten zu beachten, die die Verhängung von Sanktionen durch die Verwaltung (…) vorschreiben oder gestatten" (EuGH v. 8.7.2008 Rs. T-99/04, Rn. 139 − AC-Treuhand). Den

Anforderungen der **Bestimmtheit** und der **Vorhersehbarkeit** müssen die Regelungen der DS-GVO genügen, wenn ein Verstoß gegen sie mit einer Geldbuße geahndet werden soll. Diesbezüglich bestehen jedenfalls in Einzelfällen Zweifel (vgl. → Rn. 24; vgl. auch Raab, 217 f.). Die Formulierung der Kataloge in Abs. 4 und 5 ist insoweit nur das – rechtlich immer noch bedenkliche – kleinere Übel im Vergleich zur Generalklausel des Art. 79 Abs. 2a DS-GVO-E(EP).

20   Die auf der Grundl. des weltweiten **Jahresumsatzes** zu berechnende Obergrenze findet für Unternehmen zusätzlich Anwendung. „Unternehmen" wird in Art. 4 Nr. 18 definiert, im Unterschied zur „Unternehmensgruppe" in Art. 4 Nr. 19, auf die in Art. 37 Abs. 2, 47 Abs. 1 lit. a, Abs. 2, 88 Abs. 2 verwiesen wird (vgl. → Art. 4 Rn. 123 ff., 127 ff.). ErwGr 150 S. 3 sieht demggü. vor, dass der Begriff „Unternehmen" im Kontext der Verhängung von Geldbußen iSd Art. 101, 102 AEUV verstanden werden sollte. In Bezug genommen wird damit der **funktionale Unternehmensbegriff,** für den die wirtschaftliche Einheit maßgeblich ist (vgl. Faust/Spittka/Wybitul ZD 2016, 120 (120 f. mwN); Paal RDV 2020, 57 (61)). Dieses weite Verständnis löst die Anwendbarkeit des EU-Kartellrechts eher früher als später aus und trägt dem Ziel eines unverfälschten Wettbewerbs im Binnenmarkt nach Art. 26 AEUV Rechnung. Der Unternehmensbegriff ist uneinheitlich bestimmt (vgl. Keßler WRP 2014, 765; Pohlmann, 327 (327 ff.)). Eine Übertragung auf das Datenschutzrecht und den dortigen bußgeldrechtlichen Unternehmensbegriff kann mit dessen Funktion im Wettbewerbsrecht nicht gerechtfertigt werden (vgl. Spindler DB 2016, 937 (947); Albrecht CR 2016, 88 (96): „Gesamtunternehmen"); Hintergrund mag allenfalls die **überschießende Tendenz** sein, Verstöße gegen das Datenschutzrecht wirksam zu sanktionieren. Damit steht die unzureichende Gesetzgebungstechnik der Anwendung des weiten Unternehmensbegriffs (noch) entgegen (vgl. jedoch Schönefeld/Thomé PinG 2017, 126 (127)). Hier besteht – wie an manch anderen Stellen der DS-GVO – Änderungs- bzw. Klarstellungsbedarf, der nicht alleine der Rechtsanwendungspraxis überlassen bleiben kann (vgl. Gola K&R 2017, 145 (146)). Andere Sprachfassungen ergeben kein einheitliches Bild: In Art. 83 werden die Begriffe „undertaking" (englisch), „entreprise" (französisch) und „imprese" (italienisch, Mehrzahl von „impresa") verwendet. Die Definitionen in Art. 4 Nr. 18 gelten den Begriffen „enterprise", „entreprise" und „impresa" und in Art. 4 Nr. 19 „group of undertakings", „groupe d'entreprises" und „gruppo imprenditoriale". ErwGr 150 S. 3 weicht nur im Englischen von der Definition des Art. 4 ab: „undertaking", „entreprise" und „imprese".

21   Soweit die ASB, auch unter dem Eindruck der Leitlinien (Art. 70), die Vorschr. restriktiv handhaben, wird es jedenfalls deswegen zunächst nicht zu gerichtlichen Konflikten kommen; sobald diese auftreten, kann mit bußgeldfreundlichen Entsch. des EuGH – vgl. Art. 4 Abs. 3 EUV und das legitime Ziel der Wirksamkeit von Sanktionen – gerechnet werden. Dieses Risiko muss berücksichtigt werden. IÜ sollte sich die Praxis nicht auf diesen Streitfall kaprizieren: Anliegen des Verordnunggebers ist die **Durchsetzung der DS-GVO in der Breite,** und das betrifft gerade auch Verarbeitungen in mittleren und kleinen Unternehmen, die regional, national, europaweit und darüber

hinaus tätig sind, und durch Privatpersonen. Dabei ist nach Maßgabe der Art. 55, 56 nicht ausgeschlossen, dass mehrere ASB je für sich Geldbußen verhängen.

II. Sanktionen nach Abs. 4

Art. 83 Abs. 4 betrifft die Verletzung bestimmter Pflichten von Personen oder **22** Stellen, die als Verantwortliche oder für den Verantwortlichen tätig sind. Anders als die im Vergleich zu Abs. 5, 6 niedrigere Obergrenze vermuten lässt, handelt es sich dabei nicht um minder schwere Verstöße (Spindler DB 2016, 937 (947): „eher administrative Pflichten"). Diese Regelung ist **am Verantwortlichen orientiert:** Sanktioniert wird der Verstoß gegen die Verpflichtung von Personen oder Stellen zu einem bestimmten Verhalten oder zu bestimmten Maßnahmen; diese stehen jedoch nur für einzelne Instrumente zur konzertierten Durchsetzung des Datenschutzrechts. *Ad personam* wirken diese Sanktionen auch mit der gegebenen Obergrenze nicht per se weniger schwer als die Sanktionen nach Abs. 5. Der Schutz von Kindern und Jugendlichen nach Art. 8, dessen Verletzung nach Abs. 4 lit. a sanktioniert wird, wird nicht ggü. anderen Regelungen zur Einwilligung (vgl. Abs. 5 lit. a) hintangestellt (zust. Boehm NK-DatenschutzR Art. 83 Rn. 37).

III. Sanktionen nach Abs. 5

Art. 83 Abs. 5 sanktioniert ungeachtet der Verpflichtungen einzelner Per- **23** sonen oder Stellen in den lit. b bis e nicht bloße Rechtsverstöße, sondern bes. Gefährdungen der personenbezogenen Daten, also **am Betroffenen orientiert** den Verstoß gegen Rechte der betroffenen Person: die Hoheit der Person, über die Verwendung ihrer Daten informiert zu sein und entspr. Rechte wahrnehmen zu können (lit. b); die Aussetzung personenbezogener Daten aus dem Zuständigkeitsbereich der EU und der Mitgliedstaaten (lit. c); die Sensibilität bes. Verarbeitungslagen (lit. d); und die spezifische Entsch. der ASB, mit der der Schutzwürdigkeit der Daten über das objektive Recht hinaus Ausdruck verliehen wurde (lit. e).

Als mehr als problematisch erweist sich lit. a und dort insbes. die Sanktio- **24** nierung von Verstößen gegen Art. 5, der erst im Trilog in die Vorschr. aufgenommen wurde, aber auch von Verstößen gegen Art. 6 Abs. 1 UAbs. 1 lit. b, d, f, 7 Abs. 4, 9 Abs. 2 lit. c, f. Die **Generalklauseln der Grundsätze,** die eine Vielzahl von unbestimmten, wenn nicht sogar schillernden Begriffen enthalten, vermitteln nicht ohne weiteres rechtssichere Maßstäbe, die dem Einzelnen als Grundl. für sein rechtskonformes Handeln dienen können (ähnlich Bülte StV 2017, 460 (465); Neun/Lubitzsch BB 2017, 1538 (1543)). Über den weit verstandenen Grundsatz der **Rechtmäßigkeit** könnte jeder Verstoß gegen die DS-GVO ungeachtet der Kataloge der Abs. 5, 6 einer Sanktion zugänglich sein. Eine Sanktionierung von Verstößen ist angesichts dieser Umstände rechtspolitisch wie grundrechtlich betrachtet nicht nur bedenklich (vgl. → Rn. 14, 19; Raab, 217), sondern verfassungswidrig bzw. ein Verstoß gegen die GRCh (vgl. Bülte StV 2017, 460 (470)); hier ist die Grenze dessen erreicht, was den Anwendungsvorrang des Unionsrechts ggü. dem mitgliedstaatlichen Recht legitimiert. Die Überlegung, dass unbestimmte Rechtsbegriffe außerhalb des Strafrechts hinzunehmen seien, weil die Realität komplex sei und der Verwaltung Spielräume eingeräumt werden müssten (und auch hingenommen werden könnten, weil ihre Auslegung und Anwendung der vollen gerichtlichen Kontrolle unterlägen, die aus der jahrzehntelangen Auseinandersetzung mit den Begriffen in Lehre und Rechtsprechung hervorgegangen sind), verfängt hier nicht: Einerseits kann für die Grundsätze zum großen Teil **keine jahrzehntelange gerichtliche** (und dieser bisweilen erst folgend: wiss.) **Auseinandersetzung** festgestellt werden. Es ist damit weitgehend weder bestimmt noch vorhersehbar, welches Verhalten mit Geldbuße sanktioniert werden kann (zust. Kreße in Sydow DS-GVO Art. 83 Rn. 8); dieses Defizit wird iRd Rechtsanwendung zu kompensieren sein (Wolff in Schantz/Wolff DatenschutzR Rn. 1118), ohne dass es damit ausgeräumt wäre. Andererseits werden die (für RL typischen) Grundsätze in der DS-GVO ohnehin in die Form konkreter Rechtsnormen gebracht (bzw. wird dies versucht), ausgestaltet und in vielen Fällen auch bußgeldbewehrt, und sei es über den Umweg des Verstoßes gegen Abhilfeanordnungen nach Art. 58 Abs. 2. Soweit die Grundsätze ihren Niederschlag gefunden haben, können sie als Auslegungshilfe oder Verstärkung der konkreten Regelung dienen, aber **nicht als Rechtsgrund** für eine Ahndung. Die Konflikte sind insoweit programmiert. Deshalb gilt es für ASB, an den konkreten Rechtsverstößen anzuknüpfen, wenn Sanktionen verhängt werden, und nicht etwa eigentümliche, um jeden Preis datenschutzfreundliche, iÜ kontextlose Interpretationen zur Grundl. der Ahndung des Verhaltens von Verantwortlichen zu machen (vgl. → Art. 5 Rn. 2, 55 f.).

IV. Sanktionen nach Abs. 6

25 Art. 83 Abs. 6 nimmt auf Art. 58 Abs. 2 Bezug; insoweit überschneidet er sich mit Abs. 5 lit f. Der Vorwurf gegen den Verantwortlichen liegt hier darin, dass eine wegen eines Verstoßes ergangene Abhilfeanordnung nicht befolgt wurde (zutr. Kreße in Sydow DS-GVO Art. 83 Rn. 9: „Verwaltungsungehorsam"). Der Gesetzmäßigkeit der Verwaltung folgend setzt die Geldbuße eine **vollstreckbare Abhilfeanordnung** voraus. Dadurch wird die Ahndung in diesen Fällen im Vergleich zu einer Verwirkung wegen eines Rechtsverstoßes privilegiert: Während die Geldbuße bei Abs. 4 und 5 davon abhängig ist, dass ein Verstoß gegen eine Regelung der DS-GVO vorliegt, und die Tatbestandsmäßigkeit dementsprechend zu prüfen ist, wird die Geldbuße bei Abs. 6 dadurch verwirkt, dass eine Abhilfeanordnung nach Art. 58 Abs. 2 nicht befolgt wird. Dadurch wird der Rechtsschutz für den Verantwortlichen und Adressaten der Abhilfeanordnung jedoch nicht abgeschwächt: In diesem **gestreckten Verfahren** hat er die Möglichkeit, gegen die Abhilfeanordnung der ASB Rechtsschutz nach §§ 42, 80 VwGO zu suchen.

26 Von der Geldbuße zu unterscheiden ist die Möglichkeit, zur Durchsetzung der Abhilfeanordnung nach Art. 58 Abs. 2 ein **Zwangsgeld** zu verhängen (vgl. Gola/Schomerus BDSG aF § 38 Rn. 26). Diese richtet sich nicht nach

Unions-, sondern nach dem nationalen Recht, welches für die jeweilige ASB maßgeblich ist; im Mehrebenensystem der Bundesrepublik Deutschland ist dies je nach Rechtsträger das Verwaltungsvollstreckungsgesetz des Bundes oder des jeweiligen Landes.

F. Geldbußen gegen Behörden und andere öffentliche Stellen (Abs. 7)

Die DS-GVO gilt für öffentl. wie nicht öffentl. Stellen. Die Abhilfebefugnisse **27** des Art. 58 Abs. 2 stehen den ASB ggü. öffentl. wie nicht öffentl. Stellen zu; dies bestätigt Art. 83 Abs. 7 S. 1. Die Sanktionen greifen im Grundsatz jedoch nur ggü. nicht öffentl. Stellen. Dies erkennt Art. 83 Abs. 7 an. Er eröffnet den Mitgliedstaaten – deklaratorisch – die Möglichkeit, dass die ASB gegen Behörden und öffentl. Stellen Geldbußen verhängen. Der **dt. Rechtsordnung** ist dieser Zugriff fremd: Dem OWiG liegt dessen ausschl. Anwendbarkeit auf (idR natürliche, nach §§ 29, 30 OWiG auch jur.) Personen des Privatrechts voraus. IRd BDSG werden Verstöße Privater sanktioniert. In einzelnen Gesetzen wird ausdr. (jedoch nicht konstitutiv) erwähnt, dass nur Personen des Privatrechts ordnungswidrig handeln können (vgl. – freilich für eine Sonderlage – § 49 Abs. 1 RStV für den Veranstalter von privatem Rundfunk; § 24 JMStV unter Berücksichtigung der Überschrift des zugehörigen Abschnitts: „Ahndung von Verstößen der Anbieter mit Ausnahme des öffentlich-rechtlichen Rundfunks"), was jedoch durchaus Fragen der Gleichbehandlung bedingt (in Bezug auf den Rundfunk Bornemann, 9 ff.). In der Logik der **Gesetzmäßigkeit der Verwaltung,** von Aufsicht und Weisung und des effektiven Rechtsschutzes (vgl. für Deutschland Art. 19 Abs. 4 GG) mit der Möglichkeit der Amtshaftung (Art. 34 GG) bedürfe es einer Ahndung von Verstößen auch gar nicht. Und: So sehr alle Staatsgewalt vom Volke ausgehe (Art. 20 Abs. 2 S. 1 GG), sei der Staat souverän; er mache sich insoweit nicht gemein mit Personen des Privatrechts. § 43 Abs. 3 BDSG – vgl. demgegenüber Art. 22 LDSG Bayern, § 28 LDSG BW – ist daher konsequent und wenig überraschend, aber mit Blick auf die Durchschlagskraft des Rechts auf informationelle Selbstbestimmung, die gelegentliche Widerständigkeit der öffentl. Verwaltung (vgl. Brink CR 2017, 433 (434 f.)) sowie Anspruch und Wirksamkeit der DS-GVO krit. zu sehen (vgl. Nemitz in Ehmann/Selmayr DS-GVO Art. 84 Rn. 47). Nachlässigkeit bei der Durchsetzung des Datenschutzes kann sich die öffentliche Verwaltung unabhängig von dieser Privilegierung nicht leisten (vgl. Kohn ZD 2019, 498 (502)). Eine Behelfskonstruktion ist die eigenständige Würdigung des Verhaltens des Amtsträgers, der außerhalb seiner Befugnisse gegen datenschutzrechtliche Bestimmungen verstößt, als Exzess, etwa durch sog. „Neugierabfragen" (krit. Dieterle ZD 2020, 135 (136 f.)); dieses Verhalten ist mittels Art. 84 zu sanktionieren – wenn dies landesrechtlich möglich ist.

Art. 83 Abs. 7 ventiliert die Möglichkeit, gegen Behörden ein Bußgeld zu **28** verhängen. Unter dem Aspekt des Ziels, das Datenschutzrecht umfassend durchzusetzen und dies mit gleichen Mitteln ggü. Personen des Privatrechts wie jur. Personen des öffentl. Rechts sicherzustellen, ist dieser Ansatz unter **Wahrung der mitgliedstaatlichen Souveränität** nachvollziehbar. Gleichzeitig ist die Rationalität der Ahndung eines Verstoßes gegen eine Bestimmung der DS-GVO fraglich, wenn die ASB eines Rechtsträgers gegen eine Behörde desselben Rechtsträgers eine Geldbuße verhängt. So überrascht es kaum, dass auch auf Unionsebene die interne Kontrolle bis hin zu Disziplinarmaßnahmen die Mittel der Wahl sind (vgl. Art. 49 VO (EG) Nr. 45/2001 v. 18.12.2000 zum Schutz natürlicher Personen bei der Verarbeitung personenbezogener Daten durch die Organe und Einrichtungen der Gemeinschaft und zum freien Datenverkehr). Insoweit wäre eine mitgliedstaatliche Regelung in Deutschland ein **Paradigmenwechsel** (zust. Wolff in Schantz/Wolff DatenschutzR Rn. 1112), der in der Sache wenig überzeugt. Schlüssig wären eine Verschärfung der Binnenkontrolle und der − rechtlich schwer fassbare − Ansatz, dass staatliche Stellen datenschutzrechtskonformes Verhalten vorleben, längst nicht nur in und durch die ASB; insoweit ist mit der DS-GVO auch eine **Optimierungsaufgabe** verbunden.

G. Verfahrensgarantien (Abs. 8)

29 Art. 83 Abs. 8 ist ein weiteres Bsp. (vgl. → Rn. 13) für die verfassungslose Konstitutionalisierung des Sekundärrechts: Die Verfahrensgarantien werden einerseits durch die Maßstäbe der GRCh vorgegeben, andererseits in erster Linie durch das mitgliedstaatliche Recht ausgestaltet. Die von Geldbußen betroffenen Verantwortlichen müssen die Gelegenheit zur Stellungnahme und zur Akteneinsicht erhalten, Wiedereinsetzung in den vorigen Stand beantragen sowie Gerichte anrufen können, die das Handeln der ASB und Geldbußen wirksam überprüfen. Bezugspunkte sind hier § 46 OWiG iVm der StPO. Das OWiG wird nur zT von der DS-GVO überlagert (etwa § 17 Abs. 2 OWiG durch Art. 83 Abs. 2 S. 2). Es besteht kein Grund, § 1 Abs. 1 OWiG nicht als Brückennorm zwischen den Verstößen gegen die DS-GVO und dem OWiG aufzufassen, nachdem dies eine rechtswidrige und vorwerfbare Handlung ist, die den Tatbestand eines Gesetzes verwirklicht, welches die Ahndung mit einer Geldbuße zulässt.

H. Sonderrecht (Abs. 9)

30 Art. 83 Abs. 9 enthält eine Öffnungsklausel, um den Besonderheiten mitgliedstaatlicher Rechtsordnungen Rechnung zu tragen. Denn laut ErwGr 151 sind die in der DS-GVO vorgesehenen Geldbußen in Dänemark und in Estland nicht zulässig. Diese eng auszulegende Regelung bestätigt indes, wie sehr das Unionsrecht auf das mitgliedstaatliche Recht verwiesen ist, dass das Unionsrecht aber materiell durchgreifen soll („in jedem Fall").

I. Nationale Bestimmungen

Für § 43 BDSG aF – auch mit seiner deutlich niedrigeren Bußgeldobergrenze **31** – war unter der Geltung der DS-GVO kein Platz mehr. Allerdings sind verwaltungsrechtliche Sanktionen im mitgliedstaatlichen Recht auch weiterhin möglich, vgl. ErwGr 152 S. 2. Neben der Öffnungsklausel zu Gunsten mitgliedstaatlicher Bestimmungen nach Abs. 7 ist das mitgliedstaatliche Recht aber für die Verhängung und Vollstreckung von Geldbußen sehr präsent. Das Recht der **Aufbau- und der Ablauforganisation** und die **verfahrensrechtlichen Garantien** (vgl. Abs. 8) sind insoweit die bekannten Anknüpfungspunkte für den Vollzug dieser Vorschr. Als Fluchtpunkt ist erneut Art. 4 Abs. 3 EUV beachtlich: Das mitgliedstaatliche Recht muss DS-GVO-freundlich ausgelegt und angewandt und „**Stockfehler**" müssen von Anfang an vermieden werden. So wäre es unionsrechtswidrig, wenn die normativ nur mittelbar erkennbare Entsch. zugunsten einer Fahrlässigkeitshaftung (vgl. → Rn. 14) durch eine strikte Anwendung des § 10 OWiG suspendiert würde. Verantwortlichen wie Betroffenen ist nicht gedient, wenn mitgliedstaatliches Recht als Instrument der Obstruktion oder als Ausdruck einer Abwehrreaktion gegen die Überformung auch des Sanktionsrechts durch Unionsrecht eingesetzt wird.

J. Ausblick

Dem Umfang der sanktionierten Verstöße und der Höhe der Geldbußen nach **32** steht Art. 83 für einen rechtsstaatlich zT bedenklichen **Paradigmenwechsel.** Auch soweit die Vorschr. unproblematisch ist, sollte aus ihr keine überschießende Tendenz abgeleitet werden: Art. 83 ist nicht das Allheilmittel für die Durchsetzung des Datenschutzrechts. Er dient auch nicht der Refinanzierung der Tätigkeit der ASB. Geldbußen sollen die Wirksamkeit des Datenschutzrechts erhöhen (vgl. Paal RDV 2020, 57 (62)). Ihr Ziel ist nicht in erster Linie der Schutz des Betroffenen – dafür sind die Anordnungsbefugnisse vorgesehen (vgl. Raab, 220). Geldbußen sind damit nur **ein notwendiges Instrument** im Einsatz gegen eine Praxis, die die Einhaltung der gesetzlichen Vorgaben nicht ernsthaft betreibt. Sie dürfen nicht mit Verve oder gar Furor, sondern sollen mit objektiver, neutraler Sicht auf die Verstöße und ihren Kontext verhängt werden. Nicht zuletzt müssen sie unionsrechts- und verfassungskonform sein; an der Erfüllung dieser Anforderungen bestehen bei Art. 83 – jedenfalls Abs. 5 – erhebliche Zweifel. Die Verfahrensdauer, die Vielzahl der Fälle und die Rechtsunsicherheit sind Gründe dafür, warum der Weg zum EuGH allzu weit ist, mit vorzeitigen Einsichten seitens der rechtsetzenden Organe (vgl. Bülte StV 2017, 460 (470)) ist indes nicht zu rechnen.

Art. 84 Sanktionen

(1) ¹Die Mitgliedstaaten legen die Vorschriften über andere Sanktionen für Verstöße gegen diese Verordnung – insbesondere für Verstöße, die keiner Geldbuße gemäß Artikel 83 unterliegen – fest und treffen alle zu deren Anwendung erforderlichen Maßnahmen. ²Diese Sanktionen müssen wirksam, verhältnismäßig und abschreckend sein.

(2) Jeder Mitgliedstaat teilt der Kommission bis zum 25. Mai 2018 die Rechtsvorschriften, die er aufgrund von Absatz 1 erlässt, sowie unverzüglich alle späteren Änderungen dieser Vorschriften mit.

BDSG und anderes nationales Recht: § 42 BDSG (kommentiert unter → BDSG 42 Rn. 1 ff.)

Literatur: *Dieterle,* Sanktionierung von Neugierabfragen im öffentlichen Dienst, ZD 2020, 135; *Gaycken,* Sicherheits- und Überwachungstechnik, in: Grunwald/Simonidis-Puschmann (Hrsg.), Handbuch Technikrecht, 2013, S. 359; *Gnegel,* Der kleine Lauschangriff. Überwachungstechnik im privaten Bereich, in: Das Archiv 2011, 82; *Raab,* Die Harmonisierung des einfachgesetzlichen Datenschutzes, 2015; *Weichert,* Datenschutzstrafrecht – ein zahnloser Tiger?, NStZ 1999, 490.

A. Allgemeines

I. Einführung

1   Art. 84 ist die **Brückennorm** zum Recht der Mitgliedstaaten, welches in Deutschland va im StGB, im TKG und bisher wie künftig im BDSG angelegt ist (vgl. nun § 42 BDSG). Art. 84 zielt va auf das Strafrecht, schließt aber auch verwaltungsrechtliche Sanktionen durch mitgliedstaatliches Recht nicht aus, vgl. ErwGr 152 S. 2. Für das Strafrecht als **ultima ratio des Rechtsgüterschutzes,** die außerhalb der Entscheidungszuständigkeit der ASB anzuwenden ist, wird damit den Grundsätzen der Subsidiarität und der Verhältnismäßigkeit im Verhältnis der EU zu den Mitgliedstaaten Rechnung getragen (Art. 5 Abs. 1 S. 2 EUV). Mit der Umstellung der Art. 83, 84 im Vergleich zu den Art. 78, 79 DS-GVO-E(KOM) wird die Nachrangigkeit der strafrechtlichen Sanktionen bekräftigt.

II. Entstehungsgeschichte

1. Vergleich mit der DSRL

2   Strafrechtliche Sanktionen waren bereits iRd Art. 24 DSRL möglich. Zwar regelte § 41 BDSG 1977 Straftatbestände, der § 44 BDSG aF knüpft jedoch an § 43 BDSG aF an und ist damit zT als Ausgestaltung des Rahmens des Art. 24 DSRL zu verstehen (vgl. iÜ → Art. 83 Rn. 2).

2. Vergleich mit den Entwurfsfassungen

Art. 84 nimmt seinen Ausgang in Art. 78 DS-GVO-E(KOM), der die Re- 3
gelung von Sanktionen durch die Mitgliedstaaten der Regelung verwaltungsrechtlicher Sanktionen in Art. 79 DS-GVO-E(KOM) voranstellte (vgl.
Art. 83 Rn. 2 f.). Art. 78 DS-GVO-E(KOM) erfuhr eine erste Änd., indem
er in dem DS-GVO-E(Rat) gestrichen bzw. durch Art. 79b DS-GVO-E(Rat)
ersetzt wurde. Diese Vorschr. steht noch unter dem Eindruck des Art. 78 des
Entwurfs: Vorgesehen wurde, dass die Mitgliedstaaten bei Verstößen gegen
die DS-GVO, „insbesondere bei Verstößen, die keiner Geldbuße nach Artikel 79a unterliegen", die Sanktionen festlegen sollten. ErwGr 152 S. 1 stellt
nunmehr klar, dass Art. 84 greift, soweit die DS-GVO verwaltungsrechtliche
Sanktionen nicht harmonisiert oder soweit es – „beispielsweise bei schweren
Verstößen gegen diese Verordnung" – erforderlich ist, den Rahmen verwaltungsrechtlicher Sanktionen zu verlassen.

B. Mitgliedstaatliche Regelung (Abs. 1)

Die Entscheidungshoheit über Sanktionen jenseits des Verwaltungsrechts liegt 4
bei den Mitgliedstaaten. Es sind verschiedene Ansätze denkbar, die parallel
verfolgt werden können. Eine Möglichkeit besteht darin, am **Maßstab der
materiellen Bestimmungen der DS-GVO** die vorsätzliche Begehung und
die Begehung mit Schädigungsabsicht unter Strafe zu stellen; Art. 83 Abs. 2
S. 2 DS-GVO steht dem nicht entgegen: Zwar sind Schuldform, Schwere des
Verstoßes und Schaden bei der Bemessung der Geldbuße zu berücksichtigen.
Dies schließt aber nicht aus, dass die Mitgliedstaaten im konkreten Fall auf
bestimmter Rechtsgrundlage eine Strafwürdigkeit für begangenes Unrecht
feststellen. Damit sind also auch Verstöße gegen die DS-GVO einer Strafsank-
tion zugänglich, wie dies derzeit noch bei § 44 BDSG aF der Fall ist.

Ein anderer Ansatz kann (zusätzlich) dadurch verfolgt werden, dass be- 5
stimmte Verhaltensweisen, die mit Datenverarbeitungen einhergehen, als
strafwürdig oder auch nur als ahndungswürdig qualifiziert und daher mit
Selbststand **außerhalb der DS-GVO** (und bisher außerhalb des BDSG)
sanktioniert werden. Regelmäßig liegt in diesen Handlungen auch ein Verstoß gegen die DS-GVO. Im dt. Recht ist dies für bestimmte Handlungen im
StGB geregelt: für die Verletzung der Vertraulichkeit des Wortes (§ 201
StGB) und des höchstpersönlichen Lebensbereichs durch Bildaufnahmen
(§ 201a StGB); für das Ausspähen und Abfangen von Daten sowie für das
Vorbereiten des Ausspähens und Abfangens von Daten (§§ 202a, 202b, 202c
StGB); für Datenhehlerei (§ 202d StGB); für die Verletzung von Privatgeheimnissen und Verwertung fremder Geheimnisse (§§ 203 f. StGB) und für
die Verletzung des Post- und Fernmeldegeheimnisses (§ 206 StGB). Strafrechtlich sanktioniert werden auch die Fälschung technischer Aufzeichnungen
und beweiserheblicher Daten (§§ 268 f. StGB), Datenveränderung und Com-
putersabotage (§§ 303a f. StGB), aber auch die für die §§ 263 ff. StGB relevante fälschliche Beeinflussung einer Datenverarbeitung im Rechtsverkehr
(§ 270 StGB) sowie die mittelbare Falschbeurkundung (§ 271 StGB) und

Urkundenunterdrückung (§ 274 Abs. 1 Nr. 2 StGB). Auch das Nebenstrafrecht enthält mit Datenverarbeitungen verbundene Schutznormen, wenngleich sie im Alltag der Strafverfolgungsbehörden weniger präsent sind: Hervorzuheben ist hier § 148 iVm §§ 89, 90 TKG (Abhörverbot, Geheimhaltungspflicht der Betreiber von Empfangsanlagen, Missbrauch von Sende- oder
sonstigen Telekommunikationsanlagen). Angesichts der technischen Entwicklung (vgl. den Überblick bei Gaycken in Grunwald/Simonidis-Puschmann,
359) gewinnen die strafrechtlichen Bestimmungen noch an Bedeutung. Als
Sanktion kommt nicht nur Freiheits- oder Geldstrafe, sondern auch der Ver-
fall (§ 73 StGB) in Betracht (vgl. ErwGr 149 S. 2: „Einziehung der durch die
Verstöße gegen diese Verordnung erzielten Gewinne").

6   Bei der Verhängung von Sanktionen nach mitgliedstaatlichem Recht gilt
das **Verbot der Doppelbestrafung** nach Art. 50 GRCh (vgl. Raab, 215),
weil sich die Mitgliedstaaten insoweit in einer Durchführungslage des Art. 51
Abs. 1 S. 1 GRCh befinden (vgl. auch ErwGr 149 S. 3; zust. Wolff in
Schantz/Wolff DatenschutzR Rn. 1140). Dieses Verbot ist nach der Vorgabe
des EuGH auch im Verhältnis zur verwaltungsrechtlichen Sanktion zu beachten (→ Art. 83 Rn. 19; zust. Popp in Sydow DS-GVO Art. 84 Rn. 7).
Bei mehreren Handlungen kann freilich Tatmehrheit bestehen; die verwaltungsrechtliche Sanktion kann von der strafrechtlichen konsumiert werden.
Weiterhin ist nach Abs. 1 S. 2 die Zielsetzung der Sanktionen zu berücksichtigen (vgl. → Art. 83 Rn. 6 f.), was jedoch zB die Regelung des Erfordernisses eines Strafantrages nicht ausschließt. Verfahrensrechtliche Garantien
ergeben sich auch aus dem mitgliedstaatlichen Recht, etwa den §§ 1, 46
StGB.

C. Notifizierung (Abs. 2)

7   Art. 84 Abs. 2 fordert die Notifizierung der KOM durch die Mitgliedstaaten.
Wörtlich bezieht sich diese Verpflichtung nur auf nach dem Inkrafttreten der
DS-GVO erlassene Rechtsvorschriften. Zum Zwecke der Herstellung von
Rechtssicherheit und Transparenz sollte der Mitgliedstaat die bereits beste-
henden Regelungen bedenken, die unverändert bleiben.

D. Ausblick

8   Art. 84 Abs. 1 hat weniger einen zu mitgliedstaatlichen Normen anregenden
als bestehende Normen **erhaltenden Charakter** (Wolff in Schantz/Wolff
DatenschutzR Rn. 1136: „eröffnenden Charakter"). Fraglich ist, ob dem
Verordnunggeber dieser Umstand bewusst war. Die Nachrangigkeit des
Art. 83 wird von Art. 84 iVm dem mitgliedstaatlichen Recht übertroffen: Sie
sind **letzte Mittel,** um Verstöße gegen das Datenschutzrecht zu sanktionieren
(vgl. Weichert NStZ 1999, 490; Dieterle, ZD 2020, 135).

Kapitel IX. Vorschriften für besondere Verarbeitungssituationen

Art. 85 Verarbeitung und Freiheit der Meinungsäußerung und Informationsfreiheit

(1) Die Mitgliedstaaten bringen durch Rechtsvorschriften das Recht auf den Schutz personenbezogener Daten gemäß dieser Verordnung mit dem Recht auf freie Meinungsäußerung und Informationsfreiheit, einschließlich der Verarbeitung zu journalistischen Zwecken und zu wissenschaftlichen, künstlerischen oder literarischen Zwecken, in Einklang.

(2) Für die Verarbeitung, die zu journalistischen Zwecken oder zu wissenschaftlichen, künstlerischen oder literarischen Zwecken erfolgt, sehen die Mitgliedstaaten Abweichungen oder Ausnahmen von Kapitel II (Grundsätze), Kapitel III (Rechte der betroffenen Person), Kapitel IV (Verantwortlicher und Auftragsverarbeiter), Kapitel V (Übermittlung personenbezogener Daten an Drittländer oder an internationale Organisationen), Kapitel VI (Unabhängige Aufsichtsbehörden), Kapitel VII (Zusammenarbeit und Kohärenz) und Kapitel IX (Vorschriften für besondere Verarbeitungssituationen) vor, wenn dies erforderlich ist, um das Recht auf Schutz der personenbezogenen Daten mit der Freiheit der Meinungsäußerung und der Informationsfreiheit in Einklang zu bringen.

(3) Jeder Mitgliedstaat teilt der Kommission die Rechtsvorschriften, die er aufgrund von Absatz 2 erlassen hat, sowie unverzüglich alle späteren Änderungsgesetze oder Änderungen dieser Vorschriften mit.

BDSG und anderes nationales Recht: Landesrechtliche Medienprivilegien, zB §§ 9c, 57 RStV / § 12, 23 MStV.

Literatur: *Benecke/Wagner,* Öffnungsklauseln in der Datenschutz-Grundverordnung, DVBl 2016, 600; *Benedikt/Kranig,* DS-GVO und KUG – ein gespanntes Verhältnis, ZD 2019, 4; *Cornils,* Der Streit um das Medienprivileg, ZUM 2018, 561; *Hornung/Hofmann,* Die Auswirkungen der europäischen Datenschutzreform auf die Markt- und Meinungsforschung, ZD-Beilage 4/2017, 1; *Klass,* Das Recht auf Vergessen(-werden) und die Zeitlichkeit der Freiheit, ZUM 2020, 265; *Lauber-Rönsberg/Hartlaub,* Personenbildnisse im Spannungsfeld zwischen Äußerungs- und Datenschutzrecht, NJW 2017, 1057; *Rombey,* Die Geltung des Medienprivilegs für YouTuber, ZD 2019, 301; *Trentmann,* Das „Recht auf Vergessenwerden" bei Suchmaschinentrefferlinks, CR 2017, 26; *Ziebarth/Elsaß,* Neue Maßstäbe für die Rechtmäßigkeit der Nutzung von Personenbildnissen in der Unternehmenskommunikation?, ZUM 2018, 578.

A. Allgemeines

Art. 85 ist die Nachfolgeregelung von Art. 9 DSRL. Die Vorschr. trägt der **1** Bedeutung des **Rechtes auf freie Meinungsäußerung** und der **Informationsfreiheit** in einer demokratischen Gesellschaft Rechnung. Nach Auff. des Verordnungsgebers besteht die Gefahr eines **Konfliktes** zwischen dem **Recht** auf **Schutz personenbezogener Daten aus Art. 8 GRCh** einerseits und den **Grundrechten aus Art. 11 GRCh** (Freiheit der Meinungsäußerung und Informationsfreiheit) bzw. **Art. 13 GRCh** (Freiheit von Kunst und Wissenschaft) andererseits. Dieses **grundrechtliche Spannungsverhältnis** gilt es im Einzelfall aufzulösen. Die kollidierenden Grundrechte sind dabei zu einem möglichst schonenden **Ausgleich** zu bringen. So macht auch ErwGr 4 deutlich, dass das Recht auf Schutz personenbezogener Daten nicht uneingeschränkt gelten kann, sondern im Hinblick auf seine gesellschaftliche Funktion gesehen werden muss. Es ist gegen andere Grundrechte und insbes. auch namentlich gegen die Meinungsäußerungs- und Informationsfreiheit abzuwägen.

2 Gem. Art. 85 bleibt der Ausgleich zwischen dem Recht auf den Schutz personenbezogener Daten und der Meinungs- und Informationsfreiheit den **Mitgliedstaaten** vorbehalten. Die Vorschr. zielt wie schon Art. 9 DSRL darauf ab, den Mitgliedstaaten **individuelle Kollisionsregelungen** im Hinblick auf die Grundrechte der Meinungs- und Informationsfreiheit zu ermöglichen (Ehmann/Helfrich DSRL Art. 9 Rn. 2). Dabei ist Abs. 1 der Vorschr. weniger Öffnungsklausel denn Anpassungsauftrag an die Mitgliedstaaten (vgl. Kühling/Martini ua DS-GVO und nationales Recht, 287; Benecke/Wagner DVBl 2016, 600 (602); anders: Lauber-Rönsberg/Hartlaub NJW 2017, 1057 (1062); Ziebarth/Elsaß ZUM 2018, 578 (582); Cornils ZUM 2018, 561 (570)), dessen Korsett „streng gezurrt" ist (Benedikt/Kranig ZD 2019, 4). Er zielt allein auf eine Anpassung des bestehenden mitgliedstaatlichen Rechtes an die Vorgaben der DS-GVO ab. Auch der EuGH hat wiederholt klargestellt, dass es Aufgabe der Mitgliedstaaten ist, die Grundrechte Datenschutz und Meinungsfreiheit miteinander in Einklang zu bringen (EuGH EuZW 2004, 245 Rn. 90; EuZW 2009, 108 Rn. 54). Abs. 2 der Vorschr. stellt hingegen eine obligatorische Öffnungsklausel für die Mitgliedstaaten dar (vgl. Kühling/Martini ua DS-GVO und nationales Recht, 293).

3 Verstöße gegen Pflichten, die sich aus den von den Mitgliedstaaten nach Art. 85 erlassenen Vorschr. ergeben, werden nach Art. 83 Abs. 5 lit. d mit Geldbußen geahndet. Bisher ist ein derartiger Fall allerdings nicht bekannt.

B. Regelungsbefugnis für den nationalen Gesetzgeber (Abs. 1)

4 Abs. 1 enthält den allg. **Auftrag an die Mitgliedstaaten,** in ihrem Recht einen **Ausgleich** zwischen dem Recht auf Datenschutz und der Meinungs- und Informationsfreiheit **herzustellen.** Sie haben durch den Erlass von Rechtsvorschriften das Recht auf den Schutz personenbezogener Daten mit dem Recht auf freie Meinungsäußerung und Informationsfreiheit, einschl. der Verarbeitung zu journalistischen, wiss., künstlerischen oder literarischen Zwecken, **in Einklang** zu bringen. Zwar gibt die Vorschr. das Erg. durch den Anpassungszwang von nationalem Recht an die Vorgaben der Grundverordnung in diesem Bereich vor, die Mitgliedstaaten sind aber bei der konkreten Ausführung und Mittelwahl nicht gebunden. Die DS-GVO ordnet hier insofern **keine Vollharmonisierung** an (vgl. Benecke/Wagner DVBl 2016, 600

(602)). Raum für mitgliedstaatliche Regelungen besteht jedoch nur insoweit, als es um eine Datenverarbeitung zu den in Abs. 1 und Abs. 2 konkretisierten Zwecksetzungen geht. Hierdurch soll einer Rechtszersplitterung im europ. Datenschutzrecht vorgebeugt werden. Da es sich hierbei um Regelungen handelt, die in den Kompetenzbereich der Länder fallen, sind primär die Landesgesetzgeber zuständig (BT-Drs. 18/11325, 79). Bisher hat der Bundesgesetzgeber daher keine speziellen Regelungen vorgesehen. Insbes. §§ 27, 28 und 50 BDSG beruhen nicht auf Art. 85, sondern auf Art. 9 Abs. 2 lit. j DS-GVO (BT-Drs. 18/11325, 99–100, 111; Dt. Bundestag, WD 3 – 3000 – 123/18, 5). Erfolg bei der Suche hat man daher in den **Landesdatenschutzgesetzen** oder in spezifischen landesrechtlichen Gesetzen mit medialem Bezug. Alle Bundesländer haben bereits von ihrer Kompetenz Gebrauch gemacht (*BW:* § 12 PresseG BW; *Bay.:* Art. 11 BayPrG, Art. 38 BayDSG; *Bln.:* § 19 BlnDSG; *Bbg:* § 16a BbgPG; *Brem.:* § 5 PresseG HB; *Hmb:* § 11a PresseG HH; *H:* § 10 HPresseG; *M-V:* § 18a LPrG M-V; *N:* § 19 NPresseG; *NRW:* § 12 LPrG NW; *RhPf:* § 13 LMG RLP; *S:* § 11 SMG; *Sachs.:* § 11a SächsPresseG; *LSA:* § 11 MedienG LSA; *SchlH:* § 10 LPresseG SH; *Thür.:* § 11a TPG). Bei der Formulierung neuer Regelungen mussten die Landesgesetzgeber dabei im Bereich der Datensicherheit und des Schadensersatzes auf Verweise auf die DS-GVO zurückgreifen, da diese Gegenstände, anders als zuvor, nicht mehr vom nationalen Gesetzgeber geregelt werden (vgl. Cornils ZUM 2018, 561 (563)). Die Regelungen bzgl. der Wahrung des Datengeheimnisses hingegen werden nun durch eigene Bestimmungen im Landesrecht normiert und nicht mehr, wie in Zeiten der DSRL, durch einen Verweis auf § 5 BDSG (vgl. Cornils ZUM 2018, 561 (563)).

C. Abweichungen oder Ausnahmen (Abs. 2)

Abs. 2 gibt den Mitgliedstaaten über den allg. Auftrag aus Abs. 1 hinaus auf, **5** Abweichungen und Ausnahmen von zahlr. Bestimmungen der DS-GVO vorzusehen, sofern dies erforderlich ist, um das Recht auf Schutz der personenbezogenen Daten mit der Freiheit der Meinungsäußerung und der Informationsfreiheit in Einklang zu bringen. National wurde bspw. mit einer Anpassung der Regelungen zum öffentlich-rechtlichen Rundfunk (§ 9c RStV Medienprivileg) und zu Telemedien der Presse und des Rundfunks (§ 57 RStV Medienprivileg) auf Art. 85 eingegangen (Buchner/Tinnefeld in Kühling/Buchner DS-GVO Art. 85 Rn. 31–33).

Abs. 2 erlaubt **Ausnahmen oder Abweichungen von den Verord-** **6** **nungsbestimmungen** nur unter den folgenden Voraussetzungen:

1. Die Ausnahme bzw. Abweichung muss sich auf eine **Datenverarbei-** **7** **tung** beziehen, die **zu journalistischen, wiss., künstlerischen oder literarischen Zwecken** erfolgt. Eine solche scheidet nicht bereits aus, weil mit ihr im konkreten Einzelfall auch eine Gewinnerzielungsabsicht verfolgt wird (EuGH, EuZW 2009, 108 (110) Rn. 58 – Satamedia). Zu den journalistischen Zwecken zählt nach ErwGr 153 insbes. die Verarbeitung im **audiovisuellen Bereich** sowie in **Nachrichten- und Pressearchiven.** Begriffe wie

Journalismus, die sich auf die Meinungsäußerungsfreiheit beziehen, sollen zudem weit ausgelegt werden. Dies ergibt sich im Wege einer europarechtskonformen Auslegung der Normen unter Beachtung des ErwGr 153 (vgl. EuGH, EuZW 2009, 108 (110) Rn. 56 – Satamedia; OLG Köln, Urt. v. 14.11.2019 – 15 U 89/19, BeckRS 2019, 28520, Rn. 33).

8   Eine Datenverarbeitung zu journalistischen Zwecken liegt grds. immer dann vor, wenn Ziel der Verarbeitung die Veröff. für einen unbestimmten Personenkreis ist. Art. 85 erfasst alle Formen und Phasen der journalistischen Datenverarbeitung. Auch die Verbreitung illegal erhobener Informationen, die das Persönlichkeitsrecht der betroffenen Person nicht unangemessen verletzen, fällt in den Schutzbereich der Meinungs-, Informations- und Medienfreiheit. Bei der Beurteilung journalistisch-redaktioneller Beiträge in Online-Archiven ist das Recht auf informationelle Selbstbestimmung vom Schutzgehalt des Persönlichkeitsrechts zu trennen (BVerfG ZUM 2020, 58 Rn. 79, 83 – 86 – Recht auf Vergessen I). Damit sind solche Beiträge lediglich am Maßstab der kollidierenden Grundrechte aus Art. 2 Abs. 1 iVm Art. 1 Abs. 1 GG und Art. 5 Abs. 1 GG zu beurteilen, denn das **Datenschutzrecht findet nur Anwendung, wenn personenbezogene Daten nicht im Kontext einer öffentl. Auseinandersetzung und Kommunikation, sondern anderweitig genutzt werden** (Klass ZUM 2020, 265 (269)). Bloße Datensammlungen oder Datenauflistungen sind nicht von Art. 85 umfasst (vgl. BVerfG, Beschluss v. 6.1.2019 – 1 BvR 276/17). Dies ist insbes. für Online-Informationsangebote wie Suchmaschinen von Bedeutung (vgl. EuGH, Urt. v. 13.5.2014 C-131/12, ECLI:EU:C:2014:317 = ZD 2014, 350; BVerfG, Beschluss v. 6.1.2019 – 1 BvR 276/17; Trentmann CR 2017, 26 (34)). Probleme können sich auch bei der Einordnung von sozialen Netzwerken oder Bewertungsportalen ergeben (vgl. jüngst zu Bewertungsportalen: OLG Köln, Urt. v. 14.11.2019 – 15 U 89/19, BeckRS 2019, 28520). Für die Beurteilung, ob die Datenverarbeitung zu journalistischen Zwecken erfolgt, kommt es iRe Einzelfallbetrachtung maßgeblich darauf an, ob die meinungsbildende Wirkung prägender Bestandteil ist (Frey in SJTK DS-GVO Art. 85 Rn. 18; BGH, BGHZ 181, 328). Ferner wird diskutiert, ob ein Medienprivileg auch für Youtuber, Blogger, Pressesprecher oder auch Fotografen außerhalb der Pressefotografie eingeführt werden soll (dafür zB Rombey ZD 2019, 301, 305). In einzelnen landesrechtlichen Vorschr. werden die **journalistischen Tätigkeiten von Bloggern** und anderen Einzelpersonen ohne Anbindung an ein Presseunternehmen bereits vom Medienprivileg erfasst (vgl. bspw. LReg BW, LT-Drs. 16/3555, 20).

9   Im Gegensatz zur Vorgängerregelung des Art. 9 DSRL erfasst die DS-GVO nun explizit auch wiss. Verarbeitungsvorgänge (vgl. Ehmann/Helfrich DSRL Art. 9 Rn. 8 ff.), sodass neben dem **Medienprivileg** auch ein **Wissenschaftsprivileg** besteht. Um eine effektive wiss. Arbeit zu ermöglichen, ist es erforderlich, Informationszugangsrechte für Forscher und Wissenschaftler weit auszulegen. Auf der anderen Seite sind die zu wiss. Zwecken erhobenen Daten jedoch von einer weitergehenden Verarbeitung zu anderen Zwecken abzuschirmen. So ist es bspw. zulässig, Daten, die aus Interviews mit Suchtpatienten hervorgehen für wiss. Studien zu nutzen, nicht jedoch diese

auch iRe strafrechtlichen Verfolgung durch Polizei und Staatsanwaltschaft zu verwenden. Die Vorschr. erfasst insbes. die Wissenschaftskommunikation, also die Verwendung personenbezogener Daten in wiss. Erg. va iRd Publikation (vgl. Hornung/Hofmann ZD-Beilage 4/2017, 12).

Die Datenverarbeitung zu künstlerischen und literarischen Zwecken um- **10** fasst die Herstellung von Schriftwerken im Bereich der Belletristik, Wiss., sowie der Kultur- und Geistesgeschichte. Grds. gilt, dass die Meinungs- und Informationsfreiheit umso stärker zu gewichten ist, je stärker sich die Publikation im Bereich der Faktenübermittlung bewegt. Die Grenze für eine Verarbeitung zu künstlerischen oder literarischen Zwecken ist dann erreicht, wenn in der Publikation erkennbar das Privat- und Intimleben einer Person veröffentlicht wird (vgl. Buchner/Tinnefeld in Kühling/Buchner DS-GVO Art. 85 Rn. 23; BVerfG, BVerfGE 119, 1). In diesen Fällen überwiegt grds. der Schutz der personenbezogenen Daten.

2. Die zulässigen Ausnahmen und Abweichungen beziehen sich lediglich **11** auf die Kap. II (Grundsätze), Kap. III (Rechte der betroffenen Person), Kap. IV (Verantwortlicher und Auftragsverarbeiter), Kap. V (Übermittlung personenbezogener Daten an Drittländer oder an int. Organisationen), Kap. VI (Unabhängige ASB), Kap. VII (Zusammenarbeit und Kohärenz) sowie Kap. IX (Vorschr. für bes. Verarbeitungssituationen). Insbes. die Regelungen der Kap. VIII (Rechtsbehelfe, Haftung und Sanktionen) können damit durch Ausnahmeregelungen nicht umgangen werden. Die **Rechtsbehelfsgarantien und Haftungsregelungen** sowie die **Sanktionsvorschriften stehen** daher wie schon bei Art. 9 DSRL (vgl. Ehmann/Helfrich DSRL Art. 9 Rn. 12) **nicht zur Disposition.** Diese wären als sekundäre Vorschr. im Falle von Abweichungen und Ausnahmen allerdings ohnehin nur in entspr. reduzierter Weise anwendbar (vgl. Dammann/Simitis DSRL Art. 9 Rn. 5). Im Gegensatz zu den Öffnungsklauseln in Art. 6 oder Art. 88, die nur „spezifischere Vorschriften" auf nationaler Ebene zulassen, besteht im Falle des Art. 85 ein weitreichender Spielraum der nationalen Gesetzgeber (vgl. Pötters in Gola DS-GVO Art. 85 Rn. 16).

3. Ausnahmen und Abweichungen dürfen zudem nur insofern vorgesehen **12** werden, als sich dies als **erforderlich** erweist, um das Recht auf Schutz der personenbezogenen Daten mit der Freiheit der Meinungsäußerung, wie sie in Art. 11 der Charta garantiert ist (vgl. ErwGr 153), und der Informationsfreiheit in Einklang zu bringen. Mit der Formulierung von Abs. 2 wird damit nicht nur ein Abwägungsgebot statuiert. Wie schon bei Art. 9 DSRL gibt der Verordnungsgeber vielmehr zu erkennen, dass es sich bei den nach Abs. 2 zulässigen Abweichungen und Ausnahmen um eine **eng begrenzte Zahl von Fällen** handeln muss, die **ausschl. zum Zwecke der Lösung einer Grundrechtskollision** zugelassen werden können (vgl. Ehmann/Helfrich DSRL Art. 9 Rn. 14, anders: Frey in SJTK DS-GVO Art. 85 Rn. 30). Wird diese strenge Begrenzung vom Gesetzgeber beim Erlassen von Regelungen verkannt, stehen diese im Widerspruch zur DS-GVO und können nicht auf Art. 85 gestützt werden (Benedikt/Kranig ZD 2019, 4).

Sollten die Abweichungen und Ausnahmen von Mitgliedstaat zu Mitglied- **13** staat unterschiedlich sein, ist nach ErwGr 153 **das Recht desjenigen Mit-**

gliedstaates anzuwenden, dem der Verantwortliche im konkreten Fall unterliegt, sog. „Ursprungslandprinzip" (vgl. Frey in SJTK DS-GVO Art. 85 Rn. 3). Allerdings schweigt die DS-GVO zu der Frage, nach welchen Kriterien ermittelt werden soll, welchem Recht der Verantwortliche in einem solchen Fall unterliegt. Ein Rückgriff auf die DS-GVO erscheint insofern wenig hilfreich, als dass sich die DS-GVO in ihrem räumlichen Anwendungsbereich selbst für anwendbar erklärt und insofern keinen Bezug auf anwendbares mitgliedstaatliches Recht nimmt. Richtigerweise wird man vor diesem Hintergrund auf den zweiten Anknüpfungspunkt abstellen müssen, den Art. 85 gibt: das Recht der Freiheit der Meinungsäußerung und der Informationsfreiheit. Festzuhalten bleibt daher, dass das **Recht desjenigen Mitgliedstaates** im Einzelfall anzuwenden ist, **dessen Recht der Freiheit auf Meinungsäußerung und der Informationsfreiheit konkret betroffen ist.**

D. Mitteilungen von Vorschriften an die Kommission (Abs. 3)

14 Die Mitgliedstaaten müssen Rechtsvorschriften, die sie aufgrund von Abs. 2 erlassen haben, nach Abs. 3 der KOM mitteilen und diese auch **unverzüglich** über spätere Änd. dieser Vorschr. informieren. Vor dem Hintergrund von Sinn und Zweck von Abs. 3, der KOM eine Übersicht über die entspr. mitgliedstaatlichen Vorschr. zu verschaffen, ist der Anwendungsbereich der Vorschr. über ihren Wortlaut („aufgrund von (…) erlässt") hinaus auch auf mitgliedstaatliche Vorschr. zu erstrecken, die die Mitgliedstaaten bereits **vor Inkrafttreten der DS-GVO** am 24.5.2016 erlassen haben (vgl. → Art. 88 Rn. 19). So konnten etwa die in Deutschland in erster Linie im Landesrecht geregelten bes. Bestimmungen des Datenschutzes bei Presse und Rundfunk überw. beibehalten bleiben (anders: Stender-Vorwachs in BeckOK DatenschutzR DS-GVO Art. 85 Rn. 32).

15 Die Rechtsfolge eines Verstoßes gegen die Mitteilungspflicht ist unklar. Die Mitgliedstaaten verloren ihre Gesetzgebungskompetenz auch nach Ablauf der Umsetzungsphase am 25.5.2018 nicht und können das nationale Medienrecht jederzeit grdl. Reformen unterziehen. Eine Frist für die Mitteilung, wie bspw. in Art. 88 Abs. 3 existiert nicht. Auch sonst zieht ein Verstoß gegen die Mitteilungspflicht iErg wohl keine weiteren Folgen nach sich, da die Mitteilung jederzeit nachgeholt werden kann (vgl. Pötters in Gola DS-GVO Art. 85 Rn. 18).

Art. 86 Verarbeitung und Zugang der Öffentlichkeit zu amtlichen Dokumenten

Personenbezogene Daten in amtlichen Dokumenten, die sich im Besitz einer Behörde oder einer öffentlichen Einrichtung oder einer privaten Einrichtung zur Erfüllung einer im öffentlichen Interesse liegenden Aufgabe befinden, können von der Behörde oder der Einrichtung gemäß dem Unionsrecht oder dem Recht des Mitgliedstaats, dem die Behörde oder Einrichtung unterliegt, offengelegt werden,

um den Zugang der Öffentlichkeit zu amtlichen Dokumenten mit dem Recht auf Schutz personenbezogener Daten gemäß dieser Verordnung in Einklang zu bringen.

BDSG und anderes nationales Recht: –

> **Literatur:** *Kugelmann,* Das Informationsfreiheitsgesetz des Bundes, NJW 2005, 3609; *Meinhold,* Informationszugangsrecht und Datenschutzgrundverordnung im Einklang, LKV 2018, 341.

A. Allgemeines

Art. 86 enthält eine **Öffnungsklausel,** der zufolge die nationalen Gesetz- **1** geber die Voraussetzungen für einen Anspruch auf Offenlegung personenbezogener Daten aus amtl. Dokumenten selbst ausgestalten können (Kühling/ Martini ua DS-GVO und nationales Recht, 296). Das **Recht auf Zugang der Öffentlichkeit zu amtl. Dokumenten** ist ein öffentl. Interesse, das dem Recht auf **Informationsfreiheit** aus Art. 11 GRCh zuzuordnen ist. Es fußt auf dem Demokratieprinzip und dem Transparenzgebot (Thüsing/ Schmidt in SJTK DS-GVO Art. 86 Rn. 1). Art. 86 soll hierbei einen angemessenen **Ausgleich** zwischen dem Recht auf Zugang der Öffentlichkeit zu amtl. Dokumenten aus Art. 42 GRCh und dem **Recht auf den Schutz personenbezogener Daten** aus Art. 8 GRCh gewährleisten (vgl. ErwGr 154).

Der Verordnungsgeber hat davon abgesehen, die Anforderungen an diesen **2** Informationszugang der Öffentlichkeit in der DS-GVO selbst festzulegen. Mit Art. 86 ermöglicht er stattdessen die Regelung in **unionsrechtlichen** oder **mitgliedstaatlichen Normen.** IErg kann dies zu **nationalen Unterschieden** führen, wenn die Offenlegung amtl. Dokumente verlangt wird.

Die dt. Grundrechte gewähren in ihrer primären Funktion als Abwehr- **2a** rechte des Bürgers gegen den Staat dem Einzelnen grds. keinen Anspruch. So kann auch aus Art. 5 GG kein Anspruch auf Zugang zu amtl. Dokumenten abgeleitet werden. Der Zugang zu amtl. Dokumenten wurde vom Bund und von einigen Landesgesetzgebern jedoch in einfachgesetzlichen Regelungen normiert (bspw. in § 5 IFG) (Schiedermair in BeckOK DatenschutzR DS-GVO Art. 86 Rn. 8; Meinhold, LKV 2018, 341; Kugelmann, NJW 2005, 3609). Zudem gibt es spezialgesetzliche Regelungen, die den Zugang in speziellen Fällen regeln, etwa das Umweltinformationsgesetz oder das Verbraucherinformationsgesetz (Thüsing/Schmidt in SJTK DS-GVO Art. 86 Rn. 13).

B. Tatbestandsvoraussetzungen

Art. 86 erfasst den Informationszugang ggü. **Behörden, öffentl. Einrich-** **3** **tungen** sowie **privaten Einrichtungen,** die amtl. Dokumente zur Erfüllung von im öffentl. Interesse liegenden Aufgaben in Besitz haben. Die DS-GVO selbst enthält keine Definitionen der Begriffe des Dokumentes sowie der öffentl. oder privaten Einrichtung. Sie nimmt in ErwGr 154 jedoch auf die **RL über die Weiterverwendung von Informationen des öffentl. Sektors (RL 2003/98/EG)** Bezug. Dieser können teilw. Begriffsbestimmungen entnommen werden.

I. Dokument

4 „**Dokument**" ist demnach jeder Inhalt unabhängig von der Form des Datenträgers sowie ein beliebiger Teil eines solchen Inhalts (vgl. Art. 2 Nr. 3 RL 2003/98/EG). Bei einem amtl. Dokument handelt es sich um ein Dokument, das von einer Behörde, einer öffentl. Einrichtung oder einer privaten Einrichtung zur Erfüllung einer im öffentl. Interesse liegenden Aufgabe erstellt wurde (Herbst in Kühling/Buchner DS-GVO Art. 86 Rn. 12).

II. Öffentliche Einrichtungen

5 „**Einrichtungen des öffentlichen Rechts**" sind Einrichtungen, die zu dem bes. Zweck gegründet wurden, im Allgemeininteresse liegende Aufgaben nicht gewerblicher Art zu erfüllen, Rechtspersönlichkeit besitzen und überw. vom Staat, von Gebietskörperschaften oder von anderen Einrichtungen des öffentl. Rechtes finanziert werden oder hinsichtlich ihrer Leitung der Aufsicht durch letztere unterliegen oder deren Verwaltungs-, Leitungs- oder Aufsichtsorgan mehrheitlich aus Mitgliedern besteht, die vom Staat, von Gebietskörperschaften oder von anderen Einrichtungen des öffentl. Rechtes ernannt worden sind (vgl. Art. 2 Nr. 2 RL 2003/98/EG).

III. Private Einrichtungen zur Erfüllung von im öffentlichen Interesse liegenden Aufgaben

6 Neben Behörden und öffentl. Einrichtungen wendet sich Art. 86 auch an **private Einrichtungen, soweit diese amtl. Dokumente zur Erfüllung einer im öffentl. Interesse liegenden Aufgabe besitzen.** Zwar findet sich eine Definition dieser Einrichtungen weder in den ErwGr der DS-GVO noch in einer der darin erwähnten RL, Anhaltspunkte können jedoch in anderen EU-Rechtsakten gefunden werden. So arbeiten **private Einrichtungen** in Abgrenzung zu öffentl. Einrichtungen unter marktüblichen Bedingungen, sind gewinnorientiert und tragen selbst die mit der Ausübung ihrer Tätigkeit einhergehenden Verluste (vgl. ErwGr 10 RL 2014/24/EU). Die Abgrenzung zwischen privaten und öffentl. Einrichtungen ist nur hinsichtlich der Organisationsform vorzunehmen. Auf die **Trägerschaft des Unternehmens kommt es nicht an.**

7 Erforderlich ist allerdings, dass die private Einrichtung die amtl. Dokumente **zur Erfüllung einer im öffentl. Interesse liegenden Aufgabe** besitzt. Unabhängig von der grds. wirtschaftlichen Ausrichtung der privaten Einrichtung ist mithin entscheidend, ob der Besitz der amtl. Dokumente im konkreten Fall in Erfüllung einer im öffentl. Interesse liegenden Aufgabe erfolgt.

IV. Offenlegung

Die Offenlegung stellt eine Verarbeitung personenbezogener Daten iSv Art. 4 **8**
Nr. 2 dar. Damit bedarf es für eine Offenlegung grds. einer Erlaubnis nach
Art. 6 Abs. 1 und ggf. Art. 9. Sind keine bes. Kategorien personenbezogener
Daten betroffen, so kann die Erlaubnis uU auf die Wahrnehmung einer
Aufgabe, die im öffentl. Interesse liegt und somit auf Art. 6 Abs. 1 lit. e 1. Alt.
gestützt werden. Dieser Erlaubnistatbestand kann sowohl als Rechtsgrundlage
für die Offenlegung nach Unionsrecht, als auch für eine solche nach den
mitgliedstaatlichen Regelungen fungieren. Eine Pflicht zur Offenlegung ergibt sich jedoch nicht aus der DS-GVO, sondern muss im Unionsrecht oder
dem Recht der Mitgliedstaaten begr. sein (vgl. Piltz in Gola DS-GVO Art. 86
Rn. 10; ErwGr 154).

V. Anforderungen an die unions- und mitgliedstaatlichen Regelungen

Art. 86 selbst trifft **keine ausdr. Aussage** zu den datenschutzrechtlichen **9**
Anforderungen, denen die unions- oder mitgliedstaatlichen Rechtsakte ge-
recht werden müssen. Die Regelung sieht vor, dass das Recht auf Zugang der
Öffentlichkeit zu amtl. Dokumenten mit dem Recht auf Schutz personenbe-
zogener Daten **„gemäß dieser Verordnung"** in Einklang zu bringen ist.
Insofern sollen sie konkret die „notwendige Übereinstimmung mit dem
Recht auf Schutz personenbezogener Daten" gem. der DS-GVO regeln
(ErwGr 154). Damit bringt der Verordnungsgeber zum Ausdruck, dass die
Rechtsakte, die den Zugang vermitteln, **keine beliebigen Abweichungen
von den Bestimmungen der DS-GVO** zur Konsequenz haben dürfen. Sie
müssen vielmehr das Mindestschutzniveau der DS-GVO für natürliche Personen in Bezug auf die Verarbeitung personenbezogener Daten unberührt
lassen. Zu diesem Zweck dürfen die Rechte und Pflichten der DS-GVO zur
Gewährleistung des Persönlichkeitsschutzes nicht eingeschränkt werden. Werden in den unions- und mitgliedstaatlichen Rechtsakten, die den Zugang zu
amtl. Dokumenten regeln, keine Aussagen zur Gewährleistung des Datenschutzes getroffen – wie es etwa hinsichtlich der RL über die Weiterverwendung von Informationen des öffentl. Sektors (RL 2003/98/EG) der Fall ist –,
dann sind diese stets im Licht der DS-GVO auszulegen (so wohl auch Specht/
Bienemann in HK-DS-GVO Art. 86 Rn. 12–13; Herbst in Kühling/Buchner
DS-GVO Art. 86 Rn. 20).

Für die RL 2003/98/EG stellt die DS-GVO in ErwGr 154 S. 6 sogar ausdr. **10**
klar, dass diese keinen Einfluss auf das Schutzniveau für natürliche Personen in
Bezug auf die Verarbeitung personenbezogener Daten nach dem Unionsrecht
oder dem Recht der Mitgliedstaaten hat. Die RL 2003/98/EG ist zwar weiterhin anwendbar, die Rechte betroffener Personen und die Pflichten von
Verantwortlichen und Auftragsverarbeitern richten sich jedoch allein nach der
DS-GVO. ErwGr 154 S. 7 stellt zudem klar, dass die RL 2003/98/EG nicht
auf personenbezogene Daten anwendbar ist, die durch die Vorgaben des
Datenschutzrechtes vor einer Weiterverwendung geschützt sind.

Art. 87 Verarbeitung der nationalen Kennziffer

[1] Die Mitgliedstaaten können näher bestimmen, unter welchen spezifischen Bedingungen eine nationale Kennziffer oder andere Kennzeichen von allgemeiner Bedeutung Gegenstand einer Verarbeitung sein dürfen. [2] In diesem Fall darf die nationale Kennziffer oder das andere Kennzeichen von allgemeiner Bedeutung nur unter Wahrung geeigneter Garantien für die Rechte und Freiheiten der betroffenen Person gemäß dieser Verordnung verwendet werden.

BDSG und anderes nationales Recht: −

A. Allgemeines

1   Art. 87 stellt eine **Nachfolgeregelung zu Art. 8 Abs. 7 DSRL** dar, wonach „nationale Kennziffer(n) und andere Kennzeichen allg. Bedeutung" als eine bes. Kategorie personenbezogener Daten einzuordnen waren (vgl. Dammann/Simitis DSRL Art. 8 Rn. 32). Anders als noch in der DSRL werden nationale Kennziffern bzw. Kennzeichen innerhalb der DS-GVO nicht mehr als besonders schützenswerte personenbezogene Daten iSd Art. 9 DS-GVO qualifiziert. Parallel zu Art. 8 Abs. 7 DSRL räumt Art. 87 den Mitgliedstaaten das Recht ein, selbst festzulegen, unter welchen Voraussetzungen derartige Datentypen verarbeitet werden dürfen. Ob und inwiefern Mitgliedstaaten von dieser Möglichkeit Gebrauch machen, bleibt ihnen dementsprechend selbst überlassen. Der rechtliche Konflikt, der dieser Regelung zugrunde liegt, besteht im Ausgleich zwischen dem Zweck, den Mitgliedstaaten eine automatisierte Datenverarbeitung zu erleichtern, und den datenschutzrechtlichen Bedenken, insbes. der potentiellen Umgehung des Zweckbindungsgrundsatzes (Schmidt in SJTK DS-GVO Art. 87 Rn. 2). Aufgrund der Historie des Volkszählungsurteils von 1983 sowie der Einführung einer einheitlichen Personenkennzahl in der DDR ab 1970, werden die nationalen Kennziffern bzw. Kennzeichen in Deutschland kontrovers diskutiert (Hansen in NK-DatenschutzR DS-GVO Art. 87 Rn. 3–4). In Deutschland gibt es daher momentan keine einheitlichen nationalen Kennziffern bzw. Kennzeichen. Es gibt allerdings „verschiedene Personenkennzeichen für jeweils begrenzte Bereiche" (v. Lewinski in BeckOK DatenschutzR DS-GVO Art. 87 Rn. 12).

B. Nationale Kennziffern oder Kennzeichen von allgemeiner Bedeutung

2   Eine Definition des Begriffes der nationalen Kennziffern oder der Kennzeichen von allg. Bedeutung findet sich weder in der DS-GVO noch in der DSRL. Eine nationale Kennziffer bzw. Kennzeichen erkennt man an ihren drei wesentlichen Zwecken, nämlich der Identifizierungsfunktion, der Repräsentationsfunktion und der Ordnungsfunktion (v. Lewinski in BeckOK DatenschutzR DS-GVO Art. 87 Rn. 23 ff). Als **einschränkendes Negativ-**

merkmal wirkt sich zunächst die **Regelungskompetenz der EU** aus. Dementsprechend sind Kennziffern bzw. Kennzeichen, die in Sektoren verwendet werden, die nicht unter die Kompetenz der EU fallen, von vornherein vom Anwendungsbereich der Vorschr. ausgenommen (Hansen in NK-DatenschutzR DS-GVO Art. 87 Rn. 10 wie auch schon Dammann/Simitis DSRL Art. 8 Rn. 32). In positiver Hinsicht bedarf es neben dem zwangsläufig erforderlichen Personenbezug des Kennzeichens entweder dessen Zuordnung zur staatlichen Sphäre – wie es etwa bei Personalausweis-, Sozialversicherungs-, Steuer-Identifikations- oder Reisepassnummern der Fall ist – oder einer sonstigen allg. Bedeutung. Letztere muss sich am Maßstab der nationalen Kennziffer messen lassen, sodass nicht jedes Personen-Nummerierungssystem darunter fällt (Hansen in NK-DatenschutzR DS-GVO Art. 87 Rn. 12–14 wie auch schon Dammann/Simitis DSRL Art. 8 Rn. 32). Die Anwendung der Kennziffer ist national, wenn sie im gesamten Mitgliedstaat oder in vielen Teilen des Staates zum Einsatz kommt. Auch nationale Kennziffern mit int. Verwendungsbereich sind erfasst. Art. 87 spricht von Kennziffern mit „allgemeiner Bedeutung". Dies bedeutet, dass die Kennziffer für die Durchführung staatlicher Aufgaben im Interesse der Allgemeinheit erforderlich sein muss. Je größer der Umf. des Verwendungsbereiches der Kennziffern, desto intensiver ist der Eingriff in Grundrechte der betroffenen Person. Eine Kennziffer ist nicht „allgemein", wenn sie nur für eine eng begrenzte Zahl von Anwendungen oder nur für einen kurzen Zeitraum zum Einsatz kommt (vgl. Weichert in Kühling/Buchner DS-GVO Art. 87 Rn. 11).

C. Materielle Anforderungen an nationale Regelungen

Im Gegensatz zu Art. 8 Abs. 7 DSRL enthält Art. 87 nun auch **materielle** **3** **Anforderungen,** denen evtl. **Regelungen der Mitgliedstaaten** gerecht werden müssen. Art. 87 spricht insofern lediglich von „geeigneten Garantien für die Rechte und Freiheiten der betroffenen Personen". Insofern sind zwar keine mit der DS-GVO identischen Anforderungen einzuhalten. Entspr. den allg. Voraussetzungen an die Zulässigkeit von Datenverarbeitungen ist allerdings ein **nicht zu unterschreitendes Mindestschutzniveau** einzuhalten, dass dem der DS-GVO der Sache nach **gleichwertig** sein muss (vgl. EuGH NJW 2015, 3151 Rn. 81). Erforderlich sind daher Regelungen zur Transparenz und zur Zweck-Verwendungsbegrenzung. Ein angemessenes Datenschutzniveau kann etwa durch rechtliche Beschränkungen bzgl. der Verwendung von Daten oder durch technisch-organisatorische Sicherungsmaßnahmen erreicht werden. In jedem Fall muss die Erstellung von Personenprofilen durch solche Maßnahmen verhindert werden (vgl. Gola in Gola DS-GVO Art. 87 Rn. 3; Weichert in Kühling/Buchner DS-GVO Art. 87 Rn. 13 f.). Bsp. für gesetzliche Garantien in Deutschland lassen sich im Personalausweisgesetz (PAuswG) zB in den §§ 14, 15 und 20 finden. Durch die Garantien muss die Möglichkeit verhindert werden, Persönlichkeitsprofile der Betroffenen zu erstellen. Auch ist wiederum die einschränkende Wirkung der Regelungskompetenz der EU von Bedeutung (→ Rn. 2). Niedrigere Anforderungen an die Verarbeitung von Kennziffern bzw. Kennzeichen sind dementsprechend möglich, wenn diese mangels Kompetenz der EU nicht in den Anwendungsbereich von Art. 87 fallen.

Art. 88 Datenverarbeitung im Beschäftigungskontext

(1) Die Mitgliedstaaten können durch Rechtsvorschriften oder durch Kollektivvereinbarungen spezifischere Vorschriften zur Gewährleistung des Schutzes der Rechte und Freiheiten hinsichtlich der Verarbeitung personenbezogener Beschäftigtendaten im Beschäftigungskontext, insbesondere für Zwecke der Einstellung, der Erfüllung des Arbeitsvertrags einschließlich der Erfüllung von durch Rechtsvorschriften oder durch Kollektivvereinbarungen festgelegten Pflichten, des Managements, der Planung und der Organisation der Arbeit, der Gleichheit und Diversität am Arbeitsplatz, der Gesundheit und Sicherheit am Arbeitsplatz, des Schutzes des Eigentums der Arbeitgeber oder der Kunden sowie für Zwecke der Inanspruchnahme der mit der Beschäftigung zusammenhängenden individuellen oder kollektiven Rechte und Leistungen und für Zwecke der Beendigung des Beschäftigungsverhältnisses vorsehen.

(2) Diese Vorschriften umfassen angemessene und besondere Maßnahmen zur Wahrung der menschlichen Würde, der berechtigten Interessen und der Grundrechte der betroffenen Person, insbesondere im Hinblick auf die Transparenz der Verarbeitung, die Übermittlung personenbezogener Daten innerhalb einer Unternehmensgruppe oder einer Gruppe von Unternehmen, die eine gemeinsame Wirtschaftstätigkeit ausüben, und die Überwachungssysteme am Arbeitsplatz.

(3) Jeder Mitgliedstaat teilt der Kommission bis zum 25. Mai 2018 die Rechtsvorschriften, die er aufgrund von Absatz 1 erlässt, sowie unverzüglich alle späteren Änderungen dieser Vorschriften mit.

BDSG und anderes nationales Recht: § 26 BDSG (kommentiert unter → BDSG § 26 Rn. 1 ff.).

Literatur: *Becker,* Anforderungen an Unternehmen und Datenschutzbeauftragte, ITRB 2016, 107; *Benecke/Wagner,* Öffnungsklauseln in der Datenschutz-Grundverordnung und das deutsche BDSG – Grenzen und Gestaltungsspielräume für ein nationales Datenschutzrecht, DVBl 2016, 600; *Gola/Pötters/Thüsing,* Art. 82 DSGVO: Öffnungsklausel für nationale Regelungen zum Beschäftigtendatenschutz – Warum der deutsche Gesetzgeber jetzt handeln muss, RDV 2016, 57; *Kort,* Arbeitnehmerdatenschutz gemäß der EU-Datenschutz-Grundverordnung, DB 2016, 711; *Körner,* Die Datenschutzgrundverordnung und nationale Regelungsmöglichkeiten für Beschäftigtendatenschutz, NZA 2016, 1383; **Autorenhinweis:** Siehe allg. Literaturverzeichnis; *Sörup,* Gestaltungsvorschläge zur Umsetzung der Informationspflichten der DS-GVO im Beschäftigungskontext, ArbRAktuell 2016, 207; *Sörup/Marquardt,* Auswirkungen der EU-Datenschutzgrundverordnung auf die Datenverarbeitung im Beschäftigungskontext, ArbRAktuell 2016, 103; *Spelge,* Der Beschäftigtendatenschutz nach Wirksamwerden der Datenschutzgrundverordnung (DS-GVO) – Viel Lärm um nichts?, DuD 2016, 775; *Taeger/Rose,* Zum Stand des deutschen und europäischen Beschäftigtendatenschutzes, BB 2016, 819; *Wybitul,* Was ändert sich mit dem neuen EU-Datenschutzrecht für Arbeitgeber und Betriebsräte?, ZD 2016, 203; *Wybitul/Böhm,* Freier Wille auch im Arbeitsverhältnis – Einwilligungen als Mittel zum

Umgang mit Beschäftigtendaten, BB 2015, 2101; *Wybitul/Pötters,* Der neue Datenschutz am Arbeitsplatz, RDV 2016, 10; *Wybitul/Sörup/Pötters,* Betriebsvereinbarungen und § 32 BDSG: Wie geht es nach der DS-GVO weiter? Handlungsempfehlungen für Unternehmen und Betriebsräte, ZD 2015, 559.

Übersicht

A. Allgemeines

Der Verordnungsgeber hat davon **abgesehen,** in der DS-GVO ein **umfassendes und detailliertes Beschäftigtendatenschutzkonzept** umzusetzen. Ganz im Gegenteil zeigen viele Sonderregelungen, dass ein bes. Fokus auf andere spezifische datenschutzrelevante Anwendungssituationen insbes. zum Datenumgang im Internet oder beim Online-Handel gerichtet wurde (Wybitul ZD 2016, 203 (207)). Vor diesem Hintergrund überlässt es der Verordnungsgeber mit der Öffnungsklausel in Art. 88 den Mitgliedstaaten, die allg. Voraussetzungen, die die DS-GVO an eine Zulässigkeit des Umgangs mit personenbezogenen Daten vorsieht, den **bes. Gegebenheiten im Beschäftigungskontext anzupassen.** Art. 88 DS-GVO eröffnet den Mitgliedstaaten die Möglichkeit, den Beschäftigtendatenschutz eigenständig zu regeln und nationale Besonderheiten im Beschäftigungsbereich einzubringen (Kühling/Martini ua DS-GVO und nationales Recht, 298). In Deutschland betrifft dies bspw. die Institution des Betriebsrates. **1**

Die in den DS-GVO-Fassungen der KOM und des EP zunächst vorgesehene Kompetenz der KOM, mittels **delegierter Rechtsakte** Kriterien und Anforderungen für die mitgliedstaatlichen Beschäftigtendatenschutzregelungen vorzugeben (vgl. Art. 82 Abs. 3 DS-GVO-E(KOM) und DS-GVO-E (EP)), wurde auf Betreiben des ER **im Trilog fallen gelassen.** Diese Möglichkeit, in den Gestaltungsspielraum der Mitgliedstaaten „hineinzuregieren", war erheblicher Kritik ausgesetzt (Benecke/Wagner DVBl 2016, 600 (603)). **2**

2a   Auf nationaler Ebene gibt es bisher kein Gesetz zur Regelung des Beschäftigtendatenschutzes (dazu krit. LfDI BW – 34. Tätigkeitsbericht 2018, S. 34). Der Beschäftigtendatenschutz ist daher in einer zentralen Norm im BDSG geregelt (§ 26 BDSG). Die Regelung in § 26 BDSG knüpft iW an die Vorgängernorm des § 32 BDSG aF an, enthält jedoch weitere Ergänzungen.

B. Spezifische Vorschriften im Beschäftigungskontext (Abs. 1)

I. Spezifische Vorschriften

3   Abs. 1 gestattet den Mitgliedstaaten den Erlass **spezifischer Vorschr.** für die Verarbeitung personenbezogener Daten im Beschäftigungskontext. Auf die nun in der DS-GVO enthaltene Formulierung legten sich EP und ER erst im Trilog fest. Zwar wurde schon in DS-GVO-E(KOM) („in den Grenzen dieser Verordnung") und DS-GVO-E(EP) („im Einklang mit den Regelungen dieser Verordnung") ein **beschr. Gestaltungsspielraum der Mitgliedstaaten im Beschäftigungskontext** hervorgehoben. Schließlich einigte man sich dann aber auf die ursprünglich in DS-GVO-E(RAT) vorgeschlagene Fassung, mit der sich der ER um eine einheitliche Terminologie mit den weiteren Bestimmungen der DS-GVO bemühte (Benecke/Wagner DVBl 2016, 600 (603)). Bei „spezifischeren" Vorschr. muss es sich um Regelungen handeln, die den Beschäftigungskontext kennzeichnen, prägen oder konkretisieren (vgl. Wybitul/Pötters RDV 2016, 10 (13 f.); Spelge DuD 2016, 775 (776)).

4   In Abgrenzung zu den weiteren Öffnungsklauseln etwa im Pressesektor (→ Art. 85 Rn. 5 ff.) oder hinsichtlich der Verbandsklagebefugnis (→ Art. 80 Rn. 11 f.) bringt der Verordnungsgeber sowohl mit der Formulierung „spezifische Vorschriften" als auch mit den weitergehenden Präzisierungen in Abs. 2 (→ Rn. 12 ff.) zum Ausdruck, dass **kein beliebiges Abweichen vom Sinn und Zweck der übrigen Bestimmungen der DS-GVO** zulässig ist. Insofern ist zunächst der Erlass von Regelungen, die eine **Absenkung des Datenschutzniveaus der DS-GVO** zur Folge haben, ausgeschlossen (Kort DB 2016, 711 (714); anders Taeger/Rose BB 2016, 819 (830), nach denen eine Bindung der Mitgliedstaaten allein an die in Abs. 2 (→ Rn. 12 ff.) angeführten übergeordneten Grund- und Menschenrechte bestehen soll). Durch den Verzicht auf die in DS-GVO-E(KOM) vorgesehene Zulässigkeit von Abweichungsmöglichkeiten lediglich „in den Grenzen dieser Verordnung" wird demgegenüber verdeutlicht, dass die DS-GVO für den Beschäftigtendatenschutz lediglich einen **Mindeststandard** vorsieht und es den **Mitgliedstaaten freisteht, ein „Mehr" an Datenschutz einzuführen** (vgl. Körner NZA 2016, 1383 (1383 ff.); Wybitul/Sörup/Pötters ZD 2015, 559 (561)).

II. Rechtsvorschriften oder Kollektivvereinbarungen

5   Die spezifischen Vorschr. der Mitgliedstaaten können mittels **Rechtsvorschriften und Kollektivvereinbarungen** getroffen werden. Unter die

Rechtsvorschriften fallen für jedermann verbindliche abstrakt-generelle Regelungen wie insbes. **Gesetze und Rechtsverordnungen.** Nicht unter den Begriff der Rechtsvorschriften fallen bspw. Stellungn. von Datenschutzbehörden. Demgegenüber umfassen Kollektivvereinbarungen nicht nur Tarifverträge, sondern auch andere, den Arbeitgeber normativ bindende Regelungen wie insbes. Betriebsvereinbarungen (ErwGr 124; Taeger/Rose BB 2016, 819 (821 f.)). Kollektive Regelungen sind national aber nur möglich, soweit sie vom BetrVG oder vom Personalvertretungsrecht vorgesehen sind (GPW ArbeitnehmerdatenS, Rn. 1959). Die Klarstellung in ErwGr 155, dass Betriebsvereinbarungen unter Art. 88 fallen sollen, geht auf die Initiative Deutschlands zurück (Wybitul/Sörup/Pötters ZD 2015, 559 (561)). Dies überrascht insofern wenig, als Betriebsvereinbarungen in Deutschland – anders als Tarifverträge – häufig datenschutzrechtliche Aspekte adressieren (Kort DB 2016, 711 (714)).

Gerade bei Betriebsvereinbarungen stellt sich allerdings die umstr. Frage, ob **5a** der Betriebsrat als Verantwortlicher iSd Art. 4 Nr. 7 DS-GVO zu qualifizieren ist. Unter Geltung des BDSG aF war der Betriebsrat dem Arbeitgeber als Verantwortlichem zugeteilt (BAG, Beschl. v. 14.1.2014 – 1 ABR 54/12, NZA 2014, 738 (739), Rn. 28). Nach der DS-GVO ist Verantwortlicher, wer selbst über Zweck und Mittel der Datenverarbeitung entscheidet (LfDI BW – 34. Tätigkeitsbericht 2018, S. 37–38; differenzierter: LAG Niedersachsen, Beschl. v. 22.10.2018 – 12 TaBV 23/18, NZA-RR 2019, 92 (93), Rn. 27; LAG Hessen, Beschluss v. 10.12.2018 – 16 TaBV 130/18, BeckRS 2018, 38103, Rn. 32). Bejaht man die Stellung des Betriebsrats als Verantwortlicher, stehen einige interessante Folgefragen im Raum, wie etwa die Verhängung von Bußgeldern gegen den Betriebsrat (LfDI BW – 34. Tätigkeitsbericht 2018, S. 38).

Normadressaten des Art. 88 sind damit nicht allein die Mitgliedstaaten, **6** sondern auch die Parteien von Kollektivvereinbarungen wie etwa Tarifvertragsparteien im Hinblick auf Tarifverträge sowie Arbeitgeber und Betriebsräte im Hinblick auf Betriebsvereinbarungen (vgl. ErwGr 155).

III. Personenbezogene Beschäftigtendaten

Bei den in Frage stehenden Daten muss es sich um personenbezogene Beschäftigtendaten handeln. Der Begriff des Beschäftigten ist in der DS-GVO nicht definiert. Anders als der Arbeitnehmerbegriff wird der Beschäftigtenbegriff im BDSG weit ausgelegt und umfasst gem. § 26 Abs. 8 BDSG Leiharbeitnehmer, zur Berufsbildung Beschäftigte, Beamte und Richter (Tiedemann in HK-BDSG § 26 Rn. 5 ff.). Der Beschäftigtenbegriff des § 26 Abs. 8 BDSG geht dabei über den des Art. 88 DS-GVO hinaus (Tiedemann in HK-BDSG § 26 Rn. 5; Tiedemann in HK-DS-GVO Art. 88 Rn. 4). Allerdings ist der Begriff des Beschäftigten anhand des Europarechts und unabhängig von nationalen Begriffsbestimmungen zu bestimmen (Thüsing/Traut in SJTK DS-GVO Art. 88 Rn. 14; Riesenhuber in BeckOK DatenschutzR DS-GVO Art. 88 Rn. 29).

7a Der EuGH legt den Arbeitnehmerbegriff eher weit aus. Danach setzt die Arbeitnehmereigenschaft voraus, dass „jemand während einer bestimmten Zeit für einen anderen nach dessen Weisungen Leistungen erbringt, für die er als Gegenleistung eine Vergütung erhält" (vgl. EuGH Urt. v. 11.11.2015, C-422/14, NJW 2016, 927 (928) Rn. 29 – Pujante Rivera/Gestora Clubs Dir ua). Bei Art. 88 ist jedoch eher von einem engen Verständnis des Arbeitnehmerbegriffs auszugehen, da es sich hierbei um eine Öffnungsklausel handelt und eine Zersplitterung des Datenschutzrechtes durch einen nicht klar abzugrenzenden Personenkreis vermieden werden soll. Die konkrete Ausgestaltung des Arbeitsvertrages ist nach dem engen Verständnis nicht von Bedeutung. Arbeitnehmer sind unabhängig von der Laufzeit ihres Vertrages oder der Phase ihres Arbeitsverhältnisses erfasst. Auch solche Arbeitnehmer, die an Dritte überlassen wurden, betrifft demnach Art. 88, ebenso wie Bewerber und Beamte, da nicht zwischen öffentl. und nicht öffentl. Beschäftigungsbereich unterschieden wird. Freie Mitarbeiter und Selbstständige sind hingegen nicht erfasst. Für diese gelten die allg. Regelungen der DS-GVO (ebenso Maschmann in Kühling/Buchner DS-GVO Art. 88 Rn. 12 ff. und Selk in Ehmann/Selmayr DS-GVO Art. 88 Rn. 31 ff.).

IV. Beschäftigungskontext

8 Abs. 1 enthält einen umfangr. und gleichwohl **nicht abschl.** („insbesondere") **Katalog** an Bereichen, die dem **Beschäftigungskontext zuzuordnen** und damit der Regelungskompetenz der Mitgliedstaaten zugänglich sind. Konkret nennt die DS-GVO insofern die Zwecke der Einstellung, der Erfüllung des Arbeitsvertrages einschl. der Erfüllung von durch Rechtsvorschriften oder durch Kollektivvereinbarungen festgelegten Pflichten, des Managements, der Planung und der Organisation der Arbeit, der Gleichheit und Diversität am Arbeitsplatz, der Gesundheit und Sicherheit am Arbeitsplatz, des Schutzes des Eigentums der Arbeitgeber oder der Kunden sowie für Zwecke der Inanspruchnahme der mit der Beschäftigung zusammenhängenden individuellen oder kollektiven Rechte und Leistungen und für Zwecke der Beendigung des Beschäftigungsverhältnisses.

9 Wenngleich dieser Aspekt in Abs. 1 selbst nicht reflektiert ist, so erstreckt sich die Regelungskompetenz der Mitgliedstaaten lt. ErwGr 155 auch auf **Vorschr.** hinsichtlich der Bedingungen, unter denen auf der Grdl. einer **Arbeitnehmereinwilligung** eine Verarbeitung personenbezogener Daten **im Beschäftigungsverhältnis** zulässig ist. Diese Klarstellung steht aE eines Aufeinandertreffens konträrer Auff. von KOM, EP und ER (Sörup/Marquardt ArbRAktuell 2016, 103 (104)). Aufgrund des sozialen Abhängigkeitsverhältnisses, das Arbeitsverhältnisse regelmäßig kennzeichnet, wurde die – gem. Art. 4 Nr. 11 erforderliche – Freiwilligkeit der Einwilligung in diesen Situationen häufig angezweifelt (vgl. → Art. 4 Rn. 71; 18. TB des Datenschutzbeauftragten Hmb (196 f.); Kort DB 2016, 711 (715); Wybitul/Böhm BB 2015, 2101 (2101)). Vor diesem Hintergrund enthielt der **DS-GVO-Vorschlag der KOM** in Art. 7 Abs. 4 DS-GVO-E(KOM) einen **faktischen Ausschluss von Einwilligungen in Beschäftigungsverhältnissen,** indem vorgesehen war, dass Einwilligungen keine Rechtsgrundlage für eine Datenverarbeitung entfalten könnten, wenn zwischen der Position der betroffenen Person und des Verantwortlichen ein erhebliches Ungleichgewicht besteht (ErwGr 34 DS-GVO-E(KOM)). Nachdem dieser Passus bereits in der DS-GVO-Fassung des EP nicht mehr vorhanden war (vgl. Art. 7 DS-GVO-E (KOM)), enthielt der DS-GVO-Vorschlag des ER darüber hinaus sogar die positive Aussage, dass die Mitgliedstaaten iRv Art. 88 auch die Bedingungen festlegen können, unter denen personenbezogene Daten im Beschäftigungskontext auf Grdl. einer Arbeitnehmereinwilligung verarbeitet werden können. Der nun im Trilog gefundene Kompromiss, demzufolge die Möglichkeit einer Arbeitnehmereinwilligung zumindest über den Umweg der ErwGr noch Einzug in die DS-GVO gefunden hat, ist jedenfalls **aus Arbeitgebersicht zu begrüßen**. Zum einen entzieht es den Verfechtern einer generellen Unzulässigkeit derartiger Einwilligungen die argumentative Grdl. Zum anderen lässt es hoffen, dass – zumindest über mitgliedstaatliche Sonderregelungen – Rechtsklarheit in Konstellationen geschaffen wird, in denen Arbeitgeber in Ermangelung passender gesetzlicher Erlaubnistatbestände, etwa bei der Verarbeitung von Gesundheitsdaten, auf das unter Geltung des BDSG aF unsichere Instrument der Arbeitnehmereinwilligung angewiesen waren (vgl. Taeger/Rose BB 2016, 819 (819 f.)). Die Einwilligung des Beschäftigten muss in jedem Fall freiwillig, informiert und für einen bestimmten Fall erteilt werden. Die Einwilligung muss auch nach den mitgliedstaatlichen Vorschr. jederzeit widerruflich sein (vgl. Art. 7 Abs. 3 S. 1).

IRd in Abs. 1 aufgelisteten Szenarien betrifft der Zweck der Einstellung **10** insb. die Bewerbungsphase. Von bes. Relevanz sind hier Datenverarbeitungen iRv Einstellungstests oder Pre-Employment-Screenings. Die Erfüllung des Arbeitsvertrages befasst sich mit der Erfüllung vertraglicher und gesetzlicher Verpflichtungen des Arbeitgebers, wie bspw. Meldungen an die Krankenkassen. Die Verarbeitung zum Zwecke des Managements, der Planung und der Organisation der Arbeit betrifft bspw. den Bereich der Zeiterfassung, bestehender Berechtigungskonzepte oder Schichtpläne. Environment, Health, Safety-Systeme (EFS-Systeme) sind ein Bsp. für die Datenverarbeitung zur Schaffung der Gleichheit, Diversität, Gesundheit und Sicherheit am Arbeitsplatz. Die Verarbeitung zum Zweck des Schutzes des Eigentums der Arbeitgeber oder Kunden umfasst insbes. die Videoüberwachung. Die Inanspruchnahme mit der Beschäftigung zusammenhängender individueller oder kollektiver Rechte und Leitungen betrifft bspw. eine Datenverarbeitung iRv Urlaubsanträgen. Die Datenverarbeitung zur Aufdeckung von Vertragsverletzungen ist dem Bereich der Beendigung des Beschäftigungsverhältnisses zuzuordnen (Selk in Ehmann/Selmayr DS-GVO Art. 88 Rn. 108 ff).

Die von den Mitgliedstaaten festgelegten Pflichten in Bezug auf die Ver- **11** arbeitung von Beschäftigtendaten müssen in engem Zusammenhang mit dem Arbeitsverhältnis stehen. Für eine Anwendbarkeit des Art. 88 muss der Arbeitgeber die Datenverarbeitung nicht selbst vornehmen. Auch eine Verarbeitung durch Auftragsverarbeiter oder eine Übermittlung der Daten an andere verantwortliche Stellen des Arbeitgebers, wie zB andere Mitarbeiter, die mit der Verarbeitung von Beschäftigtendaten befasst sind, ist erfasst, wenn diese im Beschäftigungskontext erfolgt. Kein Beschäftigungskontext besteht bei der bloßen Überwachung eines Raumes, einer Grundstücksgrenze oder einer technischen Anlage, die nicht von Menschen bedient wird. Auch wenn mit dem Arbeitnehmer Schuldverhältnisse begr. werden, die neben dem eigentlichen Beschäftigungsverhältnis stehen, und dort Daten anfallen, die zur Erfüllung der Pflichten aus diesem Schuldverhältnis erforderlich sind, bspw. bei der Vermietung einer Werkswohnung oder dem Erwerb von Speisen in der Betriebskantine, ist Art. 88 nicht einschlägig. In diesen Fällen gelten die Regelungen der DS-GVO (vgl. Maschmann in Kühling/Buchner DS-GVO Art. 88 Rn. 18).

C. Maßnahmen zum Schutz der betroffenen Arbeitnehmer (Abs. 2)

12 Die spezifischen Vorschr. müssen gem. Abs. 2 **angemessene und bes. Maßnahmen** zur Wahrung der menschlichen Würde, der berechtigten Interessen und der Grundrechte der betroffenen Personen umfassen, die sich insbes. auf die Transparenz der Verarbeitung, die Übermittlung personenbezogener Daten innerhalb einer Unternehmensgruppe oder Gruppe von Unternehmen, die eine gemeinsame Wirtschaftstätigkeit ausüben (Unternehmenskooperation) und die Überwachungssysteme am Arbeitsplatz beziehen. Auf Art. 88 können dabei zunächst nur solche mitgliedstaatlichen Regelungen gestützt werden, die diese Vorgaben tatsächlich umsetzen (Taeger/Rose BB 2016, 819 (830)). Die DS-GVO trifft keine Aussage zu der praktisch relevanten Frage, inwiefern eine Umsetzung der Schutzmaßnahmen in den – wiederum nicht abschl. („insbesondere") – Sektoren zu erfolgen hat. Ausweislich des Wortlautes („diese Vorschriften umfassen (…) insbesondere") handelt es sich dabei um **Mindestanforderungen,** die in den gem. Abs. 1 zu erlassenden Regelungen reflektiert sein müssen, unabhängig davon, ob es sich um ein Gesetz oder eine Kollektivvereinbarung handelt. „Angemessen" ist hierbei iSv „für den Einzelfall passend" zu verstehen und nicht iSe verfassungsrechtlichen Angemessenheit (Selk in Ehmann/Selmayr DS-GVO Art. 88 Rn. 132). „Besondere Maßnahmen" ist iSv „spezifisch" zu verstehen (Selk in Ehmann/Selmayr DS-GVO Art. 88 Rn. 133).

13 Allerdings ist hinsichtlich der Kollektivvereinbarungen eine **tatbestandliche Reduktion** von Abs. 2 sachgerecht. Angesichts des mitunter sehr eingeschränkten sowohl sachlichen als auch territorialen Geltungsbereiches von Kollektiv- und insbes. Betriebsvereinbarungen sind jedenfalls die in Abs. 2 genannten Maßnahmen im Hinblick auf die Datenübermittlungen in Unternehmensgruppen und -kooperationen nur insoweit zu fordern, als die Normadressaten (→ Rn. 6) diesbzgl. Regelungen überhaupt treffen können oder wollen (vgl. Wybitul ZD 2016, 203 (207)).

I. Transparenz der Verarbeitung

14 Die unter der DS-GVO und damit auch iRd spezifischen mitgliedstaatlichen Vorschr. zu beachtenden Vorgaben (→ Rn. 3 f.) übersteigen die Anforderungen unter der DSRL. Dem **Transparenzgrundsatz** aus Art. 5 Abs. 1 lit. a wird nur dann hinreichend Rechnung getragen, wenn die spezifischen Vorschr. leicht zugänglich und verständlich sowie in klarer und einfacher Sprache abgefasst sind, sodass für die Betroffenen nachvollziehbar ist, inwiefern ein Umgang mit ihren personenbezogenen Daten erfolgt (vgl. ErwGr 58). Darüber hinaus sind sie über die Risiken, Vorschr., Garantien und Rechte im Zusammenhang mit der Verarbeitung personenbezogener Daten zu informieren und darüber aufzuklären, wie sie ihre diesbzgl. Rechte geltend machen können (vgl. ErwGr 58). In welcher Detailtiefe und Form allerdings entspr. Vorschr. der DS-GVO in die mitgliedstaatlichen Regelungen aufzunehmen sind, ist derzeit noch nicht absehbar und wird sich in der Praxis erweisen müssen. Zu fordern sein dürfte zumindest eine **Wiedergabe** der oder eine **Bezugnahme** auf die **Transparenzvorschriften der Art. 12–15 und die Betroffenenrechte nach Art. 15–22, 34** (vgl. Sörup ArbRAktuell 2016, 207 (208 f.); Wybitul ZD 2016, 203 (207)). Unter dem Gesichtspunkt des Transparenzgebotes dürften dabei nicht offen erkennbare Datenverarbeitungen, wie etwa heimliche Videoüberwachungen, als besonders problematisch einzuordnen sein (so wohl auch Maschmann in Kühling/Buchner DS-GVO Art. 88 Rn. 47, der die Datenverarbeitung in solchen Fällen als prinzipiell unzulässig ansieht). Schließlich erlaubt allein Art. 23 Abs. 1 Beschränkungen des Transparenzprinzips zur Verhütung, Ermittlung, Aufdeckung und Verfolgung von Straftaten oder zur Durchsetzung zivilrechtlicher Ansprüche.

II. Datenübermittlung innerhalb einer Unternehmensgruppe oder -kooperation

Finden sich in den mitgliedstaatlichen Vorschr. nach Abs. 1 Regelungen im **15** Hinblick auf Datenübermittlungen in Unternehmensgruppen oder -kooperationen, so sind auch insofern entspr. Maßnahmen nach Abs. 2 vorzusehen. Ein **Gefährdungspotential** für die von den Übermittlungen personenbezogener Daten Betroffenen und – damit korrelierend – ein **zu adressierender Schutzbedarf** kann dabei jedenfalls in **zweierlei Ausprägungen** vorhanden sein. Zunächst bedarf es Absicherungen der Rechte und Freiheiten der Betroffenen im Hinblick auf die **Datenweitergabe an andere Unternehmen,** die aus datenschutzrechtlicher Perspektive grds. als Dritte zu qualifizieren sind. Dabei ist allerdings zu berücksichtigen, dass der Verordnungsgeber mit der ausdr. Anerkennung eines legitimen Interesses an konzern- bzw. gruppenweiten Datenübermittlungen zu bestimmten Zwecken (vgl. ErwGr 48) in eingeschränktem Umf. eine Entsch. zugunsten der Zulässigkeit einer Datenübermittlung und damit zulasten des Schutzbedürfnisses der Betroffenen präjudiziert hat. Daneben kommt eine bes. Bedeutung Sachverhalten zu, in denen **Datenübermittlungen** an konzern- bzw. gruppenangehörige **Unternehmen in Drittländern** erfolgen. Analog zur zweistufigen Prüfung der Zulässigkeit dieser Drittlandsübermittlungen (vgl. → Art. 44 Rn. 9) bedarf es hierzu konkreter Regelungen, mit denen der Schutz der personenbezogenen Daten der Betroffenen an einem Empfangsort ohne angemessenes Datenschutzniveau garantiert wird (Wybitul ZD 2016, 203 (208)). Insofern dürfte ein Verweis auf die verschiedenen in Art. 46 f. (→ Art. 46 Rn. 5) genannten Garantiemaßnahmen praktisch am zielführendsten sein.

III. Überwachungssysteme am Arbeitsplatz

16 Schutzmaßnahmen nach Abs. 2 bedarf es auch im Hinblick auf mitgliedstaatliche Vorschr. nach Abs. 1, soweit diese Aussagen zu **Überwachungssystemen am Arbeitsplatz** enthalten. Der Einsatz von Überwachungssystemen durch den Arbeitgeber birgt bes. Gefahren. Schließlich führt die Durchführung anonymer und damit für den Arbeitnehmer nicht erkennbarer und abwendbarer Überwachung und ggf. eine zusätzliche dauerhafte Speicherung und Verarbeitung der durch die Überwachung gewonnenen Daten, zu einem **erheblichen Eingriff in den persönlichen Bereich der überwachten Arbeitnehmer** (vgl. Werner in BeckOK ArbR BetrVG § 87 Rn. 89).

17 Unter die Überwachungssysteme fällt jedes optische, mechanische, akustische oder elektronische Gerät (bspw. Film- oder Fernsehkameras, Abhörgeräte, Stechuhr oder Fahrtenschreiber), das dazu bestimmt ist, personenbezogene Daten über den Arbeitnehmer zu erheben (vgl. Kania in ErfK BetrVG § 87 Rn. 49). Demgegenüber sind **nicht automatisierte Kontrollverfahren** aufgrund des eindeutigen Wortlautes („Überwachungs**systeme**") **vom Anwendungsbereich ausgenommen.** An den Vorgaben der DS-GVO wäre dementsprechend etwa die im (zurückgezogenen) Entwurf des dt. Beschäftigtendatenschutzgesetzes vorgesehene Regelung zur präventiven **Videoüberwachung am Arbeitsplatz** zu messen gewesen (BT-Drs. 17/4230, 8; vgl. Taeger/Rose BB 2016, 819 (819)). Ebenfalls unter Überwachungssysteme iSd Abs. 2 dürfte die Einf. von IT-Systemen fallen, mit denen zum Zweck betriebsinterner Ermittlungen die Auswertung von Kommunikationsinhalten vorgenommen werden soll.

IV. Weitere Regelungen

18 Die in Abs. 2 genannten Bereiche, die von den mitgliedstaatlichen Beschäftigtendatenschutzvorschriften abgedeckt werden sollen, stellen lediglich den gesetzlich vorgeschriebenen Mindeststandard dar (→ Rn. 4). Dementsprechend bleibt es den Normadressaten (→ Rn. 6) unbenommen – iR ihres Gestaltungsspielraums (→ Rn. 3 f.) – in den spezifischen Vorschr. **weitere Gesichtspunkte** zu adressieren. So kann etwa in Betriebsvereinbarungen die Aufnahme von Regelungen zur Zweckbindung, Datensicherheit oder hinsichtlich Datenverletzungen zweckmäßig sein (vgl. Wybitul ZD 2016, 203 (208); zu weiteren Regelungsmöglichkeiten in Betriebsvereinbarungen Wybitul/Sörup/Pötters ZD 2015, 559 (562 ff.)).

D. Mitteilungen von Vorschriften an die Kommission (Abs. 3)

19 Gem. Abs. 3 waren die Mitgliedstaaten verpflichtet, der KOM bis zum 25.5.2018 die Rechtsvorschriften mitzuteilen, die sie aufgrund von Abs. 1 erlassen hatten. Auch künftig sind Änd. mitzuteilen, die zu einem späteren

Zeitpunkt an diesen Vorschr. vorgenommen werden. Obwohl Art. 88 die Regelung des Beschäftigtendatenschutzes nicht allein den Mitgliedstaaten mittels Rechtsvorschriften, sondern auch den Parteien von Kollektivvereinbarungen (→ Rn. 6) überlässt, gilt die **Mitteilungspflicht** nach Abs. 3 **nur für Mitgliedstaaten und die von diesen erlassenen Rechtsvorschriften.** Dementsprechend bedarf es etwa keiner Meldung von Betriebsvereinbarungen oder Änderungen an diesen. Vor dem Hintergrund von Sinn und Zweck von Abs. 3, der KOM eine Übersicht über die entspr. mitgliedstaatlichen Vorschr. zu verschaffen, war der Anwendungsbereich der Vorschr. über ihren Wortlaut („aufgrund von (…) erlässt") hinaus auch auf mitgliedstaatliche Vorschr. zu erstrecken, die bereits vor Inkrafttreten der DS-GVO am 24.5.2016 erlassen worden waren. Allein aufgrund von Art. 88 und insbes. Abs. 3 eine gesetzliche Bestätigung dieser bereits bestehenden Rechtsvorschriften (und damit quasi einen Neuerlass) zu fordern, wäre eine bloße Förmelei gewesen (Wybitul/Sörup/Pötters ZD 2015, 559 (561); vgl. Tiedemann in HK-DS-GVO Art. 88 Rn. 27). Bestehende Betriebsvereinbarungen müssen auf ihre Vereinbarkeit mit der DS-GVO hin überprüft und ggf. aktualisiert werden (Becker ITRB 2016, 107 (108)). Auch nach dem 25.5.2018 dürfen die Mitgliedstaaten noch Gebrauch von der Möglichkeit der Erstanmeldung von Rechtsvorschriften machen. Gegenteiliges wäre kompetenzrechtlich nicht durchsetzbar und würde zudem dem Ziel der DS-GVO, einen möglichst umfassenden Datenschutz zu erreichen, widersprechen (so auch Selk in Ehmann/Selmayr DS-GVO Art. 88 Rn. 143–157; Maschmann in Kühling/Buchner DS-GVO Art. 88 Rn. 57; Kort NZA 2016, 1383 (1386); Gola/Pötters/Thüsing RDV 2016, 57 (59)).

Art. 89 Garantien und Ausnahmen in Bezug auf die Verarbeitung zu im öffentlichen Interesse liegenden Archivzwecken, zu wissenschaftlichen oder historischen Forschungszwecken und zu statistischen Zwecken

(1) [1]Die Verarbeitung zu im öffentlichen Interesse liegenden Archivzwecken, zu wissenschaftlichen oder historischen Forschungszwecken oder zu statistischen Zwecken unterliegt geeigneten Garantien für die Rechte und Freiheiten der betroffenen Person gemäß dieser Verordnung. [2]Mit diesen Garantien wird sichergestellt, dass technische und organisatorische Maßnahmen bestehen, mit denen insbesondere die Achtung des Grundsatzes der Datenminimierung gewährleistet wird. [3]Zu diesen Maßnahmen kann die Pseudonymisierung gehören, sofern es möglich ist, diese Zwecke auf diese Weise zu erfüllen. [4]In allen Fällen, in denen diese Zwecke durch die Weiterverarbeitung, bei der die Identifizierung von betroffenen Personen nicht oder nicht mehr möglich ist, erfüllt werden können, werden diese Zwecke auf diese Weise erfüllt.

(2) Werden personenbezogene Daten zu wissenschaftlichen oder historischen Forschungszwecken oder zu statistischen Zwecken verarbeitet, können vorbehaltlich der Bedingungen und Garantien gemäß Absatz 1 des vorliegenden Artikels im Unionsrecht oder im Recht der Mitgliedstaaten insoweit Ausnahmen von den

Rechten gemäß der Artikel 15, 16, 18 und 21 vorgesehen werden, als diese Rechte voraussichtlich die Verwirklichung der spezifischen Zwecke unmöglich machen oder ernsthaft beeinträchtigen und solche Ausnahmen für die Erfüllung dieser Zwecke notwendig sind.

(3) Werden personenbezogene Daten für im öffentlichen Interesse liegende Archivzwecke verarbeitet, können vorbehaltlich der Bedingungen und Garantien gemäß Absatz 1 des vorliegenden Artikels im Unionsrecht oder im Recht der Mitgliedstaaten insoweit Ausnahmen von den Rechten gemäß der Artikel 15, 16, 18, 19, 20 und 21 vorgesehen werden, als diese Rechte voraussichtlich die Verwirklichung der spezifischen Zwecke unmöglich machen oder ernsthaft beeinträchtigen und solche Ausnahmen für die Erfüllung dieser Zwecke notwendig sind.

(4) Dient die in den Absätzen 2 und 3 genannte Verarbeitung gleichzeitig einem anderen Zweck, gelten die Ausnahmen nur für die Verarbeitung zu den in diesen Absätzen genannten Zwecken.

BDSG und anderes nationales Recht: §§ 27 Abs. 2 S. 1, 29 Abs. 2–4 BDSG (kommentiert unter → BDSG § 27 Rn. 10 ff.; → BDSG § 29 Rn. 7 ff.).

Literatur: *Bernhardt/Ruhmann/Weichert,* Die Forschungsklauseln im neuen Datenschutzrecht, Netzwerk Datenschutzexpertise, 18. Oktober 2018; *Molnár-Gábor/Korbel,* Verarbeitung von Patientendaten in der Cloud – Die Freiheit translationaler Forschung und der Datenschutz in Europa, ZD 2016, 274; *Richter,* Big Data, Statistik und die Datenschutzgrundverordnung, DuD 2016, 581; *Roßnagel,* Datenschutz in der Forschung, ZD 2019, 157; *Roßnagel,* Pseudonymisierung personenbezogener Daten, ZD 2018, 243; *Schaar,* DS-GVO: Geänderte Vorgaben für die Wissenschaft – Was sind die neuen Rahmenbedingungen und welche Fragen bleiben offen, ZD 2016, 224; *Weichert,* Die Forschungsprivilegierung in der DS-GVO – Gesetzlicher Änderungsbedarf bei der Verarbeitung personenbezogener Daten für Forschungszwecke, ZD 2020, 18.

A. Allgemeines

1 Art. 89 ist **kein eigener Erlaubnistatbestand** für die Verarbeitung personenbezogener Daten zu im öffentl. Interesse liegenden Archivzwecken, zu wiss. oder historischen Forschungszwecken und zu statistischen Zwecken. Vielmehr kompensiert er einerseits Erleichterungen, die die DS-GVO an anderer Stelle bei der Verarbeitung personenbezogener Daten zu solchen Zwecken vorsieht (→ Rn. 3) und statuiert andererseits die Möglichkeit der Mitgliedstaaten, Sonderregeln für die Verarbeitung personenbezogener Daten zu diesen Zwecken zu erlassen (→ Rn. 13 ff.). Dies erfolgt dadurch, dass Art. 89 **Mindestanforderungen** vorgibt, die bei der Verarbeitung zu solchen Zwecken in jedem Fall einzuhalten sind, und zwar ungeachtet bestehender Erleichterungen und mitgliedstaatlicher Sonderregelungen.

2 Ob Datenverarbeitungen zu im öffentl. Interesse liegenden Archivzwecken, zu wiss. oder historischen Forschungszwecken und zu statistischen Zwecken zulässig sind, ist folglich zunächst gem. den allg. Regelungen zu ermitteln. In einem zweiten Schritt muss die datenverarbeitende Stelle sodann sicherstellen, dass sie geeignete Garantien vorsieht, um trotz in der DS-GVO vorgesehener

Erleichterungen und/oder etwaiger mitgliedstaatlicher Sonderregelungen die Rechte und Freiheiten der betroffenen Personen nicht unangemessen einzuschränken.

Die DS-GVO erkennt ein legitimes Interesse an der Verarbeitung personenbezogener Daten zu den genannten Zwecken an, deren Bedeutung an unterschiedlichen Stellen im Unionsrecht betont wird. So sind etwa die Förderung des wiss. Fortschritts (Art. 3 Abs. 3 UAbs. 1 EUV) und die Schaffung eines europ. Raums der Forschung (Art. 179 Abs. 1 AEUV) festgeschriebene Ziele der EU. **Archiv- und Forschungszwecke** sind darüber hinaus im Lichte der EU-Grundrechtecharta und dabei primär von **Art. 11 GRCh** (Freiheit der Meinungsäußerung und Informationsfreiheit) sowie **Art. 13 GRCh** (Freiheit von Kunst und Wissenschaft) zu sehen. Diese Grundrechte sind allerdings nicht schrankenlos gewährt, sondern **unterliegen ihrerseits Beschränkungen aus nationalem und Unionsrecht,** insbes. dem Recht auf Schutz personenbezogener Daten gem. Art. 8 GRCh (vgl. Eikenberg in GHN AEUV Art. 179 Rn. 57). Vor diesem Hintergrund dient Art. 89 dem Ausgleich der gegensätzlichen Interessen einerseits der verantwortlichen Stellen und der Allgemeinheit an der Zulässigkeit von Verarbeitungen personenbezogener Daten zu den genannten Zwecken und andererseits der Betroffenen an einem Ausschluss solcher Datenverarbeitungen. Um dieser Interessenabwägung gerecht zu werden, sehen die DS-GVO und das BDSG eine Vielzahl von Privilegien für die Forschung vor (bspw. Art. 5 Abs. 1 lit. b DS-GVO, Art. 9 Abs. 2 lit. e DS-GVO, Art. 9 Abs. 2 lit. j DS-GVO, ErwGr 33). Zugleich müssen bei der Datenverarbeitung bes. Schutzmaßnahmen ergriffen werden, bspw. Anonymisierung oder Pseudonymisierung (Roßnagel ZD 2019, 157 (159)) (→ Rn. 4). **3**

Die **DSRL** enthielt **lediglich partielle Sonderbestimmungen,** die bei Datenverarbeitungen zu Forschungs- und statistischen Zwecken Ausnahmen vom Zweckbindungsgrundsatz (Art. 6 Abs. 1 lit. b DSRL) und den Informationspflichten bei Datenerhebungen ohne Wissen der Betroffenen (Art. 11 Abs. 2 DSRL) vorsahen. Diese Ausnahmen hat der Verordnungsgeber in der DS-GVO aufgegriffen und um verschiedene Zusatzregelungen ergänzt. Konkret unterliegen datenverarbeitende Stellen beim Umgang mit personenbezogenen Daten zu Archiv-, Forschungs- und statistischen Zwecken **unter der DS-GVO weniger strengen Anforderungen** im Hinblick auf die Zweckbindung (Art. 5 Abs. 1 lit. b), die Begrenzung der Speicherdauer (Art. 5 Abs. 1 lit. e), die Zulässigkeit einer Verarbeitung bes. Kategorien personenbezogener Daten (Art. 9 Abs. 2 lit. j), die Benachrichtigungspflichten der Betroffenen, wenn personenbezogene Daten nicht bei ihnen erhoben werden (Art. 14 Abs. 5 lit. b), das Recht auf Vergessenwerden (Art. 17 Abs. 3 lit. d) sowie – mit Ausnahme der Archivzwecke – das Widerspruchsrecht (Art. 21 Abs. 6). Insgesamt erleichtern diese Ausnahmeregelungen in erster Linie eine Zusammenführung bereits vorhandener und weniger eine Sammlung neuer personenbezogener Daten (Molnár-Gábor/Korbel ZD 2016, 274 (277)). **4**

Kritik an der Vorschr. wird dahingehend geäußert, dass sie nicht geeignet sei, die Risiken von Statistik und Verfahren wie Big Data aufzugreifen und angemessen zu regeln (vgl. Richter DuD 2016, 581 (586)). Die Garantien zum Schutz personenbezogener Daten erfahren durch die Vorschr. dennoch eine Aufwertung im Forschungskontext.

B. Anforderung an die Verarbeitung personenbezogener Daten zu Archiv-, Forschungs- und statistischen Zwecken (Abs. 1)

I. Erfasste Zwecke

5 Die Vorgaben nach Abs. 1 sind auf Verarbeitungen personenbezogener Daten **zu bestimmten Zwecken,** konkret (1) im öffentl. Interesse liegende Archivzwecke, (2) wiss. Forschungszwecke, (3) historische Forschungszwecke sowie (4) statistische Zwecke **beschr.**

6 Abs. 1 erfasst zunächst im öffentl. Interesse liegende **Archivzwecke.** Die Privilegierung ist im Kontext des Grundrechtes auf Informationsfreiheit aus Art. 11 GRCh zu sehen. Unter Archiven iSd Art. 89 versteht die DS-GVO „Behörden oder öffentliche oder private Stellen, die Aufzeichnungen von öffentlichem Interesse führen" (ErwGr 158 S. 2). Allerdings gilt Abs. 1 nicht für sämtliche archivarische Tätigkeiten, bei denen ein Umgang mit personenbezogenen Daten erfolgt, sondern ist auf solche beschr., an denen ein **öffentl. Interesse** besteht. Dazu zählt bspw. die Bereitstellung von Informationen im Zusammenhang mit dem politischen Verhalten unter ehem. totalitären Regimen, Völkermord, Verbrechen gegen die Menschlichkeit wie dem Holocaust und Kriegsverbrechen (ErwGr 158). Der Archivzweck weist daher auch Überschneidungen zum Zweck der historischen Forschung auf. Die Archivierung ist von der bloßen Aufbewahrung zu unterscheiden. Eine solche dient lediglich dazu, gesetzlichen Aufbewahrungspflichten nachzukommen (Buchner/Tinnefeld in Kühling/Buchner, DS-GVO Art. 89 Rn. 10; Johannes in Roßnagel EU-DS-GVO § 4 Rn. 134).

7 Der Begriff der **Forschungszwecke** ist **weit auszulegen.** So werden zunächst sowohl historische als auch wiss. Forschungszwecke erfasst. Zu den **historischen Forschungszwecken** ist insbes. die Genealogie (Ahnenforschung) zu zählen (ErwGr 160). Hierbei ist zu beachten, dass die DS-GVO nicht auf die Daten verstorbener Personen anwendbar ist (vgl. ErwGr 27). Demgegenüber erstreckt sich die **wiss. Forschung** bspw. auf die Verarbeitung personenbezogener Daten zum Zweck technologischer Entwicklungen, der Grundlagenforschung, der angewandten Forschung und der privat finanzierten Forschung sowie in Studien, die im öffentl. Interesse im Bereich der öffentl. Gesundheit durchgeführt werden (ErwGr 159). Art. 89 kommt damit eine erhebliche Bedeutung für das Gesundheitswesen zu. Da die Forschung der geteilten Zuständigkeit zwischen EU und Mitgliedstaaten unterfällt und zudem innerhalb Deutschlands teilw. beim Bund und teilw. bei den Ländern liegt, gibt es innerstaatlich eine Vielzahl von unterschiedlichen Forschungsregelungen (vgl. Bernhardt/Ruhmann/Weichert, Die Forschungsklauseln im neuen Datenschutzrecht, v. 18.10.2018, abrufbar unter: https://www.netzwerk-datenschutzexpertise.de/sites/default/files/gut_2018_forschungklauseln_181018.pdf; Weichert ZD 2020, 18 (18)).

Unter **statistische Zwecke** fallen alle Vorgänge der Erhebung und Ver- **8**
arbeitung personenbezogener Daten, die für die Durchführung statistischer
Untersuchungen und die Erstellung statistischer Erg. erforderlich sind (ErwGr
162 S. 3). Unter Statistik versteht man den methodischen Umgang mit
empirischen Daten (Buchner/Tinnefeld in Kühling/Buchner DS-GVO
Art. 89 Rn. 15; Richter in Roßnagel EU-DS-GVO § 4 Rn. 97). Der Verordnungsgeber setzt dabei voraus, dass die Erg. der Verarbeitung zu statistischen Zwecken keine personenbezogenen Daten, sondern aggregierte Daten
sind (ErwGr 162 S. 5). Zwischen statistischen Zwecken und Forschungszwecken besteht insofern eine Überschneidungsmöglichkeit, als statistische Erg.
insbes. für wiss. Forschungszwecke weiterverwendet werden zu können
(ErwGr 162).

II. Bei der Datenverarbeitung einzuhaltende Garantien

Verarbeitungen personenbezogener Daten zu den von Art. 89 erfassten Zwe- **9**
cken (→ Rn. 5 ff.) unterliegen grds. den bes. Anforderungen nach Abs. 1.
Eine in den vorliegenden Konstellationen relevante Ausnahme folgt allerdings
aus dem **eingeschränkten Anwendungsbereich der DS-GVO.** Da das
Datenschutzrecht auf den Zeitraum von Geburt bis Tod einer natürlichen
Person beschr. ist (→ Art. 4 Rn. 4; ErwGr 27), bedarf es mangels Anwendbarkeit des DS-GVO keiner Einhaltung der in Abs. 1 genannten Anforderungen, wenn eine **Verarbeitung der Daten verstorbener Personen** erfolgen
soll. Von dieser Ausnahme profitieren dürften insbes. Datenverarbeitungen zu
historischen Forschungszwecken.

Werden die zu verarbeitenden personenbezogenen Daten hingegen vom **10**
Anwendungsbereich der DS-GVO erfasst, dann bedarf es bei Datenverarbeitungen zu den in Abs. 1 genannten Zwecken **geeigneter Garantien zum
Schutz der Betroffenen,** die über die Anforderungen bei der Verfolgung
„normaler" Zwecke hinausgehen. Datenverarbeitende Stellen unterliegen
beim Umgang mit personenbezogenen Daten zu Archiv-, Forschungs- und
statistischen Zwecken **weniger strengen Anforderungen** etwa zur Zweckbindung, zur Speicherdauer oder zum Recht auf Vergessenwerden (vgl. ausf.
→ Rn. 4). Mit diesen Erleichterungen korrelieren die **verschärften Anforderungen,** die Abs. 1 den verarbeitenden Stellen auferlegt.

Die Garantien nach Abs. 1 müssen technische und organisatorische Maß- **11**
nahmen vorsehen, mit denen insbes. die Achtung des **Grundsatzes der
Datenminimierung** gewährleistet wird. Die bes. Betonung des sparsamen
Umgangs mit personenbezogenen Daten als ein leitendes Prinzip der DS-
GVO (vgl. Art. 5 Abs. 1 lit. c) ist insofern konsequent, als die Ausnahmeregelung zugunsten der Archiv-, Forschungs- und statistischen Zwecke grds.
eine Ausdehnung der Datenverwendung ermöglicht.

Aus diesem Grund ist von der datenverarbeitenden Stelle allg. zu fordern, **12**
dass sie nur die personenbezogenen Daten verwendet, deren Verarbeitung für
den jeweiligen bestimmten Verarbeitungszweck erforderlich ist. Bes. Augenmerk ist insofern auf die Menge der erhobenen personenbezogenen Daten,
den Umf. der Verarbeitung, die Speicherfrist und die Zugänglichkeit zu

legen. Dabei ist Abs. 1 ein **abgestufter Ansatz zu entnehmen.** Demnach hat die verarbeitende Stelle vor der Nutzung der personenbezogenen Daten zu prüfen, ob sich die angestrebten Zwecke auch mit einer Verwendung **anonymisierter Daten** – dh Daten, die eine Identifizierung der dahinterstehenden Personen nicht (mehr) zulassen (ErwGr 28) – erreichen lassen. Scheidet ein Rückgriff auf anonymisierte Daten allerdings aus, weil zwingend personenbezogene Daten benötigt werden, etwa weil Personen zu Forschungszwecken erneut kontaktiert werden müssen, dann ist in einem zweiten Schritt die **Verwendung pseudonymisierter Daten** zu prüfen (Schaar ZD 2016, 224 (225); vgl. ausf. zur Pseudonymisierung Roßnagel ZD 2018, 243). Pseudonymisierte Daten stellen zwar immer noch Angaben über eine identifizierbare Person dar, lassen sich dieser aber ohne Hinzuziehung zusätzlicher Informationen nicht ohne Weiteres zuordnen (→ Art. 4 Rn. 40; ErwGr 26). Kommt weder eine Anonymisierung noch eine Pseudonymisierung der zu verwendenden personenbezogenen Daten infrage, ist zu prüfen, ob und inwiefern durch andere verhältnismäßige Maßnahmen der Schutz der Betroffenen sichergestellt werden kann. In Betracht kommt dabei etwa – soweit dies iRd beabsichtigten Datenverarbeitungen möglich ist – eine Verschlüsselung der Daten oder die Verpflichtung der an den Datenverarbeitungsvorgängen Beteiligten auf Geheimhaltung.

C. Ausnahmen zu Forschungs- und statistischen Zwecken (Abs. 2)

13 Abs. 2 enthält eine **Öffnungsklausel,** nach der im Unionsrecht oder dem Recht der Mitgliedstaaten im Hinblick auf Verarbeitungen personenbezogener Daten zu Forschungs- oder statistischen Zwecken – über die bestehenden Sonderregelungen hinausgehende (→ Rn. 4) – Ausnahmen vorgesehen werden können. Abs. 2 beschr. die Regelungskompetenz dabei explizit auf die Art. 15 (Auskunftsrecht der betroffenen Person), 16 (Recht auf Berichtigung), 18 (Recht auf Einschränkung der Verarbeitung) und 21 (Widerspruchsrecht). Durch diese Festlegung sind der Kompetenz der EU und der Mitgliedstaaten für Abweichungen – stärker als dies bspw. iRd Öffnungsklauseln insbes. im Pressesektor nach Art. 85 (→ Art. 85 Rn. 5 ff.) oder im Beschäftigungskontext nach Art. 88 (→ Art. 88 Rn. 8 ff.) der Fall ist – von vornherein Grenzen gesetzt. Nicht eindeutig geklärt ist dabei das Verhältnis von Art. 85 Abs. 2 und Art. 89 Abs. 2, die beide Privilegierungen für wiss. Zwecke vorsehen (Pötters in Gola DS-GVO Art. 89 Rn. 17–19).

14 Ein gesetzgeberisches Tätigwerden der EU oder der Mitgliedstaaten gem. Abs. 2 erfordert zunächst eine **positive Prognose,** dass die angeführten Rechte die Verwirklichung der spezifischen Zwecke tatsächlich unmöglich machen oder ernsthaft beeinträchtigen. Diese Festlegung des in Abs. 2 genannten Abweichungsspielraums erfolgt vor dem Hintergrund, dass die angeführten Regelungen in bes. Art und Weise geeignet sind, Datenverarbeitungen zu Forschungs- oder statistischen Zwecken zu **verkomplizieren, unwirtschaftlich** oder sogar **unmöglich zu machen,** indem die Betroffenen durch die Ausübung ihrer Rechte bspw. einen hohen Verwaltungsaufwand verursachen oder aber den von Art. 89 privilegierten Stellen die Daten- und damit Arbeitsgrundlage entziehen. Indem Abs. 2 eine Notwendigkeit der Ausnahmen für die Erfüllung der erfassten Zwecke voraussetzt, wird zudem die Durchführung einer **Verhältnismäßigkeitsprüfung** angeordnet. Dies ist insofern konsequent, als die Rechtfertigung von Einschränkungen der Pflichten der verarbeitenden Stellen und Rechten der Betroffenen ein **legitimes und im konkreten Fall vorrangiges Interesse an der Verarbeitung der personenbezogenen Daten** voraussetzt, da diese für den Schutz des Persönlichkeitsrechts der Betroffenen essentiell sind. Es ist hierbei ausreichend, dass ein bestimmtes Betroffenenrecht **im Regelfall** dazu führt, dass einer der in Art. 89 Abs. 2 angeführten Zwecke nicht verwirklicht werden kann (Buchner/Tinnefeld in Kühling/Buchner DS-GVO Art. 89 Rn. 23).

Abs. 2 sieht weiter vor, dass die Ausnahmen von den Rechten und Pflichten der DS-GVO **geeignete Garantien entspr. Abs. 1** vorsehen müssen. Erforderlich ist somit jedenfalls eine Verpflichtung auf die Nutzung technischer und organisatorischer Maßnahmen, die den Grundsatz der Datenminimierung und dabei einen weitestmöglichen Einsatz von Anonymisierung und Pseudonymisierung aufgreifen (→ Rn. 9 ff.).   **15**

D. Ausnahmen zu Archivzwecken (Abs. 3)

Abs. 3 enthält eine Parallelregelung zu Abs. 2 (→ Rn. 13 ff.) im Hinblick auf die Verarbeitung personenbezogener Daten für im öffentl. Interesse liegende Archivzwecke. Auf das Tatbestandsmerkmal des öffentl. Interesses ist bes. Augenmerk im Fall privater Unternehmensarchive zu legen (vgl. Grages in Plath DS-GVO Art. 89 Rn. 11, der Unternehmensarchive im Zweifel als nicht privilegiert ansieht; so auch Hense in HK-DS-GVO Art. 89 Rn. 17). Der Anwendungsbereich von Art. 89 Abs. 3 dürfte jedoch bspw. eröffnet sein, wenn Unternehmen in eigenen Archiven ihre Rolle im Holocaust aufbereiten. Auch die Daten verstorbener Personen fallen nicht in den Regelungsbereich der DS-GVO, sodass für historische Archive wohl weiterhin die mitgliedstaatlichen Regelungen bspw. durch die Archivgesetzgebung anwendbar bleiben (vgl. Grages in Plath DS-GVO Art. 89 Rn. 10). Wie auch iRv Abs. 2 können im Unionsrecht und dem Recht der Mitgliedstaaten Ausnahmen von bestimmten Vorgaben der DS-GVO vorgesehen werden. Allerdings hat **Abs. 3 einen weiteren Anwendungsbereich als Abs. 2.** Während ersterer zugunsten von Forschungs- und statistischen Zwecken lediglich Abweichungsmöglichkeiten von Art. 15, 16, 18 und 21 zulässt, können nach Abs. 3 auch Ausnahmen von den Mitteilungspflichten ggü. Empfängern personenbezogener Daten gem. Art. 19 sowie des Rechtes auf Datenübertragbarkeit nach Art. 20 vorgesehen werden. Hintergrund der Möglichkeit, von den Vorgaben des Art. 20 abzuweichen, dürfte die Erwägung sein, dass bei archivarischen Verarbeitungen personenbezogener Daten regelmäßig eher die Sammlung von Daten, als die Extrahierung im Mittelpunkt steht und eine Implementierung der Infrastruktur zur Ermöglichung der Datenportabilität deshalb mit   **16** einem unverhältnismäßigen Kosten- und Verwaltungsaufwand verbunden sein dürfte.

17   Kein Unterschied zu Abs. 2 besteht demgegenüber im Hinblick auf die Erfordernisse einer **positiven Prognose,** dass die angeführten Rechte die Verwirklichung der im öffentl. Interesse liegenden **Archivzwecke tatsächlich unmöglich machen oder ernsthaft beeinträchtigen,** sowie der **Verhältnismäßigkeit** der beabsichtigten Ausnahmeregelungen. Auch hier genügt es jedoch wieder, wenn ein Betroffenenrecht im Regelfall dazu führt, dass ein im öffentl. Interesse liegender Archivzweck nicht verwirklicht werden kann und daher eine Ausnahme erforderlich ist (→ Rn. 14 f.).

E. Beschränkung des Anwendungsbereichs der Ausnahmeregelungen (Abs. 4)

18   Abs. 4 **begrenzt den Anwendungsbereich etwaiger Ausnahmeregelungen.** Dienen die von den Ausnahmen nach Abs. 2 und Abs. 3 erfassten Verarbeitungen personenbezogener Daten nicht allein den von der DS-GVO privilegierten Archiv-, Forschungs- und statistischen Zwecken, sondern darüber hinaus noch anderen Zwecken, dann gelten die Ausnahmen nur für erstere. Die **Einschränkungen** der Rechte der Betroffenen und der Pflichten der Verantwortlichen können **nur gerechtfertigt** werden, wenn und **soweit die Datenverarbeitung zur Erfüllung der bes. Zwecke dies tatsächlich voraussetzt.** Abs. 4 **verhindert** damit eine „**Flucht in die Privilegierung",** sodass Verantwortliche keine Möglichkeit haben, unter dem Deckmantel der Durchführung von Archiv-, Forschungs- oder statistischen Datenverarbeitungen die Vorgaben der DS-GVO zu umgehen.

Art. 90 Geheimhaltungspflichten

(1) [1] Die Mitgliedstaaten können die Befugnisse der Aufsichtsbehörden im Sinne des Artikels 58 Absatz 1 Buchstaben e und f gegenüber den Verantwortlichen oder den Auftragsverarbeitern, die nach Unionsrecht oder dem Recht der Mitgliedstaaten oder nach einer von den zuständigen nationalen Stellen erlassenen Verpflichtung dem Berufsgeheimnis oder einer gleichwertigen Geheimhaltungspflicht unterliegen, regeln, soweit dies notwendig und verhältnismäßig ist, um das Recht auf Schutz der personenbezogenen Daten mit der Pflicht zur Geheimhaltung in Einklang zu bringen. [2] Diese Vorschriften gelten nur in Bezug auf personenbezogene Daten, die der Verantwortliche oder der Auftragsverarbeiter bei einer Tätigkeit erlangt oder erhoben hat, die einer solchen Geheimhaltungspflicht unterliegt.

(2) Jeder Mitgliedstaat teilt der Kommission bis zum 25. Mai 2018 die Vorschriften mit, die er aufgrund von Absatz 1 erlässt, und setzt sie unverzüglich von allen weiteren Änderungen dieser Vorschriften in Kenntnis.

BDSG und anderes nationales Recht: § 29 Abs. 3 BDSG (kommentiert unter → BDSG § 29 Rn. 18 ff.).

Literatur: *Zikesch/Kramer,* Die DS-GVO und das Berufsrecht der Rechtsanwälte, Steuerberater und Wirtschaftsprüfer – Datenschutz bei freien Berufen, ZD 2015, 565.

A. Allgemeines

Art. 90 gibt den Mitgliedstaaten die Möglichkeit, Rechtsvorschriften zu er- **1** lassen, um einen **Ausgleich zwischen den Befugnissen der ASB** einerseits und dem **Schutz von (Berufs-)Geheimnissen** andererseits zu erzielen. Damit enthält die Vorschr. eine fakultative **Öffnungsklausel** zugunsten der Mitgliedstaaten und trägt der Problematik einer Kollision zwischen Verschwiegenheitspflicht von Geheimnisträgern einerseits und dem Datenschutzrecht andererseits Rechnung (vgl. Kühling/Martini ua DS-GVO und nationales Recht, 299). Sie gesteht den nationalen Gesetzgebern Abweichungen von Schutzstandards zu, welche sich aus der DS-GVO ergeben. Keine Berücksichtigung haben die Forderungen verschiedener Interessenverbände gefunden, die einen weitergehenden Ausschluss eines Zugriffs von ASB auf Berufsgeheimnissen unterliegende personenbezogene Daten gefordert haben. Zu diesem Zweck verlangten sie eine Ansiedlung der datenschutzrechtlichen Aufsicht etwa bei den Rechtsanwalts- und Steuerberaterkammern (vgl. etwa die Stellungn. des Deutschen Anwaltvereins zur Regelung der Datenschutzaufsicht in Anwaltskanzleien v. 28.1.2015).

Verstöße gegen Pflichten aus den von den Mitgliedstaaten nach Abs. 1 **2** erlassenen Rechtsvorschriften können nach Art. 83 Abs. 5 lit. d mit Geldbußen sanktioniert werden.

B. Regelungsbefugnis für den nationalen Gesetzgeber (Abs. 1)

I. Berufsgeheimnis oder gleichwertige Geheimhaltungspflicht

Die Anwendbarkeit von Art. 90 setzt zunächst voraus, dass der Verantwort- **3** liche oder Auftragsverarbeiter nach dem Unionsrecht, dem Recht der Mitgliedstaaten oder nach einer von einer zuständigen nationalen Stelle erlassenen Verpflichtung dem Berufsgeheimnis oder gleichwertigen Geheimhaltungspflichten unterliegt.

Auf nationaler Ebene sind in Deutschland Geheimhaltungspflichten insbes. **4** in den Berufsordnungen normiert (z. B. in § 43a Abs. 2 BRAO, § 2 BORA für Rechtsanwälte); finden sich darüber hinaus aber auch in Spezialgesetzen wie zB § 39 PostG (Postgeheimnis), § 88 TKG (Fernmeldegeheimnis) oder § 30 AO (Steuergeheimnis). Sie begründen eine rechtliche Pflicht zur Verschwiegenheit. Zu unterscheiden ist zwischen Berufsgeheimnissen und gleichwertigen Geheimhaltungspflichten.

Beim **Berufsgeheimnis** ist der einzelne Berufsangehörige wegen seiner **5** bes. Vertrauensstellung Geheimnisträger (vgl. Simitis in Simitis BDSG aF § 1 Rn. 177). In Deutschland gehören zu den Berufsgeheimnisträgern bspw.

Ärzte, Apotheker, Psychologen, Rechtsanwälte, Notare, Wirtschaftsprüfer, Steuerberater, Sozialarbeiter, Mitglieder oder Beauftragte einer Beratungsstelle sowie Angehörige eines Unternehmens der privaten Kranken-, Unfall- oder Lebensversicherung (vgl. § 203 Abs. 1 StGB).

6   Bei den dem Berufsgeheimnis **gleichwertigen Geheimhaltungspflichten** dürfte es sich in erster Linie um Amtsgeheimnisse handeln. Die Pflicht zur Geheimniswahrung trifft bei den Amtsgeheimnissen im Unterschied zu den Berufsgeheimnissen die Stelle bzw. Institution selbst. Der einzelne Mitarbeiter wird dann mittelbar, bspw. über das Arbeits- oder Dienstrecht verpflichtet. Zu den Amtsgeheimnissen zählen etwa die statistischen Geheimhaltungspflichten der VO (EG) Nr. 223/2009. In Deutschland fallen auch Steuer-, Sozial- und Meldegeheimnis darunter (Simitis in Simitis BDSG aF § 1 Rn. 177). Der Geheimnisschutz bei Amtsträgern ergibt sich auf dt. Ebene aus § 203 Abs. 2 StGB. Fraglich ist dagegen, ob auch das **Bankgeheimnis** eine entspr. Geheimhaltungspflicht begr. Jedenfalls im Hinblick auf das dt. Bankgeheimnis ist dies nicht der Fall. Während Berufsgeheimnisse und gleichwertige Geheimhaltungspflichten eine absolute Schutzwirkung entfalten, stellt dieses eine Verschwiegenheitspflicht mit rein schuldrechtlichem Charakter dar (vgl. BGH NJW 2007, 2106 Rn. 18). Auch rein vertragliche Geheimhaltungspflichten sind für die Anwendung von Art. 90 nicht ausreichend. Personen, die einer dem Berufsgeheimnis gleichwertigen Geheimhaltungspflicht unterliegen, dürften auch die Mitglieder kollektiver Vertretungsorgane sein (vgl. Betriebsrat gem. § 79 BetrVG). Ein Indiz für die **Gleichwertigkeit** der Geheimhaltungspflicht ist die Strafbewehrung in § 203 StGB. Zumindest aus der eigenen rechtlichen Normierung ist auf eine Gleichwertigkeit zum Berufsgeheimnis zu schließen (Grages in Plath DS-GVO Art. 90 Rn. 4). Bloße berufsethische Verhaltenskodizes stellen hingegen keine gleichwertige Geheimhaltungspflicht dar (Herbst in Kühling/Buchner DS-GVO Art. 90 Rn. 19).

7   Darüber hinaus bezieht sich der Anwendungsbereich von Art. 90 allein auf personenbezogene Daten, die bei einer **der Geheimhaltungspflicht unterliegenden Tätigkeit erlangt oder erhoben** worden sind. Dementsprechend kann die Regelung keine Beschränkung aufsichtsbehördlicher Untersuchungsbefugnisse ggü. Geheimnisträgern iSd Art. 90 rechtfertigen, soweit diese personenbezogene Daten zu anderen Zwecken, etwa zu Verwaltungszwecken, verarbeiten.

II. Zu regelnde Befugnisse der Aufsichtsbehörden

8   Besteht eine von Art. 90 erfasste Geheimhaltungspflicht (→ Rn. 3 ff.), sollen die Mitgliedstaaten Informationen, die diesem Geheimnis unterliegen, der Überwachung durch die ASB entziehen dürfen (Zikesch/Kramer ZD 2015, 565 (566)). Dies beschr. sich jedoch allein auf **bestimmte aufsichtsbehördliche Untersuchungsbefugnisse,** denen nach Auff. des Verordnungsgebers eine **besonders hohe Eingriffsintensität** zukommt. Konkret sieht Abs. 1 Einschränkungsmöglichkeiten hinsichtlich des Zugangs zu personenbezogenen Daten und Informationen (Art. 58 Abs. 1 lit. e) sowie des Zugangs zu

Geschäftsräumen einschl. Datenverarbeitungsanlagen und -geräten (Art. 58 Abs. 1 lit. f) vor. Lediglich in diesen Bereichen greift die Öffnungsklausel des Abs. 1, sodass Einschränkungen der sonstigen Untersuchungsbefugnisse von Art. 58 Abs. 1, der Abhilfebefugnisse nach Art. 58 Abs. 2 sowie der Genehmigungs- und beratenden Befugnisse nach Art. 58 Abs. 3 der nationalen Regelungskompetenz entzogen sind.

III. Notwendigkeit und Verhältnismäßigkeit

Die Regelungsbefugnis besteht zudem nur, soweit dies **notwendig** und **verhältnismäßig** ist, um das Recht auf den Schutz personenbezogener Daten mit der Pflicht zur Geheimhaltung **in Einklang** zu bringen (vgl. auch ErwGr 164). Das Erfordernis der Notwendigkeit und die Verhältnismäßigkeitsprüfung engen den Regelungsspielraum der Mitgliedstaaten erheblich ein. Die Verhältnismäßigkeitsprüfung setzt etwa neben einem **legitimen Zweck** die **Geeignetheit, Erforderlichkeit** und **Angemessenheit** der Maßnahme voraus. Dadurch wird deutlich, dass Informationen, die einer Geheimhaltungspflicht unterliegen, einer staatlichen Überwachung und Kontrolle grds. entzogen sind. Die DS-GVO gibt jedoch keine weiteren Vorgaben, sodass es weitgehend den Mitgliedstaaten obliegt, zu entscheiden, wie die Interessen in Einklang zu bringen sind. **9**

Die generelle Befugnis der Mitgliedstaaten, den Schutz des Berufsgeheimnisses in den Grenzen der DS-GVO zu regeln, lässt nach ErwGr 164 die Verpflichtung der Mitgliedstaaten zum Erlass von nach dem Unionsrecht erforderlichen Vorschr. über das Berufsgeheimnis **unberührt**. **10**

C. Pflicht zur Unterrichtung der Kommission (Abs. 2)

Die Mitgliedstaaten müssen der KOM nach Abs. 2 bis zum 25.5.2018 die Rechtsvorschriften mitteilen, die sie aufgrund von Abs. 1 erlassen. Ebenfalls **unverzüglich** mitzuteilen sind Änd., die zu einem späteren Zeitpunkt an diesen Vorschr. vorgenommen werden. Durch das Tatbestandsmerkmal „unverzüglich" wird den Mitgliedstaaten ein zeitlich enger Rahmen gesetzt. Vor dem Hintergrund von Sinn und Zweck von Abs. 3, der KOM eine Übersicht über die entspr. mitgliedstaatlichen Vorschr. zu verschaffen, ist der Anwendungsbereich der Vorschr. über ihren Wortlaut („aufgrund von (…) erlässt") hinaus auch auf mitgliedstaatliche Vorschr. zu erstrecken, die die Mitgliedstaaten bereits **vor Inkrafttreten der DS-GVO** am 24.5.2016 erlassen haben (vgl. → Art. 88 Rn. 19). **11**

Art. 91 Bestehende Datenschutzvorschriften von Kirchen und religiösen Vereinigungen oder Gemeinschaften

(1) Wendet eine Kirche oder eine religiöse Vereinigung oder Gemeinschaft in einem Mitgliedstaat zum Zeitpunkt des Inkrafttretens dieser Verordnung umfassende Regeln zum Schutz natürlicher Personen bei der Verarbeitung an, so dürfen

diese Regeln weiter angewandt werden, sofern sie mit dieser Verordnung in Einklang gebracht werden.

(2) Kirchen und religiöse Vereinigungen oder Gemeinschaften, die gemäß Absatz 1 umfassende Datenschutzregeln anwenden, unterliegen der Aufsicht durch eine unabhängige Aufsichtsbehörde, die spezifischer Art sein kann, sofern sie die in Kapitel VI niedergelegten Bedingungen erfüllt.

BDSG und anderes nationales Recht: −

Literatur: *Germann,* Das kirchliche Datenschutzrecht als Ausdruck kirchlicher Selbstbestimmung, ZevKR 2003, 446; *Gola,* Beschäftigtendatenschutz und EU-Datenschutz-Grundverordnung, EuZW 2012, 332; *Hoeren,* Die Macht der Computer und die Ohnmacht der Kirchen − Datenschutz an der Schnittstelle von kirchlicher und informationeller Selbstbestimmung, CR 1988, 60; *Hoeren,* Kirchlicher Datenschutz nach der Datenschutzgrundverordnung − Eine Vergleichsstudie zum Datenschutzrecht der evangelischen und der katholischen Kirche, NVwZ 2018, 373; *Preuß,* Das Datenschutzrecht der Religionsgesellschaften − Eine Untersuchung de lege lata und de lege ferenda nach Inkrafttreten der DS-GVO, ZD 2015, 217; *Ronellenfitsch,* Bestandsschutz der Religionsgemeinschaften nach der DS-GVO, DÖV 2018, 1017; *Wuermeling,* Beschäftigtendatenschutz auf der europäischen Achterbahn, NZA 2012, 368.

Übersicht

A. Allgemeines

1 Art. 91 enthält eine **Sonderregelung für bestehende Datenschutzvorschriften der Kirchen und religiösen Vereinigungen oder Gemeinschaften.** Nicht von der Vorschrift erfasst sind allerdings weltanschauliche Gemeinschaften (Ehmann/Kranig in Ehmann/Selmayr DS-GVO Art. 91 Rn. 3; Herbst in Kühling/Buchner DS-GVO Art. 91 Rn. 8). Nach Abs. 1 (entspr. ErwGr 165 im Einklang mit Art. 17 AEUV) dürfen Kirchen sowie religiöse Vereinigungen oder Gemeinschaften in einem Mitgliedstaat, die zum Zeitpunkt des Inkrafttretens der DS-GVO umfassende Regeln zum Schutz natürlicher Personen bei der Verarbeitung personenbezogener Daten anwenden, diese weiterhin anwenden, sofern diese Regeln mit der DS-GVO in Einklang gebracht werden. Eine derart klare Bezugnahme auf ein bes. Datenschutzrecht der Kirchen war weder in der DSRL noch in den Datenschutzgesetzen des Bundes oder der Länder zu finden. Mit Einf. einer besonderen Regelung für Kirchen oder religiöse Vereinigungen oder Gemeinschaften berücksichtigt der Verordnungsgeber daher die bes. Stellung der Kirchen, insbes. im Europarecht (Thüsing/Rombey in SJTK DS-GVO Art. 91 Rn. 2). Jedoch drückt Art. 91 lediglich aus, dass ein Nebeneinander kirchlicher Datenschutzordnungen und der DS-GVO grds. möglich ist.

Jedenfalls in Deutschland gehören die unter Art. 91 fallenden Institutionen **2** zu den größten Verarbeitern personenbezogener Daten. Auch Daten von Nichtmitgliedern werden von ihnen als Träger von Schulen, Krankenhäusern, usw in großem Umf. verarbeitet, sodass die Vorschr. von großer praktischer Relevanz ist (Germann ZevKR 2003, 446 (451); Hoeren NVwZ 2018, 373 (373)).

Art. 91 enthält zwei Öffnungsklauseln in Abs. 1 und Abs. 2. Beide erlangen **3** nur dann Bedeutung, wenn das Kirchenrecht der jeweiligen Mitgliedstaates Kirchen, religiösen Vereinigungen oder Gemeinschaften eine entspr. Regelungsbefugnis einräumt (Ehmann/Kranig in Ehmann/Selmayr DS-GVO Art. 91 Rn. 7–9). Das Staatskirchenrecht hat somit eine Ausstrahlungswirkung auf die DS-GVO und entscheidet darüber, wie weit der konkrete Anwendungsbereich der Öffnungsklauseln auf nationaler Ebene reicht.

I. Nationales Datenschutzrecht

Gem. **Art. 140 GG iVm Art. 137 Abs. 3 WRV** garantiert das dt. GG den **4** Religionsgemeinschaften, ihre Angelegenheiten selbständig zu Regeln. Dazu zählt insbes. auch die Befugnis, Regelungen zur innerkirchlichen Organisation zu erlassen. Dieses **institutionelle kirchliche Selbstbestimmungsrecht** ergibt sich zum einen aus der Religionsfreiheit aus Art. 4 Abs. 1 und 2 sowie Art. 33 Abs. 3 GG, und zum anderen aus der historischen Entwicklung des dt. Staatskirchenrechtes (Korioth in Maunz/Dürig GG WRV Art. 137 Rn. 17 m. w. N.; Thüsing/Rombey in SJTK DS-GVO Art. 91 Rn. 3–4). Eine Beschränkung erfährt das kirchliche Selbstbestimmungsrecht gem. Art. 137 Abs. 1 S. 1 WRV durch die für alle geltenden Gesetze.

Demgemäß haben die evangelische und die römisch-katholische Kirche **5** **eigene Datenschutzgesetze** erlassen. Auf Seiten der römisch-katholischen Kirche wurde das Gesetz über den Kirchlichen Datenschutz erlassen (KDG), das im Mai 2018 in Kraft trat (Hoeren NVwZ 2018, 373 (374)). Dieses ersetzt die Anordnung über den kirchlichen Datenschutz (KDO) (§ 58 Abs. 1 KDG). Auf Seiten der evangelischen Kirche wurde das Kirchengesetz über den Datenschutz der Evangelischen Kirche in Deutschland (DSG-EKD) erlassen. Inhaltlich sind beide Gesetze an das BDSG aF bzw. die DS-GVO angelehnt. So ist jeweils die Bestellung eines kirchlichen Datenschutzbeauf-

tragten vorgesehen (§§ 42 ff. KDG; §§ 39 ff. DSG-EKD). Der Anwendungsbereich dieser Gesetze beschr. sich dabei nicht nur auf die Verwendung der
personenbezogenen Daten ihrer Mitglieder oder sonstiger mit den Kirchen in
Verbindung stehender Personen.

6 **Öffentlich-rechtliche Religionsgesellschaften** in Deutschland sind
bspw. die evangelischen Landeskirchen, die Evangelische Kirche in Deutschland, die Vereinigte Evangelisch-Lutherische Kirche Deutschland, die Evangelische Kirche der Union, die Bistümer der katholischen Kirche, das Bistum
der Altkatholiken in Deutschland und die Russisch-Orthodoxe Kirche. Darüber hinaus haben auch die Zeugen Jehovas in dreizehn Bundesländern bereits
Körperschaftsstatus erlangt (Preuß ZD 2015, 217 (223)). Bei **privatrechtlich
organisierten Religionsgesellschaften** handelt es sich ua um den Großteil
der islamischen Gemeinden Deutschlands (Preuß ZD 2015, 217 (222)). **Selbständige kirchliche Einrichtungen in privatrechtlicher Organisationsform** sind zB MISEREOR e. V. oder der Deutsche Caritasverband.

II. Auswirkungen der DSRL

7 Die **DSRL** sah weder eine Ausnahme von ihrem Anwendungsbereich für
Religionsgemeinschaften noch eine pauschale Befreiungsmöglichkeit von
Datenschutzbestimmungen durch die Mitgliedstaaten vor. Ebenso wenig
unterschied die DSRL zwischen öffentl. Stellen und nicht öffentl. Stellen.
Sie war demnach auf öffentlich-rechtliche Religionsgesellschaften, privatrechtliche Religionsgesellschaften sowie privatrechtlich organisierte Einrichtungen öffentlich-rechtlicher Religionsgesellschaften gleichermaßen anwendbar. Deutschland als Mitgliedstaat wäre demnach selbst in der Pflicht gewesen die DSRL auch in Bezug auf Religionsgesellschaften umzusetzen. Nach
richtlinienkonformer Auslegung hätte dies zu einer **Anwendbarkeit des
BDSG aF** auf Religionsgesellschaften führen müssen (Dammann in Simitis
BDSG aF § 2 Rn. 106).

III. Auswirkungen der DS-GVO

8 Mit Art. 91 wurde nun erstmals eine explizite **Ausnahmeregelung** für
Kirchen, religiöse Vereinigungen oder Gemeinschaften eingeführt. Demnach
dürfen **bestehende Datenschutzvorschriften** dieser Religionsgemeinschaften **weiterhin angewandt** werden, sofern es sich um „**umfassende Regeln
zum Schutz natürlicher Personen bei der Verarbeitung**" handelt und
sie mit der DS-GVO „**in Einklang**" gebracht werden.

1. Kirchen, religiöse Gemeinschaften und religiöse Vereinigungen

9 Art. 91 bezieht sich auf Kirchen, religiöse Gemeinschaften und religiöse Vereinigungen. Die bisher im BDSG aF vorgenommene **Unterscheidung** zwischen **privat-rechtlichen** und **öffentlich-rechtlichen Religionsgesellschaften** wird darum **obsolet**. Die weite Fassung dieser Ausnahme ist gem.
ErwGr 165 auf Art. 17 AEUV zurückzuführen. Demnach achtet die DS-
GVO den **Status,** den Kirchen und religiöse Vereinigungen oder Gemein-

schaften in den Mitgliedstaaten nach deren Rechtsvorschriften genießen und beeinträchtigt ihn nicht. Der Begriff des „Status" geht weit über den bloßen Körperschaftsstatus des dt. Verfassungsrechtes hinaus. Dies muss sich schon daraus ergeben, dass ein solcher in vielen Mitgliedstaaten gar nicht existiert (Waldhoff in Calliess/Ruffert AEUV Art. 17 Rn. 12). Vielmehr ist darunter das gesamte **Rechtsverhältnis zwischen einem Mitgliedstaat und den dort vorhandenen Religionsgemeinschaften bzw. Kirchen** zu verstehen (Waldhoff in Calliess/Ruffert AEUV Art. 17 Rn. 12). Der Tatbestand des Art. 91 ist daher sehr weit gefasst und schließt auch Organisationsformen nicht aus, die staatlich nicht anerkannt sind. Bezogen auf solche bleibt es den Mitgliedstaaten überlassen ihr jeweiliges Verständnis zu den Religionsgesellschaften datenschutzrechtlich selbst zu gestalten (Herbst in Kühling/Buchner DS-GVO Art. 91 Rn. 2).

2. Selbstständige kirchliche Einrichtungen in privatrechtlicher Organisationsform

Die Debatte über die Anwendung der kirchenrechtlichen Regeln auf privat-   **10** rechtlich organisierte Einrichtungen von Kirchen (oa religiösen Gemeinschaften oder Vereinigungen) könnte hierdurch jedoch erneut befeuert werden. Art. 17 AEUV richtet sich an **korporativ-institutionelle Organisationen mit religiösem bzw. weltanschaulichem Proprium** (Waldhoff in Calliess/Ruffert AEUV Art. 17 Rn. 18). Gemeint sind damit die Religionsgesellschaften selbst. Zudem bezieht sich Art. 17 AEUV in erster Linie auf den **Status** und **nicht auf Tätigkeiten** von Religionsgesellschaften. Wenn jedoch nur der Status solcher Gemeinschaften anerkannt würde, die **Verwirklichung ihrer Zwecke** jedoch ohne Weiteres **eingeschränkt** werden könnte, liefen die Schutzpflichten, die Art. 17 Abs. 1 AEUV der EU auferlegt, leer. Folglich sind auch **Tätigkeiten,** wenn auch nur in sehr restriktivem Maße, von Religionsgemeinschaften von Art. 17 Abs. 1 AEUV **umfasst** (Classen in GHN AEUV Art. 17 Rn. 30). Eine typische Tätigkeit von Religionsgemeinschaften ist bspw. der **Betrieb von karitativen Krankenhäusern.** Träger dieser kirchlichen Krankenhäuser ist jedoch zumeist eine GmbH. Folglich handelt es sich um privat-rechtliche Einrichtungen einer Religionsgesellschaft. Es lässt sich demnach vertreten, dass auch privat-rechtliche Einrichtungen von Religionsgemeinschaften in den Schutzbereich des Art. 17 AEUV fallen und damit auch nach Art. 91 vom Anwendungsbereich der DS-GVO ausgenommen und dem **kirchlichen Datenschutz unterstellt** sind. Auf Grund der angezeigten restriktiven Auslegung des Art. 17 AEUV wird dies jedoch nur im Bereich der **Kerntätigkeiten religiöser Betätigung** möglich sein und nicht bei reinen Wirtschaftsbetrieben von Kirchen (Seifert in NK-DatenschutzR DS-GVO Art. 91 Rn. 10).

3. Anwendbarkeit bestehender Datenschutzregeln von Kirchen und religiösen Vereinigungen oder Gemeinschaften

11 An die weitere Anwendbarkeit der bereits bestehenden Datenschutzregeln von Religionsgemeinschaften werden ferner **zwei Anforderungen** gestellt. Zum einen muss es sich um **„umfassende Regeln zum Schutz natürlicher Personen bei der Verarbeitung"** von Daten handeln, zum anderen müssen diese **„mit dieser Verordnung in Einklang gebracht werden"**.

12 **a) Umfassende Regeln zum Schutz natürlicher Personen bei der Verarbeitung.** Es stellt sich die Frage nach der Bedeutung des **unbestimmten Rechtsbegriffes** der **„umfassenden Regeln"**. Streng am **Wortlaut** orientiert könnte dies bedeuten, dass die Datenschutzordnungen der Religionsgemeinschaften auch zu allen, sie als Verantwortlichen grds. betreffenden Regelungsmaterien der DS-GVO Stellung beziehen müssen; die **Gesamtheit der Regeln** also umfassend sein muss. Dies würde sehr **hohe Ansprüche** an die Datenschutzregeln der Religionsgemeinschaften stellen. Wären auch nur einzelne dieser Regeln lückenhaft, würde dies zur Unanwendbarkeit aller Regeln führen. Die Datenschutzordnung der Religionsgemeinschaft und die DS-GVO stünden in exklusiver **Alternativität** zueinander.

13 Denkbar ist auch eine Interpretation, wonach nur **jede einzelne Regel** einer Datenschutzordnung einer Religionsgemeinschaft im Vergleich zu korrespondierenden Regelungen der DS-GVO umfassend sein muss. **IÜ würde dann die DS-GVO Anwendung finden.** Entsprächen einzelne Regeln nicht den Anforderungen der DS-GVO, würden nur diese durch die bestehenden Regelungen ersetzt oder gar nur ergänzt; ggf. sogar bloß im Wege einer **europarechtskonformen Auslegung.**

14 Der letzten Ansicht ist wohl zu folgen. Einerseits kann der Wortlaut auch dahingehend gedeutet werden, dass der Verordnungsgeber bewusst den Begriff der **„Regeln"** und gerade nicht den der Ordnung oder des Gesetzes gewählt hat. Andererseits hat der Verordnungsgeber durch die Schaffung des Art. 91 den Willen zum Ausdruck gebracht, Datenschutzregeln von Religionsgemeinschaften anzuerkennen. Im Gegenzug dazu nun allzu hohe Anforderungen an diese zu stellen, würde dem **Regelungszweck zuwiderlaufen,** insbes. da bei der Möglichkeit des Rückgriffs auf einzelne Regelungen der DS-GVO die Gefahr einer Schutzlücke für Betroffene ohnehin nicht besteht (Wolff in Schantz/Wolff DatenschutzR Rn. 1370; aA Ehmann/Kranig in Ehmann/Selmayr DS-GVO Art. 91 Rn. 17; Herbst in Kühling/Buchner DS-GVO Art. 91 Rn. 10; iErg gleich Mundil in BeckOK DatenschutzR DS-GVO Art. 91 Rn. 19; ebenso Gola DS-GVO Art. 91 Rn. 9–10; Grages in Plath DS-GVO Art. 91 Rn. 2).

15 Das KDG und das DSG-EKD sind demzufolge weiterhin anwendbar, obwohl sie z.B. nur teilw. vollständige Regeln zu Sanktionsverstößen vorsehen.

16 **b) Einklang mit der Verordnung.** Die umfassenden Regeln der Religionsgemeinschaften müssen darüber hinaus mit der DS-GVO **„in Einklang"** gebracht werden. Auch hierbei stellt sich die Frage nach der genauen Bedeutung dieses Ausdrucks. Nachdem sich der Begriff der „**umfassenden Regeln**" auf den **quantitativen Schutzumfang** bezieht, soll die Anforderung des „**in-Einklang-Bringens**" mit der DS-GVO die angemessene **Höhe des Schutzniveaus** sicherstellen. Unklar ist jedoch, in welchem Rahmen sich eine Regel bewegen kann, damit sie noch im Einklang mit der DS-GVO steht. Auf Grund des Ziels einer weitgehenden **Harmonisierung** durch die DS-GVO, und dem ausdr. erklärten Willen des Verordnungsgebers **kohärente Datenschutzregeln** zu schaffen, scheint für ein **Abweichen von dem Schutzniveau der DS-GVO kaum bis kein Platz** vorhanden (ErwGr 7, 17; Wuermeling NZA 2012, 368 (370)). Insofern erschöpft sich der Gestaltungsspielraum in einer **Konkretisierung der Vorschr.** der DS-GVO (Gola EuZW 2012, 332 (336); aA Thüsing/Rombey in SJTK DS-GVO Art. 91 Rn. 13 m. w. N.)).

c) Keine Einschränkung des Verarbeitungszwecks. Dem Wortlaut ist **17** **keine Einschränkung** der Anwendbarkeit der Datenschutzregeln der Religionsgemeinschaften **auf einen bestimmten Zweck der Datenverwendung** zu entnehmen. Handelt es sich bei dem Verarbeiter also um eine Kirche, eine religiöse Gemeinschaft oder eine religiöse Vereinigung, die umfassende Datenschutzregeln, die im Einklang mit der DS-GVO stehen, anwendet, finden diese Regeln auch auf Verarbeitungen Anwendung, die nicht mit Kerntätigkeiten religiöser Betätigung im Zusammenhang stehen. Für **selbstständige kirchliche Einrichtungen in privatrechtlicher Organisationsform** ist wohl **dennoch auf den Verarbeitungszweck abzustellen** (→ Rn. 10).

d) Bereits bestehende Regeln. Abs. 1 bezieht sich seinem **Wortlaut** nach **18** ausschl. auf solche Datenschutzregeln, die **zum Zeitpunkt des Inkrafttretens bereits angewendet** werden (Stichtagstheorie) (Ronellenfitsch DÖV 2018, 1017 (1022)). Hieraus könnte gefolgert werden, dass Religionsgemeinschaften, die bis zu diesem Tage noch in keinem Mitgliedstaat anerkannt wurden oder zwar anerkannt sind, jedoch keine eigenen umfassenden Datenschutzregeln haben, die Möglichkeit genommen wird, eigene Datenschutzregeln aufzustellen und anzuwenden. Abgesehen von der nach dem Wortlaut wohl zulässigen Änd., die vorgenommen werden müssen, um die Datenschutzregeln mit der DS-GVO in Einklang zu bringen, beschr. sich Abs. 1 nach dieser Lesart auf **Bestandsschutz.** ErwGr 165 besagt, die DS-GVO achte den Status, den Kirchen und religiöse Vereinigungen oder Gemeinschaften in den Mitgliedstaaten nach deren bestehenden verfassungsrechtlichen Vorschr. genießen, und beeinträchtige ihn nicht. Sollte in Deutschland eine Religionsgemeinschaft als öffentlich-rechtliche Religionsgesellschaft anerkannt werden, würde für sie auch das verfassungsmäßig gewährleistete kirchliche Selbstbestimmungsrecht aus Art. 140 GG iVm Art. 137 Abs. 3 WRV gelten und **Abs. 1 könnte der Ausübung dieses Rechtes entgegenstehen** (Preuß ZD 2015, 217 (224)).

Ein derart enges Verständnis vom Wortlaut ist jedoch nicht zwingend. **19** **Abs. 1 enthält kein Verbot** zum Erlass eigener Datenschutzregeln durch Kirchen und andere Religionsgemeinschaften. Abs. 1 stellt lediglich klar, dass bereits bestehende Datenschutzregeln von Religionsgemeinschaften nicht wie bisher weiter angewandt werden dürfen, sondern an die Anforderungen der DS-GVO anzupassen sind. Folglich ist naheliegender, dass Abs. 1 das **Verhältnis zwischen bestehenden Datenschutzregeln von Kirchen und anderen Religionsgemeinschaften und der DS-GVO** regelt, jedoch solche Einrichtungen **nicht** daran **hindern** will, **neue Datenschutzregeln zu erlassen** (Ergänzungstheorie) (Ronellenfitsch DÖV 2018, 1017 (1022)). In Anbetracht des erklärten Ziels, den mitgliedstaatlichen Status der Kirchen zu achten (ErwGr 165), ist dieses Verständnis vorzugswürdig und auch aus religionsverfassungsrechtlicher sowie europarechtlicher Sicht, im Hinblick auf Art. 17 Abs. 1 AEUV, zu befürworten. Im Lichte des Abs. 1 müssen neue Datenschutzregeln allerdings auch im Einklang mit der DS-GVO stehen (vgl. Herbst in Kühling/Buchner DS-GVO Art. 91 Rn. 15; Thüsing/Rombey in SJTK DS-GVO Art. 91 Rn. 11; krit.: Mundil in BeckOK DatenschutzR DS-GVO Art. 91 Rn. 18).

B. Datenschutzaufsicht

20 Abs. 2 stellt fest, dass **Kirchen und religiöse Vereinigungen oder Gemeinschaften** einer **ASB** unterliegen. Dabei findet keine Unterscheidung dahingehend statt, ob eine religiöse Gemeinschaft der DS-GVO oder ihren eigenen Regeln zum Datenschutz unterfällt. Des Weiteren ermöglicht er, eine **ASB spezifischer Art** einzurichten. Dies kann entweder aufgabenbezogen verstanden werden, sodass den religiösen Besonderheiten in besonderer Form Rechnung getragen werden soll, oder organisatorisch, sodass eine bestimmte Organisationsform vorgesehen ist. Die ASB muss weiterhin den Anforderungen des Kapitels VI der Verordnung entsprechen. Die ASB hat daher insbes. die Vorgaben für Unabhängigkeit (Art. 52), die Vorschr. über Aufgaben und Befugnisse (Art. 57 und 58) und die Pflicht zur Erstellung eines jährlichen Tätigkeitsberichts (Art. 59) zu berücksichtigen. Es besteht die Möglichkeit, eine oder mehrere **ASB für die Kirchen und religiösen Vereinigungen** in den Mitgliedstaaten zu schaffen. Diese könnte entweder als staatliche ASB oder als eigene ASB der Religionsgemeinschaft ausgestaltet sein, solange sie im Einklang mit den Anforderungen an ASB aus Art. 51 ff. stehen.

21 Im Fall der in Deutschland **bestehenden kirchlichen Datenschutzordnungen** erfüllen die Datenschutzbeauftragten die Aufgabe der Datenschutzaufsicht (§§ 42 ff. KDG; §§ 39 ff. DSG-EKD), wobei Konkretisierungen ihrer Befugnisse (insbes. im Hinblick auf die Durchsetzbarkeit von Anordnungen) geboten erscheinen (Herbst in Kühling/Buchner DS-GVO Art. 91 Rn. 21).

Kapitel X. Delegierte Rechtsakte und Durchführungsrechtsakte

Art. 92 Ausübung der Befugnisübertragung

(1) Die Befugnis zum Erlass delegierter Rechtsakte wird der Kommission unter den in diesem Artikel festgelegten Bedingungen übertragen.

(2) Die Befugnis zum Erlass delegierter Rechtsakte gemäß Artikel 12 Absatz 8 und Artikel 43 Absatz 8 wird der Kommission auf unbestimmte Zeit ab dem 24. Mai 2016 übertragen.

(3) [1] Die Befugnisübertragung gemäß Artikel 12 Absatz 8 und Artikel 43 Absatz 8 kann vom Europäischen Parlament oder vom Rat jederzeit widerrufen werden. [2] Der Beschluss über den Widerruf beendet die Übertragung der in diesem Beschluss angegebenen Befugnis. [3] Er wird am Tag nach seiner Veröffentlichung im Amtsblatt der Europäischen Union oder zu einem im Beschluss über den Widerruf angegebenen späteren Zeitpunkt wirksam. [4] Die Gültigkeit von delegierten Rechtsakten, die bereits in Kraft sind, wird von dem Beschluss über den Widerruf nicht berührt.

(4) Sobald die Kommission einen delegierten Rechtsakt erlässt, übermittelt sie ihn gleichzeitig dem Europäischen Parlament und dem Rat.

(5) [1] Ein delegierter Rechtsakt, der gemäß Artikel 12 Absatz 8 und Artikel 43 Absatz 8 erlassen wurde, tritt nur in Kraft, wenn weder das Europäische Parlament noch der Rat innerhalb einer Frist von drei Monaten nach Übermittlung dieses Rechtsakts an das Europäische Parlament und den Rat Einwände erhoben haben oder wenn vor Ablauf dieser Frist das Europäische Parlament und der Rat beide der Kommission mitgeteilt haben, dass sie keine Einwände erheben werden. [2] Auf Veranlassung des Europäischen Parlaments oder des Rates wird diese Frist um drei Monate verlängert.

BDSG und anderes nationales Recht: –

Literatur: *Albrecht,* Das neue Datenschutzrecht – Von der Richtlinie zur Verordnung, CR 2016, 88; *Fabricius,* Abgeleitete Rechtsetzung nach dem Vertrag von Lissabon – Überlegungen zu Delegierten Rechtsakten und Durchführungsrechtsakten, ZEuS 2011, 567; *Hornung,* Eine Datenschutz – Grundverordnung für Europa?, ZD 2012, 99.

Übersicht

A. Allgemeines

I. Bedeutung der Norm

1 Art. 92 dient der sekundärrechtlichen **Umsetzung von Art. 290 Abs. 1 AEUV.** Regelungsgegenstand ist die tertiäre Rechtsetzung der KOM durch den **Erlass delegierter Rechtsakte als untergesetzliche Normen** iRd DS-GVO. Art. 92 knüpft dabei an die in Art. 290 AEUV generell vorgesehene Möglichkeit an, mittels Gesetzgebungsakt der KOM die Befugnis zum Erlass allgemeingültiger Rechtsakte zu übertragen. Delegierte Rechtsakte sind solche ohne Gesetzescharakter mit allg. Geltung zur Ergänzung oder Änd. bestimmter nicht wesentlicher Vorschr. des betreffenden Gesetzgebungsaktes (Art. 290 Abs. 1 AEUV). Es handelt sich um eine Verfahrensvorschrift, die Einzelheiten der Ausübung dieser Befugnis der KOM sowie die Beteiligung der anderen Organe der EU regelt. So findet sich in Abs. 3 die Möglichkeit der eigentlichen EU-Gesetzgebungsorgane – EP (Art. 14 EUV) und ER (Art. 16 EUV) –, die Ermächtigung zu widerrufen oder nach Abs. 5 Einwände gegen den von der KOM bereits erlassenen delegierten Rechtsakt zu erheben.

II. Entstehungsgeschichte

1. Entwicklung der Delegation von Rechtsakten

2 Die Regelung unter der DS-GVO unterscheidet sich von ihrer Vorgängerregelung. Die **DSRL** bediente sich noch der auf Art. 202 EGV beruhenden sog **Komitologie,** wonach der durch Fachausschüsse der Mitgliedstaaten unterstützten KOM eine Legislativfunktion zukam, indem sie ermächtigt wurde, Durchführungsverordnungen zu erlassen. Die Komitologie in ihrer bisherigen Form wurde mit Inkrafttreten des Vertrages von Lissabon am 1.12.2009 abgeschafft; mit der DS-GVO wird auf quasi-legislative Regulierungs- und exekutive Durchführungsbefugnisse gesetzt. Folglich verzichtete der Unionsgesetzgeber auf die Ausarbeitung horizontaler Standardregeln zur Ausgestaltung des Verfahrens und traf stattdessen vertikale Bestimmungen (vgl. Grube in Voit/Grube LMIV Art. 51 Rn. 1).

2. Mustervorschriften für delegierte Rechtsakte

Die Formulierung des Art. 92 inkl. der Mandatserteilung auf unbestimmte **3** Zeit und der Widerrufsmöglichkeit richtet sich nach dem **Gemeinsamen Verständnis zu delegierten Rechtsakten.** Die dt. Sprachfassung ist der Kommissionsmitteilung zur Umsetzung von Art. 290 AEUV (KOM (2009) 673 endg. (12 f.)) entnommen.

3. Problematik der Übertragung wesentlicher Befugnisse

Als problematisch erwies sich im Gesetzgebungsverfahren die Regelung des **4** Art. 290 Abs. 1 AEUV, wonach der KOM in Gesetzgebungsakten die Befugnis übertragen wird, zur Ergänzung oder Änd. bestimmter **nicht wesentlicher** Vorschr. allg. gültige Rechtsakte ohne Gesetzgebungscharakter zu erlassen. Schließlich ist es generell untersagt, der KOM die Regelung wesentlicher Aspekte eines Bereiches zu übertragen (vgl. Art. 290 Abs. 1 UAbs. 2 S. 2 AEUV). Wesentlich sind dabei solche Bestimmungen, „durch die die grundsätzlichen Ausrichtungen der Gemeinschaftspolitik umgesetzt werden" (EuGH, Rs. C-356/97, Molkereigenossenschaft Wiedergeltingen, Slg. 2000, I-5461 Rn. 21). Anders als die Wesentlichkeitstheorie im dt. Verfassungsrecht stellt diese Definition nicht auf die Grundrechtsrelevanz einer Regelung ab, sondern auf ihre konkrete Bedeutung für die Unionspolitik (Nettesheim in GHN AEUV Art. 290 Rn. 38 mwN).

Im Zuge der EU-Datenschutzreform kam es zu **Diskussionen über die 5 Rechtmäßigkeit einer weitergehenden Ermächtigung,** da der Katalog delegierter Rechtsakte nach dem Vorschlag der KOM mit 26 Regelungsbefugnissen (DS-GVO Kommissionsvorschlag, DS-GVO-E(KOM) (110 f.)) zunächst deutlich umfangr. war und zT lediglich auf allgemeingültige Prinzipien Bezug nahm. Dies weitete das Ausgestaltungsrecht der KOM stark aus und barg das Risiko, dass auch wesentliche Vorschr. interpretiert würden. Befürworter dieser Ausgangsregelung beriefen sich hingegen auf den schnellen technischen Fortschritt, der flexible und schnellere Regelungsinstrumente notwendig mache, um zeitnah auf neue Entwicklungen reagieren zu können, sowie auf die Erforderlichkeit europaweit einheitlicher Vorgaben und Leitlinien (Hornung ZD 2012, 99 (105)). Wenngleich der EuGH grds. zu einer kommissionsfreundlichen Rspr. tendiert, nach der es weitgehend im Ermessen des Unionsgesetzgebers liegt, was er als wesentlich oder nicht wesentlich ansieht (so Fabricius ZEuS 2011, 567 (573)), so hätten die **ursprünglich vorgesehenen zahlr. Ermächtigungen** gleichwohl einen **Verstoß gegen Art. 290 Abs. 1 UAbs. 1 AEUV** begr. Schließlich hätte mit der KOM eine Institution abschl. Regelungen erlassen können, die in Besetzung, Organisation und Arbeitsweise dem Leitbild einer unabhängigen Datenschutzkontrolle nicht entspricht. In der Folge kam es dann auch zu einer radikalen Kürzung des Befugniskataloges; während der Vorschlag des EP noch zehn Ermächtigungsnormen enthielt und der ER mit seinem Vorschlag den Erlass delegierter Rechtsakte nur iRd Art. 43 Abs. 8 zulassen wollte, einigte man sich im Trilog auf eine Befugnisübertragung hinsichtlich lediglich zweier Vorschr.: Art. 12 Abs. 8 und Art. 43 Abs. 8. Bzgl. der Befugnisübertragung zum Erlass delegierter Rechtsakte gem. Art. 43 Abs. 8 bleibt allerdings weiterhin problematisch, dass der Verweis auf Art. 42 Abs. 1 hinsichtlich Zertifizierung, Datenschutzsiegeln und -zeichen pauschal erfolgt und unklar bleibt, welche Anforderungen an den Erlass delegierter Rechtsakte zu stellen sind (Hornung ZD 2012, 99 (103)).

III. Sinn und Zweck der Vorschrift

6 Die Befugnisübertragung an die KOM iRd Art. 92 dient der Erfüllung der Zielvorgaben der VO, Grundrechte und Grundfreiheiten natürlicher Personen und insbes. ihr Recht auf Schutz ihrer personenbezogenen Daten sicherzustellen und den freien Datenverkehr innerhalb der EU zu gewährleisten (vgl. ErwGr 166). Durch die so geschaffene Erlasskompetenz der KOM sollen die **Gesetzgebungsakte von EP und ER von technischen Einzelheiten** und einem oftmals kritisierten **zu hohen Detaillierungsgrad befreit werden** (GE der Bundesregierung v. 18.2.2005 zu dem Vertrag v. 29.10.2004 über eine Verfassung für Europa, BT-Drs. 15/4900, 262). Delegierte Rechtsakte sollen nach ErwGr 166 daher insbes. erlassen werden zur Regelung der für das Zertifizierungsverfahren geltenden Kriterien und Anforderungen, die durch standardisierte Bildsymbole darzustellenden Informationen und die Verfahren zur Bereitstellung dieser Bildsymbole. Diese Gesichtspunkte wurden von EP und ER im Trilog folglich nicht als wesentliche Aspekte eines Gesetzgebungsaktes qualifiziert.

B. Umfang der Befugnis (Abs. 1)

7 Die **konkrete Befugnisübertragung** lässt sich den Abs. 2 bis 5 entnehmen (vgl. auch ErwGr 166). Der Umf. der Ermächtigung zum Erlass delegierter Rechtsakte ist nunmehr überschaubar:

Art. 12 Abs. 8: Festlegung der Informationen, deren Übermittlung auf Bildsymbole gestützt werden soll, und des Verfahrens zur Bereitstellung standardisierter Bildsymbole.

Art. 43 Abs. 8: Festlegung der Kriterien und Anforderungen für das datenschutzspezifische Zertifizierungsverfahren nach Art. 42 Abs. 1 (Einf. von datenschutzspezifischen Zertifizierungsverfahren sowie von Datenschutzsiegeln und -prüfzeichen, die dazu dienen, nachzuweisen, dass die DS-GVO bei Verarbeitungsvorgängen, die von Verantwortlichen oder Auftragsverarbeitern durchgeführt werden, eingehalten wird. Den bes. Bedürfnissen von Kleinstunternehmen sowie kleinen und mittleren Unternehmen wird Rechnung getragen.).

8 Die KOM ist bei der Ausübung der ihr zugewiesenen Ermächtigung zum Erlass delegierter Rechtsakte mitunter **auf externe Expertise angewiesen.** Zu diesem Zweck sollen iRd Vorbereitung eines Erlasses geeignete **Konsultationen auch auf Sachverständigenebene** durchgeführt werden (vgl. ErwGr 166). Des Weiteren sollen die EU-Gesetzgebungsorgane bei der Vorbereitung und Ausarbeitung delegierter Rechtsakte durch die KOM die entspr. Dokumente gleichzeitig, rechtzeitig und in geeigneter Form erhalten. Schließlich liegt die Gesetzgebungskompetenz hinsichtlich VO auch weiterhin bei EP und ER.

C. Ermächtigungszeitraum (Abs. 2)

Die KOM wird ab dem 24.5.2016 **zeitlich unbegrenzt** zum Erlass von delegierten Rechtsakten gem. Art. 12 Abs. 8 und Art. 43 Abs. 8 ermächtigt (vgl. Kommissionsmitteilung zur Umsetzung von Art. 290 AEUV, KOM (2009) 673 endg. (12)). Der Erlass von delegierten Rechtsakten ist demnach bereits weit vor Geltungsbeginn der DS-GVO am 25.5.2018 (vgl. Art. 99 Abs. 2) möglich. Eine Verpflichtung zu einem vorzeitigen Erlass von Rechtsakten bestand hingegen nicht (Gundel in BeckOK DatenschutzR DS-GVO Art. 92 Rn. 8; Herbst in Kühling/Buchner DS-GVO Art. 92 Rn. 7; aA Albrecht CR 2016, 88 (97)). Die Festlegung der Dauer der Befugnisübertragung auf unbestimmte Zeit ist kein Verstoß gegen Art. 290 Abs. 1 UAbs. 2 AEUV, wonach die „Dauer" festzulegen ist (dazu Herbst in Kühling/Buchner DS-GVO Art. 92 Rn. 8). Von der Möglichkeit einer Befristung mit der Befugnis zur stillschweigenden Verlängerung des Mandates der KOM wurde kein Gebrauch gemacht. Allerdings können die eigentlichen Gesetzgebungsorgane − EP (Art. 14 EUV) und ER (Art. 16 EUV) − jederzeit über die Ausübung ihres Widerrufsrechtes nach Abs. 3 einzelne Befugnisübertragungen beenden (→ Rn. 10 ff.). **9**

D. Widerruf der Befugnisübertragung (Abs. 3)

Der europ. Gesetzgeber hat ausweislich des Wortlautes mit der abschl. Aufzählung in Art. 290 Abs. 2 lit. a und b AEUV nur **zwei zulässige Optionen, um die Befugnisübertragung an die KOM zu bedingen: Widerruf und Einspruch** (→ Rn. 22 ff.). Aufgrund Art. 290 Abs. 2 lit. a AEUV muss für das EP und den ER jeweils die Möglichkeit bestehen, die Befugnisübertragung jederzeit (Fabricius ZEuS 2011, 567 (583 f.)) zu widerrufen, wobei der Widerruf auf eine beliebige einzelne oder mehrere Ermächtigungen oder den Teil einer Einzelermächtigung gerichtet sein kann. Einfachgesetzliche Ausprägung dieser Norm ist Abs. 3. Durch ihn wird dem Gesetzgeber ermöglicht, neue Umstände zu berücksichtigen, die ein Tätigwerden auf legislativer Ebene rechtfertigen (vgl. Kommissionsmitteilung zur Umsetzung von Art. 290 AEUV, KOM (2009) 673 endg. (8 f.)). Abs. 3 trifft Regelungen zum Wirksamwerden des Widerrufes und zu seinen Rechtsfolgen, insbes. zu seinen Auswirkungen auf bereits in Kraft getretene delegierte Rechtsakte. **10**

I. Verfahren und Beschlussfindung

Das **Widerrufsrecht** kann jederzeit und damit **sowohl vor als auch nach Erlass eines delegierten Rechtsaktes** ausgeübt werden; es genügt ein Beschl. des EP oder des ER (Nettesheim in GHN AEUV Art. 290 Rn. 61), **11** der gem. Art. 290 Abs. 2 UAbs. 2 AEUV mit absoluter (EP) bzw. qualifizierter Mehrheit (ER) erfolgen muss. Da dem Beschluss des ER keine Initiative der KOM vorausgeht, bestimmt sich die qualifizierte Mehrheit des ER – abw. von Art. 16 Abs. 4 EUV – nach Art. 238 Abs. 2 AEUV (Jenny in Plath DS-GVO Art. 92 Rn. 4; Herbst in Kühling/Buchner DS-GVO Art. 92 Rn. 9). Die **anderen Organe** sind mind. einen Monat vor der Beschlussfassung über die Bestrebungen zu **informieren** (Gemeinsames Verständnis der Organe der EU v. 3.3.2011, Ratsdok. 8753/11 (6)), um einen interinstitutionellen Dialog zu ermöglichen (vgl. Kommissionsmitteilung zur Umsetzung von Art. 290 AEUV, KOM (2009) 673 endg. (9)). Kommt dieser nicht zustande, so hindert dies die Ausübung des Widerrufsrechtes jedoch nicht.

12 Das interne Verfahren bzgl. delegierter Rechtsakte bei dem EP richtet sich nach Art. 105 seiner Geschäftsordnung. Danach werden Entschließungsanträge v. zuständigen Ausschuss – hinsichtlich der DS-GVO ist dies der Ausschuss für Bürgerliche Freiheiten, Justiz und Inneres (LIBE) – unterbreitet. Ein Beschl. des Plenums über den vorgelegten Entschließungsantrag bedarf der absoluten Mehrheit. Sollte der ER sein Widerrufsrecht ausüben wollen, bedarf eine entspr. Vorlage der qualifizierten Mehrheit iSv Art. 16 Abs. 3, 4 UAbs. 3 EUV iVm Art. 238 Abs. 2 AEUV.

II. Widerrufsbegründung

13 Abs. 3 sieht **kein Begründungserfordernis** für einen Widerruf vor. Zwar ist nach Auff. der KOM eine Begr. des widerrufenden Organs ggü. dem sein Widerrufsrecht nicht ausübenden Organ und der KOM sachgerecht. Schließlich könne das unterlassende Organ nur so die Motive des widerrufenden Organs verstehen und die KOM zukünftig ihr Verhalten danach ausrichten (vgl. Kommissionsmitteilung zur Umsetzung von Art. 290 AEUV, KOM (2009) 673 endg. (8 f.)), was der Selbstkorrektur zugutekommen würde. Da es sich bei dem Widerrufsrecht aber um ein politisches Kontrollrecht handelt, das das Legitimitätsdefizit der von EP und ER abgeleiteten Rechtsetzung ausgleichen soll, bedarf es keiner Pflicht zu einer formalen Rechtfertigung (Nettesheim in GHN Art. 290 Rn. 61). Der EU-Gesetzgeber muss die volle politische Kontrolle behalten und es muss die Möglichkeit für ihn bestehen, sensible und/oder finanzintensive Sachverhalte doch noch selbst zu regeln. Die originären Rechtsetzungsorgane sind souverän in der Entsch. darüber, welche an die KOM übertragenen Kompetenzen sie wieder an sich ziehen wollen (Fabricius ZEuS 2011, 568 (584)).

III. Wirksamwerden des Widerrufs

14 Gem. Abs. 3 S. 3 wird der Widerruf **am Tage nach seiner Veröff.** im **Amtsblatt L der EU** oder zu einem **im Widerrufsbeschluss angegebenen späteren Zeitpunkt** wirksam (Gemeinsames Verständnis der Organe der EU v. 3.3.2011, Ratsdok. 8753/11 (5)). Eine solche Regelung ist notwendig, da Art. 297 Abs. 2 AEUV seinem Wortlaut nach nicht auf den Widerruf nach Art. 290 AEUV anwendbar ist.

IV. Umfang und Rechtsfolgen der Widerrufsentscheidung

Die **Rechtsfolgen eines Widerrufes** finden sich nicht im Vertrag von **15** Lissabon. Ein Widerruf **entzieht der KOM die Rechtsgrundlage für den Erlass von delegierten Rechtsakten,** wobei dies eine Mehrzahl von Befugnisübertragungen oder – wie in den meisten Fällen – eine einzelne Befugnisnorm betreffen kann. Des Weiteren vertritt die KOM die Ansicht, dass ein **teilw. Widerruf** iSe **Abschichtens eines Teils der Regelungskompetenz** in einer Befugnisübertragung möglich ist (Kommissionsmitteilung zur Umsetzung von Art. 290 AEUV, KOM (2009) 673 endg. (9)). Dies wird regelmäßig der Fall sein, wenn sich die Ermächtigung sinnvoll in mehrere Bestandteile trennen lässt (Nettesheim in GHN AEUV Art. 290 Rn. 63).

Abs. 3 S. 2 bestimmt hinsichtlich der **Rechtsfolge des Widerrufes,** dass **16** der **Beschl.** über diesen die **Übertragung der in diesem Beschl. angegebenen Befugnis beendet.** Es muss allerdings differenziert werden zwischen den Auswirkungen des Widerrufes auf die Ermächtigungsgrundlage als solche und dem darauf beruhenden, bereits in Kraft getretenen delegierten Rechtsakt (Fabricius ZEuS 2011, 567 (588)).

Gem. Abs. 3 S. 2 endet die Ermächtigung durch den Widerruf; die **17** **Rechtsgrundlage für den Erlass delegierter Rechtsakte fällt ex nunc** weg, sodass auf ihrer Basis kein rechtmäßiger Rechtsakt mehr erlassen werden kann (Fabricius ZEuS 2011, 567 (588)).

Ex tunc hat der Widerruf **keine unmittelbaren Rechtsfolgen im Hin-** **18** **blick auf bereits in Kraft getretene delegierte Rechtsakte** (vgl. Abs. 3 S. 4). Es entfällt lediglich nachträglich die Rechtsetzungsbefugnis ab Wirksamwerden des Widerrufes, sodass die **Existenz** der, auf die einschlägige Ermächtigung gestützten, bereits in Kraft getretenen, delegierten Rechtsakte **hierdurch nicht berührt** wird. Grds. bleiben diese auch nach Wegfall der Ermächtigung so lange wirksam, bis sie (auch rückwirkend) aufgeh. oder v. EuGH für nichtig erklärt werden. Aufgrund des Grundsatzes der Organtreue und des Rechtsstaatsprinzips obliegt es allerdings der KOM, die Aufhebung des delegierten Rechtsaktes durch einen dem Erlass entspr. Gesetzgebungsakt spätestens auf der zweiten Kommissionssitzung nach Wirksamwerden des Widerrufes in die Wege zu leiten (Fabricius ZEuS 2011, 567 (589)).

V. Keine Änderung des Basisrechtsaktes

Der Widerruf verursacht **keine Änd. des Basisrechtsaktes** selbst, sodass die **19** Befugnisübertragung zunächst in der DS-GVO verbleibt, wobei ihre Wirkung durch den im ABl. veröffentlichten Widerruf gehemmt ist. Die Befugnisübertragung wird erst durch eine Änderungsverordnung zur DS-GVO im ordentlichen Gesetzgebungsverfahren (Art. 294 AEUV) aufgeh. Bis diese erlassen worden ist, können die EU-Gesetzgebungsorgane noch die Aufhebung des Widerrufes beschließen; in diesem Fall lebt die Ermächtigung zum Erlass delegierter Rechtsakte wieder auf.

E. Mitteilungspflichten (Abs. 4)

20 Die KOM hat hinsichtlich der Vorbereitung, Ausarbeitung und des Erlasses von delegierten Rechtsakten **nur eingeschränkte Konsultations- und Informationspflichten.** Die Unterrichtung des EP über die Sitzungen der KOM mit nationalen Sachverständigen erfolgt gem. der auf Art. 295 AEUV basierenden Rahmenvereinbarung über die Beziehungen zwischen dem EP und der KOM (ABl. EU 2010 L 304, 47 (49, 55)). Die Regelung sieht vor, dass auf Antrag des EP Sachverständige des EP zu Sitzungen der nationalen Sachverständigen hinzuzuladen sind. Diese Konsultationspflicht wird über ErwGr 166 S. 3 in die DS-GVO integriert. Danach soll die KOM iRd Vorbereitung des Erlasses delegierter Rechtsakte auch auf Sachverständigenebene geeignete Konsultationen durchführen (→ Rn. 8). Die Informationspflicht der KOM iRd Vorbereitung auf Ausarbeitung delegierter Rechtsakte ist darauf beschr., dass einschlägige Dokumente dem EP und dem ER gleichzeitig, rechtzeitig und auf angemessene Weise übermittelt werden (ErwGr 166 S. 4).

21 Die Pflicht zur **Übermittlung des erlassenen delegierten Rechtsaktes** selbst ergibt sich aus Abs. 4. Danach muss die KOM spätestens nach Erlass des delegierten Rechtsaktes ihrer Mitteilungspflicht ggü. den europ. Gesetzgebungsorganen nachkommen. Letztere sind privilegiert, nicht aber die Sachverständigengremien der Mitgliedstaaten. Das EP und der ER müssen gleichzeitig informiert werden, um Verschiebungen bei den Einspruchs- und Widerrufsrechten der Organe zu vermeiden (vgl. erg. Gemeinsames Verständnis der Organe der EU v. 3.3.2011, Ratsdok. 8753/11 (5)). Die Übermittlung setzt die dreimonatige Einspruchsfrist des Abs. 5 in Gang.

F. Das Einspruchsrecht – Karenzzeit (Abs. 5)

22 Das **Einspruchsrecht** ist neben dem soeben behandelten Widerspruchsrecht eine weitere Möglichkeit, um die Ermächtigung der KOM unter Bedingungen zu stellen. Im Unterschied zum Widerrufsvorbehalt zielt das Einspruchsrecht jedoch nicht darauf ab, die Delegation der Rechtsetzungsbefugnis auf die KOM gänzlich zu widerrufen. Die Ausübung des **Einspruchsvorbehaltes verhindert lediglich das Inkrafttreten eines bereits erlassenen delegierten Rechtsaktes.** Bis zum Ablauf der gesetzlich bestimmten Einspruchsfrist ist seine Wirksamkeit daher aufschiebend bedingt (Fabricius ZEuS 2011, 567 (586)). Mit Einlegung des Einspruches wird das Inkrafttreten dann endg. verhindert (Nettesheim in GHN AEUV Art. 290 Rn. 65).

23 Die für die **Einspruchserhebung benötigten Mehrheiten** in den Organen sind primärrechtlich in Art. 290 Abs. 2 UAbs. 2 AEUV festgeschrieben. Im **EP** ist danach eine **absolute Mehrheit** nach Art. 231 AEUV iVm der Geschäftsordnung des EP und **im ER eine qualifizierte Mehrheit** nach Art. 16 Abs. 3, 4 UAbs. 3 EUV iVm Art. 238 Abs. 2 erforderlich (Jenny in Plath DS-GVO Art. 92 Rn. 5; Herbst in Kühling/Buchner DS-GVO Art. 92

Rn. 16). Die Ausgestaltung des Einspruchsrechtes, insbes. seiner Befristung, obliegt dem europ. Gesetzgeber selbst. Dieser hat in Abs. 5 eine Regelung getroffen und die zu beachtenden Fristen **(Karenzzeiten)** festgelegt; danach beträgt die **Einspruchsfrist für EP und ER drei Monate nach Übermittlung des delegierten Rechtsaktes** an sie, wobei auf Antrag eine einmalige Verlängerung um nochmals drei Monate möglich ist. Darüber hinaus kann auf Einwände mit der Folge des vorzeitigen Inkrafttretens des Rechtsaktes verzichtet werden. Wie der Widerruf bedarf auch der Einspruch keiner inhaltlichen Begründung (vgl. → Rn. 13; Nettesheim in GHN AEUV Art. 290 Rn. 65; Sydow in HK-DS-GVO Art. 92 Rn. 33).

Die interne Beschlussfassung des EP wird durch Art. 105 der Geschäfts- **24** ordnung des EP geregelt.

G. Rechtsschutz

Nach Maßgabe des Art. 263 Abs. 4 Var. 3 AEUV kann jede natürliche oder **25** jur. Person gegen Rechtsakte mit Verordnungscharakter und somit auch gegen delegierte Rechtsakte (vgl. Dörr in GHN AEUV Art. 263 Rn. 82; Gundel in BeckOK DatenschutzR DS-GVO Art. 92 Rn. 14) iSd Art. 92 eine **Nichtigkeitsklage** erheben. Die wirksame Klageerhebung setzt voraus, dass der Rechtsakt den Kläger unmittelbar betrifft und keine Durchführungsmaßnahmen nach sich zieht. Letzteres führt schließlich zu einem strengeren Unmittelbarkeitsmaßstab, der sich auf die formelle Unmittelbarkeit beschr. (Ehricke in Streinz EUV/AEUV Art. 263 Rn. 60; Dörr in GHN AEUV Art. 263 Rn. 84; Sydow in HK-DS-GVO Art. 92 Rn. 40).

Art. 93 Ausschussverfahren

(1) [1] Die Kommission wird von einem Ausschuss unterstützt. [2] Dieser Ausschuss ist ein Ausschuss im Sinne der Verordnung (EU) Nr. 182/2011.

(2) Wird auf diesen Absatz Bezug genommen, so gilt Artikel 5 der Verordnung (EU) Nr. 182/2011.

(3) Wird auf diesen Absatz Bezug genommen, so gilt Artikel 8 der Verordnung (EU) Nr. 182/2011 in Verbindung mit deren Artikel 5.

BDSG und anderes nationales Recht: –

Literatur: *Fabricius*, Abgeleitete Rechtsetzung nach dem Vertrag von Lissabon – Überlegungen zu Delegierten Rechtsakten und Durchführungsrechtsakten, ZEuS 2011, 567.

A. Allgemeines

I. Bedeutung der Norm

Art. 93 ist die **Nachfolgeregelung von Art. 31 DSRL** und setzt Art. 291 **1** Abs. 2 AEUV sekundärrechtlich um. Nach Art. 291 Abs. 1 AEUV, der Ausfluss des Grundsatzes der Unionstreue gem. Art. 4 Abs. 3 EUV ist, sind die EU-Mitgliedstaaten berechtigt und verpflichtet, alle nach innerstaatlichem Recht erforderlichen Maßnahmen zur Durchführung der verbindlichen Unionsrechtsakte zu ergreifen. Mit dem Vertrag von Lissabon wurde die Befugnis zur Durchführung von Rechtsakten grds. auf die Mitgliedstaaten verlagert und dem Subsidiaritätsprinzip (Art. 5 Abs. 3 EUV) größere Geltung verschafft (Fabricius ZEuS 2011, 567 (594)). Als Ausnahme davon sieht allerdings Art. 291 Abs. 2 AEUV vor, dass – **soweit einheitliche Bedingungen** für die Durchführung der Unionsrechtsakte **erforderlich** sind (vgl. ErwGr 167) – im Regelfall der KOM Durchführungsbefugnisse übertragen werden können.

2   Anders als bei delegierten Rechtsakten gem. Art. 290 AEUV, die aus einer eigenen normativen Zuständigkeit der EU resultieren, sind die **Durchführungsrechtsakte** dementsprechend das Erg. der **Wahrnehmung einer primär den Mitgliedstaaten zustehenden Kompetenz durch die KOM** (Schlussanträge des Generalanwalts in der Rechtssache C-427/12, EuGH BeckRS 2013, 82409 Rn. 49). Eine Kontrollbefugnis des EP und des ER – wie bei Art. 92 – ist bei den Durchführungsakten der KOM nicht vorgesehen; diese Befugnis iRd Art. 93 wird vielmehr von den Mitgliedstaaten selbst wahrgenommen. Durchführungsrechtsakte dienen der **effektiven Handhabung des Unionsrechtes.**

II. Regelungsgehalt und Systematik

3   Ob der KOM **Durchführungsbefugnisse** gem. Art. 291 Abs. 2 AEUV **übertragen** werden, **entscheidet der Unionsgesetzgeber** unter Beachtung der im AEUV festgelegten Kriterien im Hinblick auf den jeweiligen Basisrechtsakt selbst (ErwGr 2 VO (EU) Nr. 182/2011). Im Unterschied zu Art. 290 AEUV ist dabei aber nicht der bloße Wille des Gesetzgebers maßgeblich, sondern das Vorliegen eines objektiven Grundes. Die einheitliche Durchführung des jeweiligen Rechtsaktes der EU muss tatsächlich notwendig sein (Mitteilung der KOM v. 9.10.2009, KOM (2009) 673 endg. (3 f.)).

4   Neben der Entsch. über das **Ob** – die Festlegung, dass die KOM überhaupt tätig wird – steht auch das **Wie** – die Bestimmung der konkreten Maßnahmen, die für die Durchführung herangezogen werden sollen – **im Ermessen des Unionsgesetzgebers.**

5   Die **Übertragung von Durchführungsbefugnissen muss in der DS-GVO vorgesehen** sein. Dies geschieht, indem in einzelnen Normen auf Abs. 2 oder 3 Bezug genommen wird (vgl. → Rn. 15, 18). Das **Verfahren** hinsichtlich der Durchführungsrechtsakte wird gesetzestechnisch im Wege einer **statischen Verweisung** in die DS-GVO inkorporiert. Während die DS-GVO in Abs. 2 und 3 lediglich die Anordnung des Ausschussverfahrens vorsieht, sind die maßgeblichen anzuwendenden Verfahrensgrundsätze, die für dieses Ausschussverfahren heranzuziehen sind, der VO (EU) Nr. 182/ 2011 zu entnehmen.

6   Der Wortteil „Durchführungs-", der in der Bezeichnung der Durchführungsrechtsakte enthalten sein muss, ermöglicht die **formelle Unterschei-**

dung von Rechtsakten der KOM, die auf der Grdl. des Art. 291 Abs. 2 AEUV erlassen wurden, **von delegierten Rechtsakten,** die ebenfalls von der KOM erlassen werden, allerdings auf der Grdl. der in Art. 290 AEUV geregelten Befugnisübertragung (Schlussanträge des Generalanwalts in der Rechtssache C-427/12, EuGH BeckRS 2013, 82409 Rn. 46).

Da die Durchführungsrechtsakte die Wahrnehmung einer primär den Mit- **7** gliedstaaten zustehenden Kompetenz durch die KOM darstellen, unterliegen sie ausschl. der **Kontrolle durch die Mitgliedstaaten.** Zu diesem Zweck muss jeder Basisrechtsakt, der die Befugnis zum Erlass von Durchführungsrechtsakten vorsieht, angeben, welche(s) Kontrollverfahren anzuwenden ist bzw. sind. Insofern enthält die DS-GVO keine eigenen Regelungen, sondern verweist auf die gem. Art. 291 Abs. 3 AEUV v. ER und EP festgelegten allg. Regeln und Grundsätze in VO (EU) Nr. 182/2011.

B. Unterstützung durch Ausschuss (Abs. 1)

Gem. Art. 93 Abs. 1 **kooperiert** die KOM mit einem **eingesetzten Prüf- 8 ausschuss** iSd VO (EU) Nr. 182/2011. Bei dem Ausschuss handelt es sich um ein institutionalisiertes Fachgremium für das Verfahren nach der DS-GVO bzgl. des Erlasses von Durchführungsrechtsakten, das mit Repräsentanten der Mitgliedstaaten besetzt ist. Der Ausschuss ist gem. Art. 10 VO (EU) Nr. 182/2011 nach Bildung in das öffentl. zugängliche Register der KOM über Ausschussverfahren aufzunehmen. Der Ausschuss setzt sich aus Vertretern der Mitgliedstaaten zusammen. **Vorsitzender** dieses Ausschusses ist stets ein nicht stimmberechtigter **Vertreter der KOM** (Art. 3 Abs. 2 S. 1, 2 VO (EU) Nr. 182/2011). Der Ausschuss iSd Abs. 1 ist in formaler Hinsicht zu trennen von dem EDSA iSd Art. 68 (vgl. Schiedermair in NK-DatenschutzR DS-GVO Art. 93 Rn. 5; ausf. zu den verschiedenen Aufgaben Ehmann in Ehmann/Selmayr DS-GVO Art. 93 Rn. 4).

C. Prüfverfahren zur Wahrnehmung der Durchführungsbefugnisse (Abs. 2)

I. Anwendung des Prüfverfahrens

In der VO (EU) Nr. 182/2011 sind zwei Kontrollverfahren vorgesehen: Das **9** Beratungsverfahren (Art. 4 VO (EU) Nr. 182/2011) und das Prüfverfahren (Art. 5 VO (EU) Nr. 182/2011). Das umfangr. Prüfverfahren soll anzuwenden sein, wenn die Durchführungsbefugnisse der KOM erhebliche Auswirkungen auf den Haushalt haben oder sich an Drittländer richten (ErwGr 12 VO (EU) Nr. 182/2011). Ist dies nicht der Fall, darf auf das Beratungsverfahren zurückgegriffen werden (ErwGr 15 VO (EU) Nr. 182/2011). Im Hinblick auf die für die DS-GVO maßgeblichen Durchführungsrechtsakte hat der Verordnungsgeber durch den Verweis auf Art. 5 VO (EU) Nr. 182/ 2011 angeordnet, dass stets das Prüfverfahren zu durchlaufen ist. Durch den

Verweis auf Art. 8 VO (EU) Nr. 182/2011 wird der KOM ferner ermöglicht, **sofort geltende Durchführungsrechtsakte** zu erlassen (→ Rn. 16 ff.).

10 Das Prüfverfahren wird **eingeleitet,** indem die KOM dem zuständigen Prüfausschuss (→ Rn. 8) den **Entwurf des zu erlassenden Durchführungsrechtsaktes** unterbreitet (Art. 3 Abs. 3 VO (EU) Nr. 182/2011).

11 Dem Prüfausschuss stehen daraufhin **drei unterschiedliche Reaktionsmöglichkeiten** zur Vfg.: Zustimmung (→ Rn. 12), keine Abgabe einer Stellungn. (→ Rn. 13.) oder Ablehnung (→ Rn. 14).

12 **Zustimmung:** Gibt der Prüfausschuss mit qualifizierter Mehrheit (vgl. Art. 16 Abs. 4 f. EUV; Art. 238 Abs. 3 AEUV) eine befürwortende Stellungn. ab, wird der Durchführungsrechtsakt erlassen (Art. 5 Abs. 1 und 2 VO (EU) Nr. 182/2011).

13 **Keine Stellungn.:** Findet sich im Prüfausschuss keine qualifizierte Mehrheit für den Vorschlag, gibt er keine Stellungn. ab (nur ein Votum mit qualifizierter Mehrheit gilt als Stellungn. iSd Vorschr., Art. 5 Abs. 1 VO (EU) Nr. 182/2011). In diesem Fall hat die KOM die Wahl, entweder dem Prüfausschuss eine geänd. Fassung des Entwurfes vorzulegen oder den Erstentwurf ungeachtet der fehlenden Stellungn. zu erlassen. Letzteres ist allerdings nicht möglich, wenn der Prüfausschuss den Entwurf zwar nicht im Wege einer Stellungn. aber **mit einfacher Mehrheit seiner Mitglieder abgelehnt** hat (Art. 5 Abs. 4 UAbs. 2 lit. c). In diesem Fall hat die KOM wiederum zwei Möglichkeiten (Art. 5 Abs. 4 UAbs. 3). Sie kann

(1) innerhalb von zwei Monaten einen geänd. Vorschlag ausarbeiten und diesen dem Prüfausschuss zur neuerlichen Beratung vorlegen oder

(2) innerhalb einer Monatsfrist den Berufungsausschuss mit ihrem ursprünglichen Vorschlag befassen. Dies kann bspw. der Ausschuss der Ständigen Vertreter der Regierungen der Mitgliedstaaten sein (Art. 1 Abs. 5 UAbs. 2 Geschäftsordnung des Berufungsausschusses (ABl. EU 2011 C 183, 13)). Stimmt der Berufungsausschuss mit qualifizierter Mehrheit zu oder gibt er keine Stellungn. ab, wird der Durchführungsrechtsakt erlassen. Stimmt der Berufungsausschuss mit qualifizierter Mehrheit dagegen, wird er nicht erlassen.

14 **Ablehnung:** Lehnt der Prüfausschuss den Vorschlag mit qualifizierter Mehrheit ab, wird der Durchführungsrechtsakt nicht erlassen. In diesem Fall besitzt die KOM ein Wahlrecht entspr. der Situation, dass der Prüfausschuss den Entwurf mit einfacher Mehrheit seiner Mitglieder abgelehnt hat (→ Rn. 13).

II. Durchführungsrechtsakte

15 Gem. den Bestimmungen der DS-GVO sind Durchführungsrechtsakte in folgenden Fällen vorgesehen:

Art. 28 Abs. 7: Erlass von Standardvertragsklauseln für Auftragsverarbeiter.

Art. 40 Abs. 9: Beschl., dass die der KOM gem. Art. 40 Abs. 8 übermittelten genehmigten Verhaltensregeln bzw. deren genehmigte Änd. oder Erweiterung allg. Gültigkeit in der EU besitzen.

Art. 43 Abs. 9: Festlegung technischer Standards für Zertifizierungsverfahren und Datenschutzsiegel und -prüfzeichen sowie Mechanismen zur Förderung und Anerkennung dieser Zertifizierungsverfahren und Datenschutzsiegel und -prüfzeichen.

Art. 45 Abs. 3: Beschl., dass ein Drittland, ein Gebiet oder ein oder mehrere spezifische Sektoren in einem Drittland oder eine int. Organisation ein angemessenes Schutzniveau iSv Art. 45 Abs. 2 bietet bzw. bieten.

Art. 45 Abs. 5 UAbs. 1: Widerruf, Änd. oder Aussetzung von Beschl. zur Feststellung, dass ein (Gebiet oder spezifischer Sektor eines) Drittland(es) oder eine int. Organisation einen angemessenen Schutz iSv Art. 45 Abs. 2 bieten.

Art. 46 Abs. 2 lit. c: Erlass von Standarddatenschutzklauseln für die Übermittlung personenbezogener Daten an Drittländer oder an int. Organisationen.

Art. 46 Abs. 2 lit. d: Genehmigung der von einer ASB angenommenen Standarddatenschutzklauseln für die Übermittlung personenbezogener Daten an Drittländer oder an int. Organisationen.

Art. 47 Abs. 3: Festlegung des Formates und Verfahrens für den Informationsaustausch über verbindliche unternehmensinterne Datenschutzvorschriften iSd Art. 47 zwischen Verantwortlichen, Auftragsverarbeitern und ASB.

Art. 61 Abs. 9: Festlegung von Form und Verfahren der Amtshilfe nach Art. 61 und Ausgestaltung des elektronischen Informationsaustausches zwischen den ASB sowie zwischen den ASB und dem EDSA, insbes. das in Art. 61 Abs. 6 genannte standardisierte Format.

Art. 67: Erlass von Durchführungsrechtsakten allg. Tragweite zum Zweck der Festlegung der Ausgestaltung des elektronischen Informationsaustausches zwischen den ASB und dem EDSA, insbes. des standardisierten Formates nach Art. 64.

Die Befugnis der KOM nach Art. 93 ist damit erheblich weiter als die Befugnis für den Erlass von delegierten Rechtsakten gem. Art. 92 (→ Art. 92 Rn. 7 f.).

D. Erlass sofort geltender Durchführungsrechtsakte (Abs. 3)

Wird in der DS-GVO ausdr. auf Art. 93 Abs. 3 verwiesen, kann die KOM **16** gem. Art. 8 iVm Art. 5 VO (EU) Nr. 182/2011 einen **sofort geltenden Durchführungsrechtsakt ohne vorherige Konsultation des Prüfausschusses** erlassen. Von dieser Möglichkeit darf allerdings nur Gebrauch gemacht werden, wenn es sich um einen **besonders dringlichen Fall** handelt. Aufgrund des Ausnahmecharakters setzt dies voraus, dass bei einer vorherigen Prüfung des Durchführungsrechtsaktes im konkreten Fall eine erhebliche Gefahr insbes. des Eintritts einer nicht mehr rückgängig zu machenden Beeinträchtigung der Grundrechte und Grundfreiheiten betroffener Personen droht.

Sofort geltende Durchführungsrechtsakte sind auf eine **Geltungsdauer** **17** **von sechs Monaten beschr.** (Art. 8 Abs. 2 VO (EU) Nr. 182/2011). Sie sind spätestens **14 Tage nach ihrem Erlass** dem zuständigen Ausschuss **vor-**

zulegen (Art. 8 Abs. 3 VO (EU) Nr. 182/2011). In diesem Fall findet das **Prüfverfahren** (→ Rn. 10 ff.) **nach Erlass der Maßnahme** Anwendung, die **bei abl. Stellungn. unverzüglich aufzuheben** ist (Art. 8 Abs. 4 VO (EU) Nr. 182/2011).

18 Angesichts der hohen Anforderungen an die Zulässigkeit dieser **Eilmaßnahmen** überrascht es nicht, dass die DS-GVO nur äußerst zurückhaltend – **lediglich in einem Fall – Gebrauch von diesem Instrument** macht. Nachdem bereits in DS-GVO-E(EP) und DS-GVO-E(Rat) eine in Art. 62 Abs. 2 DS-GVO-E(KOM) enthaltene weitergehende Befugnis der KOM zum Erlass sofort geltender Durchführungsrechtsakte gestrichen war, einigten sich EP und ER im Trilog auf eine Konstellation, in der Abs. 3 zur Anwendung kommt: Nach **Art. 45 Abs. 5 UAbs. 2** kann die KOM demnach in äußerst dringenden Fällen **Angemessenheitsbeschlüsse nach Art. 45 Abs. 3** mittels sofort geltender Durchführungsrechtsakte widerrufen, ändern oder aussetzen.

E. Rechtsschutz

19 Nach Maßgabe des Art. 263 Abs. 4 Var. 3 AEUV kann jede natürliche oder jur. Person gegen Rechtsakte mit Verordnungscharakter und somit auch gegen Durchführungsrechtsakte iSd Art. 93 eine **Nichtigkeitsklage** erheben (→ Art. 92 Rn. 25).

Kapitel XI. Schlussbestimmungen

Art. 94 Aufhebung der Richtlinie 95/46/EG

(1) Die Richtlinie 95/46/EG wird mit Wirkung vom 25. Mai 2018 aufgehoben.

(2) ¹Verweise auf die aufgehobene Richtlinie gelten als Verweise auf die vorliegende Verordnung. ²Verweise auf die durch Artikel 29 der Richtlinie 95/46/EG eingesetzte Gruppe für den Schutz von Personen bei der Verarbeitung personenbezogener Daten gelten als Verweise auf den kraft dieser Verordnung errichteten Europäischen Datenschutzausschuss.

BDSG und anderes nationales Recht: –

A. Allgemeines

Die **DSRL bezweckte die Harmonisierung** der Vorschr. zum Schutz der 1 Grundrechte und Grundfreiheiten natürlicher Personen bei der Datenverarbeitung sowie die Gewährleistung des freien Verkehrs personenbezogener Daten zwischen den Mitgliedstaaten (ErwGr 3). Wie jede RL ließ auch die DSRL dem nationalen Gesetzgeber **Regelungsspielraum zur Umsetzung.** Die daraus resultierende unterschiedliche Handhabung innerhalb der EU führte zu **Diskrepanzen zwischen den nationalen Datenschutzvorschriften.** Insbes. beim grenzüberschreitenden Datenaustausch via Internet führte dies zu Rechtsunsicherheiten und Bedenken in Bezug auf die Verarbeitung personenbezogener Daten. Derartige Unterschiede im Schutzniveau können daher ein Hemmnis für die unionsweite Ausübung von Wirtschaftstätigkeiten darstellen, den Wettbewerb verzerren und die Behörden an der Erfüllung der ihnen nach dem Unionsrecht obliegenden Pflichten hindern (ErwGr 9).

Die DS-GVO dient dazu, die früheren Unzulänglichkeiten zu beheben. 2 Erreicht wird dies insbes. dadurch, dass als Rechtsakt der EU die Form einer **VO** gewählt wurde (vgl. Art. 288 UAbs. 2 AEUV). Auf Grund ihrer **unmittelbaren Geltung** in allen Mitgliedstaaten werden bisherige Differenzen in Bezug auf das Schutzniveau, wenn nicht vollständig beseitigt, so doch reduziert (vgl. ErwGr 170). Für die nationale Gesetzgebung verbleibt ein Restbereich bspw. in Bezug auf **bes. Datenverarbeitungssituationen.**

B. Ablösung durch DS-GVO

I. Aufhebung der DSRL (Abs. 1)

Die DSRL wurde am 25.5.2018 aufgeh. Seit demselben Tage gilt die DS- 3 GVO als verbindlich, sodass ein lückenloser Übergang mit ex nunc Wirkung

stattfand (vgl. Hornung/Spiecker in NK-DatenschutzR DS-GVO Art. 94
Rn. 6, 9). Zu den **Auswirkungen auf bestehende Datenverarbeitun-
gen, Beschl. und Entsch. der KOM** sowie auf **nationale Gesetze** vgl.
→ Art. 99 Rn. 4 ff.

II. Verweise auf die aufgehobene DSRL (Abs. 2)

4 Verweise auf die aufgeh. DSRL sind nach Abs. 2 S. 1 als **Verweise auf die
DS-GVO** zu lesen. Entspr. gilt für die **Art. 29-Datenschutzgruppe.** Be-
zugnahmen auf diese gelten gem. Abs. 2 S. 2 als Bezugnahmen auf den in
Art. 68 konstituierten **EDSA.** Der Verweis in Abs. 2 wird ergänzt durch
wesensverwandte Regelungen zu erlassenen Angemessenheitsbeschlüssen der
KOM für die Übermittlung von Daten in Drittländer in Art. 45 Abs. 9, für
Genehmigungen nationaler Regulierungsbehörden in Art. 46 Abs. 5 S. 1
sowie für Feststellungen der KOM in Art. 46 Abs. 5 S. 2.

1. Reichweite der Verweise

5 **a) EU-Rechtsakte.** Unmittelbar umfasst sind Verweise in **EU-Rechtsakten**
wie VO und RL (Bsp. bei Schild in BeckOK DatenschutzR DS-GVO
Art. 94 Rn. 8).

6 **b) Mitgliedstaatliche Gesetze.** Fraglich ist jedoch, ob darüber hinaus auch
Verweise auf die DSRL in **nationalen Normen** als Verweise auf die DS-
GVO gelesen werden müssen. Grds. kommt eine derartige **Ausstrahlungswirkung der DS-GVO** in nationales Recht nur in Bereichen infrage, in
welchen dem europ. Gesetzgeber **Regelungskompetenz** zukommt. Hauptanwendungsfall hierbei sind nationale Normen, die der **Umsetzung einer
europ. RL** dienen. Teilw. werden den nationalen Gesetzgebern dabei jedoch
große **Gestaltungsspielräume** überlassen. In einem solchen Fall könnte die
Anwendung des Art. 94 und eines damit einhergehenden automatischen Verweises auf die DS-GVO, welche im Zeitpunkt der Ausfertigung des Gesetzes
noch nicht in Kraft war, zu einem Erg. führen, welches nicht iSd nationalen
Gesetzgebers war.

7 Ob der automatische Verweis auf die DS-GVO zu einer **Rechtsfolge**
führt, die der **nationale Gesetzgeber nicht intendiert** hat, ist im Einzelfall
insbes. unter Berücksichtigung der einschlägigen Gesetzesbegründung und
der grds. Pflicht zu einer europarechtsfreundlichen Gesetzesauslegung zu
prüfen. Ist das Erg. der Prüfung, dass der nationale Gesetzgeber die maßgebliche Rechtsfolge tatsächlich nicht bedacht oder sogar nicht gewollt hat,
wird man Art. 94 als **Auftrag** an den nationalen Gesetzgeber verstehen
müssen, das maßgebliche Recht in Einklang mit der DS-GVO zu bringen.
Nicht zuletzt war in diesem Lichte die in Art. 99 vorgesehene Übergangsfrist
von 24 Monaten sicherlich nicht zu lange bemessen.

8 Anders stellt es sich jedoch im Fall **vollharmonisierter RL** dar. Bei deren
Umsetzung besteht, wenn überhaupt, ein nur sehr geringer Spielraum für den
nationalen Gesetzgeber. Die nationalen Gesetze sind an den Wertungen und
Leitlinien auszurichten, welche die RL vorgibt. Eine **Änd. der RL** würde

zwingend eine **Gesetzesänderung** nach sich ziehen. Sollte iRe vollharmonisierten Gesetzes auf eine RL verwiesen werden, erscheint es daher sachgerecht diese **Verweisung dynamisch** zu **betrachten;** sie also auf die aktuelle Rechtsgrundlage anzuwenden. Ein Verweis auf die DSRL in einer solchen Norm ist demnach als Verweis auf die DS-GVO zu lesen.

c) Verwaltungsentscheidungen. Entsch., Beschl. und Genehmigungen der **8a** ASB und der KOM, die auf der DSRL beruhen bzw. auf diese verweisen, werden durch den Verweis nicht beeinträchtigt. Ihre Bestandskraft währt bis zu einer Änd., einem Ersatz oder der Aufhebung der Entsch. (vgl. → Art. 99 Rn. 4 ff.; ErwGr 171 S. 4 DS-GVO).

d) Privatrechtliche Verträge. Verweisungen speziell auf die DSRL sind in **9** der **Praxis** in **privatrechtlichen Verträgen** nicht unüblich. Diese Verweise im Wege der Anwendung des Art. 94 Abs. 2 S. 1 automatisch auf die DS-GVO zu beziehen, würde einen **Eingriff in die Privatautonomie** der Vertragsparteien bedeuten. Schließlich kann nicht unterstellt werden, dass sich die Parteien auf die Inkorporierung für beide Seiten unbekannter Formulierungen eines Gesetzes in ihren Vertrag einigen wollten. Ob eine solche Verweisung stattfinden soll, ist daher im Wege der erg. **Auslegung** – nach dt. Recht gem. §§ 133, 157 BGB – festzustellen. Sollten die entspr. Regelungen der DS-GVO mit den Regelungen der DSRL übereinstimmen, dürfte nichts dagegensprechen, eine solche Verweisung im Wege der Auslegung anzunehmen. Andernfalls bedürfte es einer ausdr. **vertraglichen Anpassung.**

2. Umfang der Verweise

Art. 94 Abs. 2 S. 1 spricht nur von „Verweise(n) auf die aufgehobene Richtlinie". Es stellt sich die Frage, ob davon nur Verweise auf die **gesamte RL 10** umfasst sein sollen oder auch Verweisungen auf **einzelne Regelungen** der RL (wie etwa in Art. 40 SIS II, § 6a BlnDSG). Teilw. werden bei Neufassungen von RL oder VO Entsprechungstabellen angehängt, denen zu entnehmen ist, welche Normen des aufgeh. Rechtsaktes und des diesen ersetzenden Rechtsaktes sich entsprechen, damit nicht nur Gesamtverweisungen, sondern auch Verweisungen auf einzelne Normen unproblematisch zugeordnet werden können (vgl. RL 2015/2302/EU, Anh. III Entsprechungstabelle). Dies spricht für die generelle Möglichkeit, auch auf einzelne Regelungen zu verweisen. Der DS-GVO liegt eine solche Tabelle zwar nicht bei. Dieser Umstand allein kann jedoch nicht dahingehend gedeutet werden, dass Einzelverweise nicht möglich sein sollen. Vielmehr stellen diese eine Notwendigkeit dar, um Schutzlücken bis zu einer entspr. Anpassung durch die Gesetzgeber zu vermeiden. Im Wege der Auslegung ist sodann im Einzelfall zu ermitteln, auf welche Regelung der DS-GVO verwiesen wird (so auch Hornung/Spiecker in NK-DatenschutzR DS-GVO Art. 94 Rn. 12; Piltz in Gola DS-GVO Art. 94 Rn. 16).

3. Anpassungsbedarf durch nationale und europäische Gesetzgeber

11 Eine solche Anpassung ist auf europ. Ebene in Art. 98 bereits angelegt. Eine Anpassung dieser Verweisungen musste auch auf nationaler Ebene im Übergangszeitraum vom 25.5.2016 bis 24.5.2018 vorgenommen werden, da Art. 94 Abs. 2 entweder gar nicht anwendbar ist oder sich im Falle der Annahme einer dynamischen Verweisung (→ Rn. 8) Probleme im Hinblick auf das **Bestimmtheitsgebot** ergeben können (Huster/Rux in BeckOK GG Art. 20 Rn. 182 f.).

Art. 95 Verhältnis zur Richtlinie 2002/58/EG

Diese Verordnung erlegt natürlichen oder juristischen Personen in Bezug auf die Verarbeitung in Verbindung mit der Bereitstellung öffentlich zugänglicher elektronischer Kommunikationsdienste in öffentlichen Kommunikationsnetzen in der Union keine zusätzlichen Pflichten auf, soweit sie besonderen in der Richtlinie 2002/58/EG festgelegten Pflichten unterliegen, die dasselbe Ziel verfolgen.

BDSG und anderes nationales Recht: –

A. Allgemeines

1 Art. 95 bestimmt das Verhältnis der DS-GVO zur ePrivacy-RL. Die **ePrivacy-RL** bezweckt zum einen die Harmonisierung der Vorschr. der Mitgliedstaaten, die erforderlich sind, um einen gleichwertigen Schutz der Grundrechte und Grundfreiheiten, insbes. des Rechtes auf Privatsphäre, in Bezug auf die Verarbeitung personenbezogener Daten im Bereich der elektronischen Kommunikation zu schaffen. Zum anderen soll der freie Verkehr dieser Daten und von elektronischen Kommunikationsgeräten und -diensten in der Gemeinschaft gewährleistet werden (Art. 1 Abs. 1 ePrivacy-RL). Sie wurde als **Ergänzung zur DSRL** erlassen (Art. 1 Abs. 2 S. 1 ePrivacy-RL) und ging dieser bei Überschneidungen als **lex specialis** vor. Im Gegensatz zur DSRL bleibt die ePrivacy-RL auch nach Erlass der DS-GVO in Kraft. Folglich kam der Gesetzgeber nicht umhin, eine konkrete Regelung zum Verhältnis von DS-GVO und ePrivacy-RL zu treffen.

B. Anwendungsbereich der ePrivacy-RL

2 Entgegen dem offenen Wortlaut von Art. 95 („erlegt (…) keine zusätzlichen Pflichten auf") geht der Verordnungsgeber im Verhältnis von ePrivacy-RL und DS-GVO von einem Anwendungsvorrang der RL aus (vgl. ErwGr 173). **Der Anwendungsvorrang** liegt jedoch nur unter zwei kumulativen Voraussetzungen vor: Die Datenverarbeitung muss zum einen iVm der Bereitstellung öffentl. zugänglicher Kommunikationsdienste stehen. Zum anderen müssen sich inhaltlich überschneidende Regelungen der ePrivacy-RL und der DS-

GVO hinsichtlich ihrer Zielsetzung decken. Sind diese Voraussetzungen erfüllt, erlegt die DS-GVO ihren Adressaten keine über die ePrivacy-RL hinausgehenden Pflichten auf (vgl. auch Piltz in Gola DS-GVO Art. 95 Rn. 10 f.). Eine Ausnahme von diesem Grundsatz macht Art. 21 Abs. 5. Danach muss der Verantwortliche betroffenen Personen iRd Nutzung von Diensten der Informationsgesellschaft die Ausübung eines Widerspruchsrechtes mittels automatisierter Verfahren ermöglichen. Da die in dieser Konstellation eigentlich vorgehende ePrivacy-RL eine entspr. Pflicht nicht vorsieht, hat sich der Verordnungsgeber – um einen Gleichlauf der Widerspruchsmöglichkeiten bestrebt – für diese Ausnahme vom Anwendungsvorrang der ePrivacy-RL entschieden (→ Art. 21 Rn. 74 f.). Für die übrigen Betroffenenrechte (→ Art. 12 Rn. 1 ff.) findet sich keine derartige Ausnahmeregelung. Jedoch fehlt es der ePrivacy-RL darüber hinaus an Normen, die dies. Zielrichtung wie die Art. 12–23 verfolgen. Der Anwendungsvorrang der ePrivacy-RL greift damit iErg nicht durch (Kühling/Raab in Kühling/Buchner DS-GVO Art. 95 Rn. 10). Insbes. **Art. 4, 5, 6, 8 und 9** ePrivacy-RL – bzw. den entspr. nationalen Umsetzungen – ist weiterhin **bes. Beachtung** zu schenken. Diese formulieren etwa **Anforderungen an technische und organisatorische Maßnahmen** an Betreiber öffentl. Kommunikationsdienste und regeln den **Umgang mit Verkehrs- und Standortdaten** sowie die **Vertraulichkeit von Kommunikation.**

3 Da die ePrivacy-RL jedenfalls in Bezug auf Art. 5, 6, 8 Abs. 1 bis Abs. 4 und Art. 9 ePrivacy-RL keine Vollharmonisierung vorsieht (vgl. Art. 15 Abs. 1 ePrivacy-RL), kann eine **abw. Umsetzung in nationales Recht** erfolgt sein, sodass die Normadressaten sich mit unionsweit unterschiedlichen Rechten und Pflichten konfrontiert sehen. Sinn und Zweck der DS-GVO ist es jedoch gerade, auf europ. Ebene ein gleichwertiges Schutzniveau zu erreichen. Vor diesem Hintergrund sieht ErwGr 173 DS-GVO vor, dass die ePrivacy-RL nach Annahme der DS-GVO einer **Überprüfung unterzogen** werden soll, um evtl. Anpassungsbedarf zur Gewährleistung der Kohärenz mit der DS-GVO zu identifizieren und die notwendigen Änd. vorzunehmen.

C. Verhältnis zur ePrivacy-Verordnung

4 Als Erg. der in ErwGr 173 vorgesehenen Überprüfung hat die KOM am 10.1.2017 einen „Vorschlag für eine Verordnung des Europäischen Parlaments und des Rates über die Achtung des Privatlebens und den Schutz personenbezogener Daten in der elektronischen Kommunikation und zur Aufhebung der Richtlinie 2002/58/EG" vorgelegt (**ePrivacy-VO-Vorschlag,** abrufbar unter http://eur-lex.europa.eu/legal-content/DE/TXT/PDF/?uri=CELEX:52017PC0010&from=DE). Das Verhältnis der zukünftigen ePrivacy-VO zur DS-GVO ergibt sich aus Art. 1 Abs. 3 ePrivacy-VO-Vorschlag. Demnach sollen die Bestimmungen der ePrivacy-VO die DS-GVO im Hinblick auf die Bereitstellung und Nutzung elektronischer Kommunikationsdienste sowie den freien Verkehr elektronischer Kommunikationsdaten und elektronischer Kommunikationsdienste in der EU präzisieren und ergänzen. Damit ähnelt das Verhältnis dem Verhältnis zwischen der DS-GVO zur ePrivacy-RL.

5   Die ePrivacy-VO sollte ursprünglich gem. Art. 29 Abs. 2 ePrivacy-VO-Vorschlag gemeinsam mit der DS-GVO am 25.5.2018 ihre Geltung entfalten (→ Art. 99 Rn. 2). Anders als bei der DS-GVO gab es bzgl. der ePrivacy-VO allerdings noch keine Einigung der EU-Staaten auf einen gemeinsamen Gesetzesentwurf. Nach dem ersten Entwurf der KOM vom 10.1.2017 hat das EP am 26.10.2017 einen eigenen Entwurf verabschiedet (Entwurf des EU-Parlaments (Entschließungsantrag A8–0324 / 2017), 26.10.2017, abrufbar unter: https://www.europarl.europa.eu/doceo/document/A-8–2017-0324_EN.html). Auch die EU-Ratspräsidentschaften Estlands, Bulgariens, Österreichs, Rumäniens und Finnlands haben zu zahlr. Veröffentl. jeweils eigener Entwürfe geführt. IR ihrer EU-Ratspräsidentschaft obliegt es der dt. Regierung, die europäischen Staaten von einem Entwurf zu überzeugen. Der dt. Vorschlag vom 4.11.2020 wurde jedoch abgelehnt.

6   Wesentliche inhaltliche Änd. im Vergleich zur ePrivacy-RL ergeben sich nach derzeitiger Fassung bzgl. des persönlichen Anwendungsbereiches. Im Gegensatz zur ePrivacy-RL, die nur auf regulierte Anbieter elektronischer Kommunikationsdienste Anwendung findet, sieht der Vorschlag der KOM, welcher diesbzgl. von der kroatischen Ratspräsidentschaft nicht verändert wurde, für die ePrivacy-VO auch eine Anwendung auf **Anbieter von sog „Over-the-Top-Kommunikationsdiensten"** vor. Dabei handelt es sich um Dienstleister, die Kommunikationsdienste über das Internet anbieten, ohne selbst die Kommunikationsinfrastruktur zu betreiben. Davon umfasst sind etwa Web-Mail- oder andere Messenger-Dienste, wie zB Gmail oder WhatsApp. Umfasst sind aber auch Fälle, in welchen interpersonelle Kommunikationsdienste nur eine untergeordnete Nebenfunktion des eigentlichen Angebotes darstellen. Der vom EP veröffentlichte Vorschlag ging in seinen ErwGr sogar noch darüber hinaus und forderte zudem eine Anwendung der ePrivacy-VO, wenn die Vertraulichkeit der **Kommunikation im physischen Raum** betroffen sein könnte. Das betrifft unter anderem Smart-Home-Geräte, die ihre Umgebung abhören oder mittels anderer technischer Mittel, wie Bluetooth und Bewegungssensoren, überwachen und analysieren.

7   Der ePrivacy-VO-Vorschlag führt teilw. zu Angleichungen des Schutzes personenbezogener Daten in der elektronischen Kommunikation an das von der DS-GVO etablierte Schutzniveau und zu Kohärenz mit dieser. So sollen gem. Art. 18 Abs. 1 S. 1 ePrivacy-VO-Vorschlag die gem. der DS-GVO errichteten ASB auch die Durchsetzung der ePrivacy-VO überwachen. Dementsprechend werden nach Art. 21 ff. ePrivacy-VO-Vorschlag auch die Regelungen über Rechtsbehelfe, Haftung und Sanktionen an die der DS-GVO angeglichen. Allerdings enthält der vorliegende Entwurf auch Unstimmigkeiten mit der DS-GVO. Art. 10 Abs. 2 ePrivacy-VO-Vorschlag schreibt bspw. vor, dass Anbieter von Internetzugangssoftware dem Nutzer bei der Erstnutzung verschiedene Auswahlmöglichkeiten bzgl. der Datenschutzeinstellungen präsentieren müssen. Das Prinzip „Privacy by Default", welches die DS-GVO in Art. 25 Abs. 2 aufstellt und Verantwortliche dazu verpflichtet, die datensparsamste Voreinstellung vorzunehmen, wird dadurch unterwan-

dert. Darüber hinaus schützt die ePrivacy-VO in der aktuellen Entwurfs-fassung nach Art. 1 Abs. 1 ePrivacy-VO-Vorschlag, anders als die DS-GVO, neben natürlichen **auch juristische Personen** und begrenzt den Anwendungsbereich, da die Bezeichnung „Kommunikationsdaten" in der Verordnung keine Differenzierung vorsieht, nicht auf personenbezogene Daten. Vielmehr umfasst sie zusätzlich die **Verarbeitung nicht-personenbezogener Daten.**

Indes bleibt abzuwarten, wie die ePrivacy-VO nach Abschluss des Gesetz- **8** gebungsverfahrens konkret ausgestaltet sein wird. So sah bereits der Berichtsentwurf des federführenden Ausschusses für Bürgerliche Freiheiten, Justiz und Inneres des EP (LIBE), der am 9.6.2017 vorgelegt wurde, 135 Änderungsvorschläge vor. Bspw. soll der automatisierte Informationsaustausch mit anderen Geräten oder Netzanlangen (M2M-Kommunikation) nur bei Vorliegen einer Einwilligung des Nutzers zulässig sein, sofern nicht der Nutzer die Herstellung einer Verbindung angefordert hat oder eine Anonymisierung der Daten erfolgt (Änderungsanträge 84–86, 67 f., abrufbar unter http://www.europarl.europa. eu/sides/getDoc.do?pubRef=-%2F%2FEP%2F%2FN ONSGML%2BCOMPAR L%2BPE-606.011 %2B01 %2BDOC%2BPDF%2 BV0 %2F%2FDE). Diesem folgten zahlr. weitere Entwürfe, die jedoch allesamt keine Mehrheit fanden. (→ Rn. 5).

Der **ursprüngliche** Art. 6 ePrivacy-VO-Vorschlag der KOM rückte die **9** **Einwilligung** des Endnutzers noch mehr **in den Fokus** als dies in der DS-GVO geschieht. Dieser griff nicht auf die Erlaubnistatbestände des Art. 6 Abs. 1 lit. b-f DS-GVO zurück, sondern führte eigene und wesentlich engere Erlaubnistatbestände ein. So wurden bspw. Kommunikationsmetadaten nach Art. 6 Abs. 2 ePrivacy-VO-Vorschlag stärker geschützt, als sensible Daten nach Art. 9 DS-GVO. Der Entwurf der kroatischen Ratspräsidentschaft sieht va eine Neustrukturierung des bisherigen Art. 6 ePrivacy-VO-Vorschlags der KOM vor. Nach dem aktuellen Vorschlag der kroatischen Ratspräsidentschaft soll Art. 6 ePrivacy-VO-Vorschlag der KOM nun in Art. 6 – 6d ePrivacy-VO aufgeteilt werden. Das Ziel ist es, die Ausnahmetatbestände für die Verarbeitung von Kommunikationsdaten zu vereinfachen und an die DS-GVO anzugleichen.

Der Vorschlag der **kroatischen Ratspräsidentschaft** enthält insbes. eine **10** zentrale Änd., die erhöhte Aufmerksamkeit erfährt. Diese betrifft die Zulässigkeit der Erfassung von Informationen, die auf den Endgeräten gespeichert sind sowie die Zulässigkeit der Nutzung von Speichermöglichkeiten der Endgeräte und damit insbes. die Nutzung von Cookies. **Ursprünglich** sah Art. 8 ePrivacy-VO-Vorschlag der KOM vor, dass diese Erfassung und Nutzung zulässig sein soll, wenn dies notwendig ist, (i) um die Übertragung einer elektronischen Kommunikation oder eines Dienstes zu gewährleisten, nach welcher der Endnutzer verlangt, (ii) um anonyme Statistiken zu erstellen, (iii) wenn der Nutzer einwilligt oder (iv) er eine Notrufnummer wählt. Der **aktuelle Entwurf** der kroatischen Ratspräsidentschaft erweitert diese Rechtfertigungsgründe um eine Erlaubnis auf Basis einer **Interessenabwägung.** Da die ePrivacy-VO eine solche Interessenabwägung bislang nicht kannte, stand im Zusammenhang mit Cookies stets die Einwilligung des Nutzers im Vordergrund. Nunmehr soll das Erfassen von Daten und die Nutzung der Verarbeitungs- und Speichermöglichkeiten des Endgerätes auch zulässig sein, wenn dies für die berechtigten Interessen des Anbieters notwendig ist und die Interessen des Nutzers oder seine Grundrechte und Freiheiten nicht überwiegen. Darüber hinaus muss der Anbieter Schutzmaßnahmen treffen, bspw. eine **Widerspruchsmöglichkeit** für Endnutzer. Welche berechtigten Interessen sich die kroatische Ratspräsidentschaft vorstellte, ist in ErwGr 21b der ePrivacy-VO-Vorschlag beschrieben. Insbes. ist erwähnenswert, dass letztlich die Erwartungen eines Endnutzers im Vordergrund stehen und finanzielle Interessen als berechtigt anerkannt werden. So sollen die Interessen des Anbieters idR bspw. dann überwiegen, wenn es sich um einen kostenlosen Dienst handelt, der sich ganz oder teilw. durch Werbung finanziert.

11   Mit einem Inkrafttreten der Verordnung ist auf Grund des konsequenten Scheiterns der vergangenen Entwürfe und der geplanten Übergangszeit von 24 Monaten nicht in den nächsten Jahren zu rechnen.

Art. 96 Verhältnis zu bereits geschlossenen Übereinkünften

Internationale Übereinkünfte, die die Übermittlung personenbezogener Daten an Drittländer oder internationale Organisationen mit sich bringen, die von den Mitgliedstaaten vor dem 24. Mai 2016 abgeschlossen wurden und die im Einklang mit dem vor diesem Tag geltenden Unionsrecht stehen, bleiben in Kraft, bis sie geändert, ersetzt oder gekündigt werden.

BDSG und anderes nationales Recht: –

A. Allgemeines

1   Die Vorschr. regelt das Verhältnis der DS-GVO zu **int. Übereinkünften,** welche die Übermittlung personenbezogener Daten an Drittländer oder int. Organisationen mit sich bringen. Eine solche int. Übereinkunft kann bspw. eine **bi- oder multilaterale int. Übereinkunft zwischen Mitgliedstaaten und Drittländern** im Bereich der justiziellen Zusammenarbeit in Strafsachen und der polizeilichen Zusammenarbeit gem. Art. 39 Abs. 2 JI-RL sein.

B. Abschluss internationaler Übereinkünfte

I. Zeitpunkt des Abschlusses

2   Nach Art. 96 kommt es maßgeblich darauf an, wann eine int. Übereinkunft geschlossen wurde. Abkommen, die vor dem **24.5.2016** und damit vor Inkrafttreten der DS-GVO abgeschlossen wurden, bestehen fort, sofern sie zu diesem Zeitpunkt **mit dem vor dem 24.5.2016 geltenden Unionsrecht** (also insbes. der **RL 95/46/EG) in** Einklang standen. Datenübermittlungen, die auf Grdl. dieser Übereinkünfte erfolgen, müssen mit Hinblick auf den

Regelungszweck des Art. 96 die Anforderungen der DS-GVO gerade nicht erfüllen (so auch Gundel in BeckOK DatenschutzR DS-GVO Art. 96 Rn. 5; aA: Piltz in Gola DS-GVO Art. 96 Rn. 10 f.). Int. Übereinkünfte, die nach dem 24.5.2016 abgeschlossen wurden, sind nicht erfasst. Sie müssen den Anforderungen der DS-GVO entsprechen, auch wenn diese noch nicht iSd Art. 99 Abs. 2 galt.

Von der Anbahnung der Verh. bis zum Inkrafttreten einer Übereinkunft **3** kommen mehrere Zeitpunkte infrage, die als „Abschluss" der Übereinkunft bezeichnet werden könnten. Int. Übereinkünfte werden zunächst von Diplomaten verhandelt. Konnte eine Einigung über den Wortlaut der Übereinkunft erzielt werden, werden die Übereinkünfte paraphiert – dies bedeutet, sie können nicht mehr einseitig geänd. werden – und im Anschluss von Regierungsmitgliedern oder von zum Abschluss bevollmächtigten Personen unterzeichnet. Teilw. bedarf es noch der Beteiligung eines gesetzgebenden Organs und zusätzlich der Ratifizierung eines Zustimmungsrechtsaktes.

Ab welchem Zeitpunkt von einem „Abschluss" iSv Art. 96 auszugehen ist, **4** kann daher nicht pauschal festgelegt werden, sondern ist abhängig von der Art der Übereinkunft und bestimmt sich schlussendlich nach dem jeweils **anwendbaren mitgliedstaatlichen Recht**.

II. Völkerrechtlicher Verträge

Das GG fasst **int. Übereinkünfte** unter den Begriff des **völkerrechtlichen** **5** **Vertrages** gem. Art. 59 GG. **Völkerrechtliche Verträge** sind „alle Übereinkünfte zwischen zwei oder mehr Völkerrechtssubjekten [...], durch welche die zwischen ihnen bestehende Rechtslage verändert werden soll" (BVerfG NJW 1994, 2207 (2212)). Gem. Art. 59 Abs. 1 S. 2 GG obliegt die **Befugnis, völkerrechtliche Verträge zu schließen, dem Bundespräsidenten.** Für den Zeitpunkt des Abschlusses völkerrechtlicher Verträge ist zwischen dem einphasigen und dem mehrphasigen Verfahren zu unterscheiden (Pieper in BeckOK GG Art. 59 Rn. 19.1).

Das **einphasige Verfahren** findet idR nach Art. 59 Abs. 2 S. 2 GG auf **6** Verwaltungsabkommen Anwendung. Das Verfahren besteht in der Verhandlung des Abkommens und dessen Unterzeichnung durch das zuständige Organ (Nettesheim in Maunz/Dürig GG Art. 59 Rn. 77). Mit dieser Unterzeichnung gilt es folglich als abgeschlossen iSd Art. 96.

Das **mehrphasige Verfahren** ist auf **völkerrechtliche Verträge** anzuwenden, die zur Entfaltung ihrer Bindungswirkung noch von der **Genehmigung innerstaatlicher Stellen** abhängt (Pieper in BeckOK GG Art. 59 Rn. 19.1). Die Anwendung des mehrphasigen Verfahrens wird in Art. 59 Abs. 2 S. 1 vorgeschrieben, sofern völkerrechtliche Verträge politische Beziehungen des Bundes regeln oder sich auf **Gegenstände der Bundesgesetzgebung** beziehen. Ist dies der Fall, bedürfen diese Verträge der Zustimmung oder der Mitwirkung der jeweils für die Bundesgesetzgebung zuständigen Körperschaften in der Form eines Bundesgesetzes. Vor diesem Hintergrund kann von einem Abschluss iSd Art. 96 daher erst dann gesprochen werden, wenn eine entspr. Genehmigung erteilt wurde.

III. Rechtshilfeabkommen

8 Bes. praktische Bedeutung speziell in datenschutzrechtlicher Hinsicht kommt **Rechtshilfeabkommen** zu (ErwGr 115; vgl. Lagodny in MüKo StGB Bd. 6 Anh. 2, Strafrechtsrelevante völkerrechtliche Verträge und Konventionen der Bundesrepublik Deutschland, der Republik Österreich und der Schweizerischen Eidgenossenschaft; aA: Gaitzsch in GSSV DS-GVO Art. 96 Rn. 4). Rechtshilfeabkommen stellen eine **Rechtsgrundlage für die justizielle Zusammenarbeit zweier oder mehrerer Staaten** – und damit völkerrechtliche Verträge iSd Art. 59 Abs. 1 GG – dar. Regelmäßiger Bestandteil dieser Rechtshilfeabkommen sind **Befugnisse zur Übermittlung von personenbezogenen Daten** (Lagodny in SLGH Vor II B Rn. 3 f.). Derartige Übermittlungen stellen einen **Eingriff** in das Art. 2 Abs. 1 GG iVm Art. 1 Abs. 1 GG entspringende **Grundrecht auf informationelle Selbstbestimmung** dar (BVerfG NJW 1984, 419 (422)). Die Freiheitsrechte aus Art. 2 Abs. 1 GG finden ihre Grenzen in der verfassungsmäßigen Ordnung. Es bedarf somit einer formell und materiell verfassungsmäßigen Norm, um einen Eingriff zu rechtfertigen (Lang in BeckOK GG Art. 2 Rn. 24). Die Kompetenz zur Gesetzgebung datenschutzrechtlicher Normen in Bezug auf auswärtige Angelegenheiten, einschl. Regelungen zur Befugnis zur Übermittlung personenbezogener Daten, liegt in Anlehnung an Art. 73 Abs. 1 Nr. 1 GG beim Bund. Es bedarf somit der **Zustimmung des BT in Form eines formellen Gesetzes.** Nach Inkrafttreten des Zustimmungsgesetzes kann der völkerrechtliche Vertrag vom Bundespräsidenten ratifiziert werden. Für gewöhnl. wird jedoch vom Auswärtigen Amt eine Abschlussvollmacht vom Bundespräsidenten eingeholt (Art. 18 RvV) und der Vertrag von einem Mitglied der Bundesregierung unterzeichnet (Pieper in BeckOK GG Art. 59 Rn. 22). Mit der Ratifizierung tritt gem. Art. 24 iVm Art. 14 WÜRV die Bindungswirkung ein. Zur Bestimmung der Fortgeltung von Rechtshilfeabkommen ist somit auf das **Datum der letzten einzelstaatlichen Ratifikation abzustellen.**

IV. Gemischte Abkommen

9 Der Großteil int. Übereinkünfte zwischen Mitgliedstaaten und Drittstaaten iSd Art. 96 findet seinen Niederschlag mittlerweile in **Abk. der EU.** Im Bereich der Zusammenarbeit iR strafrechtlicher Ermittlungsverfahren oder sonstiger Formen der Rechtshilfe in Strafsachen hat die EU hingegen **keine Kompetenz** (Ohler in Streinz AEUV Art. 33 Rn. 12). Daher kann sie in diesem Bereich keine int. Übereinkünfte mit unmittelbarer Wirkung für die Mitgliedstaaten schließen. Es bedarf eines **zusätzlichen Abschlusses** des Abk. zwischen den einzelnen Mitgliedstaaten und dem Drittstaat. Dies hat zur Folge, dass die EU gemeinsam mit ihren Mitgliedstaaten Vertragsparteien des mit einem Drittstaat geschlossenen Abk. ist (Bungenberg in GSH AEUV Art. 218 Rn. 22; vgl. Abk. zwischen der EU und den Vereinigten Staaten von Amerika über Rechtshilfe vom 25.6.2003, Gesetz zu dem Abk. zwischen der EU und den Vereinigten Staaten von Amerika über Rechtshilfe vom

26.10.2007). Für das nationale Verfahren des Abschlusses eines solchen Abk. ergeben sich keine Besonderheiten.

Art. 97 Berichte der Kommission

(1) [1] Bis zum 25. Mai 2020 und danach alle vier Jahre legt die Kommission dem Europäischen Parlament und dem Rat einen Bericht über die Bewertung und Überprüfung dieser Verordnung vor. [2] Die Berichte werden öffentlich gemacht.

(2) Im Rahmen der Bewertungen und Überprüfungen nach Absatz 1 prüft die Kommission insbesondere die Anwendung und die Wirkungsweise

a) des Kapitels V über die Übermittlung personenbezogener Daten an Drittländer oder an internationale Organisationen insbesondere im Hinblick auf die gemäß Artikel 45 Absatz 3 der vorliegenden Verordnung erlassenen Beschlüsse sowie die gemäß Artikel 25 Absatz 6 der Richtlinie 95/46/EG erlassenen Feststellungen,

b) des Kapitels VII über Zusammenarbeit und Kohärenz.

(3) Für den in Absatz 1 genannten Zweck kann die Kommission Informationen von den Mitgliedstaaten und den Aufsichtsbehörden anfordern.

(4) Bei den in den Absätzen 1 und 2 genannten Bewertungen und Überprüfungen berücksichtigt die Kommission die Standpunkte und Feststellungen des Europäischen Parlaments, des Rates und anderer einschlägiger Stellen oder Quellen.

(5) Die Kommission legt erforderlichenfalls geeignete Vorschläge zur Änderung dieser Verordnung vor und berücksichtigt dabei insbesondere die Entwicklungen in der Informationstechnologie und die Fortschritte in der Informationsgesellschaft.

BDSG und anderes nationales Recht: –

A. Allgemeines

Abs. 1 legt der KOM die Pflicht zur **permanenten Evaluierung** der DS-GVO auf. Das Erg. dieser Überprüfungen muss EP und ER erstmals zum 25.5.2020 und danach **alle vier Jahre** in Form eines Berichtes vorgelegt werden. Bereits nach Art. 33 DSRL war die KOM zur Vorlage von Berichten über die Durchführung ders. verpflichtet. Insbes. sollte dabei die Anwendung der DSRL auf die Verarbeitung von Bild- und Tondateien überprüft werden. Abs. 2 setzt gänzlich neue Schwerpunkte der Beobachtung, indem er insbes. die **Anwendung und Wirkweise der Kap. V und VII** der DS-GVO in den Mittelpunkt der Prüfung durch die KOM stellt. Zweck derartiger Berichte ist es, den Organen der EU eine **Grdl. für Entsch. über das weitere Vorgehen** zu liefern. So können Mängel identifiziert und entspr. Maßnahmen wie die Ausarbeitung neuer Gesetzesvorschläge ergriffen werden (Breitenmoser/Weyeneth in GSH AEUV Art. 70 Rn. 25).

B. Inhalt der Prüfungen

2 Im Speziellen soll die KOM dabei die Wirkungsweise von Feststellungen zum **Schutzniveau** in einem **Drittland,** einem Gebiet oder einem bestimmten **Sektor eines Drittlandes** oder einer **int. Organisation überwachen** (ErwGr 106, → Art. 45 Rn. 29 ff.). Dabei spielt es keine Rolle, ob diese Angemessenheitsentscheidungen auf Art. 45 Abs. 3 der DS-GVO oder auf Art. 25 Abs. 6 der (aufgeh.) DSRL beruhen (vgl. auch EuGH NJW 2015, 3151 Rn. 76). Weiterhin muss die KOM die int. Zusammenarbeit der ASB – das Kohärenzverfahren (→ Art. 63 Rn. 1 ff.) – überwachen und auswerten. Diese Aufzählung in Abs. 2 ist jedoch nicht abschl.

C. Rechte und Pflichten der Kommission

3 Zur Erfüllung dieser Aufgaben ist es der KOM nach Abs. 3 gestattet, **Informationen von den Mitgliedstaaten und den ASB einzuholen.** Die Mitgliedstaaten und ASB sind dabei grds. verpflichtet, die erforderlichen Informationen zu erteilen (so auch Roßnagel in NK-DatenschutzR DS-GVO Art. 97 Rn. 9; aA: Piltz in Gola DS-GVO Art. 97 Rn. 8). Bei ihrer Überprüfung und Bewertung hat die KOM **Standpunkte und Feststellungen des EP, des ER und anderer einschlägiger Stellen oder Quellen** (wie zB des EDSA) zu **berücksichtigen.** Stellt die KOM iR ihrer Evaluierung Regelungsbedarf fest, hat sie unter Beachtung sich abzeichnender technischer und informationsgesellschaftlicher Entwicklungen **Vorschläge zur Optimierung** der DS-GVO vorzulegen.

Art. 98 Überprüfung anderer Rechtsakte der Union zum Datenschutz

[1] Die Kommission legt gegebenenfalls Gesetzgebungsvorschläge zur Änderung anderer Rechtsakte der Union zum Schutz personenbezogener Daten vor, damit ein einheitlicher und kohärenter Schutz natürlicher Personen bei der Verarbeitung sichergestellt wird. [2] Dies betrifft insbesondere die Vorschriften zum Schutz natürlicher Personen bei der Verarbeitung solcher Daten durch die Organe, Einrichtungen, Ämter und Agenturen der Union und zum freien Verkehr solcher Daten.

BDSG und anderes nationales Recht: –

1 Die KOM soll Gesetzgebungsvorschläge zur Änd. bereits bestehender europ. Rechtsakte bzgl. des Schutzes personenbezogener Daten vorlegen. Dadurch soll eine **inhaltliche Anpassung der älteren Rechtsakte** an die DS-GVO erreicht werden. Die Vorschr. basiert auf einem Kompromiss zwischen der KOM, dem ER und dem EP. Im Trilogverfahren konnte keine Einigung darüber erzielt werden, die Verarbeitung personenbezogener Daten durch Organe, Einrichtungen, Ämter und Agenturen der EU mit in die DS-GVO aufzunehmen. Daher wurde die Regelung des Art. 98 eingefügt, welcher der KOM den Auftrag auferlegt, Gesetzesänderungen vorzuschlagen, um einen einheitlichen und kohärenten Schutz personenbezogener Daten zu gewährleisten [Ratsdokument 14318/15, v. 20.11.2015]. Ziel der Vorschr. ist ein **einheitlicher und kohärenter Schutz** natürlicher Personen bei der Datenverarbeitung.

Ausdr. angeführt werden dabei insbes. die „Vorschriften zum Schutz natür- 2
licher Personen bei der Verarbeitung solcher Daten durch die Organe, Einrichtungen, Ämter und Agenturen der Union und zum freien Verkehr solcher Daten". Dabei handelt es sich um die **VO (EG) Nr. 45/2001** (vgl. auch ErwGr 172). Die KOM hat die ersten Gesetzesänderungen bereits auf den Weg gebracht, insbes. trat die Verordnung (EU) 2018/1725 zum Schutz natürlicher Personen bei der Verarbeitung personenbezogener Daten durch die Organe, Einrichtungen und sonstigen Stellen der Union und zum freien Datenverkehr am 11.12.2018 in Kraft. Ebenfalls soll die **ePrivacy-RL,** welche wie in Art. 95 niedergelegt, neben der DS-GVO Anwendung findet, entspr. angepasst werden (ErwGr 173). Der Vorschlag der KOM zu einer **ePrivacy-VO,** welche die ePrivacy-RL ersetzen soll, befindet sich noch immer im Gesetzgebungsprozess, wobei aufgrund zahlr. abgelehnter Entwürfe mit weiteren Verzögerungen zu rechnen ist (→ Art. 95 Rn. 4 ff.). Durch die unmittelbare Anwendbarkeit als VO soll sie zu einer stärkeren Vereinheitlichung des Schutzes iRd elektronischen Kommunikation führen. Dadurch sollen insbes. bestehende Umsetzungsdefizite und -unterschiede in den Mitgliedstaaten beseitigt werden. Aus dt. Sicht betrifft dies va datenschutzrechtliche Regelungen im TMG, deren Anwendbarkeit mit Inkrafttreten der DS-GVO zunächst umstritten war (→ Einleitung Rn. 3).

Art. 98 erlegt der KOM **keine Pflicht zum Tätigwerden** auf. Er stellt 3
lediglich klar, dass die KOM die Initiative in Bezug auf Änderungsvorschläge ergreifen kann. Diese Vorschläge müssen sich zum einen auf EU-Rechtsakte beziehen. Dabei kann es sich um VO, RL, Beschl., Empf. und Stellungn. (Art. 288 AEUV), delegierte Rechtsakte (Art. 290 AEUV) sowie Durchführungsrechtsakte (Art. 291 AEUV) handeln. Zum anderen müssen diese Rechtsakte zumindest auch dem Schutz personenbezogener Daten dienen. Aus dem Wortlaut ergibt sich keine Beschränkung auf „reine" datenschutzrechtliche Rechtsakte (so auch Piltz in Gola DS-GVO Art. 98 Rn. 7 f.).

Art. 99 Inkrafttreten und Anwendung

(1) **Diese Verordnung tritt am zwanzigsten Tag nach ihrer Veröffentlichung im Amtsblatt der Europäischen Union in Kraft.**

(2) **Sie gilt ab dem 25. Mai 2018.**

BDSG und anderes nationales Recht: –

A. Inkrafttreten (Abs. 1)

1 Art. 99 nennt zwei relevante Daten im Zusammenhang mit der Anwendbarkeit der DS-GVO: **Inkrafttreten** und **Geltung.** Das Inkrafttreten nach Abs. 1 knüpft zunächst – anders als der Begriff verschiedentlich verwendet wird – an den Veröffentlichungsakt der DS-GVO im ABl. und nicht an deren Verbindlichkeit an. Die DS-GVO wurde am 4.5.2016 im ABl. der EU veröffentlicht und ist somit seit dem 24.5.2016 in Kraft. Praktische Bedeutung kommt diesem Datum in Bezug auf die bestehenden Datenschutzvorschriften von Kirchen (Art. 91 Abs. 1) sowie den Abschluss int. Übereinkünfte (Art. 96) zu.

B. Geltungsbeginn (Abs. 2)

I. Maßgeblicher Anknüpfungspunkt

2 Von großer Bedeutung ist demgegenüber der Geltungsbeginn nach Abs. 2, der den Zeitpunkt festlegt, ab dem die Vorgaben der DS-GVO verpflichtend einzuhalten sind. Die DS-GVO gilt seit dem 25.5.2018 unmittelbar in allen Mitgliedstaaten der EU und schließt damit nahtlos an die Geltung der DSRL an, die gem. Art. 94 Abs. 1 mit Wirkung zum 25.5.2018 aufgeh. wurde. Der **zweijährige Übergangszeitraum** sollte Gesetzgebern, Verantwortlichen und ASB dazu dienen, die nötigen gesetzgeberischen, vertraglichen und technischen und organisatorischen Vorkehrungen zur Umsetzung der DS-GVO zu treffen. In der Praxis war der Zeitrahmen für die Verantwortlichen jedoch deutlich verkürzt: Da die DS-GVO an zahlr. Stellen Öffnungsklauseln vorsieht, stand der Rechtsrahmen erst dann fest, als der oder die nationalen Gesetzgeber von den entspr. Öffnungsklauseln Gebrauch gemacht haben.

3 Keine pauschale Aussage trifft die DS-GVO zum Umgang mit Sachverhalten, bei denen – etwa aufgrund der zeitlichen Ausdehnung des Sachverhaltes – sowohl eine Anwendbarkeit der DSRL als auch der DS-GVO infrage kommt. Das anwendbare Regime wird im Einzelfall auf Grdl. der Tatbestandsmerkmale der jeweiligen Regelung der DS-GVO zu ermitteln sein. Erfolgt bspw. eine meldepflichtige Datenschutzverletzung vor dem 25.5.2016, wird aber erst nach diesem Zeitpunkt erkannt, so richten sich die Anforderungen an die Meldung – und insbes. die Sanktionen einer ausbleibenden Meldung – nach der DS-GVO. Schließlich knüpft der insoweit maßgebliche Art. 33 an die Feststellung der Datenschutzverletzung und nicht an deren Entstehungszeitpunkt an.

II. Auswirkungen auf bestehende Datenverarbeitungen

4 **Andauernde Datenverarbeitungen,** die **vor dem 25.5.2018** bereits begonnen wurden, mussten demnach bis zu diesem Zeitpunkt so ausgestaltet sein, dass sie den **Anforderungen der DS-GVO entsprechen.** Es genügte

also nicht, dass diese Verarbeitungen zum Zeitpunkt ihres Beginnes rechtmäßig waren (ErwGr 171).

Daneben geht aus ErwGr 171 S. 3 hervor, dass **Einwilligungen,** die vor   **5**
dem 25.5.2018 erteilt wurden, **fortgelten,** sofern „die Art der bereits erteilten Einwilligung den Bedingungen dieser Verordnung entspricht". Der
DK vertritt in diesem Zusammenhang die Auff., dass bisher rechtswirksame
Einwilligungen „grundsätzlich" auch die Bedingungen der DS-GVO erfüllen
(vgl. Beschl. des DK v. 13./14.9.2016 zur Fortgeltung bisher erteilter Einwilligungen unter den DS-GVO). Abw. vom Grundsatz gelte die Fortwirkung –
so der DK – jedoch nicht, wenn nicht zugleich das Kopplungsverbot aus
Art. 7 Abs. 4 iVm ErwGr 43 sowie die Altersgrenze aus Art. 8 Abs. 1 iVm
ErwGr 38 beachtet werde. Die BayLDA schloss sich dieser Ansicht zwar an,
empfiehlt jedoch zugleich „alte Einwilligungen zeitnah zu aktualisieren und
bei neuen Einwilligungen die Rechtsvoraussetzungen genau zu beachten"
(https://www.lda.bayern.de/media/baylda_ds-gvo_9_consent.pdf). Die Voraussetzungen für eine Fortgeltung bestehender Einwilligungen konkretisierte
die DSK im Februar 2019 dahingehend, dass die Einwilligungen informiert
(Information zumindest über den Verantwortlichen und den Zweck der Verarbeitung) und freiwillig abgegeben sowie dokumentiert sein müssten. Darü-
berhinausgehende **Informationspflichten nach Art. 13** müssten nicht erfüllt werden (DSK Kurzpapier Einwilligung S. 2).

Trotz der Beschl. verbleiben erhebliche Zweifel, in welchem Umf. die ASB   **6**
in der Praxis eine Fortgeltung bestehender Einwilligungen akzeptieren werden. Die Formulierung („Besondere Beachtung verdienen allerdings die folgenden Bedingungen […]") suggeriert eine abschl. Auflistung der im Folge-
satz genannten bes. Bedingungen (Kopplungsverbot und Altersgrenze) und
übersieht damit (möglicherweise), dass in Bezug auf die Einwilligung nach
dem 25.5.2018 weitere zusätzliche „Bedingungen" in Kraft treten (können).
Dies gilt etwa im Hinblick auf die Öffnungsklausel in Art. 9 Abs. 4, die es
Mitgliedstaaten ermöglicht, „zusätzliche Bedingungen, einschl. Beschränkungen" einzuführen oder aufrechtzuerhalten, soweit die Verarbeitung von genetischen, biometrischen oder Gesundheitsdaten betroffen ist. Für die Praxis
von enormer Bedeutung ist zudem das Erfordernis einer **Widerrufsbelehrung** gem. Art. 7 Abs. 3 S. 3, das bis zur DS-GVO lediglich im Bereich der
Telemedien nach § 13 Abs. 3 iVm § 13 Abs. 2 Nr. 4 TMG obligatorisch war
(→ Art. 7 Rn. 16). Soweit der Anwendungsbereich des TMG nicht eröffnet
war, konnte somit eine datenschutzrechtliche Einwilligung auch ohne eine
solche Widerrufsbelehrung rechtswirksam eingeholt werden. Die DSK stellte
diesbzgl. klar, dass Mechanismen, die den Widerruf von Einwilligungen ermöglichen und Informationen, wie die Einwilligung widerrufen werden
kann, bereitgehalten werden müssen (DSK Kurzpapier Einwilligung S. 2). Es
erscheint weiterhin fraglich, ob die ASB tatsächlich eine „Fortgeltung" der
alten Einwilligungen akzeptieren werden, oder aber die alten Einwilligungen
unter Beachtung aller neuen Bedingungen der DS-GVO (insbes. einschl. dem
Erfordernis der Widerrufsbelehrung) aktualisiert werden müssen. Letzteres
wäre für die Unternehmenspraxis wenig erfreulich und würde die im Beschl.
des DK vom 13./14. September 2016 adressierte „Fortgeltung bisher erteilter

Einwilligungen" iErg leerlaufen lassen. Denn von praktischer Bedeutung wäre eine „Fortgeltung" gerade nur in den Fällen, in denen die Bedingungen des BDSG aF und die neuen Bedingungen voneinander abweichen.

7   Aus systematischer Sicht lässt sich gut vertreten, dass Einwilligungen nach dem BDSG aF weiterhin wirksam bleiben. Auch nach Art. 6 Abs. 1 UAbs. 1 lit. a wird die Einwilligung als vollwertige Alternative neben den gesetzlichen Erlaubnistatbeständen anerkannt (Stemmer in BeckOK DatenschutzR DS-GVO Art. 7 Rn. 3), die sich gerade auf zukünftige Verarbeitungsvorgänge bezieht und letztlich Ausdruck des Selbstbestimmungsrechts des Betroffenen ist (so bereits zum BDSG aF Gola/Schomerus BDSG aF § 4a Rn. 2). Es erscheint nicht nachvollziehbar, weshalb die in der Vergangenheit für zukünftige Fälle wirksam erteilte Einwilligung nachträglich unwirksam werden soll, nur weil mit der DS-GVO für Einwilligungen nunmehr erhöhte Anforderungen (insbes. die Widerrufsbelehrung) gelten. Dies gilt jedenfalls dann, wenn sich ein entspr. Erfordernis nicht bereits bisher – und damit iErg auch für die Einwilligungen nach Maßgabe des BDSG aF – unmittelbar aus höherrangigem Recht (insbes. Art. 8 Abs. 2 GRCh sowie Art. 2 Abs. 1 iVm Art. 1 Abs. 1 GG) ergeben hat. Eine Fortgeltung scheidet in diesem Fall jedoch von vornherein aus, da bereits die Einwilligung nach dem BDSG aF unwirksam gewesen wäre.

III. Auswirkungen auf Beschlüsse und Entscheidungen der Kommission

8   ErwGr 171 stellt in S. 4 daneben klar, dass Beschl. und Entsch. der KOM sowie Genehmigungen der ASB, die noch auf der DSRL basieren, in Kraft bleiben, bis sie geänd., ersetzt oder aufgeh. werden. Teilw. enthält der Verordnungstext hierfür auch Sonderregelungen (→ Art. 45 Rn. 34, Art. 46 Rn. 51 f.).

IV. Auswirkungen auf nationale Gesetze

9   Die Aufhebung eines Rechtsaktes, der die Mitgliedstaaten dazu verpflichtet, Gesetze zu dessen Umsetzung auf nationaler Ebene zu schaffen, hat an sich keinen Einfluss auf die Wirksamkeit des bereits umgesetzten Rechtsaktes (Piltz in Gola DS-GVO Art. 94 Rn. 12). Allerdings müssen die umgesetzten nationalen Vorschr. mit den neuen europ. Regelungen vereinbar sein. Widersprechen nationale Regelungen der DS-GVO, so geht diese auf Grund des Anwendungsvorranges des EU-Rechtes und ihrer unmittelbaren Geltung vor (EuGH BeckEuRS 1964, 5203).

Bundesdatenschutzgesetz (BDSG)

Vom 30. Juni 2017
(BGBl. I S. 2097)
FNA 204–4

zuletzt geänd. durch Gesetz v. 20.11.2019 (BGBl. I S. 1626)

Teil 1. Gemeinsame Bestimmungen

Kapitel 1. Anwendungsbereich und Begriffsbestimmungen

§ 1 Anwendungsbereich des Gesetzes

(1) [1] Dieses Gesetz gilt für die Verarbeitung personenbezogener Daten durch
1. öffentliche Stellen des Bundes,
2. öffentliche Stellen der Länder, soweit der Datenschutz nicht durch Landesgesetz geregelt ist und soweit sie
   a) Bundesrecht ausführen oder
   b) als Organe der Rechtspflege tätig werden und es sich nicht um Verwaltungsangelegenheiten handelt.
[2] Für nichtöffentliche Stellen gilt dieses Gesetz für die ganz oder teilweise automatisierte Verarbeitung personenbezogener Daten sowie die nichtautomatisierte Verarbeitung personenbezogener Daten, die in einem Dateisystem gespeichert sind oder gespeichert werden sollen, es sei denn, die Verarbeitung durch natürliche Personen erfolgt zur Ausübung ausschließlich persönlicher oder familiärer Tätigkeiten.

(2) [1] Andere Rechtsvorschriften des Bundes über den Datenschutz gehen den Vorschriften dieses Gesetzes vor. [2] Regeln sie einen Sachverhalt, für den dieses Gesetz gilt, nicht oder nicht abschließend, finden die Vorschriften dieses Gesetzes Anwendung. [3] Die Verpflichtung zur Wahrung gesetzlicher Geheimhaltungspflichten oder von Berufs- oder besonderen Amtsgeheimnissen, die nicht auf gesetzlichen Vorschriften beruhen, bleibt unberührt.

(3) Die Vorschriften dieses Gesetzes gehen denen des Verwaltungsverfahrensgesetzes vor, soweit bei der Ermittlung des Sachverhalts personenbezogene Daten verarbeitet werden.

(4) [1] Dieses Gesetz findet Anwendung auf öffentliche Stellen. [2] Auf nichtöffentliche Stellen findet es Anwendung, sofern
der Verantwortliche oder Auftragsverarbeiter
1. personenbezogene Daten im Inland verarbeitet,
2. die Verarbeitung personenbezogener Daten im Rahmen der Tätigkeiten einer inländischen Niederlassung des Verantwortlichen oder Auftragsverarbeiters erfolgt oder

3. der Verantwortliche oder Auftragsverarbeiter zwar keine Niederlassung in einem Mitgliedstaat der Europäischen Union oder in einem anderen Vertragsstaat des Abkommens über den Europäischen Wirtschaftsraum hat, er aber in den Anwendungsbereich der Verordnung (EU) 2016/679 des Europäischen Parlaments und des Rates vom 27. April 2016 zum Schutz natürlicher Personen bei der Verarbeitung personenbezogener Daten, zum freien Datenverkehr und zur Aufhebung der Richtlinie 95/46/EG (Datenschutz-Grundverordnung) (ABl. L 119 vom 4.5.2016, S. 1; L 314 vom 22.11.2016, S. 72; L 127 vom 23.5.2018, S. 2) in der jeweils geltenden Fassung fällt.
[3] Sofern dieses Gesetz nicht gemäß Satz 2 Anwendung findet, gelten für den Verantwortlichen oder Auftragsverarbeiter nur die §§ 8 bis 21, 39 bis 44.

(5) Die Vorschriften dieses Gesetzes finden keine Anwendung, soweit das Recht der Europäischen Union, im Besonderen die Verordnung (EU) 2016/679 in der jeweils geltenden Fassung, unmittelbar gilt.

(6) [1] Bei Verarbeitungen zu Zwecken gemäß Artikel 2 der Verordnung (EU) 2016/679 stehen die Vertragsstaaten des Abkommens über den Europäischen Wirtschaftsraum den Mitgliedstaaten der Europäischen Union gleich. [2] Andere Staaten gelten insoweit als Drittstaaten.

(7) [1] Bei Verarbeitungen zu Zwecken gemäß Artikel 1 Absatz 1 der Richtlinie (EU) 2016/680 des Europäischen Parlaments und des Rates vom 27. April 2016 zum Schutz natürlicher Personen bei der Verarbeitung personenbezogener Daten durch die zuständigen Behörden zum Zwecke der Verhütung, Ermittlung, Aufdeckung oder Verfolgung von Straftaten oder der Strafvollstreckung sowie zum freien Datenverkehr und zur Aufhebung des Rahmenbeschlusses 2008/977/JI des Rates (ABl. L 119 vom 4.5.2016, S. 89) stehen die bei der Umsetzung, Anwendung und Entwicklung des Schengen-Besitzstands assoziierten Staaten den Mitgliedstaaten der Europäischen Union gleich. [2] Andere Staaten gelten insoweit als Drittstaaten.

(8) Für Verarbeitungen personenbezogener Daten durch öffentliche Stellen im Rahmen von nicht in die Anwendungsbereiche der Verordnung (EU) 2016/679 und der Richtlinie (EU) 2016/680 fallenden Tätigkeiten finden die Verordnung (EU) 2016/679 und die Teile 1 und 2 dieses Gesetzes entsprechend Anwendung, soweit nicht in diesem Gesetz oder einem anderen Gesetz Abweichendes geregelt ist.

EU-Recht: Art. 2 DS-GVO (kommentiert unter → DS-GVO Art. 2 Rn. 1 ff.).

A. Allgemeines

1   Die Gesetzgebungskompetenz des Bundes zum Erlass dieses Gesetzes folgt für Regelungen des Datenschutzes als Annex aus den jeweiligen Sachkompetenzen der Art. 73 bis 74 GG. Im Bereich der öffentlichen Verwaltung bedarf es bundesrechtlicher Datenschutzbestimmungen, soweit dem Bund die Verwaltungskompetenz zusteht. Für nichtöffentliche Stellen folgt die Gesetzgebungskompetenz des Bundes im Bereich des Datenschutzes als Annex aus Art. 74 Abs. 1 Nr. 11 GG (Recht der Wirtschaft) iVm Art. 72 Abs. 2 GG (amtl. Begr. BT-Drs. 18/11325, 71). Gleichzeitig schreibt das Gesetz den ohnehin bestehenden Vorrang der DS-GVO fest (Abs. 5).

B. Persönlicher Anwendungsbereich (Abs. 1)

Der Anwendungsbereich auch des novellierten BDSG knüpft zunächst an die **2** Verantwortlichen an. Nach Abs. 1 S. 1 gilt das Gesetz, wie bisher auch das BDSG aF, für jede Form der Verarbeitung personenbezogener Daten durch öffentliche Stellen des Bundes sowie durch öffentliche Stellen der Länder. Es hat also einen weiteren Anwendungsbereich als die DS-GVO (amtl. Begr. zu § 1, BT-Drs. 18/11325, 79).

Die Begriffe „Verarbeitung" und „personenbezogene Daten" nehmen Be- **3** zug auf die Definitionen in Art. 4 Nr. 1 und 2 DS-GVO, wobei ersterer weiter ist als der in § 1 Abs. 2 BDSG aF verwendete gleichlautende Begriff.

Gem. Abs. 1 Nr. 1 gilt dieses Gesetz für die Verarbeitung personenbezoge- **4** ner Daten durch öffentliche Stellen des Bundes. Wann eine solche gegeben ist, ergibt sich aus § 2 (→ § 2 Rn. 2 ff.). Öffentliche Stellen der Länder (Nr. 2) sind nach dem Gesetzestext allein deshalb nicht erfasst, weil der Datenschutz in allen Bundesländern durch LDSG geregelt ist. Dies gilt auch, soweit die Landesstellen Bundesrecht anwenden.

Die Beschreibung des Anwendungsbereiches für nichtöffentliche Stellen **5** (def. § 2 Abs. 4 → § 2 Rn. 11 f.) in Abs. 1 S. 2 entspricht wörtlich dem Art. 2 Abs. 1 DS-GVO (zur Auslegung → DS-GVO Art. 2 Rn. 4 ff.) sowie der Ausnahme für ausschl. persönliche oder familiäre Tätigkeiten in Art. 2 Abs. 2 lit. c DS-GVO (zur Auslegung → DS-GVO Art. 2 Rn. 13 ff.). Die Beschränkung auf die ganz oder teilw. automatisierte sowie die nichtautomatisierte Verarbeitung von personenbezogenen Daten in einem Dateisystem findet sich allerdings nur hier. Daraus ist e contrario zu schließen, dass diese nicht für öffentliche Stellen gelten soll, so dass der Anwendungsbereich des BDSG bereits dann eröffnet sein wird, wenn diese bloße Handakten oder Notizen verwenden (Schantz in Schantz/Wolff DatenschutzR Rn. 345).

C. Subsidiarität gegenüber bereichsspezifischen Spezialgesetzen (Abs. 2)

I. Subsidiarität gegenüber bereichsspezifischen Spezialgesetzen (S. 1)

Abs. 2 (entspricht § 1 Abs. 3 BDSG aF) regelt das Verhältnis des BDSG zu **6** spezielleren Datenschutznormen in anderen (idR bereichsspezifischen) Bundesgesetzen. Diese gehen als lex specialis dem BDSG vor (Abs. 2 S. 1). Dieses Gesetz hat den Charakter eines „Auffanggesetzes" (amtl. Begr. zu § 1, BT-Drs. 18/11325, 79). Spezifische Rechtsvorschriften des Bundes genießen ggü. den Vorschriften des BDSG grds. Vorrang. Gesetze idS können neben formellen Gesetzen auch Rechtsverordnungen und Satzungen sein.

Allerdings ist zu beachten, dass der Vorrang nur besteht, „soweit" eine **7** abweichende Regelung für einen identischen Sachverhalt vorliegt (Tatbestandskongruenz). Wenn die speziellere Norm einen datenschutzrechtlichen

Sachverhalt nicht oder nicht abschließend regelt, bleibt das BDSG anwendbar. Inwieweit sich der Subsidiaritätsgrundsatz im Einzelfall auswirkt, bestimmt sich nach Ziel und Inhalt der mit dem BDSG konkurrierenden Norm.

8   Die Tatbestandskongruenz beurteilt sich im Einzelfall nach den Tatbeständen des jeweiligen bereichsspezifischen Gesetzes (für einen Vergleich heranzuziehen sind danach etwa der Sachverhalt „Datenverarbeitung", ggf. in den jeweiligen Verarbeitungsphasen, oder bezogen auf sog. Individual- oder Betroffenenrechte der Sachverhalt „Informationspflicht", „Auskunftsrecht", „Widerspruchsrecht"). Dies gilt unabhängig davon, ob in der tatbestandskongruenten Vorschr. eine im Vergleich zum BDSG weitergehende oder engere gesetzliche Regelung getroffen ist. Liegt allerdings keine bereichsspezifische Datenschutzregelung für einen vergleichbaren Sachverhalt vor, übernimmt das BDSG seine lückenfüllende Auffangfunktion. Auch eine nicht abschließende Regelung oder das Schweigen eines bereichsspezifischen Gesetzes führt dazu, dass subsidiär auf die Vorschr. des BDSG zurückgegriffen werden kann (amtl. Begr. zu § 1, BT-Drs. 18/11325, 79).

II. Geheimhaltungspflichten und Berufsgeheimnisse (S. 2)

9   Die Verpflichtung zur Wahrung gesetzlicher Geheimhaltungspflichten oder von Berufs- oder besonderen Amtsgeheimnissen, die nicht auf gesetzlichen Vorschr. beruhen, bleibt iÜ von der Anwendbarkeit des BDSG unberührt (S. 2). Dies ergibt sich bei gesetzlichen Regelungen schon aus S. 1, zB beim Steuer- (§ 30 AO), Sozial- (§ 35 SGB I) oder Statistikgeheimnis (§ 16 BStatG). Es bedeutet aber bspw., dass derartige Schweigepflichten auch ggü. Auskunftsersuchen der ASB bestehen können (KG MMR 2010, 864; aA Weichert NJW 2009, 550). Sie ergeben sich zu erheblichem Teil aus strafrechtlich bewehrten (§ 203 StGB) insbes. aus im anwaltlichen oder medizinischen Bereich bestehenden berufs- und standesrechtlichen Normen, wie zB § 9 MBO-Ä, § 8 MBO-Psych, § 43a Abs. 2 BRAO, § 57 Abs. 1 StBerG (Patienten-/Mandatsgeheimnisse).

D. Vorrang vor dem VwVfG (Abs. 3)

10   Die Vorrangregelung des Abs. 3 (entspricht § 1 Abs. 3 BDSG aF) schränkt die in §§ 24, 26 VwVfG (Untersuchungsgrundsatz/Beweismittel) weit geregelten Sachermittlungsbefugnisse bei der Bundesverwaltung ein, wenn und soweit personenbezogene Daten betroffen sind.

E. Räumlicher Anwendungsbereich bei nichtöffentlichen Stellen (Abs. 4)

11   Der räumliche Anwendungsbereich des BDSG auf nichtöffentliche Stellen gilt, wenn
    – der Verantwortliche oder Auftragsverarbeiter personenbezogene Daten im Inland verarbeitet (Nr. 1)

– die Verarbeitung im Rahmen der Tätigkeiten einer inländischen Niederlassung des Verantwortlichen oder Auftragsverarbeiters erfolgt
– der Verantwortliche oder Auftragsverarbeiter zwar keine Niederlassung in
einem EU- oder EWR-Staat hat, er aber dennoch in den Anwendungsbereich der DS-GVO fällt.

Nr. 1 bestimmt demnach die natürliche Anwendbarkeit des BDSG auf eine **12**
Datenverarbeitung im Inland, Nr. 2 auf eine Datenverarbeitung durch eine
inländische Niederlassung. Dies entspricht dem Harmonisierungsgedanken
der DS-GVO (amtl. Begr. zu § 1 BT-Drs. 18/11325, 80). Nr. 3 erfasst den
Fall, dass der Verantwortliche keine Niederlassung in der EU/dem EWR hat,
gleichwohl aber über Art. 3 Abs. 2 DS-GVO (Marktortprinzip → Art. 3
Rn. 13 ff.) der VO unterfällt. Die letztgenannte Regelung beabsichtigt, zwar
solche Verantwortliche zu erfassen, die außerhalb des EWR belegen sind, die
in einem anderen Mitgliedstaat ansässigen Datenverarbeiter ohne territorialen
Bezug zu Deutschland aber in der Hoheit der DS-GVO und des dortigen
Rechtes zu belassen, was zugleich eine weitere Behinderung des freien Datenverkehrs in der EU vermeidet (Schantz in Schantz/Wolff DatenschutzR
Rn. 353 ff.).

F. Vorrang der DS-GVO (Abs. 5)

Abs. 5 berücksichtigt, dass der DS-GVO im Rahmen ihres Anwendungs- **13**
bereiches unmittelbare Geltung iSd Art. 288 Abs. 2 AEUV zukommt. Wiederholungen, die sich im BDSG finden, sowie Verweise auf die DS-GVO
erfolgen gem. der amtl. Begr. BT-Drs. 18/11325 aus Gründen der Verständlichkeit und Kohärenz und lassen die unmittelbare Geltung der DS-GVO
unberührt. Abs. 5 stellt dies klar. Europarechtlich ist dies unproblematisch, da
es einem Mitgliedstaat auch bei unmittelbarer Geltung einer EU-VO gestattet
ist, bei einem Zusammentreffen dieser mit einzelstaatlichen oder gar regionalen Normen im Interesse des inneren Zusammenhanges und ihrer Verständlichkeit bestimmte Punkte der Gemeinschaftsverordnung zu wiederholen
(EuGH BeckEuRS 1985, 119196).

Soweit die Verarbeitung personenbezogener Daten im Rahmen von Tätig- **14**
keiten öffentlicher Stellen des Bundes erfolgt, die weder vom Anwendungsbereich der DS-GVO noch von der JI-RL erfasst sind, richtet sich das
anzuwendende Datenschutzrecht allein nach nationalen Regelungen. So besitzt die EU etwa gemäß Art. 4 Abs. 2 S. 3 EUV keine Regelungskompetenz
für den Bereich der nationalen Sicherheit. Dies betrifft die Datenverarbeitung
durch das Bundesamt für Verfassungsschutz, den Bundesnachrichtendienst,
den Militärischen Abschirmdienst sowie den Bereich des Sicherheitsüberprü-
fungsgesetzes (amtl. Begr. zu § 1, BT-Drs. 18/11325, 79). Dies ist auch
sekundärrechtlich klargestellt in Art. 2 Abs. 2 lit. a iVm ErwGr 16 DS-GVO
und Art. 2 Abs. 3 lit. a iVm ErwGr 14 der JI-RL. Das BDSG gibt für diese
Bereiche außerhalb des Rechtes der EU allg. Regelungen vor. Soweit in
bereichsspezifischen Gesetzen, wie etwa im Bundesverfassungsschutzgesetz,
im Bundesnachrichtendienstgesetz, im Gesetz über den Militärischen Ab-

wehrdienst oder im Sicherheitsüberprüfungsgesetz abweichende Regelungen getroffen werden, gehen sie gem. § 1 Abs. 2 den Vorschr. des BDSG vor.

G. Gleichstellung von EWR-Mitgliedstaaten

I. EWR (Abs. 6)

15 Der Abs. 6 dient der Klarstellung, welche Staaten den Mitgliedstaaten der EU gleichgestellt sind. Es sind dies die zusätzlichen Staaten des EWR (also Island, Lichtenstein und Norwegen). Diese haben die DS-GVO in das EWR-Abkommen integriert.

16 Die Angemessenheit des Datenschutzniveaus außerhalb des EWR (die EWR-Staaten hatten die Anwendbarkeit der DSRL beschlossen) wurde ansonsten unter Geltung der DSRL in einem förmlichen Verfahren gem. Art. 25 Abs. 6 DSRL (jetzt Art. 45 DSGVO) durch die KOM anerkannt. Zu den sog sicheren Drittländern gehörten neben der Schweiz und Kanada auch Israel, Argentinien, Andorra, Färöer Inseln, Guernsey, Isle of Man, Jersey, Australien, Neuseeland und Uruguay, nicht aber die USA. Mit einem solchen Beschluss in Bezug auf das Vereinigte Königreich dürfte zu rechnen sein.

II. Richtlinie zu Strafverfolgung und -vollstreckung (Abs. 7)

17 Abs. 7 dient der Klarstellung, welche Staaten den Mitgliedstaaten der EU in Bezug auf die JI-RL gleichgestellt sind, die den Datenschutz bei behördlichen Tätigkeiten zum Zwecke von Verhütung von Straftaten sowie Strafverfolgung und Strafvollstreckung regelt. Es sind dies die bei der Umsetzung, Anwendung und Entwicklung des Schengen-Besitzstandes assoziierten Staaten. Alle anderen Staaten gelten insoweit als Drittstaaten.

H. Datenschutzrechtliches Vollregime für öffentliche Stellen (Abs. 8)

18 Abs. 8 bestimmt, dass für Verarbeitungen personenbezogener Daten im Rahmen von Tätigkeiten, die weder der DS-GVO noch der JI-RL unterfallen, die DS-GVO sowie die Teile 1 und 2 des BDSG Anwendung finden, soweit nicht in einem Gesetz anderes geregelt ist. Die Regelung stellt sicher, dass auch für die nicht unter die beiden EU-Rechtsakte fallenden Bereiche entsprechend der bisherigen Regelungssystematik des BDSG aF ein datenschutzrechtliches Vollregime im Geltungsbereich des GG angeboten wird (amtl. Begr. zu § 1 BT-Drs. 18/11325, 80).

§ 2 Begriffsbestimmungen

(1) Öffentliche Stellen des Bundes sind die Behörden, die Organe der Rechtspflege und andere öffentlich-rechtlich organisierte Einrichtungen des Bundes, der

bundesunmittelbaren Körperschaften, der Anstalten und Stiftungen des öffentlichen Rechts sowie deren Vereinigungen ungeachtet ihrer Rechtsform.

(2) Öffentliche Stellen der Länder sind die Behörden, die Organe der Rechtspflege und andere öffentlich-rechtlich organisierte Einrichtungen eines Landes, einer Gemeinde, eines Gemeindeverbandes oder sonstiger der Aufsicht des Landes unterstehender juristischer Personen des öffentlichen Rechts sowie deren Vereinigungen ungeachtet ihrer Rechtsform.

(3) [1] Vereinigungen des privaten Rechts von öffentlichen Stellen des Bundes und der Länder, die Aufgaben der öffentlichen Verwaltung wahrnehmen, gelten ungeachtet der Beteiligung nichtöffentlicher Stellen als öffentliche Stellen des Bundes, wenn

1. sie über den Bereich eines Landes hinaus tätig werden oder
2. dem Bund die absolute Mehrheit der Anteile gehört oder die absolute Mehrheit der Stimmen zusteht.

[2] Andernfalls gelten sie als öffentliche Stellen der Länder.

(4) [1] Nichtöffentliche Stellen sind natürliche und juristische Personen, Gesellschaften und andere Personenvereinigungen des privaten Rechts, soweit sie nicht unter die Absätze 1 bis 3 fallen. [2] Nimmt eine nichtöffentliche Stelle hoheitliche Aufgaben der öffentlichen Verwaltung wahr, ist sie insoweit öffentliche Stelle im Sinne dieses Gesetzes.

(5) [1] Öffentliche Stellen des Bundes gelten als nichtöffentliche Stellen im Sinne dieses Gesetzes, soweit sie als öffentlich-rechtliche Unternehmen am Wettbewerb teilnehmen. [2] Als nichtöffentliche Stellen im Sinne dieses Gesetzes gelten auch öffentliche Stellen der Länder, soweit sie als öffentlich-rechtliche Unternehmen am Wettbewerb teilnehmen, Bundesrecht ausführen und der Datenschutz nicht durch Landesgesetz geregelt ist.

EU-Recht: Art. 4 DS-GVO (kommentiert unter → DS-GVO Art. 4 Rn. 1 ff.).

A. Allgemeines

Nahezu alle datenschutzrechtlichen Begriffsbestimmungen finden sich in **1** Art. 4 DS-GVO. § 2 ergänzt dies letztlich mit der zusätzlichen Definition der Begriffe öffentl. und nichtöffentl. Stellen. Diese fanden sich bereits zuvor praktisch wortgleich in § 2 sowie § 27 Abs. 1 S. 1 Nr. 2 BDSG aF. Im dt. Datenschutzrecht wurde anders als im europ. Datenschutzrecht stets zwischen öffentl. und privatem Bereich unterschieden.

B. Öffentliche Stellen von Bund und Ländern (Abs. 1 und 2)

Abs. 1 definiert die öffentl. Stellen des Bundes als die Behörden, die Organe **2** der Rechtspflege und andere öffentl.-rechtlich organisierte Einrichtungen des Bundes, der bundesunmittelbaren Körperschaften, der Anstalten und Stiftungen des öffentl. Rechtes sowie deren Vereinigungen ungeachtet ihrer Rechtsform. Zu beachten ist, dass auch Teile einer Stelle, die rechtlich mit eigenen

Aufgaben und Befugnissen ausgestattet sind (zB Personalrat), Bestandteil der öffentl. Stelle bleiben.

3   Der Begriff Behörden ist umfassend und umfasst alle Hierarchiestufen von den obersten Bundesbehörden (zB Bundespräsidialamt, Bundeskanzleramt, Bundesministerien, Bundesrechnungshof), den Bundesoberbehörden (Bundesverwaltungsamt, Bundeskriminalamt, Bundesamt für Finanzen, Kfz-Bundesamt, BKartA, BfDI usw) bis zu Bundesmittelbehörden (zB OFD) und Bundesunterbehörden (zB Hauptzollämter).

4   Organe der Rechtspflege sind Gerichte und Staatsanwaltschaften sowie Strafvollzugsbehörden. Auch Notare sind öffentl. Stellen (allerdings der Länder), soweit sie in dieser Funktion tätig sind, auch wenn sie in ihrer sonstigen Tätigkeit (insbes. bei Anwaltsnotaren) nicht als öffentl. Stelle anzusehen sind. Rechtsanwälte selbst sind zwar Organe der Rechtspflege (§ 1 BRAO), nicht aber im datenschutzrechtlichen Sinne, so dass sie nicht als öffentl. Stellen iSd BDSG gelten.

5   Der Formulierung „und andere öffentlich-rechtlich organisierte Einrichtungen" kommt ansonsten Auffangcharakter zu. Mit ihr werden alle Bereiche staatlichen Handelns unabhängig von der rechtlichen Form abgedeckt. Die Einrichtungen können ausdr. solche des Bundes selbst wie auch Einrichtungen der bundesunmittelbaren Körperschaften, der Anstalten und Stiftungen des Öffentlichen Rechtes sowie deren Vereinigungen ungeachtet ihrer Rechtsform sein. Beispielhaft zu nennen sind die gesetzgebenden Körperschaften (BT, BR), die unselbstständigen Eigenbetriebe der öffentl. Hand, öffentl. Selbstverwaltungsorgane, Berufsgenossenschaften, die Deutsche Rentenversicherung, die Bundesagentur für Arbeit, die Deutsche Bundesbank, der Deutschlandfunk, die Deutsche Welle sowie Stiftungen.

6   Öffentl.-rechtliche Rundfunkanstalten sind öffentl. Stellen. Für sie gilt aber wegen der verfassungsrechtlich gewährleisteten Rundfunkfreiheit ein Sonderregime mit eigenständigen Datenschutzkontrollorganen (vgl. Art. 85 DS-GVO, Art. 9 DSRL, § 47 RStV). Die Normen der entsprechenden Staatsverträge befinden sich derzeit in der Anpassung an die Vorgaben der DS-GVO.

7   Öffentl.-rechtliche Religionsgesellschaften sind keine öffentl. Stellen. Für diese kann aufgrund ihrer rechtlichen Privilegierung grds. ein eigenständiges (gleichwohl richtlinienkonformes) Datenschutzrecht gelten (Art. 91 DS-GVO). Zu nennen sind für die katholische Kirche die KDO, die zum 1.5.2018 durch das Gesetz über den Kirchlichen Datenschutz (KDG) abgelöst werden soll, sowie für die evangelische Kirche das DSG-EKD. Soweit kirchliche Einrichtungen nicht in ihrer kirchlichen Mission, sondern allg. am Geschäftsverkehr teilnehmen, werden sie als nichtöffentl. Stellen zu gelten haben.

8   Zu beliehenen Unternehmen s. Abs. 4 S. 2 (→ Rn. 12).

9   In Abs. 2 werden die öffentl. Stellen der Länder entsprechend definiert. Gleichwohl ist das BDSG für diese nicht anwendbar. Es gelten allein die LDSG.

C. Privatrechtliche Vereinigungen von öffentlichen Stellen (Abs. 3)

Vereinigungen von öffentl. Stellen des Bundes und der Länder gelten auch **10** dann als öffentliche Stellen, wenn sie Privatrechtsform besitzen. Dies gilt auch dann, wenn nicht-öffentliche Stellen hieran beteiligt sind. Abs. 3 beantwortet die Frage, ob sie in diesem Falle als Stellen des Bundes oder der Länder zu gelten haben, was erforderlich ist, weil diese Kooperationen weder unter Abs. 1 noch unter Abs. 2 fallen. Es handelt sich um öffentl. Stellen des Bundes, wenn sie über den Bereich eines Landes hinaus tätig werden oder wenn dem Bund anteils- bzw. stimmenmäßig die absolute Mehrheit in der Institution zusteht. Anderenfalls handelt es sich um eine Einrichtung des jeweiligen Landes.

D. Nichtöffentliche Stellen (Abs. 4)

Abs. 4 definiert die nichtöffentl. Stellen als alle natürlichen und jur. Personen, **11** Gesellschaften und anderen Personenvereinigungen des privaten Rechtes, soweit sie nicht unter die Abs. 1–3 fallen. Für sie gilt das BDSG, soweit sie gem. § 1 Abs. 1 S. 2 personenbezogene Daten zu nicht ausschl. persönlichen oder familiären Tätigkeiten verarbeiten. Bei natürlichen Personen ist es unerheblich, ob sie als Privatperson oder wirtschaftlich (Einzelfirma/Freiberufler) tätig sind. Auch bei jur. Personen kommt es auf die Rechtsform nicht an, so dass sämtliche Gesellschaftsformen, Genossenschaften, Vereine, Stiftungen und auch Parteien vom Begriff erfasst sein können. Auch der Umfang rechtlicher Selbstständigkeit ist unerheblich, so dass auch ein nichtrechtsfähiger Verein hierunter fällt. Voraussetzung ist lediglich das Vorliegen einer rechtlichen organisatorischen Einheit.

Beliehene Unternehmen hingegen, die obgleich als nichtöffentl. Stelle **12** organisiert dennoch hoheitliche Aufgaben der öffentlichen Verwaltung wahrnehmen, sind gem. S. 2 insoweit als öffentl. Stelle iSd BDSG zu qualifizieren. Dies gilt zB für den TÜV bei der technischen Kfz-Kontrolle. Allerdings ist zu beachten, dass dies nicht als Gesamtheit gilt, sondern eben nur insoweit dieser Stelle Verwaltungstätigkeiten übertragen sind. Behördliche Aufgaben sind solche, bei denen die beliehene Stelle ohne gerichtliche Hilfe gegenüber dem Bürger Maßnahmen mit Verwaltungszwang durchsetzen kann. Dies schließt Tätigkeiten ein, die selbst keinen hoheitlichen Charakter haben, davon aber nicht zu trennen sind.

E. Öffentliche Stellen des Bundes als nichtöffentliche Stellen (Abs. 5)

Um Wettbewerbsverzerrungen zwischen öffentl. und privaten Unternehmen **13** zu vermeiden, gelten öffentl. Stellen des Bundes dann als nichtöffentl. Stellen, wenn und soweit sie als öffentl.-rechtliche Unternehmen am Wettbewerb teilnehmen. Erfasst werden sollen Verantwortliche (Art. 4 Nr. 7 DS-GVO) aus dem staatlichen Bereich, die in Konkurrenz zu privaten Unternehmern treten und vergleichbare Leistungen bzw. Waren anbieten. Die Norm dient damit auch der Klarstellung, auf welche Verwaltungsbefugnisse bzw. Ausnahmen von Betroffenenrechten abzustellen ist, wenn eine Unterscheidung nach öffentl. und nichtöffentl. Stellen vorgenommen wird (amtl. Begr. BT-Drs. 18/11325, 80).

14   Der zweite Satz, nach dem nichtöffentl. Stellen iSd Gesetzes als öffentl. Stellen der Länder gelten, soweit sie als öffentl.–rechtliche Unternehmen am Wettbewerb teilnehmen, Bundesrecht ausführen und der Datenschutz nicht durch das Landesgesetz geregelt ist, ist ohne praktische Bedeutung, weil in allen Bundesländern entsprechende LDSG verabschiedet worden sind.

Kapitel 2. Rechtsgrundlagen der Verarbeitung personenbezogener Daten

§ 3 Verarbeitung personenbezogener Daten durch öffentliche Stellen

Die Verarbeitung personenbezogener Daten durch eine öffentliche Stelle ist zulässig, wenn sie zur Erfüllung der in der Zuständigkeit des Verantwortlichen liegenden Aufgabe oder in Ausübung öffentlicher Gewalt, die dem Verantwortlichen übertragen wurde, erforderlich ist.

EU–Recht: Art. 6 DS-GVO (kommentiert unter → DS-GVO Art. 6 Rn. 16 ff., 23 ff., 32 ff.).

Literatur: *Kühling/Martini,* Die Datenschutz-Grundverordnung: Revolution oder Evolution im europäischen und deutschen Datenschutzrecht?, EuZW 2016, 448; *Thüsing/ Schmidt/Forst,* Das Schriftformerfordernis der Einwilligung nach § 4a BDSG im Pendelblick zu Art. 7 DS-GVO, RDV 2017, 116.

A. Allgemeines

1   § 3 unternimmt es, die Datenverarbeitung durch öffentl. Stellen durch deren Aufgabe oder durch die Ausübung öffentl. Gewalt zu legitimieren. Dies ergibt sich indes bereits aus Art. 6 Abs. 1 UAbs. 1 lit. c und e DS-GVO, welcher iVm Abs. 2, 3 nicht eine weitere Generalklausel, sondern spezifische mitgliedstaatliche Regelungen ermöglicht. Insoweit verstößt § 3 gegen das Verbot der Wiederholung unmittelbar geltenden Unionsrechts (**Wiederholungsverbot;** vgl. dazu Kühling/Martini ua DS-GVO und nationales Recht, 6 ff.).

2   Als „allgemeine Rechtsgrundlage für die Verarbeitung personenbezogener Daten" (BR-Drs. 110/17, Anl., 75), auf die Verantwortliche „vorbehaltlich anderer bereichsspezifischer Regelungen (…) unabhängig davon zurückgreifen, zu welchen Zwecken die Datenverarbeitung erfolgt" (BR-Drs. 110/17, Anl., 76), leistet § 3 **nichts unionsrechtlich Zulässiges oder Notwendiges.** Die Regelung setzt Art. 6 Abs. 3 DS-GVO nicht um, obwohl auf diesen verwiesen wird (BR-Drs. 110/17, Anl., 76; krit. Stellungn. Piltz, Innenausschus Prot. BDSG, 75: Voraussetzungen „nicht in Gänze erfüllt"). Die Regelung kann die fachgesetzlichen Regelungen, auf deren Grundlage personenbezogene Daten durch öffentl. Stellen verarbeitet werden dürfen oder die die öffentl. Aufgabe definieren, für deren Erfüllung Daten verarbeitet werden, daher weder ersetzen noch als allg. Rechtsgrundlage dienen (aA Petri in Kühling/Buchner § 3 Rn. 1: „subsidiäre, allgemeine Rechtsgrundlage (...), beschränkt allerdings auf Datenverarbeitungen mit geringer Eingriffsintensität"). Vielmehr bezeugt die Regelung das ambivalente Verhältnis zu unionsrechtlichen Vorgaben: „Diesem Regelungsauftrag kommt der deutsche Gesetzgeber an dieser Stelle nach" (BR-Drs. 110/17, Anl., 76). Der „Pendelblick" (so Thüsing/Schmidt/Forst RDV 2017, 116, in Bezug auf § 4a BDSG und Art. 7 DS-GVO) zwischen DS-GVO und mitgliedstaatlichem Recht, welches „hinter" dem materiell wertlosen § 3 steht, wird so kaum gefördert, so dass § 3 **nicht** einmal sinnvoll **als Brückennorm** dient. Im Referentenentwurf des BMI (S. 11; Stand: 23.11.2016) war noch deutlich geworden, dass die Regelung als Rechtsgrundlage verstanden werden sollte („Unbeschadet anderer Rechtsgrundlagen ..."). Das BDSG ist nicht dazu bestimmt, ein **„Grundsätze-Gesetz"** zu sein, welches Anforderungen der DS-GVO, die in vielerlei Hinsichten abstrakt und formelhaft sind, lediglich wiederholt. Unter diesem Vorbehalt ist jede Kommentierung des Wortlauts des § 3 zu lesen.

B. Zulässigkeitstatbestand zu Gunsten öffentlicher Stellen

„Öffentliche Stellen" wird durch § 2 BDSG definiert. § 3 BDSG ist jedoch nicht auf eine einheitliche Definition oder auch nur einheitliche Handhabung des Begriffs „öffentliche Stelle" ausgerichtet, denn öffentl. Stelle soll auch die Stelle sein, der die Ausübung öffentl. Gewalt übertragen wurde, was für Beliehene (vgl. § 2 Abs. 4 S. 2) zutreffend ist. Es ist sehr fraglich, ob jenseits der Beleihung für eine kurzzeitige Übertragung der Ausübung öffentl. Gewalt Raum ist. **3**

Die Datenverarbeitung muss **„zur Erfüllung"** oder **„in Ausübung"** erforderlich sein. Damit wird der Wortlaut des Art. 6 Abs. 2 UAbs. 2 S. 1 DS-GVO zum Teil aufgenommen, aber nicht mehr als wiederholt, wodurch das Unionsrecht indes nicht konkretisiert wird (vgl. Kühling/Martini ua DS-GVO und nationales Recht, 36, in Bezug auf § 13 Abs. 1 BDSG aF). Zudem stellt Art. 6 Abs. 1 UAbs. 1 lit. e DS-GVO auch auf das „öffentliche Interesse" ab, welches sich auf die zu erfüllende Aufgabe bezieht (vgl. Stellungn. Piltz, Innenausschuss Prot. BDSG, 75). Für alle Beteiligten – Verantwortliche, Betroffene, ASB und Gerichte – sind diese Formulierungen als Ergänzungen zum Wortlaut des Art. 6 Abs. 1 UAbs. 1 lit. e DS-GVO wertlos, um über Rechtmäßigkeit und Rechtswidrigkeit der Verarbeitung personenbezogener Daten entscheiden zu können. **4**

Eine Unterscheidung ist insoweit möglich, als die Datenverarbeitung einerseits die zentrale Aufgabe einer öffentl. Stelle sein kann und Daten andererseits **5** auch nur **beiläufig** oder **gelegentlich** der Erfüllung einer anderen Aufgabe verarbeitet werden. In den Fällen, in denen eine Behörde eine öffentl. Aufgabe wahrnimmt und dafür Daten verarbeitet, ohne dass sie sich auf eine spezifische Regelung des Fachgesetzes berufen kann, ist Art. 6 Abs. 1 UAbs. 1 lit. e DS-GVO selbst der Bezugspunkt: Die Baubehörde verarbeitet Daten in Vorbereitung bauordnungsrechtlicher Maßnahmen, bei denen sie eine bestimmte, ihr zugeordnete öffentl. Aufgabe erfüllt. Die Kommunalverwaltung verarbeitet Daten zur Vorbereitung von Entsch., die sie typischerweise zu treffen hat, wie etwa Abfallgebührenbescheide und Bescheide über die Zulassung zu öffentl. Einrichtungen. Im Bereich der Eingriffsverwaltung, die ohne Einwilligung und zum Teil auch ohne das Wissen der betroffenen Person Daten verarbeitet und damit die für sie wesentliche Aufgabe erfüllt, greifen allerdings der Parlamentsvorbehalt und die Wesentlichkeitslehre; ihnen wird mit § 3 nicht Rechnung getragen.

6   Es wäre falsch, hier auf eine Einwilligung iSd Art. 6 Abs. 1 UAbs. 1 lit. a DS-GVO abzustellen, auch wenn der Betroffene einen Antrag auf Tätigwerden der Behörde gestellt hat. Damit geriete die Behörde bei der Verarbeitung von Antragsdaten in Abhängigkeit von der betroffenen Person. Die Rücknahme des Antrags würde die öffentl. Stelle in Bezug auf die Daten in einen rechtsgrundlosen Zustand versetzen.

7   Aus den Grundsätzen des Art. 5 Abs. 1 DS-GVO folgt, dass die **Erforderlichkeit,** die einen unionsrechtlichen Maßstab konstituiert (→ DS-GVO Art. 6 Rn. 14, 16, 23; vgl. zum Begriff Kühling/Martini ua DS-GVO und nationales Recht, 30 ff.), streng beurteilt wird; hilfreich wäre auch der Zusatz „und soweit" hinter „wenn", um den Rechtsanwender an die Verpflichtung zur Beschränkung der Datenverarbeitung auf das quantitativ und qualitativ Notwendige zu erinnern.

C. Ausblick

8   § 3 ist nicht die Norm, mit der Art. 6 Abs. 2, 3 DS-GVO für die Datenverarbeitung durch öffentl. Stellen ins Werk gesetzt wird. Dieser gibt „den Mitgliedstaaten allgemeine Öffnungsklauseln an die Hand, um die in Art. 6 Abs. 1 UAbs. 1 lit. c bzw. e DS-GVO geregelten Fälle näher zu konturieren", mit den Möglichkeiten, bestehende Regelungen zu erhalten und neue, „spezifischere" Regelungen zu erlassen (Kühling/Martini ua DS-GVO und nationales Recht, 27). Diese Erwartungen, die an die mitgliedstaatliche Gesetzgebung gestellt werden durften, wenn ihr die Öffnungsklauseln angeboten werden, werden durch § 3 enttäuscht. Es wäre sinnvoller gewesen, die Rechtsgrundlagen in bestehenden Gesetzen nachrichtlich zusammenzuführen, um dann beurteilen zu können, welche Normen den Vorgaben des Art. 6 DS-GVO nicht genügen und welche spezifischen Regelungen noch fehlen. Die Polizeigesetze der Länder, das BPolG, das BMG, das GWB enthalten solche Regelungen, die der Beurteilung am Maßstab des Art. 6 DS-GVO standhalten.

Letztlich zeigt sich auch bei § 3, dass es sich bei der DS-GVO um ein **9**
„Handlungsformenhybrid" handelt (Kühling/Martini EuZW 2016, 448
(449); s. auch → DS-GVO Art. 5 Rn. 9). Die Unsicherheit und Verunsicherung der Akteure in der mitgliedstaatlichen Gesetzgebung, die sich für RL
innerhalb eines Spektrums zwischen Nichtumsetzung und dem Art. 288
AEUV widersprechenden wortwörtlichem Abschreiben zeigt, realisiert sich
auch hier.

Für die **Praxis** ist zu empfehlen, als Rechtsgrundlage für die Verarbeitung **10**
personenbezogener Daten, die für die Erfüllung einer Aufgabe erforderlich ist,
die im öffentl. Interesse liegt oder die in Ausübung öffentl. Gewalt erfolgt und
die nicht auf eine fachgesetzliche Rechtsgrundlage gestützt werden kann,
Art. 6 Abs. 1 UAbs. 1 lit. c bzw. lit e DS-GVO zu zitieren und anzuwenden,
nicht § 3.

§ 4 Videoüberwachung öffentlich zugänglicher Räume

(1) [1] Die Beobachtung öffentlich zugänglicher Räume mit optisch-elektro-
nischen Einrichtungen (Videoüberwachung) ist nur zulässig, soweit sie
1. zur Aufgabenerfüllung öffentlicher Stellen,
2. zur Wahrnehmung des Hausrechts oder
3. zur Wahrnehmung berechtigter Interessen für konkret festgelegte Zwecke
erforderlich ist und keine Anhaltspunkte bestehen, dass schutzwürdige Interessen
der betroffenen Personen überwiegen. [2] Bei der Videoüberwachung von
1. öffentlich zugänglichen großflächigen Anlagen, wie insbesondere Sport-, Ver-
   sammlungs- und Vergnügungsstätten, Einkaufszentren oder Parkplätzen, oder
2. Fahrzeugen und öffentlich zugänglichen großflächigen Einrichtungen des öffentlichen Schienen-, Schiffs- und Busverkehrs
gilt der Schutz von Leben, Gesundheit oder Freiheit von dort aufhältigen Personen
als ein besonders wichtiges Interesse.
(2) Der Umstand der Beobachtung und der Name und die Kontaktdaten des
Verantwortlichen sind durch geeignete Maßnahmen zum frühestmöglichen Zeitpunkt erkennbar zu machen.
(3) [1] Die Speicherung oder Verwendung von nach Absatz 1 erhobenen Daten ist
zulässig, wenn sie zum Erreichen des verfolgten Zwecks erforderlich ist und keine
Anhaltspunkte bestehen, dass schutzwürdige Interessen der betroffenen Personen
überwiegen. [2] Absatz 1 Satz 2 gilt entsprechend. [3] Für einen anderen Zweck dürfen
sie nur weiterverarbeitet werden, soweit dies zur Abwehr von Gefahren für die
staatliche und öffentliche Sicherheit sowie zur Verfolgung von Straftaten erforderlich ist.
(4) [1] Werden durch Videoüberwachung erhobene Daten einer bestimmten Person zugeordnet, so besteht die Pflicht zur Information der betroffenen Person über
die Verarbeitung gemäß den Artikeln 13 und 14 der Verordnung (EU) 2016/679.
[2] § 32 gilt entsprechend.
(5) Die Daten sind unverzüglich zu löschen, wenn sie zur Erreichung des
Zwecks nicht mehr erforderlich sind oder schutzwürdige Interessen der betroffenen Personen einer weiteren Speicherung entgegenstehen.

EU-Recht: Art. 6, 23 DS-GVO (kommentiert unter → DS-GVO Art. 6 Rn. 16 ff., 23 ff., 26 ff., 32 ff.; Art. 23 Rn. 30).

Literatur: *Bergfink,* Videoüberwachung im öffentlichen Personennahverkehr, 2017; *Bretthauer,* Intelligente Videoüberwachung, 2017; *Desoi,* Intelligente Videoüberwachung, 2018; *Diederichsen,* Die Flucht des Gesetzgebers aus der politischen Verantwortung im Zivilrecht, 1974; *Felde,* Videoüberwachung in Schlachthöfen. Datenschutzrechtliche Zulässigkeit, NuR 2019, 591; *Foucault,* Überwachen und Strafen. Die Geburt des Gefängnisses, 17. Aufl. 2009; *Hornung,* Das biometrische Auge der Polizei, ZD 2017, 203; *Gehring,* Das invertierte Auge. Panopticon und Panoptismus, in: Rölli/Nigro (Hrsg.), Vierzig Jahre „Überwachen und Strafen", 2017, 21; *Hembach,* Verdeckte Videoüberwachung am Arbeitsplatz, NJW 2020, 128; *Kipker, 2.* DSAnpUG-EU und die Talfahrt des deutschen Datenschutzrechts, DuD 2019, 371; *Körner,* EGMR relativiert Verbot der Videoüberwachung, NZA 2020, 25; *Krempel,* Steigerung der Akzeptanz von intelligenter Videoüberwachung in öffentlichen Räumen, 2017; *Kudlacek,* Akzeptanz von Videoüberwachung, 2015; *Kutscha,* Videoüberwachung öffentlicher Plätze – ein Allheilmittel?, Recht und Politik 2018, 1; *Leisegang,* Biometrische Videoüberwachung: Die neue Hochrisikotechnologie, Blätter für deutsche und internationale Politik 2020, Heft 3, 13; *McLuhan,* Understanding Media, 2010 (1. Auflage 1964); *Schneider,* Videoüberwachung als Verarbeitung besonderer Kategorien personenbezogener Daten. Datenschutzrechtliche Anforderungen beim Erheben von Videodaten, ZD 2018, 463; *Schultheiß,* Private Videoüberwachung, 2019; *Starnecker,* Videoüberwachung zur Risikovorsorge, 2017; *Strittmacher,* Die Neuerfindung der Diktatur, 2019; *Sydow/Kring,* Die Datenschutzgrundverordnung zwischen Technikneutralität und Technikbezug – Konkurrierende Leitbilder, ZD 2014, 271; *Thiel,* Videoüberwachung unter Geltung der DSGVO – alles neu?, Nds. VBl. 2020, 136; *Veil,* Risikobasierter Ansatz statt rigides Verbotsprinzip, ZD 2015, 347; *Venetis,* Videoüberwachung von Arbeitnehmern, NJW 2016, 1051.

Übersicht

A. Allgemeines

§ 4 adressiert eine **bes. Form der Verarbeitung** personenbezogener Daten, **1** die Videoüberwachung, also die Aufnahme von Bildern, öffentlich zugänglicher Räume. Dies geschieht vor dem Hintergrund, dass (zT hochauflösende) Bilder eine Vielzahl von Informationen vermitteln und mittelbar weitere Schlüsse zulassen, auch und gerade durch die Auswertung und Verknüpfung mit anderen Daten. Bilder identifizieren eine Person und dokumentieren ihr Verhalten ieS anschaulich, wie es durch andere personenbezogene Daten nicht möglich ist. Videoüberwachung ist im öffentl. Raum **potentiell allgegenwärtig** (vgl. vgl. Thiel Nds. VBl. 2020, 136). Schon die Potentialität der Überwachung und das Potential der Auswertung können Wirkungen entfalten (zu den technischen Grundlagen vgl. Desoi, 9 ff.; vgl. auch Strittmacher, 144 ff.). Videoüberwachung wird auch als vielseitiges Instrument, als „Schlüsseltechnologie" oder „Hochrisikotechnologie" (Leisegang Blätter 2020, 13), in bes. Lagen auch als „Leuchtturmprojekt" referenziert, auch um ordnungsrechtliche Anforderungen zu flankieren (vgl. „vor der Zeit" Felde NuR 2019, 591) und um Straftaten zu verhindern (vgl. Entwurf eines Gesetzes zur Änd. des BDSG – Videoüberwachungsverbesserungsgesetz, BR-Drs. 791/16, Anl., 2) oder aufzuklären. Irgendeine Präventivwirkung der Videoüberwachung kann festgestellt werden. Allerdings werden Personen auch und gerade in Kenntnis der Überwachung von verschiedenen Normen abweichend handeln, was in Bezug auf viele soziale Normen für eine offene Gesellschaft konstituierend ist. Schon wegen des „chilling effect" der Überwachung bleibt diese nicht folgenlos. Die Dystopie wurde und wird popkulturell verschiedentlich aufgearbeitet und kann – etwa bei Großereignissen – jederzeit Realität werden. Nicht nur wegen des vielseitigen Disziplinierungseffekts ist Videoüberwachung kritisch zu sehen, sie ist Zumutung und Versprechen (vgl. Kutscha RuP 2018, 1). Ihre technischen Voraussetzungen sind inzwischen kostengünstig zu erfüllen. Die Möglichkeit ihrer Auswertung ist zwar durch den Stand der Technik begrenzt (vgl. zu diesem Bretthauer, 24 ff.) – diese Grenze ist wegen der stetig weiterentwickelten IuK-Technologie sehr beweglich (vgl. Hornung ZD 2017, 203); der Aufwand der Auswertung ist mit Blick auf zunehmend automatisierte Verfahren und KI kein Faktor, der den Einsatz limitieren würde. Andere ehemals als begrenzend angesehene Aspekte (Speicherkapazität, Energieversorgung, Größe der Anlage) spielen keine Rolle mehr. Zudem ist nicht ohne weiteres erkennbar, ob und durch wen überwacht wird (vgl. zum Panopticon und zur „Perfektion der Macht" Foucault, 257 f.; Gehring, 21 ff.). Alle diese Faktoren steigern die Intensität einer Datenverarbeitung in dieser Form. Daher sind **rechtliche Grenzen** für die Videoüberwachung umso bedeutsamer, mit der auch technische Maßnahmen (vgl. Art. 25 DS-GVO) zum Schutz der Privatsphäre und zum

Schutz vor dem Datenmissbrauch eingeführt werden können (ausf. zu diesen Bretthauer, 61 ff., 146 ff.); gleichzeitig sind die rechtlichen Grenzen unwirksam, wenn nicht nur mit einem Vollzugsdefizit, sondern mit einem **Vollzugsausfall** zu rechnen ist (vgl. zur Empirie Schultheiß, 42 ff.).

2   Die Hervorhebung im BDSG wie auch die Technizität dieser Verarbeitungsform sollen nicht darüber hinwegtäuschen, dass es sich um eine Verarbeitung personenbezogener Daten handelt und damit die DS-GVO den vorrangigen Maßstab bildet (vgl. Thiel Nds. VBl. 2020, 136). Als Aufnahme dient sie zunächst einmal der Erhebung von Daten, die allerdings in Echtzeit oder – die Speicherung voraussetzend – nachzeitig ausgewertet werden. § 4 bildet insoweit ein **Stufenverhältnis** zwischen bloßer Beobachtung (Abs. 1) und Speicherung und Verwendung (Abs. 3) ab, auch vor dem Hintergrund, dass die Speicherung ggü. der per se flüchtigen Beobachtung eingriffsintensiver ist. Wenngleich die verschiedenen Stufen unterschiedlich eingriffsintensiv sind, werden Beobachtung und Speicherung rechtstatsächlich bei der technischen Umsetzung regelmäßig verbunden, selbst wenn die Speicherung so konfiguriert ist, dass Daten nach einer gewissen Zeit gelöscht bzw. mit neueren Daten überschrieben werden.

3   Angesichts des Umstandes, dass die Videoüberwachung eine typische Maßnahme ist, die zugleich in Rechte betroffener Personen eingreift, überrascht es nicht, dass die Vorgängerregelung (§ 6b BDSG aF, vgl. dazu Bergfink, 44 ff.) Eingang in das BDSG gefunden hat. Ein weiterer guter Grund für § 4 ist, dass die DS-GVO technologieneutral gestaltet ist (vgl. ErwGr 15; Sydow/ Kring ZD 2014, 271; Veil ZD 2015, 347), für spezifische Techniken eine mitgliedstaatliche Regelung aber nicht nur nicht ausgeschlossen, sondern notwendig ist, um die Anforderungen an die Zulässigkeit der Datenverarbeitung aus Art. 6 Abs. 1 UAbs. 1 DS-GVO zu konturieren.

4   Mit § 6b BDSG aF existierte eine viel beachtete Vorschr., für die bereits eine bereichsspezifische Dogmatik entwickelt wurde. Die dazu ergangene Rspr. kann für § 4 nicht ohne den Vorbehalt als Orientierungspunkt genutzt werden, dass die DS-GVO für diesen prägend ist (vgl. Bergfink, 162). Deshalb muss bei der Rechtsanwendung der Bezug zur DS-GVO deutlich werden; wichtiger als der Hinweis auf § 6b BDSG aF wird der Hinweis sein, inwieweit sich in § 4 BDSG der Art. 6 Abs. 1 UAbs. 1, Abs. 2, 3 DS-GVO widerspiegelt.

5   Die Videoüberwachung durch nicht öffentl. Stellen kann in der derzeitigen Konzeption des § 4 (vgl. zu einer Alternative Stellungn. Wolff, Innenausschuss Prot. BDSG, 112) nicht auf Art. 6 Abs. 1 UAbs. 1 lit. c oder e DS-GVO gestützt werden, sondern nur auf Art. 6 Abs. 1 UAbs. 1 lit. f DS-GVO (vgl. Stellungn. Piltz, Innenausschuss Prot. BDSG, 75), der gerade keine Öffnungsklausel zu Gunsten des Rechts der Mitgliedstaaten darstellt, wie dies für lit. c und e mit Abs. 2, 3 der Fall ist. Dies führt zu der widersprüchlichen Situation, dass die Videoüberwachung durch öffentl. Stellen mitgliedstaatlich geregelt werden kann, die Videoüberwachung durch nicht öffentl. Stellen jedoch nicht. § 4 BDSG ist jedoch als einheitliche Rechtsgrundlage formuliert, ohne dass das Unionsrecht dies zuließe. Datenverarbeitungen durch Privatpersonen können nicht auf Art. 6 Abs. 1 UAbs. 1 lit. e DS-GVO und damit auch nicht

auf § 4 gestützt werden (vgl. BVerwG NJW 2019, 2556 (2561)). Für § 4 Abs. 1 S. 1 Nr. 3 muss, soweit er auf Art. 6 Abs. 1 UAbs. 1 lit. f DS-GVO verweist, auch ein **Verstoß gegen das Wiederholungsverbot** (vgl. Kühling/Martini ua DS-GVO und nationales Recht, 6 ff.) angenommen werden; auch Nr. 2 ist in Bezug auf nichtöffentliche Stellen problematisch. Abgesehen von der DS-GVO (vgl. Art. 9 DS-GVO; Schneider ZD 2018, 463) und letztlich der GRC sind für die private Videoüberwachung – über Art. 88 DS-GVO – auch § 26 BDSG (Arbeitsplatz) und weiterhin Art. 8 EMRK beachtlich und streitbare Bezugspunkte (vgl. EMRK NZA 2019, 1697; Hembach NJW 2020, 128 (130); Körner NZA 2020, 25 (28 f.)). Bedenklich ist die scheinbar konstitutive Regelung im BDSG auch, weil der Blick auf die Anwendungslage nach Art. 51 Abs. 1 S. 1 GRC verstellt werden kann und Anwendung und Auslegung des § 4 im Lichte des Grundgesetzes unzureichend wären. Daher ist es besser, § 4 nur insoweit nicht anzuwenden, als er Art. 6 DS-GVO entgegensteht (vgl. jedoch Wilhelm BeckOK DatenschutzR § 4 BDSG Rn. 19).

§ 4 Abs. 1 S. 1, Abs. 3 S. 1 und Abs. 5 wurde durch das 2. DSAnpUG-EU **6** (kritisch Kipker DuD 2019, 371) insoweit aus redaktionellen Gründen geändert (vgl. BT-Drs. 19/4674, S. 210) und dadurch an die Begrifflichkeiten der DS-GVO angepasst, als die Wörter „der betroffenen Personen" die Wörter „der Betroffenen" ersetzten.

B. Zulässigkeit der Videoüberwachung (Abs. 1)

I. Zulässigkeitstatbestände mit Abwägungsentscheidung (S. 1)

1. Überwachung öffentlich zugänglicher Räume mit optisch-elektronischen Einrichtungen

Die Aufnahme muss nicht als fortlaufende Aufzeichnung angelegt sein. Jede **7** elektronische Bildaufnahme fällt darunter, so auch bildgebende „Radarfallen" und das jagdliche Hilfsmittel der Wildkamera, welche zB an Kirrungen angebracht wird (die iF nichtöffentlicher Stellen nicht unter die Haushaltsausnahme des Art. 2 Abs. 2 lit. c DS-GVO fallen; vgl. Starnecker, in: Gola/Heckmann BDSG, § 4 Rn. 17: keine Haushaltsausnahme des § 1 Abs. 1 S. 2 Hs. 2), sowie die – wenig realistische, aber denkbare – Einzelaufnahme auf der Grdl. einer gewillkürten Entsch.

„Öffentlich zugänglich" macht die Anwendung nicht von den Eigentums- **8** oder Besitzverhältnissen abhängig. Insbes. ist ein einem beschränkten Publikum tatsächlich zugänglicher Bereich bereits öffentl. zugänglich, dh nicht nur Behörden, Einkaufszentren und Sportstätten, die zT nur mit einer bes. Berechtigung (zB Mitgliedschaft, gegen Entgelt) zugänglich sind: Verkaufsflächen fallen darunter, nicht hingegen Lagerräume, die nur beschäftigten Personen zugänglich sind; zugleich ist die Videoüberwachung von Beschäftigten besonders heikel und sicher nicht im Wege eines Erst-recht-Schlusses leichter zu rechtfertigen (vgl. Venetis NJW 2016, 1051). Auch der Wald ist öffentl. zugänglich, grds. auch außerhalb der Wege (vgl. § 14 Abs. 1 BWaldG).

9 Öffentl. zugänglich sind zudem nicht nur die Flächen vor, sondern auch die Flächen auf einem Grundstück, und zwar bis zu dem Punkt, an dem die Öffentlichkeit erkennbar ausgeschlossen ist, im Falle einer Wohnbebauung also möglicherweise erst an der Haustür bei Einfamilienhäusern und der Wohnungstür bei Anlagen mit mehreren Bewohnern, so dass das Treppenhaus als öffentl. zugänglich behandelt werden muss. Sobald ein Raum nicht öffentl. zugänglich ist, richtet sich die Zulässigkeit der Videoüberwachung nicht nach § 4 – unabhängig von der Frage, was dieser iRd unionsrechtlichen Möglichkeiten überhaupt leisten kann –, sondern nach Art. 6 Abs. 1 UAbs. 1 DS-GVO und den jeweils spezifischen Regelungen, etwa denen des Beschäftigtendatenschutzes.

2. § 4 Abs. 1 als Vorschrift iSd Art. 6 Abs. 1 UAbs. 1 lit. c, e, Abs. 2, 3 DS-GVO

10 § 4 Abs. 1 S. 1 regelt nur einen Ausschnitt von Zulässigkeitstatbeständen, die eine Videoüberwachung ermöglichen, indem er die Regelungsbefugnis nach Art. 6 Abs. 1 UAbs. 1 lit. c, e, Abs. 2, 3 DS-GVO in Anspruch nimmt. Der Wortlaut („nur") kann die Tatbestände des Art. 6 Abs. 1 UAbs. 1 DS-GVO iÜ nicht überspielen (vgl. Stellungn. Piltz, Innenausschuss Prot. BDSG, 75, der iRd Anhörung vorschlug, das Wort „nur" durch „insbesondere" zu ersetzen). Wegen des Anwendungsvorrangs der DS-GVO ist diese Unionsrechtswidrigkeit in der Praxis nur dann ohne Bedeutung, wenn die anderen Zulässigkeitstatbestände des Art. 6 Abs. 1 UAbs. 1 DS-GVO auch gesehen werden: So ist es nicht ausgeschlossen, dass auf der Grdl. einer Einwilligung per Video überwacht wird (vgl. etwa die Konstellation in VG Saarlouis v. 29.1.2016, Az. 1 K 1122/14).

3. Der beschränkte Eigenwert des § 4 Abs. 1 gegenüber Art. 6 Abs. 1 UAbs. 1 DS-GVO

11 Zieht man Art. 6 Abs. 1 UAbs. 1 DS-GVO als Maßstab für die Videoüberwachung heran, so lässt sich die Struktur des § 4 Abs. 1 erschließen. So verweisen § 4 Abs. 1 S. 1 Nr. 1 inhaltlich auf Art. 6 Abs. 1 UAbs. 1 lit. e DS-GVO und § 4 Abs. 1 S. 1 Nr. 3 auf Art. 6 Abs. 1 UAbs. 1 lit. f DS-GVO. § 4 Abs. 1 S. 1 Nr. 2 stellt sich als Unterfall der Nr. 1 oder der Nr. 3 dar: Soweit die Wahrnehmung des Hausrechts öffentl. Stellen im Raum steht, ist Nr. 2 der Nr. 1 zuzuordnen; soweit das private Hausrecht wahrgenommen wird und zum Zwecke seiner Ausübung Videoüberwachung eingesetzt wird, ist Nr. 2 als eine Typisierung zu betrachten, wie sie sich auch aus Nr. 3 ergeben könnte. Für alle drei Nummern sind also Überschneidungen mit dem Ausgangstext der unmittelbar geltenden DS-GVO erkennbar; für diese Teile genügt die DS-GVO sich selbst und bedarf nicht einer Paraphrasierung oder auch nur Wiederholung in mitgliedstaatlichen Rechtsvorschriften. Dies gilt auch für Hs. 2, dessen materiell-rechtlicher Gehalt für die Nr. 3 auf Art. 6 Abs. 1 UAbs. 1 lit. f DS-GVO und iÜ auf Art. 6 Abs. 3 S. 2, 4 DS-GVO Bezug nimmt. Der Abwägungsvorgang, den Art. 6 Abs. 1 UAbs. 1 DS-GVO nur in lit. f vorsieht, ergibt sich daraus nur mittelbar, indem auf die Verhältnismäßigkeit der Maßnahme abgestellt wird.

Daher ist die Annahme vertretbar, dass § 4 Abs. 1 ein **Eigenwert** zu-   **12** kommt, auch wenn die Anforderungen an Videoüberwachung als bes. Form der Datenverarbeitung aus verschiedenen Regelungsteilen des Art. 6 DS-GVO, zT unter Rückgriff auf Art. 5 DS-GVO, zusammengesetzt werden könnte und für die Videoüberwachung durch öffentl. Stellen unabhängig von Art. 6 DS-GVO der Grundsatz der Verhältnismäßigkeit immer gilt. § 4 konkretisiert die – nur vermeintlich abwägungsfreien – Zulässigkeitstatbestände des Art. 6 Abs. 1 UAbs. 1 lit. c, d und e DS-GVO (anders Bergfink, 161, der auf die Gefahr schrankenloser Eingriffe in Betroffenenrechte verweist).

4. Die einzelnen Zulässigkeitstatbestände

Abs. 1 S. 1 regelt die Zulässigkeit der Videoüberwachung durch öffentl.   **13** Stellen (Nr. 1, 2) und – ohne dazu berechtigt zu sein – durch nicht öffentl. Stellen (Nr. 2, 3). Dass Nr. 3 nicht auch öffentl. Stellen privilegiert, ist auf deren Orientierung an Art. 6 Abs. 1 UAbs. 1 lit. f DS-GVO zurückzuführen, der nach Art. 6 Abs. 1 UAbs. 2 DS-GVO für Behörden in Erfüllung ihrer Aufgaben nicht gilt.

a) Zur Erfüllung der Aufgaben öffentlicher Stellen (Nr. 1). Soweit die   **14** Videoüberwachung der Erfüllung der Aufgaben einer öffentl. Stelle dient (Nr. 1), sind **fachgesetzliche Regelungen vorrangig.** Denn ungeachtet der Frage, ob § 4 nicht lediglich eine raum- bzw. anlagenbezogene und keine verhaltensbezogene Überwachung erlaubt, greift der Wesentlichkeitsgrundsatz, der es ausschließt, eine Videoüberwachung als eingriffsintensive Maßnahme lediglich auf eine Aufgabe und eine Abwägung zu stützen. Spezifische Regelungen enthalten Polizeigesetze des Bundes (vgl. § 27 BPolG) und der Länder (vgl. § 21 Polizeigesetz BW; Art. 32 PAG Bayern; § 14 Abs. 3, 4, 6 HSOG; § 8 des Gesetzes über die Datenverarbeitung der Polizei Hamburg) sowie das Versammlungsgesetz (§§ 12a, 19a VersammlG). Für spezifische Aufzeichnungsmaßnahmen sind entspr. Regelungen rechtsstaatlich geboten, so etwa zum Einsatz von „Body-Cams" (vgl. § 14 Abs. 6 HSOG; speziell zu Bayern Starnecker, 41 ff.). Ein Rückgriff auf § 4 ist insoweit ausgeschlossen.

Damit bleibt für Nr. 1 nur ein schmaler Anwendungsbereich: Im Außen-   **15** einsatz werden zwar Bildaufnahmen angefertigt, aber es wird im Zweifel nicht (anhaltend) beobachtet, etwa wenn die Baubehörde Lichtbilder von baulichen Anlagen anfertigt. Auf den eigenen Flächen der öffentl. Stellen – sozusagen im Innendienst – wird die Videoüberwachung weniger der Erfüllung der Aufgabe als vielmehr der Ausübung des Hausrechts (Nr. 2) dienen, wenn etwa öffentl. Gebäude und zugehörige Parkplätze oder Lagerplätze für Betriebsmittel (Autobahnmeisterei, Betriebshöfe) überwacht werden, jedoch auch dies wegen des Grundsatzes der Verhältnismäßigkeit allenfalls anlassbezogen.

b) Zur Wahrnehmung des Hausrechts (Nr. 2). Das Hausrecht (Nr. 2)   **16** berechtigt öffentl. wie nicht öffentl. Stellen; die Zulässigkeit der Videoüberwachung durch letztgenannte bemisst sich jedoch unmittelbar nach Art. 6 Abs. 1 UAbs. 1 lit. f DS-GVO. Zweifelhaft ist es, bei der Ausübung des Hausrechts danach zu differenzieren, ob es der Sicherstellung der Funktionsfähigkeit der öffentl. Stelle bei der Erfüllung seiner Aufgabe oder ob es dem Schutz der Mitarbeiter vor der Ansprache in ihrer Eigenschaft als Privatpersonen dient. Überlagert wird die Unterscheidung von der Erforderlichkeit der Videoüberwachung, und diese wird nur bei tatsächlichen Anhaltspunkten gegeben sein. Eine anlassunabhängige Videoüberwachung der Räumlichkeiten einer öffentl. Stelle wird nicht erforderlich sein. Zudem sind iRd Prüfung der **Angemessenheit** auch die Interessen der betroffenen Personen, etwa der Beschäftigten und des Publikumsverkehrs iÜ, zu berücksichtigen.

17   **c) Zur Wahrnehmung berechtigter Interessen (Nr. 3).** Nach dem Wortlaut können **berechtigte Interessen** (Nr. 3) ebenfalls die Zulässigkeit begründen, was die Bestimmung der Zwecke der Verarbeitung und deren Dokumentation voraussetzt. Für Nr. 1 und Nr. 2 ist dies nicht vorgesehen, weil sich der Zweck dort aus der Vorschr. ergibt (Zweck der Erfüllung der Aufgabe bei Nr. 1, Ausübung des Hausrechts bei Nr. 2). Insoweit ist jedoch auf die Struktur und die Anforderungen des Art. 6 Abs. 1 UAbs. 1 lit. f DS-GVO zu verweisen (→ DS-GVO Art. 6 Rn. 26 ff.): Die Zulässigkeit der Videoüberwachung zu privaten Zwecken richtet sich nach dieser Vorschrift (BVerwG NVwZ 2019, 1126 (1131): „kein Raum für eine künftige Anwendung" des § 4 Abs. 1 S. 1). Berechtigte Interessen müssen deutlich herausgearbeitet werden, um eine Überwachung rechtfertigen und sich gegen entgegenstehende Interessen der betroffenen Personen durchsetzen zu können.

5. Erforderlichkeit

18   Die Videoüberwachung muss erforderlich sein, um die Zwecke der Nr. 1, 2 oder 3 zu erreichen. ISd **Verhältnismäßigkeit** setzt dies voraus, dass kein gleich geeignetes, aber für die betroffene Person milderes Mittel vorhanden ist, um den Zweck zu erreichen. Auf die Zumutbarkeit für die verantwortliche Stelle kommt es nicht an. Daher sind personalintensive Einsatzkonzepte, die die präventive wie auch repressive Wirkung anwesender Personen in den Mittelpunkt stellen, nicht per se ausgeschlossen, um im Einzelfall als mildere Mittel zur Vfg. zu stehen. Gerade mit Blick auf die Präventivwirkung ist die Anwesenheit eines Amtsträgers idR im Vergleich zur laufend aufzeichnenden Videoüberwachung der mildere Eingriff. Auch kann er personenbezogene Daten zwar erfassen, aber nicht in gleichem Umf. speichern und auswerten wie die Videoüberwachungstechnik, ist insoweit also datenschutzfreundlicher.

19   So ist die gesetzgeberische Entsch., die Frage der Erforderlichkeit auf den Einzelfall zu verschieben, widersprüchlich: Wenn der Gesetzgeber Videoüberwachung als ein wirksames Mittel für die Gefahrenabwehr und die Strafverfolgung betrachtet und den Einsatz sicherstellen möchte, muss er selbst diesen Vorrang zum Ausdruck bringen. Dies schließt die Einhaltung der Datenschutzgrundsätze und den Schutz der betroffenen Personen durch technische Maßnahmen nicht aus. Nur muss sich der parlamentarische Gesetzgeber, der demokratisch unmittelbar legitimiert ist, nicht in gleicher Weise für eine abs-

trakt-generelle Regelung rechtfertigen wie sich eine Behörde für eine Maßnahme im Einzelfall rechtfertigen muss – und es jedenfalls unter Hinweis auf
die beschränkten (Personal)Mittel auch nicht kann.

Wenn man gerade die Möglichkeit der Auswertung, die idR die Speiche-   **20**
rung voraussetzt, als wesentliche Eigenschaft definiert, ist der Personaleinsatz
nicht gleich geeignet wie die Videoüberwachung mit Speicherung. Jedoch
kann die Bestreifung eines Geländes durch Personal präventiv und repressiv
ebenso geeignet sein, wie die flächendeckende Videoüberwachung, auch
wenn die Streife anders als die Videoüberwachung nicht zur selben Zeit an
allen Orten anwesend ist.

Im Bereich des Einsatzes der Videoüberwachung zur Wahrnehmung eines   **21**
berechtigten Interesses, einschl. des Hausrechts (Nr. 2), durch nicht öffentl.
Stellen ist die Erforderlichkeit ebenso zu hinterfragen, wenngleich hier der
Grundsatz der Verhältnismäßigkeit als ein das Staat/Bürger-Verhältnis prägender Maßstab (vgl. BVerfGE 16, 194 (201 f.) – Liquorentnahme (1963); BVerf-
GE 17, 108 (117) – Hirnkammerluftfüllung (1963)) nicht gilt. Unzweifelhaft
muss der festgelegte Zweck mit der Überwachung überhaupt erreicht werden
können, was die Eignung der Maßnahme voraussetzt. Als Maßstab kann hier
indes die Zumutbarkeit fruchtbar gemacht werden, um die Erforderlichkeit
zu beurteilen. So ist ein Türspion an der Wohnungstür zumutbar und der
daher nicht erforderlichen Videoüberwachung vorzuziehen. An der Außentür
eines Grundstücks ist ein Türspion zwar nicht erreichbar, eine Gegensprech-
anlage ohne Bildgebung ist dort zwar grds. geeignet, um die Identität einer
Person festzustellen und so den Zugang zu kontrollieren. Eine Gegensprech-
anlage mit Bildgebung eignet sich gleichwohl besser, ohne letzte Zweifel
ausräumen zu können.

6. Abwägung

Die durch S. 1 aE vorgegebene **Abwägungsentscheidung** setzt eine be-   **22**
stimmte Gestaltungshöhe voraus. Diese kann nur erreicht werden, wenn der
Kreis der möglicherweise Betroffenen benannt, ihre Interessen identifiziert
und deren Schutzwürdigkeit beurteilt wird, bevor die Videoüberwachung
eingesetzt wird. Hier realisiert sich die Anforderung eines ganzheitlichen,
nachhaltigen Datenschutzmanagements (→ DS-GVO Art. 5 Rn. 52) mit
entspr. Dokumentationspflichten. Ein Ausfall der Abwägung wie auch eine
fehlerhafte Ermittlung, Gewichtung der Interessen sowie ein Missverhältnis
wird immer auf den Verantwortlichen zurückfallen.

II. Typisierung bei bes. Verkehrsflächen (S. 2)

Abs. 1 S. 2 übernimmt eine erst 2017 in § 6b Abs. 1 BDSG aufgenommene   **23**
Regelung, die von bes. Infrastrukturen auf besonders wichtige Interessen
schließen lässt. Damit wird die Überwachung dieser Infrastrukturen erleichtert, wenn diese Maßnahme dazu bestimmt ist, Leben, Gesundheit oder
Freiheit der anwesenden Personen zu schützen. Die Abwägung wird dadurch
geprägt (so BR-Drs. 110/17, Anl., 76), wenn nicht vorentschieden (zum

ÖPNV als krit. Infrastruktur vgl. Bergfink, 13 ff.). Dies ist insoweit problematisch, als S. 2 dem Wortlaut nach in erster Linie auf S. 1 Nr. 3 verweist und das Unionsrecht eine mitgliedstaatliche Vorentscheidung über die Abwägung durch Gesetz nicht vorsieht (vgl. Stellungn. Piltz, Innenausschuss Prot. BDSG, 76); in der Praxis wird es darauf ankommen, dass Abs. 1 S. 2 nicht pauschal und nicht vorschnell für einschlägig gehalten wird und dass immer auch zum Ausdruck kommt, dass die Maßstäbe der Art. 5, 6 DS-GVO ernstgenommen werden.

24   Die einzelne Anlage muss **großflächig** sein. Schon deshalb fällt die Reihung von Parkplätzen, wie sie entlang öffentl. Straßen typisch sind, nicht unter Abs. 1 S. 1 Nr. 1. Für Kaufhäuser, die sich von Einkaufszentren insoweit unterscheiden, als Produkte von ein und demselben Handelsunternehmen innerhalb eines nach außen einheitlich in Erscheinung tretenden Geschäftsraums angeboten werden, wird man die Großflächigkeit ebenso annehmen können wie für sog. Outlet-Stores, die sich dadurch auszeichnen, dass voneinander unabhängige Ladengeschäfte sich innerhalb eines einheitlichen Bebauungszusammenhangs befinden; dies ist für innerstädtische Fußgängerzonen trotz der Typizität ihrer Nutzung gerade nicht der Fall. Zudem soll es sich um eine **bauliche** Anlage handeln (so die Begr. des Entwurfs eines Gesetzes zur Änd. des BDSG – Videoüberwachungsverbesserungsgesetz, BR-Drs. 791/16, Anl., 4); einen Anhaltspunkt dafür bietet die Bedeutung des Wortes „Stätte", wie es in S. 2 Nr. 1 verwendet wird. Parkanlagen, die zB für Konzerte genutzt werden, werden damit nicht erfasst, auch nicht für den Fall, dass sie durch Zäune oÄ abgegrenzt werden.

25   **„Öffentlich zugänglich"** als qualitative Anforderung bedeutet, dass die Verkehrsfläche nicht nur einem eng bestimmten Nutzerkreis offenstehen darf, sondern einer – wenngleich möglicherweise fragmentierten – Öffentlichkeit, einem Publikum, zur Vfg. stehen muss. Dies schließt eine Zugangsbeschränkung, etwa durch Erhebung eines Entgelts, wie dies typischerweise bei Sport- und Vergnügungsstätten der Fall ist, nicht aus. Allerdings darf die Einrichtung nicht ausschl. im Verwaltungsgebrauch stehen; eine solche Konstellation ist für eine Sporthalle anzunehmen, die ausschl. von einer Schule genutzt wird. Ähnliches gilt für Sportanlagen privater Vereine ohne Publikumsverkehr (Tennisplatzanlage, Golfplatz), insbes. auch ohne Zuschauertribünen oÄ.

25a   Soweit Art. 6 Abs. 1 S. 1 lit. f DS-GVO der Maßstab für eine Videoüberwachung bleiben muss, kann S. 2 nicht mehr als einen **Orientierungspunkt** für die Ermittlung des berechtigten Interesses iSd DS-GVO darstellen. Die Wertigkeit der genannten Schutzgüter leuchtet unmittelbar ein. Daher ist es nicht abwegig, bei der Begründung und Beurteilung der Rechtmäßigkeit einer Videoüberwachung am Maßstab des Art. 6 Abs. 1 S. 1 lit. f DS-GVO S. 2 heranzuziehen – gleichzeitig hat bei diesen absoluten Werten der Bundesgesetzgeber ohnehin keinen Gestaltungsspielraum.

C. Kennzeichnungspflicht (Abs. 2)

Die Pflicht zur Kennzeichnung bekräftigt, dass die Videoüberwachung **offen** 26 durchgeführt wird. Sie ist von der Verpflichtung zur Information nach Abs. 4 und Art. 13 Abs. 1 DS-GVO zu unterscheiden. Die Kennzeichnung setzt gerade nicht voraus, dass jedes Aufnahmegerät unmittelbar erkennbar ist oder sogar optisch hervorgehoben wird (etwa durch ein Blinklicht). Kameras werden häufig – insbes. bei nachträglicher Einrichtung der Überwachungsanlage –, aber nicht immer erkennbar sein. Die Sichtbarkeit einzelner Kameras kann auch präventiv wirken; zudem kann die Transparenz der Videoüberwachung ihre **Akzeptanz** steigern (vgl. Kudlacek, 34 ff., 44 ff., 103 ff. mwN; Krempel, 99 ff.; Bretthauer, 260 ff.).

„**Frühestmöglich**" erfordert einen Hinweis, bevor eine Person den Be- 27 reich betritt, der auf diese Weise überwacht wird, also etwa am/über dem Eingang einer Anlage, und wenn bereits das Blickfeld auf den Eingang überwacht wird, noch vor dem Erreichen dieses Blickfelds. Nur so kann sie selbst entscheiden, ob sie den überwachten Bereich betreten (vgl. Stellungn. EAID, Innenausschuss Prot. BDSG, 46) oder ihr Verhalten iÜ danach ausrichten möchte. **Geeignet** ist eine Maßnahme zur Kennzeichnung nur, wenn der Umstand der Überwachung im Vorübergehen wahrgenommen werden kann, also offensichtlich ist. Dies erfordert eine ggü. dem Umfeld (zB Werbetafeln) abgesetzte grafische Gestaltung mit ausreichender Schriftgröße und ein den Hinweischarakter erhöhendes Piktogramm sowie eine dauerhafte Befestigung im zu erwartenden Blickfeld der betroffenen Personen. Zugleich muss der **örtliche Zusammenhang** sichergestellt sein; ein Hinweis auf AGB-Tafeln oder auf der Rückseite von Fahr- bzw. Eintrittskarten reicht nicht aus.

Dass die Kontaktdaten anzugeben sind (im Unterschied zu § 6b Abs. 2 28 BDSG aF: „Umstand der Beobachtung und die verantwortliche Stelle"), wird schon wegen der Praktikabilität krit. gesehen (vgl. Stellungn. Koch/Schmidt-Seidl, Innenausschuss Prot. BDSG, 334: „sprengt den umsetzbaren Rahmen"). Kontaktdaten muss jedoch nicht so verstanden werden, dass Adresse, Telefonnummer und E-Mail-Adresse anzugeben wären, vielmehr kommt es darauf an, dass über die Namensbezeichnung des Verantwortlichen hinaus eine Erreichbarkeit sichergestellt ist; denn der Name, etwa auch in Form eines Akronyms, muss nicht so aussagekräftig sein, dass dieser Verantwortliche auch ohne Weiteres erreicht werden kann. Es fehlt auch eine Verpflichtung, einen Hinweis zu geben oder – nachzeitig – Auskunft darüber zu erteilen, welche Verfahren für die Videoauswertung verwendet werden (vgl. Krempel, 105 ff.).

Die Pflicht zu vollständiger Kennzeichnung ist zur Effektivierung ebenso 29 erforderlich wie die Möglichkeit umgehender Sanktionen nach Art. 83 DS-GVO. Ansonsten könnte der Verantwortliche kalkuliert eine Grenzüberschreitung, einen Zustand „brauchbarer Illegalität" anstreben, der wegen der Defizite bei der Kontrolle und Sanktionierung kaum beseitigt werden wird.

D. Weitergehende Verarbeitung (Abs. 3)

30   Abs. 3 stellt die **zweite Stufe** der Videoüberwachung dar. Dabei unterscheidet er selbst zwei Maßnahmen: Speicherung und Verwendung. Rechtstatsächlich bildet die Speicherung mit der Beobachtung als solcher häufig eine Einheit, gerade in den Fällen, in denen Aufnahmen nicht in Echtzeit ausgewertet (also verwendet) werden, sondern die Auswertung vorbehalten bleiben soll. Typisches Bsp. ist die Aufzeichnung des Tankvorgangs an einer Tankstelle, die erst dann benötigt wird, wenn der Kunde nach dem Tankvorgang nicht zur Kasse geht oder zwar zur Kasse geht, dort aber vortäuscht, nicht getankt zu haben.

31   Erforderlich ist die **Zweckidentität** der Aufzeichnung und der Speicherung/Verwendung; die Aufzeichnung darf also ohne Speicherung/Verwendung den Zweck nicht erfüllen können. Für die Verwendung zu einem anderen Zweck müssen die Voraussetzungen des S. 2 erfüllt sein. Diese Norm knüpft an Art. 23 DS-GVO an, der über Art. 6 Abs. 4 DS-GVO zugänglich ist. Als spezielle Vorschr. hat § 4 Abs. 3 S. 2 Vorrang ggü. den §§ 23, 24 BDSG, die explizit auf Art. 23 DS-GVO gestützt werden. Gleichwohl reicht die öffentl. Sicherheit in Abs. 3 S. 2 weit, indem die Unversehrtheit der Rechtsordnung, Individualrechtsgüter sowie Bestand, Einrichtungen und Veranstaltungen des Staates (wofür auch die „staatliche Sicherheit" steht) zu Schutzgütern erklärt werden (vgl. zur Begrifflichkeit des Art. 23 DS-GVO → DS-GVO Art. 23 Rn. 17, 21 ff.), so dass sich die Frage erübrigt, ob der disparate, weitläufige Katalog des Art. 23 DS-GVO überhaupt eine Beschränkung der Schutzgüter des Abs. 3 S. 2 gebieten kann.

32   Bei Abs. 3 zeigt sich erneut, dass der Gesetzgebungsprozess auf das Bekannte – hier § 6b BDSG aF – setzt und die Regelung nur sehr oberflächlich auf die grundstürzende Änd. des Unionsrechts – von der DSRL zur DS-GVO – eingeht: Eine Anpassung wird insoweit dokumentiert, als Abs. 3 wegen des Art. 4 Nr. 2 DS-GVO auf die „Verwendung" und nicht mehr auf die „Nutzung" (§ 6b Abs. 3 S. 1 BDSG aF) abstellt (vgl. BR-Drs. 110/17, Anl., 76). Auf Art. 6, 23 DS-GVO und auf §§ 23, 24 wird nicht eingegangen.

E. Pflicht zur Information bestimmter Personen (Abs. 4)

33   Abs. 4 greift für den Fall, dass für Daten ein Personenbezug hergestellt wird. Nachdem in dieser Lage ohnehin personenbezogene Daten verarbeitet werden, ggf. sogar sensible Daten (vgl. Art. 9 DS-GVO), ist der Verweis auf Art. 13, 14 DS-GVO lediglich deklaratorisch. Die Einschränkung durch § 32 ist selbst im Lichte der Art. 13, 14 DS-GVO zu sehen und entfaltet für Abs. 4 nicht etwa dadurch Wirkung, dass eine Information wegen des Aufwands für die verantwortliche Stelle in einer Vielzahl von Fällen unterbleiben könne.

34   Die Regelung verdeutlicht, dass der Videoüberwachung zunächst lediglich die **Potentialität** zugeschrieben wird, Teil der Verarbeitung personenbezogener Daten zu sein. Die Möglichkeit wird realisiert, indem die Daten nachzeitig zugeordnet werden. Die Nachzeitigkeit ist in den Fällen (noch) realistisch, in denen für die einzelnen Personen nicht bereits Daten hinterlegt sind, die einen Abgleich ermöglichen. Für eine Konstellation der Videoüberwachung des öffentl. Raums wird dies (noch) typisch sein. Mit der Zunahme der Speicher- und Verarbeitungskapazität und der Abnahme des Kreises der betroffenen Personen – insbes. außerhalb öffentl. Verkehrsflächen, etwa auf Betriebsgeländen – wird der Zeitabstand zu einer potentiellen Auswertung jedoch verringert und ggf. ganz aufgehoben, so dass der Datenbezug in Echtzeit hergestellt werden kann. Damit greift die Informationspflicht deutlich früher als in den herkömmlichen Konstellationen.

IÜ kann ein Personenbezug auch dadurch hergestellt werden, dass ermittelt **35** wird, wer gerade nicht von einer Videoüberwachung erfasst wurde. Die Auswertung nach dem **Ausschlussprinzip** kann diskriminierende Wirkung entfalten und grundrechtsintensiv sein. Zwar wird der Tatbestand des Abs. 4 in solchen Fällen nicht direkt verwirklicht. Die Zulässigkeit dieser Auswertung ist jedoch am Maßstab des Datenschutzrechts zu beurteilen, und dies unter Rückgriff auf die Grundsätze nach Art. 5 DS-GVO.

F. Löschung (Abs. 5)

Auch wegen der bloßen Potentialität einer Verwendung der Daten setzt **36** Abs. 5 das um, was Art. 5 DS-GVO bereits vorgibt: Das Medium der Videoüberwachung ist durch seine **Bildauflösung** inzwischen so detailgenau (vgl. McLuhan, 24 ff.), dass der Personenbezug in den Daten angelegt ist. Die **Speicherkapazität** ist nicht mehr in einer Weise begrenzt, dass die Löschung aus technischen Gründen wenn nicht zwingend, so doch naheliegend wäre.

Die Daten des Abs. 5 sind diejenigen, die nach Abs. 1 erhoben wurden, **37** nicht erst diejenigen, die nach Abs. 4 verknüpft wurden. Betroffen ist eine Person bereits dann, wenn Daten durch Videoüberwachung erhoben wurden, nicht erst dann, wenn sie auch mit dieser Person verknüpft wurden. Der Betroffene des Abs. 5 ist insoweit ein unbenannter Betroffener, mit dem bereits Abs. 1 operiert.

Die Formulierung bringt die **Präferenz** für die weitere Speicherung da- **38** durch zum Ausdruck, dass die Daten nicht mehr erforderlich sind oder schutzwürdige Interessen des Betroffenen entgegenstehen. Damit ist der Verantwortliche nicht hinsichtlich der fortgesetzten Speicherung rechtfertigungspflichtig, sondern derjenige, der die Löschpflicht geltend macht, sei es der betriebliche DSB, die ASB oder der potentiell Betroffene. Die Grundsätze der Speicherbegrenzung und der Datensparsamkeit nach Art. 5 DS-GVO werden hier als Optimierungsaufgaben kaum erfüllt.

G. Ausblick

§ 4 tradiert das BDSG aF als eine mitgliedstaatlich vermeintlich souverän **39** getroffene Regelung. Die Rückanknüpfung an der bisherigen Regelung ist

evident. Die Verpflichtung, die **Konformität** mit der DS-GVO sicherzustellen, wird nur vordergründig zum Ausdruck gebracht. Gleichzeitig wird mit
§ 4 die Technologieneutralität der DS-GVO, die einer eigenständigen Regelung der Videoüberwachung entgegensteht, doch ein Stück weit kompensiert.
Die Norm steht für eine öffentl. wahrgenommene, im Vergleich zu personal-
intensiven Einsatzkonzepten kostengünstige Maßnahme, mit der das Bedürfnis
nach Sicherheit befriedigt werden soll; insoweit hat sie auch symbolischen
Charakter. Dies geht zugleich mit einem absehbaren **Vollzugsdefizit** einher.
Die Gefahr, „eine richtige Sozialpflege mit gepflegten Grünflächen" zu verwechseln (Diederichsen, 37), wird weder durch die Regelung noch durch die
Ausweitung der Videoüberwachung verringert.

Kapitel 3. Datenschutzbeauftragte öffentlicher Stellen

§ 5 Benennung

(1) ¹Öffentliche Stellen benennen eine Datenschutzbeauftragte oder einen Datenschutzbeauftragten. ²Dies gilt auch für öffentliche Stellen nach § 2 Absatz 5,
die am Wettbewerb teilnehmen.

(2) Für mehrere öffentliche Stellen kann unter Berücksichtigung ihrer Organisationsstruktur und ihrer Größe eine gemeinsame Datenschutzbeauftragte oder ein
gemeinsamer Datenschutzbeauftragter benannt werden.

(3) Die oder der Datenschutzbeauftragte wird auf der Grundlage ihrer oder
seiner beruflichen Qualifikation und insbesondere ihres oder seines Fachwissens
benannt, das sie oder er auf dem Gebiet des Datenschutzrechts und der Datenschutzpraxis besitzt, sowie auf der Grundlage ihrer oder seiner Fähigkeit zur
Erfüllung der in § 7 genannten Aufgaben.

(4) Die oder der Datenschutzbeauftragte kann Beschäftigte oder Beschäftigter
der öffentlichen Stelle sein oder ihre oder seine Aufgaben auf der Grundlage eines
Dienstleistungsvertrags erfüllen.

(5) Die öffentliche Stelle veröffentlicht die Kontaktdaten der oder des Datenschutzbeauftragten und teilt diese Daten der oder dem Bundesbeauftragten für
den Datenschutz und die Informationsfreiheit mit.

EU-Recht: Art. 37 DS-GVO (kommentiert unter → DS-GVO Art. 37
Rn. 1 ff.), Art. 32 JI-RL.

Literatur: s. Literatur zu Art. 37 DS-GVO; *Baumgartner/Hansch,* Der betriebliche
Datenschutzbeauftragte – Best Practices und offene Fragen, ZD 2019, 99; *BfDI,* Info 04,
Die Datenschutzbeauftragten in Behörden und Betrieben, Stand: Januar 2020; *Gola,* Aus
den aktuellen Berichten und Informationen der Aufsichtsbehörden (39); Spezielles zu
(behördlichen) Datenschutzbeauftragten, RDV 2019, 28; *Gundermann,* Die neue EU-
Datenschutz-Grundverordnung – was ändert sich bei der Datenverarbeitung durch Kom-
munen? – Teil 2: Rechte der Betroffenen, organisatorische Vorgaben, Aufsichtsbehörden,
Die Gemeinde SH 2018, 177.

A. Allgemeines

Die Vorschr. setzt Art. 32 JI-RL um. Sie übernimmt wortgleich, mit lediglich **1** redaktionellen Anpassungen, die Regelung des Art. 37 DS-GVO. Damit gelten die Vorgaben der DS-GVO auch für Datenverarbeitungen, die in den Anwendungsbereich der JI-RL fallen und die nicht unter das Unionsrecht fallen. Ziel des Gesetzgebers war es, die Vorgaben für die Bestellung von Datenschutzbeauftragten in der Bundesverwaltung einheitlich zu gestalten (BT-Drs. 18/11325, 81).

B. Benennung von Datenschutzbeauftragten

Die Vorschr. gestaltet die Anforderungen und die Modalitäten der Benen- **2** nung von Datenschutzbeauftragten öffentl. Stellen näher aus. Sie übernimmt dafür die Regelungen der DS-GVO.

Abs. 1 regelt die **Pflicht zur Benennung** entspr. Art. 37 Abs. 1 lit. a DS- **3** GVO (→ DS-GVO Art. 37 Rn. 6 f.) und Art. 32 Abs. 1 JI-RL. Abs. 2 erlaubt es, entspr. Art. 37 Abs. 3 DS-GVO (→ DS-GVO Art. 37 Rn. 11) und Art. 32 Abs. 3 JI-RL, den öffentl. Stellen ausdr., für mehrere Stellen einen **gemeinsamen Datenschutzbeauftragten** zu bestellen (zur Kapazitätsgrenze Gundermann, Die Gemeinde SH 2018, 174 (177); BfDI, Info 04, S. 24 zur Freistellung). Abs. 3 regelt die Anforderungen an die **Qualifikation der Datenschutzbeauftragten** und entspricht wörtlich Art. 37 Abs. 5 DS-GVO sowie Art. 32 Abs. 2 JI-RL. Auf die Kommentierung zu Art. 37 (→ Art. 37 DS-GVO Rn. 13) wird verwiesen. Abs. 4 erlaubt es, entsprechend Art. 37 Abs. 6 DS-GVO (→ DS-GVO Art. 37 Rn. 14 f.) und abw. vom bisher geltenden Recht (§ 4f Abs. 2 S. 4 BDSG aF), öffentl. Stellen ausdr., auch Personen als **externe Datenschutzbeauftragte** zu benennen, die selbst nicht der öffentl. Verwaltung angehören. Die Pflicht nach Abs. 5, **Kontaktdaten** des Datenschutzbeauftragten zu veröffentlichen und an die / den BfDI zu melden, entspricht wörtlich Art. 37 Abs. 7 DS-GVO und Art. 32 Abs. 4 JI-RL. Auf die Kommentierung zu Art. 37 DS-GVO (→ DS-GVO Art. 37 Rn. 17) wird verwiesen.

§ 6 Stellung

(1) Die öffentliche Stelle stellt sicher, dass die oder der Datenschutzbeauftragte ordnungsgemäß und frühzeitig in alle mit dem Schutz personenbezogener Daten zusammenhängenden Fragen eingebunden wird.

(2) Die öffentliche Stelle unterstützt die Datenschutzbeauftragte oder den Datenschutzbeauftragten bei der Erfüllung ihrer oder seiner Aufgaben gemäß § 7, indem sie die für die Erfüllung dieser Aufgaben erforderlichen Ressourcen und den Zugang zu personenbezogenen Daten und Verarbeitungsvorgängen sowie die

zur Erhaltung ihres oder seines Fachwissens erforderlichen Ressourcen zur Verfügung stellt.

(3) [1] Die öffentliche Stelle stellt sicher, dass die oder der Datenschutzbeauftragte bei der Erfüllung ihrer oder seiner Aufgaben keine Anweisungen bezüglich der Ausübung dieser Aufgaben erhält. [2] Die oder der Datenschutzbeauftragte berichtet unmittelbar der höchsten Leitungsebene der öffentlichen Stelle. [3] Die oder der Datenschutzbeauftragte darf von der öffentlichen Stelle wegen der Erfüllung ihrer oder seiner Aufgaben nicht abberufen oder benachteiligt werden.

(4) [1] Die Abberufung der oder des Datenschutzbeauftragten ist nur in entsprechender Anwendung des § 626 des Bürgerlichen Gesetzbuchs zulässig. [2] Die Kündigung des Arbeitsverhältnisses ist unzulässig, es sei denn, dass Tatsachen vorliegen, welche die öffentliche Stelle zur Kündigung aus wichtigem Grund ohne Einhaltung einer Kündigungsfrist berechtigen. [3] Nach dem Ende der Tätigkeit als Datenschutzbeauftragte oder als Datenschutzbeauftragter ist die Kündigung des Arbeitsverhältnisses innerhalb eines Jahres unzulässig, es sei denn, dass die öffentliche Stelle zur Kündigung aus wichtigem Grund ohne Einhaltung einer Kündigungsfrist berechtigt ist.

(5) [1] Betroffene Personen können die Datenschutzbeauftragte oder den Datenschutzbeauftragten zu allen mit der Verarbeitung ihrer personenbezogenen Daten und mit der Wahrnehmung ihrer Rechte gemäß der Verordnung (EU) 2016/679, diesem Gesetz sowie anderen Rechtsvorschriften über den Datenschutz im Zusammenhang stehenden Fragen zu Rate ziehen. [2] Die oder der Datenschutzbeauftragte ist zur Verschwiegenheit über die Identität der betroffenen Person sowie über Umstände, die Rückschlüsse auf die betroffene Person zulassen, verpflichtet, soweit sie oder er nicht davon durch die betroffene Person befreit wird.

(6) [1] Wenn die oder der Datenschutzbeauftragte bei ihrer oder seiner Tätigkeit Kenntnis von Daten erhält, für die der Leitung oder einer bei der öffentlichen Stelle beschäftigten Person aus beruflichen Gründen ein Zeugnisverweigerungsrecht zusteht, steht dieses Recht auch der oder dem Datenschutzbeauftragten und den ihr oder ihm unterstellten Beschäftigten zu. [2] Über die Ausübung dieses Rechts entscheidet die Person, der das Zeugnisverweigerungsrecht aus beruflichen Gründen zusteht, es sei denn, dass diese Entscheidung in absehbarer Zeit nicht herbeigeführt werden kann. Soweit das Zeugnisverweigerungsrecht der oder des Datenschutzbeauftragten reicht, unterliegen ihre oder seine Akten und andere Dokumente einem Beschlagnahmeverbot.

EU-Recht: Art. 38 Abs. 1–5 DS-GVO (kommentiert unter → DS-GVO Art. 38 Rn. 1 ff.), Art. 33 JI-RL

Literatur: s. Literatur zu Art. 38 DS-GVO; *Baumgartner/Hansch,* Der betriebliche Datenschutzbeauftragte – Best Practices und offene Fragen, ZD 2019, 99; *BfDI,* Info 04, Die Datenschutzbeauftragten in Behörden und Betrieben, Stand: Januar 2020; *Gola,* Aus den aktuellen Berichten und Informationen der Aufsichtsbehörden (39); Spezielles zu (behördlichen) Datenschutzbeauftragten, RDV 2019, 28; *Gundermann,* Die neue EU-Datenschutz-Grundverordnung – was ändert sich bei der Datenverarbeitung durch Kommunen? – Teil 2: Rechte der Betroffenen, organisatorische Vorgaben, Aufsichtsbehörden, Die Gemeinde SH 2018, 177.

A. Allgemeines

§ 7 regelt die Stellung der behördlichen Datenschutzbeauftragten und über- **1**
nimmt überw. die Vorschr. der DS-GVO und der JI-RL. Zur Abberufung
der Datenschutzbeauftragten und zu deren Verschwiegenheitsverpflichtungen
und -rechten werden diese durch nationale Ausfüllungsregelungen ergänzt
und konkretisiert.

B. Stellung der Datenschutzbeauftragten (Abs. 1–3)

Abs. 1 regelt die frühzeitige **Einbindung** des Datenschutzbeauftragten und **2**
entspricht Art. 38 Abs. 1 DS-GVO (→ DS-GVO Art. 38 Rn. 4) sowie
Art. 33 Abs. 1 JI-RL. Die **Unterstützung** durch die verantwortliche Stelle
durch Bereitstellung von **Ressourcen** und den Zugang zu den Datenverarbeitungsvorgängen in Abs. 2 entspricht Art. 38 Abs. 2 DS-GVO (→ DS-
GVO Art. 38 Rn. 5 ff.; zur Freistellung s. auch BfDI, Info 04, S. 24) und
Art. 33 Abs. 2 JI-RL. Abs. 3 entspricht Art. 38 Abs. 3 DS-GVO (→ DS-
GVO Art. 38 Rn. 9). Die darin enthaltenen Vorgaben für die **Weisungsfreiheit des Datenschutzbeauftragten** finden in der JI-RL keine Entsprechung. Es bedurfte daher der nationalen Regelung des § 6 Abs. 3, um einheitliche Standards für Datenschutzbeauftragte in der Verwaltung des Bundes
herzustellen.

C. Abberufungsverbot (Abs. 4)

Abs. 4 ist eine nationale Ausgestaltung, die keine Entsprechung in der DS- **3**
GVO und in der JI-RL hat. Es handelt sich um eine arbeitsrechtliche Rege-
lung, die erg. zu den Vorgaben der DS-GVO beibehalten werden konnte
(BT-Drs. 18/11325; ausf. Bergt in Kühling/Buchner BDSG § 6 Rn. 11).
Inhaltlich gestaltet sie das **Verbot der Abberufung** des Art. 38 Abs. 3 S. 2
DS-GVO (→ DS-GVO Art. 38 Rn. 10) näher aus. Sie entspricht § 4f Abs. 4
BDSG aF. Eine Abberufung ist nur unter engen Voraussetzungen möglich,
und zwar bei Vorliegen eines wichtigen Grundes iSd § 626 BGB, der eine
fristlose Kündigung des Arbeitsverhältnisses rechtfertigt. Auch das **Arbeitsverhältnis** des Datenschutzbeauftragten selbst wird durch S. 2 während und
nach S. 3 auch für die Dauer von einem Jahr nach der Bestellung geschützt.
Eine Kündigung ist ebenfalls nur bei Vorliegen eines wichtigen Grundes für
eine fristlose Kündigung möglich.

D. Verschwiegenheit und Zeugnisverweigerung (Abs. 5 und 6)

Das **Anrufungsrecht** des Abs. 5 S. 1 entspricht Art. 38 Abs. 4 DS-GVO **4**
(→ DS-GVO Art. 38 Rn. 12). S. 2 entspricht Art. 38 Abs. 5 DS-GVO, der
auf die nationalen Vorschr. der Mitgliedstaaten zur Wahrung der **Geheim-**

haltung und Vertraulichkeit verweist (→ DS-GVO Art. 38 Rn. 13). S. 2 stellt eine nationale Vorschr. idS dar. Inhaltlich entspricht sie § 4f Abs. 4a BDSG aF. Die JI–RL enthält keine Vorgaben für Geheimhaltung und Vertraulichkeit. Auch hier dient § 6 der Schaffung einheitlicher Vorgaben für die Verwaltung des Bundes. Bei dem **Zeugnisverweigerungsrecht** des Abs. 6 handelt es sich ebenfalls um eine nationale Vorschr. iSd Art. 38 Abs. 5 DS-GVO. Inhaltlich entspricht die Regelung § 4f Abs. 4a BDSG aF. Sie gilt für DSB von **Berufsgeheimnisträgern.** Der Datenschutzbeauftragte erhält durch Abs. 6 ein vom Verantwortlichen abgeleitetes Zeugnisverweigerungsrecht. Unterlagen unterliegen einem Beschlagnahmeschutz. Über die Ausübung entscheidet der Berufsgeheimnisträger, da die Verfügungsbefugnis über das Berufsgeheimnis ausschl. bei ihm liegt.

§ 7 Aufgaben

(1) [1] Der oder dem Datenschutzbeauftragten obliegen neben den in der Verordnung (EU) 2016/679 genannten Aufgaben zumindest folgende Aufgaben:
1. Unterrichtung und Beratung der öffentlichen Stelle und der Beschäftigten, die Verarbeitungen durchführen, hinsichtlich ihrer Pflichten nach diesem Gesetz und sonstigen Vorschriften über den Datenschutz, einschließlich der zur Umsetzung der Richtlinie (EU) 2016/680 erlassenen Rechtsvorschriften;
2. Überwachung der Einhaltung dieses Gesetzes und sonstiger Vorschriften über den Datenschutz, einschließlich der zur Umsetzung der Richtlinie (EU) 2016/680 erlassenen Rechtsvorschriften, sowie der Strategien der öffentlichen Stelle für den Schutz personenbezogener Daten, einschließlich der Zuweisung von Zuständigkeiten, der Sensibilisierung und der Schulung der an den Verarbeitungsvorgängen beteiligten Beschäftigten und der diesbezüglichen Überprüfungen;
3. Beratung im Zusammenhang mit der Datenschutz-Folgenabschätzung und Überwachung ihrer Durchführung gemäß § 67 dieses Gesetzes;
4. Zusammenarbeit mit der Aufsichtsbehörde;
5. Tätigkeit als Anlaufstelle für die Aufsichtsbehörde in mit der Verarbeitung zusammenhängenden Fragen, einschließlich der vorherigen Konsultation gemäß § 69 dieses Gesetzes, und gegebenenfalls Beratung zu allen sonstigen Fragen.
[2] Im Fall einer oder eines bei einem Gericht bestellten Datenschutzbeauftragten beziehen sich diese Aufgaben nicht auf das Handeln des Gerichts im Rahmen seiner justiziellen Tätigkeit.

(2) [1] Die oder der Datenschutzbeauftragte kann andere Aufgaben und Pflichten wahrnehmen. [2] Die öffentliche Stelle stellt sicher, dass derartige Aufgaben und Pflichten nicht zu einem Interessenkonflikt führen.

(3) Die oder der Datenschutzbeauftragte trägt bei der Erfüllung ihrer oder seiner Aufgaben dem mit den Verarbeitungsvorgängen verbundenen Risiko gebührend Rechnung, wobei sie oder er die Art, den Umfang, die Umstände und die Zwecke der Verarbeitung berücksichtigt.

EU-Recht: Art. 38 Abs. 6, Art. 39 DS-GVO (kommentiert unter → DS-GVO Art. 38 Rn. 14; → DS-GVO Art. 39 Rn. 1 ff.), Art. 34 JI-RL.

Literatur: s. Literatur zu → Art. 39 DS-GVO; *Baumgartner/Hansch,* Der betriebliche Datenschutzbeauftragte – Best Practices und offene Fragen, ZD 2019, 99; *BfDI,* Info 04, Die Datenschutzbeauftragten in Behörden und Betrieben, Stand: Januar 2020; *Gola,* Aus den aktuellen Berichten und Informationen der Aufsichtsbehörden (39); Spezielles zu (behördlichen) Datenschutzbeauftragten, RDV 2019, 28; *Gundermann,* Die neue EU-Datenschutz-Grundverordnung – was ändert sich bei der Datenverarbeitung durch Kommunen? – Teil 2: Rechte der Betroffenen, organisatorische Vorgaben, Aufsichtsbehörden, Die Gemeinde SH 2018, 177.

A. Allgemeines

§ 7 regelt einheitlich die Aufgaben des Datenschutzbeauftragten von öffentl. **1** Stellen in der Verwaltung des Bundes.

B. Aufgaben des Datenschutzbeauftragten (Abs. 1)

Abs. 1 S. 1 verweist auf die Aufgaben nach der DS-GVO. Diese sind in **2** Art. 39 Abs. 1 (→ DS-GVO Art. 39 Rn. 4 ff.) und Art. 34 JI-RL geregelt und werden hier leicht modifiziert wiedergegeben. Damit ist ein einheitlicher Aufgabenkatalog für die Datenschutzbeauftragten der Bundesverwaltung festgelegt. S. 2 setzt Art. 32 Abs. 1 S. 2 JI-RL (krit. zur Umsetzung Bergt in Kühling/Buchner BDSG § 6 Rn. 4 f.) um und schränkt zum Schutz der Unabhängigkeit der Justiz (→ DS-GVO Art. 55 Rn. 5) die Aufgaben der Datenschutzbeauftragten der Gerichte ein.

C. Wahrnehmung der Aufgaben durch den Datenschutzbeauftragten (Abs. 2 und 3)

Die Regelung in Abs. 2 zur Vermeidung von **Interessenskollisionen** bei **3** gleichzeitiger Wahrnehmung anderer Aufgaben entspricht Art. 38 Abs. 6 DS-GVO. Auf die dortige Kommentierung (→ DS-GVO Art. 38 Rn. 14) wird verwiesen. Die Regelung in Abs. 3 zu den Sorgfaltspflichten des Datenschutzbeauftragten entspricht Art. 39 Abs. 2 DS-GVO. Auf die Kommentierung (→ DS-GVO Art. 39 Rn. 10) wird insoweit verwiesen.

Kapitel 4. Die oder der Bundesbeauftragte für den Datenschutz und die Informationsfreiheit

§ 8 Errichtung

(1) [1] Die oder der Bundesbeauftragte für den Datenschutz und die Informationsfreiheit (Bundesbeauftragte) ist eine oberste Bundesbehörde. [2] Der Dienstsitz ist Bonn.

(2) Die Beamtinnen und Beamten der oder des Bundesbeauftragten sind Beamtinnen und Beamte des Bundes.

(3) [1] Die oder der Bundesbeauftragte kann Aufgaben der Personalverwaltung und Personalwirtschaft auf andere Stellen des Bundes übertragen, soweit hierdurch die Unabhängigkeit der oder des Bundesbeauftragten nicht beeinträchtigt wird. [2] Diesen Stellen dürfen personenbezogene Daten der Beschäftigten übermittelt werden, soweit deren Kenntnis zur Erfüllung der übertragenen Aufgaben erforderlich ist.

EU-Recht: Art. 52 Abs. 5, 54 Abs. 1 lit. a DS-GVO (kommentiert unter → DS-GVO Art. 52 Rn. 11; → DS-GVO Art. 54 Rn. 2), Art. 44 Abs. 1 lit. a JI-RL.

Literatur: s. Literatur zu Art. 52 DS-GVO und Art. 54 DS-GVO.

A. Allgemeines

1 § 8 ist Durchführungsregelung für Art. 54 Abs. 1 lit. a DS-GVO und setzt zugleich Art. 44 Abs. 1 lit. a JI-RL um. Die Norm übernimmt § 22 Abs. 5 BDSG aF. Neu ist die Regelung zur Aufgabenübertragung in Abs. 3, die als § 22 Abs. 5a BDSG aF (Art. 7 Nr. 2 DSAnpUG-EU) bereits zum 6.7.2017 in Kraft getreten ist.

B. Oberste Bundesbehörde (Abs. 1 und 2)

2 Die / der BfDI ist seit dem 1.1.2016 **oberste Bundesbehörde** (§ 22 Abs. 5 S. 1 BDSG aF). Die Rechtsform wurde gewählt, um die durch EU-Recht geforderte **völlige Unabhängigkeit** zu erfüllen. Alternative Organisationsformen kamen für den Bundesgesetzgeber nicht in Betracht, da sie mit dem Erfordernis der Unabhängigkeit nicht vereinbar sind (BT-Drs. 18/2848, 12). Als oberste Bundesbehörde ist die / der BfDI in keine Struktur eingegliedert, die eine Aufsicht der Exekutive ermöglicht. Die Kontrolle erfolgt ausschl. durch Gerichte und BT (BT-Drs. 18/2848, 16).

3 Die gesetzliche Festlegung des Dienstsitzes in Bonn hindert die / den BfDI nicht daran, iR ihrer Organisationshoheit **Außenstellen,** wie das bestehende

Verbindungsbüro in Berlin oder eine weitere Außenstelle in Brüssel, zu gründen (BT-Drs. 18/2848, 16).

Die Beamtinnen und Beamten bei der / dem BfDI sind Beamte des Bun- 4 des. Seit Inkrafttreten dieser Regelung am 1.1.2016 verfügt die / der BfDI damit über **eigenes Personal,** womit ein wesentliches Merkmal der Unabhängigkeit (Art. 52 Abs. 5 DS-GVO; s. auch EuGH ZD 2012, 563 (565)) erfüllt ist.

C. Aufgabenübertragung (Abs. 3)

Abs. 3 schafft eine gesetzliche Grdl. für die Auslagerung von Aufgaben der 5 Personalverwaltung und Personalwirtschaft im Wege der Funktionsübertragung (BT-Drs. 18/11325, 83). Als Bsp. für solche Aufgaben nennt die Gesetzesbegründung Reisekostenabrechnung, Trennungsgeldabrechnung oder die Unterstützung in Stellenbesetzungsverfahren (BT-Drs. 18/11325, 83).

§ 9 Zuständigkeit

(1) [1] Die oder der Bundesbeauftragte ist zuständig für die Aufsicht über die öffentlichen Stellen des Bundes, auch soweit sie als öffentlich-rechtliche Unternehmen am Wettbewerb teilnehmen, sowie über Unternehmen, soweit diese für die geschäftsmäßige Erbringung von Telekommunikationsdienstleistungen Daten von natürlichen oder juristischen Personen verarbeiten und sich die Zuständigkeit nicht bereits aus § 115 Absatz 4 des Telekommunikationsgesetzes ergibt. [2] Die Vorschriften dieses Kapitels gelten auch für Auftragsverarbeiter, soweit sie nicht-öffentliche Stellen sind, bei denen dem Bund die Mehrheit der Anteile gehört oder die Mehrheit der Stimmen zusteht und der Auftraggeber eine öffentliche Stelle des Bundes ist.

(2) Die oder der Bundesbeauftragte ist nicht zuständig für die Aufsicht über die von den Bundesgerichten im Rahmen ihrer justiziellen Tätigkeit vorgenommenen Verarbeitungen.

EU-Recht: Art. 51 Abs. 1 DS-GVO, Art. 55 Abs. 1, Abs. 3 DS-GVO (kommentiert unter → DS-GVO Art. 51 Rn. 4 f.; → DS-GVO Art. 55 Rn. 2 f., 5 ff.), Art. 45 JI-RL.

Literatur: s. Literatur zu Art. 51 DS-GVO und Art. 55 DS-GVO.

A. Allgemeines

§ 9 regelt die Zuständigkeit der / des BfDI. Hierfür wurden die Regelungen 1 des BDSG aF weitgehend übernommen und begrifflich an die DS-GVO und JI-RL angepasst.

B. Sachliche Zuständigkeit (Abs. 1)

2 Die Definition der Stellen, die der Kontrolle durch den oder die BfDI unterliegen, entspricht der bisherigen Rechtslage (§ 24 Abs. 1 iVm § 2 Abs. 1 BDSG aF). Die / der BfDI ist danach zuständig für die Aufsicht über öffentl. Stellen des Bundes (zur Definition s. § 2 Abs. 1), auch soweit sie als öffentlich-rechtliche Unternehmen am Wettbewerb teilnehmen (zum Begriff s. § 2 Abs. 5 S. 1). Daneben ist die **Zuständigkeit der / des BfDI bereichsspezifisch** ausdr. geregelt, zB in § 115 Abs. 4 TKG für die Kontrolle über Anbieter von Telekommunikationsdiensten und in § 32h AO für die Aufsicht über Finanzbehörden, soweit sie Steuern nach der AO erheben. Da infolge der DS-GVO die Zuständigkeitsregelung im TKG auf die Bereiche der Richtlinie 2002/58/EG (ePrivacy-Richtlinie) beschr. wurde, war eine Änderung im BDSG erforderlich, um die bisherige umfassende Zuständigkeit der / des BfDI für die Datenverarbeitung bei der Erbringung von Telekommunikationsdienstleistungen beizubehalten (s. BT-Drs. 19/4674, S. 210). Eine inhaltliche Ausweitung der Zuständigkeit ist mit der Änderung in S. 1 nicht verbunden. Bereits vor einigen Jahren wurde die Zuständigkeit der / des BfDI für die als gemeinsame Einrichtung betriebenen Jobcenter in § 50 Abs. 4 S. 3 SGB II festgelegt. Diese zunehmende Zentralisierung der Datenschutzaufsicht in Deutschland beim Bund ist zur Herstellung einheitlicher Datenschutzstandards sicherlich förderlich. Jedoch wird der, auch in der DS-GVO zum Ausdruck kommende, Gedanke der Nähe zu den betroffenen Personen damit erheblich beeinträchtigt (vgl. die Wertung in Art. 77 Abs. 1 DS-GVO, der sich insbes. auf Aufenthaltsort und Arbeitsplatz der betroffenen Person bezieht); Gleiches gilt für die Nähe zu den Verantwortlichen.

3 Die / der BfDI ist weiterhin zuständig für die Aufsicht über Auftragsverarbeiter, die nicht öffentl. Stellen sind, soweit der Bund über die Mehrheit der Anteile oder Stimmen verfügt und sie im Auftrag einer öffentl. Stelle des Bundes handeln. Dies entspricht der bisherigen Regelung in § 11 Abs. 4 Nr. 1 lit. b BDSG aF.

C. Ausnahme für Gerichte (Abs. 2)

4 Abs. 2 setzt Art. 45 Abs. 2 JI-RL um. Die inhaltsgleiche Regelung des Art. 55 Abs. 3 DS-GVO gilt im Anwendungsbereich der DS-GVO unmittelbar. Zum Begriff der von der Kontrolle ausgenommenen justiziellen Tätigkeit → DS-GVO Art. 55 Rn. 5. Wie bisher ist die Kontrolle über andere unabhängige Einrichtungen, wie den Bundesrechnungshof, nicht ausdr. gesetzlich geregelt. Nach der Begr. (BT-Drs. 18/11325, 84) ist bei einer Kontrolle durch die / den BfDI auch bei diesen Stellen deren Unabhängigkeit zu wahren. Auch für den Generalbundesanwalt gibt es keine Ausnahme von der Kontrolle nach Art. 45 Abs. 2 S. 2 JI-RL (nach dem EuGH C-508/18, C-82/19 PPU, NJW 2019, 2145, dürfte den dt. Staatsanwaltschaften auch iSd Art. 45 Abs. 2 S. 2 JI-RL die erforderliche Unabhängigkeit fehlen). Der Kontrolle durch BfDI bzw.

ASB der Länder unterliegen vorbehaltlich der Einschränkungen des § 29 Abs. 3 auch Rechtsanwälte (Kazemi NJW 2018, 443; Schmidt NJW 2018, 1448). Forderungen aus der Anwaltschaft, die Datenschutzaufsicht über Rechtsanwälte sektorspezifisch bei der Bundesrechtsanwaltskammer zu konzentrieren (Dahns NJW-Spezial 2017, 126; Ziegenhorn NJW-aktuell 18/2017, 14) sind vom Gesetzgeber nicht übernommen worden.

§ 10 Unabhängigkeit

(1) [1] Die oder der Bundesbeauftragte handelt bei der Erfüllung ihrer oder seiner Aufgaben und bei der Ausübung ihrer oder seiner Befugnisse völlig unabhängig. [2] Sie oder er unterliegt weder direkter noch indirekter Beeinflussung von außen und ersucht weder um Weisung noch nimmt sie oder er Weisungen entgegen.

(2) Die oder der Bundesbeauftragte unterliegt der Rechnungsprüfung durch den Bundesrechnungshof, soweit hierdurch ihre oder seine Unabhängigkeit nicht beeinträchtigt wird.

EU-Recht: Art. 52 Abs. 1, 2 und 6 DS-GVO (kommentiert unter → DS-GVO Art. 52 Rn. 1, 3–6, 12), Art. 42 Abs. 1 und 2 JI-RL

Literatur: s. Literatur zu Art. 52 DS-GVO.

A. Allgemeines

§ 10 regelt in Abs. 1 die Unabhängigkeit der / des BfDI. Abs. 2 normiert die **1** Finanzkontrolle durch den Bundesrechnungshof und stellt klar, dass auch insoweit die Unabhängigkeit nicht beeinträchtigt werden darf.

B. Unabhängige Aufgabenwahrnehmung (Abs. 1)

Abs. 1 setzt Art. 42 Abs. 1 und 2 JI-RL um. Art. 52 Abs. 1 und 2 gilt im **2** Anwendungsbereich der DS-GVO unmittelbar. Auf die Kommentierung zu → DS-GVO Art. 52 Rn. 3 ff. wird verwiesen.

C. Kontrolle durch den Bundesrechnungshof (Abs. 2)

Unionsrechtliche Vorgaben für die Finanzkontrolle sind in Art. 52 Abs. 6 DS-**3** GVO (→ DS-GVO Art. 52 Rn. 12) und Art. 42 Abs. 6 JI-RL geregelt. Diese Normen werden durch Abs. 2 nahezu wortgleich in das BDSG übernommen.

§ 11 Ernennung und Amtszeit

(1) [1] Der Deutsche Bundestag wählt ohne Aussprache auf Vorschlag der Bundesregierung die Bundesbeauftragte oder den Bundesbeauftragten mit mehr als

der Hälfte der gesetzlichen Zahl seiner Mitglieder. [2]Die oder der Gewählte ist von der Bundespräsidentin oder dem Bundespräsidenten zu ernennen. [3]Die oder der Bundesbeauftragte muss bei ihrer oder seiner Wahl das 35. Lebensjahr vollendet haben. [4]Sie oder er muss über die für die Erfüllung ihrer oder seiner Aufgaben und Ausübung ihrer oder seiner Befugnisse erforderliche Qualifikation, Erfahrung und Sachkunde insbesondere im Bereich des Schutzes personenbezogener Daten verfügen. [5]Insbesondere muss die oder der Bundesbeauftragte über durch einschlägige Berufserfahrung erworbene Kenntnisse des Datenschutzrechts verfügen und die Befähigung zum Richteramt oder höheren Verwaltungsdienst haben.

(2) [1]Die oder der Bundesbeauftragte leistet vor der Bundespräsidentin oder dem Bundespräsidenten folgenden Eid: „Ich schwöre, dass ich meine Kraft dem Wohle des deutschen Volkes widmen, seinen Nutzen mehren, Schaden von ihm wenden, das Grundgesetz und die Gesetze des Bundes wahren und verteidigen, meine Pflichten gewissenhaft erfüllen und Gerechtigkeit gegen jedermann üben werde. So wahr mir Gott helfe." [2]Der Eid kann auch ohne religiöse Beteuerung geleistet werden.

(3) [1]Die Amtszeit der oder des Bundesbeauftragten beträgt fünf Jahre. [2]Einmalige Wiederwahl ist zulässig.

EU-Recht: Art. 53 Abs. 1 und 2, Art. 54 Abs. 1 lit. b, c, d und e DS-GVO (kommentiert unter → DS-GVO Art. 53 Rn. 2 f.; → DS-GVO Art. 54 Rn. 3), Art. 43 Abs. 1 und 2, 44 Abs. 1 lit. b, c, d und e JI-RL.

Literatur: *Roßnagel,* Unabhängigkeit der Datenschutzaufsicht – Zweites Gesetz zur Änderung des BDSG, ZD 2015, 106; *Thomé,* Die Unabhängigkeit der Datenschutzaufsicht, VuR 2015, 130.

A. Allgemeines

1   § 11 übernimmt in Durchführung der Art. 53 und 54 Abs. 1 DS-GVO und in Umsetzung der Art. 43 und 44 Abs. 1 JI-RL größtenteils bestehende Regelungen des BDSG aF (§ 22 Abs. 1, 2 und 3 BDSG aF). Neu sind die Anforderungen an die Qualifikation in Abs. 1 S. 4 und 5.

B. Wahl und Qualifikation (Abs. 1)

2   Mit der Wahl durch den BT erhält die oder der BfDI seine oder ihre demokratische Legitimation. Die Entsch. durch den BT trägt den Anforderungen an die Unabhängigkeit Rechnung (Roßnagel ZD 2015, 106 (108)). Dies dient gleichzeitig der nach Art. 53 Abs. 1 DS-GVO geforderten Transparenz des Ernennungsverfahrens. Auf eine weitergehende Transparenz durch eine öffentl. Ausschreibung oder eine öffentl. Aussprache über die Bewerbungen hat der dt. Gesetzgeber verzichtet. Kritik wird dem alleinigen **Vorschlagsrecht der Bundesregierung** entgegengebracht (Weichert in DKWW BDSG aF § 22 Rn. 2). Obwohl das Vorschlagsrecht der Regierung mit der DS-GVO im Einklang steht (vgl. Art. 53 Abs. 1 DS-GVO), ist der

Einwand durchaus berechtigt, dass ein Vorschlag durch das Parlament selbst oder seine Fraktionen (Thomé VuR 2015, 130 (133); Thiel in Gola/Heckmann BDSG § 11 Rn. 4) die Unabhängigkeit stärken würde. Mit dem Vorschlagsrecht verbleibt der Bundesregierung, mithin den von der BfDI zu beaufsichtigenden Stellen, ein elementarer Einfluss auf die Auswahl der oder des BfDI. Ebenfalls mit dem Ziel der Stärkung der Unabhängigkeit erfolgt die Ernennung durch den Bundespräsidenten und nicht mehr durch den Bundesinnenminister. Der Bundespräsident hat dabei lediglich ein formelles, kein inhaltliches, Prüfrecht (v. Lewinski in Auernhammer BDSG § 11 Rn. 11; Meltzian in BeckOK DatenschutzR BDSG § 11 Rn. 1).

Die Festlegung der **Altersgrenze** von 35 Jahren ist als „sonstige Voraus- 3 setzung für die Ernennung" nach Art. 54 Abs. 1 lit. b zulässig (Meltzian in BeckOK DatenschutzR BDSG § 11 Rn. 2; Zweifel an der Erforderlichkeit und an der Vereinbarkeit mit dem Diskriminierungsverbot äußert Wieczorek in Kühling/Buchner, DS-GVO BDSG § 11 Rn. 8). Einigkeit besteht jedenfalls darin, dass angesichts der weiteren Qualifikationsanforderungen der Altersgrenze kaum praktische Relevanz zukommen dürfte (so Wieczorek aaO Rn. 8; Meltzian aaO Rn. 2). Die Anforderungen an die fachliche Qualifikation in S. 4 sind aus Art. 53 Abs. 2 DS-GVO und Art. 43 Abs. 2 JI-RL wörtlich übernommen und werden in S. 5 durch Anforderungen an die Ausbildung sowie die Berufserfahrung konkretisiert.

C. Eid (Abs. 2)

Die Eidesformel entspricht der des Art. 56 GG für die Vereidigung des 4 Bundespräsidenten. Seit der Änd. des BDSG aF mit Wirkung zum 1.1.2016 wird der Eid nicht mehr durch den Bundesinnenminister, sondern zur Stärkung der Unabhängigkeit durch den Bundespräsidenten abgenommen.

D. Amtszeit und Wiederwahl (Abs. 3)

Die fünfjährige Amtszeit und **einmalige Wiederwahl** entsprechen der bishe- 5 rigen Rechtslage. Art. 54 Abs. 1 lit. c und d DS-GVO lassen den Mitgliedstaaten in dieser Hinsicht einen weiten Spielraum und legen lediglich eine Mindestdauer der Amtszeit von vier Jahren fest.

§ 12 Amtsverhältnis

(1) Die oder der Bundesbeauftragte steht nach Maßgabe dieses Gesetzes zum Bund in einem öffentlich-rechtlichen Amtsverhältnis.

(2) ¹Das Amtsverhältnis beginnt mit der Aushändigung der Ernennungsurkunde. ²Es endet mit dem Ablauf der Amtszeit oder mit dem Rücktritt. ³Die Bundespräsidentin oder der Bundespräsident enthebt auf Vorschlag der Präsidentin oder des Präsidenten des Bundestages die Bundesbeauftragte ihres oder den Bundesbeauftragten seines Amtes, wenn die oder der Bundesbeauftragte eine schwere

Verfehlung begangen hat oder die Voraussetzungen für die Wahrnehmung ihrer oder seiner Aufgaben nicht mehr erfüllt. [4] Im Fall der Beendigung des Amtsverhältnisses oder der Amtsenthebung erhält die oder der Bundesbeauftragte eine von der Bundespräsidentin oder dem Bundespräsidenten vollzogene Urkunde. [5] Eine Amtsenthebung wird mit der Aushändigung der Urkunde wirksam. [6] Endet das Amtsverhältnis mit Ablauf der Amtszeit, ist die oder der Bundesbeauftragte verpflichtet, auf Ersuchen der Präsidentin oder des Präsidenten des Bundestages die Geschäfte bis zur Ernennung einer Nachfolgerin oder eines Nachfolgers für die Dauer von höchstens sechs Monaten weiterzuführen.

(3) [1] Die Leitende Beamtin oder der Leitende Beamte nimmt die Rechte der oder des Bundesbeauftragten wahr, wenn die oder der Bundesbeauftragte an der Ausübung ihres oder seines Amtes verhindert ist oder wenn ihr oder sein Amtsverhältnis endet und sie oder er nicht zur Weiterführung der Geschäfte verpflichtet ist. [2] § 10 Absatz 1 ist entsprechend anzuwenden.

(4) [1] Die oder der Bundesbeauftragte erhält vom Beginn des Kalendermonats an, in dem das Amtsverhältnis beginnt, bis zum Schluss des Kalendermonats, in dem das Amtsverhältnis endet, im Fall des Absatzes 2 Satz 6 bis zum Ende des Monats, in dem die Geschäftsführung endet, Amtsbezüge in Höhe der Besoldungsgruppe B 11 sowie eine Familienzuschlag entsprechend Anlage V des Bundesbesoldungsgesetzes. [2] Das Bundesreisekostengesetz und das Bundesumzugskostengesetz sind entsprechend anzuwenden. [3] Im Übrigen sind § 12 Absatz 6 sowie die §§ 13 bis 20 und 21a Absatz 5 des Bundesministergesetzes mit den Maßgaben anzuwenden, dass an die Stelle der vierjährigen Amtszeit in § 15 Absatz 1 des Bundesministergesetzes eine Amtszeit von fünf Jahren tritt. [4] Abweichend von Satz 3 in Verbindung mit den §§ 15 bis 17 und 21a Absatz 5 des Bundesministergesetzes berechnet sich das Ruhegehalt der oder des Bundesbeauftragten unter Hinzurechnung der Amtszeit als ruhegehaltsfähige Dienstzeit in entsprechender Anwendung des Beamtenversorgungsgesetzes, wenn dies günstiger ist und die oder der Bundesbeauftragte sich unmittelbar vor ihrer oder seiner Wahl zur oder zum Bundesbeauftragten als Beamtin oder Beamter oder als Richterin oder Richter mindestens in dem letzten gewöhnlich vor Erreichen der Besoldungsgruppe B 11 zu durchlaufenden Amt befunden hat.

EU-Recht: Art. 53 Abs. 3 und 4, Art. 54 Abs. 1 lit. a, c, d und f DS-GVO (kommentiert unter → DS-GVO Art. 53 Rn. 4 ff.; → DS-GVO Art. 54 Rn. 2 f.), Art. 43 Abs. 3 und 4 JI-RL.

Literatur: s. Literatur zu Art. 53 DS-GVO und Art. 54 DS-GVO; *Roßnagel,* Unabhängigkeit der Datenschutzaufsicht – Zweites Gesetz zur Änderung des BDSG, ZD 2015, 106; *Thomé,* Die Unabhängigkeit der Datenschutzaufsicht, VuR 2015, 130.

A. Allgemeines

1   § 12 regelt die Ausgestaltung des Amtsverhältnisses der / des BfDI und übernimmt iW die bisherige Rechtslage mit Anpassungen an Art. 54 Abs. 4 hinsichtlich der Voraussetzungen für die Amtsenthebung und mit einer neu hinzugekommenen Begrenzung der Nachdienpflicht auf sechs Monate.

B. Beginn und Ende des Amtsverhältnisses (Abs. 1 und 2)

Das Amtsverhältnis ist wie bisher als öffentlich-rechtliches Amtsverhältnis aus- **2**
gestaltet, um die Unabhängigkeit zu gewährleisten. Da die beamtenrecht-
lichen Vorschr. somit nicht unmittelbar gelten, bedarf es einer näheren Ausgestaltung der Rechte und Pflichten der / des BfDI (Abs. 2 und 4). Das
Amtsverhältnis beginnt mit der Aushändigung der Ernennungsurkunde. Es
endet mit Ablauf der Amtszeit, mit einem Rücktritt oder einer Amtsenthebung. Die Voraussetzungen für eine **Amtsenthebung** wurden in Abs. 2
S. 2 neu geregelt. Nach der Gesetzesbegründung mussten die Voraussetzungen an die Regelung des Art. 53 Abs. 4 DS-GVO angepasst werden (BT-Drs.
18/111325, 85). In Bezug auf die Rechtsklarheit ist diese Anpassung eine
deutliche Verschlechterung, denn an die Stelle des bisherigen Verweises auf
die in § 24 DRiG klar geregelten Gründe für die Entlassung von Richtern auf
Lebenszeit bei Fehlverhalten tritt nun der weiter gefasste europarechtliche
Begriff der „schweren Verfehlung" (anders Kühling/Martini ua DS-GVO
und nationales Recht, 415, im Hinblick auf den Verweis auf die Entlassungs-
gründe des weitergehenden § 21 DRiG). Im Interesse der Unabhängigkeit
der / des BfDI müssen für die Amtsenthebung gleichwohl strenge Maßstäbe
angelegt werden (→ Art. 53 Rn. 5; so iErg auch Selmayr in Ehmann/Selmayr
DS-GVO Art. 53 Rn. 14; Nguyen in Gola DS-GVO Art. 53 Rn. 6; Boehm
in Kühling/Buchner DS-GVO Art. 53 Rn. 12; Ziebarth in Sydow DS-GVO
Art. 53 Rn. 29 f.).

Die vorgesehene Pflicht zur **Weiterführung der Geschäfte** nach Ablauf **3**
der Amtszeit entspricht der bisherigen Rechtslage. Neu ist die Begrenzung
auf sechs Monate. Diese Begrenzung wurde eingeführt, um dem ausscheiden-
den Amtswalter eine persönliche Perspektive und Planungssicherheit zu geben
(BT-Drs. 18/11325, 86). Für den Fall, dass dieser Zeitraum ohne Wahl eines
Nachfolgers endet, trifft das Gesetz keine Regelung. Eine Wahrnehmung der
Rechte der oder des BfDI durch den Leitenden Beamten ist nach Abs. 3 für
diesen Fall nicht vorgesehen.

C. Stellvertretung (Abs. 3)

Nach Abs. 3 wird die / der BfDI durch die Leitende Beamtin oder den **4**
Leitenden Beamten vertreten. Der Vertretung stehen dabei dies. Rechte
einschl. der Unabhängigkeit zu.. Die Regelgung gilt nur für längerfristige
Verhinderungen der / des BfDI (Meltzian in BeckOK DatenschutzR § 12
Rn. 6; Wieczorek in Kühling/Buchner BDSG § 12 Rn. 11). Sie wahrt so-
wohl die Unabhängigkeit der / des BfDI, da die / der BfDI den Leitenden
Beamten selbst ernennt als auch − durch Geltung des § 10 Abs. 1 für die
Stellvertretung − die Unabhängigkeit der Aufgabenwahrnehmung.

D. Ausgestaltung des Amtsverhältnisses (Abs. 4)

5 Abs. 4 regelt in Fortführung der bisherigen Regelung des § 23 Abs. 7 und in Umsetzung des Art. 54 Abs. 1 lit. a und c DS-GVO sowie Art. 44 Abs. 1 lit. a und c JI-RL die Einzelheiten der Ausgestaltung des öffentlich-rechtlichen Amtsverhältnisses.

§ 13 Rechte und Pflichten

(1) ¹Die oder der Bundesbeauftragte sieht von allen mit den Aufgaben ihres oder seines Amtes nicht zu vereinbarenden Handlungen ab und übt während ihrer oder seiner Amtszeit keine andere mit ihrem oder seinem Amt nicht zu vereinbarende entgeltliche oder unentgeltliche Tätigkeit aus. ²Insbesondere darf die oder der Bundesbeauftragte neben ihrem oder seinem Amt kein anderes besoldetes Amt, kein Gewerbe und keinen Beruf ausüben und weder der Leitung oder dem Aufsichtsrat oder Verwaltungsrat eines auf Erwerb gerichteten Unternehmens noch einer Regierung oder einer gesetzgebenden Körperschaft des Bundes oder eines Landes angehören. ³Sie oder er darf nicht gegen Entgelt außergerichtliche Gutachten abgeben.

(2) ¹Die oder der Bundesbeauftragte hat der Präsidentin oder dem Präsidenten des Bundestages Mitteilung über Geschenke zu machen, die sie oder er in Bezug auf das Amt erhält. ²Die Präsidentin oder der Präsident des Bundestages entscheidet über die Verwendung der Geschenke. ³Sie oder er kann Verfahrensvorschriften erlassen.

(3) ¹Die oder der Bundesbeauftragte ist berechtigt, über Personen, die ihr oder ihm in ihrer oder seiner Eigenschaft als Bundesbeauftragte oder Bundesbeauftragter Tatsachen anvertraut haben, sowie über diese Tatsachen selbst das Zeugnis zu verweigern. ²Dies gilt auch für die Mitarbeiterinnen und Mitarbeiter der oder des Bundesbeauftragten mit der Maßgabe, dass über die Ausübung dieses Rechts die oder der Bundesbeauftragte entscheidet. ³Soweit das Zeugnisverweigerungsrecht der oder des Bundesbeauftragten reicht, darf die Vorlegung oder Auslieferung von Akten oder anderen Dokumenten von ihr oder ihm nicht gefordert werden.

(4) ¹Die oder der Bundesbeauftragte ist, auch nach Beendigung ihres oder seines Amtsverhältnisses, verpflichtet, über die ihr oder ihm amtlich bekanntgewordenen Angelegenheiten Verschwiegenheit zu bewahren. ²Dies gilt nicht für Mitteilungen im dienstlichen Verkehr oder über Tatsachen, die offenkundig sind oder ihrer Bedeutung nach keiner Geheimhaltung bedürfen. ³Die oder der Bundesbeauftragte entscheidet nach pflichtgemäßem Ermessen, ob und inwieweit sie oder er über solche Angelegenheiten vor Gericht oder außergerichtlich aussagt oder Erklärungen abgibt; wenn sie oder er nicht mehr im Amt ist, ist die Genehmigung der oder des amtierenden Bundesbeauftragten erforderlich. ⁴Unberührt bleibt die gesetzlich begründete Pflicht, Straftaten anzuzeigen und bei einer Gefährdung der freiheitlichen demokratischen Grundordnung für deren Erhaltung einzutreten. ⁵Für die Bundesbeauftragte oder den Bundesbeauftragten und ihre oder seine Mitarbeiterinnen und Mitarbeiter gelten die §§ 93, 97 und 105 Ab-

satz 1, § 111 Absatz 5 in Verbindung mit § 105 Absatz 1 sowie § 116 Absatz 1 der Abgabenordnung nicht. ⁶Satz 5 findet keine Anwendung, soweit die Finanzbehörden die Kenntnis für die Durchführung eines Verfahrens wegen einer Steuerstraftat sowie eines damit zusammenhängenden Steuerverfahrens benötigen, an deren Verfolgung ein zwingendes öffentliches Interesse besteht, oder soweit es sich um vorsätzlich falsche Angaben der oder des Auskunftspflichtigen oder der für sie oder ihn tätigen Personen handelt. ⁷Stellt die oder der Bundesbeauftragte einen Datenschutzverstoß fest, ist sie oder er befugt, diesen anzuzeigen und die betroffene Person hierüber zu informieren.

(5) ¹Die oder der Bundesbeauftragte darf als Zeugin oder Zeuge aussagen, es sei denn, die Aussage würde

1. dem Wohl des Bundes oder eines Landes Nachteile bereiten, insbesondere Nachteile für die Sicherheit der Bundesrepublik Deutschland oder ihre Beziehungen zu anderen Staaten, oder

2. Grundrechte verletzen.

²Betrifft die Aussage laufende oder abgeschlossene Vorgänge, die dem Kernbereich exekutiver Eigenverantwortung der Bundesregierung zuzurechnen sind oder sein könnten, darf die oder der Bundesbeauftragte nur im Benehmen mit der Bundesregierung aussagen. ³§ 28 des Bundesverfassungsgerichtsgesetzes bleibt unberührt.

(6) Die Absätze 3 und 4 Satz 5 bis 7 gelten entsprechend für die öffentlichen Stellen, die für die Kontrolle der Einhaltung der Vorschriften über den Datenschutz in den Ländern zuständig sind.

EU-Recht: Art. 52 Abs. 3, Art. 54 Abs. 1 lit. f, Abs. 2 DS-GVO (kommentiert unter → DS-GVO Art. 52 Rn. 7 f.; → DS-GVO Art. 54 Rn. 3 und Rn. 4), Art. 42 Abs. 3, Art. 44 Abs. 1 lit. f, Abs. 2 JI-RL.

Literatur: s. Literatur zu Art. 52 DS-GVO und Art. 54 DS-GVO; *Roßnagel*, Unabhängigkeit der Datenschutzaufsicht – Zweites Gesetz zur Änderung des BDSG, ZD 2015, 106; *Thomé*, Die Unabhängigkeit der Datenschutzaufsicht, VuR 2015, 130.

A. Allgemeines

§ 13 übernimmt weitgehend die bisherigen Regelungen (§ 23 Abs. 2–6, 8   **1** BDSG aF) über Rechte und Pflichten der / des BfDI und zT auch der Mitarbeiter. Die Norm dient sowohl der Anpassung des BDSG an die DS-GVO als auch der Umsetzung der JI-RL.

B. Unvereinbare Handlungen und Nebentätigkeiten, Annahme von Geschenken (Abs. 1 und 2)

§ 13 **Abs. 1** sieht das Verbot jeglicher mit dem Amt der / des BfDI **unver-** **2** **einbarer Handlungen** vor. Demnach hat der / die BfDI von allen Handlungen abzusehen, die mit den Aufgaben des Amtes nicht zu vereinbaren sind und keine anderen unvereinbaren entgeltlichen oder unentgeltlichen Tätigkeiten während der Amtszeit auszuüben. Im Vergleich zur bisherigen Regelung ist das Verbot durch Übernahme des Wortlautes des Art. 52 Abs. 3 DS-GVO in Abs. 1 S. 1 nicht unerheblich geänd. worden. Die bisherige, konkret formulierte Regelung des § 23 Abs. 2 BDSG aF dient in Abs. 1 S. 2 nunmehr nur noch als Aufzählung von Regelbeispielen, ist aber nicht mehr abschl. Mit den unbestimmten Begriffen aus Art. 52 Abs. 3 DS-GVO, der jegliche Handlungen und entgeltliche sowie unentgeltliche Tätigkeiten einbezieht, erhält das Verbot jedenfalls begrifflich eine erhebliche Ausweitung (so auch Thiel in Gola/Heckmann BDSG § 13 Rn. 4). Bei der Auslegung der unbestimmten Rechtsbegriffe können die Regelbeispiele in S. 2 allerdings als einschränkende Orientierungshilfe dienen. Diese wurden auf Grdl. des Art. 54 Abs. 1 lit. f DS-GVO zur Konkretisierung des Art. 52 Abs. 3 DS-GVO sowie zur Umsetzung von Art. 44 Abs. 1 lit. f JI-RL erlassen. Ausgeschlossen sind nach Abs. 1 jedenfalls die Ausübung eines besoldeten Amts, Gewerbes oder Berufs. Da nur die Ausübung verboten ist, darf der oder die BfDI das Amt, Gewerbe oder der Beruf weiterhin innehaben, soweit die daraus entstehenden Rechte und Pflichten ruhen (Meltzian in BeckOK DatenschutzR BDSG § 13 Rn. 1b). Gehört der oder die BfDI hingegen den Leitungs- oder Aufsichtsgremien von Unternehmen oder einer Regierung bzw. einem Parlament an, muss sie oder er mit Amtsantritt ausscheiden (Meltzian in BeckOK DatenschutzR BDSG § 13 Rn. 1b). Auch entgeltliche Gutachtertätigkeit ist nach Abs. 1 S. 3 ausdr. ausgeschlossen. Erlaubt ist als Teil der Aufgabe des Amtes hingegen die Erstellung unentgeltlicher Stellungnahmen, Publikationen, wissenschaftlicher Gutachten oder jegliche Art von unentgeltlicher Vortragstätigkeit zum Datenschutz (Meltzian in BeckOK DatenschutzR BDSG § 13 Rn. 1c; Grittmann in Taeger/Gabel BDSG § 13 Rn. 11).

3   Das Verbot in Abs. 1 S. 1 beschr. sich auf Handlungen und Tätigkeiten während der Amtszeit. Eine **Karenzzeit** nach Beendigung des Amtes (Art. 54 Abs. 1 lit. f) ist nicht vorgesehen (zum Anpassungsbedarf des BDSG an diese Vorgabe der DS-GVO Kühling/Martini ua DS-GVO und nationales Recht, 416; Selmayr in Ehmann/Selmayr DS-GVO Art. 54 Rn. 11; Ziebarth in Sydow DSGVO Art. 54 Rn. 45 f.; Grittmann in Taeger/Gabel DSGVO Art. 54 Rn. 11). Zwar erklärt § 12 Abs. 4 das Bundesministergesetz in weiten Teilen für anwendbar. Die Regelungen der §§ 6a ff. über die Karenzzeit von Bundesministern sind hiervon jedoch nicht umfasst.

4   § 13 **Abs. 2** dient ebenfalls der Konkretisierung des Art. 52 Abs. 3 DS-GVO sowie der Umsetzung des Art. 44 Abs. 1 lit. f JI-RL. Danach hat der / die BfDI der Präsidentin oder dem Präsidenten des BT **Mitteilung über Geschenke** zu machen, die er / sie in Bezug auf das Amt erhält. Die Mitteilungspflicht greift nur, wenn ein Amtsbezug besteht. Dies ist der Fall, wenn die Geschenke iRd Amtsausübung, etwa bei Empfängen oder Auslandsbesuchen, überreicht wurden (Meltzian in BeckOK DatenschutzR BDSG § 13 Rn. 2). Angesichts des geringen Konfliktpotentials sind geringwertige Präsente und Fachbücher nicht vom Anwendungsbereich der Norm erfasst (Dammann in Simits BDSG aF § 23 Rn. 13, Meltzian in BeckOK DatenschutzR BDSG aF § 13 Rn. 2; Grittmann in Taeger/Gabel BDSG § 13 Rn. 13; Thiel in Gola/Heckmann BDSG § 13 Rn. 5). Über die Verwendung der Geschen-

ke entscheidet die Präsidentin oder der Präsident des BT nach § 13 Abs. 2 S. 2, 3.

C. Zeugnisverweigerungsrecht (Abs. 3)

Nach § 13 Abs. 3 haben die / der BfDI und ihre Mitarbeiter sowie nach **5** Abs. 6 die ASB der Länder ein Zeugnisverweigerungsrecht. Es gilt für **Tatsachen,** die ihnen in ihrer Eigenschaft als ASB anvertraut worden sind, und für die **Person des Anvertrauenden.** Das Zeugnisverweigerungsrecht ist eine wichtige Voraussetzung, um dem Beschwerderecht nach Art. 57 Abs. 1 lit. f Geltung zu verschaffen.

Die Reichweite des Zeugnisverweigerungsrechts ist umfassend zu verstehen **6** (Meltzian in BeckOK DatenschutzR BDSG § 13 Rn. 3). Ein **Anvertrauen** iSd S. 1 ist gegeben, wenn die / dem BfDI eine Tatsache mitgeteilt und sie/er nicht ausdr. von der Geheimhaltung befreit wird und sich auch nicht aus den Umständen ein Verzicht auf die vertrauliche Behandlung ergibt (vgl. zur Vorgängerregelung Dammann in Simitis BDSG aF § 23 Rn. 17). Die **Eigenschaft als BfDI** ist bei jeder Mitteilung betroffen, die einen inneren Zusammenhang mit der Amtsausübung aufweist. Der äußere Zusammenhang wie die Umstände der Mitteilung sowie die Zuständigkeit für den Mitteilungsgegenstand sind dagegen nicht entscheidend (vgl. zur Vorgängerregelung Dammann in Simitis BDSG aF § 23 Rn. 15). Da das Zeugnisverweigerungsrecht ausschl. im Interesse der / des BfDI besteht, entscheidet die / der BfDI nach S. 2 über die Ausübung des Zeugnisverweigerungsrechtes der Mitarbeiter (Meltzian in BeckOK DatenschutzR BDSG § 13 Rn. 7). S. 3 stellt sicher, dass das Recht zur Zeugnisverweigerung nicht durch prozessuale Maßnahmen wie die Aufforderung zur Herausgabe von Akten oder anderen Dokumenten unterlaufen wird.

D. Verschwiegenheitspflicht (Abs. 4)

Abs. 4 setzt Art. 54 Abs. 2 DS-GVO um und übernimmt hierfür § 23 Abs. 5 **7** BDSG aF. Dadurch wird die **Verschwiegenheitspflicht konkretisiert.** S. 1 statuiert zunächst die Pflicht der / des BfDI, während und nach Beendigung des Amtsverhältnisses über die ihr / ihm amtl. bekannt gewordenen Angelegenheiten Verschwiegenheit zu wahren. Der Begriff der Angelegenheiten ist weit zu verstehen; er geht über personenbezogene Angaben hinaus und erfasst sämtliche amtl. bekannt gewordene Sachverhalte (Meltzian in BeckOK DatenschutzR BDSG § 13 Rn. 9; Wieczorek in Kühling/Buchner BDSG § 13 Rn. 16; Grittmann in Taeger/Gabel BDSG § 13 Rn. 18). S. 1 wird in den nachf. Sätzen wiederum konkretisiert: Bestimmte, als nicht geheimhaltungsbedürftig eingestufte, Informationen werden in S. 2 von der Verschwiegenheitspflicht ausgenommen. Über eine Weitergabe solcher Informationen entscheidet nach S. 3 der / die BfDI im eigenen Ermessen (Meltzian in BeckOK DatenschutzR BDSG § 13 Rn. 11). Zudem wird die Verschwiegenheit in S. 5 ausdr. auch ggü. Finanzbehörden − mit Ausnahme der in S. 6 geregelten

Fälle – gewährleistet, indem die Verpflichtungen nach der AO für unanwendbar erklärt werden. S. 7 regelt wie bisher das Recht, Verstöße bei Strafverfolgungsbehörden anzuzeigen und betroffene Personen über festgestellte Verstöße zu informieren. Letzteres gilt nicht nur dann, wenn betroffene Personen sich mit einer Beschwerde an die / den BfDI gewandt haben. In diesen Fällen verpflichten Art. 57 Abs. 1 lit. f und § 14 Abs. 1 Nr. 6 BDSG sogar zur Information der betroffenen Person. S. 7 kommt daher va zum Tragen, wenn die / der BfDI Verstöße feststellt, die den betroffenen Personen noch nicht bekannt sind.

E. Aussagerecht (Abs. 5)

8 Abs. 5 übernimmt die Regelung des § 23 Abs. 6 BDSG aF und bestimmt die Voraussetzungen für die **Zeugenaussage** bzw. das Absehen davon, zB vor einem Gericht oder einem parlamentarischen Untersuchungsausschuss. Die Entsch. über die Aussage trifft die / der BfDI selbst. Eine Ausnahme gilt für Vorgänge, die den Kernbereich exekutiver Eigenverantwortung der Bundesregierung betreffen. Eine Aussage hierüber ist nur im Benehmen (Gesetzesbegründung: „im Einvernehmen", BT-Drs. 18/2848, 19) mit der Bundesregierung möglich.

§ 14 Aufgaben

(1) [1]Die oder der Bundesbeauftragte hat neben den in der Verordnung (EU) 2016/679 genannten Aufgaben die Aufgaben,

1. die Anwendung dieses Gesetzes und sonstiger Vorschriften über den Datenschutz, einschließlich der zur Umsetzung der Richtlinie (EU) 2016/680 erlassenen Rechtsvorschriften, zu überwachen und durchzusetzen,

2. die Öffentlichkeit für die Risiken, Vorschriften, Garantien und Rechte im Zusammenhang mit der Verarbeitung personenbezogener Daten zu sensibilisieren und sie darüber aufzuklären, wobei spezifische Maßnahmen für Kinder besondere Beachtung finden,

3. den Deutschen Bundestag und den Bundesrat, die Bundesregierung und andere Einrichtungen und Gremien über legislative und administrative Maßnahmen zum Schutz der Rechte und Freiheiten natürlicher Personen in Bezug auf die Verarbeitung personenbezogener Daten zu beraten,

4. die Verantwortlichen und die Auftragsverarbeiter für die ihnen aus diesem Gesetz und sonstigen Vorschriften über den Datenschutz, einschließlich den zur Umsetzung der Richtlinie (EU) 2016/680 erlassenen Rechtsvorschriften, entstehenden Pflichten zu sensibilisieren,

5. auf Anfrage jeder betroffenen Person Informationen über die Ausübung ihrer Rechte aufgrund dieses Gesetzes und sonstiger Vorschriften über den Datenschutz, einschließlich der zur Umsetzung der Richtlinie (EU) 2016/680 erlassenen Rechtsvorschriften, zur Verfügung zu stellen und gegebenenfalls zu diesem Zweck mit den Aufsichtsbehörden in anderen Mitgliedstaaten zusammenzuarbeiten,

6. sich mit Beschwerden einer betroffenen Person oder Beschwerden einer Stelle, einer Organisation oder eines Verbandes gemäß Artikel 55 der Richtlinie (EU) 2016/680 zu befassen, den Gegenstand der Beschwerde in angemessenem Umfang zu untersuchen und den Beschwerdeführer innerhalb einer angemessenen Frist über den Fortgang und das Ergebnis der Untersuchung zu unterrichten, insbesondere, wenn eine weitere Untersuchung oder Koordinierung mit einer anderen Aufsichtsbehörde notwendig ist,

7. mit anderen Aufsichtsbehörden zusammenzuarbeiten, auch durch Informationsaustausch, und ihnen Amtshilfe zu leisten, um die einheitliche Anwendung und Durchsetzung dieses Gesetzes und sonstiger Vorschriften über den Datenschutz, einschließlich der zur Umsetzung der Richtlinie (EU) 2016/680 erlassenen Rechtsvorschriften, zu gewährleisten,

8. Untersuchungen über die Anwendung dieses Gesetzes und sonstiger Vorschriften über den Datenschutz, einschließlich der zur Umsetzung der Richtlinie (EU) 2016/680 erlassenen Rechtsvorschriften, durchzuführen, auch auf der Grundlage von Informationen einer anderen Aufsichtsbehörde oder einer anderen Behörde,

9. maßgebliche Entwicklungen zu verfolgen, soweit sie sich auf den Schutz personenbezogener Daten auswirken, insbesondere die Entwicklung der Informations- und Kommunikationstechnologie und der Geschäftspraktiken,

10. Beratung in Bezug auf die in § 69 genannten Verarbeitungsvorgänge zu leisten und

11. Beiträge zur Tätigkeit des Europäischen Datenschutzausschusses zu leisten. [2] Im Anwendungsbereich der Richtlinie (EU) 2016/680 nimmt die oder der Bundesbeauftragte zudem die Aufgabe nach § 60 wahr.

(2) [1] Zur Erfüllung der in Absatz 1 Satz 1 Nummer 3 genannten Aufgabe kann die oder der Bundesbeauftragte zu allen Fragen, die im Zusammenhang mit dem Schutz personenbezogener Daten stehen, von sich aus oder auf Anfrage Stellungnahmen an den Deutschen Bundestag oder einen seiner Ausschüsse, den Bundesrat, die Bundesregierung, sonstige Einrichtungen und Stellen sowie an die Öffentlichkeit richten. [2] Auf Ersuchen des Deutschen Bundestages, eines seiner Ausschüsse oder der Bundesregierung geht die oder der Bundesbeauftragte ferner Hinweisen auf Angelegenheiten und Vorgänge des Datenschutzes bei den öffentlichen Stellen des Bundes nach.

(3) Die oder der Bundesbeauftragte erleichtert das Einreichen der in Absatz 1 Satz 1 Nummer 6 genannten Beschwerden durch Maßnahmen wie etwa die Bereitstellung eines Beschwerdeformulars, das auch elektronisch ausgefüllt werden kann, ohne dass andere Kommunikationsmittel ausgeschlossen werden.

(4) Die Erfüllung der Aufgaben der oder des Bundesbeauftragten ist für die betroffene Person unentgeltlich. Bei offenkundig unbegründeten oder, insbesondere im Fall von häufiger Wiederholung, exzessiven Anfragen kann die oder der Bundesbeauftragte eine angemessene Gebühr auf der Grundlage der Verwaltungskosten verlangen oder sich weigern, aufgrund der Anfrage tätig zu werden. In diesem Fall trägt die oder der Bundesbeauftragte die Beweislast für den offenkundig unbegründeten oder exzessiven Charakter der Anfrage.

EU-Recht: Art. 58 Abs. 3 lit. b (kommentiert unter → DS-GVO Art. 58 Rn. 29), Art. 46, 47 Abs. 3 JI-RL.

Literatur: s. Literatur zu Art. 57 DS-GVO.

A. Allgemeines

1 § 14 Abs. 1 dient der Umsetzung von Art. 46 JI-RL. Für Verarbeitungen, die der DS-GVO unterfallen, gilt Art. 57 DS-GVO unmittelbar. Die Aufgaben nach § 14 Abs. 1 gelten auch für Bereiche, die nicht dem Europarecht unterliegen, sofern nicht in § 14 ausdr. auf die JI-RL Bezug genommen wird. Regelungstechnisch wird die Umsetzung der JI-RL in diesem Punkt gelöst, indem für alle Aufgaben, die sowohl in der DS-GVO als auch in der JI-RL enthalten sind, der Wortlaut des Art. 57 DS-GVO, mit redaktionellen Anpassungen, übernommen wird. Damit enthält § 14 die **gemeinsame Schnittmenge der Aufgaben** aus beiden EU-Rechtsakten (BT-Drs. 18/11325, 87). Für die JI-RL und für Bereiche, die nicht dem EU-Recht unterliegen, ist der Aufgabenkatalog, vorbehaltlich bereichsspezifischer Regelungen, abschl., für Verarbeitungen nach der DS-GVO nicht. Die weiteren Absätze dienen ebenfalls der Umsetzung der JI-RL. Auch hier werden großenteils die Vorschr. der DS-GVO übernommen.

B. Aufgaben (Abs. 1)

2 Die Aufgaben entsprechen Art. 57 DS-GVO, so dass auf die dortige Kommentierung verwiesen wird (→ DS-GVO Art. 57 Rn. 2 ff.). Eine Konkretisierung des Art. 57 Abs. 1 lit. c DS-GVO und Art. 58 Abs. 3 lit. b DS-GVO enthalten Abs. 1 Nr. 3 und Abs. 2 S. 1, die die Stellen benennen, die die / der BfDI berät und an die sie / er Stellungnahmen richtet. Die Regelung ist angelehnt an § 26 Abs. 1 und 3 BDSG aF. Neu ist die ausdr. Aufnahme des BR in den Katalog. Formal ist dies richtig, da der BR Verfassungsorgan des Bundes ist und an der Gesetzgebung des Bundes mitwirkt. Laut Begr. war die Aufnahme des BR auch europarechtlich geboten, da er zum europarechtlichen Begriff des Parlaments gehört (BT-Drs. 18/11325, 87 zu § 15). Jedoch ist zu beachten, dass der BR die Länder und ihre Interessen vertritt und daher zumindest auch die ASB der Länder Ansprechpartner für den BR sind.

C. Stellungnahmen gegenüber dem Bundestag (Abs. 2)

3 Abs. 2 S. 1 entspricht Art. 58 Abs. 3 lit. b DS-GVO und weist der / dem BfDI die Aufgabe zu, eigeninitiativ oder auf Anfrage Stellungnahmen zu Fragen des Datenschutzes abzugeben (→ Art. 58 Rn. 29). Das Recht der /des BfDI nach Abs. 2, sich mit Stellungn. an den BT zu wenden, ist in § 32a Nr. 1 lit. b BNDG für Angelegenheiten des **Bundesnachrichtendienstes** (BND) eingeschränkt. Die / der BfDI darf sich danach nur an die Bundesregierung oder die für die Kontrolle des BND zuständigen Gremien (zB G10-Kommission, Parlamentarisches Kontrollgremium) wenden. Der Innenausschuss des BT oder

Untersuchungsausschüsse sind damit als Adressaten für die / den BfDI ausgeschlossen (zur Kritik der BfDI s. Stellungn. an den BT-Innenausschuss v. 3.3.2017, Ausschuss-Drs. 18(4)877, 25). Nach S. 2 wird die / der BfDI auf Ersuchen des BT, eines seiner Ausschüsse oder der Bundesregierung tätig. Sie / er ist verpflichtet, entspr. Hinweisen nachzugehen.

D. Einreichen von Beschwerden und unentgeltliche Bearbeitung (Abs. 3 und 4)

Die Pflicht nach Abs. 3, das Einreichen von Beschwerden zu erleichtern, entspricht Art. 57 Abs. 2 DS-GVO (→ Art. 57 Rn. 27 f.). Der Grundsatz der Unentgeltlichkeit in Abs. 4 entspricht Art. 57 Abs. 3 DS-GVO, gilt hier jedoch nur für die betroffene Person und nicht für den behördlichen Datenschutzbeauftragten (→ Art. 57 Rn. 29). Die ebenfalls in Abs. 4 geregelte Möglichkeit, bei unbegründeten oder exzessiven Anträgen eine Gebühr zu erheben oder nicht tätig zu werden, entspricht Art. 57 Abs. 4 DS-GVO (→ Art. 57 Rn. 30 ff.). **4**

§ 15 Tätigkeitsbericht

Die oder der Bundesbeauftragte erstellt einen Jahresbericht über ihre oder seine Tätigkeit, der eine Liste der Arten der gemeldeten Verstöße und der Arten der getroffenen Maßnahmen, einschließlich der verhängten Sanktionen und der Maßnahmen nach Artikel 58 Absatz 2 der Verordnung (EU) 2016/679, enthalten kann. Die oder der Bundesbeauftragte übermittelt den Bericht dem Deutschen Bundestag, dem Bundesrat und der Bundesregierung und macht ihn der Öffentlichkeit, der Europäischen Kommission und dem Europäischen Datenschutzausschuss zugänglich.

EU-Recht: Art. 59 DS-GVO (kommentiert unter → DS-GVO Art. 59 Rn. 1 ff.), Art. 49 JI-RL.

Literatur: s. Literatur zu Art. 59 DS-GVO.

A. Allgemeines

§ 15 regelt die Erstellung des Tätigkeitsberichtes einheitlich für sämtliche Bereiche, dh auch diejenigen Bereiche, die nicht dem Unionsrecht unterfallen, nach den Vorgaben der DS-GVO und der JI-RL. **1**

B. Jahresbericht

Inhalt und Berichtszeitraum entsprechen Art. 59 DS-GVO, so dass auf die dortige Kommentierung verwiesen wird (→ DS-GVO Art. 59 Rn. 2 f.). § 15 konkretisiert die EU-Vorschriften insoweit, als hier die Empfänger des Tätigkeitsberichtes in Deutschland konkret benannt werden. **2**

§ 16 Befugnisse

(1) [1] Die oder der Bundesbeauftragte nimmt im Anwendungsbereich der Verordnung (EU) 2016/679 die Befugnisse gemäß Artikel 58 der Verordnung (EU) 2016/679 wahr. [2] Kommt die oder der Bundesbeauftragte zu dem Ergebnis, dass Verstöße gegen die Vorschriften über den Datenschutz oder sonstige Mängel bei der Verarbeitung personenbezogener Daten vorliegen, teilt sie oder er dies der zuständigen Rechts- oder Fachaufsichtsbehörde mit und gibt dieser vor der Ausübung der Befugnisse des Artikels 58 Absatz 2 Buchstabe b bis g, i und j der Verordnung (EU) 2016/679 gegenüber dem Verantwortlichen Gelegenheit zur Stellungnahme innerhalb einer angemessenen Frist. [3] Von der Einräumung der Gelegenheit zur Stellungnahme kann abgesehen werden, wenn eine sofortige Entscheidung wegen Gefahr im Verzug oder im öffentlichen Interesse notwendig erscheint oder ihr ein zwingendes öffentliches Interesse entgegensteht. [4] Die Stellungnahme soll auch eine Darstellung der Maßnahmen enthalten, die aufgrund der Mitteilung der oder des Bundesbeauftragten getroffen worden sind.

(2) [1] Stellt die oder der Bundesbeauftragte bei Datenverarbeitungen durch öffentliche Stellen des Bundes zu Zwecken außerhalb des Anwendungsbereichs der Verordnung (EU) 2016/679 Verstöße gegen die Vorschriften dieses Gesetzes oder gegen andere Vorschriften über den Datenschutz oder sonstige Mängel bei der Verarbeitung oder Nutzung personenbezogener Daten fest, so beanstandet sie oder er dies gegenüber der zuständigen obersten Bundesbehörde und fordert diese zur Stellungnahme innerhalb einer von ihr oder ihm zu bestimmenden Frist auf. [2] Die oder der Bundesbeauftragte kann von einer Beanstandung absehen oder auf eine Stellungnahme verzichten, insbesondere wenn es sich um unerhebliche oder inzwischen beseitigte Mängel handelt. [3] Die Stellungnahme soll auch eine Darstellung der Maßnahmen enthalten, die aufgrund der Beanstandung der oder des Bundesbeauftragten getroffen worden sind. [4] Die oder der Bundesbeauftragte kann den Verantwortlichen auch davor warnen, dass beabsichtigte Verarbeitungsvorgänge voraussichtlich gegen in diesem Gesetz enthaltene und andere auf die jeweilige Datenverarbeitung anzuwendende Vorschriften über den Datenschutz verstoßen.

(3) [1] Die Befugnisse der oder des Bundesbeauftragten erstrecken sich auch auf
1. von ihrer oder seiner Aufsicht unterliegenden Stellen erlangte personenbezogene Daten über den Inhalt und die näheren Umstände des Brief-, Post- und Fernmeldeverkehrs und
2. personenbezogene Daten, die einem besonderen Amtsgeheimnis, insbesondere dem Steuergeheimnis nach § 30 der Abgabenordnung, unterliegen.

[2] Das Grundrecht des Brief-, Post- und Fernmeldegeheimnisses des Artikels 10 des Grundgesetzes wird insoweit eingeschränkt.

(4) Die öffentlichen Stellen des Bundes sind verpflichtet, der oder dem Bundesbeauftragten und ihren oder seinen Beauftragten
1. jederzeit Zugang zu den Grundstücken und Diensträumen, einschließlich aller Datenverarbeitungsanlagen und -geräte, sowie zu allen personenbezogenen Daten und Informationen, die zur Erfüllung ihrer oder seiner Aufgaben notwendig sind, zu gewähren und

2. alle Informationen, die für die Erfüllung ihrer oder seiner Aufgaben erforderlich sind, bereitzustellen.

Für nichtöffentliche Stellen besteht die Verpflichtung des Satzes 1 Nummer 1 nur während der üblichen Betriebs- und Geschäftszeiten.

(5) [1] Die oder der Bundesbeauftragte wirkt auf die Zusammenarbeit mit den öffentlichen Stellen, die für die Kontrolle der Einhaltung der Vorschriften über den Datenschutz in den Ländern zuständig sind, sowie mit den Aufsichtsbehörden nach § 40 hin. [2] § 40 Absatz 3 Satz 1 zweiter Halbsatz gilt entsprechend.

EU-Recht: Art. 58 DS-GVO (kommentiert unter → DS-GVO Art. 58 Rn. 1 ff.), Art. 47 JI-RL.

Literatur: s. Literatur zu Art. 57 und 58 DS-GVO; *Kranig,* DS-GVO – und was die Aufsichtsbehörden daraus machen (sollten), RDV 2018, 243; *Schulze Lohoff/Bange,* Die (fehlenden) Abhifebefugnisse des BfDI nach § 16 Abs. 2 BDSG – Europarechtskonforme Umsetzung oder rechtswidrige Gesetzeslücke?, ZD 2019, 199; *Thiel,* DSK – starke Stimme für den Datenschutz – Geschichte und Schwerpunkte der Datenschutzkonferenz seit 2016, ZD 2020, 93.

A. Allgemeines

§ 16 regelt die Befugnisse der / des BfDI. Dabei wird deutlich unterschieden **1** zwischen Befugnissen nach der DS-GVO und nach der JI-RL. Für erstere wird in Abs. 1 lediglich auf Art. 58 DS-GVO verwiesen, und es wird in Abs. 1 die Wahrnehmung der Anordnungsbefugnisse sowie in Abs. 3 und Abs. 4 die Wahrnehmung von Untersuchungsbefugnissen konkretisiert. Für die Befugnisse nach der JI-RL schafft Abs. 2 eine eigenständige Regelung, die sich eng am bisherigen dt. Recht und weniger am europ. Recht orientiert.

B. Befugnisse für Datenverarbeitungen nach der DS-GVO (Abs. 1)

Für die Befugnisse verweist S. 1 vollständig auf Art. 58 DS-GVO. S. 2–4 **2** konkretisieren das Verfahren bei der Ausübung der Anordnungsbefugnisse nach Art. 58 Abs. 2 DS-GVO (mit Ausnahme der Warnung und des Widerrufes einer Zertifizierung). Damit macht der Gesetzgeber Gebrauch von der Öffnungsklausel des Art. 58 Abs. 4 DS-GVO, nach der die Ausübung der Befugnisse vorbehaltlich geeigneter Garantien gem. dem Unionsrecht oder dem Recht der Mitgliedstaaten erfolgt. Die Konkretisierungen in S. 2–4 greifen bei Verstößen durch Stellen, die einer **Rechts- oder Fachaufsicht** unterliegen und sollen die Gefahr divergierender Anweisungen von Datenschutzaufsicht und Rechts-/Fachaufsicht reduzieren (BT-Drs. 18/11325, 88). Dafür ist die Rechts- oder Fachaufsichtsbehörde vor Ausübung der Befugnisse über den Verstoß zu informieren und es ist ihr Gelegenheit zur Stellungn. zu geben. Damit wird die Rechts-/Fachaufsichtsbehörde in die Lage versetzt, selbst Maßnahmen im Wege der Aufsicht zu ergreifen. Über solche Maßnahmen ist die / der BfDI zu informieren. S. 3 enthält eine Regelung für

Eilfälle, in denen von der Einbindung der Rechts- oder Fachaufsichtsbehörde abgesehen werden kann.

C. Befugnisse für Datenverarbeitungen außerhalb des Anwendungsbereichs der DS-GVO (Abs. 2)

3 Für Datenverarbeitungen im Bereich der JI-RL und in Bereichen, die nicht dem Unionsrecht unterfallen, also hauptsächlich im Bereich der Nachrichtendienste, enthält Abs. 2 eine eigene Regelung. Die Einwirkungsbefugnisse der / des BfDI bei Verstößen gegen datenschutzrechtliche Vorschr. beschränken sich auf die aus dem bisherigen Recht (§ 25 BDSG aF) bekannte **Beanstandung** und die Art. 58 Abs. 2 lit. a DS-GVO entspr. **Warnung.**

3a Die Beanstandung setzt voraus, dass der / die BfDI einen **Verstoß** gegen Vorschr. des Datenschutzrechts oder sonstige Mängel bei der Verarbeitung oder Nutzung personenbezogener Daten festgestellt hat. Ein Mangel erreicht noch nicht die Schwelle zu einem Verstoß. Abs. 2 S. 2 erklärt die Beanstandung durch die / den BfDI zum Regelfall. In Ausnahmefällen kann die / der BfDI nach S. 2 von einer Beanstandung absehen. Dies gilt insbes., aber nicht ausschl., für unerhebliche oder inzwischen beseitigte Mängel.

3b Die Beanstandung richtet sich nicht an den Verantwortlichen, sondern an die zuständige oberste Bundesbehörde. Diese wird aufgefordert, eine Stellungnahme abzugeben (S. 1) und darin auch über Maßnahmen berichten, die aufgrund der Beanstandung getroffen wurden (S. 3). Daran wird deutlich, dass nicht die / der BfDI Maßnahmen anordnet und erforderlichenfalls durchsetzt, sondern die Umsetzung der obersten Bundesbehörde vorbehalten ist. Die Beanstandung hat damit allenfalls feststellenden Charakter − der jedoch im Gegensatz zur Verwarnung nach Art. 58 Abs. 2 lit. b DS-GVO fraglich ist, da die zuständige oberste Bundesbehörde nicht an die Feststellung der / des BfDI gebunden ist −, aber **keinen Regelungsgehalt** und wird daher nicht als VA angesehen (Meltzian in BeckOK DatenschutzR BDSG § 16 Rn. 9; Wieczorek in Kühling/Buchner BDSG § 16 Rn. 12; Grittmann in Taeger/Gabel BDSG § 16 Rn. 23; zur Vorgängerregelung § 25 BDSG aF BVerwG DÖV 1992, 536).

3c Gegen künftige Verarbeitungsvorgänge kann die / der BfDI eine **Warnung** aussprechen, wenn diese voraussichtlich gegen Vorschr. über den Datenschutz verstoßen. Die Warnung wirkt präventiv (Grittmann in Taeger/Gabel BDSG § 16 Rn. 28), enthält aber für den Adressaten − der im Gegensatz zur Beanstandung der Verantwortliche selbst ist − keine Unterlassungsverfügung (→ Art. 58 Rn. 18).

3d Art. 47 Abs. 2 JI-RL verlangt, dass die ASB über wirksame Abhilfebefugnisse verfügt, die es ihr ua gestatten, einen Verantwortlichen oder Auftragsverarbeiter anzuweisen, Verarbeitungsvorgänge in Einklang mit dem Datenschutzrecht zu bringen oder eine vorübergehende oder endgültige Beschränkung der Verarbeitung zu verhängen. Zwar sind diese Befugnisse in Art. 47 Abs. 2 JI-RL beispielhaft genannt, doch sie verdeutlichen, dass mit dem Begriff „Abhilfebefugnisse" unmittelbare Einwirkungsmöglichkeiten der ASB auf die Verarbeitung des Verantwortlichen oder Auftragsverarbeiters gemeint sind. Da die / der BfDI nach § 16 Abs. 2 nicht mit Durchsetzungsbefugnissen ggü. dem Verantwortlichen oder Auftragsverarbeiter ausgestattet ist, bleibt die Vorschr. hinter den Anforderungen des EU-Rechts zurück und setzt die JI-RL insoweit nicht ausreichend um (Stellungn. der / des BfDI ggü. dem BT-Innenausschuss v. 3.3.2017, Ausschuss-Drs. 18(4)788, S. 6; Thiel in Gola/Heckmann BDSG § 16 Rn. 8; zweifelnd auch Wieczorek in Kühling/Buchner BDSG § 16 Rn. 29; aA Meltzian in BeckOK DatenschutzR BDSG § 16 Rn. 10).

D. Reichweite der Untersuchungsbefugnisse (Abs. 3 und 4)

Abs. 3 regelt wie bisher die Reichweite der Informationsrechte der / des BfDI **4** und hat deklaratorischen Charakter. Die Informationsrechte erstrecken sich auf Inhalt und nähere Umstände des durch Art. 10 GG geschützten Brief-, Post- und Fernmeldeverkehrs sowie auf bes. Amtsgeheimnisse einschl. Steuergeheimnis. Die frühere unbeschränkte Einbeziehung auch von **Berufsgeheimnissen** in die Kontrolle der / des BfDI (§ 24 Abs. 2 Nr. 1 BDSG aF) ist der neuen differenzierten Regelung in § 29 Abs. 1 gewichen, die bedenkliche Einschränkungen der Kontrolle vorsieht (→ § 29 Rn. 5 ff.). Die bisherige Ausnahme für Daten, die der Kontrolle durch die G10-Kommission unterliegen, betrifft ausschl. Verarbeitungen, die nicht dem Unionsrecht unterliegen, und ist nun in den Fachgesetzen geregelt (zB § 26a BVerfSchG nF).

Abs. 4 regelt die **Informations- und Betretungsrechte** der / des BfDI. **5** Die durch das 2. DSAnpUG eingefügte Ergänzung in S. 2 stellt klar, dass diese auch ggü. den nichtöffentlichen Stellen gelten, die der Kontrolle durch die / den BfDI unterliegen. Das Betretensrecht ist insoweit aber − nach § 40 Abs. 5 S. 3 auch für die ASB der Länder − auf die Betriebs- und Geschäftszeiten beschr.

E. Zusammenarbeit mit den ASB der Länder

Nach Abs. 5 wirkt die / der BfDI auf eine Zusammenarbeit mit den ASB der **6** Länder für den öffentl. sowie für den nichtöffentlichen Bereich (§ 40) hin. Die Zusammenarbeit der ASB in Deutschland findet in der Konferenz der unabhängigen Datenschutzaufsichtsbehörden des Bundes und der Länder (DSK) und ihrer Arbeitsgremien statt, deren Mitglied die / der BfDI ist. Die Aufgabe der DSK besteht ua darin, eine einheitliche Anwendung des europ. und nationalen Datenschutzrechts zu erreichen. Die Zusammenarbeit in Angelegenheiten der EU ist in §§ 18 und 19 gesetzlich geregelt. Eine für die Praxis der Zusammenarbeit in konkreten Fällen wichtige Regelung enthält der Verweis auf § 40 Abs. 3 S. 1 2. HS. Er ermächtigt die ASB zur Übermittlung von Daten untereinander, soweit dies für die Zusammenarbeit erforderlich ist.

Kapitel 5. Vertretung im Europäischen Datenschutzausschuss, zentrale Anlaufstelle, Zusammenarbeit der Aufsichtsbehörden des Bundes und der Länder in Angelegenheiten der Europäischen Union

§ 17 Vertretung im Europäischen Datenschutzausschuss, zentrale Anlaufstelle

(1) [1] Gemeinsamer Vertreter im Europäischen Datenschutzausschuss und zentrale Anlaufstelle ist die oder der Bundesbeauftragte (gemeinsamer Vertreter). [2] Als Stellvertreterin oder Stellvertreter des gemeinsamen Vertreters wählt der Bundesrat eine Leiterin oder einen Leiter der Aufsichtsbehörde eines Landes (Stellvertreter). [3] Die Wahl erfolgt für fünf Jahre. [4] Mit dem Ausscheiden aus dem Amt als Leiterin oder Leiter der Aufsichtsbehörde eines Landes endet zugleich die Funktion als Stellvertreter. [5] Wiederwahl ist zulässig.

(2) Der gemeinsame Vertreter überträgt in Angelegenheiten, die die Wahrnehmung einer Aufgabe betreffen, für welche die Länder allein das Recht zur Gesetzgebung haben, oder welche die Einrichtung oder das Verfahren von Landesbehörden betreffen, dem Stellvertreter auf dessen Verlangen die Verhandlungsführung und das Stimmrecht im Europäischen Datenschutzausschuss.

EU-Recht: Art. 51 Abs. 3, Art. 68 Abs. 4 DS-GVO (kommentiert unter → DS-GVO Art. 51 Rn. 7 ff.; → DS-GVO Art. 68 Rn. 5), Art. 41 Abs. 4 JI-RL.

Literatur: *Kugelmann,* Kooperation und Betroffenheit im Netzwerk – Die deutschen Datenschutzaufsichtsbehörden in Europa, ZD 2020, 76; *Kühling/Martini,* Die Datenschutz-Grundverordnung: Revolution oder Evolution im europäischen und deutschen Datenschutzrecht?, EuZW 2016, 448; *Kranig,* DS-GVO – und was die Aufsichtsbehörden daraus machen (sollten), RDV 2018, 243; *v. Lewinski,* Datenschutzaufsicht in Europa als Netzwerk, NVwZ 2017, 1483.

A. Allgemeines

1   Die DS-GVO bestimmt lediglich, dass jeder Mitgliedstaat mit einer Stimme im Ausschuss vertreten ist. Mitgliedstaaten mit mehreren ASB ist es durch Art. 51 Abs. 3 und Art. 68 Abs. 4 DS-GVO aufgegeben, einen Vertreter zu bestimmen und ein Verfahren einzuführen, dass sicherstellt, dass die anderen Behörden die Regeln für das Kohärenzverfahren einhalten (Kühling/Martini ua DS-GVO und nationales Recht, 134). Dem dienen die §§ 17–19 BDSG. § 17 regelt die Vertretung im Ausschuss und die Einrichtung der in ErwGr. 119 beschriebenen zentralen Anlaufstelle.

B. Gemeinsamer Vertreter, zentrale Anlaufstelle und Stellvertreter (Abs. 1)

Abs. 1 S. 1 legt die / den BfDI als **gemeinsamen Vertreter** der ASB fest. **2** Damit ist die Vertretung durch Gesetz entschieden worden. Die Datenschutz- beauftragten der Länder hatten sich dagegen dafür ausgesprochen, dass die DSK selbst die Vertretung im Ausschuss bestimmt (zu dieser Lösungsoption im Ver- gleich zu anderen Lösungsoptionen ausf. Kühling/Martini ua DS-GVO und nationales Recht, 142 ff.; Dix in Kühling/Buchner BDSG § 17 Rn. 3 f.; Som- mer in DWWS BDSG § 17 Rn. 3 ff.; Hermerschmidt in Auernhammer DS- GVO Art. 68 Rn. 26). Zugleich hatten sie sich dafür ausgesprochen, dass die gemeinsame Vertretung sowohl durch die / den BfDI als auch durch die Länder wahrgenommen werden kann (Kühlungsborner Erklärung der un- abhängigen Datenschutzbehörden der Länder v. 10.11.2016; krit. zur Ver- tretung durch die / den BfDI Dix in Kühling/Buchner BDSG § 17 Rn. 5).

Auch die Einrichtung der **zentralen Anlaufstelle** bei der / dem BfDI ist **3** in Abs. 1 gesetzlich festgelegt. Sie ist organisatorisch von den übrigen Auf- gaben der / des BfDI zu trennen (BT-Drs. 18/11325, 90; ausf. Kisker Beck- OK DatenschutzR BDSG § 17 Rn. 2). Ihre Aufgaben und Befugnisse sind im BDSG hingegen nicht näher ausgestaltet. Die Aufgaben sind daher dem ErwGr 119 der DS-GVO zu entnehmen. Sie soll für eine wirksame Betei- ligung der nationalen ASB am Kohärenzverfahren sorgen und eine rasche und reibungslose Zusammenarbeit mit anderen ASB, dem Ausschuss und der KOM gewährleisten. Über hoheitliche Befugnisse verfügt sie mangels gesetz- licher Regelung nicht (s. auch BT-Drs. 18/11325, 89). Sie hat ausschl. unter- stützende Aufgaben. Die Gesetzesbegründung nennt die Koordinierung der gemeinsamen Willensbildung unter den ASB, die Hinwirkung auf die Ein- haltung der nach der DS-GVO vorgesehenen Fristen und Verfahren, zB durch standardisierte Formate. Nach der Gesetzesbegründung soll die Unter- stützung über das in ErwGr 119 genannte Kohärenzverfahren hinausgehen und alle Angelegenheiten der EU betreffen. Dazu soll insbes. das Verfahren der Zusammenarbeit nach Art. 60–62 DS-GVO gehören (BT-Drs. 18/ 11325). Verbindliche gesetzliche Festlegungen gibt es dazu nicht.

Der gemeinsame Vertreter wird ergänzt durch einen **Stellvertreter.** Letz- **4** terer wird aus dem Kreis der Leiter der ASB der Länder durch den BR gewählt. Das Amt ist an die Person geknüpft. Scheidet sie aus ihrem Amt als Leitung einer ASB aus, verliert das Land damit auch das Mandat der Stell- vertretung. Die Amtszeit des Stellvertreters ist auf fünf Jahre begrenzt, eine Wiederwahlbeschränkung gibt es hierfür nicht.

C. Verhandlungsführung und Stimmrecht (Abs. 2)

Die Verhandlungsführung und das Stimmrecht im Ausschuss stehen grds. dem **5** gemeinsamen Vertreter zu. In drei Fällen – angelehnt an Art. 23 GG und die Regelungen des EUZBLG (BT-Drs. 18/11325, 90) – überträgt der gemeinsame Vertreter dem Stellvertreter Verhandlungsführung und Stimmrecht (s. Kühling/Martini ua DS-GVO und nationales Recht, 147 ff.). Der erste Fall sind Angelegenheiten, für die die Länder allein das **Recht zur Gesetzgebung** haben. Dies betrifft nur wenige Angelegenheiten. Insbes. ist anzunehmen, dass sich der Ausschuss nur selten mit solchen Angelegenheiten befassen wird. Der zweite Fall sind Aufgaben, die die Einrichtung von Landesbehörden betreffen. Die dritte Fallgruppe sind Aufgaben, die das **Verfahren von Landesbehörden** betreffen. Darunter dürfte die gesamte Aufsichtstätigkeit über Landesbehörden fallen. Der BR hatte ein weitergehendes Stimmrecht des Stellvertreters gefordert, da für die in der Praxis des Ausschusses relevanten Fragen des Vollzugs des Datenschutzrechtes hauptsächlich die Länder zuständig sind (BR-Drs. 110/17 (Beschluss), 11 f.). Dies entspricht auch einer Forderung der ASB der Länder (Kühlungsborner Erklärung der unabhängigen Datenschutzbehörden der Länder v. 10.11.2016). Das BDSG berücksichtigt diesen Umstand nicht (zu den Vor- und Nachteilen beider Lösungen s. die Stellungn. Wolff, Innenausschuss Prot. BDSG, 106 f.; krit. zur gesetzlichen Regelung Dix in Kühling/Buchner BDSG § 16 Rn. 9; befürwortend Stellungn. BfDI, Innenausschuss Prot. BDSG, 143 ff.).

§ 18 Verfahren der Zusammenarbeit der Aufsichtsbehörden des Bundes und der Länder

(1) [1] Die oder der Bundesbeauftragte und die Aufsichtsbehörden der Länder (Aufsichtsbehörden des Bundes und der Länder) arbeiten in Angelegenheiten der Europäischen Union mit dem Ziel einer einheitlichen Anwendung der Verordnung (EU) 2016/679 und der Richtlinie (EU) 2016/680 zusammen. [2] Vor der Übermittlung eines gemeinsamen Standpunktes an die Aufsichtsbehörden der anderen Mitgliedstaaten, die Europäische Kommission oder den Europäischen Datenschutzausschuss geben sich die Aufsichtsbehörden des Bundes und der Länder frühzeitig Gelegenheit zur Stellungnahme. [3] Zu diesem Zweck tauschen sie untereinander alle zweckdienlichen Informationen aus. [4] Die Aufsichtsbehörden des Bundes und der Länder beteiligen die nach den Artikeln 85 und 91 der Verordnung (EU) 2016/679 eingerichteten spezifischen Aufsichtsbehörden, sofern diese von der Angelegenheit betroffen sind.

(2) [1] Soweit die Aufsichtsbehörden des Bundes und der Länder kein Einvernehmen über den gemeinsamen Standpunkt erzielen, legen die federführende Behörde oder in Ermangelung einer solchen der gemeinsame Vertreter und sein Stellvertreter einen Vorschlag für einen gemeinsamen Standpunkt vor. [2] Einigen sich der gemeinsame Vertreter und sein Stellvertreter nicht auf einen Vorschlag für einen gemeinsamen Standpunkt, legt in Angelegenheiten, die die Wahrnehmung von Aufgaben betreffen, für welche die Länder allein das Recht der Gesetzgebung haben, oder welche die Einrichtung oder das Verfahren von Landesbehörden betreffen, der Stellvertreter den Vorschlag für einen gemeinsamen Standpunkt fest. [3] In den übrigen Fällen fehlenden Einvernehmens nach Satz 2 legt der gemeinsame Vertreter den Standpunkt fest. [4] Der nach den Sätzen 1 bis 3 vorgeschlagene Standpunkt ist den Verhandlungen zu Grunde zu legen, wenn nicht

die Aufsichtsbehörden von Bund und Ländern einen anderen Standpunkt mit einfacher Mehrheit beschließen. ⁵ Der Bund und jedes Land haben jeweils eine Stimme. Enthaltungen werden nicht gezählt.

(3) ¹ Der gemeinsame Vertreter und dessen Stellvertreter sind an den gemeinsamen Standpunkt nach den Absätzen 1 und 2 gebunden und legen unter Beachtung dieses Standpunktes einvernehmlich die jeweilige Verhandlungsführung fest. ² Sollte ein Einvernehmen nicht erreicht werden, entscheidet in den in § 18 Absatz 2 Satz 2 genannten Angelegenheiten der Stellvertreter über die weitere Verhandlungsführung. ³ In den übrigen Fällen gibt die Stimme des gemeinsamen Vertreters den Ausschlag.

EU-Recht: Art. 51 Abs. 3 DS-GVO (kommentiert unter → DS-GVO Art. 51 Rn. 7 ff.)

Literatur: *Kugelmann,* Kooperation und Betroffenheit im Netzwerk – Die deutschen Datenschutzaufsichtsbehörden in Europa, ZD 2020, 76; *Kühling/Martini,* Die Datenschutz-Grundverordnung: Revolution oder Evolution im europäischen und deutschen Datenschutzrecht?, EuZW 2016, 448; *Kranig,* DS-GVO – und was die Aufsichtsbehörden daraus machen (sollten), RDV 2018, 243; *v. Lewinski,* Datenschutzaufsicht als Netzwerk, NVwZ 2017, 1483; *Ronellenfitsch,* Bestandsschutz der Religionsgemeinschaften nach der DSGVO – Zur Auslegung unmittelbar geltenden Unionsrechts, DÖV 2918, 1017; *Thiel,* DSK – starke Stimme für den Datenschutz – Geschichte und Schwerpunkte der Datenschutzkonferenz seit 2016, ZD 2020, 93; *Tinnefeld,* Das Verhältnis von DS-GVO und nationalen kirchlichen Sonderregelungen – Anforderungen an das kirchliche Selbstbestimmungsrecht, ZD 2020, 145.

A. Allgemeines

§ 18 setzt Art. 51 Abs. 3 und ErwGr 119 DS-GVO um, die nationale Ver- **1** fahren zur Einhaltung des Kohärenzverfahrens auch innerhalb der Mitgliedstaaten fordern. Die Regelung geht über den Auftrag aus der DS-GVO hinaus, indem sie eine Zusammenarbeit der ASB in Deutschland in allen Angelegenheiten der EU nach dem beschriebenen Verfahren vorschreibt (näher dazu Kisker in BeckOK DatenschutzR BDSG § 18 Rn. 2 f.; Thiel in Gola/Heckmann BDSG § 18 Rn. 4 f.).

B. Zusammenarbeit der Aufsichtsbehörden (Abs. 1)

Die Pflicht zur Zusammenarbeit gilt nach Abs. 1 S. 1 für alle Angelegenheiten **2** der EU. Damit ist zum einen auch der Bereich der JI-RL mit erfasst. Zum anderen erstreckt sich das in § 18 geregelte Verfahren auf alle **Angelegenheiten des Ausschusses** nach Art. 70 DS-GVO und Art. 51 JI-RL sowie für das **Verfahren der Zusammenarbeit** der europ. ASB nach den Art. 60–62 DS-GVO (BT-Drs. 18/11325, 90. Die Reichweite ist iE jedoch str., insbes. für Beschlussentwürfe der federführenden ASB oder Einsprüche betroffener ASB im Kooperationsverfahren oder für Amtshilfe oder gemeinsame Maßnahmen (eine Pflicht zur Zusammenarbeit insoweit verneinend Dix in Kühling/Buchner BDSG § 18 Rn. 5, für einen weiten Anwendungsbereich des § 18 zur Sicherstellung eines widerspruchsfreien Auftretens Deutschlands in grenzüberschreitenden Angelegenheiten Kisker in BeckOK DatenschutzR BDSG § 18 Rn. 2 f.). Für die rein innerstaatliche Anwendung des EU-Rechts gilt § 18 nicht (Dix in Kühling/Buchner BDSG § 18 Rn. 4; Thiel in Gola/Heckmann BDSG § 18 Rn. 3). Abs. 1 sieht eine rechtzeitige Information der ASB untereinander und den Austausch aller zweckdienlichen Informationen (nach der Gesetzesbegründung auch personenbezogene Daten, BT-Drs. 18/11325, 91) vor. Auch die spezifischen ASB, namentlich die Datenschutzbeauftragten des Rundfunks und der Kirchen, sind zu beteiligen, soweit sie von der Angelegenheit betroffen sind. Spezifische Betroffenheit bedeutet, dass gerade die spezifische Aufsichtsbehörde in einer Weise von der Angelegenheit betroffen sein muss, die über eine allg. Mitbetroffenheit hinausgeht (Beschluss der Konferenz der unabhängigen Datenschutzaufsichtsbehörden des Bundes und der Länder v. 13.5.2019 zur Beteiligung der spezifischen Aufsichtsbehörden gem. § 18 Abs. 1 Satz 4 BDSG an der Zusammenarbeit der Aufsichtsbehörden des Bundes und der Länder in Angelegenheiten der EU, abrufbar unter www.datenschutzkonferenz-online.de).

C. Festlegung eines gemeinsamen Standpunkts (Abs. 2)

3 Abs. 2 regelt das Vorschlagsrecht für einen gemeinsamen Standpunkt und das Verfahren zu dessen Festlegung, wenn im Beteiligungsverfahren nach Abs. 1 kein Einvernehmen erzielt werden konnte. Vorschlagsberechtigt ist zunächst die **federführende ASB** iSd § 19 Abs. 1 BDSG (s. BT-Drs. 18/11325, 92 zu § 19). Gibt es in Deutschland keine federführende ASB, ist der **gemeinsame Vertreter oder der Stellvertreter** vorschlagsberechtigt. Zunächst sollen gemeinsamer Vertreter und Stellvertreter versuchen, sich auf einen gemeinsamen Vorschlag zu einigen. Gelingt dies nicht, ist nur einer von ihnen vorschlagsberechtigt. Das Vorschlagsrecht richtet sich in diesem Fall nach den gleichen Kriterien wie das Stimmrecht im Ausschuss nach § 17 Abs. 2 BDSG (→ § 17 Rn. 5). In allen Fällen kann der Vorschlag, also sowohl derjenige der federführenden ASB als auch der von gemeinsamem Vertreter und/oder Stellvertreter von den anderen ASB überstimmt werden. Hierfür reicht eine einfache Mehrheit der anderen ASB aus (zu den jew. Vor- und Nachteilen des Konsens- und Mehrheitsprinzips Kühling/Martini ua DS-GVO und nationales Recht, 142; krit. zu der ausreichenden einfachen Mehrheit Stellungn. Piltz, Innenausschuss Prot. BDSG, 79 ff.; Stellungn. BfDI, Innenausschuss Prot. BDSG, 146 zu der Möglichkeit der Länder, die BfDI auch in Angelegenheiten des Bundes zu überstimmen). Ein unzulässiger Eingriff in die Unabhängigkeit der ASB (so Dix in Kühling/Buchner BDSG § 18 Rn. 5 für Konstellationen, in denen (zunächst) nur die Zuständigkeit einer einzelnen ASB berührt ist) ist damit nicht verbunden, da es sich um interne Bindungen der ASB untereinander, nicht aber um Weisungen „von Außen" handelt (→ Art. 52 Rn. 4; so auch Kisker in BeckOK DatenschutzR BDSG § 18 Rn. 8 mwN).

D. Verhandlungsführung (Abs. 3)

Der nach Abs. 1 einvernehmlich gefundene oder nach Abs. 2 festgelegte **4** **gemeinsame Standpunkt** ist für den gemeinsamen Vertreter oder den Stellvertreter **verbindlich** (dazu Kühling/Martini ua DS-GVO und nationales Recht, 149 ff.). Auf dieser Grdl. legen sie einvernehmlich die Verhandlungsführung fest. Aus Abs. 2 lässt sich damit der Grundsatz ableiten, dass gemeinsamer Vertreter und Stellvertreter die **Vertretung im Ausschuss einvernehmlich** wahrnehmen. Sie sind nach Abs. 2 gehalten, sich in allen Fragen über die Verhandlungsführung abzustimmen und auf ein Einvernehmen hinzuwirken. Die Festlegung des Stimmrechtes und der Verhandlungsführung nach § 17 Abs. 2 und § 18 BDSG wird erst dann in der Praxis relevant, wenn kein Einvernehmen erzielt werden kann.

§ 19 Zuständigkeiten

(1) [1]Federführende Aufsichtsbehörde eines Landes im Verfahren der Zusammenarbeit und Kohärenz nach Kapitel VII der Verordnung (EU) 2016/679 ist die Aufsichtsbehörde des Landes, in dem der Verantwortliche oder der Auftragsverarbeiter seine Hauptniederlassung im Sinne des Artikels 4 Nummer 16 der Verordnung (EU) 2016/679 oder seine einzige Niederlassung in der Europäischen Union im Sinne des Artikels 56 Absatz 1 der Verordnung (EU) 2016/679 hat. [2]Im Zuständigkeitsbereich der oder des Bundesbeauftragten gilt Artikel 56 Absatz 1 in Verbindung mit Artikel 4 Nummer 16 der Verordnung (EU) 2016/679 entsprechend. [3]Besteht über die Federführung kein Einvernehmen, findet für die Festlegung der federführenden Aufsichtsbehörde das Verfahren des § 18 Absatz 2 entsprechende Anwendung.

(2) [1]Die Aufsichtsbehörde, bei der eine betroffene Person Beschwerde eingereicht hat, gibt die Beschwerde an die federführende Aufsichtsbehörde nach Absatz 1, in Ermangelung einer solchen an die Aufsichtsbehörde eines Landes ab, in dem der Verantwortliche oder der Auftragsverarbeiter eine Niederlassung hat. [2]Wird eine Beschwerde bei einer sachlich unzuständigen Aufsichtsbehörde eingereicht, gibt diese, sofern eine Abgabe nach Satz 1 nicht in Betracht kommt, die Beschwerde an die Aufsichtsbehörde am Wohnsitz des Beschwerdeführers ab. [3]Die empfangende Aufsichtsbehörde gilt als die Aufsichtsbehörde nach Maßgabe des Kapitels VII der Verordnung (EU) 2016/679, bei der die Beschwerde eingereicht worden ist, und kommt den Verpflichtungen aus Artikel 60 Absatz 7 bis 9 und Artikel 65 Absatz 6 der Verordnung (EU) 2016/679 nach. Im Zuständigkeitsbereich der oder des Bundesbeauftragten gibt die Aufsichtsbehörde, bei der eine Beschwerde eingereicht wurde, diese, sofern eine Abgabe nach Absatz 1 nicht in Betracht kommt, an den Bundesbeauftragten oder die Bundesbeauftragte ab.

EU-Recht: –

Literatur: s. Literatur zu Art. 56, 60 DS-GVO

A. Allgemeines

1 Die DS-GVO regelt die Zuständigkeiten der ASB nur auf der Ebene der Mitgliedstaaten und betrifft damit nur das Verhältnis der Mitgliedstaaten untereinander. Die Verteilung der **Zuständigkeiten der ASB innerhalb der Mitgliedstaaten** ist davon nicht berührt. Diese wird in § 19 BDSG für das Verfahren der Zusammenarbeit nach Art. 60 ff. DS-GVO und das Kohärenzverfahren nach Art. 63 ff. DS-GVO bei grenzüberschreitender Verarbeitung (Dix in Kühling/Buchner BDSG § 19 Rn. 3) geregelt. Für die Zuständigkeit bei rein nationaler Verarbeitung gilt § 19 nicht.

B. Bestimmung der federführenden Aufsichtsbehörde (Abs. 1)

2 Mit Abs. 1 wird ein eigenes Konzept zur innerstaatlichen Festlegung der federführenden Behörde etabliert, das eng an das Konzept des Art. 56 Abs. 1 DS-GVO angelehnt ist (BT-Drs. 18/11325, 92). Die **federführende ASB** wird in Deutschland nach den Kriterien des Art. 56 iVm Art. 4 Nr. 16 bestimmt. Maßgeblich ist die Hauptniederlassung (→ Art. 4 Rn. 111 ff.) oder einzige Niederlassung in der EU. Für die / den BfDI gelten diese Regelungen entspr., soweit der Verantwortliche oder Auftragsverarbeiter seine Hauptniederlassung oder einzige Niederlassung in Deutschland hat und die / der BfDI sachlich zuständig ist. Die federführende ASB hat die Verpflichtungen nach der DS-GVO sowie nach Abs. 2. Außerdem hat sie das Recht, iR ihrer Zuständigkeit einen Vorschlag für einen gemeinsamen Standpunkt nach § 18 Abs. 2 BDSG (→ § 18 Rn. 3) festzulegen.

C. Zuständigkeit für die Behandlung von Beschwerden (Abs. 2)

3 Abs. 3 regelt die Zuständigkeit innerhalb Deutschlands für die Behandlung von Beschwerden und den **Erlass des Beschl. ggü. dem Beschwerdeführer,** nachdem ein Kooperations- oder Kohärenzverfahren durchgeführt wurde (Beschl. nach Art. 60 Abs. 7–9 DS-GVO). IErg wird durch Abs. 2 der Grundgedanke der DS-GVO, dass betroffene Personen eine Beschwerde bei jeder ASB ihrer Wahl einlegen können und diese ASB dadurch als betroffene ASB iSd Art. 4 Nr. 22 lit. c DS-GVO am Kooperationsverfahren teilnimmt, für Deutschland erheblich eingeschränkt (krit. dazu Wolff in Schantz/Wolff DatenschutzR Rn. 1071; Sommer in DWWS BDSG § 19 Rn. 8 ff.). Denn nach Abs. 1 verbleiben eing. Beschwerden nicht bei der ASB, sondern werden an die **federführende ASB** weitergegeben, soweit sich diese in Deutschland befindet. Befindet sich die federführende ASB nicht in Deutschland, wird die Beschwerde an die ASB eines Landes abgegeben, in dem der Verantwortliche oder Auftragsverarbeiter eine **Niederlassung** hat.

Für Verarbeitungen im Zuständigkeitsbereich der / des BfDI ist der Sitz kein passendes Kriterium. Durch das 2. DSAnpUG wurde daher in S. 4 eine Ergänzung eingefügt, die klarstellt, dass es für solche Verarbeitungen ausschl. auf die sachliche Zuständigkeit ankommt. Besteht keine Niederlassung in Deutschland, richtet sich die Wahl der ASB zunächst nach der **sachlichen Zuständigkeit** und ggf. in einem zweiten Schritt nach dem **Wohnort des Beschwerdeführers.** Wendet sich der Beschwerdeführer an eine sachlich zuständige ASB und gibt es in Deutschland keine Niederlassung des Verantwortlichen oder des Auftragsverarbeiters, verbleibt die Beschwerde bei der angerufenen ASB. Wendet sich der Beschwerdeführer hingegen an eine sachlich unzuständige ASB – zB an die / den BfDI mit einer Beschwerde gegen eine nicht öffentl. Stelle außerhalb von Telekommunikation und Post –, leitet diese die Beschwerde an die sachlich zuständige ASB am Wohnort des Beschwerdeführers weiter. Die ASB, die nach diesen Kriterien die Beschwerde erhält, ist allein zuständig für die Teilnahme am Kooperationsverfahren und den Erlass des Beschl. nach Art. 60 Abs. 7–9 DS-GVO. Die angerufene ASB hat nach Abgabe der Beschwerde keine Verpflichtungen nach der DS-GVO.

Kapitel 6. Rechtsbehelfe

§ 20 Gerichtlicher Rechtsschutz

(1) [1] Für Streitigkeiten zwischen einer natürlichen oder einer juristischen Person und einer Aufsichtsbehörde des Bundes oder eines Landes über Rechte gemäß Artikel 78 Absatz 1 und 2 der Verordnung (EU) 2016/679 sowie § 61 ist der Verwaltungsrechtsweg gegeben. [2] Satz 1 gilt nicht für Bußgeldverfahren.

(2) Die Verwaltungsgerichtsordnung ist nach Maßgabe der Absätze 3 bis 7 anzuwenden.

(3) Für Verfahren nach Absatz 1 Satz 1 ist das Verwaltungsgericht örtlich zuständig, in dessen Bezirk die Aufsichtsbehörde ihren Sitz hat.

(4) In Verfahren nach Absatz 1 Satz 1 ist die Aufsichtsbehörde beteiligungsfähig.

(5) [1] Beteiligte eines Verfahrens nach Absatz 1 Satz 1 sind
1. die natürliche oder juristische Person als Klägerin oder Antragstellerin und
2. die Aufsichtsbehörde als Beklagte oder Antragsgegnerin.
[2] § 63 Nummer 3 und 4 der Verwaltungsgerichtsordnung bleibt unberührt.

(6) Ein Vorverfahren findet nicht statt.

(7) Die Aufsichtsbehörde darf gegenüber einer Behörde oder deren Rechtsträger nicht die sofortige Vollziehung gemäß § 80 Absatz 2 Satz 1 Nummer 4 der Verwaltungsgerichtsordnung anordnen.

EU-Recht: Art. 78 DS-GVO (kommentiert unter → DS-GVO Art. 78 Rn. 1 ff.).

Literatur: *Bieresborn,* Die Auswirkungen der DSGVO auf das gerichtliche Verfahren, DRiZ 2019, 18; *Deusch/Eggendorfer,* Durchsetzung und Vollstreckung der Datenübertragbarkeit, K&R 2020, 105; *Hartge/Herbort,* Der beste Weg im aufsichtsbehördlichen Verfahren?, DSB 2020, 184; *Heißl,* Können juristische Personen in ihrem Grundrecht auf Datenschutz verletzt sein?, EuR 2017, 561; *Rupp,* Formenfreiheit der Verwaltung und Rechtsschutz, in: *Bachof/Heigl/Redeker* (Hrsg.), Verwaltungsrecht zwischen Freiheit, Teilhabe und Bindung, 1978, 539.

A. Allgemeines

1 Möglichkeit und Inanspruchnahme gerichtlichen Rechtsschutzes sind für den Datenschutz Wirksamkeitsbedingungen (vgl. Hartge/Herbort DSB 2020, 184; Deusch/Eggendorfer K&R 2020, 105). Mit dem Anspruch der praktischen Wirksamkeit des EU-Rechts konnte die DS-GVO nicht spurlos an den Regelungen des gerichtlichen Verfahrens (bis hin zur Gerichtsorganisation) vorbeigehen (vgl. Bieresborn DRiZ 2019, 18). § 20 enthält auf der Grundlage der Gesetzgebungskompetenz des Bundes (Art. 74 Abs. 1 Nr. 1 GG – gerichtliches Verfahren, Art. 72 GG) spezialgesetzlichen Regelungen zum Gerichtsverfahren und nimmt insoweit auf Art. 78 Abs. 1 DS-GVO und Art. 53 Abs. 1 JI-RL einerseits und die VwGO andererseits Bezug (vgl. als Beispiele VG Ansbach ZD 2020, 217; VG Mainz RDV 2020, 157). § 20 gilt im Rechtsstreit mit ASB (vgl. zu Klagen gegen einen Verantwortlichen Art. 79 DS-GVO). Der sekundärrechtlichen Vorschr. hätte es insoweit für natürliche und jur. Personen des Privatrechts nicht bedurft, als sowohl Art. 47 GRCh (iRd Art. 51 Abs. 1 GRCh) als auch Art. 19 Abs. 4 GG eine **Rechtsweggarantie** enthalten (vgl. für jur. Personen des Privatrechts aus anderen EU-Mitgliedstaaten Art. 18, 26 AEUV sowie BVerfGE 129, 78 – Cassina). Zwar können sich jur. Personen des Privatrechts auf das allg. Persönlichkeitsrecht nicht berufen; allerdings ist diese auf dem Bezug zu Art. 1 Abs. 1 GG in Deutschland basierende Erkenntnis für das Unionsrecht nicht zwingend (vgl. für Art. 8 GRCh Heißl EuR 2017, 561 (564 ff.); Wolff in Schantz/Wolff DatenschutzR Rn. 40); abwehrrechtliche Positionen für jur. Personen gewährleisten jedenfalls die Art. 16, 17 GRCh bzw. Art. 12, 14 GG. Weiterhin stellt die Norm klar, dass für das Bußgeldverfahren die allg. Regelungen des OWiG gelten.

2 Die Regelung wurde wie von der Bundesregierung formuliert beschlossen. Auch in der Anhörung erfuhr § 20 keine nennenswerte Aufmerksamkeit. Dies überrascht angesichts der Kurzfristigkeit des Gesetzgebungsverfahrens nicht, ist wegen der Einschränkung der prägenden Vorschr. der VwGO und der Relevanz der Vorschr. für das Wirksamwerden und die Durchsetzung der DS-GVO aber bedauerlich.

B. Sonderzuweisung (Abs. 1)

3 Abs. 1 beinhaltet eine aufdrängende Sonderzuweisung zu Gunsten der Verwaltungsgerichtsbarkeit, freilich nur für bestimmte datenschutzrechtliche

Streitigkeiten (vgl. BFH NJW 2020, 2135 (2136)); § 40 Abs. 1 VwGO kommt insoweit nicht zur Anwendung. Verwirklicht wäre dieser gleichwohl: Soweit § 20 Abs. 1 sich auf „Rechte gemäß Artikel 78" bezieht, geht es nicht um das Recht auf einen Rechtsbehelf, das im Streit stünde. In Art. 78 Abs. 1 DS-GVO geht es um einen rechtsverbindlichen Beschl., der den Rechtsschutzsuchenden betr.: Damit kann es sich um eine **Anfechtungssituation** handeln, wenn der Beschluss die Person betrifft, etwa im Falle einer Maßnahme, die die ASB ggü. dem Betroffenen ergreift. Eine andere Konstellation besteht darin, dass ein Antrag für eine bestimmte Maßnahme gestellt wurde, der – rechtsverbindlich, insbes. mit der Möglichkeit, in Bestandskraft zu erwachsen – abgelehnt wurde; insoweit ist Rechtsschutz durch eine **Versagungsgegenklage** zu erreichen, mit dem Ziel, dass die Behörde verpflichtet wird, erneut zu entscheiden. Für die **Untätigkeitsklage** prägend ist ein Recht, welches dadurch betroffen ist, dass eine Beschwerde nicht bearbeitet (Art. 78 Abs. 2 Alt. 1 DS-GVO) oder Stand oder Erg. einer Beschwerde nicht mitgeteilt wurde (Art. 78 Abs. 2 Alt. 2 DS-GVO). Für die Frage der Rechtsverletzung sind die streitentscheidenden Normen solche des öffentl. Rechts, welche Träger hoheitlicher Gewalt (hier: die ASB) berechtigen und verpflichten, auf eine Beschwerde hin tätig zu werden.

Die **jur. Person** kann eine solche des Privat- wie auch eine solche des **4** öffentl. Rechts (vgl. Bergt in Kühling/Buchner DS-GVO Art. 78 Rn. 8; Piltz K&R 2017, 85 (88)) sein: ASB sind auch für die Aufsicht und für entspr. Maßnahmen gegen Einrichtungen in öffentlich-rechtlicher Trägerschaft zuständig. Das ist insoweit nichts Neues, als Behörden vielfältig öffentlich-rechtlichen Bindungen unterworfen sind, und zwar nicht nur in Bereichen, die im Zusammenhang mit ihrer zugeordneten Aufgabe stehen (Kommunalrecht für die Gemeinde, Polizeirecht für Polizeibehörden), sondern auch in den Fällen, in denen nicht ihr eigener, spezifischer Tätigkeitsbereich betroffen ist, sondern in denen Regelungen generell gelten: das Baurecht, das Arbeitsschutzrecht, das Informationsfreiheits- und eben auch das Datenschutzrecht.

Für juristische Personen des öffentl. Rechts folgt der Rechtsweg indes nicht **5** aus Art. 19 Abs. 4 GG (vgl. BVerfGE 21, 362 (369 f.) – Sozialversicherungsträger: „Wenn die Grundrechte das Verhältnis des Einzelnen zur öffentlichen Gewalt betreffen, so ist es damit unvereinbar, den Staat selbst zum Teilhaber oder Nutznießer der Grundrechte zu machen; er kann nicht gleichzeitig Adressat und Berechtigter der Grundrechte sein"; zum Staat als „Schuldner fremder Freiheit" Rupp, 539 (540 f.)). Dass daraus die Gefahr von In-sich-Prozessen folgt, wenn ASB und betroffene Einrichtung in der Trägerschaft derselben Rechtspersönlichkeit stehen, ist kein Ausschlussgrund und wird durch Abs. 4 adressiert. Abs. 1 S. 1 letzter Halbsatz verweist auf § 61, mit dem die JI-RL umgesetzt wird.

Nachdem nach Abs. 1 S. 2 der S. 1 für Bußgeldverfahren nicht gilt, handelt **6** es sich dabei nicht um eine Sonderzuweisung; eine eigenständige abdrängende Sonderzuweisung hierfür enthält auf der Grundlage des § 40 Abs. 1 Hs. 2 VwGO § 68 Abs. 1 S. 1 OWiG.

C. Anwendung der VwGO (Abs. 2)

7 Durch § 20 wird über die Rechtswegzuweisung hinaus für das gerichtliche Verfahren Sonderrecht geschaffen. Dessen Vorrang unter Aufrechterhaltung des allg. Geltungsanspruchs der VwGO wird mit Abs. 2 zum Ausdruck gebracht. Auch § 21 Abs. 2 S. 2 sowie § 42b Abs. 2 BDSG regeln das Verhältnis zur VwGO, dort freilich für die Sonderlage, dass eine ASB einen Beschl. der KOM für rechtswidrig hält.

D. Örtliche Zuständigkeit (Abs. 3)

8 Abs. 3 begr. in Abweichung von § 52 VwGO eine bes. örtliche Zuständigkeit der Verwaltungsgerichte am Sitz der ASB, wenngleich auch mit § 52 VwGO (vgl. dort Nr. 3) eine **Konzentrationswirkung** einhergegangen wäre, nachdem Anfechtungs- und Verpflichtungslagen einschlägig sind. In Bayern sind für öffentl. und für nicht öffentl. Stellen unterschiedliche ASB zuständig (Bayerischer Landesbeauftragter, München, und Landesamt für Datenschutzaufsicht, Ansbach); daher sind in Bayern verschiedene VG zuständig (München einerseits, Ansbach andererseits, vgl. Art. 1 Abs. 2 BayAGVwGO).

E. Beteiligungsfähigkeit (Abs. 4)

9 Abs. 4 begr. eine von § 61 VwGO abw. Beteiligungsfähigkeit **(Beteiligtenfähigkeit)** zu Gunsten der ASB. § 61 Nr. 3 VwGO selbst sieht vor, dass Landesrecht die Beteiligtenfähigkeit von Behörden begründen kann, ohne dass dies selbst eine jur. Person des öffentl. Rechts ist (was bei einer Anstaltslösung denkbar wäre). Die Regelung des Abs. 4 ist wegen der Gesetzgebungszuständigkeit des Bundes für das Gerichtsverfahrensrecht (Art. 74 Abs. 1 Nr. 1 GG) möglich (vgl. BR-Drs. 110/17, Anl., 92), wenngleich wegen des Hinüberwirkens in die Verwaltungsräume der Länder nicht unproblematisch. Zu rechtfertigen ist sie zum einen damit, dass durch die Regelung bundesweit **In-sich-Prozesse** in den Fällen vermieden wird, in denen eine Bundes- oder Landesbehörde gegen eine Maßnahme der jeweils zuständigen ASB vorgeht, die demselben Rechtsträger zuzuordnen ist. Zum anderen wird die Selbstständigkeit und (relative) **Unabhängigkeit** der ASB (so zu § 21 Wolff in Schantz/Wolff DatenschutzR Rn. 1014) damit in allen Gerichtsverfahren (also auch solchen, die seitens einer natürlichen Person oder einer jur. Person des Privatrechts angestrengt werden) unterstrichen. Die Verfahrens- und **Prozessfähigkeit** richtet sich nach den allg. Vorschr., ausgehend von § 62 VwGO: Jur. Personen und Behörden sind nicht prozessfähig, vielmehr werden sie nach § 62 Abs. 3 VwGO vertreten.

F. Beteiligte des Verfahrens (Abs. 5)

Unter Berücksichtigung der Anfechtungs- oder Verpflichtungslage schränkt **10** Abs. 5 die Funktionen der Beteiligten ein, die an einem Gerichtsverfahren beteiligt sind. Abs. 5 setzt dadurch zum einen Abs. 4 um, der lediglich für die ASB, nicht für die datenschutzpflichtige Behörde eine Beteiligtenfähigkeit begr.; Beklagter ist der Rechtsträger, für eine Landesbehörde also das Land, für eine Gemeindebehörde die Gemeinde. Bei Landratsämtern, die Landkreis- oder Staatsbehörden sind (vgl. § 1 Abs. 3 S. 2 LKrO BW; Art. 37 Abs. 1 LKrO Bay.), kommt es darauf an, ob sie bei der Datenverarbeitung als Land- kreis- oder als Staatsbehörde tätig geworden ist.

G. Kein Vorverfahren (Abs. 6)

Die Regelung wäre auch ohne den Vorrang des BDSG vor der VwGO **11** anordnenden Abs. 2 möglich gewesen, dann unter Inanspruchnahme des § 68 Abs. 1 S. 2 Hs. 1 VwGO. Begr. wird der Ausschluss des Widerspruchsver- fahrens damit, dass mangels einer für die ASB übergeordneten Behörde (als Widerspruchsbehörde) ein Devolutiveffekt nicht eintreten könne (vgl. BR- Drs. 110/17, Anl., 92). Das ist insoweit richtig, als die **Unabhängigkeit** der ASB von dem Ministerium, deren Geschäftsbereich sie zugeordnet ist, ein solches Aufsichtsverhältnis ausschließt; daher kann die auf die Vermeidung eines Belastung der höheren Behörde abzielende Mechanik des § 73 Abs. 1 S. 2 Nr. 2 VwGO nicht zur Anwendung kommen. Die ASB könnte aller- dings als Ausgangsbehörde die Rechtmäßigkeit und Zweckmäßigkeit einer Anordnung bzw. einer Unterlassung ohnehin überprüfen; insoweit ist sie nur durch die §§ 44 Abs. 5, 48, 49 VwVfG gebunden.

H. Ausschluss der behördlichen Anordnung der sofortigen Vollziehung (Abs. 7)

Wesentliche Folge des Ausschlusses ist, dass die aufschiebende Wirkung einer **12** Anfechtungsklage (§ 80 Abs. 1 S. 1 VwGO) einer Behörde gegen eine An- ordnung der ASB nicht entfallen kann. Abs. 2 regelt, dass Abs. 7 der VwGO insoweit vorgeht.

Die Begr. des RegE, dass die beaufsichtigte Behörde nicht in einem Sub- **13** ordinationsverhältnis zur ASB stehe (vgl. BR-Drs. 110/17, Anl., 92), über- zeugt nicht: Die Wirksamkeit der Bindung an Vorgaben des öffentl. Rechts und deren Vollzug soll in bes. gelagerten Fällen (§ 80 Abs. 2 S. 1 Nr. 4 VwGO) und mit der Rechtsschutzmöglichkeit nach § 80 Abs. 5 VwGO durch die sofortige Vollziehung gestützt werden; dies gilt für sämtliche Be- reiche des öffentl. Rechts. Das Instrument müsste den ASB gegen eine anhaltende oder wiederholte und/oder offenkundige datenschutzwidrige Be- hördenpraxis zur Vfg. stehen, insbes. gegen eine solche, die Vorwirkungen entfaltet (krit. auch BfDI, Positionspapier, Ausschussdrucksache 18(4)788, Anl., 9, am Bsp. einer Sicherheitslücke im IT-System einer Behörde). Letztlich wird mit der Regelung ein Misstrauen gegenüber den ASB zum Ausdruck gebracht. Zudem könnte die **praktische Wirksamkeit** des Unionsrechts vereitelt werden, was vor dem Hintergrund des Art. 4 Abs. 3 EUV rügefähig ist.

I. Ausblick

14 Das Datenschutzrecht als Sonderrecht erhält mit § 20 auch ein **Sonderprozessrecht,** welches zwar selektiv und nicht etwa grundstürzend wirkt, mit dem aber doch bekundet wird, dass auch über das Prozessrecht verfügt wird. Die in Deutschland präsente Unterscheidung von öffentl. und nicht öffentl. Stellen, die zugleich auf die Unterscheidung von Staat und Gesellschaft verweist, wird hier fortgeführt – diese Tradition könnte unionsrechtlich unter Druck geraten, wenn für die Wirksamkeit des Datenschutzrechts Defizite festgestellt werden sollten.

§ 21 Antrag der Aufsichtsbehörde auf gerichtliche Entscheidung bei angenommener Rechtswidrigkeit eines Beschlusses der Europäischen Kommission

(1) Hält eine Aufsichtsbehörde einen Angemessenheitsbeschluss der Europäischen Kommission, einen Beschluss über die Anerkennung von Standardschutzklauseln oder über die Allgemeingültigkeit von genehmigten Verhaltensregeln, auf dessen Gültigkeit es für eine Entscheidung der Aufsichtsbehörde ankommt, für rechtswidrig, so hat die Aufsichtsbehörde ihr Verfahren auszusetzen und einen Antrag auf gerichtliche Entscheidung zu stellen.

(2) [1] Für Verfahren nach Absatz 1 ist der Verwaltungsrechtsweg gegeben. [2] Die Verwaltungsgerichtsordnung ist nach Maßgabe der Absätze 3 bis 6 anzuwenden.

(3) Über einen Antrag der Aufsichtsbehörde nach Absatz 1 entscheidet im ersten und letzten Rechtszug das Bundesverwaltungsgericht.

(4) [1] In Verfahren nach Absatz 1 ist die Aufsichtsbehörde beteiligungsfähig. [2] An einem Verfahren nach Absatz 1 ist die Aufsichtsbehörde als Antragstellerin beteiligt; § 63 Nummer 3 und 4 der Verwaltungsgerichtsordnung bleibt unberührt. [3] Das Bundesverwaltungsgericht kann der Europäischen Kommission Gelegenheit zur Äußerung binnen einer zu bestimmenden Frist geben.

(5) Ist ein Verfahren zur Überprüfung der Gültigkeit eines Beschlusses der Europäischen Kommission nach Absatz 1 bei dem Gerichtshof der Europäischen Union anhängig, so kann das Bundesverwaltungsgericht anordnen, dass die Verhandlung bis zur Erledigung des Verfahrens vor dem Gerichtshof der Europäischen Union auszusetzen sei.

(6) [1] In Verfahren nach Absatz 1 ist § 47 Absatz 5 Satz 1 und Absatz 6 der Verwaltungsgerichtsordnung entsprechend anzuwenden. [2] Kommt das Bundesverwaltungsgericht zu der Überzeugung, dass der Beschluss der Europäischen Kom-

mission nach Absatz 1 gültig ist, so stellt es dies in seiner Entscheidung fest. [3] Andernfalls legt es die Frage nach der Gültigkeit des Beschlusses gemäß Artikel 267 des Vertrags über die Arbeitsweise der Europäischen Union dem Gerichtshof der Europäischen Union zur Entscheidung vor.

EU-Recht: Art. 45, 46, 58 DS-GVO (kommentiert unter → DS-GVO Art. 45 Rn. 1 ff.; → DS-GVO Art. 46 Rn. 1 ff.; DS-GVO Art. 58 Rn. 1 ff.).

Literatur: *Börding,* Ein neues Datenschutzschild für Europa, CR 2016, 431; *Emmert,* Europäische und nationale Regulierungen, DuD 2016, 34; *Kienle/Wenzel,* Das Klagerecht der Aufsichtsbehörden. Gerichtlicher Rechtsschutz gegen Beschlüsse Europäischen Datenschutzausschusses, ZD 2019, 107; *Kuner,* Reality and Illusion in EU Data Transfer Regulation Post Schrems, German Law Journal 18 (2017), 881; *Moos/Schefzig,* „Safe Harbor" hat Schiffbruch erlitten, CR 2015, 625.

A. Allgemeines

Umgesetzt werden durch § 21 die richtlinienähnliche Bestimmung des **1** Art. 58 Abs. 5 DS-GVO sowie Art. 47 Abs. 5 JI-RL. Beide Vorschr. sehen vor, dass ein Ventil gegen Verstöße – nicht notwendig nur der KOM – gegen Datenschutzrecht geschaffen wird. Ansonsten wären eine Zwangslage für die ASB, einerseits an die Kommissionsentscheidung und andererseits an das objektive Recht gebunden zu sein, und ggf. eine unionsrechtswidrige (vgl. EuGH v. 6.10.2015, Az. C-362/14, Rn. 51 – Schrems) Nichtanwendungspraxis zu befürchten.

Durch § 21 werden Entsch. der KOM im mitgliedstaatlichen Rechtssystem **2** verstrickt. Dies zielt auf eine Vernetzung ab, die nicht nur je für sich Behörden und Rechtsprechung (vgl. Art. 81 DS-GVO) betr., sondern die übergreifend wirkt, in einem Spannungsfeld von ASB, KOM, BVerwG und letztlich auch EuGH, weil dieser ggf. von mitgliedstaatlichen Gerichten nach Art. 267 AEUV mit dem Beschluss befasst werden muss. Damit bezweckt die Vorschr., eine Rechtsschutzlücke ggü. Entsch. der KOM zu schließen, zu Gunsten der Wirkmacht der ASB (vgl. Kuner GLJ 2017, 881 (894 f.)).

Die Vorschr. wurde während des Gesetzgebungsverfahrens nicht mehr ver- **3** ändert. Durch Art. 7 Nr. 3 DSAnpUG-EU wurde die Regelung als § 42b auch in das BDSG aF eingefügt, damit das Antragsrecht bereits vor der Anwendbarkeit der DS-GVO zur Vfg. stand (vgl. BR-Drs. 110/17, Anl., 135), wie dies als Umsetzung des Art. 28 Abs. 3 UAbs. 1 DSRL unter Berücksichtigung des Art. 8 Abs. 3 GRCh gefordert worden war (vgl. EuGH v. 6.10.2015, Az. C-362/14, Rn. 65 – Schrems). Im Nachgang zu der Entsch. des EuGH hatte der BR auf den Antrag der Freien und Hansestadt Hamburg hin (BR-Drs. 171/16 v. 6.4.2016) eine Entschließung zur Einräumung eines Klagerechts für ASB von Bund und Ländern gefasst, die sogar die Möglichkeit einer Nichtigkeitsklage vor dem EuGH einschloss (BR-Drs. 171/16 (Beschluss) v. 13.5.2016; dazu Unterrichtung durch die Bundesregierung zu BR-Drs. 171/16 (Beschluss) vom 15.7.2016).

4   Bereits auf der Grundlage des BDSG aF konnten ASB jenseits ihrer Aufsichtsbefugnisse gegen Verstöße vorgehen (vgl. §§ 44 Abs. 2, 38 Abs. 1 S. 6 BDSG), jedoch nicht in Bezug auf die KOM.

B. Anwendungsbereich (Abs. 1)

5   Die Vorschr. betr. bestimmte Entsch. der KOM: einen Angemessenheitsbeschluss (→ DS-GVO Art. 45), einen Beschl. über die Anerkennung von Standarddatenschutzklauseln (→ DS-GVO Art. 46 Rn. 17 ff.) und einen Beschl. über die Allgemeingültigkeit von Verhaltensregeln (→ DS-GVO Art. 46 Rn. 31, DS-GVO Art. 40). Urheberin der Beschlüsse ist jeweils die KOM. Solche Beschl. müssten für rechtswidrig gehalten werden; bloße Zweifel reichen nicht aus. Damit sind eine substantiierte Prüfung seitens der ASB und ein entspr. Vortrag vor Gericht erforderlich. Das Prüfungsprogramm ist umfassend und bietet zahlreichen Anknüpfungspunkte für die Rechtswidrigkeit (vgl. nur Art. 45 Abs. 2 DS-GVO), auch hier mit den Fluchtpunkten der GRCh. Gerade Fälle, in denen der Verdacht besteht, dass ein Angemessenheitsbeschluss Ausdruck politischer Opportunität sein könnte und deshalb eine plausible, substantiierte Begr. fehlt, werden einer rechtlichen Überprüfung leicht zugänglich sein; der Ausgang einer solchen Überprüfung ist indes offen.

6   Die Gültigkeit des Beschl. muss für die ASB entscheidungserheblich sein. Dies wird nicht nur in Antragsverfahren der Fall sein, in denen über einen Verstoß gegen die Gegenstände des Beschl. zu entscheiden ist, sondern auch dann, wenn Verstöße gegen die DS-GVO, die im Zusammenhang mit einem solchen Beschl. stehen, von Amts wegen geahndet werden sollen (vgl. Art. 83 Abs. 5 lit. c DS-GVO). Die Gültigkeit setzt die Rechtmäßigkeit voraus, anders als die Wirksamkeit. Für einen Beschl. der KOM den Zusammenhang zwischen Gültigkeit und Rechtmäßigkeit herzustellen **(Konnexität)**, ist insoweit konsequent, als dieser eine weit über den Einzelfall hinausgehende Wirkung entfaltet und er eher mit einer Rechtsnorm (vgl. § 47 VwGO) vergleichbar ist als mit einem Verwaltungsakt.

7   Ist der Tatbestand der Vorschr. verwirklicht, so hat die ASB das Verfahren auszusetzen. Der ASB steht **kein Ermessen** zu. Art. 58 Abs. 5 DS-GVO sieht dies nicht zwingend vor, nachdem dort die „Befugnis" des ASB erwähnt wird. Wegen der Bindung an Gesetz und Recht nach Art. 20 Abs. 3 GG bei gleichzeitigem Fehlen einer Verwerfungskompetenz ist die Verpflichtung indes konsequent. Ein subjektiv-öffentliches Recht auf Aussetzung ist daraus nicht abzuleiten, zumal betr. Personen gegen Entsch. der ASB vorgehen können; dh dass eine auf einem rechtswidrigen, nicht überprüften Beschl. der KOM beruhende Entsch. der ASB rechtswidrig ist und angegriffen werden kann.

8   Der Antrag auf gerichtliche Entsch. muss sich auf die Prüfung der Gültigkeit des Beschl. beziehen. Dies ergibt sich auch aus Abs. 6 S. 2; von der Prüfung hängen die Entscheidungsoptionen des Gerichts ab: Nur die Gültigkeit kann verwaltungsgerichtlich festgestellt werden; ansonsten wird der Beschl. dem EuGH vorgelegt (Abs. 6 S. 3).

C. Geltung der Verwaltungsgerichtsordnung (Abs. 2)

Abs. 2 S. 1 beinhaltet eine aufdrängende Sonderzuweisung zu Gunsten der **9** Verwaltungsgerichtsbarkeit; § 40 Abs. 1 VwGO kommt insoweit nicht zur Anwendung. Auch insoweit hat die DS-GVO Auswirkungen auf das gerichtliche Verfahren (vgl. Bieresborn DRiZ 2019, 18). Verwirklicht wäre § 40 Abs. 1 VwGO gleichwohl. Das Verfahren verweist nicht auf eine Anfechtungssituation, sondern auf das Ziel der Überprüfung des streitgegenständlichen Beschl. durch das BVerwG mit dem Erg. der Bestätigung der Rechtmäßigkeit oder der Vorlage an den EuGH. Denn auch dem BVerwG kommt für Beschl. der KOM keine Verwerfungskompetenz zu, solange keine Maßnahme ultra vires vorliegt.

D. Zuständigkeit des Bundesverwaltungsgerichts (Abs. 3)

Die erst- und letztinstanzliche Zuständigkeit des BVerwG ist kein Novum, **10** aber eine Ausnahmeerscheinung. Sie wäre auch in der VwGO selbst zu regeln gewesen (§ 50 Abs. 1 VwGO), ggf. mit einer Verweisungsnorm (vgl. § 18 AEG). Hingegen weisen auch andere Gesetze dem BVerwG die Zuständigkeit direkt zu, etwa § 5 Abs. 1 Verkehrswegeplanungsbeschleunigungsgesetz (VerkPBG), §§ 17 Abs. 3 S. 5, 19 Abs. 2 S. 8 StandAG (Standortauswahlgesetz), § 5 Abs. 1 Rettungsübernahmegesetz (RettungsG), § 16 S. 1 Finanzmarktstabilisierungsfondsgesetz (FMStFG), § 86 Nr. 13 S. 1 Bundespersonalvertretungsgesetz (BPersVG).

Das BVerwG wird durch die Regelung zum „Durchlauferhitzer" und zum **11** Agenten der ASB zur Klärung von Rechtsfragen, die Beschl. der KOM betr. Das ist einerseits zu begrüßen, weil eine **Konzentrationswirkung** eintritt. Andererseits ist dies auch kritisch zu sehen: Diese Form der Inanspruchnahme des BVerwG ist atypisch (zu Art. 58 Abs. 5 DS-GVO Wolff in Schantz/Wolff DatenschutzR Rn. 1013: „kleiner Systembruch"), auch soweit sie entweder auf Affirmation des Beschl. der KOM oder auf Vorlage an den EuGH abzielt. Auch fehlt der Zuständigkeit der datenschutzrechtliche Unterbau, denn das BVerwG ist für Entsch. der ASB nur auf der Grundlage instanzgerichtlicher Entsch. als Revisionsinstanz zuständig.

E. Beteiligungsfähigkeit, Gelegenheit zur Stellungnahme (Abs. 4)

Anders als bei § 20 Abs. 4 besteht bei den Verfahren nach § 21 keine Gefahr **12** von In-sich-Prozessen. Jedoch wird mit Abs. 4 auch hier der Unabhängigkeit der ASB Rechnung getragen. Es handelt sich um ein Antragsverfahren, welches nicht kontradiktorisch ist; insbes. ist die KOM nicht Antragsgegnerin, was Abs. 4 S. 3 verdeutlicht.

F. Aussetzung (Abs. 5)

13 Die Aussetzung des Verfahrens ist aus Gründen der **Verfahrensökonomie** vorgesehen. Auch hier wird der **Gerichtsverbund** als Element des Mehrebenensystems realisiert (→ DS-GVO Art. 81 Rn. 1). Im RegE wird darauf verwiesen, dass die Vorschr. § 47 Abs. 4 VwGO entlehnt sei (BR-Drs. 110/17, Anl., 93). Strukturell besteht insoweit ein Unterschied, als § 47 VwGO die prinzipale Normenkontrolle regelt und dem OVG dort für die streitgegenständliche Rechtsvorschr. eine Verwerfungskompetenz zukommt, die dem BVerwG für den Beschl. der KOM regelmäßig fehlt.

14 Voraussetzung für die Aussetzung ist, dass derselbe Beschl. der KOM zum Gegenstand eines Verfahrens vor dem EuGH geworden ist. Die Information darüber kann auf verschiedenen Wegen zum BVerwG gelangen: durch eigene Kenntnisnahme des Gerichts, über die antragstellende ASB, aber auch über die KOM, insbes. wenn ihr Gelegenheit zur Stellungn. gegeben wird.

G. Entscheidung (Abs. 6)

15 Abs. 6 legt zwei Handlungsoptionen fest, die akzessorisch zur Einschätzung des BVerwG sind: Die Gültigkeit des Beschl. stellt das BVerwG selbst fest (S. 2), und zwar durch Urt. oder Beschl. (vgl. S. 1 iVm § 47 Abs. 5 S. 1 VwGO entspr.). Im Falle der Annahme der Ungültigkeit kommt nicht § 47 Abs. 5 S. 2 VwGO zur Anwendung; vielmehr ist dann die Vorlage zum EuGH vorgesehen (S. 3). Die Möglichkeit, dass der Beschl. der KOM ultra vires gefasst wurde, ist nicht völlig ausgeschlossen, liegt der Regelung allerdings voraus. In diesem Fall müsste das BVerwG die Ungültigkeit kraft eigener Sachkompetenz feststellen können.

16 Nach Abs. 6 S. 1 iVm § 47 Abs. 6 VwGO entspr. kann eine einstweilige Anordnung erlassen werden, die freilich die bes. Eskalationsstufen des § 47 Abs. 6 VwGO berücksichtigen muss („zur Abwehr schwerer Nachteile (…) dringend geboten"). Antragsberechtigt sind ASB, aber wegen § 21 Abs. 4 S. 2 Hs. 2 iVm § 63 Nr. 3, 4 VwGO auch andere Beteiligte, vgl. § 66 VwGO.

H. Ausblick

17 Wie § 21 wirken wird, bleibt abzuwarten. Zwei **Strategien** könnten dafür sorgen, dass er nicht zur Geltung kommt: Zum einen ist es – unionsrechtskonform – denkbar, dass die ASB, im Verbund mit dem EDSA und ggf. dem EDSB, durch Vorschläge zu einer guten fachlichen Praxis für die Beschl. auf die KOM einwirken – und umgekehrt; durch die wechselseitige Domestizierung könnte von vornherein ausgeschlossen sein, dass die KOM rechtswidrige Beschl. fasst und/oder dass die ASB an der Rechtmäßigkeit ernsthaft zweifeln; allerdings ist damit zu rechnen, dass (zumal in föderal organisierten Mitgliedstaaten) einzelne ASB auch gegensätzlicher Ansicht sind und Verfahren nach

§ 21 betreiben (vgl. Wolff in Schantz/Wolff DatenschutzR Rn. 1017: „erhebliche Unruhe" unter den ASB). Zum anderen könnten die ASB es – unionsrechtswidrig – vorziehen, trotz ernsthafter Zweifel ohne Weiteres zu entscheiden, in der Annahme der gerichtlichen Überprüfung und Berichtigung, ggf. unter Einschluss eines Vorlageverfahrens nach Art. 267 AEUV. Dass auch in Zukunft Bedarf besteht, Beschl. der KOM iSd Abs. 1 „bottom up" überprüfen zu lassen – und sei es auch mit dem Erg. ihrer Gültigkeit –, ist kaum zu bezweifeln (vgl. Börding CR 2016, 431). Andere Rechtsverhältnisse – wie dasjenige zwischen nationaler ASB und EDSA – werden nicht erfasst (vgl. Kienle/Wenzel ZD 2019, 107).

Teil 2. Durchführungsbestimmungen für Verarbeitungen zu Zwecken gemäß Artikel 2 der Verordnung (EU) 2016/679

Kapitel 1. Rechtsgrundlagen der Verarbeitung personenbezogener Daten

Abschnitt 1. Verarbeitung besonderer Kategorien personenbezogener Daten und Verarbeitung zu anderen Zwecken

§ 22 Verarbeitung besonderer Kategorien personenbezogener Daten

(1) Abweichend von Artikel 9 Absatz 1 der Verordnung (EU) 2016/679 ist die Verarbeitung besonderer Kategorien personenbezogener Daten im Sinne des Artikels 9 Absatz 1 der Verordnung (EU) 2016/679 zulässig

1. durch öffentliche und nichtöffentliche Stellen, wenn sie
   a) erforderlich ist, um die aus dem Recht der sozialen Sicherheit und des Sozialschutzes erwachsenden Rechte auszuüben und den diesbezüglichen Pflichten nachzukommen,
   b) zum Zweck der Gesundheitsvorsorge, für die Beurteilung der Arbeitsfähigkeit des Beschäftigten, für die medizinische Diagnostik, die Versorgung oder Behandlung im Gesundheits- oder Sozialbereich oder für die Verwaltung von Systemen und Diensten im Gesundheits- und Sozialbereich oder aufgrund eines Vertrags der betroffenen Person mit einem Angehörigen eines Gesundheitsberufs erforderlich ist und diese Daten von ärztlichem Personal oder durch sonstige Personen, die einer entsprechenden Geheimhaltungspflicht unterliegen, oder unter deren Verantwortung verarbeitet werden,
   c) aus Gründen des öffentlichen Interesses im Bereich der öffentlichen Gesundheit, wie des Schutzes vor schwerwiegenden grenzüberschreitenden Gesundheitsgefahren oder zur Gewährleistung hoher Qualitäts- und Sicherheitsstandards bei der Gesundheitsversorgung und bei Arzneimitteln und Medizinprodukten erforderlich ist; ergänzend zu den in Absatz 2 genannten Maßnahmen sind insbesondere die berufsrechtlichen und strafrechtlichen Vorgaben zur Wahrung des Berufsgeheimnisses einzuhalten, oder
   d) aus Gründen eines erheblichen öffentlichen Interesses zwingend erforderlich ist,
2. durch öffentliche Stellen, wenn sie
   a) zur Abwehr einer erheblichen Gefahr für die öffentliche Sicherheit erforderlich ist,
   b) zur Abwehr erheblicher Nachteile für das Gemeinwohl oder zur Wahrung erheblicher Belange des Gemeinwohls zwingend erforderlich ist oder
   c) aus zwingenden Gründen der Verteidigung oder der Erfüllung über- oder zwischenstaatlicher Verpflichtungen einer öffentlichen Stelle des Bundes auf

dem Gebiet der Krisenbewältigung oder Konfliktverhinderung oder für humanitäre Maßnahmen erforderlich ist
und soweit die Interessen des Verantwortlichen an der Datenverarbeitung in den Fällen der Nummer 1 Buchstabe d und der Nummer 2 die Interessen der betroffenen Person überwiegen.

(2) ¹In den Fällen des Absatzes 1 sind angemessene und spezifische Maßnahmen zur Wahrung der Interessen der betroffenen Person vorzusehen. ²Unter Berücksichtigung des Stands der Technik, der Implementierungskosten und der Art, des Umfangs, der Umstände und der Zwecke der Verarbeitung sowie der unterschiedlichen Eintrittswahrscheinlichkeit und Schwere der mit der Verarbeitung verbundenen Risiken für die Rechte und Freiheiten natürlicher Personen können dazu insbesondere gehören:

1. technisch organisatorische Maßnahmen, um sicherzustellen, dass die Verarbeitung gemäß der Verordnung (EU) 2016/679 erfolgt,
2. Maßnahmen, die gewährleisten, dass nachträglich überprüft und festgestellt werden kann, ob und von wem personenbezogene Daten eingegeben, verändert oder entfernt worden sind,
3. Sensibilisierung der an Verarbeitungsvorgängen Beteiligten,
4. Benennung einer oder eines Datenschutzbeauftragten,
5. Beschränkung des Zugangs zu den personenbezogenen Daten innerhalb der verantwortlichen Stelle und von Auftragsverarbeitern,
6. Pseudonymisierung personenbezogener Daten,
7. Verschlüsselung personenbezogener Daten,
8. Sicherstellung der Fähigkeit, Vertraulichkeit, Integrität, Verfügbarkeit und Belastbarkeit der Systeme und Dienste im Zusammenhang mit der Verarbeitung personenbezogener Daten, einschließlich der Fähigkeit, die Verfügbarkeit und den Zugang bei einem physischen oder technischen Zwischenfall rasch wiederherzustellen,
9. zur Gewährleistung der Sicherheit der Verarbeitung die Einrichtung eines Verfahrens zur regelmäßigen Überprüfung, Bewertung und Evaluierung der Wirksamkeit der technischen und organisatorischen Maßnahmen oder
10. spezifische Verfahrensregelungen, die im Fall einer Übermittlung oder Verarbeitung für andere Zwecke die Einhaltung der Vorgaben dieses Gesetzes sowie der Verordnung (EU) 2016/679 sicherstellen.

EU-Recht: Art. 9 DS-GVO (kommentiert unter → DS-GVO Art. 9 Rn. 1 ff.).

Literatur: *Simitis,* Der verkürzte Datenschutz, 2004; *Thüsing/Schmidt/Forst,* Das Schriftformerfordernis der Einwilligung nach § 4a BDSG im Pendelblick zu Art. 7 DS-GVO, RDV 2017, 116.

A. Allgemeines

Mit § 22 sollen die **Öffnungsklauseln** des Art. 9 Abs. 2 DS-GVO ausgefüllt **1** werden, der Ausnahmen vom Verbot der Verarbeitung bes. Kategorien personenbezogener Daten nach Art. 9 Abs. 1 DS-GVO ermöglicht. Die Regelung ändert nichts daran, dass die gegenständlichen Daten bes. Eigenschaften haben, weil sie für die Identität konstituierend sind oder ihnen ein bes. Diskriminierungs- oder Schädigungspotential immanent ist (→ DS-GVO Art. 9 Rn. 1, 6). Diese bes. Eigenschaften sind im Falle einer auch nach Art. 9 Abs. 2 DS-GVO zulässigen Verarbeitung – etwa iRd Art. 6 Abs. 1 UAbs. 1 lit. f (→ DS-GVO Art. 9 Rn. 1, 7) – jedenfalls zu berücksichtigen.

2   Zugleich ist zweifelhaft, ob die Regelung die Anforderungen erfüllt, die die Öffnungsklausel stellt. Denn Art. 9 Abs. 2 verlangt an den Stellen, an denen er sich zum mitgliedstaatlichen Recht hin öffnet (jedenfalls lit. b, g, h, i, j), **konkrete rechtliche Bestimmungen** und nicht weitere Blankettformeln, die für § 22 allerdings verwendet werden. An den Stellen, an denen nicht auf mitgliedstaatliches Recht verwiesen wird (lit. c, d, e, f, i), genügt Art. 9 Abs. 2 DS-GVO sich selbst und ist unmittelbar anwendbar (Art. 288 AEUV); eine Wiederholung oder Paraphrasierung des Wortlauts ist weder erforderlich noch zulässig. Art. 9 DS-GVO und § 22 bilden ein Paradebeispiel für das Erfordernis eines **„Pendelblicks"** (so für Art. 7 DS-GVO und § 4a BDSG aF Thüsing/Schmidt/Forst RDV 2017, 116), eines Hin- und Herwanderns des Blicks zwischen DS-GVO und BDSG, weil ein Regelungstext dem anderen nicht dessen Kodifikationsleistung streitig machen darf. Der Blick muss auf der Suche nach geeigneten Rechtsgrundlagen für Datenverarbeitungen über § 22 hinausgehen: Die Vorschr., die den Regelungsauftrag nicht ausfüllen bzw. die Regelungsmöglichkeit nicht substantiiert in Anspruch nehmen, indem sie den Wortlaut wiederholen oder paraphrasieren, haben normativ keinen Eigenwert. Sie können für die Rechtsanwendung, etwa die Überprüfung der Zulässigkeit einer Datenverarbeitung, nicht maßgeblich sein. Der Grundgedanke, dass die DS-GVO bereits bestehende Regelungen in den Mitgliedstaaten aufnimmt und der Pluralität der ausdifferenzierten Rechtsordnungen dadurch Rechnung trägt, kann durch § 22 BDSG nicht abgebildet werden. Gerade bei sensiblen Daten, denen ein bes. **Schadens-** (Weichert in Kühling/Buchner DS-GVO Art. 9 Rn. 17) **und Diskriminierungspotential** (Schantz in Schantz/Wolff DatenschutzR Rn. 701) immanent ist, kann der Regelungsauftrag nicht nachlässig erfüllt werden.

3   § 22 Abs. 2 S. 3 BDSG-Entwurf, wonach Abs. 2 S. 1 und S. 2 auf die Fälle des Abs. 1 Nr. 1 lit. b keine Anwendung finden sollte, wurde auf die Beschlussempfehlung des Innenausschusses hin (BT-Drs. 18/12084) unter Bezugnahme auf einen Vorschlag des BR (vgl. BT-Drs. 18/12144, 4) nicht beschlossen. Auch in diesen Fällen sollen angemessene und spezifische Maßnahmen zu ergreifen sein.

3a   Durch das 2. DSAnpUG-EU wurde die Berechtigung wegen des zwingenden Erfordernisses eines erheblichen öffentlichen Interesses aus der bisherigen Nr. 2 in die Nr. 1 übernommen (neuer Buchst. d), um ausweislich der Systematik auch nach Nr. 1 berechtigten nichtöffentlichen Stellen in diesen Situationen die Verarbeitung zu ermöglichen (vgl. BT-Drs. 19/4674, S. 211). Die Interessen der Verantwortlichen müssen allerdings weiterhin überwiegen, so wie dies bei den Fällen der Nr. 2 ohnehin der Fall ist.

B. Zulässigkeit der Datenverarbeitung (Abs. 1)

I. Allgemeines

Der erste Halbsatz ist **irreführend:** Zum einen soll die Regelung keine **4** Abweichung von Art. 9 Abs. 1 DS-GVO statuieren, sondern die nach Art. 9 Abs. 2 DS-GVO vorgesehenen Ausnahmen vom Verbot aktivieren; schon hier zeigt sich, dass mitgliedstaatliche Gesetzgebung in der Lage gesehen wird, über das Unionsrecht verfügen zu können. Zum anderen kann Abs. 1 nicht die Zulässigkeit der Datenverarbeitung anordnen, weil diese von weiteren Voraussetzungen abhängig ist, die Abs. 1 nicht regelt. Diesem Irrtum unterliegt die Begr. des RegE: „§ 22 Absatz 1 legt fest, unter welchen Voraussetzungen die Verarbeitung besonderer Kategorien personenbezogener Daten ausnahmsweise zulässig ist. (...) Die Verarbeitung (...) ist nicht nur auf dieser Rechtsgrundlage zulässig, sondern etwa auch auf der Grundlage der sich unmittelbar aus Artikel 9 Absatz 2 (...) ergebenden Ausnahmetatbestände (...)" (BR-Drs. 110/17, Anl., 93).

Abs. 1 unterscheidet zwei Gruppen von Ausnahmetatbeständen nach der **5** Eigenschaft der verarbeitenden Stelle als öffentl. und als nicht öffentl., ohne dass diese in Art. 9 DS-GVO angelegt wäre. Die Unterscheidung ist insoweit problematisch, als öffentl. Stellen (vgl. zum Begriff → DS-GVO Art. 27 Rn. 45 f.) privilegiert auf die Ausnahmetatbestände der Nr. 1 und der Nr. 2 zurückgreifen können, was ihre Abgrenzung zu nicht öffentl. Stellen erforderlich macht, zumal Art. 4 Nr. 7 DS-GVO „Stelle" als Oberbegriff verwendet, jedenfalls „Einrichtung" und „andere" (so Raschauer in Sydow DS-GVO Art. 4 Rn. 131) und nicht auch „Behörde" als Unterbegriffe, jur. Personen des öffentl. Rechts jedoch auch als „öffentliche Stellen" anzusehen wären. Letztlich wird mit der Unterscheidung ohne Not § 2 BDSG eingeführt, ohne dass dies für die Anwendung des Art. 9 DS-GVO prägend werden könnte.

II. Berechtigung öffentlicher und nicht öffentlicher Stellen (Nr. 1)

Nr. 1 lit. a wiederholt einen Teil des Art. 9 Abs. 2 lit. b DS-GVO wortgleich **6** und enthält keinen normativen Eigenwert. Die Formulierung ist nicht das, was mit „dem Recht der Mitgliedstaaten oder einer Kollektivvereinbarung nach dem Recht der Mitgliedstaaten" in Art. 9 Abs. 2 lit. b DS-GVO gemeint ist.

Entspr. gilt für Nr. 1 lit. b, der weitgehend Art. 9 Abs. 2 lit. h DS-GVO **7** wiederholt und Art. 9 Abs. 3 DS-GVO einbindet. Auf den in der VO verwendeten Begriff „Arbeitsmedizin" wird verzichtet, weil die arbeitsmedizinische Vorsorge vor der Gesundheitsvorsorge umfasst werde (BR-Drs. 110/17, Anl., 93); die diagnostische Arbeitsmedizin kann auf weitere Formulierungen des lit. b bezogen werden (Arbeitsfähigkeit, medizinische Diagnostik). Auch das in Art. 9 Abs. 2 lit. h DS-GVO erwähnte Vertragsverhältnis wird präzisiert, indem der Betroffene als Vertragspartner erwähnt wird, was aus dem Kontext des Art. 9 DS-GVO bereits hervorgeht (→ DS-GVO Art. 9 Rn. 42).

8   Auch Nr. 1 lit. c wiederholt weitgehend den Text der DS-GVO (Art. 9 Abs. 2 lit. i DS-GVO); sein Hs. 2 enthält deklaratorisch (BR-Drs. 110/17, Anl., 93: „dient der Klarstellung") einen Hinweis auf („insbesondere") berufsrechtliche und strafrechtliche Vorgaben. Diese Regelungen sind nicht die Rechtsgründe dafür, dass Daten nach Art. 9 Abs. 1 DS-GVO ausnahmsweise verarbeitet werden dürfen. Die Rechtsgründe sind in den verzweigten Rechtsordnungen der Mitgliedstaaten zu suchen – und zu finden.

III. Zusätzliche Berechtigung öffentlicher Stellen (Nr. 2)

9   Nr. 2 lit. a wiederholt zT Art. 9 Abs. 2 lit. g DS-GVO. Die Regelung lässt einerseits dessen Anforderungen an die Rechtsgrundlage weg, ergänzt jedoch „zwingend" bei „erforderlich".

10   Für Nr. 2 lit. b, c und d werden neue Formulierungen gewählt. Zum einen könnten diese Tatbestände unter Nr. 2 lit. a gefasst werden, zumal Bezüge zu Art. 9 Abs. 2 lit. g und lit. c DS-GVO vorhanden sind. Zum anderen sind die Formulierungen selbst unbestimmt. Erforderlich wird immer die Zuschaltung einer konkret zur Datenverarbeitung ermächtigenden Norm, etwa der Polizeigesetze der Länder, sein.

11   Der letzte Halbsatz greift die Anforderungen des Art. 9 Abs. 2 lit. g DS-GVO auf (BR-Drs. 110/17, Anl., 93), verweist aber auch auf die Anforderungen des Art. 5 DS-GVO und der Verhältnismäßigkeit einer jeden Datenverarbeitung. Die abstrakte Qualität der Daten iSd Art. 9 Abs. 1 DS-GVO hat hier bereits Gewicht, welches gegen die Zulässigkeit der Verarbeitung spricht und die Anforderungen für eine Rechtfertigung der Zulässigkeit erhöht.

C. Anforderungen an die Datenverarbeitung (Abs. 2)

12   Für Abs. 2 wird auf Art. 9 Abs. 2 lit. b, g und i DS-GVO und die dort jeweils geforderten „geeigneten Garantien für die Grundrechte und die Interessen der betroffenen Person" Bezug genommen (vgl. BR-Drs. 110/17, Anl., 94). Letztlich wird auf das **Datenschutzmanagement** verwiesen (vgl. → DS-GVO Art. 5 Rn. 52), welches im Falle der ausnahmsweise zulässigen Verarbeitung von Daten iSd Art. 9 Abs. 1 DS-GVO höheren Ansprüchen genügen muss. Dies entspricht den Grundsätzen des Art. 5 Abs. 1 DS-GVO.

13   Die in S. 1 genannte Verpflichtung („sind (...) vorzusehen") erreicht nicht das Niveau einer Garantie, wie Art. 9 Abs. 2 lit. b, g und i DS-GVO fordert. S. 2 soll die abstrakte Verpflichtung operationalisieren; er hat in mehrfacher Hinsicht **beschränkte Aussagekraft,** die iE unzureichend ist, um den unionsrechtlichen Vorgabe zu genügen: Die Anforderungen sollen unter dem Vorbehalt des Hs. 1 stehen („unter Berücksichtigung"); die aufgelisteten Maßnahmen „können" zu den geforderten Maßnahmen gehören; und das Wort „insbesondere" indiziert, dass weitere Maßnahmen in Betracht kommen. Insgesamt erscheinen die in S. 2 genannten Maßnahmen daher eher als Vorschläge oder Empfehlungen, ein Umstand, der nicht nur angesichts der Sanktionierung von Verstößen gegen Art. 9 Abs. 1 DS-GVO nach Art. 83 Abs. 5 lit. a DS-GVO problematisch ist.

Hinzu kommt, dass die einzelnen Maßnahmen überw. allg. Anforderungen **14** abbilden, die sich aus der DS-GVO ergeben. So gelten die Maßnahmen nach Nr. 1, 2, 5, 8 und 9 für jede Verarbeitung personenbezogener Daten (vgl. nur Art. 5 Abs. 2 DS-GVO), und die Sicherheit der Verarbeitung ist ein allg. Wert, dem verschiedene Maßnahmen dienen (vgl. Art. 32 Abs. 1 DS-GVO). Der Unterschied, dass hier bes. Daten verarbeitet werden, wird damit nicht adressiert. Damit fehlen Garantien, wie sie im mitgliedstaatlichen Recht für die bes. Daten selbst vorzusehen sind. Auch in der Sensibilisierung nach Nr. 3 als medienpädagogische Maßnahme ist kaum eine Garantie zu sehen. Vielmehr müsste letztlich sichergestellt sein, dass die Mitgliedstaaten für die Verarbeitung von Daten iSd Art. 9 DS-GVO ein qualifiziertes Regelungsregime beschließen, bei dessen Durchsetzung sie auch bes. alert sind.

D. Ausblick

§ 22 ist zT obsolet und zT nicht hinreichend bestimmt. Hier zeigt sich wie **15** bei anderen Vorschr. die Eigenschaft des BDSG als **„Grundsätze-Gesetz"** (→ § 3 Rn. 2), welches als solches von der DS-GVO weder vorgesehen ist noch einen Eigenwert hat. Die Vorschr. beantwortet keine nach Art. 9 DS-GVO offenen Fragen, sondern verursacht allenfalls Probleme, weil jedenfalls Abs. 2 suggeriert, dass man konstitutiv etwas geregelt habe und eines Rückgriffs auf die DS-GVO nicht bedürfe. Keine Sicherheitsbehörde, kein Arbeitgeber und kein Krankenhausunternehmen wird sich bei einer Datenverarbeitung ernsthaft auf § 22 Abs. 1 verlassen können, wenn ein „hohes Datenschutzniveau", wie es die DS-GVO (und zuvor bereits die DSRL) anstrebt, erreicht und gehalten werden soll. Es wäre sinnvoller gewesen, in einem Akt der Fleißarbeit die **Rechtsgrundlagen in bestehenden Gesetzen** des Bundes und der Länder dokumentierend zusammenzustellen, die die Verarbeitung sensibler Daten erlauben, auch und gerade weil sie den durch Art. 9 Abs. 2 DS-GVO gesteckten Rahmen einhalten. Dabei würde auch offenbar, welche Vorschr. den Anforderungen nicht genügen und deshalb angepasst werden müssen. Die Optimierungsaufgabe, dass die Sicherungsmaßnahmen konkret den Ansprüchen des Art. 9 Abs. 2 iVm Art. 5 DS-GVO genügen, lässt sich nur mit einem Datenschutzmanagement mit Gestaltungshöhe und angemessenem Schutzniveau (vgl. Art. 32 DS-GVO) unter Berücksichtigung der Bestimmungen der DS-GVO bewältigen, nicht mit den abstrakten, nur aufgrund der Rechtssatzqualität „verdichteten Empfehlungen" des Abs. 2.

§ 23 Verarbeitung zu anderen Zwecken durch öffentliche Stellen

(1) Die Verarbeitung personenbezogener Daten zu einem anderen Zweck als zu demjenigen, zu dem die Daten erhoben wurden, durch öffentliche Stellen im Rahmen ihrer Aufgabenerfüllung ist zulässig, wenn

1. offensichtlich ist, dass sie im Interesse der betroffenen Person liegt und kein Grund zu der Annahme besteht, dass sie in Kenntnis des anderen Zwecks ihre Einwilligung verweigern würde,
2. Angaben der betroffenen Person überprüft werden müssen, weil tatsächliche Anhaltspunkte für deren Unrichtigkeit bestehen,
3. sie zur Abwehr erheblicher Nachteile für das Gemeinwohl oder einer Gefahr für die öffentliche Sicherheit, die Verteidigung oder die nationale Sicherheit, zur Wahrung erheblicher Belange des Gemeinwohls oder zur Sicherung des Steuer- und Zollaufkommens erforderlich ist,
4. sie zur Verfolgung von Straftaten oder Ordnungswidrigkeiten, zur Vollstreckung oder zum Vollzug von Strafen oder Maßnahmen im Sinne des § 11 Absatz 1 Nummer 8 des Strafgesetzbuchs oder von Erziehungsmaßregeln oder Zuchtmitteln im Sinne des Jugendgerichtsgesetzes oder zur Vollstreckung von Geldbußen erforderlich ist,
5. sie zur Abwehr einer schwerwiegenden Beeinträchtigung der Rechte einer anderen Person erforderlich ist oder
6. sie der Wahrnehmung von Aufsichts- und Kontrollbefugnissen, der Rechnungsprüfung oder der Durchführung von Organisationsuntersuchungen des Verantwortlichen dient; dies gilt auch für die Verarbeitung zu Ausbildungs- und Prüfungszwecken durch den Verantwortlichen, soweit schutzwürdige Interessen der betroffenen Person dem nicht entgegenstehen.

(2) Die Verarbeitung besonderer Kategorien personenbezogener Daten im Sinne des Artikels 9 Absatz 1 der Verordnung (EU) 2016/679 zu einem anderen Zweck als zu demjenigen, zu dem die Daten erhoben wurden, ist zulässig, wenn die Voraussetzungen des Absatzes 1 und ein Ausnahmetatbestand nach Artikel 9 Absatz 2 der Verordnung (EU) 2016/679 oder nach § 22 vorliegen.

EU-Recht: Art. 6, 23 DS-GVO (kommentiert unter → DS-GVO Art. 6 Rn. 46, 51; → DS-GVO Art. 23 Rn. 1 ff.).

A. Allgemeines

1 § 23 ist dazu bestimmt, für öffentl. Stellen (→ § 2 Abs. 1–3) eine eigenständige Rechtsgrundlage für die Weiterverarbeitung von Daten zu schaffen, und zwar nach der Vorstellung des RegE unabhängig von der Vorgabe des Art. 6 Abs. 4 DS-GVO, ob der Sekundärzweck mit dem ursprünglichen Zweck vereinbar ist (vgl. BR-Drs. 110/17, Anl., 94). Dieses Unterfangen ist problematisch: Art. 6 Abs. 4 Hs. 1 DS-GVO nennt zwar mitgliedstaatliche Rechtsvorschrift als Rechtsgrund für die Verarbeitung für einen Sekundärzweck. Diese müssen den weitreichenden Anforderungen des Art. 23 DS-GVO genügen. Es gibt **keinen unionsrechtsfreien Raum,** in dem die

Mitgliedstaaten nur nach der Maßgabe eines mitgliedstaatlichen Rechtsakts entscheiden könnten.

Wenn die DS-GVO (anders als im Falle des Art. 6 Abs. 1, Abs. 4 Hs. 2 **2** DS-GVO) nicht Teil der mitgliedstaatlichen Rechtsordnung ist, die die Verantwortlichen unmittelbar bindet, so steht sie – hier in Gestalt des Art. 23 – über ihr und bindet immerhin die mitgliedstaatliche Gesetzgebung unmittelbar. Die einzelnen Tatbestände genügen den **Anforderungen des Art. 23 DS-GVO** – „sofern eine solche Beschränkung den Wesensgehalt der Grundrechte und Grundfreiheiten achtet und in einer demokratischen Gesellschaft eine notwendige und verhältnismäßige Maßnahme darstellt" – jedoch nicht, und angesichts ihrer Grundrechtsrelevanz sind sie unabhängig davon zu unbestimmt (vgl. auch Stellungn. EAID, Innenausschuss Prot. BDSG, 48). Die Einsilbigkeit der Begr. des RegE (BR-Drs. 110/17, Anl., 94) steht außer Verhältnis zu dem Zweck, den die Vorschr. hat, und den Vorgaben, die Art. 23 DS-GVO macht.

Der RegE verweist darauf, dass sich die Vorschr. an §§ 13 Abs. 2, 14 Abs. 2 **3** BDSG aF orientiere (BR-Drs. 110/17, Anl., 95); deren Wortlaut ist freilich ein anderer, nach richtiger Ansicht strenger; in der Formulierung liegt Art. 6 Abs. 1 UAbs. 1 DS-GVO diesen Regelungen näher. § 23 des RegE enthielt in Abs. 1 Nr. 3 einen Tatbestand, nach dem die Verarbeitung auch dann zulässig sein sollte, wenn „die Daten allgemein zugänglich sind oder der Verantwortliche sie veröffentlichen dürfte, es sei denn, dass das schutzwürdige Interesse der betroffenen Person an dem Ausschluss der Weiterverarbeitung offensichtlich überwiegt" (BR-Drs. 110/17, Anl., 20). Dieser Passus wurde auf der Grdl. der Beschlussempfehlung des Innenausschusses gestrichen, weil es dieser Befugnis nicht bedürfe: „Allgemein zugängliche Daten können in der Regel auch neu erhoben werden" (TT-Drs. 18/12144, 4).

B. Zulässigkeit der Weiterverarbeitung durch öffentliche Stellen (Abs. 1)

I. Allgemeines zu Abs. 1

Eine Beschränkung enthält Hs. 1, indem öffentl. Stellen Daten nur „im **4** Rahmen ihrer Aufgabenerfüllung"** verarbeiten dürfen. Diese Aufgaben sind wegen des Vorbehalts des Gesetzes, der für die Datenverarbeitung gilt, gesetzlich geregelte Aufgaben, liegen § 23 Abs. 1 voraus und verweisen auf Art. 6 Abs. 1 UAbs. 1 lit. c und e DS-GVO sowie auf die spezifischen mitgliedstaatlichen Regelungen iSd Art. 6 Abs. 2, 3 DS-GVO. Nimmt man Hs. 1 ernst, hat er zu Gunsten des Vorrangs spezialgesetzlicher Grdl. nur deklaratorischen Charakter. Dies entspricht nicht der Konzeption der Regelung, die im Anschluss Zulässigkeitstatbestände nennt, allerdings ohne die Konzeption des Art. 23 DS-GVO umzusetzen.

Auf eine Abwägung entgegenstehender berechtigter Interessen der betrof- **5** fenen Person stellt nur Abs. 1 Nr. 6 ab (sowie in Abs. 1 Nr. 3 des RegE, → Rn. 2). Die Anwendung der Vorschr. – so man sie als Rechtsgrundlage für eine Verarbeitung anerkennt – unterliegt den **allg. Bindungen:** datenschutzrechtliche Grundsätze, Grundsatz der Verhältnismäßigkeit und Grundrechte der betroffenen Personen. Diesen Bindungen ist im Einzelfall Rechnung zu tragen. In der Anhörung war in Bezug auf die Abwägung eine explizite Formulierung vorgeschlagen worden (BfDI, Positionspapier, Ausschussdrucksache 18(4)788, Anl., 11; vgl. auch Stellungn. EAID, Innenausschuss Prot. BDSG, 48; vgl. demgegenüber § 24 Abs. 1 letzter Hs.).

II. Verarbeitung im Interesse der betroffenen Person (Abs. 1 Nr. 1)

6 In Nr. 1 wird die Offensichtlichkeit in zweierlei Hinsicht zum Maßstab: Einerseits muss offensichtlich sein, dass die Verarbeitung im Interesse der betroffenen Person liegt; andererseits darf nicht offensichtlich sein, dass ein Grund zur Annahme der Verweigerung besteht. Der Begriff des Interesses ist freilich schillernd, und dementsprechend vieles lässt sich kontingent als Interesse rekonstruieren. Damit wird die öffentl. Stelle für kompetent gehalten, eine solche Wertung zu treffen. Das Interesse der betroffenen Person festzulegen und gleichzeitig die Offensichtlichkeit dieses Interesses einzufordern, verweist auf eine **doppelte Deutungshoheit** der öffentl. Stelle. Diese ist einem Bias ausgesetzt, weil Nr. 1 der beurteilenden Behörde selbst die Weiterverarbeitung ermöglichen soll. Nimmt man die Vorschr. ernst, muss sie leerlaufen. IÜ ist im Staat/Bürger-Verhältnis wenig offensichtlich. Selbst wenn man davon ausginge, dass der unbestimmte Rechtsbegriff „offensichtlich" gerichtlich voll nachprüfbar sei, wäre nicht ausgeschlossen, dass es durch die vorherige Behördenentscheidung zu Gunsten einer Datenverarbeitung bereits zu nachwirkenden Rechtsverletzungen käme, weil die Begrifflichkeit zu einer Deutung nachgerade auffordert, und dies an erster Stelle des § 23 Abs. 1.

7 Für die Unionsrechtswidrigkeit der Nr. 1 und die Unzulässigkeit einer Verarbeitung nach Nr. 1 spricht auch, dass die Einwilligung im Staat/Bürger-Verhältnis nicht der Referenzpunkt für die Beurteilung der Zulässigkeit der Verarbeitung ist (ohne dass sie völlig ausgeschlossen wäre, → DS-GVO Art. 7 Rn. 19): Die Einwilligung, auf die Nr. 1 Bezug nimmt, wird allenfalls die Ausnahme sein; häufiger ist die gesetzliche Zulässigkeit einer Datenverarbeitung. Insoweit taugt die Einwilligung nicht als Legitimation in hypothetischen Fällen. Zudem dürfen Daten, die nicht aus gesetzlichen Gründen zulässig verarbeitet werden, nur auf der Grdl. einer erteilten Einwilligung verarbeitet werden, nicht auf der Grdl. der unterbliebenen Verweigerung einer Einwilligung. Durch die abw. Formulierung wird die öffentl. Stelle weitergehend entlastet. Nicht zuletzt führt Nr. 1 eine offen interessengeleitete Entsch. ein, die für öffentl. Stellen an anderer Stelle gerade ausgeschlossen ist: Art. 6 Abs. 1 UAbs. 2 DS-GVO schließt die Anwendung der Interessenabwägung nach Art. 6 Abs. 1 UAbs. 1 lit. f DS-GVO für Behörden in Erfüllung ihrer Aufgaben aus.

III. Überprüfung von Angaben (Abs. 1 Nr. 2)

Nr. 2 entpuppt sich insoweit als deklaratorische Vorschr., als die Überprüfung **8** von Angaben – soweit sie erforderlich ist, aber auch dies ist eine Vorgabe an jede Verarbeitung (vgl. Art. 5 Abs. 1 DS-GVO) – eine **Annexkompetenz** zu der Aufgabe darstellt, die die öffentl. Stelle mit der primären Datenverarbeitung erfüllt und die sich aus spezifischen Vorschr. ergibt: Ein erster Anhaltspunkt dafür ist der Untersuchungsgrundsatz nach § 24 VwVfG. Ein konkretes Bsp. ist die Personenfeststellung nach polizeirechtlichen Vorschr. (vgl. etwa § 26 PolG BW): Die Polizei darf auf deren Grundlage die erforderlichen Maßnahmen treffen; sie kann verlangen, dass mitgeführte (ohne zur Mitführung verpflichtet zu sein, vgl. § 1 Abs. 1 S. 1 PAuswG) Ausweispapiere vorgezeigt werden. Geschieht dies nicht, kann die Polizei die Personalien zentral abfragen und dafür personenbezogene Daten der betroffenen Person weiterarbeiten (vgl. § 39 PolG BW). Nr. 2 kann daher formal und inhaltlich keine Berechtigung begründen. In vielen Fällen wird die öffentl. Stelle sogar verpflichtet sein, nur nach Nachweis der Identität zu handeln, etwa wenn Leistungen erbracht werden.

IV. Gefahrenabwehr und Verfolgung von Straftaten und Ordnungswidrigkeiten (Abs. 1 Nr. 3, 4)

Auch Nr. 3 verweist letztlich nur auf Verarbeitungslagen, die durch Art. 6 **9** Abs. 1 UAbs. 1 DS-GVO bereits adressiert und überwiegend (Ausnahme: lit. d) durch mitgliedstaatliches Recht geregelt werden; soweit sie bereits vor Gültigkeit der DS-GVO mitgliedstaatlich geregelt sind, ändert sich nichts, solange sie die Anforderungen der DS-GVO erfüllen: Die DS-GVO geht in die mitgliedstaatliche Rechtsordnung ein und iRd Anwendungsvorrangs den mitgliedstaatlich erlassenen Rechtsvorschriften vor (vgl. (→ § 22 Rn. 2). Dies schließt nicht aus, dass der Primärzweck der Verarbeitung der Daten ein anderer war: Werden Daten für das Melderegister erhoben, wird damit nicht die Gefahrenabwehr bezweckt; tritt jedoch eine Gefahrensituation auf – zB Bedrohung einer namentlich genannten Person – ist es zum Zwecke der Gefahrenabwehr möglich, die Kontakt- und Adressdaten dieser Person zu verwenden, um die Person zu warnen und zu schützen (vgl. §§ 34, 38 BMG). Entspr. gilt für die Strafverfolgung und die Verfolgung von Ordnungswidrigkeiten: So wenig die DS-GVO die bereits bestehenden mitgliedstaatlichen Regelungen ersetzt, so wenig kann § 23 Abs. 1 die Rechtsgrundlage für die Verarbeitung von Daten darstellen.

V. Abwehr einer schwerwiegenden Beeinträchtigung einer anderen Person (Abs. 1 Nr. 5)

Nr. 5 weist Ähnlichkeiten mit Art. 6 Abs. 1 UAbs. 1 lit. d DS-GVO (dort: **10** „einer anderen natürlichen Person") auf. Soweit Nr. 5 darüber hinausgeht, kann sie indes keine eigenständige Bedeutung erlangen, weil die Abwehr von Gefahren für Individualrechtsgüter von der öffentl. Sicherheit erfasst wird.

VI. Wahrnehmung anderer Befugnisse (Abs. 1 Nr. 6)

11 Auch für die Verarbeitungssituationen, die in Nr. 6 angesprochen werden, existieren bereits Rechtsgrundlagen, soweit die Verarbeitung nicht ohnehin wie bei Nr. 2 als Annexkompetenz gesehen werden muss, etwa wenn die Aufsicht darüber ausgeübt wird, dass ein Sachverhalt rechtmäßig bearbeitet wird. All diese Maßnahmen und ihre Ausgestaltung stehen unter dem Vorbehalt der Erforderlichkeit, entgegenstehender Interessen der betroffenen Person, die zB über den Grundsatz der Verhältnismäßigkeit berücksichtigt werden können, und der allg. Grundsätze, etwa dem der Datenminimierung.

C. Verarbeitung personenbezogener Daten bes. Kategorien (Abs. 2)

12 In der Logik des § 23 Abs. 1 ist Abs. 2 erforderlich – nach dem Anspruch des Unionsrechts ist er es nicht, weil die Vorgaben des Art. 9 Abs. 2 DS-GVO bei diesen Daten immer Anwendung finden und weil § 22 ohnehin nicht selbständig neben Art. 9 Abs. 2 DS-GVO treten kann.

D. Ausblick

13 § 23 ist ein weiterer Beleg dafür, dass für den BT die Kompetenz in Anspruch genommen wird, Regelungen zu erlassen, die die Vorgaben der DS-GVO nicht hinreichend umsetzen, schon indem sie die Formulierungen der DS-GVO nicht übernehmen; damit ist unionsrechtlich mindestens ein „gewisses Risiko" verbunden (Stellungn. Wolff, Innenausschuss Prot. BDSG, 116). Die Umsetzung mittels Generalklauseln leisten zu wollen, ist ungeachtet des Art. 23 DS-GVO auch in der Sache verfehlt: Die öffentl. Stellen, die Daten verarbeiten, verarbeiten die Daten **auf fachrechtlicher Grundlage.** Das Datenschutzrecht gibt den Rahmen vor; der Verantwortliche, der behördliche DSB, der externe DSB, ASB und Gerichte überprüfen, ob dieser Rahmen eingehalten wird. Deshalb ist der Gesetzgeber gefordert, die Rechtsgrundlagen für die Verarbeitung, aber auch die Bindungen des Datenschutzrechts, insbes. die der DS-GVO, in das Fachrecht einzuführen bzw. das Fachrecht an Art. 23 DS-GVO anzupassen, wie er es für die Vorgaben aus der DSRL und dem Recht auf informationelle Selbstbestimmung bereits getan hatte. Wie bei § 22 wäre hier ein Akt der Fleißarbeit durch Dokumentation der Rechtsgrundlagen angezeigt (→ § 22 Rn. 15). Allg. und bes. Verwaltungsbehörden, Bündelungs- und Sonderbehörden durch **Blankettformeln** zur Weiterverarbeitung von Daten ermächtigen zu wollen, ist auch unabhängig von unionsrechtlichen Vorgaben kein vielversprechender Ansatz.

§ 24 Verarbeitung zu anderen Zwecken durch nichtöffentliche Stellen

(1) Die Verarbeitung personenbezogener Daten zu einem anderen Zweck als zu demjenigen, zu dem die Daten erhoben wurden, durch nichtöffentliche Stellen ist zulässig, wenn
1. sie zur Abwehr von Gefahren für die staatliche oder öffentliche Sicherheit oder zur Verfolgung von Straftaten erforderlich ist oder
2. sie zur Geltendmachung, Ausübung oder Verteidigung zivilrechtlicher Ansprüche erforderlich ist,
sofern nicht die Interessen der betroffenen Person an dem Ausschluss der Verarbeitung überwiegen.

(2) Die Verarbeitung besonderer Kategorien personenbezogener Daten im Sinne des Artikels 9 Absatz 1 der Verordnung (EU) 2016/679 zu einem anderen Zweck als zu demjenigen, zu dem die Daten erhoben wurden, ist zulässig, wenn die Voraussetzungen des Absatzes 1 und ein Ausnahmetatbestand nach Artikel 9 Absatz 2 der Verordnung (EU) 2016/679 oder nach § 22 vorliegen.

EU-Recht: Art. 6, 9, 23 DS-GVO (kommentiert unter → DS-GVO Art. 6 Rn. 46, 51; → DS-GVO Art. 9 Rn. 1 ff.; → DS-GVO Art. 23 Rn. 1 ff.).

Literatur: *Thüsing/Rombey,* Forschung im Gesundheitswesen: Anforderungen an einen passgenauen Datenschutz, NZS 2019, 201; *Zehelein,* Vermieten unter der DS-GVO. Datenschutz im laufenden Mietverhältnis, NJW 2020, 1572.

A. Allgemeines

§ 24 dient wie § 23 als Rechtsgrundlage für eine Verarbeitung zu anderen **1** Zwecken außerhalb des Art. 6 Abs. 4 Hs. 2 DS-GVO, also für Zwecke, in denen die Erst- und die Zweitverarbeitung nicht kompatibel sind (vgl. Kühling/Martini ua DS-GVO und nationales Recht, 42). Wie § 23 nimmt § 24 dafür den Umweg über Art. 23 DS-GVO in Anspruch, ohne dass dessen qualifizierte Anforderungen erfüllt werden. Auch und gerade für nicht öffentl. Stellen (→ § 2 Abs. 4–5) drängt sich indes der Weg über Art. 6 Abs. 1 UAbs. 1 lit. f, Abs. 4 DS-GVO auf.

Der RegE verweist darauf, dass die Vorschr. an §§ 28 Abs. 2 Nr. 2 lit. b, 28 **2** Abs. 2 iVm Abs. 1 Nr. 2 sowie § 28 Abs. 8 S. 1 iVm Abs. 6 Nr. 1 bis 3 und Abs. 7 S. 2 BDSG aF orientiert sei (BR-Drs. 110/17, Anl., 95). Die Vorschr. deckt jedoch einerseits nicht alle Situationen der Weiterverarbeitung ab, die § 28 BDSG aF kennt: Insbes. ist Nr. 2 enger zu verstehen als § 28 Abs. 1 Nr. 2 BDSG aF, der auf die Wahrung berechtigter Interessen der verantwortlichen Stelle verweist. Daher bleibt für Art. 6 Abs. 4 DS-GVO und den dort vorgesehenen Kompatibilitätstest (→ DS-GVO Art. 6 Rn. 46) ein Anwendungsbereich, der die für die Verarbeitung verantwortliche Stelle unter nicht unerheblichen Rechtfertigungsdruck setzt. Andererseits geht Abs. 1 Nr. 1 weiter als § 28 Abs. 8 iVm Abs. 6 Nr. 1 BDSG aF („Schutz lebenswichtiger Interessen des Betroffenen oder eines Dritten").

Der RegE war bei § 24 Abs. 1 Nr. 2 weiter formuliert, weil dort „recht- **3** liche Ansprüche" (so auch § 28 Abs. 6 Nr. 3 BDSG aF) genannt wurden, für deren Geltendmachung eine Datenverarbeitung zulässig sein solle. Im Gesetzgebungsverfahren wurde diese Formulierung durch „zivilrechtliche Ansprüche" ersetzt, auch unter Hinweis auf die Vorgabe in Art. 23 Abs. 1 lit. j DS-GVO (vgl. Beschlussempfehlung, BT-Drs. 18/12144, 4). Dies ist auch deshalb legitim, weil andere, spezialgesetzliche Regelungen eine Weitergabe auch ermöglichen können, zB eine Auskunftserteilung (vgl. zu § 14 Abs. 3 TMG OLG Frankfurt CR 2019, 128).

B. Zulässigkeit der Weiterverarbeitung durch nicht öffentliche Stellen (Abs. 1)

I. Allgemeines zu Abs. 1

4 Anders als § 23 Abs. 1 ist der Tatbestand nicht schon durch eine spezifische Aufgabe eingeschränkt (→ § 23 Rn. 4), ebenso greifen die Grundrechte (vgl. Art. 51 Abs. 1 S. 1 GRCh einerseits und Art. 1 Abs. 3 GG andererseits) und der Grundsatz der Verhältnismäßigkeit zwischen Privaten nicht direkt. Dafür erfordert Abs. 1 letzter Hs. eine Abwägungsentscheidung. Dass dies ausreicht, um den Anforderungen des Art. 23 DS-GVO zu genügen, ist zweifelhaft.

II. Gefahrenabwehr und Strafverfolgung (Abs. 1 Nr. 1)

5 Der weitergehende Anwendungsbereich (→ Rn. 2) irritiert, soweit nicht öffentl. Stellen für eine staatliche Aufgabe in den Dienst genommen werden. Dies kann bei den Verantwortlichen Konflikte verursachen (vgl. Stellungn. der Bundesärztekammer, Innenausschuss Prot. BDSG, 257). Soweit es nicht alleine um eine Indienstnahme geht, sondern die verantwortliche Stelle geschützt werden soll, ist ein Anliegen nachvollziehbar: Beiträge zu Gunsten der Gefahrenabwehr und der Strafverfolgung, welche die Verarbeitung von Daten erforderlich machen, werden hier datenschutzrechtlich privilegiert; mit dieser Funktion wird die Zweckbindung aufgelöst und insbes. Whistleblowing anerkannt. Die vom Datenschutz (also auch von Art. 83, 84 DS-GVO) unabhängige strafrechtliche Würdigung eines solchen Verhaltens bleibt davon unberührt.

6 Die Bewertung dieser datenschutzrechtlichen Privilegierung fällt ambivalent aus: Sie ist jedenfalls bei den Sachverhalten konsequent, in denen die Nichtanzeige selbst unter Strafe gestellt ist (§ 138 StGB, vgl. auch § 139 StGB für die Straflosigkeit): Der Staat kann auf der Grdl. einer Rechtsnorm von einer Person nicht ein Verhalten verlangen, welches er ihm durch eine andere Rechtsnorm untersagt. Insoweit können die Interessen nach Abs. 1 aE nicht zu Lasten des Verantwortlichen abgewogen werden. Allerdings wäre zu diesem Zweck eine andere Formulierung der Nr. 1 näherliegend gewesen, wonach die Verarbeitung von Daten zu einem anderen Zweck durch den Verantwortlichen, der nach § 138 StGB zur Anzeige verpflichtet ist, zulässig ist, ohne dass es auf eine Abwägung ankommen kann. Nur ist für diese Anforderung der Umweg über § 24 und Art. 23 DS-GVO überhaupt nicht nötig: Art. 6 Abs. 1 UAbs. 1 lit. c DS-GVO (ggf. auch lit. d) trifft insoweit selbst eine Entsch., eben weil der Verantwortliche einer gesetzlichen Verpflichtung nachkommt.

Die datenschutzrechtliche Privilegierung ist in den Fällen heikel, in denen 7 die Vertraulichkeit und bestimmte Geheimnisse strafrechtlich geschützt sind (vgl. §§ 201 ff. StGB): Die ausgefeilte Dogmatik zum Tatbestand, zur Rechtfertigung und zur Entschuldigung einer solchen Tat dürfte vorentscheidend dafür sein, ob nicht auch eine Verarbeitung außerhalb der ursprünglichen Zweckbestimmung zulässig ist. Gleichzeitig vermittelt das Strafrecht Einfallstore, für die Abs. 1 Nr. 1 offen steht: Ein Bsp. ist das Merkmal „unbefugt" in § 203 Abs. 1 StGB. Der Rechtssicherheit steht die Abwägungsentscheidung aE des Abs. 1 entgegen.

Ein weiterer, verfahrensrechtlicher Grund spricht für eine gesonderte da- 8 tenschutzrechtliche Bestimmung: Für die Entsch. über Verstöße muss nicht dasselbe Gericht zuständig sein, etwa wenn der Verantwortliche, der Daten verarbeitet hat, einerseits auf die Strafanzeige des Betroffenen hin in einem Strafprozess angeklagt und andererseits durch den Betroffenen zivilgerichtlich in einem Schadensersatzprozess (ausgehend von Art. 82 DS-GVO) in Anspruch genommen wird.

IÜ ist Whistleblowing nicht privilegiert, also solches, bei dem Zustände 9 oder Verhaltensweisen offenbart werden, die nicht gefahrenabwehr- oder strafrechtlich relevant sind, sondern das dem Hinweis auf Missstände dient, welcher zB ein Unternehmen an den Pranger stellt.

III. Geltendmachung, Ausübung und Verteidigung zivilrechtlicher Ansprüche (Abs. 1 Nr. 2)

Die Verengung ggü. dem BDSG aF auf zivilrechtliche Ansprüche, die Art. 23 10 Abs. 1 lit. j DS-GVO entspricht, führt dazu, dass andere rechtliche Ansprüche nicht mehr auf dieser Grdl. geltend gemacht werden können, etwa solche sozialrechtlichen Ursprungs (vgl. Stellungn. der Deutschen Krankenhausgesellschaft, Innenausschuss Prot. BDSG, 289). Diese Folge stellt die Rechtspraxis indes nicht vor unlösbare Probleme, denn es ist dem Gesetzgeber möglich, auf der Grdl. des Art. 6 Abs. 1 UAbs. 1 DS-GVO Regelungen zu treffen, und Daten können zur Durchsetzung von Ansprüchen auch über Art. 6 Abs. 4 Hs. 2 DS-GVO verarbeitet werden.

Ggü. Art. 6 Abs. 1 UAbs. 1 DS-GVO stellt sich zudem die Frage, wann 11 überhaupt ein anderer Zweck gegeben ist, zu dem Daten verarbeitet werden sollen. Diese Entscheidung muss die Zweckbindungen des Art. 6 Abs. 1 DS-GVO ernstnehmen. So wäre es zweifelhaft, unabhängig von der Erfüllung eines Vertrags iSd Art. 6 Abs. 1 UAbs. 1 lit. b DS-GVO andere zivilrechtliche Ansprüche auch noch auf die Erfüllung zu beziehen (vgl. als Beispiel Zehelein NJW 2020, 1572 (1574)). Gesetzliche Regelungen sind daher notwendig und hilfreich (vgl. Thüsing/Rombey NZS 2019, 201 (204)).

IV. Abwägung (Abs. 1 aE)

12 Das Erfordernis der Abwägung versucht, die Anforderung des Art. 6 Abs. 4 in Bezug auf Art. 23 Abs. 1 DS-GVO zu adressieren, nach der die Rechtsvorschrift in einer demokratischen Gesellschaft eine notwendige und verhältnismäßige Maßnahme darstellen muss. Maßstab hierfür sind die Grundrechte der Charta und die Grundfreiheiten (vgl. Art. 23 Abs. 1 DS-GVO), nicht die mitgliedstaatlichen Grundrechte. Es wird erforderlich sein, dass für die Abwägungsentscheidung die beteiligten Interessen und ihre rechtliche Anerkennung bestimmt und entfaltet werden, dass die Rechtspositionen einander ggü. gestellt und dabei gewichtet werden und dass transparent ein bestimmtes Erg. formuliert wird. Die Abwägung muss also unter Anwendung einer Methodik eine hinreichende Gestaltungshöhe erreichen, auch um sicherzustellen, dass andere (Betroffene, ASB, Gerichte) sie nachvollziehen, nachprüfen und einer differenzierten Stellungn. zugänglich machen können. „Stockfehler", die dadurch unterlaufen, dass in einer mitgliedstaatlichen Dogmatik verharrt und die unionsrechtliche Überformung verkannt wird (vgl. → Art. 6 DS-GVO Rn. 52), sind zu vermeiden.

C. Verarbeitung personenbezogener Daten besonderer Kategorien (Abs. 2)

13 In der Logik des § 24 Abs. 1 ist Abs. 2 erforderlich – nach dem Anspruch des Unionsrechts ist er es nicht, weil die Vorgaben des Art. 9 Abs. 2 DS-GVO bei diesen Daten immer Anwendung finden und weil § 22 ohnehin nicht selbständig neben Art. 9 Abs. 2 DS-GVO treten kann.

D. Ausblick

14 § 24 wird problematisch bleiben, selbst wenn man ihn als Regelung iSd Art. 6 Abs. 4 DS-GVO anerkennt: Nicht öffentl. Stellen können dadurch nicht in den Dienst des Staates genommen werden, er muss Ausnahmecharakter haben, um widersprüchliche Konstellationen aufzulösen. Die Abwägungsentscheidung erhöht das Risiko für denjenigen, der sich auf die Vorschr. beruft, und es ist angesichts deren Prägung durch das Unionsrecht nicht ersichtlich, warum dieser Weg besser oder direkter sein sollte als derjenige über Art. 6 Abs. 4 DS-GVO. Die Situation wird für den Verantwortlichen nicht dadurch einfacher, dass er sich auf eine mitgliedstaatliche Regelung berufen kann.

§ 25 Datenübermittlungen durch öffentliche Stellen

(1) ¹Die Übermittlung personenbezogener Daten durch öffentliche Stellen an öffentliche Stellen ist zulässig, wenn sie zur Erfüllung der in der Zuständigkeit der übermittelnden Stelle oder des Dritten, an den die Daten übermittelt werden, liegenden Aufgaben erforderlich ist und die Voraussetzungen vorliegen, die eine

Verarbeitung nach § 23 zulassen würden. [2] Der Dritte, an den die Daten übermittelt werden, darf diese nur für den Zweck verarbeiten, zu dessen Erfüllung sie ihm übermittelt werden. [3] Eine Verarbeitung für andere Zwecke ist unter den Voraussetzungen des § 23 zulässig.

(2) [1] Die Übermittlung personenbezogener Daten durch öffentliche Stellen an nichtöffentliche Stellen ist zulässig, wenn

1. sie zur Erfüllung der in der Zuständigkeit der übermittelnden Stelle liegenden Aufgaben erforderlich ist und die Voraussetzungen vorliegen, die eine Verarbeitung nach § 23 zulassen würden,

2. der Dritte, an den die Daten übermittelt werden, ein berechtigtes Interesse an der Kenntnis der zu übermittelnden Daten glaubhaft darlegt und die betroffene Person kein schutzwürdiges Interesse an dem Ausschluss der Übermittlung hat oder

3. es zur Geltendmachung, Ausübung oder Verteidigung rechtlicher Ansprüche erforderlich ist

und der Dritte sich gegenüber der übermittelnden öffentlichen Stelle verpflichtet hat, die Daten nur für den Zweck zu verarbeiten, zu dessen Erfüllung sie ihm übermittelt werden. [2] Eine Verarbeitung für andere Zwecke ist zulässig, wenn eine Übermittlung nach Satz 1 zulässig wäre und die übermittelnde Stelle zugestimmt hat.

(3) Die Übermittlung besonderer Kategorien personenbezogener Daten im Sinne des Artikels 9 Absatz 1 der Verordnung (EU) 2016/679 ist zulässig, wenn die Voraussetzungen des Absatzes 1 oder 2 und ein Ausnahmetatbestand nach Artikel 9 Absatz 2 der Verordnung (EU) 2016/679 oder nach § 22 vorliegen.

EU-Recht: Art. 6, 9, 23 DS-GVO (kommentiert unter → DS-GVO Art. 6 Rn. 46, 51; → DS-GVO Art. 9 Rn. 1 ff.; → DS-GVO Art. 23 Rn. 1 ff.).

A. Allgemeines

Mit § 25 wird eine spezifische Form der Verarbeitung personenbezogener 1 Daten adressiert: die Übermittlung. Damit geht § 25 als lex specialis dem § 23 vor. Ggü. § 23 wird eine zusätzliche Stelle hinzugezogen, die die Daten als verantwortliche Stelle verarbeitet; damit werden die Daten auch einer zusätzlichen Gefährdung ausgesetzt: bei der Übermittlung und bei der anderen Stelle, die dem Betroffenen zudem abgewandt ist, indem sie die ihm nicht notwendig bekannte **„Stelle hinter der Stelle"** ist; mit der zweitgenannten Stelle konnte der Betroffene rechnen, mit der erstgenannten jedoch nicht. Daher muss bei der Anwendung des § 25 die größere Intensität dieser Form der Verarbeitung für die Rechte der betroffenen Person ggü. der Weiterverarbeitung durch und innerhalb ein und derselben öffentl. Stelle auch abgebildet werden.

Die Übermittlung als solche wird schon in der DS-GVO angelegt und 2 ansatzweise geregelt, insbes. durch Art. 6, aber auch Art. 5. Eine umfassende **Regelungsbefugnis** zu Gunsten des Mitgliedstaates mit dem Erg. einer Bestimmung wie § 25 ist insoweit fraglich. Fraglich ist auch, dass die Übermittlung notwendig mit einer Zweckänderung einhergehen muss, wie dies der Verweis in Abs. 1 und Abs. 2 auf § 23 andeutet: Die Daten können auf der Grdl. eines Gesetzes gerade auch zu dem Zweck erhoben worden sein, sie für bzw. durch eine Übermittlung zu verarbeiten.

3   Dementsprechend geht aus dem RegE hervor, dass § 25 „den präzisen Ansatz der §§ 15, 16 **BDSG**" fortführe (BR-Drs. 110/17, Anl., 95). Wegen der im Vergleich zur DSRL neuen Qualität der unionsrechtlichen (zurückhaltend so zu bezeichnenden) Überformung einer mitgliedstaatlichen Regelung der Übermittlung können die §§ 15, 16 BDSG aF **nicht als Blaupause** dienen; ihre Dogmatik kann für § 25 nicht fortgeschrieben werden, ohne dass sich der Rechtsanwender der Gefahr aussetzt, unionsrechtliche Wertungen zu übersehen und „Stockfehler" zu begehen. Die Intention, dass der Ansatz präzise sei, spiegelt sich iÜ nicht im Wortlaut der Norm wider, die durch ihre Anhäufung von unbestimmten Rechtsbegriffen eine Generalklausel darstellt (vgl. zur Kritik Stellungn. EAID, Innenausschuss Prot. BDSG, 48), ohne diesen Anspruch rechtssicher einlösen zu können.

4   Der Regierungsentwurf bringt auch den Anspruch zum Ausdruck, dass eine Rechtsgrundlage für die Übermittlung von Daten geschaffen werde, „soweit diese zu einem anderen Zweck als zu demjenigen, zu dem die Daten erhoben wurden, erfolgt" (BR-Drs. 110/17, Anl., 95). Für § 25 wird der Anwendungsbereich damit nur in den Fällen gesehen, in denen der Zweck der Verarbeitung geänd. wird, was aus dem Normtext nicht eindeutig hervorgeht. Die Weitergabe könnte bei der Erhebung der Daten bereits angelegt und gesetzlich vorgesehen sein, und diese müsste die damit trotzdem verbundene zusätzliche Gefährdung der Daten adressieren.

5   Der Vorgang der Übermittlung ist insoweit komplex, als er voraussetzt, dass eine (hier: öffentliche) Stelle über personenbezogene Daten verfügt, sie also insbes. gespeichert hat, und diese einer anderen Stelle ggü. (Abs. 1: öffentliche Stelle; Abs. 2: nicht öffentliche Stelle) durch Übermittlung offenlegt (vgl. Art. 4 Nr. 2 DS-GVO: „Offenlegung durch Übermittlung"). Dieser Vorgang hat auch eine zweite, eine Kehrseite, indem die Stelle, der die Daten übermittelt werden, diese Daten empfängt, also selbst verarbeitet (vgl. Art. 4 Nr. 2 DS-GVO: „Erfassen", „Speicherung", „Abgleich"). Zwei Akteure treten also auf und sind bei diesem Vorgang aktiv, weshalb auch beide berechtigt sein müssen, die Daten zu verarbeiten.

B. Übermittlung an öffentliche Stellen (Abs. 1)

I. Zulässigkeit der Übermittlung (Abs. 1 S. 1)

6 Abs. 1 regelt die Übermittlung von Daten durch öffentl. Stellen an öffentl. Stellen (zum Begriff → DS-GVO Art. 27 Rn. 45 f.). Wegen der **Zweiseitigkeit dieser Übermittlung** (→ Rn. 5) und der generellen Geltung der DS-GVO ist zu fordern, dass beide Seiten auf der Grdl. einer Rechtsvorschrift nach Art. 6 Abs. 1 UAbs. 1 lit. c, e DS-GVO berechtigt sein müssen, die Daten zu verarbeiten. Den Anforderungen der DS-GVO genügt es nicht,

wenn nur eine der beiden Stellen zur Datenverarbeitung berechtigt sein sollte, entweder zur Übermittlung oder zur Entgegennahme. Dh die übermittelnde Stelle muss nicht nur zur Übermittlung berechtigt sein, sondern sie muss zur Übermittlung an die bestimmte andere öffentl. Stelle berechtigt sein, und diese andere Stelle muss selbst zur Entgegennahme der Daten berechtigt sein. Es wird also auf beiden Seiten legales Handeln vorausgesetzt. Die Übermittlung setzt damit einen komplexen **Rechtmäßigkeitszusammenhang** voraus. Hier kommt der weit verstandene Rechtsmäßigkeitsgrundsatz des Art. 5 Abs. 1 lit. a DS-GVO (→ DS-GVO Art. 5 Rn. 15 f.) zur Anwendung.

In Ausnahmefällen wäre auch an Art. 6 Abs. 1 UAbs. 1 lit. d DS-GVO zu **7** denken, etwa wenn in einer Situation der Gefahr für hochrangige Rechtsgüter (→ DS-GVO Art. 6 Rn. 20) die Polizei Daten an die Feuerwehr übermittelt. IdR muss sich dieser Kommunikationsvorgang auf der Grdl. gesetzlicher Vorschr. iSd Art. 6 Abs. 2, 3 DS-GVO vollziehen. Hierfür dürfte es nicht ausreichen, dass nur auf einer Seite die Berechtigung gegeben ist, die Daten zu verarbeiten.

Ohne Not verweist Abs. 1 auf den Dritten, an den die Daten übermittelt **8** werden. Bei diesem kann es sich nur um die öffentl. Stelle handeln, auch wenn diese Stelle aus der Sicht des Betroffenen „Dritter" ist.

II. Zweckbindung (Abs. 1 S. 2)

Abs. 1 S. 2 suggeriert, die Zweckbindung gesondert zu regeln, die aber gem. **9** Art. 6, 5 DS-GVO ohnehin gilt. IÜ steht dieser Zweck nicht zur Disposition der übermittelnden Stelle − er ist durch die gesetzliche Grdl. festgelegt. Es können daher Zulässigkeitstatbestände hinzutreten, die die Verarbeitung der Daten erlauben. Darauf weist Abs. 1 S. 3 hin, auch wenn der dort referierte § 23 nach hier vertretener Ansicht keine hinreichende Rechtsgrundlage darstellt.

III. Verarbeitung zu anderen Zwecken (Abs. 1 S. 3)

Durch andere − gesetzlich vorgesehene − Zwecke wird die Zweckbindung **10** aufgelöst. Daran wird deutlich, dass die übermittelnden Daten durch die übermittelnde Stelle ieS „ausgesetzt" werden, ohne dass diese eine Hoheit über diese Daten oder ein Durchgriffsrecht in Anspruch nehmen könnte. Dies geschieht in § 25 wieder **in mittlerer Abstraktionslage,** dh über den Anforderungen der DS-GVO einerseits und unter konkreten Anforderungen der mitgliedstaatlichen Rechtsgrundlagen nach Art. 6 Abs. 2, 3 DS-GVO andererseits.

C. Übermittlung an nicht öffentliche Stellen (Abs. 2)

I. Zulässigkeit der Übermittlung (Abs. 2 S. 1)

Abs. 2 S. 1 löst die strikte Zweckbindung personenbezogener Daten weiter- **11** gehend auf, indem eine Mehrzahl von Möglichkeiten angeboten wird, Daten an nicht öffentl. Stelle weiterzugeben. Das ist insoweit relevant, als die Daten hier die Sphären öffentl. Stellen, die wesentlich an die Grundrechte gebunden sind (Art. 51 Abs. 1 S. 1 GRCh und Art. 1 Abs. 3 GG), verlassen und nur durch einfaches Recht verpflichtete Dritte Zugriff auf die Daten erhalten. Die „Stelle hinter der Stelle" wird va eine natürliche oder jur. Person des Zivilrechts sein, die der betroffenen Person in einem Gleichordnungsverhältnis gegenübersteht.

12   **Nr.** 1 bringt durch die Orientierung an der (gesetzlich zu bestimmenden) Aufgabe der übermittelnden Stelle und durch § 23 immerhin die **Gesetzesbindung** zum Ausdruck. Nachdem § 23 für sich für die Weiterverarbeitung steht, lastet die Rechtfertigung für die Übermittlung an eine nicht öffentl. Stelle, die von § 23 gerade nicht abgedeckt wird, auf der Aufgabe, die öffentl. Stelle mit der Übermittlung erfüllt. Der parlamentarische Gesetzgeber, der an die grundrechtlichen Maßstäbe gebunden ist, muss diese in den fachgesetzlichen Regelungen zur Geltung bringen – daran wird er, auch vom EuGH, gemessen werden.

13   **Nr.** 2 erfordert eine **Abwägungsprozedur,** die im Zweifel immer zu Lasten einer beteiligten Person – der betroffenen Person oder des Dritten – gehen kann, indem die Deutungshoheit über schillernde Begriffe bei der übermittelnden öffentl. Stelle loziert wird, ohne dass der Gesetzgeber seinem Regelungsauftrag zur Konkretisierung und Typisierung von Übermittlungslagen Rechnung trägt. Wollte man diese Generalklausel akzeptieren, müsste die Abwägungsentscheidung jedenfalls eine Gestaltungshöhe erreichen, um methodisch nicht angreifbar zu sein: Die beteiligten Interessen und ihre rechtliche Anerkennung müssten bestimmt und entfaltet, die Rechtspositionen einander ggü. gestellt und dabei gewichtet und ein Erg. bestimmt formuliert werden. In Bezug auf die betroffene Person ist hier die **abwehrrechtliche Dimension der Grundrechte** besonders fruchtbar zu machen, für die sehr fraglich ist, ob die öffentl. Stelle die Deutungshoheit über die Schutzwürdigkeit deren Interessen haben kann; in Bezug auf die nicht öffentl. Stelle stehen regelmäßig lediglich leistungsrechtliche Aspekte der Grundrechte und das einfache Recht selbst für die Begr. deren Interessen zur Vfg. Ein „Das machen wir so" kann es in keine Richtung geben. Ohne konkretisierende Regelungen, insbes. gesetzliche Regelungen, ggf. auch Verwaltungsvorschriften, sieht die öffentl. Stelle bei der Entsch. einer „brauchbaren Illegalität" entgegen, die nur in Abhängigkeit von der Duldsamkeit und dem Durchsetzungsinteresse der beteiligten Personen einer gerichtlichen Überprüfung zugeführt werden wird. Zweifelhaft ist insgesamt, dass die öffentl. Stelle auf der Grdl. der vagen Nr. 2 (im Unterschied zur vergleichsweise bestimmten Nr. 1) in den Dienst einer nicht öffentl. Stelle treten kann.

14   **Nr.** 3 sieht – ohne die Verengung auf zivilrechtliche Ansprüche (→ § 24 Rn. 3, 10) – die Weitergabe zur Geltendmachung, Ausübung oder Verteidigung rechtlicher Ansprüche vor. Das Feld ist weit, auf dem diese Regelung zur Anwendung kommen kann. Die Begr. des RegE verweist auch hier lediglich auf § 16 BDSG aF (BR-Drs. 110/17, Anl., 95). In dessen Abs. 1 Nr. 2 S. 2 wird deutlich, dass die Geltendmachung solcher Ansprüche ein Unterfall der Interessensabwägung ist, die § 25 nun in Abs. 2 Nr. 2 vorsieht. Eine restriktive Lesart, die es der öffentl. Stelle ermöglicht, Daten an nicht öffentl. Stellen weiterzugeben, um rechtliche Ansprüche der öffentl. Stelle selbst geltend zu machen (Weitergabe der Daten an einen Prozessvertreter), war bei § 16 Abs. 1 Nr. 2 BDSG aF nicht möglich, bei Abs. 2 Nr. 3 ist sie es nun.

Der zweite Halbsatz ist einerseits voraussetzungsvoll, weil damit auch die **15** Verpflichtung der öffentl. Stelle einhergeht, auf den Umstand der Übermittlungslage hinzuweisen und die Verpflichtung durchzusetzen. Andererseits wiederholt er etwas, was sich aus Art. 5 Abs. 1, 2 DS-GVO unmittelbar ergibt.

II. Zulassung von Tertiärzwecken (Abs. 2 S. 2)

Aufgelöst wird die Bindung an den Sekundärzweck, in dessen Zusammen- **16** hang die Daten regelmäßig übermittelt werden (wenn nicht der Primärzweck bereits die Übermittlung abdeckt), durch Abs. 2 S. 2. Hier geht es immerhin um eine Verarbeitung der Daten durch die nicht öffentl. Stelle als Empfänge- rin der Daten zu anderen Zwecken **(Tertiärzweck)**. Das Prüfungsprogramm des S. 1 nun dem Verantwortungsbereich dieser Stelle zuzuordnen und ihr die Deutungshoheit zu übertragen, trägt den Anforderungen der DS-GVO nicht mehr Rechnung, seien es die konkreten des Art. 6 Abs. 4 DS-GVO oder die abstrakten des Art. 5 Abs. 1 DS-GVO, zu Gunsten einer „Tradition" aus § 16 Abs. 4 S. 3 BDSG aF.

D. Verarbeitung personenbezogener Daten bes. Kategorien (Abs. 3)

In der Logik des § 25 Abs. 1 ist Abs. 3 erforderlich – nach dem Anspruch des **17** Unionsrechts ist er es nicht, weil die Vorgaben des Art. 9 Abs. 2 DS-GVO immer Anwendung finden. Im RegE wird Abs. 3 als Klarstellung bezeichnet (BR-Drs. 110/17, Anl., 95), womit einmal mehr dem Charakter der insoweit eindeutigen DS-GVO nicht hinreichend Rechnung getragen wird.

E. Ausblick

§ 25 müsste den Ansatz der DS-GVO weiterverfolgen, nicht den der §§ 15, **18** 16 BDSG aF. Dann würde deutlich, dass die Vorschr. in ihrer jetzigen Form überflüssig und problematisch ist, indem sie mitgliedstaatlichen Verantwort- lichen suggeriert, das Maß ihres Handelns (hier: Übermittlung) zu sein. § 25 kann letztlich nur eine **Brückennorm** sein, die deklaratorisch, nicht kon- stitutiv die Verbindung zwischen DS-GVO und fachgesetzlicher Übermitt- lungsbefugnis herstellt.

Abschnitt 2. Besondere Verarbeitungssituationen

§ 26 Datenverarbeitung für Zwecke des Beschäftigungsverhältnisses

(1) [1] Personenbezogene Daten von Beschäftigten dürfen für Zwecke des Beschäftigungsverhältnisses verarbeitet werden, wenn dies für die Entscheidung über die Begründung eines Beschäftigungsverhältnisses oder nach Begründung des Beschäftigungsverhältnisses für dessen Durchführung oder Beendigung oder zur Ausübung oder Erfüllung der sich aus einem Gesetz oder einem Tarifvertrag, einer Betriebs- oder Dienstvereinbarung (Kollektivvereinbarung) ergebenden Rechte und Pflichten der Interessenvertretung der Beschäftigten erforderlich ist. [2] Zur Aufdeckung von Straftaten dürfen personenbezogene Daten von Beschäftigten nur dann verarbeitet werden, wenn zu dokumentierende tatsächliche Anhaltspunkte den Verdacht begründen, dass die betroffene Person im Beschäftigungsverhältnis eine Straftat begangen hat, die Verarbeitung zur Aufdeckung erforderlich ist und das schutzwürdige Interesse der oder des Beschäftigten an dem Ausschluss der Verarbeitung nicht überwiegt, insbesondere Art und Ausmaß im Hinblick auf den Anlass nicht unverhältnismäßig sind.

(2) [1] Erfolgt die Verarbeitung personenbezogener Daten von Beschäftigten auf der Grundlage einer Einwilligung, so sind für die Beurteilung der Freiwilligkeit der Einwilligung insbesondere die im Beschäftigungsverhältnis bestehende Abhängigkeit der beschäftigten Person sowie die Umstände, unter denen die Einwilligung erteilt worden ist, zu berücksichtigen. [2] Freiwilligkeit kann insbesondere vorliegen, wenn für die beschäftigte Person ein rechtlicher oder wirtschaftlicher Vorteil erreicht wird oder Arbeitgeber und beschäftigte Person gleichgelagerte Interessen verfolgen. [3] Die Einwilligung hat schriftlich oder elektronisch zu erfolgen, soweit nicht wegen besonderer Umstände eine andere Form angemessen ist. [4] Der Arbeitgeber hat die beschäftigte Person über den Zweck der Datenverarbeitung und über ihr Widerrufsrecht nach Artikel 7 Absatz 3 der Verordnung (EU) 2016/679 in Textform aufzuklären.

(3) [1] Abweichend von Artikel 9 Absatz 1 der Verordnung (EU) 2016/679 ist die Verarbeitung besonderer Kategorien personenbezogener Daten im Sinne des Artikels 9 Absatz 1 der Verordnung (EU) 2016/679 für Zwecke des Beschäftigungsverhältnisses zulässig, wenn sie zur Ausübung von Rechten oder zur Erfüllung rechtlicher Pflichten aus dem Arbeitsrecht, dem Recht der sozialen Sicherheit und des Sozialschutzes erforderlich ist und kein Grund zu der Annahme besteht, dass das schutzwürdige Interesse der betroffenen Person an dem Ausschluss der Verarbeitung überwiegt. [2] Absatz 2 gilt auch für die Einwilligung in die Verarbeitung besonderer Kategorien personenbezogener Daten; die Einwilligung muss sich dabei ausdrücklich auf diese Daten beziehen. [3] § 22 Absatz 2 gilt entsprechend.

(4) [1] Die Verarbeitung personenbezogener Daten, einschließlich besonderer Kategorien personenbezogener Daten von Beschäftigten für Zwecke des Beschäftigungsverhältnisses, ist auf der Grundlage von Kollektivvereinbarungen zulässig. [2] Dabei haben die Verhandlungspartner Artikel 88 Absatz 2 der Verordnung (EU) 2016/679 zu beachten.

(5) Der Verantwortliche muss geeignete Maßnahmen ergreifen, um sicherzustellen, dass insbesondere die in Artikel 5 der Verordnung (EU) 2016/679

dargelegten Grundsätze für die Verarbeitung personenbezogener Daten eingehalten werden.

(6) Die Beteiligungsrechte der Interessenvertretungen der Beschäftigten bleiben unberührt.

(7) Die Absätze 1 bis 6 sind auch anzuwenden, wenn personenbezogene Daten, einschließlich besonderer Kategorien personenbezogener Daten, von Beschäftigten verarbeitet werden, ohne dass sie in einem Dateisystem gespeichert sind oder gespeichert werden sollen.

(8) Beschäftigte im Sinne dieses Gesetzes sind:

1. Arbeitnehmerinnen und Arbeitnehmer, einschließlich der Leiharbeitnehmerinnen und Leiharbeitnehmer im Verhältnis zum Entleiher,

2. zu ihrer Berufsbildung Beschäftigte,

3. Teilnehmerinnen und Teilnehmer an Leistungen zur Teilhabe am Arbeitsleben sowie an Abklärungen der beruflichen Eignung oder Arbeitserprobung (Rehabilitandinnen und Rehabilitanden),

4. in anerkannten Werkstätten für behinderte Menschen Beschäftigte,

5. Freiwillige, die einen Dienst nach dem Jugendfreiwilligendienstegesetz oder dem Bundesfreiwilligendienstgesetz leisten,

6. Personen, die wegen ihrer wirtschaftlichen Unselbständigkeit als arbeitnehmerähnliche Personen anzusehen sind; zu diesen gehören auch die in Heimarbeit Beschäftigten und die ihnen Gleichgestellten,

7. Beamtinnen und Beamte des Bundes, Richterinnen und Richter des Bundes, Soldatinnen und Soldaten sowie Zivildienstleistende.

Bewerberinnen und Bewerber für ein Beschäftigungsverhältnis sowie Personen, deren Beschäftigungsverhältnis beendet ist, gelten als Beschäftigte.

EU-Recht: Art. 88, 10, 9 Abs. 2 lit. b DS-GVO (kommentiert unter → DS-GVO Art. 88 Rn. 1 ff.; → DS-GVO Art. 10 Rn. 7 ff.; → DS-GVO Art. 9 Rn. 26 ff.).

Literatur: *Byers,* Die Zulässigkeit heimlicher Mitarbeiterkontrollen nach dem neuen Datenschutzrecht, NZA 2017, 1086; Düwell/Brink, Beschäftigtendatenschutz nach der Umsetzung der Datenschutz-Grundverordnung: Viele Änderungen und wenig Neues, NZA 2017, 1081; *dies.,* Die EU-Datenschutz-Grundverordnung und der Beschäftigtendatenschutz, NZA 2016, 665; *Ehmann,* BDSG-neu: Gelungener Diskussionsentwurf oder erneuter untauglicher Versuch zur „Nachbesserung" der DS-GVO?, ZD Aktuell 2016, Heft 20; *Gola,* Heimliche Überwachung von Beschäftigten – Regelungsbedarf im BDSG-neu, RDV 2017, 1; *ders.,* Einige Aspekte der DS-GVO, des DS-AnpUG und des Beschäftigtendatenschutzes, RDV 2017, 25; *ders.,* Der „neue" Beschäftigtendatenschutz nach § 26 BDSG n. F., BB 2017, 1462; *Gola/Klug,* Die Entwicklung des Datenschutzrechts im ersten Halbjahr 2017, NJW 2017, 2593; *Gola/Pötters,* Die Verarbeitung von Beschäftigtendaten im Rahmen betriebsverfassungsrechtlicher Aufgaben nach § 26 Abs. 1 S. 1 BDSG-n. F., RDV 2017, 111; *Gola/Pötters/Thüsing,* Art. 82 DSGVO: Öffnungsklausel für nationale Regelungen zum Beschäftigtendatenschutz – Warum der deutsche Gesetzgeber jetzt handeln muss, RDV 2016, 57; *Groß/Platzer,* Whistleblowing. Keine Klarheit beim Umgang mit Informationen und Daten, NZA 2017, 1097; *Imping,* Neue Zeitrechnung im (Beschäftigten-)Datenschutz, CR 2017, 378; *Körner,* Die Datenschutz-Grundverordnung und nationale Regelungsmöglichkeiten für Beschäftigtendatenschutz, NZA 2016, 1383; *Kort,* Die Zukunft des deutschen Beschäftigtendatenschutzes. Erfüllung der Vorgaben der

DS-GVO, ZD 2016, 555; *ders.*, Der Beschäftigtendatenschutz gem. § 26 BDSG-neu. Ist die Ausfüllung der Öffnungsklausel des Art. 88 DS-GVO geglückt?, ZD 2017, 319; *ders.*, Eignungsdiagnose von Bewerbern unter der Datenschutz-Grundverordnung (DS-GVO), NZA-Beilage 2016/Heft 2, 62; *Kühling,* Neues Bundesdatenschutzgesetz − Anpassungsbedarf bei Unternehmen, NJW 2017, 1985; *Lepperhoff,* Informationspflichten gegenüber Bewerbern nach der DS-GVO, RDV 2017, 21; *Niklas/Thurn,* Arbeitswelt 4.0 − Big Data im Betrieb, BB 2017, 1589; *Thüsing/Rombey,* Die „schriftlich oder elektronisch" erteilte Einwilligung des Beschäftigten nach dem neuen Formerfordernis in § 26 II 3 BDSG, NZA 2019, 1399; *Traut,* Maßgeschneiderte Lösungen durch Kollektivvereinbarungen? Möglichkeiten und Risiken des Art. 88 Abs. 1 DS-GVO, RDV 2016, 312; *Wurzberger,* Anforderungen an Betriebsvereinbarungen nach der DS-GVO, ZD 2017, 258; *Wybitul,* Der neue Beschäftigtendatenschutz nach § 26 BDSG-neu − was Arbeitgeber und Beschäftigte über den geplanten Datenschutz am Arbeitsplatz wissen sollten, ZD-Aktuell 2017, Heft 3; *ders.*, Der neue Beschäftigtendatenschutz nach § 26 BDSG und Art. 88 DSGVO, NZA 2017, 413; *ders.*, Was ändert sich mit dem neuen EU-Datenschutzrecht für Arbeitgeber und Betriebsräte? Anpassungsbedarf bei Beschäftigtendatenschutz und Betriebsvereinbarungen, ZD 2016, 203; *Wybitul/Böhm,* Freier Wille auch im Arbeitsverhältnis?, BB 2015, S. 2101; *Wybitul/Pötters,* Der neue Datenschutz am Arbeitsplatz, RDV 2016, 10.

Übersicht

A. Allgemeines

§ 26 beruht auf der **Öffnungsklausel des Art. 88 DS-GVO** und soll die **1** spezialgesetzliche Regelung des **§ 32 BDSG aF fortführen,** angepasst an die Terminologie der DS-GVO (BT-Drs. 18/11325, 95). Damit ist § 26 die zentrale Norm und Rechtsgrundlage für Datenverarbeitungen im Beschäftigungsverhältnis im neuen BDSG und nimmt die Rolle des § 32 BDSG aF ein, allerdings erweitert um weitere Zulässigkeitstatbestände (Gola/Klug NJW 2017, 2593 (2594)). Insgesamt enthält § 26 fünf Erlaubnistatbestände, darüber hinaus verschiedene Klarstellungen wie bspw. die Regelungen zur Einwilligung im Beschäftigungsverhältnis (Gola BB 2017, 1462 (1463)).

Dennoch verdrängt § 26 die Normen der DS-GVO für den Bereich des **2** Beschäftigtendatenschutzes nicht vollständig. Denn obwohl Art. 88 DS-GVO eine **umfassende Regelung des Beschäftigtendatenschutzes erlaubt,** hat der Gesetzgeber diese Chance mit § 26 auch nach dem 2. DSAnpUG-EU nicht genutzt. So bleiben weiterhin einige der in Art. 88 Abs. 2 DS-GVO genannten, ausdr. einer nationalen Regelung zugänglichen Felder wie zB die Regelung des konzerninternen Datentransfers von Beschäftigtendaten oder die Arbeitnehmerüberwachung wie schon nach alter Rechtslage ohne Regelung. Dies entspricht dem Willen des Gesetzgebers, der mit § 26 die **Fortführung des § 32 BDSG aF** im neu gefassten BDSG sicherstellen wollte, indem „Änderungen nur dort erfolgen, wo sie vor dem Hintergrund der DS-GVO geboten" seien (BT-Drs. 18/11655, 53). Zur Auslegung des § 26 sind daher die bereits zu **§ 32 BDSG aF** insbes. in der Rechtsprechung **entwickelten Auslegungsgrundsätze** heranzuziehen.

Obwohl in der Begr. zum GE des 1. DSAnpUG noch explizit eine **3** **spätere, umfassendere Regelung zum Arbeitnehmerdatenschutz** in Aussicht gestellt wurde (BT-Drs. 18/11655, 53), steht eine solche auch nach Inkrafttreten des 2. DSAnpUG weiterhin aus.

Sinn und Zweck der spezifischen Regelung des Beschäftigtendatenschutzes **4** ist die Schaffung eines Regelungswerkes, das den **bes. Verarbeitungsverhältnissen im Beschäftigungsverhältnis gerecht wird,** die geprägt sind durch den bes. Umf. der Datenverarbeitung, die Sensibilität der verarbeiteten Daten, das bes. Abhängigkeitsverhältnis zwischen Arbeitgeber und Arbeitnehmer, die extensiven gesetzlichen Pflichten der Arbeitgeber sowie die zT widerstreitenden Interessen der beteiligten Parteien. Die Regelung des § 26 soll diese widerstreitenden Belange miteinander in Ausgleich bringen und für Arbeitgeber wie Beschäftigte eine rechtssichere Grdl. für die Datenverarbeitung bieten. Hierzu dient insbes. die nach Abs. 1 vorzunehmende **Erforderlichkeitsprüfung,** in deren Rahmen die widerstreitenden Grundrechtspositionen zur Herstellung praktischer Konkordanz abzuwägen und die betroffenen Interessen von Arbeitgeber und Beschäftigtem zu einem **„schonenden Ausgleich"** zu bringen sind (BT-Drs. 18/11325, 96).

B. Verarbeitung für Zwecke des Beschäftigungsverhältnisses (Abs. 1)

I. Anwendungsbereich und Verhältnis zur DS-GVO

5   Abs. 1 **übernimmt** iW die **Regelungen des § 32 Abs. 1 BDSG aF,** allerdings erweitert um die ausdr. Klarstellung, dass § 26 auch Rechtsgrundlage für die Datenverarbeitung im Beschäftigungskontext ist, wenn die Verarbeitung für die Ausübung und Erfüllung der sich aus einer Kollektivvereinbarung ergebenden Rechte und Pflichten der Interessenvertretung der Beschäftigten erforderlich ist (→ Rn. 19 ff.).

6   Der **persönliche Anwendungsbereich** des § 26 ist **nicht auf Arbeitgeber beschr.,** Adressaten der Norm sind alle Verantwortlichen, die Beschäftigtendaten zum Zwecke des Beschäftigungsverhältnisses verarbeiten (Wybitul NZA 2017, 413 (414)).

7   **Sachlicher Anwendungsbereich** der Vorschr. ist die Verarbeitung von personenbezogenen Daten von Beschäftigten **für Zwecke des Beschäftigungsverhältnisses.** Der Begriff „Zwecke des Beschäftigungsverhältnisses" ist denkbar weit und unbestimmt, so dass sich die Frage nach der Reichweite des Anwendungsbereiches des § 26 stellt und damit dessen Verhältnis zum Anwendungsbereich der DS-GVO.

8   Die Öffnungsbefugnis zur nationalen Gesetzgebung ist grds. nur für **Verarbeitungsvorgänge im Beschäftigungskontext** gegeben. Soweit ein Arbeitgeber personenbezogene Daten außerhalb des Beschäftigungskontextes verarbeitet, sind daher ausschl. die Rechtsgrundlagen und Regelungen der DS-GVO anwendbar.

9   Trotz der umfassenden Zuweisung der Befugnis zur nationalen Gesetzgebung kann im Bereich der Datenverarbeitung im Beschäftigungskontext die Abgrenzung zum Anwendungsbereich der DS-GVO im Einzelfall schwierig sein, denn die generalklauselartige Formulierung des § 26 Abs. 1 bezeichnet die erfassten Verarbeitungssituationen nur sehr allg. mit der **Verarbeitung zum Zwecke** der Begr., Durchführung oder Beendigung **des Beschäftigungsverhältnisses.** Auch wenn der Gesetzgeber in den Abs. 2 bis 7 konkretisierende Regelungen trifft, werden spezifische Verarbeitungssituationen – mit Ausnahme der Verarbeitung von Beschäftigtendaten zur Aufdeckung von Straftaten – nicht explizit definiert und differenziert geregelt. Eine **Abgrenzung zu den Erlaubnistatbeständen der DS-GVO** ist jedoch notwendig, denn grds. können nationale Sonderregelungen nur soweit Geltung beanspruchen, wie der nationale Gesetzgeber den Spielraum der Öffnungsklausel des Art. 88 DS-GVO ausgeschöpft hat und deren Regelungsinhalt reicht (Riesenhuber in BeckOK Datenschutzrecht § 26 Rn. 19f; Gola BB 2017, 1462 (1463); Niklas/Thurn BB 2017, 1589 (1594)).

10   Grundregel ist hier, dass für alle **nicht durch § 26 geregelten** Bereiche und **Verarbeitungssituationen die DS-GVO anwendbar bleibt,** da § 26 die Verarbeitung von personenbezogenen Daten im Beschäftigungsverhältnis nicht umfassend regelt (→ Rn. 2) und damit Art. 88 DS-GVO durch den dt.

Gesetzgeber nicht vollständig ausgeschöpft wurde. Die bloße Tatsache, dass der Gesetzgeber überhaupt eine Regelung zum Beschäftigtendatenschutz ins nationale Recht aufnimmt oder fortführt, führt nicht iÜ zur Unanwendbarkeit der Vorschr. der DS-GVO für sämtliche Vorgänge der Datenverarbeitung im Beschäftigungskontext. Soweit ein Verarbeitungszweck nicht erkennbar abschl. durch den nationalen Gesetzgeber geregelt ist, gilt also die DS-GVO, so dass für solche Verarbeitungszwecke die **Rechtsgrundlagen der Art. 6 und 9 DS-GVO anwendbar** bleiben.

Für die Datenverarbeitung im Beschäftigungskontext bedeutet dies zum **11** einen, dass die DS-GVO für alle in Art. 88 DS-GVO ausdr. (nicht abschl.) aufgezählten Regelungsbereiche sowie alle weiteren **Bereiche der Datenverarbeitung im Beschäftigungskontext, die durch § 26 nicht geregelt** werden, anwendbar bleibt. Dies gilt ua namentlich für die Regelung des konzerninternen Datentransfers von Beschäftigtendaten oder Datenverarbeitung iRv Überwachungssystemen am Arbeitsplatz. Zum anderen muss die DS-GVO auch dort Anwendung finden, wo Teilbereiche ungeregelt bleiben bzw. wo § 26 ausweislich des Wortlautes nicht als Rechtsgrundlage für die Datenverarbeitung dienen kann, jedoch die Zulässigkeit einer Verarbeitung auch nicht positivrechtlich ausgeschlossen wurde, auch hier ist in Zweifelsfällen auf die **Rechtsgrundlagen der DS-GVO zurückzugreifen**, da für alle Verarbeitungsarten, die durch nationales Spezialgesetz als unzulässig ausgeschlossen werden sollen, eine positive Ausschlussregelung des nationalen Gesetzgebers zu fordern ist. Dabei müssen Unklarheiten zu Lasten des nationalen Gesetzgebers gehen, in Zweifelsfällen gilt die DS-GVO.

Damit findet die DS-GVO immer dann Anwendung, wenn und soweit der **12** nationale Gesetzgeber zum einen **keine erkennbar und eindeutig abschl. Regelung** getroffen hat und zum anderen eine Verarbeitung zu dem in Rede stehenden Zweck nicht erkennbar und eindeutig ausgeschlossen hat.

II. Erforderlichkeit als Maßstab der Zulässigkeit der Verarbeitung

Für alle Erlaubnistatbestände des Abs. 1 ist das **Merkmal der Erforderlich-** **13** **keit für die Zweckerreichung** der zentrale Maßstab für die Zulässigkeit und Rechtmäßigkeit der Datenverarbeitung. Ausweislich der Begr. zum GE sind iRd Erforderlichkeitsprüfung die betroffenen Grundrechtspositionen und widerstreitenden Interessen zur Herstellung praktischer Konkordanz **abzuwägen und zu einem Ausgleich zu bringen**, der beide Interessen möglichst weitgehend berücksichtigt (BT-Drs. 18/11325, 96).

Für die Beurteilung der Erforderlichkeit kann auf die **zu § 32 BDSG aF** **14** **entwickelten Grundsätze** zurückgegriffen werden, da der Gesetzgeber dieses Kriterium bewusst beibehalten hat. Orientierung in Einzelfällen kann zudem die Stellungn. der Art. 29-Datenschutzgruppe zur Datenverarbeitung im Beschäftigungskontext bieten (WP 249 v. 8.6.2017), allerdings ist hier zu beachten, dass sich durch die spezialgesetzliche Regelung des § 26 auch Abweichungen ergeben können, soweit die konkrete Verarbeitungssituation dort abw. geregelt ist.

III. Verarbeitung zum Zweck der Begründung, Durchführung oder Beendigung eines Beschäftigungsverhältnisses (S. 1)

15 § 26 Abs. 1 regelt wie § 32 BDSG aF die **Erlaubnistatbestände** in Bezug auf die Verarbeitung zu Zwecken der Entsch. über die Begr., der Durchführung oder Beendigung eines **Beschäftigungsverhältnisses** und schafft hierfür eine spezialgesetzliche Rechtsgrundlage. Da es ausdr. Ziel des Gesetzgebers ist, die **Rechtslage nach § 32 BDSG aF fortzuführen,** kann für die Frage, welche Verarbeitungssituationen auf diesen Erlaubnistatbestand gestützt werden, ebenfalls auf die Beurteilung nach der alten Rechtslage zurückgegriffen werden, so dass der Anwendungsbereich des § 26 Abs. 1 für die Begr., Durchführung oder Beendigung eines Beschäftigungsverhältnisses weitestgehend deckungsgleich mit dem des § 32 BDSG aF sein dürfte.

16 Für den Bereich der **Grenzfälle der Anwendbarkeit** ist sodann in Zweifelsfällen ein **Rückgriff auf die Erlaubnistatbestände der DS-GVO** möglich.

17 Zwar werden auf den ersten Blick die für Arbeitgeber **zulässigen Verarbeitungszwecke im Vergleich zur alten Rechtslage erweitert,** wenn § 26 die Anwendung der Erlaubnistatbestände der DS-GVO nicht streng sperrt. Jedoch ist dies zwingende Folge der unmittelbaren Anwendbarkeit der DS-GVO und der Systematik der Öffnungsklausel des Art. 88 DS-GVO. Da die DS-GVO unmittelbar geltendes Recht in allen EU-Mitgliedstaaten ist, verbietet sich eine Auslegung von nationalen Spezialregelungen auf Grdl. von Öffnungsklauseln in einer Weise, die einem nationalen Gesetz eine Sperrwirkung ggü. der DS-GVO zumisst, die nicht zweifelsfrei aus dem nationalen Gesetz hervorgeht. Soweit die nationale Norm wie im Fall des § 26 einen Bereich nicht erkennbar und eindeutig abschl. regelt, muss in Zweifelsfällen die DS-GVO anwendbar bleiben. Denn nach der **Konzeption der Öffnungsklausel** des Art. 88 DS-GVO liegt es in der Hand des nationalen Gesetzgebers, ob und inwieweit er eine Spezialregelung treffen möchte. Hierfür sind ein **aktives Tun und klare Regelungen** notwendig, was mit der Regelung des § 26 erneut auch im 2. DSAnpUG unterblieben ist. Eine unangemessene Benachteiligung der Beschäftigten ist jedoch nicht zu erwarten. Denn in den meisten Fällen dürfte der Rückgriff auf die DS-GVO idR auf den Erlaubnistatbestand des berechtigten Interesses (Art. 6 Abs. 1 lit. f DS-GVO) hinauslaufen, welcher ebenfalls wie § 26 auch eine Interessenabwägung voraus setzt. Obwohl es auch zwischen § 26 und der DS-GVO zu Abgrenzungsschwierigkeiten kommen wird (→ Rn. 10 ff.), dürfte anders als nach der alten Rechtslage die Regelung des § 26 und die damit verbundene **Rückgriffsmöglichkeit auf Art. 6 DS-GVO** in vielen str. Grenzfällen, wie bspw. der Frage nach der Rechtsgrundlage eines Mitarbeiterscreenings zum Abgleich mit Terrorismuslisten, bei der Suche nach der Rechtsgrundlage helfen. Auch in solchen Fällen, in denen die Datenverarbeitung sich **bei Gelegenheit** der Erfüllung der Pflichten des Arbeitnehmers ergibt, wie bspw. die Eintragung von personenbezogenen Daten der Mitarbeiter in Logfiles, wird hier idR auch auf Art. 6 DS-GVO zurückgegriffen werden können.

Ausweislich der Begr. zum GE soll § 26 Abs. 1 Satz 1 iVm Abs. 5 auch **18**
Art. 10 DS-GVO dahingehend **einschränken,** dass den Arbeitgebern auch
die Verarbeitung personenbezogener Daten über strafrechtliche Verurteilungen und Straftaten oder damit zusammenhängende Sicherungsmaßregeln im
Beschäftigungskontext erlaubt sein soll, soweit dies erforderlich ist (BT-Drs.
18/11325, 96). Als Bsp. wird die Prüfung, ob ein Beschäftigter einem
Verbot der Ausbildung von Jugendlichen nach Jugendarbeitsschutzgesetz
unterliegt, genannt, die nach § 26 Abs. 1 möglich sein soll. Auch andere
Überprüfungen, wie bspw. die Verarbeitung und Speicherung von Füh-
rungszeugnissen ua Nachw. zum Zwecke der Erfüllung der Anforderungen
des § 34d WpHG, des § 6 Abs. 2 Nr. 5 GWG oder des § 34a Abs. 1a
GewO kann damit gerechtfertigt werden. Allerdings wird man das **Merkmal der Erforderlichkeit** vor dem Hintergrund des grds. Verbotes der
Verarbeitung von Daten über strafrechtliche Verurteilungen und Vorstrafen
in Art. 10 DS-GVO **eng auslegen müssen,** wenn es um die Verarbeitung
solcher Daten im Beschäftigungskontext geht. So wird die Erforderlichkeit
wohl im Regelfall zu bejahen sein, wenn eine ausdr. gesetzliche Pflicht
besteht, die dem Arbeitgeber eine Überprüfung des Beschäftigten auf Vorstrafen vorgibt oder ein Gebot ausspricht, keine (einschlägig) vorbestraften
Personen zu beschäftigen. Außerdem kann in engen Grenzen eine Erforderlichkeit angenommen werden, wenn ein Gesetz von dem Arbeitgeber bzw.
den Beschäftigten eine bes. Zuverlässigkeit oder sonstige bes. Eigenschaften
abverlangt, diese Zuverlässigkeit das Nichtvorliegen bestimmter einschlägiger
Vorstrafen voraussetzt und keine andere Nachweismöglichkeit für die Zuverlässigkeit besteht.

IV. Erfüllung von Rechten und Pflichten aus Kollektivvereinbarung (S. 1)

Auch nach alter Rechtslage war grds. anerkannt, dass auch die Erfüllung von **19**
Rechten und Pflichten aus **Kollektivvereinbarungen** einen **legitimen
Zweck zur Verarbeitung von Beschäftigtendaten** darstellen kann, auch
wenn sich dies im Wortlaut des § 32 BDSG aF nicht explizit wiederfand. Dies
stellt der Gesetzgeber nun durch § 26 Abs. 1 Hs. 2 klar, indem er die Datenverarbeitung zur Ausübung oder Erfüllung von Rechten und Pflichten aus
einer Kollektivvereinbarung ausdr. für zulässig erklärt und damit einen entspr.
Erlaubnistatbestand geschaffen hat.

Dieser Erlaubnistatbestand ist nur dann anwendbar, wenn sich eine ausdr. **20**
Befugnis zur Datenverarbeitung nicht bereits unmittelbar aus einer spezialgesetzlichen Regelung (wie zB dem Betriebsverfassungs- oder Bundespersonalvertretungsgesetz), aus einem Tarifvertrag oder aus einer Betriebsvereinbarung oder sonstigen Kollektivvereinbarung iSd § 26 Abs. 4 ergibt. Im
ersteren Fall geht die **spezialgesetzliche Regelung dem neuen BDSG
als Auffanggesetz vor,** im Fall von Kollektivvereinbarungen nach Abs. 4,
die eigene, hinreichend konkretisierte Regelungen beinhalten, **ist dieser
als Erlaubnistatbestand einschlägig** (vgl. zum Anwendungsbereich des
Abs. 1 Satz 1 Hs. 2 auch Gola BB 2017, 1462 (1464 f.)). Liegt eine das

neue BDSG verdrängende Spezialvorschrift als Rechtsgrundlage für die Datenverarbeitung vor, so entfällt die mit § 26 verbundene Erforderlichkeitsprüfung. Das BAG setzt ohne weitere Begr. seine ohnehin schon recht knapp begr. Rspr. zu § 32 BDSG a. F. fort und vertritt auch zur Datenverarbeitung nach BDSG die Auff., dass das BetrVG keine eigenständige Rechtsgrundlage für die Datenverarbeitung darstellt und die Verarbeitung daher auf Grdl. des § 26 Abs. 1 BDSG erfolge (BAG NZA 2019, 1218, 1222).

V. Verarbeitung zum Zweck der Aufdeckung von Straftaten (S. 2)

21 S. 2 übernimmt die Regelung des § 32 Abs. 1 S. 2 BDSG aF, der Anwendungsbereich des § 26 ist damit dem reinen Wortlaut nach wie bisher auf die Verarbeitung zur Aufdeckung von Straftaten beschr., die **Aufdeckung anderer Verfehlungen** werden **nicht vom Wortlaut erfasst**. Der Vorschlag des BR im Gesetzgebungsverfahren, als weiteren Erlaubnistatbestand ausdr. auch die Verarbeitung zur Aufdeckung „anderer schwerer Verfehlungen" aufzunehmen (BT-Drs. 18/11655, 22), wurde nicht aufgenommen. Dem ist der Gesetzgeber mit der Begr. nicht nachgekommen, dass **§ 32 BDSG aF im neu gefassten BDSG fortgeführt** werden solle und „Änderungen nur dort erfolgen, wo sie vor dem Hintergrund der DS-GVO geboten" seien (BT-Drs. 18/11655, 53).

22 Weiterhin bleibt damit der Rechtsanwendung und der Rspr. die iRd § 32 BDSG aF umstr. Frage überlassen, ob die Verarbeitung von Beschäftigtendaten zum Zweck der Aufdeckung anderer schwerer Verfehlungen, wie zB schwerwiegender Verstöße gegen den Arbeitsvertrag, **auf die Rechtsgrundlage des § 26 gestützt** werden kann. Während das BAG zu § 32 BDSG aF in gefestigter Rspr. davon ausgeht, dass die Datenverarbeitung zur Aufdeckung auch von schwerwiegenden Verstößen gegen arbeitsvertragliche Pflichten auf Grdl. des § 32 Abs. 1 S. 2 BDSG aF zulässig ist (vgl. nur BAG NZA 2017, 112 (114 f.); BAG NJW 2012, 3594), gibt es nach wie vor abw. Stimmen und die Rspr. der Arbeitsgerichte hierzu ist trotz der Rspr. des BAG nicht einheitlich (vgl. zB LAG BW ZD 2017, 88).

23 Für § 26 muss angenommen werden, dass der Gesetzgeber auch ohne eine explizite Klarstellung in der Vorschr. des § 26 mit der Rspr. des BAG übereinstimmt und für die Rechtsanwendung davon ausgeht, dass auch in Zukunft die Datenverarbeitung zum Zweck der Aufdeckung schwerer Verfehlungen unterhalb der Straftaten-Schwelle auf § 26 Abs. 1 S. 2 gestützt werden wird. Keinesfalls kann jedenfalls angenommen werden, dass der Gesetzgeber durch die Unterlassung der vom BR geforderten Klarstellung zum Ausdruck bringen wollte, dass die Verarbeitung von Beschäftigtendaten zum Zwecke der Aufdeckung von schwerwiegenden Verfehlungen **unterhalb der Schwelle von Straftaten unter § 26 unzulässig sein sollte**. Zum einen wollte der Gesetzgeber ausdr. die Regelung des § 32 BDSG aF fortführen (→ Rn. 1). Zum anderen gilt auch hier, dass der Gesetzgeber bei entspr. Regelungswunsch eine explizite Klarstellung hätte aufnehmen müssen, um eine solche Verarbeitung in Zukunft durch § 26 positivrechtlich auszuschließen. Im Gegenteil wollte er jedoch die Rechtslage zu § 32 BDSG aF fortführen und lediglich dort anpassen, wo dies durch die DS-GVO erforderlich war. Diese Entsch. hat der Gesetzgeber in Kenntnis der Rspr. des BAG getroffen. Darüber hinaus sollte bereits die Normierung des § 32 BDSG aF dem Zweck dienen, die in der Rspr. der Arbeitsgerichte entwickelten Grundsätze in ein Gesetz zu überführen (BT-Drs. 16/13657, 20). Zu diesen gehörte jedoch schon früh der Grundsatz der Annahme der Zulässigkeit der Datenerhebung zur Aufdeckung schwerwiegender Verfehlungen unterhalb der Schwelle von Straftaten (BAG NZA 2003, 1193). Daher ist davon auszugehen, dass der Gesetzgeber die **Fortsetzung der Rspr. und deren Anwendung in der Praxis** auch unter § 26 anstrebte.

Letztlich wird abzuwarten sein, wie die Praxis und Rspr. den neuen § 26 **24** anwendet. Soweit sich die Praxis und Rspr. hierzu ändern sollte, wird ein **Rückgriff auf Art. 6 Abs. 1 lit. c oder lit. f DS-GVO** notwendig sein, da in diesem Fall eine abschl. Regelung des nationalen Gesetzgebers hierzu fehlt und nach Art. 6 Abs. 1 lit. c oder lit. f DS-GVO eine solche Verarbeitung zulässig wäre (Gola BB 2017, 1462 (1466)).

C. Verarbeitung auf Grundlage einer Einwilligung (Abs. 2)

I. Zulässigkeit einer Einwilligung im Beschäftigungsverhältnis

Die str. Frage, ob eine datenschutzrechtliche Einwilligung **auch im Beschäf-** **25** **tigungsverhältnis** eine wirksame Rechtsgrundlage für die Datenverarbeitung sein kann, hat der Gesetzgeber durch § 26 Abs. 2 nunmehr entschieden (s. für einen Überbl. über den Meinungsstand zur alten Rechtslage Kühling in BeckOK DatenschutzR BDSG aF § 4a Rn. 65; Riesenhuber in BeckOK DatenschutzR BDSG aF § 32 Rn. 35–36; BAG NZA 2015, 604; MMR 2015, 544; Wybitul/Böhm BB 2015, 2101). Aus Abs. 2 ergibt sich die **grds. Zulässigkeit einer Einwilligung im Beschäftigungskontext.** Besonders geregelt werden die Kriterien der Freiwilligkeit sowie Formerfordernisse für die Einwilligung eines Beschäftigten.

II. Beurteilungsmaßstab für die Freiwilligkeit der Einwilligung (S. 1, 2)

Maßgeblich für die **Beurteilung der Freiwilligkeit** einer Einwilligung des **26** Beschäftigten sind zum einen die im Beschäftigungsverhältnis bestehende Abhängigkeit des Beschäftigten sowie zum anderen die Umstände des Einzelfalles.

Im Hinblick auf das Kriterium der Abhängigkeit im Beschäftigungsverhält- **27** nis geht der Gesetzgeber zunächst davon aus, dass es Bereiche im Beschäftigungsverhältnis gibt, in denen die **Abhängigkeitsverhältnis weniger stark ausgeprägt** ist. S. 2 nennt als Bsp. für das Vorliegen von Freiwilligkeit, wenn durch die Einwilligung ein rechtlicher oder wirtschaftlicher Vorteil erreicht wird oder Arbeitgeber und Beschäftigter gleichgelagerte Interessen verfolgen. Dies wird in der Begr. zum GE konkretisiert. Als Bsp. für Situationen, in denen der Beschäftigte einen **rechtlichen oder wirtschaftlichen Vorteil** erlangt, werden die Einführung eines betrieblichen Gesundheitsmanagements oder die Erlaubnis zur Privatnutzung von betrieblichen IT-Systemen genannt, **gleichgelagerte Interessen von Arbeitgeber und Beschäftigtem** sollen bspw. vorliegen bei der Eintragung auf einer Geburtstagsliste oder der Nutzung eines Fotos im Firmen-Intranet (BT-Drs. 18/11325, 96). Diesen Bsp. ist gemeinsam, dass sie nicht den Kernbereich des Beschäftigungsverhältnisses betreffen, also nicht im Zusammenhang mit der Erbringung der geschuldeten Arbeitsleistung oder generell der arbeitsvertraglichen Pflichten stehen und das Erteilen oder Nicht-Erteilen der Einwilligung keinerlei Einfluss auf das Beschäftigungsverhältnis an sich und die in diesem Verhältnis bestehenden Leistungspflichten hat. Nach diesen Kriterien ist eine Einwilligung insbes. in Fällen freiwilliger Leistungen des Arbeitgebers denkbar sowie in Bereichen, in denen es bspw. um das soziale Miteinander im Betrieb geht, ohne dass es hierfür zentrale Vorgaben des Arbeitgebers für das Verhalten der Beschäftigten gibt. Weitere Bsp. für den Bereich freiwilliger Leistungen dürften weitergehende betriebliche Sozialleistungen sein oder das Angebot von Leistungen iRv Betriebssport oder Gesundheitsvorsorge. Zur Kategorie der Verfolgung gleichgerichteter Interessen oder des „Zusammenwirkens im Sinne eines betrieblichen Miteinanders" (BT-Drs. 18/11325, 96) können weitere Bsp. die Aufnahme von Fotografien oder Videos auf Firmenveranstaltungen oder sonstigen Ereignissen für die Beschäftigten sein oder auch die Verarbeitung von Daten des Beschäftigten iRe freiwilligen sozialen oder betrieblichen Engagements für den Arbeitgeber wie zB einer Ersthelfertätigkeit oder Ähnlichem. Ebenso gehören hierzu Fälle, in denen Beschäftigte in firmeninternen sozialen Netzwerken eigene Profile anlegen können oder bspw. Lebensläufe hochladen.

28   Fraglich ist, ob eine freiwillige Einwilligung auch in Bereichen möglich ist, in denen zwar grds. das **Kernarbeitsverhältnis bzw. die berufliche Tätigkeit an sich betroffen** ist, der Beschäftigte aber dennoch eine **echte Wahlmöglichkeit** hat. Hierzu können Fälle gehören, in denen ein Beschäftigter freiwillig eine zusätzliche Aufgabe zB in der Fortbildung übernimmt, ohne hierzu jedoch aufgrund seines Arbeitsvertrages oder aufgrund seines Aufgabenbereiches verpflichtet zu sein. Soweit in deren Rahmen auch eine Datenverarbeitung notwendig wird, die nicht auf § 26 Abs. 1 gestützt werden kann, da nicht zur Durchführung des Arbeitsverhältnisses erforderlich, stellt sich die Frage nach einer möglichen Einwilligung. Abs. 2 schließt eine Einwilligung in solchen Fällen nicht kategorisch aus. Zwar schreibt Abs. 2 für jede Einwilligung im Beschäftigungskontext vor, das bestehende Abhängigkeitsverhältnis zwischen Arbeitgeber und Beschäftigtem zu berücksichtigen, jedoch stellt Abs. 2 gerade auch klar, dass trotz des Bestehens eines Abhängigkeitsverhältnisses dennoch eine Einwilligung möglich ist.

29   Zudem sind nach Abs. 2 als weitere Faktoren bei der Beurteilung der Freiwilligkeit die **individuellen Umstände** zu berücksichtigen, unter denen die Einwilligung erteilt wurde. Zu beachten sind die Art des verarbeiteten Datums, die Eingriffstiefe sowie der Zeitpunkt der Einwilligungserteilung (BT-Drs. 18/11325, 96). Im Hinblick auf das Kriterium der **Art des ver-**

arbeiteten Datums werden die Sensitivität der Daten (zB handelt es sich um bes. Kategorien personenbezogener Daten) und deren Nähe oder Bezug zum Beschäftigungsverhältnis (zB handelt es sich um Daten, die von dem Arbeitgeber ohnehin verarbeitet werden und die nun für einen weiteren Zweck verwendet werden sollen), aber auch die **Menge der aufgrund der Einwilligung verarbeiteten Daten** eine Rolle spielen.

Darüber hinaus ist nach der Begr. des GE auch die **konkrete Drucksituation,** der der Beschäftigte ausgesetzt ist, maßgeblich. Diese kann je nach dem Zeitpunkt der Einwilligungserteilung unterschiedlich stark sein. Bspw. wird der Beschäftigte vor Abschluss eines Arbeitsvertrages einer größeren Drucksituation ausgesetzt sein als im lfd. Arbeitsverhältnis (BT-Drs. 18/11325, 96). Daher kommt es im Einzelfall darauf an, ob der Beschäftigte eine echte Wahlmöglichkeit hat und inwiefern eine Einwilligung sich auf die Datenverarbeitung iRe Tätigkeit bezieht, die der Beschäftigte in tatsächlicher Hinsicht nicht ablehnen könnte, ohne dass dies Nachteile für ihn hätte. Wären bspw. die arbeitsvertraglichen Haupt- oder Nebenpflichten bei Nichterteilung der Einwilligung beeinträchtigt, so liegt wohl keine Freiwilligkeit vor. **30**

Ein Sonderproblem stellt die Frage der Zulässigkeit einer Einwilligung des Beschäftigten in die **Verarbeitung von Daten zu Straftaten oder strafrechtlichen Verurteilungen** dar. Diese Frage kommt in sog Vetting-Prozessen zum Tragen, in denen bspw. Mitarbeiter von Finanzinstituten oder sonstigen sensiblen Bereichen vor Aufnahme einer Tätigkeit auf das Vorliegen von Vorstrafen geprüft werden sollen und zB durch Vorlage eines polizeilichen Führungszeugnisses nachweisen sollen, dass keine Vorstrafen vorliegen. Nicht in allen Fällen liegt ein gesetzlicher Tatbestand vor, der für den Arbeitgeber eine Überprüfung des Beschäftigten auf Vorstrafen notwendig macht und die Datenverarbeitung damit auf § 26 Abs. 1 gestützt werden kann (bspw. wenn ein explizites Verbot der Beschäftigung von Arbeitnehmern mit bestimmten Vorstrafen besteht oder ein Gebot, Beschäftigte vor ihrer Einstellung oder ihrem Einsatz für einen bestimmten Bereich auf bestehende Vorstrafen zu überprüfen, s. für mögliche Anwendungsfälle des § 26 Abs. 1 im Bereich der Verarbeitung von Daten über strafrechtliche Verurteilungen und Vorstrafen → Rn. 18). Fehlt es an einem solchen gesetzlichen Erfordernis und scheidet damit eine Anwendbarkeit des § 26 Abs. 1 als Rechtsgrundlage für die Datenverarbeitung aus, stellt sich die Frage, ob die entspr. Datenverarbeitung **auf eine Einwilligung des Beschäftigten** gestützt werden kann. Da Art. 10 DS-GVO ein grds. Verbot der Verarbeitung von Daten über strafrechtliche Verurteilungen und Vorstrafen ausspricht, soweit dies nicht durch nationales Gesetz erlaubt ist, hängt die Zulässigkeit bei Fehlen einer ausdr. spezialgesetzlichen Rechtsgrundlage davon ab, ob auch § 26 Abs. 2 als nationale Rechtsgrundlage iSd Art. 10 DS-GVO gelten kann. **31**

Mit § 26 Abs. 1 hat der Gesetzgeber ausdr. auch Art. 10 DS-GVO umsetzen wollen, um den Arbeitgebern auch die Verarbeitung personenbezogener Daten über strafrechtliche Verurteilungen und Straftaten oder damit zusammenhängende Sicherungsmaßregeln im Beschäftigungskontext zu erlauben, soweit dies erforderlich ist (BT-Drs. 18/11325, 96). Allerdings bezieht sich diese Intention des Gesetzgebers lediglich auf § 26 Abs. 1 und damit auf **für das Beschäfti-** **32**

gungsverhältnis erforderliche Verarbeitungen. Dies spricht gegen die Annahme, dass auch eine Einwilligung auf Grdl. des § 26 Abs. 2 als Rechtsgrundlage für eine solche Verarbeitung dienen kann, da Abs. 2 grds. nur zum Tragen kommt, wenn keine Erforderlichkeit iSd Abs. 1 gegeben ist. Erforderlich kann eine solche Verarbeitung jedoch nur dann sein, wenn bspw. eine gesetzliche Verpflichtung des Arbeitgebers zu einer Überprüfung der Mitarbeiter auf Vorstrafen besteht oder eine solche Prüfung aus anderen Gründen für den Arbeitgeber unumgänglich ist, um seine gesetzliche Pflichten zu erfüllen.

33   Eine **Einwilligung** des Beschäftigten ist auch in die Verarbeitung **bes. Kategorien von personenbezogenen Daten** möglich, dies ist in § 26 Abs. 3 S. 2 geregelt. Dies gilt mit der Maßgabe, dass sich die Einwilligung ausdr. auch auf die sensitiven Daten beziehen muss, dh, dass diese im Einwilligungstext explizit bezeichnet sein müssen. Darüber hinaus stellt der Gesetzgeber klar, dass an eine Einwilligung in die Verarbeitung sensitiver Daten hohe Anforderungen zu stellen sind (BT-Drs. 18/11325, 97).

III. Form der Einwilligungserklärung (S. 3)

34   Nach Abs. 2 S. 3 kann die Einwilligung in schriftlicher oder elektronischer Form erfolgen. Sollte zunächst durch das **Schriftformerfordernis** noch die informationelle Selbstbestimmung der Beschäftigten bes. abgesichert werden, so folgt der Gesetzgeber nunmehr durch das 2. DSAnpUG-EU verstärkt der Ratio des europ. Gesetzgebers und lässt die elektronische Form genügen. Hierdurch kommt der Gesetzgeber dem Willen nach, alle Gesetze auf ihre Digitaltauglichkeit zu überprüfen und somit die Voraussetzungen der Einholung einer Einwilligung zu erleichtern (BT-Drs. 19/11181, 19). Gleichwohl hat der Gesetzgeber sich nicht dazu durchgerungen, die Regelung des Art. 4 Nr. 11 DS-GVO vollständig zu übernehmen und eine eindeutig bestätigende Handlung genügen zu lassen. Er sieht den Arbeitgeber weiterhin in der Verantwortung, die Einwilligung rechtssicher zu dokumentieren (vgl. BT-Drs. 19/11181, 19). Von diesem Formerfordernis kann jedoch abgewichen werden, soweit wegen bes. Umstände eine andere Form angemessen ist.

35   Gleichsam bemerkenswert ist es, dass der Gesetzgeber augenscheinlich das bisherige Verständnis, dass die Schriftform sowohl dem Nachw. der Einwilligung dient, aber auch eine maßgebliche Warnfunktion inne hat, aufgegeben hat. Reicht das reine dokumentieren einer Email aus (vgl. BT-Drs. 19/11181, 19) kann der Bestand der Warnfunktion nicht mehr ernsthaft angenommen werden (vgl. Thüsing/Rombey NZA 2019, 1399, 1402).

36   Eine rein **mündliche Einwilligung ist nicht möglich,** hiergegen spricht neben dem vom Gesetzgeber klar ausgesprochenen Formerfordernis als Regelfall auch die Betonung, dass das Formerfordernis gleichzeitig auch die Dokumentationspflichten des Arbeitgebers, die sich bereits aus Art. 7 Abs. 1 DS-GVO ergeben, konkretisieren soll. Weder kann für den Fall einer mündlichen Einwilligung von einem ausreichenden Schutz des informationellen Selbstbestimmungsrechtes im Beschäftigungsverhältnis ausgegangen werden, noch genügt eine mündliche Einwilligung dem durch den Gesetzgeber vorgegebenen Dokumentationserfordernis.

IV. Informationspflichten des Arbeitgebers (S. 4)

Nach § 26 Abs. 2 S. 4 muss der Arbeitgeber den Beschäftigten über den **37**
Zweck der Datenverarbeitung sowie über das **Recht zum Widerruf** der
Einwilligung informieren.

Für die **Informationspflicht** über den Zweck der Datenverarbeitung **38**
sowie das Widerrufsrecht und die Folgen des Widerrufes ordnet Abs. 2 S. 4
die **Textform** an.

D. Verarbeitung sensitiver Daten (Abs. 3)

Abs. 3 regelt die **Verarbeitung von bes. Arten personenbezogener Da-** **39**
ten für Zwecke des Beschäftigungsverhältnisses und schafft hierfür eine
Rechtsgrundlage. Dies ist ggü. der alten Rechtslage eine begrüßenswerte
Klarstellung, da § 32 BDSG aF die Verarbeitung von bes. Arten personenbezogener Daten, insbes. Gesundheitsdaten, im Beschäftigungsverhältnis nicht
ausdr. regelte und so nach überw. Ansicht ein Rückgriff auf die Rechtsgrundlage des § 28 Abs. 6–9 BDSG aF notwendig war.

Abs. 3 setzt Art. 9 Abs. 2 lit. b DS-GVO um und normiert die Zulässigkeit **40**
der Verarbeitung für Zwecke des Beschäftigungsverhältnis, wenn diese zur
Ausübung von **Rechten oder zur Erfüllung von rechtlichen Pflichten**
aus dem Arbeitsrecht, dem Recht der sozialen Sicherheit und des
Sozialschutzes erforderlich ist, und entgegenstehende Interessen der betroffenen Beschäftigten nicht überwiegen. Ausweislich der Begr. des GE schließen die nach Abs. 3 zulässigen Verarbeitungszwecke die Verarbeitung
von Daten zur Beurteilung der Arbeitsfähigkeit ein (BT-Drs. 18/11325, 97),
ansonsten werden keine explizit zulässigen Verarbeitungszwecke genannt.
§ 26 Abs. 3 kommt daher im Regelfall als Rechtsgrundlage für die Verarbeitung in Betracht, wenn gesetzliche oder sonstige in Rechtsvorschriften des
Arbeits- und Sozialrechtes normierte Rechte und Pflichten die Verarbeitung
auch von bes. Kategorien personenbezogener Daten erfordern. Die Zulässigkeit der Verarbeitung steht wie bei Abs. 1 **unter dem Vorbehalt der Er-**
forderlichkeit und setzt eine Verhältnismäßigkeitsprüfung voraus sowie das
Nichtbestehen überw., schutzwürdiger Interessen der Beschäftigten an einem
Ausschluss der Verarbeitung (BT-Drs. 18/11325, 97 unter Verweis auf § 28
Abs. 6 BDSG aF).

Die Regelung des Abs. 3 ist **nicht abschl.,** soweit bes. Kategorien per- **41**
sonenbezogener Daten im Beschäftigungsverhältnis zu anderen Zwecken verarbeitet werden sollen, ist ein Rückgriff auf andere Rechtsgrundlagen möglich. Die Begr. zum GE stellt diesbzgl. klar, dass die Zulässigkeit der **Ver-**
arbeitung sensitiver Daten für andere Zwecke unberührt bleibt und
nennt als Bsp. die Verarbeitung zu Zwecken der Gesundheitsvorsorge auf
Grdl. des § 22 Abs. 1 Nr. 1 lit. b (BT-Drs. 18/11325, 97). Soweit weder § 26
Abs. 3 noch § 22 die Verarbeitung abschl. regeln, bleibt auch ein Rückgriff
auf die weiteren Erlaubnistatbestände des Art. 9 DS-GVO möglich.

42 Soll eine Verarbeitung von bes. Kategorien personenbezogener Daten **mehreren Zwecken gleichzeitig** dienen, muss **für jeden Zweck eine Verarbeitungsgrundlage** vorhanden sein, es gilt für den jeweiligen Zweck die jeweils einschlägige Verarbeitungsgrundlage (BT-Drs. 18/11325, 97).

43 Der **persönliche Anwendungsbereich** des § 26 Abs. 3 umfasst wie Abs. 1 nicht nur Arbeitgeber, sondern alle, die personenbezogene Daten im Beschäftigungsverhältnis verarbeiten. Damit gehören zum Adressatenkreis auch bspw. die **Interessenvertretungen von Beschäftigten,** für die kann § 26 Abs. 3 jedoch nur soweit Rechtsgrundlage für die Verarbeitung sein, wie diese entweder in die den Arbeitgeber jeweils betreffende Erfüllung der Rechte und Pflichten aus Arbeits- und Sozialrecht eingebunden sind (zB über Mitbestimmungsrechte oder betriebliche Vereinbarungen) oder in Fällen, in denen eine Interessenvertretung eigene Rechte und Pflichten aus Arbeits- und Sozialrecht zu erfüllen hat. In letztgenanntem Fall trifft dann die Interessenvertretung die umfassende Verantwortung, die Anforderungen des § 26 einzuhalten und insbes. die Erforderlichkeit einer Datenverarbeitung zu belegen. Das Treffen angemessener und spezifischer Maßnahmen zur Wahrung der Interessen der betroffenen Person (vgl. → Rn. 45), liegt dann ebenso in der Verantwortung der Interessensvertretung ((BAG, Beschl. v. 9.4.2019 – 1 ABR 51/17).

44 Aus Abs. 3 S. 2 geht hervor, dass die Verarbeitung bes. Kategorien personenbezogener Daten auf der Grdl. einer Einwilligung ebenfalls **an den Voraussetzungen des Abs. 2 zu messen** ist (s. zu den Voraussetzungen → Rn. 26 ff.).

45 § 26 Abs. 3 S. 4 verweist auf **§ 22 Abs. 2,** dieser ist bei einer Verarbeitung bes. Kategorien personenbezogener Daten **entspr. anzuwenden.** Dies soll dem Erfordernis des Art. 9 Abs. 2 lit. b DS-GVO Rechnung tragen, nach dem die nationale Regelung, auf deren Grdl. die Verarbeitung erfolgt, **geeignete Garantien** für die Grundrechte und die Interessen der betroffenen Person vorsehen muss (BT-Drs. 18/11325, 97).

E. Verarbeitung auf Grundlage von Kollektivvereinbarungen (Abs. 4)

46 Abs. 4 stellt klar, dass die Verarbeitung von personenbezogenen Beschäftigtendaten auch **auf der Grdl. von Kollektivvereinbarungen** (insbes. Tarifverträge, Betriebsvereinbarungen oder Dienstvereinbarungen, BT-Drs. 18/11325, 97) **zulässig** ist, was sich bereits aus Art. 88 Abs. 1 DS-GVO ergibt. Die Befugnis nach Abs. 4 gilt auch für die Verarbeitung von bes. Kategorien personenbezogener Daten, der Gesetzgeber wollte mit der Klarstellung Art. 9 Abs. 2 lit. b DS-GVO Rechnung tragen (BT-Drs. 18/11325, 97).

47 Die Verhandlungspartner der Kollektivvereinbarungen haben nach Abs. 4 S. 2 die Vorgaben des Art. 88 Abs. 2 DS-GVO zu beachten. Bei der Anwendbarkeit der Maßgaben des Art. 88 Abs. 2 DS-GVO ist **je nach Normadressat zu differenzieren.** Adressat des Art. 88 Abs. 1 DS-GVO ist nicht nur der Gesetzgeber, sondern die Vorschr. richtet sich auch unmittelbar an die Parteien von Kollektivvereinbarungen (→ Art. 88 Rn. 6), damit sind auch diese grds. zur Einhaltung der Vorgaben des Art. 88 Abs. 2 DS-GVO verpflichtet. Im Vergleich zum Gesetzgeber haben die Parteien von Kollektivvereinbarungen häufig deutlich reduzierte Regelungsmöglichkeiten, zudem haben Kollektivvereinbarungen naturgemäß eine begrenzte Regelungsreichweite, so dass die Pflicht zur Erfüllung der Anforderungen des Art. 88 Abs. 2 DS-GVO nur soweit reichen kann, wie es für die in der Kollektivvereinbarung **getroffene Regelung Relevanz** hat (→ Art. 88 Rn. 10, aA wohl Gola BB 2017, 1462 (1469), der die Anforderungen des Art. 88 Abs. 2 für nicht abänderbar hält), jedenfalls soweit hierdurch das durch die DS-GVO gebotene Datenschutzniveau nicht abgesenkt wird (→ Rn. 50).

Bedeutsam für die Praxis ist, dass alle **bereits bestehenden Kollektivvereinbarungen** auf die Vereinbarkeit mit den Vorgaben des Abs. 4 überprüft **48** und **ggf. angepasst** werden müssen (Kort NZA-Beilage/Heft 1, 62 (66)), damit sie unter Geltung der DS-GVO als wirksame Rechtsgrundlage für die Datenverarbeitung dienen können.

IRd notwendigen Anpassungen ist auch zu prüfen, ob die jeweilige Kollek- **49** tivvereinbarung von dem **Datenschutzniveau der DS-GVO abweicht,** insbes. ob eine **Absenkung des Datenschutzniveaus** vorliegt. Während für die alte Rechtslage umstr. war und teilw. bis zu einem gewissen Grad befürwortet wurde, ob eine Betriebsvereinbarung das Datenschutzniveau des BDSG aF absenken darf (BAG ZD 2014, 256; NJW 1987, 674; vgl. dazu auch Kort ZD 2016, 3 (6) mwN sowie Kort NZA-Beilage 2016/Heft 2, 62 (65 f.) mwN), ist dies unter der DS-GVO anders zu beurteilen. Eine Absenkung des Datenschutzniveaus der DS-GVO steht aufgrund ihres Vorranges weder zur Disposition des nationalen Gesetzgebers noch der Parteien von Kollektivvereinbarungen (→ Art. 88 Rn. 3; Imping CR 2017, 378 (380 f.); Kort ZD 2016, 3 (6)). S. für den umgekehrten Fall einer Erhöhung des Datenschutzstandards in Betriebsvereinbarungen zust. Wybitul/Pötters RDV 2016, 10 (15).

F. Maßnahmen zur Sicherstellung des Datenschutzrechtes (Abs. 5)

Die in Abs. 5 normierte Pflicht des Verantwortlichen zur Implementierung **50** geeigneter Maßnahmen zur Sicherstellung insbes. der Grundsätze des Art. 5 DS-GVO ist **allg. formuliert** und enthält **keine spezifischen Vorgaben für Schutzmaßnahmen.** Zwar wird die allg. gehaltene Anforderung in der Begr. zum GE konkretisiert, jedoch werden die wesentlichen Verarbeitungsgrundsätze und Schutzmaßnahmen der DS-GVO dort nur in allg. Art wiederholt. Mit der Regelung des Abs. 5 will der Gesetzgeber gleichzeitig das Erfordernis aus Art. 10 DS-GVO umsetzen, bei der Verarbeitung von Daten zu Straftaten und strafrechtlichen Verurteilungen geeignete Garantien für die Rechte und Freiheiten der Beschäftigten vorzusehen (s. BT-Drs. 18/11325, 97).

Fraglich ist, ob die **allg. Verpflichtung des Abs. 5 ausreichend ist,** um **51** die Vorgabe des Art. 88 Abs. 2 DS-GVO zu erfüllen, in den nationalen

Vorschr. „angemessene und besondere Maßnahmen" zur Wahrung der Grundrechte und der betroffenen Interessen vorzusehen, die insbes. die in Art. 88 Abs. 2 DS-GVO ausdr. genannten Vorkehrungen im Hinblick auf die Transparenz der Verarbeitung, die Übermittlung personenbezogener Daten innerhalb einer Unternehmensgruppe und die Überwachungssysteme am Arbeitsplatz umfassen. Allerdings sind auch die Erlaubnistatbestände des § 26 fast ausnahmslos allg. gefasst, so dass **eine Festlegung von spezifischen Maßnahmen kaum möglich** erscheint, insbes. da der Gesetzgeber die genannten Verarbeitungssituationen allesamt nicht positiv regelt. Dennoch stellt sich die Frage, ob die Vorschr. des § 26 in ihrer Allgemeinheit der Öffnungsklausel des Art. 88 DS-GVO gerecht wird, da der Sinn und Zweck einer spezifischen Regelung der Verarbeitung von Beschäftigtendaten gerade darin liegt, angesichts der bes. Verarbeitungssituationen und Spezialprobleme, positivrechtlich durch konkretere Vorgaben einen Interessenausgleich herbeizuführen.

G. Beteiligungsrechte der Interessenvertretungen der Beschäftigten (Abs. 6)

52 Nach § 26 Abs. 6 **bleiben Beteiligungsrechte** der Interessenvertretungen der Beschäftigten **unberührt.** Damit übernimmt Abs. 6 den Regelungsgehalt des § 32 Abs. 3 BDSG aF und hat ebenso wie die Altregelung **klarstellende Funktion** (BT-Drs. 18/11325, 97). Für einen Überbl. über wesentliche Beteiligungsrechte vgl. Gola BB 2017, 1462 (1469 f.); Seifert in Simitis BDSG aF, § 32 Rn. 144 ff.

53 Zwischen § 26 Abs. 6 und Abs. 1 S. 1 besteht kein Widerspruch (so aber offenbar Gola BB 2017, 1462 (1469)), vielmehr stellt Abs. 6 auch klar, dass der Beschäftigtendatenschutz nach § 26 und der im kollektiven Arbeitsrecht durch Beteiligungsrechte angelegte Beschäftigtendatenschutz **komplementär gelten** (vgl. Seifert in Simitis BDSG aF, § 32 Rn. 144 ff.). So stellt Abs. 6 zum einen klar, dass der **kollektivrechtliche Schutz der Beteiligungsrechte,** soweit diese Datenschutzfunktion haben, **nicht durch § 26 verdrängt** wird. Soweit die Ausübung der betroffenen Beteiligungsrechte die Verarbeitung personenbezogener Daten von Beschäftigten voraussetzt, müssen die Anforderungen des Datenschutzes beachtet werden, jedoch muss Abs. 6 im Zweifel auch so verstanden werden, dass die **Ausübung von Beteiligungsrechten nicht als datenschutzrechtlich unzulässig** gewertet werden kann.

H. Nicht automatisierte Verarbeitung (Abs. 7)

54 Wie § 32 Abs. 2 BDSG aF weitet § 26 Abs. 7 den sachlichen Anwendungsbereich auch auf die **nicht automatisierte Datenverarbeitung** im Beschäftigungskontext aus. Ausgehend von Art. 2 Abs. 1 DS-GVO, der den Anwendungsbereich der DS-GVO ebenfalls auf die nicht automatisierte Verarbeitung von personenbezogenen Daten ausdehnt, soweit diese in einem Dateisystem gespeichert sind oder werden sollen, erweitert Abs. 7 den Anwendungsbereich des § 26 für den Bereich der Beschäftigtendaten auch auf Daten, die nicht in einem Dateisystem gespeichert werden (BT-Drs. 18/11325, 97). Damit gelten die Regelungen des § 26 für **jede Art der Verarbeitung von Beschäftigtendaten.** Erfasst werden bspw. (auch handschriftliche) Protokolle oder Notizen zu Vorstellungsgesprächen, aber auch mündliche Datenverarbeitungen wie z. B. Telefongespräche mit früheren Arbeitgebern eines Bewerbers (s. für diese und weitere Bsp. Gola BB 2017, 1462 (1472); Wybitul ZD-Aktuell 2017/Heft 3; Seifert in Simitis BDSG aF, § 32 Rn. 14 f.).

I. Beschäftigte im Sinne des § 26 (Abs. 8)

Die **Begriffsbestimmungen** des Abs. 8 bestimmen den **persönlichen An 55 wendungsbereich** des § 26. Bis auf wenige Änd. (so soll Nr. 1 klarstellen, dass Leiharbeitnehmer auch im Verhältnis zum Entleiher als Beschäftigte gelten, BT-Drs. 18/11325, 98) oder redaktionelle Überarbeitungen (Nr. 5, BT-Drs. 18/11325, 98), entspricht die Aufzählung den in § 3 Abs. 11 BDSG aF enthaltenen Begriffsbestimmungen. Für die Auslegung des § 26 Abs. 8 kann daher auf Auslegung sowie Rspr. und Lit. zu § 3 Abs. 11 BDSG aF zurückgegriffen werden (s. dazu zB Seifert in Simitis BDSG aF § 3 Rn. 279 ff.).

J. Ausblick

Die durch Art. 88 DS-GVO eröffnete **Gelegenheit einer umfassenden 56 Regelung** des Beschäftigtendatenschutzes hat der Gesetzgeber nicht genutzt. Zwar bringt die mit § 26 durch den Gesetzgeber angestrebte Fortführung des § 32 BDSG aF eine gewisse Kontinuität für die Rechtsanwender, da zum großen Teil weiterhin Bekanntes gelten soll. Jedoch gelten damit auch die **Streitigkeiten und Rechtsunsicherheiten** weiter, die im Hinblick auf die Anwendung des § 32 BDSG aF bestanden. Bedauerlich ist insbes., dass der Gesetzgeber nicht wenigstens die Gelegenheit zur Klarstellung einiger der nach alter Rechtslage strittigsten Punkte ergriffen hat, als Bsp. ist hier das Festhalten an der Regelung des § 26 Abs. 1 S. 2 zu nennen. Dies wiegt um so schwerer, als dass der Gesetzgeber auch iRd 2. DSAnpUG weiterhin schweigt.

Vollständig **fehlen** zudem Regelungen zur **Ausgestaltung konkreter 57 Verarbeitungsbereiche,** so bleiben für zunehmend bedeutsame Verarbeitungsbereiche wie bspw. der Einsatz von Überwachungssystemen oder -mechanismen iRv IT-Systemen und IT-Applikationen die datenschutzrechtlichen Bedingungen für deren Einsatz weiterhin ungeregelt. Nicht nur für diesen Bereich wären konkretere Regeln wünschenswert gewesen.

Hinzu kommt die Schwierigkeit der **Abgrenzung zu den Erlaubnistat- 58 beständen der DS-GVO,** insbes. des Art. 6 Abs. 1 lit. f, die aufgrund der

wenig spezifischen Regelungen des § 26 im Einzelfall vorzunehmen ist und
ua von der bereits unter § 32 BDSG aF umstr. Frage abhängt, was man unter
dem Begriff Zwecke des Beschäftigungsverhältnisses versteht.

59   Abzuwarten bleibt, ob und wann der Gesetzgeber eine konkretere und
umfassendere Regelung von Fragen des Datenschutzes im Beschäftigungsverhältnis schaffen wird, die er sich im Gesetzgebungsverfahren noch **für einen
späteren Zeitpunkt vorbehalten** hat (BT-Drs. 18/11325, 95), dennoch
aber weiterhin untätig geblieben ist.

60   Ebenfalls wird sich zeigen müssen, ob § 26 als **spezifische Regelung isd
Art. 88 Abs. 1 DS-GVO** akzeptiert werden wird sowie insbes., ob die Vorgaben der Öffnungsklausel in Art. 88 Abs. 2 DS-GVO in ausreichendem
Maße umgesetzt wurden. Hieran wurden bereits im Gesetzgebungsverfahren
und nach Verabschiedung des § 26 Zweifel geäußert, insbes. wird das Fehlen
von bes. und eigenständigen Schutzmaßnahmen, zB hinsichtlich der Transparenz und der Rechtmäßigkeit der Datenverarbeitung, bemängelt (vgl. Ehmann, ZD-Aktuell 2017; Düwell/Brink NZA 2017, 1081 (1082)).

§ 27 Datenverarbeitung zu wissenschaftlichen oder historischen Forschungszwecken und zu statistischen Zwecken

(1) [1] Abweichend von Artikel 9 Absatz 1 der Verordnung (EU) 2016/679 ist die
Verarbeitung besonderer Kategorien personenbezogener Daten im Sinne des Artikels 9 Absatz 1 der Verordnung (EU) 2016/679 auch ohne Einwilligung für
wissenschaftliche oder historische Forschungszwecke oder für statistische Zwecke
zulässig, wenn die Verarbeitung zu diesen Zwecken erforderlich ist und die
Interessen des Verantwortlichen an der Verarbeitung die Interessen der betroffenen Person an einem Ausschluss der Verarbeitung erheblich überwiegen. [2] Der
Verantwortliche sieht angemessene und spezifische Maßnahmen zur Wahrung der
Interessen der betroffenen Person gemäß § 22 Absatz 2 Satz 2 vor.

(2) [1] Die in den Artikeln 15, 16, 18 und 21 der Verordnung (EU) 2016/679
vorgesehenen Rechte der betroffenen Person sind insoweit beschränkt, als diese
Rechte voraussichtlich die Verwirklichung der Forschungs- oder Statistikzwecke
unmöglich machen oder ernsthaft beinträchtigen und die Beschränkung für die
Erfüllung der Forschungs- oder Statistikzwecke notwendig ist. [2] Das Recht auf
Auskunft gemäß Artikel 15 der Verordnung (EU) 2016/679 besteht darüber hinaus nicht, wenn die Daten für Zwecke der wissenschaftlichen Forschung erforderlich sind und die Auskunftserteilung einen unverhältnismäßigen Aufwand erfordern würde.

(3) [1] Ergänzend zu den in § 22 Absatz 2 genannten Maßnahmen sind zu wissenschaftlichen oder historischen Forschungszwecken oder zu statistischen Zwecken verarbeitete besondere Kategorien personenbezogener Daten im Sinne des
Artikels 9 Absatz 1 der Verordnung (EU) 2016/679 zu anonymisieren, sobald dies
nach dem Forschungs- oder Statistikzweck möglich ist, es sei denn, berechtigte
Interessen der betroffenen Person stehen dem entgegen. [2] Bis dahin sind die
Merkmale gesondert zu speichern, mit denen Einzelangaben über persönliche
oder sachliche Verhältnisse einer bestimmten oder bestimmbaren Person zu-

geordnet werden können. [3] Sie dürfen mit den Einzelangaben nur zusammengeführt werden, soweit der Forschungs- oder Statistikzweck dies erfordert.

(4) Der Verantwortliche darf personenbezogene Daten nur veröffentlichen, wenn die betroffene Person eingewilligt hat oder dies für die Darstellung von Forschungsergebnissen über Ereignisse der Zeitgeschichte unerlässlich ist.

EU-Recht: Art. 9 Abs. 2 lit. j, 15, 16, 18, 21, 23 Abs. 1 lit. i, 89 Abs. 2 DS-GVO (kommentiert unter → DS-GVO Art. 9 Rn. 45 f.; → DS-GVO Art. 15 Rn. 1 ff.; → DS-GVO Art. 16 Rn. 1 ff.; → DS-GVO Art. 18 Rn. 1 ff.; → DS-GVO Art. 21 Rn. 1 ff.; → DS-GVO Art. 23 Rn. 40 ff.; → DS-GVO Art. 89 Rn. 5 ff.).

A. Allgemeines

Durch § 27 hat der nationale Gesetzgeber ua von der Ermächtigung aus Art. 9 **1** Abs. 2 lit. j DS-GVO Gebrauch gemacht, welcher seinerseits eine Ausnahme von dem Verbot der Verarbeitung bes. Kategorien personenbezogener Daten aus Art. 9 Abs. 1 DS-GVO vorsieht. Aus nationaler verfassungsrechtlicher Sicht steht die Arbeit mit personenbezogenen Daten im Bereich der Forschung und Statistik im Spannungsfeld zwischen der in Art. 5 Abs. 3 GG garantierten Wissenschafts- und Forschungsfreiheit und dem Recht des Einzelnen auf informationelle Selbstbestimmung aus Art. 2 Abs. 1 iVm Art. 1 Abs. 1 GG. § 27 stellt diesbzgl. eine **Privilegierung der Wiss. und Forschung dar,** dh Zwecken, die (zumindest) auch der Gesellschaft dienen (vgl. Schantz in Schantz/Wolff DatenschutzR Rn. 1347 mit Verweis auf ErwGr 113 S. 4 DS-GVO). Die Regelung wird flankiert von verwandten Regelungen in Art. 5 Abs. 1 lit. b und e, Art. 14 Abs. 5 lit. b, Art. 17 Abs. 3 lit. d und Art. 21 Abs. 6 DS-GVO. Das **Arzneimittelgesetz** wurde **durch das zweite DS-AnpUG-EU** an die Voraussetzungen der DS-GVO

angepasst. Seitdem kann bspw. die Einwilligung in die klinische Prüfung jederzeit widerrufen werden.

2   § 27 Abs. 1 gilt nur für die Verarbeitung bes. Kategorien personenbezogener **Daten iSv Art. 9 Abs. 1 DS-GVO.** Die Verarbeitung personenbezogener Daten, die nicht unter Art. 9 DS-GVO fallen, richtet sich unmittelbar nach der DS-GVO (insbes. Art. 6 Abs. 1) oder nach im Einklang mit der DS-GVO erlassenen Rechtsgrundlagen (vgl. BT-Drs. 18/11325, 99). Soweit spezialgesetzliche Regelungen zur Datenverarbeitung aus dem bereichsspezifischen Recht anzuwenden sind, gehen sie § 27 vor (vgl. § 1 Abs. 2). Solche spezialgesetzlichen Regelungen können etwa in Sozialgesetzbüchern oder in medizinrechtlichen Gesetzen verankert sein (zB Arzneimittelgesetz, GenDG oder Transplantationsgesetz). Die Gesetzesbegründung fordert kumulativ zum Vorliegen der Voraussetzungen des § 27 zudem eine Rechtsgrundlage nach Art. 6 Abs. 1 DS-GVO. Der Gesetzgeber geht folglich davon aus, dass § 27 selbst kein eigenständiger Erlaubnistatbestand ist (vgl. BT-Drs. 18/11325, 99). Ein solcher dürfte jedoch regelmäßig in Art. 6 Abs. 1 lit. f DS-GVO gegeben sein, da dieser – ebenso wie § 27 Abs. 1 S. 1 – eine Interessenabwägung vorsieht, wenngleich die DS-GVO weniger strenge Voraussetzungen normiert als § 27 Abs. 1 S. 1.

3   Die Weiterverarbeitung personenbezogener Daten für wiss. oder historische Forschungszwecke und für statistische Zwecke gilt nach dem Normgeber – wie in Art. 5 Abs. 1 lit. b DS-GVO klargestellt – als **vereinbar mit den ursprünglichen Zwecken** der Erstverarbeitung (vgl. BT-Drs. 18/11325, 99). Der Verantwortliche kann die Weitererarbeitung auf die Rechtsgrundlage stützen, die bereits für die Erstverarbeitung herangezogen wurde. Die § 23 und § 24 finden insoweit keine Anwendung. Auch § 25 findet für die Übermittlung bes. Kategorien von Daten durch öffentl. Stellen zu wiss. oder historischen und statistischen Forschungszwecken keine Anwendung (vgl. BT-Drs. 18/11325, 99).

B. Anforderungen an die Verarbeitung (Abs. 1)

I. Erfasste Zwecke

1. Wissenschaftliche und historische Forschungszwecke

4   Die Vorschr. beinhaltet ein „Wissenschaftsprivileg", hinter dem die Überlegung steht, die Forschung nicht mit unzumutbarem Aufwand zu belasten. Eine Definition der Begrifflichkeiten „wissenschaftliche und historische Forschungszwecke" sucht man im BDSG und der DS-GVO vergebens. Es bietet sich jedoch eine Anlehnung an die Umschreibungen der genannten Begriffe aus ErwGr 159 und 160 DS-GVO an. Demnach, und in Anbetracht der bezweckten Privilegierung der Forschung, sind diese Begriffe **weit auszulegen.** In **persönlicher Hinsicht** sind sowohl die öffentl. als auch die private Forschung durch nicht öffentl. Stellen umfasst. In **sachlicher Hinsicht** erstreckt sich die wiss. Forschung auf die Verarbeitung personenbezogener Daten bspw. zum Zweck der technologischen Entwicklung, der Grundlagen-

forschung und der angewandten Forschung, sowie auf Studien, die im öffentl. Interesse im Bereich der öffentl. Gesundheit durchgeführt werden. Umfasst sein kann grds. auch die nichtkommerzielle Markt- und Meinungsforschung (Krohm in Gola/Heckmann BDSG § 27 Rn. 15 ff.). Zu den historischen Forschungszwecken ist insbes. die Ahnenforschung zu zählen (ErwGr 160 S. 2 DS-GVO).

2. Statistische Zwecke

Auch im Hinblick auf den Begriff der statistischen Zwecke sieht das BDSG **5** keine Legaldefinition vor. In Anlehnung an die weite Begriffsdefinition zu Art. 89 DS-GVO zählen zu den statistischen Zwecken alle Vorgänge, die der Erhebung und Verarbeitung personenbezogener Daten dienen, die für die Durchführung statistischer Untersuchungen und die Erstellung statistischer Erg. erforderlich sind (vgl. ErwGr 162 S. 3 DS-GVO). Da statistische Erg. aus aggregierten Daten bestehen, die mithin keinen Personenbezug mehr aufweisen, sind die für das Persönlichkeitsrecht des Einzelnen verbundenen Risiken regelmäßig geringer, da der Personenbezug lediglich bei der vorangehenden Verarbeitung als notwendiger Zwischenschritt besteht. Um eine **uferlose Ausdehnung** des Merkmals zu vermeiden, muss insofern konsequenterweise jedoch auch die Begrenzung in ErwGr 162 S. 5 DS-GVO berücksichtigt werden. Demnach dürfen die Erg. der Verarbeitung zu statistischen Zwecken ua nicht für Maßnahmen oder Entsch. ggü. einzelnen Personen verwendet werden. Unzulässig wäre daher etwa die Verwendung der Daten zur Erstellung kundenpersonalisierter Preise, individualisierter Werbung oder Vorhersage des Verhaltens eines bestimmten Kunden (Schantz in Schantz/Wolff DatenschutzR Rn. 1351), ebenso wie die Verwendung für ein Scoring der betroffenen Person (Schlösser/Rost in BeckOK DatenschutzR BDSG § 27 Rn. 25).

Statistische Erg. werden oftmals iR wiss. Forschung weiterverwendet, so **6** dass eine trennscharfe Abgrenzung zu den wiss. Forschungszwecken nicht immer eindeutig möglich, iErg aber auch nicht erforderlich ist (vgl. auch ErwGr 162 S. 4 DS-GVO).

II. Erforderlichkeit und Interessenabwägung

Die Verarbeitung personenbezogener Daten muss für die wiss. oder histori- **7** schen Forschungszwecke oder für statistische Zwecke **erforderlich** sein. An der Erforderlichkeit fehlt es, wenn die Zwecke auch mit anonymisierten Daten erreicht werden können. Um eine „Flucht in die Privilegierung" zu vermeiden sind nur wiss. und historische Forschungszwecke erfasst; eine Ausweitung auf andere Zwecke, etwa durch eine Koppelung mit anderen Zwecken, ist nicht vorgesehen (Schantz in Schantz/Wolff DatenschutzR Rn. 1346).

Neben der Erforderlichkeit bedarf es für die Zulässigkeit der Verarbeitung **8** der personenbezogenen Daten eines **erheblichen Überwiegens der Interessen des Verantwortlichen** an der Verarbeitung ggü. den Interessen des

Betroffenen an einem Ausschluss der Verarbeitung. Die Rechtsgrundlage für die durchzuführende Interessenabwägung bildet Art. 6 Abs. 1 lit f. DS-GVO. Es gelten die allg. verfassungsrechtlichen Grundsätze: Die Verarbeitung muss einem legitimen Zweck dienen, geeignet sein, einen der genannten Zwecke zu fördern, sowie erforderlich und angemessen sein. Nach dem klaren Wortlaut müssen die Interessen des Verantwortlichen ggü. den Interessen des Betroffenen **erheblich überwiegen.** Der Gesetzgeber räumt demnach iRd Interessensabwägung den Interessen des Betroffenen einen relativen Vorrang ggü. den Forschungsinteressen des Verantwortlichen ein. Nur bei wesentlichem Überwiegen der Forschungsinteressen fällt die Interessenabwägung zugunsten des Verantwortlichen aus.

III. Wahrung der Interessen

9 Der Verweis auf § 22 Abs. 2 S. 2 trägt dem Umstand Rechnung, dass eine Forschungsklausel **angemessene und spezifische Maßnahmen** zur Wahrung der Grundrechte und Interessen der betroffenen Person nach Art. 9 Abs. 2 lit. j DS-GVO vorsehen muss. Hierzu können insbes. technisch organisatorische Maßnahmen, Maßnahmen der nachträglichen Überprüfung der Verarbeitung personenbezogener Daten, Pseudonymisierungs- und Verschlüsselungsmaßnahmen, sowie Beschränkungen des Zuganges zu personenbezogenen Daten gehören. Auch die Sensibilisierung der an den Verarbeitungsvorgängen Beteiligten oder die Benennung eines Datenschutzbeauftragten gehören gem. § 22 Abs. 2 zu diesen spezifischen Maßnahmen.

C. Einschränkung der Rechte der Betroffenen (Abs. 2)

I. Zur Verwirklichung der Forschungs- oder Statistikzwecke (Abs. 2 S. 1)

10 § 27 Abs. 2 sieht eine **Beschränkung div. Rechte des Betroffenen** vor, wenn diese voraussichtlich die Verwirklichung der Forschungs- und Statistikzwecke unmöglich machen oder ernsthaft beeinträchtigen und die Beschränkung für die Erfüllung der Forschungs- oder Statistikzwecke notwendig ist. Die Norm stützt sich auf die Öffnungsklausel des Art. 89 Abs. 2 DS-GVO und gilt – im Unterschied zu Abs. 1 – für alle Kategorien personenbezogener Daten (vgl. BT-Drs. 18/11325, 100). Bei den aufgezählten Betroffenenrechten handelt es sich um das Auskunftsrecht des Betroffenen (Art. 15), das Recht auf Datenberichtigung (Art. 16), das Recht auf Einschränkung der Verarbeitung (Art. 18) und das Widerspruchsrecht (Art. 21) nach der DS-GVO.

11   Im Hinblick auf die **Unmöglichkeit** der Verwirklichung der Forschungs- und Statistikzwecke oder ihre ernsthafte Beeinträchtigung ist eine Prognoseentscheidung vorzunehmen. Als unmöglich gilt die Verwirklichung, wenn es keine praktisch umsetzbare Möglichkeit gibt, die Forschungs- und Statistikzwecke ohne Beschränkung der Rechte des Betroffenen zu erreichen. Die Verwirklichung des Forschungszweckes kann in bestimmten Einzelfällen

ohne Einschränkungen des Auskunftsrechtes aus Art. 15 DS-GVO bspw. dann unmöglich sein, wenn die zuständige Ethikkommission zum Schutz der betroffenen Person eine Durchführung des Projektes andernfalls untersagen würde (vgl. BT-Drs. 18/11325, 99). Von einer **ernsthaften Beeinträchtigung** ist auszugehen, wenn die Forschungs- und Statistikzwecke bei Berücksichtigung der genannten Betroffenenrechte nur in erheblich geringerem Umf. erreicht werden können als dies bei Beschränkung der Betroffenenrechte der Fall wäre.

Die vorgenommene Beschränkung der Betroffenenrechte muss zudem für **12** die Erfüllung der Forschungs- und Statistikzwecke notwendig sein. Es darf somit nicht möglich sein, die Forschungs- und Statistikzwecke auf einem anderen Wege als durch die Beschränkung zu erreichen.

II. Für Zwecke der wissenschaftlichen Forschung (Abs. 2 S. 2)

Das Recht des Betroffenen auf Auskunftserteilung aus Art. 15 DS-GVO **13** besteht zudem nicht, wenn die Daten für wiss. Forschungszwecke erforderlich sind und die Auskunftserteilung zusätzlich einen **unverhältnismäßigen Aufwand** erfordern würde. Dies trägt dem Umstand Rechnung, dass im Bereich der Forschung regelmäßig große Mengen personenbezogener Daten erhoben und ausgewertet werden, wobei die hinter den Daten stehenden Betroffenen oftmals nicht mehr oder nur mit unverhältnismäßig großem Aufwand identifiziert und informiert werden können (vgl. BT-Drs. 18/11325, 99). Die Ausnahme beruht auf der Öffnungsklausel des Art. 23 Abs. 1 lit. i DS-GVO, der es den Mitgliedstaaten erlaubt, iRd nationalen Gesetzgebung Beschränkungen bestimmter Rechte und Pflichten, denen die Verantwortlichen oder Auftragsverarbeiter unterliegen, vorzusehen, wenn dies eine Maßnahme darstellt, die die Rechte und Freiheiten anderer Personen sicherstellt (krit. dazu Schantz in Schantz/Wolff DatenschutzR Rn. 1357).

§ 27 statuiert zwar ein Forschungsprivileg, jedoch bedarf es für den Aus- **14** schluss des Rechtes auf Auskunftserteilung der Vornahme einer **Erforderlichkeitsabwägung.** Auf einen bestimmten Forschungszweck kommt es hierbei nicht an. Solange die Verwendung der Daten auf wiss. Erkenntnisinteressen beruht, ist es insbes. auch ohne Bedeutung, ob die Forschung kommerziell oder rein wiss. motiviert ist, und ob sie privat oder staatlich organisiert ist.

Die Auskunftserteilung muss ferner **unverhältnismäßigen Aufwand** ge- **15** nerieren. Hierbei ist der Aufwand der verantwortlichen Stelle gegen das Informationsinteresse des Betroffenen abzuwägen (Däubler in DKWW BDSG aF § 33 Rn. 29). Für den Aufwand der verantwortlichen Stelle streitet bspw. die Vielzahl der betroffenen Datensätze (vgl. BT-Drs. 18/11325, 99 f.). Für das Informationsinteresse des Betroffenen kann der Grad der Gefährdung seines Persönlichkeitsrechtes ins Feld geführt werden (Gola/Schomerus BDSG aF § 33 Rn. 36).

D. Anonymisierungs- und Separierungsgebot (Abs. 3)

I. Anonymisierungspflicht (Abs. 3 S. 1)

16 Die zu wiss. oder historischen Forschungszwecken oder zu statistischen Zwecken verarbeiteten bes. Kategorien personenbezogenen Daten sind zu anonymisieren. Unter **Anonymisierung** versteht man „das Verändern personenbezogener Daten derart, dass die hinter den Einzelangaben über persönliche oder sachliche Verhältnisse stehende betroffene Person nicht bzw. nicht mehr identifiziert werden kann." (vgl. ErwGr 26 DS-GVO; zum Begriff vgl. → DS-GVO Art. 4 Rn. 48). Abs. 3 ist an § 40 Abs. 2 BDSG aF angelehnt (vgl. BT-Drs. 18/11325, 100).

17 Die Anonymisierungspflicht stellt eine Konkretisierung des datenschutzrechtlichen **Prinzips der Datensparsamkeit und Datenvermeidung** dar, steht jedoch an dieser Stelle unter einem forschungsbezogenen Vorbehalt: Die Pflicht zur Anonymisierung entsteht erst, sobald sie nach dem Forschungszweck überhaupt möglich ist (vgl. Krohm in Gola/Heckmann BDSG § 27 Rn. 40). Dies muss nicht zwingend erst bei Abschluss des gesamten Forschungsprojektes der Fall sein. Vielmehr tritt die Pflicht bereits dann ein, wenn die personenbezogenen Daten für den weiteren Verlauf des Forschungsprojektes nicht mehr oder nicht mehr in personenbezogener Form erforderlich sind.

18 Soweit eine längerfristige Identifizierbarkeit der hinter den Daten stehenden Personen notwendig ist (zB bei Langzeitstudien) oder berechtigte Interessen der betroffenen Person dem entgegenstehen, sollte statt einer Anonymisierung eine Pseudonymisierung durchgeführt werden. Auf diese Weise kann eine Verwechslung der ausgewerteten Daten, soweit eine Zuordnung für das Forschungsvorhaben zu einem späteren Zeitpunkt notwendig wird, ausgeschlossen werden (vgl. Buchner/Tinnefeld in Kühling/Buchner BDSG § 27 Rn. 23 f.; vgl. auch Krohm in Gola/Heckmann BDSG § 27 Rn. 42). Hierbei ist jedoch sicherzustellen, dass iRd Forschungstätigkeit keine unmittelbaren Rückschlüsse auf bestimmte Personen möglich sind (Gola/Schomerus BDSG aF § 40 Rn. 14).

II. Gesonderte Speicherung (Abs. 3 S. 2, 3)

19 Die iRd Forschungsvorhabens gesammelten Merkmale, mit deren Hilfe Einzelangaben über persönliche oder sachliche Verhältnisse einer bestimmten oder bestimmbaren Person zugeordnet werden können, sind gesondert von den zu verarbeitenden Daten zu speichern. Eine solche **Trennung von personenbezogenen Daten und Identifikatoren** kann technisch bspw. mittels Codierung der Daten oder durch Einsatz eines Link-File-Systems umgesetzt werden. Hierbei werden personenbezogene Daten und Identifikatoren in unterschiedlichen Dateien gespeichert, die erst mittels eines gesondert gespeicherten Schlüssels zusammengeführt werden können. Der Schlüssel ist in diesem Fall seinerseits ausreichend zu sichern und getrennt von den anderen Dateien aufzubewahren (vgl. etwa Schlösser/Ross in BeckOK DatenschutzR BDSG § 27 Rn. 36). Weiterhin ist sicherzustellen, dass bei der Separierung keine Daten im jeweils anderen System, bspw. in Gestalt von Backup-Dateien, verbleiben (vgl. Gerling in Roßnagel DatenschutzR Kap. 7.10 Rn. 11).

E. Veröffentlichung von Forschungsergebnissen (Abs. 4)

In Anlehnung an § 40 Abs. 3 BDSG aF dürfen Forschungseinrichtungen **20** personenbezogene Daten nach Abs. 4 veröffentlichen, wenn der Betroffene darin eingewilligt hat oder wenn dies für die zeitgeschichtliche Forschung unerlässlich ist. Die Erweiterung der Erlaubnis auf Sachverhalte, bei denen die Veröff. für die zeitgeschichtliche Forschung unerlässlich ist, stellt eine **Privilegierung** der Forschungstätigkeit von Historikern dar und trägt dem Informationsinteresse der Öffentlichkeit Rechnung (vgl. Schlösser/Ross in Beck-OK DatenschutzR BDSG § 27 Rn. 46 f.). Wie auch Abs. 2 bezieht sich Abs. 4 auf alle Kategorien personenbezogener Daten.

Personenbezogene Daten gelten als **„veröffentlicht"**, wenn sie einem **21** bestimmbaren oder unbestimmbaren Personenkreis zugänglich gemacht werden, der auch Personen umfasst, die an der vorherigen Nutzung der Daten beteiligt waren. Für die Veröff. ist es ohne Bedeutung, ob diese mündlich, schriftlich, elektronisch oder auf anderem Wege erfolgt. Auch der Ort der Veröff. ist unerheblich, ebenso wie die Tatsache, ob es sich um die Veröff. von End- oder Zwischenergebnissen handelt.

Eine rechtmäßige **Einwilligung** des Betroffenen indiziert die Zulässigkeit **22** der Veröff. personenbezogener Daten. Die Rechtmäßigkeit richtet sich nach den allg. Anforderungen: Sie hat insbes. in informierter Weise zu erfolgen, dh der Betroffene muss vor Erteilung seiner Einwilligung über Zweck und Umf. der Forschungsarbeit, über die Art der Veröff. und den Umf. der hierdurch betroffenen Daten informiert werden (vgl. Hense in HK-BDSG § 27 Rn. 23 m. w. N.). Ein (zivilrechtlicher) Anspruch auf Erteilung einer Einwilligung lässt sich aus § 27 nicht herleiten.

Die **Unerlässlichkeit** der Veröff. personenbezogener Daten zur Darst. **23** von Forschungsergebnissen stellt eine eng begrenzte Ausnahme dar. Der Begriff der Zeitgeschichte ist im BDSG nicht definiert. Es kann jedoch eine Orientierung an der Definition des § 23 Abs. 1 Nr. 1 KunstUrhG erfolgen, welcher Zeitgeschichte weit definiert als alles, woran gegenwärtig ein allg. Interesse besteht (vgl. Hense in HK-BDSG § 27 Rn. 24 f.). Dies erfasst alle aktuellen oder historischen Geschehnisse, die gegenwärtig von der Öffentlichkeit beachtet werden, unabhängig davon, ob sie dem politischen, sozialen, wirtschaftlichen oder kulturellen Bereich zuzuordnen sind. Der Begriff der Unerlässlichkeit ist dagegen eng auszulegen, um dem Grundrecht der informationellen Selbstbestimmung gerecht zu werden. Der Wortlaut legt nahe, dass die Forschungsergebnisse mit der Veröff. „stehen und fallen" müssen.

24 Zusätzlich zur Unerlässlichkeitsprüfung bedarf es einer für jeden Einzelfall gesondert durchzuführenden **verfassungsrechtlich gebotenen Abwägung** zwischen dem Persönlichkeitsrecht des Betroffenen und dem Interesse der Öffentlichkeit bzw. der Forschung. Bei der Abwägung ist die konkrete Situation des Betroffenen zu berücksichtigen, insbes. ob es sich um eine Person der Öffentlichkeit handelt. Auch das konkrete Forschungsvorhaben ist in die Abwägung einzubeziehen (vgl. OLG Hamm NJW 1996, 940). Im Grundsatz gilt, dass die Veröff. umso eher zu dulden ist, je näher der Bezug der personenbezogenen Daten zum Aspekt der Funktion und Rolle des Betroffenen als Person der Zeitgeschichte ist. Zu beachten ist jedoch, dass selbst bei überw. Interesse der Forschung nur solche Daten veröffentlicht werden dürfen, die mit der Tätigkeit der Person der Zeitgeschichte in Zusammenhang stehen und für die vollständige Darst. unverzichtbar sind (vgl. Grages in Plath BDSG § 27 Rn. 24).

§ 28 Datenverarbeitung zu im öffentlichen Interesse liegenden Archivzwecken

(1) [1] Abweichend von Artikel 9 Absatz 1 der Verordnung (EU) 2016/679 ist die Verarbeitung besonderer Kategorien personenbezogener Daten im Sinne des Artikels 9 Absatz 1 der Verordnung (EU) 2016/679 zulässig, wenn sie für im öffentlichen Interesse liegende Archivzwecke erforderlich ist. [2] Der Verantwortliche sieht angemessene und spezifische Maßnahmen zur Wahrung der Interessen der betroffenen Person gemäß § 22 Absatz 2 Satz 2 vor.

(2) Das Recht auf Auskunft der betroffenen Person gemäß Artikel 15 der Verordnung (EU) 2016/679 besteht nicht, wenn das Archivgut nicht durch den Namen der Person erschlossen ist oder keine Angaben gemacht werden, die das Auffinden des betreffenden Archivguts mit vertretbarem Verwaltungsaufwand ermöglichen.

(3) [1] Das Recht auf Berichtigung der betroffenen Person gemäß Artikel 16 der Verordnung (EU) 2016/679 besteht nicht, wenn die personenbezogenen Daten zu Archivzwecken im öffentlichen Interesse verarbeitet werden. [2] Bestreitet die betroffene Person die Richtigkeit der personenbezogenen Daten, ist ihr die Möglichkeit einer Gegendarstellung einzuräumen. Das zuständige Archiv ist verpflichtet, die Gegendarstellung den Unterlagen hinzuzufügen.

(4) Die in Artikel 18 Absatz 1 Buchstabe a, b und d, den Artikeln 20 und 21 der Verordnung (EU) 2016/679 vorgesehenen Rechte bestehen nicht, soweit diese Rechte voraussichtlich die Verwirklichung der im öffentlichen Interesse liegenden Archivzwecke unmöglich machen oder ernsthaft beeinträchtigen und die Ausnahmen für die Erfüllung dieser Zwecke erforderlich sind.

EU-Recht: Art. 9 Abs. 2 lit. j, 15, 16, 18, 20, 21, 89 Abs. 3 DS-GVO (kommentiert unter → DS-GVO Art. 9 Rn. 45 f.; → DS-GVO Art. 15 Rn. 1 ff.; → DS-GVO Art. 16 Rn. 1 ff.; → DS-GVO Art. 18 Rn. 1 ff.; → DS-GVO Art. 20 Rn. 1 ff.; → DS-GVO Art. 21 Rn. 1 ff.; → DS-GVO Art. 89 Rn. 16 f.).

A. Allgemeines

I. Einführung

Mit § 28 Abs. 1 hat der dt. Gesetzgeber von der Ermächtigung aus Art. 9 **1** Abs. 2 lit. j DS-GVO Gebrauch gemacht und einen zusätzlichen **Ausnahmetatbestand zum allg. Verbot der Verarbeitung** bes. Kategorien personenbezogener Daten gem. Art. 9 Abs. 1 DS-GVO im nationalen Recht geschaffen. § 28 gilt in persönlicher Hinsicht für die Verarbeitung personenbezogener Daten sowohl durch **öffentl. als auch durch nicht öffentl. Stellen** und bezieht sich in sachlicher Hinsicht sowohl auf öffentl. als auch auf privates Archivgut (vgl. BT-Drs. 18/11325, 100). Wie sich unmittelbar aus ErwGr 158 DS-GVO ergibt, gilt § 28 lediglich für personenbezogene Daten lebender Personen.

II. Sinn und Zweck

§ 28 gestattet ausnahmeweise die Verarbeitung bes. Kategorien personenbe- **2** zogener Daten für Archivzwecke und schränkt gleichzeitig gewisse Betroffenenrechte ein, um den grds. Zweck von Archiven nicht auszuhebeln. Vielmehr soll die Verarbeitung für im öffentl. Interesse liegende Archivzwecke privilegiert werden. Diese Privilegierung ist im Kontext des Grundrechtes auf Informationsfreiheit aus Art. 11 GRCh zu sehen.

B. Zulässigkeit der Verarbeitung für Archivzwecke (Abs. 1)

§ 28 Abs. 1 bezieht sich – wie auch § 27 Abs. 1 – **nur auf** die in Art. 9 **3** Abs. 1 DS-GVO genannten **bes. Kategorien personenbezogener Daten.** Die Verarbeitung anderer als der vorgenannten Daten richtet sich aufgrund des abw. Schutzniveaus unmittelbar nach der DS-GVO (insbes. Art. 6 Abs. 1 DS-GVO) oder nach anderen, im Einklang mit der VO erlassenen Rechtsgrundlagen.

Auch wenn das Gesetz nicht weiter definiert, was unter einer **Verarbei-** **4** **tung für Archivzwecke** zu verstehen ist, so legt der ErwGr 158 S. 2 DS-GVO nahe, dass der Gegenstand von Archivzwecken insbes. das Erwerben, Erhalten und Bereitstellen von „Aufzeichnungen von **bleibendem Wert** für das **allgemeine öffentliche Interesse**" ist. ErwGr 158 S. 3 DS-GVO nennt als Archivzwecke beispielhaft die Bereitstellung spezifischer Informationen im Zusammenhang mit dem politischen Verhalten unter ehem. totalitären Regimen, Völkermord, Verbrechen gegen die Menschlichkeit, insbes. dem Holocaust, und Kriegsverbrechen. Grund für die durch die Vorschr. hervorgerufenen Privilegierungen und Ausnahmen (s. → Rn. 7 ff.) ist, dass eine Verarbeitung für archivarische Zwecke nicht nur **den Interessen** der Verantwortlichen dient, sondern gleichzeitig **der Gesellschaft insgesamt** (vgl. Schantz in Schantz/Wolff DatenschutzR Rn. 1347 mit Verweis auf ErwGr 113 S. 4 DS-GVO). Diese Privilegierungen gelten allerdings nur, wenn mit der Datenverarbeitung keine, außerhalb des Anwendungsbereiches der Norm liegenden, anderen Zwecke verfolgt werden. So soll einer „Flucht in die Privilegierung" vorgebeugt werden (vgl. Schantz in Schantz/Wolff DatenschutzR Rn. 1346), die bestünde, wenn bspw. im öffentl. Interesse liegende Archivzwecke mit weiteren (fernliegenden) Zwecken verbunden würden. Im Unterschied zu § 27 Abs. 1 sieht § 28 Abs. 1 selbst keine Abwägung der Interessen des Verantwortlichen und der betroffenen Person vor, sondern lässt es genügen, wenn die Verarbeitung für im öffentl. Interesse liegende Archivzwecke erforderlich ist (Buchner/Tinnefeld in Kühling/ Buchner BDSG § 28 Rn. 6).

5   Obwohl der Wortlaut von Art. 5 Abs. 1 lit. b DS-GVO suggeriert, dass die **Weiterverarbeitung** für Archivzwecke immer auch mit dem ursprünglichen Erhebungszweck vereinbar ist, bleibt zu berücksichtigen, dass bei der **Weiterverarbeitung** für Archivzwecke der og **bes. Kategorien personenbezogener Daten** neben einer Rechtgrundlage stets auch ein Ausnahmetatbestand vom Verbot des Art. 9 Abs. 1 DS-GVO notwendig ist (bspw. in Form des § 28), um dem erhöhten Schutzniveau dieser sensitiven Daten Rechnung zu tragen.

6   Im Gegenzug für die Einschränkung der Betroffenenrechte und zum Ausgleich der Lockerung der Zweckbindung setzt die Datenverarbeitung aus § 28 gem. Art. 89 Abs. 1 DS-GVO **bestimmte Mindestanforderungen** voraus, die vom Verantwortlichen **zwingend zu berücksichtigen** sind. Dieser muss sich fragen, ob (i) er seinen Zweck auch ohne personenbezogene Daten, dh mit **anonymisierten Daten** erreichen kann (Art. 89 Abs. 1 S. 4 DS-GVO), (ii) wenn nicht mit anonymisierten alternativ mit **pseudonymisierten Daten** der Zweck auch erreicht werden kann (Art. 89 Abs. 1 S. 3 DS-GVO), und wenn auch dies nicht möglich ist, (iii) die Rechte der Betroffenen durch **geeignete Garantien** sichergestellt sind (Art. 89 Abs. 1 S. 1, 2 DS-GVO). Letzteres kann insbes. durch Garantien hinsichtlich der weiteren Verarbeitung, zB durch **Verschlüsselung, Zugangsbeschränkungen, Weitergabeverbote oder Verschwiegenheitsverpflichtungen** gewährleistet werden (vgl. Schantz in Schantz/Wolff DatenschutzR Rn. 1353). **Bsp. solcher Garantien** enthält § 22 Abs. 2 S. 2, auf den § 28 Abs. 1 S. 2 verweist. § 22 Abs. 2 S. 2 ist allerdings nicht abschl. zu verstehen, weil der dort enthaltene Katalog lediglich beispielhafte Maßnahmen zur Wahrung der Interessen des Betroffenen nennt. Damit sind weitere, ggf. ebenfalls angemessene Maßnahmen keineswegs ausgeschlossen (vgl. BT-Drs. 18/11325, 100). Stets zu wahren ist dabei der Grundsatz der **Datenminimierung** (vgl. Schantz in Schantz/Wolff DatenschutzR Rn. 1353 mit Verweis auf ErwGr 156 S. 2 DS-GVO).

C. Einschränkungen der Rechte der Betroffenen

I. Einführung

7   § 28 Abs. 2 bis 4 enthalten, basierend auf der Öffnungsklausel des Art. 89 Abs. 3 DS-GVO, gewisse **Einschränkungen der Betroffenenrechte** (vgl.

BT-Drs. 18/11325, 100) für die Datenverarbeitung für im öffentl. Interesse liegende Archivzwecke. Diese beziehen sich – im Unterschied zu Abs. 1 – auf alle Kategorien personenbezogener Daten (vgl. BT-Drs. 18/11325, 100). Solche Einschränkungen sind lediglich dann möglich, wenn die Erfüllung der Betroffenenrechte die Verwirklichung der privilegierten Zwecke unmöglich machen oder ernsthaft beeinträchtigen würde und eine Ausnahme zur Erfüllung dieser Zwecke **notwendig** ist (vgl. Schantz in Schantz/Wolff DatenschutzR Rn. 1356). Auch wenn die Öffnungsklausel des Art. 89 Abs. 3 DS-GVO noch weitergehende Ausnahmen zugunsten von Archiven zulässt, als es dies Art. 89 Abs. 2 DS-GVO für Forschung und Statistiken ermöglicht, so hat der dt. Gesetzgeber sich im Vergleich zu den vorgenannten Bereichen bei der Festsetzung der Ausnahmen zurückgehalten (vgl. Schantz in Schantz/Wolff DatenschutzR Rn. 1358). So findet sich in § 28 Abs. 2 bis 4 bspw. **keine Ausnahme des Informationsrechtes bei Ber. und Löschung** (Art. 19 DS-GVO), obwohl es gem. besagter Öffnungsklausel grds. möglich gewesen wäre, auch dieses Betroffenenrecht einzuschränken.

II. Einschränkung des Auskunftsrechtes (Abs. 2)

Das **Recht** des Betroffenen **auf Auskunft** (Art. 15 DS-GVO) **besteht nicht,** **8** sofern und soweit das Archivgut noch **nicht erschlossen** ist oder keine Angaben gemacht werden, die das **Auffinden des Archivgutes** mit vertretbarem Aufwand ermöglichen würden. Der Grund hierfür ist rein faktischer Natur: Es ist – abhängig von der Größe des betr. Archivs – schlichtweg kaum möglich ein gesamtes Archiv nach personenbezogenen Daten zu durchsuchen. Dies ist umso mehr der Fall, wenn es sich im konkreten Einzelfall um Archivgut handelt, das bislang noch gar nicht in das Archiv aufgenommen wurde (vgl. Schantz in Schantz/Wolff DatenschutzR Rn. 1359). Die **Ausnahme** des Abs. 2 **bezieht sich** dabei auf sämtliche der von Art. 15 DS-GVO gewährten Rechte und mithin **auch auf das Recht zum Erhalt einer Kopie** (vgl. BT-Drs. 18/11325, 100).

III. Einschränkung des Berichtigungsrechtes (Abs. 3)

Das durch Art. 16 DS-GVO grds. gewährte **Recht** eines Betroffenen **zur** **9** **Ber.** wird ersetzt durch ein Recht den Archivunterlagen eine Gegendarstellung beizufügen. Hintergrund dieser Ausnahme ist der Wunsch, die **historische Integrität des Archivgutes durch Eingriffe und Änd. nicht zu beeinträchtigen** und mithin die Funktionslogik von Archiven aufrecht zu erhalten (vgl. Schantz in Schantz/Wolff DatenschutzR Rn. 1360). Gleichzeitig wird der betroffenen Person auf diese Weise aber die Möglichkeit gegeben, die Richtigkeit einer Information zu bestreiten (vgl. Schantz in Schantz/Wolff DatenschutzR Rn. 1360).

IV. Weitere Einschränkungen (Abs. 4)

Schließlich sind auch die **Rechte** des Betroffenen auf **Einschränkung der** **10** **Verarbeitung** (Art. 18 DS-GVO), auf **Datenportabilität** (Art. 20 DS-

GVO) und das **Widerspruchsrecht** (Art. 21 DS-GVO) eingeschränkt. Auch wenn der Wortlaut hier zwar eindeutig verlangt, dass die Erfüllung des Rechtes auch im konkreten Einzelfall die Erfüllung der Archivzwecke unmöglich machen oder erheblich beeinträchtigen muss und die Einschränkung der Betroffenenrechte erforderlich sein muss, so dürften **insbes. das Widerspruchsrecht und das Recht auf Einschränkung der Verarbeitung so gut wie immer eingeschränkt** sein, weil beide schon mit dem grds. Zweck von Archiven – namentlich der unbeeinträchtigten Aufbewahrung historischer Informationen – im Widerspruch stehen (vgl. Schantz in Schantz/Wolff DatenschutzR Rn. 1361). Das Recht auf Datenportabilität hingegen dürfte ohnehin in nur relativ wenigen Fällen von Relevanz sein, nämlich dann, wenn die betroffene Person ihre Daten dem Archiv ursprünglich selbst zur Vfg. gestellt hat (vgl. Art. 20 Abs. 1 DS-GVO).

§ 29 Rechte der betroffenen Person und aufsichtsbehördliche Befugnisse im Fall von Geheimhaltungspflichten

(1) [1] Die Pflicht zur Information der betroffenen Person gemäß Artikel 14 Absatz 1 bis 4 der Verordnung (EU) 2016/679 besteht ergänzend zu den in Artikel 14 Absatz 5 der Verordnung (EU) 2016/679 genannten Ausnahmen nicht, soweit durch ihre Erfüllung Informationen offenbart würden, die ihrem Wesen nach, insbesondere wegen der überwiegenden berechtigten Interessen eines Dritten, geheim gehalten werden müssen. [2] Das Recht auf Auskunft der betroffenen Person gemäß Artikel 15 der Verordnung (EU) 2016/679 besteht nicht, soweit durch die Auskunft Informationen offenbart würden, die nach einer Rechtsvorschrift oder ihrem Wesen nach, insbesondere wegen der überwiegenden berechtigten Interessen eines Dritten, geheim gehalten werden müssen. [3] Die Pflicht zur Benachrichtigung gemäß Artikel 34 der Verordnung (EU) 2016/679 besteht ergänzend zu der in Artikel 34 Absatz 3 der Verordnung (EU) 2016/679 genannten Ausnahme nicht, soweit durch die Benachrichtigung Informationen offenbart würden, die nach einer Rechtsvorschrift oder ihrem Wesen nach, insbesondere wegen der überwiegenden berechtigten Interessen eines Dritten, geheim gehalten werden müssen. [4] Abweichend von der Ausnahme nach Satz 3 ist die betroffene Person nach Artikel 34 der Verordnung (EU) 2016/679 zu benachrichtigen, wenn die Interessen der betroffenen Person, insbesondere unter Berücksichtigung drohender Schäden, gegenüber dem Geheimhaltungsinteresse überwiegen.

(2) Werden Daten Dritter im Zuge der Aufnahme oder im Rahmen eines Mandatsverhältnisses an einen Berufsgeheimnisträger übermittelt, so besteht die Pflicht der übermittelnden Stelle zur Information der betroffenen Person gemäß Artikel 13 Absatz 3 der Verordnung (EU) 2016/679 nicht, sofern nicht das Interesse der betroffenen Person an der Informationserteilung überwiegt.

(3) [1] Gegenüber den in § 203 Absatz 1, 2a und 3 des Strafgesetzbuchs genannten Personen oder deren Auftragsverarbeitern bestehen die Untersuchungsbefugnisse der Aufsichtsbehörden gemäß Artikel 58 Absatz 1 Buchstabe e und f der Verordnung (EU) 2016/679 nicht, soweit die Inanspruchnahme der Befugnisse zu einem Verstoß gegen die Geheimhaltungspflichten dieser Personen führen würde.

² Erlangt eine Aufsichtsbehörde im Rahmen einer Untersuchung Kenntnis von Daten, die einer Geheimhaltungspflicht im Sinne des Satzes 1 unterliegen, gilt die Geheimhaltungspflicht auch für die Aufsichtsbehörde.

EU-Recht: Art. 13 Abs. 3, 14, 15, 23 Abs. 1 lit. i, 34, 58 Abs. 1 lit. e und f, 90 DS-GVO (kommentiert unter → DS-GVO Art. 13 Rn. 33; → DS-GVO Art. 14 Rn. 1 ff, 43; → DS-GVO Art. 15 Rn. 1 ff., 23 ff.; → DS-GVO Art. 23 Rn. 40 ff.; → DS-GVO Art. 34 Rn. 1 ff; → DS-GVO Art. 58 Rn. 13 ff.; → DS-GVO Art. 90 Rn. 3 ff.).

Literatur: *Auer-Reinsdorff,* Datenverarbeitung und Datenschutz der Anwaltskanzlei, ZAP 2018, 565; *Benecke/Wagner,* Öffnungsklauseln in der Datenschutz-Grundverordnung und das deutsche BDSG – Grenzen und Gestaltungsspielräume für ein nationales Datenschutzrecht, DVBl 2016, 600;; *Dahns,* Vorschlag für Datenschutzbeauftragten der Anwaltschaft, NJW-Spezial 2017, 126; *Franck,* Befolgung europarechtswidriger BDSG-Vorschriften, ZD 2018, 345; *Greve,* Das neue Bundesdatenschutzgesetz, NVwZ 2017, 737; *Jensen,* Kritik von Sachverständigen zum derzeitigen Entwurf des DSAnpUG-EU, ZD-Aktuell 2017; *Kremer,* Wer braucht warum das neue BDSG?, CR 2017, 367; *Weichert,* Praktische Anwendungsprobleme im Gesundheitsdatenschutz, MedR 2019, 622; *Zikesch/Sörup,* Der Auskunftsanspruch nach Art. 15 DS-GVO, ZD 2019, 239; *Zikesch/Kramer,* Datenschutz bei freien Berufen – Anwendungsbereich und Grenzen des BDSG und das Berufsrecht der Rechtsanwälte, Steuerberater und Wirtschaftsprüfer, ZD 2015, 461.; *Zikesch,* Die DS-GVO und das Berufsrecht der Rechtsanwälte, Steuerberater und Wirtschaftsprüfer – Datenschutz bei freien Berufen, ZD 2015, 565.

Übersicht

A. Allgemeines

Die Regelung schränkt die datenschutzrechtlichen Informations- und Transparenzpflichten sowie die Befugnisse der Datenschutzaufsicht ein, soweit andernfalls Informationen, die **bes. Geheimhaltungspflichten** unterliegen, offenbart würden. Die einschränkenden Regelungen des § 29 gehen über die bereits in der DS-GVO selbst geregelten Einschränkungen hinaus, hierfür hat der Gesetzgeber die **Öffnungsklauseln** in Art. 23 Abs. 1 lit. i DS-GVO (§ 29 Abs. 1 und Abs. 2) sowie des Art. 90 DS-GVO **genutzt.** Nach Art. 23 **1**

Abs. 1 lit. i DS-GVO können die Rechte und Pflichten nach Art. 12 bis 22 und Art. 34 durch nationales Gesetz eingeschränkt werden, sofern die entspr. Regelung dazu dient, den Schutz der betroffenen Person oder der Rechte und Freiheiten anderer Personen sicherzustellen (→ DS-GVO Art. 23 Rn. 40 ff.). Art. 90 DS-GVO erlaubt die Einschränkung der Befugnisse der ASB ggü. Berufsgeheimnisträgern (→ DS-GVO Art. 90 Rn. 3 ff.). Die darauf basierende Regelung in § 29 Abs. 3 ist neu, bislang sah das BDSG aF in § 38 Abs. 4 S. 3 iVm § 24 Abs. 2 und Abs. 6 vor, dass auch einem Berufsgeheimnis unterliegende personenbezogene Daten der Kontrolle der ASB unterliegen. Da das Datenschutzrecht grds. auch für Berufsgeheimnisträger gilt, soweit dieses nicht durch die einschlägigen berufsrechtlichen Regelungen verdrängt wird (→ § 1 Rn. 6 ff.), enthalten die in § 29 normierten Einschränkungen wichtige Regelungen, um auch im Anwendungsbereich der DS-GVO den Schutz von bes. Geheimhaltungspflichten sicherzustellen.

2   Bereits im Referentenentwurf vom 26.1.2017 und im RegE vom 24.2.2017 (BT-Drs. 18/11325) fand die Norm ihre jetzige Fassung. Der **Vorschlag des BR,** die Regelung des § 29 zugunsten einer umfassenderen Regelung **für ein späteres Gesetzgebungsverfahren zurückzustellen,** fand keine Berücksichtigung. Ergänzende Regelungen zum Beweisverwertungsverbot in Straf- und Bußgeldverfahren finden sich nunmehr in § 42 Abs. 4 (→ § 42 Rn. 10) bzw. § 43 Abs. 4 (→ § 43 Rn. 5).

3   Die Notwendigkeit für einschränkende Regelungen wie in § 29 ergibt sich aus einer potentiellen Kollision des Datenschutzrechtes mit berufsrechtlichen Verschwiegenheitspflichten. Für **Berufsgeheimnisträger** gelten neben dem Datenschutzrecht **standesrechtliche und strafrechtliche Geheimhaltungspflichten.** Hierzu gehören insbes. Ärzte, Rechtsanwälte, Steuerberater und Wirtschaftsprüfer sowie zahlr. weitere Berufsgruppen (s. iE den Katalog der in § 203 Abs. 1, 2a und 3 StGB genannten Personen).

4   Kollisionen und **Zielkonflikte der beiden Rechtsregime** können sich ergeben, da Berufsgeheimnisse auch, wenn auch nicht nur, personenbezogene Daten schützen, die ein Berufsgeheimnisträger iR seiner bes. geschützten Tätigkeit (bspw. Mandatsverhältnis oder Behandlungsverhältnis) verarbeitet (s. zum Verhältnis von Datenschutzrecht und beruflichen Geheimhaltungspflichten auch Schantz in Schantz/Wolff DatenschutzR Rn. 1362). Insbes. kann es **zu Konflikten kommen,** wenn das **Datenschutzrecht Transparenzpflichten** in Bezug auf personenbezogene Daten vorsieht, das **Berufsrecht dagegen deren Geheimhaltung** vorsieht. In der Praxis betrifft dies va die nicht seltenen Fälle, in denen ein Berufsgeheimnisträger bspw. iR eines Mandatsverhältnisses Zugriff auf personenbezogene Daten von Dritten erhält, die der Mandant ursprünglich zu anderen Zwecken erhoben und verarbeitet hat, und die nun im Mandatsauftrag eine Rolle spielen.

B. Einschränkung gegenüber Berufsgeheimnisträgern (Abs. 1)

5 Die Regelungen des § 29 Abs. 1 schränken die Informationspflichten nach Art. 14 DS-GVO, die Auskunftsrechte des Betroffenen nach Art. 15 DS-

GVO sowie die Benachrichtigungspflichten ggü. dem Betroffenen bei Datenvorfällen nach Art. 34 DS-GVO im Hinblick auf bes. geheimhaltungsbedürftige Informationen ein. Die Einschränkungen des Abs. 1 betreffen die **rechtlichen Beziehungen zwischen dem Berufsgeheimnisträger als Verantwortlichem und den betroffenen Personen,** deren personenbezogene
Daten der Berufsgeheimnisträger bspw. iRe Mandatsverhältnisses oder eines
Behandlungsverhältnisses von einem Dritten erhält. Der sachliche Anwendungsbereich des § 29 betrifft Informationen, welche aufgrund einer Rechtsvorschrift oder ihrem Wesen nach, insbes. wegen der überw. berechtigten
Interessen eines Dritten, geheimhaltungsbedürftig sind.

Von dem Begriff **„nach einer Rechtsvorschrift"** geheimhaltungs-   6
bedürftig werden zunächst alle Informationen erfasst, die einer in einem
formellen Gesetz oder in anderen Vorschr. mit Rechtsnormcharakter enthaltenen bes. Geheimhaltungspflicht unterliegen. Hierzu zählen Gesetze wie
§ 203 StGB oder gesetzliche Berufsordnungen für bestimmte Berufsgruppen
wie bspw. die WPO oder die BRAO. Zu dem Begriff sind weiterhin als
Satzungsrecht erlassene Berufsordnungen zu zählen (so auch ausdr. die Begr.
der zweiten Fassung des Referentenentwurfs, Stand 2. Ressortabstimmung
vom 11.11.2016, 92 zu § 26). So können iRd Selbstverwaltung der Kammern
freier Berufe erlassene Berufsordnungen dazu gezählt werden, jedenfalls soweit sie rechtliche Verbindlichkeit beanspruchen können, dies ist bspw. bei
den Berufsordnungen der Ärztekammern der Fall, denen über die Kammer-
gesetze der Bundesländer rechtliche Verbindlichkeit zukommt.

Soweit sich berufsständische Verschwiegenheitspflichten aus Berufsordnun-   7
gen ergeben, die keinen Rechtsvorschriftcharakter aufweisen, ist fraglich, ob
diese von dem Begriff „nach einer Rechtsvorschrift" erfasst werden können.
Außer Frage dürfte jedoch stehen, dass der Gesetzgeber **umfassend berufsständische Regeln zur Geheimhaltung erfassen** und darüber hinausgehend **weitere geheimhaltungsbedürftige Informationen schützen
wollte,** daher sind Geheimhaltungspflichten nach entspr. Regelungen ohne
Rechtsnormcharakter jedenfalls unter die ihrem Wesen nach zu schützenden
geheimhaltungsbedürftigen Informationen zu subsumieren und unterfallen
damit dem Anwendungsbereich des § 29.

Ebenfalls der Kategorie der Informationen, die ihrem Wesen nach geheim   8
gehalten werden müssen, zuzuordnen sind Informationen, für die **vertragliche Verschwiegenheitspflichten** vereinbart wurden (Schantz in Schantz/
Wolff DatenschutzR Rn. 1361).

I. Einschränkung der Informationspflichten nach Art. 14 (S. 1)

Erhält ein Berufsgeheimnisträger iRe Mandatsverhältnisses personenbezogene   9
Daten eines Dritten von seinem Mandanten, Patienten oÄ, so wären diese
Dritten als Betroffene grds. von dem Berufsgeheimnisträger gem. Art. 14 DS-
GVO über die Erhebung und Verarbeitung dieser Daten zu informieren.
Allerdings sieht Art. 14 Abs. 5 lit. d im Fall von nach einer Rechtsvorschrift
geheimhaltungsbedürftigen Informationen vor, dass die Informationspflicht
entfällt und die betreffenden Informationen vor einer Offenlegung geschützt

sind (→ DS-GVO Art. 14 Rn. 43). S. 1 **erstreckt diesen Schutz** auf solche Informationen, die **ihrem Wesen nach,** insbes. wegen der überw. Interessen eines Dritten, **geheim gehalten werden müssen.** Die Regelung des S. 1 kann demgemäß keine Anwendung finden, wenn die Betroffenen aufgrund der Art der Tätigkeit des Berufsgeheimnisträgers bereits Kenntnis davon haben, dass dieser ihre personenbezogenen Daten verarbeitet, dies ist bspw. der Fall bei Payroll-Dienstleistungen, in denen der Betroffene als Empfänger von Gehaltsmitteilungen direkten Kontakt mit dem Berufsgeheimnisträger hat.

10   Der Gesetzgeber hat in Abs. 1 S. 1 bereits eine Güterabwägung zwischen den Geheimhaltungsinteressen und den Informationsinteressen der Betroffenen vorgenommen und eine **gesetzgeberische Entsch. zugunsten der Geheimhaltungsinteressen** getroffen, eine gesonderte Interessenabwägung ist daher nicht mehr durchzuführen. Neben dem Wortlaut des Abs. 1 zeigt sich dies auch in der Systematik der Norm. Abs. 1 sieht eine Pflicht zur Interessenabwägung lediglich für die Ausnahme der Benachrichtigungspflicht nach Art. 34 gem. Abs. 1 S. 3 vor (S. 4). Dabei ist die **Abwägungspflicht in S. 4** als **abw. Ausnahmeregelung** ausgestaltet. Für die Ausnahmen von den Informationspflichten nach den S. 1 und 2 fehlt es an einer solchen abw. Sonderregelung. Eine Pflicht zur Interessenabwägung bei Vorliegen eines Geheimhaltungsinteresses ergibt sich insbes. auch nicht aus dem Umstand, dass die Fallgruppe der „dem Wesen nach geheimhaltungsbedürftigen Informationen" durch den Einschub „insbesondere wegen der überw. berechtigten Interessen eines Dritten" Elemente einer Interessenabwägung aufweist. Dies betr. lediglich die Frage des Vorliegens einer Geheimhaltungspflicht dem Wesen nach, hier zudem nur den Unterfall einer Geheimhaltungspflicht aufgrund Interessen Dritter. Sobald eine Geheimhaltungspflicht feststeht, entfallen die jeweiligen Betroffenenrechte **aufgrund gesetzgeberischer Entsch. ohne weitere Abwägung,** wenn nicht die positiv geregelte Ausnahme des Abs. 1 S. 4 greift.

11   Bestätigt wird dies durch die Gesetzgebungshistorie. So standen in der ersten Fassung des Referentenentwurfes (Stand 1. Ressortabstimmung vom 5.8.2016) die in § 8 und § 36 enthaltenen Einschränkungen der Betroffenenrechte sowie der Befugnisse der ASB ggü. Berufsgeheimnisträgern zunächst sämtlich unter dem **Vorbehalt der Erforderlichkeit und Verhältnismäßigkeit.** Bereits die zweite Fassung des Referentenentwurfes (Stand 2. Ressortabstimmung vom 11.11.2016) verzichtete auf die Kriterien der Erforderlichkeit und Verhältnismäßigkeit und nahm bei Vorliegen einer Geheimhaltungspflicht ein **uneingeschränktes Zurücktreten der Informationsinteressen** der Betroffenen an.

II. Einschränkung der Auskunftsrechte nach Art. 15 (S. 2)

12   Das den Betroffenen zustehende **Auskunftsrecht,** ob personenbezogene Daten von ihm verarbeitet werden, sowie auf Mitteilung der in Art. 15 DS-GVO genannten Mindestangaben (→ DS-GVO Art. 15 Rn. 23 ff.) wird ggü. Berufsgeheimnisträgern durch § 29 Abs. 1 S. 2 eingeschränkt. Stellt ein Betroffener also eine entspr. Auskunftsanfrage nach Art. 15 an einen Berufs-geheimnisträger, muss dieser keine Auskunft erteilen.

Die Regelung des § 29 Abs. 1 S. 2 schließt den Auskunftsanspruch des **13** Betroffenen ggü. Berufsgeheimnisträgern dem Wortlaut nach jedoch nicht vollständig aus, sondern nur, soweit durch eine Auskunft **geheimhaltungs-bedürftige Informationen offenbart** würden. Ein Anspruch auf Auskunft besteht daher in Fällen, in denen personenbezogene Daten betroffen sind, die nicht iRe Mandatsverhältnisses erhoben wurden, bspw. iRd Verarbeitung der Daten eigener Mitarbeiter oder Dienstleister. Sind allerdings Daten betroffen, die der Berufsgeheimnisträger in eben dieser Eigenschaft erhalten hat, wird man von einem vollständigen Ausschluss des Auskunftsanspruches ausgehen müssen. Eine Differenzierung und Einzelfallwürdigung der jeweili-gen betroffenen Informationen auf die Frage hin, ob diese dem Betroffenen offenbart werden dürfen oder nicht (da es sich bei den Informationen ja immerhin zT um die Daten des Betroffenen selbst handelt) wäre weder praktikabel noch entspricht sie dem Sinn und Zweck des § 29. Auch bei Würdigung der Bedeutung des Auskunftsrechtes ist daher eine **Auskunft über sämtliche Informationen,** die dem Berufsgeheimnisträger iRe dem Berufsgeheimnis unterliegenden Verhältnisses bekannt wurden, **in Gänze ausgeschlossen.**

§ 29 regelt nicht, ob dem Betroffenen die **Gründe für die Ablehnung 14 des Auskunftsbegehrens** mitgeteilt werden müssen. Die Forderung des BR im Gesetzgebungsverfahren, eine ausdr. Befreiung von der Erklärungspflicht aufzunehmen (BT-Drs. 18/11655, 27), wurde nicht aufgegriffen. Für die Ablehnung von Auskunftsansprüchen nach § 34 BDSG aF wurde vertreten, dass eine kommentarlose Ablehnung eines Auskunftsersuchens nicht zulässig war, sondern dass der Betroffene ua zumindest erkennen können müsse, dass Daten über ihn gespeichert sind, die nach Auff. des Verantwortlichen einem Ausnahmetatbestand unterliegen sowie dass der Betroffene in die Lage versetzt werden müsse, die Aufsicht anzurufen oder den Rechtsweg zu beschreiten (vgl. Dix in Simitis BDSG aF § 34 Rn. 61). Legt man allerdings Sinn und Zweck des § 29 und dessen **Ziel eines umfassenden Schutzes von Berufs-geheimnissen** zugrunde, dürfte sich diese Ansicht nur bedingt aufrechterhal-ten lassen. Eine Ablehnung mit Hinweis auf Nichtbestehen eines Auskunfts-anspruches sollte daher ausreichend sein.

III. Einschränkung der Benachrichtigungspflichten nach Art. 34 (S. 3, 4)

§ 29 Abs. 1 S. 3 schränkt nach den gleichen Grundsätzen wie S. 1 und S. 2 **15** die **Pflicht zur Benachrichtigung** des Betroffenen bei **meldepflichtigen Datenvorfällen** nach Art. 34 DS-GVO für Berufsgeheimnisträger ein. Diese Einschränkung erfährt jedoch eine Ausnahme, wenn die Interessen des Be-troffenen, insbes. unter der Berücksichtigung drohender Schäden, ggü. dem Geheimhaltungsinteresse überwiegen (S. 4). Ein überw. Informationsinteresse wegen drohender Schäden kann bspw. vorliegen, wenn bes. sensible Informa-tionen von dem Datenvorfall betroffen sind und/oder der Betroffene Maßnahmen zur Schadensminderung ergreifen muss, um weitergehende Schäden zu vermeiden, zB Wechsel eines Passwortes, Sperrung von Kreditkartennummern oÄ (s. Schantz in Schantz/Wolff DatenschutzR Rn. 1367).

C. Einschränkung der Informationspflichten der übermittelnden Stelle (Abs. 2)

16 Die Regelung des § 29 Abs. 2 betrifft die **Rechtsbeziehung zwischen dem Mandanten des Berufsgeheimnisträgers und den betroffenen dritten Personen,** deren personenbezogene Daten iRe Mandatsverhältnisses an den Berufsgeheimnisträger weitergegeben werden. Die personenbezogenen Daten des Betroffenen wurden ursprünglich zu einem anderen Zweck erhoben und verarbeitet, so dass ohne die Regelung des Abs. 2 der Mandant gem. Art. 13 Abs. 3 DS-GVO über die Zweckänderung zu informieren hätte. § 29 Abs. 2 dient ausweislich der Begr. des GE dem Schutz der ungehinderten Kommunikation zwischen Mandant und Berufsgeheimnisträger (BT-Drs. 18/11325, 99) und ist eine wichtige Komplementärregelung zu den Regelungen in Abs. 1 und Abs. 3 zum Schutz des Mandatsgeheimnisses auch auf Seiten des Mandanten.

17 Die Einschränkung der Informationspflicht des Mandanten in Abs. 2 steht, anders als die Regelungen in § 29 Abs. 1, **grds. unter dem Vorbehalt einer Abwägung** mit den Interessen der betroffenen Person. Dieser Unterschied zu Abs. 1 beruht auf dem Umstand, dass in den Fällen des Abs. 2 keine direkte Kollision zwischen datenschutzrechtlichen Informationspflichten und berufsrechtlichen Geheimhaltungspflichten besteht, wie sie in der Situation des Berufsträgers auftritt. Auch wenn der Gesetzgeber damit iRd Abs. 2 keine gleichermaßen starke gesetzliche Vorentscheidung zugunsten der Geheimhaltung getroffen hat wie in Abs. 1, ist bei der Interessenabwägung der Vertraulichkeit der Kommunikation zwischen Mandant und Berufsgeheimnisträger ein hohes Gewicht beizumessen. Der Gesetzgeber räumt dem Schutz des Mandatsverhältnisses eine hohe Bedeutung zu und strebt mit Abs. 2 ausdr. die Gewährleistung einer vertraulichen und ungehinderten Kommunikation zwischen Mandant und Berufsträger an (BT-Drs. 18/11325, 99). Im **Regelfall** dürfte daher von einem **überw. Geheimhaltungsinteresse** auszugehen sein (s. Schantz in Schantz/Wolff DatenschutzR Rn. 1367). Ebenfalls iRd Interessenabwägung zu beachten ist, dass die Informationen des Betroffenen bei dem Berufsgeheimnisträger aufgrund der strengen berufsrechtlichen Vorgaben zum Umf. mit Mandanteninformationen einem bes. Schutz unterliegen, der hinsichtlich Vertraulichkeit und Strenge der Zweckbindung der Verarbeitung oftmals strenger als das Datenschutzrecht ist.

D. Einschränkung der Untersuchungsbefugnisse der Datenschutzaufsichtsbehörden (Abs. 3)

18 Gem. § 29 Abs. 3 besteht das **Recht der Aufsicht** auf Zugang zu allen personenbezogenen Daten und Informationen (Art. 58 Abs. 1 lit. e DS-

GVO; → DS-GVO Art. 58 Rn. 13), sowie das Recht auf Zugang zu den Geschäftsräumen einschl. aller Datenverarbeitungsanlagen und –geräte (Art. 58 Abs. 1 lit f DS-GVO; → DS-GVO Art. 58 Rn. 14 ff.), **nicht,** soweit dies zu einem **Verstoß gegen Geheimhaltungspflichten** führen würde. Zum geschützten Personenkreis, der sich auf Abs. 3 berufen kann, gehören die in § 203 Abs. 1, 2a und 3 StGB genannten Personen, der Anwendungsbereich ist damit sehr weit gefasst. Gleichermaßen gelten die Einschränkungen der Aufsichtsbefugnisse auch ggü. den Auftragsverarbeitern der geschützten Personen.

Somit können **Untersuchungen der ASB** für diejenigen Bereiche **verweigert werden,** in denen personenbezogene Daten verarbeitet werden, die Gegenstand bes. beruflicher Geheimhaltungspflichten sind. Dies schließt **insbes. die folgenden Handlungen** einer ASB aus: **19**

– Zugriff auf Systeme, in denen mandatsbezogene Informationen gespeichert und verarbeitet werden, soweit eine Beschränkung des Zugriffes auf nichtmandatsbezogene Daten nicht möglich ist;
– Zugriff auf zur Abrechnung von Mandaten genutzte Systeme;
– Zugriff auf Datenbanken mit Informationen zu Mandanten, die iRd Bearbeitung von Mandaten genutzt werden;
– Zugriff auf Mandatsakten;
– Zugriff auf E-Mail Systeme mit denen Mandantenkorrespondenz geführt wird.

Aufgrund des bes. Schutzbedarfes von mandatsbezogenen Daten muss im Zweifel angenommen werden, dass eine Untersuchungshandlung der ASB im datenverarbeitenden Organisationsbereich des Berufsgeheimnisträgers zu einem Verstoß gegen die Geheimhaltungspflicht führt. Das **Recht zur Durchführung von Untersuchungshandlungen** durch die ASB ist somit **idR erheblich eingeschränkt.** Die ASB müsste eine einzelfallbezogene Abweichung von dieser Regel belegen. Werden personenbezogene Daten freilich zu **anderen Zwecken, zB Verwaltungszwecken,** verarbeitet, gelten die Aufsichtsbefugnisse der ASB uneingeschränkt. Zu diesen Bereichen können insbes. der Bereich der Personaldatenverwaltung und der Dienstleisterverwaltung gehören.

Erlangt die ASB trotz der weitgehenden Einschränkungen ihrer Untersuchungsbefugnisse **per Zufallsfund Kenntnis von durch § 203 StGB geschützten Informationen,** so weitet § 29 Abs. 3 S. 2 die Geheimhaltungspflicht auch auf die ASB aus. Damit darf keine Weitergabe der auf diese Weise erlangten Informationen erfolgen, insbes. ist damit auch die **Weitergabe an andere staatliche Stellen ausgeschlossen** (Schantz in Schantz/Wolff DatenschutzR Rn. 1365). **20**

Während dem BR die Regelung des § 29 Abs. 3 nicht weit genug ging und dieser vorschlug, die Regelungen zugunsten einer umfassenderen und rechtssicheren Gesamtregelung zurückzustellen (BT-Drs. 18/11655, 28), wird die Einschränkung der Aufsichtsbefugnisse der ASB zT kritisiert und eine vollständige Unterwerfung auch von Berufsgeheimnisträgern unter die Datenschutzaufsicht gefordert (s. Dammann, ZD 2016, 307 (310)). Diese Ansicht übersieht jedoch, dass die Aufsicht der ASB bereits nur **soweit** reichen kann, **21** wie das **Datenschutzrecht auf Berufsgeheimnisträger Anwendung findet** (s. hierzu auch Zikesch ZD 2015, 565; Zikesch/Kramer ZD 2015, 461 sowie § 1 Rn. 6 ff.). Gerade da die Befugnisse der Aufsicht nur eingeschränkt und nicht ausgeschlossen sind, ist eine Regelung wie die in Abs. 3 zwingend, um den bes. Geheimhaltungspflichten von Berufsträgern Rechnung zu tragen. Zum anderen ist ein Schutz von Berufsgeheimnissen gerade auch vor dem **Zugriff von staatlichen Institutionen verfassungsrechtlich geboten** (BVerfGE 113, 29), zu Recht verweist die Begr. zum GE auf die zu gewährleistende Vertraulichkeit des Mandatsverhältnisses nach der Rechtsprechung des BVerfG (BT-Drs. 18/11325, 100). Dies muss auch ggü. der Datenschutzaufsicht gelten. Gegenwärtig lässt der Anwendungsbereich des Abs. 3 eine Regelungslücke in Fällen, in denen der Berufsgeheimnisträger Auftragsverarbeiter ist. In solchen Fällen entsteht ein Konflikt mit den Audit- und Kontrollrechten des Auftraggebers, der Berufsgeheimnisträger muss diese gezwungenermaßen einschränken wenn und soweit dadurch geheimnisgeschützte Informationen offenbart werden würden. Vor diesem Hintergrund wäre geboten, den Anwendungsbereich des Abs. 3 über die prüfende Aufsichtsbehörde hinaus auch auf den Auftraggeber einer Auftragsverarbeitung sowie von diesem eingesetzte Auditoren zu erstrecken.

E. Ausblick

22 § 29 stellt in einem größeren Maß als bisher den **Schutz von Berufsgeheimnissen auch im Anwendungsbereich des Datenschutzrechtes** sicher. Grds. ist daher begrüßenswert, dass die Regelungen des § 29 nicht, wie vom BR im Gesetzgebungsverfahren gefordert, für eine spätere Regelung zurückgestellt wurden.

23 Dies gilt umso mehr, als in Zukunft in noch stärkerem Maße als bisher das **Zusammenspiel des Berufsrechtes und Datenschutzrechtes** in einer Vielzahl von Rechtsfragen von erheblicher Bedeutung sein wird. So hat etwa der BT in seiner Sitzung vom 30.6.2017 beschlossen, das Berufsstrafrecht und das Berufsrecht dahingehend zu ändern, dass Berufsgeheimnisträger ausländische Dienstleister (nur) dann in ihre Leistungserbringung einbeziehen dürfen, wenn bei diesen ein angemessener Schutz der Geheimnisse sichergestellt ist (vgl. zB § 43f Abs. 4 BRAO nF). Für die Beurteilung der Angemessenheit des Schutzniveaus liegt es nahe, als Maßstab auf die datenschutzkonforme Übermittlung an den Dienstleister nach Kap. V der DS-GVO abzustellen. Da mit den berufsrechtlichen Neuregelungen insbes. der Situation der Inanspruchnahme von IT-Dienstleistern Rechnung getragen werden soll, kommt den auch für das Datenschutzrecht wesentlichen Aspekten der **sorgfältigen Dienstleisterauswahl und der Datensicherheit bei Übermittlung** an und **Verarbeitung durch Dritte** zentrale Bedeutung zu. Gerade wegen des verstärkten Zusammenspieles von Berufsrecht und Datenschutzrecht ist eine klare Eingrenzung der Befugnisse der Datenschutzaufsicht ggü. Berufsgeheimnisträgern zwingend. Da das Berufsrecht gerade auch den Schutz vor Zugriff seitens staatlicher Institutionen zum Ziel hat, muss sichergestellt sein, dass bes. geheimhaltungspflichtige Informationen vor dem Zugriff der Datenschutzaufsicht wirksam geschützt sind, auch wenn datenschutzrechtliche Maßstäbe und Wertungen im Berufsrecht eine Rolle spielen. Hier kommt § 29 heute schon eine wesentliche Bedeutung zu, die in Zukunft noch zunehmen wird.

§ 30 Verbraucherkredite

(1) Eine Stelle, die geschäftsmäßig personenbezogene Daten, die zur Bewertung der Kreditwürdigkeit von Verbrauchern genutzt werden dürfen, zum Zweck der Übermittlung erhebt, speichert oder verändert, hat Auskunftsverlangen von Darlehensgebern aus anderen Mitgliedstaaten der Europäischen Union genauso zu behandeln wie Auskunftsverlangen inländischer Darlehensgeber.

(2) [1]Wer den Abschluss eines Verbraucherdarlehensvertrags oder eines Vertrags über eine entgeltliche Finanzierungshilfe mit einem Verbraucher infolge einer Auskunft einer Stelle im Sinne des Absatzes 1 ablehnt, hat den Verbraucher unverzüglich hierüber sowie über die erhaltene Auskunft zu unterrichten. [2]Die Unterrichtung unterbleibt, soweit hierdurch die öffentliche Sicherheit oder Ordnung gefährdet würde. § 37 bleibt unberührt.

EU-Recht: Art. 9 EU-Verbraucherkreditrichtlinie 2008/48/EG, Art. 15 DS-GVO (kommentiert unter → Rn. 1 f.; → DS-GVO Art. 15 Rn. 1 ff.).

A. Allgemeines

I. Einführung

§ 30 dient nicht der Anpassung des Datenschutzrechtes an die DS-GVO. Als **Nachfolgeregelung zu § 29 Abs. 6 und 7 BDSG aF** setzt die Norm vielmehr weiterhin Art. 9 Abs. 1 und 2 der EU-Verbraucherkreditrichtlinie (RL 2008/48/EG) um. Der Wortlaut der Norm stimmt iW mit dem der Vorgängerregelung überein (vgl. BT-Drs. 18/11325, 101). Zu beachten gilt, dass sich der Anwendungsbereich des § 30 nur auf Verbraucher iSd § 13 BGB und auf Vorgänge im Zusammenhang mit einer Kreditvergabe erstreckt. Die Verbraucherkreditrichtlinie gibt in Art. 3 lit. c und Art. 2 Abs. 1 und Abs. 2 vor, welche Verträge unter diese Kreditvergabe fallen. Erfasst sind grds. Verträge, bei denen ein Kreditgeber einem Verbraucher Finanzierungshilfe gewährt oder zu gewähren verspricht. Nicht erfasst sind hingegen Verträge über die wiederkehrende Erbringung von Dienstleistungen oder über die Lieferung von Waren gleicher Art, bei denen der Verbraucher über den Zeitraum Teilzahlungen leisten muss. So fallen bspw. Mobilfunk- oder Wohnraummietverträge grds. nicht unter den Anwendungsbereich des § 30, es sei denn, die Mietsache muss nach der Nutzung entgeltlich erworben werden (vgl. Umkehrschluss aus Art. 2 Abs. 2 lit. d Verbraucherkreditrichtlinie).

II. Sinn und Zweck

2 § 30 Abs. 1 regelt die **Gleichbehandlung europ. Kreditgeber** beim Zugang zu Kreditauskunfteien. Dadurch soll eine Verzerrung des Wettbewerbes zwischen den Kreditgebern verhindert werden (ErwGr 28 der EU-Verbraucherkreditrichtlinie (RL 2008/48/EG)). Daneben begr. § 30 Abs. 2 eine Pflicht zur **Unterrichtung des durch eine ablehnende Kreditentscheidung betroffenen Verbrauchers** über Anfrage und Inhalt der vom potentiellen Darlehensgeber erhaltenen Auskunft einer Auskunftei. Auf diesem Wege soll **Transparenz für den Verbraucher** geschaffen werden.

B. Gleichbehandlung von Auskunftsverlangen (Abs. 1)

3 § 30 Abs. 1 soll gewährleisten, dass Darlehensgeber aus sämtlichen Mitgliedstaaten der EU bei grenzüberschreitenden Kreditvergaben **diskriminierungsfreien Zugang zu den nötigen Datenbanken** haben, um die Kreditwürdigkeit eines Verbrauchers hinreichend bewerten zu können. Der Begriff des Verbrauchers ist wie in § 13 BGB zu verstehen (vgl. BT-Drs. 16/11643, 140 zu § 29 Abs. 6 BDSG aF), dh als jede natürliche Person, die ein Rechtsgeschäft zu Zwecken abschließt, die überw. weder ihrer gewerblichen noch ihrer selbstständigen beruflichen Tätigkeit zugerechnet werden können. Regelungsadressaten sind alle Kreditinformationssysteme, soweit sie geschäftsmäßig personenbezogene Daten, die zur Bewertung der Kreditwürdigkeit von Verbrauchern genutzt werden dürfen, zum Zweck der Übermittlung erheben, speichern oder verändern. Darunter sind insbes. **Wirtschaftsauskunfteien wie die SCHUFA** zu verstehen. Nicht erfasst sind dagegen Systeme, die nur konzernintern agieren, da diese auch für inländische konzernfremde Unternehmen nicht zugänglich sind (Gola in Gola/Heckmann BDSG § 30 Rn. 4; Kramer in Auernhammer BDSG § 30 Rn. 9). § 30 Abs. 1 statuiert die allg. Pflicht, Auskunftsverlangen von Darlehensgebern aus einem anderen Mitgliedstaat hinsichtlich aller Erteilungsvoraussetzungen genauso zu behandeln wie Auskunftsverlangen inländischer Darlehensgeber. Da § 30 Abs. 1 **jedoch keine Besserstellung** der Darlehensgeber aus anderen Mitgliedstaaten bewirken soll, können alle für inländische Kreditgeber potentiell anfallenden Kosten in gleichem Umf. von Kreditgebern aus anderen Mitgliedstaaten verlangt werden (vgl. BT-Drs. 16/11643, 140 zu § 29 Abs. 6 BDSG aF).

C. Unterrichtung des betroffenen Verbrauchers (Abs. 2)

I. Unterrichtungspflicht (Abs. 2 S. 1)

4 § 30 Abs. 2 S. 1 begr. die Pflicht, den betroffenen Verbraucher über die Anfrage des Kreditgebers bei dem Kreditinformationssystem und die erhaltene negative Auskunft zu informieren. Die Vorschr. greift dabei nur, wenn der Abschluss eines Verbraucherdarlehensvertrages (§ 491 BGB) oder eines entgeltlichen Finanzierungshilfevertrages (§ 506 BGB) **abgelehnt wurde.** Die Auskunft ist unverzüglich iSd § 121 BGB zu erteilen. Die Pflicht umfasst sowohl die kostenlose Unterrichtung als auch eine Begr. (vgl. BT-Drs. 16/11643, 140 zu § 29 Abs. 7 BDSG aF). **Adressat** der Vorschr. ist nach ihrem Wortlaut **in erster Linie nicht die verantwortliche Stelle,** die die Informationen über die Kreditwürdigkeit übermittelt hat, **sondern der Kreditgeber,** der den Vertrag mit dem Verbraucher aufgrund der aus seiner Sicht unzureichenden Kreditwürdigkeit nicht geschlossen hat. Ausweislich der Gesetzesbegründung zu § 29 Abs. 7 BDSG aF kann jedoch auch die Auskunftei die entspr. Information erteilen, soweit eine entspr. Vereinbarung mit dem Kreditgeber besteht (vgl. BT-Drs. 16/11643, 140 zu § 29 Abs. 7 BDSG aF). Der insoweit offene Wortlaut der Norm steht einer Unterrichtung durch die Auskunftei jedenfalls nicht entgegen (Taeger in Taeger/Gabel BDSG § 30 Rn. 15). Gleiches gilt demnach für § 30 Abs. 2 S. 1, der insoweit wortgleich abgefasst ist.

II. Ausnahme der Unterrichtungspflicht (Abs. 2 S. 2)

Gem. § 30 Abs. 2 S. 2 muss die Unterrichtung dann unterbleiben, wenn **5** durch sie die **öffentl. Sicherheit oder Ordnung** gefährdet würde. Es liefe dem Ziel der Gewährleistung der öffentl. Ordnung zuwider, wenn durch die Unterrichtung die Verhütung, Ermittlung, Feststellung und Verfolgung von Straftaten gefährdet würde (Gola in Gola/Heckmann BDSG § 30 Rn. 6). Eine Gefährdung der öffentl. Sicherheit oder Ordnung durch Erteilung der Auskunft liegt lt. ErwGr 29 der EU-Verbraucherkreditrichtlinie (RL 2008/48/EG) insbes. dann vor, **wenn hierdurch gegen europ. Rechtsvorschriften über Terrorismusfinanzierung oder Geldwäsche verstoßen würde.**

III. Kein Verdrängen weiterer Auskunftsansprüche (Abs. 2 S. 3)

Unklar bleibt, welchen Sinn und Zweck die Bezugnahme auf § 37 in § 30 **6** Abs. 2 S. 3 hat. Der Verweis auf § 6a BDSG aF in der Vorgängerregelung sollte verdeutlichen, dass die bes. Unterrichtungspflicht nach § 29 Abs. 7 S. 1 BDSG aF weitere potentielle Auskunftsansprüche des Verbrauchers nicht verdrängt. § 6a BDSG aF statuierte dabei sowohl das Verbot der automatisierten Entsch. im Einzelfall als auch korrespondierende Informationsrechte. § 37 enthält hingegen lediglich weitere Ausnahmen zum bereits in Art. 22 Abs. 1 DS-GVO normierten Verbot und setzt insbes. keine Auskunftsansprüche wie noch § 6a BDSG aF fest. Es liegt nahe, dass dies bei der weitgehenden Übernahme des Wortlautes des § 29 Abs. 7 BDSG aF im Gesetzgebungsverfahren nicht berücksichtigt wurde und es sich bei dem Verweis mithin um ein redaktionelles Versehen handelt.

§ 31 Schutz des Wirtschaftsverkehrs bei Scoring und Bonitätsauskünften

(1) Die Verwendung eines Wahrscheinlichkeitswerts über ein bestimmtes zukünftiges Verhalten einer natürlichen Person zum Zweck der Entscheidung über

die Begründung, Durchführung oder Beendigung eines Vertragsverhältnisses mit dieser Person (Scoring) ist nur zulässig, wenn

1. die Vorschriften des Datenschutzrechts eingehalten wurden,
2. die zur Berechnung des Wahrscheinlichkeitswerts genutzten Daten unter Zugrundelegung eines wissenschaftlich anerkannten mathematisch-statistischen Verfahrens nachweisbar für die Berechnung der Wahrscheinlichkeit des bestimmten Verhaltens erheblich sind,
3. für die Berechnung des Wahrscheinlichkeitswerts nicht ausschließlich Anschriftendaten genutzt wurden und
4. im Fall der Nutzung von Anschriftendaten die betroffene Person vor Berechnung des Wahrscheinlichkeitswerts über die vorgesehene Nutzung dieser Daten unterrichtet worden ist; die Unterrichtung ist zu dokumentieren.

(2) [1] Die Verwendung eines von Auskunfteien ermittelten Wahrscheinlichkeitswerts über die Zahlungsfähig- und Zahlungswilligkeit einer natürlichen Person ist im Fall der Einbeziehung von Informationen über Forderungen nur zulässig, soweit die Voraussetzungen nach Absatz 1 vorliegen und nur solche Forderungen über eine geschuldete Leistung, die trotz Fälligkeit nicht erbracht worden ist, berücksichtigt werden,

1. die durch ein rechtskräftiges oder für vorläufig vollstreckbar erklärtes Urteil festgestellt worden sind oder für die ein Schuldtitel nach § 794 der Zivilprozessordnung vorliegt,
2. die nach § 178 der Insolvenzordnung festgestellt und nicht vom Schuldner im Prüfungstermin bestritten worden sind,
3. die der Schuldner ausdrücklich anerkannt hat,
4. bei denen
   a) der Schuldner nach Eintritt der Fälligkeit der Forderung mindestens zweimal schriftlich gemahnt worden ist,
   b) die erste Mahnung mindestens vier Wochen zurückliegt,
   c) der Schuldner zuvor, jedoch frühestens bei der ersten Mahnung, über eine mögliche Berücksichtigung durch eine Auskunftei unterrichtet worden ist und
   d) der Schuldner die Forderung nicht bestritten hat oder
5. deren zugrunde liegendes Vertragsverhältnis aufgrund von Zahlungsrückständen fristlos gekündigt werden kann und bei denen der Schuldner zuvor über eine mögliche Berücksichtigung durch eine Auskunftei unterrichtet worden ist. [2] Die Zulässigkeit der Verarbeitung, einschließlich der Ermittlung von Wahrscheinlichkeitswerten, von anderen bonitätsrelevanten Daten nach allgemeinem Datenschutzrecht bleibt unberührt.

EU-Recht: Art. 22 DS-GVO (kommentiert unter → DS-GVO Art. 22 Rn. 24).

Literatur: *Bundesministerium der Justiz,* Handbuch der Rechtsförmlichkeit, 3. Aufl. 2008; *Diercks,* Big Data-Analysen & Scoring in der (HR-)Praxis, PinG 2016, 30; *Eschholz,* Big Data-Scoring unter dem Einfluss der Datenschutz-Grundverordnung, DuD 2017, 180; *Gerberding/Wagner,* Qualitätssicherung für „Predictive Analytics" durch digitale Algorithmen, ZRP 2019, 116; *Hammersen/Eisenried,* Ist „Redlining" in Deutschland erlaubt?, ZD 2014, 342; *Krämer,* Die Rechtmäßigkeit der Nutzung von Scorewerten, NJW 2020, 497; *Kremer,* Wer braucht warum das neue BDSG?, CR 2017, 367; *Moos,* Nutzung

v. Scoring-Diensten im Online-Versandhandel, ZD 2016, 561; *Overbeck,* Datenschutz und Verbraucherschutz bei Bonitätsprüfungen durch Wirtschaftsauskunfteien mittel Scoring, 2017; *Traeger,* Verbot des Profiling nach Art. 22 DS-GVO und die Regulierung des Scoring ab Mai 2018, RDV 2017, 3; *Wäßle/Heinemann,* Scoring im Spannungsfeld v. Datenschutz und Informationsfreiheit, CR 2010, 410; *Weichert,* Scoring in Zeiten v. Big Data, ZRP 2014, 168.

A. Allgemeines

§ 31 verweist in seiner Überschrift auf den Schutz des Wirtschaftsverkehrs *bei* **1** Scoring und Bonitätsauskünften, setzt aber die Annahme voraus, dass der Wirtschaftsverkehr *durch* Scoring zu schützen sei und legt dafür einen Standard fest, insbesondere für dieses Instrument als Geschäftsmodell, das für sich Rationalität in Anspruch nimmt. Diskutiert wird das Instrument auch unter dem Stichwort „Predictive Analytics" (Gerberding/Wagner ZRP 2019, 116). Die Vorschrift knüpft an §§ 28a, b BDSG aF an und soll dessen **materiellen Schutzstandard** enthalten (BR-Drs. 110/17, Anl., 101; kritisch Kremer CR 2017, 367 (374), in Bezug auf § 28a BDSG aF: „davon (…) kann keine Rede sein"). Die Vorschr. verweist auf Art. 22 DS-GVO (vgl. Kühling/Martini DS-GVO und das nationale Recht, 440 f.; Traeger RDV 2017, 3; krit. Overbeck, 271 f.) und über Art. 6 Abs. 4 DS-GVO auf Art. 23 DS-GVO. Dieser und Art. 22 Abs. 2 lit. b DS-GVO eröffnen dem mitgliedstaatlichen Gesetzgeber die Möglichkeit, eine eigene, ggf. auch technikspezifische Regelung zu treffen (für die Zulässigkeit der Konkretisierung des Rahmens des Art. 23 DS-GVO Kremer CR 2016, 367 (374)). Letztgenannter erlaubt die Einschränkung des Verbots nach Art. 22 Abs. 1 DS-GVO v. innen heraus, Art. 23 DS-GVO knüpft (v. außen) direkt an Art. 22 DS-GVO an. Die Begr. des RegE nennt keine der beiden unionsrechtlichen Grundlagen. Auch weil Scoring eine Big Data-Anwendung ist (vgl. Weichert ZRP 2014, 168) und die Daten regelmäßig unter den in Art. 6 Abs. 1 DS-GVO genannten Voraussetzungen gerade nicht primär zu dem Zweck erhoben werden, sie automatisiert auszuwerten, kommt Art. 6 Abs. 1 UAbs. 1 lit. c, e, Abs. 2, 3 DS-GVO als Ausgangspunkt für die Regelung nicht in Frage. Eine Regelung war wegen des Gefährdungspotentials und der Anforderung der Rechtssicherheit erforderlich (vgl. Ehmann in Simitis BDSG aF § 28a Rn. 115).

Scoring und Bonitätsauskünfte sind kein Selbst- und nicht der erste Zweck **2** der Erhebung v. Daten. Daher wird mit der Regelung letztlich die Frage beantwortet, ob und unter welchen Voraussetzungen Daten zu einem bestimmten verhaltensbezogenen Zweck des Scorings weiterverarbeitet und genutzt werden dürfen. Für andere Zwecke (vgl. Kremer CR 2016, 367 (374); Diercks PinG 2016, 30) kommt § 31 nicht zur Anwendung; es gelten Art. 6 DS-GVO, wiederum beschränkt durch Art. 22 DS-GVO, und etwaige spezifische Vorschr. auf der Grundlage des Art. 22 Abs. 2 lit. b DS-GVO.

§ 31 soll dem **Schutz der Verbraucher und der Wirtschaft** dienen **3** (BR-Drs. 110/17, Anl., 101), indem Verbraucher vor Überschuldung geschützt werden (zum Verhältnis der Schutzgüter Overbeck, 208 ff.; zum Risiko im Versandhandel Moos ZD 2016, 561); in Bezug auf diesen Schutzzweck ist § 31 keine daten-, sondern eine verbraucherschutzrechtliche Regelung; auch die Betrugsprävention ist als Zweck zu nennen (vgl. LG Karlsruhe DZ 2019, 511 (512)). Die Vorschr. steht in einem doppelten Spannungsfeld, nachdem auch Datenschutz und Informationsfreiheit für sie Fluchtpunkte sind (vgl. Wäßle/Heinemann CR 2010, 410). Der explizite Schutz vor Überschuldung ist freilich nur mittelbar mit dem Scoring verbunden und wirkt insoweit aufgesetzt. In erster Linie dient dieses der Risikofolgenabschätzung für die Nutzer des Scorings.

4   Geändert wurde § 31 im Gesetzgebungsverfahren in zweierlei Hinsicht (vgl. BT-Drs. 18/12084, 7): Zum einen wurde in Abs. 1 das Wort „soweit" durch „wenn" ersetzt; die Voraussetzungen sind insgesamt einzuhalten; das Scoring ist als solches nicht teilbar. Zum anderen wurde der Gläubiger als Bezugspunkt in Abs. 2 Nr. 4 lit. c und Abs. 2 Nr. 5 gestrichen, um auch anderen Personen als dem Gläubiger die Möglichkeit zu geben, das Rechtsverhältnis zum Schuldner zu gestalten.

B. Zulässigkeit des Scorings (Abs. 1)

5   Abs. 1 regelt, dass Scoring – welches hier im Unterschied zu § 28b BDSG aF eine Legaldefinition erfährt (zur Begr. für die Verwendung deutschsprachiger Begriffe BMJ Rn. 68) – nur unter mehreren, kumulativ zu erfüllenden Voraussetzungen zulässig ist.

6   Die Voraussetzungen der Nr. 2, 3 und 4 sind den Voraussetzungen des § 28b Nr. 1, 3 und 4 BDSG aF vergleichbar. § 28b Nr. 2 BDSG aF betraf die Berechnung des Wahrscheinlichkeitswerts durch eine Auskunftei, die nun in Abs. 2 geregelt ist, sich allerdings nicht mehr auf die Übermittlung, sondern auf die **Verwendung** entspr. Daten bezieht. Neu ist in Abs. 1 Nr. 1 die allgemeine Anforderung, dass die Vorschr. des Datenschutzrechts eingehalten werden müssen. Dieser allgemeine Rechtmäßigkeitsvorbehalt erlaubt einen Rückgriff auf zahlr. allgemeine Vorschr., insbes. auch Art. 5 DS-GVO. Schon daran – wie auch an Nr. 3 (Anschriftendaten; zum Phänomen des „Redlining", also zum Ausgrenzen ganzer Gebiete etc. auf der Grundlage von Daten) vgl. Hammersen/Eisenried ZD 2014, 342 (342 f.)) – wird deutlich, dass der genutzte Datenpool unterschiedliche Daten zugrunde legen und Negativ- und Positivdaten berücksichtigen muss. Für die Anwendung der Verfahrens zur Berechnung des Wahrscheinlichkeitswert nach Nr. 2 wird die „äußerst niedrige Hürde für Rechtskonformität" kritisiert (Gerberding/Wagner ZRP 2019, 116 (118)).

7   Ein Verstoß gegen § 31 kann **sanktioniert** werden, weil § 31 über Art. 22 DS-GVO Anteil an der Bewehrung durch Art. 83 Abs. 5 lit. b DS-GVO hat: Die Rechte der betroffenen Person werden dadurch verletzt, dass die Anforderungen des § 31 nicht eingehalten werden. Denn damit sind die Anforderungen des Art. 22 Abs. 2 DS-GVO nicht erfüllt. Dies ist Voraussetzung dafür, dass das Recht nicht besteht, einer ausschl. auf einer automatisierten Verarbeitung beruhenden Entsch. unterworfen zu werden.

C. Verwendung eines von Auskunfteien ermittelten Wahrscheinlichkeitswerts (Abs. 2)

Abs. 2 regelt die Verarbeitungslage, wenn Auskunfteien beteiligt sind. Anders **8** als § 28a Abs. 1 S. 1 BDSG aF wird nicht die Übermittlung v. Daten über eine Forderung an Auskunfteien geregelt, sondern die **Verwendung** eines Wahrscheinlichkeitswerts. Für die Übermittlung solcher Daten an Auskunfteien greift Art. 6 Abs. 4 DS-GVO, soweit die betroffene Person nicht eingewilligt hat, dass die Daten übermittelt werden; in einem solchen Fall sind die Art. 6 Abs. 1 UAbs. 1, 7 Abs. 4 DS-GVO zu berücksichtigen. Damit wird die Übermittlung erleichtert, das Datenschutzniveau im Vergleich zu § 28a BDSG aF abgesenkt (vgl. die Zust. v. Koch/Schmidt-Seidl, Stellungn., Ausschussdrucksache 18(4)834, 8, für die Kreditwirtschaft).

Qualifizierte **Forderungen** iSd Abs. 2 sind für sich gesehen schon Indika- **9** toren, die auf ein erhöhtes Ausfallrisiko hinweisen. Einer automatisierten Verarbeitung im Wege des Scorings bedürfen sie dann gar nicht mehr, um unternehmerseitig eine informierte Entsch. treffen zu können. Das Scoring nach Abs. 2 ist auch deshalb weniger interessant, weil es voraussetzungsvoll ist: Es muss sich nicht nur auf die Zahlungsfähigkeit und Zahlungswilligkeit (man beachte die Umsetzung des gemeinsamen Suffix im Gesetzestext) beziehen, sondern auch die Voraussetzungen des Abs. 1 erfüllen. Allerdings muss nur eine der Anforderungen des „Fünferkatalogs" (Ehmann in Simitis BDSG aF § 28a Rn. 28) erfüllt sein. Zudem wird anders als bei § 28 Abs. 1 S. 1 Nr. 5 BDSG aF nicht mehr gefordert, dass die verantwortliche Stelle den Betroffenen unterrichtet hat, sondern dass er unterrichtet wurde. Damit reicht es aus, wenn der Betroffene irgendwann einmal darüber informiert wurde, etwa v. einer Person, die verantwortlich war, zwischenzeitlich aber mit dem Betroffenen nicht mehr in einem Vertragsverhältnis steht, etwa weil die Forderung verkauft wurde.

D. Ausblick

Automatisierte Verfahren sind trotz möglicher Unschärfe der Erg. attraktive **10** Instrumente der nachf. oder beiläufigen Verwendung v. Daten, die ohnehin vorhanden sind: **Big Data** findet hier eine Bestimmung (vgl. Eschholz DuD 2017, 180), und es ist fraglich, ob die an der Gesetzgebung verantwortlich Beteiligten die Wirkungen überblicken. Soweit es um die Rechte der Betroffenen geht, die hier personenbezogen vermessen werden bzw. bleiben, wird das Potential durch den Aufwand gemindert, der mit dem effektiven Schutz der Daten, der Information der Betroffenen, der Prüfung und Sanktionierung verbunden ist – quid pro quo. Scoring darf deswegen nicht in einer Blackbox stattfinden oder gar tabuisiert werden.

Gerade wenn das **Schutzniveau** der DS-GVO verschiedene Lösungen **11** ermöglicht, muss der mitgliedstaatliche Gesetzgeber eine an der DS-GVO orientierte, informierte Entsch. treffen, und es müssen die Mittel zur Vfg.

gestellt werden, mit denen das Datenschutzrecht durchgesetzt werden kann (vgl. Overbeck, 237 ff. zu Reformvorschlägen; Gerberding/Wagner ZRP 2019, 116 (119): „Algorithmen-Regulierungsrecht"). Nachdem die DS-GVO längst nicht so strikt zu Gunsten der betroffenen Personen formuliert ist, wie dies gefordert wurde, könnte § 31 sowohl den unionsrechtlichen wie auch den verfassungsrechtlichen Anforderungen genügen. **Rechtspolitisch** ist dies insoweit unbefriedigend, als es für den einzelnen Betroffenen jedenfalls in der Internet-Ökonomie schwierig ist, sich bewusst gegen ein Scoring zu entscheiden, auch weil Vorentscheidungen über ihn auf der Grundlage nicht seiner eigenen, sondern der Daten Dritter längst getroffen sein können, bevor er selbst etwas zu entscheiden hat.

12   Nicht zuletzt sind die Rechte der betroffenen Personen nach Art. 15, 16, 18, 21 Abs. 1 DS-GVO und der Schadensersatzanspruch nach Art. 82 DS-GVO dem Scoring entgegenzusetzen (vgl. Krämer NJW 2020, 497 (501 f.)). Als reaktive Maßnahmen werden sie nicht ausreichen, um den objektivrechtlichen Gehalt der DS-GVO durchzusetzen.

Kapitel 2. Rechte der betroffenen Person

§ 32 Informationspflicht bei Erhebung von personenbezogenen Daten bei der betroffenen Person

(1) Die Pflicht zur Information der betroffenen Person gemäß Artikel 13 Absatz 3 der Verordnung (EU) 2016/679 besteht ergänzend zu der in Artikel 13 Absatz 4 der Verordnung (EU) 2016/679 genannten Ausnahme dann nicht, wenn die Erteilung der Information über die beabsichtigte Weiterverarbeitung
1. eine Weiterverarbeitung analog gespeicherter Daten betrifft, bei der sich der Verantwortliche durch die Weiterverarbeitung unmittelbar an die betroffene Person wendet, der Zweck mit dem ursprünglichen Erhebungszweck gemäß der Verordnung (EU) 2016/679 vereinbar ist, die Kommunikation mit der betroffenen Person nicht in digitaler Form erfolgt und das Interesse der betroffenen Person an der Informationserteilung nach den Umständen des Einzelfalls, insbesondere mit Blick auf den Zusammenhang, in dem die Daten erhoben wurden, als gering anzusehen ist,
2. im Fall einer öffentlichen Stelle die ordnungsgemäße Erfüllung der in der Zuständigkeit des Verantwortlichen liegenden Aufgaben im Sinne des Artikels 23 Absatz 1 Buchstabe a bis e der Verordnung (EU) 2016/679 gefährden würde und die Interessen des Verantwortlichen an der Nichterteilung der Information die Interessen der betroffenen Person überwiegen,
3. die öffentliche Sicherheit oder Ordnung gefährden oder sonst dem Wohl des Bundes oder eines Landes Nachteile bereiten würde und die Interessen des Verantwortlichen an der Nichterteilung der Information die Interessen der betroffenen Person überwiegen,

4. die Geltendmachung, Ausübung oder Verteidigung rechtlicher Ansprüche beeinträchtigen würde und die Interessen des Verantwortlichen an der Nichterteilung der Information die Interessen der betroffenen Person überwiegen oder
5. eine vertrauliche Übermittlung von Daten an öffentliche Stellen gefährden würde.

(2) [1] Unterbleibt eine Information der betroffenen Person nach Maßgabe des Absatzes 1, ergreift der Verantwortliche geeignete Maßnahmen zum Schutz der berechtigten Interessen der betroffenen Person, einschließlich der Bereitstellung der in Artikel 13 Absatz 1 und 2 der Verordnung (EU) 2016/679 genannten Informationen für die Öffentlichkeit in präziser, transparenter, verständlicher und leicht zugänglicher Form in einer klaren und einfachen Sprache. [2] Der Verantwortliche hält schriftlich fest, aus welchen Gründen er von einer Information abgesehen hat. [3] Die Sätze 1 und 2 finden in den Fällen des Absatzes 1 Nummer 4 und 5 keine Anwendung.

(3) Unterbleibt die Benachrichtigung in den Fällen des Absatzes 1 wegen eines vorübergehenden Hinderungsgrundes, kommt der Verantwortliche der Informationspflicht unter Berücksichtigung der spezifischen Umstände der Verarbeitung innerhalb einer angemessenen Frist nach Fortfall des Hinderungsgrundes, spätestens jedoch innerhalb von zwei Wochen, nach.

EU-Recht: Art. 13 Abs. 3, 4, 23 Abs. 1 lit. a bis e, lit. i und j DS-GVO (kommentiert unter → DS-GVO Art. 13 Rn. 33 ff., 34 ff.; → DS-GVO Art. 23 Rn. 17 ff., 40 ff.).

Literatur: *Greve,* Das neue Bundesdatenschutzgesetz, NVwZ 2017, 737; *Johannes,* Der BDSG-Entwurf und das Mysterium der „23", ZD-Aktuell 2017, 05533; *Kremer,* Wer braucht warum das neue BDSG? – Auseinandersetzung mit den wesentlichen Inhalten des BDSG n. F., CR 2017, 367; *Kühling,* Neues Bundesdatenschutzgesetz – Anpassungsbedarf bei Unternehmen, NJW 2017, 1985; *Roßnagel,* Gesetzgebung im Rahmen der Datenschutz-Grundverordnung – Aufgaben und Spielräume des deutschen Gesetzgebers?, DuD 2017, 277.

Übersicht

A. Allgemeines

1 § 32 eröffnet das Kap. 2 „Rechte der betroffenen Person", in dem Modifikationen der Betroffenenrechte (Art. 12 bis 22 DS-GVO) statuiert sind, und regelt **Ausnahmen** (nur) von der **Informationspflicht nach Art. 13 Abs. 3 DS-GVO** im Falle der nachträglichen Zweckänderung im Anschluss an eine Direkterhebung; die Ausnahmevorschrift darf **nicht analog** für andere Verarbeitungssituationen herangezogen werden (Franck in Gola/Heckmann BDSG § 32 Rn. 2).

I. Regelungssystematik

2 Systematisch ergänzt § 32 Abs. 1 die Regelung des Art. 13 Abs. 4 DS-GVO, welche Ausnahmen von den Informationspflichten nach Art. 13 DS-GVO (→ DS-GVO Art. 13 Rn. 34 f.) normiert (s. zudem auch § 29 Abs. 2; → § 29 Rn. 16 f.; § 85 Abs. 3; → § 85 Rn. 6 ff.; vgl. iÜ die Auflistung bei → DS-GVO Art. 13 Rn. 35a; zu weiteren Ausnahmen nach Landesrecht s. die Übersicht bei Franck in Gola/Heckmann BDSG § 32 Rn. 56). Auf § 32 verweist zudem § 4 Abs. 4 S. 2 (→ § 4 Rn. 33). IE sieht **Abs. 1 Beschränkungen der Informationspflicht** des Art. 13 Abs. 3 DS-GVO vor. Dem Verantwortlichen werden jedoch (als Ausgleich) gem. **Abs. 2 Schutz- und Dokumentationspflichten** auferlegt. Bestand der Hinderungsgrund für das Unterlassen der Information bloß vorübergehend, bestimmt **Abs. 3** zudem eine **Pflicht zur Nachholung** der Information iSd Art. 13 Abs. 3 DS-GVO.

2a **Regelungen des bereichsspezifischen Datenschutzes** zu Ausnahmen von der Informationspflicht nach Art. 13 Abs. 3 gehen § 32 vor (Greve in HK-BDSG § 32 Rn. 9).

3 Voraussetzung für die Anwendbarkeit von § 32 ist – im Gleichlauf zu Art. 13 DS-GVO –, dass der Verantwortliche die personenbezogenen Daten (Art. 4 Nr. 1 DS-GVO; → DS-GVO Art. 4 Rn. 3 ff.) **bei der betroffenen Person erhebt.** Zum Begriff der **Direkterhebung** → DS-GVO Art. 13 Rn. 11.

3a Zu den Folgen eines Verstoßes → DS-GVO Art. 13 Rn. 9 ff. Zum Rechtsschutz s. auch Franck in Gola/Heckmann BDSG § 32 Rn. 53 ff.

II. Sinn und Zweck

3b § 32 soll eine **unverhältnismäßige Belastung des Verantwortlichen verhindern** und leistet damit einen **Beitrag zu einem adäquaten Interessenausgleich** der jeweils betroffenen (Grund-)Rechtspositionen (zutr. und näher Greve in HK-BDSG § 32 Rn. 3, 12, 41 sowie → Rn. 13, 23).

III. Unionrechtskonformität

4 Die Regelungen der §§ 32 bis 37 werden vom Gesetzgeber (zT pauschal) auf die **Öffnungsklausel in Art. 23 DS-GVO** gestützt (BT-Drs. 18/11325, 102; vgl. auch Bäcker in Kühling/Buchner DS-GVO Art. 13 Rn. 88 ff.;

Franck in Gola/Heckmann BDSG § 32 Rn. 6). Art. 23 DS-GVO ermöglicht Beschränkungen der Betroffenenrechte und damit eine Absenkung des Datenschutzniveaus durch den nationalen Gesetzgeber (Greve NVwZ 2017, 737 (739); ders. in HK-BDSG § 32 Rn. 5; ausf. Kühling/Martini ua DS-GVO und nationales Recht, 68 ff., 401 ff.; s. iÜ → DS-GVO Art. 23 Rn. 1 ff.).

IE stützt sich Abs. 1 Nr. 2 auf Art. 23 Abs. 1 lit. a bis e DS-GVO (Johannes **5** ZD-Aktuell 2017, 05533; Greve in HK-BDSG § 32 Rn. 5; Veil in GSSV DS-GVO Art. 13 und 14 Rn. 183). Abs. 1 Nr. 3 kann auf Art. 23 Abs. 1 lit. (c und) e gestützt werden (Golla in Kühling/Buchner BDSG § 32 Rn. 13; Greve in HK-BDSG § 32 Rn. 3; Veil in GSSV DS-GVO Art. 13 und 14 Rn. 183). Abs. 1 Nr. 4 basiert auf den in Art. 23 Abs. 1 lit. i (so Schantz in Schantz/Wolff DatenschutzR Rn. 1166; zust. Golla in Kühling/Buchner BDSG § 32 Rn. 17; umstr.) und lit. j DS-GVO (BT-Drs. 18/11325, 103; Greve in HK-BDSG § 32 Rn. 5; Kamlah in Plath BDSG § 32 Rn. 12) enthaltenen Öffnungsklauseln. Grundlage des Abs. 1 Nr. 5 ist Art. 23 Abs. 1 lit. e DS-GVO (BT-Drs. 18/11325, 103; Golla in Kühling/Buchner BDSG § 32 Rn. 20; Greve in HK-BDSG § 32 Rn. 5; Veil in GSSV DS-GVO Art. 13 und 14 Rn. 183). Zur Frage, ob ein Abstellen auf Art. 23 Abs. 1 lit. a, b und d DS-GVO in Ansehung des Anwendungsbereiches der DS-GVO erforderlich ist, s. Bäcker in Kühling/Buchner DS-GVO Art. 13 Rn. 91 mit Fn. 65 sowie → DS-GVO Art. 23 Rn. 18). Zur (unionsrechtlichen) Gebotenheit der Regelung des Abs. 3 s. Bäcker in Kühling/Buchner DS-GVO Art. 13 Rn. 96.

Teilw. wird eine **Vereinbarkeit** der in § 32 geregelten Ausnahmen von **6** der Informationspflicht **mit der DS-GVO** stark angezweifelt (BR-Drs. 110/1/17, 44 ff.; DSK Kurzpapier Informationspflichten S. 3, mit der Empfehlung einer engen Auslegung „im Sinne einer größtmöglichen Transparenz"; Johannes ZD-Aktuell 2017, 05533; ders./Richter DuD 2017, 300 (305); Roßnagel DuD 2017, 277 (280 f.); Stellungn. der Sachverständigen im Gesetzgebungsverfahren (Innenausschuss Prot. BDSG, 45 ff.). S. zu den Anforderungen für eine Einschränkung des Art. 13 DS-GVO durch Art. 23 DS-GVO ausf. Bäcker in Kühling/Buchner DS-GVO Art. 13 Rn. 88 ff.

So wurde insbes. **Abs. 1 Nr. 1** in seiner Entwurfsfassung, die eine (pau- **7** schale) Ausnahme bei unverhältnismäßigem Aufwand enthielt (vgl. BT-Drs. 18/11325, S. 33 f.), als verordnungswidrig kritisiert (BR-Drs. 110/1/17, 44; Innenausschuss Prot. BDSG, 32, 38; Franck in Gola/Heckmann BDSG § 32 Rn. 9; Golla in Kühling/Buchner BDSG § 32 Rn. 3; Roßnagel DuD 2017, 277 (281); vgl. auch Schantz in Schantz/Wolff DatenschutzR Rn. 1165). Im Zuge des Gesetzgebungsverfahrens wurde Abs. 1 Nr. 1 deshalb vollständig neu gefasst (s. BT-Drs. 18/12084, 7). Von gewichtigen Stimmen im Schr. wird Abs. 1 Nr. 1 allerdings auch in seiner nunmehrigen Ausgestaltung als unionsrechtswidrig eingestuft (so Dix in NK-DatenschutzR DS-GVO Art. 13 Rn. 23; Franck in Gola/Heckmann BDSG § 32 Rn. 16; Golla in Kühling/Buchner BDSG § 32 Rn. 5, der der „analogen Wirtschaft" keine Schutzwürdigkeit zuerkennt). Demgegenüber wird mit guten Gründen darauf verwiesen, dass Abs. 1 Nr. 1 auf Art. 23 Abs. 1 lit. i DS-GVO gestützt werden kann (Greve in HK–BDSG § 32 Rn. 6 f.; Schmidt-Wudy in BeckOK Daten-schutzR BDSG § 32 Rn. 28).

7a Vereinzelt wird die Unionsrechtskonformität von **Abs. 1 Nr. 3** verneint (so Dix in NK-DatenschutzR DS-GVO Art. 13 Rn. 23).

8 Zudem bestehen Zweifel an einer Vereinbarkeit von **Abs. 1 Nr. 4 und Abs. 1 Nr. 5** mit der DS-GVO (vgl. BR–Drs. 110/1/17, 46 ff.; Johannes ZD-Aktuell 2017, 05533). So wurde im Gesetzgebungsverfahren zT betont, dass das Tatbestandsmerkmal „rechtliche Ansprüche" bei Abs. 1 Nr. 4 über die Vorgaben des Art. 23 Abs. 1 lit. j DS-GVO hinausgeht (vgl. BR–Drs. 110/1/17, 46 ff.). Es kann allerdings insoweit auf die erg. Rechtsgrundlage nach Art. 23 Abs. 1 lit. i DS-GVO verwiesen werden (Dix in NK-Daten-schutzR DS-GVO Art. 13 Rn. 23; Schantz in Schantz/Wolff DatenschutzR Rn. 1166; zust. Eßer in Auernhammer BDSG § 32 Rn. 26; s. zum Dis-kussionsstand Schmidt-Wudy in BeckOK DatenschutzR BDSG § 32 Rn. 44; vgl. auch Veil in GSSV DS-GVO Art. 13 und 14 Rn. 184, der auf Art. 23 Abs. 1 lit. e DS-GVO verweist). Der Gesetzgeber konnte deswegen (gleich-wohl) an der weiten Formulierung (die insbes. öffentl.-rechtliche Ansprüche miteinschließt) festhalten (anders § 33 Abs. 1 Nr. 2 lit. a; → BDSG § 33 Rn. 18 f.). Eine Unionsrechtskonformität von **Abs. 1 Nr. 5** bejahend Dix in NK-DatenschutzR DS-GVO Art. 13 Rn. 23.

9 Bezweifelt wird ferner, ob der Gesetzgeber mit der Regelung des **Abs. 2** den **Vorgaben des Art. 23 Abs. 2 DS-GVO** gerecht geworden ist (eine Unionsrechtswidrigkeit für S. 1 und 3 bejahend Golla in Kühling/Buchner BDSG § 32 Rn. 23, 26; ebenso sehr krit. (auch betr. S. 2) Franck in Gola/ Heckmann BDSG § 32 Rn. 35, 37, 39; demgegenüber BT-Drs. 18/11325, 103). Es ist allerdings zum einen die Dokumentationspflicht nach Abs. 2 S. 2 als eine nach Art. 23 Abs. 2 lit. d DS-GVO gebotene Garantie zugunsten der betroffenen Person einzustufen (s. Golla in Kühling/Buchner BDSG § 32 Rn. 24). Zum anderen stellt § 32 keine bereichsspezifische Regelung dar, sodass Bedenken durch eine restriktive Auslegung Rechnung getragen werden kann (zutr. zu alledem Greve in HK–BDSG § 32 Rn. 34). S. aber zu S. 3 → Rn. 27.

9a ZT wird auch **Abs. 3** in Ansehung von Art. 13 Abs. 1 als unionsrechts-widrig eingestuft (so Dix in NK-DatenschutzR DS-GVO Art. 13 Rn. 7).

9b ZT werden die Ausnahmen des § 32 als nicht weitreichend genug für eine unionsrechtskonforme Ausgestaltung der verschiedenen betroffenen Interes-sen eingestuft (so Veil in GSSV DS-GVO Art. 13 und 14 Rn. 182).

9c Zur **Grundrechtskonformität** des § 32 s. Greve in HK–BDSG § 32 Rn. 8.

B. Ausnahmen von der Informationspflicht (Abs. 1)

10 Der Verantwortliche (Art. 4 Nr. 7 DS-GVO; zu gemeinsam für die Ver-arbeitung Verantwortlichen s. Art. 26 DS-GVO) ist gem. Abs. 1 von seiner Pflicht zur Information über die Zweckänderung nach Art. 13 Abs. 3 DS-GVO an die betroffene Person (Art. 4 Nr. 1 DS-GVO; → DS-GVO Art. 4

Rn. 4 ff.) in den Fällen der Abs. 1 Nr. 1 bis 5 entbunden. Sämtliche Ausnahmen beziehen sich nur auf Art. 13 Abs. 3; die Informationspflichten gemäß Art. 13 Abs. 1 und Abs. 2 bleiben iÜ unberührt (Eßer in Auernhammer BDSG § 32 Rn. 2; Golla in Kühling/Buchner BDSG § 32 Rn. 1; Schmidt-Wudy in BeckOK DatenschutzR BDSG § 32 Rn. 16). Überwiegend wird zudem dafür plädiert, § 32 Abs. 1 als **Ausnahmevorschrift eng auszulegen** (Franck in Gola/Heckmann BDSG § 32 Rn. 5; Golla in Kühling/Buchner BDSG § 32 Rn. 3; Greve NVwZ 2017, 737 (739); ders. in HK-BDSG § 32 Rn. 5).

I. Weiterverarbeitung analog gespeicherter Daten (Nr. 1)

Nach Abs. 1 Nr. 1 besteht die Informationspflicht gem. Art. 13 Abs. 3 DS-GVO nicht, wenn die Weiterverarbeitung **analog gespeicherte Daten** betrifft, der Verantwortliche sich zur Weiterverarbeitung **unmittelbar an die betroffene Person wendet,** die Weiterverarbeitung mit dem **Erhebungszweck vereinbar** ist, die **Kommunikation** mit der Person **nicht in digitaler Form** erfolgt und das Interesse der Person an der Informationserteilung im jeweiligen Einzelfall als **gering eingestuft** wird. **11**

Eine signifikante **Reduzierung des Schutzniveaus** ist mit dieser Ausnahme nicht verbunden; denn die betroffene Person erhält dadurch, dass der Verantwortliche sich unmittelbar an sie wenden muss, jedenfalls Kenntnis von der Weiterverarbeitung und kann ggf. Widerspruch nach Art. 21 DS-GVO einlegen (BT-Drs. 18/12144, 4; Greve NVwZ 2017, 737 (739); ders. in HK-BDSG § 32 Rn. 15; s. auch BT-Drs. 18/11325, 102; krit. Kamlah in Plath BDSG § 32 Rn. 8). IÜ soll die Einzelfallbetrachtung den Vorgaben des Art. 6 Abs. 4 DS-GVO sowie ErwGr 50 DS-GVO Rechnung tragen (s. BT-Drs. 18/12144, 5). **12**

Abs. 1 Nr. 1 zielt insbes. ab auf die **Privilegierung kleinerer und mittlerer Unternehmen** der analogen Wirtschaft, die sich nicht digitaler Kommunikationswege bedienen (BT-Drs. 18/12144, 4 f.; Greve NVwZ 2017, 737 (739)). Da allerdings selbst kleine Unternehmungen inzwischen in aller Regel digitale Formate benutzen, dürfte die Entlastung der Wirtschaft iErg marginal sein (s. Eßer in Auernhammer BDSG § 32 Rn. 12; Schmidt-Wudy in BeckOK DatenschutzR BDSG § 32 Rn. 23). **13**

Da zudem die in Abs. 1 Nr. 1 angeführten Tatbestandsmerkmale **kumulativ** vorliegen müssen, bleibt für ein Eingreifen der Ausnahmeregelung in der Praxis letztlich kaum Raum (ausf. Schantz in Schantz/Wolff DatenschutzR Rn. 1165; zust. Franck in Gola/Heckmann BDSG § 32 Rn. 10; Golla in Kühling/Buchner BDSG § 32 Rn. 4; Greve in HK-BDSG § 32 Rn. 13 f.). **14**

Der **Anwendungsbereich** ist bereits **auf analog gespeicherte Daten beschränkt.** Der Begriff ist gesetzlich nicht definiert (Greve in HK-BDSG § 32 Rn. 13; Schmidt-Wudy in BeckOK DatenschutzR BDSG § 32 Rn. 23). Gemeint ist die nicht-elektronische Speicherung (Golla in Kühling/Buchner BDSG § 32 Rn. 6; zust. Greve in HK-BDSG § 32 Rn. 13); etwa eine Kundendatei in einem Karteikasten oder Papierakten (Franck in Gola/Heckmann BDSG § 32 Rn. 11; Greve in HK-BDSG § 32 Rn. 13; Kamlah **14a** in Plath BDSG § 32 Rn. 9; Schantz in Schantz/Wolff DatenschutzR Rn. 1165; Schmidt-Wudy in BeckOK DatenschutzR BDSG § 32 Rn. 23). S. zur automatisierten Verarbeitung iSv Art. 2 Abs. 1 DS-GVO iÜ Golla in Kühling/Buchner BDSG § 32 Rn. 6 bzw. zur Speicherung in einem Dateisystem (Art. 2 Abs. 1 DS-GVO) Eßer in Auernhammer BDSG § 32 Rn. 8 und Franck in Gola/Heckmann BDSG § 32 Rn. 11 einerseits sowie Schmidt-Wudy in BeckOK DatenschutzR BDSG § 32 Rn. 23.1 andererseits.

14b Ferner muss es sich um Kommunikation „**nicht in digitaler Form**" handeln; dies bezieht sich insbes. auf den Postverkehr (Franck in Gola/Heckmann BDSG § 32 Rn. 14; Golla in Kühling/Buchner BDSG § 32 Rn. 4, 7; Greve in HK-BDSG § 32 Rn. 14; Kamlah in Plath BDSG § 32 Rn. 9; Schantz in Schantz/Wolff DatenschutzR Rn. 1165); uU auch auf Telefonate (Schmidt-Wudy in BeckOK DatenschutzR BDSG § 32 Rn. 26) sowie auf persönliche Gespräche oder Vertreterbesuche (Franck in Gola/Heckmann BDSG § 32 Rn. 14). De facto fördert damit Abs. 1 Nr. 1 vor allem – gleichsam als nostalgisches Gegengewicht zu modernen Kommunikationsformen – die handgeschriebene oder maschinengetippte Briefwerbung (Eßer in Auernhammer BDSG § 32 Rn. 8; Greve in HK-BDSG § 32 Rn. 14). In diesen Fällen dürfte regelmäßig auch das Erfordernis eines geringen Interesses der betroffenen Person an der Informationserteilung erfüllt sein (Schantz in Schantz/Wolff DatenschutzR Rn. 1165).

14c IÜ muss die Weiterverarbeitung iSd Art. 6 Abs. 4 DS-GVO mit dem Erhebungszweck vereinbar sein (s. näher Eßer in Auernhammer BDSG § 32 Rn. 10; Greve in HK-BDSG § 32 Rn. 16 f.; Kamlah in Plath BDSG § 32 Rn. 6).

14d Zur Interessenabwägung iRd Abs. 1 Nr. 1 s. Greve in HK-BDSG § 32 Rn. 17, der zu Recht darauf hinweist, dass dieser Interessenabwägung aufgrund der anzulegenden Maßstäbe des Art. 6 Abs. 4 iErg keine hervorgehobene Bedeutung zukommt (ebenso Eßer in Auernhammer BDSG § 32 Rn. 11; anders aber wohl Franck in Gola/Heckmann BDSG § 32 Rn. 15).

II. Erfüllung der Aufgaben öffentlicher Stellen (Nr. 2)

15 Abs. 1 Nr. 2 bezweckt (ebenso wie Nr. 3) die **Gewährleistung der ordnungsgemäßen Aufgabenerfüllung durch öffentl. Stellen** (vgl. BT-Drs. 18/11325, 103). Zu diesem Zweck statuiert Abs. 1 Nr. 2 für öffentl. Stellen eine Ausnahme von der Informationspflicht nach Art. 13 Abs. 3 DS-GVO.

16 Die Information darf gem. Abs. 1 Nr. 2 unterbleiben, wenn die Datenverarbeitung durch eine **öffentl. Stelle** erfolgt und die Information die **ordnungsgemäße Erfüllung** der in der Zuständigkeit des Verantwortlichen liegenden Aufgaben iSd Art. 23 Abs. 1 lit. a bis e DS-GVO (nationale Sicherheit, Landesverteidigung, öffentl. Sicherheit, Verhütung, Ermittlung, Aufdeckung oder Verfolgung von Straftaten oder Strafvollstreckung, Schutz sonstiger wichtiger Ziele des allg. öffentl. Interesses) gefährden würde. **Ordnungsgemäß** ist als rechtmäßig zu lesen (Greve in HK-BDSG § 32 Rn. 18). Die Gefährdung der Aufgabenerfüllung soll konkret und nicht nur abstrakt vorliegen müssen (Golla in Kühling/Buchner BDSG § 32 Rn. 11; Greve in HK-BDSG § 32 Rn. 20; Schmidt-Wudy in BeckOK DatenschutzR BDSG § 32 Rn. 33). Zudem wird eine Erschwerung der Aufgabenerfüllung „von einem gewissen Gewicht" gefordert (Golla in Kühling/Buchner BDSG § 32 Rn. 11; ähnlich Greve in HK-BDSG § 32 Rn. 18; (wohl) weitergehend Franck in Gola/Heckmann BDSG § 32 Rn. 19: „Aufgabenerfüllung verhindert oder erheblich erschwert"). Nicht ausreichend sind eine gewisse zusätzliche Arbeitsbelastung oder faktische Nachteile (zutr. Golla in Kühling/Buchner BDSG § 32 Rn. 11; zust. Franck in Gola/Heckmann BDSG § 32 Rn. 19; Greve in HK-BDSG § 32 Rn. 20). Eine (ggf. von der öffentl. Stelle selbst zu verantwortende) zeitliche Verzögerung sollte nur in begründeten Ausnahmefällen als eine Gefährdung der ordnungsgemäßen Erfüllung der Aufgaben eingestuft werden (zust. Franck in Gola/Heckmann BDSG § 32 Rn. 19; Greve in HK-BDSG § 32 Rn. 20; auch wenn bzw. trotz der Tatsache, dass der Vorschlag des BR zur Aufnahme eines entspr. klarstellenden Passus in Abs. 1 Nr. 2 erfolglos geblieben ist, s. BR-Drs. 110/1/17, 45 f.).

Erg. ist eine **Interessenabwägung** vorzunehmen (hierzu Golla in Kühling/Buchner BDSG § 32 Rn. 12; Greve in HK-BDSG § 32 Rn. 21). Die Interessen des Verantwortlichen an der Nichterteilung der Information müssen die Interessen der betroffenen Person im konkreten Fall überwiegen. Dies wird in Ansehung der Gefährdung der Aufgabenerfüllung idR der Fall sein (Franck in Gola/Heckmann BDSG § 32 Rn. 20; Greve in HK-BDSG § 32 Rn. 21).   **17**

III. Öffentliche Sicherheit und Ordnung sowie Wohl des Bundes oder eines Landes (Nr. 3)

Abs. 1 Nr. 3 sieht eine Ausnahmeregelung von der Informationspflicht des Art. 13 Abs. 3 DS-GVO für öffentl. Stellen (Greve in HK-BDSG § 32 Rn. 22; Schmidt-Wudy in BeckOK DatenschutzR BDSG § 32 Rn. 39; aA Franck in Gola/Heckmann BDSG § 32 Rn. 21) vor, wenn und soweit durch die Informationserteilung die öffentl. Sicherheit oder Ordnung gefährdet ist. Öffentl. Sicherheit und Ordnung sind iSd Polizei- und Ordnungsrechts zu verstehen (s. Franck in Gola/Heckmann BDSG § 32 Rn. 23 f.; Golla in Kühling/Buchner BDSG § 32 Rn. 15; Greve in HK-BDSG § 32 Rn. 24; Schmidt-Wudy in BeckOK DatenschutzR BDSG § 32 Rn. 39). Maßgeblich ist auch hier das Vorliegen einer konkreten Gefahr (Greve in HK-BDSG § 32 Rn. 26).   **18**

Zudem – als spezieller Fall der Nr. 3 (s. Golla in Kühling/Buchner BDSG § 32 Rn. 14) – besteht eine Ausnahme, wenn und soweit dem Wohl des Bundes oder eines Landes Nachteile bereitet würden. Nach einer engen Auslegung (Golla in Kühling/Buchner BDSG § 32 Rn. 14) sollen hier nur „bedeutsame" öffentl. Interessen, wie etwa Bestand und Funktionsfähigkeit sowie im erheblichen Maße bedrohte fiskalische Interessen, umfasst sein (ähnlich Greve in HK-BDSG § 32 Rn. 25). Es werden in jedem Fall keine Individual-, sondern vielmehr gesamtgesellschaftliche Interessen geschützt (Eßer in Auernhammer BDSG § 32 Rn. 19).   **18a**

18b Ebenso wie bei Abs. 1 Nr. 2 ist auch hier und in beiden Fällen eine Interessenabwägung vorzunehmen (→ Rn. 17).

IV. Schutz der Rechtsdurchsetzung (Nr. 4)

19 Gem. Abs. 1 Nr. 4 scheidet die Informationspflicht des Verantwortlichen ggü. der betroffenen Person aus, wenn die Daten zur **Geltendmachung, Ausübung von oder Verteidigung gegen rechtliche(n) Ansprüche(n)** verarbeitet werden und die Information die Rechtsdurchsetzung beeinträchtigen würde. Umfasst ist die **gerichtliche und außergerichtliche Durchsetzung** (Eßer in Auernhammer BDSG § 32 Rn. 22; Franck in Gola/Heckmann BDSG § 32 Rn. 28; Golla in Kühling/Buchner BDSG § 32 Rn. 18; Greve in HK-BDSG § 32 Rn. 28).

20 Von einer Gefährdung der Rechtsdurchsetzung ist insbes. auszugehen, wenn Tatsachen den Schluss zulassen, dass die betroffene Person infolge der Information Handlungen vornimmt, durch welche die **Rechtsdurchsetzung erheblich erschwert** wird (Schantz in Schantz/Wolff DatenschutzR Rn. 1167, auf Vermögensverschiebungen als Anwendungsbeispiel hinweisend; zust. Golla in Kühling/Buchner BDSG § 32 Rn. 18; s. ferner Franck in Gola/Heckmann BDSG § 32 Rn. 28, der erg. auf die Unterdrückung von Beweismitteln und die Beeinflussung von Zeugen verweist).

21 Umfasst sind **privatrechtliche und öffentlich-rechtliche Ansprüche** (Eßer in Auernhammer BDSG § 32 Rn. 22; Franck in Gola/Heckmann BDSG § 32 Rn. 30; Golla in Kühling/Buchner BDSG § 32 Rn. 17; sowie → Rn. 8). Der Tatbestand begrenzt die in Rede stehenden Ansprüche nicht auf Ansprüche „gegen die betroffene Person" (vgl. den entspr. (erfolglosen) Änderungsvorschlag des BR, BR-Drs. 110/1/17, 47 f.), erfasst sind auch **Ansprüche gegen Dritte** (s. Franck in Gola/Heckmann BDSG § 32 Rn. 29; Golla in Kühling/Buchner BDSG § 32 Rn. 18; Greve in HK-BDSG § 32 Rn. 29; Kamlah in Plath BDSG § 32 Rn. 12; krit. Schmidt-Wudy in BeckOK DatenschutzR BDSG § 32 Rn. 45).

22 Zudem müssen – iSe **Interessenabwägung** – die Interessen des Verantwortlichen an der Nichterteilung der Information die Interessen der betroffenen Person überwiegen (→ Rn. 17).

V. Vertrauliche Übermittlung an öffentliche Stellen (Nr. 5)

23 Nach Abs. 1 Nr. 5 besteht eine Pflicht zur Information nach Art. 13 Abs. 3 DS-GVO dann nicht, wenn durch die Informationserteilung die vertrauliche Übermittlung der Daten an öffentl. Stellen gefährdet werden würde. Sinn und Zweck dieser Regelung ist der Schutz vor der Vereitelung oder ernsthaften Beeinträchtigung von legitimen Verarbeitungszwecken, bspw. im Fall von Hinweisen an Behörden durch Whistleblower sowie durch Private im Zusammenhang mit Strafverfolgungsmaßnahmen (s. BT-Drs. 18/11325, 103; Golla in Kühling/Buchner BDSG § 32 Rn. 20; Greve NVwZ 2017, 737 (740); Schantz in Schantz/Wolff DatenschutzR Rn. 1167).

Eine Interessenabwägung ist bei Nr. 5 nicht ausdrücklich gefordert; zT **23a** wird deswegen eine restriktive Auslegung der Norm gefordert (so Franck in Gola/Heckmann BDSG § 32 Rn. 33; Greve in HK–BDSG § 32 Rn. 32; Schmidt-Wudy in BeckOK DatenschutzR BDSG § 32 Rn. 50); den Ausnahmetatbestand gleichwohl bei einem „erheblichen überwiegenden Interesse" der betroffenen Person einschränkend Golla in Kühling/Buchner BDSG § 32 Rn. 21 (zust. Greve in HK–BDSG § 32 Rn. 32).

C. Pflicht zu Schutzmaßnahmen und Dokumentationspflicht (Abs. 2)

Abs. 2 legt dem Verantwortlichen **Kompensationsmaßnahmen** für die **24** Ausnahmen von der Informationspflicht zum Schutz der betroffenen Person auf (Greve NVwZ 2017, 737 (740); vgl. Art. 23 Abs. 2 DS–GVO). Abs. 2 findet keine Anwendung in den Fällen des § 85 Abs. 3 (§ 85 Abs. 3 S. 3; → § 85 Rn. 9).

Der Verantwortliche hat gem. Abs. 2 S. 1 – wenn und soweit eine Infor- **25** mation der betroffenen Person aufgrund einer Ausnahmeregelung des Abs. 1 unterbleibt (Greve in HK–BDSG § 32 Rn. 33; → Rn. 10 ff.) – die Pflicht, **geeignete Schutzmaßnahmen** zu ergreifen, um die berechtigten Interessen der betroffenen Person zu schützen. Dies umfasst auch die **öffentl. Bereitstellung der Informationen** nach Art. 13 Abs. 1 und 2 DS–GVO entspr. Art. 12 Abs. 1 DS–GVO (→ DS–GVO Art. 12 Rn. 19 ff.) in präziser, transparenter, verständlicher und leicht zugänglicher Form in einer klaren und einfachen Sprache (BT-Drs. 18/11325, 103). Der Verweis auf Art. 13 Abs. 1 und 2 geht über die ansonsten bei einer Weiterverarbeitung in Art. 13 Abs. 2 vorgesehene Information nach Art. 13 Abs. 2 hinaus (zutr. Golla in Kühling/Buchner BDSG § 32 Rn. 22, der ein Redaktionsversehen erwägt; ein solches Redaktionsversehen abl. Franck in Gola/Heckmann BDSG § 32 Rn. 36). Eine Information nach Abs. 2 S. 1 kann zB durch die Bereitstellung der Information auf einer allg. zugänglichen Webseite des Verantwortlichen erfolgen (ErwGr 58 S. 2; BT-Drs. 18/11325, 103; näher Golla in Kühling/Buchner BDSG § 32 Rn. 22).

Nach Abs. 2 S. 2 hat der Verantwortliche die Gründe für die Nichtinfor- **26** mation **schriftlich zu dokumentieren.** Nach Sinn und Zweck der Dokumentationspflicht dürfte die Textform iSd § 126b BGB ausreichend sein (zutr. Schmidt-Wudy in BeckOK DatenschutzR BDSG § 32 Rn. 54; so (wohl) auch Golla in Kühling/Buchner BDSG § 32 Rn. 24; Kamlah in Plath BDSG § 32 Rn. 14 („schriftlich zu fixieren"); für eine elektronische Schriftlichkeit iSd Art. 28 Abs. 9 und Art. 30 Abs. 3 DS–GVO Franck in Gola/Heckmann BDSG § 32 Rn. 40; aA Kremer CR 2017, 367 (375), der aufgrund des Wortlauts Schriftform iSd § 126 Abs. 1 BGB für notwendig erachtet). Ausweislich der Gesetzesbegründung unterliegt die Stichhaltigkeit der Gründe der Kontrolle durch die ASB (BT-Drs. 18/11325, 103; krit. dagegen BR–Drs. 110/1/17, 48 f.).

Die Pflichten iSd Abs. 2 S. 1 und 2 bestehen nach Abs. 2 S. 3 nicht bei den **27** Ausnahmen nach Abs. 1 Nr. 4 und 5, damit die legitimen Verarbeitungszwecke in den Fällen dieser Ausnahmetatbestände nicht vereitelt oder ernsthaft beeinträchtigt werden (BT-Drs. 18/11325, 103). Die zu Abs. 1 Nr. 1 bis 3 abw. Behandlung der Nr. 4 und 5 wird zT kritisiert (BR-Drs. 110/1/17, 49; Golla in Kühling/Buchner BDSG § 32 Rn. 25 f.; Schantz in Schantz/Wolff DatenschutzR Rn. 1168). Kaum nachvollziehbar ist, dass **Abs. 2 S. 3** auch die Anwendung von S. 2 ausschließt; denn wenn neben der Information der betroffenen Person auch noch Kompensationsmaßnahmen entfallen, wird eine schriftliche Dokumentation erst recht angezeigt sein (zutr. BR-Drs. 110/1/17, 49 f.; Greve in HK-BDSG § 32 Rn. 37). Unionsrechtlich gebotene Folge ist, dass Abs. 2 S. 3 insoweit unanwendbar ist und eine Dokumentationspflicht auch in den Fällen des Abs. 1 Nr. 4 und 5 besteht (zutr. Franck in Gola/Heckmann BDSG § 32 Rn. 42; Greve in HK-BDSG § 32 Rn. 37).

D. Informationspflicht bei vorübergehendem Hinderungsgrund (Abs. 3)

28 Sind die Hinderungsgründe iSd Abs. 1 Nr. 1 bis 5 nur vorübergehender Natur, sieht Abs. 3 vor, dass die Information nach Art. 13 Abs. 3 DS-GVO **innerhalb einer angemessenen Frist** nach Fortfall des Hinderungsgrundes, spätestens jedoch innerhalb von zwei Wochen nachgeholt werden muss. Die vorübergehende Natur soll sich objektiv und nicht subjektiv aus der Perspektive des Verantwortlichen bestimmen (Greve in HK-BDSG § 32 Rn. 39; Schmidt-Wudy in BeckOK DatenschutzR BDSG § 32 Rn. 59).

28a Ein Fortfall kommt etwa in Bezug auf Abs. 1 Nr. 4 bei der Tilgung einer Forderung in Betracht (Golla in Kühling/Buchner BDSG § 32 Rn. 27). Es kann im Falle des Abs. 1 Nr. 4 aber regelmäßig der vollständige Rechtsweg abgewartet werden (zutr. Kamlah in Plath BDSG § 32 Rn. 15).

29 Die Bestimmung der **Höchstfrist von zwei Wochen** bedingt eine regelmäßig kürzere Frist zur Nachholung der Information unter Berücksichtigung der spezifischen Umstände der Verarbeitung (vgl. auch BT-Drs. 18/11325, 103: „zeitnah"; ebenso Golla in Kühling/Buchner BDSG § 32 Rn. 27; Greve NVwZ 2017, 737 (739)).

§ 33 Informationspflicht, wenn die personenbezogenen Daten nicht bei der betroffenen Person erhoben wurden

(1) Die Pflicht zur Information der betroffenen Person gemäß Artikel 14 Absatz 1, 2 und 4 der Verordnung (EU) 2016/679 besteht ergänzend zu den in Artikel 14 Absatz 5 der Verordnung (EU) 2016/679 und der in § 29 Absatz 1 Satz 1 genannten Ausnahme nicht, wenn die Erteilung der Information
1. im Fall einer öffentlichen Stelle
   a) die ordnungsgemäße Erfüllung der in der Zuständigkeit des Verantwortlichen liegenden Aufgaben im Sinne des Artikels 23 Absatz 1 Buchstabe a bis e der Verordnung (EU) 2016/679 gefährden würde oder

b) die öffentliche Sicherheit oder Ordnung gefährden oder sonst dem Wohl des Bundes oder eines Landes Nachteile bereiten würde
und deswegen das Interesse der betroffenen Person an der Informationserteilung zurücktreten muss,

2. im Fall einer nichtöffentlichen Stelle

   a) die Geltendmachung, Ausübung oder Verteidigung zivilrechtlicher Ansprüche beeinträchtigen würde oder die Verarbeitung Daten aus zivilrechtlichen Verträgen beinhaltet und der Verhütung von Schäden durch Straftaten dient, sofern nicht das berechtigte Interesse der betroffenen Person an der Informationserteilung überwiegt, oder

   b) die zuständige öffentliche Stelle gegenüber dem Verantwortlichen festgestellt hat, dass das Bekanntwerden der Daten die öffentliche Sicherheit oder Ordnung gefährden oder sonst dem Wohl des Bundes oder eines Landes Nachteile bereiten würde; im Falle der Datenverarbeitung für Zwecke der Strafverfolgung bedarf es keiner Feststellung nach dem ersten Halbsatz.

(2) [1] Unterbleibt eine Information der betroffenen Person nach Maßgabe des Absatzes 1, ergreift der Verantwortliche geeignete Maßnahmen zum Schutz der berechtigten Interessen der betroffenen Person, einschließlich der Bereitstellung der in Artikel 14 Absatz 1 und 2 der Verordnung (EU) 2016/679 genannten Informationen für die Öffentlichkeit in präziser, transparenter, verständlicher und leicht zugänglicher Form in einer klaren und einfachen Sprache. [2] Der Verantwortliche hält schriftlich fest, aus welchen Gründen er von einer Information abgesehen hat.

(3) Bezieht sich die Informationserteilung auf die Übermittlung personenbezogener Daten durch öffentliche Stellen an Verfassungsschutzbehörden, den Bundesnachrichtendienst, den Militärischen Abschirmdienst und, soweit die Sicherheit des Bundes berührt wird, andere Behörden des Bundesministeriums der Verteidigung, ist sie nur mit Zustimmung dieser Stellen zulässig.

EU-Recht: Art. 14, 23 Abs. 1 lit. a bis e, lit. i und j DS-GVO (kommentiert unter → DS-GVO Art. 14 Rn. 1 ff.; → DS-GVO Art. 23 Rn. 17 ff., 40 ff.).

Literatur: *Greve,* Das neue Bundesdatenschutzgesetz, NVwZ 2017, 737; *Johannes,* Der BDSG-Entwurf und das Mysterium der „23", ZD-Aktuell 2017, 05533; *Kremer,* Wer braucht warum das neue BDSG? – Auseinandersetzung mit den wesentlichen Inhalten des BDSG n. F., CR 2017, 367; *Kühling,* Neues Bundesdatenschutzgesetz – Anpassungsbedarf bei Unternehmen, NJW 2017, 1985; *Roßnagel,* Gesetzgebung im Rahmen der Datenschutz-Grundverordnung – Aufgaben und Spielräume des deutschen Gesetzgebers?, DuD 2017, 277.

Übersicht

A. Allgemeines

1 § 33 ist Teil des Kap. 2 „Rechte der betroffenen Person", welches Modifika-
tionen zu den Rechten der betroffenen Personen nach den Art. 12 bis 22 DS-
GVO statuiert. Die Norm ist nicht dispositiv (Schmidt-Wudy in BeckOK
DatenschutzR BDSG § 33 Rn. 5); in der Sache geht mit der Norm eine
Ausnahme von der **Informationspflicht nach Art. 14 DS-GVO** einher.

I. Regelungssystematik

2 § 33 befreit den Verantwortlichen in bestimmten Fällen – zusätzlich zu den in
Art. 14 Abs. 5 lit. a bis d DS-GVO (→ DS-GVO Art. 14 Rn. 38 ff.), § 29
Abs. 1 S. 1 (→ § 29 Rn. 9 ff.) und § 85 Abs. 3 (→ § 85 Rn. 6 ff.) – vorgese-
henen Ausnahmetatbeständen (s. iÜ die Auflistung bei → DS-GVO Art. 14
Rn. 38; zu weiteren Ausnahmen nach Landesrecht s. die Übersicht bei Franck
in Gola/Heckmann BDSG § 32 Rn. 56) von der Informationspflicht iRd
Datenverarbeitung von **nicht bei der betroffenen Person erhobenen
Daten** gem. Art. 14 Abs. 1, 2 und 4 DS-GVO. Hierzu sind in **Abs. 1** die
einzelnen **Ausnahmetatbestände** aufgeführt. Unterbleibt eine Information
nach Abs. 1, treffen den Verantwortlichen nach **Abs. 2** kompensatorische
Schutz- und Dokumentationspflichten. Für die **Information der betroffenen Person** über die Übermittlung an bestimmte öffentl. Stellen statuiert **Abs. 3** ein Zustimmungserfordernis dieser Stellen.

2a Regelungen des bereichsspezifischen Datenschutzes zu Ausnahmen von der
Informationspflicht nach Art. 14 Abs. 1, 2 und 4 gehen § 33 vor (§ 1 Abs. 2;
Greve in HK-BDSG § 33 Rn. 5).

3 Voraussetzung für die Anwendbarkeit von § 33 ist – im Gleichlauf zu
Art. 14 DS-GVO –, dass der Verantwortliche die personenbezogenen Daten
(Art. 4 Nr. 1 DS-GVO; → DS-GVO Art. 4 Rn. 3 ff.) **nicht bei der betrof-
fenen Person erhebt.** Zur Abgrenzung zur Direkterhebung → DS-GVO
Art. 14 Rn. 11.

Zu den Folgen eines Verstoßes → DS-GVO Art. 14 Rn. 9. Zum Rechts- 3a
schutz iÜ Franck in Gola/Heckmann BDSG § 33 Rn. 25 f.

II. Sinn und Zweck

Die in **Abs. 1 Nr. 1** enthaltenen Ausnahmen dienen vorwiegend öffentl. 4
Stellen bei **öffentl. Zwecken** (vgl. auch § 32 Abs. 1 Nr. 2 und 3; → § 32
Rn. 15 ff.). **Abs. 1 Nr. 2** entlastet die Verantwortlichen im Bereich der **pri-
vaten Datenverarbeitung** von ihrer Informationspflicht. Abs. 1 Nr. 2 lit. a
wird als die bedeutendste Ausnahmeregelung eingestuft (Schantz in Schantz/
Wolff DatenschutzR Rn. 1172). Abs. 1 Nr. 2 lit. a Var. 2 zielt vorwiegend
auf die Compliance im Wirtschaftsverkehr ab (Greve in HK-BDSG § 33
Rn. 17), iE etwa Betrugspräventionsdateien im wirtschaftlichen Verkehr
(BT-Drs. 18/12144, 5; Greve NVwZ 2017, 737 (740)), Warn- und Hinweiss-
ysteme der Versicherungswirtschaft sowie „schwarze Listen" im Versandhandel (ausf. Schantz in Schantz/Wolff DatenschutzR Rn. 1173). Abs. 3 sichert
legitime Geheimhaltungsinteressen best. Behörden ab (Golla in Kühling/
Buchner BDSG § 33 Rn. 14; Greve in HK-BDSG § 33 Rn. 27).

III. Unionrechtskonformität

Die Einschränkungen der Betroffenenrechte gem. § 33 werden vom Gesetz- 5
geber (zT pauschal) auf die **Öffnungsklausel in Art. 23 DS-GVO** gestützt
(BT-Drs. 18/11325, 102 ff.; s. auch Bäcker in Kühling/Buchner DS-GVO
Art. 14 Rn. 71; Golla in Kühling/Buchner BDSG § 33 Rn. 2; zu unions-
rechtl. Bedenken s. Franck in Gola/Heckmann BDSG § 33 Rn. 9, 18, 20,
24). Art. 23 DS-GVO eröffnet dem nationalen Gesetzgeber die Option, das
Datenschutzniveau uU abzusenken (Greve NVwZ 2017, 737 (739); ausf.
Kühling/Martini ua DS-GVO und nationales Recht, 68 ff., 401 ff.; s. iÜ
→ DS-GVO Art. 23 Rn. 1 ff.).

IE basieren **Abs. 1 Nr. 1 und Nr. 2 lit. b** auf Art. 23 Abs. 1 lit. a bis e 6
DS-GVO und **Abs. 1 Nr. 2 lit. a** auf Art. 23 Abs. 1 lit. j DS-GVO (s. BT-
Drs. 18/11325, 104; Franck in Gola/Heckmann BDSG § 33 Rn. 16; Greve
in HK-BDSG § 33 Rn. 15; Veil in GSSV DS-GVO Art. 13 und 14
Rn. 185 f.; Abs. 2 lit. a Var. 2 auf Art. 23 Abs. 1 lit. i DS-GVO stützend
Golla in Kühling/Buchner BDSG § 33 Rn. 9; Greve in HK-BDSG § 33
Rn. 17). Abs. 3 wird auf Art. 23 Abs. 1 lit. a bis c DS-GVO gestützt (Golla
in Kühling/Buchner BDSG § 33 Rn. 14).

Eine **Vereinbarkeit** der in (der Entwurfsfassung des) § 33 geregelten Aus- 7
nahmen, insbes. der ursprüngliche Entwurf des Abs. 1 Nr. 2 lit. a betr. die
Gefährdung von Geschäftszwecken (s. BT-Drs. 18/11325, 34), mit der DS-
GVO wurde und wird zT stark angezweifelt (BR-Drs. 110/1/17, 51 f.; DSK
Kurzpapier Informationspflichten S. 3, für eine enge Auslegung „im Sinne
einer größtmöglichen Transparenz" plädierend; Dix in NK-DatenschutzR
DS-GVO Art. 14 Rn. 28; Franck in Gola/Heckmann BDSG § 33 Rn. 3, 9,
11; Johannes/Richter DuD 2017, 300 (305); Roßnagel DuD 2017, 277
(280 f.); sowie die Stellungn. der Sachverständigen im Gesetzgebungsverfah-

ren (Innenausschuss Prot. BDSG, 45 ff.); s. allg. zu den Anforderungen für eine Einschränkung des Art. 14 DS-GVO durch Art. 23 DS-GVO Bäcker in Kühling/Buchner DS-GVO Art. 13 Rn. 71 f.). Dieser Kritik ist allerdings bereits zT durch eine Streichung der benannten Ausnahme zur Gefährdung von Geschäftszwecken Rechnung getragen worden.

8   Bezweifelt wird ferner, ob der Gesetzgeber mit der Regelung des Abs. 2 den Vorgaben des Art. 23 Abs. 2 DS-GVO gerecht geworden ist (bejahend BT-Drs. 18/11325, 103 f.; eine Unionsrechtswidrigkeit dagegen annehmend Dix in NK-DatenschutzR DS-GVO Art. 14 Rn. 26 Fn. 43; Franck in Gola/Heckmann BDSG § 33 Rn. 18 ff.; Golla in Kühling/Buchner BDSG § 33 Rn. 13).

8a   ZT wird auch **Abs. 3** als unionsrechtswidrig eingestuft (s. Dix in NK-DatenschutzR DS-GVO Art. 14 Rn. 28; Franck in Gola/Heckmann BDSG § 33 Rn. 24).

IV. DSRL und BDSG aF

9   Abs. 1 Nr. 1 ist eng an die § 19a Abs. 3 iVm § 19 Abs. 4 Nr. 1 und 2 BDSG aF angelehnt; Abs. 1 Nr. 2 lit. b ist die Äquivalenznorm zu § 33 Abs. 2 S. 1 Nr. 6 BDSG aF und § 33 Abs. 3 entspricht § 19a Abs. 3 iVm § 19 Abs. 3 BDSG aF (vgl. zu alledem BT-Drs. 18/11325, 103 f.).

B. Ausnahmen von der Informationspflicht (Abs. 1)

10   Der Verantwortliche (Art. 4 Nr. 7 DS-GVO; zu gemeinsam für die Verarbeitung Verantwortlichen s. Art. 26 DS-GVO) ist gem. Abs. 1 von seiner Pflicht zur Information nach Art. 14 Abs. 1, 2 und 4 DS-GVO (zu den Informationspflichten → DS-GVO Art. 14 Rn. 10 ff.) befreit, wenn und soweit einer der Tatbestände des Abs. 1 erfüllt ist. Nr. 1 zielt dabei auf öffentl. Stellen, Nr. 2 auf nichtöffentl. Stellen. ZT wird dafür plädiert, § 33 Abs. 1 als Ausnahmevorschrift eng auszulegen (Golla in Kühling/Buchner BDSG § 33 Rn. 3; Greve NVwZ 2017, 737 (739)).

I. Öffentliche Stellen (Nr. 1)

11   Abs. 1 Nr. 1 sieht Ausnahmen von der Informationspflicht vor, wenn und soweit die Datenerhebung durch eine **öffentl. Stelle** erfolgt.

1. Gewährleistung der Aufgabenerfüllung öffentlicher Stellen (lit. a)

12   Die Information darf gem. Abs. 1 Nr. 1 lit. a unterbleiben, wenn die Datenverarbeitung durch eine öffentl. Stelle erfolgt und die Information die **ordnungsgemäße Erfüllung der in der Zuständigkeit des Verantwortlichen liegenden Aufgaben** iSd Art. 23 Abs. 1 lit. a bis e DS-GVO gefährden würde.

Zusätzliche Voraussetzung ist, dass die Interessen des Verantwortlichen an **13** der Nichterteilung der Information die Interessen der betroffenen Person überwiegen.

S. iE die parallelen Ausführungen zu § 32 Abs. 1 Nr. 2 (→ § 32 Rn. 15 ff.). **14**

2. Öffentliche Sicherheit und Ordnung oder Wohl des Bundes oder eines Landes (lit. b)

Alternativ („oder") kann die Behörde die Erteilung der Information auch **15** unterlassen, wenn diese die **öffentl. Sicherheit oder Ordnung** gefährden oder dem **Wohl des Bundes oder eines Landes** Nachteile bereiten würde. Ebenso müssen wiederum die Interessen des Verantwortlichen an der Nichterteilung der Information die Interessen der betroffenen Person überwiegen.

S. hierzu iE Greve in HK-BDSG § 33 Rn. 11 f. sowie die Ausführungen **16** zu § 32 Abs. 1 Nr. 3 (→ § 32 Rn. 18 ff.).

II. Nichtöffentliche Stellen (Nr. 2)

§ 33 Abs. 1 Nr. 2 sieht Befreiungen von der Informationspflicht für den **17** Bereich der **Datenverarbeitung durch nichtöffentl. Stellen** vor.

1. Rechtsdurchsetzung (lit. a)

Nach Abs. 1 Nr. 2 lit. a scheidet die Informationspflicht von privaten Ver- **18** antwortlichen aus, wenn die Daten zur **Geltendmachung, Ausübung von oder Verteidigung gegen zivilrechtliche(n) Ansprüche(n)** verarbeitet werden und die Information die Rechtsdurchsetzung **beeinträchtigen** würde (Var. 1) oder die Verarbeitung **Daten aus zivilrechtlichen Verträgen** beinhaltet und der **Verhütung von Schäden durch Straftaten dient** (Var. 2). Abs. 1 Nr. 2 lit. a verlangt allerdings nicht, dass der Verzicht auf die Information zur Sicherung dieser Zwecke erforderlich ist (Greve in HK-BDSG § 33 Rn. 18). ZT wird daher eine entspr. **unionsrechtskonforme Auslegung** dieser Ausnahmeregelung gefordert (ausf. Schantz in Schantz/Wolff DatenschutzR Rn. 1174; zust. Eßer in Auernhammer BDSG § 33 Rn. 20; Greve in HK-BDSG § 33 Rn. 18; s. auch Golla in Kühling/Buchner BDSG § 33 Rn. 9; aA dagegen Franck in Gola/Heckmann BDSG § 33 Rn. 9: „europarechtswidrig").

Nach Hs. 2 bedarf es auch hier jeweils (in beiden Fallgruppen, s. BT-Drs. **19** 18/12144, 5; Golla in Kühling/Buchner BDSG § 33 Rn. 6; Greve in HK-BDSG § 33 Rn. 14; Schantz in Schantz/Wolff DatenschutzR Rn. 1172) einer Abwägung zwischen den Interessen der betroffenen Person und denen des Verantwortlichen. Für Var. 2 eine enge Auslegung befürwortend Kamlah in Plath BDSG § 33 Rn. 8.

Zu Var. 1 s. iE die parallelen Ausführungen zu § 32 Abs. 1 Nr. 4, wobei **19a** sich Var. 1 explizit nur auf zivilrechtliche Ansprüche bezieht (→ § 32 Rn. 8, 19 ff.; krit., aber iErg ebenso Kamlah in Plath BDSG § 33 Rn. 8).

Zu den Anwendungsfällen für Var. 2 → Rn. 4 sowie Golla in Kühling/ **19b** Buchner BDSG § 33 Rn. 8; Greve NVwZ 2017, 737 (740). Nicht erfasst sind aufgrund der Bezugnahme auf die Verhütung von Schäden durch Straftaten grds. Auskunfteien (Eßer in Auernhammer BDSG § 33 Rn. 20; Greve in HK–BDSG § 33 Rn. 17). S. iÜ Schmidt-Wudy in BeckOK DatenschutzR BDSG § 33 Rn. 36.

2. Öffentliche Sicherheit und Ordnung oder Wohl des Bundes oder eines Landes (lit. b)

20 Den Verantwortlichen trifft auch dann keine Informationspflicht, wenn ggü. diesem durch die zuständige öffentl. Stelle festgestellt wurde, dass ein Bekanntwerden der Daten die **öffentl. Sicherheit oder Ordnung** gefährden oder **dem Wohl des Bundes oder eines Landes** Nachteile bereiten würde. Die **nichtöffentl.** Stelle muss somit **keine eigene Gefährdungsbeurteilung** vornehmen (BT-Drs. 18/12144, 5; Greve NVwZ 2017, 737 (740); Schantz in Schantz/Wolff DatenschutzR Rn. 1170). S. iE Greve in HK-BDSG § 33 Rn. 19 ff. Anwendungsfälle sind etwa Vertragsbeziehungen mit staatlichen Stellen, die der Geheimhaltung (zB im Bereich der Rüstung) unterliegen (Franck in Gola/Heckmann BDSG § 33 Rn. 12).

21 Zu den Folgen der Nichterteilung der behördlichen Feststellung s. Franck in Gola/Heckmann BDSG § 33 Rn. 14. Nach Hs. 2 ist eine behördliche Feststellung entbehrlich, wenn die Datenverarbeitung der Strafverfolgung dient. Es ist allerdings nicht ohne Weiteres nachvollziehbar, warum gerade in diesen Fällen die nichtöffentl. Stelle eine eigene Beurteilung vornehmen kann bzw. muss (zutr. Schantz in Schantz/Wolff DatenschutzR Rn. 1170; zust. Eßer in Auernhammer BDSG § 33 Rn. 24; Franck in Gola/Heckmann BDSG § 33 Rn. 15; Golla in Kühling/Buchner BDSG § 33 Rn. 11; hiergegen Greve in HK–BDSG § 33 Rn. 21).

22 Eine **Interessenabwägung** sieht Abs. 1 Nr. 2 lit. b nicht vor. Jedoch wird zT vertreten, dass der Grundsatz der Verhältnismäßigkeit auch hier ein Überwiegen der Interessen des Verantwortlichen gebietet (Dix in NK-DatenschutzR DS-GVO Art. 14 Rn. 28; Schantz in Schantz/Wolff DatenschutzR Rn. 1170; vgl. Eßer in Auernhammer BDSG § 33 Rn. 25; Franck in Gola/Heckmann BDSG § 33 Rn. 17) bzw. dass auf den Ausnahmetatbestand „bei einem dem Interesse an der Vertraulichkeit erheblich überwiegenden Interesse" der betroffenen Person nicht rekurriert werden kann (Golla in Kühling/Buchner BDSG § 33 Rn. 12; zust. Greve in HK–BDSG § 33 Rn. 22).

S. iÜ die hier übertragbaren Ausführungen zu § 32 Abs. 1 Nr. 3 (→ § 32 Rn. 18 ff.).

C. Pflicht zu Schutzmaßnahmen und Dokumentationspflicht (Abs. 2)

23 Unterbleibt eine Information der betroffenen Person aufgrund von Abs. 1 (→ Rn. 10 ff.), hat der Verantwortliche gem. Abs. 2 S. 1 die Pflicht, **geeignete Schutzmaßnahmen** zu ergreifen und nach Abs. 2 S. 2 die Gründe für die **Nichtinformation schriftlich** zu **fixieren** (vgl. zu Einzelheiten die entspr. Ausführungen zu § 32 Abs. 2; → § 32 Rn. 24 ff.). Abs. 2 findet ferner

keine Anwendung in den Fällen des Abs. 3 (Greve in HK-BDSG § 33
Rn. 24, unter Verweis auf Wortlaut und Systematik; Kamlah in Plath BDSG
§ 33 Rn. 12; iErg ebenso Schmidt-Wudy in BeckOK DatenschutzR BDSG
§ 33 Rn. 48) sowie in den Fällen des § 85 Abs. 3 (§ 85 Abs. 3 S. 3; → § 85
Rn. 9). Eine Parallelvorschrift zu § 32 Abs. 2 S. 3 (→ § 32 Rn. 27) fehlt (krit.
hierzu Kamlah in Plath BDSG § 33 Rn. 11, eine analoge Anwendung des
§ 32 Abs. 2 S. 3 befürwortend).

D. Zustimmungsvorbehalt bei Übermittlung an Sicherheitsbehörden (Abs. 3)

Abs. 3 stellt die Erteilung der Information an die betroffene Person über eine **24**
Übermittlung an Verfassungsschutzbehörden, den Bundesnachrichtendienst,
den Militärischen Abschirmdienst oder, soweit die Sicherheit des Bundes
berührt wird, an andere Behörden des Bundesministeriums der Verteidigung
unter das Erfordernis einer **Zustimmung durch die betreffende Sicherheitsbehörde** (Zustimmungsvorbehalt). Eine Verweigerung der Zustimmung
bedarf – obwohl nicht explizit geregelt – der Sache nach eines hinreichenden
Grundes (Franck in Gola/Heckmann BDSG § 33 Rn. 22; Golla in Kühling/
Buchner BDSG § 33 Rn. 14; Greve in HK-BDSG § 33 Rn. 28; vgl. auch
Dix in NK-DatenschutzR DS-GVO Art. 14 Rn. 28).

§ 34 Auskunftsrecht der betroffenen Person

**(1) Das Recht auf Auskunft der betroffenen Person gemäß Artikel 15 der Ver-
ordnung (EU) 2016/679 besteht ergänzend zu den in § 27 Absatz 2, § 28 Absatz 2 und § 29 Absatz 1 Satz 2 genannten Ausnahmen nicht, wenn
1. die betroffene Person nach § 33 Absatz 1 Nummer 1, 2 Buchstabe b oder
   Absatz 3 nicht zu informieren ist, oder
2. die Daten
   a) nur deshalb gespeichert sind, weil sie aufgrund gesetzlicher oder satzungs-
      mäßiger Aufbewahrungsvorschriften nicht gelöscht werden dürfen, oder
   b) ausschließlich Zwecken der Datensicherung oder der Datenschutzkontrolle
      dienen
und die Auskunftserteilung einen unverhältnismäßigen Aufwand erfordern würde
sowie eine Verarbeitung zu anderen Zwecken durch geeignete technische und
organisatorische Maßnahmen ausgeschlossen ist.
(2) [1]Die Gründe der Auskunftsverweigerung sind zu dokumentieren. [2]Die Ablehnung der Auskunftserteilung ist gegenüber der betroffenen Person zu begründen, soweit nicht durch die Mitteilung der tatsächlichen und rechtlichen Gründe,
auf die die Entscheidung gestützt wird, der mit der Auskunftsverweigerung verfolgte Zweck gefährdet würde. [3]Die zum Zweck der Auskunftserteilung an die
betroffene Person und zu deren Vorbereitung gespeicherten Daten dürfen nur für
diesen Zweck sowie für Zwecke der Datenschutzkontrolle verarbeitet werden; für**

andere Zwecke ist die Verarbeitung nach Maßgabe des Artikels 18 der Verordnung (EU) 2016/679 einzuschränken.

(3) [1] Wird der betroffenen Person durch eine öffentliche Stelle des Bundes keine Auskunft erteilt, so ist sie auf ihr Verlangen der oder dem Bundesbeauftragten zu erteilen, soweit nicht die jeweils zuständige oberste Bundesbehörde im Einzelfall feststellt, dass dadurch die Sicherheit des Bundes oder eines Landes gefährdet würde. [2] Die Mitteilung der oder des Bundesbeauftragten an die betroffene Person über das Ergebnis der datenschutzrechtlichen Prüfung darf keine Rückschlüsse auf den Erkenntnisstand des Verantwortlichen zulassen, sofern dieser nicht einer weitergehenden Auskunft zustimmt.

(4) Das Recht der betroffenen Person auf Auskunft über personenbezogene Daten, die durch eine öffentliche Stelle weder automatisiert verarbeitet noch nicht automatisiert verarbeitet und in einem Dateisystem gespeichert werden, besteht nur, soweit die betroffene Person Angaben macht, die das Auffinden der Daten ermöglichen, und der für die Erteilung der Auskunft erforderliche Aufwand nicht außer Verhältnis zu dem von der betroffenen Person geltend gemachten Informationsinteresse steht.

EU-Recht: Art. 15, 23 DS-GVO (kommentiert unter → DS-GVO Art. 15 Rn. 1 ff.; → DS-GVO Art. 23 Rn. 1 ff.).

Literatur: *Helfrich,* DSAnpUG-EU: Ist der sperrige Name hier schon Programm?, ZD 2017, 97; *Johannes/Richter,* Privilegierte Verarbeitung im BDSG-E − Regeln für Archivierung, Forschung und Statistik, DuD 2017, 300; *Kühling,* Neues Bundesdatenschutzgesetz − Anpassungsbedarf bei Unternehmen, NJW 2017, 1985; *Roßnagel,* Gesetzgebung im Rahmen der Datenschutz-Grundverordnung − Aufgaben und Spielräume des deutschen Gesetzgebers, DuD 2017, 277; *Specht,* Mit der Datenschutzgrundverordnung und dem Datenschutz-Anpassungs- und Umsetzungsgesetz in ein Zeitalter technisch-infrastruktureller Privatheit?, BB 2017/Heft 09, I.

A. Allgemeines

I. Überblick

1 § 34 **beschr. das Auskunftsrecht** der betroffenen Person aus Art. 15 DS-GVO (→ DS-GVO Art. 15 Rn. 1 ff.) in Ergänzung zu den in §§ 27 Abs. 2, 28 Abs. 2, 29 Abs. 1 S. 2 BDSG genannten Ausnahmen, falls bestimmte Gründe vorliegen (→ Rn. 4 ff.). Im Falle einer **Auskunftsverweigerung** ist diese ggü. der betroffenen Person grds. zu begründen. Handelt es sich bei dem Verantwortlichen um eine öffentl. Stelle des Bundes, ist zudem im Regelfall die/der BfDI miteinzubeziehen. Der dt. Gesetzgeber stützt § 34 auf die Öffnungsklausel des Art. 23 DS-GVO; hierbei ist jedoch fraglich, ob sämtliche das Auskunftsrecht ausschließenden Gründe rechtswirksam auf die allg. Spezifizierungsklauseln des Art. 23 DS-GVO gestützt werden können (→ Rn. 2 f.).

II. Unionsrechtskonformität

Mit guten Gründen wird die Vereinbarkeit verschiedener Bestimmungen des **2** § 34 mit den Vorgaben der DS-GVO angezweifelt (BR-Drs. 110/1/17, S. 53 f.; Golla in Kühling/Buchner BDSG § 34 Rn. 9; Specht BB 2017, I; Werkmeister in Gola/Heckmann BDSG § 34 Rn. 3 ff.). Bedenken bestehen zunächst zT gegen **Abs. 1 Nr. 1**, da dieser in Art. 23 Abs. 1 DS-GVO nicht vorgesehene Ausnahmetatbestand zugunsten nicht öffentl. Stellen eine zu weitgehende Privilegierung des Verantwortlichen vorsehen könnte (ausf. Specht-Riemenschneider/Bienemann in HK-BDSG § 34 Rn. 12; dagegen insbes. Schmidt-Wudy in BeckOK DatenschutzR BDSG § 34 Rn. 21; Werkmeister in Gola/Heckmann BDSG § 34 Rn. 3 ff.). Fraglich ist insoweit vornehmlich, ob das Entfallen des Auskunftsrechtes aufgrund eines für den Verantwortlichen **anfallenden Aufwandes gem. Abs. 1 Nr. 2 lit. b** auf die Öffnungsklausel des Art. 23 DS-GVO gestützt werden kann. Infrage kommen dürfte insoweit allenfalls ein Abstellen auf Art. 23 Abs. 1 lit. i DS-GVO, wonach eine Beschränkung zum Schutze der Rechte oder Freiheiten anderer erlaubt ist. Ob hierunter auch das Interesse des Verantwortlichen an einem möglichst geringen Aufwand bei der Beachtung der Betroffenenrechte subsumiert werden kann, ist jedenfalls – auch und gerade in Ansehung der Zielsetzungen der DS-GVO insgesamt – keinesfalls gesichert (vgl. Golla in Kühling/Buchner BDSG § 34 Rn. 9; Schantz in Schantz/Wolff DatenschutzR Rn. 1204; Werkmeister in Gola/Heckmann BDSG § 34 Rn. 5; ausf. Specht-Riemenschneider/Bienemann in HK-BDSG § 34 Rn. 17 f.; Innenausschuss Prot. BDSG, 15 f.; Stellungn. EAID, Innenausschuss Prot. BDSG, 47; Stellungn. Verbraucherzentrale Bundesverband e. V., Innenausschuss Prot. BDSG, 58 f). Somit ist eine **restriktive Auslegung des Abs. 1 Nr. 2** – bei unterstellter Unionsrechtskonformität – angezeigt.

III. Zweck der Norm

§ 34 soll nach dem erklärten Willen des dt. Gesetzgebers den Fortbestand der **3** **bisher unter dem BDSG aF bestehenden Auskunftsverweigerungsgründe** sicherstellen (BT-Drs. 18/11325, 104). Hierbei verschiebt § 34 jedoch den bezweckten Interessenausgleich zwischen dem Verantwortlichen einerseits und der betroffenen Person andererseits zugunsten der Letzteren (vgl. Koreng in Taeger/Gabel BDSG § 34 Rn. 1).

B. Voraussetzungen für die Beschränkung des Auskunftsrechtes (Abs. 1)

Das der betroffenen Person im Ausgangspunkt nach Art. 15 DS-GVO zu- **4** stehende Auskunftsrecht besteht nach § 34 Abs. 1 nicht, soweit die betroffene Person auch nach **§ 33 Abs. 1 und 3** nicht zu informieren ist (**Nr. 1**), die Daten nur aufgrund bestimmter **Aufbewahrungspflichten** gespeichert sind (**Nr. 2 lit. a**) oder aber ausschl. **Zwecken der Datensicherung oder der**

Datenschutzkontrolle dienen **und** die Auskunft einen **unverhältnismäßigen Aufwand** erfordern würde (**Nr. 2 lit. b**). Der Ausschluss des Auskunftsanspruchs muss von dem Verantwortlichen nicht gesondert geltend gemacht werden, sondern besteht bereits ipso jure (Schmidt-Wudy in BeckOK DatenschutzR BDSG § 34 Rn. 6; Werkmeister in Gola/Heckmann BDSG § 34 Rn. 7). Für die Frage einer Anwendbarkeit auch auf die Datenverarbeitung für Archiv-, Forschungs- und statistische Zwecke s. Stollhoff in Auernhammer BDSG § 34 Rn. 13 ff.

I. Auskunftsverweigerungsrecht nach Abs. 1 Nr. 1

5   Ist die betroffene Person **nach § 33 Abs. 1 oder 3 nicht zu informieren,** so steht ihr auch kein Auskunftsrecht zu (→ § 33 Rn. 3 ff. und Rn. 14). **§ 33 Abs. 1 Nr. 1** betrifft die Konstellation, dass bei einer öffentl. Stelle die Erfüllung einer in der Zuständigkeit des Verantwortlichen liegenden Aufgabe aus dem Katalog des Art. 23 Abs. 1 lit. a bis e DS-GVO oder die öffentl. Sicherheit oder Ordnung gefährdet wird. **§ 33 Abs. 1 Nr. 2 lit. b** statuiert für Verantwortliche als nichtöffentliche Stelle eine Ausnahme, wenn die zuständige öffentl. Stelle ggü. dem Verantwortlichen eine Gefährdung der öffentl. Sicherheit oder Ordnung durch das Bekanntwerden der betroffenen personenbezogenen Daten feststellt. **§ 33 Abs. 3** ordnet eine Ausnahme für die Übermittlung personenbezogener Daten durch eine öffentl. Stelle an Nachrichtendienste und, soweit die Sicherheit des Bundes berührt wird, andere Behörden des Bundesministeriums der Verteidigung an. Die **Unionsrechtskonformität** der Bestimmung ist **umstr.** (→ Rn. 2).

II. Auskunftsverweigerungsrecht nach Abs. 1 Nr. 2 lit. a

6   Sind die Daten nur deshalb gespeichert, weil sie aufgrund **gesetzlicher oder satzungsmäßiger Aufbewahrungsvorschriften** nicht gelöscht werden dürfen, so entfällt die Pflicht zur Auskunftserteilung des Verantwortlichen (zur restriktiven Auslegung des Begriffs der satzungsmäßigen Aufbewahrungsvorschriften s. Koreng in Taeger/Gabel BDSG § 34 Rn. 16; krit. zu satzungsmäßigen Aufbewahrungspflichten Specht-Riemenschneider/Bienemann in HK-BDSG § 34 Rn. 11). Eine vertragliche Aufbewahrungspflicht genügt (im Gegensatz zur alten Rechtslage) nicht (anders aber noch der GE der BundesR, BT-Drs. 18/11325; s. hierzu auch Schmidt-Wudy BeckOk DatenschutzR BDSG § 34 Rn. 25). Die **Unionsrechtskonformität** der Bestimmung ist **umstr.** (→ Rn. 2; verneinend etwa Golla in Kühling/Buchner BDSG § 34 Rn. 9).

III. Auskunftsverweigerungsrecht nach Abs. 1 Nr. 2 lit. b

7   **Ebenso** scheidet ein Auskunftsrecht der betroffenen Person aus, soweit die Daten ausschl. Zwecken der **Datensicherung oder der Datenschutzkontrolle dienen,** eine Verarbeitung zu anderen Zwecken durch geeignete technische und organisatorische Maßnahmen ausgeschlossen ist und die Auskunftserteilung einen „**unverhältnismäßigen Aufwand**" erfordern würde;

dies setzt eine **Interessenabwägung mit dem Informationsinteresse der betroffenen Person** voraus. Die **Unionsrechtskonformität** der Bestimmung ist **umstr.** (→ Rn. 2; verneinend etwa Golla in Kühling/Buchner BDSG § 34 Rn. 12).

C. Dokumentations- und Begründungspflicht (Abs. 2 und 3)

Macht der Verantwortliche von seinem nach Abs. 1 bestehenden **Auskunfts-** **8** **verweigerungsrecht** Gebrauch, so hat er dies zu dokumentieren und dem Betroffenen ggü. zu **begründen.**

I. Allgemeine Begründungspflicht (Abs. 2)

Nach Abs. 2 hat der Verantwortliche die **Gründe** für eine Auskunftsverwei- **9** gerung zu **dokumentieren** und der betroffenen Person **mitzuteilen**, soweit hierdurch nicht der durch die Auskunftsverweigerung verfolgte Zweck gefährdet würde (Abs. 2 S. 3). Die Dokumentation erfordert nur Textform (im Gegensatz zum Schriftformerfordernis in § 32 und § 33 BDSG). Darüber hinaus hat der Verantwortliche durch eine **Beschränkung der Verarbeitung** nach Art. 18 DS-GVO sicherzustellen, dass die hierfür gespeicherten Daten nur für diesen Zweck sowie für Zwecke der Datenschutzkontrolle verarbeitet werden (Abs. 2 S. 2).

II. Auskunftserteilung an die/den BfDI (Abs. 3)

Im Falle der Auskunftsverweigerung durch eine **öffentl. Stelle des Bundes** **10** kann die betroffene Person verlangen, dass die entspr. Auskunft stattdessen der/dem **BfDI** erteilt wird, soweit nicht die jeweils zuständige oberste Bundesbehörde im Einzelfall feststellt, dass dadurch die Sicherheit des Bundes oder eines Landes gefährdet würde (Abs. 1 S. 1). Hierdurch wird zumindest eine **Überprüfung der Datenverarbeitung durch die/den BfDI gewährleistet**, der das Erg. dann der betroffenen Person mitteilen kann (zu den **Verfahrensfragen** s. Koreng in Taeger/Gabel BDSG § 34 Rn. 30 ff.; zur Hinweispflicht der öffentl. Stelle die betroffene Person auf das Recht nach Abs. 3 durch eine Analogie zu § 19 Abs. 5 S. 2 BDSG aF s. Koreng in Taeger/Gabel BDSG § 34 Rn. 34; Schmidt-Wudy in BeckOK DatenschutzR BDSG § 34 Rn. 59). Es wird insoweit wiederum darauf zu achten sein, dass durch die **Mitteilung** an die betroffene Person **keine Rückschlüsse auf den Erkenntnisstand** des Verantwortlichen gezogen werden können (Abs. 3 S. 2; s. auch Schantz in Schantz/Wolff DatenschutzR Rn. 1205; Specht-Riemenschneider/Bienemann in HK-BDSG § 34 Rn. 22); etwas anderes gilt, wenn der Verantwortliche einer weitergehenden Auskunft zustimmt (Abs. 3 S. 2 aE).

D. Auskunftsverweigerung bei nicht automatisierter Verarbeitung durch öffentliche Stellen (Abs. 4)

11 Nach Abs. 4 steht schließlich ein Auskunftsersuchen über solche Daten, die durch **eine öffentl.** Stelle **weder automatisiert noch nicht automatisiert verarbeitet** und **in einem Dateisystem gespeichert** werden, unter dem Vorbehalt, dass **das Informationsinteresse der betroffenen Person zum erforderlichen Aufwand nicht außer Verhältnis** steht (krit. hierzu Schantz in Schantz/Wolff DatenschutzR Rn. 1206; ausf. Stollhoff in Auernhammer BDSG § 34 Rn. 41 ff.). Nichtöffentliche Stellen werden von Abs. 4 nicht erfasst (Schmidt-Wudy in BeckOK DatenschutzR BDSG § 34 Rn. 67; Werkmeister in Gola/Heckmann BDSG § 34 Rn. 27).

E. DSRL und BDSG aF

12 Der Auskunftsanspruch war auf unionaler Ebene vormals in **Art. 12 lit. a DSRL** geregelt (hierzu Schneider in BeckOK DatenschutzR Syst. B DSRL Rn. 117).

13 Das Auskunftsrecht der betroffenen Person war vormals in **§ 19 BDSG aF (öffentl. Stellen)** und **34 BDSG aF (nichtöffentliche Stellen)** geregelt.

§ 35 Recht auf Löschung

(1) ¹Ist eine Löschung im Fall nicht automatisierter Datenverarbeitung wegen der besonderen Art der Speicherung nicht oder nur mit unverhältnismäßig hohem Aufwand möglich und ist das Interesse der betroffenen Person an der Löschung als gering anzusehen, besteht das Recht der betroffenen Person auf und die Pflicht des Verantwortlichen zur Löschung personenbezogener Daten gemäß Artikel 17 Absatz 1 der Verordnung (EU) 2016/679 ergänzend zu den in Artikel 17 Absatz 3 der Verordnung (EU) 2016/679 genannten Ausnahmen nicht. ²In diesem Fall tritt an die Stelle einer Löschung die Einschränkung der Verarbeitung gemäß Artikel 18 der Verordnung (EU) 2016/679. ³Die Sätze 1 und 2 finden keine Anwendung, wenn die personenbezogenen Daten unrechtmäßig verarbeitet wurden.

(2) ¹Ergänzend zu Artikel 18 Absatz 1 Buchstabe b und c der Verordnung (EU) 2016/679 gilt Absatz 1 Satz 1 und 2 entsprechend im Fall des Artikels 17 Absatz 1 Buchstabe a und d der Verordnung (EU) 2016/679, solange und soweit der Verantwortliche Grund zu der Annahme hat, dass durch eine Löschung schutzwürdige Interessen der betroffenen Person beeinträchtigt würden. ²Der Verantwortliche unterrichtet die betroffene Person über die Einschränkung der Verarbeitung, sofern sich die Unterrichtung nicht als unmöglich erweist oder einen unverhältnismäßigen Aufwand erfordern würde.

(3) Ergänzend zu Artikel 17 Absatz 3 Buchstabe b der Verordnung (EU) 2016/679 gilt Absatz 1 entsprechend im Fall des Artikels 17 Absatz 1 Buchstabe a der

Verordnung (EU) 2016/679, wenn einer Löschung satzungsgemäße oder vertragliche Aufbewahrungsfristen entgegenstehen.

EU-Recht: Art. 17, 23 DS-GVO (kommentiert unter → DS-GVO Art. 17 Rn. 1 ff.; → DS-GVO Art. 23 Rn. 1 ff.).

Literatur: *Helfrich,* DSAnpUG-EU: Ist der sperrige Name hier schon Programm?, ZD 2017, 97; *Johannes,* Der BDSG-Entwurf und das Mysterium der „23", ZD-Aktuell 2017, 05533; *Johannes/Richter,* Privilegierte Verarbeitung im BDSG-E – Regeln für Archivierung, Forschung und Statistik, DuD 2017, 300; *Keppeler,* Das „Radierverbot" als „Rettung" vor den umfangreichen DS-GVO-Löschpflichten, RDV 2018, 70; *ders,* Die Pflicht zur Löschung von Daten nach der DSGVO, DSB 2018, 32; *ders./Berning,* Technische und rechtliche Probleme bei der Umsetzung der DS-GVO Löschpflichten – Anforderungen an Löschkonzepte und Datenbankstrukturen, ZD 2017, 314; *Klinger/Kuhlmann,* Bewertungsportale: Wie können Bewertete gegen einzelne Beiträge vorgehen?, GRUR-Prax 2017, 34; *Kühling,* Neues Bundesdatenschutzgesetz – Anpassungsbedarf bei Unternehmen, NJW 2017, 1985; *Roßnagel,* Gesetzgebung im Rahmen der Datenschutz-Grundverordnung – Aufgaben und Spielräume des deutschen Gesetzgebers, DuD 2017, 277; *Specht,* Mit der Datenschutzgrundverordnung und dem Datenschutz-Anpassungs- und Umsetzungsgesetz in ein Zeitalter technisch-infrastruktureller Privatheit?, BB 2017/Heft 09, I.

A. Allgemeines

I. Überblick

§ 35 **beschränkt die Pflicht zur Löschung** personenbezogener Daten **nach** **1** **Art. 17 DS-GVO** (→ DS-GVO Art. 17 Rn. 1 ff.), soweit die Löschung der (zunächst rechtmäßig) verarbeiteten Daten einen unverhältnismäßigen Aufwand darstellt (Abs. 1), die Löschung schutzwürdige Interessen der betroffenen Person beeinträchtigen könnte (Abs. 2) und der Verantwortliche einer satzungsmäßigen oder vertraglichen Aufbewahrungspflicht unterliegt (Abs. 3). Stattdessen hat der Verantwortliche dann eine **Verarbeitungsbeschränkung** der entspr. Daten nach Maßgabe von Art. 18 DS-GVO vorzunehmen.

II. Unionsrechtskonformität

Der dt. Gesetzgeber stützt sich für § 35 auf die **Öffnungsklausel des Art. 23** **2** **DS-GVO.** Umstr. ist, ob sämtliche das Recht auf Löschung ausschließenden Gründe unionsrechtskonform auf Art. 23 DS-GVO gestützt werden können. So ist zum einen str., ob das Entfallen der Löschverpflichtung aufgrund eines **unverhältnismäßig hohen Aufwandes,** wie dies in Abs. 1 statuiert ist, auf Art. 23 DS-GVO gestützt werden kann (BR-Drs. 110/1/17, 56; Innenausschuss Prot. BDSG, 15 f.; Stellungn. EAID, Innenausschuss Prot. BDSG, 47; Stellungn. Verbraucherzentrale Bundesverband e.V., Innenausschuss Prot. BDSG, 59; Stellungn. Piltz, Innenausschuss Prot. BDSG, 90; s. auch → § 34 Rn. 5 ff.) Vor diesem Hintergrund wurde ggü. dem RegE der Anwendungsbereich des § 35 Abs. 1 durch den Innenausschuss des BT auf Fälle der nicht automatisierten Datenverarbeitung eingegrenzt (BT-Drs. 18/12144, 5; Innenausschuss Prot. BDSG, 26); z. T. bestehen an der Unionskonformität von § 35

Abs. 1 aber weiterhin Zweifel (Koreng in Taeger/Gabel BDSG § 35 Rn. 12 f.; aA Peuker in HK-BDSG § 35 Rn. 6 ff.; Herbst in Kühling/Buchner BDSG § 35 Rn. 15 f.; InnenA-Drs. 18(4)/842, Änderungsantrag zu BT-Drs. 18/11325). Zu beachten ist zum anderen, dass auf Unionsebene lediglich ein Entfallen der Löschung wegen gesetzlicher Pflichten vorgesehen ist, wohingegen § 35 Abs. 3 auch **privatautonome Bindungen des Verantwortlichen ggü. Dritten** miteinbezieht (vgl. Schantz in Schantz/Wolff DatenschutzR Rn. 1222; ausf. Koreng in Taeger/Gabel BDSG § 35 Rn. 27). Daher werden mit guten Gründen erhebliche Bedenken geäußert, ob § 35 mit der DS-GVO vereinbar ist (vgl. Herbst in Kühling/Buchner BDSG § 35 Rn. 15 f.; Johannes ZD-Aktuell 2017, 05533; Roßnagel DuD 2017, 277 (280); sowie BR-Drs. 110/1/17, 55 f.; dagegen Reuker in HK-BDSG § 35 Rn. 9; Nolte/Werkmeister in Gola/Heckmann BDSG § 35 Rn. 2 ff.).

III. Zweck der Norm

3 § 35 soll nach dem Willen des dt. Gesetzgebers den **Fortbestand der bisher unter dem BDSG aF bestehenden Rechtslage** (§§ 20 Abs. 2, 35 Abs. 3 BDSG aF) sicherstellen (BT-Drs. 18/11325, 105). (ausf. zum Zweck der Norm Koreng in Taeger/Gabel BDSG § 35 Rn. 1 ff.; Nolte/Werkmeister in Gola/Heckmann BDSG § 35 Rn. 1; Peuker in HK-BDSG § 35 Rn. 1).

B. Voraussetzungen für das Entfallen der Löschverpflichtung

4 § 35 benennt **drei Fallkonstellationen**, in denen das Recht der betroffenen Person auf Löschung der sie betr. personenbezogenen Daten und somit die hiermit korrespondierende Pflicht des Verantwortlichen entfällt: **Unverhältnismäßiger Aufwand (Abs. 1), schutzwürdige Belange der betroffenen Person (Abs. 2)** und **satzungsmäßige oder vertragliche Pflichten (Abs. 3)**.

I. Unverhältnismäßiger Aufwand (Abs. 1)

5 Ist eine Löschung im Fall von nicht automatisierter Datenverarbeitung wegen der **bes. Art der Speicherung** nicht oder nur mit **unverhältnismäßigem Aufwand** möglich, so entfällt die Verpflichtung zur Löschung der entspr. Daten. Stattdessen hat der Verantwortliche eine **Einschränkung der Verarbeitung** nach Art. 18 DS-GVO (→ DS-GVO Art. 18 Rn. 1 ff.) vorzunehmen. Der **Begriff der automatisierten Datenverarbeitung** wird weder im BDSG noch in der DS-GVO legaldefiniert. Für die Auslegung des Begriffs kann jedoch auf die Begriffsdefinition nach § 3 Abs. 2 BDSG aF zurückgegriffen werden (Herbst in Kühling/Buchner BDSG § 35 Rn. 7; Nolte/Werkmeister in Gola/Heckmann BDSG § 35 Rn. 11; ausf. zur Auslegung Peuker in HK-BDSG § 35 Rn. 12 f.); es handelt sich somit um die Verarbeitung von Daten mit technischen Hilfsmitteln, insbes. mit Datenverarbeitungsanlagen wie Scannern, Computern und Smartphones (Herbst in Kühling/Buchner BDSG § 35 Rn. 7; Nolte/Werkmeister in Gola/Heckmann

BDSG § 35 Rn. 11). Nach dem Verständnis des Innenausschusses bedeutet die Beschränkung eine Konkretisierung des Tatbestandsmerkmals der „besonderen Art der Speicherung" (BT-Drs. 18/12144, 5 f., in der beispielhaft die Archivierungen in Papierform und die Nutzung analoger Speichermedien wie Microchips genannt werden). Zweck der Beschränkung ist ua die **Reduzierung des Missbrauchsrisikos** (s. Herbst in Kühling/Buchner BDSG § 35 Rn. 7). Der noch verhältnismäßige Aufwand der Löschung der „analogen" Speicherung soll sich am „jeweiligen Stand der Technik" orientieren (BT-Drs. 18/11325, 105; zu Beispielen s. Nolte/Werkmeister in Gola/Heckmann BDSG § 35 Rn. 12; krit. Herbst in Kühling/Buchner BDSG § 35 Rn. 9 mit Verweis auf Roßnagel DuD 2017, 277, 281; Worms in BeckOK DatenschutzR BDSG § 35 Rn. 22; der BR forderte in seiner Stellungn. zum RegE sogar die Streichung des § 35 Abs. 1, BR-Drs. 110/17). Voraussetzung des Abs. 1 ist zudem, dass das Interesse des Betroffenen an der Löschung als in absoluter Hinsicht gering anzusehen ist (Abs. 1 S. 1, hierzu Peuker in HK-BDSG § 35 Rn. 15; Worms in BeckOK DatenschutzR BDSG § 35 Rn. 25) und dass die Daten zunächst rechtmäßig verarbeitet wurden (Abs. 1 S. 3).

II. Schutzwürdige Belange der betroffenen Person (Abs. 2)

Hat der Verantwortliche Grund zu der Annahme, dass durch eine Löschung **6** **schutzwürdige Interessen der betroffenen Person** beeinträchtigt würden, so hat er die entspr. Daten gleichfalls nur einer **Einschränkung der Verarbeitung** zu unterwerfen und dies der betroffenen Person **mitzuteilen.** Erforderlich ist diese Regelung deshalb, weil der Verantwortliche nach Art. 17 DS-GVO (auch unabhängig von einem Antrag der betroffenen Person) zur Löschung verpflichtet ist (→ DS-GVO Art. 17 Rn. 20). Abs. 2 sichert somit ein möglicherweise bestehendes Interesse der betroffenen Person am Erhalt der Daten (zu den Voraussetzungen des schutzwürdigen Interesses Peuker in HK-BDSG § 35 Rn. 20 f.; aA wohl Schantz in Schantz/Wolff DatenschutzR Rn. 1220). Bedenklich ist, dass die normierte **Mitteilungspflicht entfallen** soll, sofern die Unterrichtung einen **unverhältnismäßigen Aufwand** darstellen würde (vgl. Worms in BeckOK DatenschutzR DS-GVO Art. 18 Rn. 22). Diese Regelung dürfte insbes. den Zweck der Vorschr. konterkarieren, der betroffenen Person eine Entsch. bzgl. der Daten zu ermöglichen (vgl. BT-Drs. 18/11325, 105). Zur **Vereinbarkeit von Abs. 2 mit Unionsrecht** s. Herbst in Kühling/Buchner BDSG § 35 Rn. 23.

III. Satzungsmäßige oder vertragliche Pflichten (Abs. 3)

Stehen der Löschung **satzungsmäßige oder vertragliche Aufbewah- 7 rungsfristen** entgegen, so sind die (**rechtmäßig** verarbeiteten) personenbezogenen Daten ebenfalls nicht zu löschen, sondern durch den Verantwortlichen einer **Einschränkung der Verarbeitung** nach Art. 18 DS-GVO (→ DS-GVO Art. 18 Rn. 1 ff.) zu unterwerfen. Die Vorschr. soll den Verantwortlichen vor einer **Pflichtenkollision** schützen (BT-Drs. 18/11325, 106) und erweitert somit die Art. 17 Abs. 3 lit. b DS-GVO bestehenden

Ausnahmen (→ DS-GVO Art. 17 Rn. 43). Jedenfalls dem Wortlaut nach umfasst „vertragliche Aufbewahrungsfristen" auch **Verträge zwischen dem Verantwortlichen und Dritten** (vgl. Schantz in Schantz/Wolff DatenschutzR Rn. 1222). Dieses weite Ausgreifen ist problematisch, da das Recht der betroffenen Person so ggf. durch das Eingehen beliebiger privatautonomer Bindungen mit Dritten durch den Verantwortlichen umgangen bzw. eingeschränkt werden könnte. Aus diesem Grund dürfte die Anwendung der Vorschr. **teleologisch** dergestalt zu **reduzieren** sein, dass nur **vertragliche Bindungen mit der betroffenen Person selbst** zu einem Ausschluss der Löschpflicht führen können (ebenfalls für eine Einschränkung Stellungn. Wolff, Innenausschuss Prot. BDSG, 117; Nolte/Werkmeister in Gola/Heckmann BDSG § 35 Rn. 19). Zur **Vereinbarkeit von Abs. 3 mit Unionsrecht** s. Herbst in Kühling/Buchner BDSG § 35 Rn. 29.

C. DSRL und BDSG aF

8   Das im Vergleich zu Art. 17 Abs. 1 und 2 DS-GVO restriktivere Recht auf Löschung war vormals in **Art. 12 lit. b DSRL** geregelt (hierzu Schneider in BeckOK DatenschutzR Syst. B DSRL Rn. 101 f., 119 f.), der va in den **§§ 20, 35 BDSG aF** umgesetzt worden war. Die Neuregelung von § 35 ersetzt konkret §§ 20 Abs. 2 und 35 Abs. 3 BDSG aF., wobei grds. die bisherige Rechtslage abgebildet wird (→ Rn. 3; s. auch BT-Drs. 18/11325; Nolte/Werkmeister in Gola/Heckmann BDSG § 35 Rn. 7 f.).

§ 36 Widerspruchsrecht

Das Recht auf Widerspruch gemäß Artikel 21 Absatz 1 der Verordnung (EU) 2016/679 gegenüber einer öffentlichen Stelle besteht nicht, soweit an der Verarbeitung ein zwingendes öffentliches Interesse besteht, das die Interessen der betroffenen Person überwiegt, oder eine Rechtsvorschrift zur Verarbeitung verpflichtet.

EU-Recht: Art. 21, 23 Abs. 1 lit. e DS-GVO (kommentiert unter → DS-GVO Art. 21 Rn. 1 ff., → DS-GVO Art. 23 Rn. 30 f.).

Literatur: s. Literatur zu Art. 21 und Art. 23 DS-GVO.

A. Allgemeines

1   Die Regelung des § 36 wird auf die **Öffnungsklausel in Art. 23 Abs. 1 lit. e gestützt.** Im Gesetzgebungsverfahren **forderte der BR die vollständige Streichung des § 36.** In dem Fall einer Verarbeitung aufgrund einer verpflichtenden Rechtsvorschrift bestehe bereits nach der DS-GVO kein Widerspruchsrecht, das somit auch nicht eingeschränkt werden könne (BT-Drs. 18/11655, 39). Der zweite von § 36 geregelte Fall eines Ausschlusses des Widerspruchsrechtes im Fall eines zwingenden öffentl. Interesses sei nicht nach

Art. 23 Abs. 1 gerechtfertigt, da nach Art. 21 Abs. 1 trotz Widerspruch eine Weiterverarbeitung nach einer Interessenabwägung möglich sei und der vollständige Ausschluss des Widerspruchsrechtes nicht notwendig und verhältnismäßig isd Art. 23 Abs. 1 sei (BT-Drs. 18/11655, 40).

B. Nichtbestehen eines Widerspruchsrechtes

§ 36 schränkt das Recht des Betroffenen auf Widerspruch gegen die Verarbeitung nach Art. 21 Abs. 1 ein. Das Widerspruchsrecht nach Abs. 1 des Art. 21 betrifft Verarbeitungen auf der Grdl. der Erlaubnistatbestände des Art. 6 Abs. 1 lit. e oder f. Ein Widerspruchsrecht ist im Fall eines überw. zwingenden öffentl. Interesses, oder wenn eine Rechtsvorschrift zur Verarbeitung verpflichtet, ausgeschlossen. Der **Ausschluss des Widerspruchsrechtes** im Fall überw. zwingender öffentl. Interessen **geht über eine reine Wiederholung des Art. 21 Abs. 1 S. 2 hinaus** (so aber Schantz in Schantz/Wolff DatenschutzR Rn. 1232; Kühling/Buchner/Herbst, BDSG § 36 Rn. 9; Forgó in BeckOK DatenschutzR, § 36 Rn. 5), denn § 36 schließt das Betroffenenrecht des Widerspruches in diesen Fällen von vornherein aus, anstatt wie Art. 21 Abs. 1 S. 2 die weitere Verarbeitung trotz Widerspruches nach einer Interessenabwägung zu erlauben. Es erscheint fraglich, ob dies noch von Art. 23 gedeckt ist, da der Gesetzgeber hierdurch nicht lediglich, wie von Art. 23 vorgesehen, das Recht auf Widerspruch einschränkt, sondern mit diesem Regelungsmechanismus im Grunde die **Entsch. über das Bestehen oder Nichtbestehen eines Widerspruchsrechtes an den Verantwortlichen delegiert,** der sowohl definiert, was zwingende öffentl. Interessen sind, als auch im Wege einer Interessenabwägung über die Zulässigkeit eines Widerspruchsrechtes entscheidet.

Nicht anwendbar ist § 36 auf Verarbeitungen zu **Forschungszwecken, statistischen Zwecken** und im öffentl. Interesse liegenden **Archivzwecken,** hierfür sehen § 27 Abs. 2 (→ § 27 Rn. 10 ff.) bzw. § 28 Abs. 4 (→ § 28 Rn. 10) spezielle Regelungen zur Einschränkung des Widerspruchsrechtes vor (BT-Drs. 18/11325, 105).

§ 37 Automatisierte Entscheidungen im Einzelfall einschließlich Profiling

(1) Das Recht gemäß Artikel 22 Absatz 1 der Verordnung (EU) 2016/679, keiner ausschließlich auf einer automatisierten Verarbeitung beruhenden Entscheidung unterworfen zu werden, besteht über die in Artikel 22 Absatz 2 Buchstabe a und c der Verordnung (EU) 2016/679 genannten Ausnahmen hinaus nicht, wenn die Entscheidung im Rahmen der Leistungserbringung nach einem Versicherungsvertrag ergeht und

1. dem Begehren der betroffenen Person stattgegeben wurde oder
2. die Entscheidung auf der Anwendung verbindlicher Entgeltregelungen für Heilbehandlungen beruht und der Verantwortliche für den Fall, dass dem Antrag nicht vollumfänglich stattgegeben wird, angemessene Maßnahmen zur Wah-

rung der berechtigten Interessen der betroffenen Person trifft, wozu mindestens das Recht auf Erwirkung des Eingreifens einer Person seitens des Verantwortlichen, auf Darlegung des eigenen Standpunktes und auf Anfechtung der Entscheidung zählt; der Verantwortliche informiert die betroffene Person über diese Rechte spätestens zum Zeitpunkt der Mitteilung, aus der sich ergibt, dass dem Antrag der betroffenen Person nicht vollumfänglich stattgegeben wird.

(2) [1]Entscheidungen nach Absatz 1 dürfen auf der Verarbeitung von Gesundheitsdaten im Sinne des Artikels 4 Nummer 15 der Verordnung (EU) 2016/679 beruhen. [2]Der Verantwortliche sieht angemessene und spezifische Maßnahmen zur Wahrung der Interessen der betroffenen Person gemäß § 22 Absatz 2 Satz 2 vor.

EU-Recht: Art. 22 Abs. 2 lit. b, Abs. 4, Art. 9 Abs. 2 lit. g, Art 4 DS-GVO (kommentiert unter → DS-GVO Art. 22 Rn. 1 ff., 33 ff.; → DS-GVO Art. 9 Rn. 38 ff.; → DS-GVO Art. 4 Rn. 1 ff.).

Literatur: *Härting,* Big Data und Profiling nach der DS-GVO, ITRB 2016, 209; *Kremer,* Wer braucht warum das neue BDSG?, CR 2017, 367; *Taeger,* Verbot des Profiling nach Art. 22 DS-GVO und die Regulierung des Scoring ab Mai 2018, RDV 2017, 3; *Thüsing,* Automatisierte Einzelentscheidung in der PKV – zur Europarechtskonformität des § 37 Abs. 1 Nr. 2 BDSG, RDV 2018, 14.

A. Allgemeines

1   Die Regelung des § 37 gehört zu den Regelungen der Betroffenenrechte in Teil 2, Kap. 2 und schränkt das in Art. 22 Abs. 1 DS-GVO postulierte Recht der Betroffenen (→ DS-GVO Art 22 Rn. 15 ff.) ein, nicht einer ausschl. auf einer automatisierten Verarbeitung beruhenden Entsch. unterworfen zu werden. **Sinn und Zweck** des § 37 ist, den **Belangen der Versicherungswirtschaft** Rechnung zu tragen und insbes. die automatisierte Abrechnung von Versicherungsleistungen der privaten Krankenversicherung zu ermöglichen. Die Ausnahme vom Verbot automatisierter Einzelfallentscheidungen gilt jedoch für die gesamte Versicherungswirtschaft, Abs. 1 enthält keine Beschränkung auf einzelne Versicherungszweige.

2   Der Gesetzgeber stützt die Regelung des Abs. 1 auf die **Öffnungsklausel** in Art. 22 Abs. 2 lit. b DS-GVO und schränkt für die genannten Zwecke das grds. Verbot der automatisierten Einzelfallentscheidungen ein. § 37 Abs. 2 erlaubt ausdr. die Verarbeitung von Gesundheitsdaten bei bestimmten automatisierten Entsch. und ermöglicht so die automatisierte Abrechnung von Leistungen der privaten Krankenversicherung. Diese Regelung beruht auf Art. 22 Abs. 4 iVm Art. 9 Abs. 2 lit. g DS-GVO (BT-Drs. 18/11325, 105).

3   Während in § 35 des Referentenentwurfes noch eine deutlich weitergehende Ausnahme vom Verbot der automatisierten Einzelfallentscheidungen vorgesehen war und das Verbot für alle Vertragsarten eingeschränkt wurde (s. § 35 des Referentenentwurfs (Stand 2. Ressortabstimmung 11.11.2016)), ist die endgültige Fassung des jetzigen § 37 auf die **Leistungserbringung nach Versicherungsverträgen** begrenzt. Der Vorschlag des BR, die Ausweitung des § 37 auf weitere Vertragsarten zu prüfen und die Regelung des § 6a

Abs. 2 S. 1 Nr. 1 BDSG aF beizubehalten (BT-Drs. 18/11655, 41) wurde nicht aufgegriffen.

B. Ausschluss des Verbots ausschließlich automatisierter Entscheidungen (Abs. 1)

§ 37 Abs. 1 **erlaubt automatisierte Einzelentscheidungen,** wenn die **4** Entsch. iRd Leistungserbringung nach einem Versicherungsvertrag ergeht und wenn die Voraussetzungen des Abs. 1 Nr. 1 oder Abs. 1 Nr. 2 vorliegen.

I. Leistungserbringung nach Versicherungsvertrag

Die Zulässigkeit automatisierter Einzelentscheidungen setzt kein direktes Ver- **5** tragsverhältnis zwischen Verantwortlichem und Betroffenen voraus, der Betroffene kann also auch Dritter sein. Es muss sich lediglich um eine **Leistungserbringung nach einem Versicherungsvertrag** handeln. Als Bsp. nennt die Begr. des GE den Fall der automatisierten Schadensregelung zwischen Kfz-Haftpflichtversicherung des Schädigers und dem Geschädigten (BT-Drs. 18/11325, 105).

II. Stattgabe des Begehrens des Betroffenen (Abs. 1 Nr. 1)

Gem. § 37 Abs. 1 Nr. 1 ist eine solche Entsch. zulässig, wenn dem **Begehren** **6** **des Betroffenen stattgegeben** wurde. Die Regelung lehnt sich an § 6a Abs. 2 Nr. 1 BDSG aF an. Ausweislich der Begr. des GE sollen durch die Regelung die bislang nach altem Recht zulässigen automatisierten Einzelentscheidungen iR außervertraglicher Rechtsverhältnisse weiterhin möglich bleiben (BT-Drs. 18/11325, 105). Abgestellt wird dementsprechend auf das Begehren des Betroffenen, also der datenschutzrechtlich betroffenen Person, nicht das des Vertragspartners des Versicherungsunternehmens.

Dem Begehren des Betroffenen muss stattgegeben werden. Legt man die- **7** sem Tatbestandsmerkmal das Kriterium zugrunde, dass dann keine Rechtsbeeinträchtigung des Betroffenen vorliegt (BT-Drs. 18/11325, 105), so ist dieses nur erfüllt, wenn dem Begehren des Betroffenen **vollumfänglich stattgegeben** wird (so auch zu § 6a BDSG aF Scholz in Simitis BDSG aF § 6a Rn. 31).

III. Anwendung verbindlicher Entgeltregelungen für die Heilbehandlung (Abs. 1 Nr. 2)

Abs. 1 Nr. 2 regelt die **automatisierte Bearbeitung von Anträgen auf** **8** **Erstattung von Heilbehandlungskosten,** wie sie bisher schon auf der Grdl. des § 6a Abs. 2 Nr. 2 BDSG aF durch die privaten Krankenversicherer durchgeführt wurde. Wie bisher soll auch in Zukunft die automatisierte Rechnungsprüfung durch private Krankenversicherungen möglich sein. Anders als bei Abs. 1 Nr. 1 ist die automatisierte Entsch. auch zulässig, wenn dem Begehren des Betroffenen nicht vollständig stattgegeben wird. Voraussetzungen sind die Anwendung verbindlicher **Entgeltregelungen für Heilbe-handlungen** sowie **angemessene Maßnahmen** zur Wahrung der **Interessen des Betroffenen** für den Fall, dass dem Begehren nicht vollständig statt-gegeben wird. Der Gesetzgeber sieht auf Grdl. des Wortlautes des Art. 22 Abs. 1 keinen Bedarf einer Regelung, wenn Daten eines Dritten, bspw. eines mitversicherten Familienangehörigen, Gegenstand der Verarbeitung sind (BT-Drs. 18/11325, 105). Dies wird damit begr., dass eine solche Entsch. dem mitversicherten Familienangehörigen ggü. nicht die aus Art. 22 Abs. 1 DS-GVO tatbestandlich geforderte Rechtswirkung entfaltet. Diese Auff. ver-kennt jedoch, dass der mitversicherte Familienangehörige aus einer Kranken-versicherung **direkt anspruchsberechtigt ist** (vgl. BGH NJW-RR 2008, 116). Eine ablehnende Entsch. ggü. dem Versicherungsnehmer kann daher sehr wohl **rechtliche Wirkung** auch ggü. dem Familienangehörigen **entfal-ten,** somit besteht ein Regelungsbedarf. Bei Bestehenbleiben dieser Rege-lungslücke wäre die Folge für die Versicherungswirtschaft ein ungewollter Mehraufwand, da sämtliche Abrechnungsanträge mit Bezug zu Mitversicher-ten nicht automatisiert bearbeitet werden könnten. Da es sich vorliegend allerdings offensichtlich um eine planwidrige Regelungslücke handelt, muss der Wille des Gesetzgebers dahingehend verstanden werden, dass **die getrof-fene Regelung auch für Mitversicherte Anwendung** finden kann. Dies führt freilich zu der Verpflichtung, nicht nur dem Versicherungsnehmer als direkten Vertragspartner, sondern auch der mitversicherten Person die in § 37 Abs. 1 Nr. 2 genannten Rechte zur Wahrung ihrer Interessen durch an-gemessene Maßnahmen einzuräumen. Darüber hinaus muss der Betroffene (gleich, ob Versicherungsnehmer oder mitversicherte Person) über diese Rechte spätestens im Zeitpunkt der Mitteilung der (Teil-)Ablehnung des Begehrens informiert werden.

9   Als **Mindestbestandteile** von solchen angemessenen **Maßnahmen zur Wahrung der Betroffeneninteressen** nennt Abs. 1 Nr. 2 gleichlautend mit Art. 22 Abs. 3 DS-GVO das Recht auf Erwirkung des Eingreifens einer Person, auf Darlegung des eigenen Standpunktes und auf Anfechtung der Entsch.

C. Verarbeitung von Gesundheitsdaten (Abs. 2)

10   § 37 Abs. 2 erlaubt die **Verarbeitung von Gesundheitsdaten iRv auto-matisierten Entsch.** gem. § 37 Abs. 1 unter der Voraussetzung, dass der Verantwortliche angemessene Maßnahmen nach § 22 Abs. 2 S. 2 vorsieht. Die Regelung beruht auf Art. 22 Abs. 4 iVm Art. 9 Abs. 2 lit. g DS-GVO und sieht eine **Ausnahme von dem grds. Verbot** der Verarbeitung von bes. Kategorien personenbezogener Daten in Art. 22 Abs. 4 DS-GVO vor. Die Ausnahme des Abs. 2 gilt jedoch nur für Gesundheitsdaten, nicht für alle Kategorien von sensitiven Daten iSd Art. 9 DS-GVO. Die explizite Erlaubnis der Verarbeitung auch von Gesundheitsdaten iRv automatisierten Einzelentscheidungen ist notwendig, da Art. 22 Abs. 4 DS-GVO ein ausdr. Verbot der Verarbeitung von sensitiven Daten auch für die Ausnahmet-

bestände vorsieht, in denen grds. automatisierte Einzelentscheidungen zulässig sind.

Für die Praxis problematisch erscheint, dass **genetische Daten nicht in** **11** **die Ausnahmeregelung aufgenommen** worden sind. Auch, wenn derartige Fälle eher die Ausnahme denn die Regel sein dürften, so sind in der Praxis wiederholt auch genetische Daten Gegenstand einer Abrechnung der privaten Krankenversicherung. Da für derartige Daten keine Ausnahmeregelung besteht, müssen sie aus dem Regelabrechnungsprozess vorab ausgesteuert und auf andere Weise abgerechnet werden.

Nach Abs. 2 sind bei der Verarbeitung von Gesundheitsdaten iRv automatisierten Einzelentscheidungen **angemessene und spezifische Maßnahmen** zum Schutz der Interessen der Betroffenen zu treffen, hierfür verweist Abs. 2 S. 2 auf die Regelung § 22 Abs. 2 S. 2 (→ § 22 Rn. 12 ff.). **12**

Kapitel 3. Pflichten der Verantwortlichen und Auftragsverarbeiter

§ 38 Datenschutzbeauftragte nichtöffentlicher Stellen

(1) [1] **Ergänzend zu Artikel 37 Absatz 1 Buchstabe b und c der Verordnung (EU) 2016/679 benennen der Verantwortliche und der Auftragsverarbeiter eine Datenschutzbeauftragte oder einen Datenschutzbeauftragten, soweit sie in der Regel mindestens 20 Personen ständig mit der automatisierten Verarbeitung personenbezogener Daten beschäftigen.** [2] **Nehmen der Verantwortliche oder der Auftragsverarbeiter Verarbeitungen vor, die einer Datenschutz–Folgenabschätzung nach Artikel 35 der Verordnung (EU) 2016/679 unterliegen, oder verarbeiten sie personenbezogene Daten geschäftsmäßig zum Zweck der Übermittlung, der anonymisierten Übermittlung oder für Zwecke der Markt– oder Meinungsforschung, haben sie unabhängig von der Anzahl der mit der Verarbeitung beschäftigten Personen eine Datenschutzbeauftragte oder einen Datenschutzbeauftragten zu benennen.**

(2) § 6 Absatz 4, 5 Satz 2 und Absatz 6 finden Anwendung, § 6 Absatz 4 jedoch nur, wenn die Benennung einer oder eines Datenschutzbeauftragten verpflichtend ist.

EU–Recht: Art. 37, Abs. 4 S. 1 Hs. 2, 38 Abs. 5 DS–GVO (kommentiert unter → DS–GVO Art. 37 Rn. 12 f.; → DS–GVO Art. 38 Rn. 13).

Literatur: *Der Hessische Datenschutzbeauftragte,* Der behördliche und betriebliche Datenschutzbeauftragte nach neuem Recht, Stand Juni 2017; *Jaspers/Reif,* Der betriebliche Datenschutzbeauftragte nach der geplanten EU–Datenschutz–Grundverordnung – ein Vergleich mit dem BDSG, RDV 2012, 78; *Kühling,* Neues Bundesdatenschutzgesetz – Anpassungsbedarf bei Unternehmen, NJW 2017, 1985 ff.

A. Allgemeines

I. Einführung

1 Gem. § 38 Abs. 1 ist in nicht öffentl. Stellen ein Datenschutzbeauftragter über die aus Art. 37 Abs. 1b und c DS-GVO resultierende Pflicht hinaus dann zu bestellen, wenn entweder **mind. 20 Personen** ständig mit der automatisierten Verarbeitung personenbezogener Daten beschäftigt sind (S. 1) oder es sich **unabhängig von der Personenzahl** um eine Datenverarbeitungssituation handelt, die einer Datenschutz-Folgenabschätzung unterliegt (S. 2 Var. 1), oder der geschäftsmäßigen Verarbeitung zum Zwecke der Übermittlung, der anonymisierten Übermittlung oder der Markt- oder Meinungsforschung dient (S. 2 Var. 2).

2 § 38 Abs. 2 verweist auf die für behördliche Datenschutzbeauftragte geltende Regelung des § 6 Abs. 4, Abs. 5 S. 2 und Abs. 6 und schreibt deren Anwendung auch für betriebliche Datenschutzbeauftragte fest. Der **Kündigungsschutz**, die **Verschwiegenheitspflicht** und das **Zeugnisverweigerungsrecht** des Datenschutzbeauftragten in einer nicht öffentl. und einer öffentl. Stelle unterliegen damit den gleichen Grundsätzen.

II. Sinn und Zweck

3 § 38 Abs. 1 macht von der in Art. 37 Abs. 4 S. 1 Hs. 2 DS-GVO normierten **Öffnungsklausel** Gebrauch, die in den Mitgliedstaaten die Möglichkeit vorsieht, für weitere – über die in Art. 37 Abs. 1 DS-GVO hinausgehenden – Situationen eine Pflicht zur Benennung eines Datenschutzbeauftragten festzulegen. Als echte Öffnungsklausel ermöglicht diese dabei nicht nur eine Spezifizierung des vorgegebenen europ. Rechtsrahmens, sondern eine **eigenständige Ausgestaltung des nationalen Rechtes** (Wolff in Schantz/Wolff DatenschutzR Rn. 218 und Rn. 901). Die Öffnungsklausel will damit ermöglichen, von der Erfahrung nationaler Mitgliedstaaten im Bereich des betrieblichen Datenschutzbeauftragten Gebrauch zu machen (Jaspers/Reif RDV 2012, 78 (78); → DS-GVO Art. 37 Rn. 12a). § 38 Abs. 2 steht in Zusammenhang mit Art. 38 Abs. 5 DS-GVO, der die Verschwiegenheitspflicht und das Zeugnisverweigerungsrecht des Datenschutzbeauftragten nach dem Recht der EU oder der Mitgliedstaaten festschreibt.

4 Bereits **§ 4f BDSG aF** verankerte entspr. Bestellpflichten, sodass § 38 Abs. 1 erwartungsgemäß ebenfalls über den europ. Rechtsrahmen hinausgehende Verpflichtungen normiert. Ein Vergleich des § 38 Abs. 1 S. 1 mit dem ebenfalls den betrieblichen Datenschutzbeauftragten regelnden § 4f BDSG aF zeigt dabei **deutliche Parallelen in der Ausgestaltung** der Vorschr. Der dt. Gesetzgeber hält in § 38 Abs. 1 überw. an bisherigen inhaltlichen Erwägungen zu § 4f BDSG aF fest (BT-Drs. 18/11325, 107; Kühling NJW 2017, 1985 (1988)), sodass aufgrund des durch den europ. Rechtsrahmen vorgegebenen Spielraumes davon auszugehen ist, dass die bereits nach altem Recht geltenden Erwägungen iRd Auslegung der Tatbestandsmerkmale weitgehend übernommen werden können und Unternehmen keinen wesentlichen Änd. gegenüberstehen. Die bloße Abweichung von der notwendigen Anzahl von Personen, die mit der Verarbeitung betraut sind, dürfte nichts an der Übertragung der Erwägungen zum BDSG aF ändern.

B. Pflicht zur Benennung eines Datenschutzbeauftragten (Abs. 1)

I. Pflicht zur Benennung in Abhängigkeit der Beschäftigtenzahl (S. 1)

S. 1 umfasst die Pflicht zur Benennung eines Datenschutzbeauftragten, die iW **5** an die **Anzahl der mit der Verarbeitung beschäftigten Personen** anknüpft. Anders als in der DS-GVO, die die Pflicht zur Bestellung eines Datenschutzbeauftragten unabhängig von der Beschäftigtenzahl für bestimmte Verarbeitungssituationen normiert (→ DS-GVO Art. 37 Rn. 5 ff.), ist die Zahl der mit der Verarbeitung befassten Personen im BDSG weiterhin für die Pflicht zur Benennung eines Datenschutzbeauftragten maßgeblich. Sind mind. 20 Personen ständig mit der automatisierten Verarbeitung personenbezogener Daten beschäftigt, so sind der Verantwortliche und der Auftragsverarbeiter verpflichtet, eine Datenschutzbeauftragte oder einen Datenschutzbeauftragten zu benennen. Waren zunächst in § 38 Abs. 1 S. 1 – wie bereits im BDSG aF – nur zehn Personen erforderlich, um eine Pflicht zur Bestellung eines Datenschutzbeauftragten auszulösen, wurde diese Anzahl im Zuge des Zweiten Datenschutz-Anpassungs- und Umsetzungsgesetzes auf 20 Personen angehoben, um kleine und mittlere Unternehmen sowie ehrenamtlich tätige Vereine zu entlasten (BT-Drs. 19/11181, 19).

1. Maßgeblicher Personenkreis

Wann die **Mindestanzahl von 20 Personen** erreicht ist, wird maßgeblich **6** dadurch bestimmt, wer überhaupt in den von § 38 Abs. 1 S. 1 angesprochenen Personenkreis einzubeziehen ist. Der **Personenkreis** ist dem Wortlaut entspr., der keine Beschränkungen der an die Person zu stellenden Anforderungen enthält, weit zu verstehen. Unerheblich ist sowohl die arbeitsrechtliche Stellung der mit der Verarbeitung befassten Personen (BT-Drs. 16/1853, 12) als auch der Umf. ihrer Beschäftigung, sodass Voll- und Teilzeitbeschäftigte, freie Mitarbeiter, Leiharbeitnehmer, Praktikanten, Volontäre und Auszubildende gleichermaßen von der Regelung erfasst werden (Rücker/Dienst in Gola/Heckmann BDSG § 38 Rn. 19; Kühling/Sackmann in Kühling/Buchner BDSG § 38 Rn. 9).

Unerheblich für die Bestimmung der Anzahl der Beschäftigten ist, ob es **7** sich dabei um 20 regelmäßig wechselnde Mitarbeiter oder aber um eine feste Besetzung handelt, solange die vorgegebene Anzahl insgesamt erreicht wird und es sich zumindest um **eine auf gewisse Dauer angelegte Stelle** handelt, unabhängig von ihrer konkreten Besetzung (Moos in BeckOK DatenschutzR BDSG § 38 Rn. 11). Nicht zusätzlich einzubeziehen sind dagegen bloße Urlaubsvertretungen, da der vertretene Mitarbeiter üblicherweise bereits in der Zahl der beschäftigten Personen einbezogen ist (Klug in Gola DS-GVO Art. 37 Rn. 27).

8   Dem Wortlaut des § 38 Abs. 1 S. 1 ist zudem zu entnehmen, dass es sich lediglich „**in der Regel**" um einen Kreis von 20 Personen handeln muss. Die Vorschr. enthält deshalb einen gewissen Spielraum in Abkehr von einer starren Grenze. Schwankungen von lediglich kurzer Dauer bleiben unberücksichtigt, unabhängig davon, ob die Grenze von 20 Personen im Falle einer zeitweisen Abweichung über- oder unterschritten wird (Helfrich in HK-BDSG § 38 Rn. 17).

2. Ständige Beschäftigung mit der automatisierten Verarbeitung

9   Der festgestellte Personenkreis (→ Rn. 6 ff) muss weiterhin **ständig mit der automatisierten Verarbeitung** personenbezogener Daten **beschäftigt** sein. In Abkehr zu § 4f BDSG aF entfällt in § 38 Abs. 1 die Regelung der nicht automatisierten Datenverarbeitung in Abhängigkeit zu einer bestimmten Personengrenze. Daraus kann gedeutet werden, dass in einer manuellen Datenverarbeitung entweder kein grds. Gefährdungspotenzial oder aber keine Relevanz mehr gesehen wird, sodass ein entspr. Regelungsbedarf entfällt.

10   Wann eine „ständige" Beschäftigung anzunehmen ist, kann aufgrund des gleichlautenden Wortlautes ebenfalls den Erwägungen zu § 4f BDSG aF entnommen werden. Auch in § 38 Abs. 1 wird von einer weiten Auslegung des Tatbestandsmerkmals auszugehen sein, sodass eine „ständige" Beschäftigung einer Person auch dann gegeben ist, wenn diese ihre datenverarbeitende Tätigkeit **nicht als Kernaufgabe** wahrnimmt (Hessischer Datenschutzbeauftragter, Datenschutzbeauftragte, 9; aA Schaffland/Holthaus BDSG § 38 Rn. 22, die die Datenverarbeitung als Hauptaufgabe fordern). Ob eine **lediglich gelegentliche, über den bloßen Einzelfall hinausgehende Tätigkeit** genügt, ist umstr. (eher zust. Rücker/Dienst in Gola/Heckmann BDSG § 38 Rn. 33; Hessischer Datenschutzbeauftragter, Datenschutzbeauftragte, 9; aA noch zur alten Regelung Simitis in Simitis BDSG aF § 4f Rn. 19). Der Wortlaut der Regelung lässt jedoch auf das Erfordernis einer **gewissen Regelmäßigkeit** schließen.

II. Pflicht zur Benennung in Abhängigkeit der Verarbeitungssituation (S. 2)

11   S. 2 umfasst die Pflicht zur Benennung eines Datenschutzbeauftragten über die Anzahl der mit der Verarbeitung Beschäftigten hinaus. Sofern **weniger als 20 Mitarbeiter** mit der Datenverarbeitung beschäftigt sind, kommt eine Pflicht zur Benennung eines Datenschutzbeauftragten nur für **spezifische Verarbeitungssituationen** in Betracht, denen der Gesetzgeber **bes. Gefahrenpotenzial** zuschreibt (Kühling/Sackmann in Kühling/Buchner BDSG § 38 Rn. 8).

1. Verarbeitung unterliegt Datenschutz-Folgenabschätzung (S. 2 Var. 1)

Die Pflicht zur Bestellung eines Datenschutzbeauftragten im Falle einer **Da** **12** **tenverarbeitung, die der Datenschutz-Folgenabschätzung nach Art. 35 DS-GVO unterliegt,** hebt die Intention des § 38 Abs. 1 S. 2, ein bes. Gefahrenpotenzial strenger zu regulieren, klar hervor. So sieht Art. 35 Abs. 1 DS-GVO eine Datenschutz-Folgenabschätzung in den Fällen vor, in denen sich voraussichtlich ein **hohes Risiko für die Rechte und Freiheiten** natürlicher Personen ergibt. Dieses potentiell hohe Risiko führt zu einer **bes. Schutzbedürftigkeit** des Betroffenen und löst damit eine Kontrolle durch die Pflicht zur Bestellung eines betrieblichen Datenschutzbeauftragten aus, unabhängig davon wie viele Mitarbeiter mit den personenbezogenen Daten und deren Verarbeitung beschäftigt sind.

2. Geschäftsmäßige Verarbeitung (S. 2 Var. 2)

Auch der geschäftsmäßigen Verarbeitung zu Übermittlungszwecken schreibt **13** § 38 Abs. 1 S. 2 ein **erhöhtes Gefahrenpotenzial** in dem Maße zu, dass eine Kontrolle seitens eines betrieblichen Datenschutzbeauftragten erforderlich ist. Das bes. Risikopotenzial erwächst dabei aus zwei Kriterien: Zum einen birgt die Geschäftsmäßigkeit der Datenverarbeitung eine **gewisse Intensität,** zum anderen bringt der geplante Vorgang der Übermittlung klassischerweise einen **umfangr. Empfängerkreis** mit sich (Helfrich in HK-BDSG § 38 Rn. 22). Das bes. Risikopotenzial besteht dabei unabhängig davon, ob es sich um eine personenbezogene oder anonymisierte Übermittlung handelt, sodass auch die **geschäftsmäßige Verarbeitung zu Zwecken der anonymisierten Übermittlung** einer Kontrolle durch den betrieblichen Datenschutzbeauftragten unterliegt.

Als **geschäftsmäßige Verarbeitung** ist dabei jeder mit oder ohne Hilfe **14** automatisierter Verfahren ausgeführte Vorgang oder jede solche Vorgangsreihe im Zusammenhang mit personenbezogenen Daten zu verstehen (→ DS-GVO Art. 4 Rn. 2 Rn. 20), soweit diese Tätigkeit auf gewisse Dauer angelegt ist (Rücker/Dienst in Gola/Heckmann BDSG § 38 Rn. 40). **Die anonymisierte Übermittlung** ist die Weitergabe von Daten an einen Dritten (so bereits nach alter Rechtslage Gola/Schomerus BDSG aF § 3 Rn. 32), die nicht personenbezogen erfolgt (nunmehr auch zur neuen Rechtslage Rücker/Dienst in Gola/Heckmann BDSG § 38 Rn. 43). Das ist der Fall, wenn die betroffene Person durch die Daten nicht (mehr) identifiziert werden kann (ErwGr 26).

Ebenso wird die **geschäftsmäßige Verarbeitung zu Zwecken der** **15** **Markt- oder Meinungsforschung** aufgrund ihres bes. Risikopotenzials der Kontrolle eines Datenschutzbeauftragten unterstellt. Als Zwecke der Marktoder Meinungsforschung sind dabei solche Zwecke zu verstehen, die sich auf die Informationsgewinnung über Märkte oder auf die Ermittlung von Meinungen und Stimmungen in der Bevölkerung beziehen (Rücker/Dienst in Gola/Heckmann BDSG § 38 Rn. 45).

C. Rechtsstellung und Vertraulichkeit (Abs. 2)

16 § 38 Abs. 2 **verweist** für den betrieblichen Datenschutzbeauftragten zT auf entspr. Regelungen des **Datenschutzbeauftragten öffentl. Stellen.** Demnach finden § 6 Abs. 4, Abs. 5 S. 2 und Abs. 6 auch auf Datenschutzbeauftragte nicht öffentl. Stellen Anwendung, § 6 Abs. 4 jedoch nur, wenn die **Benennung aufgrund einer gesetzlichen Pflicht** erfolgte.

I. Rechtsstellung des Datenschutzbeauftragten

17 Während die DS-GVO keinen **expliziten Kündigungsschutz** des Datenschutzbeauftragten vorsieht (→ DS-GVO Art. 38 Rn. 10), ist ein solcher Schutz im dt. Datenschutzrecht für den behördlichen Datenschutzbeauftragten in **§ 6 Abs. 4** ausdr. normiert (→ § 6 Rn. 3). Das BDSG ist für den Datenschutzbeauftragten im Vergleich zum Unionsrecht demnach vorteilhafter (Wolff in Schantz/Wolff DatenschutzR Rn. 896). Diese Regelung gilt entspr. der Verweisung in § 38 Abs. 2 für den Datenschutzbeauftragten nicht öffentl. Stellen gleichermaßen, jedoch mit der Maßgabe, dass dessen **Bestellung nicht freiwillig,** sondern aufgrund einer Verpflichtung gem. Art. 37 Abs. 1b und c DS-GVO bzw. § 38 Abs. 1 erfolgte. Im Falle einer freiwilligen Bestellung soll den nicht öffentl. Stellen hingegen kein Sonderkündigungsschutz auferlegt werden, um diese nicht von der Einrichtung eines Datenschutzbeauftragten abzuhalten (BT-Drs. 16/12011, 30).

18 Soweit der Sonderkündigungsschutz greift, unterliegt die **Abberufung** eines gesetzlich vorgeschriebenen Datenschutzbeauftragten den Anforderungen des **§ 626 BGB** und auch die **Kündigung** des davon getrennt zu betrachtenden Arbeitsverhältnisses ist nur möglich, wenn Tatsachen vorliegen, welche die nicht öffentl. Stelle zur Kündigung aus wichtigem Grund ohne Einhaltung einer Kündigungsfrist berechtigen. Dieser Schutz des Arbeitsverhältnisses wirkt innerhalb eines Jahres nach der Abberufung als Datenschutzbeauftragter nach.

II. Vertraulichkeit des Datenschutzbeauftragten

19 Wie der Datenschutzbeauftragte einer öffentl. Stelle ist auch der betriebliche Datenschutzbeauftragte gem. § 38 Abs. 2 iVm **§ 6 Abs. 5 S.** 2 zur **Verschwiegenheit** über die **Identität** der betroffenen Person sowie über **Umstände,** die Rückschlüsse auf die betroffene Person zulassen, verpflichtet, soweit er davon nicht durch die betroffene Person befreit wird. Verstößt der Datenschutzbeauftragte gegen seine Verschwiegenheitspflicht, kann dies ua deliktische Schadensersatzansprüche des Betroffenen gegen den Datenschutzbeauftragten nach sich ziehen. Bei den genannten Normen des BDSG handelt sich insofern um Schutzgesetze iSd § 823 Abs. 2 BGB (so bereits zur alten Rechtslage Simitis in Simitis BDSG aF § 4f Rn. 173). Zudem kann aus einem Verstoß ein Grund zur Abberufung durch die verantwortliche Stelle oder die ASB (→ § 40 Rn. 40) resultieren, soweit die erforderliche Zuverlässigkeit des

Datenschutzbeauftragten nicht mehr besteht (Wolff in Schantz/Wolff DatenschutzR Rn. 911).

Ebenso kommt dem betrieblichen Datenschutzbeauftragten durch den Ver- **20** weis auf **§ 6 Abs. 6** ein **Zeugnisverweigerungsrecht** in gleichem Umf. wie dem Datenschutzbeauftragten einer öffentl. Stelle zu (→ § 6 Rn. 4).

§ 39 Akkreditierung

[1] **Die Erteilung der Befugnis, als Zertifizierungsstelle gemäß Artikel 43 Absatz 1 Satz 1 der Verordnung (EU) 2016/679 tätig zu werden, erfolgt durch die für die datenschutzrechtliche Aufsicht über die Zertifizierungsstelle zuständige Aufsichtsbehörde des Bundes oder der Länder auf der Grundlage einer Akkreditierung durch die Deutsche Akkreditierungsstelle.** [2] **§ 2 Absatz 3 Satz 2, § 4 Absatz 3 und § 10 Absatz 1 Satz 1 Nummer 3 des Akkreditierungsstellengesetzes finden mit der Maßgabe Anwendung, dass der Datenschutz als ein dem Anwendungsbereich des § 1 Absatz 2 Satz 2 unterfallender Bereich gilt.**

EU-Recht: Art. 43 Abs. 1 S. 2 DS-GVO (kommentiert unter → DS-GVO Art. 43 Rn. 7).

A. Allgemeines

I. Einführung

Gem. § 39 S. 1 wird die **Befugnis als Zertifizierungsstelle tätig zu** **1** **werden** von der zuständigen ASB des Bundes oder der Länder auf der Grdl. einer Akkreditierung durch die Deutsche Akkreditierungsstelle erteilt. § 39 S. 2 verweist diesbzgl. auf die § 2 Abs. 3 S. 2, § 4 Abs. 3, § 10 Abs. 1 S. 1 Nr. 3 AkkStelleG, die **Beteiligungs- und Mitspracheregelungen** der Befugnis erteilenden Behörde für die sensiblen Bereiche iSd § 1 Abs. 2 S. 2 AkkStelleG normieren. Sie finden für die zuständige ASB mit der Maßgabe Anwendung, dass der **Bereich des Datenschutzes** den in **§ 1 Abs. 2 S. 2 AkkStelleG** genannten **sensiblen Bereichen** unterfällt.

II. Sinn und Zweck

§ 39 S. 1 setzt die den Mitgliedstaaten durch Art. 43 Abs. 1 S. 2 DS-GVO **2** auferlegte **Regelungsverpflichtung** um, die Akkreditierung durch eine oder beide der in Art. 43 Abs. 1 S. 2 lit. a und lit. b DS-GVO genannten Stellen (ASB und/oder nationale Akkreditierungsstellen) sicherzustellen. Der dt. Gesetzgeber hat sich iR seines Gestaltungsspielraumes für die Benennung beider genannter Stellen entschieden (Wolff in Schantz/Wolff DatenschutzR Rn. 1307; Hullen/Krohm in Plath BDSG § 39 Rn. 3; aA Kühling/Sackmann in Kühling/Buchner BDSG § 39 Rn. 2; Helfrich in HK-BDSG § 39 Rn. 9), ua damit die zuständige ASB von der hohen Kompetenz und Erfahrung der Deutschen Akkreditierungsstelle sowie deren etablierter Akkreditierungsinfrastruktur profitieren kann (BT-Drs. 18/11325, 107). § 39 S. 2 soll darüber hinaus die **Mitsprache der ASB** und ihre **Beteiligung bei Akkreditierungsentscheidungen** durch die Deutsche Akkreditierungsstelle sicherstellen (BT-Drs. 18/11325, 108).

B. Akkreditierung der Zertifizierungsstellen (S. 1)

3 Die Akkreditierung der Zertifizierungsstellen muss gem. Art. 43 Abs. 1 S. 2 DS-GVO entweder durch die nach den Art. 55 f. DS-GVO (→ DS-GVO Art. 55 Rn. 1 ff.; DS-GVO Art. 56 Rn. 1 ff.) **zuständige ASB (lit. a)** oder die **nationale Akkreditierungsstelle (lit. b)** erfolgen, die gem. der VO (EG) Nr. 765/2008 die Zertifizierung für Produkte nach EN-ISO/IEC 17065/2012 vornimmt und mit den zusätzlichen, von der zuständigen ASB festgelegten Anforderungen, benannt wurde. In Deutschland handelt es sich dabei gem. § 8 Abs. 1 S. 1 AkkStelleG iVm § 1 Abs. 1 AkkStelleGBV um die **Deutsche Akkreditierungsstelle GmbH.**

4 Die zuständige ASB trifft die Entsch., ob einer Konformitätsbewertungsstelle die Befugnis zum Tätigwerden erteilt wird, **auf Grdl. einer erfolgten Akkreditierung** durch die Deutsche Akkreditierungsstelle (Rücker/Dienst in Gola/Heckmann BDSG § 39 Rn. 24). IR dieser Akkreditierung kommen der zuständigen ASB wiederum Beteiligungs- und Mitspracherechte zu, die sodann durch § 39 S. 2 abgesichert werden (→ Rn. 5 ff.). Durch dieses Zusammenspiel sichert der Gesetzgeber die Beteiligung beider Stellen ab. Dadurch gliedert sich die Befugniserteilung iW in vier Schritte: Zunächst wird die geplante Zertifizierungsstelle durch die ASB begutachtet (→ Rn. 6). Im Anschluss wird das Einvernehmen erteilt oder verweigert (→ Rn. 7). Danach erfolgt eine Akkreditierungsentscheidung durch die Deutsche Akkreditierungsstelle GmbH, woraufhin die Erteilung der Befugnis zum Tätigwerden auf Grdl. dieser Akkreditierungsentscheidung erfolgt (Rücker/Dienst in Gola/Heckmann BDSG § 39 Rn. 24).

C. Mitspracherecht der Aufsichtsbehörde (S. 2)

5 Das AkkStelleG regelt für die in dessen § 1 Abs. 2 S. 2 genannten sensiblen Bereiche bes. **Beteiligungs- und Mitspracherechte** der Befugnis erteilenden Behörde, die iRd Datenschutzrechtes ebenfalls Anwendung finden sollen. Das Datenschutzrecht wird in § 1 Abs. 2 S. 2 AkkStelleG zwar nicht explizit aufgeführt, soll aber gem. § 39 S. 2 ebenfalls als sensibler Bereich iSd Regelung gelten. Das Mitspracherecht der zuständigen ASB wird durch den entspr. Verweis in § 39 S. 2 durch **drei wesentliche Instrumente** gewährleistet: Die **Begutachtungspflicht** gem. § 2 Abs. 3 S. 2 AkkStelleG, das **Einvernehmenserfordernis** gem. § 4 Abs. 3 AkkStelleG sowie den einzurichtenden **Akkreditierungsausschuss** gem. § 10 Abs. 1 S. 1 Nr. 3 AkkStelleG.

6 **§ 2 Abs. 3 S. 2 AkkStelleG** verpflichtet die Akkreditierungsstelle, **Begutachtungen** für sensible Bereiche von der Befugnis erteilenden Behörde ausführen zu lassen, dh die Deutsche Akkreditierungsstelle muss die zuständige

ASB des Bundes oder der Länder beauftragen und ist dadurch in ihrer Entscheidungsfreiheit beschr. Diese Verpflichtung gewährleistet, dass von der Fachkompetenz der ASB tatsächlich Gebrauch gemacht wird (Frank in Bloehs/Frank AkkStelleG § 2 Rn. 38).

§ 4 Abs. 3 AkkStelleG normiert das Erfordernis des Einvernehmens der   7 zuständigen ASB über die Erteilung der Akkreditierung durch die Deutsche Akkreditierungsstelle. Durch diese **Zustimmungspflicht** wird die zuständige ASB maßgeblich an der Akkreditierung beteiligt und ihr Mitwirkungsrecht garantiert. Die Deutsche Akkreditierungsstelle ist sodann an die Entsch. der zuständigen ASB gebunden (Frank in Bloehs/Frank AkkStelleG § 4 Rn. 19).

§ 10 Abs. 1 S. 1 Nr. 3 AkkStelleG schreibt zudem vor, dass die beliehe-   8 ne Akkreditierungsstelle einen **Akkreditierungsausschuss** eingerichtet haben muss, der im Innenverhältnis die Akkreditierungsentscheidungen trifft, zu zwei Drittel aus sach- und fachkundigen Mitgliedern der zuständigen ASB besteht und den Bundesministerien iSd § 8 Abs. 1 AkkStelleG entspr. Entsenderechte eingeräumt hat.

Kapitel 4. Aufsichtsbehörde für die Datenverarbeitung durch nichtöffentliche Stellen

§ 40 Aufsichtsbehörden der Länder

(1) Die nach Landesrecht zuständigen Behörden überwachen im Anwendungsbereich der Verordnung (EU) 2016/679 bei den nichtöffentlichen Stellen die Anwendung der Vorschriften über den Datenschutz.

(2) [1] Hat der Verantwortliche oder Auftragsverarbeiter mehrere inländische Niederlassungen, findet für die Bestimmung der zuständigen Aufsichtsbehörde Artikel 4 Nummer 16 der Verordnung (EU) 2016/679 entsprechende Anwendung. [2] Wenn sich mehrere Behörden für zuständig oder für unzuständig halten oder wenn die Zuständigkeit aus anderen Gründen zweifelhaft ist, treffen die Aufsichtsbehörden die Entscheidung gemeinsam nach Maßgabe des § 18 Absatz 2. [3] § 3 Absatz 3 und 4 des Verwaltungsverfahrensgesetzes findet entsprechende Anwendung.

(3) [1] Die Aufsichtsbehörde darf die von ihr gespeicherten Daten nur für Zwecke der Aufsicht verarbeiten; hierbei darf sie Daten an andere Aufsichtsbehörden übermitteln. [2] Eine Verarbeitung zu einem anderen Zweck ist über Artikel 6 Absatz 4 der Verordnung (EU) 2016/679 hinaus zulässig, wenn

1. offensichtlich ist, dass sie im Interesse der betroffenen Person liegt und kein Grund zu der Annahme besteht, dass sie in Kenntnis des anderen Zwecks ihre Einwilligung verweigern würde,
2. sie zur Abwehr erheblicher Nachteile für das Gemeinwohl oder einer Gefahr für die öffentliche Sicherheit oder zur Wahrung erheblicher Belange des Gemeinwohls erforderlich ist oder
3. sie zur Verfolgung von Straftaten oder Ordnungswidrigkeiten, zur Vollstreckung oder zum Vollzug von Strafen oder Maßnahmen im Sinne des § 11

Absatz 1 Nummer 8 des Strafgesetzbuchs oder von Erziehungsmaßregeln oder Zuchtmitteln im Sinne des Jugendgerichtsgesetzes oder zur Vollstreckung von Geldbußen erforderlich ist. [3] Stellt die Aufsichtsbehörde einen Verstoß gegen die Vorschriften über den Datenschutz fest, so ist sie befugt, die betroffenen Personen hierüber zu unterrichten, den Verstoß anderen für die Verfolgung oder Ahndung zuständigen Stellen anzuzeigen sowie bei schwerwiegenden Verstößen die Gewerbeaufsichtsbehörde zur Durchführung gewerberechtlicher Maßnahmen zu unterrichten. [4] § 13 Absatz 4 Satz 4 bis 7 gilt entsprechend.

(4) [1] Die der Aufsicht unterliegenden Stellen sowie die mit deren Leitung beauftragten Personen haben einer Aufsichtsbehörde auf Verlangen die für die Erfüllung ihrer Aufgaben erforderlichen Auskünfte zu erteilen. [2] Der Auskunftspflichtige kann die Auskunft auf solche Fragen verweigern, deren Beantwortung ihn selbst oder einen der in § 383 Absatz 1 Nummer 1 bis 3 der Zivilprozessordnung bezeichneten Angehörigen der Gefahr strafgerichtlicher Verfolgung oder eines Verfahrens nach dem Gesetz über Ordnungswidrigkeiten aussetzen würde. [3] Der Auskunftspflichtige ist darauf hinzuweisen.

(5) [1] Die von einer Aufsichtsbehörde mit der Überwachung der Einhaltung der Vorschriften über den Datenschutz beauftragten Personen sind befugt, zur Erfüllung ihrer Aufgaben Grundstücke und Geschäftsräume der Stelle zu betreten und Zugang zu allen Datenverarbeitungsanlagen und -geräten zu erhalten. [2] Die Stelle ist insoweit zur Duldung verpflichtet. [3] § 16 Absatz 4 gilt entsprechend.

(6) [1] Die Aufsichtsbehörden beraten und unterstützen die Datenschutzbeauftragten mit Rücksicht auf deren typische Bedürfnisse. [2] Sie können die Abberufung der oder des Datenschutzbeauftragten verlangen, wenn sie oder er die zur Erfüllung ihrer oder seiner Aufgaben erforderliche Fachkunde nicht besitzt oder im Fall des Artikels 38 Absatz 6 der Verordnung (EU) 2016/679 ein schwerwiegender Interessenkonflikt vorliegt.

(7) Die Anwendung der Gewerbeordnung bleibt unberührt.

EU-Recht: Art. 58 Abs. 1 lit. f, Abs. 6 DS-GVO (kommentiert unter → DS-GVO Art. 58 Rn. 14 ff., Rn. 34 ff.).

Übersicht

A. Allgemeines

I. Einführung

§ 40 regelt die **Zuständigkeiten und Befugnisse der ASB der Länder.** 1
Neben der allg. Zuständigkeit der ASB für die Datenverarbeitung durch nicht
öffentl. Stellen im Geltungsbereich der DS-GVO (Abs. 1) regelt Abs. 2 die
Bestimmung der zuständigen ASB im Falle mehrerer Niederlassungen eines
Verantwortlichen oder Auftragsverarbeiters. Abs. 3 normiert sodann die Be-
fugnis für eine Datenverarbeitung durch die ASB für Aufsichtszwecke (S. 1)
ua Zwecke (S. 2) sowie für eine Unterrichtung bei Feststellung eines Daten-
schutzverstoßes (S. 3). Die Auskunftspflicht der Stellen regelt Abs. 4, die
Zutritts- und Zugangsrechte der ASB Abs. 5. In Abs. 6 ist die Beratungs- und
Unterstützungspflicht ggü. dem Datenschutzbeauftragten (S. 1) sowie das
Abberufungsrecht der ASB (S. 2) normiert. Abs. 7 stellt das Verhältnis zur
Gewerbeordnung klar.

II. Sinn und Zweck

§ 40 regelt nicht nur die Zuständigkeit der ASB der Länder, sondern macht 2
von der in Art. 58 Abs. 6 DS-GVO normierten **Öffnungsklausel** Gebrauch,
die für Mitgliedstaaten die Möglichkeit vorsieht, weitere – über die in Art. 58
Abs. 1 bis Abs. 3 DS-GVO hinausgehende – Befugnisse der ASB zu regeln,
sofern eine effektive Durchführung des Kap. VII (Zusammenarbeit und Kohärenz) nicht gefährdet wird. § 40 trifft **nur teilw. Regelungen** zu den ASB

der Länder und wird dadurch zum einen der unmittelbaren Anwendung der DS-GVO, zum anderen der Regelungskompetenz der Landesgesetzgeber bzgl. ihrer ASB gerecht (Wolff in Schantz/Wolff DatenschutzR Rn. 1093).

3   Die Norm ist an § **38 BDSG aF** angelehnt; entspr. Regelungen wurden **teilw. übernommen.** Dies gilt insbes. für die Datenverarbeitung durch die ASB sowie deren Befugnis zur Unterrichtung im Falle eines Datenschutzverstoßes, die Auskunftspflicht nicht öffentl. Stellen, das Zutrittsrecht, die Beratungspflicht ggü. Datenschutzbeauftragten sowie das Abberufungsrecht der ASB und das Verhältnis zur Gewerbeordnung. **Nicht mehr normiert** werden die Amtshilfe (§ 38 Abs. 1 S. 5 BDSG aF), das Beschwerderecht (§ 38 Abs. 1 S. 8 Alt. 1 BDSG aF), die Registerführung meldepflichtiger automatisierter Verarbeitungen (§ 38 Abs. 2 BDSG aF), das Einsichtsrecht geschäftlicher Unterlagen (§ 38 Abs. 4 S. 2 BDSG aF), die Anordnungs- und Beseitigungsverfügungen (§ 38 Abs. 5 S. 1 und S. 2 BDSG aF) und die Bestimmung der zuständigen Behörde seitens der Landesregierungen (§ 38 Abs. 6 BDSG aF), da diese entweder von der unmittelbar anwendbaren DS-GVO umfasst werden oder überholt sind (BT-Drs. 18/11325, 108).

B. Zuständigkeit der Aufsichtsbehörden (Abs. 1 und Abs. 2)

I. Allgemeine Zuständigkeit (Abs. 1)

4   Gem. § 40 Abs. 1 überwachen die nach Landesrecht zuständigen ASB im Anwendungsbereich der DS-GVO die Anwendung der Vorschr. über den Datenschutz durch nicht öffentl. Stellen. Die Regelung ähnelt § 38 Abs. 1 S. 1 BDSG aF und passt diesen durch Modifikationen den neuen datenschutzrechtlichen Gegebenheiten an. Die bereits getroffenen Erwägungen können deshalb in Teilen übernommen werden. Der Überwachung unterliegen **sämtliche natürliche und jur. Personen** im nicht öffentl. Bereich, soweit der Anwendungsbereich der **DS-GVO in sachlicher** (→ DS-GVO Art. 2 Rn. 2 ff.) **und räumlicher Hinsicht** (→ DS-GVO Art. 3 Rn. 1 ff.) eröffnet ist. Umfasst sind grds. ganz oder teilw. automatisierte Verarbeitungen personenbezogener Daten sowie nicht automatisierte Verarbeitungen, die in einem Dateisystem gespeichert sind oder gespeichert werden sollen. Ausgeschlossen sind dagegen etwa Verarbeitungen durch natürliche Personen, die ausschl. zur Ausübung persönlicher oder familiärer Tätigkeiten erfolgen (→ § 1 Rn. 5; DS-GVO Art. 2 Rn. 13 ff.).

5   Die Kompetenz der ASB umfasst eine **anlasslose** und nicht auf den Einzelfall beschr. Überwachung (BT-Drs. 14/4329, 45). Möglich sind folglich sowohl anlasslose Prüfungen von erfahrungsgemäß **risikoreichen Verarbeitungsarten** ua stichprobenartige bzw. systematische Kontrollen als auch **anlassbezogene Prüfungen** aufgrund von **Beschwerden und Hinweisen auf Datenschutzverstöße** (Dix in Kühling/Buchner BDSG § 40 Rn. 14 f.; Petri in Simitis BDSG aF § 38 Rn. 32; Gola/Schomerus BDSG aF § 28 Rn. 14).

II. Zuständigkeit bei mehreren Niederlassungen (Abs. 2)

1. Zuständigkeit entsprechend der Hauptniederlassung (Abs. 2 S. 1)

§ 40 Abs. 2 normiert das sog. „**One-Stop-Shop-Prinzip**" (Gola in Gola/ **6** Heckmann BDSG § 40 Rn. 6 ff.). Hat ein Verantwortlicher oder ein Auftragsverarbeiter mehrere inländische Niederlassungen, was in der Folge zugleich eine **Zuständigkeit mehrerer ASB** der Länder begründen würde, findet gem. Abs. 1 S. 1 die Regelung des Art. 4 Nr. 16 DS-GVO entspr. Anwendung. Demzufolge bestimmt sich die zuständige ASB nach der **Hauptniederlassung** des Verantwortlichen oder des Auftragsverarbeiters. Es soll verhindert werden, dass sich eine nicht öffentl. Stelle mehreren ASB gegenübersieht, mit denen diese verhandeln und zusammenarbeiten muss.

2. Gemeinsame Entscheidung bei zweifelhafter Zuständigkeit (Abs. 2 S. 2)

In den Fällen, in denen sich mehrere ASB der Länder für zuständig oder **7** unzuständig halten oder anderweitige **Zweifel an der Zuständigkeit** der ASB bestehen, treffen die ASB eine gemeinsame Entsch. nach Maßgabe des § 18 Abs. 2 (→ § 18 Rn. 3.). Da § 18 Abs. 2 das Verfahren der Festlegung eines gemeinsamen Standpunktes zwischen den ASB des Bundes und der Länder regelt, kann die Norm nur **entspr. angewandt** werden. Die in § 18 Abs. 2 S. 1 vorgesehene Einbeziehung der federführenden Behörde wäre zirkelschlüssig, da diese selbst iW nach der Hauptniederlassung des Verantwortlichen oder Auftragsverarbeiters bestimmt wird (§ 19 Abs. 1 S. 1), welche im Anwendungsbereich des § 40 Abs. 2 gerade fraglich ist. Vielmehr wird der Verweis auf § 18 Abs. 2 S. 1 dahingehend zu verstehen sein, dass primär der **gemeinsame Vertreter** (→ § 17 Rn. 2) **und dessen Stellvertreter** (→ § 17 Rn. 4) einen gemeinsamen Standpunkt vorschlagen sollen. Soweit diese keine Einigung erzielen können, legt der **Stellvertreter** nach § 18 Abs. 2 S. 2 den Vorschlag fest, da die Zuständigkeitsverteilung eine Frage der Einrichtung der Landesbehörden ist (vgl. zum Begriff der Einrichtung Kirchhof in Maunz/Dürig GG Art. 84 Rn. 95; zu den Behördenbefugnissen als Einrichtung vgl. Wolff in Schantz/Wolff DatenschutzR Rn. 1091). Dieser Vorschlag wird dann den Verh. über die zuständige ASB zugrunde gelegt, wenn nicht die ASB der Länder einen anderen Standpunkt mit einfacher Mehrheit beschließen.

3. Zuständigkeitswechsel und Gefahr in Verzug (Abs. 2 S. 3)

Gem. § 40 Abs. 2 S. 3 finden § 3 Abs. 3 und Abs. 4 VwVfG entspr. An **8** wendung. Durch die Anwendung von **§ 3 Abs. 3 VwVfG** führt die zunächst zuständige ASB das Verfahren auch dann fort, wenn sich nach Beginn des Verfahrens bis vor dessen Abschluss die Umstände dergestalt ändern, dass grds. die Zuständigkeit einer anderen ASB begr. würde. Ein solcher **Zuständigkeitswechsel** kann zum einen auf einer **neu geregelten Behördenzuständigkeit** beruhen, aber auch durch einen **Wechsel des gewöhnl.**

Aufenthaltes der nicht öffentl. Stelle begr. werden (Schmitz in SBS VwVfG § 3 Rn. 38). Die Fortführung durch die alte ASB unterliegt den folgenden **vier Voraussetzungen:** Die für die Zuständigkeit relevanten Umstände haben sich **im lfd. Verfahren** geändert, die Beibehaltung der Ausgangsbehörde führt zu einer **einfacheren und zweckmäßigeren Durchführung** des Verfahrens, die **Interessen der Beteiligten** bleiben gewahrt und die **neu zuständige Behörde** erteilt ihre **Zustimmung.** Bei der Auslegung der Begriffe kann auf das verwaltungsverfahrensrechtliche Begriffsverständnis zurückgegriffen werden (vgl. auch Ronellenfitsch in BeckOK VwVfG § 3 Rn. 15).

9   Durch die Anwendbarkeit des § 3 Abs. 4 VwVfG wird die örtliche Zuständigkeit der ASB bei **Gefahr im Verzug** geregelt. Demnach ist für unaufschiebbare Maßnahmen bei Gefahr im Verzug jede ASB örtlich zuständig, in deren Bezirk der Anlass für die Amtshandlung hervortritt (vgl. Schmitz in SBS VwVfG § 3 Rn. 43). Gefahr im Verzug bedeutet dabei eine konkrete Gefahr für die Allgemeinheit, einen Beteiligten oder einen Dritten sowie die im öffentl. Interesse liegende Notwendigkeit der sofortigen Entsch. aus ex-ante-Sicht (vgl. Ronellenfitsch in BeckOK VwVfG § 3 Rn. 16; Schmitz in SBS VwVfG § 3 Rn. 43). Ist eine sofortige Entsch. nicht im öffentl. Interesse notwendig, ist die Behörde nur verpflichtet, die zuständige ASB zu unterrichten. Genügen vorl. Maßnahmen, so führt die ASB lediglich diese Maßnahmen aus, um nicht ohne ausreichenden Anlass vollendete Tatsachen zu schaffen (vgl. Ronellenfitsch in BeckOK VwVfG § 3 Rn. 16). Nach dem Tätigwerden muss die eigentlich örtlich zuständige Behörde jedenfalls unverzüglich unterrichtet werden, sodass diese im Anschluss die weiteren Entsch. über das Verfahren treffen kann (vgl. Ronellenfitsch in BeckOK VwVfG § 3 Rn. 16; Schmitz in SBS VwVfG § 3 Rn. 43 ff.).

C. Datenverarbeitungs- und Unterrichtungsbefugnisse der Aufsichtsbehörden (Abs. 3)

I. Datenverarbeitung zu Aufsichtszwecken (Abs. 3 S. 1)

10   Gem. § 40 Abs. 3 S. 1 darf die ASB die von ihr gespeicherten Daten nur für **Zwecke der Aufsicht verarbeiten** und an andere ASB **übermitteln.** Die Regelung entspricht § 38 Abs. 1 S. 3 und S. 4 BDSG aF. Ihr kommt eine **Doppelfunktion** dahingehend zu, einerseits den **Erlaubnistatbestand** der ASB für die Datenverarbeitung zu normieren, andererseits die **Zweckbindung** festzuschreiben (Plath in Plath BDSG § 40 Rn. 12). Der Erlaubnistatbestand der Übermittlung wird dabei in klarstellender Weise aufgenommen; dieser ist streng genommen bereits vom Verarbeitungsbegriff umfasst (Plath in Plath BDSG § 40 Rn. 12; vgl. auch Gola in Gola/Heckmann BDSG § 40 Rn. 10 m. w. N.).

II. Datenverarbeitung zu anderen Zwecken (Abs. 3 S. 2)

§ 40 Abs. 3 S. 2 normiert **über Art. 6 Abs. 4 DS-GVO hinaus** weitere **11** Fälle der Datenverarbeitung zu anderen Zwecken. Eine **Durchbrechung der Zweckbindung** kann demnach entweder auf Interessen der betroffenen Person (Abs. 3 S. 2 Nr. 1), dem Schutz des Gemeinwohls und der öffentl. Sicherheit (Abs. 3 S. 2 Nr. 2) sowie auf die Verfolgung und Vollstreckung von Straftaten und Ordnungswidrigkeiten (Abs. 3 S. 2 Nr. 3) gestützt werden.

1. Interesse der betroffenen Person (Abs. 3 S. 2 Nr. 1)

Eine Durchbrechung der in Abs. 3 S. 1 festgelegten Zweckbindung ist gem. **12** Abs. 3 S. 2 Nr. 1 dann möglich, wenn **offensichtlich** ist, dass die Verarbeitung **im Interesse des Betroffenen** liegt und kein Grund zur Annahme besteht, dass dieser in Kenntnis des geänderten Zweckes seine Einwilligung verweigern würde. Der Wortlaut der Regelung stimmt mit § 38 Abs. 1 S. 3 iVm § 14 Abs. 2 Nr. 3 BDSG aF überein, sodass es naheliegt, die hierzu gefundenen Auslegungsergebnisse auf die Neuregelung zu übertragen. Demnach würde die Norm eine Datenverarbeitung erlauben, wenn eine Einwilligung nur mit unverhältnismäßigem Aufwand eingeholt werden kann oder die Einholung einer Einwilligung wegen der Offensichtlichkeit der Interessenlage unpassend erscheint (Dammann in Simitis BDSG aF § 14 Rn. 61; enger: Gola in Gola/Heckmann BDSG § 40 Rn. 12). So verstanden würde § 40 Abs. 3 S. 2 Nr. 1 die **mutmaßliche Einwilligung als Rechtfertigungstatbestand** zweckfremder Datenverarbeitung normieren.

Es erscheint allerdings fraglich, ob der dt. Gesetzgeber die **Kompetenz 13 zum Erlass einer entspr. Regelung** hat. Nach Art. 6 Abs. 4 DS-GVO ist die zweckfremde Verarbeitung zu nicht kompatiblen Zwecken nämlich nur dann zulässig, wenn sie auf einer Einwilligung der betroffenen Person oder einer Rechtsvorschrift der EU oder eines Mitgliedstaates beruht, die dem Schutz eines in Art. 23 Abs. 1 DS-GVO genannten Zieles dient. Da Art. 23 Abs. 1 DS-GVO eng gefasste Fallgruppen betrifft, müsste die mutmaßliche Einwilligung als Einwilligung iSv Art. 6 Abs. 4 DS-GVO verstanden werden können. Angesichts der strengen Anforderungen, die die Art. 7 ff. DS-GVO an das Vorliegen einer wirksamen Einwilligung stellen, ist dies zw. Insbes. muss die betroffene Person nach ErwGr 32 in dem jeweiligen Verarbeitungskontext eindeutig ihr Einverständnis signalisieren, was bei einem Schweigen (vgl. ErwGr 32) und somit auch bei Vorliegen der Voraussetzungen einer lediglich mutmaßlichen Einwilligung, nicht die Fall sein wird (vgl. auch Ernst ZD 2017, 110 (114); iErg aA Wolff in Schantz/Wolff DatenschutzR Rn. 1093). § 40 Abs. 3 S. 2 Nr. 1 kann jedoch auf Art. 6 Abs. 4 iVm Art. 23 Abs. 1 lit. i DS-GVO **(Schutz der betroffenen Person)** gestützt werden. Da § 40 Abs. 3 S. 2 Nr. 1 mit der Formulierung „**Interesse** der betroffenen Person" über den Wortlaut der Öffnungsklausel („**Schutz** der betroffenen Person") hinausgeht, muss § 40 Abs. 3 S. 2 Nr. 1 dahingehend **unionskon-**

form ausgelegt werden, dass nicht die Verfolgung jedes Interesses, sondern nur der Schutz der betroffenen Person rechtfertigend wirkt.

14   Bei entspr. Auslegung ist zunächst erforderlich, dass die Verarbeitung offensichtlich dem Schutz des Betroffenen dient. Dies ist dann der Fall, wenn ohne Weiteres erkennbar ist, dass Rechte oder Rechtsgüter der betroffenen Person bedroht sind und die Datenverarbeitung die Abwendung dieser Bedrohungslage bezweckt. In Betracht kommen insbes. Verarbeitungssituationen mit gesundheitlichem Bezug (vgl. Bäcker in Kühling/Buchner DS-GVO Art. 23 Rn. 30, Stender-Vorwachs in BeckOK DatenschutzR DS-GVO Art. 23 Rn. 31).

15   Weitere Voraussetzung ist, dass der Betroffene in Kenntnis des anderen Zweckes hypothetisch in die Verarbeitung zu diesem anderen Zweck einwilligen würde. Damit wird sichergestellt, dass das Selbstbestimmungsrecht der betroffenen Person auch bei (objektiv) gegebenem Schutzzweck nicht übergangen wird. Es dürfen keine Anhaltspunkte bestehen, dass der Betroffene die Einwilligung verweigern würde (vgl. Eßer in DKWW BDSG aF § 14 Rn. 34). Ein solcher Anhaltspunkt liegt ua dann vor, wenn der Betroffene zuvor ausdr. darauf hingewiesen hat, dass er in jedem Fall beteiligt werden möchte (Gola in Gola/Heckmann BDSG § 40 Rn. 12).

2. Zum Schutz des Gemeinwohls und der öffentlichen Sicherheit (Abs. 3 S. 2 Nr. 2)

16   Weiterhin ist eine Zweckänderung gem. Abs. 3 S. 2 Nr. 2 auch dann möglich, wenn die Verarbeitung zur **Abwehr erheblicher Nachteile für das Gemeinwohl (Var. 1)** oder einer Gefahr für die **öffentl. Sicherheit (Var. 2)** oder zur Wahrung **erheblicher Belange des Gemeinwohles (Var. 3)** erforderlich ist. Dies entspricht der Rechtslage nach § 38 Abs. 1 S. 3 BDSG aF iVm § 14 Abs. 2 Nr. 6 BDSG aF. Es handelt sich damit um Zweckänderungen im öffentl. Interesse (Wedde in DKWW BDSG aF § 14 Rn. 18). Gemeinsame Voraussetzung der Var. 1 bis 3 ist die Erforderlichkeit der Verarbeitung zu anderen Zwecken, iR derer eine Interessensabwägung im Einzelfall durchzuführen ist (Albers in BeckOK DatenschutzR BDSG aF § 14 Rn. 41).

17   Eine Zweckänderung ist zum einen zur **Abwehr erheblicher Nachteile für das Gemeinwohl (Var. 1)** zulässig. Der Begriff des Gemeinwohles ist ein unbestimmter weiter Rechtsbegriff und umfasst alle Interessen, die zu dem Wohlergehen einer Gemeinschaft in Beziehung stehen (Dix in Kühling/Buchner BDSG § 40 Rn. 10; Gola in Gola/Heckmann BDSG § 40 Rn. 15). Darunter fällt va der Schutz wichtiger Gemeinschaftsgüter, zB die Wahrung von Verfassungsprinzipien sowie die äußere und innere Sicherheit (vgl. Stender-Vorwachs in BeckOK DatenschutzR BDSG aF § 13 Rn. 37). Trotz des weiten Begriffes des Gemeinwohles wird diese Var. in der Praxis nur in seltenen Fällen durchgreifen, da es sich um erhebliche und nicht nur bloße Nachteile handeln muss. Das Gesetz stellt durch diese Eingriffsschwelle eine hohe Hürde an die Zulässigkeit (Eßer in DKWW BDSG aF § 14 Rn. 43). Der **Eintritt** dieses erheblichen Nachteiles muss zudem bereits **drohen,** oder,

soweit er schon begonnen hat, zumindest noch teilw. abwendbar sein (vgl. Gola in Gola/Heckmann BDSG § 40 Rn. 15).

IRd Zweckänderung für die **Abwehr von Gefahren für die öffentl.** 18 **Sicherheit (Var. 2**) ist auf die **Definitionen des Polizeirechtes** zurück-zugreifen (Gola in Gola/Heckmann BDSG § 40 Rn. 16). Vom Schutz um-fasst sind demnach die Rechtsordnung in ihrer Gesamtheit, einschl. der Einrichtungen und Veranstaltungen des Staates sowie Rechtsgüter des Einzel-nen (vgl. bspw. Mühl in BeckOK PolR Hessen HSOG § 1 Rn. 14). Darunter können bspw. der Hinweis auf den gefährlichen Zustand eines Betriebs fallen, um eine Gefahr für das Publikum von Lebensmittelbetrieben oder Gaststätten abzuwehren (Dammann in Simitis BDSG aF § 14 Rn. 77). Sofern durch eine erforderliche Datenverarbeitung zu anderen Zwecken eine unmittelbar dro-hende Gefahr abgewehrt werden kann, so ist auch diese Zweckänderung zulässig (Gola in Gola/Heckmann BDSG § 40 Rn. 16).

Die Zweckänderung zur **Wahrung erheblicher Belange des Gemein-** 19 **wohles (Var. 3**) stellt eine präventive Datenverarbeitung dar, iR derer eine Gefährdung feststellbar sein muss (Stender-Vorwachs in BeckOK Daten-schutzR BDSG aF § 13 Rn. 39). Wie bereits in Var. 1 wird auch hier der zunächst weite Begriff des Gemeinwohles durch eine hohe Eingriffsschwelle beschr., nämlich durch das Tatbestandsmerkmal „erheblicher Belange". Auch dieser Tatbestand greift deshalb nur in seltenen Fällen (Eßer in DKWW BDSG aF § 14 Rn. 43).

3. Zur Verfolgung und Vollstreckung von Straftaten und Ordnungswidrig- keiten (Abs. 3 S. 2 Nr. 3)

Die Verarbeitung zu einem anderen Zweck als der Aufsicht ist gem. Abs. 3 20 S. 2 Nr. 3 dann gestattet, wenn die Verarbeitung zur **Verfolgung von Straftaten oder Ordnungswidrigkeiten,** zur **Vollstreckung** oder zum **Vollzug** von Strafen oder Maßnahmen iSd § 11 Abs. 1 Nr. 8 StGB oder von Erziehungsmaßregeln oder Zuchtmitteln iSd JGG oder zur Vollstreckung von Geldbußen erforderlich ist. Dies entspricht der Rechtslage nach § 38 Abs. 1 S. 3 BDSG aF iVm § 14 Abs. 2 Nr. 7 BDSG aF. Die Regelung dient damit insbes. der Befugnis, solche **Behörden** zu unterrichten, die **nicht primär** für die **Strafverfolgung oder -vollstreckung** zuständig sind (vgl. Wilhelm in BeckOK DatenschutzR BDSG § 40 Rn. 27; Eßer in DKWW BDSG aF § 14 Rn. 45). Die Unterrichtung ist erforderlich, wenn die ASB durch ihre Tätig-keit auf tatsächliche Anhaltspunkte stößt, die einen Verdacht begründen (v. Lewinski in Auernhammer BDSG § 40 Rn. 21 f.; Dammann in Simitis BDSG aF § 14 Rn. 79). Die Regelung begr. keine Befugnis zu eigenen Ermittlungstätigkeiten, um bestehende **Verdachtsmomente** auszuräumen oder zu erhärten (Dammann in Simitis BDSG aF § 14 Rn. 80). Solche Ermittlungen obliegen vielmehr der zuständigen Behörde.

III. Unterrichtung durch Aufsichtsbehörden bei Verstößen (Abs. 3 S. 3)

21 Gem. § 40 Abs. 3 S. 3 ist die Behörde, die einen Verstoß gegen datenschutzrechtliche Vorschr. feststellt, befugt, den bzw. die **Betroffenen** darüber zu **unterrichten,** den Verstoß anderen für die **Verfolgung oder Ahndung zuständigen Stellen** anzuzeigen sowie bei **schwerwiegenden Verstößen** die **Gewerbeaufsichtsbehörde** zur Durchführung gewerberechtlicher Maßnahmen zu unterrichten. Die Regelung entspricht § 38 Abs. 1 S. 6 BDSG aF, sodass dessen Erwägungen auch weiterhin herangezogen werden können.

22 Hinsichtlich der Befugnis, die **betroffenen Personen** zu unterrichten, ist fraglich, ob der Behörde insofern ein **Ermessen** zukommt oder es sich vielmehr um eine **Unterrichtungspflicht** handelt. Eine grds. Verpflichtung kann einen erheblichen Aufwand nach sich ziehen, wenn durch einen einzigen Verstoß zahlr. Personen betroffen sind und dadurch erhebliche Ressourcen und Kosten aufgewendet werden müssen. Eine generelle Verpflichtung ist deshalb abzulehnen (Dix in Kühling/Buchner BDSG § 40 Rn. 11). Vielmehr handelt es sich dem Wortlaut „Befugnis" entspr. im Grundsatz um die Ausübung im pflichtgemäßen Ermessen. Erfolgt die Unterrichtung auf Beschwerde des Betroffenen hin, reduziert sich das Ermessen bei unionsrechtskonformer Auslegung auf Grdl. von Art. 77 Abs. 2 DS-GVO jedoch auf Null. Eine solche Ermessensreduzierung auf Null ist in aller Regel auch dann gegeben, wenn erhebliche Nachteile für den Betroffenen bestehen. In diesem Fall kommt dessen Interessen iRd Abwägung ein bes. Gewicht zu.

23 Die Unterrichtung anderer für die Verfolgung und Ahndung zuständigen Stellen umfasst sowohl **staatliche** als auch **betriebliche Stellen,** ua die Strafverfolgungsbehörden und die Leitung der verantwortlichen Stelle, bspw. Arbeitgeber im Falle von Verstößen der Mitarbeiter (Plath in Plath BDSG § 40 Rn. 15; Gola in Gola/Heckmann BDSG § 40 Rn. 19; aA Brink BeckOK DatenschutzR BDSG aF § 38 Rn. 45) oder aber die Unterrichtung der verantwortlichen Stelle bei Verstößen des Auftragsverarbeiters. Die Ausübung dieser Übermittlungsbefugnis steht im pflichtgemäßen Ermessen der ASB. Der Wunsch des Betroffenen ist zu berücksichtigen, kann aber entgegenstehende gewichtige Gründe nicht überwinden (Wilhelm in BeckOK DatenschutzR BDSG § 40 Rn. 29).

24 Die Unterrichtungsbefugnis der Gewerbeaufsichtsbehörde bei schwerwiegenden Verstößen steht mit § 40 Abs. 7, der das Verhältnis zur Gewerbeordnung beschreibt und die Möglichkeit gewerberechtlicher Konsequenzen bei Datenschutzverstößen klarstellt, in inhaltlichem Zusammenhang. Ein schwerwiegender Verstoß kann ua zu einer Unzuverlässigkeit des Gewerbetreibenden führen (genauer → Rn. 41). Das ist regelmäßig dann der Fall, wenn der Gewerbetreibende wegen eines Verstoßes gegen § 42 oder § 201 StGB verurteilt wurde.

D. Auskunftspflichten der nicht öffentlichen Stellen (Abs. 4)

Gem. Abs. **4 S. 1** sind die nicht öffentl. Stellen einschl. der mit deren Leitung **25** beauftragten Personen auf Verlangen zur Auskunft ggü. den ASB verpflichtet. Diese **Auskunftspflicht** umfasst sämtliche Angaben, die für die **Erfüllung der Aufsicht erforderlich** sind. Der Umf. der Auskunftspflicht richtet sich somit nach dem jeweiligen Untersuchungsgegenstand (vgl. Plath in Plath BDSG aF § 38 Rn. 44). Die Auskünfte müssen **wahrheitsgemäß, vollständig, unverzüglich und entgeltfrei** erteilt werden, um eine **effektive Kontrolle** zu ermöglichen (Gola in Gola/Heckmann BDSG § 40 Rn. 24). In persönlicher Hinsicht bezieht sich die Pflicht auf alle gesetzlich oder aufgrund einer Satzung des Unternehmens berufenen **Leiter** wie zB Inhaber, Vorstand oder Geschäftsführer, nicht aber auf betriebliche Datenschutzbeauftragte (Petri in Simitis BDSG aF § 38 Rn. 53). Nicht ausdr. erwähnt wird der Stellvertreter (Piltz in Piltz BDSG § 40 Rn. 66 ff.), dessen Verpflichtung zur Zusammenarbeit mit ASB sich bereits aus Art. 58 Abs. 1 lit. a DS-GVO ergibt.

Gem. § 40 Abs. 4 S. 2 kommt dem Auskunftspflichtigen jedoch ein **Aus- 26 kunftsverweigerungsrecht** zu, wenn die Beantwortung den **Auskunftspflichtigen** selbst oder einen der in § 383 Abs. 1 Nr. 1 bis 3 ZPO aufgelisteten **Angehörigen** der **Gefahr der Strafverfolgung** oder eines **Ordnungswidrigkeitenverfahrens** aussetzen würde. Diese Ausnahmeregelung ist abschl. und erstreckt sich weder auf andere Konsequenzen noch auf die verantwortliche Stelle selbst. Es handelt sich um ein **höchstpersönliches Recht,** sodass die Auskunft von anderen Auskunftspflichtigen, die sich nicht selbst auf das Verweigerungsrecht berufen können, eingeholt werden kann (Wilhelm in BeckOK DatenschutzR BDSG § 40 Rn. 32).

Um das Auskunftsverweigerungsrecht sicherzustellen, schreibt § 40 Abs. 4 **27** S. 3 vor, den Auskunftspflichtigen über dessen Recht zu belehren. Fehlt eine solche **Belehrung,** so führt dies zu einem **Verwertungsverbot** der erteilten Auskünfte. Die Belehrung hat grds. **mit dem Auskunftsverlangen** und unter **Nennung der relevanten Voraussetzungen** in **verständlicher Weise** zu erfolgen (Petri in Simitis BDSG aF § 38 Rn. 59; Plath in Plath BDSG § 40 Rn. 23).

E. Betretungsrecht der Aufsichtsbehörde (Abs. 5)

I. Zutrittsrecht der Aufsichtsbehörde (Abs. 5 S. 1)

Die Personen, die von der ASB beauftragt wurden, die Einhaltung daten- **28** schutzrechtlicher Vorschr. zu überwachen, sind gem. § 40 Abs. 5 zum **Betreten von Grundstücken und Geschäftsräumen** sowie dem **Zugang zu allen Datenverarbeitungsanlagen und -geräten befugt.** Voraussetzung ist lediglich, dass das Betreten für die Erfüllung ihrer Aufgaben erforderlich ist. Die Regelung entspricht iW § 38 Abs. 4 S. 1 BDSG aF.

29 Anders als noch in § 38 Abs. 4 S. 1 BDSG aF vorgesehen, wurde die Beschränkung des Zutrittsrechtes auf die **Betriebs- und Geschäftszeiten** in § 40 Abs. 5 S. 1 zunächst nicht übernommen. Zwischenzeitlich wurde diese Einschränkung jedoch wieder aufgenommen, indem § 16 Abs. 4, auf den die Norm verweist, entspr. geändert wurde (→ § 16 Rn. [•]) (→ ausf. zur früheren Auslegung in der 2. Auflage). Sind die Betriebs- und Geschäftszeiten nicht bekannt, so ist auf die üblichen Zeiten in der jeweiligen Unternehmensbranche oder die Ladenschlusszeiten am jeweiligen Ort abzustellen (Petri in Simitis BDSG aF § 38 Rn. 64).

30 Die **Beauftragung einer Person,** die für die ASB mit der Überwachung der Einhaltung der Vorschr. über den Datenschutz betraut werden soll, kann sowohl **intern** (dh innerhalb der eigenen Mitarbeiter) als auch **extern** (etwa an Sachverständige oder Firmen als Beliehene) erfolgen (Dix in Kühling/Buchner BDSG § 40 Rn. 14).

31 Ob ein Betreten **für die Aufgabenerfüllung erforderlich** ist, ist weit auszulegen. Umfasst sind sowohl **anlassbezogene** als auch **anlasslose Überprüfungen** (Wilhelm in BeckOK DatenschutzR BDSG § 40 Rn. 16; Gola in Gola/Heckmann BDSG § 40 Rn. 31). Auch Überprüfungen, die lediglich der Feststellung dienen, ob es sich überhaupt um eine datenverarbeitende Stelle handelt, die dem BDSG unterliegt, sind umfasst (vgl. OLG Celle NJW 1995, 3265 (3265)). Voraussetzung ist letztlich, dass ein **milderes Mittel** (wie bspw. das Auskunftsersuchen nach § 40 Abs. 4) für die Aufgabenerfüllung nicht ausreichend ist (Hullen/Krohm in Plath BDSG § 40 Rn. 26; Brink in BeckOK DatenschutzR BDSG aF § 38 Rn. 65; Petri in Simitis BDSG aF § 38 Rn. 61). Eine Pflicht zur Ankündigung der Vor-Ort-Überprüfung schreibt § 38 Abs. 5 zwar nicht ausdr. vor. In der Regel wird die ASB jedoch bereits aus praktischen Erwägungen heraus und zur Absicherung der Verhältnismäßigkeit ihren Besuch ankündigen, wenn dadurch der Erfolg der Überprüfung nicht gefährdet wird (Hullen/Krohm in Plath BDSG § 40 Rn. 26; Dix in Kühling/Buchner BDSG § 40 Rn. 14).

32 In räumlicher Hinsicht sind alle **geschäftlichen Räumlichkeiten** umfasst, bei denen nicht von Anfang an eine Datenverarbeitungstätigkeit ausgeschlossen werden kann (Wilhelm in BeckOK DatenschutzR BDSG § 40 Rn. 35). Dazu zählen auch geschäftliche Fahrzeuge und mobile Räume, bspw. Container (BMH BDSG aF § 38 Rn. 63). Ein Betreten von **Privaträumen** ist hingegen ausgeschlossen, auch wenn sich diese auf dem Geschäftsgrundstück befinden. Schwierigkeiten bereitet das Betretungsrecht von **gemischt genutzten Räumen,** die sowohl der privaten als auch der geschäftlichen Nutzung dienen. Werden Räumlichkeiten vorwiegend zu Wohnzwecken, daneben aber auch zu einer geschäftsmäßigen Datenverarbeitungstätigkeit genutzt, so kann die ASB diese grds. nicht betreten. Etwas anderes gilt jedoch, wenn die Wohnung der Geschäftsleitung auch unternehmerisch genutzt wird (BMH BDSG aF § 38 Rn. 63). Im Falle der **Telearbeit** eines Mitarbeiters dürfen diese Räumlichkeiten dann betreten werden, wenn eine entspr. Vereinbarung zwischen dem Arbeitgeber und Inhaber des Hausrechtes der betreffenden Wohnung, idR dem Arbeitnehmer, besteht, um eine gezielte Umgehung aufsichtsbehördlicher Kontrollen zu unterbinden (Gola in Gola/Heckmann BDSG § 40 Rn. 31 m. w. N.; aA Brink in BeckOK DatenschutzR BDSG aF § 38 Rn. 68).

Nicht nur zu den Räumlichkeiten ist der ASB Zutritt zu gewähren, sondern **33** auch **zu allen Datenverarbeitungsanlagen und -geräten** (Dix in Kühling/Buchner BDSG § 40 Rn. 14). Dazu gehören Laptops, Notebooks, PDAs (BMH BDSG aF § 38 Rn. 63).

II. Duldungspflicht der nicht öffentlichen Stelle (Abs. 5 S. 2)

Gem. § 40 Abs. 5 S. 2 ist die Stelle zur **Duldung** des Zutritts in die Ge- **34** schäftsräume und des Zuganges zu den Datenverarbeitungsanlagen und -geräten verpflichtet. Gemeint ist die Pflicht zur passiven Duldung der Betretung, aktive Unterstützungspflichten sind dagegen schon nach dem Wortlaut nicht erfasst. Entspr. Informations- und Auskunftsrechte ergeben sich vielmehr aus § 40 Abs. 5 S. 3 iVm § 16 Abs. 4 sowie § 40 Abs. 4.

III. Betretungs- und Informationsrechte des § 16 Abs. 4 (Abs. 5 S. 3)

Gem. § 40 Abs. 5 S. 3 ist **§ 16 Abs. 4** entspr. anwendbar. Letzterer regelt **35** **Betretungs- und Informationsrechte** des Bundesdatenschutzbeauftragten ggü. den öffentl. Stellen des Bundes. Der Verweis konkretisiert und ergänzt die in § 40 Abs. 5 S. 1 geregelten Befugnisse der ASB. Demnach ist der Zugang **jederzeit** zu gewähren (§ 16 Abs. 4 Nr. 1). Zudem umfasst das Zugangsrecht auch den Zugang zu allen **personenbezogenen Daten und Informationen,** die zur Erfüllung der Aufgaben der ASB notwendig sind (§ 16 Abs. 4 Nr. 1). Der Verweis auf § 16 Abs. 4 Nr. 2 schafft ferner ein **Informationsrecht** der ASB (BT-Drs. 18/11325, 89), wobei der Gegenstand der Information in Abgrenzung zu § 40 Abs. 4 einen Bezug zur Besichtigung der Geschäftsräume haben muss. Auffällig ist, dass § 16 Abs. 4 Nr. 1 und Nr. 2 den Wortlaut des Art. 58 Abs. 1 lit. a und lit. e und a DS-GVO nahezu wortgleich übernehmen. Dies mag im Regelungskontext des § 16, der auch die JI-RL umsetzt (BT-Drs. 18/11325, 89), ohne Weiteres gerechtfertigt sein. Im Anwendungsbereich des § 40, der ausschl. die Aufsicht über nicht öffentl. Stellen betrifft, ist die Übernahme bereits in der DS-GVO geregelter Befugnisse vor dem Hintergrund des Verbotes der Wiederholung unmittelbar anwendbaren Unionsrechtes (sog Wiederholungsverbot, vgl. dazu BT-Drs. 18/11325, 73 f.) dagegen krit. zu sehen.

F. Beratungspflicht und Abberufungsrecht der Aufsichtsbehörden (Abs. 6)

I. Beratungs- und Unterstützungspflicht (Abs. 6 S. 1)

§ 40 Abs. 6 S. 1 entspricht in weiten Teilen der bisherigen Regelung des § 38 **36** Abs. 1 S. 2 BDSG aF. Demnach **beraten** und **unterstützen** ASB die Datenschutzbeauftragten mit **Rücksicht auf deren typische Bedürfnisse.** Abs. 6 S. 1 normiert eine **Beratungspflicht** der ASB (Gola in Gola/Heckmann BDSG § 40 Rn. 35). Anders als nach § 38 Abs. 1 S. 2 BDSG aF besteht diese

Pflicht nur noch ggü. den Datenschutzbeauftragten, nicht aber ggü. den verantwortlichen Stellen insgesamt. Dies wird jedoch nicht zu Veränderungen in der Praxis führen, da der Datenschutzbeauftragte innerhalb der verantwortlichen Stelle ohnehin Ansprechpartner der ASB ist und mit den datenschutzrechtlichen Aufgaben betraut ist. Zudem dient die Regelung letztlich gerade seiner Entlastung in fachlicher Hinsicht (Gola in Gola/Heckmann BDSG § 40 Rn. 37).

37   Die **Beratung** durch die ASB beinhaltet keine umfassende Rechts- und IT-Beratung (vgl. dazu Brink in BeckOK DatenschutzR BDSG aF § 38 Rn. 31; Dix in Kühling/Buchner BDSG § 40 Rn. 16 m. w. N.). Gemeint sind vielmehr **allg. Hinweise** und Beratungsformen mit großer Reichweite **(Öffentlichkeitsarbeit)**, etwa durch allg. Empf. im Hinblick auf ein rechtskonformes Verhalten, Check-Listen oder Hilfestellungen beim Thema Datensicherheit (vgl. dazu BMH BDSG aF § 38 Rn. 38b; Brink in BeckOK DatenschutzR BDSG aF § 38 Rn. 32 und Rn. 34; Gola/Schomerus BDSG aF § 38 Rn. 7a). Dies erfolgt bspw. durch die Überlassung von Schulungsmaterialien, Mustertexten und die **Vermittlung** bei Konflikten des betrieblichen Datenschutzbeauftragten mit dem Unternehmen, in welchem er tätig ist (Brink in BeckOK DatenschutzR BDSG aF § 38 Rn. 35).

38   **Ziel und Zweck** der Unterstützungs- und Beratungspflicht beruhen vor allem auf **präventiven Überlegungen:** Das Fachwissen der ASB soll den betrieblichen Datenschutzbeauftragten zu Schulungszwecken zur Vfg. gestellt werden, damit zu einer **Entlastung der Datenschutzbeauftragten** führen und iErg **Verstößen** gegen datenschutzrechtliche Vorschr. **vorbeugen** (Gola in Gola/Heckmann BDSG § 40 Rn. 37 f.).

39   Erlangt die ASB durch ein Beratungsgesuch von einem rechtswidrigen Sachverhalt Kenntnis, so ist ein **Spannungsverhältnis** zwischen der **Überwachungsfunktion** und der **Beratungspflicht** der Behörde unvermeidlich. Repressive Maßnahmen sind in diesem Fall daher zunächst zurückzustellen und dem Datenschutzbeauftragten ist zunächst die Möglichkeit zu geben, die rechtswidrige Datenverarbeitungstätigkeit mithilfe der Beratungstätigkeit der Behörde zu beseitigen (Gola in Gola/Heckmann BDSG § 40 Rn. 38).

II. Abberufung des Datenschutzbeauftragten (Abs. 6 S. 2)

40   § 40 Abs. 6 S. 2 entspricht weitgehend § 38 Abs. 5 S. 3 BDSG aF. Die Norm ermöglicht der ASB eine Abberufung des Datenschutzbeauftragten, soweit dem Datenschutzbeauftragten die für die Erfüllung der Aufgaben erforderliche **Fachkunde** fehlt oder im Falle des Art. 38 Abs. 6 DS-GVO, wenn der Datenschutzbeauftragte auch andere Aufgaben und Pflichten wahrnimmt und dadurch ein **schwerwiegender Interessenkonflikt** besteht. Stellt die ASB die fehlende Fachkunde oder einen Interessenkonflikt fest, ist dabei jedoch zu berücksichtigen, dass die Abberufung einen **schwerwiegenden Eingriff** darstellt. Die **Beseitigung der Defizite** ist deshalb als **milderes Mittel** zu beachten, so bspw. durch die Verpflichtung zu Nachschulungen oder durch die Bereitstellung eines ausreichenden Zeitbudgets, wenn der Datenschutzbeauftragte durch andere Aufgaben zusätzlich belastet ist (Hullen/Krohm in Plath BDSG § 40 Rn. 33 m. w. N.; BMH BDSG aF § 38 Rn. 100).

G. Verhältnis zur GewO (Abs. 7)

§ 40 Abs. 7 ist wortgleich mit der vormaligen Regelung des § 38 Abs. 7 **41** BDSG aF. Demnach können Rechtsverletzungen vom Verantwortlichen, die in den Anwendungsbereich der **GewO** fallen, sowohl nach der GewO als auch nach datenschutzrechtlichen Regelungen geahndet werden. Im Fokus steht dabei insbes. die **Gewerbeuntersagung** wegen Unzuverlässigkeit nach **§ 35 Abs. 1 S. 1 GewO.** Eine **Unzuverlässigkeit** kann auch durch **schwere Verstöße gegen datenschutzrechtliche Vorschr.** begr. werden (Dix in Kühling/Buchner BDSG § 40 Rn. 18). In Betracht kommt sowohl eine teilw. als auch eine vollständige Untersagung, wobei es letztlich einer restriktiven Handhabung aufgrund der **erheblichen Intensität** einer solchen Gewerbeeinschränkung bzw. eines solchen Gewerbeverbots bedarf. Insbes. bei der vollständigen Untersagung sind gravierende Ausnahmefälle erforderlich, sodass eine teilw. Untersagung der Geschäftstätigkeiten, die mit der rechtswidrigen Datenverarbeitung in Verbindung stehen, oder die Einhaltung getroffener Auflagen regelmäßig als mildere Mittel zu beachten sind (Gola in Gola/ Heckmann BDSG § 40 Rn. 43). § 40 Abs. 7 steht in engem **Zusammenhang mit § 40 Abs. 3 S. 3,** der die Befugnis der ASB normiert, die Gewerbeaufsicht über schwerwiegende Verstöße zu **unterrichten.**

Kapitel 5. Sanktionen

§ 41 Anwendung der Vorschriften über das Bußgeld- und Strafverfahren

(1) [1]Für Verstöße nach Artikel 83 Absatz 4 bis 6 der Verordnung (EU) 2016/ 679 gelten, soweit dieses Gesetz nichts anderes bestimmt, die Vorschriften des Gesetzes über Ordnungswidrigkeiten sinngemäß. [2]Die §§ 17, 35 und 36 des Gesetzes über Ordnungswidrigkeiten finden keine Anwendung. [3]§ 68 des Gesetzes über Ordnungswidrigkeiten findet mit der Maßgabe Anwendung, dass das Landgericht entscheidet, wenn die festgesetzte Geldbuße den Betrag von einhunderttausend Euro übersteigt.

(2) [1]Für Verfahren wegen eines Verstoßes nach Artikel 83 Absatz 4 bis 6 der Verordnung (EU) 2016/679 gelten, soweit dieses Gesetz nichts anderes bestimmt, die Vorschriften des Gesetzes über Ordnungswidrigkeiten und der allgemeinen Gesetze über das Strafverfahren, namentlich der Strafprozessordnung und des Gerichtsverfassungsgesetzes, entsprechend. [2]Die §§ 56 bis 58, 87, 88, 99 und 100 des Gesetzes über Ordnungswidrigkeiten finden keine Anwendung. [3]§ 69 Absatz 4 Satz 2 des Gesetzes über Ordnungswidrigkeiten findet mit der Maßgabe Anwendung, dass die Staatsanwaltschaft das Verfahren nur mit Zustimmung der Aufsichtsbehörde, die den Bußgeldbescheid erlassen hat, einstellen kann.

EU-Recht: Art. 83 DS-GVO (kommentiert unter → DS-GVO Art. 83 Rn. 1 ff.).

A. Allgemeines

1   § 41 gilt der Vorschr., die dazu bestimmt ist, das Datenschutzrecht in seinem Wirksamwerden zu unterstützen: Art. 83 DS-GVO. Die Probleme, die mit Art. 83 DS-GVO verbunden sind, insbes. die Unbestimmtheit zahlreicher Schutznormen (→ DS-GVO Art. 83 Rn. 24) und die Frage, ob der **Opportunitätsgrundsatz** gelte (→ DS-GVO Art. 83 Rn. 11), löst die Vorschr. nicht. Des Rechtsanwendungsbefehls durch § 41 bedarf es, weil das OWiG nach dessen § 2 für Ordnungswidrigkeiten nach Bundesrecht und nach Landesrecht gilt (vgl. BR-Drs. 110/17, Anl., 110: „§ 2 Absatz 2 Satz 2" OWiG): Die DS-GVO gilt nach Art. 288 AEUV zwar unmittelbar und ist Teil der deutschen Rechtsordnung, sie ist jedoch als Unionsrecht zu qualifizieren.

2   § 41 Abs. 1 trifft eine materiell-, § 41 Abs. 2 eine verfahrensrechtliche Regelung. Beide komplettieren Art. 83 DS-GVO (vgl. dort Abs. 8) erst. Die mitgliedstaatliche Rechtsordnung muss dafür in Dienst genommen werden. Dies ist umso herausforderungsvoller, als das Sanktionssystem den Kern mitgliedstaatlicher Souveränität betrifft und gleichzeitig unter den Einfluss des Art. 4 Abs. 3 EUV gerät.

3   Die Begr. des RegE enthält zur Reichweite des Art. 83 DS-GVO eine unglückliche und unzutreffende Formulierung (BR-Drs. 110/17, Anl., 110): „§ 41 geht davon aus, dass von den in den Absätzen 4 und 5 des Artikels 83 (DS-GVO) genannten (…) ‚Verstößen gegen die folgenden Bestimmungen‘ auch dann gesprochen werden kann, wenn Mitgliedstaaten bezüglich der in den Absätzen 4 und 5 der Verordnung genannten Bestimmungen nationale Regelungen aufgrund von Öffnungsklauseln erlassen haben". Verwiesen wird auf ErwGr 146 S. 5 und 149 S. 1, welche sich indes − was die Begr. auch feststellt − auf den Schadensersatz und die Strafvorschriften beziehen. Ungeachtet des Umstandes, dass die ErwGr zwar Orientierungspunkte, aber nicht verbindliche Feststellungen enthalten, erst recht nicht für etwas (hier: Geldbuße), was sie konkret nicht ansprechen, ist darauf hinzuweisen, dass die drei Rechtsfolgen Schadensersatz, Geldbuße und Strafe grundverschieden sind und dass die Rechtssicherheit einen Verstoß gegen eine unbenannte Rechtsvorschrift ausschließt (vgl. auch → DS-GVO Art. 83 Rn. 24). Gleichzeitig ist ein Verstoß gegen nationales Recht, welches die Zulässigkeit einer Datenverarbeitung iSd Art. 6 Abs. 1 UAbs. 1 lit. c DS-GVO festlegt, als Verstoß gegen die DS-GVO zu qualifizieren; dieser ist Orientierungspunkt für die Ahndung. Wollte der Gesetzgeber Verstöße gegen mitgliedstaatliche Regelungen als solche ahnden, müsste er dies in der gesetzlichen Grundlage regeln, anstatt eine Intention des § 41 zu referenzieren.

4   § 41 Abs. 1 S. 3 wurde im Laufe des Gesetzgebungsverfahrens eingefügt (BT-Drs. 18/12084, 9).

B. Anwendung des OWiG für Verstöße gegen die DS-GVO (Abs. 1)

Dass das OWiG Anwendung finden soll, liegt nahe. Die Verstöße und die **5** Geldbußen, die nach Art. 83 DS-GVO für Verstöße verhängt werden, weisen die Typizität auf, die Ordnungswidrigkeiten und ihrer Ahndung in Deutschland eigen ist. Der Abgleich mit Strafnormen stützt dies schon wegen der eigenständigen Regelungen des Art. 84 DS-GVO und des § 42 – tertium non datur. Dass das OWiG lediglich „sinngemäß" Anwendung findet, ist angesichts der rechtsstaatlichen Anforderung, dass die Maßstäbe für Verwaltungsunrecht rechtssicher und bestimmt ausgestaltet sein müssen, jedenfalls als missverständliche Formulierung zu betrachten. Ob eine sinngemäße Anwendung ausreicht, um die Wirksamkeit des Art. 83 DS-GVO auch insoweit sicherzustellen, dass er sich durchsetzt, wenn das OWiG restriktivere Vorgaben macht, ist zweifelhaft: So fordert § 10 OWiG grundsätzlich vorsätzliches Handeln, während Art. 83 DS-GVO sich auch auf Fahrlässigkeit bezieht. Auch § 30 OWiG muss angesichts der konkreten Regelung der DS-GVO und der Vorstellungen über ein wirksames Datenschutzrecht unter einen Anwendungsvorbehalt gestellt werden: Während Art. 83 DS-GVO die Haftung von Unternehmen als solchen befördert, ist das OWiG noch an der natürlichen Person orientiert, die in einer bestimmten Rolle (als vertretungsberechtigtes Organ oder als Mitglied etc.) einen Verstoß begehen müssen, um die juristische Person haften zu lassen.

Gleichzeitig wird in Art. 83 DS-GVO deutlich, dass auf das mitgliedstaatli- **5a** che System der Verhängung von Geldbußen zurückgegriffen wird; dies zeigen ua Art. 83 Abs. 8 DS-GVO, der auf das mitgliedstaatliche Recht verweist, und Art. 83 Abs. 9 DS-GVO, der mit seinen rudimentären Anforderungen an das Verfahren weit hinter der Gestaltungskraft des OWiG zurückbleibt.

Durch Abs. 1 S. 2 wird die Anwendung der § 17 OWiG (Höhe der **6** Geldbuße) und §§ 35, 36 OWiG (Zuständigkeit der Verwaltungsbehörde) ausgeschlossen, was angesichts der abschließenden, unmittelbar geltenden Vorgaben des Art. 83 DS-GVO zum Rahmen der Geldbuße und zur Zuständigkeit (der ASB) konsequent ist, iÜ wegen des Anwendungsvorrangs der DS-GVO aber ohnehin gilt. Nicht erwähnt wird § 38 OWiG

Für die Geltung des Opportunitätsprinzips bei der Entsch. über die Ver- **7** hängung einer Geldbuße spricht, dass § 47 OWiG nicht suspendiert wird. Allerdings hätte auch diese Regelung keine konstitutive Wirkung. Ableiten lässt sich aus dem BDSG, dass der dt. Gesetzgeber nicht davon ausgeht, dass die Verhängung einer Geldbuße in Bezug auf das Ob einer Geldbuße eine gebundene Entsch. sei (→ DS-GVO Art. 83 Rn. 11 f.).

Abs. 1 S. 3 trifft eine gerichtsverfassungsrechtliche Regelung über die Zu- **8** ständigkeit, wonach bei einem Bußgeld über 100 000 EUR – in Abweichung von § 68 Abs. 1 OWiG – das Landgericht zuständig ist. Diese Regelung wurde „in Anlehnung an § 23 Nummer 1 des Gerichtsverfassungsgesetzes" (BT-Drs. 18/12144, 6) getroffen, was belegen soll, dass sie nicht abwegig ist, auch angesichts des Umstandes, dass der durch Art. 83 DS-GVO vorgegebene Höchstbetrag für die Geldbuße den Regelbetrag des § 17 OWiG deutlich übertrifft. Gleichwohl handelt es sich um eine Sonderregelung, die system-fremd ist: Ordnungswidrigkeitstatbestände einzelner Fachgesetze sehen im Vergleich zu § 17 OWiG deutlich höhere Höchstbeträge vor, ohne dass sich etwas an der Zuständigkeit ändert (vgl. § 43 BDSG aF, § 14 DüngG, § 334 HGB).

C. Anwendung des OWiG für das Verfahren zur Ahndung von Verstößen (Abs. 2)

9 Die entspr. Geltung der Vorschr. des OWiG, der StPO und des GVG für das Verfahren ordnet Abs. 2 S. 1 an. „Entsprechend" ist dem Wort „sinngemäß" in Abs. 1 S. 1 vorzuziehen. Gleichzeitig ist auch hier auf den Anwendungs-vorrang der DS-GVO zu verweisen: Verfahrens- und Zuständigkeitsvorschrif-ten sowie Entscheidungsmaßstäbe, die aus dem mitgliedstaatlichen Recht geschöpft werden, sind auf ihre Vereinbarkeit mit Art. 83 DS-GVO zu über-prüfen. Mit den §§ 56 bis 58, 87, 88, 99 und 100 OWiG wird weniger ausgenommen, als es der Durchsetzung des Art. 83 DS-GVO förderlich sein könnte.

10 Die Regelungen über das Verwarnungsverfahren (§§ 56–58 OWiG), über die Einziehung (§§ 87, 100 OWiG), die Festsetzung gegen jur. Personen (§ 88 OWiG) und die Vollstreckung von Nebenfolgen (§ 99 OWiG) finden nach Abs. 2 S. 2 keine Anwendung. Für die Verwarnung enthält die DS-GVO mit Art. 58 Abs. 2 lit. b eine eigene Regelung, die freilich selbst iRd weitgehend mitgliedstaatlich geregelten Verwaltungsverfahrens auszusprechen ist.

11 Abs. 2 S. 3 soll der Unabhängigkeit der ASB dienen, indem die Staats-anwaltschaft nur mit ihrer Zustimmung das Verfahren einstellen kann (BR-Drs. 110/17, Anl., 110).

D. Ausblick

12 § 41 ist die **Brückennorm** von Art. 83 DS-GVO zum mitgliedstaatlichen Verwaltungs- und Gerichtsverfahren in der Bußgeldsache. Materiell-rechtlich soll § 41 keine Änd. bewirken, insbes. bleiben die zu sanktionierenden Ver-pflichtungsadressaten der Verantwortliche und der Auftragsverarbeiter, nicht die Mitarbeiter. Ob die Regelung mit ihrer eigentümlichen Verweisungs-technik Art. 83 DS-GVO unionsrechtskonform komplettiert, ist fraglich. Als Remedur kann man nicht auf höchstgerichtliche Rechtsprechung warten, sondern muss immer wieder die Kontrollfrage stellen, ob die Anwendung einer nicht ausdrücklich ausgeschlossenen Regelung der praktischen Wirk-samkeit des Unionsrechts widerspricht, Art. 4 Abs. 3 EUV, und diese Frage auch beantworten. Insgesamt ist es unbefriedigend, wenn auch angesichts des Anspruchs „allgemeine Teile" nicht überraschend, dass es insoweit nicht ausreicht, wenn der Blick zwischen der DS-GVO und dem BDSG hin- und herwandert.

§ 42 Strafvorschriften

(1) Mit Freiheitsstrafe bis zu drei Jahren oder mit Geldstrafe wird bestraft, wer wissentlich nicht allgemein zugängliche personenbezogene Daten einer großen Zahl von Personen, ohne hierzu berechtigt zu sein,
1. einem Dritten übermittelt oder
2. auf andere Art und Weise zugänglich macht
und hierbei gewerbsmäßig handelt.

(2) Mit Freiheitsstrafe bis zu zwei Jahren oder mit Geldstrafe wird bestraft, wer personenbezogene Daten, die nicht allgemein zugänglich sind,
1. ohne hierzu berechtigt zu sein, verarbeitet oder
2. durch unrichtige Angaben erschleicht
und hierbei gegen Entgelt oder in der Absicht handelt, sich oder einen anderen zu bereichern oder einen anderen zu schädigen.

(3) [1] Die Tat wird nur auf Antrag verfolgt. [2] Antragsberechtigt sind die betroffene Person, der Verantwortliche, die oder der Bundesbeauftragte und die Aufsichtsbehörde.

(4) Eine Meldung nach Artikel 33 der Verordnung (EU) 2016/679 oder eine Benachrichtigung nach Artikel 34 Absatz 1 der Verordnung (EU) 2016/679 darf in einem Strafverfahren gegen den Meldepflichtigen oder Benachrichtigenden oder seine in § 52 Absatz 1 der Strafprozessordnung bezeichneten Angehörigen nur mit Zustimmung des Meldepflichtigen oder Benachrichtigenden verwendet werden.

EU-Recht: Art. 84 DS-GVO (kommentiert unter → DS-GVO Art. 84 Rn. 1 ff.).

A. Allgemeines

Durch § 42 wird die Berechtigung und Verpflichtung (vgl. BR-Drs. 110/17, **1** Anl., 110) aus Art. 84 Abs. 1 DS-GVO betätigt, Strafvorschriften zu erlassen. Damit wird ein vermittelnder Ansatz verfolgt, im BDSG selbst eine Regelung zu treffen und es nicht bei Regelungen im StGB zu belassen bzw. dort neue Regelungen einzufügen (→ DS-GVO Art. 84 Rn. 4 f.). Vor dem Hintergrund des Art. 4 Abs. 3 EUV ist § 42 ein substantiiertes und zugleich Minimalangebot einer strafrechtlichen Sanktionierung vorsätzlicher Verstöße gegen Bestimmungen der DS-GVO, die dadurch als schwere Verstöße qualifiziert werden, dass sie gewerbsmäßig (Abs. 1) oder entgeltlich oder mit Schädigungsabsicht (Abs. 2) begangen werden, wobei Abs. 1 auf die Weitergabe abstellt, Abs. 2 auf den Zugriff. Evident ist, dass mehrere **Eskalationsstufen** von Verstößen gegen das Datenschutzrecht beschrieben werden, jeweils ergänzt um die Voraussetzung des Vorsatzes, welche sich aus den allg. Vorschr. ergibt (vgl. § 15 StGB). Damit wird das Strafunrecht unter Wahrung eines Abstands zu den Bußgeldtatbeständen definiert. Dieser **Abstand** erleichtert die Abgrenzung zwischen den Verhaltensweisen, die strafwürdig sind, und denen, die es (noch) nicht sind. Gemeinsam ist den Tatbeständen, dass sie in **Mehrpersonenverhältnissen** verwirklicht werden: Der Täter handelt nicht nur gegen den Verantwortlichen und/oder die betroffenen Personen, sondern mit dem Ziel der Weitergabe an einen bestimmten Adressaten oder an einen unbestimmten Kreis, und steht in einer Beziehung zu einem Dritten, der die Gewerbsmäßigkeit stützt, das Entgelt leistet oder der bereichert werden soll. Insbes. unentgeltlicher „Datenvandalismus" wird damit nicht als strafwürdig betrachtet.

2 Der dt. Gesetzgeber erkennt an, dass es sich bei § 42 um **Durchführung des Rechts der EU** handelt, wie dies Art. 51 Abs. 1 GRCh vorsieht, indem auf Art. 49 GRCh verwiesen wird (BR-Drs. 110/17, Anl., 111). Dies ist in unionsrechtlicher Hinsicht nachvollziehbar, aus mitgliedstaatlicher Perspektive allerdings nicht unproblematisch, soweit das Strafrecht dem Kernbereich mitgliedstaatlicher Eigenverantwortung zugewiesen wird und die Öffnungsklauseln den Mitgliedstaaten gerade einen Spielraum lassen. IÜ sind die Abs. 3 und 4 den Vorgängervorschriften nachgebildet (vgl. § 44 Abs. 2 BDSG aF und § 42a S. 6 BDSG aF). Gleichzeitig wird Abs. 4 auf ein verfassungsrechtliches Verbot der Selbstbezichtigung zurückgeführt (BR-Drs. 110/17, Anl., 111), welches unionsrechtlich über Art. 49 GRCh rekonstruiert werden müsste.

3 Im Gesetzgebungsverfahren geänd. wurde Abs. 4 durch die Klarstellung, dass die Zustimmung des Meldepflichtigen oder Benachrichtigenden erforderlich ist, um die Meldung verwenden zu dürfen (BT-Drs. 18/12144, 6). Schon der als Vorbild dienende § 42a S. 6 BDSG aF verwies insoweit auf den Benachrichtigungspflichtigen.

B. Personenbezogene Daten einer großen Zahl von Personen (Abs. 1)

4 Abs. 1 stellt die **gewerbsmäßige** Veröff. personenbezogener Daten ohne Berechtigung unter Strafe. Das Veröffentlichen kann in der Übermittlung liegen oder dadurch bewirkt werden, dass Daten zugänglich gemacht werden, etwa indem Passwörter für den Zugriff auf eine Datenbank übermittelt werden. Dies kann aus der Position einer Berechtigung heraus geschehen, etwa indem Befugnisse, die einer Person innerbetrieblich nur de facto und nicht rechtlich zustehen, genutzt werden. Umso wichtiger ist es, dass die verarbeitende Stelle mit ihrem Datenschutzmanagement auch de facto bestehende Schwachstellen beseitigt. Die handelnde Person kann freilich auch außerhalb der Einrichtung stehen.

5 „Nicht allgemein zugänglich" nimmt gerade auf nur innerbetrieblich oder innerbehördlich zur Vfg. stehende Daten in Bezug, weil die „große Zahl von Personen" ein weiteres Merkmal ist und bei solchen Einrichtungen Datenbestände vorhanden sind; bei Privatpersonen ist dies nicht in demselben Maße der Fall. „Wissentlich" bezieht sich der Stellung nach auf dieses Merkmal, so insoweit direkter Vorsatz zu fordern ist.

6 „Große Zahl" ist unbestimmt und als strafrechtliche Bestimmung problematisch. Orientierungspunkte für die Bestimmung geben neben der Ratio der

Vorschr., nur einen qualifizierten, mit den Möglichkeiten moderner Datenverarbeitung einhergehenden Datenmissbrauch zu sanktionieren, ua die
§§ 263 Abs. 3 S. 2 Nr. 2, 267 Abs. 3 S. 2 Nr. 3, 306b Abs. 1, 308 Abs. 2,
309, 312 Abs. 3, 330 Abs. 2 Nr. 1 StGB (vgl. Fischer § 306b StGB Rn. 5
und § 330 StGB Rn. 8, jeweils mwN, demzufolge 20 Personen jedenfalls als
große Zahl anzusehen sind). Strafwürdig erscheint es, wenn die Tathandlung
gegen einen großen Personenkreis gerichtet ist, wie dies typischerweise der
Fall ist, wenn auf ganze Datenbanken zugegriffen wird; soweit es sich um
einen Personenkreis im niedrigen zweistelligen oder gar nur einstelligen
Bereich handelt, ist eine Sanktion im Wege des Bußgeldverfahrens die ver-
fassungsmäßige Maßnahme, weil damit der Unbestimmtheit Rechnung getragen wird, die nicht zu Lasten des Verantwortlichen gehen darf.

Auch wegen jahrzehntelanger Auseinandersetzung weniger volatil und pro-   **7**
blematisch ist das Merkmal des gewerbsmäßigen Handelns. Auch dieses findet
sich im StGB in zahlr. Vorschr., vgl. §§ 146 Abs. 2, 152a Abs. 3, 180 Abs. 1,
243 Abs. 1 S. 2 Nr. 3, 260, 260a StGB – als Merkmal des Grundtatbestands,
als Qualifikation oder als Regelbeispiel. Bei § 42 Abs. 1 handelt es sich um
einen Grundtatbestand, für den entscheidend ist, dass durch wiederholte Tat-
begehung eine fortlaufende Einnahmequelle geschaffen wird, wobei die Erst-
begehung in der Absicht der Wiederholung ausreichen soll.

C. Verarbeitung oder Erschleichung gegen Entgelt oder in Schädigungsabsicht (Abs. 2) **33**

Auch Abs. 2 kombiniert mehrere Elemente, um die Strafwürdigkeit zu kon-   **8**
stituieren. Die Entgeltlichkeit (objektiv) und die Bereicherungsabsicht sind
Merkmale, die iRd StGB einer Klärung zugeführt wurden. Die Tathandlung
wird bisweilen nur die Voraussetzungen schaffen, um den Täter oder einen
Dritten zu bereichern, weil mit den unbefugt verarbeiteten oder erschlichenen
Daten Anschlussdelikte verwirklicht werden können. Die Kumulation der
verschiedenen Elemente ist ernst zu nehmen, um das **Abstandsgebot** zu den
Bußgeldtatbeständen umzusetzen.

D. Antragserfordernis (Abs. 3)

Abs. 3 entspricht § 44 Abs. 2 BDSG aF. Dass der Bundesbeauftragte und die   **9**
ASB (weiterhin) antragsberechtigt sind, ist für die Effektivierung des Datenschutzrechts wichtig, weil ihnen damit ein Instrument an die Hand gegeben
wird, bei dessen Einsatz sie als Fürsprecher des Datenschutzes auftreten können und nicht selbst (wie im Bußgeldverfahren) als entscheidende Behörde.
Auch insoweit ist auf Art. 4 Abs. 3 EUV als Fluchtpunkt zu verweisen.
Wesentlich wird vor diesem Hintergrund sein, dass von diesem Antragsrecht
auch Gebrauch gemacht wird, um Art. 84 Abs. 1 S. 1 aE und S. 2 DS-GVO
Rechnung zu tragen, der die Wirksamkeit der (gesetzlich geregelten) Sanktionen einfordert.

E. Wirkung der Selbstanzeige (Abs. 4)

10 Abs. 4 orientiert sich an § 42a S. 6 BDSG aF und realisiert den nemo-tenetur-Grundsatz; ob er gleichzeitig die Bereitschaft zur Selbstanzeige steigert, ist fraglich. Als Risiko für die mitteilende/benachrichtigende Person können sich die Anforderungen an die Mitteilung/Benachrichtigung erweisen, die erfüllt sein müssen, um als solche zu gelten; ansonsten kann die Rechtsfolge des Abs. 4 nicht eintreten. Das **Risiko** steigt dadurch, dass die Begriffe der Meldung und der Benachrichtigung unionsrechtlich determiniert sind. Mitteilung und Benachrichtigung verdienen daher kurzfristig (vgl. Art. 33 Abs. 1 DS-GVO) eine bes. Aufmerksamkeit, zB in Bezug auf die Begr. für eine Verzögerung der Meldung. Ohne ein vorsorgendes Datenschutzmanagement, welches auch den Krisenfall antizipiert und bestimmte Routinen bereithält, werden die Anforderungen kaum zu erfüllen sein.

F. Ausblick

11 Angesichts der Garantiefunktion des Strafrechts und des Umstandes, dass das Strafrecht die ultima ratio des Rechtsgüterschutzes ist, sind die Tatbestände krit. zu sehen und restriktiv auszulegen. Gerade weil die **abschreckende Wirkung,** die die Regelung entfalten soll, auch davon zehrt, dass sie angewandt wird, sind Streit- und (von den Verantwortlichen auch als solche betriebene) Grenzfälle absehbar. Hier gilt es, einerseits überschießenden Tendenzen vorzubeugen, andererseits diese Form der Sanktionierung nicht zu tabuisieren. Die nachzeitige Möglichkeit der Bestrafung kann iÜ nicht darüber hinwegtäuschen, dass Verantwortliche mit einem ganzheitlichen, nachhaltigen Datenschutzmanagement einen Datenmissbrauch verhindern können. Die Einhaltung der Bestimmungen der DS-GVO und des BDSG ohne kalkulierte Grenzüberschreitungen entfaltet auch insoweit einen **präventiven Charakter.** § 42 ist insoweit – kleiner – **Schlussstein** für das datenschutzrechtliche Rechtsregime, der auf der Grundlage des Art. 85 DS-GVO (noch) mitgliedstaatlich gesetzt wurde.

12 Die **Regelungen des StGB** (§§ 201, 201a, 202, 202a, 202b, 202c, 303a, 303b) gelten ebenfalls und haben zum Teil die Qualität, die Art. 84 DS-GVO voraussetzt. § 42 Abs. 1 stellt weitergehende Anforderungen als § 202a StGB, gleichwohl könnten beide Tatbestände zugleich verwirklicht sein. Eine Herausforderung für die Strafverfolgungsbehörden wird sein, das Nebenstrafrecht ebenso als Maßstab heranzuziehen wie das StGB, wie dies in anderen Bereichen (vgl. etwa §§ 148, 89, 90 TKG gegenüber §§ 201 ff. StGB) bisweilen nicht gelingt.

§ 43 Bußgeldvorschriften

(1) Ordnungswidrig handelt, wer vorsätzlich oder fahrlässig
1. entgegen § 30 Absatz 1 ein Auskunftsverlangen nicht richtig behandelt oder
2. entgegen § 30 Absatz 2 Satz 1 einen Verbraucher nicht, nicht richtig, nicht vollständig oder nicht rechtzeitig unterrichtet.
(2) Die Ordnungswidrigkeit kann mit einer Geldbuße bis zu fünfzigtausend Euro geahndet werden.
(3) Gegen Behörden und sonstige öffentliche Stellen im Sinne des § 2 Absatz 1 werden keine Geldbußen verhängt.
(4) Eine Meldung nach Artikel 33 der Verordnung (EU) 2016/679 oder eine Benachrichtigung nach Artikel 34 Absatz 1 der Verordnung (EU) 2016/679 darf in einem Verfahren nach dem Gesetz über Ordnungswidrigkeiten gegen den Meldepflichtigen oder Benachrichtigenden oder seine in § 52 Absatz 1 der Strafprozessordnung bezeichneten Angehörigen nur mit Zustimmung des Meldepflichtigen oder Benachrichtigenden verwendet werden.

EU-Recht: Art. 33, 34, 83 DS-GVO (kommentiert unter → DS-GVO Art. 33 Rn. 1 ff.; → DS-GVO Art. 34 Rn. 1 ff.; → DS-GVO Art. 83 Rn. 1 ff.).

A. Allgemeines

§ 43 komplettiert Art. 83 DS-GVO, wie sich der dt. Gesetzgeber dies vor- **1** gestellt hat. IdS handelt es sich um eine Regelung mit disparaten Inhalten, die verschiedene Aspekte der DS-GVO (und darüber hinaus) ansprechen. Ergänzt wurde im Gesetzgebungsverfahren lediglich Abs. 4 (→ § 42 Rn. 3; BT-Drs. 18/12084, 9).

B. Besondere Ordnungswidrigkeit (Abs. 1, 2)

Abs. 1 schließt eine Schutzlücke, die sich durch die selektive Formulierung **2** des Art. 83 DS-GVO eröffnete. Er verweist auf § 43 Abs. 1 Nr. 7a und 7b BDSG aF. Dieser geht auf Art. 9 der RL 2008/48/EG zurück. Der im Vergleich zu Art. 83 DS-GVO niedrige Bußgeldrahmen in Abs. 2 ergibt sich aus der Orientierung an § 43 Abs. 3 S. 1 BDSG aF. Dies spricht nicht per se gegen die praktische Wirksamkeit der unionsrechtlichen Vorgaben, wichtiger ist, dass Verstöße überhaupt erkannt und geahndet werden.

C. Keine Geldbußen gegen öffentliche Stellen (Abs. 3)

Art. 83 Abs. 7 DS-GVO ermöglicht es den Mitgliedstaaten, Geldbußen auch **3** gegen Behörden und öffentl. Stellen zu verhängen. **Wenig überraschend** wird diese Möglichkeit durch den dt. Gesetzgeber nicht aktiviert, sondern vielmehr ausgeschlossen. Hintergrund ist einerseits, dass öffentl. Stellen dem Anspruch nach wegen ihrer Verpflichtung auf die Grundrechte und das objektive Recht nicht rechtswidrig handeln; im Falle von Rechtsverstößen bedarf es – dem Anspruch nach – lediglich eines Hinweises, so dass rechtmäßige Zustände wiederhergestellt werden. Andererseits soll der Staat von einer Verpflichtung auf der Sekundärebene freigestellt bleiben, zumal nach Art. 82 DS-GVO die unionsrechtliche Haftung das staatshaftungsrechtliche Regime auf mitgliedstaatlicher Ebene bereits überspielen wird. Verfassungsrechtlich ist Rechtsschutz gegen die Primärmaßnahme geboten (Art. 19 Abs. 4 GG, Art. 47 GRCh), nicht jedoch auch eine Remedur, die über die Herstellung des gesetzmäßigen Zustandes hinausgeht. Art. 83 Abs. 7 DS-GVO ist als spezifische Vorschr. insoweit eindeutig, dass Art. 4 Abs. 3 EUV keine durchschlagende Wirkung entfalten kann.

4   Der Ausschluss gilt indes nur für öffentl. Stellen, die auch als öffentl. Stellen handeln; daher verweist Abs. 3 nur auf § 2 Abs. 1, nicht jedoch auf § 2 Abs. 5, der öffentlich-rechtliche Unternehmen betrifft, die im **Wettbewerb** stehen: Diese sollen bei der Verhängung von Geldbußen nicht bessergestellt werden (vgl. BR-Drs. 110/17, Anl., 111). Die Vorschr. ist wegen des Verbots der Ungleichbehandlung von wesentlich Gleichen – hier Wettbewerbern – notwendig.

D. Wirkung der Selbstanzeige (Abs. 4)

5   Wie bei § 42 Abs. 3 darf die Selbstanzeige im Verfahren gegen den Meldepflichtigen/den Benachrichtigenden nur mit seiner Zustimmung verwendet werden (→ § 42 Rn. 10).

E. Ausblick

6   § 43 ist vor dem Hintergrund der DS-GVO eine weitgehend unselbständige Vorschr. Wenig überraschend und nicht zu skandalisieren ist Abs. 3. Sollte sich jedoch zeigen, dass öffentl. Stellen mittelfristig gegen die DS-GVO verstoßen, **systemische Defizite** zu besorgen sind und die ASB das Datenschutzrecht ggü. öffentl. Stellen auf der Primärebene nicht durchsetzen, weil ihnen ein wirksames Instrument fehlt, wird der Verzicht auf die Möglichkeit einer Sanktionierung unionsseitig (etwa durch die KOM) dem dt. Gesetzgeber entgegengehalten werden.

Kapitel 6. Rechtsbehelfe

§ 44 Klagen gegen den Verantwortlichen oder Auftragsverarbeiter

(1) [1]Klagen der betroffenen Person gegen einen Verantwortlichen oder einen Auftragsverarbeiter wegen eines Verstoßes gegen datenschutzrechtliche Bestimmungen im Anwendungsbereich der Verordnung (EU) 2016/679 oder der darin enthaltenen Rechte der betroffenen Person können bei dem Gericht des Ortes erhoben werden, an dem sich eine Niederlassung des Verantwortlichen oder

Auftragsverarbeiters befindet. ² Klagen nach Satz 1 können auch bei dem Gericht des Ortes erhoben werden, an dem die betroffene Person ihren gewöhnlichen Aufenthaltsort hat.

(2) Absatz 1 gilt nicht für Klagen gegen Behörden, die in Ausübung ihrer hoheitlichen Befugnisse tätig geworden sind.

(3) ¹ Hat der Verantwortliche oder Auftragsverarbeiter einen Vertreter nach Artikel 27 Absatz 1 der Verordnung (EU) 2016/679 benannt, gilt dieser auch als bevollmächtigt, Zustellungen in zivilgerichtlichen Verfahren nach Absatz 1 entgegenzunehmen. ² § 184 der Zivilprozessordnung bleibt unberührt.

EU-Recht: Art. 79 DS-GVO (kommentiert unter → DS-GVO Art. 79 Rn. 23 ff.).

A. Allgemeines

§ 44 enthält eine Regelung über den Gerichtsstand und eine Regelung über **1** die Wirkung der Bevollmächtigung: Er ordnet örtliche Zuständigkeiten an, die sich nach der Niederlassung der verantwortlichen Person (im Inland) und dem Aufenthaltsort der betroffenen Person richten. Die Vorschrift dient damit „der Durchführung von Artikel 79 Abs. 2" DS-GVO (BR-Drs. 110/17, Anl., 111), wobei es sich nicht um eine Durchführungslage handelt, die den Öffnungsklauseln der DS-GVO vergleichbar wäre. Vielmehr wird die gerichtsverfahrensrechtliche Gesetzgebungskompetenz des Bundes unabhängig von den Vorgaben der DS-GVO betätigt, weil sie sich dazu gerade nicht verhält: Art. 79 Abs. 2 S. 1 DS-GVO regelt nur die internationale (→ DS-GVO Art. 79 Rn. 23), nicht auch die örtliche Zuständigkeit (BR-Drs. 110/17, Anl., 111). Nur die mitgliedstaatlichen Gerichte als solche werden zur Entsch. berufen. Es wird keine Aussage über den Ort getroffen, an dem die Klage zu erheben ist.

Der Gesetzgeber riskiert es in der Folge nicht, dass die örtliche Zuständig- **2** keit nach der ZPO (dort §§ 12 ff.) entschieden wird (BR-Drs. 110/17, Anl., 111 f.; vgl. auch Schantz in Schantz/Wolff DatenschutzR Rn. 1264). Dass der Gerichtsstand der unerlaubten Handlung (§ 32 ZPO) bei einer rechtswidrigen Datenverarbeitung nicht greife, wenn die Datenverarbeitung im Inland keine Auswirkungen habe, ist zwar denkbar, angesichts der Vorgabe, dass die betroffene Person ein eigenes Recht geltend machen muss, aber fernliegend.

B. Gerichtsstand (Abs. 1)

Der unionsrechtlichen Regelung entspr. wird dem verbindenden Element der **3** Verantwortlichkeit für die Datenverarbeitung – gleich, ob durch eine öffentl. oder durch eine nicht öffentl. Stelle – insoweit der Vorzug gegeben, bevor danach unterschieden wird, welcher Rechtsweg eröffnet ist. Diese Unterscheidung wird durch Abs. 2 ggü. Abs. 1 aufgenommen.

Nach Abs. 1 S. 1 ist der Gerichtsstand der Niederlassung des Verantwort- **4** lichen oder des Auftragsverarbeiters maßgeblich. Es kommt für den Gerichtsstand also nicht darauf an, wo die Daten verarbeitet wurden.

5 Der Anwendungsbereich ist denkbar weit, weil alle datenschutzrechtlichen Vorschr. iSd DS-GVO als Maßstäbe für die Überprüfung eines Verhaltens eines Verantwortlichen herangezogen werden können: Dies sind nicht nur die Vorschr. der DS-GVO ieS, sondern solche des sonstigen Sekundärrechts der EU, des Tertiärrechts und des Rechts der Mitgliedstaaten (BR-Drs. 110/17, Anl., 112). Dies gilt freilich nicht erst aufgrund der bundesgesetzlichen Anordnung, sondern kraft Art. 79 Abs. 1 DS-GVO, auch wenn dieser sich wörtlich nur darauf bezieht, dass eine Verarbeitung „nicht im Einklang mit der Verordnung" steht (vgl. → DS-GVO Art. 79 Rn. 19 f.).

C. Allgemeine Regelung für Behörden (Abs. 2)

6 Abs. 2 nimmt zum Teil Art. 79 Abs. 2 S. 1 DS-GVO auf, weil das Wahlrecht der betroffenen Person zu Gunsten ihres Aufenthaltsorts als Gerichtsstand bei Behörden nicht bestehen soll: Eine Behörde soll nicht vor dem Gericht eines anderen Staates verklagt werden können (→ DS-GVO Art. 79 Rn. 23). IÜ geht Abs. 2 aber über die vergleichbare Regelung zur int. Zuständigkeit hinaus: Für den Niederlassungsort der verantwortlichen Behörde sieht Art. 79 Abs. 2 DS-GVO keine Sonderregelung vor. Nach Abs. 2 gilt damit die jeweilige fachgerichtliche Verfahrensordnung (vgl. insbes. § 52 VwGO).

D. Bevollmächtigung zur Entgegennahme (Abs. 3)

7 Abs. 3 betrifft nur Verantwortliche und Auftragsverarbeiter, die in der EU keine Niederlassung haben, und beugt dem zusätzlichen Aufwand einer Zustellung in einem Drittstaat vor (vgl. Schantz in Schantz/Wolff DatenschutzR Rn. 1265). Er steht im Zusammenhang mit Art. 27 Abs. 1 DS-GVO, nachdem jene verpflichtet sind, einen Vertreter als Anlaufstelle für ASB und betroffene Personen zu benennen (vgl. Art. 27 Abs. 4 DS-GVO). Der Verantwortliche in einem Drittstaat kann aber auch weiterhin nach Klageerhebung und -zustellung (§ 183 Abs. 2 bis 5 ZPO) gem. § 184 Abs. 1 ZPO dazu aufgefordert werden, einen Zustellungsbevollmächtigten zu benennen.

E. Ausblick

8 IErg befördert § 44 die Europäisierung („EU-isierung") des mitgliedstaatlichen Prozessrechts. Die ZPO ist – und dies nicht erst durch die DS-GVO – nicht mehr das Maß der örtlichen Zuständigkeit im Zivilprozess. Das Ringen mit dieser Einwirkung ist in der Vorschr. erkennbar. Die Regelung ist ein weiterer Beleg dafür, dass das Datenschutzrecht nicht lediglich als materielles Recht gesehen wird, welches als unionsrechtlicher Rechtsstand in iÜ autonome mitgliedstaatliche Rechtsordnungen eingeführt werden könnte.

Teil 3. Bestimmungen für Verarbeitungen zu Zwecken gemäß Artikel 1 Absatz 1 der Richtlinie (EU) 2016/680

Kapitel 1. Anwendungsbereich, Begriffsbestimmungen und allgemeine Grundsätze für die Verarbeitung personen- bezogener Daten

§ 45 Anwendungsbereich

[1] Die Vorschriften dieses Teils gelten für die Verarbeitung personenbezogener Daten durch die für die Verhütung, Ermittlung, Aufdeckung, Verfolgung oder Ahndung von Straftaten oder Ordnungswidrigkeiten zuständigen öffentlichen Stellen, soweit sie Daten zum Zweck der Erfüllung dieser Aufgaben verarbeiten. [2] Die öffentlichen Stellen gelten dabei als Verantwortliche. [3] Die Verhütung von Straftaten im Sinne des Satzes 1 umfasst den Schutz vor und die Abwehr von Gefahren für die öffentliche Sicherheit. [4] Die Sätze 1 und 2 finden zudem Anwendung auf diejenigen öffentlichen Stellen, die für die Vollstreckung von Strafen, von Maßnahmen im Sinne des § 11 Absatz 1 Nummer 8 des Strafgesetzbuchs, von Erziehungsmaßregeln oder Zuchtmitteln im Sinne des Jugendgerichtsgesetzes und von Geldbußen zuständig sind. [5] Soweit dieser Teil Vorschriften für Auftragsverarbeiter enthält, gilt er auch für diese.

EU-Recht: Art. 1, 2 JI-RL (kommentiert unter → Rn. 2, 6, 9).

Literatur: *Basar,* Mandat und Datenschutz, StraFo 2019, 222; *Frenzel,* Die Charta der Grundrechte als Maßstab für mitgliedstaatliches Handeln zwischen Effektivierung und Hyperintegration, Der Staat 2014, 1; *Hörauf,* Ordnungswidrigkeiten und der europäische Straftatenbegriff – Subkategorie- oder aliud-Verhältnis?, ZJS 2013, 276; *Meyer-Mews,* Revisionsrechtlicher Paradigmenwechsel durch das neue Bundesdatenschutzrecht?, StraFo 2019, 95; *Rupp,* Formenfreiheit der Verwaltung und Rechtsschutz in Bachof/Heigl/Redeker, Verwaltungsrecht zwischen Freiheit, Teilhabe und Bindung, 1978, 539; *Schwichtenberg,* Die „kleine Schwester" der DSGVO: Die Richtlinie zur Datenverarbeitung bei Polizei und Justiz, DuD 2016, 605; *Simitis,* Der verkürzte Datenschutz, 2004.

A. Allgemeines

Im Anwendungsbereich der JI-RL kehrt das BDSG zum **Status quo ante** insoweit zurück, als es der Umsetzung einer RL dient und nicht der Vervollständigung einer VO mit Richtliniencharakter (vgl. Kühling/Martini ua DS-GVO und nationales Recht, 1 f.). Gleichzeitig wird formal der Zugriff der Mitgliedstaaten auf die – unionsrechtlich vorgeprägte – Materie erhalten. Das Datenschutzrecht wird insoweit einem Bereich zugeschlagen, der als „für die demokratische **Selbstgestaltungsfähigkeit** eines Verfassungsstaates" wesent- 1 lich betrachtet wird (BVerfGE 123, 267 (359 f.) – Lissabon). Anders als die DS-GVO insgesamt, jedoch wie die DS-GVO in ihren Öffnungsklauseln, wird durch diese Form ein Regelungsschema vorgegeben, „das Variationen bewusst in Kauf nimmt" (in Bezug auf die DSRL Simitis, Der verkürzte Datenschutz, 48). Der Wechsel des Verarbeitungszusammenhangs und der Handlungsform legitimiert allerdings keine „**Neubewertung der gemein-samen Grundsätze**" (in Bezug auf die DSRL Simitis, Der verkürzte Daten-schutz, 48 f.). Bestimmte Regelungsmuster wiederholen sich (vgl. Schwich-tenberg DuD 2016, 605).

2   Dass es sich um die Umsetzung einer RL handelt (vgl. zum Anwendungs-bereich Art. 2 JI-RL), hat weitergehende Konsequenzen. So ist krit. zu sehen, dass die Grundrechte der GRCh beim Vollzug eines dt. Gesetzes, mit dem eine RL umgesetzt wurde, ohne weiteres anwendbar sein sollen (vgl. Art. 51 Abs. 1 S. 1 GRCh; dazu Frenzel Der Staat 2014, 1); Art. 1 Abs. 2 JI-RL weist selbst auf den Schutz der „Grundrechte und Grundfreiheiten" durch die Mit-gliedstaaten hin. Gerade im hypersensiblen Bereich der Gefahrenabwehr und Strafverfolgung sprechen die Wahrung der mitgliedstaatlichen Souveränität und der Grundsatz der Subsidiarität gegen eine solche Erstreckung, jedenfalls solange ein **Grundrechtsstandard** gewährleistet wird. Gleichzeitig waren die EU-Institutionen beim Beschl. der JI-RL an das Primärrecht gebunden: Auch die JI-RL dient dem Schutz personenbezogener Daten, wie ihn Art. 8 Abs. 1 GRCh und Art. 16 Abs. 1 AEUV vorgeben (vgl. ErwGr 2 JI-RL). Dies gilt erst recht, soweit auf der Grundlage der JI-RL und der §§ 45 ff. öffentl. Stellen Befugnisse ggü. Grundrechtsträgern erhalten werden und damit die klassische abwehrrechtliche Funktion der Grundrechte aufgerufen wird, zumal unter den Bedingungen der Informationstechnologie. Der Staat ist „Schuldner fremder Freiheit" (Rupp, 539 (540 f.)). Formulierungen wie die Forderung, dass der „**freie Verkehr** personenbezogener Daten zwischen den zuständigen Behörden zum Zwecke der Verhütung (…) von Straftaten (…) erleichtert werden" solle (ErwGr 4 JI-RL), sind insoweit mind. missverständlich, wenn sie nicht sogar eine verfehlte Konzeption der JI-RL indizieren.

3   Der Erlass einer RL als Handlungsform, zu deren Umsetzung die Mitglied-staaten unionsrechtlich verpflichtet sind, bedeutet mit Blick auf den nun aufzuhebenden Rahmenbeschluss (2008/97/JI) eine **Zäsur.** Die Mitglied-staaten unterliegen nun einer Engführung in einem Regelungsbereich, der zuvor eher politisch als rechtlich determiniert war.

4   Die atypische Verortung der Regelung des Anwendungsbereichs, der Be-griffsbestimmungen und der Grundsätze ist darauf zurückzuführen, dass dem Bundesgesetzgeber insoweit **kein allg. Teil des BDSG** gelingen konnte: Der Anwendungsbereich der DS-GVO liegt ihren Definitionen und den Grund-sätzen voraus. Eine Wiederholung bereits unmittelbar geltender Regelungen der DS-GVO zu Beginn des BDSG wäre unzulässig.

5   Art. 63 JI-RL sieht vor, dass die RL bis zum 6.5.2018 umzusetzen war (vgl. jedoch Art. 8 Abs. 1 DSAnpUG-EU). Dies betrifft nicht nur das BDSG, sondern auch das „Fachrecht", für welches die JI-RL maßgeblich ist. In dem Maße, in dem der dt. Gesetzgeber scheinbar selbstbewusstlos die im Hinblick auf Art. 288 AEUV weitreichenden Formulierungen der RL übernommen

hat, ist dies gerechtfertigt, weil dadurch Rechtslücken im Vergleich zur DS-GVO vermieden werden.

B. Öffentliche Stellen (S. 1–4)

Der dritte Teil gilt **nur für öffentl. Stellen** bei der Verarbeitung v. Daten zu **6** den bestimmten Zwecken der Verhütung, Ermittlung, Verfolgung etc. v. Straftaten, wie dies Art. 2 iVm Art. 1 JI-RL vorsieht, nicht jedoch für Einrichtungen der EU (vgl. Art. 2 Abs. 3 lit. b JI-RL). Nach Art. 3 Abs. 7 lit. b JI-RL und § 2 Abs. 4 erstreckt sich die Geltung auf Beliehene. Diese Stellen müssen für die Verhütung, Ermittlung, Verfolgung etc. v. Straftaten auch zuständig sein, dh es bedarf einer Aufgabenzuweisung (vgl. BR–Drs. 110/17, Anl., 113).

Nicht jede Datenverarbeitung durch die genannten Stellen unterfällt den **7** §§ 45 ff. Diese muss den in S. 1 genannten Zwecken dienen, auch im Zusammenhang mit Ordnungswidrigkeiten (BR–Drs. 110/17, Anl., 113, unter Verweis auf ErwGr 13 der JI-RL, der auf einen eigenständigen Begriff der Straftat in der Auslegung des Gerichtshofs verweist; vgl. Hörauf ZJS 2013, 276). Diese Erweiterung verschärft die Problematik, dass innerhalb ders. Behörde nicht einheitliche Regelungen anwendbar sind: Zum einen dienen nicht dem Zweck der Gefahrenabwehr die Verarbeitung v. Beschäftigungsdaten und v. Daten im Zusammenhang mit allg. Informationstätigkeit der Stelle. Zum anderen verändern sich innerhalb ders. Ordnungsbehörde die Rechtsgrundlagen für die Datenverarbeitung, wenn erst einmal ein Verfahren zur Ahndung einer Ordnungswidrigkeit eingeleitet wird. Dies spricht für eine **einheitliche unionsrechtliche Auslegung** der Begrifflichkeiten der DS-GVO mit „dessen" BDSG und des BDSG iVm der JI-RL.

Dass die öffentl. Stellen nach S. 2 als verantwortliche Stellen gelten, ist **8** insoweit missverständlich, als die verarbeitende Stelle verantwortlich ist. Ein Gegenbeweis ist dementsprechend nicht zu führen. Für das Außenverhältnis der Stelle ist es unerheblich, ob innerhalb der Stelle oder übergreifend zu anderen Stellen Abreden gefunden wurden.

Auch die **Gefahrenabwehr,** also präventivpolizeiliches Handeln, wird **9** ausdr. v. Anwendungsbereich erfasst (S. 3). Dies ist mit der Identität des Polizeivollzugsdienstes und seinen Aufgaben und der JI-RL selbst zu begründen, die auf diese Aufgabe verweist und im Kontext der Verhütung etc. v. Straftaten mehrfach wiederholt, vgl. Art. 2 Abs. 2 lit. d DS-GVO, Art. 1 Abs. 1 JI-RL und ErwGr 4 S. 1, 7 S. 2, 11 S. 1, 12 S. 3, 4, 15 S. 1, 26 S. 3, 29 S. 1, 34 S. 1, 35 S. 1, 64 S. 1, 72 S. 1 JI-RL. Als letzte Phase des ultimativen Rechtsgüterschutzes wird in S. 4 die **Vollstreckung** v. Strafen etc. erfasst.

Der Zweck des staatlichen Handelns ist bei all jenen Maßnahmen im Schutz **10** der Rechtsgüter Dritter und dessen effektiver Durchsetzung zu sehen. Demgegenüber wandelt sich der Rechtsgrund für den Schutz der v. der Datenverarbeitung betroffenen Person. Die Person wird durch die Datenverarbeitung jeweils in Verfahren verstrickt, die eingriffsintensiv sind: im Bereich der

Gefahrenabwehr als potentiell gefahrverursachende Person, im **Strafverfahren** als Person, die bis zum Nachw. der Schuld als unschuldig anzusehen ist (zum Verhältnis zum Verteidiger Basar StaFo 2019, 222; vgl. auch Meyer-Mews StraFo 2019, 95), und bei der **Strafvollstreckung,** die auch über den Tag der Entlassung hinauswirkt.

C. Auftragsverarbeiter (S. 5)

11 Auftragsverarbeiter sind keine Stellen iSd S. 1. Dies ergibt sich schon aus der Regelung des Art. 4 Nr. 7, 8 DS-GVO, der wegen Art. 2 DS-GVO heranzuziehen ist, und des § 46 Nr. 7, 8. Auftragsverarbeiter verarbeiten Daten ungeachtet der Zweckbestimmung nach S. 1. Dies stellt sie als die **„Verantwortlichen hinter den Verantwortlichen"** jedoch nicht v. der Bindung an das Datenschutzrecht frei: Zum einen gelten die Regelungen der DS-GVO nach deren Art. 2 Abs. 2 lit. d nur dann nicht, wenn die zuständige Behörde zu dem benannten Zweck Daten verarbeitet. Zum anderen würde eine Datenschutzlücke entstehen, wenn Auftragsverarbeiter nicht den Bindungen des Datenschutzrechts unterworfen wären und Verantwortliche zu einer **Flucht in die Auftragsverarbeitung** verleitet würden. Diese Gefahr besteht auch insoweit, als die allg. Regelungen der DS-GVO ein geringeres Schutzniveau vermitteln als die Vorschr. auf der Grundlage der JI-RL. Daher ist es konsequent, im Anwendungsbereich der JI-RL gesonderte Vorschr. vorzusehen: §§ 62, 64 Abs. 1, 3, 65 Abs. 2, 69 Abs. 3, 70 Abs. 2, 4, 76 Abs. 1, 76 Abs. 5. Insbes. erstrecken sich die Kontrollbefugnisse des BfDI auch auf den Auftragsverarbeiter. Dass der Auftragsverarbeiter ggü. dem Verantwortlichen nur nachrangig in Anspruch zu nehmen wäre, lässt sich nicht ausmachen (vgl. das auf die Tatbestandsmäßigkeit abzielende Wort „gegebenenfalls" in § 69 Abs. 3 S. 3). Insoweit ist der Hinweis zum – im Vergleich zu Art. 2 Abs. 2 lit. d DS-GVO erweiterten – Anwendungsbereich der §§ 45 ff. hilfreich. Sollten die einzelnen Regelungen nicht einschlägig sein, wäre auf die allg. Regelung des BDSG zurückzugreifen.

D. Ausblick

12 Der Anwendungsbereich der §§ 45 ff. wird – den Vorgaben der JI-RL – entspr. weit verstanden. Erfasst werden die Datenverarbeitungen, die mit Blick auf das Gewaltmonopol des Staates und der Brisanz ihres Gegenstandes besonders eingriffsintensiv sind. Der weite Anwendungsbereich überspielt dabei mitgliedstaatliche Besonderheiten und Gewissheiten, induziert aber auch Abgrenzungsprobleme, selbst wenn der straf- und ordnungsrechtliche Rechtsgüterschutz v. der Wiege (Gefahrenabwehr) bis zur Bahre (Vollstreckung) und damit **phasenorientiert** bedient wird.

13 Zukunftsfähig ist die **Doppelbödigkeit** der datenschutzrechtlichen Kodifikation nicht. Begr. ist sie noch in der Säulenstruktur nach dem Vertrag v. Maastricht und dem Festhalten der Mitgliedstaaten an der sensiblen Materie der Datenverarbeitung im Zusammenhang mit dem ultimativen Rechtsgüterschutz. Gleichzeitig werden verschiedene datenschutzrechtliche Regime innerhalb einer Behörde, einer Abt., eines Amtszimmers einschlägig sein, abhängig davon, ob man sich noch im Verwaltungsverfahren, noch auf der Primärebene oder bereits auf der Sekundärebene befindet. So wie die mitgliedstaatlichen Verwaltungen und Gerichte prozedural und institutionell zusammengebracht werden (vgl. Art. 81 DS-GVO), wird auch das materielle Recht zwischen DS-GVO einerseits und JI-RL andererseits konvergieren.

§ 46 Begriffsbestimmungen

Es bezeichnen die Begriffe:
1. „personenbezogene Daten" alle Informationen, die sich auf eine identifizierte oder identifizierbare natürliche Person (betroffene Person) beziehen; als identifizierbar wird eine natürliche Person angesehen, die direkt oder indirekt, insbesondere mittels Zuordnung zu einer Kennung wie einem Namen, zu einer Kennnummer, zu Standortdaten, zu einer Online-Kennung oder zu einem oder mehreren besonderen Merkmalen, die Ausdruck der physischen, physiologischen, genetischen, psychischen, wirtschaftlichen, kulturellen oder sozialen Identität dieser Person sind, identifiziert werden kann;
2. „Verarbeitung" jeden mit oder ohne Hilfe automatisierter Verfahren ausgeführten Vorgang oder jede solche Vorgangsreihe im Zusammenhang mit personenbezogenen Daten wie das Erheben, das Erfassen, die Organisation, das Ordnen, die Speicherung, die Anpassung, die Veränderung, das Auslesen, das Abfragen, die Verwendung, die Offenlegung durch Übermittlung, Verbreitung oder eine andere Form der Bereitstellung, den Abgleich, die Verknüpfung, die Einschränkung, das Löschen oder die Vernichtung;
3. „Einschränkung der Verarbeitung" die Markierung gespeicherter personenbezogener Daten mit dem Ziel, ihre künftige Verarbeitung einzuschränken;
4. „Profiling" jede Art der automatisierten Verarbeitung personenbezogener Daten, bei der diese Daten verwendet werden, um bestimmte persönliche Aspekte, die sich auf eine natürliche Person beziehen, zu bewerten, insbesondere um Aspekte der Arbeitsleistung, der wirtschaftlichen Lage, der Gesundheit, der persönlichen Vorlieben, der Interessen, der Zuverlässigkeit, des Verhaltens, der Aufenthaltsorte oder der Ortswechsel dieser natürlichen Person zu analysieren oder vorherzusagen;
5. „Pseudonymisierung" die Verarbeitung personenbezogener Daten in einer Weise, in der die Daten ohne Hinzuziehung zusätzlicher Informationen nicht mehr einer spezifischen betroffenen Person zugeordnet werden können, sofern diese zusätzlichen Informationen gesondert aufbewahrt werden und technischen und organisatorischen Maßnahmen unterliegen, die gewährleisten, dass die Daten keiner betroffenen Person zugewiesen werden können;
6. „Dateisystem" jede strukturierte Sammlung personenbezogener Daten, die nach bestimmten Kriterien zugänglich sind, unabhängig davon, ob diese Sammlung zentral, dezentral oder nach funktionalen oder geografischen Gesichtspunkten geordnet geführt wird;

7. „Verantwortlicher" die natürliche oder juristische Person, Behörde, Einrichtung oder andere Stelle, die allein oder gemeinsam mit anderen über die Zwecke und Mittel der Verarbeitung von personenbezogenen Daten entscheidet;

8. „Auftragsverarbeiter" eine natürliche oder juristische Person, Behörde, Einrichtung oder andere Stelle, die personenbezogene Daten im Auftrag des Verantwortlichen verarbeitet;

9. „Empfänger" eine natürliche oder juristische Person, Behörde, Einrichtung oder andere Stelle, der personenbezogene Daten offengelegt werden, unabhängig davon, ob es sich bei ihr um einen Dritten handelt oder nicht; Behörden, die im Rahmen eines bestimmten Untersuchungsauftrags nach dem Unionsrecht oder anderen Rechtsvorschriften personenbezogene Daten erhalten, gelten jedoch nicht als Empfänger; die Verarbeitung dieser Daten durch die genannten Behörden erfolgt im Einklang mit den geltenden Datenschutzvorschriften gemäß den Zwecken der Verarbeitung;

10. „Verletzung des Schutzes personenbezogener Daten" eine Verletzung der Sicherheit, die zur unbeabsichtigten oder unrechtmäßigen Vernichtung, zum Verlust, zur Veränderung oder zur unbefugten Offenlegung von oder zum unbefugten Zugang zu personenbezogenen Daten geführt hat, die verarbeitet wurden;

11. „genetische Daten" personenbezogene Daten zu den ererbten oder erworbenen genetischen Eigenschaften einer natürliche n Person, die eindeutige Informationen über die Physiologie oder die Gesundheit dieser Person liefern, insbesondere solche, die aus der Analyse einer biologischen Probe der Person gewonnen wurden;

12. „biometrische Daten" mit speziellen technischen Verfahren gewonnene personenbezogene Daten zu den physischen, physiologischen oder verhaltenstypischen Merkmalen einer natürlichen Person, die die eindeutige Identifizierung dieser natürlichen Person ermöglichen oder bestätigen, insbesondere Gesichtsbilder oder daktyloskopische Daten;

13. „Gesundheitsdaten" personenbezogene Daten, die sich auf die körperliche oder geistige Gesundheit einer natürlichen Person, einschließlich der Erbringung von Gesundheitsdienstleistungen, beziehen und aus denen Informationen über deren Gesundheitszustand hervorgehen;

14. „besondere Kategorien personenbezogener Daten"
    a) Daten, aus denen die rassische oder ethnische Herkunft, politische Meinungen, religiöse oder weltanschauliche Überzeugungen oder die Gewerkschaftszugehörigkeit hervorgehen,
    b) genetische Daten,
    c) biometrische Daten zur eindeutigen Identifizierung einer natürlichen Person,
    d) Gesundheitsdaten und
    e) Daten zum Sexualleben oder zur sexuellen Orientierung;

15. „Aufsichtsbehörde" eine von einem Mitgliedstaat gemäß Artikel 41 der Richtlinie (EU) 2016/680 eingerichtete unabhängige staatliche Stelle;

16. „internationale Organisation" eine völkerrechtliche Organisation und ihre nachgeordneten Stellen sowie jede sonstige Einrichtung, die durch eine von zwei oder mehr Staaten geschlossene Übereinkunft oder auf der Grundlage einer solchen Übereinkunft geschaffen wurde;

17. „Einwilligung" jede freiwillig für den bestimmten Fall, in informierter Weise und unmissverständlich abgegebene Willensbekundung in Form einer Erklärung oder einer sonstigen eindeutigen bestätigenden Handlung, mit der die betroffene Person zu verstehen gibt, dass sie mit der Verarbeitung der sie betreffenden personenbezogenen Daten einverstanden ist.

EU-Recht: Art. 3 JI-RL, Art. 4 DS-GVO (kommentiert unter → Rn. 1, 3, 6; → DS-GVO Art. 4 Rn. 3 ff.).

A. Allgemeines

Die Begriffsbestimmungen sind nicht zwingend erforderlich, aber üblich und **1** angemessen, auch um dem Adressaten die Anwendung zu erleichtern, und daher einer bloßen Verweisung auf die Begriffsbestimmungen der RL vorzuziehen: Art. 3 JI-RL gilt nicht unmittelbar. Mit der Implementierung bedarf es für die Begriffe nicht der stetigen Gesamtschau v. BDSG und JI-RL, iÜ wäre ein **unionsrechtskonformer Rückgriff** möglich.

Art. 4 DS-GVO gilt nur als Begriffsbestimmung für diese. Eine einheitliche **2** Anwendung der Begrifflichkeiten ist indes angezeigt: Die DS-GVO und die JI-RL gehen auf einen einheitlichen Ansatz zur Harmonisierung des Datenschutzrechts zurück, die unterschiedlichen Handlungsformen stehen einer einheitlichen Anwendung nicht im Wege. Insbes. wäre es falsch, Begriffe unter Hinweis auf eine **Sonderlage** für Sicherheitsaufgaben in Abweichung v. den Begriffsschöpfungen zur DS-GVO zu umreißen.

B. Einzelne Begriffsbestimmungen

Die Begriffsbestimmungen sind iW dem Art. 3 JI-RL entnommen. Für zahlr. **3** Definitionen kann zudem vergleichend auf Art. 4 DS-GVO verwiesen werden (→ DS-GVO Art. 4 Rn. 3 ff.), solange deutlich wird, dass die dortigen lediglich als Orientierung dienen. Der EuGH wird eine einheitliche unionsrechtliche Begriffsbildung für sich in Anspruch nehmen. Damit sind die Bestimmungen in Nr. 1 bis 9 gleichläufig mit Art. 4 Nr. 1 bis 9 DS-GVO; Nr. 10 verweist auf Art. 4 Nr. 12 DS-GVO, die Nr. 11 bis 13 auf Art. 4 Nr. 13 bis 15 DS-GVO und Nr. 16 auf Art. 4 Nr. 26 DS-GVO.

In der JI-RL findet sich keine Definition der Einwilligung als Vorlage für **4** Nr. 17 (vgl. Art. 4 Nr. 11 DS-GVO). Dies ist angesichts der Randständigkeit der Einwilligung im Bereich der Verhütung v. Straftaten etc. konsequent (vgl. ErwGr 35 S. 4, 37 S. 6 JI-RL). § 51 ist dementsprechend krit. zu sehen: Im Bereich des ultimativen Rechtsgüterschutzes ist eine „echte Wahlfreiheit" (ErwGr 35 S. 5 JI-RL) der betroffenen Person schwer festzustellen.

Nr. 15 (Aufsichtsbehörde) entspricht Art. 4 Nr. 21 DS-GVO insoweit, als **5** v. den Mitgliedstaaten errichtete ASB gemeint sind, in diesem Fall auf der Grundlage der Verpflichtung aus Art. 41 JI-RL.

6   Ggü. Art. 4 DS-GVO neu ist die Definition bes. Kategorien personenbezogener Daten in Nr. 14 (vgl. dazu ErwGr 37 JI-RL). Diese ist an Art. 10 JI-RL (sowie an Art. 9 DS-GVO) orientiert und wurde zum Zwecke der Übersichtlichkeit in § 46 aufgenommen (vgl. BR-Drs. 110/17, Anl., 113).

C. Ausblick

7   Die **Konvergenz** der DS-GVO und der JI-RL macht vor den Begriffsbestimmungen nicht Halt. Wichtig ist, die unionsrechtliche Begriffsschöpfung anzuerkennen, die es für die weitere Konkretisierung ermöglicht, auf die DS-GVO zurückzugreifen. Einzig die Hervorhebung der Einwilligung (vgl. § 51) erscheint unangemessen, ist an dieser Stelle indes unschädlich.

§ 47 Allgemeine Grundsätze für die Verarbeitung personenbezogener Daten

Personenbezogene Daten müssen
1. auf rechtmäßige Weise und nach Treu und Glauben verarbeitet werden,
2. für festgelegte, eindeutige und rechtmäßige Zwecke erhoben und nicht in einer mit diesen Zwecken nicht zu vereinbarenden Weise verarbeitet werden,
3. dem Verarbeitungszweck entsprechen, für das Erreichen des Verarbeitungszwecks erforderlich sein und ihre Verarbeitung nicht außer Verhältnis zu diesem Zweck stehen,
4. sachlich richtig und erforderlichenfalls auf dem neuesten Stand sein; dabei sind alle angemessenen Maßnahmen zu treffen, damit personenbezogene Daten, die im Hinblick auf die Zwecke ihrer Verarbeitung unrichtig sind, unverzüglich gelöscht oder berichtigt werden,
5. nicht länger als es für die Zwecke, für die sie verarbeitet werden, erforderlich ist, in einer Form gespeichert werden, die die Identifizierung der betroffenen Personen ermöglicht, und
6. in einer Weise verarbeitet werden, die eine angemessene Sicherheit der personenbezogenen Daten gewährleistet; hierzu gehört auch ein durch geeignete technische und organisatorische Maßnahmen zu gewährleistender Schutz vor unbefugter oder unrechtmäßiger Verarbeitung, unbeabsichtigtem Verlust, unbeabsichtigter Zerstörung oder unbeabsichtigter Schädigung.

EU-Recht: Art. 4 JI-RL, Art. 5 DS-GVO (kommentiert unter → Rn. 1; → DS-GVO Art. 5 Rn. 12 ff.).

Literatur: *Greve,* Das neue Bundesdatenschutzgesetz, NVwZ 2017, 737; *Simitis,* Der verkürzte Datenschutz, 2004; *Zeidler,* Einige Bemerkungen zum Verwaltungsrecht und zur Verwaltung in der Bundesrepublik Deutschland seit dem Grundgesetz, Der Staat 1962, 321.

A. Allgemeines

1   § 47 dient der „Umsetzung" des Art. 4 JI-RL (vgl. Greve NVwZ 2017, 737 (741)). Hier hat sich der dt. Gesetzgeber v. der bisherigen Gesetzgebungspraxis zum BDSG abgesetzt und die in der JI-RL genannten **Grundsätze** für die Verarbeitung personenbezogener Daten **wiederholt,** die ansonsten als Richtlinienbestimmungen bei der Anwendung und Auslegung des BDSG in Bezug zu nehmen wären.

§ 47 und der ihm zugrundeliegende Art. 4 JI-RL ähneln Art. 5 Abs. 1 DS- **2**
GVO, sind mit diesem aber nicht identisch. Rechtmäßigkeit, Zweckbindung, Datenminimierung, Richtigkeit, Speicherbegrenzung, Integrität und Vertraulichkeit sind die Grundsätze, die auch in Art. 5 Abs. 1 DS-GVO kodifiziert sind. Das Fehlen des Grundsatzes der Transparenz (Art. 5 Abs. 1 lit. a DS-GVO) erstaunt angesichts des geänd. Verarbeitungszusammenhanges nicht. IÜ darf dieser nicht zu einer anderen Interpretation der Grundsätze dienen (vgl. Simitis, Der verkürzte Datenschutz, 48 f.).

B. Anforderungen an die Verarbeitung personenbezogener Daten

Für die Bedeutung der einzelnen Grundsätze kann weitgehend auf Art. 5 DS- **3**
GVO verwiesen werden (→ DS-GVO Art. 5 Rn. 13 ff.). Als Optimierungsgebote (→ DS-GVO Art. 5 Rn. 9) sind die Grundsätze nicht beliebig, sondern unionsrechtlich determiniert und Anknüpfungspunkt für die Überprüfung v. Entsch.

Die Anforderung der Verarbeitung auf rechtmäßige Weise liegt dem Voll- **4**
zug rechtlicher Vorschr. voraus und sollte selbstverständlich sein: Vorrang und Vorbehalt des Gesetzes und Gesetzmäßigkeit der Verwaltung sind insoweit prägend. Die Erwähnung der Anforderung der Rechtmäßigkeit scheint insoweit redundant zu sein. Konsequent ist es, ihr eine Auffangfunktion zukommen zu lassen. Dass die Rechtmäßigkeit gesondert erwähnt wird, mag mit einer allg. Verunsicherung und einer positivistischen Grundhaltung verbunden sein und ist nichts Neues (vgl. etwa die Frage, ob die Gesetzmäßigkeit des Ziels eines Bürgerbegehrens als gesonderte Anforderung zu formulieren ist, vgl. nur § 8b Abs. 2 Nr. 7 HGO (Hessen) im Vergleich zu § 21 GemO BW).

Als heikel erweist sich der Maßstab v. „Treu und Glauben" (Nr. 1), gerade **5**
in Abgrenzung zur Rechtmäßigkeit. Wenn dieser Grundsatz schon im Zusammenhang mit der Verarbeitung auf der Grundlage der DS-GVO problematisch ist (→ DS-GVO Art. 5 Rn. 18), so ist er im Verhältnis zu Stellen, die der Verhütung etc. v. Straftaten dienen, verfehlt. Der Grundsatz ist im Privatrechtsverkehr „notwendiges Korrektiv der prinzipiellen Freiheit des Einzelnen" (Zeidler Der Staat 1962, 321 (334)). Dass die Regelung überhaupt in die JI-RL aufgenommen wurde, liegt offensichtlich an der Orientierung an der DS-GVO. Unabhängig davon, dass der Staat zum Einzelnen nicht durch „Treu und Glauben" verbunden ist, induziert der Terminus eine Interpretationsmarge (dazu krit. Simitis, Der verkürzte Datenschutz, 51 f.), die Sicherheitsbehörden nicht zugänglich sein kann.

C. Ausblick

6 Für die Praxis wird entscheidend sein, dass die nach § 45 zuständigen Behörden zum Ausdruck bringen, dass sie die Anforderungen durch die Grundsätze gesehen haben und sie bei ihren Entsch. über die Verarbeitung personenbezogener Daten adressieren. Dies dürfte mit der zwar ungewohnt, aber immerhin unmittelbar im Bundesgesetz getroffenen Regelung eher gelingen als mit der DS-GVO. Durch § 47 werden den Behörden Orientierungspunkte für Kontrollüberlegungen zur Vfg. gestellt, die sie ohnehin leisten müssten – man denke nur allg. an die Verhältnismäßigkeit und mit Blick auf die Datenverarbeitung die Zweckbindung. Eine einseitige „Sicherheit vor Freiheit"-Arg., die den Datenschutz zur Disposition stellt, wird damit unwahrscheinlicher. Gleichzeitig legt § 47 offen, dass die Anforderungen an datenschutzrechtmäßiges Handeln komplex sind. Die möglichen Interpretationen seitens der Behörden und Gerichte sind jedenfalls nicht beliebig; sie sind einer Nachprüfung zugänglich.

Kapitel 2. Rechtsgrundlagen der Verarbeitung personen- bezogener Daten

§ 48 Verarbeitung besonderer Kategorien personenbezogener Daten

(1) Die Verarbeitung besonderer Kategorien personenbezogener Daten ist nur zulässig, wenn sie zur Aufgabenerfüllung unbedingt erforderlich ist.

(2) [1] Werden besondere Kategorien personenbezogener Daten verarbeitet, sind geeignete Garantien für die Rechtsgüter der betroffenen Personen vorzusehen. [2] Geeignete Garantien können insbesondere sein

1. spezifische Anforderungen an die Datensicherheit oder die Datenschutzkontrolle,
2. die Festlegung von besonderen Aussonderungsprüffristen,
3. die Sensibilisierung der an Verarbeitungsvorgängen Beteiligten,
4. die Beschränkung des Zugangs zu den personenbezogenen Daten innerhalb der verantwortlichen Stelle,
5. die von anderen Daten getrennte Verarbeitung,
6. die Pseudonymisierung personenbezogener Daten,
7. die Verschlüsselung personenbezogener Daten oder
8. spezifische Verfahrensregelungen, die im Fall einer Übermittlung oder Verarbeitung für andere Zwecke die Rechtmäßigkeit der Verarbeitung sicherstellen.

EU-Recht: Art. 3 Nr. 12–14, Art. 10 JI-RL (kommentiert unter → Rn. 1, 3, 4, 6).

A. Allgemeines

§ 48 dient der Umsetzung des Art. 10 JI-RL, dessen Definitionsteil in § 46   **1**
Nr. 14 übernommen wurde. In erfreulicher Absetzung v. Art. 9 DS-GVO, in
dessen Abs. 1 die Datenverarbeitung untersagt wird, dessen Abs. 2 jedoch
davon spricht, dass Abs. 1 in nicht wenigen Fällen nicht gelte, werden positiv
die Anforderungen für die Verarbeitung bes. Daten formuliert. An dieser
Stelle zeigt sich ausnahmsweise der Unterschied zwischen RL und VO als
Handlungsformen iSd Art. 288 AEUV: Mit Abs. 2 wird die Forderung des
Art. 10 JI-RL nach „geeigneten Garantien für die Rechte und Freiheiten der
betroffenen Person" konkretisiert und eine rechtmäßig, gute fachliche Praxis
immerhin skizziert.

Der bes. Schutz ist wegen der identitätsbildenden Wirkung der in § 46   **2**
Nr. 14 genannten Daten erforderlich (vgl. ErwGr 37 JI-RL → DS-GVO
Art. 9 Rn. 6), zumal ihr Missbrauch besonders schwere Folgen entfalten
kann. Die explizite Regelung trägt dem Umstand Rechnung, dass die Grundsätze (§ 47) und die Verhältnismäßigkeit als solche abstrakt sind und eine
gesetzliche Konkretisierung deshalb angezeigt ist.

B. Erforderlichkeit (Abs. 1)

Die Erforderlichkeit der Verarbeitung der Daten iSd § 46 Nr. 14 greift einen   **3**
Aspekt der Verhältnismäßigkeit auf, jedoch nicht in dem Sinne, wie er mitgliedstaatlich für die Verfassungsrechtsordnung geformt wurde – der Maßstab
entstammt Art. 10 JI-RL. Dass die Verarbeitung wie bereits in Art. 10 JI-RL
gefordert „unbedingt" erforderlich sein muss, schränkt die Einschätzungsprärogative der verantwortlichen Stelle ein; die Unbedingtheit gegenüber „regu-
lärer", auch an anderer Stelle des BDSG und der DS-GVO geforderter
Erforderlichkeit muss bei der Entscheidung abgebildet werden, sonst leidet
die Rechtsanwendung an einem deutlichen Mangel. Damit wird die Ebene
der Prüfung der Angemessenheit einer Datenverarbeitung entlastet, die darauf
angelegt wäre, die bes. Daten einem Abwägungsvorgang zuzuführen. Gerade
die Auflösung des Personenbezugs kann ein Mittel sein, welches eine vergleichbare Eignung hat. Im Vergleich zu Art. 9 Abs. 2 lit. b, c, f-j DS-GVO,
der auf die Erforderlichkeit abstellt, ist der Maßstab strenger.

Die Aufgabe, die zu erfüllen ist, muss eine gesetzlich definierte Aufgabe   **4**
sein. Eine allg. Aufgabeneröffnungsnorm (vgl. freilich § 45 als Kontext) reicht
nicht aus, vielmehr bedarf es einer bestimmten gesetzlichen Grundlage, die
insbes. auch den Zweck der Verarbeitung (gem. § 47 Nr. 2) bestimmt.
Insoweit kann § 48 Abs. 1 nur als unvollständige Rechtsgrundlage dienen,
anders als der RegE geltend macht (vgl. BR-Drs. 110/17, Anl., 114). Dies
entspricht auch der Vorgabe des Art. 10 JI-RL: Dieser fordert die Zulässigkeit
der Verarbeitung nach dem Unionsrecht oder dem Recht der Mitgliedstaaten
oder die Wahrung lebenswichtiger Interessen (→ DS-GVO Art. 9 Rn. 29)

oder den Umstand, dass die Person die Daten offensichtlich öffentl. gemacht hat (→ DS-GVO Art. 9 Rn. 36).

C. Geeignete Garantien (Abs. 2)

5 Für den Fall der Verarbeitung bes. Daten sind geeignete Garantien vorzusehen. Diese müssen dazu bestimmt sein, dem **Schutz individueller Rechtsgüter** der betroffenen Person zu dienen. Diese sind nicht notwendigerweise nur das Recht auf informationelle Selbstbestimmung und das allgemeine Persönlichkeitsrecht, sondern auch der Schutz des Eigentums und des Lebens. Aufgabe der Norm ist es, die betroffene Person nicht nur davor zu schützen, dass Daten nicht unberechtigt ermittelt, weitergegeben, verarbeitet werden. Die betroffene Person soll gerade davor bewahrt werden, einen Schaden zu erleiden, weil sensible Daten offengelegt wurden. ErwGr 51 JI-RL nennt weitere Risiken, die nicht alle im unmittelbaren Zusammenhang mit dem Persönlichkeitsrecht, sondern auch im Zusammenhang mit der Eigentumsfreiheit und der Berufsfreiheit stehen.

6 Die Bsp. des S. 2 („insbesondere") machen deutlich, dass die verantwortliche Stelle eine **informierte Entsch.** treffen muss, welche Instrumente wie einzusetzen sind, um das Schutzniveau sicherzustellen. Erforderlich ist eine gewisse **Gestaltungshöhe** der Schutzmaßnahmen, v. der aus darauf geschlossen werden kann, dass die Risiken erkannt wurden und eine nachhaltige Lösung erarbeitet wurde. Entspr. herangezogen werden können die Überlegungen zum **Datenschutzmanagement** unter der DS-GVO (→ DS-GVO Art. 5 Rn. 52), welches auch für öffentl. Stellen erforderlich ist.

7 Das **Portfolio** der Instrumente ist breit und reicht v. technischen Datenschutz bis zur Datenschutzbildung (Nr. 3). Die Entsch. über die Maßnahmen setzt voraus, dass die Brisanz der verarbeiteten Daten erkannt und auf den konkreten Kontext der Verarbeitung Rücksicht genommen wird. Neben den genannten Instrumenten kommt auch die Aufzeichnung, welcher Berechtigte wann auf welche Daten zugegriffen hat, zu präventiven Zwecken in Betracht. Auch eine Gegenzeichnungspflicht für die Verarbeitung zu weiteren Zwecken ist denkbar.

8 Dass Abs. 2 überhaupt so offen formuliert ist (BR-Drs. 110/17, Anl., 114: „unverbindliche Beispielsfälle"), liegt nicht nur an der Offenheit der JI-RL an dieser Stelle, sondern daran, dass die **Organisationshoheit** der zuständigen Stellen anerkannt wird, die in eigener Verantwortung innerhalb eines durch die JI-RL und das BDSG bestimmten Referenzrahmens Entsch. über den Datenschutz durch konkret geeignete und angemessene Maßnahmen zu treffen. Eine Rechtsunsicherheit besteht insoweit, als im Streitfall durch ASB und Gerichte nachzuprüfen sein wird, ob die Maßnahmen geeignet waren oder – eher – als geeignet gelten durften. Auch deshalb empfehlen sich eine umfassende **Dokumentation** der Entscheidungsfindung und **Reflexionsphasen** über die genutzten Instrumente, auf der Grundlage eines geeigneten institutionellen Arrangements für Aufsichts- und Schulungsstrukturen.

Die Auswahl geeigneter Maßnahmen steht im Ermessen der verantwort- **9** lichen Stelle. Auch die **Kosten** können dafür ein Kriterium bilden (vgl. ErwGr 28, 60 S. 2, Art. 20 Abs. 1 JI-RL). V. pauschalen Hinweisen darauf ist indes abzuraten.

D. Ausblick

§ 48 fordert ein bes. **Design für bes. Verarbeitungssituationen.** Im Ver- **10** gleich zu Art. 9 DS-GVO ist er strenger formuliert. Hinsichtlich der Prüf- steine in Abs. 2 ist der GE allzu zurückhaltend (BR-Drs. 110/17, Anl., 114). Im Aufsichts- und Gerichtsverfahren darf der Umstand, dass die Regelung nicht mehr als ein Orientierungspunkt ist, nicht zu Lasten der verantwort- lichen Stelle gehen, wenn diese eine eigene Entsch. getroffen und ein nach- vollziehbares Datenschutzkonzept entwickelt und umgesetzt hat.

§ 49 Verarbeitung zu anderen Zwecken

[1] Eine Verarbeitung personenbezogener Daten zu einem anderen Zweck als zu demjenigen, zu dem sie erhoben wurden, ist zulässig, wenn es sich bei dem anderen Zweck um einen der in § 45 genannten Zwecke handelt, der Verantwort- liche befugt ist, Daten zu diesem Zweck zu verarbeiten, und die Verarbeitung zu diesem Zweck erforderlich und verhältnismäßig ist. [2] Die Verarbeitung personen- bezogener Daten zu einem anderen, in § 45 nicht genannten Zweck ist zulässig, wenn sie in einer Rechtsvorschrift vorgesehen ist.

EU-Recht: Art. 4 JI-RL (kommentiert unter → Rn. 3).

A. Allgemeines

§ 49 **lockert** die Zweckbindung: durch S. 1 in dem Sinne moderat, als die **1** Verhütung, Ermittlung, Aufdeckung, Verfolgung und Ahndung v. Straftaten oder Ordnungswidrigkeiten einschl. der Gefahrenabwehr und der Vollstre- ckung als Einheit begriffen werden und die Verwendung hier unter dem Vor- behalt der Verhältnismäßigkeit möglich sein soll; durch S. 2 wird der Verarbei- tungskontext der JI-RL verlassen und die Verbindung zur DS-GVO hergestellt.

Angesichts des Ziels, einen Raum der Freiheit, der Sicherheit und des **2** Rechts zu vollenden (vgl. ErwGr 2 JI-RL; als Ausgangspunkt Art. 3 Abs. 2 EUV) sind die Begehrlichkeiten hinsichtlich vorhandener Daten und ihrer möglichen Zweit- und Drittverwertung in staatlicher Verantwortung evident.

B. Weiterverarbeitung im Rahmen des § 45 BDSG (S. 1)

Durch S. 1 wird Art. 4 Abs. 2 JI-RL umgesetzt. Nach der Formulierung des **3** Art. 4 Abs. 2 JI-RL sind die Mitgliedstaaten zu einer solchen Regelung nicht verpflichtet, sie ist ihnen jedoch erlaubt. Als äußere Grenzen sieht die JI-RL die gesetzliche Grundlage und die Verhältnismäßigkeit vor, welche ebenfalls in S. 1 abgebildet wird.

4   Fixpunkt der Verarbeitung ist die Anforderung, nach der die Behörde befugt ist, die Daten also solche iSd JI-RL zu verarbeiten. Gemeinsam mit der Zweckbindung iSd JI-RL gibt sie den Rahmen vor. Der Verarbeitungszusammenhang bleibt damit erhalten. Freilich bedeutet dies, dass personenbezogene Daten weitergehend verarbeitet werden dürfen und der Grundsatz der Speicherbegrenzung des § 47 Nr. 5 (vgl. Art. 5 Abs. 1 lit. e DS-GVO) durch die Öffnung zu Gunsten weiterer Zwecke überspielt wird.

C. Weiterverarbeitung im Übrigen (S. 2)

5   S. 2 zeigt, dass die Vorschr. zur Umsetzung der JI-RL kein closed shop sind: Die Verarbeitung personenbezogener Daten zum Zwecke der Verhütung v. Straftaten etc. (vgl. § 45) ist nicht hermetisch abgeriegelt oder gegen einen Zugriff in anderen Kontexten gefeit. Während dieser Befund für das umgekehrte Verhältnis – Daten werden auf der Grundlage der DS-GVO iVm nationalem Recht erhoben und dann auch für die Strafverfolgung verwertet – wegen des Ziels des Rechtsgüterschutzes nachvollzogen werden kann, widerspricht die anderweitige Verwertung v. Daten, die schon wegen ihrer Herkunft belastet sind und für den einzelnen Betroffenen weitreichende Konsequenzen haben können, zu einem anderen Zweck, der außerhalb des § 45 steht, rechtsstaatlichen Erwartungen. Sein Vorbild findet S. 2 in Art. 6 Abs. 4, 23 DS-GVO. Der Gesetzgeber will damit die wechselseitige Verwendung v. Daten ermöglichen, deren Verarbeitung auf verschiedene Grundlagen zurückgeht.

D. Ausblick

6   Bei § 49 zeigt sich der **Bias** zu Gunsten der Zulässigkeit der Datenverarbeitung, nicht zu Gunsten des Schutzes der Daten der betroffenen Person – der Gesetzgeber vollzieht hier die Einstellung, dass der Datenschutz gelte, aber nur nach der gesetzlich vorgegebenen Maßgabe. Dies mag daran liegen, dass die Zahl derjenigen, die ieS v. der Weiterverarbeitung betroffen sein sollen, die mutmaßlichen Verursacher v. Gefahren, die mutmaßlichen Täter und die der Strafvollstreckung unterworfenen Personen vermeintlich nur einen kleinen Kreis bilden, das Postulat der Sicherheit durch Datenverarbeitung Anhänger gefunden hat und eine Effektivierung der Staatsaufgaben positiv konnotiert ist. Gleichzeitig ist die Regelung angesichts der Weite des Anwendungsbereichs der JI-RL intrikat.

§ 50 Verarbeitung zu archivarischen, wissenschaftlichen und statistischen Zwecken

[1] Personenbezogene Daten dürfen im Rahmen der in § 45 genannten Zwecke in archivarischer, wissenschaftlicher oder statistischer Form verarbeitet werden, wenn hieran ein öffentliches Interesse besteht und geeignete Garantien für die Rechtsgüter der betroffenen Personen vorgesehen werden. [2] Solche Garantien können in einer so zeitnah wie möglich erfolgenden Anonymisierung der personenbezogenen Daten, in Vorkehrungen gegen ihre unbefugte Kenntnisnahme durch Dritte oder in ihrer räumlich und organisatorisch von den sonstigen Fachaufgaben getrennten Verarbeitung bestehen.

EU-Recht: Art. 4 JI-RL (kommentiert unter → Rn. 1 f.).

A. Allgemeines

§ 50 erlaubt auf der Grundlage des Art. 4 Abs. 3 JI-RL eine Verarbeitung in **1** bes. Formen zu durch § 45 geregelten Zwecken. Diese Verarbeitung steht und fällt als **Annex** mit dem Zweck der primären Verarbeitung („im Rahmen der (…) genannten Zwecke"); § 50 ist damit unselbständig. Archivarische, wissenschaftliche oder statistische Zwecke als solche rechtfertigen die Verarbeitung nicht, anders als im Falle der DS-GVO, die in Art. 5 Abs. 1 lit. b, e, 89 DS-GVO auf solche Zwecke abstellt (vgl. auch ErwGr 26 aE JI-RL). Diese Verarbeitung bewegt sich in einem **Spannungsfeld:** Einerseits ist das Interesse an kriminologischer und kriminaltechnischer, prospektiver Forschung groß, andererseits sind die zu beforschenden Daten besonders sensibel. Die Norm bedarf der Ergänzung, etwa durch § 21 BKAG 2018 (gem. Art. 1 des Gesetzes zur Neustrukturierung des BKAG v. 1.6.2017, BGBl. I 1354 (1364)).

B. Voraussetzungen für die Verarbeitung (S. 1)

§ 50 enthält insoweit eine Erweiterung ggü. § 49, als der Träger der Daten- **2** verarbeitung nicht mehr eine (öffentl.) Stelle sein muss, die dem Staat zugerechnet wird. Allerdings ist der Rahmen durch die Zwecke des § 45 weiterhin vorgezeichnet. Es ist schwer vorstellbar, wie eine externe Institution durch ihre Auswertung der Daten die Zwecke des § 45 verfolgen soll. Art. 4 Abs. 3 JI-RL spricht insoweit v. einer Verarbeitung durch denselben oder einen anderen Verantwortlichen zu den Zwecken, die auch in Art. 1 Abs. 1 JI-RL genannt werden. Eine solche Verarbeitung kann „im Rahmen der in § 45 genannten Zwecke" jedoch nur eine Stelle leisten, die sich ohnehin mit der Verhütung v. Straftaten, der Gefahrenabwehr etc. beschäftigt. Für ein enges Verständnis spricht auch die Regelung in S. 2, wonach die Verarbeitung in bes. Form v. sonstigen **Fachaufgaben** zu trennen ist. Die Begr. des RegE stellt just auf das **Bundeskriminalamt** ab (vgl. BR-Drs. 110/17, Anl., 114), nicht etwa externe Forschungseinrichtungen. Sollte eine Behörde für die genannten Verarbeitungsformen externer Unterstützung bedürfen, so wäre diese unter der Verantwortung der Behörde durch eine Auftragsverarbeitung zu regeln; denn auch in dieser Konstellation wäre die Verarbeitung noch an den Zwecken des § 45 orientiert.

3 Zudem muss ein öffentl. Interesse an der bes. Verarbeitungsform bestehen, soweit ein Zweck des § 45 verfolgt wird. Durch dieses Erfordernis wird festgelegt, dass die verantwortliche Stelle sich aktiv rechtfertigen muss, um die Daten in bes. Formen zu verarbeiten. Damit wird das „Liegenlassen" v. Akten ausgeschlossen, die Stellen werden vielmehr dazu verpflichtet, ihre Archivbestände systematisch zu pflegen.

4 Zuletzt sind auch Garantien vorzusehen (S. 2), um die Rechte der betroffenen Personen zu schützen. Wie bei § 48 ist hier nicht allein auf das allgemeine Persönlichkeitsrecht abzustellen (→ § 48 Rn. 5), weil weitere Rechtsgüter v. der Verarbeitung betroffen sein können.

C. Garantien (S. 2)

5 Mit Blick auf die Sensibilität der Daten ist es konsequent, Garantien zum Schutz der Rechte der betroffenen Personen einzufordern. Die informierte Entsch. darüber hat die verantwortliche Stelle zu treffen und dabei eine Gestaltungshöhe nachzuweisen, die der Sensibilität der Daten entspricht. Beispielhaft werden Sicherungsmaßnahmen genannt; auch § 48 Abs. 2 bietet sich als Anknüpfungspunkt an.

D. Ausblick

6 § 50 eröffnet kein neues Feld für eine v. Zwecken des § 45 unabhängige Forschung, wenngleich § 21 Abs. 2 BKAG 2018 v. der Möglichkeit der Weitergabe nicht anonymisierter Daten ausgeht. Strukturell durch die Arkantradition bedingt ist die Weitergabe v. Daten ohnehin unwahrscheinlich, durch § 50 S. 1 kommt das öffentl. Interesse hinzu.

§ 51 Einwilligung

(1) Soweit die Verarbeitung personenbezogener Daten nach einer Rechtsvorschrift auf der Grundlage einer Einwilligung erfolgen kann, muss der Verantwortliche die Einwilligung der betroffenen Person nachweisen können.

(2) Erfolgt die Einwilligung der betroffenen Person durch eine schriftliche Erklärung, die noch andere Sachverhalte betrifft, muss das Ersuchen um Einwilligung in verständlicher und leicht zugänglicher Form in einer klaren und einfachen Sprache so erfolgen, dass es von den anderen Sachverhalten klar zu unterscheiden ist.

(3) [1] Die betroffene Person hat das Recht, ihre Einwilligung jederzeit zu widerrufen. [2] Durch den Widerruf der Einwilligung wird die Rechtmäßigkeit der aufgrund der Einwilligung bis zum Widerruf erfolgten Verarbeitung nicht berührt.

³ Die betroffene Person ist vor Abgabe der Einwilligung hiervon in Kenntnis zu setzen.

(4) ¹ Die Einwilligung ist nur wirksam, wenn sie auf der freien Entscheidung der betroffenen Person beruht. ² Bei der Beurteilung, ob die Einwilligung freiwillig erteilt wurde, müssen die Umstände der Erteilung berücksichtigt werden. ³ Die betroffene Person ist auf den vorgesehenen Zweck der Verarbeitung hinzuweisen. ⁴ Ist dies nach den Umständen des Einzelfalles erforderlich oder verlangt die betroffene Person dies, ist sie auch über die Folgen der Verweigerung der Einwilligung zu belehren.

(5) Soweit besondere Kategorien personenbezogener Daten verarbeitet werden, muss sich die Einwilligung ausdrücklich auf diese Daten beziehen.

EU-Recht: ErwGr. 35 JI-RL (kommentiert unter → Rn. 1 f.).

A. Allgemeines

§ 51 regelt die in § 46 Nr. 17 definierte Einwilligung (→ § 46 Rn. 4) in der **1** Annahme, dass eine Rechtsvorschrift die Verarbeitung personenbezogener Daten auf der Grundlage einer Einwilligung wirksam regeln könnte. Im Bereich der JI-RL ist dieses Unterfangen allerdings zw.: Denn die Behörden handeln hier zum Zweck des ultimativen Rechtsgüterschutzes und lassen der betroffenen Person regelmäßig gar keine Wahlfreiheit, wie sie dem Konzept des Art. 7 DS-GVO zu Grunde liegt (vgl. ErwGr 35 S. 5 JI-RL). Nur in wenigen Konstellationen kommt eine Einwilligung in Betracht, die angesichts der Konfrontation mit dem staatlichen Gewaltmonopol immer auch krit. zu hinterfragen ist (insoweit dem Gegenstand einer zahnärztlichen Behandlung vergleichbar, in deren Zusammenhang das AG Charlottenburg auf § 51 verwies; Urteil vom 6.11.2019, Az. 208 C 43/18, Rn. 14, 18).

Nach ErwGr 35 S. 6 JI-RL sollen die Mitgliedstaaten indes nicht daran **2** gehindert sein, durch Rechtsvorschrift vorzusehen, dass eine Person der Verarbeitung ihrer Daten für Zwecke der JI-RL zustimmen könne, „beispielsweise im Falle von DNS-Tests in strafrechtlichen Ermittlungen oder zur Überwachung ihres Aufenthaltsorts mittels elektronischer Fußfessel zur Strafvollstreckung". Diese Bsp. sind weitgehend verfehlt: Bei einem DNS-Test mit einer Person oder mehreren Personen eines eng begrenzten Bereiches gilt einerseits das nemo tenetur-Prinzip, andererseits besteht dann bereits eine Drucksituation, die die Wahlfreiheit des Betroffenen in Frage stellt. Allenfalls bei DNS-Massentests, bei denen die Freiwilligkeit und nicht etwa im Wege brauchbarer Illegalität v. Anfang an betont wird, dass die Tatverdächtigen letztlich nur diejenigen sein könnten, die nicht an dem Massentest teilnähmen, wird die Wahlfreiheit anzunehmen sein. Die Fußfessel als Anwendungsbeispiel ist demgegenüber völlig verfehlt, wenn die Alt. die Strafhaft ist; hier müssen staatliche Gerichte und Vollzugsbehörden auf der Grundlage gesetzlicher Regelungen und unter Bindung an den Grundsatz der Verhältnismäßigkeit Anordnungen in einem Über-Unterordnungsverhältnis treffen, die nicht durch vermeintlich konsensuale Lösungen ersetzt werden können. Gegen diese Anordnungen müssen Rechtsmittel zur Vfg. stehen.

3   Strafverfolgungs-, Gefahrenabwehr- und Vollstreckungsbehörden können freilich außerhalb der JI-RL und deren Zwecksetzungen Daten erheben, für die die Einwilligung möglich sein kann: So sind die Versendung v. Informationsmaterial, der Besuch am „Tag der offenen Behörde" oder der Website der Stelle zu Informationszwecken nicht der Verhütung v. Straftaten etc. zuzuordnen; allerdings wird bei einer Online-„Anzeige" oder auch nur einer Eingabe bei der Behörde der Bezug zur JI-RL aktiviert. Dann jedoch finden auch gar nicht die JI-RL und die §§ 45 ff. Anwendung, sondern die DS-GVO und für die Einwilligung deren Art. 6 Abs. 1 UAbs. 1 lit. a und Art. 7.

B. Nachweis und Form der Einwilligung (Abs. 1, 2)

4   Das Erfordernis des Nachw. soll sicherstellen, dass die Einwilligung – so sie denn möglich sein sollte – seitens des Verantwortlichen eingeholt und offengelegt wird. Der Nachw. steht nicht zur Disposition der Beteiligten, insbes. auch nicht der betroffenen Person. Dadurch wird einem Vollzugsdefizit vorgebeugt (→ DS-GVO Art. 7 Rn. 6). Zwar sieht die JI-RL die Einwilligung nicht vor, sondern verweist nur auf die Möglichkeit v. Regelungen der Zustimmung, es erscheint jedoch angemessen und stimmt mit der Begr. des RegE überein, den Begriff der Einwilligung und die Anforderungen an diese unionsrechtlich unter Rückgriff auf Art. 7 DS-GVO zu schöpfen: Im RegE werden „Elemente aus Artikel 7 (…) mit dort nicht enthaltenen Elementen des § 4a BDSG a. F. kombiniert" (BR-Drs. 110/17, Anl., 114). Damit kann für den Nachw. der Einwilligung das zu Art. 7 Abs. 1 DS-GVO Gesagte entspr. angewandt werden (→ DS-GVO Art. 7 Rn. 6 ff.).

5   Entsprechendes gilt für die Form der Einwilligung nach Abs. 2, der an Art. 7 Abs. 2 DS-GVO orientiert ist (→ DS-GVO Art. 7 Rn. 10 ff.). Nur so kann die Warn- und Hinweisfunktion für die Rechtsfolgen der Einwilligung erfüllt werden. Dies gilt umso mehr, als der Verarbeitungszusammenhang bei den §§ 45 ff. derjenige des ultimativen Rechtsgüterschutzes ist. Dies ist auch insoweit v. Bedeutung, als die Weitergabe v. Daten im Kontext der JI-RL und ihrer Umsetzung weiterreichende Folgen und andere Voraussetzungen hat als die Verarbeitung im Kontext der DS-GVO.

C. Widerrufsrecht (Abs. 3)

6   Wie der als Vorlage verwendete (BR-Drs. 110/17, Anl., 114) Art. 7 Abs. 3 DS-GVO vollzieht Abs. 3 nach, dass die Selbstbestimmung über die Einwilligung auch deren Widerruf ermöglicht (→ DS-GVO Art. 7 Rn. 10 ff.). Der Widerruf wirkt nur ex nunc, nimmt also der Verarbeitung der Daten nicht v. Anfang an den Rechtsgrund. Gerade im Zusammenhang mit der JI-RL ist die Kombination der Einwilligung mit anderen Erlaubnistatbeständen zu Gunsten der Verarbeitung personenbezogener Daten heikel: So kann die Einwilligung einen zweiten Legitimationsstrang darstellen, der aus verschiedenen Gründen der gesetzlichen Zulässigkeit der Datenerhebung vorgezogen wird.

Soweit der gesetzliche Tatbestand verwirklicht ist, bewirkt der Widerruf nicht, dass die Daten nicht mehr verarbeitet werden dürfen. Freiwilligkeit wie Entscheidungshoheit können in diesen Fällen überhaupt nicht realisiert werden.

D. Freiwilligkeit (Abs. 4)

In Abs. 4 „wurde der Ansatz aus § 4a Absatz 1 BDSG a. F. mit dem Gedanken **7** aus Artikel 7 Absatz 4 (DS-GVO) (…) angereichert" (BR-Drs. 110/17, Anl., 114). Hier werden wesentliche Zweifel, die an der Möglichkeit einer Einwilligung im Anwendungsbereich der JI-RL zu äußern sind, implantiert: Nimmt man die Regelung ernst und zur Kenntnis, wie der Staat wirkt, wenn er im Verarbeitungszusammenhang des ultimativen Rechtsgüterschutzes handelt, dann wird man die Freiwilligkeit jedenfalls nicht in den Fällen annehmen können, in denen die zuständige Stelle in der Wahrnehmung ihrer Aufgabe und zum Zweck der Verhütung v. Straftaten etc. tätig wird.

Zwar sind im Falle des Handelns einer Strafverfolgungsbehörde Situationen **8** denkbar, in denen kein Ungleichgewicht in Gestalt eines Über-Unterordnungsverhältnisses besteht, dem sich der Betroffene „beugen" müsste, was die Freiwilligkeit ausschließt; alleine die Unklarheit über die Befugnisse der Behörde reicht schon aus, um die Freiwilligkeit mangels Kenntnis der Hintergründe zu verneinen. Auch die Andeutung der zuständigen Behörde mit der Botschaft „Wir können auch anders" stützt die Freiwilligkeit nicht (→ DS-GVO Art. 7 Rn. 18 ff.). Gerade bei DNS-Massentests, die auch darauf abzielen, einen kleinen Kreis v. Verdächtigten ausmachen zu können, könnte Druck auf die sich beteiligenden Personen dadurch ausgeübt werden, dass sie ansonsten zu diesem Kreis gezählt werden.

E. Besondere Kategorien personenbezogener Daten (Abs. 5)

Unter Bezugnahme auf § 4a Abs. 3 BDSG aF (BR-Drs. 110/17, Anl., 115) **9** trägt Abs. 5 der Sonderlage Rechnung, die mit bes. Kategorien personenbezogener Daten verbunden ist. ErwGr 37 S. 6 JI-RL weist darauf hin, dass die Einwilligung allein keine rechtliche Grundlage für die Verarbeitung solch sensibler personenbezogener Daten durch die zuständigen Behörden sein solle. Daher fordert Abs. 5 eine Qualifizierung der Einwilligung, für die der betroffenen Person vor Augen geführt werden muss, welche Qualität die Daten haben, in deren Verarbeitung sie einwilligt.

F. Ausblick

Die Regelung der Einwilligung geht auf die Vorstellung zurück, dass diese als **10** **Legitimation** für die Verarbeitung v. Daten immer v. zentraler Bedeutung sei. Durch die gesonderte, prominente Regelung in § 46 Nr. 17 und § 51 wird dadurch jedoch noch kein Konzept geschaffen, welches die Idee begründen könnte, dass diese im Bereich der JI-RL eine Rolle spielt. Nach richtiger

Ansicht handeln die auf der Grundlage der JI-RL zuständigen Behörden außerhalb der Verhütung v. Straftaten etc. **nach Maßgabe der DS-GVO.** Im Bereich der JI-RL besteht kein Raum für das Handeln auf Augenhöhe, durch das sich der bürgernahe Staat auszuzeichnen sucht.

§ 52 Verarbeitung auf Weisung des Verantwortlichen

Jede einem Verantwortlichen oder einem Auftragsverarbeiter unterstellte Person, die Zugang zu personenbezogenen Daten hat, darf diese Daten ausschließlich auf Weisung des Verantwortlichen verarbeiten, es sei denn, dass sie nach einer Rechtsvorschrift zur Verarbeitung verpflichtet ist.

EU-Recht: Art. 23 JI-RL, Art. 29 DS-GVO (kommentiert unter → Rn. 1, 7, 10 ff.; → DS-GVO Art. 29 Rn. 1, 18, 22).

A. Allgemeines

1   § 52 dient der (iE unvollständigen → Rn. 5) Umsetzung des Art. 23 JI-RL und normiert wie Art. 29 DS-GVO die **Hoheit** der Person über die Datenverarbeitung, die für diese verantwortlich ist, allerdings ohne diese auch tatsächlich sichern zu können. Durch die Regelung wird die unterstellte Person unabhängig v. dienst- oder arbeitsrechtlichen Bestimmungen **enggeführt:** Der Verantwortliche entscheidet nicht nur über das Ob, sondern auch über das Wie der Datenverarbeitung durch die unterstellte Person (vgl. → DS-GVO Art. 29 Rn. 1).

2   Die Vorschr. versucht (noch diesseits der Grenze zu symbolischem Handeln), dem Umstand Rechnung zu tragen, dass das **Gefährdungspotential** im Falle personenbezogener Daten mit der Einschaltung weiterer Personen deutlich ansteigt und der Verantwortliche dafür das Risiko trägt. V. außen stellt sich die Datenverarbeitung als Blackbox dar, die dem Verantwortlichen zugerechnet wird und für die er haftet. Damit entfaltet § 52 den Charakter einer **Schutznorm,** die im **Innenverhältnis** zwischen dem Verantwortlichen und der unterstellten Person wirkt; dadurch erübrigen sich einige Auseinandersetzungen über die Reichweite der Direktionsbefugnis.

B. Verarbeitung nur auf Weisung des Verantwortlichen

I. Kreis der Verpflichteten

3   Verpflichtet ist nach dem Wortlaut zunächst die **unterstellte Person,** die Zugang zu personenbezogenen Daten hat. Das setzt einen Organisationszusammenhang voraus, der hierarchisch organisiert ist. Idealerweise ist die Person dem Verantwortlichen — jedenfalls abstrakt — rechtlich unterstellt; die tatsächlichen **Organisationsstrukturen** sind im Falle des Fehlens einer Regelung bei der Beurteilung zu berücksichtigen, um ein non liquet auszuschlie-

ßen. Gegenstand der Weisung ist die Verarbeitung vorhandener Daten durch die unterstellte Person, die der Verantwortliche veranlasst. Damit sind andere Personen, die an den Daten in irgendeiner Weise beteiligt sind, etwa bei der Erhebung, v. § 52 nicht erfasst.

Die Person muss **Zugang zu den Daten** haben. Dieser liegt der Ver- **4** arbeitung voraus, ist also nicht v. der Weisung zur Verarbeitung abhängig. Die Berechtigung zum Zugang kann mit der Weisung verbunden sein, die Daten zu verarbeiten. Diese Verbindung bietet sich wegen der zeitlichen und sachlichen Verknüpfung v. Zugang und Verarbeitung auch an: In dem Moment, in dem auf Daten zugegriffen wird, werden diese schon verarbeitet und damit auch gefährdet, etwa durch die bloße Kenntnisnahme. Der tatsächliche Zugriff reicht für den Zugang und damit die Weisungsabhängigkeit für jedes weitere Vorgehen aus.

Der Vorgabe des Art. 23 JI-RL entspr. es, dass auch eine dem Auftragsver- **5** arbeiter unterstellte Person **nur auf Weisung des Verantwortlichen** Daten verarbeiten darf. Art. 23 JI-RL fordert jedoch auch, dass der **Auftragsver- arbeiter selbst** nur auf Weisung des Verantwortlichen handeln darf; diese Anforderung bildet § 52 nicht ab. Der Befund ist eindeutig und bei der Anwendung zu berücksichtigen.

II. Ausschließlich auf Weisung des Verantwortlichen

Die Formulierung des Hs. 1 macht deutlich, dass die Verarbeitung sich zur **6** Weisung **strikt akzessorisch** verhält. Dh die Weisung muss sich schon auf den Beginn der Verarbeitung beziehen und dementsprechend vor Beginn vorliegen. Die Duldung in Kenntnis der Datenverarbeitung reicht nicht aus.

Weisung ist die Anordnung (des Verantwortlichen ggü. der unterstellten **7** Person), personenbezogene Daten zu bestimmten Zwecken innerhalb einer bestimmten Zeit und auf eine bestimmte Weise zu verarbeiten. Die Anordnung kann in verschiedenen Formen ergehen. Die Weisung alleine **legiti- miert** die Datenverarbeitung (vgl. → DS-GVO Art. 29 Rn. 18) und darf in Bezug auf ihre Art und ihren Umf. keine Fragen offen lassen. Die sachliche und zeitliche Begrenzung soll einerseits die Hoheit des Verantwortlichen sicherstellen, andererseits den datenschutzrechtlichen Grundsätzen (vgl. § 47) Rechnung tragen. So sind Fälle denkbar, in denen eine Person einem Verantwortlichen weiterhin unterstellt ist, aber die Daten nicht mehr verarbeiten soll. Die einmal erteilte Weisung ist daher kein unbegrenzt geltender Titel, und diese Bedingung sollte klar formuliert werden.

Die **Form** der Weisung ist nicht bestimmt. Aus Gründen der Weisungs- **8** klarheit und des Vorteils der Dokumentation zur Beleg- und Beweisführung iRe ganzheitlichen Datenschutzmanagements ist die **Schriftlichkeit** zu empfehlen: Diese könnte sich auch lediglich auf einzelne Aspekte der Verarbeitung beziehen oder auch abstrakt formuliert sein und deshalb im Einzelfall der Konkretisierung bedürfen. Jede eindeutige Verstetigung sollte dem gesprochenen, flüchtigen Wort vorzuziehen sein, um die Rechtssicherheit für die beteiligten Personen zu erhöhen, nicht nur für die Fälle, in denen Konflikte auftreten, der Vorwurf rechtswidrigen Handelns im Raum steht oder Schadensersatzansprüche geltend gemacht werden.

9 Die Datenverarbeitung muss insgesamt rechtmäßig sein (vgl. § 47 Nr. 1). Dies spricht dafür, auch die **Rechtmäßigkeit** der Weisung einzufordern. Das Risiko der Rechtmäßigkeit der Verarbeitung trägt der Verantwortliche, so dass es in seinem Interesse ist, rechtmäßige Weisungen zu erteilen. Die unterstellte Person hat iRd Weisung keine eigenen Entscheidungsbefugnisse. Es ist ihre Aufgabe, die Daten nach Weisung zu verarbeiten. Viele Faktoren der Rechtmäßigkeit der Verarbeitung – etwa die Einwilligung – liegen außerhalb ihres Kenntnisbereichs. Damit überlagert die Weisung im Innenverhältnis die rechtlichen Vorgaben für die Verarbeitung. Allerdings kann die Pflicht der unterstellten Person, die Weisung zu befolgen, durch anderweitige Rechtsvorschr. überlagert werden, etwa solche des Dienstrechts (vgl. § 36 Abs. 1, 2 BeamtStG); auch das Datenschutzgeheimnis (§ 53) ist einzuhalten.

10 Bei offensichtlich rechtswidrigen Weisungen ist die Bindung der unterstellten Person unzumutbar und kann zum Zwecke der Effektivierung des Datenschutzrechts auch nicht gebilligt werden (vgl. → DS-GVO Art. 29 Rn. 22). Gleichzeitig muss die unterstellte Person immer auch die Möglichkeit haben, als Ventil und für sie sanktionslos den behördlichen (bzw. betrieblichen) **Datenschutzbeauftragten** anzusprechen, ohne den Konflikt damit nach außen tragen zu müssen.

11 Die Weisung setzt voraus, dass der Verantwortliche es bezweckt, dass eine bestimmte Person personenbezogene Daten verarbeiten soll. Daraus folgt **keine Entlastung** der verantwortlichen Person, Sicherungsmaßnahmen vorzusehen, anzuwenden und zu evaluieren, mit denen sichergestellt wird, dass weder unterstellte noch dritte Personen auf Daten zugreifen können.

III. Rechtliche Verpflichtung zur Verarbeitung

12 Hs. 2 stellt neben die Weisung als wesentlichen Rechtsgrund für die Verarbeitung eine gesonderte rechtliche Verpflichtung, die an die unterstellte Person gerichtet ist. Als eine solche ist die dienstrechtliche Remonstrationspflicht zu sehen, sich an den nächsthöheren Vorgesetzten (§ 36 Abs. 2 S. 2 BeamtStG) oder den Datenschutzbeauftragten zu wenden, wofür eine Datenverarbeitung erforderlich sein kann; damit wird die vorgesehene Weisungskette verlassen. Die unterstellte Person weitergehend durch Vorschr. in den Dienst zu nehmen, ist angesichts ihrer Stellung problematisch, gerade wenn der Datenschutz (anders als in den soeben genannten Fällen) nicht der Fluchtpunkt des Handelns sein soll. Die unterstellte Person kann nicht „Diener zweier Herren" sein.

C. Ausblick

13 § 52 verfehlt seinen Zweck, die JI-RL vollständig umzusetzen. Die inhaltslose Einsilbigkeit der Begr. des RegE (vgl. BR-Drs. 110/17, Anl., 115) ist bezeichnend, das **Schattendasein** des BDSG als Umsetzungsgesetz zur JI-RL ggü. seiner Eigenschaft als Durchführungsgesetz zur DS-GVO wirkt sich hier

besonders aus. Gerade mit Blick auf das Innenverhältnis zwischen dem Verantwortlichen und der unterstellten Person sind Konflikte v. der Regelung nicht adressiert und in der Praxis nicht mehr nur absehbar, sondern bereits eingetreten – wer für einen nicht legitimen Zweck Meldedaten abruft, wird auch bei Daten mit Bezug zur JI-RL dazu bereit sein.

§ 53 Datengeheimnis

[1] Mit Datenverarbeitung befasste Personen dürfen personenbezogene Daten nicht unbefugt verarbeiten (Datengeheimnis). [2] Sie sind bei der Aufnahme ihrer Tätigkeit auf das Datengeheimnis zu verpflichten. [3] Das Datengeheimnis besteht auch nach der Beendigung ihrer Tätigkeit fort.

EU-Recht: –

Literatur: *C. Bäcker,* Whistleblower im Amt. Zwischen Verschwiegenheitspflicht und Verfassungstreue, Die Verwaltung 2015, 499; *Dieckmann,* Die Verpflichtung externer Personen – insbesondere externer Prüfer – zur Einhaltung datenschutzrechtlicher Vorschriften, RDV 2004, 256; *Dieterle,* Sanktionierung von Neugierabfragen im öffentlichen Dienst, ZD 2020, 135; *Holthausen,* Die arbeitsvertragliche Verschwiegenheit. Vertragsgestaltung nach Inkrafttreten des GeschGehG, NZA 2019, 1377; *Sampels,* Die Verschwiegenheitspflicht des Arbeitnehmers, 1967.

A. Allgemeines

§ 53 dient nicht ausdr. der Umsetzung der JI-RL, sondern greift § 5 BDSG **1** aF auf (vgl. BR-Drs. 110/17, Anl., 115; die Begr. der Vorschr. ist damit bereits erschöpft). Diese Regelung konnte im Bereich des Regeldatenschutzes nach der DS-GVO in der bisherigen Form nicht fortbestehen und findet so noch ihren Platz, als Reminiszenz an die **Geheimhaltung als Leitmotiv** des Datenschutzes, welches dem DS-GVO fremd ist. Die Regelung, die arbeits- und dienstrechtlich ohnehin bestehende Verpflichtungen u. a einfachrechtlicher Vorschriften (§ 203 StGB, § 17 UWG, § 37 BeamtStG) überlagert, als „Errungenschaft" in das Gesetz zur Umsetzung einer RL zu übernehmen, steht dem Gesetzgeber frei, solange er damit die Wirksamkeit der Umsetzung nicht gefährdet. Die Rückanknüpfung an § 5 BDSG aF und die Rspr. liegt bei einer solch solitären Regelung nahe, anders als bei den nun unionsrechtlich überformten Regelungen der DS-GVO, für die die Prädominanz des BDSG aF zurückzuweisen ist. Gleichwohl bildet das Datengeheimnis letztlich nur das ab, was derjenige, der Daten verarbeitet, wegen der Anforderung der Rechtmäßigkeit ohnehin zu beachten hat.

Gerade der Zusammenhang mit § 52 verdeutlicht, dass hierfür ein Bedarf **2** gesehen wurde, eine Verpflichtung in Bezug auf einen bestimmten Personenkreis zu formulieren, anstatt nur auf die personell abstrakten Anforderungen an die Verarbeitung und die Verpflichtung des Verantwortlichen in Bezug auf seine Mitarbeiter zu setzen (→ DS-GVO Art. 32 Rn. 64 ff.). Daher wird § 53 – auf der Grundlage der Systematik verfehlt – eine grundsätzliche Bedeutung zugemessen, die er außerhalb der JI-RL nicht haben kann (vgl. Holthausen NZA 2019, 1377 (1382 f.)). § 53 hat damit den Charakter einer **Schutz-norm,** gegen die nicht verstoßen werden darf. Der Verstoß kann eine Haftung begründen, die dann nicht v. § 83 abhängt, der den Verantwort-lichen in den Blick nimmt. Die Rechtsetzungsbefugnis ermöglicht indes nicht, dass die Regelung eine unionsrechtswidrige Wirkung entfaltet (vgl. Art. 4 Abs. 3 EUV, Art. 18 AEUV).

B. Verbot der unbefugten Verarbeitung (S. 1)

3 Die **Reichweite** des Datengeheimnisses bedarf des Rückgriffs auf die Bestim-mung dessen, was Verarbeitung iSd Gesetzes sein kann (vgl. § 46 Nr. 2; → DS-GVO Art. 4 Rn. 20 ff.). Verboten ist jede Verarbeitung, die nicht durch eine Befugnis gedeckt ist. Dies ist gerade auch das Abrufen für eigene Zwecke, etwa um die Zuverlässigkeit einer Person im privaten Umfeld zu überprüfen. Durch die technischen Maßnahmen, zB die Aufzeichnung der Zugriffe auf eine Datenbank, muss auch ein solches Verhalten erfasst werden können.

4 Der **Adressatenkreis** beschr. sich gerade nicht auf die Verantwortlichen, sondern schließt alle mit der Datenverarbeitung befassten Personen ein, auch und gerade in unselbstständiger Funktion. „Befasst" stellt auf eine Beauftragung oÄ oder auf eine tatsächliche Befassung ab, setzt aber nicht ein rechtmäßiges Vorverhalten voraus. Derjenige, der unberechtigt auf Daten zugreift, kann durch die Verarbeitung weitergehend gegen gesetzliche Vorschr. verstoßen.

5 S. 1 geht damit weiter als § 5 BDSG aF (zu diesem WGP Arbeitnehmer-datenS Rn. 1527 ff.), der die „bei der Datenverarbeitung **beschäftigten** Per-sonen" auf das Datengeheimnis verpflichtete. Diese Formulierung wurde zu Recht in erster Linie auf Beschäftigte oder Drittleister wie Wartungspersonal (Gola/Schomerus BDSG aF § 5 Rn. 8) bezogen. „Mit Datenverarbeitung **befasste** Personen" erstreckt sich auf einen weiteren Kreis, nicht nur auf (abhängig) Beschäftigte (vgl. bereits Dieckmann RDV 2004, 256). Dazu gehören gerade die Personen, die nicht selbst über Zwecke und Mittel der Verarbeitung der Daten entscheiden, also nicht Verantwortliche sind (§ 46 Nr. 7; vgl. → DS-GVO Art. 4 Rn. 55), zB weil sie den Daten bei anderer Gelegenheit „ausgesetzt" werden. Gerade im Zusammenhang mit der Ver-hütung und Verfolgung v. Straftaten etc. sind nicht wenige Beteiligte lediglich als Hilfspersonen eingebunden, die nicht selbst verantwortlich sind. Dazu gehören etwa Schöffen, die nicht ieS „beschäftigt" sind, sondern mit Daten befasst werden und diese nur zweckgebunden verwenden dürfen. Jedoch unterliegen mit Daten befasste Personen − auch die mit § 5 BDSG aF adressierten Beschäftigten (vgl. Sampels Verschwiegenheitspflicht) allg. und bes., auch für die Zeit nach Beendigung der Tätigkeit geltenden Vorschr., etwa dem Beratungsgeheimnis (§§ 43, 45 Abs. 1 S. 2 DRiG) oa Geheimhal-tungspflichten (§ 189 Abs. 4 GVG, § 37 BeamtStG) und strafrechtlichen Regelungen (§§ 203 ff., 353b, 353d, 355 StGB). Das Datengeheimnis des § 53 ist demgegenüber, obwohl spezifisch für den Datenschutz als Schutz-zweck formuliert, die allg. Vorschr. (vgl. Bäcker Die Verwaltung 2015, 499).

Die **Befugnis** ist eine rechtliche. Ihre **rechtliche Begr.** ergibt sich aus **6**
parlamentsgesetzlichen oa materiell-rechtlichen Regelungen, aus Einzelfallentscheidungen, aus Vertrag – oder aus der Einwilligung, jeweils umgrenzt v.
den Grundsätzen, insbes. mit Blick auf die Zweckbindung, die nicht aufgelöst
werden darf, ohne dass dies nicht selbst gerechtfertigt wäre. Das Datengeheimnis des S. 1 kann insoweit nur vermessen, wer das datenschutzrechtliche Regime insgesamt berücksichtigt.

C. Verpflichtung (S. 2)

Die mit Datenverarbeitung befassten Personen sind **bei Aufnahme** ihrer **7**
Tätigkeit zu verpflichten. Der Zeitpunkt muss **vor** der Befassung liegen, nicht
notwendig unmittelbar davor, zumal der Zeitpunkt der Befassung nicht feststehen muss. Daher muss der Verantwortliche selbst frühzeitig einschätzen, ob
die zu verpflichtende Person mit einer Datenverarbeitung befasst werden
wird. Um dem „Mantel des Vergessens" entgegenzuwirken, kann es sich
empfehlen, iRe ganzheitlichen Datenschutzmanagements regelmäßig an die
Verpflichtung zu erinnern, etwa gelegentlich eines Hinweises auf Fortbildungsangebote oder aktueller Berichterstattung.

Zum Zwecke der Beleg- und Beweisführung sollte die Verpflichtung **8**
schriftlich dokumentiert werden. Eine Kombination mit der Verpflichtung
die Einhaltung anderer, ebenfalls im Zusammenhang mit dem Rechtsverhältnis stehender Regelungen (→ Rn. 4) ist möglich, solange jede für sich gesondert ausgewiesen wird. Der wesentliche Gehalt der Regelungen muss
ebenso offengelegt wie die Möglichkeit eingeräumt werden, Nachfragen zur
Reichweite zu stellen.

Nachdem der Anwendungsbereich in persönlicher Hinsicht erweitert wur- **9**
de, empfiehlt es sich zudem, dass Verantwortliche **überprüfen,** ob diejenigen
Personen, die in ihrem Zuständigkeitsbereich mit Datenverarbeitung befasst
sind, bereits hinreichend verpflichtet sind. Das gilt für die Zukunft auch für
die Fälle, in denen bereits andere Vorschr. greifen.

Ein Ausschluss v. EU-Bürgern als mit Datenverarbeitung zu befassenden **10**
Personen, der im Anwendungsbereich der JI-RL und der §§ 45 ff. möglich
ist, darf nicht darauf gestützt werden, dass eine Verpflichtung iSd S. 2 nicht
möglich sei. Dadurch würde die v. der JI-RL nicht vorgesehene Regelung in
diskriminierender Weise eingesetzt.

D. Fortgeltung nach dem Ende der Tätigkeit (S. 3)

S. 3 erstreckt das Datengeheimnis auf die Zeit nach dem Ende der Tätigkeit. **11**
Ein solches Ende kann verschiedene Gründe haben, die die bekanntgewordenen Daten in unterschiedlicher Intensität gefährden. Insbes. bei einem Wechsel des Dienstherrn oder einem Wechsel aus dem öffentl. Dienst in die Privatwirtschaft. Diese Regelung entspr. nicht nur § 5 BDSG aF, sondern ist

auch mit dienstrechtlichen Vorschr. wie § 37 Abs. 1 S. 2 BeamtStG, § 43 DRiG vergleichbar.

E. Ausblick

12 Die Regelung ist nicht redundant – trotz der Erkenntnis, dass unbefugtes Verarbeiten immer verboten ist –, sie hat eine **klärende** und eine **symbolische Funktion.** Denn mit der Regelung wird auch das Interesse des Verantwortlichen bedient, dass die eigenen Mitarbeiter speziell bei der Datenverarbeitung gesetzlich gebunden sind und nicht alle offenen Fragen über das Rechtsverhältnis zwischen diesen beiden Beteiligten – insbes. über das Beamtenverhältnis als öffentl.-rechtliches Dienst- und Treueverhältnis – rekonstruiert werden müssen. Die Indiskretionen und Ungenauigkeiten bei der Handhabung des Datenschutzrechts, die nicht notwendig in der Person des Verantwortlichen begr. sind, sich aber doch in seinem Verantwortungsbereich abspielen, sind und bleiben Herausforderungen für die Praxis (vgl. Dieterle ZD 2020, 135).

§ 54 Automatisierte Einzelentscheidung

(1) Eine ausschließlich auf einer automatischen Verarbeitung beruhende Entscheidung, die mit einer nachteiligen Rechtsfolge für die betroffene Person verbunden ist oder sie erheblich beeinträchtigt, ist nur zulässig, wenn sie in einer Rechtsvorschrift vorgesehen ist.

(2) Entscheidungen nach Absatz 1 dürfen nicht auf besonderen Kategorien personenbezogener Daten beruhen, sofern nicht geeignete Maßnahmen zum Schutz der Rechtsgüter sowie der berechtigten Interessen der betroffenen Personen getroffen wurden.

(3) Profiling, das zur Folge hat, dass betroffene Personen auf der Grundlage von besonderen Kategorien personenbezogener Daten diskriminiert werden, ist verboten.

EU-Recht: Art. 11 JI-RL (kommentiert unter → Rn. 1, 3, 6 f.).

A. Allgemeines

1 § 54 dient der Umsetzung des Art. 11 JI-RL. Die Vorschr. bildet den Vorbehalt des Gesetzes ab. Auch ohne sie – und in Gemäßheit mit Art. 11 JI-RL – ist eine ausschl. auf einer automatischen Verarbeitung, insbes. Profiling (vgl. BR-Drs. 110/17, Anl., 115) beruhende Entsch. ohne gesetzliche Grdl. nach dt. Verfassungsrecht unzulässig; dies bedarf freilich einer verfassungsrechtlichen Rekonstruktion. Gerade die polizeilichen Generalklauseln können nicht als Rechtsgrundlage herangezogen werden, weil diese eine so spezifische Entsch. nicht vorsehen. Umgekehrt ist für die Zulässigkeit einer solchen Entsch. eine bes. Rechtsgrundlage erforderlich, ebenfalls in Gemäßheit mit Art. 11 JI-RL.

B. Vorbehalt des Gesetzes (Abs. 1)

Sachlich bezieht sich das Erfordernis einer spezialgesetzlichen Regelung auf **2** eine ausschl. auf einer automatischen Verarbeitung personenbezogener Daten beruhenden, also nicht nur datenbank- und/oder rechnergestützten Entsch.

Zudem muss die Entsch. eine Außenwirkung aufweisen, damit für sie eine **3** Rechtsgrundlage erforderlich ist. Die Formulierung ist indifferent: der Person „gegenüber rechtliche Wirkung entfaltet oder sie in ähnlicher Weise erheblich beeinträchtigt". Für sich genommen ist rechtliche Wirkung nicht notwendig eine Belastung. Durch das Vergleichswort „ähnlich" wird die Beeinträchtigung jedoch zum Oberbegriff, dem die Entfaltung rechtlicher Wirkung zugeordnet wird. Art. 11 Abs. 1 JI-RL stellt darauf ab, dass die Entsch. „eine nachteilige Rechtsfolge für die betroffene Person hat oder sie erheblich beeinträchtigt". Darauf wird auch in der Begr. des RegE hingewiesen (BR-Drs. 110/17, Anl., 115), die abw. Formulierung ist daher unnötig.

„Erheblich beeinträchtigt" ist indes auch einer anderweitigen Interpretation **4** zugänglich, die in der Begr. des RegE zurückgewiesen wird: Es müsse sich bei einer solchen Entsch. um einen „Rechtsakt mit Außenwirkung gegenüber der betroffenen Person" handeln. „Interne Zwischenfestlegungen oder -auswertungen, die Ausfluss automatisierter Prozesse sind, fallen nicht hierunter" (vgl. BR-Drs. 110/17, Anl., 115). Falls ein solches Erg. einer Analyse jedoch an einen anderen Rechtsträger weitergegeben wird, bedarf dies einer gesonderten Rechtsgrundlage.

Die Rechtsvorschr. kann eine solche des Unions- oder des nationalen Rechts **5** sein; dies geht auch aus Art. 11 Abs. 1 JI-RL hervor. Um den Anforderungen der Wesentlichkeitslehre zu genügen, muss es sich um ein Parlamentsgesetz handeln. Die Kompetenzen dafür sind im Mehrebenensystem freilich disparat verteilt, gerade in der Abgrenzung v. Gefahrenabwehr und Strafverfolgung.

Ein Defizit des Abs. 1 besteht darin, dass die v. Art. 11 Abs. 1 Hs. 2 JI-RL **6** geforderten geeigneten Garantien für die Rechte und Freiheiten der betroffenen Person, „zumindest aber das Recht auf persönliches Eingreifen seitens des Verantwortlichen", keine Erwähnung finden (vgl. → DS-GVO Art. 22 Rn. 39). Man mag sich damit begnügen, dass über das dt. Verfassungs- und Verwaltungsrecht in seiner Ausgestaltung und Anwendung diese Garantien zur Verfügung gestellt werden.

C. Besondere Garantien (Abs. 2) und Verbot (Abs. 3)

Für die bes. Kategorien personenbezogener Daten (→ § 46 Rn. 6) setzt eine **7** Regelung iSd Abs. 1 geeignete Maßnahmen zum Schutz der Rechte und Freiheiten sowie der berechtigten Interessen voraus; Art. 11 Abs. 2 JI-RL wird insoweit übernommen. Darin liegt zwar die Leistung der Umsetzung, jedoch wird nur das Ziel wiederholt, ohne Mittel anzugeben. Angesichts des Umstands, dass schon die äußere Anschauung solche Daten vermittelt und Personen dadurch ohne weiteres zum Objekt einer solchen Einschätzung gemacht werden könnten, ist die Zurückhaltung in der Formulierung krit. zu sehen.

8 Remedur bringt Abs. 3: Als Sonderfall der automatisierten Verarbeitung wird ein solches Profiling (→ § 46 Rn. 6, → DS-GVO Art. 4 Rn. 36) verboten, das auf der Grdl. bes. Kategorien personenbezogener Daten eine Diskriminierung ermöglicht.

D. Ausblick

9 § 54 beantwortet Fragen zur Zulässigkeit der Umsetzung einer automatischen oder automatisierten Verarbeitung v. Daten in eine Entsch. mit Außenwirkung. Damit soll sichergestellt werden, dass staatliche Stellen ggü. denjenigen, die Adressaten einer für sie nachteiligen Entsch. gemacht werden, nicht ihr menschliches Antlitz verlieren und ihre Adressaten persönlich ansprechen müssen. Die Verweigerung des Zugangs durch eine automatische Vereinzelungsanlage ist insoweit kein abwegiges Bsp. Zugleich sind diejenigen Vorentscheidungen in den Blick zu nehmen, die noch vor der Adressierung des Betroffenen negative Wirkungen entfalten können, etwa die Weitergabe einer Analyse, die das Erg. einer automatischen Verarbeitung v. Daten ist, v. einem Hoheitsträger an einen anderen Hoheitsträger.

Kapitel 3. Rechte der betroffenen Person

§ 55 Allgemeine Informationen zu Datenverarbeitungen

Der Verantwortliche hat in allgemeiner Form und für jedermann zugänglich Informationen zur Verfügung zu stellen über
1. die Zwecke der von ihm vorgenommenen Verarbeitungen,
2. die im Hinblick auf die Verarbeitung ihrer personenbezogenen Daten bestehenden Rechte der betroffenen Personen auf Auskunft, Berichtigung, Löschung und Einschränkung der Verarbeitung,
3. den Namen und die Kontaktdaten des Verantwortlichen und der oder des Datenschutzbeauftragten,
4. das Recht, die Bundesbeauftragte oder den Bundesbeauftragten anzurufen, und
5. die Erreichbarkeit der oder des Bundesbeauftragten.

EU-Recht: Art. 13 Abs. 1 und ErwGr 42 S. 1 und 2 JI-RL (kommentiert unter → Rn. 1 ff.).

Literatur: *Art.-29-Datenschutzgruppe,* WP 258, Stellungnahme zu einigen wesentlichen Aspekten der Richtlinie zum Datenschutz bei der Strafverfolgung (EU 2016/680), angenommen am 28. November 2017, zuletzt überarbeitet und angenommen am 10. April 2018; *Baier,* Einfluss des europäischen Rechts auf den Justizvollzugsdatenschutz – Verhältnis von DSGVO, JI-Richtlinie und Vollzugsgesetzen, ZD 2019, 545; *Bäcker,* Die Datenschutzrichtlinie für Polizei und Strafjustiz und das deutsche Eingriffsrecht, in Hill/Kugelmann/Martini, Perspektiven der digitalen Lebenswelt, 2017, S. 63; *Greve,* Das neue Bundesdatenschutzgesetz, NVwZ 2017, 737; *Schwichtenberg,* Die „kleine Schwester" der DSGVO: Die Richtlinie zur Datenverarbeitung bei Polizei und Justiz, DuD 2016, 605.

A. Allgemeines

I. Einführung

§ 55 dient der Umsetzung von Art. 13 Abs. 1 JI-RL, der wiederum an **1** Art. 13 und 14 DS-GVO angelehnt ist (Paschke in Gola/Heckmann BDSG § 55 Rn. 3; Schwichtenberg in Kühling/Buchner BDSG § 55 Rn. 2). Statuiert wird insoweit eine **allg. Informationspflicht des Verantwortlichen;** diese allg. Informationspflicht besteht unabhängig von der Geltendmachung allfälliger Betroffenenrechte. Der **Anwendungsbereich** des § 55 beschränkt sich auf die datenverarbeitenden Justizbehörden und Gerichte des Bundes und der Länder.

II. Sinn und Zweck

Mithilfe der in § 55 aufgeführten Informationen sollen sich betroffene Per- **2** sonen – unabhängig von einer konkreten Datenverarbeitung – in leicht zugänglicher Form einen **Überblick betreffend die Zwecke der beim Verantwortlichen durchgeführten Verarbeitungen** verschaffen können sowie eine **Übersicht zu den ihnen zustehenden Rechte** erhalten. Die Vorschr. zielt also ab auf die **Herstellung von Transparenz bei der Datenverarbeitung** und die **Einhaltung des effektiven Rechtsschutzes** gem. Art. 19 Abs. 4 GG (BT-Drs. 18/11325, 112: Greve NVwZ 2017, 737; zu möglichen Konsequenzen für die Vorschr. der StPO Bäcker in Hill ua, Perspektiven digitaler Lebenswelt, S. 82 f.; Paschke in Gola/Heckmann BDSG § 55 Rn. 2; Schwichtenberg DuD 2016, 605 (608)).

III. Regelungssystematik

Der Regelungskomplex der §§ 55 f. etabliert eine **„zweistufige Form"** der **3** **antragsunabhängigen Informationspflicht** des Verantwortlichen, die sich von der DS-GVO grdl. unterscheidet (Schantz in Schantz/Wolff DatenschutzR Rn. 1179; vgl. Müller in HK-BDSG § 55 Rn. 16 ff.). Auf einer **ersten Stufe** hat der Verantwortliche allg. Informationen nach § 55 für jedermann zur Vfg. zu stellen. Darüber hinausgehende Informationen speziell für betroffene Personen sind auf einer **zweiten Stufe** nach Maßgabe von § 56 nur bei Anordnung in fachgesetzlichen Rechtsvorschriften zu erteilen.

B. Allgemeine Informationen

Die allg. Informationen des § 55 umfassen die Zwecke, zu denen Daten **4** verarbeitet werden: **Verarbeitungszwecke (Nr. 1)**, **Betroffenenrechte (Nr. 2)**, **Namen und Kontaktdaten des Verantwortlichen und der/des Datenschutzbeauftragten (Nr. 3)** und das **Recht den/die BfDI anzurufen (Nr. 4)** sowie **deren/dessen Erreichbarkeit (Nr. 5)**. Die entspr. Informationen können auch auf der Internetseite des Verantwortlichen veröffentlicht werden (ErwGr 42 S. 2 JI-RL). IErg handelt es sich hierbei um **allg. Bürgerinformationen**, aus denen der Einzelne vielfach allenfalls bedingt wird ableiten können, ob und zu welchem Zweck Daten über ihn verarbeitet werden (Schantz in Schantz/Wolff DatenschutzR Rn. 1179). Die allg. Informationen müssen **jedermann zugänglich** gemacht werden.

5   Die Informationen iSd Nr. 1 über Zwecke der Verarbeitung meinen solche über allg. Angaben von Aufgaben und Befugnisse des Verantwortlichen (zu Art. 13 Abs. 1 lit. c JI-RL s. Bäcker in Hill ua, Perspektiven digitaler Lebenswelt, S. 80). Zur **Verwendung von Fluggastdaten zur Gefahrenabwehr** s. Schild in BeckOK DatenschutzR BDSG § 55 Rn. 15 ff.

C. Vergleich zur bisherigen Rechtslage

6   Eine entspr. allg. „**Bürgerinformationspflicht**" (Schantz in Schantz/Wolff DatenschutzR Rn. 1179) gab es im bisherigen Recht nicht. §§ 4 Abs. 3, 19a Abs. 1 S. 1 BDSG aF regelten lediglich eine aktive Unterrichtungspflicht von betroffenen Personen, die erst bei Erhebung ihrer personenbezogener Daten bestand.

§ 56 Benachrichtigung betroffener Personen

(1) Ist die Benachrichtigung betroffener Personen über die Verarbeitung sie betreffender personenbezogener Daten in speziellen Rechtsvorschriften, insbesondere bei verdeckten Maßnahmen, vorgesehen oder angeordnet, so hat diese Benachrichtigung zumindest die folgenden Angaben zu enthalten:
1. die in § 55 genannten Angaben,
2. die Rechtsgrundlage der Verarbeitung,
3. die für die Daten geltende Speicherdauer oder, falls dies nicht möglich ist, die Kriterien für die Festlegung dieser Dauer,
4. gegebenenfalls die Kategorien von Empfängern der personenbezogenen Daten sowie
5. erforderlichenfalls weitere Informationen, insbesondere, wenn die personenbezogenen Daten ohne Wissen der betroffenen Person erhoben wurden.
(2) In den Fällen des Absatzes 1 kann der Verantwortliche die Benachrichtigung insoweit und solange aufschieben, einschränken oder unterlassen, wie andernfalls
1. die Erfüllung der in § 45 genannten Aufgaben,
2. die öffentliche Sicherheit oder
3. Rechtsgüter Dritter
gefährdet würden, wenn das Interesse an der Vermeidung dieser Gefahren das Informationsinteresse der betroffenen Person überwiegt.
(3) Bezieht sich die Benachrichtigung auf die Übermittlung personenbezogener Daten an Verfassungsschutzbehörden, den Bundesnachrichtendienst, den Militärischen Abschirmdienst und, soweit die Sicherheit des Bundes berührt wird,

andere Behörden des Bundesministeriums der Verteidigung, ist sie nur mit Zustimmung dieser Stellen zulässig.

(4) Im Fall der Einschränkung nach Absatz 2 gilt § 57 Absatz 7 entsprechend.

EU-Recht: Art. 13 Abs. 2 bis 4 und ErwGr 42 S. 3 JI-RL (kommentiert unter → Rn. 2 ff.).

Literatur: *Art.-29-Datenschutzgruppe,* WP 258, Stellungnahme zu einigen wesentlichen Aspekten der Richtlinie zum Datenschutz bei der Strafverfolgung (EU 2016/680), angenommen am 28. November 2017, zuletzt überarbeitet und angenommen am 10. April 2018; *Baier:* Einfluss des europäischen Rechts auf den Justizvollzugsdatenschutz – Verhältnis von DSGVO, JI-Richtlinie und Vollzugsgesetzen, ZD 2019, 545; *Bäcker,* Die Datenschutzrichtlinie für Polizei und Strafjustiz und das deutsche Eingriffsrecht, in Hill/Kugelmann/Martini, Perspektiven der digitalen Lebenswelt, 2017, S. 63; *Weinhold,* RL zum Datenschutz für Polizei und Justiz – Überblick und Umsetzung, ZD-Aktuell 2017, 05451.

A. Allgemeines

I. Einführung

§ 56 enthält eine **Bezugnahme auf fachgesetzliche Regelungen,** in denen **1** eine antragsunabhängige aktive Benachrichtigung des Verantwortlichen an betroffene Personen über die Verarbeitung von Daten zu erfolgen hat.

II. Sinn und Zweck

Benachrichtigungen gehören zu den datenschutzrelevanten „Kernrechten" **2** der Betroffenen. Ein **effektiver Rechtsschutz** ist nicht möglich, wenn die von einer (heimlichen) Datenverarbeitung Betroffenen keine Kenntnis von der Erhebung und Speicherung erlangen. Zur Ermöglichung der Ausübung ihrer Rechte sind betroffene Personen deshalb **auch ohne entspr. Antrag** über die Rechtsgrundlage der Verarbeitung und die Speicherfrist zu informieren, soweit dies fachgesetzlich vorgesehen ist und soweit diese zusätzlichen Informationen notwendig sind, um ggü. der betroffenen Person eine Verarbeitung nach Treu und Glauben zu gewährleisten (vgl. ErwGr 42 S. 3 JI-RL).

III. Regelungssystematik

§ 56 regelt die **zweite Stufe** der antragsunabhängigen Informationspflicht des **3** Verantwortlichen (→ § 55 Rn. 1 ff.).

B. Benachrichtigung aufgrund spezieller Rechtsvorschriften (Abs. 1)

Abs. 1 setzt Art. 13 Abs. 2 JI-RL um und stellt klar, wann und welche **4** Informationen betroffenen Personen von dem Verantwortlichen über die allg. Informationen des § 55 hinaus aktiv übermittelt werden müssen. Eine **Festlegung dieser konkreten Fallkonstellationen** war nicht verallgemeinernd auf Ebene des BDSG möglich; dies kann nur **durch das jeweilige Fachrecht** geleistet werden (Bsp. hierzu benennend Otto in HK-BDSG § 56 Rn. 8). Grds. dürfte jedoch für die Frage, ob eine Benachrichtigung unabhängig von der Geltendmachung eines Betroffenenrechtes angezeigt ist, (mit-)entscheidend sein, ob die Verarbeitung mit oder ohne Wissen der betroffenen Person, ggf. verbunden mit einer erhöhten Eingriffstiefe, erfolgt (BT-Drs. 18/11325, 112; ausf. zur ungeschriebenen Benachrichtigungspflicht Heckmann/Paschke in Gola/Heckmann BDSG § 56 Rn. 7).

5   Nach Abs. 1 erhalten betroffene Personen nur dann Informationen betr. die Rechtsgrundlage der Verarbeitung und ihre Dauer sowie ggf. zu den Empfängern, wenn dies in **speziellen Rechtsvorschriften angeordnet** ist (krit. – insbes. aus rechtspolitischer und grundrechtlicher Perspektive – zu der hieraus erwachsenden geringeren Transparenz staatlicher Datenverarbeitungsvorgänge als im Anwendungsbereich des Art. 13 DS-GVO Schantz in Schantz/Wolff DatenschutzR Rn. 1180 f.). Ausf. zum **Inhalt, Umfang und Zeitpunkt der Benachrichtigungspflicht** s. Eßer in Auernhammer BDSG § 56 Rn. 7 ff.; Schwichtenberg in Kühling/Buchner BDSG § 55 Rn. 3 f.

C. Aufschieben, Einschränken oder Unterlassen der Benachrichtigung (Abs. 2)

6   Nach Abs. 2 kann zu den dort genannten Zwecken die **Bereitstellung der** in Abs. 1 genannten **Informationen aufgeschoben und eingeschränkt werden oder** darüber hinaus sogar **gänzlich unterbleiben.** Dieser Regelung liegt der Gedanke zugrunde, dass die Auskunftserteilung nicht zu einer Gefährdung der ordnungsgemäßen Erfüllung der Aufgaben des Verantwortlichen führen soll (BT-Drs. 18/11325, 112).

7   Nach Abs. 2 kann in den Fällen des Abs. 1 der Verantwortliche die Benachrichtigung insoweit und solange aufschieben, einschränken oder unterlassen, wie andernfalls (Nr. 1) die Erfüllung der in § 45 genannten Aufgaben (insbes. die Verhütung, Ermittlung, Aufdeckung, Verfolgung oder Ahndung von Straftaten oder Ordnungswidrigkeiten), (Nr. 2.) die öffentl. Sicherheit (→ DS-GVO Art. 23 Rn. 21 ff.) oder (Nr. 3) Rechtsgüter Dritter gefährdet würden, wenn das Interesse an der Vermeidung dieser Gefahren das Informationsinteresse der betroffenen Person überwiegt. Nr. 3 nennt dabei als Rechtfertigungsgrund – entspr. Art. 13 Abs. 3 JI-RL – nur die Rechtsgüter anderer Personen, nicht dagegen diejenigen des Betroffenen. Damit ist fraglich, ob es – weiterhin – möglich ist, von einer Benachrichtigung im wohlverstandenen Interesse der **betroffenen Person** abzusehen, wenn **sie als Drittbetroffener nur geringfügig** von einer Ermittlungsmaßnahme betroffen ist (vgl. § 101 Abs. 4 S. 4 StPO; für eine Unvereinbarkeit des § 101 Abs. 4 S. 4 StPO mit der JI-RL Bäcker/Hornung ZD 2012, 147 (151)).

8   Abs. 2 setzt Art. 13 Abs. 3 JI-RL um, geht aber in der konkreten Umsetzung über das hierdurch Gebotene hinaus. Es wird tatbestandlich gerade eine Gefährdung der genannten Rechtsgüter gefordert, wodurch die Anforderungen an die Zulässigkeit einer Beschränkung der Benachrichtigungspflicht

gegenüber Art. 13 Abs. 3 JI-RL erhöht werden. Gleichwohl sind die benannten Ausnahmetatbestände weit gefasst (krit. bereits zu Art. 13 Abs. 3 JI-RL Bäcker in Hill ua, Perspektiven digitaler Lebenswelt, S. 81; Schwichtenberg DuD 2016, 605 (608); Weinhold ZD-Aktuell 2017, 05451 sowie zum Kommissionsentwurf ders./Hornung ZD 2012, 147 (150 f.)). Dementsprechend muss die Nutzung der Möglichkeit, von den in Abs. 1 genannten Informationen abzusehen, sie einzuschränken oder aufzuschieben, **Verhältnismäßigkeitsgrundsätzen** genügen, mithin in ein angemessenes Verhältnis zur Bedeutung der Betroffeneninformation für die spätere Geltendmachung von Betroffenenrechten gebracht werden (BT-Drs. 18/11325, 113; zudem für eine restriktive Auslegung im Lichte der Rspr. des BVerfG Bäcker/Hornung ZD 2012, 147 (151); Schantz in Schantz/Wolff DatenschutzR Rn. 1182).

D. Zustimmungspflicht bestimmter Behörden (Abs. 3)

Abs. 3 regelt ein **Zustimmungserfordernis** der dort genannten Sicherheits- **9** behörden, wenn sich die Benachrichtigung auf die Übermittlung personenbezogener Daten an diese Stellen (nach Abs. 1 S. 1 Nr. 4) bezieht. Hierdurch wird bezweckt, dass der Betroffene uU nicht von der Speicherung der Daten bei der jeweiligen Sicherheitsbehörde Kenntnis erlangen soll (ausf. Kamlah in Plath BDSG § 56 Rn. 14). Abs. 3 regelt jedoch nicht, unter welchen Voraussetzungen die Behörde die Zustimmung verweigern kann. ISd **Verhältnismäßigkeitsgrundsatzes** ist daher der Maßstab des § 56 Abs. 2 zu Grunde zu legen (vgl. Schwichtenberg in Kühling/Buchner BDSG § 56 Rn. 9).

E. Anrufung des oder der Bundesbeauftragten (Abs. 4)

Im Fall der **Einschränkung der Benachrichtigung** steht der betroffenen **10** Person das Recht der Anrufung der/des BfDI zu; § 57 Abs. 7 gilt entspr. (→ § 57 Rn. 11 ff.).

F. Vergleich zur bisherigen Rechtslage

Eine **antragsunabhängige Benachrichtigungspflicht** betroffener Personen **11** war in §§ 4 Abs. 3, 19a BDSG aF geregelt. Im Gegensatz zu diesen Regelungen wird hinsichtlich des Umf. der aktiven Benachrichtigungspflicht nach § 56 **nicht (mehr) an die Kenntnis der betroffenen Person** angeknüpft. Zudem bestand die antragsunabhängige Benachrichtigungspflicht nach §§ 4 Abs. 3, 19a BDSG aF **auch ohne entspr. fachgesetzliche Regelung.**

    Ausnahmeregelungen bestanden bereits nach § 19a Abs. 3 iVm 19 **12** Abs. 4 BDSG aF.

    Das **Zustimmungserfordernis** des Abs. 3 ist der Regelung des § 19 **13** Abs. 3 BDSG aF entnommen.

§ 57 Auskunftsrecht

(1) ¹Der Verantwortliche hat betroffenen Personen auf Antrag Auskunft darüber zu erteilen, ob er sie betreffende Daten verarbeitet. ²Betroffene Personen haben darüber hinaus das Recht, Informationen zu erhalten über

1. die personenbezogenen Daten, die Gegenstand der Verarbeitung sind, und die Kategorie, zu der sie gehören,
2. die verfügbaren Informationen über die Herkunft der Daten,
3. die Zwecke der Verarbeitung und deren Rechtsgrundlage,
4. die Empfänger oder die Kategorien von Empfängern, gegenüber denen die Daten offengelegt worden sind, insbesondere bei Empfängern in Drittstaaten oder bei internationalen Organisationen,
5. die für die Daten geltende Speicherdauer oder, falls dies nicht möglich ist, die Kriterien für die Festlegung dieser Dauer,
6. das Bestehen eines Rechts auf Berichtigung, Löschung oder Einschränkung der Verarbeitung der Daten durch den Verantwortlichen,
7. das Recht nach § 60, die Bundesbeauftragte oder den Bundesbeauftragten anzurufen, sowie
8. Angaben zur Erreichbarkeit der oder des Bundesbeauftragten.

(2) Absatz 1 gilt nicht für personenbezogene Daten, die nur deshalb verarbeitet werden, weil sie aufgrund gesetzlicher Aufbewahrungsvorschriften nicht gelöscht werden dürfen oder die ausschließlich Zwecken der Datensicherung oder der Datenschutzkontrolle dienen, wenn die Auskunftserteilung einen unverhältnismäßigen Aufwand erfordern würde und eine Verarbeitung zu anderen Zwecken durch geeignete technische und organisatorische Maßnahmen ausgeschlossen ist.

(3) Von der Auskunftserteilung ist abzusehen, wenn die betroffene Person keine Angaben macht, die das Auffinden der Daten ermöglichen, und deshalb der für die Erteilung der Auskunft erforderliche Aufwand außer Verhältnis zu dem von der betroffenen Person geltend gemachten Informationsinteresse steht.

(4) Der Verantwortliche kann unter den Voraussetzungen des § 56 Absatz 2 von der Auskunft nach Absatz 1 Satz 1 absehen oder die Auskunftserteilung nach Absatz 1 Satz 2 teilweise oder vollständig einschränken.

(5) Bezieht sich die Auskunftserteilung auf die Übermittlung personenbezogener Daten an Verfassungsschutzbehörden, den Bundesnachrichtendienst, den Militärischen Abschirmdienst und, soweit die Sicherheit des Bundes berührt wird, andere Behörden des Bundesministeriums der Verteidigung, ist sie nur mit Zustimmung dieser Stellen zulässig.

(6) Der Verantwortliche hat die betroffene Person über das Absehen von oder die Einschränkung einer Auskunft unverzüglich schriftlich zu unterrichten. Dies gilt nicht, wenn bereits die Erteilung dieser Informationen eine Gefährdung im Sinne des § 56 Absatz 2 mit sich bringen würde. Die Unterrichtung nach Satz 1 ist zu begründen, es sei denn, dass die Mitteilung der Gründe den mit dem Absehen von oder der Einschränkung der Auskunft verfolgten Zweck gefährden würde.

(7) Wird die betroffene Person nach Absatz 6 über das Absehen von oder die Einschränkung der Auskunft unterrichtet, kann sie ihr Auskunftsrecht auch über die Bundesbeauftragte oder den Bundesbeauftragten ausüben. Der Verantwortliche hat die betroffene Person über diese Möglichkeit sowie darüber zu unter-

richten, dass sie gemäß § 60 die Bundesbeauftragte oder den Bundesbeauftragten anrufen oder gerichtlichen Rechtsschutz suchen kann. Macht die betroffene Person von ihrem Recht nach Satz 1 Gebrauch, ist die Auskunft auf ihr Verlangen der oder dem Bundesbeauftragten zu erteilen, soweit nicht die zuständige oberste Bundesbehörde im Einzelfall feststellt, dass dadurch die Sicherheit des Bundes oder eines Landes gefährdet würde. Die oder der Bundesbeauftragte hat die betroffene Person zumindest darüber zu unterrichten, dass alle erforderlichen Prüfungen erfolgt sind oder eine Überprüfung durch sie stattgefunden hat. Diese Mitteilung kann die Information enthalten, ob datenschutzrechtliche Verstöße festgestellt wurden. Die Mitteilung der oder des Bundesbeauftragten an die betroffene Person darf keine Rückschlüsse auf den Erkenntnisstand des Verantwortlichen zulassen, sofern dieser keiner weitergehenden Auskunft zustimmt. Der Verantwortliche darf die Zustimmung nur insoweit und solange verweigern, wie er nach Absatz 4 von einer Auskunft absehen oder sie einschränken könnte. Die oder der Bundesbeauftragte hat zudem die betroffene Person über ihr Recht auf gerichtlichen Rechtsschutz zu unterrichten.

(8) Der Verantwortliche hat die sachlichen oder rechtlichen Gründe für die Entscheidung zu dokumentieren.

EU-Recht: Art. 14, 15, 17 und ErwGr 43 bis 46, 48 JI-RL (kommentiert unter → Rn. 1 ff.).

Literatur: *Art.-29-Datenschutzgruppe,* WP 258, Stellungnahme zu einigen wesentlichen Aspekten der Richtlinie zum Datenschutz bei der Strafverfolgung (EU 2016/680), angenommen am 28. November 2017, zuletzt überarbeitet und angenommen am 10. April 2018; *Baier,* Einfluss des europäischen Rechts auf den Justizvollzugsdatenschutz – Verhältnis von DSGVO, JI-Richtlinie und Vollzugsgesetzen, ZD 2019, 545; *Bäcker,* Die Datenschutzrichtlinie für Polizei und Strafjustiz und das deutsche Eingriffsrecht, in Hill/Kugelmann/Martini, Perspektiven der digitalen Lebenswelt, 2017, S. 63; *Schwichtenberg,* Die „kleine Schwester" der DSGVO: Die Richtlinie zur Datenverarbeitung bei Polizei und Justiz, DuD 2016, 605; *Weinhold/Johannes,* Europäischer Datenschutz in Strafverfolgung und Gefahrenabwehr – Die neue Datenschutz-Richtlinie im Bereich Polizei und Justiz sowie deren Konsequenzen für deutsche Gesetzgebung und Praxis, DVBl 2016, 1501.

A. Allgemeines

I. Einführung

In **Umsetzung von Art. 14 und 15 JI-RL** (Schwichtenberg in Kühling/ **1** Buchner BDSG § 57 Rn. 1; Werkmeister in Gola/Heckmann BDSG § 57 Rn. 3) statuiert § 57 ein Auskunftsrecht (sowie dessen Einschränkungen). Das Auskunftsrecht nach § 57 setzt einen **Antrag** der betroffenen Person voraus. Eine besondere **Form des Antrags** ist nicht vorgeschrieben, s. Raum in Auernhammer BDSG § 57 Rn. 5; Werkmeister in Gola/Heckmann § 57 Rn. 8.

II. Sinn und Zweck

2 Eine faire und transparente Verarbeitung bedingt nicht zuletzt die **Möglichkeit** für die betroffene Person **zu einer problemlosen und in angemessenen Abständen erfolgenden Information** über die sie betr. erhobenen Daten, um sich der Verarbeitung bewusst zu sein und deren Rechtmäßigkeit überprüfen zu können (vgl. ErwGr 43 S. 1 JI-RL). Das Auskunftsrecht soll es der betroffenen Person vor diesem Hintergrund ermöglichen, aufgrund dieser Information(en) ggf. weitere Betroffenenrechte geltend zu machen (BT-Drs. 18/11325, 113). Das Auskunftsrecht bzw. die damit verbundenen Mitteilungen und Maßnahmen dienen hiernach auch einer **effektiven Rechtsdurchsetzung**, va auch in Bezug auf die weiteren Rechte des § 58.

III. Regelungssystematik

3 Das Auskunftsrecht ist **zentrales Betroffenenrecht.** Es ermöglicht der betroffenen Person einen Einblick in das Ob und Wie der Verarbeitung von personenbezogenen Daten und ist **Grdl. für die effektive Geltendmachung** weiterer Rechte nach § 58.

B. Umfang des Auskunftsrechtes (Abs. 1)

4 Abs. 1 definiert den **Umf. des Auskunftsrechtes.** Ausreichend ist, dass die betroffene Person ausweislich ErwGr 43 S. 4 JI-RL im Besitz einer vollständigen Übersicht über diese Daten in verständlicher Form ist, dh in einer Form, die es ihr ermöglicht, sich dieser Daten bewusst zu werden und nachzuprüfen, ob die Daten richtig sind und im Einklang mit den Rechtsvorschriften verarbeitet werden, sodass die betroffene Person ihre Rechte nach § 58 ausüben kann. Als Bsp. für eine solche Übersicht nennt ErwGr 43 S. 5 JI-RL die Kopie der personenbezogenen Daten, die Gegenstand der Verarbeitung sind (ausf. zum **Inhalt der Auskunft** s. Specht-Riemenschneider/Bienemann in HK-BDSG § 57 Rn. 10 ff.). Die Angaben nach Nr. 1 können auch in einer **zusammenfassenden Übersicht** dargestellt werden (krit. Schild in BeckOK DatenschutzR BDSG § 57 Rn. 10)

4a **Abs. 1 S. 1** eröffnet das Recht, Auskunft darüber zu verlangen, ob der Verantwortliche überhaupt personenbezogene Daten verarbeitet, die den Antragstellenden betreffen. Falls der Verantwortliche keine personenbezogenen Daten des Ersuchenden verarbeitet, ist eine **Negativauskunft** zu erteilen. Sollte der Verantwortliche demgegenüber personenbezogene Daten des Antragstellenden verarbeiten, muss eine **Positivauskunft** erteilt werden. In dieser Konstellation greift gem. **Abs. 1 S. 2** das Recht, bestimmte (Meta-) Informationen (nach Maßgabe der Nr. 1–8) über die verarbeiteten personenbezogenen Daten zu erhalten.

C. Einschränkungen des Auskunftsrechtes (Abs. 2 bis 4)

Nach **Abs.** 2 – der Parallelnorm zu § 33 Abs. 1 Nr. 2 – kann eine Auskunft 5 verweigert werden, wenn die Daten nur noch aufgrund gesetzlicher Aufbewahrungsfristen zur Datensicherung oder Datenschutzkontrolle aufbewahrt werden, eine Verwendung für andere Zwecke durch technische oder organisatorische Ausnahmen ausgeschlossen ist und die Auskunftserteilung einen unverhältnismäßigen Aufwand bedeuten würde.

Daneben besteht nach **Abs.** 3 die Möglichkeit, eine Auskunft zu verwei- 6 gern, wenn die betroffene Person keine Angaben macht, die das Auffinden der Daten mit einem Aufwand ermöglicht, der nicht außer Verhältnis zum Informationsinteresse der betroffenen Person steht.

Beide Ausnahmetatbestände begegnen allerdings **unionsrechtlichen Be-** 7 **denken**, weil Art. 15 Abs. 1 JI-RL eine Ausnahme vom Auskunftsrecht allein zur Vermeidung von Aufwand für die Verwaltung nicht vorsieht (so auch Schild in BeckOK DatenschutzR BDSG § 57 Rn. 13 ff.; Schantz in Schantz/ Wolff DatenschutzR Rn. 1242; Schwichtenberg in Kühling/Buchner BDSG § 57 Rn. 7; aA Werkmeister in Gola/Heckmann BDSG § 57 Rn. 4 ff., der die Einschränkung für unionskonform hält; Innenausschuss Prot. BDSG, 93 f.). So ist in Bezug auf den Verwaltungsaufwand nur eine deutlich enger zu fassende Ausnahmeregelung zur Missbrauchsabwehr in Art. 12 Abs. 4 S. 2 JI-RL vorgesehen.

Über die Ausnahmetatbestände der Abs. 2 und 3 hinaus kann eine 8 Auskunft gem. **Abs. 4** aus den identischen Gründen abgelehnt oder eingeschränkt werden wie die Erfüllung der Informationspflicht aus § 56. Daher sind auch hier dieselben Grundsätze zu beachten (→ § 56 Rn. 6 ff.): Das vollständige oder teilw. Absehen von der Auskunftserteilung muss dem **Grundsatz der Verhältnismäßigkeit (Verhältnismäßigkeitsvorbehalt**, Schwichtenberg in Kühling/Buchner BDSG § 57 Rn. 7) genügen, insbes. muss dem Absehen von der Auskunftserteilung eine nachvollziehbare Interessenabwägung vorausgehen (vgl. auch Innenausschuss Prot. BDSG, 135). So hat der Verantwortliche im Einzelfall zu prüfen, ob die Auskunft etwa nur teilw. (eingeschränkt) oder zu einem späteren Zeitpunkt erteilt werden kann.

D. Zustimmungspflicht bestimmter Behörden (Abs. 5)

Aus denselben Gründen wie iRd Benachrichtigung nach § 56 (→ § 56 Rn. 9) 9 regelt Abs. 5 ein **Zustimmungserfordernis** der dort genannten Sicherheitsbehörden, wenn sich die Auskunft auf die Übermittlung personenbezogener Daten an diese Stellen bezieht.

E. Informationspflicht des Verantwortlichen (Abs. 6)

10 Abs. 6 S. 1 verpflichtet den Verantwortlichen zur **unverzüglichen Unterrichtung** der betroffenen Person, wenn die Entsch. gefallen ist, den Antrag auf Auskunft ganz oder teilw. nicht zu erfüllen. Nach Abs. 6 S. 2 und 3 muss die betroffene Person über die Gründe der Entsch. des Verantwortlichen schriftlich informiert werden, soweit dies nicht dem Grund der Ablehnung zuwiderlaufen würde. Solange und soweit diese Fälle der Gefährdung der öffentlichen Sicherheit vorliegen, kann der Verantwortliche das Auskunftsverlangen (vollständig) unbeantwortet lassen (vgl. Schild in BeckOK DatenschutzR BDSG § 57 Rn. 25).

F. Anrufung des oder der Bundesbeauftragten (Abs. 7)

11 Im Falle einer Auskunftsverweigerung kann die betroffene Person nach **Abs. 7 S. 1** entscheiden, ihre **Rechte über die/den BfDI geltend zu machen**. Abs. 7 S. 1 wiederholt lediglich den nun auch in § 60 enthaltenen Grundsatz, wonach betroffene Personen jederzeit die/den BfDI anrufen können (BT-Drs. 18/11325, 114).

12 **S. 2** sieht eine entspr. **Unterrichtung über das Anrufungsrecht** durch den Verantwortlichen vor. Die Pflicht zur Unterrichtung soll allerdings keine Anwendung finden auf Fallkonstellationen, in denen der Verantwortliche nach Abs. 6 berechtigt ist, von einer Information des Antragstellers abzusehen (BT-Drs. 18/11325, 114).

13 Entscheidet sich die betroffene Person, sich an die/den BfDI zu wenden, kann sie nach **S. 3 von der ablehnenden Stelle Auskunft an die/den BfDI verlangen**. Ohne ein Einverständnis der betroffenen Person ist eine Einschaltung der/des BfDI nicht möglich. Die Pflicht zur Auskunftserteilung an die/den BfDI gilt jedoch ausnahmsweise dann nicht, soweit die zuständige oberste Bundesbehörde im Einzelfall feststellt, dass dadurch die Sicherheit des Bundes oder eines Landes gefährdet würde (zu Bedenken hinsichtlich der Verfassungskonformität und der Vereinbarkeit dieser Ausnahmeklausel mit Art. 17 JI-RL Innenausschuss Prot. BDSG, 136).

14 **S. 4 und 5** thematisieren den **Inhalt der Informationen**, welche der betroffenen Person seitens der/des BfDI zur Vfg. gestellt werden. Dabei geht **S. 5** über das in Art. 17 Abs. 3 S. 1 JI-RL geforderte Maß hinaus, indem die Mitteilung auch die Information enthalten darf, ob datenschutzrechtliche Verstöße festgestellt wurden (BT-Drs. 18/11325, 114). Nach **S. 6** darf die Mitteilung der/des BfDI keine Rückschlüsse auf den Erkenntnisstand des Verantwortlichen zulassen, sofern dieser keiner weiteren Auskunft zustimmt. **S. 7** stellt allerdings klar, dass die Auskunft nur nach Maßgabe des Abs. 4 verweigert werden darf.

15 **S. 8** verpflichtet die/den BfDI zur **Unterrichtung über die Möglichkeit des Rechtsweges** (vgl. auch Art. 17 Abs. 3 S. 2 JI-RL).

G. Dokumentationspflicht (Abs. 8)

Abs. 8 setzt Art. 15 Abs. 4 JI-RL um und verpflichtet den Verantwortlichen **16** zur Dokumentation der seiner Entsch. zugrundeliegenden Gründe. Diese Angaben sind der zuständigen Aufsichtsbehörde zur Verfügung zu stellen und von dieser überprüfbar.

H. Vergleich zur bisherigen Rechtslage

Die Vorgängerregelung findet sich in § 19 BDSG aF (BT-Drs. 18/11325, **17** 113). Der Auskunftsanspruch nach Abs. 1 geht über den Umf. des vormals geltenden Auskunftsanspruchs aus § 19 Abs. 1 BDSG aF hinaus – insbes. müssen nunmehr auch Angaben über die verarbeiteten Datenkategorien und über die Speicherdauer der verarbeiteten Daten gemacht werden (zu möglichen Konsequenzen für die Vorschr. der StPO Bäcker in Hill ua, Perspektiven digitaler Lebenswelt, S. 82 f.; Schwichtenberg DuD 2016, 605 (609); Weinhold/Johannes DVBl 2016, 1501 (1505)). Abs. 2 überführt den Rechtsgedanken des § 19 Abs. 2 BDSG aF. Abs. 3 spiegelt die Regelung des § 19 Abs. 1 S. 3 BDSG aF wider. Abs. 5 entspricht § 19 Abs. 3 BDSG aF. Abs. 6 S. 3 überführt hinsichtlich des Absehens von einer Begr. der Auskunftsverweigerung einen aus § 19 Abs. 5 S. 1 BDSG aF entnommenen Rechtsgedanken. Abs. 7 S. 3 entspricht der Regelung des § 19 Abs. 6 S. 1 BDSG aF. Abs. 7 S. 6 entspricht der Regelung des § 19 Abs. 6 S. 2 BDSG aF.

§ 58 Rechte auf Berichtigung und Löschung sowie Einschränkung der Verarbeitung

(1) ¹Die betroffene Person hat das Recht, von dem Verantwortlichen unverzüglich die Berichtigung sie betreffender unrichtiger Daten zu verlangen. ²Insbesondere im Fall von Aussagen oder Beurteilungen betrifft die Frage der Richtigkeit nicht den Inhalt der Aussage oder Beurteilung. ³Wenn die Richtigkeit oder Unrichtigkeit der Daten nicht festgestellt werden kann, tritt an die Stelle der Berichtigung eine Einschränkung der Verarbeitung. ⁴In diesem Fall hat der Verantwortliche die betroffene Person zu unterrichten, bevor er die Einschränkung wieder aufhebt. ⁵Die betroffene Person kann zudem die Vervollständigung unvollständiger personenbezogener Daten verlangen, wenn dies unter Berücksichtigung der Verarbeitungszwecke angemessen ist.

(2) Die betroffene Person hat das Recht, von dem Verantwortlichen unverzüglich die Löschung sie betreffender Daten zu verlangen, wenn deren Verarbeitung unzulässig ist, deren Kenntnis für die Aufgabenerfüllung nicht mehr erforderlich ist oder diese zur Erfüllung einer rechtlichen Verpflichtung gelöscht werden müssen.

(3) ¹Anstatt die personenbezogenen Daten zu löschen, kann der Verantwortliche deren Verarbeitung einschränken, wenn

1. Grund zu der Annahme besteht, dass eine Löschung schutzwürdige Interessen einer betroffenen Person beeinträchtigen würde,
2. die Daten zu Beweiszwecken in Verfahren, die Zwecken des § 45 dienen, weiter aufbewahrt werden müssen oder
3. eine Löschung wegen der besonderen Art der Speicherung nicht oder nur mit unverhältnismäßigem Aufwand möglich ist.

[2] In ihrer Verarbeitung nach Satz 1 eingeschränkte Daten dürfen nur zu dem Zweck verarbeitet werden, der ihrer Löschung entgegenstand.

(4) Bei automatisierten Dateisystemen ist technisch sicherzustellen, dass eine Einschränkung der Verarbeitung eindeutig erkennbar ist und eine Verarbeitung für andere Zwecke nicht ohne weitere Prüfung möglich ist.

(5) [1] Hat der Verantwortliche eine Berichtigung vorgenommen, hat er einer Stelle, die ihm die personenbezogenen Daten zuvor übermittelt hat, die Berichtigung mitzuteilen. [2] In Fällen der Berichtigung, Löschung oder Einschränkung der Verarbeitung nach den Absätzen 1 bis 3 hat der Verantwortliche Empfängern, denen die Daten übermittelt wurden, diese Maßnahmen mitzuteilen. [3] Der Empfänger hat die Daten zu berichtigen, zu löschen oder ihre Verarbeitung einzuschränken.

(6) [1] Der Verantwortliche hat die betroffene Person über ein Absehen von der Berichtigung oder Löschung personenbezogener Daten oder über die an deren Stelle tretende Einschränkung der Verarbeitung schriftlich zu unterrichten. [2] Dies gilt nicht, wenn bereits die Erteilung dieser Informationen eine Gefährdung im Sinne des § 56 Absatz 2 mit sich bringen würde. [3] Die Unterrichtung nach Satz 1 ist zu begründen, es sei denn, dass die Mitteilung der Gründe den mit dem Absehen von der Unterrichtung verfolgten Zweck gefährden würde.

(7) § 57 Absatz 7 und 8 findet entsprechende Anwendung.

EU-Recht: Art. 16 und ErwGr 47 JI-RL (kommentiert unter → Rn. 1 ff.).

Literatur: *Art.-29-Datenschutzgruppe,* WP 258, Stellungnahme zu einigen wesentlichen Aspekten der Richtlinie zum Datenschutz bei der Strafverfolgung (EU 2016/680), angenommen am 28. November 2017, zuletzt überarbeitet und angenommen am 10. April 2018; *Baier,* Einfluss des europäischen Rechts auf den Justizvollzugsdatenschutz – Verhältnis von DSGVO, JI-Richtlinie und Vollzugsgesetzen, ZD 2019, 545; *Greve,* Das neue Bundesdatenschutzgesetz, NVwZ 2017, 737; *Weinhold/Johannes,* Europäischer Datenschutz in Strafverfolgung und Gefahrenabwehr – Die neue Datenschutz-Richtlinie im Bereich Polizei und Justiz sowie deren Konsequenzen für deutsche Gesetzgebung und Praxis, DVBl 2016, 1501.

A. Allgemeines

I. Einführung

1 § 58 setzt Vorgaben der JI-RL, insbes. Art. 16 JI-RL um (vgl. auch Nolte/Werkmeister in Gola/Heckmann BDSG § 58 Rn. 3; Schwichtenberg in Kühling/Buchner BDSG § 58 Rn. 3) und regelt die **Betroffenenrechte auf Berichtigung, Löschung und Einschränkung der Verarbeitung sowie deren Ausnahmen.** Diese Rechte sind nur ggü. öffentl. Stellen anwendbar. Ausf. **zur Genese** s. Worms in BeckOK DatenschutzR BDSG § 58 Rn. 14 ff.

II. Sinn und Zweck

Das Recht auf Berichtigung, Löschung und Einschränkung der Verarbeitung **2** verwirklicht die **Grundsätze der Sicherstellung einer Verarbeitung von inhaltlich zutreffenden personenbezogenen Daten** sowie der **Datenminimierung** und ist damit **Ausfluss einer fairen und transparenten Verarbeitung** von personenbezogenen Daten, die unionsprimärrechtlich (Art. 8 Abs. 2 S. 2 GRCh) abgesichert ist. Das Recht auf Einschränkung der Verarbeitung nach § 58 Abs. 1 S. 3 und Abs. 3 zielt ab auf einen (vorläufigen) **Ausgleich** zwischen den Interessen der betroffenen Person an den personenbezogenen Daten und des Verantwortlichen an der Verarbeitung eben dieser Daten.

III. Regelungssystematik

Neben dem Auskunftsrecht nach § 57 statuiert § 58 weitere Rechte betroffe- **3** ner Personen zur individuellen Rechtsdurchsetzung: Das **Recht auf Berichtigung** (Abs. 1), das **Recht auf Löschung** (Abs. 2) und das **Recht auf Einschränkung der Verarbeitung** (Abs. 3). Die spiegelbildlich bestehenden Pflichten des Verantwortlichen, personenbezogene Daten – unabhängig von einer Geltendmachung des Betroffenenrechtes – zu berichtigen, sind in § 75 Abs. 1 bis 3 niedergelegt (→ § 75 Rn. 1 ff.).

B. Recht auf Berichtigung (Abs. 1)

Abs. 1 regelt das Recht auf **Berichtigung unrichtiger** bzw. auf **Vervoll-** **4** **ständigung unvollständiger Daten.** Unrichtig sind Daten, wenn sie mit der Realität nicht übereinstimmen. Die Hintergründe der Unrichtigkeit bzw. der Unvollständigkeit entfalten keine Relevanz. Entspr. ErwGr 47 S. 2 JI-RL wird in **Abs. 1 S. 2** klargestellt, dass sich die Berichtigung auf die betroffene Person betr. Tatsachen bezieht, nicht dagegen auf den Inhalt von Zeugenaussagen. Hierdurch soll der Gefahr eines Einganges von massenhaften, nicht erfolgsversprechenden Anträgen vorgebeugt werden; sinngemäße Erwägungen greifen für polizeifachliche Bewertungen (BT-Drs. 18/11325, 114; vgl. auch BT-Drs. 18/12144, 7; Greve NVwZ 2017, 737 (742); ausf. zur **Berichtigung von Beurteilungen** s. Worms in BeckOK DatenschutzR BDSG § 58 Rn. 30 ff.).

Abs. 1 S. 3 setzt Art. 16 Abs. 3 S. 1 lit. a JI-RL um. In dem dort beschrie- **5** benen non liquet-Fall wird die Verarbeitungseinschränkung lediglich als Alternative zur Löschung der Daten angeführt. Weil die JI-RL im Fall der Verarbeitung unrichtiger Daten zwar deren Berichtigung, nicht aber deren Löschung vorsieht, verortete der nationale Gesetzgeber (vgl. BT-Drs. 18/11325, 114) den in der RL beschriebenen Sachverhalt bereits in Abs. 1. Hinsichtlich der Anforderungen an das Bestreiten der Richtigkeit der beim Verantwortlichen verarbeiteten Daten durch die betroffene Person reicht die bloße Behauptung der Unrichtigkeit nicht aus; vielmehr müssen zum Schutz der polizeifachlichen Arbeit und zur Vermeidung unverhältnismäßigen Prüfungsaufwands die Zweifel an der Unrichtigkeit durch Beibringung geeigneter Tatsachen hinreichend substantiiert werden (BT-Drs. 18/11325, 114). **Abs. 1 S. 4** regelt die Unterrichtung des Betroffenen bei Aufhebung der Einschränkung der Verarbeitung.

6   Darüber hinaus gibt **Abs. 1 S. 5** dem Betroffenen ein **Recht auf Vervollständigung** seiner Daten, wenn diese Daten lückenhaft, missverständlich oder irreführend sind und wenn diese Vervollständigung unter Berücksichtigung der Verarbeitungszwecke aus § 45 Abs. 1 angemessen erscheint.

C. Recht auf Löschung (Abs. 2)

7   Abs. 2 regelt das **Betroffenenrecht auf Löschung.** Hier wurde Art. 16 Abs. 2 JI-RL teilw. umgesetzt, welcher über das Betroffenenrecht hinaus auch die unabhängig von der Geltendmachung des Betroffenenrechtes durch die betroffene Person bestehende Löschungspflicht des Verantwortlichen thematisiert. Diese Pflicht ist in § 75 Abs. 2 geregelt (→ § 75 Rn. 7 f.).

8   Das **Recht auf Löschung** besteht in **drei Fällen:** Unzulässigkeit der Verarbeitung, fehlende Erforderlichkeit für die Aufgabenerfüllung und Erfüllung einer rechtlichen Verpflichtung (zu den Voraussetzungen s. Otto in HK-BDSG § 58 Rn. 18 ff.; ausf. Worms in BeckOK DatenschutzR BDSG § 58 Rn. 41 ff.). Die Löschung hat **unverzüglich** zu erfolgen. Die maßgebliche Unverzüglichkeit ist grds. einzelfallabhängig zu bestimmen und zwar anhand der konkreten Verarbeitung und dem damit verbundenen Löschungsaufwand (vgl. zur Parallelnorm → DS-GVO Art. 17 Rn. 31).

D. Einschränkung der Verarbeitung (Abs. 3)

9   Bei den in Abs. 3 genannten Fällen soll nach dem Ermessen des Verantwortlichen an die Stelle der Löschung **die Einschränkung der Verarbeitung** treten. Methoden zur Einschränkung der Verarbeitung personenbezogener Daten können unter anderem darin bestehen, dass ausgewählte Daten, bspw. zu Archivierungszwecken, auf ein anderes Verarbeitungssystem übertragen oder gesperrt werden (vgl. ErwGr 47 S. 6 JI-RL).

10   **S. 1 Nr. 1** übernimmt dabei den in ErwGr 47 S. 4 JI-RL enthaltenen Gedanken des gegenüber einer Löschung vorrangigen schutzwürdigen Interesses des Betroffenen. Relevanz entfaltet diese Variante insbes. dann, wenn eine **Löschungspflicht von Amts wegen** besteht. Gem. **Nr. 2** ist von einer Löschung abzusehen, wenn die Daten als Beweismittel aufbewahrt werden müssen für Verfahren, die Zwecken des § 45 dienen. Dabei versteht Nr. 2 den dort verwendeten Begriff „Beweiszwecke" iSv „Zwecke eines gerichtlichen Verfahrens" (BT-Drs. 18/11325, 119, betreffend die hier übertragbare Begr. zu § 75). In Fällen der Nr. 1 und 2 wird das Ermessen des Verantwortlichen idR „auf Null" reduziert sein, weil eine Löschung kaum angebracht

sein wird, wenn eine dieser Ausnahmen vorliegt (Schantz in Schantz/Wolff DatenschutzR Rn. 1244).

Dagegen werden in der Lit. mitunter **Zweifel an der unionsrechtlichen 11 Zulässigkeit** des Ausnahmefalles der **Nr. 3** vorgetragen, weil es insoweit um die Begrenzung von Verwaltungsaufwand gehe, der gerade keine Ausnahme nach Art. 16 Abs. 4 S. 2 JI-RL trage (so auch Schwichtenberg in Kühling/ Buchner BDSG § 56 Rn. 7; Schantz in Schantz/Wolff DatenschutzR Rn. 1244). Jedenfalls ist die Ausnahmeregelung der Nr. 3 schon nach dem Willen des Gesetzgebers **restriktiv auszulegen**, weil im Grundsatz die bei Verantwortlichen zum Einsatz kommende IT-Infrastruktur darauf angelegt sein sollte, eine Löschungsverpflichtung auch technisch nachvollziehen zu können (BT-Drs. 18/11325, 114 f.). Zur Unverhältnismäßigkeit s. Worms in BeckOK DatenschutzR BDSG § 56 Rn. 48 f.

Nach **Abs. 3 S. 2** dürfen die in ihrer Verarbeitung eingeschränkten Daten 12 – entspr. dem Rechtsgedanken des § 32 Abs. 2 S. 3 BKAG – nur zu dem Zweck verarbeitet werden, der ihrer Löschung entgegenstand (BT-Drs. 18/ 11325, 115).

E. Technische Pflichten zur Erkennbarkeit der Einschränkung (Abs. 4)

Nach Abs. 4 ist durch technische Mittel sicherzustellen, dass die **Einschrän-** 13 **kung** der Verarbeitung **eindeutig erkennbar** und eine **Verarbeitung für andere Zwecke nicht ohne weitere Prüfung möglich** ist. Auf die Tatsache, dass die Verarbeitung der personenbezogenen Daten beschr. wurde, solle in dem jeweiligen System unmissverständlich hingewiesen werden (vgl. auch ErwGr 47 S. 8 JI-RL). Ein solcher Hinweis könnte bspw. durch eine entspr. Markierung erfolgen, vgl. § 74 Abs. 2 S. 2. Zu **Bsp. der methodischen Umsetzung** der Verarbeitungsbeschränkung s. ErwGr 67 DS-GVO: Vorübergehende Übertragung der Daten auf ein anderes Verarbeitungssystem, Sperrung der Daten für Nutzer, vorübergehende Entfernung von veröffentlichten Daten von einer Website.

F. Mitteilung der Berichtigung (Abs. 5)

In Umsetzung von Art. 16 Abs. 5 und 6 JI-RL regelt Abs. 5 allfällige **Folge-** 14 **pflichten des Verantwortlichen**.

Nach S. 1 hat der Verantwortliche die **Berichtigung** von unrichtigen 15 personenbezogenen Daten **der zuständigen Behörde mitzuteilen**, von der die unrichtigen Daten stammen.

Nach **S. 2 und 3** hat der Verantwortliche zudem in Fällen der Berichti- 16 gung, Löschung oder Einschränkung der Verarbeitung nach den Abs. 1, 2 und 3 die **Empfänger** der personenbezogenen Daten **in Kenntnis zu setzen**, welche ihrerseits wiederum verpflichtet sind, die ihrer Verantwortung unterliegenden personenbezogenen Daten zu berichtigen, zu löschen oder deren Verarbeitung einzuschränken. Für die Praxis bietet es sich an, Routinen zu implementieren, um regelmäßig wiederkehrend zu prüfen, ob und welche Daten zu löschen, zu berichtigen und einzuschränken sind (Nolte/Werkmeister BDSG § 58 Rn. 21).

17   IÜ solle der Verantwortliche von jeglicher Weiterverbreitung dieser Daten Abstand nehmen (vgl. ErwGr 47 S. 10 JI-RL).

G. Unterrichtungspflicht (Abs. 6)

18   Abs. 6 setzt Art. 16 Abs. 4 JI-RL um und regelt das Verfahren, wenn der Verantwortliche einem Antrag auf Berichtigung oder Löschung nicht oder nur eingeschränkt nachkommt. Die Vorschr. ist § 57 Abs. 6 nachgebildet, sodass hier auf die entspr. Vorschr. zur vollständigen oder teilw. Einschränkung des Auskunftsrechtes, auch und gerade in Fällen des § 56 Abs. 2 (→ § 56 Rn. 6 ff.), verwiesen werden kann (→ § 57 Rn. 10).

H. Anrufung des/der BfDI und Dokumentationspflicht (Abs. 7)

19   Abs. 7 ordnet eine entspr. Anwendung von § 57 an. Somit besteht im Falle der Verweigerung der Berichtigung, Löschung oder Einschränkung der Verarbeitung durch den Verantwortlichen die Möglichkeit, die/den BfDI anzurufen (→ § 57 Rn. 11 ff.). Hierbei ist der Verantwortliche auch in diesem Fall zur Dokumentation der der Entsch. zugrundeliegenden Gründe verpflichtet (→ § 57 Rn. 16).

I. Vergleich zur bisherigen Rechtslage

20   Das Recht auf Berichtigung, Löschung und – laut BDSG aF – Sperrung personenbezogener Daten war in § 20 BDSG aF geregelt. § 58 Abs. 3 enthält Elemente aus § 20 Abs. 3 S. 1 BDSG aF (Nr. 1 und 3), ergänzt um Art. 16 Abs. 3 S. 1 lit. b JI-RL (Nr. 2). Nach der bisherigen Rechtslage bestand in Fällen der Verweigerung der Berichtigung, Löschung oder Einschränkung der Verarbeitung personenbezogener Daten **keine dem § 58 Abs. 6 entspr. Informationspflicht** (vgl. auch Weinhold/Johannes DVBl 2016, 1501 (1505)). Ein **Widerspruchsrecht,** wie es in **§ 20 Abs. 5 BDSG aF** niedergelegt war, enthält § 58 ebenso wenig wie die zugrundeliegende Regelung des Art. 16 JI-RL. Bemerkenswert ist, dass in ErwGr 40 S. 1 aE JI-RL ein solches „Widerspruchsrecht" aufgeführt ist.

§ 59 Verfahren für die Ausübung der Rechte der betroffenen Person

(1) ¹Der Verantwortliche hat mit betroffenen Personen unter Verwendung einer klaren und einfachen Sprache in präziser, verständlicher und leicht zugänglicher Form zu kommunizieren. ²Unbeschadet besonderer Formvorschriften soll er bei der Beantwortung von Anträgen grundsätzlich die für den Antrag gewählte Form verwenden.

(2) Bei Anträgen hat der Verantwortliche die betroffene Person unbeschadet des § 57 Absatz 6 und des § 58 Absatz 6 unverzüglich schriftlich darüber in Kenntnis zu setzen, wie verfahren wurde.

(3) ¹Die Erteilung von Informationen nach § 55, die Benachrichtigungen nach den §§ 56 und 66 und die Bearbeitung von Anträgen nach den §§ 57 und 58 erfolgen unentgeltlich. ²Bei offenkundig unbegründeten oder exzessiven Anträgen nach den §§ 57 und 58 kann der Verantwortliche entweder eine angemessene Gebühr auf der Grundlage der Verwaltungskosten verlangen oder sich weigern, aufgrund des Antrags tätig zu werden. ³In diesem Fall muss der Verantwortliche den offenkundig unbegründeten oder exzessiven Charakter des Antrags belegen können.

(4) Hat der Verantwortliche begründete Zweifel an der Identität einer betroffenen Person, die einen Antrag nach den §§ 57 oder 58 gestellt hat, kann er von ihr zusätzliche Informationen anfordern, die zur Bestätigung ihrer Identität erforderlich sind.

EU-Recht: Art. 12 und ErwGr 39, 40, 41 JI-RL (kommentiert unter → Rn. 1 ff.).

Literatur: *Art.-29-Datenschutzgruppe,* WP 258, Stellungnahme zu einigen wesentlichen Aspekten der Richtlinie zum Datenschutz bei der Strafverfolgung (EU 2016/680), angenommen am 28 November 2017, zuletzt überarbeitet und angenommen am 10. April 2018; *Baier,* Einfluss des europäischen Rechts auf den Justizvollzugsdatenschutz – Verhältnis von DSGVO, JI-Richtlinie und Vollzugsgesetzen, ZD 2019, 545; *Schwichtenberg,* Die „kleine Schwester" der DSGVO: Die Richtlinie zur Datenverarbeitung bei Polizei und Justiz, DuD 2016, 605; *Weinhold/Johannes,* Europäischer Datenschutz in Strafverfolgung und Gefahrenabwehr – Die neue Datenschutz-Richtlinie im Bereich Polizei und Justiz sowie deren Konsequenzen für deutsche Gesetzgebung und Praxis, DVBl 2016, 1501.

A. Allgemeines

I. Einführung

§ 59 regelt das **Verfahren für die Ausübung der Rechte der betroffenen** 1 **Personen** und setzt dabei Elemente des Art. 12 JI-RL um. Adressat der Regelung ist der Verantwortliche, für den Pflichten und Obliegenheiten normiert werden. Zur Unionsrechtskonformität s. Worms in BeckOK DatenschutzR BDSG § 59 Rn. 1a.

II. Sinn und Zweck

Zweck der Regelung ist es, der betroffenen Person die **Wahrnehmung ihrer** 2 **Rechte zu erleichtern** (ErwGr 39 S. 1 JI-RL). Durch die Regelung soll zugleich dem Problem der **drohenden Informationsüberlastung entgegengewirkt** werden, indem die Anforderungen an die zu übermittelnden

Informationen an den Adressaten angepasst werden (zur Parallelnorm → DS-GVO Art. 12 Rn. 1 ff.).

3 Bes. Beachtung finden dabei auch **schutzbedürftige Personen** wie etwa Kinder. Denn die Informationen sollten an die Bedürfnisse dieser Personen angepasst werden (ErwGr 39 S. 2 JI–RL) und in einer Sprache formuliert sein, die dank ihrer Einfachheit und Klarheit auch und gerade diesen Personen verständlich ist.

III. Regelungssystematik

4 § 59 stellt allg. Maßgaben auf, die für die Geltendmachung aller Betroffenen-rechte greifen.

4a Für **Landesbehörden** können sich aus landesrechtlichen Bestimmungen in Umsetzung der JI–RL weitergehende Informations-, Verfahrens- und Trans-parenzvorgaben ergeben, s. Heckmann/Scheurer in Gola/Heckmann BDSG § 59 Rn. 20 mwN.

B. Form (Abs. 1)

5 Nach Abs. 1 hat der Verantwortliche mit betroffenen Personen unter **Verwendung einer klaren und einfachen Sprache** in **präziser, verständlicher und leicht zugänglicher Form** zu kommunizieren. Der Verantwortliche sollte hierzu Modalitäten festlegen, die einer betroffenen Person die Ausübung ihrer Rechte erleichtern. Diese Pflicht beinhaltet die Festlegung von Mechanismen, die dafür sorgen, dass betroffene Personen unentgeltlich insbes. Zugang zu personenbezogenen Daten und deren Berichtigung oder Löschung beantragen und ggf. erhalten oder von ihrem Widerspruchsrecht Gebrauch machen können (vgl. ErwGr 40 S. 1 JI–RL). Der Verantwortliche sollte gem. Abs. 1 S. 2 bei der Beantwortung der Anträge grds. die Form des Antrags wählen (ausf. Worms in BeckOK DatenschutzR BDSG § 59 Rn. 4.)

C. Informationspflicht des Verantwortlichen (Abs. 2)

6 Nach Abs. 2 ist der Verantwortliche verpflichtet, den Antrag der betroffenen Person **unverzüglich** zu beantworten. Diese Verpflichtung besteht jedoch nicht, wenn der Verantwortliche allfällige Einschränkungen in Bezug auf die Rechte der betroffenen Person zur Anwendung bringt.

D. Unentgeltlichkeit (Abs. 3)

7 Abs. 3 S. 1 kodifiziert **den Grundsatz der Unentgeltlichkeit** bei Geltend-machung von Betroffenenrechten. Nur bei offenkundig **unbegründeten** oder **exzessiven Anträgen** darf der Verantwortliche eine angemessene Gebühr erheben oder sich weigern, tätig zu werden. Nach S. 2 trägt der Verantwortliche die **Beweislast** für den offenkundig unbegründeten oder exzessiven Charakter des Antrages.

Als **Bsp.** für **offenkundig unbegründete oder exzessive Anträge** zu **8** nennen sind Konstellationen, in denen die betroffene Person ungebührlich und wiederholt Informationen verlangt oder wenn die betroffene Person ihr Recht auf Unterrichtung missbraucht, bspw. indem sie in ihrem Antrag falsche oder irreführende Angaben macht (vgl. ErwGr 40 S. 3 JI-RL). In diesen Fällen kann der Verantwortliche entweder eine Gebühr erheben oder das Tätigwerden verweigern (Abs. 3 S. 2). Dabei muss die verantwortliche Stelle jedoch stets den **Verhältnismäßigkeitsgrundsatz** beachten (vgl. Worms in BeckOK DatenschutzR BDSG § 59 Rn. 7 ff.).

E. Zweifel an der Identität der betroffenen Person (Abs. 4)

Bei **begründeten Zweifeln an der Identität** einer betroffenen Person darf **9** der Verantwortliche nach Abs. 4 **zusätzliche Informationen anfordern,** die zur Bestätigung ihrer Identität erforderlich sind. Fordert der Verantwortliche solche zusätzlichen Informationen an, so sollten diese Informationen nur für diesen konkreten Zweck verarbeitet werden und nicht länger gespeichert werden, als es für diesen Zweck notwendig ist (**Zweckbindungsgrundsatz** vgl. ErwGr 41 JI-RL).

Obgleich es Art. 12 Abs. 5 JI-RL dem Verantwortlichen in begründeten **10** Zweifelsfällen ermöglicht, zusätzliche Informationen zur Identitätsklärung anzufordern, wird hierdurch nach der amtl. Begr. keine Änd. der bisherigen verbreiteten Praxis bezweckt, den Nachweis der Identität auch weiterhin als Grundvoraussetzung für die Antragsstellung anzusehen (BT-Drs. 18/11325, 115).

F. Vergleich zur bisherigen Rechtslage

Eine vergleichbar grds. Formvorschrift gab es im dt. Recht bislang nicht (vgl. **11** auch Weinhold/Johannes DVBl 2016, 1501 (1505)). Vielmehr bestimmte **die verantwortliche Stelle die Form der Auskunftserteilung selbst,** § 19 Abs. 1 S. 4 BDSG aF.

Die Entgeltlichkeit für die Geltendmachung des Auskunftsrechtes wird **12** **nunmehr abw.** von der Vorschr. des § 19 Abs. 7 BDSG aF geregelt, wonach die Auskunft ausnahmslos unentgeltlich war.

§ 60 Anrufung der oder des Bundesbeauftragten

(1) ¹Jede betroffene Person kann sich unbeschadet anderweitiger Rechtsbehelfe mit einer Beschwerde an die Bundesbeauftragte oder den Bundesbeauftragten wenden, wenn sie der Auffassung ist, bei der Verarbeitung ihrer personenbezogenen Daten durch öffentliche Stellen zu den in § 45 genannten Zwecken in ihren Rechten verletzt worden zu sein. ²Dies gilt nicht für die Verarbeitung von per-

sonenbezogenen Daten durch Gerichte, soweit diese die Daten im Rahmen ihrer justiziellen Tätigkeit verarbeitet haben. [3] Die oder der Bundesbeauftragte hat die betroffene Person über den Stand und das Ergebnis der Beschwerde zu unterrichten und sie hierbei auf die Möglichkeit gerichtlichen Rechtsschutzes nach § 61 hinzuweisen.

(2) [1] Die oder der Bundesbeauftragte hat eine bei ihr oder ihm eingelegte Beschwerde über eine Verarbeitung, die in die Zuständigkeit einer Aufsichtsbehörde in einem anderen Mitgliedstaat der Europäischen Union fällt, unverzüglich an die zuständige Aufsichtsbehörde des anderen Staates weiterzuleiten. [2] Sie oder er hat in diesem Fall die betroffene Person über die Weiterleitung zu unterrichten und ihr auf deren Ersuchen weitere Unterstützung zu leisten.

EU-Recht: Art. 52 und ErwGr 85 JI-RL (kommentiert unter → Rn. 1 ff.).

A. Allgemeines

I. Einführung

1   § 60 stellt auch für den Bereich der Verarbeitung durch Verantwortliche zu den in § 45 genannten Zwecken klar, dass sich Betroffene mit Beschwerden über die bei Verantwortlichen durchgeführte Verarbeitung an die/den BfDI wenden können. Dieses Recht leitet der EuGH überdies bereits unmittelbar her aus Art. 8 Abs. 1 und 3 GRCh (EuGH NJW 2015, 3151 – Schrem I). Durch § 60 wird Art. 52 JI-RL umgesetzt. Ein im Gesetzgebungsverfahren vorgeschlagenes **Klagerecht** der/des BfDI zur Durchsetzung von Betroffenenrechten gegen aus ihrer/seiner Sicht rechtswidrige Behördenentscheidungen (Innenausschuss Prot. BDSG, 136) wurde dagegen nicht eingeführt.

II. Sinn und Zweck

2   Das Beschwerderecht adressiert **zwei wesentliche Kernzwecke**: Zum einen gibt es betroffenen Personen einen **unkompliziert zu erhebenden Rechtsbehelf**, der die Rechtsdurchsetzung Betroffener entspr. stärkt und vereinfacht. Zum anderen kann das Beschwerderecht darüber hinaus zu einer **verbesserten Kenntnislage der/des BfDI** führen (vgl. zur Parallelnorm des Art. 77 DS-GVO Mundil in BeckOK DatenschutzR DS-GVO Art. 77 vor Rn. 1).

III. Regelungssystematik

3   § 60 Abs. 1 beinhaltet ein **allg. Beschwerderecht für betroffene Personen** und ergänzt dieses mit einer **Befassungspflicht der/des BfDI**. Ergänzt wird das Beschwerderecht mit der Regelung zur **Untätigkeitsklage nach § 61 Abs. 2**, die das Beschwerderecht zu einem rechtlich durchsetzbaren Rechtsbehelf aufwertet.

4   Systematisch lässt sich das Beschwerderecht insbes. mit dem **allg. Petitionsrecht** vergleichen. Es enthält über das Erfordernis einer – wenn auch weit zu verstehenden – Beschwerdebefugnis hinaus **Züge eines isolierten Wi-**

derspruchsverfahrens, das unabhängig eines sich anschließenden Gerichtsverfahrens zugunsten eines Betroffenen besteht (vgl. zur Parallelnorm des Art. 77 DS-GVO Mundil in BeckOK DatenschutzR DS-GVO Art. 77 vor Rn. 1).

B. Anrufung des oder der Bundesbeauftragten (Abs. 1)

Nach Abs. 1 S. 1 können betroffene Personen sich im Falle des Verdachtes **5** einer Rechtsverletzung an die/den BfDI wenden. Darüber hinaus unterliegt die Beschwerde keinen formalen oder besonderen Voraussetzungen (Heckmann in Gola/Heckmann BDSG § 60 Rn. 4; Meltzian in BeckOK DatenschutzR BDSG § 60 Rn. 3). Die/Der BfDI hat **Maßnahmen zur Erleichterung der Einreichung von Beschwerden** zu treffen. Hierzu kann bspw. ein Beschwerdeformular bereitgestellt werden, das – auch in elektronischer Form – ausgefüllt und an die/den BfDI gesendet werden kann (ErwGr 85 S. 5 JI-RL).

Die **Verarbeitung durch** (Bundes-)**Gerichte** (Meltzian in BeckOK Da- **5a** tenschutzrecht BDSG § 60 Rn. 2) iR ihrer justiziellen Tätigkeit ist nach S. 2 **ausgenommen**. Dies dient der Umsetzung des Art. 45 Abs. 2 JI-RL (aA Schwichtenberg in Kühling/Buchner BDSG § 60 Rn. 2; zur Formulierung Raum in Auernhammer BDSG § 60 Rn. 7) und ist im Zusammenhang mit § 9 Abs. 2 zu sehen (Sydow in HK-BDSG § 60 Rn. 10). Umfasst vom Anwendungsbereich der Vorschr. sind daher etwa Bundespolizei und Bundeswehr (Sydow in HK-BDSG § 60 Rn. 13).

Gem. S. 3 ist die/der BfDI verpflichtet, die betroffene Person über den **6** Stand und die Erg. der Beschwerde zu unterrichten und auf die Möglichkeit des gerichtlichen Rechtsschutzes hinzuweisen. Die **Unterrichtung** sollte **innerhalb eines angemessenen Zeitraumes** erfolgen (ErwGr 85 S. 3 JI-RL). Sollten weitere Untersuchungen oder die Abstimmung mit einer anderen ASB erforderlich sein, so sollte die betroffene Person auch über den Zwischenstand informiert werden (ErwGr 85 S. 4 JI-RL).

Die sich an die Anrufung anschließende Untersuchung der/des BfDI sollte **7** vorbehaltlich gerichtlicher Überprüfung so weit gehen, wie dies **im Einzelfall angemessen** ist (ErwGr 85 S. 2 JI-RL).

Anderweitige Rechtsbehelfe bleiben unberührt (Abs. 1 S. 1). Daher **7a** besteht das Recht etwa unabhängig davon, ob zugleich Widerspruch gegen einen Bescheid eingelegt wurde oder Klage gegen einen ablehnenden Widerspruchsbescheid erhoben wurde (Raum in Auernhammer BDSG § 60 Rn. 5). Zudem werden weitere außergerichtliche Rechtsbehelfe des Verwaltungsrechts wie die Gegenvorstellung sowie Fach- und Dienstaufsichtsbeschwerde nicht tangiert (Sydow in HK-BDSG § 60 Rn. 9).

Die Regelung ist im Zusammenhang mit der Aufgabenzuweisung nach **7b** § 14 Abs. 1 S. 2 zu sehen. Bei **offenkundig unbegründeten oder exzessiven Anfragen** sind die Befugnisse der/des BfDI nach § 14 Abs. 4 S. 2 zu beachten.

C. Weiterleitung an Behörde in einem anderen Mitgliedstaat (Abs. 2)

8 Für den Fall, dass die Beschwerde über eine Verarbeitung in die Zuständigkeit einer ASB in einem anderen Mitgliedstaat der EU fällt, hat die/der BfDI nach Abs. 2 S. 1 die Beschwerde **unverzüglich** an die zuständige ASB des anderen Staates **weiterzuleiten.** Insoweit besteht ein Unterschied zu Art. 77 Abs. 2 DS-GVO, wonach die Aufsichtsbehörde für die Unterrichtung zuständig bleibt (dazu Sydow in HK–BDSG § 60 Rn. 22). Die Weiterleitungspflicht entfällt nur bei offensichtlich missbräuchlichen Beschwerden und wenn sich aufgrund der Unvollständigkeit der Beschwerde die Zuständigkeit einer anderen Behörde nicht aus der Beschwerde ergibt (Heckmann in Gola/Heckmann BDSG § 60 Rn. 9). Eine Übermittlung für den Fall der Zuständigkeit einer Landesdatenschutzbehörde wird nicht geregelt (krit. Schwichtenberg in Kühling/Buchner BDSG § 60 Rn. 4).

9 Nach S. 2 hat die/der BfDI die betroffene Person über die Weiterleitung zu **unterrichten** (vgl. auch ErwGr 85 S. 4 JI-RL) und ihr auf deren Ersuchen weitere Unterstützung zu leisten.

D. Vergleich zur bisherigen Rechtslage

10 § 60 Abs. 1 S. 1 entspricht der Regelung des § 21 BDSG aF.

§ 61 Rechtsschutz gegen Entscheidungen der oder des Bundesbeauftragten oder bei deren oder dessen Untätigkeit

(1) Jede natürliche oder juristische Person kann unbeschadet anderer Rechtsbehelfe gerichtlich gegen eine verbindliche Entscheidung der oder des Bundesbeauftragten vorgehen.

(2) Absatz 1 gilt entsprechend zugunsten betroffener Personen, wenn sich die oder der Bundesbeauftragte mit einer Beschwerde nach § 60 nicht befasst oder die betroffene Person nicht innerhalb von drei Monaten nach Einlegung der Beschwerde über den Stand oder das Ergebnis der Beschwerde in Kenntnis gesetzt hat.

EU-Recht: Art. 53 und ErwGr 86 JI-RL (kommentiert unter → Rn. 1 ff.).

A. Allgemeines

I. Einführung

1 § 61 setzt Art. 53 JI-RL um und regelt Fallkonstellationen, in denen betroffene Personen **gerichtlichen Rechtsschutz** ersuchen können.

II. Sinn und Zweck

Die Vorschrift sichert betroffenen Personen den **Zugang zu den Gerichten** 2
und verwirklicht damit das nach **Art. 47 Abs. 1 GRCh garantierte Recht,**
einen **wirksamen Rechtsbehelf** bei einem Gericht **einlegen zu können.**

III. Regelungssystematik

§ 61 statuiert **zwei vollständig unabhängig voneinander bestehende** 3
Verfahren: Nach **Abs. 1** kann jeder Adressat **Rechtsschutz** gegen einen
ihn betreffenden rechtsverbindlichen **Beschluss einer Behörde** erlangen.
Abs. 2 beinhaltet dagegen eine **bes. Var. der Untätigkeitsklage** und stellt
sich als **Ergänzung des Beschwerderechtes aus § 60** dar.

Ein **Vorverfahren** findet nach § 20 Abs. 6 für keines der beiden Verfahren 3a
statt.

B. Rechtsbehelfe gegen verbindliche Entscheidungen (Abs. 1)

Nach **Abs. 1** können Adressaten von verbindlichen Entsch. – d. h. von VA 4
(v. Lewinski in Auernhammer BDSG § 61 Rn. 3; Schwichtenberg in Küh-
ling/Buchner BDSG § 61 Rn. 3) – der/des BfDI hiergegen auf dem **Ver-**
waltungsrechtsweg (§ 20 Abs. 1 S. 1) vorgehen. Klagebefugte Adressaten
können auch Organteile und Behörden sein (v. Lewinski in Auernhammer
BDSG § 61 Rn. 4). Die Geltendmachung durch Datenschutzverbände ist
nicht vorgesehen (vgl. Art. 55 JI-RL). Der Rechtsschutz bezieht sich insbes.
auf die Ausübung von Untersuchungs-, Abhilfe- und Genehmigungsbefugnissen durch die/den BfDI oder die Ablehnung oder Abweisung von Beschwerden; für andere – rechtlich nicht bindende – Maßnahmen der ASB wie
von ihr abgegebene reine Stellungn. oder Empf. soll der Anwendungsbereich
dagegen nicht eröffnet sein (ErwGr 86 S. 2 und 3 JI-RL).

Angesichts von Rechtsschutzmöglichkeiten aufgrund von Art. 19 Abs. 4 **4a**
GG und bspw. nach § 20 BDSG wird § 61 Abs. 1 teilw. nur **deklaratorische**
Wirkung (Schwichtenberg in Kühling/Buchner BDSG § 61 Rn. 1) oder
eine **Reservefunktion** zugesprochen (Heckmann in Gola/Heckmann BDSG
§ 60 Rn. 5). Im Übrigen bleiben andere Rechtsbehelfe unberührt (dazu
v. Lewinski in Auernhammer BDSG § 60 Rn. 9 ff.).

Für das Verfahren finden die **Regelungen der VwGO** Anwendung. Das 5
Gericht ist für die Prüfung sämtlicher für den Rechtsstreit maßgeblichen
Sach- und Rechtsfragen uneingeschränkt zuständig (vgl. ErwGr 86 S. 5 JI-
RL). Konkret ist das VG Köln örtlich zuständig für gerichtlichen Rechts-
schutz gegen verbindliche Entsch. der/des BfDI (zum Rechtsschutz gegen
Entsch. einer/eines Landesdatenschutzbeauftragten v. Lewinski in Auernham-
mer BDSG § 60 Rn. 31; für eine analoge Anwendung insoweit Sydow in
HK-BDSG § 61 Rn. 8 ff.).

C. Rechtsbehelfe gegen Untätigkeit (Abs. 2)

6   **Abs.** 2 stellt einen **bes. Fall der Untätigkeitsklage** dar. Die Vorschrift steht in keinem unmittelbaren Konkurrenzverhältnis zu § 75 VwGO (Heckmann in Gola/Heckmann BDSG § 61 Rn. 7). Die Norm sieht zwei Var. vor: In **Var. 1** bleibt die/der BfDI untätig, während sie/er in **Var. 2** zwar nicht untätig bleibt, aber nicht innerhalb von drei Monaten nach Einlegung der Beschwerde über den Stand oder das Erg. der Beschwerde informiert. Wird die Beschwerde dagegen aus inhaltlichen Gründen zurückgewiesen, greift das Klagerecht aus Abs. 1.

6a   Nach dem Wortlaut der **Var. 1** könnte ein Rechtsbehelf bereits unmittelbar nach Einlegung der Beschwerde zulässig sein; unter Berücksichtigung der Dreimonatsfrist in Var. 2 sind jedoch va informelle Ablehnungen durch die/den BfDI von Var. 1 umfasst (v. Lewinski in Auernhammer BDSG § 60 Rn. 17 ff.).

6b   Die Erfüllung der Pflicht nach **Var. 2** erfordert eine auf die konkrete Beschwerde bezogene Information der betroffenen Personen. Eine allg. gehaltene Eingangsbestätigung ist nicht ausreichend (Heckmann in Gola/Heckmann BDSG § 61 Rn. 9). Entspr. dem Rechtsgedanken des § 75 VwGO und dem Sinn und Zweck der Var. 2, betroffenen Personen ein kontinuierliches Druckmittel an die Hand zu geben, beginnt die Dreimonatsfrist erneut nach der Mitteilung etwaiger Zwischeninformationen (Heckmann in Gola/Heckmann BDSG § 61 Rn. 10; aA mit Blick auf den Wortlaut v. Lewinski in Auernhammer BDSG § 61 Rn. 22).

D. Vergleich zur bisherigen Rechtslage

7   Den Anspruch auf Entgegennahme, Prüfung und Bescheidung des Beschwerdeverlangens konnte der Betroffene auch nach alter Rechtslage vor dem Verwaltungsgericht geltend machen (Worms in BeckOK DatenschutzR BDSG aF § 21 Rn. 32). Eine dem § 61 vergleichbare Norm gab es nicht (zu den maßgeblichen Bestimmungen des BDSG aF s. ferner Heckmann in Gola/Heckmann BDSG § 61 Rn. 3).

Kapitel 4. Pflichten der Verantwortlichen und Auftragsverarbeiter

§ 62 Auftragsverarbeitung

(1) [1]Werden personenbezogene Daten im Auftrag eines Verantwortlichen durch andere Personen oder Stellen verarbeitet, hat der Verantwortliche für die Einhaltung der Vorschriften dieses Gesetzes und anderer Vorschriften über den Datenschutz zu sorgen. [2]Die Rechte der betroffenen Personen auf Auskunft, Berichtigung, Löschung, Einschränkung der Verarbeitung und Schadensersatz sind in diesem Fall gegenüber dem Verantwortlichen geltend zu machen.

(2) Ein Verantwortlicher darf nur solche Auftragsverarbeiter mit der Verarbeitung personenbezogener Daten beauftragen, die mit geeigneten technischen und organisatorischen Maßnahmen sicherstellen, dass die Verarbeitung im Einklang mit den gesetzlichen Anforderungen erfolgt und der Schutz der Rechte der betroffenen Personen gewährleistet wird.

(3) [1] Auftragsverarbeiter dürfen ohne vorherige schriftliche Genehmigung des Verantwortlichen keine weiteren Auftragsverarbeiter hinzuziehen. [2] Hat der Verantwortliche dem Auftragsverarbeiter eine allgemeine Genehmigung zur Hinzuziehung weiterer Auftragsverarbeiter erteilt, hat der Auftragsverarbeiter den Verantwortlichen über jede beabsichtigte Hinzuziehung oder Ersetzung zu informieren. [3] Der Verantwortliche kann in diesem Fall die Hinzuziehung oder Ersetzung untersagen.

(4) [1] Zieht ein Auftragsverarbeiter einen weiteren Auftragsverarbeiter hinzu, so hat er diesem dieselben Verpflichtungen aus seinem Vertrag mit dem Verantwortlichen nach Absatz 5 aufzuerlegen, die auch für ihn gelten, soweit diese Pflichten für den weiteren Auftragsverarbeiter nicht schon aufgrund anderer Vorschriften verbindlich sind. [2] Erfüllt ein weiterer Auftragsverarbeiter diese Verpflichtungen nicht, so haftet der ihn beauftragende Auftragsverarbeiter gegenüber dem Verantwortlichen für die Einhaltung der Pflichten des weiteren Auftragsverarbeiters.

(5) [1] Die Verarbeitung durch einen Auftragsverarbeiter hat auf der Grundlage eines Vertrags oder eines anderen Rechtsinstruments zu erfolgen, der oder das den Auftragsverarbeiter an den Verantwortlichen bindet und der oder das den Gegenstand, die Dauer, die Art und den Zweck der Verarbeitung, die Art der personenbezogenen Daten, die Kategorien betroffener Personen und die Rechte und Pflichten des Verantwortlichen festlegt. [2] Der Vertrag oder das andere Rechtsinstrument haben insbesondere vorzusehen, dass der Auftragsverarbeiter

1. nur auf dokumentierte Weisung des Verantwortlichen handelt; ist der Auftragsverarbeiter der Auffassung, dass eine Weisung rechtswidrig ist, hat er den Verantwortlichen unverzüglich zu informieren;
2. gewährleistet, dass die zur Verarbeitung der personenbezogenen Daten befugten Personen zur Vertraulichkeit verpflichtet werden, soweit sie keiner angemessenen gesetzlichen Verschwiegenheitspflicht unterliegen;
3. den Verantwortlichen mit geeigneten Mitteln dabei unterstützt, die Einhaltung der Bestimmungen über die Rechte der betroffenen Person zu gewährleisten;
4. alle personenbezogenen Daten nach Abschluss der Erbringung der Verarbeitungsleistungen nach Wahl des Verantwortlichen zurückgibt oder löscht und bestehende Kopien vernichtet, wenn nicht nach einer Rechtsvorschrift eine Verpflichtung zur Speicherung der Daten besteht;
5. dem Verantwortlichen alle erforderlichen Informationen, insbesondere die gemäß § 76 erstellten Protokolle, zum Nachweis der Einhaltung seiner Pflichten zur Verfügung stellt;
6. Überprüfungen, die von dem Verantwortlichen oder einem von diesem beauftragten Prüfer durchgeführt werden, ermöglicht und dazu beiträgt;
7. die in den Absätzen 3 und 4 aufgeführten Bedingungen für die Inanspruchnahme der Dienste eines weiteren Auftragsverarbeiters einhält;
8. alle gemäß § 64 erforderlichen Maßnahmen ergreift und

9. unter Berücksichtigung der Art der Verarbeitung und der ihm zur Verfügung stehenden Informationen den Verantwortlichen bei der Einhaltung der in den §§ 64 bis 67 und § 69 genannten Pflichten unterstützt.

(6) Der Vertrag im Sinne des Absatzes 5 ist schriftlich oder elektronisch abzufassen.

(7) Ein Auftragsverarbeiter, der die Zwecke und Mittel der Verarbeitung unter Verstoß gegen diese Vorschrift bestimmt, gilt in Bezug auf diese Verarbeitung als Verantwortlicher.

EU-Recht: Art. 22 JI-RL; Art. 28 Abs. 3 lit. c, f und h DS-GVO (kommentiert unter → Rn. 1 ff.; → DS-GVO Art. 28 Rn. 44 f., 48 f., 52 f.).

A. Allgemeines

1   § 62 setzt Art. 22 JI-RL in nationales Recht um. Dabei werden die Regelungen des Art. 22 **weitestgehend übernommen,** teilw. werden die Richtlinienbestimmungen jedoch auch um **Regelungen aus § 11 BDSG aF** ergänzt.

2   Regelungsgegenstand sind die rechtlichen Anforderungen beim **Einsatz von Auftragsverarbeitern.** Für den Bereich der Verarbeitung personenbezogener Daten iRd Strafverfolgung hält der Gesetzgeber am bisherigen **Regelungsansatz des § 11 BDSG aF** fest, dass für den Datentransfer an den Auftragsverarbeiter keine gesonderte Rechtsgrundlage erforderlich ist (BT-Drs. 18/11325, 115). Die zu § 62 aufgekommene Frage, ob § 62 eine Aussage zur generellen Zulässigkeit einer Auftragsverarbeitung entnommen werden kann (s. dazu iErg verneinend insbes. Spoerr in: BeckOK DatenschutzR § 62 BDSG Rn. 1 ff., 18 ff.) wie dies analog für Art. 28 DS-GVO angenommen wird, dürfte zu verneinen sein. Mit Blick auf zahlr. spezialgesetzliche Regelungen für die Auftragsverarbeitung durch öffentl. Stellen ist zu erwarten, dass sich eine Aussage des Gesetzgebers hierzu nicht in einer Regelung erschöpft hätte, die in weiten Teilen eine Kopie des Art. 28 DS-GVO ist, sondern klare und konkrete Vorgaben enthält, ob und wann eine Auslagerung an Auftragsverarbeiter zulässig ist.

B. Pflicht des Verantwortlichen für Einhaltung des Datenschutzrechtes und Erfüllung der Betroffenenrechte (Abs. 1)

3   § 62 Abs. 1 übernimmt inhaltlich die Regelung des § 11 Abs. 1 BDSG aF (BT-Drs. 18/11325, 115) und schreibt die **Verantwortung des Verantwortlichen** für die Einhaltung des Datenschutzrechtes im Auftragsverarbeitungsverhältnis fest. Eine entspr. Vorschr. findet sich in der RL selbst nicht. Im Fall einer Auftragsverarbeitung ist allein der Verantwortliche für die Einhaltung der datenschutzrechtlichen Vorschr. zuständig, der Auftragsverarbeiter wird über die Pflichten im Auftragsverarbeitungsvertrag gebunden. Dementsprechend sind auch die **Betroffenenrechte** gem. Abs. 1 S. 2 **unmittelbar ggü. dem Verantwortlichen** geltend zu machen.

C. Sicherstellung der Eignung des Auftragsverarbeiters (Abs. 2)

Abs. 2 betrifft die **sorgfältige Auswahl des Auftragsverarbeiters** und sieht 4
vor, dass nur solche Auftragsverarbeiter beauftragt werden dürfen, die durch
geeignete technische und organisatorische Maßnahmen die Einhaltung der
datenschutzrechtlichen Vorgaben sicherstellen und durch die der Schutz der
Rechte der Betroffenen gewährleistet ist. Mit Abs. 2 wird Art. 22 Abs. 1 JI-
RL umgesetzt. Eine sorgfältige Auswahl setzt eine **Überprüfung des Auftragsverarbeiters,** insbes. der technischen und organisatorischen Maßnahmen, vor Datenverarbeitung voraus. Überprüft werden müssen damit alle
Anforderungen an die Datensicherheit nach § 64 Abs. 3, deren Implementierung nach § 62 Abs. 5 S. 2 Nr. 8 im Vertrag mit dem Auftragsverarbeiter
festgeschrieben werden muss.

D. Genehmigungspflicht für Unter-Auftragsverarbeiter (Abs. 3)

§ 62 Abs. 3 setzt Art. 22 Abs. 2 JI-RL um und verbietet die Beauftragung 5
weiterer Unterauftragnehmer durch den Auftragsverarbeiter ohne vorherige
schriftliche Genehmigung des Verantwortlichen (Abs. 3 S. 1). Die Erteilung einer allg. Genehmigung weiterer Unter-Auftragnehmer durch den
Verantwortlichen ist zulässig (Abs. 3 S. 2). In diesem Fall ist der Auftragsverarbeiter dazu verpflichtet, den Verantwortlichen vor jeder beabsichtigten Hinzuziehung oder Ersetzung eines Unter-Auftragsverarbeiters zu informieren.
Der Verantwortliche hat das Recht, die **Beauftragung oder Ersetzung zu
untersagen** (Abs. 3 S. 3). Sowohl eine gesonderte als auch eine allg. Genehmigung bedarf der Schriftform, eine E-Mail reicht also bspw. nicht aus.

E. Vertragliche Bindung des Unter-Auftragsverarbeiters (Abs. 4)

Die Regelung des Abs. 4 findet sich nicht in Art. 22 JI-RL, sondern über- 6
nimmt **Elemente des Art. 28 Abs. 4 DS-GVO** (BT-Drs. 18/11325, 115).
Abs. 4 regelt die Pflicht des Auftragsverarbeiters zur Weitergabe seiner vertraglichen Pflichten ggü. dem Verantwortlichen an den hinzugezogenen Unterauftragnehmer. Dies gilt nicht, soweit diese Pflichten bereits aufgrund
anderer Vorschr. für den Unter-Auftragsverarbeiter verbindlich sind. Es ist
davon auszugehen, dass diese Ausnahme nur im Fall von **verbindlichen
gesetzlichen Vorschr.** gelten soll, nicht aber, wenn der Unter-Auftragsverarbeiter bereits durch einen anderen Vertrag an gleichlautende Pflichten
gebunden ist. Darüber hinaus dürfte ein Verzicht auf eine vertragliche Regelung nicht für die Festlegung von technischen und organisatorischen Maßnahmen möglich sein, da die vertragliche Verpflichtung sich auf die konkreten, vom Verantwortlichen geprüften und für angemessen befundenen Maßnahmen bezieht. Damit werden spezifische Maßnahmen unter der
Einschätzungsprärogative des Verantwortlichen konkretisiert, was über die

generelle Verpflichtung zur Implementierung von angemessenen technischen und organisatorischen Maßnahmen, der nach § 64 auch Auftragsverarbeiter unterliegen, hinausgeht.

7   Der Auftragsverarbeiter **haftet ggü. dem Verantwortlichen** für die Einhaltung der Verpflichtungen des Unter-Auftragsverarbeiters (Abs. 4 S. 2).

F. Mindestinhalt des Auftragsverarbeitungsvertrages (Abs. 5)

8   § 62 Abs. 5 legt die Mindestinhalte eines Vertrages über die Auftragsverarbeitung im Detail fest. S. 1 bestimmt zunächst, dass ein Auftragsverarbeitungsverhältnis auf einem Vertrag oder einem anderen Rechtsinstrument zu erfolgen hat, mit dem der Verantwortliche den Auftragsverarbeiter bindet und der oder das mind. Gegenstand, Dauer, Art und Zweck der Verarbeitung regelt sowie die Art der personenbezogenen Daten, Kategorien der betroffenen Personen und die Rechte und Pflichten des Verantwortlichen festlegt.

9   Für den **Katalog der Pflichtinhalte** in Abs. 5 S. 2 Nr. 1 bis 9 hat der Gesetzgeber die Vorgaben des Art. 22 Abs. 3 JI-RL umgesetzt, darüber hinaus aber auch auf Inhalte des Art. 28 Abs. 3 DS-GVO (→ DS-GVO Art. 28 Rn. 22 ff.) sowie des § 11 Abs. 3 S. 2 BDSG aF zurückgegriffen (BT-Drs. 18/11325, 115). Nr. 1 setzt grds. zunächst Art. 22 Abs. 3 lit. a JI-RL um, der die **Aufnahme eines Weisungsrechtes** des Verantwortlichen in den Vertrag vorsieht. Über die Richtlinienvorgabe hinausgehend hat der Gesetzgeber jedoch auch festgelegt, dass es sich um eine dokumentierte Weisung (Art. 28 Abs. 3 DS-GVO) handeln muss, sowie eine **Informationspflicht des Auftragsverarbeiters** aufgenommen für den Fall, dass dieser eine Weisung für rechtswidrig hält. Die Informationspflicht wurde aus § 11 Abs. 3 S. 2 BDSG aF übernommen. Die Nr. 2 bis 4 setzen nahezu wörtlich die Richtlinienvorgaben aus Art. 22 Abs. 3 lit. b bis d um. Nr. 5 ergänzt die Richtlinienvorgaben aus Art. 22 Abs. 3 lit. e um die Pflicht, dem Verantwortlichen die gem. § 76 zu erstellenden Protokolle der Verarbeitungsvorgänge in automatisierten Verarbeitungssystemen zur Vfg. zu stellen. Nr. 6 normiert ein **Überprüfungsrecht des Verantwortlichen** und die korrespondierende Pflicht des Auftragsverarbeiters, solche durch den Verantwortlichen oder durch einen von diesem beauftragten Prüfer zu ermöglichen und zu unterstützen. Diese Vorgabe ist nicht in der RL enthalten und wurde stattdessen vom Gesetzgeber aus Art. 28 Abs. 3 lit. h DS-GVO übernommen. Nr. 7 (Pflicht zur Einhaltung der Bedingungen für die Hinzuziehung von Unter-Auftragsverarbeitern) entspricht der Regelung in Art. 22 Abs. 3 lit. f JI-RL. Die Regelung in Nr. 8 (Pflicht zur Ergreifung aller nach § 64 vorgesehenen technischen und organisatorischen Maßnahmen zur Datensicherheit) hat keine Entsprechung in der RL und wurde aus Art. 28 Abs. 3 lit. c DS-GVO übernommen. Gleiches gilt für Nr. 9 (Pflicht zur Unterstützung des Verantwortlichen bei Erfüllung seiner Pflichten aus §§ 64–67 und § 69), eine solche Regelung wurde aus Art. 28 Abs. 3 lit. f DS-GVO in § 62 übernommen.

G. Form des Auftragsverarbeitungsvertrags (Abs. 6)

§ 62 Abs. 6 enthält Vorgaben für die Form eines Auftragsdatenverarbeitungs- **10** vertrages (Art. 22 Abs. 4 JI-RL). Dieser ist gem. Abs. 6 **schriftlich oder elektronisch** abzufassen. Der Richtlinientext stimmt mit der entspr. Regelung des Art. 28 Abs. 9 DS-GVO überein, nachdem der Vertrag oder das andere Rechtsinstrument „schriftlich abzufassen (ist), was auch in einem elektronischen Format erfolgen kann". Grds. gilt damit **Schriftform** (§ 126 BGB), allerdings kann das Vertragsdokument auch in einem elektronischen Format vorliegen, was **nicht gleichbedeutend** ist mit der **elektronischen Form** iSd § 126a BGB, jedoch auch **nicht** die bloße **Textform** ausreichen lässt (→ s. zu den Anforderungen an das elektronische Format iE → DS-GVO Art. 28 Rn. 75).

H. Verantwortlichkeit des Auftragsverarbeiters (Abs. 7)

Die Regelung des Abs. 7 übernimmt den Wortlaut des Art. 22 Abs. 5 JI-RL **11** und bestimmt, dass der **Auftragsverarbeiter als Verantwortlicher** iSd Datenschutzrechtes gilt, wenn er unter Verstoß gegen § 62 die Zwecke und Mittel der Verarbeitung bestimmt. Grds. ist gem. Abs. 1 ist in einem Auftragsverarbeitungsverhältnis ausschl. der Verantwortliche verantwortlich für die Einhaltung der Vorgaben des Datenschutzrechtes, der Auftragsverarbeiter wird wie nach der Konzeption des BDSG aF lediglich über den Auftragsverarbeitungsvertrag an das Datenschutzrecht gebunden. Dies gilt allerdings nicht, wenn der Auftragsverarbeiter **gegen das Prinzip der Weisungsgebundenheit verstößt,** dann gilt er als Verantwortlicher und haftet gleichermaßen für Verstöße gegen das BDSG.

§ 63 Gemeinsam Verantwortliche

[1] Legen zwei oder mehr Verantwortliche gemeinsam die Zwecke und die Mittel der Verarbeitung fest, gelten sie als gemeinsam Verantwortliche. [2] Gemeinsam Verantwortliche haben ihre jeweiligen Aufgaben und datenschutzrechtlichen Verantwortlichkeiten in transparenter Form in einer Vereinbarung festzulegen, soweit diese nicht bereits in Rechtsvorschriften festgelegt sind. [3] Aus der Vereinbarung muss insbesondere hervorgehen, wer welchen Informationspflichten nachzukommen hat und wie und gegenüber wem betroffene Personen ihre Rechte wahrnehmen können. [4] Eine entsprechende Vereinbarung hindert die betroffene Person nicht, ihre Rechte gegenüber jedem der gemeinsam Verantwortlichen geltend zu machen.

EU-Recht: Art. 21 JI-RL (kommentiert unter → Rn. 1 ff.).

A. Allgemeines

1 § 63 setzt Art. 21 JI–RL um. Ziel der Regelung ist eine klare **Verteilung der Verantwortlichkeiten,** dies soll insbes. für Betroffene bei der Geltendmachung von Betroffenenrechten sowie für die ASB **klar erkennbar** machen, welcher der beiden oder mehreren gemeinsam Verantwortlichen die datenschutzrechtlichen Pflichten für die konkreten Datenverarbeitungsvorgänge trägt.

B. Gemeinsam Verantwortliche (S. 1)

2 Gemeinsame Verantwortlichkeit wird angenommen, wenn zwei oder mehr Verantwortliche **gemeinsam die Zwecke und Mittel der Verarbeitung** festlegen. Die Kriterien für die Beurteilung des Vorliegens einer gemeinsamen Verantwortlichkeit nach § 63 entsprechen denen der Regelung des Art. 26 DS-GVO (s. dazu → DS-GVO Art. 26 Rn. 19 ff.).

C. Vereinbarung über Aufgaben und datenschutzrechtliche Verantwortlichkeit (S. 2, 3)

3 Um die von § 63 angestrebte Transparenz für Betroffene und Aufsicht herzustellen, haben die gemeinsam Verantwortlichen nach S. 2 eine **Vereinbarung** zu treffen, in denen sie in transparenter Form ihre jeweiligen Aufgaben und datenschutzrechtlichen Verantwortlichkeiten festlegen. Insbes. muss die Vereinbarung erkennen lassen, welcher der Verantwortlichen welchen **Informationspflichten** nachzukommen hat und welcher Stelle ggü. Betroffene ihre datenschutzrechtlichen **Rechte geltend machen** können.

4 Eine wichtige Einschränkung im Hinblick auf den Inhalt der Vereinbarung betrifft die Festlegung und Aufteilung der Aufgaben zwischen den gemeinsam Verantwortlichen. Gem. S. 2 können die jeweiligen Aufgaben und datenschutzrechtlichen Pflichten nur in dem Umf. in der Vereinbarung festgelegt werden, soweit diese **nicht bereits in Rechtsvorschriften festgelegt** sind. Dies trägt dem Umstand Rechnung, dass die Aufgaben von Behörden und zT auch deren spezifische datenschutzrechtliche Pflichten gesetzlich geregelt sind und Behörden sich dieser gesetzlich zugewiesenen Verantwortung **nicht durch Vereinbarung entziehen** können. Diese Einschränkung spielt iRd § 63 praktisch eine wichtige Rolle, da jedenfalls einer der Beteiligten idR eine Behörde sein dürfte.

D. Geltendmachung von Betroffenenrechten gegenüber gemeinsam Verantwortlichen (S. 4)

5 In § 63 S. 4 hat der Gesetzgeber Gebrauch von der Möglichkeit des Art. 21 Abs. 2 JI-RL gemacht und festgelegt, dass ungeachtet der Aufteilung der

Verantwortlichkeiten zwischen den datenverarbeitenden Stellen die **Betroffenenrechte** ggü. **jedem einzelnen der Verantwortlichen** geltend gemacht werden können.

§ 64 Anforderungen an die Sicherheit der Datenverarbeitung

(1) [1] Der Verantwortliche und der Auftragsverarbeiter haben unter Berücksichtigung des Stands der Technik, der Implementierungskosten, der Art, des Umfangs, der Umstände und der Zwecke der Verarbeitung sowie der Eintrittswahrscheinlichkeit und der Schwere der mit der Verarbeitung verbundenen Gefahren für die Rechtsgüter der betroffenen Personen die erforderlichen technischen und organisatorischen Maßnahmen zu treffen, um bei der Verarbeitung personenbezogener Daten ein dem Risiko angemessenes Schutzniveau zu gewährleisten, insbesondere im Hinblick auf die Verarbeitung besonderer Kategorien personenbezogener Daten. [2] Der Verantwortliche hat hierbei die einschlägigen Technischen Richtlinien und Empfehlungen des Bundesamtes für Sicherheit in der Informationstechnik zu berücksichtigen.

(2) [1] Die in Absatz 1 genannten Maßnahmen können unter anderem die Pseudonymisierung und Verschlüsselung personenbezogener Daten umfassen, soweit solche Mittel in Anbetracht der Verarbeitungszwecke möglich sind. [2] Die Maßnahmen nach Absatz 1 sollen dazu führen, dass
1. die Vertraulichkeit, Integrität, Verfügbarkeit und Belastbarkeit der Systeme und Dienste im Zusammenhang mit der Verarbeitung auf Dauer sichergestellt werden und
2. die Verfügbarkeit der personenbezogenen Daten und der Zugang zu ihnen bei einem physischen oder technischen Zwischenfall rasch wiederhergestellt werden können.

(3) [1] Im Fall einer automatisierten Verarbeitung haben der Verantwortliche und der Auftragsverarbeiter nach einer Risikobewertung Maßnahmen zu ergreifen, die Folgendes bezwecken:
1. Verwehrung des Zugangs zu Verarbeitungsanlagen, mit denen die Verarbeitung durchgeführt wird, für Unbefugte (Zugangskontrolle),
2. Verhinderung des unbefugten Lesens, Kopierens, Veränderns oder Löschens von Datenträgern (Datenträgerkontrolle),
3. Verhinderung der unbefugten Eingabe von personenbezogenen Daten sowie der unbefugten Kenntnisnahme, Veränderung und Löschung von gespeicherten personenbezogenen Daten (Speicherkontrolle),
4. Verhinderung der Nutzung automatisierter Verarbeitungssysteme mit Hilfe von Einrichtungen zur Datenübertragung durch Unbefugte (Benutzerkontrolle),
5. Gewährleistung, dass die zur Benutzung eines automatisierten Verarbeitungssystems Berechtigten ausschließlich zu den von ihrer Zugangsberechtigung umfassten personenbezogenen Daten Zugang haben (Zugriffskontrolle),
6. Gewährleistung, dass überprüft und festgestellt werden kann, an welche Stellen personenbezogene Daten mit Hilfe von Einrichtungen zur Datenüber-

tragung übermittelt oder zur Verfügung gestellt wurden oder werden können (Übertragungskontrolle),

7 Gewährleistung, dass nachträglich überprüft und festgestellt werden kann, welche personenbezogenen Daten zu welcher Zeit und von wem in automatisierte Verarbeitungssysteme eingegeben oder verändert worden sind (Eingabekontrolle),

8. Gewährleistung, dass bei der Übermittlung personenbezogener Daten sowie beim Transport von Datenträgern die Vertraulichkeit und Integrität der Daten geschützt werden (Transportkontrolle),

9. Gewährleistung, dass eingesetzte Systeme im Störungsfall wiederhergestellt werden können (Wiederherstellbarkeit),

10. Gewährleistung, dass alle Funktionen des Systems zur Verfügung stehen und auftretende Fehlfunktionen gemeldet werden (Zuverlässigkeit),

11. Gewährleistung, dass gespeicherte personenbezogene Daten nicht durch Fehlfunktionen des Systems beschädigt werden können (Datenintegrität),

12. Gewährleistung, dass personenbezogene Daten, die im Auftrag verarbeitet werden, nur entsprechend den Weisungen des Auftraggebers verarbeitet werden können (Auftragskontrolle),

13. Gewährleistung, dass personenbezogene Daten gegen Zerstörung oder Verlust geschützt sind (Verfügbarkeitskontrolle),

14. Gewährleistung, dass zu unterschiedlichen Zwecken erhobene personenbezogene Daten getrennt verarbeitet werden können (Trennbarkeit).

[2] Ein Zweck nach Satz 1 Nummer 2 bis 5 kann insbesondere durch die Verwendung von dem Stand der Technik entsprechenden Verschlüsselungsverfahren erreicht werden.

EU-Recht: Art. 29 JI-RL (kommentiert unter → Rn. 1 ff.).

Literatur: *Schlehahn,* Die Methodik des Standard-Datenschutzmodells im Bereich der öffentlichen Sicherheit und Justiz – Zur Anwendbarkeit der Gewährleistungsziele des SDM im Kontext der JI-Richtlinie, DuD 2018, 32.

A. Allgemeines

1 § 64 setzt Art. 29 JI-RL (Sicherheit der Verarbeitung) um und behält dabei iW den **Grundgedanken des § 9 BDSG aF** bei, wonach die Erforderlichkeit der Maßnahmen am Maßstab des angemessenen Verhältnisses zwischen Aufwand und angestrebtem Schutzzweck beurteilt wurde (BT-Drs. 18/11325, 116).

B. Angemessene technische und organisatorische Maßnahmen (Abs. 1)

2 § 64 Abs. 1 normiert eine generelle **Pflicht zur Implementierung** von dem Risiko angemessenen technischen und organisatorischen Maßnahmen, diese gesetzliche Pflicht zur Implementierung richtet sich gleichermaßen an Verantwortliche wie Auftragsverarbeiter. Die Ausgestaltung der spezifischen

Maßnahmen und die Beurteilung der Erforderlichkeit hingegen unterliegen dabei grds. der Einschätzung des Verantwortlichen und sollen **Erg. eines Abwägungsprozesses** sein. Bei der Abwägung sind die in Abs. 1 S. 1 niedergelegten Kriterien des Standes der Technik, der Implementierungskosten, des Umf., der Zwecke und der Umstände der Verarbeitung sowie der Eintrittswahrscheinlichkeit und Schwere möglicher Risiken für die Betroffenen zu berücksichtigen (BT-Drs. 18/11325, 116).

Die Kriterien des § 64 Abs. 1 S. 1 sind zu „berücksichtigen", dh sie müssen **3** **in den Abwägungsprozess einbezogen und geprüft** werden. Im Hinblick auf das Kriterium Stand der Technik ist von Bedeutung, dass das Gesetz die Berücksichtigung, jedoch nicht die Einhaltung des Standes der Technik fordert. Der Begriff Stand der Technik umfasst das aktuell technisch Mögliche, das auf gesicherten Erkenntnissen von Wiss. und Technik beruht (→ DS-GVO Art. 32 Rn. 56; Art. 25 Rn. 39 f.; Mantz in Sydow DS-GVO Art. 25 Rn. 37 ff.). Konkretisiert wird die Regelung durch Abs. 1 S. 2, nach dem zusätzlich die **einschlägigen Technischen RL des BSI** zu berücksichtigen sind. Hierdurch wird eine Orientierung für das Kriterium des Standes der Technik aufgenommen.

Die Pflicht zur **„Berücksichtigung" des Standes der Technik** ver- **4** pflichtet jedoch nicht zur Umsetzung jedes aktuell technisch möglichen Verfahrens, es muss jedoch in die Bewertung der in Frage kommenden Schutzmaßnahmen und deren Angemessenheit einbezogen werden (s. zum Begriff „berücksichtigen des Standes der Technik" auch Eckhardt in BeckTKG § 109 Rn. 31 ff.).

C. Ziele der technischen und organisatorischen Maßnahmen (Abs. 2)

§ 64 Abs. 2 übernimmt die **Inhalte des Art. 32 Abs. 1 lit. a bis c** der DS- **5** GVO (BT-Drs. 18/11325, 116) und damit drei der vier dort genannten Zwecke (→ DS-GVO Art. 32 Rn. 30 ff.), die durch die ausgewählten technischen und organisatorischen Maßnahmen abgedeckt werden müssen.

D. Katalog der technischen und organisatorischen Einzelmaßnahmen (Abs. 3)

Abs. 3 konkretisiert und detailliert die Zwecke, die durch technische und **6** organisatorische Maßnahmen im **Fall einer automatisierten Verarbeitung** erreicht werden müssen. Die Inhalte des Kataloges des § 64 Abs. 3 S. 1 Nr. 1 bis Nr. 14 entsprechen weitestgehend § 9 BDSG aF und dem Anh. zu § 9 S. 1 BDSG aF. Nach S. 2 können die in Nr. 2 bis 5 genannten Zwecke insbes. durch die Verwendung von dem Stand der Technik entspr. Verschlüsselungsverfahren erreicht werden. Dies greift den schon in der Anl. zu § 9 S. 1 BDSG aF enthaltenen Ansatz auf, der ebenso in Abs. 2 S. 1 sowie in Art. 32 Abs. 1 DS-GVO eingeflossen ist.

§ 65 Meldung von Verletzungen des Schutzes personenbezogener Daten an die oder den Bundesbeauftragten

(1) [1] Der Verantwortliche hat eine Verletzung des Schutzes personenbezogener Daten unverzüglich und möglichst innerhalb von 72 Stunden, nachdem sie ihm bekannt geworden ist, der oder dem Bundesbeauftragten zu melden, es sei denn, dass die Verletzung voraussichtlich keine Gefahr für die Rechtsgüter natürlicher Personen mit sich gebracht hat. [2] Erfolgt die Meldung an die Bundesbeauftragte oder den Bundesbeauftragten nicht innerhalb von 72 Stunden, so ist die Verzögerung zu begründen.

(2) Ein Auftragsverarbeiter hat eine Verletzung des Schutzes personenbezogener Daten unverzüglich dem Verantwortlichen zu melden.

(3) Die Meldung nach Absatz 1 hat zumindest folgende Informationen zu enthalten:

1. eine Beschreibung der Art der Verletzung des Schutzes personenbezogener Daten, die, soweit möglich, Angaben zu den Kategorien und der ungefähren Anzahl der betroffenen Personen, zu den betroffenen Kategorien personenbezogener Daten und zu der ungefähren Anzahl der betroffenen personenbezogenen Datensätze zu enthalten hat,
2. den Namen und die Kontaktdaten der oder des Datenschutzbeauftragten oder einer sonstigen Person oder Stelle, die weitere Informationen erteilen kann,
3. eine Beschreibung der wahrscheinlichen Folgen der Verletzung und
4. eine Beschreibung der von dem Verantwortlichen ergriffenen oder vorgeschlagenen Maßnahmen zur Behandlung der Verletzung und der getroffenen Maßnahmen zur Abmilderung ihrer möglichen nachteiligen Auswirkungen.

(4) Wenn die Informationen nach Absatz 3 nicht zusammen mit der Meldung übermittelt werden können, hat der Verantwortliche sie unverzüglich nachzureichen, sobald sie ihm vorliegen.

(5) [1] Der Verantwortliche hat Verletzungen des Schutzes personenbezogener Daten zu dokumentieren. [2] Die Dokumentation hat alle mit den Vorfällen zusammenhängenden Tatsachen, deren Auswirkungen und die ergriffenen Abhilfemaßnahmen zu umfassen.

(6) Soweit von einer Verletzung des Schutzes personenbezogener Daten personenbezogene Daten betroffen sind, die von einem oder an einen Verantwortlichen in einem anderen Mitgliedstaat der Europäischen Union übermittelt wurden, sind die in Absatz 3 genannten Informationen dem dortigen Verantwortlichen unverzüglich zu übermitteln.

(7) § 42 Absatz 4 findet entsprechende Anwendung.

(8) Weitere Pflichten des Verantwortlichen zu Benachrichtigungen über Verletzungen des Schutzes personenbezogener Daten bleiben unberührt.

EU-Recht: Art. 30 JI-RL (kommentiert unter → Rn. 1 ff.).

A. Allgemeines

1   § 65 setzt Art. 30 JI-RL um und regelt die Details der Pflicht zur **Meldung von Datenvorfällen** an die ASB. Welche Vorfälle Verletzungen des Schutzes

personenbezogener Daten darstellen und damit nach § 65 meldepflichtig sind, wird in § 46 Nr. 10 definiert, hierzu gehören ua Vorfälle, die zum Verlust, der Veränderung oder unbefugter Offenlegung von Daten geführt haben (→ § 46 Rn. 3 ff.). Auch Landesbehörden sind Adressat der Meldepflicht an den BfDI, soweit sie dem Anwendungsbereich unterfallen, Meldebehörde ist auch in dem Fall der Bundesbeauftragte (a. A. Schlösser-Rost in BeckOK DatenschutzR § 65 BDSG Rn. 6).

B. Meldepflicht des Verantwortlichen bei Datenschutzvorfällen (Abs. 1)

Die in § 65 Abs. 1 normierte Meldepflicht setzt Art. 30 Abs. 1 JI-RL unver- **2** ändert in nationales Recht um. Die **Meldepflicht entspricht der in Art. 33 Abs. 1 DS-GVO** geregelten Meldepflicht (→ DS-GVO Art. 33 Rn. 14 ff.). Die Meldung hat unverzüglich zu erfolgen, möglichst binnen 72 Stunden. Kann diese Frist nicht eingehalten werden, ist die Verzögerung zu begründen. Nach Abs. 1 kann eine Meldung unterbleiben, wenn der Vorfall voraussichtlich nicht zu einem Risiko für die Rechte der Betroffenen führt (→ DS-GVO Art. 33 Rn. 21 ff.).

C. Mitteilungspflicht des Auftragsverarbeiters an den Verantwortlichen (Abs. 2)

§ 65 Abs. 2 setzt Art. 30 Abs. 2 JI-RL unverändert um und sieht eine Pflicht **3** des Auftragsverarbeiters **ggü. dem Verantwortlichen** vor, Datenvorfälle unverzüglich zu melden.

D. Mindestinhalt der Meldung (Abs. 3) und Nachreichen von Informationen (Abs. 4)

Die in § 65 Abs. 3 geregelten **Mindestangaben, die eine Meldung** nach **4** Abs. 1 enthalten muss, entsprechen dem in Art. 30 Abs. 3 der RL enthaltenen Katalog von Mindestinformationen, der identisch mit den Anforderungen an den Mindestinhalt einer Meldung nach Art. 33 Abs. 3 DS-GVO ist (→ DS-GVO Art. 33 Rn. 43 ff.).

Ist eine Übermittlung der nach Abs. 3 geforderten Mindestinformationen **5** zusammen mit der Meldung nicht möglich, so bestimmt Abs. 4, dass die **Informationen unverzüglich nachgereicht** werden müssen, sobald sie dem Meldepflichtigen vorliegen. Aus ErwGr 61 geht hervor, dass die Informationen in dem Fall schrittweise und ohne unangemessene weitere Verzögerung bereitgestellt werden können. Dies entspricht der Formulierung in Art. 33 Abs. 4 DS-GVO, so dass davon auszugehen ist, dass für das Nachreichen von Informationen nach § 65 Abs. 4 die gleichen Maßstäbe gelten wie iRd Art. 33 Abs. 4 DS-GVO (→ DS-GVO Art. 33 Rn. 51 ff.)

E. Pflicht zur Dokumentation von Datenvorfällen (Abs. 5)

6 Gem. § 65 Abs. 5 sind Verletzungen des Schutzes personenbezogener Daten zu dokumentieren. S. 2 bestimmt die Mindestanforderungen an den Inhalt der Dokumentation. Diese muss alle mit den Vorfällen zusammenhängenden Tatsachen, deren Auswirkungen und die ergriffenen Abhilfemaßnahmen enthalten. Hinsichtlich Qualität und Quantität muss die Meldung dem Bundesbeauftragten die Überprüfung der Einhaltung der gesetzlichen Vorgaben ermöglichen (BT-Drs. 18/11325).

F. Meldung an Verantwortliche in EU-Drittstaaten (Abs. 6)

7 § 65 Abs. 6 erweitert die Pflicht zur Meldung von Datenvorfällen um eine Meldepflicht **ggü. Verantwortlichen in einem anderen EU-Mitgliedstaat.** Die Meldepflicht gilt sowohl in Fällen der Datenübermittlung an als auch des Datenerhaltes von einem Verantwortlichen in einem anderen EU-Mitgliedstaat, wenn diese Daten von dem Vorfall betroffen sind. Diese Regelung dient dazu, dem betroffenen Datenempfänger oder Datenübermittler seinerseits zu ermöglichen, die ihm ebenfalls obliegenden Meldepflichten nach EU-Recht zu erfüllen.

8 Der Inhalt der Meldepflicht ist **identisch** mit dem der **Meldung an den Bundesbeauftragten** und muss die in Abs. 3 aufgelisteten Mindestangaben enthalten. Die Übermittlung hat unverzüglich zu erfolgen, dh ohne schuldhaftes Zögern.

G. Beweisverwertungsverbot (Abs. 7)

9 Abs. 7 verweist auf § 42 Abs. 4 (→ § 42 Rn. 10) und erklärt diesen auf Meldungen nach § 65 für entspr. anwendbar. Damit gilt auch für **Meldungen an den Bundesbeauftragten** nach § 65 ein **Beweisverwertungsverbot.** Ausweislich der Gesetzesbegründung ist Ratio wie schon bei § 42a S. 6 BDSG aF der Gedanke, dass die Bereitschaft zur Meldung nicht dadurch verringert werden soll, dass mithilfe der durch die Meldung bekannt gewordenen Informationen ein Strafverfahren eingeleitet wird. Auch ist ein Beweisverwertungsverbot notwendig um dem verfassungsrechtlich verankerten Selbstbezichtigungsverbot Rechnung zu tragen.

H. Kein Ausschluss sonstiger Meldepflichten (Abs. 8)

10 Soweit Verantwortliche **weiteren Meldepflichten** unterliegen, werden diese durch die Pflicht des § 65 **nicht verdrängt.** IErg kann dies dazu führen, dass dieselben Datenvorfälle mehreren ASB gemeldet werden müssen. Insbes. wenn es sich um IT-Sicherheitsvorfälle handelt, können auch die in den betroffenen IT-Systemen verarbeiteten personenbezogenen Daten betroffen sein. So nennt auch die Begr. des GE als Bsp. für weitere Meldepflichten Meldungen an die Meldestelle des BSI für IT-Sicherheitsvorfälle (BT-Drs. 18/11325, 116).

§ 66 Benachrichtigung betroffener Personen bei Verletzungen des Schutzes personenbezogener Daten

(1) Hat eine Verletzung des Schutzes personenbezogener Daten voraussichtlich eine erhebliche Gefahr für Rechtsgüter betroffener Personen zur Folge, so hat der Verantwortliche die betroffenen Personen unverzüglich über den Vorfall zu benachrichtigen.

(2) Die Benachrichtigung nach Absatz 1 hat in klarer und einfacher Sprache die Art der Verletzung des Schutzes personenbezogener Daten zu beschreiben und zumindest die in § 65 Absatz 3 Nummer 2 bis 4 genannten Informationen und Maßnahmen zu enthalten.

(3) Von der Benachrichtigung nach Absatz 1 kann abgesehen werden, wenn
1. der Verantwortliche geeignete technische und organisatorische Sicherheitsvorkehrungen getroffen hat und diese Vorkehrungen auf die von der Verletzung des Schutzes personenbezogener Daten betroffenen Daten angewandt wurden; dies gilt insbesondere für Vorkehrungen wie Verschlüsselungen, durch die die Daten für unbefugte Personen unzugänglich gemacht wurden;
2. der Verantwortliche durch im Anschluss an die Verletzung getroffene Maßnahmen sichergestellt hat, dass aller Wahrscheinlichkeit nach keine erhebliche Gefahr im Sinne des Absatzes 1 mehr besteht, oder
3. dies mit einem unverhältnismäßigen Aufwand verbunden wäre; in diesem Fall hat stattdessen eine öffentliche Bekanntmachung oder eine ähnliche Maßnahme zu erfolgen, durch die die betroffenen Personen vergleichbar wirksam informiert werden.

(4) [1]Wenn der Verantwortliche die betroffenen Personen über eine Verletzung des Schutzes personenbezogener Daten nicht benachrichtigt hat, kann die oder der Bundesbeauftragte förmlich feststellen, dass ihrer oder seiner Auffassung nach die in Absatz 3 genannten Voraussetzungen nicht erfüllt sind. [2]Hierbei hat sie oder er die Wahrscheinlichkeit zu berücksichtigen, dass die Verletzung eine erhebliche Gefahr im Sinne des Absatzes 1 zur Folge hat.

(5) Die Benachrichtigung der betroffenen Personen nach Absatz 1 kann unter den in § 56 Absatz 2 genannten Voraussetzungen aufgeschoben, eingeschränkt oder unterlassen werden, soweit nicht die Interessen der betroffenen Person aufgrund der von der Verletzung ausgehenden erheblichen Gefahr im Sinne des Absatzes 1 überwiegen.

(6) § 42 Absatz 4 findet entsprechende Anwendung.

EU-Recht: Art. 31 JI-RL (kommentiert unter → Rn. 1 ff.).

A. Allgemeines

1 § 66 setzt Art. 31 JI-RL um und übernimmt dessen Regelungen weitestgehend unverändert. Die Norm regelt die **Benachrichtigungspflicht** ggü. den betroffenen Personen bei **Datenvorfällen.** Die Pflicht dient dem Schutz der Rechte der von einem Datenvorfall betroffenen Personen. Der Betroffene soll die Möglichkeit erhalten, eventuelle Schäden mindern und weitere Schäden abwenden zu können. Ebenso ist eine Information notwendig, damit der Betroffene die ihm möglicherweise gegen den Verantwortlichen zustehenden, weitergehenden Rechte geltend machen kann (s. zu Sinn und Zweck der entspr. Regelung in Art. 34 DS-GVO → DS-GVO Art. 34 Rn. 16 f.).

2 Da im Bereich der Verarbeitung von Daten durch Behörden zum Zweck der Verhütung, Ermittlung, Aufdeckung oder Verfolgung von Straftaten **öffentl. Interessen** einer Information des Betroffenen im Wege stehen können, muss die Regelung das **Recht des Betroffenen auf Benachrichtigung** mit den potentiell entgegenstehenden öffentl. Interessen **in Einklang** bringen.

B. Pflicht zur Benachrichtigung des Betroffenen (Abs. 1)

3 § 66 Abs. 1 verpflichtet den Verantwortlichen bei einem Datenvorfall zur **unverzüglichen Benachrichtigung** des Betroffenen, wenn der Vorfall voraussichtlich eine erhebliche Gefahr für Rechtsgüter betroffener Personen zur Folge hat. Abs. 1 entspricht inhaltlich der Regelung in Art. 34 Abs. 1 DS-GVO, für die Einzelheiten wird auf die Kommentierung zu Art. 34 DS-GVO verwiesen (→ DS-GVO Art. 34 Rn. 25 ff.).

C. Form und Inhalt der Benachrichtigung (Abs. 2)

4 Abs. 2 normiert Vorgaben für Form und **Inhalt der Benachrichtigung** des Betroffenen nach Abs. 1. Die Mitteilung muss die Art der Verletzung des Schutzes personenbezogener Daten in klarer und einfacher Sprache beschreiben sowie die in § 65 Abs. 3 Nr. 2 bis 4 genannten Mindestinhalte aufweisen. Im Hinblick auf die Art und Weise der Übermittlung der Benachrichtigung an den Betroffenen sieht § 66 **keine bes. Übermittlungsform** vor. Unter Berücksichtigung des Abs. 1 des Art. 12 JI-RL, der ua die Modalitäten für die Ausübung der Rechte der betroffenen Person regelt, ist davon auszugehen, dass die Übermittlung in jeder beliebigen **geeigneten Form** erfolgen kann. Für die Geeignetheit dürfte daher darauf abzustellen sein, mit welcher Übermittlungsform der Betroffene sicher und ohne Verzögerung die benötigten Informationen zur Kenntnis erhält.

D. Ausnahmen von der Benachrichtigungspflicht (Abs. 3)

In den in Abs. 3 geregelten Ausnahmefällen kann von einer Benachrichtigung **5** des Betroffenen abgesehen werden. Die **Ausnahmetatbestände** entsprechen inhaltlich denen des Art. 34 Abs. 3 DS-GVO (→ DS-GVO Art. 34 Rn. 35 ff.).

E. Förmliche Feststellung durch den Bundesbeauftragten bei unterbliebener Benachrichtigung (Abs. 4)

§ 66 Abs. 4 soll grds. die Inhalte des Art. 31 Abs. 4 JI-RL umsetzen, jedoch **6** übernimmt Abs. 4 die Regelung der RL **nicht unverändert.**

Geregelt wird die Situation, dass ein Verantwortlicher eine Benachrichti- **7** gung des Betroffenen (noch) nicht vorgenommen hat. In diesem Fall sieht die JI-RL **Handlungsbefugnisse der ASB** vor. Die Alternativen sind, entweder dem Verantwortlichen die Nachholung der Benachrichtigung aufzugeben oder in einem Beschl. förmlich festzustellen, dass bestimmte Voraussetzungen eines Ausnahmetatbestandes erfüllt sind. Dagegen sieht § 66 Abs. 4 lediglich die Befugnis des Bundesbeauftragten vor, im Fall einer unterbliebenen Benachrichtigung die **förmliche Feststellung** zu treffen, dass „seiner Auffassung nach die in Absatz 3 genannten Voraussetzungen nicht erfüllt sind". Damit besteht nach dem Wortlaut des Abs. 4 die Feststellungsbefugnis des Bundesbeauftragten für den genau umgekehrten Fall des in der RL vorgesehenen.

Betrachtet man Sinn und Zweck und die Rechtsfolgen der unterschiedli- **8** chen Regelungsmechanismen, kann davon ausgegangen werden, dass die Regelung des § 66 Abs. 4 bewusst so abw. getroffen wurde. So ist das rechtliche Erg. bei beiden Var. eine **positive aufsichtsbehördliche Entsch.** über den Tatbestand einer Benachrichtigungspflicht. Aus Sicht des Verantwortlichen betrachtet wird dessen Interesse an Rechtssicherheit über das Bestehen einer Pflicht zur Benachrichtigung im Zweifelsfall in beiden Varianten gleichermaßen Rechnung getragen, da iErg **Klarheit** über das **Vorliegen eines Ausnahmetatbestandes** nach Abs. 3 besteht.

Bei der Feststellung, ob eine Ausnahme gem. Abs. 3 vorliegt oder nicht, **9** hat der Bundesbeauftragte die Wahrscheinlichkeit zu berücksichtigen, dass die Verletzung eine **erhebliche Gefahr** iSd Abs. 1 zur Folge hat (Abs. 4 S. 2).

Nicht explizit vorgesehen in § 66 Abs. 4 ist die in Art. 31 Abs. 4 JI-RL **10** normierte Befugnis der ASB, dem Verantwortlichen die **Nachholung der Benachrichtigung** aufzugeben. Es ist jedoch davon auszugehen, dass diese Befugnis der ASB dennoch besteht, da sich diese bereits aus § 14 ergibt, der in Abs. 1 Nr. 1 vorsieht, dass der Bundesbeauftragte die Vorschr. über den Datenschutz, einschl. der zur Umsetzung der JI-RL erlassenen Vorschr., überwacht und durchsetzt. Hierzu zählt auch die Durchsetzung einer Benachrichtigungspflicht iSd § 66 Abs. 1, soweit mit der förmlichen Feststellung über das Nicht-Vorliegen eines Ausnahmetatbestandes entschieden ist, kann eine aus diesem Erg. resultierende Benachrichtigungspflicht auch **aufsichtsbehördlich durchgesetzt** werden.

F. Interessenabwägung (Abs. 5)

11 § 66 Abs. 5 regelt die Voraussetzungen, unter denen die Benachrichtigung der Betroffenen über einen Datenvorfall **aufgeschoben, eingeschränkt oder unterlassen** werden kann und setzt damit Art. 31 Abs. 5 JI-RL um. Sinn und Zweck des § 66 Abs. 5 ist, den öffentl. Interessen sowie **Interessen Dritter,** die einer Benachrichtigung entgegenstehen können, **Rechnung zu tragen** und deshalb in bestimmten Fällen die Benachrichtigung einzuschränken oder sogar zu unterlassen.

12 Die Benachrichtigung kann unter den Voraussetzungen des § 56 Abs. 2 aufgeschoben, eingeschränkt oder unterlassen werden. Die dort genannten Gründe sind die Gefährdung der Erfüllung der in § 45 genannten Aufgaben, der öffentl. Sicherheit oder der Rechtsgüter Dritter (→ § 56 Rn. 6 ff.). Die dort genannten **Schutzgüter** sind mit den Interessen der Betroffenen an einer Benachrichtigung **abzuwägen.**

G. Beweisverwertungsverbot (Abs. 6)

13 Abs. 6 verweist auf § 42 Abs. 4 (→ § 42 Rn. 10) und sieht die **entspr. Anwendung** des dort enthaltenen Beweisverwertungsverbotes vor.

§ 67 Durchführung einer Datenschutz-Folgenabschätzung

(1) Hat eine Form der Verarbeitung, insbesondere bei Verwendung neuer Technologien, aufgrund der Art, des Umfangs, der Umstände und der Zwecke der Verarbeitung voraussichtlich eine erhebliche Gefahr für die Rechtsgüter betroffener Personen zur Folge, so hat der Verantwortliche vorab eine Abschätzung der Folgen der vorgesehenen Verarbeitungsvorgänge für die betroffenen Personen durchzuführen.

(2) Für die Untersuchung mehrerer ähnlicher Verarbeitungsvorgänge mit ähnlich hohem Gefahrenpotential kann eine gemeinsame Datenschutz-Folgenabschätzung vorgenommen werden.

(3) Der Verantwortliche hat die Datenschutzbeauftragte oder den Datenschutzbeauftragten an der Durchführung der Folgenabschätzung zu beteiligen.

(4) Die Folgenabschätzung hat den Rechten der von der Verarbeitung betroffenen Personen Rechnung zu tragen und zumindest Folgendes zu enthalten:

1. eine systematische Beschreibung der geplanten Verarbeitungsvorgänge und der Zwecke der Verarbeitung,
2. eine Bewertung der Notwendigkeit und Verhältnismäßigkeit der Verarbeitungsvorgänge in Bezug auf deren Zweck,
3. eine Bewertung der Gefahren für die Rechtsgüter der betroffenen Personen und
4. die Maßnahmen, mit denen bestehenden Gefahren abgeholfen werden soll, einschließlich der Garantien, der Sicherheitsvorkehrungen und der Verfahren,

durch die der Schutz personenbezogener Daten sichergestellt und die Einhaltung der gesetzlichen Vorgaben nachgewiesen werden sollen.

(5) Soweit erforderlich, hat der Verantwortliche eine Überprüfung durchzuführen, ob die Verarbeitung den Maßgaben folgt, die sich aus der Folgenabschätzung ergeben haben.

EU-Recht: Art. 27 JI-RL; Art. 35 DS-GVO (kommentiert unter → Rn. 1 ff.; → DS-GVO Art. 35 Rn. 21, 44 ff., 58 f., 72 f.).

A. Allgemeines

§ 67 setzt Art. 27 JI-RL um, **übernimmt** dabei jedoch auch **Elemente des** 1 **Art. 35 DS-GVO** und konkretisiert damit die Pflichten im Zusammenhang mit der Durchführung einer Datenschutz-Folgenabschätzung (BT-Drs. 18/ 11325, 116).

Wie bei Art. 35 DS-GVO ist Sinn und Zweck der Durchführung einer 2 förmlichen Datenschutzfolgen-Abschätzung iSd § 67, bei Verarbeitungsvorgängen mit einem bes. hohen Risikopotential für die Betroffenen möglichst **frühzeitig Risiken** und Schwachstellen zu **erkennen** und **geeignete Maßnahmen** zur Gewährleistung des Datenschutzes zu **implementieren** (→ DS-GVO Art. 35 Rn. 6 ff.).

B. Pflicht zur Durchführung einer Datenschutz-Folgenabschätzung (Abs. 1)

Abs. 1 übernimmt den Inhalt des Art. 27 Abs. 1 JI-RL und verpflichtet den 3 Verantwortlichen zur Abschätzung der Folgen eines Verarbeitungsvorganges, wenn eine Form der Verarbeitung **voraussichtlich eine erhebliche Gefahr** für die Rechtsgüter betroffener Personen zur Folge hat, insbes. bei Verwendung neuer Technologien oder aufgrund Art, Umf., Umständen und Zwecken der Verarbeitung.

Konkretere Anhaltspunkte, in welchen Fällen eine Datenschutz-Folgen- 4 abschätzung vorzunehmen ist, enthält § 67 nicht. Allerdings gibt die Begr. zum GE einige Punkte zur Orientierung für die Entsch. des Verantwortlichen, ob er eine Datenschutz-Folgenabschätzung durchführen muss oder nicht. So soll hinsichtlich des **Umf. der Verarbeitung** als Risikokriterium gelten, dass dort lediglich die Verwendung maßgeblicher Systeme und Verfahren zur Verarbeitung personenbezogener Daten einer solchen Untersuchung unterliegen sollen, nicht aber jede Einzelverarbeitung. Der Gesetzgeber sieht hier eine Vergleichbarkeit mit den Systemen, deren Einsatz gem. § 69 unter dem Vorbehalt der Durchführung einer Anhörung des Bundesbeauftragten steht (BT-Drs. 18/11325, 116). Im Hinblick auf das Kriterium einer **qualitativ erhöhten Gefahr** soll als Maßstab die Eingriffsintensität eine wesentliche Rolle spielen, wobei bspw. der Kreis der betroffenen Personen, die Art der zur Datenerhebung eingesetzten Mittel oder der Kreis der zugriffsberechtigten Personen Berücksichtigung finden können (BT-Drs. 18/11325, 116). Ebenfalls lässt sich der Begr. zum GE entnehmen, dass die Pflicht zur Durchführung einer Datenschutz-Folgenabschätzung nur für **neue Verarbeitungssysteme** oder **wesentliche Veränderungen** an bestehenden Systemen gelten soll (BT-Drs. 18/11325, 116).

5   Anders als Art. 35 DS-GVO in dessen Abs. 4 und 5 sieht § 67 auch nicht die Erstellung von Positiv- oder Negativ-Listen durch die ASB vor. Der Gesetzgeber verweist letztlich auf die **Ausgestaltung und Konkretisierung durch die Praxis,** nennt hierfür aber die Maßgabe, dass die entstehenden „Aufwände angemessen und beherrschbar bleiben müssen" (BT-Drs. 18/11325, 116). Zwar können die für die Datenschutz-Folgenabschätzung vorhandenen Leitlinien und Auslegungsgrundsätze grds. zur Orientierung herangezogen werden (z. B. WP 248 rev.01 der Art. 29-Gruppe, gebilligt vom Europäischen Datenschutzausschuss), dürften jedoch wegen ihrer Ausrichtung auf den nicht-öffentlichen Bereich für Tätigkeiten im Bereich der JI-RL nur begrenzte Orientierung bieten. Für den Anwendungsbereich des Art. 39 Abs. 4 der Verordnung (EU) 2018/1725, der die Datenschutz-Folgenabschätzung für Verarbeitungen durch Organe, Einrichtungen und sonstigen Stellen der EU regelt, wurde 2019 eine Liste von Verarbeitungen bei dem Europäischen Datenschutzausschuss konsultiert, die ggf. ebenfalls Orientierung für öffentl. Stellen der Mitgliedstaaten bieten kann.

C. Gemeinsame Datenschutz-Folgenabschätzung (Abs. 2)

6   Für mehrere **ähnliche Verarbeitungsvorgänge** mit **ähnlich hohem Gefahrenpotential** kann gem. Abs. 2 eine gemeinsame Datenschutz-Folgenabschätzung durchgeführt werden. Diese Regelung findet sich nicht in der JI-RL, sondern wurde aus Art. 35 Abs. 1 S. 2 DS-GVO übernommen (→ DS-GVO Art. 35 Rn. 21).

D. Beteiligung des Datenschutzbeauftragen (Abs. 3)

7   Gem. Abs. 3 ist der **Datenschutzbeauftragte** an der Durchführung der Datenschutz-Folgenabschätzung zu **beteiligen.** Diese Regelung ist nicht in Art. 27 JI-RL enthalten, sondern übernimmt Art. 35 Abs. 2 DS-GVO (→ DS-GVO Art. 35 Rn. 58 f.) auch für den Bereich der Verarbeitung von Daten iRd Strafverfolgung.

E. Mindestinhalt der Datenschutzfolgenabschätzung (Abs. 4)

8   Die in § 67 Abs. 4 normierten **Mindestinhalte** der Datenschutz-Folgenabschätzung nach Abs. 1 basieren auf den Vorgaben des Art. 27 Abs. 2 JI-RL, zur Konkretisierung hat der Gesetzgeber den Katalog der **Mindestanforderungen des Art. 35 Abs. 7 DS-GVO** übernommen (→ DS-GVO Art. 35 Rn. 44 ff.).

F. Überprüfung der Verarbeitung auf Einhaltung der Maßgaben der Datenschutzfolgenabschätzung (Abs. 5)

Auch die **Pflicht zur Überprüfung** auf Einhaltung der Maßgaben der 9 Datenschutz-Folgenabschätzung in Abs. 5 stammt nicht aus Art. 27 JI-RL, sondern wurde aus Art. 35 Abs. 11 DS-GVO übernommen (→ DS-GVO Art. 35 Rn. 72 f.).

§ 68 Zusammenarbeit mit der oder dem Bundesbeauftragten

Der Verantwortliche hat mit der oder dem Bundesbeauftragten bei der Erfüllung ihrer oder seiner Aufgaben zusammenzuarbeiten.

EU-Recht: Art. 26 JI-RL (kommentiert unter → Rn. 1).

A. Allgemeines

I. Einführung

§ 68 sieht eine **Kooperationspflicht** des Verantwortlichen mit der/dem 1 BfDI bei Erfüllung ihrer/seiner Aufgaben vor und dient dabei der Umsetzung von Art. 26 JI-RL.

II. Sinn und Zweck

Die Kooperationspflicht soll die **Erfüllung der aufsichtsbehördlichen Auf-** 2 **gaben** ermöglichen. Diese Zielsetzung betrifft va die Sachverhaltsaufklärung und die daran anknüpfende Ermittlung der materiellen datenschutzrechtlichen Pflichten. Die Zusammenarbeitspflicht ist Teil eines **allg. Rechtsgebotes wirksamer Rechtsdurchsetzung** (zur Parallelnorm → DS-GVO Art. 31 Rn. 1 ff.); es soll eine **effiziente Durchsetzung des Datenschutzrechts** bewirkt werden (BT-Drs. 18/11325, 117).

III. Regelungssystematik

Die Pflicht des Verantwortlichen zur Zusammenarbeit mit der/dem BfDI fasst 3 die sich ohnehin aus anderen Vorschr. ergebenden Kooperationsverpflichtungen und Kooperationsbeziehungen zwischen Verantwortlichem und der/dem BfDI zusammen (BT-Drs. 18/11325, 117; „Auffangnorm" nach Kieck in Auernhammer BDSG § 68 Rn. 15; „geringe praktische Bedeutung" nach Schwichtenberg in Kühling/Buchner BDSG § 68 Rn. 4), so etwa konkret zur Pflicht der Vorabkonsultation bei sensiblen Daten und bes. Risiken (→ § 69 Rn. 1 ff.).

Die Regelung adressiert nicht **Vertreter,** da sich § 68 nur an dt. öffentl. 3a Stellen als Verantwortliche richtet (vgl. § 45 BDSG; aufgrund der öffentl. Stellen keine einschränkende Auslegung im Hinblick auf eine mögliche Selbstbelastung nach Krohm in Plath BDSG § 68 Rn. 5), die keines Vertreters bedürfen (vgl. Art. 27 DS-GVO). Abw. von Art. 26 JI-RL sind **Auftragsverarbeiter** ausgenommen. Das BDSG geht insoweit aus von dem Verantwortlichen als direkten Ansprechpartner für die/den BfDI und einer Zusammenarbeit des Verantwortlichen wiederum mit dem Auftragsverarbeiter („unzureichende Umsetzung" nach Johannes/Weinhold in HK-BDSG § 68 Rn. 2 ff.).

IV. Vergleich zur DS-GVO

4   Im Vergleich zur Parallelnorm des Art. 31 DS-GVO unterscheidet sich die Kooperationspflicht des § 68 va in zwei zentralen Punkten: Zum einen ist die Verletzung der Pflicht aus § 68 nicht mit einer Bußgeldsanktion bewehrt. Zum anderen besteht die Kooperationspflicht nach dem Wortlaut auch ohne eine vorherige Anfrage der/des BfDI. Da jedoch der Gesetzgeber ausweislich der Gesetzesbegründung Art. 26 JI-RL umsetzen wollte (BT-Drs. 18/11325, 117) und im Fall einer Ausweitung zu einer proaktiven Kooperationspflicht Anhaltspunkte hierfür in der Gesetzesbegründung zu erwarten gewesen wären, ist ein **Anfrageerfordernis hineinzulesen** (so auch Kieck in Auernhammer BDSG § 68 Rn. 11 ff.; Krohm in Plath BDSG § 68 Rn. 4; Schwichtenberg in Kühling/Buchner BDSG § 68 Rn. 2; aA Johannes/Weinhold in HK-BDSG § 68 Rn. 5).

B. Vergleich zur bisherigen Rechtslage

5   § 68 löst die bereits bestehende allg. Kooperationspflicht des § 24 Abs. 4 S. 1 BDSG aF ab (zu der DS-RL und § 26 Abs. 2 VwVfG Krohm in Plath BDSG § 68 Rn. 2).

§ 69 Anhörung der oder des Bundesbeauftragten

(1) [1] Der Verantwortliche hat vor der Inbetriebnahme von neu anzulegenden Dateisystemen die Bundesbeauftragte oder den Bundesbeauftragten anzuhören, wenn
1. aus einer Datenschutz-Folgenabschätzung nach § 67 hervorgeht, dass die Verarbeitung eine erhebliche Gefahr für die Rechtsgüter der betroffenen Personen zur Folge hätte, wenn der Verantwortliche keine Abhilfemaßnahmen treffen würde, oder
2. die Form der Verarbeitung, insbesondere bei der Verwendung neuer Technologien, Mechanismen oder Verfahren, eine erhebliche Gefahr für die Rechtsgüter der betroffenen Personen zur Folge hat.
[2] Die oder der Bundesbeauftragte kann eine Liste der Verarbeitungsvorgänge erstellen, die der Pflicht zur Anhörung nach Satz 1 unterliegen.
(2) [1] Der oder dem Bundesbeauftragten sind im Fall des Absatzes 1 vorzulegen:
1. die nach § 67 durchgeführte Datenschutz-Folgenabschätzung,

2. gegebenenfalls Angaben zu den jeweiligen Zuständigkeiten des Verantwortlichen, der gemeinsam Verantwortlichen und der an der Verarbeitung beteiligten Auftragsverarbeiter,
3. Angaben zu den Zwecken und Mitteln der beabsichtigten Verarbeitung,
4. Angaben zu den zum Schutz der Rechtsgüter der betroffenen Personen vorgesehenen Maßnahmen und Garantien und
5. Name und Kontaktdaten der oder des Datenschutzbeauftragten.

[2] Auf Anforderung sind ihr oder ihm zudem alle sonstigen Informationen zu übermitteln, die sie oder er benötigt, um die Rechtmäßigkeit der Verarbeitung sowie insbesondere die in Bezug auf den Schutz der personenbezogenen Daten der betroffenen Personen bestehenden Gefahren und die diesbezüglichen Garantien bewerten zu können.

(3) [1] Falls die oder der Bundesbeauftragte der Auffasung ist, dass die geplante Verarbeitung gegen gesetzliche Vorgaben verstoßen würde, insbesondere weil der Verantwortliche das Risiko nicht ausreichend ermittelt oder keine ausreichenden Abhilfemaßnahmen getroffen hat, kann sie oder er dem Verantwortlichen und gegebenenfalls dem Auftragsverarbeiter innerhalb eines Zeitraums von sechs Wochen nach Einleitung der Anhörung schriftliche Empfehlungen unterbreiten, welche Maßnahmen noch ergriffen werden sollten. [2] Die oder der Bundesbeauftragte kann diese Frist um einen Monat verlängern, wenn die geplante Verarbeitung besonders komplex ist. [3] Sie oder er hat in diesem Fall innerhalb eines Monats nach Einleitung der Anhörung den Verantwortlichen und gegebenenfalls den Auftragsverarbeiter über die Fristverlängerung zu informieren.

(4) [1] Hat die beabsichtigte Verarbeitung erhebliche Bedeutung für die Aufgabenerfüllung des Verantwortlichen und ist sie daher besonders dringlich, kann er mit der Verarbeitung nach Beginn der Anhörung, aber vor Ablauf der in Absatz 3 Satz 1 genannten Frist beginnen. [2] In diesem Fall sind die Empfehlungen der oder des Bundesbeauftragten im Nachhinein zu berücksichtigen und sind die Art und Weise der Verarbeitung daraufhin gegebenenfalls anzupassen.

EU-Recht: Art. 28 JI-RL (kommentiert unter → Rn. 1 ff.).

A. Allgemeines

§ 69 setzt Art. 28 JI-RL um. Die verpflichtende **Vorabkonsultation** des **1** Bundesbeauftragten vor Inbetriebnahme eines neuen Dateisystems dient der datenschutzrechtlichen Absicherung für beabsichtigte Verarbeitungen mit **erhöhtem Gefährdungspotential** für die Rechtsgüter der betroffenen Personen (BT-Drs. 18/11325, 117). Die Pflicht zur Vorabkonsultation knüpft ua an die Erg. der Datenschutz-Folgenabschätzung an und ist ua dann durchzuführen, wenn diese eine erhöhte Gefährdung ergeben hat.

§ 69 trifft damit eine ähnliche Regelung wie Art. 36 DS-GVO. **2**

B. Anhörung vor Inbetriebnahme neu anzulegender Dateisysteme (Abs. 1)

3 Abs. 1 sieht eine Pflicht zur Konsultation der ASB vor Inbetriebnahme eines neuen Dateisystems vor, wenn eine Datenschutz-Folgenabschätzung ein **bes. Verarbeitungsrisiko** gezeigt hat (Nr. 1) oder ein bes. Risiko aus der Form der Verarbeitung hervorgeht, insbes. bei der Verwendung **neuer Technologien, Mechanismen oder Verfahren** (Nr. 2).

4   Wie bei Art. 36 Abs. 1 DS-GVO (→ DS-GVO Art. 36 Rn. 5) kann nach dem reinen Wortlaut des § 69 Abs. 1 Nr. 1 zwar angenommen werden, dass eine Anhörung auf jeden Fall durchzuführen ist, wenn die Datenschutz-Folgenabschätzung ein **erhöhtes Risiko** der Verarbeitung zum Erg. hatte. Jedoch geht aus der Begr. des GE hervor, dass nur dann eine Anhörung verpflichtend ist, wenn das Erg. der Datenschutz-Folgenabschätzung ein erhöhtes Risiko ist und der Verantwortliche hierauf nicht mit **risikomini-mierenden Maßnahmen** reagiert (BT-Drs. 18/11325, 117).

5   Eine Konkretisierung, in welchen Fällen angenommen werden muss, dass eine Form der Verarbeitung nach Abs. 1 Nr. 2 eine **erhebliche Gefahr** für die Rechtsgüter der betroffenen Person zur Folge hätte, lässt sich weder § 69 noch den Ausführungen des Gesetzgebers in der Entwurfsbegründung entnehmen. Gem. Abs. 1 S. 2 kann der Bundesbeauftragte eine **Liste der Verarbeitungsvorgänge** erstellen, für die die Anhörungspflicht gilt. Bis eine solche Liste existiert dürfte die Identifizierung von Verarbeitungsformen, die unter Nr. 2 statt unter Nr. 1 fallen, schwer fallen, da die Kriterien für Verarbeitungsformen mit bes. Risikopotential in Nr. 2 nahezu gleichlautend mit den in § 67 Abs. 1 genannten Kriterien für Verarbeitungen sind, die die Pflicht zur Durchführung einer Datenschutz-Folgenabschätzung auslösen.

C. Vorzulegende Informationen und Unterlagen (Abs. 2)

6 Der Katalog der im Fall einer Anhörung vorzulegenden **Mindestinforma-tionen** in Abs. 2 enthält inhaltlich dieselben Kriterien wie sie in Art. 36 Abs. 3 DS-GVO geregelt sind (→ DS-GVO Art. 36 Rn. 19 f.). Der Gesetzgeber hat die Vorgaben aus Art. 28 Abs. 4 JI-RL mit denen des Art. 36 Abs. 3 DS-GVO zusammengeführt, um die **Regelungen aneinander an-zugleichen** (BT-Drs. 18/11325, 117).

D. Empfehlung weiterer Maßnahmen (Abs. 3)

7 Abs. 3 regelt inhaltlich vergleichbar mit Art. 36 Abs. 2 DS-GVO (→ DS-GVO Art. 36 Rn. 14 ff.) die **Reaktionsbefugnisse** des Bundesbeauftragten im Anhörungsverfahren. Unterschiedlich sind die Fristen für die **Unterbrei-tung weiterer Maßnahmen** an den Verantwortlichen. Während Art. 36

Abs. 2 DS-GVO einen Zeitraum von bis zu acht Wochen vorsieht, hat der Vorschlag nach § 69 Abs. 3 binnen sechs Wochen zu erfolgen.

Art. 28 Abs. 5 JI-RL verweist neben der Möglichkeit der ASB, weitere **8** Maßnahmen vorzuschlagen, auch auf die **Möglichkeit der Ausübung** der ihr nach Art. 47 JI-RL zur Vfg. stehenden **Befugnisse.** Eine Entsprechung findet sich in § 69 Abs. 3 nicht, jedoch ist ein expliziter Hinweis auf die Befugnisse des Bundesbeauftragten nicht zwingend erforderlich, um eine **Eingriffsbefugnis** zu konstituieren. Diese ergibt sich bereits aus der allg. Befugnis des § 14.

E. Verarbeitungsbeginn vor Abschluss der Anhörung (Abs. 4)

Der Verantwortliche muss mit dem **Einsatz des neuen Dateisystems** nicht **9** bis zum Ende der Sechswochenfrist des Abs. 3 S. 1 warten, wenn die beabsichtigte Verarbeitung erhebliche Bedeutung für dessen Aufgabenerfüllung hat und deshalb bes. dringlich ist (Abs. 4 S. 1). Eventuelle Empf. des Bundesbeauftragten sind dann **im Nachgang** zum Verarbeitungsbeginn **zu berücksichtigen** und die Verarbeitung ist anzupassen, soweit dies notwendig ist (Abs. 4 S. 2).

Aus der Begr. zum GE geht hervor, dass Abs. 4 eine **Ausnahmeregelung 10** darstellt und im Regelfall im Interesse der Betroffenen der Abschluss des Anhörungsverfahrens abgewartet werden sollte. Die Eilfallregelung des Abs. 4 soll insbes. „**operativen und (polizei)fachlichen Erfordernissen**" Rechnung tragen (BT-Drs. 18/11325, 117).

§ 70 Verzeichnis von Verarbeitungstätigkeiten

(1) ¹Der Verantwortliche hat ein Verzeichnis aller Kategorien von Verarbeitungstätigkeiten zu führen, die in seine Zuständigkeit fallen. ²Dieses Verzeichnis hat die folgenden Angaben zu enthalten:
1. den Namen und die Kontaktdaten des Verantwortlichen und gegebenenfalls des gemeinsam mit ihm Verantwortlichen sowie den Namen und die Kontaktdaten der oder des Datenschutzbeauftragten,
2. die Zwecke der Verarbeitung
3. die Kategorien von Empfängern, gegenüber denen die personenbezogenen Daten offengelegt worden sind oder noch offengelegt werden sollen,
4. eine Beschreibung der Kategorien betroffener Personen und der Kategorien personenbezogener Daten,
5. gegebenenfalls die Verwendung von Profiling,
6. gegebenenfalls die Kategorien von Übermittlungen personenbezogener Daten an Stellen in einem Drittstaat oder an eine internationale Organisation,
7. Angaben über die Rechtsgrundlage der Verarbeitung,
8. die vorgesehenen Fristen für die Löschung oder die Überprüfung der Erforderlichkeit der Speicherung der verschiedenen Kategorien personenbezogener Daten und

9. eine allgemeine Beschreibung der technischen und organisatorischen Maßnahmen gemäß § 64.

(2) Der Auftragsverarbeiter hat ein Verzeichnis aller Kategorien von Verarbeitungen zu führen, die er im Auftrag eines Verantwortlichen durchführt, das Folgendes zu enthalten hat:

1. den Namen und die Kontaktdaten des Auftragsverarbeiters, jedes Verantwortlichen, in dessen Auftrag der Auftragsverarbeiter tätig ist, sowie gegebenenfalls der oder des Datenschutzbeauftragten,

2. gegebenenfalls Übermittlungen von personenbezogenen Daten an Stellen in einem Drittstaat oder an eine internationale Organisation unter Angabe des Staates oder der Organisation und

3. eine allgemeine Beschreibung der technischen und organisatorischen Maßnahmen gemäß § 64.

(3) Die in den Absätzen 1 und 2 genannten Verzeichnisse sind schriftlich oder elektronisch zu führen.

(4) Verantwortliche und Auftragsverarbeiter haben auf Anforderung ihre Verzeichnisse der oder dem Bundesbeauftragten zur Verfügung zu stellen.

EU-Recht: Art. 24 und ErwGr 56 JI-RL (kommentiert unter → Rn. 1 ff.).

Literatur: *Borell/Schindler,* Polizei und Datenschutz − Vorgaben der neuen JI-RL für technische und organisatorische Maßnahmen zur Gewährleistung datenschutzkonformer polizeilicher Datenverarbeitung, DuD 2019, 767; *Greve,* Das neue Bundesdatenschutzgesetz, NVwZ 2017, 737; *Johannes,* Gegenüberstellung − Verfahrensverzeichnisse für Polizei- und Strafverfolgungsbehörden nach BDSG, DS-GVO und JI-Richtlinie, ZD-Aktuell 2018, 06100.

Übersicht

A. Allgemeines

I. Einführung

1 § 70 setzt Art. 24 JI-RL um (vgl. Marnau in Gola/Heckmann BDSG § 70 Rn. 1; Schwichtenberg BDSG § 70 Rn. 1) und verpflichtet den Verantwortlichen zur **Führung eines Verzeichnisses aller Kategorien von Verarbeitungstätigkeiten, die in seine Zuständigkeit fallen.** Diese Pflicht gilt nicht nur iRv Verfahren automatisierter Verarbeitung. Vielmehr sollen auch diejenigen Verantwortlichen und Auftragsverarbeiter, welche personenbezogene Daten in nicht automatisierten Verarbeitungssystemen verarbeiten, über wirksame Methoden verfügen zum Nachweis der Rechtmäßigkeit der Verarbeitung, zur Ermöglichung der Eigenüberwachung und zur Sicherstellung der Integrität und Sicherheit der Daten (vgl. ErwGr 56 S. 3 JI-RL).

Das Verzeichnis nach § 70 ist nicht identisch mit der Errichtungsanordnung **2** für Dateien, die das Fachrecht für Sicherheitsdateien vielfach kennt (BT-Drs. 18/11325, 118; vgl. auch Schantz in Schantz/Wolff DatenschutzR Rn. 867).

II. Sinn und Zweck

Die Pflicht zur Verzeichnisführung bezweckt die Unterstützung bzw. Steige- **3** rung der **Effektivität der Datenschutzaufsicht** (Schantz in Schantz/Wolff DatenschutzR Rn. 867) durch eine Kontrollerleichterung (Marnau in Gola/ Heckmann BDSG § 70 Rn. 1). In diesem Rahmen soll das Verzeichnis in erster Linie **der/dem BfDI** dazu dienen, einen **Überbl. über die beim Verantwortlichen durchgeführten Datenverarbeitungen** zu erhalten (vgl. Greve NVwZ 2017, 737 (742)). Zugleich erleichtert die Pflicht dem Verantwortlichen zum einen den späteren Nachweis der Datenschutzkonformität (Marnau in Gola/Heckmann BDSG § 70 Rn. 1; v. d. Bussche in Plath BDSG § 70 Rn. 3) und zum anderen die Kontrolle der Auftragsverarbeiter (Ingold in HK-DS-GVO Art. 30 Rn. 1).

III. Regelungssystematik

Die Verpflichtung aus § 70 begr. eine **organisatorische Pflicht des Ver-** **4** **antwortlichen** und ist darüber hinaus im Zusammenhang mit der Anhörung der Datenschutzaufsicht (§ 69) sowie den Protokolldaten (§ 76) zu sehen. Ergänzt wird die Beteiligung der/des BfDI durch die interne Beratungs- und Kontrolltätigkeit des/der Datenschutzbeauftragten gem. § 7 (→ § 7 Rn. 1 ff.) sowie die in § 16 Abs. 4 enthaltene Regelung zum umfassenden Zugang zu personenbezogenen Daten und Verarbeitungsvorgängen (→ § 16 Rn. 4). Der sachliche Anwendungsbereich nach § 45 ist zu beachten, sodass etwa Informationen über Verarbeitungen iRd internen (Behörden-)Organisation nicht in das Verzeichnis aufzunehmen sind (s. zum persönlichen und sachlichen Anwendungsbereich Brüggemann in Auernhammer BDSG § 70 Rn. 4 ff.).

IV. Vergleich zur DS-GVO

§ 70 ist an Art. 30 DS-GVO (→ DS-GVO Art. 30 Rn. 1 ff.) angelehnt, **5** allerdings mit dem Unterschied, dass die öffentl. Stellen uneingeschränkt verpflichtet sind und nicht erst ab einer gewissen Mindestzahl an Beschäftigten (vgl. Marnau in Gola/Heckmann BDSG § 70 Rn. 2)

Zudem statuiert § 70, auch über Art. 24 JI-RL hinaus, **strengere Anfor-** **5a** **derungen:** Die Regelung kennt **keinen Möglichkeitsvorbehalt** im Hinblick auf die Angabe von Löschfristen – bzw. ggf. Fristen für die Prüfung der Erforderlichkeit der Speicherung – und der allg. Beschreibung der technischen und organisatorischen Maßnahmen (Abs. 1 Nr. 8, 9 bzw. für den Auftragsverarbeiter Abs. 2 Nr. 3). Der (deutsche) Gesetzgeber hält es damit für möglich und zumutbar, dass die öffentl. Stelle präzisere Angaben zu Löschfristen und technischen und organisatorischen Maßnahmen macht (Petri in NK-DatenschutzR DS-GVO Art. 30 Rn. 9; dazu auch Schwichtenberg in Kühling/Buchner BDSG § 70 Rn. 4). Die Verwendung von Profiling ist nach Abs. 1 Nr. 5 anzugeben, ebenso wie die jeweilige Rechtsgrundlage nach Abs. 1 Nr. 7. Allerdings ist im Unterschied zu Art. 30 DS-GVO die Angabe der Kategorien von Übermittlungen ausreichend (Abs. 1 Nr. 6).

B. Umfang des Verzeichnisses für Verantwortliche (Abs. 1)

6 Abs. 1 zählt abschließend und zwingend die in das Verzeichnis aufzunehmenden Angaben auf. Die Verwendung der Begrifflichkeit **„Kategorien von Datenverarbeitungstätigkeiten"** soll klarstellen, dass sich das Verzeichnis nicht auf einzelne Datenverarbeitungsvorgänge bezieht, sondern vielmehr auf sinnvoll abgrenz- und kategorisierbare Teile der beim Verantwortlichen durchgeführten Datenverarbeitungen (BT-Drs. 18/11325, 118).

6a Regelmäßig ist eine Behörde **Verantwortliche (Nr. 1)**, sodass der Behördenleiter, der für die Einhaltung der datenschutzrechtlichen Vorgabe verantwortlich ist, zu nennen ist (Jungkind in BeckOK DatenschutzR BDSG § 70 Rn. 18; Marnau in Gola/Heckmann BDSG § 70 Rn. 9). Die Angaben müssen eine eindeutige Identifizierung des Verantwortlichen ermöglichen (→ DS-GVO Art. 30 Rn. 7). Neben der postalischen Anschrift sind daher auch weitere vorhandene Kontaktmöglichkeiten wie Email-Adresse und Telefonnummer anzugeben (Johannes/Weinhold in HK-BDSG § 70 Rn. 18).

6b Die **Zwecke der Verarbeitung (Nr. 2)** sind konkret und erschöpfend (Johannes/Weinhold in HK-BDSG § 70 Rn. 19) anzugeben. Eine Ausrichtung an den gesetzlichen Aufgabenzuschreibungen der Behörden (so BT-Drs. 18/11325, 118) wird daher im Regelfall nicht ausreichen (s. Marnau in Gola/Heckmann BDSG § 70 Rn. 10; v. d. Bussche in Plath BDSG § 70 Rn. 5).

6c Die **Kategorien von Empfängern (Nr. 3)** sind im Zusammenhang mit der Definition der Empfänger in § 46 Nr. 9 zu sehen. Gem. § 46 Nr. 9 Hs. 2 gelten Behörden, die iRe bestimmten Untersuchungsauftrags nach dem Unionsrecht oder anderen Rechtsvorschriften personenbezogene Daten erhalten, nicht als Empfänger. Als solche Empfänger kommen nach ErwGr 22 JI-RL etwa Steuer- und Zollbehörden, Finanzermittlungsstellen, unabhängige Verwaltungsbehörden und Finanzmarktbehörden in Betracht (Marnau in Gola/Heckmann BDSG § 70 Rn. 11). Die Empfänger-Eigenschaft setzt die gezielte Offenlegung gegenüber einer Stelle, mithin Wissen und Wollen des Verantwortlichen, voraus (→ DS-GVO Art. 30 Rn. 14).

6d Als **Kategorien betroffener Personen und personenbezogener Daten (Nr. 4)** sind Verdächtige, verurteilte Straftäter, Opfer, Zeugen (vgl. ErwGr 31 JI-RL und § 72) und im Hinblick auf die personenbezogenen Daten etwa auch Identitäts-, Kontakt- Standort- oder Profildaten (→ DS-GVO Art. 30 Rn. 10c) denkbar. Es sollte ersichtlich werden, ob besondere Kategorien personenbezogener Daten nach § 46 Nr. 14 („jede Art der automatisierten Verarbeitung personenbezogener Daten, bei der diese Daten verwendet werden, um bestimmte persönliche Aspekte, die sich auf eine natürliche Person beziehen, zu bewerten, insbesondere um Aspekte der Arbeitsleistung, der wirtschaftlichen Lage, der Gesundheit, der persönlichen Vorlieben, der Interessen, der Zuverlässigkeit, des Verhaltens, der Aufenthaltsorte oder der Ortswechsel dieser natürlichen Person zu analysieren oder vorherzusagen") betroffen sind (Marnau in Gola/Heckmann BDSG § 70 Rn. 12).

Die **Verwendung von Profiling** (**Nr. 5**) ist anzugeben. Diese Verpflich- 6e tung ist im Zusammenhang mit der Legaldefinition in § 46 Nr. 4 und dem Verbot mit Vorbehalt des Gesetzes nach § 54 zu sehen (→ § 54 Rn. 1 f.).

Die **Kategorien von Übermittlungen an Stellen in einem Drittstaat** 6f **oder eine int. Organisation (Nr. 6)** sind anzugeben, damit die Gewährleistung eines angemessenen Schutzniveaus überprüft werden kann (Marnau in Gola/Heckmann BDSG § 70 Rn. 14). Nach § 1 Abs. 7 stehen die bei der Umsetzung, Anwendung und Entwicklung des Schengen-Besitzstands assoziierten Staaten den Mitgliedstaaten der EU gleich und sind mithin keine Drittstaaten.

Die zu nennenden **Rechtsgrundlagen** (**Nr. 7**) können insbesondere auch 6g die §§ 78 ff. bei der Übermittlung an Stellen in Drittstaaten oder an int. Organisationen umfassen. So wird das Bsp. der Übermittlung auch in Art. 24 Abs. 1 lit. g JI-RL angeführt (dazu Brüggemann in Auernhammer BDSG § 70 Rn. 10; v. d. Bussche in Plath BDSG § 70 Rn. 8).

Die **Löschfristen (Nr. 8)** sind konkret anzugeben (→ Rn. 5a). Soweit eine 6h solche Angabe nicht möglich ist, ist stattdessen eine Frist anzugeben, nach der die Erforderlichkeit der Speicherung **überprüft** wird (Marnau in Gola/Heckmann BDSG § 70 Rn. 16). Vorgaben diesbzgl. können sich auch aus anderen Vorschriften wie etwa § 485 StPO ergeben (dazu Jungkind in BeckOK DatenschutzR BDSG § 70 Rn. 25).

Die allg. **Beschreibung der technischen und organisatorischen Maß-** 6i **nahmen** (**Nr. 9**) erfordert einen Detailgrad, der es zumindest erlaubt, dass die Maßnahmen für ein angemessenes Schutzniveau vorl. überprüft werden können (→ DS-GVO Art. 30 Rn. 19).

C. Umfang des Verzeichnisses für Auftragsverarbeiter (Abs. 2)

Abs. 2 verpflichtet Auftragsverarbeiter, gleich ob es sich um eine öffentl. oder 7 nicht-öffentl. Stelle handelt (Jungkind in BeckOK DatenschutzR BDSG § 70 Rn. 3), ein **„Verzeichnis aller Kategorien"** von Verarbeitungen zu führen. Als Auftragsverarbeiter im Anwendungsbereich des § 45 kommen insbes. Rechenzentren in Betracht (Johannes/Weinhold in HK-BDSG § 70 Rn. 27). Die Kategorien der Verarbeitungen sind angesichts des klaren Wortlauts anzugeben, obwohl Art. 24 Abs. 2 lit. b JI-RL, der dies (lediglich) klarstellt, nicht übernommen wurde (dazu v. d. Bussche in Plath BDSG § 70 Rn. 13). Der Umf. dieses Verzeichnisses ist allerdings deutlich geringer als im Falle von Abs. 1, insbes. sind nicht die Zwecke der Verarbeitung sowie die

Beschreibung der Kategorien betroffener Personen oder der Kategorien personenbezogener Daten aufzuführen. Im Gleichlauf mit Abs. 1 Nr. 6 hat der Auftragsverarbeiter die Übermittlungen, dh die Kategorien personenbezogener Daten und Empfänger-Kategorien, anzugeben. Konkrete Angaben zu den personenbezogenen Daten und den Empfängern sind daher trotz des missverständlichen Wortlauts nicht notwendig (Johannes/Weinhold in HK-BDSG § 70 Rn. 31; aA Jungkind in BeckOK DatenschutzR BDSG § 70 Rn. 30).

D. Form des Verzeichnisses (Abs. 3)

8 Abs. 3 setzt Art. 24 Abs. 3 JI-RL um und bestimmt die Form, in welcher das Verzeichnis zu führen ist. Hiernach ist das Verzeichnis **schriftlich** zu führen, was aber auch durch **Wahl eines elektronischen Formats** (Textform iSv § 126b BGB für ausreichend haltend Johannes/Weinhold in HK-BDSG § 70 Rn. 34) umgesetzt werden kann.

E. Pflicht zur Weitergabe an die oder den BfDI (Abs. 4)

9 Nach Abs. 4 werden das Verzeichnis und seine Aktualisierungen der/dem BfDI zur Vfg. gestellt. Allerdings greift diese Pflicht nur bei einer entspr. **Aufforderung** der/des BfDI bzw. der/des Landesdatenschutzbeauftragten; es besteht also (nur) eine Vorlagepflicht auf Aufforderung, nicht dagegen eine proaktive Meldepflicht (Jungkind in BeckOK DatenschutzR BDSG § 70 Rn. 7; Marnau in Gola/Heckmann BDSG § 70 Rn. 24). Das „Führen" des Verzeichnisses umfasst auch die Pflicht, dieses regelmäßig zu überprüfen und ggf. zu aktualisieren (so auch Jungkind in BeckOK DatenschutzR BDSG § 70 Rn. 34; Borell/Schindler DuD 2019, 767 (769)).

F. Vergleich zur bisherigen Rechtslage

10 § 70 tritt an die Stelle von §§ 4e, 4g Abs. 2 BDSG aF. Hervorzuheben ist, dass das Verfahrensverzeichnis bislang auf Antrag grds. jedermann zur Vfg. zu stellen war. § 70 sieht ein solches **„Jedermanns-Recht"** auf Einsicht in die Verfahrensverzeichnisse **nicht (mehr) vor** (s. auch Marnau in Gola/Heckmann BDSG § 70 Rn. 3). Weiterhin bestehen jedoch Informationspflichten nach § 55.

11 Für **Auftragsverarbeiter** bringt die Pflicht aus § 70 Abs. 2 die **Neuerung,** dass auch diese Gruppe verpflichtet wird, ein Verzeichnis zu führen.

12 Abs. 1 S. 2 Nr. 9 und Abs. 2 Nr. 3 weisen Parallelen zur Dokumentation von Datensicherheitsmaßnahmen gem. § 9 BDSG aF iVm der Anl. zu § 9 BDSG aF auf.

§ 71 Datenschutz durch Technikgestaltung und datenschutzfreundliche Voreinstellungen

(1) [1] Der Verantwortliche hat sowohl zum Zeitpunkt der Festlegung der Mittel für die Verarbeitung als auch zum Zeitpunkt der Verarbeitung selbst angemessene Vorkehrungen zu treffen, die geeignet sind, die Datenschutzgrundsätze wie etwa die Datensparsamkeit wirksam umzusetzen, und die sicherstellen, dass die gesetzlichen Anforderungen eingehalten und die Rechte der betroffenen Personen geschützt werden. [2] Er hat hierbei den Stand der Technik, die Implementierungskosten und die Art, den Umfang, die Umstände und die Zwecke der Verarbeitung sowie die unterschiedliche Eintrittswahrscheinlichkeit und Schwere der mit der Verarbeitung verbundenen Gefahren für die Rechtsgüter der betroffenen Personen zu berücksichtigen. [3] Insbesondere sind die Verarbeitung personenbezogener Daten und die Auswahl und Gestaltung von Datenverarbeitungssystemen an dem Ziel auszurichten, so wenig personenbezogene Daten wie möglich zu verarbeiten. [4] Personenbezogene Daten sind zum frühestmöglichen Zeitpunkt zu anonymisieren oder zu pseudonymisieren, soweit dies nach dem Verarbeitungszweck möglich ist.

(2) [1] Der Verantwortliche hat geeignete technische und organisatorische Maßnahmen zu treffen, die sicherstellen, dass durch Voreinstellungen grundsätzlich nur solche personenbezogenen Daten verarbeitet werden können, deren Verarbeitung für den jeweiligen bestimmten Verarbeitungszweck erforderlich ist. [2] Dies betrifft die Menge der erhobenen Daten, den Umfang ihrer Verarbeitung, ihre Speicherfrist und ihre Zugänglichkeit. [3] Die Maßnahmen müssen insbesondere gewährleisten, dass die Daten durch Voreinstellungen nicht automatisiert einer unbestimmten Anzahl von Personen zugänglich gemacht werden können.

EU-Recht: Art. 20 und ErwGr 53 JI-RL (kommentiert unter → Rn. 1 ff.).

Literatur: *Art.-29-Datenschutzgruppe,* WP 258 – Opinion on some key issues of the Law Enforcement Directive (EU 2016/680); *Bieker/Hansen,* Normen des technischen Datenschutzes nach der europäischen Datenschutzreform, DuD 2017, 285; *Borell/Schindler,* Polizei und Datenschutz – Vorgaben der neuen JI-RL für technische und organisatorische Maßnahmen zur Gewährleistung datenschutzkonformer polizeilicher Datenverarbeitung, DuD 2019, 767; *Weinhold,* RL zum Datenschutz für Polizei und Justiz – Überblick und Umsetzung, ZD-Aktuell 2017, 05451; *ders./Johannes,* Europäischer Datenschutz in Strafverfolgung und Gefahrenabwehr – Die neue Datenschutz-Richtlinie im Bereich Polizei und Justiz sowie deren Konsequenzen für deutsche Gesetzgebung und Praxis, DVBl 2016, 1501.

A. Allgemeines

I. Einführung

§ 71 dient der Umsetzung von Art. 20 JI-RL (dazu Johannes/Weinhold in **1** HK-BDSG § 71 Rn. 4 ff.), in welchem generische Anforderungen an die datenschutzfreundliche Gestaltung von Datenverarbeitungssystemen **(Privacy by Design)** und die Implementierung datenschutzfreundlicher Grundeinstellungen **(Privacy by Default)** statuiert sind.

II. Sinn und Zweck

1a Hintergrund für die Regelung ist, dass ein effektiver Datenschutz auch eine Verankerung in der eingesetzten Technik erfordert (Borell/Schindler DuD 2019, 767 (769 f.)).

2 Der Ausgestaltung der Vorschr. liegt der **(Leit-)Gedanke** zugrunde, dass der **Aufwand zur Verfolgung** der hier formulierten **Ziele und Anforderungen** iSe effizienten Mitteleinsatzes in einem **angemessenen Verhältnis** zum angestrebten Schutzzweck stehen sollte (BT-Drs. 18/11325, 118). Die Folgen aus den Grundsätzen Privacy by Design und Privacy by Default ergeben sich damit aus einem Abwägungsprozess (Kramer/Meints in Auernhammer BDSG § 71 Rn. 3; Marnau in Gola/Heckmann BDSG § 71 Rn. 14).

III. Regelungssystematik

3 Die Vorschr. des § 71 wird ergänzt durch die nach § 67 vorzunehmende Datenschutz-Folgeabschätzung und die Datensicherheitsziele in § 64 (zur JI-RL bereits Weinhold ZD-Aktuell 2017, 05451; vgl. auch ErwGr 53 S. 4 und 5 JI-RL).

IV. Vergleich zur DSGVO

3a § 71 ist an Art. 25 DS-GVO (→ DS-GVO Art. 25 Rn. 1 ff.) angelehnt und entspricht diesem fast vollständig. Eine Zertifizierungsmöglichkeit, wie in Art. 25 Abs. 3 DS-GVO, ist nicht vorgesehen. Zertifizierungen können jedoch auch unter der JI-RL bzw. dem BDSG iRv Auswahlentscheidungen (→ Rn. 4a) herangezogen werden (Marnau in Gola/Heckmann BDSG § 71 Rn. 30).

B. Verpflichtung zu Datenschutz durch Technikgestaltung (Abs. 1)

4 Abs. 1 regelt die Verpflichtung zu Datenschutz durch Technikgestaltung (sog **Privacy by Design;** zu dem Begriff Marnau in Gola/Heckmann BDSG § 71 Rn. 2). In die Gesetzesformulierung sind Elemente des § 3a BDSG aF eingeflossen. So wurde insbes. der in § 3a S. 1 BDSG aF statuierte Grundsatz der Datenvermeidung und Datensparsamkeit vollständig übernommen sowie dadurch zugleich die Vorgaben des Art. 20 Abs. 1 JI-RL ergänzt sowie präzisiert (Weinhold ZD-Aktuell 2017, 05451). Die übrigen „Datenschutzgrundsätze" lassen sich § 47 entnehmen. Die „Rechte der betroffenen Personen" umfassen die in §§ 55–61 verankerten Rechte.

4a **Adressat** der Vorschr. ist der Verantwortliche. Die Pflicht richtet sich insbes. nicht an die Hersteller datenverarbeitender Systeme (dazu Borell/Schindler DuD 2019, 767 (770)) und auch nicht an Auftragsverarbeiter, wenngleich den Verantwortlichen im Hinblick auf Auftragsverarbeiter nach der Vorschr. eine Auswahlverantwortlichkeit trifft (Marnau in Gola/Heckmann BDSG § 71 Rn. 5).

Der Verantwortliche hat bereits in der **Planungsphase** (Kramer/Meints in   **4b**
Auernhammer BDSG § 71 Rn. 6; Paulus in BeckOK DatenschutzR BDSG
§ 71 Rn. 4) den Stand der Technik (→ DS-GVO Art. 32 Rn. 56 ff.), die Art
(→ DS-GVO Art. 24 Rn. 32) – etwa besondere Kategorien personenbezoge-
ner Daten –, den Umfang (→ DS-GVO Art. 24 Rn. 33), die Umstände
(→ DS-GVO Art. 24 Rn. 34) und Zwecke (→ DS-GVO Art. 5 Rn. 23) der
Verarbeitung (dazu auch → DS-GVO Art. 24 Rn. 31) zu berücksichtigen
und angemessene Vorkehrungen (vgl. auch → § 64 Rn. 1 ff.) zu treffen.
Daraus folgt aufgrund der vorzunehmenden Abwägung gerade keine Pflicht,
alles was nach dem **Stand der Technik** möglich ist, umzusetzen (Kramer/
Meints in Auernhammer BDSG § 71 Rn. 5). Nicht erforderlich ist zudem,
dass sämtliche Risiken eliminiert werden (Johannes/Weinhold in HK-BDSG
§ 71 Rn. 27). Nach der erstmaligen Bewertung ist eine **regelmäßige Überprüfung** notwendig (Marnau in Gola/Heckmann BDSG § 71 Rn. 18, 32).

Neben diesen fünf Faktoren hat der Verantwortliche nach Abs. 1 S. 2 bei   **5**
der Wahl der Vorkehrungen (zu dem Begriff Marnau in Gola/Heckmann
BDSG § 71 Rn. 13) auch allfällige **„Implementierungskosten"** zu beachten. Allerdings sollte sich der Verantwortliche nicht ausschl. von wirtschaftlichen Erwägungen leiten lassen (vgl. ErwGr 53 S. 2 JI-RL).

Zudem hat der Verantwortliche nach dem Wortlaut des S. 2 auch die   **6**
Eintrittswahrscheinlichkeit und Schwere der mit der Verarbeitung verbunde-
nen **Risiken „für die Rechtsgüter der betroffenen Personen"** (zur
Risikoabschätzung DSK Kurzpapier Risikobeurteilung) zu berücksichtigen.
Problematisch an dieser Formulierung ist insbes., dass sich der Kreis der
einzubeziehenden Personen nach Art. 20 Abs. 1 JI-RL nicht nur auf die
Rechtsgüter von betroffenen Personen begrenzt, sondern überdies die „Rech-
te und Freiheiten natürlicher Personen" mitumfasst. Nach Art. 20 Abs. 1 JI-
RL sind mithin auch Rechtsgüter von Personen zu berücksichtigen, deren
Daten nicht direkt von der Verarbeitung betroffen sind. § 71 Abs. 1 ist dementsprechend **europarechtskonform auszulegen** (Bieker/Hansen DuD
2017, 285 (289)).

Als Maßnahme kommt auch die (Zugriffs-)**Protokollierung** in Betracht,   **6a**
vgl. § 76 (Art-29-DSG WP 258 – Strafverfolgung S. 26 f.).

Nach Abs. 1 S. 4 sind die **Anonymisierung** (ErwGr 21 JI-RL und vgl.   **6b**
→ DS-GVO Art. 4 Rn. 40 ff.) und **Pseudonymisierung** (§ 46 Nr. 5 und
vgl. → DS-GVO Art. 4 Rn. 48 ff.) zum frühestmöglichen Zeitpunkt durchzuführen. Zumindest die Anonymisierung ist damit aufgrund der Entfernung
des Personenbezugs und den Folgen für die Anwendbarkeit des BDSG vorrangig als Maßnahme in Betracht zu ziehen (so auch Johannes/Weinhold in
HK-BDSG § 71 Rn. 38; Vorrang auch der Pseudonymisierung Kramer/
Meints in Auernhammer BDSG § 71 Rn. 7).

Die Vorgaben des Abs. 1 können sich auf die Ausgestaltung **datengetrie-**   **6c**
bener Ermittlungs- und Gefahrenabwehrsysteme auswirken. IRd sog.
Predictive Policing können etwa anonyme Daten als Ausgangsbasis für Vor-
hersagen verwendet werden (Borell/Schindler DuD 2019, 767 (770); Marnau
in Gola/Heckmann BDSG § 71 Rn. 24; EP-Entschl. P8_TA(2017)0076
Rn. 25 ff.).

C. Verpflichtung zu Datenschutz durch datenschutzfreundliche Voreinstellungen (Abs. 2)

7 Abs. 2 normiert die Verpflichtung zu Datenschutz durch datenschutzfreundliche Voreinstellungen **(Privacy by Default)** als Unterfall von Privacy by Design und setzt nahezu wortgleich Art. 25 Abs. 2 JI-RL um. Der Verantwortliche hat geeignete technische und organisatorische Maßnahmen, z. B. technische Voreinstellungen und Arbeitsanweisungen (Kramer/Meints in Auernhammer BDSG § 71 Rn. 9), zu treffen. Der Verantwortliche muss daher die jeweilige Erforderlichkeit begründen können (Paulus in BeckOK DatenschutzR BDSG § 71 Rn. 9). Die Anforderung, die automatisierte umfassende Zugänglichmachung personenbezogener Daten zu verhindern, setzt iErg voraus, dass eine solche Zugänglichmachung stets durch menschliches Zutun einer Prüfung unterzogen wird (BT-Drs. 18/11325, 118) und implementiert ein **Need-to-know-Prinzip.** Das kann bspw. bei Fahndungsaufrufen relevant werden (Marnau in Gola/Heckmann BDSG § 71 Rn. 35).

7a Die Pflicht nach Abs. 2 betrifft insbes. interne datenverarbeitende Systeme, die durch Behördenmitarbeiter bedient werden (Borell/Schindler DuD 2019, 767 (770)). Daneben ist an Systeme zur Kommunikation zwischen Bürgern und Behörden, wie etwa Online-Strafanzeigen, zu denken (Johannes/Weinhold in HK-BDSG § 71 Rn. 47).

D. Vergleich zur bisherigen Rechtslage

8 § 71 verfolgt den gleichen Zweck wie § 3a BDSG aF und ist mit dieser Bestimmung weitgehend vergleichbar. Im Bereich des dt. Gefahrenabwehr- und Strafverfolgungsrechtes gab es bislang keine vergleichbare Vorschr.; Ausnahmen waren lediglich statuiert in §§ 494 Abs. 4 Nr. 5 StPO, 33 Abs. 8 S. 4 BPolG, die auf § 9 BDSG aF verweisen (vgl. Weinhold/Johannes DVBl 2016, 1501 (1505)). IÜ wurde auf die allg. Bestimmungen des BDSG oder entspr. LDSG zurückgegriffen (Weinhold ZD-Aktuell 2017, 05451).

§ 72 Unterscheidung zwischen verschiedenen Kategorien betroffener Personen

¹Der Verantwortliche hat bei der Verarbeitung personenbezogener Daten so weit wie möglich zwischen den verschiedenen Kategorien betroffener Personen zu unterscheiden. ²Dies betrifft insbesondere folgende Kategorien:
1. Personen, gegen die ein begründeter Verdacht besteht, dass sie eine Straftat begangen haben,
2. Personen, gegen die ein begründeter Verdacht besteht, dass sie in naher Zukunft eine Straftat begehen werden,
3. verurteilte Straftäter,

4. Opfer einer Straftat oder Personen, bei denen bestimmte Tatsachen darauf hindeuten, dass sie Opfer einer Straftat sein könnten, und
5. andere Personen wie insbesondere Zeugen, Hinweisgeber oder Personen, die mit den in den Nummern 1 bis 4 genannten Personen in Kontakt oder Verbindung stehen.

EU-Recht: Art. 6 und ErwGr 31 JI-RL (kommentiert unter → Rn. 1 ff.).

Literatur: *Bäcker,* Die Datenschutzrichtlinie für Polizei und Strafjustiz und das deutsche Eingriffsrecht, in *Hill/Kugelmann/Martini* (Hrsg.), Perspektiven der digitalen Lebenswelt, 63; *ders./Hornung,* EU-Richtlinie für die Datenverarbeitung bei Polizei und Justiz in Europa – Einfluss des Kommissionsentwurfs auf das nationale Strafprozess- und Polizeirecht, ZD 2012, 147; *Greve,* Das neue Bundesdatenschutzgesetz, NVwZ 2017, 737; *Schwichtenberg,* Die „kleine Schwester" der DSGVO: Die Richtlinie zur Datenverarbeitung bei Polizei und Justiz, DuD 2016, 506; *Weinhold,* RL zum Datenschutz für Polizei und Justiz – Überblick und Umsetzung, ZD-Aktuell 2017, 05451; *ders./Johannes,* Europäischer Datenschutz in Strafverfolgung und Gefahrenabwehr – Die neue Datenschutz-Richtlinie im Bereich Polizei und Justiz sowie deren Konsequenzen für deutsche Gesetzgebung und Praxis, DVBl 2016, 1501.

A. Allgemeines

I. Einführung

§ 72 setzt Art. 6 JI-RL um (Schwichtenberg in Kühling/Buchner BDSG § 72 **1** Rn. 1; Scheurer in Gola/Heckmann BDSG § 72 Rn. 4) und begr. **Anforderungen an die Strukturierung von Datensammlungen durch Polizei und Justiz.**

II. Sinn und Zweck

Der Vorschr. liegt der Gedanke zugrunde, dass es bei der Verarbeitung **2** personenbezogener Daten iRd justiziellen Zusammenarbeit in Strafsachen und der polizeilichen Zusammenarbeit naturgemäß um betroffene Personen verschiedener Kategorien geht (ErwGr 31 JI-RL). Das deutsche Polizei- und Strafverfahrensrecht trifft zumindest iRd Erhebung bereits entspr. Differenzierungen (Schwichtenberg DuD 2016, 605 (607 f.); Wolff in Schantz/ Wolff DatenschutzR Rn. 466; auch über die Erhebung hinaus nach Roggenkamp in Plath BDSG § 72 Rn. 2 f.). Die Kategorisierung ist zudem **Grundlage für den sicheren Austausch** von polizeilichen Informationen unter den Mitgliedstaaten (Weinhold/Johannes DVBl 2016, 1501 (1506)). So sollen zudem Missverständnisse über die Rolle einer betroffenen Person verhindert werden (Herbst in Auernhammer BDSG § 72 Rn. 3). Das **Differenzierungsgebot** ist zugleich eine Ergänzung des Grundsatzes der Aktualität und Richtigkeit nach § 47 Nr. 4 BDSG (Golla in BeckOK DatenschutzR BDSG § 72 Rn. 2; Scheurer in Gola/Heckmann BDSG § 72 Rn. 1; Schwichtenberg in Kühling/Buchner BDSG § 72 Rn. 2 f.).

B. Pflicht zur Unterscheidung zwischen verschiedenen Kategorien betroffener Personen

3 Die Verantwortlichen trifft eine Pflicht zur Differenzierung zwischen den personenbezogenen Daten verschiedener Kategorien von betroffenen Personen – namentlich, wenn auch nicht abschl. (dazu Roggenkamp in Plath BDSG § 72 Rn. 4) – verdächtige (vgl. § 152 Abs. 2 StPO), „potenzielle" – bei konkreten Anhaltspunkten (etwa Gefährder, dazu Golla in BeckOK DatenschutzR BDSG § 72 Rn. 10) – und verurteilte Straftäter, Opfer, Zeugen und andere Parteien (weiter als Art. 6 lit. d JI-RL, dazu Golla in BeckOK DatenschutzR BDSG § 72 Rn. 13; Johannes/Weinhold in HK-BDSG § 72 Rn. 19). Bei dieser Verpflichtung handelt es sich um eine **strukturelle Vorgabe für die Datenverarbeitungsprozesse der Kriminalbehörden,** die von den ASB iR ihrer Befugnisse nach § 16 Abs. 4 überwacht werden können (zum Richtlinienentwurf s. Bäcker/Hornung ZD 2012, 147 (148)). Die Differenzierung muss nur „soweit wie möglich" erfolgen und daher nicht in jedem Fall (Scheurer in Gola/Heckmann BDSG § 72 Rn. 8; Wolff in Schantz/Wolff DatenschutzR Rn. 463).

4   Die vorgeschriebene Kategorisierung ist (Vor-)**Bedingung für die Rechtmäßigkeit der Datenverarbeitung.** Daher sind auch die nationalen Ermächtigungsgrundlagen zur Speicherung von personenbezogenen Daten in Dateien an dieser Differenzierung zu messen. Dies gilt überdies ebenfalls für Speicherungen iR strafrechtlicher Ermittlungen und in Strafverfahren (für entspr. Ergänzung der Differenzierungen des § 6 in § 486 StPO Weinhold/Johannes DVBl 2016, 1501 (1504)). Die Differenzierung darf jedoch nicht zu einem Verstoß gegen die Unschuldsvermutung führen oder per se zur Annahme der geringeren Schutzwürdigkeit der Betroffenen aus einer Kategorie verleiten (Johannes/Weinhold in HK-BDSG § 72 Rn. 8; Schwichtenberg in Kühling/Buchner BDSG § 72 Rn. 4).

4a   Eine entspr. Differenzierung in Umsetzung des Art. 6 JI-RL ist auch in §§ 18, 19 BKAG zu finden (BT-Drs. 18/11163, 99 f.). Ferner sind in §§ 103c, 100f StPO entspr. Differenzierungen angelegt, wenngleich nicht in expliziter Umsetzung der Art. 6 JI-RL.

C. Rechtsfolgen der Pflicht

5 Ebenso wie Art. 6 JI-RL **knüpft § 72 keine Rechtsfolgen** an die Pflicht der Verantwortlichen, zwischen diesen Betroffenen und Datenkategorien zu unterscheiden. Vielmehr werden die konkreten Rechtsfolgen – bspw. Aussonderungsprüffristen, Rechte- und Rollenkonzepte (dazu Herbst in Auernhammer BDSG § 72 Rn. 9) oder bes. Maßnahmen der Datensicherheit – **dem Fachrecht überlassen** (BT-Drs. 18/11325, 118, vgl. auch Weinhold ZD-Aktuell 2017, 05451; Greve NVwZ 2017, 737 (742)).

6   So ist es naheliegend, dass für die Speicherung personenbezogener Daten bei unterschiedlichen Personenkategorien des § 72 unterschiedliche Voraussetzungen gelten müssen und dass unterschiedliche Daten gespeichert werden (vgl. Bäcker in Perspektiven digitaler Lebenswelt, 75). Zudem wird sich die Unterscheidung auf die zulässigen Nutzungen und auf die Datensammlungen kriminalbehördlicher Datensammlungen auswirken – je weitreichender das Fachrecht die Speicherung von personenbezogener Daten bloß Verdächtiger oder gar bloßer Kontaktpersonen ermöglicht, desto höhere Anforderungen mögen an die Nutzung einer Datensammlung zu stellen sein (vgl. Bäcker in Perspektiven digitaler Lebenswelt, 75). Schließlich dürfen die gespeicherten Bewertungen und Prognosen vielfach nicht ohne weitere Prüfung eine Eingriffsmaßnahme rechtfertigen (vgl. Bäcker in Perspektiven digitaler Lebenswelt, 75 f. mwN zu der teils gegenläufigen Praxis).

D. Verletzung der Pflicht

Für den Fall, dass eine betroffene Person **einer falschen Kategorie zu-** **7** **geordnet** wird, kommt nach Art. 16 Abs. 1 ein Recht auf Berichtigung (zum Richtlinienentwurf s. Bäcker/Hornung ZD 2012, 147 (148)) und nach § 75 Abs. 1 eine entspr. Berichtigungspflicht des Verantwortlichen in Betracht.

Darüber hinaus kommen nach § 83 **Schadensersatzansprüche** für dieje- **8** nigen Personen in Betracht, die durch eine rechtswidrige Verarbeitung einen materiellen oder immateriellen Schaden erleiden (zur JI-RL s. Weinhold/ Johannes DVBl 2016, 1501 (1506)).

E. Vergleich zur bisherigen Rechtslage

Die Differenzierung zwischen verschiedenen Kategorien von betroffenen Per- **9** sonen war dem dt. Recht **bisher fremd.** Allerdings entsprach eine solche Differenzierung iR kriminalbehördlicher Datensammlungen **bereits zuvor** **der gängigen Praxis** und war vereinzelt im geltenden Eingriffsrecht – vgl. insbes. § 8 BKAG aF und §§ 1 ff. BKADV – angelegt (s. auch Scheurer in Gola/Heckmann § 72 Rn. 5).

§ 73 Unterscheidung zwischen Tatsachen und persönlichen Einschätzungen

[1] **Der Verantwortliche hat bei der Verarbeitung so weit wie möglich danach zu unterscheiden, ob personenbezogene Daten auf Tatsachen oder auf persönlichen Einschätzungen beruhen.** [2] **Zu diesem Zweck soll er, soweit dies im Rahmen der jeweiligen Verarbeitung möglich und angemessen ist, Beurteilungen, die auf persönlichen Einschätzungen beruhen, als solche kenntlich machen.** [3] **Es muss außerdem feststellbar sein, welche Stelle die Unterlagen führt, die der auf einer persönlichen Einschätzung beruhenden Beurteilung zugrunde liegen.**

EU-Recht: Art. 7 Abs. 1 JI-RL (kommentiert unter → Rn. 1 ff.).

Literatur: *Bäcker,* Die Datenschutzrichtlinie für Polizei und Strafjustiz und das deutsche Eingriffsrecht, in Hill/Kugelmann/Martini, Perspektiven der digitalen Lebenswelt, S. 63;

Weinhold/Johannes, Europäischer Datenschutz in Strafverfolgung und Gefahrenabwehr – Die neue Datenschutz-Richtlinie im Bereich Polizei und Justiz sowie deren Konsequenzen für deutsche Gesetzgebung und Praxis, DVBl 2016, 1501; *Weinhold,* RL zum Datenschutz für Polizei und Justiz – Überblick und Umsetzung, ZD-Aktuell 2017, 05451.

A. Allgemeines

I. Einführung

1 § 73 dient der Umsetzung von Art. 7 Abs. 1 JI-RL (BT-Drs. 18/11325, 19) und stellt **über § 72 hinaus** weitere **Anforderungen an die Strukturierung von kriminalbehördlichen Datensammlungen.**

II. Sinn und Zweck

2 Wie die Differenzierung zwischen verschiedenen Kategorien von betroffenen Personen nach § 72 dient auch die Differenzierung zwischen personenbezogenen Daten, die auf Fakten beruhen, und solchen, die auf persönliche Einschätzungen zurückzuführen sind, als **Grdl. für den sicheren Austausch von polizeilichen Informationen** unter den Mitgliedstaaten (dem sich anschließend Scheurer in Gola/Heckmann BDSG § 73 Rn. 1; s. auch bereits Weinhold/Johannes DVBl 2016, 1501 (1506)) und dem Schutz betroffener Personen (Johannes/Weinhold in HK-BDSG § 73 Rn. 2). Die Vorschr. soll zu einer **Erhöhung der Datenqualität** beitragen (Schwichtenberg in Kühling/Buchner BDSG § 73 Rn. 3) sowie **die Einschätzung der Verlässlichkeit ermöglichen** (Herbst in Auernhammer BDSG § 73 Rn. 3) und verwirklicht damit den **Grundsatz der Richtigkeit und Aktualität** nach § 47 Nr. 4 (Golla in BeckOK DatenschutzR BDSG § 73 Rn. 3).

B. Pflicht zur Unterscheidung zwischen Tatsachen und persönlichen Einschätzungen

3 Nach S. 1 ist zu **unterscheiden** zwischen Daten, die auf Tatsachen basieren, und solchen Daten, die auf persönlichen Einschätzungen beruhen. Diese Unterscheidung lässt sich handhaben, indem **zwischen rein deskriptiven Angaben** einerseits und Bewertungen oder **Prognosen** andererseits differenziert wird (Bäcker Perspektiven digitaler Lebenswelt, 75; ähnlich Scheurer in Gola/Heckmann BDSG § 73 Rn. 7; leicht abw. Golla in BeckOK DatenschutzR BDSG § 73 Rn. 7). Persönliche Einschätzungen können etwa solche der Ermittlungsbeamten zur Glaubwürdigkeit der Zeugen oder Glaubhaftigkeit der Aussagen (Johannes/Weinhold in HK-BDSG § 73 Rn. 9) und die subjektive Gewichtung von deskriptiven Angaben umfassen (Golla in BeckOK DatenschutzR BDSG § 73 Rn. 8). Automatisiert vorgenommene Bewertungen und Einschätzungen können ebenfalls umfasst sein, da das Merkmal „persönlich" im Hinblick auf die Entwickler des automatischen Systems zutrifft (Johannes/Weinhold in HK-BDSG § 73 Rn. 9; zu künstlicher Intelligenz Golla in BeckOK DatenschutzR BDSG § 73 Rn. 9). Der **Möglich-**

keitsvorbehalt setzt der Pflicht zur Unterscheidung jedoch auch Grenzen (hohe Anforderungen nach Scheurer in Gola/Heckmann BDSG § 73 Rn. 9). Dies kann insbes. bei älteren oder von Dritten übermittelten Daten relevant werden. Die notwendigen Bemühungen des Verantwortlichen sind unter Berücksichtigung des erforderlichen Aufwands und der Bedeutung der Verlässlichkeit zu ermitteln, wobei va der Verlässlichkeit grds. großes Gewicht zukommt (Herbst in Auernhammer BDSG § 73 Rn. 7)

Die Pflicht zur Unterscheidung führt nur soweit „möglich und angemes- **3a** sen" nach S. 2 zu einer **Kennzeichnungspflicht.** Aus dem Erfordernis der Angemessenheit ergibt sich ggü. S. 1 eine weitere Einschränkung (krit. insoweit mit Blick auf die JI-RL Scheurer in Gola/Heckmann BDSG § 73 Rn. 11). Nach dem Sinn und Zweck der Vorschrift ist überdies auch zu kennzeichnen, wer die Einschätzung getroffen hat (Johannes/Weinhold in HK-BDSG § 73 Rn. 12).

Nach S. 3 **muss feststellbar sein, welche Stelle die Unterlagen führt,** **3b** die der auf einer persönlichen Einschätzung beruhenden Beurteilung zugrunde liegen.

C. Rechtsfolgen der Pflicht

Die **konkreten Rechtsfolgen** werden dem **Fachrecht** überlassen (BT-Drs. **4** 18/11325, 119; iÜ → § 72 Rn. 5 ff.). Die StPO bspw. sieht, soweit ersichtlich, auch in der mit Wirkung vom 26.11.2019 geänderten Fassung noch immer keine entspr. Differenzierung vor (dazu auch schon Schwichtenberg in Kühling/Buchner BDSG § 73 Rn. 2).

D. Verletzung der Pflicht

Die Verletzung der Pflicht zur Differenzierung nach § 73 zieht dieselben **5** Konsequenzen nach sich wie iRd Verletzung der Pflicht zur Differenzierung nach § 72 (→ § 72 Rn. 7 ff.).

E. Vergleich zur bisherigen Rechtslage

Eine entspr. Differenzierung gab es nach der bisherigen Rechtslage nicht **6** (dazu Weinhold ZD-Aktuell 2017, 05451; wie hier Golla in BeckOK DatenschutzR BDSG § 73 Rn. 2; Scheurer in Gola/Heckmann BDSG § 73 Rn. 3; aA dagegen Roggenkamp/v. d. Bussche in Plath BDSG § 73 Rn. 2).

§ 74 Verfahren bei Übermittlungen

(1) [1] Der Verantwortliche hat angemessene Maßnahmen zu ergreifen, um zu gewährleisten, dass personenbezogene Daten, die unrichtig oder nicht mehr aktuell sind, nicht übermittelt oder sonst zur Verfügung gestellt werden. [2] Zu

diesem Zweck hat er, soweit dies mit angemessenem Aufwand möglich ist, die Qualität der Daten vor ihrer Übermittlung oder Bereitstellung zu überprüfen. ³Bei jeder Übermittlung personenbezogener Daten hat er zudem, soweit dies möglich und angemessen ist, Informationen beizufügen, die es dem Empfänger gestatten, die Richtigkeit, die Vollständigkeit und die Zuverlässigkeit der Daten sowie deren Aktualität zu beurteilen.

(2) ¹Gelten für die Verarbeitung von personenbezogenen Daten besondere Bedingungen, so hat bei Datenübermittlungen die übermittelnde Stelle den Empfänger auf diese Bedingungen und die Pflicht zu ihrer Beachtung hinzuweisen. ²Die Hinweispflicht kann dadurch erfüllt werden, dass die Daten entsprechend markiert werden.

(3) Die übermittelnde Stelle darf auf Empfänger in anderen Mitgliedstaaten der Europäischen Union und auf Einrichtungen und sonstige Stellen, die nach den Kapiteln 4 und 5 des Titels V des Dritten Teils des Vertrags über die Arbeitsweise der Europäischen Union errichtet wurden, keine Bedingungen anwenden, die nicht auch für entsprechende innerstaatliche Datenübermittlungen gelten.

EU-Recht: Art. 7 Abs. 2, Art. 9 Abs. 3 und 4 sowie ErwGr 32 und 36 JI-RL (kommentiert unter → Rn. 2 ff.).

Literatur: *Bäcker,* Die Datenschutzrichtlinie für Polizei und Strafjustiz und das deutsche Eingriffsrecht, in *Hill/Kugelmann/Martini* (Hrsg.), Perspektiven der digitalen Lebenswelt, 63; *Greve,* Das neue Bundesdatenschutzgesetz, NVwZ 2017, 737; *Weinhold/Johannes,* Europäischer Datenschutz in Strafverfolgung und Gefahrenabwehr – Die neue Datenschutz-Richtlinie im Bereich Polizei und Justiz sowie deren Konsequenzen für deutsche Gesetzgebung und Praxis, DVBl 2016, 1501.

A. Allgemeines

I. Einführung

1   § 74 BDSG regelt die **Qualitätssicherung personenbezogener Daten vor deren Übermittlung** (vgl. Greve NVwZ 2017, 737 (742); dem sich anschließend Marnau in Gola/Heckmann BDSG § 74 Rn. 1). **Abs. 1 Satz 1 und 2** statuiert eine Pflicht, die Qualität übermittelter Daten zu überprüfen und sicherzustellen; **Abs. 1 Satz 3** verpflichtet den Verantwortlichen iRv. Angemessenheit und Möglichkeit den Empfänger über die Qualität der übermittelten Daten zu informieren. Nach Maßgabe von **Abs. 2** hat die übermittelnde Stelle den Empfänger auf bes.Verarbeitungsbedingungen und die Pflicht ihrer Beachtung hinzuweisen. Schließlich enthält **Abs. 3** ein Diskriminierungsverbot für den effektiven Datenaustausch in der EU.

II. Sinn und Zweck

2   § 74 dient dem **Schutz natürlicher Personen**, damit die Richtigkeit, die Vollständigkeit, der Aktualitätsgrad sowie die Zuverlässigkeit der übermittelten oder bereitgestellten personenbezogenen Daten gewährleistet ist (vgl. ErwGr 32 S. 2 JI-RL), vgl. auch § 47 Nr. 4.

III. Regelungssystematik

Die **Übermittlung** (→ DS-GVO Art. 4 Rn. 30; Marnau in Gola/Heckmann **2a** BDSG § 74 Rn. 8) ist ein Unterfall der Offenlegung und als solche eine Form der Verarbeitung, die in § 46 Nr. 2 definiert wird. Der **Begriff des Empfängers** findet sich in § 46 Nr. 9. Die Vorschr. ist zudem im Zusammenhang mit § 58 Abs. 5 zu sehen. Nach der Übermittlung in Einklang mit der Vorschr. hat der Verantwortliche nach § 58 Abs. 5 S. 2 ua im Fall einer Berichtigung diese den Empfängern mitzuteilen.

Von bes. Relevanz für den Datenaustausch sind der weiterhin geltende **2b** **Rahmenbeschluss** 2006/960/JI und der Rahmenbeschluss 2002/584/JI über den europ. Haftbefehl (Johannes/Weinhold in HK- BDSG § 74 Rn. 12).

Adressat der Vorschr. ist nur der Verantwortliche. Er muss ggf. iRd **2c** Weisungen an den Auftragsverarbeiter die Einhaltung sicherstellen (vgl. Marnau in Gola/Heckmann BDSG § 74 Rn. 4).

IV. Vergleich zur DS-GVO und zur JI-RL

Die DS-GVO kennt keine entspr. Regelung. § 74 setzt verschiedene Vor- **2d** gaben der JI-RL in einer Vorschrift gemeinsam um (vgl. Marnau in Gola/ Heckmann BDSG § 74 Rn. 2; Schwichtenberg in Kühling/Buchner BDSG § 74 Rn. 1): Nach ErwGr 34 S. 2 JI-RL soll die Vorschr. auf Übermittlungen Anwendung finden, unabhängig davon, ob der Empfänger eine öffentl. Stelle ist oder nicht. Die Vorschr. greift nach ErwGr 34 S. 3, 4 JI-RL nicht, sobald und soweit die Verarbeitung – bspw. die Übermittlung – für einen Zweck erfolgt, der nicht mehr unter die JI-RL fällt. In dem Fall findet bereits auf die Übermittlung die DS-GVO Anwendung und somit nicht § 74.

B. Maßnahmen zur Qualitätssicherung personenbezogener Daten (Abs. 1)

Abs. 1 dient der **Umsetzung von Art. 7 Abs. 2 JI-RL**. Nach Abs. 1 S. 1 **3** sind Maßnahmen zu ergreifen, um zu gewährleisten, dass personenbezogene Daten, die zum Zeitpunkt der Übermittlung oder Zurverfügungstellung (vgl. Johannes/Weinhold in HK-BDSG § 74 Rn. 22) unrichtig oder nicht mehr aktuell sind, nicht übermittelt oder sonst zur Vfg. gestellt werden. Daraus folgt eine **kontinuierliche und anlasslose Pflicht**, alle Kategorien von personenbezogenen Daten zu aktualisieren und qualitativ bewerten zu können. Es kann sich anbieten, eine regelmäßige Prüfung zusammen mit der nach § 75 Abs. 4 notwendigen Überprüfung durchzuführen (Herbst in Auernhammer BDSG § 74 Rn. 8), wobei sich die praktische Bedeutung des Abs. 1 S. 1 angesichts der Löschpflicht nach § 75 in Grenzen halten dürfte (s. Schwichtenberg in Kühling/Buchner BDSG § 74 Rn. 3). Die Var. „sonst zur Verfügung gestellt" umfasst jegliche Offenlegung und weicht nur marginal ohne Auswirkungen auf den Tatbestand vom Wortlaut des Art. 7 Abs. 2 S. 2 JI-RL ab (so auch Burghardt/Reinbacher in BeckOK DatenschutzR BDSG § 74 Rn. 25; aA Marnau in Gola/Heckmann BDSG § 74 Rn. 10).

4   Art. 7 Abs. 2 JI-RL sieht darüber hinaus vor, dass auch die Übermittlung **„unvollständiger"** Daten vermieden werden soll. Dieses Merkmal hat der dt. Gesetzgeber in Abs. 1 nicht übernommen, denn Sinn und Zweck einer Datenübermittlung kann auch und gerade die Vervollständigung unvollständiger Daten sein (BT-Drs. 18/11325, 119).

5   Problematisch ist, dass nach Abs. 1 S. 1 nunmehr keine Maßnahmen gegen allfällige Übermittlungen von unvollständigen Daten zu ergreifen sind, weshalb auch keine Maßnahmen gegen solche Übermittlungen unvollständiger Daten ergriffen werden müssen, deren Sinn und Zweck nicht deren Vervollständigung ist. Ein alternativer – und möglicherweise auch besserer, weil richtlinienkonformerer – Weg für den Gesetzgeber wäre die Aufnahme auch der unvollständigen Daten in Abs. 1 S. 1 gewesen, verbunden mit der Einschränkung, dass Maßnahmen nicht gegen die Übermittlung unvollständiger Daten zu ergreifen sind, soweit diese zur Vervollständigung übermittelt werden.

5a   Die **Angemessenheit** der Maßnahmen (enger im Vergleich zur JI-RL, dazu Marnau in Gola/Heckmann BDSG § 74 Rn. 14) ist unter Berücksichtigung der Arten und Bedeutung der Daten, des Aufwands und der damit verbundenen Kosten zu ermitteln (vgl. Burghardt/Reinbacher in BeckOK DatenschutzR BDSG § 74 Rn. 26). Die technischen und/oder organisatorischen Maßnahmen können etwa Handlungsanweisungen und technische Abgleichroutinen (Johannes/Weinhold in HK-BDSG § 74 Rn. 20) sowie Rückfragen bei Unstimmigkeiten umfassen (Marnau in Gola/Heckmann BDSG § 74 Rn. 15).

6   Abs. 1 S. 2 nennt als eine konkrete Maßnahme die **Überprüfung der Daten-Qualität**, wovon auch die Vollständigkeit umfasst ist (Marnau in Gola/Heckmann BDSG § 74 Rn. 16), vor der Übermittlung und Bereitstellung. Während Abs. 1 S. 2 die sprachliche Einschränkung „soweit dies mit angemessenem Aufwand möglich ist" enthält, grenzt der zugrundeliegende Art. 7 Abs. 2 S. 2 JI-RL die Verpflichtung demgegenüber nur iRd „soweit [D]urchführbar[en]" ein. Vor diesem Hintergrund könnten in Ansehung von Abs. 1 S. 2 **unionsrechtliche Bedenken** bestehen, weil die Einschränkung „soweit dies mit angemessenem Aufwand möglich ist" niedrigere Anforderungen setzt und eine Ausnahme zur Vermeidung von Verwaltungsaufwand gerade nicht von Art. 7 Abs. 2 S. 2 JI-RL vorgesehen sein dürfte (vgl. zu einer ähnlich gelagerten Problematik bereits → § 57 Rn. 7; krit. auch Burghardt/Reinbacher in BeckOK DatenschutzR BDSG § 74 Rn. 28).

6a   Die **Pflicht zur Informationsbeifügung** – nur bei der Übermittlung – nach Abs. 1 S. 3 soll dem Empfänger eine **eigene Qualitätsprüfung ermöglichen** (Marnau in Gola/Heckmann BDSG § 74 Rn. 20). Dabei sind ggf. auch Informationen aus anderen Quellen beizufügen, wobei dem im Einzelfall die fehlende Angemessenheit entgegenstehen kann (Herbst in Auernhammer BDSG § 74 Rn. 10). Die bereitzustellenden Informationen können auch die Kenntlichmachung von persönlichen Einschätzungen nach § 73 S. 2 umfassen (so auch Schwichtenberg in Kühling/Buchner BDSG § 74 Rn. 3).

Die Frage der „**Aktualität**" **von Daten** nach Abs. 1 und der damit ver- 7
bundenen Vorgabe, keine „nicht mehr aktuellen" Daten zu übermitteln bzw.
bereitzustellen, kann nur im konkreten Ermittlungszusammenhang und unter
Beachtung des konkreten Verarbeitungszweckes beantworten werden, weil in
bestimmten Ermittlungszusammenhängen auch die Übermittlung nicht
(mehr) aktueller Daten, wie etwa alter Meldeadressen, alter (Geburts-)Namen
etc. bedeutsam und für die Aufgabenerfüllung erforderlich sein kann (BT-Drs.
18/11325, 119).

C. Hinweis auf besondere Bedingungen (Abs. 2)

Abs. 2 S. 1 setzt Art. 9 Abs. 3 JI-RL um. Bsp. für solche − im Fachrecht 8
vorgesehenen − bes. Bedingungen sind **Zweckbindungsregelungen bei
der Weiterverarbeitung** (etwa § 29 Abs. 1 BPolG als Ausnahme des Zweck-
bindungsgrds. nach Schwichtenberg in Kühling/Buchner BDSG § 74 Rn. 4)
durch den Empfänger, das **Verbot der Weiterübermittlung ohne Genehmigung** oder **Konsultationserfordernisse vor der Auskunftserteilung
betroffener Personen** durch den Empfänger (BT-Drs. 18/11325, 119)
sowie Bedingungen zur Verwendung von Bearbeitungscodes (vgl. ErwGr 36
S. 1 JI-RL). Es ist Sache der Mitgliedstaaten, solche bes. Bedingungen festzulegen − insbes. bei Daten, die aus eingriffsintensiven Ermittlungsmaßnahmen stammen (vgl. Bäcker Perspektiven digitaler Lebenswelt, 78).

In S. 2 konkretisiert der dt. Gesetzgeber die Vorgaben für die Erfüllung der 9
Hinweispflicht und stellt klar, dass eine entspr. Markierung der Daten als
Hinweis genügt.

D. Übermittlung in andere Mitgliedstaaten (Abs. 3)

Abs. 3 dient der Umsetzung von Art. 9 Abs. 4 JI-RL und regelt Vorgaben für 10
Datenübermittlungen an Behörden anderer Mitgliedstaaten (dazu Bäcker Perspektiven digitaler Lebenswelt, 78 f.) und an die genannten Einrichtungen
und Stellen, die etwa Eurojust (Art. 85 AEUV) und Europol (Art. 88 AEUV)
umfassen (Herbst in Auernhammer BDSG § 74 Rn. 15). Die **„innerstaatliche[n]" Vorschriften** verweisen nach dem Sinn und Zweck auf die Regelungen des Mitgliedstaats des Übermittelnden (so auch Johannes/Weinhold in
HK-BDSG § 74 Rn. 30; dazu, ohne sich festzulegen v. d. Bussche/Kamlah in
Plath BDSG § 73 Rn. 11).

E. Vergleich zur bisherigen Rechtslage

Eine vergleichbare Aktualisierungs- und Bewertungspflicht von personenbe- 11
zogenen Daten iR ihrer Weitergabe existierte unter der vormaligen Rechtslage nicht (s. auch Marnau in Gola/Heckmann BDSG § 74 Rn. 3).

§ 75 Berichtigung und Löschung personenbezogener Daten sowie Einschränkung der Verarbeitung

(1) Der Verantwortliche hat personenbezogene Daten zu berichtigen, wenn sie unrichtig sind.

(2) Der Verantwortliche hat personenbezogene Daten unverzüglich zu löschen, wenn ihre Verarbeitung unzulässig ist, sie zur Erfüllung einer rechtlichen Verpflichtung gelöscht werden müssen oder ihre Kenntnis für seine Aufgabenerfüllung nicht mehr erforderlich ist.

(3) [1] § 58 Absatz 3 bis 5 ist entsprechend anzuwenden. [2] Sind unrichtige personenbezogene Daten oder personenbezogene Daten unrechtmäßig übermittelt worden, ist auch dies dem Empfänger mitzuteilen.

(4) Unbeschadet in Rechtsvorschriften festgesetzter Höchstspeicher- oder Löschfristen hat der Verantwortliche für die Löschung von personenbezogenen Daten oder eine regelmäßige Überprüfung der Notwendigkeit ihrer Speicherung angemessene Fristen vorzusehen und durch verfahrensrechtliche Vorkehrungen sicherzustellen, dass diese Fristen eingehalten werden.

EU-Recht: Art. 5, 7 Abs. 3 S. 1 Alt. 2, 16 und ErwGr 47 JI-RL (kommentiert unter → Rn. 1 ff.).

Literatur: *Art.-29-Datenschutzgruppe,* WP 258 – Opinion on some key issues of the Law Enforcement Directive (EU 2016/680); *Greve,* Das neue Bundesdatenschutzgesetz, NVwZ 2017, 737.

A. Allgemeines

I. Einführung

1   § 75 setzt Art. 16 JI-RL um in seiner Ausformung als Pflicht des Verantwortlichen. Die Pflichten des Verantwortlichen zur Berichtigung und Löschung personenbezogener Daten sowie zur Einschränkung der Bearbeitung bestehen **unabhängig davon,** ob eine betroffene Person diese Rechte geltend macht (vgl. Greve NVwZ 2017, 737 (742)).

II. Sinn und Zweck

2   Die in § 75 Abs. 1, 2 und 4 niedergelegten Pflichten verwirklichen die **Grundsätze der Sicherstellung einer Verarbeitung von inhaltlich zutreffenden personenbezogenen Daten** (§ 47 Nr. 4) sowie der **Datenminimierung** (§ 47 Nr. 3) und sind damit **Ausfluss einer fairen und transparenten Verarbeitung** von personenbezogenen Daten, die unionsprimärrechtlich (Art. 8 Abs. 2 S. 2 GRCh) abgesichert ist. Das Recht auf Einschränkung der Verarbeitung nach § 75 Abs. 3 S. 1 iVm § 58 Abs. 3 dient einem (vorl.) **Ausgleich zwischen den Interessen** der betroffenen Person an den personenbezogenen Daten und des Verantwortlichen an der Verarbeitung eben dieser Daten.

III. Regelungssystematik

Systematisch werden in § 75 die Verpflichtungen des Verantwortlichen zur **3**
Berichtigung, Löschung und Einschränkung der Verarbeitung personenbezogener Daten geregelt, die unabhängig von der Geltendmachung der Rechte bestehen. Die entspr. Rechte der betroffenen Person auf Berichtigung, Löschung personenbezogener Daten sowie auf Einschränkung der Verarbeitung durch den Verantwortlichen sind in § 58 niedergelegt (→ § 58 Rn. 1 ff.). Verwandte Regelungen finden sich in Art. 16–18 DS-GVO.

B. Pflicht zur Berichtigung (Abs. 1)

Abs. 1 S. 1 regelt die **Pflicht** des Verantwortlichen **zur** – unverzüglichen **4**
(vgl. § 47 Nr. 4; Burghardt/Reinbacher in BeckOK DatenschutzR BDSG § 75 Rn. 14; Nolte/Werkmeister in Gola/Heckmann BDSG § 75 Rn. 5) – **Berichtigung.** Das nationale Recht geht insoweit (zulässigerweise) **über die Maßgaben des Art. 16 Abs. 1 S. 1 JI-RL hinaus,** welcher die Mitgliedstaaten nur zur Umsetzung eines entspr. Rechtes verpflichtet. Die Berichtigung setzt eine vorherige und regelmäßige Überprüfung voraus (Johannes/Weinhold in HK-BDSG § 75 Rn. 19; „kontinuierliche Überprüfung" Schwichtenberg in Kühling/Buchner BDSG § 75 Rn. 2).

Die Pflicht zur Berichtigung setzt voraus, dass der Verantwortliche unrich- **5**
tige personenbezogene Daten verarbeitet; einen besonders wichtigen Anwendungsfall stellt die **Speicherung** (§ 46 Nr. 2; → § 46 Rn. 3 ff.) dar. **Unrichtig** sind die personenbezogenen Daten, wenn sie **inhaltlich unwahr** sind. Das umfasst eine mögliche Unvollständigkeit, vgl. Art. 16 Abs. 1 S. 2 JI-RL.

C. Pflicht zur Löschung (Abs. 2)

Abs. 2 setzt Art. 16 Abs. 2 JI-RL um, welcher – im Unterschied zu Art. 16 **6**
Abs. 1 S. 1 JI-RL – sowohl das Betroffenenrecht auf Löschung als auch die unabhängig davon bestehende Pflicht des Verantwortlichen zur Löschung regelt. Die **Löschungspflicht** besteht **in drei Fällen:** Zunächst besteht eine Pflicht zur Löschung im Fall der **Unzulässigkeit der Verarbeitung** (insbes. §§ 47, 48). Dies umfasst auch einen Verstoß gegen Vorschr. des Fachrechts, etwa in Bezug auf Erkenntnisse aus dem Kernbereich privater Lebensgestaltung (vgl. § 100d Abs. 2 StPO). Die Löschungspflicht besteht zudem bei der **Erfüllung einer rechtlichen Verpflichtung** (regelmäßig aus dem Fachrecht, vgl. etwa BT-Drucks. 19/4671, 44 f.). Der dritte Fall ist die **fehlende Erforderlichkeit für die Aufgabenerfüllung,** dh regelmäßig den bestimmten Zweck. Es kann jedoch eine zulässige Zweckumwandlung, vgl. § 49, vorliegen (dazu Burghardt/Reinbacher in BeckOK DatenschutzR BDSG § 75 Rn. 18; Johannes/Weinhold in HK-BDSG § 75 Rn. 22). Die antragsunabhängige Verpflichtung zur Löschung bedingt, dass der Verantwortliche das Bestehen entsprechender Löschungsverpflichtungen selbstständig und lau-

fend zu überprüfen hat (vgl. zur Parallelnorm → DS-GVO Art. 17 Rn. 20 ff.). Die Pflicht zur Löschung richtet sich also nicht bloß nach starren Löschfristen, sondern stellt vielmehr eine **Dauerpflicht** dar (vgl. Burghardt/Reinbacher in BeckOK DatenschutzR BDSG § 75 Vor Rn. 1 und Rn. 11).

7   Die Löschung hat **unverzüglich** zu erfolgen; dies kann in Anlehnung an § 121 BGB als „ohne schuldhaftes Zögern" verstanden werden (Burghardt/ Reinbacher in BeckOK DatenschutzR BDSG § 75 Rn. 19; Nolte/Werkmeister in Gola/Heckmann BDSG § 75 Rn. 8). Die maßgebliche Unverzüglichkeit ist grds. einzelfallabhängig zu bestimmen und zwar anhand der konkreten Verarbeitung sowie dem damit verbundenen Löschungsaufwand (vgl. zur Parallelnorm → DS-GVO Art. 17 Rn. 29 ff.).

D. Einschränkung der Verarbeitung und Mitteilungspflicht (Abs. 3)

8   Nach Abs. 3 S. 1 sind die Regelungen des § 58 Abs. 3 bis 5 entspr. anzuwenden (→ § 58 Rn. 9 ff.). Danach kann der Verantwortliche nach pflichtgemäßem Ermessen (Burghardt/Reinbacher in BeckOK DatenschutzR BDSG § 75 Rn. 20) ggf. anstelle der Löschung die Verarbeitung einschränken (§ 58 Abs. 3), wobei bei automatisierten Dateisystemen die eindeutige Erkennbarkeit sicherzustellen ist (§ 58 Abs. 4). Generell empfiehlt sich eine sorgfältige Dokumentierung der Maßnahme, insbes. des Zeitraums (Art-29-DSG WP 258 − Strafverfolgung S. 21 f.). Eine Berichtigung ist der übermittelnden Stelle (§ 58 Abs. 5 S. 1) mitzuteilen. Berichtigungen, Löschungen und Einschränkungen sind Empfängern mitzuteilen (§ 58 Abs. 5 S. 2), die die Maßnahme ebenfalls durchführen müssen (§ 58 Abs. 5 S. 3). Das Fachrecht, wie etwa nach § 161 Abs. 2 StPO, sieht teilw. Abweichungen vor.

9   S. 2 setzt Art. 7 Abs. 3 S. 1 JI-RL um und verpflichtet Verantwortliche im Falle der Übermittlung **unrichtiger** personenbezogener Daten sowie im Falle der **unrechtmäßigen** Übermittlung personenbezogener Daten zur entspr. Mitteilung an den Empfänger dieser Daten. Die hieraus resultierenden Pflichten des Empfängers nach Art. 7 Abs. 3 S. 2 JI-RL sind iW bereits in § 75 Abs. 3 iVm § 58 Abs. 5 S. 3 umgesetzt. Nur wenn und soweit der Verantwortliche die Daten selbst nicht mehr verarbeitet, insbes. nicht mehr speichert, und daher nicht mehr selbst zur Berichtigung und Mitteilung nach S. 1 i. V. m. § 58 Abs. 5 verpflichtet ist, wird der Pflicht aus S. 2 eigenständige Bedeutung zukommen (vgl. Burghardt/Reinbacher in BeckOK DatenschutzR BDSG § 75 Rn. 25).

E. Angemessene Fristen (Abs. 4)

10   In Umsetzung von Art. 5 JI-RL verpflichtet Abs. 4 die Verantwortlichen zur Festlegung von angemessenen Fristen für die Löschung von personenbezogenen Daten (wegen Abs. 2 dies für redundant haltend Burghardt/Reinbacher in BeckOK DatenschutzR BDSG § 75 Rn. 26) und für die regelmäßige Überprüfung der Notwendigkeit ihrer Speicherung sowie zur Festlegung ver-

fahrensrechtlicher Vorkehrungen, die sicherstellen, dass diese Fristen eingehalten werden. Die Fristen nach Abs. 4 ergänzen solche aus dem Fachrecht
(Herbst in EKL BDSG § 75 Rn. 10), wobei jedenfalls die kürzeren Fristen
nach § 70 Abs. 1 Nr. 8 in das Verarbeitungsverzeichnis aufzunehmen sind.
Die Angemessenheit der Fristen beurteilt sich anhand des Risikopotenzials
(Nolte/Werkmeister in Kühling/Buchner BDSG § 75 Rn. 12; Schwichtenberg in Kühling/Buchner BDSG § 75 Rn. 8) und unter Berücksichtigung
des Zwecks sowie der Ressourcen des Verantwortlichen(Nolte/Werkmeister
in Kühling/Buchner BDSG § 75 Rn. 12).

F. Vergleich zur bisherigen Rechtslage

§ 20 Abs. 1 S. 1 BDSG aF enthielt ebenfalls bereits eine nicht von einem **11**
entspr. Antrag abhängige Berichtigungspflicht.
   § 75 Abs. 2 sieht **zusätzlich** zu § 20 Abs. 2 BDSG aF eine **Löschungs–** **12**
pflicht für den Fall der **Erfüllung einer rechtlichen Verpflichtung** vor.

§ 76 Protokollierung

   (1) In automatisierten Verarbeitungssystemen haben Verantwortliche und Auftragsverarbeiter mindestens die folgenden Verarbeitungsvorgänge zu protokollieren:
1. Erhebung,
2. Veränderung,
3. Abfrage,
4. Offenlegung einschließlich Übermittlung,
5. Kombination und
6. Löschung.
   (2) Die Protokolle über Abfragen und Offenlegungen müssen es ermöglichen,
die Begründung, das Datum und die Uhrzeit dieser Vorgänge und so weit wie
möglich die Identität der Person, die die personenbezogenen Daten abgefragt
oder offengelegt hat, und die Identität des Empfängers der Daten festzustellen.
   (3) Die Protokolle dürfen ausschließlich für die Überprüfung der Rechtmäßigkeit der Datenverarbeitung durch die Datenschutzbeauftragte oder den Datenschutzbeauftragten, die Bundesbeauftragte oder den Bundesbeauftragten und die
betroffene Person sowie für die Eigenüberwachung, für die Gewährleistung der
Integrität und Sicherheit der personenbezogenen Daten und für Strafverfahren
verwendet werden.
   (4) Die Protokolldaten sind am Ende des auf deren Generierung folgenden
Jahres zu löschen.
   (5) Der Verantwortliche und der Auftragsverarbeiter haben die Protokolle der
oder dem Bundesbeauftragten auf Anforderung zur Verfügung zu stellen.

EU–Recht: Art. 25 und ErwGr 57 JI-RL (kommentiert unter → Rn. 1 ff.).

Literatur: *Art.-29-Datenschutzgruppe,* WP 258 – Opinion on some key issues of the Law Enforcement Directive (EU 2016/680); *Borell/Schindler,* Polizei und Datenschutz – Vorgaben der neuen JI-RL für technische und organisatorische Maßnahmen zur Gewährleistung datenschutzkonformer polizeilicher Datenverarbeitung, DuD 2019, 767; *Greve,* Das neue Bundesdatenschutzgesetz, NVwZ 2017, 737; *Piltz,* Die neuen Protokollierungspflichten nach der Richtlinie 2016/680/EU für öffentl. Stellen, NVwZ 2018, 696.

A. Allgemeines

I. Einführung

1 § 76 dient der Umsetzung von Art. 25 JI-RL und regelt iRv automatisierten Verarbeitungssystemen eine **umfassende Protokollierungspflicht** für Verantwortliche und Auftragsverarbeiter (vgl. Greve NVwZ 2017, 737 (742)). Diese Pflicht zur Protokollierung ist spezifisch auf die Besonderheit der Aufgabenerledigung iRv Verhütung, Ermittlung, Aufdeckung, Verfolgung oder Ahndung von Straftaten oder Ordnungswidrigkeiten zugeschnitten (Schantz in Schantz/Wolff DatenschutzR Rn. 858) und findet deshalb auch keine normative Entsprechung in der DS-GVO. Unter der DS-GVO – und bereits nach § 64 – kann die Protokollierung jedoch als technische und organisatorische Maßnahme in Betracht kommen (→ DS-GVO Art. 32 Rn. 29 und 37; s. auch Hansen in NK-DatenschutzR DS-GVO Art. 32 Rn. 81). **Abs. 1** statuiert den Kerngehalt der Protokollierungspflicht. **Abs. 2** adressiert den Inhalt und Zweck der Protokolle. **Abs. 3** legt fest, wofür die Protokolle verwendet werden dürfen. **Abs. 4** sieht eine spezielle Löschungsfrist vor. **Abs. 5** verpflichtet Verantwortliche und Auftragsverarbeiter, die Protokolle auf Anforderung der/dem BfDI zur Verfügung zu stellen.

II. Sinn und Zweck

2 Der Zweck der **Protokollierungspflicht** ergibt sich bereits aus der Verwendungsbeschränkung der Protokolle nach Abs. 3 (→ Rn. 7 ff.). Danach dient die Protokollierungspflicht in erster Linie der **Effektivität der Datenschutzkontrolle** durch die Aufsicht und den Verantwortlichen (dazu Art-29-DSG WP 258 – Strafverfolgung S. 26) selbst. Denn die Protokollierung ermöglicht Kontrollen datenschutzrechtlicher sowie justizieller Art und ist auch und gerade im Bereich der Sicherheit aufgrund der Vertraulichkeit vieler Informationserhebungseingriffe sowie der hohen Techniklastigkeit von großer grundrechtlicher Relevanz (Schantz in Schantz/Wolff DatenschutzR Rn. 858). Datenverarbeitungen durch Mitarbeiter sollen nachprüfbar gemacht werden und die Identifizierung soll eine Überprüfung auch der Begr. für die jeweiligen Verarbeitungsvorgänge ermöglichen (ErwGr 57 S. 2 JI-RL; Kramer/Meints in Auernhammer BDSG § 76 Rn. 4; Disziplinierungseffekt nach Burghardt/Reinbacher in BeckOK DatenschutzR BDSG § 76 Rn. 1).

3 Daneben stellen die Protokolle bedeutsame **Hilfsmittel zur Verhütung und Verfolgung von Straftaten** dar.

III. Regelungssystematik

§ 76 steht im Zusammenhang mit den weiteren Instrumenten der Daten- **4** schutzaufsicht, namentlich der **Dokumentationspflicht** (§ 70) und der **Anhörung der Datenschutzaufsicht** (§ 69). Ergänzt wird die Beteiligung der/ des BfDI durch die interne Beratungs- und Kontrolltätigkeit der/des Datenschutzbeauftragten nach Maßgabe von § 7 (→ § 7 Rn. 1 ff.) sowie die in § 16 Abs. 4 enthaltene Regelung zum umfassenden Zugang zu personenbezogenen Daten und Verarbeitungsvorgängen (→ § 16 Rn. 4).

Fachgesetzliche Regelungen, wie etwa § 100a Abs. 6 StPO, sind nach **4a** § 1 Abs. 2 S. 1 vorrangig – jedoch nur, soweit diese spezifischere Anforderungen festlegen und nicht von den Mindestvorgaben abweichen (Johannes/ Weinhold in HK-BDSG § 76 Rn. 8; aA Burghardt/Reinbacher in BeckOK DatenschutzR BDSG § 76 Rn. 6).

B. Protokollierungspflicht (Abs. 1)

Abs. 1 regelt eine umfassende Pflicht des Verantwortlichen und Auftragsver- **5** arbeiters zur Protokollierung der unter seiner Verantwortung durchgeführten automatisierten Datenverarbeitungen und stellt hierfür zugleich **Mindestanforderungen** auf. Die Pflicht bezieht sich nur, wenn auch nicht abschl. („mindestens"), auf die wesentlichen, automatisiert durchgeführten Datenverarbeitungen und nicht auf alle in § 46 Nr. 2 genannten (Burghardt/Reinbacher in BeckOK DatenschutzR BDSG § 76 Rn. 9; Ehmann in Gola/Heckmann BDSG § 76 Rn. 6; aA Kramer/Meints in Auernhammer BDSG § 76 Rn. 6). Die „Kombination" meint dabei die „Verknüpfung" (Piltz NVwZ 2018, 696 (699)). Bei nicht-automatisierten Verarbeitungen kann eine Protokollierung als technische und organisatorische Maßnahme nach § 64 geboten sein. Soweit ein Auftragsverarbeiter zur Protokollierung verpflichtet ist, hat dieser dem Verantwortlichen das Protokoll zur Verfügung zu stellen, vgl. § 62 Abs. 5 S. 2 Nr. 5.

Die Vorschr. **schreibt keine Form für das Protokoll vor**. Es empfiehlt **5a** sich jedoch, die Vorgabe des § 70 Abs. 3 – schriftlich oder elektronisch – zu beachten, um die Lesbarkeit für einen ausreichenden Zeitraum sicherzustellen (Schwichtenberg in Kühling/Buchner BDSG § 76 Rn. 4).

Soweit sich die inhaltlichen Vorgaben nicht aus Abs. 2 ergeben, ist stets zu **5b** prüfen, inwieweit die Verarbeitung von Protokolldaten erforderlich ist (Kramer/Meints in Auernhammer BDSG § 76 Rn. 9). Der Vorgang selbst (zB Erhebung) ist auch im Fall von Nr. 1, 2, 5 und 6 anzugeben (Burghardt/ Reinbacher in BeckOK DatenschutzR BDSG § 76 Rn. 16). Darüber hinaus sollten auch für diese Vorgänge die in **Abs. 2 genannten Angaben** in das Protokoll aufgenommen werden, soweit datenschutzrechtlich zulässig und für die in Abs. 3 genannten Zwecke erforderlich (ähnlich auch Johannes/Weinhold in HK-BDSG § 76 Rn. 26; stets nach Art-29-DSG WP 258 – Strafverfolgung S. 26 ff.).

C. Protokolle über Abfragen und Offenlegung (Abs. 2)

6 Abs. 2 statuiert **konkrete Vorgaben** für Protokolle über Abfragen (Abs. 1 Nr. 3) und Offenlegungen (Abs. 1 Nr. 4). Diese Protokolle müssen die Begr., das Datum und die Uhrzeit dieser Vorgänge und, soweit – tatsächlich und rechtlich (dazu Burghardt/Reinbacher in BeckOK DatenschutzR BDSG § 76 Rn. 4; eng auszulegen hingegen nach Kamlah in Plath BDSG § 76 Rn. 3) – möglich, die Identität der Person, die die personenbezogenen Daten abgefragt oder offengelegt hat, sowie die Identität des Empfängers der Daten erkennen lassen (vgl. auch ErwGr 57 S. 2 JI-RL). Dabei sollte sich die Begr. für die Verarbeitungsvorgänge aus der Identifizierung der Person, die die personenbezogen Daten abgefragt oder offengelegt hat, ableiten lassen (vgl. ErwGr 57 S. 2 JI-RL).

D. Verwendungsbeschränkungen der Protokolle (Abs. 3)

7 Abs. 3 stellt klar, dass die Protokolle nur zu den dort genannten Zwecken verwendet werden dürfen (**Zweckbindungsgrundsatz,** vgl. § 47 Nr. 3), so insbes. zur Datenschutzkontrolle durch die ASB und durch den Verantwortlichen selbst. Die **Eigenüberwachung** umfasst dabei auch **interne Diszipli-narverfahren** der zuständigen Behörde (ErwGr 57 S. 4 JI-RL). Die Protokolle dürfen auch durch die betroffene Person zur Überprüfung der Rechtmäßigkeit verwendet werden. Damit greift im Fall eines Auskunftsersuchens nicht der Ausschlussgrund nach § 57 Abs. 2, wobei weiterhin §§ 57 Abs. 4, 56 Abs. 2 zu beachten sind (Kramer/Meints in Auernhammer BDSG § 76 Rn. 14; Freiwilligkeit der Protokoll-Herausgabe nach Schwichtenberg in Kühling/Buchner BDSG § 76 Rn. 5).

8 Darüber hinaus hat der nationale Gesetzgeber von der durch Art. 25 Abs. 2 JI-RL eröffneten Möglichkeit Gebrauch gemacht, dass die Protokolldaten auch im Zusammenhang mit der Verhütung oder Verfolgung von **Straftaten** verwendet werden können (BT-Drs. 18/11325, 119). Damit sind auch Strafverfahren gegen Mitarbeiter der Behörde etwa nach §§ 203 Abs. 2 S. 1 Nr 1, 353b StGB gemeint (Borell/Schindler DuD 2019, 767 (772)). Es werden Bedenken im Hinblick auf die fehlende Berücksichtigung des nemo-tenetur-Grundsatzes geäußert (Schwichtenberg in Kühling/Buchner BDSG § 76 Rn. 5; aA Burghardt/Reinbacher in BeckOK DatenschutzR BDSG § 76 Rn. 18b), sodass eine enge Auslegung geboten ist (Johannes/Weinhold in HK-BDSG § 76 Rn. 30). Nach der Art.-29-Datenschutzgruppe soll die Verwendung jedenfalls dann zulässig sein, wenn die Rechtmäßigkeit der Verarbeitung oder ein Datensicherheitsverstoß verfahrensgegenständlich ist oder die Datenintegrität gefährdet ist (Art-29-DSG WP 258 – Strafverfolgung S. 26 ff.).

8a Für die Verwendung zu **anderen Zwecken**, etwa durch Anwendung des § 49, besteht kein Raum.

E. Löschfrist (Abs. 4)

Abs. 4 legt eine Löschfrist iSv § 70 Abs. 1 Nr. 8 Var. 1 für die Protokolldaten **9** fest. Danach sind die Protokolldaten aE des auf deren Generierung folgenden Jahres zu löschen (krit. im Hinblick auf die Erforderlichkeit Burghardt/Reinbacher in BeckOK DatenschutzR BDSG § 76 Rn. 19; Kramer/Meints in Auernhammer BDSG § 76 Rn. 17; krit. im Hinblick auf die Richtlinienkonformität Johannes/Weinhold in HK-BDSG § 76 Rn. 32). Dabei handelt es sich richtlinienkonform um eine **Maximalfrist**, vorbehaltlich der Verpflichtung zur Löschung zu einem früheren Zeitpunkt (so auch Ehmann in Gola/Heckmann BDSG § 76 Rn. 11). Regelmäßig ist es nicht erforderlich, die Protokolldaten bis zur Löschung der zugrundeliegenden personenbezogenen Daten aufzubewahren (Art-29-DSG WP 258 – Strafverfolgung S. 28).

F. Pflicht zur Bereitstellung der Protokolle (Abs. 5)

In Abs. 5 wird festgelegt, dass die Protokolle der/dem BfDI zum Zweck der **10** Datenschutzkontrolle zur Vfg. stehen müssen. Die Verpflichtung zur Übermittlung der Protokolldaten besteht allerdings nur nach entspr. Aufforderung. Der/dem Datenschutzbeauftragten sind bereits nach Abs. 3 – ohne formale Anforderung – die Protokolle zur Verfügung zu stellen (ähnlich Ehmann in Gola/Heckmann BDSG § 76 Rn. 13).

G. Vergleich zur bisherigen Rechtslage

Eine vergleichbar umfassende Protokollierungspflicht mit den in Abs. 1 ge- **11** nannten Angaben existierte nach bisheriger Rechtslage nicht (Ehmann in Gola/Heckmann BDSG § 76 Rn. 3). Die Anlage zu § 9 BDSG aF enthielt jedoch Ansätze einer Protokollierungspflicht (Kamlah in Plath BDSG § 76 Rn. 1).

§ 77 Vertrauliche Meldung von Verstößen

Der Verantwortliche hat zu ermöglichen, dass ihm vertrauliche Meldungen über in seinem Verantwortungsbereich erfolgende Verstöße gegen Datenschutzvorschriften zugeleitet werden können.

EU-Recht: Art. 48 JI-RL (kommentiert unter → Rn. 1).

Literatur: *Greve*, Das neue Bundesdatenschutzgesetz, NVwZ 2017, 737.

A. Allgemeines

I. Einführung

1 § 77 setzt Art. 48 JI-RL um (BT-Drs. 18/11325, 120) und beinhaltet eine Verpflichtung des Verantwortlichen, vertrauliche Meldungen von Verstößen zu ermöglichen (vgl. Greve NVwZ 2017, 737 (742)).

II. Sinn und Zweck

2 § 77 bezweckt die **Aufklärung von Verstößen gegen datenschutzrechtliche Bestimmungen**. Die Vorschr. zielt damit auf eine Verbesserung der Eigenüberwachung ab (Burghardt/Reinbacher in BeckOK DatenschutzR BDSG § 77 Rn. 1). Daneben dient die Regelung auch und gerade dem **Schutz von Whistleblowern** (Greve NVwZ 2017, 737 (742)). Indem die Identität des Meldenden nicht dem Verantwortlichen bekannt wird, soll ein **Anreiz gesetzt** und **zu Meldungen motiviert werden** (Herbst in Auernhammer BDSG § 77 Rn. 1; Scheurer in Gola/Heckmann BDSG § 77 Rn. 1; Schwichtenberg in Kühling/Buchner BDSG § 77 Rn. 2).

III. Regelungssystematik

3 Neben den übrigen Verpflichtungen, wie etwa zur Führung eines Verzeichnisses (§ 70), zur Protokollierung (§ 76) oder zur Datenschutz-Folgenabschätzung (§ 67), stellt § 77 eine weitere **organisatorische Pflicht des Verantwortlichen** auf. Eine entspr. Verpflichtung im Bereich der DS-GVO existiert nicht. Eine Pflicht zur Meldung nach § 65 besteht nur dann, wenn es sich bei dem gemeldeten Verstoß um eine Datensicherheitsverletzung nach § 46 Nr. 10 handelt.

3a Neben dem BDSG sind ggf. die Regelungen des Geschäftsgeheimnis-Gesetzes **(GeschGehG)** und der der zugrundeliegenden Richtlinie (EU) 2016/943 anwendbar (dazu Johannes/Weinhold in HK-BDSG § 77 Rn. 5). Perspektivisch sind auch die bis zum 17. Dezember 2021 in Kraft zu setzenden Umsetzungsvorschriften der **Richtlinie (EU) 2019/1937** zum Schutz von Personen, die Verstöße gegen das Unionsrecht melden, zu beachten.

B. Mitteilung von datenschutzrechtlichen Verstößen

4 Der **Verantwortliche** hat im Zusammenhang mit der Meldung von Verstößen sowohl verantwortlicheninterne Meldungen als auch Hinweise von betroffenen Personen oder **sonstigen Dritten** in den Blick zu nehmen. Denn die Erfahrung hat gezeigt, dass sowohl die Information von Whistleblowern als auch von Betroffenen als Ansatzpunkt für Nachforschungen von zentraler Bedeutung sind (vgl. Schantz in Schantz/Wolff DatenschutzR Rn. 937). Dass sich die Pflicht nicht auch an Auftragsverarbeiter richtet, hat nur begrenzte

Auswirkungen, da sich auch die Mitarbeiter des Auftragsverarbeiters mit einer Meldung an die Anlaufstelle des Verantwortlichen wenden können.

Die in Bezug genommenen **„Datenschutzvorschriften"** umfassen alle **4a** datenschutzrechtlichen Regelungen und sind mithin nicht auf solche des BDSG beschränkt (Herbst in Auernhammer BDSG § 77 Rn. 5; Scheurer in Gola/Heckmann BDSG § 77 Rn. 5).

Die Meldung ist **vertraulich**, wenn sie ohne Rückschlüsse auf die Identität **5** des Meldenden erfolgen kann oder die Identität zumindest nur dem zuständigen Adressat der Meldung bekannt wird (→ DS-GVO Art. 38 Rn. 13; Schwichtenberg in Kühling/Buchner BDSG § 77 Rn. 3). Sowohl für Whistleblower als auch für betroffene Personen oder sonstige Dritte bietet sich als **Kontakt- und Beratungsstelle** die/der **Datenschutzbeauftragte** an (BT-Drs. 18/11325, 120). Insoweit kann § 6 Abs. 5 S. 2 analog angewendet werden, sodass die/der Datenschutzbeauftragte zur Verschwiegenheit über die Identität nicht nur der betroffenen Personen, sondern auch jedes Meldenden verpflichtet ist (Herbst in Auernhammer BDSG § 77 Rn. 6; ähnlich Scheurer in Gola/Heckmann BDSG § 77 Rn. 6 und Johannes/Weinhold in HK-BDSG § 77 Rn. 12).

Die Pflicht zur **Ermöglichung** (Art. 48 JI-RL: Förderung; richtlinienkon- **5a** forme Auslegung nach Johannes/Weinhold in HK-BDSG § 77 Rn. 2) verlangt **technische und organisatorische Maßnahmen**, etwa die Informierung der Mitarbeiter und der Öffentlichkeit über die Möglichkeit zur Einreichung vertraulicher Meldungen (Herbst in Auernhammer BDSG § 77 Rn. 9; Schwichtenberg in Kühling/Buchner BDSG § 77 Rn. 2). Neben Briefkästen sollte auch die verschlüsselte elektronische Kommunikation, z.B. über OpenPGP, ermöglicht werden (Johannes/Weinhold in HK-BDSG § 77 Rn. 13). Eine **„Whistleblowing-Hotline"** hingegen ist **nicht stets erforderlich** (Plath in Plath BDSG § 77 Rn. 3). Die ernsthafte Untersuchung von Meldungen ist sicherzustellen (Johannes/Weinhold in HK-BDSG § 77 Rn. 12).

C. Verletzung der Pflicht

Aus einer Verletzung der Pflicht können betroffene Personen nach § 83 **5b** mangels eines unmittelbaren Zusammenhangs mit der Verarbeitung personenbezogener Daten keinen Schadensersatzanspruch ableiten (so iErg auch Johannes/Weinhold in HK-BDSG § 77 Rn. 15). Ein Bruch der Vertraulichkeit kann jedoch einen Verstoß gegen § 64 darstellen (Johannes/Weinhold in HK-BDSG § 77 Rn. 15).

D. Vergleich zur bisherigen Rechtslage

Eine dem § 77 entspr. Vorschr. gab es nach der vormaligen Rechtslage nicht. **6**

Kapitel 5. Datenübermittlungen an Drittstaaten und an internationale Organisationen

§ 78 Allgemeine Voraussetzungen

(1) Die Übermittlung personenbezogener Daten an Stellen in Drittstaaten oder an internationale Organisationen ist bei Vorliegen der übrigen für Datenübermittlungen geltenden Voraussetzungen zulässig, wenn
1. die Stelle oder internationale Organisation für die in § 45 genannten Zwecke zuständig ist und
2. die Europäische Kommission gemäß Artikel 36 Absatz 3 der Richtlinie (EU) 2016/680 einen Angemessenheitsbeschluss gefasst hat.

(2) [1] Die Übermittlung personenbezogener Daten hat trotz des Vorliegens eines Angemessenheitsbeschlusses im Sinne des Absatzes 1 Nummer 2 und des zu berücksichtigenden öffentlichen Interesses an der Datenübermittlung zu unterbleiben, wenn im Einzelfall ein datenschutzrechtlich angemessener und die elementaren Menschenrechte wahrender Umgang mit den Daten beim Empfänger nicht hinreichend gesichert ist oder sonst überwiegende schutzwürdige Interessen einer betroffenen Person entgegenstehen. [2] Bei seiner Beurteilung hat der Verantwortliche maßgeblich zu berücksichtigen, ob der Empfänger im Einzelfall einen angemessenen Schutz der übermittelten Daten garantiert.

(3) [1] Wenn personenbezogene Daten, die aus einem anderen Mitgliedstaat der Europäischen Union übermittelt oder zur Verfügung gestellt wurden, nach Absatz 1 übermittelt werden sollen, muss diese Übermittlung zuvor von der zuständigen Stelle des anderen Mitgliedstaats genehmigt werden. [2] Übermittlungen ohne vorherige Genehmigung sind nur dann zulässig, wenn die Übermittlung erforderlich ist, um eine unmittelbare und ernsthafte Gefahr für die öffentliche Sicherheit eines Staates oder für die wesentlichen Interessen eines Mitgliedstaats abzuwehren, und die vorherige Genehmigung nicht rechtzeitig eingeholt werden kann. [3] Im Fall des Satzes 2 ist die Stelle des anderen Mitgliedstaats, die für die Erteilung der Genehmigung zuständig gewesen wäre, unverzüglich über die Übermittlung zu unterrichten.

(4) [1] Der Verantwortliche, der Daten nach Absatz 1 übermittelt, hat durch geeignete Maßnahmen sicherzustellen, dass der Empfänger die übermittelten Daten nur dann an andere Drittstaaten oder andere internationale Organisationen weiterübermittelt, wenn der Verantwortliche diese Übermittlung zuvor genehmigt hat. [2] Bei der Entscheidung über die Erteilung der Genehmigung hat der Verantwortliche alle maßgeblichen Faktoren zu berücksichtigen, insbesondere die Schwere der Straftat, den Zweck der ursprünglichen Übermittlung und das in dem Drittstaat oder der internationalen Organisation, an das oder an die die Daten weiterübermittelt werden sollen, bestehende Schutzniveau für personenbezogene Daten. [3] Eine Genehmigung darf nur dann erfolgen, wenn auch eine direkte Übermittlung an den anderen Drittstaat oder die andere internationale Organisation

zulässig wäre. [4]**Die Zuständigkeit für die Erteilung der Genehmigung kann auch abweichend geregelt werden.**

EU-Recht: Art. 35, 36 JI-RL, Art. 44 DS-GVO (kommentiert unter → Rn. 1, 5, 9 f., 16; → DS-GVO Art. 44 Rn. 1 ff.).

Literatur: *Esser,* Internationale und europ. strafrechtliche Zusammenarbeit im Bereich der Terrorismusbekämpfung in Odendahl, Die Bekämpfung des Terrorismus mit Mitteln des Völker- und Europarechts, 2017, 203; *Foschepoth,* Überwachtes Deutschland, 5. Aufl. 2017; *Knyrim,* Datenübermittlung an Drittstaaten in ders., Datenschutz-Grundverordnung. Praxishandbuch, 2. Aufl. 2016, 253; *Kuner,* Reality and Illusion in EU Data Transfer Regulation Post Schrems, German Law Journal 2016, 881; *Simitis,* Der verkürzte Datenschutz, 2004.

Übersicht

A. Allgemeines

§ 78 dient der Umsetzung des Art. 35, 36 JI-RL und bestimmt Vorausset- **1** zungen, die bei jeder Datenübermittlung an die genannten Stellen oder Organisationen vorliegen müssen. Mit der Vorschr. sollen im Bereich der JI-RL **Datenschutzstandards** im nach außen hin wirksamen Mehrebenensystem gesichert oder immerhin geltend gemacht werden; die Gewährleistung eines angemessenen Datenschutzniveaus steht im Zentrum (vgl. ErwGr 66 JI-RL; Schantz in Schantz/Wolff DatenschutzR Rn. 803; → DS-GVO Art. 44 Rn. 6 f.). Die Probleme stellen sich bereits iRd Art. 44 ff. DS-GVO, jedoch dort nicht innerhalb des immensen Spannungsfelds zwischen dem ultimativen Rechtsgüterschutz, dem die Datenübermittlung dienen soll, und der Eingriffsintensität der Datenverarbeitung in diesem Bereich. Zugleich dient die JI-RL keiner Vollharmonisierung. Trotzdem steht die JI-RL (wie in anderen Bereichen) auch hier im Schatten der DS-GVO.

Die Probleme, die im Umgang mit Daten bereits im Bundesstaat auftreten, **2** auch und gerade in der Abstimmung der Behörden verschiedener Hoheitsträger, verschärfen sich dadurch, dass der institutionelle Rahmen des GG verlassen wird, wenn Daten an Drittstaaten übermittelt werden: Die JI-RL ist nicht nur dazu bestimmt, die Übermittlung zu ermöglichen, sondern einen neuen institutionellen Rahmen vorzuzeichnen, der dem Gefährdungspotential Rechnung tragen soll. Ob dies durch die Verlagerung der Verantwortung auf die EU-Ebene gelingen kann, ist fraglich.

3   Im Umgang mit Gefährdungspotentialen sind die Probleme vielfältig: Einerseits können diese dadurch begr. sein, dass Informationen fehlen oder dass sie nicht bei der zuständigen Stelle vorliegen. Andererseits ist nicht gesichert, dass aus den vorliegenden Informationen die wichtigen Schlüsse gezogen und auf ihrer Grundl. Maßnahmen ergriffen werden.

B. Zulässigkeit der Datenübermittlung (Abs. 1)

I. Allgemeines

4   Neben den allg. Voraussetzungen der Rechtmäßigkeit der Datenübermittlung muss die adressierte Stelle auch iSd § 45 zuständig sein und muss ein Angemessenheitsbeschluss der KOM vorliegen. Diese Kumulation vermittelt indes nur Scheinsicherheit, wenn nicht jede Stelle die Anforderungen streng handhabt, um das Datenschutzniveau zu sichern. Wenn jede Stelle unter Hinweis auf die Prüfung der anderen Stellen und das Ziel des Schutzes irreversibler Rechtsgüter bei der Prüfung eher zurückhaltend ist, wird zu schnell institutionell mit dem Datenschutz Nachsicht geübt (Simitis, Der verkürzte Datenschutz, 9 f.). Gerade der Wechsel des Verarbeitungszusammenhangs durch die Weitergabe an Dritte legitimiert keine Neubewertung der Grundsätze.

II. Vorliegen der Voraussetzungen für die Datenübermittlung

5   Art. 35 Abs. 1 JI-RL verweist auf die „Einhaltung der nach Maßgabe anderer Bestimmungen dieser RL erlassenen nationalen Bestimmungen". Das leuchtet unmittelbar ein, weil der Angemessenheitsbeschluss nur dem Zweck dient, die Übermittlung an einen Drittstaat oÄ zu erlauben, und keine Blankettermächtigung beinhaltet. Gerade das öffentl. Interesse an der Datenübermittlung, welches in Abs. 2 angesprochen wird, muss gegeben sein und sich gegen das Interesse am Unterbleiben der Datenübermittlung durchsetzen können.

III. Zuständigkeit der Stelle

6   Die Stelle des Drittstaates bzw. die internationale Organisation muss auch nach § 45 zuständig sein. Damit muss die mitgliedstaatliche Behörde in der Lage sein, einen Einblick in die **Verwaltungsorganisation** des Drittstaates zu nehmen. Berücksichtigt man, dass in Deutschland die Zuständigkeit ders. Behörde geteilt sein kann, weil sie nicht ausschl. spezifische Gefahrenabwehrbehörde ist, ist schon diese Prüfung komplex. Leichter dürfte es fallen, **Strafgerichte** als zuständige Stellen anzusehen. Ähnliches gilt bei monothematisch ausgerichteten int. Organisationen, insbes. Interpol (vgl. Esser, Zusammenarbeit, 203 ff.).

IV. Angemessenheitsbeschluss

Die Systematik der §§ 78 ff. bringt zum Ausdruck, dass dem Angemessen- **7** heitsbeschluss ein bes. Wert zugeschrieben wird, wenngleich er aus der Sicht der mitgliedstaatlichen Behörde eine Blackbox darstellt. Der Beschl. entlastet zunächst das Prüfungsprogramm für das laufende Verfahren und erlaubt eine Typisierung, ohne eine Einzelfallprüfung auszuschließen (Abs. 2).

Das Vorliegen eines Angemessenheitsbeschlusses ist zur Kenntnis zu neh- **8** men und dementsprechend zu berücksichtigen. Es kann sich jedoch Jahre später herausstellen, dass dieser Beschl. selbst rechtswidrig war, die Daten übermittelt wurden. Um ihrer Verantwortung nachzukommen, müssen die mitgliedstaatlichen Behörden die Voraussetzungen, für deren inhaltliche Prüfung sie zuständig sind, auch eigenständig und strikt prüfen.

Der Beschl. der KOM nach Art. 36 Abs. 3 JI-RL bezieht sich nicht nur auf **9** das Datenschutzniveau ieS. ErwGr 66 S. 1 JI-RL stellt auf das **Datenschutzniveau** ab, aber Art. 36 Abs. 2 JI-RL legt offen, welche Komplexität die Prüfung der KOM aufweisen muss: So sind bei der Prüfung der Angemessenheit des Schutzniveaus **„insbesondere"** zu überprüfen (zu den Kriterien vgl. → DS-GVO Art. 45 Rn. 4 ff.): die Rechtsstaatlichkeit, die Achtung der Menschenrechte und Grundfreiheiten, die in dem betr. Land geltenden „Vorschriften sowohl allg. als auch sektoraler Art", die Existenz und wirksame Funktionsweise einer oder mehrerer unabhängiger ASB einschl. angemessener Durchsetzungsbefugnisse und die datenschutzbezogene Verpflichtung des Drittlandes im int. Kontext. Dementsprechend vielfältig sind auch die Anknüpfungspunkte für eine Prüfung durch den EuGH – Ausgang offen, wie das Urteil in der Rs. Schrems 2015 zeigte (EuGH v. 6.10.2015, Rs. C-362/14 – Schrems; → DS-GVO Art. 45 Rn. 8 ff.) und der EuGH in seiner Rolle als Grundrechtegericht auch bekräftigte (vgl. nunmehr EuGH v. 16.7.2020, Rs. C-311/18, Rn. 90 ff.), freilich zu Art. 46 DS-GVO und nicht zur JI-RL. Angesichts der wenigen Gewissheiten, die im Umgang mit Daten vorausgesetzt werden dürfen, ist eine Angemessenheitsbeschluss materiell denkbar unwahrscheinlich, formell aber nicht ausgeschlossen. Unrealistisch ist es, im laufenden Verfahren eine Überprüfung eines solchen Beschl. v. Mitgliedstaat aus anzustrengen. Daher eröffnet Abs. 2 den **Wiedereintritt** in die Prüfung der Aspekte, die der Angemessenheitsbeschluss adressiert. Gleichwohl sind die nationalen Stellen gut beraten, auch die übrigen Voraussetzungen für die Übermittlung streng zu prüfen.

C. Unterbleiben der Übermittlung trotz eines Angemessenheitsbeschlusses (Abs. 2)

Abs. 2 S. 1 verbietet die Übermittlung trotz des Vorliegens eines Angemes- **10** senheitsbeschlusses, wenn dessen Erg. auf den Einzelfall bezogen erschüttert wird oder „sonst überwiegende Interessen" der betroffenen Person entgegenstehen. Auch wenn die KOM selbst für die Anpassung des Beschl. zuständig ist (Art. 36 Abs. 4 JI-RL), wird die Prüfung der mitgliedstaatlichen Behörde eröffnet. Um nicht den Vorrang des Unionsrechts und der vorgesehenen Entsch. der KOM nach Art. 36 Abs. 3 JI-RL in Frage zu stellen, muss eine abweichende Würdigung der Lage in dem Drittstaat damit begr. werden, dass zwischenzeitlich **neue Umstände** oder Tatsachen festzustellen sind, die eine wesentliche Abweichung zur Lage zum Zeitpunkt des Angemessenheitsbeschlusses darstellen. In Verbindung mit dem **Amtsermittlungsgrundsatz** und Abs. 2 S. 2 folgt für die verantwortliche Stelle daraus, dass sie aus eigenem Antrieb überprüfen muss, ob im Einzelfall eine Veränderung der Grundl. des Beschl. eingetreten ist, ohne dass dessen Gültigkeit hinterfragt werden müsste. Das Ventil des S. 1 ist zum einen als Reaktion auf die Entsch. des EuGH (EuGH v. 6.10.2015, Rs. C-362/14) und deren langen Vorlauf zu verstehen: Der **Ankereffekt** der KOM-Entsch. machte es erforderlich, ein Verwaltungs- und sodann ein Gerichtsverfahren zu nutzen, welches für längst übermittelte Daten zu spät kam. Ein Angemessenheitsbeschluss der KOM darf nicht ein rechtsstaatliches Versprechen unterlaufen: „Die deutsche Hoheitsgewalt darf die Hand nicht zu Verletzungen der Menschenwürde durch andere Staaten reichen" (BVerfGE 140, 317 – Identitätskontrolle); diesem Anspruch ist durch die **Einzelfallprüfung** Rechnung zu tragen. Zum anderen wurde in der Entsch. des BVerfG zum BKA-Gesetz (BVerfGE 141, 220, insbesondere 344 ff.; darauf nimmt der RegE Bezug, BR-Drs. 110/17, Anl., 125) der Maßstab des dt. Verfassungsrechts gerade auch für die Datenübermittlung aktiviert, der zuvor durch die Gesetzgebung nicht in gleicher Weise entfaltet worden war – und mit dessen Entfaltung durch die Exekutive nicht zu rechnen ist.

11   Nach S. 2 können Garantien den Umstand kompensieren, dass der Angemessenheitsbeschluss erschüttert wurde; der RegE verweist hierfür auf § 14 Abs. 7 BKA-Gesetz aF (vgl. BR-Drs. 110/17, Anl., 125).

D. Weiterverwendung von Daten aus anderen Mitgliedstaaten (Abs. 3)

12   Abs. 3 dient der Sicherung des **Verwendungszusammenhangs,** für den die Mitgliedstaaten inländischen Behörden Daten überlassen haben, gerade weil sie untereinander zur Gleichbehandlung verpflichtet sind (§ 74 Abs. 3). Die Regelung basiert damit auf einem dinglichen Verständnis v. Daten, über die Herrschaft ausgeübt wird, wenngleich sie sich durch ihre Ubiquität und die Nichtnotwendigkeit ihrer Identität auszeichnen. Gleichzeitig zeugt Abs. 3 v. dem Anspruch in einem einheitlichen **Raum der Freiheit, der Sicherheit und des Rechts** und dient gerade auch als Signal an andere Mitgliedstaaten und die KOM, dass die Provenienz v. Daten bei der weiteren Verarbeitung berücksichtigt werden wird. In informationeller Hinsicht soll eine **Grenze** zwischen den Mitgliedstaaten aufrechterhalten werden, gerade weil der Verwendungszusammenhang hier so speziell ist und einen Kernbereich mitgliedstaatlicher Souveränität betrifft.

13   Durch Abs. 3 wird damit die weitere Voraussetzung an eine Übermittlung nach Abs. 1 geknüpft, dass die Weiterverwendung v. bereits übermittelten

Daten genehmigt, mit anderen Worten ihr zugestimmt wird. Diese Zustimmung muss vor der Übermittlung vorliegen. Die **zuständige Stelle** des Mitgliedstaats ist die Stelle, die der Mitgliedstaat für zuständig erklärt, nicht notwendig die Stelle, die die Daten zur Verfügung gestellt hatte; dafür spricht auch Abs. 4 S. 1, 4. Nachdem die Mitgliedstaaten ein Interesse daran haben, dass ihre Entscheidungshoheit gewahrt wird, darf angenommen werden, dass sie das ihrerseits Erforderliche leisten, um der inländischen Behörde die Rückfrage zu erleichtern, damit die Antwort nicht durch Verweisungsketten und Hinweise auf Unzuständigkeiten verzögert wird. Die bloße Gefährdung der Rechtzeitigkeit der Zustimmung verwirklicht den Tatbestand des Abs. 3 S. 2 noch nicht.

Für die Übermittlung **ohne Zustimmung** („Genehmigung") nach Abs. 3 **14** S. 2 ist zum einen erforderlich, dass die Zustimmung nicht rechtzeitig eingeholt werden kann. Auch hier wird es darauf ankommen, Kommunikationswege aufzubauen, die für solche Rücksprachen zuverlässig und dauerhaft zur Vfg. stehen. Zum anderen muss (der Formulierung des Art. 35 Abs. 2 S. 1 JI-RL iW folgend) ein bes. **Rechtsgut** gefährdet sein, dh „die öffentliche Sicherheit eines Staates oder (…) die wesentlichen Interessen eines Mitgliedstaats". Um die Entscheidungshoheit des Staates, der die Daten ursprünglich zur Verfügung gestellt hat, zu wahren, ist die Regelung restriktiv auszulegen, dh es darf sich für die Alt. 1 nicht lediglich um eine Gefahr für die Unversehrtheit der Rechtsordnung handeln; vielmehr müssen Bestand, Veranstaltungen und Einrichtungen eines Staates unmittelbar und ernsthaft gefährdet sein. Dass nach Alt. 2 niederschwellig auf „wesentliche Interessen" abgestellt und dafür zwischen „Staat" und „Mitgliedstaat" abgestuft wird (so bereits in Art. 35 Abs. 2 S. 1 JI-RL), ist damit zu erklären, dass die Mitgliedstaaten im EU-Mehrebenensystem es in ihrer Verbundenheit miteinander eher hinnehmen sollen, dass im Falle ihrer Nichterreichbarkeit die v. ihnen stammenden Daten weitergegeben werden, so dass dann „wesentliche Interessen" genügen sollen (vgl. zum Unterschied Knyrim, Datenübermittlung, 253 (253 f.)).

Wegen der bes. **Qualität der Gefahr** (unmittelbar, ernsthaft) reicht es **15** nicht aus, die Anforderungen an die Schadenswahrscheinlichkeit alleine mit dem Rang der Schutzgüter zu verknüpfen, sei es die Sicherheit eines Staates oder ein wesentliches Interesse. Gleichwohl kann die Vorschr. nicht die Problematik lösen, dass die Interpretationshoheit in dem Fall, in dem der Ausgangsstaat nicht erreichbar ist, bei dem Staat liegt, der die Übermittlung veranlassen möchte – ein Vollzugsdefizit zeichnet sich insoweit ab.

Dies wird auch nicht dadurch ausgeräumt, dass die Übermittlung im Falle **16** des S. 2 gem. S. 3 dem Mitgliedstaat **unverzüglich mitzuteilen** ist (Art. 35 Abs. 2 S. 2 JI-RL): Erstens ist denkbar, dass eine Mitteilung trotzdem unterbleibt; zweitens könnten bei der Entsch. darüber, wie mit einer solchen Weitergabe umzugehen ist, politische Erwägungen und die Annahme eine Rolle spielen, in einem vergleichbaren Fall ähnlich handeln zu können. Drittens könnte im Zusammenhang mit Datenübermittlungen im Anwendungsbereich der JI-RL wegen des „guten Zwecks" der Übermittlung die Bereitschaft gering sein, einen Verstoß rechtlich oder politisch zu verwerten.

17   Wurde die Zustimmung (Genehmigung) iSd S. 1 **verweigert,** kann die Übermittlung nicht mehr auf Abs. 3 S. 2 gestützt werden. Insoweit wird die Entscheidungshoheit des Mitgliedstaats kraft des Gesetzes höher bewertet als die Schwere und Unmittelbarkeit der Rechtsgutsgefährdung. Für diese Regelung ist maßgeblich, dass auch Deutschland diese Entscheidungshoheit und die drittstaatliche Beachtung der Entsch. für sich beansprucht.

E. Sicherstellung der Entscheidungshoheit bei der Verwendung durch einen Drittstaat (Abs. 4)

18   Signalisiert Abs. 3, dass die Verwendung der v. anderen Staaten zur Verfügung gestellten Daten nicht v. Goodwill inländischer Behörden abhängig sein soll, sondern auf der Erfüllung einer Rechtspflicht basiert, so formuliert Abs. 4 diese Erwartung an diejenigen Staaten, an die Daten weitergegeben werden.

19   Geeignete Maßnahmen sind zunächst solche des **Verwaltungsorganisationsrechts:** Im Inland müssen zuverlässige Kommunikationswege aufgebaut werden, die v. anfragenden Staaten genutzt werden können. Ansonsten senkt schon die Nichterreichbarkeit die auch in anderen Mitgliedstaaten vorhandene Schwelle für die Übermittlung weiter ab. S. 4 macht deutlich, dass auch eine Bündelung v. Zuständigkeiten zur Optimierung des Entscheidungswegs in Betracht kommt. Freilich muss auch bei abw. Aufbauorganisation sichergestellt sein, dass auf die Umstände des Einzelfalls eingegangen werden kann, wie S. 2 es vorsieht. Weiterhin kann die Warn- und Hinweisfunktion den zu übermittelnden Daten beigefügt werden, als **digitale DNS,** unter Verwendung mehrsprachiger Textbausteine (vgl. zur Praxis des BKA BR-Drs. 110/17, Anl., 125).

20   Die Zustimmung zur Weitergabe hängt nach S. 3 davon ab, dass die Daten auch **direkt übermittelt** werden dürften, also nach Abs. 1, § 80 Abs. 1 oder § 81 Abs. 1. Diese Voraussetzung ist zu prüfen, bevor die Einzelfallentscheidung nach S. 2 getroffen wird, ansonsten besteht die Gefahr, dass die etwaige bes. Bedeutung des Einzelfalls einen Ankereffekt mit sich bringt, der zu einer ergebnisorientierten Prüfung führt.

21   S. 2 gibt Orientierungspunkte für die Entsch. über die **Genehmigung im Einzelfall,** ist aber nicht abschl. formuliert („insbesondere"). Für die Rechtmäßigkeit der Entsch. kommt es darauf an, dass die verantwortliche Stelle eine Gestaltungshöhe erreicht, indem sie in Bezug auf den konkreten Staat und den konkreten Fall alle Faktoren identifiziert, benennt, entfaltet und miteinander abwägt. Die Grundl. für die Entsch. muss dokumentiert werden, um die erforderliche Transparenz sicherzustellen und v. Anfang an der Verpflichtung zur ausdr. Rechtfertigung zu genügen. Dass dies anders als in § 79 Abs. 2 nicht gesetzlich festgehalten wurde (vgl. Schantz in Schantz/Wolff DatenschutzR Rn. 804), ist wegen des Fehlens des Transparenzgrundsatzes in § 47 nicht unproblematisch; die effektive Kontrolle muss gleichwohl sichergestellt werden, weshalb die Behörde zur Dokumentation verpflichtet ist.

F. Ausblick

Mit § 78 Abs. 1 wird versucht, die **Übermittlung** v. Daten zu **formalisie-** 22 **ren** (vgl. Kuner German Law Journal 2016, 881 (911 ff.)) und zu kanalisieren, die ansonsten rechtlich nicht möglich wäre und für die sonst rechtsstaatswidrig andere Wege gesucht werden könnten. Immerhin sieht die Vorschr. mit KOM und mitgliedstaatlicher Behörde eine doppelte Prüfung vor. Der Anwendungsbereich ist schmal, und er darf nicht dazu führen, die int. Zusammenarbeit durch Informationsaustausch iÜ nicht mehr zu beobachten oder gar zu tabuisieren (grdl. Foschepoth, Überwachtes Deutschland, 64 ff., 160 ff.). Sonst bleibt nichts als eine Illusion. § 78 Abs. 3, 4 sind v. einem Idealismus getragen, dass die Konformität mit dem Recht nicht nur der Anspruch, sondern die Realität sei und dass es keine anderen Kommunikationswege gäbe, die im Anwendungsbereich der JI-RL in der int. Zusammenarbeit genutzt werden. Die funktionale Gewaltenteilung muss in diesem Bereich dazu anhalten, Rechtsschutzdefizite durch die **Kontrolle** durch das Parlament sowie durch interne DSB und ASB auszugleichen.

§ 79 Datenübermittlung bei geeigneten Garantien

(1) Liegt entgegen § 78 Absatz 1 Nummer 2 kein Beschluss nach Artikel 36 Absatz 3 der Richtlinie (EU) 2016/680 vor, ist eine Übermittlung bei Vorliegen der übrigen Voraussetzungen des § 78 auch dann zulässig, wenn
1. in einem rechtsverbindlichen Instrument geeignete Garantien für den Schutz personenbezogener Daten vorgesehen sind oder
2. der Verantwortliche nach Beurteilung aller Umstände, die bei der Übermittlung eine Rolle spielen, zu der Auffassung gelangt ist, dass geeignete Garantien für den Schutz personenbezogener Daten bestehen.
(2) [1] Der Verantwortliche hat Übermittlungen nach Absatz 1 Nummer 2 zu dokumentieren. [2] Die Dokumentation hat den Zeitpunkt der Übermittlung, die Identität des Empfängers, den Grund der Übermittlung und die übermittelten personenbezogenen Daten zu enthalten. [2] Sie ist der oder dem Bundesbeauftragten auf Anforderung zur Verfügung zu stellen.
(3) [1] Der Verantwortliche hat die Bundesbeauftragte oder den Bundesbeauftragten zumindest jährlich über Übermittlungen zu unterrichten, die aufgrund einer Beurteilung nach Absatz 1 Nummer 2 erfolgt sind. [2] In der Unterrichtung kann er die Empfänger und die Übermittlungszwecke angemessen kategorisieren.

EU-Recht: Art. 37 JI-RL (kommentiert unter → Rn. 1, 9).

A. Allgemeines

Mit § 79 soll Art. 37 JI-RL umgesetzt werden. Nachdem § 78 einen An- 1 gemessenheitsbeschluss iSd Art. 36 Abs. 3 JI-RL voraussetzt, soll dessen Fehlen nach § 79 kompensiert werden, entweder abstrakt durch ein rechtsverbindliches Instrument (Nr. 1) oder auf der Grundl. einer Prüfung durch den Verantwortlichen (Nr. 2), um das angemessene Datenschutzniveau zu gewährleisten. Mit § 78 Abs. 1, 2 vergleichbar wird einerseits mit einer Typisierung gearbeitet (Nr. 1), andererseits auf den Einzelfall abgestellt (Nr. 2).

B. Übermittlung ohne Angemessenheitsbeschluss (Abs. 1)

2 Die Formulierung des Abs. 1 bringt zum Ausdruck, dass dem Angemessenheitsbeschluss der Vorzug zu geben ist. Sollte dieser – etwa wegen aktueller Entwicklungen – nicht mehr als ausreichend angesehen werden, greift § 78 Abs. 2 (→ § 78 Rn. 10 f.). Ein Rückgriff auf § 79 ist dann ausgeschlossen. Die übrigen Voraussetzungen des § 78 Abs. 1 müssen jedenfalls erfüllt sein, damit überhaupt eine Kompensation des Fehlens des Beschl. in Betracht kommt.

3 Rechtsverbindliche Instrumente iSd Nr. 1 könnten nach ErwGr 71 S. 2 JI-RL „beispielsweise rechtsverbindliche bilaterale Abkommen sein, die von den Mitgliedstaaten geschlossen und in ihre Rechtsordnung übernommen wurden und von ihren betroffenen Personen durchgesetzt werden können und die sicherstellen, dass die Datenschutzvorschriften und die Rechte der betroffenen Personen einschließlich ihres Rechts auf wirksame verwaltungsrechtliche und gerichtliche Rechtsbehelfe beachtet werden".

4 Alternativ ist die Übermittlung auf der Grundl. der Nr. 2 möglich: Gleichsam selbstverständliche Geheimhaltungspflichten und die Spezialität der Daten sollen berücksichtigt werden können, ebenso Kooperationsvereinbarungen zwischen Europol oder Eurojust und Drittländern als „Umstand" im Zusammenhang mit der Datenübermittlung (ErwGr 71 S. 3 JI-RL). Auch der Verwendungszweck soll berücksichtigt werden. Der Ausschluss der Todesstrafe und einer grausamen und unmenschlichen Behandlung werden ebenfalls angesprochen. ErwGr 71 S. 6 JI-RL sieht vor, dass weitere Garantien verlangt werden können.

C. Dokumentation (Abs. 2)

5 Abs. 2 dient der Umsetzung des Art. 37 Abs. 3 JI-RL. Die Regelung ist für die Übermittlung nach § 78 entspr. oder vgl. heranzuziehen, auch wenn Transparenz als datenschutzrechtliche Maxime nicht in die Grundsätze des § 47 Einzug gehalten hat. Sowohl der Inhalt als auch die Verpflichtung, die Dokumentation dem BfDI zur Verfügung zu stellen, sind Selbstverständlichkeiten, die eine effektive Kontrolle ermöglichen sollen.

D. Berichtspflicht (Abs. 3)

6 Neben der Dokumentation, die die Kontrolle durch den BfDI erst ermöglicht, greift auch eine Berichtspflicht, vgl. Art. 37 Abs. 2 JI-RL.

E. Ausblick

Die Regelung des § 79 ermöglicht es den Mitgliedstaaten, außerhalb des **7**
Tätigwerdens der KOM Daten zu übermitteln. Dies ist mit Blick auf den
Sachbereich, den die Datenübermittlung betrifft, konsequent: Die Mitgliedstaaten sollen hier selbst entscheiden können, wenn seitens der KOM nichts
Substantiiertes geleistet wurde oder werden konnte. Dieses Verfahren ist
freilich aufwändiger, weil das mitgliedstaatliche Tätigwerden die Übermittlung überhaupt erst vorbereitet, anders als bei § 78. Der Angemessenheitsbeschluss weckt daher gewisse Begehrlichkeiten, und er kann einen Gruppen-
druck im mitgliedstaatlichen Verbund erzeugen, der bei § 79 nicht in gleicher
Weise besteht.

§ 80 Datenübermittlung ohne geeignete Garantien

**(1) Liegt entgegen § 78 Absatz 1 Nummer 2 kein Beschluss nach Artikel 36
Absatz 3 der Richtlinie (EU) 2016/680 vor und liegen auch keine geeigneten
Garantien im Sinne des § 79 Absatz 1 vor, ist eine Übermittlung bei Vorliegen der
übrigen Voraussetzungen des § 78 auch dann zulässig, wenn die Übermittlung
erforderlich ist**
1. zum Schutz lebenswichtiger Interessen einer natürlichen Person,
2. zur Wahrung berechtigter Interessen der betroffenen Person,
**3. zur Abwehr einer gegenwärtigen und erheblichen Gefahr für die öffentliche
Sicherheit eines Staates,**
4. im Einzelfall für die in § 45 genannten Zwecke oder
**5. im Einzelfall zur Geltendmachung, Ausübung oder Verteidigung von Rechts-
ansprüchen im Zusammenhang mit den in § 45 genannten Zwecken.**
**(2) Der Verantwortliche hat von einer Übermittlung nach Absatz 1 abzusehen,
wenn die Grundrechte der betroffenen Person das öffentliche Interesse an der
Übermittlung überwiegen.**
(3) Für Übermittlungen nach Absatz 1 gilt § 79 Absatz 2 entsprechend.

EU-Recht: Art. 38 JI-RL (kommentiert unter → Rn. 1, 5, 9).

A. Allgemeines

Mit § 80 soll Art. 38 JI-RL umgesetzt werden, der die Überschrift „Aus- **1**
nahmen für bestimmte Fälle" trägt, also die den **§§ 78, 79 strikt nachgeord-
nete Befugnis** sein muss. § 80 gilt damit in den Fällen, in denen weder ein
Angemessenheitsbeschluss der KOM besteht noch geeignete Garantien bestehen. Die Voraussetzungen des § 78 Abs. 1 werden mit einem disparaten
Fünferkatalog kombiniert, für den die Deutungshoheit bei der übermittelnden
Behörde liegt.

B. Übermittlung nach Einzelfallprüfung ohne Garantien (Abs. 1)

2 Die Voraussetzungen des § 78 Abs. 1 müssen erfüllt sein. Das angemessene **Datenschutzniveau** als Dreh- und Angelpunkt der §§ 78, 79 wird hier jedoch zugunsten des Zwecks der Datenübermittlung **aufgegeben.** Dies widerspricht dem Anspruch, dass das Datenschutzniveau immer gewährleistet sein muss (vgl. BVerfGE 141, 220 – BKA-Gesetz). Der Fünferkatalog des Abs. 1, den der Art. 38 Abs. 1 JI-RL vorsieht, ist zudem disparat und bedarf der krit. Auseinandersetzung, auch um Art. 38 JI-RL seiner Überschrift entspr. („Ausnahmen für bestimmte Fälle") Rechnung zu tragen (vgl. ErwGr 72 JI-RL). § 80 passt insoweit nicht in die Systematik der §§ 78 f. (Schantz in Schantz/Wolff DatenschutzR Rn. 808).

3   Nr. 1 und Nr. 3 benennen immerhin noch konkrete **Rechtsgüter von Gewicht,** deren Schutz auf den Einzelfall bezogen unter Beachtung der Verhältnismäßigkeit eine Übermittlung rechtfertigen könnte. V. Einzelfällen ist auszugehen, indem „eine natürliche Person" als eine bestimmte natürliche Person zu verstehen ist und die Gefahr für die öffentl. Sicherheit des Staates (vgl. → § 78 Rn. 14) gegenwärtig sein muss.

4   Nr. 4 und Nr. 5 verweisen auf § 45, auf den schon v. § 78 Abs. 1 aus verwiesen wird. Einzig durch den Bezug auf einen **Einzelfall** wird die Ausgangslage konkretisiert. Angesichts der Weite der in § 45 genannten Zwecke ist dies jedoch unzureichend, um eine möglicherweise folgenschwere Datenübermittlung zu rechtfertigen, mit der nicht nur Daten freigesetzt werden, sondern die die betroffene Person Maßnahmen des Empfängerstaats auch aussetzt.

5   Nr. 2 stellt auf die Wahrung berechtigter Interessen der betroffenen Person ab, also der Person, deren Daten übermittelt werden. Art. 38 Abs. 1 lit. b JI-RL enthält die gleiche Formulierung und stellt die Implementierung den Mitgliedstaaten frei: „wenn dies im Recht des Mitgliedstaats, aus dem die personenbezogenen Daten übermittelt werden, vorgesehen ist." Dies mag zur **Wahrung der Rechtsansprüche** einer geschädigten Person gerechtfertigt sein, aber gerade in diesem Fall könnte die betroffene Person hinzugezogen werden. Sollten lebenswichtige Interessen der betroffenen Personen gefährdet sein (etwa im Zusammenhang mit der Vermisstensuche), stünde Nr. 1 offen.

C. Absehen von der Übermittlung (Abs. 2)

6 Abs. 2 verpflichtet zu einer **Kontrollüberlegung,** die auf die Grundrechte der betroffenen Person und das öffentl. Interesse abstellt. Abgesehen davon, dass die Zulässigkeit nach Abs. 1 die Übermittlung v. Daten iRe Ermessensentscheidung ermöglicht, nicht dazu verpflichtet, das öffentl. Interesse und die Grundrechte aber ohnehin schon zu berücksichtigen sind, ist das Ergebnis vorgezeichnet.

7   **Widersprüchlich** ist die Verknüpfung des Abs. 2 mit Abs. 1 Nr. 2, weil das berechtigte Interesse der betroffenen Person mit dem öffentl. Interesse verbunden und der Grundrechtsposition der betroffenen Person gegenübergestellt wird. Das Erg. der Prüfung des Abs. 2 ist durch das Erg. der Ermittlungen für Abs. 1 vorgezeichnet, weil auf beiden Seiten dies. Stelle entscheidet; insoweit unterscheidet sich § 80 Abs. 2 im Verhältnis zu Abs. 1 von § 78 Abs. 2 im Verhältnis zu dessen Abs. 1.

D. Dokumentation (Abs. 3)

Auch im Falle des § 80 ist der Vorgang vollständig zu dokumentieren, um **8** eine Prüfung durch den BfDI zu ermöglichen. Die Dokumentationspflicht ist hier noch wichtiger als bei § 79, weil so die Rechtfertigung für die Ausnahmesituationen des § 80 explizit gemacht werden muss, anstatt den Vorgang als „gefühlt" ordnungsgemäß passieren zu lassen (zur Transparenz → DS-GVO Art. 5 Rn. 22 f.).

E. Ausblick

Mit § 80 lässt sich ein Datenaustausch im Mehrebenensystem nicht auf einem **9** quantitativ hohen Niveau bewerkstelligen. Zugleich zeigt die Vorschr., wie die **Datensicherheit zur Disposition** gestellt wird. Die §§ 78 bis 80 suggerieren mit ihren Abstufungen eine Rationalität, die es in der Realität so nicht gibt. Während § 78 noch v. einem **institutionellen Widerlager** geprägt ist – ausgehend v. einem Angemessenheitsbeschluss, aber mit dem Vorbehalt der Einzelfallprüfung – und bei § 79 Abs. 1 immerhin bei Nr. 1 noch eine Verschiedenheit der beteiligten Entscheidungsträger besteht, zeichnet sich die Lage des § 80 durch die Identität der Entscheidungsträger aus, und dies nicht in einem engen Rahmen (man könnte etwa Abs. 1 Nr. 1 und 3 nennen). Freilich ist dies durch Art. 38 Abs. 1 JI-RL unionsrechtlich vorgegeben. Hier hätte es der nationale Gesetzgeber auf einen Akt der Emanzipation ankommen lassen und eine Restriktion betreiben können, etwa durch einen Richtervorbehalt.

§ 81 Sonstige Datenübermittlung an Empfänger in Drittstaaten

(1) Verantwortliche können bei Vorliegen der übrigen für die Datenübermittlung in Drittstaaten geltenden Voraussetzungen im besonderen Einzelfall personenbezogene Daten unmittelbar an nicht in § 78 Absatz 1 Nummer 1 genannte Stellen in Drittstaaten übermitteln, wenn die Übermittlung für die Erfüllung ihrer Aufgaben unbedingt erforderlich ist und
1. im konkreten Fall keine Grundrechte der betroffenen Person das öffentliche Interesse an einer Übermittlung überwiegen,
2. die Übermittlung an die in § 78 Absatz 1 Nummer 1 genannten Stellen wirkungslos oder ungeeignet wäre, insbesondere weil sie nicht rechtzeitig durchgeführt werden kann, und

3. der Verantwortliche dem Empfänger die Zwecke der Verarbeitung mitteilt und ihn darauf hinweist, dass die übermittelten Daten nur in dem Umfang verarbeitet werden dürfen, in dem ihre Verarbeitung für diese Zwecke erforderlich ist.

(2) Im Fall des Absatzes 1 hat der Verantwortliche die in § 78 Absatz 1 Nummer 1 genannten Stellen unverzüglich über die Übermittlung zu unterrichten, sofern dies nicht wirkungslos oder ungeeignet ist.

(3) Für Übermittlungen nach Absatz 1 gilt § 79 Absatz 2 und 3 entsprechend.

(4) Bei Übermittlungen nach Absatz 1 hat der Verantwortliche den Empfänger zu verpflichten, die übermittelten personenbezogenen Daten ohne seine Zustimmung nur für den Zweck zu verarbeiten, für den sie übermittelt worden sind.

(5) Abkommen im Bereich der justiziellen Zusammenarbeit in Strafsachen und der polizeilichen Zusammenarbeit bleiben unberührt.

EU-Recht: Art. 39 JI–RL (kommentiert unter → Rn. 1).

A. Allgemeines

1   § 81 dient der Umsetzung des Art. 39 JI–RL. Es sollen private Dienstleister (Finanz-, Telekommunikationsdienstleister), die in § 78 Abs. 1 Nr. 1 nicht genannt sind, unter Bezugnahme auf betroffene Personen direkt angesprochen werden können, um für die Zwecke des § 45 Auskünfte zu erhalten (vgl. BR-Drs. 110/17, Anl., 125). Damit wird der Hoheitsträger im Drittstaat übersprungen, ohne dass er völlig schutzlos gestellt würde, wie Abs. 1 Nr. 2 und Abs. 2 zeigen. Schutzzweck ist damit die Effektivität der Gefahrenabwehr und der Strafverfolgung. Abs. 5 bringt zum Ausdruck, dass § 81 als allg. Vorschr. nachrangig ist.

B. Übermittlung von Daten (Abs. 1)

2   Nachdem die verantwortliche Stelle diejenige ist, die die Zwecke des § 45 verfolgt, kann die Übermittlung v. Daten an private Unternehmen nur der Anstoß sein, um selbst weitere Informationen zu erhalten, die dann v. der verantwortlichen Stelle verarbeitet werden können. Ob die angesprochenen Stellen antragsgemäß reagieren, hängt v. der Rechtslage im Drittstaat und v. der Bereitschaft ab, selbst Daten zur Verfügung zu stellen.

3   Die in § 78 Abs. 1 genannten allg. Voraussetzungen müssen jedenfalls erfüllt sein; außerdem muss die Übermittlung nicht lediglich, sondern unbedingt erforderlich sein, um die Aufgabe der verantwortlichen Stelle zu erfüllen. In Gefahrenlagen sind solche Situationen denkbar, etwa im Falle der Ankündigung einer Straftat in einem sozialen Netzwerk; für ein vollständiges Ausermitteln nach der Begehung einer Straftat muss dieses Erfordernis nicht in gleicher Weise gegeben sein.

4   Kumulativ erfüllt sein müssen die Anforderungen des Hs. 2. Bei der Abwägung der rechtlich anzuerkennenden Interessen der betroffenen Personen

und des öffentl. Interesses (Nr. 1) ist die Schwere der Rechtsgutsgefährdung bzw. des Tatvorwurfs zu berücksichtigen. Zudem muss die Übermittlung auf dem Dienstweg – also unter Einschaltung einer Behörde des Drittstaates – wirkungslos oder ungeeignet sein: Int. Rechtshilfeersuchen können, müssen aber nicht viel Zeit in Anspruch nehmen und können je nach Verfahrensstand auch mit Zeitverlust abgewickelt werden, ohne die Ermittlungen zu gefährden.

Zuletzt muss die verantwortliche Stelle den Empfänger verpflichten, die **5** Informationen nicht anders zu verwenden. Dies ist grenzüberschreitend in einem Über-/Unterordnungsverhältnis in anderer Weise problematisch als zwischen in etwa gleichgeordneten Stellen zweier Mitgliedstaaten.

Die Übermittlung steht im Ermessen der verantwortlichen Stelle. Damit **6** sind die grundrechtlichen Positionen jenseits des Tatbestands nach Nr. 1 nochmals zu berücksichtigen, ebenso die Eignung der Maßnahme für den Zweck: Ermittlungen „ins Blaue hinein" sind nicht vorgesehen und nicht gerechtfertigt.

Die Anforderung muss nicht dazu führen, dass die angesprochene Stelle **7** Daten preisgibt. Daher kann das Rechtshilfeersuchen an den anderen Staat, welcher hoheitlichen Zwang einsetzen könnte, trotz der Vorteile des kurzen Dienstwegs für die Ansprache der privaten Stelle noch erforderlich sein.

C. Unterrichtung (Abs. 2)

Die Umgehung des anderen Hoheitsträgers wird dadurch kompensiert, dass er **8** unverzüglich informiert werden muss. Dies kann auch iSd Selbstkontrolle hilfreich sein, um die Verbescheidung v. Rechtshilfeersuchen besser auszuwerten. Auf ein korrumpiertes Staatswesen verweist die Möglichkeit, dass die Unterrichtung selbst wirkungslos oder ungeeignet sei (letzter Hs.), ansonsten ist es nicht zu rechtfertigen, die Unterrichtung zu unterlassen.

D. Dokumentations- und Berichtspflicht (Abs. 3)

Abs. 3 verweist auf § 79 Abs. 2 und 3. Damit greifen die Dokumentations- **9** und die Berichtspflichten, so dass innerstaatlich das Anfragegebaren der verantwortlichen Stelle nachgeprüft werden kann.

E. Zweckbindung (Abs. 4)

Abs. 4 versucht, die Datenhoheit dergestalt zu bewahren, als die verantwort- **10** liche Stelle die angesprochene (private) Stelle verpflichtet, die Daten nur in dem vorgegebenen Rahmen und zu dem vorgegebenen Zweck zu verarbeiten. Immerhin wird die betroffene Person im Kontext der JI-RL bereits durch die Nennung ihres Namens in ihren Rechten betroffen.

F. Ausblick

11 Vor dem Hintergrund, dass Weltkonzerne auch und gerade Kommunikations-
und Datenströme bewirtschaften und in mancherlei Hinsicht als Souveräne
auftreten, ist § 81 konsequent, um diese direkt ansprechen zu können. Ob sie
dieser Ansprache folgen, ist fraglich, weil sie aus Rücksicht auf ihre Kunden
auch ein Interesse haben können, staatlichen Anforderungen – selbst solchen
am Ort der Niederlassung – zu widerstehen.

Kapitel 6. Zusammenarbeit der Aufsichtsbehörden

§ 82 Gegenseitige Amtshilfe

(1) ¹Die oder der Bundesbeauftragte hat den Datenschutzaufsichtsbehörden in
anderen Mitgliedstaaten der Europäischen Union Informationen zu übermitteln
und Amtshilfe zu leisten, soweit dies für eine einheitliche Umsetzung und Anwendung der Richtlinie (EU) 2016/680 erforderlich ist. ²Die Amtshilfe betrifft
insbesondere Auskunftsersuchen und aufsichtsbezogene Maßnahmen, beispielsweise Ersuchen um Konsultation oder um Vornahme von Nachprüfungen und
Untersuchungen.

(2) Die oder der Bundesbeauftragte hat alle geeigneten Maßnahmen zu ergreifen, um Amtshilfeersuchen unverzüglich und spätestens innerhalb eines Monats
nach deren Eingang nachzukommen.

(3) Die oder der Bundesbeauftragte darf Amtshilfeersuchen nur ablehnen,
wenn

1. sie oder er für den Gegenstand des Ersuchens oder für die Maßnahmen, die sie
   oder er durchführen soll, nicht zuständig ist oder

2. ein Eingehen auf das Ersuchen gegen Rechtsvorschriften verstoßen würde.

(4) ¹Die oder der Bundesbeauftragte hat die ersuchende Aufsichtsbehörde des
anderen Staates über die Ergebnisse oder gegebenenfalls über den Fortgang der
Maßnahmen zu informieren, die getroffen wurden, um dem Amtshilfeersuchen
nachzukommen. ²Sie oder er hat im Fall des Absatzes 3 die Gründe für die
Ablehnung des Ersuchens zu erläutern.

(5) Die oder der Bundesbeauftragte hat die Informationen, um die sie oder er
von der Aufsichtsbehörde des anderen Staates ersucht wurde, in der Regel elektronisch und in einem standardisierten Format zu übermitteln.

(6) Die oder der Bundesbeauftragte hat Amtshilfeersuchen kostenfrei zu erledigen, soweit sie oder er nicht im Einzelfall mit der Aufsichtsbehörde des anderen
Staates die Erstattung entstandener Ausgaben vereinbart hat.

(7) Ein Amtshilfeersuchen der oder des Bundesbeauftragten hat alle erforderlichen Informationen zu enthalten; hierzu gehören insbesondere der Zweck und die
Begründung des Ersuchens. Die auf das Ersuchen übermittelten Informationen
dürfen ausschließlich zu dem Zweck verwendet werden, zu dem sie angefordert
wurden.

EU-Recht: Art. 50 und ErwGr 83 JI-RL (kommentiert unter → Rn. 1 ff.).

A. Allgemeines

I. Einführung

§ 82 setzt Art. 50 JI-RL um (BT-Drs. 18/11325, 121) und enthält **Bestim-** 1
mungen zur Zusammenarbeit der ASB der Mitgliedstaaten unter-
einander (Information und Amtshilfe).

II. Sinn und Zweck

Die ASB sollen sich gegenseitig bei der Erfüllung ihrer Aufgaben unterstützen 2
und einander Amtshilfe leisten (zur allg. Kooperationspflicht nach Art. 4
Abs. 3 EUV Peuker in HK-BDSG § 82 Rn. 6), damit eine **einheitliche**
Anwendung und Durchsetzung der nach der JI-RL erlassenen
Vorschr. gewährleistet ist (vgl. ErwGr 83 JI-RL).

III. Regelungssystematik

§ 82 betrifft die Zusammenarbeit der ASB der Mitgliedstaaten untereinander. 3
Demgegenüber sind die Vorgaben zur **innerstaatlichen Koordination und**
Willensbildung in § 18 (→ § 18 Rn. 1 ff.) niedergelegt und richten sich iÜ
nach den allg. Regelungen der Art. 35 Abs. 1 GG und §§ 4 ff. VwVfG
(v. Lewinski in Auernhammer BDSG § 82 Rn. 5).

B. Verpflichtung zur Amtshilfe (Abs. 1)

Nach Abs. 1 ist **die/der BfDI verpflichtet** (vgl. auch § 14 Abs. 1 Nr. 7), den 4
ASB in anderen Mitgliedstaaten der EU **Informationen zu übermitteln**
(Amtshilfe iwS nach Schmid in Gola/Heckmann BDSG § 82 Rn. 6) und
Amtshilfe zu leisten, soweit dies für eine einheitliche Umsetzung und
Anwendung der JI-RL erforderlich ist. Eine Pflicht zur Informationsübermitt-
lung setzt nicht in jedem Fall ein qualifiziertes Ersuchen der anderen Behörde
voraus (Schmid in Gola/Heckmann BDSG § 82 Rn. 7). Darüber hinaus sieht
Art. 50 Abs. 1 S. 1 JI-RL vor, dass **entspr. Vorkehrungen für eine wirk-**
same Zusammenarbeit zu treffen sind. S. 2 nennt nicht abschl. Bsp. für
Amtshilfeersuchen. Diese Bsp. umfassen − soweit für die Umsetzung und
Anwendung der JI-RL erforderlich − auch Ersuchen um Vollstreckung von
Anweisungen, dh etwa Verwaltungszwang (v. Lewinski in Auernhammer
BDSG § 82 Rn. 13 und 15).

Umstr. ist, ob die Vorschr. einen **Rechtfertigungstatbestand für die** 4a
Übermittlung personenbezogener Daten beinhaltet (dazu Schmid in Gola/
Heckmann BDSG § 82 Rn. 8). Mangels Wahrung der Anforderungen an die
Bestimmtheit und aufgrund der Ausgestaltung als Aufgaben- statt als Befug-
nisnorm, ist dies iErg. abzulehnen, sodass ein gesonderter Rechtfertigungs-
tatbestand für die Übermittlung notwendig ist (→ DS-GVO Art. 61 Rn. 2; so

auch Schmid in Gola/Heckmann BDSG § 82 Rn. 8; Peuker in HK-BDSG
§ 82 Rn. 5).

C. Unverzüglichkeit der Amtshilfe (Abs. 2)

5 Nach Abs. 2 hat die/der BfDI **alle geeigneten Maßnahmen** zu ergreifen,
um dem **Ersuchen** einer anderen ASB **unverzüglich nachzukommen**.
Die/der BfDI hat einen gewissen Beurteilungsspielraum im Hinblick auf die
Eignung der Maßnahmen (Peuker in HK-BDSG § 82 Rn. 9). Es wird ein
zeitliches Limit von einem Monat nach Eingang des – ausreichend substantiierten (dazu v. Lewinski in Auernhammer BDSG § 82 Rn. 19) – Ersuchens
gesetzt. Für die Unverzüglichkeit innerhalb der Monatsgrenze kommt es
maßgeblich auf den Umfang des Ersuchens und den für die Bearbeitung
notwendigen Aufwand an (Wilhelm in BeckOK DatenschutzR BDSG § 82
Rn. 5; auch Auslastung der/des BfDI nach Peuker in HK-BDSG § 82
Rn. 11). Art. 50 Abs. 2 S. 2 JI-RL stellt klar, dass eine geeignete Maßnahme
insbes. auch die Übermittlung maßgeblicher Informationen über die Durchführung einer Untersuchung sein kann. Das Erg. sind ungeschriebene Nebenpflichten, wie etwa die Bestätigung des Erhalts eines Ersuchens zu beachten
(Peuker in HK-BDSG § 82 Rn. 10).

D. Ablehnung eines Amtshilfeersuchens (Abs. 3)

6 Nach Abs. 3 müssen Amtshilfeersuchen **bei fehlender Zuständigkeit oder
drohendem Rechtsverstoß** – etwa mangels Rechtsgrundlage für eine Übermittlung (→ Rn. 4a) – abgelehnt werden. Zu den Rechtsvorschriften iSd
Nr. 2 zählen sowohl unionale als auch nationale Vorschr. (vgl. Art. 51 Abs. 4
lit. b JI-RL; zu § 5 VwVfG Nguyen in BeckOK DatenschutzR DS-GVO
Art. 61 Rn. 14 und Peuker in HK-BDSG § 82 Rn. 19); letztere zumindest,
soweit sie unionsrechtskonform sind (v. Lewinski in Auernhammer BDSG
§ 82 Rn. 26). Die tatsächliche Unmöglichkeit kommt als ungeschriebener
Ablehnungsgrund in Betracht (Schmid in Gola/Heckmann BDSG § 82
Rn. 10 und zusätzlich Unverhältnismäßigkeit nach Peuker in HK-BDSG § 82
Rn. 17 und 20). IÜ sind die Ablehnungsgründe abschl.

E. Informationspflicht der oder des Bundesbeauftragten (Abs. 4)

7 Abs. 4 setzt Art. 50 Abs. 5 JI-RL um. Nach S. 1 hat die/der BfDI die
ersuchende ASB des anderen Staates über Erg. oder ggf. über den Fortgang
der Maßnahmen zu informieren, die im Hinblick auf das Amtshilfeersuchen
getroffen wurden. Ggf. kann damit ein Zwischenbericht notwendig werden
(Schmid in Gola/Heckmann BDSG § 82 Rn. 13). Im Fall des Abs. 3 sind
nach Abs. 4 S. 2 die **Gründe** für die **Ablehnung** des Ersuchens zu erläutern.
Für die Informationspflicht gilt die Frist nach Abs. 2 (Schmid in Gola/Heck-

mann BDSG § 82 Rn. 14; v. Lewinski in EKL BDSG § 82 Rn. 32), dh auch die idR vorgelagerte Information hat jeweils **unverzüglich** zu erfolgen.

F. Formvorgaben (Abs. 5)

Abs. 5 stellt klar, dass die Weiterleitung der Informationen, um die sie ersucht **8** wurde – dh nicht solche nach Abs. 4 (Schmid in Gola/Heckmann BDSG § 82 Rn. 15) –, **idR** in **elektronischer Form** unter Verwendung eines standardisierten Formates (→ Rn. 8a) zu erfolgen hat. Abweichungen sind in begr. Fällen möglich (Roggenkamp/Becker in Plath BDSG § 82 Rn. 5).

Art. 50 Abs. 8 JI-RL ermächtigt die KOM zum Erlass von **Durchfüh- 8a** **rungsrechtsakten**, um Form und Verfahren zu spezifizieren.

G. Unentgeltlichkeit (Abs. 6)

Nach Abs. 6 sind Maßnahmen, die iRd Amtshilfeersuchens getroffen wurden, **9** **kostenfrei** zu erledigen, soweit nicht im Einzelfall mit der ASB des anderen Staates die Erstattung entstandener Ausgaben vereinbart wurde. Im Hinblick auf den Sinn und Zweck von Amtshilfeersuchen werden solche Vereinbarungen allerdings nur in **Ausnahmefällen** sowie **nur bzgl. bes. aufgrund der Amtshilfe entstandener Ausgaben** (vgl. Art. 51 Abs. 7 S. 2 JI-RL), wie etwa Ausgaben im Zusammenhang mit Sachverständigen und Dolmetschern (Schmid in Gola/Heckmann BDSG § 82 Rn. 17), getroffen sein. Die Vorschr. trifft keine Regelungen dazu, inwieweit einem Verantwortlichen oder Auftragsverarbeiter Kosten auferlegt werden können (v. Lewinski in Auernhammer BDSG § 82 Rn. 39; Peuker in HK-BDSG § 82 Rn. 25).

H. Umfang und Zweckbindung eines Amtshilfeersuchens der/des BfDI (Abs. 7)

Abs. 7 setzt Art. 50 Abs. 3 JI-RL um und regelt die Anforderungen für den **10** Fall, dass die/der **BfDI** selbst **Amtshilfeersuchen stellt**. Nach S. 1 hat das Amtshilfeersuchen alle erforderlichen Informationen unter Einschluss von Zweck und Begr. des Ersuchens zu enthalten. Es bietet sich auch die Bezeichnung der Maßnahme an, auf die sich das Ersuchen bezieht (v. Lewinski in Auernhammer BDSG § 82 Rn. 40). Eine fehlende Übersetzung in die Amtssprache der ersuchten Behörde stellt alleine noch keinen Ablehnungsgrund dar (dazu detailliert Peuker in HK-BDSG § 82 Rn. 28). S. 2 stellt klar, dass die auf das Ersuchen übermittelten Informationen ausschl. zu dem Zweck verwendet werden dürfen, zu dem sie angefordert wurden. Der Zweck ist angesichts des Wortlauts eng zu verstehen und umfasst daher nicht die Verwendung im Zusammenhang mit weiteren Datenschutz-Verstößen (→ DS-GVO Art. 61 Rn. 6; so auch Wilhelm in BeckOK DatenschutzR BDSG § 82 Rn. 15; aA v. Lewinski in Auernhammer BDSG § 82 Rn. 43).

10a   In Ansehung von Abs. 7 ist ebenfalls ein **eigenständiger Rechtfer-tigungstatbestand** notwendig (→ Rn. 4a).

I. Vergleich mit der DS-GVO

11   Eine entspr. Regelung findet sich in **Art. 61 DS-GVO**. Ein **wesentlicher Unterschied** besteht in dem **Verzicht auf Dringlichkeitsmaßnahmen** in § 82 BDSG und der JI-RL (dazu Schwichtenberg in Kühling/Buchner BDSG § 82 Rn. 2; Wilhelm in BeckOK DatenschutzR BDSG § 82 Rn. 2).

J. Vergleich zur bisherigen Rechtslage

Eine entspr. Regelung war bereits enthalten in §§ 26 Abs. 4 S. 2, 38 Abs. 1 S. 5 BDSG aF.

Kapitel 7. Haftung und Sanktionen

§ 83 Schadensersatz und Entschädigung

(1) ¹Hat ein Verantwortlicher einer betroffenen Person durch eine Verarbeitung personenbezogener Daten, die nach diesem Gesetz oder nach anderen auf ihre Verarbeitung anwendbaren Vorschriften rechtswidrig war, einen Schaden zuge-fügt, ist er oder sein Rechtsträger der betroffenen Person zum Schadensersatz verpflichtet. ²Die Ersatzpflicht entfällt, soweit bei einer nicht automatisierten Ver-arbeitung der Schaden nicht auf ein Verschulden des Verantwortlichen zurück-zuführen ist.

(2) Wegen eines Schadens, der nicht Vermögensschaden ist, kann die betroffe-ne Person eine angemessene Entschädigung in Geld verlangen.

(3) Lässt sich bei einer automatisierten Verarbeitung personenbezogener Daten nicht ermitteln, welche von mehreren beteiligten Verantwortlichen den Schaden verursacht hat, so haftet jeder Verantwortliche beziehungsweise sein Rechtsträ-ger.

(4) Hat bei der Entstehung des Schadens ein Verschulden der betroffenen Person mitgewirkt, ist § 254 des Bürgerlichen Gesetzbuchs entsprechend an-zuwenden.

(5) Auf die Verjährung finden die für unerlaubte Handlungen geltenden Ver-jährungsvorschriften des Bürgerlichen Gesetzbuchs entsprechende Anwendung.

EU-Recht: Art. 56 JI-RL; vgl. auch Art. 82 DS-GVO (kommentiert unter → DS-GVO Art. 82 Rn. 1 ff.).

A. Einführung

Zur Umsetzung des Art. 56 JI-RL (BR-Drs. 110/17, Anl., 126) wird, die **1** Schutznormen voraussetzend, durch § 83 ein Schadensersatz- oder Entschädigungsanspruch vermittelt.

Für Verstöße gegen die **DS-GVO** kann § 83 **keine Anwendung** finden, **2** auch wenn durch die Formulierung des Abs. 1 S. 1 („nach diesem Gesetz (…) rechtswidrig") ein anderer Eindruck vermittelt werden könnte: Im Falle der DS-GVO beruht der Anspruch auf Art. 82 DS-GVO, der die Schadensersatzpflicht für Fälle regelt, in denen gegen Vorschr. der DS-GVO verstoßen wurde. § 83 verstieße sonst gegen das **Wiederholungsverbot** (vgl. Kühling/ Martini ua DS-GVO und nationales Recht, 6 ff.) und außerdem gegen die Vorgaben der DS-GVO, soweit § 83 einschränkend wirken würde. Die Anordnung des Art. 82 Abs. 1 DS-GVO ist insoweit eindeutig und bedarf keiner Konkretisierung: Ersatz ist für materielle und immaterielle Schäden zu leisten. Richtigerweise dürfte sich § 83 Abs. 1 nicht auf „dieses Gesetz", sondern müsste sich – auch der Systematik entspr. – auf den dritten Teil des BDSG beziehen. Die Norm ist als Bundesrecht unbesehen denkbarer Referenzpunkt für die Frage der Sanktionen von Datenschutzverstößen.

Daher kommt eine umfassende, **eigenständige Anwendung** des § 83 nur **3** für die Fälle in Betracht, in denen das BDSG Regelungen trifft, die nicht durch die DS-GVO veranlagt sind. Dies betrifft die Fälle, in denen mit dem BDSG solches Unionsrecht umgesetzt wird, welches selbst nicht unmittelbar Anwendung findet: die JI-RL. Damit können Verstöße gegen die §§ 47 ff. auf der Grundlage des § 83 einen Ersatz- oder Entschädigungsanspruch begründen; § 83 selbst ist lediglich im Lichte der Vorschr. der RL auszulegen (was auch gegen eine Obergrenze für den Schadensersatz spricht, vgl. ErwGr. 88 JI-RL; Stellungn. Piltz, Innenausschuss Prot. BDSG, 94), wird aber von diesen unionsrechtlichen Regelungen nicht verdrängt.

B. Schadensersatz (Abs. 1)

I. Haftungsbegründung (Abs. 1 S. 1)

Es muss gegen eine Vorschr. verstoßen worden sein, die den Charakter einer **4** **Schutznorm** hat und die nicht eine solche der DS-GVO oder mit dieser verbunden ist: Denn Art. 82 DS-GVO gilt ausweislich der ErwGr auch für Verstöße gegen (mitgliedstaatliche) Regelungen, die auf der Grundlage der DS-GVO beschlossen wurden (→ DS-GVO Art. 82 Rn. 9).

Damit kommen als Schutznorm die §§ 47 ff. in Betracht, weil aus diesen **5** den Verantwortlichen Pflichten erwachsen, die in erster Linie dem Schutz der von der Datenverarbeitung betroffenen Personen dienen. Der Kreis der durch die Norm geschützten, berechtigten Personen ist bestimmt oder bestimmbar. Dass die Regelungen auch einer **objektiven Datenschutzordnung** dienen, ist für den Schutznormcharakter unschädlich.

6   Wie bei Art. 83 DS-GVO im Verhältnis zu Art. 5 DS-GVO (→ DS-GVO Art. 82 Rn. 8) ist der **Schutznormcharakter des § 47** problematisch. Die dort geregelten Grundsätze verweisen auf die Gestaltung einer objektiven Datenschutzordnung. Gleichzeitig können sie nicht nur als Finalprogramme verstanden werden, weil sie verbindlich formuliert sind und dem Verantwortlichen Pflichten auferlegen, die keiner weiteren Konkretisierung bedürfen und die betroffene Person berechtigen; einzig der allg. Rechtmäßigkeitsvorbehalt ist wenig spezifisch (Nr. 1), zumal im Falle eines Verstoßes gegen diesen zugleich gegen eine andere Vorschr. des BDSG verstoßen worden sein muss, die jedenfalls konkreter ist. Durch einen Verstoß gegen § 47 kann der betroffenen Person auch ein Schaden entstehen.

7   Zwar ist § 47 ggü. spezifischen Regelungen der §§ 48 ff. subsidiär, aber als Schutznorm kommt die Vorschr. damit in Betracht. Es zeugt von feiner Ironie, dass der nationale Gesetzgeber zur Umsetzung der RL die Regelungstechnik der DS-GVO übernommen und dafür die Grundsätze gesetzlich geregelt hat, anders als noch im Verhältnis des BDSG aF zur DSRL. Das **Risiko** dafür wird an die verantwortlichen und die betroffenen Personen sowie die Gerichte weitergegeben, die über die Schutzpflichtverletzungen zu befinden haben.

II. Wegfall der Ersatzpflicht (Abs. 1 S. 2)

8   Hinsichtlich des Verschuldens ist § 83 anders strukturiert als Art. 82 DS-GVO: Letztgenannte Vorschr. ist für die Befreiung von der Ersatzpflicht gerade nicht an einem **Verschulden** orientiert, sondern daran, dass derjenige, der die Daten verarbeitet hat, in keinerlei Hinsicht für den Umstand, durch den der Schaden eingetreten ist, verantwortlich ist. Wenn man den Wortlaut ernst nimmt, wird Art. 82 DS-GVO damit von einer mitgliedstaatlichen oder unionsrechtlichen Verschuldensdogmatik freigehalten; bei § 83 ist dies nicht der Fall.

9   Gleichzeitig muss die Regelung angesichts des Wortlauts des Art. 56 JI-RL als **Kompromiss** angesehen werden: Denn Art. 56 JI-RL stellt nur auf die für die Datenverarbeitung, nicht auf die für den Schaden verantwortliche (mit anderen Worten insoweit schuldhaft handelnde) Person ab. Vermittelnd wird durch Abs. 1 S. 2 die Möglichkeit der Exkulpation vorgesehen, noch dazu nur in den Fällen, in denen Daten nicht automatisiert verarbeitet werden. Damit geht eine Beweislastumkehr zu Lasten des Verantwortlichen einher. Aus der Perspektive des Art. 56 JI-RL und dessen praktischer Wirksamkeit ist diese Anlage spezifisch und substantiiert und wird dem Charakter der RL iSd Art. 288 AEUV gerecht.

C. Immaterieller Schaden (Abs. 2)

10   Art. 56 JI-RL verlangt, dass die Mitgliedstaaten das Recht auf Ersatz gleichermaßen für einen materiellen wie für einen immateriellen Schaden vorsehen. Die eigenständige Regelung dient der Anpassung der Terminologie („Entschädigung"), vgl. § 253 Abs. 1 BGB.

D. Haftung mehrerer Verantwortlicher (Abs. 3)

Abs. 3 trifft eine technikspezifische, weil für die automatisierte Verarbeitung **11** formulierte Regelung für eine gesamtschuldnerische Haftung (vgl. §§ 840, 421 BGB). Auf diese Weise werden die Verantwortlichen bei arbeitsteiliger Datenverarbeitung weitergehend verstrickt. Durch dieses **Risiko** wird iErg der Druck erhöht, das eigene Datenschutzmanagement auf einem hohen Niveau zu pflegen, Verarbeitungsvorgänge zu dokumentieren und die Mitverantwortlichen in die Pflicht zu nehmen.

E. Mitverschulden (Abs. 4)

Dass § 254 BGB zur Anwendung kommt, ist eine Selbstverständlichkeit. Dies **12** gilt außerhalb des § 83 auch bei Art. 82 DS-GVO, auch soweit es sich um einen verschuldensunabhängigen Anspruch handelt (→ DS-GVO Art. 82 Rn. 19). Die Erwähnung des § 254 BGB in Abs. 4 erscheint sinnvoll, um Zweifel hinsichtlich der Anwendbarkeit wegen eines eventuellen Vorrangs des Unionsrechts auszuschließen. Als Rechtsnorm, die die praktische Wirksamkeit des Datenschutzrechts nicht einschränkt und die einen allg. Rechtsgedanken zum Ausdruck bringt, soll und muss sie Anwendung finden.

F. Ausblick

§ 83 hat einen Eigenwert. Gleichzeitig ist die Regelung im Zusammenhang **13** mit Art. 82 DS-GVO zu sehen, um sicherzustellen, dass beide Normen nur für ihren jeweiligen Anwendungsbereich herangezogen werden. Gerade weil die bundesrechtliche Vorschr. prima vista der Rechtsanwendung näher liegt als die unionsrechtliche, selbst wenn diese unmittelbar gilt, sollte § 83 stärker auf den dritten Teil des BDSG zugeschnitten und dementsprechend geänd. werden.

§ 84 Strafvorschriften

Für Verarbeitungen personenbezogener Daten durch öffentliche Stellen im Rahmen von Tätigkeiten nach § 45 Satz 1, 3 oder 4 findet § 42 entsprechende Anwendung.

EU-Recht: Art. 57 JI-RL, Art. 84 DS-GVO (kommentiert unter → Rn. 1; → DS-GVO Art. 84 Rn. 1 ff.).

Die Regelung dient der Umsetzung des Art. 57 JI-RL. Dessen Wortlaut gibt **1** das Ob der Sanktionierung v. Verstößen gegen nach der RL erlassener Vorschr. vor, nicht das Wie. Allerdings fordert Art. 57 S. 1 JI-RL, dass die zur Anwendung der Sanktionsvorschriften „erforderlichen Maßnahmen" zu treffen seien, was auf Art. 4 Abs. 3 EUV verweist. Zudem müssen die Sanktionen gem. Art. 57 S. 2 JI-RL wirksam, verhältnismäßig und abschreckend sein (vgl. dazu → DS-GVO Art. 83 Rn. 6 f.).

2   Anders als bei § 83 fehlt der Verweis auf das BDSG insgesamt. Der Grund für die Anwendung der Vorschr. nur auf Regelungen, die im Zusammenhang mit der JI-RL beschlossen wurden, ergibt sich aus der Systematik des Gesetzes (3. Teil).

3   Problematisch ist die „entsprechende Anwendung" des § 42, soweit durch diesen die Strafbarkeit des Verhaltens erst begr. wird und nicht lediglich eine Rechtsfolge dessen bewirkt (vgl. § 85 Abs. 3 StGB im Verhältnis zu § 84 Abs. 4, 5 StGB; § 99 Abs. 2 StGB), die Anwendung einer Strafnorm ausgeschlossen (§§ 86a Abs. 3, 89 Abs. 3 StGB), eine Vorbereitungshandlung in Bezug genommen (§ 152a Abs. 5 StGB) oder eine Strafschärfung begr. wird (§ 232b Abs. 4 StGB).

4   Unabhängig v. der Unbestimmtheit ist die Regelung als eine solche des Nebenstrafrechts ohnehin schon der Bedeutungslosigkeit anheimgestellt, was mit dem Anspruch der JI-RL und Art. 4 Abs. 3 EUV nicht vereinbar ist.

Teil 4. Besondere Bestimmungen für Verarbeitungen im Rahmen von nicht in die Anwendungsbereiche der Verordnung (EU) 2016/679 und der Richtlinie (EU) 2016/680 fallenden Tätigkeiten

§ 85 Verarbeitung personenbezogener Daten im Rahmen von nicht in die Anwendungsbereiche der Verordnung (EU) 2016/679 und der Richtlinie (EU) 2016/680 fallenden Tätigkeiten

(1) [1] Die Übermittlung personenbezogener Daten an einen Drittstaat oder an über- oder zwischenstaatliche Stellen oder internationale Organisationen im Rahmen von nicht in die Anwendungsbereiche der Verordnung (EU) 2016/679 und der Richtlinie (EU) 2016/680 fallenden Tätigkeiten ist über die bereits gemäß der Verordnung (EU) 2016/679 zulässigen Fälle hinaus auch dann zulässig, wenn sie zur Erfüllung eigener Aufgaben aus zwingenden Gründen der Verteidigung oder zur Erfüllung über- oder zwischenstaatlicher Verpflichtungen einer öffentlichen Stelle des Bundes auf dem Gebiet der Krisenbewältigung oder Konfliktverhinderung oder für humanitäre Maßnahmen erforderlich ist. [2] Der Empfänger ist darauf hinzuweisen, dass die übermittelten Daten nur zu dem Zweck verwendet werden dürfen, zu dem sie übermittelt wurden.

(2) Für Verarbeitungen im Rahmen von nicht in die Anwendungsbereiche der Verordnung (EU) 2016/679 und der Richtlinie (EU) 2016/680 fallenden Tätigkeiten durch Dienststellen im Geschäftsbereich des Bundesministeriums der Verteidigung gilt § 16 Absatz 4 nicht, soweit das Bundesministerium der Verteidigung im Einzelfall feststellt, dass die Erfüllung der dort genannten Pflichten die Sicherheit des Bundes gefährden würde.

(3) [1] Für Verarbeitungen im Rahmen von nicht in die Anwendungsbereiche der Verordnung (EU) 2016/679 und der Richtlinie (EU) 2016/680 fallenden Tätigkeiten durch öffentliche Stellen des Bundes besteht keine Informationspflicht gemäß Artikel 13 Absatz 1 und 2 der Verordnung (EU) 2016/679, wenn
1. es sich um Fälle des § 32 Absatz 1 Nummer 1 bis 3 handelt oder
2. durch ihre Erfüllung Informationen offenbart würden, die nach einer Rechtsvorschrift oder ihrem Wesen nach, insbesondere wegen der überwiegenden berechtigten Interessen eines Dritten, geheim gehalten werden müssen, und deswegen das Interesse der betroffenen Person an der Erteilung der Information zurücktreten muss.
[2] Ist die betroffene Person in den Fällen des Satzes 1 nicht zu informieren, besteht auch kein Recht auf Auskunft. [3] § 32 Absatz 2 und § 33 Absatz 2 finden keine Anwendung.

EU-Recht: –

A. Allgemeines

1 § 85 enthält **drei selbständige Regelungen** für Verarbeitungen personenbezogener Daten, die nicht im Anwendungsbereich der DS-GVO und der JI-RL bzw. der §§ 45 ff. liegen (zum Regelungsspielraum des nationalen Gesetzgebers s. etwa Wolff in BeckOK DatenschutzR BDSG § 85 Rn. 2 und 2.1; Schwichtenberg in Kühling/Buchner BDSG § 85 Rn. 2).

2 Die Normen der DS-GVO und der Teile 1 und 2 des BDSG (§§ 1–44) gelten entspr. (krit. Wolff in BeckOK DatenschutzR BDSG § 85 Rn. 1.1) für die Verarbeitungen durch öffentl. Stellen (dh öffentl. Stellen des Bundes, s. Gaitzsch in Auernhammer BDSG § 85 Rn. 1) außerhalb des Anwendungsbereichs der DS-GVO und der JI-RL, soweit nicht Fachgesetze greifen (§ 1 Abs. 8). Dies betrifft insbes. Verarbeitungen durch Nachrichtendienste und die Bundeswehr (Wolff in BeckOK DatenschutzR BDSG § 85 Rn. 11). Die Vorschr. trifft spezielle Regelungen in Abweichung der sonst **entspr. anzuwendenden DS-GVO und §§ 1–44**. Bei der Ausführung, dh etwa der entspr. Anwendung der DS-GVO, sind nur dt. Grundrechte zu beachten (Schmid in Gola/Heckmann BDSG § 85 Rn. 5; Wolff in BeckOK DatenschutzR BDSG § 85 Rn. 6).

B. Übermittlung an Drittstaaten (Abs. 1)

3 Abs. 1 statuiert eine Vorschr. betr. die **Übermittlung an Drittstaaten sowie über- und zwischenstaatliche Stellen**. Die Ausnahmeregelung gilt für alle nicht spezialgesetzlich geregelten Datenübermittlungen, die nicht unter die Anwendungsbereiche der DS-GVO oder der JI-RL fallen (BT-Drs. 18/11325). Die **Rechtsgrundlage** für die zugrundeliegende Verarbeitung selbst richtet sich sodann nach § 3 bzw. spezialgesetzlichen Grundlagen (Schantz in Schantz/Wolff DatenschutzR Rn. 1376).

4 Nach Abs. 1 S. 1 ist die Übermittlung **ergänzend** zu den Übermittlungstatbeständen nach § 1 Abs. 8, Art. 44 ff. DS-GVO an einen Drittstaat oder eine internationale Organisation (§ 46 Nr. 16 → DS-GVO Art. 4 Rn. 148 f.; zur Differenzierung zwischen über- und zwischenstaatlichen Stellen Wolff in BeckOK DatenschutzR BDSG § 85 Rn. 10) zulässig, wenn sie zur Erfüllung eigener Aufgaben aus zwingenden Gründen der **Verteidigung** oder zur Erfüllung über- oder zwischenstaatlicher Verpflichtungen einer öffentl. Stelle des Bundes auf dem Gebiet der **Krisenbewältigung** oder **Konfliktverhinderung** oder für **humanitäre Maßnahmen** erforderlich ist. Das geht nur unwesentlich über die nach der DS-GVO ohnehin vorgesehenen Ausnahmen im öffentl. Interesse hinaus (vgl. Art. 49 Abs. 1 S. 1 lit. d DS-GVO). Die Regelung stellt damit etwa auch die Mitwirkung des Bundes iRv NATO und Vereinten Nationen sicher (Wolff in BeckOK DatenschutzR BDSG § 85 Rn. 114). Gem. Abs. 1 S. 2 ist der **Empfänger** darauf **hinzuweisen**, dass die übermittelten Daten nur zu dem Zweck verwendet werden dürfen, zu dem sie übermittelt wurden. Dieses Erfordernis gilt aufgrund der Systematik nur soweit ein Übermittlungstatbestand aus S. 1 greift und nicht, soweit die Übermittlung auf einen Tatbestand der Art. 44 ff. DS-GVO gestützt wird (idS. auch v. d. Bussche in Plath BDSG § 85 Rn. 6). Die Verletzung der Hinweispflicht führt nicht zur Rechtswidrigkeit der Übermittlung an sich (Wolff in BeckOK DatenschutzR BDSG § 85 Rn. 16).

C. Eingeschränkte Kontrolle durch die/den BfDI (Abs. 2)

Abs. 2 **befreit teil- und ausnahmsweise** die Dienststellen im Geschäfts- 5
bereich des Bundesministeriums der Verteidigung **von der Kontrolle der/ des BfDI** nach § 16 Abs. 4, dh (nur) von deren/dessen Zutritts- und Informationsrechten. Die Befreiung gilt nur, soweit das Bundesministerium für Verteidigung im Einzelfall feststellt, dass die Erfüllung der Pflichten die Sicherheit des Bundes beeinträchtigen würde. Dies kommt nur in **Notstandssituationen** in Betracht (Schwichtenberg in Kühling/Buchner BDSG § 85 Rn. 7; so auch Kampert in HK-BDSG § 85 Rn. 17). Dienststellen idS sind etwa das Luftfahrtamt der Bundeswehr und das Bundesamt für den Militärischen Abschirmdienst (https://www.bmvg.de/de/ministerium/organisation/unterstellte-dienststellen). Für das Bundesamt für Verfassungsschutz, den Bundesnachrichtendienst und den Militärischen Abschirmdienst sind jedoch bereichsspezifische Regelungen in den jeweiligen Spezialgesetzen aufgenommen (BT-Drs. 18/11325, 121), konkret § 27 BVerfSchG, § 32a BNDG, § 13 MADG, wonach weitergehend und generell bereits die Anwendung von § 1 Abs. 8 – und damit ua auch § 16 Abs. 4 – ausgeschlossen wird.

D. Ausschluss des Informations- und Auskunftsrechtes (Abs. 3)

Abs. 3 regelt in S. 1 **einen speziellen Ausschluss von den Informations-** 6
pflichten entspr. Art. 13 Abs. 1 und 2 DS-GVO (→ DS-GVO Art. 13 Rn. 10 ff.) und **modifiziert** damit den entspr. anzuwendenden § 32. Voraussetzung ist, dass es sich entweder (Nr. 1) um Fälle des § 32 Abs. 1 Nr. 1 bis 3 handelt. Da über § 1 Abs. 8 die Vorschr. des § 32 bereits entspr. Anwendung findet, beschränkt sich die Bedeutung des Verweises darauf, dass insbes. nicht die Nr. 4 und 5 herangezogen werden können (v. d. Bussche in Plath BDSG § 85 Rn. 9). Alternativ (Nr. 2) müssten durch ihre Erfüllung Informationen offenbart werden, die nach einer Rechtsvorschrift oder ihrem Wesen nach, insbes. wegen der überwiegenden berechtigten Interessen eines Dritten, geheim gehalten werden müssen, weshalb das Interesse der betroffenen Person an der Erteilung der Information zurücktreten muss (dazu ausf. Kampert in HK-BDSG § 85 Rn. 20 ff.). Erforderlich ist damit die Vornahme einer Interessenabwägung.

Die Informationspflichten entspr. **Art. 14 DS-GVO** sind bereits durch 7
§§ 1 Abs. 8, 33 ausreichend eingeschränkt (s. auch Schmid in Gola/Heckmann BDSG § 85 Rn. 14).

8 Bei Vorliegen der in Abs. 3 S. 1 genannten Voraussetzungen ist nach S. 2 auch das Recht auf **Auskunft ausgeschlossen.**

9 Schließlich besteht in diesem Rahmen auch **keine Verpflichtung zur Vornahme von Maßnahmen zum Schutz der berechtigten Interessen der betroffenen Person,** etwa in Form der Datenschutz-Erklärung (Wolff in BeckOK DatenschutzR BDSG § 85 Rn. 22). Abs. 3 S. 3 bestimmt, dass die Regelungen der §§ 32 Abs. 2, 33 Abs. 2 bei Unterbleiben der Information bzw. Auskunft bei Verarbeitungen nach S. 1 keine Anwendung finden, was wiederum aufgrund der andernfalls entspr. Anwendung nach § 1 Abs. 8 notwendig ist. Die Verpflichtung zur Nachholung nach § 32 Abs. 3 ist nicht ausgeschlossen.

E. Vergleich zur bisherigen Rechtslage

10 Abs. 1 entspricht der bisherigen Regelung des § 4b Abs. 2 BDSG aF. Demgegenüber spiegelt Abs. 2 die Regelung des § 24 Abs. 4 S. 4 BDSG aF wider. Vergleichbare Ausnahmen von den Informationspflichten nach Abs. 3 waren bislang in § 19 Abs. 4 BDSG aF (iVm § 19a Abs. 3 BDSG aF) geregelt.

§ 86 Verarbeitung personenbezogener Daten für Zwecke staatlicher Auszeichnungen und Ehrungen

(1) [1] Zur Vorbereitung und Durchführung staatlicher Verfahren bei Auszeichnungen und Ehrungen dürfen sowohl die zuständigen als auch andere öffentliche und nichtöffentliche Stellen die dazu erforderlichen personenbezogenen Daten, einschließlich besonderer Kategorien personenbezogener Daten im Sinne des Artikels 9 Absatz 1 der Verordnung (EU) 2016/679, auch ohne Kenntnis der betroffenen Person verarbeiten. [2] Für nichtöffentliche Stellen gilt insoweit § 1 Absatz 8 entsprechend. [3] Eine Verarbeitung der personenbezogenen Daten nach Satz 1 für andere Zwecke ist nur mit Einwilligung der betroffenen Person zulässig.

(2) Soweit eine Verarbeitung ausschließlich für die in Absatz 1 Satz 1 genannten Zwecke erfolgt, sind die Artikel 13 bis 16, 19 und 21 der Verordnung (EU) 2016/679 nicht anzuwenden.

(3) Bei der Verarbeitung besonderer Kategorien personenbezogener Daten im Sinne des Artikels 9 Absatz 1 der Verordnung (EU) 2016/679 sieht der Verantwortliche angemessene und spezifische Maßnahmen zur Wahrung der Rechte der betroffenen Person gemäß § 22 Absatz 2 vor.

EU-Recht:

A. Allgemeines

1 § 86 statuiert die Voraussetzungen für die Zulässigkeit der Verarbeitung personenbezogener Daten für Zwecke staatlicher Auszeichnungen und Ehrungen – so insbes. betreffend staatliche bzw. staatlich genehmigte Titel,

Orden und Ehrenzeichen – in Ansehung der Vorgaben der DS-GVO (BT-Drs. 19/4674, 211 f.). Wegen des besonderen Charakters der Verleihung von öffentlichen Auszeichnungen und Ehrungen, welche sich ohne Begründungszwang vollziehen und weder bei positiver noch bei negativer Entscheidung einer gerichtlichen Nachprüfung unterliegen („Gunsterweis", BT-Drs. 19/4674, 211), besteht die **Notwendigkeit einer speziellen datenschutzrechtlichen Regelung.** Die DS-GVO ist nach Art. 2 Abs. 2 lit. a auf die Verarbeitung personenbezogener Daten für Zwecke der Verleihung öffentlicher Auszeichnungen und Ehrungen nicht unmittelbar anwendbar. Für die Verarbeitung personenbezogener Daten im Rahmen von Tätigkeiten, die nicht unter den Anwendungsbereich DS-GVO fallen, ordnet § 1 Abs. 8 BDSG die entsprechende Anwendung der DS-GVO und der Teile 1 und 2 des BDSG an, soweit nichts Abweichendes im BDSG oder in einem anderen Gesetz geregelt ist. § 86 BDSG trifft eine solche abweichende Regelung. Die Vorschrift wurde durch Art. 12 des Zweiten Datenschutz-Anpassungs- und Umsetzungsgesetzes v. 20.11.2019 (BGBl. 2019 I 1633) in das BDSG eingefügt.

Abs. 1 der Vorschrift enthält einen **weit gefassten Erlaubnistatbestand** 2 für die Verarbeitung personenbezogener Daten aus Anlass der Vorbereitung und Durchführung staatlicher Verfahren bei Auszeichnungen und Ehrungen. Durch **Abs. 2** werden bestimmte **Betroffenenrechte** der DS-GVO **für nicht anwendbar erklärt. Abs. 3** ordnet an, dass (lediglich) für die Verarbeitung besonderer Kategorien personenbezogener Daten **spezifische und angemessene Maßnahmen zur Wahrung der Rechte der betroffenen Person** vorzusehen sind.

B. Weit gefasster Erlaubnistatbestand (Abs. 1)

Abs. 1 begründet **zur Vorbereitung und Durchführung des Verfahrens** 3 **der Verleihung staatlicher Auszeichnungen und Ehrungen** eine **umfassende Verarbeitungsbefugnis** einschließlich der Übermittlung der Daten zwischen den genannten Stellen (für eine enge Auslegung in Ansehung des Charakters als Sonderregelung plädiert Hilgers in BeckOK DatenschutzR § 86 BDSG Rn. 10). Zum Schutz der Rechte der betroffenen Personen wird eine strenge Zweckbindung bestimmt. Im Rahmen dieses Verfahrens sind alle Daten erforderlich, die zur Beurteilung einer Würdigkeit der betroffenen Person benötigt werden (nach der Gesetzesbegründung bspw. betreffend die Verdienste und die persönliche Integrität der auszuzeichnenden Person, BT-Drs. 19/4674, 212). Die umfassende Verarbeitungsbefugnis nach **Abs. 1 Satz 1** beinhaltet auch die für die Vorbereitung bzw. Prüfung von Auszeichnungs- und Ehrungsvorschlägen erforderliche Datenverarbeitung personenbezogener Daten von Dritten (etwa der Person, die die Auszeichnung anregt, oder auch von Referenzpersonen; hier verdrängt § 86 BDSG nach der Gesetzesbegründung – BT-Drs. 19/4674, 212 – als lex specialis den § 26 BDSG, in dem Datenverarbeitungen für Beschäftigungsverhältnisse geregelt sind). **Abs. 1 Satz 2** stellt klar, das für **Datenverarbei-**

tungen durch nichtöffentliche Stellen, die zu Zwecken einschlägiger Verfahren im Kontext der Verleihung, des Entzugs und der Genehmigung von öffentlichen Auszeichnungen und Ehrungen tätig werden und in diesem Rahmen nicht unter den Anwendungsbereich der DS-GVO fallen, die Regelung des § 1 Abs. 8 zur Anwendung kommt; hierdurch wird für nichtöffentliche Stellen eine – entsprechende – Anwendung des unionalen und nationalen Datenschutzrechts abgesichert (vgl. Hilgers in BeckOK DatenschutzR § 86 BDSG Rn. 11). Entsprechend der strengen Zweckbindung bestimmt **Abs. 1 Satz 3** klarstellend, dass eine **zweckändernde Weiterverarbeitung nur aufgrund einer Einwilligung** zulässig ist. Die Anwendung der § 23 BDSG (Verarbeitung zu anderen Zwecken durch öffentliche Stellen) und § 24 BDSG (Verarbeitung zu anderen Zwecken durch nichtöffentliche Stellen) werden damit ausgeschlossen.

C. Einschränkungen von Betroffenenrechten (Abs. 2)

4   **Abs. 2** enthält spezielle **Einschränkungen für Betroffenenrechte**. Im Einzelnen besteht eine **Ausnahme von der Informationspflicht** nach Art. 13 und 14 DS-GVO, **vom Auskunftsrecht** nach Art. 15 **und dem Recht auf Berichtigung** nach Art. 16 DS-GVO. Darüber hinaus bestehen **Ausnahmen von der Mitteilungspflicht** nach Art. 19 DS-GVO und **vom Widerspruchsrecht** nach Art. 21 DS-GVO. Hintergrund für diese Beschränkungen ist, dass im Kontext von Auszeichnungen und Ehrungen der **Grundsatz der Vertraulichkeit** prägend ist; dies gilt auch und gerade zum **Schutz vor Reputationsschäden** im Falle einer Nichtverleihung und zur **Verhinderung von „Gefälligkeitsattesten"** (BT-Drs. 19/4674, 212).

D. Verarbeitung besonderer Datenkategorien (Abs. 3)

5   **Abs. 3** statuiert wegen der besonderen Sensibilität der Verarbeitung besonderer Kategorien personenbezogener Daten iSd. Art. 9 Abs. 1 DS-GVO eine Verpflichtung zu umfassenden Schutzmaßnahmen im Sinne von § 22 Abs. 2 BDSG (eine beispielhafte Aufzählung solcher Schutzmaßnahmen findet sich bei Hilgers in BeckOK DatenschutzR § 86 BDSG Rn. 17).

E. Landesrecht

6   In verschiedenen Ländern finden sich eigene landesrechtliche Datenschutzbestimmungen betreffend öffentliche Auszeichnungen und Ehrungen, so etwa in Art. 27 BayDSG, § 16 BWLDSG, § 13 HmbDSG.

Anhang

Erwägungsgründe der Datenschutz-Grundverordnung

(ABl. Nr. L 119 vom 4.5.2016, S. 1–31)

(1) [1]Der Schutz natürlicher Personen bei der Verarbeitung personenbezogener Daten ist ein Grundrecht. [2]Gemäß Artikel 8 Absatz 1 der Charta der Grundrechte der Europäischen Union (im Folgenden „Charta") sowie Artikel 16 Absatz 1 des Vertrags über die Arbeitsweise der Europäischen Union (AEUV) hat jede Person das Recht auf Schutz der sie betreffenden personenbezogenen Daten.

(2) [1]Die Grundsätze und Vorschriften zum Schutz natürlicher Personen bei der Verarbeitung ihrer personenbezogenen Daten sollten gewährleisten, dass ihre Grundrechte und Grundfreiheiten und insbesondere ihr Recht auf Schutz personenbezogener Daten ungeachtet ihrer Staatsangehörigkeit oder ihres Aufenthaltsorts gewahrt bleiben. [2]Diese Verordnung soll zur Vollendung eines Raums der Freiheit, der Sicherheit und des Rechts und einer Wirtschaftsunion, zum wirtschaftlichen und sozialen Fortschritt, zur Stärkung und zum Zusammenwachsen der Volkswirtschaften innerhalb des Binnenmarkts sowie zum Wohlergehen natürlicher Personen beitragen.

(3) Zweck der Richtlinie 95/46/EG des Europäischen Parlaments und des Rates[1] ist die Harmonisierung der Vorschriften zum Schutz der Grundrechte und Grundfreiheiten natürlicher Personen bei der Datenverarbeitung sowie die Gewährleistung des freien Verkehrs personenbezogener Daten zwischen den Mitgliedstaaten.

(4) [1]Die Verarbeitung personenbezogener Daten sollte im Dienste der Menschheit stehen. [2]Das Recht auf Schutz der personenbezogenen Daten ist kein uneingeschränktes Recht; es muss im Hinblick auf seine gesellschaftliche Funktion gesehen und unter Wahrung des Verhältnismäßigkeitsprinzips gegen andere Grundrechte abgewogen werden. [2]Diese Verordnung steht im Einklang mit allen Grundrechten und achtet alle Freiheiten und Grundsätze, die mit der Charta anerkannt wurden und in den Europäischen Verträgen verankert sind, insbesondere Achtung des Privat- und Familienlebens, der Wohnung und der Kommunikation, Schutz personenbezogener Daten, Gedanken-, Gewissens- und Religionsfreiheit, Freiheit der Meinungsäußerung und Informationsfreiheit, unternehmerische Freiheit, Recht auf einen wirksamen Rechtsbehelf und ein faires Verfahren und Vielfalt der Kulturen, Religionen und Sprachen.

(5) [1]Die wirtschaftliche und soziale Integration als Folge eines funktionierenden Binnenmarkts hat zu einem deutlichen Anstieg des grenzüberschrei-

---

[1] **Amtl. Anm.:** Richtlinie 95/46/EG des Europäischen Parlaments und des Rates vom 24. Oktober 1995 zum Schutz natürlicher Personen bei der Verarbeitung personenbezogener Daten und zum freien Datenverkehr (ABl. L 281 vom 23.11.1995, S. 31).

tenden Verkehrs personenbezogener Daten geführt. [2]Der unionsweite Austausch personenbezogener Daten zwischen öffentlichen und privaten Akteuren einschließlich natürlichen Personen, Vereinigungen und Unternehmen hat zugenommen. [3]Das Unionsrecht verpflichtet die Verwaltungen der Mitgliedstaaten, zusammenzuarbeiten und personenbezogene Daten auszutauschen, damit sie ihren Pflichten nachkommen oder für eine Behörde eines anderen Mitgliedstaats Aufgaben durchführen können.

(6) [1]Rasche technologische Entwicklungen und die Globalisierung haben den Datenschutz vor neue Herausforderungen gestellt. [2]Das Ausmaß der Erhebung und des Austauschs personenbezogener Daten hat eindrucksvoll zugenommen. [3]Die Technik macht es möglich, dass private Unternehmen und Behörden im Rahmen ihrer Tätigkeiten in einem noch nie dagewesenen Umfang auf personenbezogene Daten zurückgreifen. [4]Zunehmend machen auch natürliche Personen Informationen öffentlich weltweit zugänglich. [5]Die Technik hat das wirtschaftliche und gesellschaftliche Leben verändert und dürfte den Verkehr personenbezogener Daten innerhalb der Union sowie die Datenübermittlung an Drittländer und internationale Organisationen noch weiter erleichtern, wobei ein hohes Datenschutzniveau zu gewährleisten ist.

(7) [1]Diese Entwicklungen erfordern einen soliden, kohärenteren und klar durchsetzbaren Rechtsrahmen im Bereich des Datenschutzes in der Union, da es von großer Wichtigkeit ist, eine Vertrauensbasis zu schaffen, die die digitale Wirtschaft dringend benötigt, um im Binnenmarkt weiter wachsen zu können. [2]Natürliche Personen sollten die Kontrolle über ihre eigenen Daten besitzen. [3]Natürliche Personen, Wirtschaft und Staat sollten in rechtlicher und praktischer Hinsicht über mehr Sicherheit verfügen.

(8) Wenn in dieser Verordnung Präzisierungen oder Einschränkungen ihrer Vorschriften durch das Recht der Mitgliedstaaten vorgesehen sind, können die Mitgliedstaaten Teile dieser Verordnung in ihr nationales Recht aufnehmen, soweit dies erforderlich ist, um die Kohärenz zu wahren und die nationalen Rechtsvorschriften für die Personen, für die sie gelten, verständlicher zu machen.

(9) [1]Die Ziele und Grundsätze der Richtlinie 95/46/EG besitzen nach wie vor Gültigkeit, doch hat die Richtlinie nicht verhindern können, dass der Datenschutz in der Union unterschiedlich gehandhabt wird, Rechtsunsicherheit besteht oder in der Öffentlichkeit die Meinung weit verbreitet ist, dass erhebliche Risiken für den Schutz natürlicher Personen bestehen, insbesondere im Zusammenhang mit der Benutzung des Internets. [2]Unterschiede beim Schutzniveau für die Rechte und Freiheiten von natürlichen Personen im Zusammenhang mit der Verarbeitung personenbezogener Daten in den Mitgliedstaaten, vor allem beim Recht auf Schutz dieser Daten, können den unionsweiten freien Verkehr solcher Daten behindern. [3]Diese Unterschiede im Schutzniveau können daher ein Hemmnis für die unionsweite Ausübung von Wirtschaftstätigkeiten darstellen, den Wettbewerb verzerren und die Behörden an der Erfüllung der ihnen nach dem Unionsrecht obliegenden Pflichten hindern. [4]Sie erklären sich aus den Unterschieden bei der Umsetzung und Anwendung der Richtlinie 95/46/EG.

(10) [1] Um ein gleichmäßiges und hohes Datenschutzniveau für natürliche Personen zu gewährleisten und die Hemmnisse für den Verkehr personenbezogener Daten in der Union zu beseitigen, sollte das Schutzniveau für die Rechte und Freiheiten von natürlichen Personen bei der Verarbeitung dieser Daten in allen Mitgliedstaaten gleichwertig sein. [2] Die Vorschriften zum Schutz der Grundrechte und Grundfreiheiten von natürlichen Personen bei der Verarbeitung personenbezogener Daten sollten unionsweit gleichmäßig und einheitlich angewandt werden. [3] Hinsichtlich der Verarbeitung personenbezogener Daten zur Erfüllung einer rechtlichen Verpflichtung oder zur Wahrnehmung einer Aufgabe, die im öffentlichen Interesse liegt oder in Ausübung öffentlicher Gewalt erfolgt, die dem Verantwortlichen übertragen wurde, sollten die Mitgliedstaaten die Möglichkeit haben, nationale Bestimmungen, mit denen die Anwendung der Vorschriften dieser Verordnung genauer festgelegt wird, beizubehalten oder einzuführen. [4] In Verbindung mit den allgemeinen und horizontalen Rechtsvorschriften über den Datenschutz zur Umsetzung der Richtlinie 95/46/EG gibt es in den Mitgliedstaaten mehrere sektorspezifische Rechtsvorschriften in Bereichen, die spezifischere Bestimmungen erfordern. [5] Diese Verordnung bietet den Mitgliedstaaten zudem einen Spielraum für die Spezifizierung ihrer Vorschriften, auch für die Verarbeitung besonderer Kategorien von personenbezogenen Daten (im Folgenden „sensible Daten"). [6] Diesbezüglich schließt diese Verordnung nicht Rechtsvorschriften der Mitgliedstaaten aus, in denen die Umstände besonderer Verarbeitungssituationen festgelegt werden, einschließlich einer genaueren Bestimmung der Voraussetzungen, unter denen die Verarbeitung personenbezogener Daten rechtmäßig ist.

(11) Ein unionsweiter wirksamer Schutz personenbezogener Daten erfordert die Stärkung und präzise Festlegung der Rechte der betroffenen Personen sowie eine Verschärfung der Verpflichtungen für diejenigen, die personenbezogene Daten verarbeiten und darüber entscheiden, ebenso wie — in den Mitgliedstaaten — gleiche Befugnisse bei der Überwachung und Gewährleistung der Einhaltung der Vorschriften zum Schutz personenbezogener Daten sowie gleiche Sanktionen im Falle ihrer Verletzung.

(12) Artikel 16 Absatz 2 AEUV ermächtigt das Europäische Parlament und den Rat, Vorschriften über den Schutz natürlicher Personen bei der Verarbeitung personenbezogener Daten und zum freien Verkehr solcher Daten zu erlassen.

(13) [1] Damit in der Union ein gleichmäßiges Datenschutzniveau für natürliche Personen gewährleistet ist und Unterschiede, die den freien Verkehr personenbezogener Daten im Binnenmarkt behindern könnten, beseitigt werden, ist eine Verordnung erforderlich, die für die Wirtschaftsteilnehmer einschließlich Kleinstunternehmen sowie kleiner und mittlerer Unternehmen Rechtssicherheit und Transparenz schafft, natürliche Personen in allen Mitgliedstaaten mit demselben Niveau an durchsetzbaren Rechten ausstattet, dieselben Pflichten und Zuständigkeiten für die Verantwortlichen und Auftragsverarbeiter vorsieht und eine gleichmäßige Kontrolle der Verarbeitung personenbezogener Daten und gleichwertige Sanktionen in allen Mitgliedstaaten sowie eine wirksame Zusammenarbeit zwischen den Aufsichtsbehör-

den der einzelnen Mitgliedstaaten gewährleistet. [2]Das reibungslose Funktionieren des Binnenmarkts erfordert, dass der freie Verkehr personenbezogener Daten in der Union nicht aus Gründen des Schutzes natürlicher Personen bei der Verarbeitung personenbezogener Daten eingeschränkt oder verboten wird. [3]Um der besonderen Situation der Kleinstunternehmen sowie der kleinen und mittleren Unternehmen Rechnung zu tragen, enthält diese Verordnung eine abweichende Regelung hinsichtlich des Führens eines Verzeichnisses für Einrichtungen, die weniger als 250 Mitarbeiter beschäftigen. [4]Außerdem werden die Organe und Einrichtungen der Union sowie die Mitgliedstaaten und deren Aufsichtsbehörden dazu angehalten, bei der Anwendung dieser Verordnung die besonderen Bedürfnisse von Kleinstunternehmen sowie von kleinen und mittleren Unternehmen zu berücksichtigen. [5]Für die Definition des Begriffs „Kleinstunternehmen sowie kleine und mittlere Unternehmen" sollte Artikel 2 des Anhangs zur Empfehlung 2003/361/ EG der Kommission[2] maßgebend sein.

(14) [1]Der durch diese Verordnung gewährte Schutz sollte für die Verarbeitung der personenbezogenen Daten natürlicher Personen ungeachtet ihrer Staatsangehörigkeit oder ihres Aufenthaltsorts gelten. [2]Diese Verordnung gilt nicht für die Verarbeitung personenbezogener Daten juristischer Personen und insbesondere als juristische Person gegründeter Unternehmen, einschließlich Name, Rechtsform oder Kontaktdaten der juristischen Person.

(15) [1]Um ein ernsthaftes Risiko einer Umgehung der Vorschriften zu vermeiden, sollte der Schutz natürlicher Personen technologieneutral sein und nicht von den verwendeten Techniken abhängen. [2]Der Schutz natürlicher Personen sollte für die automatisierte Verarbeitung personenbezogener Daten ebenso gelten wie für die manuelle Verarbeitung von personenbezogenen Daten, wenn die personenbezogenen Daten in einem Dateisystem gespeichert sind oder gespeichert werden sollen. [3]Akten oder Aktensammlungen sowie ihre Deckblätter, die nicht nach bestimmten Kriterien geordnet sind, sollten nicht in den Anwendungsbereich dieser Verordnung fallen.

(16) [1]Diese Verordnung gilt nicht für Fragen des Schutzes von Grundrechten und Grundfreiheiten und des freien Verkehrs personenbezogener Daten im Zusammenhang mit Tätigkeiten, die nicht in den Anwendungsbereich des Unionsrechts fallen, wie etwa die nationale Sicherheit betreffende Tätigkeiten. [2]Diese Verordnung gilt nicht für die von den Mitgliedstaaten im Rahmen der Gemeinsamen Außen- und Sicherheitspolitik der Union durchgeführte Verarbeitung personenbezogener Daten.

(17) [1]Die Verordnung (EG) Nr. 45/2001 des Europäischen Parlaments und des Rates[3] gilt für die Verarbeitung personenbezogener Daten durch die Organe, Einrichtungen, Ämter und Agenturen der Union. [2]Die Verordnung

---

[2] **Amtl. Anm.:** Empfehlung der Kommission vom 6. Mai 2003 betreffend die Definition der Kleinstunternehmen sowie der kleinen und mittleren Unternehmen (C (2003) 1422) (ABl. L 124 vom 20.5.2003, S. 36).

[3] **Amtl. Anm.:** Verordnung (EG) Nr. 45/2001 des Europäischen Parlaments und des Rates vom 18. Dezember 2000 zum Schutz natürlicher Personen bei der Verarbeitung personenbezogener Daten durch die Organe und Einrichtungen der Gemeinschaft und zum freien Datenverkehr (ABl. L 8 vom 12.1.2001, S. 1).

(EG) Nr. 45/2001 und sonstige Rechtsakte der Union, die diese Verarbeitung personenbezogener Daten regeln, sollten an die Grundsätze und Vorschriften der vorliegenden Verordnung angepasst und im Lichte der vorliegenden Verordnung angewandt werden. [3] Um einen soliden und kohärenten Rechtsrahmen im Bereich des Datenschutzes in der Union zu gewährleisten, sollten die erforderlichen Anpassungen der Verordnung (EG) Nr. 45/2001 im Anschluss an den Erlass der vorliegenden Verordnung vorgenommen werden, damit sie gleichzeitig mit der vorliegenden Verordnung angewandt werden können.

(18) [1] Diese Verordnung gilt nicht für die Verarbeitung von personenbezogenen Daten, die von einer natürlichen Person zur Ausübung ausschließlich persönlicher oder familiärer Tätigkeiten und somit ohne Bezug zu einer beruflichen oder wirtschaftlichen Tätigkeit vorgenommen wird. [2] Als persönliche oder familiäre Tätigkeiten könnte auch das Führen eines Schriftverkehrs oder von Anschriftenverzeichnissen oder die Nutzung sozialer Netze und Online-Tätigkeiten im Rahmen solcher Tätigkeiten gelten. [3] Diese Verordnung gilt jedoch für die Verantwortlichen oder Auftragsverarbeiter, die die Instrumente für die Verarbeitung personenbezogener Daten für solche persönlichen oder familiären Tätigkeiten bereitstellen.

(19) [1] Der Schutz natürlicher Personen bei der Verarbeitung personenbezogener Daten durch die zuständigen Behörden zum Zwecke der Verhütung, Ermittlung, Aufdeckung oder Verfolgung von Straftaten oder der Strafvollstreckung, einschließlich des Schutzes vor und der Abwehr von Gefahren für die öffentliche Sicherheit, sowie der freie Verkehr dieser Daten sind in einem eigenen Unionsrechtsakt geregelt. [2] Deshalb sollte diese Verordnung auf Verarbeitungstätigkeiten dieser Art keine Anwendung finden. [3] Personenbezogene Daten, die von Behörden nach dieser Verordnung verarbeitet werden, sollten jedoch, wenn sie zu den vorstehenden Zwecken verwendet werden, einem spezifischeren Unionsrechtsakt, nämlich der Richtlinie (EU) 2016/680 des Europäischen Parlaments und des Rates[4] unterliegen. [4] Die Mitgliedstaaten können die zuständigen Behörden im Sinne der Richtlinie (EU) 2016/680 mit Aufgaben betrauen, die nicht zwangsläufig für die Zwecke der Verhütung, Ermittlung, Aufdeckung oder Verfolgung von Straftaten oder der Strafvollstreckung, einschließlich des Schutzes vor und der Abwehr von Gefahren für die öffentliche Sicherheit, ausgeführt werden, so dass die Verarbeitung von personenbezogenen Daten für diese anderen Zwecke insoweit in den Anwendungsbereich dieser Verordnung fällt, als sie in den Anwendungsbereich des Unionsrechts fällt. [5] In Bezug auf die Verarbeitung personenbezogener Daten durch diese Behörden für Zwecke, die in den Anwendungsbereich dieser Verordnung fallen, sollten die Mitgliedstaaten spezifische-

---

[4] **Amtl. Anm.:** Richtlinie (EU) 2016/680 des Europäischen Parlaments und des Rates vom 27. April 2016 zum Schutz natürlicher Personen bei der Verarbeitung personenbezogener Daten durch die zuständigen Behörden zum Zwecke der Verhütung, Aufdeckung, Untersuchung oder Verfolgung von Straftaten oder der Strafvollstreckung sowie zum freien Datenverkehr und zur Aufhebung des Rahmenbeschlusses 2000/383/JI des Rates (siehe Seite 89 dieses Amtsblatts). *[Red. Anm.: Abl. L 119 vom 4.5.2016].*

re Bestimmungen beibehalten oder einführen können, um die Anwendung der Vorschriften dieser Verordnung anzupassen. [6] In den betreffenden Bestimmungen können die Auflagen für die Verarbeitung personenbezogener Daten durch diese zuständigen Behörden für jene anderen Zwecke präziser festgelegt werden, wobei der verfassungsmäßigen, organisatorischen und administrativen Struktur des betreffenden Mitgliedstaats Rechnung zu tragen ist. [7] Soweit diese Verordnung für die Verarbeitung personenbezogener Daten durch private Stellen gilt, sollte sie vorsehen, dass die Mitgliedstaaten einige Pflichten und Rechte unter bestimmten Voraussetzungen mittels Rechtsvorschriften beschränken können, wenn diese Beschränkung in einer demokratischen Gesellschaft eine notwendige und verhältnismäßige Maßnahme zum Schutz bestimmter wichtiger Interessen darstellt, wozu auch die öffentliche Sicherheit und die Verhütung, Ermittlung, Aufdeckung und Verfolgung von Straftaten oder die Strafvollstreckung zählen, einschließlich des Schutzes vor und der Abwehr von Gefahren für die öffentliche Sicherheit. [8] Dies ist beispielsweise im Rahmen der Bekämpfung der Geldwäsche oder der Arbeit kriminaltechnischer Labors von Bedeutung.

(20) [1] Diese Verordnung gilt zwar unter anderem für die Tätigkeiten der Gerichte und anderer Justizbehörden, doch könnte im Unionsrecht oder im Recht der Mitgliedstaaten festgelegt werden, wie die Verarbeitungsvorgänge und Verarbeitungsverfahren bei der Verarbeitung personenbezogener Daten durch Gerichte und andere Justizbehörden im Einzelnen auszusehen haben. [2] Damit die Unabhängigkeit der Justiz bei der Ausübung ihrer gerichtlichen Aufgaben einschließlich ihrer Beschlussfassung unangetastet bleibt, sollten die Aufsichtsbehörden nicht für die Verarbeitung personenbezogener Daten durch Gerichte im Rahmen ihrer justiziellen Tätigkeit zuständig sein. [3] Mit der Aufsicht über diese Datenverarbeitungsvorgänge sollten besondere Stellen im Justizsystem des Mitgliedstaats betraut werden können, die insbesondere die Einhaltung der Vorschriften dieser Verordnung sicherstellen, Richter und Staatsanwälte besser für ihre Pflichten aus dieser Verordnung sensibilisieren und Beschwerden in Bezug auf derartige Datenverarbeitungsvorgänge bearbeiten sollten.

(21) [1] Die vorliegende Verordnung berührt nicht die Anwendung der Richtlinie 2000/31/EG des Europäischen Parlaments und des Rates[5] und insbesondere die der Vorschriften der Artikel 12 bis 15 jener Richtlinie zur Verantwortlichkeit von Anbietern reiner Vermittlungsdienste. [2] Die genannte Richtlinie soll dazu beitragen, dass der Binnenmarkt einwandfrei funktioniert, indem sie den freien Verkehr von Diensten der Informationsgesellschaft zwischen den Mitgliedstaaten sicherstellt.

(22) [1] Jede Verarbeitung personenbezogener Daten im Rahmen der Tätigkeiten einer Niederlassung eines Verantwortlichen oder eines Auftragsverarbeiters in der Union sollte gemäß dieser Verordnung erfolgen, gleich, ob

---

[5] **Amtl. Anm.:** Richtlinie 2000/31/EG des Europäischen Parlaments und des Rates vom 8. Juni 2000 über bestimmte rechtliche Aspekte der Dienste der Informationsgesellschaft, insbesondere des elektronischen Geschäftsverkehrs, im Binnenmarkt („Richtlinie über den elektronischen Geschäftsverkehr") (ABl. L 178 vom 17.7.2000, S. 1).

die Verarbeitung in oder außerhalb der Union stattfindet. [2]Eine Niederlassung setzt die effektive und tatsächliche Ausübung einer Tätigkeit durch eine feste Einrichtung voraus. [3]Die Rechtsform einer solchen Einrichtung, gleich, ob es sich um eine Zweigstelle oder eine Tochtergesellschaft mit eigener Rechtspersönlichkeit handelt, ist dabei nicht ausschlaggebend.

(23) [1]Damit einer natürlichen Person der gemäß dieser Verordnung gewährleistete Schutz nicht vorenthalten wird, sollte die Verarbeitung personenbezogener Daten von betroffenen Personen, die sich in der Union befinden, durch einen nicht in der Union niedergelassenen Verantwortlichen oder Auftragsverarbeiter dieser Verordnung unterliegen, wenn die Verarbeitung dazu dient, diesen betroffenen Personen gegen Entgelt oder unentgeltlich Waren oder Dienstleistungen anzubieten. [2]Um festzustellen, ob dieser Verantwortliche oder Auftragsverarbeiter betroffenen Personen, die sich in der Union befinden, Waren oder Dienstleistungen anbietet, sollte festgestellt werden, ob der Verantwortliche oder Auftragsverarbeiter offensichtlich beabsichtigt, betroffenen Personen in einem oder mehreren Mitgliedstaaten der Union Dienstleistungen anzubieten. [3]Während die bloße Zugänglichkeit der Website des Verantwortlichen, des Auftragsverarbeiters oder eines Vermittlers in der Union, einer E-Mail-Adresse oder anderer Kontaktdaten oder die Verwendung einer Sprache, die in dem Drittland, in dem der Verantwortliche niedergelassen ist, allgemein gebräuchlich ist, hierfür kein ausreichender Anhaltspunkt ist, können andere Faktoren wie die Verwendung einer Sprache oder Währung, die in einem oder mehreren Mitgliedstaaten gebräuchlich ist, in Verbindung mit der Möglichkeit, Waren und Dienstleistungen in dieser anderen Sprache zu bestellen, oder die Erwähnung von Kunden oder Nutzern, die sich in der Union befinden, darauf hindeuten, dass der Verantwortliche beabsichtigt, den Personen in der Union Waren oder Dienstleistungen anzubieten.

(24) [1]Die Verarbeitung personenbezogener Daten von betroffenen Personen, die sich in der Union befinden, durch einen nicht in der Union niedergelassenen Verantwortlichen oder Auftragsverarbeiter sollte auch dann dieser Verordnung unterliegen, wenn sie dazu dient, das Verhalten dieser betroffenen Personen zu beobachten, soweit ihr Verhalten in der Union erfolgt. [2]Ob eine Verarbeitungstätigkeit der Beobachtung des Verhaltens von betroffenen Personen gilt, sollte daran festgemacht werden, ob ihre Internetaktivitäten nachvollzogen werden, einschließlich der möglichen nachfolgenden Verwendung von Techniken zur Verarbeitung personenbezogener Daten, durch die von einer natürlichen Person ein Profil erstellt wird, das insbesondere die Grundlage für sie betreffende Entscheidungen bildet oder anhand dessen ihre persönlichen Vorlieben, Verhaltensweisen oder Gepflogenheiten analysiert oder vorausgesagt werden sollen.

(25) Ist nach Völkerrecht das Recht eines Mitgliedstaats anwendbar, z. B. in einer diplomatischen oder konsularischen Vertretung eines Mitgliedstaats, so sollte die Verordnung auch auf einen nicht in der Union niedergelassenen Verantwortlichen Anwendung finden.

(26) [1]Die Grundsätze des Datenschutzes sollten für alle Informationen gelten, die sich auf eine identifizierte oder identifizierbare natürliche Person beziehen. [2]Einer Pseudonymisierung unterzogene personenbezogene Daten, die durch Heranziehung zusätzlicher Informationen einer natürlichen Person zugeordnet werden könnten, sollten als Informationen über eine identifizierbare natürliche Person betrachtet werden. [3]Um festzustellen, ob eine natürliche Person identifizierbar ist, sollten alle Mittel berücksichtigt werden, die von dem Verantwortlichen oder einer anderen Person nach allgemeinem Ermessen wahrscheinlich genutzt werden, um die natürliche Person direkt oder indirekt zu identifizieren, wie beispielsweise das Aussondern. [4]Bei der Feststellung, ob Mittel nach allgemeinem Ermessen wahrscheinlich zur Identifizierung der natürlichen Person genutzt werden, sollten alle objektiven Faktoren, wie die Kosten der Identifizierung und der dafür erforderliche Zeitaufwand, herangezogen werden, wobei die zum Zeitpunkt der Verarbeitung verfügbare Technologie und technologische Entwicklungen zu berücksichtigen sind. [5]Die Grundsätze des Datenschutzes sollten daher nicht für anonyme Informationen gelten, d. h. für Informationen, die sich nicht auf eine identifizierte oder identifizierbare natürliche Person beziehen, oder personenbezogene Daten, die in einer Weise anonymisiert worden sind, dass die betroffene Person nicht oder nicht mehr identifiziert werden kann. [6]Diese Verordnung betrifft somit nicht die Verarbeitung solcher anonymer Daten, auch für statistische oder für Forschungszwecke.

(27) [1]Diese Verordnung gilt nicht für die personenbezogenen Daten Verstorbener. [2]Die Mitgliedstaaten können Vorschriften für die Verarbeitung der personenbezogenen Daten Verstorbener vorsehen.

(28) [1]Die Anwendung der Pseudonymisierung auf personenbezogene Daten kann die Risiken für die betroffenen Personen senken und die Verantwortlichen und die Auftragsverarbeiter bei der Einhaltung ihrer Datenschutzpflichten unterstützen. [2]Durch die ausdrückliche Einführung der „Pseudonymisierung" in dieser Verordnung ist nicht beabsichtigt, andere Datenschutzmaßnahmen auszuschließen.

(29) [1]Um Anreize für die Anwendung der Pseudonymisierung bei der Verarbeitung personenbezogener Daten zu schaffen, sollten Pseudonymisierungsmaßnahmen, die jedoch eine allgemeine Analyse zulassen, bei demselben Verantwortlichen möglich sein, wenn dieser die erforderlichen technischen und organisatorischen Maßnahmen getroffen hat, um – für die jeweilige Verarbeitung – die Umsetzung dieser Verordnung zu gewährleisten, wobei sicherzustellen ist, dass zusätzliche Informationen, mit denen die personenbezogenen Daten einer speziellen betroffenen Person zugeordnet werden können, gesondert aufbewahrt werden. [2]Der für die Verarbeitung der personenbezogenen Daten Verantwortliche, sollte die befugten Personen bei diesem Verantwortlichen angeben.

(30) [1]Natürlichen Personen werden unter Umständen Online-Kennungen wie IP-Adressen und Cookie-Kennungen, die sein Gerät oder Software-Anwendungen und -Tools oder Protokolle liefern, oder sonstige Kennungen wie Funkfrequenzkennzeichnungen zugeordnet. [2]Dies kann Spuren hinterlassen, die insbesondere in Kombination mit eindeutigen Kennungen und anderen beim Server eingehenden Informationen dazu benutzt werden können, um Profile der natürlichen Personen zu erstellen und sie zu identifizieren.

(31) [1]Behörden, gegenüber denen personenbezogene Daten aufgrund einer rechtlichen Verpflichtung für die Ausübung ihres offiziellen Auftrags offengelegt werden, wie Steuer- und Zollbehörden, Finanzermittlungsstellen, unabhängige Verwaltungsbehörden oder Finanzmarktbehörden, die für die Regulierung und Aufsicht von Wertpapiermärkten zuständig sind, sollten nicht als Empfänger gelten, wenn sie personenbezogene Daten erhalten, die für die Durchführung – gemäß dem Unionsrecht oder dem Recht der Mitgliedstaaten – eines einzelnen Untersuchungsauftrags im Interesse der Allgemeinheit erforderlich sind. [2]Anträge auf Offenlegung, die von Behörden ausgehen, sollten immer schriftlich erfolgen, mit Gründen versehen sein und gelegentlichen Charakter haben, und sie sollten nicht vollständige Dateisysteme betreffen oder zur Verknüpfung von Dateisystemen führen. [3]Die Verarbeitung personenbezogener Daten durch die genannten Behörden sollte den für die Zwecke der Verarbeitung geltenden Datenschutzvorschriften entsprechen.

(32) [1]Die Einwilligung sollte durch eine eindeutige bestätigende Handlung erfolgen, mit der freiwillig, für den konkreten Fall, in informierter Weise und unmissverständlich bekundet wird, dass die betroffene Person mit der Verarbeitung der sie betreffenden personenbezogenen Daten einverstanden ist, etwa in Form einer schriftlichen Erklärung, die auch elektronisch erfolgen kann, oder einer mündlichen Erklärung. [2]Dies könnte etwa durch Anklicken eines Kästchens beim Besuch einer Internetseite, durch die Auswahl technischer Einstellungen für Dienste der Informationsgesellschaft oder durch eine andere Erklärung oder Verhaltensweise geschehen, mit der die betroffene Person in dem jeweiligen Kontext eindeutig ihr Einverständnis mit der beabsichtigten Verarbeitung ihrer personenbezogenen Daten signalisiert. [3]Stillschweigen, bereits angekreuzte Kästchen oder Untätigkeit der betroffenen Person sollten daher keine Einwilligung darstellen. [4]Die Einwilligung sollte sich auf alle zu demselben Zweck oder denselben Zwecken vorgenommenen Verarbeitungsvorgänge beziehen. [5]Wenn die Verarbeitung mehreren Zwecken dient, sollte für alle diese Verarbeitungszwecke eine Einwilligung gegeben werden. [6]Wird die betroffene Person auf elektronischem Weg zur Einwilligung aufgefordert, so muss die Aufforderung in klarer und knapper Form und ohne unnötige Unterbrechung des Dienstes, für den die Einwilligung gegeben wird, erfolgen.

(33) [1]Oftmals kann der Zweck der Verarbeitung personenbezogener Daten für Zwecke der wissenschaftlichen Forschung zum Zeitpunkt der Erhebung der personenbezogenen Daten nicht vollständig angegeben werden. [2]Daher sollte es betroffenen Personen erlaubt sein, ihre Einwilligung für bestimmte Bereiche wissenschaftlicher Forschung zu geben, wenn dies unter Einhaltung der anerkannten ethischen Standards der wissenschaftlichen Forschung geschieht. [3]Die betroffenen Personen sollten Gelegenheit erhalten, ihre Einwilligung nur für bestimmte Forschungsbereiche oder Teile von Forschungsprojekten in dem vom verfolgten Zweck zugelassenen Maße zu erteilen.

(34) Genetische Daten sollten als personenbezogene Daten über die ererbten oder erworbenen genetischen Eigenschaften einer natürlichen Person definiert werden, die aus der Analyse einer biologischen Probe der betreffen-

den natürlichen Person, insbesondere durch eine Chromosomen, Desoxyribo-nukleinsäure (DNS)- oder Ribonukleinsäure (RNS)-Analyse oder der Analyse eines anderen Elements, durch die gleichwertige Informationen erlangt werden können, gewonnen werden.

(35) [1]Zu den personenbezogenen Gesundheitsdaten sollten alle Daten zählen, die sich auf den Gesundheitszustand einer betroffenen Person beziehen und aus denen Informationen über den früheren, gegenwärtigen und künftigen körperlichen oder geistigen Gesundheitszustand der betroffenen Person hervorgehen. [2]Dazu gehören auch Informationen über die natürliche Person, die im Zuge der Anmeldung für sowie der Erbringung von Gesundheitsdienstleistungen im Sinne der Richtlinie 2011/24/EU des Europäischen Parlaments und des Rates[6] für die natürliche Person erhoben werden, Nummern, Symbole oder Kennzeichen, die einer natürlichen Person zugeteilt wurden, um diese natürliche Person für gesundheitliche Zwecke eindeutig zu identifizieren, Informationen, die von der Prüfung oder Untersuchung eines Körperteils oder einer körpereigenen Substanz, auch aus genetischen Daten und biologischen Proben, abgeleitet wurden, und Informationen etwa über Krankheiten, Behinderungen, Krankheitsrisiken, Vorerkrankungen, klinische Behandlungen oder den physiologischen oder biomedizinischen Zustand der betroffenen Person unabhängig von der Herkunft der Daten, ob sie nun von einem Arzt oder sonstigem Angehörigen eines Gesundheitsberufes, einem Krankenhaus, einem Medizinprodukt oder einem In-Vitro-Diagnostikum stammen.

(36) [1]Die Hauptniederlassung des Verantwortlichen in der Union sollte der Ort seiner Hauptverwaltung in der Union sein, es sei denn, dass Entscheidungen über die Zwecke und Mittel der Verarbeitung personenbezogener Daten in einer anderen Niederlassung des Verantwortlichen in der Union getroffen werden; in diesem Fall sollte die letztgenannte als Hauptniederlassung gelten. [2]Zur Bestimmung der Hauptniederlassung eines Verantwortlichen in der Union sollten objektive Kriterien herangezogen werden; ein Kriterium sollte dabei die effektive und tatsächliche Ausübung von Managementtätigkeiten durch eine feste Einrichtung sein, in deren Rahmen die Grundsatzentscheidungen zur Festlegung der Zwecke und Mittel der Verarbeitung getroffen werden. [3]Dabei sollte nicht ausschlaggebend sein, ob die Verarbeitung der personenbezogenen Daten tatsächlich an diesem Ort ausgeführt wird. [4]Das Vorhandensein und die Verwendung technischer Mittel und Verfahren zur Verarbeitung personenbezogener Daten oder Verarbeitungtätigkeiten begründen an sich noch keine Hauptniederlassung und sind daher kein ausschlaggebender Faktor für das Bestehen einer Hauptniederlassung. [5]Die Hauptniederlassung des Auftragsverarbeiters sollte der Ort sein, an dem der Auftragsverarbeiter seine Hauptverwaltung in der Union hat, oder – wenn er keine Hauptverwaltung in der Union hat – der Ort, an dem die wesentlichen Verarbeitungtätigkeiten in der Union stattfinden. [6]Sind sowohl der Verant-

---

[6] **Amtl. Anm.**: Richtlinie 2011/24/EU des Europäischen Parlaments und des Rates vom 9. März 2011 über die Ausübung der Patientenrechte in der grenzüberschreitenden Gesundheitsversorgung (ABl. L 88 vom 4.4.2011, S. 45).

wortliche als auch der Auftragsverarbeiter betroffen, so sollte die Aufsichtsbehörde des Mitgliedstaats, in dem der Verantwortliche seine Hauptniederlassung hat, die zuständige federführende Aufsichtsbehörde bleiben, doch sollte die Aufsichtsbehörde des Auftragsverarbeiters als betroffene Aufsichtsbehörde betrachtet werden und diese Aufsichtsbehörde sollte sich an dem in dieser Verordnung vorgesehenen Verfahren der Zusammenarbeit beteiligen. [7] Auf jeden Fall sollten die Aufsichtsbehörden des Mitgliedstaats oder der Mitgliedstaaten, in dem bzw. denen der Auftragsverarbeiter eine oder mehrere Niederlassungen hat, nicht als betroffene Aufsichtsbehörden betrachtet werden, wenn sich der Beschlussentwurf nur auf den Verantwortlichen bezieht. [8] Wird die Verarbeitung durch eine Unternehmensgruppe vorgenommen, so sollte die Hauptniederlassung des herrschenden Unternehmens als Hauptniederlassung der Unternehmensgruppe gelten, es sei denn, die Zwecke und Mittel der Verarbeitung werden von einem anderen Unternehmen festgelegt.

(37) [1] Eine Unternehmensgruppe sollte aus einem herrschenden Unternehmen und den von diesem abhängigen Unternehmen bestehen, wobei das herrschende Unternehmen dasjenige sein sollte, das zum Beispiel aufgrund der Eigentumsverhältnisse, der finanziellen Beteiligung oder der für das Unternehmen geltenden Vorschriften oder der Befugnis, Datenschutzvorschriften umsetzen zu lassen, einen beherrschenden Einfluss auf die übrigen Unternehmen ausüben kann. [2] Ein Unternehmen, das die Verarbeitung personenbezogener Daten in ihm angeschlossenen Unternehmen kontrolliert, sollte zusammen mit diesen als eine „Unternehmensgruppe" betrachtet werden.

(38) [1] Kinder verdienen bei ihren personenbezogenen Daten besonderen Schutz, da Kinder sich der betreffenden Risiken, Folgen und Garantien und ihrer Rechte bei der Verarbeitung personenbezogener Daten möglicherweise weniger bewusst sind. [2] Ein solcher besonderer Schutz sollte insbesondere die Verwendung personenbezogener Daten von Kindern für Werbezwecke oder für die Erstellung von Persönlichkeits- oder Nutzerprofilen und die Erhebung von personenbezogenen Daten von Kindern bei der Nutzung von Diensten, die Kindern direkt angeboten werden, betreffen. [3] Die Einwilligung des Trägers der elterlichen Verantwortung sollte im Zusammenhang mit Präventionsoder Beratungsdiensten, die unmittelbar einem Kind angeboten werden, nicht erforderlich sein.

(39) [1] Jede Verarbeitung personenbezogener Daten sollte rechtmäßig und nach Treu und Glauben erfolgen. [2] Für natürliche Personen sollte Transparenz dahingehend bestehen, dass sie betreffende personenbezogene Daten erhoben, verwendet, eingesehen oder anderweitig verarbeitet werden und in welchem Umfang die personenbezogenen Daten verarbeitet werden und künftig noch verarbeitet werden. [3] Der Grundsatz der Transparenz setzt voraus, dass alle Informationen und Mitteilungen zur Verarbeitung dieser personenbezogenen Daten leicht zugänglich und verständlich und in klarer und einfacher Sprache abgefasst sind. [4] Dieser Grundsatz betrifft insbesondere die Informationen über die Identität des Verantwortlichen und die Zwecke der Verarbeitung und sonstige Informationen, die eine faire und transparente Verarbeitung im Hinblick auf die betroffenen natürlichen Personen gewährleisten, sowie deren Recht, eine Bestätigung und Auskunft darüber zu erhalten, welche sie betreffende personenbezogene Daten verarbeitet werden. [5] Natürliche Personen sollten über die Risiken, Vorschriften, Garantien und Rechte im Zusammenhang mit der Verarbeitung personenbezogener Daten informiert und darüber aufgeklärt werden, wie sie ihre diesbezüglichen Rechte geltend machen können. [6] Insbesondere sollten die bestimmten Zwecke, zu denen die personenbezogenen Daten verarbeitet werden, eindeutig und rechtmäßig sein und zum Zeitpunkt der Erhebung der personenbezogenen Daten feststehen. [7] Die personenbezogenen Daten sollten für die Zwecke, zu denen sie verarbeitet werden, angemessen und erheblich sowie auf das für die Zwecke ihrer Verarbeitung notwendige Maß beschränkt sein. [8] Dies erfordert insbesondere, dass die Speicherfrist für personenbezogene Daten auf das unbedingt erforderliche Mindestmaß beschränkt bleibt. [9] Personenbezogene Daten sollten nur verarbeitet werden dürfen, wenn der Zweck der Verarbeitung nicht in zumutbarer Weise durch andere Mittel erreicht werden kann. [10] Um sicherzustellen, dass die personenbezogenen Daten nicht länger als nötig gespeichert werden, sollte der Verantwortliche Fristen für ihre Löschung oder regelmäßige Überprüfung vorsehen. [11] Es sollten alle vertretbaren Schritte unternommen werden, damit unrichtige personenbezogene Daten gelöscht oder berichtigt werden. [12] Personenbezogene Daten sollten so verarbeitet werden, dass ihre Sicherheit und Vertraulichkeit hinreichend gewährleistet ist, wozu auch gehört, dass Unbefugte keinen Zugang zu den Daten haben und weder die Daten noch die Geräte, mit denen diese verarbeitet werden, benutzen können.

(40) Damit die Verarbeitung rechtmäßig ist, müssen personenbezogene Daten mit Einwilligung der betroffenen Person oder auf einer sonstigen zulässigen Rechtsgrundlage verarbeitet werden, die sich aus dieser Verordnung oder − wann immer in dieser Verordnung darauf Bezug genommen wird − aus dem sonstigen Unionsrecht oder dem Recht der Mitgliedstaaten ergibt, so unter anderem auf der Grundlage, dass sie zur Erfüllung der rechtlichen Verpflichtung, der der Verantwortliche unterliegt, oder zur Erfüllung eines Vertrags, dessen Vertragspartei die betroffene Person ist, oder für die Durchführung vorvertraglicher Maßnahmen, die auf Anfrage der betroffenen Person erfolgen, erforderlich ist.

(41) [1] Wenn in dieser Verordnung auf eine Rechtsgrundlage oder eine Gesetzgebungsmaßnahme Bezug genommen wird, erfordert dies nicht notwendigerweise einen von einem Parlament angenommenen Gesetzgebungsakt; davon unberührt bleiben Anforderungen gemäß der Verfassungsordnung des betreffenden Mitgliedstaats. [2] Die entsprechende Rechtsgrundlage oder Gesetzgebungsmaßnahme sollte jedoch klar und präzise sein und ihre Anwendung sollte für die Rechtsunterworfenen gemäß der Rechtsprechung des Gerichtshofs der Europäischen Union (im Folgenden „Gerichtshof") und des Europäischen Gerichtshofs für Menschenrechte vorhersehbar sein.

(42) [1] Erfolgt die Verarbeitung mit Einwilligung der betroffenen Person, sollte der Verantwortliche nachweisen können, dass die betroffene Person ihre Einwilligung zu dem Verarbeitungsvorgang gegeben hat. [2] Insbesondere bei Abgabe einer schriftlichen Erklärung in anderer Sache sollten Garantien sicherstellen, dass die betroffene Person weiß, dass und in welchem Umfang sie ihre Einwilligung erteilt. [3] Gemäß der Richtlinie 93/13/EWG des Rates[7] sollte eine vom Verantwortlichen vorformulierte Einwilligungserklärung in verständlicher und leicht zugänglicher Form in einer klaren und einfachen Sprache zur Verfügung gestellt werden, und sie sollte keine missbräuchlichen Klauseln beinhalten. [4] Damit sie in Kenntnis der Sachlage ihre Einwilligung geben kann, sollte die betroffene Person mindestens wissen, wer der Verantwortliche ist und für welche Zwecke ihre personenbezogenen Daten verarbeitet werden sollen. [5] Es sollte nur dann davon ausgegangen werden, dass sie ihre Einwilligung freiwillig gegeben hat, wenn sie eine echte oder freie Wahl hat und somit in der Lage ist, die Einwilligung zu verweigern oder zurückzuziehen, ohne Nachteile zu erleiden.

(43) [1] Um sicherzustellen, dass die Einwilligung freiwillig erfolgt ist, sollte diese in besonderen Fällen, wenn zwischen der betroffenen Person und dem Verantwortlichen ein klares Ungleichgewicht besteht, insbesondere wenn es sich bei dem Verantwortlichen um eine Behörde handelt, und es deshalb in Anbetracht aller Umstände in dem speziellen Fall unwahrscheinlich ist, dass die Einwilligung freiwillig gegeben wurde, keine gültige Rechtsgrundlage liefern. [2] Die Einwilligung gilt nicht als freiwillig erteilt, wenn zu verschiedenen Verarbeitungsvorgängen von personenbezogenen Daten nicht gesondert eine Einwilligung erteilt werden kann, obwohl dies im Einzelfall angebracht ist, oder wenn die Erfüllung eines Vertrags, einschließlich der Erbringung einer Dienstleistung, von der Einwilligung abhängig ist, obwohl diese Einwilligung für die Erfüllung nicht erforderlich ist.

(44) Die Verarbeitung von Daten sollte als rechtmäßig gelten, wenn sie für die Erfüllung oder den geplanten Abschluss eines Vertrags erforderlich ist.

(45) [1] Erfolgt die Verarbeitung durch den Verantwortlichen aufgrund einer ihm obliegenden rechtlichen Verpflichtung oder ist die Verarbeitung zur Wahrnehmung einer Aufgabe im öffentlichen Interesse oder in Ausübung öffentlicher Gewalt erforderlich, muss hierfür eine Grundlage im Unionsrecht oder im Recht eines Mitgliedstaats bestehen. [2] Mit dieser Verordnung wird nicht für jede einzelne Verarbeitung ein spezifisches Gesetz verlangt. [3] Ein Gesetz als Grundlage für mehrere Verarbeitungsvorgänge kann ausreichend sein, wenn die Verarbeitung aufgrund einer dem Verantwortlichen obliegenden rechtlichen Verpflichtung erfolgt oder wenn die Verarbeitung zur Wahrnehmung einer Aufgabe im öffentlichen Interesse oder in Ausübung öffentlicher Gewalt erforderlich ist. [4] Desgleichen sollte im Unionsrecht oder im Recht der Mitgliedstaaten geregelt werden, für welche Zwecke die Daten verarbeitet werden dürfen. [5] Ferner könnten in diesem Recht die allgemeinen Bedingungen dieser Verordnung zur Regelung der Rechtmäßigkeit der Verarbeitung personenbezogener Daten präzisiert und es könnte darin festgelegt werden, wie der Verantwortliche zu bestimmen ist, welche Art von personenbezogenen Daten verarbeitet werden, welche Personen betroffen sind, welchen Einrichtungen die personenbezogenen Daten offengelegt, für welche Zwecke und wie lange sie gespeichert werden dürfen und welche anderen

---

[7] **Amtl. Anm.:** Richtlinie 93/13/EWG des Rates vom 5. April 1993 über missbräuchliche Klauseln in Verbraucherverträgen (ABl. L 95 vom 21.4.1993, S. 29).

Maßnahmen ergriffen werden, um zu gewährleisten, dass die Verarbeitung rechtmäßig und nach Treu und Glauben erfolgt. [6]Desgleichen sollte im Unionsrecht oder im Recht der Mitgliedstaaten geregelt werden, ob es sich bei dem Verantwortlichen, der eine Aufgabe wahrnimmt, die im öffentlichen Interesse liegt oder in Ausübung öffentlicher Gewalt erfolgt, um eine Behörde oder um eine andere unter das öffentliche Recht fallende natürliche oder juristische Person oder, sofern dies durch das öffentliche Interesse einschließlich gesundheitlicher Zwecke, wie die öffentliche Gesundheit oder die soziale Sicherheit oder die Verwaltung von Leistungen der Gesundheitsfürsorge, gerechtfertigt ist, eine natürliche oder juristische Person des Privatrechts, wie beispielsweise eine Berufsvereinigung, handeln sollte.

(46) [1]Die Verarbeitung personenbezogener Daten sollte ebenfalls als rechtmäßig angesehen werden, wenn sie erforderlich ist, um ein lebenswichtiges Interesse der betroffenen Person oder einer anderen natürlichen Person zu schützen. [2]Personenbezogene Daten sollten grundsätzlich nur dann aufgrund eines lebenswichtigen Interesses einer anderen natürlichen Person verarbeitet werden, wenn die Verarbeitung offensichtlich nicht auf eine andere Rechtsgrundlage gestützt werden kann. [3]Einige Arten der Verarbeitung können sowohl wichtigen Gründen des öffentlichen Interesses als auch lebenswichtigen Interessen der betroffenen Person dienen; so kann beispielsweise die Verarbeitung für humanitäre Zwecke einschließlich der Überwachung von Epidemien und deren Ausbreitung oder in humanitären Notfällen insbesondere bei Naturkatastrophen oder vom Menschen verursachten Katastrophen erforderlich sein.

(47) [1]Die Rechtmäßigkeit der Verarbeitung kann durch die berechtigten Interessen eines Verantwortlichen, auch eines Verantwortlichen, dem die personenbezogenen Daten offengelegt werden dürfen, oder eines Dritten begründet sein, sofern die Interessen oder die Grundrechte und Grundfreiheiten der betroffenen Person nicht überwiegen; dabei sind die vernünftigen Erwartungen der betroffenen Person, die auf ihrer Beziehung zu dem Verantwortlichen beruhen, zu berücksichtigen. [2]Ein berechtigtes Interesse könnte beispielsweise vorliegen, wenn eine maßgebliche und angemessene Beziehung zwischen der betroffenen Person und dem Verantwortlichen besteht, z. B. wenn die betroffene Person ein Kunde des Verantwortlichen ist oder in seinen Diensten steht. [3]Auf jeden Fall wäre das Bestehen eines berechtigten Interesses besonders sorgfältig abzuwägen, wobei auch zu prüfen ist, ob eine betroffene Person zum Zeitpunkt der Erhebung der personenbezogenen Daten und angesichts der Umstände, unter denen sie erfolgt, vernünftigerweise absehen kann, dass möglicherweise eine Verarbeitung für diesen Zweck erfolgen wird. [4]Insbesondere dann, wenn personenbezogene Daten in Situationen verarbeitet werden, in denen eine betroffene Person vernünftigerweise nicht mit einer weiteren Verarbeitung rechnen muss, könnten die Interessen und Grundrechte der betroffenen Person das Interesse des Verantwortlichen überwiegen. [5]Da es dem Gesetzgeber obliegt, per Rechtsvorschrift die Rechtsgrundlage für die Verarbeitung personenbezogener Daten durch die Behörden zu schaffen, sollte diese Rechtsgrundlage nicht für Verarbeitungen durch Behörden gelten, die diese in Erfüllung ihrer Aufgaben vornehmen.

[6] Die Verarbeitung personenbezogener Daten im für die Verhinderung von Betrug unbedingt erforderlichen Umfang stellt ebenfalls ein berechtigtes Interesse des jeweiligen Verantwortlichen dar. [7] Die Verarbeitung personenbezogener Daten zum Zwecke der Direktwerbung kann als eine einem berechtigten Interesse dienende Verarbeitung betrachtet werden.

(48) [1] Verantwortliche, die Teil einer Unternehmensgruppe oder einer Gruppe von Einrichtungen sind, die einer zentralen Stelle zugeordnet sind können ein berechtigtes Interesse haben, personenbezogene Daten innerhalb der Unternehmensgruppe für interne Verwaltungszwecke, einschließlich der Verarbeitung personenbezogener Daten von Kunden und Beschäftigten, zu übermitteln. [2] Die Grundprinzipien für die Übermittlung personenbezogener Daten innerhalb von Unternehmensgruppen an ein Unternehmen in einem Drittland bleiben unberührt.

(49) [1] Die Verarbeitung von personenbezogenen Daten durch Behörden, Computer-Notdienste (Computer Emergency Response Teams – CERT, beziehungsweise Computer Security Incident Response Teams – CSIRT), Betreiber von elektronischen Kommunikationsnetzen und -diensten sowie durch Anbieter von Sicherheitstechnologien und -diensten stellt in dem Maße ein berechtigtes Interesse des jeweiligen Verantwortlichen dar, wie dies für die Gewährleistung der Netz- und Informationssicherheit unbedingt notwendig und verhältnismäßig ist, d. h. soweit dadurch die Fähigkeit eines Netzes oder Informationssystems gewährleistet wird, mit einem vorgegebenen Grad der Zuverlässigkeit Störungen oder widerrechtliche oder mutwillige Eingriffe abzuwehren, die die Verfügbarkeit, Authentizität, Vollständigkeit und Vertraulichkeit von gespeicherten oder übermittelten personenbezogenen Daten sowie die Sicherheit damit zusammenhängender Dienste, die über diese Netze oder Informationssysteme angeboten werden bzw. zugänglich sind, beeinträchtigen. [2] Ein solches berechtigtes Interesse könnte beispielsweise darin bestehen, den Zugang Unbefugter zu elektronischen Kommunikationsnetzen und die Verbreitung schädlicher Programmcodes zu verhindern sowie Angriffe in Form der gezielten Überlastung von Servern („Denial of service"-Angriffe) und Schädigungen von Computer- und elektronischen Kommunikationssystemen abzuwehren.

(50) [1] Die Verarbeitung personenbezogener Daten für andere Zwecke als die, für die die personenbezogenen Daten ursprünglich erhoben wurden, sollte nur zulässig sein, wenn die Verarbeitung mit den Zwecken, für die die personenbezogenen Daten ursprünglich erhoben wurden, vereinbar ist. [2] In diesem Fall ist keine andere gesonderte Rechtsgrundlage erforderlich als diejenige für die Erhebung der personenbezogenen Daten. [3] Ist die Verarbeitung für die Wahrnehmung einer Aufgabe erforderlich, die im öffentlichen Interesse liegt oder in Ausübung öffentlicher Gewalt erfolgt, die dem Verantwortlichen übertragen wurde, so können im Unionsrecht oder im Recht der Mitgliedstaaten die Aufgaben und Zwecke bestimmt und konkretisiert werden, für die eine Weiterverarbeitung als vereinbar und rechtmäßig erachtet wird. [4] Die Weiterverarbeitung für im öffentlichen Interesse liegende Archivzwecke, für wissenschaftliche oder historische Forschungszwecke oder für statistische Zwecke sollte als vereinbarer und rechtmäßiger Verarbeitungsvorgang gelten. [5]Die im Unionsrecht oder im Recht der Mitgliedstaaten vorgesehene Rechtsgrundlage für die Verarbeitung personenbezogener Daten kann auch als Rechtsgrundlage für eine Weiterverarbeitung dienen. [6]Um festzustellen, ob ein Zweck der Weiterverarbeitung mit dem Zweck, für den die personenbezogenen Daten ursprünglich erhoben wurden, vereinbar ist, sollte der Verantwortliche nach Einhaltung aller Anforderungen für die Rechtmäßigkeit der ursprünglichen Verarbeitung unter anderem prüfen, ob ein Zusammenhang zwischen den Zwecken, für die die personenbezogenen Daten erhoben wurden, und den Zwecken der beabsichtigten Weiterverarbeitung besteht, in welchem Kontext die Daten erhoben wurden, insbesondere die vernünftigen Erwartungen der betroffenen Person, die auf ihrer Beziehung zu dem Verantwortlichen beruhen, in Bezug auf die weitere Verwendung dieser Daten, um welche Art von personenbezogenen Daten es sich handelt, welche Folgen die beabsichtigte Weiterverarbeitung für die betroffenen Personen hat und ob sowohl beim ursprünglichen als auch beim beabsichtigten Weiterverarbeitungsvorgang geeignete Garantien bestehen. [7]Hat die betroffene Person ihre Einwilligung erteilt oder beruht die Verarbeitung auf Unionsrecht oder dem Recht der Mitgliedstaaten, was in einer demokratischen Gesellschaft eine notwendige und verhältnismäßige Maßnahme zum Schutz insbesondere wichtiger Ziele des allgemeinen öffentlichen Interesses darstellt, so sollte der Verantwortliche die personenbezogenen Daten ungeachtet der Vereinbarkeit der Zwecke weiterverarbeiten dürfen. [8]In jedem Fall sollte gewährleistet sein, dass die in dieser Verordnung niedergelegten Grundsätze angewandt werden und insbesondere die betroffene Person über diese anderen Zwecke und über ihre Rechte einschließlich des Widerspruchsrechts unterrichtet wird. [9]Der Hinweis des Verantwortlichen auf mögliche Straftaten oder Bedrohungen der öffentlichen Sicherheit und die Übermittlung der maßgeblichen personenbezogenen Daten in Einzelfällen oder in mehreren Fällen, die im Zusammenhang mit derselben Straftat oder derselben Bedrohung der öffentlichen Sicherheit stehen, an eine zuständige Behörde sollten als berechtigtes Interesse des Verantwortlichen gelten. [10]Eine derartige Übermittlung personenbezogener Daten im berechtigten Interesse des Verantwortlichen oder deren Weiterverarbeitung sollte jedoch unzulässig sein, wenn die Verarbeitung mit einer rechtlichen, beruflichen oder sonstigen verbindlichen Pflicht zur Geheimhaltung unvereinbar ist.

(51) [1]Personenbezogene Daten, die ihrem Wesen nach hinsichtlich der Grundrechte und Grundfreiheiten besonders sensibel sind, verdienen einen besonderen Schutz, da im Zusammenhang mit ihrer Verarbeitung erhebliche Risiken für die Grundrechte und Grundfreiheiten auftreten können. [2]Diese personenbezogenen Daten sollten personenbezogene Daten umfassen, aus denen die rassische oder ethnische Herkunft hervorgeht, wobei die Verwendung des Begriffs „rassische Herkunft" in dieser Verordnung nicht bedeutet, dass die Union Theorien, mit denen versucht wird, die Existenz verschiedener menschlicher Rassen zu belegen, gutheißt. [3]Die Verarbeitung von Lichtbildern sollte nicht grundsätzlich als Verarbeitung besonderer Kategorien von personenbezogenen Daten angesehen werden, da Lichtbilder nur dann von der Definition des Begriffs „biometrische Daten" erfasst werden, wenn sie mit speziellen technischen Mitteln verarbeitet werden, die die eindeutige Identifizierung oder Authentifizierung einer natürlichen Person ermöglichen. [4] Derartige personenbezogene Daten sollten nicht verarbeitet werden, es sei denn, die Verarbeitung ist in den in dieser Verordnung dargelegten besonderen Fällen zulässig, wobei zu berücksichtigen ist, dass im Recht der Mitgliedstaaten besondere Datenschutzbestimmungen festgelegt sein können, um die Anwendung der Bestimmungen dieser Verordnung anzupassen, damit die Einhaltung einer rechtlichen Verpflichtung oder die Wahrnehmung einer Aufgabe im öffentlichen Interesse oder die Ausübung öffentlicher Gewalt, die dem Verantwortlichen übertragen wurde, möglich ist. [5] Zusätzlich zu den speziellen Anforderungen an eine derartige Verarbeitung sollten die allgemeinen Grundsätze und andere Bestimmungen dieser Verordnung, insbesondere hinsichtlich der Bedingungen für eine rechtmäßige Verarbeitung, gelten. [6] Ausnahmen von dem allgemeinen Verbot der Verarbeitung dieser besonderen Kategorien personenbezogener Daten sollten ausdrücklich vorgesehen werden, unter anderem bei ausdrücklicher Einwilligung der betroffenen Person oder bei bestimmten Notwendigkeiten, insbesondere wenn die Verarbeitung im Rahmen rechtmäßiger Tätigkeiten bestimmter Vereinigungen oder Stiftungen vorgenommen wird, die sich für die Ausübung von Grundfreiheiten einsetzen.

(52) [1] Ausnahmen vom Verbot der Verarbeitung besonderer Kategorien von personenbezogenen Daten sollten auch erlaubt sein, wenn sie im Unionsrecht oder dem Recht der Mitgliedstaaten vorgesehen sind, und – vorbehaltlich angemessener Garantien zum Schutz der personenbezogenen Daten und anderer Grundrechte – wenn dies durch das öffentliche Interesse gerechtfertigt ist, insbesondere für die Verarbeitung von personenbezogenen Daten auf dem Gebiet des Arbeitsrechts und des Rechts der sozialen Sicherheit einschließlich Renten und zwecks Sicherstellung und Überwachung der Gesundheit und Gesundheitswarnungen, Prävention oder Kontrolle ansteckender Krankheiten und anderer schwerwiegender Gesundheitsgefahren. [2] Eine solche Ausnahme kann zu gesundheitlichen Zwecken gemacht werden, wie der Gewährleistung der öffentlichen Gesundheit und der Verwaltung von Leistungen der Gesundheitsversorgung, insbesondere wenn dadurch die Qualität und Wirtschaftlichkeit der Verfahren zur Abrechnung von Leistungen in den sozialen Krankenversicherungssystemen sichergestellt werden soll, oder wenn die Verarbeitung im öffentlichen Interesse liegenden Archivzwecken, wissenschaftlichen oder historischen Forschungszwecken oder statistischen Zwecken dient. [3] Die Verarbeitung solcher personenbezogener Daten sollte zudem ausnahmsweise erlaubt sein, wenn sie erforderlich ist, um rechtliche Ansprüche, sei es in einem Gerichtsverfahren oder in einem Verwaltungsverfahren oder einem außergerichtlichen Verfahren, geltend zu machen, auszuüben oder zu verteidigen.

(53) [1] Besondere Kategorien personenbezogener Daten, die eines höheren Schutzes verdienen, sollten nur dann für gesundheitsbezogene Zwecke verarbeitet werden, wenn dies für das Erreichen dieser Zwecke im Interesse einzelner natürlicher Personen und der Gesellschaft insgesamt erforderlich ist, insbesondere im Zusammenhang mit der Verwaltung der Dienste und Systeme des Gesundheits- oder Sozialbereichs, einschließlich der Verarbeitung

dieser Daten durch die Verwaltung und die zentralen nationalen Gesundheitsbehörden zwecks Qualitätskontrolle, Verwaltungsinformationen und der allgemeinen nationalen und lokalen Überwachung des Gesundheitssystems oder
des Sozialsystems und zwecks Gewährleistung der Kontinuität der Gesund-
heits- und Sozialfürsorge und der grenzüberschreitenden Gesundheitsversorgung oder Sicherstellung und Überwachung der Gesundheit und Gesundheitswarnungen oder für im öffentlichen Interesse liegende Archivzwecke, zu
wissenschaftlichen oder historischen Forschungszwecken oder statistischen
Zwecken, die auf Rechtsvorschriften der Union oder der Mitgliedstaaten
beruhen, die einem im öffentlichen Interesse liegenden Ziel dienen müssen,
sowie für Studien, die im öffentlichen Interesse im Bereich der öffentlichen
Gesundheit durchgeführt werden. [2]Diese Verordnung sollte daher harmonisierte Bedingungen für die Verarbeitung besonderer Kategorien personenbezogener Gesundheitsdaten im Hinblick auf bestimmte Erfordernisse harmonisieren, insbesondere wenn die Verarbeitung dieser Daten für gesundheitsbezogene Zwecke von Personen durchgeführt wird, die gemäß einer
rechtlichen Verpflichtung dem Berufsgeheimnis unterliegen. [3]Im Recht der
Union oder der Mitgliedstaaten sollten besondere und angemessene Maßnahmen zum Schutz der Grundrechte und der personenbezogenen Daten
natürlicher Personen vorgesehen werden. [4]Den Mitgliedstaaten sollte gestattet
werden, weitere Bedingungen – einschließlich Beschränkungen – in Bezug
auf die Verarbeitung von genetischen Daten, biometrischen Daten oder
Gesundheitsdaten beizubehalten oder einzuführen. [5]Dies sollte jedoch den
freien Verkehr personenbezogener Daten innerhalb der Union nicht beeinträchtigen, falls die betreffenden Bedingungen für die grenzüberschreitende
Verarbeitung solcher Daten gelten.

(54) [1]Aus Gründen des öffentlichen Interesses in Bereichen der öffentlichen Gesundheit kann es notwendig sein, besondere Kategorien personenbezogener Daten auch ohne Einwilligung der betroffenen Person zu verarbeiten. [2]Diese Verarbeitung sollte angemessenen und besonderen Maßnahmen zum Schutz der Rechte und Freiheiten natürlicher Personen unterliegen.
[3]In diesem Zusammenhang sollte der Begriff „öffentliche Gesundheit" im
Sinne der Verordnung (EG) Nr. 1338/2008 des Europäischen Parlaments und
des Rates[8] ausgelegt werden und alle Elemente im Zusammenhang mit der
Gesundheit wie den Gesundheitszustand einschließlich Morbidität und Behinderung, die sich auf diesen Gesundheitszustand auswirkenden Determinan-
ten, den Bedarf an Gesundheitsversorgung, die der Gesundheitsversorgung
zugewiesenen Mittel, die Bereitstellung von Gesundheitsversorgungsleistun-
gen und den allgemeinen Zugang zu diesen Leistungen sowie die entsprechenden Ausgaben und die Finanzierung und schließlich die Ursachen der
Mortalität einschließen. [4]Eine solche Verarbeitung von Gesundheitsdaten aus
Gründen des öffentlichen Interesses darf nicht dazu führen, dass Dritte, unter

---

[8] **Amtl. Anm.:** Verordnung (EG) Nr. 1338/2008 des Europäischen Parlaments und
des Rates vom 16. Dezember 2008 zu Gemeinschaftsstatistiken über öffentliche Gesundheit und über Gesundheitsschutz und Sicherheit am Arbeitsplatz (ABl. L 354 vom
31.12.2008, S. 70).

anderem Arbeitgeber oder Versicherungs- und Finanzunternehmen, solche personenbezogene Daten zu anderen Zwecken verarbeiten.

(55) Auch die Verarbeitung personenbezogener Daten durch staatliche Stellen zu verfassungsrechtlich oder völkerrechtlich verankerten Zielen von staatlich anerkannten Religionsgemeinschaften erfolgt aus Gründen des öffentlichen Interesses.

(56) Wenn es in einem Mitgliedstaat das Funktionieren des demokratischen Systems erfordert, dass die politischen Parteien im Zusammenhang mit Wahlen personenbezogene Daten über die politische Einstellung von Personen sammeln, kann die Verarbeitung derartiger Daten aus Gründen des öffentlichen Interesses zugelassen werden, sofern geeignete Garantien vorgesehen werden.

(57) [1] Kann der Verantwortliche anhand der von ihm verarbeiteten personenbezogenen Daten eine natürliche Person nicht identifizieren, so sollte er nicht verpflichtet sein, zur bloßen Einhaltung einer Vorschrift dieser Verordnung zusätzliche Daten einzuholen, um die betroffene Person zu identifizieren. [2] Allerdings sollte er sich nicht weigern, zusätzliche Informationen entgegenzunehmen, die von der betroffenen Person beigebracht werden, um ihre Rechte geltend zu machen. [3] Die Identifizierung sollte die digitale Identifizierung einer betroffenen Person – beispielsweise durch Authentifizierungsverfahren etwa mit denselben Berechtigungsnachweisen, wie sie die betroffene Person verwendet, um sich bei dem von dem Verantwortlichen bereitgestellten Online-Dienst anzumelden – einschließen.

(58) [1] Der Grundsatz der Transparenz setzt voraus, dass eine für die Öffentlichkeit oder die betroffene Person bestimmte Information präzise, leicht zugänglich und verständlich sowie in klarer und einfacher Sprache abgefasst ist und gegebenenfalls zusätzlich visuelle Elemente verwendet werden. [2] Diese Information könnte in elektronischer Form bereitgestellt werden, beispielsweise auf einer Website, wenn sie für die Öffentlichkeit bestimmt ist. [3] Dies gilt insbesondere für Situationen, wo die große Zahl der Beteiligten und die Komplexität der dazu benötigten Technik es der betroffenen Person schwer machen, zu erkennen und nachzuvollziehen, ob, von wem und zu welchem Zweck sie betreffende personenbezogene Daten erfasst werden, wie etwa bei der Werbung im Internet. 4Wenn sich die Verarbeitung an Kinder richtet, sollten aufgrund der besonderen Schutzwürdigkeit von Kindern Informationen und Hinweise in einer dergestalt klaren und einfachen Sprache erfolgen, dass ein Kind sie verstehen kann.

(59) [1] Es sollten Modalitäten festgelegt werden, die einer betroffenen Person die Ausübung der Rechte, die ihr nach dieser Verordnung zustehen, erleichtern, darunter auch Mechanismen, die dafür sorgen, dass sie unentgeltlich insbesondere Zugang zu personenbezogenen Daten und deren Berichtigung oder Löschung beantragen und gegebenenfalls erhalten oder von ihrem Widerspruchsrecht Gebrauch machen kann. [2] So sollte der Verantwortliche auch dafür sorgen, dass Anträge elektronisch gestellt werden können, insbesondere wenn die personenbezogenen Daten elektronisch verarbeitet werden. [3] Der Verantwortliche sollte verpflichtet werden, den Antrag der betroffenen Person unverzüglich, spätestens aber innerhalb eines Monats zu beantworten und gegebenenfalls zu begründen, warum er den Antrag ablehnt.

(60) [1]Die Grundsätze einer fairen und transparenten Verarbeitung machen es erforderlich, dass die betroffene Person über die Existenz des Verarbeitungsvorgangs und seine Zwecke unterrichtet wird. [2]Der Verantwortliche sollte der betroffenen Person alle weiteren Informationen zur Verfügung stellen, die unter Berücksichtigung der besonderen Umstände und Rahmenbedingungen, unter denen die personenbezogenen Daten verarbeitet werden, notwendig sind, um eine faire und transparente Verarbeitung zu gewährleisten. [3]Darüber hinaus sollte er die betroffene Person darauf hinweisen, dass Profiling stattfindet und welche Folgen dies hat. [4]Werden die personenbezogenen Daten bei der betroffenen Person erhoben, so sollte dieser darüber hinaus mitgeteilt werden, ob sie verpflichtet ist, die personenbezogenen Daten bereitzustellen, und welche Folgen eine Zurückhaltung der Daten nach sich ziehen würde. [5]Die betreffenden Informationen können in Kombination mit standardisierten Bildsymbolen bereitgestellt werden, um in leicht wahrnehmbarer, verständlicher und klar nachvollziehbarer Form einen aussagekräftigen Überblick über die beabsichtigte Verarbeitung zu vermitteln. [6]Werden die Bildsymbole in elektronischer Form dargestellt, so sollten sie maschinenlesbar sein.

(61) [1]Dass sie betreffende personenbezogene Daten verarbeitet werden, sollte der betroffenen Person zum Zeitpunkt der Erhebung mitgeteilt werden oder, falls die Daten nicht von ihr, sondern aus einer anderen Quelle erlangt werden, innerhalb einer angemessenen Frist, die sich nach dem konkreten Einzelfall richtet. [2]Wenn die personenbezogenen Daten rechtmäßig einem anderen Empfänger offengelegt werden dürfen, sollte die betroffene Person bei der erstmaligen Offenlegung der personenbezogenen Daten für diesen Empfänger darüber aufgeklärt werden. [3]Beabsichtigt der Verantwortliche, die personenbezogenen Daten für einen anderen Zweck zu verarbeiten als den, für den die Daten erhoben wurden, so sollte er der betroffenen Person vor dieser Weiterverarbeitung Informationen über diesen anderen Zweck und andere erforderliche Informationen zur Verfügung stellen. [4]Konnte der betroffenen Person nicht mitgeteilt werden, woher die personenbezogenen Daten stammen, weil verschiedene Quellen benutzt wurden, so sollte die Unterrichtung allgemein gehalten werden.

(62) [1]Die Pflicht, Informationen zur Verfügung zu stellen, erübrigt sich jedoch, wenn die betroffene Person die Information bereits hat, wenn die Speicherung oder Offenlegung der personenbezogenen Daten ausdrücklich durch Rechtsvorschriften geregelt ist oder wenn sich die Unterrichtung der betroffenen Person als unmöglich erweist oder mit unverhältnismäßig hohem Aufwand verbunden ist. [2]Letzteres könnte insbesondere bei Verarbeitungen für im öffentlichen Interesse liegende Archivzwecke, zu wissenschaftlichen oder historischen Forschungszwecken oder zu statistischen Zwecken der Fall sein. [3]Als Anhaltspunkte sollten dabei die Zahl der betroffenen Personen, das Alter der Daten oder etwaige geeignete Garantien in Betracht gezogen werden.

(63) [1] Eine betroffene Person sollte ein Auskunftsrecht hinsichtlich der sie betreffenden personenbezogenen Daten, die erhoben worden sind, besitzen und dieses Recht problemlos und in angemessenen Abständen wahrnehmen können, um sich der Verarbeitung bewusst zu sein und deren Rechtmäßigkeit überprüfen zu können. [2] Dies schließt das Recht betroffene Personen auf Auskunft über ihre eigenen gesundheitsbezogenen Daten ein, etwa Daten in ihren Patientenakten, die Informationen wie beispielsweise Diagnosen, Untersuchungsergebnisse, Befunde der behandelnden Ärzte und Angaben zu Behandlungen oder Eingriffen enthalten. [3] Jede betroffene Person sollte daher ein Anrecht darauf haben zu wissen und zu erfahren, insbesondere zu welchen Zwecken die personenbezogenen Daten verarbeitet werden und, wenn möglich, wie lange sie gespeichert werden, wer die Empfänger der personenbezogenen Daten sind, nach welcher Logik die automatische Verarbeitung personenbezogener Daten erfolgt und welche Folgen eine solche Verarbeitung haben kann, zumindest in Fällen, in denen die Verarbeitung auf Profiling beruht. [4] Nach Möglichkeit sollte der Verantwortliche den Fernzugang zu einem sicheren System bereitstellen können, der der betroffenen Person direkten Zugang zu ihren personenbezogenen Daten ermöglichen würde. [5] Dieses Recht sollte die Rechte und Freiheiten anderer Personen, etwa Geschäftsgeheimnisse oder Rechte des geistigen Eigentums und insbesondere das Urheberrecht an Software, nicht beeinträchtigen. [6] Dies darf jedoch nicht dazu führen, dass der betroffenen Person jegliche Auskunft verweigert wird. [7] Verarbeitet der Verantwortliche eine große Menge von Informationen über die betroffene Person, so sollte er verlangen können, dass die betroffene Person präzisiert, auf welche Information oder welche Verarbeitungsvorgänge sich ihr Auskunftsersuchen bezieht, bevor er ihr Auskunft erteilt.

(64) [1] Der Verantwortliche sollte alle vertretbaren Mittel nutzen, um die Identität einer Auskunft suchenden betroffenen Person zu überprüfen, insbesondere im Rahmen von Online-Diensten und im Fall von Online-Kennungen. [2] Ein Verantwortlicher sollte personenbezogene Daten nicht allein zu dem Zweck speichern, auf mögliche Auskunftsersuchen reagieren zu können.

(65) [1] Eine betroffene Person sollte ein Recht auf Berichtigung der sie betreffenden personenbezogenen Daten besitzen sowie ein „Recht auf Vergessenwerden", wenn die Speicherung ihrer Daten gegen diese Verordnung oder gegen das Unionsrecht oder das Recht der Mitgliedstaaten, dem der Verantwortliche unterliegt, verstößt. [2] Insbesondere sollten betroffene Personen Anspruch darauf haben, dass ihre personenbezogenen Daten gelöscht und nicht mehr verarbeitet werden, wenn die personenbezogenen Daten hinsichtlich der Zwecke, für die sie erhoben bzw. anderweitig verarbeitet wurden, nicht mehr benötigt werden, wenn die betroffenen Personen ihre Einwilligung in die Verarbeitung widerrufen oder Widerspruch gegen die Verarbeitung der sie betreffenden personenbezogenen Daten eingelegt haben oder wenn die Verarbeitung ihrer personenbezogenen Daten aus anderen Gründen gegen diese Verordnung verstößt. [3] Dieses Recht ist insbesondere wichtig in Fällen, in denen die betroffene Person ihre Einwilligung noch im Kindesalter gegeben hat und insofern die mit der Verarbeitung verbundenen Gefahren nicht in vollem Umfang absehen konnte und die personenbezogenen Daten – insbesondere die im Internet gespeicherten – später löschen möchte. [4]Die betroffene Person sollte dieses Recht auch dann ausüben können, wenn sie kein Kind mehr ist. [5]Die weitere Speicherung der personenbezogenen Daten sollte jedoch rechtmäßig sein, wenn dies für die Ausübung des Rechts auf freie Meinungsäußerung und Information, zur Erfüllung einer rechtlichen Verpflichtung, für die Wahrnehmung einer Aufgabe, die im öffentlichen Interesse liegt oder in Ausübung öffentlicher Gewalt erfolgt, die dem Verantwortlichen übertragen wurde, aus Gründen des öffentlichen Interesses im Bereich der öffentlichen Gesundheit, für im öffentlichen Interesse liegende Archivzwecke, zu wissenschaftlichen oder historischen Forschungszwecken oder zu statistischen Zwecken oder zur Geltendmachung, Ausübung oder Verteidigung von Rechtsansprüchen erforderlich ist.

(66) [1]Um dem „Recht auf Vergessenwerden" im Netz mehr Geltung zu verschaffen, sollte das Recht auf Löschung ausgeweitet werden, indem ein Verantwortlicher, der die personenbezogenen Daten öffentlich gemacht hat, verpflichtet wird, den Verantwortlichen, die diese personenbezogenen Daten verarbeiten, mitzuteilen, alle Links zu diesen personenbezogenen Daten oder Kopien oder Replikationen der personenbezogenen Daten zu löschen. [2]Dabei sollte der Verantwortliche, unter Berücksichtigung der verfügbaren Technologien und der ihm zur Verfügung stehenden Mittel, angemessene Maßnahmen – auch technischer Art – treffen, um die Verantwortlichen, die diese personenbezogenen Daten verarbeiten, über den Antrag der betroffenen Person zu informieren.

(67) [1]Methoden zur Beschränkung der Verarbeitung personenbezogener Daten könnten unter anderem darin bestehen, dass ausgewählte personenbezogenen Daten vorübergehend auf ein anderes Verarbeitungssystem übertragen werden, dass sie für Nutzer gesperrt werden oder dass veröffentliche Daten vorübergehend von einer Website entfernt werden. [2]In automatisierten Dateisystemen sollte die Einschränkung der Verarbeitung grundsätzlich durch technische Mittel so erfolgen, dass die personenbezogenen Daten in keiner Weise weiterverarbeitet werden und nicht verändert werden können. [3]Auf die Tatsache, dass die Verarbeitung der personenbezogenen Daten beschränkt wurde, sollte in dem System unmissverständlich hingewiesen werden.

(68) [1]Um im Fall der Verarbeitung personenbezogener Daten mit automatischen Mitteln eine bessere Kontrolle über die eigenen Daten zu haben, sollte die betroffene Person außerdem berechtigt sein, die sie betreffenden personenbezogenen Daten, die sie einem Verantwortlichen bereitgestellt hat, in einem strukturierten, gängigen, maschinenlesbaren und interoperablen Format zu erhalten und sie einem anderen Verantwortlichen zu übermitteln. [2]Die Verantwortlichen sollten dazu aufgefordert werden, interoperable Formate zu entwickeln, die die Datenübertragbarkeit ermöglichen. [3]Dieses Recht sollte dann gelten, wenn die betroffene Person die personenbezogenen Daten mit ihrer Einwilligung zur Verfügung gestellt hat oder die Verarbeitung zur Erfüllung eines Vertrags erforderlich ist. [4]Es sollte nicht gelten, wenn die Verarbeitung auf einer anderen Rechtsgrundlage als ihrer Einwilligung oder eines Vertrags erfolgt. [5]Dieses Recht sollte naturgemäß nicht gegen Verantwortliche ausgeübt werden, die personenbezogenen Daten in Erfüllung ihrer öffentlichen Aufgaben verarbeiten. [6] Es sollte daher nicht gelten, wenn die Verarbeitung der personenbezogenen Daten zur Erfüllung einer rechtlichen Verpflichtung, der der Verantwortliche unterliegt, oder für die Wahrnehmung einer ihm übertragenen Aufgabe, die im öffentlichen Interesse liegt oder in Ausübung einer ihm übertragenen öffentlichen Gewalt erfolgt, erforderlich ist. [7] Das Recht der betroffenen Person, sie betreffende personenbezogene Daten zu übermitteln oder zu empfangen, sollte für den Verantwortlichen nicht die Pflicht begründen, technisch kompatible Datenverarbeitungssysteme zu übernehmen oder beizubehalten. [8] Ist im Fall eines bestimmten Satzes personenbezogener Daten mehr als eine betroffene Person tangiert, so sollte das Recht auf Empfang der Daten die Grundrechte und Grundfreiheiten anderer betroffener Personen nach dieser Verordnung unberührt lassen. [9] Dieses Recht sollte zudem das Recht der betroffenen Person auf Löschung ihrer personenbezogenen Daten und die Beschränkungen dieses Rechts gemäß dieser Verordnung nicht berühren und insbesondere nicht bedeuten, dass die Daten, die sich auf die betroffene Person beziehen und von ihr zur Erfüllung eines Vertrags zur Verfügung gestellt worden sind, gelöscht werden, soweit und solange diese personenbezogenen Daten für die Erfüllung des Vertrags notwendig sind. [10] Soweit technisch machbar, sollte die betroffene Person das Recht haben, zu erwirken, dass die personenbezogenen Daten direkt von einem Verantwortlichen einem anderen Verantwortlichen übermittelt werden.

(69) [1] Dürfen die personenbezogenen Daten möglicherweise rechtmäßig verarbeitet werden, weil die Verarbeitung für die Wahrnehmung einer Aufgabe, die im öffentlichen Interesse liegt oder in Ausübung öffentlicher Gewalt – die dem Verantwortlichen übertragen wurde, – oder aufgrund des berechtigten Interesses des Verantwortlichen oder eines Dritten erforderlich ist, sollte jede betroffene Person trotzdem das Recht haben, Widerspruch gegen die Verarbeitung der sich aus ihrer besonderen Situation ergebenden personenbezogenen Daten einzulegen. [2] Der für die Verarbeitung Verantwortliche sollte darlegen müssen, dass seine zwingenden berechtigten Interessen Vorrang vor den Interessen oder Grundrechten und Grundfreiheiten der betroffenen Person haben.

(70) [1] Werden personenbezogene Daten verarbeitet, um Direktwerbung zu betreiben, so sollte die betroffene Person jederzeit unentgeltlich insoweit Widerspruch gegen eine solche – ursprüngliche oder spätere – Verarbeitung einschließlich des Profilings einlegen können, als sie mit dieser Direktwerbung zusammenhängt. [2] Die betroffene Person sollte ausdrücklich auf dieses Recht hingewiesen werden; dieser Hinweis sollte in einer verständlichen und von anderen Informationen getrennten Form erfolgen.

(71) [1] Die betroffene Person sollte das Recht haben, keiner Entscheidung – was eine Maßnahme einschließen kann – zur Bewertung von sie betreffenden persönlichen Aspekten unterworfen zu werden, die ausschließlich auf einer automatisierten Verarbeitung beruht und die rechtliche Wirkung für die betroffene Person entfaltet oder sie in ähnlicher Weise erheblich beeinträchtigt, wie die automatische Ablehnung eines Online-Kreditantrags oder Online-Einstellungsverfahren ohne jegliches menschliche Eingreifen. [2] Zu einer derartigen Verarbeitung zählt auch das „Profiling", das in jeglicher Form automatisierter Verarbeitung personenbezogener Daten unter Bewertung der persönlichen Aspekte in Bezug auf eine natürliche Person besteht, insbesondere zur Analyse oder Prognose von Aspekten bezüglich Arbeitsleistung, wirtschaftliche Lage, Gesundheit, persönliche Vorlieben oder Interessen, Zuverlässigkeit oder Verhalten, Aufenthaltsort oder Ortswechsel der betroffenen Person, soweit dies rechtliche Wirkung für die betroffene Person entfaltet oder sie in ähnlicher Weise erheblich beeinträchtigt. [3] Eine auf einer derartigen Verarbeitung, einschließlich des Profilings, beruhende Entscheidungsfindung sollte allerdings erlaubt sein, wenn dies nach dem Unionsrecht oder dem Recht der Mitgliedstaaten, dem der für die Verarbeitung Verantwortliche unterliegt, ausdrücklich zulässig ist, auch um im Einklang mit den Vorschriften, Standards und Empfehlungen der Institutionen der Union oder der nationalen Aufsichtsgremien Betrug und Steuerhinterziehung zu überwachen und zu verhindern und die Sicherheit und Zuverlässigkeit eines von dem Verantwortlichen bereitgestellten Dienstes zu gewährleisten, oder wenn dies für den Abschluss oder die Erfüllung eines Vertrags zwischen der betroffenen Person und einem Verantwortlichen erforderlich ist oder wenn die betroffene Person ihre ausdrückliche Einwilligung hierzu erteilt hat. [4] In jedem Fall sollte eine solche Verarbeitung mit angemessenen Garantien verbunden sein, einschließlich der spezifischen Unterrichtung der betroffenen Person und des Anspruchs auf direktes Eingreifen einer Person, auf Darlegung des eigenen Standpunkts, auf Erläuterung der nach einer entsprechenden Bewertung getroffenen Entscheidung sowie des Rechts auf Anfechtung der Entscheidung. [5] Diese Maßnahme sollte kein Kind betreffen.

[6] Um unter Berücksichtigung der besonderen Umstände und Rahmenbedingungen, unter denen die personenbezogenen Daten verarbeitet werden, der betroffenen Person gegenüber eine faire und transparente Verarbeitung zu gewährleisten, sollte der für die Verarbeitung Verantwortliche geeignete mathematische oder statistische Verfahren für das Profiling verwenden, technische und organisatorische Maßnahmen treffen, mit denen in geeigneter Weise insbesondere sichergestellt wird, dass Faktoren, die zu unrichtigen personenbezogenen Daten führen, korrigiert werden und das Risiko von Fehlern minimiert wird, und personenbezogene Daten in einer Weise sichern, dass den potenziellen Bedrohungen für die Interessen und Rechte der betroffenen Person Rechnung getragen wird und mit denen verhindert wird, dass es gegenüber natürlichen Personen aufgrund von Rasse, ethnischer Herkunft, politischer Meinung, Religion oder Weltanschauung, Gewerkschaftszugehörigkeit, genetischer Anlagen oder Gesundheitszustand sowie sexueller Orientierung zu diskriminierenden Wirkungen oder zu Maßnahmen kommt, die eine solche Wirkung haben. [7] Automatisierte Entscheidungsfindung und Profiling auf der Grundlage besonderer Kategorien von personenbezogenen Daten sollten nur unter bestimmten Bedingungen erlaubt sein.

(72) [1] Das Profiling unterliegt den Vorschriften dieser Verordnung für die Verarbeitung personenbezogener Daten, wie etwa die Rechtsgrundlage für die Verarbeitung oder die Datenschutzgrundsätze. [2] Der durch diese Verordnung eingerichtete Europäische Datenschutzausschuss (im Folgenden „Ausschuss") sollte, diesbezüglich Leitlinien herausgeben können.

(73) [1] Im Recht der Union oder der Mitgliedstaaten können Beschränkungen hinsichtlich bestimmter Grundsätze und hinsichtlich des Rechts auf Unterrichtung, Auskunft zu und Berichtigung oder Löschung personenbezogener Daten, des Rechts auf Datenübertragbarkeit und Widerspruch, Entscheidungen, die auf der Erstellung von Profilen beruhen, sowie Mitteilungen über eine Verletzung des Schutzes personenbezogener Daten an eine betroffene Person und bestimmten damit zusammenhängenden Pflichten der Verantwortlichen vorgesehen werden, soweit dies in einer demokratischen Gesellschaft notwendig und verhältnismäßig ist, um die öffentliche Sicherheit aufrechtzuerhalten, wozu unter anderem der Schutz von Menschenleben insbesondere bei Naturkatastrophen oder vom Menschen verursachten Katastrophen, die Verhütung, Aufdeckung und Verfolgung von Straftaten oder die Strafvollstreckung – was auch den Schutz vor und die Abwehr von Gefahren für die öffentliche Sicherheit einschließt – oder die Verhütung, Aufdeckung und Verfolgung von Verstößen gegen Berufsstandsregeln bei reglementierten Berufen, das Führen öffentlicher Register aus Gründen des allgemeinen öffentlichen Interesses sowie die Weiterverarbeitung von archivierten personenbezogenen Daten zur Bereitstellung spezifischer Informationen im Zusammenhang mit dem politischen Verhalten unter ehemaligen totalitären Regimen gehört, und zum Schutz sonstiger wichtiger Ziele des allgemeinen öffentlichen Interesses der Union oder eines Mitgliedstaats, etwa wichtige wirtschaftliche oder finanzielle Interessen, oder die betroffene Person und die Rechte und Freiheiten anderer Personen, einschließlich in den Bereichen soziale Sicherheit, öffentliche Gesundheit und humanitäre Hilfe, zu schützen. [2] Diese Beschränkungen sollten mit der Charta und mit der Europäischen Konvention zum Schutz der Menschenrechte und Grundfreiheiten im Einklang stehen.

(74) [1] Die Verantwortung und Haftung des Verantwortlichen für jedwede Verarbeitung personenbezogener Daten, die durch ihn oder in seinem Namen erfolgt, sollte geregelt werden. [2] Insbesondere sollte der Verantwortliche geeignete und wirksame Maßnahmen treffen müssen und nachweisen können, dass die Verarbeitungstätigkeiten im Einklang mit dieser Verordnung stehen und die Maßnahmen auch wirksam sind. [3] Dabei sollte er die Art, den Umfang, die Umstände und die Zwecke der Verarbeitung und das Risiko für die Rechte und Freiheiten natürlicher Personen berücksichtigen.

(75) Die Risiken für die Rechte und Freiheiten natürlicher Personen – mit unterschiedlicher Eintrittswahrscheinlichkeit und Schwere – können aus einer Verarbeitung personenbezogener Daten hervorgehen, die zu einem physischen, materiellen oder immateriellen Schaden führen könnte, insbesondere wenn die Verarbeitung zu einer Diskriminierung, einem Identitätsdiebstahl oder -betrug, einem finanziellen Verlust, einer Rufschädigung, einem Verlust der Vertraulichkeit von dem Berufsgeheimnis unterliegenden personenbezogenen Daten, der unbefugten Aufhebung der Pseudonymisierung oder anderen erheblichen wirtschaftlichen oder gesellschaftlichen Nachteilen führen kann, wenn die betroffenen Personen um ihre Rechte und Freiheiten gebracht oder daran gehindert werden, die sie betreffenden personenbezogenen Daten zu kontrollieren, wenn personenbezogene Daten, aus denen die rassische oder ethnische Herkunft, politische Meinungen, religiöse oder weltanschauliche Überzeugungen oder die Zugehörigkeit zu einer Gewerkschaft hervorgehen, und genetische Daten, Gesundheitsdaten oder das Sexualleben oder strafrechtliche Verurteilungen und Straftaten oder damit zusammenhängende Sicherungsmaßregeln betreffende Daten verarbeitet werden, wenn persönliche Aspekte bewertet werden, insbesondere wenn Aspekte, die die Arbeitsleistung, wirtschaftliche Lage, Gesundheit, persönliche Vorlieben oder Interessen, die Zuverlässigkeit oder das Verhalten, den Aufenthaltsort oder Ortswechsel betreffen, analysiert oder prognostiziert werden, um persönliche Profile zu erstellen oder zu nutzen, wenn personenbezogene Daten schutzbedürftiger natürlicher Personen, insbesondere Daten von Kindern, verarbeitet werden oder wenn die Verarbeitung eine große Menge personenbezogener Daten und eine große Anzahl von betroffenen Personen betrifft.

(76) [1] Eintrittswahrscheinlichkeit und Schwere des Risikos für die Rechte und Freiheiten der betroffenen Person sollten in Bezug auf die Art, den Umfang, die Umstände und die Zwecke der Verarbeitung bestimmt werden. [2] Das Risiko sollte anhand einer objektiven Bewertung beurteilt werden, bei der festgestellt wird, ob die Datenverarbeitung ein Risiko oder ein hohes Risiko birgt.

(77) [1] Anleitungen, wie der Verantwortliche oder Auftragsverarbeiter geeignete Maßnahmen durchzuführen hat und wie die Einhaltung der Anforderungen nachzuweisen ist, insbesondere was die Ermittlung des mit der Verarbeitung verbundenen Risikos, dessen Abschätzung in Bezug auf Ursache, Art, Eintrittswahrscheinlichkeit und Schwere und die Festlegung bewährter Verfahren für dessen Eindämmung betrifft, könnten insbesondere in Form von genehmigten Verhaltensregeln, genehmigten Zertifizierungsverfahren, Leitlinien des Ausschusses oder Hinweisen eines Datenschutzbeauftragten gegeben werden. [2] Der Ausschuss kann ferner Leitlinien für Verarbeitungsvorgänge ausgeben, bei denen davon auszugehen ist, dass sie kein hohes Risiko für die Rechte und Freiheiten natürlicher Personen mit sich bringen, und angeben, welche Abhilfemaßnahmen in diesen Fällen ausreichend sein können.

(78) [1] Zum Schutz der in Bezug auf die Verarbeitung personenbezogener Daten bestehenden Rechte und Freiheiten natürlicher Personen ist es erforderlich, dass geeignete technische und organisatorische Maßnahmen getroffen werden, damit die Anforderungen dieser Verordnung erfüllt werden. [2] Um die Einhaltung dieser Verordnung nachweisen zu können, sollte der Verantwortliche interne Strategien festlegen und Maßnahmen ergreifen, die insbesondere den Grundsätzen des Datenschutzes durch Technik (data protection by design) und durch datenschutzfreundliche Voreinstellungen (data protection by default) Genüge tun. [3] Solche Maßnahmen könnten unter anderem darin bestehen, dass die Verarbeitung personenbezogener Daten minimiert wird, personenbezogene Daten so schnell wie möglich pseudonymisiert werden, Transparenz in Bezug auf die Funktionen und die Verarbeitung personenbezogener Daten hergestellt wird, der betroffenen Person ermöglicht wird, die Verarbeitung personenbezogener Daten zu überwachen, und der Verantwortliche in die Lage versetzt wird, Sicherheitsfunktionen zu schaffen und zu verbessern. [4]In Bezug auf Entwicklung, Gestaltung, Auswahl und Nutzung von Anwendungen, Diensten und Produkten, die entweder auf der Verarbeitung von personenbezogenen Daten beruhen oder zur Erfüllung ihrer Aufgaben personenbezogene Daten verarbeiten, sollten die Hersteller der Produkte, Dienste und Anwendungen ermutigt werden, das Recht auf Datenschutz bei der Entwicklung und Gestaltung der Produkte, Dienste und Anwendungen zu berücksichtigen und unter gebührender Berücksichtigung des Stands der Technik sicherzustellen, dass die Verantwortlichen und die Verarbeiter in der Lage sind, ihren Datenschutzpflichten nachzukommen. [5]Den Grundsätzen des Datenschutzes durch Technik und durch datenschutzfreundliche Voreinstellungen sollte auch bei öffentlichen Ausschreibungen Rechnung getragen werden.

(79) Zum Schutz der Rechte und Freiheiten der betroffenen Personen sowie bezüglich der Verantwortung und Haftung der Verantwortlichen und der Auftragsverarbeiter bedarf es – auch mit Blick auf die Überwachungs- und sonstigen Maßnahmen von Aufsichtsbehörden – einer klaren Zuteilung der Verantwortlichkeiten durch diese Verordnung, einschließlich der Fälle, in denen ein Verantwortlicher die Verarbeitungszwecke und -mittel gemeinsam mit anderen Verantwortlichen festlegt oder ein Verarbeitungsvorgang im Auftrag eines Verantwortlichen durchgeführt wird.

(80) [1]Jeder Verantwortliche oder Auftragsverarbeiter ohne Niederlassung in der Union, dessen Verarbeitungstätigkeiten sich auf betroffene Personen beziehen, die sich in der Union aufhalten, und dazu dienen, diesen Personen in der Union Waren oder Dienstleistungen anzubieten – unabhängig davon, ob von der betroffenen Person eine Zahlung verlangt wird – oder deren Verhalten, soweit dieses innerhalb der Union erfolgt, zu beobachten, sollte einen Vertreter benennen müssen, es sei denn, die Verarbeitung erfolgt gelegentlich, schließt nicht die umfangreiche Verarbeitung besonderer Kategorien personenbezogener Daten oder die Verarbeitung von personenbezogenen Daten über strafrechtliche Verurteilungen und Straftaten ein und bringt unter Berücksichtigung ihrer Art, ihres Umstände, ihres Umfangs und ihrer Zwecke wahrscheinlich kein Risiko für die Rechte und Freiheiten natürlicher Personen mit sich oder bei dem Verantwortlichen handelt es sich um eine Behörde oder öffentliche Stelle. [2]Der Vertreter sollte im Namen des Verantwortlichen oder des Auftragsverarbeiters tätig werden und den Aufsichtsbehörden als Anlaufstelle dienen. [3]Der Verantwortliche oder der Auftragsverarbeiter sollte den Vertreter ausdrücklich bestellen und schriftlich beauftragen, in Bezug auf die ihm nach dieser Verordnung obliegenden Verpflichtungen an seiner Stelle zu handeln. [4]Die Benennung eines solchen Vertreters berührt nicht die Verantwortung oder Haftung des Verantwortlichen oder des Auftragsverarbeiters nach Maßgabe dieser Verordnung. [5]Ein solcher Vertreter sollte seine Aufgaben entsprechend dem Mandat des Verantwortlichen oder Auftragsverarbeiters ausführen und insbesondere mit den zuständigen Aufsichtsbehörden in Bezug auf Maßnahmen, die die Einhaltung dieser Verordnung sicherstellen sollen, zusammenarbeiten. [6]Bei Verstößen des Verantwortlichen oder Auftragsverarbeiters sollte der bestellte Vertreter Durchsetzungsverfahren unterworfen werden.

(81) [1]Damit die Anforderungen dieser Verordnung in Bezug auf die vom Auftragsverarbeiter im Namen des Verantwortlichen vorzunehmende Verarbeitung eingehalten werden, sollte ein Verantwortlicher, der einen Auftragsverarbeiter mit Verarbeitungstätigkeiten betrauen will, nur Auftragsverarbeiter heranziehen, die – insbesondere im Hinblick auf Fachwissen, Zuverlässigkeit und Ressourcen – hinreichende Garantien dafür bieten, dass technische und organisatorische Maßnahmen – auch für die Sicherheit der Verarbeitung – getroffen werden, die den Anforderungen dieser Verordnung genügen. [2]Die Einhaltung genehmigter Verhaltensregeln oder eines genehmigten Zertifizierungsverfahrens durch einen Auftragsverarbeiter kann als Faktor herangezogen werden, um die Erfüllung der Pflichten des Verantwortlichen nachzuweisen. [3]Die Durchführung einer Verarbeitung durch einen Auftragsverarbeiter sollte auf Grundlage eines Vertrags oder eines anderen Rechtsinstruments nach dem Recht der Union oder der Mitgliedstaaten erfolgen, der bzw. das den Auftragsverarbeiter an den Verantwortlichen bindet und in dem Gegenstand und Dauer der Verarbeitung, Art und Zwecke der Verarbeitung, die Art der personenbezogenen Daten und die Kategorien von betroffenen Personen festgelegt sind, wobei die besonderen Aufgaben und Pflichten des Auftragsverarbeiters bei der geplanten Verarbeitung und das Risiko für die Rechte und Freiheiten der betroffenen Person zu berücksichtigen sind. [4]Der Verantwortliche und der Auftragsverarbeiter können entscheiden, ob sie einen individuellen Vertrag oder Standardvertragsklauseln verwenden, die entweder unmittelbar von der Kommission erlassen oder aber nach dem Kohärenzverfahren von einer Aufsichtsbehörde angenommen und dann von der Kommission erlassen wurden. [5]Nach Beendigung der Verarbeitung im Namen des Verantwortlichen sollte der Auftragsverarbeiter die personenbezogenen Daten nach Wahl des Verantwortlichen entweder zurückgeben oder löschen, sofern nicht nach dem Recht der Union oder der Mitgliedstaaten, dem der Auftragsverarbeiter unterliegt, eine Verpflichtung zur Speicherung der personenbezogenen Daten besteht.

(82) [1]Zum Nachweis der Einhaltung dieser Verordnung sollte der Verantwortliche oder der Auftragsverarbeiter ein Verzeichnis der Verarbeitungstätigkeiten, die seiner Zuständigkeit unterliegen, führen. [2]Jeder Verantwortliche und jeder Auftragsverarbeiter sollte verpflichtet sein, mit der Aufsichtsbehörde zusammenzuarbeiten und dieser auf Anfrage das entsprechende Verzeichnis vorzulegen, damit die betreffenden Verarbeitungsvorgänge anhand dieser Verzeichnisse kontrolliert werden können.

(83) [1]Zur Aufrechterhaltung der Sicherheit und zur Vorbeugung gegen eine gegen diese Verordnung verstoßende Verarbeitung sollte der Verantwortliche oder der Auftragsverarbeiter die mit der Verarbeitung verbundenen Risiken ermitteln und Maßnahmen zu ihrer Eindämmung, wie etwa eine Verschlüsselung, treffen. [2]Diese Maßnahmen sollten unter Berücksichtigung des Stands der Technik und der Implementierungskosten ein Schutzniveau – auch hinsichtlich der Vertraulichkeit – gewährleisten, das den von der Verarbeitung ausgehenden Risiken und der Art der zu schützenden personenbezogenen Daten angemessen ist. [3] Bei der Bewertung der Datensicherheitsrisiken sollten die mit der Verarbeitung personenbezogener Daten verbundenen Risiken berücksichtigt werden, wie etwa – ob unbeabsichtigt oder unrechtmäßig – Vernichtung, Verlust, Veränderung oder unbefugte Offenlegung von oder unbefugter Zugang zu personenbezogenen Daten, die übermittelt, gespeichert oder auf sonstige Weise verarbeitet wurden, insbesondere wenn dies zu einem physischen, materiellen oder immateriellen Schaden führen könnte.

(84) [1] Damit diese Verordnung in Fällen, in denen die Verarbeitungsvorgänge wahrscheinlich ein hohes Risiko für die Rechte und Freiheiten natürlicher Personen mit sich bringen, besser eingehalten wird, sollte der Verantwortliche für die Durchführung einer Datenschutz-Folgenabschätzung, mit der insbesondere die Ursache, Art, Besonderheit und Schwere dieses Risikos evaluiert werden, verantwortlich sein. [2] Die Ergebnisse der Abschätzung sollten berücksichtigt werden, wenn darüber entschieden wird, welche geeigneten Maßnahmen ergriffen werden müssen, um nachzuweisen, dass die Verarbeitung der personenbezogenen Daten mit dieser Verordnung in Einklang steht. [3] Geht aus einer Datenschutz-Folgenabschätzung hervor, dass Verarbeitungsvorgänge ein hohes Risiko bergen, das der Verantwortliche nicht durch geeignete Maßnahmen in Bezug auf verfügbare Technik und Implementierungskosten eindämmen kann, so sollte die Aufsichtsbehörde vor der Verarbeitung konsultiert werden.

(85) [1] Eine Verletzung des Schutzes personenbezogener Daten kann – wenn nicht rechtzeitig und angemessen reagiert wird – einen physischen, materiellen oder immateriellen Schaden für natürliche Personen nach sich ziehen, wie etwa Verlust der Kontrolle über ihre personenbezogenen Daten oder Einschränkung ihrer Rechte, Diskriminierung, Identitätsdiebstahl oder -betrug, finanzielle Verluste, unbefugte Aufhebung der Pseudonymisierung, Rufschädigung, Verlust der Vertraulichkeit von dem Berufsgeheimnis unterliegenden Daten oder andere erhebliche wirtschaftliche oder gesellschaftliche Nachteile für die betroffene natürliche Person. [2] Deshalb sollte der Verantwortliche, sobald ihm eine Verletzung des Schutzes personenbezogener Daten bekannt wird, die Aufsichtsbehörde von der Verletzung des Schutzes personenbezogener Daten unverzüglich und, falls möglich, binnen höchstens 72 Stunden, nachdem ihm die Verletzung bekannt wurde, unterrichten, es sei denn, der Verantwortliche kann im Einklang mit dem Grundsatz der Rechenschaftspflicht nachweisen, dass die Verletzung des Schutzes personenbezogener Daten voraussichtlich nicht zu einem Risiko für die persönlichen Rechte und Freiheiten natürlicher Personen führt. [3] Falls diese Benachrichtigung nicht binnen 72 Stunden erfolgen kann, sollten in ihr die Gründe für die Verzögerung angegeben werden müssen, und die Informationen können schrittweise ohne unangemessene weitere Verzögerung bereitgestellt werden.

(86) [1] Der für die Verarbeitung Verantwortliche sollte die betroffene Person unverzüglich von der Verletzung des Schutzes personenbezogener Daten benachrichtigen, wenn diese Verletzung des Schutzes personenbezogener Daten voraussichtlich zu einem hohen Risiko für die persönlichen Rechte und Freiheiten natürlicher Personen führt, damit diese die erforderlichen

Vorkehrungen treffen können. [2] Die Benachrichtigung sollte eine Beschreibung der Art der Verletzung des Schutzes personenbezogener Daten sowie an die betroffene natürliche Person gerichtete Empfehlungen zur Minderung etwaiger nachteiliger Auswirkungen dieser Verletzung enthalten. [3] Solche Benachrichtigungen der betroffenen Person sollten stets so rasch wie nach allgemeinem Ermessen möglich, in enger Absprache mit der Aufsichtsbehörde und nach Maßgabe der von dieser oder von anderen zuständigen Behörden wie beispielsweise Strafverfolgungsbehörden erteilten Weisungen erfolgen. [4] Um beispielsweise das Risiko eines unmittelbaren Schadens mindern zu können, müssten betroffene Personen sofort benachrichtigt werden, wohingegen eine längere Benachrichtigungsfrist gerechtfertigt sein kann, wenn es darum geht, geeignete Maßnahmen gegen fortlaufende oder vergleichbare Verletzungen des Schutzes personenbezogener Daten zu treffen.

(87) [1] Es sollte festgestellt werden, ob alle geeigneten technischen Schutzsowie organisatorischen Maßnahmen getroffen wurden, um sofort feststellen zu können, ob eine Verletzung des Schutzes personenbezogener Daten aufgetreten ist, und um die Aufsichtsbehörde und die betroffene Person umgehend unterrichten zu können. [2] Bei der Feststellung, ob die Meldung unverzüglich erfolgt ist, sollten die Art und Schwere der Verletzung des Schutzes personenbezogener Daten sowie deren Folgen und nachteilige Auswirkungen für die betroffene Person berücksichtigt werden. [3] Die entsprechende Meldung kann zu einem Tätigwerden der Aufsichtsbehörde im Einklang mit ihren in dieser Verordnung festgelegten Aufgaben und Befugnissen führen.

(88) [1] Bei der detaillierten Regelung des Formats und der Verfahren für die Meldung von Verletzungen des Schutzes personenbezogener Daten sollten die Umstände der Verletzung hinreichend berücksichtigt werden, beispielsweise ob personenbezogene Daten durch geeignete technische Sicherheitsvorkehrungen geschützt waren, die die Wahrscheinlichkeit eines Identitätsbetrugs oder anderer Formen des Datenmissbrauchs wirksam verringern. [2] Überdies sollten solche Regeln und Verfahren den berechtigten Interessen der Strafverfolgungsbehörden in Fällen Rechnung tragen, in denen die Untersuchung der Umstände einer Verletzung des Schutzes personenbezogener Daten durch eine frühzeitige Offenlegung in unnötiger Weise behindert würde.

(89) [1] Gemäß der Richtlinie 95/46/EG waren Verarbeitungen personenbezogener Daten bei den Aufsichtsbehörden generell meldepflichtig. [2] Diese Meldepflicht ist mit einem bürokratischen und finanziellen Aufwand verbunden und hat dennoch nicht in allen Fällen zu einem besseren Schutz personenbezogener Daten geführt. [3] Diese unterschiedslosen allgemeinen Meldepflichten sollten daher abgeschafft und durch wirksame Verfahren und Mechanismen ersetzt werden, die sich stattdessen vorrangig mit denjenigen Arten von Verarbeitungsvorgängen befassen, die aufgrund ihrer Art, ihres Umfangs, ihrer Umstände und ihrer Zwecke wahrscheinlich ein hohes Risiko für die Rechte und Freiheiten natürlicher Personen mit sich bringen. [4] Zu solchen Arten von Verarbeitungsvorgängen gehören insbesondere solche, bei denen neue Technologien eingesetzt werden oder die neuartig sind und bei denen der Verantwortliche noch keine Datenschutz-Folgenabschätzung durchgeführt hat bzw. bei denen aufgrund der seit der ursprünglichen Verarbeitung vergangenen Zeit eine Datenschutz-Folgenabschätzung notwendig geworden ist.

(90) [1] In derartigen Fällen sollte der Verantwortliche vor der Verarbeitung eine Datenschutz-Folgenabschätzung durchführen, mit der die spezifische Eintrittswahrscheinlichkeit und die Schwere dieses hohen Risikos unter Berücksichtigung der Art, des Umfangs, der Umstände und der Zwecke der Verarbeitung und der Ursachen des Risikos bewertet werden. [2] Diese Folgenabschätzung sollte sich insbesondere mit den Maßnahmen, Garantien und Verfahren befassen, durch die dieses Risiko eingedämmt, der Schutz personenbezogener Daten sichergestellt und die Einhaltung der Bestimmungen dieser Verordnung nachgewiesen werden soll.

(91) [1] Dies sollte insbesondere für umfangreiche Verarbeitungsvorgänge gelten, die dazu dienen, große Mengen personenbezogener Daten auf regionaler, nationaler oder supranationaler Ebene zu verarbeiten, eine große Zahl von Personen betreffen könnten und − beispielsweise aufgrund ihrer Sensibilität − wahrscheinlich ein hohes Risiko mit sich bringen und bei denen entsprechend dem jeweils aktuellen Stand der Technik in großem Umfang eine neue Technologie eingesetzt wird, sowie für andere Verarbeitungsvorgänge, die ein hohes Risiko für die Rechte und Freiheiten der betroffenen Personen mit sich bringen, insbesondere dann, wenn diese Verarbeitungsvorgänge den betroffenen Personen die Ausübung ihrer Rechte erschweren. [2] Eine Datenschutz-Folgenabschätzung sollte auch durchgeführt werden, wenn die personenbezogenen Daten für das Treffen von Entscheidungen in Bezug auf bestimmte natürliche Personen im Anschluss an eine systematische und eingehende Bewertung persönlicher Aspekte natürlicher Personen auf der Grundlage eines Profilings dieser Daten oder im Anschluss an die Verarbeitung besonderer Kategorien von personenbezogenen Daten, biometrischen Daten oder von Daten über strafrechtliche Verurteilungen und Straftaten sowie damit zusammenhängende Sicherungsmaßregeln verarbeitet werden. [3] Gleichermaßen erforderlich ist eine Datenschutz-Folgenabschätzung für die weiträumige Überwachung öffentlich zugänglicher Bereiche, insbesondere mittels optoelektronischer Vorrichtungen, oder für alle anderen Vorgänge, bei denen nach Auffassung der zuständigen Aufsichtsbehörde die Verarbeitung wahrscheinlich ein hohes Risiko für die Rechte und Freiheiten der betroffenen Personen mit sich bringt, insbesondere weil sie die betroffenen Personen an der Ausübung eines Rechts oder der Nutzung einer Dienstleistung bzw. Durchführung eines Vertrags hindern oder weil sie systematisch in großem Umfang erfolgen. [4] Die Verarbeitung personenbezogener Daten sollte nicht als umfangreich gelten, wenn die Verarbeitung personenbezogene Daten von Patienten oder von Mandanten betrifft und durch einen einzelnen Arzt, sonstigen Angehörigen eines Gesundheitsberufes oder Rechtsanwalt erfolgt. [5] In diesen Fällen sollte eine Datenschutz-Folgenabschätzung nicht zwingend vorgeschrieben sein.

(92) Unter bestimmten Umständen kann es vernünftig und unter ökonomischen Gesichtspunkten zweckmäßig sein, eine Datenschutz-Folgenabschätzung nicht lediglich auf ein bestimmtes Projekt zu beziehen, sondern sie thematisch breiter anzulegen – beispielsweise wenn Behörden oder öffentliche Stellen eine gemeinsame Anwendung oder Verarbeitungsplattform schaffen möchten oder wenn mehrere Verantwortliche eine gemeinsame Anwendung oder Verarbeitungsumgebung für einen gesamten Wirtschaftssektor, für ein bestimmtes Marktsegment oder für eine weit verbreitete horizontale Tätigkeit einführen möchten.

(93) Anlässlich des Erlasses des Gesetzes des Mitgliedstaats, auf dessen Grundlage die Behörde oder öffentliche Stelle ihre Aufgaben wahrnimmt und das den fraglichen Verarbeitungsvorgang oder die fraglichen Arten von Verarbeitungsvorgängen regelt, können die Mitgliedstaaten es für erforderlich erachten, solche Folgeabschätzungen vor den Verarbeitungsvorgängen durchzuführen.

(94) [1] Geht aus einer Datenschutz-Folgenabschätzung hervor, dass die Verarbeitung bei Fehlen von Garantien, Sicherheitsvorkehrungen und Mechanismen zur Minderung des Risikos ein hohes Risiko für die Rechte und Freiheiten natürlicher Personen mit sich bringen würde, und ist der Verantwortliche der Auffassung, dass das Risiko nicht durch in Bezug auf verfügbare Technologien und Implementierungskosten vertretbare Mittel eingedämmt werden kann, so sollte die Aufsichtsbehörde vor Beginn der Verarbeitungstätigkeiten konsultiert werden. [2] Ein solches hohes Risiko ist wahrscheinlich mit bestimmten Arten der Verarbeitung und dem Umfang und der Häufigkeit der Verarbeitung verbunden, die für natürliche Personen auch eine Schädigung oder eine Beeinträchtigung der persönlichen Rechte und Freiheiten mit sich bringen können. [3] Die Aufsichtsbehörde sollte das Beratungsersuchen innerhalb einer bestimmten Frist beantworten. [4] Allerdings kann sie, auch wenn sie nicht innerhalb dieser Frist reagiert hat, entsprechend ihren in dieser Verordnung festgelegten Aufgaben und Befugnissen eingreifen, was die Befugnis einschließt, Verarbeitungsvorgänge zu untersagen. [5] Im Rahmen dieses Konsultationsprozesses kann das Ergebnis einer im Hinblick auf die betreffende Verarbeitung personenbezogener Daten durchgeführten Datenschutz-Folgenabschätzung der Aufsichtsbehörde unterbreitet werden; dies gilt insbesondere für die zur Eindämmung des Risikos für die Rechte und Freiheiten natürlicher Personen geplanten Maßnahmen.

(95) Der Auftragsverarbeiter sollte erforderlichenfalls den Verantwortlichen auf Anfrage bei der Gewährleistung der Einhaltung der sich aus der Durchführung der Datenschutz-Folgenabschätzung und der vorherigen Konsultation der Aufsichtsbehörde ergebenden Auflagen unterstützen.

(96) Eine Konsultation der Aufsichtsbehörde sollte auch während der Ausarbeitung von Gesetzes- oder Regelungsvorschriften, in denen eine Verarbeitung personenbezogener Daten vorgesehen ist, erfolgen, um die Vereinbarkeit der geplanten Verarbeitung mit dieser Verordnung sicherzustellen und insbesondere das mit ihr für die betroffene Person verbundene Risiko einzudämmen.

(97) [1] In Fällen, in denen die Verarbeitung durch eine Behörde – mit Ausnahmen von Gerichten oder unabhängigen Justizbehörden, die im Rahmen ihrer justiziellen Tätigkeit handeln –, im privaten Sektor durch einen Verantwortlichen erfolgt, dessen Kerntätigkeit in Verarbeitungsvorgängen

besteht, die eine regelmäßige und systematische Überwachung der betroffenen Personen in großem Umfang erfordern, oder wenn die Kerntätigkeit des Verantwortlichen oder des Auftragsverarbeiters in der umfangreichen Verarbeitung besonderer Kategorien von personenbezogenen Daten oder von Daten über strafrechtliche Verurteilungen und Straftaten besteht, sollte der Verantwortliche oder der Auftragsverarbeiter bei der Überwachung der internen Einhaltung der Bestimmungen dieser Verordnung von einer weiteren Person, die über Fachwissen auf dem Gebiet des Datenschutzrechts und der Datenschutzverfahren verfügt, unterstützt werden. [2] Im privaten Sektor bezieht sich die Kerntätigkeit eines Verantwortlichen auf seine Haupttätigkeiten und nicht auf die Verarbeitung personenbezogener Daten als Nebentätigkeit. [3] Das erforderliche Niveau des Fachwissens sollte sich insbesondere nach den durchgeführten Datenverarbeitungsvorgängen und dem erforderlichen Schutz für die von dem Verantwortlichen oder dem Auftragsverarbeiter verarbeiteten personenbezogenen Daten richten. [4] Derartige Datenschutzbeauftragte sollten unabhängig davon, ob es sich bei ihnen um Beschäftigte des Verantwortlichen handelt oder nicht, ihre Pflichten und Aufgaben in vollständiger Unabhängigkeit ausüben können.

(98) [1] Verbände oder andere Vereinigungen, die bestimmte Kategorien von Verantwortlichen oder Auftragsverarbeitern vertreten, sollten ermutigt werden, in den Grenzen dieser Verordnung Verhaltensregeln auszuarbeiten, um eine wirksame Anwendung dieser Verordnung zu erleichtern, wobei den Besonderheiten der in bestimmten Sektoren erfolgenden Verarbeitungen und den besonderen Bedürfnissen der Kleinstunternehmen sowie der kleinen und mittleren Unternehmen Rechnung zu tragen ist. [2] Insbesondere könnten in diesen Verhaltensregeln – unter Berücksichtigung des mit der Verarbeitung wahrscheinlich einhergehenden Risikos für die Rechte und Freiheiten natürlicher Personen – die Pflichten der Verantwortlichen und der Auftragsverarbeiter bestimmt werden.

(99) Bei der Ausarbeitung oder bei der Änderung oder Erweiterung solcher Verhaltensregeln sollten Verbände und oder andere Vereinigungen, die bestimmte Kategorien von Verantwortlichen oder Auftragsverarbeitern vertreten, die maßgeblichen Interessenträger, möglichst auch die betroffenen Personen, konsultieren und die Eingaben und Stellungnahmen, die sie dabei erhalten, berücksichtigen.

(100) Um die Transparenz zu erhöhen und die Einhaltung dieser Verordnung zu verbessern, sollte angeregt werden, dass Zertifizierungsverfahren sowie Datenschutzsiegel und -prüfzeichen eingeführt werden, die den betroffenen Personen einen raschen Überblick über das Datenschutzniveau einschlägiger Produkte und Dienstleistungen ermöglichen.

(101) [1] Der Fluss personenbezogener Daten aus Drittländern und internationalen Organisationen und in Drittländer und internationale Organisationen ist für die Ausweitung des internationalen Handels und der internationalen Zusammenarbeit notwendig. [2] Durch die Zunahme dieser Datenströme sind neue Herausforderungen und Anforderungen in Bezug auf den Schutz personenbezogener Daten entstanden. [3] Das durch diese Verordnung unionsweit gewährleistete Schutzniveau für natürliche Personen sollte jedoch bei der

Übermittlung personenbezogener Daten aus der Union an Verantwortliche, Auftragsverarbeiter oder andere Empfänger in Drittländern oder an internationale Organisationen nicht untergraben werden, und zwar auch dann nicht, wenn aus einem Drittland oder von einer internationalen Organisation personenbezogene Daten an Verantwortliche oder Auftragsverarbeiter in demselben oder einem anderen Drittland oder an dieselbe oder eine andere internationale Organisation weiterübermittelt werden. [4]In jedem Fall sind derartige Datenübermittlungen an Drittländer und internationale Organisationen nur unter strikter Einhaltung dieser Verordnung zulässig. [5]Eine Datenübermittlung könnte nur stattfinden, wenn die in dieser Verordnung festgelegten Bedingungen zur Übermittlung personenbezogener Daten an Drittländer oder internationale Organisationen vorbehaltlich der übrigen Bestimmungen dieser Verordnung von dem Verantwortlichen oder dem Auftragsverarbeiter erfüllt werden.

(102) [1]Internationale Abkommen zwischen der Union und Drittländern über die Übermittlung von personenbezogenen Daten einschließlich geeigneter Garantien für die betroffenen Personen werden von dieser Verordnung nicht berührt. [2]Die Mitgliedstaaten können völkerrechtliche Übereinkünfte schließen, die die Übermittlung personenbezogener Daten an Drittländer oder internationale Organisationen beinhalten, sofern sich diese Übereinkünfte weder auf diese Verordnung noch auf andere Bestimmungen des Unionsrechts auswirken und ein angemessenes Schutzniveau für die Grundrechte der betroffenen Personen umfassen.

(103) [1]Die Kommission darf mit Wirkung für die gesamte Union beschließen, dass ein bestimmtes Drittland, ein Gebiet oder ein bestimmter Sektor eines Drittlands oder eine internationale Organisation ein angemessenes Datenschutzniveau bietet, und auf diese Weise in Bezug auf das Drittland oder die internationale Organisation, das bzw. die für fähig gehalten wird, ein solches Schutzniveau zu bieten, in der gesamten Union Rechtssicherheit schaffen und eine einheitliche Rechtsanwendung sicherstellen. [2]In derartigen Fällen dürfen personenbezogene Daten ohne weitere Genehmigung an dieses Land oder diese internationale Organisation übermittelt werden. [3]Die Kommission kann, nach Abgabe einer ausführlichen Erklärung, in der dem Drittland oder der internationalen Organisation eine Begründung gegeben wird, auch entscheiden, eine solche Feststellung zu widerrufen.

(104) [1]In Übereinstimmung mit den Grundwerten der Union, zu denen insbesondere der Schutz der Menschenrechte zählt, sollte die Kommission bei der Bewertung des Drittlands oder eines Gebiets oder eines bestimmten Sektors eines Drittlands berücksichtigen, inwieweit dort die Rechtsstaatlichkeit gewahrt ist, der Rechtsweg gewährleistet ist und die internationalen Menschenrechtsnormen und -standards eingehalten werden und welche allgemeinen und sektorspezifischen Vorschriften, wozu auch die Vorschriften über die öffentliche Sicherheit, die Landesverteidigung und die nationale Sicherheit sowie die öffentliche Ordnung und das Strafrecht zählen, dort gelten. [2]Die Annahme eines Angemessenheitsbeschlusses in Bezug auf ein Gebiet oder einen bestimmten Sektor eines Drittlands sollte unter Berücksichtigung eindeutiger und objektiver Kriterien wie bestimmter Verarbeitungsvorgänge und des Anwendungsbereichs anwendbarer Rechtsnormen und geltender Rechtsvorschriften in dem Drittland erfolgen. [3]Das Drittland sollte Garantien für ein angemessenes Schutzniveau bieten, das dem innerhalb der Union gewährleisteten Schutzniveau der Sache nach gleichwertig ist, insbesondere in Fällen, in denen personenbezogene Daten in einem oder mehreren spezifischen Sektoren verarbeitet werden. [4]Das Drittland sollte insbesondere eine wirksame unabhängige Überwachung des Datenschutzes gewährleisten und Mechanismen für eine Zusammenarbeit mit den Datenschutzbehörden der Mitgliedstaaten vorsehen, und den betroffenen Personen sollten wirksame und durchsetzbare Rechte sowie wirksame verwaltungsrechtliche und gerichtliche Rechtsbehelfe eingeräumt werden.

(105) [1]Die Kommission sollte neben den internationalen Verpflichtungen, die das Drittland oder die internationale Organisation eingegangen ist, die Verpflichtungen, die sich aus der Teilnahme des Drittlands oder der internationalen Organisation an multilateralen oder regionalen Systemen insbesondere im Hinblick auf den Schutz personenbezogener Daten ergeben, sowie die Umsetzung dieser Verpflichtungen berücksichtigen. [2]Insbesondere sollte der Beitritt des Drittlands zum Übereinkommen des Europarates vom 28. Januar 1981 zum Schutz des Menschen bei der automatischen Verarbeitung personenbezogener Daten und dem dazugehörigen Zusatzprotokoll berücksichtigt werden. [3]Die Kommission sollte den Ausschuss konsultieren, wenn sie das Schutzniveau in Drittländern oder internationalen Organisationen bewertet.

(106) [1]Die Kommission sollte die Wirkungsweise von Feststellungen zum Schutzniveau in einem Drittland, einem Gebiet oder einem bestimmten Sektor eines Drittlands oder einer internationalen Organisation überwachen; sie sollte auch die Wirkungsweise der Feststellungen, die auf der Grundlage des Artikels 25 Absatz 6 oder des Artikels 26 Absatz 4 der Richtlinie 95/46/ EG erlassen werden, überwachen. [2]In ihren Angemessenheitsbeschlüssen sollte die Kommission einen Mechanismus für die regelmäßige Überprüfung von deren Wirkungsweise vorsehen. [3]Diese regelmäßige Überprüfung sollte in Konsultation mit dem betreffenden Drittland oder der betreffenden internationalen Organisation erfolgen und allen maßgeblichen Entwicklungen in dem Drittland oder der internationalen Organisation Rechnung tragen. [4]Für die Zwecke der Überwachung und der Durchführung der regelmäßigen Überprüfungen sollte die Kommission die Standpunkte und Feststellungen des Europäischen Parlaments und des Rates sowie der anderen einschlägigen Stellen und Quellen berücksichtigen. [5]Die Kommission sollte innerhalb einer angemessenen Frist die Wirkungsweise der letztgenannten Beschlüsse bewerten und dem durch diese Verordnung eingesetzten Ausschuss im Sinne der Verordnung (EU) Nr. 182/2011 des Europäischen Parlaments und des Rates[9] sowie dem Europäischen Parlament und dem Rat über alle maßgeblichen Feststellungen Bericht erstatten.

---

[9] **Amtl. Anm.:** Verordnung (EU) Nr. 182/2011 des Europäischen Parlaments und des Rates vom 16. Februar 2011 zur Festlegung der allgemeinen Regeln und Grundsätze, nach denen die Mitgliedstaaten die Wahrnehmung der Durchführungsbefugnisse durch die Kommission kontrollieren (ABl. L 55 vom 28.2.2011, S. 13).

(107) [1]Die Kommission kann feststellen, dass ein Drittland, ein Gebiet oder ein bestimmter Sektor eines Drittlands oder eine internationale Organisation kein angemessenes Datenschutzniveau mehr bietet. [2]Die Übermittlung personenbezogener Daten an dieses Drittland oder an diese internationale Organisation sollte daraufhin verboten werden, es sei denn, die Anforderungen dieser Verordnung in Bezug auf die Datenübermittlung vorbehaltlich geeigneter Garantien, einschließlich verbindlicher interner Datenschutzvorschriften und auf Ausnahmen für bestimmte Fälle werden erfüllt. [3]In diesem Falle sollten Konsultationen zwischen der Kommission und den betreffenden Drittländern oder internationalen Organisationen vorgesehen werden. [4]Die Kommission sollte dem Drittland oder der internationalen Organisation frühzeitig die Gründe mitteilen und Konsultationen aufnehmen, um Abhilfe für die Situation zu schaffen.

(108) [1]Bei Fehlen eines Angemessenheitsbeschlusses sollte der Verantwortliche oder der Auftragsverarbeiter als Ausgleich für den in einem Drittland bestehenden Mangel an Datenschutz geeignete Garantien für den Schutz der betroffenen Person vorsehen. [2]Diese geeigneten Garantien können darin bestehen, dass auf verbindliche interne Datenschutzvorschriften, von der Kommission oder von einer Aufsichtsbehörde angenommene Standarddatenschutzklauseln oder von einer Aufsichtsbehörde genehmigte Vertragsklauseln zurückgegriffen wird. [3]Diese Garantien sollten sicherstellen, dass die Datenschutzvorschriften und die Rechte der betroffenen Personen auf eine der Verarbeitung innerhalb der Union angemessene Art und Weise beachtet werden; dies gilt auch hinsichtlich der Verfügbarkeit von durchsetzbaren Rechten der betroffenen Person und von wirksamen Rechtsbehelfen einschließlich des Rechts auf wirksame verwaltungsrechtliche oder gerichtliche Rechtsbehelfe sowie des Rechts auf Geltendmachung von Schadenersatzansprüchen in der Union oder in einem Drittland. [4]Sie sollten sich insbesondere auf die Einhaltung der allgemeinen Grundsätze für die Verarbeitung personenbezogener Daten, die Grundsätze des Datenschutzes durch Technik und durch datenschutzfreundliche Voreinstellungen beziehen. [5]Datenübermittlungen dürfen auch von Behörden oder öffentlichen Stellen an Behörden oder öffentliche Stellen in Drittländern oder an eine internationale Organisation mit entsprechenden Pflichten oder Aufgaben vorgenommen werden, auch auf der Grundlage von Bestimmungen, die in Verwaltungsvereinbarungen – wie beispielsweise einer gemeinsamen Absichtserklärung –, mit denen den betroffenen Personen durchsetzbare und wirksame Rechte eingeräumt werden, aufzunehmen sind. [6]Die Genehmigung der zuständigen Aufsichtsbehörde sollte erlangt werden, wenn die Garantien in nicht rechtsverbindlichen Verwaltungsvereinbarungen vorgesehen sind.

(109) [1]Die dem Verantwortlichen oder dem Auftragsverarbeiter offenstehende Möglichkeit, auf die von der Kommission oder einer Aufsichtsbehörde festgelegten Standard-Datenschutzklauseln zurückzugreifen, sollte den Verantwortlichen oder den Auftragsverarbeiter weder daran hindern, die Standard-Datenschutzklauseln auch in umfangreicheren Verträgen, wie zum Beispiel Verträgen zwischen dem Auftragsverarbeiter und einem anderen Auftragsverarbeiter, zu verwenden, noch ihn daran hindern, ihnen weitere

Klauseln oder zusätzliche Garantien hinzuzufügen, solange diese weder mittelbar noch unmittelbar im Widerspruch zu den von der Kommission oder einer Aufsichtsbehörde erlassenen Standard-Datenschutzklauseln stehen oder die Grundrechte und Grundfreiheiten der betroffenen Personen beschneiden. [2] Die Verantwortlichen und die Auftragsverarbeiter sollten ermutigt werden, mit vertraglichen Verpflichtungen, die die Standard-Schutzklauseln ergänzen, zusätzliche Garantien zu bieten.

(110) Jede Unternehmensgruppe oder jede Gruppe von Unternehmen, die eine gemeinsame Wirtschaftstätigkeit ausüben, sollte für ihre internationalen Datenübermittlungen aus der Union an Organisationen derselben Unternehmensgruppe oder derselben Gruppe von Unternehmen, die eine gemeinsame Wirtschaftstätigkeit ausüben, genehmigte verbindliche interne Datenschutzvorschriften anwenden dürfen, sofern diese sämtliche Grundprinzipien und durchsetzbaren Rechte enthalten, die geeignete Garantien für die Übermittlungen beziehungsweise Kategorien von Übermittlungen personenbezogener Daten bieten.

(111) [1] Datenübermittlungen sollten unter bestimmten Voraussetzungen zulässig sein, nämlich wenn die betroffene Person ihre ausdrückliche Einwilligung erteilt hat, wenn die Übermittlung gelegentlich erfolgt und im Rahmen eines Vertrags oder zur Geltendmachung von Rechtsansprüchen, sei es vor Gericht oder auf dem Verwaltungswege oder in außergerichtlichen Verfahren, wozu auch Verfahren vor Regulierungsbehörden zählen, erforderlich ist. [2] Die Übermittlung sollte zudem möglich sein, wenn sie zur Wahrung eines im Unionsrecht oder im Recht eines Mitgliedstaats festgelegten wichtigen öffentlichen Interesses erforderlich ist oder wenn sie aus einem durch Rechtsvorschriften vorgesehenen Register erfolgt, das von der Öffentlichkeit oder Personen mit berechtigtem Interesse eingesehen werden kann. [3] In letzterem Fall sollte sich eine solche Übermittlung nicht auf die Gesamtheit oder ganze Kategorien der im Register enthaltenen personenbezogenen Daten erstrecken dürfen. [4] Ist das betreffende Register zur Einsichtnahme durch Personen mit berechtigtem Interesse bestimmt, sollte die Übermittlung nur auf Anfrage dieser Personen oder nur dann erfolgen, wenn diese Personen die Adressaten der Übermittlung sind, wobei den Interessen und Grundrechten der betroffenen Person in vollem Umfang Rechnung zu tragen ist.

(112) [1] Diese Ausnahmen sollten insbesondere für Datenübermittlungen gelten, die aus wichtigen Gründen des öffentlichen Interesses erforderlich sind, beispielsweise für den internationalen Datenaustausch zwischen Wettbewerbs-, Steuer- oder Zollbehörden, zwischen Finanzaufsichtsbehörden oder zwischen für Angelegenheiten der sozialen Sicherheit oder für die öffentliche Gesundheit zuständigen Diensten, beispielsweise im Falle der Umgebungsuntersuchung bei ansteckenden Krankheiten oder zur Verringerung und/oder Beseitigung des Dopings im Sport. [2] Die Übermittlung personenbezogener Daten sollte ebenfalls als rechtmäßig angesehen werden, wenn sie erforderlich ist, um ein Interesse, das für die lebenswichtigen Interessen – einschließlich der körperlichen Unversehrtheit oder des Lebens – der betroffenen Person oder einer anderen Person wesentlich ist, zu schützen und die betroffene Person außerstande ist, ihre Einwilligung zu geben. [3] Liegt kein

Angemessenheitsbeschluss vor, so können im Unionsrecht oder im Recht der Mitgliedstaaten aus wichtigen Gründen des öffentlichen Interesses ausdrücklich Beschränkungen der Übermittlung bestimmter Kategorien von Daten an Drittländer oder internationale Organisationen vorgesehen werden. [4]Die Mitgliedstaaten sollten solche Bestimmungen der Kommission mitteilen. [5]Jede Übermittlung personenbezogener Daten einer betroffenen Person, die aus physischen oder rechtlichen Gründen außerstande ist, ihre Einwilligung zu erteilen, an eine internationale humanitäre Organisation, die erfolgt, um eine nach den Genfer Konventionen obliegende Aufgabe auszuführen oder um dem in bewaffneten Konflikten anwendbaren humanitären Völkerrecht nachzukommen, könnte als aus einem wichtigen Grund im öffentlichen Interesse notwendig oder als im lebenswichtigen Interesse der betroffenen Person liegend erachtet werden.

(113) [1]Übermittlungen, die als nicht wiederholt erfolgend gelten können und nur eine begrenzte Zahl von betroffenen Personen betreffen, könnten auch zur Wahrung der zwingenden berechtigten Interessen des Verantwortlichen möglich sein, sofern die Interessen oder Rechte und Freiheiten der betroffenen Person nicht überwiegen und der Verantwortliche sämtliche Umstände der Datenübermittlung geprüft hat. [2]Der Verantwortliche sollte insbesondere die Art der personenbezogenen Daten, den Zweck und die Dauer der vorgesehenen Verarbeitung, die Situation im Herkunftsland, in dem betreffenden Drittland und im Endbestimmungsland berücksichtigen und angemessene Garantien zum Schutz der Grundrechte und Grundfreiheiten natürlicher Personen in Bezug auf die Verarbeitung ihrer personenbezogener Daten vorsehen. [3]Diese Übermittlungen sollten nur in den verbleibenden Fällen möglich sein, in denen keiner der anderen Gründe für die Übermittlung anwendbar ist. [4]Bei wissenschaftlichen oder historischen Forschungszwecken oder bei statistischen Zwecken sollten die legitimen gesellschaftlichen Erwartungen in Bezug auf einen Wissenszuwachs berücksichtigt werden. [5]Der Verantwortliche sollte die Aufsichtsbehörde und die betroffene Person von der Übermittlung in Kenntnis setzen.

(114) In allen Fällen, in denen kein Kommissionsbeschluss zur Angemessenheit des in einem Drittland bestehenden Datenschutzniveaus vorliegt, sollte der Verantwortliche oder der Auftragsverarbeiter auf Lösungen zurückgreifen, mit denen den betroffenen Personen durchsetzbare und wirksame Rechte in Bezug auf die Verarbeitung ihrer personenbezogenen Daten in der Union nach der Übermittlung dieser Daten eingeräumt werden, damit sie weiterhin die Grundrechte und Garantien genießen können.

(115) [1]Manche Drittländer erlassen Gesetze, Vorschriften und sonstige Rechtsakte, die vorgeben, die Verarbeitungstätigkeiten natürlicher und juristischer Personen, die der Rechtsprechung der Mitgliedstaaten unterliegen, unmittelbar zu regeln. [2]Dies kann Urteile von Gerichten und Entscheidungen von Verwaltungsbehörden in Drittländern umfassen, mit denen von einem Verantwortlichen oder einem Auftragsverarbeiter die Übermittlung oder Offenlegung personenbezogener Daten verlangt wird und die nicht auf eine in Kraft befindliche internationale Übereinkunft wie etwa ein Rechtshilfeabkommen zwischen dem ersuchenden Drittland und der Union oder einem

Mitgliedstaat gestützt sind. [3]Die Anwendung dieser Gesetze, Verordnungen und sonstigen Rechtsakte außerhalb des Hoheitsgebiets der betreffenden Drittländer kann gegen internationales Recht verstoßen und dem durch diese Verordnung in der Union gewährleisteten Schutz natürlicher Personen zuwiderlaufen. [4]Datenübermittlungen sollten daher nur zulässig sein, wenn die Bedingungen dieser Verordnung für Datenübermittlungen an Drittländer eingehalten werden. [5]Dies kann unter anderem der Fall sein, wenn die Offenlegung aus einem wichtigen öffentlichen Interesse erforderlich ist, das im Unionsrecht oder im Recht des Mitgliedstaats, dem der Verantwortliche unterliegt, anerkannt ist.

(116) [1]Wenn personenbezogene Daten in ein anderes Land außerhalb der Union übermittelt werden, besteht eine erhöhte Gefahr, dass natürliche Personen ihre Datenschutzrechte nicht wahrnehmen können und sich insbesondere gegen die unrechtmäßige Nutzung oder Offenlegung dieser Informationen zu schützen. [2]Ebenso kann es vorkommen, dass Aufsichtsbehörden Beschwerden nicht nachgehen oder Untersuchungen nicht durchführen können, die einen Bezug zu Tätigkeiten außerhalb der Grenzen ihres Mitgliedstaats haben. [3]Ihre Bemühungen um grenzüberschreitende Zusammenarbeit können auch durch unzureichende Präventiv- und Abhilfebefugnisse, widersprüchliche Rechtsordnungen und praktische Hindernisse wie Ressourcenknappheit behindert werden. [4]Die Zusammenarbeit zwischen den Datenschutzaufsichtsbehörden muss daher gefördert werden, damit sie Informationen austauschen und mit den Aufsichtsbehörden in anderen Ländern Untersuchungen durchführen können. [5]Um Mechanismen der internationalen Zusammenarbeit zu entwickeln, die die internationale Amtshilfe bei der Durchsetzung von Rechtsvorschriften zum Schutz personenbezogener Daten erleichtern und sicherstellen, sollten die Kommission und die Aufsichtsbehörden Informationen austauschen und bei Tätigkeiten, die mit der Ausübung ihrer Befugnisse in Zusammenhang stehen, mit den zuständigen Behörden der Drittländer nach dem Grundsatz der Gegenseitigkeit und gemäß dieser Verordnung zusammenarbeiten.

(117) [1]Die Errichtung von Aufsichtsbehörden in den Mitgliedstaaten, die befugt sind, ihre Aufgaben und Befugnisse völlig unabhängig wahrzunehmen, ist ein wesentlicher Bestandteil des Schutzes natürlicher Personen bei der Verarbeitung personenbezogener Daten. [2]Die Mitgliedstaaten sollten mehr als eine Aufsichtsbehörde errichten können, wenn dies ihrer verfassungsmäßigen, organisatorischen und administrativen Struktur entspricht.

(118) Die Tatsache, dass die Aufsichtsbehörden unabhängig sind, sollte nicht bedeuten, dass sie hinsichtlich ihrer Ausgaben keinem Kontroll- oder Überwachungsmechanismus unterworfen werden bzw. sie keiner gerichtlichen Überprüfung unterzogen werden können.

(119) [1]Errichtet ein Mitgliedstaat mehrere Aufsichtsbehörden, so sollte er mittels Rechtsvorschriften sicherstellen, dass diese Aufsichtsbehörden am Kohärenzverfahren wirksam beteiligt werden. [2]Insbesondere sollte dieser Mitgliedstaat eine Aufsichtsbehörde bestimmen, die als zentrale Anlaufstelle für eine wirksame Beteiligung dieser Behörden an dem Verfahren fungiert und eine rasche und reibungslose Zusammenarbeit mit anderen Aufsichtsbehörden, dem Ausschuss und der Kommission gewährleistet.

(120) [1]Jede Aufsichtsbehörde sollte mit Finanzmitteln, Personal, Räumlichkeiten und einer Infrastruktur ausgestattet werden, wie sie für die wirksame Wahrnehmung ihrer Aufgaben, einschließlich derer im Zusammenhang mit der Amtshilfe und Zusammenarbeit mit anderen Aufsichtsbehörden in der gesamten Union, notwendig sind. [2]Jede Aufsichtsbehörde sollte über einen eigenen, öffentlichen, jährlichen Haushaltsplan verfügen, der Teil des gesamten Staatshaushalts oder nationalen Haushalts sein kann.

(121) [1]Die allgemeinen Anforderungen an das Mitglied oder die Mitglieder der Aufsichtsbehörde sollten durch Rechtsvorschriften von jedem Mitgliedstaat geregelt werden und insbesondere vorsehen, dass diese Mitglieder im Wege eines transparenten Verfahrens entweder − auf Vorschlag der Regierung, eines Mitglieds der Regierung, des Parlaments oder einer Parlamentskammer − vom Parlament, der Regierung oder dem Staatsoberhaupt des Mitgliedstaats oder von einer unabhängigen Stelle ernannt werden, die nach dem Recht des Mitgliedstaats mit der Ernennung betraut wird. [2]Um die Unabhängigkeit der Aufsichtsbehörde zu gewährleisten, sollten ihre Mitglieder ihr Amt integer ausüben, von allen mit den Aufgaben ihres Amts nicht zu vereinbarenden Handlungen absehen und während ihrer Amtszeit keine andere mit ihrem Amt nicht zu vereinbarende entgeltliche oder unentgeltliche Tätigkeit ausüben. [3]Die Aufsichtsbehörde sollte über eigenes Personal verfügen, das sie selbst oder eine nach dem Recht des Mitgliedstaats eingerichtete unabhängige Stelle auswählt und das ausschließlich der Leitung des Mitglieds oder der Mitglieder der Aufsichtsbehörde unterstehen sollte.

(122) [1]Jede Aufsichtsbehörde sollte dafür zuständig sein, im Hoheitsgebiet ihres Mitgliedstaats die Befugnisse auszuüben und die Aufgaben zu erfüllen, die ihr mit dieser Verordnung übertragen wurden. [2]Dies sollte insbesondere für Folgendes gelten: die Verarbeitung im Rahmen der Tätigkeiten einer Niederlassung des Verantwortlichen oder Auftragsverarbeiters im Hoheitsgebiet ihres Mitgliedstaats, die Verarbeitung personenbezogener Daten durch Behörden oder private Stellen, die im öffentlichen Interesse handeln, Verarbeitungstätigkeiten, die Auswirkungen auf betroffene Personen in ihrem Hoheitsgebiet haben, oder Verarbeitungstätigkeiten eines Verantwortlichen oder Auftragsverarbeiters ohne Niederlassung in der Union, sofern sie auf betroffene Personen mit Wohnsitz in ihrem Hoheitsgebiet ausgerichtet sind. [3]Dies sollte auch die Bearbeitung von Beschwerden einer betroffenen Person, die Durchführung von Untersuchungen über die Anwendung dieser Verordnung sowie die Förderung der Information der Öffentlichkeit über Risiken, Vorschriften, Garantien und Rechte im Zusammenhang mit der Verarbeitung personenbezogener Daten einschließen.

(123) [1]Die Aufsichtsbehörden sollten die Anwendung der Bestimmungen dieser Verordnung überwachen und zu ihrer einheitlichen Anwendung in der gesamten Union beitragen, um natürliche Personen im Hinblick auf die Verarbeitung ihrer Daten zu schützen und den freien Verkehr personenbezogener Daten im Binnenmarkt zu erleichtern. [2]Zu diesem Zweck sollten die Aufsichtsbehörden untereinander und mit der Kommission zusammenarbeiten, ohne dass eine Vereinbarung zwischen den Mitgliedstaaten über die Leistung von Amtshilfe oder über eine derartige Zusammenarbeit erforderlich wäre.

(124) [1]Findet die Verarbeitung personenbezogener Daten im Zusammenhang mit der Tätigkeit einer Niederlassung eines Verantwortlichen oder eines Auftragsverarbeiters in der Union statt und hat der Verantwortliche oder der Auftragsverarbeiter Niederlassungen in mehr als einem Mitgliedstaat oder hat die Verarbeitungstätigkeit im Zusammenhang mit der Tätigkeit einer einzigen Niederlassung eines Verantwortlichen oder Auftragsverarbeiters in der Union erhebliche Auswirkungen auf betroffene Personen in mehr als einem Mitgliedstaat bzw. wird sie voraussichtlich solche Auswirkungen haben, so sollte die Aufsichtsbehörde für die Hauptniederlassung des Verantwortlichen oder Auftragsverarbeiters oder für die einzige Niederlassung des Verantwortlichen oder Auftragsverarbeiters als federführende Behörde fungieren. [2]Sie sollte mit den anderen Behörden zusammenarbeiten, die betroffen sind, weil der Verantwortliche oder Auftragsverarbeiter eine Niederlassung im Hoheitsgebiet ihres Mitgliedstaats hat, weil die Verarbeitung erhebliche Auswirkungen auf betroffene Personen mit Wohnsitz in ihrem Hoheitsgebiet hat oder weil bei ihnen eine Beschwerde eingelegt wurde. [3]Auch wenn eine betroffene Person ohne Wohnsitz in dem betreffenden Mitgliedstaat eine Beschwerde eingelegt hat, sollte die Aufsichtsbehörde, bei der Beschwerde eingelegt wurde, auch eine betroffene Aufsichtsbehörde sein. [4]Der Ausschuss sollte – im Rahmen seiner Aufgaben in Bezug auf die Herausgabe von Leitlinien zu allen Fragen im Zusammenhang mit der Anwendung dieser Verordnung – insbesondere Leitlinien zu den Kriterien ausgeben können, die bei der Feststellung zu berücksichtigen sind, ob die fragliche Verarbeitung erhebliche Auswirkungen auf betroffene Personen in mehr als einem Mitgliedstaat hat und was einen maßgeblichen und begründeten Einspruch darstellt.

(125) [1]Die federführende Behörde sollte berechtigt sein, verbindliche Beschlüsse über Maßnahmen zu erlassen, mit denen die ihr gemäß dieser Verordnung übertragenen Befugnisse ausgeübt werden. [2]In ihrer Eigenschaft als federführende Behörde sollte diese Aufsichtsbehörde für die enge Einbindung und Koordinierung der betroffenen Aufsichtsbehörden im Entscheidungsprozess sorgen. [3]Wird beschlossen, die Beschwerde der betroffenen Person vollständig oder teilweise abzuweisen, so sollte dieser Beschluss von der Aufsichtsbehörde angenommen werden, bei der die Beschwerde eingelegt wurde.

(126) [1]Der Beschluss sollte von der federführenden Aufsichtsbehörde und den betroffenen Aufsichtsbehörden gemeinsam vereinbart werden und an die Hauptniederlassung oder die einzige Niederlassung des Verantwortlichen oder Auftragsverarbeiters gerichtet sein und für den Verantwortlichen und den Auftragsverarbeiter verbindlich sein. [2]Der Verantwortliche oder Auftragsverarbeiter sollte die erforderlichen Maßnahmen treffen, um die Einhaltung dieser Verordnung und die Umsetzung des Beschlusses zu gewährleisten, der der Hauptniederlassung des Verantwortlichen oder Auftragsverarbeiters im Hinblick auf die Verarbeitungstätigkeiten in der Union von der federführenden Aufsichtsbehörde mitgeteilt wurde.

(127) [1]Jede Aufsichtsbehörde, die nicht als federführende Aufsichtsbehörde fungiert, sollte in örtlichen Fällen zuständig sein, wenn der Verantwortliche oder Auftragsverarbeiter Niederlassungen in mehr als einem Mitgliedstaat hat, der Gegenstand der spezifischen Verarbeitung aber nur die Verarbeitungstätigkeiten in einem einzigen Mitgliedstaat und nur betroffene Personen in diesem einen Mitgliedstaat betrifft, beispielsweise wenn es um die Verarbeitung von personenbezogenen Daten von Arbeitnehmern im spezifischen Beschäftigungskontext eines Mitgliedstaats geht. [2] In solchen Fällen sollte die Aufsichtsbehörde unverzüglich die federführende Aufsichtsbehörde über diese Angelegenheit unterrichten. [3] Nach ihrer Unterrichtung sollte die federführende Aufsichtsbehörde entscheiden, ob sie den Fall nach den Bestimmungen zur Zusammenarbeit zwischen der federführenden Aufsichtsbehörde und anderen betroffenen Aufsichtsbehörden gemäß der Vorschrift zur Zusammenarbeit zwischen der federführenden Aufsichtsbehörde und anderen betroffenen Aufsichtsbehörden (im Folgenden „Verfahren der Zusammenarbeit und Kohärenz") regelt oder ob die Aufsichtsbehörde, die sie unterrichtet hat, den Fall auf örtlicher Ebene regeln sollte. [4] Dabei sollte die federführende Aufsichtsbehörde berücksichtigen, ob der Verantwortliche oder der Auftragsverarbeiter in dem Mitgliedstaat, dessen Aufsichtsbehörde sie unterrichtet hat, eine Niederlassung hat, damit Beschlüsse gegenüber dem Verantwortlichen oder dem Auftragsverarbeiter wirksam durchgesetzt werden. [5] Entscheidet die federführende Aufsichtsbehörde, den Fall selbst zu regeln, sollte die Aufsichtsbehörde, die sie unterrichtet hat, die Möglichkeit haben, einen Beschlussentwurf vorzulegen, dem die federführende Aufsichtsbehörde bei der Ausarbeitung ihres Beschlussentwurfs im Rahmen dieses Verfahrens der Zusammenarbeit und Kohärenz weitestgehend Rechnung tragen sollte.

(128) [1] Die Vorschriften über die federführende Behörde und das Verfahren der Zusammenarbeit und Kohärenz sollten keine Anwendung finden, wenn die Verarbeitung durch Behörden oder private Stellen im öffentlichen Interesse erfolgt. [2] In diesen Fällen sollte die Aufsichtsbehörde des Mitgliedstaats, in dem die Behörde oder private Einrichtung ihren Sitz hat, die einzige Aufsichtsbehörde sein, die dafür zuständig ist, die Befugnisse auszuüben, die ihr mit dieser Verordnung übertragen wurden.

(129) [1] Um die einheitliche Überwachung und Durchsetzung dieser Verordnung in der gesamten Union sicherzustellen, sollten die Aufsichtsbehörden in jedem Mitgliedstaat dieselben Aufgaben und wirksamen Befugnisse haben, darunter, insbesondere im Fall von Beschwerden natürlicher Personen, Untersuchungsbefugnisse, Abhilfebefugnisse und Sanktionsbefugnisse und Genehmigungsbefugnisse und beratende Befugnisse, sowie – unbeschadet der Befugnisse der Strafverfolgungsbehörden nach dem Recht der Mitgliedstaaten – die Befugnis, Verstöße gegen diese Verordnung den Justizbehörden zur Kenntnis zu bringen und Gerichtsverfahren anzustrengen. [2] Dazu sollte auch die Befugnis zählen, eine vorübergehende oder endgültige Beschränkung der Verarbeitung, einschließlich eines Verbots, zu verhängen. [3] Die Mitgliedstaaten können andere Aufgaben im Zusammenhang mit dem Schutz personenbezogener Daten im Rahmen dieser Verordnung festlegen. [4] Die Befugnisse der Aufsichtsbehörden sollten in Übereinstimmung mit den geeigneten Verfahrensgarantien nach dem Unionsrecht und dem Recht der Mitgliedstaaten unparteiisch, gerecht und innerhalb einer angemessenen Frist ausgeübt werden.

[5] Insbesondere sollte jede Maßnahme im Hinblick auf die Gewährleistung der Einhaltung dieser Verordnung geeignet, erforderlich und verhältnismäßig sein, wobei die Umstände des jeweiligen Einzelfalls zu berücksichtigen sind, das Recht einer jeden Person, gehört zu werden, bevor eine individuelle Maßnahme getroffen wird, die nachteilige Auswirkungen auf diese Person hätte, zu achten ist und überflüssige Kosten und übermäßige Unannehmlichkeiten für die Betroffenen zu vermeiden sind. [6] Untersuchungsbefugnisse im Hinblick auf den Zugang zu Räumlichkeiten sollten im Einklang mit besonderen Anforderungen im Verfahrensrecht der Mitgliedstaaten ausgeübt werden, wie etwa dem Erfordernis einer vorherigen richterlichen Genehmigung. [7] Jede rechtsverbindliche Maßnahme der Aufsichtsbehörde sollte schriftlich erlassen werden und sie sollte klar und eindeutig sein; die Aufsichtsbehörde, die die Maßnahme erlassen hat, und das Datum, an dem die Maßnahme erlassen wurde, sollten angegeben werden und die Maßnahme sollte vom Leiter oder von einem von ihm bevollmächtigen Mitglied der Aufsichtsbehörde unterschrieben sein und eine Begründung für die Maßnahme sowie einen Hinweis auf das Recht auf einen wirksamen Rechtsbehelf enthalten. [8] Dies sollte zusätzliche Anforderungen nach dem Verfahrensrecht der Mitgliedstaaten nicht ausschließen. [9] Der Erlass eines rechtsverbindlichen Beschlusses setzt voraus, dass er in dem Mitgliedstaat der Aufsichtsbehörde, die den Beschluss erlassen hat, gerichtlich überprüft werden kann.

(130) [1] Ist die Aufsichtsbehörde, bei der die Beschwerde eingereicht wurde, nicht die federführende Aufsichtsbehörde, so sollte die federführende Aufsichtsbehörde gemäß den Bestimmungen dieser Verordnung über Zusammenarbeit und Kohärenz eng mit der Aufsichtsbehörde zusammenarbeiten, bei der die Beschwerde eingereicht wurde. [2] In solchen Fällen sollte die federführende Aufsichtsbehörde bei Maßnahmen, die rechtliche Wirkungen entfalten sollen, unter anderem bei der Verhängung von Geldbußen, den Standpunkt der Aufsichtsbehörde, bei der die Beschwerde eingereicht wurde und die weiterhin befugt sein sollte, in Abstimmung mit der zuständigen Aufsichtsbehörde Untersuchungen im Hoheitsgebiet ihres eigenen Mitgliedstaats durchzuführen, weitestgehend berücksichtigen.

(131) [1] Wenn eine andere Aufsichtsbehörde als federführende Aufsichtsbehörde für die Verarbeitungstätigkeiten des Verantwortlichen oder des Auftragsverarbeiters fungieren sollte, der konkrete Gegenstand einer Beschwerde oder der mögliche Verstoß jedoch nur die Verarbeitungstätigkeiten des Verantwortlichen oder des Auftragsverarbeiters in dem Mitgliedstaat betrifft, in dem die Beschwerde eingereicht wurde oder der mögliche Verstoß aufgedeckt wurde, und die Angelegenheit keine erheblichen Auswirkungen auf betroffene Personen in anderen Mitgliedstaaten hat oder haben dürfte, sollte die Aufsichtsbehörde, bei der eine Beschwerde eingereicht wurde oder die Situationen, die mögliche Verstöße gegen diese Verordnung darstellen, aufgedeckt hat bzw. auf andere Weise darüber informiert wurde, versuchen, eine gütliche Einigung mit dem Verantwortlichen zu erzielen; falls sich dies als nicht erfolgreich erweist, sollte sie die gesamte Bandbreite ihrer Befugnisse wahrnehmen. [2] Dies sollte auch Folgendes umfassen: die spezifische Verarbeitung im Hoheitsgebiet des Mitgliedstaats der Aufsichtsbehörde oder im Hinblick auf betroffene Personen im Hoheitsgebiet dieses Mitgliedstaats; die Verarbeitung im Rahmen eines Angebots von Waren oder Dienstleistungen, das speziell auf betroffene Personen im Hoheitsgebiet des Mitgliedstaats der Aufsichtsbehörde ausgerichtet ist; oder eine Verarbeitung, die unter Berücksichtigung der einschlägigen rechtlichen Verpflichtungen nach dem Recht der Mitgliedstaaten bewertet werden muss.

(132) Auf die Öffentlichkeit ausgerichtete Sensibilisierungsmaßnahmen der Aufsichtsbehörden sollten spezifische Maßnahmen einschließen, die sich an die Verantwortlichen und die Auftragsverarbeiter, einschließlich Kleinstunternehmen sowie kleiner und mittlerer Unternehmen, und an natürliche Personen, insbesondere im Bildungsbereich, richten.

(133) [1]Die Aufsichtsbehörden sollten sich gegenseitig bei der Erfüllung ihrer Aufgaben unterstützen und Amtshilfe leisten, damit eine einheitliche Anwendung und Durchsetzung dieser Verordnung im Binnenmarkt gewährleistet ist. [2]Eine Aufsichtsbehörde, die um Amtshilfe ersucht hat, kann eine einstweilige Maßnahme erlassen, wenn sie nicht binnen eines Monats nach Eingang des Amtshilfeersuchens bei der ersuchten Aufsichtsbehörde eine Antwort von dieser erhalten hat.

(134) [1]Jede Aufsichtsbehörde sollte gegebenenfalls an gemeinsamen Maßnahmen von anderen Aufsichtsbehörden teilnehmen. [2]Die ersuchte Aufsichtsbehörde sollte auf das Ersuchen binnen einer bestimmten Frist antworten müssen.

(135) [1]Um die einheitliche Anwendung dieser Verordnung in der gesamten Union sicherzustellen, sollte ein Verfahren zur Gewährleistung einer einheitlichen Rechtsanwendung (Kohärenzverfahren) für die Zusammenarbeit zwischen den Aufsichtsbehörden eingeführt werden. [2]Dieses Verfahren sollte insbesondere dann angewendet werden, wenn eine Aufsichtsbehörde beabsichtigt, eine Maßnahme zu erlassen, die rechtliche Wirkungen in Bezug auf Verarbeitungsvorgänge entfalten soll, die für eine bedeutende Zahl betroffener Personen in mehreren Mitgliedstaaten erhebliche Auswirkungen haben. [3]Ferner sollte es zur Anwendung kommen, wenn eine betroffene Aufsichtsbehörde oder die Kommission beantragt, dass die Angelegenheit im Rahmen des Kohärenzverfahrens behandelt wird. [4]Dieses Verfahren sollte andere Maßnahmen, die die Kommission möglicherweise in Ausübung ihrer Befugnisse nach den Verträgen trifft, unberührt lassen.

(136) [1]Bei Anwendung des Kohärenzverfahrens sollte der Ausschuss, falls von der Mehrheit seiner Mitglieder so entschieden wird oder falls eine andere betroffene Aufsichtsbehörde oder die Kommission darum ersuchen, binnen einer festgelegten Frist eine Stellungnahme abgeben. [2]Dem Ausschuss sollte auch die Befugnis übertragen werden, bei Streitigkeiten zwischen Aufsichtsbehörden rechtsverbindliche Beschlüsse zu erlassen. [3]Zu diesem Zweck sollte er in klar bestimmten Fällen, in denen die Aufsichtsbehörden insbesondere im Rahmen des Verfahrens der Zusammenarbeit zwischen der federführenden Aufsichtsbehörde und den betroffenen Aufsichtsbehörden widersprüchliche Standpunkte zu dem Sachverhalt, vor allem in der Frage, ob ein Verstoß gegen diese Verordnung vorliegt, vertreten, grundsätzlich mit einer Mehrheit von zwei Dritteln seiner Mitglieder rechtsverbindliche Beschlüsse erlassen.

(137) [1] Es kann dringender Handlungsbedarf zum Schutz der Rechte und Freiheiten von betroffenen Personen bestehen, insbesondere wenn eine erhebliche Behinderung der Durchsetzung des Rechts einer betroffenen Person droht. [2] Eine Aufsichtsbehörde sollte daher hinreichend begründete einstweilige Maßnahmen in ihrem Hoheitsgebiet mit einer festgelegten Geltungsdauer von höchstens drei Monaten erlassen können.

(138) [1] Die Anwendung dieses Verfahrens sollte in den Fällen, in denen sie verbindlich vorgeschrieben ist, eine Bedingung für die Rechtmäßigkeit einer Maßnahme einer Aufsichtsbehörde sein, die rechtliche Wirkungen entfalten soll. [2] In anderen Fällen von grenzüberschreitender Relevanz sollte das Verfahren der Zusammenarbeit zwischen der federführenden Aufsichtsbehörde und den betroffenen Aufsichtsbehörden zur Anwendung gelangen, und die betroffenen Aufsichtsbehörden können auf bilateraler oder multilateraler Ebene Amtshilfe leisten und gemeinsame Maßnahmen durchführen, ohne auf das Kohärenzverfahren zurückzugreifen.

(139) [1] Zur Förderung der einheitlichen Anwendung dieser Verordnung sollte der Ausschuss als unabhängige Einrichtung der Union eingesetzt werden. [2] Damit der Ausschuss seine Ziele erreichen kann, sollte er Rechtspersönlichkeit besitzen. [3] Der Ausschuss sollte von seinem Vorsitz vertreten werden. [4] Er sollte die mit der Richtlinie 95/46/EG eingesetzte Arbeitsgruppe für den Schutz der Rechte von Personen bei der Verarbeitung personenbezogener Daten ersetzen. [5] Er sollte aus dem Leiter einer Aufsichtsbehörde jedes Mitgliedstaats und dem Europäischen Datenschutzbeauftragten oder deren jeweiligen Vertretern gebildet werden. [6] An den Beratungen des Ausschusses sollte die Kommission ohne Stimmrecht teilnehmen und der Europäische Datenschutzbeauftragte sollte spezifische Stimmrechte haben. [7] Der Ausschuss sollte zur einheitlichen Anwendung der Verordnung in der gesamten Union beitragen, die Kommission insbesondere im Hinblick auf das Schutzniveau in Drittländern oder internationalen Organisationen beraten und die Zusammenarbeit der Aufsichtsbehörden in der Union fördern. [8] Der Ausschuss sollte bei der Erfüllung seiner Aufgaben unabhängig handeln.

(140) [1] Der Ausschuss sollte von einem Sekretariat unterstützt werden, das von dem Europäischen Datenschutzbeauftragten bereitgestellt wird. [2] Das Personal des Europäischen Datenschutzbeauftragten, das an der Wahrnehmung der dem Ausschuss gemäß dieser Verordnung übertragenen Aufgaben beteiligt ist, sollte diese Aufgaben ausschließlich gemäß den Anweisungen des Vorsitzes des Ausschusses durchführen und diesem Bericht erstatten.

(141) [1] Jede betroffene Person sollte das Recht haben, bei einer einzigen Aufsichtsbehörde insbesondere in dem Mitgliedstaat ihres gewöhnlichen Aufenthalts eine Beschwerde einzureichen und gemäß Artikel 47 der Charta einen wirksamen gerichtlichen Rechtsbehelf einzulegen, wenn sie sich in ihren Rechten gemäß dieser Verordnung verletzt sieht oder wenn die Aufsichtsbehörde auf eine Beschwerde hin nicht tätig wird, eine Beschwerde teilweise oder ganz abweist oder ablehnt oder nicht tätig wird, obwohl dies zum Schutz der Rechte der betroffenen Person notwendig ist. [2] Die auf eine Beschwerde folgende Untersuchung sollte vorbehaltlich gerichtlicher Überprüfung so weit gehen, wie dies im Einzelfall angemessen ist. [3] Die Aufsichtsbehörde sollte die betroffene Person innerhalb eines angemessenen Zeitraums über den Fortgang und die Ergebnisse der Beschwerde unterrichten. [4]Sollten weitere Untersuchungen oder die Abstimmung mit einer anderen Aufsichtsbehörde erforderlich sein, sollte die betroffene Person über den Zwischenstand informiert werden. [5]Jede Aufsichtsbehörde sollte Maßnahmen zur Erleichterung der Einreichung von Beschwerden treffen, wie etwa die Bereitstellung eines Beschwerdeformulars, das auch elektronisch ausgefüllt werden kann, ohne dass andere Kommunikationsmittel ausgeschlossen werden.

(142) [1]Betroffene Personen, die sich in ihren Rechten gemäß dieser Verordnung verletzt sehen, sollten das Recht haben, nach dem Recht eines Mitgliedstaats gegründete Einrichtungen, Organisationen oder Verbände ohne Gewinnerzielungsabsicht, deren satzungsmäßige Ziele im öffentlichem Interesse liegen und die im Bereich des Schutzes personenbezogener Daten tätig sind, zu beauftragen, in ihrem Namen Beschwerde bei einer Aufsichtsbehörde oder einen gerichtlichen Rechtsbehelf einzulegen oder das Recht auf Schadensersatz in Anspruch zu nehmen, sofern dieses im Recht der Mitgliedstaaten vorgesehen ist. [2]Die Mitgliedstaaten können vorsehen, dass diese Einrichtungen, Organisationen oder Verbände das Recht haben, unabhängig vom Auftrag einer betroffenen Person in dem betreffenden Mitgliedstaat eine eigene Beschwerde einzulegen, und das Recht auf einen wirksamen gerichtlichen Rechtsbehelf haben sollten, wenn sie Grund zu der Annahme haben, dass die Rechte der betroffenen Person infolge einer nicht im Einklang mit dieser Verordnung stehenden Verarbeitung verletzt worden sind. [3]Diesen Einrichtungen, Organisationen oder Verbänden kann unabhängig vom Auftrag einer betroffenen Person nicht gestattet werden, im Namen einer betroffenen Person Schadenersatz zu verlangen.

(143) [1]Jede natürliche oder juristische Person hat das Recht, unter den in Artikel 263 AEUV genannten Voraussetzungen beim Gerichtshof eine Klage auf Nichtigerklärung eines Beschlusses des Ausschusses zu erheben. [2]Als Adressaten solcher Beschlüsse müssen die betroffenen Aufsichtsbehörden, die diese Beschlüsse anfechten möchten, binnen zwei Monaten nach deren Übermittlung gemäß Artikel 263 AEUV Klage erheben. [3]Sofern Beschlüsse des Ausschusses einen Verantwortlichen, einen Auftragsverarbeiter oder den Beschwerdeführer unmittelbar und individuell betreffen, so können diese Personen binnen zwei Monaten nach Veröffentlichung der betreffenden Beschlüsse auf der Website des Ausschusses im Einklang mit Artikel 263 AEUV eine Klage auf Nichtigerklärung erheben. [4]Unbeschadet dieses Rechts nach Artikel 263 AEUV sollte jede natürliche oder juristische Person das Recht auf einen wirksamen gerichtlichen Rechtsbehelf bei dem zuständigen einzelstaatlichen Gericht gegen einen Beschluss einer Aufsichtsbehörde haben, der gegenüber dieser Person Rechtswirkungen entfaltet. [5]Ein derartiger Beschluss betrifft insbesondere die Ausübung von Untersuchungs-, Abhilfe- und Genehmigungsbefugnissen durch die Aufsichtsbehörde oder die Ablehnung oder Abweisung von Beschwerden. [6]Das Recht auf einen wirksamen gerichtlichen Rechtsbehelf umfasst jedoch nicht rechtlich nicht bindende Maßnahmen der Aufsichtsbehörden wie von ihr abgegebene Stellungnahmen oder Empfehlungen. [7]Verfahren gegen eine Aufsichtsbehörde sollten bei den Gerichten des

Mitgliedstaats angestrengt werden, in dem die Aufsichtsbehörde ihren Sitz hat, und sollten im Einklang mit dem Verfahrensrecht dieses Mitgliedstaats durchgeführt werden. [8] Diese Gerichte sollten eine uneingeschränkte Zuständigkeit besitzen, was die Zuständigkeit, sämtliche für den bei ihnen anhängigen Rechtsstreit maßgebliche Sach- und Rechtsfragen zu prüfen, einschließt. [9] Wurde eine Beschwerde von einer Aufsichtsbehörde abgelehnt oder abgewiesen, kann der Beschwerdeführer Klage bei den Gerichten desselben Mitgliedstaats erheben.

[10] Im Zusammenhang mit gerichtlichen Rechtsbehelfen in Bezug auf die Anwendung dieser Verordnung können einzelstaatliche Gerichte, die eine Entscheidung über diese Frage für erforderlich halten, um ihr Urteil erlassen zu können, bzw. müssen einzelstaatliche Gerichte in den Fällen nach Artikel 267 AEUV den Gerichtshof um eine Vorabentscheidung zur Auslegung des Unionsrechts – das auch diese Verordnung einschließt – ersuchen. [11] Wird darüber hinaus der Beschluss einer Aufsichtsbehörde zur Umsetzung eines Beschlusses des Ausschusses vor einem einzelstaatlichen Gericht angefochten und wird die Gültigkeit des Beschlusses des Ausschusses in Frage gestellt, so hat dieses einzelstaatliche Gericht nicht die Befugnis, den Beschluss des Ausschusses für nichtig zu erklären, sondern es muss im Einklang mit Artikel 267 AEUV in der Auslegung des Gerichtshofs den Gerichtshof mit der Frage der Gültigkeit befassen, wenn es den Beschluss für nichtig hält. [12] Allerdings darf ein einzelstaatliches Gericht den Gerichtshof nicht auf Anfrage einer natürlichen oder juristischen Person mit Fragen der Gültigkeit des Beschlusses des Ausschusses befassen, wenn diese Person Gelegenheit hatte, eine Klage auf Nichtigerklärung dieses Beschlusses zu erheben – insbesondere wenn sie unmittelbar und individuell von dem Beschluss betroffen war –, diese Gelegenheit jedoch nicht innerhalb der Frist gemäß Artikel 263 AEUV genutzt hat.

(144) [1] Hat ein mit einem Verfahren gegen die Entscheidung einer Aufsichtsbehörde befasstes Gericht Anlass zu der Vermutung, dass ein dieselbe Verarbeitung betreffendes Verfahren – etwa zu demselben Gegenstand in Bezug auf die Verarbeitung durch denselben Verantwortlichen oder Auftragsverarbeiter oder wegen desselben Anspruchs – vor einem zuständigen Gericht in einem anderen Mitgliedstaat anhängig ist, so sollte es mit diesem Gericht Kontakt aufnehmen, um sich zu vergewissern, dass ein solches verwandtes Verfahren existiert. [2] Sind verwandte Verfahren vor einem Gericht in einem anderen Mitgliedstaat anhängig, so kann jedes später angerufene Gericht das Verfahren aussetzen oder sich auf Anfrage einer Partei auch zugunsten des zuerst angerufenen Gerichts für unzuständig erklären, wenn dieses später angerufene Gericht für die betreffenden Verfahren zuständig ist und die Verbindung von solchen verwandten Verfahren nach seinem Recht zulässig ist. [3] Verfahren gelten als miteinander verwandt, wenn zwischen ihnen eine so enge Beziehung gegeben ist, dass eine gemeinsame Verhandlung und Entscheidung geboten erscheint, um zu vermeiden, dass in getrennten Verfahren einander widersprechende Entscheidungen ergehen.

(145) Bei Verfahren gegen Verantwortliche oder Auftragsverarbeiter sollte es dem Kläger überlassen bleiben, ob er die Gerichte des Mitgliedstaats anruft, in dem der Verantwortliche oder der Auftragsverarbeiter eine Niederlassung hat, oder des Mitgliedstaats, in dem die betroffene Person ihren Aufenthaltsort hat; dies gilt nicht, wenn es sich bei dem Verantwortlichen um eine Behörde eines Mitgliedstaats handelt, die in Ausübung ihrer hoheitlichen Befugnisse tätig geworden ist.

(146) [1]Der Verantwortliche oder der Auftragsverarbeiter sollte Schäden, die einer Person aufgrund einer Verarbeitung entstehen, die mit dieser Verordnung nicht im Einklang steht, ersetzen. [2]Der Verantwortliche oder der Auftragsverarbeiter sollte von seiner Haftung befreit werden, wenn er nachweist, dass er in keiner Weise für den Schaden verantwortlich ist. [3]Der Begriff des Schadens sollte im Lichte der Rechtsprechung des Gerichtshofs weit auf eine Art und Weise ausgelegt werden, die den Zielen dieser Verordnung in vollem Umfang entspricht. [4]Dies gilt unbeschadet von Schadenersatzforderungen aufgrund von Verstößen gegen andere Vorschriften des Unionsrechts oder des Rechts der Mitgliedstaaten. [5]Zu einer Verarbeitung, die mit der vorliegenden Verordnung nicht im Einklang steht, zählt auch eine Verarbeitung, die nicht mit den nach Maßgabe der vorliegenden Verordnung erlassenen delegierten Rechtsakten und Durchführungsrechtsakten und Rechtsvorschriften der Mitgliedstaaten zur Präzisierung von Bestimmungen der vorliegenden Verordnung im Einklang steht. [6]Die betroffenen Personen sollten einen vollständigen und wirksamen Schadenersatz für den erlittenen Schaden erhalten. [7]Sind Verantwortliche oder Auftragsverarbeiter an derselben Verarbeitung beteiligt, so sollte jeder Verantwortliche oder Auftragsverarbeiter für den gesamten Schaden haftbar gemacht werden. [8]Werden sie jedoch nach Maßgabe des Rechts der Mitgliedstaaten zu demselben Verfahren hinzugezogen, so können sie im Verhältnis zu der Verantwortung anteilmäßig haftbar gemacht werden, die jeder Verantwortliche oder Auftragsverarbeiter für den durch die Verarbeitung entstandenen Schaden zu tragen hat, sofern sichergestellt ist, dass die betroffene Person einen vollständigen und wirksamen Schadenersatz für den erlittenen Schaden erhält. [9]Jeder Verantwortliche oder Auftragsverarbeiter, der den vollen Schadenersatz geleistet hat, kann anschließend ein Rückgriffsverfahren gegen andere an derselben Verarbeitung beteiligte Verantwortliche oder Auftragsverarbeiter anstrengen.

(147) Soweit in dieser Verordnung spezifische Vorschriften über die Gerichtsbarkeit – insbesondere in Bezug auf Verfahren im Hinblick auf einen gerichtlichen Rechtsbehelf einschließlich Schadenersatz gegen einen Verantwortlichen oder Auftragsverarbeiter – enthalten sind, sollten die allgemeinen Vorschriften über die Gerichtsbarkeit, wie sie etwa in der Verordnung (EU) Nr. 1215/2012 des Europäischen Parlaments und des Rates[10] enthalten sind, der Anwendung dieser spezifischen Vorschriften nicht entgegenstehen.

(148) [1]Im Interesse einer konsequenteren Durchsetzung der Vorschriften dieser Verordnung sollten bei Verstößen gegen diese Verordnung zusätzlich

---

[10] **Amtl. Anm.:** Verordnung (EU) Nr. 1215/2012 des Europäischen Parlaments und des Rates vom 12. Dezember 2012 über die gerichtliche Zuständigkeit und die Anerkennung und Vollstreckung von Entscheidungen in Zivil- und Handelssachen (ABl. L 351 vom 20.12.2012, S. 1).

zu den geeigneten Maßnahmen, die die Aufsichtsbehörde gemäß dieser Verordnung verhängt, oder an Stelle solcher Maßnahmen Sanktionen einschließlich Geldbußen verhängt werden. [2] Im Falle eines geringfügigeren Verstoßes oder falls voraussichtlich zu verhängende Geldbuße eine unverhältnismäßige Belastung für eine natürliche Person bewirken würde, kann anstelle einer Geldbuße eine Verwarnung erteilt werden. [3] Folgendem sollte jedoch gebührend Rechnung getragen werden: der Art, Schwere und Dauer des Verstoßes, dem vorsätzlichen Charakter des Verstoßes, den Maßnahmen zur Minderung des entstandenen Schadens, dem Grad der Verantwortlichkeit oder jeglichem früheren Verstoß, der Art und Weise, wie der Verstoß der Aufsichtsbehörde bekannt wurde, der Einhaltung der gegen den Verantwortlichen oder Auftragsverarbeiter angeordneten Maßnahmen, der Einhaltung von Verhaltensregeln und jedem anderen erschwerenden oder mildernden Umstand. [4] Für die Verhängung von Sanktionen einschließlich Geldbußen sollte es angemessene Verfahrensgarantien geben, die den allgemeinen Grundsätzen des Unionsrechts und der Charta, einschließlich des Rechts auf wirksamen Rechtsschutz und ein faires Verfahren, entsprechen.

(149) [1] Die Mitgliedstaaten sollten die strafrechtlichen Sanktionen für Verstöße gegen diese Verordnung, auch für Verstöße gegen auf der Grundlage und in den Grenzen dieser Verordnung erlassene nationale Vorschriften, festlegen können. [2] Diese strafrechtlichen Sanktionen können auch die Einziehung der durch die Verstöße gegen diese Verordnung erzielten Gewinne ermöglichen. [3] Die Verhängung von strafrechtlichen Sanktionen für Verstöße gegen solche nationalen Vorschriften und von verwaltungsrechtlichen Sanktionen sollte jedoch nicht zu einer Verletzung des Grundsatzes „ne bis in idem", wie er vom Gerichtshof ausgelegt worden ist, führen.

(150) [1] Um die verwaltungsrechtlichen Sanktionen bei Verstößen gegen diese Verordnung zu vereinheitlichen und ihnen mehr Wirkung zu verleihen, sollte jede Aufsichtsbehörde befugt sein, Geldbußen zu verhängen. [2] In dieser Verordnung sollten die Verstöße sowie die Obergrenze der entsprechenden Geldbußen und die Kriterien für ihre Festsetzung genannt werden, wobei diese Geldbußen von der zuständigen Aufsichtsbehörde in jedem Einzelfall unter Berücksichtigung aller besonderen Umstände und insbesondere der Art, Schwere und Dauer des Verstoßes und seiner Folgen sowie der Maßnahmen, die ergriffen worden sind, um die Einhaltung der aus dieser Verordnung erwachsenden Verpflichtungen zu gewährleisten und die Folgen des Verstoßes abzuwenden oder abzumildern, festzusetzen sind. [3] Werden Geldbußen Unternehmen auferlegt, sollte zu diesem Zweck der Begriff „Unternehmen" im Sinne der Artikel 101 und 102 AEUV verstanden werden. [4] Werden Geldbußen Personen auferlegt, bei denen es sich nicht um Unternehmen handelt, so sollte die Aufsichtsbehörde bei der Erwägung des angemessenen Betrags für die Geldbuße dem allgemeinen Einkommensniveau in dem betreffenden Mitgliedstaat und der wirtschaftlichen Lage der Personen Rechnung tragen. [5] Das Kohärenzverfahren kann auch genutzt werden, um eine kohärente Anwendung von Geldbußen zu fördern. [6] Die Mitgliedstaaten sollten bestimmen können, ob und inwieweit gegen Behörden Geldbußen verhängt werden können. [7] Auch wenn die Aufsichtsbehörden bereits Geldbußen verhängt oder eine Verwarnung erteilt haben, können sie ihre anderen Befugnisse ausüben oder andere Sanktionen nach Maßgabe dieser Verordnung verhängen.

(151) [1] Nach den Rechtsordnungen Dänemarks und Estlands sind die in dieser Verordnung vorgesehenen Geldbußen nicht zulässig. [2] Die Vorschriften über die Geldbußen können so angewandt werden, dass die Geldbuße in Dänemark durch die zuständigen nationalen Gerichte als Strafe und in Estland durch die Aufsichtsbehörde im Rahmen eines Verfahrens bei Vergehen verhängt wird, sofern eine solche Anwendung der Vorschriften in diesen Mitgliedstaaten die gleiche Wirkung wie die von den Aufsichtsbehörden verhängten Geldbußen hat. [3] Daher sollten die zuständigen nationalen Gerichte die Empfehlung der Aufsichtsbehörde, die die Geldbuße in die Wege geleitet hat, berücksichtigen. [4] In jedem Fall sollten die verhängten Geldbußen wirksam, verhältnismäßig und abschreckend sein.

(152) [1] Soweit diese Verordnung verwaltungsrechtliche Sanktionen nicht harmonisiert oder wenn es in anderen Fällen − beispielsweise bei schweren Verstößen gegen diese Verordnung − erforderlich ist, sollten die Mitgliedstaaten eine Regelung anwenden, die wirksame, verhältnismäßige und abschreckende Sanktionen vorsieht. [2] Es sollte im Recht der Mitgliedstaaten geregelt werden, ob diese Sanktionen strafrechtlicher oder verwaltungsrechtlicher Art sind.

(153) [1] Im Recht der Mitgliedstaaten sollten die Vorschriften über die freie Meinungsäußerung und Informationsfreiheit, auch von Journalisten, Wissenschaftlern, Künstlern und/oder Schriftstellern, mit dem Recht auf Schutz der personenbezogenen Daten gemäß dieser Verordnung in Einklang gebracht werden. [2] Für die Verarbeitung personenbezogener Daten ausschließlich zu journalistischen Zwecken oder zu wissenschaftlichen, künstlerischen oder literarischen Zwecken sollten Abweichungen und Ausnahmen von bestimmten Vorschriften dieser Verordnung gelten, wenn dies erforderlich ist, um das Recht auf Schutz der personenbezogenen Daten mit dem Recht auf Freiheit der Meinungsäußerung und Informationsfreiheit, wie es in Artikel 11 der Charta garantiert ist, in Einklang zu bringen. [3] Dies sollte insbesondere für die Verarbeitung personenbezogener Daten im audiovisuellen Bereich sowie in Nachrichten- und Pressearchiven gelten. [4] Die Mitgliedstaaten sollten daher Gesetzgebungsmaßnahmen zur Regelung der Abweichungen und Ausnahmen erlassen, die zum Zwecke der Abwägung zwischen diesen Grundrechten notwendig sind. [5] Die Mitgliedstaaten sollten solche Abweichungen und Ausnahmen in Bezug auf die allgemeinen Grundsätze, die Rechte der betroffenen Person, den Verantwortlichen und den Auftragsverarbeiter, die Übermittlung von personenbezogenen Daten an Drittländer oder an internationale Organisationen, die unabhängigen Aufsichtsbehörden, die Zusammenarbeit und Kohärenz und besondere Datenverarbeitungssituationen erlassen. [6] Sollten diese Abweichungen oder Ausnahmen von Mitgliedstaat zu Mitgliedstaat unterschiedlich sein, sollte das Recht des Mitgliedstaats angewendet werden, dem der Verantwortliche unterliegt. [7] Um der Bedeutung des Rechts auf freie Meinungsäußerung in einer demokratischen Gesellschaft Rechnung zu tragen, müssen Begriffe wie Journalismus, die sich auf diese Freiheit beziehen, weit ausgelegt werden.

(154) [1]Diese Verordnung ermöglicht es, dass bei ihrer Anwendung der Grundsatz des Zugangs der Öffentlichkeit zu amtlichen Dokumenten berücksichtigt wird. [2]Der Zugang der Öffentlichkeit zu amtlichen Dokumenten kann als öffentliches Interesse betrachtet werden. [3]Personenbezogene Daten in Dokumenten, die sich im Besitz einer Behörde oder einer öffentlichen Stelle befinden, sollten von dieser Behörde oder Stelle öffentlich offengelegt werden können, sofern dies im Unionsrecht oder im Recht der Mitgliedstaaten, denen sie unterliegt, vorgesehen ist. [4]Diese Rechtsvorschriften sollten den Zugang der Öffentlichkeit zu amtlichen Dokumenten und die Weiterverwendung von Informationen des öffentlichen Sektors mit dem Recht auf Schutz personenbezogener Daten in Einklang bringen und können daher die notwendige Übereinstimmung mit dem Recht auf Schutz personenbezogener Daten gemäß dieser Verordnung regeln. [5]Die Bezugnahme auf Behörden und öffentliche Stellen sollte in diesem Kontext sämtliche Behörden oder sonstigen Stellen beinhalten, die vom Recht des jeweiligen Mitgliedstaats über den Zugang der Öffentlichkeit zu Dokumenten erfasst werden. [6]Die Richtlinie 2003/98/EG des Europäischen Parlaments und des Rates[11] lässt das Schutzniveau für natürliche Personen in Bezug auf die Verarbeitung personenbezogener Daten gemäß den Bestimmungen des Unionsrechts und des Rechts der Mitgliedstaaten unberührt und beeinträchtigt diesen in keiner Weise, und sie bewirkt insbesondere keine Änderung der in dieser Verordnung dargelegten Rechte und Pflichten. [7]Insbesondere sollte die genannte Richtlinie nicht für Dokumente gelten, die nach den Zugangsregelungen der Mitgliedstaaten aus Gründen des Schutzes personenbezogener Daten nicht oder nur eingeschränkt zugänglich sind, oder für Teile von Dokumenten, die nach diesen Regelungen zugänglich sind, wenn sie personenbezogene Daten enthalten, bei denen Rechtsvorschriften vorsehen, dass ihre Weiterverwendung nicht mit dem Recht über den Schutz natürlicher Personen in Bezug auf die Verarbeitung personenbezogener Daten vereinbar ist.

(155) Im Recht der Mitgliedstaaten oder in Kollektivvereinbarungen (einschließlich „Betriebsvereinbarungen") können spezifische Vorschriften für die Verarbeitung personenbezogener Beschäftigtendaten im Beschäftigungskontext vorgesehen werden, und zwar insbesondere Vorschriften über die Bedingungen, unter denen personenbezogene Daten im Beschäftigungskontext auf der Grundlage der Einwilligung des Beschäftigten verarbeitet werden dürfen, über die Verarbeitung dieser Daten für Zwecke der Einstellung, der Erfüllung des Arbeitsvertrags einschließlich der Erfüllung von durch Rechtsvorschriften oder durch Kollektivvereinbarungen festgelegten Pflichten, des Managements, der Planung und der Organisation der Arbeit, der Gleichheit und Diversität am Arbeitsplatz, der Gesundheit und Sicherheit am Arbeitsplatz sowie für Zwecke der Inanspruchnahme der mit der Beschäftigung zusammenhängenden individuellen oder kollektiven Rechte und Leistungen und für Zwecke der Beendigung des Beschäftigungsverhältnisses.

---

[11] **Amtl. Anm.:** Richtlinie 2003/98/EG des Europäischen Parlaments und des Rates vom 17. November 2003 über die Weiterverwendung von Informationen des öffentlichen Sektors (ABl. L 345 vom 31.12.2003, S. 90).

(156) [1]Die Verarbeitung personenbezogener Daten für im öffentlichen Interesse liegende Archivzwecke, zu wissenschaftlichen oder historischen Forschungszwecken oder zu statistischen Zwecken sollte geeigneten Garantien für die Rechte und Freiheiten der betroffenen Person gemäß dieser Verordnung unterliegen. [2]Mit diesen Garantien sollte sichergestellt werden, dass technische und organisatorische Maßnahmen bestehen, mit denen insbesondere der Grundsatz der Datenminimierung gewährleistet wird. [3]Die Weiterverarbeitung personenbezogener Daten zu im öffentlichen Interesse liegende Archivzwecken, zu wissenschaftlichen oder historischen Forschungszwecken oder zu statistischen Zwecken erfolgt erst dann, wenn der Verantwortliche geprüft hat, ob es möglich ist, diese Zwecke durch die Verarbeitung von personenbezogenen Daten, bei der die Identifizierung von betroffenen Personen nicht oder nicht mehr möglich ist, zu erfüllen, sofern geeignete Garantien bestehen (wie z. B. die Pseudonymisierung von personenbezogenen Daten). [4]Die Mitgliedstaaten sollten geeignete Garantien in Bezug auf die Verarbeitung personenbezogener Daten für im öffentlichen Interesse liegende Archivzwecke, zu wissenschaftlichen oder historischen Forschungszwecken oder zu statistischen Zwecken vorsehen. [5]Es sollte den Mitgliedstaaten erlaubt sein, unter bestimmten Bedingungen und vorbehaltlich geeigneter Garantien für die betroffenen Personen Präzisierungen und Ausnahmen in Bezug auf die Informationsanforderungen sowie der Rechte auf Berichtigung, Löschung, Vergessenwerden, zur Einschränkung der Verarbeitung, auf Datenübertragbarkeit sowie auf Widerspruch bei der Verarbeitung personenbezogener Daten zu im öffentlichen Interesse liegende Archivzwecken, zu wissenschaftlichen oder historischen Forschungszwecken oder zu statistischen Zwecken vorzusehen. [6]Im Rahmen der betreffenden Bedingungen und Garantien können spezifische Verfahren für die Ausübung dieser Rechte durch die betroffenen Personen vorgesehen sein – sofern dies angesichts der mit der spezifischen Verarbeitung verfolgten Zwecke angemessen ist – sowie technische und organisatorische Maßnahmen zur Minimierung der Verarbeitung personenbezogener Daten im Hinblick auf die Grundsätze der Verhältnismäßigkeit und der Notwendigkeit. [7]Die Verarbeitung personenbezogener Daten zu wissenschaftlichen Zwecken sollte auch anderen einschlägigen Rechtsvorschriften, beispielsweise für klinische Prüfungen, genügen.

(157) [1]Durch die Verknüpfung von Informationen aus Registern können Forscher neue Erkenntnisse von großem Wert in Bezug auf weit verbreiteten Krankheiten wie Herz-Kreislauferkrankungen, Krebs und Depression erhalten. [2]Durch die Verwendung von Registern können bessere Forschungsergebnisse erzielt werden, da sie auf einen größeren Bevölkerungsanteil gestützt sind. [3]Im Bereich der Sozialwissenschaften ermöglicht die Forschung anhand von Registern es den Forschern, entscheidende Erkenntnisse über den langfristigen Zusammenhang einer Reihe sozialer Umstände zu erlangen, wie Arbeitslosigkeit und Bildung mit anderen Lebensumständen. [4]Durch Register erhaltene Forschungsergebnisse bieten solide, hochwertige Erkenntnisse, die die Basis für die Erarbeitung und Umsetzung wissengestützter politischer Maßnahmen darstellen, die Lebensqualität zahlreicher Menschen verbessern und die Effizienz der Sozialdienste verbessern können. [5]Zur Erleichterung der

wissenschaftlichen Forschung können daher personenbezogene Daten zu wissenschaftlichen Forschungszwecken verarbeitet werden, wobei sie angemessenen Bedingungen und Garantien unterliegen, die im Unionsrecht oder im Recht der Mitgliedstaaten festgelegt sind.

(158) [1] Diese Verordnung sollte auch für die Verarbeitung personenbezogener Daten zu Archivzwecken gelten, wobei darauf hinzuweisen ist, dass die Verordnung nicht für verstorbene Personen gelten sollte. [2] Behörden oder öffentliche oder private Stellen, die Aufzeichnungen von öffentlichem Interesse führen, sollten gemäß dem Unionsrecht oder dem Recht der Mitgliedstaaten rechtlich verpflichtet sein, Aufzeichnungen von bleibendem Wert für das allgemeine öffentliche Interesse zu erwerben, zu erhalten, zu bewerten, aufzubereiten, zu beschreiben, mitzuteilen, zu fördern, zu verbreiten sowie Zugang dazu bereitzustellen. [3] Es sollte den Mitgliedstaaten ferner erlaubt sein vorzusehen, dass personenbezogene Daten zu Archivzwecken weiterverarbeitet werden, beispielsweise im Hinblick auf die Bereitstellung spezifischer Informationen im Zusammenhang mit dem politischen Verhalten unter ehemaligen totalitären Regimen, Völkermord, Verbrechen gegen die Menschlichkeit, insbesondere dem Holocaust, und Kriegsverbrechen.

(159) [1] Diese Verordnung sollte auch für die Verarbeitung personenbezogener Daten zu wissenschaftlichen Forschungszwecken gelten. [2] Die Verarbeitung personenbezogener Daten zu wissenschaftlichen Forschungszwecken im Sinne dieser Verordnung sollte weit ausgelegt werden und die Verarbeitung für beispielsweise die technologische Entwicklung und die Demonstration, die Grundlagenforschung, die angewandte Forschung und die privat finanzierte Forschung einschließen. [3] Darüber hinaus sollte sie dem in Artikel 179 Absatz 1 AEUV festgeschriebenen Ziel, einen europäischen Raum der Forschung zu schaffen, Rechnung tragen. [4] Die wissenschaftlichen Forschungszwecke sollten auch Studien umfassen, die im öffentlichen Interesse im Bereich der öffentlichen Gesundheit durchgeführt werden. [5] Um den Besonderheiten der Verarbeitung personenbezogener Daten zu wissenschaftlichen Forschungszwecken zu genügen, sollten spezifische Bedingungen insbesondere hinsichtlich der Veröffentlichung oder sonstigen Offenlegung personenbezogener Daten im Kontext wissenschaftlicher Zwecke gelten. [6] Geben die Ergebnisse wissenschaftlicher Forschung insbesondere im Gesundheitsbereich Anlass zu weiteren Maßnahmen im Interesse der betroffenen Person, sollten die allgemeinen Vorschriften dieser Verordnung für diese Maßnahmen gelten.

(160) [1] Diese Verordnung sollte auch für die Verarbeitung personenbezogener Daten zu historischen Forschungszwecken gelten. [2] Dazu sollte auch historische Forschung und Forschung im Bereich der Genealogie zählen, wobei darauf hinzuweisen ist, dass diese Verordnung nicht für verstorbene Personen gelten sollte.

(161) Für die Zwecke der Einwilligung in die Teilnahme an wissenschaftlichen Forschungstätigkeiten im Rahmen klinischer Prüfungen sollten die einschlägigen Bestimmungen der Verordnung (EU) Nr. 536/2014 des Europäischen Parlaments und des Rates[12] gelten.

(162) [1]Diese Verordnung sollte auch für die Verarbeitung personenbezogener Daten zu statistischen Zwecken gelten. [2]Das Unionsrecht oder das Recht der Mitgliedstaaten sollte in den Grenzen dieser Verordnung den statistischen Inhalt, die Zugangskontrolle, die Spezifikationen für die Verarbeitung personenbezogener Daten zu statistischen Zwecken und geeignete Maßnahmen zur Sicherung der Rechte und Freiheiten der betroffenen Personen und zur Sicherstellung der statistischen Geheimhaltung bestimmen. [3]Unter dem Begriff „statistische Zwecke" ist jeder für die Durchführung statistischer Untersuchungen und die Erstellung statistischer Ergebnisse erforderliche Vorgang der Erhebung und Verarbeitung personenbezogener Daten zu verstehen. [4]Diese statistischen Ergebnisse können für verschiedene Zwecke, so auch für wissenschaftliche Forschungszwecke, weiterverwendet werden. [5]Im Zusammenhang mit den statistischen Zwecken wird vorausgesetzt, dass die Ergebnisse der Verarbeitung zu statistischen Zwecken keine personenbezogenen Daten, sondern aggregierte Daten sind und diese Ergebnisse oder personenbezogenen Daten nicht für Maßnahmen oder Entscheidungen gegenüber einzelnen natürlichen Personen verwendet werden.

(163) [1]Die vertraulichen Informationen, die die statistischen Behörden der Union und der Mitgliedstaaten zur Erstellung der amtlichen europäischen und der amtlichen nationalen Statistiken erheben, sollten geschützt werden. [2]Die europäischen Statistiken sollten im Einklang mit den in Artikel 338 Absatz 2 AEUV dargelegten statistischen Grundsätzen entwickelt, erstellt und verbreitet werden, wobei die nationalen Statistiken auch mit dem Recht der Mitgliedstaaten übereinstimmen müssen. [3]Die Verordnung (EG) Nr. 223/2009 des Europäischen Parlaments und des Rates[13] enthält genauere Bestimmungen zur Vertraulichkeit europäischer Statistiken.

(164) [1]Hinsichtlich der Befugnisse der Aufsichtsbehörden, von dem Verantwortlichen oder vom Auftragsverarbeiter Zugang zu personenbezogenen Daten oder zu seinen Räumlichkeiten zu erlangen, können die Mitgliedstaaten in den Grenzen dieser Verordnung den Schutz des Berufsgeheimnisses oder anderer gleichwertiger Geheimhaltungspflichten durch Rechtsvorschriften regeln, soweit dies notwendig ist, um das Recht auf Schutz der personenbezogenen Daten mit einer Pflicht zur Wahrung des Berufsgeheimnisses in

---

[12] **Amtl. Anm.:** Verordnung (EU) Nr. 536/2014 des Europäischen Parlaments und des Rates vom 16. April 2014 über klinische Prüfungen mit Humanarzneimitteln und zur Aufhebung der Richtlinie 2001/20/EG Text von Bedeutung für den EWR (ABl. L 158 vom 27.5.2014, S. 1).

[13] **Amtl. Anm.:** Verordnung (EG) Nr. 223/2009 des Europäischen Parlaments und des Rates vom 11. März 2009 über europäische Statistiken und zur Aufhebung der Verordnung (EG, Euratom) Nr. 1101/2008 des Europäischen Parlaments und des Rates über die Übermittlung von unter die Geheimhaltungspflicht fallenden Informationen an das Statistische Amt der Europäischen Gemeinschaften, der Verordnung (EG) Nr. 322/97 des Rates über die Gemeinschaftsstatistiken und des Beschlusses 89/382/EWG, Euratom des Rates zur Einsetzung eines Ausschusses für das Statistische Programm der Europäischen Gemeinschaften (ABl. L 87 vom 31.3.2009, S. 164).

Einklang zu bringen. [2]Dies berührt nicht die bestehenden Verpflichtungen der Mitgliedstaaten zum Erlass von Vorschriften über das Berufsgeheimnis, wenn dies aufgrund des Unionsrechts erforderlich ist.

(165) Im Einklang mit Artikel 17 AEUV achtet diese Verordnung den Status, den Kirchen und religiöse Vereinigungen oder Gemeinschaften in den Mitgliedstaaten nach deren bestehenden verfassungsrechtlichen Vorschriften genießen, und beeinträchtigt ihn nicht.

(166) [1]Um die Zielvorgaben dieser Verordnung zu erfüllen, d. h. die Grundrechte und Grundfreiheiten natürlicher Personen und insbesondere ihr Recht auf Schutz ihrer personenbezogenen Daten zu schützen und den freien Verkehr personenbezogener Daten innerhalb der Union zu gewährleisten, sollte der Kommission die Befugnis übertragen werden, gemäß Artikel 290 AEUV Rechtsakte zu erlassen. [2]Delegierte Rechtsakte sollten insbesondere in Bezug auf die für Zertifizierungsverfahren geltenden Kriterien und Anforderungen, die durch standardisierte Bildsymbole darzustellenden Informationen und die Verfahren für die Bereitstellung dieser Bildsymbole erlassen werden. [3]Es ist von besonderer Bedeutung, dass die Kommission im Zuge ihrer Vorbereitungsarbeit angemessene Konsultationen, auch auf der Ebene von Sachverständigen, durchführt. [4]Bei der Vorbereitung und Ausarbeitung delegierter Rechtsakte sollte die Kommission gewährleisten, dass die einschlägigen Dokumente dem Europäischen Parlament und dem Rat gleichzeitig, rechtzeitig und auf angemessene Weise übermittelt werden.

(167) [1]Zur Gewährleistung einheitlicher Bedingungen für die Durchführung dieser Verordnung sollten der Kommission Durchführungsbefugnisse übertragen werden, wenn dies in dieser Verordnung vorgesehen ist. [2]Diese Befugnisse sollten nach Maßgabe der Verordnung (EU) Nr. 182/2011 des Europäischen Parlaments und des Rates ausgeübt werden. [3]In diesem Zusammenhang sollte die Kommission besondere Maßnahmen für Kleinstunternehmen sowie kleine und mittlere Unternehmen erwägen.

(168) Für den Erlass von Durchführungsrechtsakten bezüglich Standardvertragsklauseln für Verträge zwischen Verantwortlichen und Auftragsverarbeitern sowie zwischen Auftragsverarbeitern; Verhaltensregeln; technische Standards und Verfahren für die Zertifizierung; Anforderungen an die Angemessenheit des Datenschutzniveaus in einem Drittland, einem Gebiet oder bestimmten Sektor dieses Drittlands oder in einer internationalen Organisation; Standardschutzklauseln; Formate und Verfahren für den Informationsaustausch zwischen Verantwortlichen, Auftragsverarbeitern und Aufsichtsbehörden im Hinblick auf verbindliche interne Datenschutzvorschriften; Amtshilfe; sowie Vorkehrungen für den elektronischen Informationsaustausch zwischen Aufsichtsbehörden und zwischen Aufsichtsbehörden und dem Ausschuss sollte das Prüfverfahren angewandt werden.

(169) Die Kommission sollte sofort geltende Durchführungsrechtsakte erlassen, wenn anhand vorliegender Beweise festgestellt wird, dass ein Drittland, ein Gebiet oder ein bestimmter Sektor in diesem Drittland oder eine internationale Organisation kein angemessenes Schutzniveau gewährleistet, und dies aus Gründen äußerster Dringlichkeit erforderlich ist.

(170) [1]Da das Ziel dieser Verordnung, nämlich die Gewährleistung eines gleichwertigen Datenschutzniveaus für natürliche Personen und des freien Verkehrs personenbezogener Daten in der Union, von den Mitgliedstaaten nicht ausreichend verwirklicht werden kann, sondern vielmehr wegen des Umfangs oder der Wirkungen der Maßnahme auf Unionsebene besser zu verwirklichen ist, kann die Union im Einklang mit dem in Artikel 5 des Vertrags über die Europäische Union (EUV) verankerten Subsidiaritätsprinzip tätig werden. [2]Entsprechend dem in demselben Artikel genannten Grundsatz der Verhältnismäßigkeit geht diese Verordnung nicht über das für die Verwirklichung dieses Ziels erforderliche Maß hinaus.

(171) [1]Die Richtlinie 95/46/EG sollte durch diese Verordnung aufgehoben werden. [2]Verarbeitungen, die zum Zeitpunkt der Anwendung dieser Verordnung bereits begonnen haben, sollten innerhalb von zwei Jahren nach dem Inkrafttreten dieser Verordnung mit ihr in Einklang gebracht werden. [3]Beruhen die Verarbeitungen auf einer Einwilligung gemäß der Richtlinie 95/46/EG, so ist es nicht erforderlich, dass die betroffene Person erneut ihre Einwilligung dazu erteilt, wenn die Art der bereits erteilten Einwilligung den Bedingungen dieser Verordnung entspricht, so dass der Verantwortliche die Verarbeitung nach dem Zeitpunkt der Anwendung der vorliegenden Verordnung fortsetzen kann. [4]Auf der Richtlinie 95/46/EG beruhende Entscheidungen bzw. Beschlüsse der Kommission und Genehmigungen der Aufsichtsbehörden bleiben in Kraft, bis sie geändert, ersetzt oder aufgehoben werden.

(172) Der Europäische Datenschutzbeauftragte wurde gemäß Artikel 28 Absatz 2 der Verordnung (EG) Nr. 45/2001 konsultiert und hat am 7. März 2012[14] eine Stellungnahme abgegeben.

(173) [1]Diese Verordnung sollte auf alle Fragen des Schutzes der Grundrechte und Grundfreiheiten bei der Verarbeitung personenbezogener Daten Anwendung finden, die nicht den in der Richtlinie 2002/58/EG des Europäischen Parlaments und des Rates[15] bestimmte Pflichten, die dasselbe Ziel verfolgen, unterliegen, einschließlich der Pflichten des Verantwortlichen und der Rechte natürlicher Personen. [2]Um das Verhältnis zwischen der vorliegenden Verordnung und der Richtlinie 2002/58/EG klarzustellen, sollte die Richtlinie entsprechend geändert werden. [3]Sobald diese Verordnung angenommen ist, sollte die Richtlinie 2002/58/EG einer Überprüfung unterzogen werden, um insbesondere die Kohärenz mit dieser Verordnung zu gewährleisten –

---

[14] **Amtl. Anm.:** ABl. C 192 vom 30.6.2012, S. 7.

[15] **Amtl. Anm.:** Richtlinie 2002/58/EG des Europäischen Parlaments und des Rates vom 12. Juli 2002 über die Verarbeitung personenbezogener Daten und den Schutz der Privatsphäre in der elektronischen Kommunikation (Datenschutzrichtlinie für elektronische Kommunikation) (ABl. L 201 vom 31.7.2002, S. 37).

Sachverzeichnis

Die **fettgedruckten** Zahlen bezeichnen die Artikel oder Paragrafen,
die mageren Zahlen die Randnummern.